Deutschland

Guide MICHELIN

2014

HOTELS & RESTAURANTS

Inhaltsverzeichnis
→ Contents

GUT ZU WISSEN

STÄDTE von A bis Z 69

DEUTSCHLAND IN 67 KARTEN 1319

Hinweise zur Benutzung

TOURISTISCHE INFORMATIONEN

Entfernungen zu größeren Städten, Informationsstellen, Sehenswürdigkeiten, Golfplätze und lokale Veranstaltungen...

DIE HOTELS

Von 🏠🏠🏠🏠🏠 bis 🏠: Komfortkategorien.
Besonders angenehme Häuser: in Rot.

DIE BESTEN PREISWERTEN ADRESSEN

Bib Hotel.
Bib Gourmand.

DIE RESTAURANTS

Von XXXXX bis X: Komfortkategorien
Besonders angenehme Häuser: in Rot.

DIE STERNE-RESTAURANTS

✿✿✿ Eine Reise wert.
✿✿ Verdient einen Umweg.
✿ Eine sehr gute Küche.

NEU EMPFOHLEN IM GUIDE MICHELIN

MICHELIN-KARTE

Angabe der Michelin-Karte, auf der der Ort zu finden ist.

LAGE DER STADT

Markierung des Ortes auf der Karte am Ende des Buchs (Nr. der Karte und Koordinaten).

LAGE DES HAUSES

Markierung auf dem Stadtplan (Planquadrat und Koordinate).

RUHIGE HOTELS

ruhiges Hotel.
sehr ruhiges Hotel.

BESCHREIBUNG DES HAUSES

Atmosphäre, Stil, Charakter und Spezialitäten.

PREISE

EINRICHTUNG UND SERVICE

63 G20

öhe 731 m

7
www.albstadt.de

A1z

. August 3 Wochen, Samstagmittag
Vohngebiet mit freundlichem Service
sehr wohnlich gestalteten Zimmern.

B2n

r-März

Karte 18/35 €
g von 1938, die das kleine Hotel mit seinen
erherbergt. Auch ein kleines Museum gehört
stikale Restaurant. Kreative Regionalküche.

B1g

1) 5 83 70 – geschl. Montag
g ratsam) – Menü 22/33 € – Karte 19/28 €
ht vermutet: Hier erwartet Sie ein Stück Bella
, herzliche Atmosphäre und natürlich typische

C3a

www.weinhaus.com
(07431) 9 00 70 – www.weinhaus.com
bestellung erforderlich) Menü 48/68 €
Stadthause führt Familie Kreus dieses gemütliche rustikal-
genehmer Atmosphäre und klassischer Küche. Am Mittag
n Bistro oder auf der Terrasse vor dem Haus.
sestopfleber. Steinbutt unter der Pinienkruste mit
ertteller «Weinhaus».

D1c

www.adler-albstadt.com
439 – (07431) 9 91 41 – www.adler-albstadt.com
nstagmittag
arte 13/25 €
eines ehemaligen Klosterguts befindet sich dieses neo-rustikal
nt mit regionalem Speisenangebot.

C1e

www.windmuller.com
431) 9 91 20 – www.windmuller.com
Karte 12/23 €
rants, den geschulten

Grundsätze

Die Grundsätze des Guide MICHELIN: Erfahrung im Dienste der Qualität

Ob in Japan, in den Vereinigten Staaten, in China oder in Europa, die Inspektoren des Guide MICHELIN respektieren weltweit exakt dieselben Kriterien, um die Qualität eines Restaurants oder eines Hotels zu überprüfen. Dass der Guide MICHELIN heute weltweit bekannt und geachtet ist, verdankt er der Beständigkeit seiner Kriterien und der Achtung gegenüber seinen Lesern. Diese Grundsätze möchten wir hier bekräftigen:

Der anonyme Besuch – die oberste Regel. Die Inspektoren testen anonym und regelmäßig die Restaurants und Hotels, um das Leistungsniveau in seiner Gesamtheit zu beurteilen. Sie bezahlen alle in Anspruch genommene Leistungen und geben sich nur zu erkennen, um ergänzende Auskünfte zu erhalten. Die Zuschriften unserer Leser stellen darüber hinaus wertvolle Erfahrungsberichte für uns dar und wir benutzen diese Hinweise, um unsere Besuche vorzubereiten.

Die Unabhängigkeit – Um einen objektiven Standpunkt zu bewahren, der einzig und allein dem Interesse des Lesers dient, wird die Auswahl der Häuser in kompletter Unabhängigkeit erstellt. Die Empfehlung im Guide MICHELIN ist daher kostenlos. Die Entscheidungen werden vom Chefredakteur und seinen Inspektoren gemeinsam gefällt. Für die höchste Auszeichnung wird zusätzlich auf europäischer Ebene entschieden.

Die Auswahl der Besten – Der Guide MICHELIN ist weit davon entfernt, ein reines Adressbuch darzustellen, er konzentriert sich vielmehr auf eine Auswahl der besten Hotels und Restaurants in allen Komfort- und Preiskategorien. Eine einzigartige Auswahl, die auf ein und derselben Methode aller Inspektoren weltweit basiert.

Die jährliche Aktualisierung – Alle praktischen Hinweise, alle Klassifizierungen und Auszeichnungen werden jährlich aktualisiert, um die genauestmögliche Information zu bieten.

Die Einheitlichkeit der Auswahl – Die Kriterien für die Klassifizierung im Guide MICHELIN sind weltweit identisch. Jede Kultur hat ihren eigenen Küchenstil, aber gute Qualität muss der einheitliche Grundsatz bleiben.

Denn unser einziges Ziel ist es, Ihnen bei Ihren Reisen behilflich zu sein. Mobilität im Zeichen von Vergnügen und Sicherheit ist die Mission von Michelin.

Liebe Leser

Liebe Leser,

Wir freuen uns, Ihnen die neue Ausgabe des Guide MICHELIN vorzustellen, die wieder aktualisiert und um zahlreiche gute Restaurants und Hotels bereichert wurde.

Seine Aufgabe ist in all den Jahren seit der ersten Ausgabe unverändert geblieben: Sie auf all Ihren Reisen zu begleiten, mit einer Auswahl der besten Adressen in allen Komfortkategorien und Preisklassen.

Dafür stützt sich der Guide MICHELIN auf ein bewährtes „Fahrtenbuch", dessen Hauptmerkmal die Kontrolle vor Ort ist: Alle ausgewählten Hotels und Restaurants werden von unseren professionellen Inspektoren aufs Genaueste überprüft. Sie entdecken ständig neue Adressen und kontrollieren die Leistung derer, die bereits empfohlen sind.

Innerhalb dieser Auswahl werden jedes Jahr die besten Restaurants durch die Verleihung unserer Sterne – einer ✿, zwei ✿✿ oder drei ✿✿✿ – ausgezeichnet. Sie werden an die Häuser mit der besten Küchenqualität vergeben, unabhängig vom Küchenstil. Die Kriterien für die Sternvergabe sind die Qualität der Produkte, die fachgerechte Zubereitung, der Geschmack der Gerichte, die persönliche Note, das Preis-Leistungs-Verhältnis und die Beständigkeit der Küchenleistung. Jedes Jahr kommen zahlreiche Restaurants hinzu, die uns durch die Entwicklung Ihrer Küche aufgefallen sind – Sie können sie auf den Seiten dieses Buches entdecken… und auf Ihren Reisen.

Weitere Symbole, denen Sie unbedingt Beachtung schenken sollten: der Bib Gourmand und der Bib Hotel. Mit ihnen markieren wir besonders gute und günstige Adressen. Sie garantieren gute Leistung zu moderaten Preisen.

Denn wir bleiben unverändert aufmerksam bezüglich der aktuellen Entwicklungen - und der Ansprüche unserer Leser, nicht nur hinsichtlich der Qualität, sondern auch in Bezug auf das Budget.

Ihre Meinung zu den von uns ausgewählten Hotels und Restaurants interessiert uns sehr! Zögern Sie daher nicht, uns zu schreiben; Ihre Mitarbeit ist für die Planung unserer Besuche und für die ständige Verbesserung des Guide MICHELIN von großer Bedeutung.

Danke für Ihre Treue, und gute Fahrt mit dem Guide MICHELIN 2014!

Den Guide MICHELIN finden Sie auch im Internet unter
restaurant.michelin.de
oder schreiben Sie uns eine E-mail:
dermichelinfuehrer-deutschland@de.michelin.com

Kategorien & Auszeichnungen

KOMFORTKATEGORIEN

Der Guide MICHELIN bietet in seiner Auswahl die besten Adressen jeder Komfort- und Preiskategorie. Die ausgewählten Häuser sind nach dem gebotenen Komfort geordnet; die Reihenfolge innerhalb jeder Kategorie drückt eine weitere Rangordnung aus.

🏠🏠🏠🏠🏠	XXXXX	Großer Luxus und Tradition
🏠🏠🏠🏠	XXXX	Großer Komfort
🏠🏠🏠	XXX	Sehr komfortabel
🏠🏠	XX	Mit gutem Komfort
🏠	X	Mit Standard-Komfort
garni		Hotel ohne Restaurant
mit Zim		Restaurant vermietet auch Zimmer

AUSZEICHNUNGEN

Um Ihnen behilflich zu sein, die bestmögliche Wahl zu treffen, haben einige besonders bemerkenswerte Adressen dieses Jahr eine Auszeichnung erhalten. Die Sterne bzw. „Bib Gourmand" sind durch das entsprechende Symbol ✿ bzw. ☺ gekennzeichnet.

DIE STERNE: DIE BESTEN RESTAURANTS

Die Häuser, die eine überdurchschnittlich gute Küche bieten, wobei alle Stilrichtungen vertreten sind, wurden mit einem Stern ausgezeichnet. Die Kriterien sind: die Qualität der Produkte, die persönliche Note, die fachgerechte Zubereitung und der Geschmack sowie das Preis-Leistungs-Verhältnis und die immer gleich bleibende Qualität.
In jedem Sterne-Restaurant werden drei Beispielgerichte angegeben, die den Küchenstil widerspiegeln. Nicht immer finden sich diese Gerichte auf der Karte, werden aber durch andere repräsentative Speisen ersetzt.

✿✿✿	**Eine der besten Küchen: eine Reise wert** Man isst hier immer sehr gut, oft auch exzellent.
✿✿	**Eine hervorragende Küche: verdient einen Umweg**
✿	**Ein sehr gutes Restaurant in seiner Kategorie**

DIE BESTEN PREISWERTEN HÄUSER

Bib Gourmand
Häuser, die eine gute Küche bis 35 € bieten (Preis für eine dreigängige Mahlzeit ohne Getränke). In den meisten Fällen handelt es sich um eine regional geprägte Küche.

Bib Hotel
Häuser, die eine Mehrzahl ihrer komfortablen Zimmer bis 95 € anbieten (Preis für 2 Personen inkl. Frühstück).

DIE ANGENEHMSTEN ADRESSEN

Die rote Kennzeichnung weist auf besonders angenehme Häuser hin. Dies kann sich auf den besonderen Charakter des Gebäudes, die nicht alltägliche Einrichtung, die Lage, den Empfang oder den gebotenen Service beziehen.

bis **Angenehme Hotels**

bis **Angenehme Restaurants**

BESONDERE ANGABEN

Neben den Auszeichnungen, die den Häusern verliehen werden, legen die Michelin-Inspektoren auch Wert auf andere Kriterien, die bei der Wahl einer Adresse oft von Bedeutung sind.

LAGE

Wenn Sie eine ruhige Adresse oder ein Haus mit einer schönen Aussicht suchen, achten Sie auf diese Symbole:

Ruhiges Hotel / Sehr ruhiges Hotel

Interessante Sicht / Besonders schöne Aussicht

WEINKARTE

Wenn Sie ein Restaurant mit einer besonders interessanten Weinauswahl suchen, achten Sie auf dieses Symbol:

Weinkarte mit besonders attraktivem Angebot
Aber vergleichen Sie bitte nicht die Weinkarte, die Ihnen vom Sommelier eines großen Hauses präsentiert wird, mit der Auswahl eines Gasthauses, dessen Besitzer die Weine der Region mit Sorgfalt zusammenstellt.

N **Neu empfohlen im Guide MICHELIN**

Einrichtungen & Service

30 Zim	Anzahl der Zimmer
	Fahrstuhl
A/C	Klimaanlage (im ganzen Haus bzw. in den Zimmern oder im Restaurant)
	Internetzugang mit DSL (High-speed) in den Zimmern möglich
	Internetzugang mit W-LAN in den Zimmern möglich
	Für Körperbehinderte leicht zugängliches Haus
	Spezielle Angebote für Kinder
	Terrasse mit Speisenservice, Biergarten
Spa	Wellnessbereich
	Freibad oder Hallenbad
	Badeabteilung, Thermalkur
	Sauna – Fitnessraum
	Tennis
18	Golfplatz und Lochzahl
	Garten, Liegewiese – Park
	Konferenzraum (übliche Tagungstechnik vorhanden)
	Veranstaltungsraum (bei Restaurants)
	Hotelgarage (wird gewöhnlich berechnet)
P	Parkplatz reserviert für Gäste
	Hunde sind unerwünscht (im ganzen Haus bzw. in den Zimmern oder im Restaurant)
	Kreditkarten nicht akzeptiert
U	Nächstgelegene U-Bahnstation (in Berlin)

NICHTRAUCHER

Aufgrund des Nichtraucherschutzgesetzes ist das Rauchen in öffentlichen Gebäuden und Restaurants verboten. Die genauen Bestimmungen variieren je nach Bundesland.

In den meisten Hotels werden Nichtraucherzimmer angeboten.

Preise

Die in diesem Führer genannten Preise wurden uns im Sommer 2013 angegeben. Bedienung und MwSt. sind enthalten. Es sind Inklusivpreise, die sich nur noch durch die evtl. zu zahlende Kurtaxe erhöhen können. Sie können sich mit den Preisen von Waren und Dienstleistungen ändern.
Der erste Preis ist der Mindestpreis in der Nebensaison, der zweite Preis der Höchstpreis in der Hauptsaison. Die Häuser haben sich verpflichtet, den Kunden die von den Hoteliers selbst angegebenen Preise zu berechnen.
Anlässlich größerer Veranstaltungen, Messen und Ausstellungen werden von den Hotels in manchen Städten und deren Umgebung erhöhte Preise verlangt.
Erkundigen Sie sich bei den Hoteliers nach eventuellen Sonderbedingungen.

RESERVIERUNG UND ANZAHLUNG

Einige Hoteliers verlangen zur Bestätigung der Reservierung eine Anzahlung oder die Nennung der Kreditkartennummer. Dies ist als Garantie sowohl für den Hotelier als auch für den Gast anzusehen. Bitten Sie den Hotelier, Ihnen in seinem Bestätigungsschreiben alle Bedingungen mitzuteilen.

ZIMMER

25 Zim	Anzahl der Zimmer
Zim - 🚹 60/75€	Mindest- und Höchstpreis für ein Einzelzimmer
🚹🚹 70/120 €	Mindest- und Höchstpreis für ein Doppelzimmer
Zim ☕ -	Zimmerpreis inkl. Frühstück
☕ 10 €	Preis des Frühstücks
Suiten	Preise auf Anfrage

HALBPENSION

½ P	Das Haus bietet auch Halbpension an

RESTAURANT

Menü 20/42 €	**Menüpreise:** mindestens 20 €, höchstens 42 €
Karte 30/41 €	**Der erste Preis** entspricht einer einfachen Mahlzeit mit Suppe, Hauptgericht, Dessert. **Der zweite Preis** entspricht einer reichlicheren Mahlzeit aus Vorspeise, Hauptgericht und Dessert (Getränke nicht inbegriffen).

Informationen zu den Orten

ALLGEMEINES

✉ 38100	Postleitzahl
L	Landeshauptstadt
545	Nummer der Michelin-Karte
24 000 Ew	Einwohnerzahl
Höhe 175 m	Höhe
Heilbad Kneippkurort Heilklimatischer Kurort-Luftkurort Seebad Erholungsort Wintersport	Art des Ortes
1 000 m	Maximal-Höhe des Wintersportgeländes, die mit Kabinenbahn oder Lift erreicht werden kann
2	Anzahl der Kabinenbahnen
4	Anzahl der Schlepp- oder Sessellifte
	Langlaufloipen
A1 A	Markierung auf dem Stadtplan
	Rundblick, Aussichtspunkt
18	Golfplatz mit Lochzahl – Flughafen
	Ladestelle für Autoreisezüge – Nähere Auskünfte bei allen Fahrkartenausgaben
	Autofähre, Personenfähre
i	Informationsstelle
ADAC	Allgemeiner Deutscher Automobilclub

SEHENSWÜRDIGKEITEN

BEWERTUNG

★★★	Eine Reise wert
★★	Verdient einen Umweg
★	Sehenswert

LAGE

	In der Stadt
	In der Umgebung der Stadt
6 km	Entfernung in Kilometern

AUTOMOBIL CLUBS

ADAC : Adressen im jeweiligen Ortstext
... (01805) 10 11 12, Service
... (0180) 2 22 22 22, Notruf
AvD : Lyoner Str. 16, 60528 Frankfurt – Niederrad
... (069) 6 60 66 00, Service
... (0800) 9 90 99 09, Notruf (gebührenfrei)

Legende der Stadtpläne

- Hotels
- Restaurants

SEHENSWÜRDIGKEITEN

Interessantes Gebäude

Interessantes Gotteshaus: Katholisch – Protestantisch

STRASSEN

Autobahn • Schnellstraße

Numerierte Ausfahrten

Hauptverkehrsstraße

Gesperrte Straße oder Straße mit Verkehrsbeschränkungen

Fußgängerzone • Straßenbahn

Park-and-Ride-Plätze

Tunnel

Bahnhof und Bahnlinie

Standseilbahn • Seilschwebebahn

Bewegliche Brücke • Autofähre

SONSTIGE ZEICHEN

Informationsstelle

Moschee • Synagoge

Turm • Ruine • Windmühle

Garten, Park, Wäldchen • Friedhof

Stadion • Golfplatz • Pferderennbahn

Freibad / Hallenbad

Aussicht • Rundblick

Denkmal • Brunnen • Fabrik • Leuchtturm

Jachthafen • Autobusbahnhof

Flughafen • U-Bahnstation, S-Bahnhof

Schiffsverbindungen: Autofähre • Personenfähre

Hauptpostamt (postlagernde Sendungen)

POL Polizei (in größeren Städten Polizeipräsidium)

Krankenhaus • Markthalle

Town Hall • University, College

Öffentliches Gebäude, durch einen Buchstaben gekenn-zeichnet:

L R Sitz der Landesregierung • Rathaus

M T Museum • Theatre

ADAC Automobilclub

How to use this guide

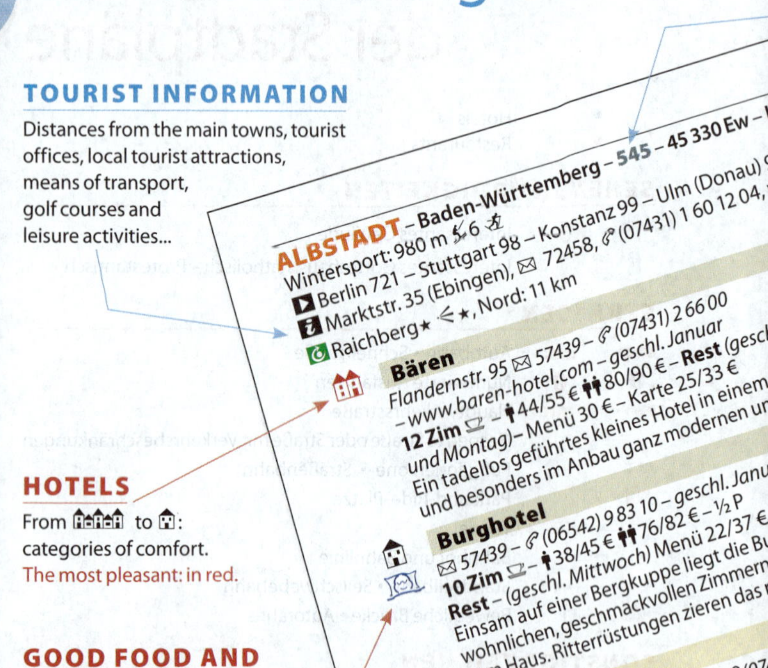

ALBSTADT – Baden-Württemberg – 545 – 45 330 Ew –
Wintersport: 980 m 6
Berlin 721 – Stuttgart 98 – Konstanz 99 – Ulm (Donau)
Marktstr. 35 (Ebingen), ✉ 72458, ✆ (07431) 1 60 12 04,
Raichberg★ ≤★, Nord: 11 km
Bären
Flanderstr. 95 ✉ 57439 – ✆ (07431) 2 66 00
– www.baren-hotel.com – geschl. Januar
12 Zim – 44/55 € 80/90 € – Rest
und Montag)– Menü 30 € – Karte 25/33 €
Ein tadellos geführtes kleines Hotel in einem
und besonders im Anbau ganz modernen
Burghotel
✉ 57439 – ✆ (06542) 9 83 10 – geschl. Janu
10 Zim – 38/45 € 76/82 € – ½ P
Rest – (geschl. Mittwoch) Menü 22/37 €
Einsam auf einer Bergkuppe liegt die Bu
wohnlichen, geschmackvollen Zimmern
zum Haus. Ritterrüstungen zieren das

TOURIST INFORMATION

Distances from the main towns, tourist offices, local tourist attractions, means of transport, golf courses and leisure activities...

HOTELS

From 🏠🏠🏠🏠🏠 to 🏠: categories of comfort.

The most pleasant: in red.

GOOD FOOD AND ACCOMMODATION AT MODERATE PRICES

Bib Hotel.

Bib Gourmand.

RESTAURANTS

From XXXXX to X: categories of comfort

The most pleasant: in red.

STARS

✿✿✿ Worth a special journey.

✿✿ Worth a detour.

✿ A very good restaurant.

NEW ESTABLISHMENT IN THE GUIDE

Alte Post
Schleidener Str. 412 ✉ 57439– ✆ (07
Rest (nur Abendessen, Tischbestell
Auch wenn man es von außen n
Italia. Rustikal-stilvolles Ambien
Spezialitäten.

In Albstadt-Ebingen Süd-Ost: 1 km

Weinhaus
Georg-Glock-Str. 12 ✉ 57439
– geschl. Sonntag-Montag
Rest – (nur Abendessen, Tis
– Karte 45/52 € ✿
In einem kleinem historisch
elegante Restaurant mit a
speisen Sie im neuzeitlich
→ Allerlei von der G
Champagnersauce. De

Adler N
Valdhäuser Str. 65 ✉
– geschl. Montag-D
Rest – Menü 21 € -
Im Nebengebäud
gestaltete Restau

Windmülle
...häuser Str.

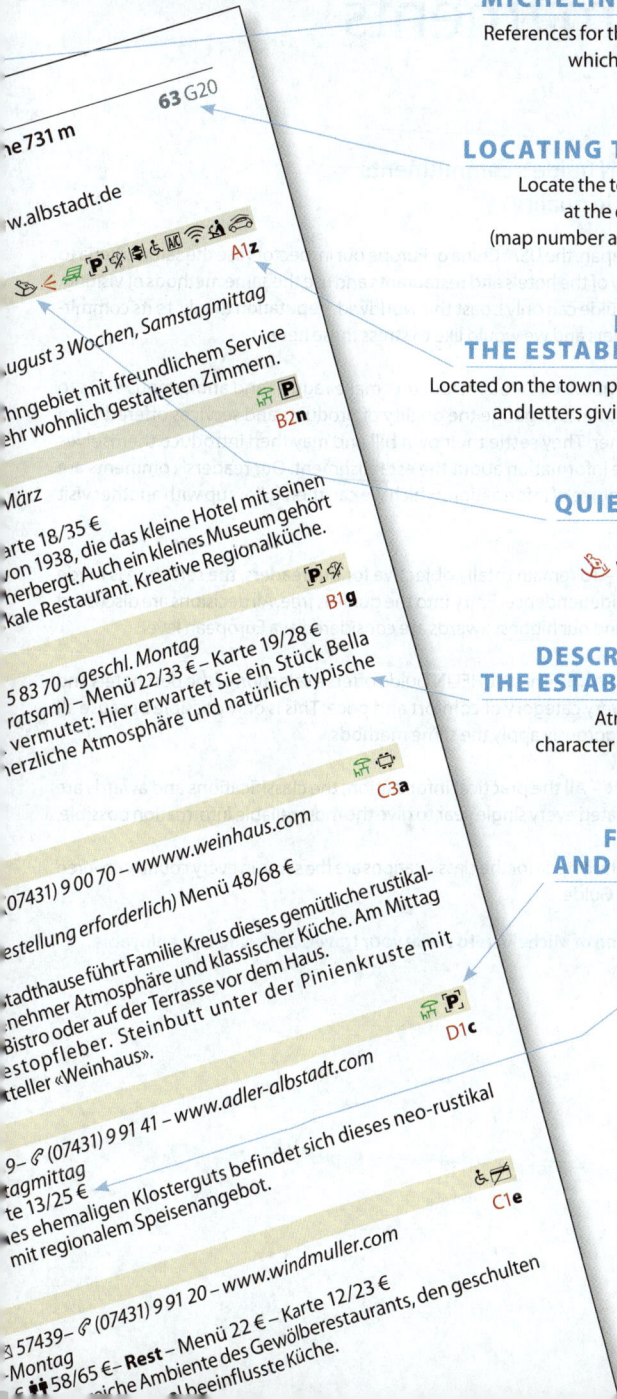

MICHELIN MAPPING

References for the Michelin map which covers the area.

LOCATING THE TOWN

Locate the town on the map at the end of the guide (map number and coordinates).

LOCATING THE ESTABLISHMENT

Located on the town plan (coordinates and letters giving the location).

QUIET HOTELS

quiet hotel.

very quiet hotel.

DESCRIPTION OF THE ESTABLISHMENT

Atmosphere, style, character and specialities.

FACILITIES AND SERVICES

PRICES

Commitments

The MICHELIN guide's commitments
Experienced in quality

Whether it is in Japan, the USA, China or Europe our inspectors use the same criteria to judge the quality of the hotels and restaurants and use the same methods of visiting. The MICHELIN Guide can only boast this worldwide reputation thanks to its commitment to the readers and we would like to stress these here:

Anonymous inspections – our inspectors make regular and anonymous visits to hotels and restaurants to gauge the quality of products and services offered to an ordinary customer. They settle their own bill and may then introduce themselves and ask for more information about the establishment. Our readers' comments are also a valuable source of information, which we can then follow up with another visit of our own.

Independence – To remain totally objective for our readers, the selection is made with complete independence. Entry into the guide is free. All decisions are discussed with the Editor and our highest awards are considered at a European level.

Selection and choice – The MICHELIN Guide offers a selection of the best hotels and restaurants in every category of comfort and price. This is only possible because all the inspectors rigorously apply the same methods.

Annual updates – All the practical information, the classifications and awards are revised and updated every single year to give the most reliable information possible.

Consistency – The criteria for the classifications are the same in every country covered by he MICHELIN Guide.

The sole intention of Michelin is to make your travels both safe and enjoyable.

Dear reader,

Having kept up-to-date with the latest developments in the hotel and restaurant scenes, we are pleased to present this new, improved and updated edition of the MICHELIN Guide.

Since the very beginning, our ambition has remained the same each year: to accompany you on all of your journeys and to help you choose the best establishments to both stay and eat in, across all categories of comfort and price; whether that's a friendly guesthouse or luxury hotel, a lively gastropub or fine dining restaurant.

To this end, the MICHELIN Guide is a tried-and-tested travel planner, its primary objective being to provide first-hand experience for you, our readers. All of the establishments selected have been rigorously tested by our team of professional inspectors, who are constantly seeking out new places and continually assessing those already listed.

Every year the guide recognises the best places to eat, by awarding them one ✿, two ✿✿ or three ✿✿✿ stars. These lie at the heart of the selection and highlight the establishments producing the best quality cuisine – in all styles – taking into account the quality of ingredients, creativity, mastery of techniques and flavours, value for money and consistency.

Other symbols to look out for are the Bib Gourmand ☺ and the Bib Hotel ☺, which point out establishments that represent particularly good value; here you'll be guaranteed excellence but at moderate prices.

We are committed to remaining at the forefront of the culinary world and to meeting the demands of our readers. As such, we are very interested to hear your opinions on the establishments listed in our guide. Please don't hesitate to contact us, as your contributions are invaluable in directing our work and improving the quality of our information.

We continually strive to help you on your journeys.

Thank you for your loyalty and happy travelling with the 2014 edition of the MICHELIN Guide.

Consult the Guide MICHELIN at:
restaurant.michelin.de
and write to us at:
dermichelinfuehrer-deutschland@de.michelin.com

Classification & awards

CATEGORIES OF COMFORT

The MICHELIN Guide selection lists the best hotels and restaurants in each category of comfort and price. The establishments we choose are classified according to their levels of comfort and, within each category, are listed in order of preference.

🏨🏨🏨🏨🏨	XXXXX	Luxury in the traditional style
🏨🏨🏨🏨	XXXX	Top class comfort
🏨🏨🏨	XXX	Very comfortable
🏨🏨	XX	Comfortable
🏨	X	Quite comfortable
garni		This hotel has no restaurant
mit Zim		This restaurant also offers accommodation

THE AWARDS

To help you make the best choice, some exceptional establishments have been given an award in this year's Guide. They are marked ✿ or ☺.

THE STARS: THE BEST CUISINE

MICHELIN stars are awarded to establishments serving cuisine, of whatever style, which is of the highest quality. The cuisine is judged on the quality of ingredients, the flair and skill in their preparation, the combination of flavours, the value for money and the consistency of culinary standards.

For every restaurant awarded a star we include 3 specialities that are typical of their cooking style. These specific dishes may not always be available.

✿✿✿ **Exceptional cuisine, worth a special journey**
One always eats extremely well here, sometimes superbly.

✿✿ **Excellent cooking, worth a detour**

✿ **A very good restaurant in its category**

(N) **New establishment in the guide**

GOOD FOOD AND ACCOMMODATION AT MODERATE PRICES

Bib Gourmand

Establishment offering good quality cuisine, often with a regional flavour, up to € 35 (Price of a three-course-meal, not including drinks).

Bib Hotel

Establishment offering good levels of comfort and service, with most rooms priced up to € 95. Price of a room for 2 people, in cluding breakfast.

PLEASANT HOTELS AND RESTAURANTS

Symbols shown in red indicate particularly pleasant or restful establishments: the character of the building, its décor, the setting, the welcome and services offered may all contribute to this special appeal.

to **Pleasant hotels**

to **Pleasant restaurants**

OTHER SPECIAL FEATURES

As well as the categories and awards given to the establishment, Michelin inspectors also make special note of other criteria which can be important when choosing an establishment.

LOCATION

If you are looking for a particularly restful establishment, or one with a special view, look out for the following symbols:

Quiet hotel / Very quiet hotel

Interesting view / Exceptional view

WINE LIST

If you are looking for an establishment with a particularly interesting wine list, look out for the following symbol:

Particularly interesting wine list

This symbol might cover the list presented by a sommelier in a luxury restaurant or that of a simple inn where the owner has a passion for wine. The two lists will offer something exceptional but very different, so beware of comparing them by each other's standards.

Facilities & services

30 Zim	Number of rooms
	Lift (elevator)
A/C	Air conditioning (in all or part of the establishment)
	High-speed internet access
	Wireless Lan internet access in bedrooms
	Establishment at least partly accessible to those of restricted mobility
	Special facilities for children
	Meals served in garden or on terrace
Spa	Spa : an extensive facility for relaxation and well-being
	Swimming pool: outdoor or indoor
	Hydrotherapy
	Sauna – Exercise room
	Tennis
18	Golf course and number of holes
	Garden - Park
	Equipped conference room
	Private dining room (in restaurants)
	Hotel garage (additional charge in most cases)
P	Car park for customers only
	Dogs are excluded from all or part of the establishment
	Credit cards not accepted
U	Nearest metro station (in Berlin)

NON-SMOKERS

By law, smoking is neither allowed in public areas nor in restaurants.
This law may differ from one "Land" to another.
Most hotels have bedrooms for non-smokers.

Prices

Prices quoted in this Guide were supplied in summer 2013. They are subject to alteration if goods and service costs are revised. The rates include tax and service charge.

The first price is the minimum rate in low season, the second price the maximum rate in high season. By supplying the information, hotels and restaurants have undertaken to maintain these rates for our readers.

In some towns, when commercial, cultural or sporting events are taking place the hotel rates are likely to be considerably higher.

RESERVATION AND DEPOSITS

Some hotels will ask you to confirm your reservation by giving your credit card number or require a deposit which confirms the commitment of both the customer and the hotelier. Ask the hotelier to provide you with all the terms and conditions applicable to your reservation in their written confirmation.

ROOMS

25 Zim	Number of rooms
Zim - 🚹 60/75 €	Lowest price/highest price
🚹🚹 70/120 €	for a single and a double or twin room
Zim ☕ -	Breakfast included
☕ 10 €	Breakfast supplement
Suiten	Suites: check with the hotelier for prices

HALF BOARD

½ P	This establishment offers also half board

RESTAURANT

Menü 20/42 €	**Set meals:** Lowest € 20 and highest € 42
Karte 30/41 €	**A la carte meals:** The first figure is for a plain meal and includes soup, main dish of the day with vegetables and dessert. The second figure is for a fuller meal and includes hors d'œuvre, main course and dessert.

Information on localities

GENERAL INFORMATION

✉ 38100	Postal code
L	Capital of "Land"
545	Michelin map number
24 000 Ew	Population
Höhe 175 m	Altitude (in metres)
Heilbad	Spa
Kneippkurort	Health resort (Kneipp)
Heilklimatischer	Health resort
Kurort-Luftkurort	Health resort
Seebad	Seaside resort
Erholungsort	Holiday resort
Wintersport	Winter sports
1 000 m	Altitude (in metres) of highest point reached by lifts
2	Number of cable cars
4	Number of ski and chair lifts
	Cross-country skiing
A1 A	Letters giving the location of a place on the town plan
	Panoramic view, view
18	Golf course and number of holes – Airport
	Place with a romotorail connection, further information from ticket office
	Shipping line (passengers & cars)
	Passenger transport only
	Tourist Information Centre
ADAC	German Automobile Club

SIGHTS

STAR RATING

★★★	Highly recommended
★★	Recommended
★	Interesting

LOCATION

	Sights in town
	On the outskirts
6 km	Distance in kilometres.

AUTOMOBILE CLUBS

ADAC:
... (01805) 10 11 12, Service
... (0180) 2 22 22 22, Breakdown assistance
AvD: Lyoner Str. 16, 60528 Frankfurt – Niederrad
... (069) 6 60 66 00, Service
... (0800) 9 90 99 09, Breakdown assistance

Plan key

Hotels
Restaurants

SIGHTS

Place of interest
Interesting place of worship • catholic • protestant

ROADS

Motorway • Dual carriageway
Numbered junctions: complete • limited
Major thoroughfare
Unsuitable for traffic, street subject to restrictions
Pedestrian street • Tramway
Car park • Park and Ride
Tunnel
Station and railway
Funicular • Cable-car
Lever bridge • Car ferry

VARIOUS SIGNS

Tourist Information Centre
Mosque • Synagogue
Tower • Ruins • Windmill
Garden, park, wood • Cemetery
Stadium • Golf course • Racecourse • Skating rink
Outdoor or indoor swimming pool
View • Panorama
Monument • Fountain • Lighthouse
Pleasure boat harbour • Coach station
Airport • Underground station
Ferry services: passengers and cars • passengers only
Main post office • Police
Hospital • Covered market
Town Hall • University • College
Public buildings located by letter:
L R Provincial Government office
M T Museum • Theatre
ADAC Automobile Club

Auszeichnungen 2014

➜ Awards 2014

Die Sterne 2014

Dreis	✻✻✻	Ort mit mindestens einem 3-Sterne-Restaurant
München	✻✻	Ort mit mindestens einem 2-Sterne-Restaurant
Bonn	✻	Ort mit mindestens einem 1-Stern-Restaurant

Baden-Württemberg

Westerland
List
Munkmarsch
Tinnum
Rantum
Glücksburg
Hörnum
Wyk auf Föhr
Binz
Alt Duvenstedt
Dierhagen
Plön
Bad Doberan
Rostock
Scharbeutz
Heringsdorf
Cuxhaven
Timmendorfer Strand
Stolpe
Lübeck
Krakow am See
Wilhelmshaven
Hamburg
Feldberger Seenlandschaft
Lüneburg
Celle
Berlin
Burgwedel
Wolfsburg
Potsdam
Aerzen
Harsewinkel
Rheda-Wiedenbrück
Burg (Spreewald)
Paderborn
Wadersloh
Leipzig
Frankenberg (Eder)
Herleshausen
Erfurt
Dresden
Bad Laasphe
Weimar
Bad Schandau
Bad Hersfeld
Königstein im Taunus
Friedberg
Bad Homburg
Coburg
Maintal
Bad Kissingen
Johannesberg
Wirsberg
Frankfurt am Main
Würzburg
Rüsselsheim
Wertheim
Miltenberg
Sommerhausen
Wernberg-Köblitz
Weikersheim
Nürnberg
Rötz
Mulfingen
Neunburg vorm Wald
Schwäbisch Hall
Regensburg
Rosenberg
Nördlingen
Bad Griesbach
Salach
Langenau
Sonnenbühl
Augsburg
Pleiskirchen
Ulm
Kirchdorf
München
Eurasburg
Prien am Chiemsee
Tegernsee
Aschau im Chiemgau
Öhningen
Meersburg
Murnau
Rottach-Egern
Konstanz
Lindau
Berchtesgaden
Ofterschwang
Krün
Hirschegg
Oberstdorf

Sterne-Restaurants

→ Starred restaurants

✿✿✿ 2014

Baiersbronn	Restaurant Bareiss
Baiersbronn	Schwarzwaldstube
Bergisch Gladbach	Vendôme
Lübeck	La Belle Epoque
Mannheim	Amador
Osnabrück	La Vie
Perl	Victor's Gourmet Restaurant Schloss Berg
Rottach-Egern	Restaurant Überfahrt Christian Jürgens **N**
Saarbrücken	GästeHaus Klaus Erfort
Wittlich / Dreis	Waldhotel Sonnora
Wolfsburg	Aqua

✿✿ 2014

Aschau im Chiemgau	Restaurant Heinz Winkler
Augsburg	August
Baiersbronn	Schlossberg **N**
Bergisch Gladbach	Gourmetrestaurant Lerbach
Berlin	FACIL **N**
Berlin	Fischers Fritz
Berlin	Lorenz Adlon Esszimmer
Berlin	Tim Raue
Berlin	reinstoff
Cuxhaven	Sterneck
Dorsten	Rosin
Düsseldorf	Im Schiffchen
Essen	Résidence
Frankfurt am Main	Tiger-Gourmetrestaurant **N**
Frankfurt am Main	Villa Merton
Glücksburg	Meierei Dirk Luther
Griesbach, Bad	Il Giardino
Hamburg	Haerlin
Hamburg	Jacobs Restaurant
Hamburg	Süllberg - Seven Seas
Köln	Le Moissonnier
Königstein im Taunus	Villa Rothschild Kempinski
Konstanz	Ophelia
Leipzig	Falco
Lübeck	Buddenbrooks
München	Dallmayr
München	Tantris
Neuenahr-Ahrweiler, Bad	Steinheuers Restaurant Zur Alten Post
Nürnberg	Essigbrätlein
Peterstal-Griesbach, Bad	Le Pavillon
Saarbrücken	Le noir
Sulzburg	Hirschen
Sylt / List	La Mer
Sylt / Munkmarsch	Fährhaus
Sylt / Rantum	Söl'ring Hof
Trier	BECKER'S
Wernberg-Köblitz	Kastell

N  *Neu* → *New*

2014

Aachen La Bécasse
Aachen St. Benedikt
Aerzen Gourmet Restaurant im Schlosshotel Münchhausen
Amorbach Der Schafhof - Abt- und Schäferstube
Aschaffenburg / Johannesberg Auberge de Temple - Helbigs **N**
Asperg Schwabenstube
Backnang Backnanger Stuben
Baden-Baden Brenners Park-Restaurant
Baden-Baden Le Jardin de France
Baden-Baden Röttele's Restaurant und Residenz im Schloss Neuweier
Balduinstein Landhotel Zum Bären - Bibliothek
Bellheim / Knittelsheim Steverding's Isenhof
Bentheim, Bad Keilings Restaurant
Berchtesgaden LE CIEL
Bergzabern, Bad Walram
Berlin 5 - cinco by Paco Pérez **N**
Berlin First Floor
Berlin HARTMANNs
Berlin Horváth
Berlin Hugos
Berlin Les Solistes by Pierre Gagnaire **N**
Berlin Pauly Saal **N**
Berlin Rutz
Berlin VAU
Bietigheim-Bissingen Rose **N**
Blieskastel Hämmerle's Restaurant - Barrique
Bonn Halbedel's Gasthaus
Burg (Spreewald) 17 fuffzig
Burgwedel Ole Deele
Celle Endtenfang
Coburg Esszimmer
Daun Graf Leopold
Deidesheim Freundstück
Deidesheim Schwarzer Hahn
Dierhagen Strandhotel Fischland - Ostseelounge **N**
Doberan, Bad Friedrich Franz
Dorsten Goldener Anker
Dortmund Palmgarden **N**
Dresden Carousel
Dresden bean and beluga
Düsseldorf Agata's **N**
Düsseldorf Berens am Kai
Düsseldorf Enzo im Schiffchen
Düsseldorf Nagaya
Düsseldorf Schorn
Düsseldorf Tafelspitz 1876
Düsseldorf Victorian
Durbach Wilder Ritter
Efringen-Kirchen Traube
Eggenstein-Leopoldshafen Zum Löwen
Ehningen Landhaus Feckl
Eltville am Rhein Kronenschlösschen
Endingen am Kaiserstuhl Merkle's Rebstock
Erftstadt Husarenquartier
Erfurt Clara - Restaurant im Kaisersaal **N**
Essen Schote
Ettlingen Erbprinz
Eurasburg Maiwerts Restaurant **N**
Euskirchen Bembergs Häuschen
Feldberger Seenlandschaft Alte Schule
Föhr / Wyk Alt Wyk
Frankenberg (Eder) Philipp Soldan
Frankfurt am Main Carmelo Greco
Frankfurt am Main Ernos Bistro
Frankfurt am Main Français
Frankfurt am Main Lafleur
Frankfurt am Main Weinsinn
Freiburg im Breisgau Zirbelstube
Freiburg im Breisgau sHerrehus **N**
Friedberg (Hessen) Grossfeld Gastraum der Sinne
Geisenheim Gourmetrestaurant Schwarzenstein
Gernsbach Schloss Eberstein
Grevenbroich Zur Traube
Grünstadt / Neuleiningen Alte Pfarrey
Gummersbach Die Mühlenhelle
Häusern Adler
Hamburg Anna Sgroi **N**
Hamburg Küchenwerkstatt
Hamburg Landhaus Scherrer
Hamburg Le Canard nouveau
Hamburg Piment
Hamburg SE7EN OCEANS
Harsewinkel Rincklake's
Heidelberg Le Gourmet **N**
Heidelberg Scharff's Schlossweinstube im Heidelberger Schloss
Heidesheim am Rhein Gourmetrestaurant Dirk Maus **N**
Heinsberg Burgstuben Residenz - St. Jacques
Herleshausen Hohenhaus
Hermeskeil / Neuhütten Le temple
Hersfeld, Bad L'étable

N → *Neu* → *New*

Herxheim	Kronen-Restaurant
Homburg vor der Höhe, Bad	Schellers
Horben	Gasthaus zum Raben **N**
Karlsruhe	Anders auf dem Turmberg - Anders Superior
Kerpen	Schloss Loersfeld
Ketsch	Die Ente
Kirchdorf (Krs. Mühldorf)	Christian's Restaurant - Gasthof Grainer
Kirchheim u. Teck / Ohmden	Landgasthof am Königsweg
Kissingen, Bad	Gourmetrestaurant
Kleinwalsertal / Hirschegg	Kilian Stuba
Köln	Alfredo
Köln	La Société
Köln	La poêle d'or
Köln	Le Patron **N**
Köln	Maître im Landhaus Kuckuck
Köln	taku
Kordel / Zemmer	Landhaus Mühlenberg
Krakow am See	Ich weiß ein Haus am See
Krozingen, Bad	Storchen
Krün	Luce d'Oro
Kuppenheim	Raubs Landgasthof
Laasphe, Bad	Ars Vivendi **N**
Lahr	Adler
Langenau	Zum Bad **N**
Leer	Perior
Leipzig	Stadtpfeiffer
Lindau im Bodensee	Villino
Lübeck	Wullenwever
Lüneburg	Zum Heidkrug
Maintal	Hessler
Mainz	Buchholz
Mainz	Favorite
Mannheim	Axt **N**
Mannheim	Da Gianni
Mannheim	Doblers
Meersburg	Casala
Miltenberg	1622 im Jagd Hotel Rose **N**
München	181 - First
München	Acquarello
München	Atelier
München	EssZimmer **N**
München	Geisels Werneckhof **N**
München	Königshof
München	Les Deux **N**
München	Mark's
München	Schuhbecks in den Südtiroler Stuben
München	Schweiger²
Münster	Kaiserhof - Gourmet 1895
Mulfingen	Amtskeller
Murnau	Reiterzimmer **N**
Neuenahr-Ahrweiler, Bad	Historisches Gasthaus Sanct Peter Restaurant Brogsitter
Neunburg vorm Wald	Obendorfer's Eisvogel
Neustadt an der Weinstraße	Urgestein im Steinhäuser Hof **N**
Neuwied	Coquille St. Jacques im Parkrestaurant Nodhausen
Nördlingen	Wirtshaus Meyers Keller - Restaurant Joachim Kaiser
Norderney	Seesteg
Nürnberg	Aumer's La Vie **N**
Oberstdorf	ESS ATELIER STRAUSS
Oberstdorf	Maximilians Restaurant - Landhaus Freiberg
Odenthal	Zur Post
Öhningen	Falconera
Öhringen / Friedrichsruhe	Wald und Schlosshotel Friedrichsruhe - Gourmet-Restaurant
Paderborn	Balthasar
Pfaffenweiler	Zehner's Stube **N**
Pfinztal	Villa Hammerschmiede
Piesport	schanz. restaurant.
Pleiskirchen	Huberwirt **N**
Pliezhausen	Landgasthaus zur Linde
Plön	Stolz
Potsdam	Friedrich-Wilhelm
Prien am Chiemsee	Rehmann
Pulheim	Gut Lärchenhof
Regensburg	Historisches Eck
Remscheid	Concordia - Heldmann's Restaurant
Rendsburg / Alt Duvenstedt	Gourmetrestaurant Töpferhaus
Rheda-Wiedenbrück	Reuter
Rötz	Gregor's
Rosenberg	Landgasthof Adler
Rostock	Der Butt
Rottach-Egern	Dichterstub'n
Rügen / Binz	freustil **N**
Rügen / Binz	niXe
Rüsselsheim	NAVETTE
Rust	ammolite - The Lighthouse Restaurant **N**
Salach	Burgrestaurant Staufeneck
Sankt Wendel	Kunz
Sasbachwalden	Fallert
Schandau, Bad	Sendig
Scharbeutz	DiVa
Schwäbisch Hall	Eisenbahn
Schwäbisch Hall	Rebers Pflug
Selzen	Kaupers Restaurant im Kapellenhof
Sobernheim, Bad	Passione Rossa
Sommerhausen	Philipp
Sonnenbühl	Hirsch

N → *Neu* → *New*

Sonthofen / Ofterschwang	Silberdistel
Stolpe	Gutshaus Stolpe
Stromberg	Le Val d'Or
Stuttgart	5 (Fünf)
Stuttgart	Délice
Stuttgart	OLIVO
Stuttgart	Schlossgarten Restaurant
Stuttgart	Speisemeisterei
Stuttgart	Wielandshöhe
Stuttgart	YoSH
Stuttgart	top air
Stuttgart / Fellbach	Gourmet Restaurant avui
Sylt / Hörnum	KAI3
Sylt / List	Spices **N**
Sylt / Tinnum	Bodendorf's
Sylt / Westerland	Jörg Müller
Tegernsee	Schwingshackl ESSKULTUR
Teinach-Zavelstein, Bad	Berlin's Krone **N**
Timmendorfer Strand	Orangerie
Trittenheim	Wein- und Tafelhaus
Trittenheim / Naurath	Rüssel's Landhaus St. Urban
Ulm	LAGO **N**
Usedom / Heringsdorf	Tom Wickboldt **N**
Vaihingen an der Enz	Lamm Rosswag
Velbert	Haus Stemberg **N**
Vogtsburg	Schwarzer Adler
Wadersloh	Bomke
Waldenbuch	Gasthof Krone **N**
Weikersheim	Laurentius
Weimar	Anna Amalia
Weingarten	Walk'sches Haus - Gourmet-Restaurant
Wermelskirchen	Landhaus Spatzenhof
Wertheim	Stadtpalais Gourmetrestaurant **N**
Wiesbaden	Ente
Wilhelmshaven	Marco Polo
Wirsberg	Alexander Herrmann
Wolfsburg	La Fontaine
Würselen	Alte Feuerwache - Podobnik's Gourmet Restaurant
Würzburg	KUNO 1408 **N**
Würzburg	REISERS am Stein **N**
Xanten	Landhaus Köpp

N → *Neu* → *New*

Bib Gourmand 2014

• Orte mit mindestens einem Bib Gourmand-Haus.

Westerland
Keitum
Morsum
Oeversee
Kappeln
Sankt Michaelisdonn
Neuendorf bei Wilster
Tangstedt
Wremen
Hamburg
Dornum
Wilhelmshaven
Buxtehude
Worpswede
Scheeßel
Schneverdingen
Verden
Twist
Hannover
Bad Nenndorf
Nienstädt
Rheine
Emsdetten
Versmold
Herford
Bielefeld
Altenberge
Gütersloh
Polle
Coesfeld
Haltern am See
Rheda-Wiedenbrück
Hövelhof
Hamminkeln
Wesel
Wadersloh
Essen
Waltrop
Lünen
Mülheim an der Ruhr
Duisburg
Remscheid
Krefeld
Wuppertal
Arnsberg
Meschede
Nettetal
Kassel
Sprockhövel
Meerbusch
Schmallenberg
Mönchengladbach
Düsseldorf
Kürten
Köln
Gummersbach
Frankenberg
Odenthal
Engelskirchen
Marburg
Bad Hersfeld
Hennef
Aachen
Erftstadt
Fulda
Königswinter
Burbach
Euskirchen
Laubach
Hardert
Monschau
Vallendar
Altenahr
Koblenz
Bad Nauheim
Balduinstein
A
Bad Neuenahr-Ahrweiler
Frankfurt am Main
Heidelberg
Saarbrücken
Karlsruhe
Stuttgart
Villingen-Schwenningen
Freiburg

Burg auf Fehmarn
Wustrow
Panker
Greifswald
Scharbeutz
Bad Doberan
Lübeck
Gross Grönau
Hohen Demzin
Hamberge
Gross Nemerow
Lütjensee
Jameln
Berlin
Celle
Potsdam
Eichwalde
Gifhorn
Brandenburg an der Havel
Reichenwalde
Nuthetal
Braunschweig
Magdeburg
Pattensen
Dessau
Finsterwalde
Quedlinburg
Radeburg
Leipzig
Görlitz
Göttingen
Wilthen
Dresden
Freiberg
Weimar
Chemnitz
Eisenach
Saalfeld
Aue
Auerbach
Meiningen
Lichtenberg
Stockheim
Coburg
Presseck
Weißenstadt
Tröstau
Forchheim
Bindlach
Heroldsberg
Auerbach in der Oberpfalz
Heßdorf
Wernberg-Köblitz
Erlangen
Lauf an der Pegnitz
Amberg
Rötz
Fürth
Illschwang
Neunburg vorm Wald
Nürnberg
Pilsach
Cham
Ansbach
Neutraubling
Donaustauf
Spalt
Grafenau
Bad Abbach
Niederwinkling
Pappenheim
Mintraching
Nördlingen
Hauzenberg
Neuburg an der Donau
Höchstädt an der Donau
Schalkham
Bad Füssing
Neuburg an der Kammel
Taufkirchen
Vaterstetten
Stubenberg
Ulm
Bergkirchen
Forstinning
München
Wasserburg am Inn
Mindelheim
Seeon-Seebruck
Aying
Wolfratshausen
Waging am See
Bad Aibling
Teisendorf
Münsing
Frasdorf
Bad Tölz
Neubeuern
Piding
Bad Grönenbach
Rosshaupten
Bad Wiessee
Pfronten
Lenggries
Garmisch-Partenkirchen
Mittenwald
Oberstdorf

A

Mayen
Bad Ems
Darscheid
Dörscheid
Kaub
Eltville am Rhein
Reil
Ürzig
Jugenheim in Rheinhessen
Guldental
Bad Kreuznach
Flonheim
Meddersheim
Wasserliesch
Weisenheim am Berg
Sankt Wendel
Wartenberg-Rohrbach
Sankt Ingbert
Frankweiler
Dernbach
Zweibrücken
Saarbrücken
Birkweiler
Blieskastel
Mandelbachtal
Landau in der Pfalz
Kehl
Durbach
Offenburg
Berghaupten
Friesenheim
Ringsheim
Kenzingen
Freiamt
Endingen am Kaiserstuhl
Glottertal
Denzlingen
Ihringen
Freiburg im Breisgau
Kirchzarten
Staufen im Breisgau
Oberried
Heitersheim
Sulzburg
Bad Bellingen
Kandern
Schopfheim

Bib Gourmand 2014

• Orte mit mindestens einem Bib Gourmand-Haus.

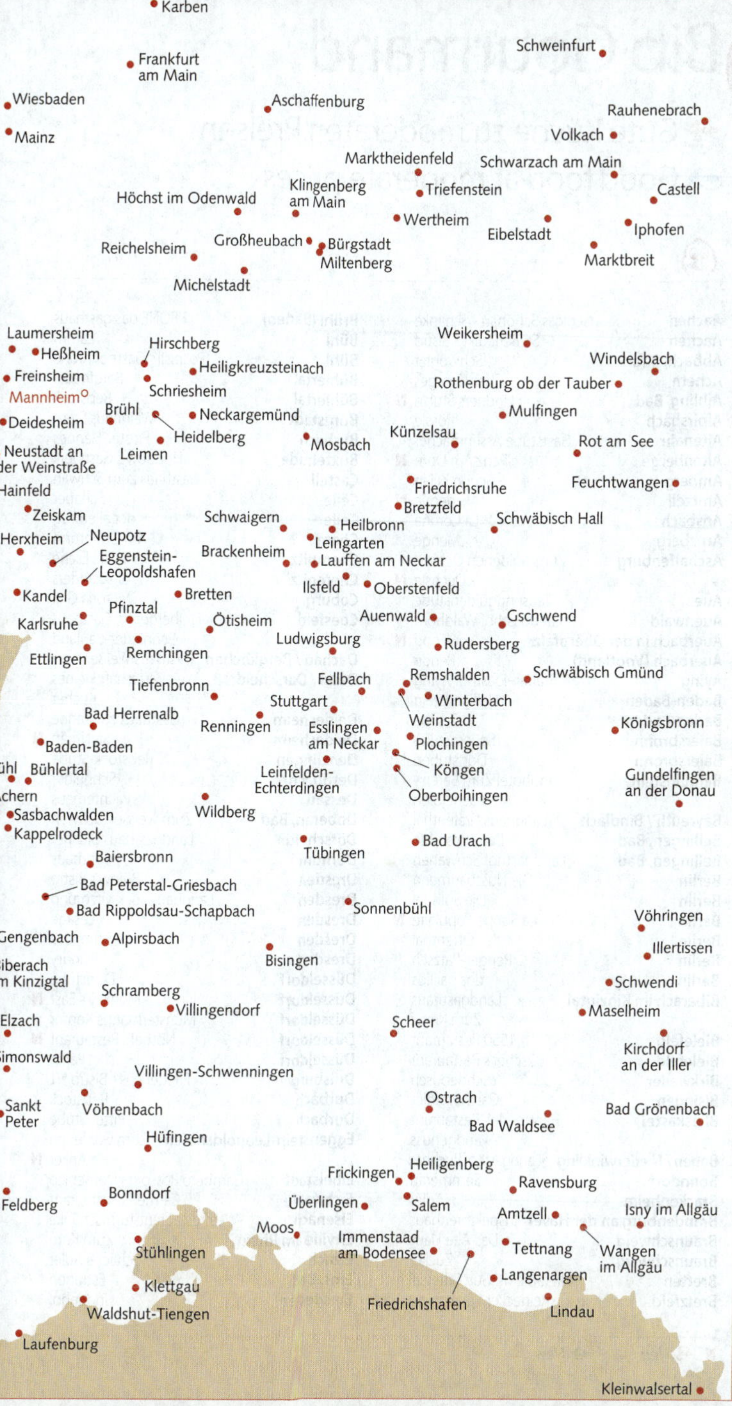
Karben
Frankfurt am Main
Wiesbaden
Mainz
Aschaffenburg
Schweinfurt
Rauhenebrach
Volkach
Marktheidenfeld
Schwarzach am Main
Klingenberg am Main
Triefenstein
Castell
Höchst im Odenwald
Wertheim
Eibelstadt
Iphofen
Reichelsheim
Großheubach
Bürgstadt
Miltenberg
Marktbreit
Michelstadt
Laumersheim
Heßheim
Hirschberg
Heiligkreuzsteinach
Weikersheim
Windelsbach
Freinsheim
Schriesheim
Rothenburg ob der Tauber
Mannheim
Brühl
Neckargemünd
Mulfingen
Deidesheim
Heidelberg
Künzelsau
Neustadt an der Weinstraße
Leimen
Mosbach
Rot am See
Hainfeld
Friedrichsruhe
Feuchtwangen
Zeiskam
Bretzfeld
Schwaigern
Heilbronn
Schwäbisch Hall
Herxheim
Neupotz
Leingarten
Eggenstein-Leopoldshafen
Brackenheim
Lauffen am Neckar
Kandel
Bretten
Ilsfeld
Oberstenfeld
Pfinztal
Karlsruhe
Ötisheim
Auenwald
Gschwend
Ludwigsburg
Rudersberg
Ettlingen
Remchingen
Fellbach
Remshalden
Schwäbisch Gmünd
Tiefenbronn
Stuttgart
Winterbach
Bad Herrenalb
Weinstadt
Königsbronn
Renningen
Esslingen am Neckar
Plochingen
Baden-Baden
Bühl
Bühlertal
Leinfelden-Echterdingen
Köngen
Gundelfingen an der Donau
Achern
Oberboihingen
Sasbachwalden
Wildberg
Kappelrodeck
Bad Urach
Tübingen
Baiersbronn
Bad Peterstal-Griesbach
Bad Rippoldsau-Schapbach
Sonnenbühl
Vöhringen
Gengenbach
Alpirsbach
Illertissen
Bisingen
Biberach im Kinzigtal
Schwendi
Schramberg
Villingendorf
Maselheim
Elzach
Scheer
Kirchdorf an der Iller
Simonswald
Villingen-Schwenningen
Ostrach
Sankt Peter
Vöhrenbach
Bad Grönenbach
Bad Waldsee
Hüfingen
Frickingen
Heiligenberg
Ravensburg
Feldberg
Bonndorf
Überlingen
Salem
Amtzell
Isny im Allgäu
Moos
Immenstaad am Bodensee
Tettnang
Wangen im Allgäu
Stühlingen
Klettgau
Langenargen
Friedrichshafen
Lindau
Waldshut-Tiengen
Laufenburg
Kleinwalsertal

Bib Gourmand

→ Gute Küche zu moderaten Preisen
→ Good food at moderate prices

Aachen	Schloss Schönau - Schänke
Aachen	St. Benedikt - Bistro
Abbach, Bad	Schwögler
Achern	Chez Georges
Aibling, Bad	Lindners Stub'n **N**
Alpirsbach	Rössle
Altenahr	Gaststube Assenmacher
Altenberge	Penz Am Dom **N**
Amberg	Schön Kilian
Amtzell	Akademie **N**
Ansbach	La Corona
Arnsberg	Menge
Aschaffenburg	Zum Goldenen Ochsen - Oechsle **N**
Aue	Tausendgüldenstube
Auenwald	Landgasthof Waldhorn
Auerbach in der Oberpfalz	SoulFood **N**
Auerbach (Vogtland)	Renoir
Aying	Brauereigasthof Aying
Baden-Baden	Heiligenstein
Baden-Baden	Traube
Baiersbronn	Bauernstube
Baiersbronn	Dorfstuben
Balduinstein	Landhotel Zum Bären - Am Kachelofen
Bayreuth / Bindlach	Landhaus Gräfenthal
Bellingen, Bad	Berghofstüble
Bellingen, Bad	Landgasthof Schwanen
Berlin	Die Nussbaumerin
Berlin	Die Spindel
Berlin	La Soupe Populaire **N**
Berlin	Ottenthal
Berlin	Renger-Patzsch
Berlin	dos palillos
Biberach im Kinzigtal	Landgasthaus Zum Kreuz
Bielefeld	1550 Restaurant
Bielefeld	Büscher's Restaurant
Birkweiler	Keschdebusch
Bisingen	Gasthof Adler
Blieskastel	Hämmerle's Restaurant - Landgenuss
Bogen / Niederwinkling	Landgasthof Buchner
Bonndorf	Sommerau
Brackenheim	Adler
Brandenburg an der Havel	Inspektorenhaus
Braunschweig	Das Alte Haus
Braunschweig	Zucker
Bretten	à la table de Guy Graessel
Bretzfeld	Reinecker's Dorfstube
Brühl (Baden)	KRONE das gasthaus
Bühl	Lamm
Bühl	Pospisil's Gasthof Krone
Bühlertal	Bergfriedel
Bühlertal	Rebstock
Bürgstadt	Weinhaus Stern
Burbach	Fiester-Hannes
Buxtehude	Hoddow's Gastwerk
Castell	Gasthaus zum Schwan
Celle	Schaper
Celle	der allerKrug
Cham	Am Ödenturm
Chemnitz	Villa Esche
Chemnitz	alexxanders
Coburg	Victoria Grill
Coesfeld	Freiberger im Gasthaus Schnieder-Bauland
Dachau / Bergkirchen	Gasthaus Weißenbeck
Daun / Darscheid	Weinwirtschaft kleines Kucher
Deidesheim	Gasthaus zur Kanne
Deidesheim	St. Urban **N**
Denzlingen	Rebstock-Stube
Dernbach	Schneider
Dessau	Pächterhaus
Doberan, Bad	Zum weissen Schwan
Dörscheid	Landgasthaus Blücher
Dornum	Fährhaus
Dresden	Bülow's Bistro
Dresden	Landhaus Lockwitzgrund
Dresden	Lesage
Dresden	Schmidt's
Dresden	Villandry
Düsseldorf	Dorfstube
Düsseldorf	Monkey's East **N**
Düsseldorf	Münstermanns Kontor
Düsseldorf	Nöthel's Restaurant **N**
Düsseldorf	Parlin
Duisburg	Friederichs - Bistro NT
Durbach	Rebstock
Durbach	Ritter Stube
Eggenstein-Leopoldshafen	Zum Goldenen Anker **N**
Eibelstadt	Gambero Rosso da Domenico
Eichwalde	Carmens Restaurant
Eisenach	Weinrestaurant Turmschänke
Eltville am Rhein	Zum Krug
Elzach	Schäck's Adler
Ems, Bad	Estragon
Emsdetten	Lindenhof

N → *Neu* 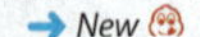 → *New*

Endingen am Kaiserstuhl	Dutters Stube
Engelskirchen	Die Alte Schlosserei
Erftstadt	Husarenquartier - Bistro
Erlangen	Altmann's Stube
Erlangen	Polster Stube
Essen	HUGENpöttchen
Esslingen am Neckar	Zur Tafelstube **N**
Ettlingen	Weinstube Sibylla
Euskirchen	Bembergs Häuschen - Eifelers Zeiten
Fehmarn (Insel) / Burg	Margaretenhof **N**
Feldberg im Schwarzwald	Sommerberg
Feuchtwangen	Greifen-Post
Feuchtwangen	Landgasthof Zum Ross
Finsterwalde	Goldener Hahn
Flensburg / Oeversee	Krugwirtschaft
Flonheim	Weinwirtschaft Espenhof
Forchheim	Zöllner's Weinstube
Forstinning	Zum Vaas
Frankenberg (Eder)	Sonne-Stuben **N**
Frankfurt am Main	La Cigale
Frankfurt am Main	Zarges
Frankweiler	Weinstube Brand
Frasdorf	Schloßwirtschaft Wildenwart **N**
Freiamt	Zur Krone
Freiberg	Le Bambou
Freiburg im Breisgau	Hirschen
Freiburg im Breisgau	Kühler Krug
Freiburg im Breisgau	Rheingold **N**
Freinsheim	WEINreich
Frickingen	Löwen
Friedrichshafen	Goldenes Rad
Friesenheim	Mühlenhof
Fürth	Altes Forsthaus
Füssing, Bad	Holzapfel's Restaurant
Fulda	Goldener Karpfen
Garmisch-Partenkirchen	Reindl's Restaurant
Gengenbach	Die Reichsstadt
Gengenbach / Berghaupten	Hirsch
Gifhorn	Ratsweinkeller
Glottertal	Hirschen
Glottertal	Zum Goldenen Engel
Görlitz	Schneider Stube
Göttingen	Gauß am Theater
Grafenau	Säumerhof
Greifswald	Büttner's
Greifswald	Tischlerei **N**
Grönenbach, Bad	Topf-Gucker
Groß Grönau	Zum fabelhaften Hirschen
Großheubach	Zur Krone
Gschwend	Herrengass
Gütersloh	Medium
Guldental	Der Kaiserhof
Gummersbach	Die Mühlenhelle - Bistro
Gundelfingen an der Donau	neuhof am see **N**
Hainfeld	Arens Restaurant
Haltern am See	Ratsstuben **N**
Hamberge	Landhaus Hamberge
Hamburg	Brahms Restaurant **N**
Hamburg	Brook
Hamburg	Casse-Croûte
Hamburg	Cox
Hamburg	Henssler Henssler
Hamburg	Kitsune Izakaya
Hamburg	LENZ
Hamburg	Le Plat du Jour
Hamburg	Marbella **N**
Hamburg	Marlin
Hamburg	Nil
Hamburg	Speisewirtschaft Wattkorn
Hamburg	Stock's Fischrestaurant
Hamburg	Trific
Hamburg	Tschebull
Hamburg	Weinwirtschaft Kleines Jacob
Hannover	Neue Zeiten
Hannover	Röhrbein
Hauzenberg	Landgasthaus Gidibauer-Hof
Heidelberg	Backmulde
Heilbronn	Bachmaier
Heilbronn	Rebstock la petite Provence
Heilbronn / Leingarten	Löwen - Dorfkrug
Heiligenberg	Baader
Heiligenberg	Hack
Heiligkreuzsteinach	Goldener Pflug **N**
Heitersheim	Landhotel Krone
Hennef (Sieg)	Sängerheim - Das Restaurant
Herford	Am Osterfeuer
Heroldsberg	Freihardt
Herrenalb, Bad	Lamm
Hersfeld, Bad	Stern's Restaurant
Herxheim	Pfälzer Stube
Heßdorf	Wirtschaft von Johann Gerner
Heßheim	Ellenbergs
Hirschberg	Bistronauten **N**
Hirschberg	Krone
Höchst im Odenwald	Krone - Wirtschaft
Höchstädt an der Donau	Zur Glocke
Hövelhof	Gasthof Brink
Hohen Demzin	Schlosshotel Burg Schlitz - Brasserie Louise **N**
Hüfingen	Landgasthof Hirschen
Ihringen	Bräutigam
Ihringen	Holzöfele
Ihringen	Weinstube Zum Küfer **N**
Illertissen	Gasthof Krone
Illschwang	Weißes Roß
Ilsfeld	Häußermann's Ochsen
Immenstaad am Bodensee	Heinzler
Immenstaad am Bodensee	Seehof
Iphofen	Deutscher Hof
Isny	Hohe Linde - Allgäuer Stuben **N**
Jameln	Das Alte Haus
Jugenheim	Weedenhof
Kandel	Zum Riesen **N**
Kandern	Pfaffenkeller
Kappeln	Speicher No. 5
Kappelrodeck	Zum Rebstock
Karben	Neidharts Küche
Karlsruhe	Hammer's Restaurant
Kassel	Zum Steinernen Schweinchen - Santé
Kaub	Zum Turm
Kehl	Grieshaber's Rebstock
Kehl	Hirsch
Kenzingen	Scheidels Restaurant zum Kranz
Kirchdorf an der Iller	Landgasthof Löwen **N**
Kirchzarten	Schlegelhof
Kirchzarten	Zum Rössle
Kleinwalsertal / Riezlern	Humbachstube im Alpenhof Jäger

N → *Neu* → *New*

Kleinwalsertal / Riezlern	Scharnagl's Alpenhof
Klettgau	Landgasthof Mange
Klingenberg am Main	Straubs Restaurant
Koblenz	Historischer Weinkeller N
Köln	Capricorn [i] Aries Brasserie
Köln	Hütter's Piccolo
Köln	La poêle d'or - Bistro B
Köngen	Schwanen
Köngen	Tafelhaus
Königsbronn	Widmann's Löwen
Königswinter	Villa Leonhart N
Krefeld	Chopelin
Kreuznach, Bad	Im Kittchen
Kronach / Stockheim	Landgasthof Detsch
Künzelsau	Anne-Sophie
Kürten	Zur Mühle
Landau in der Pfalz	Beat Lutz
Langenargen	Schuppen 13
Laubach	Landgasthaus Waldschenke
Lauf an der Pegnitz	Waldgasthof Am Letten
Laufenburg (Baden)	Zumkellers Schlössle
Lauffen am Neckar	Elefanten
Laumersheim	Zum Weißen Lamm
Leimen	Weinstube Jägerlust
Leinfelden-Echterdingen	Am Park
Leipzig	Münsters N
Lenggries	Schweizer Wirt
Leonberg / Renningen	fine affaire
Lindau im Bodensee	Schachener Hof
Ludwigsburg	Alte Sonne
Lübeck	Weinwirtschaft
Lünen	Diana's
Lütjenburg / Panker	Forsthaus Hessenstein
Lütjensee	Fischerklause
Magdeburg	Landhaus Hadrys
Mainz	Geberts Weinstuben
Mandelbachtal	Gräfinthaler Hof N
Marburg	MARBURGER esszimmer N
Marktbreit	Michels Stern
Marktheidenfeld	Weinhaus Anker
Maselheim	Lamm N
Mayen	Zum Alten Fritz
Meerbusch	WINELIVE im Lindenhof N
Meiningen	Posthalterei
Meschede	Landhotel Donner
Michelstadt	Landgasthof Geiersmühle
Miltenberg	Kristinas Esszimmer
Mindelheim	Zur Laute
Mintraching	Zum Goldenen Krug
Mittenwald	Das Marktrestaurant
Mönchengladbach	Gasthaus Stappen N
Monschau	Hubertusklause
Mosbach	Landgasthof zum Ochsen N
Mülheim an der Ruhr	Möllеckens Altes Zollhaus
München	Atelier Gourmet
München	Freisinger Hof
München	Le Barestovino
München	M Belleville
München	Mangi N
München	Neumayr - Johannas N
Münsing	Gasthaus Limm
Mulfingen	Jagstmühle
Nauheim, Bad	Brunnenwärterhaus

Neckargemünd	Zum Rössl
Nenndorf, Bad	August
Nettetal	Sonneck
Neubeuern	Auers Schlosswirtschaft
Neubrandenburg / Groß Nemerow	Lisette
Neuburg an der Donau	Zum Klosterbräu - Gaststube
Neuburg an der Kammel	Landhaus Jekle N
Neuenahr-Ahrweiler, Bad	Restauration Idille
Neuendorf bei Wilster	Zum Dückerstieg
Neunburg vorm Wald	Landhotel Birkenhof - Turmstube
Neupotz	Gehrlein's Hardtwald N
Neupotz	Zum Lamm
Neustadt an der Weinstraße	Grünwedel's Restaurant N
Neustadt an der Weinstraße	Netts Restaurant und Landhaus N Wirtsstube
Nördlingen	Landgasthof Gentner
Nürnberg	Würzhaus
Nürnberg	Zirbelstube
Nürnberg	Philippsthal
Nuthetal	Zur Linde
Oberboihingen	Die Halde
Oberried	Gasthaus Sternen Post
Oberried	Königliches Jagdhaus
Oberstdorf	Löwen-Wirtschaft
Oberstdorf	Zum Ochsen
Oberstenfeld	Postschänke
Odenthal	Jägerstube
Öhringen / Friedrichsruhe	Sternenschanz
Ötisheim	Blume
Offenburg	Landhotel zum Hirsch
Ostrach	Zur Sonne N
Pappenheim	Das kleine Restaurant
Pattensen	Kamin- und Bauernstube
Peterstal-Griesbach, Bad	
Pfinztal	Die Guten Stuben
Pfronten	Berghotel Schlossanger-Alp
Piding	Lohmayr Stub'n
Pilsach	Landgasthof Meier
Plochingen	Stumpenhof
Polle	Graf Everstein
Potsdam	Speckers Landhaus
Presseck	Gasthof Berghof - Ursprung
Quedlinburg	Theophano im Palais Salfeldt
Radeburg	Gasthof Bärwalde
Radolfzell / Moos	Gottfried
Rauhenebrach	Gasthaus Hofmann
Ravensburg	Lumperhof N
Regensburg / Donaustauf	Zum Postillion
Regensburg / Neutraubling	Am See
Reichelsheim	O de vie
Reichenwalde	Alte Schule
Reil	Heim's Restaurant
Remchingen	Zum Hirsch
Remscheid	Concordia - Fifty Six
Remshalden	Weinstube zur Traube
Rengsdorf / Hardert	Corona
Rheda-Wiedenbrück	Reuter - Bistro
Rheine	Beesten
Ringsheim	Heckenrose
Rippoldsau-Schapbach, Bad	Klösterle Hof

Rötz	Spiegelstube
Rosshaupten	Kaufmann
Rot am See	Landhaus Hohenlohe
Rothenburg o.d. Tauber	Die blaue Sau
Rothenburg o.d. Tauber / Windelsbach	Landhaus Lebert
Rudersberg	Gasthaus Stern
Saalfeld	Güldene Gans
Saarbrücken	Restaurant Quack in der Villa Weismüller
Saarbrücken	Schlachthof Brasserie
Salem	Recks
Sankt Ingbert	Die Alte Brauerei
Sankt Michaelisdonn	Landhaus Gardels
Sankt Peter	Zur Sonne
Sankt Wendel	Kaminzimmer
Sasbachwalden	Badische Stuben
Sasbachwalden	Engel
Schalkham	Sebastianihof
Scharbeutz	Brechtmanns Botschaft
Scharbeutz	Muschel
Scheeßel	Rauchfang
Schmallenberg	Gasthof Schütte
Schneverdingen	Ramster
Schopfheim	Metropole
Schorndorf / Winterbach	Landgasthaus Hirsch
Schramberg	Gasthof Hirsch
Schriesheim	Weinhaus Bartsch
Schwäbisch Gmünd	Fuggerei
Schwäbisch Hall	Landhaus Zum Rössle
Schwaigern	Zum Alten Rentamt
Schwarzach am Main	Schwab's Landgasthof
Schweinfurt	Kings und Queens
Schwendi	Oberschwäbischer Hof
Seeon-Seebruck	Schaller zur Post
Sigmaringen / Scheer	Brunnenstube
Simbach am Inn / Stubenberg	Zur Post - Gaststube
Simonswald	Hugenhof
Sobernheim, Bad / Meddersheim	Landgasthof zur Traube
Sonnenbühl	Dorfstube
Spalt	Gasthof Blumenthal
Sprockhövel	Eggers
Stadthagen / Nienstädt	Sülbecker Krug
Staufen	Die Krone
Staufen	Kreuz-Post
Steben, Bad / Lichtenberg	Harmonie
Stühlingen	Gasthaus Schwanen
Stuttgart	Fässle
Stuttgart	Goldener Adler
Stuttgart	Vetter
Stuttgart / Fellbach	Aldinger's Germania
Stuttgart / Fellbach	Gasthaus zum Hirschen
Sulzburg	La Vigna
Sulzburg	Landgasthof Rebstock
Sylt / Keitum	Karsten Wulff
Sylt / Morsum	Morsum Kliff
Sylt / Westerland	Bistro Stadt Hamburg
Tangstedt	Gutsküche **N**
Taufkirchen	Landgasthof Forster
Teisendorf	Gut Edermann - MundArt **N**
Tettnang	Lamm im Kau
Tiefenbronn	Bauernstuben
Tölz, Bad	Jägerwirt
Triefenstein	Weinhaus Zum Ritter
Tröstau	Schmankerl Restaurant Bauer
Tübingen	Basilikum
Twist	Gasthof Backers - Zum alten Dorfkrug
Überlingen	Landgasthof zum Adler
Ürzig	Moselschild
Urach, Bad	Wilder Mann
Vallendar	Die Traube
Vaterstetten	Gutsgasthof Stangl
Verden (Aller)	Pades Restaurant
Versmold	Alte Schenke
Villingendorf	Gasthof Linde
Villingen-Schwenningen	Rindenmühle
Vöhrenbach	Zum Engel
Vöhringen	Speisemeisterei Burgthalschenke
Volkach	Gasthaus Zur Krone
Wadersloh	Bomke - Bistro Vinothek
Waging am See	Landhaus Tanner
Waldsee, Bad	Scala
Waldshut-Tiengen	Brauerei Walter
Waltrop	Gasthaus Stromberg
Wangen im Allgäu	Adler
Wartenberg-Rohrbach	MAHL-WERK Das Mühlenrestaurant
Wasserburg am Inn	Herrenhaus
Wasserburg am Inn	Weisses Rössl
Wasserliesch	Scheid's **N**
Weikersheim	Laurentius - Bistro
Weimar	Anastasia
Weinstadt	Gasthaus Rössle
Weinstadt	Weinstube Muz
Weisenheim am Berg	Admiral
Weissenstadt	Gasthaus Egertal - Bistro Prinz-Rupprecht Stube
Wernberg-Köblitz	Landgasthof Burkhard - Kaminstube **N**
Wertheim	Bestenheider Stuben
Wertheim	Stadtpalais Speiselokal **N**
Wesel	ART
Wesel / Hamminkeln	Carpe diem
Wiesbaden	Domäne Mechtildshausen **N**
Wiessee, Bad	Freihaus Brenner
Wildberg	Talblick
Wilhelmshaven	Harbour View
Wilthen	Erbgericht Tautewalde
Wolfratshausen	Haderbräu Stuben
Worpswede	Kaffee Worpswede
Wremen	Gasthaus Wolters - Zur Börse
Wuppertal	Scarpati - Trattoria **N**
Wustrow	Schimmel's
Zeiskam	Zeiskamer Mühle
Zweibrücken	ESSLIBRIS
Zweibrücken	Landhaus

N → *Neu* → *New*

Bib Hotel

→ Hier übernachten Sie gut und preiswert

→ Good accommodation at moderate prices

Achern	Schwarzwälder Hof
Ahaus	Haus im Flör
Albstadt	In der Breite
Aldersbach	Mayerhofer
Alf	Bömer's Mosellandhotel
Alfeld (Leine)	Grüner Wald
Altenberg	Zum Bären
Altensteig	Hirsch
Arnsberg	Menge
Aschau im Chiemgau	Edeltraud
Auggen	Zur Krone
Bautzen	Dom Eck
Bayrischzell	Postgasthof Rote Wand
Beilngries	Die Gams
Bernau im Schwarzwald	Schwarzwaldhaus
Bernkastel-Kues	burgblickhotel
Bestwig	Waldhaus
Biberach an der Riß	Landhotel zur Pfanne
Billerbeck	Domschenke
Bispingen	Das kleine Hotel am Park
Bispingen	Heidehotel Rieckmann
Blindheim	Breisachmühle
Bönnigheim	Adler am Schloss
Brandenburg an der Havel	Havelfloß
Braunlage	Vitalhotel Sonneneck
Bretzfeld	Landhaus Rössle
Brilon	Rech
Buchen (Odenwald)	Reichsadler **N**
Bückeburg	Große Klus
Bühlertal	Bergfriedel
Bürgstadt	Weinhaus Stern
Burgthann	Burghotel
Chemnitz	alexxanders
Clausthal-Zellerfeld	Harzhotel Zum Prinzen
Cloppenburg	Schäfers Hotel
Dahn / Bruchweiler-Bärenbach	Landhaus Felsengarten
Doberan, Bad	Villa Sommer
Dörscheid	Landgasthaus Blücher
Donauwörth	Viktoria
Dornum	Fährhaus **N**
Dresden	AMBIENTE
Dresden	Privat
Dürkheim, Bad	An den Salinen **N**
Edenkoben / Rhodt	Rhodter Adler **N**
Egling	Hanfstingl
Ehekirchen	Strixner Hof
Ellwangen	Klozbücher **N**
Emmendingen	Park-Hotel Krone
Emsdetten	Lindenhof
Erfurt	Villa am Park
Essen	Ruhr-Hotel **N**
Feldberger Seenlandschaft	Alte Schule
Flörsheim-Dalsheim	Weingut und Gästehaus Peth
Forchtenberg	Krone
Forst an der Weinstraße	Landhotel Lucashof
Freital / Rabenau	Rabenauer Mühle
Friedberg	Park Ambiente
Fürstenzell	Zur Platte
Gengenbach / Berghaupten	Hirsch
Glottertal	Zum Goldenen Engel
Gottleuba, Bad	Berghotel Augustusberg
Großschönau	Quirle-Häusl
Hallerndorf	Landgasthof Rittmayer
Hamburg	Ökotel
Hammelburg	Deutsches Haus
Haslach im Kinzigtal	Gasthaus zur Blume
Hauzenberg	Landgasthaus Gidibauer-Hof
Heigenbrücken	Landgasthof Hochspessart
Heilbrunn, Bad	Kilian
Heiligenberg	Hack
Heitersheim	OX Hotel
Herrenalb, Bad	Sonnenhof
Hersbruck	Grüner Baum
Hersbruck / Kirchensittenbach	Landpension Postwirt
Heßheim	Ellenbergs
Hilpoltstein	Brauereigasthof Zum schwarzen Roß

N → *Neu*  → *New*

Hinterzarten	Gasthaus Engel
Hirschaid	Gasthaus Wurm
Höchst im Odenwald	Krone
Hövelhof	Gasthaus Spieker
Hohnstein	LuK - Das Kleine Landhotel
Hornberg	Adler
Hügelsheim	Hirsch
Ibbenbüren	Hubertushof
Idar-Oberstein	Berghotel Kristall
Iphofen	Altstadthotel Bausewein
Iphofen	Huhn das kleine Hotel
Isernhagen	Engel
Kallstadt	Kallstadter Hof
Kamenz	Villa Weiße
Kappelrodeck	Zum Rebstock
Kehl	Grieshaber's Rebstock
Kell am See	Fronhof
Kenzingen	Schieble
Kipfenberg	Zur Linde
Kirchberg an der Jagst	Landhotel Kirchberg
Kirchzarten	Sonne
Kißlegg	Ochsen
Kleinwalsertal / Mittelberg	Ingeborg
Klingenthal	Berggasthaus Schöne Aussicht
Köln	Ihr Hotel
Königsbronn	Widmann's Löwen
Kronach / Stockheim	Landgasthof Detsch
Krozingen, Bad	Storchen
Lage (Lippe)	Haus Berkenkamp
Landau an der Isar	Gästehaus Numberger
Landsberg am Lech	Landhotel Endhart
Langenargen	Im Winkel
Langenau	Zum Bad
Lauffen am Neckar	Gästehaus Kraft
Leimen	Seipel
Liebenzell, Bad	Koch
Lüchow	Am Glockenturm
Maintal	Irmchen
Malente-Gremsmühlen, Bad	See-Villa
Memmelsdorf	Brauerei-Gasthof Drei Kronen
Mergentheim, Bad	Gästehaus Birgit
Meschede	Landhotel Donner
Meyenburg	Germania Hotel am Schlosspark
Mülheim (Mosel)	Domizil Schiffmann
Nenndorf, Bad	Schmiedegasthaus Gehrke
Neuendettelsau	Sonne
Neuendorf bei Wilster	Zum Dückerstieg
Neumarkt in der Oberpfalz	Mehl
Neupotz	Gehrlein's Hardtwald **N**
Neustadt an der Weinstraße	Netts Restaurant und Landhaus **N**
Neustrelitz	Schlossgarten
Nidderau	Alte Bäckerei
Nidderau	Zum Adler
Nittel	Culinarium
Nordhorn	Am Stadtring **N**
Northeim	Seeger's Gasthof
Nürnberg	Klughardt
Nürnberg	Park-Hotel
Oberaula	Zum Stern
Oberheimbach	Weinberg-Schlösschen **N**
Oberried	Gasthaus Sternen Post
Östringen	Kreuzberghof
Offenbach	Graf
Olzheim	Haus Feldmaus
Ostrach	Landhotel zum Hirsch **N**
Pasewalk	Villa Knobelsdorff
Passau	Passauer Wolf
Penzberg	Hoisl-Bräu
Petershagen-Eggersdorf	Landgasthof zum Mühlenteich
Planegg	Asemann Planegg
Pleisweiler-Oberhofen	Landhaus Wilker
Pottenstein	Schwan
Preetz / Lehmkuhlen	Neeth
Pritzwalk	Waldhotel Forsthaus Hainholz
Ramsau	Nutzkaser
Randersacker	Bären
Reichenhall, Bad	Erika
Riethnordhausen	Landvogt
Rimsting	Landhotel beim Has'n
Rostock / Sievershagen	Atrium Hotel Krüger
Rothenburg o.d. Tauber	Hornburg
Rothenburg o.d. Tauber / Steinsfeld	Landwehrbräu
Rügen / Baabe	Villa Granitz
Rügen / Göhren	Inselhotel
Rügen / Göhren	Stranddistel
Saalfelder Höhe	Schlosshotel Eyba
Saarbrücken	Bayrischer Hof
Salzgitter	Golfhotel
Samerberg	Berggasthof Duftbräu
Sankt Blasien	Café Aich
Sankt Oswald-Riedlhütte	Der Wieshof
Sankt Martin	Das Landhotel Weingut Gernert **N**
Sankt Peter	Jägerhaus
Schenkenzell	Waldblick
Schiltach	Zum weyßen Rössle
Schleswig	Hahn
Schmallenberg	Schäferhof
Schönau am Königssee	Georgenhof
Schopfheim	City Hotel
Schopfheim	Mühle zu Gersbach
Schorndorf	Gruber
Schwarzach am Main	Schwab's Landgasthof
Schwerin	De Schün
Seiffen	Seiffener Hof
Siegen	Pfeffermühle

N → *Neu* → *New*

Sigmaringen / Scheer	Donaublick
Spalt	Zum Schnapsbrenner
Staufen	Die Krone
Steben, Bad	Am Rosengarten
Steinhagen	Ententurm
Steinheim	Germanenhof
Steinkirchen	Windmüller
Stühlingen	Gasthaus Schwanen
Sülzetal	Landhotel Schwarzer Adler
Sundern	Klöckener
Tauberbischofsheim	Das kleine Amtshotel
Taufkirchen	Am Hof
Tölz, Bad	Lindenhof
Trostberg	Auf Wolke 8
Überlingen	Landgasthof zum Adler
Usedom / Karlshagen	Strandhotel
Vaihingen an der Enz	Lamm
Villingen-Schwenningen	Rindenmühle
Wangen im Allgäu	Engelberg
Wangerland	Bendiks
Wardenburg	Wardenburger Hof
Wartenberg-Rohrbach	Mühle am Schlossberg **N**
Wasserburg am Bodensee	Walserhof
Weimar	Villa Hentzel
Weinheim	Goldener Pflug
Weißenfels	Parkhotel Güldene Berge
Werdau	In der Mühle
Wernigerode	Am Anger
Wernigerode	Johannishof
Wertheim / Kreuzwertheim	Herrnwiesen
Westerstede	Altes Stadthaus
Willingen (Upland)	Upländer Hof
Wilthen	Erbgericht Tautewalde
Wingerode	Keppler's Ecke
Wurzach, Bad	Adler

N → *Neu* → *New*

Angenehme Hotels

→ Particularly pleasant hotels

Baden-Baden	Brenners Park-Hotel und Spa
Bergisch Gladbach	Althoff Grandhotel Schloss Bensberg
Berlin	Adlon Kempinski
Berlin	Regent
Berlin	The Ritz-Carlton
Berlin	Waldorf Astoria
Düsseldorf	Breidenbacher Hof
Hamburg	Fairmont Hotel Vier Jahreszeiten
München	Mandarin Oriental
Sonthofen / Ofterschwang	Sonnenalp

Aerzen	Schlosshotel Münchhausen
Baden-Baden	Belle Epoque
Baiersbronn	Bareiss
Baiersbronn	Traube Tonbach
Berchtesgaden	InterContinental Berchtesgaden Resort
Bergisch Gladbach	Althoff Schlosshotel Lerbach
Dresden	Bülow Palais
Essen	Schloss Hugenpoet
Frankfurt am Main	Hessischer Hof
Freiburg im Breisgau	Colombi-Hotel
Hamburg	Louis C. Jacob
Kleinwalsertal / Hirschegg	Travel Charme Ifen Hotel
Königstein im Taunus	Falkenstein Grand Kempinski
Krün	Schloss Elmau
Lübeck	A-ROSA
München	Königshof
Öhringen / Friedrichsruhe	Wald und Schlosshotel Friedrichsruhe
Peterstal-Griesbach, Bad	Dollenberg
Rottach-Egern	Park-Hotel Egerner Höfe
Sylt / Hörnum	BUDERSAND Hotel - Golf und Spa
Sylt / List	A-ROSA
Wolfsburg	The Ritz-Carlton

Aschau im Chiemgau	Residenz Heinz Winkler
Badenweiler	Schwarzmatt
Baiersbronn	Engel Obertal
Berlin	BRANDENBURGER HOF
Burg (Spreewald)	Zur Bleiche Resort und Spa
Celle	Althoff Hotel Fürstenhof
Cuxhaven	Badhotel Sternhagen
Deidesheim	Deidesheimer Hof
Deidesheim	Ketschauer Hof
Dierhagen	Strandhotel Dünenmeer
Dresden	Bülow Residenz
Dresden	Suitess
Dresden	Villa Weltemühle
Durbach	Ritter
Frankfurt am Main	Roomers
Freiamt	Ludinmühle
Geisenheim	Burg Schwarzenstein
Glücksburg	Alter Meierhof Vitalhotel
Häusern	Adler
Hammelburg / Wartmannsroth	Neumühle
Heidelberg	Die Hirschgasse
Heidelberg	Heidelberg Suites
Herleshausen	Hohenhaus
Herxheim	Krone
Hinterzarten	Erfurths Bergfried
Hinterzarten	Kesslermühle
Hinterzarten	Reppert
Hornbach	Kloster Hornbach
Hornbach	Lösch für Freunde
Ilsenburg	Landhaus Zu den Rothen Forellen

Isselburg	Parkhotel Wasserburg Anholt
Juist	Achterdiek
Kirschau	Bei Schumann
Königstein im Taunus	Villa Rothschild Kempinski
Kötzting, Bad	Bayerwaldhof
Konstanz	RIVA
Krün	Das Kranzbach
Laasphe, Bad	Jagdhof Glashütte
Lindau im Bodensee	Villino
Lübeck	COLUMBIA
Madlitz-Wilmersdorf	Gut Klostermühle
Mülheim an der Ruhr	Villa am Ruhrufer
München	Palace
Münster	Hof zur Linde
Neuhardenberg	Schloss Neuhardenberg
Oberammergau	Maximilian
Oberstdorf	Parkhotel Frank
Pfinztal	Villa Hammerschmiede
Pfronten	Berghotel Schlossanger-Alp
Potsdam	Bayrisches Haus
Rotenburg (Wümme)	Landhaus Wachtelhof
Rothenburg o.d. Tauber	herrnschlösschen
Rügen / Binz	CERÊS
Rügen / Sellin	ROEWERS Privathotel
Sachsa, Bad	Romantischer Winkel
Sankt Englmar	Angerhof
Stolpe	Gutshaus Stolpe
Stralsund	Scheelehof
Stromberg	Johann Lafer's Stromburg
Stuttgart	Althoff Hotel am Schlossgarten
Sylt / Keitum	Benen-Diken-Hof
Sylt / Munkmarsch	Fährhaus
Sylt / Rantum	Söl'ring Hof
Sylt / Tinnum	Landhaus Stricker
Sylt / Westerland	Jörg Müller
Sylt / Westerland	Stadt Hamburg
Titisee-Neustadt	Treschers Schwarzwaldhotel
Wernberg-Köblitz	Burg Wernberg
Wernigerode	Travel Charme Gothisches Haus
Winterberg	Berghotel Astenkrone
Wörishofen, Bad	Fontenay
Zingst	Meerlust
Zweibrücken	Landschloss Fasanerie

Ahrenshoop	Künstlerquartier Seezeichen
Amorbach	Der Schafhof
Aurich	Hochzeitshaus
Aying	Brauereigasthof Aying
Bacharach	Landhaus Delle
Baden-Baden	Der Kleine Prinz
Baiersbronn	Forsthaus Auerhahn
Balduinstein	Landhotel Zum Bären
Bamberg	Villa Geyerswörth
Bayreuth	Goldener Anker
Bederkesa, Bad	Bösehof
Bendestorf	Landhaus Meinsbur
Benz	Schloss Gamehl
Bergisch Gladbach	Malerwinkel
Berleburg, Bad	Alte Schule
Bienenbüttel	GUT Bardenhagen
Blankenburg	Viktoria Luise
Bonn	Villa Godesberg
Bruchhausen-Vilsen	Forsthaus Heiligenberg
Coburg	Stadtvilla
Crimmitschau	Villa Vier Jahreszeiten
Dahlem	Schlosshotel Burghaus Kronenburg
Detmold	Detmolder Hof
Dettighofen	Hofgut Albführen
Dresden	Villa Weißer Hirsch
Durbach	Rebstock
Eisenach	Auf der Wartburg
Feuchtwangen	Greifen-Post
Frankenberg (Eder)	Die Sonne Frankenberg
Frankfurt am Main	25hours by Levi's (twenty-five)
Frankfurt am Main	Goldman 25hours
Freising / Hallbergmoos	Daniels
Garmisch-Partenkirchen	Staudacherhof
Gernsbach	Schloss Eberstein
Gleisweiler	Landhotel Herrenhaus Barthélemy
Gotha	Landhaus und Burg Hotel Romantik
Grünstadt / Neuleiningen	Alte Pfarrey
Güstrow	Kurhaus am Inselsee
Gummersbach	Die Mühlenhelle
Hagnau	Burgunderhof
Hagnau	Villa am See
Hamburg	Strandhotel
Hartenstein	Jagdhaus Waldidyll
Heidelberg	Arthotel
Heidelberg	Astoria
Iphofen	Zehntkeller
Kehl	Grieshaber's Rebstock
Kirchzarten	Schlegelhof
Kissingen, Bad	Laudensacks Parkhotel
Kressbronn	Boutique-Hotel Friesinger
Landshut	Fürstenhof
Langeoog	Kolb
Lohmar	Schloss Auel
Lübeck	Anno 1216
Lütjenburg / Panker	Ole Liese
Magdeburg	Residenz Joop
Malchow	Rosendomizil
Mannheim	Speicher 7

Meersburg	Residenz am See
Meersburg	Villa Seeschau
Mönchengladbach	Palace St. George
Mülheim (Mosel)	Weinromantikhotel Richtershof
Nachrodt-Wiblingwerde	Schloss Hotel Holzrichter
Neuburg an der Donau	Zum Klosterbräu
Neuenahr-Ahrweiler, Bad	Sanct Peter
Norderney	Seesteg
Nürnberg	Drei Raben
Nürnberg	Rottner
Oberried	Die Halde
Oberstaufen	Alpenkönig
Oberstdorf	Löwen und Strauss
Oberwesel	Burghotel Auf Schönburg
Oy-Mittelberg	Die Mittelburg
Pfronten	Burghotel auf dem Falkenstein
Pullach	Seitner Hof
Quedlinburg	Hotel Am Brühl
Radebeul	Villa Sorgenfrei
Radolfzell	Art Villa am See
Ratekau	Landhaus Töpferhof
Regensburg	Orphée Großes Haus
Rothenburg o.d. Tauber	Villa Mittermeier
Rottach-Egern / Kreuth	Villa Sonnwend
Rügen / Binz	niXe

Saarow, Bad	Palais am See
Saarow, Bad	Villa Contessa
Sankt Englmar	Berghotel Maibrunn
Sankt Englmar	Gut Schmelmerhof
Sankt Peter-Ording	Landhaus an de Dün
Schönwald	Zum Ochsen
Schriesheim	Kaiser
Sobernheim, Bad	BollAnt's im Park
Speyer	Residenz am Königsplatz
Stuttgart	Der Zauberlehrling
Sylt / Keitum	Aarnhoog
Sylt / Kampen	Village
Taunusstein	Légère
Tegernsee	Leeberghof
Thannhausen	Schreiegg's Post
Trier	BECKER'S Hotel
Trier	Villa Hügel
Tübingen	Hospederia La Casa
Uhldingen-Mühlhofen	Landhotel Fischerhaus
Usedom / Heringsdorf	Strandhotel Ostseeblick
Warendorf	Mersch
Wermelskirchen	Landhaus Spatzenhof
Werne	Sim-Jú
Wiesbaden	De France
Wiessee, Bad	Landhaus Marinella
Wolfsburg	einschlaf

Bonn	Venusberghotel
Bonndorf	Sommerau
Boppard	Park Hotel
Ehningen	Landhotel Alte Mühle
Erkrath	Wahnenmühle
Felsberg	Zum Rosenhof
Gengenbach	Die Reichsstadt
Hamburg	Mittelweg
Heidelberg	Das Lamm
Heidelberg	Weißer Bock
Holzdorf	Rosenduft und Kochlust
Horbruch	Historische Schlossmühle
Kandern	Pfaffenkeller
Kitzingen / Sulzfeld am Main	Vinotel Augustin
Kleinwalsertal / Hirschegg	Sonnenberg
Kressbronn	Pension am Bodensee
Kronach	Die Kronacher Stadthotels

Langenlonsheim	Jugendstil-Hof
Lindau im Bodensee	Am Rehberg
Lübeck	Landhaus Bode
Michendorf	Gasthof Zur Linde
Neukloster / Nakenstorf	Seehotel am Neuklostersee
Norderney	Haus Norderney
Regensburg	Landhaus Andreasstadel
Rheine	Zum Alten Brunnen
Schleswig	Hahn
Schönwald	Dorer
Sittensen / Groß Meckelsen	Zur Kloster-Mühle
Wackersberg	Benediktenhof
Waldenburg	Villa Blum
Weil am Rhein	Gasthaus Krone
Wiesbaden	Klemm
Wiessee, Bad	Landhaus am Stein

Angenehme Restaurants

→ Particularly pleasant restaurants

Hamburg	Haerlin

Aschau im Chiemgau	Restaurant Heinz Winkler
Baiersbronn	Restaurant Bareiss
Baiersbronn	Schwarzwaldstube
Bergisch Gladbach	Gourmetrestaurant Lerbach
Bergisch Gladbach	Vendôme
Berlin	First Floor
Berlin	Fischers Fritz
Berlin	Lorenz Adlon Esszimmer
Hamburg	Jacobs Restaurant
Hamburg	Süllberg - Seven Seas
Lübeck	Buddenbrooks
München	Tantris
Osnabrück	La Vie
Perl	Victor's Gourmet Restaurant Schloss Berg
Rottach-Egern	Restaurant Überfahrt Christian Jürgens
Wolfsburg	Aqua

Aerzen	Gourmet Restaurant im Schlosshotel Münchhausen
Berchtesgaden	LE CIEL
Berlin	FACIL
Bonn	Halbedel's Gasthaus
Celle	Endtenfang
Cuxhaven	Sterneck
Deidesheim	Freundstück
Dresden	Caroussel
Durbach	Wilder Ritter
Essen	Résidence
Geisenheim	Gourmetrestaurant Schwarzenstein
Glücksburg	Meierei Dirk Luther
Griesbach, Bad	Il Giardino
Kleinwalsertal / Hirschegg	Kilian Stuba
Köln	Le Patron
Königstein im Taunus	Villa Rothschild Kempinski
Konstanz	Ophelia
Krün	Luce d'Oro
Leipzig	Falco
Lindau im Bodensee	Villino
Lübeck	La Belle Epoque
Meersburg	Casala
München	Atelier
München	Dallmayr
München	EssZimmer

Neuenahr-Ahrweiler, Bad	Steinheuers Restaurant Zur Alten Post
Öhringen / Friedrichsruhe	Wald und Schlosshotel Friedrichsruhe - Gourmet-Restaurant
Peterstal-Griesbach, Bad	Le Pavillon
Pfinztal	Villa Hammerschmiede
Saarbrücken	GästeHaus Klaus Erfort
Sankt Wendel	Kunz
Sonthofen / Ofterschwang	Silberdistel
Stromberg	Le Val d'Or
Sylt / List	La Mer
Sylt / Munkmarsch	Fährhaus
Sylt / Rantum	Söl'ring Hof
Sylt / Tinnum	Bodendorf's
Sylt / Westerland	Jörg Müller
Tegernsee	Schwingshackl ESSKULTUR
Trittenheim / Naurath	Rüssel's Landhaus St. Urban
Vogtsburg	Schwarzer Adler

Aachen	St. Benedikt
Aerzen	Schlosskeller
Amöneburg	Dombäcker
Amorbach	Der Schafhof - Abt- und Schäferstube
Aying	Brauereigasthof Aying
Badenweiler	Schwarzmatt
Baiersbronn	Andrea-Stube
Balduinstein	Landhotel Zum Bären - Bibliothek
Bayreuth	Restaurant Goldener Anker
Bellheim / Knittelsheim	Steverding's Isenhof
Bergisch Gladbach	Das Fachwerkhaus
Berlin	Ana e Bruno
Berlin	SRA BUA by Tim Raue
Berlin	reinstoff
Bienenbüttel	GUT Evening
Bietigheim-Bissingen	Friedrich von Schiller
Bogen / Niederwinkling	Landgasthof Buchner
Bonn	Le Petit Poisson
Bonn	Yu Sushi Club
Bottrop	Bahnhof Nord
Bretzfeld	Landhaus Rössle
Bühl	Grüne Bettlad
Burbach	Fiester-Hannes
Celle	Köllner's Landhaus
Dießen am Ammersee	Seehaus
Dorsten	Goldener Anker
Dorsten	Rosin
Dresden	bean and beluga
Düsseldorf	Tafelspitz 1876
Efringen-Kirchen	Traube
Eggenstein-Leopoldshafen	Zum Löwen
Euskirchen	Bembergs Häuschen
Freinsheim	Freinsheimer Hof
Freyung	Landgasthaus Schuster
Friedberg (Hessen)	Grossfeld Gastraum der Sinne
Garmisch-Partenkirchen	Husar
Glinde	San Lorenzo
Göttingen	Gauß am Theater
Großkarlbach	Gebrüder Meurer
Groß-Umstadt	Farmerhaus
Grünstadt / Neuleiningen	Alte Pfarrey
Gummersbach	Die Mühlenhelle
Heidesheim am Rhein	Gourmetrestaurant Dirk Maus
Ilsenburg	Forellenstube
Kappelrodeck	Zum Rebstock
Kassel	Park Schönfeld
Kehl	Grieshaber's Rebstock
Keltern	Rübenackers Kaiser
Kempfeld / Asbacherhütte	Harfenmühle
Kernen im Remstal	Malathounis
Kirchdorf (Krs. Mühldorf)	Christian's Restaurant - Gasthof Grainer
Kirschau	Juwel
Kissingen, Bad	Gourmetrestaurant
Köln	taku
Kordel / Zemmer	Landhaus Mühlenberg
Krakow am See	Ich weiß ein Haus am See
Kreuznach, Bad	Im Gütchen
Langenau / Rammingen	Landgasthof Adler
Lautenbach (Ortenaukreis)	Bordeaux-Stube
Leipzig	Stadtpfeiffer
Lübeck	Holstein's
Lütjenburg / Panker	Restaurant 1797
Madlitz-Wilmersdorf	Klostermühle
Mainz	Buchholz
Mülheim (Mosel)	Culinarium R
München	181 - First
München	Geisels Werneckhof
Neuss	Herzog von Burgund
Neu Ulm	Stephans-Stuben
Nonnweiler	Landgasthof Paulus
Nordenham	Landhaus Tettens
Norderney	Seesteg
Nürnberg	Gasthaus Rottner
Oberstdorf	Maximilians Restaurant - Landhaus Freiberg

Peterstal-Griesbach, Bad	Kamin- und Bauernstube
Pfinztal	Die Guten Stuben
Plön	Stolz
Radebeul	Villa Sorgenfrei
Ratshausen	Adler
Regensburg	Historisches Eck
Rosenberg	Landgasthof Adler
Rügen / Göhren	Knoblochs Kräuterküche - Villa mit Sonnenhof
Rügen / Sehlen	Gutshaus Kubbelkow
Saarow, Bad	Villa Contessa
Schönwald	Dorer
Schramberg	Gasthof Hirsch
Schriesheim	Strahlenberger Hof
Selzen	Kaupers Restaurant im Kapellenhof
Simonswald	Hugenhof
Sobernheim, Bad	Passione Rossa
Sommerhausen	Philipp
Sonnenbühl	Hirsch
Stolpe	Gutshaus Stolpe
Stuttgart	Délice
Stuttgart	Kern's Pastetchen
Stuttgart / Fellbach	Gourmet Restaurant avui
Sylt / Keitum	KÖKKEN
Sylt / Tinnum	Restaurant siebzehn84
Tegernsee	Leeberghof
Trittenheim	Wein- und Tafelhaus
Tübingen	Hospederia La Casa
Tübingen	Waldhorn
Velbert	Haus Stemberg
Versmold	Alte Schenke
Wangen im Allgäu	Adler
Weikersheim	Laurentius
Wermelskirchen	Landhaus Spatzenhof
Winterberg	Berghotel Astenkrone
Würzburg	REISERS am Stein
Zweibrücken	ESSLIBRIS

Baiersbronn	Dorfstuben
Baiersbronn	Forsthaus Auerhahn
Berchtesgaden	Lockstein 1
Berlin	Bieberbau
Berlin	La Soupe Populaire
Berlin	Rutz
Berlin	dos palillos
Doberan, Bad	Zum weissen Schwan
Düsseldorf	Dorfstube
Düsseldorf	Fehrenbach
Feuchtwangen	Greifen-Post
Flonheim	Weinwirtschaft Espenhof
Flonheim	Zum Goldenen Engel
Forchheim	Zöllner's Weinstube
Frankfurt am Main	Ernos Bistro
Frankfurt am Main	Seven Swans
Frankfurt am Main	Weinsinn
Freiburg im Breisgau	Wolfshöhle
Glonn	Wirtshaus zum Schweinsbräu
Hamburg	Weinwirtschaft Kleines Jacob
Heidesheim am Rhein	Landgasthaus Sandhof
Hofheim am Taunus	Die Scheuer
Horben	Gasthaus zum Raben
Kandern	Pfaffenkeller
Kirchzarten	Schlegelhof
Kobern-Gondorf	Alte Mühle Thomas Höreth
Koblenz	Historischer Weinkeller
Köln	Haus Töller
Köln	Le Moissonnier
Kressbronn	Meersalz
Ladenburg	Backmulde
Lautenbach (Ortenaukreis)	Le Soleil
Lörrach	Burgschenke Rötteln
München	Acetaia
München	Vinaiolo
Neustadt an der Weinstraße	Netts Restaurant und Landhaus
Neustadt an der Weinstraße	Spinne
Penzberg	Troadstadl
Pilsach	Landgasthof Meier
Pleiskirchen	Huberwirt
Pliezhausen	Landgasthaus zur Linde
Potsdam	Juliette
Quedlinburg	Weinstube
Sankt Wendel	Kaminzimmer
Schalkham	Sebastianihof
Scharbeutz	Brechtmanns Botschaft
Sonnenbühl	Dorfstube
Stühlingen	Gasthaus Schwanen
Stuttgart	Der Zauberlehrling
Sulzburg	La Maison Eric
Sylt / Rantum	Sansibar
Tettnang	Lamm im Kau
Thumby	Schlie-Krog
Tiefenbronn	Bauernstuben
Trittenheim	Weinstube Stefan-Andres
Veldenz	Rittersturz
Vöhrenbach	Zum Engel
Vogtsburg	KellerWirtschaft
Weinstadt	Weinstube Muz

Wellness-Hotels

→ Extensive facility for relaxation and well-being

Aachen	Pullman Quellenhof
Aerzen	Schlosshotel Münchhausen
Ahrenshoop	Grand Hotel und SPA Kurhaus Ahrenshoop
Aschaffenburg / Sailauf	Schlosshotel Weyberhöfe
Baden-Baden	Brenners Park-Hotel und Spa
Baden-Baden	Dorint Maison Messmer
Baiersbronn	Bareiss
Baiersbronn	Engel Obertal
Baiersbronn	Forsthaus Auerhahn
Baiersbronn	Heselbacher Hof
Baiersbronn	Lamm
Baiersbronn	Sackmann
Baiersbronn	Schliffkopf
Baiersbronn	Sonne
Baiersbronn	Tanne
Baiersbronn	Traube Tonbach
Bayersoien, Bad	Parkhotel am Soier See
Bayrischzell	Der Alpenhof
Bederkesa, Bad	Bösehof
Berchtesgaden	Edelweiss
Berchtesgaden	InterContinental Berchtesgaden Resort
Berchtesgaden	Neuhäusl
Bergisch Gladbach	Althoff Grandhotel Schloss Bensberg
Berlin	Adlon Kempinski
Berlin	Das Stue
Berlin	Grand Hotel Esplanade
Berlin	Grand Hyatt
Berlin	Hilton
Berlin	InterContinental
Berlin	Palace
Berlin	Radisson BLU
Berlin	Ramada Alexanderplatz
Berlin	The Mandala
Berlin	The Westin Grand
Berlin	Waldorf Astoria
Berlin	centrovital
Bernried	Reblinger Hof
Bertrich, Bad	Kurhotel Fürstenhof
Bevensen, Bad	Kieferneck
Bevensen, Bad	Zur Amtsheide
Biberach an der Riß	Parkhotel Jordanbad

Billerbeck	Weissenburg
Birnbach, Bad	Sonnengut
Birnbach, Bad	Vitalhotel
Bischofswiesen	Reissenlehen
Bitburg	Dorint Seehotel und Resort
Blankenhain	Lindner Spa + Golf Hotel Weimarer Land
Bodenmais	Bayerwaldhotel Hofbräuhaus
Bodenmais	Böhmhof
Bodenmais	Hammerhof
Bodenmais	Hotel Mooshof Wellness und SPA Resort
Bodenmais	Neue Post
Bodenmais	Riederin
Boltenhagen	Iberotel
Bonn	Kameha Grand
Bonndorf	Möhringers Schwarzwaldhotel
Braunlage	Residenz Hohenzollern
Bremen	Dorint Park Hotel
Brückenau, Bad	Dorint Resort und Spa
Burg (Spreewald)	Zur Bleiche Resort und Spa
Cham	Randsberger Hof
Chieming	Gut Ising
Cuxhaven	Badhotel Sternhagen
Cuxhaven	Strandhotel Duhnen
Cuxhaven	Strandperle
Dahn	Pfalzblick
Datteln	Jammertal Golf und SPA-Resort
Daun	Kurfürstliches Amtshaus Dauner Burg
Daun	Panorama
Daun / Schalkenmehren	Landgasthof Michels
Deggenhausertal	Mohren
Deidesheim	Kaisergarten Hotel und Spa
Delbrück	Waldkrug
Dierhagen	Strandhotel Dünenmeer
Dierhagen	Strandhotel Fischland
Dinklage	Vila Vita Burghotel
Ditzenbach, Bad	Kurhotel Sanct Bernhard
Doberan, Bad	Grand Hotel Heiligendamm
Donaueschingen	Öschberghof
Dortmund	l'Arrivée
Drachselsried	Riedlberg
Dresden	Swissôtel am Schloss
Dresden	Villa Weltemühle
Driburg, Bad	Gräflicher Park
Dürkheim, Bad	Gartenhotel Heusser
Dürkheim, Bad	Kurpark-Hotel
Düsseldorf	Hyatt Regency
Durbach	Ritter
Eisenschmitt	Molitors Mühle
Ems, Bad	Häcker's Grand Hotel
Enzklösterle	Enztalhotel
Ettlingen	Erbprinz

Euskirchen	Ameron Parkhotel
Feldberg im Schwarzwald	Schlehdorn
Fichtenau	Vitalhotel Meiser
Fischen i. A.	Sonnenbichl Hotel am Rotfischbach
Fischen i. A.	Tanneck
Frankenberg (Eder)	Die Sonne Frankenberg
Frankfurt am Main	Lindner Hotel und Residence Main Plaza
Frankfurt am Main	The Westin Grand
Frankfurt am Main	Villa Kennedy
Freiamt	Ludinmühle
Freiburg im Breisgau	Colombi-Hotel
Freudenstadt	Grüner Wald
Freudenstadt	Langenwaldsee
Freudenstadt	Lauterbad
Freudenstadt	Palmenwald Schwarzwaldhof
Friedewald	Göbels Schlosshotel Prinz von Hessen
Friedrichroda	Ramada
Friedrichshafen	Krone
Friedrichshafen	Traube am See
Füssen	Sommer
Füssing, Bad	Am Mühlbach
Füssing, Bad	Holzapfel Hotels
Füssing, Bad	Parkhotel
Gaienhofen	Höri am Bodensee
Gangelt	Mercator
Garmisch-Partenkirchen	Staudacherhof
Garmisch-Partenkirchen	Zugspitze
Geldern	See Park Janssen
Glücksburg	Alter Meierhof Vitalhotel
Göhren-Lebbin	Iberotel Fleesensee
Göhren-Lebbin	Radisson BLU Resort Schloss Fleesensee
Göttingen	Freizeit In
Graal-Müritz	IFA
Grafenwiesen	Birkenhof
Griesbach, Bad	COLUMBIA
Griesbach, Bad	Das Ludwig
Griesbach, Bad	Fürstenhof
Griesbach, Bad	Maximilian
Griesbach, Bad	Parkhotel
Grönenbach, Bad	allgäu resort
Häusern	Adler
Halberstadt	Villa Heine
Halle in Westfalen	Gerry Weber Sportpark Hotel
Hallenberg	Diedrich
Hamburg	Europäischer Hof
Hamburg	Grand Elysée
Hamburg	Park Hyatt
Hamburg	Sofitel Alter Wall
Hamburg	Steigenberger
Hamburg	Steigenberger Hotel Treudelberg

Hammelburg	Neumühle
Hannover	Crowne Plaza
Hanstedt	Sellhorn
Harsewinkel	Residence Klosterpforte
Heimbuchenthal	Lamm
Hindelang, Bad	Lanig
Hindelang, Bad	Panorama Hotel Oberjoch
Hinterzarten	Erfurths Bergfried
Hinterzarten	Kesslermühle
Hinterzarten	Parkhotel Adler
Hinterzarten	Reppert
Hinterzarten	Thomahof
Höchenschwand	Alpenblick
Höhr-Grenzhausen	Heinz
Höhr-Grenzhausen	Zugbrücke
Hohenstein	Hofgut Georgenthal
Husum	Altes Gymnasium
Illschwang	Weißes Roß
Juist	Achterdiek
Juist	Pabst
Kiel	Birke
Kirschau	Bei Schumann
Kissingen, Bad	Frankenland
Kissingen, Bad	Laudensacks Parkhotel
Kissingen, Bad	Residence von Dapper
Kleinwalsertal / Hirschegg	Birkenhöhe
Kleinwalsertal / Hirschegg	Naturhotel Chesa Valisa
Kleinwalsertal / Hirschegg	Travel Charme Ifen Hotel
Kleinwalsertal / Hirschegg	Walserhof
Kleinwalsertal / Mittelberg	Haller's Genuss und Spa Hotel
Kleinwalsertal / Mittelberg	Leitner
Kleinwalsertal / Mittelberg	IFA-Hotel Alpenhof Wildental
Köln	Dorint An der Messe
Köln	Savoy
Königstein im Taunus	Falkenstein Grand Kempinski
Kötzting	Bayerwaldhof
Kohlgrub, Bad	Das Johannesbad
Kohlgrub, Bad	Schillingshof
Konstanz	RIVA
Kremmen	Sommerfeld
Krün	Das Kranzbach
Krün	Schloss Elmau
Kühlungsborn	Strandblick
Kühlungsborn	Travel Charme Ostseehotel
Laasphe, Bad	Landhotel Doerr
Lam	Sonnenhof
Lauterberg, Bad	Revita
Leimen	Villa Toskana
Lenzkirch	Saigerhöh

Lindau im Bodensee	Bad Schachen
Lindau im Bodensee	Helvetia
Lindau im Bodensee	Villino
Lippspringe, Bad	Premier Park Hotel
Lübeck	A-ROSA
Lübeck	COLUMBIA
Lübeck	Hanseatischer Hof
Madlitz-Wilmersdorf	Gut Klostermühle
Mainz	Hyatt Regency
Malente-Gremsmühlen, Bad	Weisser Hof
Marburg	VILA VITA Hotel Rosenpark
Mayschoß	Lochmühle
Mettmann	Gut Höhne
München	Bayerischer Hof
München	Le Méridien
München	Sofitel Munich Bayerpost
München	The Charles
München	The Westin Grand
Münster	Kaiserhof
Murnau	Alpenhof Murnau
Nauheim, Bad	Dolce
Neubrandenburg / Groß Nemerow	Bornmühle
Neuenahr-Ahrweiler, Bad	Weyer
Neukloster / Nakenstorf	Seehotel am Neuklostersee
Neunburg vorm Wald	Landhotel Birkenhof
Neunkirchen	Stumpf
Neustadt an der Donau	Eisvogel
Neustadt an der Donau	Marc Aurel
Niedernberg	Seehotel
Norden	Fährhaus
Norden	Reichshof
Norderney	Michels Thalasso Hotel Nordseehaus
Norderney	Seesteg
Norderney	Strandhotel Georgshöhe
Oberaudorf	Feuriger Tatzlwurm
Oberaula	Zum Stern
Oberkirch	Waldhotel Grüner Baum
Oberried	Die Halde
Oberstaufen	Allgäu Sonne
Oberstaufen	Alpenkönig
Oberstaufen	Bergkristall
Oberstaufen	Concordia
Oberstaufen	Haubers Alpenresort
Oberstaufen	König Ludwig
Oberstaufen	Lindner Parkhotel
Oberstaufen	Rosenalp
Oberstdorf	Alpenhof
Oberstdorf	Alpenhotel Tiefenbach
Oberstdorf	Exquisit
Oberstdorf	Filser

Oberstdorf	Parkhotel Frank
Oberstdorf	Schüle's Gesundheitsresort und Spa
Oberuckersee	Panorama Hotel am Oberuckersee
Öhringen / Friedrichsruhe	Wald und Schlosshotel Friedrichsruhe
Ottobeuren	Parkhotel Maximilian
Parsberg	Hirschen
Perl	Victor's Residenz - Hotel Schloss Berg
Peterstal-Griesbach, Bad	Dollenberg
Pfalzgrafenweiler	Schwanen
Pfalzgrafenweiler	Waldsägmühle
Pirmasens	Kunz
Potsdam	Bayrisches Haus
Prerow / Wiek a. Darß	Haferland
Pyrmont, Bad	Steigenberger
Ramsau	Berghotel Rehlegg
Rattenberg	Posthotel
Reit im Winkl	Gut Steinbach
Reit im Winkl	Unterwirt
Röhrnbach	Jagdhof
Rötz	Resort Die Wutzschleife
Rosshaupten	Kaufmann
Rostock	Yachthafenresidenz Hohe Düne
Rotenburg (Wümme)	Landhaus Wachtelhof
Rottach-Egern	Althoff Seehotel Überfahrt
Rottach-Egern	Bachmair Weissach
Rottach-Egern	Haltmair am See
Rottach-Egern	Park-Hotel Egerner Höfe
Rügen / Baabe	Solthus am See
Rügen / Binz	AM MEER
Rügen / Binz	CERÊS
Rügen / Binz	Grand Hotel Binz
Rügen / Binz	Rugard Strandhotel
Rügen / Binz	Seehotel Binz-Therme
Rügen / Binz	Travel Charme Kurhaus Binz
Rügen / Binz	Vier Jahreszeiten
Rügen / Göhren	Hanseatic
Rügen / Göhren	Travel Charme Nordperd
Rügen / Putbus	Badehaus Goor
Rügen / Sellin	Cliff Hotel
Rügen / Sellin	ROEWERS Privathotel
Ruhpolding	Ortnerhof
Ruhstorf an der Rott	Antoniushof
Rust	Bell Rock
Saarow, Bad	A-ROSA Scharmützelsee
Saarow, Bad	Esplanade Resort und Spa
Sachsa, Bad	Romantischer Winkel
Sankt Englmar	Angerhof
Sankt Englmar	Berghotel Maibrunn
Sankt Englmar	Reiner-Hof
Sankt Goar	Schloss Rheinfels

Sankt Peter-Ording	Landhaus an de Dün
Sankt Martin	Wiedemann's Weinhotel
Schandau, Bad	Elbresidenz
Schermbeck	Landhotel Voshövel
Schleswig	Waldschlösschen
Schliersee	Arabella Alpenhotel am Spitzingsee
Schluchsee	Auerhahn
Schluchsee	Hegers Parkhotel Flora
Schluchsee	Vier Jahreszeiten
Schmallenberg	Deimann
Schmallenberg	Gasthof Schütte
Schmallenberg	Waldhaus
Schönau am Königssee	Alm und Wellnesshotel Alpenhof
Schönau am Königssee	Alpenhotel Zechmeisterlehen
Schönwald	Zum Ochsen
Schwäbisch Hall	Hohenlohe
Schwangau	Rübezahl
Schwarmstedt / Essel	Heide-Kröpke
Seewald	Oberwiesenhof
Segeberg, Bad	Vitalia Seehotel
Senftenberg	Seeschlößchen
Sobernheim, Bad	BollAnt's im Park
Sobernheim, Bad	Maasberg Therme
Sonthofen / Ofterschwang	Sonnenalp
Speyer	Lindner Hotel und Spa Binshof
Stadtroda	Hammermühle
Staffelstein, Bad	Kurhotel
Steben, Bad	relexa
Stromberg	Land und Golf Hotel Stromberg
Stuttgart	Le Méridien
Stuttgart	Pullman Fontana
Stuttgart	Steigenberger Graf Zeppelin
Südharz	Schindelbruch
Sylt / Hörnum	BUDERSAND Hotel - Golf und Spa
Sylt / Keitum	Benen-Diken-Hof
Sylt / List	A-ROSA
Sylt / Munkmarsch	Fährhaus
Sylt / Kampen	Rungholt
Sylt / Tinnum	Landhaus Stricker
Sylt / Wenningstedt	Strandhörn
Sylt / Westerland	Stadt Hamburg
Tangermünde	Schloss Tangermünde
Tecklenburg	Teutoburger Wald
Teinach-Zavelstein, Bad	Berlins Hotel KroneLamm
Teisnach	Oswald
Teistungen	Victor's Residenz-Hotel Teistungenburg
Thyrnau	Parkschlössl
Timmendorfer Strand	Grand Hotel Seeschlösschen
Titisee-Neustadt	Seehotel Wiesler
Titisee-Neustadt	Treschers Schwarzwaldhotel

Titting	Dirsch
Todtnau	Mangler
Triberg im Schwarzwald	Parkhotel Wehrle
Überlingen	Parkhotel St. Leonhard
Unterschleißheim	Dolce Munich
Usedom / Ahlbeck	Seehotel Ahlbecker Hof
Usedom / Bansin	Kaiser Spa Zur Post
Usedom / Bansin	Travel Charme Strandhotel
Usedom / Heringsdorf	Maritim Hotel Kaiserhof
Usedom / Heringsdorf	Steigenberger Grandhotel und Spa
Usedom / Heringsdorf	Strandhotel
Usedom / Heringsdorf	Strandhotel Ostseeblick
Usedom / Heringsdorf	Travel Charme Strandidyll
Usedom / Loddin	Strandhotel Seerose
Varel	Upstalsboom Landhotel Friesland
Viechtach	Burghotel Sterr
Waldshut-Tiengen	Bercher
Wallgau	Parkhotel
Waren (Müritz) / Groß Plasten	Schloss Groß Plasten
Wasserburg am Bodensee	Lipprandt
Wegscheid	Reischlhof
Weiler-Simmerberg	Tannenhof
Wenden	Sporthotel Landhaus Wacker
Werder	Resort Schwielowsee
Wernigerode	Travel Charme Gothisches Haus
Westerburg	Lindner Hotel und Sporting Club Wiesensee
Wiesbaden	Nassauer Hof
Wiessee, Bad	Landhaus am Stein
Wildungen, Bad	Maritim Badehotel
Wilgartswiesen	Landhaus Am Hirschhorn
Wilhelmshaven	COLUMBIA
Willingen (Upland)	Göbel's Landhotel
Willingen (Upland)	Stryckhaus
Winden	Elztalhotel
Windhagen	Dorint
Winterberg	Berghotel Astenkrone
Wirsberg	Reiterhof Wirsberg
Wörishofen, Bad	Angerhof
Wörishofen, Bad	Edelweiß
Wörishofen, Bad	Fontenay
Wörishofen, Bad	Steigenberger Hotel Der Sonnenhof
Wolfach	Adler
Wolfsburg	The Ritz-Carlton
Wustrow	DorintResorts
Zingst	Meerlust
Zingst	Steigenberger Strandhotel
Zwiesel	GlasHotel
Zwischenahn, Bad	Jagdhaus Eiden

Gut zu wissen

→ Further information

Wein in Deutschland

In Deutschland sind ca. 100 000 Hektar mit Weinreben bepflanzt. Das Land ist in 13 Weinanbaugebiete unterteilt. Bei Qualitätsweinen wird die Herkunft aus einer dieser Regionen immer angegeben.

1. Ahr
2. Baden
3. Franken
4. Hessische Bergstraße
5. Mittelrhein
6. Mosel-Saar-Ruwer
7. Nahe
8. Pfalz
9. Rheingau
10. Rheinhessen
11. Saale-Unstrut
12. Sachsen
13. Württemberg

DIE WICHTIGSTEN WEISSWEINSORTEN :

Chardonnay : wird in den letzten Jahren zunehmend auch in Deutschland angebaut, vor allem in Baden, der Pfalz und in Rheinhessen. Hochwertige Weine werden oft auch in Barrique ausgebaut.

Grauburgunder (Ruländer) : wird inzwischen vor allem trocken ausgebaut. Meist buttrig-nussiges Bukett mit fruchtigen Aromen. Spätlesen passen durchaus auch zu kräftigen Fleischgerichten.

Gutedel : wächst fast ausschließlich im badischen Markgräflerland und ist eine der ältesten Rebsorten überhaupt. Meist wird die Traube zu leichten, süffigen Weinen ausgebaut, die jung getrunken werden sollten.

Kerner : Diese Kreuzung aus Riesling und Trollinger ergibt aromatische, säurebetonte Weine.

Müller-Thurgau (Rivaner) : leichter, unkomplizierter Wein. Nach dem Riesling die am zweithäufigsten angebaute Traube in Deutschland.

Riesling : die bedeutendste deutsche Rebe mit über 20 % der gesamten Rebfläche. Rieslingtrauben liefern ausgewogene, rassige Weine. Typisch für den Riesling ist sein Duft nach Aprikosen und die oft kräftige Säure.

Silvaner : Die Rebsorte wird insbesondere in Rheinhessen, Franken und in der Pfalz angebaut. Die Weine sind füllig, stoffig, teils wuchtig.

Weißburgunder : hat derzeit die größten Zuwachsraten in Deutschland. Diese Weine besitzen meist eine angenehme, fruchtige Säure und ein dezentes Aroma.

DIE WICHTIGSTEN ROTWEINSORTEN:

Dornfelder: Aus der ertragreichen Traube gehen fruchtige, körperreiche Weine hervor. Er wird hauptsächlich in der Pfalz, in Rheinhessen und in Württemberg angebaut.

Lemberger: Die Rebsorte ist in Österreich als Blaufränkisch bekannt. Der körperreiche Wein hat eine kräftige Farbe und eine dominante Tanninnote.

Portugieser: ist nach dem Spätburgunder die zweitwichtigste Rotweinsorte in Deutschland. Er wird gerne als leichter, fruchtiger Sommerwein getrunken.

Regent: ist die jüngste unter den deut-schen Rotweinreben. Die oft sehr duftigen und samtigen Weine erfreuen sich immer größerer Beliebtheit.

Sankt Laurent : Aus dieser Traube, die vor allem in der Pfalz angebaut wird, werden fleischige, samtige Weine mit viel Substanz erzeugt.

Schwarzriesling : Die Ursorte der Burgunderfamilie ist nicht mit dem Riesling verwandt und wird vor allem in Württemberg zu fruchtigen, leichten Weinen verarbeitet.

Spätburgunder (Pinot noir) : ist die meistangebaute Rotweinsorte in Deutschland. Vollmundige Rotweine mit feiner Säure und meist wenig Gerbstoffen.

Trollinger : Die Württemberger Hausrebe. Trollinger sind süffige Trinkweine von überwiegend heller Farbe und mit feinen Fruchtaromen.

GÜTEKLASSEN UND QUALITÄTSSTUFEN:

Es gibt vier Güteklassen für deutschen Wein: Deutscher Tafelwein, Landwein, Qualitätswein und Qualitätswein mit Prädikat. Auf dem Etikett eines Prädikatsweins findet sich außerdem seine Qualitätsstufe:

1. Kabinett
2. Spätlese
3. Auslese
4. Beerenauslese
5. Trockenbeerenauslese (oder Eiswein)

Die Bezeichnungen „Großes Gewächs" oder „Erstes Gewächs" entsprechen Lagenbezeichnungen, die besondere Qualitätsanforderungen erfüllen müssen.

The vineyards of Germany

The vineyards of Germany cover an area of 100 000 ha/247 100 acres divided into 13 wine-producing regions. The production area is always specified for high quality wines.

1. Ahr
2. Baden
3. Franken
4. Hessische Bergstrasse
5. Mittelrhein
6. Mosel-Saar-Ruwer
7. Nahe
8. Pfalz
9. Rheingau
10. Rheinhessen
11. Saale-Unstrut
12. Sachsen
13. Württemberg

MAIN WHITE GRAPE VARIETIES

Chardonnay: has become increasingly popular in Germany in recent years, especially in Baden, Pfalz and Rheinhessen. Produces a high quality wine, often aged in oak barrels.

Grauburgunder (Ruländer): produces a dry wine with fruity aromas. Wines made from grapes harvested late are the ideal accompaniment to strongly flavoured meat dishes.

Gutedel: one of the oldest varieties, found only in the "Markgräflerland" region of Baden. Produces a light, lively wine that is best enjoyed while young.

Kerner: a mix between Riesling and Trollinger. A lightly acidic, aromatic wine.

Müller-Thurgau (Rivaner): a vigorous, spirited wine made from the most widely cultivated grape variety after Riesling.

Riesling: the most commonly grown grape variety in Germany (covering more than 20% of the wine-producing area). A racy, balanced wine, characterised by its aroma of apricots and an often pronounced acidity.

Silvaner: produced mostly in Rheinhessen, Franken and Pfalz. A strong, fruity wine with a pleasant bouquet.

Weißburgunder: a variety which is growing in popularity in Germany. Produces a pleasant wine with a discreet aroma and slightly fruity acidity.

MAIN RED GRAPE VARIETIES

Dornfelder: this highly productive grape gives a fruity, heady wine. Grown mainly in Pfalz, Rheinhessen and Württemberg.

Lemberger: a grape variety known in Austria by the name "Blaufränkisch". This full-bodied, tannic wine has an intense and pleasing colour.

Portugieser: the second most cultivated variety after Pinot Noir, enjoyed predominantly as a light and refreshing summer wine.

Regent: the youngest of the German red varieties. Often smooth and highly fragrant, this wine is becoming increasingly popular.

Sankt Laurent: this grape variety grown mainly in Pfalz produces a fleshy and velvety wine with plenty of substance.

Schwarzriesling: despite its name, this variety does not belong to the Riesling family, but is in fact the oldest member of the Pinot family. Grown mainly in Württemberg, it produces a light, fruity wine.

Spätburgunder (Pinot Noir): the most widely grown red grape variety in Germany, producing a smooth red wine which is slightly acidulous and low in tannins.

Trollinger : a Württemberg grape variety. This table wine has a slightly fruity aroma and is often very pale in colour.

QUALITY LABELS

German wines are grouped into four categories: Deutscher Tafelwein, Landwein, Qualitätswein and Qualitätswein mit Prädikat. Wines with Prädikat status are marked with one of the following labels:

1. Kabinett (special reserve)
2. Spätlese (late vintage)
3. Auslese (selected grapes)
4. Beerenauslese (sweet wines)
5. Trockenbeerenauslese or Eiswein (ice wine)

The "Großes Gewächs" and "Erstes Gewächs" appellations correspond to the "Grand Cru" label and must comply with specific quality standards.

Das Abenteuer Michelin

Die Geschichte begann mit Kautschuk-Bällen, die das kleine Familienunternehmen aus Clermont um 1880 produzierte, als André und Édouard Michelin die Leitung übernahmen. Die Brüder begriffen sehr schnell, dass die neuen Verkehrsmittel neue Geschäftschancen boten. Die Erfindung des montierbaren Fahrradreifens war ihr erster Erfolg. Mit dem Autoreifen kam ihre Kreativität dann richtig zur Entfaltung. Im 20. Jahrhundert verbesserte Michelin permanent die Leistung und Sicherheit der Reifen – vom Lkw über die Metro und das Flugzeug bis zum Rennwagen.

Sehr früh schon bot Michelin seinen Kunden Hilfen und Serviceleistungen an, um das Autofahren einfacher und angenehmer zu gestalten… und um ihr Fahrzeug häufiger nutzen zu können. Bereits im Jahr 1900 lieferte der Guide MICHELIN Autofahrern nützliche Informationen zur Instandhaltung ihres Fahrzeugs sowie Adressen von Unterkünften und Restaurants. Später wurde der Rote Michelin-Führer zum weltweit führenden Gastronomie-Führer. Gleichzeitig bot das « Bureau des itinéraires » den Reisenden individuelle Ratschläge und Streckenvorschläge.

Die erste Straßenkarte war bei ihrer Veröffentlichung im Jahr 1910 sofort ein großer Erfolg! 1926 lud der erste Regionale Reiseführer zum Entdecken der schönsten Sehenswürdigkeiten in der Bretagne ein. Wenig später gab es einen Grünen Reiseführer für alle Regionen Frankreichs. Anschließend kamen weitere Ziele hinzu (1968 New York und … 2011 Taiwan).

Mit der digitalen Entwicklung des 21. Jahrhunderts stehen die Sparten der Straßenkarten, Reiseführer und digitalen Angebote wieder vor neuen Herausforderungen und sind weiterhin eine wertvolle Ergänzung zur Reifenbranche. Die Aufgabe von Michelin besteht heute wie damals darin, die Mobilität im Dienste der Reisenden zu unterstützen.

MICHELIN HEUTE

- 69 Produktionsstätten in 18 Ländern
- 113.400 Beschäftigte verschiedener Kulturen auf allen Kontinenten
- 6.000 Mitarbeiter im Technologie-Zentrum Michelin
- Marktpräsenz in über 170 Ländern

Gemeinsam

für eine Welt, in der die

Besser vorankommen bedeutet in erster Linie Innovation, um Reifen mit kürzerem Bremsweg und besserer Straßenhaftung bei jedem Wetter zu entwickeln.
Es bedeutet auch, die Autofahrer dabei

DER RICHTIGE REIFENDRUCK

- Sicherheit
- Lange Lebensdauer
- Optimaler Kraftstoffverbrauch

-0,5 bar

- Lebensdauer der Reifen um 20 % reduziert (-8000 km)

- Risiko des Reifenplatzens
- Erhöhter Kraftstoffverbrauch
- Verlängerter Bremsweg auf nasser Fahrbahn

vorankommen

Mobilität mehr Sicherheit bietet

zu unterstützen, sich um ihre Sicherheit und ihre Reifen zu kümmern. Mit den weltweit organisierten Aktionen „Wir machen Druck“ will Michelin daran erinnern, dass der richtige Reifendruck lebenswichtig ist.

ABNUTZUNG

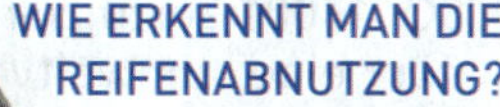

WIE ERKENNT MAN DIE REIFENABNUTZUNG?

Die Mindesttiefe des Profils ist gesetzlich auf 1,6 mm festgelegt. Die Reifenhersteller haben die Reifen mit Verschleißindikatoren ausgestattet: Es handelt sich um erhöhte Stellen im unteren Bereich der Hauptprofilrillen, die genau dem gesetzlichen Grenzwert von 1,6 mm entsprechen.

Die Reifen bilden die einzige Kontaktfläche zwischen dem Fahrzeug und der Straße.

Die Fotos zeigen die reale Kontaktfläche der Reifen

NEUER REIFEN

ABGENUTZTER REIFEN (1,6 MM PROFILTIEFE)

Unter diesem Grenzwert gelten die Reifen als glatt und für Fahrten auf nasser Fahrbahn gefährlich.

Besser vorankommen bedeutet eine nachhaltige Mobilität entwickeln

INNOVATION UND UMWELTSCHUTZ

Michelin entwickelt täglich neue Ideen, um die Menge der bei der Reifenherstellung verwendeten Rohstoffe zu reduzieren, und 99,8% der in der Gruppe produzierten Reifen werden in nach ISO 14001 zertifizierten Werken hergestellt. Durch die Konzeption der MICHELIN-Reifen werden bereits mehrere Milliarden Liter Kraftstoff eingespart und die CO_2-Emission um mehrere Millionen Tonnen gesenkt.

Gleichzeitig hat Michelin beschlossen, die Straßenkarten und Reiseführer auf „Papier aus nachhaltiger Forstwirtschaft" zu drucken. Die ISO 14001-Zertifizierung ist ein Zeichen seines Engagements für eine umweltverträgliche Konzeption im Arbeitsalltag.

Michelin bestätigt sein Engagement durch die Diversifizierung der Publikationsmedien und das Angebot digitaler Lösungen für eine einfache Routenplanung und einen optimierten Kraftstoffverbrauch damit Sie das Reisen noch mehr genießen können!

Mit dem Bibendum chatten

Besuchen Sie uns unter:
www.michelin.com
Entdecken Sie aktuelle Produkte
und Angebote sowie die
Geschichte von MICHELIN.

QUIZ

Michelin entwickelt Reifen für alle Fahrzeugtypen.
Suchen Sie den passenden Reifen …

A B C D E F G

1 2 3 4 5 6 7

ERGEBNIS: A-6 / B-4 / C-2 / D-1 / E-3 / F-7 / G-5

Städte

in alphabetischer Reihenfolge
(ä = ae, ö = oe, ü = ue)

 Towns

in alphabetical order
(but ä = ae, ö = oe, ü = ue)

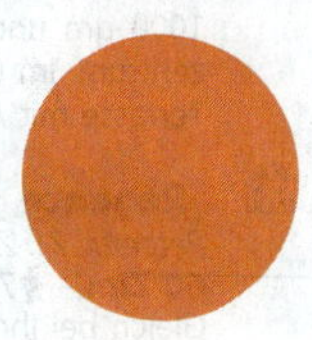

AACHEN – **Nordrhein-Westfalen** – **543** – **260 460 Ew** – **Höhe 173 m** – **Heilbad** **35** A12

Berlin 637 – Düsseldorf 81 – Antwerpen 140 – Köln 69

ADAC Strangenhäuschen 16

Friedrich-Wilhelm-Platz B2, ✉ 52062, ✆ (0241) 1 80 29 60, www.aachen-tourist.de

Aachen-Seffent, Schurzelter Str. 300, ✆ (0241) 1 25 01

Dom★★ (Radleuchter★★ · Ambo Heinrichs II★★★ · Goldene Tafel★★★ · Karlsschrein★★★ · Thron★ · Domschatzkammer★★★) B2

Kornelimünster★ (Reliquienschatz★), über Adalbertsteinweg D2: 10 km

Pullman Quellenhof

Monheimsallee 52 ✉ 52062 – ✆ (0241) 9 13 20 – www.pullmanhotels.com
180 Zim – 132/205 € 163/240 €, 22 € – 3 Suiten – ½ P C1**a**
Rest – Menü 35 € (mittags unter der Woche)/79 € – Karte 48/76 €
In dem exklusiven Grandhotel erwarten Sie das schicke moderne Royal Spa auf 1000 qm und gute Tagungsmöglichkeiten durch das angeschlossene Kongresszentrum. Im OG: Blick auf Aachen. Klassisch-stilvolles Restaurant La Brasserie und Terrasse mit Aussicht.

Regence garni

Peterstr. 71 ✉ 52062 – ✆ (0241) 4 78 70 – www.regence.bestwestern.de
60 Zim – 76/200 € 86/230 €, 17 € C2**e**
Gleich bei Ihrer Ankunft in dem familiengeführten Stadthotel sorgt der Eingangsbereich in Gold für einen glänzenden Empfang. Die funktionellen Zimmer sind nach Feng Shui eingerichtet, entsprechend die freundliche Farbgestaltung. Noch ein Vorteil: Es sind nur wenige Gehminuten in die Altstadt.

Royal garni

Jülicher Str. 1 ✉ 52070 – ✆ (0241) 18 22 80 – www.royal.bestwestern.de – geschl. 22. - 31. Dezember C2**z**
34 Zim – 77/140 € 87/190 €, 16 € – 1 Suite
Das Hotel in verkehrsgünstiger Lage ist zeitgemäß und funktional. Komfortabler und geräumiger sind die Zimmer in dem durch einen Wintergarten erreichbaren Anbau.

Aquis Grana Cityhotel garni

Büchel 32 ✉ 52062 – ✆ (0241) 44 30 – www.hotel-aquisgrana.com
96 Zim – 83/255 € 100/495 € – 2 Suiten B2**a**
Ein auf den Businessgast zugeschnittenes Hotel in der Innenstadt, dessen moderne Zimmer guten Komfort bieten. Der Frühstücksbereich ist geradlinig in Schwarz und Weiß designt.

Benelux garni

Franzstr. 21 ✉ 52064 – ✆ (0241) 40 00 30 – www.hotel-benelux.de – geschl. 23. Dezember - 7. Januar B2**f**
33 Zim – 69/114 € 99/161 €
Das privat geführte Hotel in Altstadtnähe verbindet Wohnlichkeit mit Funktionalität. In neuzeitlichem Ambiente frühstückt man à la carte. Schöner Dachgarten zum Hinterhof.

La Bécasse (Christof Lang)

Hanbrucher Str. 1 ✉ 52064 – ✆ (0241) 7 44 44 – www.labecasse.de – geschl. über Karneval 1 Woche und Samstagmittag, Sonntag - Montagmittag A3**s**
Rest – Menü 35 € (mittags)/83 € – Karte 63/106 €
So sollte es sein: Speisen, die durch Produktqualität und Geschmack überzeugen. Und genau das gelingt Christof Lang, wenn er seine klassische Küche mit zeitgemäßen Einflüssen verbindet! Zum Essen vielleicht einen der zahlreichen französischen Weine?
→ Burrata Mozzarella mit Hummer und Yuzu-Zitrone. Steinbutt aus der Nordsee mit Spinat und Trüffeln. Taube mit warmer Gänseleber und Bergamottesauce.

XX **Kohlibri**

Sonnenscheinstr. 80, (Ecke Neuenhofstraße) (über Adalbertsteinweg D2) ✉ *52078 – ✆ (0241) 5 68 85 00 – www.kohl.de – geschl. Samstagmittag, Sonntagabend - Montag*
Rest – Menü 33 € (mittags)/65 € – Karte 45/62 €
In der 6. Etage des Auto- und Motorradhauses genießt man dank Komplettverglasung den Blick auf Aachen, ebenso von den zwei Terrassen. Internationale Küche mit französischem Einfluss.

X **Petit Charlemagne**

Hartmannstr. 12 ✉ *52062 – ✆ (0241) 51 56 07 85 – www.petit-charlemagne.de – geschl. Sonntag* B2**c**
Rest – Menü 30 € – Karte 29/57 €
Das Restaurant in Domnähe hat seinen Bistro-Charakter ganz bewusst, und das ist kein Widerspruch zu gehobener Küche (z. B. Gänseleber)! Wer die schöne Marmortreppe hinaufgeht, hat's etwas gediegener - hier sitzen die Gäste vor allem am Abend gerne. Achten Sie auf die Tagesempfehlungen.

X **Justus K**

Promenadenstr. 36 ✉ *52062 – ✆ (0241) 95 17 76 50 – www.justusk.de – geschl. 24. Dezember - 10. Januar und Sonntag - Montag* C2**d**
Rest – *(nur Abendessen)* Menü 35/65 € – Karte 38/65 €
Ungezwungen essen gehen oder einfach einen guten Wein trinken? In dem legeren Bistro kocht Chef Justus Kleineidam drei Vorspeisen und drei Hauptgänge sowie ein Dessert - das Angebot (es ist auch immer etwas Vegetarisches dabei) steht auf einer großen Tafel und wechselt täglich.

In Aachen-Burtscheid über Friedrich-Ebert-Allee C3: 4 km

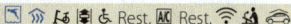

Art Hotel Superior Rest, Rest,

Am Brandnerhof 101 ✉ *52066 – ✆ (0241) 6 09 70 – www.art-hotel-superior.de*
54 Zim – †80/110 € ††90/120 €, 15 € – 5 Suiten – ½ P
Rest – *(geschl. Sonntagabend)* Karte 22/43 €
Was das Hotel zu einer guten Businessadresse macht? Vor allem die verkehrsgünstige Lage und die funktionelle Ausstattung. Die Zimmer sind schön geräumig und verfügen über eine praktische Küchenzeile.

In Aachen-Kornelimünster über Adalbertsteinweg D2: 10 km

XX **St. Benedikt** (Maximilian Kreus)

Benediktusplatz 12 ✉ *52076 – ✆ (02408) 28 88 – www.stbenedikt.de – geschl. Mitte Januar - Anfang Februar, Anfang - Mitte Juni, Mitte September - Anfang Oktober und Sonntag - Montag*
Rest – *(nur Abendessen)* (Tischbestellung erforderlich) Menü 48/96 € – Karte 61/73 €
Rest ***Bistro*** – siehe Restaurantauswahl
Mit ihrem Doppelkonzept liegt Familie Kreus bei den Gästen goldrichtig! Mittags Bistro-Angebot, am Abend wird es mit drei zeitgemäß-kreativen Menüs gehobener! In der Küche führt mit Maximilian Kreus inzwischen die junge Generation Regie.
➜ Terrine von der Gänsestopfleber / Rhabarber / Holunderblüte. Bretonische Makrele / Gurke / Quinoa. Reh / Aprikose / Spitzkohl.

X **Bistro** – Restaurant St. Benedikt 

Benediktusplatz 12 ✉ *52076 – ✆ (02408) 28 88 – www.stbenedikt.de – geschl. Mitte Januar - Anfang Februar, Anfang - Mitte Juni, Mitte September - Anfang Oktober und Samstag - Montag*
Rest – *(nur Mittagessen)* Karte 27/37 €
Sehr gut kommt der Mittagstisch im Hause Kreus an! Hier gibt es schmackhafte bürgerlich-regionale Gerichte von einer kleinen Karte - und die ist auch noch preislich fair kalkuliert!

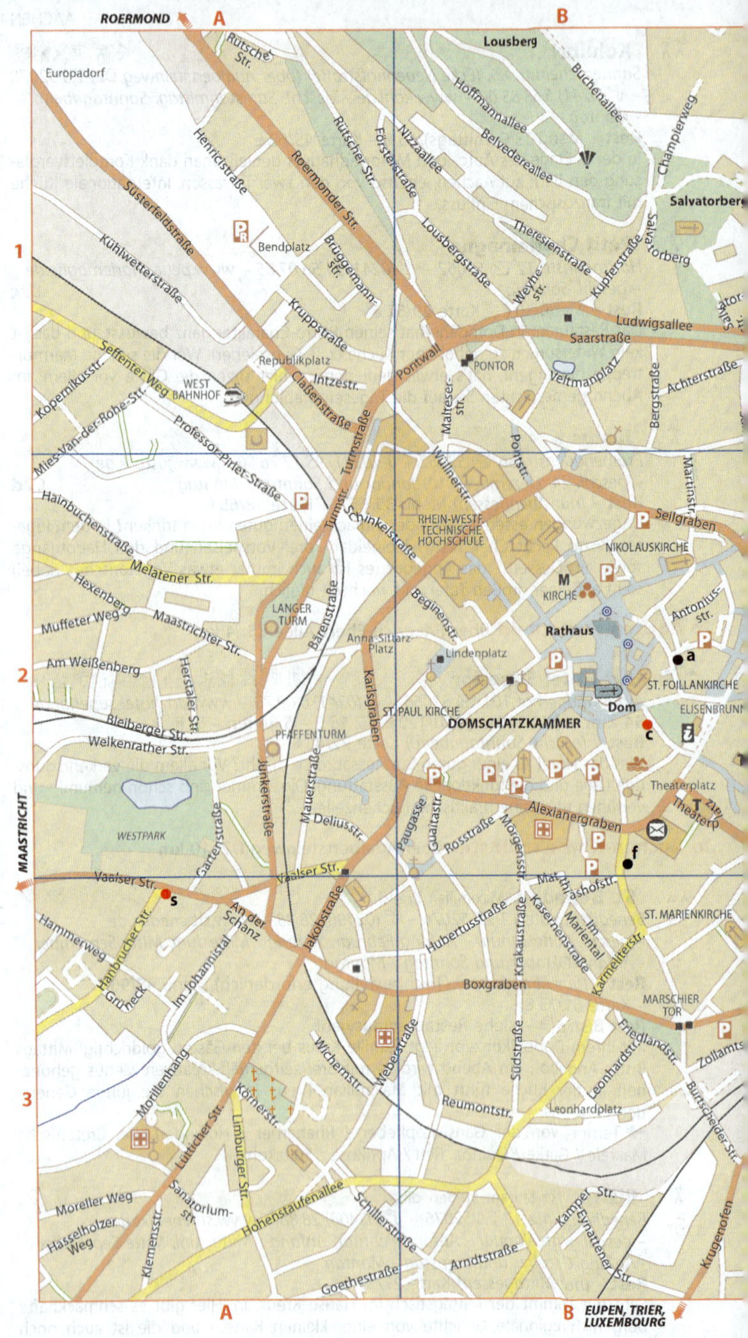
ROERMOND
A
B
Lousberg
Europadorf
Rütscher Str.
Buchenallee
Hoffmannallee
Belvedereallee
Champierweg
Nizzaallee
Försterstraße
Rütscher Str.
Henricistraße
Roermonder Str.
Salvatorberg
Süsterfeldstraße
Lousbergstraße
Theresienstraße
Salvatorberg
Kupferstraße
Bendplatz
Brüggemannstr.
Weyhestr.
1
Kühlwetterstraße
Kruppstraße
Ludwigsallee
Saarstraße
Seffenter Weg
Republikplatz
Pontwall
PONTOR
Veltmanplatz
Achterstraße
Kopernikusstr.
WEST BAHNHOF
Intzestr.
Malteserstr.
Bergstraße
Mies-Van-der-Rohe-Str.
Claßenstraße
Turmstraße
Professor-Pirlet-Straße
Wüllnerstr.
Pontstr.
Martinstr.
Hainbuchenstraße
Turmstr.
Schinkelstraße
RHEIN-WESTF. TECHNISCHE HOCHSCHULE
Seilgraben
NIKOLAUSKIRCHE
Melatener Str.
Hexenberg
M
KIRCHE
LANGER TURM
Bärenstraße
Muffeter Weg
Maastrichter Str.
Beginenstr.
Antoniusstr.
Rathaus
Anna-Sittarz-Platz
Lindenplatz
a
Am Weißenberg
2
Herstaler Str.
Karlsgraben
ST. FOILLANKIRCHE
Dom
ELISENBRUNN
ST. PAUL KIRCHE
DOMSCHATZKAMMER
Bleiberger Str.
c
PFAFFENTURM
Welkenrather Str.
Junkerstraße
Mauerstraße
Theaterplatz
Theaterp
MAASTRICHT
WESTPARK
Gartenstraße
Deliusstr.
Paugasse
Gualtastr.
Rosstraße
Mörgensstr.
Alexianergraben
T
f
Vaalser Str.
Vaalser Str.
Mathiashofstr.
s
Hanbrucher Str.
An der Schanz
Jakobstraße
ST. MARIENKIRCHE
Hammerweg
Hubertusstraße
Krakaustraße
Kasernenstraße
Im Mariental
Karmeliterstr.
Grüneck
Im Johannistal
Boxgraben
MARSCHIER TOR
Friedlandstr.
Wichernstr.
Weberstraße
Südstraße
Leonhardstr.
Zollamts
Morillenhang
Körnerstr.
Reumontstr.
Leonhardplatz
3
Burtscheider Str.
Lütticher Str.
Limburger Str.
Moreller Weg
Sanatoriumstr.
Hohenstaufenallee
Schillerstraße
Kamper Str.
Hasselholzer Weg
Klemensstr.
Eynattener Str.
Krugenofen
Arndtstraße
Goethestraße
A
B
EUPEN, TRIER, LUXEMBOURG

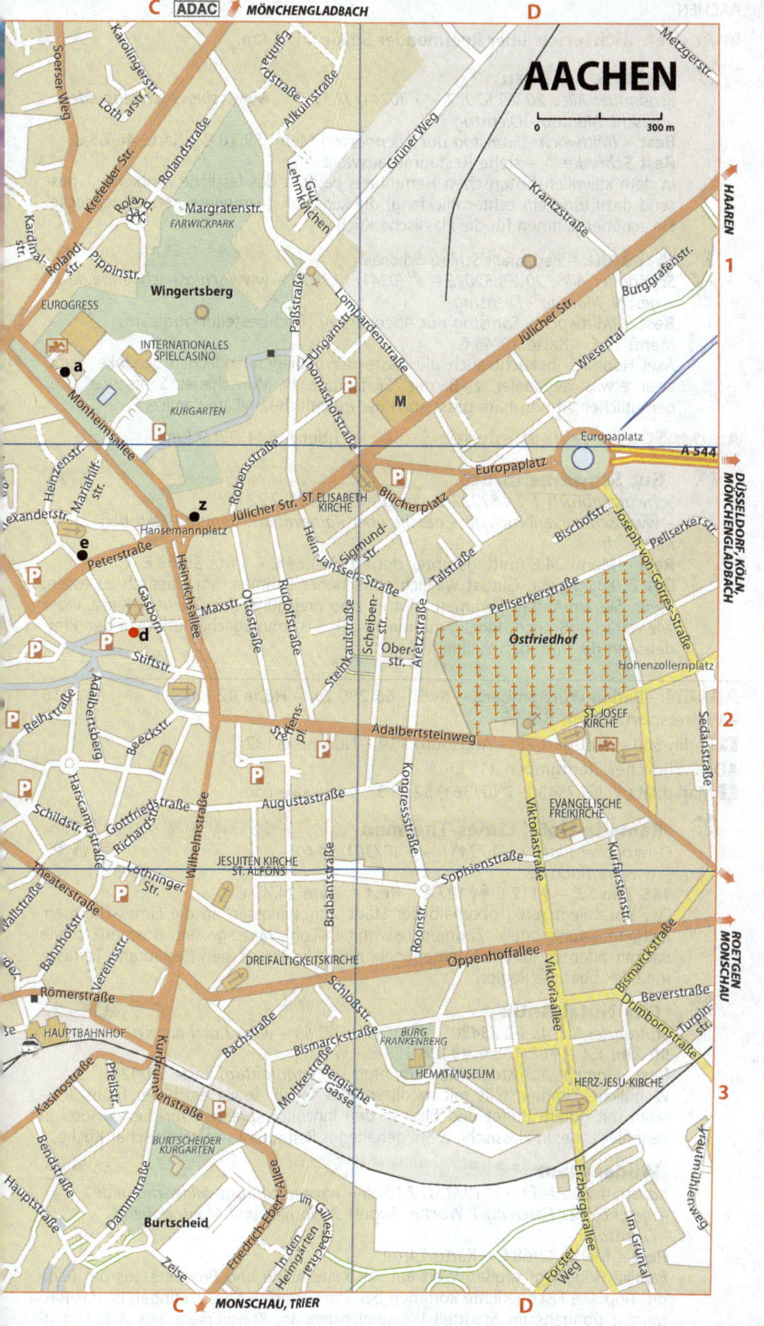
AACHEN
ADAC
MÖNCHENGLADBACH
MONSCHAU, TRIER
HAAREN
DÜSSELDORF, KÖLN, MÖNCHENGLADBACH
ROETGEN MONSCHAU
A 544
Wingertsberg
FARWICKPARK
EUROGRESS
INTERNATIONALES SPIELCASINO
KURGARTEN
Ostfriedhof
ST. ELISABETH KIRCHE
ST. JOSEF KIRCHE
EVANGELISCHE FREIKIRCHE
JESUITEN KIRCHE ST. ALFONS
DREIFALTIGKEITSKIRCHE
BURG FRANKENBERG
HEMATMUSEUM
HERZ-JESU-KIRCHE
HAUPTBAHNHOF
BURTSCHEIDER KURGARTEN
Burtscheid
Europaplatz
Hansemannplatz
Hohenzollernplatz
Jülicher Str.
Adalbertsteinweg
Oppenhoffallee
Monheimsallee
Heinrichsallee
Wilhelmstraße
Theaterstraße
Römerstraße
Kurbrunnenstraße
Viktoriastraße
Viktoriaallee
Krefelder Str.
Lombardenstraße
Peliserkerstraße
Joseph-von-Görres-Straße
Erzbergerallee
Friedrich-Ebert-Allee

In Aachen-Richterich über Roermonder Straße A1: 5 km

XX **Schloss Schönau**

Schönauer Allee 20 ✉ 52072 – ✆ (0241) 17 35 77 – www.schloss-schoenau.de – geschl. Montag - Dienstag

Rest – *(Mittwoch - Samstag nur Abendessen)* Menü 59/78 € – Karte 46/85 €

Rest *Schänke* – siehe Restaurantauswahl

In dem stilvollen historischen Herrenhaus besticht das festliche Ambiente - passend dazu (und ein echter Blickfang) die kunstvoll gearbeitete hohe Stuckdecke! Ein schöner Rahmen für die klassische Küche.

X **Schänke** – Restaurant Schloss Schönau

Schönauer Allee 20 ✉ 52072 – ✆ (0241) 17 35 77 – www.schloss-schoenau.de – geschl. Montag - Dienstag

Rest – *(Mittwoch - Samstag nur Abendessen)* (Tischbestellung ratsam)
Menü 29 € – Karte 20/45 €

Axel Hobbach bekocht auch die Gäste der gediegen-ländlichen Schänke - und zwar etwas regionaler, z. B. mit "Filetspitzen in Monschauer Senfsauce". Zur gemütlichen Atmosphäre passt auch der freundlich-familiäre Service.

An der Straße Verlautenheide-Stolberg über A 544 D2: 9 km

XX **Gut Schwarzenbruch**

Schwarzenbruch 1 ✉ 52222 Stolberg – ✆ (02402) 2 22 75 – www.schwarzenbruch.de – geschl. über Karneval und Januar - Oktober: Mittwoch

Rest – Menü 24 € (mittags unter der Woche)/64 € – Karte 35/63 €

Das 250 Jahre alte Gut ist wirklich ein schöner Rahmen, um klassisch zu essen. Wenn Sie am Mittag kommen, gibt es eine preisgünstigere kleinere Karte. Oder wie wär's mit Brunch? Richtig gut macht sich das sonntägliche Buffet vor den Pferdeboxen der einstigen Stallungen!

AALEN – Baden-Württemberg – 545 – 66 280 Ew – Höhe 429 m – Wintersport: 720 m 2 56 I18

Berlin 560 – Stuttgart 78 – Augsburg 119 – Nürnberg 132

ADAC Südlicher Stadtgraben 11

Marktplatz 2, ✉ 73430, ✆ (07361) 52 23 58, www.aalen.de

Ramada Hotel Limes-Thermen Rest, Zim,

Osterbucher Platz 1 ✉ 73431 – ✆ (07361) 94 40 – www.ramada.de

145 Zim – 117 € 127 € **Rest** – Karte 24/49 €

Das Hotel liegt ruhig oberhalb der Stadt, angeschlossen an die Limes-Thermen. Zeitgemäß-funktionelle Zimmer (teils mit Balkon), Massage und Kosmetik sowie Bar mit offenem Kamin. Internationale Küche im klassischen Restaurant. Terrasse mit Blick über die Region.

City Hotel Antik

Stuttgarter Str. 45 ✉ 73430 – ✆ (07361) 5 71 60 – www.hotel-antik.de

50 Zim – 88/108 € 108/128 € – ½ P

Rest – *(geschl. Samstagmittag, Sonntag - Montagmittag)* Karte 20/42 €

Wohnliche Zimmer, teils mit mediterranem Touch, sowie ein heller Frühstücksraum mit gutem Buffet und Blick in den Innenhof sprechen für dieses Hotel in zentraler Lage. In klassischem Stil gehaltenes Restaurant mit italienischer Küche.

X **Wilder Mann**

Karlstr. 4 ✉ 73433 – ✆ (07361) 7 13 66 – www.restaurant-wilder-mann.de – geschl. über Fasching 1 Woche, August 2 Wochen und Montagabend - Dienstag

Rest – Menü 32/68 € – Karte 24/49 €

Familie Högg legt großen Wert auf saisonale Küche und Produkte aus der Region. Tipp: Die Fischgerichte kommen bei den Gästen gut an! Zu finden ist das Restaurant übrigens im Stadtteil Wasseralfingen, am Kreisverkehr aus Aalen kommend. Sehr schön die Terrasse!

In Aalen-Ebnat Süd-Ost: 8 km über B 19, in Unterkochen Richtung Neresheim

Landgasthof Lamm mit Zim
Unterkochener Str. 16 ✉ 73432 – ✆ (07367) 24 12 – www.lamm-ebnat.de – geschl. über Fasching 2 Wochen und Dienstag - Mittwoch
6 Zim – 58/63 € 95/99 € **Rest** – Karte 19/48 €
Der ländliche Gasthof ist ein gepflegter Familienbetrieb, in dem der Chef zeitgemäße Küche mit Bezug zur Saison bietet. Übrigens kann man auch Kochkurse buchen, außerdem hat man einen Saal für Hochzeiten. Ein Teil der Gästezimmer ist besonders hübsch und neuzeitlich gestaltet.

In Aalen-Unterkochen Süd-Ost: 4 km über B 19, Richtung Heidenheim

Das Goldene Lamm
Kocherstr. 8 ✉ 73432 – ✆ (07361) 9 86 80 – www.das-goldene-lamm.de
50 Zim – 57/127 € 129/149 € **Rest** – Menü 28/46 € – Karte 30/52 €
Das Hotel ist aus einem traditionsreichen Gasthaus a. d. 17. Jh. gewachsen. Man bietet behagliche, individuelle Zimmer und Maisonetten sowie gemütliche Restaurantstuben. Auch für Tagungen ist das Haus gut geeignet.

Scholz
Aalener Str. 80 ✉ 73432 – ✆ (07361) 56 70 – www.hotel-scholz.de – geschl. 24. Dezember - 6. Januar
49 Zim – 70/118 € 89/135 € – ½ P
Rest – *(geschl. Freitag - Samstagmittag)* Karte 23/49 €
Das Hotel ist noch moderner und individueller geworden! Freuen Sie sich auf chic designte Zimmer, einen frischen, hellen Frühstücksraum, eine schöne Gartenanlage samt Kräutergarten, das gut ausgestattete "Fitarium"... Und wer italienisch essen möchte, geht einfach ins Lokal nebenan.

Läuterhäusle mit Zim
Waldhäuser Str. 109 ✉ 73432 – ✆ (07361) 9 88 90 – www.laeuterhaeusle.de – geschl. Sonntagabend - Montag
12 Zim – 68/88 € 78/99 € **Rest** – Menü 26/56 € – Karte 24/45 €
Brigitte und Michael Asbrock setzen stark auf die Region - da ist das "Schwäbische Probiermenü" genau richtig, um die hiesige Küche kennenzulernen Im Sommer ist es dafür natürlich im Garten am schönsten! Zeitgemäß und wohnlich übernachten kann man hier übrigens auch.

In Aalen-Waldhausen Ost: 9,5 km über Ziegelstraße

Adler
Deutschordenstr. 8 ✉ 73432 – ✆ (07367) 95 00 – www.adler-aalen.de – geschl. über Weihnachten
38 Zim – 70/90 € 75/115 €, 5 €
Rest – *(geschl. Montagmittag, Freitagmittag, Samstagmittag)* Karte 20/44 €
Zeitgemäß, wohnlich und meist recht großzügig sind die Zimmer in dem gewachsenen Hotel bei der Kirche. Zum Freizeitangebot gehören auch Massage- und Kosmetikanwendungen. Restaurant mit gemütlichem elegant-rustikalem Ambiente.

ABBACH, BAD – Bayern – 546 – 11 340 Ew – Höhe 371 m – Heilbad 58 M18

Berlin 496 – München 109 – Regensburg 15 – Ingolstadt 62
Kaiser-Karl V.-Allee 5, ✉ 93077, ✆ (09405) 9 59 90, www.bad-abbach.de
Deutenhof, Gut Deutenhof, ✆ (09405) 9 53 20

Elisabeth garni
Ratsdienerweg 4 ✉ 93077 – ✆ (09405) 9 50 90 – www.hotel-elisabeth.net – geschl. 24. Dezember - 6. Januar
34 Zim – 50/60 € 80 €, 5 €
Aus einer Pension beim Kurpark entstand über die Jahre ein gepflegtes Landhotel mit individuellen Zimmern, W-Lan ist hier kostenfrei. Heller Frühstücksraum mit gutem Buffet.

Schwögler

Stinkelbrunnstr. 18 ✉ 93077 – ✆ (09405) 96 23 00 – www.schwoegler.de – geschl. Sonntagabend sowie an Feiertagen abends, Montag

Rest – (Tischbestellung ratsam) Menü 32/60 € – Karte 23/47 €

Helmut Schwögler hat in seinem Restaurant für schönes geradlinig-modernes Design gesorgt, und das kommt bei den Gästen genauso gut an wie die Küche: mal kreativ und inspiriert von den Gewürzen Afrikas und Asiens, mal regionale Klassiker - von "kenianischer Tomatenconsommé mit roten Reisbällchen" bis "Zander in Zitronenkruste".

In Bad Abbach-Lengfeld

Gut Deutenhof mit Zim

Deutenhof 2 ✉ 93077 – ✆ (09405) 95 32 30 – www.gut-deutenhof.de – geschl. Anfang Januar 1 Woche, 23. Februar - 9. März und Oktober - April: Montag

13 Zim – †63/78 € ††91/124 € – ½ P

Rest – Menü 24/55 € – Karte 20/52 €

Ein Vorteil dieses gepflegten Landgasthofs ist ganz klar die Lage direkt an der 27-Loch-Golfanlage - eine schöne Sicht von der Terrasse ist Ihnen gewiss! Aber auch drinnen in den ländlichen Stuben schmeckt die regional-bürgerliche Küche. Gästezimmer hat man auch: zeitgemäß, hell, freundlich.

ABENSBERG – Bayern – 546 – 12 830 Ew – Höhe 370 m 58 M18

Berlin 521 – München 89 – Regensburg 39 – Ingolstadt 39

Dollingerstr. 18, ✉ 93326, ✆ (09443) 91 03 59, www.abensberg.de

Altstadt Hotel Kneitinger garni

Osterriedergasse 2 ✉ 93326 – ✆ (09443) 9 15 40 – www.hotel-kneitinger.de – geschl. 24. Dezember - 6. Januar

26 Zim – †49/55 € ††79/89 €

Das Hotel überzeugt durch seine sehr zentrale Lage sowie die zeitgemäßen und unterschiedlich geschnittenen Gästezimmer. Man hat auch ein eigenes Café mit im Haus.

ABSTATT – Baden-Württemberg – 545 – 4 490 Ew – Höhe 241 m 55 G17

Berlin 602 – Stuttgart 40 – Heilbronn 11 – Schwäbisch Hall 40

Ludwig Eins

Heilbronner Str. 16 ✉ 74232 – ✆ (07062) 97 80 – www.ludwig-eins.de

32 Zim – †79/131 € ††119/159 € – 2 Suiten – ½ P

Rest *Ludwig's* – siehe Restaurantauswahl

Sie schlafen in modernen, technisch gut ausgestatteten Zimmern (hier können Sie sich an der kostenfreien Minibar bedienen!), starten mit einem ansprechenden Frühstück in den Tag (im Sommer auch gerne auf der Terrasse) und relaxen im gepflegten Saunabereich.

Ludwig's – Hotel Ludwig Eins

Heilbronner Str. 16 ✉ 74232 – ✆ (07062) 97 80 – www.ludwig-eins.de – geschl. Sonntag und an Feiertagen

Rest – Karte 28/33 €

Ein Hauch von Vintage, im Stil der frühen 60er Jahre und deshalb "up to date", durchzieht das Restaurant. Offeriert wird ein gutes Essen, zubereitet aus Produkten der Region.

ACHERN – Baden-Württemberg – 545 – 24 980 Ew – Höhe 145 m 54 E19

Berlin 725 – Stuttgart 127 – Karlsruhe 54 – Offenburg 26

Zum Klauskirchl 4, ✉ 77855, ✆ (07841) 6 42 19 00, www.achern-tourist.de

Sonne-Eintracht

Hauptstr. 112 ✉ 77855 – ✆ (07841) 64 50 – www.hotel-sonne-eintracht.com

69 Zim – †61/95 € ††103/145 €

Rest – Menü 24 € (mittags)/43 € – Karte 26/48 €

Zwei Schwestern bieten Ihnen in dem erweiterten Gasthof freundliche Zimmer, die im Anbau besonders geräumig sind. Hier nimmt man auch das Frühstück ein und genießt dabei den Blick über die Stadt, während man im Stammhaus gerne bei badischer Gemütlichkeit regional speist.

Schwarzwälder Hof

Kirchstr. 38 ✉ 77855 – ✆ (07841) 6 96 80 – www.hotel-sha.de – geschl. 26. Juli - 10. August

20 Zim – †53/78 € ††79/120 € – ½ P

Rest ***Chez Georges*** – siehe Restaurantauswahl

Wenn Sie bei dem engagierten Gastgeber Jean-Georges Friedmann buchen, fragen Sie nach den "Komfort"-Zimmern - hier ist das Preis-Leistungs-Verhältnis am besten! Freuen kann man sich auch über das hochwertige Frühstück und den Blumen-/Kräutergarten.

Chez Georges – Hotel Schwarzwälder Hof

Kirchstr. 38 ✉ 77855 – ✆ (07841) 6 96 80 – www.hotel-sha.de – geschl. 26. Juli - 10. August und Sonntagabend - Montag

Rest – Menü 19/45 € – Karte 21/57 €

All die guten Speisen, die Sie auf der Restaurantkarte finden (Elsässer Schnecken, Badischer Sauerbraten, Ragout vom Elsässer Wildschwein, aber auch Gänsestopfleber oder Rinderfilet) können Sie ebenso in der Weinstube Kächele bestellen - hier ist es ein bisschen ländlicher und legerer.

In Achern-Oberachern Süd-Ost: 1,5 km über Illenauer Allee

Kiningers Hirsch mit Zim

Oberacherner Str. 26 ✉ 77855 – ✆ (07841) 2 15 79 – www.kiningers-hirsch.de – geschl. Montag - Dienstagmittag, November - April: Montag - Dienstag

5 Zim – †50 € ††90 € – ½ P **Rest** – Menü 29/36 € – Karte 28/46 €

Der engagierte Gastgeber Bernhard Kininger steht selbst am Herd und bringt regionale und internationale Gerichte auf den Tisch - diese sollten Sie im Sommer übrigens im Innenhof wählen! Und wenn Sie schonmal im Hause sind: In den gepflegten und funktionalen Gästezimmern schläft es sich gut.

In Achern-Önsbach Süd-West: 4 km über B 3, Richtung Offenburg

Adler

Rathausstr. 5 ✉ 77855 – ✆ (07841) 41 04 – www.adler-oensbach.de – geschl. Mittwoch - Donnerstag

Rest – Menü 25/44 € – Karte 22/48 €

Bereits seit den 80er Jahren betreibt Familie Aydin das Gasthaus a. d. J. 1724, und das mit ungebrochenem Engagement. Die Küche des Patrons ist klassisch und bürgerlich ausgerichtet und wird Ihnen im Sommer natürlich auch gerne auf der gemütlichen Innenhofterrasse serviert.

ADELSDORF – Bayern – 546 – 7 220 Ew – Höhe 264 m — 50 K16

Berlin 426 – München 210 – Nürnberg 41 – Bamberg 34

Drei Kronen

Hauptstr. 8 ✉ 91325 – ✆ (09195) 92 00 – www.3kronen.de – geschl. 22. - 28. Dezember, 1. - 11. Januar

45 Zim – †55/125 € ††75/175 € **Rest** – Karte 18/41 €

Gleich neben Kirche und Schloss warten 300 Jahre Familientradition auf Sie! Die Gastgeber modernisieren stetig, wie man z. B. an der schicken Lounge und den geräumigen Superior-Zimmern sieht! Essen kann man hier auch schön im Freien: auf der Terrasse oder - an Wochenenden bei gutem Wetter - im hübschen Biergarten!

In Adelsdorf-Neuhaus Süd-West: 4 km

Zum Löwenbräu

Neuhauser Hauptstr. 3 ✉ 91325 – ✆ (09195) 72 21 – www.zum-loewenbraeu.de

25 Zim – †60/100 € ††85/135 € – ½ P

Rest – *(Montag - Mittwoch und Juni - August: Montag - Donnerstag jeweils nur Abendessen)* Karte 17/46 €

Ein echter Brauereigasthof, auf den Familie Wirth (seit 1747) stolz sein kann. Vieles ist traditionell, einiges modern - so verbreitet im Frühstücksraum ein alter Holzherd Charme. Besuchen Sie unbedingt den reizenden Hofladen: lecker die Pralinen und Marmeladen von der Chefin! Ebenso eigene Brände und Bier.

Landgasthof Niebler mit Zim

Neuhauser Hauptstr. 30 ✉ 91325 – ✆ (09195) 86 82 – www.landgasthof-niebler.de – geschl. 7. Januar - 21. Januar, Ende Juni 2 Wochen und Mittwoch

11 Zim – †49/55 € ††74/85 €

Rest – *(Montag - Donnerstag nur Abendessen)* Menü 16 € – Karte 15/33 €

Schon mehrere Generationen ist die Familie hier im Haus. Chef Frank Niebler kocht bürgerlich-regional, saisonale Einflüsse dürfen natürlich auch nicht fehlen. Bleiben Sie nach dem Essen doch einfach über Nacht - die Zimmer sind so gepflegt wie der Rest des Hauses.

ADELSHOFEN – Bayern – 546 – 950 Ew – Höhe 429 m

49 I16

Berlin 502 – München 264 – Ansbach 41 – Würzburg 58

In Adelshofen-Tauberzell Nord-West: 5 km Richtung Creglingen

Landhaus Zum Falken (mit Gästehaus)

Tauberzell 41 ✉ 91587 – ✆ (09865) 94 19 40 – www.landhaus-zum-falken.de – geschl. 2. - 26. Februar, 9. - 19. November

10 Zim – †52/62 € ††72/82 € – ½ P

Rest *Zum Falken* – siehe Restaurantauswahl

Jede Menge Charme haben das einstige Amtshaus und das 80 m entfernte Fachwerkhaus a. d. 19. Jh. Sie werden sich wohlfühlen, wenn Sie sich am Abend in blau-weiß karierte Bettwäsche kuscheln, um Sie herum warmes Holz und (in den meisten Zimmern) freigelegtes Fachwerk! Die Marmelade zum Frühstück macht man hier selbst.

Zum Falken – Hotel Landhaus Zum Falken

Tauberzell 41 ✉ 91587 – ✆ (09865) 94 19 40 – www.landhaus-zum-falken.de – geschl. 2. - 26. Februar, 9. - 19. November und Montagmittag, Dienstag

Rest – Karte 15/33 €

Gemütlichkeit pur auch beim Essen: alte Holzbalken, schöner Dielenboden, Bänke und Stühle in rustikalem Stil... Tipp: Donnerstags und freitags gibt's hausgemachte Bratwürste - und probieren Sie auch die eigenen Obstbrände! Feierlichkeiten in der alten Scheune, Weinproben im Gewölbekeller.

ADENAU – Rheinland-Pfalz – 543 – 2 810 Ew – Höhe 330 m

36 C14

Berlin 644 – Mainz 163 – Aachen 125 – Bonn 48

Kirchstr. 15, ✉ 53518, ✆ (02691) 30 51 22, www.hocheifel-nuerburgring.de

Hohe Acht ★ (Aussichtsturm ≤ ★★), Ost: 8 km

Landhaus Sonnenhof

Sonnenberg 10 (Zufahrt über Hirzensteinstraße) ✉ 53518 – ✆ (02691) 9 22 70 – www.sonnenhof-nuerburgring.de – geschl. 10. Januar - 10. Februar

36 Zim – †60/190 € ††80/205 € – 1 Suite – ½ P

Rest – *(Montag - Samstag nur Abendessen)* Menü 27 € – Karte 22/45 €

Ein freundlich-familiär geführtes Landhotel mit unterschiedlich eingerichteten, wohnlich-soliden Zimmern. Die Lage oberhalb des Ortes ist ruhig, mit Blick auf die Hohe Acht. Nettes Restaurant mit alpenländischer Note, dazu die sonnige Gartenterrasse.

Blaue Ecke

Markt 5, (B 257) ✉ 53518 – ✆ (02691) 20 05 – www.blaueecke.de

28 Zim – †59/169 € ††69/199 € – ½ P

Rest – *(geschl. Oktober - März: Montag)* Karte 18/47 €

Das Hotel mit schmuckem Fachwerkhaus von 1578 liegt ideal für Rennsportbegeisterte. Sie wählen zwischen den Zimmerkategorien Standard, Superior und Nostalgie. Im Restaurant erwartet Sie mediterranes Flair, dazu hat man noch die Bar-Lounge.

AERZEN – Niedersachsen – 541 – 11 080 Ew – Höhe 99 m 28 H9

Berlin 349 – Hannover 58 – Detmold 41

In Aerzen-Schwöbber Nord-West: 5 km

Schlosshotel Münchhausen

Schwöbber 9 ✉ 31855 – ✆ (05154) 7 06 00
– www.schlosshotel-muenchhausen.com – geschl. Februar
59 Zim – †115/205 € ††150/285 €, ☕ 24 € – 9 Suiten
Rest *Gourmet Restaurant im Schlosshotel Münchhausen* ✿ **Rest *Schlosskeller*** – siehe Restaurantauswahl

Mit stilgerechtem, edlem Interieur und traumhaftem Rahmen lässt Sie das Schloss a. d. 16. Jh. Historie spüren und gleichzeitig modernen Komfort genießen. Beispielhaft der Service, elegant die Zimmer, geschmackvoll und großzügig der Spa, schön das Hallenbad neben dem Wassergraben... und all das in idyllischer sanfter Hügellandschaft.

Gourmet Restaurant im Schlosshotel Münchhausen

Schwöbber 9 ✉ 31855 – ✆ (05154) 7 06 00
– www.schlosshotel-muenchhausen.com – geschl. Februar; März - Oktober: Sonntag - Montag und November - Februar: Sonntag - Dienstag
Rest – *(nur Abendessen)* (Tischbestellung ratsam) Menü 72/170 €

Ein Raum stilvoller als der andere... Nach einem Apéro in der Bar oder im tollen Rittersaal mit Deckenfresken und offenem Kamin, speist man im eleganten Restaurant mit schönem Fischgrätparkett und toller hoher Stuckdecke an hochwertig eingedeckten Tischen. Zur feinen klassischen Küche von Achim Schwekendiek reicht der aufmerksame Service eine sehr ansprechende Weinkarte mit 800 Positionen.

➜ Bouillabaissesalat / Calamaretti / Aioli / Ratatouille. Seeteufel / Couscouscrème / Paprikaflan / Brunnenkresse. Sisteron Lammrücken / Spitzkohl / Orange / Gewürzmilch.

Schlosskeller – Schlosshotel Münchhausen

Schwöbber 9 ✉ 31855 – ✆ (05154) 7 06 00
– www.schlosshotel-muenchhausen.com – geschl. Februar; November - Januar: Montag - Dienstag
Rest – Menü 39 € – Karte 39/63 €

Ein wirklich gemütlicher Ort ist der liebevoll dekorierte Gewölbekeller. Die Holztische und die umlaufende Sitzbank passen schön zu den hübschen Stoffen und bringen eine rustikale Note in den Raum. Hier lässt man sich regionale Küche schmecken.

AHAUS – Nordrhein-Westfalen – 543 – 38 990 Ew – Höhe 50 m 26 C9

Berlin 522 – Düsseldorf 116 – Nordhorn 51 – Bocholt 49

Oldenkottplatz 2, ✉ 48683, ✆ (02561) 44 44 44, www.ahaus.de

Ahaus-Alstätte, Schmäinghook 36, ✆ (02567) 4 05

In Ahaus-Ottenstein West: 7 km

Haus im Flör

Hörsteloe 49 (Nord: 2 km Richtung Alstätte) ✉ 48683 – ✆ (02567) 93 99 90
– www.haus-im-floer.de
25 Zim ☕ – †60 € ††72/85 €
Rest – *(geschl. Montagmittag, Samstagmittag)* Karte 27/61 €

In dem ruhig gelegenen Haus der Familie Bonato stehen wohnlich und zeitgemäß ausgestattete Zimmer mit kostenfreiem W-Lan bereit, einige neuere Einzelzimmer sind sehr modern. Hübscher Garten mit Teich. Man speist im gemütlich-eleganten Restaurant oder im schönen Gartenpavillon.

AHLBECK – Mecklenburg-Vorpommern – siehe Usedom (Insel)

AHLEN – Nordrhein-Westfalen – 543 – 53 090 Ew – Höhe 75 m **27** E10

Berlin 447 – Düsseldorf 124 – Bielefeld 69 – Hamm in Westfalen 13

In Ahlen-Vorhelm Nord-Ost: 8 km, Richtung Warendorf, dann rechts ab

Witte

Hauptstr. 32 ✉ 59227 – ✆ (02528) 9 29 52 90 – www.hotel-witte.de

26 Zim – †65/80 € ††95/130 € – 1 Suite – ½ P

Rest – *(nur Abendessen, sonntags auch Mittagessen)* Karte 16/40 €

Ein gut geführtes Haus, das bereits seit 1878 als Familienbetrieb besteht. Die Gästezimmer sind hell und schön zeitgemäß. Das Restaurant: mal rustikal, mal neuzeitlicher, dazu der nette Biergarten.

AHORNTAL – Bayern – 546 – 2 250 Ew **50** L15

Berlin 387 – München 226 – Bayreuth 30 – Erlangen 49

Burg Rabenstein

Rabenstein 33 ✉ 95491 – ✆ (09202) 9 70 04 40 – www.burg-rabenstein.de

20 Zim – †117/175 € ††158/277 € – 2 Suiten

Rest – *(geschl. Montag) (nur Abendessen)* Karte 24/37 €

Auf einem Felsvorsprung am Waldrand thront die über 800 Jahre alte Burg. Auf 64 ha erwarten Sie schöne Zimmer und historische Säle sowie eine Tropfsteinhöhle und eine Falknerei.

AHRENSBURG – Schleswig-Holstein – 541 – 31 250 Ew – Höhe 46 m **10** J5

Berlin 276 – Kiel 79 – Hamburg 36 – Lübeck 47

Ahrensburg, Am Haidschlag 39, ✆ (04102) 5 13 09

Ammersbek, Schevenbarg, ✆ (040) 6 05 13 37

Park Hotel

Lübecker Str. 10a ✉ 22926 – ✆ (04102) 23 00 – www.parkhotel-ahrensburg.de

101 Zim – †95/155 € ††115/175 €, 15 € – 8 Suiten – ½ P

Rest *Le Marron* – siehe Restaurantauswahl

Das Hotel befindet sich in direkter Nachbarschaft zum Schloss Ahrensburg und überzeugt mit zeitgemäßen Gästezimmern in warmen mediterranen Tönen. Nach Tagung oder Geschäftstermin entspannt es sich gut in der Bar im großen Hallenbereich.

Ahrensburg garni

Ahrensfelder Weg 48 ✉ 22926 – ✆ (04102) 5 15 60 – www.ringhotel-ahrensburg.de – geschl. Weihnachten - Neujahr

24 Zim – †89/97 € ††111/125 €

Eine freundliche und gepflegte Einrichtung bietet dieses Haus vom Eingangsbereich über die Gästezimmer bis zum Frühstücksraum. Nett ist auch der kleine Garten.

Le Marron – Park Hotel

Lübecker Str. 10a ✉ 22926 – ✆ (04102) 23 04 00 – www.parkhotel-ahrensburg.de

Rest – Menü 35/46 € – Karte 30/64 €

Herzstück hier ist die Showküche - drum herum schöne lichte Wintergärten, die eine angenehme Atmosphäre für die internationalen Gerichte schaffen.

AHRENSHOOP – Mecklenburg-Vorpommern – 542 – 730 Ew – Höhe 3 m – Seebad **5** N3

Berlin 259 – Schwerin 130 – Rostock 46 – Stralsund 65

Kirchnersgang 2, ✉ 18347, ✆ (038220) 66 66 10, www.ostseebad-ahrenshoop.de

Grand Hotel und SPA Kurhaus Ahrenshoop

Schifferberg 24 ✉ 18347 – ✆ (038220) 67 80 – www.kurhaus-ahrenshoop.de Rest, Rest,

80 Zim – †150/200 € ††200/260 € – ½ P

Rest – Menü 39/59 € – Karte 44/55 €

An der Stelle des alten Kurhauses und fast direkt am Strand steht nun diese sehr moderne und puristische Neuinterpretation! Großzügigkeit und Komfort sind einem Grandhotel absolut würdig - die Einrichtung ist allerdings alles andere als klassisch! Spa-Vielfalt auf rund 3000 qm.

Namenlos & Fischerwiege (mit Gästehäusern) 

Schifferberg 2 ✉ 18347 ♿ AC Rest, Zim,
– ✆ (038220) 60 60 – www.hotel-namenlos.de – geschl. vor Weihnachten 10 Tage
30 Zim – 85/125 € 120/200 € – 20 Suiten – ½ P
Rest – Menü 39 € (mittags)/75 € – Karte 34/73 €
Ein Ensemble aus vier hübschen regionstypischen Landhäusern in schöner meernaher Lage im Grünen. Die Zimmer und Suiten sind z. T. sehr komfortabel und geschmackvoll. Das Restaurant verfügt über eine Sonnenterrasse mit Meerblick. Regionale Küche.

Künstlerquartier Seezeichen (mit Gästehäusern) 

Dorfstr. 22 ✉ 18347 – ✆ (038220) 6 79 70
– www.seezeichen-hotel.de – geschl. 5. - 28. Januar
28 Zim – 95/240 € 100/260 € – 3 Suiten – ½ P
Rest – Menü 35/59 € – Karte 37/60 €
Direkt hinterm Deich steht das kleine Hotel mit persönlichem Service, hochwertig-modernen Zimmern und schönem Garten- und Saunabereich. Jeder Gast hat einen eigenen Strandkorb am Meer. Kleiner Fitnessraum und Massage-Angebot. Freundliches, geradlinig gestaltetes Restaurant mit Terrasse ums Haus, Café und Dachterrasse.

Der Fischländer 

Dorfstr. 47e ✉ 18347 – ✆ (038220) 69 50 – www.hotelderfischlaender.de
26 Zim – 90/135 € 95/165 € – 3 Suiten – ½ P
Rest – Menü 26/45 € – Karte 23/47 €
Unter dem reetgedeckten Dach dieses familiengeführten Hauses erwartet Sie ein sehr wohnliches und schönes Landhausambiente. Die Zimmer bieten teilweise Balkon und Meerblick. International-mediterrane Küche und gute Weinkarte im Café-Restaurant mit Ostseeblick.

Haus Antje 

Althäger Str. 2 ✉ 18347 – ✆ (038220) 69 80 – www.ostseehotel-hausantje.de
– geschl. 7. - 26. Dezember
18 Zim – 55/85 € 79/130 € – 4 Suiten – ½ P
Rest – *(nur Abendessen)* Menü 28 € – Karte 22/55 €
Eine behagliche und frische maritime Atmosphäre herrscht in diesem Haus. Nette Bibliothek und hübscher Frühstücksraum mit gutem Buffet. Auch Kosmetik wird angeboten. Im Restaurant serviert man regionale Speisen.

In Ahrenshoop-Niehagen Süd: 2,5 km

Landhaus Morgensünn & Susewind 

Bauernreihe 4d ✉ 18347 – ✆ (038220) 64 10 – www.landhaus-morgensuenn.de
34 Zim – 65/95 € 69/140 € – 2 Suiten – ½ P
Rest ***Am Kiel*** – siehe Restaurantauswahl
Verschiedene hübsche Reetdachhäuser beherbergen wohnliche Zimmer und Appartements im Landhausstil - hier und da Antiquitäten. Hallenbad im Haus Morgensünn (50 m vom Haus Susewind).

Am Kiel – Hotel Landhaus Morgensünn & Susewind 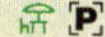

Bauernreihe 4d ✉ 18347 – ✆ (038220) 66 97 21
– www.landhaus-morgensuenn.de
Rest – *(November - April: Montag - Freitag nur Abendessen)* Karte 24/40 €
Besonders gemütlich wird es in der Gaststube, wenn die Einheimischen um den Stammtisch sitzen. Holzdielen und rustikales Holz tragen ihren Teil dazu bei. Nett: Veranda im Fischländer Stil!

AIBLING, BAD – Bayern – 546 – 18 410 Ew – Höhe 501 m – Kurort und Heilbad 66 M21

Berlin 636 – München 61 – Garmisch-Partenkirchen 98 – Rosenheim 12
Wilhelm-Leibl-Platz 3, ✉ 83043, ✆ (08061) 9 08 00, www.bad-aibling.de
27 Schloss Maxlrain, Freiung 14, ✆ (08061) 14 03

Lindners

Marienplatz 5 ✉ 83043 – ✆ (08061) 9 06 30 – www.lindners.net
37 Zim ☕ – 🚹75/239 € 🚹🚹117/269 € – ½ P
Rest *Lindners Stub'n* – siehe Restaurantauswahl
Rest *Lindners Waage* – Karte 26/82 €
Möchten Sie topmodern in einem der "De Luxe"-Zimmer wohnen oder bevorzugen Sie den klassisch-traditionellen Stil im historischen Stammhaus? Auch auf ein gutes Essen kommt man gerne in das engagiert geführte Hotel: Hier ist zum einen Lindners Stub'n interessant, aber auch das trendige Bio-Restaurant Waage mit Gerichten vom Buchenholzgrill. Wem eine Brotzeit reicht, der geht in die rustikale Schwemme.

Lindners Stub'n – Hotel Lindners

Marienplatz 5 ✉ 83043 – ✆ (08061) 9 06 30 – www.lindners.net
Rest – *(nur Abendessen, sonntags auch Mittagessen)* Menü 40/68 € – Karte 34/63 €
Schön gemütlich und elegant zugleich, so sind die historischen Stuben mit ihrer stilvollen Holztäferung. Gute Produkte, wenn möglich in Bioqualität, werden hier zu schmackhaften regionalen Gerichten - unter ihnen natürlich auch gefragte Klassiker wie Wiener Schnitzel oder Rinderbraten.

In Bad Aibling-Mietraching Nord-West: 2,5 km

B & O Parkhotel (mit Gästehäusern)

Dietrich-Bonhoeffer-Str. 31 ✉ 83043 – ✆ (08061) 38 99 90 – www.bo-parkhotel.de
92 Zim ☕ – 🚹79/139 € 🚹🚹109/189 € – 2 Suiten
Rest – *(nur Abendessen, sonntags auch Mittagessen)* Karte 17/43 €
Umweltbewusste wird's freuen: Man hat an dem einstigen US-Militär-Stützpunkt ein Nullenergie-Konzept mit eigener Wärmegewinnung umgesetzt. Sie suchen ein bisschen was Besonderes? Dann buchen Sie eine der beiden Wellness-Suiten mit Sauna - eine davon hat zudem Fitnessgeräte. Wer sich nach einem Bad im Schwimmteich (schön im Park gelegen) stärken möchte, findet hier im Haus internationale Küche, aber auch Snacks.

AICHACH – Bayern – 546 – 20 890 Ew – Höhe 446 m 57 K19

▶ Berlin 565 – München 68 – Augsburg 24 – Ingolstadt 53

Gasthof Specht

Stadtplatz 43 ✉ 86551 – ✆ (08251) 8 75 20 – www.hotel-specht.de – geschl. 1. - 14. September
36 Zim ☕ – 🚹50 € 🚹🚹75 € – 1 Suite
Rest – *(geschl. Samstag sowie an Sonn- und Feiertagen abends)* Karte 12/25 €
Freundlich leitet Familie Specht ihren Gasthof im historischen Stadtkern, bereits in der 4. Generation sorgt man dafür, dass es hier tipptopp gepflegt ist! In den ländlichen Gaststuben gibt es deftige bayerische Küche, im Sommer etwas Kühles im Biergarten.

In Aichach-Sulzbach Süd-West: 5 km Richtung Augsburg, nach 3,5 km rechts

Zum Tavernwirt

Tränkstr. 6 ✉ 86551 – ✆ (08251) 71 54 – www.tavernwirt.de – geschl. September - Mai: Montag - Dienstag
Rest – *(September - Mai: Mittwoch - Samstag nur Abendessen, Juni - August: Montag - Samstag nur Abendessen)* (Tischbestellung ratsam) Menü 34 € – Karte 30/53 €
Das passt genau in das Bild eines traditionsreichen Gasthauses: rustikaler Charme und ein Biergarten unter Kastanien. Der Keller birgt einige Trouvaillen - fragen Sie den Chef und Weinliebhaber Martin Wastl!

AITERN – Baden-Württemberg – siehe Schönau im Schwarzwald

ALBERSWEILER – Rheinland-Pfalz – **543** – 1 900 Ew – Höhe 165 m **54** E17

Berlin 668 – Mainz 110 – Mannheim 51 – Karlsruhe 48

Traube garni

Trifelsring 11 ✉ 76857 – ✆ (06345) 95 95 10 – www.hotel-garni-traube.de – geschl. 7. - 29. Juli und 20. Dezember - 4. Januar

10 Zim – †50/59 € ††75/85 € – 1 Suite

Friederike Betzer leitet eine sehr gepflegte kleine Pension in einem Wohngebiet in Hanglage; da macht sich der hübsche Garten mit Teichen richtig gut - hier lässt es sich angenehm frühstücken! Ihnen ist die Kunst im Haus aufgefallen? Das ist ein Faible der Chefin. Zimmer meist mit Balkon und Aussicht.

ALBSTADT – Baden-Württemberg – **545** – 44 810 Ew – Höhe 731 m **63** G20

– Wintersport: 980 m 6

Berlin 721 – Stuttgart 98 – Konstanz 99 – Ulm (Donau) 97

Marktstr. 35, ✉ 72458, ✆ (07431) 1 60 12 04, www.albstadt-tourismus.de

Raichberg★ (★), Nord: 11 km

In Albstadt-Ebingen Süd-Ost: 1 km

Linde Rest, Zim,

Untere Vorstadt 1 ✉ 72458 – ✆ (07431) 13 41 40 – www.hotel-linde.eu – geschl. Ende Juli - Mitte August

39 Zim – †90/105 € ††110/125 € – ½ P

Rest – *(geschl. Sonntag)* Menü 27 € (mittags)/82 € – Karte 46/61 €

Schon ein Hingucker ist das komplett sanierte denkmalgeschützte Fachwerkhaus im historischen Ortskern. Drinnen ist es schön wohnlich und komfortabel, besonderen Charme haben die Zimmer unterm Dach! Im eleganten Restaurant (ansprechend das Mooreichenparkett) serviert man regional-internationale Küche.

Zum süßen Grund

Bitzer Berg 1 (Nord 1,5 km über Bitzer Steige) ✉ 72458 – ✆ (07431) 1 36 60 – www.hotel-suessergrund.de – geschl. Februar 2 Wochen

12 Zim – †62 € ††92 € – ½ P **Rest** – Menü 16/28 € – Karte 19/47 €

Wandern, radfahren oder einfach nur die ruhige Lage mitten im Grünen genießen - der benachbarte Reiterhof passt optimal ins Bild! Einige der wohnlichen Zimmer haben einen eigenen Balkon. Zum Essen sollten Sie auf der schönen Terrasse Platz nehmen.

In der Breite garni 

Flandernstr. 97 ✉ 72458 – ✆ (07431) 9 00 70 – www.hotel-breite.com

14 Zim – †48/70 € ††80/95 €

Man spürt förmlich die Liebe, die Familie Conzelmann in ihr Haus steckt - seit vielen Jahren ist man mit viel Engagement für seine Gäste da und hält alles top in Schuss! Naturliebhaber erkunden die Wanderwege in der Gegend und wer lieber hier bleibt, genießt die Sonne im schönen Garten!

ALDERSBACH – Bayern – **546** – 4 310 Ew – Höhe 328 m **59** P19

Berlin 594 – München 158 – Passau 32 – Regensburg 111

Mayerhofer

Ritter-Tuschl-Str. 2 ✉ 94501 – ✆ (08543) 9 63 90 – www.mayerhofer.org – geschl. über Fasching

30 Zim – †54/64 € ††75/98 € **Rest** – *(geschl. Montag)* Karte 12/31 €

Neben dem Rathaus steht der gepflegte Gasthof, der seit 1905 als Familienbetrieb geleitet wird. Die Zimmer sind wohnlich und funktional, zudem hat man einen netten Saunabereich. In der Gaststube mit Gewölbe und einsehbarer Küche reicht man eine bayerisch geprägte Karte mit Produkten aus der eigenen Metzgerei.

ALF – Rheinland-Pfalz – **543** – 870 Ew – Höhe 95 m **46** C15

Berlin 671 – Mainz 108 – Trier 61 – Koblenz 84

Marienburg (★★) Süd: 2 km

Burg Arras

Wohnplatz 1 ✉ 56859 – ✆ (06542) 2 22 75 – www.arras.de – geschl. Januar
10 Zim – 110/180 € 140/240 € – ½ P
Rest – Menü 28 € (abends) – Karte 20/45 €
Allein liegt die Burg a. d. J. 938 auf einer Bergkuppe, die Aussicht ist grandios - vor allem vom begehbaren Turm. Man bietet schöne wohnliche Zimmer und ein kleines Museum. Rustikales Burgflair im Restaurant - Terrasse mit traumhaftem Blick auf Höllen- und Moseltal.

Bömer's Mosellandhotel

Rest,

Ferdinand-Remy-Str. 27 ✉ 56859 – ✆ (06542) 23 10 – www.boemershotel.de – geschl. 7. Januar - 25. Februar, 6. März - 10. April und 17. November - 8. Dezember
35 Zim – 49/79 € 75/130 € – 3 Suiten – ½ P
Rest – Menü 27/37 € – Karte 22/49 €
Hier dürfen Sie sich auf freundlichen Service, wohnliche Zimmer und ein gutes Frühstück freuen, zudem können Sie auf der hübschen Liegewiese relaxen. Im Haus "Veranda" nebenan befinden sich etwas kleinere Zimmer. Zum Restaurant gehören eine nette Bier- und Weinstube sowie eine schöne Terrasse.

ALFDORF – Baden-Württemberg – 545 – 7 080 Ew – Höhe 487 m 56 H18

Berlin 594 – Stuttgart 54 – Schwäbisch Gmünd 12 – Schwäbisch Hall 40
Alfdorf-Haghof, Haghof 6, ✆ (07182) 9 27 60

In Alfdorf-Haghof West: 5 km

Golf- und Landhotel Haghof

Rest,

Haghof 3 ✉ 73553 – ✆ (07182) 9 28 00 – www.hotelhaghof.de
37 Zim – 71/85 € 99/105 € – ½ P
Rest – *(geschl. Montagmittag)* Karte 18/33 €
Der Bauernhof von 1827 ist ein familiengeführtes Hotel mit gutem Freizeitangebot: Reiterhof gleich nebenan, Golfplatz nur wenige Schritte entfernt, Massage und Kosmetik direkt im Haus... Wer auf den Spuren der Römer wandeln möchte, schaut sich den Limes-Wall am Hotel an oder besucht das Kastell in Welzheim!

ALFELD (LEINE) – Niedersachsen – 541 – 19 920 Ew – Höhe 160 m 29 I9

Berlin 312 – Hannover 46 – Göttingen 66 – Hildesheim 26
Marktplatz 12, ✉ 31061, ✆ (05181) 70 31 11, www.alfeld.de
Rheden-Gronau, Schloßstr. 1a, ✆ (05182) 5 23 36

In Alfeld-Warzen West: 2,5 km über Hannoversche Straße

Grüner Wald (mit Gästehaus)

Rest,

Am Knick 7 ✉ 31061 – ✆ (05181) 2 42 48 – www.hotel-gasthof-gruener-wald.de – geschl. Anfang Januar 1 Woche
17 Zim – 56/63 € 87/97 € – ½ P
Rest – *(Donnerstag - Samstag nur Abendessen)* Menü 25/29 € – Karte 23/41 €
Freundlich führt Familie Ruhland das recht ruhig gelegene kleine Hotel mit geräumigen, wohnlich gestalteten Gästezimmern - die meisten haben einen Balkon. Radwanderwege in der Umgebung. Im Restaurant und im Kachelofenzimmer serviert man regionale Speisen aus guten Produkten.

ALLERSHAUSEN – Bayern – 546 – 5 150 Ew – Höhe 442 m 58 L19

Berlin 556 – München 37 – Landshut 65 – Augsburg 86

Zum Fuchswirt

Ampertalstr. 4 ✉ 85391 – ✆ (08166) 99 19 90 – www.fuchswirt.de
15 Zim – 60/68 € 86 € **Rest** – Karte 16/33 €
Ein ländlich-solider Gasthof, der familiär geführt wird und mit geräumigen, wohnlich und freundlich eingerichteten Zimmern überzeugt. Die verschiedenen Gaststuben sind mit viel Holz sehr gemütlich gestaltet. Geboten wird bayerisch-bürgerliche Küche.

ALLMANNSHOFEN – Bayern – 546 – 830 Ew – Höhe 440 m 57 K19

Berlin 538 – München 89 – Augsburg 31 – Donauwörth 15

In Allmannshofen-Holzen Süd: 2 km

Kloster-Gasthof Holzen

Klosterstr. 1 ✉ 86695 – ✆ (08273) 9 95 90 – www.kloster-holzen.de

57 Zim – 73/87 € 101/115 € – ½ P **Rest** – Karte 18/41 €

In der imposanten Klosteranlage (1697) mit Barockkirche erwartet Sie heute ein modernes Hotel: Die klaren Linien sind angelehnt an die klösterliche Schlichtheit, der Komfort ist aber deutlich größer! Tolle Veranstaltungsräume mit Stuckdecke, schöne Gewölbe (z. B. im Frühstücksraum), der herrliche Klostergarten... Im rustikalen Gasthof mit Biergarten isst man regional.

ALPIRSBACH – Baden-Württemberg – 545 – 6 490 Ew – Höhe 441 m 54 E19 – Wintersport: 700 m 3 – Luftkurort

Berlin 726 – Stuttgart 99 – Freiburg im Breisgau 78 – Schramberg 19

Krähenbadstr. 2, ✉ 72275, ✆ (07444) 9 51 62 81, www.stadt-alpirsbach.de

Alpirsbach-Peterzell, Fluorner Str. 3, ✆ (07444) 46 65

Kirche ★

Rössle

Aischbachstr. 5 ✉ 72275 – ✆ (07444) 95 60 40 – www.roessle-alpirsbach.de – geschl. Februar - März 3 Wochen, nach Ostern 1 Woche, November - Dezember 3 Wochen

26 Zim – 46/49 € 76/79 € – ½ P

Rest *Rössle* – siehe Restaurantauswahl

Der persönliche Service und behagliche, mit rustikaler Eiche eingerichtete Zimmer sprechen für diesen familiär geführten Schwarzwaldgasthof.

Rössle – Hotel Rössle

Aischbachstr. 5 ✉ 72275 – ✆ (07444) 95 60 40 – www.roessle-alpirsbach.de – geschl. Februar - März 3 Wochen, nach Ostern 1 Woche, November - Dezember 3 Wochen und Montagmittag, Mittwoch

Rest – Menü 23/35 € – Karte 25/46 €

Frische und wirklich gute Produkte kommen in dem traditionsreichen Gasthaus auf den Tisch - da empfiehlt man bürgerlich-regionale Gerichte wie gefüllte Kalbsbrust oder Lammhäxle natürlich gerne weiter!

ALSFELD – Hessen – 543 – 16 230 Ew – Höhe 268 m 38 H13

Berlin 442 – Wiesbaden 128 – Fulda 43 – Frankfurt am Main 107

Markt 3, ✉ 36304, ✆ (06631) 18 21 65, www.alsfeld.de

In Alsfeld-Eudorf Nord-Ost: 3 km über B 254, Richtung Schwalmstadt

Zum Schäferhof

Ziegenhainer Str. 30 (B 254) ✉ 36304 – ✆ (06631) 9 66 00 – www.hotel-zum-schaeferhof.de – geschl. Anfang Januar 1 Woche

23 Zim – 51/65 € 78/80 €, 5 € – ½ P **Rest** – Karte 16/33 €

Der Familienbetrieb ist ein Gasthof mit Fachwerkfassade, der um einen Hotelanbau ergänzt wurde. Gepflegte Zimmer (teils mit Balkon), heller Frühstücksraum und netter Sauna- und Fitnessbereich. Bürgerliche Küche im ländlich-rustikalen Restaurant.

Zur Schmiede (mit Gästehaus) Zim,

Ziegenhainer Str. 26 (B 254) ✉ 36304 – ✆ (06631) 79 38 30 – www.zur-schmiede.de

53 Zim – 52/65 € 80/110 €, 6 € – ½ P **Rest** – Karte 20/47 €

Die Familientradition dieses erweiterten Gasthofs mit soliden Zimmern und neuzeitlichen Seminarräumen reicht bis ins Jahr 1874 zurück. Freizeitbereich im Gästehaus nebenan.

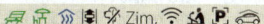

ALTDORF – Bayern – 546 – 15 310 Ew – Höhe 444 m 50 L17

Berlin 436 – München 176 – Nürnberg 29 – Regensburg 80

Alte Nagelschmiede

Oberer Markt 13 ✉ 90518 – ✆ (09187) 9 52 70 – www.alte-nagelschmiede.com – geschl. 30. Juli - 19. August

24 Zim – 50/65 € 80/100 €

Rest – *(geschl. Sonntag)* Menü 36 € – Karte 17/38 €

Am Marktplatz steht das schmucke historische Haus a. d. 18. Jh., das von der Familie geführt wird und behaglich gestaltet ist. In gemütlichen Stuben bietet man bürgerliche Speisen. Originell: Als Garderobe dient ein alter Beichtstuhl.

Rotes Ross

Oberer Markt 5 ✉ 90518 – ✆ (09187) 52 72 – www.rotes-ross-altdorf.de – geschl. Montag und Donnerstagabend

Rest – (Tischbestellung ratsam) Menü 15/25 € – Karte 18/37 €

Eine sehr gut besuchte Adresse mit rustikalem Charme. Der historische Gasthof mit langer Familientradition bietet solide fränkische Küche zu fairen Preisen.

ALTDORF – Rheinland-Pfalz – siehe Edenkoben

ALTDORF KREIS LANDSHUT – Bayern – 546 – 11 220 Ew – Höhe 396 m 58 N19

Berlin 552 – München 74 – Landshut 6 – Braunau am Inn 97

Augustlhof

Pfeffenhausener Str. 18 (West 3km) ✉ 84032 – ✆ (08704) 92 72 85 – www.augustlhof.de

11 Zim – 68/73 € 85 €, 8 €

Rest *Saustall* – siehe Restaurantauswahl

Rest *Herzblut* – *(geschl. Sonntagabend - Dienstag) (Mittwoch - Samstag nur Abendessen)* (Tischbestellung erforderlich) Menü 34/50 €

Außen typisch regional, innen stilvoll-zeitgemäß... Das ist der Augustlhof der Familie Smith! Einige der geradlinig-modern eingerichteten Zimmer sind etwas kleiner, aber gut aufgeteilt. Im Restaurant Herzblut bekommen Sie ein 3- bis 6-gängiges Überraschungsmenü, im Sommer entspannt man im eigenen Biergarten.

Saustall

Pfeffenhausener Str. 18 (West 3km) ✉ 84032 – ✆ (08704) 92 72 85 – www.augustlhof.de – geschl. Sonntagabend - Dienstag

Rest – *(Mittwoch - Samstag nur Abendessen)* Menü 33 € – Karte 25/40 €

Die Speisekarte spiegelt deutlich die weiten Reisen wider, die Chef Charly Smith während seiner Lehr- und Wanderjahre unternommen hat. Gerichte wie "Hähnchen-Garnelen-Frikadelle Thai-Style mit Mango-Chili-Salsa" oder "gefüllter Kalbsrücken mit Bärlauchpolenta und Ratatouille" lesen sich nicht nur interessant, sondern sind auch frisch und schmackhaft!

ALTENAHR – Rheinland-Pfalz – 543 – 1 650 Ew – Höhe 200 m 36 C13

Berlin 624 – Mainz 163 – Bonn 31 – Aachen 105

Altenburger Str. 1a, ✉ 53505, ✆ (02643) 84 48, www.altenahr-ahr.de

Ruland

Brückenstr. 6, (B 257) ✉ 53505 – ✆ (02643) 83 18 – www.hotel-ruland.de – (Erweiterung um 12 Zimmer bis Ostern 2014)

28 Zim – 40/70 € 70/130 € – ½ P **Rest** – Menü 26 € – Karte 19/41 €

Im Zentrum gegenüber der Kirche steht das seit mehreren Generationen als Familienbetrieb geführte Hotel. Die zeitgemäßen Zimmer liegen teilweise zur Ahr hin und auch von der Restaurantterrasse hat man einen schönen Blick zum Fluss. Noch ein kleines bisschen näher am Wasser ist der schöne Biergarten!

Gasthaus Assenmacher 
Brückenstr. 12, (B 257) ✉ 53505 – ✆ (02643) 18 48 – www.gasthaus-assenmacher.de – geschl. Januar - Februar 2 Wochen, Juni - Juli 2 Wochen
7 Zim – †40/50 € ††76/86 € – ½ P
Rest *Gaststube Assenmacher* **Rest *Assenmacher Gourmet*** – siehe Restaurantauswahl
Dass man in dem Familienbetrieb im Ortskern gut essen kann, ist bekannt, aber das Haus mit den gepflegten Gästezimmern ist auch ein idealer Ausgangspunkt für Wanderungen im reizvollen Ahrtal oder für einen Besuch der Ahr-Thermen in Bad Neuenahr-Ahrweiler.

Assenmacher Gourmet – Gasthaus Assenmacher 
Brückenstr. 12, (B 257) ✉ 53505 – ✆ (02643) 18 48 – www.gasthaus-assenmacher.de – geschl. Januar - Februar 2 Wochen, Juni - Juli 2 Wochen und Montag - Dienstag, außer an Feiertagen
Rest – *(nur Abendessen)* Menü 59/119 € – Karte 61/71 €
Ein helles elegantes Restaurant mit hübsch nach hinten gelegener Terrasse. Christian Storch bietet hier drei Menüs passend zur Saison, aus denen man die Gänge auch einzeln wählen kann. Mit von der Partie ist seine Frau Christa, die den freundlichen Service leitet.

Gaststube Assenmacher – Gasthaus Assenmacher 
Brückenstr. 12 ✉ 53505 – ✆ (02643) 18 48 – www.gasthaus-assenmacher.de – geschl. Januar - Februar 2 Wochen, Juni - Juli 2 Wochen und Montag, außer an Feiertagen
Rest – Menü 35/47 € – Karte 26/46 €
Wer in diese gemütliche Gaststube einkehrt, sollte sein schmackhaftes regional-saisonales Essen mit einem leckeren Dessert abschließen - so kann dem "Kalbsgeschnetzelten mit Rösti" ein unwiderstehliches "Grand-Marnier-Eissoufflé mit Schokoladeneis und Crème brûlée von weißer Schokolade" folgen! Die Tagesempfehlungen kommen übrigens auch gut an.

ALTENBERG – **Sachsen** – **544** – **8 550 Ew** – **Höhe 750 m** **43** Q13
– **Wintersport: 827 m** 2 – **Kneippkurort**
Berlin 233 – Dresden 42 – Chemnitz 74 – Leipzig 154
Am Bahnhof 1, ✉ 01773, ✆ (035056) 2 39 93, www.altenberg.de

In Altenberg-Oberbärenburg **Nord-West: 6 km über B 170 Richtung Dresden, nach 4 km rechts**

Zum Bären 
Talblick 6 ✉ 01773 – ✆ (035052) 6 10 – www.zum-baeren.de
36 Zim – †60/67 € ††85/95 € – ½ P **Rest** – Karte 15/42 €
Recht ruhig liegt das gut geführte und mit sehr freundlichen Gästezimmern ausgestattete Ferienhotel, in dem auch das Preis-Leistungs-Verhältnis stimmt. Das helle, neuzeitliche Restaurant bietet auch eine Terrasse.

ALTENBERGE – **Nordrhein-Westfalen** – **543** – **10 240 Ew** – **Höhe 105 m** **26** D9
Berlin 482 – Düsseldorf 135 – Münster 16 – Zwolle 159

Penz Am Dom (N)
Kirchstr. 13 ✉ 48341 – ✆ (02505) 9 39 95 30 – geschl. Anfang Januar und Donnerstag, Samstagmittag
Rest – Karte 24/42 €
Schon optisch ist das rote Backsteinhaus a. d. 19. Jh. überaus ansprechend mit seiner Mischung aus historischem Rahmen und geradlinig-modernem Stil. Was auf den Teller kommt, kann sich aber ebenso sehen lassen: "Geschmorte Rinderschulter mit Gemüse und Kartoffelpüree" ist nur ein Beispiel für die frischen regionalen Gerichte von Denis Penz.

ALTENKUNSTADT – **Bayern** – **siehe Burgkunstadt**

ALTENSTEIG – **Baden-Württemberg** – **545** – **10 810 Ew** – **Höhe 504 m** **54** F19
– **Wintersport: 584 m** 1 – **Luftkurort**
Berlin 689 – Stuttgart 68 – Karlsruhe 79 – Tübingen 48

In Altensteig-Überberg Nord-West: 2 km

Hirsch (mit Gästehaus)
Rest,

Simmersfelder Str. 24 ✉ 72213 – ✆ (07453) 82 90 – www.hirsch-ueberberg.de – geschl. Januar 2 Wochen

20 Zim – 39/49 € 80/96 € – ½ P **Rest** – Menü 23 € – Karte 21/44 €

Die Familien Kirn und Kaufmann bieten in dem gewachsenen traditionsreichen Landgasthof sehr gepflegte und wohnliche Zimmer, die teilweise mit Bauernmöbeln eingerichtet sind - die im Gästehaus verfügen über einen Balkon. Bürgerlich-regional speist man in der gemütlichen Gaststube oder auf der netten Gartenterrasse.

In Altensteig-Wart Nord-Ost: 7 km über B 28, Richtung Calw

Sonnenbühl
Rest,

Wildbader Str. 44 ✉ 72213 – ✆ (07458) 77 10 – www.hotel-sonnenbuehl.de

145 Zim – 101 € 172 € – ½ P

Rest – Menü 36 € – Karte 25/37 €

Rest *Esszimmer* – *(geschl. 18. Dezember - 7. Janaur, 5. - 18. Februar, 30. Juli - 19. August, 22. - 28. Oktober und Sonntagabend - Dienstag) (Mittwoch - Samstag nur Abendessen)* Menü 42/64 € – Karte 46/52 €

Das am Waldrand gelegene Tagungshotel bietet funktionale Zimmer und etwas komfortablere Juniorsuiten mit kleiner Küche sowie ein eigenes Kongresszentrum ca. 500 m entfernt. Kosmetik. Zum ländlich-rustikalen Restaurant gehört eine hübsche Terrasse.

ALTENTREPTOW – Mecklenburg-Vorpommern – 542 – 5 900 Ew – Höhe 15 m
13 P5

Berlin 158 – Schwerin 140 – Neubrandenburg 17 – Greifswald 51

Am Markt
Zim,

Marktplatz 1 ✉ 17087 – ✆ (03961) 2 58 20 – www.ferienhotel-vorpommern.de

33 Zim – 59/69 € 79/95 € – 1 Suite – ½ P

Rest – *(geschl. November - Februar: Samstag) (nur Abendessen)* Karte 15/31 €

Mitten in Altentreptow liegt das familiär geführte Hotel mit seinen wohnlichen Gästezimmern, die mit italienischen Stilmöbeln eingerichtet sind. Gemütlich ist das im Bistrostil gehaltene Restaurant. Auch eine Eisdiele befindet sich im Haus.

ALTÖTTING – Bayern – 546 – 12 620 Ew – Höhe 403 m
67 O20

Berlin 625 – München 93 – Bad Reichenhall 75 – Passau 83

Kapellplatz 2a, ✉ 84503, ✆ (08671) 50 62 19, www.altoetting.de

Zur Post (mit Gästehaus)

Kapellplatz 2 ✉ 84503 – ✆ (08671) 50 40 – www.zurpostaltoetting.de

93 Zim – 59/93 € 89/129 € – ½ P

Rest *Poststüberl* – Menü 17 € – Karte 20/35 €

Rest *Postkeller* – *(geschl. Mai - Mitte September und Sonntag - Montag) (nur Abendessen)* Menü 17/37 € – Karte 21/38 €

Ein schmucker Gasthof mitten im Ort, der 1280 erstmals erwähnt wurde. Die Juniorsuiten liegen teilweise schön zum Kapellplatz hin. Poststuben: gemütlich-rustikal bis klassisch-elegant. Mit Wintergarten und Terrasse. Italienische Küche im Postkeller mit Gewölbe. Innenhof.

ALTRIP – Rheinland-Pfalz – siehe Ludwigshafen am Rhein

ALZENAU – Bayern – 546 – 18 500 Ew – Höhe 126 m
48 G15

Berlin 527 – München 378 – Frankfurt am Main 41 – Aschaffenburg 19

Hanauer Str. 1, ✉ 63755, ✆ (06023) 50 21 12, www.alzenau.de

Freigericht, Hofgut Trages, ✆ (06055) 9 13 80

In Alzenau-Wasserlos Süd: 2 km

Schlossberg 

Am Schlossberg 2 (Ost: 2 km) ✉ 63755 – ✆ (06023) 9 48 80 – www.hotel-alzenau.de – geschl. 2. - 12. Januar

18 Zim – 🚹86/113 € 🚹🚹113/120 €

Rest – *(geschl. Montag)* Menü 41 € – Karte 30/66 €

Das gewachsene Haus liegt wunderschön in den Weinbergen oberhalb des Ortes, von den wohnlich eingerichteten Zimmern hat man eine herrliche Aussicht. Diese schätzen natürlich auch die Restaurantgäste, die besonders gerne auf der Terrasse sitzen - ein reizvolles Plätzchen!

Parkhotel Krone garni

Hellersweg 1 ✉ 63755 – ✆ (06023) 31 02 50 – www.parkhotel-alzenau.de – geschl. August 2 Wochen

27 Zim – 🚹78/92 € 🚹🚹98/115 € – 1 Suite

Dieses ruhig gelegene Hotel bietet seinen Gästen mit hellen Naturholzmöbeln im fränkischen Landhausstil eingerichtete Zimmer.

ALZEY – Rheinland-Pfalz – 543 – 17 650 Ew – Höhe 192 m 47 E16

Berlin 600 – Mainz 34 – Bad Kreuznach 34 – Mannheim 52

Antoniterstr. 17a, ✉ 55232, ✆ (06731) 49 93 65, www.alzeyer-land.de

Am Schloss Zim,

Amtgasse 39 ✉ 55232 – ✆ (06731) 9 42 24 – www.hotelamschloss-alzey.de

25 Zim – 🚹62/68 € 🚹🚹85/90 € – ½ P

Rest – *(geschl. Montag)* Karte 19/33 €

In einer ruhigen Seitenstraße in der Altstadt liegt das a. d. 18. Jh. stammende Haus mit seinen solide und zeitgemäß ausgestatteten Gästezimmern. Das Restaurant bietet internationale Küche. Nett ist die Terrasse an einem historischen Tor.

AMBERG – Bayern – 546 – 43 530 Ew – Höhe 374 m 51 M16

Berlin 434 – München 204 – Weiden in der Oberpfalz 53 – Nürnberg 61

ADAC Regensburger Str. 70

Hallplatz 2, ✉ 92224, ✆ (09621) 1 02 39, www.amberg.de

Lauterhofen, Ruppertslohe 18, ✆ (09186) 15 74

Drahthammer Schlößl

Drahthammerstr. 30 ✉ 92224 – ✆ (09621) 70 30 – www.drahthammerschloessl.de – geschl. 1. Januar - 5. Januar

43 Zim – 🚹55/128 € 🚹🚹98/148 € – ½ P **Rest** – Karte 28/50 €

In dem an der Vils gelegenen erweiterten Hammerschloss von 1820 bietet Familie Trettenbach individuelle, hübsch dekorierte Zimmer. Ein stilvoller Mix aus Historischem und Modernem. In den Stuben und im Wintergarten serviert man internationale Speisen.

Allee Parkhotel Maximilian garni

Pfalzgrafenring 1 ✉ 92224 – ✆ (09621) 33 00 – www.allee-parkhotel-maximilian.de

47 Zim – 🚹74/90 € 🚹🚹92/108 €

Komfortabel und modern wohnt man in dem ovalen Hotelbau. Ruhiger sind die Zimmer zum Stadtgraben, eine der schönen Maisonetten bietet eine Whirlwanne. Nette Frühstücksterrasse.

Schön Kilian

Ziegelgasse 12 (in der Grammerpassage) ✉ 92224 – ✆ (09621) 30 84 04 – www.schoen-kilian.de – geschl. Montag

Rest – Karte 29/63 €

Familie Schön hat ihr Lokal in der Grammerpassage, deren Innenhof im Sommer zu einer schönen Terrasse wird! Die saisonal geprägte Küche kommt z. B. in Form von "Kaninchenrücken mit Wirsing und Gnocchi" daher. Mittags bekommt man auch günstigere Gerichte. Nicht zu vergessen: hausgemachte Torten und Pralinen!

In Ursensollen-Oberleinsiedl Süd-West: 7 km

Kleindienst garni
Oberleinsiedl 3b ✉ 92289 – ✆ (09628) 9 20 00 – www.hotel-kleindienst.de
21 Zim – 47/49 € 74/78 €
Das familiär geleitete Haus mit praktischen, freundlichen Zimmern und netter Frühstücksterrasse liegt recht ruhig und bietet dennoch eine gute Verkehrsanbindung. Massageangebot.

AMELINGHAUSEN – Niedersachsen – **541** – 3 830 Ew – Höhe 66 m – Erholungsort **19** J6

Berlin 294 – Hannover 104 – Hamburg 67 – Lüneburg 26
Marktstr. 1, ✉ 21385, ✆ (04132) 92 09 43, www.amelinghausen.de

Schenck's Gasthaus (mit Gästehaus)
Lüneberger Str. 48 (B 209) ✉ 21385 – ✆ (04132) 31 40 – www.schencks.de
31 Zim – 57/73 € 88/118 € – 1 Suite – ½ P
Rest – *(geschl. Montagmittag und Dienstagmittag)* Menü 25/31 € – Karte 19/36 €
Zu diesem traditionsreichen Familienbetrieb gehört ein ruhig gelegenes Gästehaus ca. 200 m vom Stammhaus entfernt, in dem Sie wohnliche Zimmer im Landhausstil erwarten. Restauranträume mit rustikalem Ambiente.

Zum Alchimisten
Auf der kalten Hude 4 ✉ 21385 – ✆ (04132) 93 91 06 – www.zum-alchimisten.de – geschl. 28. Januar - 13. Februar und Mittwoch, September - Mai: Mittwoch - Donnerstag
Rest – *(Montag - Dienstag nur Abendessen)* Menü 32/72 € – Karte 30/52 €
Was könnte die regionale Küche von Martin Herzog mit all ihren Kräutern und Gewürzen besser unterstreichen als ein derart passender Ort? Nämlich ein charmantes reetgedecktes Häuschen mitten im Wald!

Wie entscheidet man sich zwischen zwei gleichwertigen Adressen?
In jeder Kategorie sind die Häuser nochmals geordnet, die besten Adressen stehen an erster Stelle.

AMERDINGEN – Bayern – **546** – 850 Ew – Höhe 525 m **56** J18

Berlin 535 – München 132 – Augsburg 63 – Nördlingen 17

Landhotel Kesseltaler Hof
Graf-Stauffenberg-Str. 21 ✉ 86735 – ✆ (09089) 6 16 – geschl. Mitte Januar - Mitte Februar und August
14 Zim – 50 € 70 € **Rest** – *(geschl. Montag - Dienstag)* Karte 18/39 €
Kein Fernseher stört hier die Ruhe, stattdessen sitzt man gemütlich auf der Terrasse und schaut in den wunderschönen Rosengarten! Bei Familie Eger fühlen sich Urlauber ebenso wohl wie Radler, und auch für Feierlichkeiten ist der Rahmen ideal.

AMMERBUCH – Baden-Württemberg – **545** – 11 580 Ew – Höhe 384 m **55** G19

Berlin 668 – Stuttgart 40 – Freudenstadt 51 – Pforzheim 67

In Ammerbuch-Entringen

Im Gärtle
Bebenhauser Str. 44 ✉ 72119 – ✆ (07073) 64 35 – www.imgaertle.de – geschl. Montag - Dienstagmittag
Rest – Menü 45 € – Karte 22/46 €
Kunstliebhaber aufgepasst: Man kommt nicht nur zum Essen hierher, denn dieses charmant gelegene Restaurant bietet neben schwäbischen Spezialitäten auch eine Ausstellung des Malers Manfred Lutz! Speisen Sie im Sommer unbedingt auf der tollen Terrasse "im Gärtle"!

AMÖNEBURG – Hessen – 543 – 5 140 Ew – Höhe 364 m – Erholungsort 38 G13

Berlin 464 – Wiesbaden 125 – Marburg 14 – Kassel 81

Dombäcker mit Zim

Markt 18 ✉ 35287 – ☎ (06422) 9 40 90 – www.dombaecker.de – geschl. 1. - 14. Januar, Anfang November 1 Woche und Montag - Dienstagmittag

5 Zim – 70 € 120 € **Rest** – Menü 42 € – Karte 44/63 €

Jugendlicher Schwung kommt in den Dombäcker, denn die engagierten Gastgeber haben Unterstützung durch Junior Lukas Schulist bekommen. Dank eigener Kälberzucht gibt es in dem schmucken Fachwerkhaus von 1725 (oder davor auf der schönen Terrasse am Marktplatz) Feines von Vogelsberger Weiden! Wer über Nacht bleiben möchte, darf sich auf liebenswerte wohnliche Zimmer freuen.

AMORBACH – Bayern – 546 – 3 920 Ew – Höhe 165 m – Luftkurort 48 G16

Berlin 569 – München 353 – Würzburg 73 – Aschaffenburg 47

Marktplatz 1, ✉ 63916, ☎ (09373) 2 09 40, www.amorbach.de

Amorbach-Sansenhof, ☎ (09373) 21 80

Im Otterbachtal West: 3 km über Amorsbrunner Straße

Der Schafhof

Schafhof 1 ✉ 63916 Amorbach – ☎ (09373) 9 73 30 – www.schafhof.de

23 Zim – 80/110 € 110/155 €, 19 € – 1 Suite – ½ P

Rest *Abt- und Schäferstube* ✿ **Rest *Benediktinerstube*** – siehe Restaurantauswahl

Ein Privatweg führt zu diesem wahrhaft idyllischen und einsamen Ort - man spürt förmlich, wie einen die Historie des einstigen Klosterguts einfängt! Doch was wäre ein derart wunderbares Anwesen ohne das volle Engagement der Gastgeber? Schöne Zimmer (elegant oder lieber gemütlich-rustikal?) sind Ihnen hier gewiss, ebenso ein genussvoller Start in den Tag bei einem ausgezeichneten Sektfrühstück, Entspannung bei Beauty und Massage... Oder darf es mal eine Kutschfahrt sein? Oder vielleicht eine Weinprobe im Gewölbekeller?

Abt- und Schäferstube – Hotel Der Schafhof

Schafhof 1 ✉ 63916 Amorbach – ☎ (09373) 9 73 30 – www.schafhof.de – geschl. Montag - Dienstag

Rest – Menü 67/109 €

Die Küche von Achim Krutsch ist ganz klassisch ausgerichtet, basiert auf ausgewählten Produkten und hat ihre Stärke vor allem im Geschmack... optische Effekthascherei braucht sie nicht! Dazu trinkt man regionale Weine. Und das rustikal-elegante Interieur samt toller historischer Holzdecke sorgt für ein wirklich schönes Drumherum.

→ Roulade vom Steinbutt und Hummer mit getrüffelter Selleriehaube und Taschenkrebsschaum. Lammcarrée mit Auberginenkompott und Basilikumöl. Parfait und Mousse von der Tonkabohne mit Muscovadorahmeis.

Benediktinerstube – Hotel Der Schafhof

Schafhof 1 ✉ 63916 Amorbach – ☎ (09373) 9 73 30 – www.schafhof.de – geschl. 1. Januar - 23. Februar und Mittwoch - Donnerstag

Rest – Menü 35 € – Karte 34/48 €

Im ehemaligen Kelterhaus des Schafhofs - gleich neben dem Stammhaus - geht es etwas ländlicher zu. Hier kocht Ralf Stang regional mit mediterranem Einschlag, freigelegtes Fachwerk und Holztäfelung machen es dazu schön gemütlich.

AMRUM (INSEL) Schleswig-Holstein – 541 – Insel der Nordfriesischen Inselgruppe – Seeheilbad 1 F2

Berlin 469 – Kiel 131 – Sylt (Westerland) 22 – Flensburg 62

von Dagebüll (ca. 2 Std.). Für PKW Voranmeldung bei Wyker Dampfschiffs-Reederei GmbH in Wyk auf Föhr, ☎ (01805) 08 01 40

Die Halligen★ (per Schiff)

NORDDORF – 600 Ew

Ual Saarepswai 7, ✉ 25946, ☎ (04682) 9 47 00, www.amrum.de

Hüttmann
Rest,

Ual Saarepswai 2 ✉ 25946 – ✆ (04682) 92 20 – www.hotel-huettmann.de

46 Zim – 67/99 € 115/175 € – 11 Suiten – ½ P

Rest – Menü 29/75 € – Karte 28/61 €

Die gut geführte und attraktive Hotelanlage beherbergt in mehreren Häusern individuelle, geräumige Zimmer mit nordischem Charme. Auch kleinere Standardzimmer. Beauty/Massage. Zum Restaurant gehören ein Café/Bistro und eine Terrasse mit Strandkörben.

Ual Öömrang Wiartshüs

Bräätlun 4 ✉ 25946 – ✆ (04682) 9 61 45 00 – www.ual-oeoemrang-wiartshues.de – geschl. 10. Januar - 17. Februar

12 Zim – 48/85 € 96/190 € – 7 Suiten – ½ P

Rest – *(geschl. Dienstag) (nur Abendessen)* Karte 19/85 €

Sehr persönlich und familiär ist die Atmosphäre in diesem Hotel etwas abseits der Touristenpfade. Eine schöne Friesenkate mit wohnlichen Zimmern und hübschem Garten. Wer mehr Komfort sucht, bucht die neuen Suiten im Haus gegenüber! Ganz regionstypisch und gemütlich präsentiert sich das Restaurant.

WITTDÜN – 750 Ew

Inselstraße 14b, ✉ 25946, ✆ (04682) 9 40 30, www.amrum.de

Weisse Düne
Zim,

Achtern Strand 6 ✉ 25946 – ✆ (04682) 94 00 00 – www.weisse-duene.de

11 Zim – 75/95 € 120/180 € – 2 Suiten – ½ P **Rest** – Karte 23/50 €

Ein familiengeführtes kleines Inselhotel mit zeitlos eingerichteten Zimmern, die teilweise über Balkon oder Terrasse verfügen. In einem Gästehaus befinden sich Ferienwohnungen. Restaurant in neuzeitlichem Stil.

AMTZELL – Baden-Württemberg – 545 – 3 940 Ew – Höhe 556 m
63 H21

Berlin 715 – Stuttgart 193 – Tübingen 136 – Appenzell 80

Akademie

Schattbucher Str. 10 ✉ 88279 – ✆ (07520) 95 37 88 – www.akademie-amtzell.de – geschl. Samstagmittag, Sonntag - Montag

Rest – Menü 39 € (mittags)/79 € – Karte 34/66 €

Restaurant in einer Maschinenbauhalle im Gewerbegebiet, von der Bar schaut man in den Fertigungsbereich. Modern das Ambiente, ambitioniert die zeitgemäß-internationale Küche. Gerne kommt man auch zum günstigen Mittagstisch. Appetit macht z. B. "Ochsenbacken-Sauerbraten mit Gemüse und Spätzle"!

ANDERNACH – Rheinland-Pfalz – 543 – 29 460 Ew – Höhe 70 m
36 D14

Berlin 608 – Mainz 120 – Koblenz 19 – Bonn 43

Konrad-Adenauer-Allee 40, ✉ 56626, ✆ (02632) 9 87 94 80, www.andernach.net

Am Helmwartsturm

Am Helmwartsturm 4 ✉ 56626 – ✆ (02632) 95 84 60 – www.hotel-am-helmwartsturm.de – geschl. August 2 Wochen

16 Zim – 75/79 € 110/115 € – 1 Suite – ½ P

Rest *Kaufmann's* – siehe Restaurantauswahl

Bei der engagierten Familie Kaufmann überzeugen zeitgemäßes Design in ruhigen Farben und ein gutes Preis-Leistungs-Verhältnis. 100-qm-Suite mit Sauna im DG. Parkhaus Stadtgraben gratis. Bürgerlich isst man im gemütlichen Gewölbekeller.

Parkhotel Am Schänzchen

Konrad-Adenauer-Allee 1 ✉ 56626 – ✆ (02632) 92 05 00 – www.parkhotel-andernach.de – geschl. 23. - 28. Dezember

28 Zim – 65/70 € 108/115 € **Rest** – Menü 46/50 € – Karte 26/42 €

Das Hotel liegt direkt am Rhein, den man von vielen der zeitgemäß und funktional ausgestatteten Gästezimmer sehen kann - alle mit Balkon. Sie speisen im rustikal-gemütlichen Restaurant oder im modernen Wintergarten mit Flussblick.

Meder garni

Konrad-Adenauer-Allee 36 ✉ 56626 – ✆ (02632) 4 26 32 – www.hotel-meder.de
10 Zim ☕ – 🚹69/75 € 🚹🚹89/95 €
Die sympathische Familie Schauss bietet in dem historischen Haus mit der leuchtend gelben Fassade wohnliche Zimmer mit Bauernmöbeln. Nebenan: das Geysir-Erlebniszentrum.

Kaufmann's – Hotel Am Helmwartsturm

Am Helmwartsturm 4 ✉ 56626 – ✆ (02632) 95 84 60 – www.hotel-am-helmwartsturm.de – geschl. August 2 Wochen und Sonntag - Montagmittag
Rest – Menü 26 € (mittags)/65 € – Karte 29/56 €
Hell und luftig präsentiert sich dieses Restaurant, hübsch auch die moderne Terrasse zum Markt hin. Die internationalen Speisen werden aus frischen Produkten schmackhaft zubereitet und freundlich serviert. Mittags ist das Angebot kleiner.

ANGELBACHTAL – Baden-Württemberg – 545 – 5 020 Ew – Höhe 159 m

55 F17

Berlin 625 – Stuttgart 91 – Karlsruhe 55 – Heilbronn 40

In Angelbachtal-Michelfeld

Schlosshotel Michelfeld

Friedrichstr. 2 ✉ 74918 – ✆ (07265) 91 99 00 – www.schlosshotelmichelfeld.de
18 Zim ☕ – 🚹65/85 € 🚹🚹93/120 €
Rest *Lachers Restaurant* – siehe Restaurantauswahl
Das historische Schlossgebäude mit großem Hof und angrenzendem Park beherbergt wohnliche, stilvoll eingerichtete Gästezimmer. Kulturscheune für Veranstaltungen.

Lachers Restaurant – Schlosshotel Michelfeld

Friedrichstr. 2 ✉ 74918 – ✆ (07265) 91 99 00 – www.schlosshotelmichelfeld.de – geschl. Montag
Rest – Menü 47/79 € – Karte 30/59 €
Erstmals erwähnt wurde das Schloss in Schriften a. d. J. 1522. Seit 2006 führt Familie Lacher es als Stätte der Gastlichkeit. Es entstand ein elegantes, helles Restaurant mit schöner Terrasse und Blick auf den Schlosspark.

ANGER – Bayern – 546 – 4 360 Ew – Höhe 558 m – Luftkurort

67 O21

Berlin 716 – München 122 – Bad Reichenhall 13 – Rosenheim 75
Dorfplatz 4, ✉ 83454, ✆ (08656) 98 89 22, www.anger.de

In Anger-Aufham Süd: 3 km jenseits der A 8

Wellness- und Landhotel Prinz

Dorfstr. 5 ✉ 83454 – ✆ (08656) 10 84 – www.landhotel-prinz.de – geschl. 20. - 26. Dezember
22 Zim ☕ – 🚹58/63 € 🚹🚹88/114 € – ½ P
Rest – *(geschl. Sonntag) (nur Abendessen)* Menü 14 €
Das familiär geführte Hotel bietet wohnliche Zimmer, meist mit Balkon. Juniorsuiten im Nebenhaus mit Whirlwanne, besonders schön sind die unterm Dach.

ANKLAM – Mecklenburg-Vorpommern – 542 – 13 540 Ew – Höhe 5 m

14 P4

Berlin 179 – Schwerin 182 – Neubrandenburg 49 – Rügen (Bergen) 94
Markt 3, ✉ 17389, ✆ (03971) 83 51 54, www.anklam.de

Pommernland

Friedländer Landstr. 20c (B 197) ✉ 17389 – ✆ (03971) 2 91 80 – www.hotel-pommernland.de – geschl. 24. Dezember - 2. Januar
29 Zim ☕ – 🚹49/69 € 🚹🚹70/88 €
Rest – *(geschl. Freitag - Sonntag und an Feiertagen) (nur Abendessen)* Karte 15/31 €
Ein tipptopp gepflegtes und schon viele Jahre familiär geführtes Haus mit funktionellen und zugleich wohnlichen Zimmern, auch Mehrbettzimmer. Für Raucher Frühstück im Wintergarten. Im Restaurant bietet man bürgerliche Küche.

In Rubkow-Bömitz **Nord: 12 km über B 109 Richtung Rubkow**

Rittergut Bömitz

Dorfstr. 14 ✉ *17390 – ✆ (039724) 2 25 40 – www.rittergut-boemitz.de – geschl. Februar*
20 Zim – 65/75 € 80/98 € – 1 Suite – ½ P
Rest *Jägerstube* – *(nur Abendessen, Feiertags auch Mittagessen)* Menü 30/45 € – Karte 28/46 €
Die freundlichen Gastgeber bieten in dem Gutshaus von 1750 individuelle, klassische Zimmer. Einsame Lage, schöner Park und liebenswertes Interieur vermitteln romantisches Flair. Gemütliche Jägerstube mit regional-internationalem Angebot.

ANNABERG-BUCHHOLZ – Sachsen – 544 – 21 610 Ew – Höhe 600 m – Wintersport: 720 m 1 — 42 O13

Berlin 295 – Dresden 94 – Chemnitz 31 – Leipzig 108
Buchholzer Str. 2, ✉ 09456, ✆ (03733) 1 94 33, www.annaberg-buchholz.de
St-Annen-Kirche★★

Wilder Mann

Rest,

Markt 13 ✉ *09456 – ✆ (03733) 14 40 – www.hotel-wildermann.de*
65 Zim – 59/90 € 79/138 € – 6 Suiten – ½ P
Rest *Silberbaum* – Menü 21/29 € – Karte 18/36 €
Das schöne Hotel ist eines der ältesten Bürgerhäuser der Stadt, von dessen Historie u. a. ein original Zellsterngewölbe im Foyer zeugt. Zeitgemäß-gediegene Zimmer und Beauty-Angebot. Silberbaum mit sehenswerter spätgotischer Holzdecke. Kartoffelgerichte im "Kartoffelkeller".

ANSBACH – Bayern – 546 – 40 300 Ew – Höhe 405 m — 49 J17

Berlin 481 – München 202 – Nürnberg 61 – Stuttgart 162
ADAC Residenzstr. 2
Johann-Sebastian-Bach-Platz 1, ✉ 91522, ✆ (0981) 5 12 43, www.ansbach.de
9 Colmberg, Rothenburger Str. 35, ✆ (09803) 6 00
18 Lichtenau, Weickershof 1, ✆ (09827) 9 20 40

Am DrechselsGarten

Am Drechselsgarten 1 ✉ *91522 – ✆ (0981) 8 90 20 – www.drechselsgarten.bestwestern.de – geschl. 1. - 6. Januar*
51 Zim – 95/115 € 120/140 €, 18 € – ½ P
Rest *DrechselsStuben* – siehe Restaurantauswahl
Das gut geführte Hotel liegt ruhig oberhalb der Stadt - viele Zimmer haben Balkon und Blick auf Ansbach. Diesen können Sie auch gleich morgens beim Frühstück oder beim Nachmittagskaffee auf der Terrasse haben! Für alle, die zwischendurch mal etwas Action brauchen, gibt es einen tollen Fitnessraum!

Windmühle

Rest, Zim,

Rummelsberger Str. 1 (B 14) ✉ *91522 – ✆ (0981) 97 20 00 – www.hotel-windmuehle.de – geschl. Anfang Januar 1 Woche*
48 Zim – 55/85 € 92/120 €
Rest – *(geschl. Samstagmittag, Sonntagabend)* Karte 17/50 €
Seit 1914 betreibt Familie Sturm diesen Gasthof, der mit seinen über 270 Jahren richtig traditionell ist. Man modernisiert immer wieder, so frühstücken Sie in einem angenehm hellen verglasten Anbau - und fragen Sie auch nach den neueren Zimmern! Fränkisch-rustikal und gemütlich ist es im Restaurant, wo man bürgerlich-regional speist.

DrechselsStuben – Hotel Am DrechselsGarten

Am Drechselsgarten 1 ✉ *91522 – ✆ (0981) 8 90 20 – www.drechselsgarten.bestwestern.de – geschl. 1. - 6. Januar*
Rest – Menü 23/69 € – Karte 32/56 €
Hier passen Küche, Ambiente und Aussicht! Die guten Speisen sind international ausgerichtet. Für einen Absacker am Abend steht die englische Bar "King's Pub" offen.

La Corona
Johann-Sebastian-Bach-Platz 20 ✉ 91522 – ✆ (0981) 9 09 01 30 – www.lacorona.de – geschl. Sonntag - Mittwoch und an Feiertagen
Rest – *(nur Abendessen)* Karte 34/60 €
Mitten in der Altstadt steht das ehemalige Stadtpalais, und versteckt in seinem Innenhof gibt es einen geradezu sonnigen Ort, der mediterranes Flair versprüht! Zur saisonalen Küche versorgt der angeschlossene Weinhandel (rund 1400 Weine!) die Gäste stets mit einer großen Auswahl - der Chef berät Sie.

In Ansbach-Brodswinden Süd-Ost: 7 km über B 13 nach Höfstetten

Landgasthof Käßer (mit Gästehaus) Rest, P
Brodswinden 102 ✉ 91522 – ✆ (0981) 97 01 80 – www.landgasthof-kaesser.de – geschl. 1. - 6. Januar, 9. - 22. Juni, 26. August - 7. September
19 Zim – †63/90 € ††90/130 € – 2 Suiten
Rest – *(geschl. Samstag)* Karte 14/38 €
Familie Käßer hat in ihrem Gasthaus neben der Kirche geräumige Zimmer (teilweise mit Balkon) und ein Restaurant mit fränkischer Küche - hier profitiert man von der nachbarlichen Hausschlachtung! Draußen kann man übrigens auch schön sitzen - im Schatten einer alten Linde.

ARENDSEE – **Sachsen-Anhalt** – **542** – **7 300 Ew** – **Höhe 33 m** **21** L7
– **Luftkurort**

Berlin 162 – Magdeburg 116 – Schwerin 119
Töbelmannstr. 1, ✉ 39619, ✆ (039384) 9 86 57, www.arendsee.de

Deutsches Haus P
Friedensstr. 91 ✉ 39619 – ✆ (039384) 97 30 – www.dh-arendsee.de
26 Zim – †60/85 € ††85/109 € – 1 Suite – ½ P
Rest – Menü 24 € – Karte 18/49 €
In dem gewachsenen Familienbetrieb sind einige Zimmer besonders modern und klar gestaltet, in einem Nachbarhaus wird Massage angeboten. Finnische Sauna und Strandbad am nahen Arendsee.

ARNSBERG – **Nordrhein-Westfalen** – **543** – **73 740 Ew** – **Höhe 200 m** **27** E11

Berlin 482 – Düsseldorf 129 – Dortmund 62 – Meschede 22
ADAC Graf-Gottfried-Str. 20 (Neheim-Hüsten)
Neumarkt 6, ✉ 59821, ✆ (02931) 40 55, www.arnsberginfo.de
Neheim-Hüsten, Zum Golfplatz 19, ✆ (02932) 3 15 46

Menge P
Ruhrstr. 60 ✉ 59821 – ✆ (02931) 5 25 20 – www.hotel-menge.de – geschl. Februar 2 Wochen, Juli - August 1 Woche, 23. - 26. Dezember
18 Zim – †62/80 € ††88/120 € – ½ P
Rest *Menge* – siehe Restaurantauswahl
Familie Menge betreibt das Haus schon in der 7. Generation, und das mit Engagement, wie die sehr freundliche Gästebetreuung, die gute Zimmerausstattung und nicht zuletzt das leckere Frühstück mit hausgemachter Marmelde zeigen! Und wenn Sie gerne Fahrrad fahren: Das Hotel liegt am Ruhrtalradweg.

Menge – Hotel Menge P
Ruhrstr. 60 ✉ 59821 – ✆ (02931) 5 25 20 – www.hotel-menge.de – geschl. Februar 2 Wochen, Juli - August 1 Woche, 23. - 26. Dezember und Montag
Rest – *(nur Abendessen, sonntags auch Mittagessen)* Menü 38/57 € – Karte 31/56 €
Christoph Menge kocht geschmackvoll und ambitioniert, mal zeitgemäß-international, mal Klassiker wie "Saures Schnitzel". Und macht Ihnen vielleicht "Bayerische Creme mit zweierlei Rhabarber" Appetit auf etwas Süßes? Je nach Saison gibt's auch Galloway-Rind, Wild und Lamm - natürlich aus der Region.

Ratskeller
Alter Markt 36 ✉ 59821 – ✆ (02931) 36 72 – www.ratskeller-arnsberg.de – geschl. 3. - 9. März und Montag
Rest – Menü 25 € – Karte 17/40 €
Ein engagiertes Betreiberpaar leitet das mit Bedacht modernisierte Gasthaus mit dem ältesten Stammtisch der Stadt. Eleganter ist das Restaurant im hinteren Bereich. Internationale Küche.

In Arnsberg-Hüsten

Gesellenhaus
Heinrich-Lübke-Str. 25 ✉ 59759 – ✆ (02932) 89 02 22 – www.restaurant-gesellenhaus.de – geschl. 21. - 30. Juli und Dienstag - Mittwoch
Rest – *(nur Abendessen, Sonntag sowie an Feiertagen auch Mittagessen)* Karte 21/51 €
In dem denkmalgeschützten Backsteinhaus von 1886 hat man ein nettes und stilvoll-modernes Restaurant eingerichtet, in dem man neben einer Empfehlungs- und einer Klassiker-Karte auch eine Steak-Karte reicht.

ARNSTORF – Bayern – 546 – 6 720 Ew – Höhe 397 m 59 O19

Berlin 588 – München 144 – Landshut 69 – Braunau am Inn 61

In Arnstorf-Mariakirchen Nord-Ost: 4 km

Schlossparkhotel Zim,
Obere Hofmark 3 ✉ 94424 – ✆ (08723) 97 87 10 – www.schloss-mariakirchen.de – geschl. 23. Dezember - 6. Januar
40 Zim – †73/83 € ††112/120 € – 1 Suite
Rest – *(Mai - September: Montag - Freitag nur Abendessen, Oktober - April: Montag - Samstag nur Abendessen)* Karte 18/36 €
Historisches und Modernes vereint: Im Park des Wasserschlosses wohnt man im klar designten Glasbau und frühstückt im liebenswerten Gartenhaus von 1810. Suite im Schloss. Selbstgebrautes Bier im Schlossbräu mit böhmischem Gewölbe und Sudkesseln. Biergarten unter Kastanien.

AROLSEN, BAD – Hessen – 543 – 16 030 Ew – Höhe 290 m – Heilbad 28 G11

Berlin 428 – Wiesbaden 205 – Kassel 45 – Marburg 85
Große Allee 24, ✉ 34454, ✆ (05691) 80 12 40, www.bad-arolsen.de
Bad Arolsen, Zum Wiggenberg 33, ✆ (05691) 62 84 44

Brauhaus-Hotel
Kaulbachstr. 33 ✉ 34454 – ✆ (05691) 8 98 60 – www.brauhaus-hotel.de – geschl. 2. - 16. Januar, 20. Juli - 3. August
13 Zim – †58/65 € ††81/90 € – ½ P
Rest – *(geschl. Montagmittag, Mittwochmittag)* Karte 11/26 €
Das kleine Hotel befindet sich in einem denkmalgeschützten historischen Sandsteingebäude und bietet seinen Gästen zeitgemäße Zimmer. Bürgerliche Küche im Restaurant.

Schäfer's Restaurant
Schloßstr. 15 ✉ 34454 – ✆ (05691) 76 52 – www.schaefers-restaurant.de – geschl. Dienstag - Mittwochmittag
Rest – Menü 30/50 € – Karte 26/54 €
Ein nettes, freundliches Restaurant, in dem der Inhaber selbst die internationalen Gerichte zubereitet. Vor dem Haus, zur Straße hin, liegt der kleine Terrassenbereich.

Im Ortsteil Mengeringhausen Süd: 4,5 km – Erholungsort

Luisen-Mühle
Luisenmühler Weg 1 ✉ 34454 – ✆ (05691) 30 21 – www.luisen-muehle.de
25 Zim – †49/65 € ††79/110 € – ½ P
Rest – *(geschl. Freitag)* Karte 20/39 €
Am Ortsrand steht die ehemalige Getreidemühle, die heute als familiengeführtes Hotel gepflegte Gästezimmer bietet - die meisten mit Balkon zum Garten.

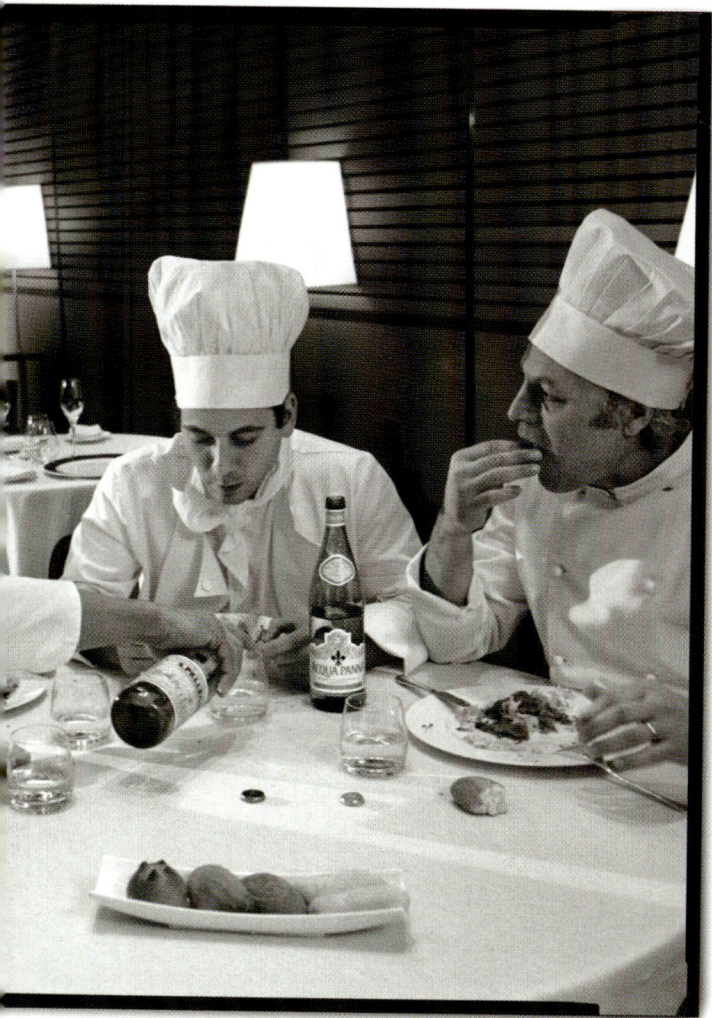

DIE GEHEIMNISSE DER
GROßEN KÖCHE ZU ERFAHREN,
IST GAR NICHT SO SCHWER.
ES GENÜGT, AN IHREM TISCH
PLATZ ZU NEHMEN.

THE FINE DINING WATERS

Im Ortsteil Schmillinghausen Nord: 6 km über B 252 Richtung Diemelstadt-Rhoden

Landgasthof Teuteberg

Rhoder Str. 8 ✉ 34454 – ✆ (05691) 59 61 – www.landgasthof-teuteberg.de – geschl. 3. - 28. Januar
26 Zim – 46/58 € 68/100 € – ½ P
Rest – *(geschl. Sonntagabend, Oktober - April: Dienstag) (Montag - Freitag nur Abendessen)* Karte 16/31 €
Mitten im Dorf liegt das schmucke Fachwerkhaus, das seit 1871 im Familienbesitz ist und freundlich geleitet wird. Es erwarten Sie wohnliche Zimmer (teils mit Balkon) und ein schöner Garten. Gaststube in bürgerlich-rustikalem Stil.

ASBACHERHÜTTE – Rheinland-Pfalz – siehe Kempfeld

ASCHAFFENBURG – Bayern – 546 – 68 810 Ew – Höhe 138 m 48 G15

Berlin 552 – München 354 – Frankfurt am Main 45 – Darmstadt 40
ADAC Goldbacherstr. 13
Schlossplatz 1, ✉ 63739, ✆ (06021) 39 58 00, www.info-aschaffenburg.de
Hösbach-Feldkahl, Am Heigenberg 30, ✆ (06024) 6 34 00

Post

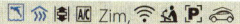

Zim,

Goldbacher Str. 19 (B 26) ✉ 63739 – ✆ (06021) 33 40 – www.post-ab.de
62 Zim – 79/114 € 126 €, 10 €
Rest *Bistro O-19* – ✆ (06021) 33 41 13 – Karte 17/35 €
Das Hotel in verkehrsgünstiger zentrumsnaher Lage bietet überwiegend helle, freundliche Zimmer und ein Hallenbad mit beachtlichem Wandbild des Malers Siegfried Rischar. Das Ambiente im "Bistro O-19" erinnert an den berühmten Filmpreis Oscar.

Wilder Mann

Löherstr. 51 ✉ 63739 – ✆ (06021) 30 20 – www.hotel-wilder-mann.de – geschl. 22. Dezember - 6. Januar
73 Zim – 69/110 € 98/124 € – ½ P
Rest – *(geschl. Sonntagmittag sowie an Feiertagen mittags)* Karte 20/45 €
In dem Gasthof a. d. 16. Jh. erwarten Sie individuelle Zimmer (darunter auch Appartements mit Kitchenette) sowie ein mediterran gestalteter Saunabereich. Fahrradverleih. Restaurant in rustikalem Stil.

Zum Goldenen Ochsen

Karlstr. 16, (Zufahrt über Friedrichstraße) ✉ 63739 – ✆ (06021) 2 31 32 – www.zumgoldenenochsen.de – geschl. 1. - 5. Januar
39 Zim – 67/88 € 93/108 €
Rest *Oechsle* – siehe Restaurantauswahl
Direkt gegenüber dem Schlosspark und zentral nahe dem Bahnhof liegt der zum Hotel gewachsene Gasthof a. d. 16. Jh. Die Zimmer sind funktionell, die Bäder meist mit Tageslicht. Für Fahrradfahrer ideal: Der Mainradweg ist ca. 300 m entfernt.

Oechsle – Hotel Zum Goldenen Ochsen

Karlstr. 16, (Zufahrt über Friedrichstraße) ✉ 63739 – ✆ (06021) 2 31 32 – www.zumgoldenenochsen.de – geschl. 1. - 5. Januar, 18. August - 3. September und Sonntagabend - Montag
Rest – Menü 30/43 € – Karte 24/52 €
In dem geradlinig gestalteten Restaurant (den rustikalen Charme hat man u. a. mit einem restaurierten alten Kachelofen bewahrt) bietet man Ihnen frische saisonale Küche. "Bärlauch-Capuccino mit Blutwurst-Apfelravioli" schmeckt da genauso gut wie die klassischen Karthäuserklöße nach altem Rezept!

In Aschaffenburg-Nilkheim

Classico garni

Geschwister-Scholl-Platz 10, (Zufahrt über Stauffenbergstraße) ✉ 63741 – ✆ (06021) 8 49 00 – www.hotel-classico.de – geschl. 23. Dezember - 4. Januar, August 2 Wochen

24 Zim – 62/70 € 82/90 €

In dem zeitgemäßen Hotel an der Fußgängerzone stehen funktional eingerichtete Zimmer zur Verfügung, die teilweise einen Balkon bieten.

In Haibach

Spessartstuben

Jahnstr. 7 ✉ 63808 – ✆ (06021) 6 36 60 – www.hotel-spessartstuben.de

28 Zim – 58/63 € 88 €

Rest – *(geschl. über Fasching 2 Wochen, August 3 Wochen und Freitagmittag, Samstag sowie Juni - Juli: Sonntagabend)* Karte 18/49 €

Ein familiengeführtes Haus mit gepflegten und zweckmäßig ausgestatteten Gästezimmern, die mit freundlichen Farben aufgefrischt wurden. Ein schöner Kachelofen, gemütliche Eckbänke sowie teilweise bemalte Decken prägen das Restaurant.

Edel garni

Zum Stadion 17 ✉ 63808 – ✆ (06021) 6 30 30 – www.hotel-edel.de

10 Zim – 50/59 € 70/79 €

Diese Pension mit privatem Charakter gefällt mit wohnlich eingerichteten und sehr gepflegten Zimmern sowie persönlicher Atmosphäre.

In Johannesberg

Auberge de Temple - Helbigs

Hauptstr. 2 ✉ 63867 – ✆ (06021) 4 54 83 00 – www.auberge-detemple.de – geschl. August - September 2 Wochen und Sonntag - Montag

Rest – *(nur Abendessen)* (Tischbestellung ratsam) Menü 67/117 € – Karte 55/79 €

Rest *Auberge de Temple - Gasthaus* – siehe Restaurantauswahl

Nach ihrem Erfolg (1 Stern) im Restaurant "Zum Alten Rentamt" in Klingenberg am Main führen Ludger und Nicole Helbig nun dieses traditionsreiche Haus neben der Kirche. Auch hier verfeinert der Chef seine zeitgemäßen Gerichte mit ausgesuchten Gewürzen. Und wer nach dem Essen nicht mehr fahren möchte, kann auch übernachten (die Zimmer wurden nach Redaktionsschluss fertiggestellt).

➜ Gebratene Gänsestopfleber mit Amaranth auf Baumkuchen und glacierten Gewürzkaffeekirschen. Rücken vom Odenwälder Reh auf Spitzkohl mit Pfifferlingen, geschmorte Nektarine und Pinenkernpolenta. Aprikosentarte mit Beerencrème und Zitronengraseis.

Auberge de Temple - Gasthaus – Restaurant Auberge de Temple - Helbigs

Hauptstr. 2 ✉ 63867 – ✆ (06021) 4 54 83 00 – www.auberge-detemple.de – geschl. Montag

Rest – Menü 23 € (mittags)/45 € – Karte 34/61 €

Als etwas bodenständigere Variante hat man noch das Gasthaus eingerichtet. Hier finden Sie eine teils auf die Region bezogene Küche wie z. B. "Kalbsleber auf Kartoffelstampf" sowie Internationales wie "gebratene Riesengarnelen auf Safran-Erbsenrisotto". Ein Gasthausmenü gibt es ebenso.

In Sailauf

Schlosshotel Weyberhöfe

Weyberhöfe ✉ 63877 – ✆ (06093) 94 00 – www.weyberhoefe.de

40 Zim – 95/185 € 180/285 € – 2 Suiten

Rest *Schlossrestaurant* Rest *Carême* – siehe Restaurantauswahl

Der ehemalige Gutshof von 1265 ist mit seinem historischen Charme der perfekte Ort für Hochzeiten - Kapelle und Standesamt inklusive! Schön: das hochwertige Vital Resort. Neben den beiden Restaurants hat man noch die Vinothek.

Carême – Schlosshotel Weyberhöfe

Weyberhöfe ✉ *63877 – ✆ (06093) 94 00 – www.weyberhoefe.de – geschl. Sonntag - Dienstag*

Rest – *(nur Abendessen)* (Tischbestellung erforderlich) Menü 39/85 € – Karte 48/78 €

Das festliche Ambiente mit Spiegel und Gemälde in goldenen Barockrahmen, schimmernden Ornament-Tapeten, opulenten Kronleuchtern passt zum historischen Schloss.

Schlossrestaurant – Schlosshotel Weyberhöfe

Weyberhöfe ✉ *63877 – ✆ (06093) 94 00 – www.weyberhoefe.de*

Rest – Menü 29 € – Karte 39/62 €

Trotz des historischen Ambientes (schön die freigelegten Sandsteinwände) ist dieses Restaurant modern eingerichtet. Besonders angenehm ist es an wärmeren Tagen im imposanten Schloss-Innenhof. Kaffee und Kuchen, sonntags Brunch!

ASCHAU im CHIEMGAU – Bayern – 546 – 5 730 Ew – Höhe 615 m 66 N21

– Wintersport: 1 470 m 1 8 – Luftkurort

Berlin 671 – München 82 – Bad Reichenhall 60 – Salzburg 64

Kampenwandstr. 38, ✉ 83229, ✆ (08052) 90 49 0, www.aschau.de

Residenz Heinz Winkler

Kirchplatz 1 ✉ *83229 – ✆ (08052) 1 79 90 – www.residenz-heinz-winkler.de*

19 Zim – 225/455 € 250/480 € – 13 Suiten – ½ P

Rest *Restaurant Heinz Winkler* ✿✿ – siehe Restaurantauswahl

Genau dieses malerisches Fleckchen Erde sollte es sein: ein jahrhundertealtes Anwesen in einem beschlaulichen Städtchen, gleich nebenan die Kirche, ringsum die wunderbare Bergkulisse... hier sollte Heinz Winkler mit seiner Residenz eine perfekte Verbindung von elegantem Luxus und traditionell-bayerischem Gasthaus-Charme schaffen. So groß seine Leidenschaft fürs Kochen, so intensiv sein Engagement als Gastgeber.

Edeltraud garni

Narzissenweg 15 ✉ *83229 – ✆ (08052) 9 06 70 – www.hotel-edeltraud.de – geschl. Anfang September 1 Woche, Ende Oktober - Anfang November 1 Woche und über Weihnachten 2 Wochen*

16 Zim – 42/63 € 66/88 € – 1 Suite

Ein nettes und sehr gepflegtes kleines Hotel. Im Sommer kann man beim Frühstück auf der Terrasse den Blick auf die Kampenwand genießen. Ein schöner Ausflug ist z. B. eine Radtour zum 6 km entfernten Chiemsee.

Alpengasthof Brucker

Schlossbergstr. 12 ✉ *83229 – ✆ (08052) 49 87 – www.gasthofbrucker.de – geschl. 14. Januar - 16. Februar, 21. Oktober - 16. November*

12 Zim – 32/44 € 64/84 € – 1 Suite

Rest – *(geschl. Mittwoch - Donnerstag, außer an Feiertagen)* Karte 16/25 €

Traditionell bayerisch präsentiert sich der alteingesessene Gasthof unterhalb des Schlosses mit seinen bis ins 17. Jh. zurückreichenden Wurzeln. Zu einem guten Preis bietet man solide und behagliche Zimmer. Ein schöner Biergarten vor dem Haus ergänzt die gemütlich-rustikalen Gaststuben.

Restaurant Heinz Winkler – Hotel Residenz Heinz Winkler

✿✿ *Kirchplatz 1* ✉ *83229 – ✆ (08052) 1 79 90 – www.residenz-heinz-winkler.de*

Rest – Menü 95 € (mittags)/178 € – Karte 72/127 € ✿

Verändert hat sich im Hause Winkler nur die Leitung des Service: Die hat Junior Alexander übernommen - kompetent, charmant und umsichtig führt er in dem stimmungsvollen Restaurant Regie. Gewohnt klassisch die Küche des Patrons, der seinen bewährten Stil mit Stefan Brandl sehr gut umgesetzt weiß.

➜ Jakobsmuscheln roh mariniert auf Sauerrahm mit Kaviarkartoffel. Lauwarmes Carpaccio vom Hummer mit Zitronenverveine. Entenleber gebraten mit Himbeeren.

ASCHEBERG – Nordrhein-Westfalen – 543 – 14 870 Ew – Höhe 63 m 26 D10

Berlin 470 – Düsseldorf 115 – Dortmund 50 – Hamm in Westfalen 24

Katharinenplatz 1, ✉ 59387, ✆ (02593) 63 24, www.ascheberg-touristinfo.de

Ascheberg-Herbern, Horn-Westerwinkel 5, ✆ (02599) 92 22

Nordkirchen-Piekenbrock, Am Golfplatz 6, ✆ (02596) 91 90

Lüdinghausen: Burg Vischering★, West: 15 km

Goldener Stern

Appelhofstr. 5 ✉ 59387 – ✆ (02593) 9 57 60 – www.hotelgoldenerstern.de – geschl. 22. Dezember - 2. Januar

19 Zim – 49 € 78 € – ½ P

Rest – *(geschl. Sonntag) (nur Abendessen)* Karte 21/31 €

Ein kleines Hotel mit Familientradition, das gepflegte und funktional ausgestattete Gästezimmer zu fairen Preisen bietet. Praktisch ist die gute Autobahnanbindung. Nettes Restaurant mit ländlichem Charakter.

ASCHEBERG (HOLSTEIN) – Schleswig-Holstein – 541 – 3 170 Ew – Höhe 36 m – Erholungsort 10 J3

Berlin 331 – Kiel 28 – Lübeck 62 – Neumünster 32

Seehotel Dreiklang (mit Gästehäusern)

Rest, Zim,

Plöner Chaussee 21 (B 430) ✉ 24326 – ✆ (04526) 3 39 00 – www.seehotel-dreiklang.de

56 Zim – 80/139 € 119/239 € – ½ P

Rest – Menü 26/60 € (abends) – Karte 21/48 €

Das aus drei Gebäuden bestehende Hotel liegt direkt am See und bietet wohnliche, mit Pinienholzmöbeln eingerichtete Appartements, meist mit Seeblick, sowie ein eigenes Strandbad. Neuzeitlich gestaltetes Restaurant mit Wintergarten und Sicht zum See.

ASCHHEIM – Bayern – 546 – 7 800 Ew – Höhe 512 m 66 M20

Berlin 588 – München 14 – Kufstein 98 – Augsburg 79

Schreiberhof

Erdinger Str. 2 ✉ 85609 – ✆ (089) 90 00 60 – www.schreiberhof.de

87 Zim – 99/119 € 119/129 €, 10 €

Rest – *(geschl. Montag)* Karte 31/53 €

Aus einem ehemaligen Gasthof ist das mit funktionellen Zimmern ausgestattete Hotel im Zentrum gewachsen. Als Tagungsraum dient u. a. ein lichtdurchfluteter Wintergarten. Verschiedene Restaurantstuben von gemütlich-rustikal bis stilvoll. Biergarten unter alten Bäumen.

Gasthof zur Post

Ismaninger Str. 11 (B 471) ✉ 85609 – ✆ (089) 9 00 48 00 – www.hotelpost-aschheim.de

70 Zim – 65/115 € 85/145 €

Rest – Menü 19/34 € (abends) – Karte 21/35 €

Hier hat man den noch erhaltenen Teil eines früheren Gasthofs durch einen neuzeitlichen Hotelanbau ergänzt. Die Zimmer sind wohnlich und zeitgemäß ausgestattet. Regionale Küche im modern-rustikalen Restaurant.

In Aschheim-Dornach Süd-West: 2,5 km

Innside München Neue Messe

Rest, Rest,

Humboldtstr. 12 (Gewerbegebiet-West) ✉ 85609 – ✆ (089) 94 00 50 – www.innside.com

134 Zim – 89/499 € 89/499 € **Rest** – Karte 24/56 €

Modernes Design begleitet Sie vom lichten Hallenbereich im Atriumstil bis in die freundlichen Gästezimmer - originell sind die frei stehenden Glasduschen. Bistroartiges Restaurant mit internationaler Küche.

ASPACH – Baden-Württemberg – siehe Backnang

ASPERG – Baden-Württemberg – 545 – 13 160 Ew – Höhe 270 m 55 G18

Berlin 617 – Stuttgart 21 – Heilbronn 38 – Ludwigsburg 5

Adler

Stuttgarter Str. 2 ✉ 71679 – ✆ (07141) 2 66 00 – www.adler-asperg.de
70 Zim – †109/149 € ††119/159 €, ☐ 15 € – ½ P
Rest *Schwabenstube* ✿ **Rest *Aguila*** – siehe Restaurantauswahl
Über Generationen ist der alteingesessene Familienbetrieb gewachsen und es wird kontinuierlich renoviert und verbessert! So sind Ihnen komfortable Zimmer gewiss. Darf es vielleicht ein Themenzimmer sein? "Daimler", "Bosch" oder "Porsche"?

Schwabenstube – Hotel Adler

✿

Stuttgarter Str. 2 ✉ 71679 – ✆ (07141) 2 66 00 – www.adler-asperg.de – geschl. Anfang Januar 2 Wochen, 10. - 22. Juni, August und Sonntag - Montag
Rest – *(nur Abendessen)* Menü 39/85 € – Karte 46/66 € ✿
Die Schwabenstube ist ein modernisierter Klassiker der Region! Und so kocht Harald Derfuß: klassisch, mit fundierter Basis und vollmundigem Geschmack. Serviert wird stilgerecht auf Versace-Porzellan. Gerne empfiehlt man dazu Weine aus der Region.
➜ Makrele in Pancetta auf Selleriepüree, Purple Curry, Banane und Staudensellerie. Hohenloher Landgockel mit Zwiebel-Soubise, Frühlingslauch, Blumenkohl, Kartoffeltaler. Rücken vom Alb-Lamm mit Zuchini-Tomatenroulade, Paprika und Pinien-Gnocchi.

Aguila – Hotel Adler

Stuttgarter Str. 2 ✉ 71679 – ✆ (07141) 2 66 00 – www.adler-asperg.de – geschl. August und Samstag - Sonntagmittag sowie an Feiertagen
Rest – Menü 24 € – Karte 23/36 €
Was entsteht, wenn Spanien auf Schwaben trifft? "Schwabbas"! Viele Neugierige probieren in angenehm ungezwungener Atmosphäre diesen Küchenmix! Sie können aber auch gerne "entweder-oder" essen.

In Tamm Nord-West: 2,5 km

Historik Hotel Ochsen

Hauptstr. 40 ✉ 71732 – ✆ (07141) 2 99 95 55 – www.ochsen-tamm.de
17 Zim ☐ – †59/88 € ††79/98 €
Rest – *(geschl. Freitag) (nur Abendessen)* Menü 32 € – Karte 26/32 €
Eine ansprechende weiß-graue Fachwerkfassade ziert den historischen Gasthof. Die Zimmer sind mit hellem Naturholz wohnlich eingerichtet, in einigen sind alte Holzbalken freigelegt. Regional speist man in der behaglichen Gaststube.

ATTENDORN – Nordrhein-Westfalen – 543 – 24 640 Ew – Höhe 255 m 37 E12

Berlin 539 – Düsseldorf 131 – Siegen 41 – Lüdenscheid 37
Rathauspassage, ✉ 57439, ✆ (02722) 48 97, www.attendorn.de
Attendorn-Niederhelden, Repetalstr. 220, ✆ (02721) 71 80 32
Attahöhle★

Rauch garni

Wasserstr. 6 ✉ 57439 – ✆ (02722) 9 24 20 – www.hotel-rauch.de – geschl. 23. Dezember - 3. Januar
13 Zim ☐ – †76 € ††96 € – 1 Suite
In der Altstadt finden Sie das freundlich und engagiert geleitete kleine Hotel. Ein Stadthaus a. d. 17. Jh. mit individuellen Zimmern und nettem Frühstücksraum mit hübschem Balkon.

In Attendorn-Niederhelden Ost: 8 km über Helden

Landhotel Struck (mit Gästehaus)

Repetalstr. 245 ✉ 57368 – ✆ (02721) 1 39 40 – www.landhotel-struck.de – geschl. 20. - 25. Dezember
48 Zim ☐ – †49/83 € ††87/127 € – ½ P
Rest – Menü 23/45 € – Karte 23/44 €
Ein gemütlich-rustikaler Familienbetrieb mit individuell geschnittenen Zimmern; einfacher, aber ebenso gepflegt wohnt man im Gästehaus Margarete. Vital-Dampfdusche und Whirlwanne zum Entspannen. Gediegenes Restaurant und zwei gemütliche Stuben.

An der Straße nach Helden Ost: 3,5 km

Burghotel Schnellenberg

57439 Attendorn – (02722) 69 40 – www.burg-schnellenberg.de – geschl. 1. - 3. Januar, 23. - 25. Dezember

42 Zim – 90/120 € 120/180 € – ½ P

Rest – Menü 35/54 € – Karte 33/57 €

Die imposante Burg über der Stadt ist eine ideale Tagungs- und Veranstaltungsadresse. Die Zimmer sind unterschiedlich geschnitten, geräumiger die schönen Turmzimmer. Saunabereich im Gewölbe. Einstiger Rittersaal als Restaurant, dazu die reizvolle Terrasse auf drei Ebenen.

AUE – Sachsen – 544 – 17 390 Ew – Höhe 350 m 42 O13

Berlin 295 – Dresden 122 – Chemnitz 35 – Zwickau 23

Goethestr. 5, 08280, (03771) 28 10, www.aue.de

Blauer Engel

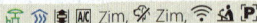

Zim, Zim,

Altmarkt 1 08280 – (03771) 59 20 – www.hotel-blauerengel.de

39 Zim – 75/105 € 100/150 € – ½ P

Rest *Tausendgüldenstube*

Rest *St. Andreas* – siehe Restaurantauswahl

Rest *Lotters Wirtschaft* – Karte 17/30 €

Dies ist eine ausgesprochen engagiert geführte Adresse, Familie Unger hält alles top in Schuss! Seit 1663 existiert das Hotel in der Stadtmitte, hinter dessen attraktiver wiederhergestellter Gründerzeitfassade man schön modern wohnt und bei Beauty- und Massage-Behandlungen entspannt. Lotters Wirtschaft ist das rustikale der drei Restaurants: eine Hausbrauerei mit Kupferkesseln und Backsteingewölbe.

St. Andreas – Hotel Blauer Engel

Altmarkt 1 08280 – (03771) 59 20 – www.hotel-blauerengel.de – geschl. Januar 3 Wochen, August 2 Wochen und Sonntag sowie an Feiertagen

Rest – *(nur Abendessen)* Menü 50/79 € – Karte 47/73 €

Aufwändig und ambitioniert wird in diesem Restaurant der Ungers gekocht. Sohn Benjamin steht am Herd, sein jüngerer Bruder Claudius ist im Service. Meissener Porzellan und Silber tragen ihren Teil zum eleganten Ambiente bei.

Tausendgüldenstube – Hotel Blauer Engel

Altmarkt 1 08280 – (03771) 59 20 – www.hotel-blauerengel.de – geschl. Januar 3 Wochen, August 2 Wochen und Sonntag sowie an Feiertagen

Rest – *(nur Abendessen)* Karte 24/45 €

340 Jahre Tradition... da spürt man schon ein bisschen historischen Charme! Dank Kachelofen und Holzvertäfelung ist es hier schön gemütlich, man wird angenehm persönlich umsorgt und zudem isst man gut - probieren Sie z. B. den geschmorten Kalbstafelspitz!

AUENWALD – Baden-Württemberg – 545 – 6 820 Ew – Höhe 500 m 55 H18

Berlin 601 – Stuttgart 39 – Heilbronn 53 – Esslingen am Neckar 42

In Auenwald-Däfern

Landgasthof Waldhorn

Hohnweilerstr. 10 71549 – (07191) 31 23 12 – www.waldhorn-daefern.de – geschl. Mitte - Ende Januar, Ende September - Anfang Oktober und Dienstag - Mittwoch

Rest – Menü 32/46 € – Karte 33/50 €

Ute Wagner und Alexander Munz stehen für zeitgemäße und anspruchsvolle internationale Küche, asiatische und regionale Elemente inklusive. Auf der Karte findet sich z. B. "Geschmortes Häxle vom Württemberger Lamm an Rosmarin-Pfefferjus". Wunderschön die Gartenterrasse, ländlich-ruhig die Umgebung!

AUERBACH in der OBERPFALZ – Bayern – 546 – 8 810 Ew – Höhe 434 m 51 L16

Berlin 395 – München 212 – Nürnberg 67 – Bayreuth 42

SoulFood N 

Unterer Markt 35 ✉ 91275 – ✆ (09643) 2 05 22 25 – www.restaurant-soulfood.com – geschl. 1. - 26. Januar und Montag - Dienstag

Rest – Menü 25 € (mittags)/49 € – Karte 24/37 €

In dem modernen kleinen Restaurant von Christine Heß und Michael Laus geht es nicht um Soul-Musik, sondern um eine sehr geschmackvolle Küche, die Ihre Seele berühren soll - und das gelingt z. B. mit dem "Zweierlei vom Stubenküken mit Spargel, Maiscreme und Karotte". Und am Ende erwartet Sie auch noch eine äußerst faire Rechnung!

AUERBACH (VOGTLAND) – **Sachsen** – **544** – **19 840 Ew** – **Höhe 460 m** **42** N13

Berlin 305 – Dresden 147 – Gera 58 – Plauen 24

Schlossstr. 10, ✉ 08209, ✆ (03744) 8 14 50, www.erholung-im-vogtland.de

In Auerbach-Schnarrtanne **Ost: 6 km Richtung Schönheide**

Renoir

Schönheider Str. 235 ✉ 08209 – ✆ (03744) 21 51 19 – www.restaurant-renoir.de – geschl. 2. - 9. Januar, 28. Juli - 7. August und Sonntagabend - Montag

Rest – *(Dienstag - Freitag nur Abendessen)* (Tischbestellung ratsam)
Menü 33/37 € – Karte 27/50 €

Wer bei diesem Namen Kunst vermutet, liegt ganz richtig, denn Gemälde nach dem Vorbild Renoirs zieren die Wände des gemütlich-gediegenen Restaurants. Unter der Leitung von Juniorchef André Baldauf bekommt man in dem Familienbetrieb saisonale Küche serviert - so z. B. "Zanderfilet mit Spargel-Rucola-Gemüse und Kräuterkartoffeln". Als gelernter Sommelier berät Sie der Gastgeber auch gut in Sachen Wein.

AUEROSE – **Mecklenburg-Vorpommern** – **siehe Anklam**

AUGGEN – **Baden-Württemberg** – **545** – **2 520 Ew** – **Höhe 264 m** **61** D21

Berlin 833 – Stuttgart 240 – Freiburg im Breisgau 35 – Basel 31

Zur Krone garni 

Hauptstr. 6 ✉ 79424 – ✆ (07631) 60 75 – www.hotelkroneauggen.de

32 Zim – 65/78 € 86/129 €

Vier Häuser und ein wunderschöner Garten mit Teich und alten Bäumen bilden dieses Anwesen. Die Zimmer in den Gartenhäusern sind geräumiger und teilweise mit offenem Holzgiebel besonders gemütlich. Behaglich ist das Kaminzimmer mit Bar im Kutscherhaus.

AUGSBURG – **Bayern** – **546** – **266 650 Ew** – **Höhe 494 m** **57** K19

Berlin 560 – München 68 – Ulm (Donau) 80

ADAC Fuggerstr. 11 A2

Rathausplatz 1 A2, ✉ 86150, ✆ (0821) 50 20 70, www.augsburg-tourismus.de

18 Bobingen-Burgwalden, Engelshofer Str. 2, ✆ (08234) 56 21

9 Leitershofen, Deuringer Str. 20, ✆ (0821) 43 72 42

9 Gessertshausen, Weiherhof 4, ✆ (08238) 96 51 19

9 Lindauer Str. 56, ✆ (0821) 90 65 00

Veranstaltungen

11.-12. Januar: Moto Technica
16.-19. Januar: Jagen und Fischen
4.-6. Februar: RegioAgrar Bayern
14.-16. Februar: Baumesse
14.-16. Februar: Immobilientage
5.-13. März: AFA - Augsburger-Frühjahrs-Austellung
19.-22. März: Grindtec
14.-15. Mai: wfb

Hoher Dom (Jungfrauenportal★★ · Bronzetürflügel★ · Tafelgemälden★ · Prophetenfenster★) · Fuggerei★ A1 · Maximilianstraße★ · St-Ulrich- und Afra-Kirche★ · St-Anna-Kirche (Fuggerkapelle★) · Städtische Kunstsammlungen★ (Festsaal★★) **M**[1] A2

Stadtplan auf der nächsten Seite

Steigenberger Drei Mohren

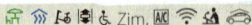

Maximilianstr. 40 ✉ 86150 – ✆ (0821) 5 03 60
– *www.augsburg.steigenberger.de* A2**a**

127 Zim – †135/395 € ††135/395 €, ☕ 20 € – 4 Suiten – ½ P

Rest *Maximilian's* – Karte 19/38 €

Rest *Sartory* – ✆ (0821) 5 03 60 *(geschl. 30. Juli - 2. September, 24. - 30. Dezember, 1. - 13. Januar und Sonntag - Montag, Feiertage) (nur Abendessen)* Menü 78/110 €

Das rund 500 Jahre alte Haus kommt nach Totalrenovierung modern-elegant daher! Eine großzügige Lobby, wohnlich-komfortable Zimmer, Spa mit orientalischem Touch und dazu vielfältige Gastronomie vom "Maximilian" mit Showküche über die legere "3 M Bar" mit Tapas bis zum Fine-Dining-Restaurant "Sartory".

Dorint

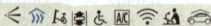

Imhofstr. 12 (über Hermanstraße A2) ✉ 86159 – ✆ (0821) 5 97 40
– *www.dorint.com/augsburg*

183 Zim – †116/136 € ††126/146 €, ☕ 18 € – 1 Suite

Rest – Menü 23 € (mittags)/63 € – Karte 27/46 €

Unmittelbar am Wittelsbacher Park liegt dieses als Turm erbaute Businesshotel mit modernem Wohnkomfort und direktem Zugang zur angrenzenden Kongresshalle. Internationales Speisenangebot im Restaurant.

Augsburger Hof

Auf dem Kreuz 2, ✉ 86152 – ✆ (0821) 34 30 50 – www.augsburger-hof.de A1**v**

36 Zim – 95/120 € 99/150 € **Rest** – Karte 26/47 €

Eines der ältesten Gasthäuser Augsburgs ist dieses persönlich geführte Hotel, das seit über 30 Jahren von Familie Meder geleitet wird. Sehr schön und wohnlich sind die Romantikzimmer. Zum Speisen (regionale Küche) ist im Sommer die mediterrane Terrasse im kleinen überdachten Innenhof besonders beliebt.

Dom-Hotel garni

Frauentorstr. 8 ✉ 86152 – ✆ (0821) 34 39 30 – www.domhotel-augsburg.de – geschl. 20. Dezember - 13. Januar A1**c**

48 Zim – 74/125 € 84/155 € – 9 Suiten

In dem historischen Stadthaus beim Dom gelangt man über eine schöne schmiedeeiserne Treppe zu den Zimmern, Appartements und Maisonetten. Im Sommer Frühstück unter Kastanienbäumen.

August (Christian Grünwald)

Frauentorstr. 27 ✉ 86152 – ✆ (0821) 3 52 79 – geschl. über Ostern, Ende August - Anfang September und Sonntag - Dienstag A1**e**

Rest – *(nur Abendessen)* (Tischbestellung erforderlich) Menü 129/149 €

Sie waren noch nicht bei Christian Grünwald zu Gast? Dass er seine ganz eigene Handschrift hat, merkt man schon dem künstlerischen Design des Restaurants an, aber warten Sie erstmal die Küche ab! Innovativ, gewagt, eigenwillig... auf jeden Fall alles andere als gewöhnlich - und das im positiven Sinne, denn was sich Ihnen auf dem Teller offenbart, ist ebenso einzigartig wie exzellent, handwerklich, optisch und geschmacklich! Im Sommer ein Muss: die Dachterrasse.

➜ Bio Lachs 37°, Apfelasche, Ziegenkäse, Fenchel, Gel von Staudensellerie und Apfel, Sepia. Geangelter Steinbutt, Öl von Chilli und Ingwer, Schinkentapioka, Spitzkohl, Meeresaromen. Apfel-Schnee, Blaukraut und Zimtblüte, geeistes Olivenöl.

Magnolia

Beim Glaspalast 1 ✉ 86153 – ✆ (0821) 3 19 99 99 – www.restaurant-magnolia.de – geschl. Samstagmittag B2**m**

Rest – Menü 17 € (mittags)/98 € – Karte 36/66 €

Ein Essen hier (man kocht mit mediterranem Einschlag) lässt sich wunderbar mit dem Besuch des Kunstmuseums oder des "tim" (Textil- und Industriemuseum) verbinden - dafür bieten sich z. B. auch die günstigen Mittagsgerichte an. Empfangen werden Sie im Restaurant übrigens von "fleischigen Lieschen", einer imposanten Holzstatue - nicht das einzige Kunstobjekt hier!

Papageno

Theaterstr. 8 ✉ 86152 – ✆ (0821) 9 07 64 64 – www.papageno-restaurant.de – geschl. Montag A1**p**

Rest – Menü 18 € (mittags)/44 € – Karte 20/44 €

Sie finden dieses Restaurant in der Innenstadt direkt neben dem Theater. In freundlichem Ambiente reicht man eine bürgerliche und internationale Karte. Freitags und samstags serviert man am Abend in "Papageno's Gourmet" kreative Menüs.

Die Ecke

Elias-Holl-Platz 2 ✉ 86150 – ✆ (0821) 51 06 00 – www.restaurant-die-ecke.de A2**n**

Rest – Menü 19 € (mittags)/78 € – Karte 37/71 €

Das "Eckehaus" von 1577 ist eine Institution in Augsburg. Gemütlich die Atmosphäre, international die Küche. Im Sommer sitzt man am liebsten auf der charmanten Innenhofterrasse!

In Augsburg-Göggingen Süd-West: 4 km über Hermanstraße A2

Villa Arborea garni

Gögginger Str. 124 ✉ 86199 – ✆ (0821) 90 73 90 – www.hotel-villa-arborea.de – geschl. 21. Dezember - 6. Januar

20 Zim – 79/92 € 99/115 € – 1 Suite

Der Name der 1935 erbauten Villa (lat. "arbor" = "Baum") nimmt Bezug auf den wunderschönen Garten - wer möchte hier nicht frühstücken? Man spürt im Haus das Engagement der Familie Dey!

In Augsburg-Oberhausen Nord: 2,5 km über Müllerstraße A1

Alpenhof (mit Gästehaus) Rest,
Donauwörther Str. 233 ✉ 86154 – ✆ (0821) 4 20 40 – www.alpenhof-hotel.de
120 Zim – 61/120 € 103/174 € **Rest** – Karte 23/51 €
Gerne wird die aus drei Gebäuden bestehende Hotelanlage mit guter Verkehrsanbindung für Tagungen genutzt. Die Zimmer sind recht unterschiedlich, die modernsten sind die "Burgfeuer"-Zimmer. Speisen kann man international oder regional.

AUMÜHLE – Schleswig-Holstein – 541 – 3 030 Ew – Höhe 30 m 10 J5
Berlin 266 – Kiel 104 – Hamburg 33 – Lübeck 57

Waldesruh am See
Am Mühlenteich 2 ✉ 21521 – ✆ (04104) 6 95 30 – www.waldesruh-am-see.de
12 Zim – 66/78 € 98/115 € – ½ P
Rest – *(geschl. Dienstag)* Menü 30/46 € – Karte 26/45 €
Wie man es sich für ein historisches Haus (Jagdschloss a. d. J. 1763) wünscht, finden sich hier diverse schöne Details von einst - so z. B. Antiquitäten in den Zimmern, der herrliche Saal (wie gemacht für Hochzeiten) oder das gemütliche Jagdzimmer des Restaurants. Letzteres bietet regionale Produkte.

Fürst Bismarck Mühle mit Zim Rest,
Mühlenweg 3 ✉ 21521 – ✆ (04104) 20 28 – www.bismarckmuehle.de – geschl. Mittwoch
7 Zim – 65/75 € 99 € **Rest** – Menü 29/53 € – Karte 29/53 €
Mit seinem klassisch-rustikalen Flair passt das geschmackvolle Restaurant genau zum Charakter der ehemaligen Mühle. Im Sommer ist natürlich die Gartenterrasse ein Muss. Auch zum Übernachten (wohnlich-individuell die Zimmer) ist die Lage an einem kleinen See reizvoll.

AURICH (OSTFRIESLAND) – Niedersachsen – 541 – 40 420 Ew – Höhe 6 m 7 D5
Berlin 506 – Hannover 241 – Emden 26 – Oldenburg 70
ADAC Esenser Str. 122a
Norderstr. 32, ✉ 26603, ✆ (04941) 44 64, www.aurich-tourismus.de

Hochzeitshaus garni
Bahnhofstr. 4 ✉ 26603 – ✆ (04941) 60 44 60 – www.hochzeitshaus-aurich.de
14 Zim – 85/115 € 115/155 €
Die im 19. Jh. als Bürgermeisterhaus erbaute Villa mit der weißen Fassade liegt beim Stadtwall. Die Zimmer sind individuell und sehr geschmackvoll (chic in Schwarz-Weiß, toll der alte Dielenboden...), einige befinden sich im Kutscherhaus. Im Sommer sitzt man bei hausgemachtem Kuchen im schönen Garten hinterm Haus!

In Aurich-Wallinghausen Ost: 3 km

Köhlers Forsthaus
Hoheberger Weg 192 ✉ 26605 – ✆ (04941) 1 79 20 – www.koehlers-forsthaus.de
48 Zim – 74/134 € 119/209 € – 1 Suite – ½ P
Rest – Menü 27/43 € – Karte 20/45 €
In dem familiengeführten Hotel stehen unterschiedlich gestaltete Zimmer, ein schöner Garten sowie ein ansprechender Sauna- und Ruhebereich mit Kosmetik und Massage zur Verfügung. Von den Gasträumen blicken Sie ins Grüne. Mit kleiner Bar und Kaminzimmer.

In Aurich-Ogenbargen Nord-Ost: 13 km über B 210 Richtung Wilhelmshaven

Landgasthof Alte Post Zim,
Esenser Str. 299 (B 210) ✉ 26607 – ✆ (04947) 50 97 90 – www.landgasthof-alte-post.de
61 Zim – 57 € 99 € – ½ P **Rest** – Karte 17/47 €
Die Zimmer in dem regionstypischen Hotel mit Reetdach sind wohnlich und zeitgemäß eingerichtet, darunter einige mit Balkon sowie fünf Themenzimmer. Auch Beauty und Massage werden angeboten. Bürgerliche Gaststube mit elegant-rustikalen Nebenräumen.

AYING – Bayern – 546 – 4 660 Ew – Höhe 610 m – Wintersport: 66 M20

Berlin 613 – München 29 – Rosenheim 34

Schloss Egmating, Schlossstr. 15, (08095) 9 08 60

Brauereigasthof Aying (mit Gästehaus)

Zornedinger Str. 2 85653 – (08095) 9 06 50 – www.ayinger.de

47 Zim – 98/208 € 153/343 € – 1 Suite

Rest *Brauereigasthof Aying* – siehe Restaurantauswahl

Das ist wohl der Inbegriff eines bayerischen Brauereigasthofs! Lange Tradition und ehrliche Herzlichkeit gehen hier Hand in Hand! Man wohnt so geschmackvoll wie individuell - im alten Herrenhaus (Urhaus der Inhaberfamilie) auch etwas exklusiver! Und lassen Sie sich auf keinen Fall das Frühstück entgehen!

Brauereigasthof Aying – Hotel Brauereigasthof Aying

Zornedinger Str. 2 85653 – (08095) 9 06 50 – www.ayinger.de

Rest – Karte 26/48 €

Authentischer geht's nicht: charmante Service-Damen im Dirndl, Holztäfelung an den Wänden, im Winter ein wärmendes Kaminfeuer... und auf dem Teller Schmackhaftes wie Ragout vom Hirsch oder Braten vom bayerischen Landschwein! Ein Muss ist das hauseigene Bier dazu!

BAABE – Mecklenburg-Vorpommern – siehe Rügen (Insel)

BACHARACH – Rheinland-Pfalz – 543 – 1 940 Ew – Höhe 70 m 46 D15

Berlin 615 – Mainz 50 – Bad Kreuznach 35 – Koblenz 50

Oberstr. 45, 55422, (06743) 91 93 03, www.rhein-nahe-touristik.de

Lage★

Altkölnischer Hof 

Blücherstr. 2 55422 – (06743) 13 39 – www.altkoelnischer-hof.de – geschl. November - März

19 Zim – 55/85 € 85/130 € – ½ P

Rest – Menü 15 € (mittags)/35 € – Karte 20/48 €

Ein restauriertes historisches Fachwerkhaus beherbergt diesen gut geführten Familienbetrieb. Sehr gepflegt sind die mit Naturholzmöbeln wohnlich eingerichteten Zimmer. Rustikales Restaurant mit bürgerlichem Angebot.

In Bacharach-Henschhausen Nord-West: 4 km

Landhaus Delle

Gutenfelsstr. 16 55422 – (06743) 17 65 – www.landhaus-delle-hotel.com – geschl. November - April

7 Zim – 120/130 € 165/185 € – 1 Suite – ½ P

Rest – *(geschl. Sonntag - Montag) (nur Abendessen)* (Tischbestellung erforderlich) Menü 55/75 €

Der kleine Familienbetrieb oberhalb des Rheins hat keinen typischen Hotelcharakter, er besticht vielmehr durch seine private Atmosphäre und die persönliche Gästebetreuung sowie geräumige wohnliche Zimmer und eine schöne Gartenanlage. Klassische Küche und eine ausgezeichnete Weinauswahl erwarten Sie im Restaurant "Wine and Dine" des Gartenhauses.

BACKNANG – Baden-Württemberg – 546 – 35 430 Ew – Höhe 271 m 55 H18

Berlin 589 – Stuttgart 36 – Heilbronn 36 – Schwäbisch Hall 37

Am Rathaus 2, 71522, (07191) 89 42 56, www.backnang.de

Gerberhof garni 

Wilhelmstr. 16 71522 – (07191) 97 70 – www.gerberhof-backnang.com

42 Zim – 80/95 € 110 €

Das Businesshotel mit zeitgemäßen Zimmern liegt nicht weit von der Innenstadt. Hübsch ist der ruhige begrünte Innenhof, in dem man im Sommer auch frühstücken kann.

Bitzer garni
Eugen-Adolff-Str. 29 ✉ 71522 – ✆ (07191) 9 63 35 – www.hotel-bitzer.de
32 Zim – †55/79 € ††78/92 €
Bei den sympathischen Betreibern fühlt man sich willkommen: Man wird herzlich begrüßt, schläft in freundlich gestalteten Zimmern (die meisten EZ liegen zum Garten, die geräumigeren DZ zur Straße), bekommt Tee/Kaffee gratis und außerdem ein gutes Frühstück (im Sommer auf der kleinen Terrasse).

Backnanger Stuben (Sascha Wolter)
Bahnhofstr. 7 ✉ 71522 – ✆ (07191) 9 12 79 37 – www.backnanger-stuben.de – geschl. 1. - 10. Januar, 18. August - 3. September und Montag - Dienstag
Rest – (abends Tischbestellung ratsam) Menü 29/159 € – Karte 41/84 €
Stammgäste, Passanten, Geschäftsleute... das Publikum ist bunt gemischt, doch Sascha Wolter trifft mit seiner Küche den Geschmack jedes einzelnen, indem er klassisch, kreativ und auch schwäbisch kocht - von Mitte Juni bis Anfang September gibt's die Sommerkarte. Unter der Woche ist das Restaurant auch was für die Mittagspause: günstige Gerichte oder ein Menü für 29 €.
➜ Iberico Schinken mit mild geräuchertem Hüttenkäse, eingelegten Zwiebeln und Gänsemastleber. Gebratenes und Geschmortes vom Bio Lamm mit Ziegenkäse, Aubergine und Olive. Rhabarber mit Käsekucheneiscreme, karamellisierte weiße Schokolade und Verjusgranitée.

Schürers Restaurant Tafelhaus
Schillerstr. 6 ✉ 71522 – ✆ (07191) 90 27 77 – www.restaurant-tafelhaus.de – geschl. über Weihnachten, über Ostern 1 Woche, Ende August - Anfang September 2 Wochen und Sonntag - Montag sowie an Feiertagen
Rest – (Tischbestellung ratsam) Menü 41/89 € – Karte 43/85 €
Außen schmucke Fachwerkfassade a. d. 18. Jh., innen behagliche Räume von historisch bis modern. Lohnenswert ist es, im Gewölbekeller von 1710 zu essen (rechtzeitig reservieren!). Beliebt: günstiger wechselnder Mittagstisch und "Menu du Jour" inkl. Wasser und Espresso - letzteres gibt's auch abends.

In Aspach-Großaspach Nord-West: 4 km, jenseits der B 14

Lamm
Hauptstr. 23 ✉ 71546 – ✆ (07191) 2 02 71 – www.lamm-aspach.de – geschl. Sonntagabend - Montag
Rest – Menü 30/55 € – Karte 29/57 €
Geschmackvoll wurde das Lamm renoviert, Altes sorgsam aufgearbeitet und mit Neuem ergänzt. Sehenswert: das Gewölbe (hier die Zigarrenlounge) sowie Holztäfelung und historische Bildtapete in der Stube im 1. Stock (bequem mit dem Lift erreichbar). Auch eine Dachterrasse hat man nun! Die Küche ist regional.

BAD...

siehe unter dem Eigennamen des Ortes (z. B. Bad Orb siehe Orb, Bad)
see under second part of town name (e.g. for Bad Orb see under Orb, Bad)

BADEN-BADEN – Baden-Württemberg – 545 – 54 470 Ew – Höhe 181 m – Heilbad

54 E18

Berlin 709 – Stuttgart 112 – Karlsruhe 38 – Freiburg 112
ADAC Gewerbepark Cité 22
Kaiserallee 3, Trinkhalle A1, ✉ 76530, ✆ (07221) 27 52 00, www.baden-baden.com
Schwarzwaldstr. 52, Autobahnzubringer über B 500 AX, ✉ 76530, ✆ (07221) 27 52 00
Baden-Baden, Fremersbergstr. 127, ✆ (07221) 2 35 79
Lage★★ · Lichtentaler Allee★★ · Kurhaus★ · Museum Frieder Burda★★A2 · Stiftskirche (Sandsteinkruzifix★)A1 · Römische Badruinen (Friedrichsbad)★B1
Ruine Yburg★ (✻★★) · Kloster Lichtental★ · Merkur (⋞★) · Badische Weinstraße★★ · Hochschwarzwald★★★ · Schwarzwaldhochstraße★ (Höhenstraße von Baden-Baden bis Freudenstadt)

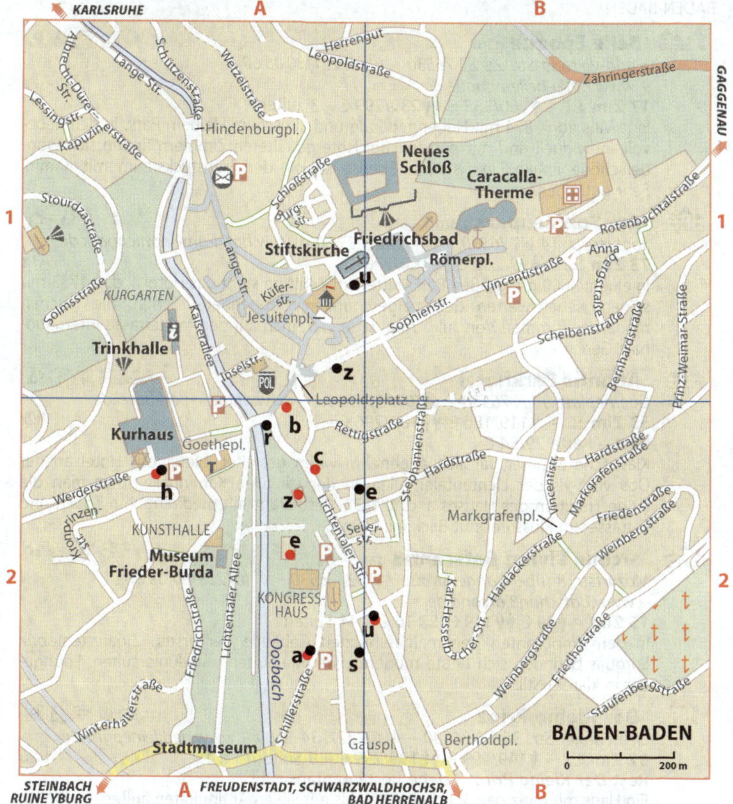

Brenners Park-Hotel & Spa

Schillerstr. 4 ✉ *76530 – ✆ (07221) 90 00 – www.brenners.com*

88 Zim – 🛉240/430 € 🛉🛉395/640 €, ☐ 35 € – 12 Suiten A2**a**

Rest *Brenners Park-Restaurant* ✿ **Rest *Wintergarten*** – siehe Restaurantauswahl

Ein klassisches Grandhotel mit stilvoll-luxuriöser Einrichtung in unterschiedlichen Zimmerkategorien sowie repräsentativen Veranstaltungsräumen. Edel ist der Spa mit japanisch inspiriertem "Kanebo Harmonising & Care" und exklusiver Spa Suite.

Dorint Maison Messmer

Werderstr. 1 ✉ *76530 – ✆ (07221) 3 01 20 – www.dorint.com/baden-baden* A2**h**

141 Zim – 🛉167/347 € 🛉🛉221/401 €, ☐ 24 € – 11 Suiten

Rest *J.B. Messmer* – siehe Restaurantauswahl

Rest *Theaterkeller* – Karte 27/67 €

Das Hotel neben Theater und Kasino/Kurhaus vereint Tradition und Moderne. Das spiegelt jedes der schönen eleganten Zimmer wider, vom "Klassik Doppelzimmer Garten" bis hin zur "Penthouse Suite" (237 qm plus große Dachterrasse!). Nicht minder geschmackvoll ist der hochwertige Wellnessbereich. Wer es gerne ein bisschen rustikaler hat, isst im Theaterkeller, und zwar badisch-elsässisch.

Belle Epoque garni
Maria-Viktoria-Str. 2c ✉ 76530 – ✆ (07221) 30 06 60 – www.hotel-belle-epoque.de A2**s**
17 Zim ☕ – †160/235 € ††230/299 € – 3 Suiten
Eine Villa von 1874 mit Nebengebäude und hübschem kleinem Park. In den liebevoll, individuell und mit persönlicher Note gestalteten Zimmern finden sich wunderschöne antike Einzelstücke. Ebenso stilvoll: der Frühstücksraum mit Kamin. Sehr guter Service.

Am Sophienpark garni
Sophienstr. 14 ✉ 76530 – ✆ (07221) 35 60 – www.hotel-am-sophienpark.de
73 Zim ☕ – †99/200 € ††160/220 € A1**z**
In einem 4000 qm großen Park mitten im Zentrum steht das Hotel a. d. J. 1733 mit seinem sehenswerten denkmalgeschützten Treppenhaus. Schön: die frischen modernen Zimmer! Von Juli - August serviert man auf der Parkterrasse internationale Gerichte.

Atlantic Parkhotel
Goetheplatz 3 ✉ 76530 – ✆ (07221) 36 10 – www.atlantic-parkhotel.de
53 Zim ☕ – †119/186 € ††182/296 € – ½ P A2**r**
Rest – Karte 29/54 €
Klassische Zimmer, farblich angenehm warm gestaltet, bietet das Hotel an der Oos vis-à-vis der Lichtentaler Allee. In der stilvollen Kaminhalle spürt man die lange Tradition des Hauses a. d. J. 1836. Restaurant mit mediterranem Touch und Terrasse am Flussufer mit Blick ins Grüne.

arcona Living Batschari8 garni
Mozartstr. 8 (über Lange Straße A1) ✉ 76530 – ✆ (07221) 97 39 90 – www.batschari8.arcona.de
15 Zim – †99 € ††119 €, ☕ 16 € – 44 Suiten
In dem imposanten denkmalgeschützten Gebäude der ersten Zigarettenfabrik Europas befinden sich heute moderne, wertige Suiten und Juniorsuiten. Lounge-Bar in klarem Stil.

Der Kleine Prinz
Lichtentaler Str. 36 ✉ 76530 – ✆ (07221) 34 66 00 – www.derkleineprinz.de
32 Zim ☕ – †149/199 € ††199/299 € – 8 Suiten – ½ P B2**u**
Rest *Der Kleine Prinz* – siehe Restaurantauswahl
Ein Haus mit ganz persönlicher Note, das mit vielen Antiquitäten äußerst wohnlich und geschmackvoll eingerichtet ist. Die namengebende Erzählung von Antoine de Saint-Exupéry findet sich in zahlreichen Motiven wieder.

Merkur Rest, Zim,
Merkurstr. 8 ✉ 76530 – ✆ (07221) 30 30 – www.hotel-merkur.com A2**e**
30 Zim ☕ – †79/159 € ††109/229 € – 2 Suiten – ½ P
Rest *Sterntaler* – ✆ (07221) 30 33 00 *(geschl. Montag) (nur Abendessen)*
Menü 23/49 € – Karte 23/50 €
Das zentral gelegene Hotel überzeugt mit sehr modernen und wohnlichen Gästezimmern in warmen Farben. Zur guten technischen Ausstattung zählt auch kostenfreies W-Lan. Freundlich und geradlinig hat man das Restaurant Sterntaler gestaltet.

Holiday Inn Express garni
Lange Str. 93 (über Lange Straße A1) ✉ 76530 – ✆ (07221) 9 73 50 – www.hiexpress.com/baden-baden
108 Zim ☕ – †97/127 € ††97/127 €
Das Hotel nahe der Innenstadt ist mit seinen modern gestalteten und technisch funktionell ausgestatteten Zimmern besonders auf Businessgäste ausgelegt.

Am Markt garni
Marktplatz 18 ✉ 76530 – ✆ (07221) 2 70 40 – www.hotel-am-markt-baden.de – geschl. 14. - 26. Dezember A1**u**
23 Zim ☕ – †50/75 € ††88/95 €
In dem etwas oberhalb der Fußgängerzone gelegenen Altstadthaus, das schon im 18. Jh. als Gasthaus genutzt wurde, bieten zwei sympathische Schwestern sehr individuelle Zimmer.

XXXX **Brenners Park-Restaurant** – Brenners Park-Hotel

Schillerstr. 4 ✉ 76530 – ✆ (07221) 90 00 – www.brenners.com – geschl. Ende Januar - Ende Februar und Montag - Dienstag A2**a**

Rest – *(nur Abendessen)* Menü 128/155 € – Karte 86/123 €

Wenn der gebürtige Österreicher Paul Stradner in dem eleganten Restaurant am Herd steht, interpretiert er feine klassische Küche auf moderne Art, und natürlich kommen dabei nur hochwertige Produkte zum Einsatz. Wer an einem der Fensterplätze sitzt, genießt beim Speisen direkten Parkblick!

➜ Meereslandschaft mit Taschenkrebs, Spanische Garnele, Sankt Jakobsmuschel. Blumenkohl und Romanesco mit Tomaten-Schnittlauchschmelze, Blinis und gerösteten Mandeln. Rotbarbe im Zitronengras-Sud mit Basmatireisflan und Schalentiere.

XXX **Le Jardin de France** (Stéphan Bernhard)

Lichtentaler Str. 13 ✉ 76530 – ✆ (07221) 3 00 78 60 – www.lejardindefrance.de – geschl. 2. - 9. März, 15. - 22. Juni, 3. - 10. August und Januar - Februar: Sonntag - Dienstag, März - Dezember: Sonntag - Montag, außer an Feiertagen

Rest – (Tischbestellung ratsam) Menü 32 € (mittags unter der Woche)/90 € – Karte 66/106 € A2**c**

Hier zu essen, bedeutet richtig fein auszugehen! Das fängt schon mit dem äußeren Rahmen an (repräsentativ das "Goldene Kreuz" a. d. 19. Jh., in dessen Innenhof das Restaurant liegt!) und setzt sich in der klassischen Küche des Franzosen Stéphan Bernhard fort. Günstiger gibt's das Ganze beim Mittagsmenü.

➜ Tartar vom Irish Beef mit Foie Gras und Wachtelei. Taschenkrebs und Quinoa mit Hummer, exotische Vinaigrette. Baden Badener Reh und hausgemachte Rehfrikadellen.

XXX **J.B. Messmer** – Hotel Dorint Maison Messmer

Werderstr. 1 ✉ 76530 – ✆ (07221) 3 01 26 40 – www.dorint.com/baden-baden – geschl. Sonntag - Montag A2**h**

Rest – *(nur Abendessen)* Menü 75/118 € – Karte 56/72 €

Über die große Treppe im Foyer des "Maison Messmer" erreicht man das zeitloselegante Restaurant. Der schwarz-weiße Steinfußboden ist ebenso ein Blickfang wie die hohe Fensterfront, durch die man zum Kurpark schaut, während man die modern-internationalen Speisen von Christian Detert genießt.

XX **Medici**

Augustaplatz 8 ✉ 76530 – ✆ (07221) 20 06 – www.medici.de A2**e**

Rest – *(nur Abendessen)* (Tischbestellung ratsam) Menü 89 € – Karte 39/68 €

Hier sind Restaurant, Wintergarten und Sushi-Raum sowie Bar, Zigarrenkabinett und Internet-Lounge unter einem Dach vereint. Geboten wird ambitionierte internationale Küche.

XX **Wintergarten** – Brenners Park-Hotel & Spa

Schillerstr. 4 ✉ 76530 – ✆ (07221) 90 00 – www.brenners.com A2**a**

Rest – Karte 50/79 €

Die Mischung aus Klassik und Moderne macht den Stil des viktorianischen Wintergartens lebendig. Einzigartig berauschend der freie Blick auf die weltberühmte Lichtentaler Allee.

XX **Der Kleine Prinz** – Hotel Der Kleine Prinz

Lichtentaler Str. 36 ✉ 76530 – ✆ (07221) 34 66 00 – www.derkleineprinz.de

Rest – Menü 64/115 € – Karte 52/67 € B2**u**

Ein Blick in das kleine intime Restaurant erinnert spontan an eine Puppenstube. Klassisch-elegantes Mobiliar, barocke Spiegel, Skizzen vom "Kleinen Prinzen" an den Wänden unterstreichen den Eindruck.

XX **Stahlbad** N

Augustaplatz 2 ✉ 76530 - ✆ (07221) 2 45 69 – www.stahlbad.com – geschl. Dienstag außer an Feiertagen A2**b**

Rest – Menü 26 € (mittags unter der Woche)/65 € – Karte 46/73 €

In diesem Baden-Badener Klassiker weht heute ein frischer Wind: In zwei stilvolleleganten Räumen oder auf der überdachten Terrasse (sehr schön zum Kurpark gelegen!) steht Klassisches auf dem Programm. Da schmeckt der "Kalbsrücken in Morchelsauce mit Gnocchi" genauso gut wie das "Schwarzwälder Törtchen mit Kirschsorbet"!

Rizzi
Augustaplatz 1 ✉ 76530 – ✆ (07221) 2 58 38 – www.rizzi-baden-baden.de A2**z**
Rest – Karte 32/64 €
Im 1865 erbauten Palais Gagarin mitten in Baden-Baden hat man dieses trendig-moderne Restaurant eingerichtet. Hübsch ist die zum Kurpark gelegene Terrasse mit Loungebereich.

Klosterschänke
Klosterschänke 1, (an der Straße nach Steinbach) (über Fremersbergstraße A2) ✉ 76530 – ✆ (07221) 2 58 54 – www.restaurant-klosterschaenke.de – geschl. Ende Juli - Anfang August, Ende Dezember - Anfang Januar und Montag - Dienstagmittag
Rest – Karte 31/46 €
Kein Wunder, dass man sich hier sofort wohl fühlt: Da ist zum einen die Gastgeberfamilie Mattes-Racciatti, die ihr sympathisches kleines Restaurant mit viel Herzblut führt, zum anderen die frische regionale und italienische Küche. Nicht zu vergessen: die Terrasse mit wunderbarem Blick auf die Rheinebene!

Im Stadtteil Geroldsau Süd-Ost: 5 km über Lichtentaler Straße B2

Auerhahn
Geroldsauer Str. 160 (B 500) ✉ 76534 – ✆ (07221) 74 35 – www.gasthaus-auerhahn.de
18 Zim – †54/64 € ††86/99 € – ½ P
Rest *Auerhahn* – siehe Restaurantauswahl
In dem gewachsenen familiengeführten Gasthof stehen wohnliche Zimmer zur Verfügung, die in behaglich-ländlichem Stil eingerichtet sind.

Auerhahn – Hotel Auerhahn
Geroldsauer Str. 160 (B 500) ✉ 76534 – ✆ (07221) 74 35 – www.gasthaus-auerhahn.de
Rest – Menü 28 € – Karte 23/40 €
Wirklich nett sind die beiden Gasträume, wobei der mit dem großen Kachelofen besondere Gemütlichkeit und Heimeligkeit ausstrahlt. Klar, dass auch fast nur badische Gerichte auf der Karte zu finden sind.

Im Stadtteil Neuweier Süd-West: 10 km über Fremersbergstraße A2

Heiligenstein
Heiligensteinstr. 19a ✉ 76534 – ✆ (07223) 9 61 40 – www.hotel-heiligenstein.de
29 Zim – †82/110 € ††117/175 € – 1 Suite – ½ P
Rest *Heiligenstein* – siehe Restaurantauswahl
Nicht nur im Restaurant, auch im schön ruhig gelegenen Hotel der Familie Beck dreht sich fast alles ums Thema Wein - so auch bei den Zimmern: Da gibt es z. B. den jungen Riesling "Mauerberg" mit seiner kräftigen grünen Note oder den "Château M." - hier erinnert das Schlossflair etwas an das weltberühmte Weingut des Mouton-Rothschild-Clans! Für Wellnessfreunde hat man einen kleinen Wohlfühlbereich und das Frühstück braucht auch keinen Vergleich zu scheuen!

Rebenhof

Weinstr. 58 ✉ 76534 – ✆ (07223) 9 63 10 – www.hotel-rebenhof.de – (Eröffnung eines neuen Wellnessbereichs nach Redaktionsschluß)
35 Zim – †75/99 € ††98/200 € – ½ P
Rest *Rebenhof* – siehe Restaurantauswahl
In der 2. Generation führt Familie Ziegler dieses ruhig am Ortsrand gelegene Hotel im Rebland Baden-Badens und bietet neben Zimmern in neuzeitlichem Landhausstil auch größere moderne Zimmer im angeschlossenen Neubau. Fragen Sie nach einem Zimmer mit Balkon und genießen Sie die tolle Aussicht auf die Weinberge und die Rheinebene!

Röttele's Restaurant & Residenz im Schloss Neuweier mit Zim
Mauerbergstr. 21 ✉ 76534 Zim, Zim,
– ✆ (07223) 80 08 70 – www.armin-roettele.de – geschl. 17. Februar - 12. März und Montag - Dienstag, außer an Feiertagen
8 Zim – 105/110 € 140/155 € – 2 Suiten
Rest – (Tischbestellung ratsam) Menü 33 € (mittags)/102 € – Karte 46/91 €
Aus dem im 12. Jh. ursprünglich als Wasserburg erbauten Schloss ist ein gastfreundliches Refugium geworden. Sie erleben architektonisch eine Symbiose aus Modernem und Historischem sowie eine kulinarische Reise, die durch die Einflüsse des Mittelmeerraumes geprägt ist. Ansprechende Gästezimmer!
➜ Zweierlei von der Gänseleber. Glasierte Jacobsmuschel und Süßwassercrevetten auf Bärlauchpapardelle mit Pfifferlingen. Marktfrischer Fisch für 2 Personen auf 2 verschiedenen Arten serviert.

Zum Alde Gott

Weinstr. 10 ✉ 76534 – ✆ (07223) 55 13 – www.zum-alde-gott.de – geschl. Donnerstag - Freitagmittag
Rest – (Tischbestellung ratsam) Menü 35 € (mittags)/99 € – Karte 45/96 €
Das rustikal-elegante Restaurant ist schon ein Stück Gourmet-Tradition in Baden-Baden! Die Küche von Wilfried Serr steht für Geschmack und gute Produkte! Von der Terrasse blickt man auf die Weinberge.

Heiligenstein – Hotel Heiligenstein
Heiligensteinstr. 19a ✉ 76534 – ✆ (07223) 9 61 40 – www.hotel-heiligenstein.de – geschl. Donnerstag
Rest – Menü 30/54 € – Karte 33/51 €
Vom "Neuweirer Forellenfilet auf Bärlauchrisotto" bis zum "Kalbsrückensteak mit Morcheln und Spargel" reicht der zeitgemäße Mix aus Regionalem und Internationalem. Und dazu eine schöne Weinauswahl (über 400 Positionen) mit der ein oder anderen Rarität. Auch die Atmosphäre in dem schmucken Landgasthof stimmt: der Service freundlich und unkompliziert, das Ambiente modern, die Terrasse einladend.

Traube mit Zim

Mauerbergstr. 107 ✉ 76534 – ✆ (07223) 9 68 20 – www.traube-neuweier.de
18 Zim – 85/115 € 125/139 € – ½ P
Rest – Menü 26 € – Karte 29/57 €
Das Baden-Badener Rebland ist bekannt für seine gute Küche, und die bekommt man seit Jahren auch in der Traube. Sehr zu empfehlen das preiswerte "Ländliche Menü" mit Gerichten wie Sauerbraten, Rinderroulade, Apfelküchle... Am besten bleiben Sie gleich über Nacht, die Zimmer sind wirklich wohnlich!

Rebenhof – Hotel Rebenhof

Weinstr. 58 ✉ 76534 – ✆ (07223) 9 63 10 – www.hotel-rebenhof.de – geschl. Sonntag
Rest – Menü 20/30 € – Karte 28/41 €
Bei einem faszinierenden Blick durch die großen Panoramafenster auf die Rheinebene lässt man sich in dem hellen, freundlichen Restaurant klassisch-internationale Speisen wie "Kalbsnierle in Cognacrahmsauce" schmecken - und dazu Weine aus den umliegenden Weingütern. Ebenso schön die großzügige Terrasse, von der man wunderbar den Sonnenuntergang beobachten kann.

Preiswert und komfortabel übernachten? Folgen Sie dem Bib Hotel.

BADENWEILER – **Baden-Württemberg** – **545** – **3 980 Ew** – **Höhe 425 m** – **Heilbad** **61** D21

Berlin 834 – Stuttgart 242 – Freiburg im Breisgau 36 – Basel 45
Ernst-Eisenlohr-Str. 4, ✉ 79410, ✆ (07632) 79 93 00, www.badenweiler.de
Kurpark★★ · Burgruine (<)★

Schwarzmatt

Schwarzmattstr. 6a ✉ 79410 – ✆ (07632) 8 20 10 – www.schwarzmatt.de
33 Zim ☕ – †135/155 € ††190/320 € – 5 Suiten – ½ P
Rest *Schwarzmatt* – siehe Restaurantauswahl
Besser umsorgt könnte man sich kaum fühlen als in diesem Ferienhotel "de luxe", denn bei Familie Mast erlebt man die geborenen Gastgeber - angefangen beim feinen, eleganten Landhausstil über das tolle Frühstück und die erstklassige Halbpension hin zum hochwertigen Wellnessangebot. Und all das in einer der schönsten Gegenden Deutschlands!

Zur Sonne

Moltkestr. 4 ✉ 79410 – ✆ (07632) 7 50 80 – www.zur-sonne.de
33 Zim ☕ – †77/120 € ††112/150 € – 3 Suiten – ½ P
Rest *Zur Sonne* – siehe Restaurantauswahl
Rest *La Cantinella* – ✆ (07632) 75 08 75 *(geschl. Montag - Dienstag) (nur Abendessen)* Menü 35 € – Karte 24/37 €
Das hübsche Fachwerkhaus der herzlichen Gastgeberfamilie liegt zentral und doch ruhig. Zimmer teils zum Garten oder zum Innenhof, einige mit Balkon. Charmant sind Halle und Frühstücksraum, rustikal-italienisch La Cantinella.

Anna

Rest,

Oberer Kirchweg 2 ✉ 79410 – ✆ (07632) 79 70 – www.hotel-anna.de – geschl. Mitte November - Mitte Februar
36 Zim ☕ – †61/81 € ††128/152 € – ½ P
Rest – *(nur Abendessen für Hausgäste)* Menü 20 €
Ein tipptopp gepflegter Familienbetrieb, seit 1929. Damit Sie die ruhige Hanglage in vollen Zügen genießen können, haben viele der Zimmer eine schöne Aussicht und einen Balkon. Aber auch vom Thermalhallenbad schaut man durch große Fenster nach draußen und hat direkten Zugang zur Panorama-Liegeterrasse! Kosmetik und Massage gehören ebenfalls zum Angebot.

Am Park

Rest,

Römerstr. 8 ✉ 79410 – ✆ (07632) 75 80 – www.hotel-am-park.biz – geschl. 4. Januar - 1. März, 10. November - 20. Dezember
35 Zim ☕ – †69/84 € ††132/138 € – ½ P
Rest – *(nur für Hausgäste)* Menü 25 € – Karte 25/31 €
Das familiär geleitete Hotel liegt ruhig am Kurpark und bietet wohnliche, zeitgemäße Zimmer. Im Haus sind Bilder und Keramiken ausgestellt, darunter auch Exponate des Chefs.

Schnepple

Rest,

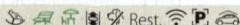

Hebelweg 15 ✉ 79410 – ✆ (07632) 8 28 30 – www.hotel-schnepple.de
18 Zim ☕ – †45/52 € ††84/104 € – ½ P
Rest – *(nur Abendessen für Hausgäste)* Menü 16 €
Ein wohnlich eingerichteter kleiner Familienbetrieb in ruhiger Lage. Gemütlich sitzt man in der Kamin-Lobby, bei gutem Wetter lockt der wunderschön angelegte Garten.

Zur Sonne – Hotel Zur Sonne

Moltkestr. 4 ✉ 79410 – ✆ (07632) 7 50 80 – www.zur-sonne.de – geschl. Mittwoch
Rest – Menü 24 € (mittags)/90 € – Karte 34/61 €
Dass man hier gut isst, weiß man im ganzen Ort! Außerdem macht sich die Leidenschaft von Gastgeberfamilie Esposito zu ihrem Beruf überall bemerkbar. An warmen Tagen können Sie draußen unter Zitronenbäumchen sitzen!

Schwarzmatt – Hotel Schwarzmatt

Schwarzmattstr. 6a ✉ 79410 – ✆ (07632) 8 20 10 – www.schwarzmatt.de
Rest – Menü 39/72 € – Karte 32/69 €
In der Schwarzmatt-Küche hat Oliver Mewes das Zepter übernommen, was den Gästen schmackhafte klassische Speisen mit Niveau beschert. Wie alles im Hause Mast ist auch das Restaurant stimmig mit hübschen Stoffen, wohnlichen Farben und reichlich dekorativen Accessoires ausstaffiert. Wer im Garten speist, sieht sich umgeben von einer herrlichen Blütenpracht! Und weil Großmütter einfach die besten Kuchen und Torten machen, werden sie hier zum Nachmittagskaffee nach altem Rezept von Hermine Bareiss hergestellt - wahrlich ein Gedicht!

BAIERSBRONN - Baden-Württemberg - 545 - 15 350 Ew 54 E19
- Höhe 584 m - Wintersport: 1 100 m 8 - Luftkurort und Kneippkurort

Berlin 720 - Stuttgart 100 - Karlsruhe 70 - Freudenstadt 7

Rosenplatz 3, ✉ 72270, ✆ (07442) 8 41 40, www.baiersbronn.de

Stadtplan auf der nächsten Seite

Rosengarten Zim,

Bildstöckleweg 35 ✉ 72270 - ✆ (07442) 8 43 40 - www.rosengarten-baiersbronn.de - geschl. 6. - 15. Januar, 9. November - 18. Dezember B3**a**

27 Zim - 59/61 € 96/126 € - ½ P

Rest - *(geschl. Mittwoch - Donnerstagmittag)* Menü 25/50 € - Karte 15/43 €

Eine tipptopp gepflegte Adresse, die freundlich und familiär geleitet wird. Hier wohnt man in zeitgemäßen Zimmern und genießt ein leckeres Frühstück. Sehr gemütlich: "Träumerei"-Zimmer. Naturmaterialien wie Holz und Stein bestimmen das Ambiente im Restaurant.

In Baiersbronn-Tonbach Nord: 2 km

Traube Tonbach

Tonbachstr. 237 ✉ 72270 - ✆ (07442) 49 20 - www.traube-tonbach.de

138 Zim - 159/279 € 239/289 € - 15 Suiten - ½ P B2**n**

Rest *Schwarzwaldstube* **Rest *Bauernstube*** **Rest *Köhlerstube*** **Rest *Blockhütte*** - siehe Restaurantauswahl

Familie Finkbeiner ist unermüdlich dabei, ihre "Traube" zu verjüngen und zu verschönern (z. B. mit den edlen, topmodern designten Appartements im Haus Kohlwald!), und dabei lässt man weder den exzellenten Service samt toller Kinderbetreuung außer Acht noch den erstklassigen Spa mit ausgewählten Beautybehandlungen, Meerwasser-Außenpool, Panoramasauna... Hausgäste verwöhnt man im Restaurant Silberberg.

Tanne

Tonbachstr. 243 ✉ 72270 - ✆ (07442) 83 30 - www.hotel-tanne.de

45 Zim - 65/85 € 130/180 € - 2 Suiten - ½ P B2**v**

Rest - *(geschl. Montagmittag)* Menü 24/38 € - Karte 19/40 €

Schonmal in einer Baumhaussauna gewesen? Sie ist die Krönung des "Schwarzwald-Erlebnispfades"! Inzwischen ist es die 5. Generation der Familie Möhrle, die Ihnen solche Besonderheiten bietet. Schauen Sie sich auch die originelle Hotelbar an! Das Restaurant gibt es als traditionelle Stube oder als Wintergarten.

Schwarzwaldstube - Hotel Traube Tonbach

Tonbachstr. 237 ✉ 72270 - ✆ (07442) 49 20 - www.traube-tonbach.de - geschl. 13. Januar - 2. Februar, 4. - 28. August und Montag - Mittwochmittag

Rest - (Tischbestellung erforderlich) Menü 135 € (vegetarisch)/198 € - Karte 115/168 € B2**u**

Die Schwarzwaldstube und Harald Wohlfahrt... zwei Namen, die einfach zusammengehören! Seit Jahrzehnten (1978 war er hier Souschef, seit 1980 ist er Küchenchef) bietet er mit ungebrochenem Eifer eine der besten Küchen Deutschlands - stets klassisch orientiert, aber immer wieder aktualisiert. Der beispielhafte Service samt "wandelndem Weinlexikon" Stéphane Gass garantiert eine perfekte Präsentation.

➜ Carpaccio von wilder Gamba, kleines Meeresfrüchtecroustillant, Tobiko, Gurkengelee und Affilakresse. Pochierte Felsenaustern Fines de claire auf Sojagelee mit geschäumtem Austernwasser. Rondelle vom bretonischen Hummer auf Korailrisotto und Krustentierglace.

Köhlerstube - Hotel Traube Tonbach

Tonbachstr. 237 ✉ 72270 - ✆ (07442) 49 20 - www.traube-tonbach.de - geschl. Donnerstag B2**u**

Rest - Menü 66/86 € - Karte 46/83 €

In dem rustikal-eleganten Restaurant mit gemütlichen Nischen kocht man zeitgemäß-klassisch sowie mit Bezug zur Region. Einen besonders schönen Blick ins Tal bietet die Terrasse.

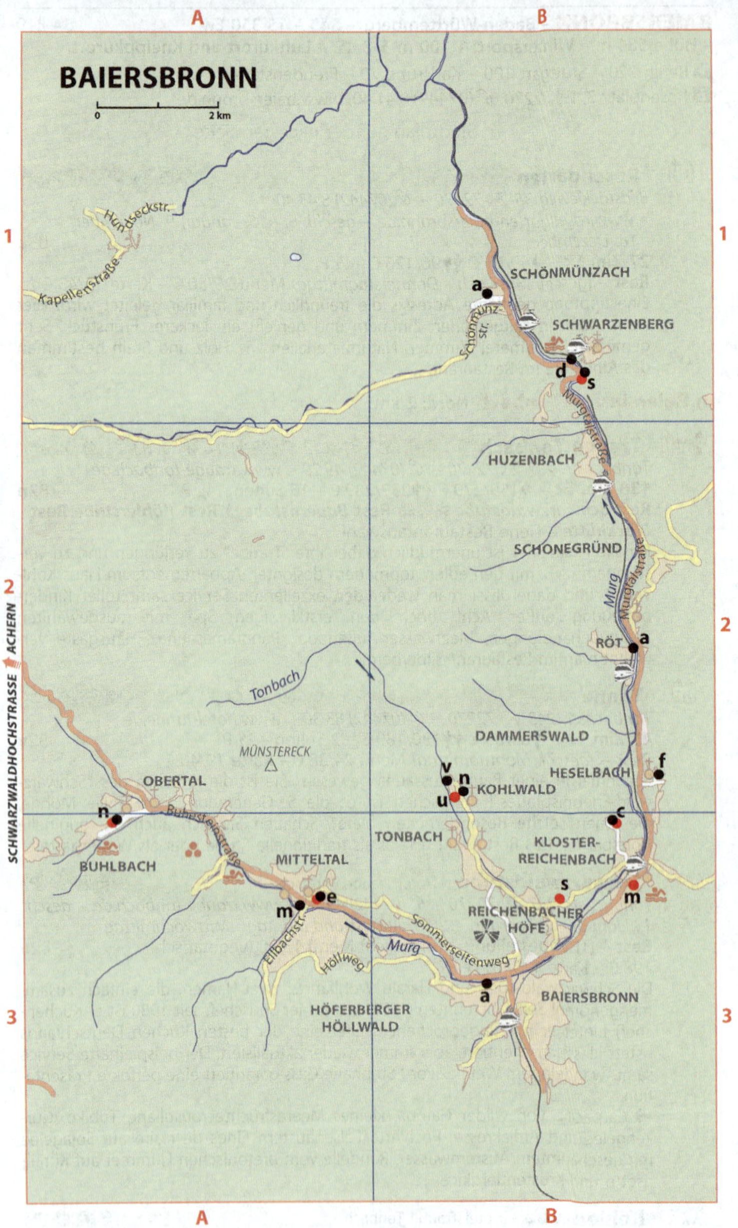
BAIERSBRONN
0
2 km
A
B
1
2
3
Hundseckstr.
Kapellenstraße
Schönmünzstr.
SCHÖNMÜNZACH
SCHWARZENBERG
Murgtalstraße
HUZENBACH
SCHONEGRÜND
Murg
RÖT
DAMMERSWALD
HESELBACH
KOHLWALD
TONBACH
KLOSTER-
REICHENBACH
Tonbach
MÜNSTERECK
OBERTAL
Buhlbach
BUHLBACH
Buhlbachstraße
MITTELTAL
Ellbachstr.
Höllweg
Sommerseitenweg
REICHENBACHER HÖFE
BAIERSBRONN
HÖFERBERGER HÖLLWALD
SCHWARZWALDHOCHSTRASSE
ACHERN

Bauernstube – Hotel Traube Tonbach
Tonbachstr. 237 ✉ 72270 – ✆ (07442) 49 20 – www.traube-tonbach.de
Rest – (Tischbestellung ratsam) Menü 29 € – Karte 32/43 € B2**u**
Hier hat alles angefangen... Diese gemütliche Stube ist sozusagen die Keimzelle der Traube Tonbach! Man kocht regional und das richtig gut - oder was sagen Sie zu "Linsen mit Saitenwürschtle" oder zu den Schmorgerichten?

Blockhütte – Hotel Traube Tonbach
Tonbachstr. 237 (Oberhalb des Hotels im Wald gelegen, nur zu Fuß erreichbar) ✉ 72270 – ✆ (07442) 49 20 – www.traube-tonbach.de
Rest – *(bis 18.00 Uhr geöffnet)* Karte 18/34 €
So stellt man sich eine Blockhütte vor: einsam im Wald gelegen und einfach behaglich! Da braucht es nicht mehr als kleine Gerichte, Vesper und eine schöne Kuchenauswahl!

Seidtenhof
Reichenbacher Weg 46 ✉ 72270 – ✆ (07442) 12 08 95 – www.seidtenhof.de – geschl. November 2 Wochen und Mittwoch B3**s**
Rest – Karte 10/23 €
Hier wird nach Hausfrauen-Manier gekocht... frisch, solide und mit Geschmack. Daher wird der schöne Bauernhof mit seiner gemütlichen Stube und der herrlichen Terrasse gerne für ein Vesper oder hausgemachten Kuchen angesteuert! Tipp: Am Wochenende gibt's auch Schmorgerichte vom eigenen Vieh!

Im Murgtal, Richtung Forbach

In Baiersbronn-Klosterreichenbach Nord-Ost: 3 km

Ailwaldhof (mit Gästehaus)
Ailwald 3 ✉ 72270 – ✆ (07442) 83 60 – www.ailwaldhof.de – geschl. Mitte November - Mitte Dezember B3**c**
21 Zim – †75/98 € ††150/180 € – 5 Suiten – ½ P
Rest ***Jakob-Friedrich*** – siehe Restaurantauswahl
Schön ist die ruhige Lage dieses Hauses am Waldrand, umgeben von einem großen Garten. Die meisten der wohnlich-eleganten Zimmer bieten Talblick. Beauty und Massage.

Heselbacher Hof Rest,
Heselbacher Weg 72 ✉ 72270 – ✆ (07442) 83 80 – www.heselbacher-hof.de – geschl. November B2**f**
40 Zim – †83 € ††139/173 € – ½ P
Rest – *(geschl. Montag)* Menü 22 € (mittags) – Karte 27/42 €
Das gewachsene Ferienhotel liegt etwas oberhalb des Ortes. Neben individuellen, teils besonders geräumigen Zimmern bietet man einen Sauna-, Ruhe- und Liegebereich auf 1500 qm. Regionale Küche im freundlichen Restaurant oder auf der schönen Sonnenterrasse.

Meierei im Waldknechtshof mit Zim Rest,
Baiersbronner Str. 4 ✉ 72270 – ✆ (07442) 8 48 40 – www.waldknechtshof.de – geschl. Dienstag - Mittwoch B3**m**
6 Zim – †90/135 € ††120/165 € – 6 Suiten – ½ P
Rest ***Hofscheuer*** – siehe Restaurantauswahl
Rest – *(Montag - Samstag nur Abendessen)* Menü 30/79 € – Karte 33/62 €
Schön gemütlich ist es in dem Gutshof von 1769, dafür sorgen Gebälk, Natursteinwände und hübscher Zierrat. Wer nicht nur die regionale Küche probieren möchte, kann auch übernachten: Die Zimmer und Appartements sind geräumig und haben Flair!

Jakob-Friedrich – Hotel Ailwaldhof (mit Gästehaus)
Ailwald 3 ✉ 72270 – ✆ (07442) 83 62 15 – www.ailwaldhof.de – geschl. Anfang November - Mitte Dezember B3**c**
Rest – Menü 24 € (mittags unter der Woche)/78 € – Karte 24/75 €
Ein ansprechendes Restaurant, in Blau und Gelb gehalten - ein Farbduett, das Leichtigkeit ausstrahlt. Im gut sortierten Weinkeller ist bestimmt auch ein besonderer Tropfen für Sie dabei!

Hofscheuer – Restaurant Meierei im Waldknechtshof
Baiersbronner Str. 4 ✉ 72270 – ✆ (07442) 8 48 40
– www.waldknechtshof.de B3**m**
Rest – Menü 30 € – Karte 16/39 €
Appetit auf was Bodenständiges? Mit Zwiebelrostbraten und Rahmschnitzel oder auch Flammkuchen und Vesperteller (ideal für Wanderer) ist das Angebot etwas rustikaler als in der Meierei.

In Baiersbronn-Röt Nord-Ost: 7 km

Sonne
Murgtalstr. 323 (B 462) ✉ 72270 – ✆ (07442) 18 01 50 – www.sonne-roet.de
– geschl. 12. November - 17. Dezember B2**a**
17 Zim – 77/85 € 148/158 € – 10 Suiten – ½ P
Rest – Menü 17 € (mittags)/38 € – Karte 17/37 €
Der engagiert geführte Familienbetrieb ist eine wohnliche Adresse mit zeitgemäßem Saunabereich, Liegeterrasse, Kosmetik und Massage sowie schönem, zur Murg hin gelegenem Garten. Mit viel hellem Holz hat man das Restaurant behaglich gestaltet.

In Baiersbronn-Schwarzenberg Nord: 13 km

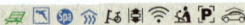

Sackmann

Murgtalstr. 602, (B 462) ✉ 72270 – ✆ (07447) 28 90
– www.hotel-sackmann.de B1**s**
65 Zim – 72/116 € 148/224 € – ½ P
Rest *Schlossberg* ✿✿ **Rest *Anita Stube*** – siehe Restaurantauswahl
Familie Sackmann bietet hier komfortable Zimmer, teils zur Murg, sowie einen wertigen und modernen Spa um die Themen Holz, Licht, Aromen und Kräuter. Spa Suite und Panoramaterrasse.

Müllers Löwen

Murgtalstr. 604 (B 462) ✉ 72270 – ✆ (07447) 93 20
– www.loewen-schwarzenberg.de B1**d**
22 Zim – 50/60 € 95/120 € – 1 Suite – ½ P
Rest *Panoramastüble* – siehe Restaurantauswahl
Rest – Menü 18/47 € – Karte 24/38 €
Die Müllers haben das passende Hotel für Ihren Wanderurlaub: schön familiär und wohnlich - wie wär's z. B. mit einem Zimmer zur Murg? Und wenn Sie nach einem aktiven Tag entspannen möchten: Unterm Dach gibt es eine Sauna.

✿✿ **Schlossberg** (Jörg Sackmann) – Hotel Sackmann
Murgtalstr. 602, (B 462) ✉ 72270 – ✆ (07447) 28 90
– www.hotel-sackmann.de – geschl. 15. - 26. Januar, 23. Juli - 10. August und Montag - Dienstag B1**s**
Rest – *(nur Abendessen)* (Tischbestellung ratsam) Menü 98/152 €
– Karte 96/122 €
Schon seit vielen Jahren ist Jörg Sackmann einer der "Großen" im Süden des Landes. Er bietet hier eine moderne und kreative Küche auf klassischer Basis, sehr finessen- und aromenreich und immer auf das erstklassige Grundprodukt bezogen. Lassen Sie sich in seinem kleinen Abendrestaurant auch mit den entsprechenden Weinen verwöhnen.
→ Flusskrebse mit Sternanis-Butter, Praline von Saiblingskaviar, Karotten-Relish. Wolfsbarsch confiert mit Zitrusfrüchten, Vongole Verrace, grüner Rettich, Daikon-Marinade. Rebhuhn mit Trüffel, Milchhaut, Blutwurst, rosa Rübchen, Älbler Leisa.

Anita Stube – Hotel Sackmann
Murgtalstr. 602, (B 462) ✉ 72270 – ✆ (07447) 28 90
– www.hotel-sackmann.de B1**s**
Rest – Menü 19 € (mittags)/68 € – Karte 35/57 €
Schweres dunkelbraunes Holz, gepolsterte Bänke mit weichen Kissen und ein freundlicher Service verbreiten Schwarzwälder Charme. Geboten werden passend dazu natürlich regionale Spezialitäten.

Panoramastüble – Hotel Müllers Löwen

Murgtalstr. 604 (Oberhalb des Ortes, nur zu Fuß erreichbar) ✉ 72270 – ✆ (07447) 93 20 – *www.loewen-schwarzenberg.de*

Rest – *(bis 18 Uhr geöffnet)* Karte 16/26 €

Für alle, die gern mal richtig rustikal einkehren, hat Familie Müller oberhalb des Ortes diese urige Holzhütte. Im Winter lockt der Kamin, im Sommer die Terrasse, dazu Vesper und kleine regionale Gerichte. Ein schönes Wanderziel, Panoramasicht inklusive!

In Baiersbronn-Schönmünzach Nord: 14,5 km – Kneippkurort

Sonnenhof Rest,

Schifferstr. 36 ✉ 72270 – ✆ (07447) 93 00 – *www.hotel-sonnenhof.de*

40 Zim – 63/76 € 130/160 € – ½ P **Rest** – Karte 23/39 € B1**a**

Gastgeberin Annette Heide hat in dem kleinen Ort in einem schmalen Seitental ein tipptopp gepflegtes Hotel - es liegt recht ruhig, vor dem Haus fließt die Schönmünz, auf die Sie von einigen Zimmern blicken. Fragen Sie nach den neueren "Superior", buchen Sie Massagen oder Kosmetikangebote und treffen Sie sich in der hübschen modernen Bar auf einen Drink!

In Baiersbronn-Hinterlangenbach West: 10,5 km ab Schönmünzach B1

Forsthaus Auerhahn (mit Gästehaus)

Hinterlangenbach 108 ✉ 72270 – ✆ (07447) 93 40 – *www.forsthaus-auerhahn.de – geschl. Ende November - Mitte Dezember (Erweiterung um 15 Zimmer bis Frühjahr 2014)*

20 Zim – 65/115 € 130/190 € – 10 Suiten – ½ P

Rest *Forsthaus Auerhahn* – siehe Restaurantauswahl

In idyllischer Lage am Talende leitet Familie Zepf persönlich und engagiert dieses ansprechende Traditionshaus, das Ruhe und Erholung verspricht. Schöner Spa und wohnliche Zimmer, ein ausgezeichnetes Frühstück und aufmerksamer Service.

Forsthaus Auerhahn – Hotel Forsthaus Auerhahn

Hinterlangenbach 108 ✉ 72270 – ✆ (07447) 93 40 – *www.forsthaus-auerhahn.de – geschl. Ende November - Mitte Dezember und Dienstag; Mai - Oktober: Dienstagabend*

Rest – Menü 25 € (mittags)/40 € – Karte 19/47 €

Ganz am Ende eines langen romantischen Tals, völlig allein mitten im Wald finden Sie diesen heimeligen Ort der Gastlichkeit! Alles passt zur perfekten Schwarzwaldkulisse: holzvertäfelte Wände, Kachelofen... und das leckere Essen (z. B. Wild)!

Im Murgtal, Richtung Schwarzwaldhochstraße

In Baiersbronn-Mitteltal West: 4 km

Bareiss

Gärtenbühlweg 14 ✉ 72270 – ✆ (07442) 4 70 – *www.bareiss.com* A3**e**

89 Zim – 209/284 € 338/630 € – 10 Suiten – ½ P

Rest *Restaurant Bareiss* ✿✿✿ **Rest *Dorfstuben*** **Rest *Kaminstube* Rest *Sattelei*** – siehe Restaurantauswahl

Unter den Ferienhotels ist das Anwesen der Familie Bareiss eines der führenden Häuser im Land. Was man hier auf 10 000 qm findet, ist ausnahmslos exklusiv, und das nicht nur in Sachen Wohnkomfort, auch das umfassende Spa- und Freizeitangebot ist kaum zu toppen (ein Ort der Erholung ist z. B. der wunderbare Park und für Kinder gibt's u. a. ein Baumhaus und ein Spielhaus) und der exzellente Service in allen Bereichen macht das äußerst attraktive Bild komplett!

Lamm

Ellbachstr. 4 ✉ 72270 – ✆ (07442) 49 80 – *www.lamm-mitteltal.de* A3**m**

46 Zim – 45/95 € 120/182 € – ½ P

Rest – Menü 22 € (mittags)/50 € – Karte 21/41 €

Ein gewachsenes Ferienhotel unter familiärer Leitung. Zum Spa auf 1500 qm gehört ein kleines "Schwarzwald-Wellnessdorf" mit vier Blockhäusern aus heimischem Holz. Gemütlich-ländlich ist das Ambiente im Restaurant.

Restaurant Bareiss

Gärtenbühlweg 14 ✉ 72270 – ✆ (07442) 4 70 – www.bareiss.com – geschl. 16. Februar - 14. März, 27. Juli - 29. August und Montag - Dienstag A3e

Rest – (Tischbestellung erforderlich) Menü 128 € (mittags)/198 € – Karte 129/202 €

Claus-Peter Lumpp ist einer der ganz exakten und eher filigranen Küchenchefs und unter seiner Federführung gehört das elegante Restaurant zu den absoluten Top-Adressen. Und der Rahmen steht der klassischen Küche in nichts nach, denn Restaurantleiter Thomas Brandt und Sommelier Jürgen Fendt wissen nur zu gut um die Bedeutung eines niveauvollen Service!

➜ Langostinen und Imperial Kaviar. Rehrücken aus der Bareiss Jagd. Edition Schokolade 2014.

Kaminstube – Hotel Bareiss

Gärtenbühlweg 14 ✉ 72270 – ✆ (07442) 4 70 – www.bareiss.com A3e

Rest – *(Montag - Freitag nur Abendessen)* Menü 57/72 € – Karte 43/66 €

Was bei einem Haus wie diesem zählt, ist vor allem Qualität. Dieser Anspruch reicht bis ins kleinste Detail. Vom Essen (z. B. saisonales "Kaminstubenmenü") bis zu edlen Textilien in traditioneller Art (Damast).

Dorfstuben – Hotel Bareiss

Gärtenbühlweg 14 ✉ 72270 – ✆ (07442) 4 70 – www.bareiss.com A3e

Rest – (Tischbestellung ratsam) Karte 32/48 €

Die Uhren-Stube und die Förster-Jakob-Stube... das sind liebenswerte Bauernstuben a. d. 19. Jh., die charmanter kaum sein könnten. Hier schmecken regionale Gerichte wie "Gefüllte Kalbsbrust mit Kartoffelsalat", bei denen auch die Preise stimmen! Kein Wunder, dass man immer gut besucht ist!

Sattelei – Hotel Bareiss

Gärtenbühlweg 14 (Oberhalb des Hotels am Waldrand gelegen, nur zu Fuß erreichbar) ✉ 72270 – ✆ (07442) 4 70 – www.bareiss.com

Rest – *(Montag - Samstag bis 17 Uhr geöffnet)* Karte 18/22 €

Die Bareiss'sche Restaurantvielfalt bietet nun wirklich für jeden das Passende! Und mit dieser gemütlichen Wanderhütte im Grünen ist sogar etwas ganz Uriges dabei! Vom Hotel aus führen ein kleinerer und ein größerer Spazierweg hierher.

In Baiersbronn-Obertal Nord-West: 7 km – Heilklimatischer Kurort

Engel Obertal

Rest, Rest,

Rechtmurgstr. 28 ✉ 72270 – ✆ (07449) 8 50 – www.engel-obertal.de A3n

69 Zim – †115/190 € ††220/338 € – 10 Suiten – ½ P

Rest *Andrea-Stube* – siehe Restaurantauswahl

Rest – Menü 37/49 € – Karte 29/46 €

Das Engagement der Familie Möhrle ist ungebrochen, wie man an der stetigen Erweiterung des Ferienhotels sieht: So freuen sich die Gäste nun über eine gewachsene "Wolke 7" mit neuen Ruhezonen und Vital-Center - das bedeutet Spa-Vergnügen auf rund 5000 qm! In verschiedenen hübsch dekorierten Restauranträumen umsorgt man Sie freundlich und geschult.

Andrea-Stube – Hotel Engel Obertal

Rechtmurgstr. 28 ✉ 72270 – ✆ (07449) 8 50 – www.engel-obertal.de – geschl. 18. Dezember - 9. Januar, 30. Juli - 21. August und Mittwoch - Donnerstag A3n

Rest – *(nur Abendessen)* (Tischbestellung ratsam) Menü 68/145 € – Karte 60/80 €

In Form zweier Menüs präsentiert Küchenchef Peter Müller die zeitgemäß-klassische Küche der eleganten Andrea-Stube. Herzlich und souverän lässt es der Service auch nicht an trefflichen Weinempfehlungen fehlen - groß die Auswahl an deutschen Weinen.

An der Schwarzwaldhochstraße Nord-West: 18 km, Richtung Achern, ab B 500 Richtung Freudenstadt

Schliffkopf
Rest,

Schwarzwaldhochstr. 1 ✉ 72270 Baiersbronn – ✆ (07449) 92 00 – www.schliffkopf.de
62 Zim – 136/158 € 210/276 € – 8 Suiten – ½ P
Rest – Menü 24/39 € – Karte 31/56 €
Eine freie Bergkuppe in 1025 m Höhe... Ahnen Sie schon, wie wunderbar die Aussicht von hier oben ist? Wenn Sie noch etwas anderes tun möchten, als Ihren Blick über die Landschaft schweifen zu lassen, lockt der "Berg Spa" mit Beauty und Fitness. Wer lieber ganz privat relaxt, bucht eine Wellness-Juniorsuite mit Dampfdusche und Whirlwanne!

BALDUINSTEIN – Rheinland-Pfalz – 543 – 570 Ew – Höhe 160 m 37 E14

Berlin 557 – Mainz 69 – Koblenz 54 – Limburg an der Lahn 10

Landhotel Zum Bären

Bahnhofstr. 24 ✉ 65558 – ✆ (06432) 80 07 80 – www.landhotel-zum-baeren.de – geschl. 13. Januar - 6. Februar
10 Zim – 84/89 € 158/198 €
Rest *Bibliothek* **Rest *Am Kachelofen*** – siehe Restaurantauswahl
Es ist nicht nur die engagierte und herzliche Familie Buggle (die 9. Generation!) samt Team, die dieses Traditionshaus ausmacht, sondern auch die geradezu idyllische Lage und die wunderbare wohnlich-elegante Einrichtung!

Bibliothek (Joachim Buggle) – Landhotel Zum Bären

Bahnhofstr. 24 ✉ 65558 – ✆ (06432) 80 07 80 – www.landhotel-zum-baeren.de – geschl. 13. Januar - 6. Februar und Montag - Dienstag, Sonntagmittag, Feiertage mittags
Rest – (Tischbestellung ratsam) Menü 92/118 € – Karte 82/95 €
So stilvoll und gleichermaßen gemütlich, wie man sich eine Bibliothek in einem klassisch-historischen Gebäuden wie diesem vorstellt: schöne Holztäfelung, dekorative Bücherregale, elegant eingedeckte Tische... Während Junior Joachim Buggle die Küche des Familienbetriebs leitet (hier kocht er für Sie ein Fischmenü, ein jahreszeitliches Menü oder à la carte), unterstreicht seine Frau im Service geschult und charmant die angenehme Atmosphäre. Haben Sie auch die bezaubernde Terrasse gesehen?
→ Variation von der Gänseleber mit Balsamessig, Himbeeren und Ziegenkäsecreme. Rochenflügel mit Radicchio-Marmelade, Kaiserschoten und weißem Zwiebelfond. Mit Entenleber gefülltes Taubenkotelette, Orangen-Chicorée und Kartoffel-Törtchen.

Am Kachelofen – Landhotel Zum Bären

Bahnhofstr. 24 ✉ 65558 – ✆ (06432) 80 07 80 – www.landhotel-zum-baeren.de – geschl. 13. Januar - 6. Februar und Dienstag
Rest – Karte 35/44 €
Das ist die etwas ländlichere Alternative zum Gourmetrestaurant. Charmant und behaglich ist es hier mit dem schönen Kachelofen (dieser war natürlich namengebend), all dem warmen Holz an Decke, Boden und Wänden und der liebenswerten Bären-Deko! Die saisonal-regionale Küche hat z. B. schmackhafte Rindsrouladen zu bieten!

BALLENSTEDT – Sachsen-Anhalt – 542 – 7 770 Ew – Höhe 225 m 30 L10

Berlin 220 – Magdeburg 66 – Halle 71 – Nordhausen 58
Anhaltiner Platz 11, ✉ 06493, ✆ (039483) 2 63, www.ballenstedt-information.de
Meisdorf, Petersberger Trift 33, ✆ (034743) 9 84 50

Van der Valk Schlosshotel Großer Gasthof

Schlossplatz 1 ✉ 06493 – ✆ (039483) 5 10 – www.vandervalk.de Rest,

46 Zim – 89/109 € 109/149 € – 3 Suiten – ½ P

Rest – Menü 22/49 € (abends) – Karte 24/42 €

Der schöne klassische Bau ist Teil der Schlossanlage - vis-à-vis das historische Theater. Geschäftsreisende schätzen das Hotel ebenso wie Wellnessgäste. Komfortabler wohnt man in der "Business Class". Zum Restaurant und dem Pavillon gehört eine Terrasse zum Schlossplatz.

BALTRUM (INSEL) Niedersachsen – 541 – 520 Ew – Insel der Ostfriesischen Inselgruppe – Nordseeheilbad

7 D4

Berlin 536 – Hannover 269 – Emden 50 – Norden 17

Autos nicht zugelassen

von Neßmersiel (ca. 30 min.), ✆ (04939) 9 13 00

Haus Nr. 130, ✉ 26579, ✆ (04939) 8 00, www.baltrum.de

Strandhof

Zim,

Nr. 123 ✉ 26579 – ✆ (04939) 8 90 – www.strandhofbaltrum.de – geschl. Oktober - April

27 Zim – 55/90 € 110/140 € – 3 Suiten – ½ P

Rest – *(geschl. Mittwoch) (nur Abendessen)* Menü 18/35 € – Karte 20/49 €

Die strandnahe Lage inmitten von Dünen sowie neuzeitliche und funktionelle Zimmer, teilweise mit großem Balkon, machen das Haus zu einer interessanten Urlaubsadresse. Zeitgemäßes Hotelrestaurant mit bürgerlicher und internationaler Küche.

Dünenschlößchen

Zim,

Ostdorf 48 ✉ 26579 – ✆ (04939) 9 12 30 – www.duenenschloesschen.de – geschl. 28. Oktober - 10. April

35 Zim – 68/78 € 130/150 € – ½ P

Rest – *(geschl. Montag) (nur Abendessen für Hausgäste)*

Idyllisch liegt das Ferienhotel auf der Südseite der Insel mit Blick auf den Nationalpark Wattenmeer und die Küste. Nett sind die familiäre Atmosphäre und die praktischen Zimmer.

BALVE – Nordrhein-Westfalen – 543 – 11 810 Ew – Höhe 250 m

27 E11

Berlin 510 – Düsseldorf 101 – Arnsberg 20 – Hagen 38

In Balve-Eisborn Nord: 9 km, Richtung Menden, hinter Binolen rechts

Antoniushütte (mit Gästehaus)

Eisborner Dorfstr. 10 ✉ 58802 – ✆ (02379) 91 50 – www.hotel-antoniushuette.de

45 Zim – 65/189 € 110/218 € – 4 Suiten

Rest – Menü 23/65 € – Karte 26/58 €

Hier bietet man sehr unterschiedliche, teilweise als Maisonetten angelegte Gästezimmer vom schlichteren Landhauszimmer bis zum schicken Designerzimmer. Das geradlinig gehaltene Restaurant wird durch die modern-rustikale Bauernstube ergänzt.

BAMBERG – Bayern – 546 – 70 090 Ew – Höhe 262 m

50 K15

Berlin 406 – München 232 – Coburg 53 – Nürnberg 61

ADAC Schützenstr. 4a (Parkhaus) B2

Geyerswörthstr. 5 B2, ✉ 96047, ✆ (0951) 2 97 62 00, www.bamberg.info

Breitengüßbach, Gut Leimershof 5, ✆ (09547) 71 09

Bamberg, Äußere Zollnerstraße, ✆ (0951) 9 68 43 31

Lage★★ · Kaiserdom★★ (Bamberger Reiter★★★ · St.-Heinrichs-Grab★★★) · Alte Hofhaltung (Innenhof★★) · Neue Residenz (Rosengarten ≤★) A2 · Altes Rathaus★ B2

Schloss Pommersfelden★, Süd: 21 km

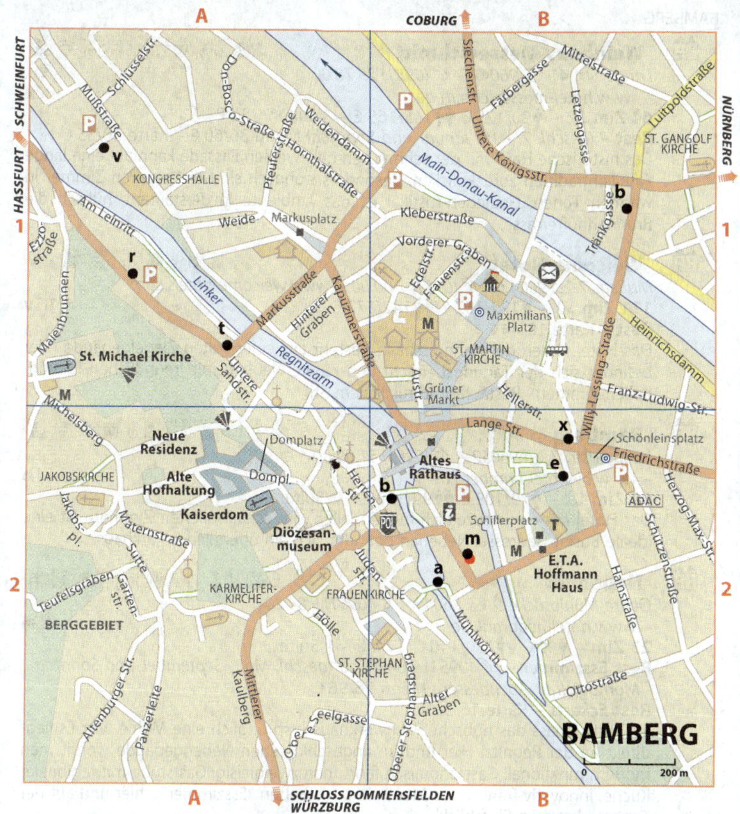

Welcome Hotel Residenzschloss

Untere Sandstr. 32 ✉ 96049 – ✆ (0951) 6 09 10 – www.welcome-hotels.com
180 Zim – 152/192 € 182/222 € – 4 Suiten — A1**r**
Rest – Karte 33/56 €
Ein ansprechendes historisches Anwesen nahe der Staatsphilharmonie, das modern erweitert wurde. Schöne hohe Decken im klassisch-elegant gehaltenen Altbau. Fürstbischof von Erthal heißt das gediegene A-la-carte-Restaurant.

Bamberger Hof - Bellevue garni

Schönleinsplatz 4 ✉ 96047 – ✆ (0951) 9 85 50 – www.bambergerhof.de
38 Zim – 85/115 € 120/165 € – 12 Suiten — B2**e**
Das Highlight unter den individuellen Zimmern ist die Dach-Suite mit Blick auf Bamberg und Kaiserdom! Mit seinen 100 Jahren hat das Sandsteinhaus natürlich auch das ein oder andere historische Detail - in diesem Fall original Jugendstilfenster im Frühstücksraum! Tipp: Nebenan gibt es ein Bistro.

Villa Geyerswörth

Geyerswörthstr. 15 ✉ 96047 – ✆ (0951) 9 17 40 – www.villageyersworth.de
39 Zim – 110/149 € 149/169 €, 15 € – 1 Suite — B2**m**
Rest *La Villa* – siehe Restaurantauswahl
Das Villenflair dieses Anwesens hat schon von außen etwas Exklusives - ganz stilgerecht ist da die wertige elegante Einrichtung. Und wer es gerne besonders ruhig hat, nimmt ein Zimmer zum Fluss (hinter dem Haus fließt ein Arm der Regnitz)! In die Altstadt sind es übrigens nur wenige Gehminuten.

Weinhaus Messerschmitt

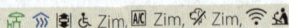

Lange Str. 41 ✉ *96047 –* ✆ *(0951) 29 78 00 – www.hotel-messerschmitt.de* B2**x**

64 Zim – ♦90/125 € ♦♦145/165 € – 3 Suiten – ½ P

Rest – *(geschl. 7. - 19. Januar und Sonntag)* Menü 36/60 € – Karte 30/55 €

Das historische Haus mit der schmucken gelb-weißen Fassade kann auf eine lange Familientradition zurückblicken. Besonders wohnlich sind die neueren Zimmer in warmen Tönen. Gediegen-rustikal ist das Ambiente im Restaurant, hübsch die Brunnenhofterrasse.

Welcome Hotel

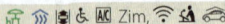

Mußstr. 7 ✉ *96047 –* ✆ *(0951) 7 00 00 – www.welcome-hotels.com*

171 Zim – ♦122/152 € ♦♦142/172 € A1**v**

Rest – Karte 18/44 €

Das Hotel neben der Kongresshalle besteht aus einem alten Ziegelgebäude (hier befindet sich der Tagungsbereich) und einem Neubau mit freundlichen funktionellen Zimmern. Restaurant in rustikalem Stil.

Bamberg garni

Luitpoldstr. 7 ✉ *96052 –* ✆ *(0951) 51 09 00 – www.bwhotel-bamberg.de* B1**b**

96 Zim – ♦79/109 € ♦♦99/159 € – 2 Suiten

Das Hotel mit den neuzeitlich-funktionellen, gut schallisolierten Zimmern ist eine ideale Businessadresse. Nebenan befindet sich ein öffentliches Parkhaus.

Nepomuk

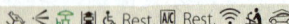

Obere Mühlbrücke 9 ✉ *96049 –* ✆ *(0951) 9 84 20 – www.hotel-nepomuk.de* B2**a**

23 Zim – ♦90 € ♦♦130/150 €, 4 € – 1 Suite

Rest *Esszimmer* – ✆ (0951) 9 84 25 00 *(geschl. Mai - September und Sonntag - Montag) (nur Abendessen)* Menü 56/96 €

Rest *Eckerts* – Karte 16/38 €

Ihr Vorteil, dass das hübsche Fachwerkhaus ursprünglich eine Mühle war: Es liegt direkt an der Regnitz! Hier und im angeschlossenen Nebengebäude wohnt man modern-funktional. Gastronomisch fährt man zweigleisig: Gaststube mit regionaler Küche, innovativ-fränkisches Menü im puristischen "Esszimmer" - hier und auf der Terrasse hat man Flussblick!

Brudermühle

Schranne 1 ✉ *96049 –* ✆ *(0951) 95 52 20 – www.brudermuehle.de* B2**b**

23 Zim – ♦88/95 € ♦♦130/135 € – ½ P

Rest – *(geschl. 22. - 25. Dezember)* Karte 19/47 €

Wie Sie hier wohnen? Modern, zentral (am Domplatz ist man schnell zu Fuß) und die Regnitz haben Sie praktisch vor der Tür! "Rottmeister", "Zaubergarten", "Rotkäppel" oder "Geyerswörthblick", das sind z. B. die schönen Zimmer im Haus Mehlwaage. Ebenso behaglich ist das auf zwei Ebenen angelegte Restaurant.

Tandem garni

Untere Sandstr. 20 ✉ *96049 –* ✆ *(0951) 51 93 58 55 – www.tandem-hotel.de – geschl. 23. Dezember - 6. Januar* A1**t**

8 Zim – ♦89/110 € ♦♦98/120 €

Ein sorgsam saniertes Haus am Regnitz-Radweg beherbergt puristisch-zeitgemäße Zimmer mit Blick auf "Klein Venedig". Im EG: Café mit leckerem Kuchen. Fahrradraum und Leihfahrräder.

La Villa – Hotel Villa Geyerswörth

Geyerswörthstr. 15 ✉ *96047 –* ✆ *(0951) 9 17 40 – www.villageyerswoerth.de – geschl. 1. - 6. Januar und Sonntag* B2**m**

Rest – Menü 36 € – Karte 27/40 €

Das Ambiente einer der nettesten Adressen Bambergs schlägt eine Brücke zwischen Bistro und Restaurant. Eignet sich auch bestens für Geschäftsessen!

In Hallstadt Nord: 4 km über B1 Richtung Coburg

Goldener Adler

Rest,

Lichtenfelser Str. 35 ✉ *96103 – ✆ (0951) 9 72 70 – www.hotel-goldeneradler.de*
49 Zim – †71/89 € ††81/99 € – ½ P
Rest – *(nur Abendessen)* Menü 17/25 € – Karte 16/34 €
Die wohnlichen und funktionellen Zimmer verteilen sich auf den historischen Gasthof und den neuzeitlichen Hotelanbau. Man bietet auch zwei großzügige Maisonetten. Fränkische Küche im Restaurant. Im Sommer mit Biergarten beim hübschen Kräuter- und Rosengarten.

In Stegaurach Süd-West: 5 km über A2 Richtung Würzburg

Der Krug

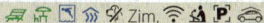

Zim, P

Mühlendorfer Str. 4, (Zufahrt über Schulstraße) ✉ *96135 – ✆ (0951) 99 49 90 – www.der-krug.de – geschl. über Weihnachten und über Fasching*
26 Zim – †70/75 € ††100/106 € – ½ P
Rest – *(geschl. Montagmittag, Dienstag, Donnerstagmittag)* Menü 20 € – Karte 14/31 €
Der um einen Anbau erweiterte Gasthof im Ortskern ist eine tipptopp gepflegte und wohnlich eingerichtete Adresse, die herzlich-familiär geleitet wird. Im Stammhaus befindet sich das gemütlich-rustikale Restaurant mit guter Auswahl an regionalen Fischgerichten.

BANSIN – Mecklenburg-Vorpommern – siehe Usedom (Insel)

BARGUM – Schleswig-Holstein – 541 – 610 Ew – Höhe 4 m 1 G2

Berlin 451 – Kiel 111 – Sylt (Westerland) 41 – Flensburg 37

XXX

Andresen's Gasthof mit Zim

P

Dörpstraat 63, (B 5) ✉ *25842 – ✆ (04672) 10 98 – www.andresensgasthof.de – geschl. Mitte Januar - Anfang Februar*
5 Zim – †45/60 € ††80/90 €
Rest – *(geschl. Montag - Dienstag)* (Tischbestellung erforderlich) Menü 25/65 € – Karte 34/64 €
Ein Klassiker der norddeutschen Gastronomie - seit über 30 Jahren von der engagierten Gastgeberin Elke Andresen geführt. Gute und frische Küche in friesisch-eleganten Stuben.

BARNSTORF – Niedersachsen – 541 – 5 880 Ew – Höhe 31 m 17 F7

Berlin 395 – Hannover 105 – Bremen 59 – Osnabrück 67

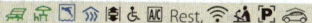

Roshop

Rest, P

Am Markt 6 ✉ *49406 – ✆ (05442) 98 00 – www.hotel-roshop.de*
63 Zim – †78/99 € ††98/140 € – 2 Suiten – ½ P
Rest – Menü 15/25 € – Karte 20/52 €
Das Business- und Tagungshotel liegt zentral am Marktplatz und verfügt über gut ausgestattete Gästezimmer mit individuellem Touch. Einige Zimmer sind ganz modern gestaltet. Unterteilter Restaurantbereich mit zeitgemäßem Ambiente.

BARSINGHAUSEN – Niedersachsen – 541 – 33 520 Ew – Höhe 112 m 18 H9

Berlin 315 – Hannover 25 – Bielefeld 87 – Hameln 42
Deisterplatz 2, ✉ 30890, ✆ (05105) 77 42 63, www.barsinghausen-info.de

XX

Marmite

Egestorfer Str. 36a ✉ *30890 – ✆ (05105) 6 18 18 – www.restaurant-marmite.de – geschl. Anfang Januar 1 Woche und Montag*
Rest – *(nur Abendessen, sonntags auch Mittagessen)* Menü 32/48 € – Karte 31/49 €
Freundlich-mediterranes Restaurant mit saisonal-internationaler Küche und guter Weinkarte, dazu Bistrot mit Kleinigkeiten und Biergarten mit Teich. Angeschlossen: Tennishalle.

In Barsinghausen-Göxe **Nord-Ost: 6 km, an der B 65**

Gasthaus Müller

Goltener Str. 2 ✉ 30890 – ✆ (05108) 21 63 – www.gasthausmueller.de – geschl. Anfang Januar 1 Woche und Montag
Rest – *(Dienstag - Samstag nur Abendessen)* Menü 35/59 € – Karte 36/50 €
Die Brüder Müller (bereits die 5. Generation) kochen in dem netten Gasthaus (sympathisch die Gaststube, etwas eleganter das Nebenzimmer) regional-saisonale Speisen - immer beliebt die geschmorten Kalbsbäckchen! Und dazu einen von rund 280 deutschen Weinen?

BARTH – Mecklenburg-Vorpommern – 542 – 8 770 Ew – Höhe 2 m 5 N3

Berlin 272 – Schwerin 155 – Rostock 59 – Stralsund 33
Lange Str. 13, ✉ 18356, ✆ (038231) 24 64, www.stadt-barth.de

Pommernhotel Barth

Divitzer Weg 2 ✉ 18356 – ✆ (038231) 4 55 80 – www.pommernhotel.de
27 Zim – ♦52/72 € ♦♦72/92 € – 4 Suiten – ½ P
Rest – Menü 15/20 € – Karte 17/25 €
Am Ortsrand finden Sie das Hotel der Familie Splettstößer. Die gepflegten und praktischen Gästezimmer sind in zeitlosem Stil eingerichtet.

BAUNACH – Bayern – 546 – 3 930 Ew – Höhe 238 m 50 K15

Berlin 414 – München 243 – Bayreuth 69 – Würzburg 106

Rocus

Bahnhofstr. 16 ✉ 96148 – ✆ (09544) 2 06 40 – www.restaurant-rocus.de – geschl. 22. August - 11. September und Montag
Rest – *(Dienstag - Donnerstag nur Abendessen)* Menü 50/60 € – Karte 37/56 €
Mögen Sie spanische Weine? Davon hat man hier eine gute Auswahl (auch Großflaschen), die Sie zu einer schmackhaften internationalen Küche genießen. Das ehemalige alte Bahnhofsgebäude bietet dafür einen hübschen Rahmen: außen schön restauriert, innen geradlinig-modern. Terrasse im Innenhof oder zur Bahnlinie.

BAUTZEN – Sachsen – 544 – 40 460 Ew – Höhe 220 m 44 R12

Berlin 200 – Dresden 65 – Görlitz 47 – Cottbus 75
ADAC Steinstr. 26
Hauptmarkt 1, ✉ 02625, ✆ (03591) 4 20 16, www.tourismus-bautzen.de

Bautzen

Wendischer Graben 20 ✉ 02625 – ✆ (03591) 49 20 – www.bwbautzen.de
157 Zim – ♦98/103 € ♦♦118/123 € – 5 Suiten – ½ P
Rest – Menü 17/25 € – Karte 21/31 €
Die zeitgemäßen und funktionellen Zimmer machen das Hotel gegenüber der historischen Altstadt besonders für Businessgäste interessant.

Dom Eck garni

Breitengasse 2 ✉ 02625 – ✆ (03591) 50 13 30 – www.wjelbik.de
12 Zim – ♦62/72 € ♦♦79/89 €
Die Gästezimmer dieses kleinen Familienbetriebs in zentraler Lage beim Dom sind hell und freundlich gestaltet. Sorbische und deutsche Künstler haben das Haus dekoriert.

Villa Antonia

Lessingstr. 1 ✉ 02625 – ✆ (03591) 50 10 20 – www.hotel-villa-antonia.de
19 Zim – ♦62/66 € ♦♦82/86 € – 2 Suiten – ½ P
Rest *Tiroler Stuben* – ✆ (03591) 46 08 88 *(nur Abendessen, sonntags auch Mittagessen)* Menü 17/30 € – Karte 17/27 €
Hier handelt es sich um eine Ende des 19. Jh. erbaute Villa, die etwas außerhalb gelegen ist (ins Zentrum sind es ca. 10 Gehminuten). Hingucker im Frühstücksraum ist die restaurierte Stuckdecke, im Restaurant die "Südtiroler Alpenstube" von 1854.

BAYERISCH GMAIN – Bayern – siehe Reichenhall, Bad

BAYERSOIEN, BAD – Bayern – 546 – 1 160 Ew – Höhe 812 m – Luftkurort und Moorheilbad

65 K21

Berlin 642 – München 102 – Garmisch-Partenkirchen 35 – Weilheim 38

Dorfstr. 45, ✉ 82435, ✆ (08845) 7 03 06 10, www.gemeinde-bad-bayersoien.de

Parkhotel am Soier See

Rest,

Am Kurpark 1 ✉ 82435 – ✆ (08845) 1 20 – www.parkhotel-bayersoien.de

66 Zim – 135/194 € 230/328 € – 5 Suiten – ½ P

Rest *Jahreszeiten* – Menü 29 € (abends) – Karte 22/53 €

Rest *African Lounge* – ✆ (08845) 1 21 04 *(geschl. Mittwoch) (nur Abendessen)* (Tischbestellung erforderlich) Menü 29 € – Karte 22/53 €

Die Leidenschaft der Gastgeber für Afrika spiegelt sich in diesem Hotel wider - frei nach dem Motto: "Bavarian Safari" und "Afrika im Ammergau" finden sich zahlreiche Details. In der African Lounge gibt es die passende Küche dazu: "Strauß und Springbock mit Koriander-Chilisauce". "Alpine Wellnessküche" im Restaurant Jahreszeiten. Preise inkl. Verwöhnpension.

BAYREUTH – Bayern – 546 – 73 120 Ew – Höhe 340 m

51 L15

Berlin 358 – München 231 – Coburg 67 – Nürnberg 80

ADAC Hohenzollernring 64 A1

Opernstraße 22 B1, ✉ 95444, ✆ (0921) 8 85 88, www.bayreuth-tourismus.de

Bayreuth, Rodersberg 43, ✆ (0921) 97 07 04

Veranstaltungen

25. Juli-28. August: Wagner-Festspiele

Lage★ · Markgräfliches Opernhaus★ B1 · Richard-Wagner-Museum★ · Neues Schloss (Ausstattung★) B2

Schloss Eremitage★ über Nürnberger Straße B2: 4 km

Stadtplan auf der nächsten Seite

Ramada Hotel Residenzschloss

Erlanger Str. 37 ✉ 95444 – ✆ (0921) 7 58 50 – www.ramada.de/bayreuth

104 Zim – 80/150 € 95/175 €, 14 € – ½ P A2**a**

Rest – Menü 21/45 € – Karte 23/54 €

Am Rande der Innenstadt erwartet Sie das aus dem ehemaligen Sudhaus einer Brauerei entstandene Hotel. Die Gästezimmer sind neuzeitlich und funktionell eingerichtet. Restaurant im denkmalgeschützten historischen Teil, mit Wintergarten und Bar.

Goldener Anker

Opernstr. 6 ✉ 95444 – ✆ (0921) 7 87 77 40 – www.anker-bayreuth.de – geschl. Weihnachten - Mitte Januar B1**r**

33 Zim – 98/138 € 158/258 € – 2 Suiten – ½ P

Rest *Restaurant Goldener Anker* – siehe Restaurantauswahl

Hier gibt es zahlreiche stilvolle Details zu bewundern, die den angenehm eleganten Stil unterstreichen! Der Tagungsbereich ganz oben in dem individuellen Traditionshaus mitten in der Stadt ist etwas ganz Besonderes: Für die Kaffeepause hat man eine schöne offene Landhausküche und eine Dachterrasse!

Bayerischer Hof

Rest,

Bahnhofstr. 14 ✉ 95444 – ✆ (0921) 7 86 00 – www.bayerischer-hof.de – geschl. 22. Dezember - 6. Januar B1**e**

47 Zim – 89/119 € 109/139 € – 2 Suiten

Rest – *(geschl. 22. Dezember - 12. Januar und Samstagmittag - Sonntag)* Menü 24 € (mittags)/38 € – Karte 22/58 €

Das Hotel liegt direkt neben dem Bahnhof und verfügt über unterschiedlich eingerichtete Zimmer von klassisch bis modern. Exquisit ist die Suite in der obersten Etage. Restaurant im französischen Bistrostil - leger im vorderen Bereich, hinten mit schön gedeckten Tischen.

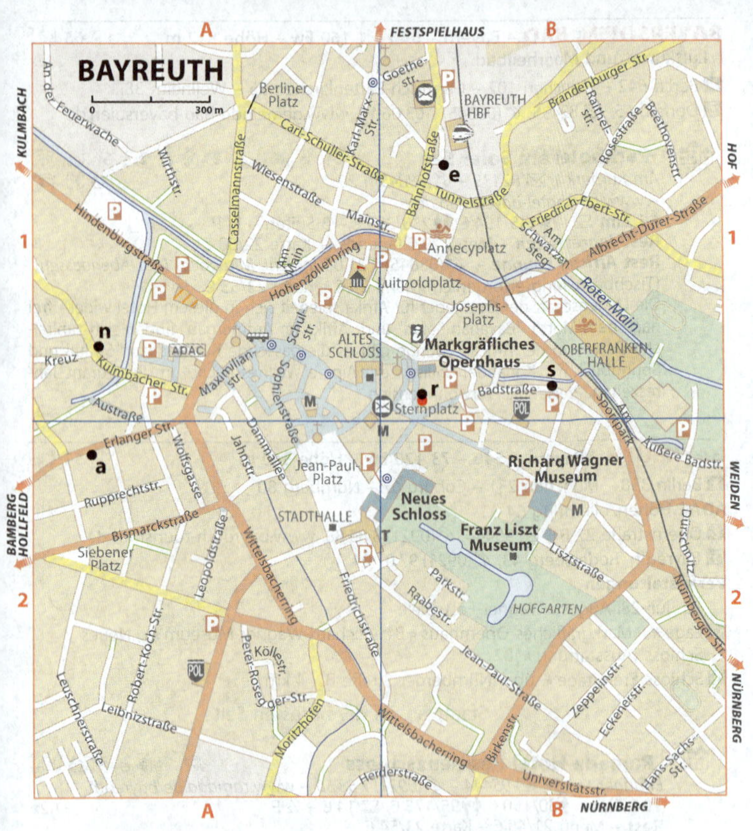

Lohmühle

Badstr. 37 ✉ 95444 – ✆ (0921) 5 30 60 – www.hotel-lohmuehle.de B1**s**

43 Zim ☕ – 🛉71/81 € 🛉🛉105/115 € – ½ P

Rest – *(geschl. Sonntagabend) (Januar - April sowie September - Oktober: Montag - Freitag nur Abendessen)* Menü 25/34 € – Karte 22/31 €

Eine nette Adresse auf den Grundmauern einer alten Gerberei und Sägemühle. Im Gasthof sind die Zimmer rustikal, im Gästehaus hell und funktionell eingerichtet. Im Restaurant: weiß verputzte Wände und dunkel gebeizte Deckenbalken.

Goldener Löwe

Kulmbacher Str. 30 ✉ 95445 – ✆ (0921) 74 60 60 – www.goldener-loewe.de

26 Zim ☕ – 🛉35/95 € 🛉🛉73/140 € – 1 Suite – ½ P A1**n**

Rest – *(geschl. 10. - 21. Juni und Dienstag - Donnerstagmittag)* Menü 18 € (mittags)/40 € – Karte 13/30 €

Eine goldene Löwenplastik begrüßt Sie am Eingang dieses gut geführten fränkischen Gasthofs. Wohnliche Zimmer in Haupthaus und Nebengebäude, selbst gemachte Marmelade zum Frühstück. Mit viel Holz hat man die Gaststube gemütlich gestaltet.

Restaurant Goldener Anker – Hotel Goldener Anker

Opernstr. 6 ✉ 95444 – ✆ (0921) 7 87 77 40 – www.anker-bayreuth.de – geschl. Weihnachten - Ende Januar und Montag - Dienstag B1**r**

Rest – Menü 20 € (mittags)/49 € – Karte 22/91 €

Stimmungvoll wird das Restaurant von Kerzenschein und kleinen roten Tischlämpchen illuminiert: welch glanzvoller Auftritt für das elegante Interieur, das zum größten Teil orginal a. d. J. 1927 stammt. Ein Klassiker ist z. B. das Rinderfilet mit Thymiankartoffeln. Günstiger Mittagstisch.

Bürgerreuth Ristorante italiano mit Zim Rest,

An der Bürgerreuth 20 (über Bahnhofstraße B1) ✉ 95445 – ✆ (0921) 7 84 00 – www.buergerreuth.de

8 Zim – 49/69 € 70/95 € **Rest** – Karte 28/60 €

In dem Restaurant oberhalb des Festspielhauses isst man klassisch-italienisch: Da wären z. B. "Rinderfiletspitzen mit Pilzen, grünem Pfeffer und Grappacremesauce" oder "Wolfsbarsch vom Holzkohlegrill" - man kann übrigens zuschauen, wie er gegrillt wird (Übertragung von der Grillstation in alle Restauranträume)!

In Bayreuth-Oberkonnersreuth Süd-Ost: 3 km über Nürnberger Straße B2

Zur Sudpfanne

Oberkonnersreuther Str. 6 ✉ 95448 – ✆ (0921) 5 28 83 – www.sudpfanne.com

Rest – Menü 22 € (mittags)/74 € – Karte 22/57 €

Sie speisen in einem hübschen ehemaligen Brauereigebäude. Lassen Sie sich doch mal etwas am Tisch flambieren! Rinderfilet oder Crêpes stehen hierfür zur Wahl. Einfache Gerichte in der Brasserie. Zigarrenlounge und Biergarten sind ebenfalls mit dabei und für Veranstaltungen hat man einen klassischen Saal.

In Bindlach-Obergräfenthal über Hindenburgstraße A2: 10 km, in Heinersreuth Richtung Cottenbach, nach Theta links

Landhaus Gräfenthal

Obergräfenthal 7 ✉ 95463 – ✆ (09208) 2 89 – www.landhaus-graefenthal.de – geschl. Dienstag, Mitte Juli - Ende August: Dienstagmittag

Rest – Karte 24/46 €

Wer in dieses gemütliche, freundlich-familiäre Haus einkehrt, bekommt vorwiegend regionale Küche aufgetischt: Wie wär's mit "Lammnierchen in Sherry-Senfsauce" oder "knuspiger Landente mit Rotkohl und Klößen"? Oder lieber etwas aus dem Wasser wie "Seezunge in Zitronen-Buttersauce"?

BAYRISCHZELL – Bayern – 546 – 1 590 Ew – Höhe 800 m – Wintersport: 1 650 m 23 – Luftkurort

66 M21

Berlin 664 – München 77 – Rosenheim 37 – Miesbach 23

Kirchplatz 2, ✉ 83735, ✆ (08023) 6 48, www.bayrischzell.de

Wendelstein★★ (✳★★), mit Zahnradbahn ab Bayrischzell-Osterhofen

In Bayrischzell-Geitau Nord-West: 5 km über B 307, Richtung Miesbach

Postgasthof Rote Wand Rest, Rest,

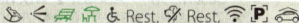

Geitau 15 ✉ 83735 – ✆ (08023) 90 50 – www.gasthofrotewand.de – geschl. 8. November - 18. Dezember

29 Zim – 45/49 € 82/92 € – ½ P

Rest – *(geschl. Dienstag)* Karte 13/37 €

Sehr sympathisch und familiär ist der Traditionsgasthof mit seinen tipptopp gepflegten Zimmern im wohnlichen Landhausstil. Essen können Sie hier im Haus regional - probieren Sie auch die eigene Kreation: Rote-Wand-Torte! Zu den rustikalen Gaststuben kommt im Sommer der schöne Biergarten unter alten Kastanien.

In Bayrischzell-Osterhofen Nord-West: 3 km über B 307, Richtung Miesbach

Der Alpenhof

Osterhofen 1 ✉ 83735 – ✆ (08023) 9 06 50 – www.der-alpenhof.com

31 Zim – 80/100 € 115/135 €, 15 € – 8 Suiten – ½ P

Rest ***Das Restaurant Seeberg*** – siehe Restaurantauswahl

Hier ist alles richtig geschmackvoll: die elegante kleine Lobby, der Spa, die Zimmer... Nicht zuletzt die aufwändigen Themensuiten wie "Hideaways", "Franz Josef" oder "Mikado" machen das Haus zu einer nicht alltäglichen Adresse!

Das Restaurant Seeberg – Hotel Der Alpenhof

Osterhofen 1 ✉ 83735 – ✆ (08023) 9 06 50 – www.der-alpenhof.com

Rest – Karte 25/57 €

Der Service sehr freundlich und aufmerksam, die Stuben wirklich hübsch in ihrer gemütlich-bayerischen Art... so wünscht man sich das! Die Küche: vom regionalen Schmankerl bis zum französischen Klassiker, von Wiener Schnitzel bis Gänseleber.

BEBRA – Hessen – 543 – 13 600 Ew – Höhe 205 m 39 I12

Berlin 395 – Wiesbaden 182 – Kassel 60 – Bad Hersfeld 15

Röse
Rest,

Hersfelder Str. 1 ✉ 36179 – ✆ (06622) 93 90 – www.hotel-roese.de – geschl. 20. Juli - 2. August

40 Zim – 44/70 € 78/108 € – ½ P

Rest – *(geschl. Sonntagabend - Montagmittag)* Menü 12 € (mittags)/30 € – Karte 16/28 €

Ein gewachsenes Hotel mit Stammhaus a. d. J. 1799. Die Zimmer sind funktional ausgestattet, auch Komfortzimmer sind vorhanden. Tagungsmöglichkeiten und eigenes Kino.

BECKINGEN – Saarland – 543 – 15 280 Ew – Höhe 300 m 45 B16

Berlin 754 – Saarbrücken 36 – Merzig 9 – Luxemburg 67

In Beckingen-Düppenweiler Nord-Ost: 8 km

Margrets Bauernstube

Litermont 22 ✉ 66701 – ✆ (06832) 80 08 04 – www.margrets-bauernstube.de – geschl. 13. Januar - 14. März, Juni 1 Woche, September 1 Woche und Montag - Donnerstag, Samstagmittag

Rest – (Tischbestellung ratsam) Menü 35 € (mittags)/45 € – Karte 30/50 €

Wenn Sie sich nicht grad der Bildhauerei widmet, umsorgt Margret Lafontaine charmant und persönlich die Gäste der liebevoll dekorierten Stuben mit saisonal-regionaler Küche auf klassischer Basis - sonntags gibt es übrigens durchgehend bis 19 Uhr warme Küche. Tipp: Machen Sie einen kleinen Spaziergang zum Gipfelkreuz auf dem Litermont, es ist nur 500 m entfernt.

BECKUM – Nordrhein-Westfalen – 543 – 36 600 Ew – Höhe 105 m 27 E10

Berlin 438 – Düsseldorf 130 – Bielefeld 58 – Hamm in Westfalen 20

18 Lippetal-Lippborg, Ebbeckeweg 3, ✆ (02527) 81 91

Am Höxberg Süd: 2,5 km, Richtung Lippborger

Zur Windmühle mit Zim
Zim,

Unterberg II/33 ✉ 59269 – ✆ (02521) 8 60 30 – www.zur-windmuehle.de – geschl. Juli - August 2 Wochen und Montag

8 Zim – 50/55 € 86/90 €

Rest – *(Dienstag - Samstag nur Abendessen)* Menü 50/86 € – Karte 32/62 €

Das seit 150 Jahren familiengeführte Restaurant ist benannt nach der benachbarten Windmühle von 1853. Man bietet saisonal-internationale Küche. Schöne Terrasse zur Mühle.

In Beckum-Vellern Nord-Ost: 4 km

Alt Vellern (mit Gästehaus)

Dorfstr. 21 ✉ 59269 – ✆ (02521) 8 71 70 – www.alt-vellern.de – geschl. über Weihnachten, über Ostern

33 Zim – 78/90 € 105/150 €

Rest – *(geschl. Freitagabend - Samstagmittag, Sonntagmittag)* Menü 14/48 € – Karte 18/46 €

Das aus einem westfälischen Gasthof entstandene Hotel ist ein sympathischer Familienbetrieb mit wohnlichen Zimmern, die im Gästehaus teilweise sehr geräumig sind. Nett ist die Atmosphäre in dem rustikalen, hübsch dekorierten Restaurant mit saisonaler Küche.

BEDERKESA, BAD – Niedersachsen – 541 – 4 970 Ew – Höhe 9 m – Moorheilbad 9 G5

Berlin 400 – Hannover 198 – Cuxhaven 42 – Bremerhaven 25

Berghorn 13, ✉ 27624, ✆ (04745) 9 43 35, www.bad-bederkesa.de

18 Ringstedt, Gut Hainmühlen, ✆ (04708) 92 00 36

Bösehof

Hauptmann-Böse-Str. 19 ✉ 27624 – ✆ (04745) 94 80 – www.boesehof.de
38 Zim – 57/128 € 128/156 € – 10 Suiten – ½ P
Rest – Menü 28/65 € – Karte 28/55 €
Schön und recht ruhig liegt dieser Familienbetrieb. Einige Zimmer mit Blick in den reizvollen Garten, geräumiger im Haus "Jan Bohls". Das Haus "Hermann Allmers" beherbergt einen kleinen Spa-Bereich. Sehr gutes Frühstück, im Sommer auf der Terrasse. Internationale und regionale Küche im elegant-rustikalen Restaurant.

BEELITZ – Brandenburg – 11 840 Ew – Höhe 40 m   22 O9

Berlin 59 – Potsdam 25 – Bad Belzig 41 – Magdeburg 126

kochZIMMER

Berliner Str. 195 ✉ 14547 – ✆ (033204) 70 93 66 – www.kochzimmer-beelitz.de – geschl. 1. - 19. Januar und Montag - Dienstag
Rest – Menü 34/45 € – Karte 28/43 €
Bistrostühle, Parkett, kräftige Farben und Kunst machen das Restaurant sympathisch-modern. Patron Jörg Frankenhäuser kocht zeitgemäß-regional mit internationalen Einflüssen, dazu eine gepflegte Weinauswahl. Schöne ruhige Gartenterrasse!

BEILNGRIES – Bayern – 546 – 8 790 Ew – Höhe 368 m   58 L18
– Wintersport: – Erholungsort

Berlin 482 – München 108 – Nürnberg 76 – Ingolstadt 35
Hauptstr. 14, ✉ 92339, ✆ (08461) 84 35, www.beilngries.de

Der Millipp

Zim,

Hauptstr. 9 ✉ 92339 – ✆ (08461) 12 03 – www.der.millipp.de
22 Zim – 85/110 € 104/130 € – ½ P **Rest** – Karte 20/49 €
Ein traditionsreicher Metzgereigasthof, in dessen Zimmern man gelungen die historische Bausubstanz mit wohnlich-elegantem Landhausstil kombiniert hat. Rustikal-gediegen zeigen sich die Gaststuben mit regionaler Küche.

Fuchsbräu (mit Gästehäusern)

Hauptstr. 23 ✉ 92339 – ✆ (08461) 65 20 – www.fuchsbraeu.de
73 Zim – 76/99 € 92/120 € – 2 Suiten – ½ P **Rest** – Karte 17/44 €
Der zum Hotel erweiterte ehemalige Brauereigasthof bietet geschmackvoll-wohnliche Zimmer und einen hübschen kleinen Sauna-, Bade- und Ruhebereich. Einige Zimmer befinden sich in einem sanierten Fachwerkhaus a. d. 16. Jh. Im Restaurant serviert man überwiegend regionale Speisen mit vielen Bioprodukten.

Die Gams (mit Gästehaus)

Hauptstr. 16 ✉ 92339 – ✆ (08461) 61 00 – www.hotel-gams.de
62 Zim – 69/89 € 94/124 € – ½ P
Rest – Menü 15 € (mittags)/45 € – Karte 17/51 €
Mit Engagement leitet die Familie bereits in der 7. Generation dieses Haus im Zentrum. Für die Gäste stehen wohnlich-individuelle Zimmer oder moderne Kreativzimmer bereit. Guter Tagungsbereich sowie Massage und Kosmetik. Gemütliche Restauranträume, darunter die hübsche Zirbelstube. Die Küche ist vorwiegend regional.

Braugasthof Hotel Schattenhofer

Hauptstr. 44 ✉ 92339 – ✆ (08461) 6 41 30 – www.schattenhofer-beilngries.de
49 Zim – 49/68 € 69/88 € – ½ P **Rest** – Menü 12/27 € – Karte 14/27 €
Das Haus mit jahrhundertelanger Familientradition bietet in der Wodansburg und im Alten Bräuhaus solide, teils geräumige und neuzeitliche Zimmer; einige allergikergerecht. Das Restaurant ist rustikal gehalten. Die eigene Brauerei ist die letzte im Ort.

BEILSTEIN – Rheinland-Pfalz – 543 – 130 Ew – Höhe 90 m 46 C14

Berlin 655 – Mainz 111 – Koblenz 48 – Trier 102

Haus Lipmann (mit Gästehaus)

Marktplatz 3 ✉ 56814 – ✆ (02673) 15 73 – www.hotel-haus-lipmann.de
– geschl. November - 1. April
12 Zim – 90/120 € 100/130 € – ½ P
Rest – Menü 24 € – Karte 23/38 €
Mitten im Ort steht das tipptopp gepflegte Gasthaus a. d. 18. Jh. Besonders hübsch ist Zimmer Nr. 4 mit Balkon zur Mosel. Etwas geräumigere Zimmer im Gästehaus. Rustikales Restaurant mit weinberankter Terrasse zum Fluss. Schön ist der Rittersaal mit großem Kamin.

BELLHEIM – Rheinland-Pfalz – 543 – 8 350 Ew – Höhe 117 m 54 E17

Berlin 659 – Mainz 126 – Karlsruhe 33 – Landau in der Pfalz 13

Lindner's garni

Postgrabenstr. 52 ✉ 76756 – ✆ (07272) 97 20 60 – www.lindner-hotel.de
21 Zim – 57/62 € 83/92 €
Ein Haus in netter dörflicher Lage, das sich ganz auf den Businessgast eingestellt hat - das zeigen z. B. die funktionellen und auch modernen Zimmer, von denen einige eine Klimaanlage haben. Freuen wird Sie auch das frische Frühstücksbuffet in zeitgemäßem Ambiente.

In Knittelsheim West: 2 km Richtung Landau

Steverding's Isenhof

Hauptstr. 15a ✉ 76879 – ✆ (06348) 57 00 – www.isenhof.de
– geschl. Januar 3 Wochen und Sonntagabend - Mittwoch
Rest – *(Donnerstag - Samstag nur Abendessen)* (Tischbestellung erforderlich)
Menü 82/108 €
Seit über 20 Jahren steht der Isenhof von Peter Steverding für feine klassische, aber dennoch immer zeitgemäße Küche - und er steckt voller Atmosphäre: Da ist zum einen die charmante Petra Dolt im Service, zum anderen ist das 500 Jahre alte Fachwerkhaus innen wie außen ein Ausbund an Gemütlichkeit! Auf der wunderbaren Terrasse erfreut zudem der Kräutergarten das Auge. Die Weinauswahl bietet viel Gutes aus der Pfalz.
→ Gänseleber, fruchtiger Staudensellerie, Pumpernickel, Wilde Kräuter. Salzwiesenlamm-Rücken, Kardamom-Ananas, Kichererbsen, Lauchtomaten. "Frühling süß", Rhabarber, Bergpfeffer, Brunnenkresse.

BELLINGEN, BAD – Baden-Württemberg – 545 – 4 010 Ew – Höhe 257 m – Heilbad 61 D21

Berlin 841 – Stuttgart 247 – Freiburg im Breisgau 44 – Müllheim 12
Badstr. 14, ✉ 79415, ✆ (07635) 80 82 20, www.bad-bellingen.de
Bad Bellingen, Am Golfplatz 3, ✆ (07635) 82 44 90

Landgasthof Schwanen (mit Gästehaus)

Rheinstr. 50 ✉ 79415 – ✆ (07635) 81 18 11 – www.schwanen-bad-bellingen.de
– geschl. 6. - 31. Januar
24 Zim – 54/60 € 80/108 € – ½ P
Rest *Landgasthof Schwanen* – siehe Restaurantauswahl
In dem Traditionshaus von 1887 wohnen Sie entweder im Haupthaus, zentral am Schlosspark, oder im 400 m entfernten Gästehaus. Letzteres hat Appartements, Liegewiese und eine schöne Aussicht zu bieten. Den freundlichen Service haben Sie hier wie dort!

Ambiente garni

Akazienweg 1 ✉ 79415 – ✆ (07635) 8 10 40 – www.hotel-ambiente.de
22 Zim – 65/83 € 99/128 €
Familie Silcher hat hier renoviert und umgestaltet und dem Haus so ein neues Gesicht gegeben! Und das kleine Hotel ist wirklich nett geworden mit seinen freundlichen Zimmern und dem behaglich-eleganten Frühstücksraum - die gute Auswahl vom Buffet können Sie auch auf der Terrasse zum Garten genießen.

Birkenhof garni

Rheinstr. 76 ✉ 79415 – ✆ (07635) 6 23 – www.birkenhof-bad-bellingen.de – geschl. 8. Dezember - 19. Januar

13 Zim – 50/65 € 80/84 €

Sie möchten verkehrsgünstig, preislich fair und dennoch äußerst gepflegt übernachten? Familie Vogel hält ihr Haus top in Schuss und umsorgt die Gäste freundlich! Fragen Sie nach den Suiten.

Landgasthof Schwanen – Hotel Landgasthof Schwanen

Rheinstr. 50 ✉ 79415 – ✆ (07635) 81 18 11 – www.schwanen-bad-bellingen.de – geschl. 6. - 31. Januar und Montagmittag, Dienstag - Mittwochmittag

Rest – Menü 36/55 € – Karte 22/57 €

In der Küche des Schwanen macht sich inzwischen der Sohn des Hauses, Alexander Fräulin, mit seiner schmackhaften "Bürgerlichen Gourmet-Küche" Freunde - da finden sich z. B. "Rehterrine mit Morcheln", "Gegrillter Lachs in Kerbelsauce" oder auch "Lammrücken in Gewürzkruste".

Berghofstüble

An der Römerstraße (Nord-Ost: 1,5 km, über Markus-Ruf-Straße) ✉ 79415 – ✆ (07635) 12 93 – www.berghofstueble-bad-bellingen.de – geschl. Mitte September 2 Wochen und Montag - Dienstag

Rest – Menü 18 € (mittags)/60 € – Karte 26/62 €

"Kulinarisches im Grünen" steht über dem Eingang und das trifft es recht gut, denn das Haus liegt schon etwas abseits. In der rustikalen Stube, im lichten Wintergarten oder auf der lauschigen Terrasse mit schöner Aussicht lässt man sich die gute Küche von Ramon Basler nur zu gerne schmecken. Probieren Sie z. B. "Kabeljau auf Mangold in Senfsauce".

In Bad Bellingen-Hertingen West: 3 km

Hebelhof Rest,

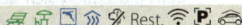

Bellinger Str. 5 ✉ 79415 – ✆ (07635) 8 24 49 30 – www.drei-thermen-golfresort.de

30 Zim – 60/70 € 100/120 € – ½ P

Rest – *(nur Abendessen)* Menü 20/30 € – Karte 17/37 €

Für Golfer könnte die Lage kaum besser sein, denn gleich vier Golfplätze sind in der Nähe! Ein kleines Putting Green hat man sogar direkt im Garten. Neben den schönen wohnlichen Zimmern im Hotel hat man noch Appartementhäuser: Wer länger bleibt, hat's hier richtig chic und modern! Komplett wird das Angebot durch den Freizeitbereich und das gediegene Abendrestaurant.

BELM – Niedersachsen – siehe Osnabrück

BELZIG, BAD – Brandenburg – 542 – 11 210 Ew – Höhe 88 m – Luftkurort 32 N9

Berlin 87 – Potsdam 57 – Brandenburg 35 – Magdeburg 72

Marktplatz 1, ✉ 14806, ✆ (033841) 3 87 99 10, www.bad.belzig.com

Springbach-Mühle (mit Gästehäusern)

Mühlenweg 2 (Nord: 2 km, nahe der B 102) ✉ 14806 – ✆ (033841) 62 10 – www.springbachmuehle.de

56 Zim – 55/75 € 79/99 € – ½ P **Rest** – Menü 17/45 € – Karte 20/42 €

Eine sehr idyllische Adresse am Waldrand ist das 1749 als Öhlmühle gebaute und zum Hotel umfunktionierte Anwesen. Der Springbach durchläuft das weitläufige Gartengrundstück. Ländlich-rustikales Ambiente im Restaurant.

BEMPFLINGEN – Baden-Württemberg – 545 – 3 330 Ew – Höhe 336 m 55 G19

Berlin 667 – Stuttgart 30 – Reutlingen 13 – Tübingen 21

XXX **Krone**

Brunnenweg 40 ✉ 72658 – ✆ (07123) 3 10 83 – www.kronebempflingen.de – geschl. Anfang Januar 1 Woche, über Fasching, über Ostern, Juni 1 Woche, Anfang - Mitte August und Sonntag - Dienstagmittag, Mittwochmittag

Rest – (Tischbestellung ratsam) Menü 16 € (mittags unter der Woche)/52 € – Karte 38/60 €

Bei Familie Veit (sie betreibt ihr Restaurant bereits seit rund 40 Jahren) gibt es neben klassischer und schwäbischer Küche (Schmorbraten, Spätzle & Co.) auch zeitgemäß-saisonale Speisen. Sie sollten hier mal zu Mittag essen - ein Lunchmenü für 16 € bekommt man selten! Kleine Terrasse und Lounge.

BENDESTORF – Niedersachsen – 541 – 2 420 Ew – Höhe 36 m – Luftkurort

10 I6

Berlin 306 – Hannover 130 – Hamburg 39 – Lüneburg 40

Landhaus Meinsbur

Gartenstr. 2 ✉ 21227 – ✆ (04183) 7 79 90 – www.meinsbur.de

10 Zim – †75/95 € ††120 €, 10 € – 2 Suiten

Rest *Landhaus Meinsbur* – siehe Restaurantauswahl

Das charmante historische Bauernhaus steht auf einem herrlichen Gartengrundstück und besticht zudem mit geschmackvollen Zimmern und freundlichem Service. Die beiden Suiten befinden sich in zwei kleinen Nebengebäuden. Auch Trauungen sind möglich.

XX **Landhaus Meinsbur** – Hotel Landhaus Meinsbur

Gartenstr. 2 ✉ 21227 – ✆ (04183) 7 79 90 – www.meinsbur.de

Rest – Menü 22 € (mittags)/45 € – Karte 32/65 €

Wie für alte niedersächsische Bauernhäuser typisch, bildet der ausladende Kamin den Mittelpunkt in den Gaststuben. Mit Gobelins, Posamenten und wertvollen Bildern präsentiert sich der Gesamteindruck äußerst erlesen. Zauberhafter Garten!

BENDORF – Rheinland-Pfalz – 543 – 17 060 Ew – Höhe 80 m

36 D14

Berlin 593 – Mainz 101 – Koblenz 12 – Bonn 63

Berghotel Rheinblick

Remystr. 79 ✉ 56170 – ✆ (02622) 12 71 27 – www.berghotel-rheinblick.de

32 Zim – †69/79 € ††96/106 € – ½ P

Rest – Menü 23/35 € – Karte 24/43 €

In erhöhter Lage über dem Rheintal finden Sie den langjährigen Familienbetrieb mit funktional eingerichteten Gästezimmern, die überwiegend Flussblick bieten. Eigener Tennisplatz. Vom Restaurant und der Panoramaterrasse schaut man auf Bendorf und den Rhein.

In Bendorf-Sayn Nord-West: 1,5 km

Villa Sayn

Koblenz-Olper-Str. 111 ✉ 56170 – ✆ (02622) 9 44 90 – www.villasayn.de

17 Zim – †75 € ††110 €

Rest – *(geschl. Samstagmittag, Montagmittag)* Menü 38/55 € – Karte 28/55 €

Ein kleines herrschaftliches Anwesen, das nicht zu übersehen ist! In der schmucken Villa selbst befindet sich das Restaurant, im hinteren Haus die schönen freundlichen Zimmer. Angenehm die toskanische Note, die sich durch die Räume zieht, sehenswert die alte Treppe mit schmiedeeisernem Geländer sowie die Stuckverzierungen in der Lobby.

BENSHEIM an der BERGSTRASSE – Hessen – 543 – 39 810 Ew – Höhe 115 m

47 F16

Berlin 593 – Wiesbaden 66 – Mannheim 37 – Darmstadt 26

ADAC Bahnhofstr. 9

Hauptstr. 39, ✉ 64625, ✆ (06251) 5 82 63 14, www.bensheim.de

Bensheim, Außerhalb 56, ✆ (06251) 6 77 32

Staatspark Fürstenlager★★, Nord: 3 km

Alleehotel Europa - Residenz

Zim,

Europa-Allee 45 ✉ 64625 – ✆ (06251) 10 50 – www.alleehotel-europa.de
172 Zim – †69/119 € ††79/129 €, ☕ 10 € – ½ P
Rest – Menü 23/43 € – Karte 24/46 €
Rest *Vinothek* – Menü 23 € – Karte 18/42 €
Ein Business- und Tagungshotel mit großzügiger Lobby sowie funktionellen Zimmern, die sich auf Haupthaus, Residenz und Boarding House verteilen. Das Restaurant Sankt Georg bietet internationale Küche, in der urig-rustikalen Vinothek gibt's regionale Gerichte zu passenden Weinen.

Felix

Rest,

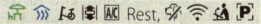

Dammstr. 46 ✉ 64625 – ✆ (06251) 8 00 60 – www.hotelfelix.de
37 Zim ☕ – †79/95 € ††98/120 € – ½ P
Rest – Menü 14 € (Buffet)/39 € – Karte 23/41 €
Der Familienbetrieb in Zentrumsnähe verfügt über freundliche Zimmer mit unterschiedlichen Wandmalereien, darunter auch Allergikerzimmer. Netter Saunabereich und kleiner Fitnessraum. Restaurant mit Wintergarten.

BENTHEIM, BAD – Niedersachsen – 541 – 15 530 Ew – Höhe 62 m – Heilbad 16 C8

Berlin 491 – Hannover 207 – Nordhorn 19 – Enschede 29
Schlossstr. 18, ✉ 48455, ✆ (05922) 9 83 30, www.badbentheim.de
Bad Bentheim-Sieringhoek, Am Hauptdiek 8, ✆ (05922) 7 77 60

Grossfeld (mit 6 Gästehäusern)

Rest,

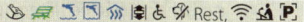

Schlossstr. 6 ✉ 48455 – ✆ (05922) 7 77 70 – www.grossfeld.de
138 Zim ☕ – †89/129 € ††109/149 € – 12 Suiten – ½ P
Rest – *(nur für Hausgäste)* Karte 26/29 €
Aus mehreren Häusern besteht das Hotel im Zentrum, nahe der Burg. Komfortabler sind die Zimmer im "Spa 7". Hier auch der Freizeitbereich mit Außensauna im Blockhausstil.

Keilings Restaurant

Wilhelmstr. 9a ✉ 48455 – ✆ (05922) 77 66 33 – www.keilings.de – geschl. Januar 3 Wochen, Ende September - Anfang Oktober 2 Wochen und Montag - Mittwochmittag, Samstagmittag
Rest – *(Januar - März: nur Abendessen, sonntags auch Mittagessen)*
Menü 40/119 € – Karte 73/99 €
Frisch, zeitgemäß, durchdacht... Lars Keiling versteht es, ausdrucksstark und aufwändig zu kochen, ausgezeichnete Produkte werden harmonisch mit Gewürzen und Kräutern kombiniert. Zum runden Gesamtbild in dem an sich schon schönen Restaurant (Glasfront, Parkettboden, hübsche Deko...) trägt auch der umsichtige Service unter der Leitung von Gina Duesmann bei.
➜ Gelbschwanzmakrele mit Limette, Avocado und rotem Curry. "Specktakel" vom Bunten Bentheimer Landschwein. Malz-Karamellwaffeln mit Banane und Ivoire Schokolade.

In Bad Bentheim-Gildehaus West: 4 km – Erholungsort

Waldseiter Hof

An der Waldseite 7 (Nord: 2,5 km) ✉ 48455 – ✆ (05924) 7 85 50 – www.waldseiterhof.de – geschl. 6. - 12. Januar
17 Zim ☕ – †56/65 € ††99/110 € – 1 Suite – ½ P
Rest – *(Montag - Samstag nur Abendessen)* Menü 26/32 € – Karte 25/39 €
Sehr schön liegt der sorgsam modernisierte Gutshof in einer Parkanlage mit eigenem 9-Loch-Golfplatz! Hier bezieht man wohnliche Landhauszimmer mit Kiefernmöbeln und speist im gemütlichen rustikalen Restaurant.

Gute Küche zu moderatem Preis? Folgen Sie dem „Bib Gourmand" ☺. Das freundliche Michelin-Männchen „Bib" steht für ein besonders gutes Preis-Leistungs-Verhältnis!

BENZ – Mecklenburg-Vorpommern – **542** – 630 Ew – Höhe 40 m 12 L4

Berlin 249 – Schwerin 45 – Grevesmühlen 36

In Benz-Gamehl Nord-Ost: 5 km über B 105

Schloss Gamehl

✉ 23970 – ✆ (038426) 2 20 00 – *www.schloss-gamehl.de – geschl. Mitte Januar - Mitte Februar*

14 Zim ☕ – †83/119 € ††129/169 € – 5 Suiten – ½ P

Rest – *(Montag - Freitag nur Abendessen)* Menü 35/79 € – Karte 30/49 €

Das herrschaftliche Anwesen ist eine echte Augenweide, außen wie innen! In den Zimmern: eleganter Landhausstil - Holz, Leinen und helle Töne dominieren, edel und wohltuend. Auch dem Festsaal-Flair des Restaurants (alter Parkettboden, Lüster, hohe Fenster...) kann man sich nicht entziehen!

BERCHING – Bayern – **546** – 8 530 Ew – Höhe 385 m – Erholungsort 57 L17

Berlin 474 – München 114 – Nürnberg 60 – Ingolstadt 41

Gewürzmühle (mit Gästehaus) Zim,

Gredinger Str. 2 ✉ *92334 –* ✆ *(08462) 20 00 50*

– www.gewuerzmuehle-berching.de – geschl. 10. - 20. August

41 Zim ☕ – †57 € ††65/78 € – 3 Suiten

Rest – *(geschl. Montagmittag)* Karte 17/45 €

Sie finden das aus einer ehemaligen Mühle entstandene Hotel mit individuellen und freundlichen Zimmern etwas außerhalb des Ortskerns. Whirpoolbereich im historischen Gewölbe. Internationale Küche in modern-eleganten Restaurantstuben mit ländlicher Note.

BERCHTESGADEN – Bayern – **546** – 7 720 Ew – Höhe 572 m 67 P21

– Wintersport: 1 560 m 1 11 – Heilklimatischer Kurort

Berlin 744 – München 154 – Bad Reichenhall 20 – Kitzbühel 77

Maximilianstr. 9, ✉ 83471, ✆ (08652) 9 44 53 00, www.berchtesgaden.de

Berchtesgaden, Salzbergstr. 33, ✆ (08652) 21 00

Lage★★ · Schlossplatz★ · Schloss (Dormitorium★) · Salzbergwerk★

Deutsche Alpenstraße★★★ (von Berchtesgaden bis Lindau) · Roßfeld-Höhenringstraße★★ · Kehlsteinstraße★★★ · Kehlstein★★ (nur mit RVO-Bus ab Obersalzberg) · Obersalzberg★★ · Hintersee★ · Königsee★★

Edelweiss Rest, Rest,

Maximilianstr. 2 ✉ *83471 –* ✆ *(08652) 9 79 90*

– www.edelweiss-berchtesgaden.com

125 Zim ☕ – †121/149 € ††201/238 € – ½ P **Rest** – Karte 26/59 €

Ein ansprechender Neubau mitten im Ort, der mit wohnlich-modernen Zimmern und einem schönen großen Spa mit Dachterrasse überzeugt. Man speist in den Bayerischen Stuben, dem Panorama-Restaurant im OG (mit separatem Bereich für Wellnessgäste) oder in der Pizzeria.

Alpenhotel Kronprinz Rest,

Am Brandholz ✉ *83471 –* ✆ *(08652) 60 70 – www.alpenhotel-kronprinz.de*

62 Zim ☕ – †75/125 € ††100/200 € – 3 Suiten – ½ P **Rest** – Karte 19/37 €

Die ruhige, leicht erhöhte Lage am Dorfrand sowie zeitgemäße, freundlich gestaltete Zimmer mit gutem Platzangebot machen dieses Ferienhotel aus. Panoramarestaurant mit bayerischem Stüberl, ergänzt durch die Bier- und Weinstube "Zum Faß'l" mit regionaler Küche.

Alpenhotel Weiherbach garni

Weiherbachweg 6 ✉ *83471 –* ✆ *(08652) 97 88 80 – www.weiherbach.de*

– geschl. 8. November - 17. Dezember

20 Zim ☕ – †38/80 € ††64/100 €

Ein von der Inhaberfamilie gut geführtes Urlaubshotel in ruhiger Lage am Ortsrand. Es erwarten Sie wohnlich eingerichtete Gästezimmer und ein netter Gartenbereich.

Krone
Rest,

Am Rad 5 ✉ 83471 – ✆ (08652) 9 46 00 – www.hotel-krone-berchtesgaden.de – geschl. November - 20. Dezember
19 Zim – 36/56 € 66/112 €
Rest – *(geschl. Montag) (nur Abendessen)* Karte 19/28 €
Etwas oberhalb am Ortsrand befindet sich das alpenländische Haus mit seinen behaglich-rustikalen, teils talseitigen Zimmern. Bergpanorama auch von der Liegewiese und der Terrasse.

Lockstein 1
Locksteinstr. 1 ✉ 83471 – ✆ (08652) 98 00 – www.biohotel-kurz.de
Rest – *(nur Abendessen)* (Tischbestellung erforderlich) Menü 35 €
Christel Kurz ist nicht nur eine reizende Gastgeberin, sie kann auch gut kochen! Ihr schmackhaftes vegetarisches Menü ist auch für Fleischesser mal eine Alternative. Interessant könnten für Sie auch die vegetarischen Kochbücher sein! In dem charmanten über 500 Jahre alten Bauernhaus kann man auch übernachten.

An der Rossfeld-Ringstraße

Neuhäusl

Wildmoos 45 ✉ 83471 Berchtesgaden – ✆ (08652) 94 00 – www.neuhaeusl.de – geschl. 10. November - 18. Dezember
29 Zim – 65/80 € 120/180 € – ½ P
Rest – *(geschl. Dienstag) (Montag - Freitag ab 14 Uhr geöffnet)* Menü 14/17 € – Karte 18/28 €
Der gewachsene Berggasthof direkt an der Grenze zu Österreich bietet u. a. einige hübsche große Studios und einen schönen Wellnessbereich. Zum gemütlichen Restaurant gehören ein Wintergarten und eine Terrasse - mit toller Sicht auf Untersberg oder Kehlstein.

Auf dem Obersalzberg

InterContinental Berchtesgaden Resort

Hintereck 1 ✉ 83471 Berchtesgaden – ✆ (08652) 9 75 50 – www.berchtesgaden.intercontinental.com
126 Zim – 238/407 € 307/477 € – 12 Suiten – ½ P
Rest *LE CIEL* – **Rest *3'60°*** – siehe Restaurantauswahl
Rest *Bayernstube* – *(geschl. Montag - Donnerstag) (nur Abendessen)* Karte 43/45 €
1000 m über dem Meer, ringsum schönste Bergkulisse und dazu Luxus der modernen Art! Top die Penthouse-Maisonette-Suiten mit Dachterrasse, eine Oase für Wellnessfans der "Mountain Spa", ein Ort der Gemütlichkeit die rustikale Bayernstube. Es ist ein Resort der Ruhe und dennoch auch für Tagungen geeignet.

LE CIEL – Hotel InterContinental Berchtesgaden Resort
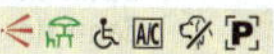

Hintereck 1 ✉ 83471 Berchtesgaden – ✆ (08652) 9 75 50 – www.berchtesgaden.intercontinental.com – geschl. Januar 2 Wochen und Sonntag - Montag
Rest – *(nur Abendessen)* (Tischbestellung ratsam) Menü 92/155 € – Karte 70/120 €
"Region", "Wasser", "Welt": Die drei Menüs sind unterschiedlich ausgerichtet, allen gemein ist Ulrich Heimanns Gefühl fürs (heimische) Produkt, sein eigener Stil und die schöne, exakte Optik! Mit ebensolchem Engagement ist auch der Service am Werk, verantwortlich dafür ist Beate Barbisch.
→ Langostino, Hirsesalat und Papaya. Atlantik Steinbutt, Rapa und Mandel-Gnocchi. Imperial Taube "Barbecue Style", Paprika und Mais.

3'60° – Hotel InterContinental Berchtesgaden Resort
Hintereck 1 ✉ 83471 Berchtesgaden – ✆ (08652) 9 75 50 – www.berchtesgaden.intercontinental.com
Rest – Menü 45/55 € – Karte 44/67 €
In atemberaubender Lage bietet das 3'60° eine Panoramaaussicht, die Gänsehaut-Feeling erzeugt. Mit modernem Ambiente und Front Cooking.

BERGEN – Mecklenburg-Vorpommern – siehe Rügen (Insel)

BERGHAUPTEN – Baden-Württemberg – siehe Gengenbach

BERGHEIM – Nordrhein-Westfalen – **543** – 61 670 Ew – Höhe 70 m **35** B12

Berlin 590 – Düsseldorf 56 – Aachen 58 – Bonn 53

Ambiente garni

Kirchstr. 54 ✉ 50126 – ✆ (02271) 4 99 40 – www.ambiente-hotel-bergheim.de

16 Zim – †68/81 € ††90/135 €, ☕ 10 €

Das kleine Hotel mit den soliden, hell eingerichteten Zimmern und gutem Frühstücksbuffet befindet sich in einem Wohn- und Bürogebäude. Vorteil für Sie: Die Tiefgarage ist im Preis inbegriffen!

BERGHÜLEN – Baden-Württemberg – siehe Merklingen

BERGISCH GLADBACH – Nordrhein-Westfalen – **543** – 105 840 Ew **36** C12 – Höhe 100 m

Berlin 571 – Düsseldorf 46 – Bonn 40 – Köln 17

ADAC Kürtener Str. 5a

18 Bergisch Gladbach-Refrath, Golfplatz 2, ✆ (02204) 9 27 60

18 Overath-Steinenbrück, Am Golfplatz 1, ✆ (02204) 9 76 00

Althoff Schlosshotel Lerbach

Lerbacher Weg ✉ 51465 – ✆ (02202) 20 40 – www.schlosshotel-lerbach.com – geschl. Anfang Januar 2 Wochen B1**a**

39 Zim – †165/265 € ††215/410 €, ☕ 28 € – 13 Suiten – ½ P

Rest *Gourmetrestaurant Lerbach* ✿✿ **Rest *Coq au vin*** – siehe Restaurantauswahl

Das traumhafte herrschaftliche Anwesen steht für individuellen Charme, den jeder der wohnlichen, klassisch-stilvollen Räume versprüht. Ein wunderschöner Park umgibt das schmucke historische Gebäude, in dem man auch Kosmetik- und Massageanwendungen bietet.

✿✿

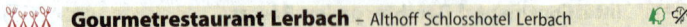

Gourmetrestaurant Lerbach – Althoff Schlosshotel Lerbach

Lerbacher Weg ✉ 51465 – ✆ (02202) 20 40 – www.schlosshotel-lerbach.com – geschl. 1. - 16. Januar, 7. - 27. Juli und Sonntag - Montag B1**a**

Rest – (Tischbestellung ratsam) Menü 110 € (mittags)/185 € – Karte 86/126 € ✿

"Pure Nature" heißt seine Philosophie und so hat bei Nils Henkel das Produkt größte Bedeutung. Mit feinem Gespür und eigener Handschrift unterstreicht er die natürlichen Aromen, schafft kreative und stimmige Kombinationen, die auch mit ihrer Optik zu überzeugen wissen. Aber nicht nur die Speisen sind etwas fürs Auge, denn der lichte, elegante Wintergarten gibt den Blick in den schönen Park frei.

➜ Entenleber - Birkensaft, Pilze, Gerstenmalz, Süssdolde. Seesaibling - Holunderkapernvinaigrette, Kressepüree, Saiblingskaviar. Rehbock aus der Eifel - Taubnessel, Pfifferlinge, Lauch, Preiselbeeren.

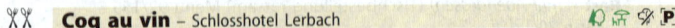

Coq au vin – Schlosshotel Lerbach

Lerbacher Weg ✉ 51465 – ✆ (02202) 20 40 – www.schlosshotel-lerbach.com – geschl. Anfang Januar 2 Wochen B1**a**

Rest – Menü 55 € (mittags)/73 € – Karte 48/65 €

Elegante Brasserie-Atmosphäre, dazu eine authentische französische Küche, die aus frischen Produkten sorgfältig zubereitet wird. Im Sommer speist man auch auf der Terrasse mit Blick zum Park.

In Bergisch Gladbach-Bensberg

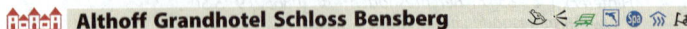

Althoff Grandhotel Schloss Bensberg

Kadettenstraße ✉ 51429 – ✆ (02204) 4 20 – www.schlossbensberg.com B2**e**

84 Zim – †185/285 € ††215/315 €, ☕ 29 € – 36 Suiten

Rest *Vendôme* ✿✿✿ **Rest *Trattoria Enoteca*** – siehe Restaurantauswahl

Die jahrhundertealten Mauern des imposanten Schlosses bilden einen wunderschönen klassischen Rahmen für das ausgesuchte, edle Interieur und den professionellen Service. Fantastisch ist die exponierte Lage über Köln mit Blick auf den Dom.

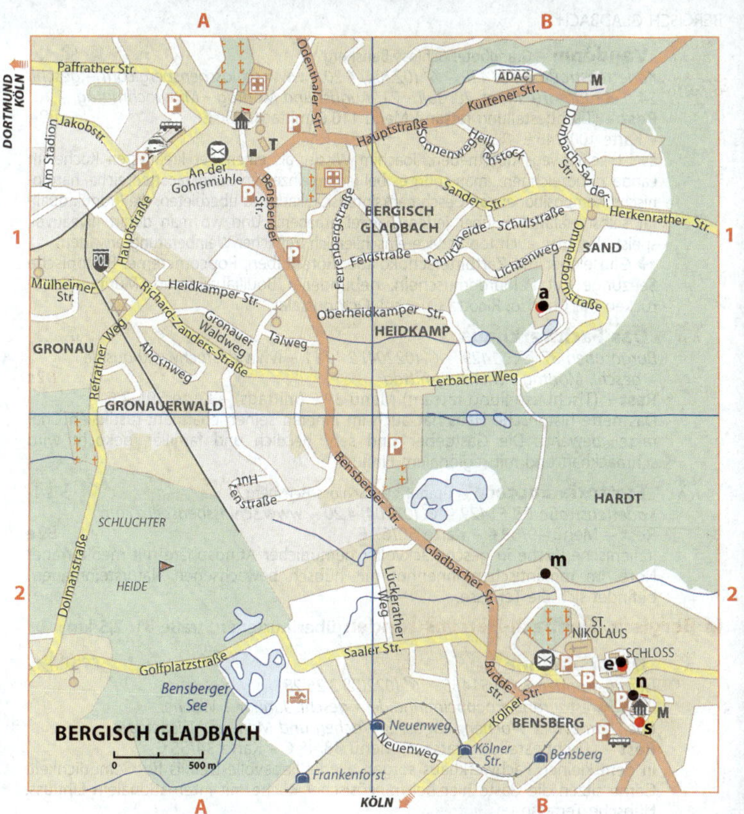

Waldhotel Mangold (mit Gästehaus)

Am Milchbornbach 39 ✉ *51429 – ✆ (02204) 9 55 50 – www.waldhotel.de*
– geschl. 1. - 10. Januar B2**m**

23 Zim ☕ – 🚹120/195 € 🚹🚹180/250 € – ½ P

Rest *Waldstuben* – ✆ (02204) 95 55 42 *(geschl. Sonntagabend - Montag) (Dienstag - Donnerstag nur Abendessen)* (Tischbestellung ratsam) Menü 48/75 € – Karte 39/67 €

Ruhig liegt das gut geführte Landhotel mit klassisch-gediegenem Ambiente am Waldrand unterhalb des Schlosses. Zum Haus gehört ein sehr gepflegter Garten. Geschmackvoll dekoriertes, elegant-rustikales Restaurant.

Malerwinkel garni

Burggraben 6, (am Rathaus) ✉ *51429 – ✆ (02204) 9 50 40*
– www.malerwinkel-hotel.de B2**n**

34 Zim ☕ – 🚹98/169 € 🚹🚹169/199 € – 1 Suite

Das hübsche Ensemble aus Stammhaus, "Musikschule" und "Künstlerhaus" wird angenehm persönlich geleitet und besticht durch liebenswerte Einrichtung. Sie frühstücken im lichten Wintergarten und entspannen im idyllischen begrünten Innenhof zwischen den Häusern.

Sie möchten spontan verreisen? Besuchen Sie die Internetseiten der Hotels, um von deren Sonderkonditionen zu profitieren.

Vendôme – Grandhotel Schloss Bensberg

Kadettenstraße ✉ 51429 – ✆ (02204) 4 20 – www.schlossbensberg.com – geschl. 24. Februar - 10. März, 28. Juli - 21. August und Montag - Mittwochmittag

Rest – (Tischbestellung ratsam) Menü 110 € (mittags)/230 € – Karte 100/146 € B2**e**

Es ist keineswegs übertrieben, Joachim Wissler als einen der kreativsten Köche im Lande zu bezeichnen... man spürt es bei jedem einzelnen Gang: facettenreiche, harmonische Kompositionen, an Geschmacksintensität kaum zu überbieten, die Produktqualität selbstverständlich über jeden Zweifel erhaben... Und wo man derart niveauvoll speist, darf man auch top Service einschließlich trefflicher Weinberatung erwarten.

➜ Gänseleber mit Zartbitterschokolade, Rote Rüben, Popcorncreme. Bretonische Seezunge mit Palourdemuscheln, gebundener Bouillabaissesud. Müritz Lammrücken mit Chorizo, Ricotta-Gnocchi, Octopussalat.

Das Fachwerkhaus

Burggraben 37 ✉ 51429 – ✆ (02204) 5 49 11 – www.dasfachwerkhaus.de – geschl. Montag - Dienstagmittag B2**s**

Rest – (Tischbestellung ratsam) Menü 39 € (mittags) – Karte 39/67 €

Das nette historische Haus hat auch im Inneren seinen charmant-rustikalen Charakter bewahrt. Die Gastgeber sind sehr herzlich und familiär, gekocht wird schmackhaft und mit regionalem Einfluss.

Trattoria Enoteca – Grandhotel Schloss Bensberg

Kadettenstraße ✉ 51429 – ✆ (02204) 4 20 – www.schlossbensberg.com

Rest – Menü 49/69 € – Karte 50/67 € B2**e**

Italienische Küche in geschmackvoller gemütlicher Atmosphäre mit mediterraner Note. Im romantischen Innenhof mit hübsch bewachsenen Natursteinmauern befindet sich die Terrasse.

In Bergisch Gladbach-Herrenstrunden über Kürtener Straße B1: 2,5 km

Dröppelminna

Herrenstrunden 3 ✉ 51465 – ✆ (02202) 3 25 28 – www.restaurant-droeppelminna.de – geschl. Januar 1 Woche, über Karneval 2 Wochen, August 3 Wochen und Montag - Dienstag

Rest – (Tischbestellung ratsam) Menü 38/48 € – Karte 34/55 €

In dem kleinen Fachwerkhaus sorgen allerlei liebevolle Details für Gemütlichkeit. Gerne sitzen die Gäste hier bei französischer Küche mit internationalem Einfluss. Hübsche Terrasse.

In Bergisch Gladbach-Refrath über Dollmannstraße A2

Kult

Wickenpfädchen 9 ✉ 51427 – ✆ (02204) 96 46 27 – www.kult-restaurant.de – geschl. über Karneval 2 Wochen, Juli - August 3 Wochen und Samstagmittag, Sonntag - Montag sowie an Feiertagen

Rest – Menü 20 € (mittags)/65 € – Karte 43/68 €

Die sympathischen Gastgeber bieten in ihrem modern, hell und freundlich gestalteten Restaurant euro-orientalische Kräuterküche aus frischen Produkten.

BERGKIRCHEN – Bayern – siehe Dachau

BERGLEN – Baden-Württemberg – siehe Winnenden

BERGNEUSTADT – Nordrhein-Westfalen – 543 – 19 540 Ew – Höhe 240 m 36 D12

Berlin 558 – Düsseldorf 89 – Köln 57 – Olpe 20

In Bergneustadt-Niederrengse Nord-Ost: 7 km über B 55, in Pernze links

Rengser Mühle mit Zim Rest,

Niederrengse 4 ✉ 51702 – ✆ (02763) 9 14 50 – www.rengser-muehle.de – geschl. Montag - Dienstag

4 Zim – 65/69 € 95/110 € – ½ P **Rest** – Karte 22/51 €

In der 6. Generation betreibt Familie Vormstein das schön gelegene Haus mit heimeligen Stuben. Bürgerliche Küche mit regionalem Einfluss, Bergische Kaffeetafel auf Vorbestellung.

BERGZABERN, BAD – Rheinland-Pfalz – 543 – 7 640 Ew – Höhe 170 m – Heilklimatischer Kurort und Kneippheilbad 54 E17

Berlin 683 – Mainz 127 – Karlsruhe 39 – Landau/Pfalz 15

Kurtalstr. 27, ✉ 76887, ☎ (06343) 98 96 60, www.bad-bergzaberner-land.de

Gasthaus zum Engel★

Schlosshotel Bergzaberner Hof Zim, P

Königstr. 55 ✉ 76887 – ☎ (06343) 93 65 90 – www.bergzaberner-hof.de – geschl. Januar - Februar

20 Zim – 90/150 € 163/255 € – 1 Suite – ½ P

Rest *Walram* ✿ – siehe Restaurantauswahl

Rest *Markthalle* – Menü 35 € – Karte 25/43 €

Das historische Haus ist ein dreiflügeliges Anwesen neben dem Schloss. In den Zimmern wertige moderne Möbel und hübsche Stoffe, teilweise auch Deckenbalken oder eine Sandsteinwand. Preisgünstige Alternative zum Restaurant Walram ist die legere Markthalle: sorgfältig zubereitete klassische Gerichte, zudem Verkauf von Delikatessen und Hausgemachtem.

XXX ✿ **Walram** – Schlosshotel Bergzaberner Hof P

Königstr. 55 ✉ 76887 – ☎ (06343) 93 65 90 – www.bergzaberner-hof.de – geschl. Januar - Februar, 30. Juli - 27. August und Montag - Dienstag

Rest – *(nur Abendessen, sonntags auch Mittagessen)* Menü 79/109 € – Karte 65/90 €

Mit eleganter Geradlinigkeit verbreitet die Einrichtung in diesem Restaurant eine angenehme Klarheit - die schicken schwarzen Stühle und hochwertiges Gedeck passen schön ins Bild. Zum Schloss hin liegt die große, z. T. überdachte Terrasse.

➜ Roh marinierte Gänseleber mit Holunderblüten, Gurken und Joghurt. Bretonischer Glattbutt mit zweierlei Petersilie, Morcheln und Sherry. Geschmorte Bäckchen vom "Pata Negra" Schwein, weiße Zwiebeln, Erbsen und Amalfi Zitronen.

BERKHEIM – Baden-Württemberg – 545 – 2 700 Ew – Höhe 569 m 64 I20

Berlin 657 – Stuttgart 138 – Kempten 53 – Memmingen 11

Ochsen Rest, P

Alte Steige 1 ✉ 88450 – ☎ (08395) 9 29 29 – www.ochsenberkheim.de

24 Zim – 48/55 € 74/84 € **Rest** – *(geschl. Sonntag)* Karte 14/34 €

Der erweiterte Gasthof am Ortsrand ist ein gut geführter Familienbetrieb. Fragen Sie nach den neuzeitlich eingerichteten Zimmern im Anbau. Die bürgerliche Küche ist geprägt von der hauseigenen Metzgerei.

BERLEBURG, BAD – Nordrhein-Westfalen – 543 – 19 610 Ew – Höhe 420 m – Wintersport: 565 m 1 – Kneippheilbad 37 F12

Berlin 494 – Düsseldorf 174 – Siegen 42 – Meschede 56

Poststr. 42, ✉ 57319, ☎ (02751) 9 36 33, www.wunderwelt-am-rothaarsteig.de

Alte Schule 

Goetheplatz 1 ✉ 57319 – ☎ (02751) 9 20 47 80 – www.hotel-alteschule.de

20 Zim – 64/87 € 135/160 € – ½ P

Rest – *(Montag - Freitag nur Abendessen)* Menü 25/35 € – Karte 24/53 €

Ein geschmackvolles und elegantes kleines Hotel, das sich dem Thema Schule verschrieben hat. Individuelle Einrichtungsdetails, wertiges Mobiliar und freundlicher Service machen dieses Haus sehr angenehm. Das Restaurant in dem alten Schulraum ist behaglich gestaltet, die Küche ist regional und international.

In Bad Berleburg-Wingeshausen West: 14 km

X **Weber** mit Zim Zim, P

Inselweg 5 ✉ 57319 – ☎ (02759) 4 12 – www.landgasthof-weber.de – geschl. 2. - 18. Januar, 15. - 30. Juli, Montag - Dienstag und Mittwochmittag

3 Zim – 37/40 € 70/74 € – ½ P **Rest** – Karte 22/50 €

Freundlich und engagiert leitet Familie Weber das traditionsreiche schieferverkleidete Gasthaus mit gemütlichen Stuben und überwiegend regionaler Küche. Schöne Gartenterrasse.

BERLIN

Stadtpläne siehe nächste Seiten **23** P8

© René Mattes / Hemis.fr

Berlin – **3 501 880 Ew** – **Höhe 34 m** – **542** I24

◘ Frankfurt/Oder 105 – Hamburg 291 – Hannover 287 – Leipzig 193

Tourist-Informationen

Pariser Platz, im Brandenburger Tor, Südflügel N2, ✉ 10117, ✆ (030) 25 00 25, www.visitberlin.de

Europaplatz 1, Am Hauptbahnhof N2, ✉ 10557

Automobilclub - ADAC

Alexanderstr. 1 Q2

Berlin-Wilmersdorf, Bundesallee 29 L3

Autoreisezug

Berlin-Wannsee, Reichsbahnstraße, ✆ (01806) 99 66 33 (Gebühr)

Flughäfen

Berlin-Tegel E1, ✆ (0180) 5 00 01 86

Berlin-Schönefeld (Süd: 25 km, über A 113 D3), ✆ (0180) 5 00 01 86

Deutsche Lufthansa City Center, Kurfürstendamm 45/Eingang Bleibtreustraße, ✆ (030) 8 96 99 60

Messegelände

Messegelände am Funkturm, Messedamm 22 A2, ✉ 14055, ✆ (030) 3 03 80

Messen und Veranstaltungen

Zu Messezeiten verlangen viele Hotels erhöhte Messepreise
17.-26. Januar: Internationale Grüne Woche
17.-26. Januar: Heim - Tier & Planze
21.-23. Januar: Omnicard
5.-7. Februar: Fruit Logistica
7.-9. Februar: World Money
13.-23. Februar: Berlinale
15.-16. Februar: Weinmesse Alms
18.-21. Februar: bautec
18.-22. Februar: GRÜNBAU
5.-9. März: Internationale Tourismus-Börse (ITB)
20.-25. Mai: ILA - Berlin Air Show
5.-10. September: IFA - Internationale Funkausstellung
11.-14. September: MeLa
23.-26. September: InnoTrans
28. September: Berlin Marathon
7.-9. Oktober: INTERGEO
15.-17. Oktober: Belektro
12.-16. November: IMPORT SHOP

Golfplätze

27 Berlin-Wannsee, Golfweg 22, ✆(030) 8 06 70 60
18 Berlin-Gatow, Sparnecker Weg 100, ✆(030) 3 65 00 06
27 Gross Kienitz, ✆(033708) 5 37 70
27 Börnicke, Am Kallin 1, ✆(033230) 89 40
9 Mahlow, Kiefernweg, ✆(033379) 37 05 95
9 Großbeeren, Am Golfplatz 1, ✆(033701) 3 28 90
36 Wildenbruch Großer Seddiner See, Zum Weiher 44, ✆(033205) 73 20
36 Stolpe, Am Golfplatz 1, ✆(03303) 54 92 14

SEHENSWÜRDIGKEITEN

Historisches Zentrum: Reichstag★★N2 · Brandenburger Tor★★N2 · Unter den Linden★★NP2 · Alte Bibliothek★P2 · Gendarmenmarkt★★P3 · Staatsoper Unter den Linden★P2 · Friedrichswerdersche Kirche★P2 · Berliner Dom★Q2 · Deutsches Historisches Museum★★P2 · Alexanderplatz★Q2 · Nikolaiviertel★Q2 · Hauptbahnhof★N2 · DDR Museum★★Q2 · Märkisches Museum★Q3
Museumsinsel: Altes Museum★**M18** · Neues Museum★★★ · Alte Nationalgalerie★★**M20** · Pergamonmuseum★★★· Bode-Museum★★**M40**P2
Kulturforum: Gemäldegalerie★★★ · Kunstgewerbemuseum★★**M5** · Kupferstichkabinett★ · Neue Nationalgalerie★★**M7** · Philharmonie★★N3
Potsdamer Platz: Sony Center★★★**M10** · Museum für Film und Fernsehen★★N3 · Martin-Gropius-Bau★★P3
Tiergarten: Zoologischer Garten★★★LM1 · Bauhaus-Archiv★M1
Kurfürstendammviertel: Kurfürstendamm★★L2· Kaiser-Wilhelm-Gedächtniskirche★L1_2
Charlottenburg: Schloss Charlottenburg★★★Schlossgarten★★ · Sammlung Berggruen★★★**M16** · Bröhan Museum★**M13** · Funkturm★ · Käthe-Kollwitz-Museum★L2
Dahlem: Ethnologisches Museum★★★ · Museum für Indische Kunst★★ · Museum für Ostasiatische Kunst★ · Museum Europäischer Kulturen★B3
Weitere Museen: Hamburger Bahnhof★★N1_2 · Jüdisches Museum★★★**M38**G2 · Deutsches Technikmuseum★G2_3 · Museum für Post und Kommunikation★**M1**P3 · Brücke-Museum★★**M36**B3

Alphabetische Liste der Hotels
Alphabetical index of hotels

BERLIN

Alphabetische Liste der Restaurants
Alphabetical index of restaurants

Restaurants am Sonntag geöffnet
Restaurants open on Sunday

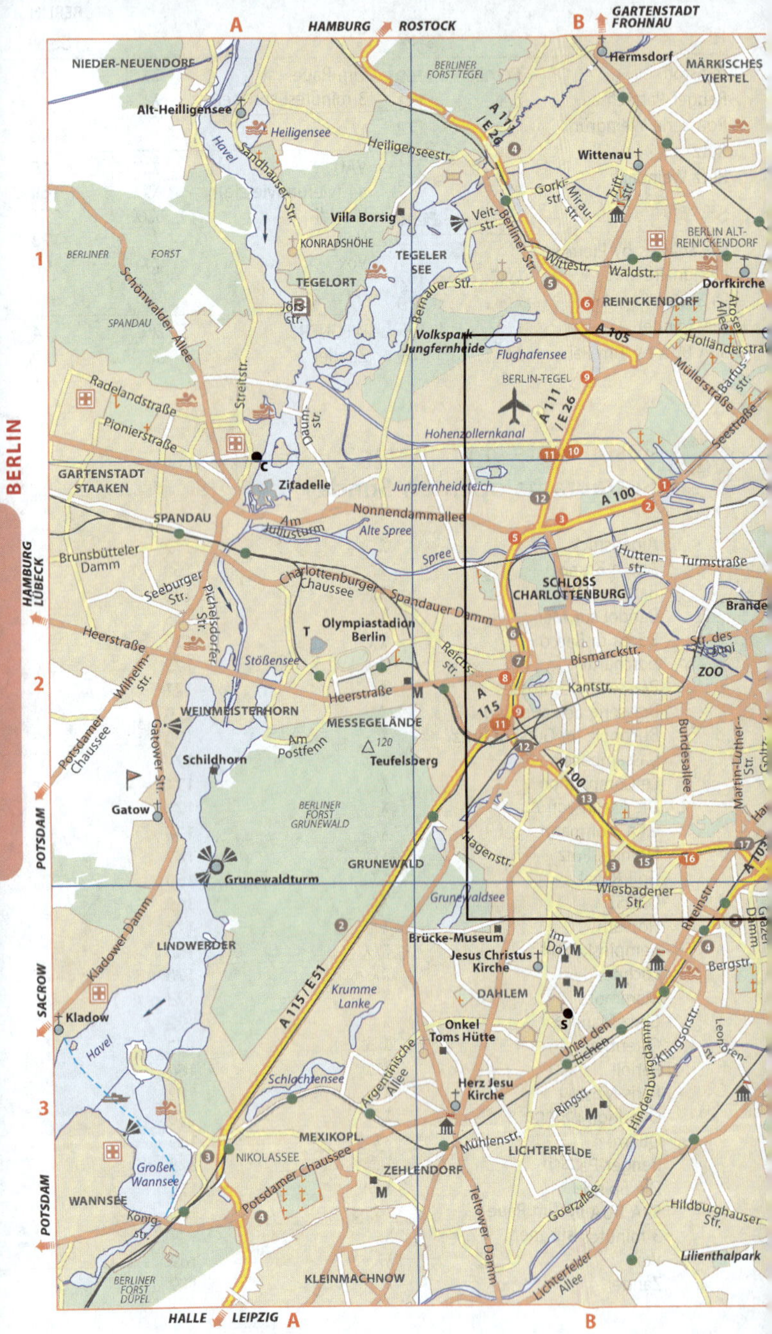

BERLIN

A
HAMBURG ROSTOCK
B
GARTENSTADT FROHNAU

NIEDER-NEUENDORF
Alt-Heiligensee
Heiligensee
Havel
Sandhauser Str.
Heiligenseestr.
BERLINER FORST TEGEL
A 111 / E 26
Hermsdorf
MÄRKISCHES VIERTEL
Wittenau
Gorki-str.
Mirau-str.
Trift-str.
Villa Borsig
Veit-str.
Berliner Str.
KONRADSHÖHE
TEGELER SEE
BERLIN ALT-REINICKENDORF
Wittestr.
Waldstr.
Dorfkirche
BERLINER FORST
1
Schönwalder Allee
TEGELORT
Bernauer Str.
REINICKENDORF
Aroser Allee
SPANDAU
Jörsstr.
Volkspark Jungfernheide
Flughafensee
A 105
Holländerstraße
Müllerstraße
Barfusstr.
Radelandstraße
Streitstr.
BERLIN-TEGEL
A 111 / E 26
Pionierstraße
Daumstr.
Hohenzollernkanal
Seestraße
GARTENSTADT STAAKEN
Zitadelle
Jungfernheideteich
A 100
SPANDAU
Nonnendammallee
Am Juliusturm
Alte Spree
HAMBURG LÜBECK
Brunsbütteler Damm
Spree
Hutten-str.
Turmstraße
Seeburger Str.
Charlottenburger Chaussee
SCHLOSS CHARLOTTENBURG
Pichelsdorfer Str.
Spandauer Damm
Brande
Olympiastadion Berlin
Heerstraße
Reichsstr.
Bismarckstr.
Str. des 17. Juni
Stößensee
ZOO
2
Wilhelmstr.
Heerstraße
Kantstr.
A 115
WEINMEISTERHORN
MESSEGELÄNDE
Potsdamer Chaussee
Gatower Str.
Am Postfenn
120
Teufelsberg
Schildhorn
A 100
Bundesallee
Martin-Luther-Str.
POTSDAM
Gatow
BERLINER FORST GRUNEWALD
Hagenstr.
Grunewaldturm
GRUNEWALD
Wiesbadener Str.
Rheinstr.
Grunewaldsee
Kladower Damm
LINDWERDER
Brücke-Museum
Im Dol
Jesus Christus Kirche
Bergstr.
SACROW
A 115/E 51
Krumme Lanke
DAHLEM
Kladow
Havel
Onkel Toms Hütte
Unter den Eichen
Hindenburgdamm
Klingsorstr.
Leonorenstr.
Schlachtensee
Argentinische Allee
Herz Jesu Kirche
Ringstr.
3
MEXIKOPL.
Mühlenstr.
LICHTERFELDE
NIKOLASSEE
Großer Wannsee
Potsdamer Chaussee
ZEHLENDORF
POTSDAM
WANNSEE
Königstr.
Teltower Damm
Goerzallee
Hildburghauser Str.
Lilienthalpark
BERLINER FORST DÜPPEL
KLEINMACHNOW
Lichterfelder Allee
HALLE LEIPZIG
A
B

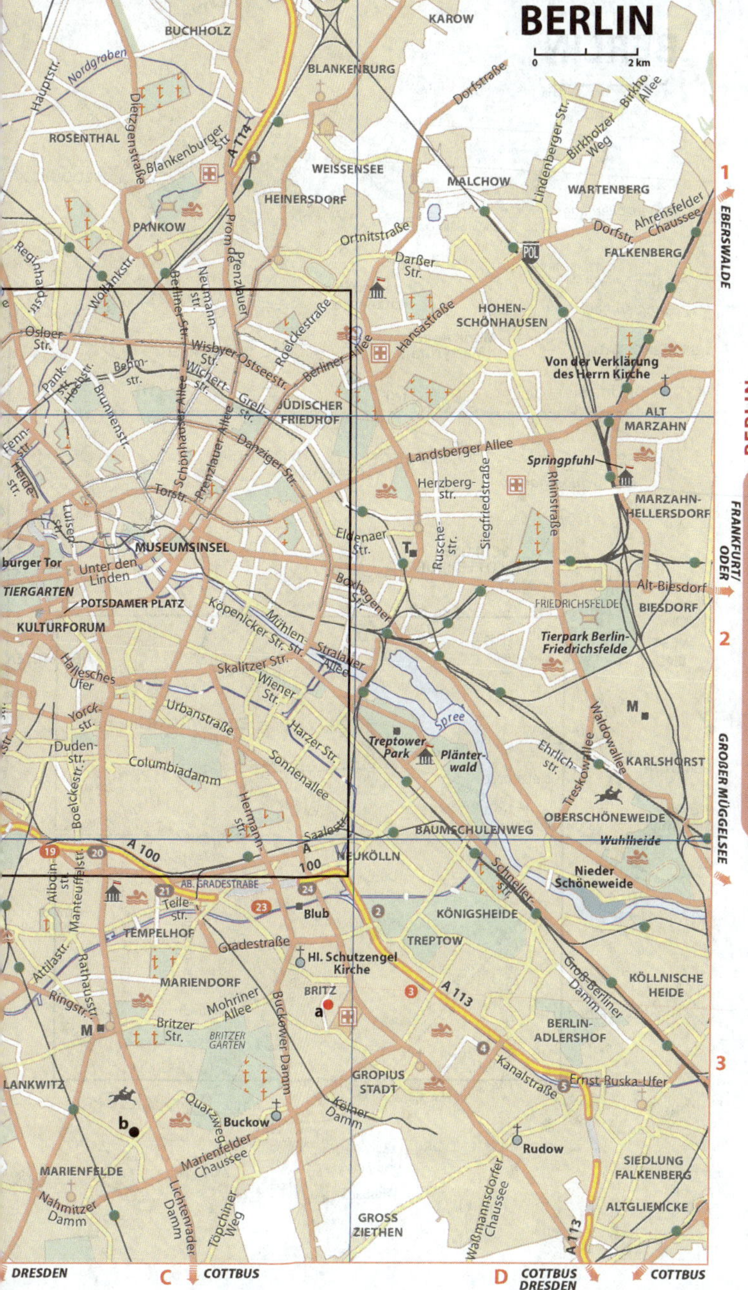

BERLIN
STRALSUND
PRENZLAU
BUCH
BUCHHOLZ
KAROW
BLANKENBURG
ROSENTHAL
WEISSENSEE
HEINERSDORF
MALCHOW
WARTENBERG
PANKOW
FALKENBERG
HOHEN-SCHÖNHAUSEN
Von der Verklärung des Herrn Kirche
JÜDISCHER FRIEDHOF
ALT MARZAHN
Springpfuhl
MARZAHN-HELLERSDORF
MUSEUMSINSEL
TIERGARTEN
POTSDAMER PLATZ
KULTURFORUM
FRIEDRICHSFELDE
BIESDORF
Tierpark Berlin-Friedrichsfelde
Treptower Park
Plänterwald
KARLSHORST
OBERSCHÖNEWEIDE
Wuhlheide
BAUMSCHULENWEG
NEUKÖLLN
Nieder Schöneweide
KÖNIGSHEIDE
TEMPELHOF
TREPTOW
Hl. Schutzengel Kirche
MARIENDORF
BRITZ
KÖLLNISCHE HEIDE
BERLIN-ADLERSHOF
BRITZER GARTEN
LANKWITZ
GROPIUS STADT
Buckow
Rudow
MARIENFELDE
SIEDLUNG FALKENBERG
ALTGLIENICKE
GROSS ZIETHEN
EBERSWALDE
FRANKFURT/ODER
GROSSER MÜGGELSEE
DRESDEN
COTTBUS
COTTBUS DRESDEN
COTTBUS
Blub
A 100
A 113
A 114
Spree

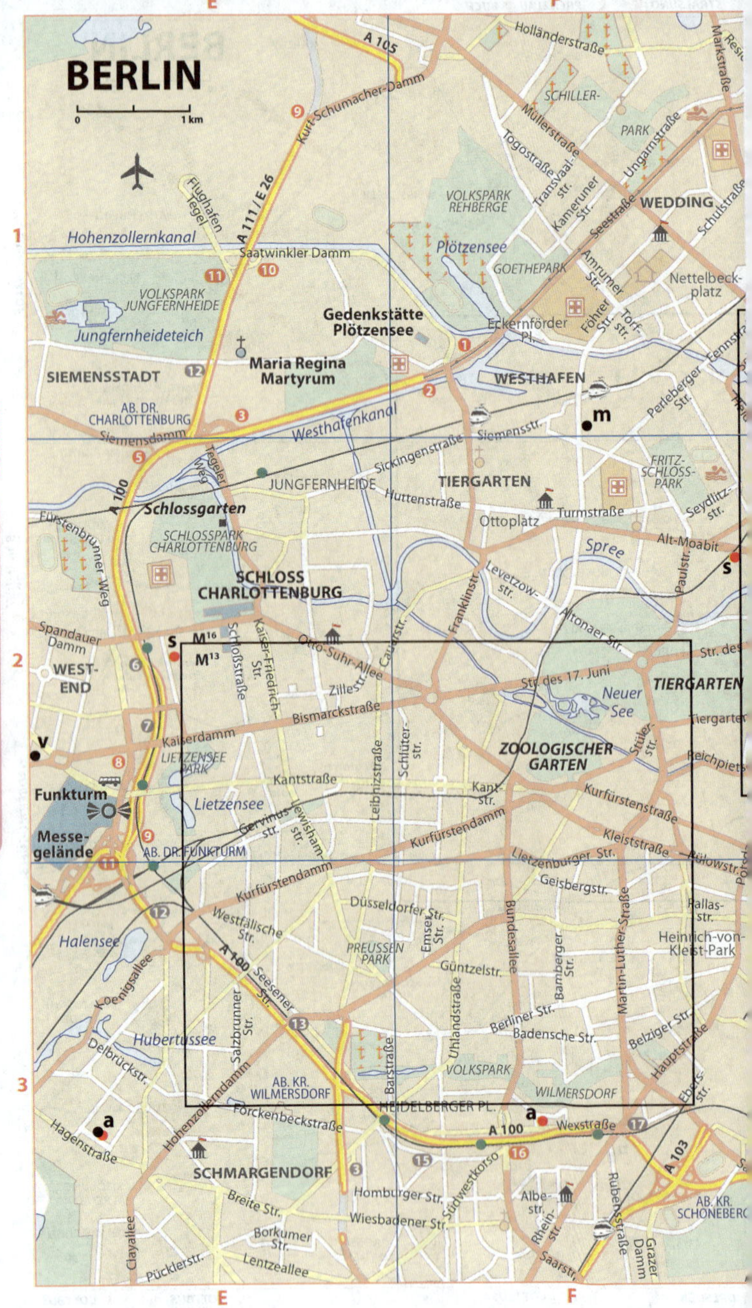

BERLIN
0
1 km
E
F
1
2
3
Hohenzollernkanal
Saatwinkler Damm
VOLKSPARK JUNGFERNHEIDE
Jungfernheideteich
SIEMENSSTADT
Gedenkstätte Plötzensee
Maria Regina Martyrum
WESTHAFEN
Westhafenkanal
Siemensdamm
Siemensstr.
Sickingenstraße
JUNGFERNHEIDE
Huttenstraße
TIERGARTEN
Turmstraße
Ottoplatz
Alt-Moabit
Spree
Schlossgarten
SCHLOSSPARK CHARLOTTENBURG
SCHLOSS CHARLOTTENBURG
Fürstenbrunner Weg
Spandauer Damm
WEST-END
Otto-Suhr-Allee
Bismarckstraße
Kaiserdamm
Kantstraße
Lietzensee
Funkturm
Messe-gelände
Kurfürstendamm
ZOOLOGISCHER GARTEN
Neuer See
Str. des 17. Juni
Kurfürstenstraße
Kleiststraße
Lietzenburger Str.
Geisbergstr.
Düsseldorfer Str.
PREUSSEN PARK
Güntzelstr.
Bundesallee
Martin-Luther-Straße
Heinrich-von-Kleist-Park
Halensee
Koenigsallee
Hubertussee
Seesener Str.
Westfälische Str.
Berliner Str.
Badensche Str.
VOLKSPARK WILMERSDORF
AB. KR. WILMERSDORF
HEIDELBERGER PL.
Wexstraße
A 100
A 103
A 105
A 111 / E 26
Kurt-Schumacher-Damm
Flughafen Tegel
Holländerstraße
SCHILLER-PARK
Müllerstraße
Seestraße
WEDDING
VOLKSPARK REHBERGE
Plötzensee
GOETHEPARK
Nettelbeck-platz
FRITZ-SCHLOSS-PARK
Forckenbeckstraße
SCHMARGENDORF
Hohenzollerndamm
Hagenstraße
Delbrückstr.
Breite Str.
Homburger Str.
Wiesbadener Str.
Südwestkorso
Clayallee
Pücklerstr.
Lentzeallee
Borkumer Str.
Rubensstraße
AB. KR. SCHÖNEBERG

BERLIN

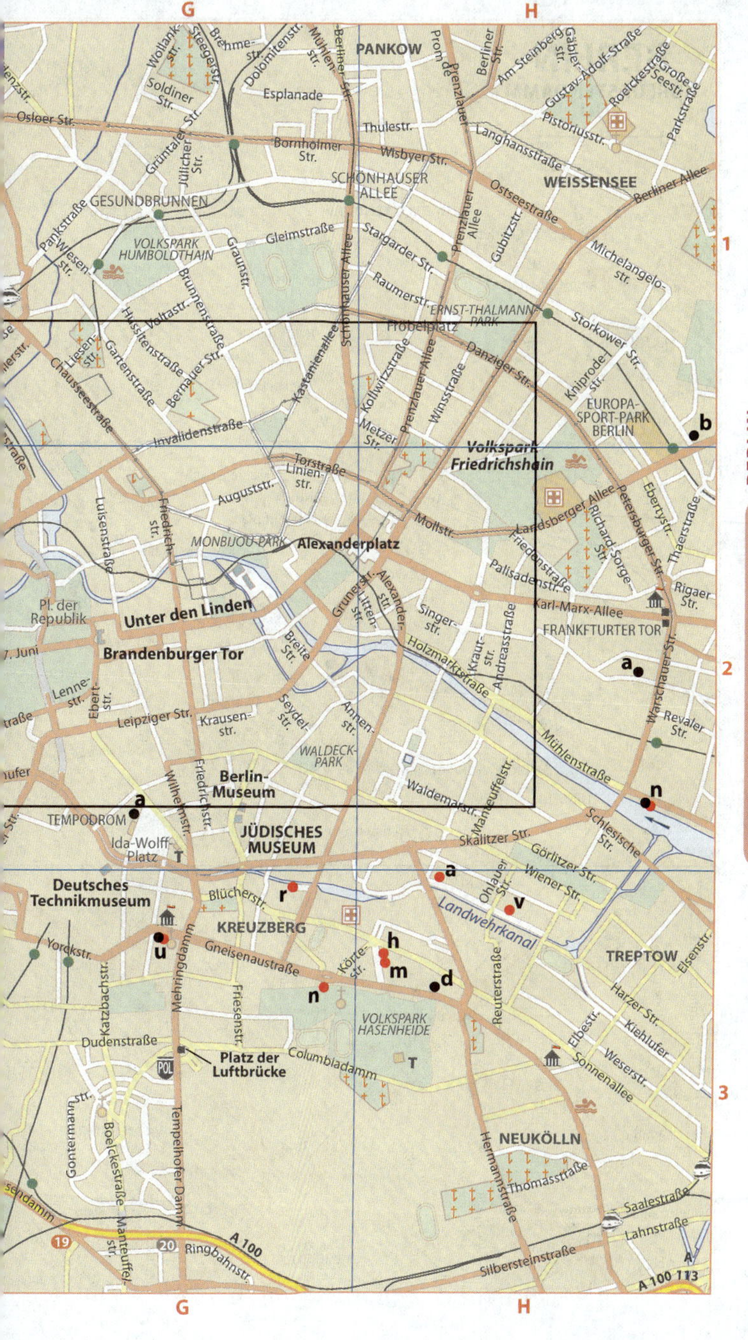
G
H
PANKOW
WEISSENSEE
GESUNDBRUNNEN
VOLKSPARK HUMBOLDTHAIN
SCHÖNHAUSER ALLEE
ERNST-THÄLMANN-PARK
EUROPA-SPORT-PARK BERLIN
Volkspark Friedrichshain
Alexanderplatz
MONBIJOU-PARK
Unter den Linden
Brandenburger Tor
Pl. der Republik
FRANKFURTER TOR
WALDECK-PARK
Berlin-Museum
JÜDISCHES MUSEUM
TEMPODROM
Ida-Wolff-Platz
Deutsches Technikmuseum
KREUZBERG
Landwehrkanal
TREPTOW
VOLKSPARK HASENHEIDE
Platz der Luftbrücke
NEUKÖLLN
A 100
1
2
3
G
H
BERLIN

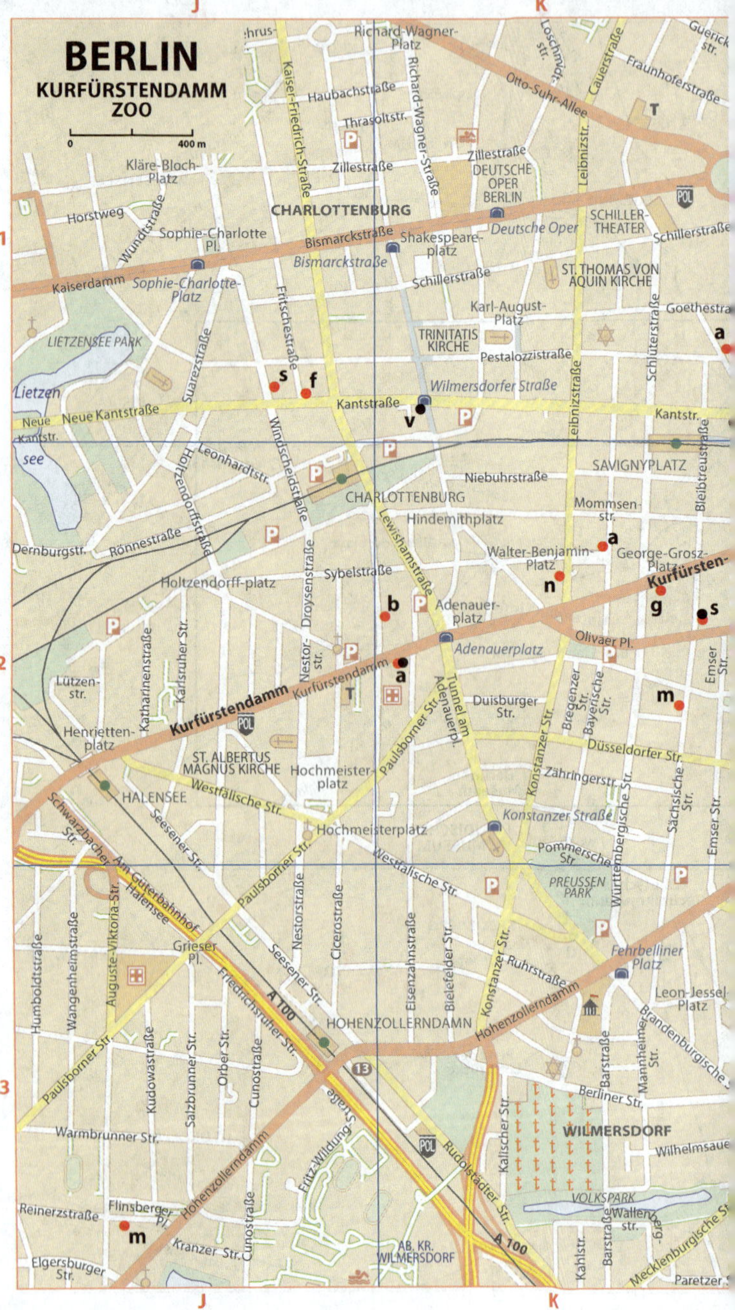
BERLIN
KURFÜRSTENDAMM
ZOO
0
400 m
J
K
1
2
3
Richard-Wagner-Platz
Kaiser-Friedrich-Straße
Richard-Wagner-Straße
Haubachstraße
Thrasoltstr.
Zillestraße
DEUTSCHE OPER BERLIN
Loschmidtstr.
Cauerstraße
Otto-Suhr-Allee
Fraunhoferstraße
Guerickestr.
Leibnizstr.
Kläre-Bloch-Platz
Horstweg
Wundtstraße
Sophie-Charlotte Pl.
CHARLOTTENBURG
Bismarckstraße
Shakespeareplatz
Deutsche Oper
SCHILLER-THEATER
Schillerstraße
Kaiserdamm
Sophie-Charlotte-Platz
Bismarckstraße
Schillerstraße
ST. THOMAS VON AQUIN KIRCHE
Fritschestraße
Karl-August-Platz
Goethestra
LIETZENSEE PARK
Suarezstraße
TRINITATIS KIRCHE
Pestalozzistraße
Schlüterstraße
Lietzensee
Neue Kantstr.
Neue Kantstraße
Kantstraße
Wilmersdorfer Straße
Kantstr.
Leonhardtstr.
Windscheidstraße
Holtzendorffstraße
Niebuhrstraße
SAVIGNYPLATZ
Bleibtreustraße
CHARLOTTENBURG
Hindemithplatz
Mommsenstr.
Lewishamstraße
Dernburgstr.
Rönnestraße
Walter-Benjamin-Platz
George-Grosz-Platz
Kurfürsten-
Holtzendorff-platz
Sybelstraße
Droysenstraße
Adenauerplatz
Olivaer Pl.
Nestorstr.
Adenauerplatz
Emser Str.
Lützenstr.
Katharinenstraße
Karlsruher Str.
Kurfürstendamm
Tunnel am Adenauerpl.
Duisburger Str.
Bregenzer Str.
Bayerische Str.
Henriettenplatz
Paulsborner Str.
Konstanzer Str.
Düsseldorfer Str.
ST. ALBERTUS MAGNUS KIRCHE
Hochmeisterplatz
Zähringerstr.
HALENSEE
Westfälische Str.
Sächsische Str.
Württembergische Str.
Konstanzer Straße
Emser Str.
Hochmeisterplatz
Seesener Str.
Schwarzbacher Str.
Pommersche Str.
Westfälische Str.
PREUSSEN PARK
Am Güterbahnhof Halensee
Auguste-Viktoria-Str.
Paulsborner Str.
Nestorstraße
Ciceroststraße
Eisenzahnstraße
Bielefelder Str.
Fehrbelliner Platz
Humboldtstraße
Wangenheimstraße
Grieser Pl.
Seesener Str.
Ruhrstraße
Leon-Jessel-Platz
Friedrichsruher Str.
A 100
Konstanzer Str.
HOHENZOLLERNDAMM
Hohenzollerndamm
Brandenburgische
Kudowastraße
Salzbrunner Str.
Orber Str.
Cunostraße
Barstraße
Mannheimer Str.
Paulsborner Str.
13
Berliner Str.
Warmbrunner Str.
WILMERSDORF
Wilhelmsaue
Kalischer Str.
Hohenzollerndamm
Fritz-Wildung-Straße
Rudolstädter Str.
Reinerzstraße
Flinsberger Pl.
VOLKSPARK
Wallenbergstr.
Mecklenburgische St
Kranzer Str.
Cunostraße
AB. KR. WILMERSDORF
A 100
Kahlstr.
Barstraße
Elgersburger Str.
Paretzer

BERLIN

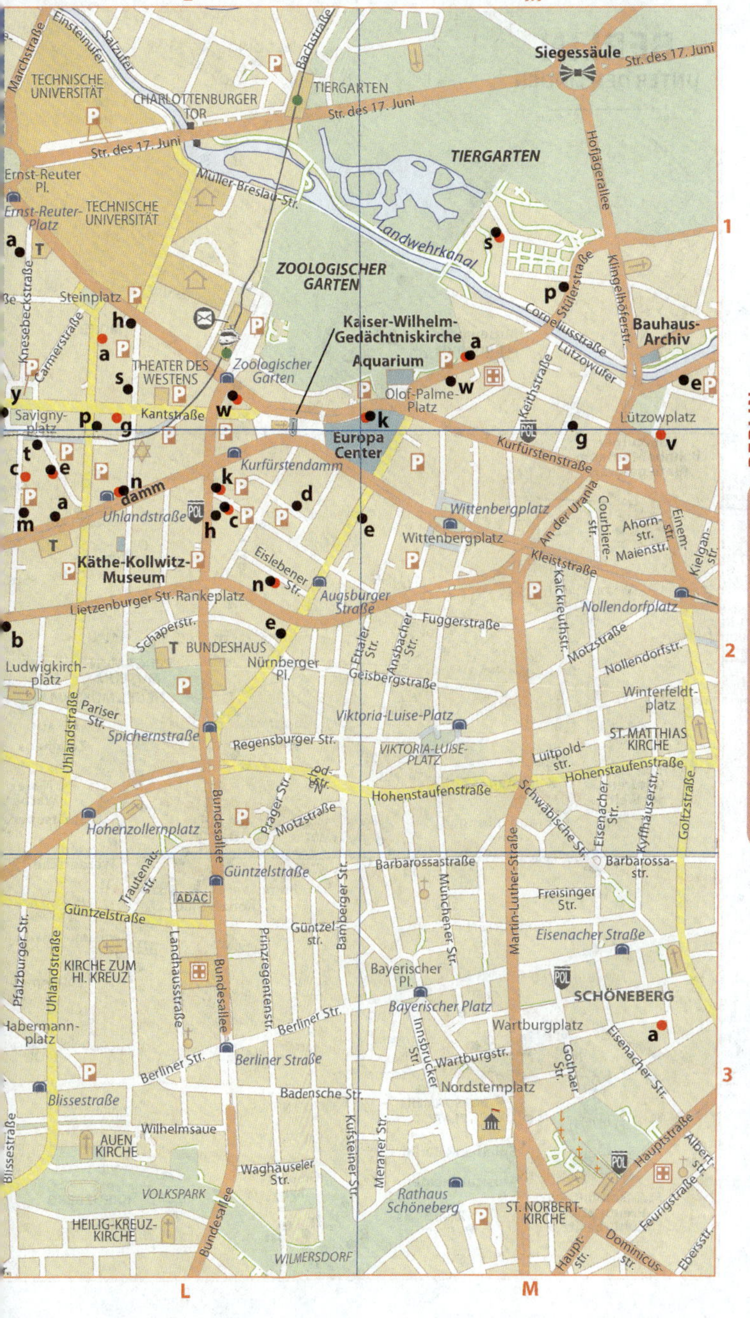
L
M
Siegessäule
TIERGARTEN
ZOOLOGISCHER GARTEN
Kaiser-Wilhelm-Gedächtniskirche
Aquarium
Bauhaus-Archiv
Europa Center
Käthe-Kollwitz-Museum
TECHNISCHE UNIVERSITÄT
CHARLOTTENBURGER TOR
THEATER DES WESTENS
BUNDESHAUS
KIRCHE ZUM HL. KREUZ
AUEN KIRCHE
HEILIG-KREUZ-KIRCHE
VOLKSPARK
WILMERSDORF
SCHÖNEBERG
ST. MATTHIAS KIRCHE
ST. NORBERT-KIRCHE
Rathaus Schöneberg
Wittenbergplatz
Nollendorfplatz
Bayerischer Platz
Kurfürstendamm
Kurfürstenstraße
Str. des 17. Juni
Landwehrkanal
Hohenstaufenstraße
Martin-Luther-Straße
Bundesallee
Uhlandstraße
1
2
3
BERLIN

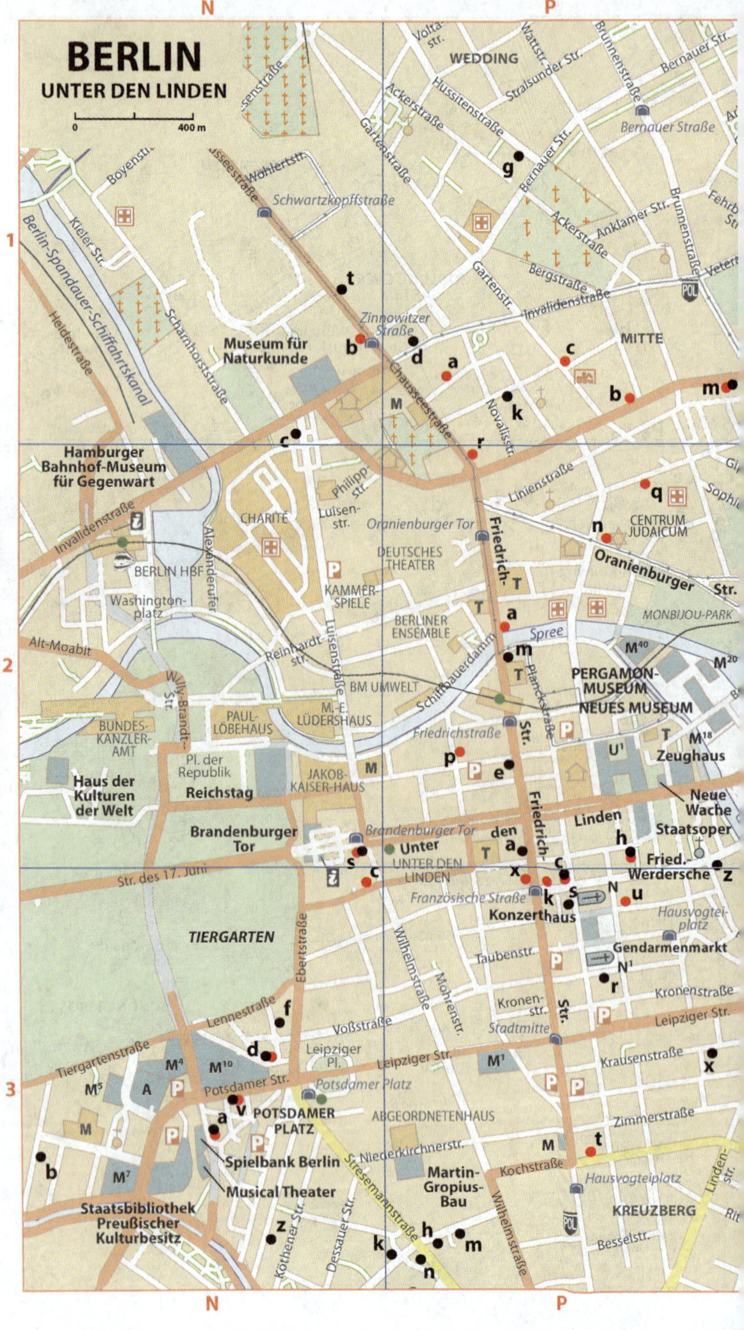

BERLIN
UNTER DEN LINDEN
Museum für Naturkunde
Hamburger Bahnhof-Museum für Gegenwart
Haus der Kulturen der Welt
Reichstag
Brandenburger Tor
TIERGARTEN
PERGAMON-MUSEUM
NEUES MUSEUM
Zeughaus
Neue Wache
Staatsoper
Fried.-Werdersche
Konzerthaus
Gendarmenmarkt
POTSDAMER PLATZ
Spielbank Berlin
Musical Theater
Staatsbibliothek Preußischer Kulturbesitz
Martin-Gropius-Bau
KREUZBERG
MITTE
WEDDING
CENTRUM JUDAICUM
Friedrichstraße
Unter den Linden
Oranienburger Str.

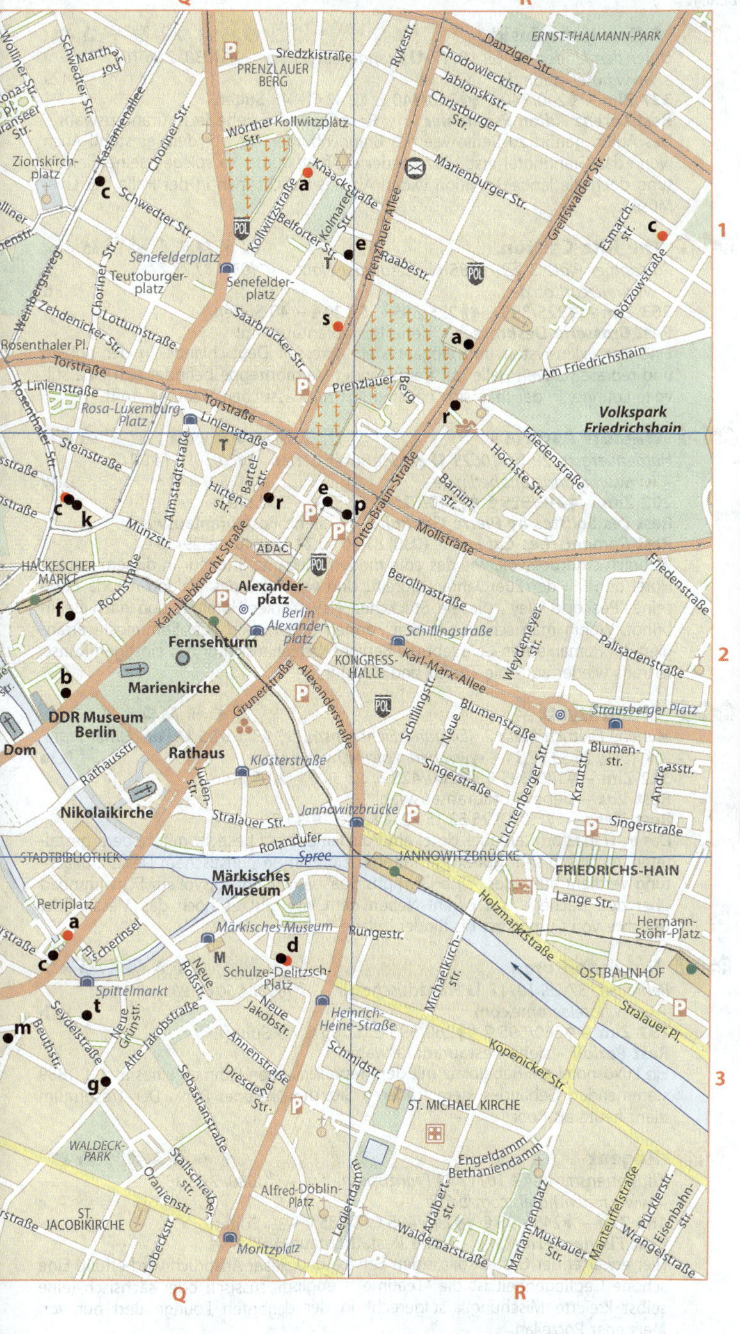
Q
R
1
2
3
ERNST-THÄLMANN-PARK
Danziger Str.
Sredzkistraße
PRENZLAUER BERG
Rykestr.
Chodowieckistr.
Jablonskistr.
Christburger Str.
Wörther Str.
Kollwitzplatz
Marthashof
Schwedter Str.
Wolliner Str.
Kastanienallee
Choriner Str.
Zionskirchplatz
Knaackstraße
Marienburger Str.
Kolmarer Str.
Belforter Str.
Kollwitzstraße
Prenzlauer Allee
Greifswalder Str.
Esmarchstr.
Bötzowstraße
Senefelderplatz
Teutoburger-platz
Senefelder-platz
Raabestr.
Weinbergsweg
Zehdenicker Str.
Lottumstraße
Saarbrücker Str.
Rosenthaler Pl.
Torstraße
Am Friedrichshain
Linienstraße
Rosa-Luxemburg-Platz
Prenzlauer Berg
Volkspark Friedrichshain
Rosenthaler Str.
Steinstraße
Almstadtstraße
Bartelstr.
Hirtenstr.
Otto-Braun-Straße
Barnimstr.
Höchste Str.
Friedenstraße
Münzstr.
Mollstraße
ADAC
HACKESCHER MARKT
Rochstraße
Karl-Liebknecht-Straße
Alexanderplatz
Berolinastraße
Berlin Alexanderplatz
Schillingstraße
Weydemeyerstr.
Fernsehturm
KONGRESS-HALLE
Karl-Marx-Allee
Palisadenstraße
Marienkirche
Grunerstraße
Alexanderstraße
Schillingstr.
Blumenstraße
Strausberger Platz
DDR Museum Berlin
Dom
Rathausstr.
Rathaus
Klosterstraße
Neue
Blumenstr.
Krautstr.
Andreasstr.
Lichtenberger Str.
Jüdenstr.
Singerstraße
Nikolaikirche
Stralauer Str.
Jannowitzbrücke
Singerstraße
Rolandufer
STADTBIBLIOTHEK
Spree
JANNOWITZBRÜCKE
FRIEDRICHS-HAIN
Märkisches Museum
Holzmarktstraße
Lange Str.
Petriplatz
Märkisches Museum
Rungestr.
Hermann-Stöhr-Platz
Fischerinsel
Michaelkirchstr.
Schulze-Delitzsch-Platz
OSTBAHNHOF
Neue Roßstr.
Spittelmarkt
Neue Jakobstr.
Stralauer Pl.
Seydelstraße
Neue Grünstr.
Alte Jakobstraße
Heinrich-Heine-Straße
Beuthstr.
Köpenicker Str.
Annenstraße
Schmidstr.
Sebastianstraße
Dresdener Str.
ST. MICHAEL KIRCHE
WALDECK-PARK
Engeldamm
Bethaniendamm
Stallschreiberstr.
Alfred-Döblin-Platz
Legiendamm
Adalbertstr.
Mariannenplatz
Manteuffelstraße
Pücklerstr.
Eisenbahnstr.
Oranienstr.
ST. JACOBIKIRCHE
Muskauer Str.
Wrangelstraße
Waldemarstraße
Lobeckstr.
Moritzplatz
POL
ADAC

Adlon Kempinski

Unter den Linden 77 ✉ 10117 **U** *Brandenburger Tor – ✆ (030) 2 26 10 – www.hotel-adlon.de* N2**s**

337 Zim – 🚹240/740 € 🚹🚹240/740 €, ☕ 42 € – 45 Suiten

Rest *Lorenz Adlon Esszimmer* ✿✿ **Rest *Quarré*** – siehe Restaurantauswahl

Das Adlon gehört zu Berlin wie das Brandenburger Tor, vor dem es steht! Auch wenn das Grandhotel erst 1997 wieder eröffnet wurde, so spiegelt seine Einrichtung doch die lange Tradition wider! Abends lauscht man in der Halle der Live-Musik.

The Ritz-Carlton

Potsdamer Platz 3 ✉ 10785 **U** *Potsdamer Platz – ✆ (030) 33 77 77 – www.ritzcarlton.de* N3**d**

263 Zim – 🚹225/395 € 🚹🚹225/395 €, ☕ 39 € – 40 Suiten

Rest *Brasserie Desbrosses* – siehe Restaurantauswahl

Eine der exklusivsten und elegantesten Adressen Deutschlands. In der noblen und repräsentativen Halle mit freitragender Marmortreppe befindet sich eine stilvolle Lounge, in der man sich nachmittags zur klassischen "Teatime" trifft.

BERLIN

Waldorf Astoria N

Rest,

Hardenbergstr. 28 ✉ 10623 **U** *Zoologischer Garten – ✆ (030) 8 14 00 00 – www.waldorfastoriaberlin.de* L1**w**

202 Zim – 🚹210/525 € 🚹🚹210/525 €, ☕ 36 € – 30 Suiten

Rest *Les Solistes by Pierre Gagnaire* ✿ – siehe Restaurantauswahl

Rest *Romanisches Café* – ✆ (030) 81 40 00 24 60 – Karte 29/38 €

Wahrlich eindrucksvoll, wie das edle modern-elegante Interieur in diesem noblen Hotel den Stil der 20er Jahre aufgreift! Und was wäre das Waldorf-Astoria ohne seine "Peacock Alley", die ein Stückchen New Yorker Hoteltradition nach Berlin bringt. Wohin man schaut, wurden Formen und Farben aufs Stimmigste arrangiert. Im Romanischen Café lebt die Berliner Kaffeehauskultur des einstigen Künstlertreffs wieder auf - die Torten sind ein Muss!

Grand Hyatt

Marlene-Dietrich-Platz 2, (Eingang Eichhornstraße) ✉ 10785 **U** *Potsdamer Platz – ✆ (030) 25 53 12 34 – www.berlin.grand.hyatt.com* N3**a**

322 Zim – 🚹170/395 € 🚹🚹200/425 €, ☕ 34 € – 20 Suiten

Rest *Vox* – siehe Restaurantauswahl

Rest *Mesa* – ✆ (030) 25 53 15 72 – Karte 19/30 €

Das in Trapezform erbaute Hotel am Potsdamer Platz besticht mit modern gestalteten, technisch sehr gut ausgestatteten Zimmern in puristischem Design. Beachtung verdient auch der "Club Olympus Spa" samt eindrucksvollem Schwimmbad über den Dächern von Berlin! Neben dem Vox gibt es noch das Mesa - hier Gerichte von Currywurst bis Rinderroulade.

Hotel de Rome

Behrenstr. 37 ✉ 10117 **U** *Französische Str. – ✆ (030) 4 60 60 90 – www.hotelderome.com* P2**h**

137 Zim – 🚹260/595 € 🚹🚹260/595 €, ☕ 35 € – 9 Suiten

Rest *Parioli* – siehe Restaurantauswahl

Ein Luxushotel am Bebelplatz mit dem repräsentativen Rahmen eines a. d. J. 1889 stammenden Gebäudes, dem früheren Sitz der Dresdner Bank. Der Tresorraum dient heute als Pool.

Regent

Charlottenstr. 49 ✉ 10117 **U** *Französische Str. – ✆ (030) 2 03 38 – www.regenthotels.com/berlin* P3**c**

156 Zim – 🚹245/495 € 🚹🚹245/495 €, ☕ 35 € – 39 Suiten

Rest *Fischers Fritz* ✿✿ – siehe Restaurantauswahl

Hier erwartet der Gast erstklassigen Service und dieser Anspruch wird erfüllt! Eine schöne Gepflogenheit ist die "Teatime" - englisch, russisch oder sächsisch (eine selbst kreierte Mischung!), stilgerecht in der eleganten Lounge und nur von Meissener Porzellan.

Hôtel Concorde

Augsburger Str. 41 ✉ *10789* **U** *Kurfürstendamm* – ✆ *(030) 8 00 99 90*
– *www.concorde-hotels.com/concordeberlin* L2**c**
289 Zim – 130/450 € 150/470 €, ☕ 28 € – 22 Suiten
Rest *Brasserie Le Faubourg* – siehe Restaurantauswahl
Mitten im lebendigen Zentrum steht das moderne Luxushotel mit sehr großzügigem öffentlichem Bereich und ebenso geräumigen Zimmern. Individuelle Suiten, teils mit schöner Sicht. Viel Kunst im Haus.

Palace

Zim,

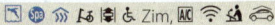

Budapester Str. 45 ✉ *10787* **U** *Zoologischer Garten* – ✆ *(030) 2 50 20*
– *www.palace.de* M1**k**
259 Zim – 129/495 € 129/495 €, ☕ 26 € – 19 Suiten
Rest *First Floor* ✿ – siehe Restaurantauswahl
Rest *Sam's Diner* – *(nur Abendessen)* Menü 46 € – Karte 35/65 €
Das luxuriöse Hotel am Europa-Center bietet eine große Lobby, aufmerksamen Service und Zimmer in klassischem oder modernem Stil sowie noble Suiten. Dazu kommt ein mediterraner Spa auf 800 qm. In Sam's Diner trifft man sich auf einen Cocktail oder wählt von der internationalen Speisekarte.

InterContinental

Budapester Str. 2 ✉ *10787* **U** *Wittenbergplatz* – ✆ *(030) 2 60 20*
– *www.berlin.intercontinental.com* M1**a**
545 Zim – 135/199 € 135/199 €, ☕ 30 € – 13 Suiten
Rest *Hugos* ✿ – siehe Restaurantauswahl
Rest *L.A. Cafe* – Karte 26/72 €
Großzügig und hochwertig sind die modern-eleganten und technisch top ausgestatteten Gästezimmer, der geschmackvolle Spa auf 1000 qm sowie der Tagungs- und Veranstaltungsbereich.

Kempinski Hotel Bristol

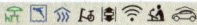

Kurfürstendamm 27 ✉ *10719* **U** *Uhlandstr.* – ✆ *(030) 88 43 40*
– *www.kempinski.com/berlinbristol* L2**n**
266 Zim – 129/395 € 129/395 €, ☕ 25 € – 35 Suiten
Rest *Kempinski Grill* – siehe Restaurantauswahl
Rest *Reinhard's* – ✆ (030) 88 43 52 61 – Menü 30 € (mittags) – Karte 46/58 €
Das markante Gebäude am Ku'damm ist ein echter Berliner Klassiker, der nun mit teilweise aufgefrischtem Interieur glänzt. Auch einige ältere Zimmer sind noch vorhanden. Reinhard's im netten Brasseriestil.

The Westin Grand

Rest,

Friedrichstr. 158, (Eingang Behrenstraße) ✉ *10117* **U** *Französische Str.*
– ✆ *(030) 2 02 70* – *www.westingrandberlin.com* P2**a**
384 Zim – 130/590 € 130/590 €, ☕ 32 € – 16 Suiten
Rest *Relish* – ✆ (030) 20 27 31 77 – Menü 44/66 € – Karte 42/71 €
Klassisches Grandhotel mit beeindruckender Lobby und modernen Zimmern. Einige der Suiten sind stilvolle Themensuiten sowie Spa-Suiten. Highlight: Garten auf 3000 qm mitten in Berlin! Zeitgemäße internationale Küche bietet das Restaurant Relish.

Hilton

Rest,

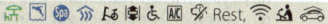

Mohrenstr. 30 ✉ *10117* **U** *Stadtmitte* – ✆ *(030) 20 23 00* – *www.hilton.de/berlin*
572 Zim – 145/345 € 145/345 €, ☕ 32 € – 29 Suiten P3**r**
Rest *Mark Brandenburg* – ✆ (030) 2 02 30 24 60 – Menü 14 € (mittags)
– Karte 31/57 €
Das Stadthotel überzeugt mit einer repräsentativen Halle, dem guten Wellness- und Fitnessangebot sowie teilweise zum Gendarmenmarkt hin gelegenen Zimmern. Regionales Angebot im Mark Brandenburg.

Erwarten Sie in einem X oder nicht den gleichen Service wie in einem XXXXX oder .

BERLIN

Das Stue N

Drakestr. 1 ✉ *10787* **U** *Wittenbergplatz* – ✆ *(030) 3 11 72 20*
– *www.das-stue.com* M1**s**

80 Zim – †200/900 € ††200/900 €, ☕ 35 €
Rest *5 - cinco by Paco Pérez* ✿ – siehe Restaurantauswahl
Rest *Casual* – Karte 37/58 €
Was hier in dem denkmalgeschützten Gebäude der ehemaligen Dänischen Gesandtschaft aus den 30er Jahren entstand, lässt nur die Bezeichnung "stylish" zu: Ganz und gar zeitgenössisch und gleichermaßen luxuriös ist das Design, der Rahmen eine ausgesprochen gelungene Mischung aus neoklassizistischer und moderner Architektur. Ein Highlight schon der Eingangsbereich mit seinen eindrucksvollen Treppenaufgängen, die Zimmer allesamt hochwertig und individuell, auf Wunsch mit einem nicht alltäglichen Blick auf den Berliner Zoo. Im Casual ist der Name Programm: Gemütlichkeit in schickem Gewand, locker und gleichzeitig niveauvoll, auf der Karte internationale Gerichte im Tapas-Stil.

Swissôtel

Augsburger Str. 44 ✉ *10789* **U** *Kurfürstendamm* – ✆ *(030) 22 01 00*
– *www.swissotel.com/berlin* L2**k**

316 Zim – †140/360 € ††140/360 €, ☕ 21 €
Rest *44* – siehe Restaurantauswahl
Die großzügige Atriumhalle und komfortabel ausgestattete Zimmer, darunter Business- und Executive-Zimmer, machen dieses moderne Stadthotel mit Glasfassade aus. Wählen Sie eines der ruhigeren Zimmer zum Innenhof!

Marriott

Rest,

Inge-Beisheim-Platz 1 ✉ *10785* **U** *Potsdamer Platz* – ✆ *(030) 22 00 00*
– *www.berlinmarriott.de* N3**f**

370 Zim – †159/289 € ††159/289 €, ☕ 32 € – 9 Suiten
Rest – Menü 17 € (mittags unter der Woche)/64 € – Karte 31/78 €
Die Halle dieses typisch amerikanischen Kettenhotels ist ein eindrucksvolles 40 m hohes Atrium. Die komfortablen und luxuriösen Zimmer sind ganz auf den Businessgast zugeschnitten. Wem der Sinn nach einem leckeren Steak steht, isst im "Midtown Grill" mit Showküche und beachtlicher Fenstefront.

The Mandala

Potsdamer Str. 3 ✉ *10785* **U** *Potsdamer Platz* – ✆ *(030) 5 90 05 00*
– *www.themandala.de* N3**v**

131 Zim – †170/210 € ††170/210 €, ☕ 28 € – 26 Suiten
Rest *FACIL* ✿✿ – siehe Restaurantauswahl
Hotel am Potsdamer Platz gegenüber dem Sony-Center. Sehr geräumige, dezent luxuriös gestaltete Zimmer und Suiten sowie ein aparter, hochwertiger Spa. Trendig: Bar Qiu mit Businesslunch.

Radisson BLU

Rest,

Karl-Liebknecht-Str. 3 ✉ *10178* **U** *Alexanderplatz* – ✆ *(030) 23 82 80*
– *www.radissonblu.de/hotel-berlin* Q2**b**

426 Zim – †155/630 € ††155/630 €, ☕ 26 € – 1 Suite
Rest *HEat* – ✆ (030) 2 38 28 34 72 – Karte 23/47 €
Blickfang in der puristisch gestalteten Atriumhalle ist ein wahrlich beeindruckendes zylindrisches Aquarium von 25 m Höhe! Modern-funktionelle Zimmer in klaren Linien, teils mit Blick zur Spree oder zum einzigartigen "AquaDom". Das Speisenangebot im HEat reicht von indischen Spezialitäten bis Pizza, schön die Spreeterrasse mit Domblick.

Maritim

Stauffenbergstr. 26 ✉ *10785* **U** *Potsdamer Platz* – ✆ *(030) 2 06 50*
– *www.maritim.de* N3**b**

505 Zim – †109/299 € ††124/314 €, ☕ 25 € – 30 Suiten
Rest *Grand Restaurant M* – ✆ (030) 20 65 10 90 *(geschl. Sonntag)* Menü 18 € (mittags)/44 € – Karte 39/62 €
Die perfekte Businessadresse bietet eine gediegen-elegante Lobby und beachtliche Räumlichkeiten für Tagungen und Events. Highlight: die Präsidentensuite mit 350 qm! Grand Restaurant M im Stil der 20er Jahre.

Steigenberger

Rest

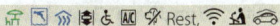

Los-Angeles-Platz 1 ✉ *10789* **U** *Augsburger Str. – ✆ (030) 2 12 70*
– www.berlin.steigenberger.de L2**d**

387 Zim – †125/495 € ††145/495 €, ☕ 23 € – 11 Suiten

Rest *Berliner Stube* – ✆ (030) 2 12 77 50 – Karte 31/59 €

Schön sind der Lobbybereich mit Bar und Raucherlounge sowie die modernen Zimmer in Erdtönen und klaren Formen. Executive-Etage mit eigener Lounge im 6. Stock. Freundliche Berliner Stube mit traditionellem Touch.

Grand Hotel Esplanade

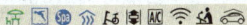

Lützowufer 15 ✉ *10785* **U** *Nollendorfplatz – ✆ (030) 25 47 80*
– www.esplanade.de M1**e**

377 Zim – †99/399 € ††99/399 €, ☕ 22 € – 17 Suiten

Rest – Menü 35 € (abends) – Karte 29/68 €

Rest *Eck* – *(geschl. Juli 3 Wochen und Sonntag) (nur Abendessen)* Karte 19/45 €

In dem Hotel am Landwehrkanal erwarten Sie eine moderne und lebendige Halle, sehr wohnliche, freundliche Zimmer und individuelle Suiten. Erholung bietet der "afino Spa" und gastronomisch reicht das Angebot von Internationalem in der Ellipse-Lounge über Berliner Küche im Eck bis zu einem Drink bei Live-Musik in der berühmten Harry's Bar.

Pullman Schweizerhof

Rest

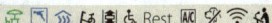

Budapester Str. 25 ✉ *10787* **U** *Zoologischer Garten – ✆ (030) 2 69 60*
– www.pullmanhotels.com/5347 M1**w**

373 Zim – †135/385 € ††135/425 €, ☕ 24 € – 10 Suiten

Rest *Xxenia* – ✆ (030) 26 96 29 71 – Karte 34/63 €

Ein modernes Business- und Veranstaltungshotel mit sehr komfortablen und technisch gut ausgestatteten Gästezimmern. Man beachte die interessante Sammlung Berliner Kunst an den Wänden! Und wussten Sie, dass der schicke trendige Spa den größten Hotelpool der Stadt hat? Das Restaurant Xxenia bietet in klassischer Bistro-Atmosphäre mediterrane Küche.

BRANDENBURGER HOF

Eislebener Str. 14 ✉ *10789* **U** *Augsburger Str. – ✆ (030) 21 40 50*
– www.brandenburger-hof.com L2**n**

64 Zim – †180/280 € ††265/315 €, ☕ 36 € – 8 Suiten

Rest *Die Quadriga* Rest *Quadriga-Lounge* – siehe Restaurantauswahl

Auch wenn die Zimmer moderner sind als man von außen vermuten würde, tut das der klassischen Eleganz des wilhelminischen Stadtpalais keinerlei Abbruch - das ausgesuchte Bauhaus-Design mit seiner edlen Geradlinigkeit fügt sich hier harmonisch ein, so richtig exklusiv wird's in der Massage-Suite Thaleia. Verantwortlich für Stil und Klasse: Inhaberin Daniela Sauter, eine Gastgeberin par excellence!

abba Berlin Hotel

Lietzenburger Str. 89 ✉ *10719* **U** *Uhlandstr. – ✆ (030) 8 87 18 60*
– www.abbaberlinhotel.com/de/ L2**b**

214 Zim – †75/185 € ††75/185 €, ☕ 14 €

Rest *abba mía* – *(nur Abendessen)* Menü 21 € – Karte 22/39 €

Das Hotel ist ideal für Businessgäste und Tagungen. Große schicke Lobby sowie modern-komfortable, angenehm schlicht designte Zimmer, jedes mit schönem Kristalllüster. Das Angebot im Restaurant ist spanisch-international.

Louisa's Place

Kurfürstendamm 160 ✉ *10709* **U** *Adenauerplatz – ✆ (030) 63 10 30*
– www.louisas-place.de K2**a**

47 Suiten – †155/595 € ††155/595 €, ☕ 20 €

Rest *Balthazar* – siehe Restaurantauswahl

Geschmackvolle geräumige Suiten mit Küche und sehr freundlicher Service zeichnen dieses exklusiv ausgestattete Hotel aus. Fragen Sie nach einem Zimmer mit Balkon oder Wintergarten! Stilvoll: der Frühstücksraum und die Bibliothek.

Wyndham Grand

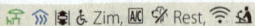

Hallesche Str. 10 ✉ 10963 – ✆ (030) 8 01 06 60 – www.wyndhamgrandberlin.com G2**a**

237 Zim – †99/299 € ††119/319 €, ☕ 19 € – 19 Suiten

Rest – Menü 34 € – Karte 33/58 €

In die denkmalgeschützte ehemalige Postverteilerstation von 1930 direkt neben dem Tempodrom ist ein sehr komfortables und modernes Hotel eingezogen: schicke Zimmer in wohnlichen warmen Farben und zahlreichen Kategorien sowie gute Veranstaltungsmöglichkeiten. Lust auf Grillgerichte? Die werden in der offenen Brasserie in der Showküche vor Ihren Augen zubereitet.

Sofitel Gendarmenmarkt

Charlottenstr. 50 ✉ 10117 **U** *Französische Str. – ✆ (030) 20 37 50 – www.sofitel.com* P3**s**

85 Zim – †135/240 € ††160/260 €, ☕ 28 € – 7 Suiten

Rest *Aigner* – Menü 18 € (mittags)/35 € – Karte 26/58 €

Modernes Boutique-Hotel in top Lage direkt am Gendarmenmarkt mit etwas unterschiedlich geschnittenen Zimmern und kleinem Freizeitbereich in der obersten Etage. Mit der Originaleinrichtung eines Wiener Kaffeehauses wurde das Restaurant Aigner ausgestattet.

BERLIN

Arcotel John F

Werderscher Markt 11 ✉ 10117 **U** *Französische Str. – ✆ (030) 4 05 04 60 – www.arcotelhotels.com/johnf* P2_3**z**

187 Zim – †88/325 € ††88/325 €, ☕ 20 € – 3 Suiten

Rest *Foreign Affairs* – ✆ (030) 40 50 46 18 00 *(geschl. Sonntag)* Menü 19 € (mittags unter der Woche)/42 € – Karte 35/45 €

Das Hotel am Auswärtigen Amt ist John F. Kennedy gewidmet. Attraktive, modern designte Zimmer mit Schaukelstuhl, darunter die Themenzimmer "Kennedy" und "International Style". International speist man im Restaurant Foreign Affairs.

Scandic Potsdamer Platz

Gabriele-Tergit-Promenade 19 ✉ 10963 **U** *Mendelssohn-Bartholdy-Park – ✆ (030) 7 00 77 90 – www.scandichotels.de/berlin* N3**z**

561 Zim – †99/259 € ††99/259 €, ☕ 20 € – 1 Suite

Rest – Menü 27 € (abends)/52 € – Karte 30/55 €

Der Eingang in Berlin-Mitte, Ihr Zimmer in Kreuzberg? Schon möglich, denn die Grenze verläuft mitten durchs Haus. Der Stil ist klar und puristisch - Fotos, Farben, Stoffe lassen die Jahreszeiten erkennen: Herbst im Restaurant (Spezialität sind hier "Nordic Tapas"), Frühling im Frühstücksraum... Vorbildlich das ökologische Konzept: Die gesamte Zimmereinrichtung ist recycelbar!

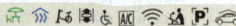

Leonardo Royal

Otto-Braun-Str. 90 ✉ 10249 **U** *Alexanderplatz – ✆ (030) 7 55 43 00 – www.leonardo-hotels.com* R1**r**

343 Zim – †89/299 € ††89/299 €, ☕ 19 € – 3 Suiten

Rest – *(geschl. Sonntag)* Menü 37/50 € – Karte 30/47 €

Modernes Businesshotel beim Volkspark Friedrichshain mit guter Verkehrsanbindung und schicken Zimmern, darunter spezielle "Ladies Rooms". Tagungsbereich für bis zu 700 Personen. Das großzügig angelegte Restaurant bietet internationale Küche.

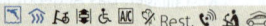

Maritim proArte

Friedrichstr. 151, (Zufahrt über Dorotheenstr. 55) ✉ 10117 **U** *Friedrichstr. – ✆ (030) 2 03 35 – www.maritim.de* P2**e**

377 Zim – †101/221 € ††116/236 €, ☕ 23 € – 26 Suiten

Rest *Atelier* – ✆ (030) 20 33 45 20 *(geschl. Sonntag - Montag) (nur Abendessen)* Menü 15/59 € – Karte 34/63 €

Rest *Bistro media* – ✆ (030) 20 33 45 30 – Karte 19/30 €

Neuzeitlich und funktional ausgestattetes Hotel mit guten Veranstaltungsmöglichkeiten und netter Checkpoint-Charly-Bar. Im ganzen Haus: Bilder der "Jungen Wilden". Das Atelier ist ganz modern im Designer-Stil eingerichtet.

Courtyard by Marriott

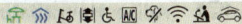

Axel-Springer-Str. 55 ✉ *10117* **U** *Spittelmarkt – ✆ (030) 8 00 92 80 – www.marriott.com/bermt* Q3**m**

263 Zim – 🚹99/129 € 🚹🚹109/139 €, ☕ 19 € – 4 Suiten **Rest** – Karte 17/39 €

Die variablen Tagungsräume sowie funktionelle Zimmer mit gutem Arbeitsplatz machen das Hotel mit dem großen Hallenbereich zu einer idealen Businessadresse. Das Oléo Pazzo ist ein mediterranes Bistro mit Bar.

Ellington

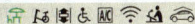

Nürnberger Str. 50 ✉ *10789* **U** *Wittenbergplatz – ✆ (030) 68 31 50 – www.ellington-hotel.com* LM2**e**

284 Zim – 🚹118/198 € 🚹🚹128/208 €, ☕ 20 € – 1 Suite

Rest *Duke* – Menü 20 € (mittags)/95 € – Karte 44/81 €

Zahlreiche Fotos des namengebenden Duke Ellington zieren das puristisch eingerichtete Haus mit schönem Hallenbereich und loungeartigem Innenhof. Viele Details bewahren den historischen Charme. Restaurant in geradlinigem Stil.

SANA

Rest,

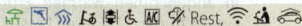

Nürnberger Str. 33 ✉ *10777* **U** *Augsburger Str. – ✆ (030) 20 05 15 10 – www.berlin.sanahotels.com* L2**e**

166 Zim ☕ – 🚹108/229 € 🚹🚹123/244 € – 42 Suiten

Rest – *(geschl. Samstagmittag, Sonntagmittag)* Menü 30 € (mittags)/49 € – Karte 27/46 €

Urbanes puristisches Design bis unters Dach! In der obersten Etage der kleine Freizeitbereich - toll die Aussicht. Hotelbar "f8/eight" mit Terrasse, im Innenhof eine Lounge. Das Restaurant hat sich der portugiesischen Küche verschrieben.

Meliá

Friedrichstr. 103 ✉ *10117* **U** *Friedrichstr. – ✆ (030) 20 60 79 00 – www.meliaberlin.com*

361 Zim – 🚹97/247 € 🚹🚹107/257 €, ☕ 24 € – 3 Suiten P2**m**

Rest – *(geschl. Sonntagabend)* Menü 35/60 € – Karte 37/48 €

Moderne Zimmer, technisch "up to date" und teils mit Spreeblick, bietet das erste Berliner Hotel der spanischen Sol-Meliá-Gruppe. Executive-Bereich in der 7. und 8. Etage. Restaurant Café Madrid im 1. Stock mit internationaler Küche, dazu eine gemütliche Tapas-Bar.

H10 Ku'damm

Rest,

Joachimsthaler Str. 31 ✉ *10178* **U** *Kurfürstendamm – ✆ (030) 3 22 92 23 00 – www.h10hotels.com* L2**h**

180 Zim – 🚹95/240 € 🚹🚹115/260 €, ☕ 19 € – 19 Suiten

Rest *Salt & Pepper* – *(nur Abendessen)* Menü 20 €/48 € – Karte 32/43 €

Alles ist hell, klar und modern! Man hat ein restauriertes historisches Schulgebäude (hier "Loftzimmer", darunter auch Maisonetten) geschickt mit einem Neubau verbunden. Stylish auch das Salt & Pepper mit internationaler Küche.

Savoy

Rest,

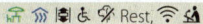

Fasanenstr. 9 ✉ *10623* **U** *Zoologischer Garten – ✆ (030) 31 10 30 – www.hotel-savoy.com*

115 Zim – 🚹74/194 € 🚹🚹144/204 €, ☕ 19 € – 10 Suiten L1**s**

Rest *Weinrot* – *(geschl. Sonntag)* Menü 16 € (mittags)/48 € – Karte 31/52 €

Das traditionsreiche Haus von 1929 hat seinen Charme... und der zeigt sich schon in der eleganten Hotelhalle mit persönlicher Note - schicke Rottöne stechen hier ins Auge, und auch im Restaurant: Hier wird das moderne Interieur dem Namen "Weinrot" gerecht. Wer nach der internationalen Küche eine gute Zigarre schätzt, wird in der "Casa del Habano" fündig.

Adina Hackescher Markt garni

An der Spandauer Brücke 11 ✉ *10178* **U** *Alexanderplatz – ✆ (030) 2 09 69 80 – www.adina.eu* Q2**f**

90 Zim – 🚹109/245 € 🚹🚹109/245 €, ☕ 19 € – 55 Suiten

Trendig - von der Lobby mit Bar (hier internationale Snacks) über die Zimmer (jedes mit "Kuhfell"-Hocker) bis zum kleinen Sauna-Fitnessbereich (zwei Indoor-Jacuzzis unter "Sternenhimmel").

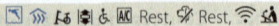

Adina Hauptbahnhof Rest, Rest,

Platz vor dem Neuen Tor 6, (Zufahrt über Hannoversche Straße) ✉ *10115*
U *Naturkundemuseum – ✆ (030) 2 00 03 20 – www.adina.eu* N1**c**
63 Zim – ♦95/279 € ♦♦95/279 €, ☕ 19 € – 76 Suiten
Rest ***Alto*** – *(nur Abendessen)* Karte 30/58 €
Man wohnt hier gegenüber der Charité, nicht weit vom Hauptbahnhof, und zwar in wertig und modern eingerichteten Apartments mit Kitchenette. Lust auf Sport im gut ausgestatteten Fitnessbereich? Oder schauen Sie lieber beim Relaxen im Pool auf den Innenhof-Garten? International-australische Küche sowie Steaks im Restaurant Alto.

Golden Tulip Hamburg Rest,

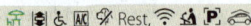

Landgrafenstr. 4 ✉ *10787* **U** *Wittenbergplatz – ✆ (030) 26 47 70*
– www.goldentulipberlin.com M1**g**
191 Zim ☕ – ♦99/199 € ♦♦119/239 € – 3 Suiten
Rest – Menü 18/34 € – Karte 31/44 €
Sehr zeitgemäß und businesslike, mit wohnlichen Zimmern und Tagesbar - alles in angenehmen warmen Erdtönen gehalten. Der Tagungsraum ist nicht ohne Grund in der 11. Etage: Lassen Sie beim Arbeiten ruhig mal den Blick über Berlin schweifen!

BERLIN

Adina Checkpoint Charlie Rest,

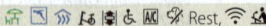

Krausenstr. 36 ✉ *10117* **U** *Spittelmarkt – ✆ (030) 2 00 76 70 – www.adina.eu*
122 Zim – ♦99/299 € ♦♦99/299 €, ☕ 19 € – 5 Suiten P3**x**
Rest ***Alto*** – *(nur Abendessen)* Karte 31/43 €
Ganz in der Nähe vom Checkpoint Charlie wohnt man hier in stimmig und modern eingerichteten Apartments mit gutem Komfort und Kitchenette; einige mit Balkon oder zum Innenhof. In geradlinigem Ambiente bietet man internationale-australische Küche und Steaks.

Pestana

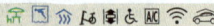

Stülerstr. 6, (Ecke Rauchstraße) ✉ *10787* **U** *Nollendorfplatz*
– ✆ (030) 3 11 75 90 00 – www.pestana.com M1**p**
140 Zim – ♦99/179 € ♦♦129/199 €, ☕ 14 € – 2 Suiten
Rest – Menü 16/45 € – Karte 24/35 €
Klarheit und Purismus - und das vom Empfang über die Zimmer und die Bar (hier eine große Auswahl an Portwein) bis ins Restaurant (u. a. portugiesische Tapas)! Über die Lage nahe der Siegessäule freut sich jeder Berlin-Besucher.

Cosmo

Spittelmarkt 13 ✉ *10117* **U** *Spittelmarkt – ✆ (030) 58 58 22 22*
– www.cosmo-hotel.de Q3**c**
83 Zim – ♦104/309 € ♦♦104/309 €, ☕ 18 € – 1 Suite
Rest ***scent*** – *(geschl. Samstagmittag, Sonntag)* Menü 20 € (mittags unter der Woche)/50 € (abends) – Karte 39/49 €
Klare moderne Linien, wertige Materialien und zurückhaltende Farben bestimmen das Bild. Die Zimmer haben raumhohe Fenster, im 7. und 8. Stock mit Balkon. Im Restaurant setzt sich der geradlinige Stil des Hotels fort. Mittags kleine Karte.

casa camper

Weinmeisterstr. 1 ✉ *10178* **U** *Weinmeisterstr. – ✆ (030) 20 00 34 10*
– www.casacamper.com Q2**c**
48 Zim ☕ – ♦165/265 € ♦♦205/305 € – 3 Suiten
Rest ***dos palillos*** – siehe Restaurantauswahl
Von Fernando Amat und Jordi Tio stammt das hochwertige Interieur in klarem Design. In den Zimmern: kräftiges Rot und warmes Holz. Snacks gratis im "Tentempié" im 7. Stock.

Titanic garni

Elisabeth-Mara-Str. 4 ✉ *10117* **U** *Spittelmarkt – ✆ (030) 76 77 18 70*
– www.titanic-hotels.com Q3**t**
226 Zim – ♦55/200 € ♦♦65/210 €, ☕ 12 €
In Deutschland das erste Haus dieser türkischen Hotelgruppe. Zur U-Bahn-Station sind es nur wenige Schritte, 10 Gehminuten zum Gendarmenmarkt. Helle moderne Zimmer.

Ramada Alexanderplatz Zim,

Karl-Liebknecht-Str. 32 ✉ 10178 **U** *Alexanderplatz – ✆ (030) 30 10 41 10 – www.ramada.de* Q2**r**

329 Zim – 🚹79/179 € 🚹🚹79/179 €, ☕ 15 € – 8 Suiten **Rest** – Karte 26/47 €

Der Alexanderplatz direkt vor der Tür, zahlreiche Sehenswürdigkeiten ganz in der Nähe, die Zimmer frisch und modern! Der Saunabereich (hier auch Massage) liegt im 8. Stock, schön die Aussicht. Angenehm hell das Restaurant im Bistrostil, auf der Karte u. a. Steaks und Pasta.

The Dude

Köpenicker Str. 92 ✉ 10179 **U** *Märk. Museum – ✆ (030) 4 11 98 81 77 – www.thedudeberlin.com* Q3**d**

27 Zim – 🚹109/199 € 🚹🚹139/239 €, ☕ 15 €

Rest *Brooklyn Beef Club* – siehe Restaurantauswahl

Das ist Design in Reinform: Der Mix aus historischen Details (das Haus wurde 1822 erbaut) und stilvoller Moderne lässt einen fast an ein Herrenhaus denken! Wer nur eine Kleinigkeit essen möchte, bekommt im "Deli" mittags Sandwiches. Hier wird auch gefrühstückt.

Q! Rest, Rest,

Knesebeckstr. 67 ✉ 10623 **U** *Uhlandstr. – ✆ (030) 8 10 06 60 – www.loock-hotels.com* L2**m**

77 Zim – 🚹105/205 € 🚹🚹120/225 €, ☕ 20 € – ½ P

Rest – *(Abendessen nur für Hausgäste)* Karte 26/46 €

Design ist Trumpf: Die modern und technisch sehr gut ausgestatteten Zimmer sind minimalistisch in dunklen Tönen gestaltet. Stylisches Restaurant mit thailändischer Küche.

Weinmeister N garni

Weinmeister Str. 2 ✉ 10178 **U** *Weinmeisterstr. – ✆ (030) 7 55 66 70 – www.the-weinmeister.com* Q2**k**

84 Zim – 🚹99/250 € 🚹🚹99/250 €, ☕ 18 €

Sie suchen für Ihren Berlin-Trip was richtig Cooles? Bitte sehr! Wer durch die mit Graffiti geschmückte Tür kommt, findet sich in einer "funky" Lobby wieder, die am Wochenende zur Party-Location wird, einschließlich DJ. Hier gibt es auch Frühstück, die Bar bietet "light food". In den Zimmern geradlinige moderne Einrichtung in Braun- und Grautönen, statt TV hat man hier MacBooks! Und lassen Sie sich nicht den Blick von der Dachterrasse entgehen!

Domicil Zim,

Kantstr. 111a ✉ 10627 **U** *Wilmersdorfer Str. – ✆ (030) 32 90 30 – www.hotel-domicil-berlin.de* K1**v**

70 Zim ☕ – 🚹95/115 € 🚹🚹110/125 €

Rest – Menü 18 € (mittags)/48 € – Karte 22/45 €

Ein privat geführtes Hotel, das mit warmen Tönen und hübschen Stoffen sehr wohnlich im italienischen Stil eingerichtet ist. Zimmer nach hinten besonders ruhig. Lobby-, Frühstücks- und Restaurantbereich im 7. Stock mit schöner Dachterrasse. Internationale Küche.

Hecker's Hotel

Grolmanstr. 35 ✉ 10623 **U** *Uhlandstr. – ✆ (030) 8 89 00 – www.heckers-hotel.de* L2**e**

69 Zim – 🚹80/160 € 🚹🚹90/170 €, ☕ 16 €

Rest *Cassambalis* – siehe Restaurantauswahl

Zeitgemäßes Wohnen wenige Schritte vom Ku'damm. Geschmackvoll sind die Themenzimmer Bauhaus, Toskana und Kolonial. Ruhige Sonnenterrasse im 5. Stock, moderner Frühstücksraum.

Moa Zim, Zim,

Stephanstr. 41, (2. Etage, Einkaufszentrum) ✉ 10559 **U** *Birkenstr. – ✆ (030) 3 94 04 30 – www.hotel-moa-berlin.de* F1**m**

191 Zim – 🚹69/189 € 🚹🚹79/199 €, ☕ 18 € – 5 Suiten

Rest *Le Menardié* – Menü 18 € – Karte 26/39 €

Das hat schon was: Angekommen im 2. Stock, stehen Sie in einer Atriumhalle von 1600 qm, hoch über Ihnen ein enormes Glasdach! Modern und funktional die Zimmer.

Villa Kastania

Kastanienallee 20 ✉ 14052 **U** *Theodor-Heuss-Platz – ✆ (030) 3 00 00 20 – www.villakastania.com* E2**v**

45 Zim – †79/249 € ††89/259 €, ☕ 15 €

Rest *Marron* – *(geschl. Sonntagabend)* Menü 22/98 € – Karte 23/47 €

In dem Hotel etwas außerhalb des Zentrums, wenige Gehminuten von der Messe, stehen Zimmer unterschiedlicher Stilrichtungen und ein mediterraner Freizeitbereich zur Verfügung. Helles, freundliches Restaurant mit internationaler Küche und sehr netter Terrasse.

California garni

Kurfürstendamm 35 ✉ 10719 **U** *Uhlandstr. – ✆ (030) 88 01 20 – www.hotel-california.de* L2**a**

159 Zim ☕ – †94/205 € ††119/220 € – 1 Suite

Ein gewachsenes Stadthotel in bester Lage. Wohnliche, überwiegend moderne Zimmer (fragen Sie nach denen im neueren Anbau!), hübscher Saunabereich und nettes Café mit kleinem Speisenangebot und lebendiger Terrasse.

H'Otello K'80 garni

Knesebeckstr. 80 ✉ 10623 **U** *Uhlandstr. – ✆ (030) 6 80 73 10 – www.hotello.de/k80* L2**t**

84 Zim ☕ – †112/212 € ††142/242 €

Direkt neben der Straßenbahn an einem belebten Platz geht es urban und zurückhaltend elegant zu: modernes klares Design und schickes Farbkonzept in Grautönen!

SIR F.K. Savigny garni

Kantstr. 144 ✉ 10623 **U** *Uhlandstr. – ✆ (030) 3 23 01 56 00 – www.hotel-sirsavigny.de* KL1**y**

44 Zim – †119/189 € ††119/189 €, ☕ 18 €

Auffallend ist das schicke Schwarz-Weiß-Design! Zahlreiche Bilder erinnern ein bisschen an einen englischen Landsitz. Tapas und Snacks in der Bar. Eine kleine Oase: der Hinterhof!

Holiday Inn Alexanderplatz

Zim, Zim,

Theanolte-Bähnisch Str. 2 ✉ 10178 **U** *Alexanderplatz – ✆ (030) 7 40 74 70 – www.hiberlincenter.com* Q2**p**

236 Zim ☕ – †99/109 € ††109/218 € – 6 Suiten

Rest – *(nur Abendessen)* Menü 11/14 € – Karte 28/30 €

Eine gute Business-Adresse: Praktisch die Lage nahe dem Alex sowie die zeitgemäß-funktionale Ausstattung. Im Restaurant gibt es vietnamesische Küche.

Hampton by Hilton garni

Uhlandstr. 188 ✉ 10623 **U** *Uhlandstr. – ✆ (030) 4 05 02 70 – www.hamptonbyhilton-berlin.de* L1**p**

214 Zim ☕ – †79/159 € ††89/189 €

Klare Linien und wertige Ausstattung überall im Haus. Im Lobby-, Bar- und Frühstücksbereich setzen kräftige, warme Farben zudem noch ansprechende Akzente. Ku'damm und Zoo in der Nähe.

Garden Living N garni

Invalidenstr.101 ✉ 10115 **U** *Zinnowitzer Straße – ✆ (030) 28 44 55 90 – www.gardenliving.de* P1**d**

21 Zim ☕ – †99/129 € ††129/159 € – 9 Suiten

Das Garden Living steht ein bisschen für "wohnen wie zuhause" - dieses Gefühl kann in dem hübschen Ensemble aus drei alten Stadthäusern jedenfalls durchaus aufkommen angesichts der großzügigen Appartements mit geschmackvoller Einrichtung und kleiner Küchenzeile sowie der "grünen Oase" in Form eines attraktiven Innenhofs - möchten Sie hier nicht auch gerne an einem schönen Sommermorgen frühstücken?

BERLIN

Tryp Berlin Mitte

Zim,

Chausseestr. 33 ✉ 10115 U Naturkundemuseum – ✆ (030) 4 14 72 30 – www.tryphotels.com/berlinmitte N1t

229 Zim – 🚹99/199 € 🚹🚹99/199 €, ☕ 16 € **Rest** – Karte 28/35 €

Ideal für Business und Berlin-Touristen - modern und funktional die Ausstattung, sehr günstig die Lage (U-Bahn in unmittelbarer Nähe)! Die meisten Zimmer liegen von der Straße abgewandt.

MANI (N)

Torstr. 136 ✉ 10119 U Rosenthaler Platz – ✆ (030) 53 02 80 80 – www.amanogroup.de P1m

63 Zim – 🚹65/100 € 🚹🚹70/105 €, ☕ 15 €

Rest ***MANI*** – siehe Restaurantauswahl

Dies ist eines der neuen stylischen Boutique-Hotels in Berlin: hip, mondän, angesagt... Chic die Zimmer mit ihrem puristisch-klaren Stil und dunklen Farben.

Honigmond (mit Gästehaus)

Tieckstr. 11 ✉ 10115 U Naturkundemuseum – ✆ (030) 2 84 45 50 – www.honigmond.de P1k

57 Zim ☕ – 🚹95/175 € 🚹🚹145/225 € – 3 Suiten

Rest – ✆ (030) 28 44 55 12 *(geschl. Sonntagabend)* Karte 23/29 €

Individuelle Zimmer in einem stilvollen, 1895 erbauten Haus in einer ruhigen Seitenstraße. Zum 350 m entfernten Gästehaus Garden Hotel gehört ein schöner Innenhofgarten. Nettes Kaffeehaus-Restaurant mit klassischem Rahmen.

BERLIN

Grimm's Hotel garni

Alte Jakobstr. 100 ✉ 10179 U Spittelmarkt – ✆ (030) 28 44 41 00 – www.grimms-hotel.de Q3g

36 Zim – 🚹69/129 € 🚹🚹79/149 €, ☕ 10 €

Woran denken Sie beim Namen Grimm? Es sind nicht die schicken modernen Formen in den Zimmern, wohl aber die originellen Wandmotive, die märchenhafte Assoziationen wecken: "Hans im Glück", "Dornröschen"... Besonders begehrt sind übrigens die Zimmer mit Balkon!

Bleibtreu

Bleibtreustr. 31 ✉ 10707 U Uhlandstr. – ✆ (030) 88 47 40 – www.bleibtreu.com K2s

59 Zim – 🚹73/193 € 🚹🚹83/203 €, ☕ 19 €

Rest ***Deli 31*** – siehe Restaurantauswahl

Das sanierte Patrizierhaus a. d. 19. Jh. ist schön individuell, hat seinen eigenen Charme. Die Zimmer sind hübsch mit ihren klaren Formen und hellen Tönen - die Minibar ist kostenfrei.

Indigo - Alexanderplatz

Zim, Zim,

Bernhard-Weiß-Str. 5 ✉ 10178 U Alexanderplatz – ✆ (030) 5 05 08 60 – www.hotelindigoberlin.com Q2e

152 Zim ☕ – 🚹85/109 € 🚹🚹90/119 € – 1 Suite

Rest – *(geschl. Sonntag) (nur Abendessen)* Menü 20/30 € – Karte 30/42 €

Modern, urban, zentral... genau die richtige Adresse für den jungen Gast! Im Restaurant wird nur Entrecôte angeboten - wählen Sie dazu Vorspeise und Dessert.

Indigo Berlin - Ku'damm

Zim, Zim,

Hardenbergstr. 15 ✉ 10623 U Ernst-Reuter-Pl. – ✆ (030) 8 60 90 90 – www.hotelindigoberlin.com L1h

81 Zim – 🚹99/279 € 🚹🚹99/279 €, ☕ 17 €

Rest – *(geschl. Sonntagmittag)* Karte 30/50 €

Dies ist das erste "Indigo"-Hotel in Europa: trendige Zimmer mit Loftflair, alle mit stylisher Fototapete. Im Restaurant Wohlfahrts serviert man Ihnen Internationales und Pizza.

Kastanienhof garni

Kastanienallee 65 ✉ 10119 U Rosenthaler Platz – ✆ (030) 44 30 50 – www.kastanienhof.biz Q1c

44 Zim – 🚹65/112 € 🚹🚹87/124 €, ☕ 9 € – 2 Suiten

Das Hotel kommt vielleicht ein kleines bisschen atmodisch daher, aber dennoch (oder gerade deshalb) hat es Charme: familiär, schlicht, heimelig, wohnlich... Der Chef ist ein echter Berliner und hat das Haus mit allerlei Zeugnissen "seiner" Stadt ausstaffiert.

Otto garni

Knesebeckstraße 10 ✉ 10623 U Ernst -Reuter Platz – ✆ (030) 54 71 00 80 – www.hotelotto.com L1a

46 Zim – ♦60/120 € ♦♦80/160 €, ☕ 15 €

Eine wirklich nette moderne Adresse: überall klares funktionales Design, die Zimmer teilweise mit Kitchenette, im obersten Stock der helle Frühstücksraum und die Terrasse... hier sitzt es sich nachmittags schön bei Tee und Kuchen!

Grenzfall

Zim,

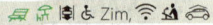

Ackerstraße 136 ✉ 13355 U Bernauerstr. – ✆ (030) 34 33 33 00 – www.hotel-grenzfall.de P1g

37 Zim – ♦63/160 € ♦♦83/191 €, ☕ 11 €

Rest – *(nur Abendessen)* Karte 15/26 €

Hier überzeugen Freundlichkeit, der 3000 qm große Garten - ein wahres Kleinod in der Großstadt - und der Preis! "Grenzfall" bezieht sich hier zum einen auf das Miteinander (das Haus ist ein Integrationsbetrieb), zum anderen auf die Lage an der ehemaligen Mauer. Geradlinig wie das ganze Haus ist auch das Restaurant - von der Terrasse schaut man ins Grüne!

Lorenz Adlon Esszimmer – Hotel Adlon Kempinski

Unter den Linden 77 ✉ 10117 U Brandenburger Tor – ✆ (030) 22 61 19 60 – www.lorenzadlon-esszimmer.de – geschl. 1. - 15. Januar, 20. - 28. April und Sonntag - Montag N2s

Rest – *(nur Abendessen)* Menü 110/160 € – Karte 118/164 €

Ausgesprochen elegant und luxuriös trägt das Restaurant dem Anspruch des namengebenden Hotelgründers Rechnung. Sie speisen im Esszimmer mit edler Holztäfelung und offenem Kamin oder in der Bibliothek. Wie wohldurchdacht Hendrik Otto klassische Küche mit modernen Elementen verbindet, erfährt man am besten bei seinen beiden Menüs!

➜ Silberlachs mit Zwiebel-Selleriefumé, braune Butter, Kräutersalat, getrocknete Champignons und Kohlrabi. Rücken und Bauch vom Salzwiesenlamm. Schokolade, Exotik, Kokoseis, scharfer Friese.

Hugos – Hotel InterContinental

Budapester Str. 2, (14. Etage) ✉ 10787 U Wittenbergplatz – ✆ (030) 26 02 12 63 – www.hugos-restaurant.de – geschl. 1. - 6. Januar, 13. - 28. April, 20. Juli - 25. August und Sonntag - Montag M1a

Rest – *(nur Abendessen)* Menü 98/155 €

"Hoch hinaus" geht es hier gleich im doppelten Sinne, denn zum einen liegt das schöne geradlinig-elegante Restaurant im 14. Stock (Panoramablick inklusive!), zum anderen sind die drei Menüs von Thomas Kammeier wahrlich gehoben.

➜ Bio Eigelb und Prunier Kaviar mit Nussbutter-Kartoffelpüree. Langostino und Iberico - gebraten, Bauch, Ponzu-Zwiebeln, Ananas. Atlantik Steinbutt und Calamaretti, Dicke Bohnen, Limette, Basilikum.

First Floor – Hotel Palace

Budapester Str. 45 ✉ 10787 U Zoologischer Garten – ✆ (030) 25 02 10 20 – www.firstfloor.palace.de – geschl. 1. - 6. Januar, 13. Juli - 11. August und Sonntag - Montag M1k

Rest – *(nur Abendessen)* Menü 109/159 €

2010 hat Matthias Diether die Herausforderung angenommen, das beständig hohe Niveau der "First Floor"-Küche (seit 1997 mit Stern ausgezeichnet) zu halten - auch in diesem Jahr wieder mit Erfolg. So durchdacht und modern wie die Zubereitung ist auch die Präsentation auf dem Teller. Wem angesichts der rund 1500 Positionen die Wahl des passenden Weins schwerfällt, verlässt sich am besten auf die Empfehlungen von Gunnar Tietz!

➜ Jacobsmuschel - Tanne - Hagebutte. Rochen - Spinat - Parmesan. Schwarzfederhuhn - Quinoa - Salat.

Sie möchten spontan verreisen? Besuchen Sie die Internetseiten der Hotels, um von deren Sonderkonditionen zu profitieren.

Fischers Fritz – Hotel Regent

Charlottenstr. 49 ✉ 10117 U Französische Str. – ✆ (030) 20 33 63 63 – www.fischersfritzberlin.com P3c

Rest – (Tischbestellung ratsam) Menü 47 € (mittags)/150 € – Karte 104/209 €

Beim Anblick der eleganten Holztäfelung, des offenen Kamins und der edlen Kronleuchter denkt man gleich ein bisschen an englischen Stil. Und diese feine Klassik liegt auch der fischbetonten Küche von Christian Lohse zugrunde, die in ihrer produktbezogenen und präzisen Zubereitung unvergesslich bleibt - nicht umsonst hält sie ihre zwei MICHELIN Sterne seit nunmehr sieben Jahren!

➜ Sauté von Milchkalbsbries und Langostino, Chicorée und Grapefruit. Mittelstück vom Steinbutt mit Pariser Erbsengemüse, Lardo und Lavendel Beurre blanc. Feige in Zitrusaromen pochiert, weiße Schokoladencreme und Walnusseis.

Les Solistes by Pierre Gagnaire – Hotel Waldorf Astoria

Hardenbergstr. 27 ✉ 10623 U Zoologischer Garten – ✆ (030) 81 40 00 24 50 – www.waldorfastoriaberlin.de – geschl. Sonntag

Rest – *(nur Abendessen)* (Tischbestellung ratsam) L1w

Menü 115/150 € – Karte 109/166 €

Der berühmte französische Koch erobert nun auch die deutsche Hauptstadt: durchdacht, anspruchsvoll, kreativ - so kennt man die Küche von Pierre Gagnaire. Und wie überall im Waldorf Astoria spannt auch das Ambiente im Restaurant den Bogen vom New Yoker Original zum Berliner Zeitgeist.

➜ Entenstopfleber, Steinpilzravioli mit Walnüssen, Entenstopflebersuppe. Langustine aus der Pfanne "Terre de Sienne". Brustfilet der Bresse-Poulet, unter der Haut mit schwarzem Trüffel gefüllt.

FACIL – Hotel The Mandala

Potsdamer Str. 3, (5. Etage) ✉ 10785 U Potsdamer Platz – ✆ (030) 5 90 05 12 34 – www.facil.de – geschl. Januar 3 Wochen, Ende Juli - Anfang August 2 Wochen und Samstag - Sonntag N3v

Rest – (Tischbestellung ratsam) Menü 42 € (mittags)/126 € – Karte 96/106 €

Auch in einem begrünten Innenhof könnte man nicht schöner sitzen: Wenn sich im Sommer Glasfront und Glasdach öffnen, wird das ohnehin schon luftig-lichte Restaurant praktisch zur Terrasse - kaum zu glauben, dass man sich im 5. Stock befindet! Das Hauptaugenmerk liegt aber auf der ausgezeichneten Küche von Michael Kempf: Die klassische Basis sorgt für Kraft und Intensität, die moderne Interpretation für spannende und kontrastreiche Gerichte.

➜ Terrine von der Gänseleber, Mispeln und Grüner Pfeffer. Kabeljau, Letcho, Kapern und Champagner. Entrecote vom Weiderind, Sellerie und Salbei.

Die Quadriga – Hotel BRANDENBURGER HOF

Eislebener Str. 14 ✉ 10789 U Augsburger Str. – ✆ (030) 21 40 56 51 – www.brandenburger-hof.com – geschl. 1. - 13. Januar, 20. Juli - 18. August und Sonntag - Montag L2n

Rest – *(nur Abendessen)* Menü 72 € – Karte 50/80 €

Die Quadriga ist nicht nur für feine Küche bekannt, ein wahres Highlight für Freunde deutscher Weine sind die über 950 Positionen, die der Weinkeller birgt! Die ohnehin schon angenehme elegante Atmosphäre gewinnt noch durch den kompetenten Service unter der Leitung der charmanten Annekatrin Simon.

5 - cinco by Paco Pérez – Hotel Das Stue

Drakestr. 1 ✉ 10787 U Wittenbergplatz – ✆ (030) 3 11 72 20 – www.5-cinco.com – geschl. Mitte Juli - Mitte August und Sonntag - Montag M1s

Rest – *(nur Abendessen)* (Tischbestellung ratsam) Menü 140 € – Karte 82/104 €

Paco Pérez hat die kreative (Seafood-) Küche seines Zwei-Sterne-Restaurants "Miramar" in Spanien (übrigens nicht sein einziges angesehenes Restaurant dort) nach Berlin gebracht. Und wie könnte man seinen unkomplizierten, präzisen und feinen Stil besser "erfahren" als mit den 25 Gängen seines "Experience Menüs"? Wem das zu viel des Guten ist, wählt à la carte. Nicht nur die Karte, auch das Interieur (sehr speziell die 86 mittig an der Decke hängenden Kupfertöpfe!) hat mit Designerin Patricia Urquiola spanische Wurzeln.

➜ Jacobsmuscheln, Kartoffel Parmentier, Iberico Schinken und Pedro Ximenez. Seezunge Meunière mit Endivie und schwarzem Trüffel. Schokoladenwindbeutel mit Schafsmilcheis.

44 – Hotel Swissôtel
Augsburger Str. 44 ✉ 10789 U Kurfürstendamm – ✆ (030) 2 20 10 22 88 – www.restaurant44.de – geschl. Sonntag L2**k**
Rest – Menü 15 € (mittags) – Karte 39/72 €
Wer sich in dem modern-eleganten Restaurant des Swissotels die leichten, zeitgemäß interpretierten Speisen aus frischen Produkten servieren lässt, kann dabei einen Blick in die Küche werfen oder - ja nach Platz - auch direkt auf den Ku'damm schauen!

Parioli – Hotel de Rome
Behrenstr. 37 ✉ 10117 U Französische Str. – ✆ (030) 46 06 09 12 01 – www.pariolirestaurant.de P2**h**
Rest – Menü 19 € (mittags unter der Woche)/92 € – Karte 57/73 €
Mit dunklem Holz und Goldtönen hat man das Restaurant elegant gestaltet. Geboten wird eine mediterran beeinflusste internationale Küche. Terrasse im schönen Innenhof.

VAU (Kolja Kleeberg)
Jägerstr. 54 ✉ 10117 U Hausvogteiplatz – ✆ (030) 2 02 97 30 – www.vau-berlin.de – geschl. Sonntag P3**u**
Rest – Menü 65 € (mittags)/120 € – Karte 86/97 €
Die Küche von Kolja Kleeberg ist leicht, frisch und trotzdem kräftig in Aroma und Geschmack! Und sollte der bekannte Fernsehkoch mal nicht im Hause sein können: Er hat ein perfekt eingespieltes Team an seiner Seite! Gestalterisch war hier übrigens Stararchitekt Meinrad von Gerkan am Werk.
➜ Gedämpfte Gillardeau Auster mit Mangold, Sepiaspaghetti und Himbeeressig. Dreierlei vom Müritz Lamm "Pasanda" mit sautiertem Spinat, Mango und Sumach. Gefüllte, geeiste Illanka 63 Schokolade mit Bitterorange.

Kempinski Grill – Kempinski Hotel Bristol
Kurfürstendamm 27 ✉ 10719 U Uhlandstr. – ✆ (030) 88 43 47 67 – www.kempinski-berlin.com – geschl. Juli - August 4 Wochen L2**n**
Rest – Menü 55/75 € – Karte 43/76 €
Seit 1952 eine Institution am Ku'damm - die klassische Eleganz von damals wurde bis heute (trotz einiger Renovierungen im Laufe der Zeit) beibehalten und macht exakt den unverwechselbaren Charme des Restaurants aus.

Ana e Bruno
Sophie-Charlotten-Str. 101 ✉ 14059 U Sophie-Charlotte-Pl. – ✆ (030) 3 25 71 10 – www.ana-e-bruno.de E2**s**
Rest – *(nur Abendessen)* Menü 49/95 € – Karte 43/69 €
Chef Bruno Pellegrini ist mit im Service und verbreitet italienisch-familiären Charme! Die Küche ist ambitioniert und stammt ebenso wie die Weine (über 500) aus Italien. Machen Sie es wie die meisten Gäste und bestellen Sie tischweise eines der beiden Menüs: "la.sintesi" oder "i.grandi classici"!

Pauly Saal
Auguststr. 11 ✉ 10117 U Weinmeisterstr. – ✆ (030) 33 00 60 70 – www.paulysaal.com – geschl. Sonntag P2**q**
Rest – (Tischbestellung ratsam) Menü 28 € (mittags) – Karte 50/77 €
Das Fazit vorneweg: elegant und gleichzeitig wunderbar ungezwungen! Wenn Sie den schönen hohen Saal in der ehemaligen jüdischen Mädchenschule betreten, fällt Ihr Blick unweigerlich auf eine dekorative Rakete direkt über dem Fenster zur Küche und auf die stilvollen Murano-Kronleuchter an der Decke. Passend zum Ambiente der sehr professionelle und angenehm lockere Service und eine ganz klassische Produktküche, die ohne Schnörkel auskommt! Die Gerichte für zwei oder mehr Personen sind hier die eigentliche Spezialität und das absolute Muss! Mittags isst man hier wesentlich einfacher und reduzierter.
➜ Geräucherter Aal im Brot mit Rettich, Heringskaviar und Kresse. Glasierter Maibockrücken mit Ährenspargel und Rhabarber. Akazienblüten mit Knackschokolade und Salzkaramell.

GROSZ (N)

Kurfürstendamm 193 ✉ 10707 **U** *Uhlandstr. – ✆ (030) 6 52 14 21 99 – www.grosz-berlin.de*

K2**g**

Rest – Karte 21/70 €

Lassen Sie sich nicht diesen überwältigenden Rahmen entgehen! Ob Kaffeehaus, stilvoll getäfelte Bar oder Restaurant, die historisch-eleganten Räume in dem denkmalgeschützten Cumberland-Haus von 1912 sind eine wahre Pracht. Vom Frühstück über den Afternoon Tea bis zum Dinner heißt es hier sehen und gesehen werden - auch im tollen Innenhof! Und die Küche? Steaks, Meeresfrüchte, günstige Tagesgerichte... und nicht zu vergessen die süßen Leckereien aus der eigenen Patisserie nebenan!

Grill Royal

Friedrichstr. 105 b ✉ 10117 **U** *Friedrichstr. – ✆ (030) 28 87 92 88 – www.grillroyal.com*

P2**a**

Rest – *(nur Abendessen)* (Tischbestellung ratsam) Karte 33/109 €

Eine In-Adresse an der Spree, die bekannt ist für Grillgerichte. Schauen Sie sich das Fleisch selbst im gläsernen Kühlhaus an! Sehr gute Auswahl an Bordeaux und italienischen Weinen.

reinstoff (Daniel Achilles)

Schlegelstr. 26c, (Edison Höfe) ✉ 10115 **U** *Naturkundemuseum – ✆ (030) 30 88 12 14 – www.reinstoff.eu – geschl. Januar 2 Wochen, August 2 Wochen und Sonntag - Montag*

P1**a**

Rest – *(nur Abendessen)* Menü 91/145 €

Es lohnt sich, diese etwas versteckte Adresse ausfindig zu machen: Schon das historische Fabrikgebäude selbst hat Charme, dazu kommt die einzigartige Atmosphäre des puristischen Raum-in-Raum-Konzepts und des gedämpften Lichts! Keine Frage, die kreative Küche von Daniel Achilles verdient dieses unverwechselbare Drumherum: In seinen Menüs ("ganz nah" und "weiter draußen") werden geschickt Aromen und Texturen ausgezeichneter Zutaten kombiniert. Die Auswahl der Weine (deutsch oder lieber spanisch?) könnte kaum jemand besser treffen als Ivo Ebert.

➜ Flusskrebse, gebratene Buchweizennudeln, Sojasprossen und Kai Choi. Wachtel im Grünen, Kapuzinerbart und Rapsblätter. Weiße Karotte - Softeis und Orangenhonig - Vanillegras und Domori.

Quarré – Hotel Adlon Kempinski

Unter den Linden 77 ✉ 10117 **U** *Brandenburger Tor – ✆ (030) 22 61 15 55 – www.hotel-adlon.de*

N2**s**

Rest – Karte 40/97 €

Elegantes Interieur - was sonst würde man in einem Haus wie dem Adlon erwarten! Schauen Sie nach einem Fensterplatz - der Blick aufs Brandenburger Tor ist wirklich herrlich! Sonntags Brunch.

SRA BUA by Tim Raue (N) – Hotel Adlon

Behrenstr. 72 ✉ 10117 **U** *Brandenburger Tor – ✆ (030) 22 61 19 59 – www.srabua-adlon.de*

N3**c**

Rest – *(nur Abendessen)* Menü 68 € – Karte 32/240 €

Kennen Sie schon den neuesten Hotspot des Hotel Adlon? Die ambitionierte panasiatische Küche aus hochwertigen Produkten mischt Thailändisches mit Japanischem. Das perfekte Pendant zu den interessante Speisen ist das recht spezielle und elegante Ambiente. Und weil ein stimmiges und angenehmes Gesamtbild auch eine Frage des Service ist, wird man hier sehr zuvorkommend und charmant betreut.

Vox – Hotel Grand Hyatt

Marlene-Dietrich-Platz 2, (Eingang Eichhornstraße) ✉ 10785 **U** *Potsdamer Platz – ✆ (030) 25 53 17 72 – www.vox-restaurant.de – geschl. Samstagmittag, Sonntagmittag*

N3**a**

Rest – Menü 45/66 € (abends) – Karte 48/73 €

Ein stimmiges Konzept, das ankommt: klarer Einrichtungsstil, große Showküche, Sushibar. Da kann man wunderbar zuschauen, wie die modernen Speisen und Sushi-Gerichte entstehen. Sie mögen Whiskey? In der trendigen Bar gibt's 240 Sorten - und ab 22 Uhr Live-Jazz. Seinen Namen hat das Restaurant übrigens von der ersten Radiostation, die hier 1920 sendete.

BERLIN

XX **Bocca di Bacco**

Friedrichstr. 167 ✉ 10117 **U** *Französische Str. – ✆ (030) 20 67 28 28 – www.boccadibacco.de – geschl. Sonntagmittag und an Feiertagen mittags*

Rest – Menü 20 € (mittags unter der Woche) – Karte 39/59 € P3**x**

Ein modern designtes Restaurant mit Bar und Loungebereich, in dem man Ihnen aufmerksam gute italienische Küche serviert. Hübscher Salon für Feierlichkeiten im 1. Stock.

XX **Lochner**

Lützowplatz 5 ✉ 10785 **U** *Nollendorfplatz – ✆ (030) 23 00 52 20 – www.lochner-restaurant.de – geschl. Ende Juni - Juli 2 Wochen und Montag*

Rest – *(nur Abendessen)* Menü 49/80 € – Karte 44/69 € M3**v**

Das sympathische Restaurant wird familiär geführt und hat viele Stammgäste. Der Patron kocht ambitioniert, der freundliche Service wird von der Chefin geleitet.

XX **Alt Luxemburg**

Windscheidstr. 31 ✉ 10627 **U** *Sophie-Charlotte-Platz – ✆ (030) 3 23 87 30 – www.altluxemburg.de – geschl. Sonntag* J1**s**

Rest – *(nur Abendessen)* (Tischbestellung ratsam) Menü 58/80 € – Karte 53/78 €

Schöne freundliche Farben prägen das Ambiente des bereits seit 1982 von Familie Wannemacher traditionsbewusst geführten Restaurants mit klassischer Küche.

XX **Quadriga-Lounge** – Hotel BRANDENBURGER HOF

Eislebener Str. 14 ✉ 10789 **U** *Augsburger Str. – ✆ (030) 21 40 56 51 – www.brandenburger-hof.com* L2**n**

Rest – Menü 45/65 € – Karte 42/55 €

Die Lounge mit ihrer herrlichen Wintergartenatmosphäre ist eines der Schmuckstücke dieses noblen Hauses. Hier treffen sich die Gäste zum Essen, auf einen Drink bei Live Piano und donnerstags (ab 22 Uhr) zum Jazz-Abend.

XX **Balthazar** – Hotel Louisa's Place

Kurfürstendamm 160 ✉ 10709 **U** *Adenauerplatz – ✆ (030) 89 40 84 77 – www.balthazar-restaurant.de* K2**a**

Rest – *(nur Abendessen)* Karte 31/57 €

Richtig gut essen, und das auch noch direkt am Ku'damm, kann man bei Holger Zurbrüggen. Seine Küche nennt er "metropolitan cuisine" - hier mischen sich Einflüsse aus der ganze Welt, dennoch bleibt die Basis deutsch.

XX **Markus Semmler**

Sächsische Str. 7 ✉ 10707 **U** *Hohenzollernpl. – ✆ (030) 89 06 82 90 – www.kochkunst-ereignisse.de – geschl. Januar 1 Woche, Juli 3 Wochen und Sonntag - Montag* K2**m**

Rest – *(nur Abendessen)* Menü 85/130 € – Karte 71/96 €

Es lohnt sich, eines der beiden sorgfältig zusammengestellten, ambitionierten Menüs von Markus Semmler zu probieren! Da wäre z. B. "Bretonischer Hummer mit Bärlauchschaum" oder "Lammrücken in der Brotkruste, geschmorte Schulter und Keule mit Gnocchi und Poweradengemüse". Und wenn Sie gerne mal den Köchen bei der Arbeit zusehen möchten: Vorspeise und Dessert bereitet man in der offenen Küche direkt im Lokal zu!

XX **Il Punto**

Neustädtische Kirchstr. 6 ✉ 10117 **U** *Friedrichstr. – ✆ (030) 20 60 55 40 – www.ilpunto.net – geschl. Samstagmittag, Sonntag* P2**p**

Rest – Menü 30 € (mittags) – Karte 43/63 €

Für Freunde italienischer Küche - und davon hat Gastgeber Guiseppe Perna so einige als Stammgäste! Die "Paccheri alla Ciampi" haben Sie dem BRD-Besuch des Staatspräsidenten Dr. A. Ciampi zu verdanken. Schön sitzt man im glasüberdachten Innenhof!

XX **Brasserie Le Faubourg** – Hôtel Concorde

Augsburger Str. 41 ✉ 10789 **U** *Kurfürstendamm – ✆ (030) 80 09 99 77 00 – www.concorde-hotels.com/concordeberlin* L2**c**

Rest – Menü 15 € (mittags unter der Woche)/64 € (abends) – Karte 49/67 €

Inspiriert vom modernen Paris, trägt die Brasserie ein Kleid aus cooler Eleganz mit Teakholzstühlen, auberginefarbenen Stoffen und auffallender Kunst an den Wänden. Typische französische Bistroküche und tolles Tagesmenü!

Brooklyn Beef Club – Hotel The Dude

Köpenicker Str. 92 ✉ 10179 U Märk. Museum – ✆ (030) 20 21 58 20 – www.thedudeberlin.com – geschl. Sonntag Q3**d**

Rest – *(nur Abendessen)* Karte 46/128 €

Ein bisschen New-York-Style muss schon sein, wenn man amerikanisches Rindfleisch vom Grill genießt! Werfen Sie mal einen Blick auf die Bar: Rund 180 Whiskys werden offen ausgeschenkt... und es werden mehr!

GLASS N

Uhlandstr. 195 ✉ 10623 U Zoologischer Garten – ✆ (030) 54 71 08 61 – www.glassberlin.de – geschl. über Weihnachten, Juli - August 2 Wochen und Sonntag - Montag L1**a**

Rest – *(nur Abendessen)* Menü 45/59 €

Glas und Metall, puristisches Design in Schwarz und Weiß... ganz schön urban, was die Architekten Christoph Zeller und Ingrid Moye hier geschaffen haben. Auf den Tisch kommt Kreatives in sechs oder acht Gängen, und eine vegane Menü-Variante gibt es auch.

Rutz

Chausseestr. 8, (1. Etage) ✉ 10115 U Oranienburger Tor – ✆ (030) 24 62 87 60 – www.weinbar-rutz.de – geschl. Anfang Januar 2 Wochen und Sonntag - Montag P2**r**

Rest – *(nur Abendessen)* Menü 89/170 €

Rest *Rutz Weinbar* – siehe Restaurantauswahl

6, 8 oder 10 Gänge? Wieviele "Erlebnisse" Ihnen Marco Müller in seinem Inspirationsmenü bescheren darf, bestimmen Sie selbst, auf jeden Fall sind Ihnen kreative und außerordentlich raffinierte Speisen voller Aroma und Präzision gewiss! Und zu jedem dieser Erlebnisse hat Sommelier Billy Wagner nicht alltägliche, aber immer passende Weine. Den gibt's natürlich auch in der Weinbar!

➜ Gelbe Wildtomate - marinierte Jacobsmuschel und Schafsmilch, Brühwürfel. Langostino und Schweineohr, Blumenkohl. Wolfsbarsch und Ochsenmark, Sonnenblumenwurzel.

Bieberbau

Durlacher Str. 15 ✉ 10715 U Bundesplatz – ✆ (030) 8 53 23 90 – www.bieberbau-berlin.de – geschl. Sonntag - Montag F3**a**

Rest – *(nur Abendessen)* (Tischbestellung ratsam) Menü 41/64 €

Ein wunderbares Zeugnis des Stuckateurhandwerks hat Richard Bieber hier im 19. Jh. hinterlassen! Am Molteniherd werden regionale Produkte und feine Kräuter verarbeitet - also essen Sie sich lieber nicht schon am hausgemachten Brot mit den aromatischen Buttermischungen satt!

Brasserie Desbrosses – Hotel The Ritz-Carlton

Potsdamer Platz 3 ✉ 10785 U Potsdamer Platz – ✆ (030) 3 37 77 63 41 – www.ritzcarlton.de N3**d**

Rest – Menü 38/99 € – Karte 43/96 €

Sind Sie überrascht, in diesem Luxushotel eine Brasserie mit typischem Pariser Flair zu finden? Die Originaleinrichtung von 1875 stammt aus einem Lokal in Südburgund, dazu gibt es französische Bistrogerichte (z. B. Flammkuchen) aus der Showküche - und für Backwaren (lecker die Crêpes) hat man sogar eine Show-Boulangerie!

dos palillos – Hotel casa camper

Weinmeisterstr. 1, (Eingang Rosenthalerstr. 53) ✉ 10178 U Weinmeisterstr. – ✆ (030) 20 00 34 13 – www.dospalillos.com – geschl. 1. - 12. Januar und Sonntag - Montag Q2**c**

Rest – *(Dienstag - Freitag nur Abendessen)* Menü 55/75 € – Karte 17/29 €

Die lange weiße Bartheke lädt förmlich dazu ein, mit den Köchen zu kommunizieren - und das ist auch gewollt! Schauen Sie genau hin, wie am Holzkohlegrill oder im Wok asiatische Gerichte im Tapas-Style entstehen. Fazit: gut, günstig und interessant!

Paris-Moskau

Alt-Moabit 141 ✉ 10557 **U** *Hauptbahnhof – ✆ (030) 3 94 20 81 – www.paris-moskau.de – geschl. Ende Juni - Anfang Juli 2 Wochen* F2**s**

Rest – *(nur Abendessen)* Menü 52/109 € – Karte 43/58 €

Das denkmalgeschützte Fachwerkhaus steht im Regierungsviertel, auf einem ehemaligen Eisenbahngelände. Die Küche ist international ausgerichtet.

Ottenthal

Kantstr. 153 ✉ 10623 **U** *Zoologischer Garten – ✆ (030) 3 13 31 62 – www.ottenthal.com* L1**g**

Rest – *(nur Abendessen)* (Tischbestellung ratsam) Karte 29/56 €

Die vielen Gäste sprechen für sich: Die typisch österreichische Gasthausküche kommt an! Chef Arthur Schneller bietet in dem netten Restaurant mit Bistro-Flair (benannt nach seinem Heimatort in Niederösterreich) bewusst schnörkellose Gerichte wie Wiener Tafelspitz oder Apfelstrudel! Und dazu gute Weine.

borchardt

Französische Str. 47 ✉ 10117 **U** *Französische Str. – ✆ (030) 81 88 62 62 – www.borchardt-restaurant.de* P3**k**

Rest – Karte 32/64 €

In dem klassischen Stadthaus beim Gendarmenmarkt herrscht eine sympathische Atmosphäre. Ein angesagtes Restaurant mit internationaler Küche und reizvoller Terrasse im Innenhof.

Chez Maurice

Bötzowstr. 39 ✉ 10407 **U** *Senefelder Platz – ✆ (030) 4 25 05 06 – www.chez-maurice.com – geschl. Sonntagmittag, Montagmittag* R1**c**

Rest – Menü 16 € (mittags unter der Woche)/95 € – Karte 34/58 €

Wie in einer Brasserie in Frankreich sitzt man hier - gemütlich und leger. Aus der Küche kommen sauber gekochte französische Klassiker (mittags 3 Gänge für 16 €), dazu ein guter Bordeaux oder Burgunder! Sie hätten ein bisschen was davon auch gerne zuhause? Wein, Käse und Wurst kann man auch kaufen!

Neu

Oranienburgerstr. 32, (in den Heckmannhöfen) ✉ 10117 **U** *Oranienburger Tor – ✆ (030) 66 40 84 27 – www.restaurant-neu.de – geschl. 1. - 6. Januar und Sonntag - Montag, außer an Feiertagen* P2**n**

Rest – *(Oktober - Mai: Dienstag - Freitag nur Abendessen)* Menü 22 € (mittags)/70 € – Karte 38/51 €

Wer im Sommer kommt, sollte sich die frischen saisonalen Gerichte wie "Entrecôte auf Hüttenkäsebrot" oder die "Ritter der Kokosnuss" unbedingt im schön begrünten Innenhof schmecken lassen! Mittags gibt's ein kleineres Angebot.

Alpenstück

Gartenstr. 9 ✉ 10178 **U** *Naturkundemuseum – ✆ (030) 21 75 16 46 – www.alpenstueck.de* P1**c**

Rest – *(nur Abendessen)* (Tischbestellung ratsam) Menü 31/48 € – Karte 39/43 €

In dem legeren Restaurant kommen regionale Produkte zum Einsatz, z. B. im "gebratenen Forellenfilet mit roter Bete, Rübchen und Fondantkartoffen". Mittags gibt es in der hauseigenen Bäckerei gegenüber feine Backwaren und kleine Snacks. Und in der Manufaktur kauft man Maultaschen, Fonds etc. für daheim!

Rotisserie Weingrün

Gertraudenstr. 10 ✉ 10178 **U** *Spittelmarkt – ✆ (030) 20 62 19 00 – www.rotisserie-weingruen.de – geschl. Sonntag* Q3**a**

Rest – *(nur Abendessen)* Karte 36/50 €

Das sogenannte Hochzeitshaus an der Jungfernbrücke beherbergt das geradlinig und freundlich gestaltete Restaurant mit Spezialitäten vom Flammenwandgrill. Gutes Weinangebot.

Deli 31 – Hotel Bleibtreu

Bleibtreustr. 31 ✉ 10707 **U** *Uhlandstr. – ✆ (030) 88 47 40 – www.bleibtreu.com – geschl. Sonntag* K2**s**

Rest – Karte 31/42 €

Nicht nur Deli-Klassiker wie Caesar Salad, Sandwich und Burger kommen aus der offenen Küche (hier kann man ganz ungezwungen direkt an der Theke sitzen und den Köchen bei der Arbeit zusehen), auch "gebratene Garnelen mit eingelegtem Kürbis und Granatapfelkernen" oder "Maispoulardenbrust mit Polenta und Gemüse" sind beim bekannten Küchenchef Gerd Hammes zu haben. Oder darf's der Business Lunch mit zwei Gängen sein? Terrasse zur Straße und im Innenhof.

Renger-Patzsch

Wartburgstr. 54 ✉ 10823 **U** *Eisenacher Str. – ✆ (030) 7 84 20 59 – www.renger-patzsch.com* M3**a**

Rest – *(nur Abendessen)* (Tischbestellung ratsam) Menü 29/46 € – Karte 29/41 €

Schmackhafte und gut gekochte traditionelle Speisen gibt es hier, und das zu einem guten Preis-Leistungs-Verhältnis. Probieren Sie z. B. "Elsässer Sauerkraut mit Schäufele" oder Flammkuchen! Namensgeber des Restaurants ist der Pionier der Landschaftsfotografie - entsprechende Schwarz-Weiß-Bilder zieren das gemütliche Gasthaus. Eine wirklich sympathische Adresse und immer gut besucht, da rückt man auf den Sitzbänken schon mal zusammen! Eine wunderbare Terrasse gibt es übrigens auch!

Rutz Weinbar – Restaurant Rutz

Chausseestr. 8, (1. Etage) ✉ 10115 **U** *Oranienburger Str. – ✆ (030) 24 62 87 60 – www.weinbar-rutz.de – geschl. Anfang Januar 2 Wochen und Sonntag - Montag* P2**r**

Rest – *(nur Abendessen ; ab 16 Uhr geöffnet)* Menü 44/54 € – Karte 27/63 €

Richtig deutsch: Neuköllner Rauchknacker oder Eisbein von Beuthes Wollschwein - so (oder so ähnlich) sieht das regional-bürgerliche Kontrastprogramm zum "Rutz" aus!

Maremoto (N)

Grolmanstr. 56 ✉ 10623 **U** *Uhlandstr. – ✆ (030) 20 07 62 00 – www.maremotoberlin.de – geschl. Montag - Dienstag* K1**a**

Rest – *(nur Abendessen)* Menü 69/149 € – Karte 39/73 €

Cristiano Rienzner nennt seine innovative Küche "Metaphoric Cuisine" und setzt dabei auf neue Techniken und interessante Kombinationen. Sein ambitioniertes Menü (einschließlich Weinbegleitung) kommt einer Reise ins Avantgardistische gleich, geschmacklich wie optisch! Das klare, puristische Interieur könnte dazu nicht besser passen.

3 minutes! sur mer (N)

Torstr. 167 ✉ 10115 **U** *Rosenthaler Platz – ✆ (030) 67 30 20 52 – www.3minutessurmer.de* P1**b**

Rest – (Tischbestellung ratsam) Menü 20 € (mittags)/42 € – Karte 26/52 €

Entspannte Bistro-Atmosphäre, wie man sie gerne hat. Allerlei DDR-Erinnerungsstücke dienen als Deko, im hinteren Bereich kann man in die Küche schauen. Hier entstehen schnörkellose, frische und typisch französische Gerichte wie Pot-au-feu, Entrecote, Crème brûlée... Zahlreiche Stammgäste kommen täglich zum Mittagtisch in das sympathische Ecklokal.

MANI (N) – Hotel MANI

Torstr. 136 ✉ 10119 **U** *Rosenthaler Platz – ✆ (030) 53 02 80 80 – www.hotel-mani.com – geschl. Samstagmittag, Sonntagmittag sowie im Sommer: Samstagmittag, Sonntag* P1**m**

Rest – (abends Tischbestellung ratsam) Menü 12 € – Karte 28/59 €

Ein "place to be" - so könnte man dieses Restaurant nennen, denn es trifft ganz den urabanen Zeitgeist mit seinem klaren Design, der offenen Küche und den raumerfüllenden dunklen Tönen, die fast ein bisschen orientalisch anmuten. Schauen Sie sich die interessante Abendkarte an! Oder kommen Sie lieber mittags zum einfacheren Lunch?

BERLIN

Die Nussbaumerin

*Leibnizstr. 55 ✉ 10629 **U** Adenauerplatz – ✆ (030) 50 17 80 33 – www.nussbaumerin.de – geschl. Sonntag* **K2n**

Rest – *(nur Abendessen)* (Tischbestellung ratsam) Karte 23/46 €

Hier gibt's leckere Hausmannskost, wie man sie gerne öfter hätte! Die Chefin selbst serviert in dem lebendigen Restaurant frisch gekochte Klassiker ihrer Heimat: Bei Wiener Schnitzel, Tafelspitz und Marillenknödel ist Österreich ganz nah! Die guten Weine von dort bekommt man leider nur flaschenweise.

Fräulein Fiona

*Fritschestr. 48 (Ecke Kantstr. 70) ✉ 10627 **U** Wilmersdorfer Str. – ✆ (030) 95 60 22 72 – geschl. Sonntag und an Feiertagen* **J1f**

Rest – *(nur Abendessen)* Menü 40/52 € – Karte 33/64 €

"Kalbszunge mit Bärlauchpesto" oder "Ochsenbacke mit Rahmspätzle" sind schöne Beispiele für die gute zeitgemäße deutsche Küche dieses netten, recht intimen Restaurants. Auch einige Tische an der Straße locken im Sommer Gäste an.

Il Calice

*Walter-Benjamin-Platz 4 ✉ 10629 **U** Adenauerpl. – ✆ (030) 3 24 23 08 – www.ilcalice.de – geschl. Sonntag* **K2f**

Rest – Menü 45 € (abends)/66 € – Karte 36/62 €

Wer Brasserie-Flair mag, wird gerne in dieses wirklich nette italienische Restaurant an den Leibniz-Kolonnaden gehen. Schon die Antipastivitrine macht Appetit! Auch ein Weinladen ist mit dabei, so können Sie die gute Weinauswahl zu Hause ebenfalls genießen. Mittags ist das Angebot einfacher.

Le Compagnon

*Knesebeckstr. 76 ✉ 10623 **U** Uhlandstr. – ✆ (030) 30 34 75 55 – www.restaurant-lecompagnon.de – geschl. Montag - Dienstag* **L2x**

Rest – *(nur Abendessen)* Menü 39/93 €

Christian Schulze ist ein freundlich-engagierter Gastgeber, er kocht und serviert - und zwar frische Küche mit klassischer Basis. Chansons sorgen in dem netten kleinen Restaurant für die französische Note. Terrasse auf dem Bürgersteig.

Cassambalis – Hecker's Hotel

*Grolmanstr. 35 ✉ 10623 **U** Uhlandstr. – ✆ (030) 8 85 47 47 – www.heckers-hotel.de* **L2e**

Rest – Menü 25 € (mittags)/65 € – Karte 28/65 €

Näher am Geschehen geht gar nicht: In unmittelbarer Nähe zum Ku'damm erinnert das Lokal an eine heitere Brasserie - mit viel unterschiedlicher Kunst, offenen Weinregalen und bunten Farben. Mediterrane Küche.

WEGNER

*Dahlmannstr. 22 ✉ 10629 **U** Adenauerplatz – ✆ (030) 53 08 19 66 – www.restaurant-wegner.de – geschl. Juli 2 Wochen und Sonntag - Montag* **K2b**

Rest – *(nur Abendessen)* Menü 50/64 € – Karte 48/62 €

In dem hell gestalteten Restaurant unweit des Ku'damms kocht Jens Wegner leckere zeitgemäße Speisen mit mediterranem Einfluss - fein z. B. die Panna Cotta mit Rhabarber! Schöne offene Weine.

Brasserie la bonne franquette

*Chausseestr. 110 ✉ 10115 **U** Naturkundemuseum – ✆ (030) 94 40 53 63 – www.labonnefranquette.de – geschl. Samstagmittag, Sonntag und an Feiertagen mittags* **N1b**

Rest – Menü 15 € (mittags unter der Woche) – Karte 31/51 €

Frische französische Brasserieküche, so wie es der Name vermuten lässt! Das Lokal ist schön ungezwungen, die Gerichte wählt man von der Tafel. Das sensationell günstige Mittagsmenü lassen sich weder Künstler noch Geschäftsleute entgehen!

Bandol sur Mer

Torstr. 167 ✉ 10115 **U** *Rosenthaler Platz – ✆ (030) 67 30 20 51 – www.bandolsurmer.de* P1**b**

Rest – *(nur Abendessen)* (Tischbestellung erforderlich) Menü 59/69 € – Karte 47/61 €

Das Lokal ist einfach, leger und schon ein bisschen "rough"! Aus der offenen Küche kommen täglich zwei kreative Menüs. Reservieren können Sie für 18 bzw. 19 Uhr oder 21 Uhr.

In Berlin-Britz

Buchholz im Gutshof Britz

Alt-Britz 81 ✉ 12359 – ✆ (030) 60 03 46 07 – www.matthias-buchholz.de – geschl. Mittwoch; Mitte Juni - Anfang August: Dienstag - Mittwoch

Rest – Menü 29/69 € – Karte 24/57 € C3**a**

Der Gutshof ist nicht nur als Kulturzentrum interessant! Grund: Matthias Buchholz betreibt in einem Nebengebäude ein gemütliches Lokal mit bürgerlich-regionaler Küche - auch draußen im Garten unter einer Kastanie sitzt man schön. Wie wär's nach dem Essen mit einem Spaziergang durch den Park?

In Berlin-Dahlem

Seminaris Campus

Rest,

Takustr. 39 ✉ 14195 **U** *Dahlem-Dorf – ✆ (030) 5 57 79 70 – www.seminaris.de/berlin* B3**s**

183 Zim – 99/180 € 139/210 € – 3 Suiten

Rest – Menü 24/69 € – Karte 37/55 €

Das Hotel auf dem Campus der Freien Universität ist ein auffallender Bau aus Glas, Stahl und Beton. Sehr moderne, helle Zimmer sowie ein separates Konferenzzentrum in Kubusform. In kräftigen Farben und neuzeitlichem Stil gehaltenes Restaurant.

In Berlin-Friedrichshagen Ost: 21 km über B 1 D2

Die Spindel

Bölschestr. 51 ✉ 12587 – ✆ (030) 6 45 29 37 – www.spindel-berlin.de – geschl. Montag

Rest – Menü 39/49 € – Karte 35/53 €

In dem schönen Haus aus der Gründerzeit werden frische regionale Produkte zu schmackhaften Speisen wie "Schweinshaxe mit Karotten-Korianderpüree und Rettich" verarbeitet. Die "Zitronentarte mit Birnen-Rosmarineis" ist schon eine Sünde wert!

In Berlin-Friedrichshain

nhow

Stralauer Allee 3 ✉ 10245 **U** *Warschauer Str. – ✆ (030) 2 90 29 90 – www.nhow-hotels.com/berlin* H2**n**

303 Zim – 120/340 € 120/340 €, 22 € – 1 Suite

Rest *fabrics* – siehe Restaurantauswahl

So unkonventionell und kosmopolitisch setzt kein zweites Hotel in Berlin die Themen Musik und Lifestyle in Szene! Außen klare, sachliche Architektur, innen peppiges Design, geschwungene Formen und junge, frische Farben - Rosa zieht sich durchs Haus! Einmalig: Tonstudio über der Stadt!

fabrics – Hotel nhow

Stralauer Allee 3 ✉ 10245 **U** *Warschauer Str. – ✆ (030) 2 90 29 90 – www.nhow-hotels.com/berlin – geschl. Samstagmittag, Sonntag* H2**n**

Rest – Karte 40/58 €

Cooles Design wie überall im Haus: Weiß, Rosa, trendiges Grün - und viel Licht! Die verwendeten Produkte sind vom Feinsten, von Rinderroulade bis Hummer bietet man einen Mix aus Modernem und Klassikern.

BERLIN

In Berlin-Grunewald

Schlosshotel im Grunewald

Brahmsstr. 10 ✉ *14193 – ✆ (030) 89 58 40*
– www.schlosshotelberlin.com E3**a**
43 Zim – 🚹239/450 € 🚹🚹239/450 €, ☕ 29 € – 10 Suiten
Rest *Vivaldi* – siehe Restaurantauswahl
Rest *Alter Wintergarten* – Karte 57/75 €
Das Palais aus wilhelminischer Zeit (erbaut von Kaiser Wilhelms Anwalt) ist eine stimmige Kombination von wunderschönen Details von einst und dezentem modernem Stil. Sehenswerte Bibliothek, kleiner Park. Hübsch ist der freundliche Wintergarten.

Vivaldi – Schlosshotel im Grunewald

Brahmsstr. 10 ✉ *14193 – ✆ (030) 89 58 47 34 – www.schlosshotelberlin.com*
– geschl. 2. - 22. Januar und Sonntag - Montag E3**a**
Rest – *(nur Abendessen)* Menü 60/120 €
Mit seiner prunkvollen Ausstattung (größtenteils im Original) ist der prächtige historische Bau repräsentativ fürs noble Grunewald! Wo sonst sitzt man so herrschaftlich unter einer hohen Decke mit Gold und Stuck?

Frühsammers Restaurant

Flinsberger Platz 8 ✉ *14193 – ✆ (030) 89 73 86 28*
– www.fruehsammers-restaurant.de – geschl. 1. - 11. Januar, 1. - 10. April und Samstagmittag, Sonntag - Montag J3**m**
Rest – (Tischbestellung ratsam) Menü 55/110 € – Karte 52/90 €
Auf zeitgemäße Einflüsse setzt Chefin Sonja Frühsammer in ihrer schmackhaften Küche. Und damit Sie dazu auch den passenden Wein bekommen, berät Sie Chef Peter Frühsammer mit Sorgfalt und Fachkenntnis! Wer auch am Mittag gehobener essen möchte, nimmt das "Gourmet-Menü" - den günstigen Lunch gibt's aber ebenso.

In Berlin-Kreuzberg

Mövenpick

Zim,
Schönebergerstr. 3 ✉ *10963* **U** *Potsdamer Platz – ✆ (030) 23 00 60*
– www.moevenpick-hotels.com/berlin P3**k**
242 Zim – 🚹99/220 € 🚹🚹99/330 €, ☕ 22 € – 1 Suite
Rest – Menü 31 € – Karte 32/66 €
In dem ehemaligen Siemens-Gebäude hat man historische Architektur (sehenswert das Treppenhaus!) mit modernem Interieur kombiniert. Die schönen Atelierzimmer unterm Dach teils mit freistehender Badewanne. Restaurant im Innenhof - schön luftig wird's, wenn man das Glasdach hier im Sommer öffnet!

Ludwig van Beethoven garni

Hasenheide 14 ✉ *10967* **U** *Hermannplatz – ✆ (030) 6 95 70 00*
– www.hotel-ludwig-van-beethoven.de H3**d**
67 Zim ☕ – 🚹69/100 € 🚹🚹89/130 €
Ein zeitgemäßes Hotel mit gutem Preis-Leistungs-Verhältnis. Die Zimmer liegen z. T. ruhiger nach hinten. Im Sommer Frühstück auf der begrünten Dachterrasse. Ca. 50 m zur U-Bahn.

Suite Novotel garni

Anhalter Str. 2 ✉ *10963* **U** *Potsdamer Platz – ✆ (030) 20 05 60*
– www.suitenovotel.com P3**h**
229 Zim – 🚹89/179 € 🚹🚹89/179 €, ☕ 13 €
Das Hotel verfügt über moderne und farbenfrohe Zimmer, die in ihrer funktionellen Art ideal sind für Geschäftsreisende wie auch Langzeitgäste. Telefon, Internet, Kaffee kostenlos. Zur Entspannung: donnerstags kleine Massage gratis.

NH Potsdamer Platz garni

Stresemannstr. 47 ✉ *10963* **U** *Potsdamer Platz – ✆ (030) 2 25 07 10*
– www.nh-hotels.com P3**n**
89 Zim ☕ – 🚹79/269 € 🚹🚹79/279 €
Modern und frisch gestaltete Zimmer mit Parkettboden und zeitgemäßer Technik stehen in dem Businesshotel nahe dem Potsdamer Platz bereit. Gute U- und S-Bahn-Anbindung.

Riehmers Hofgarten

*Yorckstr. 83 ✉ 10965 **U** Mehringdamm – ✆ (030) 78 09 88 00*
– www.riehmers-hofgarten.de G3**u**
22 Zim – 🚶95/115 € 🚶🚶128/145 €, ☕ 7 € – 1 Suite
Rest *e.t.a. hoffmann* – siehe Restaurantauswahl
Das Hotel in der prächtigen Hofgartenanlage a. d. 19. Jh. bietet funktionale Zimmer in kräftigen Farben, die dekoriert sind mit Bildern deutscher Künstler.

Ibis Berlin City Potsdamer Platz

*Anhalter Str. 4 ✉ 10963 **U** Potsdamer Platz – ✆ (030) 26 10 50*
– www.ibis.com P3**m**
146 Zim – 🚶59/169 € 🚶🚶69/179 €, ☕ 10 €
Rest – Karte 13/21 €
In dem Hotel beim ehemaligen Anhalter Bahnhof nicht weit vom Potsdamer Platz erwarten Sie funktionelle, freundlich gestaltete Gästezimmer.

Tim Raue

*Rudi-Dutschke-Str. 26 ✉ 10969 **U** Kochstr. – ✆ (030) 25 93 79 30*
– www.tim-raue.com – geschl. 24. - 26. Dezember und Sonntag
- Montag P3**t**
Rest – Menü 38 € (mittags)/158 € – Karte 116/138 €
Seine asiatische Küche ist reduziert, wenige (hochwertigste) Bestandteile kommen perfekt zur Geltung. Süß und salzig, mild und scharf, weich und kross... Seine Speisen leben von verschiedensten Konsistenzen und Aromen, immer aufs Harmonischste zusammengefügt. Übrigens: Das Mittagsmenü ist sehr beliebt!
➜ Kaisergranat - Wasabi - Mango. Zander - 10 Jahre gereifte Kamebishi Soja Sauce - Yuzu. Dim Sum Perlhuhn - Trüffel - Haselnuss.

Altes Zollhaus

*Carl-Herz-Ufer 30 ✉ 10961 **U** Prinzenstr. – ✆ (030) 6 92 33 00*
– www.altes-zollhaus.com – geschl. Sonntag - Montag G3**r**
Rest – *(nur Abendessen)* Menü 33/85 € – Karte 34/48 €
Sowas gibt es tatsächlich mitten in Kreuzberg: ein idyllisch am Landwehrkanal gelegenes freistehendes Fachwerkhaus! Hier serviert man gute regionale Küche mit internationalem Einfluss und Weine vom eigenen Weingut in der Pfalz! Eine begrünte Terrasse darf da natürlich nicht fehlen!

HARTMANNs

*Fichtestr. 31 ✉ 10967 **U** Südstern – ✆ (030) 61 20 10 03*
– www.hartmanns-restaurant.de – geschl. Januar 1 Woche und Sonntag
- Montag H3**h**
Rest – *(nur Abendessen)* (Tischbestellung ratsam) Menü 60/100 € – Karte 75/83 €
Stefan Hartmann ist nach Stationen im In- und Ausland in Berlin heimisch geworden. Hier bekocht er seit 2007 die an den kleinen Tischen seines Kellerlokals sitzenden Gäste mit feiner zeitgemäßer Küche. Sie essen gut, werden sehr freundlich umsorgt und kompetent in Sachen Wein beraten!
➜ Stopfleber und Perlhuhn mit Birne, Walnuss und Chicorée. Milchkalbsrücken aus dem Buchenrauch mit Spinat, Paprika und Chorizognocchi. Bisquitrolle mit Rhabarber, Himbeere und Waldmeistersorbet.

Horváth

*Paul-Lincke-Ufer 44a ✉ 10999 **U** Kottbusser Tor – ✆ (030) 61 28 99 92*
– www.restaurant-horvath.de – geschl. 3. - 10. Februar und Montag H3**a**
Rest – *(nur Abendessen)* (Tischbestellung ratsam) Menü 56/119 € – Karte 46/66 €
12 Gerichte stehen zur Wahl, um sich vom Talent des gebürtigen Österreichers Sebastian Frank zu überzeugen. Kombinieren Sie frei... 4, 8 oder 12 Gänge? Vielleicht vegetarisch? Leidenschaft, perfektes Handwerk und ein starkes Team im Rücken sind neben top Produkten die Zutaten für seine unkomplizierte und doch kreative Küche.
➜ Hering, Fleischaspik, Ei, Erbsen, geröstetes Mehl, Gemüsemayo. Blattkohl, Schweineblut, Sauerrahm, Rhababer, Senfgurke. Schulterscherzl vom Holzkohlegrill, Röstgemüse, Knoblauch, Rübentriebe.

Volt

Paul-Lincke-Ufer 20 ✉ 10999 **U** *Schönleinstr. – ✆ (030) 61 07 40 33 – www.restaurant-volt.de – geschl. Ende Dezember - Anfang Januar 1 Woche, Juni - Juli 2 Wochen und Sonntag* H3**v**

Rest – *(nur Abendessen)* Menü 44/59 € – Karte 44/61 €

Das Restaurant von Matthias Gleiß ist gefragt! Mit seinem stimmigen Industrie-Design und der guten Küche (das Gemüse bezieht man von Bauern aus der Region!) passt das einstige Umspannwerk von 1928 in die pulsierende Kreuzberger Gastro-Szene.

Noi Quattro

Südstern 14 ✉ 10965 **U** *Südstern – ✆ (030) 32 53 45 83 – www.noiquattro.de – geschl. Anfang Januar 2 Wochen und Sonntag* G3**n**

Rest – *(nur Abendessen)* Menü 43/76 € – Karte 60/76 €

Wenn Sie gerne mediterran essen, probieren Sie doch mal, was in diesem hübschen Eckhaus Gutes aus der offenen Küche auf den Tisch kommt! Die Weinberatung stimmt übrigens auch. Sie möchten mit der U-Bahn kommen? Haltestelle gleich gegenüber.

Le Cochon Bourgeois

Fichtestr. 24 ✉ 10967 **U** *Südstern – ✆ (030) 6 93 01 01 – www.lecochon.de – geschl. 1. - 15. Januar, 4. - 18. August und Sonntag - Montag* H3**m**

Rest – *(nur Abendessen)* Menü 38 € – Karte 40/60 €

Typische Bistrogerichte oder Bäckeofen serviert man in den schönen historischen Räumen mit stuckähnlichen Holzarbeiten und Dielenboden. Unter den Weinen finden sich einige Trouvaillen.

e.t.a. hoffmann – Hotel Riehmers Hofgarten

Yorckstr. 83 ✉ 10965 **U** *Mehringdamm – ✆ (030) 78 09 88 09 – www.restaurant-e-t-a-hoffmann.de – geschl. Januar 2 Wochen und Dienstag* G3**u**

Rest – *(nur Abendessen)* Menü 45/65 € – Karte 46/59 €

Passend zum Stadtteil Kreuzberg ist das Lokal eine legere Adresse, in die man dank stilvoller Wirtshaus-Atmosphäre und zeitgemäßer Küche mit Anspruch gerne einkehrt! Wen zieht es an einem lauen Sommerabend nicht in diesen hübschen Innenhof?

In Berlin-Lichtenberg

andel's Hotel

Landsberger Allee 106 ✉ 10369 – ✆ (030) 4 53 05 30 – www.andelsberlin.com

534 Zim – 🚹89/204 € 🚹🚹114/264 € – 23 Suiten H1**b**

Rest ***a.choice*** – siehe Restaurantauswahl

Der beachtliche Hotelbau ist ein modern designtes Event- und Tagungshotel mit sehr großer Lobby und bemerkenswertem Veranstaltungsbereich. Executive-Etagen mit W-Lan gratis.

a.choice – andel's Hotel

Landsberger Allee 106 ✉ 10369 – ✆ (030) 45 30 53 26 21 – www.andelsberlin.com – geschl. Sonntag - Montag H1**b**

Rest – *(nur Abendessen)* Menü 42 € (vegetarisch)/96 € – Karte 57/64 €

Mit seinem geradlinig-eleganten Ambiente fügt sich das Restaurant wunderbar in das urbane Hotel ein, und auch Gerichte wie "Weißer Heilbutt, Heuschreckenkrebs, Bacalao, schwarzer Knoblauch, junger Spinat" passen schön ins moderne Bild.

In Berlin-Mariendorf

Landhaus Alpinia

Säntisstr. 32 ✉ 12107 – ✆ (030) 76 17 70 – www.alpinia-berlin.de C3**b**

58 Zim – 🚹98/102 € 🚹🚹118/129 €

Rest – *(Montag - Samstag nur Abendessen, Sonntag auch Mittagessen)* Menü 25/35 € – Karte 22/42 €

Wer in dem Familienbetrieb übernachten möchte, fragt am besten nach den ruhigeren Zimmern zum Garten! Hier sitzt man auch schön bei bürgerlicher Küche auf der Terrasse mit Blick ins Grüne und zum Teich. Ein Vorteil ist auch die gute Stadt-Anbindung mit Bus und Bahn.

In Berlin-Prenzlauer Berg

ackselhaus & blue home garni

Belforter Str. 21 ✉ 10405 U Senefelder Platz – ✆ (030) 44 33 76 33 – www.ackselhaus.de Q1**e**

33 Zim – 120/170 € 150/300 € – 4 Suiten

Ein Haus mit recht speziellem historischem Charme. Wirklich schöne Themenzimmer mit wertiger Ausstattung sprechen ebenso für das privat geführte Hotel wie die beiden wunderbaren begrünten Innenhöfe!

Adele garni

Greifswalder Str. 227 ✉ 10405 U Alexanderplatz – ✆ (030) 44 32 43 10 – www.adele-berlin.de R1**a**

14 Zim – 99 € 119 € – 2 Suiten

Klar, dass dieses kleine Boutique-Hotel seine Stammgäste hat: recht exklusive Einrichtung im Art-déco-Stil, hübsche wohnliche Zimmer, ein ganz moderner Frühstücksraum... und parken ist hier auch kein Problem!

La Soupe Populaire N

Prenzlauer Allee 242 ✉ 10405 – ✆ (030) 4 43 19 68 80 – www.lasoupepopulaire.de – geschl. Januar 2 Wochen, August 3 Wochen und Sonntag - Mittwoch Q1**s**

Rest – Karte 34/50 €

Hier würde man eigentlich kein Restaurant vermuten! Die raue, rohe Industriearchitektur der alten Bötzow-Brauerei ist die Kulisse für Tim Raues neuesten Streich, und der kommt an: Die Gäste stürmen förmlich die in ungeschminktem Originalzustand belassene Fabrikhalle, um inmitten der Kunst des Atelierhauses zwischen Betonwänden, Stahlträgern und bunt zusammengewürfeltem Inventar im "Shabby"-Style echte Berliner Küche aufgetischt zu bekommen. Am Herd bringt Michael Jäger natürlich ein bisschen Raue'sche Finesse in das bodenständige Konzept.

Zander

Kollwitzstr. 50 ✉ 10405 U Senefelder Platz – ✆ (030) 44 05 76 79 – www.zander-restaurant.de – geschl. Januar 3 Wochen und Montag

Rest – (Tischbestellung ratsam) Menü 38/49 € – Karte 34/52 € Q1**a**

In dem sympathischen Restaurant in einer angesagten Wohngegend (U-Bahn ganz in der Nähe) serviert man auf zwei Ebenen frische internationale Küche. Kommen Sie doch mal zum Sonntagsbraten! Man beachte auch die wechselnden Kunstausstellungen.

Gute und preiswerte Häuser kennzeichnet der „Bib": der rote „Bib Gourmand" für die Küche, der blaue „Bib Hotel" bei den Zimmern.

In Berlin-Spandau

centrovital

Neuendorferstr. 25 ✉ 13585 – ✆ (030) 81 87 50 – www.centrovital-berlin.de

157 Zim – 87 € 107 €, 11 € – 1 Suite A1_2**c**

Rest – Menü 18 € (mittags)/43 € (abends) – Karte 28/43 €

Hotel und Gesundheitszentrum in einem - ideal für Wellness-Aufenthalte und Business. Vielfältiges Spa-Angebot sowie Fitnessstudio auf 3500 qm. Einige Zimmer mit Blick zum Spandauer See. Internationales im Restaurant.

In Berlin-Wannsee Süd-West: 23 km über Königstraße A3

Die Eselin von A.

Königstr. 10 ✉ 14109 - ✆ (030) 2 14 12 84 – www.dieeselin.de – geschl. Januar 2 Wochen, Oktober 1 Woche und Montag

Rest – *(Dienstag - Samstag nur Abendessen)* Menü 42 € – Karte 34/51 €

Ein freundliches Lokal nicht weit vom Wannsee - Wintergartenflair, geradlinige Einrichtung und Kerzenlicht sorgen für eine nette Atmosphäre. Gekocht wird mediterran mit nordafrikanischem Einfluss, es gibt aber auch Flammkuchen und Pasta.

BERMERSHEIM – Rheinland-Pfalz – 543 – 330 Ew – Höhe 175 m 47 E16

Berlin 628 – Mainz 45 – Neustadt an der Weinstraße 51 – Darmstadt 61

Weingewölbe mit Zim

Alzeyer Str. 2 ✉ 67593 – ✆ (06244) 52 42 – www.weingewoelbe.com – geschl. Februar 3 Wochen, 15. Oktober - 3. November und Montag - Dienstag

4 Zim – 62 € 92/102 €

Rest – *(nur Abendessen, sonntags auch Mittagessen)* Menü 39/59 € – Karte 36/65 €

Auf dem 120 Jahre alten Hofgut lässt man sich in einem geschmackvoll dekorierten Raum mit Gewölbedecke von der charmanten Chefin mit französischer Küche umsorgen. Zum Übernachten stehen hübsche, ländlich-mediterrane Gästezimmer bereit.

BERNAU am CHIEMSEE – Bayern – 546 – 7 120 Ew – Höhe 544 m 66 N21

Berlin 673 – München 84 – Salzburg 59 – Rosenheim 25

Aschauer Str. 10, ✉ 83233, ✆ (08051) 9 86 80, www.bernau-am-chiemsee.de

In Bernau-Reit Süd-West: 3,5 km, Richtung Aschau – Höhe 700 m

Seiseralm und Hof

Reit 4 ✉ 83233 – ✆ (08051) 98 90 – www.seiserhof.de

25 Zim – 55/65 € 75/95 € – 2 Suiten – ½ P **Rest** – Karte 18/29 €

Ruhe, Abgeschiedenheit und eine wunderbare Landschaft direkt vor der Tür. Die zwei rustikalen Gasthöfe über dem Chiemsee (herrlich der Blick!) werden seit Generationen familiär geführt. Restaurant mit bürgerlicher Kost. Ganz klar, bei gutem Wetter ist hier die Terrasse der Renner!

BERNAU im SCHWARZWALD – Baden-Württemberg – 545 – 1 910 Ew – Höhe 915 m – Wintersport: 1 145 m 5 – Luftkurort 61 E21

Berlin 818 – Stuttgart 198 – Freiburg im Breisgau 56 – Basel 59

Rathausstr.18, ✉ 79872, ✆ (07675) 16 00 30, www.bernau-schwarzwald.de

In Bernau-Dorf

Bergblick

Hasenbuckweg 1 ✉ 79872 – ✆ (07675) 2 73 – www.bergblick-bernau.de – geschl. 11. November - 14. Dezember, 10. - 22. März

9 Zim – 55/75 € 105/140 € – 3 Suiten – ½ P

Rest *Bergblick* – siehe Restaurantauswahl

Das kleine Hotel wird seit 1910 als Familienbetrieb geführt. Wohnliche Zimmer mit heimischem Naturholz und hübsche Suiten mit Kamin. Frisches Obst und eigenes Quellwasser gibt's gratis.

Bergblick – Hotel Bergblick

Hasenbuckweg 1 ✉ 79872 – ✆ (07675) 2 73 – www.bergblick-bernau.de – geschl. 11. November - 14. Dezember, 10. - 22. März

Rest – Menü 32/65 € – Karte 21/38 €

Das Restaurant des netten Hotels hat hier in der Gegend einen guten Ruf. Das liegt zum einen am Ambiente (viel warmes, behagliches Holz in der Stube und im lichten Wintergarten), zum anderen an der ambitionierten Küche von Jürgen Schön!

In Bernau-Innerlehen

Schwarzwaldhaus

Am Kurpark 26 ✉ 79872 – ✆ (07675) 3 65 – www.schwarzwaldhaus-bernau.de – geschl. 28. Oktober - 7. November

18 Zim – 47/62 € 88/108 € – 2 Suiten – ½ P

Rest – Menü 12/28 € – Karte 13/48 €

Freundlich und engagiert leitet Familie Goos das mit Holzschindeln verkleidete einstige Bauernhaus. Behaglich das schwarzwaldtypische ländliche Ambiente in den Zimmern und auch im netten Restaurant mit regionaler Küche. Fragen Sie nach den neueren Zimmern und Suiten - viel schönes warmes Holz und hübsche Stoffe machen es hier besonders wohnlich. Noch mehr Entspannung gibt's in der "Panorama-Wohlfühloase" mit Bergblick.

In Bernau-Oberlehen

Breggers Schwanen

Todtmooser Str. 17 ✉ 79872 – ✆ (07675) 3 48 – www.breggers-schwanen.de
39 Zim ☕ – 🚹109/165 € 🚹🚹178/260 € – 6 Suiten – ½ P
Rest – *(nur für Hausgäste)*
Ein klarer Fall von "Tradition trifft Moderne": Der 300 Jahre alte Gasthof hat einen topmodernen Anbau bekommen - und noch zufriedenere Gäste, die zwischen vielen schönen Zimmern wählen (vom kuscheligen "Schwarzwaldstübchen" bis zum neuen Hochtal-Zimmer), im Spa auf 700 qm relaxen und sich mit der 3/4-Pension verwöhnen lassen!

BERNBURG – Sachsen-Anhalt – 542 – 35 230 Ew – Höhe 80 m

31 M10

▶ Berlin 161 – Magdeburg 45 – Leipzig 80
ℹ Lindenplatz 9, ✉ 06406, ✆ (03471) 3 46 93 11, www.bernburger-freizeit.de

Parkhotel Bernburg

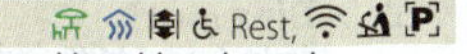

Aderstedter Str. 1 ✉ 06406 – ✆ (03471) 36 20 – www.parkhotel-bernburg.de
98 Zim ☕ – 🚹75/88 € 🚹🚹98 € – 2 Suiten – ½ P
Rest – Menü 24 € (mittags)/34 € – Karte 23/43 €
Engagiert leitet Familie Gather das Parforce-Haus a. d. 18. Jh. - benannt nach der Parforce-/Hetzjagd. Die Zimmer sind freundlich und mit eleganter Note gestaltet, einige zum Park. Schönes Restaurant mit ansprechender regional-internationaler Küche. Terrasse im Innenhof.

BERNE – Niedersachsen – 541 – 6 880 Ew – Höhe 1 m

17 F6

▶ Berlin 425 – Hannover 140 – Bremen 39 – Bremerhaven 47

Weserblick

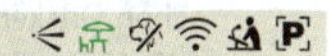

Juliusplate 6 (Nord-Ost: 2 km, an der Fähre nach Farge) ✉ 27804 – ✆ (04406) 9 28 20 – www.hotel-weserblick.de – geschl. 2. - 10. Januar
12 Zim ☕ – 🚹75/95 € 🚹🚹110/130 € – 1 Suite – ½ P
Rest – *(geschl. Montag)* Menü 18/75 € – Karte 17/56 €
Die Lage an einem natürlichen Weserstrand mit Fährverbindung sowie gemütliche Zimmer (teils zum Fluss hin gelegen) sprechen für dieses familiär geleitete Haus. Auch das Restaurant und die schöne Terrasse bieten den namengebenden Weserblick.

BERNECK im FICHTELGEBIRGE, BAD – Bayern – 546 – 4 510 Ew – Höhe 393 m – Kneippheilbad und Luftkurort

51 M15

▶ Berlin 343 – München 244 – Weiden in der Oberpfalz 85 – Bayreuth 15
ℹ Bahnhofstr. 77, ✉ 95460, ✆ (09273) 57 43 74, www.badberneck.de

Lindenmühle

Kolonnadenweg 1 ✉ 95460 – ✆ (09273) 50 06 50 – www.lindenmuehle.de
20 Zim ☕ – 🚹64/89 € 🚹🚹99/129 € – 1 Suite – ½ P
Rest – *(geschl. Sonntagmittag)* Menü 25 € (abends)/35 € – Karte 14/44 €
Die ehemalige Mühle liegt ruhig am Ortsrand und empfängt Sie mit leicht mediterranem Flair. Helle, hübsch eingerichtete Zimmer mit wohnlicher Atmosphäre. Im Restaurant bietet man internationale Küche.

Merkel

Marktplatz 13 ✉ 95460 – ✆ (09273) 99 30 – www.merkelhotel.de
21 Zim ☕ – 🚹49/78 € 🚹🚹78/110 € – ½ P **Rest** – *(geschl. Montag)* Karte 20/41 €
Ein traditionsreiches Haus in zentraler Lage, das seit 1632 im Familienbesitz ist. Die gepflegten Gästezimmer verfügen teilweise über einen Balkon. Gemütliche Gaststuben.

In Bad Berneck-Goldmühl Süd-Ost: 3 km über B 303

Schwarzes Roß (mit Gästehäusern)

Goldmühler Str. 10 ✉ 95460 – ✆ (09273) 3 64 – www.schwarzesross.de – geschl. 26. - 30. Mai, 2. - 8. September, 28. Oktober - 3. November
20 Zim ☕ – 🚹35/45 € 🚹🚹60/82 €
Rest – *(geschl. Sonntagabend - Montagmittag)* Karte 10/38 €
In diesem netten Familienbetrieb stehen wohnlich und funktionell mit Naturholzmöbeln ausgestattete Gästezimmer sowie einige Ferienwohnungen zur Verfügung. Im Restaurant bietet man regional-bürgerliche Küche, mittags ist das Angebot etwas kleiner.

BERNKASTEL-KUES – Rheinland-Pfalz – 543 – 6 520 Ew – Höhe 110 m – Erholungsort 46 C15

Berlin 675 – Mainz 113 – Trier 50 – Koblenz 103

Gestade 6, ✉ 54470, ✆ (06531) 50 01 90, www.bernkastel.de

Markt★

Burg Landshut (✲★★), Süd: 3 km

Im Ortsteil Bernkastel

Bären garni (mit Gästehaus)

Schanzstr. 9, (B 53) ✉ 54470 – ✆ (06531) 95 04 40 – www.hotel-baeren.de

27 Zim – 55/95 € 89/145 €

Die Zimmer im Gästehaus des familiengeführten Gasthofs bieten z. T. eine schöne Sicht zur Mosel, drei mit Dampfdusche. Im Haupthaus etwas kleinere und recht individuelle Zimmer.

Binz garni

Markt 1 ✉ 54470 – ✆ (06531) 22 25 – www.hotel-binz.de – geschl. Mitte Dezember - Mitte März

10 Zim – 60/75 € 72/92 €

Das Haus liegt in einer schmalen Gasse im Ortskern. Die Zimmer sind sehr gepflegt, teils mit kleinem Wintergarten. Das "Deluxe-Zimmer": modern, in warmen Erdtönen.

Rotisserie Royale mit Zim

Burgstr. 19 ✉ 54470 – ✆ (06531) 65 72 – www.rotisserie-royale.de – geschl. 20. Dezember - 10. Januar und Mittwoch

7 Zim – 40/60 € 50/70 € – ½ P **Rest** – Menü 22/42 € – Karte 26/45 €

Gemütlich ist die Atmosphäre in dem denkmalgeschützten Fachwerkhaus im historischen Ortskern. Serviert wird internationale Küche mit regionalen Einflüssen. Freundliche, sehr unterschiedlich geschnittene Gästezimmer.

Im Ortsteil Kues

Christiana's WeinArtHotel 

Lindenweg 18 ✉ 54470 – ✆ (06531) 66 27 – www.weinarthotel.de

17 Zim – 59/99 € 79/152 € – ½ P

Rest – Menü 12 € (mittags)/45 € – Karte 19/63 €

Kaum etwas erinnert noch an das einstige Hotel aus den 60ern: Gemeinsam mit ihrem Mann hat Chefin Christiana Linden den elterlichen Betrieb geradlinig-modern umdesignt und dem Thema Wein gewidmet - und das Konzept kommt an! Steak-Fans werden das Haus ebenfalls mögen.

burgblickhotel garni

Goethestr. 29 ✉ 54470 – ✆ (06531) 9 72 27 70 – www.burgblickhotel.de – geschl. 23. Dezember - 23. Januar

20 Zim – 59/69 € 89/119 €

Ein sympathisches Haus, das mit seiner frischen, modern-puristischen Einrichtung besticht. Man wohnt hier zu fairen Preisen, zum Frühstück gibt es hausgemachte Marmeladen und gegen den kleinen Hunger bekommen Sie im Bistro (Weinbar) Snacks.

BERNRIED am STARNBERGER SEE – Bayern – 546 – 2 240 Ew – Höhe 600 m – Erholungsort 65 L21

Berlin 632 – München 45 – Weilheim 18 – Starnberg 20

Bahnhofstr. 4, ✉ 82347, ✆ (08158) 80 40, www.bernried.de

Buchheim Museum★

Marina (mit Gästehäusern) 

Am Yachthafen 1 ✉ 82347 – ✆ (08158) 93 20 – www.marina-bernried.de – geschl. Januar 2 Wochen

87 Zim – 90/140 € 115/165 € – ½ P

Rest – Menü 30/62 € – Karte 32/45 €

Gefragt sind hier nicht nur die guten Tagungsmöglichkeiten, ein klarer Vorteil ist die Lage auf einem großen Gartengrundstück mit Strandbad, der Yachthafen direkt vor dem Haus! Die Zimmer liegen überwiegend seeseitig und haben meist einen Balkon - die modernsten in Haus Nr. 6. Seeblick auch beim Speisen!

Seeblick Zim,

Tutzinger Str. 9 ✉ 82347 – ✆ (08158) 25 40 – www.hotel-seeblick-bernried.de

101 Zim – 65/125 € 88/125 € – 1 Suite – ½ P **Rest** – Karte 17/36 €

Das zum Hotel gewachsene Gasthaus von 1891 ist seit vielen Jahren ein Familienbetrieb und wird gerne für Tagungen und Hochzeiten genutzt. Einige Zimmer sind schöne Juniorsuiten. Hell gestaltetes, in verschiedene Räume unterteiltes Restaurant.

BERNRIED KREIS DEGGENDORF – **Bayern** – **546** – **4 940 Ew** **59** O18 – **Höhe 401 m** – **Wintersport: 1 100 m** **3** – **Erholungsort**

Berlin 554 – München 160 – Passau 57 – Regensburg 65

Engerlgasse 25a, ✉ 94505, ✆ (09905) 2 17, www.bernrieder-winkel.de

Bernrieder Hof

Bogener Str. 9 ✉ 94505 – ✆ (09905) 7 40 90 – www.bernrieder-hof.de

33 Zim – 52/57 € 104/108 € – ½ P **Rest** – Karte 10/30 €

Ein gepflegtes familiengeführtes Ferienhotel mit großzügigen Zimmern (teilweise mit Balkon) und nettem Sauna- und Badebereich mit Kosmetik- und Massageangebot. W-Lan kostenfrei. Das Restaurant ist in ländlichem Stil gehalten.

In Bernried-Rebling **Nord-Ost: 8 km, Richtung Egg**

Reblinger Hof

Rebling 3 ✉ 94505 – ✆ (09905) 7 07 14 41 00 – www.reblingerhof.de

29 Zim – 65/73 € 100/126 € – 1 Suite

Rest – Menü 18/25 € – Karte 18/44 €

Der ruhig gelegene Familienbetrieb ist eine schöne Ferienadresse inmitten einer idyllischen Landschaft. Geschmackvoll sind die individuellen Zimmer sowie der wertige Santai-Spa, hübsch auch der Garten mit Badeteich. Im ländlich-eleganten Restaurant serviert man regionale Küche mit internationalen Einflüssen.

BERTRICH, BAD – **Rheinland-Pfalz** – **543** – **980 Ew** – **Höhe 150 m** **46** C15 – **Heilbad**

Berlin 659 – Mainz 118 – Trier 60 – Koblenz 93

Kurfürstenstr. 32, ✉ 56864, ✆ (02674) 93 22 22, www.bad-bertrich.de

Kurhotel Fürstenhof Rest,

Kurfürstenstr. 36 ✉ 56864 – ✆ (02674) 93 40 – www.haeckers-hotels.com

60 Zim – 109/159 € 199 € – 5 Suiten – ½ P

Rest – Menü 22/31 € – Karte 33/54 €

Das Hotel in einer verkehrsberuhigten Zone direkt am Kurpark ist ein klassisch-elegantes und komfortables Haus. Ansprechend sind das Schwimmbad und die Saunalandschaft. Eine stilvolle Atmosphäre herrscht in den Restauranträumen.

Bertricher Hof Rest,

Am Schwanenteich 7 ✉ 56864 – ✆ (02674) 9 36 20 – www.bertricher-hof.de – geschl. 1. Dezember - 14. Januar, 28. Juni - 12. Juli

15 Zim – 50/59 € 86/118 € – ½ P **Rest** – Karte 22/34 €

Der persönlich geführte Familienbetrieb am kleinen Schwanenteich bietet sehr gepflegte Zimmer, die im Haupthaus nett und wohnlich sind, im Anbau etwas einfacher. Im Restaurant steht der Chef selbst am Herd und bereitet saisonal und regional geprägte Speisen.

BESCHEID – **Rheinland-Pfalz** – **siehe Trittenheim**

BESTWIG – **Nordrhein-Westfalen** – **543** – **11 180 Ew** – **Höhe 300 m** **27** F11 – **Wintersport: 730 m** **2** – **Erholungsort**

Berlin 481 – Düsseldorf 156 – Arnsberg 29 – Brilon 14

Bundesstr. 139, ✉ 59909, ✆ (02904) 71 28 10, www.hennesee-tourismus.de

In Bestwig-Föckinghausen Nord: 5 km über B 7 Richtung Meschede, in Velmede rechts ab

Waldhaus Zim,

Föckinghausen 23 ✉ 59909 – ✆ (02904) 9 77 60 – www.hotel-waldhaus.com – geschl. Mitte November - Anfang Dezember
17 Zim – 62 € 90/125 € – ½ P
Rest – *(geschl. Montag)* Menü 33 € – Karte 24/37 €
Ein sympathisches kleines Landhotel unter familiärer Leitung. Die Gäste schätzen hier die reizvolle und ruhige Lage am Wald sowie die wohnlich eingerichteten Zimmer. Gemütlich ist das im ländlichen Stil gehaltene Restaurant, nett die Terrasse zum schönen Garten.

BETZDORF – Rheinland-Pfalz – **543** – 10 020 Ew – Höhe 220 m **37** E13

Berlin 576 – Mainz 120 – Siegen 18 – Köln 99

Breidenbacher Hof

Klosterhof 7 ✉ 57518 – ✆ (02741) 9 77 90 – www.hotel-breidenbacher-hof.de
19 Zim – 73/78 € 97/102 €
Rest *Maigrot* – *(geschl. 24. Dezember - 5. Januar, Samstagmittag - Sonntag)* Karte 15/49 €
Das Gasthaus von 1893 ist ein langjähriger Familienbetrieb mit recht unterschiedlichen, wohnlichen Zimmern, die teilweise mit Stilmöbeln und Antiquitäten eingerichtet sind. Regionale Küche im gemütlich-eleganten Restaurant, rustikaler ist das Raucherzimmer.

In Kirchen-Katzenbach Nord-Ost: 5 km über B 62 Richtung Siegen

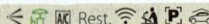

Zum weißen Stein (mit Gästehaus) Rest,

Dorfstr. 50 ✉ 57548 – ✆ (02741) 9 59 50 – www.zum-weissen-stein.de
39 Zim – 70/82 € 99/118 € – ½ P **Rest** – Menü 19/64 € – Karte 23/50 €
Dieser sehr gepflegte erweiterte Gasthof ist ein engagiert geführter Betrieb mit wohnlichen Zimmern. Zum Garten mit Koikarpfenteich liegen die schönen Juniorsuiten im Gästehaus. Ländlich-elegantes Restaurant mit mediterraner Note.

BEUREN – Baden-Württemberg – **545** – 3 380 Ew – Höhe 435 m **55** H19
– Erholungsort

Berlin 632 – Stuttgart 50 – Reutlingen 21 – Ulm (Donau) 66

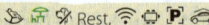

Beurener Hof mit Zim Rest,

Hohenneuffenstr. 16 ✉ 72660 – ✆ (07025) 91 01 10 – www.beurener-hof.de – geschl. Februar 1 Woche
10 Zim – 73/90 € 98/130 € – ½ P
Rest – *(geschl. Dienstag - Mittwochmittag)* Menü 30/72 € – Karte 30/47 €
Trendig-modernes Design sucht man bei Familie Anhorn vergeblich, dafür ist das gediegen-rustikale Restaurant gemütlich mit seinen massiven Holzbalken und Sitznischen! Vor allem aber wird hier ehrlich und schmackhaft gekocht! Auf der Karte findet sich Regionales.

BEVENSEN, BAD – Niedersachsen – **541** – 8 700 Ew – Höhe 33 m **19** J6
– Heilbad

Berlin 264 – Hannover 113 – Hamburg 86 – Celle 70
Dahlenburger Str. 1, ✉ 29549, ✆ (05821) 5 70, www.bad-bevensen-tourismus.de
Bad Bevensen-Secklendorf, Dorfstr. 22, ✆ (05821) 9 82 50
Kloster Ebstorf (Weltkarte★), Süd-West: 14 km

Grüning

Haberkamp 2 ✉ 29549 – ✆ (05821) 9 84 00 – www.hotel-gruening.de – geschl. 30. November - 18. Dezember, 4. - 24. Januar,
24 Zim – 74/83 € 124/142 € – ½ P
Rest *Grüning* – siehe Restaurantauswahl
Das Haus der Familie Grüning steht ruhig am Ortsrand. Wohnlicher, elegant-gediegener Landhausstil und aufmerksamer Service sorgen für eine angenehme Atmosphäre. Alle Zimmer mit Balkon.

Zur Amtsheide (mit Gästehaus)

Zur Amtsheide 5 ✉ 29549 – ✆ (05821) 8 51 – www.amtsheide.de
72 Zim – †64/80 € ††118/136 € – 10 Suiten – ½ P
Rest – *(nur Abendessen)* Karte 18/41 €
Sie wohnen in unmittelbarer Nähe zu Kurgebiet und Innenstadt. Einige der individuellen Zimmer haben Balkon oder Terrasse, von manchen schaut man in den Garten - so auch vom hellen, zeitgemäßen Restaurant. Wellness auf 500 qm im Golfhotel gegenüber dem Haupthaus.

Kieferneck

Lerchenweg 1 ✉ 29549 – ✆ (05821) 5 60 – www.hotelkieferneck.com
50 Zim – †54/68 € ††104/128 € – 1 Suite – ½ P
Rest – *(nur Abendessen)* Karte 22/40 €
In dem ruhig im begrünten Kurgebiet gelegenen Hotel kann man bei Wellnessanwendungen entspannen, Fahrräder leihen und die Gegend erkunden oder einfach in wohnlichen Zimmern zur Ruhe kommen. Zur Stärkung serviert man Ihnen im Restaurant "Klassik" frische regionale Küche.

Grüning – Hotel Grüning

Haberkamp 2 ✉ 29549 – ✆ (05821) 9 84 00 – www.hotel-gruening.de – geschl. 30. November - 18. Dezember, 4. - 24. Januar und Montag - Dienstag
Rest – (Tischbestellung ratsam) Menü 38/48 €
Zu den Grünings geht man nicht nur zum Übernachten: Man bietet hier eine frische internationale Küche aus soliden Produkten. In den Räumen verbreitet helles Naturholz Behaglichkeit.

BEVERUNGEN – Nordrhein-Westfalen – 543 – 13 860 Ew – Höhe 100 m 28 H10

Berlin 376 – Düsseldorf 226 – Kassel 60 – Hannover 115

Weserstr. 16, ✉ 37688, ✆ (05273) 39 22 21, www.beverungen-tourismus.de

In Beverungen-Würgassen Süd-Ost: 7 km über B 83

Forsthof

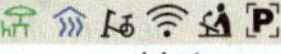

Alter Postweg 1 ✉ 37688 – ✆ (05273) 3 89 70 – www.forsthof.com – geschl. Januar
21 Zim – †52/60 € ††73/89 € – ½ P
Rest – *(geschl. Januar - März: Sonntag - Montag) (nur Abendessen)* Karte 17/31 €
Das bereits 1535 urkundlich erwähnte ehemalige Forsthaus liegt unweit der Weser und beherbergt heute mit hellen Holzmöblen solide eingerichtete Gästezimmer. Restaurant mit rustikalem Ambiente.

BEXBACH – Saarland – 543 – 17 980 Ew – Höhe 249 m 46 C17

Berlin 683 – Saarbrücken 35 – Homburg/Saar 7 – Neunkirchen/Saar 7

Hochwiesmühle (mit Gästehäusern)

Hochwiesmühle 50 (Nord-Ost: 1,5 km) ✉ 66450 – ✆ (06826) 81 90 – www.hochwiesmuehle.de
95 Zim – †72/99 € ††103/117 € – 1 Suite – ½ P
Rest – *(geschl. Sonntagabend)* Menü 38/45 € – Karte 22/46 €
Das Hotel in einer ruhigen Wohngegend ist eine recht großzügige Anlage mit individuellen und zeitgemäßen Zimmern sowie einem netten Freizeitbereich mit Kosmetikangebot. Probieren Sie im Restaurant doch mal das interessante Saisonmenü oder kommen Sie zum Sonntagsbrunch inklusive alkoholfreien Getränken und Kaffee!

BIBERACH an der RISS – Baden-Württemberg – 545 – 32 360 Ew – Höhe 533 m 63 H20

Berlin 653 – Stuttgart 134 – Konstanz 119 – Ulm (Donau) 42

ADAC Zeppelinring 7

Museumsstr. 6, ✉ 88400, ✆ (07351) 5 11 65, www.biberach-tourismus.de

Parkhotel Jordanbad

Im Jordanbad 7 ✉ *88400 – ✆ (07351) 34 33 00 – www.jordanbad-parkhotel.de – 21. Juli - 10. August*

117 Zim – 🚶92/99 € 🚶🚶115/157 € – 2 Suiten – ½ P

Rest – Menü 29/39 € – Karte 22/45 €

Das Kurhotel von 1905 ist ein zeitgemäßes Hotel mit direktem Zugang zum Jordanbad. Im Neubau stehen ganz modern designte Zimmer bereit. Frühstück im lichten verglasten Gartenzimmer. Zum Restaurant gehört eine Terrasse mit Parkblick.

Kapuzinerhof Rest, Zim,

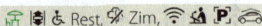

Kapuzinerstr. 17 ✉ *88400 – ✆ (07351) 50 60 – www.hotel-kapuzinerhof.de – geschl. 1. - 6. Januar*

75 Zim – 🚶85/95 € 🚶🚶110 € – ½ P **Rest** – *(geschl. Freitag)* Karte 18/31 €

Das Hotel befindet sich am Rande der Innenstadt auf dem ehemaligen Gelände eines Kapuzinerklosters und ist mit seinen funktionellen Zimmern eine ideale Businessadresse.

In Biberach-Rindenmoos Süd: 3,5 km

Landhotel zur Pfanne (mit Gaststätte zur Pfanne) Rest,

Auwiesenstr. 24 ✉ *88400 – ✆ (07351) 3 40 30 – www.landhotel-pfanne.de*

20 Zim – 🚶59/71 € 🚶🚶80/100 € – ½ P **Rest** – Karte 19/27 €

Die ruhige Lage dieses Landgasthofs lädt dazu ein, die Gegend mit dem Fahrrad zu erkunden - leihen Sie sich einfach eines an der Rezeption! Nach einer schönen Tour stärken Sie sich im rustikalen Restaurant oder auf der hübschen Gartenterrasse, schlafen in sehr gepflegten Zimmern und freuen sich auf ein gutes Frühstück.

BIBERACH im KINZIGTAL – Baden-Württemberg – 545 – 3 410 Ew – Höhe 188 m – Erholungsort 54 E19

Berlin 766 – Stuttgart 164 – Karlsruhe 96 – Freudenstadt 47

Hauptstr. 27, ✉ 77781, ✆ (07835) 63 65 11, www.biberach-baden.de

Landgasthof Kinzigstrand Rest,

Reiherwald 1 (Süd-West: 2 km) ✉ *77781 – ✆ (07835) 6 39 90 – www.kinzigstrand.de – geschl. 20. - 27. Januar*

9 Zim – 🚶38/42 € 🚶🚶64/76 € – ½ P

Rest – *(geschl. Dienstag)* Menü 14/40 € – Karte 17/48 €

Ein Landgasthof im besten Sinne: schlichte, gepflegte Zimmer zu fairen Preisen und eine rustikale Gaststube. Beliebt sind die vielen Forellengerichte (man hat ein eigenes großes Bassin)! Wenn es für die Terrasse zu kühl ist, sitzt man auch im Wintergarten schön.

In Biberach-Prinzbach Süd-West: 4 km, Richtung Lahr

Badischer Hof (mit Gästehäusern) Rest,

Dörfle 20 ✉ *77781 – ✆ (07835) 63 60 – www.badischer-hof.de*

52 Zim – 🚶65/90 € 🚶🚶130/160 € – 8 Suiten – ½ P

Rest – Menü 22 € (mittags)/49 € – Karte 22/51 €

So mancher Gast kommt gerne wieder, denn schon allein die idyllische waldreiche Umgebung lockt! Aber auch schön wohnlich ist es hier bei Familie Bühler, egal ob Sie nun im Stammhaus, im Jägerhof oder im Haus Wiesengrund buchen. Im Restaurant darf man sich auf Wild aus eigener Jagd freuen!

Landgasthaus Zum Kreuz mit Zim Zim,

Untertal 7 (Ost: 1 km) ✉ *77781 – ✆ (07835) 42 64 20 – www.kreuz-prinzbach.de – geschl. 1. - 8. Januar, 27. Februar - 11. März und Mittwoch - Donnerstagmittag*

8 Zim – 🚶60/65 € 🚶🚶96/107 € – ½ P **Rest** – Karte 18/40 €

Wo viele Stammgäste aus der Gegend einkehren, kann es nur schmecken. Schließlich verarbeitet Chef Peter Neumaier gute, topfrische Produkte wie z. B. die Forellen! Wer abreist, ohne zu übernachten, könnte es bereuen: das Gästehaus "Speicher" ist ein wirklich sehenswerter Mix aus warmem Holz und modernem Stil!

BIEBELRIED – Bayern – siehe Würzburg

BIEDENKOPF – Hessen – 543 – 13 190 Ew – Höhe 305 m – Wintersport: 674 m 1 – Luftkurort 37 F12

Berlin 482 – Wiesbaden 152 – Marburg 23 – Kassel 101

Hainstr. 63, ✉ 35216, ✆ (06461) 9 50 10, www.biedenkopf-tourismus.de

Park-Hotel

Auf dem Radeköppel 2 ✉ 35216 – ✆ (06461) 78 80 – www.park-hotel.de

40 Zim – 72/80 € 96/106 € – ½ P **Rest** – Karte 17/43 €

Das Tagungs- und Businesshotel lieg oberhalb der Stadt und bietet funktionale Zimmer, teilweise mit Balkon sowie Blick auf Biedenkopf und Schloss. Kosmetik und Massage auf Anfrage. Zum Restaurant gehört eine Terrasse mit Aussicht.

BIEDERBACH – Baden-Württemberg – 545 – 1 750 Ew – Höhe 470 m 61 E20

Berlin 771 – Stuttgart 141 – Freiburg 34 – Freudenstadt 99

In Biederbach-Dorf

Hirschen-Dorfmühle

Dorfstr. 19 ✉ 79215 – ✆ (07682) 3 27 – www.hirschen-dorfmuehle.de – geschl. Mitte Februar - Anfang März, Ende Oktober - Anfang November

10 Zim – 33/37 € 66/74 € – 1 Suite – ½ P

Rest – *(geschl. Dienstag)* Karte 15/37 €

Wie gemacht als Ausgangspunkt für schöne Wanderungen und Radtouren ist das Haus der Familie Burger: reizvolle Landschaft, tipptopp gepflegte Zimmer, gemütliches Restaurant... Letzteres bietet reichlich regionale Produkte - Lamm kommt sogar aus eigener Zucht!

BIELEFELD – Nordrhein-Westfalen – 543 – 323 400 Ew – Höhe 118 m 27 F9

Berlin 394 – Düsseldorf 182 – Dortmund 114 – Hannover 108

ADAC Stapenhorststr. 131

Niederwall 23, Neues Rathaus B2, ✉ 33602, ✆ (0521) 51 69 99, www.bielefeld.de

Bielefeld, Dornberger Str. 377, ✆ (0521) 10 51 03

Veranstaltungen

1.-2. Februar: handmade

12.-14. September: Baumesse

Stadtplan auf der nächsten Seite

Ravensberger Hof garni

Güsenstr. 4 ✉ 33602 – ✆ (0521) 9 62 11 – www.hotel-ravensberger-hof.de

50 Zim – 80/199 € 80/199 €, 15 € – 1 Suite B2**c**

Was hier sofort auffällt, ist die sehr ansprechende, geräumige Lobby mit kleiner Bar, wo sich die Gäste am Abend gerne treffen! Ebenso schön sind die wohnlich-eleganten Zimmer. Vorteil: die Altstadtlage - zentral und doch relativ ruhig.

Comfort Stadt Bremen garni

Bahnhofstr. 32 ✉ 33602 – ✆ (0521) 52 19 80 – www.comfort-garni.de B1**b**

46 Zim – 70/80 € 80/105 €, 9 €

Einige der Gästezimmer sind zwar recht klein, doch die Lage mitten in der Fußgängerzone macht das wieder wett! Sie kommen mit dem Zug? Der Bahnhof ist nur 400 m entfernt.

Klötzer's

Ritterstr. 33 ✉ 33602 – ✆ (0521) 9 67 75 20 – www.kloetzer-delikatessen.de – geschl. Sonntag - Montag B2**e**

Rest – Menü 40/50 € – Karte 26/56 €

Es lohnt sich, bei einem Bummel durch die Fußgängerzone einen Abstecher in dieses wirklich schöne, ganz moderne kleine Restaurant zu machen. Neben internationaler Küche lockt auch der Feinkostladen im Haus - davor im Sommer die Terrasse.

Noodles

Hagenbruchstr. 3, (1. Etage) ✉ 33602 – ✆ (0521) 17 68 88 – www.noodles-bielefeld.de - geschl. Sonntag B2**m**

Rest – Menü 15 € (mittags) – Karte 25/47 €

Zeitgemäß isst man in diesem Restaurant mit Bistro-Atmosphäre und beliebter Dachterrasse. Auch das Angebot der im EG eingerichteten Sushibar wird hier serviert.

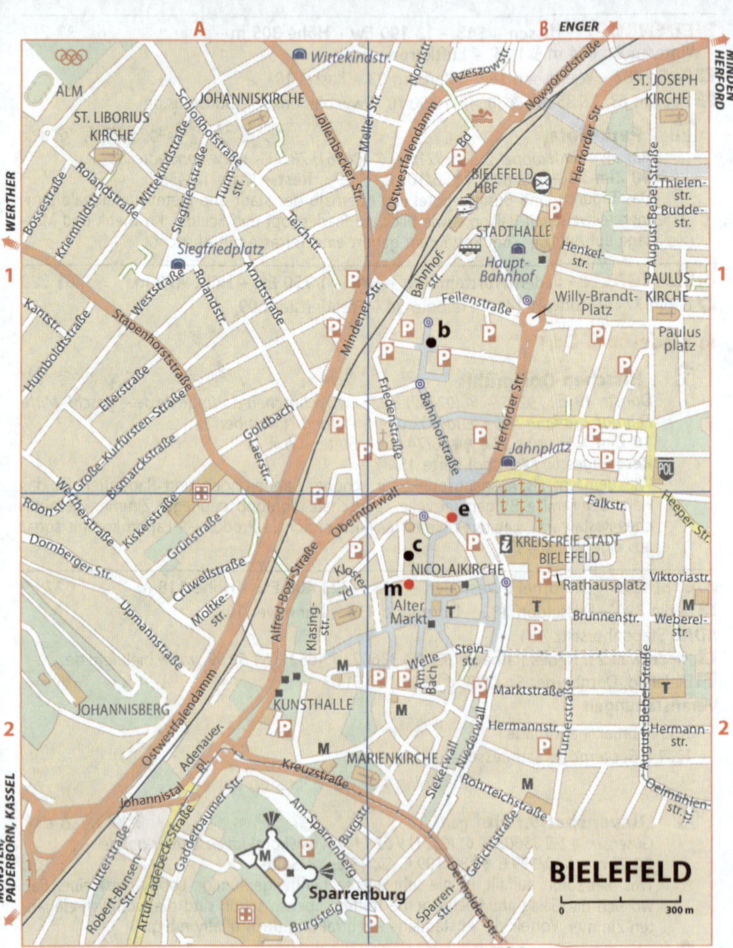

In Bielefeld-Brackwede Süd-West: 5 km über Ostwestfalendamm A2

Brackweder Hof

Gütersloher Str. 236 ✉ 33649 – ✆ (0521) 94 26 60 – www.brackweder-hof.de
40 Zim ☕ – 🚹78/82 € 🚹🚹95 € **Rest** – Menü 21 € (mittags)/36 € – Karte 25/38 €
Das Hotel liegt verkehrsgünstig an der Hauptstraße - das ist praktisch, und wenn Sie eines der Zimmer nach hinten wählen, trotzdem ruhig! Einige der Zimmer sind mit schönen JAB-Anstoetz-Stoffen ausgestattet, größenteils hat man Einzelzimmer. Die Küche ist international - mit wechselndem Mittagstisch.

1550 Restaurant

Hauptstr. 27 ✉ 33647 – ✆ (0521) 4 17 41 17 – www.1550restaurant.de – geschl. Anfang Januar 2 Wochen, Juli 2 Wochen und Dienstag
Rest – *(Montag - Samstag nur Abendessen)* (Tischbestellung ratsam) Menü 36/41 € – Karte 32/47 €
Lust auf sauber und sorgfältig gekochte, frische saisonale Küche? Dann wird es Ihnen in der charmanten einstigen Tenne dieses Gehöfts von 1550 sicher schmecken! Ein kleiner erster Eindruck: "Wildlachssteak mit getrüffeltem Blumenkohl und Pommes Rissolées".

In Bielefeld-Kirchdornberg West: 8 km über Stapenhorststraße A1

Tomatissimo

Am Tie 15 ✉ 33619 – ✆ (0521) 16 33 33 – www.tomatissimo.de – geschl. Montag - Dienstag
Rest – *(nur Abendessen, sonntags auch Mittagessen)* (Tischbestellung ratsam)
Menü 38/85 € – Karte 36/66 €
Hier fällt direkt das schöne Ambiente ins Auge, doch bei Bernhard Grubmüller erwartet Sie weit mehr! Aus der Küche kommt eine interessante Kombination: sehr feine mediterrane Gerichte, aber auch Wiener Schnitzel und im Winter Grünkohlsuppe! Draußen sitzt man romantisch auf dem kleinen Platz.

In Bielefeld-Quelle Süd-West: 5 km über Ostwestfalendamm A2

Büscher

Carl-Severing-Str. 136 ✉ 33649 – ✆ (0521) 94 61 40 – www.hotel-buescher.de
32 Zim – 49/66 € 74/85 €, 8 €
Rest *Büscher's Restaurant* – siehe Restaurantauswahl
Ein gepflegtes Haus mit 120-jähriger Familientradition. Mit kräftigen Farben hat man vor allem die Zimmer im Anbau freundlich gestaltet, die im Haupthaus sind etwas einfacher, dafür aber auch günstiger!

Büscher's Restaurant – Hotel Büscher

Carl-Severing-Str. 136 ✉ 33649 – ✆ (0521) 94 61 40 – www.hotel-buescher.de – geschl. Sonntag
Rest – Menü 35/55 € – Karte 31/52 €
Im Restaurant wird großen Wert auf die Herkunft der Produkte gelegt: Wild aus dem Teutoburger Wald, Wels und Saibling aus Steinhagen, Gänse aus Rietberg... alles ist hausgemacht, mit Sorgfalt und viel Geschmack!

In Bielefeld-Schildesche Nord: 5 km über Nowgorodstraße B1

Bayerisches Landhaus - Bayern first

Zim,

Loheide 41 ✉ 33609 – ✆ (0521) 8 35 35 – www.bayerisches-landhaus.de
31 Zim – 84/104 € 99/146 € – 3 Suiten – ½ P
Rest – *(nur Abendessen)* Menü 30/43 € – Karte 22/44 €
Das "Bayerische Landhaus" ist das Stammhaus, "Bayern first" der hochwertigere, aber auch teurere Neubau. In beiden Gebäuden hat man geräumige und sehr gut ausgestattete Zimmer! Wellness genießt man auf 250 qm, Frühstück im Wintergarten, bayerische Küche in Restaurant, Almhütte oder Biergarten.

In Bielefeld-Sennestadt Süd-West: 13 km über Detmolder Straße B2

Quality Hotel

Zim,

Alte Verler Str. 2, (mit Gästehaus) ✉ 33689 – ✆ (05205) 93 60 – www.quality-hotel-bielefeld.de – geschl. 23. Dezember - 1. Januar
102 Zim – 86/99 € 99/130 €
Rest *Eickelmann's* – ✆ (05205) 2 20 06 *(geschl. Sonntag und an Feiertagen)*
Karte 22/54 €
Sachlich, funktionell und gepflegt - da kann man nichts falsch machen! Dazu kommt noch die Nähe zur Autobahn, ein Vorteil gerade für Geschäftsleute und Tagungsgäste. Tipp: Die 16 Zimmer im Gästehaus gegenüber sind geräumiger und hochwertiger! Im Restaurant isst man bürgerlich.

Wintersmühle

Rest,

Sender Str. 6 ✉ 33689 – ✆ (05205) 9 82 50 – www.wintersmuehle.de
15 Zim – 54/69 € 79/89 €
Rest – *(geschl. 21. Dezember - 7. Januar und Freitag - Sonntag) (nur Abendessen)*
Karte 15/32 €
Zuerst betrieb ihr Großvater die einstige Wassermühle, dann machten ihre Eltern daraus ein Hotel, heute ist Diana Schaper die freundliche Chefin. Immer wieder wird hier und da renoviert. Zum Frühstück gibt's Honig aus der eigenen Imkerei! Sauna auf Vorbestellung (kostenpflichtig).

BIENENBÜTTEL-BARDENHAGEN – Niedersachsen – 541 – 6 630 Ew – Höhe 30 m 19 J6

Berlin 300 – Hannover 141 – Lüneburg 15 – Hamburg 72

Im Ortsteil Bardenhagen Ost: 8 km

GUT Bardenhagen (mit Gästehäusern)

Bardenhagener Str. 3 ✉ 29553 – ✆ (05823) 9 53 99 60 – www.gut-bardenhagen.de
26 Zim – 135/160 € 150/180 € – 3 Suiten
Rest *GUT Evening* – siehe Restaurantauswahl
Rest *TafelGUT* – *(geschl. Donnerstag - Samstag) (nur Abendessen, sonntags auch Mittagessen)* Karte 27/34 €
Die tolle Anlage mit großem Festsaal ist natürlich die perfekte Location für Hochzeiten. Auch wer hier einfach nur ausspannen möchte, wird nicht enttäuscht: Die Zimmer in Gutshaus, Uhrenvilla und Neubau sind hochwertig, Wasser, Telefon und Internet gibt's gratis - die Ruhe ringsum auch! Schöner Deko-Shop.

GUT Evening – Hotel GUT Bardenhagen

Bardenhagener Str. 3 ✉ 29553 – ✆ (05823) 9 53 99 60 – www.gut-bardenhagen.de – geschl. Montag - Mittwoch
Rest – *(Donnerstag - Sonntag nur Abendessen)* Menü 42 € – Karte 33/56 €
Das Restaurant hat Charme - das liegt an der gemütlich-modernen Einrichtung in ruhigen, warmen Tönen und an den schön eingedeckten Tischen, an denen man aus einem kleinen gehobenen Angebot wählt. Herrlicher Innenhof!

BIETIGHEIM-BISSINGEN – Baden-Württemberg – 545 – 43 010 Ew – Höhe 200 m 55 G18

Berlin 611 – Stuttgart 25 – Heilbronn 25 – Ludwigsburg 9
Hauptstr. 65, ✉ 74321, ✆ (07142) 7 42 27, www.bietigheim-bissingen.de

Im Stadtteil Bietigheim

Rose

Kronenbergstr. 14 ✉ 74321 – ✆ (07142) 4 20 04 – www.hotel-rose.de – geschl. Anfang Januar 2 Wochen, August 2 Wochen
23 Zim – 79/109 € 99/149 € – 5 Suiten
Rest *Rose* – siehe Restaurantauswahl
Die junge Generation hat in diesem Familienbetrieb die Leitung übernommen. Man wohnt sehr gepflegt in einem Eckhaus im Zentrum nicht weit von der Fußgängerzone. Wer länger bleiben möchte, bucht am besten eines der Appartements im Nebenhaus!

Friedrich von Schiller mit Zim

Marktplatz 5 ✉ 74321 – ✆ (07142) 9 02 00 – www.friedrich-von-schiller.com – geschl. 1. - 7. Januar, 31. Juli - 13. August und Sonntag - Montagmittag sowie an Feiertagen
11 Zim – 90/120 € 130/155 € – 4 Suiten – ½ P
Rest – Menü 29 € (mittags)/79 € – Karte 45/71 €
Ein schöneres Plätzchen hätte aus dem über 300 Jahre alten Haus mitten in der Altstadt wohl kaum entstehen können! Dass man sich hier richtig wohlfühlen kann, ist der Verdienst von Familie Schork. Voller Einsatz auch bei der Zubereitung der schmackhaften regionalen und klassischen Küche! Zum Übernachten: liebenswerte Zimmer, benannt nach Stücken von Schiller.

Rose (Benjamin Maerz) – Hotel Rose

Kronenbergstr. 14 ✉ 74321 – ✆ (07142) 4 20 04 – www.hotel-rose.de – geschl. Anfang Januar 2 Wochen, August 3 Wochen und Samstagmittag, Sonntagabend - Montag
Rest – Menü 30 € (mittags unter der Woche)/89 € – Karte 41/65 €
Mittzwanziger Benjamin Maerz, Sohn der Betreiberfamilie, ist Chef am Herd, sein Bruder leitet den Service. Jung, talentiert, ambitioniert... so lässt sich die Küche am besten beschreiben: Sie umfasst das moderne "Menü vegetarisch", das "Menü Signatur Maerz" sowie Klassiker und Zusatzangebote wie das "Menü zum REINschmecken" - teils heben sich die kreativen Gerichte mit ungewöhnlichen, fast schon gewagten Kombinationen ab!
→ "Gemüsebeet" - Urkarotte, Rüben, Wurzelgemüse süß sauer, Quinao, Nussbutter. BBQ Seeteufel, Topinambur, Zwiebel, Birne, Grüne Sauce Creme. "Schwarzwälder Kirsch 2013".

Im Stadtteil Bissingen

Otterbach (mit Gästehaus)

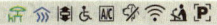

Bahnhofstr. 153 ✉ 74321 – ✆ (07142) 58 40 – www.hotel-otterbach.de
90 Zim – 85/110 € 109/175 €
Rest – *(geschl. Anfang Januar 1 Woche, August 2 Wochen und Samstagmittag sowie an Feiertagen)* Karte 26/51 €
Besonders gerne wohnen die Gäste im Neubau: Hier hat man Zimmer einer höheren Kategorie - chic und mit individueller Note! Am Morgen frühstücken Sie im lichten Wintergarten, mittags oder abends speisen Sie im hellen, eleganten Restaurant oder im legeren "O"-Stüble.

BILLERBECK – **Nordrhein-Westfalen** – **543** – **11 500 Ew** – **Höhe 115 m** – **Erholungsort** **26** D9

Berlin 510 – Düsseldorf 110 – Enschede 56 – Münster (Westfalen) 32
Markt 1, ✉ 48727, ✆ (02543) 73 73, www.billerbeck.de

Weissenburg

Gantweg 18 (Nord: 2 km, Richtung Steinfurt) ✉ 48727 – ✆ (02543) 7 50 – www.hotel-weissenburg.de
75 Zim – 80/100 € 115/125 € – ½ P **Rest** – Karte 27/44 €
Nicht nur für Tagungen ist dieser langjährige Familienbetrieb ideal, Wellnessgäste kommen ebenso gerne, um neben der schönen erhöhten Lage am Waldrand auch die Spa-Anwendungen auf 700 qm zu genießen! Gut entspannen kann man aber auch im Park mit Wildgehege. Fragen Sie nach den neueren modernen "Parkside"-Zimmern mit Aussicht! Einen schönen Blick hat man auch durch die große Fensterfront des Restaurants und natürlich von der Terrasse!

Domschenke

Markt 6 ✉ 48727 – ✆ (02543) 9 32 00 – www.domschenke-billerbeck.de
30 Zim – 55/90 € 80/120 € – 1 Suite – ½ P
Rest *Domschenke* – siehe Restaurantauswahl
Die engagierte Familie Groll ist hier seit mehreren Generationen mit Engagement bei der Sache, hält ihr Haus top in Schuss und renoviert immer wieder! So gibt es in dem sympathischen Hotel auch besonders schöne moderne Zimmer, darunter die schicke Suite. Schauen Sie sich auch den 1898 erbauten Dom von Billerbeck an - er steht praktisch vor der Tür und ist wirklich sehenswert!

XX **Domschenke** – Hotel Domschenke

Markt 6 ✉ 48727 – ✆ (02543) 9 32 00 – www.domschenke-billerbeck.de
Rest – Menü 13 € (mittags)/56 € – Karte 21/55 €
Gut machen sich die schön arrangierten modernen Akzente, die sich mit dem rustikalen Flair des 1668 erbauten Gasthofs mischen. Was Chef Frank Groll an regionalen Gerichten zu bieten hat, probiert man z. B. als typisches "Weltfälisches Menü".

BINDLACH – **Bayern** – **siehe Bayreuth**

BINGEN – **Rheinland-Pfalz** – **543** – **24 420 Ew** – **Höhe 100 m** **47** E15

Berlin 600 – Mainz 31 – Bad Kreuznach 20 – Koblenz 66
Rheinkai 21, ✉ 55411, ✆ (06721) 18 42 05, www.bingen.de
Burg Klopp (★)
Burg Rheinstein (★★) · Rheintal★★★ (von Bingen bis Koblenz)

Weinhotel Michel garni 

Mainzer Str. 74 ✉ 55411 – ✆ (06721) 9 15 10 – www.weinhotel-michel.de – geschl. 20. Dezember - 7. Januar
15 Zim – 95/115 € 140/165 €
Bei Familie Michel wohnen Sie in gut gepflegten Zimmern, die nach Rebsorten bzw. Weinlagen benannt sind. Auch Allergikerzimmer mit Holzfußboden stehen zur Verfügung.

In Münster-Sarmsheim über Drususstraße Z: 4 km

Weinstube Kruger-Rumpf
Rheinstr. 47 ✉ 55424 – ✆ (06721) 4 50 50 – www.weingutkrugerrumpf.com – geschl. 22. Dezember - 6. Januar und Montag
Rest – *(Dienstag - Freitag nur Abendessen)* Karte 27/33 €
Sehr nett ist die gemütlich-ländliche Weinstube des bekannten Weinguts. Für Veranstaltungen nutzt man das Kreuzgewölbe (ehemaliger Kuhstall) und den Tafelraum. Hübsche Terrasse.

BINZ – Mecklenburg-Vorpommern – siehe Rügen (Insel)

BINZEN – Baden-Württemberg – **545** – 2 910 Ew – Höhe 284 m 61 D21

Berlin 858 – Stuttgart 260 – Freiburg im Breisgau 65 – Basel 11

Mühle (mit Gästehaus)
Mühlenstr. 26 ✉ 79589 – ✆ (07621) 9 40 84 90 – www.muehlebinzen.de
32 Zim – 120/155 € 155/195 € – ½ P
Rest *Mühle* – siehe Restaurantauswahl
Schön, was Sie da in der einstigen Mühle von 1725 erwartet: ruhige Lage, geschmackvoll-elegante Zimmer (im Gästehaus mit Klimaanlage) und am Morgen ein leckeres Frühstück im hübschen Garten-Pavillon. Der gute Ruf des Hauses ist zweifellos dem vollen Einsatz der Gastgeber Hansjörg Hechler und Tobias Fischer zu verdanken!

Ochsen

Hauptstr. 42 ✉ 79589 – ✆ (07621) 4 22 08 88 – www.ochsen-binzen.de
23 Zim – 68/75 € 95/110 € – 1 Suite
Rest *Ochsen* – siehe Restaurantauswahl
Direkt am Rathaus steht dieses Landgasthaus mit freundlichen und zeitgemäßen Zimmern. Wer ein bisschen was Besonderes sucht, sollte die modern-elegante Ochsen-Suite buchen!

Mühle – Hotel Mühle

Mühlenstr. 26 ✉ 79589 – ✆ (07621) 9 40 84 90 – www.muehlebinzen.de
Rest – Menü 29 € (mittags)/82 € – Karte 35/84 €
Das Engagement des Patrons spürt man natürlich auch in dem stilvollen Restaurant, wo er traditionell-klassische Küche servieren lässt. Probieren Sie das "Gitzi à la Mühle"! Eine richtig runde Sache wird das Ganze durch den sehr freundlichen Service. Nicht zu vergessen die herrlichen Plätze im Freien!

Ochsen – Hotel Ochsen
Hauptstr. 42 ✉ 79589 – ✆ (07621) 4 22 08 88 – www.ochsen-binzen.de
Rest – *(nur Abendessen, sonntags auch Mittagessen)* Menü 38/75 € – Karte 21/72 €
In der Küche von Jörg Brugger und seinem Team mischt sich Klassisches mit Internationalem sowie regionalen Einflüssen, und das auf Basis guter, frischer Produkte. Im Sommer sind die Lieblingsplätze draußen unter dem alten Walnussbaum.

BIRKENAU – Hessen – **543** – 9 960 Ew – Höhe 147 m – Erholungsort 47 F16

Berlin 611 – Wiesbaden 97 – Mannheim 30 – Darmstadt 44

Hauptstr. 119, ✉ 69488, ✆ (06201) 39 70, www.birkenau.de

Drei Birken

Hauptstr. 170 ✉ 69488 – ✆ (06201) 3 23 68 – www.restaurant-drei-birken.de – geschl. Februar 2 Wochen, Juli - August 2 Wochen und Montag - Dienstag
Rest – Menü 59 € (abends) – Karte 36/60 €
Zu Karl und Christine Gassen kommt man natürlich in erster Linie wegen der guten regional-saisonalen Küche wie z. B. Steinbeißer mit Flusskrebsen. Aber auch das helle, freundliche Ambiente und der hübsche Innenhof sprechen die Gäste an.

BIRKENFELD (MAIN-SPESSART-KREIS) – Bayern – **546** – 2 170 Ew – Höhe 206 m 49 H15

Berlin 517 – München 312 – Würzburg 29 – Frankfurt am Main 100

In Birkenfeld-Billingshausen Nord-Ost: 2 km, Richtung Zellingen

Goldenes Lamm
Untertorstr. 13 ✉ 97834 – ✆ (09398) 3 52 – www.goldenes-lamm-billingshausen.de – geschl. Montag - Dienstag
Rest – Menü 33/42 € – Karte 19/40 €
In dem ansprechenden alten Steinhaus leitet Familie Hüsam schon seit Generationen dieses ländlich-rustikale Restaurant. Im Sommer hat man im Hof eine nette kleine Terrasse.

BIRKWEILER – Rheinland-Pfalz – 543 – 750 Ew – Höhe 189 m 54 E17

Berlin 682 – Mainz 114 – Neustadt a.d. Weinstraße 27 – Karlsruhe 45

Keschdebusch
Hauptstr. 1 ✉ 76831 – ✆ (06345) 94 99 88 – www.keschdebusch-weinstube.de – geschl. Sonntag - Montag
Rest – *(nur Abendessen)* Menü 23/35 € – Karte 28/41 €
Eine der nettesten Weinstuben in der Gegend - dazu tragen auch die Gastgeber Sandra Bernhard und Jochen Sitter mit ihrer lockeren und freundlichen Art bei - und natürlich die gute Küche, die z. B. in Form von Lammleber mit Quitte, Speck und Kürbis oder als klassisches Rehragout auf den Tisch kommt. Wirklich sehr charmant - drinnen wie draußen!

BIRNBACH, BAD – Bayern – 546 – 5 530 Ew – Höhe 376 m – Heilbad 59 P19

Berlin 618 – München 147 – Passau 41 – Landshut 82

Kurallee 7, ✉ 84364, ✆ (08563) 96 30 46, www.badbirnbach.de

Sonnengut
Am Aunhamer Berg 2 ✉ 84364 – ✆ (08563) 30 50 – www.sonnengut.de
81 Zim – 90/114 € 186/212 € – 7 Suiten – ½ P
Rest *Hirschstuben* – siehe Restaurantauswahl
Ein Vierseithof der neuzeitlichen Art. Modern und ausgesprochen geschmackvoll sind die Zimmer, der Wellnessbereich ist großzügig, aufwändig gestaltet und bietet vielfältige Anwendungen.

Vitalhotel
Brunnaderstr. 27 ✉ 84364 – ✆ (08563) 30 80 – www.vitalhotel-badbirnbach.de
103 Zim – 68/73 € 106/142 € – 5 Suiten – ½ P
Rest – *(nur Abendessen für Hausgäste)* Menü 15/25 €
Das Hotel am Rande des Kurgebiets verfügt über wohnliche Zimmer in warmen Farben und überzeugt mit einem umfangreichen Wellnessangebot in geschmackvollem Ambiente.

Hirschstuben – Hotel Sonnengut
Am Aunhamer Berg 2 ✉ 84364 – ✆ (08563) 30 50 – www.sonnengut.de
Rest – Menü 25/39 € – Karte 27/45 €
Mit Zirbelholz getäfelte Wände, Holzdielen, ein gemauerter Ofen, hübsche rotgemusterte Stoffe - all das sind Attribute für bayerische Behaglichkeit. Zur Krönung: Kaiserschmarrn mit Zwetgenröster direkt aus der Pfanne!

BISCHOFSWERDA – Sachsen – 544 – 11 970 Ew – Höhe 280 m 43 R12

Berlin 213 – Dresden 32 – Cottbus 91 – Görlitz 62

Rammenau, Oberammenauer Str. 27, ✆ (03591) 60 77 84

In Bischofswerda-Belmsdorf Süd-Ost: 2 km Richtung Oppach

L'Auberge Gutshof mit Zim

Alte Belmsdorfer Str. 33 ✉ 01877 – ✆ (03594) 70 52 00 – www.auberge-gutshof.eu – geschl. Donnerstag
10 Zim – 45/60 € 68/80 € – ½ P
Rest – *(Montag - Samstag nur Abendessen, außer an Feiertagen)* Menü 25/45 € – Karte 25/47 €
Ein Stück Frankreich mitten in Sachsen. Man sitzt unter einer schönen Gewölbedecke. Es gibt Klassiker der französischen Küche - natürlich auch frischen Flammkuchen aus dem Holzofen.

BISCHOFSWIESEN – Bayern – 546 – 7 600 Ew – Höhe 610 m – Wintersport: 1 307 m 4 – Heilklimatischer Kurort

67 O21

Berlin 736 – München 148 – Bad Reichenhall 13 – Berchtesgaden 5

Hauptstr. 40, ✉ 83483, (08652) 97 72 20, www.bischofswiesen.de

Reissenlehen (mit Gästehaus)

Reissenpoint 11 ✉ 83483 – (08652) 97 72 00 – www.reissenlehen.de – geschl. 2. November - 25. Dezember

20 Zim – 50/110 € 90/130 € – 4 Suiten – ½ P

Rest – *(geschl. Sonntag) (nur Abendessen für Hausgäste)* Menü 16 € – Karte 13/34 €

Wohnlich ist das von Familie Irlinger freundlich geführte kleine Hotel. Hallenbad und Naturbadeteich mit fantastischem Bergblick. Gutes Kosmetik- und Massageangebot sowie Physiotherapie.

Alpenhotel Hundsreitlehen

Quellenweg 11 ✉ 83483 – (08652) 98 60 – www.hundsreitlehen.de – geschl. 10. März - 15. April und Ende Oktober - 25. Dezember

29 Zim – 50/80 € 100/150 € – 5 Suiten – ½ P

Rest – *(geschl. Montag) (nur Abendessen für Hausgäste)* Menü 14/25 € – Karte 16/35 €

Seit über 100 Jahren ist das 1387 erstmals erwähnte Haus in 750 m Höhe bereits im Familienbesitz. Von der Liegewiese kann man schön die Panoramasicht genießen. Geräumige Kuschel- und Romantikzimmer sowie Familiennester.

BISINGEN – Baden-Württemberg – 545 – 9 280 Ew – Höhe 561 m

55 G19

Berlin 710 – Stuttgart 71 – Konstanz 120 – Reutlingen 35

In Bisingen-Zimmern Nord-Ost: 2 km

Gasthof Adler

Schloss-Str. 1 ✉ 72406 – (07471) 1 69 75 – www.adler-zimmern.de – geschl. August 2 Wochen und Montag - Dienstag

Rest – *(Mittwoch - Freitag nur Abendessen)* Karte 29/47 €

Bereits seit mehreren Generationen ist dieses Haus im Familienbesitz. Am Herd steht der Chef persönlich und was er kocht, ist schwäbisch und sehr schmackhaft. Fast schon ein Muss sind da die Maultaschen! Oder vielleicht lieber die Ochsenschwanzsuppe? Und zum Mitnehmen gibt's hausgemachte Salatdressings, Suppen und vieles mehr.

BISPINGEN – Niedersachsen – 541 – 6 210 Ew – Höhe 74 m – Erholungsort

19 I6

Berlin 335 – Hannover 94 – Hamburg 71 – Lüneburg 45

Borsteler Str. 6, ✉ 29646, (05194) 3 98 50, www.bispingen-touristik.de

Heidehotel Rieckmann

Kirchweg 1 ✉ 29646 – (05194) 95 10 – www.hotel-rieckmann.de

21 Zim – 62/72 € 89/99 € – ½ P

Rest *Heidehotel Rieckmann* – siehe Restaurantauswahl

Persönlich und individuell kümmert sich die Inhaberfamilie um ihre Gäste. Man sieht, dass immer wieder verbessert und aufgefrischt wird! Die Zimmer sind solide, zeitgemäß und preislich fair.

Das kleine Hotel am Park garni

Am Park 2c (Borstel, Nord-West: 1,5 km) ✉ 29646 – (05194) 68 44 – www.daskleinehotel.de

9 Zim – 58/65 € 85/92 €

Eine sympathische familiäre Adresse in recht ruhiger Waldrandlage. Es stehen wohnlich-individuelle Zimmer bereit, die nach Monaten benannt sind. Zum gepflegten Garten hin liegt der charmante Frühstücksraum mit Terrasse.

Heidehotel Rieckmann – Heidehotel Rieckmann

Kirchweg 1 ✉ 29646 – (05194) 95 10 – www.hotel-rieckmann.de

Rest – *(geschl. Oktober - März: Montag)* Menü 25/35 € – Karte 19/54 €

Gekocht wird hier bürgerlich mit internationalem Einfluss, die Produkte sind gut und frisch. Am angenehmsten sitzt man auf der Terrasse mit Blick in den idyllischen Garten mit schönen Bäumen und Teich - einige Plätze sind sogar überdacht.

BISTENSEE – Schleswig-Holstein – siehe Rendsburg

BITBURG – Rheinland-Pfalz – 543 – 12 780 Ew – Höhe 320 m 45 B15

Berlin 705 – Mainz 165 – Trier 23 – Wittlich 36

Römermauer 6, ✉ 54634, ✆ (06561) 9 43 40, www.eifel-direkt.de

18 Wissmannsdorf-Hermesdorf, Zur Weilersheck 1, ✆ (06527) 9 27 20

9 Baustert, Auf Kinnscheid 1, ✆ (06527) 93 49 77

18 Burbach, Lietzenhof, ✆ (06553) 20 07

Zum Simonbräu mit Zim

Am Markt 7 ✉ 54634 – ✆ (06561) 33 33 – www.simonbraeu.de – geschl. Sonntag

5 Zim – 69 € 89 € **Rest** – Karte 23/46 €

Im Brauerei-Ausschank von "Bitburger" speist man bürgerlich-rustikal in der neuzeitlich-schlichten Gaststube oder international im gediegen-eleganten Restaurant.

In Rittersdorf Nord-West: 4 km, jenseits der B 51 – Höhe 285 m

Herrmann's

Bitburger Str. 30, (in der Burg Rittersdorf) ✉ 54636 – ✆ (06561) 9 65 70 – www.burg-rittersdorf.de – geschl. Januar 3 Wochen und Montag - Dienstag

Rest – Menü 46 € (mittags)/79 € – Karte 33/56 €

In gemütlich-rustikalen Räumen einer romantischen Wasserburg a. d. 13. Jh. bietet man internationale und regionale Speisen aus frischen Produkten. Hübsche Terrasse.

Am Stausee Bitburg Nord-West: 11 km über B 50, dann rechts ab Richtung Biersdorf am See

Dorint Seehotel & Resort

Seeuferstr. 1 ✉ 54636 Biersdorf – ✆ (06569) 9 90 – www.dorint.com/bitburg

100 Zim – 62/162 € 106/226 € – ½ P **Rest** – Karte 28/54 €

Das Sport- und Tagungshotel am Waldrand oberhalb des Stausees bietet funktionelle Zimmer sowie ein vielfältiges Freizeitangebot, u. a. Kletterpark, Squash, Bowling.

BLANKENBACH – Bayern – 546 – 1 610 Ew – Höhe 190 m 48 G15

Berlin 538 – München 356 – Aschaffenburg 15 – Frankfurt am Main 48

Behl

Krombacher Str. 2 ✉ 63825 – ✆ (06024) 47 66 – www.behl.de

23 Zim – 69/85 € 96/98 € – ½ P

Rest – *(geschl. Montagmittag)* Menü 21/58 € – Karte 24/51 €

Seit über 25 Jahren wird das Brennhaus Behl von der Familie geführt. Moderne, nach Früchten benannte Zimmer und ein gutes Frühstück zu fairen Preisen. Internationale Küche im ländlich-eleganten Restaurant. Eine Besonderheit sind die Brennabende in der Destille.

BLANKENBURG – Sachsen-Anhalt – 542 – 21 660 Ew – Höhe 200 m 30 K10

Berlin 222 – Magdeburg 71 – Göttingen 124 – Halle 88

Markt 3, ✉ 38889, ✆ (03944) 28 98, www.blankenburg.de

Greenline Schlosshotel Blankenburg

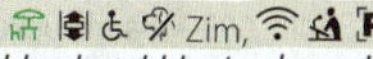

Schnappelberg 5 ✉ 38889 – ✆ (03944) 3 61 90 – www.schlosshotel-blankenburg.de

68 Zim – 69/89 € 89/109 € – ½ P **Rest** – *(nur Abendessen)* Karte 27/37 €

Das herrschaftlich anmutende Sandsteingebäude ist die ehemalige Schlosskaserne von 1871, an die sich der schöne öffentliche Schlosspark anschließt. Die Zimmer sind meist großzügig geschnitten. Saisonale Küche im Restaurant. Die Terrasse liegt zum Innenhof.

Viktoria Luise

Hasselfelder Str. 8 ✉ 38889 – ✆ (03944) 9 11 70 – www.viktoria-luise.de – geschl. 10. - 23. November

15 Zim – 61/90 € 120/140 €

Rest – *(geschl. Sonntag - Montag) (nur Abendessen)* Menü 21/36 € – Karte 21/37 €

Wer etwas Individualität sucht, findet diese in der Jugendstilvilla von 1893 - in Zimmern wie "Beatrix II", "Christine Luise" oder "Schlossblick". Gastgeberin Andrea Schmitz sorgt für privat-familiäre Atmosphäre. Am Morgen erfüllt sie Ihnen Ihre Frühstückswünsche à la carte.

BLANKENHAIN – Thüringen – 544 – 6 620 Ew – Höhe 300 m 40 L13

Berlin 279 – Erfurt 31 – Weimar 19 – Jena 33

Lindner Spa & Golf Hotel Weimarer Land

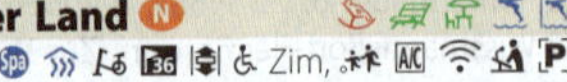

Weimarer Str. 60 ✉ 99444 – ✆ (36459) 6 16 40 – www.lindner.de

83 Zim – 119 € 169 € – 11 Suiten – ½ P **Rest** – Menü 29/89 € – Karte 28/43 €

Direkt an einer 36-Loch-Golfanlage... da ist man als Golfer natürlich bestens aufgehoben. Nicht minder attraktiv sind die hochwertigen Zimmer, der ebenso geschmackvolle Spa sowie die kostenlose Kinderbetreuung. Der ausgesprochen schöne gemütlich-elegante Landhausstil ist allgegenwärtig - so auch im Restaurant namens "Augusta" (einer der bekanntesten Golfplätze der Welt). Die Küche hier ist international.

BLAUBACH – Rheinland-Pfalz – siehe Kusel

BLAUBEUREN – Baden-Württemberg – 545 – 11 830 Ew – Höhe 516 m 56 H19

Berlin 633 – Stuttgart 81 – Reutlingen 57 – Ulm (Donau) 18

Ochsen

Marktstr. 4 ✉ 89143 – ✆ (07344) 96 98 90 – www.ochsen-blaubeuren.de – geschl. 24. Dezember - 6. Januar

48 Zim – 63/85 € 85/105 € – 2 Suiten – ½ P

Rest – *(geschl. Sonntagabend)* Menü 19/32 € – Karte 26/40 €

Bis ins 15. Jh. reicht die Geschichte des Ochsen zurück. Das Haus mit der ansprechenden Fachwerkfassade verfügt über funktionell ausgestattete Zimmer mit gutem Platzangebot - fragen Sie aber auch gerne nach den neuen Zimmern! Ländlich-gediegene Gaststuben mit bürgerlicher Küche und schönem Biergarten.

In Blaubeuren-Weiler West: 2 km über B 492

Forellen-Fischer

Aachtalstr. 6 ✉ 89143 – ✆ (07344) 65 45 – www.forellenfischer.de – geschl. 2. - 22. Januar und Sonntagabend - Montag

Rest – Menü 42 € – Karte 20/52 €

Gemütlich-rustikal, wie man sich ein Fachwerkhaus vorstellt. Im Sommer lockt die lauschige Terrasse, im Winter der offene Kamin! Seit über 40 Jahren sind Horst und Marga Rau hier im Haus und bieten regionale Küche mit Forellen aus der Aach.

BLAUFELDEN – Baden-Württemberg – 545 – 5 180 Ew – Höhe 460 m 49 I17

Berlin 539 – Stuttgart 123 – Würzburg 71 – Nürnberg 122

Zum Hirschen mit Zim

Hauptstr. 15 ✉ 74572 – ✆ (07953) 10 41 – www.hirschen-blaufelden.de – geschl. Sonntagabend - Donnerstag

10 Zim – 58/80 € 78/114 € – 2 Suiten

Rest – (Tischbestellung ratsam) Menü 30/85 € – Karte 24/68 €

Vorne bürgerlich-rustikale Stube, hinten etwas eleganter - so präsentiert sich der historische Gasthof gegenüber der Kirche. Gastgeber Manfred Kurz kocht klassisch und regional. Man kann hier aber nicht nur essen: Die Zimmer sind sehr gepflegt und z. T. schön modern.

BLIESKASTEL – Saarland – 543 – 21 720 Ew – Höhe 213 m – Kneippkurort 46 C17

Berlin 693 – Saarbrücken 30 – Neunkirchen/Saar 16 – Zweibrücken 12

Luitpoldplatz 5, ✉ 66440, ✆ (06842) 9 26 13 14, www.blieskastel.de

Hämmerle's Restaurant - Barrique

Bliestalstr. 110a ✉ 66440 – ✆ (06842) 5 21 42 – www.haemmerles-restaurant.com – geschl. nach Weihnachten 1 Woche, August 2 Wochen und Sonntag - Montag sowie an Feiertagen

Rest – *(nur Abendessen)* (Tischbestellung ratsam) Menü 60/79 €

Rest *Landgenuss* – siehe Restaurantauswahl

Nicht nur die Menüs "Barrique" und "à votre façon" kommen nach wie vor sehr gut an, mithalten kann da auch das zusätzliche Tages-Überraschungsmenü von Cliff Hämmerle. Zahlreiche aufwändige Kleinigkeiten vorweg steigern die Vorfreude ebenso wie der Blick in den begehbaren Weinklimaschrank mit seinen guten korrespondierenden Weinen, die es auch glasweise gibt. Für Übernachtungsgäste hat man zwei Zimmer.

→ Jakobsmuschel mit Erfweiler Ziegenfrischkäse, Erbsen und Curry. Blieswiesen Lamm mit Zwiebelgewächsen, Zwetschgen und Walnuss. Tiramisu mit Mascarpone Schneeball, Himbeeren und Sanddorn.

Landgenuss – Hämmerle's Restaurant - Barrique

Bliestalstr. 110a ✉ 66440 – ✆ (06842) 5 21 42 – www.haemmerles-restaurant.com – geschl. nach Weihnachten 1 Woche, August 1 Woche und Sonntag, Montagabend, Samstagmittag

Rest – (Tischbestellung ratsam) Menü 33/40 € – Karte 30/54 €

Empfehlenswert ist hier alles: von modernen Klassikern wie "Rinderroulade de luxe" oder "Barbarie Entenbrust mit Blütenhong glaciert" über kreative Landgenuss-Küche wie "Rinderfilet Rossini" bis hin zum Bliesgau Menü. Oder soll's lieber vegetarisch sein? Passend zum Namen versprüht das Restaurant mediterranes Landhausflair.

BLINDHEIM – Bayern – 546 – 1 710 Ew – Höhe 415 m

57 J19

Berlin 554 – München 129 – Augsburg 59 – Ansbach 117

Breisachmühle garni

Nebelbachstr. 15 ✉ 89434 – ✆ (09074) 61 66 – www.breisachmuehle.de

3 Zim – 32 € 50 €

In dem Klosterbauernhof a. d. 13. Jh. - ideal die Lage am Donauradweg! - schläft man in gemütlichen ländlichen Zimmern. Das Frühstück wird einem in der urigen Gaststube im Mühlentrakt serviert.

BLUNK – Schleswig-Holstein – siehe Segeberg, Bad

BOCHOLT – Nordrhein-Westfalen – 543 – 73 060 Ew – Höhe 25 m

25 B10

Berlin 575 – Düsseldorf 81 – Arnhem 57 – Enschede 58

Europaplatz 26, ✉ 46399, ✆ (02871) 50 44, www.bocholt.de

Residenz

Kaiser-Wilhelm-Str. 32 ✉ 46395 – ✆ (02871) 9 97 50 – www.hotelresidenz.de – geschl. Juli - August 2 Wochen

48 Zim – 76/98 € 110 € – ½ P

Rest – *(geschl. Sonntag - Montag) (nur Abendessen)* Menü 35/60 € – Karte 30/58 €

Ein stilvolles und komfortables Hotel, das ganz auf Businessgäste und Hochzeiten zugeschnitten ist. Sehr wohnliche, elegante Zimmer und besonders hochwertige Juniorsuiten. "Hochzeitsgarten". Restaurant mit klassischem Ambiente.

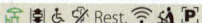

Am Erzengel

Rest,

Münsterstr. 250 ✉ 46397 – ✆ (02871) 24 77 00 – www.am-erzengel.de

60 Zim – 85/105 € 110/150 € – ½ P

Rest – *(geschl. Ende Juli - Anfang August 3 Wochen und Montagmittag)* Menü 29/65 € – Karte 24/62 €

Das gewachsene Hotel verfügt über großzügige und wohnliche Zimmer, die auch dem Businessgast alles Notwendige bieten. Frühstück auch auf der Terrasse. Gediegenes Restaurant und netter Bistrobereich.

Maestral

Bahnhofstr. 24 ✉ 46395 – ✆ (02871) 21 83 60 – www.hotel-maestral.de

21 Zim – 60/70 € 95/120 € – ½ P **Rest** – Menü 35/59 € – Karte 23/57 €

Das gepflegte Haus befindet sich in relativ ruhiger Lage in Bahnhofsnähe und wird familiär geführt. Es beherbergt hell, zeitgemäß und funktionell eingerichtete Zimmer. Restaurant mit mediterranem Touch. Geboten wird internationale Küche mit Grillgerichten.

BOCHUM – Nordrhein-Westfalen – 543 – 373 980 Ew – Höhe 100 m

26 C11

Berlin 518 – Düsseldorf 47 – Dortmund 21 – Essen 17

ADAC Ferdinandstr. 17 B2

Huestr. 9 B2, ✉ 44787, ✆ (0234) 96 30 20, www.bochum-tourismus.de

18 Bochum-Stiepel, Im Mailand 127, ✆ (0234) 79 98 32

Deutsches Bergbau Museum★★ A1 · Eisenbahnmuseum★

Stadtplan auf der nächsten Seite

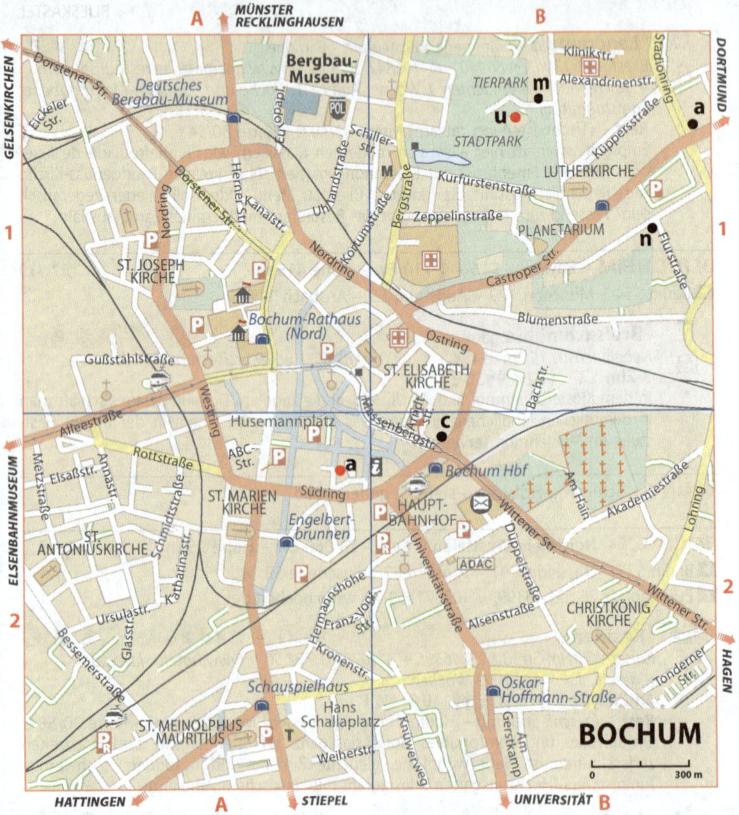

Renaissance

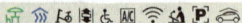

Stadionring 18 ✉ *44791 – ✆ (0234) 6 10 10 – www.renaissancebochum.de*

174 Zim – †89/176 € ††89/176 €, ☕ 17 € – 3 Suiten B1**a**

Rest – Menü 20/60 € – Karte 28/73 €

Für Businessgäste sind die verkehrsgünstige Lage und der direkte Zugang zum Kongresszentrum ideal, Besucher des Starlight-Express-Theaters nutzen gerne die günstigen Wochenendangebote! Nach Sauna- und Fitnessprogramm (toll die Sicht vom 7. Stock!) stärkt man sich im Restaurant Sutherland mit Internationalem.

Courtyard by Marriott

Klinikstr. 43 ✉ *44791 – ✆ (0234) 6 10 00 – www.courtyardbochum.de* B1**m**

104 Zim – †89/110 € ††89/110 €, ☕ 17 € – 2 Suiten

Rest ***green olive*** – *(nur Abendessen)* Karte 32/46 €

Interessant ist hier vor allem die Lage am Stadtpark - schnell ist man am Bismarckturm, im Stadion oder beim Musical! Tipp: Auf den Ecken des Hauses liegen geräumigere Studio-Zimmer! Im "green olive" kann man bei internationaler Küche den Tag Revue passieren lassen.

Sie möchten spontan verreisen? Besuchen Sie die Internetseiten der Hotels, um von deren Sonderkonditionen zu profitieren.

Park Inn by Radisson
Rest,

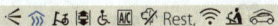

Massenbergstr. 19 ✉ 44787 – ✆ (0234) 96 90 – www.parkinn.de B2**c**

160 Zim – †115/150 € ††115/150 €, ☕ 17 € – 2 Suiten

Rest – Karte 29/48 €

Ab der 9. Etage dieses Hochhaus-Hotels genießt man eine richtig tolle Aussicht! Wie mag es sich dann wohl in den 80 qm großen Suiten (mit Whirlwanne) im 14. Stock wohnen? Aber auch schon die Superior-Zimmer bieten diverse zusätzliche Extras. Jeden letzten Sonntag im Monat gibt es Brunch im "Twin Towers".

Excelsior garni

Max-Greve-Str. 32 ✉ 44791 – ✆ (0234) 9 55 50 – www.hotel-excelsior-bochum.de B1**n**

32 Zim ☕ – †74/89 € ††96/115 €

Die verkehrsgünstige Lage nicht weit vom Starlight-Express-Musicaltheater sowie funktionell eingerichtete Zimmer machen dieses Hotel aus.

XX

Livingroom

Luisenstr. 9 ✉ 44787 – ✆ (0234) 9 53 56 85 – www.livingroom-bochum.de – geschl. Sonntag und an Feiertagen A2**a**

Rest – Menü 39 € (abends) – Karte 33/68 €

Das Konzept ist trendig, modern, ungezwungen - eben so, wie man es heute gerne hat! Ein Lifestyle-Restaurant mit Bar und Bistro, und das auf 450 qm! Feste "Classics" auf der Karte sind u. a. US-Prime-Beef-Grillgerichte.

In den Ortsblöcken finden Sie geografische Angaben wie Bundesland, Michelin-Karte, Einwohnerzahl und Höhe des Ortes sowie Entfernungen zu größeren Städten. Zudem wird auf Informationsstellen, Messen, Golfplätze und Sehenswürdigkeiten hingewiesen.

BODENHEIM – Rheinland-Pfalz – 543 – 7 110 Ew – Höhe 100 m — 47 E15

Berlin 592 – Mainz 19 – Neustadt an der Weinstraße 87 – Darmstadt 42

Landhotel Battenheimer Hof

Rheinstr. 2 ✉ 55294 – ✆ (06135) 70 90 – www.battenheimerhof.com – geschl. 20. Dezember - 10. Januar

22 Zim ☕ – †55/63 € ††78/88 €

Rest – *(geschl. Montag) (nur Abendessen)* Karte 23/41 €

In dem schmucken Gutshof unweit des Rheins erwarten Sie funktionale Zimmer und ein freundlicher kleiner Frühstücksraum. Fragen Sie nach den vier hübschen großen Maisonetten! Die rustikalen Kellerräume der Gutsschänke dienen als Restaurant - hier gibt es saisonale Küche und Weine aus der Region.

BODENMAIS – Bayern – 546 – 3 330 Ew – Höhe 689 m – Wintersport: 1 450 m 1 1, am Arber: 1 6 – Heilklimatischer Kurort — 59 P17

Berlin 521 – München 178 – Passau 72 – Cham 51

Bahnhofstr. 56, ✉ 94249, ✆ (09924) 77 81 35, www.bodenmais.de

Großer Arber★★ (★★), Nord-Ost: 11 km und Sessellift · Großer Arbersee★ (★), Nord-Ost: 8 km

Riederin
Rest,

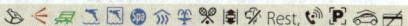

Riederin 1 ✉ 94249 – ✆ (09924) 77 60 – www.riederin.de

51 Zim ☕ – †84/102 € ††140/212 € – 4 Suiten

Rest – Menü 18 € (mittags)/40 € – Karte 19/29 €

Die Gäste schätzen hier die ruhige Lage mit Blick auf Bodenmais, ein gutes Sport- und Freizeitangebot sowie schöne wohnliche Zimmer, individuell in Einrichtung und Zuschnitt. Der Restaurantbereich teilt sich in verschiedene behagliche Räume. HP inklusive.

Neue Post

Kötztinger Str. 25 ✉ 94249 – ✆ (09924) 95 80 – www.hotel-neue-post.de – geschl. 11. November - 14. Dezember

52 Zim – 65/88 € 130/186 € – 4 Suiten – ½ P

Rest – *(geschl. 9. November - 13. Dezember) (nur Abendessen)*

Karte 22/38 €

Freundlich-familiär geleitetes Ferienhotel mit unterschiedlich geschnittenen Zimmern, die teils sehr großzügig und mit luxuriöser Note eingerichtet sind; dazu ein ansprechender Spabereich. Restaurant im regionstypischen Landhausstil.

Bayerwaldhotel Hofbräuhaus

Marktplatz 5 ✉ 94245 – ✆ (09924) 77 70 – www.hotel-hofbraeuhaus.de – geschl. Anfang November - Mitte Dezember

63 Zim – 56/86 € 106/142 € – 2 Suiten – ½ P

Rest – Karte 17/30 €

Das bei der Kirche gelegene Hotel ist ein traditionsreiches Haus unter familiärer Leitung, das seinen Gästen ländlich-wohnliche Zimmer und einen großzügigen Wellnessbereich bietet. Restauranträume mit rustikalem Ambiente.

Bodenmaiser Hof (N)

Rißlochweg 4 ✉ 94249 – ✆ (09924) 95 40 – www.bodenmaiser-hof.de

40 Zim – 70/115 € 140/260 € – 5 Suiten – ½ P

Rest *Rundai Wirt* – Menü 18 € (mittags)/87 €

– Karte 17/42 €

In dem familiengeführten Haus wohnen Sie in eleganten und zeitgemäßen Zimmern, meist mit Balkon oder Wintergarten. So richtig schön relaxen kann man im Garten mit Schwimmteich. Wer es etwas aktiver mag, hat in der Nähe viele gute Wandermöglichkeiten!

In Bodenmais-Böhmhof Süd-Ost: 1 km Richtung Zwiesel

Böhmhof

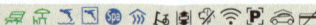

Böhmhof 1 ✉ 94249 – ✆ (09924) 9 43 00 – www.boehmhof.de – geschl. 14. - 25. Dezember

35 Zim – 74/105 € 132/198 € – ½ P

Rest – Karte 15/28 €

Eine charmante Ferienadresse in schöner Waldrandlage. Die Atmosphäre in dem einstigen Gutshof ist sehr familiär, die Zimmer sind wohnlich. Gutes Freizeit- und Wellnessangebot. Restaurant im regionalen Stil. HP inklusive.

In Bodenmais-Kothinghammer Süd-West: 2,5 km Richtung Deggendorf

Hammerhof

Kothinghammer 1 ✉ 94249 – ✆ (09924) 95 70 – www.hammerhof.de – geschl. 30. März - 12. April, 23. November - 24. Dezember

19 Zim – 65/79 € 106/126 € – 20 Suiten – ½ P

Rest – Karte 12/38 €

Ein Familienbetrieb in Alleinlage mit großzügigem Rahmen und wohnlichen Zimmern im Landhausstil. Im Haus Sommerland befindet sich der hübsche und vielfältige Wellnessbereich. Geschmackvoll gestaltete Restaurantstuben.

In Bodenmais-Mooshof Nord-West: 1 km Richtung Drachselsried

Hotel Mooshof Wellness & SPA Resort

Mooshof 7 ✉ 94249 – ✆ (09924) 77 50 – www.hotel-mooshof.de – geschl. 25. November - 13. Dezember

Rest,

56 Zim – 84/120 € 148/190 € – 24 Suiten – ½ P

Rest – Menü 20 € (mittags)/40 €

– Karte 21/43 €

In dem gewachsenen Traditionshaus werden dem Gast wohnliche kleinere Zimmer, aber auch viele luxuriöse Suiten und Juniorsuiten geboten. Großer Hallenbereich und Spa auf 2400 qm. Gaststuben mit gediegen-rustikalem Charakter.

BODENWÖHR – Bayern – 546 – 4 090 Ew – Höhe 374 m 51 N17

Berlin 466 – München 168 – Regensburg 55 – Cham 34

Brauerei-Hotel Jacob

Ludwigsheide 2 ✉ 92439 – ✆ (09434) 9 41 00 – www.brauerei-jacob.de
24 Zim – 53/65 € 75/85 € – 2 Suiten – ½ P
Rest – Menü 20 € (mittags)/25 € – Karte 20/27 €
In dem gut gepflegten familiengeführten Gasthof am Hammersee wohnt man in soliden, rustikal eingerichteten Zimmern, viele mit Balkon und Seeblick. Man hat ein eigenes Strandbad. Seit 1758 bietet man in der gemütlichen Gaststube selbst gebrautes Bier!

BODMAN-LUDWIGSHAFEN – Baden-Württemberg – 545 – 4 470 Ew – Höhe 408 m – Erholungsort 63 G21

Berlin 741 – Stuttgart 165 – Konstanz 31 – Bregenz 74

Hafenstr. 5, ✉ 78351, ✆ (07773) 93 00 40, www.die-Ersten-am-See.de

Im Ortsteil Ludwigshafen

Bodenseehotel Immengarten

Überlingerstr. 28 ✉ 78351 – ✆ (07773) 93 74 20 – www.bodenseehotel-immengarten.de
28 Zim – 80/105 € 100/180 € – ½ P
Rest *Rosmarin* – ✆ (07773) 93 74 25 55 *(geschl. 2. - 14. Februar)* Menü 34/51 € – Karte 24/53 €
Ihr Vorteil: Vom Hotel zum öffentlichen Strandbad sind es nur wenige Meter, die seeseitigen Zimmer haben einen Balkon und auch beim Tagen im obersten Stock genießt man den Seeblick! Im hellen trendigen Restaurant bekommt man internationale Küche mit saisonalen und thailändisch-indischen Gerichten.

BÖBLINGEN – Baden-Württemberg – 545 – 46 890 Ew – Höhe 464 m 55 G18

Berlin 647 – Stuttgart 21 – Karlsruhe 80 – Reutlingen 36

V8 Hotel garni

Graf-Zeppelin-Platz 1, (im Meilenwerk) ✉ 71034 – ✆ (07031) 3 06 98 80 – www.v8hotel.de
33 Zim – 135/175 € 155/195 €, 15 € – 1 Suite
Es ist schon recht speziell hier, von der Oldtimer-Halle über originelle Themenzimmer ("Tankstelle", "Rout 66"...) und die "Zeppelin-Suite" (3 Etagen plus Dachterrasse!) bis hin zu interessanten Arrangements ("Emotion pur", "Automobile Museumstour" oder "Freuen auf morgen"). Frühstück im Café Reimann.

Zum Reussenstein

Kalkofenstr. 20 ✉ 71032 – ✆ (07031) 6 60 00 – www.reussenstein.com
44 Zim – 75/110 € 105/140 €
Rest *Zum Reussenstein* – siehe Restaurantauswahl
Von der Straße müssen Sie ein paar Stufen hinunter gehen, um das Hotel der Familie Böckle (3. Generation) zu betreten. Es gibt hier individuelle Zimmer, darunter auch Themenzimmer, die als Extras sogar Kosmetikbar und Bügelstation haben! Wie wär's im Sommer mit Frühstück im netten Wildkräutergarten?

Rieth

Tübinger Str. 157 ✉ 71032 – ✆ (07031) 72 30 – www.hotel-rieth.de – geschl. 20. Dezember - 6. Januar
41 Zim – 86/98 € 116/128 € – 2 Suiten
Rest – *(geschl. Freitag - Sonntag sowie an Feiertagen) (nur Abendessen)* Karte 21/44 €
Eine zeitgemäße Geschäftsadresse in verkehrsgünstiger Lage am Stadtrand. Die Zimmer liegen ruhig auf der straßenabgewandten Seite. Auch ein netter Garten steht zur Verfügung. Bürgerliche Küche im Restaurant. Raucherlounge.

XX **Da Signora**

Graf-Zeppelin-Platz 4, (im Meilenwerk) ✉ 71034 – ✆ (07031) 3 06 95 09 – www.ristorante-dasignora.de – geschl. Ende August 2 Wochen und Montag
Rest – Menü 10 € (mittags)/59 € – Karte 35/55 €
Antonio Kielwein und seine Frau Heiderose (gebürtige Schwäbin, im Herzen aber Italienerin!) sind Gastronomen mit Leib und Seele - Brot und Pasta machen sie natürlich selbst. Am Abend u. a. die Menüs "Pesce" und "Signora", mittags kleine Lunchkarte und günstiges Lunchmenü. Angeschlossen: Enoteca und Vinothek.

XX **Zum Reussenstein** – Hotel Zum Reussenstein

Kalkofenstr. 20 ✉ 71032 – ✆ (07031) 6 60 00 – www.reussenstein.com
Rest – *(geschl. Sonntag - Montagmittag)* Karte 16/42 €
Dass es hier ganz schwäbisch zugeht, merkt man spätestens beim Studieren der Karte: Die ist nicht nur regional ausgerichtet, sondern auch im Dialekt geschrieben! Dank Glaswand zur Küche hat man immer einen guten Einblick ins Geschehen. Im Gewölbe: Wein-"Schatzkämmerle" und Kochschule.

In Schönaich Süd-Ost: 6 km

Waldhotel Sulzbachtal garni

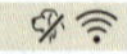

im Sulzbachtal 2 (Nord-Ost: 2 km, Richtung Steinenbronn) ✉ 71101 – ✆ (07031) 7 57 80 – www.sulzbachtal.com – geschl. 16. Dezember - 12. Januar
20 Zim – †78/98 € ††96/125 €
Ein kleines Hotel mit familiärem Charakter, in dem Sauberkeit ganz groß geschrieben wird! Die Lage ist natürlich auch ein echter Pluspunkt: ringsum Wald, Wiesen und Felder. Ein Restaurant finden Sie in der Nachbarschaft.

BÖNNIGHEIM – Baden-Württemberg – 545 – 7 490 Ew – Höhe 221 m 55 G17

Berlin 616 – Stuttgart 36 – Heilbronn 20 – Karlsruhe 65

Adler am Schloss (mit Gästehaus)

Schlossstr. 34 ✉ 74357 – ✆ (07143) 8 20 20 – www.adler-am-schloss.de – geschl. Anfang Januar 2 Wochen
18 Zim – †63/73 € ††85/95 € – ½ P
Rest ***Sophie La Roche*** – siehe Restaurantauswahl
Man wohnt hier richtig schön! Direkt neben dem Schloss fügt sich das nette kleine Hotel mit seinen schmucken Zimmern harmonisch ins Ortsbild - hier und da altes Fachwerk (oder Stuckdecken im Gästehaus)... wirklich charmant, genauso wie die freundliche Gästebetreuung! Das Frühstück ist übrigens sehr gut, die Minibar gratis.

XX **Sophie La Roche** – Hotel Adler am Schloss

Schlossstr. 34 ✉ 74357 – ✆ (07143) 8 20 20 – www.adler-am-schloss.de – geschl. Anfang Januar 2 Wochen sowie Sonntag - Montag und an Feiertagen
Rest – Menü 44/104 € – Karte 44/67 €
Elegantes Ambiente, gehobene Tischkultur, freundlicher Service und schmackhafte Küche gehen hier Hand in Hand! Boris Biggör kocht zeitgemäß und ambitioniert - mittags einfacheres Zusatzangebot.

BOGEN – Bayern – 546 – 10 120 Ew – Höhe 322 m 59 O18

Berlin 541 – München 134 – Regensburg 51 – Straubing 12

In Niederwinkling-Welchenberg Süd-Ost: 8 km

XX **Landgasthof Buchner**

Freymannstr. 15 ✉ 94559 – ✆ (09962) 7 30 – www.buchner-welchenberg.de – geschl. Ende August 2 Wochen und Montag - Dienstag, außer an Feiertagen
Rest – Menü 55 € – Karte 30/52 €
Ingrid und Josef Achatz sind die geborenen Gastgeber, und das in einem gemütlichen Haus mit Familientradition seit 1882. Die Chefin kocht schnörkellos, regional und sehr geschmackvoll, im Service empfiehlt Ihnen der Chef den passenden Wein zu Gerichten wie "geschmorte Lammhaxe mit Kartoffelgratin und Rahmwirsing". Und danach "Topfenknödel mit Erdbeer-Rhabarberragout"?

BOHMSTEDT – Schleswig-Holstein – 541 – 730 Ew – Höhe 2 m 1 G2

▶ Berlin 449 – Kiel 102 – Husum 15

Paulsen's Landhotel

Norderende 8 ✉ 25853 – ✆ (04671) 15 60 – www.paulsens-hotel.de

29 Zim ☕ – †58/65 € ††84/94 € – ½ P **Rest** – *(nur Abendessen)* Karte 19/32 €

Im hübschen roten Anbau des Landhauses befinden sich schöne moderne Zimmer in frischen Tönen, die zu fairen Preisen angeboten werden. Freundlich gestalteter Frühstücksraum. Zum Restaurant gehört ein sehr netter Terrassenbereich.

BOKEL – Schleswig-Holstein – 541 – 650 Ew – Höhe 8 m 10 I4

▶ Berlin 343 – Kiel 73 – Hamburg 55 – Itzehoe 29

Bokel-Mühle am See

Neel-Greve-Str.2 ✉ 25364 – ✆ (04127) 9 42 00 – www.bokelmuehle.de

24 Zim – †79/99 € ††89/129 €, ☕ 7 €

Rest – Menü 14 € (mittags)/32 € – Karte 22/46 €

Die ehemalige Wassermühle ist ein seit 1880 familiengeführtes Hotel in herrlicher Seelage, mit Strandbad. Freundliche Zimmer und Frühstücksraum mit Mühlen-Flair. Bürgerliche Küche im Kaminzimmer mit Seeterrasse. Ideale Adresse für Feiern wie Hochzeiten.

BOLL, BAD – Baden-Württemberg – 545 – 5 190 Ew – Höhe 427 m 55 H19

▶ Berlin 613 – Stuttgart 52 – Göppingen 9 – Ulm (Donau) 49

ℹ Hauptstr. 94, ✉ 73087, ✆ (07164) 8 08 28, www.bad-boll.de

Seminaris

Michael-Hörauf-Weg 2 ✉ 73087 – ✆ (07164) 80 50 – www.seminaris.de/badboll

159 Zim ☕ – †90/110 € ††132/152 € – 2 Suiten – ½ P

Rest – Menü 20/40 € – Karte 23/42 €

In seiner funktionellen Art ist das Hotel ganz auf Tagungen und Seminare ausgelegt. Einen Ausgleich zur Arbeit finden Sie bei Volleyball, Basketball und im Hochseilgarten, aber natürlich auch beim Speisen im Buffet-Restaurant oder in der gemütlich-rustikalen Stube.

Badhotel Stauferland

Gruibinger Str. 32 ✉ 73087 – ✆ (07164) 80 16 80 – www.badhotel-stauferland.de

36 Zim – †68/92 € ††113/138 €, ☕ 7 € – ½ P

Rest – Menü 26/49 € – Karte 24/49 €

Neuzeitlich präsentieren sich Lobby und Zimmer dieses vor allem auf Tagungsgäste zugeschnittenen Hotels. Gepflegter Freizeitbereich, Zimmer teils allergikerfreundlich. Eine Terrasse mit schöner Aussicht ergänzt das Restaurant mit eleganter Note.

Rosa Zeiten garni

Bahnhofsallee 7 ✉ 73087 – ✆ (07164) 20 22 – www.rosa-zeiten.de

9 Zim ☕ – †59/65 € ††89 €

Früher war hier ein Bahnhof, heute sind die Gleise stillgelegt, so dass man schön ruhig übernachten kann! Zimmer und Frühstücksraum in dem kleinen Hotel hat man nett mit wohnlichen Details eingerichtet.

BOLTENHAGEN – Mecklenburg-Vorpommern – 542 – 2 540 Ew – Höhe 5 m – Seebad 11 L4

▶ Berlin 250 – Schwerin 47 – Lübeck 41 – Wismar 26

ℹ Ostseeallee 4, ✉ 23946, ✆ (038825) 3 60 0, www.boltenhagen.de

In Boltenhagen-Redewisch West: 2 km

Gutshaus Redewisch

Dorfstr. 46 ✉ 23946 – ✆ (038825) 37 60 – www.gutshaus-redewisch.de – geschl. 4. Januar - 20. Februar

20 Zim ☕ – †55/80 € ††95/130 € – 1 Suite – ½ P

Rest – *(geschl. Dezember: Montag - Dienstag)* Karte 17/32 €

Ein schöner Anblick, wie das stattliche Gutshaus a. d. 19. Jh. bei der Anfahrt vor Ihnen liegt! Vom Enkel des Gutsgründers nach der Wende zurückgekauft, ist es heute ein schmuckes kleines Hotel. Einige Zimmer mit Balkon, teils mit altem Holzfußboden. Setzen Sie sich zum Essen (bürgerliche Küche, durchgehend serviert) auf die Terrasse zum Teich!

In Boltenhagen-Tarnewitz Süd-Ost: 2 km

Iberotel

Baltische Allee 1, (Hafen) ✉ 23946 – ✆ (038825) 38 40 – www.iberotel.de
182 Zim ☕ – 🚹90/160 € 🚹🚹130/200 € – 9 Suiten – ½ P
Rest – Menü 30 € (abends) – Karte 34/51 €
Ein Ferienhotel - groß, komfortabel und modern. Von Ihrem Zimmer blicken Sie aufs Meer (zum Strand sind es nur 400 m), vor dem Haus wartet die eigene Marina auf Sie, im Spa relaxen Sie auf rund 1000 qm und im Restaurant bekommt man internationale Küche. Familien machen im Dorfhotel nebenan Urlaub.

BONN – Nordrhein-Westfalen – 543 – 327 920 Ew – Höhe 60 m 36 C13

▶ Berlin 593 – Düsseldorf 73 – Aachen 91 – Köln 28
✈ Köln-Bonn in Wahn (über A 565 : 27 km), ✆ (02203) 40 40 01
ADAC Godesberger Allee 127 (Bad Godesberg)
ℹ Windeckstr. 1, am Münsterplatz A2, ✉ 53111, ✆ (0228) 77 50 00, www.bonn.de
⛳18 St. Augustin, Gut Großenbusch, Konrad-Adenauer Str. 100, ✆ (02241) 3 98 80
⛳27 Bornheim, Römerhofweg, ✆ (02222) 93 19 40
👁 Haus der Geschichte der Bundesrepublik Deutschland★ · Kunstmuseum Bonn★ · Münster★A2 · Rheinisches Landesmuseum★(Römische Abteilung★)A2 · Alter Zoll (<★)B2

Ameron Hotel Königshof

Adenauerallee 9 ✉ 53111 – ✆ (0228) 2 60 10 – www.hotel-koenigshof-bonn.de
129 Zim ☕ – 🚹99/265 € 🚹🚹144/295 € – ½ P B2**a**
Rest *Oliveto* – siehe Restaurantauswahl
Das Stadthotel in toller Lage am Rhein verfügt über moderne, technisch gut ausgestattete Zimmer, teilweise mit Flussblick. Ein besonderes Highlight ist die "Beethoven"-Suite.

Günnewig Hotel Bristol

Prinz-Albert-Str. 2 ✉ 53113 – ✆ (0228) 2 69 80 – www.guennewig.de/bnbristol
114 Zim ☕ – 🚹124/156 € 🚹🚹154/169 € – 2 Suiten A2**v**
Rest *Bierhoff - essen & trinken* – Karte 28/42 €
Rest *Kupferklause* – *(geschl. Samstag - Sonntag und an Feiertagen) (nur Abendessen)* Karte 23/38 €
Schön ist die Lage dieses Hauses zwischen Poppelsdorfer Schloss und einstiger Kurfürstenresidenz. Es erwarten Sie ein eleganter Rahmen und Zimmer in klassischem Stil. Mit den Restaurants "Bierhoff - essen & trinken" sowie der rustikalen "Kupferklause" im Untergeschoss hat man die Möglichkeit, international und auch regional zu speisen.

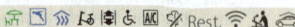

Hilton

Rest,

Berliner Freiheit 2 (Zufahrt über Doetschstraße) ✉ 53111 – ✆ (0228) 7 26 90 – www.hilton.de/bonn B1**m**
247 Zim – 🚹99/399 € 🚹🚹99/429 €, ☕ 25 € – 5 Suiten – ½ P
Rest – Menü 35/52 € – Karte 24/48 €
Ein ganz auf Businessgäste ausgelegtes Hotel mit klassisch-gediegenen Zimmern (teils mit Rheinblick), einem gepflegten Freizeitbereich und modernen Tagungsräumen. Das Buffetrestaurant Seasons wird am Abend ergänzt durch das mediterrane L'Oliva.

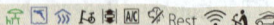

Galerie Design Hotel

Rest,

Kölnstr. 360 (über Kölnstraße A1) ✉ 53117 – ✆ (0228) 1 84 80 – www.galerie-design-hotel.de – geschl. 19. Dezember - 5. Januar
52 Zim – 🚹79/179 € 🚹🚹94/194 €, ☕ 18 € – 1 Suite – ½ P
Rest – *(geschl. Sonntagabend)* Menü 25/50 € – Karte 29/61 €
Modernes Design und Kunst bestimmen hier das Ambiente. Die Zimmer bieten eine sehr gute Technik, einige der Superior-Zimmer sind mit Whirlwanne ausgestattet. Internationale Küche im Restaurant Atelier mit schöner Sicht in den Garten.

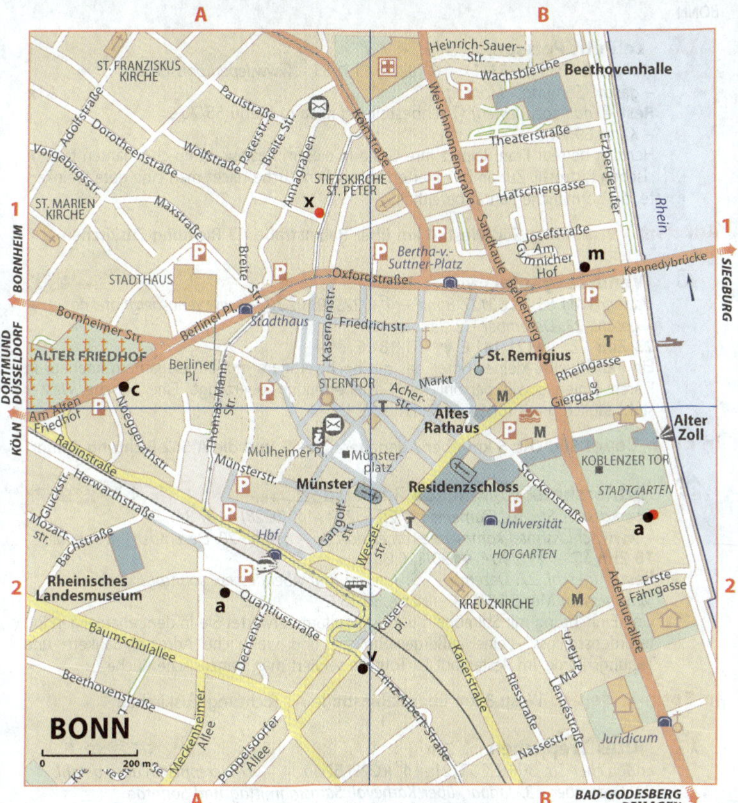

Collegium Leoninum

Noeggerathstr. 34 ✉ 53111 – ✆ (0228) 6 29 80 – www.leoninum-bonn.de
80 Zim ☕ – 👤94/191 € 👥120/217 € – ½ P **A1c**
Rest – *(geschl. Sonntag und an Freiertagen)* Karte 31/50 €
Das denkmalgeschützte Backsteingemäuer eines ehemaligen Priesterseminars beherbergt heute ein modernes Hotel. Als Tagungsbereich dient u. a. die Alte Kirche. Helles, neuzeitliches Bistro mit netter Terrasse zum kleinen Innenhof.

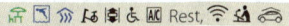

InterCityHotel

Quantiusstr. 22 ✉ 53115 – ✆ (0228) 9 26 18 10 – www.bonn.intercityhotel.de
161 Zim – 👤64/185 € 👥74/195 €, ☕ 15 € **A2a**
Rest – *(geschl. Sonntag)* Karte 21/30 €
Vom Zug direkt ins Hotelzimmer... kein Problem dank der günstigen zentralen Lage direkt hinter dem Bahnhof! Und auch die wertige moderne Einrichtung der Zimmer kann sich sehen lassen. Ein angenehmes Extra: Als Hotelgast bekommen Sie für die Dauer Ihres Aufenhalts ein kostenloses Bahnticket für den öffentlichen Nahverkehr in Bonn!

Oliveto – Ameron Hotel Königshof

Adenauerallee 9 ✉ 53111 – ✆ (0228) 26 01 0 – www.hotel-koenigshof-bonn.de
Rest – Menü 25 € (mittags unter der Woche)/50 € – Karte 38/55 € **B2a**
In dem eleganten Restaurant mit mediterraner Note sitzt man besonders schön an einem der Fenstertische oder auf der Rheinterrasse. Schmackhaft und ambitioniert ist die italienische Küche mit klassischen Elementen.

XX **Le Petit Poisson**

Wilhelmstr. 23a ✉ *53111 – ✆ (0228) 63 38 83 – www.lepetitpoisson.de – geschl. Sonntag - Montag* A1**x**

Rest – *(nur Abendessen)* (Tischbestellung ratsam) Menü 55/70 € – Karte 59/74 €

Herzlich betreut Frau Reinarz ihre Gäste in diesem Restaurant im charmanten französischen Bistrostil. Zur ambitionierten klassischen Küche reicht man eine gute Weinkarte, die so manche Rarität bereithält.

Auf dem Venusberg Süd-West: 4 km über Rabinstraße A2 Richtung Euskirchen

Venusberghotel garni

Haager Weg 83 ✉ *53127 Bonn – ✆ (0228) 91 02 30 – www.venusberghotel.de – geschl. 23. Dezember - 2. Januar*

23 Zim – 121/141 € 151/181 €

Ein individuelles kleines Hotel, das mit hochwertigem modern-elegantem Interieur in klaren Linien sowie persönlicher Gästebetreuung überzeugt. Eine Flasche Wasser steht täglich gratis für Sie im Zimmer.

In Bonn-Beuel Süd-Ost: 5 km über Adenauerallee B2 und die A 562 Richtung Stildorf

Schlosshotel Kommende Ramersdorf

Oberkasseler Str. 10, (Ramersdorf) ✉ *53227 – ✆ (0228) 44 07 34 – www.schlosshotel-kommende-ramersdorf.de – geschl. 20. Dezember - 4. Januar*

18 Zim – 70/90 € 90/110 €

Rest – *(geschl. 27. Dezember - 5. Januar) (nur Abendessen, sonntags auch Mittagessen)* Menü 25/44 € – Karte 30/55 €

Eine Einrichtung mit Stilmöbeln und Antiquitäten erwartet Sie in dem ehemaligen Ritterordensschloss - eine außergewöhnliche und wohnliche Adresse. Bankett- und Tagungsräume. Im Restaurant La Tourelle serviert man französische Küche.

In Bonn-Endenich West: 3 km über Rabinstraße A2 Richtung Euskirchen

XX **Altes Treppchen** mit Zim

Endenicher Str. 308 ✉ *53121 – ✆ (0228) 62 50 04 – www.treppchen.de – geschl. 23. Dezember - 3. Januar, über Karneval, Samstagmittag und Sonntag*

9 Zim – 71/75 € 99/105 € **Rest** – Karte 30/54 €

Freundlich kümmern sich die Brüder Dung in den gemütlich-rustikalen Stuben um ihre Gäste - der eine leitet den Service, der andere bereitet die vorwiegend regionalen Speisen zu.

In Bonn-Bad Godesberg

Maritim Rest,

Godesberger Allee (über Bonner Straße C1, Zufahrt über Kurt-Georg-Kiesinger-Allee 1) ✉ *53175 – ✆ (0228) 8 10 80 – www.maritim.de*

369 Zim – 102/282 € 117/297 €, 18 € – 41 Suiten

Rest *La Marée* – ✆ (0228) 8 10 88 60 *(geschl. Samstag - Sonntag sowie an Feiertagen) (nur Abendessen)* Karte 30/66 €

Im ehemaligen Regierungsviertel gelegenes Hotel mit großzügigem Rahmen. Gläserne Aufzüge bringen Sie in die klassisch-gediegenen Zimmer. Für Golfer: die Rooftop-Driving-Range.

Insel Hotel Rest,

Theaterplatz 5 (Zufahrt über Am Kurpark 3) ✉ *53177 – ✆ (0228) 3 50 00 – www.inselhotel.com* C2**v**

67 Zim – 95/120 € 110/140 € – 2 Suiten

Rest – *(geschl. Sonntagabend und an Feiertagen abends)* Menü 37 € – Karte 19/40 €

Das Hotel im Zentrum verfügt über neuzeitliche Zimmer verschiedener Kategorien, teils mit Blick auf die Godesburg; einige neuere sind eleganter und besonders komfortabel. Modernes Restaurant mit Cocktailbar. Tagsüber hausgemachte Kuchen.

Villa Godesberg garni

Mirbachstr. 2a ✉ 53173 – ✆ (0228) 83 00 60
– www.villa-godesberg.de D1**d**

23 Zim – 110/140 € 140/180 € – 1 Suite

Die schmucke Jugendstilvilla a. d. J. 1905 wurde 2012 um das Gästehaus Villa Mirbach erweitert, und damit um moderne Zimmer, die mit ihren zumeist hohen Decken ganz besonders luftig und angenehm sind! Diese individuelle Adresse hat auch noch einen hübschen kleinen Garten - im Sommer wunderbar zum Frühstücken!

Halbedel's Gasthaus

Rheinallee 47 ✉ 53173 – ✆ (0228) 35 42 53 – www.halbedels-gasthaus.de
– geschl. Juli - August 3 Wochen und Montag D1**h**

Rest – *(nur Abendessen)* (Tischbestellung ratsam) Menü 70 € (vegetarisch)/120 € – Karte 77/102 €

Engagement und Leidenschaft sind hier auch nach Jahren ungebrochen! Man geht mit der Zeit, sowohl bei der geschmackvollen Deko (natürlich spürt man dennoch das historische Flair der Gründerzeitvilla) als auch in der Küche von Rainer-Maria Halbedel (Produkte teils vom eigenen Bauernhof!). Raucherlounge.

➜ Hummer, Kohlrabi, Amalfi-Zitrone, grüner Tee. Saibling, Blumenkohl, Tomate, Pfifferlinge. "Schwarzwälder Kirsch".

XX **Godesburg**

Auf dem Godesberg 5 ✉ 53177 – ☏ (0228) 31 60 71 – www.godesburg-bonn.de – geschl. Montag C1**g**

Rest – Menü 37/65 € – Karte 35/57 €

Einen traumhaften Blick bietet das rundum verglaste Restaurant, das man an die alte Burg über der Stadt angebaut hat. Internationale Küche. Großer Rittersaal für Feierlichkeiten.

XX **Zur Lindenwirtin Aennchen**

Aennchenplatz 2 ✉ 53173 – ☏ (0228) 31 20 51 – www.aennchen.de – geschl. 1. - 3. Januar und Sonntag C1**a**

Rest – *(nur Abendessen)* Menü 34/49 € – Karte 36/52 €

Wo einst Wirtin Aennchen Schumacher als "Studentenmutter" bekannt wurde, erlebt man charmant-nostalgisches Flair. Salon für Veranstaltungen im schönen Kellergewölbe.

X **Redüttchen in der La Redoute** N

Kurfürstenallee 1 ✉ 53177 – ☏ (0228) 68 89 88 40 – www.reduettchen.de – geschl. August 2 Wochen und Montag C2**r**

Rest – *(nur Abendessen, sonntags auch Mittagessen)* Menü 40 € (abends)/70 € – Karte 33/56 €

Der als stilvolle Veranstaltungsadresse bekannte Barockbau "La Redoute" (wirklich sehenswert die historischen Salons!) hat in seinem Nebengebäude ein schönes Restaurant über zwei Etagen: gemütlich, warm, freundlich... Hier speist man "fürstlich" oder "klassisch".

In Bonn-Kessenich Süd: 5 km über Adenauerallee B2 und Reuterstraße, dann links ab – Höhe 500 m

XX **Ristorante Sassella** 

Karthäuserplatz 21 (über Hausdorffstraße AX, Pützstraße rechts ab) ✉ 53129 – ☏ (0228) 53 08 15 – www.ristorante-sassella.de – geschl. Montag, Samstagmittag, Sonntagabend

Rest – Menü 15 € (mittags) – Karte 36/50 €

Holz und Naturstein unterstreichen das Landhausambiente in diesem italienischen Restaurant. Im Winter sitzt man schön am offenen Kamin. Im Hof: die Terrasse unter Kastanien.

In Bonn-Oberkassel Süd-Ost: 4,5 km über Adenauerallee B2 und die A 562

Kameha Grand

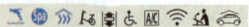

Am Bonner Bogen 1 ✉ 53227 – ☏ (0228) 43 34 50 00 – www.kamehagrand.com

250 Zim – †185/285 € ††185/285 €, ☕ 32 € – 3 Suiten – ½ P

Rest *Brasserie Next Level* Rest *Yu Sushi Club* – siehe Restaurantauswahl

Direkt am Rhein steht der beeindruckende Bau mit seiner glasbetonten Architektur und dem außergewöhnlichen Design von Marcel Wanders. Themensuiten sowie King-, Queen- und Royal Suite.

XXX **Brasserie Next Level** – Hotel Kameha Grand

Am Bonner Bogen 1 ✉ 53227 – ☏ (0228) 43 34 50 00 – www.kamehagrand.com – geschl. Dienstag - Mittwoch

Rest – Menü 47 € – Karte 40/77 €

Wie eine Szenerie aus einem "James Bond"-Film: riesige weiße Murano-Lüster, opulente schwarze Vorhänge, schwarze Lederstühle, großblumig bezogene Bänke dazu weiß-lackierte Tische - stylischer geht es kaum!

XX **Yu Sushi Club** – Hotel Kameha Grand

Am Bonner Bogen 1 ✉ 53227 – ☏ (0228) 43 34 50 00 – www.kamehagrand.com – geschl. Juli - August 3 Wochen und Sonntag - Montag

Rest – *(nur Abendessen)* Menü 59/129 € – Karte 57/76 €

"Hipp" und zugleich luxuriös-elegant präsentiert sich das tolle Penthouse-Restaurant mit fantastischem Rheinblick. Das kulinarische Angebot der beiden Sushi-Meister: kreative Interpretationen asiatischer Gerichte!

BONNDORF – Baden-Württemberg – 545 – 6 820 Ew – Höhe 845 m – Luftkurort
62 E21

Berlin 773 – Stuttgart 151 – Freiburg im Breisgau 55 – Donaueschingen 25

Martinstr. 5, ✉ 79848, ✆ (07703) 76 07, www.bonndorf.de

Möhringers Schwarzwaldhotel

Rothausstr. 7 ✉ 79848 – ✆ (07703) 9 32 10 – www.schwarzwaldhotel.com

69 Zim – †75/140 € ††135/270 € – 1 Suite

Rest – Menü 32/58 € – Karte 20/61 €

Bei Familie Möhringer wird ständig verbessert und erneuert! So hat man für die Gäste vier Zimmerkategorien (am komfortabelsten sind die Superior-Zimmer und die Juniorsuiten!), dazu ein vielfältiges Spa-Angebot und ein rustikales A-la-carte-Restaurant mit regionaler Küche.

Sommerau

Sommerau 1 (Im Steinatal - West: 9 km, Richtung Grafenhausen, nach Steinasäge rechts ab) ✉ 79848 – ✆ (07703) 6 70 – www.sommerau.de – geschl. März 3 Wochen

13 Zim – †75/85 € ††110/130 € – ½ P

Rest *Sommerau* – siehe Restaurantauswahl

Bei so viel Ruhe und purer Idylle (ringsum nur Wiesen und Wald) verzichtet man gerne auf TV und Handy! Stattdessen ist Erholung angesagt: gemütliche Zimmer, ein hübsches Saunahaus, der Badeteich mit Quellwasser... Das ökologische Konzept des Holzhauses passt da perfekt ins Bild!

Sommerau – Hotel Sommerau

Sommerau 1 (Im Steinatal - West: 9 km, Richtung Grafenhausen, nach Steinasäge rechts ab) ✉ 79848 – ✆ (07703) 6 70 – www.sommerau.de – geschl. März 3 Wochen und Montag - Dienstag

Rest – Menü 34/63 € – Karte 33/52 €

In der Küche des Gasthofs weht ein frischer Wind, denn Patron Karl-Thomas Hegar wird nun von seinem Sohn Wolfram und dessen Lebensgefährtin unterstützt! Das schmackhafte Ergebnis dieser Teamarbeit zeigt sich z. B. als Sauerbraten vom Damhirsch oder als mediterrane Kutteln.

BOPPARD – Rheinland-Pfalz – 543 – 15 620 Ew – Höhe 67 m
46 D14

Berlin 612 – Mainz 89 – Koblenz 21 – Bingen 42

Marktplatz, ✉ 56154, ✆ (06742) 38 88, www.boppard-tourismus.de

Boppard, Im Tal der Loreley, ✆ (06742) 80 84 91

Bellevue Rheinhotel

Rheinallee 41 ✉ 56154 – ✆ (06742) 10 20 – www.bellevue-boppard.de – geschl. 6. Januar - 23. Januar, 28. Juli - 13. August

92 Zim – †64/130 € ††94/170 €, 11 € – 1 Suite – ½ P

Rest *Le Chopin* Rest *Bristol* – siehe Restaurantauswahl

Das Jugendstilhotel von 1887 ist eine schöne klassische Adresse mit langer Familientradition. Die Zimmer bieten teilweise Flussblick. Hübsch ist der alte Treppenaufgang im Haus.

Le Chopin – Bellevue Rheinhotel

Rheinallee 41 ✉ 56154 – ✆ (06742) 10 20 – www.bellevue-boppard.de – geschl. 6. - 23. Januar, 28. Juli - 13. August und Dienstag - Mittwoch

Rest – *(nur Abendessen)* Menü 43/69 € – Karte 48/65 €

Stilvoll-elegant präsentiert sich dieses Restaurant. Bei gehobener Tischkultur nimmt man klassische Speisen zu sich und genießt die Aussicht auf den Rhein.

Bristol – Bellevue Rheinhotel

Rheinallee 41 ✉ 56154 – ✆ (06742) 10 20 – www.bellevue-boppard.de – geschl. 6. Januar - 23. Januar, 28. Juli - 13. August

Rest – Menü 22/29 € – Karte 21/45 €

Ein Plätzchen mit Geschichte: Das alte Grammofon und die Möbel könnten so manches aus ihrer Epoche, der Gründerzeit, erzählen. Diesem Stil wurden Vorhänge und Leuchter angepasst.

In Boppard-Weiler Süd: 6,5 km über Buchenau

Landgasthof Eiserner Ritter Rest,

Zur Peterskirche 10 ✉ 56154 – ✆ (06742) 9 30 00 – www.eiserner-ritter.de – geschl. 3. Februar - 14. März, Oktober 2 Wochen

13 Zim – 🚹50/69 € 🚹🚹70/108 € – ½ P

Rest – *(geschl. Mittwoch)* Menü 20/39 € – Karte 19/46 €

Hier wohnt man in einem soliden und gepflegten Familienbetrieb. Die Gästezimmer sind teilweise mit Balkon ausgestattet, einige bieten auch eine gute Sicht ins Rheintal. Das Angebot im Restaurant ist bürgerlich-regional ausgerichtet.

In Boppard-Buchholz West: 6,5 km, jenseits der A 61 – Höhe 406 m

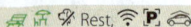

Tannenheim Rest,

Bahnhof Buchholz 3 (B 327) ✉ 56154 – ✆ (06742) 22 81 – www.hotel-tannenheim.de – geschl. 23. Dezember - 3. Januar

12 Zim – 🚹52/75 € 🚹🚹82/105 € **Rest** – Menü 19 € (mittags) – Karte 29/50 €

In dem seit 1908 als Familienbetrieb geführten Hotel stehen für Sie freundliche und wohnlich gestaltete Gästezimmer bereit. Im ländlich-rustikalen Restaurant kocht der Junior eine frische bürgerlich-regionale Küche.

In Boppard-Bad Salzig Süd: 3 km über B 9, Richtung St. Goar – Mineralheilbad

Park Hotel

Römerstr. 38, (am Kurpark) ✉ 56154 – ✆ (06742) 9 39 30 – www.park-villa.de – geschl. 15. Dezember - 1. Februar

15 Zim – 🚹69/125 € 🚹🚹99/160 € – 3 Suiten – ½ P

Rest – *(geschl. 15. Dezember - 1. März und Sonntag - Montag nur kleine Karte) (nur Abendessen)* Menü 30/50 € – Karte 26/46 €

Schöne Holzbalkone zieren das 1907/1908 erbaute Hotel in ruhiger Lage, drinnen ist es nicht weniger ansprechend: Die individuellen Themenzimmer sind teils recht klein, aber aufwändig eingerichtet und - wie alle Bereiche im Haus - mit Lüftlmalereien geschmückt. Wintergartenrestaurant mit reizvoller Terrasse.

BORCHEN – Nordrhein-Westfalen – siehe Paderborn

BORKEN – Nordrhein-Westfalen – 543 – 40 970 Ew – Höhe 50 m 26 C10

Berlin 537 – Düsseldorf 83 – Bocholt 18 – Enschede 57

Marktpassage 3, ✉ 46325, ✆ (02861) 93 92 52, www.borken.de

Lindenhof

Raesfelder Str. 2 ✉ 46325 – ✆ (02861) 92 50 – www.lindenhof-borken.de – geschl. 22. - 28. Dezember

57 Zim – 🚹64/74 € 🚹🚹88/109 €

Rest – Karte 22/45 €

Rest *Kleine Linde* – *(nur Abendessen, sonntags auch Mittagessen)* Karte 17/30 €

Ein Businesshotel in zentraler Lage mit funktionellen, unterschiedlich geschnittenen und eingerichteten Zimmern sowie guten Tagungsmöglichkeiten. Angenehm hell und neuzeitlich: Wintergartenrestaurant mit internationaler Küche. Freundlich ist auch die Kleine Linde.

BORKUM (INSEL) Niedersachsen – 541 – 5 160 Ew – Höhe 2 m – Größte Insel der Ostfriesischen Inselgruppe – Nordseeheilbad 7 C5

Berlin 523 – Hannover 253 – Emden 50

von Emden-Außenhafen (ca. 2h 30min.) - Katamaran (ca. 60 Min.) Voranmeldung erforderlich, ✆ (01805) 18 01 82

Am Georg-Schütte-Platz 5, ✉ 26757, ✆ (04922) 93 30, www.borkum.de

Strandhotel Hohenzollern 

Jann-Berghaus-Str. 63 ✉ 26757 – ✆ (04922) 9 23 30 – www.strandhotel-hohenzollern.com

10 Zim – 🚹90/150 € 🚹🚹120/180 € – 12 Suiten – ½ P

Rest *Palée* – *(nur Abendessen)* Menü 25/34 € – Karte 23/47 €

An der Promenade liegt das Haus von 1895 - die Fassade sowie Säulen im Inneren sind original. Zimmer mit neuzeitlicher Einrichtung und gutem Komfort, teils zur Seeseite. Das mediterran gestaltete Palée ist offen zur Lobby hin und bietet Meerblick.

 **Strandhotel Ostfriesenhof** 

Jann-Berghaus Str. 23 ✉ 26757 – ✆ (04922) 70 70 – www.ostfriesenhof.de – geschl. Januar

20 Zim ☕ – 🚹90/140 € 🚹🚹100/175 € – ½ P

Rest – *(nur Abendessen)* Menü 35/45 € – Karte 17/42 €

Die Lage direkt an der Strandpromenade und hübsche, teilweise zum Meer hin gelegene Gästezimmer sprechen für dieses historische Haus. Restaurant mit klassischem Ambiente und großer Fensterfront zur See.

BORNHEIM – Rheinland-Pfalz – 543 – 1 430 Ew – Höhe 139 m

54 E17

Berlin 676 – Mainz 105 – Neustadt an der Weinstraße 19 – Saarbrücken 111

Zur Weinlaube - Villa Toskana garni (mit Gästehaus) 

Wiesenstr. 31 ✉ 76879 – ✆ (06348) 15 84 – www.pension-zur-weinlaube.de

30 Zim ☕ – 🚹50/75 € 🚹🚹80/120 € – 1 Suite

Schön wohnt man hier, ruhig und eingerahmt von Reben - entweder in den etwas einfacheren Zimmern der Weinlaube oder in den geschmackvollen Zimmern der Villa, die ihren Beinamen Toskana nicht umsonst trägt. Aber nicht nur das Ambiente stimmt, auch das gute Frühstück und das persönliche Enagagement der Familie Somerauer kommen gut an!

BOSAU – Schleswig-Holstein – 541 – 3 420 Ew – Höhe 25 m – Luftkurort

10 J4

Berlin 315 – Kiel 45 – Lübeck 37 – Eutin 16

Bischof-Vicelin-Damm 11, ✉ 23715, ✆ (04527) 9 70 44, www.holsteinischeschweiz.de

Thürk, Bergstr. 3, ✆ (04527) 18 42

Bösdorf, Gut Waldshagen, ✆ (04522) 76 67 66

Strauers Hotel am See 

Gerold Damm 2 ✉ 23715 – ✆ (04527) 99 40 – www.strauer.de – geschl. Januar - Februar

28 Zim ☕ – 🚹68/88 € 🚹🚹118/156 € – 8 Suiten – ½ P

Rest – *(geschl. März - Mai: Montag)* Menü 22/48 € – Karte 20/72 €

So richtig abschalten vom Alltag: gleich vor der Tür der Plöner See, zu dem man direkt von der Liegewiese über den eigenen Badesteg Zugang hat! Aber auch schöne Zimmer, wohltuende Massagen und ein gemütliches Essen auf der Seeterrasse sorgen für Erholung.

BOTTROP – Nordrhein-Westfalen – 543 – 116 370 Ew – Höhe 55 m

26 C11

Berlin 530 – Düsseldorf 44 – Essen 11 – Oberhausen 8

ADAC Schützenstr. 3

Osterfelder Str. 13, ✉ 46236, ✆ (02041) 76 69 50, www.bottrop.de

Bottrop-Kirchhellen, Gahlener Str. 44, ✆ (02045) 8 24 88

Movie Park Germany★, Nord-West: 9 km

Rhein-Ruhr garni

Essener Str. 140 ✉ 46242 – ✆ (02041) 77 98 60 – www.hotel-rhein-ruhr.de – geschl. 24. - 27. Dezember

46 Zim – 🚹69/129 € 🚹🚹79/169 €, ☕ 14 € – 2 Suiten

Das Hotel im Südringcenter gegenüber dem Hauptbahnhof verfügt über freundlich und modern eingerichtete Zimmer. Für Gäste ist das Fitnesscenter nebenan kostenlos.

Bahnhof Nord 

Am Vorthbach 10 ✉ 46240 – ✆ (02041) 98 89 44 – www.bahnhofnord.de – geschl. Montag - Dienstag

Rest – *(nur Abendessen)* (Tischbestellung ratsam) Menü 30/55 € – Karte 28/60 €

Schon von außen ist das sanierte historische Bahnhofsgebäude ansprechend, drinnen nicht weniger: chic und stimmig der moderne Landhausstil, hochwertig die Einrichtung, ausgesprochen dekorativ die zahlreichen Accessoires. Doch nicht nur das schöne Ambiente sticht ins Auge, auffallend auch der sehr freundliche und überaus aufmerksame Service! Die Küche ist mediterran inspiriert.

BRACKENHEIM – Baden-Württemberg – 545 – 15 190 Ew – Höhe 192 m 55 G17

Berlin 604 – Stuttgart 41 – Heilbronn 15 – Karlsruhe 58

Heilbronner Str. 36, ✉ 74336, (07135) 93 35 25, www.neckar-zaber-tourismus.de

In Brackenheim-Botenheim Süd: 1,5 km

Adler

Hindenburgstr. 4 ✉ 74336 – (07135) 9 81 10 – www.adlerbotenheim.de – geschl. 5. - 26. August

15 Zim – 65/80 € 100/120 €

Rest ***Adler*** – siehe Restaurantauswahl

In dem Gasthaus a. d. 18. Jh. steckt jede Menge Herzblut - und zwar das von Familie Rembold, die hier schon seit einigen Jahrzehnten mit Engagement bei der Sache ist! Entsprechend gut ist auch das Frühstück. Die Zimmer sind sehr individuell geschnitten und zeitgemäß-funktional.

Adler – Hotel Adler

Hindenburgstr. 4 ✉ 74336 – (07135) 9 81 10 – www.adlerbotenheim.de – geschl. 5. - 26. August und Dienstag

Rest – Menü 30/47 € – Karte 32/48 €

Sofern Sie nicht sowieso schon Stammgast in den ländlich-gemütlichen Stuben des Adlers sind, könnten Sie es nach einem schmackhaften Gericht wie dem geschmorten Rehschäufele durchaus werden! Gekocht wird regional, aber auch international.

BRAKE Niedersachsen – 541 – 15 530 Ew – Höhe 2 m 8 F6

Berlin 463 – Hannover 196 – Oldenburg 35 – Bremen 59

Ambiente garni

Hinrich-Schnitger-Str. 6 ✉ 26919 – (04401) 79 80 20 – www.hotel-ambiente-brake.de

4 Zim – 64 € 89 € – 2 Suiten

In dem ehemaligen Kapitänshaus von 1912 kümmert sich die Inhaberfamilie herzlich um ihre Gäste. Die Zimmer sind klassisch-gediegen und mit norddeutschem Charme eingerichtet.

BRAMSCHE – Niedersachsen – 541 – 31 000 Ew – Höhe 48 m 17 E8

Berlin 440 – Hannover 167 – Bielefeld 81 – Lingen 56

Idingshof Rest,

Bührener Esch 1 (Ecke Malgartener Straße) ✉ 49565 – (05461) 88 90 – www.idingshof.de

73 Zim – 70/110 € 90/150 € – ½ P **Rest** – Karte 17/47 €

Auf dem ehemaligen Gutshof a. d. 15. Jh. können Sie sich u. a. beim Squash auspowern, im Garten entspannen oder Sie gehen ins Hase Bad gegenüber (Eintritt ist frei). In den Zimmern W-Lan gratis. Im Restaurant bietet man jeden 1. Sonntag im Monat Brunch.

In Bramsche-Hesepe Nord: 2,5 km

Surendorff

Dinglingsweg 1 (an der Kreisstraße nach Hesepe) ✉ 49565 – (05461) 9 30 20 – www.surendorff.de

33 Zim – 72/98 € 95/140 € – ½ P **Rest** – Menü 30 € – Karte 23/55 €

Wochenendgäste starten von hier zu einer Radtour oder besuchen das Tuchmacher Museum. W-Lan nutzt man kostenlos. Die neueren Zimmer im Haupthaus sind modern-elegant. Restaurant mit Kaminzimmer, Wintergarten und Terrasse.

BRANDENBURG an der HAVEL – Brandenburg – 542 – 71 540 Ew – Höhe 32 m 22 N8

Berlin 84 – Cottbus 178 – Dessau 82 – Magdeburg 83

ADAC Katharinenkirchplatz 11

Neustädtischer Markt 3, ✉ 14776, (03381) 79 63 60, www.ausflugsziele-brandenburg.de

Dom St. Peter und Paul★ · Katharinenkirche★

Kloster Lehnin★, Süd-Ost: 28 km

Havelfloß garni

Altstädtische Fischerstr. 2 ✉ 14770 – ✆ (03381) 26 90 22 – www.pension-havelfloss.de

9 Zim – 60/75 € 80 €

Direkt an der Havel gelegenes Haus mit hochwertig in modernem Stil eingerichteten Zimmern und lichtem Frühstücksraum, zu dem eine hübsche Terrasse am Fluss gehört. Besonderheit: Man vermietet einige Flöße an die Gäste.

Am Humboldthain

Plauer Str. 1 ✉ 14770 – ✆ (03381) 33 47 67 – www.am-humboldthain.de – geschl. Januar - 11. Februar und Montag - Dienstag

Rest – *(nur Abendessen, sonntags auch Mittagessen)* Menü 29/46 € – Karte 26/39 €

Hier hat man ein klassisches Stadthaus im Zentrum schön saniert und mit Geschmack in elegantem Stil eingerichtet. Das Restaurant bietet internationale Speisen an.

Inspektorenhaus

Altstädtischer Markt 9 ✉ 14770 – ✆ (03381) 32 74 74 – www.inspektorenhaus.de – geschl. 9. - 29. Juni und Sonntag

Rest – Menü 34 € – Karte 31/43 €

Sie mögen schmackhafte und unkomplizierte Küche? Dann probieren Sie z. B. die "Branderburger Landente mit Spargelravioli", die Michael Zemlin in dem charmanten kleinen Restaurant im Herzen der Stadt für Sie kocht. Der Name des Hauses geht übrigens auf den Marktinspektor zurück, der hier seinen Wohnsitz hatte (nicht etwa auf die MICHELIN-Inspektoren, wie man vielleicht meinen könnte). Im Sommer sitzt man natürlich draußen im Hofgarten.

BRANNENBURG – Bayern – 546 – 5 810 Ew – Höhe 509 m – Wintersport: 1 720 m 2 – Luftkurort

66 N21

Berlin 660 – München 72 – Bad Reichenhall 83 – Rosenheim 17

Rosenheimer Str. 5, ✉ 83098, ✆ (08034) 45 15, www.brannenburg.de

Wendelstein★★ (✳★★) mit Zahnradbahn, 25 Min.

Schlosswirt

Kirchplatz 1 ✉ 83098 – ✆ (08034) 7 07 10 – www.schlosswirt.de

16 Zim – 55/65 € 88/95 € – ½ P

Rest – *(geschl. Anfang März 1 Woche und Mittwoch)* Karte 16/38 €

Inzwischen ist Stephanie Schmidt hier Chefin - sie hat das jahrhundertealte Gasthaus von ihrer Mutter übernommen und leitet es nun in 4. Generation. Darf's ein bisschen was Geschichtliches sein? Die Zimmer (freundlich renoviert, teils auch noch etwas älter) tragen Namen von Künstlern, die das Haus im 19. Jh. als Treffpunkt nutzten. So hat man neben der traditionellen Gaststube (hier fühlen sich auch Einheimische wohl) ein heimeliges "Künstlerstüberl". Und draußen lockt der lauschige Biergarten unter Linden.

BRAUBACH – Rheinland-Pfalz – 543 – 3 020 Ew – Höhe 65 m

36 D14

Berlin 600 – Mainz 87 – Koblenz 13

Rathausstr. 8, ✉ 56338, ✆ (02627) 97 60 01, www.braubach.de

Marksburg★(★★) , Süd: 2 km

Zum weißen Schwanen (mit Gästehäusern)

Brunnenstr. 4 ✉ 56338 – ✆ (02627) 98 20 – www.zum-weissen-schwanen.de

23 Zim – 55/85 € 85/150 € – 4 Suiten – ½ P

Rest – *(geschl. Januar, Anfang August 2 Wochen und Mittwoch) (Montag - Samstag nur Abendessen)* (Tischbestellung ratsam) Menü 35/65 € – Karte 28/58 €

Eine charmante Adresse mit individuellen Zimmern in mehreren Gebäuden - darunter schöne zeitgemäß-wohnliche Appartements mit Küchenzeile. Besonderheit: Kunst von Karl Heidelbach. Sehr gemütlich ist das rustikale Restaurant, reizvoll die Terrasse im Innenhof.

BRAUNEBERG – Rheinland-Pfalz – 543 – 1 210 Ew – Höhe 120 m 45 C15

Berlin 683 – Mainz 123 – Trier 47 – Bernkastel-Kues 10

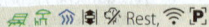

Brauneberger Hof

Rest,

Moselweinstr. 136 (B 53) ✉ 54472 – ✆ (06534) 14 00 – www.braunebergerhof.de – geschl. 12. Januar - 13. Februar

17 Zim – †70/95 € ††100/130 € – 1 Suite – ½ P

Rest – *(geschl. Donnerstag) (nur Abendessen)* Menü 24/95 € – Karte 26/55 €

Der nette kleine Familienbetrieb bietet wohnlich-gediegene Zimmer (teils mit Balkon), die sich auf das alte Fachwerkhaus und den Anbau verteilen. Gemütlich sitzt man in den hübschen Restaurantstuben mit rustikaler Note. Spezialität sind hauseigene Rieslingweine.

BRAUNFELS – Hessen – 543 – 10 840 Ew – Höhe 236 m – Luftkurort 37 F13

Berlin 518 – Wiesbaden 84 – Frankfurt am Main 77 – Gießen 28

Am Kurpark 11, ✉ 35619, ✆ (06442) 9 34 4 11, www.braunfels.de

Braunfels, Homburger Hof, ✆ (06442) 45 30

Schloss-Hotel

Rest,

Hubertusstr. 2 ✉ 35619 – ✆ (06442) 30 50 – www.schloss-hotel-braunfels.de – geschl. über Weihnachten - Anfang Januar (Hotel)

30 Zim – †60/78 € ††88/150 €

Rest – *(geschl. Mittwoch) (Montag - Samstag nur Abendessen)* Menü 25 € – Karte 27/48 €

Mitten im historischen Kern des Städtchens befindet sich das schlossähnliche Traditionshaus mit schönem Garten. Fragen Sie nach den besonders attraktiven Turmzimmern.

Geranio

Am Kurpark 2 ✉ 35619 – ✆ (06442) 93 19 90 – www.ristorante-geranio.de – geschl. 1. - 10. Januar, Mitte Juli - Mitte August und Dienstag

Rest – Menü 25 € (mittags unter der Woche)/79 € – Karte 36/65 €

Am Marktplatz unterhalb der Burg leiten die Geschwister Geranio das freundliche Restaurant in dem über 300 Jahre alten Fachwerkhaus. Küche und Weinkarte sind italienisch geprägt.

BRAUNLAGE – Niedersachsen – 541 – 4 790 Ew – Höhe 560 m – Wintersport: 950 m 1 8 – Heilklimatischer Kurort 30 J10

Berlin 252 – Hannover 119 – Braunschweig 69 – Göttingen 67

Elbingeröder Str. 17, ✉ 38700, ✆ (05520) 9 30 70, www.braunlage.de

Kirchstr. 15 a, ✉ 38700, ✆ (05583) 2 41, www.hohegeiss.de

St. Andreasberg: Silberbergwerk Samson★, Süd-West: 12 km

Residenz Hohenzollern

Dr.-Barner-Str. 11 ✉ 38700 – ✆ (05520) 9 32 10 – www.residenz-hohenzollern.de

11 Zim – †85/140 € ††110/190 € – 14 Suiten – ½ P

Rest *Victoria-Luise* – siehe Restaurantauswahl

Ein schönes und gut geführtes Hotel, das oberhalb des Ortes liegt. Die Zimmer sind wohnlich-elegant eingerichtet, die Suiten (mit Küchenzeile) bieten eine herrliche Aussicht. Restaurant mit mediterraner Note, dazu eine hübsche Terrasse.

Zur Tanne

Rest,

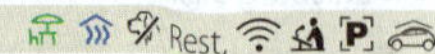

Herzog-Wilhelm-Str. 8 ✉ 38700 – ✆ (05520) 9 31 20 – www.tanne-braunlage.de – geschl. November

18 Zim – †52/99 € ††80/149 € – 3 Suiten – ½ P

Rest *Gourmetrestaurant* – siehe Restaurantauswahl

Rest *Bierstube* – *(geschl. Montag, außer an Feiertagen) (nur Mittagessen)* Menü 21 € – Karte 21/29 €

Der Familienbetrieb mitten im Zentrum ist ein erweitertes historisches Haus mit wohnlichen Zimmern, die im sogenannten Bachhaus besonders neuzeitlich sind. Rustikal ist das Ambiente in der Bierstube.

XX **Gourmetrestaurant** – Hotel Zur Tanne

Herzog-Wilhelm-Str. 8 ✉ 38700 – ✆ (05520) 9 31 20 – www.tanne-braunlage.de – geschl. November und Montag, außer an Feiertagen

Rest – *(nur Abendessen)* (Tischbestellung ratsam) Menü 35/59 € – Karte 40/73 €

Das elegante Restaurant befindet sich im Stammhaus mit schöner Holzfassade. Die Küche ist zeitgemäß-international ausgelegt und wird auch in der Bierstube serviert. Gute Weinkarte.

XX **Victoria-Luise** – Hotel Residenz Hohenzollern

Dr.-Barner-Str. 11 ✉ 38700 – ✆ (05520) 9 32 10 – www.residenz-hohenzollern.de – geschl. Montag

Rest – *(Dienstag - Freitag nur Abendessen)* Menü 28/65 € – Karte 24/49 €

Mediterrane Einflüsse bestimmen den Stil der Einrichtung. Als verbindende Elemente dienen immer Motive in Rot- und Gelbgoldtönen. Die Küche ist international.

In Braunlage-Hohegeiß Süd-Ost: 12 km über B 4 Richtung Nordhausen – Höhe 642 m – Heilklimatischer Kurort

Vitalhotel Sonneneck

Hindenburgstr. 24 ✉ 38700 – ✆ (05583) 9 48 00 – www.vitalhotel-sonneneck.de

9 Zim – 49/79 € 79/129 € – 9 Suiten – ½ P

Rest – *(nur Abendessen für Hausgäste)* Karte 16/34 €

Diese familiär geleitete Ferienadresse liegt schön am Ortsrand und bietet zeitgemäße Zimmer, ein Hallenbad mit Blick auf die Harzer Berge und auch eine kleine Kosmetikabteilung. Sie mögen es rustikal? Dann essen Sie doch mal in der netten "Sonneneck Alm" auf der Wiese beim Hotel.

Rust

Am Brande 5 ✉ 38700 – ✆ (05583) 8 31 – www.hotelrust-harz.de

22 Zim – 49/95 € 90/120 € – 2 Suiten – ½ P

Rest – *(nur Abendessen für Hausgäste)* Menü 15 € – Karte 21/44 €

Das regionstypische Haus in ruhiger Lage ist ein solider Familienbetrieb mit gepflegten Zimmern - im Gästehaus stehen auch einige Appartements zur Verfügung. Bürgerliches Speisenangebot im Restaurant.

BRAUNSCHWEIG – Niedersachsen – 541 – 250 560 Ew – Höhe 74 m — 30 J9

Berlin 228 – Hannover 66 – Magdeburg 92

Lilienthalplatz 5 (über Hans-Sommer-Straße D1: 9 km), ✆ (0531) 35 44 00

ADAC Lange Str. 63

Vor der Burg 1, ✉ 38100, ✆ (0531) 4 70 20 40, www.braunschweig.de

Braunschweig, Schwartzkopffstr. 10, ✆ (0531) 26 42 40

Stadtpläne siehe nächste Seiten

pentahotel

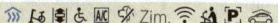

Auguststr. 6 ✉ 38100 – ✆ (0531) 4 81 40 – www.pentahotels.com C2**w**

139 Zim – 199 € 199 €, 17 € **Rest** – Karte 23/57 €

Der trendige Style hier spricht den jungen (und junggebliebenen) Businessgast an! Wer es etwas ruhiger mag, bucht am besten ein Zimmer zum Hof hin. Gerne halten sich die Gäste in der gemütlich-modernen Lounge mit Bar auf - hier kann man auch Kleinigkeiten zu essen bestellen.

Wartburg garni

Rennelbergstr. 12 ✉ 38114 – ✆ (0531) 59 01 70 – www.hotelwartburg.de

20 Zim – 68/168 € 89/198 € B1**z**

Die Gäste kommen gerne zu Familie Rösel, die das kleine Hotel mit den funktionellen Zimmern schon in der 3. Generation leitet. Ein Grund ist die günstige Lage: Die Autobahn ist gut erreichbar und in die Innenstadt ist es nur ein kurzer Spaziergang. Fragen Sie nach den Zimmern mit großen Tageslichtbädern.

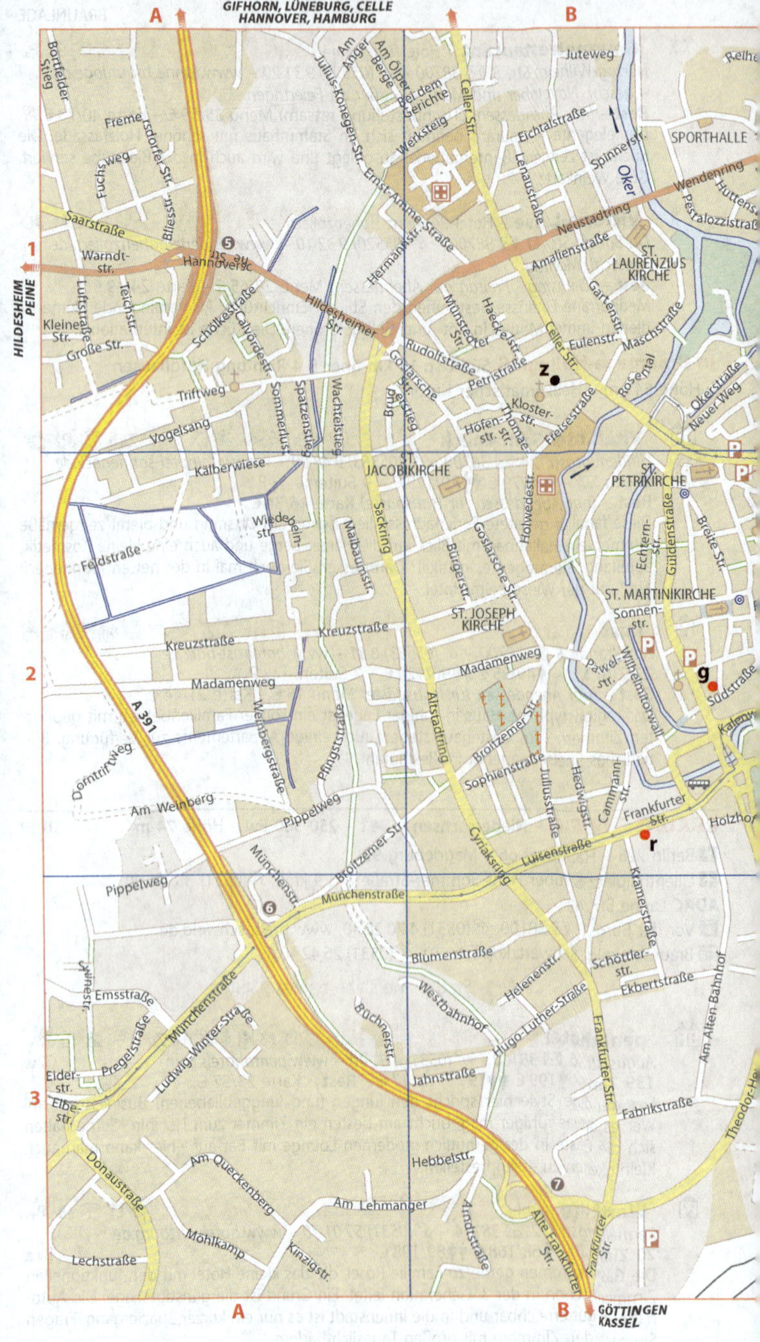
GIFHORN, LÜNEBURG, CELLE
HANNOVER, HAMBURG
HILDESHEIM
PEINE
GÖTTINGEN
KASSEL
A
B
1
2
3
Saarstraße
Hannoversche Str.
Hildesheimer Str.
Neustadtring
Wendenring
Celler Str.
Oker
SPORTHALLE
ST. LAURENZIUS KIRCHE
JACOBIKIRCHE
PETRIKIRCHE
ST. MARTINIKIRCHE
ST. JOSEPH KIRCHE
Sackring
Altstadtring
Cyriaksring
Kreuzstraße
Madamenweg
Feldstraße
Pippelweg
Münchenstraße
A 391
Frankfurter Str.
Luisenstraße
Südstraße
Güldenstraße
Juliusstraße
Broitzemer Str.
Westbahnhof
Am Lehmanger
Donaustraße
Lechstraße
Alte Frankfurter Str.

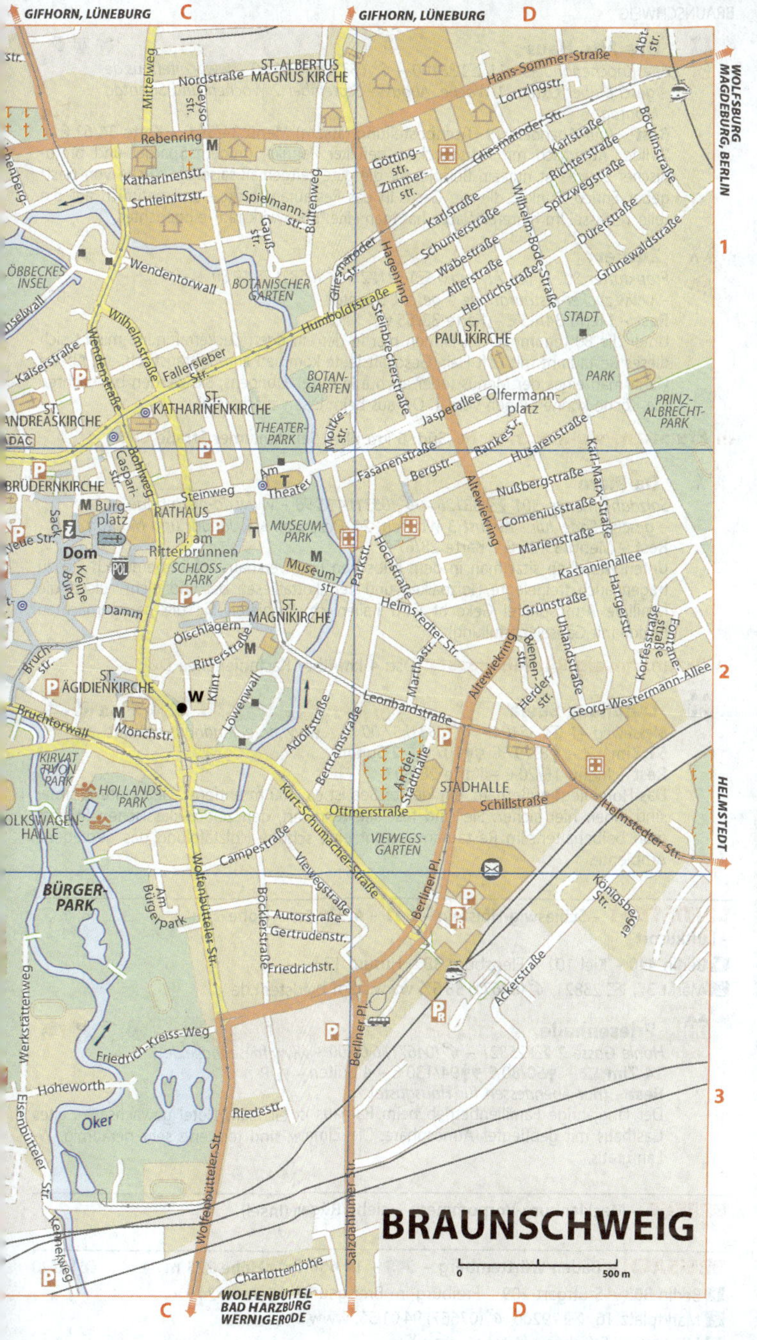
GIFHORN, LÜNEBURG
C
GIFHORN, LÜNEBURG
D
WOLFSBURG
MAGDEBURG, BERLIN
HELMSTEDT
WOLFENBÜTTEL
BAD HARZBURG
WERNIGERODE
1
2
3
ST. ALBERTUS MAGNUS KIRCHE
ST. PAULIKIRCHE
ST. KATHARINENKIRCHE
ST. ANDREASKIRCHE
BRÜDERNKIRCHE
RATHAUS
Dom
ST. MAGNIKIRCHE
ST. ÄGIDIENKIRCHE
STADHALLE
BOTANISCHER GARTEN
THEATER-PARK
MUSEUM-PARK
SCHLOSS-PARK
STADT PARK
PRINZ-ALBRECHT-PARK
HOLLANDS-PARK
VIEWEGS-GARTEN
BÜRGER-PARK
ÖBBECKES INSEL
Oker
BRAUNSCHWEIG
0
500 m

Das Alte Haus

Alte Knochenhauerstr.11 ✉ 38100 – ✆ (0531) 6 18 01 00 – www.altehaus.de – geschl. über Ostern 1 Woche, August - September 2 Wochen und Sonntag - Montag B2**g**

Rest – *(nur Abendessen)* (Tischbestellung ratsam) Menü 34/59 € – Karte 34/61 €
"Wilder Adlerfisch mit Artischocken, gefüllter Paprika, grünem Spargel und bretonischer Sauce" ist nur ein Beispiel für die gute zeitgemäß-saisonale Küche von Gastgeber Enrico Dunkel, die die Gäste in das Restaurant lockt - und natürlich auf die tolle Terrasse! Im hinteren Raum hat man eine "Kochwerkstatt" eingerichtet.

Zucker

Frankfurter Str. 2, (im ARTmax) ✉ 38122 – ✆ (0531) 28 19 80 – www.zucker-restaurant.de – geschl. Sonntag B2**r**

Rest – Menü 34/65 € – Karte 33/55 €
Unter die 80 renommierten Firmen hier in der einstigen Zuckerraffinerie mischt sich dieses Restaurant mit Loft-Flair. Geschäftsleute kommen zum Mittagstisch, am Abend wählt man eines der Menüs (oder auch à la carte). Übrigens, Sie werden beobachtet: Die Köche können Ihnen vom 1. OG aus beim Essen zuschauen!

In Braunschweig-Mascherode Süd: 6 km über Salzdahlumer Straße CD3

Da Piero

Salzdahlumerstr. 301 ✉ 38126 – ✆ (0531) 4 35 98 – www.da-piero-bs.de – geschl. Ende Juli - August 3 Wochen, 24. Dezember - 5. Januar und Montag

Rest – Menü 35/55 € – Karte 28/67 €
Unten wie oben sitzt man in dem hübschen Fachwerkhaus schön gemütlich - dazu tragen auch freigelegte Holzbalken und Terrakottafliesen bei und nicht zuletzt die familiäre Atmosphäre! Gekocht wird italienisch: Probieren Sie die hausgemachten Ravioli mit Gänseleberfüllung!

In Braunschweig-Riddagshausen Ost: 4 km über Kastanienallee D2

Landhaus Seela

Messeweg 41 ✉ 38104 – ✆ (0531) 37 00 10 – www.hotel-landhaus-seela.de

51 Zim – 87/97 € 107 € – 2 Suiten

Rest – Menü 15/20 € – Karte 28/50 €
Das Hotel liegt außerhalb, ein kleiner See ist ca. 400 m entfernt. Gepflegte Zimmer sind Ihnen hier sicher: Sie sind fast alle renoviert, den zeitlos-klassischen Stil hat man beibehalten. Im Restaurant betont eine schöne Holztäfelung das gediegene Ambiente.

BREDSTEDT – Schleswig-Holstein – 541 – 4 930 Ew – Höhe 7 m – Luftkurort 1 G2

Berlin 440 – Kiel 101 – Flensburg 38 – Husum 17

Markt 37, ✉ 25821, ✆ (04671) 58 57, www.stadt-bredstedt.de

Friesenhalle

Hohle Gasse 2 ✉ 25821 – ✆ (04671) 6 01 00 – www.friesenhalle.de

14 Zim – 50/80 € 94/130 € – 4 Suiten – ½ P

Rest – *(nur Abendessen für Hausgäste)*
Der langjährige Familienbetrieb beim Rathaus ist ein zum Hotel gewachsenes altes Gasthaus mit gepflegter Atmosphäre. Die Zimmer sind teilweise sehr geräumig, W-Lan gratis.

BREEGE – Mecklenburg-Vorpommern – siehe Rügen (Insel)

BREISACH – Baden-Württemberg – 545 – 14 650 Ew – Höhe 225 m 61 D20

Berlin 808 – Stuttgart 209 – Freiburg im Breisgau 30 – Colmar 24

Marktplatz 16, ✉ 79206, ✆ (07667) 94 01 55, www.breisach.de

Münster St. Stephan ★ (Altar ★ · ≤ ★)

Hotel am Münster 

Münsterbergstr. 23 ✉ 79206 – ✆ (07667) 83 80 – www.hotel-am-muenster.de
70 Zim ☕ – 🚹89/174 € 🚹🚹114/184 € – ½ P
Rest – Menü 20 € (mittags)/54 € – Karte 29/51 €
Ruhig liegt das Hotel in der oberen Stadt gegenüber dem St. Stephansmünster und es gibt hier so manches fürs Auge: Zum einen hat man eine wechselnde Kunstausstellung im Haus, zum anderen bieten die meisten Zimmer einen Blick auf die Rheinebene, nicht zu vergessen die wunderbare Panoramasicht von der Terrasse des Restaurants!

Kaiserstühler Hof

Richard-Müller-Str. 2 ✉ 79206 – ✆ (07667) 8 30 60 – www.kaiserstuehler-hof.com – geschl. über Fasching
21 Zim ☕ – 🚹73/125 € 🚹🚹110/156 € – ½ P
Rest – *(geschl. Montag, November - März: Sonntagabend - Montag)* Menü 34/55 € – Karte 25/72 €
Ein sympathischer Familienbetrieb bestehend aus zwei gestandenen Gasthöfen mit klassischen Zimmern, einer Maisonette und einem Hochzeitszimmer. Und gastronomisch? Regionale und internationale Küche im Restaurant, Weinstube mit einfacher kleiner Mittagskarte und dazu ein lauschiger Innenhof.

In Breisach-Hochstetten **Süd-Ost: 2,5 km über B 31**

Landgasthof Adler (mit Gästehaus)

Hochstetter Str. 11 ✉ 79206 – ✆ (07667) 9 39 30 – www.adler-hochstetten.de – geschl. Februar 3 Wochen
22 Zim ☕ – 🚹53/65 € 🚹🚹82/92 € – ½ P
Rest – *(geschl. Donnerstag)* Menü 25/50 € – Karte 20/43 €
Der Gasthof mit kleinem Gästehaus ist eine nette familiäre Adresse in dörflicher Umgebung, die ideal ist für Fahrradtouristen. Die Zimmer sind gepflegt und behaglich. Gemütliche Gaststube mit bürgerlichem Angebot.

BREISIG, BAD – Rheinland-Pfalz – 543 – 8 920 Ew – Höhe 70 m – Heilbad   36 C13

Berlin 618 – Mainz 133 – Koblenz 30 – Bonn 33
Koblenzer Str. 39, ✉ 53498, ✆ (02633) 4 56 30, www.bad-breisig.de

Am Kamin

Zehner Str. 10 (B 9) ✉ 53498 – ✆ (02633) 9 67 22 – www.restaurant-am-kamin.de – geschl. Montag
Rest – Menü 16 € (mittags)/39 € – Karte 26/50 €
Seit über 30 Jahren betreiben Barbara und Werner Pommer dieses Restaurant nicht weit vom Marktplatz. Im Winter sitzt man besonders gemütlich neben dem Kamin, im Sommer auf der schönen Terrasse. Sehr gefragt bei den zahlreichen Stammgästen sind die Fischgerichte, die Spezialität des Chefs!

BREITNAU – Baden-Württemberg – 545 – 1 960 Ew – Höhe 1 018 m – Wintersport: 1 050 m 2 – Luftkurort   61 E20

Berlin 788 – Stuttgart 167 – Freiburg im Breisgau 28 – Donaueschingen 42
Dorfstr. 11, ✉ 79874, ✆ (07652) 12 06 83 80, www.hochschwarzwald.de

Kaisers Tanne Zim,

Am Wirbstein 27 (B 500, Süd-Ost: 2 km) ✉ 79874 – ✆ (07652) 1 20 10 – www.kaisers-tanne.de
30 Zim ☕ – 🚹79/110 € 🚹🚹79/122 € – 4 Suiten – ½ P
Rest – *(ab 13 Uhr geöffnet)* Menü 32 € – Karte 35/50 €
Die zahlreichen Stammgäste wissen schon, warum sie immer wieder hierher kommen! Es ist ein Gasthof mit typischem Schwarzwälder Charme, freundlich und engagiert die Führung, hübsch die Deko, wohnlich die Zimmer, gemütlich die Stuben... und drum herum Wiesen und schöne Landschaft. Da sitzt man natürlich nur zu gerne auf der Terrasse! Oder möchten Sie bei Kosmetik und Massage entspannen? HP inklusive.

 **Faller**

Ödenbach 5 (B 500, Süd-Ost: 2 km) ✉ 79874 – ✆ (07652) 91 94 90 – www.hotel-faller.de – geschl. 9. - 17. April, 23. November - 12. Dezember
20 Zim – 53/84 € 96/150 € – 1 Suite – ½ P
Rest – *(geschl. Mittwoch - Donnerstag) (nur Abendessen)*
Wer ein paar schöne Urlaubstage in reizvoller Schwarzwaldlandschaft verbringen möchte, ist in den geräumigen Zimmern (fast alle mit Balkon) gut aufgehoben - und auch im gemütlich-freundlichen Restaurant bei bürgerlicher Küche. Für Hausgäste hat man eine liebenswerte kleine Stube mit Kachelofen.

BREITSCHEID – Hessen – siehe Herborn

BREMEN – Bremen – 541 – 548 320 Ew – Höhe 3 m 18 G6

Berlin 390 – Hamburg 120 – Hannover 123
Bremen-Neustadt B3, ✆ (0421) 5 59 50
ADAC Bennigsenstr. 2
ADAC Bremen-Vegesack, Weserstr. 81
Findorffstr. 105, ✉ 28215, ✆ (0421) 3 08 00 10, www.bremen-tourismus.de
Bahnhofplatz 15, ✉ 28195, ✆ (01805) 10 10 30
Bremen-Vahr, Bgm.-Spitta-Allee 34, ✆ (0421) 20 44 80
Garlstedt, Am Golfplatz 10, ✆ (04795) 95 33 16
Bremen-Oberneuland, Heinrich-Baden-Weg 25, ✆ (0421) 25 92 21
Bremen-Burg, Lesumbroker Landstr. 70, ✆ (0421) 94 93 40
Focke-Museum★★ C2 · Marktplatz★★ · Rathaus★(Wendeltreppe★★) · St. Petri Dom★ (Taufbecken★★ · Madonna★) · Böttcherstraße★(Paula Modersohn-Becker Museum★) · Kunsthalle★F2 · Schnoorviertel★ E2

Stadtpläne siehe nächste Seiten

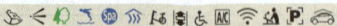

Dorint Park Hotel

Im Bürgerpark ✉ 28209 – ✆ (0421) 3 40 80 – www.hotel-bremen.dorint.de
162 Zim – 119/299 € 169/349 €, 25 € – 13 Suiten B2f
Rest *Park Restaurant* – siehe Restaurantauswahl
Das Luxushotel wurde im Stil eines fürstlichen Landsitzes im 200 ha großen Bürgerpark am Hollersee erbaut. Schön und wertig sind die sehr individuellen Zimmer und der Spabereich auf 1200 qm. Smoker's Lounge La Fumadora.

Maritim

Rest,

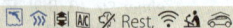

Hollerallee 99 ✉ 28215 – ✆ (0421) 3 78 90 – www.maritim.de B2n
256 Zim – 105/199 € 120/214 €, 21 € – 5 Suiten – ½ P
Rest *L'Echalote* – ✆ (0421) 3 78 96 27 *(nur Abendessen)* Menü 34 € – Karte 30/65 €
Rest *Brasserie* – ✆ (0421) 3 78 96 21 *(nur Mittagessen)* Karte 20/29 €
Eine komfortable Businessadresse. Das Hotel mit klassisch-gediegenen Zimmern liegt am Bürgerpark und ist an das Congress Centrum Bremen angeschlossen. Abends speist man im stilvollen L'Echalote mit Parkblick.

ÜberFluss garni

Langenstr. 72 ✉ 28195 – ✆ (0421) 32 28 60 – www.hotel-ueberfluss.de
50 Zim – 132/162 € 169/184 €, 12 € – 1 Suite E1a
In der Innenstadt direkt an der Weser steht das schicke Designhotel mit seinen technisch modern ausgestatteten Zimmern, viele mit Flussblick. Suite mit Sauna und Whirlpool.

Atlantic Grand Hotel

Bredenstr. 2 ✉ 28195 – ✆ (0421) 62 06 20 – www.atlantic-hotels.de E2c
136 Zim – 109/199 € 129/219 €, 20 € – 2 Suiten
Rest – Menü 23 € (mittags)/78 € – Karte 37/75 €
Modernes Businesshotel im Zentrum nahe dem Marktplatz. Klare Linien und warme Töne bestimmen das Interieur. Dachterrasse mit Blick auf Altstadt und Weser. Internationales und Grillspezialitäten im Restaurant ALTO mit Showküche. Wintergarten und Innenhofterrasse.

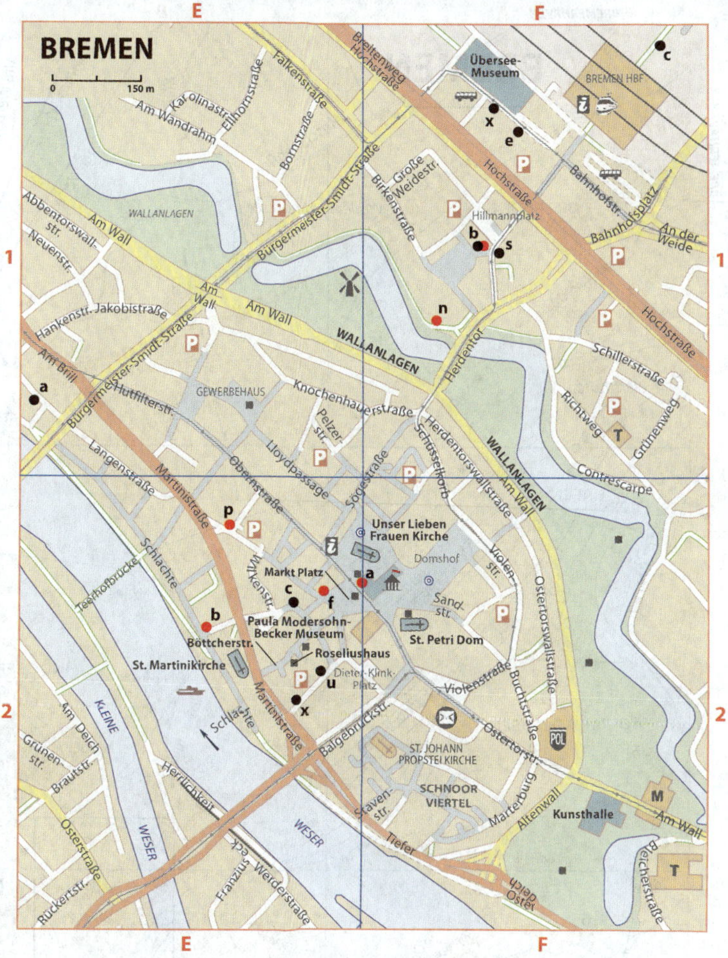

Radisson BLU

Rest,

Böttcherstr. 2, (Eingang Wachtstraße) ✉ *28195 – ✆ (0421) 3 69 60 – www.radissonblu.de/hotel-bremen* E2**x**

235 Zim – 🕴119/185 € 🕴🕴135/215 €, ☕ 23 € **Rest** – Karte 32/54 €

Nach seiner Übernahme wurde das ehemalige Hotel Hilton intensiv aufgefrischt: Die Zimmer, die luftig-hohe, aufwändig begrünte Atriumhalle und auch der historische Himmelsaal unter der Kuppel des Stammhauses erwarten Sie nun in modernem Gewand. Geblieben ist die mediterrane Note auf der Speisekarte des Restaurants.

Atlantic Hotel Universum

Wiener Str. 4 ✉ *28359 – ✆ (0421) 2 46 70 – www.atlantic-hotels.de* C2**t**

150 Zim ☕ – 🕴103/129 € 🕴🕴118/168 € – ½ P

Rest *Campus* – ✆ (0421) 2 46 75 33 – Menü 45/52 € – Karte 35/50 €

Das Hotel hinter dem Universum Science Center Bremen, nahe dem Stadtwald, ist geprägt von klarem modernem Design. Man bietet beste Veranstaltungsmöglichkeiten. Restaurant Campus mit internationalem Angebot.

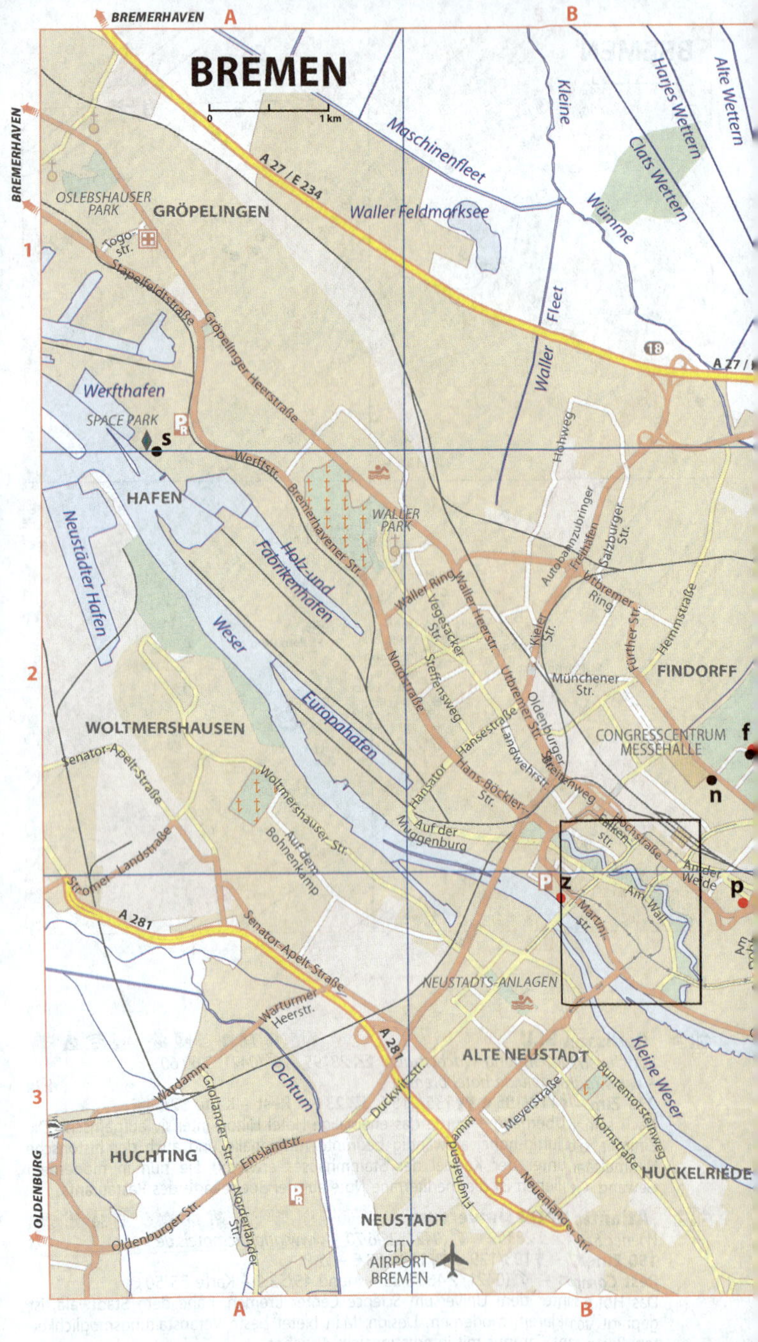
BREMEN
0
1 km
BREMERHAVEN
A
B
1
2
3
OLDENBURG
A 27 / E 234
A 27 /
18
Maschinenfleet
Waller Feldmarksee
Kleine
Harjes Wettern
Alte Wettern
Clats Wettern
Wümme
Waller Fleet
OSLEBSHAUSER PARK
GRÖPELINGEN
Togo-str.
Stapelfeldtstraße
Gröpelinger Heerstraße
Werfthafen
SPACE PARK
s
HAFEN
Werftstr.
Bremerhavener Str.
WALLER PARK
Holz-und Fabrikenhafen
Neustädter Hafen
Weser
Europahafen
Hohweg
Autobahnzubringer Freihafen
Salzburger Str.
Utbremer Ring
Waller Ring
Vegesacker Str.
Waller Heerstr.
Kieler Str.
Fürther Str.
Hemmstraße
FINDORFF
Nordstraße
Steffensweg
Utbremer Str.
Oldenburger Str.
Münchener Str.
CONGRESSCENTRUM MESSEHALLE
f
n
WOLTMERSHAUSEN
Senator-Apelt-Straße
Hansestraße
Landwehrstr.
Breitenweg
Hansator
Hans-Böckler-Str.
Woltmershauser Str.
Auf dem Bohnenkamp
Auf der Muggenburg
Falkenstr.
Hochstraße
An der Weide
p
Stromer Landstraße
z
Am Wall
Martinistr.
A 281
Senator-Apelt-Straße
NEUSTADTS-ANLAGEN
Warturmer Heerstr.
A 281
Kleine Weser
ALTE NEUSTADT
Buntentorsteinweg
Wardamm
Grollander Str.
Ochtum
Duckwitzstr.
Meyerstraße
Kornstraße
HUCKELRIEDE
HUCHTING
Emslandstr.
Flughafendamm
Norderländer Str.
Oldenburger Str.
NEUSTADT
Neuenlander Str.
CITY AIRPORT BREMEN

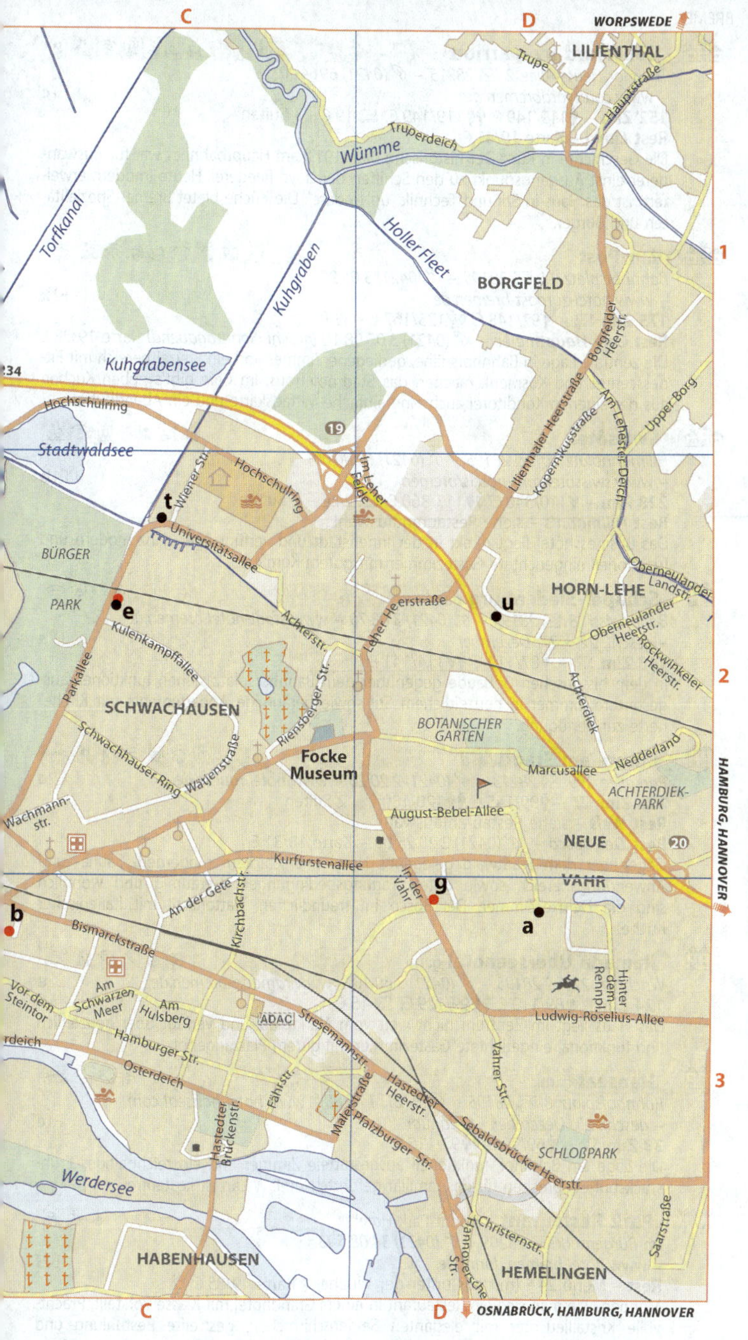

C
D
WORPSWEDE
LILIENTHAL
Trupe
Hauptstraße
Truperdeich
Wümme
Torfkanal
Kuhgraben
Holler Fleet
BORGFELD
Borgfelder Heerstr.
Kuhgrabensee
Hochschulring
Stadtwaldsee
Lilienthaler Heerstraße
Kopernikusstraße
Am Lehester Deich
Upper Borg
Wiener Str.
Im Leher Felde
Universitätsallee
BÜRGER
PARK
Achterstr.
Leher Heerstraße
HORN-LEHE
Oberneulander Landstr.
Oberneulander Heerstr.
Rockwinkeler Heerstr.
Kulenkampffallee
Parkallee
SCHWACHAUSEN
Riensberger Str.
BOTANISCHER GARTEN
Achterdiek
Schwachhauser Ring
Wätjenstraße
Focke Museum
Marcusallee
Nedderland
ACHTERDIEK-PARK
HAMBURG, HANNOVER
Wachmann-str.
August-Bebel-Allee
NEUE
VAHR
Kurfürstenallee
In der Vahr
An der Gete
Kirchbachstr.
Bismarckstraße
Am Schwarzen Meer
Vor dem Steintor
Am Hulsberg
ADAC
Hinter dem Rennpl.
Ludwig-Roselius-Allee
Hamburger Str.
Osterdeich
Stresemannstr.
Hastedter Heerstr.
Vahrer Str.
Fährstr.
Malerstraße
Pfalzburger Str.
Sebaldsbrücker Heerstr.
Hastedter Brückenstr.
SCHLOßPARK
Werdersee
Christernstr.
Saarstraße
Hannoversche Str.
HABENHAUSEN
HEMELINGEN
OSNABRÜCK, HAMBURG, HANNOVER

Courtyard by Marriott

Theodor-Heuss-Allee 2 ✉ 28215 – ✆ (0421) 69 64 00 – www.courtyardbremen.de F1**c**

152 Zim – 119/149 € 119/149 €, ☕ 19 € – 3 Suiten

Rest *Lloyd* – Karte 19/41 €

Die Geschichte in Kurz: Der historische Bau (1913) am Hauptbahnhof war für Auswanderer einst Ausgangspunkt zu den Schiffen der Lloyd-Reederei. Heute (modern erweitert) ist das Haus in Stil und Technik "up to date". Die Küche bietet Bremer Spezialitäten und Burger.

Zur Post

Bahnhofsplatz 11 ✉ 28195 – ✆ (0421) 3 05 90 – www.hotel-zurpost-bremen.de F1**x**

175 Zim ☕ – 97/148 € 123/167 € – ½ P

Rest *Café Hauptmeier* – ✆ (0421) 3 05 98 10 *(geschl. Sonntagabend)* Karte 19/28 €

Die zentrale Lage in Bahnhofsnähe, gediegene Zimmer und ein Freizeitbereich mit Fitnesscenter und Kosmetik machen das Stadthotel aus. Im Café gibt's neben Kuchen aus der eigenen Konditorei auch eine einfache Mittagskarte und ein Abendbuffet.

Swissôtel

Hillmannplatz 20 ✉ 28195 – ✆ (0421) 62 00 00 – www.swissotel.com/hotels/bremen F1**b**

228 Zim – 110/340 € 113/360 €, ☕ 24 € – 2 Suiten

Rest *Hillmann's* – siehe Restaurantauswahl

Das Businesshotel liegt direkt in der Innenstadt und verfügt über ganz modern und funktionell eingerichtete Gästezimmer mit gutem Komfort.

Schaper-Siedenburg garni

Bahnhofstr. 8 ✉ 28195 – ✆ (0421) 3 08 70 – www.stadt-hotel-bremen.de – geschl. 22. - 27. Dezember F1**s**

118 Zim ☕ – 87/112 € 114/141 €

In dem historischen Gebäude gegenüber dem Bahnhofsplatz stehen funktionell ausgestattete Zimmer in neuzeitlichem Stil sowie geräumige Appartements mit Kitchenette zur Verfügung.

Munte am Stadtwald

Parkallee 299 ✉ 28213 – ✆ (0421) 2 20 20 – www.hotel-munte.de C2**e**

126 Zim ☕ – 99/145 € 120/180 € – 2 Suiten

Rest *Wels* – siehe Restaurantauswahl

Rest *Del Bosco* – ✆ (0421) 2 20 25 00 – Karte 18/31 €

Gegenüber dem Stadtwald gelegenes Hotel mit schickem modernem Sauna- und Anwendungsbereich sowie guten Tagungsbedingungen. Geräumig und wohnlich sind die Deluxe-Zimmer. Del Bosco im freundlichen Trattoriastil mit italienischer Küche.

Ramada Überseehotel garni

Wachtstr. 27 ✉ 28195 – ✆ (0421) 3 60 10 – www.ramada-bremen.de E2**u**

124 Zim – 89/119 € 99/129 €, ☕ 15 €

Das Haus liegt im Zentrum nicht weit vom Marktplatz und verfügt über neuzeitlich und funktional eingerichtete Gästezimmer mit gutem Platzangebot.

Hanseat garni

Bahnhofsplatz 8 ✉ 28195 – ✆ (0421) 1 46 88 – www.hotel-hanseat.com – geschl. 23. Dezember - 6. Januar F1**e**

33 Zim ☕ – 69/99 € 92/115 €

Die Lage am Bahnhof, funktionell ausgestattete Zimmer und ein reichhaltiges Frühstücksbuffet sprechen für das familiär geführte Hotel. W-Lan ist kostenfrei.

Park Restaurant – Dorint Park Hotel

Im Bürgerpark ✉ 28209 – ✆ (0421) 34 08 5 13 – www.hotel-bremen.dorint.de B2**f**

Rest – Menü 24 € (mittags unter der Woche) – Karte 49/85 €

Mondän, wie man sich ein Restaurant in einem Grandhotel mit Klasse vorstellt. Prachtvolle Kristallleuchter mit eleganten Seidenschirmchen, gestreifte Bestuhlung und üppige Stoffdekorationen an den Fenstern erfreuen den Betrachter.

XX **Al Pappagallo**

Außer der Schleifmühle 73 ✉ 28203 – ✆ (0421) 32 79 63 – www.al-pappagallo.de – geschl. Sonntag B3**p**

Rest – Menü 15 € (mittags)/45 € – Karte 36/56 €

Klassische italienische Küche und freundlichen Service bietet das moderne Restaurant mit lichtem Wintergarten. Im schönen begrünten Innenhof hat man eine Terrasse angelegt.

XX **Zweiundzwanzig**

Schlachte 41 ✉ 28195 – ✆ (0421) 16 89 09 22 – www.2undzwanzig.de – geschl. Samstagmittag und Sonntag B3**z**

Rest – Menü 55/90 € – Karte 35/59 €

Mitten im Zentrum und zugleich an der Weser kann man in geradlinigem und zurückhaltend modernem Ambiente (schön die Lederpolster und der Parkettboden!) gut und zeitgemäß essen! Aus der Küche von Patron Andreas Richter kommen z. B. "Ochse/Trüffel/Wachtelei" und danach "Schokolade/Joghurt/Himbeere"!

XX **Hillmann's** – Hotel Swissôtel

Hillmannplatz 20 ✉ 28195 – ✆ (0421) 62 00 01 29 – www.hillmanns-restaurant.de – geschl. Samstagmittag und Sonntag F1**b**

Rest – (Tischbestellung ratsam) Menü 39 € (abends unter der Woche)/59 € – Karte 26/51 €

Modern-elegant die Einrichtung in hellen, warmen Naturfarben, dazu der schöne dunkle Schiffsboden... das ergibt ein wirklich schönes Bild, das ganz den Zeitgeist trifft. Durch die große Fensterfront schaut man ins Grüne. Freitags und samstags gibt es Buffet.

XX **Wels** – Hotel Munte am Stadtwald

Parkallee 299 ✉ 28213 – ✆ (0421) 2 20 26 66 – www.hotel-munte.de – geschl. 24. Dezember - 1. Januar und Sonntag C2**e**

Rest – *(nur Abendessen)* Karte 32/46 €

Rund um das imposante Süßwasseraquarium (natürlich mit Welsen) servieren die Gastgeber internationale Gerichte, wobei Fisch- und Wildkreationen im Vordergrund stehen.

X **Grashoff's Bistro**

Contrescarpe 80, (neben der Hillmann-Passage) ✉ 28195 – ✆ (0421) 1 47 40 – www.grashoff.de – geschl. Samstagabend - Sonntag und an Feiertagen

Rest – (Tischbestellung ratsam) Karte 40/68 € F1**n**

Das Restaurant ist eine sympathische Bistroadresse im französischen Stil, die geschickt in den gut sortierten Feinkostladen integriert wurde. Geboten wird eine gehobene klassische Küche.

X **Presse Bar Cuisine**

Langenstr. 31, (im Parkhaus am Pressehaus) ✉ 28195 – ✆ (0421) 3 36 28 22 – www.presse-bremen.de – geschl. Sonntag und an Feiertagen E2**p**

Rest – Menü 17 € (mittags)/75 € – Karte 18/37 €

In zentraler Lage nur wenige Schritte vom Marktplatz finden Sie das auf zwei Etagen angelegte Restaurant mit Bistrocharakter, in dem man frische internationale Küche serviert.

X **Topaz**

Langenstr. 2, (Kontorhaus am Markt) ✉ 28195 – ✆ (0421) 7 76 25 – www.topaz-bremen.de – geschl. 14. - 22. April und Sonntag E2**f**

Rest – (Tischbestellung ratsam) Karte 24/51 €

In der einsehbaren Küche dieses freundlichen Bistros nahe Rathaus und Dom werden internationale Gerichte zubereitet. Kleineres Speisenangebot im dazugehörigen Laden Deli & Wein.

X **Das Kleine Lokal**

Besselstr. 40 ✉ 28203 – ✆ (0421) 7 94 90 84 – www.das-kleine-lokal.de – geschl. Juli - August 3 Wochen und Sonntag - Montag C3**b**

Rest – *(nur Abendessen)* Menü 45/78 € – Karte 45/56 €

Gemütlich ist die Atmosphäre in dem kleinen Restaurant in einer Wohngegend. Der aufmerksame Service bringt frische kreativ-internationale Küche an den Tisch.

Bremer Ratskeller
Am Markt, (im alten Rathaus) ✉ *28195 –* ✆ *(0421) 32 16 76 – www.ratskeller-bremen.de* EF2**a**
Rest – Karte 22/40 €
Historisch-rustikales Flair verbreitet der traditionsreiche Ratskeller mit imposanter Gewölbedecke, antiken Schmuckfässern und gemütlichen Nischen. Große Auswahl an deutschen Weinen.

Osteria
Schlachte 1 ✉ *28195 –* ✆ *(0421) 3 39 82 07 – www.osteria-bremen.de* E2**b**
Rest – Menü 25/70 € – Karte 28/64 €
Das mediterran inspirierte Restaurant liegt an der Weser gegenüber der St. Martini Kirche und bietet traditionelle italienische Speisen, die aus der offenen Küche kommen.

In Bremen-Gröpelingen

INNSIDE
Rest,
Sternentor 6 ✉ *28237 –* ✆ *(0421) 2 42 70 – www.innside.com* A1-2**s**
162 Zim – 105/125 € 125/145 €
Rest – *(geschl. Samstagmittag, Sonntagmittag und Feiertage mittags)* Menü 25/45 € – Karte 27/47 €
Eine moderne Businessadresse ist das technisch gut ausgestattete Hotel auf einem ehemaligen Werftsgelände. Der Lobby- und Barbereich überrascht mit futuristischem Design. Helles Restaurant mit großer Fensterfront zur Weser.

In Bremen-Horn-Lehe

Landgut Horn
Leher Heerstr. 140 ✉ *28357 –* ✆ *(0421) 2 58 90 – www.landgut-horn.de*
104 Zim – 80/115 € 100/130 € – 2 Suiten D2**u**
Rest – Menü 36/52 € – Karte 31/55 €
Behaglich-gediegen sind die im Landhausstil gehaltenen Zimmer, nett ist die kleine Atriumhalle. Die Gäste schätzen zudem die verkehrsgünstige Lage etwas außerhalb. Restaurant mit elegantem Touch. Bistro-Bar.

In Bremen-Neue Vahr

Atlantic Hotel an der Galopprennbahn
Rest,
Ludwig-Roselius-Allee 2 ✉ *28329 –* ✆ *(0421) 33 30 00 – www.atlantic-hotels.de/galopprennbahn* D3**a**
120 Zim – 99/139 € 129/169 € – 1 Suite
Rest ***DERBY*** – Menü 37 € (abends) – Karte 27/44 €
Modern-funktionelle Gästezimmer und eine gute Verkehrsanbindung sprechen für dieses Hotel. Einige Zimmer mit Blick auf die namengebende Galopprennbahn. Auch vom geradlinig gestalteten Restaurant hat man eine schöne Aussicht.

THE GRILL
In der Vahr 64 ✉ *28329 –* ✆ *(0421) 87 82 56 40 – www.the-grill-bremen.de – geschl. Samstagmittag* D3**g**
Rest – Karte 42/113 €
Ein Steakhouse "de luxe"! Das gemütlich-stilvolle Ambiente mit viel Naturholz und geschmackvollem Dekor erstreckt sich über zwei Etagen. Die ambitionierte zeitgemäße Küche - ein Muss sind die Steaks vom Nebraska-Beef! - wird begleitet von guten internationalen Weinen.

In Bremen-Vegesack **Nord-West: 22 km über Gröpelinger Heerstraße A1 Richtung Bremerhaven**

Strandlust Vegesack
Rohrstr. 11 ✉ *28757 –* ✆ *(0421) 6 60 90 – www.strandlust.de*
58 Zim – 99/109 € 140/155 € **Rest** – Karte 26/50 €
Das Hotel mit maritimem Ambiente liegt an einem Fähranleger, umgeben von den hiesigen Werften. Die Zimmer bieten teilweise einen schönen Ausblick auf die Weser. Internationale Küche im angenehm hellen Restaurant. Biergarten und Terrasse zum Fluss.

BREMERHAVEN – Bremen – 541 – 113 370 Ew – Höhe 2 m 9 F5

Berlin 410 – Bremen 58 – Cuxhaven 43 – Hamburg 134

ADAC Deichstr. 91d

Am Längengrad, Klimahaus, Havenplaza, ✉ 27568, ✆ (0471) 94 64 65 30, www.bremerhaven.de

H.-H.-Meier-Str. 6 - Hafeninsel, ✉ 27568, ✆ (0471) 41 41 41

Deutsches Schifffahrtsmuseum★★

Atlantic Hotel Sail City

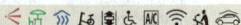

Am Strom 1 ✉ 27568 – ✆ (0471) 30 99 00 – www.atlantic-hotels.de

119 Zim – 114/154 € 148/188 € – 1 Suite – ½ P

Rest *STROM* – ✆ (0471) 30 99 05 33 – Menü 31/55 € – Karte 30/48 €

Ein Blickfang ist dieses modern designte Businesshotel mit seiner außergewöhnlichen Architektur in Segelform. Zimmer mit Blick auf die Außenweser. Ganz oben: Besucherplattform. Vom Restaurant schaut man zur Deichpromenade.

Haverkamp

Rest, Rest,

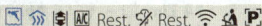

Prager Str. 34 ✉ 27568 – ✆ (0471) 4 83 30 – www.hotel-haverkamp.de

85 Zim – 99/128 € 132/174 € – ½ P **Rest** – Karte 31/49 €

Ein komfortables Hotel in der Innenstadt, in dem Zimmer von Standard über Business bis Superior zur Verfügung stehen - die Bäder teilweise mit Whirlwanne. Gediegenes Ambiente im Restaurant.

Comfort Hotel garni

Am Schaufenster 7 ✉ 27572 – ✆ (0471) 9 32 00 – www.comfort-hotel-bremerhaven.de

120 Zim – 87/94 € 107/114 €

Ein besonders auf Geschäftsleute ausgelegtes Hotel mit modernen und freundlichen, technisch gut ausgestatteten Gästezimmern. Vom Frühstücksraum blicken Sie auf den Hafen.

Natusch Fischereihafen-Restaurant

Am Fischbahnhof 1 (über Georgstr. BZ) ✉ 27572 – ✆ (0471) 7 10 21 – www.natusch.de – geschl. Montag, außer an Feiertagen

Rest – Menü 28 € (mittags)/42 € – Karte 32/62 €

Gemütlich ist die rustikale Fischerstube mit Original-Schiffsaccessoires, gediegen das Restaurant Captain Morgan. Schwerpunkt der Karte ist Fisch, und den bezieht man direkt aus den Auktionshallen gegenüber!

Seute Deern

Hans Scharoun Platz, (Schifffahrtsmuseum) ✉ 27568 – ✆ (0471) 41 62 64 – www.seutedeern.de

Rest – Karte 16/31 €

Ein einmaliges maritimes Ambiente bietet das Fischrestaurant im Rumpf der Dreimast-Bark von 1919. Der Speiseraum ist mit vielen historischen Schiffsmodellen dekoriert.

In Bremerhaven-Lehe Nord: 4,5 km

Atlantic Hotel am Floetenkiel garni

Nordstr. 80 ✉ 27580 – ✆ (0471) 80 62 60 – www.atlantic-hotel-amfloetenkiel.de

84 Zim – 61 € 85 €

Das moderne Hotel verfügt über helle, schlichte Zimmer und einen lichtdurchfluteten Frühstücksraum. Nachts checken Sie per Hotelomat ein. Parken kann man übrigens unter dem Hotel, denn es ist auf Stelzen gebaut.

BRETTEN – Baden-Württemberg – 545 – 28 470 Ew – Höhe 176 m 54 F17

Berlin 634 – Stuttgart 54 – Karlsruhe 28 – Heilbronn 47

Kloster Maulbronn★★, Süd-Ost: 11 km

Krone

Marktplatz 2 ✉ 75015 – ✆ (07252) 9 78 90 – www.krone-bretten.de – geschl. 20. Dezember - 5. Januar

55 Zim – 79/92 € 105/118 € – ½ P

Rest *à la table de Guy Graessel* – siehe Restaurantauswahl

Mitten in Bretten steht das im 15. Jh. erbaute Fachwerkhaus mit gepflegter Atmosphäre und zeitgemäßen, wohnlichen Zimmern, einige in kräftigen Farben. W-Lan kostenfrei.

à la table de Guy Graessel – Hotel Krone

Marktplatz 2 ✉ 75015 – ✆ (07252) 71 38 – www.guy-graessel.de – geschl. Februar 2 Wochen, August 3 Wochen und Donnerstag

Rest – Menü 58/65 € – Karte 33/49 €

Schon der Rahmen ist einladend: ein historisches Haus in der Altstadt, drinnen mischt sich traditioneller Charme mit Moderne. Der Chef mit elsässischen Wurzeln kocht am liebsten saisonal - und das kann er gut, wie z. B. das "Lammrückenfilet in Kartoffelkruste" zeigt!

BRETZENHEIM – Rheinland-Pfalz – 543 – 2 470 Ew – Höhe 105 m 47 E15

Berlin 606 – Mainz 38 – Bad Kreuznach 6 – Koblenz 75

Hinterconti garni

Naheweinstr. 17 ✉ 55559 – ✆ (0671) 79 67 09 10 – www.hinterconti.com

14 Zim – 64 € 89 €

Der Aufwand hat sich gelohnt! Kristina Seckler und ihr Mann haben hier einen alten Bauernhof komplett entkernt und eine wirklich sympathische Bed & Breakfast-Adresse geschaffen: individuelle Räume voller Charme und Style, von romantisch-floral bis trendig-modern. Toll auch die einstige Scheune: morgens frühstückt man hier, danach wird sie zum "Eventplace" für Tagungen und Feiern.

Grüner Baum Zim,

Kreuznacher Str. 33 ✉ 55559 – ✆ (0671) 83 63 40 – www.gruener-baum-bretzenheim.de – geschl. 14. März - 1. April

31 Zim – 45/50 € 80/90 €

Rest – *(geschl. Freitag, Sonntag) (nur Abendessen)* Karte 16/28 €

Bereits seit 1779 existiert das hübsche Fachwerkhaus in dem historischen Weinörtchen an der Nahe. Eine familiär geführte Adresse mit soliden Gästezimmern. Restaurant in rustikalem Stil und netter Weingarten im Innenhof.

BRETZFELD – Baden-Württemberg – 545 – 12 250 Ew – Höhe 210 m 55 H17

Berlin 575 – Stuttgart 61 – Heilbronn 20 – Nürnberg 145

In Bretzfeld-Bitzfeld Nord: 2 km

Zur Rose (mit Gästehaus)

Zim, Rest, Zim,

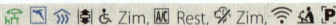

Weißlensburger Str. 12 ✉ 74626 – ✆ (07946) 77 50 – www.rose-bitzfeld.de

63 Zim – 66/105 € 110/150 € – 1 Suite – ½ P

Rest – Menü 22/32 € – Karte 23/57 €

Ein von Tagungsgästen geschätzter gewachsener Gasthof mit kleiner Metzgerei, der von der Familie gut geführt wird. Im Neubau hat man besonders moderne und geräumige Zimmer. Das bürgerliche Restaurant teilt sich in drei Stuben und eine Terrasse im Innenhof.

In Bretzfeld-Brettach Süd-Ost: 9 km, Richtung Mainhardt

Landhaus Rössle mit Zim

Mainhardter Str. 26 ✉ 74626 – ✆ (07945) 9 111 11 – geschl. über Fasching, 10. - 21. Juni, Ende Oktober 1 Woche und Montag - Dienstag

5 Zim – 70/75 € 90/110 € – 1 Suite **Rest** – Menü 35/70 € – Karte 34/55 €

Hier erwartet Sie schmackhafte internationale Küche, begleitet von einer guten Weinauswahl und dem charmanten, geschulten Service durch die Chefin. Das Ambiente ist angenehm modern-elegant, beliebt sind im Winter die Plätze am Kamin ein paar Stufen tiefer. Für Übernachtungsgäste stehen hübsche Zimmer bereit.

In Bretzfeld-Schwabbach Nord-West: 4 km

Reinecker's Dorfstube

Hauptstr. 11, (1. Etage) ✉ 74626 – ✆ (07946) 4 89 – geschl. Januar 2 Wochen, August 3 Wochen und Mittwoch

Rest – Karte 22/48 €

Hier wird "richtig gekocht" - frisch und mit Geschmack! Viele Stammgäste kommen wegen des leckeren Rostbratens von Gastgeberin Heide Hartweg hierher. Probieren Sie aber auch Tafelspitz mit Meerrettichsauce oder Seezunge!

BRILON – Nordrhein-Westfalen – 543 – 26 340 Ew – Höhe 450 m – Wintersport: 600 m 1 – Kneippkurort

27 F11

Berlin 469 – Düsseldorf 168 – Arnsberg 42 – Lippstadt 47

Derkere Str. 10a, ✉ 59929, ✆ (02961) 9 69 90, www.brilon-tourismus.de

Brilon, Hölsterloh 7, ✆ (02961) 5 35 50

Rech

Zim,

Hoppecker Str. 1 ✉ 59929 – ✆ (02961) 9 75 40 – www.hotel-rech.de – geschl. Ende Juli - Anfang August 2 Wochen

26 Zim – 55/65 € 85/90 € – ½ P

Rest – *(geschl. Montagabend)* Menü 15 € (mittags) – Karte 20/50 €

In dem von Familie Rech-Dietz engagiert geführten Hotel erwarten Sie geschmackvolle Zimmer, die von Etage zu Etage farblich unterschiedlich gestaltet sind. Zudem bietet man Massage und Kosmetik. Restaurant mit eleganter Note.

Wiegelmanns am Wallgraben (mit Gästehaus)

Strackestr. 23 ✉ 59929 – ✆ (02961) 40 44 – www.hotel-am-wallgraben.de – geschl. 23. - 25. Dezember

20 Zim – 52/57 € 65/75 €, 8 €

Rest *Wiegelmanns am Wall* – siehe Restaurantauswahl

Rest *Deele* – *(geschl. Sonntag - Montag) (nur Abendessen)* Karte 22/46 €

Ein sehr schönes und stimmiges Interieur macht das am einstigen Stadtgraben gelegene Hotel aus, das von Familie Wiegelmann freundlich geleitet wird. Rustikales Ambiente im Restaurant "Deele".

Wiegelmanns am Wall – Hotel Wiegelmanns am Wallgraben

Strackestr. 23 ✉ 59929 – ✆ (02961) 40 44 – www.hotel-am-wallgraben.de – geschl. 23. - 25. Dezember und Samstagmittag, Sonntag

Rest – Menü 34/59 € – Karte 36/53 €

Während Norbert Wiegelmann in der Küche Schmackhaftes von der "Morchelschaumsuppe mit Kalbsbries" über "Seehecht und Hechtklößchen an Kapernsauce" bis zum "Torroneeis mit Schokoladenmousse" zubereitet, leitet sein Bruder Burkhard in dem angenehm hellen, modernen Restaurant geschult den Service.

BROTTERODE – Thüringen – 544 – 2 800 Ew – Höhe 560 m – Wintersport: 705 m 1 – Erholungsort

39 J13

Berlin 353 – Erfurt 62 – Bad Hersfeld 97 – Coburg 96

Bad-Vilbeler-Platz 4, ✉ 98599, ✆ (036840) 33 33, www.brotterode.com

Zur guten Quelle

Rest,

Schmalkalder Str. 27 ✉ 98599 – ✆ (036840) 3 40 – www.hotel-quelle.de – geschl. 3. - 30. November

44 Zim – 42/50 € 60/92 € – ½ P **Rest** – Karte 11/29 €

Ein familiengeführtes Hotel nur wenige Kilometer vom Rennsteig des Thüringer Waldes. Die Zimmer sind zeitgemäß-funktional, im Freizeitbereich bietet man auch Massage und Kosmetik.

BRUCHHAUSEN-VILSEN – Niedersachsen – 541 – 5 950 Ew – Höhe 13 m – Luftkurort

18 G7

Berlin 369 – Hannover 87 – Bremen 49 – Minden 83

Forsthaus Heiligenberg (mit Gästehäusern)

Heiligenberg 3 (in Homfeld, Süd-West: 4 km) ✉ 27305 – ✆ (04252) 9 32 00 – www.forsthaus-heiligenberg.de

27 Zim – 75/85 € 127/135 € – 4 Suiten – ½ P

Rest *Forsthaus Heiligenberg* – siehe Restaurantauswahl

Ein charmantes und mit Geschmack eingerichtetes ehemaliges Forsthaus in angenehm ruhiger Lage auf einer Waldlichtung. Zum Wohlfühlen sind die behaglichen Zimmer mit hübschen individuellen Bädern. Guter Service!

XX **Forsthaus Heiligenberg** – Hotel Forsthaus Heiligenberg
Heiligenberg 3 (in Homfeld, Süd-West: 4 km) ✉ *27305 –* ✆ *(04252) 9 32 00 – www.forsthaus-heiligenberg.de*
Rest – Menü 25/73 € – Karte 39/52 €
Das jahrhundertealte Haus wird gehegt und gepflegt und konnte somit sein wunderbares ursprüngliches Flair bewahren. Besonders imposant ist ein riesiger offener Kamin in der Mitte des Restaurants.

BRUCHSAL – Baden-Württemberg – 545 – 43 230 Ew – Höhe 114 m 54 F17

Berlin 646 – Stuttgart 68 – Karlsruhe 29 – Heidelberg 37
ADAC Moltkestr. 38
Am Alten Schloss 2, ✉ 76646, ✆ (07251) 5 05 94 60, www.bruchsal-erleben.de
Bruchsal, Langental 2, ✆ (07251) 30 22 70
Schloss Bruchsal ★★ (Deutsches Musikautomatenmuseum ★★)

Scheffelhöhe
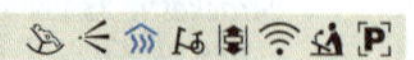
Adolf-Bieringer-Str. 20 ✉ *76646 –* ✆ *(07251) 80 20 – www.scheffelhoehe.de*
91 Zim – 🚹99 € 🚹🚹139 € – 3 Suiten
Rest *Belvedere* – ✆ (07251) 30 03 73 *(geschl. 1. - 6. Januar)* Menü 12 € (mittags)/40 € – Karte 23/45 €
Ein modernes Businesshotel in schöner Panoramalage am Park des Belvedere. Highlight sind zwei chic designte 80-qm-Suiten in einer denkmalgeschützten Villa nebenan. W-Lan kostenfrei. An warmen Tagen speist man natürlich auf der Sonnenterrasse des Restaurants mit Blick über die Stadt!

X **Zum Bären**

Schönbornstr. 28 ✉ *76646 –* ✆ *(07251) 8 86 27 – www.baeren-bruchsal.de – geschl. Montag*
Rest – Menü 10 € (mittags unter der Woche)/42 € – Karte 26/50 €
In dem denkmalgeschützten Stadthaus von 1780 - ehemals Schlosswirtschaft für das Gesinde - erwartet Sie eine saisonale, überwiegend traditionelle Küche. Netter Biergarten.

In Bruchsal-Büchenau Süd-West: 7 km über B 3, in Untergrombach rechts

Ritter (mit Gästehaus)

Au in den Buchen 92 ✉ *76646 –* ✆ *(07257) 8 80 – www.ritterbruchsal.de*
94 Zim – 🚹77/87 € 🚹🚹89/105 € – 4 Suiten
Rest – Karte 23/48 €
Rest *Brasserie* – ✆ (07257) 8 82 22 *(geschl. Juli - August und Sonntag - Montag, Donnerstag) (nur Abendessen)* Menü 42/65 € – Karte 37/49 €
Der gut geführte Familienbetrieb bietet in den Häusern Domizil und Residenz neuzeitlich und wohnlich gestaltete Gästezimmer. Im Stammhaus befindet sich das Restaurant mit bürgerlicher Küche. Biergarten und Spielplatz. Zeitgemäße Karte in der Brasserie.

In Forst Nord-West: 5 km

XX **Zum Löwen**

Kirchstr. 8 ✉ *76694 –* ✆ *(07251) 30 08 96 – www.loewen-forst.de – geschl. 19. - 31. August und Sonntagabend - Montag*
Rest – *(Dienstag - Samstag nur Abendessen)* Karte 23/38 €
Ein äußerst gepflegtes Gasthaus mit markanter roter Fassade und einladendem Innenhof. Die freundliche Familie Geissler bietet bürgerliche Küche und einige Schweizer Gerichte.

BRUCHWEILER-BÄRENBACH – Rheinland-Pfalz – siehe Dahn

BRÜCKENAU, BAD – Bayern – 546 – 6 760 Ew – Höhe 300 m – Heilbad 39 I14

Berlin 478 – München 345 – Fulda 32 – Frankfurt am Main 97
Alter Rathausplatz 1, ✉ 97769, ✆ (09741) 8 04 11, www.bad-brueckenau.de

In Bad Brückenau Stadtmitte

Zur Mühle
Ernst-Putz-Str. 17 ✉ 97769 – ✆ (09741) 9 16 10 – www.hotel-zur-muehle.com
42 Zim – 58/74 € 89/101 € – 2 Suiten – ½ P
Rest – Menü 18/36 € – Karte 18/39 €
Das Hotel liegt ruhig und doch zentrumsnah auf einem schönen Gartengrundstück am Georgi Kurpark. Die Gästezimmer sind funktionell ausgestattet, mit Balkon oder Loggia. Bürgerliches Restaurant.

In Bad Brückenau-Staatsbad

Dorint Resort & Spa (mit Gästehäusern)
Heinrich-von-Bibra-Str. 13 ✉ 97769 Rest,
– ✆ (09741) 8 50 – www.dorint.com/bad-brueckenau
142 Zim – 79/119 € 99/179 € – 14 Suiten – ½ P
Rest – Menü 38/54 € – Karte 33/65 €
Das herrschaftlich anmutende Anwesen mit seinen schönen Gebäuden liegt inmitten des Kurparks. Die modernsten Zimmern befinden sich im Haupthaus. Gut auch der Spa- und Fitnessbereich. Im Restaurant steht Regionalität im Vordergrund.

BRÜHL – Nordrhein-Westfalen – 543 – 44 260 Ew – Höhe 62 m – Erholungsort
36 C12

Berlin 589 – Düsseldorf 61 – Bonn 25 – Aachen 76
Uhlstr. 1, ✉ 50321, ✆ (02232) 7 93 45, www.bruehl.de
Schloss Augustusburg★★ (Treppenhaus★★ · Innenräume★★ · Garten★) · Phantasialand★

Glaewe's Restaurant
Balthasar-Neumann-Platz 28 ✉ 50321 – ✆ (02232) 1 35 91
– www.glaewesrestaurant.de – geschl. Montag - Dienstag
Rest – *(nur Abendessen, sonntags auch Mittagessen)* Menü 38/70 € – Karte 34/54 €
Sie finden das Restaurant des sympathischen Gastgeber-Ehepaars in einer Geschäftspassage. Die Atmosphäre ist freundlich, mit elegantem Touch. Internationale Küche.

BRÜHL (BADEN) – Baden-Württemberg – 545 – 14 160 Ew – Höhe 102 m
47 F16

Berlin 635 – Stuttgart 121 – Karlsruhe 55 – Neustadt an der Weinstraße 54

KRONE das gasthaus
Ketscher Str. 17 ✉ 68782 – ✆ (06202) 6 07 02 52 – www.krone-dasgasthaus.de
– geschl. 30. August - 10. September und Montag
Rest – *(nur Abendessen)* Menü 34 € (vegetarisch)/54 € – Karte 23/57 €
Andreas Bretzel trifft hier genau den Nerv der Zeit: Schmackhaftes vom vegetarischen Menü über "Kalbsrücken auf Saubohnenpüree" bis hin zu "Hummerpaella mit Chorizo", und das Ganze in einem sympathischen ländlich-schlichten Rahmen mit Flair! Im Sommer geht's raus in den schönen, teilweise überdachten Hofgarten.

BRUSCHIED – Rheinland-Pfalz – siehe Kirn

BUCHEN (ODENWALD) – Baden-Württemberg – 545 – 18 280 Ew – Höhe 337 m – Erholungsort
48 H16

Berlin 560 – Stuttgart 113 – Würzburg 65 – Heidelberg 87
Hochstadtstr. 2, ✉ 74722, ✆ (06281) 27 80, www.buchen.de
18 Mudau, Donebacher Str. 41, ✆ (06284) 84 08

Prinz Carl (mit Gästehaus)
Rest, Zim,
Hochstadtstr. 1 ✉ 74722 – ✆ (06281) 5 26 90 – www.prinzcarl.de
– geschl. 1. - 10. Januar
30 Zim – 59/64 € 80/95 € – ½ P
Rest *Prinz Carl* – siehe Restaurantauswahl
Rest *Goldene Kanne* – *(geschl. Sonntag - Montag) (nur Abendessen)* Karte 26/53 €
Für jeden Geschmack das Passende: klassische Zimmer im historischen Stammhaus, geradlinig-moderne im Egon-Eiermann-Bau oder mediterrane im Gästehaus (dies sind die schönsten Zimmer!). In der Goldenen Kanne: Steakhouse-Angebot.

Reichsadler (mit Gästehaus) 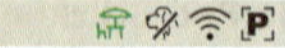

Walldürner Str. 1 ✉ 74722 – ✆ (06281) 5 22 60 – www.hotel-reichsadler.de
20 Zim – 52/68 € 76/89 € – ½ P
Rest – *(geschl. Sonntagabend - Montagmittag)* Karte 18/41 €
Hier lässt es sich gepflegt übernachten, im Haupthaus wie auch im Gästehaus - Letzteres hat geräumige und etwas modernere Zimmer. Das von Peter Reinhardt geführte Hotel liegt nur 10 Autominuten von der Eberstadter Tropfsteinhöhle entfernt und ist auch ein guter Ausgangspunkt für Radfahrer, die die Region erkunden möchten.

Prinz Carl – Hotel Prinz Carl
Hochstadtstr. 1 ✉ 74722 – ✆ (06281) 5 26 90 – www.prinzcarl.de – geschl. 1. - 10. Januar
Rest – Menü 31/59 € – Karte 33/52 €
Das nette Restaurant im Herzen der Stadt bietet sich mit seinen wechselnden Tagesgerichten auch für ein schnelles Mittagessen an. Man kocht regional und mit einer guten Auswahl ist auch an Vegetarier gedacht.

BUCHENBACH – **Baden-Württemberg** – **545** – **3 200 Ew** – **Höhe 447 m** **61** E20
Berlin 807 – Stuttgart 173 – Freiburg im Breisgau 14

In Buchenbach-Himmelreich

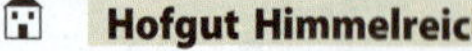

Hofgut Himmelreich
Himmelreich 37 ✉ 79199 Kirchzarten – ✆ (07661) 9 86 20 – www.hofgut-himmelreich.de
16 Zim – 40/68 € 80/100 € – ½ P
Rest – *(geschl. Montagmittag)* Karte 15/37 €
Am Eingang des Höllentals steht das Gasthaus von 1560. Es ist ein Integrationsbetrieb für Mitarbeiter mit Behinderung, der auch für körperlich behinderte Gäste gut geeignet ist. Nette Himmelbettzimmer. Bürgerliche Küche in der gemütlich-rustikalen Stube.

BUCHHOLZ in der NORDHEIDE – **Niedersachsen** – **541** – **38 740 Ew** – **Höhe 72 m** **10** I6
Berlin 312 – Hannover 124 – Hamburg 40 – Bremen 96
Kirchenstr. 6, ✉ 21244, ✆ (04181) 28 28 10, www.ferienregion-nordheide.de
Buchholz-Seppensen, An der Rehm 25, ✆ (04181) 3 62 00

Ristorante Il Sole
Lohbergenstr. 51 ✉ 21244 – ✆ (04181) 9 77 08 – www.ilsole-buchholz.de – geschl. Montag
Rest – *(Dienstag - Samstag nur Abendessen)* (Tischbestellung erforderlich) Menü 26/70 € – Karte 26/60 €
Im Grünen liegt das sympathische Haus der Familie Salerno. Die italienische Küche wird auf einer Tafel präsentiert, dazu eine kleine, aber gute Weinauswahl. Terrasse zum Teich.

BÜCKEBURG – **Niedersachsen** – **541** – **20 500 Ew** – **Höhe 61 m** **28** G9
Berlin 340 – Hannover 64 – Bielefeld 63 – Bremen 106
Schlossplatz 5, ✉ 31675, ✆ (05722) 89 31 81, www.bueckeburg.de
Obernkirchen, Röserheide 2, ✆ (05724) 46 70
Bad Eilsen, Am Bruch 12, ✆ (05722) 9 05 49 00

Ambiente
Herminenstr.11 ✉ 31675 – ✆ (05722) 96 70 – www.ambiente-hotel.de
34 Zim – 88/118 € 122/168 € – ½ P **Rest** – Karte 26/54 €
Das Hotel liegt nahe dem Zentrum, wird familiär geführt und bietet seinen Gästen eine helle, freundliche und zeitgemäße Einrichtung. Restaurant im Bistrostil und nette Gartenterrasse.

Am Schlosstor garni
Lange Str. 31 ✉ 31675 – ✆ (05722) 9 59 90 – www.schlosstor.de
28 Zim – 64/72 € 89/96 €
In dem gepflegten Hotel in der Fußgängerzone erwarten Sie neuzeitlich und funktionell ausgestattete Zimmer und ein freundlicher Frühstücksraum.

In Bückeburg-Röcke West: 5 km

Große Klus

Am Klusbrink 19 ✉ *31675 – ✆ (05722) 9 51 20 – www.klus.de*
31 Zim – 68/82 € 86/126 € – ½ P
Rest – *(nur Abendessen, sonntags sowie an Feiertagen auch Mittagessen)*
Menü 19 € (mittags)/36 € – Karte 27/53 €
Der historische Gasthof mit Hotelbau ist eine sehr gepflegte Adresse, die sympathisch-familiär geleitet wird. Die Zimmer sind wohnlich gestaltet, W-Lan steht kostenfrei zur Verfügung, gut das Frühstück. Im schönen alten Fachwerkhaus gibt es bei gemütlicher Atmosphäre regionale Küche. Richtig nett ist auch die zeitgemäße Fritzbar.

BÜCKEN – Niedersachsen – 541 – 2 170 Ew – Höhe 19 m

18 G7

Berlin 355 – Hannover 72 – Bremen 63 – Hamburg 122

Thöles Hotel (mit Gästehaus)

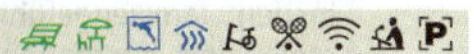

Hoyaer Str. 33 ✉ *27333 – ✆ (04251) 9 30 00 – www.thoeles.de*
30 Zim – 49 € 55/69 €, 4 € – ½ P
Rest – *(geschl. Sonntagabend)* Karte 12/31 €
Ein solides familiengeführtes Haus, das auch gerne von Radwanderern genutzt wird. Zum guten Freizeitangebot gehört eine Reitanlage mit Gastboxen. Gästehaus im Nachbarort Hoya. Restaurant in ländlichem Stil.

BÜDELSDORF – Schleswig-Holstein – siehe Rendsburg

BÜHL – Baden-Württemberg – 545 – 29 460 Ew – Höhe 138 m – Wintersport: 1 025 m 10

54 E18

Berlin 716 – Stuttgart 117 – Karlsruhe 45 – Offenburg 41
Hauptstr. 92, ✉ 77815, ✆ (07223) 93 53 32, www.buehl.de
18 Rheinmünster, Cabot Trail G208, ✆ (07229) 18 51 00

XX

Grüne Bettlad mit Zim

Blumenstr. 4 ✉ *77815 – ✆ (07223) 9 31 30 – www.gruenebettlad.de – geschl. 24. Dezember - 20. Januar, Juli 1 Woche und Sonntag - Montag, Freitagmittag*
4 Zim – 75/95 € 100/140 € – 1 Suite
Rest – Menü 34/55 € – Karte 31/63 €
Ein 400 Jahre altes Haus beherbergt dieses charmante Restaurant, zu dessen heimeliger Atmosphäre nicht zuletzt der herzliche und familiäre Service unter der Leitung von Sabine Günthner beiträgt. Der Patron sorgt für die klassische und regionale Küche. Die Gästezimmer sind mit Bauernmöbeln gemütlich eingerichtet.

XX

Lamm

Kappelwindeckstr. 15 ✉ *77815 – ✆ (07223) 90 01 80 – www.lamm-buehl.de – geschl. 24. Februar - 14. März und Montag - Dienstag*
Rest – *(Mittwoch - Samstag nur Abendessen)* Menü 34/46 € – Karte 34/52 €
Ludwig Bechter ist ein Garant für schmackhafte Küche - er versteht sein Handwerk und legt Wert auf gute Produkte. Und die finden sich auf der international beeinflussten regionalen Karte z. B. im "Lachstatar mit Reibekuchen und Salatbouquet" oder in den "geschmorten Rinderbacken in Rotweinsauce mit Nudeln und Gemüse". Schön auch das Ambiente: Parkettboden und die Holztäfelung an der Wand strahlen Wärme aus. Im Sommer isst man am besten auf der Terrasse.

XX

Gude Stub Casa Antica

Dreherstr. 9 ✉ *77815 – ✆ (07223) 3 06 06 – www.gudestub-casa-antica.de – geschl. 11. - 27. August und Dienstag*
Rest – Menü 40/55 € – Karte 30/55 €
Engagiert leitet Familie Alesi das nette Haus mit seinen sechs gemütlichen kleinen Stuben auf zwei Etagen. Die ambitionierte Küche ist überwiegend sizilianisch geprägt.

In Bühl-Kappelwindeck Süd-Ost: 2 km über Rungsstraße und Kappelwindeckstraße

Rebstock

Kappelwindeckstr. 85 ✉ 77815 – ✆ (07223) 2 21 09 – www.rebstock-kappelwindeck.de

8 Zim – 52/62 € 78/84 € – ½ P

Rest – *(geschl. Februar 3 Wochen und Mittwoch)* Menü 25/39 € – Karte 14/40 €

Oberhalb des Ortes liegt der tipptopp gepflegte familiengeführte kleine Gasthof mit neuzeitlichen Zimmern und nettem Garten. Sie frühstücken im wintergartenähnlichen Anbau. Im Restaurant serviert man badische Küche.

In Bühl-Oberbruch Nord-West: 4 km, jenseits der A 5

Pospisil's Gasthof Krone mit Zim

Seestr. 6 ✉ 77815 – ✆ (07223) 9 36 00 – www.pospisilskrone.de – geschl. Montag - Dienstagmittag, Freitagmittag

6 Zim – 45 € 78 € **Rest** – Menü 37/47 € – Karte 26/51 €

In dem familiengeführten Haus bietet Pavel Pospisil einen Mix aus schmackhaften regionalen, internationalen und auch böhmischen Gerichten. Auf einer Tafel präsentiert man Tagesempfehlungen. Zum Übernachten stehen zeitgemäße, hell möblierte Gästezimmer zur Verfügung.

An der Burgruine Altwindeck Süd-Ost: 4 km über Kappelwindeck

Burg Windeck

Kappelwindeckstr. 104 ✉ 77815 Bühl – ✆ (07223) 9 49 20 – www.burg-windeck.de – geschl. Anfang Janaur 2 Wochen

19 Zim – 89/118 € 129/158 € – 2 Suiten – ½ P

Rest *Panorama Restaurant* – siehe Restaurantauswahl

Umgeben von Weinbergen liegt die Burg wunderschön über dem Tal. In dem Hotel mit der charmanten Atmosphäre wohnt man in hübschen Landhauszimmern, darunter zwei Maisonetten.

Panorama Restaurant – Hotel Burg Windeck

Kappelwindeckstr. 104 ✉ 77815 Bühl – ✆ (07223) 9 49 20 – www.burg-windeck.de – geschl. Anfang Januar 2 Wochen

Rest – Menü 34/83 € – Karte 35/53 €

Als grandios kann man - ohne Übertreibung - die Aussicht sowohl vom Restaurant als auch von der Terrasse bezeichnen. Rheinebene und bei klarer Sicht sogar das Straßburger Münster liegen Ihnen zu Füßen.

BÜHLERTAL – Baden-Württemberg – 545 – 7 950 Ew – Höhe 194 m – Wintersport: 900 m 6 – Luftkurort

54 E18

Berlin 721 – Stuttgart 120 – Karlsruhe 50 – Strasbourg 51

Hauptstr. 92, ✉ 77830, ✆ (07223) 9 96 70, www.buehlertal.de

Schloss Alt Windeck★ (≤★), Süd: 7 km

Rebstock

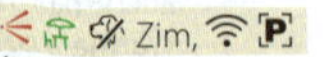

Hauptstr. 110, (Obertal) ✉ 77830 – ✆ (07223) 9 97 40 – www.rebstock-buehlertal.de – geschl. Februar 2 Wochen, November 2 Wochen

21 Zim – 61/95 € 87/109 € – ½ P

Rest *Rebstock* – siehe Restaurantauswahl

Schon seit vielen Jahren wird das Hotel mit Engagement von der Familie geleitet. Man bietet seinen Gästen wohnliche Zimmer, ein gutes Frühstück und freundlichen Service.

Bergfriedel mit Zim

Zim,

Haabergstr. 23, (Obertal) ✉ 77830 – ✆ (07223) 7 22 70 – www.bergfriedel.de – geschl. Montag - Dienstagmittag

8 Zim – 59/69 € 88/130 € – 2 Suiten

Rest – Menü 34/69 € – Karte 26/43 €

Bei Familie Schäuble erwartet Sie ein interessanter Mix aus klassischen und regionalen Gerichten - schmackhaft z. B. "Rindsfiletspitzen mit Spätzle"! Vom gemütlichen Restaurant und der Terrasse blickt man auf Bühlertal und den Schwarzwald. Schöne Sicht auch von einigen der behaglichen Gästezimmer.

Rebstock – Hotel Rebstock
Hauptstr. 110, (Obertal) ✉ 77830 – ✆ (07223) 9 97 40 – www.rebstock-buehlertal.de – geschl. Februar 2 Wochen, November 2 Wochen und Donnerstag
Rest – Menü 30 € – Karte 24/45 €
In dem traditionsreichen Haus merkt man die Leidenschaft der Gastgeber nicht zuletzt am guten Essen. Aus der Küche kommt z. B. das schmackhafte "Entrecôte mit Cognac-Sößle", dazu gibt es regionale Weine. Schöne Terrasse im Garten.

BÜLOW – Mecklenburg-Vorpommern – 542 – 1 000 Ew – Höhe 24 m   13 N5

Berlin 174 – Schwerin 106 – Neubrandenburg 55 – Güstrow 44

In Bülow-Schorssow Süd-West: 2 km

Schloss Schorssow (mit Gästehaus) 
Am Haussee 3 (über B 109 Richtung Waren, in Ziddorf links ab) ✉ 17166 – ✆ (039933) 7 90 – www.schloss-schorssow.de – geschl. 4. Januar - 14. Februar   Rest, Zim,
42 Zim – 50/130 € 60/160 € – 1 Suite – ½ P
Rest – Menü 24/42 € – Karte 31/44 €
Ein klassizistischer Dreiflügelbau in einem herrlichen Park am eigenen See mit Strandbad. Die Zimmer im Schloss sind die komfortableren. Schön auch die Bibliothek und die Restauranträume: zum einen das "Moltke's" (stilvolles Schlossrestaurant), zum anderen die "Schatzkammer" (legeres Schlossbistro).

BÜREN – Nordrhein-Westfalen – 543 – 21 500 Ew – Höhe 230 m   27 F11

Berlin 450 – Düsseldorf 152 – Arnsberg 56 – Kassel 92
Königstr.16, ✉ 33142, ✆ (02951) 97 00, www.tourismus-in-bueren.de

Kretzer
Wilhelmstr. 2 ✉ 33142 – ✆ (02951) 24 43 – www.hotel-kretzer.de – geschl. 14. - 18. April, 12. - 25. Juli
10 Zim – 40 € 74 € – ½ P **Rest** – *(geschl. Mittwoch)* Karte 16/36 €
In dem Familienbetrieb in einer Seitenstraße im Zentrum sind die Zimmer zwar ein bisschen schlichter, aber tipptopp gepflegt und solide - und der Preis stimmt auch. Wer gerne bürgerlich isst, kommt bei der großen Speisenauswahl auf seine Kosten.

In Büren-Ahden Nord: 11 km, jenseits der A 44

Airport Hotel
Kötterweg 10 (am Flughafen) ✉ 33142 – ✆ (02955) 7 47 40 – www.airporthotel-paderborn.com
49 Zim – 68/80 € 98/110 €, 12 € – ½ P
Rest – *(geschl. Samstagmittag)* Menü 25/45 € – Karte 24/46 €
Hier kann man in günstiger Lage am Flughafen und nahe der A 44 zeitgemäß und funktionell übernachten. Ein Teil der Zimmer mit schöner Aussicht aufs Almetal - diesen Blick hat man auch vom Restaurant und der Terrasse! Die Küche ist international.

BÜRGSTADT – Bayern – 546 – 4 220 Ew – Höhe 150 m   48 G16

Berlin 566 – München 352 – Würzburg 69 – Aschaffenburg 43
Engelplatz 69, ✉ 63897, ✆ (09371) 40 41 19, www.buergstadt.info

Adler (mit Gästehäusern) 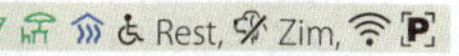
Hauptstr. 30 ✉ 63927 – ✆ (09371) 9 78 80 – www.adler-landhotel.de
27 Zim – 50/70 € 88/125 €
Rest – *(geschl. Montagmittag, Dienstagmittag)* Menü 23/55 € – Karte 19/47 €
Die Bachmanns haben hier ein wirklich nettes Haus: Zimmer in warmen Farben, zeitgemäße Ausstattung, der Service immer mit einem Lächeln, gemütlich das Restaurant... und draußen ein lauschiger Biergarten. Probieren Sie die Destillate aus der eigenen Brennerei!

Weinhaus Stern

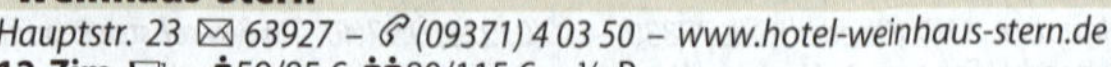

Hauptstr. 23 ✉ 63927 – ✆ (09371) 4 03 50 – www.hotel-weinhaus-stern.de
12 Zim – 59/85 € 80/115 € – ½ P
Rest *Weinhaus Stern* – siehe Restaurantauswahl
Ihre Gastgeber bieten in dem hübschen Sandstein-/Fachwerkhaus behagliche Zimmer, Garten- sowie Dachterrasse, gutes Essen und einen Spezialitäten-Shop (die hausgemachte Marmelade gibt's auch zum Frühstück!). Tipp: Freskenmalereien a. d. 16. Jh. in der örtlichen Kapelle.

Weinhaus Stern – Hotel Weinhaus Stern

Hauptstr. 23 ✉ 63927 – ✆ (09371) 4 03 50 – www.hotel-weinhaus-stern.de – geschl. Mittwoch - Donnerstag
Rest – *(Montag - Freitag nur Abendessen)* (Tischbestellung ratsam) Menü 30/70 € – Karte 30/57 €
Lust auf "knusprig gebratene Blutwurst nach Omas Rezept"? Bodenständiges kocht Klaus Markert ebenso gut wie etwas gehobenere Gerichte. Dazu passen z. B. schöne Weine aus Franken.

BÜSINGEN – Baden-Württemberg – 545 – 1 400 Ew – Höhe 421 m – Deutsche Exklave im Schweizer Hoheitsgebiet, Schweizer Währung (CHF)

62 F21

Berlin 802 – Stuttgart 169 – Freiburg im Breisgau 96 – Zürich 58

Alte Rheinmühle

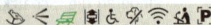

Junkerstr. 93 ✉ 78266 – ✆ (07734) 93 19 90 – www.alte-rheinmuehle.ch
16 Zim – 120/190 € 160/280 €
Rest *Alte Rheinmühle* – siehe Restaurantauswahl
Malerisch schmiegt sich die a. d. J. 1674 stammende Mühle an das Ufer des Hochrheins. Sie beherbergt individuelle, wohnliche Zimmer, teilweise mit Antiquitäten und freigelegtem altem Fachwerk.

Alte Rheinmühle – Hotel Alte Rheinmühle

Junkerstr. 93 ✉ 78266 – ✆ (07734) 93 19 90 – www.alte-rheinmuehle.ch – geschl. Mitte Januar - Mitte Februar
Rest – Menü 40 € (mittags)/78 € – Karte 44/84 €
Das Besondere hier: Man sitzt wirklich fast auf Rheinhöhe, von der Terrasse aus führen ein paar Stufen sogar direkt ins Wasser - an heißen Tagen sehr verlockend...! Auf den Tisch kommen viele Produkte aus dem Schaffhauser Blauburgunderland.

BÜSUM – Schleswig-Holstein – 541 – 4 990 Ew – Höhe 2 m – Nordseeheilbad

9 G3

Berlin 406 – Kiel 102 – Cuxhaven 131 – Flensburg 103
Südstrand 11, ✉ 25761, ✆ (04834) 90 90, www.buesum.de
Warwerort, Zwischen den Deichen, ✆ (04834) 96 04 60

Windjammer

Dithmarscher Str. 17 ✉ 25761 – ✆ (04834) 96 04 30 – www.hotel-windjammer.de – geschl. Ende November - Februar
14 Zim – 49/98 € 78/108 € – ½ P
Rest – *(geschl. November - März) (nur Abendessen)* Karte 30/46 €
Die Gäste dieses gut geführten Familienbetriebs wohnen in sehr gepflegten Zimmern, die teilweise einen Balkon bieten. Auch ein hübsch beleuchteter kleiner Garten steht zur Verfügung.

Büsum garni (mit Gästehaus)

Blauort 18 ✉ 25761 – ✆ (04834) 6 01 40 – www.hotel-buesum.de – geschl. November - März
28 Zim – 32/85 € 76/96 € – 1 Suite
Die ruhige Lage in einem Wohngebiet und gepflegte Gästezimmer sprechen für dieses familiengeführte Haus mit Pensionscharakter. Gutes Frühstücksbuffet.

BÜTTELBORN – Hessen – 543 – 13 710 Ew – Höhe 90 m 47 F15

Berlin 567 – Wiesbaden 35 – Frankfurt am Main 38 – Darmstadt 12

Monika

Rest,

Im Mehlsee 1 (B 42, Ost: 1 km) ✉ 64572 – ✆ (06152) 18 10 – www.hotelmonika.de – geschl. 24. Dezember - 6. Januar

38 Zim – 59/86 € 87/106 €

Rest – *(geschl. Samstag, Sonntagabend)* Menü 25/59 € – Karte 21/51 €

Ein gut geführtes Hotel mit hellem Empfangsbereich im Wintergartenstil sowie zeitgemäßen, funktionellen Gästezimmern. In der Schirmbar vor dem Haus darf geraucht werden. Internationales im freundlichen Restaurant mit rustikaler Note.

BURBACH – Nordrhein-Westfalen – 543 – 14 450 Ew – Höhe 380 m 37 E13

Berlin 556 – Düsseldorf 137 – Siegen 19 – Limburg an der Lahn 45

Snorrenburg

Römer 8 ✉ 57299 – ✆ (02736) 4 49 30 – www.snorrenburg.de

16 Zim – 90 € 110 €

Rest – *(geschl. Samstagmittag, Sonntagabend)* Menü 13 € (mittags unter der Woche) – Karte 24/41 €

Ein ehemaliges Schulhaus auf dem Gelände einer einstigen Burg beherbergt geschmackvolle, individuell nach Themen gestaltete Zimmer. Frühstück im Jugendstil-Wintergarten. Gemütlich-ländlich: das Restaurant in einem kleinen Fachwerkhaus gegenüber dem Hotel.

In Burbach-Holzhausen Süd-Ost: 8,5 km über Würgendorf, dann rechts

Fiester-Hannes mit Zim

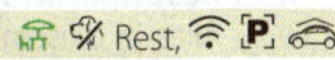
Rest,

Flammersbacher Str. 7 ✉ 57299 – ✆ (02736) 2 95 90 – www.fiesterhannes.de – geschl. Januar - Februar 2 Wochen und Montag - Dienstagmittag sowie Samstagmittag

6 Zim – 65/80 € 100/125 €

Rest – Menü 42 € (mittags)/75 € – Karte 29/52 €

Hinter der historischen Fachwerkfassade finden Sie ein behagliches und liebenswertes Umfeld für ein gutes Essen. Michael Debus kocht international und regional, Karoline Steinhoff leitet den herzlichen Service. In einem der hübschen und ausgesprochen wohnlichen Gästezimmer bleibt man gerne über Nacht.

BURG – Schleswig-Holstein – siehe Fehmarn (Insel)

BURG bei MAGDEBURG – Sachsen-Anhalt – 542 – 24 170 Ew – Höhe 54 m 31 M9

Berlin 130 – Magdeburg 26 – Brandenburg 55

Markt 1, ✉ 39288, ✆ (03921) 4 84 49 13, www.stadt-burg.de

Wittekind

An den Krähenbergen 2 (im Gewerbegebiet Ost, Süd-Ost: 3 km) ✉ 39288 – ✆ (03921) 9 23 90 – www.hotel-wittekind-burg.de

47 Zim – 79 € 120 € – ½ P **Rest** – *(geschl. Sonntag)* Karte 17/33 €

Das gepflegte Hotel ist ideal für alle, die zwischen Braunschweig und Berlin auf der A2 unterwegs sind. Hier überzeugt Funktionalität. Bürgerliche und internationale Küche im Restaurant, das dank der großen Fensterfront angenehm hell ist.

BURG (SPREEWALD) – Brandenburg – 542 – 4 400 Ew – Höhe 57 m – Erholungsort 33 R10

Berlin 113 – Potsdam 144 – Cottbus 19 – Frankfurt (Oder) 98

Am Hafen 6, ✉ 03096, ✆ (035603) 75 01 60, www.burg-spreewald-tourismus.de

Spreewald★★

Zur Bleiche Resort & Spa

Bleichestr. 16 (West: 2 km) ✉ *03096 – ✆ (035603) 6 20 – www.hotel-zur-bleiche.com*
61 Zim – 180/350 € 280/500 € – 19 Suiten – ½ P
Rest ***17 fuffzig*** – siehe Restaurantauswahl
Rest ***Bios*** – Menü 52 € – Karte 34/77 €
Was Sie auf dem wunderbaren parkähnlichen Grundstück mit seinen Blumen- und Kräutergärten, Brunnen etc. erwartet, ist Landhausstil in seiner wohnlichsten Form - darf es vielleicht die 180 qm große SPA-Suite mit eigener Sauna und Hamam sein? Oder wohnen Sie lieber im kleinen "Storchennest" und genießen das umfassende Wellnessangebot des Hotels? Exzellenter Service und Diskretion sind Ihnen überall im Haus gewiss. Abgerundet wird das bemerkenswerten Gesamtpaket durch Outdoor-Aktivitäten wie Reiten oder Kahnfahrten. Gut essen kann man übrigens auch in den Restaurants rund um das Gourmet "17 fuffzig" und die hochwertige HP ist inklusive.

Spreewald Thermenhotel

Ringchaussee 152 , (direkter Zugang zur Spreewald Therme) ✉ *03096 – ✆ (035603) 1 88 50 – www.spreewald-thermenhotel.de*
83 Zim – 119/129 € 150/170 € – ½ P **Rest** – Karte 23/49 €
Ideal für Therme- und Wellness-Fans liegt das Hotel direkt neben der Spreewald Therme. Doch nicht nur die Lage kommt an, auch das schicke Interieur: topmodern, geradlinig, hier und da kräftige Farbakzente. Dieser Stil setzt sich im Restaurant fort - hier wie auf der tollen Terrasse serviert man regional-saisonale Küche.

Spree Balance

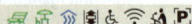

Ringchaussee 154 ✉ *03096 – ✆ (035603) 75 94 90 – www.spreebalance.de*
36 Zim – 80/99 € 105/125 € – 2 Suiten – ½ P
Rest ***Konrad's*** – Menü 18/45 € – Karte 28/46 €
Alles in diesem Ferienhotel ist schön frisch und neuzeitlich gestaltet. Zur Therme ist es nicht weit - man kann es sich aber auch bei Anwendungen gleich hier im Haus gut gehen lassen! Das Restaurant Konrad's bietet internationale Klassiker und Saisonales.

17 fuffzig – Hotel Zur Bleiche Resort & Spa

Bleichestr. 16 (West: 2 km) ✉ *03096 – ✆ (035603) 6 20 – www.hotel-zur-bleiche.com – geschl. Februar 2 Wochen, Juni - Juli 3 Wochen und Sonntag - Montag*
Rest – *(nur Abendessen)* Menü 85 € (vegetarisch)/150 € – Karte 74/150 €
Der Name steht für das Gründungsjahr der einstigen "Bleiche", Oliver Heilmeyer für eine geschmackvolle, meist auf regionalen Produkten basierende Küche, die nie ihren bodenständigen Touch verliert, und die Atmosphäre für "einfach wohlfühlen"!
➜ "Schinken" und Geröstel vom Kaninchen, Gewürzrhabarber. Brennnessel-Maultasche mit geräucherter Zwiebelsauce, kleiner Fenchel mit Schmalz. Gebackenes Strudelröllchen von der Scholle, karamellisierter Kohlrabi und Flusskrebssauce.

In Burg-Kauper Nord-West: 9 km

Landhotel Burg im Spreewald

Ringchaussee 125 ✉ *03096 – ✆ (035603) 6 46 – www.landhotel-burg.de*
87 Zim – 85/120 € 110/150 € – ½ P
Rest – Menü 21/59 € – Karte 18/53 €
Rest ***Il Fienile*** – Menü 25/75 € – Karte 17/59 €
Schöne Urlaubstage verspricht dieses etwas außerhalb gelegene Landhotel mit seinen wohnlichen und individuellen Zimmern (sehr schön die ganz modernen!), dem vielfältigen Spa-Bereich und der abwechslungsreichen Gastronomie von regional bis italienisch im Il Fienile. Nicht nur für Kinder interessant: großer Außenpool und Streichelzoo.

Waldhotel Eiche

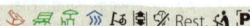

Eicheweg ✉ *03096 – ✆ (035603) 6 70 00 – www.waldhotel-eiche.de – geschl. 2. - 10. Januar*
53 Zim – 49/95 € 59/140 € – 8 Suiten – ½ P
Rest – *(Januar - Februar: Montag - Freitag nur Abendessen)* Karte 19/33 €
Das wohnliche Hotel überzeugt mit der ruhigen Einzellage am Spreekanal. Zum Freizeitangebot zählen der Fitnessraum im Turm mit Blick auf das Anwesen, ein Fahrradverleih und Kahnfahrten. Das Restaurant Fontane ist gediegen-elegant, etwas einfacher das Restaurant Burg.

In Werben Süd-Ost: 3 km Richtung Cottbus

Zum Stern 

Burger Str. 1 ✉ 03096 – ✆ (035603) 6 60 – www.hotel-stern-werben.de

33 Zim – 46/51 € 61/75 € – ½ P **Rest** – Menü 15 € – Karte 18/28 €

In dem Haus mit langjähriger Familientradition erwarten den Gast zeitgemäße und freundlich mit hellem Naturholzmobiliar eingerichtete Räume. Im Restaurant wählen Sie aus einem preiswerten gutbürgerlichen Speisenangebot.

BURG STARGARD – Mecklenburg-Vorpommern – siehe Neubrandenburg

---

BURGHAUSEN – Bayern – **546** – 18 160 Ew – Höhe 421 m **67** O20

Berlin 639 – München 110 – Bad Reichenhall 67 – Passau 81

Stadtplatz 112, ✉ 84489, ✆ (08677) 88 71 40, www.tourismus.burghausen.de

Markt, Falkenhof 1, ✆ (08678) 98 69 03

Haiming, Piesing 4, ✆ (08678) 98 69 03

Burg ★★

Glöcklhofer 

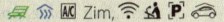

Ludwigsberg 4 ✉ 84489 – ✆ (08677) 91 64 00 – www.hotel-gloecklhofer.de

82 Zim – 89/99 € 125/135 € – ½ P

Rest – Menü 15 € (mittags)/60 € – Karte 19/40 €

Ein Buisnesshotel in zentraler Lage mit sehr gut ausgestatteten, neuzeitlichen Zimmern, darunter Juniorsuiten mit Sauna. Auch einfachere Zimmer. Massage- und Kosmetikangebot. Gemütlich ist das bayerische Wirtshaus mit modernem Wintergartenanbau.

Post (mit Gästehaus) 

Stadtplatz 39 ✉ 84489 – ✆ (08677) 96 50 – www.altstadthotels.net

24 Zim – 79/96 € 109/139 € – ½ P **Rest** – Menü 20/37 € – Karte 19/37 €

Das traditionsreiche Haus steht in der Altstadt, direkt an der Salzach. Die Zimmer sind wohnlich und recht unterschiedlich geschnitten. Gemütlich sitzt man in den Gaststuben mit Kreuzgewölbe bei bürgerlich-regionaler Küche. Terrasse am schönen Marktplatz.

Bayerische Alm 

Robert-Koch-Str. 211 ✉ 84489 – ✆ (08677) 98 20 – www.bayerischealm.de

23 Zim – 65/99 € 99/119 € – ½ P **Rest** – Menü 15/30 € – Karte 18/47 €

Recht ruhig liegt der Familienbetrieb oberhalb des Ortes. Die Zimmer sind unterschiedlich möbliert und funktionell ausgestattet, einige mit Balkon. Das Restaurant bietet regionale Küche. Terrasse und Biergarten mit toller Sicht auf die längste Burg der Welt.

In Burghausen-Raitenhaslach

Klostergasthof Raitenhaslach 

Raitenhaslach 9 ✉ 84489 – ✆ (08677) 96 50 – www.klostergasthof.com – geschl. Ende Dezember - Ostern

18 Zim – 89 € 129/139 € – ½ P **Rest** – Menü 18/37 € – Karte 16/42 €

Dieser Ort atmet förmlich Geschichte: Den schmucken Gasthof gibt es schon seit 1575, direkt nebenan das Kloster von 1038! Die Zimmer sind außergewöhnlich geschmackvoll und wohnlich (elegante Möbel, kräftige Farben, schöne Stoffe...), die Gaststuben haben rustikalen Charme, serviert wird Regionales. Draußen: Kastaniengarten, Biergarten, Sonnenterrasse!

BURGKUNSTADT – Bayern – **546** – 6 640 Ew – Höhe 304 m **50** L15

Berlin 366 – München 273 – Coburg 31 – Bayreuth 38

In Altenkunstadt Süd: 2 km

Gondel 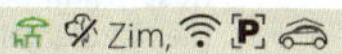

Marktplatz 7 ✉ 96264 – ✆ (09572) 36 61 – www.hotelgondel.de – geschl. 2. - 15. Januar

36 Zim – 49/65 € 70/110 € – ½ P

Rest – ✆ (09572) 36 61 *(geschl. Samstagmittag)* Karte 23/48 €

Das Haus der Familie Jahn befindet sich mitten im Ort und bietet seinen Gästen wohnliche Zimmer wie "Rustico", "Romantico" oder "Landhaus modern". Im Restaurant erwarten Sie rustikaler Charme und bürgerliche Küche.

BURGRIEDEN – Baden-Württemberg – 545 – 3 620 Ew – Höhe 541 m 64 I20

Berlin 637 – Stuttgart 115 – Konstanz 150 – Ulm (Donau) 24

XX **Ebbinghaus**

Bahnhofplatz 2 ✉ 88483 – ✆ (07392) 60 41 – www.restaurant-ebbinghaus.de – geschl. 1. - 6. Januar, Ende August - Anfang September 3 Wochen und Sonntagabend - Dienstag

Rest – *(nur Abendessen, sonntags auch Mittagessen)* Menü 60/77 € – Karte 36/55 €

Ein freundliches und modernes Ambiente erwartet Sie in dem Restaurant gegenüber dem Rathaus. Die zeitgemäßen Speisen werden sorgfältig aus guten Produkten zubereitet. Probieren Sie z. B. Lammkeule oder Lammrücken mit kräutrigen Perlgraupen.

BURGTHANN – Bayern – 546 – 11 220 Ew – Höhe 400 m 50 L17

Berlin 439 – München 159 – Nürnberg 29 – Regensburg 79

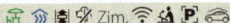

Burghotel (mit Gästehaus) Zim,

Burgstr. 2 ✉ 90559 – ✆ (09183) 9 32 10 – www.goldener-hirsch-burgthann.de – geschl. August 2 Wochen

32 Zim – †46/69 € ††73/102 € – ½ P

Rest *Zum Goldenen Hirschen* – *(geschl. Montag)* Karte 12/34 €

Das Haus liegt im oberen Teil des Ortes, nahe der namengebenden Burg. Die Zimmer sind gepflegt und solide - etwas einfacher im ca. 150 m entfernten Gästehaus Traudl. Gasthof Zum Goldenen Hirschen mit eigener Metzgerei und ländlichem Ambiente.

BURGWALD – Hessen – 543 – 4 890 Ew – Höhe 305 m 38 F12

Berlin 462 – Wiesbaden 145 – Marburg 27 – Kassel 90

In Burgwald-Ernsthausen

XX **Oertel Burgwald-Stuben**

Marburger Str. 25 (B 252) ✉ 35099 – ✆ (06457) 80 66 – www.restaurant-burgwaldstuben.de – geschl. August 3 Wochen und Montag - Mittwoch

Rest – *(Donnerstag - Samstag nur Abendessen)* Menü 33/63 € – Karte 37/56 €

Dunkles Holz, geschmackvolles Dekor und schön gedeckte Tische bestimmen in dem familiär geleiteten Restaurant das Ambiente. Die Chefin bereitet internationale Küche.

BURGWEDEL – Niedersachsen – 541 – 20 490 Ew – Höhe 53 m 19 I8

Berlin 283 – Hannover 30 – Bremen 107 – Celle 28

 Burgwedel-Engensen, Wettmarer Str. 13, ✆ (05139) 89 44 94

In Burgwedel-Großburgwedel

Kokenhof 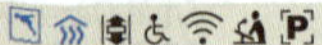

Isernhägener Str. 3 ✉ 30938 – ✆ (05139) 80 30 – www.kokenhof.com

44 Zim – †125 € ††166 €

Rest *Kokenhof* – siehe Restaurantauswahl

Sie wohnen und tagen in regionstypisch rekonstruierten Fachwerkhäusern. Überall im Hotel begegnen Ihnen Bilder von Künstlern aus der Region, die auch käuflich zu erwerben sind. Kleines Bistro und Terrasse im Innenhof.

XX **Ole Deele** mit Zim Rest, 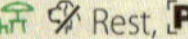

Heinrich-Wöhler-Str. 14 ✉ 30938 – ✆ (05139) 9 98 30 – www.ole-deele.de – geschl. Sonntag - Montag

14 Zim – †69/79 € ††105/165 €

Rest – *(nur Abendessen)* Menü 68/109 € – Karte 52/78 €

Hier ist die ganze Straße denkmalgeschützt, so auch der einstige Bauernhof von 1828. Ein stilvoll-elegantes Restaurant, die historisch-rustikale Note hat man bewusst erhalten. Andreas Tuffentsammer kocht saisonal, teils auch kreativ. Kleinigkeiten bekommt man im Bistro. Einige der Gästezimmer sind neuer renoviert und geräumiger.

➜ Flusskrebs - Fleisch und Kaviar, Erbse, Spargelcremesüppchen, Spargelmousse, Minze. Brokkoli - Stamm und Püree, Mandel, Nussbutter, Champignon, Schnecken. Rind - Filet, Tatar, Mark, Fichte, Schwarzwurzel, Crumble, Markknochenjus.

Kokenhof – Hotel Kokenhof

Isernhägener Str. 3 ✉ 30938 – ✆ (05139) 80 30 – www.kokenhof.com

Rest – Menü 38 € (mittags)/67 € – Karte 36/57 €

Moderne Leichtigkeit durchzieht die Räume ebenso wie das Sonnenlicht, das durch die großen Fenster hereinscheint. Auf der Karte findet man nach internationalen Rezepten zubereitete Gerichte.

In Burgwedel-Thönse

Gasthaus Lege

Engenser Str. 2 ✉ 30938 – ✆ (05139) 82 33 – www.gasthaus-lege.de – geschl. August 3 Wochen und Montag - Dienstag

Rest – *(Mittwoch - Freitag nur Abendessen)* Menü 35/59 € – Karte 39/51 €

Sehr freundlich wird man im Restaurant von Hinrich und Claudia Schulze betreut. Der Chef kocht seine überwiegend international ausgerichteten Speisen mit Sorgfalt und achtet auf Qualität. Kleine Bilderausstellung.

BURSCHEID – Nordrhein-Westfalen – 543 – 18 610 Ew – Höhe 195 m   36 C12

Berlin 554 – Düsseldorf 46 – Köln 31 – Arnsberg 110

In Burscheid-Sträßchen Süd-Ost: 2 km, jenseits der A 1

Zum Schmuck-Kastl

Sträßchen 26 (B 51) ✉ 51399 – ✆ (02174) 89 45 41 – www.schmuck-kastl.de – geschl. Montag - Dienstag

Rest – Menü 36 € – Karte 33/55 €

Die Gastgeber haben hier mit viel Liebe zum Detail ein ländlich-charmantes Restaurant geschaffen, in dem Sie eine von ihrer österreichischen Heimat beeinflusste Küche bieten.

BUTTENHEIM – Bayern – siehe Hirschaid

BUXTEHUDE – Niedersachsen – 541 – 40 160 Ew – Höhe 2 m   10 I5

Berlin 326 – Hannover 158 – Hamburg 37 – Cuxhaven 93

Viverstr. 1, ✉ 21614, ✆ (04161) 5 01 23 45, www.buxtehude.de

Buxtehude, Zum Lehmfeld 1, ✆ (04161) 8 13 33

Gut Immenbeck, Ardestorfer Weg 1, ✆ (04161) 8 76 99

Navigare

Harburger Str. 4 ✉ 21614 – ✆ (04161) 7 49 00 – www.hotel-navigare.com

32 Zim – †115/145 € ††135/155 €

Rest *Seabreeze* – siehe Restaurantauswahl

Das schmucke Gebäude aus der Kaiserzeit - ehemals Hauptsitz der Reederei NSB - beherbergt auf seinen "Decks" zeitgemäß und wertig ausgestattete Zimmer, Minibar inklusive. Lighthouse Bar und schöne Terrasse.

An der Linah garni

Harburger Str. 44 ✉ 21614 – ✆ (04161) 6 00 90 – www.hotelanderlinah.de

30 Zim – †63/79 € ††83/99 €

Hotel mit freundlichem Service. Einige der Gästezimmer sind modern und hübsch in hellen, warmen Tönen gehalten. Ein Teil der Zimmer liegt ruhiger nach hinten.

Seabreeze – Hotel Navigare

Harburger Str. 4 ✉ 21614 – ✆ (04161) 7 49 00 – www.hotel-navigare.com – geschl. Sonntagabend

Rest – Menü 34 € (mittags)/52 € – Karte 34/53 €

Freigelegte Backsteinwände im Gewölbekeller treffen auf elegantes Interieur mit weißen Polsterbänken und weiß bezogenen Stuhlsesseln. Sorgfältige Tischkultur verleiht einen vornehmen Touch.

Hoddow's Gastwerk

Westfleth 35, (Westfleth-Passage) ✉ 21614 – ✆ (04161) 50 39 01 – www.hoddows-gastwerk.de – geschl. Montag - Dienstag

Rest – Menü 36 € (abends) – Karte 35/48 €

Das Restaurant der Familie Hoddow ist modern gestaltet und liegt zentral. Schmackhaft und frisch sind sowohl die regionalen und internationalen Speisen als auch das leckere Eis. Gute Weine, zusätzliche kleine Mittagskarte.

CALW – Baden-Württemberg – 545 – 23 220 Ew – Höhe 347 m 54 F18

Berlin 659 – Stuttgart 47 – Karlsruhe 54 – Pforzheim 26

Sparkassenplatz 2, ✉ 75365, ✆ (07051) 16 73 99, www.calw.de

In Calw-Hirsau Nord: 2,5 km über B 463 – Luftkurort

Kloster Hirsau Zim,

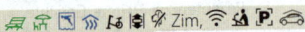

Wildbader Str. 2 ✉ 75365 – ✆ (07051) 9 67 40 – www.hotel-kloster-hirsau.de

40 Zim – 76/86 € 124/135 € – ½ P **Rest** – Karte 27/41 €

Bei Wochenendurlaubern ist die ehemalige Klosterherberge von 1450 (das Benediktiner-Kloster liegt ca. 300 m entfernt) ebenso beliebt wie für Tagungen oder Veranstaltungen. Der schöne lichte Wintergarten sorgt gleich beim Frühstück für gute Laune. Auch eine hübsche Terrasse mit Brunnen gehört zum Restaurant.

CASTELL – Bayern – 546 – 820 Ew – Höhe 317 m 49 J16

Berlin 472 – München 238 – Würzburg 42 – Bamberg 69

Gasthaus zum Schwan mit Zim

Birklinger Str. 2 (B 286) ✉ 97355 – ✆ (09325) 9 01 33 – www.schwan-castell.de – geschl. 1. - 23. Januar, 29. Juli - 16. August und Dienstag - Mittwoch

9 Zim – 50 € 70 € – ½ P **Rest** – Karte 27/40 €

In dem traditionsreichen Familienbetrieb wird Ihnen in gemütlicher Gaststuben-Atmosphäre eine schmackhafte regionale Küche geboten, und das z. B. in Form von "Tafelspitz an Linsen-Vinaigrette" oder "Wildschweinbratwürste mit Spargelgemüse". Und dazu ein Wein aus eigenem Anbau? Davon darf es auch ruhig ein bisschen mehr sein, denn man hat hier auch gepflegte Gästezimmer.

CASTROP-RAUXEL – Nordrhein-Westfalen – 543 – 74 940 Ew – Höhe 55 m 26 D11

Berlin 498 – Düsseldorf 63 – Bochum 12 – Dortmund 12

Castrop-Rauxel, Dortmunder Str. 222, ✆ (02305) 6 20 27

Arcadia Hotel Schloss Goldschmieding Zim,

Dortmunder Str. 55 ✉ 44575 – ✆ (02305) 30 10 – www.arcadia-hotel.de

83 Zim – 65/75 € 75/85 €, 15 € – 1 Suite – ½ P

Rest *Kaminzimmer* – *(geschl. Sonntag)* Menü 37/55 € – Karte 41/52 €

Rest *Westfalenstube* – *(geschl. Sonntag)* Karte 32/49 €

Ein sehr schönes historisches Gebäude und ein neuzeitlicher Hotelbau bilden diese auch für Tagungen bestens geeignete Adresse mit zeitgemäßen Zimmern und hübschem Park. Blickfang im klassisch gehaltenen Kaminzimmer ist ein Sandsteinkamin von 1597.

Raj Mahal

Europaplatz 3 ✉ 44575 – ✆ (02305) 4 45 51 00 – www.raj-mahal.de

52 Zim – 87/106 € 117/131 € – 4 Suiten – ½ P

Rest – *(nur Abendessen)* Menü 24/55 € – Karte 23/43 €

Ein komfortabler Rahmen mit exotischem Touch und wohnlich-moderne Zimmer mit handgearbeiteten Möbelstücken aus Indien machen dieses Hotel aus. Ayurvedische Kuren. Das Restaurant bietet deutsche, indische und vegetarische Speisen.

Eurostar Rest,

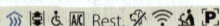

Bahnhofstr. 60 ✉ 44575 – ✆ (02305) 3 58 20 – www.eurostar-hotel.de – geschl. 24. Dezember - 4. Januar

50 Zim – 62/80 € 79/110 €, 9 € – ½ P

Rest *Olivo* – ✆ (02305) 35 82 90 *(geschl. Sonntagabend) (nur Abendessen)* Karte 23/57 €

Eine familiengeführte Businessadresse, die neben neuzeitlich-funktioneller Einrichtung auch eine gute Verkehrsanbindung bietet. Die Zimmer sind teilweise klimatisiert. Das Restaurant Olivo ist in mediterranem Stil gehalten.

CELLE – Niedersachsen – 541 – 69 980 Ew – Höhe 40 m

Berlin 276 – Hannover 51 – Bremen 112 – Hamburg 117

ADAC Hannoversche Str. 34 B2

Markt 14, Altes Rathaus B1, ✉ 29221, ✆ (05141) 12 12, www.celle-tourismus.de

Celle-Garssen, Beuckenbusch 1, ✆ (05086) 3 95

Hambühren, Ericaweg 22, ✆ (05084) 9 24 30

Altstadt★★ · Schloss★ A1 · Bomann-Museum★ B1_2· Stadtkirche★ B

Kloster Wienhausen★, West: 12 km über Bahnhofstraße A2

Stadtplan auf der nächsten Seite

Althoff Hotel Fürstenhof

Hannoversche Str. 55 ✉ 29221 – ✆ (05141) 20 10 – www.fuerstenhof-celle.com **A2e**

69 Zim – 135/285 € 190/380 € – 3 Suiten

Rest *Endtenfang* ✿ **Rest *Palio*** – siehe Restaurantauswahl

Nicht nur die beispielhafte Gästebetreuung hier ist sehr angenehm, das Ambiente im Haus ist es ebenso! Passend zum stilvollen Charakter des jahrhundertealten Palais setzt man auf klassische Eleganz. Und wenn Sie bummeln gehen möchten: In die Innenstadt sind es nur wenige Minuten!

Caroline Mathilde (mit Gästehaus)

Alter Bremer Weg 37 ✉ 29223 – ✆ (05141) 98 07 80 – www.caroline-mathilde.de **A1e**

53 Zim – 90/105 € 130/150 € – ½ P

Rest – *(nur Abendessen)* Karte 19/39 €

Zwei Häuser im neuzeitlichen Villenstil beherbergen individuelle und wohnliche, teils ganz moderne Zimmer, hübsch ist der freundliche Frühstücksraum. Gute Parkmöglichkeiten. Das Bistro Kanapé bietet eine kleine internationale Speisenauswahl.

Borchers garni

Schuhstr. 52, (Passage) ✉ 29221 – ✆ (05141) 91 19 20 – www.hotelborchers.com **B1f**

19 Zim – 68/150 € 90/180 €

Das Hotel in der Fußgängerzone ist die einfachere, aber gepflegte und funktionelle Dependance des Fürstenhofs, dessen Freizeitbereich man mitbenutzen kann. Schöne Innenhofterrasse.

Blumlage garni

Blumlage 87 ✉ 29221 – ✆ (05141) 97 44 70 – www.blumlage.de **B2d**

32 Zim – 67/120 € 105/168 €

Das Hotel mit den drei markanten Giebeln liegt am Rande der Altstadt, dennoch kann man hier gut parken. Zeitgemäß-funktionale Zimmer und netter Frühstücksraum.

Am Hehlentor garni (mit Gästehaus)

Nordwall 62 ✉ 29221 – ✆ (05141) 8 85 69 00 – www.hotel-am-hehlentor.de **B1u**

16 Zim – 70/120 € 96/140 €

Das reizende Fachwerkhaus wird freundlich von Frau Hohmann geführt - in der Weihnachtszeit versüßt sie ihren Gästen den Aufenthalt mit Glühwein! Die Zimmer sind zwar etwas schlichter, aber das kleine Hotel hat Charme und alles ist gepflegt. Zimmer auch im ca. 50 m entfernten Altstadthotel.

Endtenfang – Althoff Hotel Fürstenhof

✿

Hannoversche Str. 55 ✉ 29221 – ✆ (05141) 20 10 – www.fuerstenhof-celle.com – geschl. Januar 2 Wochen, Juli - August 2 Wochen und Montag - Dienstag

Rest – *(Mittwoch - Samstag nur Abendessen)* Menü 45/129 € – Karte 83/108 € **A2e**

Die klassische Küche des Hauses ist seit eh und je sehr gefragt bei den Gästen. Ebenso fein ist das außerordentlich wertige und elegante Interieur. Nebenbei bemerkt: Seinen Stern hat das Restaurant seit 1988 ohne Unterbrechung!

➜ Gänseleber, Rote Bete, Kirschessig, Macadamianuss. Entrecôte, Pfeffer-Markkruste, Bohnen, Zwiebelkuchen. Alto el Sol Schokolade, Himbeer, Basilikum.

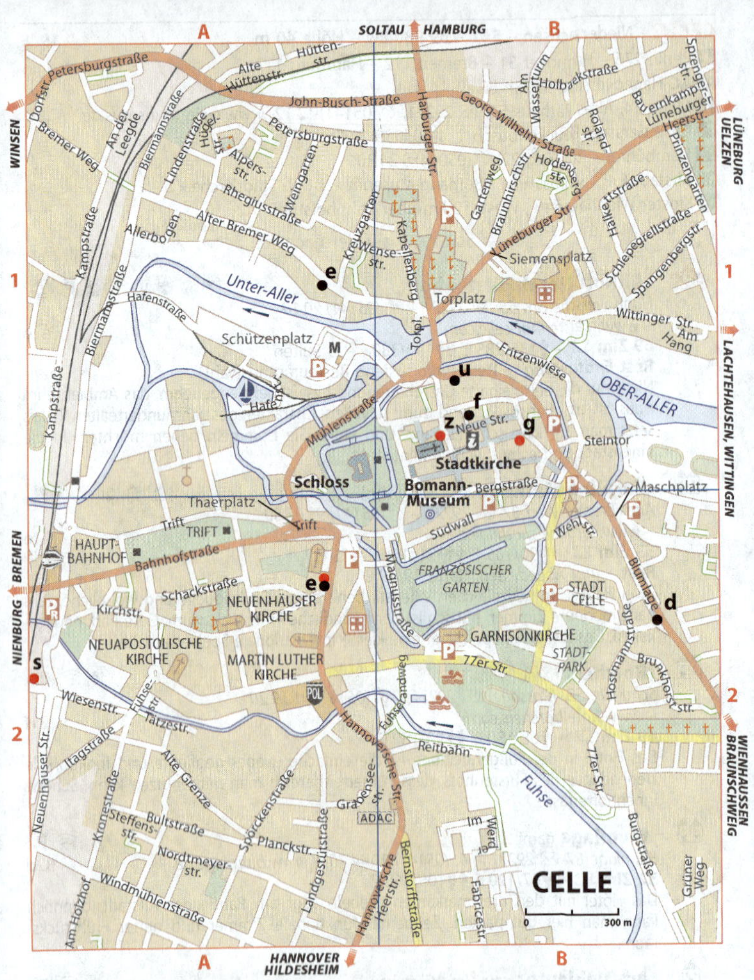

Historischer Ratskeller

Markt 14 ✉ 29221 – ✆ (05141) 2 90 99 – www.ratskeller-celle.de
– geschl. Sonntagabend und an Feiertagen abends B1**z**

Rest – Menü 17/38 € – Karte 25/36 €

Der besondere Charakter des historischen Kellergewölbes macht es hier gerade in der kalten Jahreszeit so richtig gemütlich, im Sommer hat die Terrasse in der Fußgängerzone ihren Reiz! Aufgetischt werden Klassiker der bürgerlichen Küche wie Büsumer Krabbencocktail oder Heidschnuckenbraten.

Schaper mit Zim

Heese 6 ✉ 29225 – ✆ (05141) 9 48 80 – www.hotel-schaper.de
– geschl. Sonntagabend - Montag A2**s**

15 Zim ☕ – 🚹65/75 € 🚹🚹88/95 € – ½ P

Rest – *(Dienstag - Freitag nur Abendessen)* Menü 29/41 € – Karte 30/48 €

Vier Generationen Familientradition, dazu behagliche Atmosphäre und gute Küche - wer kommt da nicht gerne zum Essen? Dass es hier schmeckt, beweisen solide gekochte bürgerlich-regionale Gerichte wie z. B. Sauerbraten vom Damhirsch! Übernachten kann man in praktischen Gästezimmern, verteilt auf zwei Häuser.

Weinkeller Postmeister von Hinüber

Zöllnerstr. 25 ✉ 29221 – ✆ (05141) 2 84 44 – www.weinkeller-celle.de
– geschl. Ostern und Sonntag - Montag B1g

Rest – *(Dienstag - Freitag nur Abendessen)* Karte 29/42 €

Der jahrhundertealte Backsteinkeller setzt auf urigen Charme - und den spürt man, wenn man an rustikalen Holztischen auf ebensolchen Bänken und Stühlen sitzt! Vom Chef kommt ein kleines Angebot an frischen internationalen Speisen.

Palio – Althoff Hotel Fürstenhof

Hannoversche Str. 55 ✉ 29221 – ✆ (05141) 20 10 – www.fuerstenhof-celle.com
– geschl. Ende Januar 10 Tage A2e

Rest – Menü 42/48 € – Karte 39/65 €

Das Restaurant ist so charmant und lebendig, wie es für eine Trattoria typisch ist! Und wie könnte es anders sein: Man bekommt hier ehrliche Cucina Casalinga - probieren Sie die hausgemachte Pasta, am besten draußen unter der alten Kastanie!

In Celle-Altencelle Süd-Ost: 3 km über Blumlage B2

Schaperkrug

Braunschweiger Heerstr. 85, (B 214) ✉ 29227 – ✆ (05141) 9 85 10
– www.schaperkrug.de

36 Zim – †52/67 € ††84/94 € – ½ P

Rest – *(geschl. Sonntagabend - Montagmittag)* Karte 17/38 €

Das traditionsreiche Haus bietet in seinem Anbau ruhig nach hinten gelegene Zimmer. Einfacher ist das Stammhaus, ein älterer Gasthof. Im gediegenen Restaurant mit Kamin isst man bürgerlich.

der allerKrug

Alte Dorfstr. 14 ✉ 29227 – ✆ (05141) 8 48 94 – www.allerkrug.de
– geschl. Montag - Dienstag

Rest – Menü 29/80 € – Karte 35/54 €

Appetit auf "Filet und Bäckchen vom Kalb mit Mus von Gartenerbsen"? Dann besuchen Sie Sven Hütten in dem hübschen Fachwerkhaus. Er kocht richtig gut, fein und manchmal auch bewusst etwas bodenständiger - und immer mit regionalem Bezug!

In Celle-Boye Nord-West: 4 km über Petersburgstraße A1, Richtung Winsen

Köllner's Landhaus mit Zim

Im Dorfe 1 ✉ 29223 – ✆ (05141) 95 19 50 – www.koellners-landhaus.de
– geschl. 1. - 8. Januar und Montag

6 Zim – †98/135 € ††135/165 € – ½ P

Rest – Menü 35/69 € – Karte 36/48 €

Ein Anwesen wie aus dem Bilderbuch: ein charmantes Fachwerkhaus von 1589, drum herum ein 11000 qm großer Garten - da könnte das elegante Landhaus-Interieur nicht besser passen! Und wenn es dann auch noch schmeckt... Dafür sorgt Familie Köllner mit guter internationaler Küche. Kosten Sie die Crème brûlée!

In Celle-Groß Hehlen Nord: 4 km über Harburgerstraße B1, Richtung Soltau

Celler Tor

Rest,

Scheuener Str. 2 (an der B 3) ✉ 29229 – ✆ (05141) 59 00 – www.celler-tor.de
– geschl. 23. - 26. Dezember

71 Zim – †89/195 € ††175/300 € – 2 Suiten – ½ P

Rest – Menü 34 € – Karte 31/55 €

Ein gut geführtes Hotel mit wohnlich-zeitgemäßen Zimmern in vier Kategorien, 14 variablen Tagungsräumen sowie einem netten lebendigen Barbereich. Kosmetik und Massageangebot. Restaurant mit klassisch-gediegenem Ambiente.

CHAM – Bayern – 546 – 16 970 Ew – Höhe 370 m 59 O17

Berlin 481 – München 178 – Regensburg 73 – Amberg 73
Propsteistr. 46, ✉ 93413, ✆ (09971) 80 34 93, www.cham.de

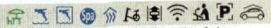

Randsberger Hof
Randsbergerhofstr. 15 ✉ 93413 – ✆ (09971) 8 57 70 – www.randsbergerhof.de
79 Zim – 52/54 € 104/108 € – ½ P
Rest – Karte 18/40 €
Das Hotel bietet funktionelle Zimmer - teils mit Balkon und Blick auf die Stadt. Hübsch sind der Kosmetikbereich und der Panoramaruheraum, ein Highlight ist der Dachpool. Restauranträume mit rustikalem Charakter, teils mit Ritterdekor. Regionale Küche.

Bräu-Pfandl
Lucknerstr. 11 ✉ 93413 – ✆ (09971) 2 07 87 – www.braeupfandl.de – geschl. August und Sonntag - Montag, außer an Feiertagen
Rest – Karte 14/57 €
In den gemütlich-rustikalen, hübsch dekorierten Stuben leitet die Chefin freundlich den Service, geboten wird internationale Küche - auch im netten Biergarten wird man passend verköstigt. Im 1. Stock: schöne kleine Gesellschaftsräume.

In Cham-Chammünster Süd-Ost: 3 km über B 85 in Richtung Viechtach

Am Ödenturm mit Zim
Am Ödenturm 11 ✉ 93413 – ✆ (09971) 8 92 70 – www.oedenturm.de – geschl. 9. Oktober - 29. November und Sonntagabend - Montag, Donnerstagmittag
12 Zim – 30/40 € 60/80 € **Rest** – Karte 17/46 €
Ein Berggasthof wie aus dem Bilderbuch: zum einen die schöne Lage am Waldrand, sympathisch-familiäre Atmosphäre und die reizvolle Terrasse, zum anderen die gute Küche von Juniorchef Ernst Hunger und Lebensgefährtin Brigitte Berghammer. Lecker: "Rehrücken mit Zwiebeltortelloni" oder "Kirschstrudel à la Mama"!

CHEMNITZ – Sachsen – 544 – 243 180 Ew – Höhe 296 m 42 O13

Berlin 257 – Dresden 70 – Leipzig 78 – Praha 163
ADAC Am Rathaus 8 B2
Markt 1 B2, ✉ 09111, ✆ (0371) 69 06 80, www.chemnitz-tourismus.de
Klaffenbach, Wasserschlossweg 6, ✆ (0371) 2 62 18 40
Gahlenz, Am Golfplatz 1, ✆ (037292) 6 06 66
Schloss Augustusburg★★, Ost: 15 km

Stadtpläne siehe nächste Seiten

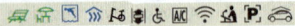

penta
Salzstr. 56 ✉ 09113 – ✆ (0371) 3 34 10 – www.pentahotels.com B1s
207 Zim – 75/200 € 75/200 €, 17 € – 19 Suiten – ½ P
Rest *Glashaus* – ✆ (0371) 3 34 11 22 – Karte 23/51 €
Das Hotel bei einem kleinen Park bietet einen großzügigen Hallenbereich, gediegene Gästezimmer mit funktioneller Ausstattung sowie gute Tagungsmöglichkeiten. Blickfang im Restaurant ist die offene Showküche. Die Terrasse liegt schön zur Grünanlage.

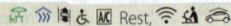

Günnewig Hotel Chemnitzer Hof
Rest,
Theaterplatz 4 ✉ 09111 – ✆ (0371) 68 40 – www.guennewig.de C2b
89 Zim – 102/159 € 122/189 € – 3 Suiten – ½ P
Rest *Opera* – Menü 30 € – Karte 27/51 €
Hier überzeugen die Lage direkt neben der Oper sowie die klassisch-gediegene Einrichtung. Von einigen Zimmern dieses 1929/30 erbauten Hotels blickt man auf den Schillerpark. Das Restaurant ist elegant gestaltet und bietet internationale Küche.

An der Oper

Straße der Nationen 56 ✉ 09111 – ✆ (0371) 68 10 – www.hoteloper-chemnitz.de
91 Zim – †69/79 € ††89 € C2**f**
Rest *Scala* – *(geschl. Sonntag) (nur Abendessen)* Karte 27/46 €
Ein modernes und hochwertig eingerichtetes Businesshotel in bester Innenstadtlage. Die Gästezimmer sind in Stil und Technik "up to date". Restaurant Scala in geradlinigem Design, zeitgemäß und international ist das Speisenangebot.

alexxanders

Ludwig-Kirsch-Str. 9 ✉ 09130 – ✆ (0371) 4 31 11 11 – www.alexxanders.de
33 Zim – †57/62 € ††73/79 €, 8 € C2**a**
Rest *alexxanders* – siehe Restaurantauswahl
Ein Stadthaus am Rande des Zentrums mit gepflegten, teilweise besonders modernen Zimmern, von denen einige über einen Balkon mit Sicht auf den begrünten Innenhof verfügen. Auch Zimmer für Langzeitgäste sind buchbar.

Richter

Zschopauer Str. 259, (über D3) ✉ 09126 – ✆ (0371) 5 59 10 – www.feinkost-richter.de – geschl. 22. Juli - 16. August und Sonntagabend - Montag
Rest – Menü 34 € – Karte 32/50 €
Zu dem freundlichen Restaurant mit behaglichem Ambiente und offenem Kamin gehört ein Feinkostgeschäft. Gekocht wird international.

Villa Esche

Parkstr. 58, (Eingang Rich.-Wagner-Straße) (über Stollbergerstraße A3) ✉ 09120 – ✆ (0371) 2 36 13 63 – www.restaurant-villaesche.de – geschl. Sonntagabend - Montag
Rest – (Tischbestellung ratsam) Menü 18 € (mittags)/58 € – Karte 26/66 €
Die 1903 erbaute Orangerie einer einstigen Unternehmer-Villa (interessant das Henry-van-de-Velde-Museum hier) ist heute ein freundlicher moderner Ort für schmackhafte und saisonale Speisen wie "geschmorter Rindertafelspitz mit Parmesanpolenta und Tomate". Draußen kann man im wunderschönen großen Garten sitzen.

alexxanders – Hotel alexxanders

Ludwig-Kirsch-Str. 9 ✉ 09130 – ✆ (0371) 4 31 11 11 – www.alexxanders.de – geschl. Samstagmittag, Sonntag und an Feiertagen mittags C2**a**
Rest – (Tischbestellung ratsam) Karte 32/64 €
"Zanderfilet unter der Mandelkruste auf Limettenrisotto", "pochiertes Kalbsfilet an lauwarm mariniertem Gemüse"... international-saisonale Gerichte wie diese stehen bei Chef Roland Keilholz auf der Karte. Nicht zu vergessen die leckere "karamelliesierte Frischkäsetarte mit Beeren"! Sehr gefragt ist auch der günstige Mittagstisch.

In Chemnitz-Klaffenbach Süd: 10 km über Annabergerstraße B3, Richtung Annaberg-Buchholz

Schlosshotel Wasserschloss Klaffenbach

Wasserschloßweg 6 ✉ 09123 – ✆ (0371) 2 61 10 – www.schlosshotel-klaffenbach.de
47 Zim – †60/75 € ††85/98 € – 2 Suiten – ½ P
Rest – Menü 21/38 € – Karte 23/39 €
Ein zeitgemäßes und gediegenes Hotel auf dem Anwesen des unmittelbar am Golfplatz gelegenen historischen Wasserschlosses. Stilvoll sind die "Rokoko"- und die "Anno 1700"-Suite. Gastronomisch wählen Sie zwischen Gewölberestaurant (hier isst man international), Gaststube Torwache (rustikale Küche) und Schlosscafé.

In Chemnitz-Röhrsdorf Nord-West: 5 km über Leipziger Straße A1, Richtung Leipzig

AMBER HOTEL Chemnitz Park

Wildparkstr. 6 ✉ 09247 – ✆ (03722) 51 30 – www.amber-hotels.de
103 Zim – †62/89 € ††87/116 € – ½ P
Rest – *(geschl. Sonntag und an Feiertagen)* Menü 24/44 € – Karte 21/31 €
Ganz auf Business- und Tagungsgäste ist das Hotel in praktischer Lage nahe der Autobahn und des Chemnitzcenters zugeschnitten. Helle Zimmer mit guter Technik. Internationale Küche im Restaurant.

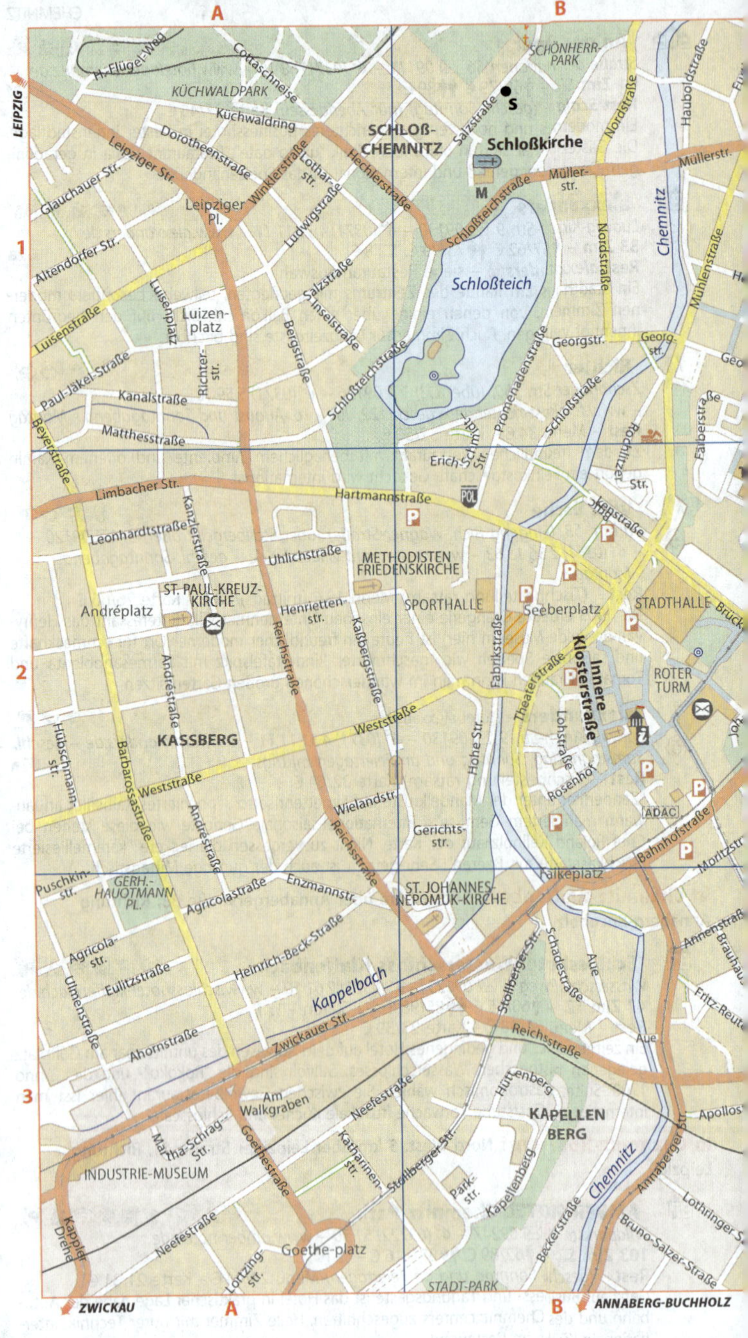
A
B
LEIPZIG
ZWICKAU
ANNABERG-BUCHHOLZ
1
2
3
H.-Flügel-Weg
Cottaschneise
KÜCHWALDPARK
Küchwaldring
SCHÖNHERR-PARK
SCHLOSS-CHEMNITZ
Schloßkirche
Salzstraße
Nordstraße
Haubolдstraße
Müllerstr.
Müller-str.
Dorotheenstraße
Leipziger Str.
Glauchauer Str.
Winklerstraße
Lothar-str.
Hechlerstraße
Leipziger Pl.
Ludwigstraße
Schloßteichstraße
Chemnitz
Altendorfer Str.
Mühlenstraße
Schloßteich
Salzstraße
Inselstraße
Luisenstraße
Luisenplatz
Luizen-platz
Bergstraße
Georgstr.
Georg-str.
Paul-Jäkel-Straße
Richter-str.
Schloßteichstraße
Promenadenstraße
Schloßstraße
Kanalstraße
Matthesstraße
Falkestraße
Beyerstraße
Erich-Schmidt-Str.
Rochlitzer Str.
Limbacher Str.
Hartmannstraße
Brückenstraße
Kanzlerstraße
Leonhardtstraße
Uhlichstraße
METHODISTEN FRIEDENSKIRCHE
ST. PAUL-KREUZ-KIRCHE
Andréplatz
Henrietten-str.
SPORTHALLE
Seeberplatz
STADTHALLE
Kaßbergstraße
Reichsstraße
Fabrikstraße
Innere Klosterstraße
Theaterstraße
ROTER TURM
Andréstraße
Weststraße
Hübschmann-str.
Barbarossastraße
KASSBERG
Hohe Str.
Lohstraße
Rosenhof
Weststraße
Wielandstr.
ADAC
Gerichts-str.
Andréstraße
Bahnhofstraße
Reichsstraße
Moritzstr.
Puschkin-str.
GERH.-HAUPTMANN PL.
Agricolastraße
Enzmannstr.
ST. JOHANNES-NEPOMUK-KIRCHE
Falkeplatz
Annenstraße
Schadestraße
Agricola-str.
Heinrich-Beck-Straße
Stollberger Str.
Aue
Ulmenstraße
Eulitzstraße
Kappelbach
Fritz-Reuter
Reichsstraße
Zwickauer Str.
Ahornstraße
Aue
Hüttenberg
Am Walkgraben
Neefestraße
KAPELLEN BERG
Apollostr.
Martha-Schrag-Str.
Goethestraße
Annaberger Str.
Chemnitz
INDUSTRIE-MUSEUM
Katharinen-str.
Stollberger Str.
Park-str.
Kapellenberg
Beckerstraße
Lothringer S.
Kappler Drehe
Neefestraße
Bruno-Salzer-Straße
Goethe-platz
Lortzing-str.
STADT-PARK

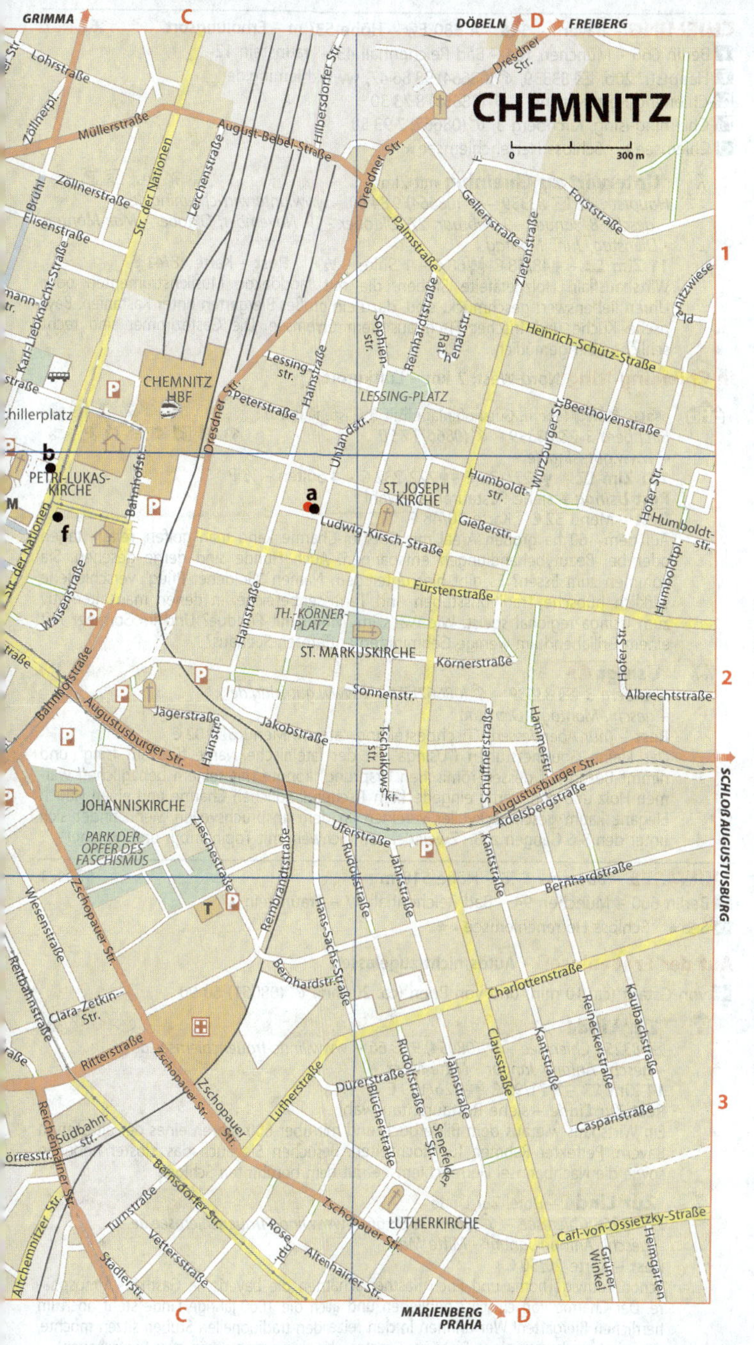
CHEMNITZ
0
300 m
GRIMMA
DÖBELN
FREIBERG
C
D
1
2
3
SCHLOß AUGUSTUSBURG
MARIENBERG
PRAHA
CHEMNITZ HBF
PETRI-LUKAS-KIRCHE
LESSING-PLATZ
ST. JOSEPH KIRCHE
TH.-KÖRNER-PLATZ
ST. MARKUSKIRCHE
JOHANNISKIRCHE
PARK DER OPFER DES FASCHISMUS
LUTHERKIRCHE
Lohrstraße
Zöllnerpl.
Müllerstraße
Zöllnerstraße
Brühl
Elisenstraße
Karl-Liebknecht-Straße
Str. der Nationen
Lerchenstraße
August-Bebel-Straße
Hilbersdorfer Str.
Dresdner Str.
Palmstraße
Gellertstraße
Zietenstraße
Forststraße
Heinrich-Schütz-Straße
Reinhardtstraße
Sophienstr.
Lessingstr.
Hainstraße
Peterstraße
Uhlandstr.
Beethovenstraße
Würzburger Str.
Humboldtstr.
Gießerstr.
Ludwig-Kirsch-Straße
Fürstenstraße
Hofer Str.
Humboldtpl.
Schillerplatz
Bahnhofstr.
Waisenstraße
Bahnhofstraße
Körnerstraße
Sonnenstr.
Albrechtstraße
Jägerstraße
Jakobstraße
Hainstr.
Tschaikowskistr.
Schüffnerstraße
Hammerstr.
Augustusburger Str.
Adelsbergstraße
Uferstraße
Rudolfstraße
Jahnstraße
Kantstraße
Zieschestraße
Rembrandtstraße
Bernhardstraße
Hans-Sachs-Straße
Wiesenstraße
Zschopauer Str.
Reitbahnstraße
Clara-Zetkin-Str.
Bernhardstr.
Charlottenstraße
Reineckerstraße
Kaulbachstraße
Ritterstraße
Lutherstraße
Dürerstraße
Blücherstraße
Clausstraße
Casparistraße
Senefelder Str.
Südbahnstr.
Reichenhainer Str.
Altchemnitzer Str.
Turnstraße
Bernsdorfer Str.
Vettersstraße
Stadlerstr.
Altenhainer Str.
Carl-von-Ossietzky-Straße
Grüner Winkel
Heimgarten
a
b
f
M
T
P

CHIEMING – Bayern – 546 – 4 580 Ew – Höhe 537 m – Erholungsort

67 N21

Berlin 666 – München 104 – Bad Reichenhall 43 – Traunstein 12

Hauptstr. 20b, ✉ 83339, ✆ (08664) 98 86 47, www.chieming.de

Chieming-Hart, Kötzing 1, ✆ (08669) 8 73 30

Chieming-Ising, Kirchberg 3, ✆ (08667) 7 93 58

Chiemsee★ · Schloss Herrenchiemsee★★

Unterwirt zu Chieming mit Zim

Rest,

Hauptstr. 32 ✉ 83339 – ✆ (08664) 9 84 60 – www.unterwirt-chieming.de – geschl. 8. Januar - 9. Februar, 27. Oktober - 19. November; Oktober - Mai: Montag - Dienstag, Juni: Montag

11 Zim – 48/58 € 68 € – 1 Suite – ½ P **Rest** – Karte 18/41 €

Wirtshausflair! Holzgetäfelte Stuben, die mit Jagddekor, Musikinstrumenten oder Uhren liebenswert geschmückt sind, dazu ein großer Biergarten unter Kastanien. Bayrische Küche und frischer Fisch aus dem Chiemsee. Die Gästezimmer sind recht schlicht, aber gemütlich.

In Chieming-Ising Nord-West: 7 km – Luftkurort

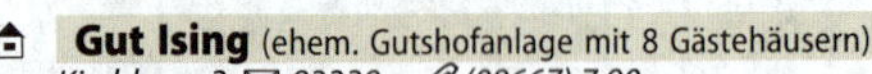

Gut Ising (ehem. Gutshofanlage mit 8 Gästehäusern)

Kirchberg 3 ✉ 83339 – ✆ (08667) 7 90 – www.gut-ising.de

101 Zim – 127/132 € 222/232 € – 4 Suiten – ½ P

Rest *Usinga* – siehe Restaurantauswahl

Rest – Menü 32 € – Karte 30/48 €

Auf dem 160 ha großen Areal mit Gutshof-Charme kann man golfen, reiten, tagen oder bei Beautybehandlungen entspannen. Auch Hunde sind gerne gesehen. Sie kommen zum Essen? Es gibt hier unter dem Namen "Goldener Pflug" verschiedene wirklich hübsche Traditionsstuben und Terrassenbereiche, in denen man alternativ zum Usinga regional speist. Wie wär's im Winter mit Fondue? Und im Sommer mit einem Grillabend am wenige Gehminuten entfernten Seehaus?

Usinga N

Kirchberg 3 ✉ 83339 – ✆ (08667) 7 90 – www.gut-ising.de – geschl. Montag - Dienstag

Rest – *(nur Abendessen)* (Tischbestellung ratsam) Menü 62/102 €

Das kleine Gourmetstüberl ("Usinga" ist der lateinische Name für "Gut Ising" und nimmt Bezug auf dessen römischen Ursprung) könnte mit seinem behaglichen warmen Holz und den wertig eingedeckten Tischen ländlichen Charme und einen Hauch Eleganz kaum geschmackvoller vereinen. In dem anspruchsvollen Menü findet sich unter den 3-6 Gängen z. B. "Zweierlei vom Schwein mit Topinambur und Morchel".

CHIEMSEE – Bayern – 546 – Höhe 518 m

67 N21

Berlin 660 – München 94 – Bad Reichenhall 57 – Traunstein 27

See★ · Schloss Herrenchiemsee★★

Auf der Fraueninsel – Autos nicht zugelassen

von Gstadt (ca. 10 min) und von Prien (ca. 20 min) ✆ (08051) 60 90

Zur Linde

✉ 83256 Chiemsee – ✆ (08054) 9 03 66 – www.linde-frauenchiemsee.de – geschl. Anfang Januar - Mitte März

14 Zim – 71/95 € 126/129 €

Rest *Zur Linde* – siehe Restaurantauswahl

Ein Wirtshaus wie aus dem Bilderbuch und mit über 600 Jahren eines der ältesten in Bayern. Perfekter Rahmen für Hochzeiten. Besuchen Sie auch das Kloster nebenan sowie die Nachbarinsel Herrenchiemsee mit dem berühmten Schloss!

Zur Linde – Hotel Zur Linde

✉ 83256 Chiemsee – ✆ (08054) 9 03 66 – www.linde-frauenchiemsee.de – geschl. Anfang Januar - Mitte März

Rest – Karte 20/50 €

Schon Ludwig Thoma und Erich Kästner schätzten die bayerische Gasthaus-Atmosphäre. Der Charme von einst ist geblieben und auch die 1000-jährige Linde steht noch im herrlichen Biergarten! Wer drinnen in den reizenden traditionellen Stuben sitzen möchte, reserviert am besten einen Platz am Fenster - hier kann man schön zum See schauen!

CHORIN – Brandenburg – 542 – 2 360 Ew – Höhe 55 m 23 Q7

Berlin 71 – Potsdam 95 – Frankfurt (Oder) 96 – Neubrandenburg 108

Haus Chorin (mit Gästehäusern)

Neue Klosterallee 10 ✉ 16230 – ✆ (033366) 5 00 – www.chorin.de

63 Zim – 39/69 € 59/89 € – ½ P **Rest** – Karte 19/42 €

Recht ruhig liegt das Hotel am Waldrand, unterhalb befindet sich das Kloster Chorin am kleinen Amtssee. Zeitgemäß wohnt man im Haupthaus, etwas einfacher in den Gästehäusern. In der Küche der netten Immenstube spielt Honig eine große Rolle.

CLAUSTHAL-ZELLERFELD – Niedersachsen – 541 – 14 840 Ew – Höhe 560 m – Wintersport: 700 m 1 – Heilklimatischer Kurort 29 J10

Berlin 270 – Hannover 99 – Braunschweig 62 – Göttingen 59

Bergstr. 31, ✉ 38678, ✆ (05323) 8 10 24, www.oberharz.de

Okertalsperre (★ von der Staumauer auf den See)

Harzhotel Zum Prinzen garni

Goslarsche Str. 20 (Zellerfeld) ✉ 38678 – ✆ (05323) 9 66 10 – www.zum-prinzen.de

17 Zim – 50/55 € 75/88 € – 2 Suiten

Im Jahre 1847 wurde das denkmalgeschützte holzverkleidete Haus erbaut. Die Gäste schätzen die sympathische Atmosphäre und die wohnlichen Zimmer in dem freundlich und familiär geführten kleinen Hotel.

Zum Harzer

Treuerstr. 6 (Zellerfeld) ✉ 38678 – ✆ (05323) 95 00 – www.zum-harzer.de

29 Zim – 59/79 € 79/109 € – 1 Suite – ½ P

Rest – *(geschl. Sonntag - Mittwoch) (nur Abendessen)* Menü 18/48 € – Karte 17/51 €

In dem relativ ruhig in einer Seitenstraße gelegenen Hotel erwarten Sie freundlich und behaglich gestaltete Zimmer in rustikalem Stil sowie eine Bar im alten Gewölbekeller. Und wenn Sie regional essen möchten: In einem Nebengebäude gibt es den "Oberharzer Wilddieb".

CLOPPENBURG – Niedersachsen – 541 – 32 640 Ew – Höhe 38 m 17 E7

Berlin 444 – Hannover 178 – Bremen 65 – Lingen 68

Eschstr. 29, ✉ 49661, ✆ (04471) 1 52 56, www.cloppenburg.de

Resthausen - Thülsfelder Talsperre, Mühlenweg 9, ✆ (04474) 79 95

Schäfers Hotel

Lange Str. 66 ✉ 49661 – ✆ (04471) 24 84 – www.schaefers-hotel-cloppenburg.de

15 Zim – 59/75 € 84/129 € – ½ P

Rest *Margaux* – siehe Restaurantauswahl

Rest *Bistro* – ✆ (04471) 9 13 03 91 – Menü 10/25 € – Karte 16/44 €

In dem kleinen Hotel in der Innenstadt ist ein Geschwistertrio mit Engagement im Einsatz. Überall im Haus hübsche Dekoration wie Stoffe, warme Farben oder Bilder. Im Sommer hat man eine nette Gartenlounge. Ausflugstipp: das Freilichtmuseum in Cloppenburg. Steaks, Pasta und Snacks im locker-legeren Bistro.

Margaux – Schäfers Hotel

Lange Str. 66 ✉ 49661 – ✆ (04471) 24 84 – www.schaefers-hotel-cloppenburg.de – geschl. Montag - Dienstag

Rest – *(nur Abendessen)* Menü 29/79 € – Karte 35/73 €

In dem modern-eleganten Restaurant wird klassisch-international gekocht und dazu gibt es eine Weinkarte mit rund 250 Positionen. Fürs Ambiente: Weinflaschen, Kissen, Kerzen und schöne Gemälde.

COBURG – Bayern – 546 – 40 920 Ew – Höhe 292 m 50 K14

Berlin 383 – München 279 – Bamberg 47 – Bayreuth 74

ADAC Mauer 9 AB1

Herrngasse 4 B2, ✉ 96450, ✆ (09561) 89 80 00, www.coburg-tourist.de

Weitramsdorf-Schloss Tambach, Schlossallee, ✆ (09567) 9 81 15 80

Gymnasium Casimirianum★ B2 · Veste Coburg (Kunstsammlungen★)

Stadtplan auf der nächsten Seite

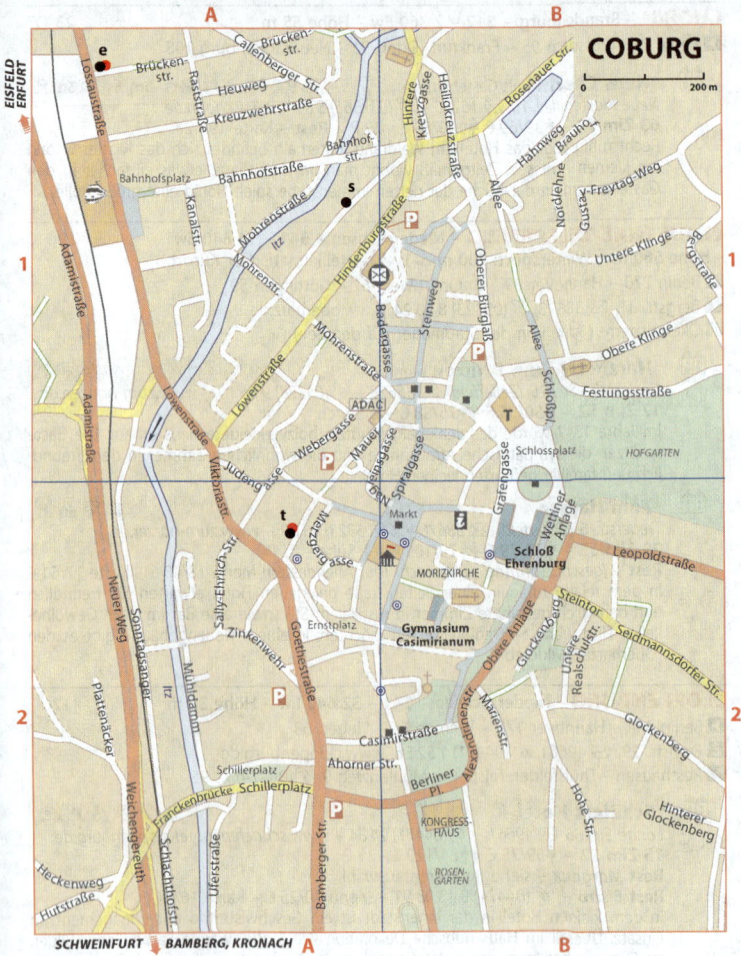

COBURG

Goldene Traube

Am Viktoriabrunnen 2 ✉ *96450 – ✆ (09561) 87 60 – www.goldenetraube.com*

70 Zim ☕ – 🚶89/119 € 👥119/165 € A2**t**

Rest ***Esszimmer*** **Rest** ***Victoria Grill*** – siehe Restaurantauswahl

Am Altstadtrand liegt das familiengeführte Hotel mit wohnlichen Zimmern, die überwiegend in kräftigen Farben gehalten sind. Zudem verfügt man über eine Smoker's Lounge mit Vinothek.

Stadtvilla garni

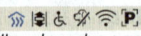

Seifartshofstr. 10 ✉ *96450 – ✆ (09561) 2 39 93 70 – www.stadtvilla-coburg.de – geschl. Weihnachten* A1**s**

10 Zim ☕ – 🚶93/107 € 👥120/140 €

Das hübsche Stadthaus von 1906 liegt in einer kleinen Seitenstraße direkt am Flüsschen Itz und nur wenige Gehminuten vom Zentrum. Die Gästezimmer sind klar und modern gestaltet, Frühstück gibt's im lichten Wintergarten.

Stadt Coburg

Lossaustr. 12 ✉ 96450 – ✆ (09561) 87 40 – www.hotel-stadt-coburg.de
34 Zim ☕ – 🚹99/110 € 🚹🚹108/128 € – 2 Suiten – ½ P **A1e**
Rest *Stadt Coburg* – siehe Restaurantauswahl
Mit Engagement leitet Gastgeberin Gisela Gutwill den langjährigen Familienbetrieb nahe dem Bahnhof. Die Zimmer sind nun zurückhaltend modern und elegant.

Esszimmer – Hotel Goldene Traube

Am Viktoriabrunnen 2 ✉ 96450 – ✆ (09561) 87 60 – www.goldenetraube.com – geschl. 7. - 27. Januar, 6. - 9. Juni, 26. August - 15. September und Sonntag - Montag **A2t**
Rest – *(nur Abendessen)* (Tischbestellung ratsam) Menü 75/128 €
Die modern-elegante Einrichtung in hellen warmen Tönen steht dem "Esszimmer" wirklich gut zu Gesicht! Schön harmoniert sie mit der wertigen Tischkultur und der Gourmetküche von Stefan Beiter - und die gibt es als kreatives Menü mit vier bis acht Gängen. Und dazu einen fränkischen Wein? Man berät Sie fachkundig.
➜ Eismeerlachsforelle, Quinoa, Gurke, Schnittlauch, Curry, Buttermilch, Mandel. Iberico-Schwein, roter Gamba, Miso, Kartoffel, Saiblingskaviar. "Campari Orange".

Stadt Coburg – Hotel Stadt Coburg

Lossaustr. 12 ✉ 96450 – ✆ (09561) 87 40 – www.hotel-stadt-coburg.de – geschl. 1. - 6. Januar und Sonntag **A1e**
Rest – Menü 23 € – Karte 26/36 €
Den Gastraum, auch "Backstüble" genannt, schmückt neben heimeliger Zirbelholzverkleidung ein imposanter Ofen, auf dem gegrillt wird. Im Sommer lockt die begrünte Oase unter freiem Himmel.

Victoria Grill – Hotel Goldene Traube

Am Viktoriabrunnen 2 ✉ 96450 – ✆ (09551) 87 60 – www.goldenetraube.com – geschl. Sonntag **A2t**
Rest – Karte 30/62 €
Zum modernen Ambiente (klare Formen, warme Farben...) gibt es hier Leckeres wie Steaks und Seafood oder aber - für Fleischliebhaber ein wahre Freude - das sehr gute Tatar als Klassiker!

In Coburg-Lützelbuch Ost: 5 km über Seidmannsdorfer Straße B2

Gasthof und Landhaus Fink

Zim,

Lützelbucher Str. 22 ✉ 96450 – ✆ (09561) 2 49 40 – www.gasthof-fink.de
34 Zim ☕ – 🚹34/51 € 🚹🚹55/78 € – ½ P **Rest** – *(geschl. Montag)* Karte 15/32 €
Der Gasthof mit recht einfachen Zimmern wurde um das neuzeitliche Landhaus gegenüber erweitert. Hier sind die Zimmer wohnlich und komfortabel, alle mit Balkon nach Süden. Bürgerlich-rustikales Ambiente im Restaurant.

In Rödental-Oeslau Nord-Ost: 7 km über Rosenauer Straße B1

Grosch

Rest,

Oeslauer Str. 115 ✉ 96472 – ✆ (09563) 75 00 – www.der-grosch.de
44 Zim ☕ – 🚹74/79 € 🚹🚹104/109 € – ½ P
Rest – Menü 16 € (mittags) – Karte 15/49 €
Der Brauereigasthof von 1425 ist ein sympathischer Familienbetrieb, der nicht stehenbleibt: ganz zeitgemäße Zimmer im neuen Anbau! In der gemütlichen historischen Gaststube schenkt man Bier aus der eigenen Brauerei aus.

In Rödental-Oberwohlsbach Nord-Ost: 10 km über Rosenauer Straße B1

Alte Mühle

Rest,

Mühlgarten 5 ✉ 96472 – ✆ (09563) 7 23 80 – www.alte-muehle-hotel.com
24 Zim ☕ – 🚹64/75 € 🚹🚹98/105 € – ½ P
Rest – *(geschl. Sonntagabend) (Montag - Samstag nur Abendessen)* Karte 20/49 €
Das 1902 auf den Fundamenten einer ehemaligen Getreidemühle entstandene Haus wird herzlich von der sympathischen Familie Knorr geleitet und bietet sehr gepflegte zeitgemäße Zimmer. Internationales Angebot im Restaurant mit reizvoller Terrasse direkt am Bach.

In Ahorn-Hohenstein Süd-West: 9 km über Weichengereuth A2

XX **Dittrichs im Schloss Hohenstein** mit Zim Rest, P

Hohenstein 1 ✉ 96482 – ✆ (09565) 5 42 95 60 – www.schloss-hohenstein.de – geschl. 1. - 10. Januar und Sonntag

12 Zim – ♦71/101 € ♦♦103/133 € – 3 Suiten – ½ P

Rest – *(nur Abendessen)* Menü 50/85 € – Karte 46/70 €

Rest *Schlossschänke* – Menü 30 € – Karte 28/41 €

Tobias Dittrich hat sich mit dieser Burganlage einen wirklich romantischen Ort für seine klassische Küche ausgesucht. Und wer es lieber regional mag, isst in der Schlossschänke! Sie können den historischen Rahmen, den schönen Park und die Ruhe aber auch noch länger genießen: Man hat individuelle Gästezimmer.

COCHEM – Rheinland-Pfalz – 543 – 4 950 Ew – Höhe 90 m

46 C14

Berlin 645 – Mainz 139 – Koblenz 51 – Trier 93

Endertplatz 1, ✉ 56812, ✆ (02671) 6 00 40, www.ferienland-cochem.de

Lage★★

Karl Müller P

Moselpromenade 9 ✉ 56812 – ✆ (02671) 13 33 – www.hotel-karl-mueller.de

44 Zim – ♦67/98 € ♦♦96/158 €

Rest – *(geschl. Ende November - Ende März: Montag)* Karte 24/37 €

An der Moselpromenade gelegenes Hotel mit funktionellen Zimmern (teils mit Balkon). Rückwärtig: Saunaterrasse mit Blick über die Dächer. Hauseigene Parkplätze in der Oberstadt. Restaurant im 1. Stock mit Terrasse zum Fluss, im EG Bar-Lounge und Eisdiele.

Cochemer Jung Rest,

Moselpromenade 2 ✉ 56812 – ✆ (02671) 60 52 20 – www.cochemer-jung.de

31 Zim – ♦69/99 € ♦♦100/160 € – ½ P

Rest – *(geschl. Dienstag)* Karte 25/37 €

Das Niedrigenergiehaus - gleich neben dem Schwesterhotel Karl Müller - bietet moderne Zimmer in frischem Grün oder Rot (letztere zur Mosel hin!). Im Bistro bekommt man internationale Gerichte, auf der Café-Terrasse beobachtet man das Treiben auf der Promenade.

XX **Lohspeicher** mit Zim

Obergasse 1 ✉ 56812 – ✆ (02671) 39 76 – www.lohspeicher.de – geschl. 27. Januar - 14. März und Mittwoch

9 Zim – ♦70/90 € ♦♦90/125 € – ½ P

Rest – *(November - Februar: Montag - Samstag nur Abendessen)* (Tischbestellung ratsam) Menü 26 € (mittags unter der Woche)/85 € – Karte 41/68 €

Über eine schmale Gasse am Rathaus erreicht man das ehemalige Speichergebäude von 1832. Gemütliches Ambiente, freundlicher Service und zeitgemäß-saisonale Küche. Tiefgarage 200 m oberhalb. Recht individuell und geschmackvoll sind die Gästezimmer.

In Cochem-Cond

Thul Zim, P

Brauselaystr. 27 ✉ 56812 – ✆ (02671) 91 41 50 – www.hotel-thul.de – geschl. Dezember - Februar

23 Zim – ♦59/72 € ♦♦90/156 € – ½ P **Rest** – *(nur Abendessen für Hausgäste)*

Ein tipptopp gepflegtes Haus mit wohnlich gestalteten Gästezimmern, das dank seiner erhöhten Lage eine wunderschöne Aussicht auf Cochem und Mosel bietet.

Brixiade Zim, Rest, P

Uferstr. 13 ✉ 56812 – ✆ (02671) 98 10 – www.moselstern.de – geschl. 2. - 18. Januar

57 Zim – ♦60/120 € ♦♦90/240 € – ½ P **Rest** – Menü 16/50 € – Karte 21/46 €

In dem Hotel an der Mosel erwarten Sie funktionelle Zimmer und ein reizvoller Blick auf Cochem und den Fluss. Die größten und komfortabelsten Zimmer befinden sich im 4. Stock. Restaurant mit Wintergarten und Terrasse zur Mosel.

Am Hafen

Uferstr. 3 ✉ 56812 – ✆ (02671) 9 77 20 – www.hotel-am-hafen.de – geschl. Dezember - Januar

12 Zim – 60/99 € 75/110 € – 4 Suiten – ½ P **Rest** – Karte 21/43 €

Das kleine Hotel liegt am Flussufer, ganz in der Nähe der malerischen Altstadt. Viele der gepflegten, praktisch ausgestatteten Gästezimmer verfügen über einen Balkon. Zum Restaurant gehört eine schöne Terrasse.

In Cochem-Sehl

Klasen

Sehler Anlagen 8 ✉ 56812 – ✆ (02671) 76 01 – www.weinhaus-klasen.de – geschl. 15. November - 1. April

11 Zim – 45/60 € 76/92 € – ½ P

Rest – *(geschl. Mittwoch) (nur Abendessen)* Karte 13/25 €

Direkt an der Mosel finden Sie dieses familiengeführte Hotel mit seinen gepflegten und praktischen Gästezimmern, die alle über einen Balkon verfügen. Restaurant mit bürgerlichem Angebot.

Haus Erholung garni

Moselpromenade 64 ✉ 56812 – ✆ (02671) 75 99 – www.haus-erholung.de – geschl. 5. November - 1. April

10 Zim – 45/80 € 80/110 € – 2 Suiten

Ein kleiner Familienbetrieb mit funktionalen Zimmern, die sich im rückwärtig gelegenen Haus befinden - alle mit Balkon. Frühstücken kann man u. a. im Wintergarten mit Moselblick.

CÖLBE – Hessen – siehe Marburg

COESFELD – Nordrhein-Westfalen – 543 – 36 200 Ew – Höhe 80 m 26 C9

Berlin 513 – Düsseldorf 105 – Nordhorn 73 – Münster (Westfalen) 38

Markt 8, ✉ 48653, ✆ (02541) 9 39 10 09, www.coesfeld.de

Coesfeld, Stevede 8a, ✆ (02541) 59 57

Freiberger im Gasthaus Schnieder-Bauland

Sirksfeld 10 (Nord-West: 2 km) ✉ 48653 – ✆ (02541) 39 30 – www.restaurant-freiberger.de – geschl. Februar 2 Wochen und Montag - Dienstag

Rest – Menü 26 € (mittags)/58 € – Karte 24/60 €

Seine Küche reicht von Klassikern wie dem "Potpourri von Fisch" bis zur typischen Herrencreme... so schafft es der sympathische Saarländer Benedikt Freiberger, seine Heimat mit der hiesigen Region zu verbinden. Wie wär's am Abend z. B. mit dem aufwändigen Gabelmenü mit bis zu 12 Gängen? Oder kommen Sie lieber zum günstigen Mittagsmenü?

COLMBERG – Bayern – 546 – 2 020 Ew – Höhe 450 m 49 J17

Berlin 498 – München 225 – Nürnberg 64 – Rothenburg o.d. Tauber 18

Colmberg, Rothenburger Str. 35, ✆ (09803) 6 00

Burg Colmberg

Burg 1 ✉ 91598 – ✆ (09803) 9 19 20 – www.burg-colmberg.de – geschl. Februar

25 Zim – 49/85 € 99/135 € – 1 Suite

Rest – *(geschl. Dienstagmittag)* Karte 18/39 €

Ganz so, wie man sich eine mittelalterliche Burg vorstellt - und natürlich kann man von hier oben wunderbar auf die Umgebung schauen. Sie speisen in den Burgstuben, im Restaurant Zur Remise (nehmen Sie hier im schönen Wintergarten Platz!) oder auf der sonnigen Terrasse. Übrigens: Wild kommt aus eigener Jagd!

COTTBUS – Brandenburg – 542 – 102 130 Ew – Höhe 70 m 34 R10

Berlin 129 – Potsdam 146 – Dresden 104 – Frankfurt (Oder) 80

ADAC Spremberger Str. 5

Berliner Platz 6, Stadthalle, ✉ 03046, ✆ (0355) 7 54 20, www.cmt-cottbus.de

Drieschnitz-Kahsel, Neuhausen/Spree, Am Golfplatz 3, ✆ (035605) 4 23 32

Schloss Branitz★★

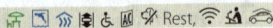

Radisson BLU Rest,

Vetschauer Str. 12 ✉ 03048 – ✆ (0355) 4 76 10 – www.radissonblu.de/hotel-cottbus
233 Zim – 66/98 € 76/108 €, 15 € – 8 Suiten – ½ P
Rest – *(geschl. Sonntag)* Karte 25/49 €
In ein Geschäftszentrum integriertes Hotel mit gediegener Atmosphäre, der Bahnhof praktischerweise gleich vis-à-vis. Einige Zimmer sowie der Freizeitbereich in der 9. Etage bieten eine schöne Sicht.

CRAILSHEIM – Baden-Württemberg – 545 – 33 090 Ew – Höhe 414 m 56 I17

Berlin 528 – Stuttgart 114 – Nürnberg 102 – Würzburg 112
Marktplatz 1, ✉ 74564, ✆ (07951) 40 30, www.crailsheim.de

Post-Faber Rest, Zim,

Lange Str. 2 ✉ 74564 – ✆ (07951) 96 50 – www.postfaber.de
56 Zim – 82/98 € 102/118 € – 1 Suite – ½ P
Rest – *(geschl. Freitagabend - Samstagmittag)* Menü 18/38 € – Karte 24/52 €
Das Stadthaus am Anfang der Fußgängerzone ist ein familiär geleitetes Hotel, das über komfortable und auch einige einfachere Gästezimmer verfügt. Bürgerlich-regional ist das Angebot im Restaurant und im Post-Stüble.

In Crailsheim-Westgartshausen Süd-Ost: 5 km

Zum Hirsch Zim,

Westgartshausener Hauptstr. 16 ✉ 74564 – ✆ (07951) 9 72 00 – www.stirn-hotel.de
24 Zim – 55 € 85/90 € – ½ P
Rest – *(nur Abendessen, sonntags auch Mittagessen)* 22 € – Karte 16/32 €
Die ruhige Lage im Dorf, freundliche Gastgeber und gepflegte Zimmer mit allem, was man so braucht... kurzum eine gute familiäre Adresse! Vis-à-vis das Restaurant "Hirschgarten" in einem hübsch restaurierten Fachwerkhaus a. d. 18. Jh. - hier isst man regional.

CREUSSEN – Bayern – 546 – 4 670 Ew – Höhe 442 m 51 L15

Berlin 367 – München 222 – Coburg 83 – Bayreuth 13

Im Gärtlein

Im Gärtlein 1 ✉ 95473 – ✆ (09270) 6 50 – www.im-gaertlein.de
11 Zim – 30/36 € 50/58 € – ½ P
Rest – *(geschl. Montagmittag)* Karte 12/29 €
Das Gästehaus einer beim Sportplatz am Ortsrand gelegenen Gaststätte überzeugt mit zeitgemäßen, hell möblierten und funktionell ausgestatteten Zimmern.

CRIMMITSCHAU – Sachsen – 544 – 20 540 Ew – Höhe 238 m 42 N13

Berlin 262 – Dresden 114 – Gera 39 – Leipzig 72
Markt 1, ✉ 08451, ✆ (03762) 90 80 02, www.crimmitschau.de

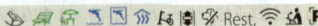

Villa Vier Jahreszeiten Rest,

Gabelsbergerstr. 12 ✉ 08451 – ✆ (03762) 7 59 81 10 – www.villa-vierjahreszeiten.de
9 Zim – 97/107 € 120/140 € – 1 Suite
Rest – *(geschl. Sonntag - Montag) (nur Abendessen)* Menü 28 € – Karte 28/40 €
Wer das stilvolle Flair der aufwändig restaurierten Fabrikantenvilla (1903-1906 erbaut) für sich entdeckt hat, wird gerne wieder herkommen. Das Anwesen ist schon ein Schmuckstück und alles andere als "von der Stange"! Im öffentlichen Vital Center (1 Gehminute entfernt und ebenfalls von den Hotelbesitzern geleitet) kann man Körper und Seele etwas Gutes tun.

CRIVITZ – Mecklenburg-Vorpommern – 542 – 5 110 Ew – Höhe 40 m 12 L5

Berlin 194 – Schwerin 20 – Parchim 24 – Wismar 61

Waldschlösschen

Schweriner Chaussee 8 (West: 5 km, über B 321 Richtung Schwerin) ✉ 19089 – ✆ (03863) 5 43 00 – www.waldschloesschen-mv.de
18 Zim – 60/78 € 75/90 € – 2 Suiten – ½ P **Rest** – Karte 25/46 €
Das familiär geleitete kleine Hotel steht am Waldrand in verkehrsgünstiger Lage nahe Schwerin. Hübsch ist das Hochzeitszimmer. Auch Kosmetikanwendungen werden angeboten. Restaurant mit Wintergarten und Terrasse zum Garten mit Teich.

CUXHAVEN – Niedersachsen – 541 – 50 060 Ew – Höhe 2 m – Nordseeheilbad

Berlin 421 – Hannover 222 – Bremerhaven 43 – Hamburg 130

Lichtenbergplatz, ✉ 27472, ✆ (04721) 3 60 46, www.cuxhaven.de

Cuxhaven-Oxstedt, Hohe Klint 32, ✆ (04723) 27 37

In Cuxhaven-Duhnen Nord-West: 6 km über Strichweg

Strandperle (mit Appartementhäusern) Rest,

Duhner Strandstr. 15, (Zufahrt über Am Wattenweg) ✉ *27476 – ✆ (04721) 4 00 60 – www.strandperle-hotels.de*

65 Zim – 105/118 € 149/172 € – 17 Suiten – ½ P

Rest – Menü 33/49 € – Karte 20/59 €

Das Hotel bietet von einigen Zimmern sowie vom Ruhebereich des Spa einen schönen Blick zum Meer. Am komfortabelsten ist der Admiralsflügel, hier auch die schöne Suite Queen Mary. Internationale Küche in den Restauranträumen. Terrasse an der Promenade.

Badhotel Sternhagen

Cuxhavener Str. 86 ✉ *27476 – ✆ (04721) 43 40 – www.badhotel-sternhagen.de – geschl. 17. November - 19. Dezember*

39 Zim – 170/215 € 194/280 € – 9 Suiten – ½ P

Rest *Sterneck* ✿✿ **Rest *Panorama-Restaurant Schaarhörn* Rest *Ekendöns*** – siehe Restaurantauswahl

Herzlich wird man in dem seit über 50 Jahren bestehenden Familienbetrieb umsorgt, traumhaft die Lage direkt hinter dem Deich, toll der Blick auf die Nordsee und dazu ein umfassendes Spa-Angebot, das auf Meerwasser setzt (Meerwasser-Thermen, Thalasso...). Was wünscht man sich mehr von einem Ferienhotel?

Strandhotel Duhnen (mit Aparthotel Kamp)

Duhner Strandstr. 5 ✉ *27476 – ✆ (04721) 40 30 – www.kamp-hotels.de* Zim, Rest, Rest,

92 Zim – 66/173 € 119/188 € – 3 Suiten – ½ P

Rest – Menü 28/47 € – Karte 23/64 €

Das traditionsreiche Hotel überzeugt mit seiner Lage an der Strandpromenade und der komfortablen, neuzeitlich-eleganten Ausstattung. Gönnen Sie sich das volle Beauty- und Wohlfühlprogramm des "Levitas WELLSPA"! Klassisches Restaurant im 1. Stock mit großer Fensterfront, dazu Bistro und gediegene Lido Bar.

✿✿ **Sterneck** – Badhotel Sternhagen

Cuxhavener Str. 86 ✉ *27476 – ✆ (04721) 43 40 – www.badhotel-sternhagen.de – geschl. 11. November - 19. Dezember, 24. März - 9. April und Montag - Mittwoch*

Rest – *(ab 13 Uhr geöffnet)* Menü 60 € (vegetarisch)/150 € ✿

Marc Rennhack konzentriert sich hier auf drei aufwändig und exakt zubereitete Menüs, in denen sich klassische und moderne Elemente wunderbar ergänzen - eines davon ist übrigens nach dem versunkenen Leuchtschiff "Elbe 1" benannt, das in dem elegant-maritimen Restaurant in Form von Gemälden sowie als Modell Blicke auf sich zieht. Für den umsichtigen Service samt kompetenter Weinberatung (die Karte umfasst 540 Gewächse) sorgt seit vielen Jahren Oberkellner und Sommelier Onno Siemons.

→ Thunfisch mit Kaiserschoten, Soja, Bergamotte. Bison, Aubergine, Bohnen, Rauchaal. Pfirsich mit Himbeeren, Dulcey-Schokolade.

XXX **Panorama-Restaurant Schaarhörn** – Badhotel Sternhagen

Cuxhavener Str. 86 ✉ *27476 – ✆ (04721) 43 40 – www.badhotel-sternhagen.de – geschl. 17. November - 19. Dezember*

Rest – Menü 39/59 € – Karte 43/69 €

Ganz im Stil hanseatischer Eleganz eingerichtet, bietet man Ihnen hier einen Ausblick, der unbezahlbar ist: auf die unberührte Natur des Weltnaturerbes Niedersächsisches Wattenmeer. Die Küche ist klassisch.

Gute Küche zu moderatem Preis? Folgen Sie dem Bib Gourmand.

Ekendöns – Badhotel Sternhagen

Cuxhavener Str. 86 ✉ 27476 – ✆ (04721) 43 40 – www.badhotel-sternhagen.de – geschl. 17. November - 19. Dezember

Rest – *(nur Abendessen)* Karte 39/56 €

Ein Blick in die Stube lässt sofort ein Gefühl der Gemütlichkeit aufsteigen - dafür sorgen 300 Jahre alte Eichenbalken eines norddeutschen Bauernhauses, ein schmucker Kaminofen und eine herzhafte Küche.

In Cuxhaven-Sahlenburg West: 10 km über Westerwischweg

Wattenkieker

Am Sahlenburger Strand 27 ✉ 27476 – ✆ (04721) 20 00 – www.wattenkieker.de – geschl. Ende November - Anfang Februar

22 Zim – †59/85 € ††69/155 € **Rest** – Karte 15/30 €

Das familiengeführte Hotel hat einen Logenplatz am Strand. Jedes der Gästezimmer verfügt über einen Balkon, die meisten bieten direkten Meerblick. Restaurantterrasse zur See.

Muschelgrund garni

Muschelgrund 1 ✉ 27476 – ✆ (04721) 20 90 – www.muschelgrund.de – geschl. 1. Januar - 1. März, 2. November - 31. Dezember

17 Zim – †50/95 € ††65/128 €

Sympathisch leitet Familie Finck das kleine Hotel mit gutem Preis-Leistungs-Verhältnis. Tipptopp gepflegte Zimmer, eine moderne Lounge in warmen Tönen und ein leckeres Frühstück.

DACHAU – Bayern – 546 – 43 260 Ew – Höhe 505 m

65 L20

Berlin 583 – München 19 – Augsburg 54 – Landshut 72

ADAC Münchner Str. 46 a

Konrad-Adenauer-Str. 1, ✉ 85221, ✆ (08131) 7 52 86, www.dachau.de

Dachau, An der Floßlände 1, ✆ (08131) 1 08 79

Eschenried, Am Kurfürstenweg 13, ✆ (08131) 56 74 56

Markt Indersdorf, ✆ (08131) 5 67 40

Central garni

Münchner Str. 46a ✉ 85221 – ✆ (08131) 56 40 – www.hotel-central-dachau.de

46 Zim – †73/145 € ††88/195 €

In diesem Hotel erwarten Sie ein netter Empfangsbereich mit kleinem Salon und zeitgemäße, wohnliche Gästezimmer. Nachmittags: Café-Angebot.

Schwarzberghof mit Zim

Augsburger Str. 105 ✉ 85221 – ✆ (08131) 33 80 60 – www.schwarzberghof.eu – geschl. Montag

8 Zim – †69/99 € ††89/138 € **Rest** – Karte 18/64 €

Ein prima Team: Claus Brummer in der Küche, seine Frau Nicole im Service - ihr ist auch die stimmige Deko im ganzen Haus zu verdanken! Schön behaglich wird die Gaststube auch durch das helle Holz. Geboten werden bürgerlich-regionale Speisen.

In Bergkirchen-Günding West: 3 km, Richtung Fürstenfeldbruck

Forelle garni

Brucker Str. 16 ✉ 85232 – ✆ (08131) 5 67 30 – www.hotel-forelle-dachau.de – geschl. 24. Dezember - 1. Januar

21 Zim – †72/98 € ††92/125 € – 1 Suite

Hier bleibt man am Ball und kann seinen Gästen hübsche Zimmer bieten. Die Chefin hat ein Faible für schöne Betten, die in allen Räumen unterschiedlich sind. Dazu kommen frische Farbakzente!

Bergkirchen-Unterbachern Nord-West: 5 km

Gasthaus Weißenbeck

Ludwig-Thoma-Str. 56 ✉ 85232 – ✆ (08131) 7 25 46 – www.weissenbeck.de – geschl. Montag - Dienstag

Rest – (abends Tischbestellung ratsam) Menü 17 € (mittags)/39 € – Karte 29/50 €

Hier schaut man in zufriedene Gesichter! Kein Wunder, denn Mutter und Tochter Weißenbeck kochen richtig gut und das zu fairen Preisen! Am Wochenende gibt's in dem gemütlichen Wirtshaus leckeren Braten, das hat sich schon rumgesprochen!

DAHLEM – Nordrhein-Westfalen – 543 – 4 140 Ew – Höhe 500 m 35 B14

▶ Berlin 655 – Düsseldorf 113 – Köln 79 – Mainz 196

In Dahlem-Kronenburg

Schlosshotel Burghaus Kronenburg (mit Gästehaus)  Rest,

Burgbering 2 ✉ 53949 – ✆ (06557) 90 19 00 – www.burghaus-kronenburg.de

20 Zim – 🚹90/110 € 🚹🚹125/145 €, ☕ 15 € – ½ P

Rest – *(Montag - Donnerstag nur Abendessen)* Menü 35 € (mittags)/89 € – Karte 46/75 €

Ganz viel Herzblut steckt in den Mauern von 1766 - nicht zuletzt in den romantischen Zimmern (zwei mit eigener Sauna!) und im Restaurant, wo man unter der schönen Stuckdecke gehoben-international speist und ein wahres Kulturerbe bestaunt: den Querschnitt einer Römerstraße! Und wäre es nicht schön, in der Ruhe des alten Burgdorfs vom Freibad die Eifel zu überblicken?

DAHN – Rheinland-Pfalz – 543 – 4 460 Ew – Höhe 210 m – Luftkurort 53 D17

▶ Berlin 698 – Mainz 143 – Karlsruhe 57 – Saarbrücken 82

ℹ Schulstr. 29, ✉ 66994, ✆ (06391) 9 19 62 22, www.dahner-felsenland.net

Dahner Felsenland★★ (Burgruinen★ · ≤★)

Burg Berwartstein★, Süd-Ost: 11 km

Pfalzblick

Goethestr. 1 ✉ 66994 – ✆ (06391) 40 40 – www.pfalzblick.de

70 Zim ☕ – 🚹124/136 € 🚹🚹202/256 € – 1 Suite – ½ P

Rest *Neudahn* – siehe Restaurantauswahl

Für Aktive gibt es hier in ruhiger Waldrandlage beste Wanderbedingungen, Wellnessfans kommen im 1000 qm großen Spa (schön der Panorama-Ruheraum) auf ihre Kosten und Weinliebhaber werden in der hübschen modernen Vinothek fündig. Gut zu wissen: Die 3/4-Vitalpension ist im Preis inbegriffen.

XX **Neudahn** – Hotel Pfalzblick 

Goethestr. 1 ✉ 66994 – ✆ (06391) 40 40 – www.pfalzblick.de

Rest – Menü 35/50 € – Karte 23/52 €

Nicht nur das markante Rot, auch die wertige Ausstattung machen das A-la-carte-Restaurant des Hotel Pfalzblick zu einem geschmackvollen Ort - und natürlich die zeitgemäß-internationale Küche mit Gerichten wie "gebratenes Wolfsbarschfilet mit Weißweinbuttersoße, glacierten Sauerkirschen und Selleriepüree".

In Bruchweiler-Bärenbach **Süd-Ost: 6 km über B 427 Richtung Bad Bergzabern, dann rechts ab**

Landhaus Felsengarten garni

Gartenstr. 78 ✉ 76891 – ✆ (06394) 16 61 – www.hotel-felsengarten.de

9 Zim ☕ – 🚹45/48 € 🚹🚹68/78 € – 1 Suite

Die Herzlichkeit der Familie Becker, die wohnlichen Zimmer (benannt nach Bergen und Felsen der Umgebung), dazu der schöne Garten und die fairen Preise... und obendrein stimmt auch noch die Lage: ruhig und ideal für (Rad-) Wanderer. Ihr Lieblingsplatz fürs leckere Frühstück dürfte der Wintergarten werden!

DAMME – Niedersachsen – 541 – 16 420 Ew – Höhe 63 m 17 E8

▶ Berlin 416 – Hannover 114 – Bielefeld 89 – Bremen 98

ℹ Mühlenstr. 12, ✉ 49401, ✆ (05491) 99 66 67, www.dammer-berge.de

Lindenhof Hotel Tepe 

Osterdammer Str. 51 ✉ 49401 – ✆ (05491) 9 71 70 – www.lindenhof-hotel-tepe.de

35 Zim ☕ – 🚹89/99 € 🚹🚹130/150 € – 2 Suiten – ½ P

Rest *Lindenhof Hotel Tepe* – siehe Restaurantauswahl

Der Sohn der Gastgeber, Innenarchitekt und Künstler, hat beim Interieur des Hauses mitgewirkt. Zimmer teils mit Balkon, ganz modern sind die im Neubau. Gratis W-Lan im öffentlichen Bereich.

Lindenhof Hotel Tepe – Lindenhof Hotel Tepe

Osterdammer Str. 51 ✉ 49401 – ✆ (05491) 9 71 70 – www.lindenhof-hotel-tepe.de – geschl. Anfang Januar 1 Woche, Juli - August 2 Wochen und Sonntagabend

Rest – Menü 15 € (mittags)/65 € – Karte 27/57 €

Ein altes Sofa aus Omas Zeiten fügt sich wunderbar in ein Sammelsurium unterschiedlicher, liebevoll arrangierter Dinge, die ein behagliches und stimmiges Gesamtbild ergeben.

DAMSHAGEN – Mecklenburg-Vorpommern – 542 – 910 Ew – Höhe 20 m 11 K4

Berlin 241 – Schwerin 38 – Lübeck 35 – Rostock 87

In Damshagen-Parin Süd-Ost: 5 km

Gutshaus Parin (mit Gästehaus) Rest,

Am Wirtschaftshof 1 ✉ 23948 – ✆ (03881) 75 68 90 – www.gutshaus-parin.de

30 Zim – 90 € 140 € – ½ P **Rest** – *(nur Abendessen)* Menü 19 €

Das hat Charme: Ein altes Gutshaus wurde hier mit Geschmack und Sinn für ökologische Materialien in ein reizendes Hotel verwandelt - ein Ort der Ruhe in einem kleinen Dorf! Wählen Sie ihr Zimmer: "Erde", "Wasser", "Himmel", "Sonne". In der Küche arbeitet man viel mit Produkten aus der eigenen Landwirtschaft.

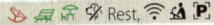

DANNENBERG – Niedersachsen – 541 – 8 170 Ew – Höhe 12 m 20 K6

Berlin 223 – Hannover 137 – Schwerin 80 – Lüneburg 51

Am Markt 5, ✉ 29451, ✆ (05861) 80 85 45, www.luechow-dannenberg.de

36 Zernien, Braasche 3, ✆ (05863) 5 56

Marschtor garni

Marschtorstr. 43 ✉ 29451 – ✆ (05861) 98 36 10 – www.daasch.de

7 Zim – 44/54 € 59/69 €, 5 €

Die freundlichen Gastgeber schaffen in ihrem kleinen Hotel in einer Häuserzeile in der Altstadt eine sehr persönliche Atmosphäre. Es stehen nette helle Zimmer bereit.

DANNENFELS – Rheinland-Pfalz – siehe Kirchheimbolanden

DARMSTADT – Hessen – 543 – 149 060 Ew – Höhe 144 m 47 F15

Berlin 569 – Wiesbaden 44 – Frankfurt am Main 36 – Mannheim 50

ADAC Marktplatz 4 C2

Luisenplatz 5 B2, ✉ 64283, ✆ (06151) 13 45 13, www.darmstadt-marketing.de

9 Mühltal-Traisa, Am Dippelshof 19, ✆ (06151) 14 65 43

27 Worfelden, Im Bachgrund 1, ✆ (06152) 80 79 00

18 Riedstadt-Leeheim, Landgut Hof Hayna, ✆ (06158) 74 73 85

Stadtpläne siehe nächste Seiten

WELCOME

Karolinenplatz 4 ✉ 64289 – ✆ (06151) 3 91 40 – www.welcome-hotels.com

202 Zim – 119/159 € 129/169 €, 18 € – 6 Suiten – ½ P C2c

Rest *Herrngarten* – ✆ (06151) 3 91 43 93 *(nur Abendessen)* Menü 23/55 € – Karte 25/50 €

Rest *Moller* – ✆ (06151) 3 91 43 90 – Karte 21/40 €

Eine zeitgemäße Businessadresse neben Kongresszentrum und Schloss. Man bietet eine großzügige Lobby und teilweise besonders komfortable Zimmer. Eine Terrasse mit Blick ins Grüne ergänzt das Restaurant Herrngarten. Bistro Moller mit Empore und Bar.

friends Darmstadt Mathildenhöhe garni

Spessartring 53 ✉ 64287 – ✆ (06151) 39 15 50 – www.hotel-friends-darmstadt.de – geschl. Weihnachten - Anfang Januar D1f

22 Zim – 108/140 € 118/150 €, 13 €

Das Hotelgebäude ist nicht sonderlich schön, muss es aber auch nicht sein, denn hier geht es um innere Werte! Die Philosophie lautet "Freunde gewinnen und behalten" - und das geht am besten mit Individualität: im Design, aber vor allem durch zahlreiche kleine Liebenswürdigkeiten!

Darmstadt garni

Grafenstr. 31 ✉ 64283 – ✆ (06151) 2 81 00 – www.hotel-darmstadt.bestwestern.de – geschl. 21. - 30. Dezember B2e

77 Zim – 119/164 € 139/184 €

Engagiert leiten Vater und Sohn das mit zeitgemäßen Zimmern ausgestattete Haus. Genießen Sie Ihr Frühstück auf der schönen Dachterrasse! Vorteil für Autofahrer: Das Hotel ist in ein Parkhaus mitten im Zentrum integriert!

Jungstil garni

Frankfurter Str. 77 ✉ 64293 – ✆ (06151) 97 10 00 – www.hotel-jungstil.de C1a

28 Zim – 120/140 € 160/189 €, 9 € – 4 Suiten

Wer's ein bisschen spezieller mag, dem wird die sehr individuelle Einrichtung hier gefallen. Was halten Sie z. B. vom "Golf"-, "Lese"-, "Wein"- oder "Sport"-Zimmer? Alle modern in Stil und Technik.

Weißer Schwan Rest,

Frankfurter Landstr. 190 (über Frankfurter Straße B1) ✉ 64291 – ✆ (06151) 37 17 02 – www.weisser-schwan.com – geschl. Anfang Januar 1 Woche

20 Zim – 54/59 € 78 €, 8 €

Rest – *(geschl. Samstagmittag, Montag)* Menü 10 € (mittags unter der Woche)/48 € – Karte 23/51 €

In dem gepflegten Hotel stehen praktische und zeitgemäße Gästezimmer zur Verfügung, die teilweise auch für Familien geeignet sind. Das Restaurant mit nettem freundlich-ländlichem Ambiente bietet frische bürgerliche Küche.

Donnersberg garni

Donnersbergring 38 ✉ 64295 – ✆ (06151) 3 10 40 – www.hotel-donnersberg.de – geschl. 18. Dezember - 4. Januar B3t

18 Zim – 56/89 € 77/105 €, 6 €

Am Donnersbergring nahe der Innenstadt finden Sie das kleine Hotel, das sehr freundlich und persönlich geführt wird und gepflegte, solide Zimmer bietet. Aufenthaltsraum mit Kaffee-/Teebar.

Orangerie

Bessunger Str. 44 ✉ 64285 – ✆ (06151) 3 96 64 46 – www.orangerie-darmstadt.de C3b

Rest – Menü 42/89 € – Karte 58/81 €

Im schönen Orangerie-Park in der Innenstadt steht das historische Gebäude mit lichtem, elegantem Interieur. Bei dieser Lage ist natürlich die Terrasse sehr begehrt! Geboten wird mediterrane Küche aus guten Produkten.

Daniela Trattoria Romagnola

Heinrichstr. 39 ✉ 64283 – ✆ (06151) 2 01 59 – www.trattoria-romagnola.de – geschl. Samstagmittag - Sonntag B3a

Rest – Menü 48 € – Karte 46/75 €

Mutter und Sohn stehen hier gemeinsam am Herd und kochen original italienisch. Probieren Sie z. B. den Kalbsrücken "Daniela Art", ein Gericht aus Kindertagen der Chefin! Stolz ist man auch auf die selbstgemachte Pasta! Passend dazu die freundlich-mediterrane Einrichtung.

In Mühltal-Traisa Süd-Ost: 5 km über Nieder-Ramstädter-Straße D3

Hofgut Dippelshof

Am Dippelshof 1 (am Golfplatz) ✉ 64367 – ✆ (06151) 91 71 88 – www.dippelshof.de

17 Zim – 89 € 132/175 €

Rest – *(geschl. Montag)* Menü 52/59 € – Karte 39/64 €

Das Hofgut in ruhiger Lage am Golfplatz ist eine stilvolle Adresse mit klassischen, individuell eingerichteten Zimmern. Elegantes Restaurant mit Parkett und Stuck. Prächtiger Blauer Saal für Veranstaltungen.

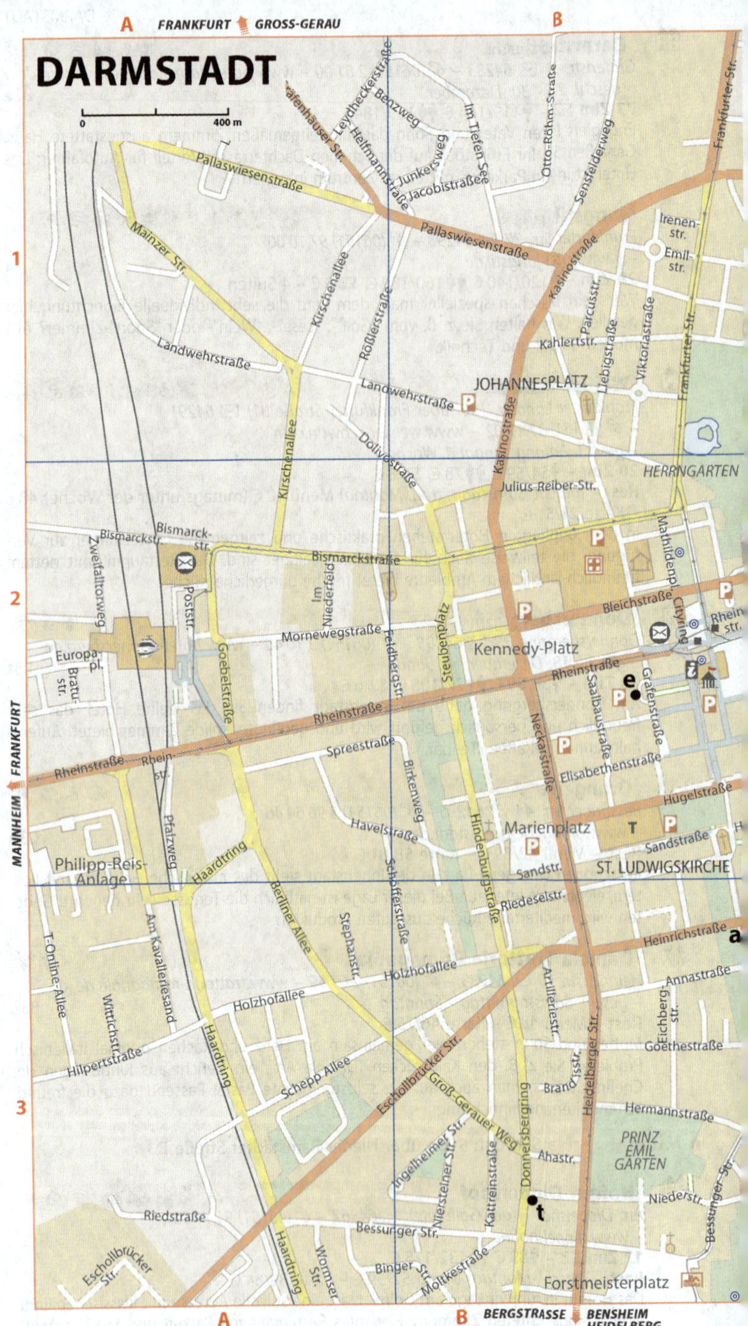
DARMSTADT
0
400 m
A
B
FRANKFURT
GROSS-GERAU
1
2
3
MANNHEIM
FRANKFURT
BERGSTRASSE
BENSHEIM
HEIDELBERG
Pallaswiesenstraße
Mainzer Str.
Landwehrstraße
Kirschenallee
Rößlerstraße
Leydheckerstraße
Benzweg
Helfmannstraße
Junkersweg
Jacobistraße
Im Tiefen See
Otto-Röhm-Straße
Sensfelderweg
Frankfurter Str.
Irenen-str.
Emil-str.
Kasinostraße
Parcusstr.
Liebigstraße
Viktoriastraße
Kahlertstr.
JOHANNESPLATZ
Dolivostraße
HERRNGARTEN
Julius-Reiber-Str.
Bismarckstr.
Bismarck-str.
Bismarckstraße
Zweifalltorweg
Poststr.
Im Niederfeld
Mathildenpl.
Bleichstraße
Citying
Rheinstr.
Europa-pl.
Bratu-str.
Mornewegstraße
Feldbergstr.
Steubenplatz
Kennedy-Platz
Goebelstraße
Rheinstraße
Saalbaustraße
Grafenstraße
Neckarstraße
Spreestraße
Rhein-str.
Elisabethenstraße
Birkenweg
Hügelstraße
Pfalzweg
Havelstraße
Hindenburgstraße
Marienplatz
Sandstraße
Sandstr.
ST. LUDWIGSKIRCHE
Philipp-Reis-Anlage
Haardtring
Berliner Allee
Schöfferstraße
Riedeselstr.
Stephanstr.
Heinrichstraße
Am Kavalleriesand
T-Online-Allee
Wittichstr.
Holzhofallee
Artilleriestr.
Annastraße
Eichberg-str.
Goethestraße
Hilpertstraße
Schepp Allee
Eschollbrücker Str.
Groß-Gerauer Weg
Brandisstr.
Heidelberger Str.
Hermannstraße
Donnersbergring
PRINZ EMIL GARTEN
Ingelheimer Str.
Niersteiner Str.
Kattreinstraße
Ahastr.
Niederstr.
Riedstraße
Bessunger Str.
Wormser Str.
Binger Str.
Moltkestraße
Forstmeisterplatz
Eschollbrücker Str.

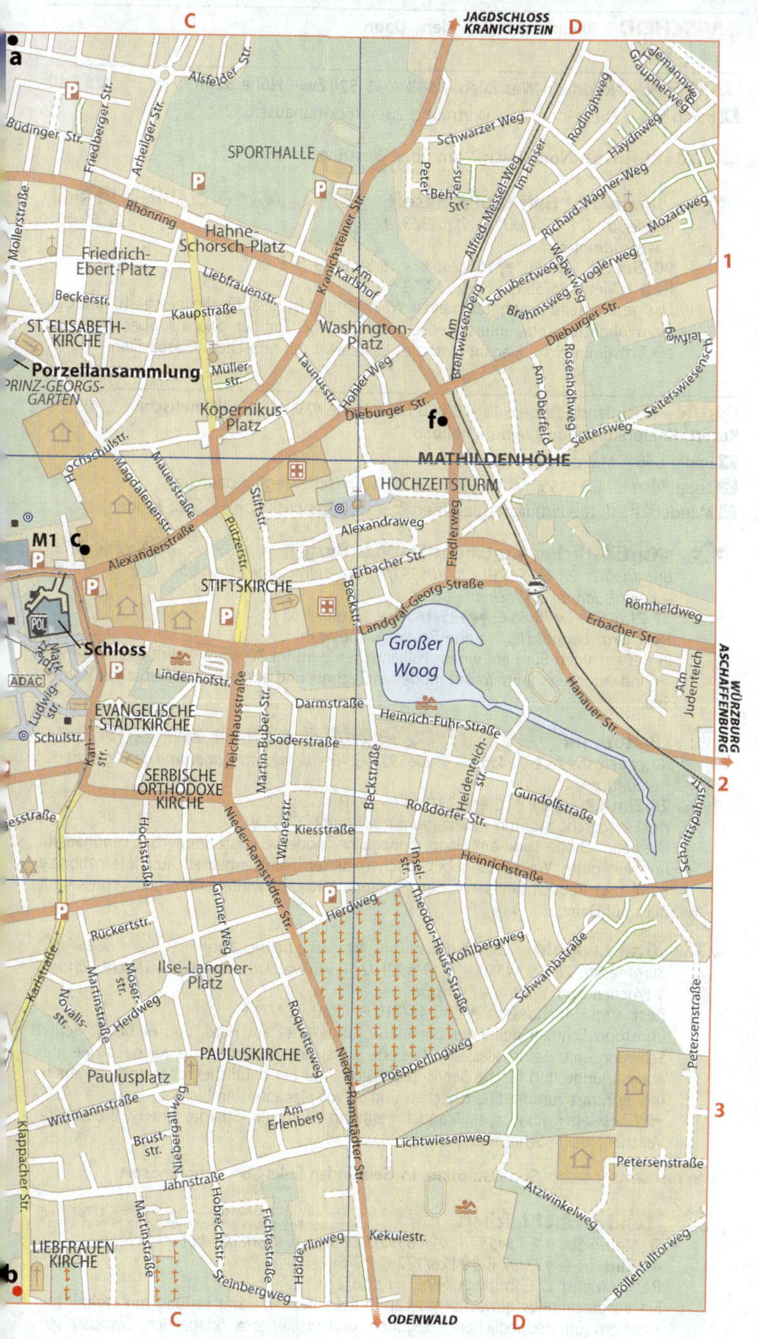
JAGDSCHLOSS KRANICHSTEIN
SPORTHALLE
Hahne-Schorsch-Platz
Friedrich-Ebert-Platz
ST. ELISABETH-KIRCHE
Porzellansammlung
PRINZ-GEORGS-GARTEN
Washington-Platz
Kopernikus-Platz
MATHILDENHÖHE
HOCHZEITSTURM
STIFTSKIRCHE
Schloss
Großer Woog
EVANGELISCHE STADTKIRCHE
SERBISCHE ORTHODOXE KIRCHE
Ilse-Langner-Platz
PAULUSKIRCHE
Paulusplatz
LIEBFRAUEN KIRCHE
WÜRZBURG ASCHAFFENBURG
ODENWALD
Rhönring
Dieburger Str.
Landgraf-Georg-Straße
Erbacher Str.
Heinrichstraße
Nieder-Ramstädter Str.
Hanauer Str.
Lichtwiesenweg
Kranichsteiner Str.

DARSCHEID – Rheinland-Pfalz – siehe Daun

DATTELN – Nordrhein-Westfalen – 543 – 35 520 Ew – Höhe 52 m

26 D10

Berlin 500 – Düsseldorf 73 – Dortmund 20 – Recklinghausen 12

In Datteln-Ahsen Nord-West: 7 km über Westring

Jammertal Golf & SPA-Resort

Redderstr. 421 ✉ 45711 – ✆ (02363) 37 70 – www.jammertal.de

90 Zim – 98 € 166/266 € – 15 Suiten – ½ P

Rest – Menü 36/53 € – Karte 30/53 €

Das gewachsene Landhotel in einer Waldlichtung ist ideal für Wellnessgäste und Golfer. Wohnliche, sehr unterschiedlich geschnittene Zimmer, Spa auf über 3000 qm, ein Schwimmteich... Elegant-rustikales Restaurant mit hübschem Glaspavillon.

DAUN – Rheinland-Pfalz – 545 – 8 050 Ew – Höhe 410 m – Heilklimatischer Kurort, Kneippkurort und Mineralheilbad

45 B14

Berlin 666 – Mainz 161 – Trier 76 – Bonn 79

Leopoldstr. 5, ✉ 54550, ✆ (06592) 9 51 30, www.ferienregion-daun.de

Manderscheid: Niederburg ★ (Bergfried ≤ ★ · Burgenblick ≤ ★★), Süd: 16 km

Kurfürstliches Amtshaus Dauner Burg

Burgfriedstr. 28 ✉ 54550 – ✆ (06592) 92 50 – www.daunerburg.de – geschl. Januar 3 Wochen

27 Zim – 75/85 € 125/165 € – 1 Suite – ½ P

Rest *Graf Leopold* ✿ – siehe Restaurantauswahl

In der einstigen Burg auf einem vulkanischen Berg im Zentrum wohnt man in stilvollen individuellen Zimmern mit moderner Technik und entspannt im hübschen kleinen Spa.

Panorama

Rest,

Rosenbergstr. 26 ✉ 54550 – ✆ (06592) 93 40 – www.hotelpanorama.de – geschl. 5. - 26. März

26 Zim – 68/79 € 122/140 € – ½ P

Rest – *(geschl. Montag - Dienstagmittag)* Karte 27/55 €

Die sehr schöne Lage am Hang, behagliche moderne Gästezimmer im Landhausstil und ein gutes Wellnessangebot machen diesen Familienbetrieb aus. Internationale Karte und freundlicher Service im Restaurant. Kleiner Wintergarten und Terrasse mit Blick auf Daun.

✿ **Graf Leopold** – Hotel Kurfürstliches Amtshaus Dauner Burg

Burgfriedstr. 28 ✉ 54550 – ✆ (06592) 92 50 – www.daunerburg.de – geschl. Januar 3 Wochen und Montag - Dienstag

Rest – *(nur Abendessen)* Menü 48/110 € – Karte 54/71 €

Christoph Schmah heißt der talentierte junge Chef am Herd, und er bringt neuen Schwung mit: Seine klassisch basierte und modern inspirierte Küche sowie das ebenso junge und frische Serviceteam sind zwar ein deutlicher, aber doch angenehmer Kontrast zum traditionsreichen und stilvoll-eleganten Ambiente!

➜ Gänseleber, Rhabarbar, Mandel. Perlhuhn, Morcheln, Spargel, Sherry. Brombeere, Veilchen, weiße Schokolade.

In Schalkenmehren Süd-Ost: 6 km, in Gemünden links ab – Erholungsort

Landgasthof Michels

St.-Martin-Str. 9 ✉ 54552 – ✆ (06592) 92 80 – www.landgasthof-michels.de

47 Zim – 73/97 € 126/172 € – 2 Suiten – ½ P

Rest – Menü 17 € (mittags)/49 € – Karte 21/46 €

Ein ansprechendes gewachsenes Landhotel unter familiärer Leitung mit wohnlichen Zimmern unterschiedlicher Kategorien und vielfältigem Spabereich. Sympathisch-ländlich ist das Ambiente im Restaurant.

Schneider am Maar
Maarstr. 22 ✉ 54552 – ✆ (06592) 9 55 10 – www.hotelschneider.de – geschl. 20. - 25. Dezember
21 Zim – 40/65 € 80/96 € – 4 Suiten – ½ P
Rest – Karte 17/40 €
Das familiengeführte Haus ist eine gepflegte ländliche Adresse mit funktionellen Zimmern, recht großzügigem Saunabereich und netter Liegewiese am Maar. Internationale Küche und eine Saisonkarte mit kleinem Vitalangebot im Restaurant mit schöner Terrasse.

In Darscheid Nord-Ost: 6 km über B 257 – Erholungsort

Kucher's Gourmet mit Zim
Rest,
Karl-Kaufmann-Str. 2 ✉ 54552 – ✆ (06592) 6 29 – www.kucherslandhotel.de – geschl. 6. - 29. Januar und Montag - Dienstag
14 Zim – 50/75 € 100/110 € – ½ P
Rest *Weinwirtschaft kleines Kucher* – siehe Restaurantauswahl
Rest – *(Mittwoch - Samstag nur Abendessen)* Menü 75/94 € – Karte 58/79 €
Ein schönes freundliches Restaurant mit sehr guter Tischkultur und klassischer Küche. Die beeindruckende Weinauswahl zählt zu einer der besten des Landes. Wohnlich und individuell sind die hübschen Gästezimmer.

Weinwirtschaft kleines Kucher – Restaurant Kucher's Gourmet

Karl-Kaufmann-Str. 2 ✉ 54552 – ✆ (06592) 6 29 – www.kucherslandhotel.de – geschl. 6. - 29. Januar und Sonntagabend - Dienstagmittag
Rest – Karte 31/62 €
Wenn Ihnen "Wildkräuterschaumsuppe" und "Ragout vom Eifel-Lamm mit Dattel-Feigenknödel und Quitten-Spitzkohl" Appetit machen, sollten Sie sich von Martin Kucher bekochen lassen! Passend zum Namen hat man das Restaurant hübsch dem Thema Wein entsprechend dekoriert.

DEDELEBEN – Sachsen-Anhalt – 542 – 7 820 Ew – Höhe 98 m

30 K9

Berlin 223 – Magdeburg 79 – Braunschweig 45

Wasserschloß Westerburg
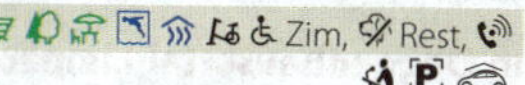
Westerburg 34 ✉ 38836 – ✆ (039422) 95 50 – www.hotel-westerburg.de
55 Zim – 90/130 € 140/198 € – 2 Suiten – ½ P
Rest – Menü 26/46 € – Karte 31/58 €
Einzigartig, romantisch und wie gemacht für Hochzeiten! In der ältesten Wasserburg Deutschlands (im 8. Jh. Stützpunkt von Karl dem Großen) finden sich natürlich hier und da auch Antiquitäten. Eindrucksvolles gotisches Gewölbe im Restaurant. Terrasse am Wassergraben mit Blick in den Park.

DEDELSTORF – Niedersachsen – siehe Hankensbüttel

DEGGENDORF – Bayern – 546 – 31 730 Ew – Höhe 314 m – Wintersport: 800 m 3

59 O18

Berlin 563 – München 144 – Passau 51 – Landshut 74
ADAC Graflinger Str. 2
Oberer Stadtplatz 1, ✉ 94469, ✆ (0991) 2 96 05 35, www.deggendorf.de
 Schaufling, Rusel 123, ✆ (09920) 89 11

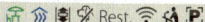

Donauhof
Rest,
Hafenstr. 1 ✉ 94469 – ✆ (0991) 3 89 90 – www.hotel-donauhof.de
57 Zim – 56/68 € 81/93 € – 3 Suiten
Rest – *(geschl. August 2 Wochen und Sonntag) (nur Abendessen)* Karte 20/28 €
Das aus einem alten Lagerhaus a. d. 19. Jh. entstandene Hotel beherbergt Zimmer in drei Stilrichtungen: funktional, toskanisch oder ganz modern. Elegante Tagungsräume. Wintergarten und urige Weinstube ergänzen das Restaurant.

Höttl

Luitpoldplatz 22, (Zufahrt über Lateinschulgasse) ✉ 94469 – ✆ (0991) 3 71 99 60 – www.hoettl.de

39 Zim ☕ – 🚹56/68 € 🚹🚹88 € – 3 Suiten – ½ P **Rest** – Karte 17/38 €

In dem gepflegten historischen Stadthaus in zentraler Lage stehen wohnliche Zimmer mit mediterranem Touch bereit. W-Lan bietet man kostenlos. Rustikale Gaststube mit Terrasse vor dem Haus und im Hinterhof.

La padella

Rosengasse 7 ✉ 94469 – ✆ (0991) 55 41 – www.la-padella.eu – geschl. 10. - 21. Juni und Sonntag - Montag

Rest – (Tischbestellung ratsam) Menü 10 € (mittags unter der Woche)/39 € – Karte 23/38 €

Schon seit 1987 ist Christine Grill Gastgeberin und Küchenchefin in dem freundlichen Restaurant im Kulturviertel. Sie bietet ihren Gästen saisonal beeinflusste Küche - oder wie wär's mit einem gemütlichen Frühstück?

In Deggendorf-Natternberg Süd-West: 6 km, jenseits der A 3

Burgwirt (mit Gästehaus)

Deggendorfer Str. 7 ✉ 94469 – ✆ (0991) 3 00 45 – www.hotel-burgwirt.de – geschl. August

25 Zim ☕ – 🚹55/65 € 🚹🚹85/95 € – 5 Suiten

Rest – *(geschl. Sonntag) (nur Abendessen)* 16 € – Karte 15/30 €

Das Hotel der Familie Bornschlegl liegt (praktisch für alle, die es aktiv mögen) am Donau-Radweg. Alle Zimmer haben die freundliche und warme Gestaltung gemeinsam - im Gästehaus in klaren, modernen Formen, im Haupthaus etwas klassischer. Auch das Restaurant zeigt verschiedene Facetten, von ländlich mit Kachelofen bis neuzeitlich-gediegen im Wintergarten.

DEGGENHAUSERTAL – Baden-Württemberg – 545 – 4 300 Ew – Höhe 544 m

63 H21

Berlin 728 – Stuttgart 144 – Konstanz 33 – Ravensburg 20

Deggenhausertal, Unterhomberg 4, ✆ (07555) 91 96 30

In Deggenhausertal-Limpach

Mohren

Kirchgasse 1 ✉ 88693 – ✆ (07555) 93 00 – www.naturhotel-mohren.de – geschl. 6. Januar - 7. Februar

32 Zim ☕ – 🚹70/85 € 🚹🚹110/160 € – ½ P

Rest *Mohren* – siehe Restaurantauswahl

Schön wohnt man in dem ehemaligen Gutshof in ruhiger Lage. Die Zimmer sind überwiegend in ansprechendem modern-ländlichem Stil gehalten, zum Frühstück gibt es ein gutes Buffet und für Entspannung sorgt der hochwertige Spabereich.

Mohren – Hotel Mohren

Kirchgasse 1 ✉ 88693 – ✆ (07555) 93 00 – www.naturhotel-mohren.de – geschl. 6. Januar - 7. Februar

Rest – Menü 26/32 € – Karte 20/41 €

Hier werden nur biozertifizierte Produkte verwendet und regional zubereitet, dafür sorgt Chef Jürgen Weizenegger. Er steht selbst am Herd und bereitet für Sie Klassiker wie hausgemachte Maultaschen oder Cordon bleu zu.

In Deggenhausertal-Roggenbeuren

Landhotel Krone

Lindenplatz 2 ✉ 88693 – ✆ (07555) 9 22 90 – www.hotel-krone-roggenbeuren.de

47 Zim ☕ – 🚹65/72 € 🚹🚹104/110 € **Rest** – Karte 17/36 €

Ein familiär geführtes Haus mit soliden, praktisch und freundlich gestalteten Gästezimmern. Zur Entspannung werden auch Massage- und Kosmetikbehandlungen angeboten. Zum Restaurant gehört eine hübsche Terrasse hinterm Haus.

In Deggenhausertal-Wittenhofen

Landhotel Adler 

Roggenbeurer Str. 2 ✉ 88693 – ✆ (07555) 2 02 – www.landhotel-adler.de – geschl. Ende Februar 2 Wochen, Ende November 2 Wochen
23 Zim – 55/65 € 86/88 € – ½ P
Rest – *(geschl. Mittwoch - Donnerstagmittag)* Karte 23/42 €
Der traditionsreiche Landgasthof im Zentrum hat sehr gepflegte und funktionelle Zimmer zu bieten. Außerdem kann man hier in einer gemütlichen Gaststube (oder auf der netten Terrasse) regional essen und auch die Kegelbahn ist noch in Betrieb!

DEIDESHEIM – Rheinland-Pfalz – 543 – 3 680 Ew – Höhe 117 m – Luftkurort

47 E16

Berlin 645 – Mainz 88 – Mannheim 31 – Kaiserslautern 39
Bahnhofstr. 5, ✉ 67146, ✆ (06326) 9 67 70, www.deidesheim.de

Ketschauer Hof

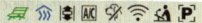

Ketschauerhofstr. 1 ✉ 67146 – ✆ (06326) 7 00 00 – www.ketschauer-hof.com
18 Zim – 130/160 € 200/230 €, 25 € – 1 Suite
Rest *Freundstück* **Rest *Weinbistro Bassermännchen*** – siehe Restaurantauswahl
Hotel, Restaurants und Eventlocation - all das vereint das ehemalige Bassermann-Jordan-Weingut als reizendes Ensemble. Bei modernster Technik und exklusivem Design kommt da schon ein Hauch Luxus durch, ebenso im kleinen, aber feinen Spa, ganz zu schweigen vom A-la-carte-Frühstück, das auch gerne mal das Mittagessen ersetzt! Kelterhaus für Veranstaltungen, Kochatelier für Kochkurse.

Deidesheimer Hof 

Am Marktplatz 1 ✉ 67146 – ✆ (06326) 9 68 70 – www.deidesheimerhof.de – geschl. 1. - 18. Januar
24 Zim – 110/150 € 150/190 €, 21 € – 4 Suiten – ½ P
Rest *Schwarzer Hahn* **Rest *St. Urban*** – siehe Restaurantauswahl
Größtes Engagement legt Familie Hahn hier an den Tag, und das bereits seit 1971! Auch die stetigen Investitionen sieht man ihrem Haus an: geschmackvolle und wohnlich-elegante Zimmer, tolle Veranstaltungsorte vom Kellergewölbe bis zum Gartenhaus sowie Tagungsräume mit Niveau sind das gelungene Ergebnis.

Kaisergarten Hotel & Spa 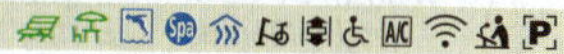

Weinstr. 12 ✉ 67146 – ✆ (06326) 70 00 77 – www.kaisergarten-deidesheim.com
79 Zim – 95/155 € 120/210 €, 19 € – 7 Suiten
Rest *Hippo* – *(geschl. Montag - Dienstag)* Menü 49 € – Karte 37/62 €
In dem Hotel im Herzen des historischen Weinstädtchens fühlen sich sowohl Wochenendurlauber als auch Business- und Tagungsgäste gut aufgehoben, und das liegt nicht zuletzt an der wertigen Einrichtung in schickem modernem Stil - da passen die angenehmen Grüntöne schön ins Bild. Im Restaurant: geradliniges Interieur in gemütlich-warmem Braun und Rot. Aus der offenen Küche kommen saisonale und internationale Gerichte sowie Pizza.

Steigenberger 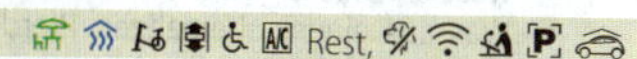

Am Paradiesgarten 1 ✉ 67146 – ✆ (06326) 97 00 – www.deidesheim.steigenberger.de
123 Zim – 85/135 € 115/165 € – ½ P
Rest – Menü 21/45 € – Karte 22/44 €
Das Hotel liegt am Ortsrand, Stadtpark und Weinberge schließen sich direkt an. Zahlreiche Accessoires im angloamerikanischen Stil der 30er bis 50er Jahre sind charakteristisch für das Haus. Warme Farben in den Zimmern, Restaurant mit legerem Bistro-Ambiente.

Erwarten Sie in einem oder nicht den gleichen Service wie in einem oder .

Freundstück – Hotel Ketschauer Hof

Ketschauerhofstr. 1 ✉ 67146 – ✆ (06326) 7 00 00 – www.ketschauer-hof.com – geschl. 1. - 24. Januar und Samstagmittag, Sonntag - Dienstagmittag, außer an Feiertagen

Rest – Menü 49 € (mittags unter der Woche)/149 € – Karte 80/96 €

Moderne findet sich sowohl im schönen geradlinig-eleganten Interieur als auch in der feinen Küche von Axel Krause und seinem Team - die Köche gewähren Ihnen sogar Einblicke in ihr Reich. Riesling-Freunde aufgepasst: Die Weinkarte lässt kaum Wünsche offen... und der Service trumpft mit Weinberatung par excellence! Genießen kann man das Ganze auch im hübschen Innenhof.

➜ Kaisergranat warm/kalt - Reis, Sangria, Paella Aromen. U.S. Beef - Onglet/Short-Rib, Zwiebeltexturen, Spinat, Trüffeljus. Salat Caprese "sweet version" - Erdbeere, Tomate, Mozzarella.

Schwarzer Hahn – Hotel Deidesheimer Hof

Am Marktplatz 1 ✉ 67146 – ✆ (06326) 9 68 70 – www.deidesheimerhof.de – geschl. 1. - 31. Januar und Sonntag - Montag, außer an Feiertagen

Rest – *(nur Abendessen)* (Tischbestellung ratsam) Menü 65/129 € – Karte 88/113 €

Das schöne Gewölberestaurant ist eine der Traditionsadressen an der Südlichen Weinstraße! Dass Tradition und Moderne sich nicht ausschließen, beweist Stefan Neugebauer, der feine kreative und auch japanische Elemente in seine klassische Küche einfließen lässt. Unter Maître Andreas Weber nebst Team sind Ihnen top Service und ebensolche Weinberatung gewiss.

➜ Kotelett vom Atlantik Steinbutt, Meerwassergarnele, iranische Zitrone, Safranrisotto. Juvenilschwein U5, Yuzukosho, Dashi, Natursauce. Bisonfilet aus dem Wiesenheu mit Kartoffeln, Sauce Béarnaise und Waldpilzen.

St. Urban – Hotel Deidesheimer Hof

Am Marktplatz 1 ✉ 67146 – ✆ (06326) 9 68 70 – www.deidesheimerhof.de – geschl. 7. - 18. Januar

Rest – Menü 30/55 € – Karte 32/52 €

In den behaglichen Restaurantstuben spürt man den traditionellen Charme eines regionalen Landgasthofs, trinkt heimische Weine und lässt sich gut zubereitete Klassiker servieren, darunter "Grosse Pièce", aber auch Pfälzer Gerichte wie "Zander mit Rieslingrahmkraut & Blutwurst".

Gasthaus zur Kanne

Weinstr. 31 ✉ 67146 – ✆ (06326) 9 66 00 – www.gasthauszurkanne.de – geschl. Montag - Dienstag

Rest – Menü 27/62 € – Karte 27/53 €

Im ältesten Gasthaus der Pfalz (1160 erstmals erwähnt) erlebt man mit Karin und Florian Winter richtig nette Gastgeber. Aus der gehobenen und verfeinerten Regionalküche des Chefs sollten Sie z. B. Steinpilzsaumagen oder Zweierlei von der Helmbachforelle probieren! Dazu die tolle Auswahl an Bürklin-Wolf-Weinen.

Leopold

Weinstr. 10 ✉ 67146 – ✆ (06326) 9 66 88 88 – www.von-winning.de – geschl. Januar - Februar 3 Wochen

Rest – Karte 29/55 €

Was aus einem ehemaligen Pferdestall so alles werden kann! In diesem Fall ist im Weingut von Winning ein trendiges Restaurant entstanden: geradlinig, hochwertig, stylish - im Sommer lockt aber auch der Innenhof mit schönen Plätzen. Ob drinnen oder draußen: Aufgetischt werden regionale und internationale Gerichte von der "Pfälzer Trilogie" bis zum Wagyu-Beef.

Weinbistro Bassermännchen – Hotel Ketschauer Hof

Ketschauerhofstr. 1 ✉ 67146 – ✆ (06326) 7 00 00 – www.ketschauer-hof.com – geschl. 1. - 24. Januar

Rest – Menü 48 € – Karte 34/43 €

Mit diesem trendigen und lebendigen Weinbistro bietet Ihnen der Ketschauer Hof eine nette, legere Alternative zum Restaurant Freundstück. Probieren Sie die schmackhafte regionale und französische Küche z. B. in Form von "Dorade Royal mit Strauchtomate und Oliven-Kartoffelstampf".

DELBRÜCK – Nordrhein-Westfalen – 543 – 30 050 Ew – Höhe 100 m   27 F10

Berlin 432 – Düsseldorf 171 – Bielefeld 52 – Paderborn 16

Waldkrug
Zim,

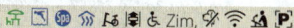

Graf-Sporck-Str. 34 ✉ 33129 – ✆ (05250) 9 88 80 – www.waldkrug.de

49 Zim – 78/96 € 108/146 € **Rest** – Menü 24/42 € – Karte 24/41 €

Seit 1901 wird das Hotel von der Familie geführt - man ist engagiert und immer wieder wird investiert! Die Zimmer sind geräumig, teilweise besonders wohnlich gestaltet und mit Parkettboden ausgestattet. Englisches Flair in der Kamin-Lobby, gemütlich-gediegene Atmosphäre im Restaurant im Stammhaus.

DELITZSCH – Sachsen – 544 – 26 040 Ew – Höhe 96 m   31 N11

Berlin 162 – Dresden 116 – Leipzig 23

Schlossstr. 31, ✉ 04509, ✆ (034202) 6 72 37, www.delitzsch.de

In Delitzsch-Schenkenberg Nord-West: 2,5 km

Schenkenberger Hof
Rest,

Hofegasse 3 ✉ 04509 Delitzsch-Schenkenberg – ✆ (034202) 73 00 – www.schenkenberger-hof.de – geschl. 21. - 28. Dezember

26 Zim – 50/54 € 68/75 € – ½ P **Rest** – *(nur Abendessen)* Karte 14/23 €

Eine persönlich-familiäre Adresse in ruhiger Ortsrandlage, umgeben von Gärten. Man bietet freundliche, praktische Zimmer sowie die kostenfreie Nutzung des nahegelegenen Fitnessstudios.

DELMENHORST – Niedersachsen – 541 – 74 500 Ew – Höhe 7 m   17 F6

Berlin 403 – Hannover 136 – Bremen 17 – Oldenburg 37

ADAC Reinersweg 34

Rathausplatz 1, ✉ 27749, ✆ (04221) 99 22 99, www.stadtmarketing-delmenhorst.de

Hude, Hurreler Str./Lehmweg 1, ✆ (04408) 92 90 90

Thomsen (mit Gästehaus)

Bremer Str. 186 ✉ 27751 – ✆ (04221) 97 00 – www.hotel-thomsen.de

79 Zim – 56/89 € 77/119 € – 1 Suite

Rest – *(geschl. 24. - 30. Dezember und Samstagmittag)* Karte 17/31 €

Ein gewachsenes Hotel etwas außerhalb des Zentrums mit Gästehaus vis-à-vis (hier der Freizeitbereich). Am besten sind die Komfortzimmer (Saunanutzung gratis), einfacher die Standardzimmer. Restaurant mit internationalem Angebot.

DENZLINGEN – Baden-Württemberg – 545 – 13 740 Ew – Höhe 234 m   61 D20

Berlin 802 – Stuttgart 203 – Freiburg im Breisgau 19 – Offenburg 61

Rebstock-Stube

Hauptstr. 74 ✉ 79211 – ✆ (07666) 20 71 – www.rebstock-stube.de – geschl. Sonntag - Montag, außer an Feiertagen

Rest – Menü 27 € (mittags)/62 € – Karte 31/75 €

Der badisch-traditionelle Gasthof steht für eine klassisch-regionale und gleichzeitig finessenreiche und ambitionierte Küche - für die ist Axel Frey zusammen mit seinem Vater Adolf verantwortlich. Klingen tut das Ganze z. B. so: "Salat vom Kalbskopf mit Linsen und Steinpilzen", "Rehrücken auf Rosenkohl mit Spätburgundersauce"...

DERNAU – Rheinland-Pfalz – 543 – 1 810 Ew – Höhe 125 m   36 C13

Berlin 628 – Mainz 153 – Koblenz 55 – Bonn 31

Hofgarten
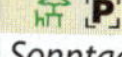

Bachstr. 26 ✉ 53507 – ✆ (02643) 15 40 – www.hofgarten-dernau.de

Rest – Menü 32 € – Karte 24/43 €

Das hübsche Fachwerkhaus beherbergt ein charmant mit saisonalem Zierrat dekoriertes Restaurant. Seit Jahren gehört der Hauskater zum Inventar. Rustikale Weinstube und lauschiger Innenhof.

DERNBACH (KREIS SÜDLICHE WEINSTRASSE) – Rheinland-Pfalz – 543 – 450 Ew – Höhe 219 m   47 E17

Berlin 671 – Mainz 112 – Mannheim 53 – Landau in der Pfalz 14

Dernbachtal garni

Am Berg 3a ✉ 76857 – ✆ (06345) 9 54 40 – www.schneider-dernbachtal.de
12 Zim ☕ – 🚹62/65 € 🚹🚹98/103 €
Kein Wunder, dass man hier gerne herkommt: Da sind zum einen schön geräumige Zimmer mit Balkon oder Terrasse (Telefon und W-Lan übrigens gratis) und die ruhige Hanglage, zum anderen ist das Haus dank der beiden sympathischen Gastgeber angenehm familiär! Und: Die leckeren selbstgemachten Marmeladen, die Ihnen hier das Frühstück versüßen, kann man für Zuhause kaufen!

Schneider

Hauptstr. 88 ✉ 76857 – ✆ (06345) 83 48 – www.schneider-dernbachtal.de – geschl. Januar 2 Wochen, Juli 1 Woche und Montag - Dienstag, September - Oktober: Montag - Dienstagmittag
Rest – (Tischbestellung ratsam) Menü 28 € (mittags)/78 € – Karte 29/55 €
1884 als Gaststube eröffnet und seit jeher in Familienhand. In der Küche hat Chefin Petra Roth-Püngeler das Sagen, mit schmackhaftem Ergebnis: "Kalbsniere in Sherry-Senf-Sauce" oder "Pfälzer Rehnüsschen mit frischen Pilzen" sind zwei schöne Beispiele. Übernachten können Sie beim Bruder im Hotel Dernbachtal.

DERSAU – Schleswig-Holstein – 541 – 910 Ew – Höhe 32 m – Luftkurort 10 J4

Berlin 332 – Kiel 32 – Lübeck 70 – Hamburg 92
Dorfstr. 67, ✉ 24326, ✆ (04526) 6 80, www.dersau.de

Zur Mühle am See (mit Gästehäusern)

Dorfstr. 47 ✉ 24326 – ✆ (04526) 30 50 – www.dersauer-muehle.de
30 Zim ☕ – 🚹50/65 € 🚹🚹75/95 € – ½ P
Rest – *(geschl. November - Februar: Sonntagabend)* Karte 18/41 €
Schon seit 1912 ist das Hotel am Plöner See ein Familienbetrieb. Die Zimmer verteilen sich auf Haupthaus und Gästehäuser, einige bieten Seeblick. Mit eigenem Strandbad. Im Restaurant serviert man bürgerliche Küche.

DESSAU – Sachsen-Anhalt – 542 – 85 840 Ew – Höhe 61 m 31 N10

Berlin 122 – Magdeburg 64 – Leipzig 74 – Nordhausen 140
ADAC Kavalierstr. 20
Zerbster Str. 2c, ✉ 06844, ✆ (0340) 2 04 14 42, www.dessau-rosslau-tourismus.de
Wörlitz: Wörlitzer Park★★ Schloss Wörlitz★ Gotisches Haus★, Ost: 13 km

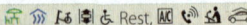

Radisson BLU Fürst Leopold Rest, AC

Friedensplatz ✉ 06844 – ✆ (0340) 2 51 50 – www.radissonblu.com/hotel-dessau
202 Zim – 🚹75/95 € 🚹🚹75/95 €, ☕ 16 € – 2 Suiten – ½ P
Rest – Menü 18 € (mittags)/35 € – Karte 22/36 €
Hinter der Fassade im Bauhausstil bietet das an einer Grünfläche gelegene Businesshotel eine klare, moderne und funktionelle Ausstattung. Massage- und Kosmetikabteilung. Neuzeitlich gestaltetes Restaurant mit großer Fensterfront.

In Dessau-Ziebigk Nord-West: 1 km

Pächterhaus AC

Kirchstr. 1 ✉ 06846 – ✆ (0340) 6 50 14 47 – www.paechterhaus-dessau.de – geschl. Januar 2 Wochen und Montag
Rest – Menü 33/38 € – Karte 28/48 €
Nicht nur gutes Essen, auch ein schönes Ambiente hat das älteste Haus des Stadtteils Ziebigk zu bieten: außen die schmucke helle Fachwerkfassade, innen drei freundliche, gemütlich-elegante Stuben. Chefin Katrin Mädel kocht mit ihrem Küchenteam international-saisonale Gerichte wie z. B. "Kalbstafelspitz mit Meerrettichsauce und Spitzkohl". Ein Tipp für warme Sommertage: die charmante weinberankte Gartenterrasse hinterm Haus!

DETMOLD – Nordrhein-Westfalen – 543 – 72 650 Ew – Höhe 130 m 28 G10

Berlin 384 – Düsseldorf 197 – Bielefeld 27 – Hannover 95
ADAC Paulinenstr. 64
Rathaus am Markt, ✉ 32756, ✆ (05231) 97 73 28, www.detmold.de

Detmolder Hof

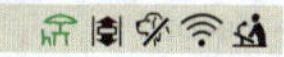

Lange Str. 19 ✉ 32756 – ✆ (05231) 98 09 90 – www.detmolder-hof.de
13 Zim ☕ – 🚹104/134 € 🚹🚹154/174 € **Rest** – Menü 25/50 € – Karte 22/50 €
In dem historischen Haus mitten in der Stadt erwarten Sie engagierter Service, schöne Zimmer, die wertig, stimmig und wohnlich gestaltet sind, sowie ein frisches Frühstück. Neben dem Restaurant hat man noch das Bistro und den "Unterstand" mit dem wohl ältesten Stammtisch Westfalens.

Residenz Hotel garni

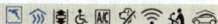

Paulinenstr. 19 ✉ 32756 – ✆ (05231) 93 70 – www.residenzhotel-detmold.de
77 Zim – 🚹95/108 € 🚹🚹118/139 €, ☕ 15 € – 1 Suite
Das nahe dem Residenzschloss in der Innenstadt gelegene Hotel ist mit seinen funktionellen Gästezimmern besonders auf Geschäftsleute und Tagungen zugeschnitten.

Elisabeth garni

Elisabethstr. 5 ✉ 32756 – ✆ (05231) 94 88 20 – www.elisabethhotel-detmold.de – geschl. 23. Dezember - 5. Januar
16 Zim ☕ – 🚹66/75 € 🚹🚹79/98 €
Das kleine Hotel im Zentrum, ein Integrationsbetrieb für behinderte Menschen, verfügt über helle, freundliche Gästezimmer. Visuelle Reize bietet eine wechselnde Bilderausstellung.

DETTIGHOFEN – Baden-Württemberg – 545 – 1 100 Ew – Höhe 488 m   62 F21

▶ Berlin 819 – Stuttgart 185 – Freiburg im Breisgau 105 – Schaffhausen 17

Hofgut Albführen (mit Gästehäusern)

Albführen 20, (Nord: 2 km, Richtung Albführen) ✉ 79802 – ✆ (07742) 92 96 90 – www.albfuehren.de – geschl. 27. Dezember - 31. Januar
12 Zim ☕ – 🚹90 € 🚹🚹170 € **Rest** – Menü 30/58 € – Karte 33/58 €
Man muss nicht unbedingt ein Pferdenarr sein, um von dem überaus großzügigen Hofgut mit Pferdezentrum begeistert zu sein, das so schön in die Natur eingebettet ist! Sie wohnen in geschmackvollen individuellen Zimmern mit allerlei Antiquitäten und lassen sich im Restaurant Clubhaus (ein Hingucker die hohe offene Decke) überwiegend internationale Küche servieren.

DETTINGEN an der ERMS – Baden-Württemberg – 545 – 9 310 Ew – Höhe 398 m   55 H19

▶ Berlin 678 – Stuttgart 39 – Reutlingen 13 – Ulm (Donau) 61

Rößle

Uracher Str. 30/32 ✉ 72581 – ✆ (07123) 9 78 00 – www.hotel-metzgerei-roessle.de – geschl. 24. - 28. Dezember
24 Zim ☕ – 🚹45/88 € 🚹🚹96/125 € – ½ P
Rest – *(geschl. Montag)* Menü 15/36 € – Karte 21/50 €
In dem schönen Fachwerkhaus von 1864 hat Familie Schlecht ein charmantes Hotel. Hier übernachtet man in ruhigen, zeitgemäßen Zimmern und bekommt am Morgen ein gutes Frühstück, und das lässt man sich im Sommer natürlich am liebsten auf der Terrasse im Innenhof schmecken! Das Restaurant ist gemütlich-rustikal, die Küche regional. Übrigens hat man eine eigene Metzgerei, in der Rinder und Schweine aus der Region verarbeitet werden.

DEUDESFELD – Rheinland-Pfalz – 543 – 390 Ew – Höhe 440 m – Erholungsort   45 B14

▶ Berlin 688 – Mainz 181 – Trier 57 – Bitburg 28

Zur Post

Hauptstr. 8 ✉ 54570 – ✆ (06599) 8 66 – www.hotelzurpost-deudesfeld.de
25 Zim ☕ – 🚹36/39 € 🚹🚹67/79 € – ½ P
Rest – *(geschl. November - Februar: Donnerstag)* Karte 17/29 €
Bereits in der 3. Generation wird der erweiterte ländliche Gasthof als Familienbetrieb geleitet. Man bietet zeitgemäße, wohnliche Zimmer und einen großen Garten. Rustikales Restaurant und urige Bierstube.

DIEKHOLZEN – Niedersachsen – siehe Hildesheim

DIERHAGEN – Mecklenburg-Vorpommern – 542 – 1 610 Ew – Höhe 1 m – Seebad 5 N3

Berlin 248 – Schwerin 122 – Rostock 35 – Stralsund 57

Ernst-Moritz-Arndt-Str. 2, ✉ 18347, ✆ (038226) 2 01, www.ostseebad-dierhagen.de

In Dierhagen-Strand West: 2 km

Strandhotel Fischland (mit Gästehäusern)

Ernst-Moritz-Arndt-Str. 6 ✉ 18347 – ✆ (038226) 5 20 – www.strandhotel-ostsee.de

75 Zim – †175/215 € ††230/295 € – 4 Suiten

Rest ***Ostseelounge*** ✿ **Rest** ***Marktplatzrestaurant*** – siehe Restaurantauswahl

Diese Anlage am Meer hinter den Dünen ist ein engagiert geführtes Ferienhotel mit Appartementhäusern. Wohnlich-elegante Zimmer (meist mit Seesicht), großer Spa und Dachterrasse sowie gute Küche. Halbpension ist im Preis inbegriffen.

Ostseelounge – Strandhotel Fischland

✿

Ernst-Moritz-Arndt-Str. 6 ✉ 18347 – ✆ (038226) 5 20 – www.strandhotel-ostsee.de – geschl. Januar - März 3 Wochen und Montag - Dienstag

Rest – *(nur Abendessen)* Menü 49/76 €

Wo könnte man seinen Apero schöner genießen als auf der Terrasse mit beeindruckendem Ostseeblick? Danach folgt in dem eleganten Restaurant im 4. Stock (hier hat man dank großer Fensterfront ebenfalls eine tolle Aussicht) die ausdrucksstarke moderne Küche von Pierre Nippkow.

➜ Steinbutt, Apfel, Erdknolle, Blutwurst. Darsser Rehrücken, Pfifferlinge, Aprikose und Quark. Schokopuzzle, Kirschen süß-sauer und Baileyseiscreme.

Marktplatzrestaurant – Strandhotel Fischland

Ernst-Moritz-Arndt-Str. 6 ✉ 18347 – ✆ (038226) 5 20 – www.strandhotel-fischland.de

Rest – Menü 34/64 € – Karte 30/50 €

Abends nach einem herrlichen Strandtag oder mittags zum Lunch ist das lichtdurchflutete Restaurant mit Wintergarten die ideale Rückzugsinsel. Serviert werden Gerichte mit mediterranen Einflüssen.

In Dierhagen-Ost Nord: 1,5 km

Blinkfüer Rest,

An der Schwedenschanze 20 ✉ 18347 – ✆ (038226) 5 35 70 – www.hotel-blinkfueer.de – geschl. 12. - 25. Januar

23 Zim – †70/100 € ††110/145 € – 7 Suiten – ½ P **Rest** – Karte 24/47 €

Zwischen Bodden und Meer liegt dieser gut geführte Familienbetrieb. Man wohnt schön in zeitgemäßen Zimmern und Maisonetten (toll die zwei Suiten in einem separaten Haus im Garten) und wird zudem herzlich betreut. Die überwiegend internationale Küche lässt man sich am besten im hübschen Wintergarten servieren.

In Dierhagen-Neuhaus West: 1,5 km

Strandhotel Dünenmeer Rest,

Birkenallee 20 (über Ernst-Moritz-Arndt Straße) ✉ 18347 – ✆ (038226) 50 10 – www.strandhotel-ostsee.de

65 Zim – †210/265 € ††265/340 € – 13 Suiten – ½ P

Rest ***Strandläufer*** – Menü 38 € (mittags unter der Woche)/48 € (abends) – Karte 36/52 €

Komfortabel und elegant wohnt man in dem Hotel direkt am Strand. Geräumige, moderne Zimmer und schöne Suiten, dazu sehr guter Service mit diversen Aufmerksamkeiten. Top der Spabereich mit Meerblick und Außensauna zum Strand. Tolle Sicht auch vom verglasten Restaurant und natürlich von der Terrasse! HP inkl.

DIESSEN am AMMERSEE – Bayern – 546 – 10 270 Ew – Höhe 544 m – Luftkurort 65 K21

Berlin 635 – München 55 – Garmisch-Partenkirchen 62 – Landsberg am Lech 22

Bahnhofstr. 12, ✉ 86911, ✆ (08807) 10 48, www.tourist-info-diessen.de

Marienmünster★ Ammersee★

Strand-Hotel

Jahnstr. 10 ✉ 86911 – ✆ (08807) 9 22 20 – www.strandhotel-diessen.de
– geschl. 1. Januar - 20. Februar
17 Zim ☕ – 🚹60/95 € 🚹🚹90/145 €
Rest – *(geschl. November - Februar und Montag - Dienstag) (nur Mittagessen)*
Karte 22/46 €
Ein familiär geleitetes kleines Hotel in schöner Lage am See. Die Zimmer bieten Balkon oder Terrasse, teils seeseitig. Dazu hat man ein eigenes Strandbad mit Badesteg. Restaurant mit Seeterrasse, auf der man nachmittags angenehm bei Kaffee und Kuchen sitzt.

Seefelder Hof

Alexander-Koester-Weg 6 ✉ 86911 – ✆ (08807) 10 22 – www.seefelder-hof.de
25 Zim ☕ – 🚹68/145 € 🚹🚹88/150 € – ½ P
Rest – *(geschl. im Sommer: Donnerstag, im Winter: Donnerstag - Freitag)*
Karte 17/41 €
Nicht weit vom See liegt dieser Familienbetrieb mit unterschiedlich gestalteten Zimmern: freundlich und neuzeitlich oder etwas einfacher und rustikaler. Helle, behaglich-bürgerliche Gaststube.

In Dießen-Riederau **Nord: 4 km**

Seehaus

Seeweg-Süd 22 ✉ 86911 – ✆ (08807) 73 00 – www.seehaus.de
Rest – Menü 33/78 € – Karte 25/51 €
Sehr schön sitzt man in dem gemütlichen Restaurant, in dem sich Familie Houillot und ihr Team freundlich um die Gäste kümmern. Die traumhafte Lage am See genießt man am besten auf der Terrasse. Zeitgemäße internationale Küche.

DIETENHOFEN – Bayern – 546 – 5 590 Ew – Höhe 353 m   50 J17

▶ Berlin 473 – München 201 – Nürnberg 37 – Ansbach 17

Moosmühle

Mühlstr. 12 ✉ 90599 – ✆ (09824) 95 90 – www.hotel-moosmuehle.de
30 Zim ☕ – 🚹57/70 € 🚹🚹83 € – ½ P
Rest – *(geschl. Sonntagabend - Montagmittag)* Menü 21/25 € – Karte 14/27 €
Recht ruhig, tipptopp gepflegt und wohnlich ist es bei Familie Eberhardt. Man kommt zum Tagen, zum Tennisspielen oder um den Naturpark Frankenhöhe zu erkunden! Im Restaurant und auf der sonnigen Terrasse bietet man saisonale und regionale Küche, am ersten und zweiten Sonntag im Monat gibt es Brunch.

DIETERSHEIM – Bayern – siehe Neustadt an der Aisch

DIETMANNSRIED – Bayern – 546 – 7 850 Ew – Höhe 682 m   64 J21

▶ Berlin 684 – München 112 – Kempten (Allgäu) 14 – Memmingen 25

In Probstried **Nord-Ost: 4 km, jenseits der A 7**

Landhaus Weller mit Zim

Wohlmutser Weg 2 ✉ 87463 – ✆ (08374) 2 32 40 90 – www.landhaus-weller.de
– geschl. Montag - Dienstag
9 Zim ☕ – 🚹55/95 € 🚹🚹99/110 €
Rest – (Tischbestellung ratsam) Menü 39 € (mittags)/86 € – Karte 45/62 €
Nicht nur zum Essen eine gute Adresse: Im gediegen-ländlichen Restaurant erwartet Sie die schmackhafte zeitgemäße Küche von Jürgen Weller (ein schönes Beispiel ist der Lammrücken mit Bohnenallerlei und Thymianjus), die man auch auf der hübsch bepflanzten Terrasse zu sich nehmen kann. Wer nicht gleich wieder losfahren möchte, übernachtet in äußerst gepflegten Zimmern.

DIETZENBACH – Hessen – 543 – 33 480 Ew – Höhe 150 m
47 F15

Berlin 556 – Wiesbaden 47 – Frankfurt am Main 17 – Darmstadt 33

Sonnenhof

Otto-Hahn-Str. 7 (Ost: 2 km, im Gewerbegebiet) ✉ 63128 – ✆ (06074) 48 90 – www.sonnenhof-dtz.de – geschl. 22. Dezember - 3. Januar

110 Zim – 85/95 € 120/175 € – ½ P

Rest – Menü 25 € (abends)/99 € – Karte 12/53 €

Dieses besonders auf Tagungen und Messebesucher ausgelegte Hotel verfügt über zeitgemäß und funktionell eingerichtete Zimmer (teils mit Balkon) sowie variable Konferenzräume. Vielfältiger Restaurantbereich.

DILLENBURG – Hessen – 543 – 23 530 Ew – Höhe 232 m
37 E13

Berlin 546 – Wiesbaden 100 – Gießen 48 – Arnsberg 115

Bartmann's Haus (N)

Untertor 1 ✉ 35683 – ✆ (02771) 26 56 10 – www.bartmannshaus.de

26 Zim – 80/90 € 115/125 € – ½ P

Rest *Bartmann's Haus* – siehe Restaurantauswahl

Die Gäste werden hier wirklich freundlich betreut und bekommen so manche Aufmerksamkeit geboten, das umfangreiche und gute Frühstück ist eine davon - und vielleicht noch einen Müsliriegel für unterwegs? Aber auch die modernen Zimmern können sich sehen lassen, die wohnlichsten sind die drei Juniorsuiten!

Bartmann's Haus (N) – Hotel Bartmann's Haus

Untertor 1 ✉ 35683 – ✆ (02771) 78 51 – www.bartmannshaus.de – geschl. Montagmittag, Dienstagmittag

Rest – (abends Tischbestellung ratsam) Menü 49/78 € – Karte 33/58 €

Schön gemütlich hat man es, wenn man sich in dem historischen Haus a. d. 18. Jh. bei gediegen-rustikalem Charme z. B. das Menü "Tradition/Innovation" servieren lässt. Wer's ein bisschen deftiger mag, kommt samstagmittags zum Eintopf!

DILLINGEN (SAAR) – Saarland – 543 – 20 740 Ew – Höhe 182 m
45 B16

Berlin 730 – Saarbrücken 33 – Saarlouis 5 – Trier 62

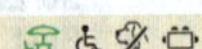

La Bécasse (N)

Berckheimstr. 1 ✉ 66763 – ✆ (06831) 6 01 47 – www.la-becasse.de – geschl. über Fasnacht 1 Woche, Juni - August 2 Wochen und Montag

Rest – Menü 42/80 € – Karte 61/76 €

Rest *Chez Fabrice* – Menü 42/80 € – Karte 61/76 €

Nach Stationen in Frankreich, Schottland und England hat der aus dem Périgord stammende Gastgeber Fabrice Bertrand nun im Saarland seine Zelte aufgeschlagen und bietet hier in elegantem Ambiente klassische Küche. Angeschlossen das Bistro "Chez Fabrice". Immer im Programm: das "Menu du Pêre Igord" als Erinnerung an seine Heimat.

DILLINGEN an der DONAU – Bayern – 546 – 18 120 Ew – Höhe 433 m
56 J19

Berlin 545 – München 108 – Augsburg 51 – Nürnberg 121

Königstr. 37, ✉ 89407, ✆ (09071) 5 41 08, www.dillingen-donau.de

Convikt

Konviktstr. 9 ✉ 89407 – ✆ (09071) 7 91 30 – www.stadthotel-convikt.de

41 Zim – 59/104 € 83/124 € – ½ P

Rest – *(geschl. 1. - 4. Januar)* Menü 9 € (mittags)/84 € – Karte 24/68 €

In der Altstadt liegt der ehemalige Brauereigasthof mit Hotelanbau. Die Zimmer in Alt- und Neubau sind unterschiedlich in der Größe und zeitgemäß eingerichtet. Restaurant mit regionaler und internationaler Küche und gut sortierter Weinkarte. Rustikale Weinstube.

In Dillingen-Fristingen Süd-Ost: 6 km Richtung Wertingen

Storchennest

Demleitnerstr. 6 ✉ 89407 – ✆ (09071) 45 69 – www.storchen-nest.de – geschl. Anfang Januar 1 Woche, August 2 Wochen und Montag - Dienstag

Rest – Menü 30 € – Karte 30/41 €

Der von Familie Schneider freundlich geführte Landgasthof ist eine gemütliche Adresse, die internationale Küche mit regionalen Einflüssen bietet. Zum Haus gehört auch eine schöne Terrasse unter schattenspendenden Kastanien.

DINGELSDORF – Baden-Württemberg – siehe Konstanz

DINGOLFING – Bayern – 546 – 18 440 Ew – Höhe 365 m 59 N19

Berlin 582 – München 101 – Regensburg 91 – Landshut 32

Max Zwo garni

Gobener Weg 30 ✉ 84130 – ✆ (08731) 3 94 70 – www.garni-maximilian.de

41 Zim – **♦**64/90 € **♦♦**94 €

In einem Gewerbegebiet nahe dem BMW-Werk befindet sich dieses Hotel mit neuzeitlich-funktionellen Zimmern und freundlichem Frühstücksraum. Nachmittags Kuchenbuffet gratis.

Ambient Hotel Tassilo garni (mit Gästehaus)

Mühlbachgasse 2 ✉ 84130 – ✆ (08731) 31 98 90 – www.hotel-tassilo.de

15 Zim – **♦**56 € **♦♦**75 €

In dem Hotel in Zentrumsnähe stehen wohnlich-funktionelle Zimmer bereit, im Haus Othello gegenüber moderne Appartements mit Küchenzeile. Frühstücksraum in italienischem Design.

Palko garni

Hans-Sachs-Str. 1, (Ecke Schiller Straße) ✉ 84130 – ✆ (08731) 3 79 90 – www.hotel-palko.de

28 Zim – **♦**56 € **♦♦**75 €

Ein familiengeführtes Haus am Ortsrand, das über praktische neuzeitliche Gästezimmer verfügt. Am Morgen kann man ganz gemütlich am Kaminofen frühstücken.

DINKELSBÜHL – Bayern – 546 – 11 550 Ew – Höhe 442 m 56 J17

Berlin 520 – München 159 – Stuttgart 117 – Nürnberg 93

Altrathausplatz 14, ✉ 91550, ✆ (09851) 90 24 40, www.dinkelsbuehl.de

Dinkelsbühl, Seidelsdorf 65, ✆ (09851) 58 22 59

Münster St.-Georg-Kirche★ · Deutsches Haus★

Deutsches Haus

Weinmarkt 3 ✉ 91550 – ✆ (09851) 60 58 – www.deutsches-haus-dkb.de – geschl. 8. Januar - 28. Februar

10 Zim – **♦**89/109 € **♦♦**109/149 € – 2 Suiten – ½ P

Rest *Altdeutsches Restaurant* – siehe Restaurantauswahl

Bestaunen Sie ruhig zuerst die tolle Fachwerkfassade mit ihren kunstvollen Figuren und Ornamenten! In diesem Patrizierhaus von 1440 ist inzwischen die 2. Generation der Familie Kellerbauer im Einsatz. Hier ist alles stimmig arrangiert, immer wieder alte Holzfußböden und schöne Antiquitäten.

Hezelhof garni

Segringer Str. 7 ✉ 91550 – ✆ (09851) 55 54 20 – www.hezelhof.com

36 Zim – **♦**94/119 € **♦♦**128/168 €

So harmonisch kann ein Kontrast sein! Die alten Mauern der reizenden Patrizierhäuser beweisen es mit ihrem wunderschönen modern-puristischen Interieur. Von der Gewölbelobby bis in die Appartements (35 - 55 qm). Sie frühstücken im "La Vida Centro" gegenüber - hier gibt es auch ein kleines Speisenangebot.

Haus Appelberg

Nördlinger Str. 40, (mit Gästehaus) ✉ 91550 – ✆ (09851) 58 2838 – www.haus-appelberg.de

16 Zim – †60/80 € ††85/100 € – ½ P

Rest – *(geschl. Sonntag) (nur Abendessen)* Karte 13/28 €

Wer würde nicht gerne in "Königlich bayerischen Schlafstuben" nächtigen? So nennen sich einige Zimmer in dem einstigen Bauernhaus. Wenn Sie es beim Essen besonders gemütlich mögen, setzen Sie sich am besten in die Weinstube! Auch schön: Laube im Innenhof und Biergarten zur Straße. Gute Weinauswahl.

Kunst-Stuben garni

Segringer Str. 52 ✉ 91550 – ✆ (09851) 67 50 – www.kunst-stuben.de

5 Zim – †85/90 € ††90/95 € – 1 Suite

Künstler Arthur Appelberg leitet hier gemeinsam mit seiner Frau ein charmantes kleines Hotel mit persönlicher Note. Eines der Zimmer ist eine Suite. Mit im Haus: das eigene Atelier.

Meiser's (N)

Weinmarkt 10 ✉ 91550 – ✆ (09851) 58 29 00 – www.meisers.com

10 Zim – †69/109 € ††98/178 € – 1 Suite – ½ P **Rest** – Karte 21/47 €

Charmant liegt das kleine Hotel der Meisers mitten in der kopfsteingepflasterten historischen Altstadt. Die Zimmer sind mit warmen Tönen und stilvollen Details wohnlich eingerichtet, schön auch das moderne Ambiente im Restaurant und die gemütliche Lounge mit Bar. Man kommt auch gerne schon auf ein gutes Frühstück hierher! Die Familie betreibt übrigens noch ein weiteres Hotel 5 Minuten vor den Toren der Stadt.

Altdeutsches Restaurant – Hotel Deutsches Haus

Weinmarkt 3 ✉ 91550 – ✆ (09851) 60 58 – www.deutsches-haus-dkb.de – geschl. 8. Januar - 28. Februar

Rest – Menü 21/49 € – Karte 24/61 €

Nach seinen Wanderjahren in top Restaurants ist Florian Kellerbauer zurück am heimischen Herd und kocht hier bürgerlich-regional. Das Restaurant macht seinem Namen alle Ehre: schönes altes Parkett, Täfelung und eine sehenswerte bemalte Decke!

In Dürrwangen Nord-Ost: 8 km

Gasthof Zum Hirschen

Hauptstraße 13 ✉ 91602 – ✆ (09856) 2 60 – www.hirschen-duerrwangen.de – geschl. 20. Juli - 8. August

30 Zim – †36/38 € ††56/58 € – ½ P

Rest – *(geschl. Dienstag) (nur Abendessen, sonntags auch Mittagessen)* Karte 15/34 €

Die Fassade in Orange und Rot sticht sofort ins Auge - dahinter wohnt man sehr gepflegt (Zimmer teils mit Balkon nach hinten) bei der freundlichen Familie Weiß. Gekocht (und zwar bürgerlich-regional) wird hier noch auf einem schönen alten Holzofenherd - das passt zur rustikalen Gaststube!

DINKLAGE – Niedersachsen – 541 – 12 920 Ew – Höhe 27 m 17 E7

Berlin 417 – Hannover 131 – Bremen 78 – Oldenburg 59

Vila Vita Burghotel

Burgallee 1 ✉ 49413 – ✆ (04443) 89 70 – www.vilavitaburghotel.de

55 Zim – †99/145 € ††118/195 € – ½ P

Rest *Kaminstube* – siehe Restaurantauswahl

Das mehrflügelige Fachwerkgebäude im norddeutschen Stil steht in einem schönen Park mit eigenem Wildgehege. Komfortable Landhauszimmer und Spabereich mit markanter Glaspyramide.

Kaminstube – Vila Vita Burghotel

Burgallee 1 ✉ 49413 – ✆ (04443) 89 70 – www.vilavitaburghotel.de

Rest – Menü 27/79 € – Karte 29/55 €

Der offene Kamin, Fachwerk, Bilder und diverser Zierrat sorgen hier für Gemütlichkeit. Trotz des rustikalen Rahmens wird die klassisch-internationale Küche an gut eingedeckten Tischen serviert.

DINSLAKEN – Nordrhein-Westfalen – 543 – 69 230 Ew – Höhe 30 m   25 B10

Berlin 545 – Düsseldorf 46 – Duisburg 16 – Oberhausen 20

Friedrich-Ebert-Str. 44, ✉ 46535, ✆ (02064) 60 53 04, www.dinslaken.de

Hünxe-Bruckhausen, An den Höfen 7, ✆ (02064) 3 30 43

Hünxe, Hardtbergweg 16, ✆ (02858) 64 80

In Dinslaken-Hiesfeld Süd-Ost: 3 km

Haus Hiesfeld

Kirchstr. 125 ✉ 46539 – ✆ (02064) 4 37 50 41 – www.haushiesfeld.de – geschl. Januar 2 Wochen und Montag

Rest – Karte 30/50 €

Werfen Sie einen Blick in die einsehbare Küche und schauen Sie zu, wie die Köche - unter ihnen der Chef selbst - die italienischen Gerichte zubereiten. Servieren lässt man sich diese dann auch gerne auf der Terrasse vor dem Haus. So mancher ist in dem netten Landhaus schon Stammgast geworden.

DIPPOLDISWALDE – Sachsen – 544 – 10 230 Ew – Höhe 355 m   43 Q12

Berlin 213 – Dresden 22 – Chemnitz 65 – Marienberg 64

Landhaus Heidehof 

Hohe Str. 2 (Nord-Ost: 1,5 km Richtung Malter) ✉ 01744 – ✆ (03504) 6 48 70 – www.landhaus-heidehof.de

34 Zim – †58/65 € ††78/85 € – ½ P **Rest** – Karte 16/40 €

Bis ins Jahr 1894 reicht die Geschichte dieses gewachsenen Gasthofs auf der Dippoldhöhe zurück. Das von zwei Familien geleitete Haus bietet wohnliche Zimmer im Landhausstil. Biergarten und Terrasse ergänzen das Restaurant.

Am Schloss 

Rosengasse 12 ✉ 01744 – ✆ (03504) 61 79 47 – www.hotel-am-schloss.eu

12 Zim – †49/56 € ††67/75 € – ½ P

Rest – *(geschl. Donnerstag)* Karte 15/30 €

Das kleine Hotel in einer netten gepflasterten Altstadtgasse beim Schloss wird von den Inhabern selbst geführt. Die Zimmer sind gepflegt und funktionell, nach hinten mit Balkon. Restaurant mit bürgerlichem Angebot.

DITZENBACH, BAD – Baden-Württemberg – 545 – 3 680 Ew – Höhe 509 m – Heilbad   56 H19

Berlin 607 – Stuttgart 61 – Göppingen 19 – Reutlingen 51

Helfensteinstr. 20, ✉ 73342, ✆ (07334) 69 11, www.badditzenbach.de

Kurhotel Sanct Bernhard  

Sonnenbühl 1 ✉ 73342 – ✆ (07334) 9 64 10 – www.energie-kurhotel.de

28 Zim – †70/84 € ††112/140 € – 4 Suiten – ½ P

Rest – *(nur Abendessen für Hausgäste)* Menü 27 €

Solebad, Thermarium, Gesundheitsanwendungen, Produkte aus dem eigenen Kräuterhaus... hier urlauben oder kuren Sie ganz nach dem Motto "Neu Kraft schöpfen, Freude finden". Komplett wird das schöne Bild durch die wohnliche Atmosphäre und die ruhige Lage.

Zum Lamm mit Zim 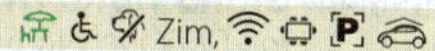

Hauptstr. 30 ✉ 73342 – ✆ (07334) 43 21 – www.lamm-badditzenbach.de – geschl. Sonntagabend - Montag

8 Zim – †55/65 € ††85/95 €

Rest – *(nur Abendessen, Sonntags nur Mittagessen)* Menü 38/70 € – Karte 26/64 €

Mitten im Ort lockt der Gasthof der Familie Zumbühl mit seinen gemütlichen Stuben, freundlichem Service (hier die Chefin selbst) und regionaler Küche die Gäste an. Wenn Ihnen das Essen schmeckt, testen Sie doch am besten gleich noch die Zimmer!

DITZINGEN – Baden-Württemberg – 545 – 24 580 Ew – Höhe 303 m 55 G18

Berlin 626 – Stuttgart 18 – Pforzheim 33

Blankenburg

Gerlinger Str. 27 ✉ 71254 – ✆ (07156) 93 20 – www.blankenburghotel.de
72 Zim – 70/120 € 70/140 € – ½ P
Rest – *(geschl. Sonntag) (nur Abendessen)* Karte 25/36 €
Eine ideale Businessadresse: Das liegt nicht nur an den funktionalen, technisch aktuellen und freundlichen Zimmern, sondern auch an der guten Anbindung an die A81 - so erreicht man Stuttgart in 15 Minuten mit dem Auto oder der nahen S-Bahn.

DOBEL – Baden-Württemberg – 545 – 2 260 Ew – Höhe 689 m 54 F18

– Wintersport: 720 m 2 – Heilklimatischer Kurort

Berlin 686 – Stuttgart 74 – Karlsruhe 36 – Baden-Baden 28

Neue Herrenalber Str. 11, ✉ 75335, ✆ (07083) 7 45 13, www.dobel.info

Wagnerstüble mit Zim

Wildbaderstr. 45 ✉ 75335 – ✆ (07083) 87 58 – www.roykieferle.de
– geschl. Mittwoch - Donnerstagabend
5 Zim – 50 € 98 € – ½ P
Rest – (Tischbestellung ratsam) Menü 25 € (mittags)/65 € – Karte 37/59 €
Das seit 35 Jahren von Familie Kieferle geführte Restaurant mit rustikalem Ambiente ist auf Naturkost ausgerichtet. Am Mittag ist das Speisenangebot kleiner.

DOBERAN, BAD – Mecklenburg-Vorpommern – 542 – 11 280 Ew 12 M4

– Höhe 15 m – Heilbad

Berlin 239 – Schwerin 79 – Rostock 17 – Wismar 44

Severinstr. 6, ✉ 18209, ✆ (038203) 6 21 54, www.bad-doeberan.de

Münster★★(Hochaltar★ · Triumpfkreuz★ ·Sakramentshaus★)

Prinzenpalais

Rest, Rest,

Alexandrinenplatz 8 ✉ 18209 – ✆ (038203) 7 31 60 – www.prinzen-palais.de
30 Zim – 90/110 € 110/150 € – ½ P
Rest – *(nur Abendessen)* Karte 27/45 €
Zwei stilvolle historische Gebäude, deren Zimmer sehr gelungen klassisches Ambiente und moderne Technik vereinen. Zum Ausruhen können Sie sich auch in die hübsche kleine Bibliothek zurückziehen oder auf eine Stärkung in die lichte Orangerie zum Innenhof hin.

Villa Sommer garni

Friedrich-Franz-Str. 23 ✉ 18209 – ✆ (038203) 7 34 30 – www.hotel-villa-sommer.de
10 Zim – 50/80 € 55/99 € – 2 Suiten
Wer echtes Villen-Flair mag, dem wird diese stilgerecht restaurierte einstige Sommerresidenz von 1904 gefallen! Die Zimmer sind so, wie man sie sich wünscht: hell, geräumig, mit schönen Holzböden und guter Technik (ganz modern die beiden Suiten mit Küchenzeile), das Frühstück gibt es à la carte.

Zum weissen Schwan

Am Markt 9 ✉ 18209 – ✆ (038203) 7 78 20 – www.zumweissenschwan.de
– geschl. Januar - Anfang März und Montag, außer an Feiertagen
Rest – *(Oktober - April: nur Abendessen)* Menü 43/60 € – Karte 32/53 €
Das reizende kleine Gasthaus fällt mit seiner hellen Fassade und der knallroten Eingangstür schon von Weitem auf. Hier geht Chefin Katharina Losand herzlich auf ihre Gäste ein, Dirk Bethke bereitet indessen internationale Speisen zu (z. B. Gebratener Ziegenkäse mit Apfel-Kürbis-Chutney), gerne auch mit regionalen Produkten. Hübsches Ferienhaus zum Übernachten.

In Bad Doberan-Heiligendamm Nord-West: 7 km – Seeheilbad

Grand Hotel Heiligendamm

Prof.-Dr.-Vogel-Str. 6 ✉ 18209 – ✆ (038203) 74 00
– www.grandhotel-heiligendamm.de
143 Zim – 180/390 € 220/430 € – 61 Suiten – ½ P
Rest *Friedrich Franz* ❀ **Rest *Kurhaus*** – siehe Restaurantauswahl
Die "Weiße Stadt am Meer" ist schon äußerlich eine imposante Erscheinung und geizt nicht mit attraktiven Angeboten: exklusiver Spa, eine separate "wunschlos glücklich"-Kindervilla, elegante und großzügge Zimmer, die in der Region ihresgleichen suchen, sowie vielfältige Gastronomie, einschließlich Beachbar!

XXXX **Friedrich Franz** – Grand Hotel Heiligendamm

Prof.-Dr.-Vogel-Str. 6 ✉ 18209 – ☎ (038203) 7 40 62 10
– www.grandhotel-heiligendamm.de – geschl. Februar, November 2 Wochen und Montag - Dienstag
Rest – *(nur Abendessen)* (Tischbestellung ratsam) Menü 105/145 € – Karte 88/93 €

In dem nobel eingerichteten hohen Raum entfalten opulente Kronleuchter und handbemalte Tapeten ihre volle Wirkung. Ein Ambiente, wie gemacht für die feine zeitgemäße Küche von Ronny Siewert, begleitet von einem stilgerechten und aufmerksamen Service sowie kompetenter Weinberatung.
➜ Gänseleber, Holunderblüte, Grüner Pfeffer, Erdnusskrokant. Fjord-Forelle, Limonen-Rettich, Petersilienwurzel, milde Koriandernage. Rind - Filet, gelierter Ochsenschwanz, Short Rib, BBQ Rillette, Sellerie und Karotte.

XX **Kurhaus** – Grand Hotel Heiligendamm

Prof.-Dr.-Vogel-Str. 6 ✉ 18209 – ☎ (038203) 74 00
– www.grandhotel-heiligendamm.de
Rest – *(nur Abendessen)* Menü 52/89 € – Karte 56/66 €
Ein Raum voller Noblesse, Klassik und Eleganz, davor die Terrasse - Meerblick und angenehme Ruhe inklusive! Während Sie das Grandhotel-Flair genießen, serviert man Ihnen klassisch-internationale Küche.

X **Jagdhaus Heiligendamm** mit Zim

Zim,

Seedeichstr. 18 ✉ 18209 – ☎ (038203) 73 57 75 – www.jagdhaus-heiligendamm.de
– geschl. Januar 3 Wochen, Oktober - März: Dienstag - Mittwoch und April - September: Mittwoch
4 Zim – 65/85 € 85/95 € – 1 Suite – ½ P
Rest – Menü 32/65 € – Karte 31/49 €
In herrlicher Ruhe und nur 500 m vom Strand serviert Ihnen Ines Ramm in modernem Ambiente die ambitionierte zeitgemäße Küche ihres Mannes Alexander. Hier kann man nach dem Essen auch gut übernachten - die wohnlichen Zimmer heißen "Löwenzahn", "Vergissmeinnicht", "Waldbeere" oder "Waldmeister".

DÖBELN – Sachsen – 544 – 22 110 Ew – Höhe 168 m

42 P12

Berlin 234 – Dresden 55 – Leipzig 68
Obermarkt 1, ✉ 04720, ☎ (03431) 57 91 61, www.doebeln.de

In Großweitzschen-Obergoseln Nord-West: 5 km, in Zschepplitz rechts

Zum Nicolaner (mit Gästehaus)

Obergoseln 4 ✉ 04720 – ☎ (03431) 6 62 10 – www.nicolaner.de
13 Zim – 49 € 75/85 € – ½ P
Rest – *(Montag - Freitag nur Abendessen)* Menü 19/29 € – Karte 20/32 €
Das kleine Hotel mit gepflegten und funktionellen Zimmern erinnert in seiner Bauweise etwas an ein Landgut, wodurch es sich schön in die ruhige dörfliche Umgebung einfügt.

DÖRSCHEID – Rheinland-Pfalz – 543 – 400 Ew – Höhe 340 m

46 D15

Berlin 627 – Mainz 66 – Koblenz 50

Landgasthaus Blücher (mit Gästehaus)

Oberstr. 19 ✉ 56348 – ☎ (06774) 2 67 – www.landgasthaus-bluecher.de
– geschl. Februar 3 Wochen
24 Zim – 56/69 € 78/104 € – ½ P
Rest *Landgasthaus Blücher* – siehe Restaurantauswahl
Das Haus liegt nicht nur ruhig mit Blick über das Rheintal, sondern wird von Marcus und Nadja Fetz auch angenehm familiär geleitet, bereits in der 3. Generation. Wohnen kann man in gemütlichen "Landhaus"-, geräumigeren "Komfort"- und besonders modernen "LebensArt"-Zimmer - hübsch sind sie alle und das Frühstück ist auch gut!

Landgasthaus Blücher – Hotel Landgasthaus Blücher

Oberstr. 19 ✉ 56348 – ✆ (06774) 2 67 – www.landgasthaus-bluecher.de – geschl. Februar 3 Wochen, Dienstagmittag; November - April: Dienstag

Rest – Menü 31/40 € – Karte 24/39 €

Auf den Teller kommen hier vor allem regional-saisonale Gerichte (z. B. Wildschwein oder Reh), und dazu lässt man sich gerne Weine von eigenen Weingut nebenan empfehlen - und auch die prämierten Fetz'schen Edelbrände sollte man probiert haben!

DONAUESCHINGEN – Baden-Württemberg – 545 – 21 070 Ew – Höhe 686 m – Wintersport:

62 F20

Berlin 747 – Stuttgart 131 – Freiburg im Breisgau 64 – Konstanz 67

Karlstr. 58, ✉ 78166, ✆ (0771) 85 72 21, www.donaueschingen.de

Öschberghof, Donaueschingen, Golfplatz 1, ✆ (0771) 8 45 25

Öschberghof (mit Gästehaus)

Golfplatz 1 (Nord-Ost: 4 km) ✉ 78166 – ✆ (0771) 8 40 – www.oeschberghof.com

69 Zim – 181/201 € 308/322 € – 4 Suiten – ½ P

Rest *Öschberghof* – siehe Restaurantauswahl

470 ha Natur pur, Golf (auch Indoor-Golf-Anlage), topmoderner Spa auf 2500 qm und dazu geräumige Zimmer mit guter Technik... für Freizeit- und Tagungsgäste ist dieses Hotel gleichermaßen ideal!

Öschberghof – Hotel Öschberghof

Golfplatz 1 (Nord-Ost: 4 km) ✉ 78166 – ✆ (0771) 8 46 10 – www.oeschberghof.com

Rest – Menü 31 € (vegetarisch)/46 € – Karte 35/74 €

An einem schönen Sommertag auf der Terrasse den Blick über die Landschaft genießen... so lässt es sich aushalten! Neben der international-saisonalen Karte bietet man täglich wechselnde Tagesgerichte und auch ein vegetarisches Menü.

DONAUSTAUF – Bayern – siehe Regensburg

DONAUWÖRTH – Bayern – 546 – 18 300 Ew – Höhe 410 m – Wintersport:

57 K18

Berlin 518 – München 100 – Augsburg 44 – Ingolstadt 56

Rathausgasse 1, ✉ 86609, ✆ (0906) 78 91 51, www.donauwoerth.de

Donauwörth, Lederstatt 1, ✆ (0906) 40 44

Eggelstetten-Oberndorf, Gut Maierhof, Hauptstr. 4, ✆ (09090) 9 02 50

Viktoria garni

Artur-Proeller-Str. 4 (nahe dem Gewerbegebiet Riedlingen) ✉ 86609 – ✆ (0906) 7 05 70 80 – www.hotel-viktoria-donauwoerth.de – geschl. 23. Dezember - 6. Januar

18 Zim – 62 € 90 €

Bei Familie Moll können Sie in einem kleinen Hotel zu fairen Preisen wirklich gut übernachten (sehr gepflegte Zimmer mit Parkettboden) und bekommen am Morgen ein reichhaltiges Frühstück! Tipp: Der Donau-Radweg ist ca. 5 Minuten entfernt.

Donau garni

Augsburger Str. 6 ✉ 86609 – ✆ (0906) 7 00 60 42 – www.hoteldonau.de – geschl. Weihnachten - Anfang Januar

18 Zim – 73/78 € 91 €

Das kleine Hotel mit modernen Zimmern liegt nur wenige Schritte von der Donau. Mit Radler- und Bikerservice, Lounge-Kaminbar sowie Wein und Snacks am Abend.

In Donauwörth-Parkstadt

Parkhotel

Rest,

Sternschanzenstr. 1 ✉ 86609 – ✆ (0906) 70 65 10 – www.parkhotel-donauwoerth.de

51 Zim – 83/98 € 110/130 €

Rest – Menü 22 € (mittags)/56 € – Karte 33/55 €

In dem bestens gepflegten Hotel mit tollem Blick auf Donauwörth erwarten Sie sehr freundliche Mitarbeiter und wohnliche Zimmer, die teils mit mediterraner Note eingerichtet sind. Restaurant in geradlinigem neuzeitlichem Stil mit Panoramasicht.

DORFEN – Bayern – 546 – 13 860 Ew – Höhe 465 m 66 N20

Berlin 614 – München 52 – Landshut 35

Marienhof garni

Marienplatz 10 ✉ 84405 – ✆ (08081) 9 37 70 – www.marienhof-hotel.de

31 Zim – 67 € 78/95 €

Im Herzen der kleinen Stadt kann man hier gut und zeitgemäß übernachten: helle, freundliche Zimmer (fragen Sie nach den ruhigeren zum Innenhof) und ein großzügiger Frühstücksraum mit leckerer Auswahl vom Buffet.

DORMAGEN – Nordrhein-Westfalen – 543 – 63 020 Ew – Höhe 40 m 36 C12

Berlin 571 – Düsseldorf 17 – Aachen 85 – Köln 24

In Dormagen-Zons Nord: 6 km über B 9 Richtung Neuss

Schloss Friedestrom (mit Gästehaus)

Rest,

Parkstr. 2 ✉ 41541 – ✆ (02133) 50 30 – www.friedestrom.de – geschl. 26. Dezember - 3. Januar

44 Zim – 102/122 € 122/142 €

Rest *Zum Volksgarten* – *(geschl. Samstagsmittag)* Menü 21/60 € – Karte 30/59 €

Komfortabel wohnt man in dem familiär geleiteten Haus, das schön am Rhein liegt. Von einigen Gästezimmern schaut man zum Fluss, teilweise sind sie klimatisiert. Freundliches Ambiente und internationale Küche im Restaurant. Rheinblick von der Terrasse unter Linden.

DORNUM – Niedersachsen – 541 – 4 750 Ew – Höhe 2 m – Seebad 7 D5

Berlin 530 – Hannover 242 – Emden 44 – Oldenburg 94

Hafenstr. 3, ✉ 26553, ✆ (04933) 9 11 00, www.dornum.de

In Dornum-Nessmersiel Nord-West: 8 km über Schatthauser Straße

Fährhaus

Dorfstr. 42 ✉ 26553 – ✆ (04933) 3 03 – www.faehrhaus-nessmersiel.de – geschl. 5. Januar - 27. Februar, 2. November - 25. Dezember

19 Zim – 44/70 € 70/110 €

Rest *Fährhaus* – siehe Restaurantauswahl

So ein Urlaub ist nochmal so angenehm, wenn man bei sympathischen Gastgebern wohnt! Hier ist es Familie Eberleh, die sich in ihrem schön gepflegten Haus seit über 35 Jahren das Wohl des Gastes zur Aufgabe macht. Die Zimmer sind recht großzügig, und wenn Sie eines in der oberen Etage haben, können Sie auf die Inseln schauen!

Fährhaus – Hotel Fährhaus

Dorfstr. 42 ✉ 26553 – ✆ (04933) 3 03 – www.faehrhaus-nessmersiel.de – geschl. 5. Januar - 27. Februar, 2. November - 25. Dezember

Rest – Karte 24/46 €

Das gemütliche maritim-rustikale Restaurant am Deich ist bekannt für seine gute Küche - und natürlich isst man hier am liebsten Fisch: Also probieren Sie doch mal die leckere Krabbensuppe oder die Kutterscholle! Etwas Fleischliches findet sich aber auch auf der Karte.

DORSTEN – Nordrhein-Westfalen – 543 – 76 230 Ew – Höhe 31 m 26 C10

Berlin 529 – Düsseldorf 61 – Bottrop 17 – Essen 29

Wasserschloss Lembeck★, Nord-Ost: 10 km

Goldener Anker (Björn Freitag)

Lippetor 4, (Zufahrt über Ursulastraße) ✉ 46282 – ✆ (02362) 2 25 53 – www.bjoern-freitag.de – geschl. Montag - Dienstag

Rest – *(nur Abendessen)* (Tischbestellung ratsam) Menü 54/96 € – Karte 58/88 €

Die Einrichtung angenehm modern und hochwertig, der Damenservice geschult, freundlich und aufmerksam - stimmiger könnte der Rahmen für die ausgezeichnete Speisen von Björn Freitag und David Spickermann kaum sein, die hier klassische Küche mit neuen Ideen mischen.

➜ Strammer Max von der Wachtel mit Gänseleber und Selleriepüree. Krosse Jakobsmuschel und Langustino mit Balsamicolinsen und Krustentierschaum. Sauerbraten vom Steinbutt mit Rahmkohlraben.

XX **Henschel**

Borkener Str. 47 (B 224) ✉ 46284 – ✆ (02362) 6 26 70 – www.restaurant-henschel.de – geschl. 1. - 16. Januar und Sonntag - Dienstag

Rest – *(nur Abendessen)* Menü 54/75 € – Karte 55/69 €

Familie Henschel betreibt hier ein sehr nettes und gemütliches Restaurant mit elegantem Touch. In der Küche führt seit Jahrzehnten Leonore Henschel Regie und bereitet klassische Speisen.

In Dorsten-Holsterhausen Nord-West: 4 km über B 224 Richtung Borken

Albert (mit Gästehaus) Rest, P

Borkener Str. 199 (B 224) ✉ 46284 – ✆ (02362) 9 47 90 – www.hotel-albert.de – geschl. Juli - August 10 Tage

34 Zim – 65/75 € 89/98 € – 1 Suite

Rest – *(geschl. Freitag - Samstagmittag)* Karte 24/46 €

Das freundlich-familiär geleitete Hotel bietet Ihnen neuzeitliche und individuell gestaltete Zimmer mit guter Technik. Im Gästehaus befinden sich vier Appartements mit Küche. Bürgerlich-regionale Karte im Restaurant Tosca mit schöner Terrasse nach hinten.

In Dorsten-Wulfen Nord-Ost: 7 km

XX **Rosin** P

Hervester Str. 18 ✉ 46286 – ✆ (02369) 43 22 – www.frankrosin.de – geschl. Anfang Januar 1 Woche, Juli - August 2 Wochen und Sonntag - Montag

Rest – *(nur Abendessen)* Menü 69/159 €

Den gebürtigen Dorstener zog es nach seinen Wanderjahren zurück in die Heimat, und hier hat Frank Rosin seit seinem 24. Lebensjahr sein eigenes Restaurant. Mit von der Partie: Küchenchef Oliver Engelke, Oberkellner Jochen Bauer und last but not least Sommelière Susanne Spies. Hervorragende kreative Küche und dann noch ein eingespieltes Team... so sieht ein rundum gelungener Abend aus!

➜ Karamellisierte Rotbarbe mit aufgeschlagener Krustentierbutter, Würzrillette und Ayran. Milchfleisch vom Lamm und Kalb mit Topinambur und Sommertrüffel. Gravensteiner Apfeltarte und Marshmallow mit gefrorener Karotte und Vanilletopfen.

DORTMUND – Nordrhein-Westfalen – 543 – 580 960 Ew – Höhe 76 m **26** D11

Berlin 492 – Düsseldorf 78 – Bremen 236 – Frankfurt am Main 224

Dortmund-Wickede, Flughafenring 11 (über B 1, Richtung Kassel: 11 km), ✆ (0231) 92 13 01

ADAC Ruhrallee 98 B3

ADAC Freie-Vogel-Str. 393

Max-von-der-Grün-Platz 5 B1, ✉ 44137, ✆ (0231) 18 99 90, www.dortmund-tourismus.de

18 Dortmund-Reichsmark, Reichsmarkstr. 12, ✆ (0231) 77 41 33

18 Dortmund-Brackel, Heßlingsweg, ✆ (0231) 9 09 86 50

9 Dortmund, Rennweg 70, ✆ (0231) 9 81 29 50

Veranstaltungen

4.-6. Januar: Innowa
4.-9. Februar: Jagd & Hund
26.-27. Februar: Maintenance
6.-9. März: Motorräder
19.-23. März: Creativa
28.-30. März: BauMesse
9.-13. April: Intermodellbau
9.-11. Mai: Hund&Heimtier
21.-22. Mai: Recycling-Technik
1.-5. Oktober: Dortmunder Herbst
12.-14. November: Lärmschutz
Messegelände: Ausstellungsgelände Westfalenhallen, Strobelallee 45 A3, ✉ 44139, ✆ (0231) 1 20 40

Fernsehturm (✳★) C3 · Museum für Kunst und Kulturgeschichte (Dortmunder Goldschatz★) M[1] B1 · Westfalenpark★ B3 · Reinoldikirche★ B2

Stadtpläne siehe nächste Seiten

Pullman Rest,

Lindemannstr. 88 ✉ 44137 – ✆ (0231) 9 11 30 – www.pullmanhotels.com

219 Zim – 🚹85/280 € 🚹🚹85/280 €, ☕ 19 € – 2 Suiten A3**a**

Rest *Davidis* – Menü 32/65 € – Karte 17/53 €

Das Hotel neben der Westfalenhalle wird von Tagungen gerne genutzt. Man kann hier zeitgemäß und komfortabel übernachten und im kleinen Restaurant Davidis international speisen. Tipp: Bei den Deluxe-Zimmern sind zusätzliche Extras im Preis inbegriffen!

Radisson BLU Rest,

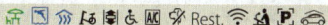

An der Buschmühle 1 ✉ 44139 – ✆ (0231) 1 08 60 – www.radissonblu.de/dortmund

185 Zim – 🚹94/239 € 🚹🚹94/239 €, ☕ 21 € – 5 Suiten B3**r**

Rest – Menü 19/32 € – Karte 30/42 €

Hier überzeugen die verkehrsgünstige Lage und neuzeitliche Zimmer mit guter Technik. Schön ist das große Hallenbad mit Sauna- und Fitnessbereich. Kleines Hotelrestaurant in elegantem Stil.

Esplanade Zim,

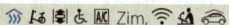

Burgwall 3 ✉ 44135 – ✆ (0231) 5 85 30 – www.esplanade-dortmund.de – geschl. Weihnachten - Anfang Januar B1**e**

83 Zim ☕ – 🚹114 € 🚹🚹138 €

Rest – *(geschl. Freitag - Sonntag) (nur Abendessen für Hausgäste)*

Ein zeitgemäß und funktional ausgestattetes Hotel in verkehrsgünstiger Lage nicht weit vom Bahnhof. Die neueren Zimmer sind besonders großzügig und modern. Klare Linien und nettes Nashorndekor im Bistro Nashörnchen.

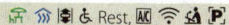

Parkhotel Wittekindshof Rest,

Westfalendamm 270 (über Westfalendamm D3) ✉ 44141 – ✆ (0231) 5 19 30 – www.parkhotel-wittekindshof.de

64 Zim ☕ – 🚹95/300 € 🚹🚹131/330 € – 1 Suite

Rest – *(geschl. Samstagmittag und Sonntagabend)* Karte 27/55 €

Ein verkehrsgünstiges Hotel, das nicht nur funktionale Zimmer bietet: Moderner und eleganter sind die renovierten Komfortzimmer! Im Restaurant sorgt reichlich schmiedeeisernes Dekor für einen gediegen-rustikalen Rahmen. Eine Alternative ist die Wittekindstube mit Zirbelholz - hier gibt es die gleiche Karte.

Steigenberger

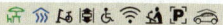

Berswordtstr. 2 ✉ 44139 – ✆ (0231) 9 02 10 – www.dortmund.steigenberger.de

166 Zim – 🚹90/299 € 🚹🚹114/313 €, ☕ 17 € A3**a**

Rest – *(geschl. Sonntagabend)* Karte 22/45 €

Sie möchten Messe oder Stadion besuchen? Die Lage ist ideal dafür. Typisch für das Hotel ist die nostalgische Note, die der US-amerikanische Clubstil vermittelt (dunkles Holz, Leder, Deckenventilatoren...). American style auch im Restaurant mit internationaler Küche. Praktisch: die Parkmöglichkeiten am Haus.

La Cuisine Mario Kalweit

Lübkestr. 21, (1. Etage) (über Westfalendamm D3) ✉ 44141 – ✆ (0231) 5 31 61 98 – www.mariokalweit.de – geschl. 1. - 15. Januar, Juli - August 2 Wochen und Sonntag - Montag

Rest – *(nur Abendessen)* Menü 72/99 € – Karte 60/83 €

Schön, was aus dem ehemaligen Tennisclubhaus (ältester Club in Dortmund) geworden ist: ein stilvoll-modernes Restaurant in hellen, ruhigen Tönen mit verschiedenen Menüs von zeitgemäß-klassisch bis regional und auch Vegetarisches.

In Dortmund-Barop **Süd-West: 7 km über Wittekindstraße A3**

der Lennhof

Menglinghauser Str. 20 ✉ 44227 – ✆ (0231) 75 81 90 – www.der-lennhof.de – geschl. 26. Dezember - 5. Januar

35 Zim ☕ – 🚹105 € 🚹🚹145 €

Rest *der Lennhof* – siehe Restaurantauswahl

Gelungen hat man hier moderne und traditionelle Architektur kombiniert, geradlinig das Interieur. Fußball wird hier übrigens groß geschrieben - in jedem Zimmer ein großes Bild der Dortmunder Champions-League-Gewinner, BVB-Spiele werden in der Bar übertragen.

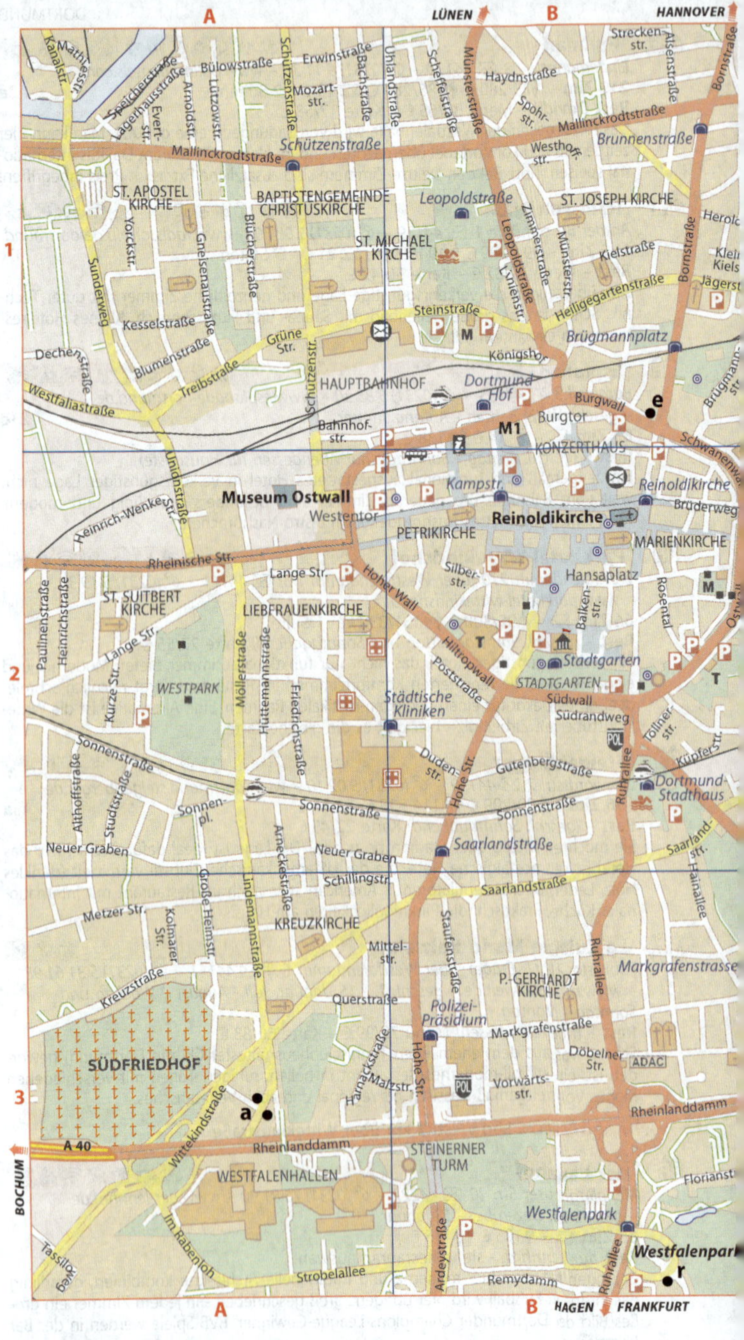

LÜNEN
HANNOVER
BOCHUM
HAGEN
FRANKFURT
A
B
1
2
3
Museum Ostwall
Reinoldikirche
HAUPTBAHNHOF
Dortmund Hbf
KONZERTHAUS
PETRIKIRCHE
MARIENKIRCHE
Hansaplatz
Stadtgarten
STADTGARTEN
Städtische Kliniken
WESTPARK
SÜDFRIEDHOF
WESTFALENHALLEN
STEINERNER TURM
Westfalenpark
Polizei-Präsidium
ST. APOSTEL KIRCHE
BAPTISTENGEMEINDE CHRISTUSKIRCHE
ST. MICHAEL KIRCHE
ST. JOSEPH KIRCHE
ST. SUITBERT KIRCHE
LIEBFRAUENKIRCHE
KREUZKIRCHE
P.-GERHARDT KIRCHE
Dortmund-Stadthaus
Brügmannplatz
Burgtor
Westentor
Mallinckrodtstraße
Rheinische Str.
Rheinlanddamm
Ruhrallee
Hohe Str.
Sonnenstraße
Saarlandstraße
Markgrafenstrasse
Strobelallee
Remydamm
A 40
ADAC

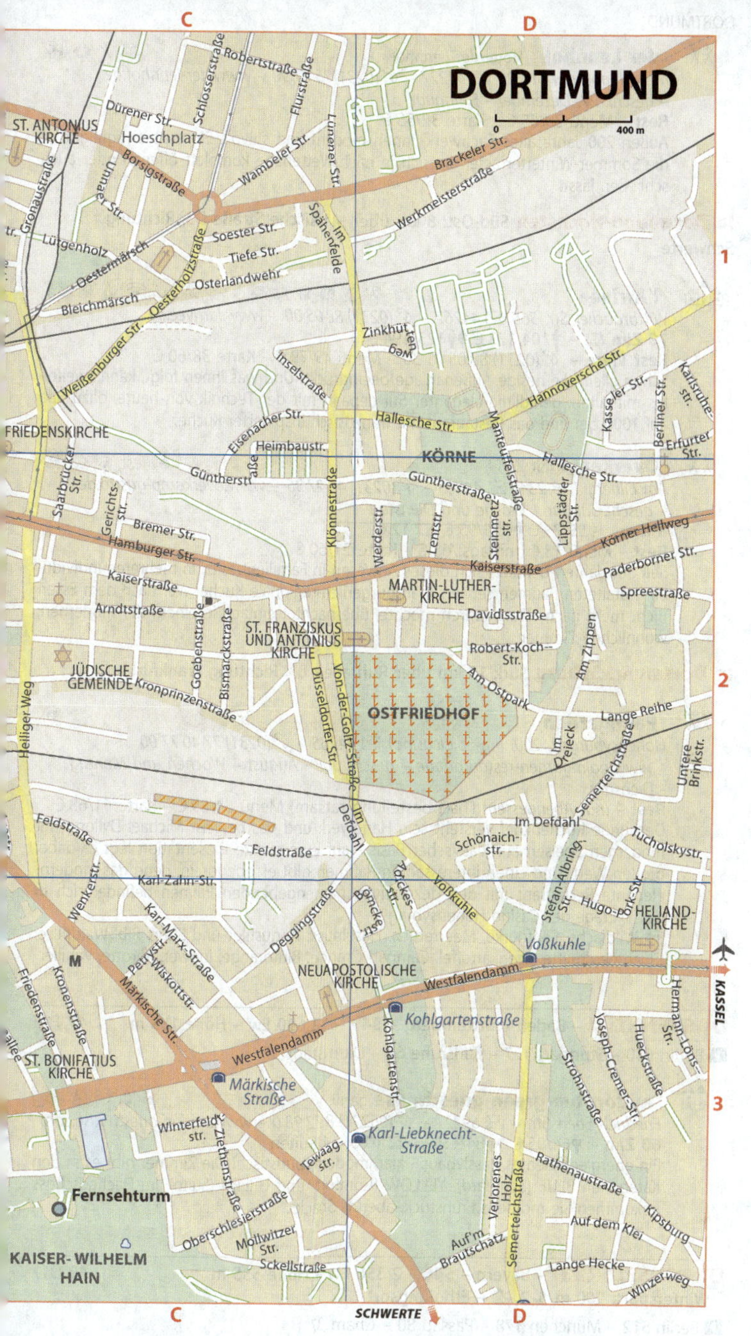
DORTMUND
0
400 m
C
D
1
2
3
KASSEL
SCHWERTE
ST. ANTONIUS KIRCHE
Hoeschplatz
FRIEDENSKIRCHE
KÖRNE
MARTIN-LUTHER-KIRCHE
ST. FRANZISKUS UND ANTONIUS KIRCHE
JÜDISCHE GEMEINDE
OSTFRIEDHOF
HELIAND-KIRCHE
NEUAPOSTOLISCHE KIRCHE
ST. BONIFATIUS KIRCHE
Fernsehturm
KAISER-WILHELM HAIN
Voßkuhle
Kohlgartenstraße
Märkische Straße
Karl-Liebknecht-Straße
Brackeler Str.
Werkmeisterstraße
Hannöversche Str.
Hallesche Str.
Körner Hellweg
Kaiserstraße
Hamburger Str.
Westfalendamm
Heiliger Weg
Märkische Str.
Semerteichstraße
Rathenaustraße

der Lennhof – Hotel der Lennhof
Menglinghauser Str. 20 ✉ 44227 – ✆ (0231) 75 81 90 – www.der-lennhof.de – geschl. 27. Dezember - 5. Januar
Rest – Menü 39/65 € – Karte 32/55 €
Außen 200 Jahre altes Fachwerk, innen modern und stilvoll. Ein echtes Highlight ist die Sommer-Winterterrasse, die sich je nach Wetterlage komplett öffenen oder auch schließen lässt!

In Dortmund-Höchsten Süd-Ost: 8 km über Märkische Straße D3, Richtung Schwerte

l'Arrivée Zim, P
Wittbräucker Str. 565 ✉ 44267 – ✆ (0231) 88 05 00 – www.larrivee.de
70 Zim – 104/173 € 125/194 €
Rest *Vivre* – ✆ (0231) 88 05 01 30 – Menü 49/79 € – Karte 38/60 €
Schon allein die riesige Außenanlage beeindruckt! Und was innen folgt, kann zweifellos mithalten: geradlinig-eleganter Stil gepaart mit der Technik von heute, dazu Spa auf 1000 qm und das Restaurant mit französisch inspirierter Küche.

Overkamp mit Zim Rest, P
Am Ellberg 1 (B 234) ✉ 44265 – ✆ (0231) 46 27 36 – www.overkamp-gastro.de – geschl. Januar 1 Woche und Dienstag
8 Zim – 55/75 € 75/95 €, 12 €
Rest – Menü 13 € (mittags)/68 € – Karte 21/60 €
Seit 300 Jahren befindet sich dieses Anwesen in Familienbesitz. In mehreren individuell gestalteten Räumen serviert man bürgerlich-regionale Küche. Wer nach dem Essen nicht mehr nach Hause fahren möchte, übernachtet einfach in einem der modernen, wohnlichen Zimmer.

In Dortmund-Syburg Süd: 13 km über Ruhrallee B3, Richtung Frankfurt

Palmgarden P
Hohensyburgstr. 200, (im Spielcasino) ✉ 44265 – ✆ (0231) 77 40 77 00 – www.palmgarden-restaurant.de – geschl. Juli - August 4 Wochen und Montag - Dienstag
Rest – *(nur Abendessen)* (Tischbestellung ratsam) Menü 54/89 € – Karte 61/68 €
Der junge Küchenchef versteht sein Handwerk und das beweist Michael Dyllong mit modernen Speisen auf klassischer Basis - auf eine exakte Präsentation legt er dabei großen Wert. Und einen interessanten Rahmen gibt es obendrein, denn das modern-elegante Restaurant mit den dekorativen namengebenden Palmen befindet sich in der 1. Etage des Casino Hohensyburg.
→ Wildlachs, Senfgurke, Meerrettich, Haselnuss. Angusfilet und Short Rib, Waldpilze, Chicoréeschnitte, Ofenkartoffel. Campari Orange, Blutorange, Ingwer, Karotte, Vanille.

DOSSENHEIM – Baden-Württemberg – 545 – 12 690 Ew – Höhe 153 m 47 F16

Berlin 630 – Stuttgart 127 – Karlsruhe 62 – Darmstadt 57

midori the green guesthouse garni
Friedrich-Ebert-Str. 4 ✉ 69221 – ✆ (06221) 8 72 98 0 – www.midori-guesthouse.com
60 Zim – 64/95 € 84/130 €, 10 € – 4 Suiten
Ein energieeffizientes Passivhaus - klar, modern, puristisch! Die Zimmer gibt es in den Kategorien BLUE (Standard), YELLOW (Comfort) und GREEN (Suite). Im Dachgeschoss bekommen Sie morgens Frühstück, abends Snacks.

DRACHSELSRIED – Bayern – 546 – 2 350 Ew – Höhe 535 m 59 O17

– Wintersport: 900 m 2 – Erholungsort

Berlin 512 – München 178 – Passau 80 – Cham 37

Zellertalstr. 12, ✉ 94256, ✆ (09945) 90 50 33, www.drachselsried.de

In Drachselsried-Asbach **Süd: 6 km über Grafenried**

Berggasthof Fritz (mit Gästehaus)

Asbach 10 ✉ 94256 – ✆ (09923) 22 12 – www.berggasthof-hotel-fritz.de
– geschl. Mitte November - Mitte Dezember

35 Zim – 37/50 € 68/98 € – ½ P **Rest** – Karte 11/35 €

Das familiengeführte Haus ist ein recht einfaches, aber auffallend gepflegtes und preiswertes Feriendomizil in schöner ruhiger Lage. Restaurant im Landhausstil mit bürgerlich-regional ausgerichteter Karte.

Außerhalb **Ost: 6 km über Oberried – Höhe 730 m**

Riedlberg Rest,

Riedlberg 1 ✉ 94256 Drachselsried – ✆ (09924) 9 42 60 – www.riedlberg.de

38 Zim – 80/85 € 166 € – 7 Suiten **Rest** – Menü 20/30 €

Ein gewachsener Familienbetrieb in exponierter und sehr ruhiger Lage. Es erwarten Sie wohnlich, geschmackvoll und individuell gestaltete Zimmer sowie Spa auf 1000 qm. Eigener Skilift. Gemütlich-ländliche Restaurantstuben und schöne Terrasse mit Talblick.

DREIEICH – Hessen – 543 – 40 730 Ew – Höhe 135 m

47 F15

Berlin 557 – Wiesbaden 45 – Frankfurt am Main 16 – Darmstadt 17

Dreieich, Hofgut Neuhof, ✆ (06102) 32 70 10

In Dreieich-Götzenhain

Gutsschänke Neuhof

Hofgut Neuhof (an der Straße nach Neu-Isenburg über Neuhofschneise, Nord: 2 km)
✉ 63303 – ✆ (06102) 3 00 00 – www.gutsschaenkeneuhof.de

Rest – Menü 21 € (mittags)/53 € – Karte 33/58 €

Gemütlich-urig sind die Räume in dem jahrhundertealten Hofgut mit reizvoller Gartenterrasse. Im Winter sorgt ein hübscher Kamin für wohlige Wärme. Zur regionalen Küche bietet man auch hauseigene Weine.

DREIS (KREIS BERNKASTEL-WITTLICH) – Rheinland-Pfalz – siehe Wittlich

DRESDEN

Stadtpläne siehe nächste Seiten **43** Q12

Sachsen – 529 790 Ew – Höhe 113 m – 544 M25

Berlin 193 – Chemnitz 75 – Görlitz 110 – Leipzig 113

Tourist-Informationen

Schloßstr. 2, Kulturpalast F2, ✉ 01067, ✆(0351) 50 16 01 60, www.dresden.de

Automobilclub - ADAC

Striesener Str. 37 H2

Flughafen

Dresden-Klotzsche, Flughafenstraße (über Königsbrücker Straße C1), ✆(0351) 88 10

Deutsche Lufthansa City Center, Zellescher Weg 3, ✉ 01069, ✆ (0351) 4 99 88 77

Messegelände

Messe Dresden, Messering 6 (über Magdeburger Straße E1), ✉ 01067, ✆ (0351) 4 45 81 05

Messen

4.-6. Januar: room+style
11.-13. Januar: SachsenKrad
25.-27. Januar: Dresdner ReiseMarkt
28. Februar-3. März: Energie
28. Februar-3. März: HAUS
1.-3. März: auto mobil
1.-3. März: Kulinaria & Vinum
8.-10. März: aktiv+vital
13.-15. April: Sachsenback
31. Mai-1. Juni: ISH
27.-29. September: Holz & Forst
25.-28. Oktober: Dresdner Herbst

Golfplätze

Possendorf, Ferdinand-von-Schill-Str. 4a, ✆(035206) 24 30

Ullersdorf, Am Golfplatz 1, ✆(03528) 4 80 60

SEHENSWÜRDIGKEITEN

Historisches Zentrum (Altstadt): Zwinger★★★ · Gemäldegalerie Alte Meister★★★ Porzellansammlung★★ Rüstkammer★★ Mathematisch-Physikalischer Salon★★ · Semperoper★★ · Hofkirche★★ · Schloss★★★ · Brühlsche Terrasse★ · Frauenkirche★★ · Stadtmuseum★ · Kreuzkirche★ F2

Neustadt: Japanisches Palais★ · Museum für Sächsische Volkskunst★ F1

Umgebung: Schloss Moritzburg★ (Nord-West: 14 km) · Schloss Pillnitz★ (Süd-Ost: 15 km)

Taschenbergpalais Kempinski

Rest,

Taschenberg 3 ✉ 01067 – ✆ (0351) 4 91 20 – www.kempinski.com/de/dresden F2**a**

214 Zim – 🚹149/459 € 🚹🚹149/459 €, ☕ 28 € – 18 Suiten

Rest *Intermezzo* – siehe Restaurantauswahl

Rest *Palais Bistro* – ✆ (0351) 4 91 27 10 – Menü 30/38 € – Karte 22/59 €

Ein prächtiges rekonstruiertes Barockpalais, in dem sich so einiges von seinem früheren Flair wiederfindet. So steht das Haus nicht nur für Luxus, auch sehr viel Charme steckt hier drin! "High Tea" im Vestibül, sächsisch-französische Küche im Palais-Bistro, rauchen können Sie in der Karl May Bar. Die Lage neben Zwinger und Semperoper spricht für sich.

Maritim

Rest,

Devrientstr. 10 ✉ 01067 – ✆ (0351) 21 60 – www.maritim.de E1**m**

297 Zim – 🚹85/445 € 🚹🚹100/460 €, ☕ 21 € – 31 Suiten **Rest** – Karte 32/57 €

In dem ehemaligen Speichergebäude direkt neben dem Kongresszentrum empfängt Sie eine imposante Atriumhalle. Die Hälfte der geräumigen Zimmer bietet Elbblick. Kosmetikanwendungen. Klassisches Restaurant mit kleiner Showküche.

Bülow Palais

Königstr. 14 ✉ 01097 – ✆ (0351) 8 00 30 – www.buelow-hotels.de F1**c**

56 Zim – 🚹145/385 € 🚹🚹145/385 €, ☕ 26 € – 2 Suiten

Rest *Caroussel* ✿ **Rest *Bülow's Bistro*** – siehe Restaurantauswahl

In dem harmonisch in das Barockviertel eingebundenen Hotel finden Sie den Service und die Aufmerksamkeit, die man schon lange mit dem Namen Bülow verbindet! Das luxuriöse Domizil bietet klassischen Stil, wertige Materialien, einen modernen Wellnessbereich, ein exzellentes Frühstück...

The Westin Bellevue

Zim,

Große Meißner Str. 15 ✉ 01097 – ✆ (0351) 80 50 – www.westinbellevuedresden.com F1**a**

340 Zim – 🚹99/275 € 🚹🚹99/275 €, ☕ 21 € – 21 Suiten

Rest *Canaletto* – ✆ (0351) 8 05 16 58 *(nur Abendessen)* Menü 37/52 € – Karte 26/51 €

Bewusst hat man das schöne alte Palais erhalten und gelungen zu einem beachtlichen Hotel erweitert. Ein Tipp für besonders komfortables Wohnen sind die topmodernen Juniorsuiten. Wer von der Terrasse des stilvollen Restaurants auf Elbe und Altstadt schaut, versteht, warum der "Canaletto-Blick" berühmt wurde!

Hilton

Rest,

An der Frauenkirche 5 ✉ 01067 – ✆ (0351) 8 64 20 – www.hilton.de/dresden

329 Zim – 🚹109/245 € 🚹🚹109/245 €, ☕ 23 € – 4 Suiten F2**e**

Rest *Rossini*

Rest *Ogura* – siehe Restaurantauswahl

Rest *Hot Wok* – ✆ (0351) 4 91 77 62 46 *(geschl. Januar)* Karte 14/28 €

Bevorzugte Altstadtlage, ein weitläufiger Hallenbereich und wohnlich-moderne Zimmer unterschiedlicher Kategorien machen das Hotel aus. Mit Kosmetikstudio. Im Hot Wok bekommt man Asiatisches unter einer schönen Gewölbedecke.

Swissôtel am Schloss

Spa Rest,

Schlossstr. 16 ✉ 01067 – ✆ (0351) 50 12 00 – www.swissotel.com/dresden

235 Zim – 🚹130/290 € 🚹🚹130/290 €, ☕ 22 € F2**d**

Rest *Wohnstube* – Menü 35 € – Karte 30/64 €

Außen spricht Sie die nach historischem Vorbild wieder aufgebaute Fassade an, dahinter Moderne in Design und Technik! Überall im Haus greifen gestalterische Details die Themen "Schweiz" und "Manufaktur Meissen" auf, so auch in der "Wohnstube" mit Schweizer Küche.

Suitess

An der Frauenkirche 13 (Zufahrt über Rampische Straße) ✉ 01067 – ✆ (0351) 41 72 70 – www.suitess-hotel.com F2**g**

12 Zim – 🚹100/200 € 🚹🚹100/200 €, ☕ 23 € – 9 Suiten

Rest *MORITZ* – siehe Restaurantauswahl

Schon von außen sehr eindrucksvoll - und die rekonstruierte Fassade verspricht nicht zu viel: Dahinter geht es ebenso geschmackvoll und edel weiter, mit luxuriösen Zimmern voll ausgesuchter Materialien. Zur Lage kann man nur sagen: perfekt... einen Steinwurf von der Frauenkirche entfernt!

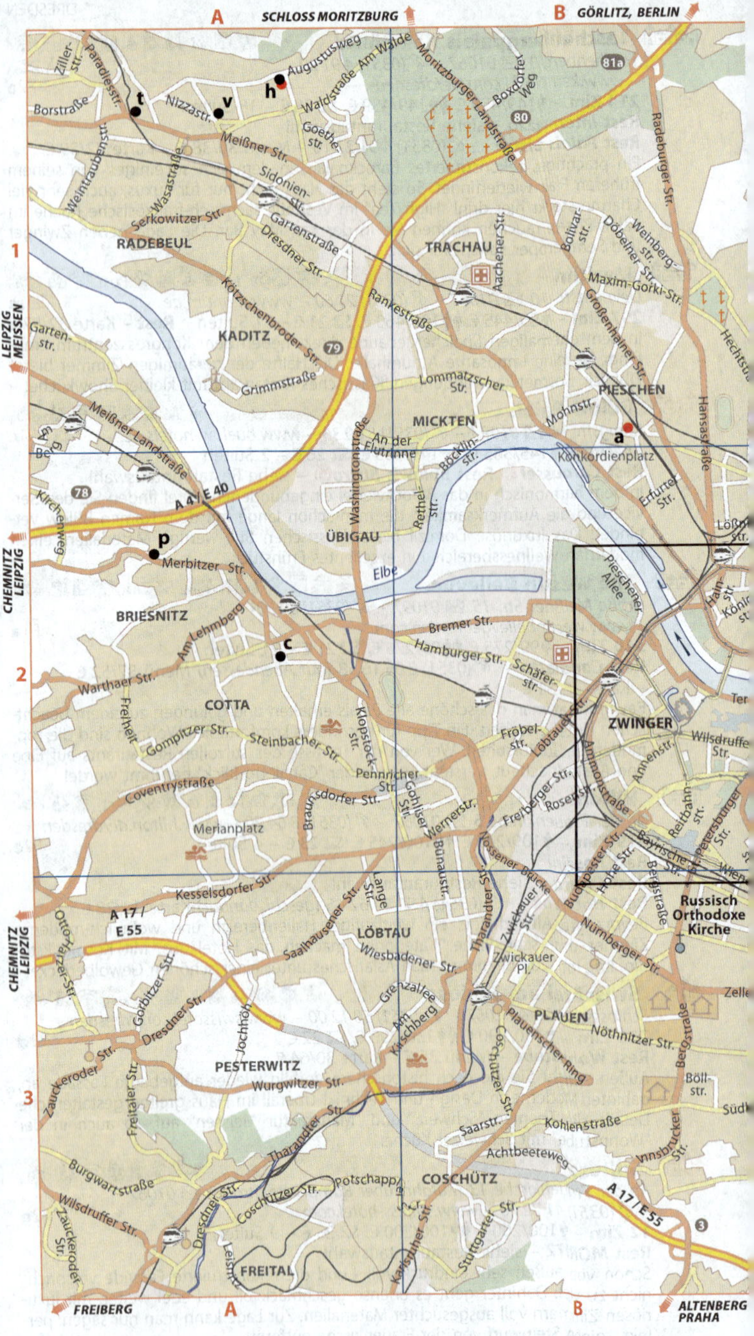
A
SCHLOSS MORITZBURG
B
GÖRLITZ, BERLIN
1
2
3
LEIPZIG MEISSEN
CHEMNITZ LEIPZIG
CHEMNITZ LEIPZIG
FREIBERG
ALTENBERG PRAHA
Ziller-str.
Paradiesstr.
Borstraße
Nizzastr.
Augustusweg
Waldstraße
Am Walde
Moritzburger Landstraße
Boxdorfer Weg
81a
80
Goethe-str.
Meißner Str.
Sidonien-str.
Weintraubenstr.
Wasastraße
Serkowitzer Str.
Gartenstraße
Dresdner Str.
RADEBEUL
TRACHAU
Aachener Str.
Bolivar-str.
Döbelner Str.
Weinberg-str.
Maxim-Gorki-Str.
Radeburger Str.
Großenhainer Str.
Hechtstr.
Rankestraße
Kötzschenbroder Str.
Garten-str.
KADITZ
79
Grimmstraße
Lommatzscher Str.
PIESCHEN
Mohnstr.
Hansastraße
MICKTEN
Meißner Landstraße
Am Berg
An der Flutrinne
Böcklin-str.
Konkordienplatz
Erfurter Str.
78
Kirchenweg
A 4 / E 40
Washingtonstraße
Rethel-str.
Löß-str.
ÜBIGAU
Elbe
Merbitzer Str.
Pieschener Allee
Hain-str.
BRIESNITZ
Am Lehmberg
Bremer Str.
Hamburger Str.
Schäfer-str.
Warthaer Str.
Ter
COTTA
Freiheit
Gompitzer Str.
Steinbacher Str.
Klopstock-str.
Fröbel-str.
Löbtauer Str.
ZWINGER
Wilsdruffer Str.
Annenstr.
Ammonstraße
Pennricher Str.
Coventrystraße
Braunsdorfer Str.
Gohliser Str.
Wernerstr.
Freiberger Str.
Rosenstr.
Reitbahn-str.
St. Petersburger Str.
Merianplatz
Bünaustr.
Tharandter Str.
Nossener Brücke
Budapester Str.
Hohe Str.
Bayrische Str.
Bergstraße
Kesselsdorfer Str.
Lange Str.
Zwickauer Str.
Russisch Orthodoxe Kirche
A 17 / E 55
Otto-Harzer-Str.
Saalhausener Str.
LÖBTAU
Wiesbadener Str.
Zwickauer Pl.
Nürnberger Str.
Zelle
Gorbitzer Str.
Dresdner Str.
Jochhöh
Grenzallee
Am Kirschberg
PLAUEN
Plauenscher Ring
Nöthnitzer Str.
Bergstraße
Zauckeroder Str.
Freitaler Str.
PESTERWITZ
Wurgwitzer Str.
Coschützer Str.
Böll-str.
Tharandter Str.
Saarstr.
Kohlenstraße
Südh
Achtbeeteweg
Innsbrucker Str.
Burgwartstraße
Potschappler Str.
COSCHÜTZ
Wilsdruffer Str.
Zauckeroder Str.
Dresdner Str.
Coschützer Str.
Karlsruher Str.
Stuttgarter Str.
A 17 / E 55
3
Leitstr.
FREITAL
t
v
h
p
c
a

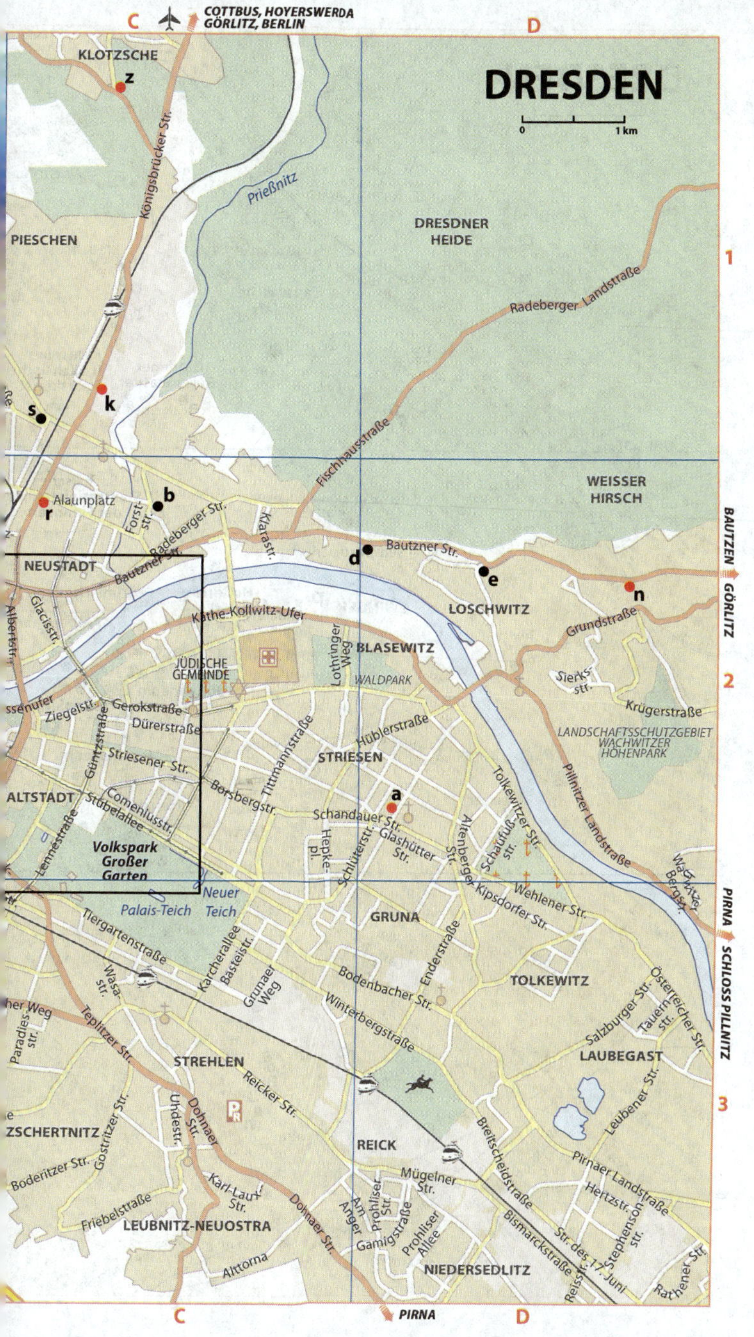
DRESDEN
0
1 km
COTTBUS, HOYERSWERDA
GÖRLITZ, BERLIN
C
D
1
2
3
KLOTZSCHE
PIESCHEN
NEUSTADT
ALTSTADT
DRESDNER HEIDE
WEISSER HIRSCH
LOSCHWITZ
BLASEWITZ
STRIESEN
GRUNA
TOLKEWITZ
LAUBEGAST
STREHLEN
ZSCHERTNITZ
REICK
LEUBNITZ-NEUOSTRA
NIEDERSEDLITZ
JÜDISCHE GEMEINDE
WALDPARK
LANDSCHAFTSSCHUTZGEBIET WACHWITZER HÖHENPARK
Volkspark Großer Garten
Palais-Teich
Neuer Teich
Prießnitz
Königsbrücker Str.
Radeberger Landstraße
Fischhausstraße
Alaunplatz
Forst-str.
Radeberger Str.
Klarastr.
Bautzner Str.
Käthe-Kollwitz-Ufer
Lothringer Weg
Grundstraße
Sierksstr.
Krügerstraße
Pillnitzer Landstraße
Wachwitzer Bergstr.
Glacisstr.
Albertstr.
Gerokstraße
Dürerstraße
Ziegelstr.
Güntzstraße
Striesener Str.
Comeniusstr.
Stübelallee
Lennéstraße
Borsbergstr.
Tittmannstraße
Hüblerstraße
Schandauer Str.
Glashütter Str.
Hepke-pl.
Schlüterstr.
Altenberger Str.
Schaufußstr.
Tolkewitzer Str.
Kipsdorfer Str.
Wehlener Str.
Tiergartenstraße
Wasastr.
Karcherallee
Basteistr.
Grunaer Weg
Bodenbacher Str.
Enderstraße
Winterbergstraße
Salzburger Str.
Österreicher Str.
Tauernstr.
Leubener Str.
Teplitzer Str.
Paradiesstr.
Reicker Str.
Dohnaer Str.
Uhdestr.
Gostritzer Str.
Boderitzer Str.
Friebelstraße
Karl-Laux-Str.
Alttorna
Am Anger
Prohliser Str.
Gamigstraße
Prohliser Allee
Mügelner Str.
Breitscheidstraße
Bismarckstraße
Reissstr.
Str. des 17. Juni
Stephensonstr.
Hertzstr.
Pirnaer Landstraße
Rathener Str.
BAUTZEN GÖRLITZ
PIRNA SCHLOSS PILLNITZ
PIRNA
a
b
d
e
k
n
r
s
z

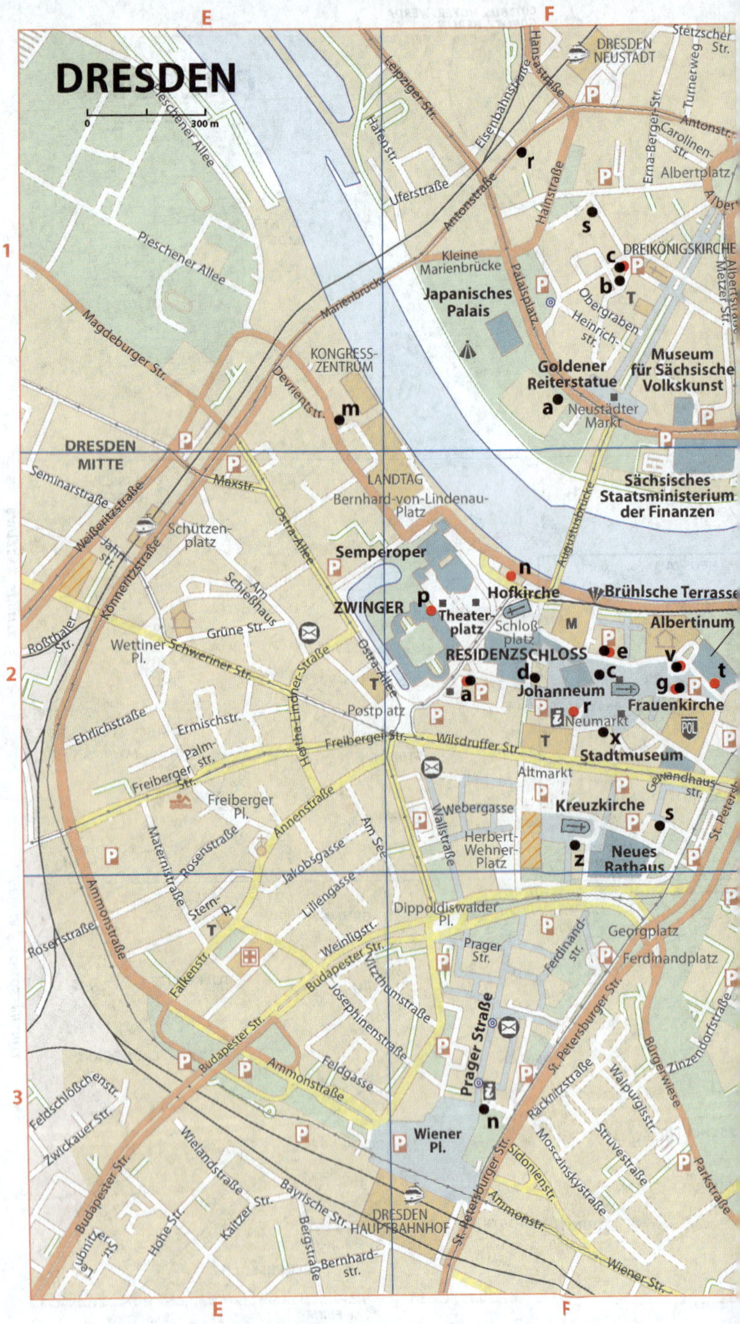
DRESDEN
0
300 m
E
F
1
2
3
Japanisches Palais
Goldener Reiterstatue
Museum für Sächsische Volkskunst
DREIKÖNIGSKIRCHE
DRESDEN NEUSTADT
Albertplatz
Neustädter Markt
KONGRESS-ZENTRUM
LANDTAG
Bernhard-von-Lindenau-Platz
Sächsisches Staatsministerium der Finanzen
DRESDEN MITTE
Schützenplatz
Semperoper
ZWINGER
Theaterplatz
Hofkirche
Brühlsche Terrasse
Schloßplatz
Albertinum
RESIDENZSCHLOSS
Johanneum
Frauenkirche
Neumarkt
Stadtmuseum
Altmarkt
Kreuzkirche
Neues Rathaus
Postplatz
Wettiner Pl.
Freiberger Pl.
Herbert-Wehner-Platz
Dippoldiswalder Pl.
Georgplatz
Ferdinandplatz
Wiener Pl.
DRESDEN HAUPTBAHNHOF
Prager Straße
Magdeburger Str.
Pieschener Allee
Marienbrücke
Augustusbrücke
Kleine Marienbrücke
Leipziger Str.
Antonstraße
Hainstraße
Palaisplatz
Obergraben
Heinrichstr.
Ostra-Allee
Devrientstr.
Weißeritzstraße
Könneritzstraße
Schweriner Str.
Freiberger Str.
Wilsdruffer Str.
Annenstraße
Ammonstraße
Budapester Str.
St. Petersburger Str.
Wiener Str.
Bayrische Str.
Bürgerwiese
Zinzendorfstraße
Parkstraße
a b c d e g m n p r s t v x z

G
H
NEUSTADT
Louisenstraße
Böhmische Str.
Alaunstraße
Rothenburger Str.
Prießnitzstraße
Forststr.
Radeberger Str.
Bautzner Str.
Holzhofgasse
Löwenstraße
Glacisstraße
Georgenstraße
Hoyerswerdaer Str.
Tieckstr.
Weintraubenstraße
Lessingstraße
Carusufer
Unterer Kreuzweg
Archivstraße
Rosa-Luxemburg-Platz
Königsufer
Albertbrücke
Käthe-Kollwitz-Ufer
Pfeifferhannsstraße
Arnoldstraße
Blumenstraße
Hertelstraße
Florian-Geyer-Straße
Pfotenhauerstraße
Bonischpl.
Tatzberg
Elbe
Elsasser Str.
Lothringer Str.
Florian-Geyer-Str.
Elisenstraße
Güntzplatz
Gerokstraße
Fiedlerstr.
Carolabrücke
Terrassenufer
JÜDISCHE GEMEINDE
Ziegelstraße
Rathenauplatz
Gerichtsstr.
Rietschelstraße
Dürerstraße
Pestalozzistr.
Güntzstraße
Holbeinstraße
Hans-Grundig-Str.
Dürerstraße
Zöllnerstr.
Thomaestraße
Holbeinstr.
Permoserstr.
Pöppelmannstr.
Cranachstr.
Pillnitzer Str.
Grunaer Str.
Zirkusstraße
Mathildenstraße
Blochmannstraße
Seidnitzer Str.
Marschnerstraße
Striesener Str.
ADAC
Stephanienplatz
Nicolaistr.
Canalettostraße
ALTSTADT
Blüherstraße
Deutsches Hygiene-Museum
GLÄSERNE MANUFAKTUR
Hähnelstraße
Wallotstraße
Schumannstraße
Comeniusstraße
Reißigerstr.
Fetscherstraße
Lingnerallee
Lennéstraße
BOTANISCHER GARTEN
Stübelallee
Hauptallee
Volkspark Großer Garten
Hensestr.
Fürstenallee
Neuer Teich
ZOOLOGISCHER GARTEN
PALAIS
Lenneplatz
1
2
3

Innside by Meliá

Salzgasse 4 ✉ *01067 – (0351) 79 51 50 – www.innside.com* F2**v**

180 Zim – 119/269 € 139/289 €

Rest *Ven* – siehe Restaurantauswahl

Die Lage ist nicht nur sehr exklusiv, sondern auch einfach praktisch: Nur einen Katzensprung von der Frauenkirche entfernt, sind alle Highlights der Stadt schnell erreicht. Das ist ebenso wie das stylische Design und die topmoderne Technik sowohl für Business- als auch für Privatreisende attraktiv!

Steigenberger Hotel de Saxe

Rest,

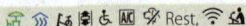

Neumarkt 9 ✉ *01067 – (0351) 4 38 60 – www.desaxe-dresden.steigenberger.de* F2**x**

181 Zim – 119/300 € 119/300 €, 22 € – 4 Suiten

Rest – Menü 32/79 € – Karte 35/50 €

Traditionsbewusst trägt das Haus den Namen des ursprünglichen Hotel de Saxe von 1786. Die Zimmer sind schön modern: großzügig, in klaren Linien und ruhigen Tönen. Von vielen schaut man auf die Frauenkirche, vom Restaurant im 1. Stock zum Neumarkt - die Altstadt hat man hier direkt vor der Tür!

QF garni

Neumarkt 1 ✉ *01067 – (0351) 5 63 30 90 – www.qf-hotel.de* F2**c**

93 Zim – 149/209 € 169/229 €, 15 € – 2 Suiten

Wenn schon beim Frühstück im 6. Stock die Kuppel der Frauenkirche zum Greifen nah ist, könnte die Lage wohl kaum besser sein! Aber das schicke Boutique-Hotel hat noch mehr zu bieten: moderne Zimmer designt by Bellini. Nach ihm ist auch die gemütliche Bar benannt.

Bülow Residenz garni

Rähnitzgasse 19 ✉ *01097 – (0351) 8 00 32 91 – www.buelow-hotels.de*

28 Zim – 99/189 € 99/189 €, 18 € – 1 Suite F1**b**

Das restaurierte denkmalgeschützte Haus von 1730 ist nicht nur schön anzuschauen: Sie genießen hier klassischen Wohnkomfort (geschmackvoll die warmen Farben), lassen sich überaus aufmerksam umsorgen, frühstücken ausgezeichnet in eleganter Atmosphäre und entspannen im frei zugänglichen Wellnessbereich des nur wenige Meter entfernten Schwesterhotels.

Radisson BLU Gewandhaus

Rest,

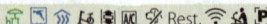

Ringstr. 1 ✉ *01067 – (0351) 4 94 90 – www.radissonblu.com/gewandhaushotel-dresden* F2**s**

94 Zim – 99/355 € 99/355 €, 22 € – 3 Suiten

Rest – *(nur Abendessen)* Karte 28/53 €

Das Hotel im Zentrum ist etwas für Freunde des klassischen Stils: von der gediegenen Halle mit offenem Kamin über den sehenswerten glasüberdachten Atrium-Innenhof und das angrenzende Restaurant Weber's (regionale Küche) bis in die Biedermeier-Zimmer mit Marmorbädern. Interessantes Detail: Relikte der historischen Stadtmauer im UG.

Pullman Dresden Newa

Prager Str. 2c ✉ *01069 – (0351) 4 81 41 09 – www.pullman-dresden-newa.com* F3**n**

319 Zim – 75/238 € 85/248 €, 19 €

Rest – Menü 29/69 € – Karte 32/49 €

Hier überzeugen die gute Shopping-Lage unweit des Bahnhofs und die schöne Einrichtung in klaren Linien. Die Zimmer sind zwar nicht groß, aber sehr modern, praktisch und wirklich intelligent gestaltet, dazu raumhohe Panoramafenster!

NH Altmarkt

Rest,

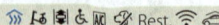

An der Kreuzkirche 2 ✉ *01067 – (0351) 50 15 50 – www.nh-hotels.de*

240 Zim – 99/199 € 99/199 €, 19 € – 11 Suiten F2**z**

Rest – Menü 25/50 € – Karte 22/51 €

Das Hotel hat so einige Vorteile: die geradlinig-moderne Einrichtung, ein schöner Saunabereich und natürlich als absoluter Trumpf die Lage am Altmarkt (viele Zimmer zu dieser Seite)! Weiterer großer Pluspunkt: Tiefgarage direkt am Platz.

Holiday Inn

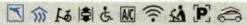

Stauffenbergallee 25a ✉ 01099 – ✆ (0351) 8 15 10 – www.holiday-inn-dresden.de C1**s**

121 Zim – 100/198 € 128/226 €

Rest – Menü 20/50 € – Karte 24/41 €

Sie sind Businessgast und suchen ein modernes und gepflegtes Hotel mit technisch gut ausgestatteten Zimmern? In der Executive-Etage sogar mit kleinen Zusatzleistungen. Im Restaurant bietet man sonntags Brunch und "Planschbrunch" (für 4 € mehr können Sie auch den Freizeitbereich nutzen!).

Bayerischer Hof

Rest,

Antonstr. 33 ✉ 01097 – ✆ (0351) 82 93 70 – www.bayerischer-hof-dresden.de

46 Zim – 72/99 € 95/138 € – 4 Suiten F1**r**

Rest – *(geschl. Sonntag) (nur Abendessen)* Menü 20/30 € – Karte 21/39 €

Das Hotel liegt praktisch in der Nähe des Neustädter Bahnhofs und ist zeitlos-gediegen gestaltet. Ruhiger sind die rückwärtigen Juniorsuiten. Elegante Tagungssäle. Restaurant Patrizierstube in klassischem Stil. Im Sommer Biergarten im Hof.

Martha

Zim,

Nieritzstr. 11 ✉ 01097 – ✆ (0351) 8 17 60 – www.hotel-martha-dresden.de – geschl. 22. - 26. Dezember F1**s**

50 Zim – 55/86 € 113/121 €

Rest *Daniel* – *(geschl. Sonntag) (nur Abendessen)* Karte 27/36 €

In einer wunderschönen Biedermeierstraße stehen die Häuser Martha und Maria - in die Altstadt ist es nur ein kleiner Spaziergang von 15 Minuten. Einige Zimmer stilgerecht im Biedermeierstil (ebenso der hübsche Frühstücksraum), andere recht modern renoviert, darunter auch Appartements.

Privat

Rest,

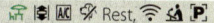

Forststr. 22 ✉ 01099 – ✆ (0351) 81 17 70 – www.das-nichtraucher-hotel.de

29 Zim – 58/71 € 74/91 € – 1 Suite C2**b**

Rest – Menü 16/25 € – Karte 17/32 €

Die engagierten Gastgeber leiten hier ein sehr gepflegtes Nichtraucherhotel in einer ruhigen Wohngegend nicht weit von der Innenstadt. Der Service ist freundlich, die Zimmer sind zeitgemäß und funktional ausgestattet. Restaurant Maron mit Wintergarten und netter kleiner Terrasse. Zusatzkarte nach Hildegard von Bingen.

Caroussel – Hotel Bülow Palais

Königstr. 14 ✉ 01097 – ✆ (0351) 8 00 30 – www.buelow-hotels.de – geschl. Sonntag - Montag F1**c**

Rest – *(nur Abendessen)* (Tischbestellung ratsam) Menü 75/165 € – Karte 66/92 €

Der neue Küchenchef hält das hohe Niveau der Caroussel-Küche: Benjamin Biedlingmaier heißt er und was er kocht, ist kreativ, durchdacht und elegant. Das hochwertige gediegene Interieur könnte da kaum ein edleres Umfeld bieten - man beachte die Vitrinen mit Meissener Porzellan! Das Serviceteam freundlich und versiert, die Weinberatung trefflich.

➜ Gänsestopleber, Erdbeere und Verbene. Steinbutt unter der Ochsenmarkkruste, Auberginen und Paprika. Variation vom Kalb, Lauch und Kartoffel.

Rossini – Hotel Hilton

An der Frauenkirche 5 ✉ 01067 – ✆ (0351) 8 64 28 55 – www.hilton.de/dresden

Rest – *(nur Abendessen)* Menü 44/49 € – Karte 33/50 € F2**e**

Zu genießen gibt es in dem eleganten Abendrestaurant in der ersten Etage gleich zwei Dinge: Da wäre zum einen der schöne Blick auf die Frauenkirche, zum anderen die ambitionierte mediterrane Küche.

MORITZ – Hotel Suitess

An der Frauenkirche 13, (5. Etage) (Zufahrt über Rampische Straße) ✉ 01067 – ✆ (0351) 41 72 70 – www.suitess-hotel.com F2**g**

Rest – *(nur Abendessen)* Menü 39 € – Karte 40/58 €

Wer hier speist, sollte dies auf der Terrasse tun: Direkt vor Ihren Augen ragt die Kuppel der Frauenkirche empor - mitten in der Altsadt und doch fern vom Trubel! Die zeitgemäß-klassische Küche bietet z. B. "Steinbuttschnitte mit Kalbsjus an sautierten Pfifferlingen". Interessant auch das kleine Abendmenü.

XXX **Intermezzo** – Hotel Taschenbergpalais Kempinski
Taschenberg 3 ✉ 01067 – ✆ (0351) 4 91 27 12 – www.kempinski.com/de/dresden
Rest – Menü 39/122 € – Karte 56/77 € F2**a**
Wahrlich ein Intermezzo - nämlich für luxuriöse Lebenskultur. Hochwertigster Parkett, glänzende Hölzer, feine Stoffe und edles Silber verwöhnen das Auge, die klassisch-internationale Küche den Gaumen.

XX **Lesage**
Lennéstr. 1 ✉ 01069 – ✆ (0351) 4 20 42 50 – www.lesage.de – geschl. 1. - 13. Januar und Sonntagabend sowie Montagabend G3**a**
Rest – Karte 34/50 €
So manch Neuwagen-Abholer, aber auch VW-Manager finden sich in der Gläsernen Manufaktur von Volkswagen zum Essen ein. Und das hat seinen Grund: In dem schicken modernen Restaurant gibt es schmackhafte internationale Gerichte wie z. B. "Zweierlei vom Highland-Rind". Sonntags nur Brunch-Buffet.

XX **Elements**
Königsbrücker Str. 96, (Zeitenströmung Haus 25 - 26) ✉ 01099 – ✆ (0351) 2 72 16 96 – www.restaurant-elements.de – geschl. 17. Februar - 2. März und Sonntag C1**k**
Rest – Menü 19 € (mittags)/66 € – Karte 37/53 €
Rest *DELI* – ✆ (0351) 27 21 6 96 – Menü 15/26 € – Karte 20/28 €
In dem ehemaligen Strömungsmaschinenbau-Unternehmen mit seinen großzügigen, luftig-hohen Räumen und einem Hauch Industrie-Flair hat das engagierte junge Gastgeberpaar eine ideale Location für seine gute zeitgemäße Küche gefunden. Etwas schneller, aber ebenso frisch kann man im DELI essen. Zigarrenlounge.

XX **Kastenmeiers**
Tzschirnerplatz 3 ✉ 01067 – ✆ (0351) 48 48 48 01 – www.kastenmeiers.de
Rest – (Tischbestellung ratsam) Menü 20 € (mittags)/53 € – Karte 34/63 € F2**t**
Eine bewegte Geschichte liegt hinter dem eleganten Rokoko-Gebäude und schon damals war Essen das Thema. Heute bringt Gerd Kastenmeier hier frischen Fisch auf den Teller. Tipp: Austern- und Hummergerichte schmecken in dieser stilvoll-historischen Umgebung nochmal so gut! Toller Arkaden-Innenhof.

XX **Ven** – Hotel Innside by Melia
Rampische Str. 9 ✉ 01067 – ✆ (0351) 7 95 15 10 21 – www.ven-dresden.de
Rest – *(nur Abendessen)* Menü 32/49 € – Karte 39/57 € F2**v**
"Modern" ist hier fast untertrieben: Es ist puristisch-urbaner Chic, der dank eindrucksvoller Raumhöhe seine volle Wirkung entfaltet! Die zeitgemäße Karte macht z. B. mit "Rinderfilet unter der Trüffel-Schalotten-Kruste" Appetit.

XX **Petit Frank**
Bürgerstr. 14 ✉ 01127 – ✆ (0351) 8 21 19 00 – www.petit-frank.de – Sonntag - Montag B1**a**
Rest – *(nur Abendessen)* Menü 29/62 € – Karte 33/44 €
Französisch inspirierte Küche und freundlichen Service erlebt man in dem kleinen Kellerrestaurant, in dem Sandsteinwände und angenehmes Licht die gemütlich-intime Atmosphäre unterstreichen.

XX **Italienisches Dörfchen - Bellotto**
Theaterplatz 3 ✉ 01067 – ✆ (0351) 49 81 60 – www.italienisches-doerfchen.de
Rest – Karte 29/55 € F2**n**
Rest *Wein- und Kurfürstenzimmer* – Karte 22/33 €
Drinnen wie draußen hat das schmucke Palais nahe Oper und Theater schöne Plätze: mediterranes Bellotto in der 1. Etage mit zwei Terrassen, im EG bieten das stilvolle Wein- und Kurfürstenzimmer und auch das "Caffee" sächsische Küche. Zudem: Biergarten und Elbterrassen sowie das kleine Basteischlösschen.

X **Alte Meister**
Theaterplatz 1a ✉ 01067 – ✆ (0351) 4 81 04 26 – www.altemeister.net – geschl. November - März: Montagmittag F2**p**
Rest – Menü 25/43 € – Karte 28/46 €
Im ehemaligen Braun'schen Atelier in einem Seitenflügel des Zwingers erwartet Sie mittags ein Galerie-Lokal und Café mit einfacher Karte, das abends dann zum ambitionierten Restaurant mit zeitgemäßer Küche wird!

Villandry
Jordanstr. 8 ✉ 01099 – ✆ (0351) 8 99 67 24 – www.villandry.de – geschl. Sonntag
Rest – *(nur Abendessen)* (Tischbestellung ratsam) Karte 28/42 € C2**r**
Das urbane und unkomplizierte Restaurantkonzept kommt an! Wo Service, Küche und Preis stimmen, gehen die Leute zurecht gerne hin. Was halten Sie z. B. von geschmortem Bio-Schwein mit Quitten? Und als Nachtisch Apfeltarte?

Henricus
Neumarkt 12 ✉ 01067 – ✆ (0351) 26 35 96 18 – www.heinrich-schuetz-residenz.de
Rest – Menü 22/42 € – Karte 31/42 € F2**r**
Der historische Rahmen des rekonstruierten Heinrich-Schütz-Hauses auf der einen Seite, trendiges Restaurant auf der anderen! Ihr Blick geht hinaus auf die Frauenkirche oder aber in die Küche. Auch an den eiligen Mittagsgast ist gedacht!

Bülow's Bistro – Hotel Bülow Palais & Residenz
Königstr. 14 ✉ 01097 – ✆ (0351) 8 00 30 – www.buelow-hotels.de F1**c**
Rest – Menü 35/65 € – Karte 34/45 €
Ein eleganter und trotzdem unprätentiöser Treff an der Königstraße - beliebt natürlich auch aufgrund der frischen saisonalen Küche, die z. B. als "Geräucherter Heilbutt mit Vanilleöl und Zitrusfrüchten" oder als "Zweierlei Rind mit Artischocken" daherkommt!

Ogura – Hotel Hilton
An der Frauenkirche 5 ✉ 01067 – ✆ (0351) 8 64 29 75 – www.hilton.de/dresden – geschl. Sonntag - Montag, Dienstagmittag, Mittwochmittag F2**e**
Rest – Menü 70 € (abends) – Karte 26/63 €
Dank japanischer Stilelemente findet man fernöstliches Flair mitten in Dresden. Schon seit 1998 bringt Patron Yukio Ogura den Gästen die Küche seiner Heimat nahe.

La Fourchette N
Wittenberger Str. 87 ✉ 01277 – ✆ (0351) 3 12 03 71 – www.la-fourchette.de – geschl. 15. Februar - 1. März und Sonntag - Montag D2**a**
Rest – *(nur Abendessen)* Karte 26/35 €
Schön das sanierte alte Eckhaus in einer Wohngegend am Rande der Innenstadt, das Ambiente schlicht-modern, in freundlichem warmem Gelb. Hier serviert Ihnen ein junges Team eine französisch-karibisch inspirierte Küche.

In Dresden-Briesnitz

Villa Weltemühle garni
Merbitzer Str. 53 ✉ 01157 – ✆ (0351) 4 25 50 – www.hotel-weltemuehle.de
43 Zim – †79 € ††79 €, ☕ 13 € – 3 Suiten A2**p**
Hier wurde mit Hingabe eine zerfallene Mühle auf einem 12 ha großen Parkgelände in ein wahres Kleinod verwandelt! Sehr angenehm sind der Service, das gute Frühstück, das klassisch-elegante Ambiente... Ruhig liegen die geräumigen Parkzimmer.

In Dresden-Cotta

Residenz Alt Dresden
Rest,
Mobschatzer Str. 29 ✉ 01157 – ✆ (0351) 4 28 10 – www.residenz-alt-dresden.de
123 Zim – †65/81 € ††73/99 €, ☕ 10 € – 1 Suite A2**c**
Rest – Menü 16/55 € – Karte 27/39 €
In einem Wohngebiet gelegenes Hotel mit funktionell ausgestatteten Zimmern in zeitlosem Stil sowie Appartements im angegliederten Boardinghaus. Ideal für Geschäftsreisende. Restaurant mit Wintergarten und zwei Terrassen, eine davon rückwärtig gelegen.

In Dresden-Hellerau

Schmidt's
Moritzburger Weg 67, (in den Hellerauer Werkstätten) ✉ 01109 – ✆ (0351) 8 04 48 83 – www.koenig-albert.de - geschl. Samstagmittag und Sonntag C1**z**
Rest – (Tischbestellung ratsam) Karte 25/41 €
Wer hätte gedacht, dass in den Hellerauer Werkstätten für Handwerkskunst (1909 von Karl Schmidt gegründet) einmal gekocht wird? Gerichte wie "Rosa gebratene Lammkeule mit Spitzkohl und Sächsischen Quarkkeulchen" sind schmackhaft und frisch, regional und auch kreativ!

In Dresden-Lockwitz Süd-Ost: 11 km über Dohnaer Straße D3

Landhaus Lockwitzgrund

Lockwitzgrund 100 ✉ 01257 – ✆ (0351) 2 71 00 10 – www.landhaus-lockwitzgrund.de
11 Zim – 55 € 75/85 € – 2 Suiten – ½ P
Rest ***Landhaus Lockwitzgrund*** – siehe Restaurantauswahl
Sie finden das nette kleine Landhotel außerhalb am Waldrand. Es stehen praktische Zimmer bereit, die wohnlich mit Naturholzmöbeln eingerichtet sind.

Landhaus Lockwitzgrund – Hotel Landhaus Lockwitzgrund

Lockwitzgrund 100 ✉ 01257 – ✆ (0351) 2 71 00 10 – www.landhaus-lockwitzgrund.de – geschl. Januar 3 Wochen und Montag
Rest – Menü 29/39 € – Karte 20/43 €
Das historische Ambiente der alten "Makkaroni-Fabrik" und die direkte Lage am Lockwitzgrund stehen für ländliche Lebensart unweit von Dresden. Im ehemaligen Stallgebäude genießt man unter einem Kreuzgewölbe internationale Speisen wie "Zanderfilet mit Rieslingsauce, Bandnudeln und Gemüse".

In Dresden-Loschwitz

Schloss Eckberg (mit Kavaliershaus)

Zim,

Bautzner Str. 134 ✉ 01099 – ✆ (0351) 8 09 90 – www.schloss-eckberg.de D2d
84 Zim – 80/230 € 90/250 €, 18 € – 3 Suiten
Rest – Menü 39/89 € – Karte 30/100 €
Das 15 ha große Anwesen ist ebenso sehenswert wie das traumhafte Schloss selbst! Hier wohnt und speist man klassisch-stilvoll, im Kavaliershaus sind die Zimmer moderner und einfacher. Über die beachtliche Anlage fährt man die Gäste mit Golfkarts - das gehört zum guten Service! Lassen Sie sich den Ausblick von der Terrasse nicht entgehen!

In Dresden-Marsdorf Nord-Ost: 13 km über Königsbrücker Straße C1

Landhaus Marsdorf

Marsdorfer Hauptstr. 15 ✉ 01108 – ✆ (0351) 8 80 81 01 – www.landhaus-marsdorf.de – geschl. 23. - 26. Dezember
23 Zim – 72/82 € 97/99 € **Rest** – *(geschl. Montag) (nur Abendessen)* Karte 18/41 €
In ruhiger Lage außerhalb von Dresden erwartet Sie dieser gepflegte Familienbetrieb mit zeitgemäßen Zimmern im Landhausstil, im EG mit Zugang zum schönen Garten. Im ursprünglichen historischen Gasthof hat man das Restaurant eingerichtet. Biergarten im Hof.

In Dresden-Niedersedlitz Süd-Ost: 10 km über Bismarckstraße D3

AMBIENTE garni

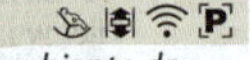

Meusegaster Str. 23 ✉ 01259 – ✆ (0351) 20 78 80 – www.hotel-ambiente.de – geschl. 20. - 27. Dezember
20 Zim – 78/98 € 88/138 €
Das ruhig in einem Wohngebiet gelegene Haus wird persönlich und engagiert geleitet. Die Zimmer sind zeitgemäß und wohnlich, hübsch die Superior-Gaubenzimmer.

In Dresden-Pillnitz Süd-Ost: 13 km über Pillnitzer Landstraße D3

Schloss Hotel Dresden-Pillnitz

Rest,

August-Böckstiegel-Str. 10 ✉ 01326 – ✆ (0351) 2 61 40 – www.schlosshotel-pillnitz.de
45 Zim – 89/116 € 117/152 €
Rest ***Kaminrestaurant*** – siehe Restaurantauswahl
Rest – *(geschl. Januar - Februar und Sonntag)* Karte 26/38 €
Geschmackvoll und behaglich sind die Zimmer in dem ansprechenden Nebengebäude des Schlosses, zwei Juniorsuiten mit Wasserbett. Reizvolle Lage am Park. Modernes Café-Restaurant im Bistrostil, mit Wintergarten.

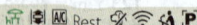

Kaminrestaurant – Schloss Hotel Dresden-Pillnitz

August-Böckstiegel-Str. 10 ✉ 01326 – ✆ (0351) 2 61 40 – www.dresden-kaminrestaurant.de – geschl. Sonntag
Rest – *(November - April nur Abendessen)* Menü 25 € (mittags)/67 € – Karte 53/64 €
Sie wünschen sich gemütlich-elegante Atmosphäre bei Kaminfeuer? Oder einen lauen Sommerabend auf der Terrasse bei romantischem Schlossflair? Beides finden Sie hier - und dazu gut zubereitete Speisen!

In Dresden-Weißer Hirsch

Villa Weißer Hirsch garni
Hermann Prell Str. 6 ✉ 01324 – ✆ (0351) 64 24 13 – www.villa-weisser-hirsch.de
10 Zim ☕ – 🛉90/100 € 🛉🛉125/150 € **D2e**
Das ist Ihre Gelegenheit, so richtig schön barock zu wohnen! Oder lieber ganz zeitlos? Auf jeden Fall individuell und fast schon luxuriös. Familie Morgenstern hat aus der Villa von 1935 ein echtes Schmuckstück gemacht (hübsch auch der Garten), der sehr persönliche Service ist da noch das i-Tüpfelchen!

bean&beluga (Stefan Hermann)
Bautzner Landstr. 32, (1. Etage) ✉ 01324 – ✆ (0351) 44 00 88 00 – www.bean-and-beluga.de – geschl. 18. Februar - 8. März, 29. Juli - 9. August und Sonntag - Montag **D2n**
Rest – *(nur Abendessen)* (Tischbestellung ratsam) Menü 70/165 €
Innovativ, ausbalanciert und beispielhaft in der detailgenauen Präsentation - das ist der Stil von Stefan Hermann. Die klare Linie seiner Küche findet sich auch in der stilvoll-modernen, angenehm reduzierten Einrichtung des einstigen Café Binneberg wieder. Der Service: fachkundig und sehr aufmerksam, ohne dabei aufdringlich zu sein.
➜ Lachs, Apfel-Meerrettich, Imperial Kaviar. Reh, Kirschen, Roscoff-Zwiebeln. Tanariva-Schokolade, Rote Bete, Joghurt.

DRIBURG, BAD – Nordrhein-Westfalen – 543 – 18 810 Ew – Höhe 220 m – Wintersport: – Heilbad

28 G10

Berlin 390 – Düsseldorf 190 – Hannover 108 – Kassel 86
Lange Str. 140, ✉ 33014, ✆ (05253) 9 89 40, www.bad-driburg.com
Bad Driburg, Georg-Nave-Str. 24a, ✆ (05253) 71 04

Gräflicher Park (mit Gästehäusern)
Brunnenallee 1 ✉ 33014 – ✆ (05253) 9 52 30 – www.graeflicher-park.de
135 Zim ☕ – 🛉119/289 € 🛉🛉160/308 € – ½ P
Rest ***Caspar's*** **Rest** ***Pferdestall*** – siehe Restaurantauswahl
Auf dem schönen weitläufigen Anwesen a. d. 18. Jh. bietet man wohnliche, recht individuelle Zimmer, schöne Spa-Einrichtungen sowie gute Tagungsmöglichkeiten.

Schwallenhof
Brunnenstr. 34 ✉ 33014 – ✆ (05253) 98 13 00 – www.schwallenhof.de
35 Zim ☕ – 🛉70/89 € 🛉🛉96/127 € – 4 Suiten – ½ P
Rest – *(geschl. Montag - Dienstagmittag)* Menü 25 € (mittags)/50 € – Karte 24/50 €
Aus dem ehemaligen Bauernhof ist ein familiengeführtes Hotel geworden, in dem wohnlich eingerichtete Zimmer zur Verfügung stehen. Ein Kamin und einige Nischen machen das Restaurant gemütlich.

Caspar's – Hotel Gräflicher Park
Brunnenallee 1 ✉ 33014 – ✆ (05253) 9 52 30 – www.graeflicher-park.de – geschl. Sonntag - Montag
Rest – *(nur Abendessen)* Menü 39/89 € – Karte 45/68 €
Helle Schleiflackmöbel, raumhohe Bücherregale mit Raritäten aus der gräflichen Bibliothek, edle Tischwäsche und ausgesuchte Stoffe zeugen von einer harmonischen Verbindung aus Eleganz und Heiterkeit.

Pferdestall – Hotel Gräflicher Park
Brunnenallee 1 ✉ 33014 – ✆ (05253) 9 52 30 – www.graeflicher-park.de
Rest – Menü 30 € – Karte 27/43 €
Boxen, Marmortränke,... - in dem 1860 vom Grafen von Oeynhausen erbauten Pferdestall erinnert noch viel an das Ursprüngliche! Orginelles, rustikales Ambiente mit Showküche!

DROLSHAGEN – Nordrhein-Westfalen – 543 – 12 030 Ew – Höhe 340 m

37 D12

Berlin 555 – Düsseldorf 114 – Siegen 31 – Hagen 59
Am Mühlenteich 1, ✉ 57489, ✆ (02761) 97 01 81, www.drolshagen.de

Zur Brücke Zim,

Hagener Str. 12 (B 54/55) ✉ 57489 – ✆ (02761) 75 48 – www.hotelzurbruecke.de
18 Zim – 56/62 € 86/94 € – ½ P
Rest – *(geschl. Dienstagmittag)* Menü 19 € – Karte 22/35 €
Der Familienbetrieb ist ein 200 Jahre altes Gasthaus, das über sehr gepflegte, wohnlich eingerichtete Zimmer verfügt - auch ein geräumiges Appartement ist vorhanden. Und im Restaurant gibt es in behaglicher Atmosphäre bürgerliche Küche.

DÜBEN, BAD – Sachsen – 544 – 8 150 Ew – Höhe 91 m – Moorheilbad

32 N10

Berlin 140 – Dresden 137 – Leipzig 33 – Halle 56

Paradeplatz 19, ✉ 04849, ✆ (034243) 5 28 86, www.bad-dueben.de

HEIDE SPA Zim,

Bitterfelder Str. 42 ✉ 04849 – ✆ (034243) 3 36 60 – www.heidespa.de
69 Zim – 72/108 € 120/192 € – 6 Suiten – ½ P **Rest** – Karte 17/50 €
Das Hotel bietet direkten Zugang zum umfassenden "Heide Spa", dessen Badebereich die Hausgäste kostenfrei nutzen können (Fitnessstudio und Anwendungen gegen Gebühr). Moderne Zimmer. Die A-la-carte-Restaurants LebensArt und Mühlenstube befinden sich im Spa-Gebäude.

Kurhaus mit Zim Rest,

Parkstr. 25 ✉ 04849 – ✆ (034243) 5 25 70 – www.kurhaus-badduebenn.de
5 Zim – 49 € 79 € – ½ P **Rest** – *(geschl. Montag)* Karte 27/42 €
Schön liegt dieses nette Restaurant im Kurpark; in diesem reizvollen Umfeld speist man international. Zum Haus gehören auch eine Terrasse sowie ein großer, nach hinten gelegener Biergarten mit altem Baumbestand.

DÜRKHEIM, BAD – Rheinland-Pfalz – 543 – 18 740 Ew – Höhe 132 m – Kurort

47 E16

Berlin 639 – Mainz 82 – Mannheim 25 – Kaiserslautern 33

Kurbrunnenstr. 14, ✉ 67098, ✆ (06322) 93 51 40, www.bad-duerkheim.com

Dackenheim, Kirchheimer Str. 40, ✆ (06353) 98 92 12

Veranstaltungen

13.-22. September: Dürkheimer Wurstmarkt

Kurpark-Hotel Rest,

Schloßplatz 1 ✉ 67098 – ✆ (06322) 79 70 – www.kurpark-hotel.de
113 Zim – 140/153 € 182/194 € – ½ P **Rest** – Karte 28/50 €
Das geschichtsträchtige ehemalige Kurhaus geht mit der Zeit und die Neuerungen der letzten Jahre sind wirklich gelungen: topmoderner Spa, wohnliche Zimmer in warmen Farben und ein Restaurant mit internationaler Küche und toller Terrasse zum Kurpark. Lust auf Roulette oder Black Jack? Das Kasino liegt direkt nebenan, der Eintritt ist für Hotelgäste gratis.

Gartenhotel Heusser Rest,

Seebacher Str. 50 ✉ 67098 – ✆ (06322) 93 00 – www.hotel-heusser.de
87 Zim – 92/149 € 140/190 € – 5 Suiten – ½ P
Rest – Menü 35/75 € – Karte 27/54 €
Bestaunen Sie den wunderbaren japanischen Garten mit Teehaus, Bachläufen, Koiteich... und genießen Sie das umfassende Spa-Angebot auf 900 qm vom schönen Hallenbad bis zum schicken Wellness-Pavillon. Aber auch arbeiten lässt es sich hier gut, dafür sorgen die vielfältigen Tagungsmöglichkeiten. Restaurant mit Gartenblick, dazu das "Grillhaisel".

Weingarten garni

Triftweg 11a ✉ 67098 – ✆ (06322) 9 40 10 – www.hotelweingarten.de – geschl. 21. Dezember - 23. Januar
18 Zim – 63/80 € 100/115 €
Mutter und Tochter leiten das sehr gepflegte kleine Hotel, auch das gegenüberliegende Weingut gehört der Familie. Von hellen, funktionellen Zimmern geht's am Morgen zum guten Frühstücksbuffet, im Sommer lockt der schöne Garten mit Pinien und Rebstöcken.

An den Salinen garni

Salinenstr. 40 ✉ 67098 – ✆ (06322) 9 40 40 – www.hotel-an-den-salinen.de – geschl. 15. Dezember - 7. Januar

16 Zim ☕ – 🚹57/76 € 🚹🚹85/97 €

Ein äußerlich eher unscheinbares Hotel, das seine wahre Größe im Inneren zeigt, denn Inhaberin Iris Ohmer leitet ihr Haus mit Engagement und hält es top in Schuss. Die Zimmer (Standard, Comfort oder Business) sind alle wohnlich gestaltet, das Frühstücksbuffet ist klein, aber frisch.

Pauls N

Am Neuberg 2 ✉ 67098 – ✆ (06322) 9 48 28 79

Rest – Karte 23/45 €

Im EG die Vinothek, auf der Empore das eigentliche Restaurant - alles trendig-geradlinig. Zu gefülltem Schweinekotelett oder gebratenem Wolfsbarsch - zwei gute Beispiele für die bürgerliche und internationale Küche des Patrons Arndt Paul - probieren Sie die ökologisch ausgebauten Weine des Weinguts Castel Peter. Vor dem Haus die nette Terrasse.

Weinstube Bach-Mayer

Gerberstr. 13 ✉ 67098 – ✆ (06322) 9 21 20 – www.bach-mayer.de – geschl. Dienstag - Mittwoch

Rest – *(nur Abendessen, sonntags auch Mittagessen)* Karte 22/49 €

Viele Stammgäste zieht es in die gemütliche Weinstube; hier sitzt man nett auf der Eckbank am grünem Kachelofen. Man kocht regional, bietet aber auch Internationales. Toller Innenhof.

Weinrefugium

Schlachthausstr. 1a ✉ 67098 – ✆ (06322) 7 91 09 80 – www.weinrefugium-bad-duerkheim.de – geschl. über Fasching, Juli - August 2 Wochen und Montag - Dienstag

Rest – *(nur Abendessen, sonntags auch Mittagessen)* Menü 25 € (mittags)/35 € – Karte 17/47 €

Sie müssen nur durch den Sandsteintorbogen und kommen in eine Weinstube wie aus dem Bilderbuch! Die nette, gemütliche Atmosphäre hier erfreut sich natürlich großer Beliebtheit - nicht minder gefragt ist die charmante Terrasse im Innenhof. Und in der Küche steht der ambitionierte Patron Markus Thyssen.

In Bad Dürkheim-Seebach Süd-West : 1,5 km

Käsbüro N

Dorfplatz 1 ✉ 67098 – ✆ (06322) 68 09 63 – www.kaesbuero.de – geschl. Ausgust 2 Wochen und Dienstag

Rest – *(nur Abendessen , an Sonn- und Feiertagen auch Mittagessen)* Karte 25/44 €

Im einstigen Käsbüro a. d. 11. Jh. müssen die Gäste heute keinen Käse mehr mitbringen, sondern sitzen in drei behaglichen Stuben und lassen sich von Familie Kolley mit bürgerlicher Küche und regionalen Weinen bewirten - auch im reizenden berankten Innenhof. Gegenüber hat man einen hübschen Veranstaltungsraum.

Nahe der Straße nach Leistadt Nord: 3,5 km

Annaberg

Annabergstr. 1 ✉ 67098 Bad Dürkheim – ✆ (06322) 9 40 00 – www.hotel-annaberg.com – geschl. 2. - 19. Januar

35 Zim – 🚹85/95 € 🚹🚹95 €, ☕ 12 € – ½ P

Rest – Menü 45/62 € – Karte 33/46 €

Das ehemalige Weingut in den Weinbergen über der Stadt ist eine schöne Kulisse für Hochzeitsfeiern (auch Trauungen möglich). Individuelle Zimmer, teils mit Balkon, einige schöne Winzerzimmer. Zum Restaurant gehören die Terrasse und die rustikale Weinstube.

DÜRRWANGEN – Bayern – siehe Dinkelsbühl

DÜSSELDORF

Stadtpläne siehe nächste Seiten **25** B11

© Mauritius / Photononstop

Nordrhein-Westfalen – 592 400 Ew – Höhe 36 m – 543 M4

Berlin 564 – Köln 39 – Essen 38 – Amsterdam 236

Tourist-Informationen

Immermannstr. 65b, am Hauptbahnhof G2, ✉ 40210, ✆ (0211) 17 20 28 40, www.duesseldorf-tourismus.de

Marktplatz 6 J2, ✉ 40212, ✆ (0211) 17 20 28 40

Automobilclub - ADAC

Höherweg 101 H2

Autoreisezug

Hauptbahnhof, Schlägelstraße G2, ✆ (01806) 66 99 33 (Gebühr)

Flughafen

Düsseldorf-Lohausen, Flughafenstr. 120 B1, ✆ (0211) 42 10

Messegelände

Messe Düsseldorf, Stockumer Kirchstr. 61 B1, ✉ 40474, ✆ (0211) 45 60 01

Messen

Zu Messezeiten verlangen viele Hotels erhöhte Messepreise

8.-10. Januar: PSI
14.-17. Januar: IMA
18.-26. Januar: boot-Düsseldorf
16.-20. Februar: Euroshop
11.-13. März: EMV
11.-14. März: Global Shoes Frühjahr
11.-15. März: METAV
21.-23. März: Beauty
22.-24. März: Top Hair International
23.-25. März: ProWein
7.-11. April: Tube
8.-14. Mai: interpack
29.-31. Mai: BEFA
29. August-7. September: Caravan Salon
31. August-3. September: hogatec

5.-7. September: TourNatur
21.-23. September: InterCool
21.-23. September: Mediterranean Food
24.-27. September: REHACARE
7.-9. Oktober: ALUMINIUM
21.-24. Oktober: glasstec
12.-14. November: COMPAMED
12.-15. November: MEDICA
2.-4. Dezember: Valve World Expo

Golfplätze

18 Düsseldorf-Grafenberg, Rennbahnstr. 26, ✆(0211) 96 49 50
9 Düsseldorf-Hafen, Auf der Lausward 51, ✆(0211) 41 05 29
18 Gut Rommeljans, Rommeljansweg 12, ✆(02102) 8 10 92
36 Düsseldorf-Hubbelrath, Bergische Landstr. 700, ✆(02104) 7 21 78
18 Düsseldorf-Hubbelrath - KOSAIDO, Am Schmidtberg 11, ✆(02104) 7 70 60
18 Meerbusch, Badendonker Str. 15, ✆(02132) 9 32 50

SEHENSWÜRDIGKEITEN

Königsallee★ K2_3 · Hofgarten und Schloss Jägerhof★ (Goethemuseum★) **M[1]** K1_2 · Museum Kunst Palast★ (Glassammlung★★) J1 · Kunstsammlung am Grabbeplatz★ **M[1]** J2

Alphabetische Liste der Hotels
Alphabetical index of hotels

Alphabetische Liste der Restaurants
Alphabetical index of restaurants

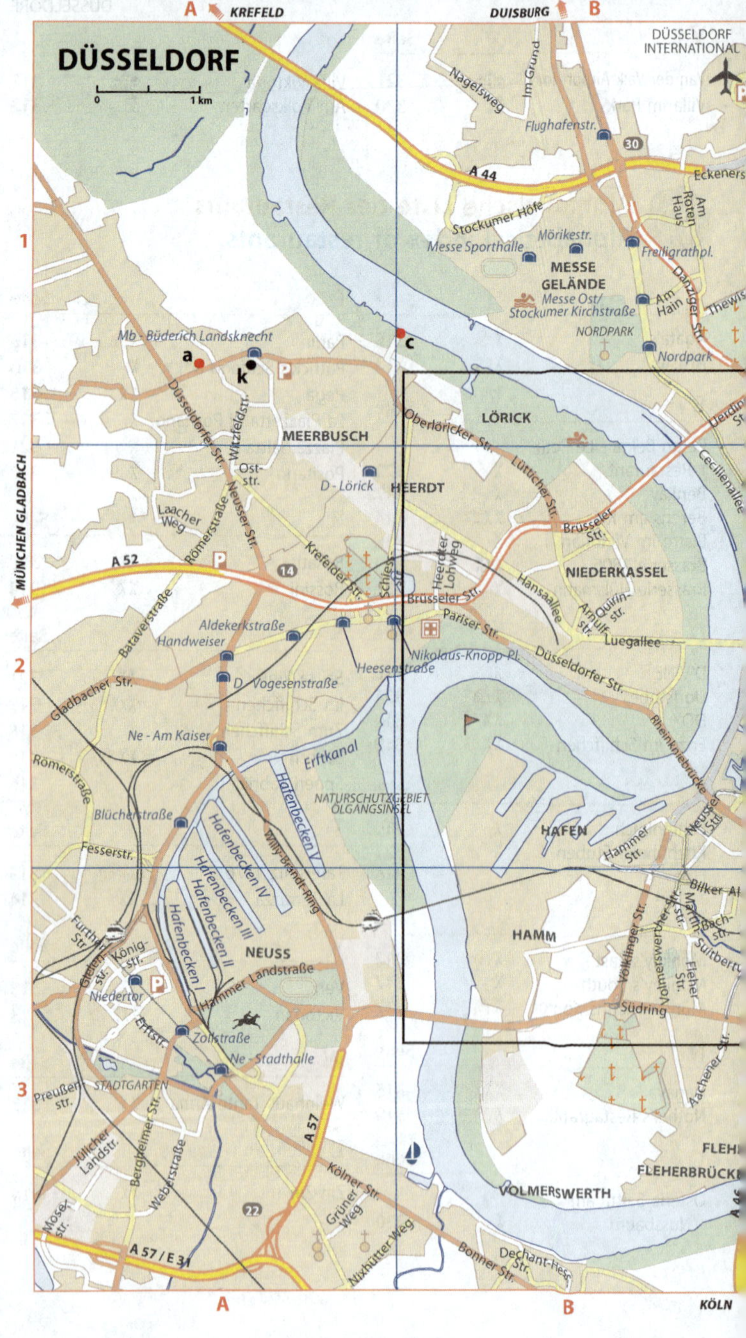

DÜSSELDORF
0
1 km
A
KREFELD
DUISBURG
B
DÜSSELDORF INTERNATIONAL
Nagelsweg
Im Grund
Flughafenstr.
30
A 44
Eckeners
Am Roten Haus
Stockumer Höfe
Mörikestr.
Messe Sporthalle
Freiligrathpl.
MESSE GELÄNDE
Messe Ost/ Stockumer Kirchstraße
Am Hain
Danziger Str.
NORDPARK
Nordpark
1
Mb - Büderich Landsknecht
a
k
c
LÖRICK
Oberlöricker Str.
MEERBUSCH
Düsseldorfer Str.
Witzfeldstr.
Ost-str.
D - Lörick
HEERDT
Lütticher Str.
Cecilienallee
Neusser Str.
Römerstraße
Laacher Weg
Krefelder Str.
Heerdter Lohweg
Brüsseler Str.
NIEDERKASSEL
A 52
14
Schiess-
Hansaallee
Quirin-str.
Arnulf-str.
MÜNCHEN GLADBACH
Bataverstraße
Aldekerkstraße
Brüsseler Str.
Pariser Str.
Luegallee
Handweiser
Nikolaus-Knopp-Pl.
Heesenstraße
Düsseldorfer Str.
2
Gladbacher Str.
D - Vogesenstraße
Ne - Am Kaiser
Rheinkniebrücke
Römerstraße
Erftkanal
Hafenbecken V
NATURSCHUTZGEBIET ÖLGANGSINSEL
Blücherstraße
HAFEN
Neusser Str.
Hammer Str.
Fesserstr.
Hafenbecken IV
Willy-Brandt-Ring
Hafenbecken III
Hafenbecken II
Hafenbecken I
Bilker Al
Furthe Str.
König-str.
NEUSS
HAMM
Volmerswerther Str.
Völklinger Str.
Martin-Str.
Bach-str.
Suitbert
Fleher Str.
Niedertor
Hammer Landstraße
Südring
Erftstr.
Zollstraße
Ne - Stadthalle
Aachener Str.
3
Preußen-str.
STADTGARTEN
Jülicher Landstr.
Bergheimer Str.
Weberstraße
A 57
Kölner Str.
FLEHE
FLEHERBRÜCKE
VOLMERSWERTH
22
Grüner Weg
Moses-str.
A 57 / E 31
Nixhütter Weg
Bonner Str.
Dechant-Hess-Str.
A 46
A
B
KÖLN

ESSEN, MÜLHEIM
C
D
Grüner See
Silbersee
A 44
A 52
Frachtstraße
Kieshecker Weg
Volkardeyer Weg
Theodorstraße
Kittelkuhler Str.
Am Röttchen
Kürtenstraße
RATH
Reichswaldallee
UNTERRATH
An der Piwipp
AAPER WALD
GRAFENBERGER WALD
Vogelsanger Weg
Münsterstraße
Sankt-Franziskus-Str.
Rather Broich
Nördlicher Zubringer
Tannenstr.
Ulmenstraße
Rather Str.
Roßstraße
Grashofstr.
Mörsenbroicher Weg
Fahneburgstr.
Rennbahnstraße
WUPPERTAL
1
WILDPARK
Heinrichstraße
Graf-Recke-Str.
Lenaustr.
GRAFENBERG
Yorckstr.
Eulerstr.
Tußmannstr.
Toulouser Allee
Blücherstr.
Prinz-Georg-Str.
Fischerstraße
Sohnstraße
Luderberger Str.
Bergische Landstr.
Gräulinger Str.
GERRESHEIM
Hofgarten
Adlerstr.
Am Wehrhahn
Kölner Str.
Ackerstr.
Dorotheenstr.
Lichtstr.
Torfbruchstraße
Quadenhofstraße
Heyestraße
2
ALTSTADT
Breite Str.
Oststraße
Karlstraße
Behrenstr.
Rosmarinstr.
Hellweg
Dreherstr.
Bertastraße
Ronsdorfer Str.
Höherweg
Höherhofstr.
Morper Str.
Herzogstr.
Corneliusstr.
Hüttenstr.
Ellerstraße
Kruppstraße
Mindener Str.
Eichtenstraße
Erkrather Str.
Königsberger Str.
Gubener Str.
Friedrichstr.
Färberstr.
Oberbilker Allee
Karl-Geusen-Str.
Posener Str.
Neusalzer Weg
Kamper Weg
Vennhauser Allee
VOLKSGARTEN
Siegburger Str.
Am Hackenbruch
HILDEN UNTERBACH
Mecumstr.
Witzelstraße
SUEDPARK
Wormser Weg
Jägerstraße
ELLER
Alt Eller
ELLERFORST
Harffstraße
STOFFELN
LIERENFELD
Vennhauser Allee
Deichsee
Werstener Dorfstr.
Heidelberger Str.
3
WUPPERTAL
A 46
Universitätsstr.
SCHLOSSPARK ELLER
Münchener Str.
Opladener Str.
Werstener Feld
D HOLTHAUSEN
Oerschbachstraße
Ickerswarder Str.
Halbuschstr.
Further Str.
Am Schönenkamp
Altenbrückstr.
KÖLN
WERSTEN
Elbruchstraße
Hügelstr.
HOLTHAUSEN
C
KÖLN
SCHLOSS BENRATH (PARK)
D

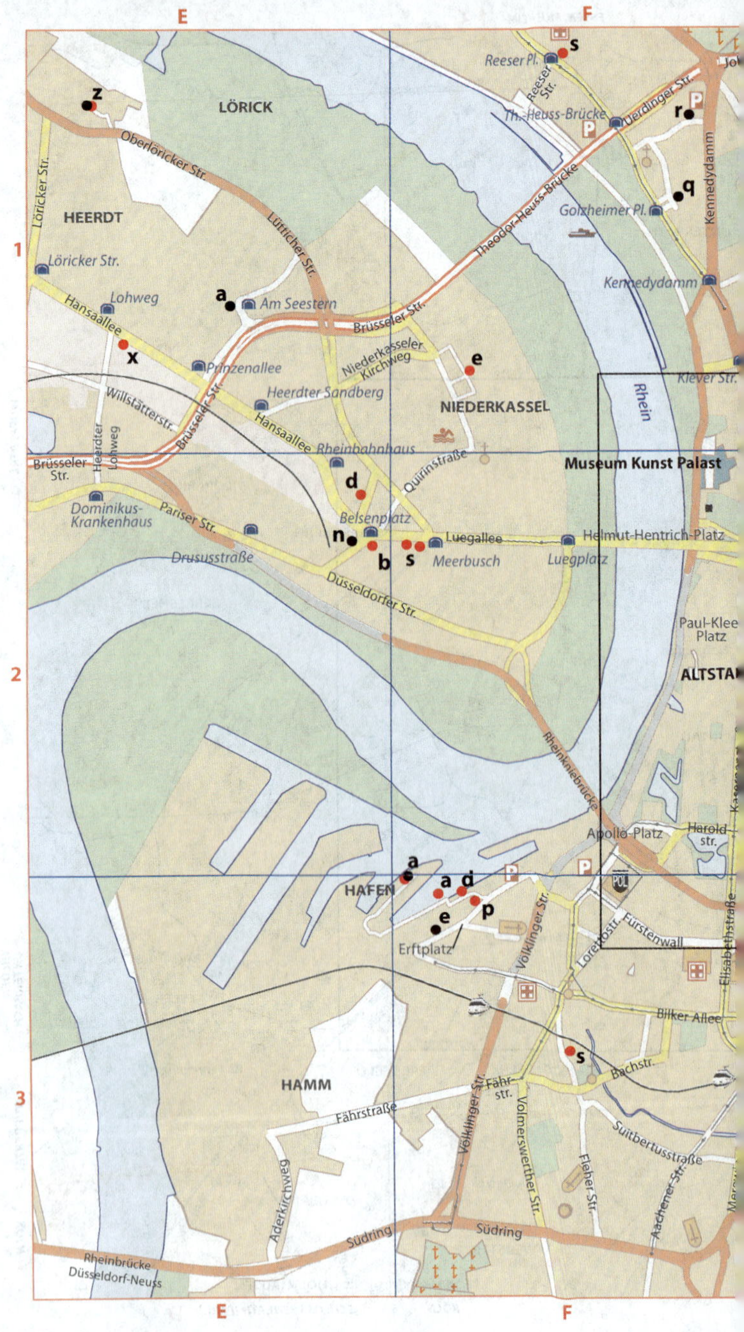

E
F
LÖRICK
HEERDT
NIEDERKASSEL
HAFEN
HAMM
ALTSTA
Museum Kunst Palast
Rhein
Oberlöricker Str.
Lütticher Str.
Löricker Str.
Lohweg
Am Seestern
Hansaallee
Prinzenallee
Heerdter Sandberg
Willstätterstr.
Brüsseler Str.
Heerdter Lohweg
Dominikus-Krankenhaus
Pariser Str.
Drusustraße
Düsseldorfer Str.
Rheinbahnhaus
Belsenplatz
Luegallee
Meerbusch
Luegplatz
Helmut-Hentrich-Platz
Niederkasseler Kirchweg
Quirinstraße
Theodor-Heuss-Brücke
Th.-Heuss-Brücke
Reeser Pl.
Reeser Str.
Uerdinger Str.
Golzheimer Pl.
Kennedydamm
Klever Str.
Paul-Klee Platz
Rheinkniebrücke
Apollo-Platz
Harold str.
Fürstenwall
Lorettostr.
Elisabethstraße
Erftplatz
Volklinger Str.
Bilker Allee
Bachstr.
Fährstraße
Fährstr.
Volmerswerther Str.
Fleher Str.
Aachener Str.
Suitbertusstraße
Aderkirchweg
Südring
Rheinbrücke Düsseldorf-Neuss
1
2
3

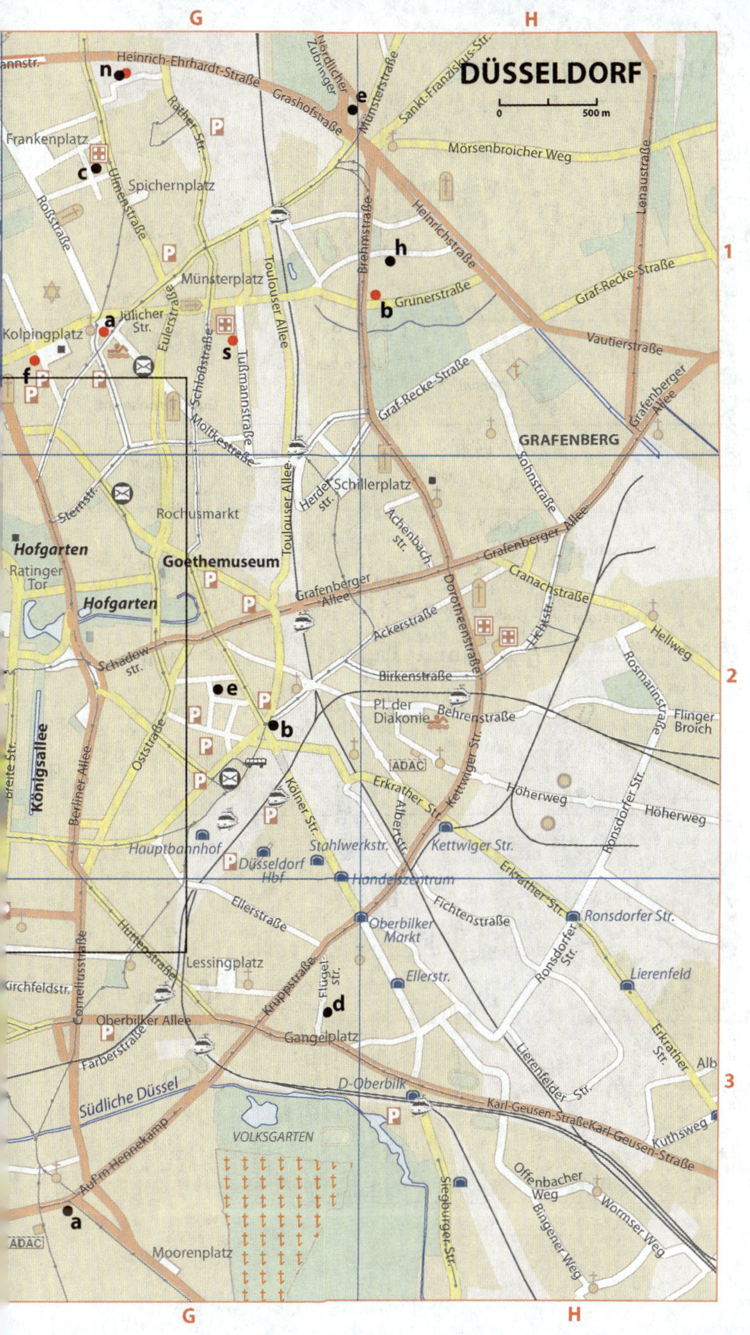

DÜSSELDORF
0
500 m
G
H
1
2
3
Heinrich-Ehrhardt-Straße
Grashofstraße
Nördlicher Zubringer
Münsterstraße
Sankt-Franziskus-Str.
Mörsenbroicher Weg
Lenaustraße
Frankenplatz
Rather Str.
Ulmenstraße
Spichernplatz
Roßstraße
Heinrichstraße
Brehmstraße
Münsterplatz
Grunerstraße
Graf-Recke-Straße
Vautierstraße
Jülicher Str.
Kolpingplatz
Eulerstraße
Schloßstraße
Tußmannstraße
Toulouser Allee
Moltkestraße
Graf-Recke-Straße
Grafenberger Allee
GRAFENBERG
Sohnstraße
Sternstr.
Rochusmarkt
Herderstr.
Schillerplatz
Achenbachstr.
Hofgarten
Ratinger Tor
Goethemuseum
Hofgarten
Grafenberger Allee
Dorotheenstraße
Cranachstraße
Hellweg
Ackerstraße
Lichtstr.
Schadowstr.
Birkenstraße
Rosmarinstraße
Pl. der Diakonie
Behrenstraße
Flinger Broich
Königsallee
Breite Str.
Berliner Allee
Oststraße
ADAC
Kölner Str.
Erkrather Str.
Kettwiger Str.
Albertstr.
Höherweg
Höherweg
Ronsdorfer Str.
Hauptbahnhof
Düsseldorf Hbf
Stahlwerkstr.
Kettwiger Str.
Handelszentrum
Erkrather Str.
Ellerstraße
Oberbilker Markt
Fichtenstraße
Ronsdorfer Str.
Ronsdorfer Str.
Hüttenstraße
Lessingplatz
Lierenfeld
Kirchfeldstr.
Corneliusstraße
Kruppstraße
Flügelstr.
Ellerstr.
Oberbilker Allee
Gangelplatz
Färberstraße
Erkrather Str.
Lierenfelder Str.
Alb
Südliche Düssel
D-Oberbilk
Karl-Geusen-Straße
Karl-Geusen-Straße
Kuthsweg
Auf'm Hennekamp
VOLKSGARTEN
Offenbacher Weg
Wormser Weg
Bingener Weg
Siegburger Str.
Moorenplatz
ADAC
a
b
c
d
e
e
f
h
n
s
b
a

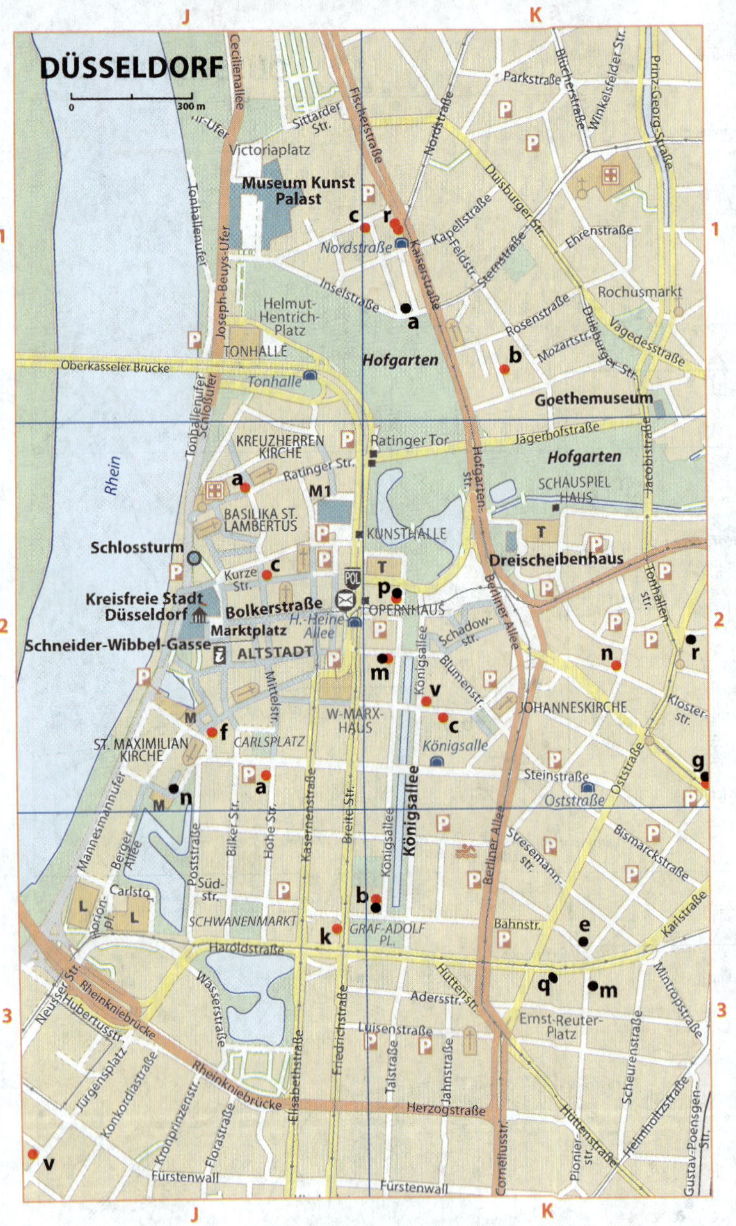
DÜSSELDORF
0
300 m
Rhein
Museum Kunst Palast
Victoriaplatz
Hofgarten
Goethemuseum
TONHALLE
KREUZHERREN KIRCHE
BASILIKA ST. LAMBERTUS
Schlossturm
Kreisfreie Stadt Düsseldorf
Bolkerstraße
Marktplatz
Schneider-Wibbel-Gasse
ALTSTADT
KUNSTHALLE
OPERNHAUS
Dreischeibenhaus
SCHAUSPIEL HAUS
JOHANNESKIRCHE
ST. MAXIMILIAN KIRCHE
W-MARX-HAUS
CARLSPLATZ
Königsallee
SCHWANENMARKT
GRAF-ADOLF PL.
Ernst-Reuter-Platz
Oberkasseler Brücke
Rheinkniebrücke
Ratinger Tor
Rochusmarkt
Helmut-Hentrich-Platz

Breidenbacher Hof

Königsallee 11 ✉ 40212 – ☎ (0211) 16 09 00 – www.breidenbacherhofcapella.de
79 Zim – 295/760 € 295/760 €, ☕ 42 € – 16 Suiten K2**m**
Rest *Brasserie 1806* – siehe Restaurantauswahl
Klassik und Moderne vereint, und das seit über 200 Jahren (im Mai 2012 feierte der Breidenbacher Hof Geburtstag)! Edle Capella Bar und exklusive Cigar Lounge, täglicher Afternoon Tea bei Pianomusik, Personal Assistant, verschiedene Frühstücksformen... der Service kennt keine Grenzen!

InterContinental

Königsallee 59 ✉ 40215 – ☎ (0211) 8 28 50
– www.duesseldorf.intercontinental.com K3**b**
253 Zim – 229/609 € 229/609 €, ☕ 31 € – 34 Suiten
Rest *Péga* – siehe Restaurantauswahl
Kunst und Künstler rund um Düsseldorf stehen im Fokus des luxuriösen Businesshotels, gleich beim Empfang beeindruckt eine 40 m hohe Atriumhalle. Besonderes Gäste-Highlight ist die Club-Lounge in der 2. Etage, aber auch der direkte Zugang zum Holmes Place Health Club!

Hyatt Regency

Speditionstr.19 ✉ 40221 – ☎ (0211) 91 34 12 34
– www.dusseldorf.regency.hyatt.de F2_3**a**
277 Zim – 200/550 € 230/580 €, ☕ 30 € – 13 Suiten
Rest *DOX* – siehe Restaurantauswahl
Zeitgemäß-elegant designtes Hotel am Medienhafen, an der Spitze einer Landzunge. Suchen Sie sich ein Plätzchen mit Aussicht: die sehenswerte Bar "Pebble's" im 1. Stock mit toller Terrasse, die Club-Lounge on top (bei gutem Wetter schauen Sie bis zum Kölner Dom) oder eines der großen "Deluxe-Ausblick-Zimmer"!

Steigenberger Parkhotel

Zim,

Königsallee 1a ✉ 40212 – ☎ (0211) 1 38 10 – www.duesseldorf.steigenberger.de
119 Zim – 200/300 € 240/340 €, ☕ 32 € – 11 Suiten K2**p**
Rest *Artiste* – siehe Restaurantauswahl
Rest *Steigenberger Eck* – ☎ (0211) 1 38 16 11 – Menü 29/45 € – Karte 22/53 €
Man spürt es bereits in der Lobby: Die "Grande Dame" der Düsseldorfer Hotellerie ist ein Klassiker mit stilvoll-moderner Note. Überaus komfotabel sind nicht nur die schönen Zimmer, auch der Sauna- und Fitnessbereich wird dem Niveau des Hauses gerecht und gastronomisch hat man die Wahl zwischen zwei Restaurants. Eines davon ist das "Steigenberger Eck", das mit 40 Sorten Champagner beeindruckt!

Nikko

Immermannstr. 41 ✉ 40210 – ☎ (0211) 83 40 – www.nikko-hotel.de
385 Zim – 109/259 € 129/379 €, ☕ 23 € – 1 Suite K2**g**
Rest *Benkay* – siehe Restaurantauswahl
Das Hotel bietet eine ansprechende Lobby in klarem modernem Stil, funktionelle Zimmer (komfortabler die Executive-Kategorie im Neubau) und (im kostenpflichtigen Freizeitbereich) den höchst gelegenen Pool von Nordrhein-Westfalen - springen Sie vom 11. in den 10. Stock!

Radisson BLU Media Harbour

Zim, Rest,

Hammer Str. 23 ✉ 40219 – ☎ (0211) 3 11 19 10
– www.radissonblu.com/mediaharbourhotel-duesseldorf F3**e**
135 Zim – 99/500 € 99/500 €, ☕ 24 € **Rest** – Karte 30/54 €
Geradlinig-modern designtes Hotel im Medienhafen. In den Zimmern sorgen bodentiefe Fenster für optische Weite! Mehr Komfort bietet die Business-Kategorie. Auf dem Dach können Sie bei Sauna und Fitness entspannen. Das Restaurant Amano vereint Bar und Trattoria.

Villa Viktoria garni

Blumenthalstr. 12 ✉ 40476 – ☎ (0211) 46 90 00 – www.villaviktoria.com
– geschl. Ende Dezember 1 Woche G1**c**
40 Zim – 130/350 € 150/370 €, ☕ 19 €
Ihre schöne klassiszistische Fassade ist der Villa von 1914 geblieben! Hier übernachten Sie in geräumigen Juniorsuiten und Maisonetten, am Morgen gibt's ein tolles Frühstück mit beachtlicher Auswahl an hausgemachten Konfitüren und Blick in den ruhigen Garten... schon eine kleine Oase in der Stadt!

Innside Derendorf

Derendorfer Allee 8 ✉ 40476 – ✆ (0211) 17 54 60 – www.innside.de G1**n**
160 Zim – ♦130/535 € ♦♦160/565 €, ☕ 19 €
Rest *Ven* – siehe Restaurantauswahl
Auf dem ehemaligen Rheinmetall-Gelände steht das Hotel in puristisch-modernem Style - hier besticht die wechselnde Lichtkunst! Geräumige Zimmer mit guter Technik, Juniorsuiten mit kleiner Kitchenette.

Meliá

Inselstr. 2 ✉ 40479 – ✆ (0211) 52 28 40 – www.melia-duesseldorf.com K1**a**
198 Zim – ♦155/445 € ♦♦175/465 €, ☕ 28 € – 3 Suiten
Rest *AQUA* – Menü 35/49 € – Karte 33/50 €
Modern in Design und Technik ist das Businesshotel in zentraler und doch relativ ruhiger Lage am Hofgarten. Chic: der Sauna - und Anwendungsbereich auf 300 qm. Aussicht von den oberen Etagen. Geradliniges Ambiente und internationale Küche im Restaurant AQUA.

Stage 47 garni

Graf-Adolf-Str. 47 ✉ 40210 – ✆ (0211) 38 80 30 – www.stage47.de K3**q**
26 Zim – ♦140/590 € ♦♦155/605 €, ☕ 18 € – 1 Suite
Sie suchen etwas Spezielles? Vielleicht einen Hauch vom Glamour? Hier, unter einem Dach mit dem Savoy Theater und dem Atelier Kinotheater, fühlt man sich ein bisschen wie auf der Bühne: Stage-Strahler, edler Schwarz-Weiß-Look, Künstler-Portraits... In der Juniorsuite 47 hat man sogar eine kleine Dachterrasse!

Burns Art & Culture garni

Stephanienstr. 6 ✉ 40211 – ✆ (0211) 5 50 40 70 – www.hotel-burns.de – geschl. 23. Dezember - 6. Januar G2**e**
12 Zim ☕ – ♦130/145 € ♦♦260/290 € – 21 Suiten
Das Haus ist fast schon eine kleine Oase mit seiner recht ruhigen Lage in einer Seitenstraße und der geschmackvollen modernen Einrichtung - Kunst und Accessoires stammen übrigens aus Afrika! Die Zimmer haben alle Appartement-Charakter: geräumig und mit Küche.

Stadt München garni

Pionierstr. 6 ✉ 40215 – ✆ (0211) 38 65 50 – www.hotel-stadt-muenchen.de K3**m**
90 Zim ☕ – ♦88/213 € ♦♦123/288 €
Zwischen Hauptbahnhof und Kö wohnt man in zeitgemäßen Zimmern mit gutem Platzangebot. Vielseitiges Frühstücksbuffet, schöner Saunabereich sowie Tagungsmöglichkeiten.

Burns Art Hotel garni (mit Gästehaus)

Bahnstr. 76 ✉ 40210 – ✆ (0211) 7 79 29 10 – www.hotel-burns.de – geschl. 23. Dezember - 1. Januar K3**e**
31 Zim ☕ – ♦124 € ♦♦163 € – 4 Suiten
Rund 400 Kunstobjekte schmücken das Stadthaus von 1898, dazu puristisches Design... wirklich chic! Zwei sehenswerte Plätze: das tolle Backsteingewölbe im Keller (hier gibt's Frühstück) und die Mini-Terrasse auf dem Dach! Nur 300 m entfernt - im Gästehaus - können Sie auch Appartements buchen!

Günnewig Hotel Uebachs garni

Leopoldstr. 3 ✉ 40211 – ✆ (0211) 17 37 10 – www.guennewig.de K2**r**
82 Zim ☕ – ♦85/325 € ♦♦95/425 € – 1 Suite
Relativ ruhig liegt das gediegene Hotel in einer Seitenstraße in der Innenstadt. Mit dem vielseitigen Frühstücksbuffet ist man auf internationale Gäste eingestellt.

friends hotels garni

Worringer Str. 94, (1. Etage) ✉ 40210 – ✆ (0211) 1 79 30 90 – www.hotelfriends.de G2**b**
40 Zim – ♦59/255 € ♦♦69/295 €, ☕ 13 €
Wie viel "Freund" darf's denn sein? Die Zimmer nennen sich "friends", "good friends" und "best friends", individuell gestylt von peppig-jung bis edel-gedeckt! Und für besondere Freunde: Themenzimmer wie "James Bond" oder "Spirit of Africa"! Der Service im Haus ist übrigens sehr aufmerksam! Garage nebenan.

Haus am Zoo garni (mit Gästehaus)
Sybelstr. 21 ✉ 40239 – ✆ (0211) 6 16 96 10 – www.hotel-haus-am-zoo.de
24 Zim – †92/235 € ††126/275 € H1h
Hier im attraktiven Zooviertel finden Sie in Karl-Otto und Sabine Leyh herzliche Gastgeber! Die Zimmer sind tipptopp gepflegt, das Stadtbahnticket ist kostenlos. Für Hausgäste bietet man auch eine kleine Speisekarte, im Sommer grillt der Chef sogar für Sie im schönen Garten!

Orangerie garni
Bäckergasse 1 ✉ 40213 – ✆ (0211) 86 68 00 – www.hotel-orangerie-mcs.de
27 Zim – †110/165 € ††130/210 € J2n
Das schöne Haus wird gern gebucht, kein Wunder: Es liegt im Herzen der Stadt (so kann man alles zu Fuß erkunden, z. B. das Stadtmuseum nebenan!), hat moderne Zimmer (nach Düsseldorfer Künstlern benannt), einen freundlichen Frühstücksraum...

Am Volksgarten garni
Flügelstr. 46 ✉ 40227 – ✆ (0211) 72 50 50 – www.hotel-am-volksgarten.de – geschl. Ende Dezember - Anfang Januar 2 Wochen G3d
14 Zim – †52/99 € ††74/120 €, 8 €
Das kleine Hotel im Zentrum wird sympathisch und engagiert geführt. Mit Sinn fürs Detail hat man liebenswerte und ganz individuelle Themenzimmer geschaffen.

Flora garni
Auf'm Hennekamp 37 ✉ 40225 – ✆ (0211) 93 49 80 – www.hotel-flora-duesseldorf.de G3a
36 Zim – †62/128 € ††75/148 €, 12 €
Im Hotel der Familie Dell'Oro hat nun Tochter Kristin freundlich und enagagiert die Leitung übernommen. Zimmer gibt es in den Kategorien "Standard", "Trend" und "Klassik" - alle mit Kaffee-/Teekocher, zum Hof hin meist mit Balkon. Außerdem drei Appartements.

Victorian
Königstr. 3a, (1. Etage) ✉ 40212 – ✆ (0211) 8 65 50 10 – www.restaurant-victorian.de – geschl. Sonntag - Montag und an Feiertagen, außer an Messen K2c
Rest – (Tischbestellung ratsam) Menü 54 € (mittags)/124 € – Karte 76/110 €
Rest *Bistro im Victorian* – siehe Restaurantauswahl
Seit 2009 ist Volker Drkosch Küchenchef in diesem Düsseldorfer Klassiker. Er mag es innovativ, wie seine "Kulinarischen Impressionen" zeigen, aber auch die "Victorian Classics" überzeugen immer wieder! Tipp: spanische Rotweine.
→ „Leipziger Allerlei" - Flusskrebse, Bries, Spargel, Erbsen. Müritz Milchlamm - Quinoa, Aubergine, Römersalatherzen, Parmesan. Das Beste vom Maibock - Wirsing, Champignons, Buchensirup.

Artiste N – Steigenberger Parkhotel
Königsallee 1a ✉ 40212 – ✆ (0211) 1 38 10 – www.duesseldorf.steigenberger.de – geschl. Montag K2p
Rest – Menü 69 € – Karte 49/88 €
Im Trubel der Kö finden Sie hier ein ruhiges Plätzchen im eleganten Wintergarten und genießen zwischen großen Palmen und mit Blick auf den Hofgarten internationale Speisen wie "Salat von Hummer und Jakosmuschel mit confiertem Gemüse". Dabei werden Sie freundlich und aufmerksam von der klassischen Servicebrigade umsorgt.

Brasserie 1806 – Hotel Breidenbacher Hof
Königsallee 11 ✉ 40212 – ✆ (0211) 16 09 05 00 – www.breidenbacherhofcapella.de K2m
Rest – Menü 32 € (mittags)/104 € – Karte 34/104 €
Die Eleganz ergibt sich aus dem Interior im "Louis-Seize"-Stil, Kristalllüstern, feinsten Accessoires, einem Séparée für "privat dining"... Interessant sind die täglich wechselnden "Plat du Jour"-Gerichte, die man auch als Menü bekommt!

XX **Berens am Kai**

Kaistr. 16 ✉ 40221 – ✆ (0211) 3 00 67 50 – www.berensamkai.de – geschl. Anfang Januar 1 Woche und Samstagmittag, Sonntag sowie an Feiertagen
Rest – Menü 45 € (mittags)/125 € – Karte 78/104 € F3**d**
Holger Berens ist ein Garant für ausgezeichnete Produkte und geschmackvolle Speisen. In dem lichtdurchfluteten modernen Restaurant am Medienhafen sind sogar die Köche am Gast und unterstützen tatkräftig den Service!
➜ Steinbutt / Austern / Bergamotte. Müritz Lamm / Erbsen / Bohnen / Ravioli. Brioche / Apfel / Cassis.

XX **Rossini**

Kaiserstr. 5 ✉ 40479 – ✆ (0211) 49 49 94 – www.rossini-gruppe.de – geschl. Sonntag und an Feiertagen, außer an Messen K1**r**
Rest – Menü 30 € (mittags)/70 € (abends) – Karte 36/66 €
Italienisch sind Küche, Service und die gute Weinauswahl in dem seit 1978 bestehenden Restaurant, das in Grau und Rot gehalten ist. Das Parkhaus nebenan ist für die Gäste gratis.

XX **Tafelspitz 1876** (Daniel Dal-Ben)

Grunerstr. 42a ✉ 40239 – ✆ (0211) 1 71 73 61 – www.tafelspitz1876.de – geschl. Ende Dezember - Anfang Januar 2 Wochen und Sonntag - Montag
Rest – *(nur Abendessen)* (Tischbestellung ratsam) Menü 60/120 € – Karte 56/96 € H1**b**
Bei den überaus geschmacksbetonten Speisen des gebürtigen Düsseldorfers kann man nur von kreativer Aromenküche sprechen! Und wer am Pass der Küche vorbeikommt, spürt, wie es hier im wahrsten Sinne heiß hergeht! Sehr gutes Essen und auffallend freundlicher, geschulter Service gehen hier Hand in Hand!
➜ Geangelter Steinbutt, gefüllte Morcheln, Mascarponekartoffeln, Rhabarberschaum. Oldenburger Flugente, Lakritzlack, Kopfsalat, Schaum von gegrilltem Mais. Ganache von Erdbeeren und Fourme d´Ambert, Macadamianuss, Schokoladencrumble, Macaron.

XX **DOX** – Hotel Hyatt Regency

Speditionstr.19 ✉ 40221 – ✆ (0211) 91 34 17 75 – www.dox-restaurant.de
Rest – Karte 45/110 € F2_3**a**
Das bewusst puristisch gestaltete Interieur schafft Eleganz, die stilvolle Sushibar, die offene Showküche und der Rheinblick bringen zusätzlich Atmosphäre. Mittags kommt man zum Business Lunch. Wenn es ein Geschäftsessen oder eine private Feier sein soll: Es gibt hier auch geschmackvolle Salons.

XX **Zin-Zin**

Königsallee 59 ✉ 40215 – ✆ (0211) 86 39 99 24 – www.zin-zin.de – geschl. Sonntag - Montag K3**b**
Rest – Menü 48/84 € – Karte 40/80 €
Mit seinem modernen Chic passt das schöne Bar-Restaurant-Konzept gut an die Kö! Hier gibt es internationale Küche mit kleinerer Auswahl am Mittag - von Dienstag bis Samstag speist man bei Live-Pianomusik.

XX **La Terrazza**

Königsallee 30, (2. Etage) ✉ 40212 – ✆ (0211) 32 75 40 – www.restaurantlaterrazza.de – geschl. Feiertage, außer an Messen
Rest – (Tischbestellung ratsam) Menü 50 € – Karte 41/80 € K2**v**
52 Stufen (oder auch der Lift) bringen Sie in eine wahre Terrassen-Oase an der Kö! Die Chefin hat schön dekoriert, besonders geschmackvoll zur Weihnachtszeit. Man schaut auf den umlaufenden Balkon mit mediterranem Flair. Schwerpunkt von Küche und Weinkarte: Italien.

Wie entscheidet man sich zwischen zwei gleichwertigen Adressen? In jeder Kategorie sind die Häuser nochmals geordnet, die besten Adressen stehen an erster Stelle.

XX **Schorn** (Marcel Schiefer) mit Zim — Rest,

Martinstr. 46a ✉ 40223 – ✆ (0211) 3 98 19 72 – www.restaurant-schorn.de – geschl. August 2 Wochen und Sonntag - Montag F3**s**

3 Zim – †70 € ††100 €, ☕ 10 €

Rest – *(nur Abendessen)* (Tischbestellung ratsam) Menü 58/85 € – Karte 53/63 €

Die junge Generation leitet den Familienbetrieb mit Charme und Engagement - und sie hat dem "Schorn" eine frische Note verpasst, ohne seinen Charakter zu verfälschen! Zeitgemäß die klassisch-internationale Küche, dazu u. a. schöne Weißweine! Sie möchten übernachten? Hübsche Zimmer mit Landhausflair.

➜ Schweinebauch und Jakobsmuschel mit grünem Apfel, Kimchi, Miso und Rettich. Wilder Steinbutt mit Morchelfarce souffliert, Birne und Sellerie. Dunkle Schokolade mit Kokos, Karamell und Maracuja.

XX **Weinhaus Tante Anna**

Andreasstr. 2 ✉ 40213 – ✆ (0211) 13 11 63 – www.tanteanna.de – geschl. über Weihnachten und Sonntag sowie an Feiertagen, außer an Messen J2**c**

Rest – *(nur Abendessen)* (Tischbestellung ratsam) Menü 47/75 € – Karte 35/66 €

Eine im 16. Jh. erbaute Hauskapelle des Jesuitenklosters, seit 1820 engagiert als Familienbetrieb geführt! Hier ist es historisch-gemütlich, Sie sitzen an sehenswerten alten Holztischen, vor Ihnen auf dem Teller regionsbezogene Produkte in Form von zeitgemäß-saisonalen Gerichten.

XX **Péga** – Hotel InterContinental

Königsallee 59 ✉ 40215 – ✆ (0211) 82 85 12 20 – www.duesseldorf.intercontinental.com K3**b**

Rest – Menü 24 € (mittags unter der Woche)/109 € – Karte 31/68 €

Das Restaurant schließt sich offen an die belebte Halle mit Lounge an, das Ambiente ist hier ebenfalls modern: weiße Lederpolster, dunkles Holz, klare Linien... Dazu serviert man international beeinflusste Speisen.

XX **Nagaya**

Klosterstr. 42 ✉ 40211 – ✆ (0211) 8 63 96 36 – www.nagaya.de – geschl. 24. Dezember - Anfang Januar, Ende Juli - Anfang August und Sonntag - Montag sowie an Feiertagen mittags, außer an Messen K2**n**

Rest – (Tischbestellung ratsam) Menü 64 € (mittags)/158 € (abends) – Karte 55/111 €

Nur wer um die Besonderheiten der traditionellen japanischen Küche weiß, versteht es, sie harmonisch mit europäischen Elementen zu mischen - so wie Yoshizumi Nagaya in diesem puristisch-trendigen Restaurant! Die Chefin begrüßt die Gäste am Empfang, der Chef steht am Sushi-Buffet. Mittags ist die Karte kleiner.

➜ Carpaccio vom Japanischen Gelbschwanz. Leicht angegartes Sashimi vom Wagyu-Rind. Gebratener, in Miso marinierter schwarzer Kabeljau.

XX **Ven** – Hotel Innside Derendorf

Derendorfer Allee 8 ✉ 40476 – ✆ (0211) 1 75 46 40 40 – www.innside.de – geschl. Samstagmittag, Sonntag, außer an Messen G1**n**

Rest – Menü 47/79 € (abends) – Karte 29/76 €

Weiß ist die dominierende Farbe in dem hohen Raum, der durch viel Lichteinfall und geradlinigen Style noch heller wirkt. Sind Sie Restaurantgast, parken Sie auf Kosten des Hauses!

X **Agata's** N

Münsterstr. 22 ✉ 40477 – ✆ (0211) 20 03 06 16 – www.agatas.de – geschl. Sonntag - Montag, außer an Messen G1**a**

Rest – Menü 21 € (mittags)/85 € (abends) – Karte 43/70 €

Chefin und Namensgeberin Agata Reul, Oberkellner Christian Dietrich und Küchenchef Jörg Wissmann kennen sich aus ihrer Zeit im "Victorian" und haben sich nun hier zu einer jungen engagierten Crew zusammengetan, die ihre Gäste mit interessanter, geschmackvoller Küche überzeugt - Einflüsse aus der Heimat der Gastgeberin sind z. B. in den Ravioli "Polnische Art" zu erkennen. Daneben steht auch Irisches Dry Aged Beef im Fokus. Und probieren Sie auch mal den günstigen Lunch!

➜ Sardine, ungestopfte Gänseleber, Mais, Ananas. Donald Russel Rumpsteak. Aprikose, Sonnenblumenkerne, Joghurt, Melasse.

Lido

Am Handelshafen 15 (im Mediahafen) ✉ 40221 – ☎ (0211) 15 76 87 30 – www.lido1960.de – geschl. 1. - 12. Januar und Samstagmittag, Sonntag

Rest – Menü 65/89 € – Karte 49/65 € F3**a**

In einem puristisch designten Glaskubus auf einer Brücke direkt über dem Hafenbecken bietet man produktbezogene klassisch-französische Küche. Terrasse auf dem Wasser!

Fehrenbach

Schwerinstr. 40 ✉ 40477 – ☎ (0211) 9 89 45 87 – www.restaurant-fehrenbach.de – geschl. Weihnachten - 6. Januar, 28. Juli - 14. August und Sonntag - Montag G1**f**

Rest – *(nur Abendessen)* (Tischbestellung ratsam) Menü 49/69 € – Karte 46/56 €

Julia Fehrenbach führt den Betrieb mit Engagement, in der Küche hat Alexander Türk die Leitung übernommen. Das Motto lautet jetzt "Liebe, Lust und Leidenschaft". Schöne gereifte Weine. Vor dem Haus einige Tische auf dem Gehweg.

Bistro im Victorian – Restaurant Victorian

Königstr. 3a ✉ 40212 – ☎ (0211) 8 65 50 10 – www.restaurant-victorian.de – geschl. Sonntag - Monatg und an Feiertagen, außer an Messen K2**c**

Rest – (Tischbestellung ratsam) Karte 33/54 €

In unmittelbarer Nähe zur "Kö" befindet sich das trendige Lifestyle-Bistro. Eine Showküche, in der Sie sich kleine Tricks der Küchencrew abschauen können, versprüht lebendiges und urbanes Flair!

D'VINE

Lorettostr. 23 ✉ 40219 – ☎ (0211) 54 35 74 28 – www.d-vine.de – geschl. Januar 1 Woche und Sonntag J3**v**

Rest – *(Feiertage nur Abendessen)* (abends Tischbestellung ratsam) Menü 52/72 € – Karte 48/65 €

Am Abend bietet man gehobene internationale Küche, mittags eine kleinere und günstigere Speisenauswahl. Zudem hat man schöne offene Weine und Weinverkauf. Moderne Einrichtung und wechselnde Kunst.

Parlin

Altestadt 12 ✉ 40213 – ☎ (0211) 87 74 45 95 – www.parlin-weinbar.de – geschl. Montag J2**a**

Rest – *(nur Abendessen)* (Tischbestellung ratsam) Karte 33/71 €

Unter der sehenswerten Original-Stuckdecke a. d. 17. Jh. geht es sympathisch-lebendig zu. Der Service ist freundlich, die internationale Küche schmackhaft, das Weinangebot gut.

Spoerl Fabrik

Tussmannstr. 70 ✉ 40477 – ☎ (0211) 44 03 73 91 – www.restaurant-spoerl-fabrik.de – geschl 1. - 15. Januar und Montag

Rest – Karte 38/49 € G1**s**

Ein eher einfaches, aber (oder vielleicht gerade deshalb) sympathisches Restaurant - etwas versteckt im ehemaligen Pförtnerhaus der Spoerl-Fabrik gelegen! Der Service freundlich und leger, die Küche international. Kleine Mittagskarte.

Patrick's Seafood N°1

Kaistr. 17, (im Haus der Architekten) ✉ 40221 – ☎ (0211) 617 99 88 – www.seafood1.de – geschl. 31. Dezember - 9. Januar, über Karneval und Samstagmittag, Sonntag und an Feiertagen F3**p**

Rest – Menü 59/69 € – Karte 50/84 €

Speziell wegen der Austern und Krustentiere aus Frankreich (Heimat des Patrons) kommt man hierher! In trendigem Ambiente können Sie bei engagierter internationaler Fischküche und wechelnden Plats du Jour den Köchen bei der Arbeit zusehen.

Benkay – Hotel Nikko
Immermannstr. 41 ✉ 40210 – ✆ (0211) 8 34 26 20 – www.nikko-hotel.de
Rest – Menü 55/139 € – Karte 31/95 € K2**g**
Das Ambiente ist modern-japanisch, das Angebot vielfältig: Man serviert Sushi, abends zudem Teppanyaki und die zwei Kaiseki-Menüs "Yamabuki" und "Suzuran". Sie mögen es privater? Dann wählen Sie einen der separaten Tatami-Räume.

Monkey's South
Graf-Adolf-Platz 15 ✉ 40213 – ✆ (0211) 64 96 37 28 – www.monkeysplaza.com – geschl. Sonntag, außer an Messen J3**k**
Rest – Menü 17 € (mittags unter der Woche) – Karte 32/46 €
Rest *Monkey's East* – siehe Restaurantauswahl
Dunkles Holz und schwarzes Leder, auffallende Murano-Lüster und ein Wandbild des Künstlers Thomas Struth... so zeigt sich dieser urban-legere Treff in Kö-Nähe. Gekocht wird mit mediterranem Einfluss.

Monkey's East – Restaurant Monkey's South
Graf-Adolf-Platz 15 ✉ 40213 – ✆ (0211) 64 96 37 29 – www.monkeysplaza.com – geschl. Sonntag, außer an Messen J3**k**
Rest – Menü 17 € (mittags unter der Woche) – Karte 25/50 €
Lust auf eine "Sushi- und Sashimi-Variation"? Oder stellen Sie sich lieber ihr eigenes Menü zusammen? Die Fernost-Variante des Restaurants lockt mit japanischen Gerichten und Currys - und die werden ganz authentisch von Japanern und Thailänderinnen zubereitet. Mittags gibt es den "Quick Lunch" - da ist hier richtig was los!

Positano
Freiligrathstr. 36 ✉ 40479 – ✆ (0211) 4 98 28 03 – www.rossini-gruppe.de – geschl. Montag, außer an Messen JK1**c**
Rest – Menü 30 € – Karte 36/57 €
Das Restaurant an der Ecke erinnert schon ein bisschen an eine Trattoria im Süden. Das liegt nicht zuletzt an der mediterranen Küche mit wöchentlich wechselnden Menüs - die Fischspezialitäten stehen hoch im Kurs! Ein guter Tipp ist auch der günstige Mittagstisch! Parkhaus kostenfrei.

Münstermanns Kontor
Hohe Str. 9 ✉ 40213 – ✆ (0211) 1 30 04 16 – www.muenstermann-delikatessen.de – geschl. Samstagabend - Montag und an Feiertagen J2**a**
Rest – Karte 23/52 €
Hier geben sich die Gäste die Klinke in die Hand... Kein Wunder, denn zur angenehm legeren Atmosphäre kommen schmackhafte regionale Speisen und internationale Bistro-Alternativen - von provenzalischer Fischsuppe bis Königsberger Klopse! Tipp: beliebter Mittagstisch.

La Piazzetta di Positano
Kaiserstr. 5 ✉ 40479 – ✆ (0211) 49 46 56 – www.rossini-gruppe.de K1**r**
Rest – Menü 32 € – Karte 35/54 €
Wer italienische Küche mag, ist in dem gut geführten, sympathischen Restaurant genau richtig. Ein Nebenraum dient als Weinlager und für Kochkurse. Praktisch für Autofahrer: Das Parkhaus ist kostenfrei.

In den Ortsblöcken finden Sie geografische Angaben wie Bundesland, Michelin-Karte, Einwohnerzahl und Höhe des Ortes sowie Entfernungen zu größeren Städten. Zudem wird auf Informationsstellen, Messen, Golfplätze und Sehenswürdigkeiten hingewiesen.

Zum Schiffchen

Hafenstr. 5 ✉ 40213 – ✆ (0211) 13 24 21 – www.brauerei-zum-schiffchen.de – geschl. Weihnachten - 1. Januar; Juli - August: Sonntag, außer an Messen

Rest – Karte 18/49 € J2f

Rheinisch-bürgerliche Küche in einem urig-gemütlichen Gasthaus mit über 380-jähriger Tradition als Schankwirtschaft. Besondere Plätzchen sind z. B. das Napoleon- oder das Heine-Eck, und natürlich der schöne Biergarten!

In Düsseldorf-Angermund **Nord: 8 km über B1, Richtung Duisburg**

Haus Litzbrück

Bahnhofstr. 33 ✉ 40489 – ✆ (0203) 99 79 60 – www.haus-litzbrueck.de – geschl. Anfang Januar 1 Woche

18 Zim – 78/88 € 88/108 € – 1 Suite

Rest – Menü 40/55 € – Karte 31/55 €

Der Familienbetrieb in Bahnhofsnähe (das Stammhaus stammt a. d. J. 1909) bietet wohnlich-individuelle Zimmer, ein stilvolles Restaurant, Delfter Stube und Bauernstube sowie einen schönen Garten. 1935 wurde hier übrigens die erste indonesische Reispfanne in Deutschland gekocht, serviert und zelebriert!

In Düsseldorf-Golzheim

Radisson BLU Scandinavia

Karl-Arnold-Platz 5 ✉ 40474 – ✆ (0211) 4 55 30 – www.radissonblu.com/scandinaviahotel-duesseldorf F1q

313 Zim – 95/450 € 95/450 €, 24 € – 1 Suite

Rest *Arnold's* – ✆ (0211) 45 53 34 02 – Karte 41/71 €

Tagungshotel in Rheinnähe mit Konferenzzentrum im 10. Stock (tolle Sicht beim Arbeiten - das hat doch was!). Fragen Sie nach den Businesszimmern, sie sind größer und komfortabler! Moderner Stil im Arnold's: im eleganten Restaurant sowie im Bistrobereich. Sehr schön die Terrasse zum Kräutergarten!

Hilton

Rest,

Georg-Glock-Str. 20 ✉ 40474 – ✆ (0211) 4 37 00 – www.hilton.de/dusseldorf

373 Zim – 159/339 € 159/339 €, 27 € – 2 Suiten F1r

Rest – Karte 31/88 €

Ein modernes Businesshotel mit sehr guten Tagungsmöglichkeiten. Die Zimmer sind hell und neuzeitlich gestaltet, Executive-Zimmer mit eigener Lounge und separatem Check-in.

Rosati

Felix-Klein-Str. 1 ✉ 40474 – ✆ (0211) 4 36 05 03 – www.rosati.de – geschl. Samstagmittag, Sonntag, außer an Messen und Feiertagen F1s

Rest – (Tischbestellung ratsam) Menü 46/53 € – Karte 34/49 €

Rest *Rosatidue* – ✆ (0211) 4 36 00 80 – Menü 16 € (mittags)/27 € – Karte 26/43 €

Viele Stammgäste lassen sich bei Familie Rosati (seit 1976) die klassische italienische Küche servieren, aber auch so mancher Promi (unschwer an den zahlreichen Fotos zu erkennen!). Beliebt, auch beim eiligen Businessgast: das Rosatidue, eine legere Trattoria mit Showküche und Antipasti-Buffet.

In Düsseldorf-Hubbelrath **Ost: 12 km über Bergische Landstraße D1**

Gut Mydlinghoven

Mydlinghoven 4 ✉ 40629 – ✆ (0211) 40 13 00 – www.gutmydlinghoven.com

19 Zim – 89/135 € 115/240 € – 6 Suiten

Rest *Le Cheval Blanc* – *(geschl. 1. - 8. Januar und Montag)* (nur Abendessen) Menü 38/81 € – Karte 43/56 €

Das herrliche historische Gut in idyllischer Lage ist ein ehemaliges Gestüt, in dem man heute nicht nur wunderschön und komfortabel wohnt, sondern auch einen eleganten Rahmen zum Speisen findet. Lassen Sie sich die klassische Küche z. B. im Wintergarten oder im tollen Innenhof servieren!

In Düsseldorf-Kaiserswerth Nord: 9 km über B1, Richtung Duisburg

Barbarossa garni

Niederrheinstr. 365 ✉ 40489 – ✆ (0211) 4 08 09 20 – www.hotel-barbarossa.com
45 Zim – 🛉65/185 € 🛉🛉75/240 €, ☕ 16 €
Die verkehrsgünstige Lage in Flughafennähe sowie neuzeitlich-wohnliche Zimmer mit mediterraner Note sprechen für dieses Hotel. Freundlicher Frühstücksraum und nette kleine Bar.

Das MutterHaus garni

Geschwister-Aufricht-Str. 1 ✉ 40489 – ✆ (0211) 61 72 70 – www.hotel-mutterhaus.de – geschl. 19. Dezember - 5. Januar, 17. - 21. April
55 Zim ☕ – 🛉72/350 € 🛉🛉93/380 €
Ein wunderbarer Anblick ist der historische Backsteinbau (1903 als Mutterhaus der Kaiserswerther Diakonie eingeweiht), drum herum ein weitläufiges Anwesen! Innen hat man die schönen alten Fliesen- und Holzböden erhalten, teilweise auch die Türen von einst und Originalmöbel!

Im Schiffchen (Jean-Claude Bourgueil)

Kaiserswerther Markt 9, (1. Etage) ✉ 40489 – ✆ (0211) 40 10 50 – www.im-schiffchen.com – geschl. über Ostern 1 Woche, August 2 Wochen und Sonntag - Montag
Rest – *(nur Abendessen)* (Tischbestellung erforderlich) Menü 179 € – Karte 90/146 €
Kaiserswerth ohne Jean-Claude Bourgueil und sein "Schiffchen"? Unvorstellbar! Was der Patron in dem wunderschönen barocken Backsteinhaus mitten in der Altstadt seit 1977 zum Besten gibt, ist klassische Gourmetküche par excellence! Dem Niveau seiner feinen französischen Speisen ebenbürtig ist das umsichtige Serviceteam.
➜ Großer Kaisergranat mit Yuzu-Zitronenkonfit. Gebratener Maibock-Rücken mit schwarzen Johannisbeeren und Zwiebelconfit. After Eight.

Enzo im Schiffchen (Jean-Claude Bourgueil)

Kaiserswerther Markt 9 ✉ 40489 – ✆ (0211) 40 10 50 – www.im-schiffchen.com – geschl. über Ostern 1 Woche, August 2 Wochen und Sonntag - Montag
Rest – *(nur Abendessen)* (Tischbestellung erforderlich) Menü 79 € – Karte 52/75 €
Der italienischen Heimat von Maître Enzo Caso trägt Jean-Claude Bourgueil im EG des "Schiffchens" Rechnung, und das natürlich wie gewohnt niveauvoll: harmonisch, kraftvoll, elegant und mit ausgesuchten Produkten!
➜ Vitello tonnato vom Milchkalb. Königsdorade mit Gemüse und Amalfi Zitrone. Frischlingsfilet mit Birne und Gorgonzola "al forno" mit Marsala Sauce.

In Düsseldorf-Lörick

Fischerhaus

Bonifatiusstr. 35 ✉ 40547 – ✆ (0211) 59 79 79 – www.fischerhaus-hotel.de – geschl. 22. Dezember - 5. Januar E1z
40 Zim – 🛉69/99 € 🛉🛉99/115 €, ☕ 12 €
Rest *Nöthel's Restaurant* – siehe Restaurantauswahl
In einer ruhigen Wohngegend am Rhein hat Peter Nöthel sein gepflegtes Hotel mit behaglichen, teils recht modernen Zimmern. Es gibt hier auch eine hübsche Lounge in geradlinig-zeitgemäßem Stil, in der man kleine Gerichte serviert.

Nöthel's Restaurant (N) – Hotel Fischerhaus

Bonifatiusstr. 35 ✉ 40547 – ✆ (0211) 59 44 02 – www.noethels.de – geschl. Ende Dezember - Anfang Januar 2 Wochen, Juli - August 3 Wochen und Samstagmittag, Sonntag E1z
Rest – (Tischbestellung ratsam) Menü 20 € (mittags) – Karte 34/60 €
Das Restaurant des "Fischerhauses" hat ein neues Konzept: In frischer moderner Bistro-Atmosphäre bietet man nun eine einfachere und dennoch schmackhafte Küche samt günstigem Mittagsmenü, aber auch einige Gerichte in Stil des einstigen "Hummer-Stübchens" finden sich auf der Karte.

In Düsseldorf-Lohausen

Maritim

Maritim-Platz 1, (am Flughafen) ✉ 40474 – ✆ (0211) 5 20 90 – www.maritim.de
522 Zim – ♦109/159 € ♦♦109/159 €, ☕ 23 € – 11 Suiten **BC1t**
Rest *Bottaccio* – ✆ (0211) 52 09 11 70 *(geschl. Samstagmittag, Sonntagmittag)* Menü 22 € (mittags)/50 € – Karte 38/64 €
Rest *Rheinische Stov* – ✆ (0211) 52 09 11 70 *(Montag - Freitag ab 14.00 geöffnet, Samstag und Sonntag auch Mittagessen)* (am Wochenende Tischbestellung ratsam) Karte 26/36 €
Rest *SushiSho* – ✆ (0211) 52 09 11 70 *(geschl. Juli - August 6 Wochen und Samstag - Sonntag)* Menü 25/39 € – Karte 28/43 €
Diese Businessadresse mit direktem Zugang zum Flughafen-Terminal ist das größte Kongresshotel Nordrhein-Westfalens. Moderne, geräumige Zimmer und Freizeitbereich auf über 400 qm. Mediterranes im Bottaccio. Regional: Rheinische Stov. Sushibar namens SushiSho.

Villa im Park garni

Nagelsweg 6 (über B1) ✉ 40474 – ✆ (0211) 43 62 60 – www.hotel-villa-im-park.de – geschl. 23. Dezember - 2. Januar
10 Zim ☕ – ♦95/120 € ♦♦125/180 € – 1 Suite
Mit privater, familiärer Atmosphäre besticht die schön in einem parkähnlichen Garten gelegene Villa. Freundlicher Service und zeitgemäße, gediegen-elegante Zimmer erwarten Sie.

In Düsseldorf-Mörsenbroich

Renaissance

Nördlicher Zubringer 6 ✉ 40470 – ✆ (0211) 6 21 60 – www.renaissanceduesseldorf.com **G1e**
241 Zim – ♦119/151 € ♦♦119/151 €, ☕ 24 € – 3 Suiten
Rest *Summertime* – Karte 25/58 €
Das komfortable Businesshotel bietet eine großzügige gediegene Lobby nach amerikanischem Vorbild, klassische Zimmer und gute Veranstaltungsräume. Panoramaschwimmbad im 7. Stock. Auf einer Empore im Hallenbereich befindet sich das Restaurant.

In Düsseldorf-Niederkassel

Osteria Saitta am Nussbaum

Alt Niederkassel 32 ✉ 40547 – ✆ (0211) 57 49 34 – www.saitta.de – geschl. Weihnachten - 3. Januar und Samstagmittag - Sonntag **F1e**
Rest – (Tischbestellung ratsam) Menü 40/75 € – Karte 39/56 €
Wirklich gemütlich ist es in dem netten kleinen Haus, hier erlebt man legere italienische Gastlichkeit! Die Gerichte lässt man sich mündlich empfehlen, los geht's ganz typisch mit Brot, Olivenöl und einer Bruschetta! Während der Mittagszeit kann es schonmal recht lebendig zugehen!

In Düsseldorf-Oberkassel

Innside Seestern

Niederkasseler Lohweg 18a ✉ 40547 – ✆ (0211) 52 29 90 – www.innside.de
114 Zim – ♦120/525 € ♦♦150/555 €, ☕ 19 € – 12 Suiten **E1a**
Rest *DADO* – *(geschl. Samstagmittag, Sonntag)* Menü 22 € (mittags)/40 € – Karte 40/52 €
Das Hotel ist durch und durch klar-modern designt, Licht und Wasser sind interessante Gestaltungselemente. Ein echter Hingucker: Europas größte freistehende Betonwand - nachts besonders sehenswert! DADO nennt sich das trendige Restaurant mit Bar. Tipp: das Wahlmenü oder der Käseteller mit 9 Spezialitäten!

Hanseat garni

Belsenstr. 6 ✉ 40545 – ✆ (0211) 5 50 27 20 – www.hotel-hanseat.de
37 Zim ☕ – ♦89/300 € ♦♦105/375 € **E2n**
Ein schönes Stadthaus mit individuellen Zimmern von schottisch bis Kolonialstil - buchen Sie eines nach hinten, hier schläft man ruhiger! Das leckere reichhaltige Frühstück nimmt man im Sommer am liebsten im hübsch bepflanzten Innenhof ein! Rauchen dürfen Sie übrigens im englischen Clubzimmer.

Saitta Vini
Luegallee 79 ✉ 40545 – ✆ (0211) 57 79 79 0 – www.saittavini.de – geschl. Sonntag F2s

Rest – Karte 38/80 €

Bistro, Weinkeller, Delikatessengeschäft... In dieser sympathischen Enoteca kann man nicht nur italienisch speisen (schön die kleine Antipasti-Theke), die Weinhandlung bietet rund 1000 Weine und im Shop gibt es Spezialitäten aus Italien.

Dorfstube
Lanker Str. 2 ✉ 40545 – ✆ (0211) 17 15 25 40 – www.dorfstube.de – geschl. Montag E2d

Rest – (Tischbestellung ratsam) Menü 36/46 € – Karte 23/46 €

Schönes rustikales Holz, Kachelöfen, Herrgottswinkel, dekorative Küchenutensilien... schwarzwaldtypischer könnte die Atmosphäre kaum sein! Kein Wuner, denn es handelt sich hier um die Bareiss'sche Dorfstube aus Baiersbronn, die Chef Christian Bareiss mit nach Düsseldorf genommen hat! Und das Essen? Badisch natürlich, von der Flädlesuppe bis zum Rahmschnitzele.

Piazza Saitta
Barbarossaplatz 3 ✉ 40545 – ✆ (0211) 1 71 51 91 – www.saitta.de – geschl. über Weihnachten und Sonntag, Dienstagmittag F2s

Rest – Karte 29/54 €

In modernem Bistro-Ambiente wird man freundlich mit italienischer Küche und ebensolchen Weinen umsorgt. Letztere gibt's zusätzlich zur appetitlichen Frischtheke auch nebenan im Feinkostladen - quasi ein "Tante-Emma-Laden" für die Düsseldorfer! Beliebt ist die Terrasse auf dem kleinen Platz vor dem Haus.

Kitzbüheler Stuben
Hansaallee 165 ✉ 40549 – ✆ (0211) 59 11 44 – www.kitzbueheler-stuben.com – geschl. Anfang Januar 2 Wochen und Samstagmittag - Sonntag, außer an Messen E1x

Rest – Menü 23/89 € – Karte 30/44 €

Seit vielen Jahren ist der Tiroler Adolf-Sebastian Mayer hier mit seiner saisonalen österreichischen Küche etabliert. Sie bekommen alle Gerichte übrigens auch als halbe Portion! Mittags ist die Karte kleiner. Nette Terrasse zur Straße hin.

Brasserie Hülsmann
Belsenplatz 1 ✉ 40545 – ✆ (0211) 86 39 93 30 – www.brasseriehuelsmann.de – geschl. Juli - August 2 Wochen und Sonntag - Montag sowie an Feiertagen

Rest – Karte 22/59 € E2b

Das Konzept hat Erfolg, wie die zahlreichen Gäste zeigen: legere Brasserie-Atmosphäre, faire Preise und frische Küche - Würste und Terrinen produziert man selbst. Nur Barzahlung.

In Düsseldorf-Rath

Van der Valk Airporthotel
Am Hülserhof 57 ✉ 40472 – ✆ (0211) 20 06 30 – www.airporthotelduesseldorf.de

194 Zim – †99/399 € ††99/399 €, ☕ 17 € **Rest** – Karte 26/46 € C1r

Modern-komfortables Hotel nahe ISS Dome mit guter Anbindung an A44 und A52. Fitness und Panorama-Sauna im 15. Stock. Besonders groß: Themenzimmer mit Whirlwanne. Ideal für Tagungen und Business. Mittags ergänzt die Brasserie mit internationaler Küche das Abendrestaurant.

In Düsseldorf-Unterrath

Avidon Art & Design garni
Unterrather Str. 42 ✉ 40468 – ✆ (0211) 95 19 50 – www.avidon.de – geschl. Weihnachten - Neujahr C1d

34 Zim – †55/395 € ††59/399 €, ☕ 18 €

In dem modernen Hotel in Flughafennähe bestimmen Kunstgegenstände das Ambiente. Eines der Zimmer ist der originelle "Art Room". Nette Bar mit großer nostalgischer Kaffeemaschine.

Belgo Belga - Le Petit Restaurant

Esperantostr. 1, (Eingang Ecke Ulmenstraße) ✉ 40468 – ✆ (0211) 42 99 93 83 – *www.belgobelga.de – geschl. 21. - 31. Dezember und Sonntag - Montag*

Rest – *(nur Abendessen)* Menü 31/41 € – Karte 32/45 € C1**b**

Gastgeber Ralf Weißbrodt hat lange in Brüssel gelebt und ist seit jeher der belgisch-französischen Lebensart zugetan - beste Voraussetzungen also, um sich in dem netten kleinen Restaurant der Küche Frankreichs zu widmen. Ehrensache, dass Sie hier auch belgisches Bier bekommen!

DUISBURG – Nordrhein-Westfalen – 543 – 488 010 Ew – Höhe 33 m 25 B11

Berlin 547 – Düsseldorf 33 – Essen 20 – Nijmegen 107

ADAC Claubergstr. 4

Königstr.39, im City Palais B2, ✉ 47051, ✆ (0203) 28 54 40, www.duisburgnonstop.de

Duisburg, Großenbaumer Allee 240, ✆ (0203) 72 14 69

Golf u. More Huckingen, Altenbrucher Damm 92a, ✆ (0203) 7 38 62 86

Wilhelm-Lehmbruck-Museum★★ B2 · Museum der Deutschen Binnenschifffahrt★

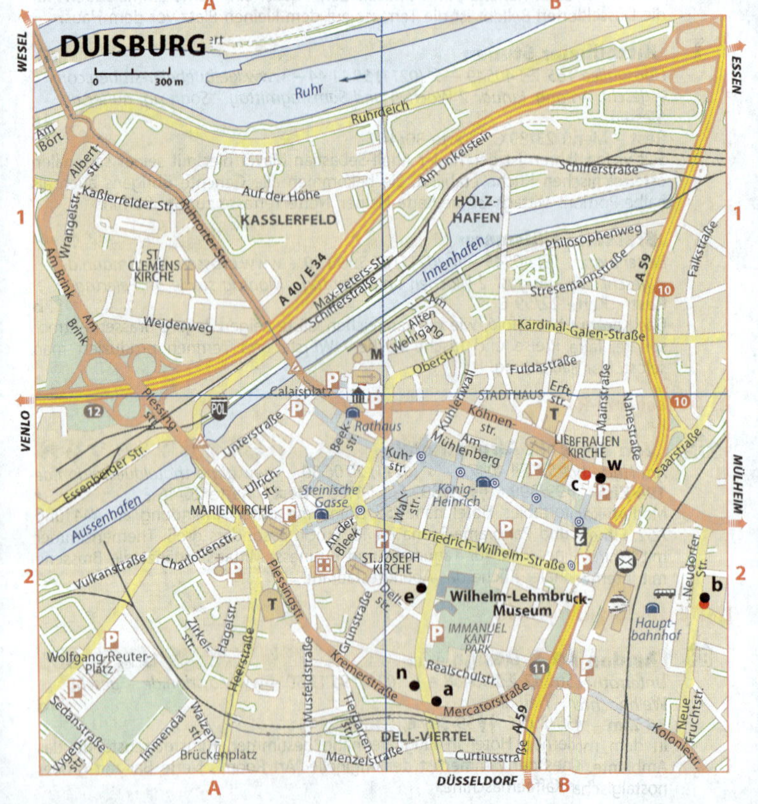

Conti garni (mit Gästehaus)
Düsseldorfer Str. 131 ✉ 47051 – ✆ (0203) 28 70 05 – www.contihotels.de
60 Zim ☕ – 🚹89/118 € 🚹🚹109/144 € B2**a**
Alles in diesem Stadthotel ist trendig in klaren Linien gehalten: die helle Lobby, die Zimmer in warmen Tönen (die Komfort-Zimmer zur Hofseite sind ruhiger!), die Bar und auch der hochwertig gestaltete Frühstücksraum, der tagsüber zur Lounge wird.

Plaza garni
Düsseldorfer Str. 54 ✉ 47051 – ✆ (0203) 2 82 20 – www.hotel-plaza.de
99 Zim – 🚹98/118 € 🚹🚹108/128 €, ☕ 16 € – 1 Suite B2**e**
Die funktionelle Ausstattung und die Nähe zur Innenstadt sind die Trümpfe dieses Businesshotels. Die Superiorzimmer erfreuen mit zusätzlichen Annehmlichkeiten, die Suite mit besonders viel Platz.

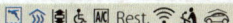

Mercure Rest,
Landfermannstr. 20 ✉ 47051 – ✆ (0203) 30 00 30 – www.mercure.com
162 Zim – 🚹83/126 € 🚹🚹83/144 €, ☕ 18 € B2**w**
Rest – Menü 24/38 € – Karte 20/39 €
Das Tagungshotel in einer Einkaufspassage hinter dem Bahnhof bietet funktionale Zimmer in modernem Stil. Businesszimmer in den beiden obersten Etagen, "Privilege"-Zimmer mit Zusatzleistungen.

ferrotel garni
Düsseldorfer Str. 122 ✉ 47051 – ✆ (0203) 28 70 85 – www.sorat-hotels.com
30 Zim ☕ – 🚹88 € 🚹🚹113 € B2**n**
Überall klares Design und originelle kleine Details zum Thema Industriegeschichte: Kompressoren, Schalttafeln, Barometer... und sein Getränk genießt man in der "Löschzentrale"! Die Zimmer: groß oder klein, zur Straße oder zum Hof...

akazienhof N
Düsseldorfer Str. 270 (über Düsseldorfer Straße B2) ✉ 47053 – ✆ (0203) 66 05 67 – www.akazienhof-duisburg.de
11 Zim – 🚹69/99 € 🚹🚹79/109 €, ☕ 9 €
Rest – *(geschl. 1. Juli - 14. August und Samstagmittag)* Menü 35/109 € – Karte 40/71 €
Sie werden dieses kleine Stadthotel mögen: Man bemüht sich hier um seine Gäste, hat freundliche Zimmer in modernem Stil und bietet zudem eine ambitionierte internationale Küche!

inside
Königstr. 55, (Casino Duisburg im CityPalais) ✉ 47051 – ✆ (0203) 71 39 25 00 – www.inside-restaurant.de – geschl. Montag B2**c**
Rest – *(nur Abendessen)* Menü 29/75 € – Karte 33/62 €
Gute saisonale Küche in stylischem Ambiente, dazu freundlicher Service und ein Weinangebot mit einigen interessanten Raritäten. Lang gezogene Bartheke.

In Duisburg-Duissern Ost: 3 km über B2, Richtung Mülheim

Villa Patrizia N 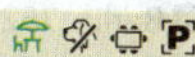
Mülheimer Str. 213 ✉ 47058 – ✆ (0203) 33 04 80 – www.villa-patrizia-online.de – geschl. Samstagmittag
Rest – Menü 37 € (mittags)/65 € – Karte 43/76 €
Seit seiner Eröffnung kommt das Restaurant in der hübschen Villa am Stadtrand gut an. Das liegt zum einen am eleganten Ambiente, zum anderen an der klassisch italienischen Küche, aber auch an den Gastgebern Patrizia und Nico Bodean, die beide engagiert bei der Sache sind! Eine Cigar Lounge gibt es auch.

In Duisburg-Ehingen Süd: 13 km über B2, Richtung Düsseldorf

Im Eichwäldchen 
Im Eichwäldchen 15c ✉ 47259 – ✆ (0203) 78 73 46 – www.imeichwaeldchen.de – geschl. Montag - Dienstag, Samstagmittag
Rest – Menü 28/56 € – Karte 25/57 €
In dem namengebenden kleinen Wäldchen findet man dieses gemütliche Restaurant mit internationaler Küche. Probieren Sie die Spezialität des Chefs: Gerichte aus dem Smoker.

In Duisburg-Huckingen Süd: 10 km über B2, Richtung Düsseldorf

Landhaus Milser
Zim,

Zur Sandmühle 2 (an der B 8) ✉ 47259 – ✆ (0203) 7 58 00 – www.landhausmilser.de
57 Zim – †100/135 € ††115/150 € – 3 Suiten
Rest *Da Vinci* – ✆ (0203) 7 58 04 71 – Menü 19 € (mittags)/69 € – Karte 29/55 €
Die Lage an einem kleinen See, wohnlich-elegante Zimmer mit mediterraner Note und der hübsche Saunabereich unterm Dach sind einladend, das finden auch zahlreiche Fußballvereine - so war während der WM 2006 die italienische Nationalmannschaft hier im Haus. Italienische Küche im Restaurant Da Vinci.

In Duisburg-Neudorf

Friederichs
Neudorfer Str. 33 ✉ 47057 – ✆ (0203) 31 86 50 – www.hotel-friederichs.de – geschl. Weihnachten - Neujahr B2b
38 Zim – †75/199 € ††105/235 €
Rest *Bistro NT* – siehe Restaurantauswahl
Die engagierte Familie Friederichs bietet in ihrem Hotel gegenüber dem Hauptbahnhof neuzeitlich gestaltete Gästezimmer mit kostenfreiem W-Lan - und gut essen kann man hier im Haus ebenfalls!

Bistro NT – Hotel Friederichs
Neudorfer Str. 33 ✉ 47057 – ✆ (0203) 3 18 65 50 – www.bistro-nt.de – geschl. 23. Dezember - 8. Januar, Samstagmittag, Sonntag und an Feiertagen B2b
Rest – Karte 33/53 €
Lust auf leckere Rinderroulade oder Kaninchen mit Tomate und Basilikum? Und danach die feine Birne Helene? Schmackhafte regional-internationale Gerichte wie diese bekommen Sie in freundlicher moderner Bistro-Atmosphäre serviert - und im Sommer auch auf der mediterranen Terrasse.

Seehaus an der Wedau N
Bertaallee 7 (Am Stadion, über Koloniestraße B2) ✉ 47051 – ✆ (0203) 3 93 08 90 – www.seehaus-wedau.de
Rest – Menü 18/50 € – Karte 30/61 €
Luftig-licht und modern-leger die Atmosphäre, international und ebenso zeitgemäß die Küche. Gefragt ist bei dieser schönen Lage am See natürlich auch die große Terrasse mit Lounge-Flair!

DURBACH – Baden-Württemberg – 545 – 3 790 Ew – Höhe 217 m – Erholungsort
54 E19

Berlin 752 – Stuttgart 148 – Karlsruhe 80 – Freudenstadt 51
Tal 36, ✉ 77770, ✆ (0781) 4 21 53, www.durbach.de
Lage★

Ritter
Zim, Zim,

Tal 1 ✉ 77770 – ✆ (0781) 9 32 30 – www.ritter-durbach.de – (Erweiterung um 40 Zimmer nach Redaktionsschluß)
41 Zim – †120/190 € ††160/240 € – 6 Suiten – ½ P
Rest *Wilder Ritter*
Rest *Ritter Stube* – siehe Restaurantauswahl
Rest *Ritter Keller* – *(geschl. Januar, August und Sonntag - Montag) (nur Abendessen)* Menü 25 € – Karte 22/44 €
Ganz historisch und doch so modern... Was hier in über 350 Jahren gewachsen ist, ist wirklich überaus individuell, ein geglücktes Nebeneinander von traditionellen Elementen und schicker neuer Geradlinigkeit! Gastronomisch wird auch einiges geboten, im alten Gewölbe des Ritter Kellers z. B. Flammkuchen, Gulasch, Hechtklöße...

Rebstock

Halbgütle 30 ✉ 77770 – ✆ (0781) 48 20 – www.rebstock-durbach.de – geschl. 13. - 27. Januar
44 Zim – 78/110 € 130/145 € – 6 Suiten – ½ P
Rest *Rebstock* – siehe Restaurantauswahl
Neben der wunderbaren Schwarzwaldlandschaft ringsum und der wertigen Einrichtung ist es nicht zuletzt der Verdienst des überaus herzlichen Personals, dass man sich hier bei Familie Baumann so richtig wohl fühlt! Schön die individuellen Zimmer, im Gästehaus moderner Landhausstil mit Kachelofen. Nicht zu vergessen die gemütliche Bibliothek und der riesige Garten mit Teich!

Wilder Ritter – Hotel Ritter

Tal 1 ✉ 77770 – ✆ (0781) 9 32 30 – www.ritter-durbach.de – geschl. Januar, August und Sonntag - Dienstag
Rest – *(nur Abendessen)* (Tischbestellung ratsam) Menü 72/125 €
– Karte 66/86 €
Ganz eigene, stilvoll-moderne Details und wertige Materialien (von der Tapete mit Weinrebenmotiv bis zum feinen Gedeck mit dekorativem Bilderrahmen) stimmen auf die kreative Note ein, die sich - optisch wie geschmacklich - auch auf dem Teller zeigt. Hier macht Christian Baur mit Menüs wie "Getreide", "Kräuter" oder "Fermentum" neugierig.
➜ Taschenkrebs mit Kaviar, Kokos, Gurke und Kalamansi. In Portwein geschmortes Kalbsbäckchen mit fermentierten Sojabohnen, Berberitzen Couscous, Petersilienpüree. Mousse von Karotte und Passionsfrucht mit Basilikum, warmer Rüblikuchen.

Rebstock – Hotel Rebstock

Halbgütle 30 ✉ 77770 – ✆ (0781) 48 20 – www.rebstock-durbach.de – geschl. 13. - 26. Januar und Montag
Rest – (Tischbestellung ratsam) Menü 29 € (mittags)/65 € – Karte 30/56 €
"Wenn der Vater mit dem Sohne..." lautet bei Franz und Volker Baumann das Erfolgsrezept. Schneckensuppe, Hechtklöße, Rehragout & Co. schmecken in der gemütlich-ländlichen Gaststube genauso gut wie im Sommer draußen zum tollen Garten hin!

Ritter Stube – Hotel Ritter

Tal 1 ✉ 77770 – ✆ (0781) 9 32 30 – www.ritter-durbach.de
Rest – Menü 44 € – Karte 30/59 €
Die Atmosphäre in der originalen Stube ist an Wärme und Behaglichkeit wohl kaum zu übertreffen: schönes altes Holz wohin man schaut! Das traditionell-badische Pendant auf dem Teller: "Gerösteter Waller auf kleinen Bratkartoffeln mit Kressesalat", "Arme Ritter mit Rieslingsabayone und Eis"...

EBELSBACH – Bayern – 546 – 3 810 Ew – Höhe 228 m 50 J15

Berlin 427 – München 254 – Würzburg 80 – Bayreuth 82

Klosterhof

Georg-Schäfer-Str. 11 ✉ 97500 – ✆ (09522) 70 82 82 – www.klosterhof-ebelsbach.de
16 Zim – 39/45 € 59/62 €
Rest – *(geschl. Oktober - April: Freitag) (nur Abendessen, sonntags auch Mittagessen)* Karte 11/20 €
Das Gasthaus - ehemals Stiftskloster und Brauerei - liegt verkehrsgünstig ganz in der Nähe der A 70. Die Zimmer sind zeitgemäß und wohnlich gestaltet; auch Familienzimmer. Bürgerliches Angebot in rustikalen Gaststuben. Im Hof: Biergarten unter Kastanien.

EBENSFELD – Bayern – 546 – 5 640 Ew – Höhe 255 m 50 K15

Berlin 384 – München 251 – Coburg 29 – Bayreuth 67

Pension Veitsberg garni

Prächtinger Str. 14 ✉ 96250 – ✆ (09573) 64 00 – www.pension-veitsberg.de
21 Zim – 30/40 € 56/60 €
Das ist schon eine sehr gepflegte kleine Pension, die Familie Will hier bereits mehr als 30 Jahre betreibt. Und obwohl man eine gute Anbindung an die Autobahn hat (nur 2 km entfernt), ist die Lage schön ruhig!

EBERBACH am NECKAR – Baden-Württemberg – 545 – 14 790 Ew – Höhe 134 m

48 G16

Berlin 611 – Stuttgart 107 – Mannheim 56 – Heidelberg 33

Leopoldsplatz 1, ✉ 69412, ✆ (06271) 8 72 42, www.eberbach.de

Karpfen

Alter Markt 1 ✉ 69412 – ✆ (06271) 80 66 00 – www.hotel-karpfen.com

49 Zim – 59/89 € 94/104 € – ½ P

Rest – *(geschl. Mitte Januar - Ende Februar und Dienstag)* Menü 20/45 € – Karte 25/40 €

Ein altes Gasthaus, von dessen Geschichte schon die Fresken an der Fassade erzählen. Und drinnen zeugen stetige Renovierungen und Verbesserungen vom Engagement der Familie: So hat man individuelle Zimmer, die mit Stil und Geschmack eingerichtet sind, und ein schönes Restaurant, das in Puncto Wohnlichkeit durchaus mithalten kann. Gekocht wird hier regional.

Krone-Post

Hauptstr. 1 ✉ 69412 – ✆ (06271) 80 66 20 – www.hotel-krone-post.de – geschl. 1. - 12. Januar

26 Zim – 73/105 € 99/180 € – 1 Suite – ½ P

Rest *Kronenstübchen* – siehe Restaurantauswahl

Rest *Kutscherstube* – *(geschl. November - März: Freitagabend - Samstagmittag)* Menü 24 € – Karte 22/39 €

In dem Familienbetrieb in der Altstadt (nur durch die Straße vom Neckar getrennt) gibt es recht unterschiedliche Zimmer - vom Businesszimmer bis zur Suite, von funktional bis geschmackvoll mit freigelegtem Fachwerk. In der Kutscherstube wird Regionales aufgetischt. Orginell: Drei Farben-Graffitis an den Wänden nehmen Bezug auf die lange Geschichte des Lokals.

Kronenstübchen – Hotel Krone-Post

Hauptstr. 1 ✉ 69412 – ✆ (06271) 80 66 20 – www.hotel-krone-post.de – geschl. 1. - 12. Januar

Rest – *(geschl. November - März: Freitag - Samstagmittag)* Karte 34/47 €

Wer etwas gehobener essen möchte, sollte es mal mit dem kleinen Kronenstübchen versuchen. Wenn Uwe Junge hier klassische Gerichte mit regionalen Akzenten zubereitet, darf man sich z. B. auf "Fasanenbrust mit krossem Speck und Morchelsauerkraut" freuen. Im Sommer setzt man sich dazu am besten auf die Terrasse!

EBERMANNSTADT – Bayern – 546 – 6 820 Ew – Höhe 292 m – Erholungsort

50 L15

Berlin 406 – München 219 – Nürnberg 50 – Bayreuth 61

Bahnhofstr. 5, ✉ 91320, ✆ (09194) 5 06 40, www.ebermannstadt.de

18 Ebermannstadt, Kanndorf 8, ✆ (09194) 48 27

Schwanenbräu (mit Gästehaus)

Zim,

Marktplatz 2 ✉ 91320 – ✆ (09194) 2 09 – www.schwanenbraeu.de – geschl. 7. - 19. Januar

11 Zim – 47/49 € 68/70 € – 2 Suiten – ½ P

Rest – *(geschl. Sonntagabend)* Karte 14/30 €

Bei Familie Dotterweich können Sie nicht nur im historischen Brauereigasthof am Marktplatz wohnen, sondern auch im 10 Geh- oder 3 Fahrminuten entfernten Gästehaus - und das ist schon ein Geheimtipp mit seinen modernen Zimmern! Im Restaurant: u. a. Biere aus der Privatbrauerei und selbstgebrannte Obstschnäpse.

EBERN – Bayern – 546 – 7 210 Ew – Höhe 270 m

50 K15

Berlin 400 – München 254 – Würzburg 96 – Bayreuth 83

Zur Alten Kaserne N

Im Frauengrund 3 ✉ 96106 – ✆ (09531) 9 43 68 34 – www.landhotel-ebern.de

22 Zim – 40/45 € 60/65 € – 1 Suite

Rest – *(geschl. Montag) (Dienstag - Samstag nur Abendessen)* Karte 12/27 €

Das von den Schwestern Buss charmant geführte Haus erinnert nur noch in seiner Grundform an das ehemalige Mannschaftsheim. Die Zimmer sind gepflegt und funktionell - fragen Sie nach den freundlich-modernen Zimmern im 2. Stock! Richtig gemütlich das Restaurant: Hier ist alles mit dem schönen Holz eines alten österreichischen Bauernhauses verkleidet!

EBERSBERG – Bayern – 546 – 11 460 Ew – Höhe 558 m – Erholungsort

66 M20

Berlin 610 – München 35 – Landshut 69 – Rosenheim 31

Steinhöring, Zaißing 6, (08094) 81 06

Steinhöring, Gut Thailing 4, (08094) 9 05 50 88

Hölzerbräu (mit Gästehaus)

Sieghartstr. 1 ✉ 85560 – (08092) 8 52 58 90 – www.hoelzer-braeu.de – geschl. 22. - 30. Dezember

49 Zim – 78/88 € 98/130 € – 1 Suite – ½ P

Rest ***Steirer Eck*** – (08092) 2 32 84 44 *(geschl. Montag - Mittwochmittag)* Menü 33/55 € – Karte 25/61 €

Mehrere Generationen leitet die Familie das Haus im Zentrum schon. Man hat hier wohnlich-alpenländische Zimmer und einige Familienzimmer. Das "Steirer Eck" wird seinem Namen gerecht und bietet natürlich auch steirisch-österreichische Küche.

EBSDORFERGRUND – Hessen – 543 – 8 920 Ew – Höhe 250 m

38 G13

Berlin 482 – Wiesbaden 116 – Gießen 30

In Ebsdorfergrund-Frauenberg

Seebode

Burgweg 2 ✉ 35085 – (06424) 68 96 – www.hotel-seebode.de

15 Zim – 45/60 € 85/95 € **Rest** – *(geschl. Dienstag)* Karte 19/43 €

Das ruhig am Hang gelegene Fachwerkhaus aus der Jahrhundertwende gefällt mit stuckverzierten hohen Räumen im Jugendstil und einem schönen Treppenhaus.

ECHING – Bayern – 546 – 13 470 Ew – Höhe 469 m

58 L20

Berlin 567 – München 21 – Regensburg 104 – Ingolstadt 59

Olymp Rest, Rest,

Wielandstr. 3 ✉ 85386 – (089) 32 71 00 – www.goldentulipolymp.de

68 Zim – 83/395 € 83/395 € – 28 Suiten

Rest – *(geschl. Samstagmittag, Sonntagmittag)* Karte 25/57 €

Das ganz auf Businessgäste zugeschnittene Hotel mit mediterraner Note bietet zeitgemäße Zimmer und Appartements für Langzeitgäste sowie eine kostenfreie Tiefgarage. Sie speisen in der gemütlich-alpenländischen Stube oder im eleganteren Restaurant.

ECHING (KREIS LANDSHUT) – Bayern – siehe Landshut

ECKERNFÖRDE – Schleswig-Holstein – 541 – 22 450 Ew – Höhe 3 m – Seebad

2 I3

Berlin 376 – Kiel 30 – Rendsburg 30 – Schleswig 24

Am Exer 1, ✉ 24340, (04351) 7 17 90, www.ostseebad-eckernfoerde.de

Altenhof, (04351) 4 12 27

Stadthotel garni

Am Exer 3 ✉ 24340 – (04351) 7 27 80 – www.stadthotel-eckernfoerde.de

63 Zim – 81/116 € 97/137 €, 11 € – 2 Suiten

Das Hotel befindet sich am Strand, nicht weit vom Zentrum. Man empfängt Sie in einer großen Halle mit Springbrunnen, zudem hat man eine Hotelbar mit Blick auf die Ostsee.

Seelust garni

Preußerstr. 3 ✉ 24340 – (04351) 7 27 90 – www.seelust-hotel.de – geschl. Dezember - Februar

32 Zim – 74/112 € 84/142 €, 8 €

Hier überzeugen die Lage direkt am Strand und die hübsche Terrasse zum Meer. Die Zimmer bieten meist Ostseeblick. Schön ist der Frühstückssaal aus den 30er Jahren.

EDENKOBEN – Rheinland-Pfalz – 543 – 6 660 Ew – Höhe 149 m – Luftkurort

47 E17

Berlin 655 – Mainz 101 – Mannheim 40 – Landau in der Pfalz 11

Poststr. 23, ✉ 67480, (06323) 95 92 22, www.urlaubsregion-edenkoben.de

Schloss-Villa Ludwigshöhe★, West: 2 km

Luitpold garni

Unter dem Kloster 1 ✉ *67480 – ✆ (06323) 9 52 20 – www.luitpold-edenkoben.de*
24 Zim – 100 € 180 € – 1 Suite
Reizvoll die Lage in den Weinbergen beim ehemaligen Kloster und unweit der Villa Ludwigshöhe. Direkt angeschlossen an das freundlich und zeitgemäß gestaltete Haus ist das Mutterhotel "Prinzregent" - hier checken Sie ein und aus, frühstücken, nutzen den Freizeitbereich sowie das Restaurant.

Prinzregent

Unter dem Kloster 1 ✉ *67480 – ✆ (06323) 95 20 – www.prinzregent-edenkoben.de*
36 Zim – 70/85 € 120/145 € – ½ P
Rest – Menü 27/42 € – Karte 21/42 €
Hier wohnt man ruhig und schön etwas außerhalb in den Weinbergen, am Morgen ein gutes Frühstück, mittags und abends speist man im modernen Restaurant. Zusätzlich gibt es noch die rustikale Weinstube und die Schirmbar - Letztere kann im Sommer auch geöffnet werden und lässt so Terrassen-Feeling aufkommen!

Pfälzer Hof

Weinstr. 85 ✉ *67480 – ✆ (06323) 93 89 10 – www.pfaelzerhof-edenkoben.de*
26 Zim – 60/80 € 95/150 € – ½ P
Rest – Menü 22/48 € – Karte 19/47 €
Sie haben die Wahl zwischen modernen Zimmern in gedeckten Erdtönen und Zimmern in ländlichem Stil; am schönsten - und mit Blick aufs Hambacher Schloss und die Villa Ludwigshöhe - sind die drei Giebelzimmer! Der verglaste Innenhof trägt den vielversprechenden Namen "Garten Eden", im Winter mit Kamin. Pfälzer Küche!

Gutshof Ziegelhütte (mit Gästehäusern)

Rest,

Luitpoldstr. 79 ✉ *67480 – ✆ (06323) 9 49 80 – www.gutshof-ziegelhuette.de*
27 Zim – 66/88 € 98/128 € – ½ P **Rest** – Karte 18/33 €
Das Haus ist nicht nur ein CO2-neutrales Klimahotel, sondern auch Bücherhotel mit Leih- und Tauschmöglichkeit. Ruhiger liegen die Zimmer im Burghaus. Sie suchen etwas Besonderes? In Amors Kuschelzimmer träumt man in einem drehbaren Wasserbett, in der Rosensuite schläft man "schwebend". Fragen Sie nach den Thementagen im Restaurant.

In Rhodt unter Rietburg Süd-West: 2 km

Wohlfühlhotel Alte Rebschule

Theresienstr. 200 ✉ *76835 – ✆ (06323) 7 04 40 – www.alte-rebschule.de*
37 Zim – 113/157 € 194/264 € – 3 Suiten – ½ P
Rest – *(nur Abendessen)* Menü 42 €
Rest *Gasthaus Sesel* – ✆ (06323) 70 44 56 – Karte 18/37 €
Es gibt so einige Gründe, weshalb sich die Gäste hier wohlfühlen: die ruhige Lage und der Blick auf das Rebenmeer (besonders schön von der Terrasse!), die sehr komfortablen Zimmer (chic z. B. die Barrique-Zimmer) und das Wellnessangebot und nicht zuletzt der gastronomische Bereich mit klassischem Restaurant und rustikalem Gasthaus Sesel. Verwöhnpension inklusive!

Rhodter Adler

Weinstr. 10 ✉ *76835 – ✆ (06323) 9 49 27 70 – www.rhodter-adler.de – geschl. Januar - Februar*
11 Zim – 40/45 € 60/95 €
Rest – *(geschl. Montag - Dienstag; November - Dezember: Montag - Mittwoch) (nur Abendessen)* Menü 24/29 € – Karte 21/38 €
Einfach charmant und absolut liebenswert... so lässt sich das denkmalgeschützte Haus mit seinem Mix aus Neuem und Altem treffend beschreiben. Details wie frische Blumen, Obst und Wasser gratis, ein lauschiger Innenhof und gutes Essen... da müssen engagierte und aufmerksame Gastgeber am Werk sein: Michael Lavin und Edith Vossebrecker heißen sie. Parken 400 m oberhalb.

In Weyher Süd-West: 4 km über Rhodt

Winzerstube Weyher

Kirchgasse 19 ✉ 76835 – ✆ (06323) 98 78 18 – www.volkerkrug.de – geschl. Dienstag - Mittwoch

Rest – *(Montag - Freitag nur Abendessen)* Menü 23/29 € (abends) – Karte 21/45 €

In der ehemaligen Winzergenossenschaft a. d. 17. Jh. kocht heute Volker Krug zeitgemäß mit regionalen und internationalen Einflüssen. Probieren sollte man z. B. den Sauerbraten vom Wildschwein mit Maronen-Rotkohl. Das Restaurant liegt übrigens in der 1. Etage, hat einen schönen historischen Rahmen und eine idyllische Terrasse mit toller Aussicht!

In Altdorf Ost: 6 km über B 38 Richtung Speyer, jenseits der A 65

Gästehaus Vinetum garni

Raiffeisenstr. 4 ✉ 67482 – ✆ (06327) 29 07 – www.gaestehausvinetum.de – geschl. Dezember - Januar

7 Zim – 45/50 € 70/75 €

Ein tipptopp gepflegtes Haus mit privater Atmosphäre. Toskanisches Flair in den Zimmern - meist mit Balkon und schönem Blick zum Pfälzer Wald - und im Frühstücksraum mit Terrasse.

EDESHEIM – Rheinland-Pfalz – 543 – 2 290 Ew – Höhe 151 m **47** E17

Berlin 657 – Mainz 101 – Mannheim 42 – Kaiserslautern 48

Schloss Edesheim (mit Residenz)

Luitpoldstr. 9 ✉ 67483 – ✆ (06323) 9 42 40 – www.schloss-edesheim.de – geschl. 22. - 27. Dezember, 1. - 6. Januar

31 Zim – 87/124 € 139/172 € – 8 Suiten – ½ P

Rest *Gourmetrestaurant* – siehe Restaurantauswahl

Eine schöne historische Adresse ist das herrschaftliche Anwesen in der Ortsmitte auf einem 5 ha großen Grundstück voller Weinreben. Individuelle, elegante Zimmer. Für Kulturfreunde: Schlossfestspiele im Freilichttheater.

Wein-Castell

Staatsstr. 21 (B 38) ✉ 67483 – ✆ (06323) 93 89 40 – www.wein-castell.de – geschl. Februar 1 Woche, Juli - August 1 Woche

11 Zim – 55/60 € 84/90 € – ½ P

Rest – *(geschl. Montag - Dienstag)* Karte 19/43 €

Rosemarie und Frank Diehl halten ihren netten Winzerhof, einen längjährigen Familienbetrieb, wirklich gut in Schuss und die Gäste mögen die gepflegte ländlich-rustikale Atmosphäre im Haus. Wer nicht nur übernachten möchte, findet hier auch ein gemütliches Restaurant und einen charmanten Innenhof. Natürlich schenkt man auch die eigenen Weine aus!

Gourmetrestaurant – Hotel Schloss Edesheim

Luitpoldstr. 9 ✉ 67483 – ✆ (06323) 9 42 40 – www.schloss-edesheim.de – geschl. 22. - 27. Dezember, 1. - 6. Januar und Sonntag - Montag

Rest – Menü 35/68 € – Karte 45/54 €

Empire-Kronleuchter, Wandmalerei, klassisches Mobilar... in dieser herrschaftlichen Atmosphäre lässt man sich mit der ambitionierten Küche von Sebastian Köhn verwöhnen - und die gibt es zum einen eher international wie "Lammrücken im Pfeffermantel" oder eher regional wie den "gebratenen Flusszander auf Sauerkraut". Sonntags und montags reicht man nur eine einfachere Karte. Im Sommer kommt die Terrasse einer Oase gleich!

EDIGER-ELLER – Rheinland-Pfalz – 543 – 1 030 Ew – Höhe 99 m – Erholungsort **46** C14

Berlin 666 – Mainz 118 – Koblenz 61 – Trier 75

Pelzerstr. 1, ✉ 56814, ✆ (02671) 13 44, www.ediger-eller.de

Im Ortsteil Eller

Mosel-Landhaus Oster
Moselweinstr. 61 ✉ 56814 – ✆ (02675) 2 32 – www.mosellandhaus-hotel-oster.de – geschl. 2. - 26. Dezember, 2. Januar - 1. April
19 Zim – 48/73 € 76/110 € – 1 Suite – ½ P
Rest – *(geschl. Dienstagmittag)* Karte 19/37 €
Das erweiterte historische Fachwerkhaus wird als Familienbetrieb geführt und bietet recht unterschiedliche, wohnlich gestaltete Zimmer, darunter auch zwei Maisonetten. Freundliches Restaurant mit Terrasse zur Mosel.

EFRINGEN-KIRCHEN – Baden-Württemberg – 545 – 8 230 Ew – Höhe 258 m

61 D21

Berlin 852 – Stuttgart 254 – Freiburg im Breisgau 59 – Basel 15

Walsers mit Zim
Bahnhofstr. 34 ✉ 79588 – ✆ (07628) 8 05 52 44 – www.walsers-hotel.de – geschl. Mittwoch
7 Zim – 70/75 € 95 € – 2 Suiten
Rest – Menü 16 € (mittags)/39 € – Karte 28/58 €
Der Gasthof existiert schon 140 Jahre, hat aber seither einen angenehm modernen Touch bekommen - und einen hübschen lichten Wintergarten. Chef Hans-Dieter Walser kocht wenn möglich mit regionalen Produkten, so z. B. Spargel! Die Gästezimmer: frisch und hell.

Im Ortsteil Blansingen Nord-West: 5 km über B 3

Traube mit Zim
Alemannenstr. 19 ✉ 79588 – ✆ (07628) 9 42 37 80 – www.traube-blansingen.de – geschl. Ende Januar - Anfang Februar 2 Wochen, August 3 Wochen und Montag - Dienstag
8 Zim – 110/120 € 131/141 € – 1 Suite
Rest – *(Mittwoch - Freitag nur Abendessen)* Menü 75 € (mittags)/129 € – Karte 88/123 €
Ein Bauernhaus von 1811, dem die Bezeichnung "Schmuckkästle" nur gerecht wird. "Chi Chi" oder "Schnickschnack" sind Küchenchef Henrik Weiser fremd, denn seine klassische Küche ist klar strukturiert, lebt vom Produkt und schmeckt einfach! Patron Nikolai Weisser berät in Sachen Wein. Und damit wirklich alles passt, übernachten Sie in tollen Rotwein- und Weißweinzimmern!
➜ Marinierte Gänseleber mit Rauchaal, Rote Bete und grünem Apfel. Dombes Ente mit Kohlrabi und geschmorter Feige. Geeiste Nougatcreme mit Pecanuss-crumble und Cassis.

Im Ortsteil Egringen Nord-Ost: 3 km, jenseits der B 3

Landgasthof Rebstock mit Zim
Kanderner Str. 21 ✉ 79588 – ✆ (07628) 9 03 70 – www.rebstock-egringen.de
10 Zim – 47/70 € 69/105 € – 1 Suite
Rest – *(geschl. Montag - Dienstag)* Menü 12 € (mittags unter der Woche)/65 € – Karte 18/65 €
Der badische Gasthof wird in der 6. Generation von Familie Krause geleitet. Ein ländliches Restaurant mit Wintergarten zur Terrasse. Es gibt regionale, teils internationale Küche und dazu Markgräfler Weine. Die wohnlichen Gästezimmer laden zum Bleiben ein.

EGESTORF – Niedersachsen – 541 – 2 360 Ew – Höhe 101 m – Erholungsort

19 I6

Berlin 322 – Hannover 107 – Hamburg 57 – Lüneburg 29
Im Sande 1, ✉ 21272, ✆ (04175) 15 16, www.egestorf.de

Acht Linden (mit Gästehaus)
Alte Dorfstr. 1 ✉ 21272 – ✆ (04175) 8 43 33 – www.hotel-acht-linden.de
33 Zim – 65/80 € 99/105 € – ½ P **Rest** – Karte 18/46 €
In dem Hotel in regionstypisch-charmanter Bauweise bietet die Inhaberfamilie wohnliche Zimmer mit eleganter Note. Das Haus ist mit reichlich Blumen hübsch dekoriert. Zum Restaurant gehört eine Terrasse, die sich z. T. im Innenhof befindet. Pub im irischen Stil.

Egestorfer Hof (mit Gästehäusern) 

Lübberstedter Str. 1 ✉ 21272 – ✆ (04175) 4 80 – www.egestorferhof.de
26 Zim – 🚹60/95 € 🚹🚹88/120 € – 3 Suiten – ½ P **Rest** – Karte 24/42 €
Der gepflegte Familienbetrieb verfügt über unterschiedliche, freundlich gestaltete Zimmer, darunter die zwei wohnlich-modernen Themenzimmer "Wein" und "Wohlness" (in frischem Grün). Restaurant mit rustikalem Flair.

EGGENSTEIN-LEOPOLDSHAFEN – Baden-Württemberg – 545 54 F17

– 16 140 Ew – Höhe 112 m

Berlin 660 – Stuttgart 97 – Karlsruhe 12 – Mannheim 63

Im Ortsteil Eggenstein

Zum Goldenen Anker 

Hauptstr. 20 ✉ 76344 – ✆ (0721) 70 60 29 – www.hotel-anker-eggenstein.de – geschl. Januar 1 Woche
32 Zim – 🚹60/75 € 🚹🚹95/105 €
Rest *Zum Goldenen Anker* – siehe Restaurantauswahl
Der Dorfgasthof von 1726 hat sich zum zeitgemäßen Hotel gemausert und wird - inzwischen von den freundlichen Gastgebern Stephanie und Armin Radtke - nach wie vor als Familienbetrieb geführt. Fragen Sie ruhig nach den ganz modernen Zimmern!

Zum Löwen (Markus Nagy) mit Zim 

Hauptstr. 51 ✉ 76344 – ✆ (0721) 78 00 70 – www.restaurant-zum-loewen.de – geschl. Anfang Januar 2 Wochen und Sonntag - Montag
11 Zim – 🚹58/75 € 🚹🚹95 €
Rest – (Tischbestellung ratsam) Menü 30 € (mittags)/109 € – Karte 51/79 €
Markus Nagy hat sich hier einen Namen gemacht. Er zählt mit seiner "Löwen"-Küche seit Jahren zu den besten kulinarischen Adressen im Großraum Karlsruhe! Die spürbare Freude der sympathischen Gastgeber an ihrem Beruf trägt maßgeblich dazu bei, dass man gerne auch über Nacht bleibt.
→ Entenstopfleber aus der Landes mit Ochsenherztomate, Pinienkernen und Belota-Schinken. Geangelter St. Pierre auf schwarzem Venere-Reis mit Krustentierschaum und Brokkoli. Rücken vom Mecklenburger Lamm mit mediterraner Kräuterjus und Gemüse-Couscous.

Zum Goldenen Anker 

Hauptstr. 20 ✉ 76344 – ✆ (0721) 70 60 29 – www.hotel-anker-eggenstein.de – geschl. Januar 1 Woche und Samstag
Rest – Karte 26/49 €
Lassen Sie sich von der etwas unscheinbaren Gasthoffassade nicht irritieren, denn dahinter verbrigt sich ein gut besuchtes, lebendiges Restaurant mit ländlich-modernem "Facelift"! Und was der herzliche Service auftischt, schmeckt auch noch richtig lecker: Da wäre z. B. "geschmortes Ochsenbäckle auf Schmorgemüse und Semmelknödel" oder "Hähnchenbrust gefüllt mit Blattspinat und Mozzarella"... Alle Hauptgänge können Sie auch als kleine Portion bestellen.

EGLING – Bayern – 546 – 5 400 Ew – Höhe 609 m 65 L21

Berlin 627 – München 36 – Garmisch-Partenkirchen 65 – Bad Tölz 21

In Egling-Neufahrn Süd-West: 2 km

Hanfstingl garni 

Kirchstr. 7 ✉ 82544 – ✆ (08171) 3 46 70 – www.hotel-hanfstingl.de
23 Zim – 🚹52/60 € 🚹🚹72/99 € – 4 Suiten
Ein reiner Familienbetrieb und ein sympathischer noch dazu! Die Dissingers haben ihren Landwirtschaftsbetrieb zum Hotel umgebaut und es hat sich gelohnt: faire Preise, gutes Frühstück und erst die hausgemachten Pralinen...! Fragen Sie nach den neuesten Zimmern im 2. Stock!

Landhaus Vogelbauer mit Zim

Schanzenstr. 4 ✉ 82544 – ✆ (08171) 2 90 63 – www.vogelbauer.de – geschl. Ende Februar - Anfang März 2 Wochen

7 Zim ☕ – 🚹65/95 € 🚹🚹135 €

Rest – *(geschl. Montag) (nur Abendessen, sonntags auch Mittagessen)* (Tischbestellung ratsam) Menü 35/85 € – Karte 45/83 €

In den ehemaligen Stallungen des einstigen Bauernhofs a. d. J. 1630 hat man ein bayerisch-charmantes Restaurant eingerichtet, in dem man internationale Küche aus guten Produkten serviert.

EHEKIRCHEN – Bayern – 546 – 3 670 Ew – Höhe 415 m 57 K19

Berlin 553 – München 54 – Augsburg 43 – Ingolstadt 35

Strixner Hof 

Am Leitenweg 5 (Schönesberg) ✉ 86676 – ✆ (08435) 18 77 – www.strixner-hof.de – geschl. Mitte Februar 3 Wochen

7 Zim ☕ – 🚹60 € 🚹🚹80 € **Rest** – *(geschl. Donnerstag)* Karte 14/33 €

Sehr persönlich und individuell wird der nette kleine Gasthof in dörflicher Lage geleitet. Die Zimmer sind gut gepflegt und rustikal eingerichtet, das Frühstück wird serviert. Ein Wintergartenanbau ergänzt das freundliche, in ländlichem Stil gehaltene Restaurant, in dem man regional isst.

EHINGEN – Baden-Württemberg – 545 – 25 770 Ew – Höhe 515 m 63 H20

Berlin 644 – Stuttgart 101 – Konstanz 119 – Ulm (Donau) 26

Adler 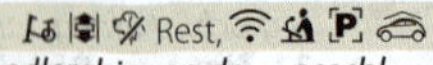

Hauptstr. 116 ✉ 89584 – ✆ (07391) 7 06 60 – www.adlerehingen.de – geschl. Anfang Januar 1 Woche, Anfang August 1 Woche

36 Zim ☕ – 🚹69/95 € 🚹🚹85/130 € – ½ P

Rest – *(geschl. August 2 Wochen und Sonntagabend - Montag)* Karte 21/59 €

Mitten im Zentrum liegt dieser solide geführte Familienbetrieb. Fragen Sie nach den neueren Zimmern! Und nicht nur die sind schön: Im Fitnessraum macht das Trainieren richtig Spaß, denn man schaut dabei direkt auf das Flüsschen Schmiech. Und danach gibt's im Restaurant zur Stärkung regionale Küche mit internationalem Einfluss.

Bier Kultur Hotel Schwanen 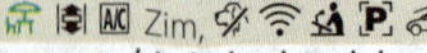

Schwanengasse 18 ✉ 89584 – ✆ (07391) 77 08 50 – www.bierkulturhotel.de

50 Zim – 🚹66/92 € 🚹🚹154/212 €, ☕ 8 € – ½ P

Rest *Schwanen* – ✆ (07391) 5 34 20 *(geschl. Sonntagmittag)* Karte 18/38 €

Moderne trifft hier auf Tradition - gemeint sind ein Hotelneubau und der 1697 erstmals erwähnte Brauereigasthof nebenan. Bierkultur, Architektur und Design wurden überaus schlüssig miteinander verbunden! Schlafen Sie doch in einem "Bierkistenzimmer" und probieren Sie zur bürgerlichen Küche verschiedene Biere!

Ehinger Hof garni

Lindenstr. 28 ✉ 89584 – ✆ (07391) 7 70 70 – www.ehingerhof.de

15 Zim ☕ – 🚹59/69 € 🚹🚹85/89 €

Das kleine Hotel ist in ein Geschäftshaus im Zentrum integriert. Es erwarten Sie wohnliche Zimmer (die zum Innenhof hin sind ruhiger) und ein hübscher Frühstücksraum in neuzeitlichem Stil.

In Ehingen-Kirchen West: 7,5 km

Zum Hirsch

Osterstr. 3 ✉ 89584 – ✆ (07393) 9 50 10 – www.hirsch-ehingen.de

29 Zim ☕ – 🚹62/86 € 🚹🚹86/108 € – ½ P

Rest – *(geschl. Montag)* Karte 17/63 €

Der familiengeführte Gasthof mit Fachwerkfassade ist eine ehemalige Kornkammer und hat seinen Ursprung im 13. Jh. Wer's modern mag, wählt eines der schicken neueren Zimmer: klare Linien kombiniert mit viel Naturholz! In den Gaststuben werden bürgerliche Gerichte serviert.

In Ehingen-Nasgenstadt Ost: 3 km über B 311

Panorama garni 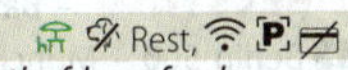

Karpfenweg 7 ✉ 89584 – ✆ (07391) 7 74 60 – www.panorama-ehingen.de – geschl. 21. Dezember - 5. Januar

32 Zim – 58/72 € 81/93 €

Das familiengeführte Hotel ist ideal für Geschäftsreisende, denn die Zimmer sind funktionell in ihrer Ausstattung, bieten gute Technik und praktische Schreibmöglichkeiten. Tipp: Der Shuttleservice in die Stadt ist kostenfrei!

In Ehingen-Dettingen Süd: 3 km

Gasthof Knupfer Rest,

Rottenackerstr. 15 ✉ 89584 – ✆ (07391) 24 88 – www.gasthof-knupfer.de – geschl. 16. - 30 September

10 Zim – 38/40 € 60/65 €

Rest – *(geschl. September 2 Wochen, Januar 1 Woche und Dienstag - Mittwoch) (nur Abendessen, sonntags auch Mittagessen)* Karte 22/38 €

Ein schönes Beispiel für einen einfachen, aber sehr gepflegten Gasthof, in dem man gut und preislich fair übernachten und speisen kann. Inhaber und Küchenchef Bernhard Knupfer kocht frisch und regional, legt Wert auf saisonale Produkte - das Gemüse stammt aus eigenem Anbau, die Nudeln sind hausgemacht... und dazu gibt's deutsche Weine.

EHNINGEN – Baden-Württemberg – 545 – 7 900 Ew – Höhe 444 m 55 G19

Berlin 655 – Stuttgart 25 – Freudenstadt 65 – Karlsruhe 81

Landhaus Feckl

Keltenweg 1 ✉ 71139 – ✆ (07034) 2 37 70 – www.landhausfeckl.de – geschl. Anfang Januar 1 Woche

21 Zim – 69/129 € 79/149 €, 14 €

Rest *Landhaus Feckl* – siehe Restaurantauswahl

Sehr engagiert wird das Haus mit den überaus wohnlichen Landhauszimmern von der Familie geleitet. Zimmer z. T. mit Balkon oder Zugang zur kleinen Dachterrasse.

Feckl's Apart garni

Altdorfer Weg 2 ✉ 71139 – ✆ (07034) 2 37 70 – www.landhausfeckl.de

28 Zim – 79/169 € 89/179 €, 14 €

Familie Feckl hat bei diesem Haus besonders an Businessgäste gedacht: wertige, modern-komfortable Ein- und Zweiraum-Apartments (kleine Küche, Espresso-Maschine, bequemes Sofa...), Snacks aus dem Automaten sowie Shuttle-Service zum wenige hundert Meter entfernten Landhaus (hier gibt's Frühstück).

Landhaus Feckl – Hotel Landhaus Feckl

Keltenweg 1 ✉ 71139 – ✆ (07034) 2 37 70 – www.landhausfeckl.de – geschl. Anfang Januar 1 Woche und Sonntag sowie an Feiertagen

Rest – Menü 40 € (mittags)/90 € – Karte 52/76 €

Ob Sie hier nun einen Klassiker genießen oder das kohlenhydratfreie Menü "Innovativ", Patron Franz Feckl verliert nie die Regionalität aus den Augen! Dazu die schöne Weinauswahl u. a. mit einigen Grand-Cru-Rotwein-Raritäten! Den versierten weiblichen Service im Dirndl leitet charmant Manuela Feckl.

→ Magnum von der Gänseleber mit Himbeeren und Parmaschinken. Taubenbrust im Baguette gebraten mit Trüffeljus, Gemüsewiese und Kartoffelschnitte. Feines von der Valrhona Schokolade.

In Ehningen-Mauren Süd: 2 km

Landhotel Alte Mühle garni

Mauren 2 ✉ 71139 – ✆ (07034) 2 37 89 10 – www.landhotel-alte-muehle.de

4 Zim – 107/117 € 107/117 €

Schön familiär ist es hier und richtig romantisch: Fachwerk und das alte Mühlrad versprühen Charme, der Garten ist die Relaxzone schlechthin, alter Baumbestand, Blick ins Grüne und der Bachlauf machen es idyllisch! Und drinnen warten individuelle Zimmer, am geräumigsten ist die "Suite Cream". Morgens folgt dann ein hochwertiges und reichhaltiges Frühstück.

EHRENFRIEDERSDORF – Sachsen – 544 – 5 000 Ew – Höhe 530 m 42 O13

Berlin 290 – Dresden 105 – Chemnitz 24 – Annaberg-Buchholz 9

Nussknacker-Hotel

Annaberger Str. 30 ✉ 09427 – ✆ (037341) 1 40 – www.nussknacker-hotel.de
33 Zim – 🚹55/90 € 🚹🚹86/125 € – 2 Suiten – ½ P
Rest – *(Montag - Freitag nur Abendessen)* Menü 23 € – Karte 14/38 €
In der Nähe des Gewerbegebietes findet man das moderne und freundliche Hotel, von dessen Gästezimmern aus man den See sehen kann. Bürgerliches Speisenangebot im hellen Restaurant.

EIBELSTADT – Bayern – 546 – 2 810 Ew – Höhe 180 m 49 I16

Berlin 500 – München 275 – Würzburg 11 – Stuttgart 151

Kapellenberg

Am Kapellenberg 2, (über Würzburger Str. 50) ✉ 97246 – ✆ (09303) 98 00 70 – www.hotel-kapellenberg.de
58 Zim – 🚹79 € 🚹🚹99 € – ½ P **Rest** – Karte 25/44 €
Eine ideale Businessadresse: am Ortsrand gelegen, direkte Anbindung an die A3, dazu klares modernes Design in warmen Tönen - in den Zimmern wie auch im Restaurant. Am letzten Sonntag im Monat gibt es Brunch.

Altstadthotel Weinforum Franken

Hauptstr. 37 ✉ 97246 – ✆ (09303) 9 84 50 90 – www.weinforum-franken.de
15 Zim – 🚹60/90 € 🚹🚹94/110 €
Rest *Weinforum Franken* – siehe Restaurantauswahl
Wer in dem sympathischen kleinen Hotel wohnt, hat die Altstadt direkt vor der Tür und die Weinberge in unmittelbarer Nähe. Die Zimmer sind geschmackvoll-modern, in einigen wurde der alte Dielenboden restauriert - das bringt Charme!

Gambero Rosso da Domenico

Mühle 2 ✉ 97246 – ✆ (09303) 9 84 37 82 – www.gambero-rosso.eu – geschl. Montag - Dienstag, Donnerstagmittag, Freitagmittag
Rest – Menü 35/45 € – Karte 31/48 €
Domenico Cannizzaro ist von Würzburg in dieses zum Lokal umgebaute ehemalige Schiff am kleinen Yachthafen umgezogen - seine gute Küche hat er mit hierher gebracht. Tipp: die hausgemachte Pasta oder das Tagesmenü in 4 Gängen! Wer möchte da nicht von der Veranda aus den tollen Mainblick genießen?

Weinforum Franken – Altstadthotel Weinforum Franken

Hauptstr. 37 ✉ 97246 – ✆ (09303) 9 84 50 90 – www.weinforum-franken.de
Rest – Menü 32/40 € – Karte 20/42 €
Auch in dem gemütlich-modernen Restaurant spürt man den liebenswerten Altbau-Charakter des Hauses. In den frischen Speisen finden übrigens Kräuter und Obst aus dem eigenen Garten Verwendung!

EICHSTÄTT – Bayern – 546 – 13 730 Ew – Höhe 391 m 57 L18

Berlin 501 – München 107 – Augsburg 73 – Ingolstadt 27
Domplatz 8, ✉ 85072, ✆ (08421) 6 00 14 00, www.eichstaett.de

Adler garni

Marktplatz 22 ✉ 85072 – ✆ (08421) 67 67 – www.adler-eichstaett.de
27 Zim – 🚹62/78 € 🚹🚹80/106 €
Das schön restaurierte Barockhaus ist ein persönlich geführtes Hotel mit teils recht geräumigen Zimmern und sehr hell gestaltetem Frühstücksraum mit gutem Buffet.

Gästehaus Abtei St. Walburg garni

Walburgiberg 6 ✉ 85072 – ✆ (08421) 9 88 70 – www.abtei-st-walburg.de – geschl. 22. Dezember - 2. Januar
19 Zim – 🚹40 € 🚹🚹68 €
Herzlich leiten die Benediktinerinnen die Klosteranlage a. d. 11. Jh. Die Zimmer sind schlicht, aber freundlich und tipptopp gepflegt. Frühstück im Klosterladen, schöner Klostergarten.

Domherrnhof
Domplatz 5, (1. Etage) ✉ 85072 – ✆ (08421) 61 26 – www.domherrnhof.de – geschl. Montag
Rest – Menü 25 € (mittags)/70 € – Karte 33/58 €
Das hübsch sanierte bischöfliche Palais von einst beherbergt hohe elegante Räume im Rokokostil, in denen Familie Waldmüller nun schon nahezu 30 Jahre die klassische Küche hochhält und dazu eine der besten Weinkarten der Region bietet. Wer es einfacher mag, isst in der rustikalen Schänke.

An der B 13 **Nord-West: 9 km**

Waldgasthof Geländer (mit Gästehaus)
Geländer 1 ✉ 85132 Schernfeld-Geländer – ✆ (08421) 67 61 – www.waldgasthof-gelaender.de – geschl. 15. Januar - 1. März
30 Zim – 53/65 € 69/85 € – ½ P
Rest – ✆ (08421) 93 77 70 – Karte 15/31 €
Ideal für Wanderer ist der schön am Waldrand gelegene Gasthof mit Naturlehrpfad, Tiermuseum und Wildgehege sowie Kinderspielplatz. Funktionale, teils modern gestaltete Zimmer. Regionale Küche mit Lamm- und Wildspezialitäten im rustikalen Restaurant.

EICHWALDE – Brandenburg – 542 – 6 210 Ew – Höhe 35 m 23 P8

Berlin 31 – Potsdam 65 – Cottbus 115 – Frankfurt (Oder) 79

Carmens Restaurant
Bahnhofstr. 9 ✉ 15732 – ✆ (030) 6 75 84 23 – www.carmens-restaurant.de – geschl. 2. - 14. Januar, Juli - August 2 Wochen und Sonntag - Dienstag
Rest – *(Mittwoch - Freitag nur Abendessen)* (Tischbestellung ratsam)
Menü 35/58 € – Karte 34/46 €
Seit 1990 steht Chefin Carmen Krüger hier als eine Art "Missionarin des guten Brandenburger Geschmacks" am Herd. Bei ihren leckeren und unkomplizierten Gerichten, verwundert es nicht, dass das kleine Restaurant immer wieder ausgebucht ist. Nehmen Sie doch mal "Zander mit Kartoffel-Spargelsalat" - oder mögen Sie Blutwurst?

EIGELTINGEN – Baden-Württemberg – 545 – 3 620 Ew – Höhe 483 m 62 G21

Berlin 740 – Stuttgart 148 – Konstanz 40 – Freiburg im Breisgau 104

Zur Lochmühle (mit 2 Gästehäusern) Zim,
Hinterdorfstr. 44 ✉ 78253 – ✆ (07774) 9 39 30 – www.lochmuehle-eigeltingen.de – geschl. über Fasching 1 Woche
45 Zim – 55/85 € 90/140 € – ½ P **Rest** – Menü 35 € – Karte 13/37 €
Eine schöne Ferienadresse, gewachsen aus einem Bauernhof. Die Tiere bewegen sich frei auf dem weitläufigen Gelände. Zahlreiche Aktivitäten erwarten Sie. Auch Familienzimmer. Urige, liebenswert dekorierte Stube - ergänzt durch eine Gartenterrasse.

EILSEN, BAD – Niedersachsen – 541 – 2 160 Ew – Höhe 95 m – Heilbad 28 G9

Berlin 342 – Hannover 60 – Hameln 27 – Minden 15
Bückeburger Str. 2, ✉ 31707, ✆ (05722) 8 86 50, www.bad-eilsen.info
Golfclub am Harrl, Am Bruch 12, ✆ (05722) 9 05 49 00

Landhaus Lahmann garni
Harrlallee 3 ✉ 31707 – ✆ (05722) 83 33 – www.landhaus-lahmann.de – geschl. 20. - 31. Dezember
18 Zim – 53/67 € 80/85 € – 2 Suiten
Das ruhig an einem Waldstück gelegene kleine Hotel ist ein netter Familienbetrieb mit freundlicher, wohnlicher Einrichtung und schönem Garten. Zum Haus gehört ein Reiterhof.

EIMELDINGEN – Baden-Württemberg – 545 – 2 440 Ew – Höhe 266 m 61 D21

Berlin 857 – Stuttgart 260 – Freiburg im Breisgau 64 – Basel 11

Zum Löwen

Hauptstr. 23 (B 3) ✉ 79591 – ✆ (07621) 6 25 88 – www.loewen-eimeldingen.de – geschl. Januar - Februar 1 Woche, Ende August 2 Wochen und Dienstag - Mittwoch

Rest – Menü 17/37 € – Karte 18/45 €

Wer bei Familie Hierholzer einkehrt, sitzt in ländlichen Gaststuben oder in der schön begrünten Gartenwirtschaft bei regional-bürgerlicher Küche und freundlichem Service - wie man es sich für einen gestandenen Gasthof wünscht!

EINBECK – Niedersachsen – 541 – 26 430 Ew – Höhe 112 m

29 I10

Berlin 326 – Hannover 72 – Braunschweig 94 – Göttingen 41

Marktstraße 13, ✉ 37574, ✆ (05561) 3 13 19 10, www.einbeck-marketing.de

Einbeck-Immensen, Am Holzgrund, ✆ (05561) 98 23 05

Marktplatz ★★ – Marktstraße 13 (Eickesches Haus ★★) – Tiedexerstraße ★★

Panorama

Mozartstr. 2 ✉ 37574 – ✆ (05561) 9 37 70 – www.panorama-einbeck.de

41 Zim – †80/90 € ††105/130 € **Rest** – Karte 25/43 €

Das Hotel in einer Wohngegend etwas oberhalb der historischen Altstadt wird seit vielen Jahren familiär geführt und verfügt über individuelle und funktionale Zimmer. Klassisch gestaltetes Restaurant und ländliche Bierstube.

Hasenjäger

Hubeweg 119 ✉ 37574 – ✆ (05561) 9 30 20 – www.hotel-hasenjaeger.de

19 Zim – †68 € ††83/98 € – ½ P **Rest** – Karte 22/44 €

Ein gepflegter kleiner Familienbetrieb in ruhiger erhöhter Lage, dessen Gästezimmer mit ihren bemalten Bauernmöbeln in rustikalem Stil gehalten sind. Sie speisen im Salzburger Stüberl oder in der Zirbelstube mit Kachelofen.

Der Schwan mit Zim

Tiedexer Str. 1 ✉ 37574 – ✆ (05561) 46 01 – www.schwan-einbeck.de – geschl. Sonntag

12 Zim – †70/79 € ††100/115 €

Rest – *(nur Abendessen)* Menü 28/68 € – Karte 36/47 €

Umgeben von schmucken Fachwerkfassaden liegt das historische Haus nahe dem Marktplatz und der Fußgängerzone. Rosatöne und allerlei Zierrat bestimmen das Ambiente.

EISENACH – Thüringen – 544 – 42 670 Ew – Höhe 220 m

39 J12

Berlin 353 – Erfurt 62 – Kassel 92 – Nordhausen 130

ADAC Bahnhofstr. 1 B1

Markt 24 B1, ✉ 99817, ✆ (03691) 7 92 30, www.eisenach.de

Wenigenlupnitz, Am Röderweg 3, ✆ (036920) 7 18 71

Wartburg ★★ A2

Thüringer Wald ★★ · Großer Inselsberg (✳ ★★) · Marienglashöhle ★

Steigenberger Hotel Thüringer Hof

Rest,

Karlsplatz 11 ✉ 99817 – ✆ (03691) 2 80 – www.eisenach.steigenberger.de

B1e

126 Zim – †94/117 € ††129/152 € – 1 Suite – ½ P

Rest – Menü 25 € – Karte 27/43 €

Eine ansprechende Halle empfängt Sie hinter der schönen historischen Fassade dieses zentral gelegenen Hotels. Wohnliche, zeitgemäße Zimmer und Sauna im obersten Stock mit Zugang nach draußen. Restaurant im Bistrostil mit offener Showküche.

Göbel's Sophien Hotel

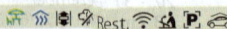

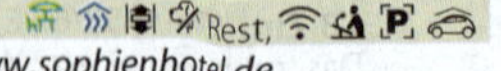

Sophienstr. 41 ✉ 99817 – ✆ (03691) 25 10 – www.sophienhotel.de

66 Zim – †79/85 € ††110/130 € – ½ P

B1f

Rest – *(Montag - Freitag nur Abendessen)* Menü 19/45 € – Karte 16/41 €

In dem Hotel wenige Schritte von der Altstadt erwarten Sie zeitgemäße, teils besonders moderne Zimmer, ein gut ausgestatteter Beautysalon sowie eine hübsche kleine Bar im Eingangsbereich. In klaren Linien und warmen Tönen gehaltenes Restaurant.

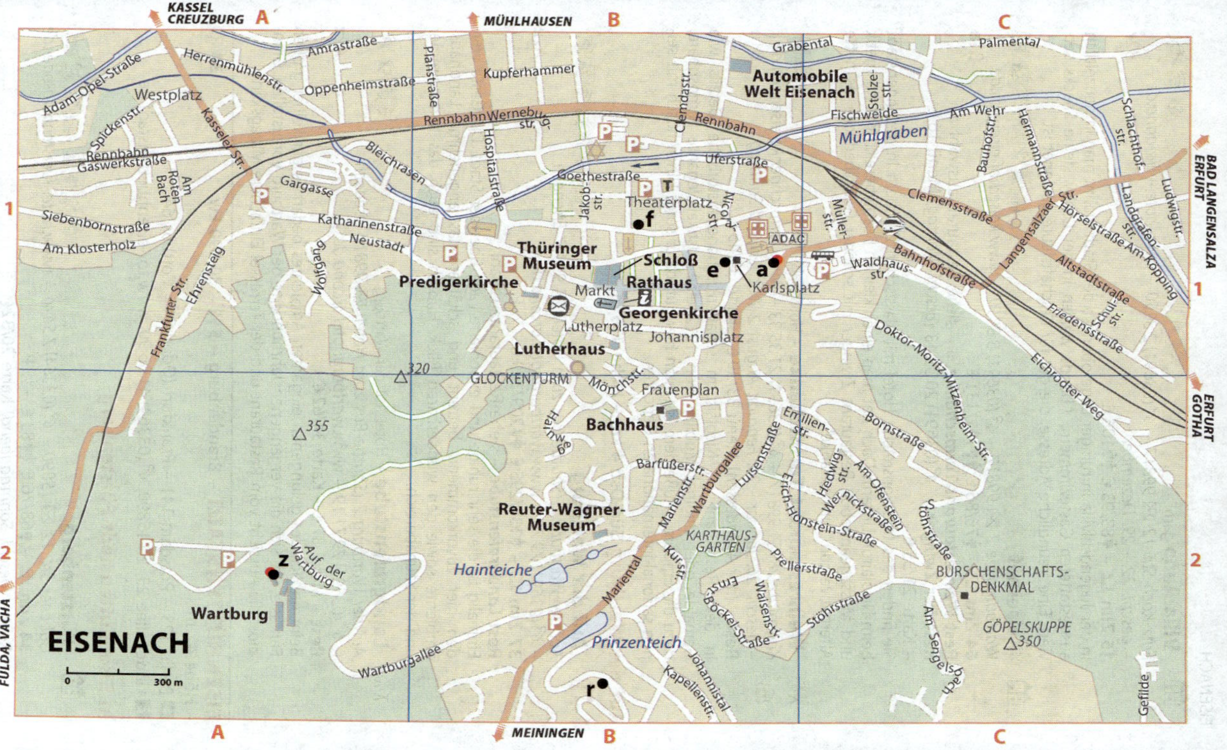

EISENACH
0
300 m
KASSEL CREUZBURG
MÜHLHAUSEN
BAD LANGENSALZA ERFURT
ERFURT GOTHA
FULDA, VACHA
MEININGEN
Automobile Welt Eisenach
Thüringer Museum
Schloß
Rathaus
Markt
Georgenkirche
Predigerkirche
Lutherplatz
Johannisplatz
Lutherhaus
GLOCKENTURM
Frauenplan
Bachhaus
Reuter-Wagner-Museum
KARTHAUS-GARTEN
Hainteiche
Prinzenteich
Wartburg
Auf der Wartburg
BURSCHENSCHAFTS-DENKMAL
GÖPELSKUPPE
350
355
320
Mühlgraben
Theaterplatz
Karlsplatz
ADAC
Adam-Opel-Straße
Westplatz
Herrenmühlenstr.
Amrastraße
Oppenheimstraße
Planstraße
Kupferhammer
Grabental
Palmental
Rennbahn
Wernebug-str.
Hospitalstraße
Clemdastr.
Fischweide
Stolze-str.
Am Wehr
Bauhofstr.
Hermannstraße
Schlachthof-str.
Ludwigstr.
Landgrafen-str.
Hörselstraße
Am Kopping
Langensalzaer Str.
Clemensstraße
Altstadtstraße
Schul-str.
Friedensstraße
Eichrodter Weg
Bahnhofstraße
Waldhaus-str.
Müller-str.
Nicolai-str.
Uferstraße
Goethestraße
Jakob-str.
Spickenstr.
Kasseler Str.
Gaswerkstraße
Am Roten Bach
Gargasse
Bleichrasen
Siebenbornstraße
Am Klosterholz
Katharinenstraße
Neustadt
Wolfgang
Ehrensteig
Frankfurter Str.
Mönchstr.
Hainweg
Barfüßerstr.
Marienstr.
Wartburgallee
Luisenstraße
Emilien-str.
Doktor-Moritz-Mitzenheim-Str.
Bornstraße
Hedwig-str.
Wernickstraße
Am Ofenstein
Erich-Honstein-Straße
Prellerstraße
Waisenstr.
Ernst-Böckel-Straße
Stöhrstraße
Am Sengelsbach
Mariental
Kurstr.
Johannistal
Kapellenstr.
Gefilde

Villa Anna garni

Fritz-Koch-Str. 12 ✉ *99817 – ✆ (03691) 2 39 50 – www.hotel-villa-anna.de* B2**r**
– geschl. 22. - 29. Dezember

15 Zim ☕ – 🚹83/93 € 🚹🚹106 €

In der Jugendstilvilla in ruhiger Lage oberhalb der Stadt wohnt man in neuzeitlich ausgestatteten Gästezimmern. Abends werden in der Lobby kleine Snacks serviert. Eine freundliche Adresse, die gut für Geschäftsleute geeignet ist.

Kaiserhof Zim,

Wartburgallee 2 ✉ *99817 – ✆ (03691) 8 88 90 – www.kaiserhof-eisenach.de* B1**a**

64 Zim ☕ – 🚹76/86 € 🚹🚹111/131 €

Rest *Weinrestaurant Turmschänke* – siehe Restaurantauswahl

Rest *Der Zwinger* – ✆ (03691) 20 33 43 *(geschl. Montag)* Menü 16 € – Karte 21/35 €

Sie finden das traditionsreiche Hotel mit klassischen Zimmern in der Innenstadt beim Nicolaitor. Unterm Dach hat man einen kleinen Beautybereich mit Kosmetik und Massageangebot. Restaurant Zwinger mit schöner Gewölbedecke als nette Alternative zur "Turmschänke".

Weinrestaurant Turmschänke – Hotel Kaiserhof

Karlsplatz 28 ✉ *99817 – ✆ (03691) 21 35 33 – www.turmschaenke-eisenach.de* B1**a**
– geschl. 26. Januar - 20. Februar, August 2 Wochen und Sonntag

Rest – *(nur Abendessen)* Menü 33/39 € – Karte 34/45 €

In dem Restaurant im Nicolaiturm schaffen schöne historische Details wie Gemälde oder original Mobiliar von 1912 eine rustikal-elegante Atmosphäre, dazu die Empore... Außerdem isst man hier gut, dafür sorgt Ulrich Rösch mit seinen saisonal-internationalen Gerichten.

Auf der Wartburg Süd-Ost: 4 km – Höhe 416 m

Auf der Wartburg

Auf der Wartburg 2 (Shuttle-Bus zum Hotel) ✉ *99817 Eisenach*
– ✆ (03691) 79 70 – www.wartburghotel.arcona.de A2**z**

37 Zim ☕ – 🚹135/295 € 🚹🚹209/339 € – ½ P

Rest *Landgrafenstube* – siehe Restaurantauswahl

Einmalig ist die sehr ruhige und exponierte Lage über der Stadt. Die Gäste werden hier zuvorkommend betreut und schätzen das angenehme Landhausambiente sowie den wunderbaren Blick. Hübsch sind auch das Kaminzimmer und der Saunabereich.

Landgrafenstube – Hotel Auf der Wartburg

Auf der Wartburg 2 (Shuttle-Bus zum Hotel) ✉ *99817 Eisenach*
– ✆ (03691) 79 71 19 – www.wartburghotel.arcona.de A2**z**

Rest – Menü 37 € – Karte 34/62 €

Beim Anblick des gelungenen eleganten Ambientes bedarf es gar keiner großen Fantasie, um sich die vergangenen Jahrhunderte der Wartburg vorzustellen. Grandios: die Aussicht vom Restaurant und der Terrasse! Einfachere Mittagskarte.

EISENHÜTTENSTADT – Brandenburg – 542 – 30 390 Ew – Höhe 42 m

34 R9

▶ Berlin 123 – Potsdam 141 – Frankfurt (Oder) 24 – Cottbus 64

ℹ Lindenallee 25, ✉ 15890, ✆ (03364) 41 36 90, www.tor-eisenhuettenstadt.de

In Eisenhüttenstadt-Fürstenberg

Fürstenberg Rest,

Gubener Str. 12 ✉ *15890 – ✆ (03364) 7 54 40 – www.hotel-fuerstenberg-oder.de*

34 Zim ☕ – 🚹68/76 € 🚹🚹83 € – ½ P

Rest – *(geschl. Sonntagabend)* Karte 20/32 €

Das am Rande der Altstadt gelegene Hotel verfügt über praktisch ausgestattete Zimmer und geräumige Appartements mit Kochgelegenheit.

EISENSCHMITT – Rheinland-Pfalz – 543 – 280 Ew – Höhe 350 m – Erholungsort

45 B15

▶ Berlin 691 – Mainz 146 – Trier 50 – Kyllburg 13

In Eisenschmitt-Eichelhütte

Molitors Mühle Rest,

Eichelhütte 15 ✉ 54533 – ✆ (06567) 96 60 – www.molitor.com
37 Zim – 65/98 € 120/154 € – 2 Suiten – ½ P
Rest – Menü 25/50 € – Karte 23/48 €
Eine charmante Adresse in wunderschöner Waldrandlage. Die Zimmer sind sehr individuell, der Spabereich ist hübsch und recht modern, mit Außensauna und Zugang zum eigenen See. Internationale Küche im Restaurant mit Kaminzimmer, Wintergarten und Terrasse am Wasser.

EISLEBEN (LUTHERSTADT) – Sachsen-Anhalt – 542 – 25 290 Ew – Höhe 150 m

31 L11

Berlin 179 – Magdeburg 85 – Erfurt 94 – Leipzig 66
Hallesche Str. 4, ✉ 06295, ✆ (03475) 60 21 24, www.eisleben-tourist.de

Graf von Mansfeld

Markt 56 ✉ 06295 – ✆ (03475) 6 63 00 – www.hotel-eisleben.de
46 Zim – 65/85 € 95/100 € – 4 Suiten – ½ P
Rest – *(Montag - Freitag sowie an Feiertagen nur Abendessen)* Menü 19/23 € – Karte 17/42 €
Mit liebevoller klassisch-eleganter Einrichtung hat man in dem ehemaligen Stadtschloss a. d. 15. Jh. ein stilgerechtes Ambiente geschaffen. Juniorsuiten und Suiten zum Marktplatz. Ein Wintergarten ergänzt das Restaurant mit sehr schönem Kreuzgewölbe.

ELEND – Sachsen-Anhalt – siehe Schierke

ELFERSHAUSEN – Bayern – 546 – 2 830 Ew – Höhe 198 m

49 I14

Berlin 484 – München 318 – Würzburg 54 – Fulda 69

Ullrich

August-Ullrich-Str. 40 ✉ 97725 – ✆ (09704) 9 13 00 – www.hotel-ullrich.de
63 Zim – 71/81 € 108/123 € – ½ P
Rest – Menü 20/50 € – Karte 21/47 €
Ein funktionelles Tagungshotel mit guter Verkehrsanbindung. Im Turmhaus hat man einige sehr moderne Designzimmer in frischem Rot, Gelb oder Grün. Schöner Garten und rustikales Restaurant mit Terrasse sowie Vinarium.

ELLERBEK – Schleswig-Holstein – 541 – 4 280 Ew – Höhe 9 m

10 I5

Berlin 305 – Kiel 86 – Hamburg 17 – Lübeck 73

Heinsens mit Zim

Hauptstr. 1 ✉ 25474 – ✆ (04101) 3 77 70 – www.heinsens.de
8 Zim – 44/112 € 69/112 € **Rest** – Menü 20 € – Karte 19/44 €
Ein liebevoll sanierter Gasthof von 1900 mit gemütlich-historischem Flair. Internationale und regionale Küche, mittags kleine einfachere Karte. Hausgemachter Kuchen, auch im schönen Garten.

ELLWANGEN – Baden-Württemberg – 545 – 24 600 Ew – Höhe 440 m – Erholungsort

56 I18

Berlin 547 – Stuttgart 97 – Ansbach 65 – Augsburg 132
Spitalstr. 4, ✉ 73479, ✆ (07961) 8 43 03, www.ellwangen.de
Bühlerzell, Hinterwald 4, ✆ (07963) 84 14 71

In Ellwangen-Eggenrot Nord-West: 4 km, Richtung Schwäbisch Hall

Klozbücher

Rosenberger Str. 47 ✉ 73479 – ✆ (07961) 9 24 91 90 – www.klozbuecher.com
13 Zim – 64/67 € 93/98 € – ½ P
Rest – *(geschl. Samstag - Sonntag) (nur Abendessen für Hausgäste)* Karte 15/49 €
Das kleine Hotel der Familie Klotzbücher kann sich wirklich sehen lassen: der angenehm moderne Stil, die hochwertige Ausstattung und dazu die persönliche Führung... Übrigens: Die Wurst zum Frühstück kommt aus der angeschlossenen eigenen Metzgerei! Kleines Speisenangebot für Hausgäste.

ELMAU – Bayern – siehe Krün

ELSTER, BAD – Sachsen – 544 – 3 670 Ew – Höhe 495 m – Heilbad 41 N14

Berlin 331 – Dresden 176 – Hof 50 – Plauen 27

Königliches Kurhaus, ✉ 08645, ✆ (037437) 7 11 11, www.badelster.de

Parkhotel Helene

Parkstr. 33 ✉ 08645 – ✆ (037437) 5 00 – www.parkhotel-helene.de – geschl. 5. - 24. Januar

25 Zim – 48/78 € 76/136 € – ½ P **Rest** – Menü 15/30 € – Karte 14/29 €

Das familiär geleitete Hotel ist in einer Villa von 1889 untergebracht, die ruhig im Kurgebiet liegt. Die etwas unterschiedlichen Gästezimmer sind alle funktionell ausgestattet. Sie speisen in Albert's Parkrestaurant oder im netten Vogtlandstübl.

ELSTERHEIDE – Sachsen – siehe Hoyerswerda

ELTVILLE am RHEIN – Hessen – 543 – 17 720 Ew – Höhe 90 m 47 E15

Berlin 576 – Wiesbaden 14 – Bad Kreuznach 52 – Limburg an der Lahn 51

Rheingauer Str. 28, ✉ 65343, ✆ (06123) 9 09 80, www.eltville.de

Kloster Eberbach★★, Nord-West: 9 km

Frankenbach

Wilhelmstr. 13 ✉ 65343 – ✆ (06123) 90 40 – www.hotel-frankenbach.de – geschl. 24. - 29. Dezember

37 Zim – 78/95 € 108/130 € – ½ P

Rest ***Jean*** – siehe Restaurantauswahl

1948 hat alles angefangen, seither wird das Engagement der Familie Frankenbach von Generation zu Generation weitergegeben. Im Mainzer Hof liegen einige Zimmer schön zum Garten, im Gutenberg Hof wohnt man moderner und besonders hübsch, auch sind die Zimmer hier klimatisiert. Sie mögen Torten? Im eigenen Café gibt's u. a. "Schwäbische Apfel-Rheingauriesling-Torte".

Jean – Hotel Frankenbach

Wilhelmstr. 13 ✉ 65343 – ✆ (06123) 90 40 – www.hotel-frankenbach.de – geschl. 24. - 29. Dezember und Montag - Dienstag

Rest – *(Mittwoch - Freitag nur Abendessen)* Menü 34/85 € – Karte 38/66 €

Juniorchef Johannes Frankenbach pflegt eine klassisch-französisch und mediterran inspirierte Küche. Auf der Karte ist z. B. "Jakobsmuschel / Beurre Blanc / Spinat / Rotweinschalotten" zu lesen oder "Tarte Au Chocolat / Birnen / Vanilleeis". Im Service beweist seine charmante Lebensgefährtin Kompetenz.

Gutsausschank im Baiken N

Wiesweg 86 ✉ 65343 – ✆ (06123) 90 03 45 – www.baiken.de – geschl. Februar, April - Oktober: Montag; November - März: Montag - Mittwoch

Rest – *(April - Oktober: Dienstag - Samstag nur Abendessen; November - März: Donnerstag - Samstag nur Abendessen)* Karte 30/46 €

Schon allein die Lage ist einen Besuch wert: inmitten von Reben und mit schönem Blick auf die Weinberge und Eltville. Essen Sie also am besten auf der Terrasse - die ist sogar teilweise regenfest! Region und Saison bestimmen die Speisekarte.

In Eltville-Erbach West: 2 km über B 42

Schloss Reinhartshausen Kempinski

Hauptstr. 41 ✉ 65346 – ✆ (06123) 67 60 – www.schloss-hotel.de – geschl. 2. - 14. Januar Rest,

57 Zim – 215/350 € 215/350 €, 27 € – 6 Suiten – ½ P

Rest – Menü 45/85 € (abends) – Karte 38/68 €

Das Schloss von 1801 hat dank seines stilgerechten klassischen Interieurs den Charme von einst bewahrt. Äußerst gelungen ist der Mix aus Historie und Moderne im "Herrenhaus". Das Restaurant teilt sich in den Wintergarten und das elegante Prinzess von Erbach.

In Eltville-Hattenheim West: 4 km über B 42

Kronenschlösschen

Rheinallee ✉ 65347 – ✆ (06723) 6 40 – www.kronenschloesschen.de

14 Zim – 130/150 € 150/180 €, 20 € – 4 Suiten

Rest ***Kronenschlösschen*** ✿ – siehe Restaurantauswahl

Rest ***Bistro*** – Menü 38 € – Karte 48/67 €

Direkt am Rhein liegt das sorgsam sanierte Haus von 1894. Bewusst hat man Historisches erhalten und so ein elegantes und wertig eingerichtetes Domizil geschaffen. Sympathische Atmosphäre im Bistro.

XXX **Kronenschlösschen** – Hotel Kronenschlösschen

Rheinallee ✉ 65347 – ✆ (06723) 6 40 – www.kronenschloesschen.de
Rest – *(Montag - Samstag nur Abendessen, außer an Feiertagen)*
Menü 98/110 € – Karte 77/98 €
Der junge Küchenchef Sebastian Lühr hat hier im Haus schon seine Lehre gemacht, nun kommt sein Talent voll zum Einsatz. Auch wenn das Hauptaugenmerk natürlich auf den harmonisch zubereiteten und ausgesprochen schön angerichteten Speisen liegt, ist auch die kunstvoll bemalte Decke in dem stilvollen Raum einen Blick wert. Ebenso niveauvoll wie das Essen ist die Weinkarte mit rund 1200 Positionen - man beachte die Riesling- und Champagnerauswahl! Ein weiteres sehenswertes Detail findet sich draußen: die 350 Jahre alte Platane auf der Terrasse.
➜ Marinierte Gänseleber / Spargel / Erdbeere / Bellota Schinken. Loup de mer / Paprika / Chorizo / Calamaretti / geeistes Olivenöl. US-Beef Filet und Schulter / Birne / Zwiebel / Sellerie.

XX **Zum Krug** mit Zim

Hauptstr. 34 ✉ 65347 – ✆ (06723) 9 96 80 – www.hotel-zum-krug.de – geschl. 21. Dezember - 16. Januar, 20. Juli - 4. August und Sonntagabend - Dienstagmittag
15 Zim – †80/95 € ††120/165 €
Rest – Menü 28 € (mittags)/65 € – Karte 32/51 €
Ob Klassiker oder "Neue Krug Küche", alles ist bodenständig, stets werden regionale und saisonale Produkte miteinbezogen - probieren Sie z. B. "Handkäse-Käsekuchen mit Senfkornkirschen" und "Kopfsalat in Grüner Sauce Vinaigrette". Dazu tolle Rheingau-Weine. Chic-modern und geräumig die Themenzimmer im historischen Rathaus, einfacher die traditionellen Weinhaus-Zimmer.

X **Adler Wirtschaft**

Hauptstr. 31 ✉ 65347 – ✆ (06723) 79 82 – www.franzkeller.de – geschl. Ende Dezember - Anfang Januar und Dienstag - Mittwoch
Rest – *(Montag und Donnerstag - Freitag nur Abendessen)* (Tischbestellung ratsam) Menü 49/67 €
Wirklich reizend ist das kleine Fachwerkhaus der Familie Keller - und was sich im Kühlhaus verbirgt, kann sich ebenso sehen lassen: Bentheimer Schwein sowie Charolais- und Limousin-Rind vom eigenen Falkenhof im Taunus. Nicht entgehen lassen: doppeltes Charolais Steak oder auch die Tarte Tatin mit Honigeis und Apfelbrand! Am Wochenende ab 13 Uhr durchgehend geöffnet.

ELZACH – Baden-Württemberg – 545 – 6 870 Ew – Höhe 361 m – Luftkurort

61 E20

Berlin 764 – Stuttgart 189 – Freiburg im Breisgau 39 – Offenburg 43
Schulstr. 8, ✉ 79215, ✆ (07682) 1 94 33, www.elzach.de

X **Gasthaus Rössle**

Hauptstr. 19 ✉ 79215 – ✆ (07682) 2 12 – www.roessleelzach.de – geschl. Januar 3 Wochen, Juni 3 Wochen und Dienstag - Mittwoch
Rest – Menü 20/45 € – Karte 16/48 €
Der sanierte alte Gasthof im Ortskern ist ein langjähriger Familienbetrieb mit regionaler Landhausküche. Die Einrichtung verbindet mediterrane Töne mit badischem Flair.

In Elzach-Oberprechtal Nord-Ost: 7,5 km über B 294, am Ortsausgang rechts Richtung Hornberg – Höhe 459 m

XX **Schäck's Adler** mit Zim

Waldkircher Str. 2 ✉ 79215 – ✆ (07682) 12 91 – www.schaecks-adler.de – geschl. Mitte Februar - Mitte März und Montag - Dienstag
9 Zim – †58 € ††116 € – ½ P **Rest** – Menü 29 € – Karte 28/53 €
Kachelofen, Holzfußboden, Täfelung... all das macht die Stuben schön gemütlich, es gibt auch eine schicke Bar! Das gute Essen gibt es z. B. als Elztaler Forelle oder Zander! Die Gästezimmer sind geräumig und sehr gepflegt, da übernachtet man gerne - das Frühstück bis 11 Uhr kommt auch bei Langschläfern gut an!

ELZE – Niedersachsen – 541 – 8 870 Ew – Höhe 83 m

Berlin 294 – Hannover 30 – Göttingen 82 – Hameln 31

In Elze-Mehle Süd-West: 3 km über B 1

Schökel's mit Zim

Alte Poststr. 35 ✉ 31008 – ✆ (05068) 30 66 – www.hotel-schoekel.de – geschl. 1. - 7. Januar

10 Zim – 65/85 € 90/140 € – ½ P

Rest – *(geschl. Montag - Dienstag)* Menü 24 € (mittags)/56 € – Karte 32/51 €

Das elegant-rustikale Restaurant befindet sich im ursprünglichen Gasthaus a. d. 19. Jh. Geboten wird saisonal-internationale Küche. Geschmackvoll hat man das Haus mit allerlei dekorativem Zierrat versehen. Fragen Sie nach den renovierten Gästezimmern.

EMMELSHAUSEN – Rheinland-Pfalz – 543 – 4 620 Ew – Höhe 460 m – Luftkurort

46 D14

Berlin 621 – Mainz 76 – Koblenz 30 – Bad Kreuznach 57

Rhein-Mosel-Str. 45, ✉ 56281, ✆ (06747) 9 32 20, www.rhein-mosel-dreieck.de

Münster garni

Waldstr. 3a ✉ 56281 – ✆ (06747) 9 39 40 – www.hotel-muenster.de – geschl. 18. Dezember - 6. Januar

18 Zim – 45/49 € 69/77 €

Ein von der Inhaberfamilie gut geführtes Haus in einer Seitenstraße. Den Gästen stehen geräumige und solide Zimmer sowie ein gepflegter Garten zur Verfügung.

EMMENDINGEN – Baden-Württemberg – 545 – 27 020 Ew – Höhe 201 m

61 D20

Berlin 794 – Stuttgart 193 – Freiburg im Breisgau 23 – Offenburg 51

Bahnhofstr. 8, ✉ 79312, ✆ (07641) 1 94 33, www.emmendingen.de

Markgraf garni

Markgrafenstr. 53 ✉ 79312 – ✆ (07641) 93 06 80 – www.hotel-galerie-markgraf.de – geschl. 1. - 6. Januar

16 Zim – 65/70 € 85/90 €

In dem Hotel im Zentrum wohnt man zeitlos, allergikerfreundlich und barrierefrei. Nach hinten liegen die Zimmer erstaunlich schön, nämlich ruhig am Park! Dank Dreifach-Schallisolierung schläft man nach vorne aber ebenfalls ruhig.

In Emmendingen-Maleck Nord-Ost: 4 km über Tennenbacher Straße

Park-Hotel Krone

Brandelweg 1 ✉ 79312 – ✆ (07641) 9 30 96 90 – www.kronemaleck.de

25 Zim – 62/98 € 90/130 € – ½ P

Rest – *(geschl. Februar 2 Wochen und Montagmittag)* Menü 14 € (mittags)/52 € – Karte 29/61 €

Das ist schon eine recht individuelle Adresse: Flamingos im hübschen Garten und eine tolle Terrasse, schöne Zimmer und ein hochwertiges Frühstück... und dann sind da noch die engagierten Gastgeber! Die regionale und internationale Küche serviert man im Restaurant oder in der Kronenstube.

In Emmendingen-Windenreute Ost: 3,5 km über Hochburger Straße

Windenreuter Hof

Rathausweg 19 ✉ 79312 – ✆ (07641) 93 08 30 – www.windenreuter-hof.de

63 Zim – 72/90 € 89/145 € – 3 Suiten – ½ P

Rest – *(Montag - Freitag nur Abendessen)* Menü 23 € (vegetarisch)/35 € – Karte 25/45 €

Reizvoll sind die ruhige Lage und die Aussicht von diesem Hotel. Die Zimmer überzeugen durch gutes Platzangebot, meist mit Balkon. Kurzurlauber und Tagungsgäste schätzen das Haus gleichermaßen. Restaurant und Terrasse bieten einen schönen Blick.

EMMERICH am RHEIN – Nordrhein-Westfalen – 543 – 29 630 Ew – Höhe 18 m

25 A10

Berlin 598 – Düsseldorf 103 – Arnhem 32 – Maastricht 158

Rheinpromenade 27, ✉ 46446, ✆ (02822) 93 10 40, www.emmerich.de

18 Emmerich-Hüthum, Abergsweg 30, ✆ (02822) 9 27 10

In Emmerich-Praest Ost: 6,5 km über B8, Richtung Rees

XX **Zu den drei Linden - Lindenblüte**

Reeser Str. 545 ✉ 46446 – ✆ (02822) 88 00 – www.zu-den-3-linden.de – geschl. Januar 2 Wochen, Ende Juli - Anfang September 3 Wochen und Dienstag - Mittwoch

Rest – *(Montag - Samstag nur Abendessen)* Menü 35/39 € – Karte 38/50 €

Gekonnt werden bei Familie Siemes (bereits die 5. Generation) ausgesuchte Produkte zu schmackhaften regionalen Speisen zubereitet. Da macht z. B. das Menü mit "Variation vom Topfen" und "Lammkeule auf Mangold" Appetit. Und das Ambiente? Freundlich, mit eleganter Note.

EMPFINGEN – Baden-Württemberg – 545 – 4 140 Ew – Höhe 499 m 54 F19

Berlin 698 – Stuttgart 65 – Karlsruhe 120 – Freiburg im Breisgau 123

Empfinger Hof

Im Auchtert 12 ✉ 72186 – ✆ (07485) 9 98 30 – www.empfingerhof.de

42 Zim – 69/159 € 79/199 €, 12 € – 2 Suiten – ½ P

Rest – Karte 22/56 €

Vor allem auf Tagungen ist das verkehrsgünstig gelegene Hotel zugeschnitten. Die Zimmer sind sachlich-funktionell ausgestattet, auch große Appartements stehen zur Verfügung. Das Restaurant mit nettem Wintergarten bietet schwäbische sowie italienische Küche.

EMS, BAD – Rheinland-Pfalz – 543 – 8 970 Ew – Höhe 85 m – Heilbad 36 D14

Berlin 590 – Mainz 66 – Koblenz 19 – Limburg an der Lahn 40

Bahnhofplatz 1, ✉ 56130, ✆ (02603) 9 41 50, www.bad-ems.info

18 Bad Ems, Denzerheide, ✆ (02603) 65 41

Häcker's Grand Hotel 

Römerstr. 1-3 ✉ 56130 – ✆ (02603) 79 90 – www.haeckers-hotels.com

106 Zim – 114/154 € 205 € – ½ P

Rest – Menü 18/20 € – Karte 33/54 €

Der stattliche Barockbau von 1711 liegt im Zentrum an der Lahn. Ein traditionsreiches Kurhotel mit elegant und hochwertig ausgestatteten Zimmern. Kleiner Außenbereich mit Sauna und Whirlpool hinter dem Haus. Klassisches Ambiente und internationale Küche im Restaurant.

Bad Emser Hof

Lahnstr. 6 ✉ 56130 – ✆ (02603) 9 18 10 – www.bad-emser-hof.de

25 Zim – 69/84 € 99/125 € – 1 Suite – ½ P

Rest *Estragon* – siehe Restaurantauswahl

Moderne Gästezimmer mit Balkon erwarten Sie in diesem Hotel, das nur durch die Straße von der Lahn getrennt ist. Einige Zimmer liegen recht ruhig nach hinten. Praktisch: 50 m entfernt finden Sie ein Parkhaus.

XX **Schweizerhaus** mit Zim 

Malbergstr. 21 ✉ 56130 – ✆ (02603) 9 36 30 – www.hotel-schweizerhaus.com – geschl. 20. Oktober - 20. November und Donnerstag

10 Zim – 50/75 € 92/98 € – ½ P

Rest – *(Montag - Samstag nur Abendessen)* Menü 36/85 € – Karte 39/66 €

In exponierter Lage thront man hier über Bad Ems. In dem klassischen Restaurant mit der charmanten und aufmerksamen Chefin im Service fühlt man sich wie in der "guten Stube". Der Chef steht selbst am Herd. Einfach und gepflegt übernachten kann man in dem Nichtraucherhaus ebenfalls.

XX **Estragon** – Hotel Bad Emser Hof

Lahnstr. 6 ✉ 56130 – ✆ (02603) 34 24 – www.restaurant-estragon.de – geschl. 2. - 16. Januar, Samstagmittag, Sonntag

Rest – Karte 27/49 €

"Tafelspitz mit Meerrettichsauce", "Rumpsteak mit Pfeffersauce"... so könnte Ihr Essen in dem freundlichen Restaurant aussehen. Die schmackhafte internationale Küche ist mittags einfacher und günstiger, Sie können aber auch nach der etwas aufwändigeren Abendkarte fragen.

EMSDETTEN – Nordrhein-Westfalen – 543 – 35 380 Ew – Höhe 38 m 26 D9

Berlin 466 – Düsseldorf 152 – Nordhorn 54 – Enschede 50

Friedrichstr. 1, ✉ 48282, ☎ (02572) 9 30 70, www.vvemsdetten.de

Lindenhof (mit Gästehäusern)

Alte Emsstr. 7 ✉ 48282 – ☎ (02572) 92 60 – www.lindenhof-emsdetten.de – geschl. 20. Dezember - 6. Januar

45 Zim – 59/75 € 80/99 € – ½ P

Rest *Lindenhof* – siehe Restaurantauswahl

Eine gefragte Adresse - kein Wunder: die Zimmer sind gut ausgestattet, es wird immer wieder renoviert und als echter Familienbetrieb sind die Hankhs hier alle präsent! Für besondere Ansprüche hat man Juniorsuiten mit Dampfbad, geräumige Superior-Zimmer und Appartements mit kleiner Küche (im Wiegehaus).

XX **Lindenhof** – Hotel Lindenhof

Alte Emsstr. 7 ✉ 48282 – ☎ (02572) 92 60 – www.lindenhof-emsdetten.de – geschl. 20. Dezember - 6. Januar, Juli 1 Woche und Sonntag sowie an Feiertagen

Rest – *(nur Abendessen)* (Tischbestellung ratsam) Menü 25/45 € – Karte 22/47 €

Die Herzlichkeit von Juniorchefin Christine Hankh kommt bei der bunt gemischten Gästeschar gut an, ebenso die Küche ihres Mannes Udo. Er kocht zeitgemäß, saisonal und regional - ganz konkret könnte das "Gebratenes Zanderfilet mit Balsamicolinsen und Rosmarinkartoffeln" heißen.

EMSTAL, BAD – Hessen – 543 – 6 160 Ew – Höhe 320 m – Heilbad - Luftkurort 38 H11

Berlin 416 – Wiesbaden 212 – Kassel 34 – Frankfurt am Main 203

Karlsbader Str. 4, ✉ 34308, ☎ (05624) 9 21 89 72, www.bad-emstal.de

In Bad Emstal-Sand

Grischäfer (mit Gästehaus)

Kasseler Str. 78 ✉ 34308 – ☎ (05624) 9 98 50 – www.grischaefer.de

17 Zim – 54/75 € 74/95 €

Rest – *(nur Abendessen, sonntags auch Mittagessen)* Karte 19/49 €

Ein familiengeführtes Haus mit rustikalem Fachwerk-Charme, dessen Gästezimmer gemütlich gestaltet sind. Eines der Zimmer ist eine Maisonette. Das Restaurant befindet sich in der ehemaligen Scheune. Lauschig ist der Biergarten.

ENDINGEN am KAISERSTUHL – Baden-Württemberg – 545 – 9 070 Ew – Höhe 186 m – Erholungsort 61 D20

Berlin 789 – Stuttgart 189 – Freiburg im Breisgau 28 – Offenburg 47

Adelshof 20, ✉ 79346, ☎ (07642) 68 99 90, www.endingen.de

Zollhaus garni

Hauptstr. 3 ✉ 79346 – ☎ (07642) 9 20 23 43 – www.zollhaus-endingen.de

4 Zim – 90/138 € 99/157 €

Ein echter Hingucker, was Michael Kaltenbach und Lebensgefährtin Susanne Huwer aus dem denkmalgeschützten Gebäude gemacht haben: klares Design und hochwertige Materialien treffen auf rustikale alte Holzbalken - schöner kann der Mix von Tradition und Moderne kaum sein!

Pfauen garni (mit Gästehaus)

Hauptstr. 78 ✉ 79346 – ☎ (07642) 9 02 30 – www.endingen-pfauen.de – geschl. 7. - 19. Januar, 24. - 27. Dezember

35 Zim – 48/69 € 69/99 €

Gefragt ist das gepflegte Haus in der Altstadt! Buchen Sie am besten die Komfortzimmer, denn die sind größer und liegen recht ruhig zum Hof mit Kastaniengarten! Wem etwas einfachere Zimmer genügen, fühlt sich auch im Gästehaus wohl.

Merkle's Rebstock

Hauptstr. 2 ✉ 79346 – ✆ (07642) 79 00 – www.merkles-restaurant.de – geschl. über Fastnacht 2 Wochen, August 1 Woche und Sonntagabend - Montag

Rest – Menü 35 € (mittags)/109 € (abends) – Karte 35/77 €

Hier spürt man schon bei der Begrüßung, dass Simone und Thomas Merkle Gastgeber mit Leib und Seele sind, und das merkt man auch der Küche an: Die saisonalen Gerichte serviert man nicht nur à la carte, am Abend gibt es sie auch als aufwändige Menüs - da heißt es dann "Einfach Regional" oder "Einfach Merkle"... sehr harmonisch, fein und exzellent gekocht. Mittags kommt man übrigens gerne zum günstigen 3-Gänge-Menü!

→ Geschmorter Ochsenschwanz / gebratene Scheibe von der Gänseleber / Spätburgundersauce / Schupfnudeln. Badische Hechtklößle / Grauburgundersauce / Blattspinat / Butternudeln. Gebratener Rochenflügel / Spargelrisotto / grüner Spargel / Rotweinbutter.

Schindler's Ratsstube

Marktplatz 10 ✉ 79346 – ✆ (07642) 34 58 – www.schindlers-ratsstube.de – geschl. Sonntagabend - Montag

Rest – Menü 17 € (mittags unter der Woche)/39 € – Karte 21/48 €

Das kleine Restaurant mit der schönen Terrasse beim Rathaus hat auf seiner Karte regionale Klassiker wie "Rahmsuppe von Weinbergschnecken", aber auch "Rinderfilet mit Trüffelsauce". Viele Stammgäste kommen übrigens nur für den Endinger Winzerteller!

In Endingen-Kiechlinsbergen Süd-West: 5,5 km über Königschaffhausen

Dutters Stube mit Zim

Winterstr. 28 ✉ 79346 – ✆ (07642) 17 86 – www.dutters-stube.de – geschl. Juli 1 Woche und Montag - Dienstag

4 Zim – †55 € ††75/80 €

Rest – *(Mittwoch - Freitag nur Abendessen)* Menü 25 € (mittags)/54 € – Karte 33/52 €

Hausgemachte Schäufelesülze und geschmortes Kalbsbäckle sind Paradebeispiele für die badische Küche von Arthur Dutter! Die "Dorfstube" ist mit Flammkuchen und bürgerlicher Tageskarte die einfachere Variante, kommt aber ebenfalls gut an! Tipp: samstags, sonn- und feiertags preiswertes Mittagsmenü.

ENGELSKIRCHEN – Nordrhein-Westfalen – 543 – 19 980 Ew – Höhe 130 m   36 D12

Berlin 597 – Düsseldorf 81 – Köln 42 – Arnsberg 153

Die Alte Schlosserei

Engels-Platz 7 ✉ 51766 – ✆ (02263) 9 29 02 77 – www.diealteschlosserei.de – geschl. Montag

Rest – *(nur Abendessen, sonntags auch Mittagessen)* Menü 39/89 € – Karte 30/66 €

Das nette Natursteinhaus nahe dem Rathaus ist eine ehemalige Schlosserei, in der man heute in gemütlich-rustikaler Atmosphäre international-regionale Küche bietet. Wie wär's z. B. mit "geschmorten Ochsenbäckchen mit neuen Kartoffeln und buntem Gemüse"? Mittagstisch nur auf Reservierung.

ENGELTHAL – Bayern – siehe Hersbruck

ENGE-SANDE – Schleswig-Holstein – siehe Leck

ENKENBACH-ALSENBORN – Rheinland-Pfalz – 543 – 6 940 Ew – Höhe 289 m   47 E16

Berlin 632 – Mainz 80 – Mannheim 54 – Kaiserslautern 10

Im Ortsteil Enkenbach

Kölbl

Hauptstr. 3 ✉ 67677 – ✆ (06303) 30 71 – www.hotel-restaurant-koelbl.de

13 Zim – †55/75 € ††85/110 € – ½ P

Rest – *(geschl. Montag, Samstagmittag)* Menü 22/50 € – Karte 18/53 €

Der familiengeführte Gasthof mit Fachwerkfassade und Anbau bietet zeitgemäß und wohnlich eingerichtete Zimmer und eine hübsche Hofterrasse. In netten Gaststuben wird regionale und internationale Küche serviert.

ENKERING – Bayern – siehe Kinding

ENNIGERLOH – Nordrhein-Westfalen – 543 – 19 590 Ew – Höhe 107 m

27 E10

Berlin 443 – Düsseldorf 134 – Bielefeld 66 – Beckum 10

Ennigerloh-Ostenfelde, Schloss Vornholz, (02524) 57 99

Wasserburg Vornholz★, Nord-Ost: 5 km

In Ennigerloh-Ostenfelde Nord-Ost: 5 km

Kröger

Hessenknapp 17 59320 – (02524) 9 31 90 – www.kroeger-hotel.de – geschl. Anfang April 2 Wochen

14 Zim – 44 € 72 € – ½ P

Rest – *(geschl. Freitag) (nur Abendessen)* Menü 12/30 € – Karte 16/32 €

In dem familiengeführten kleinen Landhotel stehen gepflegte und praktisch ausgestattete Zimmer zur Verfügung. Zudem bietet man gute Veranstaltungsmöglichkeiten. Bürgerliche Küche im rustikalen Restaurant. Nett ist der komplett überdachbare Biergarten.

ENZKLÖSTERLE – Baden-Württemberg – 545 – 1 220 Ew – Höhe 538 m – Wintersport: 880 m 2 – Luftkurort

54 F18

Berlin 693 – Stuttgart 89 – Karlsruhe 64 – Pforzheim 39

Friedenstr. 16, 75337, (07085) 75 16, www.enzkloesterle.de

Enztalhotel (mit Gästehäusern)

Freudenstädter Str. 67 75337 – (07085) 1 80 – www.enztalhotel.de

46 Zim – 92/102 € 160/224 € – 2 Suiten – ½ P

Rest – Menü 37/49 € – Karte 29/47 €

Ein wohnliches Urlaubshotel, zu dessen zeitgemäßem Freizeitbereich auch eine kleine Kosmetik- und Massageabteilung gehört. Am komfortabelsten sind die Suiten und Deluxe-Zimmer. Mit rustikal-eleganter Note hat man das Restaurant gestaltet.

Schwarzwaldschäfer

Am Dietersberg 2 75337 – (07085) 9 23 70 – www.schwarzwaldschaefer.de – geschl. Mitte November - Mitte Dezember

24 Zim – 65/75 € 96/110 € – ½ P

Rest – Menü 18 € (abends) – Karte 29/35 €

Der Familienbetrieb liegt recht ruhig in einem Wohngebiet und verfügt über gepflegte Zimmer in rustikalem Stil. Mit im Haus befindet sich eine von den Inhabern geleitete Tanzschule.

Hirsch - Café Klösterle (mit Gästehaus)

Zim,

Freudenstädter Str. 2 75337 – (07085) 72 61 – www.hirsch-enztal.de – geschl. 10. Januar - 14. März, 25. Oktober - 6. Dezember

45 Zim – 39/55 € 64/98 € – ½ P

Rest – Menü 20/55 € – Karte 20/52 €

Ein solides familiengeführtes Hotel in günstiger Lage im Zentrum, direkt am Kurpark. Man bietet auch eine Pauschale mit Abholung von Zuhause und Rückfahrt. Das Restaurant wird ergänzt durch ein Café mit Konditorei - Schwarzwälder Kirschtorte ist hier Spezialität.

EPPELBORN – Saarland – 543 – 17 060 Ew – Höhe 240 m

45 C16

Berlin 716 – Saarbrücken 29 – Neunkirchen 29 – Saarlouis 21

König

Dirminger Str. 51 66571 – (06881) 71 60 – geschl. Dienstag außer Saison

Rest – Menü 29/69 € – Karte 28/70 €

Blumen, Kerzen, Skulpturen, Bilder... klassisch-gediegen ist es hier und passend zum Namen mit einem Hauch Opulenz gestaltet. Die Küche ist traditionell orientiert, als Alternative kann man aus einem kleinen bürgerlichen Speisenangebot wählen. Kleine Besonderheit draußen ist der Streichelzoo.

EPPINGEN – Baden-Württemberg – 545 – 21 390 Ew – Höhe 199 m

55 G17

Berlin 615 – Stuttgart 71 – Heilbronn 26 – Karlsruhe 48

Schwaigern-Stetten, Pfullinger Hof 1, (07138) 6 74 42

Villa Waldeck
Waldstr. 80 ✉ 75031 – ✆ (07262) 6 18 00 – www.villa-waldeck.de – geschl. 1. - 6. Januar
48 Zim ☕ – 🚹60/78 € 🚹🚹91/110 € – 1 Suite – ½ P
Rest – Menü 24/32 € – Karte 22/39 €
Recht ruhig liegt das Familotel am Ortsrand. Neben wohnlichen Zimmern bietet man einen netten Schwimmteich im Garten sowie Streichelzoo und Spielplatz für Kinder. In verschiedene Bereiche unterteiltes Restaurant mit Wintergarten.

Altstadthotel Wilde Rose
Kirchgasse 29 ✉ 75031 – ✆ (07262) 9 14 00 – www.altstadthotel-wilde-rose.de – geschl. 23. Dezember - 5. Januar (Hotel)
10 Zim ☕ – 🚹75 € 🚹🚹100 €
Rest *Wirtskeller St. Georg* – ✆ (07262) 20 77 33 *(geschl. August 3 Wochen Montagmittag und Samstagmittag)* Menü 23 € – Karte 23/41 €
Das im 16. Jh. im Fachwerkstil erbaute Baumannsche Haus wurde zum Hotel erweitert und verfügt über hübsche Landhauszimmer, teilweise mit Balkon oder Terrasse. Im historischen Teil befindet sich der Wirtskeller mit Tonnengewölbe. Geboten wird italienische Küche.

ERBACH (ALB-DONAU-KREIS) – Baden-Württemberg – 545 – 13 190 Ew – Höhe 529 m

56 I19

▶ Berlin 630 – Stuttgart 104 – Konstanz 133 – Ulm (Donau) 12

Zur Linde
Bahnhofstr. 8 ✉ 89155 – ✆ (07305) 93 11 00 – www.linde-erbach.de
15 Zim ☕ – 🚹65/78 € 🚹🚹85/102 €
Rest – *(geschl. August 3 Wochen und Sonntag)* Menü 15 € – Karte 16/33 €
Der langjährige Familienbetrieb mit den tipptopp gepflegten Zimmern und dem bürgerlich-rustikalen Restaurant ist im Sommer auch bei Fahrradtouristen beliebt - schließlich hat man den Donauradwanderweg praktisch vor der Tür und als "Bett & Bike"-Hotel bietet man entsprechenden Service. Radeln Sie doch auch mal zum Baggersee ganz in der Nähe!

ERDING – Bayern – 546 – 34 800 Ew – Höhe 463 m

58 M20

▶ Berlin 597 – München 40 – Regensburg 107 – Landshut 39
ADAC Dorfenerstr. 17
18 Grünbach, Am Kellerberg, ✆ (08122) 4 96 50

Hotel Henry
Dachauer Str. 1 ✉ 85435 – ✆ (08122) 90 99 30 – www.hotel-henry.de
48 Zim – 🚹65/255 € 🚹🚹85/275 €, ☕ 9 € – 1 Suite
Rest – Menü 24 € – Karte 17/40 €
Das Hotel überzeugt mit sehr schönen, individuellen Zimmern, die verschiedenen Städten rund um den Globus gewidmet sind und mit Liebe zum Detail eingerichtet wurden. Neuzeitliches Bistro.

Parkhotel
Zim,
Am Bahnhof 3 ✉ 85435 – ✆ (08122) 49 90 – www.parkhotel-erding.de
67 Zim – 🚹94/109 € 🚹🚹109/139 €, ☕ 15 € – ½ P
Rest – *(geschl. August und Samstag - Sonntag) (nur Abendessen)* Menü 19/30 € – Karte 23/62 €
Das Business- und Tagungshotel liegt zentral gegenüber dem Bahnhof und verfügt über praktisch ausgestattete Zimmer mit Balkon oder Terrasse. In der Halle befindet sich eine kleine Bar. Das zeitlos gehaltene Restaurant bietet internationale Küche.

Stocker
Zim,
Pferdeschwemmgasse 1 ✉ 84345 – ✆ (08122) 96 60 60 – www.hotelstocker.de
32 Zim ☕ – 🚹79/88 € 🚹🚹83/99 € – ½ P
Rest – Menü 11 € (mittags unter der Woche) – Karte 23/41 €
Zur Therme ist es nur ein Katzensprung, Flughafen und Messe München sind 20 Minuten entfernt. Praktisch: der Shuttle-Service. Die Zimmer sind modern in Stil und Technik (Internet und Telefon gratis) - hier wie auch im Restaurant mit frischen Farbakzenten. Die Küche bietet Internationales.

ERFTSTADT – Nordrhein-Westfalen – 543 – 50 510 Ew – Höhe 100 m

35 B13

▶ Berlin 593 – Düsseldorf 64 – Bonn 41 – Köln 18
18 Erftstadt-Konradsheim, Am Golfplatz 1, ✆ (02235) 95 56 60

In Erftstadt-Lechenich

Husarenquartier (Herbert Brockel)
Schloßstr. 10 ✉ 50374 – ✆ (02235) 50 96 – www.husarenquartier.de – geschl. Anfang Januar 1 Woche und Montag - Dienstag, außer an Feiertagen
Rest – *(nur Abendessen, sonntags auch Mittagessen)* (Tischbestellung ratsam) Menü 49/123 € – Karte 59/80 €
Rest *Bistro* – siehe Restaurantauswahl
Nicht nur die auffallende rote Fassade des alten Stadthauses ist anziehend, auch die zeitgemäßen Speisen von Herbert Brockel - zu erwähnen seien seine leckeren Soßen! Am Mittag reicht man die Bistrokarte (auf Reservierung bekommen Sie aber auch das Gourmetangebot).
➜ Labskaus mit Rote Bete und Schweinebauch. Barbarie Entenbrust und Bratwurst mit Aprikose, Erbsenpüree, Rosmarin. Das Beste von der Piemonteser Haselnuss.

Bistro – Restaurant Husarenquartier
Schloßstr. 10 ✉ 50374 – ✆ (02235) 50 96 – www.husarenquartier.de – geschl. Anfang Januar 1 Woche und Sonntag sowie an Feiertagen
Rest – *(nur Mittagessen)* Menü 26/34 € – Karte 26/49 €
Während es hier am Mittag in ungezwungener Bistro-Atmosphäre schmackhafte und noch dazu preisgünstige saisonale Gerichte gibt (z. B. Rinderfiletwürfel mit Pilzen), serviert man abends die gehobenere Küche des Husarenquartiers.

Haus Bosen
Herriger Str. 2 ✉ 50374 – ✆ (02235) 69 16 18 – geschl. 1. - 8. Januar und Montag
Rest – Menü 28 € – Karte 28/40 €
Das Fachwerkhaus mitten im Ort wird bereits seit 120 Jahren gastronomisch genutzt. Es erwarten Sie ein gemütlich-bürgerliches Ambiente und saisonal-internationale Speisen.

ERFURT L – Thüringen – 544 – 206 390 Ew – Höhe 195 m   40 K12

Berlin 304 – Chemnitz 154 – Leipzig 130 – Nordhausen 77
Erfurt-Bindersleben, Bindersleben Landstr. 100 (West: 4 km), ✆ (0361) 6 56 22 00
ADAC Johannesstr. 176 B1
Benediktsplatz 1 A2, ✉ 99084, ✆ (0361) 6 64 00, www.erfurt-tourismus.de
Erfurt-Schaderode, Im Schaderoder Grund, ✆ (036208) 8 07 12

Radisson BLU
Juri-Gagarin-Ring 127 ✉ 99084 – ✆ (0361) 5 51 00 – www.radisson-erfurt.de
279 Zim – †70/95 € ††80/105 €, ☕ 18 € – 3 Suiten – ½ P   **B2e**
Rest – Menü 25/45 € – Karte 29/53 €
Das Tagungshotel am Stadtring überzeugt durch gut ausgestattete, teilweise besonders schöne und moderne Zimmer sowie einen Sauna- und Fitnessbereich im 17. Stock mit Blick über Erfurt. Restaurant mit internationaler Küche, amerikanische Snacks in der Sportsbar.

Victor's Residenz-Hotel
Häßlerstr. 17 (über Clara-Zetkin-Straße B2) ✉ 99096 – ✆ (0361) 6 53 30 – www.victors.de
58 Zim ☕ – †93/138 € ††113/158 € – 10 Suiten – ½ P
Rest – Menü 17/24 € – Karte 21/46 €
Ein elegantes Tagungs- und Businesshotel nahe dem Landtag, in dem Sie freundlicher Service und geräumige Gästezimmer erwarten - im 4. Stock mit Dachterrasse. Neben dem gediegenen Hotelrestaurant steht auch eine gemütlich-rustikale Stube bereit.

IBB Hotel
Gotthardtstr. 27 ✉ 99084 – ✆ (0361) 6 74 00 – www.ibbhotelerfurt.com
91 Zim ☕ – †85/120 € ††115/166 €   **B1a**
Rest *Zum Alten Schwan* – *(nur Abendessen)* Menü 21/39 € – Karte 24/50 €
Toll ist die Lage des hübschen modernern Hotels, ruhig und doch ganz in der Nähe der Fußgängerzone. Sechs charmant-individuelle Zimmer liegen auf der historischen Krämerbrücke. Restaurant Zum Alten Schwan mit Terrasse zur Gera und internationalem Angebot.

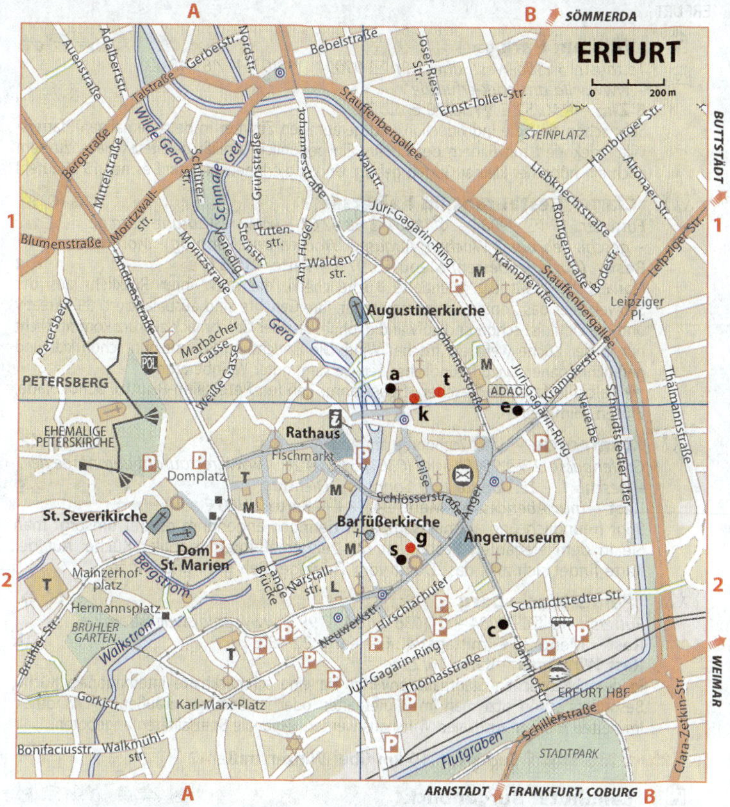

A B SÖMMERDA

ERFURT

0 200 m

Auenstraße, Adalbertstr., Gerberstr., Nordstr., Bebelstraße, Josef-Ries-Str., Talstraße, Wilde Gera, Johannesstraße, Stauffenbergallee, Ernst-Toller-Str., STEINPLATZ, Hamburger Str., Bergstraße, Mittelstraße, Schlösser-Str., Schmale Gera, Grünstraße, Wallstr., Liebknechtstraße, Altonaer Str., BUTTSTÄDT, Moritzwallstr., Blumenstraße, Moritzstraße, Venedig, Steinstr., Glockengasse, Juri-Gagarin-Ring, Röntgenstraße, Leipziger Str., Andreasstraße, Am Hügel, Waldenstr., Krämpferufer, Bodestr., Leipziger Pl., Augustinerkirche, Petersberg, Marbacher Gasse, Weiße Gasse, Gera, Johannesstraße, PETERSBERG, ADAC, Krämpferstr., Schmidtstedter Ufer, Thälmannstraße, Neuerbe, EHEMALIGE PETERSKIRCHE, Rathaus, Fischmarkt, Domplatz, Pilse, Schlösserstraße, Anger, St. Severikirche, Barfüßerkirche, Angermuseum, Dom, St. Marien, Mainzerhofplatz, Bergstrom, Lange Brücke, Narstallstr., Hirschlachufer, Schmidtstedter Str., Hermannsplatz, BRÜHLER GARTEN, Walkstrom, Neuwerkstr., Brühler Str., Juri-Gagarin-Ring, Thomasstraße, Bahnhofstr., ERFURT HBF, WEIMAR, Gorkistr., Karl-Marx-Platz, Schillerstraße, Bonifaciusstr., Walkmühlstr., Flutgraben, STADTPARK, Clara-Zetkin-Str.

A ARNSTADT FRANKFURT, COBURG B

Zumnorde am Anger

Anger 50 (Eingang Weitergasse) ✉ *99084* – ✆ *(0361) 5 68 00*
– *www.hotel-zumnorde.de* – *geschl. 1. - 12. Januar* B2**s**

54 Zim – 95/140 € 115/180 € – 6 Suiten

Rest *Zumnorde* – siehe Restaurantauswahl

Rest *Weinstube* – Grafengasse 2, ✆(0361) 5 68 04 26 – Menü 34/78 € – Karte 24/54 €

Das Hotel liegt mitten in der Stadt und bietet Ihnen klassisch-elegante Zimmer mit extralangen Betten (2,20 m) sowie einen ruhigen begrünten Innenhof. Sie mögen es rustikal? In der Weinstube serviert man regionale Gerichte und Tapas.

Excelsior

Zim,

Bahnhofstr. 35 ✉ *99084* – ✆ *(0361) 5 67 00* – *www.excelsior.bestwestern.de*

77 Zim – 95/130 € 120/150 € – 3 Suiten B2**c**

Rest – *(nur Abendessen)* Karte 18/26 €

Sie finden das Stadthaus mit der schmucken Jugendstilfassade und soliden, funktionell ausgestatteten Zimmern zwischen Bahnhof und Angermuseum.

Erfurtblick garni (mit Gästehaus)

Nibelungenweg 20 (über A2, Richtung Flughafen) ✉ *99092* – ✆ *(0361) 22 06 60*
– *www.hotel-erfurtblick.de*

10 Zim – 60/70 € 80/114 €

Eine familiäre kleine Adresse, die in einem Wohngebiet liegt und einen schönen Blick auf die Stadt bietet. Die Zimmer sind tipptopp gepflegt und funktional. Netter Garten.

Villa am Park garni
Tettaustr. 5 (Süd-West, über A2) ✉ *99094 – ✆ (0361) 7 89 48 60 – www.villa-am-park-erfurt.de*
5 Zim – 🚹40/52 € 🚹🚹50/70 €, ☕ 7 €
Sehr schön sind die individuellen und geräumigen Zimmer in der ehemaligen Pfarrersvilla - dekoriert mit Bildern der Chefin. Ein persönlich-familiär geleitetes Haus, zu dem auch ein hübscher kleiner Garten gehört. Und in die Innenstadt sind es nur 15 Minuten!

Clara - Restaurant im Kaisersaal
Futterstr. 15 ✉ *99084 – ✆ (0361) 5 68 82 07 – www.restaurant-clara.de – geschl. Februar 2 Wochen, August 3 Wochen und Sonntag - Montag*
Rest – *(nur Abendessen)* Menü 56/97 € – Karte 48/58 € B1**t**
Maria Groß heißt die talentierte Küchenchefin, die nach ihrer Rückkehr aus der Schweiz hier das Zepter übernommen hat. Ihre Gerichte sind ausbalanciert, teils kreativ und die Optik ist schön und aufwändig, ohne dass der Geschmack zu kurz kommt! Nicht nur in der Küche weht ein frischer Wind: Die Einrichtung kommt nun schön klar und geradlinig daher. Dazu freundlicher Service samt guter Weinberatung.
→ Kalbsfilettatar, Radieschen, Sauerrahm. Zander, Petersilien-Risotto. Schokolade, Blüten, Himbeeren.

Zumnorde – Hotel Zumnorde am Anger
Grafengasse 2 ✉ *99084 – ✆ (0361) 5 68 04 26 – www.restaurant-zumnorde.de – geschl. 1. - 12. Januar und Sonntag - Dienstag* B2**g**
Rest – *(nur Abendessen)* Menü 34/78 € – Karte 27/60 €
Sehr freundlich und aufmerksam, aber dennoch angenehm diskret umsorgt man Sie in dem eleganten Restaurant mit zeitgemäß-internationaler Küche. Auf der Karte findet sich z. B. das "Duett vom Thüringer Reh mit Pfifferlingen".

Palais Wachsberg
Futterstr. 13 ✉ *99084 – ✆ (0361) 6 54 77 99 – www.palaiswachsberg.de*
Rest – Menü 30 € (mittags)/42 € – Karte 22/43 € B1**k**
Rest *Wirtshaus* – Karte 16/29 €
In dem historischen Stadthaus erwartet Sie eine schmackhafte internationale Küche. Besonders schön sitzt man im Wintergarten oder im Sommer draußen. Mit Vinothek. Im netten modern-rustikalen Wirtshaus werden regionale Spezialitäten angeboten.

In Erfurt-Molsdorf Süd-West: 10 km über Winzerstraße A2

Landhotel Burgenblick
Am Zwetschenberg 20 ✉ *99094 – ✆ (036202) 8 11 11 – www.hotelburgenblick.de*
24 Zim ☕ – 🚹75/80 € 🚹🚹95/100 € – ½ P
Rest – *(geschl. Sonntag) (nur Abendessen)* Karte 19/34 €
Dieses sehr gepflegte familiär geleitete Hotel befindet sich in ruhiger Lage auf einer Anhöhe. Solide mit Landhausmöbeln eingerichtete Gästezimmer stehen zur Verfügung. Im rustikalen Restaurant mit Kamin serviert man bürgerlich-regionale Speisen.

ERKELENZ – Nordrhein-Westfalen – 543 – 44 500 Ew – Höhe 95 m 35 A12

Berlin 597 – Düsseldorf 45 – Aachen 38 – Mönchengladbach 15

Rheinischer Hof garni
Kölner Str. 18 ✉ *41812 – ✆ (02431) 22 94 – www.hotelrheinischerhof.de*
10 Zim ☕ – 🚹69/99 € 🚹🚹95/115 €
Ein Traditionshaus a. d. J. 1925, im Zentrum gelegen und nur 5 Gehminuten vom Bahnhof entfernt. Individuelle Zimmer mit klassischer Einrichtung und gutem Platzangebot.

ERKHEIM – Bayern – 546 – 2 900 Ew – Höhe 595 m 64 J20

Berlin 646 – München 105 – Kempten 55 – Augsburg 78

Erkheimer Landhaus

Färberstr. 37 ✉ *87746 – ✆ (08336) 81 39 70 – www.erkheimer-landhaus.de*
11 Zim ☕ – 🚹49/55 € 🚹🚹69 €
Rest *Erkheimer Landhaus* – siehe Restaurantauswahl
Diese gepflegte familiäre Adresse befindet sich in einer ruhigen Wohngegend, bietet aber dennoch eine gute Autobahnanbindung. Zimmer meist mit Bauernmöbeln, teils mit Balkon.

Erkheimer Landhaus - Hotel Erkheimer Landhaus
Färberstr. 37 ✉ 87746 – ✆ (08336) 81 39 70 – www.erkheimer-landhaus.de – geschl. Oktober - April: Mittwoch - Donnerstag, Mai - September: Donnerstag
Rest – *(nur Abendessen, sonntags auch Mittagessen)* Menü 35 € – Karte 20/45 €
Herzlich begrüßt Familie Wörle seit vielen Jahren ihre Gäste und bietet in gepflegter Umgebung stets eine frische Küche. Bei seinen Kreationen lässt sich Küchenchef Jürgen Wörle saisonal beeinflussen.

ERKRATH – Nordrhein-Westfalen – 543 – 46 050 Ew – Höhe 60 m   26 C11

Berlin 552 – Düsseldorf 6 – Wuppertal 26

Arcadia garni
Neanderstr. 2 ✉ 40699 – ✆ (0211) 9 27 50 – www.arcadia-hotel.de
65 Zim – 65 € 75 €, 10 € – 16 Suiten
Die verkehrsgünstige Lage nahe Düsseldorf sowie die freundliche und funktionelle Einrichtung machen das Businesshotel aus. Kosmetik und Massage. Restaurant mit Kleinigkeiten.

In Erkrath-Hochdahl Ost: 3 km, jenseits der Autobahn

Wahnenmühle garni
Wahnenmühle 1 ✉ 40699 – ✆ (02104) 1 39 93 32 – www.wahnenmuehle.de – geschl. 21. Dezember - 3. Januar, Juli - August 3 Wochen
4 Zim – 110/153 € 120/163 €
Ein charmanter Ort auf einer großen Waldlichtung. Hier wohnt man individuell, die Namen der Zimmer (reizvolle Städte und Regionen) machen Lust, gleich einzuziehen. Die Chefin kümmert sich persönlich um ihre Gäste und schafft so eine herzliche und familiäre Atmosphäre.

Hopmanns Olive
Ziegeleiweg 1 ✉ 40699 – ✆ (02104) 80 36 32 – www.hopmannsolive.de – geschl. 18. Februar - 5. März und Dienstag - Mittwoch
Rest – Menü 28 € (mittags unter der Woche)/59 € – Karte 35/68 €
Hell, modern und in angenehm warmen Tönen präsentiert sich das Ambiente im Restaurant, mediterran beeinflusst die Küche. Durch die Glasfront hat man Zugang zur begrünten Terrasse. Historischer Lokschuppen für Events.

ERLABRUNN – Bayern – siehe Würzburg

ERLANGEN – Bayern – 546 – 106 330 Ew – Höhe 280 m   50 K16

Berlin 444 – München 191 – Nürnberg 19 – Bamberg 40
ADAC Henkestr. 26 B2
Rathausplatz 3 AB2, ✉ 91052, ✆ (09131) 8 95 10, www.erlangen-marketing.de
Kleinsendelbach, Am Schleinhof, ✆ (09126) 50 04

Stadtplan auf der nächsten Seite

Bayerischer Hof
Schuhstr. 31 ✉ 91052 – ✆ (09131) 78 50 – www.bayerischer-hof-erlangen.de
158 Zim – 135/145 € 155 € – 1 Suite – ½ P   B2**q**
Rest *Rosmarin* – siehe Restaurantauswahl
In dem freundlich geführten Stadthotel erwarten Sie komfortable Zimmer und ein Frühstücksraum mit schönem Kreuzgewölbe. Besonders geräumig ist die Royal Suite mit Dampfdusche.

Creativhotel Luise garni
Sophienstr. 10 ✉ 91052 – ✆ (09131) 12 20 – www.hotel-luise.de   B2**p**
94 Zim – 98/114 € 129 € – 1 Suite
Ein Hotel auf Bio-Basis, in dem viele Zimmer nach Feng Shui gestaltet sind. Dazu ein schöner Saunabereich und ein gutes Frühstück. Hübsche Fotografien und Kunst im Haus.

Novotel
Hofmannstr. 34 ✉ 91052 - ✆ (09131) 9 74 70 – www.novotel.com   B2**f**
170 Zim – 65/218 € 75/228 €, 17 € – ½ P **Rest** – Karte 17/53 €
Eine geradlinige moderne Einrichtung und die sehr gute technische Ausstattung kennzeichnen dieses zentrumsnah gelegene Hotel. Eine große Fensterfront macht das Restaurant angenehm licht. Internationales Angebot.

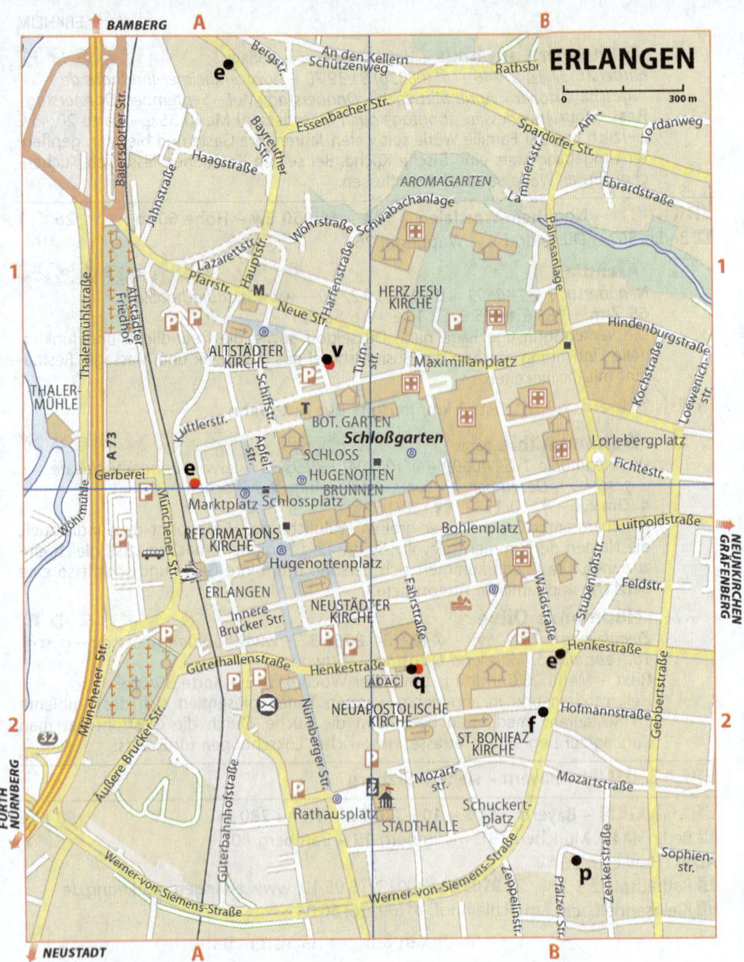

Altmann's Stube

Theaterplatz 9 ✉ 91054 – ✆ (09131) 8 91 60 – www.altmanns-stube.de – geschl. Januar 1 Woche, Ende August - Anfang September 2 Wochen **A1v**

23 Zim ☕ – 🚹75/84 € 🚹🚹96/110 €

Rest *Altmann's Stube* – siehe Restaurantauswahl

In dem Hotel in der Altstadt kümmert sich Familie Altmann sehr freundlich um die Gäste. Im Anbau wohnt man neuzeitlich, im Haupthaus etwas einfacher und preisgünstiger.

Quality Hotel garni

Bayreuther Str. 53 ✉ 91054 – ✆ (09131) 87 60 – www.quality-erlangen.de

117 Zim ☕ – 🚹69/134 € 🚹🚹93/170 € **A1e**

Das besonders auf Businessgäste und Tagungen ausgelegte Hotel bietet neuzeitlich und funktionell eingerichtete Zimmer - auch Maisonetten stehen zur Verfügung.

König Otto garni

Henkestr. 56 ✉ 91054 – ✆ (09131) 87 80 – www.koenig-otto.de **B2e**

57 Zim ☕ – 🚹72/89 € 🚹🚹89/119 €

Aus dem einstigen Gasthof am Zentrumsrand ist ein gepflegtes Stadthotel entstanden, das über funktionell ausgestattete und schallisolierte Gästezimmer verfügt.

Altmann's Stube – Hotel Altmann's Stube
Theaterplatz 9 ✉ 91054 – ✆ (09131) 8 91 60 – www.altmanns-stube.de – geschl. Januar 1 Woche, Ende August - Anfang September 2 Wochen und Sonntag - Montag sowie an Feiertagen A1v
Rest – Menü 36/61 € – Karte 29/53 €
Unkomplizierter Genuss ist die Stärke des Hauses im Herzen der Altstadt. Gekonnt kreiert der Küchenchef internationale Gerichte, ohne dabei die fränkische Heimat außer Acht zu lassen. Probieren Sie z. B. Schwertfisch mit Pfirsich und Gorgonzola, Zitronen-Thymiansauce und Wildreis.

Da Pippo
Paulistr. 12 ✉ 91054 – ✆ (09131) 20 73 94 – www.dapippo.net – geschl. über Ostern 1 Woche, Ende August 2 Wochen und Sonntag A1e
Rest – *(nur Abendessen)* Menü 48/61 €
Die frische italienische Küche der Chefin wird vom herzlichen Service unter der Leitung des Chefs mündlich empfohlen. Samstags speist man bei klassischer Musik. Schöner Innenhof.

Rosmarin – Hotel Bayerischer Hof
Schuhstr. 31 ✉ 91052 – ✆ (09131) 78 50 – www.bayerischer-hof-erlangen.de
Rest – Menü 29/95 € – Karte 34/51 € B2q
Ein Restaurant mit eleganter Note, in dem man eine mediterrane Küche mit asiatischen Einflüssen bietet. Auch Gerichte der Region finden sich auf der Karte.

In Erlangen-Büchenbach Süd-West: 7 km über A2, Richtung Erlangen-West

Zur Einkehr
Dorfstr. 14 ✉ 91056 – ✆ (09131) 79 20 – www.gasthof-guethlein.de
43 Zim – †64/89 € ††94/119 € **Rest** – Karte 12/29 €
Dieser Familienbetrieb ist ein erweiterter ländlicher Metzgereigasthof, der über etwas einfachere sowie auch neuzeitlich-komfortablere Gästezimmer verfügt. Das Restaurant bietet fränkische Küche zu moderaten Preisen. Biergarten unter Kastanienbäumen.

In Erlangen-Eltersdorf Süd: 5 km über Äußere Brucker Straße A2

Rotes Ross garni
Eltersdorfer Str. 15a ✉ 91058 – ✆ (09131) 69 08 10 – www.hotelrotesross.de – geschl. 23. Dezember - 6. Januar
22 Zim – †76/91 € ††91/106 €
Helle, funktional gestaltete Zimmer und einen netten Frühstücksraum bietet Familie Bankel in ihrem Hotel. Im Sommer kann man beim Pool hinterm Haus auch grillen.

In Erlangen-Frauenaurach Süd-West: 5 km über A2

Schwarzer Adler garni
Herdegenplatz 1 ✉ 91056 – ✆ (09131) 99 20 51 – www.hotel-schwarzer-adler.de – geschl. 6. - 28. August, 18. Dezember - 9. Januar
14 Zim – †77/92 € ††105/115 €
Aus einem charmanten Fachwerkhaus von 1702 ist das familiengeführte kleine Hotel mit lauschigem Innenhof entstanden. In den behaglichen Zimmern sorgen z. T. freiliegende Balken für ein nettes Ambiente. Wie wär's mit einer Brotzeit in der gemütlichen Weinstube?

In Erlangen-Kosbach West: 6 km über A2, Richtung Erlangen-West

Gasthaus Polster
Am Deckersweiher 26 ✉ 91056 – ✆ (09131) 7 55 40 – www.gasthaus-polster.de
12 Zim – †90 € ††120/130 €
Rest *Polster Stube* **Rest *Restaurant Polster*** – siehe Restaurantauswahl
In einem kleinen Dorf finden Sie dieses gewachsene Gasthaus mit langer Familientradition. Die Zimmer sind hübsch und wohnlich eingerichtet, einige sind als Maisonetten angelegt.

Restaurant Polster – Hotel Gasthaus Polster
Am Deckersweiher 26 ✉ *91056* – ✆ *(09131) 7 55 40* – *www.gasthaus-polster.de*
Rest – (Tischbestellung ratsam) Menü 37 € (mittags)/98 € - Karte 46/65 €
Im Gourmet-Restaurant lässt man sich in eleganter Atmosphäre eine ambitionierte klassische Küche servieren. Probieren sollte man z. B. "Spanferkelkotelett in Pommery-Senfsauce"!

Polster Stube – Hotel Gasthaus Polster
Am Deckersweiher 26 ✉ *91056* – ✆ *(09131) 7 55 40* – *www.gasthaus-polster.de*
Rest – Karte 24/39 €
Das zweite Restaurant im Gasthaus Poster ist diese fränkische Stube. Natürlich achtet man auch hier bei den schmackhaften Gerichten (z. B. "geschmortes Rehschäufele mit Blaukraut") auf die Qualität der Produkte!

ERLENSEE – Hessen – 543 – 13 150 Ew – Höhe 112 m — 48 G14

Berlin 525 – Wiesbaden 65 – Frankfurt am Main 26 – Fulda 81

In Neuberg-Ravolzhausen Nord: 2 km

Bei den Tongruben garni
Unterfeld 19 ✉ *63543* – ✆ *(06183) 2 04 00* – *www.hotel-tongruben.de* – *geschl. 14. Dezember - 7. Januar*
28 Zim – 95/160 € 110/190 €
Das Haus der engagierten Familie Kremhöller liegt recht ruhig und ist durchweg liebevoll eingerichtet. Besonders hübsch: die Zimmer mit Dachschräge. Zeitgemäßer Fitnessraum.

ERWITTE – Nordrhein-Westfalen – 543 – 15 720 Ew – Höhe 100 m – Heilbad — 27 F10

Berlin 443 – Düsseldorf 135 – Arnsberg 39 – Lippstadt 7
Weringhauser Str. 17, ✉ 59597, ✆ (02943) 80 91 25, www.badwesternkotten.de

Schlosshotel
Schlossallee 14 ✉ *59597* – ✆ *(02943) 9 76 00* – *www.schlosshotel-erwitte.de*
16 Zim – 85/99 € 95/115 € – 6 Suiten **Rest** – Karte 22/41 €
Das schöne Wasserschloss im Stil der Weserrenaissance beherbergt recht individuell geschnittene wohnliche Gästezimmer und - im Gewölbekeller - ein hübsches Restaurant. Auch kulturelle Veranstaltungen kommen hier bei dem tollen Rahmen gut an.

Büker
Am Markt 14 ✉ *59597* – ✆ *(02943) 23 36* – *www.hotel-bueker.de* – *geschl. 1. - 10. Januar*
19 Zim – 40/59 € 65/79 € – ½ P
Rest – *(geschl. Sonntagabend - Montagmittag und an Feiertagen)*
Menü 16/32 € – Karte 14/32 €
Familie Wilmes ist schon seit 1657 hier im Haus und hat aus dem Gasthof von einst ein kleines Hotel mit sehr gepflegten Zimmern gemacht. Essen kann man natürlich auch: Die bürgerliche Küche passt zu den gemütlich-westfälischen Stuben. Für Gesellschaften hat man ebenfalls schöne Räume.

In Erwitte-Bad Westernkotten Nord-Ost: 3 km – Heilbad

Salinenparc garni
Mühlenweg 9 ✉ *59597* – ✆ *(02943) 9 75 97 79* – *www.salinen-parc.de*
27 Zim – 55/65 € 79/89 €, 7 €
Unter der Woche ist das "Design Budget Hotel" eine ideale Businessadresse, an den Wochenenden kommen gerne Freizeitgäste - sie besuchen z. B. die nahen "Hellweg-Sole-Thermen "oder nutzen den Fahrradverleih!

ESCHBORN – Hessen – siehe Frankfurt am Main

ESCHENBACH in der OBERPFALZ – Bayern – 546 – 4 130 Ew – Höhe 440 m — 51 M16

Berlin 416 – München 229 – Regensburg 110 – Bayreuth 59

Glutschaufel

Obersee 1 ✉ 92676 – ✆ (09645) 60 29 00 – www.glutschaufel.de
11 Zim – 78/85 € 105/125 € – 2 Suiten
Rest – *(geschl. Sonntag) (nur Abendessen)* Menü 24/36 € – Karte 26/44 €
Gabriela und Georg Weber setzen auf Ökologie! Sie haben dieses Haus entkernt und komplett saniert, entstanden ist ein modernes kleines Hotel, in dem sogar Erdwärme und Photovoltaik zum Einsatz kommen! Die Lage spricht für sich: außerhalb, waldnah, das Naturschutzgebiet "Großer Rußweiher" in direkter Nachbarschaft!

ESCHENLOHE – Bayern – 546 – 1 600 Ew – Höhe 640 m – Erholungsort   65 L21

Berlin 661 – München 74 – Garmisch-Partenkirchen 15 – Weilheim 30
Murnauer Str. 1, ✉ 82438, ✆ (08824) 82 28, www.eschenlohe.de

In Eschenlohe-Wengen Süd-Ost: 1 km

Alpenhotel Wengererhof garni

Wengen 1 ✉ 82438 – ✆ (08824) 9 20 30 – www.alpenhotel-wengererhof.de
23 Zim – 48/55 € 78/88 €
Das kann man schon als ländliche Idylle bezeichnen: ruhige Lage am Dorfrand, drum herum Wiesen und Wald, angrenzend der landwirtschaftliche Betrieb mit Schafen. Familie Mangold hat neben gepflegten Zimmern auch einen gemütlichen hellen Aufenthaltsraum mit Getränken und Kaffeemaschine für Sie.

ESENS – Niedersachsen – 541 – 6 960 Ew – Höhe 3 m – Nordseeheilbad   7 D5

Berlin 520 – Hannover 261 – Emden 72 – Oldenburg 91
Am Strand 8, ✉ 26427, ✆ (04971) 91 70, www.bensersiel.de

In Esens-Bensersiel Nord-West: 4 km

Benser Hof

Hauptstr. 9 ✉ 26427 – ✆ (04971) 9 27 40 – www.benserhof.de – geschl. 4. - 27. Dezember, 6. - 31. Januar
19 Zim – 80/100 € 100/140 € – 2 Suiten – ½ P
Rest – *(geschl. Oktober - März: Mittwoch - Donnerstag)* Menü 19 € – Karte 27/35 €
Ein mit viel Glas und Stahl erbautes Hotel in halbrunder Form, in dem Sie sehr geräumige und freundliche Zimmer mit Balkon und Blick auf Hafen und Bense erwarten. Helles, im Bistrostil gehaltenes Restaurant mit Wintergarten.

Hörn van Diek garni

Lammertshörn 1 ✉ 26427 – ✆ (04971) 24 29 – www.hoern-van-diek.de – geschl. 8. Januar - 15. März
25 Zim – 65/89 € 110/119 € – 6 Suiten
Wenige Minuten entfernt von Strand und Hafen finden Sie dieses Hotel im Landhausstil mit Appartements, die über einen kleinen Küchen- und Wohnbereich verfügen.

Störtebeker garni

Am Wattenmeer 4 ✉ 26427 – ✆ (04971) 9 19 00 – www.bensersiel-stoertebeker.de – geschl. 6. Januar - 5. Februar
32 Zim – 42/45 € 68/90 €
Das gut geführte Haus mit persönlich-familiärer Atmosphäre bietet gepflegte und funktionelle Zimmer, überwiegend mit Korkfußboden, sowie einen schönen Garten mit Ruhezone.

ESLOHE – Nordrhein-Westfalen – 543 – 9 090 Ew – Höhe 310 m – Luftkurort   37 E11

Berlin 502 – Düsseldorf 159 – Arnsberg 31 – Meschede 20

In Eslohe-Cobbenrode Süd: 7,5 km über B 55

Hennemann

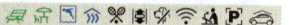

Olper Str. 28 (B 55) ✉ 59889 – ✆ (02973) 9 75 10 – www.hotel-hennemann.de
16 Zim – 57/75 € 90/150 € – 4 Suiten – ½ P
Rest – *(geschl. Montag)* Menü 13 € (mittags)/33 € – Karte 14/43 €
Ein familiär geleitetes Ferienhotel mit soliden Zimmern in wohnlich-ländlichem Stil sowie Kosmetikangebot. In unmittelbarer Nähe befindet sich der hauseigene Tennisplatz. Restaurant mit bürgerlicher Küche.

ESPELKAMP – Nordrhein-Westfalen – 543 – 25 110 Ew – Höhe 50 m 17 F8

Berlin 375 – Düsseldorf 223 – Bielefeld 52 – Bremen 99

Mittwald

Ostlandstr. 23 ✉ 32339 – ✆ (05772) 9 77 80 – www.mittwaldhotel.de
44 Zim – †65/75 € ††98/108 €, ☐ 6 € – ½ P
Rest – *(geschl. Samstag)* Menü 13 € – Karte 17/60 €
Das Hotel mit den unterschiedlichen, funktionell ausgestatteten Gästezimmern ist eine tipptopp gepflegte Adresse, die von der Familie seit vielen Jahren gut geführt wird.

ESSEL – Niedersachsen – siehe Schwarmstedt

ESSEN – Nordrhein-Westfalen – 543 – 573 470 Ew – Höhe 76 m 26 C11

Berlin 528 – Düsseldorf 37 – Amsterdam 204 – Arnhem 108
ADAC Bamlerstr. 61 (über B1)
Am Hauptbahnhof 2 C2, ✉ 45127, ✆ (0201) 8 87 20 48, www.essen.de/tourismus
27 Essen-Heidhausen, Preutenborbeckstr. 36, ✆ (0201) 40 41 11
18 Essen-Kettwig, Laupendahler Landstraße, ✆ (02054) 8 39 11
9 Essen-Hügel, Frh.-vom-Stein-Str. 92, ✆ (0201) 44 46 00

Veranstaltungen

15.-18. Januar: Deubaukom
28.-31. Januar: IPM
11.-13. Februar: E-world energy & water
7.-9. Februar: Haus Garten Genuss
19.-23. Februar: Reise+Camping
27.-30. März: Techno-Classica
27.-30. Mai: Reifen
13.-15. Juni: Equitana
21.-24. Juni: Modatex Fashion Fair
31. August-3. September: Hogatec
16.-19. Oktober: Spiel
8.-16. November: Mode Heim Handwerk
14.-16. November: Gesund leben
29. November-7. Dezember: Motor Show
Messegelände und Grugahalle, Norbertstraße, ✉ 45131, ✆ (0201) 7 24 40

Münster (Domschatzkammer★★ · Vortragekreuze★★★ · Westchor★ · Goldene Madonna★★★) C2 · Museum Folkwang★★ B3 · Ruhrlandmuseum★ · Villa Hügel★

Stadtpläne siehe nächste Seiten

Sheraton

Huyssenallee 55 ✉ 45128 – ✆ (0201) 1 00 70 – www.sheratonessen.com
194 Zim – †99/419 € ††99/449 €, ☐ 29 € – 12 Suiten BC2e
Rest ***Restaurant am Park*** – ✆ (0201) 1 00 71 65 – Menü 64 € – Karte 40/74 €
Das Hotel neben der Philharmonie bietet einen modernen Tagungsbereich, eine trendige Bar sowie einen freundlichen Saunabereich und Massage. Einige Zimmer liegen schön zum Park, so auch das Restaurant in schickem geradlinigem Stil - durch bodentiefe Fenster schaut man ins Grüne.

Welcome Hotel

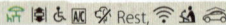

Schützenbahn 58 ✉ 45127 – ✆ (0201) 1 77 90 – www.welcome-hotels.com
168 Zim – †79/129 € ††99/149 €, ☐ 17 € – 8 Suiten C1w
Rest – Karte 28/54 €
Das Hotel in der Innenstadt ist im modernen Stil gehalten, überall im Haus setzen Rottöne angenehme Farbakzente. Komfortable Superiorzimmer und schöne unterschiedliche Suiten. Frisches Ambiente im Restaurant mit großer Glasfront zum Innenhof.

Essener Hof

Am Handelshof 5 ✉ 45127 – ✆ (0201) 2 42 50 – www.essener-hof.com – geschl. 24. Dezember - 4. Januar C2**c**

123 Zim – 🚹65/155 € 🚹🚹80/255 €, ☕ 15 € – 4 Suiten

Rest – *(geschl. Samstag - Sonntag) (nur Abendessen)* Menü 27/99 € – Karte 25/47 €

Im ältesten Hotel Essens wird immer wieder renoviert und verbessert. So hat man gut ausgestattete Zimmer unterschiedlicher Größe, darunter die interessanten Wellnesszimmer mit Dampfdusche. Freundlich das Restaurant in nordischem Weiß-Blau. Praktisch: zentrale Lage und Parkhaus direkt nebenan!

Mövenpick

Am Hauptbahnhof 2 ✉ 45127 – ✆ (0201) 1 70 80 – www.moevenpick-hotels.com/essen C2**n**

198 Zim – 🚹99/172 € 🚹🚹109/172 €, ☕ 19 € – 1 Suite

Rest – *(geschl. Sonntag)* Menü 27/36 € – Karte 25/46 €

Hotel in einem schönen Jugendstilbau namens Handelshof. Das Haus liegt perfekt: Bahnhof und Fußgängerzone direkt vor der Tür. Zimmer teilweise zum kleinen Innenhof. Modern-elegant ist das Restaurant in der 1. Etage.

InterCityHotel

Zim,

Hachestr. 10 ✉ 45127 – ✆ (0201) 8 21 84 10 – www.intercityhotel.de C2**t**

168 Zim – 🚹75/250 € 🚹🚹100/300 €, ☕ 15 €

Rest – *(nur Abendessen)* Karte 22/32 €

Klarer moderner Stil und funktionale Ausstattung bestimmen dieses Businesshotel. Hauptbahnhof und Stadtzentrum sind bequem zu Fuß erreichbar.

La Grappa

Rellinghauser Str. 4 ✉ 45128 – ✆ (0201) 23 17 66 – www.la-grappa.de – geschl. Samstagmittag, Sonntag C2**v**

Rest – (Tischbestellung ratsam) Menü 38 € (mittags)/250 € – Karte 43/78 €

Dass Rino Frattesi in seinem liebenswert dekorierten Restaurant zahlreiche Stammgäste hat, liegt in erster Linie an der klassisch italienischen Küche, aber auch die schöne Weinkarte und nicht zuletzt rund 1200 Grappas sind verlockend!

Vincent & Paul

Museumsplatz 1, (im Museum Folkwang) ✉ 45128 – ✆ (0201) 8 84 58 88 – www.vincentpaul-folkwang.de – geschl. Montag B3**n**

Rest – Menü 20 € (mittags)/99 € – Karte 43/65 €

Verbinden Sie doch Ihren Besuch im Folkwang-Museum mit einem Essen in diesem puristisch-schicken Restaurant - es befindet sich mit im Gebäude. Die Küche ist zeitgemäß-international, ein schönes Beispiel dafür ist "Bachsaibling auf Edelpilzkuchen und Steinpilzcreme"! Viele Gäste kommen auch zum einfacheren und günstigeren Mittagsmenü.

Wallberg

Huyssenallee 53, (in der Philharmonie Essen) ✉ 45128 – ✆ (0201) 81 22 86 10 – www.wallberg-essen.de – geschl. Samstagmittag und Montag C2**y**

Rest – Karte 31/48 €

Sie möchten vor oder nach dem Konzert in freundlicher Bistro-Atmosphäre ungezwungen essen gehen? Das können Sie direkt in der Philharmonie! Tipp: Setzen Sie sich im Sommer auf die schöne Terrasse zum Park!

In Essen-Bredeney Süd: 6 km über Alfredstraße B3

Parkhaus Hügel mit Zim

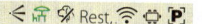

Rest,

Freiherr-vom-Stein-Str. 209 ✉ 45133 – ✆ (0201) 47 10 91 – www.parkhaus-huegel.de - geschl. 27. Dezember - 3. Januar

13 Zim – 🚹70/90 € 🚹🚹95/120 €, ☕ 13 €

Rest – *(Montag - Freitag nur Abendessen)* Menü 45/63 € – Karte 37/57 €

Im Stammsitz der Familie Krupp, direkt gegenüber dem Baldeneysee, erwarten Sie heute ein kleines Hotel mit gepflegten Zimmern und zahlreiche Veranstaltungsmöglichkeiten, aber auch - und vor allem - ein A-la-carte-Restaurant mit ambitionierter Küche: Suvad Memovic kocht frische, geschmackvolle Gerichte, die sich nach der Saison richten, so z. B. "Atlantik-Hummer mit Selleriecreme, Vogelmiere und Kamillensud".

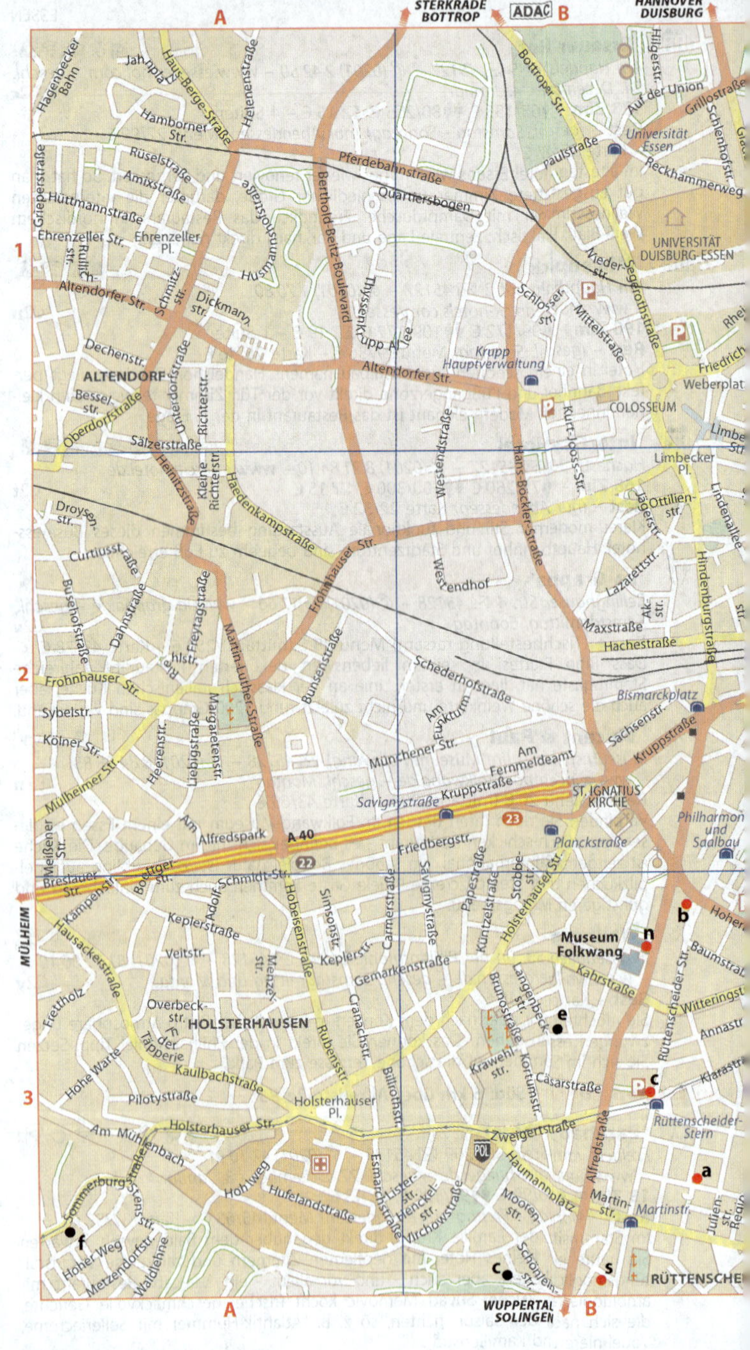
STERKRADE BOTTROP
ADAC
HANNOVER DUISBURG
A
B
1
2
3
ALTENDORF
HOLSTERHAUSEN
RÜTTENSCHEID
UNIVERSITÄT DUISBURG-ESSEN
Universität Essen
Krupp Hauptverwaltung
COLOSSEUM
ST. IGNATIUS KIRCHE
Museum Folkwang
Philharmonie und Saalbau
Bismarckplatz
Limbecker Pl.
Holsterhauser Pl.
Rüttenscheider Stern
A 40
22
23
MÜLHEIM
WUPPERTAL SOLINGEN
Pferdebahnstraße
Quartiersbogen
Berthold-Beitz-Boulevard
Thyssenkrupp Allee
Altendorfer Str.
Hans-Böckler-Straße
Segerothstraße
Bottroper Str.
Hagenbecker Bahn
Haus-Berge-Straße
Helenenstraße
Hamborner Str.
Rüselstraße
Amixstraße
Hüttmannstraße
Grieperstraße
Ehrenzeller Str.
Ehrenzeller Pl.
Dechenstr.
Oberdorfstraße
Unterdorfstraße
Richterstr.
Sälzerstraße
Heinitzstraße
Haedenkampstraße
Frohnhauser Str.
Martin-Luther-Straße
Schederhofstraße
Kruppstraße
Savignystraße
Münchener Str.
Mülheimer Str.
Alfredspark
Friedbergstr.
Hobeisenstraße
Kaulbachstraße
Holsterhauser Str.
Zweigertstraße
Alfredstraße
Rüttenscheider Str.
Hindenburgstraße
Kahrstraße
Haumannplatz
Martinstr.
Hohe Warte
Pilotystraße
Sommerburgstraße
Hufelandstraße
Virchowstraße
Maxstraße
Hachestraße
Westendstraße
Westendhof
Kurt-Jooss-Str.
Weberplatz
Planckstraße
Cäsarstraße
Gemarkenstraße
Keplerstraße
Hausackerstraße
Paulstraße
Reckhammerweg
Auf der Union
Grillostraße
Lindenallee
Sachsenstr.
Witteringstr.
Annastr.
Baumstr.
Hohler Weg
Metzendorfstr.
Waldlehne
Moorenstr.
Schönleinstr.
Esmarchstraße
Billrothstr.
Rubensstr.
Cranachstr.
Carmerstraße
Simsonstr.
Bunsenstraße
Adolf-Schmidt-Str.
Breslauer Str.
Kampenstr.
Boettgerstr.
Frettholz
Overbeckstr.
Am Mühlenbach
Hohlweg
Lazarettstr.
Ottilienstr.
Jägerstr.
Fernmeldeamt
a
b
c
e
f
n
s

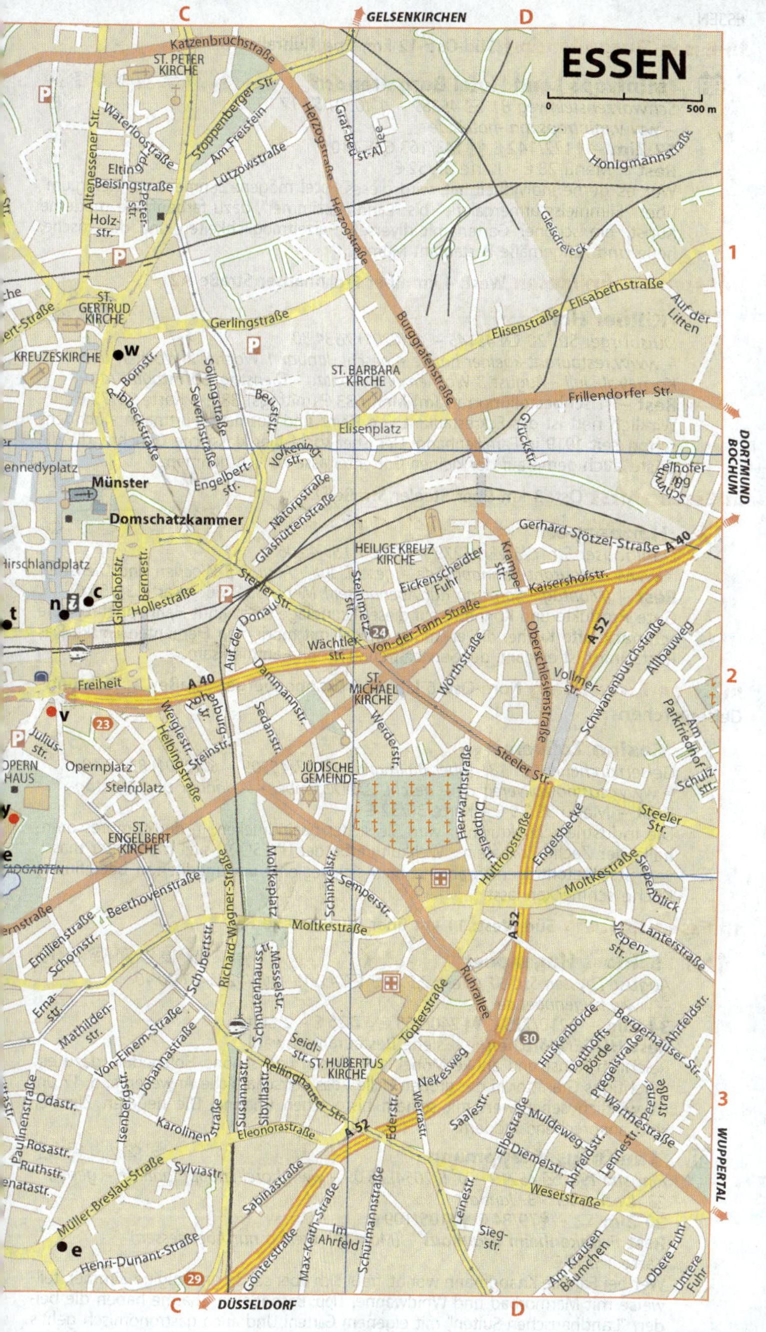
ESSEN
0
500 m
C
D
GELSENKIRCHEN
DÜSSELDORF
DORTMUND BOCHUM
WUPPERTAL
1
2
3
Katzenbruchstraße
ST. PETER KIRCHE
Stoppenberger Str.
Am Freistein
Lützowstraße
Herzogstraße
Graf-Beust-Allee
Honigmannstraße
Waterloostraße
Altenessener Str.
Elting
Beisingstraße
Peter-str.
Holz-str.
Gleisdreieck
ST. GERTRUD KIRCHE
Gerlingstraße
Elisabethstraße
Elisenstraße
Auf der Litten
KREUZESKIRCHE
Bornstr.
Ribbeckstraße
Sollingstraße
Severinstraße
Beuststr.
ST. BARBARA KIRCHE
Burggrafenstraße
Frillendorfer Str.
Elisenplatz
Volkeningstr.
Engelbertstr.
Kennedyplatz
Münster
Domschatzkammer
Natorpstraße
Glashüttenstraße
Glückstr.
Gerhard-Stötzel-Straße
A 40
HEILIGE KREUZ KIRCHE
Eickenscheidter Fuhr
Krampestr.
Kaisershofstr.
Hirschlandplatz
Gildehofstr.
Bernestr.
Hollestraße
Steeler Str.
Auf der Donau
Steinmetzstr.
Von-der-Tann-Straße
Wächtlerstr.
Oberschlesienstraße
A 52
Schwanenbuschstraße
Allbauweg
Freiheit
Dammannstr.
ST. MICHAEL KIRCHE
Worthstraße
Vollmerstr.
Am Parkfriedhof
Weiglestr.
Helbingstraße
Steinstr.
Sedanstr.
Werderstr.
Julius-str.
Opernplatz
OPERNHAUS
Steinplatz
JÜDISCHE GEMEINDE
Herwarthstraße
Düppelstr.
Schulzstr.
ST. ENGELBERT KIRCHE
Richard-Wagner-Straße
Moltkeplatz
Schinkelstr.
Semperstr.
Huttropstraße
Engelsbecke
Moltkestraße
Siepenblick
Beethovenstraße
Emilienstraße
Schornstr.
Schubertstr.
Messelstr.
Siepenstr.
Lanterstraße
Ruhrallee
Erna-str.
Mathildenstr.
Von-Einem-Straße
Johannastraße
Töpferstraße
Hüskenbörde
Potthoffs Börde
Pregelstraße
Bergerhauser Str.
Ahrfeldstr.
Seidlstr.
ST. HUBERTUS KIRCHE
Rellinghauser Str.
Nekesweg
Odastr.
Paulinenstraße
Isenbergstr.
Karolinenstraße
Susannastr.
Sibyllastr.
Ederstr.
Werrastr.
Saalestr.
Muldeweg
Elbestraße
Warthestraße
Peenestraße
Diemelstr.
Rosastr.
Ruthstr.
Renatastr.
Eleonorastraße
Sylviastr.
Müller-Breslau-Straße
Sabinastraße
Max-Keith-Straße
Schürmannstraße
Leinestr.
Weserstraße
Lennestr.
Siegstr.
Im Ahrfeld
Henri-Dunant-Straße
Gönterstraße
Am Krausen Bäumchen
Obere Fuhr
Untere Fuhr
23
24
29
30

In Essen-Burgaltendorf Süd-Ost: 12 km, über Ruhrallee B3

Mintrops Land Hotel Burgaltendorf

Schwarzensteinweg 81 ✉ 45289 – ✆ (0201) 57 17 10 – www.mintrops.mm-hotels.de

52 Zim – 122/142 € 143/163 €, 10 €

Rest – Menü 28 € – Karte 34/52 €

Wer es gerne individuell hat, wird dieses Hotel mögen: Zimmer von "Refugium" über "Himmelsstürmergalerie" bis "Landhauszimmer", dazu farbenfrohe moderne Kunst, ein schöner Garten mit diversen Freizeitmöglichkeiten und das frische, helle und zeitgemäße Restaurant Mumm.

In Essen-Frohnhausen West: 4 km über Frohnhauser Straße A2

Kölner Hof

Duisburger Str. 20 ✉ 45145 – ✆ (0201) 76 34 30 – www.restaurant-koelner-hof.de – geschl. Januar 1 Woche, 2 Wochen über Karneval, Juli - August 3 Wochen und Montag - Dienstag, Samstagmittag

Rest – (Tischbestellung ratsam) Menü 33 € (mittags)/88 € – Karte 39/72 €

Wirklich nett ist das Eckrestaurant von Heinz und Rosmarie Furtmann - übrigens schon seit 1919 in Familienhand! Der Chef kocht hier klassische Gerichte, die die Gäste auch gerne auf der kleinen Gartenterrasse zu sich nehmen.

In Essen-Horst Ost: 3 km über Steeler Straße D2

Hannappel

Dahlhauser Str. 173 ✉ 45279 – ✆ (0201) 53 45 06 – www.restaurant-hannappel.de – geschl. Juli - August 3 Wochen und Dienstag

Rest – *(Montag - Samstag nur Abendessen)* Menü 35/79 € – Karte 35/56 €

Gute Produkte und Können - auf dieser Grundlage sorgt Knut Hannappel für eine schmackhafte Küche, die er immer wieder mit modernen Elementen spickt. Das Restaurant ist elegant, der Service freundlich und aufmerksam.

In Essen-Katernberg Nord-Ost: 6 km über Stoppenberger Straße C1, Richtung Gelsenkirchen

Casino Zollverein

Gelsenkirchener Str. 181 (über Bullmannaue) ✉ 45309 – ✆ (0201) 83 02 40 – www.casino-zollverein.de – geschl. 27. Dezember - 7. Januar und Montag

Rest – Menü 39/79 € – Karte 30/52 €

Die Industriearchitektur hier wird Sie sicher beeindrucken: In der Kompressorenhalle der Zeche Zollverein - Weltkulturerbe der UNESCO - sitzt man unter massiven Stahlbetonträgern, während man sich regional und mediterran beeinflusste Küche schmecken lässt.

In Essen-Kettwig Süd-West: 11 km über Alfredstraße B3

Schloss Hugenpoet

August-Thyssen-Str. 51 (West: 2,5 km) ✉ 45219 – ✆ (02054) 1 20 40 – www.hugenpoet.de

34 Zim – 210/225 € 240/265 €, 25 € – 2 Suiten

Rest *HUGENpöttchen* – siehe Restaurantauswahl

Reichlich Kunst und antike Möbel, alte Fliesen und schöne Holzböden, dazu ein mächtiges Granittor in der großen Halle... das herrschaftliche Anwesen a. d. 17. Jh. ist wirklich sehenswert mit seinem historischen Charme. Die neueren Zimmer sind ansprechend modern.

Landhaus Knappmann

Zim,

Ringstr. 198 ✉ 45219 – ✆ (02054) 78 09 – www.hotel-knappmann.de – geschl. 23. Dezember - 3. Januar

20 Zim – 79/84 € 105/109 €

Rest *Frankenheim Brauhaus* – *(Montag - Freitag nur Abendessen)* Karte 15/33 €

Wer bei Familie Knappmann wohnt, freut sich über schön großzügige Zimmer, teilweise mit Marmorbad und Whirlwanne. Tipp: Besonderen Charme haben die beiden "Landhäuschen-Suiten" mit eigenem Garten! Und auch gastronomisch geht's gemütlich zu, und zwar im Brauhaus mit uriger Kulisse und bürgerlicher Küche.

Sengelmannshof

Sengelmannsweg 35 ✉ 45219 – ✆ (02054) 9 59 70 – www.sengelmannshof.de – geschl. 27. - 30. Dezember

27 Zim – 76/113 € 105/160 €

Rest – *(geschl. 27. - 30. Dezember, 1. - 4. Januar) (nur Abendessen, sonntags auch Mittagessen)* Karte 25/46 €

Sie können sicher sein, dies ist eine wirklich gepflegte Adresse! Dass die Gäste hier gerne buchen, liegt an den guten, funktionalen Zimmern (darunter ein Hochzeitszimmer) und an den gemütlich-rustikalen Restaurantstuben in dem Gasthaus von 1817 - aber natürlich auch an der schönen Lage im Grünen!

Résidence (Berthold Bühler) mit Zim — Rest,

Auf der Forst 1 ✉ 45219 – ✆ (02054) 9 55 90 – www.hotel-residence.de – geschl. Anfang Januar 1 Woche, Juli - August 3 Wochen und Sonntag - Montag

16 Zim – 98/138 € 128/168 €, 18 € – 1 Suite

Rest – *(nur Abendessen)* (Tischbestellung ratsam) Menü 90/145 €

Berthold Bühler ist zu Recht stolz auf die junge engagierte Doppelspitze, die er sich an den Herd geholt hat: Die kreativen Highlights, die Erick Arnecke und Eric Werner hier so durchdacht und handwerklich exakt mit klassischen Elementen verbinden, stehen der Résidence-Küche gut zu Gesicht! Der genussvolle Beweis: die Menüs "Reflexion" und "Ausblick".

→ Gästestopfleber - Aloe Vera / gesalzene Erdnuss / Japanische Pflaume. Paella à la Résidence - Kaisergranat / Sepia / Safran / Bomba Reis. Rehrücken aus dem Bergischen Land - Radiccio / Sellerie / Bucheckern.

HUGENpöttchen – Hotel Schloss Hugenpoet

August-Thyssen-Str. 51 (West: 2,5 km) ✉ 45219 – ✆ (02054) 12 04 36 – www.hugenpoet.de

Rest – (Tischbestellung ratsam) Menü 35/55 € – Karte 33/48 €

Das Hugenpöttchen ist umgezogen, Sie finden es nun im eleganten Schloss. Geblieben ist natürlich die schmackhafte Küche, die man z. B. als "gebratene Meeräsche" oder als "Brust und gefüllte Keule vom Perlhuhn" serviert bekommt! Von der Terrasse schaut man jetzt auf den schönen Schlosspark.

In Essen-Margarethenhöhe

Mintrops Stadt Hotel Margarethenhöhe

Steile Str. 46 ✉ 45149 – ✆ (0201) 4 38 60 – www.mmhotels.de

30 Zim – 139/209 € 166/248 €, 10 € – 1 Suite A3f

Rest – Menü 25/52 € – Karte 38/56 €

Das nette kleine Hotel liegt in der historischen Krupp-Siedlung nahe Grugapark und Messe. Überall im Haus findet sich reichlich Kunst, optische Reize also auch in Ihrem Zimmer. Ebenso frisch und freundlich das geradlinig gehaltene Restaurant, schön die Veranstaltungsräume.

In Essen-Rüttenscheid

Atlantic Congress Hotel — Zim, Zim,

Norbertstr. 2a ✉ 45131 – ✆ (0201) 94 62 88 20 – www.atlantic-essen.de

229 Zim – 149/169 € 149/169 €, 23 € – 19 Suiten B3c

Rest – Karte 32/49 €

In direkter Nachbarschaft zu Grugahalle, Grugapark und Messe steht dieses modern designte Businesshotel. Schöner Stadtblick von der Dachterrasse des Freizeitbereichs. Helles, freundliches Restaurant mit internationalem Angebot.

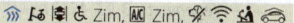

An der Gruga garni

Eduard-Lucas-Str. 17 (über Alfredstraße B3) ✉ 45131 – ✆ (0201) 84 11 80 – www.wbw-hotels.de

40 Zim – 125/195 € 155/205 €

Hier profitiert man von der günstigen Lage gegenüber der Messe, aber auch von der persönlichen Führung und den gut ausgestatteten Zimmern. Wer es besonders komfortabel mag, bucht am besten eines der Businesszimmer! Sportlichen Gästen kommt der kleine Fitnessbereich gelegen.

Maximilians garni

Manfredstr. 10 (über Alfredstraße B3) ✉ 45131 – ✆ (0201) 45 01 70 – www.wbw-hotels.de

30 Zim ☕ – 🚹125/195 € 🚹🚹155/205 €

Eine wohnliche Adresse in Messenähe, die persönlich und engagiert geführt wird. Es erwarten Sie eine helle, geradlinig-moderne Einrichtung und ein gutes Frühstücksbuffet.

Ypsilon (mit Gästehaus)

Müller-Breslau-Str. 18 ✉ 45130 – ✆ (0201) 8 96 90 – www.ypsilon-hotel.de

101 Zim – 🚹90/220 € 🚹🚹107/250 €, ☕ 14 € – 2 Suiten – ½ P C3**e**

Rest – Menü 49 € – Karte 20/49 €

Die Architektur des Hotels war hier namengebend. Es ist eine neuzeitlich-funktionelle Businessadresse nahe der Autobahnausfahrt, die u. a. Allergikerzimmer und ein Wasserbettzimmer bietet. Dazu kommt ein Restaurant mit Wintergarten und für alle, die gerne radlen, ein kostenfreier Fahrradverleih.

Ruhr-Hotel garni

Krawehlstr. 42 ✉ 45130 – ✆ (0201) 77 80 53 – www.ruhrhotel.de – geschl. 20. Dezember - 6. Januar B3**e**

29 Zim ☕ – 🚹69/89 € 🚹🚹89/108 €

Auffallend persönlich ist die Führung hier im Haus - Familie Köhler kümmert sich herzlich um ihre Gäste und sorgt dafür, dass alles gepflegt ist. Neben unterschiedlich geschnittenen Zimmern gibt es für schöne Sommertage eine nette kleine Terrasse, auf der man auch frühstücken kann.

Schote (Nelson Müller)

Emmastr. 25 ✉ 45130 – ✆ (0201) 78 01 07 – www.restaurant-schote.de – geschl. Anfang Januar 1 Woche, Mitte Juli - Mitte August und Sonntag - Montag B3**a**

Rest – *(nur Abendessen)* Menü 69/128 € – Karte 62/92 €

Wer Nelson Müller bisher nur aus TV-Sendungen kennt, sollte seine Küche auch mal probieren. Was man in dem intimen Eckrestaurant serviert bekommt, ist eine detailgenaue, harmonische und zeitgemäße Küche, die eine Entwicklung erkennen lässt.

➜ Gebeiztes Rinderfilet und Blauflossenthunfisch mit Royal Premium-Kaviar, Soja und Finger-Limes. Lackiertes Pluma vom Ibérico Landschwein mit geräuchertem Tomatengelée und Langostino. "Frühlingslandschaft" - Rhabarbermousse, Sauerklee und weißes Schokoladeneis.

BISTECCA

Rüttenscheiderstr. 2, (im Glückaufhaus) ✉ 45128 – ✆ (0201) 74 71 69 31 – www.bistecca-grillroom.de – geschl. Samstagmittag, Sonntag sowie an Feiertagen mittags B3**b**

Rest – Menü 25/115 € – Karte 34/141 €

Lust auf ein schön gegrilltes Steak? Oder lieber frisches Seafood? Auf der über 450 Positionen umfassenden Weinkarte mit so manch großem Namen findet sich der passende Tropfen. Auch die schicke moderne Einrichtung kommt an.

Rotisserie du Sommelier

Wegenerstr. 3 ✉ 45131 – ✆ (0201) 9 59 69 30 – www.rotisserie-ruettenscheid.de – geschl. Sonntag - Montag B3**s**

Rest – (Tischbestellung ratsam) Menü 38/65 € – Karte 32/57 €

Wer hier in Essen französisches Flair sucht, ist in diesem Bistro in der Fußgängerzone genau richtig. Was der Inhaber in seiner kleinen Küche zubereitet, ist frisch und schmeckt richtig gut. Wie wär's z. B. mit "Wolfsbarsch auf Paprikasauce" oder "gerollte Maultasche mit Sauerbraten"? Und probieren Sie unbedingt den warmen Schokoladenkuchen!

Hannappel Essenz (N)

Rüttenscheider Str. 62 ✉ 45130 – ✆ (0201) 79 93 77 01 – www.restaurant-hannappel.de – geschl. Sonntag und an Feiertagen

Rest – Menü 25/39 € – Karte 23/49 € B3**c**

Mit seinem Essener Zweit-Restaurant setzt Knut Hannappel auf Bistrostil - helles modernes Ambiente und internationale Gerichte wie z. B. "Riesengarnelen auf Gemüse-Couscous und Curry-Kokosschaum". Wer's gerne etwas belebter hat, kann im Sommer auch auf der kleinen Terrasse an der Kreuzung sitzen.

ESSEN, BAD – Niedersachsen – 541 – 15 600 Ew – Höhe 62 m – Sole-Kurort 17 F8

Berlin 396 – Hannover 133 – Bielefeld 71 – Osnabrück 24

Lindenstr. 25, ✉ 49152, ✆ (05472) 9 49 20, www.badessen.info

Landhotel Buchenhof garni

Bergstr. 22 ✉ 49152 – ✆ (05472) 93 90 – www.landhotel-buchenhof.de

25 Zim – 70/130 € 105/160 € – 1 Suite

Das schöne Anwesen versprüht mit seinen verschiedenen Fachwerkbauernhäusern (eines von 1703) außen wie innen ländlichen Charme. Auch Maisonetten. Hübsche Gartenanlage.

Höger's Hotel

Rest,

Kirchplatz 25, (Zufahrt über Nikolaistr. 11) ✉ 49152 – ✆ (05472) 9 46 40 – www.hoegers.de – geschl. 6. - 16. Januar

16 Zim – 65/75 € 100/110 € – 1 Suite – ½ P

Rest – Menü 22 € (mittags)/60 € – Karte 33/57 €

Das Haus liegt verkehrsberuhigt bei der Kirche. Die beiden Gastgeberinnen haben ein Händchen für geschmackvolle Einrichtung, zu sehen u. a. in den eleganten und geräumigen Komfortzimmern oder in der Lounge. Veranda zum Marktplatz und Terrasse unter Buchen. Eigene Konditorei.

ESSENBACH – Bayern – 546 – 11 320 Ew – Höhe 391 m 58 N19

Berlin 542 – München 83 – Regensburg 53 – Ingolstadt 81

In Essenbach-Mirskofen West : 1,5 km :

Luginger (N)

Zim,

Obere Sendlbachstr. 11 ✉ 84051 – ✆ (08703) 9 33 00 – www.luginger.de – geschl. 23. Dezember - 6. Januar

22 Zim – 35/50 € 60/70 € – ½ P

Rest – *(geschl. Sonntagabend - Montagmittag)* Menü 14/27 € – Karte 14/31 €

Tipptopp gepflegt und typisch niederbayerisch! Marita Luginger führt den netten Landgasthof mit den wohnlichen Zimmern (auch günstigere Zimmer mit Etagendusche sind vorhanden) und sie steht auch am Herd. In der gemütlichen Gaststube gibt es bürgerliche Küche, für die auch Erzeugnisse aus der eigenen Landwirtschaft verwendet werden. Kegelbahn im EG.

ESSLINGEN am NECKAR – Baden-Württemberg – 545 – 92 630 Ew – Höhe 401 m 55 G18

Berlin 641 – Stuttgart 17 – Reutlingen 40 – Ulm (Donau) 80

ADAC Plochingerstr. 21

Marktplatz 2, ✉ 73728, ✆ (0711) 39 69 39 69, www.esslingen-tourist.de

Park Consul

Grabbrunnenstr. 19 ✉ 73728 – ✆ (0711) 41 11 10 – www.pcesslingen.consul-hotels.com

146 Zim – 149/229 € 174/254 € – 4 Suiten – ½ P

Rest – Menü 41 € (abends)/65 € – Karte 23/54 €

In dem modernen Businesshotel sticht gleich die luftig-lichte Atriumhalle mit Bar und Lounge ins Auge. Gut ausgestattet sind die Zimmer alle, ein paar Extras und die ruhigere Lage zum "Neckar Forum" bietet die "Executive"-Kategorie. Besonderheit im Restaurant ist das "Wein Forum" regionaler Winzer (Degustation und Kauf möglich). Nicht zu vergessen: die Dachterrasse!

Am Schillerpark

Zim,

Neckarstr. 60 ✉ 73728 – ✆ (0711) 93 13 30 – www.hotel-am-schillerpark.de

51 Zim – 62/145 € 91/185 € – ½ P

Rest per voi – ✆ (0711) 75 87 89 18 *(geschl. Freitagmittag, Samstagmittag, Sonntag)* Karte 24/52 €

In dem zentrumsnah gelegenen Hotel stehen zeitgemäß-funktionelle Zimmer und ein heller Frühstücksraum mit Gartenterrasse bereit. Die hübschen Maisonetten sind ideal für Familien. Im eleganten Restaurant und auf der mediterranen Terrasse kredenzt man italienische Küche.

Rosenau garni
Plochinger Str. 65 ✉ 73730 – ✆ (0711) 31 54 56 0 – www.hotel-rosenau.de
57 Zim – 79/109 € 119/139 €
Ein gut geführtes Hotel, in dem immer wieder renoviert und verbessert wird. Einige Zimmer liegen zur Sonnenseite, zu heiß wird's hier dank Klimaanlage dennoch nicht. Toll die Steinskulpturen der Chefin! Am Abend gibt es in der Bar eine kleine Vesperkarte. Schöne begrünte Sonnenterrasse.

Reichsstadt
Rathausplatz 5 ✉ 73728 – ✆ (0711) 35 36 20 – www.ristorante-reichsstadt.de – geschl. Sonntag - Montag
Rest – Menü 46/62 € – Karte 38/65 €
Gastgeber und Küchenchef Salvatore Marrazzo liebt Kunst und gutes Essen - an beidem lässt er Sie in dem historischen Stadthaus a. d. 15. Jh. teilhaben. Zur italienischen Küche gibt's natürlich Wein aus Italien, aber auch deutsche Rieslinge. Wer lieber draußen sitzt, schaut aufs alte Rathaus direkt gegenüber.

Hirsch & Greif
Strohstr. 13, (1. Etage) ✉ 73728 – ✆ (0711) 88 24 27 69 – www.hirschundgreif.de – geschl. Sonntag - Montag
Rest – Karte 28/52 €
Hier kocht man mit frischen Produkten aus der Region! Aber nicht nur darüber werden Sie sich freuen, denn der Rahmen ist schon beeindruckend: ein wieder aufgebauter ehemaliger Pfleghof des Klosters mit sehenswerter, von italienischen Stuckateuren im 18. Jh. geschaffener Decke!

Zur Tafelstube N
Marktplatz 4 ✉ 73728 – ✆ (0711) 90 12 10 77 – www.tafelstube.de – geschl. Sonntag - Montag
Rest – *(Dienstag - Freitag nur Abendessen)* (Tischbestellung ratsam)
Karte 31/60 €
Ein Haus, nicht für die Massen, sondern eher für Liebhaber gemütlich-intimer Weinstuben, in denen man ehrliches Handwerk in Form vom schmackhafter, geradliniger und klar schwäbisch dominierter Küche erlebt. Wer Gunnar Gräßles hausgemachte Maultaschen oder den Klassiker Rostbraten probiert, kommt sicher gerne wieder! Schön die Terrasse zum Marktplatz!

ETTENHEIM Baden-Württemberg – 545 – 12 340 Ew – Höhe 193 m 53 D20

Berlin 779 – Stuttgart 174 – Freiburg im Breisgau 42 – Strasbourg 53

Weber
Im Offental 1 ✉ 77955 – ✆ (07822) 8 94 80 – www.weingut-weber.de – geschl. Februar 2 Wochen, August 10 Tage, November 1 Woche und Montag - Dienstag
Rest – Menü 25 € (vegetarisch)/60 € – Karte 22/57 €
Auf dem Weingut der Webers steht seit einigen Jahren Tochter Stefanie gemeinam mit Lebensgefährte Matthias Fährmann am Herd. Zu ihren schmackhaften regionalen Gerichten passen die guten Weine aus eigenem Anbau! Dank der Hanglage schaut man von der tollen Terrasse bis zu den Vogesen!

ETTLINGEN – Baden-Württemberg – 545 – 38 510 Ew – Höhe 133 m 54 F18

Berlin 678 – Stuttgart 79 – Karlsruhe 10 – Baden-Baden 36
Schlossplatz 3, ✉ 76275, ✆ (07243) 10 13 80, www.ettlingen.de

Erbprinz
Rheinstr. 1 ✉ 76275 – ✆ (07243) 32 20 – www.erbprinz.de
113 Zim – 130/195 € 180/245 € – 7 Suiten
Rest *Erbprinz* – **Rest *Weinstube Sibylla*** – siehe Restaurantauswahl
Die Einrichtung in diesem gewachsenen Hotel mit Ursprung im Jahre 1780 reicht von klassisch-gediegen im Stammhaus bis hin zu modern-elegant in den Neubauten. Großzügiger und hochwertiger Spabereich.

Watthalden
Pforzheimer Str. 67a ✉ 76275 – ✆ (07243) 71 40 – www.watthalden.de
83 Zim – 98/120 € 130 €
Rest *Hartmaier's Villa* – siehe Restaurantauswahl
Das neben einem kleinen Park gelegene Hotel ist vor allem auf Tagungen und Geschäftsreisende ausgelegt und hat moderne Gästezimmer zu bieten.

Stadthotel Engel garni (mit Gästehaus)
Kronenstr. 13 ✉ 76275 – ✆ (07243) 33 00 – www.stadthotel-engel.de – geschl. 24. Dezember - 7. Januar
93 Zim ☕ – 🚹85/105 € 🚹🚹110/135 €
Das Hotel liegt in der Altstadt und verfügt über zeitgemäße, unterschiedlich geschnittene Zimmer, die farblich teilweise recht lebendig gestaltet sind. Kostenfreies W-Lan.

Holder garni
Lindenweg 16 (Umgebungsplan Karlsruhe) ✉ 76275 – ✆ (07243) 1 60 08 – www.hotel-holder.de – geschl. Weihnachten - Neujahr
28 Zim ☕ – 🚹60/92 € 🚹🚹92/102 €
Die verkehrsgünstige Lage am Rande von Ettlingen und funktionell ausgestattete Zimmer sprechen für dieses Hotel. W-Lan bietet man gratis, gut sind auch die Parkmöglichkeiten.

Erbprinz – Hotel Erbprinz
Rheinstr. 1 ✉ 76275 – ✆ (07243) 32 20 – www.erbprinz.de – geschl. 5. - 21. Januar, 8. - 24. Juni, 17. - 26. August und Sonntag - Montag sowie an Feiertagen
Rest – Menü 95/125 € – Karte 78/112 €
Seit langem ist der Erbprinz eine Institution in der Region! Und das zu Recht, wie jeder bestätigen wird, der die klassischen Speisen von Ralph Knebel versucht hat - er führt hier die Tradition der sehr guten Küche fort! Das Restaurant ist wirklich angenehm mit seinem hellen, eleganten Interieur - trotzdem gibt es im Sommer kaum einen schöneren Ort als die Terrasse!
➜ Knurrhahn und Aal-Ravioli auf Bohnenragout, Apfelessigjus. Lammrücken mit rotem Quinoa und Bärlauch. Crème Brûlée von der Ziegenmilch mit eingelegten Mispeln und Preiselbeer-Schmandeis.

Hartmaier's Villa – Hotel Watthalden
Pforzheimer Str. 67 ✉ 76275 – ✆ (07243) 76 17 20 – www.hartmaiers.de
Rest – Menü 28/57 € – Karte 33/58 €
In der schönen Villa Watthalden von 1818 bietet man schmackhafte klassische Küche mit regionalen und mediterranen Einflüssen. Serviert wird in modernen Räumen - elegant im Restaurant, leger im Bistro. Im Sommer ist die Terrasse sehr nett. Weinhandlung.

Weinstube Sibylla – Hotel Erbprinz
Rheinstr. 1 ✉ 76275 – ✆ (07243) 322 0 – www.erbprinz.de
Rest – Menü 35 € – Karte 34/49 €
Das Stammhaus des Hotels, der ursprüngliche Erbprinz, beherbergt dieses Restaurant mit guter regionaler Küche. Holztäfelung, Parkett und Dekor erzeugen eine gemütliche Atmosphäre. Probieren sollte man unbedingt regionale Klassiker wie Hechtklößchen mit Rieslingsauce, feinen Nudeln und Spinat.

An der Autobahn A 5 Nord-West: 2 km, Ausfahrt Karlsruhe-Süd

Radisson BLU
Am Hardtwald 10, (Industriegebiet) ✉ 76275 Ettlingen – ✆ (07243) 38 00 – www.radissonblu.com/hotel-karlsruhe
195 Zim – 🚹129/299 € 🚹🚹129/299 €, ☕ 19 € – 4 Suiten **Rest** – Karte 32/42 €
Hier überzeugen großzügige öffentliche Bereiche, gute Tagungsmöglichkeiten in 19 verschiedenen Räumen sowie zeitgemäße Zimmer mit kostenfreiem W-Lan. Lage an der Autobahnausfahrt.

EURASBURG – Bayern – 546 – 4 350 Ew – Höhe 600 m 65 L21

▶ Berlin 632 – München 44 – Innsbruck 113 – Kufstein 103

Maiwerts Restaurant Ⓝ
Birkenallee 1 ✉ 82547 – ✆ (08179) 9 98 81 88 – www.maiwerts.de – geschl. Montag - Dienstag
Rest – Menü 65/80 € – Karte 44/71 €
Dieter Maiwert ist zu seinen gastronomischen Wurzeln zurückgekehrt und kocht nun in diesem modern sanierten jahrhundertealten Bauernhaus mitten im Dorf. Aus hervorragenden Produkten bereitet er geschmackvolle klassische Speisen zu, die man sich bei entsprechendem Wetter am besten auf der äußerst reizvollen Terrasse im Garten zu Gemüte führt.
➜ Dreierlei vom Thunfisch. Nebraska Rinderfilet mit Balsamicojus, Kartoffelrösti und gebratenen Steinpilzen. Crème Brûlée mit Vanilleeis und Kirschen.

EUSKIRCHEN – Nordrhein-Westfalen – 543 – 55 640 Ew – Höhe 160 m

35 B13

Berlin 611 – Düsseldorf 78 – Bonn 32 – Aachen 87

ADAC Eifelring 45

Ameron Parkhotel

Alleestr. 1 ✉ 53879 – ✆ (02251) 77 50 – www.ameron-parkhotel-euskirchen.de

90 Zim – 99/219 € 119/299 € – 2 Suiten – ½ P

Rest *Cantinetta* – siehe Restaurantauswahl

Geräumig, modern und hochwertig in Design und Technik - zeitlose Formen, schöne Stoffe und gedeckte Farben verleihen den Zimmern Eleganz. Neben gehobener Ausstattung hat das luxuriöse Businesshotel aber auch die zentrale Lage gegenüber dem Bahnhof zu bieten.

Stadtwald Vinum

Münstereifeler Str. 148 ✉ 53879 – ✆ (02251) 6 33 13 – www.stadtwaldvinum.de – geschl. Ende Januar 1 Woche und Montag, Samstagmittag

Rest – (Tischbestellung ratsam) Menü 19 € (mittags unter der Woche)/70 € – Karte 26/69 €

Dieses Haus versprüht mediterranes Flair von der liebenswerten, gemütlich-stilvollen Einrichtung über das Speisenangebot bis zur Gartenterrasse. Sie können hier sogar Wein und Terrakotta kaufen!

Tögel's Restaurant Loft34

Gerberstr. 3 ✉ 53879 – ✆ (02251) 43 85 – www.toegelsrestaurant.de – geschl. Mitte Juli - Mitte August und Sonntag - Montag

Rest – *(nur Abendessen)* Menü 39/63 € – Karte 35/58 €

Uwe Tögel ist hier gemeinsam mit seiner Frau am Werk - er in der Küche, sie im Service. Die Gäste mögen zum einen die guten saisonalen Gerichte, zum anderen die luftige Architektur des denkmalgeschützten Backsteingebäudes.

Cantinetta – Ameron Parkhotel

Alleestr. 1 ✉ 53879 – ✆ (02251) 77 55 55 – www.ameron-parkhotel-euskirchen.de

Rest – Menü 29 € (abends)/46 € – Karte 38/71 €

Interessante Einblicke bietet hier nicht nur die offene Küche, auch der begehbare gläserne Chambrair weckt Vorfreude, und zwar auf eine große Auswahl an italienischen und deutschen Weinen, die zu den mediterranen Speisen gereicht werden.

In Euskirchen-Flamersheim Süd-Ost: 7,5 km

Bembergs Häuschen (Oliver Röder)

Burg Flamersheim, (Zufahrt über Sperberstraße) ✉ 53881 – ✆ (02255) 94 57 52 – www.burgflamersheim.de – geschl. 1. - 23. Januar, 28. Juli - 28. August und Montag - Dienstag

Rest – *(nur Abendessen, sonntags auch Mittagessen)* Menü 59/97 €

Rest *Eiflers Zeiten* – siehe Restaurantauswahl

Auf dem schönen historischen "Landlust"-Anwesen erfreuen sich gleich zwei Konzepte großer Beliebtheit: das rustikale "Gasthaus" und das elegante "Restaurant". Letzteres bietet die feinen zeitgemäßen Speisen von Oliver Röder, die schon mit ihren prägnanten Namen Appetit machen! Charmanter Service.

→ Herrengedeck, Ochsenschwanz, Sellerie, Apfel. Flamersheimer Lammhaxe, Malz, Mais, Bohne, Joghurt. Roh marinierter Wolfsbarsch, Safran, Orange, Gin, Tonic.

Eiflers Zeiten – Restaurant Bembergs Häuschen

Burg Flamersheim, (Zufahrt über Sperberstraße) ✉ 53881 – ✆ (02255) 94 57 52 – www.burgflamersheim.de – geschl. 1. - 23. Januar, 28. Juli - 28. August und Montag - Dienstag

Rest – *(Mittwoch - Donnerstag nur Abendessen)* Karte 27/49 €

Die Besonderheit hier ist der Holzofen mitten im Raum, in dem u. a. leckere Kartoffelflammkuchen backen! Dass Oliver Röder kochen kann, beweist er aber auch mit regionalen Gerichten wie "Schweinebauch, 36 Stunden gegart".

EUTIN – Schleswig-Holstein – 541 – 16 940 Ew – Höhe 33 m – Heilklimatischer Kurort

11 J4

Berlin 299 – Kiel 44 – Lübeck 48 – Oldenburg in Holstein 29

Markt 19, ✉ 23701, ✆ (04521) 7 09 70, www.holsteinischeschweiz.de/eutin

Waldshagen, Gut Waldshagen, ✆ (04522) 76 67 66

EUT-IN

Lübecker Landstr. 53 ✉ 23701 – ✆ (04521) 77 88 10 – www.eut-in-hotel.de
13 Zim – 🚹49/79 € 🚹🚹69/99 €, ☕ 10 € – 1 Suite – ½ P
Rest – *(geschl. Anfang Januar 3 Wochen)* Menü 26/70 € – Karte 21/61 €
Rest *Speisekammer* – *(geschl. Montag - Mittwoch) (nur Abendessen)*
Menü 50/70 €
Das kleine Hotel in den Gebäuden der einstigen Straßenmeisterei ist ideal für Ausflüge an die 10 km entfernte Ostsee. Aber auch im Strandkorb am eigenen Badeteich lässt es sich wunderbar relaxen! Im Restaurant mit separater Stube isst man bürgerlich-saisonal. Gourmetangebot in der Speisekammer.

EVERSWINKEL – Nordrhein-Westfalen – 543 – 9 340 Ew – Höhe 66 m 27 E10

Berlin 454 – Düsseldorf 141 – Bielefeld 60 – Münster (Westfalen) 18

In Everswinkel-Alverskirchen Süd-West: 2,5 km

Landhaus Bisping Zim,

St.-Agatha-Platz 8 ✉ 48351 – ✆ (02582) 70 01 – www.landhaus-bisping.de – geschl. 1. - 6. Januar, August 2 Wochen
14 Zim ☕ – 🚹72 € 🚹🚹99/109 €
Rest – *(geschl. Freitag; Oktober - März: Freitag, Sonntag) (nur Abendessen für Hausgäste)*
Die Gästezimmer dieses familiären kleinen Hotels sind wohnlich und mit persönlicher Note eingerichtet. Auch Räume für Tagungen und Festlichkeiten sind vorhanden.

EYBA – Thüringen – siehe Saalfelder Höhe

FAHRENZHAUSEN – Bayern – 546 – 4 720 Ew – Höhe 465 m 58 L19

Berlin 562 – München 25 – Freising 26 – Augsburg 72

In Fahrenzhausen-Großnöbach Süd-Ost: 2 km über B 13 Richtung München

AmperVilla Zim,

Gewerbering 1 (B 13) ✉ 85777 – ✆ (08133) 9 96 30 – www.ampervilla.de – geschl. 22. - 26. Dezember
40 Zim ☕ – 🚹69/179 € 🚹🚹69/189 € – 2 Suiten – ½ P **Rest** – Karte 20/44 €
Ein Haus mit mediterranem Landhausflair. Mit hübschen Stoffen und warmen Farben hat man die Zimmer geschmackvoll und wohnlich gestaltet. Ebenso schön: Frühstücksraum und kleine Bibliothek.

FALLINGBOSTEL, BAD – Niedersachsen – 541 – 11 330 Ew – Höhe 40 m – Kneippheilbad und Luftkurort 19 I7

Berlin 329 – Hannover 69 – Bremen 70 – Hamburg 95
Sebastian-Kneipp-Platz 1, ✉ 29683, ✆ (05162) 40 00, www.tourismus-badfallingbostel.de
18 Fallingbostel, Tietlingen 6c, ✆ (05162) 38 89

Park Hotel Berlin

Düshorner Str. 7 ✉ 29683 – ✆ (05162) 90 00 60 – www.hotel-berlin-online.de
20 Zim ☕ – 🚹69/99 € 🚹🚹89/119 € – ½ P
Rest – *(geschl. Sonntag - Montag) (nur Abendessen)* Karte 20/41 €
Ein vom Inhaber freundlich und familiär geführtes Hotel mit zeitgemäßen und funktionellen, teilweise recht geräumigen Zimmern, einige mit Balkon. Restaurant-Café Leonard mit kleinem internationalem Angebot.

Haus Petersen garni

Schlüterberg 1 ✉ 29683 – ✆ (05162) 59 66 – www.haus-petersen.com
15 Zim ☕ – 🚹60/65 € 🚹🚹90/95 €
Eine sehr nette wohnlich-familiäre Adresse mit geschmackvollen Zimmern und einer hübschen Terrasse im gepflegten Garten, auf der man im Sommer frühstücken kann. Und wie wär's mit einer entspannenden Massage oder Kosmetikbehandlung?

FASSBERG – Niedersachsen – 541 – 6 760 Ew – Höhe 71 m – Erholungsort 19 I7

Berlin 308 – Hannover 90 – Celle 44 – Munster 14
Unterlüßer Str. 5, ✉ 29328, ✆ (05053) 98 92 22, www.touristinformation-mueden.de

In Faßberg-Müden Süd-West: 4 km

Niemeyer's Posthotel

Hauptstr. 7 ✉ 29328 – ✆ (05053) 9 89 00 – www.niemeyers-posthotel.de
33 Zim – 90/150 € 140/160 € – 2 Suiten – ½ P
Rest ***Schäferstube*** – siehe Restaurantauswahl
Aus dem 19. Jh. stammt dieser traditionsreiche Familienbetrieb mit behaglichem gediegenem Ambiente und einem hübschen modernen Sauna- und Ruhebereich.

Schäferstube – Niemeyer's Posthotel

Hauptstr. 7 ✉ 29328 – ✆ (05053) 9 89 00 – www.niemeyers-posthotel.de – geschl. 2. Januar - 9. Februar
Rest – Menü 27/98 € – Karte 26/81 €
Die "Schäferstube" mit ihrer netten ländlichen Atmosphäre serviert ihren Gästen eine klassische Küche mit regionalen Einflüssen. Ein Grund, warum viele immer wieder kommen!

FEHMARN (INSEL) Schleswig-Holstein – 541 – Ostseeinsel, durch die Fehmarnsundbrücke★ mit dem Festland verbunden – Seeheilbad 4 K3

Berlin 350 – Kiel 86 – Lübeck 83 – Oldenburg in Holstein 31
von Puttgarden nach Rodbyhavn/Dänemark, ✆ (01805) 11 66 88
Landkirchener Weg 46, ✉ 23769, ✆ (04371) 50 63 00, www.fehmarn.de
Südstrandpromenade 1, ✉ 23769, ✆ (04371) 50 63 33, www.fehmarn.de
Burg-Wulfen, Am Golfplatz 1, ✆ (04371) 69 69

Burg – Ostseeheilbad

In Burg-Neujellingsdorf

Margaretenhof

Dorfstr. 7 ✉ 23769 – ✆ (04371) 8 76 70 – www.restaurant-margaretenhof.com
Rest – *(nur Abendessen, sonntags auch Mittagessen)* Menü 45 € – Karte 32/46 €
Regionale Küche mit asiatischem Einfluss... das Konzept geht auf! Da kommen auch gerne Einheimische in die gemütlichen Stuben, um sich leckere Gerichte wie "gebackene Garnele und Lachstatar auf Tomatenmousse" oder "Rehragout mit Schupfnudeln und Curry-Sesam-Spitzkohl" schmecken zu lassen.

In Burg-Burgstaaken

Schützenhof

Menzelweg 2 ✉ 23769 – ✆ (04371) 5 00 80 – www.hotel-restaurant-schuetzenhof.de – geschl. 1. November - 15. März
30 Zim – 54/75 € 96/109 € – ½ P
Rest – *(nur Abendessen für Hausgäste)*
Das gut gepflegte Hotel unter familiärer Leitung liegt recht ruhig und bietet Ihnen freundliche, funktional ausgestattete Gästezimmer - fragen Sie nach den neueren. Für Hausgäste gibt es bürgerliche Küche.

Neue Tiefe

Strandhotel garni 

Am Binnensee 2 (Nähe Südstrand) ✉ 23769 – ✆ (04371) 31 42 – www.strandhotel-fehmarn.de
20 Zim – 40/45 € 70/90 € – 2 Suiten
Die Zimmer in diesem Ferienhotel beim Binnensee sind recht schlicht, aber sehr gepflegt. In wenigen Gehminuten erreicht man den 600 m entfernten Südstrand.

FEILNBACH, BAD – Bayern – 546 – 7 600 Ew – Höhe 512 m – Wintersport: 600 m 1 – Kurort 66 M21

Berlin 650 – München 62 – Garmisch-Partenkirchen 99 – Rosenheim 19
Bahnhofstr. 5, ✉ 83075, ✆ (08066) 8 87 11, www.bad-feilnbach.de

Nahe der BAB-Ausfahrt Bad Aibling Nord: 4,5 km

Maximilian

Torfwerk 2 ✉ 83075 Bad Feilnbach – ✆ (08064) 9 05 70 – www.landgasthof-maximilian.de – geschl. 20. Dezember - 10. Januar
38 Zim – 69/99 € 105/135 € – ½ P
Rest – *(Montag - Freitag nur Abendessen)* Menü 19/35 € – Karte 19/43 €
Ideal für alle auf der Durchreise: Von hier aus sind es nur ca. 800 m bis zur Autobahnauffahrt (A8). In den Zimmern helles Naturholz und frische Farben. Restaurant mit freundlichem Wirtshaus-Ambiente und ansprechendem Terrassenbereich.

FELDAFING – Bayern – 546 – 4 380 Ew – Höhe 646 m – Erholungsort 65 L21

Berlin 621 – München 35 – Garmisch-Partenkirchen 65 – Weilheim 19
Feldafing, Tutzinger Str. 15, ✆ (08157) 9 33 40

In Feldafing-Wieling West: 2 km, Richtung Traubing, dann rechts über B 2

Alte Linde (mit Gästehaus) Zim,

Wieling 5 (an der B 2) ✉ 82340 – ✆ (08157) 93 31 80 – www.linde-wieling.de
40 Zim – 76/115 € 115/175 € – ½ P **Rest** – Karte 19/41 €
Der Familienbetrieb ist aufgrund seiner Seenähe gerade im Sommer ein beliebtes Ziel. Sie schlafen in wohnlichen, recht geräumigen Zimmern (zur Straße hin gut schallisoliert), erkunden mit Elektrofahrrädern die Gegend (Verleih hier im Haus) und stärken sich danach im gemütlich-alpenländischen Restaurant.

FELDBERG im SCHWARZWALD – Baden-Württemberg – 545 – 1 870 Ew – Höhe 1 277 m – Wintersport: 1 450 m 15 – Luftkurort 61 E21

Berlin 791 – Stuttgart 170 – Freiburg im Breisgau 38 – Basel 60
Kirchgasse 1, ✉ 79868, ✆ (07652) 12 06 83 00, www.hochschwarzwald.de
Gipfel (★★) Bismarck-Denkmal (★)

In Feldberg-Altglashütten – Höhe 991 m

Schlehdorn

Sommerberg 1 (an der B 500) ✉ 79868 – ✆ (07655) 9 10 50 – www.schlehdorn.de – geschl. 14. - 28. April, 10. November - 14. Dezember
12 Zim – 73/120 € 116/170 € – 8 Suiten
Rest – *(nur Abendessen für Hausgäste)*
Bei Familie Dünnebacke ist alles so richtig schön regionstypisch: jede Menge behagliches Holz, wohnliche Stoffe, der heimelige Kachelofen in der Stube... Wenn Sie mit der Familie kommen, buchen Sie doch das liebenswerte separate Berghaus im Garten für bis zu sechs Personen! Und wie wär's mit einem Elektro-Smart? Den können Sie für einen halben Tag kostenlos leihen!

Sommerberg mit Zim

Am Sommerberg 14 ✉ 79868 – ✆ (07655) 14 11 – www.sommerberg.com – geschl. 31. März - 14. April, 10. November - 4. Dezember und Montag
8 Zim – 50/65 € 100/130 € – 2 Suiten – ½ P
Rest – *(Dienstag - Donnerstag nur Abendessen)* Menü 36/68 € – Karte 31/61 €
Wenn das Wetter es zulässt, sollten Sie auf der Balkonterrasse speisen - hier genießt man nämlich einen besonders schönen Talblick, während man sich die regionale und auch gehobene Küche schmecken lässt! Appetit macht z. B. "Lammhäxle mit Bohnengemüse und blauen Kartoffeln". Für Übernachtungsgäste: hübsche, helle Zimmer und eine kleine Panoramasauna.

Florian'S mit Zim

Windgfällstr. 19 ✉ 79868 – ✆ (07655) 9 10 30 – www.hotelwaldeck.com – Mitte November - Mitte Dezember und Mittwoch
17 Zim – 52/60 € 92/126 € – 1 Suite – ½ P
Rest – *(nur Abendessen)* Menü 25/45 € – Karte 23/49 €
Am Rand des Dorfes liegt dieses familiengeführte Haus, in dessen rustikalem Restaurant Gastgeber Florian Stoll eine regional und international beeinflusste Küche bietet. Das Hotel Waldeck mit seinen gepflegten Zimmern ist ein guter Ausgangspunkt für Wanderungen im nahen Wald.

In Feldberg-Bärental – Höhe 980 m

Adler Bärental

Feldbergstr. 4 (B 317) ✉ 79868 – ✆ (07655) 93 39 33 – www.adler-feldberg.de
16 Zim – 65/90 € 105/160 € – ½ P
Rest ***Adler Bärental*** – siehe Restaurantauswahl
Das Haus ist außen wie innen im regionstypischen Stil gehalten. Hinter der Holzschindelfassade verbergen sich gemütliche, nach Wildkräutern benannte Zimmer, Maisonetten und Appartements - ruhiger nach Westen hin.

Adler Bärental – Hotel Adler Bärental

Feldbergstr. 4 (B 317) ✉ 79868 – ✆ (07655) 93 39 33 – www.adler-feldberg.de – geschl. Dienstag; März - April und November - Ende Dezember: Dienstag - Mittwochmittag
Rest – Menü 22/43 € – Karte 17/47 €
Schwarzwälder Gemütlichkeit, wie man sie von früher kennt - das können Sie in den netten Gaststuben erleben. Selbstverständlich stehen auf der Karte fast ausschließlich badische Spezialitäten.

In Feldberg-Falkau – Höhe 950 m

Peterle

Schuppenhörnlestr. 18 ✉ 79868 – ✆ (07655) 6 77 – www.hotel-peterle.de – geschl. 7. - 17. April, 10. November - 11. Dezember
14 Zim – 37/45 € 80/82 € – ½ P
Rest – *(geschl. Donnerstag)* Menü 12 € (mittags)/44 € – Karte 18/39 €
Sie werden das Haus schätzen, denn es ist wirklich sympathisch und sehr gepflegt. Man schläft in individuellen Gästezimmern, manche mit Holzboden, teilweise mit Balkon oder Terrasse zum netten Garten. Auch dem Restaurant steht der gemütlich-rustikale Stil gut zu Gesicht. Hier legt man Wert auf regionale Produkte und deutsche Weine.

FELDBERGER SEENLANDSCHAFT – Mecklenburg-Vorpommern – 542 – 4 710 Ew – Höhe 90 m

14 P6

Berlin 143 – Schwerin 184 – Neustrelitz 35 – Neubrandenburg 35

Im Ortsteil Fürstenhagen

Alte Schule (Daniel Schmidthaler) mit Zim

Zur Alten Schule 5 ✉ 17258 – ✆ (039831) 2 20 23 – www.hotelalteschule.de – geschl. 6. - 30. Januar und Montag, Oktober - Mai: Montag - Dienstag

18 Zim – 60 € 75/85 €
Rest – *(nur Abendessen)* Menü 51/68 € – Karte 58/68 €
Im ehemaligen Klassenzimmer der früheren Dorfschule geht es heute deutlich genussvoller zu, denn in der zeitgemäßen Küche von Daniel Schmidthaler stehen gute regionale Produkte im Mittelpunkt, deren Geschmack und Aroma er gekonnt zur Geltung bringt - auch seine österreichische Heimat ist zu erkennen. Freiwillig in der Schule übernachten? Angesichts der geschmackvollen Gästezimmer macht man das hier gerne!
→ Mecklenburger Fischplatte / 3 x Fisch / Dill. Maibock / Nüsschen / Erbse / Nussbutter. Kalb / Tafelspitz / Wurzelgemüse / Schnittlauch / Morcheln.

FELDKIRCHEN – Bayern – 546 – 6 730 Ew – Höhe 523 m

66 M20

Berlin 591 – München 16 – Kufstein 95 – Augsburg 82

Bauer

Münchner Str. 6 ✉ 85622 – ✆ (089) 9 09 80 – www.bauerhotel.de
98 Zim – 85/148 € 120/160 € – 1 Suite **Rest** – Karte 25/57 €
Schon Jahrzehnte in Familienhand, ist der alteingesessene Gasthof zum Hotel gewachsen. Immer wieder wird verbessert und modernisiert - man sieht's z. B. an den neuen Zimmern: wertig und chic-alpin! Auch eine der Restaurantstuben ist verjüngt worden, die anderen wahren die rustikale Gemütlichkeit!

FELDKIRCHEN-WESTERHAM – Bayern – 546 – 10 340 Ew – Höhe 551 m

66 M21

Berlin 623 – München 39 – Rosenheim 24

Feldkirchen-Westerham, Oed 1, ✆ (08063) 63 00

Im Ortsteil Aschbach Nord-West: 3 km ab Feldkirchen in Richtung München

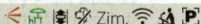

Berghotel Aschbach Zim,

Aschbach 3 ✉ 83620 – ✆ (08063) 8 06 60 – www.berghotel-aschbach.de
20 Zim – 69/86 € 95/115 € – ½ P
Rest – Menü 28 € (unter der Woche) – Karte 21/45 €
Das bayerisch-gemütliche kleine Hotel ist von der Autobahn aus gut erreichbar und liegt dennoch schön umgeben von Wiesen. In der Nähe: Golfplatz, Bergtierpark sowie Wander- und Radwege. Tipp für warme Tage: hausgemachter Kuchen auf der Terrasse bei toller Sicht auf die Alpen.

FELLBACH – Baden-Württemberg – siehe Stuttgart

FELSBERG – Hessen – 543 – 10 640 Ew – Höhe 165 m

38 H12

Berlin 404 – Wiesbaden 185 – Kassel 28 – Gießen 103

In Felsberg-Hesserode Süd: 6,5 km über Gensungen und Helmshausen

Zum Rosenhof 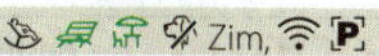

Rockshäuser Str. 9 ✉ 34587 – ✆ (05662) 27 74 – www.mayer-stahl.de
8 Zim – 67/78 € 121/136 €, 12 € – ½ P
Rest – Menü 35/120 € – Karte 37/74 €
Individuell, charmant, persönlich - Gastgeberin Hannelore Mayer-Stahl hat dem 400 Jahre alten ehemaligen Bauernhaus ein liebenswertes Interieur verpasst, das der hübschen Fachwerkfassade wirklich gut zu Gesicht steht! Freundliche Stoffe und Farben, dekorative Accessoires, hier und da antike Möbel... Toll die Juniorsuite unterm Dach!

FENSTERBACH – Bayern – siehe Schwarzenfeld

FEUCHTWANGEN – Bayern – 546 – 12 150 Ew – Höhe 452 m – Erholungsort

56 J17

Berlin 509 – München 171 – Stuttgart 131 – Schwäbisch Hall 52

Marktplatz 1, ✉ 91555, ✆ (09852) 9 04 55, www.feuchtwangen.de

Greifen-Post 

Marktplatz 8 ✉ 91555 – ✆ (09852) 68 00 – www.hotel-greifen.de – geschl. 1. - 9. Januar
35 Zim – 69/113 € 89/154 € – ½ P
Rest *Greifen-Post* – siehe Restaurantauswahl
Sie sind Romantiker? Oder stehen Sie auf Biedermeierstil? Vom 17. bis zum 20. Jh. reicht die Zimmereinrichtung in dem Gasthaus von 1369. Und wer gibt sich da so viel Mühe mit seinen Gästen? Dirk und Birgit Becker-Plaha, die engagierten und traditionsbewussten Inhaber. Auch Kosmetik und Massage sind möglich.

Greifen-Post – Hotel Greifen-Post

Marktplatz 8 ✉ 91555 – ✆ (09852) 68 00 – www.hotel-greifen.de – geschl. 1. - 9. Januar und Sonntagabend - Montag
Rest – *(Dienstag - Samstag nur Abendessen)* Menü 36 € (vegetarisch)/54 € – Karte 29/44 €
Die drei Stuben sprühen förmlich vor historischem Flair und Gemütlichkeit. In der saisonal-regionalen Küche finden sich auch internationale Einflüsse und vegetarisch kocht man für Sie ebenso gerne. Ganzjährige Spezialität ist Ente in verschiedenen Variationen!

In Feuchtwangen-Dorfgütingen Nord: 6 km über B 25

Landgasthof Zum Ross mit Zim

Dorfgütingen 37 (B 25) ✉ 91555 – ✆ (09852) 6 74 30 – www.zum-ross.de – geschl. Weihnachten - 10. Januar, über Fasching, 1. - 8. September, 27. Oktober - 3. November und Sonntagabend - Dienstagmittag

12 Zim – ♦45/55 € ♦♦65/75 € **Rest** – Menü 28/36 € – Karte 18/36 €

Stefan und Matthias Lehner sind in dem Gasthof von 1851 bereits die 4. Generation! Diese Tradition kann man in den ländlich-gemütlichen Stuben förmlich spüren. Kommen Sie doch mal sonntags zum Schweinebraten oder Hohenloher Spanferkel! Zu trinken gibt es nicht nur gute Weine, auch eigene Brände und Liköre!

FICHTELBERG – Bayern – 546 – 1 910 Ew – Höhe 684 m 51 M15

– Wintersport: 801 m 1 – Luftkurort

Berlin 366 – München 259 – Weiden in der Oberpfalz 67 – Bayreuth 30

Gablonzer Str. 11, ✉ 95686, ✆ (09272) 9 70 33, www.fichtelberg.de

Schönblick (mit Ferienwohnanlage) Zim,

Gustav-Leutelt-Str. 18 ✉ 95686 – ✆ (09272) 9 78 00 – www.hotel-schoenblick.de

46 Zim – ♦59/70 € ♦♦81/90 €, 10 € – ½ P

Rest – *(geschl. Sonntagabend - Montag)* Karte 19/38 €

Das gewachsene Anwesen am Ortsende wird familiär geleitet und verfügt über wohnlich gestaltete Gästezimmer, meist mit Balkon. Auch Ferienwohnungen sind vorhanden. Rustikal-elegant ist das Ambiente im Restaurant Eulenstube.

FICHTENAU – Baden-Württemberg – 545 – 4 510 Ew – Höhe 517 m 56 I17

Berlin 531 – Stuttgart 119 – Schwäbisch Hall 43 – Aalen 41

In Fichtenau-Neustädtlein

Vitalhotel Meiser

Grenzstr. 42 ✉ 74579 – ✆ (07962) 71 19 40 – www.vitalhotel-meiser.de

62 Zim – ♦89/139 € ♦♦158/198 € – 5 Suiten

Rest – Menü 29/79 € – Karte 30/62 €

Ein Wellnesshotel wie aus dem Bilderbuch hat Familie Meiser in den letzten Jahren geschaffen. Nach der Erweiterung dürfen Sie sich auf wohnliche Zimmer und Suiten im Landhausstil und auf ein umfassendes Spa-Angebot samt eigenem Saunadorf freuen, nicht zu vergessen das heimelig-gemütliche und gleichzeitig stilvolle Restaurant - hier bekommt man eine ambitionierte Küche mit regionalem Einfluss serviert.

FIEFBERGEN – Schleswig-Holstein – 541 – 580 Ew – Höhe 26 m 3 J3

Berlin 348 – Kiel 20 – Lübeck 89 – Lütjenburg 27

Der Alte Auf

Am Dorfteich 15 ✉ 24217 – ✆ (04344) 14 40 – www.der-alte-auf.de – geschl. Februar 2 Wochen, Oktober 1 Woche und Montag - Dienstag

Rest – *(nur Abendessen)* (Tischbestellung ratsam) Menü 29/41 € – Karte 29/49 €

Regionale Küche bietet man in dem historischen Bauernhaus, das freundlich-familiär geführt wird. Den charmant-rustikalen Stil hat man bewusst erhalten. Sehr schön ist der Garten.

FILDERSTADT – Baden-Württemberg – 545 – 44 680 Ew – Höhe 371 m 55 G19

Berlin 656 – Stuttgart 19 – Reutlingen 25 – Ulm (Donau) 80

In Filderstadt-Bernhausen

Schwanen Zim,

Obere Bachstr. 1 ✉ 70794 – ✆ (0711) 7 87 82 50 – www.filderstadt.qualityhotels.de

95 Zim – ♦98/120 € ♦♦124/160 € – 5 Suiten

Rest *La Fortuna* – ✆ (0711) 7 26 94 46 *(geschl. Samstag - Sonntagmittag)* Karte 24/43 €

Rest *Schwanen-Bräu* – ✆ (0711) 70 69 54 – Karte 20/44 €

Eine praktische Businessadresse bestehend aus Alt- und Neubau - etwas geräumiger sind die Zimmer im neueren Teil. Wer italienische Küche mit viel Pizza und Pasta mag, isst im La Fortuna. Alternativ gibt's im Schwanen-Bräu (nur ein paar Schritte von Hotel entfernt) bürgerlich-regionale Kost und eigenes Bier.

Am Hirschgarten
Rosenstr. 27 ✉ 70794 – ✆ (0711) 9 07 74 43 00 – www.hotel-am-hirschgarten.de
18 Zim – 88 € 108 € – ½ P
Rest ***Hirsch*** – siehe Restaurantauswahl
Die Vorteile dieses kleinen Hotels? Es liegt in einer verkehrsberuhigten Zone, der Flughafen ist nicht weit und die Zimmer bieten eine modern-funktionelle Ausstattung.

Hirsch – Hotel Am Hirschgarten
Rosenstr. 27 ✉ 70794 – ✆ (0711) 9 07 74 43 00 – www.hotel-am-hirschgarten.de – geschl. Samstagmittag
Rest – Karte 18/56 €
Wer im Hirschgarten nicht nur übernachten möchte, kann es sich an der Bar, in der Lounge und natürlich im Restaurant gemütlich machen: Das Ambiente hier ist bürgerlich-rustikal, die Küche regional.

FINCKEN – Mecklenburg-Vorpommern – 542 – 600 Ew – Höhe 75 m 13 N6

Berlin 142 – Schwerin 110 – Waren 44

Kavaliershaus garni
Hofstr. 12 ✉ 17209 – ✆ (039922) 8 27 00 – www.kavaliershaus-finckenersee.de
2 Zim – 78/98 € 90/110 € – 10 Suiten
Das Architektenehepaar Nalbach hat in dem Kavaliershaus a. d. 18. Jh. geräumige Suiten in geschmackvoll-puristischem Design geschaffen (teils mit Küchenzeile). Wenige Meter zum See.

FINNENTROP – Nordrhein-Westfalen – 543 – 17 450 Ew – Höhe 250 m 37 E12

Berlin 529 – Düsseldorf 130 – Arnsberg 39 – Lüdenscheid 43

In Finnentrop-Rönkhausen Nord: 7 km über B 236

Im Stillen Winkel 
Kapellenstr. 11 ✉ 57413 – ✆ (02395) 9 16 90 – www.hotel-im-stillen-winkel.de – geschl. 28. Juli - 17. August
12 Zim – 49/53 € 74/84 € – ½ P
Rest – *(geschl. Donnerstag) (nur Abendessen, sonntags auch Mittagessen)* Karte 19/36 €
Eine nette familiäre Adresse ist das hübsche, ruhig gelegene Fachwerkhaus, das für seine Gäste neuzeitlich-freundliche oder rustikalere Zimmer bereithält. Im Restaurant serviert man bürgerliche Küche. Zudem hat man noch eine einfache Gaststube.

FINSTERBERGEN – Thüringen – siehe Friedrichroda

FINSTERWALDE – Brandenburg – 542 – 17 260 Ew – Höhe 108 m 33 Q10

Berlin 120 – Potsdam 144 – Cottbus 55 – Dresden 93
Markt 1, ✉ 03238, ✆ (03531) 71 78 30, www.finsterwalde-touristinfo.de

Zum Vetter 
Lange Str. 15, (Eingang Große Ringstraße) ✉ 03238 – ✆ (03531) 22 69 – www.hotel-zum-vetter.de
17 Zim – 51/59 € 77/85 € – 1 Suite – ½ P
Rest – *(geschl. Januar 2 Wochen und Sonntag) (nur Abendessen)* Karte 17/27 €
Von der Seitenstraße aus gelangt man über den Innenhof zu diesem gepflegten und praktisch ausgestatteten kleinen Hotel, das bereits seit 1919 als Familienbetrieb geleitet wird.

Goldener Hahn mit Zim 
Bahnhofstr. 3 ✉ 03238 – ✆ (03531) 22 14 – www.goldenerhahn.com – geschl. Juli 2 Wochen und Sonntag - Montag
11 Zim – 45/59 € 75/99 € – 1 Suite – ½ P
Rest – Menü 35/79 € – Karte 31/52 €
Eine ehemalige Poststation von 1864 bildet den Rahmen für Frank Schreibers klassische Küche mit Lausitzer Einflüssen. "Kräuter-Quarkmousse / Gurken-Chutney / Leinöl-Kieselsteine / Brotchips" oder "gebräunte Kalbszunge / Meerrettich-Mousseline / Spargel / Schnittlauchkartoffeln" schmecken so gut wie sie klingen. Dazu gesellen sich schöne Weine und ein gediegen-elegantes Ambiente... sicher eine Ausnahme in dieser Region!

FISCHEN im ALLGÄU – Bayern – 546 – 3 040 Ew – Höhe 761 m 64 J22

– Wintersport: 860 m 2 – Heilklimatischer Kurort

Berlin 731 – München 157 – Kempten (Allgäu) 34 – Oberstdorf 6

Am Anger 15, 87538, (08326) 3 64 60, www.fischen.de

Tanneck

Maderhalm 20 87538 – (08326) 99 90 – www.hotel-tanneck.de – geschl. 8. - 20. Dezember, 31. März - 1. Mai

59 Zim – 101/151 € 193/302 € – 3 Suiten – ½ P

Rest – (Tischbestellung erforderlich) Karte 28/48 €

Warum das hier ein gelungener Urlaub wird? Das Haus wird wirklich intensiv geführt, liegt schön erhöht (das bringt eine reizvolle Aussicht mit sich!), zudem gibt es viele neu gestaltete Zimmer, nicht zu vergessen jede Menge Wellness (wie wär's mit "Milchwell"?). Außerdem können Sie in verschiedenen Restaurantbereichen von modern-rustikal bis elegant essen.

Alpenblick (mit Gästehaus)

Maderhalmer Weg 10 87538 – (08326) 97 91 – www.hotel-alpenblick.de – geschl. 10. November - 16. Dezember

17 Zim – 69/108 € 134 € – 7 Suiten – ½ P

Rest – *(geschl. 10. November - 16. Dezember, 15. März - 1. Mai und Mittwoch)* Karte 18/38 €

Familie Knöbel ist mit Herzblut bei der Sache: Aus einer ehemals kleinen Pension mit Café ist im Laufe der Jahre dieses absolut nette Alpenhotel mit komfortablen Zimmern entstanden. Hier und im bürgerlichen Restaurant (schön auch die Terrasse mit Blick auf Fischen!) umsorgt man die Gäste herzlich.

Krone mit Zim

Auf der Insel 1 87538 – (08326) 2 87 – www.krone-fischen.de – geschl. 17. November - 20. Dezember, 31. März - 13. April und Montag, außer an Feiertagen

10 Zim – 40/50 € 70/90 € – 1 Suite – ½ P **Rest** – Karte 14/38 €

Katja und Peter Faust führen dieses recht zentral gelegene Gasthaus nun schon über ein Jahrzehnt, und die vielen Stammgäste kommen nicht umsonst: der Patron lässt frische Allgäuer Küche servieren - danach können Sie in einem der ländlich eingerichteten Zimmer in ein bequemes Bett fallen.

In Fischen-Langenwang Süd: 3 km

Sonnenbichl Hotel am Rotfischbach

Sägestr. 19 87538 – (08326) 99 40 – www.hotel-sonnenbichl.com

49 Zim – 81/143 € 162/236 € – ½ P

Rest – Menü 29 € (abends)/43 € – Karte 26/43 €

Wer ausspannen möchte, wird sich über die wirklich ruhige Lage freuen. Zur Gegend passt auch der wohnlich-regionale Stil, den die engagierte Familie Scheuerl in den Zimmern, im "Vitaldörfle" (u. a. original finnische Sauna aus Kelo-Holz) sowie im Restaurant (mit lichtdurchflutetem Wintergarten) umgesetzt hat.

FLADUNGEN – Bayern – 546 – 2 170 Ew – Höhe 414 m 39 I13

Berlin 405 – Wiesbaden 183 – Fulda 52 – Bad Neustadt 32

Sonnentau

Zim,

Wurmbergstr. 1 (Nord-Ost: 1,5 km) 97650 – (09778) 9 12 20 – www.sonnentau.com

49 Zim – 45/61 € 66/89 € – ½ P **Rest** – Karte 15/30 €

Das am Südhang gelegene Ferienhotel mit Blick auf Fladungen bietet wahlweise Standard- oder Komfortzimmer. Zum Freizeitbereich gehören Anwendungen, Außensauna und Salzstollen. Rustikal sind die Restauranträume.

FLEIN – Baden-Württemberg – siehe Heilbronn

FLENSBURG – Schleswig-Holstein – 541 – 89 360 Ew – Höhe 12 m 2 H2

Berlin 426 – Kiel 88 – Hamburg 158

ADAC Schleswiger Str. 130 (Förde Park)

Rote Straße 15-17, am ZOB, 24937, (0461) 9 09 09 20, www.flensburg-tourismus.de

In Harrislee-Wassersleben Nord: 5 km

Wassersleben 

Wassersleben 4 ✉ 24955 – ✆ (0461) 7 74 20 – www.hotel-wassersleben.de

25 Zim ☕ – 🚹105/119 € 🚹🚹142/162 € – ½ P

Rest – Menü 18 € (mittags)/28 € – Karte 32/50 €

Nach einem anstrengenden Tag in der Stadt kommt man hier zur Ruhe, direkt an der Förde - man kann sie von fast allen Zimmern sehen! Auch im Restaurant und auf der Terrasse genießt man den Ostseeblick, z. B. bei Kuchen aus der eigenen Konditorei unter freiem Himmel!

In Oeversee Süd: 9 km

Historischer Krug (mit Gästehäusern) 

Grazer Platz 1 (B 76) ✉ 24988 – ✆ (04630) 94 00 – www.historischer-krug.de

50 Zim ☕ – 🚹79/119 € 🚹🚹119/139 € – ½ P

Rest *Krugwirtschaft* **Rest *Privileg*** – siehe Restaurantauswahl

Aus verschiedenen Häusern setzt sich dieses sehr nette Anwesen zusammen (eines davon ein Reetdachhaus von 1519) entsprechend individuell sind die Zimmer. In der "Krugtherme" entspannt man u. a. bei Ayurveda oder - wenn das Wetter es zulässt - am bzw. im Natur-Badeteich im Garten!

XXX **Privileg** – Hotel Historischer Krug 

Grazer Platz 1 (B 76) ✉ 24988 – ✆ (04630) 94 00 – www.historischer-krug.de – geschl. Mitte Januar - Mitte Februar und Dienstag - Donnerstag

Rest – *(nur Abendessen)* Menü 54/90 €

Sie sind Meister ihres Fachs: Seit über 190 Jahren ist das Haus im Besitz der Familie Hansen-Mörck, die Ihnen in elegantem Rahmen eine zeitgemäße Küche anbietet, z. B. zwei kreative Menüs, die die Jahreszeiten widerspiegeln.

XX **Krugwirtschaft** – Hotel Historischer Krug 

Grazer Platz 1 (B 76) ✉ 24988 – ✆ (04630) 94 00 – www.historischer-krug.de

Rest – Menü 30/42 € – Karte 30/50 €

Hier stimmen Geschmack und Preis. Die sorgfältig zubereiteten regionalen Speisen dieses Restaurants werden freundlich in liebenswert dekorierten ländlich-charmanten Räumen serviert. Ein Muss ist z. B. "Unser Bürgermeisterstück in der Kräuterkruste auf Schmorgemüse".

FLINTSBACH am INN – Bayern – 546 – 2 940 Ew – Höhe 479 m – Erholungsort 66 N21

Berlin 662 – München 73 – Bad Reichenhall 85 – Rosenheim 18

Kirchstr. 9, ✉ 83126, ✆ (08034) 30 66 19, www.flintsbach.de

Dannerwirt

Kirchplatz 4 ✉ 83126 – ✆ (08034) 9 06 00 – www.dannerwirt.de – geschl. Anfang November 1 Woche

23 Zim ☕ – 🚹43/50 € 🚹🚹70/74 € – 1 Suite

Rest – *(geschl. Donnerstag)* Karte 17/37 €

So stellt man sich einen typisch bayerischen Gasthof vor: lange Familientradition, gemütlich-ländliche Einrichtung mit viel Holz und herzliche Atmosphäre. Behagliche Stuben, mal in dunkler Tanne, mal in hellem Zirbelholz. Dazu regionale Küche oder einfach eine Brotzeit.

FLÖRSHEIM-DALSHEIM – Rheinland-Pfalz – 543 – 3 080 Ew – Höhe 175 m 47 E16

Berlin 617 – Mainz 49 – Bad Kreuznach 47 – Mannheim 38

Weingut und Gästehaus Peth garni 

Alzeyer Str. 28 (Ortsteil Flörsheim) ✉ 67592 – ✆ (06243) 90 88 00 – www.peth.de – geschl. 22. Dezember - 5. Januar, 17. - 21. April

6 Zim ☕ – 🚹65/95 € 🚹🚹80/110 € – 1 Suite

Ein familiär geleitetes Haus in dörflicher Lage mit hübschen wohnlich-modernen Landhauszimmern. Auf der kleinen Galerie bietet man das Frühstück und auch die eigenen Weine kann man hier kostenfrei probieren.

FLOH-SELIGENTHAL – Thüringen – 544 – 6 250 Ew – Höhe 360 m 39 J13

Berlin 355 – Erfurt 63 – Coburg 87 – Bad Hersfeld 73

Im Ortsteil Struth-Helmershof Süd-Ost: 3 km

Thüringer Hof

Kronsteinstr. 3 ✉ 98593 – ✆ (03683) 7 91 90 – www.hotel-thueringer-hof.de

20 Zim – 55/69 € 90/100 € – ½ P

Rest – *(geschl. Mittwochmittag)* Menü 19 € (abends)/45 € – Karte 18/40 €

Der gut geführte Familienbetrieb ist tipptopp gepflegt und hält für seine Gäste neben freundlichem Service zeitgemäße Zimmer bereit, die alle über einen Balkon verfügen. Behagliches Restaurant mit Gaststube. Zum Angebot zählt Thüringer Küche.

FLONHEIM – Rheinland-Pfalz – 543 – 2 640 Ew – Höhe 145 m 47 E15

Berlin 616 – Mainz 36 – Neustadt a.d. Weinstraße 71 – Darmstadt 70

Zum Goldenen Engel (N)

Marktplatz 3 ✉ 55237 – ✆ (06734) 91 39 30 – www.zum-goldenen-engel.com – geschl. Mai - August: Mittwoch; September - April: Mittwoch - Donnerstag

Rest – *(Montag - Donnerstag nur Abendessen)* Menü 42/54 € – Karte 38/53 €

Direkt neben der schönen Kirche finden Sie in der ehemaligen Poststation heute ein sympathisches geradlinig-modernes Restaurant (übrigens einst Schweinestall), in dem Klaus Mayer geschmackvolle, aromatische Speisen wie den "krossen Pulpo auf Kartoffel-Gurkensalat" bietet. Ein wahrhaft idyllisches Plätzchen ist der fast schon mediterran anmutende Innenhof - nur der Glockenschlag reißt Sie hier gelegentlich mal kurz aus der verträumten Stimmung.

In Flonheim-Uffhofen Süd-West: 1 km

Landhotel Espenhof (mit Gästehaus)

Poststr. 1 ✉ 55237 – ✆ (06734) 96 27 30 – www.espenhof.de – geschl. 1. - 14. Januar

12 Zim – 71/79 € 98/125 € – 4 Suiten

Rest *Weinwirtschaft Espenhof* – siehe Restaurantauswahl

Weingut, Weinwirtschaft, Hotel... Familie Espenschied ist omnipräsent - charmant und immer um das Wohl ihrer Gäste bemüht. Im kleinen Hotel wohnen Sie in geschmackvollen und gut ausgestatteten Zimmern und Appartements und das leckere Frühstück kann man sich im Sommer auch auf der netten Terrasse schmecken lassen.

Weinwirtschaft Espenhof – Landhotel Espenhof

Poststr. 1 ✉ 55237 – ✆ (06734) 96 27 30 – www.espenhof.de – geschl. Anfang Januar 2 Wochen und Montag

Rest – *(Dienstag - Samstag nur Abendessen)* Menü 30/79 € – Karte 30/49 €

Die Weinwirtschaft ist schon ein besonderes Fleckchen, das man so oder so ähnlich auch in der Toskana finden könnte - einfach zum Wohlfühlen, ob im reizenden Innenhof oder in der hellen Weinstube mit rustikalem Touch! Herzlich servieren die Espenschieds, was Küchenchef Thomas Richter so alles Schmackhaftes zubereitet. Das könnte z. B. "Rumpsteak vom Pommerschen Rind mit lauwarmem Kartoffel-Radieschen-Salat und Café de Paris Butter" sein - und dazu natürlich die schönen eigenen Weine!

FÖHR (INSEL) Schleswig-Holstein – 541 – Insel der Nordfriesischen Inselgruppe – Seebad 1 F2

Berlin 466 – Kiel 126 – Sylt (Westerland) 14 – Flensburg 57

von Dagebüll (ca. 45 min). Für PKW Voranmeldung bei Wyker Dampfschiffs-Reederei GmbH in Wyk, ✆ (01805) 08 01 40

Nieblum-Greveling, Grevelinstieg 6, ✆ (04681) 58 04 55

Die Halligen★ (per Schiff)

NIEBLUM – 610 Ew

Villa Witt mit Zim

Alkersumstieg 4 ✉ 25938 – ✆ (04681) 5 87 70 – www.hotel-witt.de – geschl. Januar - Ostern und Montag - Mittwoch
5 Zim – 125/145 € 160/190 € – 2 Suiten
Rest – *(nur Abendessen)* Menü 40/60 € – Karte 40/63 €
Ein elegantes, mit Antiquitäten eingerichtetes Restaurant, das zum schönen Garten hin liegt. Zeitgemäße Küche mit friesischen und internationalen Akzenten. Hübsche Terrasse. Die Gästezimmer sind geschmackvoll, wohnlich und mit persönlicher Note gestaltet.

OEVENUM – 470 Ew

Sternhagens Landhaus

Buurnstrat 49 ✉ 25938 – ✆ (04681) 5 97 90 – www.sternhagens-landhaus.de – geschl. 30. November - 15. Februar
12 Zim – 60/120 € 120/160 € – 2 Suiten – ½ P
Rest – *(geschl. 1. November - 15. Februar und Montag - Dienstag) (nur Abendessen)* Menü 34 €
Das charmante kleine Hotel in einem 300 Jahre alten Reethof hält für seine Gäste behagliche Zimmer bereit, die individuell geschnitten und eingerichtet sind. Das Restaurant ist gemütlich-rustikal, reizvoll die Terrasse im Innenhof.

Rackmers Hof garni

Buurnstrat 1 ✉ 25938 – ✆ (04681) 74 63 77 – www.rackmers.de
11 Suiten – 105/137 € 130/196 €
In dem netten kleinen Ferienhotel, bestehend aus drei reetgedeckten Landhäusern, wohnt man in sehr schönen, modern und hochwertig ausgestatteten Maisonetten mit Kitchenette.

SÜDERENDE – 200 Ew

Landhaus Altes Pastorat

Haus Nr. 45 ✉ 25938 – ✆ (04683) 2 26 – www.landhaus-altes-pastorat.de – geschl. November - Mitte Dezember
3 Zim – 60/95 € 120/160 € – 4 Suiten – ½ P
Rest – *(nur Abendessen für Hausgäste)* Menü 27 €
Ein denkmalgeschütztes ehemaliges Pastorat, das mit heimeligen Räumen in liebenswertem friesischem Stil besticht. Hier und da dienen schöne alte Kacheln als Dekor. Ambitioniert zubereitete Halbpension für Hausgäste.

WYK – 4 420 Ew – Heilbad

Am Fähranleger 1, ✉ 25938, ✆ (04681) 3 00, www.foehr.de

Duus-Hotel
Zim,

Hafenstr. 40 ✉ 25938 – ✆ (04681) 5 98 10 – www.duus-hotel.de – geschl. 20. November - 19. Februar
21 Zim – 55/70 € 86/112 €
Rest *Austernfischer* – *(geschl. Donnerstag) (nur Abendessen)* Karte 25/45 €
In idealer Lage am Anfang der Fußgängerzone und ganz in der Nähe des Hafens findet man diesen sehr gepflegten langjährigen Familienbetrieb mit zeitgemäßen Zimmern. International und nordfriesisch speist man im Restaurant Austernfischer.

Alt Wyk (René Dittrich)

Große Str. 4 ✉ 25938 – ✆ (04681) 32 12 – www.alt-wyk.de – geschl. 6. Januar - 20. Februar, 16. November - 17. Dezember und Dienstag; außer Saison: Montag - Dienstag; in der Saison: kein Ruhetag
Rest – *(Montag - Mittwoch nur Abendessen, außer an Feiertagen)* (Tischbestellung erforderlich) Menü 46/86 € – Karte 44/70 €
In dem gemütlichen kleinen Restaurant ganz im friesischen Stil serviert Ihnen Daniela Dittrich mit Charme und Kompetenz die geschmackvolle, klassisch geprägte Küche ihres Mannes René! Die Lage im Herzen des Hafenortes ist ideal und zum Strand sind es nur wenige Meter! Zwei Ferienwohnungen.
➜ Gänseleberpraline und Mousse mit jungen Erbsen. Mit Basilikum gebeizter Heilbutt auf Spargelgratin. Variation von der Valrhona Schokolade.

FORCHHEIM – Bayern – 546 – 30 500 Ew – Höhe 266 m 50 K16

Berlin 429 – München 206 – Nürnberg 38 – Bamberg 25

Hauptstr. 24, ✉ 91301, ✆ (09191) 71 43 3 37, www.forchheim.de

Franken (mit Gästehaus)

Ziegeleistr. 17 ✉ 91301 – ✆ (09191) 62 40 – www.hotelfranken.de
40 Zim – 60/70 € 80/90 €
Rest *Bobby's* – ✆ (09191) 6 24 44 *(geschl. Sonntag) (nur Abendessen)*
Karte 24/35 €
Recht ruhig liegt dieses Hotel am Ortsausgang. Haupt- und Gästehaus beherbergen tipptopp gepflegte und solide ausgestattete Zimmer. Einige hochwertige Antiquitäten zieren das Restaurant Bobby's in unmittelbarer Nähe des Hotels. Mit Wintergarten.

Am Kronengarten garni

Bamberger Str. 6a ✉ 91301 – ✆ (09191) 7 25 00 – www.hotel-am-kronengarten.de
23 Zim – 72/90 € 88/100 €
Das Hotel in der Altstadt, in einen Innenhof versetzt, verfügt über praktisch eingerichtete Gästezimmer und wird vom Eigentümer persönlich geführt.

Altes Zollhaus

Hauptstr. 4 ✉ 91301 – ✆ (09191) 97 09 90 – www.zollhaus-forchheim.de – geschl. Dienstag
Rest – Karte 30/53 €
Bistroambiente und ein internationales Speisenangebot erwarten Sie in diesem Restaurant im Zentrum. Schön sitzt man im Biergarten an der Wiesent.

In Forchheim-Sigritzau Süd-Ost: 3 km in Richtung Erlangen und Pretzfeld

Zöllner's Weinstube

Sigritzau 1 ✉ 91301 – ✆ (09191) 1 38 86 – geschl. 1. - 7. Januar, Mitte August - Anfang September 3 Wochen und Montag - Dienstag
Rest – *(nur Abendessen)* Menü 59 € – Karte 26/49 €
Mit ihrer herzlichen Art gibt Familie Zöllner ihren Gäste das Gefühl, in dem liebenswerten historischen Bauernhaus willkommen zu sein! Probieren Sie Spezialitäten wie "Fränkischen Waller mit Pommery-Senfsauce und Wurzelgemüse" und auch die feine Karotten-Ingwersuppe!

FORCHTENBERG – Baden-Württemberg – 545 – 4 940 Ew – Höhe 223 m 48 H17

Berlin 573 – Stuttgart 83 – Würzburg 82 – Heilbronn 41

In Forchtenberg-Sindringen West: 6 km Richtung Neuenstadt

Krone (mit Gästehaus)

Untere Str. 2 ✉ 74670 – ✆ (07948) 9 10 00 – www.krone-sindringen.de
30 Zim – 54/62 € 82/92 € – ½ P
Rest – *(geschl. Dienstagmittag)* Menü 19/26 € – Karte 15/40 €
Ein idealer Ausgangsort für Touren auf dem Kocher-Jagst-Radweg - und noch dazu ein äußerst netter und familiärer! Bei den Walters (bereits die 3. Generation) übernachtet man schön wohnlich, im Haupthaus zudem sehr modern. Zum Essen sollten Sie sich im Sommer auf die Terrasse mit Blick auf den Kocher setzen!

FORST – Baden-Württemberg – siehe Bruchsal

FORST an der WEINSTRASSE – Rheinland-Pfalz – 543 – 830 Ew – Höhe 120 m 47 E16

Berlin 656 – Mainz 85 – Neustadt an der Weinstraße 15 – Saarbrücken 122

Landhotel Lucashof garni
Wiesenweg 1a ✉ 67147 – ✆ (06326) 3 36 – www.lucashof.de – geschl. Ende Dezember - Anfang Februar
7 Zim – 55/65 € 84/92 €
Weingut, Hotel und Natur ergeben hier schon äußerlich ein schönes, harmonisches Bild. Der mediterrane Touch setzt sich drinnen fort, alles ist angenehm hell und freundlich - die Zimmer hat man übrigens nach den Weinlagen des eigenen Guts benannt. Und nicht nur das Ambiente stimmt: Das Frühstück ist wirklich gut...frisch und appetitlich, die Atmosphäre ist familiär.

Gästehaus Oswald garni
Pfarracker 1 ✉ 67147 – ✆ (06326) 67 75 – www.gaestehaus-pfalz.de
11 Zim – 63/68 € 73/78 €
Es ist schon ein überaus nettes kleines Gästehaus, das Klaus und Angelika Oswald hier betreiben - genau richtig für alle, die eine eher hoteluntypische Atmosphäre vorziehen. Freuen Sie sich auf geschmackvolle Zimmer (hübsch auch die farbenfrohen Bäder) und ein leckeres Frühstück bei sympathischen Gastgebern.

FORSTINNING – Bayern – 546 – 3 530 Ew – Höhe 512 m

66 M20

Berlin 600 – München 27 – Ebersberg 13 – Erding 19

In Forstinning-Schwaberwegen Süd-West: 1 km Richtung Anzing

Zum Vaas
Münchner Str. 88 ✉ 85661 – ✆ (08121) 55 62 – www.zum-vaas.de – geschl. August 3 Wochen
20 Zim – 56/80 € 80/110 €
Rest *Zum Vaas* – siehe Restaurantauswahl
Bei Familie Bauer packen alle mit an - es sind eben richtige Gastwirte, und das seit vier Generationen! Am schönsten wohnt man in dem Gasthof von 1864 übrigens im 2. Stock - die Zimmer hier sind etwas zeitgemäßer und freundlicher.

Zum Vaas – Hotel Zum Vaas
Münchner Str. 88 ✉ 85661 – ✆ (08121) 55 62 – www.zum-vaas.de – geschl. August 3 Wochen und Montag - Dienstag
Rest – (Tischbestellung ratsam) Karte 19/41 €
Wo es lebendig, herzlich und familiär zugeht, kehrt man gerne ein! Was das engagierte Küchenteam als "Klassiker" oder "Heuer" auf den Tisch bringt, schmeckt und ist preislich sehr fair! Mittwochs gibt's Kalbsfleischpflanzerl - unbedingt reservieren!

FRAMMERSBACH – Bayern – 546 – 4 470 Ew – Höhe 246 m – Wintersport: 530 m 1 – Erholungsort

48 H15

Berlin 527 – München 332 – Würzburg 55 – Frankfurt am Main 71

Marktplatz 3, ✉ 97833, ✆ (09355) 48 00, www.frammersbach.de

Landgasthof Kessler
Orber Str. 23 ✉ 97833 – ✆ (09355) 12 36 – www.landgasthof-kessler.de
15 Zim – 40/60 € 65/110 € – ½ P
Rest – *(geschl. Mittwoch)* Karte 17/36 €
Seit rund 50 Jahren sorgt Familie Kessler hier schon für das Wohlbefinden ihrer Gäste - und sie verbessern ständig weiter! So sind die Zimmer zeitgemäß und hell, und auch im Restaurant setzen kleine Details frische Akzente.

Schwarzkopf mit Zim
Lohrer Str. 80 (B 276) ✉ 97833 – ✆ (09355) 3 07 – www.gasthaus-schwarzkopf.de – geschl. Februar 3 Wochen, September 3 Wochen und Montag - Dienstag
5 Zim – 35/55 € 70/90 € – ½ P
Rest – *(nur Abendessen)* Menü 21/55 € – Karte 19/46 €
Dieter Schwarzkopf und seine Frau betreiben diesen ländlichen Gasthof samt lauschigem Biergarten nun schon über 30 Jahre. Der Chef kocht (er hat eine besondere Vorliebe für Piemonteser Gerichte), die Chefin kümmert sich freundlich um die Gäste. Übernachten können Sie hier auch: Die Zimmer sind einfach, aber gepflegt.

In Frammersbach-Habichsthal West: 10 km über Wiesener Straße und Spessartstraße, im Frammersbacher Forst links ab

Zur frischen Quelle

Dorfstr. 10 ✉ *97833* – ✆ *(06020) 13 93* – *www.diefrischequelle.de* – *geschl. 5. - 28. März*
20 Zim – ♦31/34 € ♦♦54/60 € – ½ P
Rest – *(geschl. Mittwoch)* Menü 14 € (mittags)/20 € – Karte 12/32 €
Eingebettet in den Naturpark Spessart liegt dieser einfache, aber gut unterhaltene Gasthof mit gepflegten, zweckmäßig eingerichteten Gästezimmern. Ländliche Gaststuben mit großem bürgerlichem Angebot.

FRANKENAU – Hessen – 543 – 3 310 Ew – Höhe 430 m 38 G12

Berlin 449 – Wiesbaden 167 – Kassel 66 – Düsseldorf 230

Außerhalb Süd: 3 km, über Ellershausen, Lengeltalstraße

Landhaus Bärenmühle

✉ *35110 Frankenau* – ✆ *(06455) 75 90 40* – *www.baerenmuehle.de* – *geschl. Mitte - Ende Januar 2 Wochen*
12 Zim – ♦106/124 € ♦♦148/158 € – 3 Suiten – ½ P
Rest – (Tischbestellung ratsam) Menü 29/50 €
Das hübsch sanierte alte Anwesen am Ende des in seiner Ursprünglichkeit unversehrten Tales entpuppt sich als wahres Idyll. Man wohnt sehr charmant und ebenso individuell, das Abendessen ist wie die herrliche Ruhe und Einsamkeit im Preis inbegriffen! Badeteich und Saunahaus.

FRANKENBERG (EDER) – Hessen – 543 – 18 650 Ew – Höhe 296 m 38 G12

Berlin 451 – Wiesbaden 156 – Marburg 39 – Kassel 78
Untermarkt 12, ✉ 35066, ✆ (06451) 71 76 72, www.ederbergland-touristik.de

Die Sonne Frankenberg

Marktplatz 2 ✉ *35066* – ✆ *(06451) 75 00* – *www.sonne-frankenberg.de*
56 Zim – ♦129/229 € ♦♦179/279 € – 4 Suiten
Rest *Philipp Soldan* ✿
Rest *Sonne-Stuben* – siehe Restaurantauswahl
Rest *Philippo* – *(nur Abendessen)* Karte 34/54 €
Rest *Alt Frankenberg* – *(nur Abendessen)* Karte 22/29 €
Ein schöner Anblick sind die liebenswert restaurierten historischen Gebäude, die - zusammen mit dem schmucken Rathaus - das Ortsbild prägen. Warme sonnige Gelb- und Orangetöne machen es überall im Haus herrlich wohnlich. Da entspannt es sich auch wunderbar auf drei Etagen Spa, z. B. im kleinen Solepool bei angenehmen 35°C. Restaurants hat man gleich vier: Dazu gehören das Philippo mit regionalem und mediterranem Tapasangebot sowie das Alt Frankenberg mit bürgerlich-hessischer Küche.

Philipp Soldan – Hotel Die Sonne Frankenberg

✿
Marktplatz 2 ✉ *35066* – ✆ *(06451) 75 00* – *www.sonne-frankenberg.de* – *geschl. 1. - 22. Januar, 3. - 27. August und Sonntag - Montag*
Rest – *(nur Abendessen)* (Tischbestellung ratsam) Menü 89/115 € – Karte 91/122 €
Zum abendlichen Fine Dining geht es hinunter in den eleganten Keller der "Sonne", wo Florian C. Hartmann mit einem Händchen für Gewürze und Konsistenzen aus guten Produkten klassisch-moderne Gerichte zubereitet. Herr der rund 1000 Weine ist Lennart Wenk - vertrauen Sie auf seine Beratung!
➜ Gebeizte Bernsteinmakrele und Avocado, Sepia, Grüner Tee und Litschi. Glasierte Kalbsleber, Aal-Brandade und Entenessenz. Filet vom Hereford Rind, Chili-Spitzkohl, Rauchmandeln, Seidentopfen, confierter Pulpo und geräucherte Paprikajus.

Sonne-Stuben – Hotel Die Sonne Frankenberg

Marktplatz 2 ✉ 35066 – ✆ (06451) 75 00 – www.sonne-frankenberg.de
Rest – Menü 28/59 € – Karte 29/60 €
Sie mögen es regional? Auf der Speisekarte werden Sie einiges Schmackhaftes aus der Gegend entdecken - so z. B. die "Rinderroulade mit Kartoffelpüree und Gemüse" oder den Kaiserschmarrn als leckeren Abschluss - und in den gemütlichen Stuben nehmen diverse Dekorationen Bezug zu Alt-Frankenberg. Terrasse zum Marktplatz!

FRANKENHAUSEN, BAD – Thüringen – 544 – 8 850 Ew – Höhe 135 m – Soleheilbad

30 K11

Berlin 246 – Erfurt 57 – Göttingen 110 – Halle 81

Anger 14, ✉ 06567, ✆ (034671) 7 17 16, www.bad-frankenhausen.de

Residenz

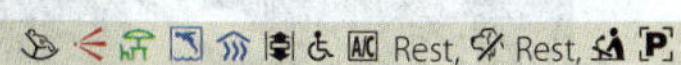

Rest, Rest,

Am Schlachtberg 3 ✉ 06567 – ✆ (034671) 7 50 – www.residenz-frankenhausen.de
85 Zim – 89/107 € 119 € – ½ P **Rest** – Menü 19/26 € – Karte 26/32 €
Das komfortable Hotel befindet sich in Hanglage am Kyffhäuser, wunderbar ist der Blick auf den Ort. Einige der gut ausgestatteten Zimmer sind geräumigere Juniorsuiten. Zeitlos gestaltetes Restaurant mit großer Fensterfront.

FRANKENTHAL in der PFALZ – Rheinland-Pfalz – 543 – 47 010 Ew – Höhe 96 m

47 E16

Berlin 618 – Mainz 66 – Mannheim 18 – Kaiserslautern 47

Weinhotel Wagner

Schlachthausweg 14 ✉ 67227 – ✆ (06233) 3 68 80 – www.weinhotel-wagner.de
11 Zim – 56/60 € 78 €
Rest – *(geschl. 2. - 16. Januar und Montag) (nur Abendessen, sonntags auch Mittagessen)* Menü 22/44 € – Karte 18/44 €
Das kleine Hotel der Familie Wagner liegt recht ruhig am Friedhof in einer Seitenstraße. Sie können hier in recht geräumigen Zimmern (meist mit Balkon) übernachten und im gemütlichen Restaurant bürgerlich essen - sonntagmittags bietet man nur Brunch. Oder kommen Sie doch mal nachmittags zu Kaffee und Kuchen.

Philip's Brasserie

Karolinenstr. 6 ✉ 67227 – ✆ (06233) 1 70 04 70 – www.philips-brasserie.de – geschl. 28. Februar - 3. März und Samstagmittag
Rest – Menü 17 € (mittags unter der Woche)/58 € – Karte 28/54 €
Sie finden das Restaurant am Rande der Fußgängerzone, genauer gesagt im Hotel Central, erreichbar ist es durch einen eigenen Eingang. In einem freundlichen Raum mit mediterranem Ambiente und großen Rundbogenfenstern speist man regional und international - mittags sehr kleine und einfachere Auswahl.

FRANKFURT am MAIN

Stadtpläne siehe nächste Seiten **47** F14

© Rainer Unkel / Vario Press / Photononstop

Hessen – 691 520 Ew – Höhe 98 m – 543 P10

Berlin 549 – Wiesbaden 41 – Bonn 174 – Nürnberg 226

Tourist-Informationen

Kaiserstr. 56 K2, ✉ 60329, ✆ (069) 21 23 88 00, www.frankfurt-tourismus.de
im Hauptbahnhof F2_3, ✉ 60329, ✆ (069) 21 23 88 00

Automobilclub - ADAC

Schillerstr. 12 JK1
Lyoner Str. 22 B2

Autoreisezug

In Neu-Isenburg, Bahnhofstraße B3, ✆ (01806) 99 66 33 (Gebühr)

Flughafen

Hugo-Eckener-Ring A3, ✆ (069) 69 00

Messegelände

Messe Frankfurt, Ludwig-Erhard-Anlage 1 E2, ✉ 60327, ✆ (069) 7 57 50

Messen

Zu Messezeiten verlangen viele Hotels erhöhte Messepreise
8.-11. Januar: Heimtextil
25.-28. Januar: Creativeworld+Paperworld
7.-11. Februar: Ambiente
12.-15. März: Musikmesse
30. März-4. April: Light+Building
20.-25. April: ACS
3.-5. Mai: Hair & Beauty
13.-14. Mai: e-mail-expo
20.-22. Mai: Imex
30. August-2. September: tendence
16.-20. September: Automechanika
8.-12. Oktober: Frankfurter Buchmesse
11.-12 Oktober: domicil - Bauen + Wohnen
30. Oktober-1. November: Texcare
30. Oktober-2. November: Kreativ-Welt-Messe
18.-20. November: Food Ingredients Europe

Golfplätze

- Frankfurt-Niederrad, Golfstr. 1, ✆(069) 66 62 31 80
- Frankfurt-Niederrad, Schwarzwaldstr. 127, ✆(069) 96 74 13 53
- Hanau-Wilhelmsbad, Wilhelmsbader Allee 32, ✆(06181) 8 20 71
- Dreieich, Hofgut Neuhof, ✆(06102) 32 70 10
- Bad Vilbel-Dorteweil, Lindenhof, ✆(06101) 5 24 52 00

SEHENSWÜRDIGKEITEN

Die Altstadt: Dom★ · Dommuseum★ · Museum für Moderne Kunst★K2 · Goethe-Haus - Frankfurter Goethe-Museum★J2

Linkes Mainufer: Städtelsches Kunstinstitut★★★· Museum für Kommunikation★J3 · Museum für Angewandte Kunst★K2_3

Weitere Sehenswürdigkeiten: Zoo★★H2 · Naturmuseum Senckenberg★E2 · Palmengarten★E1

Alphabetische Liste der Hotels
Alphabetical index of hotels

Alphabetische Liste der Restaurants
Alphabetical index of restaurants

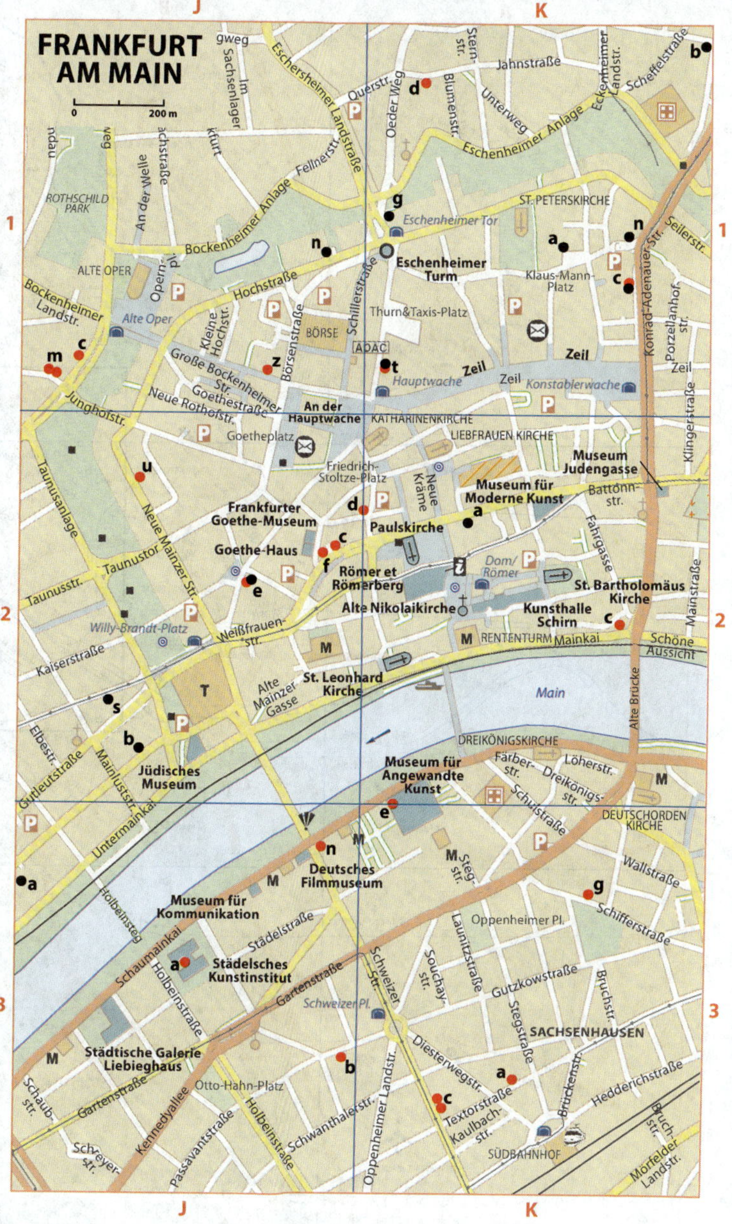

FRANKFURT AM MAIN
0
200 m
Eschenheimer Turm
Alte Oper
Börse
Hauptwache
An der Hauptwache
Katharinenkirche
Liebfrauen Kirche
Museum Judengasse
Museum für Moderne Kunst
Frankfurter Goethe-Museum
Goethe-Haus
Paulskirche
Römer et Römerberg
Alte Nikolaikirche
Kunsthalle Schirn
St. Bartholomäus Kirche
St. Leonhard Kirche
Jüdisches Museum
Museum für Angewandte Kunst
Deutsches Filmmuseum
Museum für Kommunikation
Städelsches Kunstinstitut
Städtische Galerie Liebieghaus
Sachsenhausen
Main
Zeil
Rothschild Park
St. Peterskirche
Dreikönigskirche
Deutschorden Kirche
Rententurm
Südbahnhof
Willy-Brandt-Platz
Goetheplatz
Konstablerwache
Schweizer Pl.
Otto-Hahn-Platz
Oppenheimer Pl.
Alte Brücke
Eschenheimer Tor
Thurn&Taxis-Platz
Klaus-Mann-Platz
Friedrich-Stoltze-Platz
Dom/Römer
Schöne Aussicht

A
B
1
2
3
NIEDERURSEL
Marie-Curie-Str.
NORDWEST-STADT
Titus-str.
HEDDERNHEIM
ESCHERSHEIM
Industrie-str.
Bahnstr.
Eschborner-Str.
Steinbacher Str.
Hauptstraße
ESCHBORN
PRAUNHEIM
Heerstr.
VOLKSPARK NIDDATAL
GINNHEIM
Raimundstr.
Platenstr.
NORDWESTKREUZ FRANKFURT
Guerickestr.
A 66
Lorscher Str.
HAUSEN
ESCHBORNER DREIECK
RÖDELHEIM
Siegener Str.
Westerbachstraße
BOCKENHEIM
Leipziger Str.
Palmengarten
Bockenheimer Landstr.
Voltastraße
A 648
A 5 / E 451
Nidda
ADAC
Oeserstraße
Waldschulstr.
Am Römerhof
Schmidtstr.
Pariser Str.
Idsteiner Str.
Kölner Str.
Frankenallee
NIED
Mainzer Landstraße
Mainzer Landstr.
Kleyerstraße
Gutleutstr.
GRIESHEIM
Espenstr.
Stroofstraße
Gutleutstraße
Main
NIEDERRAD
Schwanheimer Ufer
Eifelstr.
Rheinlandstraße
Goldsteinstr.
Lyoner Str.
Triftstr.
GOLDSTEIN
SCHWANHEIM
Leunastr.
Straßburger Str.
FRANKFURTER
Mörfelder Landstr.
FRANKFURTER KREUZ
Airportring
Carl-Ulrich-Straße
An der B44
STADTWALD
FRANKFURT-MAIN AG
ZEPPELINHEIM
Forstweg
Forstweg

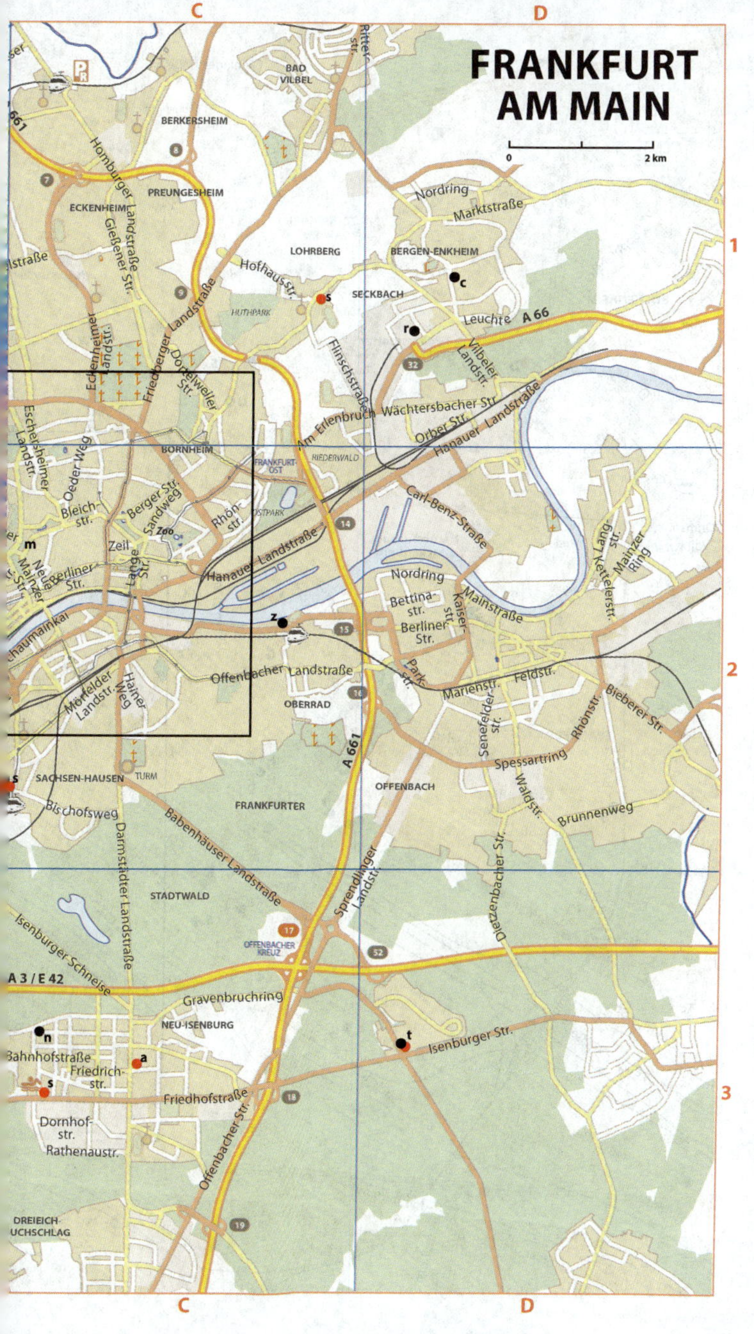

FRANKFURT AM MAIN
0
2 km
C
D
1
2
3
BAD VILBEL
BERKERSHEIM
PREUNGESHEIM
ECKENHEIM
LOHRBERG
BERGEN-ENKHEIM
SECKBACH
HUTHPARK
BORNHEIM
FRANKFURT-OST
RIEDERWALD
OSTPARK
Zoo
OBERRAD
SACHSEN-HAUSEN
TURM
FRANKFURTER
OFFENBACH
STADTWALD
OFFENBACHER KREUZ
NEU-ISENBURG
DREIEICH-BUCHSCHLAG
Homburger Landstraße
Gießener Str.
Friedberger Landstraße
Dortelweiler Str.
Eckenheimer Landstr.
Hofhausstr.
Flinschstraße
Nordring
Marktstraße
Leuchte
A 66
A 661
Vilbeler Landstr.
Am Erlenbruch
Wächtersbacher Str.
Orber Str.
Hanauer Landstraße
Carl-Benz-Straße
Eschersheimer Landstr.
Oeder Weg
Bleichstr.
Berger Str.
Sandweg
Rhönstr.
Zeil
Lange Str.
Berliner Str.
Neue Mainzer Str.
Schaumainkai
Mörfelder Landstr.
Hainer Weg
Offenbacher Landstraße
Bettinastr.
Kaiserstr.
Mainstraße
Lang str.
Kettelerstr.
Mainzer Ring
Parkstr.
Marienstr.
Feldstr.
Senefelderstr.
Rhönstr.
Bieberer Str.
Spessartring
Waldstr.
Brunnenweg
Bischofsweg
Babenhäuser Landstraße
Darmstädter Landstraße
Sprendlinger Landstr.
Dietzenbacher Str.
Isenburger Schneise
A 3 / E 42
Gravenbruchring
Isenburger Str.
Bahnhofstraße
Friedrichstr.
Friedhofstraße
Dornhofstr.
Rathenaustr.
Offenbacher Str.
Ritterstr.

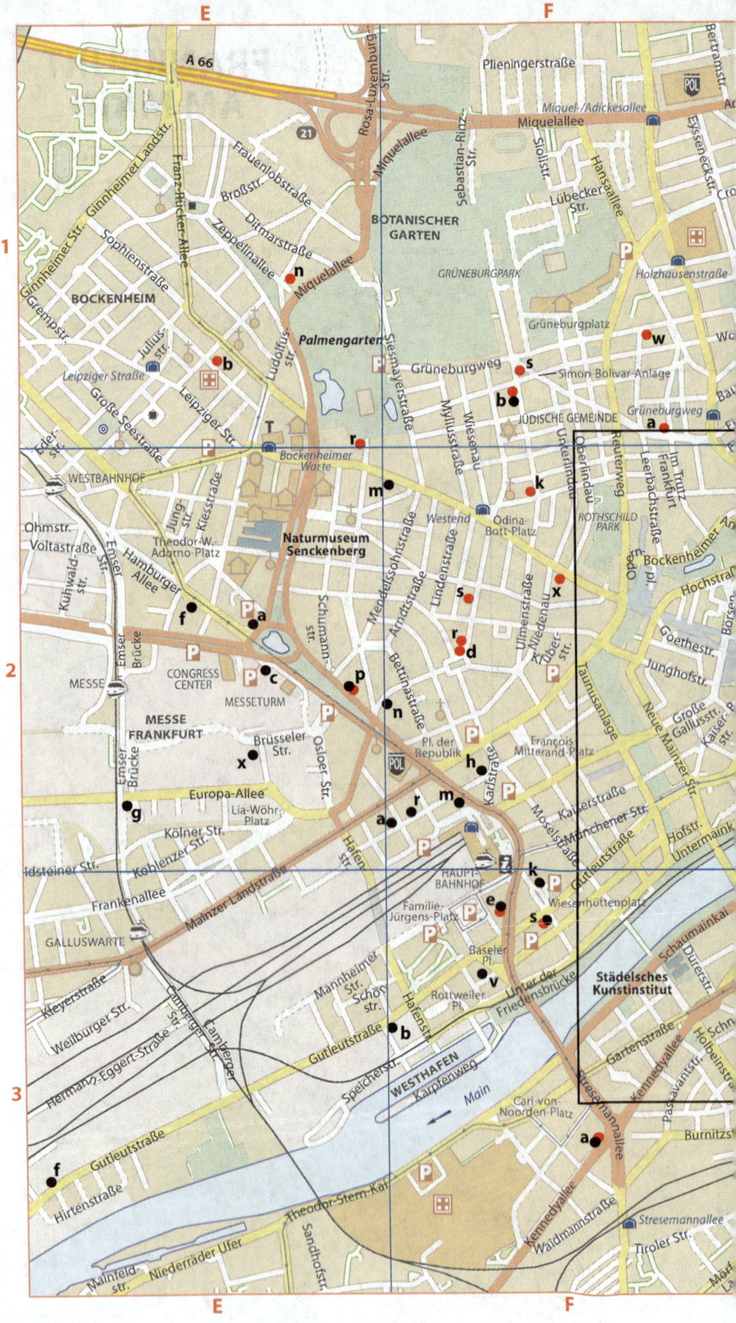

E
F
1
2
3
A 66
BOCKENHEIM
BOTANISCHER GARTEN
GRÜNEBURGPARK
Palmengarten
Naturmuseum Senckenberg
MESSE FRANKFURT
MESSETURM
CONGRESS CENTER
WESTBAHNHOF
HAUPT-BAHNHOF
WESTHAFEN
GALLUSWARTE
Städelsches Kunstinstitut
JÜDISCHE GEMEINDE
ROTHSCHILD PARK
Main
Miquelallee
Mainzer Landstraße
Gutleutstraße
Europa-Allee
Kennedyallee
Stresemannallee
Bockenheimer Warte
Leipziger Straße
Grüneburgweg
Holzhausenstraße

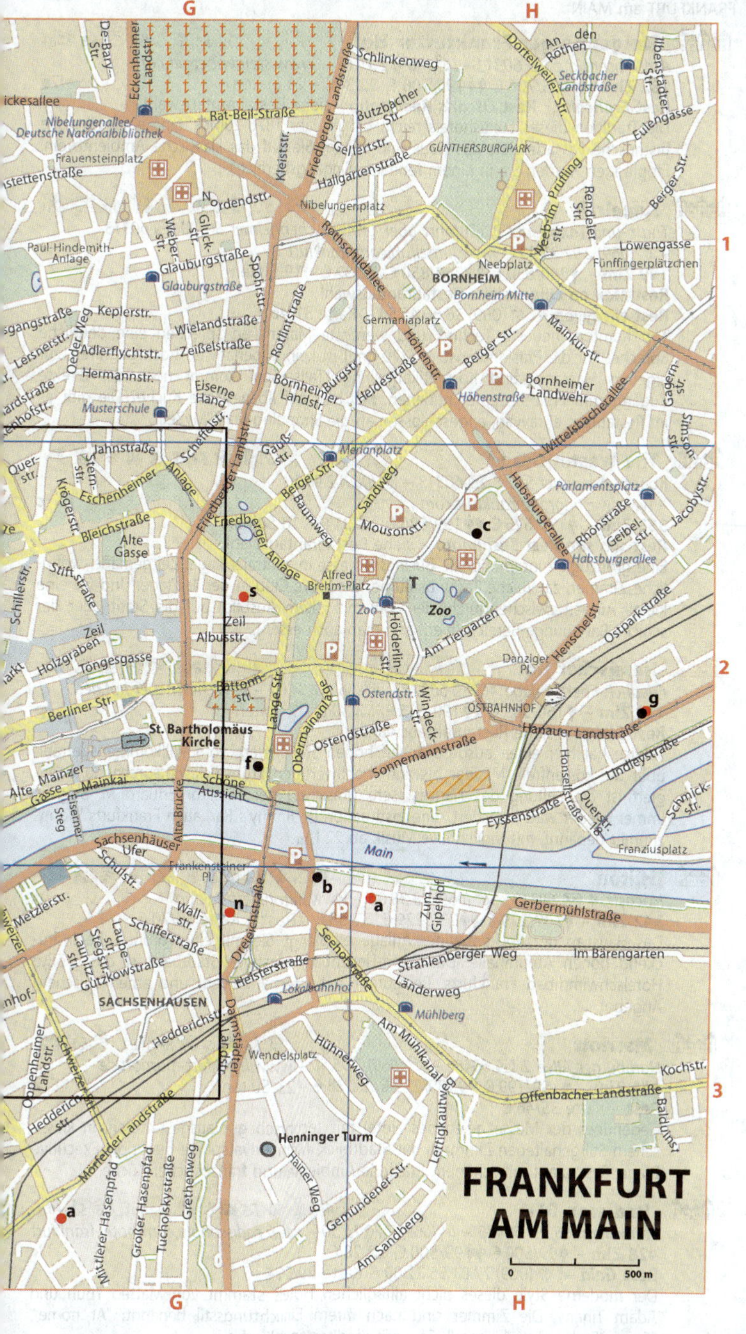
FRANKFURT AM MAIN
G
H
1
2
3
BORNHEIM
SACHSENHAUSEN
Zoo
Main
OSTBAHNHOF
St. Bartholomäus Kirche
Henninger Turm
GÜNTHERSBURGPARK
Nibelungenallee/ Deutsche Nationalbibliothek
Glauburgstraße
Musterschule
Merianplatz
Höhenstraße
Bornheim Mitte
Parlamentsplatz
Habsburgerallee
Ostendstr.
Lokalbahnhof
Mühlberg
Seckbacher Landstraße
0
500 m

Steigenberger Frankfurter Hof

Am Kaiserplatz ✉ *60311 – ✆ (069) 2 15 02 – www.steigenberger.com*
282 Zim – †195/706 € ††195/706 €, ☕ 34 € – 21 Suiten J2**e**
Rest ***Français*** ✿ **Rest** ***Oscar's*** **Rest** ***Iroha*** – siehe Restaurantauswahl
Die Tradition dieses Luxushotels reicht bis ins Jahr 1876 zurück. Eine eindrucksvolle historische Fassade ziert das Haus und stimmt Sie auf das klassische Ambiente ein. Empfangen werden Sie in einem feudalen Eingangsbereich!

Jumeirah

Zim, Zim,

Thurn-und-Taxis-Platz 2, (Zufahrt über Große Eschenheimer Str. 8) ✉ *60313 – ✆ (069) 2 97 23 70 – www.jumeirah.com/frankfurt* K1**t**
199 Zim – †240/850 € ††240/850 €, ☕ 32 € – 19 Suiten
Rest ***Max on One*** – siehe Restaurantauswahl
Rest ***el rayyan*** – ✆ (069) 36 60 45 54 – Karte 31/46 €
Top Komfort, neueste Technik und wertigste Materialien sprechen eine deutliche Sprache! Für die Präsidentensuite (220 qm!) ist kein Superlativ zu hoch gegriffen, zur eigenen Massage- und Kosmetikabteilung "Talise-Spa" kommt noch der direkte Zugang zum Freizeit-Center nebenan. Mal Lust auf libanesische Küche? Die gibt es im Restaurant el rayyan, angeschlossen an die Shopping-Mall "MyZeil".

The Westin Grand

Konrad-Adenauer-Str. 7 ✉ *60313 – ✆ (069) 2 98 10 – www.westingrandfrankfurt.com* K1**c**
353 Zim – †199/625 € ††199/625 €, ☕ 31 € – 18 Suiten
Rest ***san san*** **Rest** ***Sushimoto*** – siehe Restaurantauswahl
Eine großzügige internationale Businessadresse in zentraler Lage. Zeitgemäße, wohnliche Zimmer, zahlreiche Tagungsräume, Executive-Club in der 1. Etage. Und für eine kleine Auszeit zwischendurch: der Pool mit tollem Ausblick auf die Stadt oder der schicke Bar-Lounge-Bereich (hier kann man auch essen).

Hessischer Hof

Friedrich-Ebert-Anlage 40 ✉ *60325 – ✆ (069) 7 54 00 – www.hessischer-hof.de*
119 Zim – †160/585 € ††190/615 €, ☕ 30 € – 7 Suiten E2**p**
Rest ***Sèvres*** – siehe Restaurantauswahl
Service hat hier einen ausgesprochen hohen Stellenwert, vom Willkommensgetränk über die kostenfreie Minibar bis zum hochwertigen Frühstück. Entsprechend engagiert ist die Leitung des Hauses (sehr umsichtig der Direktor Eduard M. Singer), immer wieder wird investiert. Eine Institution ist Jimmy's Bar, auch Frankfurts Wohnzimmer genannt, mit täglich Live-Musik ab 22 Uhr.

Hilton

Rest,

Hochstr. 4 ✉ *60313 – ✆ (069) 13 38 00 – www.hilton.de/frankfurt* J1**n**
342 Zim – †239/279 € ††239/279 €, ☕ 33 € **Rest** – Karte 39/70 €
Das Haus an der Bockenheimer Anlage empfängt Sie mit einer großen, beeindruckend hohen Atriumhalle. Das 25-m-Hallenbad, einstiges Stadtbad, ist das größte Hotelschwimmbad Frankfurts. Restaurant mit internationalem und amerikanischem Angebot.

Marriott

Rest,

Hamburger Allee 2 ✉ *60486 – ✆ (069) 7 95 50 – www.frankfurt-marriott.de*
541 Zim – †159/199 € ††189/219 €, ☕ 28 € – 23 Suiten E2**a**
Rest – Karte 35/46 €
Gegenüber der Messe gelegenes Hotel mit technisch gut ausgestatteten, in klassischem Stil gehaltenen Zimmern mit Stadtblick. Mehr Privatsphäre bietet die Executive Etage. Restaurant mit schönem Brasserie-Ambiente und französischer Küche.

Radisson BLU

Rest,

Franklinstr. 65 ✉ *60486 – ✆ (069) 7 70 15 50 – www.radissonblu.com/hotel-frankfurt*
428 Zim – †99/500 € ††99/500 €, ☕ 28 € B2**c**
Rest ***Gaia*** – ✆ (069) 77 01 55 22 00 – Karte 29/56 €
Der moderne Style dieses nicht alltäglichen Hotels stammt von Matteo Thun und Adam Tihany. Die Zimmer sind nach ihrem Einrichtungsstil benannt: "At home", "Chic", "Fashion" und "Fresh". Gaia mit mediterraner Küche.

Maritim
Theodor-Heuss-Allee 3 ✉ 60486 – ✆ (069) 7 57 80 – www.maritim.de E2c
519 Zim – †139/490 € ††169/520 €, ☕ 28 € – 24 Suiten
Rest – Menü 36 € – Karte 38/57 €
Direkt mit dem Messe- und Kongressgelände verbunden, ist das Hotel eine ideale Tagungsadresse mit zeitlosen Zimmern, die in den oberen Etagen eine besonders schöne Sicht bieten. International speist man in den Restaurants Classico und SushiSho.

Le Méridien Parkhotel Rest,
Wiesenhüttenplatz 28 ✉ 60329 – ✆ (069) 2 69 70 – www.lemeridienparkhotelfrankfurt.com F3k
297 Zim – †259/299 € ††299/359 €, ☕ 27 € **Rest** – Menü 39 € – Karte 36/61 €
Im historischen Teil dieses Hotels, einem herrschaftlichen Palais, erwarten Sie stilvolle Zimmer mit hohen Decken und ein sehenswertes Treppenhaus. Modern-funktionell: der Anbau. Restaurant Le Parc im Bistrostil. Gartenlokal vor dem Haus.

InterContinental
Wilhelm-Leuschner-Str. 43 ✉ 60329 – ✆ (069) 26 05 25 82 – www.frankfurt.intercontinental.com J3a
442 Zim – †129/249 € ††154/274 €, ☕ 31 € – 27 Suiten
Rest *Signatures* – Karte 34/49 €
"River Wing" nennt sich das Gebäude dieses Hotels am Main, in dem sich die klassisch eingerichteten Gästezimmer befinden. Beste Aussicht von der Club-Etage im 21. Stock! Internationale Küche (mittags auch in Buffetform) im Restaurant Signatures mit modernem Wintergarten.

Roomers
Gutleutstr. 85 ✉ 60329 – ✆ (069) 2 71 34 20 – www.roomers.eu F3s
116 Zim – †230/320 € ††230/370 €, ☕ 29 € – 2 Suiten
Rest *Roomers* – siehe Restaurantauswahl
Das beeindruckende Design hier sucht seinesgleichen: überall wertiges, ausgespochen stimmiges Interieur in dunklen Tönen, edel auch der Sauna- und Fitnessbereich. Für Nachtschwärmer ist die trendig-loungige Bar "the place to be" - Mo. - Sa. mit DJ.

Steigenberger Metropolitan Rest,
Poststr. 6 ✉ 60329 – ✆ (069) 5 06 07 00 – www.steigenberger.com F2m
128 Zim ☕ – †139 € ††169 € – 3 Suiten **Rest** – Menü 39/99 € – Karte 32/77 €
Zurückhaltende Eleganz und moderne Funktionalität vereinen sich in dem Stadtpalais a. d. 19. Jh., das direkt neben dem Hauptbahnhof liegt. Art-déco-Elemente zieren Fassade und Interieur. Neuzeitliches Ambiente im Restaurant Brasserie.

Fleming's Deluxe
Eschenheimer Tor 2 ✉ 60318 – ✆ (069) 4 27 23 20 – www.flemings-hotels.com
94 Zim ☕ – †258 € ††278 € – 6 Suiten **Rest** – Karte 42/66 € K1g
An der Eschenheimer Anlage steht das denkmalgeschützte ehemalige Bürogebäude a. d. 50er Jahren mit funktionstüchtigem Original-Paternoster und moderner Einrichtung. Bar und Lounge im 7. Stock. Vom Dachrestaurant mit Showküche blickt man auf die Skyline.

Mövenpick
Den Haager Str. 5, (neben dem Tor Ost, Halle III) (Zufahrt über Platz der Einheit) ✉ 60327 – ✆ (069) 7 88 07 50 – www.moevenpick-hotels.com/frankfurt-city
288 Zim – †145/465 € ††165/485 €, ☕ 23 € E2x
Rest – Menü 55 € – Karte 23/80 €
Businesshotel mit auffallender rot-grauer Fassade direkt am Messegelände. Die Zimmer: geradlinig-modern und funktionell. Fitnessbereich mit Dachterrasse. Restaurant im Bistrostil mit internationalem Angebot.

The Pure garni
Niddastr. 86 ✉ 60329 – ✆ (069) 7 10 45 70 – www.the-pure.de F2r
50 Zim ☕ – †80/190 € ††100/210 €
Puristisches Design in Weiß dominiert in diesem Hotel in Bahnhofsnähe. Die ansprechenden modern-eleganten Zimmer sind zum Teil nicht sehr großzügig geschnitten.

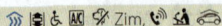

NH Frankfurt-City

Vilbeler Str. 2 ✉ *60313* – ✆ *(069) 9 28 85 90* – *www.nh-hotels.com* **K1n**

248 Zim – †79/499 € ††79/499 €, ☕ 24 € – 8 Suiten

Rest – Karte 22/49 €

Modern und funktional ist die Ausstattung dieses auf Geschäftsleute zugeschnittenen Hotels. Zu den Annehmlichkeiten zählt die zentrale Lage ganz in der Nähe der Fußgängerzone. Restaurant mit großem Buffetbereich in der 1. Etage.

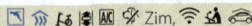

Adina

Wilhelm-Leuschner-Str. 6 ✉ *60329* – ✆ *(069) 2 47 47 40*
– *www.adina.eu* **J2b**

52 Zim – †229 € ††229 €, ☕ 21 € – 82 Suiten **Rest** – Karte 26/47 €

Apartment-Hotel nahe Main und City mit klassisch-moderner Einrichtung in klaren Linien und kräftigen Farben. Alle Zimmer mit Küchenzeile, Suiten zudem mit Waschmaschine und Trockner. Im Restaurant: internationale Küche und Tapas.

Alexander am Zoo garni

Waldschmidtstr. 59 ✉ *60316* – ✆ *(069) 94 96 00* – *www.alexanderamzoo.de*

57 Zim ☕ – †117/220 € ††137/275 € – 9 Suiten **H2c**

In dem Hotel nahe dem Zoo wohnt man in zeitlos gestalteten Zimmern, die großzügig geschnitten sind. Von der Konferenzetage hat man Zugang zur Dachterrasse mit Stadtblick.

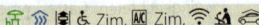

Welcome Hotel

Leonardo da Vinci Allee 2 ✉ *60486* – ✆ *(069) 7 70 67 00*
– *www.welcome-hotels.com* **B2w**

173 Zim – †109 € ††119 €, ☕ 18 €

Rest – Menü 25/27 € – Karte 24/47 €

Hell, geradlinig und technisch auf dem neuesten Stand - so bieten die Zimmer einen guten Arbeitsplatz für Businessgäste und eine angenehm moderne Übernachtungsmöglichkeit für einen Stadttrip.

Fleming's Deluxe Main Riverside (N)

Lange Str. 5 ✉ *60311* – ✆ *(069) 21 93 00*
– *www.flemings-hotels.com* **G2f**

145 Zim ☕ – †165 € ††185 € – 4 Suiten

Rest – Menü 26 € (mittags)/30 € – Karte 34/78 €

Businesshotel mit schönen Zimmern in modern-elegantem Stil - einige bieten einen Blick auf die Skyline Frankfurts, so auch die tolle Wintergarten-Suite in der obersten Etage! Und auch beim Tagen im 6. Stock genießt man die Aussicht. Aus der Showküche des Restaurants kommen internationale Speisen.

Goldman 25hours

Hanauer Landstr. 127 ✉ *60314* – ✆ *(069) 40 58 68 90*
– *www.25hours-hotels.com/goldman* **H2g**

97 Zim – †102/127 € ††102/127 €, ☕ 16 €

Rest *Goldman* – siehe Restaurantauswahl

Individueller könnten die Zimmer wohl nicht sein: Es gibt sie in "M", "M+" und "L" und alle stecken voller moderner Details unterschiedlichster Art, ob Farben, Muster, Accessoires... Die "West"-Zimmer wurden übrigens nach den Ideen diverser Franfurter Persönlichkeiten designt, die neuen "East"-Zimmer sind "vergessenen internationalen Helden" gewidmet. In der "Oost Bar" mittwochs und donnerstags DJ-Musik, samstags auch regelmäßig Live-Bands.

Fleming's Hamburger Allee

Hamburger Allee 47 ✉ *60486* – ✆ *(069) 2 01 74 10*
– *www.flemings-hotels.com* **E2f**

59 Zim ☕ – †91/395 € ††104/420 €

Rest – Menü 24/56 € – Karte 25/53 €

Die unmittelbare Nähe zur Messe und geradlinig-modern designte Zimmer mit offenen Bädern machen das freundlich geführte Businesshotel aus. Die Straßenbahn hält vor dem Haus. Nettes Restaurant im zeitgemäßen Bistrostil.

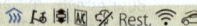

25hours by Levi's

Niddastr. 58 ✉ 60329 – ✆ (069) 2 56 67 70 – www.25hours-hotels.com/levis
76 Zim – 🚹116/156 € 🚹🚹116/156 €, ☕ 16 € F2**h**
Rest – *(geschl. Sonntagmittag)* Menü 59 € – Karte 25/51 €
Beim Hauptbahnhof gelegenes "Levi's"-Designhotel. In Anlehnung an den Jeans-Look der 30er bis 80er Jahre sind die Etagen individuell gestaltet. Relaxen von ganz oben bis ganz unten: "on top" die tolle Dachterrasse, im Keller "Gibson Music Room". Das gemütliche Restaurant "Chez Ima" ist bunt, trendig und lebendig.

Pearl garni

Gutleutstr. 173 ✉ 60327 – ✆ (069) 27 13 66 90 – www.pearlhotel.de F3**b**
55 Zim ☕ – 🚹119/449 € 🚹🚹139/499 €
Das Businesshotel liegt etwas außerhalb des Zentrums, nicht weit vom Hauptbahnhof. Moderne Zimmer in apartem puristischem Stil stehen hier zur Verfügung.

Villa Orange garni

Hebelstr. 1 ✉ 60318 – ✆ (069) 40 58 40 – www.villa-orange.de K1**b**
38 Zim ☕ – 🚹90/195 € 🚹🚹110/275 €
Das schön eingerichtete Stadthaus im Villenstil gehört zu den Bio-Hotels. Moderner Stil und warme Töne vom Foyer über die Bibliothek bis in die Zimmer. Frühstück in Bio-Qualität.

Bristol garni

Ludwigstr. 15 ✉ 60327 – ✆ (069) 24 23 90 – www.bristol-hotel.de F2**a**
145 Zim ☕ – 🚹60/390 € 🚹🚹70/410 €
Ein günstig gelegenes Hotel mit modernem Interieur in warmen Tönen. Zum Frühstücksraum gehört eine nette Terrasse. Zudem hat man eine gemütliche Bar, in der man Snacks anbietet.

Palmenhof garni

Bockenheimer Landstr. 89 ✉ 60325 – ✆ (069) 7 53 00 60 – www.palmenhof.com – geschl. Weihnachten - 2. Januar F2**m**
45 Zim – 🚹125/155 € 🚹🚹165/185 €, ☕ 16 €
Das privat geführte, 1890 erbaute Haus im Bankenviertel beherbergt hinter seiner Gründerzeitfassade hübsche Zimmer, die mit Antiquitäten verschiedener Epochen eingerichtet sind.

DORMERO

Lisabonner Str. 2 ✉ 60327 – ✆ (069) 76 80 71 10 – www.dormero.de E2**g**
148 Zim – 🚹79/399 € 🚹🚹89/399 €, ☕ 20 € **Rest** – Menü 25 € – Karte 24/54 €
Die Lage im Europaviertel gleich bei der Messe könnte für Businessgäste kaum praktischer sein - ebenso das Interieur: das Design ist klar und modern, die Technik in allen Bereichen auf dem neuesten Stand!

Liebig (N) garni

Liebigstr. 45 ✉ 60323 – ✆ (069) 24 18 29 90 – www.hotelliebig.de – geschl. 20. Dezember - 4. Januar F1**b**
19 Zim – 🚹135/175 € 🚹🚹165/215 €, ☕ 16 €
Recht individuell kann man in der hübschen Jugendstilvilla im Westend wohnen, von modern bis klassisch. Einige Zimmer haben besonderen Charme mit ihren Stilmöbeln und nostalgischen Badarmaturen! Einen genaueren Blick ist auch die sanierte alte Holztreppe wert.

Plaza garni

Esslinger Str. 8 ✉ 60329 – ✆ (069) 2 71 37 80 – www.plaza-frankfurt.bestwestern.de
45 Zim – 🚹79/99 € 🚹🚹99/139 €, ☕ 14 € F3**v**
Relativ ruhig liegt dieses gepflegte Hotel unweit des Bahnhofs. Die Gästezimmer sind großzügig geschnitten und neuzeitlich-funktional ausgestattet.

Holiday Inn Express garni

Gutleutstr. 296 ✉ 60327 – ✆ (069) 50 69 60 – www.hiexpress.com/exfrankfurtmes
175 Zim ☕ – 🚹79/170 € 🚹🚹79/170 € E3**f**
Die funktionelle Ausstattung und die gute Anbindung an die A5 machen das Hotel zu einer idealen Businessadresse. Heller, zeitgemäßer Frühstücksraum im Lobbybereich.

Miramar Golden Mile garni
Berliner Str. 31 ✉ 60311 – ✆ (069) 9 20 39 70 – www.miramar-frankfurt.de
– geschl. 23. - 31. Dezember K2**a**
39 Zim – 🛉85/270 € 🛉🛉100/300 €
Sie finden dieses gepflegte und freundlich geführte Hotel in ganz zentraler Lage zwischen Zeil und Römer. Die Gästezimmer sind zeitlos und funktional eingerichtet.

Memphis garni
Münchener Str. 15 ✉ 60329 – ✆ (069) 2 42 60 90
– www.memphis-hotel.de J2**s**
42 Zim – 🛉55/290 € 🛉🛉70/320 €, 9 €
Das Hotel liegt nur ca. fünf Gehminuten vom Bahnhof entfernt. Die Zimmer sind nicht sehr groß, aber zeitgemäß und funktionell in der Ausstattung - zum Innenhof hin ruhiger.

Scala garni
Schäfergasse 31 ✉ 60313 – ✆ (069) 1 38 11 10
– www.scala.bestwestern.de K1**a**
40 Zim – 🛉89/119 € 🛉🛉109/169 €, 14 €
Eine zentrale Adresse ganz in der Nähe von Frankfurts Zeil. Die nicht allzu geräumigen Zimmer überzeugen mit Funktionalität. Empfang und Getränkeservice rund um die Uhr.

Astoria garni
Rheinstr. 25 ✉ 60325 – ✆ (069) 97 56 00 – www.astoria-hotels.com
– geschl. Weihnachten - 3. Januar EF2**n**
60 Zim – 🛉69/89 € 🛉🛉89/110 €
Günstig liegt dieses familiäre Hotel zwischen Messe, Hauptbahnhof und Fußgängerzone. Man bietet hier unterschiedlich gestaltete Zimmer mit praktischer Ausstattung.

Ibis City Messe
Leonardo da Vinci Allee 40 ✉ 60486 – ✆ (069) 28 60 70
– www.ibishotel.com/3682 B2**m**
264 Zim – 🛉49/99 € 🛉🛉59/119 €, 10 €
Rest – *(nur Abendessen)* Karte 18/33 €
Modern und sachlich-funktionell ist die für Ibis typische Einrichtung. Vor den Toren der Stadt gelegen, bietet das gepflegte Hotel eine gute Autobahnanbindung.

Villa Oriental
Baseler Str. 21 ✉ 60329 – ✆ (069) 27 10 89 50
– www.villa-oriental.com F3**e**
24 Zim – 🛉65/265 € 🛉🛉95/325 €
Rest *Hafez* – siehe Restaurantauswahl
Das Hotel in dem schmucken Stadthaus bringt ein Stück Orient nach Frankfurt. Zum schönen authentischen Interieur zählen u. a. rund 15 000 sehr dekorative Fliesen aus Marokko. Ambiente und Küche im Restaurant Hafez sind persisch inspiriert.

Français – Hotel Steigenberger Frankfurter Hof
Am Kaiserplatz ✉ 60311 – ✆ (069) 2 15 83 24
– www.frankfurter-hof.steigenberger.de – geschl. Januar 1 Woche,
Juli - August 5 Wochen und Samstagmittag, Sonntag - Montag J2**e**
Rest – (Tischbestellung ratsam) Menü 59 € (mittags)/135 € (abends)
– Karte 97/138 €
Patrick Bittner und seine eingespielte Crew entwicklen sich stetig weiter, integrieren geschickt moderne Techniken und interessante Texturen in die klassische Küche. Passend dazu der elegante Rahmen von Kaminzimmer und Wintergarten. Wenn Sie gerne draußen speisen: Im Sommer ist der Ehrenhof ein Paradebeispiel für eine Terrasse!

→ Elsässer Gänseleber / Grüner Spargel / Hollunder / Nougat. Hereford Rind "Privat Selection" / Kohlrabi / Pfifferlinge / Vogelbeere. Brownie "Nyangbo" / Rhabarber / Sesam / Ingwer.

Lafleur

Palmengartenstr. 11 ✉ 60325 – ✆ (069) 90 02 91 00 – www.restaurant-lafleur.de – geschl. 22. Dezember - 13. Januar, 13. - 29. April, 27. Juli - 19. August und Sonntag - Montag, Samstagmittag E1**r**

Rest – Menü 43 € (mittags)/122 € – Karte 86/114 €

Wenn Alfred Friedrich mit seiner Küchenmannschaft ans Werk geht, sind beste Produkte das A und O. Daraus entstehen schön präsentierte klassisch-moderne Speisen mit gekonnten Aromen-Kombinationen. Ort des Geschehens ist das Gesellschaftshaus am Palmengarten, und hier ein verglaster Anbau, der mit seinem hochwertigen Interieur aus herrlichem Parkettboden, geradlinigem Mobiliar und geschmackvollen gedeckten Farben dem Niveau der Küche in nichts nachsteht.

➜ Seeteufel und Seeteufelleber, Ochsenschwanz, La Ratte Kartoffeln, Bärlauch. Pays d'Oc Lammrücken, Schafskäse, Rucola, gebackene Gremolata Krokette. Marinierte Ananas, Limettenparfait, süßes Estragon-Pesto.

Villa Merton

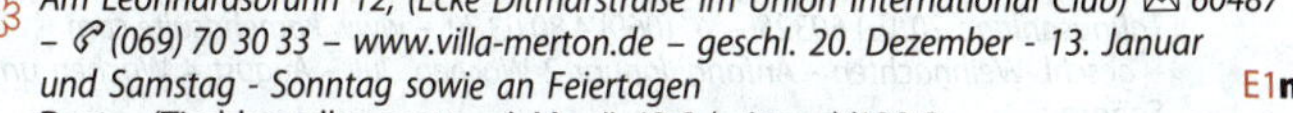

Am Leonhardsbrunn 12, (Ecke Ditmarstraße im Union International Club) ✉ 60487 – ✆ (069) 70 30 33 – www.villa-merton.de – geschl. 20. Dezember - 13. Januar und Samstag - Sonntag sowie an Feiertagen E1**n**

Rest – (Tischbestellung ratsam) Menü 42 € (mittags)/138 €

Die Küche von Matthias Schmidt ist ein wahres Aromenfeuerwerk! Der Grund: sein kontrastreicher und innovativer Stil zum einen, ausschließlich inländische und regionale (Bio-) Produkte zum anderen. Das feine Restaurant im eleganten Diplomatenviertel hat übrigens auch eine sehr schöne Terrasse zum Garten hin.

➜ Saibling, Kamille, Zwiebel und Leindotteröl. Sellerie, Johannisbeerstrauchemulsion, Knoblauchsrauke und Salatsaft. Lamm, Weiße Radieschen, Rainfarnessig und Kräuter.

Max on One – Hotel Jumeirah

Thurn-und-Taxis-Platz 2, (Zufahrt über Große Eschenheimer Str. 8, 1. Etage) ✉ 60313 – ✆ (069) 2 97 23 71 98 – www.jumeirah.com/frankfurt K1**t**

Rest – *(Mai - Oktober nur Abendessen)* (Tischbestellung ratsam) Menü 63/98 € – Karte 49/86 €

Martin Steiner - er hat bekannte Adressen ("Jagdhof Glashütte" und "Johann Lafer's Stromburg") hinter sich - bietet hier Frankfurter Klassiker, Grillgerichte und bezieht auch seine österreichische Heimat mit ein. Das schicke Design stammt vom Innenarchitekten Takashi Sugimoto.

Tiger-Gourmetrestaurant

Heiligkreuzgasse 20 ✉ 60313 – ✆ (069) 92 00 22 25 – www.tigerpalast.de – geschl. 22. Dezember - 13. Januar, April 2 Wochen, Mitte Juni - Mitte August und Sonntag - Montag G2**s**

Rest – *(nur Abendessen)* (Tischbestellung erforderlich) Menü 98/145 € – Karte 91/123 €

Rest *Palastbar* – siehe Restaurantauswahl

Moderne Techniken und Texturen, feine Kontraste, intensive Aromen... dafür steht die klassisch basierte Küche von Andreas Krolik. Sollten Sie angesichts der aufwändig und detailgenau zubereiteten Speisen vergessen, dass Sie sich im Gebäude des Varieté-Theaters befinden: Dekorative historische Plakate in dem fast schon intim wirkenden Restaurant erinnern Sie daran!

➜ Getauchte schottische Jakobsmuschel mit getrüffeltem Selleriesud, Pata Negra-Nusscrunch und Trüffelpüree. Rücken vom Nebraska Prime Beef in Oxtailsud mit Petersilienwirsing und Rübchen. Cheescake mit Zitrusfrüchten, Baisser und Joghurt-Mandarineneis.

Sèvres – Hotel Hessischer Hof

Friedrich-Ebert-Anlage 40 ✉ 60325 – ✆ (069) 7 54 00 – www.restaurant-sevres.de

Rest – (abends Tischbestellung ratsam) Menü 40 € (mittags unter der Woche)/65 € – Karte 53/67 € E2**p**

Prachtvolle Eleganz auf der ganzen Linie! Gekonnt wurde eine wertvolle Sèvres-Porzellan-Ausstellung mit dem erlesenen Interieur des Restaurants in Einklang gebracht. Preislich attraktiv: "All-inclusive-Menü" zum Lunch.

XX **Roomers** – Hotel Roomers

Gutleutstr. 85 ✉ 60329 – ✆ (069) 2 71 34 20 – www.roomers.eu – geschl. Samstag - Sonntag und an Feiertagen mittags F3**s**

Rest – Menü 29 € (mittags unter der Woche)/98 € – Karte 44/106 €

Chic und exquisit wie alles in diesem Haus: Sandfarbene kapitonierte Polstersofas, klare Linien, indirekte Beleuchtung, dunkler Holzfußboden... Ein wirklich angenehmes Plätzchen abseits des City-Trubels ist die überdachbare Terrasse!

XX **Zenzakan**

Taunusanlage 15 ✉ 60325 – ✆ (069) 97 08 69 08 – www.mook-group.de – geschl. Weihnachten - Neujahr und Sonntag J1**m**

Rest – *(nur Abendessen)* Menü 90 € – Karte 44/110 €

Apartes Schwarz sorgt hier für eine intime Atmosphäre, ein modernes Lichtkonzept bringt die sehenswerte asiatische Deko wie die Armee aus Terrakotta-Kriegern oder die zahlreichen Buddhaköpfe geschickt zur Geltung. Eine stimmungsvolle Location für zeitgemäß-asiatische Speisen, darunter moderne Sushi-Interpretationen.

XX **Kameha Suite - Restaurant Next Level**

Taunusanlage 20 ✉ 60325 – ✆ (069) 4 80 03 70 – www.kamehasuite.com – geschl. Weihnachten - Anfang Januar 2 Wochen, Juli - August 4 Wochen und Sonntag J1**c**

Rest – *(nur Abendessen)* Menü 49/84 € – Karte 43/51 €

Wer den historischen Prachtbau betritt, bestaunt zuerst einmal das beachtliche klassisch-stilvolle Treppenhaus! Auf verschiedenen Ebenen findet man Bar, Lounge und Restaurant. Trendig und elegant die Atmosphäre, modern und ambitioniert die Küche am Abend. Mittags nur einfacher "Quick-Lunch".

XX **The Ivory Club** (N)

Taunusanlage 15 ✉ 60325 – ✆ (069) 77 06 77 67 – www.mook-group.de – geschl. Samstagmittag, Sonntagmittag J1**m**

Rest – (Tischbestellung erforderlich) Menü 80 € – Karte 44/85 €

Mal Lust auf indische Küche? Klar, dass da Tandoori- und Curry-Gerichte nicht fehlen dürfen! Man verzichtet dabei auf unnötige Deko auf dem Teller und konzentriert sich ganz auf das Aroma. Angenehm dazu der Kolonialstil im Restaurant, ebenso wie der aufmerksame Service.

XX **Zarges**

Kalbächer Gasse 10 ✉ 60311 – ✆ (069) 29 90 30 – www.zarges-frankfurt.com – geschl. Sonntag und an Feiertagen, außer an Messen J1**r**

Rest – Menü 35 € – Karte 36/90 €

Das in Frankfurts Fressgass' gelegene Stadthaus beherbergt eine Confiserie mit allerlei feinen Leckereien sowie ein gemütlich-klassisches Restaurant auf 3 Etagen. Zu den schmackhaften französisch inspirierten Speisen (probieren Sie die fair kalkulierten variablen Menüs) wählt man aus ca. 500 offen ausgeschenkten Weinen.

XX **MAIN TOWER Restaurant & Bar**

Neue Mainzer Str. 52, (53. Etage, Gebühr) ✉ 60311 – ✆ (069) 36 50 47 77 – www.maintower-restaurant.de – geschl. Samstagmittag, Sonntag - Montag

Rest – (Tischbestellung erforderlich) Menü 30 € (mittags)/99 € (abends) – Karte 34/40 € J2**u**

Wer möchte nicht beim Essen einen herrlichen Blick über Frankfurt genießen? Und der ist Ihnen hier oben in 187 m Höhe wahrlich gewiss! Mittags ist die kleine Lunchkarte beliebt, am Abend gibt es in dem modern-eleganten Restaurant internationale Küche in Form zweier Menüs - und danach auf einen Cocktail in die Lounge?

XX **Medici**

Weißadlergasse 2 ✉ 60311 – ✆ (069) 21 99 07 94 – www.restaurantmedici.de – geschl. Sonntag und an Feiertagen JK2**d**

Rest – Menü 50/64 € – Karte 40/62 €

Internationale Küche mit mediterranen Einflüssen bieten die beiden Brüder, die das Restaurant mitten in der Innenstadt leiten und auch gemeinsam am Herd stehen. Ausgesprochen beliebt ist übrigens der günstige Mittagslunch!

Ernos Bistro

Liebigstr. 15 ✉ 60323 – ✆ (069) 72 19 97 – www.ernosbistro.de – geschl. Ende Dezember - Anfang Januar 2 Wochen, nach Ostern 1 Woche, August 2 Wochen und Samstag - Sonntag sowie an Feiertagen F2**k**

Rest – (Tischbestellung ratsam) Menü 39 € (mittags)/125 € – Karte 69/109 €

Schon allein das Ambiente und der Service sind es wert, dass man wiederkommt, denn authentischer könnte das charmante Bistro kaum sein mit seiner Täfelung, den schönen Lampen und den zahlreichen Weinflaschen als Deko sowie dem sympathisch-freundlichen Team samt stets präsentem Chef Eric Huber. In erster Linie ist es aber die französische Küche von Valéry Mathis, die dem Restaurant so viele Gäste beschert - sie basiert auf ausgesuchten Produkten, Gefühl und Können.

➜ Steinbutt mit Auberginen, Tintenfisch-Cannelloni, Chorizojus und Parmesan-Chips. Milchlammkeule mit Zitronenconfit und Anchovis, Kartoffelgratin. Mandarinen im Sud, Fenchelconfit und Birne, Blutorangesorbet.

Weinsinn

Fürstenbergerstr. 179 ✉ 60322 – ✆ (069) 56 99 80 80 – www.weinsinn-frankfurt.de – geschl. 15. - 26. April, 22. Juli - 9. August und Sonntag - Montag sowie an Feiertagen F1**w**

Rest – *(nur Abendessen)* Menü 49/69 € – Karte 54/65 €

Trotz der Weinkarte mit über 200 Positionen wird hier weit mehr angesprochen als der Weinsinn: Das Auge freut sich über harmonisch arrangierte moderne Einrichtungselemente, der Gaumen über die zeitgemäß-kreative und dennoch unkomplizierte Küche von André Rickert.

➜ Münsterländer Kalb, Artischocke, Spinat, Parmesan. Taunus-Landschwein, Zwiebel in Texturen. Rhabarber, Ziegenkäse, Thymianhonig, Sorbet.

Seven Swans

Mainkai 4 ✉ 60311 – ✆ (069) 21 99 62 26 – www.sevenswans.de – geschl. Sonntag - Montag K2**c**

Rest – *(nur Abendessen)* (Tischbestellung erforderlich) Menü 59/89 €

Wie zu Gast bei Nachbarn fühlt man sich in dem Haus von 1838, dafür sorgen das charmant-persönliche Team und die räumlichen Gegebenheiten (mit 4 x 10 m Grundfläche pro Etage das schmalste Gebäude der Stadt!) - das wirkt schön privat! Die junge Kimberley Unser kocht ambitioniert, von asiatisch bis klassisch.

Mon Amie Maxi (N)

Bockenheimer Landstr. 31 ✉ 60311 – ✆ (069) 71 40 21 21 – www.mook-group.de – geschl. Samstagmittag, Sonntag F2**x**

Rest – *(Feiertage nur Abendessen)* Karte 24/94 €

Hier sitzt man gemütlich bei legerer Atmosphäre und frischen typischen Brasseriegerichten aus der offenen Küche. Das Angebot reicht von Austern über Kalbsnieren bis zur Käseplatte - schauen Sie sich auf jeden Fall das appetitliche Meerestier-Buffet an!

Heimat

Berliner Str. 70 ✉ 60311 – ✆ (069) 29 72 59 94 – www.restaurant-heimat.de – geschl. 23. Dezember - 7. Januar J2**c**

Rest – *(nur Abendessen)* (Tischbestellung ratsam) Menü 45/85 € – Karte 43/64 €

1956 wurde das ehemalige Wasserhäuschen (Kiosk) in zentraler Lage beim Goethe-Haus erbaut, ein kleiner Pavillon nach Art eines "American Diner". Lebhaft und angenehm ungezwungen ist es hier auch heute noch. Zu schmackhaften saisonalen Speisen wie "Zanderfilet mit Calvadosschaum, Sauerkraut-Speckflammkuchen und Kräutersalat" oder "Maispoularde mit Spargel, Kaiserschoten und Champignons" bietet man eine umfangreiche Weinauswahl.

Riz

Berlinerstr. 72, (Zugang über Großer Hirschgraben) ✉ 60311 – ✆ (069) 28 24 39 – www.riz-frankfurt.de – geschl. 22. Juli - 7. August und Samstagmittag, Sonntag

Rest – Menü 43/85 € – Karte 42/63 € J2**c**

In dem angenehm ungezwungenen Restaurant könnte man sich schon am guten Brot mit Olivenöl satt essen! Doch probieren Sie ruhig auch Gerichte wie "Maisente - Sonnenblumencreme - Rüben - Hainampfer". Unschlagbar für Frankfurter Verhältnisse sind übrigens die Preise am Mittag! Sie trinken gerne Wein zum Essen? Man hat hier 350 Positionen.

La Cigale
Falkstr. 38 ✉ 60487 – ✆ (069) 70 41 11 – www.lacigale-restaurant.de – geschl. 21. - 27. Januar und Sonntag - Dienstagmittag, Freitagmittag, Samstagmittag E1**b**
Rest – (abends Tischbestellung ratsam) Menü 36/57 € – Karte 32/48 €
Viele Stammgäste kommen hierher, und das aus gutem Grund: Zum einen ist es ein gemütliches Lokal, zum anderen mögen sie die frische Küche von Martin Kofler! Gerne genommen werden z. B. die geschmorten Ochsenbäckchen.

Iroha – Hotel Steigenberger Frankfurter Hof
Bethmannstr. 35 ✉ 60311 – ✆ (069) 21 99 49 30 – www.iroha-frankfurt.de – geschl. Sonntag und an Feiertagen J2**e**
Rest – Menü 55/125 €
Japanisches Restaurant im Untergeschoss des Hotels. Im Teppanyaki-Raum werden die Speisen an typischen "heißen Tischen" vor Ihren Augen zubereitet, zudem hat man eine Sushi-Bar.

Surf'n Turf N
Grüneburgweg 95 ✉ 60323 – ✆ (069) 72 21 22 – www.mook-group.de – geschl. Samstagmittag, Sonntag F1**s**
Rest – *(Feiertage nur Abendessen)* Karte 38/118 €
Essen im typischen "American Steakhouse Style"! Was in dem klassischen Ecklokal auf den Tisch kommt, ist gut gereiftes und sehr hochwertiges Rindfleisch vom Grill. Nicht ganz günstig, aber Qualität und Geschmack stimmen!

Palastbar – Tiger-Gourmetrestaurant
Heiligkreuzgasse 20 ✉ 60313 – ✆ (069) 92 00 22 92 – www.tigerpalast.de – geschl. 22. Dezember - 13. Januar, April 2 Wochen, Mitte Juni - Mitte August und Montag G2**s**
Rest – *(nur Abendessen)* Menü 49/54 € – Karte 44/63 €
In dem sehenswerten Backsteingewölbe können Sie sogar noch vor der Varieté-Vorstellung essen (ab 17 Uhr), und zwar klassische Küche mit internationalen Einflüssen. Oder nehmen Sie lieber nach der Vorstellung einen Absacker an der Bar?

Goldman – Hotel Goldman 25hours
Hanauer Landstr. 127 ✉ 60314 – ✆ (069) 40 58 68 98 06 – www.goldman-restaurant.com – geschl. Samstagmittag, Sonntag und an Feiertagen H2**g**
Rest – Menü 30/60 € – Karte 40/73 €
Wer würde in diesem stylischen Haus etwas anderes erwarten als ein ungezwungenes modernes Restaurant? Man sitzt gemütlich und angenehm leger, große Seekarten an der Wand machen es ein bisschen maritim, dazu die breite Fensterfront und die offene Küche - hier wird mediterran gekocht.

Allgaiers N
Liebigstr. 47 ✉ 60323 – ✆ (069) 98 95 66 11 – www.allgaiers-restaurants.com – geschl. 23. Dezember - 11. Januar und Samstagmittag, Sonntag F1**b**
Rest – Menü 17 € (mittags unter der Woche)/69 € – Karte 35/54 €
Eine schöne Adresse für gute, schmackhafte Brasserieküche - den Wein zum Essen (rund 400 stehen zur Wahl) empfiehlt Ihnen der Chef schon mal persönlich. Unter der Woche ist das sympathische Lokal mit markantem Weinregal als Hingucker am Mittag auch bei Geschäftsleuten gefragt, die dann gerne das 3-gängige Lunchmenü für 17 € bestellen.

san san – Hotel The Westin Grand
Konrad-Adenauer-Str. 7 ✉ 60313 – ✆ (069) 91 90 50 – www.westingrandfrankfurt.com – geschl. Samstagmittag K1**c**
Rest – Karte 27/63 €
"Bamboo Lounge", "Shanghai Suite" oder ein intimes Separee, so stellt sich das "san san" auf seine Gäste ein, um ihnen die typische chinesische Wohn- und Lebenskultur zu präsentieren.

Sushimoto – Hotel The Westin Grand

Konrad-Adenauer-Str. 7 ✉ 60313 – ✆ (069) 1 31 00 57 – www.westingrandfrankfurt.com – geschl. Montag, Sonntagmittag, außer an Messen K1**c**

Rest – (Tischbestellung ratsam) Menü 45 € (vegetarisch) – Karte 33/109 €

Das Ambiente ist authentisch schlicht, wie man es von einem japanischen Restaurant erwartet. Man führt Sie u. a. mit Sushi und Teppanyaki durch die facettenreiche Küche des fernöstlichen Landes.

La Scuderia

Feuerbachstr. 23 ✉ 60325 – ✆ (069) 72 54 80 – www.la-scuderia.de – geschl. Sonntag außer an Messen F2**s**

Rest – Karte 45/80 €

Italienische Küche aus guten, frischen Produkten sowie freundlicher Service erwarten die Gäste in diesem behaglichen Ristorante im Westend zwischen Alter Oper und Messe.

Leon

Feuerbachstr. 5 ✉ 60325 – ✆ (069) 15 34 48 50 – www.leon-restaurant.de – geschl. Samstagmittag, Sonntag und an Feiertagen F2**r**

Rest – Karte 36/46 €

Das sympathische Kellerlokal mit kleiner Terrasse vor dem Haus ist ein netter Zwei-Mann-Betrieb, der internationale Küche bietet. Mittagslunch.

vaivai N

Grüneburgweg 16 ✉ 60311 – ✆ (069) 90 55 93 05 – www.vaivai.de F1**a**

Rest – *(nur Abendessen)* Menü 36/56 € – Karte 26/68 €

In der großen Bar gleich am Eingang nimmt man seinen Apero ein, bevor man sich in dem trendig-legeren Lokal vor der offenen Küche mediterrane Speisen - ohne viel Schnickschnack, aber mit Geschmack - servieren lässt. Und zum Abschluss vielleicht noch einen Cocktail in der Lounge?

Estragon

Jahnstr. 49 ✉ 60318 – ✆ (069) 5 97 80 38 – www.estragon-ffm.de – geschl. Anfang Juni 3 Wochen und Sonntag K1**d**

Rest – *(nur Abendessen)* Menü 35/58 € – Karte 34/51 €

Das freundliche Restaurant in einer kleinen Seitenstraße wird seit über zehn Jahren familiär geleitet und bietet internationale Saisonküche sowie eine gute Weinauswahl.

Hafez – Hotel Villa Oriental

Baseler Str. 21 ✉ 60329 – ✆ (069) 23 23 01 – www.villa-oriental.com F3**e**

Rest – Menü 25/49 € – Karte 23/34 €

Bunte Lampen, bestickte Kissen, bewusstes Spiel mit Farben und orientalische Accessoires erinnern hier an die Märchen aus "1001 Nacht". Tauchen Sie ein und kosten Sie die persische Kulinarik.

Oscar's – Hotel Steigenberger Frankfurter Hof

Am Kaiserplatz ✉ 60311 – ✆ (069) 2 15 83 25 – www.frankfurter-hof.steigenberger.de J2**e**

Rest – (Tischbestellung ratsam) Menü 29 € (mittags)/39 € – Karte 47/69 €

Ungezwungen, wie man es von einem typischen Bistro erwartet! Beliebter Treff für Banker und Businessleute - deshalb Tisch bestellen! Tipp: Wiener Schnitzel mit Gurkensalat und Preiselbeeren.

Dal Pescatore N

Westendplatz 42 ✉ 60325 – ✆ (069) 17 20 28 – www.dal-pescatore.de – geschl. Samstagmittag, Sonntag ausser an Messen F2**d**

Rest – Menü 50/70 € – Karte 46/66 €

Was sollte sich hinter diesem Namen anderes verbergen als italienische Küche? Passend zu den zahlreichen Fischgerichten hat das gemütliche Lokal eine frische maritim-mediterrane Atmosphäre. Probieren Sie auch die feinen Oliven!

FRANKFURTER ÄPPELWOILOKALE: *Apfelwein und regionale Frankfurter Speisen in typischem, gemütlichem Ambiente.*

Zum Rad

Leonhardsgasse 2 (Seckbach) ✉ 60389 – ✆ (069) 47 91 28 – www.zum-rad.de – geschl. Dienstag C1**s**

Rest – *(Montag - Samstag nur Abendessen)* Karte 11/41 €

In dem rustikalen Gasthaus von 1806 wird das "Stöffche" aus eigener Herstellung ausgeschenkt, dazu gibt's regionale Kost. Der schöne Innenhof dient als Terrasse.

Klaane Sachsehäuser

Neuer Wall 11 (Sachsenhausen) ✉ 60594 – ✆ (069) 61 59 83 – www.klaanesachsehaeuser.de – geschl. 24. - 31. Dezember und Sonntag G3**n**

Rest – *(nur Abendessen)* Karte 13/28 €

Über den Innenhof erreicht man die urige Wirtschaft, in der seit 1886 das selbst gekelterte "Stöffche" fließt und Frankfurter Küche aufgetischt wird. Hier sitzt keiner allein!

Zum gemalten Haus

Schweizer Str. 67 (Sachsenhausen) ✉ 60594 – ✆ (069) 61 45 59 – www.zumgemaltenhaus.de – geschl. Juli - August 3 Wochen und Montag K3**c**

Rest – Karte 11/20 €

Zwischen bemalten Wänden und Relikten vergangener Zeit wird zusammengerückt, "Schoppe gepetzt" und "schläächtgebabbelt" - Hauptsache der "Bembel" bleibt immer gut gefüllt!

Zur Buchscheer

Schwarzsteinkautweg 17 (Sachsenhausen) ✉ 60598 – ✆ (069) 63 51 21 – www.buchscheer.de – geschl. Dienstag C3**s**

Rest – *(Montag - Freitag ab 16 Uhr geöffnet)* Karte 12/30 €

Bereits seit 1876 wird diese gemütlich-rustikale Adresse am Ortsrand familiär geleitet. Zur bodenständigen Küche trinkt man hauseigenen Apfelwein. Nett ist auch der Sommergarten.

Wagner

Schweizer Str. 71 (Sachsenhausen) ✉ 60594 – ✆ (069) 61 25 65 – www.apfelwein-wagner.com K3**c**

Rest – Karte 14/25 €

Der Weg zu "Rippche" und Äppelwoi führt durch einen Torbogen und den sich anschließenden Innenhof. Wer's besonders gesellig mag, sitzt auf einer langen Holzbank.

In Frankfurt - Bergen-Enkheim

Amadeus

Röntgenstr. 5 ✉ 60388 – ✆ (06109) 37 00 – www.hotel-amadeus-frankfurt.de D1**r**

160 Zim – †72/82 € ††92 €, ☕ 13 €

Rest – Menü 15 € (mittags)/50 € – Karte 24/52 €

Modernes Tagungshotel in Sternform im Osten Frankfurts mit neuzeitlichen Art-déco-Zimmern. Für den längeren Aufenthalt bieten sich die Boarding-Zimmer mit Kitchenette an.

Borger garni

Triebstr. 51 ✉ 60388 – ✆ (06109) 3 09 00 – www.hotel-borger.de – geschl. 21. Dezember - 1. Januar D1**c**

33 Zim – †71 € ††82 €, ☕ 8 € – 1 Suite

Die Borgers sind stolz auf die lange Geschichte ihres Hauses (ehemals Gaststätte mit dem ersten Kino in der Gegend), seit 1893 ist es in Familienhand! Sie werden hier freundlich und aufmerksam umsorgt, schlafen in funktionell eingerichteten Zimmern und am Morgen gibt es ein gutes Frühstück. Parken kann man übrigens auch problemlos.

In Frankfurt-Eschersheim

Brighella mit Zim
Eschersheimer Landstr. 442 ✉ 60433 – ☎ (069) 53 39 92 – www.brighella.de
14 Zim – 75/95 € 115/155 € B1**f**
Rest – Menü 17 € (mittags unter der Woche)/80 € – Karte 35/69 €
Einer Theaterfigur aus der Commedia dell' Arte hat man dieses hübsche Restaurant mit italienischer Küche und freundlichem Service gewidmet. U-Bahn-Station ganz in der Nähe.

In Frankfurt-Hausen

Fleming's Conference Hotel
Rest,
Elbinger Str. 1 ✉ 60487 – ☎ (069) 5 06 04 00 – www.flemings-hotels.com
150 Zim – 95 € 115 € – 2 Suiten **Rest** – Karte 25/53 € B1**a**
Gästezimmer im modernen Stil sowie ein technisch gut ausgestatteter Tagungsbereich machen dieses Hotel aus. Für kleinere Besprechungen stehen auch Business-Suiten zur Verfügung. Das in klaren Linien gehaltene Restaurant bietet internationale Küche.

In Frankfurt - Nieder-Erlenbach **Nord: 14 km über Homburger Landstraße C1**

Landhaus Alte Scheune
Alt Erlenbach 44 ✉ 60437 – ☎ (06101) 54 40 00 – www.alte-scheune.de – geschl. 22. Dezember - 6. Januar
33 Zim – 72 € 89 €
Rest – *(geschl. Sonntag - Montag) (nur Abendessen)* (Tischbestellung ratsam) Menü 32 € – Karte 38/56 €
Hier hat man drei historische Höfe zu einem Hotel umgebaut, der ursprüngliche Charme der Gebäude wurde dabei bewahrt. Zimmer im Landhausstil sowie Appartements mit Kitchenette. Hübsch dekoriertes Restaurant mit Backsteingewölbe und idyllischer Innenhofterrasse.

In Frankfurt-Niederrad

Innside by Melia Niederrad
Rest,
Herriotstr. 2 ✉ 60528 – ☎ (069) 6 77 32 12 60 – www.innside.de – geschl. 24. Dezember - 2. Januar B2**b**
144 Zim – 149 € 179 €, 19 € – 2 Suiten
Rest – Menü 26/36 € – Karte 28/45 €
Businesshotel mit schönem Interieur in puristisch-modernem Stil. Die Zimmer sind stimmig in Form- und Farbgebung, in der luftigen Atrium-Lobby das Lichtkonzept eines Künstlers. Das Restaurant mit integrierter Bar bietet internationale Küche.

In Frankfurt-Oberrad

Gerbermühle
Rest,
Gerbermühlstr. 105 ✉ 60594 – ☎ (069) 68 97 77 90 – www.gerbermuehle.de
15 Zim – 150/190 € 170/190 € – 3 Suiten C2**z**
Rest – Menü 15/35 € – Karte 32/66 €
Die a. d. 14. Jh. stammende Mühle direkt am Main wurde zu einem schönen kleinen Hotel umgebaut, das wertig und stimmig in geschmackvoll-modernem Stil eingerichtet ist. Puristisch und mit zurückhaltender Eleganz kommt das Restaurant daher. An den lichten Wintergarten schließt sich die Terrasse an, ums Eck der Biergarten zum Fluss!

In Frankfurt-Sachsenhausen

Villa Kennedy
Kennedyallee 70 ✉ 60596 – ☎ (069) 71 71 20 – www.villakennedyhotel.de
137 Zim – 245/745 € 245/745 €, 34 € – 26 Suiten F3**a**
Rest *Gusto* – siehe Restaurantauswahl
Architektonisch gelungen wurde die Villa Speyer von 1904 zu einem eindrucksvollen Luxushotel erweitert. Das Interieur: klassisch und modern zugleich. Exquisiter Spa mit "Éminence"-Beauty-Behandlungen (einmalig in Deutschland)!

Lindner Hotel & Residence Main Plaza

Rest, G3b

Walther-von-Cronberg Platz 1 ✉ 60594 – ✆ (069) 66 40 10 – www.lindner.de/de/MP

111 Zim – 156/249 € 186/269 €, 24 € – 7 Suiten

Rest ***New Brick*** – Menü 40/50 € – Karte 40/84 €

Ein markantes Hochhaus aus rotem Backstein direkt am Main. Großzügig und geschmackvoll-elegant sind die Zimmer hier und sie bieten meist einen schönen Blick über die Stadt. Wer noch etwas mehr Entspannung möchte, bekommt diese bei Beauty & Spa auf 450 qm oder aber bei kalifornischen Spezialitäten im New Brick.

Carmelo Greco

G3a

Ziegelhüttenweg 1 ✉ 60598 – ✆ (069) 60 60 89 67 – www.carmelo-greco.de – geschl. Samstagmittag, Sonntag

Rest – Menü 37 € (mittags)/104 € – Karte 58/85 €

Aromatische italienische Küche mit französischen Einflüssen... Was Carmelo Greco da aus hochwertigen, frischen Produkten zubereitet, zieht zahlreiche Stammgäste in das schöne modern-elegante Restaurant. Mittags gibt es das gute Essen zusätzlich in Form eines preiswerten Lunch-Menüs.

➜ Thunfisch-Crudité, Erdbeer-Gänseleber-Eis. Gnocchi, Gambero Rosso, Krustentierfond. Milch-Ferkel, Kartoffelmousse, Apfel, Ananasconfit.

Lohninger

J3n

Schweizer Str. 1 ✉ 60594 – ✆ (069) 2 47 55 78 61 – www.mariolohninger.de

Rest – (Tischbestellung ratsam) Menü 30 € (mittags)/88 € – Karte 42/70 €

Die österreichische Küche kommt bei den Gästen gut an und so freut man sich in den schönen hohen Räumen des klassischen Stadthauses über Spezialitäten wie Wiener Schnitzel oder "Bergheufilet in Salz und Heu gegart", und auch glutenfrei kann man hier gut essen! Mittags ist die Karte kleiner, am Abend gibt es die Menüs "Die Heimat" und "Die Welt".

DÖPFNER'S im Maingau

K3g

Schifferstr. 38-40 ✉ 60594 – ✆ (069) 60 91 42 01 – www.maingau.de – geschl. Juli - August 3 Wochen und Samstagmittag, Sonntagabend - Montag

Rest – Menü 27/99 € – Karte 29/56 €

Das familiengeführte Haus unweit des Mains ist ein ansprechendes neuzeitlich-elegantes Restaurant mit internationaler, teils klassischer Küche und günstigem Lunch. Sonntagmittags gibt's den obligatorischen Sonntagsbraten! Zusätzlich hat man noch Döpfner's Bistro mit kleiner Speisenauswahl.

Emma Metzler

K2_3e

Schaumainkai 17 ✉ 60594 – ✆ (069) 61 99 59 06 – www.emma-metzler.com – geschl. Sonntagabend - Montag, außer an Messen

Rest – Menü 26 € (mittags)/58 € – Karte 54/65 €

Das Restaurant im Museum für Angewandte Kunst ist hell und modern in klaren Linien gehalten, schön ist die Terrasse zum Park. Gute saisonale Küche und geschulter Service.

Gusto – Hotel Villa Kennedy

F3a

Kennedyallee 70 ✉ 60596 – ✆ (069) 7 17 12 12 00 – www.villakennedyhotel.de

Rest – Menü 68/79 € – Karte 34/88 €

Geschmackvolles Design mit einem Gespür für Trends und Stil, vereint mit dem ehrwürdigen Gemäuer der Villa. Erleben Sie Freude bei italienischen Genüssen und netten Begegnungen - besonders schön im imposanten Innenhof.

Holbein's

J3a

Holbeinstr.1, (im Städel) ✉ 60596 – ✆ (069) 66 05 66 66 – www.meyer-frankfurt.de – geschl. Montagmittag; Juni - August: Montag

Rest – Menü 25 € (mittags)/65 € – Karte 40/73 €

Mario Lohninger und Patrick Großmeier (beide arbeiteten schon im "Silk" zusammen) sind hier in dem modernen Glasbau - angeschlossen an das historische Kunstmuseum - für die Küche verantwortlich. Die Bandbreite reicht von Sushi über Tafelspitz bis zu Prime Beef. Mittags gibt es ein kleineres Speisenangebot und das schnelle 2-gängige Lunch Menü.

Biancalani-Cucina

Walther-von-Cronberg-Platz 7 ✉ 60594 – ✆ (069) 68 97 76 15 – www.biancalani.de – geschl. Sonntagmittag H3a

Rest – Menü 37 € (mittags)/54 € – Karte 20/53 €

Rest *Acasa Tomilaia* – ✆ (069) 68 97 76 25 *(geschl. Sonntag - Montag) (nur Abendessen)* Karte 23/51 €

Nahe dem Main liegt dieses Bistro mit Bar-Lounge und Weinladen, geradlinig-modern der Stil, mediterran die Küche (probieren Sie z. B. das 6-gängige Klassiker-Menü). Auf der Terrasse sitzt man teils unter Arkaden, der Blick zum schönen Vorplatz mit Wasserspiel. Im angeschlossenen Schwesterrestaurant Acasa Tomilaia widmet man sich regional-toskanischer Küche und dem Thema Wein (man verkauft Weine vom eigenen Weingut in der Toskana).

Grand Cru Weinrestaurant

Textorstr. 56 ✉ 60594 – ✆ (069) 62 62 60 – www.grand-cru-weinrestaurant.de

Rest – *(nur Abendessen)* Menü 39 € – Karte 32/54 € K3a

In dem sympathischen Restaurant wird regional und mit mediterranen Einflüssen gekocht - stellen Sie sich Ihr Menü selbst zusammen! Auf der Weinkarte finden sich 300 Positionen (aus Europa), die Beratung stimmt ebenso. Machen Sie doch mal ein Weinseminar!

Caracol

Schneckenhofstr. 11 ✉ 60596 – ✆ (069) 97 69 16 76 – www.restaurantcaracol.com – geschl. Weihnachten - Anfang Januar, über Ostern, Juli - August 2 Wochen und Sonntag - Montag J3b

Rest – *(Dienstag - Freitag nur Abendessen)* Menü 46/50 € – Karte 39/60 €

Ein nettes kleines Lokal mit gemütlicher Atmosphäre und frischer zeitgemäßer Küche, die aus regionalen Produkten zubereitet wird.

In Eschborn Nord-West : 12 km :

iO

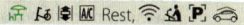

Rest,

Graf-Zeppelin-Str. 2 ✉ 65760 – ✆ (06196) 99 95 90 – www.iohotel.bestwesternde – geschl. Weihnachten - 2. Januar A1a

291 Zim – 144/299 € 164/319 €, 15 €

Rest – *(geschl. Freitag - Samstag)* Menü 27/45 € – Karte 29/50 €

Die Lage ist zwar nicht die schönste, dafür aber äußerst praktisch (nämlich autobahnnah in einem Gewerbegebiet)! Auch die Ausstattung überzeugt: guter Komfort, geradliniger Stil, moderne Technik.

In Eschborn-Niederhöchstadt

Bommersheim

Hauptstr. 418 ✉ 65760 – ✆ (06173) 60 08 00 – www.hotel-bommersheim.de – geschl. Weihnachten - Anfang Januar, über Ostern und Pfingsten A1b

35 Zim – 104/165 € 130/195 €

Rest – *(geschl. Weihnachten - Anfang Januar, über Ostern und Pfingsten, Ende Juli - Mitte August 3 Wochen sowie Samstag - Sonntag, Feiertage)* Karte 16/41 €

Ein gut geführter Familienbetrieb, in dem wohnliche Gästezimmer zur Verfügung stehen, teils im Tiroler Stil. Ein Zimmer sogar mit Sauna. Gemütlich sitzt man in dem alpenländisch gehaltenen Restaurant. Kleine Mittagskarte. Auch eine Raucherstube ist vorhanden.

In Neu-Isenburg Süd: 7 km

Wessinger

Zim,

Alicestr. 2 ✉ 63263 – ✆ (06102) 80 80 – www.wessinger.com – geschl. 19. Dezember - 3. Januar C3n

60 Zim – 108/112 € 122/144 €

Rest – Menü 20 € (mittags)/47 € – Karte 30/55 €

Seit über 100 Jahren ist das neuzeitlich eingerichtete Hotel am Rande des Frankfurter Stadtwaldes in Familienbesitz. Die größten Zimmer befinden sich im Anbau. Restaurant mit schöner Gartenterrasse. Leckere Kuchen und Torten aus der eigenen Konditorei.

friendly Cityhotel garni
Carl-Ulrich-Str. 161 ✉ 63263 – ✆ (06102) 88 28 60 – www.friendly-cityhotel.de – geschl. 20. Dezember - 2. Januar C3s
87 Zim – 85/140 € 115/160 €
Funktional ausgestattete Zimmer in wohnlichen Farben stehen in diesem freundlich gestalteten Hotel zu Verfügung. Gute Verkehrsanbindung zum Flughafen.

Neuer Haferkasten
Frankfurter Str. 118 ✉ 63263 – ✆ (06102) 3 53 29 – www.neuerhaferkasten.de
Rest – Menü 20 € (mittags unter der Woche) – Karte 33/85 € C3a
Wer sich hier die frische italienische Küche schmecken lässt (Pasta und Brot sind übrigens hausgemacht), ist in bester Gesellschaft, denn auch Promis gehen in dem gemütlichen Restaurant ein und aus, wie schon die zahlreichen Fotos an der Wand zeigen. Günstiger Lunch.

In Neu-Isenburg-Gravenbruch Süd-Ost: 11 km

Kempinski Hotel Gravenbruch
Graf zu Ysenburg und Büdingen-Platz 1 ✉ 63263 Rest,
– ✆ (069) 38 98 80 – www.kempinski.com/gravenbruch D3t
226 Zim – 99/199 € 149/199 €, 29 €
Rest *Forsthaus* – siehe Restaurantauswahl
Rest *Torschänke* – ✆ (069) 38 98 86 60 – Karte 23/61 €
In diesem Haus wurde einiges investiert und so hat man neben den Zimmern in klassischem Stil auch einige in klarem modernem Design! Außerdem können Sie bei Massage und Beauty-Behandlungen entspannen oder beim Fitnesstraining in den Park schauen - hier gibt es sogar einen hauseigenen See! Wer hessische Küche mag, isst in der Torschänke, mit Biergarten.

Forsthaus – Kempinski Hotel Gravenbruch
Graf zu Ysenburg und Büdingen-Platz 1 ✉ 63263 – ✆ (069) 38 98 80 – www.kempinski.com/gravenbruch – geschl. Montag - Dienstag D3t
Rest – Menü 28/49 € – Karte 43/60 €
Inspiriert von luxuriöser, edler Einrichtungskunst verwöhnt man die Sinne mit klassischer Kulinarik und dank einer imposanten Rundumverglasung mit einem Blick auf das herrliche Grün des Parks.

Erwarten Sie in einem X oder nicht den gleichen Service wie in einem XXXXX oder .

Beim Flughafen Frankfurt Main Süd-West: 12 km

Hilton Rest,
Am Flughafen, (The Squaire) ✉ 60549 – ✆ (069) 26 01 20 00 – www.hilton.de/frankfurtairport A3b
232 Zim – 179/499 € 179/499 €, 33 € – 17 Suiten
Rest *RISE* – Karte 41/79 €
In der futuristischen Glas-Stahlkonstruktion von 625 m Länge (konzipiert als liegendes Hochhaus!) verbirgt sich urbaner Chic im besten Sinne. Die A3 könnte kaum näher sein, ICE-Bahnhof und Terminal 1 sind direkt zugänglich! Ballsaal für 570 Personen!

Steigenberger Airport
Unterschweinstiege 16 ✉ 60549 – ✆ (069) 6 97 50 – www.airporthotel-frankfurt.steigenberger.de A3n
560 Zim – 109/159 € 109/159 €, 28 € – 10 Suiten
Rest *Faces* – siehe Restaurantauswahl
Rest *Unterschweinstiege* – ✆ (069) 69 75 25 00 – Karte 31/72 €
Die elegante Halle, komfortable Gästezimmer - darunter die besonders modernen Tower-Zimmer - und der Freizeitbereich "Open Sky" mit schöner Sicht machen dieses Hotel aus. Gemütlich ist die historische Unterschweinstiege.

Sheraton Frankfurt Airport Hotel & Conference Center

Hugo-Eckener-Ring 15, (Terminal 1)
✉ 60549 Frankfurt – ✆ (069) 6 97 70 – www.sheratonfrankfurtairport.com
980 Zim – 199/539 € 229/569 €, 32 € – 28 Suiten A3**a**
Rest *Flavors* – ✆ (069) 69 77 12 46 – Karte 39/84 €
Rest *Taverne* – ✆ (069) 69 77 12 59 *(geschl. Samstag - Sonntag)* Karte 24/50 €
Für Flugreisende könnte die Lage nicht besser sein: Unmittelbar gegenüber Terminal 1 nächtigen Sie in einem der größten Hotels in Deutschland! Wer vor oder nach dem Flug Bewegung braucht, bekommt diese im 24-h-Fitnesscenter. Gastronomisch wählt man zwischen modern ("Flavors") oder ländlich ("Taverne").

Hilton Garden Inn

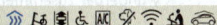

Am Flughafen, (The Squaire) ✉ 60549 Frankfurt – ✆ (069) 45 00 25 00
– *www.frankfurtairport.hgi.com* A3**b**
332 Zim – 129/359 € 129/359 €, 21 € – 2 Suiten **Rest** – Karte 29/56 €
Ein bisschen weniger komfortabel als das Hilton nebenan, aber ebenso unschlagbar in seiner Autobahn-, ICE- und Aiport-Anbindung - zu Terminal 1 geht's via "Skywalk"! Topmodern der Stil, die Technik auf dem neuesten Stand (bis hin zur härteregulierbaren Matratze!).

Faces – Hotel Steigenberger Airport

Unterschweinstiege 16 ✉ *60549* – ✆ *(069) 69 75 24 00*
– *www.airporthotel-frankfurt.steigenberger.de – geschl. Samstag - Sonntag sowie Feiertage* A3**n**
Rest – *(nur Abendessen)* Karte 41/85 €
Hinter einer Glasfront sitzt man in schickem modernem Ambiente mit interessantem Lichtdesign. Zeitgemäße internationale Küche, bei der das Produkt im Mittelpunkt steht. Mit Bar.

FRANKWEILER – Rheinland-Pfalz – 543 – 910 Ew – Höhe 243 m 54 E17

Berlin 664 – Mainz 113 – Mannheim 49 – Landau / Pfalz 11

Robichon

Orensfelsstr. 31 ✉ *76833* – ✆ *(06345) 32 68 – www.restaurant-robichon.de – geschl. Januar 2 Wochen, September 2 Wochen und Montag - Dienstag*
Rest – Menü 20 € (mittags)/51 € – Karte 34/48 €
"Orléans meets Pfalz"... ja, bei Bruno Robichon und seiner Frau Hannelore lautet so das Motto, denn der Patron ist Franzose und kocht auch entsprechend! Das Restaurant hat Charme, ebenso die herzliche Chefin im Service. Tipp: Im Januar "Trüffel-Menu", im Februar "Bretonische Wochen" rund ums Meeresgetier.

Weinstube Brand

Weinstr. 19 ✉ *76833* – ✆ *(06345) 95 94 90 – geschl. Januar 2 Wochen, Anfang Juni 2 Wochen und Sonntag - Dienstagmittag*
Rest – (Tischbestellung ratsam) Karte 27/48 €
Eine Weinstube, wie man sie sich wünscht: gemütlich, unprätentiös, dazu lockerer und dennoch kompetenter Service. Während Eva-Maria Knefler die Gäste betreut, steht ihr Mann Christian am Herd - lecker z. B. die geschmorte Ochsenschulter, aber auch die feinen Desserts wie Mangomousse mit Mandarinen-Estragon-Sorbet!

FRASDORF – Bayern – 546 – 2 980 Ew – Höhe 598 m – Erholungsort 66 N21

Berlin 667 – München 78 – Bad Reichenhall 60 – Salzburg 64
Hauptstr. 32, ✉ 83112, ✆ (08052) 17 96 25, www.frasdorf.de

Karner

Nussbaumstr. 6 ✉ *83112* – ✆ *(08052) 1 79 70 – www.karneronline.de*
31 Zim – 76/116 € 102/303 € – 4 Suiten – ½ P
Rest – Menü 25/33 € – Karte 26/50 €
Lange Tradition vermittelt die schön sanierte denkmalgeschützte Fassade des Hauses - einst Bauernhof, Bäckerei und Gastwirtschaft. Man kann hier gepflegt übernachten (eleganter sind die Zimmer im Anbau), bei Kosmetik, Massage & Co. entspannen und in charmanten Stuben mit Gewölbedecke oder Kachelofen bürgerlich und regional essen - mittags kleinere Karte.

In Frasdorf-Wildenwart Nord-Ost: 3 km, jenseits der A 8

Schloßwirtschaft Wildenwart

Ludwigstr. 8 ✉ 83112 – ✆ (08051) 27 56 – www.schlosswirtschaft-wildenwart.de – geschl. 29. August - 16. September und Montag - Dienstag

Rest – Karte 17/40 €

Der Chef kann kochen, das beweisen schon die zahlreichen (Stamm-) Gäste, die sich in der historischen Schlosswirtschaft zu beliebten Klassikern wie Schweinshaxn und Topfenknödel einfinden. Die frische, ehrliche Küche, die unkomplizierte ländliche Atmosphäre in den beiden urigen Stuben, der typische Biergarten... das passt alles wunderbar zusammen!

FRAUENAU – Bayern – 546 – 2 800 Ew – Höhe 616 m – Wintersport: 800 m 1 – Erholungsort

60 P18

Berlin 482 – München 187 – Passau 56 – Cham 66

Am Museumspark 1, ✉ 94258, ✆ (09926) 9 41 00, www.frauenau.de

Glasmuseum ★

St. Florian

Althüttenstr. 22 ✉ 94258 – ✆ (09926) 95 20 – www.st-florian.de – geschl. März - April 4 Wochen

27 Zim – 56/69 € 112/122 € – 5 Suiten – ½ P **Rest** – Karte 21/43 €

Diese Ferienadresse ist ein freundlich geführtes und wohnlich gestaltetes Hotel, in dem Sie auch ein gutes Freizeit- und Beauty-Angebot erwartet. Zimmer teilweise mit Balkon. Gediegen-elegantes Restaurant mit behaglicher Gaststube.

FRAUENSTEIN – Sachsen – 544 – 3 090 Ew – Höhe 655 m – Erholungsort

43 P13

Berlin 231 – Dresden 40 – Chemnitz 51

Markt 28, ✉ 09623, ✆ (037326) 8 38 25, www.frauenstein-erzgebirge.de

In Frauenstein-Nassau Süd: 7 km – Luftkurort

Conrad

Dorfstr. 116 ✉ 09623 – ✆ (037327) 71 25 – www.hotel-conrad.de – geschl. 21. Dezember - 3. Januar

15 Zim – 35/46 € 55/67 € – ½ P **Rest** – *(nur Abendessen für Hausgäste)*

Ein familiär geführter Gasthof in ruhiger Lage mit Liegewiese im Grünen sowie wohnlich eingerichteten und gepflegten Gästezimmern. Bürgerliche Gaststube mit sächsischer Küche.

FRAUENWALD – Thüringen – 544 – 1 010 Ew – Höhe 750 m – Wintersport: – Erholungsort

40 K13

Berlin 345 – Erfurt 62 – Coburg 56 – Suhl 17

Nordstr. 96, ✉ 98711, ✆ (036782) 6 19 25, www.frauenwald.info

Drei Kronen

Südstr. 18 ✉ 98711 – ✆ (036782) 68 00 – www.gasthaus-dreikronen.de – geschl. 3. - 28. November

21 Zim – 40 € 60 € – ½ P

Rest – *(geschl. Dienstagmittag, Mittwochmittag)* Karte 15/28 €

Gelungener Architektur-Mix aus Alt und Neu: Der schiefergetäfelte Gasthof aus dem 18. Jh. wurde um einen modernen Anbau mit zeitgemäß eingerichteten Zimmern erweitert. Breites bürgerliches Angebot in der einfachen Gaststube.

FRECHEN – Nordrhein-Westfalen – 543 – 49 940 Ew – Höhe 75 m

35 B12

Berlin 579 – Düsseldorf 47 – Bonn 39 – Aachen 65

Frechener Hof garni

Johann-Schmitz-Platz 22 ✉ 50226 – ✆ (02234) 957 0 00 – www.frechener-hof.de

39 Zim – 92/149 € 137/199 €

Sind Sie auf Geschäftsreise und suchen ein zeitgemäßes und funktionelles Stadthotel? Das ehemalige Schützenhaus im Zentrum ist dafür ideal und wird entsprechend gut gebucht.

FREIAMT – Baden-Württemberg – 545 – 4 220 Ew – Höhe 305 m 61 D20
– Erholungsort

Berlin 790 – Stuttgart 195 – Freiburg im Breisgau 40 – Offenburg 53

Badstr. 1, ✉ 79348, ✆ (07645) 9 10 30, www.freiamt.de

In Freiamt-Brettental

Ludinmühle (mit Gästehaus)

Brettental 31 ✉ 79348 – ✆ (07645) 9 11 90 – www.ludinmuehle.de

61 Zim – 75/155 € 140/250 € – 6 Suiten – ½ P

Rest *Ludinmühle* – siehe Restaurantauswahl

Hier ist im Laufe der Jahre eine beachtliche Anlage entstanden, und mittendurch fließt der Brettenbach. Lauter schöne Räume für angenehmes Wohnen, reizvolle Orte zum Relaxen (ein besonderes Saunaerlebnis bietet das Blockhaus im Garten) und nicht zuletzt die persönliche Gästebetreuung!

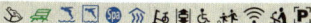

Ludinmühle – Hotel Ludinmühle

Brettental 31 ✉ 79348 – ✆ (07645) 9 11 90 – www.ludinmuehle.de

Rest – Menü 18/47 € – Karte 25/46 €

Man speist in verschiedenen Stuben, gemütlich sind sie alle! Gefällt Ihnen die liebenswerte Schwarzwaldstube am besten? Oder vielleicht der lichte, freundliche Rosengarten? Die regionale Küche bietet z. B. Zander und Reh.

In Freiamt-Mussbach

Zur Krone mit Zim

Mussbach 6 ✉ 79348 – ✆ (07645) 2 27 – www.krone-freiamt.de – geschl. Ende Januar 2 Wochen, Ende August - Anfang September 2 Wochen und Mittwoch

8 Zim – 45/50 € 74/78 €

Rest – *(Montag - Freitag nur Abendessen)* (Tischbestellung ratsam) Menü 31/35 € – Karte 23/41 €

Ein ländlich-charmantes Gasthaus mit langer Familientradition, in dem eine regionale und internationale Küche aus guten Produkten überzeugt. Bewusst bietet man auch selten gewordene traditionelle Gerichte, wie z. B. jungen Hahn in Rotwein geschmort. Von der Terrasse schaut man in den Garten. Zum Übernachten stehen wohnliche Gästezimmer zur Verfügung.

FREIBERG – Sachsen – 544 – 41 350 Ew – Höhe 410 m 43 P12

Berlin 228 – Dresden 49 – Chemnitz 35 – Leipzig 98

Burgstr. 1, ✉ 09599, ✆ (03731) 4 19 51 90, www.freiberg-service.de

Dom ★★ (Tulpenkanzel ★★ · Silbermannorgel ★★ · Goldene Pforte ★★ · Begräbniskapelle ★)

Silberhof Rest,

Silberhofstr. 1 ✉ 09599 – ✆ (03731) 2 68 80 – www.hotel-silberhof.com

32 Zim – 50/65 € 75/95 €

Rest – *(geschl. Freitag, Sonntag) (nur Abendessen)* Menü 14/40 € – Karte 17/39 €

Passend zur rosafarbenen Jugendstilfassade bietet das Hotel eine klassisch-elegante Einrichtung in warmen Pastelltönen. Und auch das Restaurant ist behaglich-stilvoll, bürgerlich das Angebot. Das Haus liegt in einem Wohngebiet, nicht weit entfernt befindet sich die Altstadt.

Le Bambou mit Zim

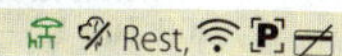

Obergasse 1 ✉ 09599 – ✆ (03731) 35 39 21 – www.lebambou.de – geschl. Samstagmittag, Sonntag - Montagmittag

9 Zim – 68 € 89 € **Rest** – Menü 23 € (mittags)/52 € – Karte 30/45 €

Hier hat sich was getan: Das Restaurant zeigt sich in neuem modernem Gewand, in der Küche führt nun Karsten Schönfeld Regie, und dabei setzt er auf frische saisonale Produkte, die z. B. bei der schmackhaften "Rinderroulade mit Rotkraut und Semmelknödel" zum Einsatz kommen. Dazu eine gute Weinauswahl. Charmant und individuell sind die Gästezimmer im Hotel "Auberge Mistral" nebenan. Auch Kosmetikanwendungen sind buchbar.

FREIBERG am NECKAR – Baden-Württemberg – siehe Ludwigsburg

FREIBURG (ELBE) – Niedersachsen – 541 – 1 780 Ew – Höhe 2 m 9 H4

– Erholungsort

Berlin 381 – Hannover 197 – Cuxhaven 51 – Bremerhaven 76

Gut Schöneworth

Landesbrücker Str. 42 ✉ 21729 – ✆ (04779) 9 23 50 – www.gutschoeneworth.de
15 Zim – †55/75 € ††95/115 € – 2 Suiten – ½ P
Rest – *(geschl. Sonntagabend - Dienstag) (nur Abendessen für Hausgäste)*
Menü 22 € – Karte 23/31 €
Auf einem schönen Gartengrundstück stehen die charmanten Häuser dieses historischen Gutshofs. Besonders reizend: die ganz in Holz gehaltenen Blockhauszimmer mit Blick ins Grüne.

FREIBURG im BREISGAU – Baden-Württemberg – 545 – 224 200 Ew 61 D20

– Höhe 278 m

Berlin 805 – Stuttgart 208 – Basel 71 – Karlsruhe 134
ADAC Am Karlsplatz 1 B1
ADAC Haslacher Str. 199
Rathausplatz 2 A1, ✉ 79098, ✆ (0761) 3 88 18 80, www.freiburg.de
Freiburg-Munzingen, Großer Brühl 1, ✆ (07664) 93 06 10
Kirchzarten, Krüttweg 1, ✆ (07661) 9 84 70

Veranstaltungen

27.-30. Januar: Int. Kulturbörse
21.-23. Februar: Automobil
8.-16. März: CFT - Die Freizeitmessen
21.-23. März: Südbadische Gebrauchtwagen Verkaufsschau
1.-4. April: Jewellery
11.-13. April: Gebäude.Energie.Technik
12.-13. April: IMMO
4.-6. Juni: Intersolar
13.-21. September: Baden Messe
7.-9. November: Plaza Culinaria
Messegelände an der Stadthalle, Hermann-Mitsch-Str. 3 (über B31 A2),
✉ 79108, ✆ (0761) 7 03 70

Münster★★ (Turm★★★ · Turmvorhalle★★)B1 · Rathausplatz★ ·Neues Rathaus★A1 · AugustinermMuseum★★(Mittelalterliche Kunst★★)B2
Schlossberg★ (mit)B2 · Schauinsland★ (★), über Günterstalstraße A2: 21 km

Colombi-Hotel

Rotteckring 16 ✉ 79098 – ✆ (0761) 2 10 60 – www.colombi.de A1**r**
88 Zim – †180/240 € ††250/275 €, 20 € – 24 Suiten
Rest ***Zirbelstube*** **Rest** ***Hans-Thoma-Stube*** – siehe Restaurantauswahl
Ein sehr elegantes Hotel, das so einiges unter einem Dach verbindet: Luxuriöses Wohnen, Spa, Gourmetküche, Café (toll die Kuchen und Pralinen!), Tagungsmöglichkeiten, beispielhafter Service... und für alle, die Freiburg erkunden möchten, ist die zentrale Lage ideal!

Stadt Freiburg

Breisacher Str. 84 (über Friedrichstraße A1) ✉ 79110 – ✆ (0761) 8 96 80 – www.hotel-stadt-freiburg.de
208 Zim – †139/169 € ††159/189 € – 3 Suiten – ½ P
Rest – Menü 18 € (mittags unter der Woche)/49 € – Karte 27/44 €
Das Hotel liegt bei der Universitätsklinik. Besonders elegant sind die Juniorsuiten und Suiten (teils mit Panorama-Dachterrasse). Im Neubau modernere Zimmer. Geradliniges Restaurant im großzügigen Hallenbereich, sonntags mit kleinerer Karte.

Zum Roten Bären

Oberlinden 12 ✉ 79098 – ✆ (0761) 38 78 70 – www.roter-baeren.de B2**u**
24 Zim – †99/135 € ††135/185 € – 1 Suite
Rest ***Zum Roten Bären*** – siehe Restaurantauswahl
Ein engagiert geführtes Haus am Schwabentor mit 700-jähriger Tradition als Gasthaus. Die Zimmer liegen teils zum Platz Oberlinden oder zum Innengarten, einige sind moderner.

Oberkirchs Weinstuben (mit Gästehaus)

Münsterplatz 22 ✉ 79098 – ✆ (0761) 2 02 68 68 – www.hotel-oberkirch.de

23 Zim ☕ – 🚹95/109 € 🚹🚹139/159 € – 3 Suiten B1**a**

Rest *Oberkirchs Weinstuben* – siehe Restaurantauswahl

Sie wohnen in der Fußgängerzone direkt am Münster in einem Haus von 1738 (hier hat man von einigen Zimmern eine schöne Sicht) oder im Gästehaus in einer Nebenstraße. Klassisch der Stil.

Park Hotel Post garni 

Eisenbahnstr. 35 ✉ 79098 – ✆ (0761) 38 54 80 – www.park-hotel-post.de

45 Zim ☕ – 🚹99/159 € 🚹🚹129/199 € A1**h**

Zentral zwischen Bahnhof und Stadtmitte steht das Jugendstilhaus a. d. J. 1884. Die Zimmer sind wohnlich (teils etwas moderner im Stil) und der Tag beginnt im angenehm freundlichen Frühstücksraum mit einem guten Buffet. Kleine Extras: Man hilft Ihnen mit dem Koffer und auf Wunsch wird Ihr Auto geparkt!

Am Stadtgarten garni

Karlstr. 12 ✉ 79104 – ✆ (0761) 2 82 90 02 – www.hotelamstadtgarten.de

34 Zim – 🚹89/154 € 🚹🚹109/174 €, ☕ 14 € B1**e**

Von hier aus ist man in wenigen Gehminuten in der Altstadt. Das Hotel ist durch und durch geradlinig-modern designt. Großzügiger sind die Superiorzimmer. Snacks in der Bar-Lounge.

Victoria garni

Eisenbahnstr. 54 ✉ *79098 – ✆ (0761) 20 73 40 – www.hotel-victoria.de*
65 Zim – 🚹85/143 € 🚹🚹109/178 €, ☕ 14 € – 1 Suite A1**p**
Zentrales Hotel von 1875 mit ökologischen Prinzipien. Schöne neuzeitliche Zimmer und moderner kleiner Saunabereich. Dazu die Bar "Hemingway" und die Smoker Lounge im Gewölbe.

Rheingold

Eisenbahnstr. 47 ✉ *79098 – ✆ (0761) 2 82 10 – www.rheingold-freiburg.de*
47 Zim ☕ – 🚹99/139 € 🚹🚹139/189 € – 2 Suiten A1**d**
Rest *Rheingold* – siehe Restaurantauswahl
Praktisch ist die bahnhofsnahe Lage nur wenige Gehminuten von der Fußgängerzone. In den Zimmern bestimmen Art-déco- und Bauhausstil das Ambiente. Nette Geste: Kleines Präsent bei Abreise.

Am Rathaus garni

Rathausgasse 4, (1. Etage) ✉ *79098 – ✆ (0761) 29 61 60 – www.am-rathaus.de – geschl. 21. Dezember - Anfang Januar* B1**g**
39 Zim ☕ – 🚹98/129 € 🚹🚹129/169 €
Über eine kleine Geschäftspassage erreicht man das Nichtraucherhotel in der Altstadt. Neuzeitliche Zimmer (auch Familien- und Allergikerzimmer), alle mit DVD-Player und W-Lan gratis.

Schwarzwälder Hof

Herrenstr. 43 ✉ *79098 – ✆ (0761) 3 80 30 – www.shof.de* B2**s**
40 Zim ☕ – 🚹68/85 € 🚹🚹98/125 €
Rest – *(geschl. 4. - 18. August und Sonntag sowie an Feiertagen)* Menü 16 € – Karte 22/36 €
Im Herzen der Breisgaumetropole liegt das nette Hotel, das Familie Engler mit Engagement betreibt. Die Zimmer gibt's von aufgefrischt bis ganz modern und richtig chic! Hübsch ist auch die holzgetäfelte Gaststube, in der man bürgerlich isst. Tipp für Autofahrer: Parken Sie in der Schlossberggarage gegenüber.

Zirbelstube – Colombi-Hotel

Rotteckring 16 ✉ *79098 – ✆ (0761) 2 10 60 – www.colombi.de – geschl. Sonntag - Montag* A1**r**
Rest – *(nur Abendessen)* (Tischbestellung ratsam) Menü 65/125 € – Karte 84/119 €
Die saisonal-klassische Küche von Alfred Klink ist einfach ein Dauerbrenner, das beweisen der Zuspruch der Besucher und natürlich die langjährige Auszeichnung mit einem Stern (seit 1983!). Der gut besetzte Service überzeugt und auch Inhaber Roland Burtsche begrüßt in der von feinem Zirbelholz bestimmten Atmosphäre gerne persönlich die Gäste. Das Gourmetangebot kann man am Abend ebenso in der Falkenstube genießen.
➜ Sautierte Sot-l' y-laisse und Gänseleber mit Selleriepüree. Ganze gebratene Seezunge mit Pulpo. Topfen-Reissoufflée mit Rhabarber.

Oberkirchs Weinstuben – Hotel Oberkirchs Weinstuben

Münsterplatz 22 ✉ *79098 – ✆ (0761) 2 02 68 68 – www.hotel-oberkirch.de – geschl. Februar 1 Woche und Sonntag* B1**a**
Rest – Karte 28/41 €
Schon die schmucke Fassade wirkt einladend. In dem gemütlichen Restaurant mit Täfelung und Kachelofen serviert man vorwiegend Badisches wie Schwarzwaldforelle oder Kalbszüngle. Wenn Sie draußen sitzen möchten: Man hat eine Terrasse zum Münsterplatz.

Rheingold – Hotel Rheingold

Eisenbahnstr. 47 ✉ *79098 – ✆ (0761) 2 82 10 – www.rheingold-freiburg.de*
Rest – *(geschl. Samstagmittag, Sonntag - Montagabend und an Feiertagen)* Menü 34/46 € – Karte 29/47 € A1**d**
"Mediterranes Cordon bleu vom Landschwein mit Gewürztomatenkonfit und Rucola-Kartoffeln" ist ein schönes und schmackhaftes Beispiel für die saisonal-internationale Küche hier in der 1. Etage des Hotels. Wer beim Essen gerne nach draußen schaut, sitzt am besten an einem der großen bodentiefen Rundbogenfenster zur Straße. Bar mit kleiner Galerie.

Zum Roten Bären – Hotel Zum Roten Bären
Oberlinden 12 ✉ 79098 – ✆ (0761) 38 78 70 – www.roter-baeren.de B2**u**
Rest – Menü 35/85 € – Karte 33/60 €
Es ist eines der ältesten Gasthäuser Deutschlands... und in den gemütlichen Stuben ist ein Stück Historie erhalten geblieben - besonders schön spürt man das am behaglichen Kachelofen. Die Küche ist überwiegend international geprägt.

Hans-Thoma-Stube – Colombi-Hotel
Rotteckring 16 ✉ 79098 – ✆ (0761) 2 10 60 – www.colombi.de A1**r**
Rest – Karte 48/68 €
Die schöne alte Holztäfelung aus einer Bauernstube von 1776, dazu der heimelige grüne Kachelofen... das schafft wohltuende Wärme und Gemütlichkeit. Ambiente und Küche sind hier etwas regionaler, auf professionellen Service braucht man dennoch nicht zu verzichten!

Wolfshöhle
Konviktstr. 8 ✉ 79098 – ✆ (0761) 3 03 03 – www.wolfshoehle-freiburg.de – geschl. Februar - März 2 Wochen, August 2 Wochen, Oktober - November 2 Wochen und Sonntag - Montagmittag B1_2**t**
Rest – Menü 29 € (mittags)/95 € – Karte 35/70 €
Ein geschmackvolles Restaurant: geradlinig-moderner Stil und dazu warmes Holz in Form von vertäfelten Wänden und Parkettboden! Und die Küche? Da bietet man frische, ambitionierte Gerichte wie "Waller / Lardo / Kartoffelstampf" oder "Lammkeule / Bohnensaft / Parmesanflan". Mittags ist die Karte etwas reduziert, dafür aber günstiger. Weinkeller für Degustationen.

Drexlers
Rosastr. 9 ✉ 79098 – ✆ (0761) 5 95 72 03 – www.drexlers-restaurant.de – geschl. Samstagmittag, Sonntag, Feiertage A1**m**
Rest – Menü 9 € (mittags)/44 € – Karte 24/47 €
Günstiger und einfacher Mittagstisch oder aufwändigere zeitgemäß-saisonale Küche am Abend? Trendig, modern und angenehm ungezwungen ist das Restaurant nahe dem Colombipark.

Basho-An
Merianstr. 10 ✉ 79098 – ✆ (0761) 2 85 34 05 – www.bashoan.com – geschl. Montag, Sonntagmittag und an Feiertagen mittags A1**f**
Rest – Menü 35 € – Karte 20/45 €
Ganz in der Nähe der Fußgängerzone gibt es hier die beliebte klassisch japanische Küche, einschließlich Sushi, und das Ambiente ist - passend dazu - typisch puristisch. Am Mittag kleinere Karte.

Kreuzblume mit Zim
Konviktstr. 31 ✉ 79098 – ✆ (0761) 3 11 94 – www.hotel-kreuzblume.de – geschl. 6. - 21. Januar, 30. Juni - 8. Juli, 10. - 25. November und Montag - Mittwochmittag, Donnerstagmittag B2**r**
8 Zim – †79/90 € ††115/145 €
Rest – *(Januar - April: nur Abendessen)* Menü 39/63 € (abends) – Karte 41/51 €
Das holländische Brüderpaar Kruithof und Cornelia Kocheise bilden das sympathische Trio, das mit ihrem zeitgemäßen Konzept gut ankommt. Zum saisonalen Menü samt passender Weine gibt es freundlich-familiären Service und ein frisches Ambiente - dekorativ die zahlreichen Bilder an der Wand. Und wenn Sie übernachten möchten: Die Gästezimmer sind ebenfalls schön modern und recht individuell.

In Freiburg-Günterstal Süd: 2 km über A2, Richtung Schauinsland

Kühler Krug mit Zim
Zim,
Torplatz 1 ✉ 79100 – ✆ (0761) 2 91 03 – www.kuehlerkrug.de – geschl. Mittwoch
7 Zim – †70 € ††95 € **Rest** – Menü 18/52 € – Karte 26/59 €
Gemütlich ist es bei Georg und Tanja Fehrenbach in dem alten Gasthof vor dem Torbogen. Fisch, klassische Gerichte, badische Spezialitäten... die Auswahl ist gut. Probieren Sie auch mal das Saisonmenü zu fairem Preis! Gästezimmer gibt es übrigens auch: Sie sind zwar nicht sehr groß, aber schön - mal stilvoll, mal modern möbliert. Und mit der Straßenbahn kommt man von hier bequem in die Stadt.

In Freiburg-Herdern Nord: 1 km über Karlstraße B1

Panorama Hotel Mercure

Wintererstr. 89 ✉ 79104 – ✆ (0761) 5 10 30 – www.chez-eric.de/hotel
86 Zim – 97/237 € 134/254 € – ½ P
Rest *Chez Eric* – Menü 42/89 € – Karte 45/75 €
Hier genießt man die Lage am Waldrand und den fantastischen Blick über Freiburg! Außerdem dürfen Sie sich auf moderne Zimmer mit Balkon sowie Kosmetikanwendungen freuen - und auf eine breite Speisenauswahl im Restaurant Chez Eric. Wie wär's z. B. mit Fischspezialitäten auf der tollen Panoramaterrasse?

Eichhalde

Stadtstr. 91 ✉ 79104 – ✆ (0761) 5 48 17 – www.restaurant-eichhalde.de – geschl. Montag - Dienstag
Rest – Menü 28 € (mittags)/69 € – Karte 46/69 €
"Geschmorte Kalbsbäckle mit Spinat und Tiroler Alpkäsknödel" oder "gebratene Seezunge mit Kapernbutter, Fenchelgemüse und Oliven-Kartoffeln" - so sehen die schmackhaften, teils mediterran inspirierten Speisen von Gastgeber Matthias Dahlinger aus. Alternativ zur klassischen Karte bekommt man auch das "Minü" oder ein A-la-carte-Angebot in kleinen Probierportionen. Sie kommen zum Mittagsessen? Dann nehmen Sie den günstigen Plat du jour oder das Tagesmenü.

In Freiburg-Kappel Süd-Ost: 7 km über Schwarzwaldstraße B2

Zum Kreuz (mit Gästehaus)

Großtalstr. 28 ✉ 79117 – ✆ (0761) 62 05 50 – www.gasthaus-kreuz-kappel.de – geschl. Januar 2 Wochen
15 Zim – 60/75 € 85/110 €
Rest – *(geschl. Montag - Dienstag)* Menü 34/45 € – Karte 21/49 €
In dem seit mehreren Generationen familiengeführten Gasthof a. d. 18. Jh. wohnen Sie in soliden Zimmern, teilweise mit Balkon, und frühstücken im lichten Wintergarten. Die heimelig-rustikale Bauernstube von 1755 bietet bürgerliche Küche.

In Freiburg-Lehen West: 3 km über Dreisamstraße A2

Hirschen

Breisgauer Str. 47 ✉ 79110 – ✆ (0761) 8 97 76 90 – www.clarion-hotel-freiburg.de
70 Zim – 108/150 € 136/195 €, 15 € – ½ P
Rest *Hirschen* – siehe Restaurantauswahl
Geschmackvolle Wohnräume mit toskanischer bzw. provenzalischer Note in einem gewachsenen Gasthof von 1698. Tolle Penthouse-Juniorsuite. Schön frühstückt man im Sommer auf der Gartenterrasse.

Bierhäusle

Breisgauer Str. 41 ✉ 79110 – ✆ (0761) 8 83 00 – www.bierhaeusle.de
48 Zim – 68/80 € 100/120 €
Rest – *(geschl. Sonntagabend - Montag)* Menü 23/55 € – Karte 17/51 €
Früher wurde in dem seit 1842 familiengeführten Haus eigenes Bier gebraut, heute bietet man seinen Gästen funktionelle, unterschiedlich eingerichtete Zimmer (teilweise recht ruhig im Hinterhaus) und ein regionstypisches Restaurant mit saisonaler Karte.

Hirschengarten garni

Breisgauer Str. 51 ✉ 79110 – ✆ (0761) 8 03 03 – www.hirschengarten.de
20 Zim – 59/66 € 79/86 €
Ein kleines Hotel mit tipptopp gepflegten und funktionalen Zimmern, gut geeignet für Ausflüge in und um Freiburg. Mit der Straßenbahn ist man in ca. 10 Minuten in der Innenstadt, Neue Messe und Kongresszentrum sind auch nicht weit.

Hirschen – Hotel Hirschen

Breisgauer Str. 47 ✉ 79110 – ✆ (0761) 8 97 76 90 – www.clarion-hotel-freiburg.de
Rest – (Tischbestellung ratsam) Menü 39/75 € – Karte 30/72 €
Die beiden Restaurants des Hirschen: das eine gemütlich-badisch mit viel Holz und kleinen Nischen, das andere hell und freundlich mit kleinem Wintergarten. Und die Küche? Unkompliziert und frisch wie z. B. "Wiener Schnitzel mit jungem Gemüse" oder "Medaillons von der Schweinelende auf Blattspinat". Besonderheit: die Gänse-Essen.

In Freiburg-Munzingen **Süd-West: 13 km über Basler Straße A2, jenseits der A 5**

Schloss Reinach

St. Erentrudis-Str. 12 (B 31) ✉ 79112 – ✆ (07664) 40 70 – www.schlossreinach.de
76 Zim – 75/95 € 105/135 € – 4 Suiten
Rest ***sHerrehus*** ✿
Rest ***sBadische Wirtshus*** – siehe Restaurantauswahl
Rest ***Limoncello*** – *(geschl. Donnerstag)* Karte 30/41 €
Der historische Rahmen mit Gutshof-Charme auf der einen Seite, der neuzeitliche Hotelbereich auf der anderen - ein attraktives Bild! Neben den beiden Restaurants gibt es noch das Bistro Limoncello und den Zehntkeller für Weinproben, nicht zu vergessen der schöne Innenhof. Einige Zimmer mit Terrasse, Suiten und Juniorsuiten mit Infrarotsauna.

sHerrehus – Hotel Schloss Reinach

✿ *St. Erentrudis-Str. 12 (B 31) ✉ 79112 – ✆ (07664) 40 70 – www.schlossreinach.de – geschl. Januar - Februar und Samstagmittag, Sonntag - Montag*
Rest – Menü 56/89 € – Karte 61/70 €
Über den herrlichen Innenhof (hier die tolle Terrasse) und eine kleine Treppe gelangen Sie in das alte Gutsherrenhaus, dessen elegantes Interieur bestens mit der stilvoll-charmanten Fassade harmoniert. In einem der beiden Räume schafft ein schmucker Kachelofen zusätzlich Atmosphäre. Küchenchef Oliver Rausch setzt einen klaren Kontrast zum Ambiente und serviert Ihnen klassische Gerichte sehr modern und mit eigener Note.
➜ Wildlachs mit Cidregelee, Erbsen und Zitronenbrioche. Kalbswade "Sous Vide" auf gebratenem Stangenspargel und Safran. Zitrusfrüchte mit Waldmeister und Sauerrahm.

sBadische Wirtshus – Hotel Schloss Reinach

St. Erentrudis-Str. 12 (B 31) ✉ 79112 – ✆ (07664) 40 70 – www.schlossreinach.de
Rest – Menü 30 € (mittags)/53 € – Karte 29/48 €
Moderne trifft auf Tradition! Das Lokal besticht durch Natursteinboden, Wirtshaustische und einen Bartresen aus dunklem Holz. Auf den Tellern: z. B. Kalbsnierle oder Lammhäxle.

In Freiburg-Opfingen **West: 10 km über Basler Straße A2, jenseits der A 5**

Zur Tanne mit Zim

Altgasse 2 ✉ 79112 – ✆ (07664) 18 10 – www.tanne-opfingen.de – geschl. Mitte Januar - Mitte Februar, Ende Juni 2 Wochen und Mitte Juni - Mitte April: Montag - Dienstag
10 Zim – 35/59 € 52/91 € **Rest** – Menü 28/33 € – Karte 22/42 €
Ein gemütliches Gasthaus, seit 1951 als Familienbetrieb geführt. Eine der beiden holzgetäfelten Stuben stammt a. d. J. 1912. Die Küche ist bürgerlich, Spezialität ist Spargel - günstiges Mittagsangebot. Im Sommer serviert man im Innenhof. Gästezimmer von einfach bis wohnlich-komfortabel.

In Freiburg-St. Georgen **Süd: 5 km über Basler Straße A2**

Zum Schiff

Basler Landstr. 35 ✉ 79111 – ✆ (0761) 40 07 50 – www.hotel-zumschiff.de
82 Zim – 102/135 € 125/150 € **Rest** – Menü 12/38 € – Karte 20/50 €
Auch Geschäftsreisende und Tagungsgäste haben das gewachsene Hotel - Familienbetrieb seit 1821- für sich entdeckt. Die Zimmer sind teilweise allergikergerecht. Zum Essen geht man ins ursprüngliche Stammhaus oder auf die Terrasse mit Kastanienbäumen. Probieren Sie auch die eigenen Weine.

Beim Thermalbad **9 km über Basler Straße A2**

Dorint An den Thermen

An den Heilquellen 8 ✉ 79111 – ✆ (0761) 4 90 80 – www.dorint.com/freiburg
98 Zim – 94/139 € 103/193 €, 18 € – 5 Suiten **Rest** – Karte 24/38 €
Schön ist nicht nur die ruhige Lage am Waldrand, auch die teilweise ganz modernen Zimmer sind attraktiv. Über einen Verbindungsgang (hier bietet man übrigens Kosmetikanwendungen) gelangt man bequem zum Thermalbad nebenan.

FREILASSING – Bayern – 546 – 15 940 Ew – Höhe 422 m – Luftkurort 67 O21

Berlin 729 – München 139 – Bad Reichenhall 20 – Salzburg 7

Ainring, Weng 12, ✆ (08654) 6 90 20

Moosleitner (mit Gästehaus)

Rest,

Wasserburger Str. 52 (West: 2,5 km) ✉ 83395 – ✆ (08654) 6 30 60 – www.moosleitner.com – geschl. 1. - 7. Januar

58 Zim – 64/85 € 105/130 € – 1 Suite – ½ P

Rest – *(geschl. Samstagmittag, Sonntag)* Menü 15 € (mittags)/29 € – Karte 19/50 €

Im 13. Jh. wurde der gewachsene Gasthof erstmals erwähnt und wird nun in der 4. Generation familiär geleitet. Wohnliche Zimmer und freundlicher Service. Gemütliches Restaurant in ländlichem Stil mit netter Terrasse hinter dem Haus.

Krone garni

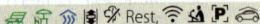

Hauptstr. 26 ✉ 83395 – ✆ (08654) 6 01 70 – www.hotel-krone-freilassing.de

32 Zim – 63/68 € 102 €

In dem Hotel mitten in der Fußgängerzone erwarten Sie praktisch und zeitgemäß ausgestattete Gästezimmer und ein appetitliches Frühstücksbuffet.

FREINSHEIM – Rheinland-Pfalz – 543 – 5 020 Ew – Höhe 132 m 47 E16

Berlin 630 – Mainz 79 – Mannheim 31 – Kaiserslautern 42

Hauptstr. 2, ✉ 67251, ✆ (06353) 98 92 94, www.freinsheim.de

Dackenheim, Kirchheimer Str. 40, ✆ (06353) 98 92 12

Landhotel Altes Wasserwerk garni (mit Gästehaus)

Burgstr. 9 ✉ 67251 – ✆ (06353) 93 25 20 – www.landhotel-altes-wasserwerk.de – geschl. 23. - 28. Dezember

33 Zim – 63/79 € 88/131 €

Das denkmalgeschützte Haupthaus mit seiner schönen Fachwerkfassade war einst das namengebende Wasserwerk, heute ist es Teil eines sehr netten, wohnlichen und engagiert geführten Hotels. Zimmer teils klimatisiert, zum kleinen Park mit altem Baumbestand hin ruhiger. Am schönsten sitzt man zum Frühstücken im Wintergarten - und im Sommer natürlich auf der Terrasse!

Altstadthof garni

Hauptstr. 27 ✉ 67251 – ✆ (06353) 93 22 50 – www.altstadthof-freinsheim.de – geschl. 22. Dezember - 23. Januar

15 Zim – 69/89 € 107/127 €

Das schmucke Haus mischt gelungen Gründerzeitarchitektur mit moderner Geradlinigkeit; Zimmer als Comfort oder Deluxe. An einigen Abenden öffnet die Weinbar, hier bekommt man kleine Gerichte. Parken können Sie in der Friedhofstraße.

Freinsheimer Hof mit Zim

Breitestr. 7 ✉ 67251 – ✆ (06353) 5 08 04 10 – www.restaurant-freinsheimer-hof.de – geschl. Anfang Januar 2 Wochen, Juli 2 Wochen und Mittwoch - Donnerstag

4 Zim – 80/100 € 100/150 €

Rest – *(nur Abendessen, sonntags auch Mittagessen)* Menü 36/65 € – Karte 32/50 €

Mitten in der Altstadt liegt der spätbarocke Winzer- und Bauernhof a. d. 18. Jh. Im einstigen Pferdestall bekommen Auge und Gaumen etwas geboten: wirklich schön das Restaurant mit dem tollen Kreuzgewölbe, schmackhaft die Küche von Chef Holger Jacobs, z. B. geschmorte Rehkeule mit Rosmarinschupfnudeln. Dabei blickt man durch große Fenster in den lauschigen Innenhof.

Von-Busch-Hof

Von-Busch-Hof 5 ✉ 67251 – ✆ (06353) 77 05 – www.von-busch-hof.de – geschl. Januar - Februar und Montag - Dienstag

Rest – *(nur Abendessen)* Menü 38/50 € – Karte 33/42 €

Patron Volker Gilcher kocht international und mit mediterranem Touch. Serviert wird in klassischem Ambiente hinter ehrwürdigen Klostermauern. Der passende Tropfen dazu kommt aus dem schönen Weinkeller. Sie sitzen lieber draußen? Im wunderbaren Innenhof hat man eine Terrasse!

WEINreich mit Zim

Hauptstr. 25 ✉ 67251 – ✆ (06353) 9 59 86 40 – www.weinstube-weinreich.de – geschl. Februar 3 Wochen und Montag - Dienstagmittag

5 Zim ☕ – 🚹65/75 € 🚹🚹95 € – 1 Suite

Rest – (Tischbestellung ratsam) Menü 33/42 € – Karte 24/47 €

Das ehemalige Winzerhaus von 1734 hat wirklich Charme: Da sind zum einen die fünf kuscheligen und ganz individuellen Zimmer, zum anderen die nette geradlinig-moderne Weinstube - und im Sommer kommt noch der lauschige Innenhof dazu! Jeanette und Henning Weinheimer bieten Gerichte wie "Feige's Huhn" oder "Fischstäbchen für Große" sowie viele Weine vom Weingut Rings.

FREISING – Bayern – 546 – 45 230 Ew – Höhe 448 m — 58 M19

Berlin 564 – München 37 – Regensburg 86 – Ingolstadt 56

ADAC Untere Hauptstr. 2

Marienplatz 7, ✉ 85354, ✆ (08161) 5 44 41 11, www.freising.de

München Airport Marriott

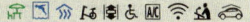

Alois-Steinecker-Str. 20 ✉ 85354 – ✆ (08161) 96 60 – www.muenchen-airport-marriott.de

250 Zim – 🚹99/199 € 🚹🚹99/199 €, ☕ 24 € – 2 Suiten **Rest** – Karte 23/48 €

Zeitgemäß, wohnlich und funktional sind die Zimmer in dem Businesshotel am Altstadtrand. Frühstück bietet man in der hellen, freundlichen "Molkerei". Rustikal präsentiert sich das Restaurant Stub'n, die Küche ist regional und international.

Dorint München Airport

Dr.-von-Daller-Str. 1 (B11) ✉ 85356 – ✆ (08161) 53 20 – www.dorint.com

134 Zim – 🚹119/364 € 🚹🚹139/384 €, ☕ 21 € – 6 Suiten **Rest** – Karte 31/43 €

Das zeitgemäß ausgestattete Businesshotel liegt nur wenige Gehminuten vom Bahnhof mit guter Anbindung an den ca. 7 km entfernten Flughafen München. Teil des Hauses ist übrigens ein schön restaurierter jahrhundertealter Gasthof, in dem sich das Restaurant (hier gibt es internationale Küche) befindet. Urige Bar mit Kreuzgewölbe.

Corbin garni

Wippenhauser Str. 7 ✉ 85354 – ✆ (08161) 8 86 90 – www.corbin-hotel.de

46 Zim – 🚹99/215 € 🚹🚹119/255 €, ☕ 17 €

Feng-Shui-Prinzipien und klarer moderner Stil bestimmen das Hotel. Die Zimmer zur Straße bieten Klimaanlage, die Minibar ist inklusive. Am Morgen erwartet Sie ein gutes Frühstück.

In Freising-Haindlfing Nord-West: 5 km über B 301, in Erlau links

Gasthaus Landbrecht

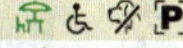

Freisinger Str. 1 ✉ 85354 – ✆ (08167) 89 26 – www.gasthaus-landbrecht.de – geschl. Montag - Dienstag

Rest – *(Mittwoch - Freitag nur Abendessen)* Menü 20/45 € – Karte 30/46 €

So stellt man sich einen bayerisch-ländlichen Gasthof vor: bürgerlich-regional die Küche, ungezwungen die Atmosphäre. Während im Winter der Kachelofen wärmt, sitzt es sich im Sommer sehr angenehm im Biergarten!

Im Flughafen Franz-Josef-Strauß Süd-Ost: 8 km, jenseits der A 92

Kempinski Airport München

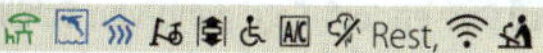

Terminalstraße Mitte 20 ✉ 85356 München – ✆ (089) 9 78 20 – www.kempinski.com/munichairport

371 Zim – 🚹179/480 € 🚹🚹179/480 €, ☕ 32 € – 18 Suiten

Rest ***charles lindbergh*** – ✆ (089) 97 82 45 00 – Karte 35/59 €

Das Businesshotel beeindruckt mit einer beachtlichen verglasten Atriumhalle mit 18 m hohen Palmen. Zimmer in zeitgemäß-klassischem Stil und ansprechender Freizeitbereich. Internationales Angebot im zeitlos gehaltenen Restaurant charles lindbergh.

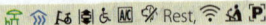

Novotel
Rest,

Nordallee 29 ✉ 85356 – ✆ (089) 9 70 51 30 – www.novotel.com/6711
257 Zim – †89/179 € ††109/199 €, ☕ 21 € **Rest** – Menü 26 € – Karte 22/57 €
Ein Businesshotel in idealer Lage direkt auf dem Flughafengelände mit großzügiger Lobby in modernem Design und geradlinig-funktionellen Zimmern. Das Restaurant bietet internationale Küche.

In Hallbergmoos-Goldach Süd-Ost: 15 km über B 11, jenseits der A 92

Daniel's garni

Hauptstr. 11 ✉ 85399 – ✆ (0811) 5 51 20 – www.hotel-daniels.de – geschl. 22. Dezember - 6. Januar
26 Zim ☕ – †72/230 € ††89/250 €
Vom Empfang bis zur Abreise erfährt man hier Herzlichkeit und persönlichen, zuvorkommenden Service. Für das sehr angenehme Umfeld sorgen auch die stilvollen, individuellen Zimmer und der elegante Frühstücksraum mit kleiner Terrasse.

Alter Wirt

Hauptstr. 66 ✉ 85399 – ✆ (0811) 5 51 40 – www.alterwirt-goldach.de – geschl. 23. Dezember - 1. Januar
14 Zim ☕ – †48/120 € ††69/140 € – ½ P
Rest – *(geschl. 27. Dezember - Mitte Januar und Mittwoch - Donnerstagmittag, Freitagmittag)* Menü 25/48 € – Karte 20/34 €
Der Landgasthof in der Nähe des Flughafens stammt a. d. J. 1865 und wird familiär geführt. Im Gästehaus stehen zeitgemäß ausgestattete Zimmer bereit. Regionale und bürgerliche Küche bietet man im rustikalen Restaurant.

In Oberding-Notzing Süd-Ost: 20 km über B 11, jenseits der A 92

Kandler
Zim,

Erdinger Moosstr. 11 ✉ 85445 – ✆ (08122) 28 26 – www.hotelkandler.de – geschl. 1. - 9. Januar, 3. - 23. August
44 Zim – †84/127 € ††109/163 €, ☕ 12 € – 3 Suiten
Rest – Menü 10 € (mittags unter der Woche)/52 € – Karte 19/48 €
Der gewachsene Gasthof von 1860 ist ein sehr gepflegtes Hotel mit langer Familientradition. Die Zimmer sind wohnlich und teils im eleganten Landhausstil eingerichtet. Regionale und saisonale Gerichte in gemütlichen Gaststuben. Schöne Terrasse mit Springbrunnen.

In Oberding-Schwaig Süd-Ost: 20 km über B 11, jenseits der A 92

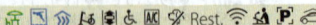

Sheraton Airport

Rest,

Freisinger Str. 80 ✉ 85445 – ✆ (089) 92 72 20 – www.sheraton.com/airportmunich
169 Zim – †99/199 € ††99/199 €, ☕ 24 € – 1 Suite **Rest** – Karte 24/58 €
Die Lage nahe dem Flughafen, wohnlich-komfortable Zimmer im Landhausstil sowie zahlreiche Tagungsräume machen die moderne Hotelanlage aus. Mit Shuttle-Service. Elegant-rustikal ist das Ambiente im Hotelrestaurant.

Holiday Inn Express Munich Airport garni

Freisinger St. 94 ✉ 85445 – ✆ (08122) 9 58 80 – www.hiexpress.com
150 Zim ☕ – †79/149 € ††79/149 €
Zeitgemäß und funktional sind die Gästezimmer in diesem Hotel, praktisch ist die Lage mit Shuttle-Service zum Flughafen. Snacks in der Bar.

FREITAL – Sachsen – 544 – 39 280 Ew – Höhe 180 m
43 Q12

Berlin 205 – Dresden 14 – Freiberg 22 – Chemnitz 70
Dresdner Str. 212, ✉ 01705, ✆ (0351) 6 47 60, www.freital.de
Possendorf, Ferdinand-von-Schill-Str. 4a, ✆ (035206) 24 30

Zum Rabenauer Grund

Somsdorfer Str. 6 ✉ 01705 – ✆ (0351) 6 44 49 99 – www.rabenauergrund.de – geschl. Montag - Dienstag
Rest – *(Mittwoch - Samstag nur Abendessen)* (Tischbestellung ratsam) Karte 24/36 €
In dem Gasthof von 1863 sorgen viel Holz, Bilder und charmante Details wie alte Kaffeemühlen und Töpfergeschirr für Atmosphäre. Gekocht wird regional, aus heimischen Bioprodukten.

In Rabenau Süd-Ost: 5 km

Rabenauer Mühle

Bahnhofstr. 23 ✉ 01734 – ✆ (0351) 4 60 20 61 – www.hotel-rabenauer-muehle.de – geschl. 24. Februar - 2. März

21 Zim – 55/65 € 78 € – ½ P **Rest** – Karte 20/34 €

Die einstige Mühle in ruhiger Waldlage wurde nach einem Brand im 19. Jh. als Gasthaus wieder aufgebaut. Heute bietet das familiengeführte Hotel hübsche Zimmer mit guter Technik. Internetzugang gratis. Bürgerliche Küche im gemütlichen Restaurant mit Biergarten und Terrasse. Am Haus verläuft eine Dampfeisenbahnstrecke.

FREUDENSTADT – Baden-Württemberg – 545 – 23 560 Ew **54** F19

– Höhe 728 m – Wintersport: 950 m 3 – Heilklimatischer Kurort und Kneippkurort

Berlin 713 – Stuttgart 88 – Karlsruhe 77 – Freiburg im Breisgau 96

Marktplatz 64, ✉ 72250, ✆ (07441) 86 47 30, www.freudenstadt-tourismus.de

Freudenstadt, Ziegelwäldle 3, ✆ (07441) 30 60

Lage★ · Marktplatz★ · Stadtkirche (Lesepult★★)

Schwarzwaldhochstraße★ (von Freudenstadt bis Baden-Baden) · Hochschwarzwald★★★

Palmenwald Schwarzwaldhof

Lauterbadstr. 56 ✉ 72250 – ✆ (07441) 8 88 70 – www.palmenwald.de

61 Zim – 94/101 € 174/198 € – 22 Suiten – ½ P

Rest – Menü 39/47 € (abends) – Karte 45/61 €

Rest *Royal Carpe Diem* – *(geschl. Montag - Dienstag) (nur Abendessen)* Menü 89 € – Karte 77/87 €

Das denkmalgeschützte Jugendstilhaus wenige Gehminuten vom Zentrum wurde sorgsam saniert und beherbergt wertig und wohnlich-elegant eingerichtete Zimmer sowie einen kleinen Spa. Stilvolles Ambiente und internationale Speisen im Restaurant. Im neuen "Royal Carpe Diem" serviert man klassische Küche mit mediterranen Akzenten.

Adler

Zim,

Forststr. 17 ✉ 72250 – ✆ (07441) 9 15 20 – www.adler-fds.de – geschl. 25. Oktober - 15. November

15 Zim – 48/64 € 78/98 € – ½ P

Rest – *(geschl. Mittwoch)* Menü 19 € – Karte 18/32 €

Familie Gaiser ist sehr um ihre Gäste bemüht und tut einiges, um ihnen ein schönes Umfeld zu bieten: Alles ist tipptopp gepflegt, dekorative Fotografien des Chefs schmücken das Haus, man frischt immer wieder Zimmer auf (hübsch auch die neuen Bäder)... Im Restaurant gibt's Flammkuchen als Spezialität.

Warteck mit Zim

Stuttgarter Str. 14 ✉ 72250 – ✆ (07441) 9 19 20 – www.warteck-freudenstadt.de

13 Zim – 58/75 € 88/105 € – ½ P

Rest – Menü 44/95 € – Karte 33/60 €

Der sympathische Familienbetrieb wird inzwischen von Sohn Oliver Gläßel geleitet - leckere Klassiker wie Kalbsbries und Gänseleberterrine haben nach wie vor ihren festen Platz auf der Karte! Das gesamte Haus, einschließlich der behaglichen Gästezimmer, ist wirklich gepflegt und wertig ausgestattet!

An der B 28 2 km über Straßburger Straße B

Langenwaldsee

Zim,

Straßburger Str. 99 ✉ 72250 – ✆ (07441) 8 89 30 – www.hotel-langenwaldsee.de – geschl. 1. - 19. Dezember

38 Zim – 55/90 € 110/170 € – ½ P **Rest** – Menü 35/45 € – Karte 26/52 €

Mir schönem Spa samt Ayurveda-Anwendungen, hübschem Zen-Garten und richtig wohnlichen Zimmern (auch geräumige Juniorsuiten) sowie einem kleinen See unmittelbar vor dem Haus kann man bei den Gebrüdern Kaltenbach einen erholsamen Urlaub erwarten! Im Restaurant legt man Wert auf Regionales.

In Freudenstadt-Igelsberg 11 km über Wildbader Straße A – Erholungsort

Krone
Zim,

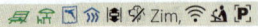

Hauptstr. 8 ✉ 72250 – ✆ (07442) 8 42 80 – www.krone-igelsberg.de – geschl. 7. - 20. Dezember, 6. - 29. Januar

21 Zim – †79/96 € ††124/144 € – ½ P **Rest** – *(nur für Hausgäste)*

Nette, wohnliche Zimmer, ein hübscher Garten sowie Kosmetikangebote sprechen für dieses Hotel. Nordisch-gemütlich ist der mit Delfter Fliesen dekorierte Frühstücksraum, rustikal das Ambiente im Restaurant.

In Freudenstadt-Kniebis West: 10 km – Höhe 920 m – Luftkurort

Straßburger Str. 349, ✉ 72250, ✆ (07442) 75 70, www.kniebis.de

Waldblick

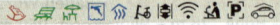

Eichelbachstr. 47 ✉ 72250 – ✆ (07442) 83 40 – www.waldblick-kniebis.de – geschl. März 1 Woche, Ende November 1 Woche

30 Zim – †78/109 € ††138/184 € – ½ P

Rest – *(geschl. Dienstag)* Menü 17 € (mittags unter der Woche)/38 € – Karte 23/58 €

Das Haus der Familie Finkbeiner ist nicht nur auffallend gepflegt (in den Zimmern ebenso wie im Restaurant), sondern liegt auch noch wunderbar ruhig und hat einen sehr schönen Garten. Hier finden Sie neben viel Grün und einem Teich auch noch ein Saunahaus und das "Knusperhäusle" (für Familien, die ein bisschen mehr Platz brauchen!).

In Freudenstadt-Lauterbad 3 km über Lauterbadstraße B – Luftkurort

Lauterbad

Amselweg 5, (Zufahrt über Kinzigtalstraße) ✉ 72250 – ✆ (07441) 86 01 70 – www.lauterbad-wellnesshotel.de

37 Zim – †87/92 € ††174/242 € – 4 Suiten – ½ P

Rest *Stüble* – siehe Restaurantauswahl

Die Zimmer in diesem Haus sind recht modern oder klassisch gestaltet. Attraktiv ist der Spa mit verschiedenen angenehmen Ruhezonen und sehr gut ausgestattetem Fitnessraum.

Grüner Wald

Kinzigtalstr. 23 ✉ 72250 – ✆ (07441) 86 05 40 – www.gruener-wald.de

39 Zim – †83/92 € ††146/172 € – 3 Suiten – ½ P

Rest – Menü 26/45 € – Karte 24/55 €

Für Urlaub und Wellness genau richtig: ruhige Lage, reizvolle Landschaft, vielfältige Anwendungen und wohnliche Zimmer (fragen Sie nach den hübschen neueren mit unbehandeltem Holz!). Im "Bienenkörble" serviert man bürgerlich-regionale Küche, vom Wintergarten mit Terrasse blickt man ins Grüne. In den Ferien bietet man übrigens auch Kinderprogramm!

Stüble – Hotel Lauterbad

Amselweg 5, (Zufahrt über Kinzigtalstraße) ✉ 72250 – ✆ (07441) 86 01 70 – www.lauterbad-wellnesshotel.de

Rest – (Tischbestellung ratsam) Menü 40/55 € – Karte 31/50 €

Ein "Stüble" stellt man sich so richtig gemütlich vor... und genau so ist es hier: warmes, wohltuendes Holz, wohin man schaut, und dazu liebevolle Dekorationen! Da sitzt es sich schön bei regionaler Küche.

FREYBURG (UNSTRUT) – Sachsen-Anhalt – 542 – 4 940 Ew – Höhe 110 m – Erholungsort
41 M12

Berlin 213 – Magdeburg 130 – Leipzig 52 – Halle 41

Markt 2, ✉ 06632, ✆ (034464) 2 72 60, www.freyburg-tourismus.de

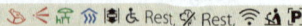

Berghotel zum Edelacker
Rest, Rest,

Schloss 25 ✉ 06632 – ✆ (034464) 3 50 – www.edelacker.de – geschl. Anfang Januar 2 Wochen

83 Zim – †59/72 € ††86/125 € – ½ P **Rest** – Karte 24/40 €

In herrlicher Lage über dem Winzerstädtchen erwarten Sie gepflegte, funktionale Zimmer, darunter besonders geräumige und schön gelegene Panoramazimmer. Zum Restaurant gehört eine Sonnenterrasse mit toller Aussicht.

Alter Speicher garni 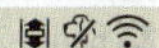

Schützenstr. 9 ✉ 06632 – ✆ (034464) 3 69 00 – www.fahrradhotel-alter-speicher.de
26 Zim ☕ – 🚹45/75 € 🚹🚹60/130 €
Wo herrliche Radwanderwege in direkter Nähe liegen, sollte es doch auch ein Fahrradhotel geben - das dachte sich auch der Gastgeber und bietet in dem alten Speichergebäude neben freundlichen Zimmern auch Fahrradboxen, Fahrradverleih, geführte Touren... Im Sommer gibt's hier zudem einen Biergarten.

FREYUNG – Bayern – 546 – 6 930 Ew – Höhe 655 m – Wintersport: 800 m 3 – Luftkurort

60 Q18

Berlin 529 – München 205 – Passau 36 – Grafenau 15

Rathausplatz 2, ✉ 94078, ✆ (08551) 58 81 50, www.freyung.de

Landhotel Brodinger 

Zuppinger Str. 3 ✉ 94078 – ✆ (08551) 43 42 – www.brodinger.de
19 Zim ☕ – 🚹60/65 € 🚹🚹100/130 € – 1 Suite – ½ P
Rest – *(geschl. Sonntagabend - Montag)* Karte 18/39 €
Ein gepflegtes Landhotel am Ortsrand beim Freibad. Man bietet wohnliche Zimmer mit individuellem Touch sowie einen kleinen, aber hübschen neuzeitlichen Wohlfühlbereich. Gemütlich-bayerisch ist das Ambiente im Restaurant.

Zur Post 

Stadtplatz 2 ✉ 94078 – ✆ (08551) 5 79 60 – www.posthotel-freyung.de
30 Zim ☕ – 🚹50/65 € 🚹🚹100 € – ½ P
Rest – *(geschl. Montag, außer an Feiertagen)* Karte 13/26 €
Mitten in der kleinen Stadt finden Sie diesen sehr gut geführten Familienbetrieb. Die Gästezimmer liegen zum Garten und sind teilweise geräumiger geschnitten. Restaurant in ländlichem Stil.

In Freyung-Ort Süd-West: 1 km

Landgasthaus Schuster 

Ort 19 ✉ 94078 – ✆ (08551) 71 84 – www.landgasthaus-schuster.de – geschl. Sonntagabend - Montag
Rest – Menü 35/74 € – Karte 36/63 €
Sehr nett ist das freundlich und mit eleganter Note eingerichtete Restaurant von Bärbel und Leopold Schuster. Die Chefin leitet den Service mit badischem Charme, der Patron bereitet eine gute, schmackhafte Küche aus frischen Produkten.

FRICKENHAUSEN – Bayern – 546 – 1 250 Ew – Höhe 180 m

49 I16

Berlin 495 – München 277 – Würzburg 23 – Ansbach 61

Meintzinger garni 

Babenbergplatz 4 ✉ 97252 – ✆ (09331) 8 71 10 – www.hotel-meintzinger.de – geschl. 24. Dezember - 6. Januar
29 Zim ☕ – 🚹75/95 € 🚹🚹100/150 €
Weinhandel mit Familientradition seit 1790. Die Chefin kümmert sich freundlich um die Gäste, mit Geschmack hat sie die Zimmer (auch Maisonetten) wertig und modern eingerichtet.

Ehrbar Fränkische Weinstube 

Hauptstr. 17 ✉ 97252 – ✆ (09331) 6 51 – www.ehrbar-weinstube.de – geschl. 7. Januar - 5. Februar und Montag - Dienstag
Rest – Karte 16/40 €
Das nette Fachwerkhaus ist ein fränkischer Traditionsbetrieb im besten Sinne: Hier tischt man in gemütlichen rustikalen Stuben regionale Küche auf und im Sommer verlagert sich das Ganze gerne auf die charmante Hofterrasse - das sollte man sich nicht entgehen lassen!

FRICKINGEN – Baden-Württemberg – 545 – 2 750 Ew – Höhe 473 m 63 G21

Berlin 721 – Stuttgart 142 – Konstanz 34 – Sigmaringen 41

In Frickingen-Altheim Nord-West: 2 km über Leustetter Straße

Löwen

Hauptstr. 41 ✉ 88699 – ✆ (07554) 86 31 – www.pfaff-altheim.de – geschl. 23. Dezember - 2. Januar, nach Fastnacht 3 Wochen und Sonntagabend - Montag

Rest – *(nur Abendessen)* (Tischbestellung ratsam) Menü 24 € – Karte 23/33 €

Isolde Pfaff, Autodidaktin am Herd, kocht mit sehr guten und frischen Produkten aus der Region Leckeres wie "Lachsmaultäschle mit Dill-Sahnesauce" oder "Lammfilet mit Rotweinsößle und Kartoffelgratin" - und das in einem gemütlich-charmanten Landgasthof.

FRIDINGEN an der DONAU – Baden-Württemberg – 545 – 3 120 Ew – Höhe 626 m – Erholungsort 62 G20

Berlin 748 – Stuttgart 118 – Konstanz 70 – Freiburg im Breisgau 107

Knopfmacherfelsen ★ (<★), Ost: 3 km

In Fridingen-Bergsteig Süd-West: 2 km Richtung Mühlheim – Höhe 670 m

Landhaus Donautal mit Zim

Bergsteig 1 ✉ 78567 – ✆ (07463) 4 69 – www.landhaus-donautal.de – geschl. 13. Januar - 17. Februar und Montag, Freitag

7 Zim – †62/68 € ††90/95 € – 1 Suite **Rest** – Karte 23/47 €

Nur wenige Meter vom romantischen Donautal-Aussichtspunkt können Sie in gemütlich-rustikaler Atmosphäre bürgerlich essen - wie wär's z. B. mit dem Spargelbuffet samstagabends in der Saison? Lecker auch der hausgebackene Kuchen! Übernachten kann man in schönen wohnlichen Zimmern.

FRIEDBERG – Bayern – 546 – 28 950 Ew – Höhe 514 m 57 K19

Berlin 583 – München 75 – Augsburg 8 – Ulm (Donau) 87

Brauereigasthof St. Afra im Felde

Afrastr. 144 (St. Afra Süd: 2 km) ✉ 86316 – ✆ (0821) 6 08 91 50 – www.sankt-afra.eu

28 Zim – †58 € ††85 €

Rest – *(geschl. Sonntagabend - Montagmittag)* Karte 21/34 €

Der Familienbetrieb direkt neben der Wallfahrtskirche verfügt über geräumige Gästezimmer mit Vollholzmöbeln und Parkettboden. Die kleine Hausbrauerei ist ein Hobby des Chefs. Ein sehr schöner Biergarten ergänzt die gemütlichen Restaurantstuben.

Park Ambiente garni

Probststr. 14 ✉ 86316 – ✆ (0821) 44 82 34 97 – www.park-ambiente.de

7 Zim – †59/69 € ††79/89 €

Sehr gut schläft man bei Familie Seidl an der Romantischen Straße: private Atmosphäre, gepflegte zeitgemäße Zimmer, frisches Frühstück - und drum herum ein schöner Park. Der Chef verrät Ihnen gerne, wo man in der Gegend gut golfen kann!

FRIEDBERG (HESSEN) – Hessen – 543 – 27 970 Ew – Höhe 159 m 38 F14

Berlin 510 – Wiesbaden 61 – Frankfurt am Main 28 – Gießen 36

Am Seebach 2, ✉ 61169, ✆ (06031) 88 2 05, www.fiedberg-hessen.de

Friedberg, Am Golfplatz, ✆ (06031) 1 61 99 80

In Friedberg-Dorheim Nord-Ost: 3 km über B 455

Grossfeld Gastraum der Sinne (André Großfeld)

Erbsengasse 16 ✉ 61169 – ✆ (06031) 7 91 89 09 – www.andre-grossfeld.de – geschl. Sonntag - Montag, außer an Feiertagen

Rest – *(nur Abendessen)* (Tischbestellung ratsam) Menü 49/109 €

André Großfeld hat 2005 seinen Traum verwirklicht: ein eigenes Restaurant! Und das hat sich mit seiner schmackhaften Küche im Großraum Frankfurt schnell einen Namen gemacht. Markantes Rot, warme Holztöne, angenehmer Service... da fühlt man sich gleich wohl.

→ Tranche vom Steinbutt mit Grapefruit, grünem Spargel und Haselnuss. Lammrücken und Pflanzl mit Paprika, Tomate und Aubergine. Passionsfruchtparfait mit Mango, Himbeeren und Kokosschaum.

In Rosbach vor der Höhe **Süd-West: 7 km über B 455, in Ober-Rosbach links**

Garni garni

Homburger Str. 84 (B 455) ✉ 61191 – ✆ (06003) 9 12 20 – www.hotel-rosbach.de

22 Zim – 52/61 € 78/85 €, 4 €

Verkehrsgünstig liegt dieses neuzeitliche Hotel in direkter Nähe zur A5. Die Gästezimmer sind sehr gepflegt und funktionell ausgestattet.

Grüner Baum

Frankenstr. 24, (Zufahrt über Bäckergasse) (Nieder-Rosbach) ✉ 61191 – ✆ (06003) 70 28 – www.landgasthof-gruener-baum.de – geschl. Dienstag - Mittwoch

Rest – Menü 30 € – Karte 24/42 €

Ein traditionsreicher Familienbetrieb mit bürgerlich-internationaler Küche und beliebtem Mittagstisch. Das Ambiente: Rustikales kombiniert mit modernem warmem Rot. Kochschule.

FRIEDEWALD – Hessen – 543 – 2 480 Ew – Höhe 387 m 39 I12

Berlin 395 – Wiesbaden 179 – Kassel 87 – Fulda 58

Göbels Schlosshotel Prinz von Hessen

Schlossplatz 1 ✉ 36289 – ✆ (06674) 9 22 40 – www.goebels-schlosshotel.de Rest, Rest,

79 Zim – 101 € 170/192 € – 13 Suiten – ½ P

Rest – Menü 27/37 € – Karte 29/43 €

Ideal für Wellness, Tagung oder Festlichkeiten ist das aus einer Wasserburg a. d. 16. Jh. entstandene Hotel. Die wohnlich-modernen Zimmer und Themensuiten sind wertig ausgestattet. Das Restaurant ist unterteilt in die Prinzenstube und den lichten Schlossgarten.

Ein wichtiges Geschäftsessen oder ein Essen mit Freunden? Das Symbol ⯐ weist auf Veranstaltungsräume hin.

FRIEDLAND – Niedersachsen – siehe Göttingen

FRIEDRICHRODA – Thüringen – 544 – 7 410 Ew – Höhe 430 m – Wintersport: – Luftkurort 40 J13

Berlin 345 – Erfurt 54 – Bad Hersfeld 97 – Coburg 96

Marktstr. 13, ✉ 99894, ✆ (03623) 3 32 00, www.friedrichroda.de

Ramada Rest,

Burchardtsweg 1 ✉ 99894 – ✆ (03623) 35 20 – www.ramada-friedrichroda.de

142 Zim – 89 € 126/146 € – 12 Suiten – ½ P

Rest – Menü 26/40 € – Karte 26/45 €

Das Hotel am Kurpark bietet freundliche, neuzeitliche Gästezimmer und einen großzügigen Freizeitbereich, zu dessen Angebot auch klassische Kuren zählen. Das helle Panorama-Restaurant wird ergänzt durch eine nette Bierstube.

In Friedrichroda-Finsterbergen

Hüllrod 

Am Hüllrod 11 ✉ 99894 – ✆ (03623) 30 61 75 – www.huellrod.de – geschl. Februar 2 Wochen, Juli 1 Woche, Oktober 2 Wochen und Montag - Dienstag

Rest – Menü 28/35 € – Karte 22/48 €

In dem Haus am Waldrand direkt im Naturschutzgebiet kocht man international und thüringisch. Ein freundliches, gemütliches Restaurant mit schöner Terrasse. Freilichtbühne nebenan.

FRIEDRICHSHAFEN – Baden-Württemberg – 545 – 59 010 Ew – Höhe 400 m

63 H21

Berlin 721 – Stuttgart 167 – Konstanz 31 – Freiburg im Breisgau 161
Friedrichshafen-Löwental, Am Flugplatz 64, (07541) 28 40
Bahnhofplatz 2, ✉ 88045, (07541) 3 00 10, www.friedrichshafen.info

Veranstaltungen

24.-26. Januar: Motorradwelt Bodensee
13.-23. März: IBO - Internationale Bodensee-Messe
19.-23. März: Urlaub Freizeit Reisen
9.-12. April: AERO
1.-4. Mai: Tuning World
23.-25. Juni: Klassikwelt
10.-13. Juli: OutDoor
20.-28. September: Interboot
14.-18. Oktober: Fakuma
Messegelände: Neue Messe 1, 88046 Friedrichshafen-Allmannsweiler, (07541) 70 80

Zeppelin Museum★

Buchhorner Hof

Zim,

Friedrichstr. 33 ✉ *88045 – (07541) 20 50 – www.buchhorn.de*
97 Zim – 82/230 € 100/260 € – 1 Suite – ½ P
Rest – *(geschl. 1. - 12. Januar)* Menü 27/37 €
Dieses wohnliche Haus mit seinen geräumigen Zimmern liegt an der Hauptstraße und nahe dem See - von einigen Zimmern hat man daher einen schönen Blick! In der Lobby thront die schon fast als "Klassiker" zu bezeichnende Elchtrophäe!

Goldenes Rad (mit Gästehaus)

Karlstr. 43 ✉ *88045 – (07541) 28 50 – www.goldenes-rad.de*
77 Zim – 89/199 € 119/259 €
Rest *Goldenes Rad* – siehe Restaurantauswahl
Zentral und nur einen Steinwurf vom See entfernt finden Sie den aus drei Gebäuden bestehenden Familienbetrieb. Beeindruckend die Aussicht aus den Seaside-Zimmern - mit etwas Glück schaut man bis zu den Schweizer Alpen!

CITY KRONE

Zim, Zim, Zim,

Schanzstr. 7 ✉ *88045 – (07541) 70 50 – www.hotel-city-krone.de*
106 Zim – 79/189 € 105/205 € **Rest** – *(nur für Hausgäste)*
Das Stadthotel befindet sich mitten im Zentrum und hat neben zeitgemäßen Gästezimmern auch eine hübsche Dachterrasse im 5. Stock zu bieten. Fragen Sie nach den Maisonetten mit Seeblick!

Goldenes Rad – Hotel Goldenes Rad

Karlstr. 43 ✉ *88045 – (07541) 28 50 – www.goldenes-rad.de*
– geschl. Sonntag
Rest – Menü 19 € (mittags)/65 € – Karte 29/53 €
Dank großer Fensterfronten können Sie beim Essen teilweise den Seeblick genießen. Schön anzuschauen sind aber auch Gerichte wie "Variation von Bodenseefischen mit Bratkartoffeln und Marktgemüse" - schmackhaft und aus frischen Produkten zubereitet, der Fisch kommt natürlich aus dem See!

In Friedrichshafen-Efrizweiler

SCHLOSS der KÜNSTE

Riedheimerstr. 8 ✉ *88048 – (07544) 24 21 – www.schlossderkuenste.de*
9 Zim – 65/75 € 110 €, 10 €
Rest – *(geschl. Sonntag - Montag) (nur Abendessen)* Menü 28 € – Karte 17/28 €
Ganz alt der Rahmen, sehr modern die Einrichtung - das ergibt eine recht eigene Atmosphäre. Die Zimmer sind entsprechend individuell, Design-Elemente hier und da! Im Restaurant rückt man an großen Tischen zusammen und isst Regionales. Luftig-schön an warmen Tagen: der Innenhof.

In Friedrichshafen-Fischbach West: 5 km

Traube am See

Meersburger Str. 11 ✉ 88048 – ✆ (07541) 95 80 – www.traubeamsee.de – geschl. 20. - 28. Dezember

91 Zim – 76/180 € 104/190 € – ½ P

Rest – *(geschl. 20. - 24. Dezember)* Menü 22/50 € – Karte 26/55 €

Nahe dem See liegt dieses über die Jahre gewachsene Haus. Hier gibt es verschiedene Zimmertypen, wohnlich sind sie alle, teilweise schön geradlinig-modern. Einladend auch der große Wellnessbereich. Im Restaurant serviert man regionale Küche.

Maier

Zim,

Poststr. 1-3 ✉ 88048 – ✆ (07541) 40 40 – www.hotel-maier.de – geschl. über Weihnachten

49 Zim – 56/120 € 98/152 €

Rest – *(geschl. Freitagmittag)* Menü 10 € (mittags)/45 € – Karte 20/45 €

Der Familienbetrieb liegt an der Durchgangsstraße und bietet wohnliche, überwiegend moderne Zimmer und einen hübschen Saunabereich im OG - hier auch eine schöne Dachterrasse. Hinter dem Haus hat man noch einen netten Garten. Nicht zu vergessen das Restaurant mit regionaler und internationaler Küche.

In Friedrichshafen-Schnetzenhausen Nord-West: 4 km

Krone

Rest,

Untere Mühlbachstr. 1 ✉ 88045 – ✆ (07541) 40 80 – www.ringhotel-krone.de – geschl. 20. - 25. Dezember

132 Zim – 95/160 € 155/200 € – 3 Suiten

Rest – Menü 16/40 € – Karte 27/54 €

Der ehemalige Gasthof von 1835 ist zu einem imposanten Hotelkomplex gewachsen. Unzählige Freizeitmöglichkeiten haben Sie hier, von Luftgewehrschießen bis zur Beauty-Behandlung. Es gibt auch eine Brennerei, in der Obst von der eigenen Plantage zu Schnaps verarbeitet wird. Im Restaurant stehen verschiedene behagliche Stuben und eine nette Terrasse zur Wahl.

FRIEDRICHSHALL, BAD – Baden-Württemberg – 545 – 18 770 Ew – Höhe 167 m 55 G17

Berlin 594 – Stuttgart 62 – Heilbronn 10 – Mannheim 83

In Bad Friedrichshall-Jagstfeld

Sonne

Deutschordenstr. 16 ✉ 74177 – ✆ (07136) 9 56 10 – www.sonne-badfriedrichshall.de

19 Zim – 55/65 € 90 € – ½ P **Rest** – *(geschl. Montag)* Karte 19/48 €

Das familiär geleitete kleine Hotel verfügt über funktionell ausgestattete Gästezimmer, von denen einige etwas größer und moderner sind. Eine Terrasse mit Blick auf den Neckar ergänzt das nette ländlich-rustikale Restaurant.

FRIEDRICHSKOOG – Schleswig-Holstein – 541 – 2 460 Ew – Höhe 2 m 9 G4

Berlin 402 – Kiel 114 – Heide 41 – Cuxhaven 119

Möven-Kieker

Zim,

Strandweg 6 ✉ 25718 – ✆ (04854) 9 04 98 70 – www.moeven-kieker.de – geschl. Januar - Februar

12 Zim – 75/85 € 95/100 € – 1 Suite – ½ P

Rest – *(geschl. 6. Januar - 30. März und Donnerstag außer an Feiertagen; April: Mittwoch - Donnerstag) (nur Abendessen)* Menü 25/35 € – Karte 15/44 €

Ein kleines Hotel hinter dem Deich unter sympathisch-familiärer Leitung. Man wohnt hier in individuellen Zimmern (z. T. mit Meerblick), darunter charmante Alkovenzimmer unterm Dach. Neuzeitliches Restaurant mit Café und Terrasse.

FRIEDRICHSRUHE – Baden-Württemberg – siehe Öhringen

FRIEDRICHSTADT – Schleswig-Holstein – 541 – 2 420 Ew – Höhe 2 m 1 G3 – Luftkurort

Berlin 408 – Kiel 82 – Sylt (Westerland) 62 – Heide 25

Am Markt 9, ✉ 25840, ✆ (04881) 9 39 30, www.friedrichstadt.de

Aquarium

Am Mittelburgwall 2 ✉ 25840 – ✆ (04881) 9 30 50 – www.hotel-friedrichstadt.de
35 Zim – 85/100 € 119/143 € – 1 Suite – ½ P
Rest – Menü 24 € – Karte 28/54 €
Das familiengeführte Hotel am Mittelburggraben, nicht weit vom Marktplatz, beherbergt unterschiedlich geschnittene Zimmer mit wohnlicher Einrichtung, teils mit alten Deckenbalken. Im stilvollen Restaurant bietet man internationale Küche mit regionalem Einfluss.

FRIESENHEIM – Baden-Württemberg – 545 – 12 750 Ew – Höhe 161 m 53 D19

Berlin 759 – Stuttgart 158 – Karlsruhe 88 – Offenburg 12

In Friesenheim-Oberweier

Mühlenhof

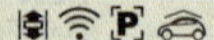

Oberweierer Hauptstr. 33 ✉ 77948 – ✆ (07821) 63 20 – www.landhotel-muehlenhof.de
32 Zim – 37/49 € 64/86 €
Rest *Mühlenhof* – siehe Restaurantauswahl
Bei Anette und Stefan Rottler gibt es nicht nur gute Küche, auch übernachten kann man schön. Alles ist gepflegt, einige Zimmer sind sehr geräumig, die meisten haben einen Balkon und das Frühstücksbuffet ist reichhaltig und appetitlich bestückt!

Mühlenhof – Hotel Mühlenhof

Oberweierer Hauptstr. 33 ✉ 77948 – ✆ (07821) 63 20 – www.landhotel-muehlenhof.de – geschl. Februar 2 Wochen, August 2 Wochen und Dienstag
Rest – Menü 28/38 € – Karte 20/39 €
Sie essen hier richtig schmackhaft und zu einem wirklich tollen Preis-Leistungs-Verhältnis - und auch auf zuvorkommenden Service braucht man nicht zu verzichten! "Forellenfilets mit Zitronen-Karpernbutter", "Zander mit Flusskrebsle" oder "Deftiger Wildschweinbraten"... das ist Regionalküche vom Feinsten!

FRITZLAR – Hessen – 543 – 14 430 Ew – Höhe 220 m 38 H12

Berlin 409 – Wiesbaden 201 – Kassel 25 – Bad Hersfeld 48
Zwischen den Krämen 5, ✉ 34560, ✆ (05622) 98 86 72, www.stadtmarketing-fritzlar.de

In Fritzlar-Ungedanken Süd-West: 8 km über B 450 und B 253 Richtung Bad Wildungen

Zum Büraberg

Bahnhofstr. 5 (B 253) ✉ 34560 – ✆ (05622) 99 80 – www.hotel-bueraberg.de
34 Zim – 60/85 € 90/120 € – ½ P
Rest – *(geschl. Sonntagabend - Montagmittag)* Menü 17/25 € – Karte 18/37 €
Ein gewachsenes Haus unter familiärer Leitung, das über solide und funktional eingerichtete, teilweise mit Balkon ausgestattete Gästezimmer verfügt. Gemütlich-rustikal ist die Gaststube.

FÜRSTENFELDBRUCK – Bayern – 546 – 34 160 Ew – Höhe 517 m 65 L20

Berlin 605 – München 35 – Augsburg 46 – Garmisch-Partenkirchen 97
ADAC Am Leonhardsplatz 4a
Rottbach, Weiherhaus 5, ✆ (08135) 9 32 90

Fürstenfelder garni

Mühlanger 5 ✉ 82256 – ✆ (08141) 88 87 55 00 – www.fuerstenfelder.com
70 Zim – 110/130 € 140/170 €
Die ruhige Lage in einer Sackgasse (drei Minuten vom Kloster Fürstenfeld) dürfte jeden freuen, ebenso das schöne schlichte Design: in den Zimmern helles Eichenholz in klaren Linien, viel Licht und moderne Farbakzente in Grün oder Violett. Schlossgastronomie unter gleicher Leitung.

Zur Post Zim,

Hauptstr. 7, (Zufahrt über Schöngeisingerstraße) ✉ 82256 – ✆ (08141) 3 14 20 – www.hotelpost-ffb.de – geschl. 22. Dezember - 7. Januar

41 Zim – †75/120 € ††85/150 €

Rest – *(geschl. Samstag, Sonntagabend)* Karte 20/44 €

Ein stattlicher Gasthof mit 390-jähriger Familientradition. Die wohnlichen Zimmer sind unterschiedlich gestaltet, darunter einige sehr schöne Biedermeierzimmer. Neben gemütlichen Restaurantstuben bietet man auch eine hübsche Terrasse im historischen Posthof.

Fürstenfelder

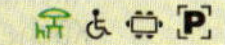

Fürstenfeld 15 ✉ 82256 – ✆ (08141) 88 87 54 10 – www.fuerstenfelder.com

Rest – Menü 25/80 € (abends) – Karte 29/37 €

Da kann das weiße Kreuzgewölbe noch so schön sein, im Sommer zieht es alle raus: auf die Terrasse oder in den SB-Biergarten! Der Blick aufs Kloster ist auch eine schöne Kulisse für Hochzeiten! Gekocht wird mit Bioprodukten aus der Region.

FÜRSTENWALDE – Brandenburg – 542 – 32 470 Ew – Höhe 43 m 23 Q8

Berlin 59 – Potsdam 88 – Frankfurt (Oder) 36

Rathausstr. 7, ✉ 15517, ✆ (03361) 76 06 00, www.fuerstenwalde-tourismus.de

Haus am Spreebogen

Altstadt 27 ✉ 15517 – ✆ (03361) 59 63 40 – www.haus-am-spreebogen.de

15 Zim – †75 € ††95/105 € **Rest** – Menü 27/29 € – Karte 27/41 €

Ein sehr gepflegtes kleines Hotel in ruhiger Lage an der Spree, in dem Sie zeitgemäß und funktional gestaltete Gästezimmer erwarten. Eine nette Terrasse und ein Biergarten zur Spree ergänzen das freundliche, mit eleganter Note eingerichtete Restaurant.

In Steinhöfel Nord-Ost: 9 km

Schloss Steinhöfel

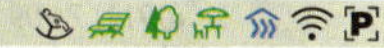

Schlossweg 4 ✉ 15518 – ✆ (033636) 27 70 – www.schloss-steinhoefel.de

30 Zim – †95/105 € ††130/190 € – ½ P

Rest – Menü 24/69 € – Karte 25/35 €

Ein klassizistisches Schloss aus dem 18. Jh. mit englischer Parkanlage. Die Zimmer sind wohnlich, sehr geschmackvoll und individuell. Elegantes Ambiente im Restaurant.

FÜRSTENZELL – Bayern – 546 – 7 720 Ew – Höhe 358 m 60 P19

Berlin 604 – München 169 – Passau 15 – Linz 92

In Fürstenzell-Altenmarkt Nord-Ost: 4,5 km über Passauer Straße, am Ortsende links

Zur Platte

Altenmarkt 10 ✉ 94081 – ✆ (08502) 2 00 – www.gasthaus-zur-platte.de – geschl. Mitte Januar - Ende Februar

12 Zim – †40/45 € ††72/75 € – ½ P

Rest – *(geschl. Montag - Dienstag, außer an Feiertagen)* Karte 15/32 €

Ein sympathischer Familienbetrieb mit freundlicher Atmosphäre. Das kleine Hotel liegt ruhig auf einer Anhöhe am Ortsrand mit Blick auf Neuburger- und Bayerischen Wald, Passau erreicht man mit dem Auto in ca. 10 Minuten.

FÜRTH – Bayern – 546 – 116 320 Ew – Höhe 295 m 50 K16

Berlin 453 – München 172 – Nürnberg 7

ADAC Theresienstr. 5

Bahnhofplatz 2, ✉ 90762, ✆ (0911) 2 39 58 70, www.fuerth.de

18 Fürth, Am Golfplatz 10, ✆ (0911) 75 75 22

Siehe Umgebungsplan Nürnberg

Neubauers Schwarzes Kreuz

Königstr. 81, (Zufahrt über Kreuzstraße) ✉ *90762 – ✆ (0911) 74 09 10 – www.neubauers-schwarzes-kreuz.de – geschl. 23. Dezember - 13. Januar und 5. - 20. August* A1**a**

22 Zim – 75 € 95 €

Rest *Neubauers Schwarzes Kreuz* – siehe Restaurantauswahl

Rest *Neubauers Stube* – *(geschl. 1. - 7. Januar und 5. - 20. August)* Karte 29/37 €

Ein schönes Bild gibt das 1668 erbaute Sandsteinhaus gegenüber dem Rathaus ab. Auch innen stimmt alles: die engagierte junge Führung, helle, funktionale Zimmer mit frischen Farbakzenten, ein ansprechender Lobby-Bar-Bereich... Wer regionale Küche mag, isst in Neubauers Stube.

Kupferpfanne

Königstr. 85 ✉ *90762 – ✆ (0911) 77 12 77 – www.ew-kupferpfanne.de – geschl. Sonntag und an Feiertagen* A1**n**

Rest – (Tischbestellung ratsam) Menü 30/68 € – Karte 46/74 €

Gastgeber Erwin Weidenhiller ist in dem gemütlichen Restaurant nahe der Fußgängerzone stets präsent und das schätzen die vielen Stammgäste aus der Region! Natürlich kommen sie auch wegen der schmackhaften klassisch-saisonalen Speisen seines langjährigen Küchenchefs!

Altes Forsthaus

Cadolzburger Str. 75 ✉ *90766 – ✆ (0911) 37 30 04 36 – www.altesforsthaus-fuerth.de – geschl. 1. - 9. Januar, Oktober 2 Wochen und Sonntagabend - Dienstagmittag* A1**c**

Rest – Menü 20 € (mittags) – Karte 31/47 €

Küchenchef Fritz Schuster kocht mit regionalem und saisonalem Bezug, nur ein Beispiel dafür sind schmackhafte geschmorte Kalbsbäckchen! Die nette Terrasse ist teilweise überdacht - da kann man auch mal bei leichtem Regen draußen sitzen!

Neubauers Schwarzes Kreuz – Hotel Neubauers Schwarzes Kreuz

Königstr. 81, (Zufahrt über Kreuzstraße) ✉ *90762 – ✆ (0911) 74 09 10 – www.neubauers-schwarzes-kreuz.de – geschl. 1. - 7. Januar, 5. - 20. August und Sonntag - Montag* A1**a**

Rest – *(nur Abendessen)* Menü 60/90 €

Als Gourmet-Variante gibt es bei Marco Neubauer zeitgemäß-saisonale Küche in Menüform, seine Frau Cornelia empfiehlt dazu internationale Weine (man hat rund 220). Wie wär's mit einem Platz auf der Terrasse im 1. Stock? Hier auch der festliche Saal.

La Palma

Karlstr. 22 ✉ *90763 – ✆ (0911) 74 75 00 – www.ristorante-lapalma.de – geschl. Montag* A1**b**

Rest – (Tischbestellung ratsam) Menü 29/55 € – Karte 24/44 €

Die Minnecis leiten ihr italienisches Restaurant schon über 30 Jahre - und dass hier viel Herzblut drinsteckt, spüren die zahlreichen (Stamm-) Gäste! Neben den beliebten Klassikern gibt es auch immer saisonale Gerichte.

In Fürth-Poppenreuth

Mercure

Laubenweg 6 ✉ *90765 – ✆ (0911) 9 76 00 – www.mercure.com* A1**m**

129 Zim – 69/99 € 79/109 €, 17 € **Rest** – Menü 20/40 € – Karte 27/39 €

Die sehr verkehrsgünstige Lage an der Autobahnausfahrt, moderne Zimmer in freundlichen Farben und gute Tagungsmöglichkeiten sprechen für diese Businessadresse. Das Restaurant ist mit Fotografien bedeutender Fürther Persönlichkeiten dekoriert. Mit Bar.

FÜSSEN – Bayern – 546 – 14 230 Ew – Höhe 808 m – Wintersport: 1 720 m 1 3 – Kneippkurort

64 J22

Berlin 659 – München 120 – Kempten (Allgäu) 44 – Landsberg am Lech 63

Kaiser-Maximilian-Platz 1 A1, ✉ 87629, ✆ (08362) 9 38 50, www.fuessen.de

Lage★ · St.-Anna-Kapelle (Totentanz★)

Schloss Neuschwanstein★★★ · Schloss Hohenschwangau★ · Deutsche Alpenstraße★★★ (über B2)

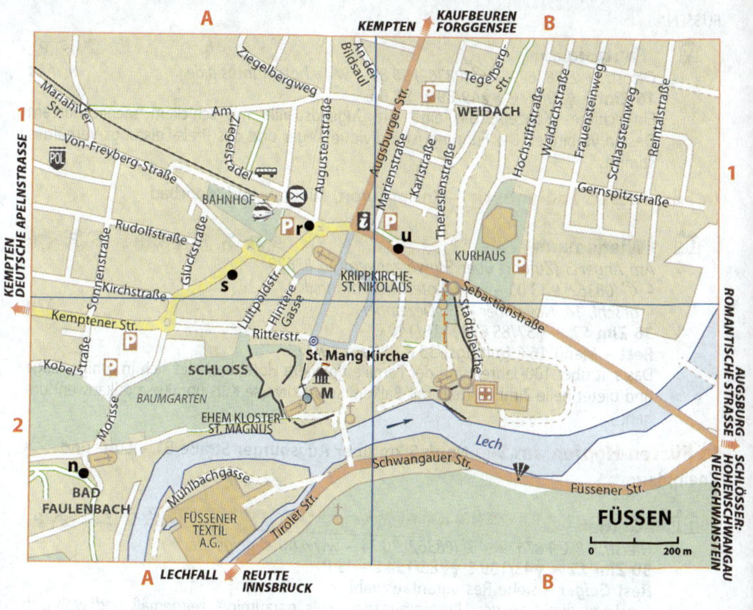

Luitpoldpark

Rest,

Bahnhofstr. 1 ✉ 87629 – ✆ (08362) 90 40 – www.luitpoldpark-hotel.de

124 Zim – 90/130 € 130/210 € – 7 Suiten – ½ P **A1r**

Rest – Menü 19/27 € – Karte 21/42 €

Ein modernes Hotel in der Innenstadt mit großzügiger Atriumhalle und hellen Zimmern mit gutem Platzangebot. Gäste nutzen den angrenzenden Fitness- und Wellnesspark kostenlos. Wiener Café und El Bandito ergänzen das Restaurant und die rustikale Stube.

Sommer

Zim, Zim,

Weidachstr. 74 (über Augsburger Straße B1) ✉ 87629 – ✆ (08362) 9 14 70 – www.hotel-sommer.de

57 Zim – 98/121 € 158/174 € – 13 Suiten – ½ P

Rest – Menü 28/56 € – Karte 20/58 €

Urlauber werden hier mit Sicherheit nicht enttäuscht: Zum einen liegt das Hotel schön nahe dem Forggensee, zum anderen hat man unzählige Freizeitmöglichkeiten vom "Vital- und Beauty-Spa" auf 1500 qm bis zum Ausflug mit dem Leihfahrrad - oder sind Sie schonmal Segway gefahren? Tipp: einige besonders hübsche Zimmer im modern-alpinen Stil.

Hirsch

Kaiser-Maximilian-Platz 7 ✉ 87629 – ✆ (08362) 9 39 80 – www.hotelfuessen.de

52 Zim – 75/120 € 120/185 € – ½ P **Rest** – Karte 21/43 € **B1u**

Das ist schon ein typisch bayerischer Gasthof: ein hübsches historisches Haus, das bereits seit 1904 in Familienhand ist und einfach regionalen Charme hat! So hat man es hier (nur wenige Schritte zur Fußgängerzone) schön behaglich, z. B. in den Themenzimmern und auch im Restaurant sowie im Bierstüberl.

Christine garni

Weidachstr. 31 (über B1) ✉ 87629 – ✆ (08362) 72 29 – www.hotel-christine-fuessen.de

13 Zim – 85 € 118/140 €

Hier spürt man die sehr persönliche Atmosphäre, und das hat gleich mehrere Gründe: Es ist ein kleines Hotel, wird schon viele Jahre familiär geführt und ist auffallend sauber und gepflegt. Nicht zu vergessen das tolle Frühstück, das sogar serviert wird! Und dazu kommt noch die ruhige Wohnlage.

Fantasia garni 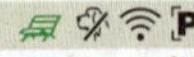

Ottostr. 1 ✉ 87629 – ✆ (08362) 90 80 – www.hotel-fantasia.de A1s

16 Zim – 39/69 € 49/89 €, 8 €

Ein schönes Konzept, das eine alte Jugendstilvilla mit schickem sachlich-klarem Design verbindet. Die Führung ist individuell-leger und das Preis-Leistungs-Verhältnis stimmt.

In Füssen-Bad Faulenbach – Kneippkurort, Mineral- und Moorbad

Wiedemann Rest,

Am Anger 3 (Zufahrt über Schwärzerweg) ✉ 87629 – ✆ (08362) 9 13 00 – www.hotel-wiedemann.de – geschl. 14. November - 19. Dezember A2n

36 Zim – 57/85 € 118/140 € – ½ P

Rest – Menü 16 € (mittags)/35 € – Karte 19/42 €

Das seit über 100 Jahren von der Familie geleitete Hotel befindet sich in ruhiger Lage und bietet helle Zimmer (teils mit Balkon) sowie diverse Kur- und Kosmetikanwendungen.

In Füssen-Hopfen am See Nord: 5 km über Augsburger Straße B1 – Luft- und Kneippkurort

Geiger 

Uferstr. 18 ✉ 87629 – ✆ (08362) 70 74 – www.hotel-geiger.de

30 Zim – 43/109 € 86/154 € – ½ P

Rest *Geiger* – siehe Restaurantauswahl

Die Lage direkt an der Uferpromenade sowie geräumige, zeitgemäß und wohnlich eingerichtete Zimmer machen das gut geführte Hotel aus. Sehr schön ist der Blick auf die Alpen.

Geiger – Hotel Geiger

Uferstr. 18 ✉ 87629 – ✆ (08362) 70 74 – www.hotel-geiger.de

Rest – Karte 21/43 €

In den gemütlichen Stuben und im Wintergarten (toll der Blick zum See!) lässt man sich eine solide und frische bürgerlich-regionale Küche schmecken - in der Saison sind auch die Wildgerichte beliebt.

FÜSSING, BAD – Bayern – 546 – 6 900 Ew – Höhe 320 m – Heilbad 60 P19

Berlin 636 – München 147 – Passau 31 – Salzburg 110

Rathausstr. 8, ✉ 94072, ✆ (08531) 97 55 80, www.badfuessing.de

Bad Füssing-Kirchham, Tierham 3, ✆ (08537) 9 19 90

Holzapfel Hotels 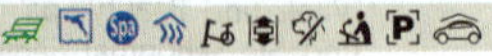

Thermalbadstr. 4 ✉ 94072 – ✆ (08531) 95 70 – www.hotel-holzapfel.de – geschl. 23. November - 22. Dezember

111 Zim – 83/100 € 158/236 € – 12 Suiten – ½ P

Rest *Holzapfel's Restaurant* – siehe Restaurantauswahl

Vor allem mit ihrem Neubau hat Familie Holzapfel voll ins Schwarze getroffen: Alchemia Medica Spa und Zen Spa sowie topmoderne Zimmer! Wer es klassischer und gediegener mag, wohnt am besten im Stammhaus. "Therme I" - über einen Bademantelgang zu erreichen - ist für Hausgäste kostenfrei.

Parkhotel 

Waldstr. 16 ✉ 94072 – ✆ (08531) 92 80 – www.parkhotel.stopp.de – geschl. 20. - 26. Dezember, 6. Januar - 15. Februar

97 Zim – 83/104 € 162/228 € – 2 Suiten – ½ P

Rest – Menü 11/30 € – Karte 20/48 €

Ruhig liegt die gewachsene Hotelanlage im Grünen und doch zentrumsnah. Der Hallenbereich und die wohnlichen Gästezimmer sind im klassischen Stil gehalten. Restaurant mit traditioneller und italienischer Küche.

Am Mühlbach

Bachstr.15 (Safferstetten, Süd: 1 km) ✉ 94072 – ✆ (08531) 27 80 – www.muehlbach.de – geschl. 13. - 20. Juli

56 Zim – 98/118 € 170/232 € – 5 Suiten – ½ P

Rest – Menü 20 € (mittags)/35 € – Karte 18/56 €

Eine gemütliche familiäre Adresse mit freundlichem Service ist das gewachsene Kurhotel am namengebenden Mühlbach. Spabereich mit Arztpraxis und Wellnesssuiten. Kleine Kapelle. Charmant-rustikal: das Restaurant Kirchawirt.

Holzapfel's Restaurant – Hotel Holzapfel

Thermalbadstr. 4 ✉ 94072 – ✆ (08531) 95 70 – www.hotel-holzapfel.de – geschl. 23. November - 22. Dezember

Rest – Menü 39/76 € – Karte 24/62 €

Wie möchten Sie speisen? Rustikal-klassisch in der Schwarzwaldstube, etwas mediterraner im Wintergarten oder "open air"? Gekocht wird schmackhaft-international, aber doch mit regionalem Einfluss - vom "Spanferkel in Malzbiersauce" bis "Loup der Mer auf Spargelrisotto".

FULDA – Hessen – 543 – 64 250 Ew – Höhe 257 m

39 H13

Berlin 448 – Wiesbaden 141 – Frankfurt am Main 99 – Gießen 109

ADAC Karlstr. 19 A2

Bonifatiusplatz 1 A1, ✉ 36037, ✆ (0661) 1 02 18 13, www.tourismus-fulda.de

Hofbieber, Am Golfplatz, ✆ (06657) 13 34

Stadtplan auf der nächsten Seite

ESPERANTO

Rest,

Esperantoplatz ✉ 36037 – ✆ (0661) 24 29 10 – www.hotel-esperanto.de

321 Zim – 99/138 € 124/188 € – 6 Suiten – ½ P B1**a**

Rest – Karte 19/36 €

Das besonders auf Tagungen und Businessgäste zugeschnittene Hotel gegenüber dem Bahnhof bietet einen komfortablen Rahmen, moderne Zimmer und einen attraktiven Freizeitbereich. Internationales in verschiedenen Restaurants: von Tapas bis zum Grillspieß.

Maritim Hotel Am Schlossgarten

Pauluspromenade 2 ✉ 36037 – ✆ (0661) 28 20 – www.maritim.de A1**c**

111 Zim – 116/202 € 143/229 € – 1 Suite **Rest** – Karte 23/49 €

Eine große Atriumlobby und moderne Zimmer erwarten Sie in dem Hotel direkt am Schlossgarten. Sehenswert sind die festlichen Säle in der historischen Orangerie. Restaurant in einem Gewölbekeller aus dem 17. Jh.

Goldener Karpfen

Simpliziusbrunnen 1 ✉ 36037 – ✆ (0661) 8 68 00 – www.hotel-goldener-karpfen.de

50 Zim – 95/165 € 135/265 € – 5 Suiten – ½ P A2**f**

Rest *Goldener Karpfen* – siehe Restaurantauswahl

Das Stadthaus im Zentrum beherbergt hinter seiner über 300 Jahre alten Fassade eine schön dekorierte Lobby mit Kamin sowie wohnliche Zimmer von stilvoll-gediegen bis chic-modern.

Zum Ritter

Kanalstr. 18 ✉ 36037 – ✆ (0661) 25 08 00 – www.hotel-ritter.de A1**a**

33 Zim – 89/115 € 120/141 € – ½ P

Rest – Menü 21/45 € – Karte 17/39 €

Das Hotel in der Innenstadt blickt auf eine 150-jährige Tradition zurück. Eine sehr gepflegte Adresse mit neuzeitlich eingerichteten Gästezimmern. Holzvertäfelung und historische Deckengemälde bestimmen das Ambiente im Restaurant.

Peterchens Mondfahrt garni

Rabanusstr. 7 ✉ 36037 – ✆ (0661) 90 23 50 – www.hotel-peterchens-mondfahrt.de

50 Zim – 64/80 € 92/102 € A1**f**

Das Hotel bietet u. a. Allergiker- und Familienzimmer, auch Zimmer mit Küchenzeile vorhanden. Nach hinten liegen die Zimmer ruhiger. Rezeption und Frühstücksraum im 4. Stock.

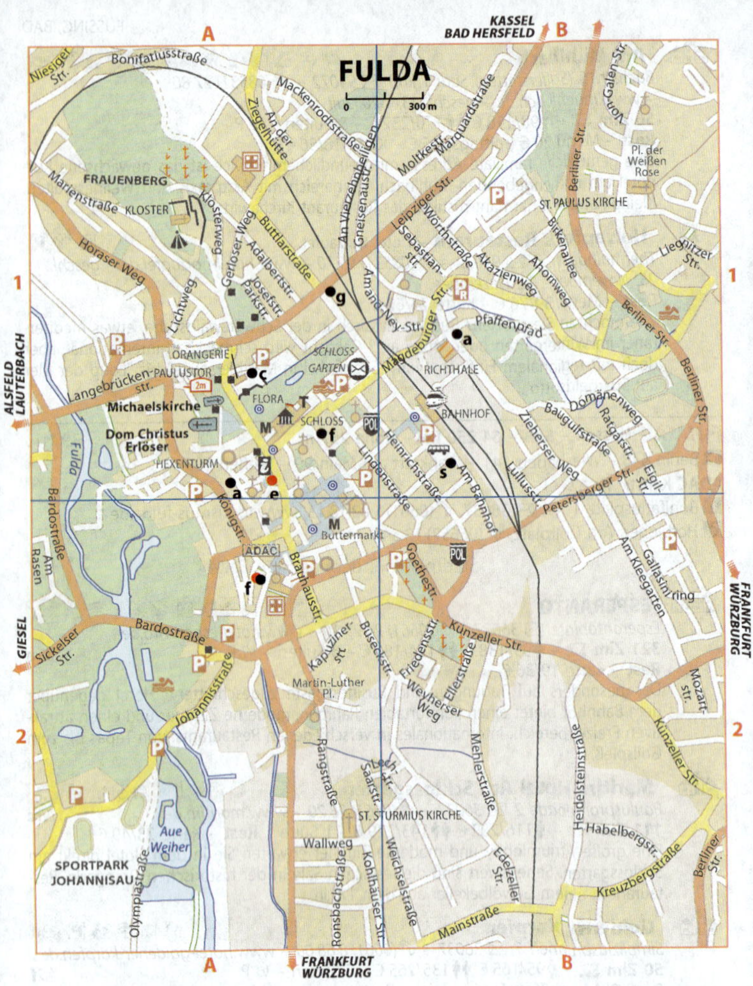

Ibis garni

Kurfürstenstr. 3 ✉ *36037 – ✆ (0661) 25 05 60 – www.ibishotel.com* **A1g**

75 Zim – †59/79 € ††69/89 €, ☕ 10 €

Nicht weit vom Zentrum liegt das Hotel mit neuzeitlichen, sachlich-funktionellen Gästezimmern und angenehm hellem, zur Halle hin offenem Frühstücksraum.

CityHotel Hessischer Hof garni

Nikolausstr. 22 ✉ *36037 – ✆ (0661) 7 80 11 – www.hessischerhof.de* **B1s**

26 Zim – †60/75 € ††75/100 €, ☕ 8 € – 1 Suite

Die zentrale Lage am Bahnhof sowie freundlich und funktionell gestaltete, teils recht großzügige Gästezimmer machen dieses gepflegte Hotel aus.

Dachsbau

Pfandhausstr. 8 ✉ *36037 – ✆ (0661) 7 41 12 – www.dachsbau-fulda.de – geschl. Montag - Dienstag* **A1e**

Rest – Menü 21/55 € – Karte 29/53 €

Hinter einer hübsch bemalten Fassade in einer Häuserreihe in der Altstadt bietet man liebenswertes Ambiente, gute Küche und aufmerksamen Service durch den Chef.

Goldener Karpfen – Hotel Goldener Karpfen
Simpliziusbrunnen 1 ✉ 36037 – ✆ (0661) 8 68 00 – www.hotel-goldener-karpfen.de
Rest – Menü 22 € (mittags)/65 € – Karte 28/60 € A2f
In gemütlicher und eleganter Atmosphäre werden die Gäste von einem freundlichen Team umsorgt, das schmackhafte saisonal-internationale Speisen serviert. Probieren sollte man Klassiker wie die Hummerbisque oder die typische Rhönforelle.

GÄRTRINGEN – Baden-Württemberg – 545 – 12 250 Ew – Höhe 476 m 55 G19

Berlin 657 – Stuttgart 31 – Freudenstadt 59 – Karlsruhe 88

Bären garni
Daimlerstr. 11 ✉ 71116 – ✆ (07034) 27 60 – www.hotel-baeren-gaertringen.de – geschl. 23. Dezember - 8. Januar
28 Zim – 58/78 € 88/102 €
Freundlichkeit, Sauberkeit und familiäre Führung... das spricht für sich! Zudem ist das Hotel in dem kleinen Gewerbegebiet von der A81 gut erreichbar und die S-Bahn nur wenige Gehminuten enfernt. Im Zimmer gibt's eine Flasche Wasser gratis.

GAIENHOFEN – Baden-Württemberg – 545 – 3 230 Ew – Höhe 425 m – Kurort 63 G21

Berlin 757 – Stuttgart 175 – Konstanz 33 – Singen (Hohentwiel) 23
Im Kohlgarten 1, ✉ 78343, ✆ (07735) 8 18 23, www.gaienhofen.de

In Gaienhofen-Hemmenhofen – Erholungsort

Höri am Bodensee
Uferstr. 20 ✉ 78343 – ✆ (07735) 81 10 – www.hoeri-am-bodensee.de
80 Zim – 85/150 € 120/232 € – ½ P
Rest *Seensucht* – siehe Restaurantauswahl
Reizvoll liegt das Hotel am Seeufer mit Bootsanleger, schöner Liegewiese und Strandzugang. Die Zimmer sind recht unterschiedlich in der Größe, alle zeitgemäß und wohnlich, meist mit Balkon.

Kellhof
Hauptstr. 318 ✉ 78343 – ✆ (07735) 20 35 – www.kellhof.de – geschl. November - März
14 Zim – 75/80 € 90/130 € – ½ P **Rest** – Menü 24/28 € – Karte 26/32 €
Das Fachwerkhaus liegt etwas oberhalb des Sees, ist tipptopp gepflegt (freundlich und wohnlich die Zimmer) und wird engagiert geführt - der Chef kocht übrigens auch selbst, nämlich saisonal-bürgerlich.

Seensucht – Hotel Höri am Bodensee
Uferstr. 20 ✉ 78343 – ✆ (07735) 81 10 – www.hoeri-am-bodensee.de
Rest – Menü 28/58 € – Karte 30/50 €
Die Terrasse ist wohl der idyllischte Ort zum Speisen und Verweilen! Und wenn das Wetter mal nicht mitspielt, schauen Sie vom Restaurant (schön ganz in Weiß) durch die großen Panoramfenster auf den See!

In Gaienhofen-Horn

Gasthaus Hirschen (mit Gästehäusern)
Kirchgasse 1 ✉ 78343 – ✆ (07735) 9 33 80 – www.hotelhirschen-bodensee.de – geschl. 8. - 31. Januar
35 Zim – 58/198 € 102/200 € – 5 Suiten – ½ P
Rest – Menü 24 € – Karte 24/56 €
Familie Amann hat hier nicht nur einen traditionsreichen Gasthof, sondern auch ein modernes Hotel: Besonders schön sind die Landhaussuiten in der Villa Maria sowie die Superior-Zimmer und Panoramasuiten im Neubau! Dazu kommen der hübsche Garten, das gemütlich-ländliche Restaurant und die charmante Terrasse.

GAILDORF – Baden-Württemberg – 545 – 12 290 Ew – Höhe 329 m 56 H18

Berlin 557 – Stuttgart 69 – Aalen 43 – Schwäbisch Gmünd 29

In Gaildorf-Unterrot Süd: 3 km über B 298

Kocherbähnle
Schönberger Str. 8 ✉ 74405 – ✆ (07971) 26 09 50 – www.kocherbaehnle.de – geschl. August 3 Wochen
16 Zim – 48/58 € 76/86 €
Rest – *(geschl. Sonntagabend - Montag)* Menü 18/30 € – Karte 21/41 €
Wiltrud und Ulrich Oesterle bieten in ihrem "Kocherbähnle" - einst Bahnhofsgaststätte an der früheren Kochertal-Bahnstrecke - nicht nur wohnliche Zimmer, sondern auch frische Küche. In den beiden gemütlich-rustikalen Restauranträumen gibt's was richtig Schwäbisches als Spezialität: hausgemachte Maultaschen!

GANDERKESEE – Niedersachsen – 541 – 30 930 Ew – Höhe 27 m – Erholungsort 17 F6

Berlin 409 – Hannover 140 – Bremen 22 – Oldenburg 31

In Ganderkesee-Stenum Nord: 6 km, jenseits der A 28

Backenköhler (mit Gästehaus)
Dorfring 40 ✉ 27777 – ✆ (04223) 7 30 – www.hotel-backenkoehler.de
48 Zim – 66/82 € 101/118 € – 2 Suiten – ½ P
Rest – *(Montag - Donnerstag nur Abendessen)* Karte 21/44 €
Sie wohnen im Gästehaus des reetgedeckten Landhauses. Wohltuende warme Töne in den Zimmern und im Kosmetikbereich. Aufwändig die Wellness-Juniorsuite, zudem Romantik-Juniorsuite und -Suite. Biergarten und Terrasse ergänzen das Restaurant.

GANGELT – Nordrhein-Westfalen – 543 – 11 710 Ew – Höhe 72 m 35 A12

Berlin 634 – Düsseldorf 76 – Köln 92 – Mönchengladbach 55

Mercator Rest,
Burgstr. 6 ✉ 52538 – ✆ (02454) 9 35 50 – www.mercator-hotel.de
16 Zim – 95/109 € 159/189 € – 2 Suiten
Rest – *(geschl. Montag)* Menü 35/65 € – Karte 30/45 €
Das Gebäude der einstigen Volksschule von 1908 wurde um einen Anbau erweitert und ist heute ein kleines Hotel mit zeitgemäßen, wohnlich-eleganten Zimmern und reizvollem Spabereich. Angenehm licht ist das Wintergartenrestaurant mit Bar und schöner Terrasse.

GARBSEN – Niedersachsen – 541 – 61 660 Ew – Höhe 54 m 18 H8

Berlin 304 – Hannover 17

In Garbsen-Berenbostel

Landhaus am See (mit Gästehaus)
Seeweg 27 ✉ 30827 – ✆ (05131) 4 68 60 – www.landhausamsee.de
45 Zim – 80/125 € 105/130 €
Rest *Landhaus am See* – siehe Restaurantauswahl
Wie gemalt liegt die Villa auf einem herrlichen Gartengrundstück am See. Die im Landhausstil gehaltenen Zimmer, teilweise mit Balkon, sind modern und elegant - auch Maisonetten.

Landhaus am See – Hotel Landhaus am See
Seeweg 27 ✉ 30827 – ✆ (05131) 4 68 60 – www.landhausamsee.de – geschl. Sonntag sowie an Feiertagen
Rest – Menü 27 € (mittags)/75 € – Karte 40/58 €
Wenn das Wetter es zulässt, sollten Sie unbedingt auf der Terrasse den Blick in den Garten und auf den See genießen! Schön ist auch der Biergarten am Haus. Es wird frisch gekocht - mittags kann man preiswerter, aber ebenso schmackhaft essen.

In Garbsen-Frielingen

Bullerdieck (mit Gästehaus) 

Bgm.-Wehrmann-Str. 21 ✉ 30826 – ✆ (05131) 45 80 – www.bullerdieck.de
45 Zim – 55/99 € 75/119 € – 3 Suiten – ½ P
Rest – Menü 22 € (mittags)/40 € – Karte 19/45 €
Bei der 4. Generation der Familie Bullerdieck erwarten Sie unterschiedliche, teilweise besonders geräumige Zimmer. Das Haus wird auch gerne für Tagungen und Veranstaltungen genutzt. Bürgerliche Küche und monatlich wechselndes "Jahreszeitenmenü" im Restaurant. Biergarten.

GARMISCH-PARTENKIRCHEN – Bayern – 546 – 26 180 Ew – Höhe 708 m – Wintersport: 2 962 m 9 24 – Heilklimatischer Kurort

65 K22

Berlin 675 – München 89 – Augsburg 117 – Innsbruck 60
Richard-Strauss-Platz 2 A1, ✉ 82467, ✆ (08821) 18 07 00, www.gapa.de
Werdenfels, Schwaigwang 3, ✆ (08821) 94 56 70
Oberau, Gut Buchwies, ✆ (08824) 83 44
Lage★★ · St.-Anton-Anlagen (★)B1 · St.-Martin Alte Kirche★A1
Wank★★, Ost: 2 km und · Partnachklamm★★, 25 min zu Fuß ab Skistadion · Zugspitze★★★ (Zugspitzgipfel★★★ · ★★★), mit Zahnradbahn (Fahrzeit 75 min) oder mit ab Eibsee (Fahrzeit 10 min) · Schloss Linderhof★★ (Park★★), Nord: 27 km

Stadtplan auf der nächsten Seite

Reindl's Partenkirchner Hof 

Bahnhofstr. 15 ✉ 82467 – ✆ (08821) 94 38 70 – www.reindls.de – geschl. November
52 Zim – 95/180 € 130/200 € – 10 Suiten – ½ P B2**r**
Rest ***Reindl's Restaurant*** – siehe Restaurantauswahl
Gleich zwei Generationen kümmern sich in dem gewachsenen Hotel um den Gast. Ein schönes Haus: wohnliche Zimmer (einige sehr hübsch mit rustikaler Täferung!), moderner Saunabereich, herrlicher Blick aufs Wettersteingebirge... Eine einfachere Alternative zu Reindl's Restaurant ist die Brasserie.

Staudacherhof Rest,

Höllentalstr. 48 ✉ 82467 – ✆ (08821) 92 90 – www.staudacherhof.de A2**v**
39 Zim – 120/240 € 130/280 € – 2 Suiten – ½ P
Rest – *(nur Abendessen)* Menü 42 € – Karte 30/85 €
Schon der herzliche Empfang gibt einem das Gefühl, hier gut aufgehoben zu sein. Dieser Eindruck bestätigt sich auf überaus angenehme Weise in den liebenswert dekorierten Zimmern (Kaffeemaschine, Obst, Minibar gratis), am reichhaltigen und frischen Frühstücksbuffet und im tollen "Alpinum Spa". HP inklusive.

Rheinischer Hof (mit Gästehaus) Rest,

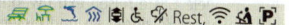

Zugspitzstr. 76 (über A2, Richtung Grainau) ✉ 82467 – ✆ (08821) 91 20 – www.rheinischerhof-garmisch.de
35 Zim – 69/120 € 98/145 € – 4 Suiten – ½ P
Rest – *(nur Abendessen)* Menü 14/26 € – Karte 23/30 €
Seit vielen Jahren führt die Inhaberfamilie dieses wohnliche Ferienhotel und verbessert immer wieder! Viele der Zimmer (teils im Haus Windrose vis-à-vis) haben Südbalkone, hier hat man's schön sonnig. Buchen Sie doch mal eine Massage oder Kosmetikanwendung im Haus!

Zugspitze Zim,

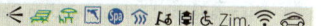

Klammstr. 19 ✉ 82467 – ✆ (08821) 90 10 – www.hotel-zugspitze.de A2**z**
44 Zim – 101/175 € 196/350 € – 4 Suiten – ½ P
Rest ***Zugspitze*** – *(nur Abendessen)* Menü 25/99 € – Karte 30/51 €
Ein wohnliches Urlaubshotel mit alpenländischem Charme. Zimmer meist mit Balkon und Bergblick, in der Lobby iPad, Internetterminal und Kaminraum, im Restaurant internationale und regionale Küche, "Zugspitz Stad'l" als Bar und Café. Außerdem: Spa vom Heustadel bis zur Taiji-Schule.

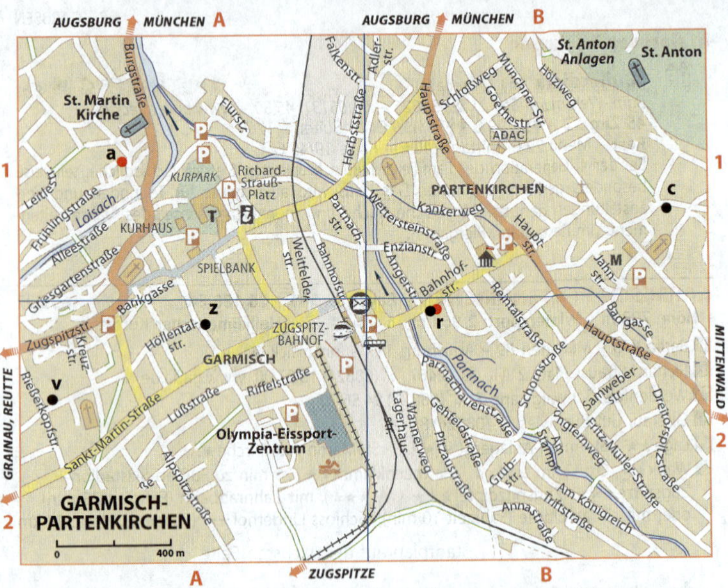

Hotel-Gasthof Schatten

Sonnenbergstr. 10 ✉ 82467 – ✆ (08821) 9 43 08 90 – www.hotel-schatten.de
– geschl. November B1**c**

22 Zim – 🚹70/85 € 🚹🚹90/120 € – ½ P

Rest – *(geschl. Mittwoch)* Karte 11/31 €

Wie behaglich Familie Baudrexl hier bayerischen Charme mit zeitgemäßem Komfort verbindet, spüren Sie in freundlichen Zimmern, die meist nach Süden liegen und einen schönen Bergblick bieten - besonders geräumig die beiden Juniorsuiten unterm Dach. Passend zum Charakter des Hauses: das gemütlich-rustikale Restaurant und der nette Biergarten.

Reindl's Restaurant – Hotel Reindl's Partenkirchner Hof

Bahnhofstr. 15 ✉ 82467 – ✆ (08821) 94 38 70 – www.reindls.de
– geschl. November B2**r**

Rest – Menü 25/30 € – Karte 25/48 €

Viele Gäste reisen extra wegen der Klassiker von Gastgeberin und Küchenchefin Marianne Holzinger an und lassen sich dann Salat vom ganzen Hummer, gebeizten Wildlachs oder das Lammcarrée schmecken! Ein Muss zum Dessert: Crêpes Suzette - sie werden für Sie am Tisch flambiert!

Husar

Fürstenstr. 25 ✉ 82467 – ✆ (08821) 9 67 79 22 – www.restauranthusar.de
– geschl. Juni und Montag A1**a**

Rest – *(nur Abendessen, sonntags auch Mittagessen)* (Tischbestellung ratsam) Karte 33/68 €

Es gibt so einiges, was das Haus besonders macht: angefangen bei der sehenswerten Fassade mit Lüftlmalerei (dem Denkmalschutz sei Dank!) über das charmante Interieur bis zu dem herzlichen Betreiberpaar! Verena Merget kocht (z. B. Fischsuppe nach Art des Hauses oder gesottener Tafelspitz), Christian Pietrzak kümmert sich am Tisch um Sie.

GARREL – Niedersachsen – 541 – 13 410 Ew – Höhe 20 m 17 E7

Berlin 449 – Hannover 190 – Bremen 73 – Lingen 80

Thülsfelder Talsperre, Mühlenweg 9, ✆ (04474) 79 95

Auehof

Nikolausdorfer Str. 21 (Nord-Ost: 1,5 km) ✉ 49681 – ✆ (04474) 9 48 40 – *www.der-auehof.de*

19 Zim ☕ – 🚹53/63 € 🚹🚹85/95 € – 1 Suite – ½ P

Rest – *(nur Abendessen, sonntags auch Mittagessen)* Menü 19 € (mittags)/50 € – Karte 19/39 €

Das kleine Hotel befindet sich etwas außerhalb des Ortes und verfügt über freundliche Zimmer zu einem guten Preis-Leistungs-Verhältnis, W-Lan ist kostenfrei. Im Restaurant serviert man eine moderne bürgerlich-regionale Küche.

Zur Post (mit Gästehaus)

Hauptstr. 34 ✉ 49681 – ✆ (04474) 80 00 – *www.hotelpost-garrel.de*

30 Zim ☕ – 🚹60/79 € 🚹🚹90/110 €

Rest – *(nur Abendessen)* Menü 25 € – Karte 24/48 €

Der Inhaber bietet in seinem Hotel in der Ortsmitte hell, wohnlich und neuzeitlich gestaltete Zimmer, im Gästehaus sind sie großzügiger geschnitten. W-Lan gratis. Frisch ist auch das Ambiente in Frühstücksraum und Restaurant, ergänzt durch die Poststube.

GAU-BISCHOFSHEIM – Rheinland-Pfalz – 543 – 1 860 Ew – Höhe 133 m

47 E15

Berlin 594 – Mainz 13 – Neustadt an der Weinstraße 89 – Frankfurt am Main 49

Weingut Nack

Pfarrstr. 13 ✉ 55296 – ✆ (06135) 30 43 – *www.restaurant-nack.de – geschl. Montag - Dienstag*

Rest – Menü 25/58 € – Karte 26/50 €

In dem historischen Weingut bietet man die Menüs "Classic" oder "Selection" sowie internationale Gerichte. Serviert wird im eleganten Tonnengewölbe und in der Weinstube mit rustikaler Note.

GEDERN – Hessen – 543 – 7 480 Ew – Höhe 315 m

38 G14

Berlin 505 – Wiesbaden 100 – Darmstadt 99 – Gießen 59

Schlosshotel

Schlossberg 5 ✉ 63688 – ✆ (06045) 9 61 50 – *www.schlosshotel-gedern.de*

12 Zim ☕ – 🚹54/69 € 🚹🚹84/109 € – ½ P

Rest – *(nur Abendessen)* Menü 30/49 € – Karte 34/50 €

In dem hübschen Schloss a. d. 13. Jh. wohnen die Gäste in gepflegten, behaglich eingerichteten Zimmern mit Parkettboden und Altbau-Flair. Das Restaurant: Eleonore- und Ritterstube sowie das "Gefängnis". Bemerkenswert sind der Wappen- und der Gartensaal.

GEESTHACHT – Schleswig-Holstein – 541 – 29 490 Ew – Höhe 27 m

10 J5

Berlin 265 – Kiel 118 – Hamburg 30 – Hannover 167

18 Escheburg, Am Soll 3, ✆ (04152) 8 32 04

Lindenhof

Johannes-Ritter-Str. 38 ✉ 21502 – ✆ (04152) 8 46 70 – *www.lindenhof-geesthacht.de*

25 Zim ☕ – 🚹42/68 € 🚹🚹68/82 € – ½ P

Rest – *(geschl. Sonntag sowie an Feiertagen) (nur Abendessen)* Karte 18/26 €

Gemütlich und charmant hat man diesen Familienbetrieb eingerichtet. Kein Zimmer gleicht hier dem anderen, viele sind Themenzimmer, wie z. B. Frosch oder Werft. Das liebenswert maritim gestaltete Restaurant Brasserie bietet internationale und regionale Speisen.

GEHRDEN – Niedersachsen – 541 – 14 610 Ew – Höhe 76 m
18 H9

Berlin 300 – Hannover 14 – Bielefeld 96 – Osnabrück 125

Berggasthaus Niedersachsen

Köthnerberg 4 (über Gartenstraße, Süd-West: 1 km) ✉ *30989 – ✆ (05108) 31 01 – www.berggasthaus-niedersachsen.de – geschl. Montag - Dienstag, außer an Feiertagen*

Rest – *(Mittwoch - Freitag nur Abendessen)* (Tischbestellung ratsam) Karte 31/72 €

Viele Stammgäste besuchen diese historische Adresse auf dem Gehrdener Berg und lassen sich in der ehemaligen Stuhlremise saisonale Speisen servieren. Herrliche Terrasse zum Park.

GEILENKIRCHEN – Nordrhein-Westfalen – 543 – 28 340 Ew – Höhe 80 m
35 A12

Berlin 622 – Düsseldorf 69 – Aachen 38 – Mönchengladbach 40

City Hotel garni

Theodor-Heuss-Ring 15 ✉ *52511 – ✆ (02451) 62 70 – www.cityhotel-geilenkirchen.de*

48 Zim – †68/73 € ††87 €, ☕ 9 €

Das Hotel ist einfach praktisch: Es liegt zentral, hat funktionelle Zimmer und Appartements mit kleiner Küche sowie eine Internetstation in der Lobby, und für einen Snack zwischendurch gibt's ein Bistro im Haus. Tipp: kostenloses Parkhaus ca. 100 m entfernt.

GEISELWIND – Bayern – 546 – 2 390 Ew – Höhe 345 m
49 J16

Berlin 458 – München 237 – Nürnberg 70 – Bamberg 55

Geiselwind, Friedrichstr. 10, ✆ (09556) 14 84

Landhotel Geiselwind

Zim,

Friedrichstr. 10 ✉ *96160 – ✆ (09556) 9 22 50 – www.landhotel-geiselwind.de*

52 Zim ☕ – †49/105 € ††89/150 € – ½ P

Rest – Menü 20/35 € – Karte 18/37 €

Das Businesshotel liegt nur wenige Minuten von der Autobahn entfernt, aber dennoch relativ ruhig neben einem Golfplatz. Die Zimmer sind funktionell ausgestattet, meist mit Wohnecke. Bürgerliches Angebot im Restaurant mit Bistro.

Krone

Kirchplatz 2 ✉ *96160 – ✆ (09556) 92 38 00 – www.krone-hotel.net*

25 Zim ☕ – †45/60 € ††58/80 € – ½ P

Rest – *(Montag - Freitag nur Abendessen)* Karte 13/27 €

In dem gewachsenen Gasthof unter familiärer Leitung stehen hell und zeitgemäß eingerichtete Zimmer bereit, einige mit Balkon. Einfachere Zimmer in einem Gästehaus nicht weit vom Hotel. Gaststube mit bürgerlichem Speisenangebot.

GEISENHEIM – Hessen – 543 – 11 560 Ew – Höhe 88 m
47 E15

Berlin 590 – Wiesbaden 28 – Bad Kreuznach 68 – Koblenz 68

Beim Kloster Marienthal Nord: 4 km

Waldhotel Rheingau

Marienthaler Str. 20 ✉ *65366 Geisenheim – ✆ (06722) 9 96 00 – www.waldhotel-rheingau.de*

60 Zim ☕ – †88/98 € ††120/155 € – ½ P

Rest – Menü 25 € (abends)/35 € – Karte 21/31 €

Franziskaner-, Chorherren-, Bischof-, Kardinal-Zimmer... hier genießt man die Ruhe der klösterlichen Nachbarschaft! Der traditionsreiche Familienbetrieb (5. Generation) hat auch Massage- und Beauty-Anwendungen zu bieten und ist zudem für Tagungen ideal. Bei dieser schönen Lage lockt natürlich die (überdachte) Restaurantterrasse zum Tal!

In Geisenheim-Johannisberg **Nord: 4,5 km in Richtung Presberg**

Burg Schwarzenstein
Rosengasse 32 ✉ 65366 – ✆ (06722) 9 95 00 – www.burg-schwarzenstein.de – geschl. 1. - 12. Januar
36 Zim – 🛉110/300 € 🛉🛉160/390 €, ☕ 25 € – 2 Suiten
Rest *Gourmetrestaurant Schwarzenstein* ❀ **Rest *Burgrestaurant*** – siehe Restaurantauswahl
Die wunderschöne Lage über dem Rheingau in den Weinbergen, hochwertiges modern-elegantes Interieur in ruhigen Tönen, das engagierte Team um Familie Teigelkamp... so wohnt man in der Parkresidenz. Und haben Sie schon den tollen Mammutbaum im Park gesehen?

Haus Neugebauer
Haus Neugebauer 1 (Nahe der Straße nach Presberg, Nord-West: 2,5 km) ✉ 65366 – ✆ (06722) 9 60 50 – www.hotel-neugebauer.de – geschl. Januar - Februar
20 Zim ☕ – 🛉68/90 € 🛉🛉105/124 € – ½ P
Rest – *(geschl. November - März: Montag - Dienstag)* Menü 20/80 € – Karte 20/60 €
Ein hübsches Bild ist das einstige Schulhaus von 1850 mit seiner schmucken Natursteinfassade. Nicht minder reizvoll sind die ruhige Lage im Wald und der Blick ins Grüne, den man auf der Restaurantterrasse besonders gut genießen kann. Treue Stammgäste buchen immer wieder gerne Zimmer Nr. 2 oder Nr. 27 - schön sind aber auch die Zimmer nach Süden!

Gourmetrestaurant Schwarzenstein
❀
Rosengasse 32 ✉ 65366 – ✆ (06722) 9 95 00 – www.burg-schwarzenstein.de – geschl. 1. - 21. Januar und Montag - Dienstag
Rest – *(nur Abendessen, sonntags auch Mittagessen)*
Menü 95 € (mittags)/135 € ❀
Hier ist frischer Wind in die Küche eingezogen: Dirk Schröer kocht sehr ausdrucksstark, seine Gerichte sind spannend... interessante Kreationen, die Sie in ihren Bann ziehen werden! Dazu empfiehlt der versierte Service den passenden Tropfen aus der umfangreichen Weinauswahl. Und weil man bei dieser 1A-Aussicht im Freien einfach am schönsten sitzt, lässt sich die Rundumverglasung des Pavillons im Sommer öffnen!
➜ Marinierte Forelle, Rettich, Yuzu und Limetten-Crème Fraîche. Lammrücken mit Senfsaat, Romanasalat und Schafsmilch-Tortellini. Erdbeeren, Gurke und Sauerampfer.

Burgrestaurant – Hotel Burg Schwarzenstein
Rosengasse 32 ✉ 65366 – ✆ (06722) 9 95 00 – www.burg-schwarzenstein.de – geschl. 1. - 14. Januar
Rest – Menü 38/46 € – Karte 43/65 €
Das Lokal befindet sich im historischen Teil der Burg. Genießen Sie auf der Laubenterrasse sitzend oder von einem der Fensterplätze bei schmackhaftem Essen den einzigartigen Blick.

GEISINGEN – Baden-Württemberg – 545 – 5 990 Ew – Höhe 667 m   62 F21

▶ Berlin 754 – Stuttgart 128 – Konstanz 56 – Singen (Hohentwiel) 30

Zum Hecht mit Zim   Zim,
Hauptstr. 41 ✉ 78187 – ✆ (07704) 2 81 – www.zumhecht.de – geschl. Montag - Dienstag, Samstagmittag
6 Zim ☕ – 🛉38/48 € 🛉🛉64/78 € – ½ P
Rest – Menü 39/68 € – Karte 33/56 €
Außen fällt die markant rote Fassade auf, innen die schöne Dekoration in Form von moderner Kunst an den Wänden und geschmackvoll arrangierten Blumen - Letztere orientieren sich ebenso an der Saison wie die Küche, die vom Chef auf klassisch-mediterraner Basis zubereitet wird.

GEISLINGEN an der STEIGE – Baden-Württemberg – 545 – 26 830 Ew – Höhe 464 m   56 I19

▶ Berlin 594 – Stuttgart 58 – Göppingen 18 – Heidenheim an der Brenz 30
ℹ Schlossgasse 3, ✉ 73312, ✆ (07331) 2 42 79, www.geislingen.de

In Geislingen-Weiler ob Helfenstein Ost: 3 km – Höhe 640 m

Burghotel garni

Schalkstetter Str. 1 ✉ 73312 – ✆ (07331) 9 32 60 – www.burghotel-schiehle.de – geschl. 23. Dezember - 6. Januar

23 Zim ☕ – 🚹69/119 € 🚹🚹105/169 €

Alles hier ist tipptopp gepflegt – darauf sind Mutter und Töchter Schiehle sehr bedacht! Vieles spricht für ihr Haus: die ruhige Lage, wohnliche Zimmer (fragen Sie nach den renovierten), die Frühstücksterrasse und natürlich auch die herzlichen Gastgeberinnen selbst.

GELDERN – Nordrhein-Westfalen – 543 – 33 640 Ew – Höhe 25 m

25 B10

Berlin 580 – Düsseldorf 64 – Duisburg 43 – Krefeld 30

Issum, Pauenweg 68, ✆ (02835) 9 23 10

Schloss Haag, Bartelter Weg 8, ✆ (02831) 92 44 20

See Park Janssen

Rest,

Danziger Str. 5 ✉ 47608 – ✆ (02831) 92 90 – www.seepark.de

64 Zim ☕ – 🚹81/114 € 🚹🚹117/186 € – ½ P

Rest – Menü 16 € (mittags)/43 € – Karte 21/44 €

Panoramapool, Fitness mit Betreuung, hochwertiges Beautyprogramm... neben der Lage am See und den hellen, freundlichen Zimmern trumpft das Haus mit Spa-Vielfalt auf rund 8000 qm. Dazu kommt der Golfplatz gleich nebenan. Ansprechend auch das geradlinig-moderne Restaurant und die Terrasse, beide zum See hin.

In Geldern-Walbeck Süd-West: 6 km

Alte Bürgermeisterei

Walbecker Str. 2 ✉ 47608 – ✆ (02831) 8 99 33 – www.alte-buergermeisterei.de – geschl. Juli, August - März: Montag - Dienstag

Rest – Menü 29 € (mittags)/89 € – Karte 40/61 €

Rest *Enoteca* – Karte 25/44 €

Gemütlich-elegantes Restaurant in dem einstigen Gutshof und Amtshaus. Schön ist der Mix aus historischen Elementen und modernen Bildern. Da sitzt man gerne bei klassischer Küche und guten offen ausgeschenkten Weinen. Einfacher das italienisch-mediterrane Angebot in der Enoteca.

GELNHAUSEN – Hessen – 543 – 21 570 Ew – Höhe 159 m

48 G14

Berlin 508 – Wiesbaden 84 – Fulda 59 – Frankfurt am Main 42

Obermarkt 7, ✉ 63571, ✆ (06051) 830 3 00, www.gelnhausen.de

Gründau, Gut Hühnerhof, ✆ (06058) 9 19 71 00

Altstadthotel

Rest,

Untermarkt 17 ✉ 63571 – ✆ (06051) 97 79 80 – www.altstadthotel-gelnhausen.de

11 Zim ☕ – 🚹54/76 € 🚹🚹78/108 € – 3 Suiten

Rest *Altes Weinkellerchen* – ✆ (06051) 9 77 98 13 *(geschl. 14. - 30. Juli) (nur Abendessen)* Menü 25/45 € – Karte 33/57 €

Das kleine Hotel ist ein schmuckes Fachwerkhaus in zentraler Lage am Marktplatz. Die Zimmer und Studios sind individuell, wertig und technisch gut ausgestattet. Urig und gemütlich ist das Alte Weinkellerchen im historischen Gewölbe - viele Stammgäste kehren immer wieder hier ein.

Bergschlösschen

Am Schlößchen 4 ✉ 63571 – ✆ (06051) 47 26 47 – www.restaurant-bergschloesschen.de – geschl. Oktober und Dienstag, Samstagmittag

Rest – Menü 35/60 € – Karte 33/46 €

Im Stil eines Schlösschens wurde das Haus um 1870 oberhalb des Ortes erbaut. In klassischem Ambiente serviert man italienische Küche. Terrasse mit herrlicher Aussicht.

In Linsengericht-Eidengesäß Süd-Ost: 3 km, jenseits der A 66

Der Löwe
Hauptstr. 20 ✉ 63589 – ✆ (06051) 7 13 43 – www.derloewe.com – geschl. Januar 2 Wochen, Juli 2 Wochen und Montag - Dienstag
Rest – Menü 55 € – Karte 32/54 €
Seit über zehn Jahren führt das Ehepaar Sauter das gediegene Restaurant: Er bereitet schmackhafte regionale und internationale Küche, sie leitet freundlich den Service. Sonntags Brunch.

GELSENKIRCHEN – Nordrhein-Westfalen – **543** – 256 660 Ew – Höhe 52 m **26** C11
Berlin 516 – Düsseldorf 44 – Dortmund 32 – Essen 11
ADAC Daimlerstr. 1 (Ecke Emscherstraße)
18 Gelsenkirchen-Buer, Middelicher Str. 72, ✆ (0209) 70 11 00
9 Schloss Horst, An der Rennbahn 11, ✆ (0209) 50 30 20
18 Herten-Westerholt, Schloßstr. 1, ✆ (0209) 16 58 40

In Gelsenkirchen-Buer

Courtyard by Marriott
Parkallee 3 ✉ 45891 – ✆ (0209) 86 00 – www.courtyardgelsenkirchen.de
194 Zim – †85/245 € ††85/245 €, ☕ 17 € – 4 Suiten **Rest** – Karte 21/62 €
Ein modern-komfortables Hotel neben der Veltins-Arena mit technisch sehr gut ausgestatteten Zimmern und schönen Suiten. Direkter Zugang zum "medicos.AufSchalke"-Gesundheitszentrum. Neuzeitliches Restaurant mit mediterraner Küche.

Buerer Hof garni
Hagenstr. 4 ✉ 45894 – ✆ (0209) 93 34 30 – www.buerer-hof.de
24 Zim ☕ – †74/105 € ††94/155 €
Das persönlich geführte Hotel liegt nahe der Fußgängerzone und bietet wohnliche Zimmer mit kostenfreiem W-Lan und einen netten Frühstücksraum mit guter Buffetauswahl.

Ambient-Hotel Zum Schwan Zim,
Urbanusstr. 40 ✉ 45894 – ✆ (0209) 31 83 30 – www.schwanhotel.de
17 Zim ☕ – †75/119 € ††99/179 € – 1 Suite
Rest – *(geschl. Freitag - Sonntag) (nur für Hausgäste)*
Mit Engagement und Herzlichkeit schafft Familie Hiltrop hier eine angenehme Atmosphäre. Wohnliche Zimmer mit guter Technik. Am Morgen überzeugt das leckere Frühstück in freundlichem Ambiente. Restaurant im Bistrostil.

GEMÜNDEN am MAIN – Bayern – **546** – 10 600 Ew – Höhe 160 m – Wintersport: – Erholungsort **49** H15
Berlin 507 – München 319 – Würzburg 42 – Frankfurt am Main 88
Scherenbergstr. 4, ✉ 97737, ✆ (09351) 80 01 70, www.stadt-gemuenden.de

Zum Koppen Zim,
Obertorstr. 22, (Anfahrt über Mainstraße) ✉ 97737 – ✆ (09351) 9 75 00 – www.hotel-koppen.de – geschl. 17. Februar - 17. März, 27.Oktober - 12. November
10 Zim ☕ – †58/68 € ††88/98 € – ½ P
Rest – *(geschl. Montag) (Dienstag - Samstag nur Abendessen)* Karte 25/45 €
Im Laufe von 500 Jahren Beherbergungsbetrieb hat sich einiges verändert. Heute wohnt man in dem hübschen alten Sandsteinhaus schön modern - das erfahren auch viele Radwanderer (Main-Radweg)! Die Gaststuben ländlich-rustikal, das Vitrum frisch und licht.

In Gemünden-Langenprozelten West: 2 km

Imhof
Frankenstr. 1 ✉ 97737 – ✆ (09351) 9 71 10 – www.hotel-imhof.de
32 Zim ☕ – †51/58 € ††76/86 € – ½ P **Rest** – Karte 16/30 €
Der zum Hotel erweiterte Gasthof wird familiär geführt und verfügt über funktionell eingerichtete Zimmer - im Stammhaus unterstreichen frische Farben die moderne Note. Man hat ein bürgerliches Restaurant und zudem Räume für Feierlichkeiten.

GENGENBACH – Baden-Württemberg – 545 – 11 030 Ew – Höhe 175 m – Erholungsort

54 E19

Berlin 756 – Stuttgart 160 – Karlsruhe 90 – Villingen-Schwenningen 68

Im Winzerhof, ✉ 77723, ✆ (07803) 93 01 43, www.gengenbach.info

Altstadt★

Schwarzwaldhotel Gengenbach

Rest,

In der Börsiglache 4 ✉ 77723 – ✆ (07803) 9 39 00 – www.schwarzwaldhotel-gengenbach.de

56 Zim – 79/111 € 106/138 € – 3 Suiten – ½ P

Rest – Menü 18/45 € – Karte 21/43 €

Ein durch und durch funktionelles Hotel, die Zimmer sind großzügig, alles ist tipptopp gepflegt. Auch gute Tagungsmöglichkeiten und internationale Küche hat das Haus an der Kinzig zu bieten.

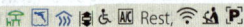

Stadthotel Pfeffermühle garni

Oberdorfstr. 24 ✉ 77723 – ✆ (07803) 9 33 50 – www.pfeffermuehle-gengenbach.de

25 Zim – 48/52 € 74/82 €

Es sind nur wenige Schritte und schon ist man in der historischen Altstadt! Und auch das Haus selbst bietet mit seinen wohnlich-funktionalen Zimmern alles, was man braucht - dafür sorgt Familie Armbruster mit viel Engagement.

Die Reichsstadt

Engelgasse 33 ✉ 77723 – ✆ (07803) 9 66 30 – www.die-reichsstadt.de

23 Zim – 95/145 € 130/165 € – 4 Suiten – ½ P

Rest *Die Reichsstadt* – siehe Restaurantauswahl

Was das kleine Boutique Hotel so besonders macht? Die geglückte Kombination von Altem und Neuem - die Chefin hat wirklich ein Händchen dafür! Die Zimmer sind so schön und das Personal ist derart freundlich, da kann man gar nicht anders, als sich wohlfühlen!

Pfeffer & Salz

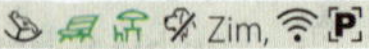

Mattenhofweg 3 ✉ 77723 – ✆ (07803) 9 34 80 – www.pfefferundsalz-gengenbach.de

12 Zim – 50/52 € 74/78 € – ½ P

Rest – *(geschl. Januar 2 Wochen und Mittwoch) (Montag - Freitag nur Abendessen)* Menü 20/34 € – Karte 21/42 €

Da kann man nichts falsch machen: eine freundlich-familiäre und sehr gepflegte Adresse, die auch noch ruhig liegt! Die meisten Zimmer haben Balkon, das Restaurant bietet Internationales und Regionales (auch Flammkuchen aus dem Holzofen) und als Besonderheit kann man am Wochenende Weine des Weinguts Kiefer degustieren und kaufen! HP inklusive.

Die Reichsstadt – Hotel Die Reichsstadt

Engelgasse 33 ✉ 77723 – ✆ (07803) 9 66 30 – www.die-reichsstadt.de – geschl. Montag - Dienstagmittag

Rest – Menü 31/58 € – Karte 31/73 €

Außen reizendes Altstadthaus, innen gemütlich-moderner Stil und gute Küche! Auf der Karte: regionale Klassiker wie "Schwäbischer Zwiebelrostbraten mit Spätzle" sowie raffinierte internationale Gerichte wie "Ganzer Hummer auf pikanten Tomatenspaghetti". Im Sommer hat man einen Traum von Terrasse!

Pfeffermühle

Victor-Kretz-Str. 17 ✉ 77723 – ✆ (07803) 9 33 50 – www.pfeffermuehle-gengenbach.de – geschl. Donnerstag

Rest – Menü 24/56 € – Karte 18/47 €

Etwa 350 m vom gleichnamigen Hotel der Armbrusters entfernt steht Sohn Axel am Herd und kocht regional mit südlichem Touch - da kommen in der liebenswerten rustikalen Stube hausgemachte Maultaschen ebenso auf den Tisch wie Lammrücken oder Gänsebraten.

In Berghaupten West: 2,5 km – Erholungsort

Hirsch
Dorfstr. 9 ✉ 77791 – ✆ (07803) 9 39 70 – www.hirsch-berghaupten.de
19 Zim – 🚹57/62 € 🚹🚹80/90 €, ☕ 6 € – 3 Suiten – ½ P
Rest ***Hirsch*** – siehe Restaurantauswahl
Wer in dem gewachsenen Haus der Familie Faißt wohnt, wird freundlich umsorgt und schläft in geräumigen, schön wohnlich gestalteten Zimmern. Und wenn Sie morgens Anlaufschwierigkeiten haben: Es gibt sehr guten Kaffee!

Hirsch – Hotel Hirsch
Dorfstr. 9 ✉ 77791 – ✆ (07803) 9 39 70 – www.hirsch-berghaupten.de – geschl. über Fastnacht 10 Tage, August 10 Tage und Montag - Dienstagmittag
Rest – Menü 35/52 € – Karte 23/49 €
Die junge Generation ist hier schon mit im Haus und kümmert sich in dem ländlich-eleganten Restaurant um die Gäste. Aus der Küche kommen klassische und badische Gerichte - probieren Sie z. B. "Lachs- und Zanderfilet mit Rieslingsauce, Rahmwirsing und Nudeln"!

GERA – Thüringen – 544 – 98 770 Ew – Höhe 203 m 41 M12

▶ Berlin 238 – Erfurt 88 – Bayreuth 127 – Chemnitz 69
ADAC Bachgasse 4
ℹ Heinrichstr. 35, ✉ 07545, ✆ (0365) 8 30 44 80, www.gera-tourismus.de

penta
Gutenbergstr. 2a ✉ 07548 – ✆ (0365) 2 90 90 – www.pentahotels.com
164 Zim ☕ – 🚹59/89 € 🚹🚹59/89 € – 1 Suite – ½ P
Rest – Menü 18/49 € – Karte 25/31 €
Ein zeitgemäßes Hotel, das besonders auf den Businessgast ausgelegt ist und recht geräumige, wohnlich eingerichtete Zimmer bietet. Freundlich gestaltetes Restaurant mit internationaler Küche.

GERETSRIED – Bayern – 546 – 23 390 Ew – Höhe 605 m 65 L21

▶ Berlin 629 – München 44 – Garmisch-Partenkirchen 64 – Innsbruck 99

In Geretsried-Gelting Nord-West: 6 km über B 11

Neu Wirt
Wolfratshauser Str. 24 ✉ 82538 – ✆ (08171) 4 25 20 – www.neuwirt-gelting.de
29 Zim ☕ – 🚹79/95 € 🚹🚹99/106 €
Rest – *(geschl. August 2 Wochen und Mittwoch) (nur Abendessen)* Karte 23/50 €
Der Landgasthof mit seinen hellen, freundlichen Zimmern (im Dachgeschoss besonders geräumig) ist unter der Woche vor allem bei Businessgästen beliebt, am Wochenende ist er ein guter Tipp für Radfahrer (gleich am Loisachkanal beginnen schöne Wege) - nach der Tour kommt der Biergarten am Haus wie gerufen!

GERLINGEN – Baden-Württemberg – 545 – 19 230 Ew – Höhe 336 m 55 G18

▶ Berlin 635 – Stuttgart 15 – Karlsruhe 69 – Tübingen 57

Siehe Stadtplan Stuttgart (Umgebungsplan)

Krone (mit Gästehaus)
Hauptstr. 28 ✉ 70839 – ✆ (07156) 4 31 10 – www.krone-gerlingen.de A2e
54 Zim ☕ – 🚹76/115 € 🚹🚹99/148 €
Rest – *(geschl. August 2 Wochen und Samstagmittag, Sonntag)* Karte 21/45 €
Der historische Gasthof unter familiärer Leitung ist ein zeitgemäßes Hotel mit wohnlichen Zimmern, teilweise als Appartement mit offenem Kamin. Unterverpachtetes Restaurant mit unkomplizierter italienischer Küche. Rustikales Kaminzimmer für Raucher.

GERMERING – Bayern – 546 – 38 200 Ew – Höhe 525 m 65 L20

Berlin 605 – München 20 – Augsburg 53 – Starnberg 18

Vecchia Lanterna

Hartstr. 50 ✉ 82110 – ✆ (089) 81 89 20 96 – www.vecchia-lanterna.de – geschl. Sonntag - Montag

Rest – (Tischbestellung ratsam) Menü 25 € (mittags)/75 € – Karte 44/60 €

Die vielen Stammgäste wissen genau, dass Chef Antonino Denami in dem hübschen Restaurant Gutes aus der gehobenen italienischen Küche bietet - begleitet von einer schönen Weinauswahl, die Chefin Mirka Otta versiert und freundlich präsentiert!

GERNSBACH – Baden-Württemberg – 545 – 14 310 Ew – Höhe 174 m 54 E18

– Wintersport: 960 m 2 – Luftkurort

Berlin 705 – Stuttgart 91 – Karlsruhe 34 – Baden-Baden 11

Igelbachstr. 11, ✉ 76593, ✆ (07224) 6 44 44, www.gernsbach.de

Schloss Eberstein

Schloss Eberstein 1 ✉ 76593 – ✆ (07224) 99 59 50 – www.schlosseberstein.com

12 Zim – 115/135 € 158/175 € – 2 Suiten

Rest *Schloss Eberstein* **Rest *Schloss-Schänke*** – siehe Restaurantauswahl

Das Schloss in wunderbarer Aussichtslage am hauseigenen Weinberg hat Charme und Atmosphäre. Moderne und sehr wohnliche Zimmer, dazu eine reizvolle kleine Liegewiese zwischen historischen Mauern.

Romantiklandhaus Hazienda

Rest,

Pflasteräcker 26, (Langer Weg) ✉ 76593 – ✆ (07224) 98 93 04 – www.romantiklandhaus.de

10 Zim – 94/125 € 138/149 €

Rest – *(geschl. Sonntag) (nur Abendessen)* Karte 18/29 €

Ein kleines Hotel im mediterranen Hazienda-Stil mit liebevoll und individuell eingerichteten Juniorsuiten (Appartements mit Küchenzeile). Hallenbad und Sauna im Nebenhaus. Warme und kalte Tapas in südländisch-rustikalem Ambiente. Terrasse zum schönen Garten.

Schloss Eberstein (Bernd Werner) – Hotel Schloss Eberstein

Schloss Eberstein 1 ✉ 76593 – ✆ (07224) 99 59 50 – www.schlosseberstein.com – geschl. über Fastnacht 1 Woche, Ende Oktober - Anfang November 1 Woche und Januar - Mitte März: Montag - Freitagmittag, Samstagmittag; Mitte März - Dezember: Montag - Dienstag, Samstagmittag

Rest – Menü 59/98 € – Karte 63/79 €

Unverändert niveauvoll ist die klassisch-französische Küche von Bernd Werner - die passende Weinempfehlung dazu gibt es mündlich. Das Restaurant ist sehr schön in seiner eleganten Art, dennoch sollten Sie bei gutem Wetter die herrliche Terrasse vorziehen - toll die Aussicht hier auf Murgtal und Schwarzwald!

➜ In Curry gebratener Rücken vom Maibock mit Frühlingsgemüse, Sesam-Bulgur, Sellerieschaum. Schnitte vom Bachsaibling mit gebratenem Gamba, Spargelragout und Kressegraupen. Scheiben von der Lammhüfte mit Chorizo gratiniert und Bärlauchrisotto.

Schloss-Schänke – Hotel Schloss Eberstein

Schloss Eberstein 1 ✉ 76593 – ✆ (07224) 99 59 50 – www.schlosseberstein.com – geschl. Januar - März: Montag - Dienstag

Rest – Menü 34/42 € – Karte 27/48 €

In der gemütlich-rustikalen Schloss-Schänke bietet man badische und internationale Küche. Im Sommer sitzt man schön auf der Platanen-Terrasse und genießt die Aussicht.

In Gernsbach-Staufenberg West: 2,5 km

Sternen

Staufenberger Str. 111 ✉ 76593 – ✆ (07224) 33 08 – www.sternen-staufenberg.de – geschl. Ende Juli - Mitte August

14 Zim – 59/89 € 85/109 €

Rest – *(geschl. Donnerstag)* Menü 24 € – Karte 21/40 €

Dieser familiär geführte und sehr gepflegte Landgasthof hält für Sie sowohl neuzeitlich-komfortable als auch etwas einfacher eingerichtete Zimmer bereit. Das Restaurant besteht aus verschiedenen Stuben, zum Teil mit schöner Holztäfelung.

GEROLSBACH – Bayern – 546 – 3 340 Ew – Höhe 459 m 57 L19

Berlin 559 – München 65 – Augsburg 57 – Ingolstadt 44

Gerolsbach, Hof 1, (08445) 7 99

Zur Post

St.-Andreas-Str. 3 85302 – (08445) 5 02 – www.gasthauspost.de – geschl. Montag - Dienstag

Rest – *(nur Abendessen, sonntags auch Mittagessen)* (Tischbestellung ratsam)
Menü 39/52 € – Karte 32/59 €

In dem über 300 Jahre alten Gasthaus mit nettem rustikalem Ambiente kocht man international. Kunstobjekte der Familie dienen als Dekoration. Sommerterrasse hinter dem Haus.

GEROLSTEIN – Rheinland-Pfalz – 543 – 7 390 Ew – Höhe 358 m 35 B14
– Luftkurort

Berlin 678 – Mainz 182 – Trier 73 – Bonn 90

Brunnenstraße 10, 54568, (06591) 94 99 10, www.gerolsteiner-land.de

Am Brunnenplatz garni

Raderstr. 7 54568 – (06591) 98 08 98 – www.brunnenplatzhotel-molitor.de – geschl. Anfang Januar 2 Wochen

9 Zim – 47/57 € 72/84 €

Am Zentrumsrand findet man das persönlich und familiär geführte Haus mit sehr gepflegten, geräumigen und funktionellen Zimmern zu fairen Preisen. Gute Parkmöglichkeiten.

In Gerolstein-Müllenborn Nord-West: 4,5 km

Landhaus Müllenborn (mit Gästehaus)

Auf dem Sand 45 54568 – (06591) 9 58 80 – www.landhaus-muellenborn.de – geschl. 10. - 24. März

19 Zim – 72/85 € 114/118 € – 3 Suiten – ½ P

Rest – *(geschl. 27. Februar. - 11. März und Montagmittag, Dienstagmittag)*
Menü 30/50 € – Karte 30/49 €

Das Hotel in ruhiger erhöhter Lage verfügt über wohnliche Zimmer, teils auch Maisonette-Studios. Im Gästehaus sind die Zimmer neuzeitlicher und im Landhausstil gehalten. Zum gediegen-rustikalen Restaurant gehört eine Terrasse mit reizvoller Sicht auf das Umland.

Bestecke und Sterne sollten nicht verwechselt werden!
Die Bestecke stehen für eine Komfortkategorie, die Sterne zeichnen Häuser mit besonders guter Küche aus - in jeder dieser Kategorien.

GERSFELD – Hessen – 543 – 5 900 Ew – Höhe 486 m 39 I14
– Wintersport: 950 m 8 – Kneippheilbad

Berlin 431 – Wiesbaden 160 – Fulda 28 – Würzburg 96

Brückenstr. 1, 36129, (06654) 17 80, www.gersfeld.de

Gersfelder Hof (mit Appartementhaus)

Auf der Wacht 14 36129 – (06654) 18 90 – www.gersfelder-hof.de

80 Zim – 62/75 € 95/120 € – ½ P **Rest** – Karte 23/38 €

Relativ ruhig liegt das gewachsene Hotel am Ortsrand neben dem öffentlichen Thermalbad. Man bietet funktionelle Zimmer sowie besonders geräumige Appartements im Gästehaus. Restaurant in rustikalem Stil.

Sonne

Amelungstr. 1 36129 – (06654) 9 62 70 – www.sonniges.de – geschl. 14. - 31. Januar

30 Zim – 39/45 € 64/72 € – ½ P **Rest** – Karte 17/29 €

Ein modernisierter Gasthof im Ortskern, der für Sie gut gepflegte, teils recht neuzeitliche Zimmer bereithält. Auch Appartements für Langzeitgäste sind vorhanden. Freundlich gestaltetes Restaurant.

GERSTHOFEN – Bayern – 546 – 21 050 Ew – Höhe 469 m

57 K19

Berlin 552 – München 65 – Augsburg 10 – Ulm (Donau) 76

Stadthotel Gersthofen

Bahnhofstr. 6 ✉ 86368 – ✆ (0821) 4 40 19 20 – www.stadthotelgersthofen.de – geschl. 23. Dezember - 9. Januar

46 Zim – 69/89 € 89/109 € – ½ P

Rest – *(geschl. Sonntag sowie an Feiertagen) (nur Abendessen)* Menü 19 € (mittags)/ 68 € – Karte 19/49 €

Vor allem auf Businessgäste ist das Hotel mit zeitgemäß-funktionellen Zimmern und gutem Frühstücksbuffet zugeschnitten. Internationale Küche im modernen Restaurant mit Bistro und loungiger Terrasse.

Gersthofer Auszeit

Rest,

Schulstr. 16 ✉ 86368 – ✆ (0821) 29 79 30 – www.gersthofer-auszeit.de

13 Zim – 76/79 € 96 € – 1 Suite

Rest – *(geschl. 21. Dezember - 6. Januar und Samstag - Sonntag)* Karte 28/40 €

In dem kleinen Hotel unter familiärer Leitung stehen gepflegte, in modernem Stil eingerichtete Gästezimmer zur Verfügung. Die gutbürgerlichen Speisen werden im Sommer auch auf der Terrasse serviert.

GEVELSBERG – Nordrhein-Westfalen – 543 – 31 350 Ew – Höhe 170 m

26 D11

Berlin 516 – Düsseldorf 55 – Hagen 9 – Köln 62

18 Gevelsberg Gut Berge, Berkenberg 1, ✆ (02332) 91 37 55

Alte Redaktion

Hochstr. 10 ✉ 58285 – ✆ (02332) 7 09 70 – www.alte-redaktion.com

42 Zim – 49/69 € 69/89 €, 10 € **Rest** – *(nur Abendessen)* Karte 21/55 €

Einst Zeitungsverlag, heute ein praktisch ausgestattetes Hotel mit freundlichem Service. Das Restaurant ist nett im Pavillonstil gebaut und nennt sich "Black Angus Steakhouse" - hier gibt's natürlich Steakgerichte und auch bürgerliche Küche. Davor die glasüberdachte Terrasse.

GIENGEN an der BRENZ – Baden-Württemberg – 545 – 19 440 Ew – Höhe 464 m

56 I19

Berlin 588 – Stuttgart 95 – Augsburg 88 – Heidenheim an der Brenz 12

Salzburger Hof

Richard-Wagner-Str. 5 ✉ 89537 – ✆ (07322) 9 68 80 – www.salzburger-hof.de – geschl. 6. - 18. August

27 Zim – 64/71 € 92/95 € – ½ P **Rest** – Karte 21/48 €

Eine praktische Adresse: Die A7 ist schnell erreicht, ins Zentrum sind es zu Fuß nur 10 Minuten (Tipp: Besuchen Sie das 5 Gehminuten entfernte Steiff-Museum!). Besonders zu empfehlen sind die etwas komfortableren Businesszimmer. Wer alpenländische Atmosphäre mag, sollte in der Gaststube speisen.

GIESSEN – Hessen – 543 – 78 590 Ew – Höhe 159 m

37 F13

Berlin 495 – Wiesbaden 89 – Frankfurt am Main 63 – Kassel 139

ADAC Bahnhofstr. 15

Berliner Platz 2, ✉ 35390, ✆ (0641) 3 06 18 90, www.giessen-tourismus.de

18 Lich, Hofgut Kolnhausen, ✆ (06404) 9 10 71

27 Reiskirchen-Winnerod, Parkstr. 22, ✆ (06408) 9 51 30

Tandreas

Licher Str. 55 ✉ 35394 – ✆ (0641) 9 40 70 – www.tandreas.de

34 Zim – 105/119 € 139/149 €

Rest *Restaurant Tandreas* – siehe Restaurantauswahl

Tanja Gerlach leitet mit Engagement dieses Hotel am Rande von Gießen. Schon der Empfangsbereich ist wohnlich gestaltet, ebenso die hübschen Zimmer, darunter ein Appartement und eine Juniorsuite.

Steinsgarten

Hein-Heckroth-Str. 20 ✉ 35390 – ✆ (0641) 3 89 90 – www.hotel-steinsgarten.de
122 Zim – 129 € 159 € **Rest** – Menü 20/48 € – Karte 26/44 €
In dem besonders auf Tagungen zugeschnittenen Hotel wählen die Gäste zwischen Business- und Executive-Zimmern; einige sind geräumiger, mit Balkon und kleinem Wohnbereich. Hell und freundlich ist das Ambiente im Restaurant.

Köhler

Westanlage 33 ✉ 35390 – ✆ (0641) 97 99 90 – www.hotel-koehler.de – geschl. 27. Juli - 12. August
43 Zim – 55/80 € 70/120 €, 10 € – 2 Suiten – ½ P **Rest** – Karte 18/41 €
Das Hotel im Zentrum verfügt über zeitgemäß-funktionelle Gästezimmer, gute Tagungsmöglichkeiten und eine Dachterrasse. Auch ein Café mit Konditorei ist vorhanden. Restaurant mit internationaler Küche.

heyligenstaedt N

Aulweg 41 ✉ 35392 – ✆ (0641) 4 60 96 50 – www.restaurant-heyligenstaedt.de
20 Zim – 100/120 € 155/170 €, 7 €
Rest *heyligenstaedt* – siehe Restaurantauswahl
Von der Werkzeugmaschinenfabrik, die Louis Heyligenstaedt 1876 gründete, ist der Charme aparter Industriearchitektur geblieben, und dem steht das moderne Interieur mit seinen geraden Formen und wertigen Materialien bestens zu Gesicht!

Parkhotel Sletz garni

Wolfstr. 26 ✉ 35394 – ✆ (0641) 40 10 40 – www.parkhotel-sletz.de
20 Zim – 69/78 € 98 €
In dem freundlichen und sehr gepflegten Familienbetrieb am Stadtrand erwarten Sie wohnliche, unterschiedlich große Zimmer mit schönen zeitgemäßen Bädern. Sauna gegen Gebühr.

heyligenstaedt N – Hotel heyligenstaedt

Aulweg 41 ✉ 35392 – ✆ (0641) 4 60 96 50 – www.restaurant-heyligenstaedt.de – geschl. Anfang Januar 2 Wochen und Samstagmittag, Sonntag
Rest – Menü 23 € (mittags)/84 € – Karte 37/72 €
Hohe Decken, Stahlträger, große Sprossenfenster, hier und da freigelegte Backsteinwände... den Charakter der einstigen Fabrikhalle hat man bewusst bewahrt, dazu moderner Stil, ruhige Töne und schicke Accessoires wie Kerzenleuchter und Designerlampen - wirklich schön anzuschauen! Internationale Küche, mittags nur kleine Lunch-Karte.

Restaurant Tandreas – Hotel Tandreas

Licher Str. 55 ✉ 35394 – ✆ (0641) 9 40 70 – www.tandreas.de – geschl. 1. - 10. Januar und Samstagmittag, Sonntag - Montagmittag
Rest – Menü 54 € – Karte 36/59 €
Moderne Elemente finden sich nicht nur in den Speisen von Marcel Schüssler ("Tempura-Garnele mit Asia-Salat und Zitronengras-Vinaigrette", "Wolfsbarsch mit Gnocchi, Tomaten und Rieslingsauce"...): Klare Formen, frische Farben und warmes Holz verleihen dem Restaurant einen angenehm legeren Touch.

In Pohlheim-Watzenborn - Steinberg Süd-Ost: 7,5 km

Goldener Stern

Kreuzplatz 6 ✉ 35415 – ✆ (06403) 6 16 24 – www.hotelgoldenerstern.com – geschl. 30. Dezember - 7. Januar
13 Zim – 51/62 € 74 €
Rest – *(geschl. Montag, Samstagmittag)* Karte 16/33 €
In der 6. Generation ist das aus einem Gasthof gewachsene kleine Hotel mit zeitlos eingerichteten Zimmern schon in Familienhand. Das bürgerliche Lokal verfügt im Sommer über einen Biergarten.

GIFHORN – Niedersachsen – **541** – 41 560 Ew – Höhe 53 m **19** J8

Berlin 247 – Hannover 82 – Braunschweig 28 – Lüneburg 88
Marktplatz 1, ✉ 38518, ✆ (05371) 8 81 75, www.suedheide-gifhorn.de
Gifhorn, Wilscher Weg 69, ✆ (05371) 1 67 37
Wind- und Wassermühlenmuseum★★

Ratsweinkeller

Cardenap 1 ✉ 38518 – ✆ (05371) 5 91 11 – geschl. Montag
Rest – (Tischbestellung ratsam) Menü 30 € – Karte 25/42 €
Auch wenn die gute Küche in dem schönen historischen Fachwerkhaus saisonal-international ausgelegt ist, so lassen Maultaschen, Spätzle & Co. doch die schwäbische Herkunft des Chefs erkennen! Tipp: der richtig günstige Mittagstisch unter der Woche!

GILCHING – Bayern – 546 – 17 710 Ew – Höhe 588 m 65 L20

Berlin 610 – München 26 – Augsburg 49 – Garmisch-Partenkirchen 84

Thalmeier garni

Sonnenstr. 55 ✉ 82205 – ✆ (08105) 50 41 – www.hotel-thalmeier.com – geschl. Weihnachten - 6. Januar
16 Zim – 75/85 € 100 €
Das kleine Hotel ist ein langjähriger Familienbetrieb mit sehr gepflegten Gästezimmern, die mit massivem Holz ausgestattet sind. Gemütlicher Frühstücksraum.

GINSHEIM-GUSTAVSBURG – Hessen – 543 – 15 990 Ew – Höhe 87 m 47 F15

Berlin 582 – Wiesbaden 20 – Darmstadt 32

Schäfer's Landhaus garni

Bouguenais-Allee 1 (Ginsheim) ✉ 65462 – ✆ (06144) 9 35 30 – www.schaefers-landhaus.de
20 Zim – 91 € 120 €
Ein freundlich geführtes kleines Hotel mit persönlicher Atmosphäre. Die Zimmer sind hell und wohnlich eingerichtet, hübsch ist auch der gemütlich gestaltete Frühstücksraum - ganz zu schweigen von der begrünten Terrasse im Sommer!

GLASHÜTTEN – Hessen – 543 – 5 280 Ew – Höhe 510 m 47 F14

Berlin 549 – Wiesbaden 34 – Frankfurt am Main 31 – Limburg an der Lahn 33

Glashüttener Hof mit Zim

Limburger Str. 86 (B 8) ✉ 61479 – ✆ (06174) 69 22 – www.glashuettenerhof.com – geschl. Sonntagabend - Montag
9 Zim – 60 € 110 €, 7 € **Rest** – Menü 12 € (mittags)/36 € – Karte 26/50 €
Die sympathische Familie Götzen bietet in dem Haus mit der lila Fassade internationale und bürgerliche Küche, die in freundlichen Räumen an gut eingedeckten Tischen serviert wird. Sie übernachten in tipptopp gepflegten, wohnlichen Zimmern. Appetitliches Frühstück.

In Glashütten-Schlossborn Süd-West: 3,5 km

Schützenhof

Langstr. 13 ✉ 61479 – ✆ (06174) 6 10 74 – www.schuetzenhof-mohr.de – geschl. Montag
Rest – *(Dienstag, Mittwoch, Sonntag nur Abendessen)* Menü 79 € (abends) – Karte 47/72 €
In dem langjährigen Familienbetrieb neben der Kirche kocht die Chefin kreativ und zeitgemäß auf klassischer Basis. Passend dazu empfiehlt der Chef die Weine. Schöne Terrasse.

GLEISWEILER – Rheinland-Pfalz – 600 Ew – Höhe 285 m – Luftkurort 54 E17

Berlin 666 – Mainz 107 – Mannheim 49 – Landau in der Pfalz 8

Landhotel Herrenhaus Barthélemy garni

Bergstr. 4 ✉ 76835 – ✆ (06345) 95 30 22 – www.herrenhaus-barthelemy.com
2 Zim – 85/120 € 110/145 € – 2 Suiten
Mitten im Dorf betritt man eine eigene kleine Welt: Familie Eifler-Bollen führt das historische Anwesen von 1619 nach dem Vorbild der "Chambres d'hôtes" der Provence. Individuelle Zimmer, antike Stücke und geschmackvolle Deko., dazu der traumhafte Barockgarten und die sehr persönliche Atmosphäre! Zusätzlich drei schöne Ferienwohnungen in der Remise von 1775.

GLINDE – Schleswig-Holstein – 541 – 17 400 Ew – Höhe 24 m 10 J5

Berlin 275 – Kiel 108 – Hamburg 16

18 Gut Glinde, In der Trift 4, ✆ (040) 7 10 05 06

XX **San Lorenzo**

Kupfermühlenweg 2 ✉ 21509 – ✆ (040) 7 11 24 24 – www.san-lorenzo-glinde.de – geschl. Montag

Rest – *(nur Abendessen, sonntags auch Mittagessen)* (Tischbestellung ratsam) Menü 41/62 € – Karte 36/68 €

Gerne speist man bei Giuseppe und Iris Dellavecchia - charmanter Service, gehobene italienische Küche und eleganter Rahmen (schön die alte Villa mit Wintergarten) kommen eben gut an! Besonders beliebt bei den Gästen ist das günstige Menü mit Weinbegleitung (natürlich aus Italien)!

GLONN – Bayern – 546 – 4 460 Ew – Höhe 536 m – Erholungsort 66 M20

Berlin 610 – München 32 – Landshut 99 – Rosenheim 33

Schwaiger garni (mit Gästehaus)

Feldkirchner Str. 3 ✉ 85625 – ✆ (08093) 9 08 80 – www.hotel-schwaiger.de

75 Zim – 59/119 € 119/169 €

Ein Familienbetrieb mit recht unterschiedlichen Zimmern sowie schönem Saunabereich mit Bäder- und Massageangebot. Dazu ein Café (hier MO - FR kleines Mittagsbuffet) und eine Bar mit kleiner Abendkarte.

In Glonn-Herrmannsdorf Nord-Ost: 3 km über Rotter Straße, nach Mecking links

X **Wirtshaus zum Schweinsbräu** 

Herrmannsdorf 7 ✉ 85625 – ✆ (08093) 90 94 45 – www.schweinsbraeu.de – geschl. Anfang Januar 1 Woche und Montag - Dienstag

Rest – Menü 45/58 € – Karte 34/66 €

Authentischer geht's wohl kaum: Brauerei, Metzgerei, Bäckerei - alles ist hier direkt vor Ort! Für Thomas Thielemann sind biologisch erzeugte Produkte eben selbstverständlich! Richtig gut schmeckt da nicht nur der Schweinsbraten, den man samstags und sonntags in charmant-moderner Wirtshaus-Atmosphäre aufgetischt bekommt.

GLOTTERTAL – Baden-Württemberg – 545 – 3 030 Ew – Höhe 306 m – Erholungsort 61 E20

Berlin 810 – Stuttgart 208 – Freiburg im Breisgau 27 – Waldkirch 11

Rathausweg 12, ✉ 79286, ✆ (07684) 9 10 40, www.glottertal.de

Hirschen (mit Gästehaus Rebenhof)

Rathausweg 2 ✉ 79286 – ✆ (07684) 8 10 – www.hirschen-glottertal.de

49 Zim – 71/105 € 132/168 € – ½ P

Rest *Hirschen* – siehe Restaurantauswahl

Hier in dem schönen Tal lässt es sich richtig gut wohnen: seit Generationen von der Familie geführt, in der Ortsmitte gelegen, mit schönem Park, vor der Tür fließt die Glotter... Tipp: die ganz modernen Komfort-Plus-Zimmer sowie die hübschen Zimmer im Rebenhof gegenüber. Relaxen kann man bei Massage und Kosmetik, vespern in der Winzerstube.

Zum Kreuz

Landstr. 14 ✉ 79286 – ✆ (07684) 8 00 80 – www.zum-kreuz.com

35 Zim – 53/82 € 98/135 € – ½ P **Rest** – Menü 26/55 € – Karte 20/54 €

Am Eingang des Glottertals empfängt Sie seit Generationen familiäre Atmosphäre. Besonders komfortabel: Superior-Zimmer sowie Zimmer "St. Peter" zum Wald hin. Badische Spezialitäten im gemütlichen Gasthof mit Fachwerkfassade. Auch gluten- und laktosefreie Küche.

Schwarzenberg Rest,

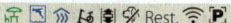

Talstr. 24 ✉ 79286 – ✆ (07684) 13 24 – www.hotel-schwarzenberg.de – geschl. Januar 3 Wochen

20 Zim – 56/65 € 98/120 € – ½ P

Rest – *(nur Abendessen für Hausgäste)* Menü 28 € – Karte 20/44 €

Liebevoll hat man in dem gepflegten Familienbetrieb Traditionelles mit neuen Elementen gemischt - so finden sich hier von den Zimmern (alle mit Balkon) bis zum kleinen Freizeitbereich nette Details und eine geschmackvolle Deko. Schön sitzt man auf der Terrasse zur Glotter, die hinter dem Haus fließt!

Pension Faller garni

Talstr. 9 ✉ 79286 – ✆ (07684) 2 26 – www.pension-faller.de

11 Zim – 40/55 € 70/85 €

Eine Pension mit privater Atmosphäre und unterschiedlichen Zimmern mit Balkon. Sie frühstücken im behaglich getäfelten Stübchen oder auf der kleinen Terrasse zum Garten.

Zum Goldenen Engel mit Zim

Friedhofweg 2 ✉ 79286 – ✆ (07684) 2 50 – www.goldener-engel-glottertal.de – geschl. nach Fastnacht 1 Woche, November 2 Wochen und Mittwoch

14 Zim – 49/63 € 80/100 € – ½ P

Rest – Menü 30/52 € – Karte 25/56 €

Die 500-jährige Tradition des Gasthauses spiegelt sich außen in der hübschen Holzfassade wider und drinnen im ländlichen Charme. Dazu passen auch regionale Gerichte wie "Rinderrücken mit Zwiebelkruste"! Ebenso schmackhaft ist die Gans zur Saison. Gut übernachten kann man hier auch: Einige der Zimmer sind im Schwarzwälder Stil eingerichtet, andere moderner.

Adler mit Zim

Talstr. 11 ✉ 79286 – ✆ (07684) 9 08 70 – www.adler-glottertal.de – geschl. Dienstagmittag

14 Zim – 65/75 € 85/95 € – 1 Suite – ½ P

Rest – Menü 24/56 € – Karte 26/62 €

Stephanie Kleber ist gerne Gastgeberin, das merkt man an ihrer freundichen Art. Dass man sich hier wohlfühlt, liegt aber auch am traditionell-gemütlichen Charakter des Hauses und an der regional-saisonalen Küche. Sie möchten über Nacht bleiben? Man hat wohnliche, aber auch einfache Zimmer.

Hirschen – Hotel Hirschen

Rathausweg 2 ✉ 79286 – ✆ (07684) 8 10 – www.hirschen-glottertal.de – geschl. Montag

Rest – Menü 35/72 € – Karte 31/66 €

Der Gasthof hat sich im Laufe der Jahre gewandelt: modern die Fassade, zeitgemäß angepasst der Stil des Restaurants. Familie Strecker hat neben dem gemütlichen Ambiente auch schmackhafte regionale Klassiker wie die "badische Flädlesuppe" und "Rindersteak mit Meerrettichkruste, Burgundersauce und Lauchgemüse" zu bieten - dazu schmecken die guten heimischen Weine.

Wirtshaus zur Sonne

Talstr. 103 ✉ 79286 – ✆ (07684) 2 42 – www.sonne-glottertal.de – geschl. über Fasching 2 Wochen und Mittwoch - Donnerstagmittag

Rest – Menü 15 € (mittags) – Karte 21/46 €

Der 350 Jahre alte Gasthof bietet in seiner liebenswerten holzgetäfelten Stube freundlich-familiäre Atmosphäre und regional-saisonale Küche. Im Ort hat man zwei sehr nette Ferienwohnungen.

GLÜCKSBURG – Schleswig-Holstein – 541 – 5 870 Ew – Höhe 17 m – Seeheilbad

2 H2

Berlin 437 – Kiel 100 – Flensburg 10 – Kappeln 40

Glücksburg, Bockholm 23, ✆ (04631) 25 47

Strandhotel

Kirstenstr. 6 ✉ 24960 – ✆ (04631) 6 14 10 – www.strandhotel-gluecksburg.de

42 Zim – 79/189 € 139/289 € – 3 Suiten – ½ P

Rest *Felix* – siehe Restaurantauswahl

Schon von außen hübsch anzuschauen ist das Jugendstilhaus von 1880, drinnen frisches skandinavisch-charmantes Flair! Für Urlauber ist die Lage direkt am Strand toll, hier auch das Strandbistro "Sandwig" (in der Nebensaison nur am WE). Auch bei Kosmetik- und Massageanwendungen relaxt es sich gut. HP inkl.

XX **Felix** – Strandhotel
Kirstenstr. 6 ✉ 24960 – ✆ (04631) 6 14 15 00 – www.strandhotel-gluecksburg.de
Rest – Menü 42/78 € – Karte 36/56 €
Über dieses Restaurant hört man Gutes in der Gegend! Es wird Schleswig-Holsteiner Esskultur gepflegt, und dafür bevorzugt man natürlich Produkte aus der Region: Husumer Rib Eye Steak, Süßländer Schwein, Ostseeaal...

In Glücksburg-Meierwik **Süd-West: 3 km**

Alter Meierhof Vitalhotel
Uferstr. 1 ✉ 24960 – ✆ (04631) 6 19 90 – www.alter-meierhof.de
52 Zim – 159/239 € 238/358 € – 2 Suiten – ½ P
Rest ***Meierei Dirk Luther*** **Rest** ***Brasserie*** – siehe Restaurantauswahl
Was will man mehr? Sie wohnen unmittelbar an der Förde, werden von aufmerksamen Mitarbeitern perfekt umsorgt, die ausgesuchte warme und stimmige Einrichtung ist mehr als ansprechend und von nahezu jedem Zimmer kann man auf die Ostsee schauen! In der Hof-Therme heißt es "wellbeing" auf orientalisch.

XXX **Meierei Dirk Luther** – Alter Meierhof Vitalhotel
Uferstr. 1 ✉ 24960 – ✆ (04631) 6 19 94 11 – www.alter-meierhof.de – geschl. 1. - 13. Januar, 13. Juli - 11. August, 12. - 19. Oktober und Sonntag - Montag
Rest – *(nur Abendessen)* (Tischbestellung erforderlich) Menü 118/168 €
Angesichts der tollen Optik auf dem Teller könnte man glatt vergessen, dass sich direkt vor den großen Fenstern die Weite der Förde auftut - schauen Sie also ruhig auch mal nach draußen, die Sicht reicht bis nach Dänemark! Und natürlich kommt auch der Geschmack nicht zu kurz, wenn Dirk Luther seine klassische Küche mit modernen Elementen spickt.
➜ Jakobsmuschel gebraten und roh mariniert, Blumenkohl, Holzkohleöl, schwarzer Reis. Renke mit Pfifferlingen, Kopfsalat, wilder Spargel, Rapsblüten. Geeiste Rosenwassercrème, Himbeeren, grüner Shisosaft, Verveine.

XX **Brasserie** – Alter Meierhof Vitalhotel
Uferstr. 1 ✉ 24960 – ✆ (04631) 6 19 90 – www.alter-meierhof.de
Rest – Menü 32/41 € – Karte 52/71 €
Die Gourmetküche der Meierei ist zwar eigentlich ein Muss, wer es aber dennoch etwas legerer mag, bekommt hier in Brasserie-Atmosphäre frische internationale Speisen oder auch einfach ein Stück hausgemachten Kuchen!

In Glücksburg-Holnis **Nord-Ost: 5 km**

Lodge am Meer N
Drei 5 ✉ 24960 – ✆ (04631) 6 10 00 – www.lodgeammeer.de – geschl. 10. - 28. Februar
10 Zim – 69/99 € 85/125 € – ½ P
Rest – *(geschl. Mittwoch) (Montag - Samstag nur Abendessen, außer Feiertage)* Karte 18/36 €
Die Vorfreude aufs Relaxen am Strand kommt hier schon beim Frühstücken - Sie schauen nämlich auf die Förde direkt vor der Tür! Die Zimmer können sich ebenfalls sehen lassen: freundlich, gemütlich, mit warmem Holz... passend zum familiären Charakter des Hauses.

GMUND am TEGERNSEE – Bayern – 546 – 6 000 Ew – Höhe 740 m – Wintersport: 900 m 3 – Erholungsort

66 M21

Berlin 637 – München 48 – Garmisch-Partenkirchen 70 – Bad Tölz 14
Kirchenweg 6, ✉ 83703, ✆ (08022) 75 05 27, www.gmund.de
Marienstein-Waakirchen, Gut Steinberg 1, ✆ (08022) 7 50 60

X **Jennerwein**
Münchner Str. 127 ✉ 83703 – ✆ (08022) 70 60 50 – www.jennerwein-gasthaus.de – geschl. Dienstag - Mittwochmittag
Rest – Menü 40 € – Karte 30/41 €
Die Lage hier an der Kreuzung ist sicherlich nicht die schönste, aber das ist vergessen, sobald Sie in den hübschen ländlich-heimeligen Stuben sitzen und essen: Tafelspitzsülze, Fleischpflanzerl, Tegernseer Saibling, Rindsroulade...

In Waakirchen-Marienstein West: 8 km über Tölzer Straße, in Hauserdörfl links

Margarethenhof Rest,
Gut Steinberg 1 ✉ 83666 – ✆ (08022) 7 50 60 – www.margarethenhof.com – geschl. Januar - Februar
16 Zim – 145/630 € 180/630 € – 19 Suiten – ½ P
Rest *Steinberg* – ✆ (08022) 7 50 63 10 – Menü 19 € (mittags)/100 € – Karte 21/43 €
Wie fern Ihr Alltag ist, merken Sie, wenn Sie den Blick über Wiesen, Wald und das Grün des Golfplatzes schweifen lassen, wenn Sie bei Massage und Beautyprogramm relaxen, wenn Sie in wohnlichen Zimmern zur Ruhe kommen... Fragen Sie nach den neueren Zimmern - hier ein schicker Mix aus modern und ländlich! Schöne Restaurantterrasse mit Aussicht.

GNOTZHEIM – Bayern – 546 – 870 Ew – Höhe 473 m 57 K17

Berlin 488 – München 164 – Ansbach 36 – Stuttgart 145

Gasthof Gentner N mit Zim Zim,
Spielberg 1 ✉ 91728 – ✆ (09833) 98 89 30 – www.gasthof-gentner.de – geschl. 3. - 19. März, 1. - 24. September und Montag - Dienstag
7 Zim – 67/75 € 94/100 € – ½ P **Rest** – Karte 27/46 €
Der Gasthof der Familie Gentner gibt ein stimmiges Bild ab: ein traditionsreiches Haus, Produkte aus der Region, "Slow Food"-Mitglied... und das Obst kommt von der eigenen Streuobstwiese. Sie speisen in sorgsam restaurierten Stuben und übernachten in hübschen geräumigen Zimmern mit ländlichem Charme.

GOCH – Nordrhein-Westfalen – 543 – 34 130 Ew – Höhe 18 m 25 A10

Berlin 592 – Düsseldorf 82 – Krefeld 54 – Nijmegen 31
Markt 2, ✉ 47574, ✆ (02823) 32 01 48, www.goch.de

De Poort
Jahnstr. 6 ✉ 47574 – ✆ (02823) 96 00 – www.depoort.de
73 Zim – 59/79 € 89/119 € – 1 Suite – ½ P
Rest – Menü 18 € (mittags)/35 € – Karte 22/35 €
Das Hotel ist eine ideale Tagungsadresse und bietet zudem vielfältige Sport- und Freizeitmöglichkeiten - dazu gehören u. a. ein eigener Schießstand und ein Schwimmbad im 2. OG. Die Zimmer sind teilweise sehr modern und geradlinig.

Am Kastell garni
Kastellstr. 6 ✉ 47574 – ✆ (02823) 96 20 – www.hotel-am-kastell.de
23 Zim – 68/73 € 95/105 €
Gut ausgestattete, hell und freundlich gestaltete Zimmer stehen in dem Ende des 18. Jh. erbauten Haus in zentraler Lage bereit. Im Sommer kann man auch im kleinen Innenhof frühstücken.

GÖHREN – Mecklenburg-Vorpommern – siehe Rügen (Insel)

GÖHREN-LEBBIN – Mecklenburg-Vorpommern – 542 – 630 Ew – Höhe 89 m 13 N5

Berlin 153 – Schwerin 85 – Neubrandenburg 65 – Rostock 86
Göhren-Lebbin, Fleesensee, Tannenweg 1, ✆ (039932) 8 04 00

Radisson BLU Resort Schloss Fleesensee Zim,
Schlossstr. 1 ✉ 17213 – ✆ (039932) 8 01 00 – www.radissonblu.de/resort-fleesensee
158 Zim – 128/148 € 168/188 € – 19 Suiten – ½ P
Rest *Frédéric* – siehe Restaurantauswahl
Rest *Orangerie* – ✆ (039932) 80 10 34 54 – Menü 28 € – Karte 31/49 €
Rest *Vinothek* – ✆ (039932) 80 10 34 44 *(nur Abendessen)* Menü 28 € – Karte 31/49 €
Das luxuriöse Anwesen besteht aus einem stilvollen Schloss von 1842 und verschiedenen Dependancen mit überaus wohnlichen Zimmern. Der hoteleigene Shuttle bringt Sie zum See. Lichtdurchflutet ist die Orangerie.

XXX **Frédéric** – Hotel Radisson BLU Resort Schloss Fleesensee
Schlossstr. 1 ✉ 17213 – ✆ (039932) 80 10 34 50
– www.radissonblu.com/resort-fleesensee – geschl. Sonntag - Montag
Rest – *(nur Abendessen)* (Tischbestellung erforderlich) Menü 52 €
– Karte 35/61 €
Stattlich ruht das Schloss in einem Park und empfängt die Gäste herrschaftlich: stuckverzierte Wände in vornehmem Gelb, offener Marmorkamin und klassisches Mobiliar sprechen für Eleganz.

In Göhren-Lebbin - Untergöhren

Iberotel Fleesensee Zim,
Seeblick 30 ✉ 17213 – ✆ (039932) 47 00 – www.iberotel.de
– geschl. 8. - 23. Januar
144 Zim – 80/150 € 120/190 € – 12 Suiten – ½ P
Rest – Menü 30/43 € – Karte 31/38 €
Unmittelbar am Fleesensee liegt dieses modern ausgestattete Hotel mit Spabereich auf 950 qm und eigenem Uferabschnitt mit Badeplattform.

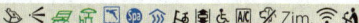

GÖPPINGEN – Baden-Württemberg – 545 – 56 840 Ew – Höhe 323 m — 55 H18

Berlin 601 – Stuttgart 43 – Reutlingen 49 – Schwäbisch Gmünd 26
ADAC Willi Bleicher Str. 3 (Schillerbau II)
Hauptstr. 1, Rathaus, ✉ 73033, ✆ (07161) 65 02 92, www.goeppingen.de
Göppingen, Fraunhoferstr. 2, ✆ (07161) 96 41 40

Hohenstaufen (mit Gästehaus)
Freihofstr. 64 ✉ 73033 – ✆ (07161) 67 00 – www.hotel-hohenstaufen.de
50 Zim – 80/88 € 102/130 € – ½ P
Rest – *(geschl. Ende Dezember 1 Woche, Anfang Januar 1 Woche und Samstagmittag)* Menü 23/55 € – Karte 32/55 €
Das Hotel in einem Wohngebiet außerhalb des Stadtzentrums bietet funktionelle Zimmer, die im Gästehaus gegenüber etwas eleganter in klassisch-gediegenem Stil eingerichtet sind. Rustikales Restaurant mit Wintergarten. Gemütlich ist die ganz in Holz gehaltene Bar.

GÖRLITZ – Sachsen – 544 – 55 350 Ew – Höhe 208 m — 44 S12

Berlin 215 – Dresden 98 – Cottbus 90
ADAC Wilhelmsplatz 8 A2
Obermarkt 32 A1, ✉ 02826, ✆ (03581) 4 75 70, www.goerlitz.de
Untermarkt★ AB1 · St. Peterskirche★ B1 · Reichenbacher Turm (★)A2

Stadtplan auf der nächsten Seite

Tuchmacher

Peterstr. 8 ✉ 02826 – ✆ (03581) 4 73 10 – www.tuchmacher.de B1**n**
60 Zim – 102/116 € 132/155 € – ½ P
Rest *Schneider Stube* – siehe Restaurantauswahl
Görlitz hat so einige sehenswerte historische Bauten und in einem davon wohnen Sie - nämlich in einem aus mehreren Gebäuden zusammengesetzten Renaissance-Bürgerhaus mit stilgerecht-elegantem Interieur. Wahre Kunstwerke sind die bemalten Holzbalkendecken in manchen Zimmern! Die Altstadtlage könnte kaum besser sein zur Erkundung der Stadt!

Europa garni
Berliner Str. 2 ✉ 02826 – ✆ (03581) 4 23 50 – www.hotel-europa-goerlitz.de
32 Zim – 65 € 85 € A2**e**
Die Lage in der Fußgängerzone sowie unterschiedlich geschnittene und funktional ausgestattete Gästezimmer sprechen für dieses Etagenhotel. Im Sommer können Sie auch auf der Terrasse frühstücken.

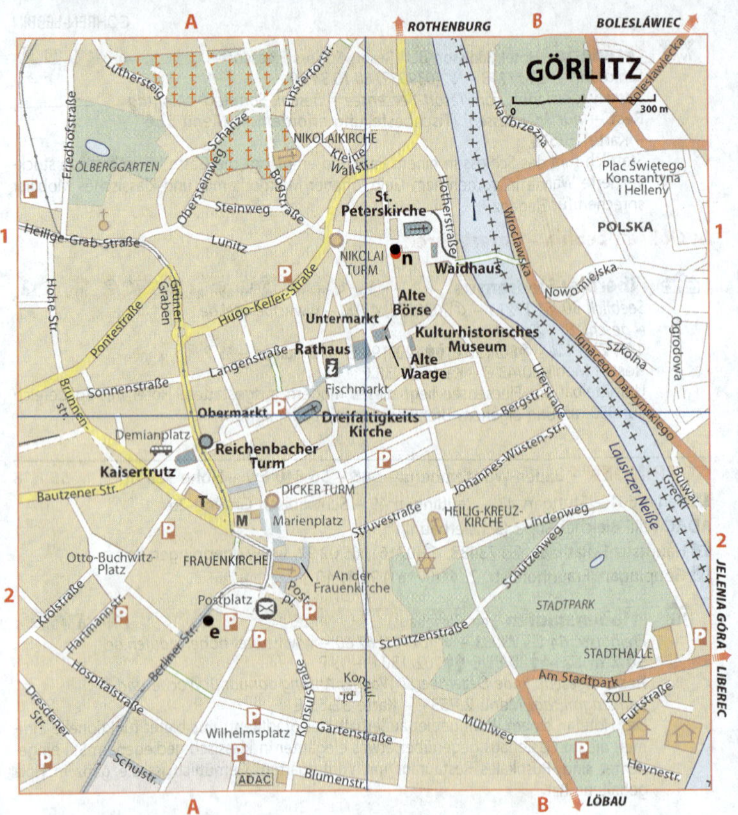

🍴🍴 **Schneider Stube** – Hotel Tuchmacher

Peterstr. 8 ✉ 02826 – ✆ (03581) 4 73 10 – www.tuchmacher.de
– geschl. Montagmittag **B1n**

Rest – Menü 33/68 € – Karte 27/50 €

Möchten Sie unter einem historischen Kreuzgewölbe speisen oder lieber unter einer schönen alten Holzdecke? Jeder Raum hat seinen Charme - ganz zu schweigen vom wunderbaren Innenhof! - und überall gibt es die frische regionale Küche von Thierry Baumgart. Dass hier so richtig gekocht wird, schmeckt man an ausdrucksstarken Gerichten wie "Rindsroulade mit Kartoffelstupper und Runkelrüben"!

GÖNNHEIM – Rheinland-Pfalz – siehe Wachenheim

GÖSSWEINSTEIN – Bayern – 546 – 4 060 Ew – Höhe 457 m – Luftkurort **50** L16

Berlin 401 – München 219 – Nürnberg 50 – Bayreuth 46

Burgstr. 6, ✉ 91327, ✆ (09242) 4 56, www.ferienzentrum-goessweinstein.de

Marienfelsen (≤ ★★)

Stempferhof Rest,

Badangerstr. 33 ✉ 91327 – ✆ (09242) 7 41 50 – www.stempferhof.de

36 Zim – †65/77 € ††85/98 € – 1 Suite – ½ P

Rest – Menü 18/45 € – Karte 21/59 €

Hier wohnt man recht ruhig nur wenige Gehminuten vom Ortskern entfernt. Die technisch gut ausgestatteten Zimmer sind geradlinig-modern eingerichtet, ebenso die Lobby mit Kamin. Helles neuzeitliches Restaurant.

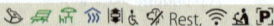

Fränkischer Hahn garni

Badangerstr. 35 ✉ 91327 – ✆ (09242) 4 02 – www.fraenkischer-hahn.de
10 Zim – 49/54 € 62/72 €
Die wohnliche Einrichtung im Landhausstil und gute Technik machen dieses gepflegte kleine Haus zu einer behaglichen und funktionellen Adresse.

Zur Post

Balthasar-Neumann-Str. 10 ✉ 91327 – ✆ (09242) 2 78 – www.zur-post-goessweinstein.de – geschl. Ende November 1 Woche, Mitte Januar - Mitte Februar
13 Zim – 33/46 € 60/66 € – ½ P
Rest – *(geschl. Montag, außer an Feiertagen)* Menü 15/40 € – Karte 14/35 €
Ein typischer Familienbetrieb ist der freundlich geführte Gasthof in der Ortsmitte. Die Zimmer sind gepflegt und in rustikalem Stil gehalten. Das Speisenangebot im Restaurant ist bürgerlich und der Saison angepasst.

Schönblick mit Zim

August-Sieghardt-Str. 8 ✉ 91327 – ✆ (09242) 3 77 – www.schlemmerhotelchen.de – geschl. 1. - 9. November und Dienstag, Januar - März: Montag - Freitag
8 Zim – 39/49 € 54/72 € – ½ P
Rest – *(Montag - Freitag nur Abendessen)* Menü 16 € – Karte 18/32 €
Das kleine Restaurant liegt erhöht am Ortsrand etwas "ab vom Schuss" - da ist die wunderschöne Sonnenterrasse natürlich ein beliebtes Plätzchen! Im Winter sorgt drinnen der Kamin für Behaglichkeit. Gekocht wird vorwiegend regional.

GÖTTINGEN – Niedersachsen – 541 – 121 370 Ew – Höhe 150 m 29 I11

Berlin 340 – Hannover 122 – Kassel 47 – Braunschweig 109
ADAC Am Kauf Park 4
Markt 9 B2, ✉ 37073, ✆ (0551) 49 98 00, www.goettingen-tourismus.de
Northeim, Gut Levershausen, ✆ (05551) 90 83 80

Stadtplan auf der nächsten Seite

Gebhards

Goethe-Allee 22 ✉ 37073 – ✆ (0551) 4 96 80 – www.romantikhotels.com/goettingen
50 Zim – 126/169 € 188/248 € A1**e**
Rest ***Georgia-Augusta-Stuben*** – siehe Restaurantauswahl
Zwischen Hauptbahnhof und Innenstadt liegt das komfortable Hotel - ein erweitertes historisches Sandsteingebäude. Die engagierten Gastgeber bieten hier wohnlich-elegante Zimmer.

Stadt Hannover garni

Goethe-Allee 21 ✉ 37073 – ✆ (0551) 54 79 60 – www.hotelstadthannover.de
32 Zim – 85/105 € 122/132 € A1**a**
Am Rande der historischen Altstadt finden Sie das über 300 Jahre alte Stadthaus. Die Zimmer verbinden Wohnlichkeit und Funktionalität.

Eden

Zim,

Reinhäuser Landstr. 22a ✉ 37083 – ✆ (0551) 50 72 00 – www.eden-hotel.de
99 Zim – 79/169 € 99/189 € – ½ P B2**d**
Rest ***La Locanda*** – ✆ (0551) 3 70 84 84 *(geschl. Sonntagmittag)* Menü 18/45 € – Karte 17/43 €
Das von der Inhaberfamilie geleitete Hotel befindet sich nahe dem Zentrum und verfügt über komfortable Gästezimmer unterschiedlicher Kategorien. Im Restaurant La Locanda bietet man italienische Speisen.

Gauß am Theater

Obere Karspüle 22 ✉ 37073 – ✆ (0551) 5 66 16 – www.restaurant-gauss.de – geschl. Sonntag - Montag B1**s**
Rest – *(nur Abendessen)* Menü 35 € (vegetarisch)/69 € – Karte 35/55 €
Gewölbe und freigelegtes Mauerwerk machen dieses Restaurant gemütlich. Gut sind die frischen internationalen Speisen von Chefin Jacqueline Amirfallah, die auch orientalische Akzente bieten, wie die "Suppe von arabischen Salzzitronen mit Sesam". Im Garten befinden sich weitere schöne Plätze.

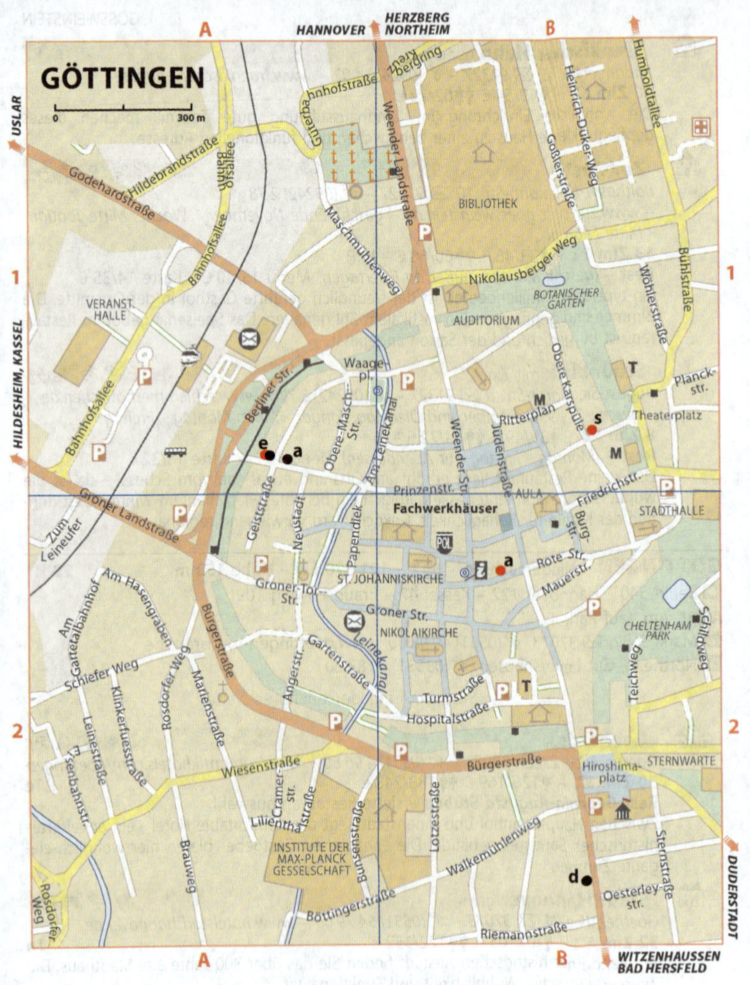

Georgia-Augusta-Stuben – Hotel Gebhards

Goethe-Allee 22 ✉ 37073 – ✆ (0551) 4 96 80 – www.romantikhotels.com/goettingen

Rest – Menü 31 € (mittags) – Karte 37/78 € A1**e**

Mit dunklen Regency-Stühlen und kapitonierten Ledersofas hat man hier den Charme englischen Stils einfließen lassen, ganz ohne dabei plüschig zu wirken. Geboten wird internationale Küche.

Gaudi

Rote Str. 16, (Passage im Börner-Viertel) ✉ 37073 – ✆ (0551) 5 31 30 01 – www.restaurant-gaudi.de – geschl. Anfang Januar 2 Wochen und Sonntag - Montagmittag B2**a**

Rest – (Tischbestellung ratsam) Menü 18 € (mittags)/56 € – Karte 36/54 €

In Anlehnung an den spanischen Architekten Antoni Gaudí hat man hier einen ganz individuellen und detailverliebten Farb- und Stilmix geschaffen. Herrliche Innenhofterrasse!

In Göttingen-Grone West: 3 km über Groner Landstraße A1

Rennschuh
Kasseler Landstr. 93 ✉ 37081 – ✆ (0551) 9 00 90 – www.rennschuh.de – geschl. 24. Dezember - 1. Januar
104 Zim ☕ – †44/60 € ††70/80 € – 4 Suiten – ½ P **Rest** – Karte 21/35 €
Eine recht einfache, aber gepflegte und funktionelle Adresse mit guter Autobahnanbindung und fairen Preisen. Fragen Sie nach den neueren, zeitgemäßeren Gästezimmern.

In Göttingen - Groß-Ellershausen West: 4 km über Groner Landstraße A1

Freizeit In
Dransfelder Str. 3 (B 3) ✉ 37079 – ✆ (0551) 9 00 10 – www.freizeit-in.de
210 Zim ☕ – †109 € ††149 € – 2 Suiten
Rest – Menü 23 € (mittags)/49 € – Karte 23/49 €
Das zeitgemäß-funktionale Tagungs- und Businesshotel bietet Wellness auf 8800 qm. Auch eine Kinder-Villa mit Betreuung gehört zum Haus. Orient Lounge für Events.

In Göttingen-Weende Nord: 2,5 km über Weender Landstraße B1

Weender Hof
Hannoversche Str. 150 ✉ 37077 – ✆ (0551) 50 37 50 – www.weenderhof.de – geschl. 1. - 17. Januar, 28. Juli - 15. August, 27. - 31. Dezember
20 Zim ☕ – †49 € ††75 €
Rest – *(geschl. Sonntagabend) (Montag - Freitag nur Abendessen)* Menü 19/24 € – Karte 18/34 €
Ein gepflegtes Haus unter familiärer Leitung. Die Gästezimmer sind funktional in zeitlosem Stil eingerichtet und liegen teilweise zum Innenhof. In gemütlich-rustikalen Stuben serviert man bürgerliche Küche.

In Friedland Süd: 11 km über A2, Richtung Bad Hersfeld

Landhaus Biewald mit Zim
Weghausstr. 20 ✉ 37133 – ✆ (05504) 9 35 00 – www.biewald-friedland.de – geschl. Februar 2 Wochen, November 2 Wochen und Montag - Dienstag
7 Zim ☕ – †45 € ††65 € – ½ P
Rest – Menü 25 € – Karte 19/47 €
Rest *Genießer Stube* – *(geschl. Montag - Dienstag) (nur Abendessen)* (Tischbestellung erforderlich) Menü 50/90 €
In dem Familienbetrieb (3. Generation) serviert man im behaglichen Restaurant bürgerlich-regionale Küche, in der eleganten "Genießer Stube" ein anspruchsvolles, sehr ambitioniertes Menü! Schön auch die Gartenterrasse. Gepflegte Gästezimmer.

In Friedland - Groß-Schneen Süd: 10 km über A2, Richtung Bad Hersfeld

Schillingshof mit Zim Rest,
Lappstr. 14 ✉ 37133 – ✆ (05504) 2 28 – www.schillingshof.de – geschl. Januar 3 Wochen, August - September 3 Wochen und Montag - Dienstag
6 Zim ☕ – †78 € ††145 € **Rest** – Menü 33 € (mittags)/110 € – Karte 42/85 €
Das Fachwerkhaus von 1648 liegt in einer relativ ruhigen Nebenstraße und beherbergt ein Restaurant mit leicht kreativ beeinflusster internationaler Küche. Die Gäste können in schönen modernen Zimmern übernachten.

GOMADINGEN – Baden-Württemberg – **545** – 2 180 Ew – Höhe 675 m **55** H19
– Wintersport: 800 m – Luftkurort
Berlin 665 – Stuttgart 64 – Reutlingen 23 – Ulm (Donau) 60
Marktplatz 2, Rathaus, ✉ 72532, ✆ (07385) 96 96 33, www.gomadingen.de

Zum Lamm mit Zim 
Hauptstr. 3 ✉ 72532 – ✆ (07385) 9 61 50 – www.lamm-gomadingen.de – geschl. Montag
6 Zim ☕ – †42/49 € ††64/78 € – ½ P **Rest** – Karte 14/35 €
Ein ländlich-schlichter Gasthof, der auf eine lange Familientradition zurückblicken kann und bürgerliche Speisen für Sie bereithält. Zum Übernachten stehen gepflegte und zeitgemäße Zimmer zur Verfügung.

GOSLAR – Niedersachsen – 541 – 40 710 Ew – Höhe 255 m 29 J10

Berlin 252 – Hannover 84 – Braunschweig 43 – Göttingen 80

Markt 7, ✉ 38640, ✆ (05321) 7 80 60, www.goslar.de

Altstadt★★★ · Fachwerkhäuser★★ · Klosterkirche Neuwerk★ · Mönchehaus★ · Rathaus★(Huldigungssaal★★) · Marktplatz★ · Pfarrkirche Peter und Paul★ · Kaiserpfalz★

Klosterkirche Grauhof★ · Harz★★

Der Achtermann

Rosentorstr. 20 ✉ 38640 – ✆ (05321) 7 00 00 – www.der-achtermann.de

153 Zim – 90/120 € 120/206 € – 1 Suite – ½ P

Rest – *(Montag - Freitag nur Abendessen)* Menü 19/34 € – Karte 18/41 €

Das Businesshotel mit modernen Zimmern liegt am Rande der Fußgängerzone, nicht weit vom Bahnhof. Wenn Sie etwas Besonderes suchen, buchen Sie eine der zwei wirklich schicken Turm-Suiten! Im jahrhundertealten Wehrturm der ehemaligen Stadtbefestigung ist auch das Restaurant untergebracht: Bei internationaler Küche bestaunt man schöne historische Details!

Niedersächsischer Hof

Klubgartenstr. 1 ✉ 38640 – ✆ (05321) 31 60 – www.niedersaechsischerhof-goslar.de

63 Zim – 58/85 € 75/120 €, 12 € **Rest** – Menü 18/43 € – Karte 21/43 €

Neben gepflegten neuzeitlichen Zimmern hält das Hotel ein besonderes Extra für Sie bereit: eine Ausstellung zeitgenössischer Gemälde. Restaurant mit stilvoller Note.

Kaiserworth

Markt 3 ✉ 38640 – ✆ (05321) 70 90 – www.kaiserworth.de

64 Zim – 81/101 € 122/182 € – ½ P **Rest** – Karte 24/48 €

Eine schöne Adresse mit historischem Rahmen ist das einstige Zunfthaus der Tuchmacher. Die Zimmer sind recht unterschiedlich eingerichtet. Zeitgemäßes Café im Haus. Ein sehenswertes gotisches Gewölbe schmückt das Restaurant. Internationale Küche.

In Goslar-Hahnenklee Süd-West: 16 km – Höhe 560 m – Wintersport: 726 m 1 2 – Heilklimatischer Kurort

Kurhausweg 7, ✉ 38644, ✆ (05325) 5 10 40, www.hahnenklee.de

Njord

Parkstr. 2 ✉ 38644 – ✆ (05325) 5 28 93 70 – www.hotelnjord.com

24 Zim – 70/105 € 105/185 € – 1 Suite – ½ P

Rest *Madhus* – *(nur Abendessen)* Menü 27/43 € – Karte 33/45 €

Ein freundlich geführtes Hotel mit schönen modernen Zimmern (meist mit Balkon) und Bibliothek unterm Dach mit Blick auf den Kranichsee. Kosmetikangebot, kostenloser Fahrradverleih. In klaren Linien gehaltenes Restaurant.

Haus am Hochwald garni

Langeliethstr 14c ✉ 38644 – ✆ (05325) 5 16 20 – www.hausamhochwald.de

16 Zim – 40/50 € 84/98 € – 1 Suite

Ein gut geführter kleiner Familienbetrieb in ruhiger Lage an einem Wanderweg, in dem gepflegte, hell und zeitgemäß gestaltete Zimmer zur Verfügung stehen.

GOTHA – Thüringen – 544 – 45 570 Ew – Höhe 300 m 40 K12

Berlin 326 – Erfurt 22 – Gera 114 – Nordhausen 76

Hauptmarkt 33, ✉ 99867, ✆ (03621) 50 78 57 11, www.gotha.de

Mühlberg, Gut Ringhofen, ✆ (036256) 8 69 83

Am Schlosspark

Lindenauallee 20 ✉ 99867 – ✆ (03621) 44 20 – www.hotel-am-schlosspark.de

95 Zim – 85/95 € 100/115 € – ½ P **Rest** – Karte 24/36 €

Die recht ruhige Lage beim Schlosspark oberhalb des Zentrums sowie wohnliches, klassisch-elegantes Ambiente machen dieses Hotel aus. Auch Kosmetikanwendungen werden angeboten. Das Restaurant: lichter Wintergarten und schöne Stube, daneben die gemütliche Bar.

Der Lindenhof

Schöne Aussicht 5 ✉ *99867 – ✆ (03621) 77 20 – www.der-lindenhof-gotha.de*
87 Zim – 74/100 € 94/118 € – 1 Suite **Rest** – Karte 25/42 €
Das Hotel in dem einstigen Kasernengebäude bietet eine elegante Halle mit kleiner Bibliothek, geräumige, funktionelle Zimmer sowie Räume für Tagungen und Veranstaltungen. Zum Restaurant gehören eine schöne Terrasse und ein Biergarten mit Lagerfeuer.

In Gotha-Siebleben

Landhaus & Burg Hotel Romantik

Salzgitterstr. 76 (B 7) ✉ *99867 – ✆ (03621) 3 64 90 – www.landhaus-hotel-romantik.de* BVh
23 Zim – 68/95 € 92/180 € – 1 Suite – ½ P
Rest – *(geschl. Sonntag) (nur Abendessen)* Menü 28 € – Karte 22/37 €
Familie Gewalter hat alles hier im Haus ausgesprochen individuell, charmant und mit Liebe zum Detail gestaltet, so auch die tollen großzügigen "Burg Romantik"-Zimmer, die man mit ihrer speziellen und wertigen Einrichtung im Barockstil durchaus als opulent bezeichnen kann! Im Winter sorgt ein Kamin im Frühstücksraum für Behaglichkeit, im Sommer zieht es einen nach draußen in den kleinen Biergarten im Innenhof.

GOTTLEUBA, BAD-BERGGIESSHÜBEL – Sachsen – 544 – 5 770 Ew – Höhe 290 m – Kneippkurort   43 Q12

Berlin 224 – Dresden 31 – Chemnitz 106

In Bad Gottleuba-Augustusberg Süd-Ost: 2 km ab Bad Gottleuba

Berghotel Augustusberg

Augustusberg 15 ✉ *01816 – ✆ (035023) 6 25 04 – www.augustusberg.de*
23 Zim – 52/65 € 75/98 € – ½ P **Rest** – Menü 22/33 € – Karte 18/33 €
Hier in herrlicher Alleinlage möchte man immerzu den Blick schweifen lassen - sogar bis nach Dresden kann man schauen. Die Aussicht genießt man am besten vom Restaurant-Pavillon und von der Terrasse, aber auch von einigen Zimmern.

GRAAL-MÜRITZ – Mecklenburg-Vorpommern – 542 – 4 270 Ew – Höhe 5 m – Seeheilbad   12 N3

Berlin 241 – Schwerin 109 – Rostock 28 – Stralsund 59
Rostocker Str. 3, ✉ 18181, ✆ (038206) 70 30, www.graal-mueritz.de

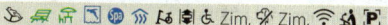

IFA   Zim, Zim,

Waldstr. 1 ✉ *18181 – ✆ (038206) 7 30 – www.ifa-graal-mueritz-hotel.com*
142 Zim – 110/160 € 130/178 € – 8 Suiten – ½ P
Rest – Menü 21/49 € – Karte 29/59 €
Hier kann man wirklich schön Ferien machen, und das nur einen Steinwurf vom Meer! Buchen Sie seeseitig, oder im Bungalow mit Kitchenette? Und auch Wellness gehört zum Urlaub - der Spa-Bereich ist angenehm großzügig. Entspannen kann man auch in der Bibliothek mit Internetecke oder auf der Terrasse zum Garten.

Strandhotel Deichgraf

Strandstr. 61 ✉ *18181 – ✆ (038206) 13 84 13 – www.strandhoteldeichgraf.com*
15 Zim – 89/128 € 129/178 € – 9 Suiten – ½ P
Rest – Menü 18/37 € – Karte 14/32 €
Das Haus mit der roten Fassade überzeugt durch seine Lage direkt hinter den Dünen und die schönen wohnlichen Zimmer in warmen Farben. Im Sommer frühstückt man auf der Terrasse. Das Ambiente im Restaurant erinnert an das Interieur eines Segelschiffes.

Villa Strandkorb garni

Strandstr. 10 ✉ *18181 – ✆ (038206) 70 00 – www.villa-strandkorb.de – geschl. November - Februar*
13 Zim – 59/99 € 69/109 €
In dem gepflegten kleinen Hotel unter familiärer Leitung stehen die wohnlichen "Kajüten-" und "Muschelzimmer" sowie die besonders großzügigen "Leuchtturmsuiten" bereit.

Haus am Meer

Zur Seebrücke 36 ✉ 18181 – ✆ (038206) 73 90 – www.ham-ostsee.de
34 Zim – ♦45/75 € ♦♦59/120 € – ½ P **Rest** – Karte 18/27 €
Vor allem die attraktive strandnahe Lage macht dieses persönlich geführte Hotel aus. Man hat unterschiedlich möblierte, funktionelle Zimmer und ein freundliches, zeitlos gestaltetes Restaurant.

GRAFENAU – Bayern – 546 – 8 440 Ew – Höhe 609 m – Wintersport: 700 m 3 – Luftkurort

60 P18

Berlin 505 – München 190 – Passau 38 – Deggendorf 46
Rathausgasse 1, ✉ 94481, ✆ (08552) 96 23 43, www.grafenau.de

Säumerhof mit Zim

Steinberg 32 ✉ 94481 – ✆ (08552) 40 89 90 – www.saeumerhof.de – geschl. Montag, außer an Feiertagen
9 Zim – ♦52/65 € ♦♦80/100 € – 1 Suite – ½ P
Rest – Menü 27/59 € – Karte 27/51 €
Dieses alteingesessene Haus der Familie Endl ist ein Klassiker im Bayerischen Wald. Sympathisch die überaus freundliche Gästebetreuung durch die Chefin, schmackhaft die internationale, regional angehauchte Küche, die es z. B. als "Maibock mit Reibedatschi und Lauchzwiebeln" gibt.

GRAFENHAUSEN – Baden-Württemberg – 545 – 2 230 Ew – Höhe 895 m – Wintersport: 970 m 2 – Luftkurort

62 E21

Berlin 788 – Stuttgart 174 – Freiburg im Breisgau 50 – Donaueschingen 41
Schulstr. 1, ✉ 79865, ✆ (07748) 5 20 41, www.rothauserland.de

Tannenmühle

Tannenmühleweg 5 (Süd-Ost: 3 km) ✉ 79865 – ✆ (07748) 2 15 – www.tannenmuehle.de
16 Zim – ♦50/65 € ♦♦90/132 € – ½ P
Rest – *(geschl. November - April: Montag - Dienstag)* Karte 22/50 €
Mühlenmuseum, mehrere Tiergehege, eine eigene Forellenzucht, Spielplatz... Das Anwesen an einem Bach am Waldrand ist ein kleiner Erlebnispark auf 13 ha Fläche! Die Zimmer haben meist Balkon und Küchenzeile, die Gaststuben sind geschmackvoll und ganz schwarzwaldtypisch. Es locken viele Forellengerichte.

GRAFENWIESEN – Bayern – 546 – 1 580 Ew – Höhe 439 m – Erholungsort, Luftkurort

59 O17

Berlin 501 – München 191 – Passau 98 – Cham 26
Rathausplatz 6, ✉ 93479, ✆ (09941) 94 03 17, www.grafenwiesen.de

Birkenhof Rest,

Auf der Rast 7 ✉ 93479 – ✆ (09941) 4 00 40 – www.hotel-birkenhof.de
72 Zim – ♦75/108 € ♦♦150/220 € – 3 Suiten – ½ P
Rest – Menü 25 € (abends)/35 € – Karte 19/29 €
In über 40 Jahren hat Familie Gmach hier viel auf die Beine gestellt! Das Haus ist gepflegt, man bleibt nicht stehen - die Wellnesspagode "SinnesReich" mit diversen Anwendungen, das schöne Sonnendeck mit Terrasse und Dachpool sowie die Juniorsuiten in "NeptunsReich" sind der beste Beweis! HP inklusive.

GRAFING – Bayern – 546 – 12 940 Ew – Höhe 522 m

66 M20

Berlin 614 – München 39 – Landshut 80 – Rosenheim 35
Oberelkofen, Hochreiterweg 14, ✆ (08092) 74 94

Hasi's Hotel garni

Griesstr. 5 ✉ 85567 – ✆ (08092) 7 00 70 – www.hotelhasi.de – geschl. 24. Dezember - 1. Januar
23 Zim – ♦48/80 € ♦♦89/120 €
Freundlich, neuzeitlich und funktional ist der Familienbetrieb im Zentrum gestaltet. Man hat auch ein eigenes Café mit kleinem Snack-Angebot - hier bietet man auch das Frühstück.

GRAINAU – Bayern – 546 – 3 550 Ew – Höhe 758 m – Wintersport: 2 962 m 2 9 – Luftkurort

65 K22

Berlin 682 – München 94 – Garmisch-Partenkirchen 11 – Kempten 94

Parkweg 8, ✉ 82491, (08821) 98 18 50, www.grainau.de

Zugspitze★★★ (Zugspitzgipfel★★★·✻ ★★★), mit Zahnradbahn (45 min) oder ab Eibsee (10 min)

Waxenstein

Höhenrainweg 3 ✉ 82491 – (08821) 98 40 – www.waxenstein.de

36 Zim – 70/145 € 130/240 € – 4 Suiten – ½ P

Rest – Menü 25/49 € – Karte 28/45 €

Ein wunderschönes Hotel, zum einen wegen des zeitgemäßen Landhausstils, zum anderen wegen der tollen Aussicht auf Waxenstein und Zugspitze - Letzteres ist ein guter Grund, eines der Südzimmer mit Balkon zu buchen! Den traumhaften Bergblick genießen Sie auch im Restaurant bei internationaler Küche.

Alpenhof

Zim, Rest,

Alpspitzstr. 34 ✉ 82491 – (08821) 98 70 – www.alpenhof-grainau.de

36 Zim – 47/113 € 115/232 € – ½ P **Rest** – Karte 22/45 €

Viele Feriengäste kommen immer wieder zu Familie Rosenstock. Von dem wohnlichen Hotel aus kann man wunderbar zu Wanderungen starten oder einfach im herrlichen großen Garten entspannen! Lassen Sie hier auf der schönen ruhigen Terrasse bei Kaffee und Kuchen (oder bei internationaler Küche) die Seele baumeln!

Eibsee-Hotel

Rest,

Am Eibsee 1 (Süd-West: 3 km) ✉ 82491 – (08821) 9 88 10 – www.eibsee-hotel.de

117 Zim – 90/132 € 154/229 € – 6 Suiten – ½ P

Rest – Menü 25/68 € – Karte 27/53 €

Rest *Taverne* – *(geschl. April - Mai 4 Wochen, November - Dezember 4 Wochen und Sonntag - Montag) (nur Abendessen)* Menü 25 € – Karte 34/50 €

Von Ihrem Zimmer schauen Sie auf den Eibsee, die Berge oder den Wald, am eigenen Strandbad direkt vor dem Haus wagen Sie sich ins kühle Nass... oder Sie lassen einfach vom verglasten Ruheraum den Blick übers Wasser schweifen. Zur Zugspitzbahn sind es übrigens nur 3 Minuten zu Fuß. Skiverleih im Haus. Die Küche reicht von regional bis euro-asiatisch.

Längenfelder Hof garni

Längenfelderstr. 8 ✉ 82491 – (08821) 98 58 80 – www.laengenfelder-hof.de – geschl. 6. November - 15. Dezember

19 Zim – 52/104 € 88/130 €

Sie mögen es persönlich und familiär? Das Haus liegt ruhig in einer Sackgasse, ist tipptopp gepflegt, liebenswerte kleine Dekorationen, alle Zimmer mit Balkon oder Terrasse, einige sogar mit Kamin. Draußen der Garten vor Bergkulisse.

Gasthaus am Zierwald mit Zim

Zierwaldweg 2 ✉ 82491 – (08821) 9 82 80 – www.zierwald.de – geschl. 16. - 26. Januar und Mittwoch

5 Zim – 50/54 € 80/86 € – ½ P **Rest** – Karte 22/35 €

Bei Familie Hagenmeyer hat inzwischen Sohn Philipp die Leitung der Küche übernommen: Er bietet frische saisonale Landküche in Form von "Kalbsbäckchen in Rotwein geschmort mit Kartoffel-Rosmarinstampf" oder "Zanderfilet mit Wiesenkräutern".

GRASELLENBACH – Hessen – 543 – 3 780 Ew – Höhe 389 m – Kneippheilbad

48 G16

Berlin 592 – Wiesbaden 95 – Mannheim 55 – Beerfelden 21

Schulstr. 1, ✉ 64689, (06207) 25 54, www.grasellenbach.de

Siegfriedbrunnen

Hammelbacher Str. 7 ✉ 64689 – (06207) 60 80 – www.siegfriedbrunnen.com

57 Zim – 71/120 € 148/208 € – 2 Suiten – ½ P

Rest – Menü 49 € – Karte 21/55 €

In ihrem ruhig gelegenen Hotel bieten Ernst und Anne Samer wohnliche Zimmer (auch Allergikerzimmer mit Holzfußboden), ein gediegen-rustikales Restaurant auf zwei Ebenen (internationale Küche) sowie ein Tagungszentrum. Eine kleine Oase: der schöne Garten mit Meerwasserpool!

Landgasthof Dorflinde
Siegfriedstr. 14 ✉ *64689* – ✆ *(06207) 9 22 90* – *www.landgasthof-dorflinde.de*
19 Zim – 46/65 € 92/100 € – ½ P
Rest – Menü 10/35 € – Karte 16/38 €
Die 1819 erbaute Dorflinde mitten im Nibelungenland ist das zweite Haus der Samers. Hier mögen die Gäste die familiäre Atmosphäre und den sympathisch-ländlichen Stil der Zimmer und des gemütlich getäfelten Restaurants.

GREBENSTEIN – Hessen – 543 – 5 910 Ew – Höhe 193 m

28 H11

Berlin 405 – Wiesbaden 238 – Kassel 19 – Detmold 95

Deutsche Eiche mit Zim
Untere Schnurstr. 3 ✉ *34393* – ✆ *(05674) 92 33 77*
– www.deutsche-eiche-grebenstein.com
10 Zim – 45/55 € 65/75 €, 8 € – ½ P
Rest – *(geschl. Montagmittag)* Menü 11 € (mittags)/35 € – Karte 16/37 €
Das Haus liegt im Zentrum des beschaulichen kleines Ortes. Ein in mehrere Räume unterteiltes Restaurant mit rustikalem Charakter und bürgerlichem Speisenangebot. Im Hotelbereich bietet man meist recht geräumige und zeitgemäße Zimmer.

GREETSIEL – Niedersachsen – siehe Krummhörn

GREIFSWALD – Mecklenburg-Vorpommern – 542 – 54 370 Ew – Höhe 5 m

13 P4

Berlin 214 – Schwerin 178 – Rügen (Bergen) 60 – Rostock 103
ADAC Anklamer Str. 85
Rathaus am Markt, ✉ 17489, ✆ (03834) 52 13 80, www.greifswald.info
Marktplatz★ (Haus Nr. 11★) · Marienkirche★ (Kanzel)★ · Dom St. Nikolai★
Klosterruine Eldena★ · Fischerdorf Wieck★ (Zugbrücke★)

Mercure
Am Gorzberg ✉ *17489* – ✆ *(03834) 54 40* – *www.mercure.com*
113 Zim – 64/83 € 81/100 € – ½ P
Rest – *(nur Abendessen)* Menü 19/30 € – Karte 23/39 €
Das Hotel ist eine praktische Tagungs- und Businessadresse am Stadtrand. Es stehen zeitgemäße und funktionale Zimmer bereit, kleine Extras in der Komfort-Kategorie.

Kronprinz
Lange Straße 22 ✉ *17489* – ✆ *(03834) 79 00* – *www.hotelkronprinz.de*
30 Zim – 83/103 € 104/120 € – 1 Suite – ½ P
Rest – Menü 20/35 € – Karte 20/32 €
Das aus Alt- und Neubau bestehende Hotel befindet sich in der Innenstadt bei der Fußgängerzone und bietet funktional ausgestattete Zimmer in klassischem Stil. Restaurant mit Brasserie-Ambiente und bürgerlich-internationaler Karte.

Le Croy
Rakower Str. 9 ✉ *17489* – ✆ *(03834) 77 58 46* – *www.le-croy.de* – *geschl. 1. - 12. Januar, 3. - 15. Februar und Montag*
Rest – Menü 39/92 € – Karte 38/76 €
Mit Können, Gefühl und regionalen Produkten von ausgesuchter Qualität bringt Chef Stefan Frank nicht nur Geschmack und Kraft, sondern auch Eleganz und Feinheit auf den Teller. Seine zeitgemäßen Speisen lässt man sich auch gerne auf der etwas versteckten hübschen Terrasse servieren. Mittags gibt es in dem Restaurant im Landesmuseum mitten in der Altstadt nach wie vor eine schnelle Küche.

Tischlerei N
Salinenstr. 22 ✉ *17489* – ✆ *(03834) 88 48 48* – *geschl. Sonntag*
Rest – Karte 25/43 €
Das legere Konzept und die gute Küche kommen an! Was in dem gemütlichen Restaurant direkt am Hafen (schön die Terrasse hier) auf den Tisch kommt, ist frisch und regional - so z. B. Klassiker wie die Fischsuppe, aber auch "Maispoulardenbrust auf Olivenpüree".

In Greifswald-Wieck Ost: 4 km

XX **Büttner's** 

Am Hafen 1a ✉ 17493 – ✆ (03834) 8 87 07 37 – www.buettners-restaurant.de – geschl. Februar 1 Woche, November 1 Woche und Montag

Rest – Menü 33/69 €

Im idyllischen Ortsteil Wieck gelegen, direkt am Hafen und mit Blick auf die Ryck... da ist die Terrasse natürlich heiß begehrt! Aber nicht nur die, man kommt auch wegen leckeren regional-saisonalen Gerichten wie "Steinbutt auf Spargel-Erdbeer-Ragout" oder "Thunfisch mit dreierlei Erbsen"!

 **Fischer-Hütte** 

An der Mühle 12 ✉ 17493 – ✆ (03834) 83 96 54 – www.fischer-huette.de

Rest – Karte 18/41 €

Am Fischereihafen finden Sie dieses nette Restaurant mit rustikal-maritimem Flair und frischer saisonaler Fischküche. Von den Fensterplätzen schaut man auf die alte Klappbrücke.

In Neuenkirchen Nord: 3 km

 **Stettiner Hof**  Rest, 

Theodor-Körner-Str. 20 ✉ 17498 – ✆ (03834) 89 96 24 – www.hotel-stettiner-hof.de

24 Zim – †57/62 € ††77/82 € – ½ P

Rest – *(Montag - Freitag nur Abendessen)* Menü 23 € – Karte 20/30 €

Eine Besonderheit dieses Familienbetriebs ist die Ausstellung restaurierter alter Maschinen - ein Hobby des Chefs. Eines der komfortableren Giebelzimmer ist eine Maisonette. Im Bistrostil gehaltenes Restaurant mit Wintergarten, davor der Garten mit Terrasse.

GREMSDORF – Bayern – siehe Höchstadt an der Aisch

GRENZACH-WYHLEN – Baden-Württemberg – 545 – 14 130 Ew – Höhe 272 m

61 D21

Berlin 868 – Stuttgart 271 – Freiburg im Breisgau 87 – Bad Säckingen 25

Im Ortsteil Grenzach

 **Eckert** 

Basler Str. 20, (B 34) ✉ 79639 – ✆ (07624) 9 17 20 – www.hotel-eckert.de – geschl. 27. Dezember - 3. Januar

29 Zim – †69/78 € ††99/108 €

Rest ***Restaurant Eckert*** – siehe Restaurantauswahl

Christine Eckert führt ihr Haus nun in 3. Generation, und das schon seit über 30 Jahren unverändert engagiert! Die Zimmer sind hell, freundlich und funktionell, schön geräumig die beiden Juniorsuiten.

villetta garni

Basler Str. 10 ✉ 79639 – ✆ (07624) 2 09 17 01 – www.hotel-villetta.de

10 Zim – †73 € ††82/119 €, 10 €

Die "kleine Villa" von 1911 ist schon von außen wirklich hübsch anzuschauen und auch die Zimmer können sich sehen lassen: individuell, schön modern, sehr komfortabel und technisch aktuell! Katrin Scheibner empfängt und betreut ihre Gäste dazu mit viel Engagement und natürlichem Charme.

XX **Restaurant Eckert** – Hotel Eckert

Basler Str. 20, (B 34) ✉ 79639 – ✆ (07624) 9 17 20 – www.hotel-eckert.de – geschl. 27. Dezember - 3. Januar und Donnerstagabend - Samstagmittag

Rest – (Tischbestellung ratsam) Menü 34/68 € – Karte 33/61 €

In drei gediegenen Restauranträumen (einer davon mit schöner Täfelung von 1930) bekommen Sie traditionelle Küche, die zeitgemäß aufgefrischt und international beeinflusst ist. Probieren sollte man Andreas Meiers Klassiker wie Cordon bleu oder geschmorte Kalbshaxe!

GREVEN – Nordrhein-Westfalen – 543 – 36 120 Ew – Höhe 45 m 26 D9

Berlin 465 – Düsseldorf 141 – Nordhorn 76 – Enschede 59

Alte Münsterstr. 23, ✉ 48268, ✆ (02571) 13 00, www.greven-tourismus.de

Greven, Aldruper Oberesch 12, ✆ (02571) 9 70 95

Eichenhof

Hansaring 70 ✉ 48268 – ✆ (02571) 9 97 96 00 – www.eichenhof.com

29 Zim – 55/62 € 88 € – ½ P

Rest – *(geschl. Samstagmittag, Sonntag und an Feiertagen)* Karte 17/31 €

Das Hotel ist aus einem schönen historischen Bauernhof entstanden. Die Zimmer sind unterschiedlich geschnitten und zeitgemäß eingerichtet, teils auch mit Antiquitäten. W-Lan gratis. Von einer Künstlerin freundlich dekoriertes Restaurant mit ländlichem Charme.

Altdeutsche Gaststätte Wauligmann

Schifffahrter Damm 22 (Süd-Ost: 4 km über B 481 in Richtung Münster, jenseits der A 1) ✉ 48268 – ✆ (02571) 23 88 – www.gaststaette-wauligmann.de – geschl. 23. Dezember - 7. Januar, 4. - 26. August und Montag - Dienstag

Rest – Karte 21/40 €

Seit 1841 existiert das gemütliche altdeutsche Gasthaus und seit jeher ist es ein Familienbetrieb! Gisela Wauligmann teilt sich die Küche inzwischen mit Sohn Christoph, gemeinsam kochen sie westfälische Gerichte, wie sie nicht nur die vielen Stammgäste lieben. Probieren Sie die hausgemachten Würste!

In Greven-Gimbte **Süd: 4,5 km über B 219, jenseits der A 1**

Altdeutsche Schänke

Dorfstr. 18 ✉ 48268 – ✆ (02571) 22 61 – www.altdeutsche-schaenke.de – geschl. nach Karneval 2 Wochen, Oktober 1 Woche und Dienstag

Rest – Karte 20/60 €

Wer hinter dem Namen ein gemütliches Gasthaus mit Tradition vermutet, liegt goldrichtig! Das ehemalige Bauernhaus von 1846 ist drinnen stilvoll-rustikal (man beachte den schönen alten Kamin!), draußen hat man eine tolle Gartenterrasse. Gekocht wird bürgerlich-international.

GREVENBROICH – Nordrhein-Westfalen – 543 – 63 490 Ew – Höhe 50 m 35 B12

Berlin 581 – Düsseldorf 28 – Aachen 59 – Köln 31

Grevenbroich, Zur Mühlenerft 1, ✆ (02181) 28 06 37

Zur Traube (Dieter L. Kaufmann) mit Zim

Zim,

Bahnstr. 47 ✉ 41515 – ✆ (02181) 6 87 67 – www.zur-traube-grevenbroich.de – geschl. 22. Dezember - 6. Januar, 13. - 28. April, 27. Juli - 11. August und Sonntag - Montag

4 Zim – 125/165 € 158/195 € – 2 Suiten

Rest – (Tischbestellung ratsam) Menü 48 € (mittags)/126 € – Karte 64/128 €

Seit 1962 steht Dieter L. Kaufmann hier am Herd... Er ist der älteste "aktive" Sternekoch (den ersten Stern bekam er 1973) und er denkt noch lange nicht ans Aufhören! So darf man sich auch weiterhin auf seine traditionell-klassische Küche samt bewährter Terrinen und Parfaits freuen! All die Jahre als charmante Gastgeberin an seiner Seite: seine Frau Elvira. Man beachte auch die tolle Wein-, Champagner- und Digestif-Karte!

→ Parfait vom Stör mit Imperial Kaviar. Gefüllte Wachtel mit Kalbsbries und schwarzen Trüffeln. Orangenparfait mit Nougat-Schokoladen-Eis.

In Grevenbroich-Kapellen **Nord-Ost: 6 km, Richtung Neuss über A 46**

Drei Könige mit Zim

Neusser Str. 49 ✉ 41516 – ✆ (02182) 81 21 53 – www.drei-koenige.net – geschl. Montag, Samstagmittag

6 Zim – 78 € 95/105 € **Rest** – Menü 30 € (abends)/40 € – Karte 36/55 €

Die einstige Postrelaisstation a. d. 18. Jh. ist heute ein familiengeführtes Restaurant, das rustikale und klassische Elemente kombiniert. Saisonal beeinflusste Küche. Helle, freundliche Gästezimmer mit italienischen Möbeln.

GRIESBACH im ROTTAL, BAD – Bayern – 546 – 8 410 Ew – Höhe 453 m – Heilbad und Luftkurort

Berlin 606 – München 153 – Passau 38 – Landshut 95

Stadtplatz 1, ✉ 94086, ✆ (08532) 7 92 40, www.badgriesbach.de

Brunnwies, ✆ (08535) 9 60 10

Lederbach Holzhäuser 8, ✆ (08532) 31 35

Uttlau, ✆ (08535) 1 89 49

Sagmühle, ✆ (08532) 20 38

COLUMBIA

Passauer Str. 39a ✉ 94086 – ✆ (08532) 30 90 – www.columbia-hotels.com

61 Zim – 🕴109/149 € 🕴🕴198/218 € – 2 Suiten – ½ P

Rest *Il Giardino* ✿✿ **Rest *Galleria* Rest *El Sotano*** – siehe Restaurantauswahl

Eine Hotelanlage in ansprechender Hufeisenform mit freundlichem Service, vielseitigem Wellnessangebot und gutem Tagungsbereich. Highlight: die zwei Il-Giardino-Suiten in der Gartenvilla.

Il Giardino – Hotel COLUMBIA

Passauer Str. 39a ✉ 94086 – ✆ (08532) 30 91 68 – www.columbia-hotels.com – geschl. 12. Januar - 14. Februar, 22. Juni - 7. Juli, 2. - 18. November und Sonntag - Montag

Rest – *(nur Abendessen)* Menü 68/129 € ✿

Denis Feix' Küche ist so interessant, gefühlvoll und kreativ, dass es sich lohnt, ihre ganze Vielfalt kennenzulernen: am besten mit dem Menü "Naturreise"! Bei Sommelière Kathrin Feix sind Ihnen sehr stimmige und durchdachte Weinempfehlungen gewiss! Und all das in der eleganten Villa inmitten des Hotelgartens!

→ Lamm vom Gutshof Polting, Tomate, Bärlauch. Kalbsfilet, Kaviar, Zitrone. Holunderblüte, weiße Schokolade, Walderdbeeren.

Galleria – Hotel COLUMBIA

Passauer Str. 39a ✉ 94086 – ✆ (08532) 30 91 09 – www.columbia-hotels.com

Rest – Menü 30 € – Karte 31/45 €

Beeindruckend, was Farbe alles kann: Warme Rottöne und naturbelassene Korbsessel harmonieren miteinander und schaffen behagliche Atmosphäre in dem großzügigen Raum.

El Sotano – Hotel COLUMBIA

Passauer Str. 39a ✉ 94086 – ✆ (08532) 30 91 62 – www.columbia-hotels.com – geschl. Juli und Montag - Dienstag

Rest – *(nur Abendessen)* Karte 19/38 €

Nach unverkennbar mexikanischer Folklore eingerichtetes Lokal - tauchen Sie ein in die prächtige Farbenvielfalt des fernen Landes und genießen die mit typischen Gewürzen gespickten Speisen.

In Bad Griesbach-Therme Süd: 3 km Richtung Bad Füssing

Stadtplatz 1, ✉ 94086, ✆ (08532) 7 92 40, www.badgriesbach.de

Maximilian

Kurallee 1 ✉ 94086 – ✆ (08532) 79 50 – www.hartl.de/maximillian

194 Zim – 🕴108/163 € 🕴🕴176/286 € – 11 Suiten – ½ P

Rest *Ferrara* – siehe Restaurantauswahl

In dem komfortablen Hotel stehen Wellness und Golf im Vordergrund. Man bietet Spa auf 2500 qm und einen Shuttle-Service zu den Golfplätzen des Hartl-Resorts. Verschiedene Boutiquen im Haus.

Parkhotel

Am Kurwald 10 ✉ 94086 – ✆ (08532) 2 80 – www.parkhotel-badgriesbach.de

159 Zim – 🕴101/126 € 🕴🕴192/238 € – 5 Suiten – ½ P **Rest** – Menü 20/27 €

Diese ruhig am Ortsrand gelegene Ferienadresse verfügt über einen geschmackvollen Spabereich und Medical Wellness mit Therapieangebot. Besonders wohnlich: die Galeriezimmer. Teil des Restaurants ist das gemütliche Stüberl mit regionaler Karte. HP inklusive.

Das Ludwig Rest, Rest,

Am Kurwald 2 ✉ 94086 – ✆ (08532) 79 90 – www.hartl.de/dasludwig

180 Zim – ♦99/112 € ♦♦168/194 € – ½ P **Rest** – *(nur Abendessen)*

Das Konzept (Freizeit, Familien, Urlaub) kommt an! Mit Soccer Camp, Geocaching, Golfer-Service, einer Thermenlandschaft auf rund 1800 qm und vielem mehr gibt's für Groß und Klein die passende Aktivität. Im Restaurant bietet man regelmäßig Buffets, wer's rustikal mag, geht in den "Heurigen".

Fürstenhof Rest,

Thermalbadstr. 28 ✉ 94086 – ✆ (08532) 98 10 – www.hartl.de

140 Zim – ♦95/115 € ♦♦178/214 € – 8 Suiten – ½ P

Rest – Menü 19 € (mittags)/28 € – Karte 28/46 €

Behaglich sind sie alle, die Zimmer in dieser ansprechenden Hotelanlage, ganz besonders wohnlich sind die neueren mit ihren schönen warmen Farben! Viele Zimmer haben einen Balkon und auch einige Galeriezimmer sind vorhanden. Und natürlich kommt auch der weitläufige Wellnessbereich mit hübsch angelegter Sonnenterrasse gut an. Und zum Speisen wählt man zwischen verschiedenen Restaurantstuben von stilvoll bis ländlich.

Drei Quellen Therme Rest,

Thermalbadstr. 3 ✉ 94086 – ✆ (08532) 79 80 – www.hotel-dreiquellen.de

98 Zim – ♦79/89 € ♦♦138/178 € – 5 Suiten – ½ P

Rest – Menü 18/34 € – Karte 15/30 €

In dem zentral gelegenen Hotel trifft bayerischer Landhausstil auf zeitgemäßen Komfort. Im Garten hat man einen hübschen "Saunastadl", erreichbar durch einen Bademantelgang. Die Restauranträume sind gemütlich, teils mit mediterranem Touch gestaltet. HP inklusive.

Ferrara – Hotel Maximilian

Kurallee 1 ✉ 94086 – ✆ (08532) 79 55 20 – www.hartl.de/maximillian

Rest – Karte 39/56 €

Wenn Traditionelles, Ländliches und Klassisches zusammenkommen, dann entsteht eine solch gelungene und elegante Atmosphäre. Spezialität ist u. a. Fisch aus heimischen Gewässern!

GRIESHEIM – Hessen – 543 – 26 600 Ew – Höhe 96 m 47 F15

Berlin 573 – Wiesbaden 43 – Frankfurt am Main 40 – Darmstadt 7

18 Riedstadt-Leeheim, Hof Hayna, ✆ (06158) 74 73 85

Café Nothnagel garni

Wilhelm-Leuschner-Str. 67 ✉ 64347 – ✆ (06155) 8 37 00 – www.hotel-nothnagel.de – geschl. Weihnachten - 1. Januar

31 Zim – ♦75/90 € ♦♦110/120 €

Das gut geführte Hotel ist schon in 3. Generation in Familienhand. Hier stehen nicht nur gepflegte Zimmer zur Verfügung, man hat auch Bäckerei, Konditorei und Café mit im Haus - an den Kuchen und Torten kommt man nicht vorbei!

GRÖDITZ – Sachsen – 544 – 7 950 Ew – Höhe 97 m 33 P11

Berlin 175 – Dresden 52 – Cottbus 89 – Leipzig 92

Spanischer Hof

Hauptstr. 15a ✉ 01609 – ✆ (035263) 4 40 – www.spanischer-hof.de – geschl. 20. - 29. Dezember, 2. - 10. Januar

45 Zim – ♦80/145 € ♦♦100/175 € – ½ P

Rest – *(Montag - Freitag nur Abendessen)* Menü 20/45 € (abends) – Karte 18/70 €

Von der Architektur bis zu den Zimmernamen begleitet Sie ein Hauch Spanien durch das Hotel. Schön sind die zwei aufwändig gestalteten Turm-Maisonetten. Kosmetik- und Massageangebot. Spanische Küche bieten die ländlich gehaltenen Restaurants El Dorado und Bodega.

GRÖMITZ – Schleswig-Holstein – 541 – 7 620 Ew – Höhe 14 m – Seeheilbad 11 K3

Berlin 309 – Kiel 72 – Lübeck 54 – Neustadt in Holstein 12

Kurpromenade 58, ✉ 23743, ✆ (04562) 25 60, www.groemitz.de

27 Grömitz, Am Schoor 46, ✆ (04562) 22 26 50

Strandidyll 

Uferstr. 26 ✉ 23743 – ✆ (04562) 18 90 – www.strandidyll.de – geschl. 23. November - 24. Dezember

13 Zim ☕ – 🚹68/124 € 🚹🚹99/148 € – 13 Suiten – ½ P

Rest – *(nur Abendessen)* Menü 23/26 € – Karte 21/34 €

Vor allem die Lage unmittelbar am Strand macht das Hotel zu einer schönen Ferienadresse! Ganz in der Nähe befindet sich auch der Yachthafen. Sie speisen mit Blick auf die Ostsee (nachmittags bietet man eine reduzierte Karte). Terrasse zur Promenade.

GRÖNENBACH, BAD – Bayern – 546 – 5 280 Ew – Höhe 718 m — 64 I21

▶ Berlin 682 – München 135 – Augsburg 110 – Kempten 28

allgäu resort Ⓝ 

Sebastian-Kneipp-Allee 7 ✉ 87730 – ✆ (08334) 5 34 65 00 – www.allgaeu-resort.de

121 Zim ☕ – 🚹86/120 € 🚹🚹122/150 € – 4 Suiten – ½ P

Rest *Weitblick* – siehe Restaurantauswahl

Mit seinem umfassenden Konzept ist das Resorthotel ideal für alle, die Wellness und modernen Wohnkomfort genießen möchten, aber auch für Tagungsgäste. Der Wohlfühl- und Gesundheitsaspekt wird hier groß geschrieben: Nutzen Sie z. B. die hochwertige medizinische Präventionsdiagnostik oder holen Sie sich bei einem Kochkurs Ernährungstipps! Die ruhige erhöhte Lage macht die Erholung komplett.

Weitblick Ⓝ – Hotel allgäu resort 

Sebastian-Kneipp-Allee 7 ✉ 87730 – ✆ (08334) 5 34 65 00 – www.allgaeu-resort.de

Rest – Menü 34/46 € – Karte 28/69 €

Das Restaurant trägt seinen Namen zu Recht... durch die Fensterfront geht der Blick in die Natur. In einem separierten Teil des Hotelrestaurants lässt man sich Daniel Gillmanns ambitionierte Küche schmecken: Internationales mit regionalem Einfluss heißt hier z. B. "Taube in zwei Gängen", oder wie wär's mit den "Floischgerichten" vom Grill?

Topf-Gucker

Marktplatz 8 ✉ 87730 – ✆ (08334) 25 97 25 – www.topf-gucker.com – geschl. Montag

Rest – *(Dienstag - Samstag nur Abendessen, außer an Feiertagen)* Menü 30/40 € – Karte 26/49 €

Hier macht es Spaß zu essen, und das liegt an der bodenständigen badisch-schwäbischen Küche von Karl-Heinz Bittner, die z. B. als "Allgäuer Kässuppe" oder "Zander auf Rahmsauerkraut" daherkommt. Die Terrasse liegt sehr nett direkt auf dem Marktplatz.

GRONAU in WESTFALEN – Nordrhein-Westfalen – 543 – 46 550 Ew – Höhe 38 m — 26 C9

▶ Berlin 509 – Düsseldorf 133 – Nordhorn 35 – Enschede 10

ℹ Bahnhofstr. 45, ✉ 48599, ✆ (02562) 9 90 06, www.gronau.de

Driland

Gildehauser Str. 350 (Nord-Ost: 4,5 km Richtung Nordhorn) ✉ 48599 – ✆ (02562) 36 00 – www.driland.de – geschl. 23. Dezember - 1. Januar

24 Zim ☕ – 🚹65/82 € 🚹🚹95/110 € – ½ P

Rest – *(geschl. Dienstagmittag)* Menü 25/40 € – Karte 21/44 €

Ein netter gewachsener Gasthof mit über 150-jähriger Familientradition. Es stehen wohnlich-moderne Zimmer in verschiedenen Kategorien zur Verfügung. Zum unterteilten Restaurant gehört eine hübsche Terrasse mit Blick auf den Teich.

In Gronau-Epe Süd: 3,5 km über B 474

Schepers Rest,

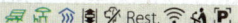

Ahauser Str. 1 ✉ 48599 – ✆ (02565) 9 33 20 – www.hotel-schepers.de – geschl. 2. - 12. Januar

41 Zim ☕ – 🚹78/98 € 🚹🚹110/140 € – 2 Suiten

Rest – *(geschl. Samstagmittag, Sonntagmittag)* Karte 23/50 €

In dem Familienbetrieb erwarten Sie etwas individuelle, aber immer modern eingerichtete Zimmer mit kostenfreiem W-Lan. Dazu die nette "Wellness-Lounge" mit Sauna, Kosmetik und Massage. Klassisch-stilvolles Restaurant, ergänzt durch eine Gaststube mit rustikaler Note.

Heidehof

Amtsvenn 1 (West: 4 km, Richtung Alstätte) ✉ 48599 – ✆ (02565) 13 30 – www.restaurant-heidehof.de – geschl. Montag - Dienstag

Rest – Menü 18 € (mittags)/45 € – Karte 30/54 €

Auf einem schönen Gartengrundstück steht das reetgedeckte Haus. Die klassische internationale Küche serviert man im Restaurant mit Kamin, im Wintergarten oder auf der Terrasse.

GROSS DÖLLN – Brandenburg – siehe Templin

GROSS GRÖNAU – Schleswig-Holstein – 541 – 3 550 Ew – Höhe 7 m 11 K4

Berlin 270 – Kiel 85 – Lübeck 8 – Schwerin 74

Zum fabelhaften Hirschen

St. Hubertus 1 ✉ 23627 – ✆ (04509) 87 78 66 – www.zum-fabelhaften-hirschen.de – geschl. Dienstag

Rest – Karte 24/43 €

Rechts das elegant eingedeckte Restaurant, links das Bistro, eine gemütlich-legere Stube. Egal wo Sie sitzen, Sie können hier wie dort von beiden Speisekarten wählen. Schmackhaft sind die Gerichte von Chef Marc Grotkopp alle - im Winter sollten Sie seine Spezialität, Gans, probieren!

GROSS MECKELSEN – Niedersachsen – siehe Sittensen

GROSS NEMEROW – Mecklenburg-Vorpommern – siehe Neubrandenburg

GROSS PLASTEN – Mecklenburg-Vorpommern – siehe Waren (Müritz)

GROSSALMERODE – Hessen – 543 – 6 810 Ew – Höhe 354 m 39 I11

– Erholungsort

Berlin 379 – Wiesbaden 255 – Kassel 24 – Göttingen 39

Pempel

In den Steinen 2 ✉ 37247 – ✆ (05604) 9 34 60 – www.pempel.de – geschl. 30. Dezember - 13. Januar

9 Zim – †48/65 € ††82/110 € – ½ P

Rest – *(geschl. Samstagmittag, Sonntagabend)* Karte 17/62 €

Das Stadthaus im Zentrum ist ein gepflegter kleiner Familienbetrieb, der über zeitgemäß und funktionell ausgestattete Gästezimmer verfügt. Im bürgerlich-rustikalen Restaurant bietet man u. a. einige erlesene französische Weine.

GROSSHARTHAU – Sachsen – 544 – 3 220 Ew – Höhe 275 m 43 R12

Berlin 194 – Dresden 30 – Bautzen 25 – Kamenz 22

Kyffhäuser

Rest,

Dresdner Str. 3 (B 6) ✉ 01909 – ✆ (035954) 58 00 – www.kyffhaeuser-hotel.de – geschl. 2. - 6. Januar

26 Zim – †44 € ††69 € – ½ P **Rest** – Karte 14/29 €

Das bei einem kleinen Schloss gelegene Hotel ist tipptopp gepflegt und wird familiär geführt. Vergnügliche Stunden versprechen diverse Veranstaltungen von Tanzparty über Modenschau bis Comedy. Im Restaurant: bürgerliche Küche und Aktionen wie z. B. Schnitzelwochen.

GROSSHEUBACH – Bayern – 546 – 5 040 Ew – Höhe 132 m 48 G16

– Erholungsort

Berlin 570 – München 354 – Würzburg 73 – Aschaffenburg 38

Weinklause Rosenbusch

Engelbergweg 6 ✉ 63920 – ✆ (09371) 65 04 00 – www.hotel-rosenbusch.de

20 Zim – †48/55 € ††69/94 € – ½ P **Rest** – *(nur Abendessen)* Karte 19/29 €

Das relativ ruhig etwas abseits gelegene Haus wird in der 4. Generation als Familienbetrieb geführt. Die Zimmer sind gepflegt und funktional, teils mit Balkon. Nettes, gemütliches Restaurant mit Kachelofen.

Zur Krone mit Zim 

Miltenberger Str. 1 ✉ 63920 – ✆ (09371) 26 63 – www.gasthauskrone.de – geschl. Februar 10 Tage, Ende Oktober - Anfang November und Montag, Freitagmittag

9 Zim ☕ – 🚹45/60 € 🚹🚹85/95 € – ½ P

Rest – Menü 30/48 € – Karte 26/54 €

Mitten im Ort finden Sie diesen charmanten Gasthof mit seinen gemütlichen Stuben. Was Ralf Restel hier kocht, ist schmackhaft und geradlinig, regional, aber auch international beeinflusst - so z. B. "Tafelspitz mit grüner Sauce und Bratkartoffeln" oder "Maishuhnbrust auf Wokgemüse und Currysauce". Im Sommer isst man am schönsten auf der ruhigen begrünten Terrasse!

GROSSKARLBACH – Rheinland-Pfalz – 543 – 1 110 Ew – Höhe 118 m — 47 E16

▶ Berlin 637 – Mainz 76 – Mannheim 24 – Kaiserslautern 39

Gebrüder Meurer 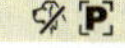

Hauptstr. 67 ✉ 67229 – ✆ (06238) 6 78 – www.restaurant-meurer.de

15 Zim ☕ – 🚹90/130 € 🚹🚹130 €

Rest *Gebrüder Meurer* – siehe Restaurantauswahl

Ein reizendes Anwesen mit toskanischem Charme - wie gemalt! Drinnen geschmackvolle Zimmer, teilweise mit Antiquitäten, im traumhaften Garten haben Wolfgang und Christian Meurer ein schönes Badehaus mit exklusiver Juniorsuite und Kosmetikbereich entstehen lassen.

Karlbacher - L'Herbe de Provence

Hauptstr. 57 ✉ 67229 – ✆ (06238) 37 37 – www.karlbacher.info – geschl. Anfang Januar 2 Wochen und Montag - Dienstag

Rest – *(Mittwoch - Samstag nur Abendessen, Sonntag nur Mittagessen)* (Tischbestellung ratsam) Menü 49/92 €

Rest *Weinstube* – siehe Restaurantauswahl

Was sich im Obergeschoss des über 400 Jahre alten Fachwerkhauses verbirgt, kann sich wahrlich sehen lassen: reizende Stuben - mal stilvoll, mal gemütlich in Holz - und dazu zwei ambitionierte klassische Menüs ("Découverte" und "Dégustation") mit Gerichten wie "Jakobsmuscheln mit Steinpilzen" oder "offener Apfelstrudel". Wer mittags essen möchte, bekommt auf Reservierung eine mündliche Empfehlung.

Gebrüder Meurer – Hotel Gebrüder Meurer 

Hauptstr. 67 ✉ 67229 – ✆ (06238) 6 78 – www.restaurant-meurer.de

Rest – *(nur Abendessen)* (Tischbestellung ratsam) Menü 42/75 € – Karte 41/63 €

Hier denkt man unweigerlich an ein Landhaus im Süden: wohnliche Räume, schöne Farben, eine rustikale Note... und natürlich die mediterran angehauchte Karte, auf der sich u. a. Klassiker wie Jakobsmuscheln auf Blattspinat oder Lammrücken in der Kräuterkruste finden. Sonntags Lunchbuffet.

Weinstube – Restaurant Karlbacher - L'Herbe de Provence

Hauptstr. 57 ✉ 67229 – ✆ (06238) 37 37 – www.karlbacher.info – geschl. Anfang Januar 2 Wochen und Montag - Dienstag

Rest – Menü 25 € (mittags unter der Woche) – Karte 46/63 €

Wirklich nett, charmant-rustikal und eine gemütliche Alternative zum Gourmetrestaurant - das ist die Weinstube im Erdgeschoss des "Karlbacher". Hier kocht Christian Rubert etwas bürgerlicher: Pfälzer Küche mit elsässischen Einflüssen. Im Sommer zieht es die Gäste in den glasüberdachten romantischen Innenhof.

GROSSSCHÖNAU – Sachsen – 544 – 5 930 Ew – Höhe 310 m — 44 S12
– Wintersport: 640 m 4 – Erholungsort

▶ Berlin 243 – Dresden 87 – Zittau 11

ℹ Hauptstr. 28, ✉ 02799, ✆ (035841) 21 46, www.grossschoenau.de

In Großschönau-Waltersdorf Süd: 2,5 km – Erholungsort

Quirle-Häusl (mit Gästehaus) Zim,

Hauptstr. 51 ✉ 02799 – ✆ (035841) 60 60 60 – www.quirle.de

24 Zim – ♦55/65 € ♦♦79/89 € – ½ P **Rest** – Karte 18/30 €

Die Gastgeber Kathrin und Peter Kunze sind in der Volksmusik ein bekanntes Duett. So leidenschaftlich wie sie singen, leiten sie auch das historische Oberlausitzer Umgebindehaus mit dem Kaiserlichen Postamt von 1900 als Gästehaus. Gemütliche Atmosphäre im rustikalen Restaurant Blockstube. Biergarten im Innenhof.

GROSS-UMSTADT – Hessen – 543 – 21 310 Ew – Höhe 160 m 48 G15

Berlin 568 – Wiesbaden 67 – Frankfurt am Main 51 – Darmstadt 22

Jakob

Zimmerstr. 43 ✉ 64823 – ✆ (06078) 7 80 00 – www.hotel-jakob.de – geschl. 22. - 30. Dezember

40 Zim – ♦55/90 € ♦♦75/125 €, 5 € – ½ P

Rest – *(geschl. Sonntag) (nur Abendessen)* Karte 21/42 €

Das familiengeführte Haus liegt am Rande der Stadt, direkt an den naturgeschützten Streuobstwiesen! Einige modernere Zimmer sind besonders schön. Nette kleine Sauna im UG. Internationales Angebot im neuzeitlichen Bistro-Restaurant.

Farmerhaus

Am Farmerhaus 1, (auf dem Hainrich) ✉ 64823 – ✆ (06078) 91 11 91 – www.farmerhaus.de – geschl. Sonntag - Montag (Eröffnung eines Design-Hotels mit 8 Zimmern nach Redaktionsschluss)

Rest – *(nur Abendessen)* Menü 54/90 € – Karte 50/82 €

Vor fast einem halben Jahrhundert wurde dieses Idyll geschaffen! Wer die original afrikanischen Spezialitäten auf der Terrasse genießt und dabei auf die Weinberge schaut, hat fast ein bisschen das Gefühl, im "Grande Roche" in Paarl (Südafrika) zu sein! Authentisch auch die Deko im Restaurant.

GROSSWEITZSCHEN – Sachsen – siehe Döbeln

GRÜNBERG – Hessen – 543 – 13 830 Ew – Höhe 273 m – Luftkurort 38 G13

Berlin 476 – Wiesbaden 102 – Frankfurt am Main 72 – Gießen 22

Rabegasse 1, ✉ 35305, ✆ (06401) 80 41 14, www.gruenberg.de

Villa Emilia Zim,

Gießener Str. 42 (B 49) ✉ 35305 – ✆ (06401) 64 47 – www.hotel-villa-emilia.de – geschl. Juli - Anfang August 2 Wochen

13 Zim – ♦68/76 € ♦♦98/110 €

Rest – *(geschl. 26. Dezember - 2. Januar, Juli - Anfang August 2 Wochen und Donnerstag und Sonntag) (nur Abendessen)* Menü 25/36 € – Karte 22/52 €

Im Hof hinter der netten alten Villa schließen sich der Hotelanbau sowie der Garten an. Zeitgemäße, helle Zimmer im Landhausstil stehen in dem freundlich geführten Haus bereit. Das im Stammhaus untergebrachte Restaurant bietet saisonale Küche.

GRÜNSTADT – Rheinland-Pfalz – 543 – 13 070 Ew – Höhe 169 m 47 E16

Berlin 632 – Mainz 59 – Mannheim 31 – Kaiserslautern 36

Dackenheim, Kirchheimer Str. 40, ✆ (06353) 98 92 12

In Grünstadt-Sausenheim Süd: 2,5 km, jenseits der A 6

Am Bienenbrunnen 

Hintergasse 2 ✉ 67269 – ✆ (06359) 81 09 25 – www.bienenbrunnen.de – geschl. Montag

Rest – *(nur Abendessen, sonntags auch Mittagessen)* Menü 36/41 € – Karte 25/50 €

Heute erinnern maximal noch die Natursteinwände und die Gewölbedecke daran, dass man in einem ehemaligen Stall sitzt. Es ist schön gemütlich hier und zu essen gibt es die traditionell-französische Küche des Patrons, gebürtiger Franzose. Da finden sich z. B. Bretonische Fischsuppe oder Kalbsniere in Senfsauce.

In Neuleiningen Süd-West: 3 km über Sausenheim, jenseits der A 6

Alte Pfarrey

Untergasse 54 ✉ 67271 – ✆ (06359) 8 60 66 – www.altepfarrey.de
– geschl. Januar 2 Wochen
9 Zim ☕ – 🚹95 € 🚹🚹125/180 € – 2 Suiten
Rest *Alte Pfarrey* ✿ – siehe Restaurantauswahl
In dem beschaulichen mittelalterlichen Dörfchen steht ein schmuckes Häuserensemble a. d. 16. Jh., in dem Ihnen Familie Jentzer einen angenehmen Aufenthalt bereitet. Geschmackvolle Zimmer mit historischem Charme (ein Hingucker die bemalte Holzdecken in einem der Zimmer) und ein ausgezeichnetes Frühstück tragen ihren Teil dazu bei! Richtig wohlfühlen kann man sich auch, wenn man bei Kaffee und Kuchen im schönen Garten sitzt! Und haben Sie den Wildbirnenbaum gesehen, der durchs Haus gewachsen ist?

Alte Pfarrey – Hotel Alte Pfarrey

Untergasse 54 ✉ 67271 – ✆ (06359) 8 60 66 – www.altepfarrey.de
– geschl. Januar 2 Wochen und Dienstag
Rest – Menü 38 € (mittags)/92 € – Karte 70/78 €
Maik Gehrke kocht zeitgemäß-saisonal, die Produkte sind topfrisch, ansprechend die Präsentation. Und der Rahmen? Wirklich schön: ein lichtdurchfluteter Wintergarten und ein hübscher historischer Raum - dennoch hat im Sommer der reizende Innenhof die begehrtesten Plätze! Wo Sie auch sitzen, der Service ist freundlich und aufmerksam. Tipp: günstiges Mittagsmenü unter der Woche.
➜ Gegrillte Jakobsmuscheln mit Mango-Zitronell und Krustentierschaum. Zweierlei von der Oldenburger Ente mit Spitzkohl, Kartoffelespuma und Orangensauce. Mit Trüffelhonig geschmolzener Ziegenfrischkäse, Aprikose und Feige.

GRÜNWALD – Bayern – 546 – 11 110 Ew – Höhe 581 m — 65 L20

▶ Berlin 619 – München 21 – Innsbruck 161 – Augsburg 86

Schlosshotel

Zeillerstr. 1 ✉ 82031 – ✆ (089) 6 49 62 60 – www.schlosshotelgruenwald.de
17 Zim ☕ – 🚹90/130 € 🚹🚹140/160 € – 2 Suiten
Rest – Menü 29 € (mittags unter der Woche)/89 € – Karte 31/52 €
Das kleine Hotel neben der Burg Grünwald geht zurück auf das ehemalige Jägerhaus des Schlosses. In historischem Rahmen erwarten Sie schöne wohnliche Zimmer. Das Restaurant bietet italienische Küche. Hübsch ist die Terrasse mit Blick auf das Isartal.

Alter Wirt

Marktplatz 1 ✉ 82031 – ✆ (089) 6 41 93 40 – www.alterwirt.de
50 Zim ☕ – 🚹105/180 € 🚹🚹120/220 € – ½ P
Rest *Alter Wirt* – siehe Restaurantauswahl
Ein gestandener bayerischer Landgasthof, der nach ökologischen Aspekten geführt wird. Die Zimmer sind meist allergikergerecht mit Naturholzmöbeln und Parkett ausgestattet.

Alter Wirt – Hotel Alter Wirt

Marktplatz 1 ✉ 82031 – ✆ (089) 6 41 93 40 – www.alterwirt.de
Rest – Karte 23/55 €
Sympathisch-leger, und das trifft genau den Zeitgeist! In der "Wirtschaft" gibt es durchgehend warme Küche, mittags vegetarisches Imbissbuffet oder Empfehlungen auf der Tafel. Etwas besser eingedeckt ist das "Restaurant" mit urigem Charme. Ob Landgockel oder Apfelkücherl - alles ist Bio!

GSCHWEND – Baden-Württemberg – 545 – 4 940 Ew – Höhe 476 m – Erholungsort — 56 H18

▶ Berlin 574 – Stuttgart 59 – Karlsruhe 138 – Ansbach 87

Herrengass
Welzheimer Str. 11 ✉ 74417 – ✆ (07972) 91 25 20 – www.herrengass-gschwend.de – geschl. über Pfingsten 1 Woche, Ende August - Anfang September 2 Wochen und Montag - Dienstag
Rest – Menü 34/68 € – Karte 32/50 €
Außen eine denkmalgeschützte Fassade, innen ein heller, luftig-hoher Raum mit dekorativen modernen Bildern und schönem Steinfußboden. Hier gibt es gute Küche mit regionalem Bezug wie z. B. Hällischer Spanferkelrücken oder Zweibelrostbraten! Im Bistro namens "Schublad" kann man auch etwas bürgerlicher essen.

GÜNZBURG – Bayern – 546 – 19 520 Ew – Höhe 446 m   56 J19

Berlin 569 – München 112 – Augsburg 53 – Stuttgart 110
Schlossplatz 1, ✉ 89312, ✆ (08221) 20 04 44, www.leipheim.de
Jettingen-Scheppach, Schloss Klingenburg, ✆ (08225) 30 30

Zettler
Ichenhauser Str. 26a ✉ 89312 – ✆ (08221) 3 64 80 – www.hotel-zettler.de – geschl. 22. Dezember - 6. Januar
49 Zim – 83/97 € 105/139 €
Rest – *(geschl. Sonntag sowie an Feiertagen) (nur Abendessen)* Menü 35/69 € – Karte 27/55 €
Funktionelle Zimmer und zwei schöne Juniorsuiten stehen in dem gut geführten Familienbetrieb bereit. Zum Frühstücken nehmen Sie im hübschen Wintergarten Platz. Das Restaurant ist klassisch gehalten, von der Terrasse schaut man in den Garten.

Römer garni (mit Gästehaus)
Ulmer Str. 26 (B 10) ✉ 89312 – ✆ (08221) 36 73 80 – www.hotel-roemer.de – geschl. 23. Dezember - 2. Januar
24 Zim – 69/85 € 93/108 €
In dem Hotel mit wohnlichen, freundlichen Zimmern setzen hier und da Details im Hundertwasserstil interessante Akzente. Originell: Mauerreste aus der Römerzeit im Frühstücksraum.

In Günzburg-Deffingen Süd-Ost: 4 km über B 16 Richtung Kaufbeuren, dann links

Euro Hotel garni
Spielplatzstr. 6 ✉ 89312 – ✆ (08221) 2 06 66 00 – www.eurohotelguenzburg.de
60 Zim – 65/140 € 80/160 €
Ein funktionell ausgestattetes Hotel in verkehrsgünstiger Lage nahe Autobahn und Legoland. Moderne Bilder zieren den geräumigen hohen Hallenbereich.

GÜSTROW – Mecklenburg-Vorpommern – 542 – 30 160 Ew – Höhe 14 m   12 M4

Berlin 192 – Schwerin 63 – Rostock 38 – Neubrandenburg 87
Franz-Parr-Platz 10, ✉ 18273, ✆ (03843) 68 10 23, www.guestrow-tourismus.de
Lage★ · Schloss★ · Dom★ (Grabmäler★ · Domapostel★) · Ernst-Barlach-Stiftung★

Kurhaus am Inselsee   Zim, Zim,
Heidberg 1 (Süd-Ost: 4 km) ✉ 18273 – ✆ (03843) 85 00 – www.kurhaus-guestrow.de
44 Zim – 78/108 € 115/145 € – 4 Suiten – ½ P
Rest – Menü 22/37 € – Karte 15/41 €
In ruhiger Lage am Inselsee wohnen die Gäste in stilvoll-klassischen Zimmern, die zur Seeseite hin über einen Balkon verfügen. Annehmlichkeiten sind auch der aufmerksame Service und das vielseitige Frühstück. Das Restaurant mit Brasserie-Flair wird ergänzt durch eine Terrasse zum schönen Park mit alten Bäumen.

Weinberg   Zim,
Bölkower Str. 8 ✉ 18273 – ✆ (03843) 8 33 30 – www.weinberg-hotel.de
24 Zim – 55/94 € 75/129 € – ½ P **Rest** – *(nur Abendessen)* Karte 24/37 €
Das Hotel in einem Wohngebiet wird von den Gastgebern freundlich-familiär geleitet und bietet sehr gepflegte, praktisch eingerichtete Zimmer, teilweise mit Dachschräge.

In Lalendorf Süd-Ost: 16 km Richtung Neubrandenburg, jenseits der A 19

Im Wiesengrund

Hauptstr. 3 (B 104) ✉ *18279 – ✆ (038452) 2 05 42 – www.imwiesengrund.com*
20 Zim ☕ – 🚹38/42 € 🚹🚹64/68 € – ½ P
Rest – *(geschl. Sonntagabend)* Karte 19/29 €
Der seit über 20 Jahren bestehende Familienbetrieb liegt umgeben von Grün und dennoch verkehrsgünstig. Mit wohnlichen Zimmern und schöner Gartenanlage mit Teich und Pavillon. Im Restaurant mit Wintergarten bietet man bürgerliche Küche.

In Lalendorf-Gremmelin Ost: 15 km über B 104

Gut Gremmelin

Rest,

Am Hofsee 33 ✉ *18279 – ✆ (038452) 51 10 – www.gutgremmelin.de*
30 Zim ☕ – 🚹65/85 € 🚹🚹89/115 € – ½ P
Rest – *(geschl. Sonntag) (nur Abendessen)* Menü 30/48 € – Karte 33/47 €
Die historische Gutsanlage bietet freundliche Alt- und Neubau-Zimmer in klarem zeitgemäßem Stil. Traumhaft ist die Lage am See in einem schönen Park. Reetdachhaus mit Juniorsuite. Geradlinig-modernes Restaurant mit Gewölbekeller für Veranstaltungen.

GÜTERSLOH – Nordrhein-Westfalen – 543 – 96 760 Ew – Höhe 75 m

27 F10

Berlin 412 – Düsseldorf 156 – Bielefeld 18 – Münster (Westfalen) 57
Berliner Str. 63 B1, ✉ 33330, ✆ (05241) 21 13 60, www.guetersloh-marketing.de
Rietberg-Varensell, Gütersloher Str. 127, ✆ (05244) 23 40

Stadtplan auf der nächsten Seite

Parkhotel

Kirchstr. 27 ✉ *33330 – ✆ (05241) 87 70 – www.parkhotel-gt.de* B2**n**
100 Zim – 🚹69/209 € 🚹🚹69/209 €, ☕ 16 € – 3 Suiten – ½ P
Rest *ParkRestaurant* Rest *Bellini* – siehe Restaurantauswahl
Ein elegantes Hotel im Zentrum mit großzügigem Rahmen. Es empfängt Sie eine repräsentative Halle mit Piano und Kamin sowie klassischer Bar.

Appelbaum

Neuenkirchener Str. 59 (über Neuenkirchener Straße A2) ✉ *33332 – ✆ (05241) 9 55 10 – www.hotel-appelbaum.de*
58 Zim ☕ – 🚹85/125 € 🚹🚹102/148 €
Rest – *(geschl. Samstagmittag sowie an Feiertagen)* Karte 19/41 €
Seit drei Generationen sorgt die Familie dafür, dass man hier gut wohnt - z. B. in einem der neueren, besonders schönen Zimmer mit Klimaanlage. Fragen Sie nach dem hübschen Apfelbaumzimmer unterm Dach! Ebenso geschmackvoll der ländliche Stil des Frühstücksraums: Hier gibt es am Morgen ein hochwertiges Buffet.

ParkRestaurant – Parkhotel

Kirchstr. 27 ✉ *33330 – ✆ (05241) 87 70 – www.parkhotel-gt.de* B2**n**
Rest – Menü 30/79 € – Karte 33/51 €
Ganz nach der Tradition eines klassischen Hotels ist man umgeben von elegantem Mobiliar. Besonders beliebt ist der überdachte Terrassenbereich mit Lounge.

Bellini – Parkhotel

Kirchstr. 27 ✉ *33330 – ✆ (05241) 87 70 – www.parkhotel-gt.de*
– geschl. Sonntag sowie an Feiertagen B2**n**
Rest – *(nur Abendessen)* Karte 32/45 €
Frische mediterrane Küche gibt es im zweiten Restaurant des Parkhotels. Wie wär's z. B. mit "Ligurischem Lammragout, im Ofen gegart"? Und als Vorspeise Antipasti vom Buffet - täglich im Angebot!

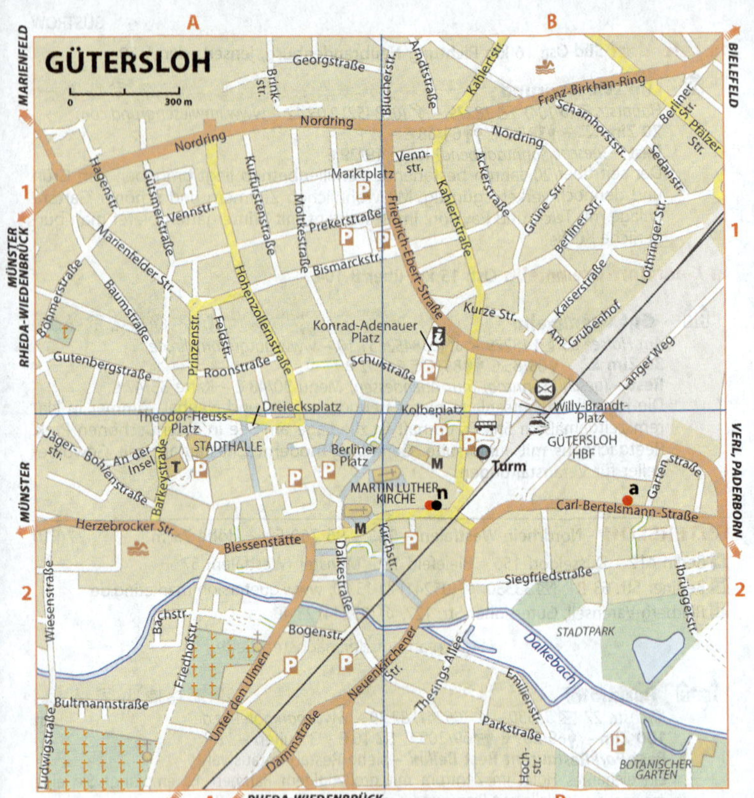

Medium

Carl-Bertelsmann-Str. 33 ✉ 33332 – ✆ (05241) 2 12 16 36 – www.medium-guetersloh.de – geschl. über Ostern 1 Woche, Mitte August 2 Wochen und Sonntag sowie an Feiertagen B2**a**

Rest – *(nur Abendessen)* Menü 50 € – Karte 35/63 €

Den modernen Loft-Charakter der Medienfabrik mögen die Gäste genauso wie die gute international-klassische Küche von Bernhard Büdel - wie gefällt Ihnen z. B. "Flugentenbrust in Kirsch-Pfeffer-Sauce mit Senfkohl und violettem Kartoffelpüree"?

GULDENTAL – **Rheinland-Pfalz** – **543** – **2 520 Ew** – **Höhe 140 m** **46** D15

Berlin 612 – Mainz 44 – Bad Kreuznach 12 – Koblenz 67

Der Kaiserhof (mit Gästehaus)

Hauptstr. 2 ✉ 55452 – ✆ (06707) 9 44 40 – www.kaiserhof-guldental.de – geschl. Anfang Januar 1 Woche

12 Zim – †64/72 € ††102/118 € – ½ P

Rest *Der Kaiserhof* – siehe Restaurantauswahl

Das engagiert geführte Hotel ist aus einem Haus von 1846 entstanden und verbindet gelungen Modernes mit Ursprünglichem. Neben den wohnlichen Zimmern hier bietet die Familie in einem ehemaligen Winzerhof am Ortsrand weitere Gästezimmer.

Enk garni
Naheweinstr. 36 ✉ 55452 – ✆ (06707) 91 20 – www.hotel-enk.de – geschl. 20. Dezember - 6. Januar
15 Zim ☕ – †49 € ††78 €
Sie wohnen in einem dem traditionsreichen Weingut angegliederten Hotel. Praktisch ausgestattete Zimmer und eine familiäre Atmosphäre machen diese Adresse aus.

Der Kaiserhof – Hotel Der Kaiserhof
Hauptstr. 2 ✉ 55452 – ✆ (06707) 9 44 40 – www.kaiserhof-guldental.de – geschl. Anfang Januar 1 Woche und Dienstag - Mittwoch
Rest – *(Montag - Freitag nur Abendessen)* Menü 37/63 € – Karte 32/61 €
Das hübsche Ambiente ist teils modern, teils ländlich, zauberhaft der Innenhof, charmant der Service... und dazu ein Essen, das sich sehen lassen kann: Saisonales und auch Klassiker wie Schweinefiletspitzen. Kochschule.

GUMMERSBACH – Nordrhein-Westfalen – 543 – 51 030 Ew – Höhe 250 m

36 D12

Berlin 557 – Düsseldorf 86 – Köln 54 – Lüdenscheid 44
ADAC Moltkestr. 19
Gummersbach-Berghausen, Kreuzstr. 10, ✆ (02266) 44 04 47

In Gummersbach-Dieringhausen Süd: 7 km über B 55

Die Mühlenhelle
Hohler Str. 1 ✉ 51645 – ✆ (02261) 29 00 00 – www.muehlenhelle.de – geschl. 17. Februar - 5. März, 14. Juli - 14. August
8 Zim ☕ – †80/115 € ††100/140 €
Rest *Die Mühlenhelle* ✿ **Rest *Bistro*** – siehe Restaurantauswahl
Hübsch anzuschauen ist die denkmalgeschützte Villa, in der man nicht nur gut essen, sondern auch schön übernachten kann. Dafür stehen hochwertig eingerichtete Zimmer mit exklusiven Bädern bereit, dazu nette kleine Aufmerksamkeiten!

Die Mühlenhelle (Michael Quendler) – Hotel Die Mühlenhelle
Hohler Str. 1 ✉ 51645 – ✆ (02261) 29 00 00 – www.muehlenhelle.de – geschl. 17. Februar - 5. März, 14. Juli - 14. August und Montag - Dienstag
Rest – *(nur Abendessen, sonntags auch Mittagessen)* (Tischbestellung ratsam)
Menü 69/108 € – Karte 50/70 €
Hinter den Sprossenfenstern wartet ein helles, klassisch-elegantes Restaurant auf Sie. Michael Quendler kocht geschmackvoll und modern, aber immer auf klassischer Basis - und das in Form zweier Menüs (die einzelnen Gänge können auch à la carte bestellt werden).
➜ Lambachtaler Lachsforelle, Löwenzahn und Blüten. Kaninchen, Meerrettich und Brunnenkresse. Maibock, Grünkern, Apfel und Schafgarbe.

Bistro – Hotel Die Mühlenhelle
Hohler Str. 1 ✉ 51645 – ✆ (02261) 29 00 00 – www.muehlenhelle.de – geschl. 17. Februar - 5. März, 14. Juli - 14. August und Montag
Rest – Menü 25 € – Karte 27/49 €
Dunkelrote Hussensessel, honigfarbener Parkettboden, gelbe Wände und bodentiefe Fenster - hier fühlt man sich gleich wohl! Natürlich auch wegen schmackhafter Gerichte wie "Rinderrückensteak mit Sauce Hollandaise, Spargel und Kartoffeln"!

GUNDELFINGEN – Baden-Württemberg – 545 – 11 590 Ew – Höhe 232 m

61 D20

Berlin 806 – Stuttgart 200 – Freiburg i. Breisgau 7 – Strasbourg 80

Bahnhöfle
Bahnhofstr. 16 ✉ 79194 – ✆ (0761) 5 89 99 49 – www.bahnhoeflegundelfingen.de – geschl. Mittwoch
Rest – Menü 28/56 € – Karte 30/60 €
Der freundliche Gastgeber kocht hier französisch und international. Das von seiner Frau hübsch dekorierte Restaurant versprüht ländlichen Charme. Schöne Terrasse vor dem Haus.

GUNDELFINGEN an der DONAU – Bayern – 546 – 7 740 Ew – Höhe 438 m
56 J19

Berlin 604 – München 138 – Augsburg 69 – Tübingen 146

Außerhalb **Süd-West: 6 km, über B 16 Richtung Günzburg, dann rechts ab**

neuhof am see

Äußere Günzburger Str. 1, (Zufahrt über Haldenweg) 89423 Gundelfingen an der Donau – (09073) 95 86 90 – www.neuhof.de – geschl. Oktober - April: Montag - Dienstag

Rest – *(Oktober - April: Mittwoch - Freitag nur Abendessen, Mai - September: Montag - Freitag nur Abendessen)* Menü 35/60 € – Karte 31/46 €

Die reizende versteckte Lage kommt vor allem im Sommer gut an, denn auf der Terrasse hat man den See schön im Blick! Gekocht wird international, mit Mut zur Würze. Da gibt es z. B. "Tafelspitzsulz mit Bärlauchmousse" oder "Springbockrücken mit Schokoladen-Chilisauce". Sehr ansprechend die von der Chefin persönlich gepflegte Weinkarte - speziell Südafrika-Liebhaber kommen hier auf ihre Kosten!

GUNDELSHEIM – Baden-Württemberg – 545 – 7 190 Ew – Höhe 154 m
48 G17

Berlin 604 – Stuttgart 75 – Mannheim 80 – Heidelberg 50

Zum Lamm (mit Gästehaus)

Zim,

Schloßstr. 25 74831 – (06269) 4 20 20 – www.lamm-gundelsheim.de

32 Zim – 60/98 € 77/120 € – ½ P

Rest – *(geschl. Donnerstag)* Menü 22/90 € – Karte 18/50 €

Ein hübsches Fachwerkhaus a. d. 16. Jh. mit recht kleinen, teils gemütlich mit Bauernmobiliar eingerichteten Zimmern. Das Faible des Chefs für Oldtimer sieht man im ganzen Haus. Urige, liebevoll dekorierte Gaststube.

GUNZENHAUSEN – Bayern – 546 – 16 070 Ew – Höhe 416 m – Erholungsort
57 K17

Berlin 478 – München 152 – Nürnberg 54 – Ingolstadt 73

Marktplatz 25, 91710, (09831) 50 83 00, www.gunzenhausen.de

Parkhotel Altmühltal

Rest, Rest,

Zum Schießwasen 15 91710 – (09831) 50 40 – www.aktiv-parkhotel.de

62 Zim – 87/132 € 135/161 € – 5 Suiten – ½ P

Rest – Menü 21 € (abends)/36 € – Karte 18/43 €

Ein Tagungs- und Ferienhotel direkt am Radwanderweg mit schönem Freizeitbereich auf 400 qm und recht individuell eingerichteten Gästezimmern. Zur Terrasse hin ergänzt ein kleiner Wintergartenanbau das Restaurant Chicorée.

Blauer Wolf garni

Marktplatz 9 91710 – (09831) 89 00 – www.blauerwolf.de – geschl. 15. Dezember - 15. Januar

23 Zim – 72/94 € 99/118 € – 1 Suite

Der historische Gasthof im Zentrum wurde komplett entkernt und um einen neuzeitlichen Anbau erweitert. Entstanden ist ein hochwertig und modern eingerichtetes Hotel.

In Pfofeld-Langlau **Ost: 10 km Richtung Pleinfeld**

Strandhotel Seehof

Seestr. 33 91738 – (09834) 98 80 – www.strandhotel-seehof.de

82 Zim – 100/110 € 150/170 € – 3 Suiten – ½ P

Rest – Menü 23 € (mittags)/29 € – Karte 27/42 €

Für Tagungs- und Feriengäste gleichermaßen geeignet ist dieses Hotel mit gemütlichen Zimmern im alpenländischen Stil. Reizvoll ist die ruhige Lage am kleinen Brombachsee. Vom Restaurant hat man einen schönen Blick auf den See.

GUTACH im BREISGAU – Baden-Württemberg – 545 – 4 490 Ew – Höhe 293 m – Erholungsort
61 E20

Berlin 774 – Stuttgart 208 – Freiburg im Breisgau 31 – Offenburg 66

Bahnhofstr. 1, ✉ 79261, ✆ (07685) 1 94 33, www.gutach.de

Gutach, Golfstraße 16, ✆ (07681) 2 31 51

Freilichtmuseum ★★

In Gutach-Bleibach Nord-Ost: 2 km über B 294

Silberkönig

Silberwaldstr. 24 (Nord-Ost: 1 km) ✉ 79261 – ✆ (07685) 70 10 – www.silberkoenig.de

39 Zim – †54/77 € ††89/124 € – 2 Suiten – ½ P

Rest *St. Georgs Stube* – Menü 23/43 € – Karte 17/47 €

In dem langjährigen Familienbetrieb hat man nicht nur gepflegte Zimmer und ein gemütliches Restaurant samt schöner Terrasse zum Rosengarten, sondern ist auch guter Ausgangspunkt für Ausflüge in die nahe Natur und nach Freiburg. Schauen Sie sich auch das Brotbackhaus auf dem Grundstück an!

GUTENZELL-HÜRBEL – Baden-Württemberg – siehe Ochsenhausen

GYHUM – Niedersachsen – siehe Zeven

HAAN – Nordrhein-Westfalen – 543 – 29 240 Ew – Höhe 160 m
36 C11

Berlin 547 – Düsseldorf 29 – Maastricht 140 – Köln 47

Haan, Pannschoppen 2, ✆ (02104) 17 03 07

XX **AMIDA**

Elberfelder Str. 221 ✉ 42781 – ✆ (02129) 3 47 47 95 – www.amida-restaurant.de – geschl. Montag

Rest – *(Dienstag - Samstag nur Abendessen)* Menü 30 € (abends)/75 € – Karte 30/61 €

Kulinarische Vielfalt ist die Stärke von Familie Marx, und die gibt es hier in der "Light"- oder in der "Love"-Version. Modern sind sie beide, das "Light" etwas schlichter, das "Love" heller und aufwändiger. Die gute Küche des Patrons reicht vom indischen Linsengericht "Dal" über "Supreme vom Schwarzfederhuhn" bis zum großen Degustationsmenü! Terrasse mit Blick ins Grüne.

XX **Fritz Essensart**

Bachstr. 141 ✉ 42781 – ✆ (02129) 37 79 21 – www.fritzessensart.de – geschl. 1. - 15. Januar, 21. Juli - 5. August und Montag - Dienstag, Samstagmittag

Rest – Menü 51/72 € – Karte 39/61 €

Ein helles, freundliches Restaurant, davor eine lauschige begrünte Terrasse mit Pergola (sehr nett!) und ein Preis-Leistungs-Verhältnis, das sich sehen lassen kann! Die Küche bietet Internationales und einige Klassiker.

HABICHTSWALD – Hessen – siehe Kassel

HADAMAR – Hessen – 543 – 12 290 Ew – Höhe 130 m
37 E14

Berlin 550 – Wiesbaden 60 – Koblenz 63 – Limburg an der Lahn 8

Nassau-Oranien

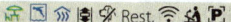

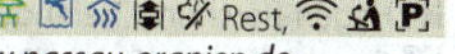

Am Elbbachufer 12 ✉ 65589 – ✆ (06433) 91 90 – www.nassau-oranien.de

60 Zim – †89/99 € ††109/129 € – ½ P **Rest** – Menü 26/33 € – Karte 26/39 €

Ein hübsches denkmalgeschütztes Fachwerkhaus von 1690, das um einen neuzeitlichen Anbau erweitert wurde. Neben wohnlichen Zimmern bietet man auch einen schönen Kosmetik- und Massagebereich. Die behaglichen Restaurants nennen sich Grand Mère und Gud Stubb. Tipp: Am letzten Sonntag im Monat gibt es immer einen Themenbrunch!

HÄUSERN – Baden-Württemberg – 545 – 1 270 Ew – Höhe 889 m – Wintersport: 1 200 m 1 – Luftkurort
62 E21

Berlin 806 – Stuttgart 186 – Freiburg im Breisgau 58

St.-Fridolin-Str. 5, ✉ 79837, ✆ (07672) 12 06 85 60, www.haeusern.de

Adler

St.-Fridolin-Str. 15 ✉ 79837 – ✆ (07672) 41 70 – www.adler-schwarzwald.de
– geschl. 22. - 24. Dezember
39 Zim – 135/169 € 290/398 € – 4 Suiten – ½ P
Rest ***Adler*** – siehe Restaurantauswahl
Der Adler ist ein Paradebeispiel für Schwarzwälder Hoteltradition! Man modernisiert stetig, wahrt aber dennoch den Charakter des Hauses. So verbreitet die Einrichtung der Zimmer wohltuendes Landhausflair. Und die Wertigkeit spürt man hier ebenso wie im vielfältigen Spa, beim Frühstück und bei der Halbpension (im Preis inkl.)... und natürlich beim Service!

Albtalblick

St. Blasier Str. 9 (West: 1 km, Richtung St. Blasien) ✉ 79837 – ✆ (07672) 9 30 00
– www.albtalblick.de
31 Zim – 51/66 € 94/134 € – 5 Suiten – ½ P
Rest – Menü 15/35 € – Karte 17/37 €
Familie Hammelehle führt ihr Haus mit Engagement und Weitsicht: So hat man viel in neue Einrichtung und Zimmerkomfort investiert... ganz besonders schön zu sehen im Haus Berghof! Tipp: Genießen Sie vom Panoramahallenbad den Blick auf das Albtal samt Albsee - oder aber von der wunderbaren Restaurantterrasse!

Adler (Florian Zumkeller) – Hotel Adler

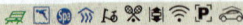

St.-Fridolin-Str. 15 ✉ 79837 – ✆ (07672) 41 70 – www.adler-schwarzwald.de
– geschl. 22. - 24. Dezember, 13. - 20. Januar, 23. Juni - 3. Juli, 10. - 27. November und Montag - Dienstag
Rest – Menü 39 € (mittags unter der Woche)/95 € – Karte 53/67 €
Florian Zumkeller hat es geschafft, die Familientradition hochzuhalten: Er verteidigt nun in 3. Generation den Stern, der seit 1966 Jahr für Jahr das Niveau des Restaurants bestätigt! Auch er setzt auf feine klassische Küche, spickt sie allerdings gekonnt mit internationalen Einflüssen. Serviert wird ganz "adlergerecht" in typisch Schwarzwälder Gaststuben.
➜ Carpaccio von der Kalbszunge mit Wildkräutersalat und Kalbskopf. Lammrücken mit Basilikumkruste, Kirschtomaten-Pfifferlingsgemüse und Kartoffelgratin. Geschmortes Rinderbäckle auf Selleriemousseline mit Minigemüse.

Chämi-Hüsle

St.-Fridolin-Str. 1 ✉ 79837 – ✆ (07672) 41 73 33 – www.adler-schwarzwald.de
– geschl. 21. - 24. Dezember und Mittwoch - Donnerstag
Rest – Menü 26 € – Karte 17/35 €
Der Name Zumkeller steht nicht nur für die gehobene "Adler"-Küche: Es geht auch bodenständiger, wie das gemütlich-rustikale "Kamin-Häuschen" zeigt, und zwar bei badischen Gerichten wie Maultaschen oder "Mistkratzerle".

HAGEN – Nordrhein-Westfalen – 543 – 187 450 Ew – Höhe 106 m — 26 D11

Berlin 505 – Düsseldorf 62 – Dortmund 27 – Kassel 178
ADAC Körnerstr. 62
Rathausstr. 13, ✉ 58095, ✆ (02331) 2 07 58 90, www.hagen.de
Hagen-Berchum, Tiefendorfer Str 48, ✆ (02334) 5 17 78
Gevelsberg Gut Berge, Berkenberg 1, ✆ (02332) 91 37 55
Westfälisches Freilichtmuseum★★, Süd-Ost: 4 km

In Hagen-Rummenohl Süd: 13 km

Dresel

Zim,

Rummenohler Str. 31, (B 54) ✉ 58091 – ✆ (02337) 13 18 – www.hotel-dresel.de
23 Zim – 55/125 € 98/160 € – ½ P **Rest** – Karte 21/66 €
1901 begann die Familientradition, heute wohnt man schon bei der 5. Generation! Die gute Küche zieht auch zahlreiche Gäste aus der weiteren Umgebung an - rustikale Tenne, elegante Hubertusstube, schöner Wintergarten und moderne Terrasse bieten ganz verschiedene Möglichkeiten, diese zu genießen!

HAGNAU – Baden-Württemberg – **545** – 1 460 Ew – Höhe 409 m **63** G21
– Erholungsort

Berlin 731 – Stuttgart 196 – Konstanz 17 – Ravensburg 29

Im Hof 1, ✉ 88709, ✆ (07532) 43 00 43, www.hagnau.de

Villa am See garni 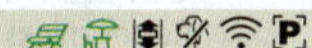

Meersburger Str. 4 ✉ 88709 – ✆ (07532) 4 31 30 – www.villa-am-see.de

6 Zim – †144/280 € ††144/280 € – 1 Suite

Ein reizendes kleines Hotel auf einem schönen Gartengrundstück am See. Stilvoll die Einrichtung, aufmerksam der Service, gut das Frühstück, das man sich im hübschen Gartenpavillon mit Seeblick schmecken lässt. Man bietet auch ein Appartement im Haus gegenüber.

Bodenseehotel Renn 

Hansjakobstr. 4 ✉ 88709 – ✆ (07532) 49 47 80 – www.bodenseehotel-renn.de

36 Zim – †74/124 € ††110/146 € – ½ P

Rest – *(geschl. Januar - Februar)* Menü 28 € (abends) – Karte 23/42 €

Das Hotel hat moderne Zimmer und einen netten Garten für Sie. Im Gästehaus vis-à-vis - auch hier wohnliche Zimmer - befindet sich das Restaurant in ansprechend geradlinigem Stil, dazu eine schöne Terrasse mit schattenspendender Kastanie.

Burgunderhof garni 

Am Sonnenbühl 70 ✉ 88709 – ✆ (07532) 80 76 80 – www.burgunderhof.de – geschl. 29. Oktober - April

12 Zim – †195/295 € ††215/345 €

In beeindruckender Lage zwischen Weinbergen und Obstwiesen wohnen Sie recht luxuriös: alle Zimmer mit großem Balkon, hochwertig und mit Stil eingerichtet, diverse kleine Aufmerksamkeiten, bei gutem Wetter Blick über den See, dazu ein toller Garten... um Sie herum der laufende Weingutbetrieb. Mindestaufenthalt 3 Nächte. Kinder ab 16 Jahre.

Zur Winzerstube Rest,

Seestr. 1 ✉ 88709 – ✆ (07532) 49 48 60 – www.zurwinzerstube.de – geschl. Januar - März

17 Zim – †89/210 € ††99/220 € – ½ P

Rest – Menü 22 € – Karte 21/45 €

Hier lockt die Lage direkt am See... Hotelgäste nutzen die kleine begrünte Terrasse mit Seezugang exklusiv! Die Zimmer sind zeitgemäß und haben teilweise einen Balkon zum See. Im Restaurant kocht man regional - sehr schön ist hier der Wintergarten am Wasser!

HAIBACH – Bayern – siehe Aschaffenburg

HAIDMÜHLE – Bayern – **546** – 1 390 Ew – Höhe 831 m – Wintersport: 1 300 m 3 – Erholungsort **60** Q18

Berlin 524 – München 241 – Passau 52 – Freyung 25

Schulstr. 39, ✉ 94145, ✆ (08556) 1 94 33, www.haidmuehle.de

In Haidmühle-Bischofsreut Nord-West: 7 km – Höhe 982 m

Märchenwald Zim, 

Langreut 42 (Nord-Ost: 1 km) ✉ 94145 – ✆ (08550) 92 19 70 – www.hotel-maerchenwald.de – geschl. 24. März - 11. April, 3. November - 19. Dezember

15 Zim – †43/48 € ††66/88 € – 3 Suiten – ½ P

Rest – *(geschl. Montag, außer an Feiertagen)* Karte 14/26 €

In schöner und sehr ruhiger Lage (5 km zur tschechischen Grenze) erwartet Sie dieses gepflegte kleine Hotel mit geräumigen Zimmern, die mit Küchenzeile ausgestattet sind. Ländliche Gaststube.

HAINFELD – Rheinland-Pfalz – 543 – 780 Ew – Höhe 182 m 47 E17

Berlin 676 – Mainz 105 – Neustadt an der Weinstraße 14 – Saarbrücken 110

Arens Restaurant

Roschbacher Str. 3 ✉ 76385 – ✆ (06323) 9 13 90 85 – www.arens-restaurant.de – geschl. Anfang Februar 2 Wochen, Anfang November 2 Wochen und Montag - Dienstag

Rest – *(Mittwoch - Freitag nur Abendessen)* Menü 39/55 € – Karte 27/47 €

Mit ihrer liebenswerten alten Weinstube haben sich Annika Scherer und Philipp Arens den Traum von der Selbständigkeit erfüllt - sie charmant im Service, er am Herd. Seine zeitgemäße Küche behält auch die Region im Auge, z. B. mit dem "Strudel vom Saumagen mit Preiselbeeren auf Ingwer-Lauch-Gemüse". Wunderbar sitzt es sich auf der Wiese mit Apfelbäumen und Rebenblick!

HALBERSTADT – Sachsen-Anhalt – 542 – 41 850 Ew – Höhe 122 m 30 K10

Berlin 206 – Magdeburg 55 – Halle 90

Hinter dem Rathause 6, ✉ 38820, ✆ (03941) 55 18 15, www.halberstadt.de

Dom St. Stephanus★★

Villa Heine

Zim,

Kehrstr. 1 ✉ 38820 – ✆ (03941) 3 14 00 – www.hotel-heine.de

60 Zim – †74/84 € ††129/139 € – 1 Suite

Rest *Brauhaus Heine Bräu* – ✆ (03941) 3 18 00 – Menü 16 € (mittags)/33 € – Karte 17/40 €

Eine ehemalige Fabrikantenvilla mit Anbau und Tagungszentrum, in der Mitte der kleine Park mit seltenen Rotbuchen - hierhin sind die großzügigen Zimmer ausgerichtet. Das eigene Bier ist ein Muss im Brauhaus mit seinen Kupferkesseln. Es finden auch Produkte der Wurstfabrik nebenan Verwendung.

Parkhotel Unter den Linden

Klamrothstr. 2 ✉ 38820 – ✆ (03941) 6 25 40 – www.pudl.de

45 Zim – †67/77 € ††88/108 € – ½ P

Rest – Menü 25/45 € – Karte 24/46 €

Die ansprechende Sandsteinvilla wurde 1911 von der Halberstädter Kaufmannsfamilie Klamroth erbaut und beherbergt heute komfortable klassische Zimmer; im Anbau etwas einfacher. Einer der Restauranträume ist der Saal mit schöner gewölbter Stuckdecke.

Am Grudenberg garni

Grudenberg 10 ✉ 38820 – ✆ (03941) 6 91 20 – www.hotel-grudenberg.de – 24. Dezember - 1. Januar

21 Zim – †52/56 € ††80/95 €

Ein hübsches altes Fachwerkhaus, dem die freundliche Inhaberin mit dekorativen Details eine persönliche Note gegeben hat. Zimmer zum Innenhof ruhiger; hier kann man auch schön frühstücken.

HALDENSLEBEN – Sachsen-Anhalt – 542 – 18 760 Ew – Höhe 53 m 20 L9

Berlin 168 – Magdeburg 29 – Brandenburg 117 – Stendal 68

Hagenstr. 21, ✉ 39340, ✆ (03904) 4 04 11, www.haldensleben-dig.de

Behrens

Bahnhofstr. 28 ✉ 39340 – ✆ (03904) 34 21 – www.hotel-behrens.de

19 Zim – †60/70 € ††95 €

Rest – *(geschl. Sonntag) (nur Abendessen)* Karte 18/41 €

Beim Brüderpaar Behrens wohnen Sie in zwei miteinander verbundenen Villen von 1892. Dahinter schließt sich der schöne Garten mit Liegewiese und Kräutergarten an. Zeitlos-klassisch ist das Ambiente im Restaurant. Die Bar bietet eine gute Auswahl an Malt-Whisky.

Alte Ziegelei (mit Gästehaus)
Klausort 1, (B 245) ✉ 39340 – ✆ (03904) 4 32 29 – www.waldhotel-alteziegelei.de
26 Zim – 50/65 € 75/85 € – ½ P
Rest – *(geschl. Montagmittag)* Karte 17/39 €
Seit rund 40 Jahren leitet Familie Poege das gewachsene Gasthaus. Zimmer teils mit freigelegtem altem Gebälk. Auch Massage wird angeboten. In der Nähe ein Erlebnisbad. Die Gaststuben (mit interessanter Schreibmaschinensammlung) werden durch einen lichten Wintergarten ergänzt.

HALLBERGMOOS – Bayern – siehe Freising

HALLE (SAALE) – Sachsen-Anhalt – 542 – 233 710 Ew – Höhe 100 m 31 M11

Berlin 170 – Magdeburg 86 – Leipzig 42 – Gera 74
ADAC Herrenstr. 20
Marktplatz 13, Marktschlösschen, ✉ 06108, ✆ (0345) 1 22 99 84, www.stadtmarketing-halle.de
Händel Haus★ · Staatl. Galerie Moritzburg★★ · Marktplatz★ · Marktkirche★ · Moritzkirche (Werke★ von Conrad v. Einbeck)
Doppelkapelle Landsberg (Kapitelle★ ★), Ost: 19 km

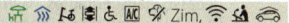

Dormero Hotel Rotes Ross Zim,
Leipziger Str. 76 (über Franckestr. 1) ✉ 06110 – ✆ (0345) 23 34 30 – www.dormero.de
87 Zim – 59/179 € 69/199 €, 16 € – 2 Suiten
Rest – Menü 25 € (mittags)/35 € – Karte 17/43 €
Klassisch-eleganter Stil bestimmt in dem historischen Haus das Bild. Neben komfortablen Zimmern bietet man einen ansprechenden Saunabereich. Fußgängerzone direkt vor der Tür. Im Restaurant serviert man internationale Küche.

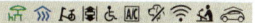

Dorint Charlottenhof
Dorotheenstr. 12 ✉ 06108 – ✆ (0345) 2 92 30 – www.dorint.com/halle
164 Zim – 68/93 € 94/118 €, 15 € – 2 Suiten – ½ P
Rest – Menü 30/42 € – Karte 25/52 €
In dem Hotel in der Stadtmitte erwarten Sie wohnliche, klassisch gehaltene Gästezimmer. Im obersten Stock befindet sich der "Vital-Club" mit Außenwhirlpool als Highlight. Direkt an die Lobby angeschlossenes Restaurant.

Immergrün N 
Kleine Klausstr. 2 ✉ 06108 – ✆ (0345) 5 21 60 56 – www.restaurant-immergruen.de – geschl. Mitte Juli - Mitte August und Sonntag - Montag
Rest – *(nur Abendessen)* Menü 41/64 € – Karte 35/44 €
Viele Stammgäste kommen hierher, kein Wunder, denn das Lokal in dem klassischen Stadthaus an der Ecke ist wirklich symptahisch: warmes Holz, frisches Grün als Farbtupfer, angenehm zurückhaltende Deko... und interessante Speisen als Menü "Barock" und als saisonales Menu.

Mönchshof
Talamtstr. 6 ✉ 06108 – ✆ (0345) 2 02 17 26 – www.moenchshof-halle.de – geschl. Juli - August 2 Wochen und Sonntagabend
Rest – Menü 11 € (mittags unter der Woche) – Karte 18/34 €
Eine gemütlich-rustikale Atmosphäre herrscht in dem holzgetäfelten Restaurant am Dom. Auf der bürgerlichen Karte finden sich auch vegetarische Gerichte.

HALLE (WESTFALEN) – Nordrhein-Westfalen – 543 – 21 140 Ew – Höhe 125 m 27 F9

Berlin 399 – Düsseldorf 176 – Bielefeld 15 – Münster (Westfalen) 60
27 Halle, Eggeberger Str. 13, ✆ (05201) 62 79

Gerry Weber Sportpark Hotel Zim,

Roger-Federer-Allee 6 ✉ 33790 – ✆ (05201) 89 90 – www.gerryweber-sportparkhotel.de

101 Zim – 128/138 € 170/180 € – 5 Suiten

Rest – Menü 25 € (mittags)/28 € – Karte 27/53 €

Das Hotel hat so einiges an Freizeitaktivitäten zu bieten (Squash, großer Fitnessbereich...) und liegt an einem hübschen Privatsee - hier sitzen Sie auf der Terrasse oder relaxen nach der Sauna. Wer besonderen Komfort sucht, schläft in seeseitigen Superior-Zimmern auf hochwertigen Tempur-Matratzen!

Hollmann

Alleestr. 20 ✉ 33790 – ✆ (05201) 8 11 80 – www.hotelhollmann.de

35 Zim – 58/75 € 86/109 € – 2 Suiten

Rest *Sauerzapfes* – siehe Restaurantauswahl

Das ist nicht einfach nur ein zeitgemäßes und funktionelles Hotel: den Gast erwarten geräumige Zimmer, ein gutes Preis-Leistungs-Verhältnis und eine engagierte Chefin, die stets präsent ist! Tipp: Nach hinten liegen die Zimmer ruhiger.

Gerry Weber Landhotel Rest,

Osnabrücker Str. 52 ✉ 33790 – ✆ (05201) 9 71 23 02 – www.gerryweber-landhotel.de

16 Zim – 59 € 89 € – ½ P **Rest** – Menü 18 € – Karte 20/39 €

Das Hotel ist sehr gepflegt und funktional, liegt allerdings an einer recht befahrenen Straße, daher wählen Sie am besten ein Zimmer nach hinten raus! Biertrinker aufgepasst: hausgebrautes "Gerry Weber Landbier" - der Kupferkessel fasst 250 Liter! Dazu bekommt man bürgerliche Küche.

Rossini

Eggebergstr. 11 (am Golfplatz) ✉ 33790 – ✆ (05201) 97 17 10 – www.rossini-halle.de

Rest – Menü 15 € (mittags) – Karte 20/43 €

Nicht nur Golfer sitzen hier im Sommer gerne auf der Terrasse und lassen sich beim Blick ins Grüne mit international-mediterraner Küche bewirten. Eine ganz besonders gemütliche Alternative für den Winter: das Kaminzimmer!

Sauerzapfes – Hotel Hollmann

Alleestr. 20 ✉ 33790 – ✆ (05201) 7 35 62 50 – www.sauerzapfes.de – geschl. Samstagmittag

Rest – Karte 23/39 €

In Sachen Restaurant gibt es im Haus der Familie Siekendiek eine moderne und eine gemütlich-rustikale Variante (Bierstube). Am Herd steht René Sauerzapfe und kocht Internationales mit kreativen Einflüssen. Mittags kleine Karte.

HALLENBERG – Nordrhein-Westfalen – 543 – 4 430 Ew – Höhe 420 m – Wintersport: **37** F12

Berlin 467 – Düsseldorf 200 – Marburg 45 – Kassel 86

Petrusstr. 2, ✉ 59969, ✆ (02984) 82 03, www.hallenberg-tourismus.de

Diedrich Rest,

Nuhnestr. 2 (B 236) ✉ 59969 – ✆ (02984) 93 30 – www.hotel-diedrich.de – geschl. 21. Juli - 1. August

60 Zim – 80/170 € 120/175 € – ½ P **Rest** – Karte 27/56 €

Das Hotel wird seit 1898 von Familie Diedrich geführt. Sehr schön ist der geradlinig-moderne Stil im Lichtflügel mit einigen komfortableren Zimmern, Lobby und Spa auf 1000 qm.

Sauerländer Hof (mit Gästehaus)

Merklinghauser Str. 27, (B 236) ✉ 59969 – ✆ (02984) 9 23 70 – www.sauerlaender-hof.de

30 Zim – 61/85 € 92/142 € – ½ P **Rest** – Menü 16/38 € – Karte 21/51 €

Ein sehr nettes familiär geführtes Landhotel mit gemütlich-wohnlichen Zimmern, die teilweise rustikaler oder auch eleganter im Landhausstil eingerichtet sind. Zum Restaurant gehören eine Terrasse und eine separate Bierstube.

HALLERNDORF – Bayern – 546 – 4 010 Ew – Höhe 282 m 50 K16

Berlin 426 – München 223 – Nürnberg 47 – Bamberg 22

In Hallerndorf-Willersdorf Süd-West: 3 km

Landgasthof Rittmayer (mit Gästehaus) Rest,

Willersdorf 108 ✉ 91352 – ✆ (09195) 9 47 30 – www.rittmayer.com – geschl. 29. Juli - 15. August

15 Zim – 45/48 € 55/66 € – ½ P

Rest – *(geschl. Montagmittag, Dienstagmittag)* Karte 15/23 €

In der Region ist man für die eigene Karpfen- und Wallerzucht bekannt. Sie sollten bei Familie Rittmayer also ruhig mal essen, auch wenn Sie nicht in einem der schönen ländlich-modernen Zimmer wohnen! In der quirligen gemütlichen Wirtschaft gibt's von Mai bis September freitags Grillspezialitäten!

HALLSTADT – Bayern – siehe Bamberg

HALSENBACH – Rheinland-Pfalz – siehe Emmelshausen

HALTE – Niedersachsen – siehe Papenburg

HALTERN am SEE – Nordrhein-Westfalen – 543 – 37 580 Ew – Höhe 40 m 26 C10

Berlin 500 – Düsseldorf 77 – Münster (Westfalen) 46 – Recklinghausen 15

Markt 1, ✉ 45721, ✆ (02364) 93 33 65, www.haltern-am-see.de

Am Turm Zim,

Turmstr. 4 ✉ 45721 – ✆ (02364) 9 60 10 – www.hotel-amturm.de

14 Zim – 69/79 € 99/109 € – ½ P

Rest – Menü 19 € (mittags)/59 € – Karte 21/44 €

Ein gepflegtes kleines Hotel unter familiärer Leitung mit zeitgemäßen Zimmern (teilweise mit Parkett). Das Haus liegt zentrumsnah, praktisch ist der öffentliche Parkplatz gegenüber. Das Restaurant bietet internationale Küche und Balkangerichte.

Ratshotel

Mühlenstr. 3 ✉ 45721 – ✆ (02364) 34 65 – www.hotel-haltern.de

12 Zim – 65/69 € 95/99 € – ½ P

Rest *Ratsstuben* – siehe Restaurantauswahl

Schön wohnlich hat man es in dem kleinen Hotel direkt am Marktplatz mit seinen individuellen Zimmern und dem freundlichen modernen Frühstücksraum. Und da die Umgebung bei Radwanderern beliebt ist, bietet man auch eine Fahrrad-Garage!

Ratsstuben – Hotel Ratshotel

Mühlenstr. 3 ✉ 45721 – ✆ (02364) 34 65 – www.hotel-haltern.de – geschl. Juni 2 Wochen, Oktober 2 Wochen und Mittwoch

Rest – Menü 39/69 € – Karte 32/58 €

Daniel Georgiev ist nicht nur Gastgeber, sondern steht auch am Herd - und hier verarbeitet er gute, frische Produkte zu zeitgemäß-saisonalen Gerichten wie "Label rouge Lachs mit Senf-Vinaigrette, Gurke und grünem Apfel".

HAMBERGE – Schleswig-Holstein – 541 – 1 470 Ew – Höhe 7 m 11 J4

Berlin 306 – Kiel 90 – Bad Oldesloe 16 – Hamburg 57

Landhaus Hamberge 

Stormarnstr. 14 ✉ 23619 – ✆ (0451) 8 99 71 10 – www.restaurant-hamberge.de – geschl. Dienstag - Mittwoch

Rest – *(Montag - Freitag nur Abendessen)* Menü 30 € – Karte 34/58 €

In dem eleganten Restaurant fühlt man sich dank der großen Glasfront wie in einem Wintergarten. Aus der Küche kommen frische Gerichte wie "Hechtschaumklößchen mit Dillsauce" oder "Zanderfilet auf Balsamicolinsen und Schnittlauchsauce", Chef und Sommelier Thorsten Hauck sorgt für die passende Weinempfehlung.

HAMBURG

Stadtpläne siehe nächste Seiten **10** I5

© Tibor Bognar / Photononstop

Hamburg – 1 798 840 Ew – Höhe 6 m – 541 F14

Berlin 291 – Bremen 121 – Hannover 159

Tourist-Informationen

Im Hauptbahnhof, Wandelhalle-Kirchenallee M2, ✉ 20099, ✆ (040) 30 05 13 00, www.hamburg-tourism.de

Rathausmarkt, in der Rathauspassage L3, ✉ 20095, ✆ (040) 3 69 00 97

Landungsbrücke 4 J3, ✉ 20459, ✆ (040) 30 05 12 03

Automobilclub - ADAC

Amsinckstr. 39 G3

Großmoordamm 69 B3

Autoreisezug

Hamburg-Altona, Präsident-Krahn-Straße D3, ✆ (01806) 99 66 33 (Gebühr)

Flughafen

Hamburg-Fuhlsbüttel, Flughafenstr. 1 AB1 (Nord: 15 km), ✆ (040) 5 07 50

Messegelände

Messe Hamburg, St. Petersburger Str. 1 JK1_2, ✉ 20355, ✆ (040) 3 56 90

Messen und Veranstaltungen

11.-13. Januar: early bird
21.-23. Januar: HMT - Hamburger Motorrad Tage
21.-24. Januar: Nortec
5.-9. Februar: Reisen Hamburg
14.-16. Februar: Hanse Golf
22.-23. Februar: Kultur Reisemesse
14.-18. März: Gastro Vision
14.-19. März: INTERNORGA
8.-10. April: Aircraft Interiors Expo
11.-13. April: Frühjahrsmesse
25.-27. April: Hansepferd
9.-11. Mai: Hafengeburtstag Hamburg
19.-21. Juli: early bird
9.-12. September: SMM
23.-26. September: H2Expo
25. Oktober-2. November: hanseboot
4.-6. November: transfairlog

Golfplätze

18 Hamburg-Blankenese, Falkenstein, In de Bargen 59, ✆(040) 81 21 77
27 Wendlohe, Oldesloer Str. 251, ✆(040) 5 52 89 66
18 Hamburg-Lemsahl, Treudelberg, Lemsahler Landstr. 45, ✆(040) 6 08 22 88 77
18 Ammersbeck, Walddörfer, Schevenbarg, ✆(040) 6 05 13 37
18 Wentorf-Reinbek, Golfstr. 2, ✆(040) 72 97 80 68
18 Prisdorf, Peiner Hag, ✆(04101) 7 37 90
27 Holm, Haverkamp 1, ✆(04103) 9 13 30
18 Seevetal-Hittfeld, Am Golfplatz 24, ✆(04105) 23 31
18 Escheburg, Am Soll 3, ✆(04152) 8 32 04

SEHENSWÜRDIGKEITEN

Stadtzentrum: Binnenalster★★★L2 · Außenalster★★★LM1_2 · Jungfernstieg★L2 · Miniatur Wunderland★ · St.-Michaelis-Kirche★(❋★)K3 · Hamburger Kunsthalle★★ · Museum für Kunst und Gewerbe★M2 · Museum für Hamburgische Geschichte★J2_3 · Speicherstadt★★ · Dialog im Dunkeln★L3

Entlang der Elbe: Hafen★★J3 · Altonaer Museum★★ · Altonaer Balkon (⋞★)D3 · Elbchaussee★CD3

Weitere Sehenswürdigkeit: Tierpark Hagenbeck★★A1

Alphabetische Liste der Hotels
Alphabetical index of hotels

Alphabetische Liste der Restaurants
Alphabetical index of restaurants

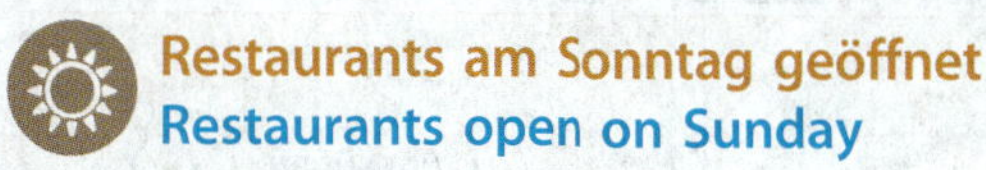

Restaurants am Sonntag geöffnet
Restaurants open on Sunday

Restaurant		Page
Atlas	X	505
Bistro am Fleet	X	502
Butcher's american steakhouse	X	502
CARLS	X	500
Casse-Croûte	X ☺	501
Coast	X	500
Cox	X ☺	502
Deck 7	XX	506
Dorfkrug	XX	513
East	XX	512
Finkenwerder Elbblick	XX	508
Fischereihafen Restaurant	XXX	503
Goldfisch	X	508
IndoChine	XX	504
Jacobs Restaurant	XXXX ✿✿	510
Jahreszeiten Grill	XXX	498
Jellyfish	X	507
Kaminstube	X	510
Kitsune Izakaya	X ☺	507
Lambert	X	511
LENZ	X ☺	506
Leuchtturm	XX	509
Marbella	X ☺	514
Marlin	X ☺	509
(m)eatery	X	501
Ni Hao	X	513
Nil	X ☺	512
Osteria Due	XX	500
Piazza Romana	XX	499
Le Plat du Jour	X ☺	501
Poletto Winebar	X	508
RIVE Bistro	X	504
Speisewirtschaft Wattkorn	X ☺	510
Stock's Fischrestaurant	XX ☺	510
Süllberg - Seven Seas	XXXX ✿✿	506
Tarantella	X	500
La Vela	X	504
Weinwirtschaft Kleines Jacob	X ☺	511
Das Weisse Haus	X	504
Witthüs	XX	511
Zipang	X	507

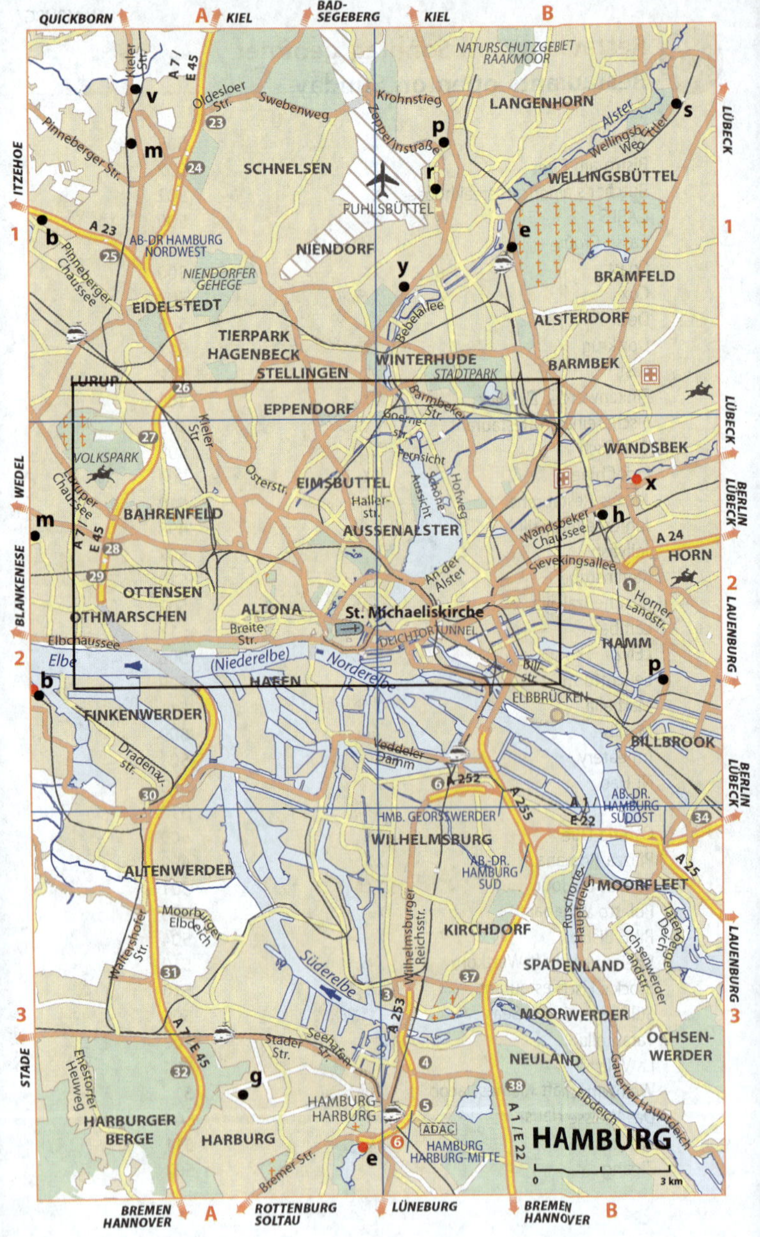
QUICKBORN
KIEL
BAD-SEGEBERG
KIEL
LÜBECK
ITZEHOE
WEDEL
BLANKENESE
STADE
LÜBECK
BERLIN LÜBECK
LAUENBURG
BERLIN LÜBECK
LAUENBURG
BREMEN HANNOVER
ROTTENBURG SOLTAU
LÜNEBURG
BREMEN HANNOVER
NATURSCHUTZGEBIET RAAKMOOR
LANGENHORN
SCHNELSEN
FUHLSBÜTTEL
WELLINGSBÜTTEL
NIENDORF
AB-DR HAMBURG NORDWEST
NIENDORFER GEHEGE
BRAMFELD
EIDELSTEDT
ALSTERDORF
TIERPARK HAGENBECK
STELLINGEN
WINTERHUDE
STADTPARK
BARMBEK
LURUP
EPPENDORF
VOLKSPARK
WANDSBEK
EIMSBÜTTEL
BAHRENFELD
AUSSENALSTER
HORN
OTTENSEN
OTHMARSCHEN
ALTONA
St. Michaeliskirche
DEICHTORTUNNEL
HAMM
HAFEN
FINKENWERDER
ELBBRÜCKEN
BILLBROOK
HMB. GEORGSWERDER
AB.-DR. HAMBURG SÜDOST
WILHELMSBURG
AB.-DR. HAMBURG SÜD
ALTENWERDER
MOORFLEET
KIRCHDORF
SPADENLAND
MOORWERDER
NEULAND
OCHSEN-WERDER
HAMBURG-HARBURG
ADAC
HAMBURG HARBURG-MITTE
HARBURGER BERGE
HARBURG
HAMBURG
0
3 km
Elbe
Norderelbe
(Niederelbe)
Süderelbe
Alster
Kieler Str.
Oldesloer Str.
Swebenweg
Krohnstieg
Zeppelinstraße
Pinneberger Str.
Pinneberger Chaussee
Wellingsbütteler Weg
Bebelallee
Barmbeker Str.
Goerne-str.
Fernsicht
Schöne Aussicht
Hofweg
Osterstr.
Haller-str.
Lurup Chaussee
Wandsbeker Chaussee
Sievekingsallee
An der Alster
Horner Landstr.
Breite Str.
Elbchaussee
Bill-str.
Dradenau-str.
Veddeler Damm
Waltershofer Str.
Moorburger Elbdeich
Wilhelmsburger Reichsstr.
Ruschorter Hauptdeich
Ochsenwerder Landstr.
Tatenberger Deich
Stader Str.
Seehafen-str.
Ehestorfer Heuweg
Bremer Str.
Gauerter Hauptdeich
Elbdeich
A 7 / E 45
A 23
A 24
A 252
A 255
A 1 / E 22
A 25
A 253
A 7 / E 45
A 1 / E 22
A
B
1
2
3
v
m
p
r
s
b
e
y
x
h
m
b
p
g
e

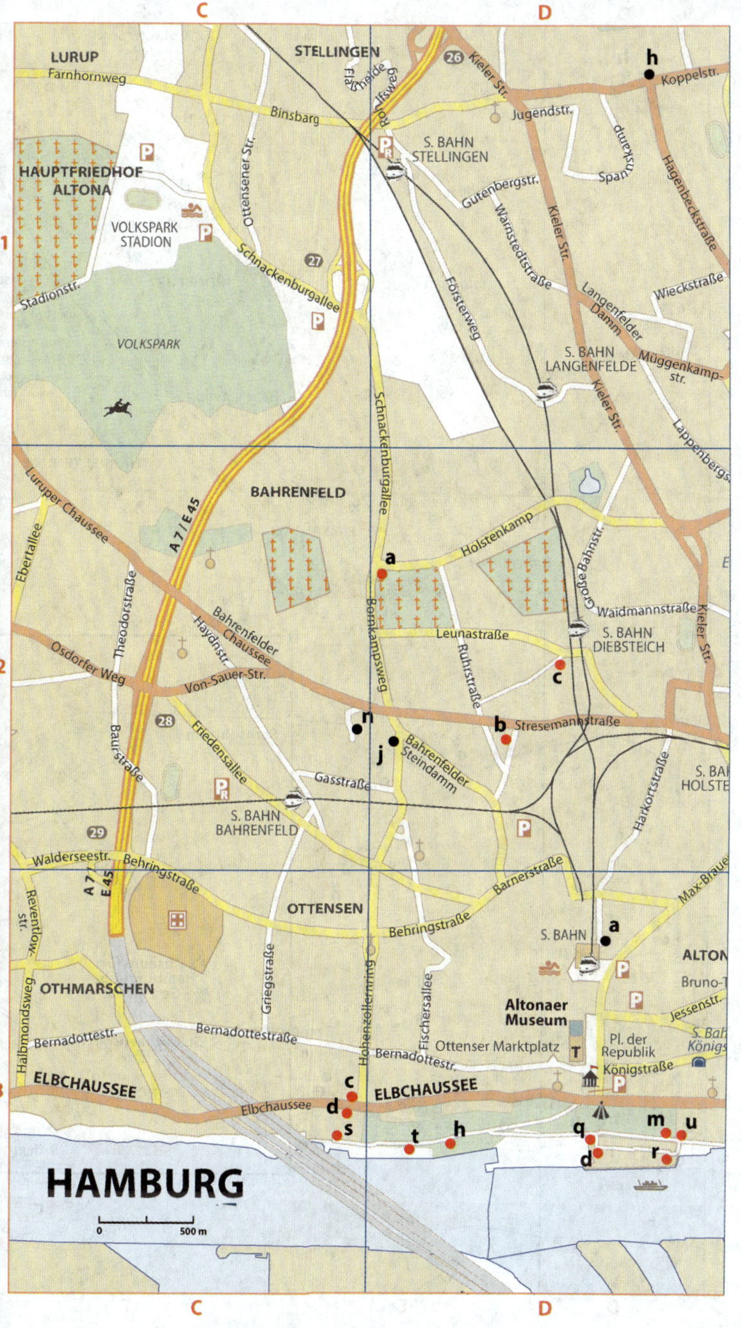

HAMBURG
LURUP
STELLINGEN
HAUPTFRIEDHOF ALTONA
VOLKSPARK STADION
VOLKSPARK
S. BAHN STELLINGEN
S. BAHN LANGENFELDE
BAHRENFELD
S. BAHN DIEBSTEICH
S. BAHN BAHRENFELD
OTTENSEN
OTHMARSCHEN
Altonaer Museum
ELBCHAUSSEE
0
500 m

D
E
F
1
2
3
Koppelstr.
Emil-Andresen-Straße
Lokstedter Steindamm
Geschwister-Scholl-Str.
Martini-str.
Tarpenbek-str.
Kellinghusenstr.
Spannskamp
Hagenbeckstraße
Grandweg
Vizelinstraße
Veilchenweg
Stresemannallee
Breitenfelder Str.
EPPENDORF
Lenzweg
Troplowitzstraße
HOHELUFT
Hege-str.
Eppendorfer Baum
Wieckstraße
Lutherothstraße
Eidelstedter Weg
Langenfelder Damm
Else-Rauch-Platz
Hoheluftchaussee
Klosterstern
S. BAHN LANGENFELDE
Müggenkamp-str.
Unnastraße
Heußweg
Manstein-str.
Hoheluftbrücke
ST. ELISABETH KIRCHE
Innocentiapark
Kieler Str.
Lappenbergsallee
Osterstraße
Im Gehölz
Bogenstr.
Schlankreye
Grindelberg
HARVESTEHUDE
Fanny-Mendelssohn-Platz
Bismarckstraße
Hallerstraße
EIMSBÜTTEL
Große Bahnstr.
Emilienstraße
Fruchtallee
Christuskirche
Schlump
Grindelallee
Waidmannstraße
S. BAHN DIEBSTEICH
Eimsbütteler Chaussee
Bundesstraße
Altonaer Str.
S. BAHN STERNSCHANTZE
Fernsehturm
Alsenstr.
Schulterblatt
S. BAHN HOLSTENSTR
Harkortstraße
Holstenstraße
Karolinenstr.
Marseiller Str.
Max-Brauer-Allee
Neuer Pferdemarkt
Feldstraße
Gorch-Fock-Wall
Budapester Str.
Glacischaussee
BINNEN
ALTONA
Paulinenplatz
Museum für Hamburgische Geschichte
Bruno-Tesch-Platz
Simon-von-Utrecht-Straße
Jessenstr.
Reeperbahn
Helgoländer Allee
Pl. der Republik
S. Bahn Königstr.
St. Michaeliskirche
Königstraße
HAUPTKIRCHE SANKT TRINITATIS
Gebrüder-Wolf-Platz
SCHAARMARKT
Breite Str.
St. Pauli Fischmarkt
Vorsetzen
Hohe Brücke
HAFEN
Norderelbe

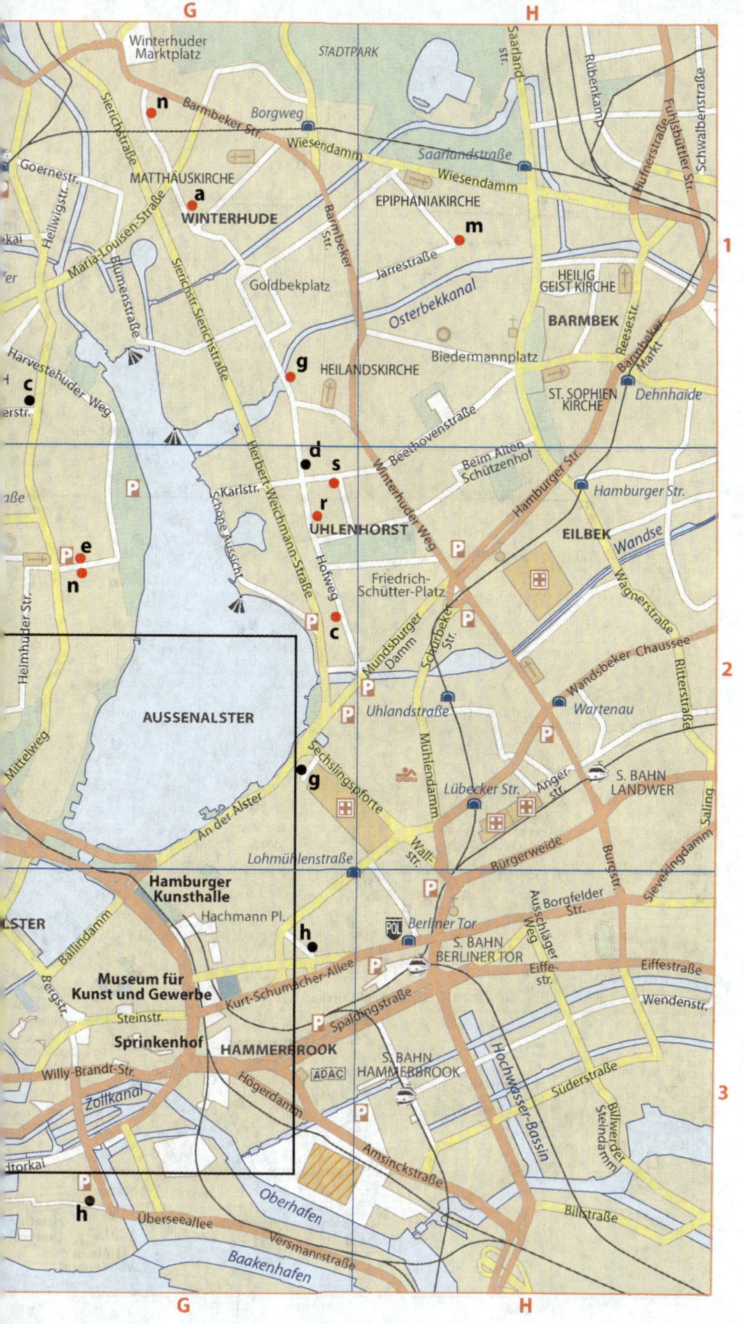
G
H
Winterhuder Marktplatz
STADTPARK
Borgweg
Barmbeker Str.
Wiesendamm
Saarlandstraße
Saarland-str.
Rübenkamp
Schwalbenstraße
Fuhlsbüttler Str.
Hufnerstraße
Goernestr.
MATTHÄUSKIRCHE
WINTERHUDE
EPIPHANIAKIRCHE
Jarrestraße
Heilwigstr.
Maria-Louisen-Straße
Blumenstraße
Sierichstraße
Goldbekplatz
Osterbekkanal
HEILIG GEIST KIRCHE
BARMBEK
Biedermannplatz
HEILANDSKIRCHE
Harvestehuder Weg
Reesestr.
Barmbeker Markt
Dehnhaide
ST. SOPHIEN KIRCHE
Beethovenstraße
Beim Alten Schützenhof
Hamburger Str.
Karlstr.
Herbert-Weichmann-Straße
Winterhuder Weg
UHLENHORST
EILBEK
Wandse
Schöne Aussicht
Hofweg
Friedrich-Schütter-Platz
Wagnerstraße
Heilmhuder Str.
Mundsburger Damm
Schürbeker Str.
Wandsbeker Chaussee
Ritterstraße
AUSSENALSTER
Uhlandstraße
Wartenau
Mittelweg
Sechslingspforte
Mühlendamm
S. BAHN LANDWER
Lübecker Str.
Anger-str.
Saling
An der Alster
Wall-str.
Bürgerweide
Sievekingdamm
Lohmühlenstraße
Hamburger Kunsthalle
Burgstr.
Hachmann Pl.
Ausschläger Weg
Borgfelder Str.
Ballindamm
Berliner Tor
S. BAHN BERLINER TOR
Kurt-Schumacher-Allee
Eiffestraße
Eiffe-str.
Museum für Kunst und Gewerbe
Bergstr.
Wendenstr.
Spaldingstraße
Steinstr.
Sprinkenhof
HAMMERBROOK
S. BAHN HAMMERBROOK
Hochwasser-Bassin
Willy-Brandt-Str.
ADAC
Süderstraße
Zollkanal
Högerdamm
Billwerder Steindamm
Amsinckstraße
Oberhafen
Billstraße
Überseeallee
Versmannstraße
Baakenhafen
1
2
3

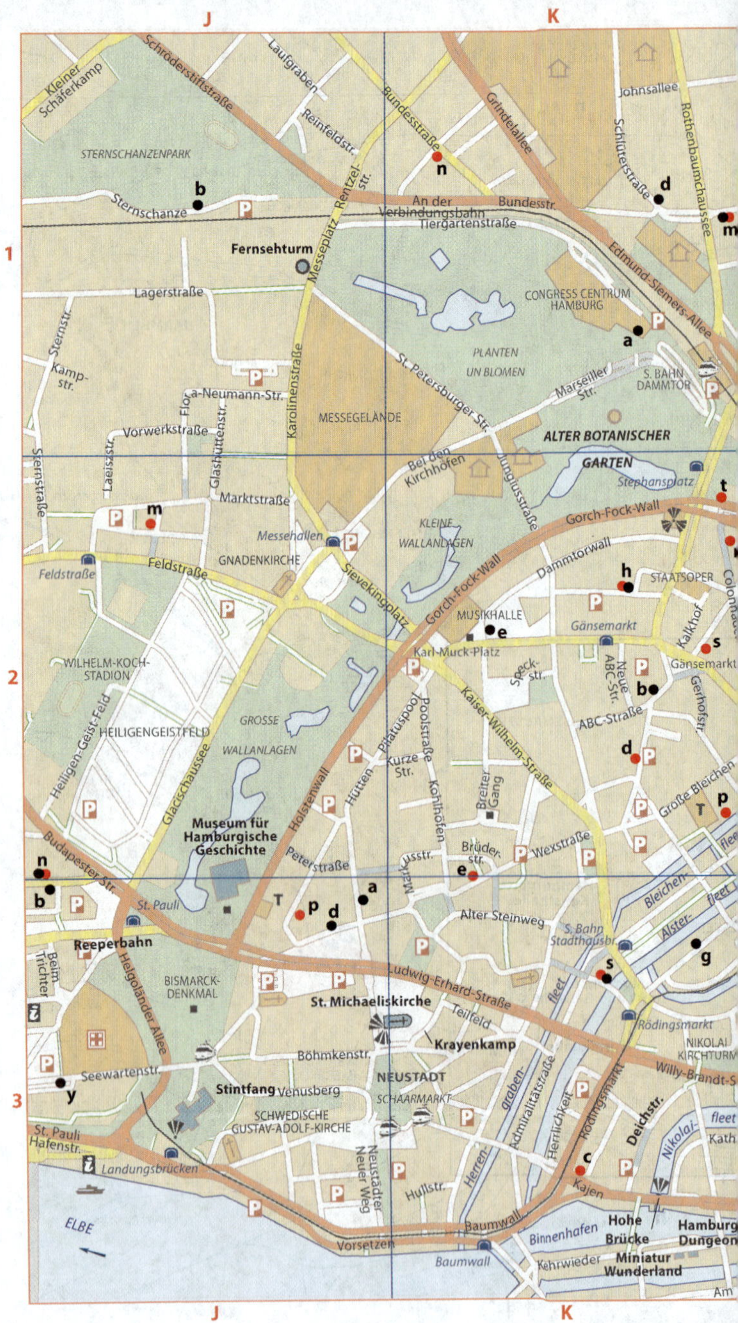
J
K
1
2
3
Kleiner Schäferkamp
Schröderstiftstraße
Laufgraben
Reinfeldstr.
Bundesstraße
Grindelallee
Johnsallee
Schlüterstraße
Rothenbaumchaussee
STERNSCHANZENPARK
Sternschanze
Rentzel-str.
An der Verbindungsbahn
Bundesstr.
Tiergartenstraße
Edmund-Siemers-Allee
Fernsehturm
Messeplatz
Lagerstraße
CONGRESS CENTRUM HAMBURG
PLANTEN UN BLOMEN
S. BAHN DAMMTOR
Marseiller Str.
Karolinenstraße
St. Petersburger Str.
MESSEGELÄNDE
Sternstr.
Kampstr.
Flora-Neumann-Str.
Vorwerkstraße
Laeiszstr.
Glashüttenstr.
Sternstraße
Marktstraße
Bei den Kirchhöfen
Jungiusstraße
ALTER BOTANISCHER GARTEN
Stephansplatz
Gorch-Fock-Wall
Messehallen
KLEINE WALLANLAGEN
Dammtorwall
STAATSOPER
Colonnaden
Feldstraße
GNADENKIRCHE
Sievekingplatz
MUSIKHALLE
Gänsemarkt
Kalkhof
Karl-Muck-Platz
Speckstr.
Neue ABC-Str.
Gerhofstr.
WILHELM-KOCH-STADION
ABC-Straße
Heiligen-Geist-Feld
HEILIGENGEISTFELD
GROSSE WALLANLAGEN
Pilatuspool
Poolstraße
Kaiser-Wilhelm-Straße
Kurze Str.
Kohlhöfen
Breiter Gang
Große Bleichen
Glacischaussee
Holstenwall
Hütten
Museum für Hamburgische Geschichte
Budapester Str.
Peterstraße
Markusstr.
Brüderstr.
Wexstraße
Bleichenfleet
St. Pauli
Alter Steinweg
Alsterfleet
S. Bahn Stadthausbr.
Reeperbahn
Beim Trichter
Helgoländer Allee
BISMARCK-DENKMAL
Ludwig-Erhard-Straße
St. Michaeliskirche
Teilfeld
Krayenkamp
Rödingsmarkt
NIKOLAI KIRCHTURM
Willy-Brandt-S
Böhmkenstr.
NEUSTADT
Seewartenstr.
Stintfang
Venusberg
SCHAARMARKT
SCHWEDISCHE GUSTAV-ADOLF-KIRCHE
Herrengraben
Admiralitätstraße
Herrlichkeit
Deichstr.
Nikolaifleet
Kath
St. Pauli Hafenstr.
Landungsbrücken
Neustädter Neuer Weg
Hullstr.
Kajen
ELBE
Baumwall
Binnenhafen
Hohe Brücke
Hamburg Dungeon
Vorsetzen
Kehrwieder
Miniatur Wunderland
Am

HAMBURG
0
300 m
L
M
1
2
3
AUSSENALSTER
BINNENALSTER
ROTHERBAUM
ST. GEORG
HAMMERBROOK
JUNGFERNSTIEG
Galerie der Gegenwart
Hamburger Kunsthalle
Museum für Kunst und Gewerbe
Kunstverein Hamburg
Bucerius Kunstforum
Rathausmarkt
Rathaus
St. Petri Kirche
St. Jacobikirche
Sprinkenhof
St. Katharinen Kirche
Dialog im Dunkeln
Deichtorhallen
Speicherstadt Museum
Internationales Maritimes Museum
HAMBURG HBF
Kennedybrücke
Lombardsbrücke
Steinstraße
Mönckebergstraße
Willy-Brandt-Straße
Amsinckstraße
Högerdamm
Steindamm
An der Alster

Atlantic Kempinski

An der Alster 72 ✉ 20099 – ✆ (040) 2 88 80 – www.kempinski.com/hamburg
189 Zim – 🛉199/449 € 🛉🛉229/479 €, ☕ 34 € – 26 Suiten M2**a**
Rest *Atlantic Restaurant* – siehe Restaurantauswahl
Rest *Tsao Yang* – ✆ (040) 2 88 88 61 *(geschl. Samstagmittag)* Menü 45 € – Karte 32/51 €
Das "Weiße Schloss an der Alster" zeigt sich nach umfassender Renovierung luxuriöser denn je! Sie betreten eine Lobby voll purer Klassik, nächtigen in Zimmern von edler Zeitlosigkeit (feines Ebenholz, topmoderne Technik...) und tagen oder feiern in stilvollen Salons!

Fairmont Hotel Vier Jahreszeiten

Neuer Jungfernstieg 9 ✉ 20354 – ✆ (040) 3 49 40 – www.fairmont-hvj.de
145 Zim – 🛉380/435 € 🛉🛉560/665 €, ☕ 35 € – 11 Suiten L2**v**
Rest *Haerlin* ✿✿ **Rest *Jahreszeiten Grill* Rest *Doc Cheng's*** – siehe Restaurantauswahl
Schöner und eleganter kann man in Hamburg nicht wohnen und der Service ist über jeden Zweifel erhaben! Man versteht es perfekt, Luxus unaufdringlich umzusetzen, was sich im klassischen und zugleich frischen Interieur der Zimmer ebenso widerspiegelt wie im anspruchsvollen Spa oder in der stilvollen "Wohnhalle" beim Afternoon Tea. Tipp: Espresso, Champagner und Snacks in der trendigen Condi Lounge oder speisen auf der Terrasse an der Binnenalster.

Park Hyatt

Bugenhagenstr. 8, (im Levantehaus) ✉ 20095 – ✆ (040) 33 32 12 34 – www.hamburg.park.hyatt.de M3**t**
262 Zim – 🛉170/425 € 🛉🛉200/455 €, ☕ 32 € – 21 Suiten
Rest *Apples* – ✆ (040) 33 32 17 11 – Menü 29/69 € (abends) – Karte 38/66 €
Im 1. Stock empfängt das einstige Kontorhaus von 1912 seine Gäste, die es sich hier in der geschmackvollen Lounge gemütlich machen können. Mit Wertigkeit und moderner Eleganz sucht das Luxushotel seinesgleichen. Restaurant "Apples" lädt mit seiner Showküche zum Zuschauen ein.

Le Royal Méridien

An der Alster 52 ✉ 20099 – ✆ (040) 2 10 00 – www.leroyalmeridienhamburg.com M2**d**
272 Zim – 🛉159/399 € 🛉🛉159/399 €, ☕ 30 € – 12 Suiten
Rest *Le Ciel* – Menü 22 € (mittags unter der Woche)/72 € – Karte 43/63 €
Der attraktive klare Stil zieht sich von den Zimmern (hier speziell entworfene therapeutische Betten) bis in den Wellnessbereich. Was halten Sie von einem Panorama-Zimmer zur Alster in einer der oberen Etagen? Genauso schön ist die Sicht von Restaurant und Bar im 9. Stock - zu erreichen auch mit einem zusätzlichen Außen-Glaslift!

Grand Elysée

Rothenbaumchaussee 10 ✉ 20148 – ✆ (040) 41 41 20 – www.grand-elysee.com
494 Zim – 🛉140/250 € 🛉🛉160/270 €, ☕ 20 € – 17 Suiten K1**m**
Rest *Piazza Romana* – siehe Restaurantauswahl
Rest *Brasserie Flum* – ✆ (040) 41 41 27 23 – Karte 24/49 €
Hier gilt es erst einmal die großzügige Halle zu entdecken: Boutique, Café, sogar Papageien in ihrer "Suite"... das hat schon Boulevard-Flair! Brasserie und Oyster-Bar mit Seafood schließen sich an. Überall im Haus finden sich zudem rund 800 Exponate der privaten Kunstsammlung der Eigentümerfamilie Block. Tipp: Buchen Sie eines des ruhig gelegenen Gartenhofzimmer oder ein Südzimmer zum Moorweidenpark.

Sofitel Alter Wall

Alter Wall 40 ✉ 20457 – ✆ (040) 36 95 00 – www.sofitel.com K3**g**
223 Zim – 🛉155/450 € 🛉🛉180/475 €, ☕ 29 € – 18 Suiten
Rest – 35 € (abends) – Karte 36/69 €
Puristisch und luxuriös zugleich ist der klare moderne Style. Das Alsterfleet hat man gleich vor dem Haus - das genießt man am besten auf der Terrasse direkt über dem Wasser! Hier auch der eigene Bootsanleger. Mittags isst man im Bistro, am Abend im Ticino.

Steigenberger

Heiligengeistbrücke 4 ✉ *20459 – ✆ (040) 36 80 60 – www.hamburg.steigenberger.de* K3**s**

227 Zim – †144/244 € ††164/264 €, ☕ 28 € – 6 Suiten

Rest *Bistro am Fleet* – siehe Restaurantauswahl

Direkt am Alsterfleet steht das gut geführte und elegante Hotel in Schiffsform. Von der Dachterrasse des Fitnessbereichs hat man einen tollen Blick über die Stadt!

SIDE

Drehbahn 49 ✉ *20354 – ✆ (040) 30 99 90 – www.side-hamburg.de* K2**h**

168 Zim – †160/500 € ††160/500 €, ☕ 24 € – 10 Suiten

Rest *(m)eatery* – siehe Restaurantauswahl

Hier (zwischen Gänsemarkt und Staatsoper) waren Designer am Werk: die Glas-Naturstein-Fassade von Jan Störmer, das Lichtkonzept in der Lobby mit ihren eindrucksvollen 30 Metern Höhe von Robert Wilson, der schicke Style der Zimmer von Matteo Thun.

Marriott

ABC-Str. 52 ✉ *20354 – ✆ (040) 3 50 50 – www.hamburgmarriott.com* K2**b**

275 Zim – †179/399 € ††179/399 €, ☕ 28 € – 3 Suiten

Rest – Menü 23/57 € – Karte 37/47 €

Nahe dem Gänsemarkt befindet sich dieses Hotel mit gediegenem Ambiente in Lobby und Gästezimmern sowie einem ansprechenden Bade-, Sauna- und Kosmetikbereich. Haben Sie mal Lust auf nordisch-skandinavische Küche? Im "Speicher 52" gibt es z. B. Bratwurst vom Elch!

Radisson BLU

Marseiller Str. 2 ✉ *20355 – ✆ (040) 3 50 20 – www.radissonblu.com/hotel-hamburg* K1**a**

545 Zim – †135/399 € ††135/399 €, ☕ 26 € – 9 Suiten

Rest *Filini* – Menü 28 € (mittags)/70 € – Karte 28/51 €

Business leicht gemacht: Das Kongresszentrum ist direkt an das Hotel angeschlossen! Außerdem profitiert man von der guten Bahnanbindung. Interessant die Zimmerstile "Natural", "Urban" und "New York Mansion", einzigartig der Blick auf die Stadt - kein Wunder bei 27 Stockwerken! Filini mit internationalem Angebot.

Scandic Hamburg Emporio (N)

Dammtorwall 19, (Eingang Dragonerstraße) ✉ *20355 – ✆ (040) 4 32 18 70 – www.scandichotels.de/hamburg* K2**e**

325 Zim – †109/299 € ††129/319 €, ☕ 20 € **Rest** – Karte 26/49 €

Das Thema Wasser ist hier allgegenwärtig, in Form von Wandbildern, Farben, Formen... und es ist Symbol für die Nachhaltigkeits-Philosophie der Scandic-Hotels. In den Zimmern helles Holz, warme Töne, bodentiefe Fenster. Auf dem Fahrrad durch Hamburg? Hier können Sie kostenfrei welche leihen. Praktisch auch der 24-h-Minishop.

The George

Barcastr. 3 ✉ *22087 – ✆ (040) 2 80 03 00 – www.thegeorge-hotel.de* G2**g**

123 Zim – †145/215 € ††155/225 €, ☕ 18 € – 2 Suiten

Rest – *(geschl. Sonntag)* Menü 55 € – Karte 35/70 €

Elegant-britischer Stil trifft auf junges Design! Ob in Bibliothek, Bar oder Zimmern - überall gedeckte Töne und Details wie Bilder, Bezüge oder Tapeten. Die "M"-Zimmer sind geräumig, die "S"-Zimmer kleiner und zur Straße gelegen. Tipp: Genießen Sie von der Dachterrasse den Blick über Hamburg! Speisen kann man in Restaurant "DaCaio", und zwar mediterran-italienisch.

Mövenpick

Sternschanze 6 ✉ *20357 – ✆ (040) 3 34 41 10 – www.moevenpick-hotels.com/hamburg* J1**b**

226 Zim – †125/255 € ††145/275 €, ☕ 23 €

Rest – Menü 30 € (abends) – Karte 30/53 €

Wer sich in dem beeindruckenden ehemaligen Wasserturm mit der aparten Backsteinfassade etwas ganz Besonderes gönnen möchte, bucht eine der beiden großen Turm-Maisonetten in 60 m Höhe - grandios die Aussicht! Internationale und Schweizer Gerichte im Restaurant und auf der Terrasse zum Schanzenpark. Interessant: "Twingle Menü" für 2 Personen inkl. Wein! Die Garage sollte man reservieren.

Europäischer Hof
Rest,

Kirchenallee 45 ✉ 20095 – ✆ (040) 24 82 48 – www.europaeischer-hof.de
M2**e**

275 Zim – 120/220 € 150/250 €

Rest *Paulaner's* – Karte 19/38 €

In dem Hotel gegenüber dem Hauptbahnhof erwarten Sie u. a. eine gediegen-elegante Halle und die siebengeschossige "Euro-Therme" mit 150-m-Wasserrutsche über sechs Ebenen. Die Atmosphäre im Paulaner's ist rustikal und ungezwungen.

Lindner Am Michel
Rest,

Neanderstr. 20 ✉ 20459 – ✆ (040) 3 07 06 70 – www.lindner.de
J3**a**

259 Zim – 129 € 169 €, 22 €

Rest *Hamburger Stube* – *(geschl. Sonntag - Montag)* Menü 30/34 € – Karte 29/45 €

Die Vorteile dieses Hotels? Die Lage in einer Seitenstraße nahe dem "Michel", die geradlinig-moderne Einrichtung in warmen Tönen, der Saunabereich im 7. Stock mit Blick über die Stadt und - last but not least - die Hamburger Stube mit hanseatischem Flair, in der man z. B. Hamburger Labskaus oder Pannfisch isst.

Adina
Rest,

Neuer Steinweg 26 ✉ 20459 – ✆ (040) 2 26 35 00 – www.adina.eu
J3**d**

25 Zim – 139/329 € 139/329 €, 19 € – 93 Suiten

Rest – *(nur Abendessen)* Menü 27 € – Karte 25/47 €

Das Konzept: Businesshotel. Die Zimmer sind geräumig und haben Apartment-Charakter (kleine Küche vorhanden), das Design ist klar, die Technik aktuell. Australische Einflüsse im Restaurant Alto. "Michel" und Reeperbahn ganz in der Nähe.

HENRI N garni

Bugenhagenstraße 21 ✉ 20095 – ✆ (040) 5 54 35 70 – www.henri-hotel.com
L3**a**

60 Zim – 98/190 € 118/210 €, 14 € – 5 Suiten

Hochwertig und mit dem Komfort von heute lässt man in dem einstigen Kontorhaus die 50-60er Jahre ("Henri auf Reisen") wieder aufleben. Und dank charmanter Details wie Lounge mit Wohnzimmer-Flair, Küche mit Snacks und Getränken sowie täglichem "Abendbrod" und Kuchen am Wochenende kommt auch fern vom eigenen Zuhause eine gewisse Heimeligkeit auf!

25hours Hafen City

Überseeallee 5 ✉ 20457 – ✆ (040) 2 57 77 70 – www.25hours-hotels.com
G3**h**

170 Zim – 125/245 € 125/245 €, 17 €

Rest *Heimat* – ✆ (040) 2 57 77 78 40 – Karte 26/53 €

Eines ist sicher: An Individualität und Originalität ist das hier kaum zu überbieten! Da trifft junges klares Design auf gemütliches Holz, Seemannsgeschichten, alte Schallplatten im loungigen "Vinyl Room", Gäste-Seesack in der Hafensauna auf dem Dach... Und in einem Haus voller kleiner und großer Seitenhiebe auf die Seefahrt sind die Zimmer natürlich Kojen!

Hafen Hamburg
Zim,

Seewartenstr. 9 ✉ 20459 – ✆ (040) 31 11 30 – www.hotel-hamburg.de
J3**y**

380 Zim – 100/160 € 120/220 €, 20 €

Rest – Menü 20 € (mittags unter der Woche)/38 € – Karte 34/70 €

Direkt oberhalb der Landungsbrücken liegen das schmucke Gebäude von 1864 und die neuere komfortablere "Residenz". Die Zimmer sind sehr unterschiedlich gestaltet, das Restaurant "Port" ist klassisch-elegant und dank Verglasung schön hell - der Name kommt von der Aussicht auf den Hafen! In 62 m Höhe befindet sich die beliebte Tower Bar.

relexa Hotel Bellevue
Zim,

An der Alster 14 (Zufahrt über Koppel 103) ✉ 20099 – ✆ (040) 28 44 40 – www.relexa-hotels.de
M1**d**

85 Zim – 71/151 € 93/183 €, 12 € – 2 Suiten

Rest – Menü 21/39 € – Karte 23/35 €

Ein klassisches Stadthaus zur Alster hin und zwei weitere Gebäude beherbergen individuelle wohnliche Zimmer sowie kleine, aber moderne Einzelzimmer. Mittagsrestaurant mit Alsterblick, gemütlich-maritimes Abendrestaurant im UG, nett die Kellerbar.

Baseler Hof

Esplanade 11 ✉ 20354 – ✆ (040) 35 90 60 – www.baselerhof.de L2**x**

164 Zim – 84/134 € 114/154 €, 10 € – 9 Suiten

Rest ***Kleinhuis*** – ✆ (040) 35 33 99 – Menü 20 € (mittags)/45 € – Karte 31/41 €

Eine gepflegte Adresse zwischen Außenalster und Botanischem Garten. Einige Zimmer sind etwas einfacher, die im Zwischenbau liegen recht ruhig. Eine besondere Geschichte verbirgt sich hinter dem großen Gemälde in der Halle - lösen Sie das Rätsel! Gute Auswahl an offenen Weinen im Restaurant Kleinhuis! Etwas für Liebhaber: die jährliche Oldtimer Rallye.

Mittelweg garni

Mittelweg 59 ✉ 20149 – ✆ (040) 4 14 10 10 – www.hotel-mittelweg-hamburg.de

30 Zim – 100/125 € 135/168 € G1**c**

Der Charme der Jahrhundertwende ist in der Villa von 1890 allgegenwärtig: vom Treppenhaus über die Stuckdecke im stilvollen Frühstücksraum bis hin zu liebenswert arrangierten Farben, Mustern und klassischen Möbeln in den Zimmern. Lauschiger kleiner Garten.

Wedina garni (mit Gästehäusern)

Gurlittstr. 23 ✉ 20099 – ✆ (040) 2 80 89 00 – www.hotelwedina.de
– geschl. 23. - 27. Dezember M2**b**

59 Zim – 99/195 € 125/225 €

Gelbes Haus, Grünes Haus, Blaues Haus... - mal sonnig, frisch und mit mediterraner Note, mal puristisch oder mit literarischen Werken. Die Bücher (auch in der Lobby) sind übrigens von den Autoren signiert und wurden in Hamburg vorgestellt. Was Sie nicht versäumen sollten: Frühstück im Garten und Stadterkundung per Leihfahrrad!

Nippon garni

Hofweg 75 ✉ 22085 – ✆ (040) 2 27 11 40 – www.nipponhotel.de
– geschl. Weihnachten - 1. Januar G2**d**

42 Zim – 98/131 € 127/163 €, 15 €

Ganz nach fernöstlichem Vorbild sind die Zimmer in klarem puristischem Stil eingerichtet, mit Tatami-Fußboden, Shoji-Wänden und Futons.

Alster-Hof garni

Esplanade 12 ✉ 20354 – ✆ (040) 35 00 70 – www.alster-hof.de
– geschl. 23. Dezember - 2. Januar L2**x**

107 Zim – 90/105 € 140/165 € – 3 Suiten

In dem gepflegten Hotel im Zentrum nahe der Alster wird stetig renoviert und so sind die funktional ausgestatteten Zimmer überwiegend in wohnlichen Farben gehalten - einige sind recht kleine Einzelzimmer.

City-House garni

Pulverteich 25 ✉ 20099 – ✆ (040) 2 80 08 10 – www.cityhouse.de G3**h**

30 Zim – 102/112 € 122/132 €, 11 €

Gleich der erste Eindruck von der alten Kaufmannsvilla ist wirklich ansprechend, denn Rezeption und Lounge/Bibliothek sind stilvoll nach englischem Vorbild gestaltet. Das gediegen-elegante und wohnliche Bild setzt sich in den Zimmern fort (teilweise sind sie etwas kleiner). Günstig die Lage in einer Seitenstraße nahe dem Bahnhof.

Haerlin – Fairmont Hotel Vier Jahreszeiten

Neuer Jungfernstieg 9 ✉ 20354 – ✆ (040) 34 94 33 10 – www.fairmont-hvj.de
– geschl. Sonntag - Montag L2**v**

Rest – *(nur Abendessen)* Menü 105/145 €

So aufwändig, durchdacht und exakt wie Christoph Rüffer die einzelnen Komponenten seiner Speisen zubereitet und präsentiert, bringt er dabei so manchen geschmacklich genialen Moment auf den Teller. Mit Namen wie "Aromenbehandlung" und "Gaumenparty" versprechen die beiden Menüs wahrlich nicht zu viel! Das Restaurant hat übrigens ein neues Gewand bekommen: Sehr fein ist es geworden mit seinen hellen, warmen Erdtönen und edlen Materialien - vergessen Sie bei diesem schönen Anblick nicht die wunderbare Sicht auf die Binnenalster!

➜ Steinbutt mit Miso-Tamarinden-Hollandaise, geröstetem Hummer und süßer Zwiebelemulsion. Kotelett und Rücken vom Limousin Lamm mit Tomaten und gegrillter Zucchini. Dessert von Pistazien, grünem Apfel und geeistem Sauerampfer.

Jahreszeiten Grill – Fairmont Hotel Vier Jahreszeiten

Neuer Jungfernstieg 9 ✉ 20354 – ✆ (040) 34 94 33 12 – www.fairmont-hvj.de

Rest – Menü 26 € (mittags unter der Woche) – Karte 53/81 € L2**v**

Das Restaurant ist eine Hommage an den Art-déco-Stil der 20er Jahre, die schöne Holztäfelung schafft Atmosphäre. Versuchen Sie ruhig auch mal die Lifestyle-Küche, die neben Klassikern und Grillgerichten angeboten wird.

Atlantic Restaurant – Hotel Atlantic Kempinski

An der Alster 72 ✉ 20099 – ✆ (040) 2 88 88 60 – www.kempinski.com/hamburg – geschl. Sonntag M2**a**

Rest – Menü 29 € (mittags)/96 € – Karte 55/90 €

Das elegante Restaurant des Hamburger Traditionshotels ist geradezu das Wohnzimmer für weite Teile der hanseatischen Gesellschaft. Da darf man von Thomas Wilken und seinem Team klassische Küche mit Niveau erwarten!

SE7EN OCEANS

Ballindamm 40, (2. Etage) (Europa-Passage) ✉ 20095 – ✆ (040) 32 50 79 44 – www.se7en-oceans.de – geschl. 20. Januar - 2. Februar, 28. April - 1. Juni und Sonntag, Dienstag L2**s**

Rest – Menü 39 € (mittags)/109 € – Karte 61/85 €

Erst shoppen, dann gut essen? Kein Problem, denn das moderne Restaurant mit toller Sicht auf die Alster liegt mitten in der Europa-Passage und bietet die zeitgemäß beeinflusste, feine klassische Küche von Sebastian Andrée und seinem Team!

➜ Jakobsmuschel, Kaviar und Ei mit jungem Lauch. Gefüllter Drachenkopf für zwei Personen mit Kartoffel-Kapern Fondue. Schokoladenpastete mit Passionsfrucht und Sesam.

Cölln's

Brodschrangen 1 ✉ 20457 – ✆ (040) 36 41 53 – www.cöllns-restaurant.de – geschl. Sonntag sowie an Feiertagen L3**c**

Rest – (Tischbestellung ratsam) Menü 22 € (mittags unter der Woche)/98 € – Karte 45/76 €

Eine Hamburger Institution - für Fisch und Austern die Adresse schlechthin, und das seit 1760! Wem der Sinn nach Kaviar, Hummer & Co. steht, ist bei Familie Urmersbach goldrichtig. Absolut erwähnenswert sind auch die 13 historischen kleinen Stuben, denn sie sind so liebenswert wie individuell: Antiquitäten, tolle alte Holztäfelungen, original erhaltene Fliesen...

Tschebull

Mönckebergstr. 7, (im Levantehaus, 1. Etage) ✉ 20095 – ✆ (040) 32 96 47 96 – www.tschebull.de – geschl. Sonntag sowie an Feiertagen M2**t**

Rest – Menü 30/89 € – Karte 35/65 €

Inmitten der exklusiven Einkaufspassage ist ein Stück Österreich daheim! Verantwortlich dafür ist der gebürtige Kärntner Alexander Tschebull. Sehr zu empfehlen sind daher natürlich Klassiker wie Tafelspitz oder Fiaker-Gulasch, aber auch Modernes wie "Skrei mit Kartoffel-Kapernstampf, Rettich und Perlzwiebeln"!

Doc Cheng's – Fairmont Hotel Vier Jahreszeiten

Neuer Jungfernstieg 9 ✉ 20354 – ✆ (040) 3 49 43 33 – www.fairmont-hvj.de – geschl. Sonntag L2**v**

Rest – *(nur Abendessen)* Menü 59 € – Karte 55/67 €

Fernöstlich inspiriert und fast schon intim ist das Ambiente, lauschig die beliebte Bar, euro-asiatisch die Küche... und wenn Sie an einem der Hochtische Platz nehmen (die wurden übrigens aus alten Klostertüren gefertigt!), haben Sie einen besonders schönen Blick in die Showküche. Die "Doc's Currys" sollte man probiert haben!

Wie entscheidet man sich zwischen zwei gleichwertigen Adressen?
In jeder Kategorie sind die Häuser nochmals geordnet, die besten Adressen stehen an erster Stelle.

Anna Sgroi

Milchstr. 7 ✉ 20148 – ✆ (040) 28 00 39 30 – www.annasgroi.de
– geschl. Samstagmittag, Sonntag - Montag G2**e**

Rest – Menü 69/79 € – Karte 64/74 €

Auch in ihrer neuen Wirkungsstätte (das gemütliche Stadthaus mit toller Stuckdecke hatte es ihr einfach angetan) kocht Anna Sgroi klassisch italienisch, und nach wie vor verzichtet sie dabei auf modernen Schnickschnack, vielmehr überzeugt sie mit tollen Produkten, die sie mit Liebe verarbeitet!

➜ Carpaccio von Langostinos mit Sizilianischem Fenchelsalat. Ligurische Kaninchenravioli in eigenem Fond mit Taggiasche Oliven. Zicklein aus dem Ofen mit Peperonata.

Küchenwerkstatt (Gerald Zogbaum)

Hans-Henny-Jahnn-Weg 1, (Eingang Hofweg) ✉ 22085 – ✆ (040) 22 92 75 88
– www.kuechenwerkstatt-hamburg.de – geschl. Sonntag - Montag G1**g**

Rest – (nur Abendessen) Menü 90 €/109 €

Sein Japanaufenthalt hat ihn inspiriert und so darf man bei Gerald Zogbaum im historischen Fährhaus eine innovative Küche erleben, die auf moderne Art japanische und französische Elemente vereint - durchdacht, aromatisch und wahrlich eine Augenweide! Hinweis: Die Parkplätze befinden sich nicht direkt am Haus.

➜ Salzwiesenlamm über Holzkohle gegart, Aubergine, Algenmarmelade, Zitronenconfit, Haselnuss. Europäischer Thunfisch, Melone, frischer Wasabi, Sauerampfer, Ingwerblüte. Riegel vom grünen Tee und Praliné.

La Fayette

Zimmerstr. 30 ✉ 22085 – ✆ (040) 22 56 30 – www.la-fayette-hamburg.de
– geschl. Sonntag G2**s**

Rest – *(nur Abendessen)* Menü 30/42 € – Karte 33/52 €

In markantem Rot sticht die Restaurantfront aus der weißen Fassade des Eckhauses hervor. Gastgeber ist seit 1979 Richard Röhrich, am Herd seine Frau Nathalie, die gerne mit mediterranem Einfluss kocht. Das ganze Jahr über gibt es hier Forelle, im Winter Gänse vom eigenen Hof in Bayern. Dazu empfiehlt man z. B. gute Weine aus Deutschland und Frankreich.

Brahms Restaurant

Kajen 12 ✉ 20459 – ✆ (040) 36 56 31 – www.die-fischkueche.de – geschl. Samstagmittag, Sonntag sowie an Feiertagen K3**c**

Rest – (Tischbestellung ratsam) Menü 23/80 € – Karte 31/59 €

Dass man immer wieder gerne hierher kommt, liegt zum einen natürlich an der guten (Fisch-) Küche (probieren Sie z. B. den klassischen Labskaus oder Feines wie "Seezungenfilets auf Gemüserisotto"), aber auch an Chefin Karin Brahm, die schon über 20 Jahre herzlich und engagiert ihre Gäste betreut! Wer in dem lebhaften Restaurant lieber etwas separat sitzt, nimmt auf der Empore Platz.

Piazza Romana – Hotel Grand Elysée

Rothenbaumchaussee 10 ✉ 20148 – ✆ (040) 41 41 27 34
– www.grand-elysee.com K1**m**

Rest – Karte 40/59 €

Von der belebten Hotelhalle gelangt man in dieses Restaurant mit italienisch-mediterranem Angebot. An einigen Tischen direkt in der Halle kann man bei Minestrone, Linguine oder Gambas auch mitten im Geschehen sitzen.

petit bonheur

Hütten 85 ✉ 20355 – ✆ (040) 33 44 15 26 – www.petitbonheur-restaurant.de
– geschl. Sonntag sowie an Feiertagen J3**p**

Rest – Menü 27 € (mittags)/59 € (abends) – Karte 33/61 €

Die geschmackvolle Jugendstilfassade mit typischen Brasserie-Markisen verspricht nicht zu viel, denn dahinter verbirgt sich ein charmant-elegantes Restaurant mit französischem Flair - sehr schön die Bilder aus der Kunstsammlung des Chefs! Wer würde hier etwas anderes erwarten als klassische Küche wie in Frankreich? Crêpe Suzette wird direkt am Tisch zubereitet!

XX **Osteria Due** N

Badestr. 4 ✉ 20148 – ✆ (040) 4 10 16 51 – www.osteriadue.de L1**a**

Rest – Karte 37/57 €

Zu Recht vermutet man hinter diesem Namen einen Hauch von Süden: Ambiente und Service sind freundlich, die Küche klassisch-italienisch. So liest man auf der Karte z. B. "Fasanenravioli" oder "Kalbsbacken mit Wirsing und Kartoffelpüree". Appetit?

XX **Die Bank**

Hohe Bleichen 17 ✉ 20354 – ✆ (040) 2 38 00 30 – www.diebank-brasserie.de – geschl. Sonntag sowie an Feiertagen K2**d**

Rest – (abends Tischbestellung ratsam) Menü 25 € (mittags unter der Woche)/ 89 € – Karte 39/75 €

Die Brasserie mit Bar zählt zu den Hotspots der Stadt. Kein Wunder, denn die Kassenhalle im 1. OG des einstigen Bankgebäudes von 1897 ist schon eine beeindruckende Location. Da passen z. B. Meeresfrüchte-Klassiker wie "Panzerknackerplatte" oder "Bankiersplatte" perfekt ins trendige Konzept.

X **VLET**

Sandtorkai 23, (Eingang über die Kibbelstegbrücke, 1. Etage (Block N)) ✉ 20457 – ✆ (040) 3 34 75 37 50 – www.vlet.de – geschl. Samstagmittag - Sonntag L3**s**

Rest – Menü 42/67 € (abends) – Karte 42/64 €

Der Lagerhaus-Charakter könnte kaum typischer sein für die Speicherstadt und ganz im Stil dieser modernen Adresse werden hier norddeutsche Spezialitäten neu interpretiert, so heißt es z. B. "Labskaus mal ganz anders"! Einen genaueren Blick wert ist auch das umfangreiche Angebot an regionalem Käse. Tipp zum Parken: "Contipark".

X **Coast** N

Grosser Grasbrook 14 ✉ 20457 – ✆ (040) 30 99 32 30 – www.coast-hamburg.de F3**a**

Rest – Karte 36/72 €

Rest *Coast Winebar* – *(Montag - Freitag nur Abendessen)* Karte 23/61 €

Schön am Wasser gelegen, an den "Marco-Polo-Terrassen" am Rand der Hafencity, ist der Standort einer der Trümpfe dieses Restaurants. Der andere ist das Konzept: euro-asiatische Speisen und kreative Sushiküche. Im UG gibt es noch mehr Gastronomie: die rustikale "Coast Winebar". Ab 18 Uhr parken Sie in der Unilever-Garage nebenan.

X **Brook**

Bei den Mühren 91 ✉ 20457 – ✆ (040) 37 50 31 28 – www.restaurant-brook.de – geschl. Sonntag L3**f**

Rest – Menü 17 € (mittags)/35 € – Karte 35/48 €

Nicht nur Klassiker wie geschmortes Kalbsbäckchen sind in dem schön modernen Restaurant gefragt, ein Dauerbrenner ist auch der Fisch vom berühmten Fischmarkt um die Ecke - ebenso das sehr interessante und fair kalkulierte Tagesmenü! Kommen Sie auch mal abends, da ist die hübsch angestrahlte Speicherstadt vis-à-vis ein besonderer Anblick!

X **Tarantella**

Stephansplatz 10, (Casino Esplanade) ✉ 20354 – ✆ (040) 65 06 77 90 – www.tarantella.cc K2_3**t**

Rest – Menü 30 € (mittags)/65 € – Karte 32/92 €

Die Klassiker hier reichen vom trocken gereiften Fleisch über Schnitzel bis zu King Crabs! Neben dem umfangreichen internationalen Angebot zieht es die Gäste auch tagsüber zum interessanten Lunch in das geradlinig-modern eingerichtete historische Gebäude der Spielbank. Mit Bistrobereich und Terrasse im Grünen.

X **CARLS**

Am Kaiserkai 69 ✉ 20457 – ✆ (040) 3 00 32 24 00 – www.carls-brasserie.de F3**c**

Rest – Menü 39 € – Karte 31/70 €

Was die französische Küche mit norddeutschem Einschlag so alles zu bieten hat? Boeuf Bourguignon, Fischsuppe, "Carls Hanseatenplatte"... nicht zu vergessen den günstigen Plat du jour - Hafenblick inklusive. An der neuen Elbphilharmonie gibt es aber nicht nur die elegante Brasserie: Im Bistro bekommt man Tartes und Kleinigkeiten, im Laden Gewürze und Feinkost!

La Mirabelle

Bundesstr. 15 ✉ 20146 – ✆ (040) 4 10 75 85 – www.la-mirabelle-hamburg.de – geschl. 1. - 6. Januar, 8. - 21. Juli, 7. - 13. Okober und Sonntag sowie an Feiertagen K1**n**

Rest – *(nur Abendessen)* Menü 33/82 € – Karte 52/69 €
Die französische Küche hat Patron Pierre Moissonnier im Blut, immerhin waren beide Großmütter schon Köchinnen! Gerne empfiehlt er seinen Gästen selbst die Spezialität des Hauses: "Terrine Foie Gras". Für die rund 50 französischen Käsesorten hat man sogar eine Käsesommelière - vortreffliche Beratung ist Ihnen also gewiss!

(m)eatery – Hotel SIDE

Drehbahn 49 ✉ 20354 – ✆ (040) 30 99 95 95 – www.meatery.de K2**h**

Rest – Karte 38/105 €
Die (m)eatery-Steaks erfreuen sich großer Beliebtheit - vom einsehbaren Fleisch-Reifeschrank kommen sie bei 800 Grad auf den Grill! Daneben gibt's auch Tatar von Fisch, Fleisch sowie vegetarisch, und zwar in den Zubereitungen classic, mediterran, orientalisch und asiatisch. Und als Eyecatcher: trendiges Design in frischem Grün!

Gusto Fino

Papenhuder Str. 49 ✉ 22087 – ✆ (040) 30 03 69 31 – www.gustofino-hamburg.de – geschl. Samstagmittag, Sonntag G2**a**

Rest – Menü 30/82 € – Karte 32/76 €
Man braucht nur eine kleine Treppe ins Souterrain des 100 Jahre alten Stadthauses hinabzusteigen, um in schön geradlinigem und stilvoll-moderndem Ambiente in den Genuss frischer italienischer Küche zu kommen. Charmant und angegehm unaufdringlich betreut Chef Nicola Rossi dabei seine Gäste! Wie wär's mal mit dem günstigen Mittagstisch?

Le Plat du Jour

Dornbusch 4 ✉ 20095 – ✆ (040) 32 14 14 – www.leplatdujour.de L3**v**

Rest – (Tischbestellung ratsam) Menü 31 € (abends) – Karte 29/40 €
Sehr beliebt ist der mündlich empfohlene Plat du Jour - da zieht es die Gäste auch schon mittags in die lebendige Brasserie, die in Einrichtung (Schwarz-Weiß-Fotos, eng gestellte Tische...) und Küche ganz authentisch ist. Probieren Sie neben dem Tagesgericht ruhig auch mal "französische Fischsuppe mit Rouille und Croutons" oder "Steak-Frites"!

Casse-Croûte

Büschstr. 2 ✉ 20354 – ✆ (040) 34 33 73 – www.cassecroute.de – geschl. über Weihnachten und Sonntagmittag sowie an Feiertagen mittags K2**s**

Rest – (Tischbestellung ratsam) Menü 28 € (vegetarisch)/36 € – Karte 28/76 €
Das Casse-Croûte steht für französische Lebensart mit hanseatischem Touch und das bedeutet trubelige, angenehm legere Atmosphäre und typisches Bistro-Interieur! Probieren Sie "Bouillabaisse des Nordens", ein Klassiker aus Christian Möllers Küche! Alternativ gibt's z. B. Wiener Schnitzel oder ganze Seezunge.

Petit Délice

Große Bleichen 21 ✉ 20354 – ✆ (040) 34 34 70 – geschl. Sonntag sowie an Feiertagen K2**p**

Rest – (Tischbestellung ratsam) Menü 19 € (mittags)/89 € – Karte 45/84 €
Rest *Traiteur* – *(geöffnet bis 19 Uhr)* Karte 21/46 €
Das helle kleine Restaurant befindet sich in der Passage eines Einkaufszentrums. Geboten werden frische französische Speisen. Bistro-Ambiente und bürgerlich-internationale Küche sowie Kaffee und Kuchen im Traiteur - hier hat man ganztägig bis 19 Uhr geöffnet.

Butcher's american steakhouse

Milchstr. 19 ✉ 20148 – ✆ (040) 44 60 82 – www.butchers-steakhouse.de – geschl. Samstagmittag, Sonntagmittag sowie an Feiertagen mittags

Rest – Karte 57/101 € G2**n**

Lust auf Steak? Hier gibt es richtig gutes Nebraska-Beef, das Ihnen am Tisch präsentiert wird, manchmal sogar vom Chef persönlich! Wenn Sie im Winter kommen, sollten Sie versuchen, einen der besonders gemütlichen Plätze am offenen Kamin zu ergattern!

Cox

Lange Reihe 68 ✉ 20099 – ✆ (040) 24 94 22 – www.restaurant-cox.de – geschl. Samstagmittag, Sonntagmittag sowie an Feiertagen mittags M2**v**

Rest – Menü 33/45 € – Karte 31/47 €

Wie es hier ist? Chic und elegant sicher nicht, eher urban, lebendig und leger - eben ein Bistro im besten Sinne! Das bunt gemischte Publikum mag die geschmorte Lammhaxe mit Senfkruste genauso gerne wie die Frikadelle vom Weiderind - oder doch lieber vom Kabeljau? Mittags isst man günstiger.

Matsumi

Colonnaden 96, (1. Etage) ✉ 20354 – ✆ (040) 34 31 25 – www.matsumi.de – geschl. Weihnachten - Anfang Januar, Ende Juli - Anfang August 2 Wochen und Sonntag - Montag sowie an Feiertagen mittags K2**r**

Rest – Menü 64 € (abends) – Karte 20/77 €

Seit 1982 wird hier japanisch gekocht - ein klarer Beweis dafür, dass die authentischen Spezialitäten gut ankommen! Serviert werden sie am Tisch oder an der Sushi-Bar, und für kleine Gruppen gibt es das Tatami-Zimmer.

Bistro am Fleet – Hotel Steigenberger

Heiligengeistbrücke 4 ✉ 20459 – ✆ (040) 36 80 60 – www.hamburg.steigenberger.de K3**s**

Rest – Karte 27/69 €

Zum frischen Ambiente des Restaurants gehört ganz klar der Wintergarten - so verläuft der Übergang zwischen drinnen und draußen fast fließend. Internationales Speisenangebot.

Trattoria Due da Enzo

Großneumarkt 2 ✉ 20038 – ✆ (040) 35 71 51 40 – www.trattoria-enzo.de – geschl. Samstagmittag, Sonntag K2_3**e**

Rest – Karte 38/49 €

Nette kleine Trattoria mit eigenem Charme (dafür sorgt auch der angenehm unkomplizierte Service) und guter italienischer Küche im Herzen von Hamburg. Im Sommer beobachtet man das Geschehen von der Terrasse. 100 m weiter liegt das Stammhaus.

In Hamburg-Alsterdorf

Alsterkrug

Rest, Rest,

Alsterkrugchaussee 277 ✉ 22297 – ✆ (040) 51 30 30 – www.alsterkrug-hotel.de

105 Zim – 🚹119/231 € 🚹🚹119/231 €, ☕ 18 € B1**y**

Rest – Menü 36/59 € – Karte 27/50 €

Hinter der typisch norddeutschen Klinkerfassade des Business- und Tagungshotels würde man nicht unbedingt diesen mediterranen Einrichtungsstil vermuten: Die Zimmer sind schön wohnlich mit ihren hellen, warmen Tönen! Freundlich auch das Restaurant mit hübscher Gartenterrasse, dazu eine Bierstube.

In Hamburg-Altona

Boston

Missundestr. 2 ✉ 22769 – ✆ (040) 5 89 66 67 00 – www.boston-hamburg.de

46 Zim – 🚹120/160 € 🚹🚹140/180 €, ☕ 18 € E2**s**

Rest – *(geschl. Sonntag) (nur Abendessen)* Karte 32/56 €

Das ist "smart casual": gehoben-komfortabel, ohne steif zu wirken, sowie chic designt, ohne hypermodern zu sein! Auch im kleinsten Zimmer haben Sie bequeme 40 qm zum Wohlfühlen... trotzdem locken auch die gemütlich-stylische Lounge mit Bar und das trendige Restaurant mit mediterran angehauchter Küche.

Raphael Hotel Altona garni

Präsident-Krahn-Str. 13 ✉ 22765 – ✆ (040) 38 02 40 – www.raphaelhotels.de/best-western-raphael-hotel-altona – geschl. Ende Dezember 1 Woche D3**a**

43 Zim – 🕴99/109 € 🕴🕴119/129 €, ☕ 11 €

Die Lage ist geschickt - 100 m vom ICE-Bahnhof Altona - und die Führung des Hotels ist ausgezeichnet! Die Zimmer sind mit stimmigen Farben und klaren Formen schön modern gestaltet, der kleine Frühstücksraum ist angenehm freundlich, das Angebot gut.

My Place garni

Lippmannstr. 5 ✉ 22769 – ✆ (040) 28 57 18 74 – www.myplace-hamburg.de

18 Zim – 🕴69/99 € 🕴🕴84/109 €, ☕ 8 € – 4 Suiten E2**p**

Die engagierte Gastgeberin führt nahe dem Szeneviertel Schanze ein kleines Hotel mit charmant-modernen Zimmern, ganz individuell, jedes nach einem Hamburger Stadtteil benannt. Doch das ist noch nicht alles: In der "Bakery" gibt's von 8 bis 20 Uhr kostenlos Wasser, Kaffee und Kuchen! Und im Sommer lässt man sich das gute Frühstück (die Marmelade ist hausgemacht) am besten auf der Dachterrasse schmecken!

Landhaus Scherrer (Heinz O. Wehmann)

Elbchaussee 130 ✉ 22763 – ✆ (040) 8 83 07 00 30 – www.landhausscherrer.de – geschl. Sonntag C3**c**

Rest – Menü 89/119 € – Karte 65/109 €

Rest *Wehmann's Bistro* – siehe Restaurantauswahl

Heinz O. Wehmann ist nach über 30 Jahren genauso wenig aus dem Landhaus wegzudenken wie die beliebten Klassiker von seiner Speisekarte! Auch Modernem gegenüber ist man offen: Die rund 620 Positionen aus dem Weinkeller präsentiert man digital per iPad! Hingucker im eleganten Restaurant ist nach wie vor das große Erotik-Gemälde von Otto Bachmann.

➜ Krosse Vierländer Ente im Ganzen gebraten, am Tisch tranchiert und in 2 Gängen serviert. Gefüllter Kohlrabi mit Hummer. Quark-Knödel aus der Wilstermarsch mit Pflaumen-Röster und Vanille-Eis.

Le Canard nouveau (Ali Güngörmüs)

Elbchaussee 139 ✉ 22763 – ✆ (040) 88 12 95 31 – www.lecanard-hamburg.de – geschl. Anfang Januar 1 Woche, Mitte März 1 Woche, Anfang - Mitte Oktober 1 Woche und Sonntag - Montag C3**d**

Rest – Menü 49 € (mittags unter der Woche)/109 € – Karte 77/96 €

Ali Güngörmüs - wer bei diesem Name orientalische Speisen vermutet, liegt zwar nicht falsch, doch bringt der Küchenchef die Einflüsse seiner türkischen Heimat angenehm zurückhaltend zum Einsatz, um das Aroma der Produkte optimal hervorzuheben. Die passende Weinempfehlung dazu ist Ehrensache! Und damit jeder Gast einen schönen Hafenblick hat, sitzt man in einem Rundbau mit raumhohen Fenstern!

➜ Lauwarmer Thunfisch mit Togarashi, Ponzu-Schnittlauchmarinade, Avocado und Limette. Lammcarree mit Ziegenkäse-Feigentaschen, Sucuk, Kichererbsenragout, Dill-Minzjoghurt. Ali' s Schokokuchen mit Mispeln und Himbeeren.

Fischereihafen Restaurant

Große Elbstr. 143 ✉ 22767 – ✆ (040) 38 18 16 – www.fischereihafenrestaurant.de

Rest – (Tischbestellung ratsam) Menü 30 € (mittags)/45 € – Karte 33/83 € D3**d**

Eine Institution in Hamburg, die überwiegend Fischgerichte bietet. Man speist mit Blick auf den Hafen, umsorgt vom geschulten klassischen Service. Beliebt ist natürlich das günstige Mittagsmenü.

Au Quai

Große Elbstr. 145 b ✉ 22767 – ✆ (040) 38 03 77 30 – www.au-quai.com – geschl. 23. Dezember - 12. Januar und Samstagmittag, Sonntag D3**q**

Rest – Menü 18 € (mittags)/69 € – Karte 31/79 €

Das Au Quai ist eine unverändert trendige Adresse, vor allem aber ein Ort des guten Essens (vom Bachsaibling bis zur Seezunge) und der guten Weine! Mit ihrer tollen Hafensicht ist die Terrasse auch über den Hochsommer hinaus gefragt! Nebenan: Privatclub für Partys oder Events.

IndoChine

Neumühlen 11 ✉ 22763 – ✆ (040) 39 80 78 80 – www.indochine.de – geschl. Samstagmittag D3**h**

Rest – Menü 39 € (abends)/75 € – Karte 34/63 €

Der dank Glasfront ungehinderte Blick auf Elbe und Containerhafen sowie die Besonderheiten der Küche ziehen auch nach über 10 Jahren unvermindert Gäste an! Kambodschanische, laotische und vietnamesische Einflüsse treffen auf klassische Elemente. Ein Erlebnis der frostigen Art ist die "Alpha Noble IceBar"... hier kommt man nur gegen Gebühr rein!

La Vela

Große Elbstr. 27 ✉ 22767 – ✆ (040) 38 69 93 93 – www.la-vela.de E3**b**

Rest – Menü 25 € (mittags)/115 € – Karte 35/58 €

In dem ehemaligen Speicher direkt neben dem Fischmarkt bietet man italienische Küche. Von den Fensterplätzen blickt man auf die berühmten Docks von "Blohm + Voss Shipyards"!

Henssler Henssler

Große Elbstr. 160 ✉ 22767 – ✆ (040) 38 69 90 00 – www.hensslerhenssler.de – geschl. Juli - August 3 Wochen, Weihnachten - Neujahr und Sonntag

Rest – (Tischbestellung ratsam) Menü 25 € (mittags) – Karte 32/57 € D3**u**

TV-Koch Steffen Henssler und seine "rechte Hand" Tobias Frerks sind hier für interessante und schmackhafte Sushi- und Sashimi-Varaitionen verantwortlich. Aber das ist noch nicht alles, schließlich hat die japanische Küche mehr zu bieten! Es geht aber auch fischlos: z. B. Entrecôte vom "Australian Beef".

RIVE Bistro

Van-der-Smissen-Str. 1 ✉ 22767 – ✆ (040) 3 80 59 19 – www.rive.de

Rest – (Tischbestellung ratsam) Menü 20 € (mittags unter der Woche)/55 € – Karte 31/53 € D3**r**

Der Fischmarkt ist ganz in der Nähe, der Blick geht Richtung Elbe und Docks... da kommt echtes Hafen-Feeling auf! Natürlich stehen hier Fisch und Austern hoch im Kurs, Fleischgerichte bekommen Sie aber auch. Bitte beachten Sie: Bezahlen kann man nur mit American Express oder bar!

Marseille

Große Elbstr. 164 ✉ 22767 – ✆ (040) 41 30 72 21 – www.restaurant-marseille.de – geschl. Sonntag D3**m**

Rest – Menü 20/41 € – Karte 31/50 €

Französischer Bistrostil bestimmt sowohl die Einrichtung als auch die frische, ambitionierte Küche dieses schlichten, aber sehr sympathischen Lokals am Hafen.

Das Weisse Haus

Neumühlen 50 ✉ 22763 – ✆ (040) 3 90 90 16 – www.das-weisse-haus.de – geschl. Samstagmittag C3**s**

Rest – (Tischbestellung ratsam) Menü 39/89 €

In dem kleinen weißen Häuschen bei der Elbpromenade bekocht Patrick Voelz seine Gäste mit schmackhaften zeitgemäßen Gerichten, die dann freundlich in angenehm bistroartiger Atmosphäre serviert werden! Mittags gibt's ein einfacheres Zusatzangebot, abends ausschließlich variable Menüs.

Wehmann's Bistro – Restaurant Landhaus Scherrer

Elbchaussee 130 ✉ 22763 – ✆ (040) 8 83 07 00 50 – www.wehmanns-bistro.de – geschl. Sonntag C3**c**

Rest – Menü 33 € – Karte 32/48 €

Auch der "kleine Bruder" des Gourmetrestaurants wird von Patron Heinz O. Wehmann bekocht, zum einen mit regionalen und deutschen Klassikern, zum anderen bekommt man aber auch mal "Scampi mit asiatischem Wok-Gemüse und Tandoori-Sauce". Die schöne Holztäfelung sorgt dabei für ein gemütliches Ambiente und erotische Bilder an den Wänden dürfen auch hier nicht fehlen.

In Hamburg-Bahrenfeld

Gastwerk

Beim Alten Gaswerk 3 (Ecke Daimlerstraße) ✉ 22761 – ✆ (040) 89 06 20 – www.gastwerk.com D2**j**

139 Zim – †120/200 € ††120/200 €, ☐ 18 € – 2 Suiten

Rest – *(geschl. Samstagmittag, Sonntagmittag)* Menü 18 € (mittags) – Karte 24/49 €

Das ist richtig chic: ansprechende Details aparter Industriearchitektur a. d. 19. Jh. gepaart mit modernem Design. Zwei der Suiten haben eine Dachterrasse! Mondän wie das ganze Haus sind auch der Barbereich und das dahinter liegende Restaurant Mangold mit internationaler Küche.

25hours Number One

Paul-Dessau-Str. 2 ✉ 22761 – ✆ (040) 85 50 70 – www.25hours-hotels.com/no1 C2**n**

128 Zim – †95/175 € ††95/175 €, ☐ 14 €

Rest – *(geschl. Samstagmittag, Sonntag)* Karte 14/31 €

Stylish, Retro, ohne viel Schnickschnack... so sieht das ehemalige Lagerhaus aus! In den Zimmern (zu haben in S, M, L, XL und XL-Family) stechen junges Design und poppige Farben ins Auge. Da passt auch der sehr moderne Bistrostil des Restaurants ins Bild - hier gibt's internationale Küche.

chezfou

Leverkusenstr. 54 ✉ 22761 – ✆ (040) 88 30 22 03 – www.chezfou.de – geschl. 23. Juni - 7. Juli und Sonntag - Montag D2**c**

Rest – Menü 26 € (mittags)/79 € – Karte 50/71 €

Chic, urban, "industrial" - so könnte man das Restaurant mit Weinbar wohl recht treffend beschreiben! Die Weine zu den frischen saisonalen Gerichten stammen aus Bio-Anbau, sehr viele aus Frankreich - man hat übrigens auch einen Weinhandel.

Atlas

Schützenstr. 9a (Eingang Phoenixhof) ✉ 22761 – ✆ (040) 8 51 78 10 – www.atlas.at – geschl. Samstagmittag, Sonntagabend D2**b**

Rest – Menü 19 € (mittags)/29 € – Karte 21/43 €

Die einstige Fischräucherei ist heute ein Restaurant mit neuzeitlichem Bistro-Ambiente und netter efeuberankter Terrasse. Am Mittag bietet man eine kleine Karte.

Rach & Ritchy

Holstenkamp 71 ✉ 22525 – ✆ (040) 89 72 61 70 – www.rach-ritchy.de – geschl. Samstagmittag, Sonntag sowie an Feiertagen mittags D2**a**

Rest – (Tischbestellung ratsam) Karte 32/72 €

Trendig in frischem Hellgrün und Aubergine gestrichen, ist das Haus schon von außen richtig einladend, und drinnen geht's ebenso modern-leger weiter! Bei Mitinhaber und Küchenchef Richard "Ritchy" Mayer kommt als Spezialität gutes Rindfleisch aus dem einsehbaren Reifeschrank auf den Grill! Neben den Steaks ist im Sommer auch die idyllische Terrasse ein Renner!

In Hamburg-Bergedorf **Süd-Ost: 33 km über A 25 Richtung Lübeck, Ausfahrt Curslack** B3

Zollenspieker Fährhaus (N)

Zollenspieker Hauptdeich 141, (im Ortsteil Kirchwerder) ✉ 21037 – ✆ (040) 7 93 13 30 – www.zollenspieker-faehrhaus.de

60 Zim – †99 € ††119 €, ☐ 15 € – 2 Suiten

Rest – Menü 27 € – Karte 27/39 €

Das Traditionshaus mit Ursprung im 13. Jh. hat eine Hotelerweiterung bekommen, und die kombiniert überaus ansprechend Modernes mit heimischen Materialien. Schön der geräumige öffentliche Bereich und die großzügigen Zimmer. Und zum Essen geht man ins historische Gasthaus mit seinem tollen Wintergarten. Hübsch die Terrasse, dazu ein Biergarten mit Elbblick.

In Hamburg-Billbrook

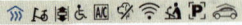

Böttcherhof

Wöhlerstr. 2 ✉ 22113 – ✆ (040) 73 18 70 – www.boettcherhof.com

161 Zim – 🚹91/197 € 🚹🚹96/202 €, ☕ 17 € B2**p**

Rest – Menü 21/76 € – Karte 30/57 €

Jedes der komfortablen Zimmer in diesem Hotel ist mit warmen erdigen Tönen und geraden Formen schön modern und wohnlich gestaltet. Das schätzt man als Business- und Tagungsgast ebenso wie die 18 Veranstaltungsräume! Nach der internationalen Küche eine Zigarre? Man hat eine schicke Smoker's Lounge.

In Hamburg-Blankenese West: 16 km über Elbchaussee A2

Strandhotel garni

Strandweg 13 ✉ 22587 – ✆ (040) 86 13 44 – www.strandhotel-blankenese.de – geschl. 27. Dezember - 15. Januar

13 Zim – 🚹100/110 € 🚹🚹160 €, ☕ 15 € – 1 Suite

Am Elbstrand ist der Lifstyle zu Hause! Doch trotz aller Moderne ist der Charme der denkmalgeschützten weißen Jugendstilvilla allgegenwärtig: Den hohen stuckverzierten Räumen steht die stimmige Designereinrichtung vortrefflich zu Gesicht! Individualität bis an den Frühstückstisch: Man serviert à la carte!

Süllberg - Seven Seas (Karlheinz Hauser) mit Zim

Rest, Zim,

Süllbergsterrasse 12 ✉ 22587 – ✆ (040) 8 66 25 20 – www.suellberg-hamburg.de – geschl. 1. Januar - 5. Februar und Montag - Dienstag

9 Zim – 🚹170/190 € 🚹🚹190/230 €, ☕ 17 € – 1 Suite

Rest ***Deck 7*** – siehe Restaurantauswahl

Rest – *(nur Abendessen, sonntags auch Mittagessen)* Menü 79/169 € – Karte 79/98 €

Der Süllberg ist ein Stück hanseatische Geschichte und das Seven Seas ist heute sein Herzstück: geschmackvolles Ambiente, beispielhafter Service samt top Sommelier (Christian Schäfer versteht sein Fach!) und last but not least die ebenso intensive wie feine Küche von Karlheinz Hauser und seinem Team! Das Übernachten hier ist nicht weniger exklusiv!

→ Entenstopfleber, Bete Texturen, Rauchmandeln, eingelegte Rosinen. "Gang durchs alte Land" - Gemüse, Kräuter, Blüten. Verschiedenes vom Lamm, Orange, Sobrasada, Bohnen, Quinoa.

Deck 7 – Restaurant Süllberg - Seven Seas

Süllbergsterrasse 12 ✉ 22587 – ✆ (040) 86 62 52 77 – www.suellberg-hamburg.de – geschl. 1. Januar - 5. Februar

Rest – Menü 30 € – Karte 35/64 €

Warmes Holz, ruhige Creme- und Brauntöne, alter Schiffsboden und modern-elegante Formen ergeben hier ein schickes, stimmiges Bild. Im Sommer auf der Terrasse mit Elbblick speisen...ein Traum! Die international-regionale Küche kommt z. B. als "Rehrücken mit Pfefferkirschen und Kartoffelstampf" auf den Tisch.

In Hamburg-Duvenstedt Nord-Ost: 21 km über B1, Richtung Kiel

LENZ

Poppenbütteler Chaussee 3 ✉ 22397 – ✆ (040) 60 55 88 87 – www.restaurant-lenz.de – geschl. Juli 1 Woche und Dienstag

Rest – Karte 30/55 €

Schön freundlich ist es hier... gemütlich, modern, warme Töne - im lichten Wintergarten (im Sommer lässt er sich öffnen) sitzt man besonders gerne! Was die Küche zu bieten hat, kommt ebenso gut an: "Duvenstedter Labskaus" oder "Forelle aus der Este in Mandeln gebraten und am Tisch filetiert" - das schmeckt!

Sie möchten spontan verreisen? Besuchen Sie die Internetseiten der Hotels, um von deren Sonderkonditionen zu profitieren.

In Hamburg-Eimsbüttel

Trific

Eppendorfer Weg 170 ✉ 20253 – ✆ (040) 21 99 69 27 – www.trific.de – geschl. 10. - 26. Juli und Sonntag - Montag F1**t**

Rest – *(nur Abendessen)* (Tischbestellung ratsam) Menü 30 € – Karte 30/45 €

So ungezwungen und leger wie der helle hohe Raum mit seiner klaren modernen Einrichtung ist auch die Philosophie von Oliver und Tanja Trific - so können sich die Gäste aus Vorspeisen, Hauptgerichten und Desserts ihr eigenes 3-Gänge-Menü für 30 € zusammenstellen. Was halten Sie z. B. von "Kabeljau auf Grünkohl" oder "Backhendl mit Salaten"?

Jellyfish

Weidenallee 12 ✉ 20357 – ✆ (040) 4 10 54 14 – www.jellyfish-restaurant.de – geschl. 24. Dezember - 3. Januar und Samstagmittag, Sonntagmittag, Montag

Rest – Menü 35/79 € – Karte 54/78 € E2**a**

Suchen Sie eine Alternative zu Hamburgs arrivierten Fischrestaurants? Hier ist es zudem noch unkompliziert, urban und minimalistisch - und dennoch ambitioniert! Das beweisen erstklassige Produkte in schmackhaften Gerichten von der Tafel!

Kitsune Izakaya

Eppendorfer Weg 62 ✉ 20259 – ✆ (040) 43 91 08 60 – www.kitsune-izakaya.de – geschl. Montag - Dienstag E2**k**

Rest – *(nur Abendessen)* (Tischbestellung ratsam) Menü 36/42 € – Karte 29/34 €

Er hat schon einen ziemlich unverwechselbaren Stil: Martin Schulz, gebürtiger Leipziger, gelernter Metzger und Koch, mischt traditionelle japanische Küche (wertvoll seine Zeit in Osaka!) mit regionalen (und durchaus auch rustikalen) Elementen. Tipp: die Menüs spiegeln die ganze Bandbreite am besten wider!

Zipang

Eppendorfer Weg 171 ✉ 20253 – ✆ (040) 43 28 00 32 – www.zipang.de – geschl. Dienstag und Sonntagmittag E1**z**

Rest – Menü 40/60 € (abends) – Karte 24/65 €

Perfekt aufeinander abgestimmt: puristisches Interieur aus klaren Linien, gedeckten Farben und schickem Silberschimmer, dazu modernisierte japanische Küche mit traditionellen Wurzeln! Bei dem japanischen Gastgeber Toshiharu Minami essen übrigens auch Landsleute - ein gutes Zeichen!

In Hamburg-Eppendorf

Dorint

Zim, 

Martinistr. 72 ✉ 20251 – ✆ (040) 5 70 15 00 – www.dorint.com/hamburg

181 Zim – †124 € ††144 €, ☕ 19 € – 14 Suiten F1**d**

Rest ***EPPO*** – Menü 20 € (mittags)/59 € – Karte 37/56 €

Business, Leisure, Tagungen... Wer hier eincheckt, legt Wert auf komfortable Ausstattung und klaren modernen Stil, die durchweg helle Gestaltung ist dabei sehr angenehm. Für Aktive: gute Fitnessgeräte im Haus und schöne Laufstrecken in der Nähe.

Piment (Wahabi Nouri)

Lehmweg 29 ✉ 20251 – ✆ (040) 42 93 77 88 – www.restaurant-piment.de – geschl. März 1 Woche und Sonntag F1**a**

Rest – *(nur Abendessen)* (Tischbestellung ratsam) Menü 55/106 €

"Piment" und "Nouri's" - die beiden Menüs von Wahabi Nouri sind Ausdruck seines überaus durchdachten kreativen Stils und seiner anspruchsvollen klaren Linie... und dann sind da noch seine marokkanischen Wurzeln, die in Form von exotischen Gewürzen und Aromen angenehm zurückhaltend zum Einsatz kommen - im einen Menü mehr, im anderen weniger.

➜ Salat vom gezupftem Kabeljau mit Charmoula. Gemüse Couscous mit Languste und Ras el Hanout-Nage. Taube-Royale mit Portweinjus, Champagner-Kraut und Topinambur.

Ono by Steffen Henssler

Lehmweg 17 ✉ 20251 – ✆ (040) 88 17 18 42 – www.onobysh.de – geschl. Weihnachten - 6. Januar und Sonntag F1**b**

Rest – (Tischbestellung ratsam) Karte 25/50 €

Lebendige Bistro-Atmosphäre und japanische Küche... ist das etwas für Sie? Dann werden Sie sich z. B. über das günstige Mittagsmenü freuen (zwei Gänge inkl. Wasser) oder Sie schauen zu, wie man für Sie in der Showküche Sushi zubereitet. Letzteres ist auch als "Take-Away" beliebt.

Goldfisch

Isekai 1 ✉ 20249 – ✆ (040) 57 00 96 90 – www.goldfisch.de – geschl. Samstagmittag F1**e**

Rest – Menü 32/65 € – Karte 25/129 €

Neben dem obligatorischen frischen Fisch haben in dem modernen Restaurant auch Rindfleischspezialitäten aus dem Reifeschrank Einzug gehalten. Probieren Sie doch mal den Klassiker "Chateaubriand mit Sauce Bearnaise und Honauer Kartoffeln" (für 2 Pers.)! Bar und Terrasse zum Kanal, Weinbar im UG. Einen Bootsverleih gibt es auch.

Cornelia Poletto

Eppendorfer Landstr. 80 ✉ 20249 – ✆ (040) 4 80 21 59 – www.cornelia-poletto.de – geschl. Januar 1 Woche und Sonntag sowie an Feiertagen F1**p**

Rest – (Tischbestellung ratsam) Karte 41/72 €

Cornelia Poletto (wer sie nicht aus ihrem früheren Restaurant kennt, kennt sie aus dem Fernsehen) bietet hier Italien auf 100 qm - nicht nur auf dem Teller, auch im Laden in Form von Gewürzen, Wein, Pasta, Käse... Hier ist man fast jeden Tag ausgebucht! Und würden Sie sich nicht gerne von der Chefin ein paar Tricks abschauen? Sie hat eine Kochschule!

Poletto Winebar

Eppendorfer Weg 287 ✉ 20251 – ✆ (040) 38 64 47 00 – www.poletto.de F1**w**

Rest – (abends Tischbestellung ratsam) Menü 19 € (mittags)/ 45 € – Karte 27/63 €

Die quirlige Weinbar ist sicher einer der "places to be" in Eppendorf: einfach, aber gemütlich die Einrichtung (natürlich reichlich Weindeko), schmackhaft-italienisch die Küche - Klassiker wie Vitello tonnato oder Tiramisu locken ebenso wie die hervorragenden Aufschnitte direkt von der Berkel-Maschine! Tolle Weinauswahl auch im kleinen Weinladen nebenan.

In Hamburg-Finkenwerder

The Rilano

Rest,

Hein-Saß-Weg 40 (über A 7 A3, Richtung Hannover, Ausfahrt 30) ✉ 21129 – ✆ (040) 3 00 84 90 – www.rilano-hamburg.com

170 Zim – †99/219 € ††99/219 €, ☕ 19 € – 5 Suiten

Rest – Menü 22/35 € – Karte 29/52 €

Modernes Hotel an der Elbe, ganz in der Nähe des Airbus-Centers. Zimmer meist mit Elbblick, geräumiger sind die Executive-Zimmer. Vom eigenen Fähranleger geht's in 30 Minuten ins Zentrum.

Am Elbufer garni

Focksweg 40a ✉ 21129 – ✆ (040) 7 42 19 10 – www.hotel-am-elbufer.de – geschl. 21. Dezember - 5. Januar A2**b**

14 Zim ☕ – †80/100 € ††115/140 € – 1 Suite

Es ist ein wirklich nettes und sehr gepflegtes kleines Hotel, das Sie hier auf der Elbinsel erwartet - und die Fähre zum Zentrum ist gar nicht weit weg! Zu den wohnlichen Zimmern gibt es ein gutes und frisches Frühstück. Wollen Sie sich nicht vielleicht die Suite mit Elbterrasse gönnen?

Finkenwerder Elbblick

Focksweg 42 ✉ 21129 – ✆ (040) 7 42 70 95 – www.finkenwerder-elbblick.de A2**b**

Rest – Menü 30/58 € – Karte 31/52 €

Traditionelle Fischgerichte gehören zu diesem Haus wie (bereits seit über 40 Jahren) die Familie Schlünkes - aber auch für Fleischliebhaber ist immer etwas dabei! Bei dieser Lage und direktem Elbblick findet die Terrasse natürlich regen Zuspruch!

In Hamburg-Flottbek

Landhaus Flottbek

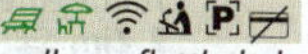

Baron-Voght-Str. 179 ✉ *22607 – ✆ (040) 8 22 74 10 – www.landhaus-flottbek.de*
25 Zim – 99/130 € 130/170 €, 16 € **A2m**
Rest – *(geschl. Samstagmittag, Sonntagmittag)* Karte 30/72 €
Mehrere Bauernhäuser a. d. 18. Jh. beherbergen Zimmer im Landhausstil - individuell, gemütlich und geschmackvoll-elegant. Zwei davon haben sogar eine Terrasse bzw. einen Wintergarten. Wenn Sie sich im Sommer die saisonale Küche auf der Terrasse servieren lassen, können Sie in den schönen Garten schauen!

In Hamburg-Fuhlsbüttel

Radisson BLU Airport

Rest,

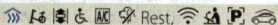

Flughafenstr. 1 ✉ *22335 – ✆ (040) 3 00 30 00*
– www.radissonblu.com/hotel-hamburgairport **B1r**
265 Zim – 98/450 € 98/450 €, 20 € – 1 Suite
Rest – Menü 21 € – Karte 27/50 €
Ein moderner runder Hotelkomplex mit Zugang zu den Terminals 1 und 2. Überall puristisches Design, Zimmer in den Stilrichtungen "Ocean" und "Urban", darunter große Businesszimmer. Helles, stylisches Restaurant mit integrierter Bar.

Courtyard by Marriott

Flughafenstr. 47 ✉ *22415 – ✆ (040) 53 10 20*
– www.courtyardhamburgairport.de **B1p**
147 Zim – 114/205 € 114/205 €, 19 € – 12 Suiten
Rest – Karte 29/55 €
Das Hotel gibt es bereits über 25 Jahre - schon immer ein komfortablels Haus, das seit seinem "Facelift" 2010 nun noch geschmackvollere und elegantere Zimmer hat! Weiterer Pluspunkt: Der Flughafen ist gerade mal 600 m entfernt!

In Hamburg-Harburg

Lindtner

Heimfelder Str. 123 ✉ *21075 – ✆ (040) 79 00 90 – www.lindtner.com*
119 Zim – 107/207 € 127/227 €, 20 € – 9 Suiten **A3g**
Rest – Menü 48/82 € – Karte 52/76 €
Ein wohnlich-komfortables Privathotel unter engagierter Leitung. Im Neubau: schöner geradlinig-moderner Stil in Zimmern und Freizeit-/Beautybereich. Zeitgenössische Kunst im Haus. Das Restaurant ist hell und elegant gestaltet.

Leuchtturm

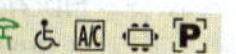

Außenmühlendamm 2 ✉ *21077 – ✆ (040) 70 29 97 77*
– www.leuchtturm-harburg.de **A3e**
Rest – Menü 19 € (mittags unter der Woche)/59 € – Karte 24/68 €
Mag sein, dass schon allein die tolle Lage am Außenmühlteich Sie hierher lockt, doch die ambitionierte Fischküche (dazu eine gute Weinauswahl) ist nicht minder interessant. Das Restaurant mit dem mediterranen Flair gibt den Blick aufs Wasser frei, dennoch ist man auf der Seeterrasse natürlich noch näher dran!

In Hamburg-Langenhorn Nord: 15 km über B1, Richtung Kiel

Marlin

Tarpen 40, (Gebäude 11) (im Valvo Park) ✉ *22419 – ✆ (040) 30 85 00 40*
– www.marlin-restaurant.de
Rest – (Tischbestellung ratsam) Menü 17 € (mittags)/59 € – Karte 28/63 €
Zur Mittagszeit geht es hier schon recht lebhaft zu, denn der günstige und etwas einfachere Lunch ist richtig beliebt. Wenn Sie es also lieber etwas weniger trubelig mögen, kommen Sie am Abend zur schmackhaften Fischküche oder aber zu einem traditionellen Klassiker wie "Kasseler mit Weinsauerkraut und Kartoffelpüree"!

Speisewirtschaft Wattkorn mit Zim

Tangstedter Landstr. 230 ✉ *22417 – ✆ (040) 5 20 37 97 – www.wattkorn.de*
7 Zim – ♦45/70 € ♦♦100/120 €
Rest – (Tischbestellung ratsam) Menü 20 € (mittags)/40 € – Karte 25/75 €
Michael Wollenberg ist nach wie vor ein Garant für gute Küche hier in der Hansestadt. Er steht für regionale und traditionelle Gerichte, viel Wild, aber auch frischen Fisch und Sushi. Probieren Sie seine Klassiker wie Rinderroulade, Gans oder hausgemachte Würste! Das Haus samt Gästezimmer ist schön gemütlich und hat eine sehr hübsche Gartenterrasse.

In Hamburg-Lemsahl-Mellingstedt Nord: 20 km über B1, Richtung Lübeck

Steigenberger Hotel Treudelberg

Rest,

Lemsahler Landstr. 45 ✉ *22397*
– ✆ (040) 60 82 20 – www.treudelberg.com
225 Zim – ♦132/184 € ♦♦132/184 €, 20 €
Rest – Menü 35 € – Karte 38/52 €
Eine weitläufige Anlage mit schönem Golfplatz, Spa auf 500 qm und Privatklinik. Die Zimmer sind durchweg wohnlich - im Landhaus eher im klassischen Stil, im Atrium deutlich moderner und klimatisiert. Essen sollten Sie im Sommer auf der Terrasse mit Blick ins Grüne. Am Abend ergänzt ein Bistro das Restaurant.

Stock's Fischrestaurant

An der Alsterschleife 3 ✉ *22399 – ✆ (040) 6 11 36 20 – www.stocks.de*
– geschl. Montag
Rest – (Tischbestellung ratsam) Menü 23 € (mittags)/45 € – Karte 28/65 €
Rest *Kaminstube* – siehe Restaurantauswahl
In dem reizenden Fachwerkhaus mit der wunderbaren Terrasse haben sich Gastgeber Heiko Stock und Ben Schröder (sie führen in der Küche gemeinsam Regie) auf Fischgerichte spezialisiert - und die kommt z. B. als kross gebratener Kabeljau daher (sehr schmackhaft). Das Sushi ist aber auch nicht zu verachten!

Kaminstube – Stock's Fischrestaurant

An der Alsterschleife 3, (1. Etage) ✉ *22399 – ✆ (040) 61 13 62 17*
– www.stocks.de – geschl. Montag
Rest – *(Dienstag - Freitag ab 15 Uhr geöffnet)* Karte 24/39 €
Eine Tiroler Stube unterm Reetdach... man glaubt es kaum! Doch tatsächlich: Tiroler Nussholz schafft Atmosphäre, im Winter sorgt der offene Kamin für Wärme und das Angebot ist deftig-österreichisch. Im Sommer ist natürlich die Dachterrasse der Renner!

In Hamburg-Nienstedten West: 13 km über Elbchaussee A2

Louis C. Jacob

Elbchaussee 401 ✉ *22609 – ✆ (040) 82 25 50 – www.hotel-jacob.de*
75 Zim – ♦205/265 € ♦♦265/455 €, 32 € – 10 Suiten
Rest *Jacobs Restaurant* ✿✿ **Rest *Weinwirtschaft Kleines Jacob*** – siehe Restaurantauswahl
Man spürt sofort, die Führung dieses Hotels liegt in den besten Händen: der Rahmen elegant, der Service hervorragend, die Zimmer klassisch-schön... sehr gefragt sind die Elbzimmer mit wunderbarer Aussicht. Interesse an der Geschichte des Hauses? Dann lassen Sie sich den historischen Eiskeller zeigen!

Jacobs Restaurant – Hotel Louis C. Jacob

Elbchaussee 401 ✉ *22609 – ✆ (040) 82 25 54 07 – www.hotel-jacob.de*
– geschl. Montag - Dienstag
Rest – (Tischbestellung ratsam) Menü 89/164 €
Keine Frage, ein Haus mit Stil und Klasse! Vom glitzernden Kristallüster an der hohen Stuckdecke bis zum edlen Fischgrätparkett, vom top Service bis zu den feinen Menüs von Thomas Martin - "Bewährt", "Zeitgenössisch" oder "Natürlich". Sie möchten für sich sein? Kein Problem in den schönen kleinen Salons. Übrigens: Es geht nichts über ein Essen auf der Lindenterrasse zur Elbe!
→ Gebratener Glattbutt, Norddeutsche Bouillabaisse, Büsumer Krabben, Dill. Rehrücken, Bienenharz, Selim Pfeffer, Kohlrabi. Guanaja Schokolade, Waldbeeren.

Witthüs

Elbchaussee 499a, (Zufahrt über Mühlenberg) ✉ 22587 – ✆ (040) 86 01 73 – www.witthues.com – geschl. Montag

Rest – *(nur Abendessen)* Menü 28/36 € – Karte 34/48 €

Ein historisches Bauernhaus, die elegant-nordische Einrichtung, die reizende Terrasse im Grünen... das passt alles schön zusammen! Nachmittags gibt es Kaffee und Kuchen, abends internationale Küche, der aufmerksame Service ist immer da!

Il Sole

Nienstedtener Str. 2d ✉ 22609 – ✆ (040) 82 31 03 30 – www.il-sole.de – geschl. Montag

Rest – Karte 30/52 €

Nicht ohne Grund ist das freundliche kleine Restaurant gut besucht: Man merkt, dass Marlis und Alexander Monesi Gastgeber mit Herzblut sind, und nicht zuletzt kommt man natürlich wegen der frischen mediterranen Küche.

Weinwirtschaft Kleines Jacob – Hotel Louis C. Jacob

Elbchaussee 404 ✉ 22609 – ✆ (040) 82 25 55 10 – www.kleines-jacob.de

Rest – *(nur Abendessen, sonntags auch Mittagessen)* Menü 36 € – Karte 34/50 €

Im "Kleinen Jacob" sitzt man legerer und ungezwungener und auch das Angebot ist einfacher als im stilvollen Gourmetrestaurant, doch auch hier isst (und trinkt) man gut: Weine und Speisen stammen ausschließlich aus deutschsprachigen Weinbauregionen - probieren Sie also Leckeres aus Deutschland, Österreich, der Schweiz, dem Elsass und Südtirol - vom schwäbischen Zwiebelrostbraten bis zum Flammkuchen.

In Hamburg-Ohlsdorf

Amedia

Alsterdorfer Str. 575a ✉ 22337 – ✆ (040) 2 26 36 60 – www.amediahotels.com

165 Zim – 🚹99/199 € 🚻99/199 €, ☕ 15 € **Rest** – Karte 27/52 € B1e

Ideal für Zug und Flug: modern, direkt beim Bahnhof Ohlsdorf gelegen und nur 5 S-Bahn-Minuten vom Airport entfernt (fragen Sie nach "Park, Sleep & Fly"). Mit im Haus: das Restaurant "Ribling".

In Hamburg-Osdorf West: 12 km über A2, Richtung Wedel

Lambert

Osdorfer Landstr. 239 (B 431) ✉ 22549 – ✆ (040) 87 87 89 80 – www.lambert-hamburg.de – geschl. Samstagmittag, Montag und an Feiertagen

Rest – Menü 20 € (mittags unter der Woche)/40 € – Karte 21/67 €

Die Angebot hier ist recht gemischt, und so mögen es die Gäste! In dem gemütlichen Fachwerkhaus von 1828 kocht man mediterran und international, Hausspezialität sind Entengerichte, und auch Sushi gibt es. Im Winter wärmt drinnen der Kamin, im Sommer zieht es die Gäste ins Freie!

In Hamburg-St. Pauli

Empire Riverside Hotel

Bernhard-Nocht-Str. 97 (über Davidstraße) ✉ 20359 – ✆ (040) 31 11 90 – www.empire-riverside.de E3e

327 Zim – 🚹129/239 € 🚻129/239 €, ☕ 22 €

Rest *Waterkant* – ✆ (040) 31 11 97 04 80 *(nur Abendessen)* Menü 35/99 € – Karte 40/69 €

Puristisches Design von David Chipperfield bestimmt das Hotel nahe den Landungsbrücken. So sind die Zimmer geradlinig-modern, viele mit Hafenblick! Den bietet auch das Restaurant Waterkant (hier internationale Küche). Absolutes Highlight: Panorama-Bar "20 up" im 20. Stock!

East

Simon-von-Utrecht-Str. 31 ✉ 20359 – ✆ (040) 30 99 30 – www.east-hamburg.de

120 Zim – 🚹145/200 € 🚹🚹160/215 €, ☕ 20 € – 8 Suiten **J2n**

Rest *East* – siehe Restaurantauswahl

Einst Eisengießerei, heute eines der Trendhotels in Hamburg! Und das ist nicht einfach nur modern: neueste Technik und sehr spezielles Design, durchdacht bis ins kleinste Detail, sind hier Markenzeichen! Nicht minder stylish und wertig: der Fitness-Club - auf Wunsch mit Personal Trainer!

Ibis St. Pauli Messe garni

Simon-von-Utrecht-Str. 63 ✉ 20359 – ✆ (040) 65 04 60 – www.ibishotel.com

162 Zim – 🚹81 € 🚹🚹91 €, ☕ 10 € **J3b**

In einer Parallelstraße zur Reeperbahn liegt dieses Hotel mit funktionellen, sachlich gestalteten Zimmern und freundlichem Frühstücksraum.

East – Hotel East

Simon-von-Utrecht-Str. 31 ✉ 20359 – ✆ (040) 30 99 30 – www.east-hamburg.de – geschl. Samstagmittag, Sonntagmittag **J2n**

Rest – Menü 19 € (mittags)/69 € – Karte 33/65 €

Schauen Sie sich dieses Restaurant am besten selbst an, denn der ganz besondere Mix aus fernöstlichem Flair und westlicher Industriegeschichte lässt sich kaum in Worte fassen! Mitten in der einstigen Werkshalle: Sushitresen mit Livecooking.

Mess

Turnerstr. 9 ✉ 20038 – ✆ (040) 43 41 23 – www.mess.de – geschl. Samstagmittag, Sonntag **J2m**

Rest – Menü 25/71 € – Karte 36/66 €

Mitten im Karolinenviertel - einst Hochburg der Hausbesetzerszene - hat der engagierte Gastgeber Tobias Strauch sein kleines Restaurant, das trotz moderner Geradlinigkeit schön behaglich ist. Ein gutes Beispiel für die ambitionierte zeitgemäße Küche ist das "Filet vom Husumer Rind mit Balsamico-Schalotten"!

Nil

Neuer Pferdemarkt 5 ✉ 20359 – ✆ (040) 4 39 78 23 – www.restaurant-nil.de – geschl. Dienstag, außer im Dezember **E3n**

Rest – *(nur Abendessen)* Menü 29/42 € – Karte 32/46 €

Die trendig-lockere Atmosphäre hier trifft genau den Zeitgeist! Auf den drei Ebenen sitzt man zwar ein bisschen eng, aber gemütlich. Nicht nur deshalb ist das Haus stets gut besucht, auch wegen Gerichten wie "Mangalitzaschwein-Bratwurst mit Kürbis-Kartoffelpüree und Spitzkohl" - die leckeren Würste sind hausgemacht! Im Sommer isst man am besten draußen im nach hinten gelegenen Garten. Kochkurse nebenan.

In Hamburg-Schnelsen

Ökotel garni

Holsteiner Chaussee 347 ✉ 22457 – ✆ (040) 5 59 73 00 – www.oekotel.de

20 Zim ☕ – 🚹67/95 € 🚹🚹82/115 € – 3 Suiten **A1m**

Hier wohnt man in einem nach ökologischen Aspekten gebauten Haus in geräumigen Zimmern mit geölten Massivholzmöbeln und lässt sich am Morgen ein Frühstück mit Bio-Produkten schmecken. Nach hinten liegen die Zimmer ruhiger.

Ausspann

Holsteiner Chaussee 428 ✉ 22457 – ✆ (040) 5 59 87 00 – www.hotel-ausspann.de **A1v**

30 Zim ☕ – 🚹67/75 € 🚹🚹94/99 €

Rest – *(Montag - Samstag nur Abendessen)* Karte 31/42 €

Persönlich-familiäre Atmosphäre, gepflegte Zimmer und ein schöner Garten sowie die richtige Portion Ländlichkeit... Der Gasthof und Ausspann von 1894 ist ideal, wenn Sie die Großstadthektik meiden möchten - und Parkplatzprobleme gibt's auch keine!

In Hamburg-Sülldorf West: 15 km über A2, Richtung Wedel

XX **Memory**

Sülldorfer Landstr. 222 (B 431) ✉ 22589 – ✆ (040) 86 62 69 38 – www.memory-hamburg.de – geschl. Juli - August 3 Wochen und Samstagmittag, Sonntag - Montag

Rest – Menü 49 € (abends)/69 € – Karte 30/40 €

Der Weg hier raus nach Sülldorf zu Inga und Heiko Hagemann lohnt sich, denn sie bieten eine ambitionierte internationale Küche. Und das Umfeld stimmt auch, ob im Restaurant mit seinen mediterranen Tönen und dekorativen Bildern oder auf der Terrasse zum kleinen Garten hin!

In Hamburg-Volksdorf Nord-Ost: 16 km über Wandsbecker Chaussee B2, Richtung Lübeck

Hotel du Nord

Zim,

Im alten Dorfe 40 ✉ 22359 – ✆ (040) 63 85 69 60 – www.hotel-dunord.de

25 Zim – 112 € 144 € **Rest** – Karte 23/45 €

Geschmackvoll hat man die großzügigen, komfortalen und wertigen Zimmer in dem kleinen Designhotel in klarem modernem Stil eingerichtet. Ebenso geradlinig-zeitgemäß ist das Ambiente im "Ristorante Italia".

XX **Dorfkrug**

Im Alten Dorfe 44, (Museumsdorf) ✉ 22359 – ✆ (040) 6 03 92 94 – www.dorfkrug-volksdorf.com – geschl. Montag

Rest – *(Dienstag - Freitag nur Abendessen)* Menü 35 € – Karte 34/64 €

Nordisch-charmant, wohnlich, gemütlich... so sind die Stuben des historischen Bauernhauses in dem kleinen Museumsdorf! Und auch das Speisenangebot ist ansprechend: internationale und regionale Küche, dazu ein Tagesmenü von der Tafel.

In Hamburg-Wandsbek

X **Ni Hao**

Wandsbeker Zollstr. 25 ✉ 22041 – ✆ (040) 6 52 08 88 – www.ni-hao.de

Rest – Menü 28/49 € – Karte 22/37 € B2**x**

Kanton, Szechuan, Shanghai und Peking - Liebhaber der chinesischen Küche können sich in dem recht großzügigen Restaurant auf authentische Art die vier großen Haupt-Küchenstile näher bringen lassen! Terrasse auf dem Vorplatz.

In Hamburg-Wellingsbüttel

Rosengarten garni

Poppenbüttler Landstr. 10b ✉ 22391 – ✆ (040) 6 08 71 40 – www.hotel-rosengarten-hamburg.de B1**s**

10 Zim – 74/94 € 100/120 €

Das kleine Hotel der Familie Randel liegt im Nordosten der Stadt. Die freundlichen Gastgeber halten alles auf einem guten Stand, die Preise sind fair und einige Zimmer liegen recht ruhig zum Garten. Parken kann man übrigens auch problemlos.

In Hamburg-Winterhude

XX **Portomarin**

Dorotheenstr. 180 ✉ 22299 – ✆ (040) 46 96 15 47 – www.portomarin.de – geschl. Ende Juni - Juli 4 Wochen und Sonntag - Montag G1**n**

Rest – *(nur Abendessen)* (Tischbestellung ratsam) Menü 38/48 € – Karte 33/50 €

Viel spanisches Herzblut steckt in dem netten Restaurant der Familie Díaz Sindín, aus ihrer südländischen Heimat stammen natürlich auch Küche und Weine! Rote Wände, Holzfußboden und allerlei Fotos machen es hier schön gemütlich.

XX **San Michele**

Jarréstr. 27 ✉ 22303 – ✆ (040) 37 11 27 – www.san-michele.de – geschl. Samstagmittag, Sonntag H1**m**

Rest – Menü 21 € (mittags unter der Woche)/45 € – Karte 18/45 €

Außen eine schön sanierte alte Fassade, innen modernes Ambiente und engagierte Gastgeber! Bei Familie Bianca schätzt man die frische klassisch-italienische Küche - auch der günstige Business-Lunch kommt gut an.

Marbella (N)

Dorotheenstr. 104 ✉ 22301 – ✆ (040) 27 57 57 – www.restaurant-marbella.de – geschl. Juli - August 3 Wochen und Montag G1**a**

Rest – *(nur Abendessen)* Menü 50 € – Karte 27/41 €

Dario Garcia und seine Frau Martina betreiben das Restaurant mit dem netten mediterranen Flair schon über 30 Jahre. Die Chefin führt in der Küche gemeinsam mit der Hamburger Gastro-Größe Josef Viehauser Regie, der sein Können hier mit schmackhaften spanischen Gerichten wie "Iberico-Schweinenacken mit Kräuterseitlingen und Rosmarinkartoffeln" unter Beweis stellt.

Am Tierpark Hagenbeck

Lindner Park-Hotel Hagenbeck

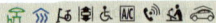

Hagenbeckstr. 150 ✉ 22527 – ✆ (040) 8 00 80 81 00 – www.lindner.de/de/parkhotel_hagenbeck_hamburg D1**h**

155 Zim – 🚹99/299 € 🚹🚹129/329 €, ☕ 17 € – 3 Suiten

Rest – Menü 25 € (mittags)/39 € – Karte 28/52 €

Schon eine spezielle Adresse, denn wo sonst fühlt man sich bei modernem Hotelkomfort wie auf fernen Expeditionen? Kolonialstil schon in der Lobby, in den Zimmern authentische Dekorationen aus Afrika und Asien, der Aufzug im Schiffs-Look, ein Hauch Arktis im Saunabereich... Der berühmte Tierpark liegt ganz nah - fragen Sie nach den interessanten Arrangements!

HAMELN – Niedersachsen – 541 – 57 350 Ew – Höhe 62 m 28 H9

Berlin 327 – Hannover 45 – Bielefeld 80 – Hildesheim 48

Deisterallee 1, ✉ 31785, ✆ (05151) 95 78 23, www.hameln.de

Aerzen, Schwöbber 8, ✆ (05154) 98 70

Altstadt★ · Rattenfängerhaus★ · Hochzeitshaus★

Hämelschenburg★, Nord-West: 11 km

Mercure

164er Ring 3 ✉ 31785 – ✆ (05151) 79 20 – www.mercure.com

105 Zim ☕ – 🚹99/159 € 🚹🚹119/179 € – ½ P

Rest – Menü 23 € (abends unter der Woche) – Karte 29/51 €

Ein zeitgemäßes Tagungshotel am Bürgergarten, nur wenige Minuten vom historischen Stadtkern entfernt. Von der Sauna im 9. Stock schaut man auf die Altstadt. Neuzeitliches Restaurant mit eleganter Note.

Jugendstil garni

Wettorstr. 15 ✉ 31785 – ✆ (05151) 9 55 80 – www.hotel-jugendstil.de – geschl. Ende Dezember - Anfang Januar

21 Zim ☕ – 🚹85/95 € 🚹🚹108 € – 1 Suite

Die Gründerzeitvilla von 1903 bietet ihren Gästen einen schönen historischen Rahmen und ansprechende, wohnlich gestaltete Zimmer. Suite in der oberen Etage mit kleinem Wintergarten.

Bellevue garni 

Klütstr. 34 ✉ 31787 – ✆ (05151) 9 89 10 – www.hotel-bellevue-hameln.de

18 Zim ☕ – 🚹76/100 € 🚹🚹94/115 €

In der familiär geführten Villa a. d. J. 1910 wohnt man in freundlichen, funktionellen Gästezimmern mit kostenfreiem W-Lan und sitzt am Morgen im angenehm hellen Frühstücksraum oder auf der kleinen Gartenterrasse.

An der Altstadt garni 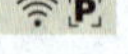

Deisterallee 16 ✉ 31785 – ✆ (05151) 4 02 40 – www.hotel-hameln.de – geschl. 21. Dezember - 6. Januar

20 Zim ☕ – 🚹69/120 € 🚹🚹86/170 €

Die Lage im Zentrum und die gepflegten Zimmer in hellen, wohnlichen Tönen sprechen für dieses hübsche 1901 erbaute Jugendstilhaus. W-Lan steht gratis zur Verfügung.

HAMM in WESTFALEN – Nordrhein-Westfalen – 543 – 182 120 Ew – Höhe 63 m 27 E10

Berlin 459 – Düsseldorf 111 – Bielefeld 72 – Dortmund 44

ADAC Sternstr. 4

Willy-Brandt-Platz, ✉ 59065, ✆ (02381) 2 34 00, www.hamm.de

Hamm-Drechen, Drei-Eichen-Weg 5, ✆ (02385) 91 35 00

In Hamm-Wiescherhöfen

Wieland-Stuben 

Wielandstr. 84 ✉ 59077 – ✆ (02381) 40 12 17 – www.wielandstuben.de – geschl. 1. - 14. Januar, 9. - 22. Juli und Montag - Dienstag, Samstagmittag

Rest – Menü 25 € (mittags)/72 € – Karte 36/72 €

Jeder der drei Restauranträume ist anders, aber alle sind elegant und in sich absolut stimmig - und sofort sticht die aufwändige Blumendekoration ins Auge! Draußen ist es genauso schön: vorne der hübsche Vorgarten, hinten die herrliche romantische Terrasse! Die Küche ist klassisch-saisonal.

HAMM (SIEG) – Rheinland-Pfalz – 543 – 3 310 Ew – Höhe 220 m 36 D13

Berlin 593 – Mainz 124 – Bonn 65 – Limburg an der Lahn 64

Alte Vogtei 

Lindenallee 3, (B 256) ✉ 57577 – ✆ (02682) 2 59 – www.altevogtei.de – geschl. Juli - September 3 Wochen

13 Zim – 🚹43/70 € 🚹🚹77/109 €, ☕ 8 € – 2 Suiten – ½ P

Rest – *(geschl. Mittwoch - Donnerstagmittag)* Menü 28/55 € – Karte 25/44 €

Der traditionsreiche Familienbetrieb mit Fachwerkhaus von 1753 bietet hübsche, individuelle Zimmer - z. T. mit schönen Originalmöbeln. Wellnesszimmer mit eigener Infrarot-Sauna. In gemütlichen Räumen serviert man solide regionale und internationale Küche.

HAMMELBURG – Bayern – 546 – 11 450 Ew – Höhe 182 m 49 I15

Berlin 487 – München 319 – Würzburg 57 – Bamberg 94

Kirchgasse 4, ✉ 97762, ✆ (09732) 90 24 30, www.hammelburg.de

Deutsches Haus garni 

Kissingerstr. 24 ✉ 97762 – ✆ (09732) 7 88 66 70 – www.dh-hammelburg.de

28 Zim ☕ – 🚹49/55 € 🚹🚹75/80 €

Familie Rösser hat mit Dekorationen und selbst gefertigten Möbeln (Chef ist Schreiner) dem sanierten alten Fachwerkhaus ihre eigene Handschrift verpasst! Im schönen Gewölbekeller mixt Ihnen die Tochter - ihres Zeichens Barkeeperin - leckere Cocktails.

In Hammelburg-Obererthal Nord: 5 km über B 27, in Untererthal rechts

Landgasthof Zum Stern (mit Gästehaus) 

Obererthaler Str. 23 ✉ 97762 – ✆ (09732) 47 07 – www.landgasthof-stern.com – geschl. 1. - 14. August

19 Zim ☕ – 🚹37 € 🚹🚹65 € – 1 Suite – ½ P

Rest – *(geschl. 1. - 15. August und Dienstag)* Menü 15/25 € – Karte 13/27 €

Ein echter Familienbetrieb ist der tipptopp gepflegte Landgasthof in der Ortsmitte, in dem solide und praktische Zimmer bereitstehen. Zum Angebot des bürgerlich-ländlichen Restaurants zählen auch eigene Weine und Schnäpse.

In Wartmannsroth-Neumühle West: 6 km über Hammelburg-Diebach

Neumühle 

Neumühle 54 ✉ 97797 – ✆ (09732) 80 30 – www.romantikhotel-neumuehle.de – geschl. 2. Januar - 13. Februar

26 Zim ☕ – 🚹120/170 € 🚹🚹180/220 € – 2 Suiten – ½ P

Rest *Scheune* – siehe Restaurantauswahl

Frisch Verliebte werden diesen romantischen Ort nicht vergessen: schönste Fachwerkidylle in Form einer historischen Mühle! Ländlicher Charme, ein freundliches Lächeln in den Gesichtern der Mitarbeiter, im hauseigenen Boot auf der Saale zum Picknick...! Auch ganz modern ist möglich: in den zwei Kaminsuiten.

XX **Scheune** – Hotel Neumühle
Neumühle 54 ✉ 97797 – ✆ (09732) 80 30 – www.romantikhotel-neumuehle.de – geschl. 2. Januar - 13. Februar
Rest – Menü 47/82 € – Karte 38/62 €
Freigelegte Holzbalken, rustikales Mobiliar, passendes Dekor - das schafft eine sehr gemütliche Atmosphäre! Bei gepflegter Tischkultur speist man international und regional.

HAMMINKELN – Nordrhein-Westfalen – siehe Wesel

HANAU – Hessen – 543 – 89 690 Ew – Höhe 104 m **48** G14

Berlin 531 – Wiesbaden 59 – Frankfurt am Main 20 – Fulda 89
ADAC Am Markt 1
Am Markt 14, Rathaus, ✉ 63450, ✆ (06181) 29 59 50, www.hanau.de
Hanau-Wilhelmsbad, Franz-Ludwig-von-Cancrin-Weg 2, ✆ (06181) 18 01 90

Zum Riesen garni
Heumarkt 8 ✉ 63450 – ✆ (06181) 250 2 50 – www.hanauhotel.de – geschl. über Weihnachten
44 Zim – 99/299 € 115/349 € – 4 Suiten
Das a. d. 17. Jh. stammende Gasthaus im Zentrum - 1898 das erste Haus in Hanau mit elektrischem Licht - ist seit 1912 ein Familienbetrieb. Die Zimmer sind zeitgemäß und funktional.

In Hanau-Steinheim Süd: 4 km

Villa Stokkum
Steinheimer Vorstadt 70 ✉ 63456 – ✆ (06181) 66 40 – www.villastokkum.de
133 Zim – 118/152 € 144/180 €, 17 € – 2 Suiten – ½ P
Rest – *(geschl. 27. Dezember - 31. Januar und Sonntag) (nur Abendessen)*
Menü 24 € – Karte 25/50 €
Das Businesshotel in guter Verkehrslage ist eine historische Zigarrenfabrik mit Villa und zwei modernen Anbauten. Großzügige Lobby und technisch gut ausgestattete Zimmer. Helles Restaurant in geradlinig-zeitgemäßem Stil. Sehenswerter Gewölbekeller von 1665.

Birkenhof (mit Gästehaus)
Von-Eiff-Str. 37 ✉ 63456 – ✆ (06181) 6 48 80 – www.hotelbirkenhof.de
45 Zim – 89/160 € 99/160 € – 4 Suiten
Rest – *(geschl. Sonntagabend)* Menü 28/39 € – Karte 16/48 €
Das gewachsene Hotel mit gepflegtem Garten wird seit vielen Jahren familiär geleitet. Fragen Sie nach den neuzeitlicheren Gästezimmern, die hochwertiger eingerichtet sind. Freundliches Restaurant und Terrasse mit Blick ins Grüne.

Zur Linde garni (mit Gästehäusern)
Steinheimer Vorstadt 31 ✉ 63456 – ✆ (06181) 96 43 20 – www.hotel-zur-linde-hanau.de – geschl. 20. Dezember - 10. Januar
30 Zim – 89/125 € 125/160 € – 2 Suiten
Auf drei Häuser verteilen sich die individuellen Zimmer dieses tipptopp gepflegten Hotels, einige besonders freundlich in wohnlich-warmen Farben. Nette Terrasse an der Stadtmauer.

HANDORF – Niedersachsen – 541 – 1 980 Ew – Höhe 6 m **10** J6

Berlin 298 – Hannover 145 – Hamburg 49 – Bremen 131

X **Schwabenstüble**
Cluesweg 22a ✉ 21447 – ✆ (04133) 21 02 51 – www.schwabenstueble-handorf.de – geschl. Oktober 1 Woche und Montag - Dienstag
Rest – Menü 16/42 € – Karte 19/34 €
Familie Stoll leitet hier ein sympathisch-ländliches Restaurant mit Terrasse und Biergarten. Der Chef, ein echter Schwabe, bereitet Spätzle, Maultaschen, Schupfnudeln & Co.

HANN. MÜNDEN – Niedersachsen – 541 – 24 390 Ew – Höhe 127 m 29 H11
– Erholungsort

Berlin 364 – Hannover 151 – Kassel 23 – Göttingen 34

Lotzestr. 2, Rathaus, ✉ 34346, ✆ (05541) 7 53 13, www.hann.muenden-tourismus.de

Staufenberg-Speele, Gut Wissmannshof, ✆ (05543) 91 03 30

Fachwerkhäuser★★ · Rathaus★ · Altstadt★

Wesertal★ (von Hann. Münden bis Höxter)

Alter Packhof

Bremer Schlagd 10 ✉ 34346 – ✆ (05541) 9 88 90 – www.packhof.com

25 Zim – 84/124 € 129/169 € – ½ P

Rest – *(nur Abendessen)* Karte 27/44 €

In der Altstadt, am Zusammenfluss von Fulda und Werra, steht das einstige Lagerhaus von 1837, in dem wohnliche Zimmer bereitstehen. Zwei Juniorsuiten mit eigener Sauna. Das Restaurant ist im Landhausstil gehalten.

Die Reblaus mit Zim

Ziegelstr. 32, (Kirchplatz) ✉ 34346 – ✆ (05541) 95 46 10 – www.die-reblaus.com

3 Zim – 50 € 70 € – ½ P

Rest – Menü 11 € (mittags unter der Woche)/40 € – Karte 25/40 €

Ein Fachwerkhaus mitten in der Innenstadt beherbergt dieses kleine Restaurant mit gemütlichem modernem Ambiente, in dem man eine mediterran geprägte Küche bietet. Zum Übernachten stehen drei nette schlichte Zimmer bereit.

In Hann. Münden-Gimte Nord: 3 km

Freizeit Auefeld

Rest,

Hallenbadstr. 33 (nahe der B 3) ✉ 34346 – ✆ (05541) 70 50 – www.freizeit-auefeld.de

93 Zim – 68/78 € 88/105 € – ½ P

Rest – Menü 16/29 € – Karte 20/35 €

Ein solide und funktionell ausgestattetes Tagungs- und Geschäftshotel mit Sportanlage, die u. a. Squash, Bowling und einen großen Fitnessbereich bietet. Restaurant mit Fensterfront zur Tennishalle. Die Küche ist bürgerlich-international.

In Hann. Münden-Laubach Süd-Ost: 6 km über Hedemündener Straße Y

Biohotel Werratal (mit Gästehaus)

Buschweg 40 ✉ 34346 – ✆ (05541) 99 80 – www.biohotel-werratal.de – geschl. Januar 1 Woche

40 Zim – 75/85 € 99/110 € – ½ P

Rest *Biorestaurant Werratal* – siehe Restaurantauswahl

Das gepflegte Landhotel bietet helle, wohnliche Zimmer, die im Haupthaus besonders freundlich und neuzeitlich sind. Morgens starten Sie mit einem Frühstück aus Bio-Produkten in den Tag, damit Sie gestärkt schöne Freizeitaktivitäten wie Wanderungen, Radtouren und Kanufahrten unternehmen können. Praktisch: Dank der nahen A7 ist das Hotel gut erreichbar.

Biorestaurant Werratal – Biohotel Werratal

Buschweg 40 ✉ 34346 – ✆ (05541) 99 80 – www.biohotel-werratal.de – geschl. Januar - Februar und Montagmittag, Dienstagmittag, Oktober - März: auch Sonntagabend

Rest – Menü 21 € (mittags)/38 € – Karte 27/48 €

Bei Gastgeber Jörg Treichel muss alles Bio sein! Die regionale Küche können Sie sich im Restaurant oder auf der idyllischen Gartenterrasse servieren lassen. Übrigens gehören auch gluten- und laktosefreie Gerichte zum Angebot.

Letzter Heller mit Zim

Letzter Heller 7 ✉ 34346 – ✆ (05541) 64 46 – www.letzter-heller.de – geschl. Anfang Januar 1 Woche und Donnerstag

9 Zim – 69/79 € 99/109 € **Rest** – Menü 28/38 € – Karte 26/53 €

Ein seit mehreren Generationen familiengeführtes Gasthaus mit gemütlichen Räumen, einer lauschigen Terrasse und saisonalem Speisenangebot. Es stehen auch hübsche Gästezimmer zur Verfügung.

HANNOVER

Stadtpläne siehe nächste Seiten

© Florian Monheim / Bildarchiv Monheim / Age fotostock

Niedersachsen – 525 880 Ew – Höhe 55 m – 541 I13

Berlin 290 – Bremen 132 – Hamburg 161

Tourist-Information

Ernst-August-Platz 8 F2, ✉ 30159, ✆(0511) 12 34 51 11, www.hannover.de

Automobilclub - ADAC

Nordmannpassage 4 F2
Lübecker Str. 17 (Laatzen)

Flughafen

Hannover-Langenhagen, Petzelstr. 84 (über Vahrenwalder Straße BC1: 11 km), ✆ (0511) 97 70

Messegelände

Messe Hannover, Laatzener Straße (Süd-Ost: über Messe-Schnellweg D3 und B 6), ✉ 30521 ✆ (0511) 8 90

Messen

Zu Messezeiten verlangen viele Hotels erhöhte Messepreise

11.-14. Januar: Domotex
25.-26. Januar: Cosmetica
25. Januar-2. Februar: ABF - Freizeit- und Einkaufsmesse
25. Januar-2. Februar: Autotage
25. Januar-2. Februar: bauen+wohnen
25. Januar-2. Feburar: Garten&Ambiente
31. Januar-2. Februar: ReiseZeit
11.-15. März: CeBIT
7.-11. April: Hannover Messe
19.-23. Mai CeMAT
25. September-2. Oktober: IAA-Nutzfahrzeuge
7.-9. Oktober: Biotechnica
18.-26. Oktober: bauen
18.-26. Oktober: Lebensart
21.-25. Oktober: EuroBlech
11.-14. November: BioEnergy
5.-8. Dezember: Pferd & Jagd

Golfplätze

Garbsen, Am Blauen See 120, ✆(05137) 7 30 68
Isernhagen, Gut Lohne 22, ✆(05139) 89 31 85
Langenhagen, Hainhaus 22, ✆(0511) 73 68 32
Laatzen-Gleidingen, Am Golfplatz 1, ✆(05102) 73 90 00
Sehnde-Rethmar, Seufzerallee 10, ✆(05138) 70 05 30

SEHENSWÜRDIGKEITEN

Herrenhäuser Gärten★★ A1 · Marktkirche (Schnitzaltar★★) F2 · Niedersächsiches Landesmuseum★ · Sprengel-Museum★ F3

Kastens Hotel Luisenhof

Zim,

Luisenstr. 1 ✉ 30159 – ✆ (0511) 3 04 40 – www.kastens-luisenhof.de F2**b**
138 Zim – 104/419 € 114/429 €, 20 € – 9 Suiten
Rest – *(geschl. Juli - August: Sonntag)* Menü 48/78 € – Karte 41/68 €
Hannovers ältestes Hotel - gegründet im Jahre 1856 und seither im Familienbesitz! Man bietet einen klassischen Rahmen sowie Fitness und Sauna über den Dächern der Stadt. Die Fußgängerzone liegt praktisch vor der Tür, zum Bahnhof sind es nur wenige Gehminuten.

Crowne Plaza

Hinüberstr. 6 ✉ 30175 – ✆ (0511) 3 49 50 – www.cphannover.de G2**d**
197 Zim – 120 € 130 €, 20 € – 4 Suiten
Rest *Bistro im Schweizerhof* – siehe Restaurantauswahl
Ein zeitgemäßes Businesshotel nahe dem Bahnhof mit heller moderner Halle, gediegenen Zimmern und schönem Spabereich mit Kosmetikangebot.

Courtyard by Marriott

Rest,

Arthur-Menge-Ufer 3 ✉ 30169 – ✆ (0511) 36 60 00 – www.courtyardhannover.de
139 Zim – 155/164 € 155/164 €, 19 € – 5 Suiten F3**b**
Rest *Julian's* – ✆ (0511) 36 60 08 23 – Karte 19/45 €
Teil dieses gut geführten Geschäftshotels ist das einstige Kasino. Von den wohnlich-funktionellen Zimmern schaut man zum Maschsee direkt am Haus oder auf die City bzw. die AWD-Arena nebenan. Viele Bilder zieren das Restaurant Julian's. Mit Glasfront zum See und Showküche.

Sheraton Pelikan

Pelikanplatz 31 ✉ 30177 – ✆ (0511) 9 09 30 – www.sheratonpelikanhannover.com – geschl. 20. Dezember - 5. Januar D1**p**
138 Zim – 145/399 € 145/399 €, 21 € – 9 Suiten
Rest *5th Avenue* – siehe Restaurantauswahl
Das schöne Fabrikgebäude von einst besticht durch moderne Zimmer, die mit klarem Stil, hohen Decken und ansprechenden Details ein nicht alltägliches Ambiente bieten. Sehenswerte klassische Bar.

Grand Hotel Mussmann garni

Ernst-August-Platz 7 ✉ 30159 – ✆ (0511) 3 65 60 – www.grandhotel.de
92 Zim – 119/169 € 149/199 € – 6 Suiten F2**v**
Zum begrünten Innenhof oder zum Bahnhofsvorplatz liegen die klassischen und doch sehr zeitgemäßen Zimmer, jedes mit einem dekorativen Deckenbild und entsprechendem Namen.

Dormero

Zim, Rest,

Hildesheimer Str. 34 ✉ 30169 – ✆ (0511) 54 42 00 – www.dormero-hotel-hannover.de G3**b**
293 Zim – 99/179 € 109/189 €, 16 € **Rest** – Karte 19/56 €
Klares, puristisches Design in Weiß, Grau und Rot, dazu ganz moderne Technik. Das Hotel liegt nahe dem Maschsee und nicht weit von der Innenstadt. Der geradlinige Stil setzt sich im Restaurant fort.

Novotel

Podbielskistr. 21 ✉ 30163 – ✆ (0511) 3 90 40 – www.novotel.com G1**u**
205 Zim – 129/172 € 139/192 €, 19 € – 4 Suiten **Rest** – Karte 35/67 €
Funktionales Businesshotel auf dem Gelände der ehemaligen Bahlsen-Keksfabrik. Alles hier ist ansprechend modern, von der Lobby über die Zimmer bis hin zu Restaurant und Bar.

HANNOVER
A
B
1
2
3
NEUSTADT A. RÜBENBERGE
WUNSTORF
MINDEN
HAMELN
ELZE
HERRENHAUSEN
BERG-GARTEN
GROẞER GARTEN
HAINHOLZ
PRINZENGARTEN
GEORGENGARTEN
LIMMER
DAVEN
LINDEN
BADENSTEDT
BORNUM
RICKLINGEN
OBERRICKLINGEN
AM KÜCHENGARTEN
Herrenhäuser Str.
Westschnellweg
Bremer Damm
Wunstorfer Str.
Fössestraße
Badenstedter Str.
Bückeburger Allee
Göttinger Str.
Frankfurter Allee
Deisterplatz
Goetheplatz
Waterlooplatz
Schützenplatz
AWD-ARENA
Am Steintor
Continentalplatz
Karl-König-Platz
0
1 km

HAMBURG
C
D
CELLE
BRAUNSCHWEIG
BRAUNSCHWEIG
HILDESHEIM
SARSTEDT
1
2
3
VAHRENWALD
LIST
KLEEFELD
WALDHEIM
WALDHAUSEN
DÖHREN
EILENRIEDE
Zoo Hannover
STADTHALLE
Marktkirche
MASCHPARK
Maschsee
Dreiecks-Teich
Sieben-Meter-Teich
Podbielskistraße
Hebbelstraße
Am Listholze
Klingerstraße
Walderseestraße
Wöhler-str.
Lister Kirchweg
Wittekamp
Dragoner-str.
Röntgen-str.
Husarenstraße
Voßstraße
Jakobi-str.
Podbielski-str.
Bödekerstraße
Hohenzollernstraße
Bernadotte-Allee
Messe-Schnellweg
Stadtfelddamm
Welfenplatz
Celler Str.
Kronenstr.
Hallerstr.
Friesenstraße
Sedan-str.
Bernstr.
Fritz-Behrens-Allee
Zeppelin-str.
Herschel-str.
Königstr.
Berliner Allee
Ellernstr.
Leisewitz-str.
Plathnerstr.
Clausewitzstraße
Kleestraße
Pertz-str.
Berckhusenstraße
Ebellstr.
Opernplatz
Prinzen-str.
Schiffgraben
Laves-str.
Osterstraße
Arnswaldt-str.
Hans-Böckler-Allee
Kirchröder Str.
Kaulbachstraße
Friedrichswall
Aegidientorplatz
Freundallee
Lutherstraße
Stolzestraße
Sallstraße
Bischofsholer Damm
Meterstr.
Wiesenstraße
Stephans-Platz
Sallplatz
An der Weide
Hildesheimer Str.
Geibelstraße
Jordanstraße
Lindemannallee
Böhmerstr.
Alte Döhrener Str.
Lange-Feld-Str.
Altenbekener Damm
Bemeroder Str.
Rudolf-von-Bennigsen-Ufer
Saar-str.
Mainzer Str.
Wolfstraße
Adolf-Ey-Str.
Wiener Str.
Salzburger Str.
Ottostraße
Zeißstraße
Am Schafbrinke
Bregenzer Str.
Willmerstraße
Südschnellweg
Landwehrstr.
Schützenallee
Peiner Str.
Hoher Weg
Garkenburgstr.
a
p
v
k
s
z

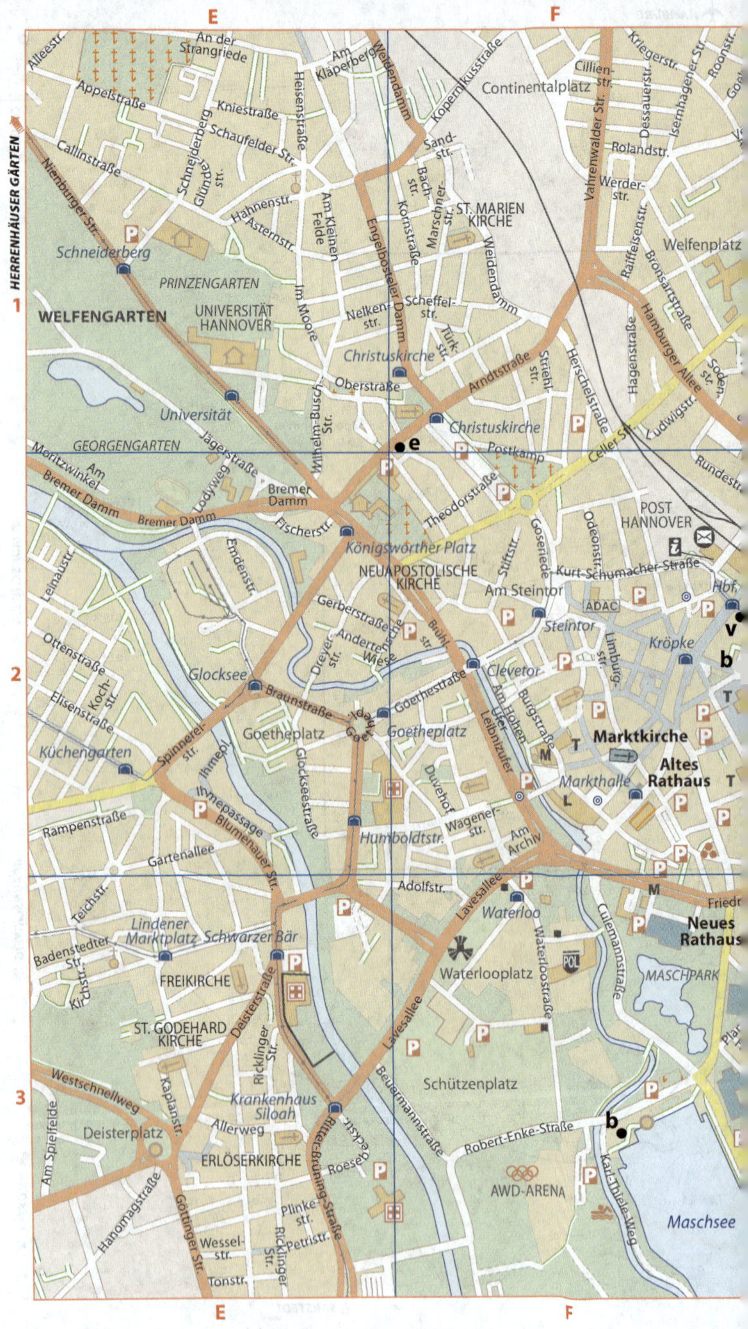
E
F
1
2
3
HERRENHÄUSER GÄRTEN
WELFENGARTEN
UNIVERSITÄT HANNOVER
PRINZENGARTEN
Schneiderberg
Universität
GEORGENGARTEN
Christuskirche
ST. MARIEN KIRCHE
Continentalplatz
Welfenplatz
POST HANNOVER
Königsworther Platz
NEUAPOSTOLISCHE KIRCHE
Am Steintor
Steintor
Kröpke
Hbf.
Glocksee
Goetheplatz
Clevertor
Marktkirche
Altes Rathaus
Markthalle
Küchengarten
Humboldtstr.
Waterloo
Waterlooplatz
Neues Rathaus
MASCHPARK
Lindener Marktplatz
Schwarzer Bär
FREIKIRCHE
ST. GODEHARD KIRCHE
Krankenhaus Siloah
Deisterplatz
ERLÖSERKIRCHE
Schützenplatz
AWD-ARENA
Maschsee
Robert-Enke-Straße
Karl-Thiele-Weg
Beuermannstraße
Lavesallee
Ritter-Brüning-Straße
Deisterstraße
Göttinger Str.
Hanomagstraße
Westschnellweg
Blumenauer Str.
Ihmepassage
Spinnereistr.
Braunstraße
Goethestraße
Leibnizufer
Am Hohen Ufer
Bremer Damm
Fischerstr.
Arndtstraße
Celler Str.
Hamburger Allee
Kurt-Schumacher-Straße
Nienburger Str.
Engelbosteler Damm
Weidendamm
Vahrenwalder Str.
Callinstraße
Appelstraße
Alleestr.
An der Strangriede
Kniestraße
Schaufelder Str.
Heisenstraße
Am Kläperberg
Kopernikusstraße
Sandstr.
Bachstr.
Kornstraße
Marschnerstr.
Cillienstr.
Kriegerstr.
Dessauerstr.
Isernhagener Str.
Roonstr.
Rolandstr.
Werderstr.
Raiffeisenstr.
Bronsartstraße
Hagenstraße
Sodenstr.
Ludwigstr.
Rundestr.
Herschelstraße
Striehlstr.
Postkamp
Theodorstraße
Goseriede
Stiftstr.
Odeonstr.
Limburgstr.
Burgstraße
Hahnenstr.
Asternstr.
Schneiderberg
Glünderstr.
Am Kleinen Felde
Im Moore
Nelkenstr.
Scheffelstr.
Türkstr.
Oberstraße
Wilhelm-Busch-Str.
Jägerstraße
Lodyweg
Moritzwinkel
Am Bremer Damm
Leinaustr.
Ottenstraße
Kochstr.
Elisenstraße
Endenstr.
Gerberstraße
Andertensche Wiese
Dreyerstr.
Brühlstr.
Ihmepl.
Glockseestraße
Duvehof
Wagenerstr.
Am Archiv
Rampenstraße
Gartenallee
Teichstr.
Adolfstr.
Badenstedter Str.
Kirchstr.
Waterloostraße
Culemannstraße
Ricklinger Str.
Kaplanstr.
Allerweg
Am Spielfelde
Roesestr.
Plinkestr.
Wesselstr.
Petristr.
Tonstr.
ADAC
POL
Friedr
e
v
b
b
E
F

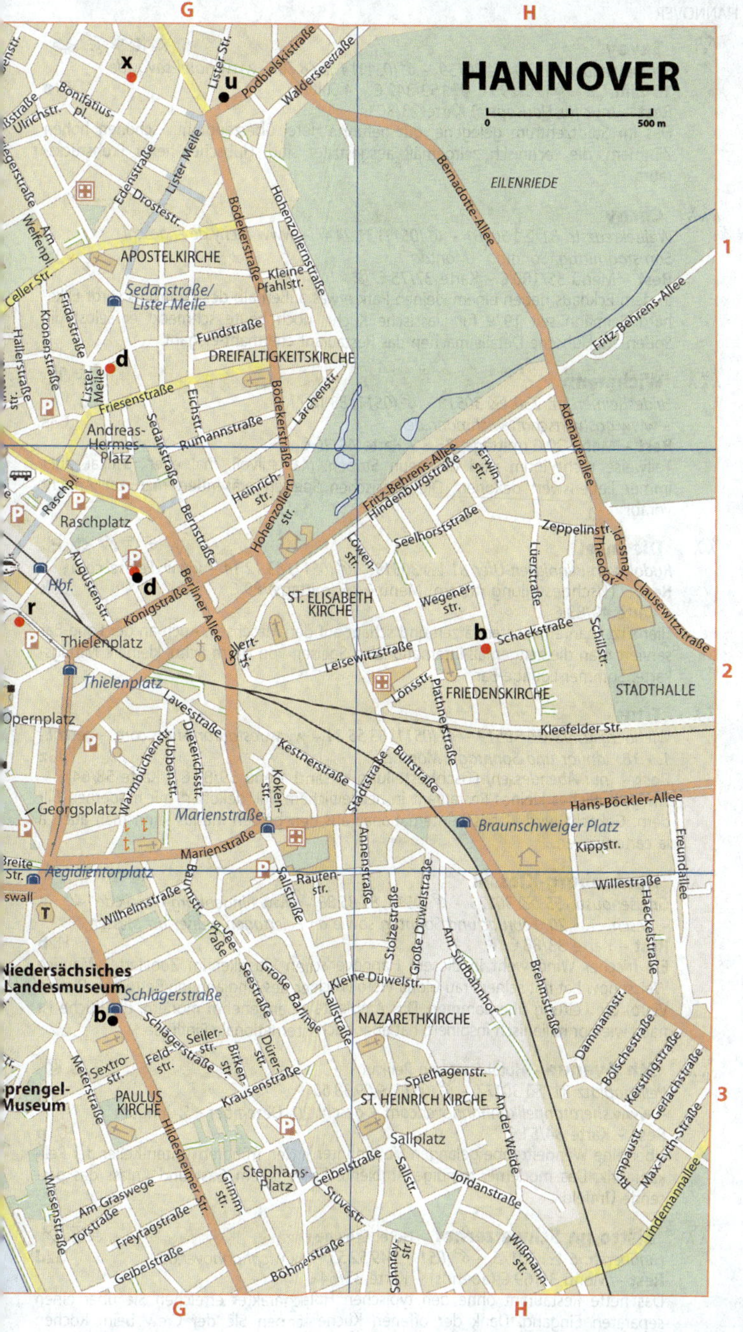
HANNOVER
0
500 m
G
H
1
2
3
EILENRIEDE
APOSTELKIRCHE
Sedanstraße/ Lister Meile
DREIFALTIGKEITSKIRCHE
Raschplatz
Hbf.
Thielenplatz
Opernplatz
ST. ELISABETH KIRCHE
FRIEDENSKIRCHE
STADTHALLE
Georgsplatz
Marienstraße
Braunschweiger Platz
Aegidientorplatz
Niedersächsiches Landesmuseum
Schlägerstraße
NAZARETHKIRCHE
PAULUS KIRCHE
Sprengel-Museum
ST. HEINRICH KIRCHE
Sallplatz
Stephans-Platz
Bernadotte-Allee
Fritz-Behrens-Allee
Adenauerallee
Hans-Böckler-Allee
Hildesheimer Str.
Berliner Allee
Bödekerstraße
Podbielskistraße
Lister Meile
Celler Str.
Königstraße
Kleefelder Str.
Lindemannallee

Savoy

Schloßwender Str. 10 ✉ 30159 – ✆ (0511) 1 67 48 70 – www.hotel-savoy.de
18 Zim – 129/299 € 159/349 € – 4 Suiten F1**e**
Rest – *(nur für Hausgäste)* Karte 23/30 €
Das im Stadtzentrum gelegene, gut geführte Hotel überzeugt mit schönen hohen Zimmern, die technisch zeitgemäß ausgestattet sind. Hübscher heller Frühstücksraum.

Clichy

Weißekreuzstr. 31 ✉ 30161 – ✆ (0511) 31 24 47 – www.clichy.de – geschl. Samstagmittag, Sonntag - Montag G1**d**
Rest – Menü 55/100 € – Karte 37/75 €
In dem Eckhaus neben einem kleinen Park etwas außerhalb des Zentrums sorgt Ekkehard Reimann seit 1979 für klassische Küche, noch heute schmeckt er selbst die Soßen ab. Hübsche Details machen das Restaurant charmant-elegant.

Wichmann

Hildesheimer Str. 230 ✉ 30519 – ✆ (0511) 83 16 71 – www.gastwirtschaft-wichmann.de C3**s**
Rest – Menü 30 € (mittags)/75 € – Karte 44/76 €
Teilweise recht intim sind die neun Stuben. Mal stilvoll, mal eher rustikal, aber immer liebenswert dekoriert. Die klassischen Speisen präsentiert man zur Ansicht vorab!

Die Insel

Rudolf-von-Bennigsen-Ufer 81 ✉ 30519 – ✆ (0511) 83 12 14 – www.dieinsel.com
Rest – (Tischbestellung ratsam) Menü 24 € (mittags)/89 € – Karte 49/83 € C3**k**
Hier sitzt man an Fensterplätzen und schaut auf den Maschsee. Auch an der Long-Bar serviert man die zeitgemäß-internationalen Speisen von Herrn Schu, kleinere Mittagskarte. Sommer-Lounge-Bar.

Titus

Wiehbergstr. 98 ✉ 30519 – ✆ (0511) 83 55 24 – www.restaurant-titus.com – geschl. 1. - 18. Januar und Sonntag - Montag C3**z**
Rest – *(nur Abendessen)* (Tischbestellung ratsam) Menü 59/89 € – Karte 58/64 €
Ein gemütliches kleines Restaurant in neuzeitlichem Stil, dekoriert mit modernen Bildern. Gekocht wird klassisch-international; aus den beiden Menüs kann man auch à la carte wählen.

Hindenburg-Klassik

Gneisenaustr. 55 ✉ 30175 – ✆ (0511) 85 85 88 – www.hindenburg-klassik.de – geschl. 1. - 20. Februar und Sonntag sowie an Feiertagen, außer an Messen
Rest – Karte 33/88 € H2**b**
Ein frischer Wind weht in diesem Hannover'schen Klassiker im Zooviertel: Maurice Weissenow hat mit seiner Frau Gloria Viero (Tochter des langjährigen Betreibers Pierino Viero) die Leitung übernommen. Das Ambiente ist angenehm modern, die Küche ist nach wie vor italienisch inspiriert, hat aber auch internationale Einflüsse.

5th Avenue – Hotel Sheraton Pelikan

Pelikanplatz 31 ✉ 30177 – ✆ (0511) 9 09 38 60 – www.sheratonpelikanhannover.com – geschl. 20. Dezember - 5. Januar
Rest – Karte 34/51 € D1**p**
Über eine Wendeltreppe gelangen Sie hinunter in den früheren Tinten-Keller der Pelikanfabrik. Das moderne, trendige Ambiente bietet jedem Gast und Anlass das passende Umfeld.

Bistro im Schweizerhof – Hotel Crowne Plaza

Hinüberstr. 6 ✉ 30175 – ✆ (0511) 3 49 52 53 – www.cphannover.de G2**d**
Rest – Menü 34/69 € (abends) – Karte 35/64 €
Das nette Restaurant ohne den typischen Hotelcharakter erreichen Sie über einen separaten Eingang. Dank der offenen Küche können Sie der Crew beim Kochen zuschauen.

Neue Zeiten

Jakobistr. 24 ✉ 30163 – ✆ (0511) 39 24 47 – www.restaurantneuezeiten.de – geschl. Juli 2 Wochen und Sonntag - Montag G1**x**

Rest – *(nur Abendessen)* Menü 32 € (vegetarisch)/63 € – Karte 34/59 €

Man kommt immer wieder gerne zu Monika und Philippe Peterschmitt, um sich mit guter mediterran inspirierter Küche bewirten zu lassen. Übrigens: Suprême vom Schwarzfederhuhn mit Pinienkernhonig schmeckt genauso gut wie die vegetarischen Alternativen.

Röhrbein

Joachimstr. 6 ✉ 30159 – ✆ (0511) 93 66 17 12 00 – www.clichy.de – geschl. Sonntag

Rest – (Tischbestellung ratsam) Menü 27/33 € – Karte 26/45 € G2**r**

Hier in der Luisenpassage in einem der Reimann'schen Restaurants lockt nicht nur die angenehm ungezwungene Bistro-Atmosphäre samt freundlichem Service die Gäste an, auch wegen der frischen regional-bürgerlichen Gerichte wie der leckeren Kohlroulade mit Kartoffelpüree ist das Haus gut besucht!

da Vinci

Hildesheimer Str. 228 ✉ 30519 – ✆ (0511) 8 43 65 56 – www.rist-da-vinci.de – geschl. über Weihnachten und Sonntag C3**s**

Rest – Karte 30/40 €

Die beiden Gastgeber - Vater und Sohn - stellen ein breites Angebot an italienischen Gerichten zur Wahl: vom Vorspeisenbuffet über Pizza und hausgemachte Nudeln bis hin zu Fleisch und Fisch.

Le Monde N

Podbielskistr. 107 ✉ 30159 – ✆ (0511) 78 12 11 – www.le-monde-bistro.de – geschl. Ende Januar 2 Wochen und Sonntag - Montag C1**a**

Rest – *(nur Abendessen)* Menü 25/48 € – Karte 26/54 €

Anja Debou und Ingo Welt (seit 1999 Gastronomen-Duo) haben einen neuen Ort für ihr "Le Monde" gefunden - der typische Bistro-Charme ist geblieben und auch die Küche ist nach wie vor klassisch französisch. Im Sommer sitzt man schön im Innenhof.

In Hannover-Bothfeld Nord-Ost: 9 km über Podbielskistraße G1

Viva Creativo (mit Gästehaus)

Im Heidkampe 80 ✉ 30659 – ✆ (0511) 64 75 50 – www.viva-creativo.de – geschl. über Weihnachten - Anfang Januar 1 Woche

64 Zim ☕ – 🚹67/250 € 🚹🚹89/350 €

Rest – *(geschl. Samstag - Sonntag und an Feiertagen)* Karte 24/42 €

Einige Themenzimmer in diesem Haus machen mit Namen wie "Space", "Mozart", "Arc d'or" oder "Provence" neugierig. Auch Kosmetikanwendungen sind buchbar. Minibar und Kaffee kostenfrei. Frische Atmosphäre und italienische Küche im Restaurant.

In Hannover-Buchholz

Mercure Atrium

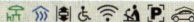

Karl-Wiechert-Allee 68 ✉ 30625 – ✆ (0511) 5 40 70 – www.hotelatriumhannover.de

215 Zim – 🚹79/319 € 🚹🚹88/328 €, ☕ 19 € – 7 Suiten D1**v**

Rest – Menü 24 € – Karte 25/42 €

Mit gläsernen Liften gelangt man von der Atriumhalle in die wohnlich-gediegenen Zimmer. Im Hotel stehen auch gute Tagungsmöglichkeiten und ein netter Saunabereich zur Verfügung. Elegantes A-la-carte-Restaurant mit kleinem Gourmetbereich.

In Hannover-Flughafen Nord: 11 km über BC1

Maritim Airport Hotel

Rest,

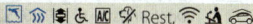

Flughafenstr. 5 ✉ 30669 – ✆ (0511) 9 73 70 – www.maritim.de

467 Zim – 🚹92/275 € 🚹🚹112/295 €, ☕ 20 € – 30 Suiten

Rest – Karte 34/56 €

Rest *Bistro Bottaccio* – ✆ (0511) 97 37 56 29 *(geschl. Sonntag - Montag)* Karte 43/60 €

Das elegant-komfortable Hotel wurde nach dem Vorbild eines Flugzeuges konstruiert. Club Lounge mit Blick auf Start- und Landebahnen sowie ein Businesscenter im Atrium. Restaurant Rôtisserie mit Front Cooking und Buffet-Angebot, mediterrane Küche im Bistro Bottaccio.

In Hannover-Lahe Nord-Ost: 10 km über Podbielskistraße G1

Der Föhrenhof

Kirchhorster Str. 22 ✉ 30659 – ✆ (0511) 6 15 40 – www.hotel-foehrenhof-hannover.de

77 Zim – †76/90 € ††115 €, ☕ 15 € – 1 Suite **Rest** – Karte 14/38 €

Zeitgemäße Ausstattung und die verkehrsgünstige Lage nahe der Autobahn sprechen für dieses Hotel. Am Haus verläuft ein Jogging-Parcours, zudem verleiht man kostenfrei Fahrräder. Restaurant mit mediterranem Touch.

In Hannover-Messe Süd-Ost: 10 km über Messe-Schnellweg D3

Radisson BLU

Expo Plaza 5, (am Messegelände) ✉ 30539 – ✆ (0511) 38 38 30 – www.radissonblu.de/hotel-hannover

249 Zim – †97/195 € ††97/195 €, ☕ 19 € – 1 Suite **Rest** – Karte 18/41 €

Dank seines optimalen Zugangs zur Messe ist das Hotel für Businessgäste ideal. Modern-funktionale und wohnliche Zimmer in den Varianten Hightech, Italian, Maritim oder Scandinavian. Restaurant in der Lobby mit Buffet- und A-la-carte-Bereich sowie kleiner Terrasse auf der Expo Plaza.

Parkhotel Kronsberg (mit Gästehaus)

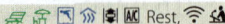

Gut Kronsberg 1, (am Messegelände) ✉ 30539 – ✆ (0511) 8 74 00 – www.parkhotel-kronsberg.de

198 Zim – †77/152 € ††87/172 €, ☕ 18 € – 2 Suiten **Rest** – Karte 23/55 €

Eine komfortable Adresse für Tagungen und Messebesucher. Interessant sind die 12 Designerzimmer - jedes einem Sternzeichen entsprechend dekoriert. Bar, TV-Lounge und Raucherlounge. Das Restaurant: "Gutsherrenstube", "Bierstube" sowie "Hofgarten" fürs Frühstück.

In Hemmingen-Westerfeld Süd: 8 km über Frankfurter Allee B1

Landhaus Artischocke

Dorfstr. 30 ✉ 30966 – ✆ (0511) 94 26 46 30 – www.artischocke.com

20 Zim ☕ – †60 € ††90 € – 1 Suite

Rest – *(geschl. Januar 1 Woche, August - September 2 Wochen und Montag) (nur Abendessen)* Menü 29 € – Karte 30/59 €

Das hübsche Fachwerkhaus mit seinen behaglichen Landhauszimmern steht in dörflicher Umgebung südlich von Hannover - zur Messe sind es ca. 5 km. Gemütliches Restaurant mit internationalem Angebot.

In Laatzen Süd-Ost: 9 km über Hildesheimer Straße D3

Haase

Am Thie 4 (Ortsteil Grasdorf) ✉ 30880 – ✆ (0511) 82 01 60 – www.hotel-haase.de – geschl. 22. Dezember - 2. Januar, 28. Juli - 24. August

43 Zim ☕ – †59/185 € ††79/259 € – ½ P

Rest – *(Montag - Freitag nur Abendessen)* Karte 17/27 €

Seit 1698 leitet Familie Haase nun in 8. Generation ihr gepflegtes Hotel. Die Zimmer sind etwas unterschiedlich möbliert, aber alle funktionell in der Ausstattung. Rustikales Restaurant mit bürgerlicher Küche.

In Ronnenberg-Benthe Süd-West: 10 km über Bückeburger Allee A3 und B 65

Benther Berg

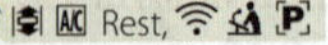

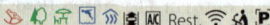

Vogelsangstr. 18 ✉ 30952 – ✆ (05108) 6 40 60 – www.hotel-benther-berg.de

70 Zim ☕ – †76/135 € ††94/138 € – ½ P **Rest** – Menü 27/55 € – Karte 28/46 €

Schön ist die Lage in einem Park am Waldrand oberhalb des Ortes. Man wohnt hier in unterschiedlichen Zimmern, verteilt auf Altes Haus (1894 als Herrenhaus erbaut), Neues Haus und Landhaus. Elegantes Restaurant mit internationalem Angebot.

HANSTEDT – Niedersachsen – 541 – 5 240 Ew – Höhe 40 m – Erholungsort 19 I6

▶ Berlin 321 – Hannover 118 – Hamburg 56 – Lüneburg 31

ℹ Am Steinberg 2, ✉ 21271, ✆ (04184) 5 25, www.hanstedt-nordheide.de

Sellhorn

Winsener Str. 23 ✉ 21271 – ✆ (04184) 80 10 – www.hotel-sellhorn.de
48 Zim – 97/121 € 133/167 € – 3 Suiten – ½ P
Rest – Menü 22/39 € – Karte 31/49 €
Eine wohnliche Ferienadresse unter familiärer Leitung, zu der auch ein zeitgemäßer Spabereich mit Friseur gehört. Zimmer teils mit Gartenblick - den haben Sie auch von der hübschen Innenhofterrasse! Man bietet zum Essen eine schöne Weinauswahl - ein Faible des Chefs.

HAPPURG-KAINSBACH – Bayern – siehe Hersbruck

HARDEGSEN – Niedersachsen – 541 – 8 000 Ew – Höhe 215 m 29 I10

Berlin 335 – Hannover 115 – Kassel 64 – Göttingen 21
Vor dem Tore 1, ✉ 37181, ✆ (05505) 50 30, www.hardegsen.de

In Hardegsen-Goseplack Süd-West: 5 km

Altes Forsthaus

Goseplack 8 (an der B 241) ✉ 37181 – ✆ (05505) 94 00 – www.goseplack.de
12 Zim – 64 € 102 € – 3 Suiten – ½ P
Rest – Menü 25/35 € – Karte 23/37 €
Das aus einem ehemaligen Forsthaus entstandene kleine Hotel bietet wohnliche Zimmer und einen schönen Garten mit Kinderspielplatz. Hinterm Haus beginnen Radwege und Waldlehrpfade. Restaurant mit bürgerlicher Küche. Dazu ein netter Biergarten.

HARDERT – Rheinland-Pfalz – siehe Rengsdorf

HAREN (EMS) – Niedersachsen – 541 – 23 050 Ew – Höhe 9 m 16 D7 – Erholungsort

Berlin 541 – Hannover 252 – Oldenburg 124 – Groningen 85
Neuer Markt 3, ✉ 49733, ✆ (05932) 7 13 13, www.haren.de
Gut Düneburg, ✆ (05932) 7 27 40

Zur Ems

Emmelerstr. 2 ✉ 49733 – ✆ (05932) 64 03 – www.zur-ems.de – geschl. Montag, Samstagmittag, Sonntagabend außer an Feiertagen
Rest – Karte 21/58 €
Der Chef ist ein wahrer Wein- und Spirituosen-Kenner und nimmt seine Gäste gerne mit in den Keller oder den Cognacraum! Wer auf der Terrasse speist (gekocht wird übrigens regional-saisonal), genießt den Blick auf die Ems.

HARRISLEE – Schleswig-Holstein – siehe Flensburg

HARSEWINKEL – Nordrhein-Westfalen – 543 – 24 170 Ew – Höhe 65 m 27 F9

Berlin 424 – Düsseldorf 158 – Bielefeld 30 – Münster (Westfalen) 46
Marienfeld, Remse 27, ✆ (05247) 88 80

Poppenborg mit Zim

Brockhäger Str. 9 ✉ 33428 – ✆ (05247) 22 41 – www.poppenborg.com – geschl. Anfang Januar 1 Woche und Mittwoch
18 Zim – 59/79 € 89/99 €
Rest *Poppenborg's Stübchen* – siehe Restaurantauswahl
Rest – Menü 59/119 € – Karte 55/98 €
In dem fest etablierten eleganten Restaurant bekommen Sie topfrische Produkte in Form von klassischen Speisen. Während Heinz Poppenborg am Herd steht, sorgt seine Frau Anne für versierten und stets präsenten Service! Draußen lockt die romantische Gartenterrasse.

Poppenborg's Stübchen – Restaurant Poppenborg

Brockhäger Str. 9 ✉ 33428 – ✆ (05247) 22 41 – www.poppenborg.com – geschl. Anfang Januar 1 Woche und Mittwoch
Rest – Karte 16/53 €
Bei den Poppenborgs können Sie auch etwas einfacher essen: Die Gäste des "Stübchens" schätzen die bürgerliche Küche (besonders interessant die "aktuelle Karte"), das gute Preis-Leistungs-Verhältnis und den Biergarten im Grünen!

In Harsewinkel-Marienfeld Süd-Ost: 4 km über B 513

Residence Klosterpforte (mit Gästehaus)
Klosterhof 2 ✉ *33428 – (05247) 70 80 – www.klosterpforte.de*
Zim,
146 Zim – 115/190 € 160/205 € – 6 Suiten – ½ P
Rest *Rincklake's* – siehe Restaurantauswahl
Rest *Klosterstübchen* – (05247) 70 83 48 – Menü 40 € – Karte 28/52 €
Das 140 000 qm große Anwesen mit historischem Flair hat individuelle Zimmer von klassisch-elegant bis zum modernen "Sporthotel"-Zimmer, einen kleinen See und zwei eigene Fußballplätze sowie das gemütliche Klosterstübchen mit internationaler Küche. Dazu kommt noch der Klosterkeller mit rustikal-bürgerlichem Angebot.

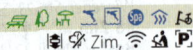

Rincklake's – Hotel Klosterpforte
Klosterhof 2 ✉ *33428 – (05247) 70 84 85 – www.klosterpforte.de – geschl. Anfang Januar 2 Wochen, über Ostern 1 Woche, Juli - August 3 Wochen, Oktober 1 Woche und Sonntag - Montag*
Rest – *(nur Abendessen)* Menü 79/99 € – Karte 62/82 €
Im ehrwürdigen Gemäuer des früheren Wohnhauses von Johann Christoph Rincklake (Maler der Romantik) lässt man sich in liebevoll restauriertem Fachwerk-Ambiente die feine klassische Küche von Küchenchef Patrick Speck servieren!
➜ Kalbstatar mit Radieschen-Vinaigrette, Zwiebelkuchen und Büsumer Krabben. Rehbock mit Pfifferlingen in Rahm, Cranberries und Spätzle. Delice vom weißen Pfirsich mit Zitronenmelisse und Hafer.

HARTENSTEIN – Sachsen – 544 – 4 840 Ew – Höhe 360 m

42 O13

Berlin 304 – Dresden 109 – Chemnitz 32 – Gera 66

Gästehaus Wolfsbrunn
Stein 8, (Zufahrt über Wildbacherstraße) ✉ *08118 – (037605) 7 60 – www.gaestehaus-wolfsbrunn.de*
22 Zim – 70/75 € 100/140 € – 2 Suiten – ½ P
Rest *Pavillon* – siehe Restaurantauswahl
Stilvolle Salons, elegante Gästezimmer, ein wunderbarer Park... das Schloss a. d. J. 1912 ist schon ein herrschaftliches Anwesen. Und es ist nicht nur richtig schön, sondern liegt auch noch ruhig am Ortsrand.

Jagdhaus Waldidyll
Talstr. 1 ✉ *08118 – (037605) 8 40 – www.romantikhotel-waldidyll.de*
24 Zim – 79/88 € 118/138 € – 4 Suiten – ½ P
Rest *Der Feengarten* – siehe Restaurantauswahl
Etwas Schöneres hätte aus dem einstigen Bergarbeiter-Erholungsheim von 1930 kaum werden können: abseits vom Ort im Wald gelegen, genießt man hier nicht nur Ruhe, auch auf viele liebenswerte Details darf man sich freuen, als da wären eine charmante kleine Lobby mit Kamin, elegante Zimmer und freundlicher Service, der schon beim guten Frühstück auffällt... und dann ist da noch der wunderbare Garten!

Der Feengarten – Hotel Jagdhaus Waldidyll
Talstr. 1 ✉ *08118 – (037605) 8 40 – www.romantikhotel-waldidyll.de*
Rest – Menü 30/67 € – Karte 24/47 €
Keine Frage, am besten kann man das Grün ringsum natürlich auf der tollen Terrasse zum Park genießen - und sollte das Wetter nicht mitspielen, lässt man sich die regional-saisonale Küche im gemütlich-eleganten getäfelten Feengarten servieren. Und wie wär's am Abend mit einem 6-Gänge-Gourmetmenü?

Pavillon – Hotel Schloss Wolfsbrunn
Stein 8, (Zufahrt über Wildbacherstraße) ✉ *08118 – (037605) 7 60 – www.gaestehaus-wolfsbrunn.de*
Rest – *(Montag - Freitag nur Abendessen)* Menü 15 € (mittags)/55 € – Karte 23/42 €
Das Schlossflair ist auch im Restaurant zu spüren: ein vornehmer lichter Pavillon, der geprägt ist von hohen Stuckdecken. Hier gibt es saisonal und regional bezogene Küche nebst Blick ins Grüne - genau dort befindet sich ein Traum von einer Terrasse!

HARTHA (KURORT) – Sachsen – 544 – 5 430 Ew – Höhe 350 m 43 P12

Berlin 216 – Dresden 25 – Freiberg 19 – Pirna 44

Parkhotel Forsthaus

Am Kurplatz 13 ✉ 01737 – ✆ (035203) 3 40 – www.parkhotel-forsthaus.de

35 Zim ☕ – †55/70 € ††70/80 € – 1 Suite – ½ P **Rest** – Karte 16/30 €

Solide und gepflegt zeigt sich das einstige Forsthaus nahe dem Kurpark mit seinen rustikal eingerichteten Gästezimmern. Restaurant in gediegenem Stil.

HARTH-PÖLLNITZ – Thüringen – 544 – 3 050 Ew – Höhe 320 m 41 M13

Berlin 254 – Erfurt 84 – Gera 18 – Greiz 28

In Harth-Pöllnitz - Großebersdorf

Adler - Golf- und Tagungshotel

Großebersdorf 22, (B 2) ✉ 07570 – ✆ (036607) 50 00 – www.logis-adler.de

40 Zim ☕ – †70/90 € ††90/140 € – 1 Suite – ½ P

Rest – Menü 20/45 € – Karte 24/53 €

Der um einen Hotelanbau erweiterte Gasthof ist ein familiengeführtes Haus mit wohnlichen, recht unterschiedlich möblierten Zimmern. Restaurant mit gediegen-rustikalem Ambiente.

HARZBURG, BAD – Niedersachsen – 541 – 21 820 Ew – Höhe 261 m 30 J10
– Heilklimatischer Kurort

Berlin 253 – Hannover 96 – Braunschweig 46 – Göttingen 90

Nordhäuser Str. 4, ✉ 38667, ✆ (05322) 7 53 30, www.bad-harzburg.de

Bad Harzburg, Am Breitenberg 107, ✆ (05322) 67 37

Braunschweiger Hof

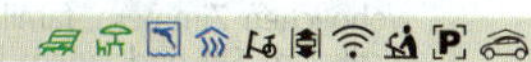

Herzog-Wilhelm-Str. 54 ✉ 38667 – ✆ (05322) 78 80 – www.hotel-braunschweiger-hof.de

68 Zim ☕ – †90/105 € ††140/160 € – 12 Suiten – ½ P

Rest – Menü 22/49 € – Karte 26/62 €

Eine wohnliche Ferienadresse mit freundlichem Service ist aus dem seit 1894 familiengeführten Haus entstanden. Ansprechend ist auch der Anwendungs- und Saunabereich. Im Restaurant wird eine solide regionale Küche geboten.

HASELAU – Schleswig-Holstein – 541 – 1 110 Ew – Höhe 1 m 10 H5

Berlin 315 – Kiel 96 – Hamburg 39 – Itzehoe 47

Haselauer Landhaus (mit Gästehaus)

Dorfstr. 10 ✉ 25489 – ✆ (04122) 9 87 10 – www.haselauer-landhaus.de

12 Zim ☕ – †50/70 € ††80/100 € **Rest** – *(geschl. Mittwoch)* Karte 13/41 €

Diese gepflegte Adresse ist ein traditionsreicher Familienbetrieb in einer ruhigen Nebenstraße. Topmodern, frisch und schön hell sind die vier Zimmer im ehemaligen Küsterhaus (hier gibt es auch einen Aufzug!). Im reetgedeckten Haupthaus kann man regional essen.

HASELÜNNE – Niedersachsen – 541 – 12 890 Ew – Höhe 21 m 16 D7
– Erholungsort

Berlin 490 – Hannover 224 – Nordhorn 47 – Bremen 113

Rathausplatz 1, ✉ 49740, ✆ (05961) 50 93 20, www.haseluenne.de

Burghotel garni

Steintorstr. 7 ✉ 49740 – ✆ (05961) 9 43 30 – www.burghotel-haseluenne.de

40 Zim ☕ – †79 € ††99 €

Sie mögen historisches Flair? Dann werden Ihnen das alte Stadtplalais und der ehemalige Burgmannshof gefallen: schöne Fassaden, stilvolle Zimmer (im Gästehaus teils rustikaler), Frühstück unter einer verzierten Glaskuppel.

Jagdhaus Wiedehage

Steintorstr. 9 ✉ 49740 – ✆ (05961) 79 22 – www.jagdhaus-wiedehage.de – geschl. Dienstag

Rest – Karte 26/48 €

Bis ins 16. Jh. reicht die Geschichte dieses ansprechenden Hauses zurück, das mit vielen Jagdtrophäen dekoriert ist. Ein klassisch-rustikales Restaurant mit lauschiger Terrasse.

HASLACH im KINZIGTAL – Baden-Württemberg – 545 – 6 940 Ew – Höhe 220 m – Erholungsort
54 E20

Berlin 774 – Stuttgart 174 – Freiburg im Breisgau 54 – Freudenstadt 50

Klosterstr. 1, ✉ 77716, ✆ (07832) 70 61 72, www.haslach.de

In Haslach-Schnellingen Nord: 2 km über B 33

Gasthaus zur Blume

Schnellinger Str. 56 ✉ 77716 – ✆ (07832) 9 12 50 – www.zur-blume.de

27 Zim – 47/109 € 79/129 € – ½ P

Rest – Menü 35 € (unter der Woche) – Karte 12/37 €

Bereits in der 4. Generation kümmert sich Familie Moser hier engagiert um ihre Gäste. Die Zimmer sind wohnlich-komfortabel und teilweise ganz modern, im Restaurant verbreiten Holztäfelung und Kachelofen ländliches Flair. Kinder freuen sich auf Spielplatz und Streichelzoo!

HASSLOCH – Rheinland-Pfalz – 543 – 20 450 Ew – Höhe 115 m
47 E17

Berlin 642 – Mainz 89 – Mannheim 27 – Neustadt an der Weinstraße 9

Sägmühle

Sägmühlweg 140 ✉ 67454 – ✆ (06324) 9 29 10 – www.saegmuehle-pfalz.de – geschl. Januar 2 Wochen

27 Zim – 81/85 € 111/141 € – ½ P

Rest – *(Montag - Freitag nur Abendessen)* Karte 15/52 €

Man muss sie hier draußen erst mal finden, die historische Mühle (bis 1971 in Betrieb)... doch dann wird man mit der idyllischen Lage im Grünen belohnt - und mit wohnlichen Zimmern, familiärer Atmosphäre, einem Restaurant in frischem modern-rustikalem Stil und einem lauschigen Innenhof. Die Küche zeigt u. a. bei Wild und Wollschwein ihren starken Bezug zur Region.

HATTERSHEIM – Hessen – 543 – 25 780 Ew – Höhe 103 m
47 F15

Berlin 548 – Wiesbaden 20 – Frankfurt am Main 21 – Mainz 20

Am Schwimmbad

Staufenstr. 35 ✉ 65795 – ✆ (06190) 9 90 50 – www.hotel-am-schwimmbad.de

24 Zim – 79/85 € 115 € – 1 Suite

Rest – *(nur Abendessen für Hausgäste)* Karte 20/36 €

Das sehr gut geführte Haus überzeugt mit gepflegten, unterschiedlich eingerichteten Zimmern, die alle wohnlich gestaltet sind. Nett sind auch der freundliche Frühstücksraum und der Saunabereich.

HATTINGEN – Nordrhein-Westfalen – 543 – 55 390 Ew – Höhe 90 m
26 C11

Berlin 524 – Düsseldorf 50 – Bochum 10 – Wuppertal 24

Haldenplatz 3, ✉ 45525, ✆ (02324) 95 13 95, www.hattingen.de

Diergardts Kühler Grund

Am Büchsenschütz 15 ✉ 45527 – ✆ (02324) 9 60 30 – www.diergardt.com – geschl. Donnerstag

Rest – Menü 25 € (mittags unter der Woche)/59 € – Karte 24/60 €

Schon lange leitet Familie Diergardt dieses Haus, und es kommen zahlreiche Stammgäste, die Küche und Atmosphäre schätzen. International, regional und auch klassisch isst man hier - probieren Sie US-New-York-Strip-Steaks "Choice Quality". Am schönsten sitzt man in der Zirbelstube. "Szenario" für Feiern.

Landhaus Wegermann mit Zim

Wodantal 62 (Süd: 4,5 km, über B 51 und Bredenscheid, im Wodantal rechts abbiegen) ✉ 45529 – ✆ (02324) 39 50 10 – www.landhaus-wegermann.de – geschl. Mittwoch - Donnerstag

8 Zim – 55/75 € 105/130 € **Rest** – Menü 24/36 € – Karte 26/46 €

Das gesamte Konzept von Axel Wegermann steht für "biologisch". Ob vegetarisch oder Fleisch, nahezu alles ist Bio-Qualität! Neben dem Restaurant mit etwas rustikalerem Thekenbereich und Terrasse im Grünen gibt es in dem alten Fachwerkhaus auch schöne Landhauszimmer (hier ein kleines Obst-Präsent für Sie!).

In Hattingen-Bredenscheid Süd: 5,5 km über B 51

Zum Hackstück

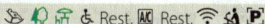

Hackstückstr. 123 (Süd-Ost: 3 km) ✉ *45527* – ✆ *(02324) 9 06 60 – www.hackstueck.de*
27 Zim – †78/90 € ††108/140 €, ☕ 5 €
Rest – *(geschl. Dienstag)* Menü 33 € – Karte 28/46 €
Ein sympathisches, gut geführtes und tipptopp gepflegtes Haus in einsamer Lage in einem kleinen Weiler. Die Gästezimmer sind wohnlich im Landhausstil gehalten. Bürgerlich-international speist man in den hübschen behaglichen Stuben. Nett auch die Gartenterrasse.

HATTSTEDTERMARSCH – Schleswig-Holstein – siehe Husum

HAUENSTEIN – Rheinland-Pfalz – 543 – 4 010 Ew – Höhe 250 m – Luftkurort

53 D17

Berlin 686 – Mainz 124 – Karlsruhe 66 – Pirmasens 24
Turnstr. 5, ✉ 76846, ✆ (06392) 9 23 33 40, www.hausenstein-pfalz.de

Felsentor

Bahnhofstr. 88 ✉ *76846* – ✆ *(06392) 40 50 – www.hotel-felsentor.de*
25 Zim ☕ – †63/93 € ††86/124 € – 2 Suiten – ½ P
Rest – *(geschl. Januar - Februar 3 Wochen und Montag außer an Feiertagen)* Menü 25/59 € – Karte 22/62 €
Ein langjähriger Familienbetrieb, in den immer wieder investiert wird. So sind einige Zimmer schön modern in warmem Rot, das Restaurant hat einen freundlichen mediterranen "Wintergarten" und eine schöne Terrasse. Und dann ist da noch der "Krämersladen", in dem es nicht nur sehenswerte alte Stücke zu entdecken gibt, sondern auch Gerichte aus Omas Zeiten!

Erwarten Sie in einem ✗ oder ⌂ nicht den gleichen Service wie in einem ✗✗✗✗✗ oder ⌂⌂⌂⌂⌂.

HAUSEN ob VERENA – Baden-Württemberg – siehe Spaichingen

HAUZENBERG – Bayern – 546 – 12 030 Ew – Höhe 546 m – Wintersport: 950 m 4 – Luftkurort

60 Q19

Berlin 625 – München 195 – Passau 18
Marktplatz 10, ✉ 94051, ✆ (08586) 30 30, www.hauzenberg.de

Landgasthaus Gidibauer-Hof (mit Gästehaus)

Grub 7 (Süd: 0,5 km) ✉ *94051* – ✆ *(08586) 9 64 40 – www.gidibauer.de – geschl. vor Ostern 1 Woche*
17 Zim ☕ – †43/56 € ††64/92 € – 2 Suiten – ½ P
Rest *Landgasthaus Gidibauer-Hof* – siehe Restaurantauswahl
"Naturhotel" nennt Familie Ertl das ehemalige Bauernhaus a. d. J. 1816 und das kann man nur bestätigen: Da ist zum einen die Lage im Grünen etwas oberhalb des Ortes, zum anderen die geradlinige Einrichtung in hellem Naturholz! Wer es noch etwas moderner mag, bucht ein Zimmer im Salettl.

Landgasthaus Gidibauer-Hof – Hotel Landgasthaus Gidibauer-Hof

Grub 7 (Süd: 0,5 km) ✉ *94051* – ✆ *(08586) 9 64 40 – www.gidibauer.de – geschl. vor Ostern 1 Woche und Montag*
Rest – Menü 22/35 € – Karte 17/37 €
Mit ihrem denkmalgeschützten Granit-Vierseithof haben die Ertls schon ein besonderes Anwesen, und auch die eigene Charolais-Rinderzucht des Chefs ist erwähnenswert! Probieren Sie z. B. die "geschmorte Rinderschulter mit Krautfleckerl" oder "Steckerlfisch vom Bachsaibling".

HAVIXBECK – Nordrhein-Westfalen – 543 – 11 850 Ew – Höhe 90 m 26 D9

Berlin 496 – Düsseldorf 123 – Nordhorn 69 – Enschede 57

Beumer

Bestensee-Platz 2 ✉ 48329 – ✆ (02507) 9 85 40 – www.hotel-beumer.de
– geschl. 20. - 27. Dezember

21 Zim ☕ – 🚹60/70 € 🚹🚹85/90 € – ½ P

Rest – *(geschl. Montag)* Menü 18/35 € – Karte 23/46 €

Das Fachwerkhaus am Rande der Fußgängerzone beherbergt einen langjährigen Familienbetrieb mit gepflegten und solide ausgestatteten Gästezimmern. Das Restaurant ist hell und freundlich im Landhausstil gehalten.

HECHINGEN – Baden-Württemberg – 545 – 19 200 Ew – Höhe 528 m 55 G19

Berlin 701 – Stuttgart 67 – Konstanz 123 – Freiburg im Breisgau 131

Kirchplatz 12, ✉ 72379, ✆ (07471) 94 02 11, www.hechingen.de

Hechingen, Hagelwasen, ✆ (07471) 9 84 99 30

Burg Hohenzollern★ (Lage★★★), Süd: 6 km

In Hechingen-Stein Nord-West: 2,5 km

Lamm

Römerstr. 29 ✉ 72379 – ✆ (07471) 92 50 – www.hotel-lamm-hechingen.de

30 Zim ☕ – 🚹69/85 € 🚹🚹97/113 € – ½ P

Rest – *(geschl. Samstagmittag)* Menü 30 € – Karte 18/48 €

In dem gewachsenen Gasthof unter familiärer Leitung kann man gut und gepflegt wohnen - hier bleibt man am Ball und investiert stetig, so hat man auch einige modernere Zimmer. Und wer gerne etwas mehr Platz hat, bucht eines der Komfortzimmer. Gemütliches Restaurant mit internationalem und regionalem Angebot. Tipp: Besuchen Sie im Sommer das römische Freilichtmuseum!

HEIDELBERG – Baden-Württemberg – 545 – 149 640 Ew – Höhe 114 m 47 F16

Berlin 627 – Stuttgart 122 – Mannheim 21 – Darmstadt 59

ADAC Pleikartsförster Str. 116

Willy-Brandt-Platz 1, ✉ 69115, ✆ (06221) 5 84 44 44, www.heidelberg-marketing.de

Oftersheim, an der B 291, ✆ (06202) 5 63 90

Wiesloch-Baiertal, Hohenhardter Hof, ✆ (06222) 78 81 10

Lobbach-Lobenfeld, Am Biddersbacher Hof, ✆ (06226) 95 21 10

Lage★★★ · Schloss★★★ (Rondell ≤★ · Gärten★ · Friedrichsbau★★ · Großes Fass★ · Deutsches Apothekenmuseum★) E2 · Kurpfälzisches Museum★ (Zwölfbotenaltar★★ · Gemälden der Romantik★★) D2 · Haus zum Ritter★ E2 · Alte Brücke★ E1 · Philosophenweg★ D1

Stadtpläne siehe nächste Seiten

Der Europäische Hof Heidelberg

Friedrich-Ebert-Anlage 1 ✉ 69117 – ✆ (06221) 51 50 – www.europaeischerhof.com

114 Zim – 🚹159/309 € 🚹🚹198/384 €, ☕ 22 € – 4 Suiten – ½ P B2**u**

Rest *Kurfürstenstube* – siehe Restaurantauswahl

Das stilvolle erste Haus am Platz mit Grandhotel-Tradition seit 1865 wird nun von der 4. Generation in die Neuzeit eingeführt: Dr. Caroline von Kretschmann hat die Nachfolge angetreten und modernisiert behutsam - natürlich wird dabei der klassische Charakter bewahrt und die Einrichtungsdetails liegen auch weiterhin in der Hand ihrer Mutter! Fit bleiben und entspannen mit Blick über Heidelberg heißt es im "Panorama Spa" auf 600 qm - toll die Liegeterrasse auf dem Dach! Repräsentativ die Veranstaltungsräume unterschiedlichster Größe.

Marriott

Rest,

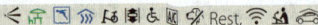

Vangerowstr. 16 ✉ 69115 – ✆ (06221) 90 80 – www.heidelberg-marriott.com

245 Zim – 🚹119/189 € 🚹🚹119/189 €, ☕ 22 € – 3 Suiten A1**d**

Rest – Karte 28/51 €

Ein typisches Marriott-Hotel mit komfortablen Zimmern (Tipp: die in der 4. Etage sind besonders zeitgemäß), guten Tagungsmöglichkeiten und modernem Restaurant mit Fleisch- und Grillspezialitäten - wirklich nett die Terrasse zum Neckar. Wer gerne die Aussicht genießt, gönnt sich am besten eine der Suiten mit teils sehr großer Dachterrasse!

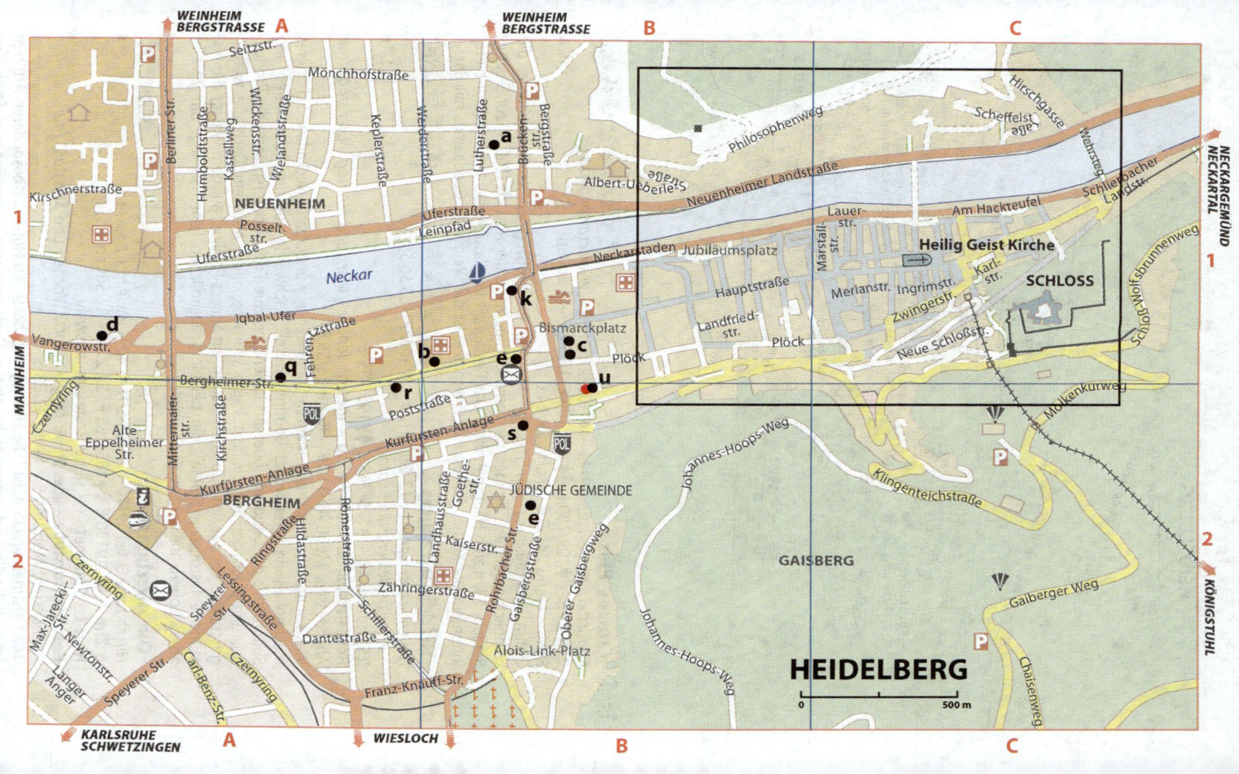

HEIDELBERG
0
500 m
NECKARGEMÜND
NECKARTAL
KÖNIGSTUHL
WEINHEIM
BERGSTRASSE
MANNHEIM
WIESLOCH
KARLSRUHE
SCHWETZINGEN
SCHLOSS
Heilig Geist Kirche
NEUENHEIM
BERGHEIM
GAISBERG
JÜDISCHE GEMEINDE
Neckar
Philosophenweg
Neuenheimer Landstraße
Schlierbacher Landstr.
Wehrsteg
Hirschgasse
Scheffelstr.
Am Hackteufel
Lauerstr.
Marstallstr.
Merianstr.
Ingrimstr.
Zwingerstr.
Karlstr.
Neue Schloßstr.
Schloß-Wolfsbrunnenweg
Molkenkurweg
Gaisberger Weg
Chaisenweg
Klingenteichstraße
Johannes-Hoops-Weg
Hauptstraße
Plöck
Landfriedstr.
Jubiläumsplatz
Neckarstaden
Albert-Ueberle-Straße
Bismarckplatz
Bergstraße
Brückenstr.
Lutherstraße
Uferstraße
Leinpfad
Werderstraße
Keplerstraße
Mönchhofstraße
Wielandtstraße
Wilckensstr.
Kastellweg
Humboldtstraße
Seitzstr.
Berliner Str.
Posseltstr.
Iqbal-Ufer
Bergheimer Str.
Poststraße
Kurfürsten-Anlage
Goethestr.
Landhausstraße
Kaiserstr.
Zähringerstraße
Gaisbergstraße
Rohrbacher Str.
Oberer Gaisbergweg
Alois-Link-Platz
Franz-Knauff-Str.
Schillerstraße
Römerstraße
Dantestraße
Hildastraße
Ringstraße
Lessingstraße
Czernyring
Carl-Benz-Str.
Speyerer Str.
Kirchstraße
Mittermaierstr.
Alte Eppelheimer Str.
Vangerowstr.
Kirschnerstraße
Newtonstr.
Max-Jarecki-Str.
Langer Anger
A
B
C
1
2
a
b
c
d
e
k
q
r
s
u

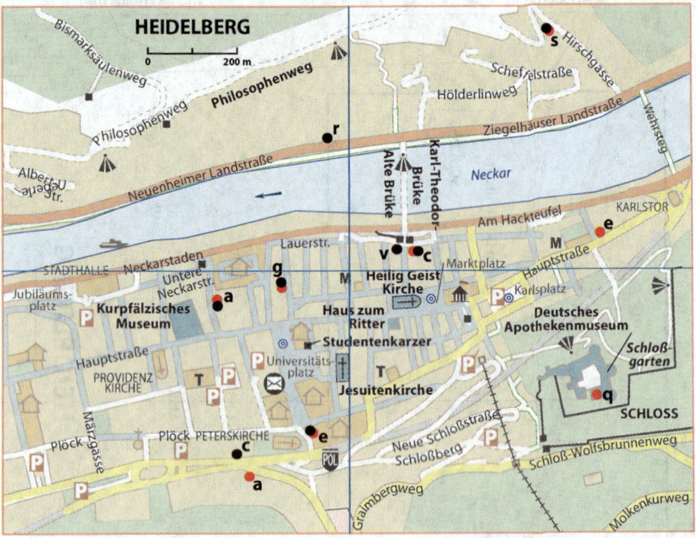

Crowne Plaza

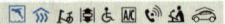

Kurfürstenanlage 1 ✉ *69115* – ✆ *(06221) 91 70* – *www.crowneplaza.de*

228 Zim – 109/189 € 109/189 €, ☕ 22 € – 4 Suiten **B2s**

Rest – Menü 24/59 € – Karte 29/64 €

Optimal für Business und Tagung sind hier die großzügigen Konferenzräume, die wohnlich-modernen Zimmer, die zentrale Lage nahe der Altstadt (100 m zur S-Bahn-Station, 1 km zum Hauptbahnhof). Das Restaurant im glasüberdachten Innenhof bietet internationale Küche, die rustikale Alternative ist die Weinstube Gaudeamus mit Bar.

Heidelberg Suites

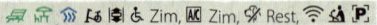

Zim, Zim, Rest,

Neuenheimer Landstr. 12 ✉ *69120* – ✆ *(06221) 65 56 50*
– *www.heidelbergsuites.com* **D1r**

25 Suiten ☕ – 175/745 € 195/795 €

Rest *Restaurantschiff Patria* – *(geschl. Januar - März und Montag - Dienstag) (nur Abendessen)* Menü 49/119 € – Karte 36/55 €

Was könnte man aus drei eleganten Stadtvillen in wunderbarer Neckarlage Schöneres machen als ein niveauvolles Boutique-Hotel? Hochwertig von den Juniorsuiten und Suiten (chic die Designermöbel aus Italien!) bis zum Frühstück (erstklassig die Produkte), und auch der Service lässt kaum Wünsche offen. Auf dem Dach die wettergeschützte Lounge, im hübschen Garten ein Fitness-Pavillon, auf dem Wasser die restaurierte historische "Patria", die bei einer abendlichen Fahrt (sie legt um 20 Uhr ab) gehobene italienische Küche bietet.

Die Hirschgasse

Hirschgasse 3 ✉ *69120* – ✆ *(06221) 45 40* – *www.hirschgasse.de* **E1s**

8 Zim – 120/190 € 185/285 €, ☕ 22 € – 12 Suiten – ½ P

Rest *Le Gourmet* ✿ – siehe Restaurantauswahl

Rest *Mensurstube* – *(geschl. Anfang Januar 2 Wochen und Sonntag) (nur Abendessen)* Menü 44 € – Karte 32/53 €

1472 erstmals erwähnt, ist "Die Hirschgasse" heute ein Hotel der besonderen Art: hier ist es heimelig und charmant bis unters Dach, man wird ausgesprochen freundlich und aufmerksam betreut, wohnt überaus individuell und stilvoll (man merkt, dass die Gastgeberin gebürtige Engländerin ist) und bekommt am Morgen ein ausgesuchtes Frühstück - da möchte man doch gerne noch einen Tag länger bleiben! In der Mensurstube (Tischschnitzereien erinnern an die einstigen Studenten) gibt es regionale Küche mit Niveau.

Leonardo

Bergheimer Str. 63 ✉ 69115 – ✆ (06221) 50 80 – www.leonardo-hotels.com
124 Zim – 🚹94/159 € 🚹🚹94/159 €, ☕ 18 € A2**r**
Rest – *(nur Abendessen)* Karte 20/28 €
Das Stadthotel ist in einem modernen Hochhaus untergebracht. Im Kontrast zur sachlichen Architektur sind die Zimmer wohnlich gestaltet. Freundliches Restaurant mit rustikaler Note.

Arthotel

Grabengasse 7 ✉ 69117 – ✆ (06221) 65 00 60 – www.arthotel.de D2**e**
24 Zim – 🚹99/169 € 🚹🚹115/185 €, ☕ 13 € – ½ P
Rest ***Romer*** – siehe Restaurantauswahl
Überaus gelungen die Verbindung von Alt- und Neubau, großzügig die Zimmer, wertig die Ausstattung, chic das Design... - ein Boutique-Hotel im besten Sinne! Ganz besonders schön hat man es im Erkerzimmer, und dann am Morgen das erstklassige Frühstück... Eine gute Nachricht für Autofahrer: Trotz zentraler Altstadtlage hat man hier eine Tiefgarage!

Qube

Bergheimer Str. 74 ✉ 69115 – ✆ (06221) 18 79 90 – www.qube-heidelberg.de
67 Zim – 🚹110/170 € 🚹🚹120/190 €, ☕ 18 € A1**q**
Rest – Menü 39/85 € – Karte 27/58 €
Klar, puristisch und wertig ist das Design in dem nach ökologischen Aspekten gestalteten Hotel in Zentrumsnähe. Wer's gerne ruhiger hat, bucht am besten eines der innenliegendenden Zimmer. Und vergessen Sie nicht die schöne Dachterrasse! Trendig auch Ambiente und Küche im Restaurant - das Angebot reicht vom Burger bis zum gegrillten Thunfisch.

Astoria garni

Rahmengasse 30 ✉ 69120 – ✆ (06221) 7 29 03 50 – www.heidelberg-astoria.de – geschl. Ende Dezember - Ende Januar, August 2 Wochen B1**a**
6 Zim ☕ – 🚹95/145 € 🚹🚹150/190 €
Diese charmante, etwas versteckt gelegene Villa von 1907 ist genau das Richtige für Individualisten, die "Understatement" bevorzugen. An der Eingangstür steht zwar nach wie vor "Pension Astoria", nichtsdestotrotz hat man es hier komfortabel, modern und angenehm wohnlich. Und damit Sie möglichst viel von dem besonderen Flair des Hauses mitbekommen, sollten Sie sich weder das leckere Fühstück noch den Drink an der kleinen Bar entgehen lassen!

Panorama garni

Bismarckstr. 19 ✉ 69115 – ✆ (06221) 1 85 21 00 – www.panorama-heidelberg.de
32 Zim ☕ – 🚹90/135 € 🚹🚹135/170 € B1**k**
So ganz ruhig liegt das Hotel zwar nicht, doch dafür direkt am Neckar und die Schallisolierung ist top! Von Ihrem geschmackvollen und angenehm modern gestalteten Zimmer (auf Wunsch klimatisiert) geht's am Morgen zum frischen Frühstück und danach zum Bummeln in die Altstadt, und die ist nur einen kurzen Fußweg entfernt! Zurück im Hotel, kann man am Abend in der Bar gemütlich einen Absacker nehmen.

Bayerischer Hof garni

Rohrbacher Str. 2 ✉ 69115 – ✆ (06221) 87 28 80 – www.bayrischer-hof-heidelberg.com B1**e**
56 Zim ☕ – 🚹60/121 € 🚹🚹80/151 €
Das Haus a. d. 19. Jh. liegt zwar an einer vielbefahrenen Straße, dafür aber sehr zentral (am Bismarckplatz in unmittelbarer Nähe beginnt die Fußgängerzone). Fragen Sie nach den neueren und moderneren Zimmern (schön der Parkettboden). Lust auf Abwechslung beim Frühstück? Dafür sorgen täglich wechselnde Specials wie French-toast, Pancakes, frische Säfte... Hier im Hotel wird übrigens der Nachwuchs unter professioneller Leitung ausgebildet.

Exzellenz Hotel (N) garni

Rohrbacher Str. 29 ✉ 69115 – ✆ (06221) 91 50 – www.exellenzhotel.de
47 Zim – 🚹69/99 € 🚹🚹89/119 €, ☕ 10 € B2**e**
Das Motto des schmucken denkmalgeschützten Stadthauses lautet "Tradition trifft Moderne" - und so sind auch die Zimmer: Sie wählen eines der stylischen Studios mit Kitchenette oder eines der klassischen, individuellen Komfortzimmer. Für gute Laune am Morgen sorgen der schicke Look des Frühstücksbereiches und das frische Buffet!

Holländer Hof garni

Neckarstaden 66 ✉ 69117 – ✆ (06221) 60 50 0 – www.hollaender-hof.de
38 Zim – 🚹86/124 € 🚹🚹112/170 €, ☕ 13 € – 1 Suite **E1v**
Seinen Namen hat das denkmalgeschützte Haus von holländischen Holzhändlern, die hier einst nächtigten. Heute freuen sich Heidelberg-Besucher über die zentrale Lage direkt an der Alten Brücke, über die individuelle, wohnliche Einrichtung sowie den freundlichen Service und ein gepflegtes Frühstück - dieses gibt es in etwas abgespeckter Form auch günstiger.

Bergheim 41 (N) garni

Bergheimer Str. 41 ✉ 69115 – ✆ (06221) 75 00 40 – www.bergheim41.de
32 Zim – 🚹99/189 € 🚹🚹114/204 €, ☕ 13 € **A1b**
Design-Fans aufgepasst! Mit einem trendigen Konzept, das sich durchs gesamte Haus zieht, ist das hier der neueste Hotspot unter den Heidelberger Hotels! Hochmoderne Möbel, wertige Materialien, schöne Dielenböden, topaktuelle Technik, großzügige Bäder... und auf dem Dach eine Terrasse mit Aussicht! Im Café bekommt man nicht nur sein Frühstück, sondern auch kleine Snacks. Mit auf dem Gelände: das Alte Hallenbad mit Markthalle, Lokalen, Geschäften.

Zur Alten Brücke

Obere Neckarstr. 2 ✉ 69117 – ✆ (06221) 73 91 30 – www.altebruecke.com
16 Zim ☕ – 🚹129 € 🚹🚹169 € **E1c**
Rest *Wirtshaus zum Nepomuk* – siehe Restaurantauswahl
Wenn man im Sommer in dem wirklich lauschigen Innenhof beim Frühstück sitzt, spürt man so richtig den Charme des historischen Hauses! Aber natürlich auch drinnen: Zu den Zimmern (darunter Dach- und Maisonette-Juniorsuiten) kommt man über eine schöne alte Holztreppe, sehr reizvoll der puristisch-moderne Stil zum Altbau-Flair... Ist Ihnen übrigens das schöne Bambusparkett aufgefallen?

Weißer Bock

Große Mantelgasse 24 ✉ 69117 – ✆ (06221) 9 00 00 – www.weisserbock.de
23 Zim – 🚹70/110 € 🚹🚹110/125 €, ☕ 10 € **D2g**
Rest *Weißer Bock* – siehe Restaurantauswahl
Geschichte pur bietet diese Heidelberger Institution und ehemalige Keimzelle linker Politik. Mitten in der Altstadt gelegen, sind sowohl Neckar als auch Fußgängerzone nur einen Steinwurf entfernt. Und die Zimmer? Unterschiedlich geschnitten, geschmackvoll und wohnlich. Der Service zuvorkommend und freundlich!

Backmulde

Schiffgasse 11 ✉ 69117 – ✆ (06221) 5 36 60 – www.gasthaus-backmulde.de
25 Zim ☕ – 🚹87/97 € 🚹🚹119/135 € **D2a**
Rest *Backmulde* – siehe Restaurantauswahl
Ein historisches Gasthaus in einer Seitenstraße mitten in der beschaulichen Altstadt! Die wohnlichen Zimmer liegen alle zum ruhigen Innenhof, einige wurden sehr schön renoviert.

Goldene Rose garni

St. Annagasse 7 ✉ 69117 – ✆ (06221) 90 54 90 – www.hotel-goldene-rose.de
37 Zim ☕ – 🚹90/135 € 🚹🚹115/170 € **B1c**
Ein Altstadthotel wie aus dem Bilderbuch! Individuelle Zimmer, gutes, reichhaltiges Frühstück (dazu setzen Sie sich im Sommer am besten auf die kleine Innenhofterrasse!), perfekt die Lage nur wenige Schritte von der Fußgängerzone... und parken können Sie auch noch direkt vor der Tür - Sie sollten Ihren Stellplatz allerdings reservieren!

Monpti garni

Friedrich-Ebert-Anlage 57 ✉ 69117 – ✆ (06221) 60 45 60 – www.hotel-monpti.de
14 Zim ☕ – 🚹95 € 🚹🚹115 € **D2c**
Das kleine Hotel in dem alten Stadthaus hat seinen ganz eigenen Stil, was nicht zuletzt der persönlichen Handschrift eines chilenischen Innenarchitekten zu verdanken ist! So wohnt man hier in charmanten, individuellen Zimmern (einige Bäder mit Badewanne) und genießt sein Frühstück in einem schönen Gewölbe.

Nassauer Hof garni

Plöck 1 ✉ 69117 – ✆ (06221) 90 57 00 – www.hotel-nassauer-hof.de – geschl. 21. Dezember - 12. Januar B1c

22 Zim – 88/138 € 108/148 €

Schon viele Jahre ist das nette Altstadthotel mit der wohnlich-mediterranen Note in den Händen des engagierten Freiburgers Peter Konstantin Rosset. Ob Sie im kleinen "Economy"-, im "Standard"- oder im geräumigen "Komfort"-Zimmer schlafen, der Tag beginnt mit einem frischen und gut bestückten Frühstücksbuffet - Aufschnitt kommt direkt von der Berkel-Maschine.

Scharff's Schlossweinstube im Heidelberger Schloss

Schlosshof 1 ✉ 69117 – ✆ (06221) 8 72 70 03 – www.heidelberger-schloss-gastronomie.de – geschl. Januar 2 Wochen, August 2 Wochen und Dienstag - Mittwoch E2q

Rest – *(nur Abendessen, sonntags auch Mittagessen)* Menü 89/129 € – Karte 83/106 €

Inmitten der weltberühmten Schlossruine liegt dieses Restaurant mit seinen verschiedenen historischen Räumen und einer überaus angenehmen Terrasse zum Schlosshof. Martin Scharff hat hier einen talentierten Küchenchef an seiner Seite, bei dem moderner Kochstil und niveauvolle Präsentation Hand in Hand gehen!

→ Schwäbisch Hällisches Spanferkelbäckchen, Gänseleber und Berglinsen. Bresse Taubenbrust, Topinambur und Birne. Ikarimi Lachs, Frankfurter Grüne Soße und Imperial Kaviar.

Le Gourmet – Hotel Die Hirschgasse

Hirschgasse 3 ✉ 69120 – ✆ (06221) 45 40 – www.hirschgasse.de – geschl. Januar 2 Wochen, August 2 Wochen und Sonntag - Montag E1s

Rest – *(nur Abendessen)* Menü 60/100 €

Lassen Sie sich von dem fast schon opulenten historisch-eleganten Interieur des Restaurants nicht täuschen: Mario Sauer kocht hier aus hervorragenden Produkten feine kreative Speisen - ein gelungener Kontrast zu edlen Stoffbespannungen, jahrhundertealten Sandsteinwänden, dem schönen grünen Kachelofen... Freundlich und geschult der Service unter Maître Gilles Duflot.

→ Kalbsbriesmaultasche und Kabeljau-Brunnenkressesalat mit legiertem Zwiebelsud. Gekochtes, geschmortes und gebratenes vom Weideochsen mit Chicorée und Kohlrabi. Mango und Litschi mit Sake und Klee.

Kurfürstenstube – Der Europäische Hof - Hotel Europa

Friedrich-Ebert-Anlage 1 ✉ 69117 – ✆ (06221) 51 50 – www.europaeischerhof.com – geschl. Juli - August, im Sommer Restaurant im Innenhofgarten B2u

Rest – Menü 34/92 € – Karte 46/75 €

Klassische Speisen in eleganter Atmosphäre. Die mächtige Kassettendecke und Wandmalereien mit schönen Intarsien schaffen ein besonderes Ambiente. In den warmen Monaten serviert man im "Sommerrestaurant" - nur auf der Gartenterrasse direkt davor ist es noch ein bisschen luftiger!

Zur Herrenmühle

Hauptstr. 239 ✉ 69117 – ✆ (06221) 60 29 09 – www.herrenmuehle-heidelberg.de – geschl. 1. - 12. Januar und Sonntag E1e

Rest – *(nur Abendessen)* (Tischbestellung ratsam) Menü 39/70 € – Karte 30/61 €

Charme verbreitet in dem historischen Gasthaus in der Altstadt nicht nur das gemütlich-rustikale Flair der alten Holzbalken (nett übrigens auch die "Gute Stube" im OG), sondern auch der frische Wind in Küche und Service. Richtig lauschig wird's im Sommer auf der Terrasse im Innenhof!

Weißer Bock – Hotel Weißer Bock

Große Mantelgasse 24 ✉ 69117 – ✆ (06221) 9 00 00 – www.weisserbock.de

Rest – Menü 30/94 € – Karte 44/81 € D2g

Auch das Restaurant im "Weißen Bock" ist beliebt, und das nicht ohne Grund: Hier sitzt man schön gemütlich in wohnlichem Ambiente und lässt sich klassische Gerichte aus frischen Produkten servieren - und die heißen z. B. "gebratener Skrei mit Orangen-Jus und geschmortem Wintergemüse" oder "Dreierlei vom Topfen mit Portweinbirne".

Piccolo Mondo
Klingenteichstr. 6 ✉ 69117 – ✆ (06221) 60 29 99 – www.piccolomondo-hd.de – geschl. Montag D2**a**
Rest – Karte 25/51 €
Seit über 35 Jahren hat italienische Küche hier am Fuße des Königstuhls Tradition. In den beiden freundlichen Gewölbe-Räumen (ehemals Pferdestall) wählt man von einer klassischen Karte oder Tagesgerichte von der Tafel. Wenn Sie vor oder nach dem Essen bummeln gehen möchten: Die Altstadt ist nur wenige Schritte entfernt.

Backmulde – Hotel Backmulde
Schiffgasse 11 ✉ 69117 – ✆ (06221) 5 36 60 – www.gasthaus-backmulde.de – geschl. Sonntag - Montagmittag D2**a**
Rest – Menü 35/51 € – Karte 30/49 €
Im 17. Jh. als Schifferherberge bereits erwähnt, ist die "Backmulde" im Herzen von Heidelberg eine nette Einkehrmöglichkeit mit schmackhafter Küche, die Ihnen z. B. "gebratene Kaninchenkeule mit Gemüsecouscous" serviert.

Romer – Arthotel
Grabengasse 7 ✉ 69117 – ✆ (06221) 65 00 61 50 – www.restaurant-romer.de D2**e**
Rest – Menü 16 € (mittags)/65 € – Karte 31/70 €
Im Sommer ist zweifelsohne die tolle Innenhofterrasse der Renner, an kälteren Tagen ist es drinnen im topmodernen Restaurant mit auffälligen Bildern und Farbakzenten in warmem Rot nicht weniger schön. Das international und regional ausgerichtete Speisenangebot kann sich ebenso sehen lassen wie die Weinkarte.

Wirtshaus zum Nepomuk – Hotel Zur Alten Brücke
Obere Neckarstr. 2 ✉ 69117 – ✆ (06221) 73 91 30 – www.altebruecke.com E1**c**
Rest – *(Montag - Freitag nur Abendessen)* Karte 30/58 €
Viel dunkles Holz verleiht dem Lokal die typische Wirtshausatmosphäre, dazu hübsche Vorhangstoffe, Kissen, Bilder an den Wänden... das macht's hier wohnlich und gemütlich. Aus der Küche kommen z. B. klassischer Rostbraten oder auch halbe Ente. Besonders gut gefällt es den Gästen im schönen Innenhof.

In Heidelberg-Grenzhof Nord-West: 8 km über A1, Richtung Mannheim

Grenzhof (mit Gästehaus) 
Grenzhof 9 ✉ 69123 – ✆ (06202) 94 30 – www.grenzhof.de – geschl. 23. - 30. Dezember
35 Zim – †80/133 € ††120/198 € – 1 Suite – ½ P
Rest *Gutsstube* – siehe Restaurantauswahl
Hier wohnen Sie zwar nicht direkt in der Innenstadt, dafür haben Sie in dem geschmackvollen Landhotel samt landwirtschaftlichem Anwesen gut ausgestattete Standard- und besonders schöne Themenzimmer ("Landlust", "Apfelblüte", "Castello"...), ein frisches und reichhaltiges Frühstück sowie (eine Seltenheit in Heidelberg) kostenfreie Parkplätze! Perfekt für laue Sommerabende: der reizende Innenhof.

Gutsstube – Hotel Grenzhof 
Grenzhof 9 ✉ 69123 – ✆ (06202) 94 30 – www.grenzhof.de – geschl. 23. - 30. Dezember und Sonntag
Rest – *(nur Abendessen)* Menü 25 € (mittags unter der Woche)/67 € – Karte 43/53 €
Haben Sie es beim Essen gerne ländlich-charmant oder lieber etwas moderner? Die regional beeinflussten internationalen Speisen von Küchenchef Holger Rusch kann man sich sowohl in der Stube als auch im Wintergarten schmecken lassen - oder aber draußen im Freien: Im Sommer ist die Terrasse zu Recht ein echter Anziehungspunkt! Mittags bietet man nur ein Lunchbuffet.

Preiswert und komfortabel übernachten? Folgen Sie dem Bib Hotel.

In Heidelberg-Handschuhsheim Nord: 3 km über B1, Richtung Weinheim

Das Lamm

Rest,

Pfarrgasse 3 ✉ 69121 – ✆ (06221) 4 79 30 – www.lamm-heidelberg.de
13 Zim – †108/215 € ††128/250 €, ☐ 15 € – ½ P
Rest – *(geschl. Montag - Dienstag) (Mittwoch - Freitag nur Abendessen)* (Tischbestellung ratsam) Menü 42/89 € – Karte 37/62 €
Rest *Lämmchen* – Karte 27/45 €
Das ist schon ein wahres Kleinod, das Familie Fuhs hier betreibt. Historie, wohin man schaut (immerhin ist das Anwesen 350 Jahre alt), hübsche wohnliche Zimmer mit Dielenböden, überall im Haus Antiquitäten und Kunst, ein toller Innenhof, der geradezu prädestiniert ist für Veranstaltungen aller Art... Liebenswert auch das Restaurant mit gehobener Küche sowie das Lämmchen, in dem es etwas legerer und einfacher zugeht. Beide Speisekarten gibt's auch draußen (Hofgarten bzw. Biergarten). Und wenn es mal was ganz Besonderes sein darf: Rittermahl einschließlich Armbrustschließen im schönen Kellergewölbe von 1660.

Cesarino

Handschuhsheimer Landstr. 118 ✉ 69121 – ✆ (06221) 43 44 41 – geschl. 1. - 15. Januar, 27. Juli - 20. August und Sonntag
Rest – *(nur Abendessen)* Menü 34/46 € – Karte 36/51 €
Freunde von angenehm schnörkelloser und authentischer italienischer Küche sollten Tamara und Cesario Percoco in ihrem eleganten Restaurant an der Ecke besuchen. Antipasti und Pastagerichten sind hier immer ein guter Tipp!

Ai Portici

Rottmannstr. 2 (Eingang Steubenstraße) ✉ 69121 – ✆ (06221) 47 28 17 – www.ai-portici.de – geschl. Anfang August 2 Wochen und Dienstag
Rest – Menü 16 € (mittags)/44 € – Karte 28/43 €
Nach umfassender Renovierung kommt das Restaurant von Antonio Marino deutlich moderner daher, unverändert (sehr zur Freude der Gäste!) sind dagegen die frische italienische Küche und der freundlich-familiäre Service!

In Heidelberg-Kirchheim Süd-West: 3 km über Speyerer Straße A2

Pleikartsförster Hof

Pleikartsförster Hof 5 ✉ 69124 – ✆ (06221) 77 60 39 – www.pleikartsfoersterhof-heidelberg.de – geschl. 30. Dezember - 6. Januar, 1. - 14. September und Montag - Dienstag
Rest – *(Mittwoch - Samstag nur Abendessen)* Menü 26 € (mittags)/72 € – Karte 42/71 €
Sie mögen es auch gerne mal ein bisschen ländlicher? Etwa 10 Minuten von der Altstadt hat Familie Ludwig/Schwarz ein wirklich nettes Restaurant - im Winter sind die gemütlichen Plätze am Ofen begehrt, im Sommer die im Innenhof! Der Patron kocht schmackhaft, zeitgemäß und mit frischen Produkten, das Ergebnis sind z. B. "Hummer-Hähnchen mit Curry von grünen Tomaten" oder "gebratener Rochenflügel mit Meerrettich und Kapern".

In Heidelberg-Pfaffengrund West: 3,5 km über Alte Eppelheimer Straße E2

Neu Heidelberg

Kranichweg 15 ✉ 69123 – ✆ (06221) 7 38 20 – www.neuheidelberg.de
44 Zim – †59/159 € ††69/189 €, ☐ 10 €
Rest – *(geschl. Sonntag) (nur Abendessen)* Karte 19/37 €
Nach Um-/Anbau präsentiert sich der gepflegte Familienbetrieb (inzwischen in 3. Generation) mit zwei Gesichtern: modern der Hallenbereich und die schicken und technisch erstklassig ausgestatteten Komfortzimmer, einfachere Kategorien im Altbau. Zum Essen (bürgerliche Küche) geht man in die behagliche Brunnenstube. Praktisch: Von hier aus ist man schnell auf der Autobahn und auch der Bahnhof ist gut zu erreichen.

HEIDENHEIM an der BRENZ – Baden-Württemberg – 545 – 48 120 Ew – Höhe 504 m – Wintersport: 770 m 1

56 I19

Berlin 583 – Stuttgart 82 – Augsburg 90 – Nürnberg 132
Hauptstr. 34, ✉ 89522, ✆ (07321) 3 27 49 10, www.heidenheim.de

Schlosshotel Park Consul

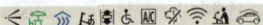

Hugo-Rupf-Platz 2 ✉ 89522 – ✆ (07321) 30 53 0 – www.pcheidenheim.consul-hotels.com
113 Zim – 154/164 € 174/184 € – 2 Suiten – ½ P
Rest *Brasserie Saison* – siehe Restaurantauswahl
Rest *SchlossWirtschaft* – Karte 22/40 €
Ein modernes Hotel neben dem Schloss. Schlosssuiten mit Balkon und Schlossblick. Alle Zimmer mit Stepper, teils zur Stadt hin gelegen. Kosmetik und gute Tagungsmöglichkeiten. Brasserie Saison mit internationaler Küche. Regionales in der SchlossWirtschaft.

XX **Brasserie Saison** – Schlosshotel Park Consul

Hugo-Rupf-Platz 2 ✉ 89522 – ✆ (07321) 3 05 30 – www.pcheidenheim.consul-hotels.com – geschl. Sonntagabend - Montag
Rest – *(Dienstag - Samstag nur Abendessen)* Menü 39/61 € – Karte 34/48 €
Angrenzend an die Halle finden Sie hier (ob privat oder zu einem Geschäftstreffen) ein im Bistro-Stil eingerichtetes Restaurant, das dank großzügiger Verglasung hell und freundlich wirkt.

In Steinheim am Albuch West: 6 km über B 466

Zum Kreuz

Hauptstr. 26 ✉ 89555 – ✆ (07329) 9 61 50 – www.kreuz-steinheim.de
45 Zim – 69/95 € 99/135 € – ½ P **Rest** – Menü 25/69 € – Karte 21/51 €
Ein gewachsenes Hotel unter familiärer Leitung, in dem funktionelle sowie komfortablere neuere Zimmer in modern-elegantem Stil bereitstehen. Netter Saunabereich auf 120 qm. Das Ambiente im Restaurant ist rustikal oder neuzeitlich, die Küche regional.

In Steinheim-Sontheim i. St. West: 7 km über B 466

Sontheimer Wirtshäusle Rest,

Wirtshäusle 1 (an der B 466) ✉ 89555 – ✆ (07329) 50 41 – www.sontheimer-wirtshaeusle.de – geschl. 30. Dezember - 17. Januar, 12. August - 3. September
11 Zim – 62/65 € 92 € **Rest** – *(geschl. Samstag)* Karte 25/48 €
Das Gasthaus von Hannelore Bosch ist eine gepflegte Adresse und ideal für Wanderer - nicht nur schön, auch geologisch interessant ist die Gegend hier am Rand des Meteoritenkraters "Steinheimer Becken". In der Küche setzt man auf Produkte aus der Region, fast alles ist Bio! Themenwochen je nach Saison.

HEIDESHEIM am RHEIN – Rheinland-Pfalz – 543 – 7 300 Ew – Höhe 100 m 47 E15

Berlin 587 – Mainz 17 – Neustadt a.d. Weinstraße 100 – Wiesbaden 18

XX **Gourmetrestaurant Dirk Maus** N

Sandhof 7 ✉ 55262 – ✆ (06132) 4 36 83 33 – www.dirk-maus.de – geschl. Montag - Dienstag,
Rest – *(nur Abendessen)* Menü 85/120 €
Rest *Landgasthaus Sandhof* – siehe Restaurantauswahl
Mit diesem denkmalgeschützten Anwesen von 1200 (später Zehntscheune der Abtei Eberbach) hat Dirk Maus ein wirklich tolles Objekt gefunden, um sich seinen persönlichen Traum zu erfüllen. Dieselbe Leidenschaft, mit der er das geschmackvolle kleine Gourmetrestaurant geschaffen hat (chic der Mix aus alten Bruchsteinwänden und moderner Geradlinigkeit), steckt auch in seiner feinen klassisch basierten Küche. Da darf natrülich auch der kompetente und herzliche Service nicht fehlen.
→ Steinköhler, Wasabi, Sesam. Taube in Brot, Trüffel. Apfel, Bohnenkraut, weiße Schokolade.

X **Landgasthaus Sandhof** N – Gourmetrestaurant Dirk Maus

Sandhof 7 ✉ 55262 – ✆ (06132) 4 36 83 33 – www.dirk-maus.de – geschl. Montag - Dienstag
Rest – *(Mittwoch - Freitag nur Abendessen)* Menü 30/46 € – Karte 33/48 €
Ein kleines bisschen legerer ist die Atmosphäre im zweiten Maus'schen Restaurant. Hier wird man aber nicht weniger charmant umsorgt und die Küche ist mit "Blutwurststrudel auf Rahmsauerkraut" oder "Kalbsfilet und Stangenspargel" eine echte Alternative zum Gourmetangebot.

HEIGENBRÜCKEN – Bayern – 546 – 2 220 Ew – Höhe 274 m – Wintersport: 500 m 5 – Luftkurort

48 H15

Berlin 542 – München 350 – Würzburg 71 – Aschaffenburg 26

Hauptstr. 7, ✉ 63869, (06020) 97 10 19, www.heigenbruecken.de

Villa Marburg im Park (mit Gästehaus) Rest,

Werner-Wenzelstr. 1 ✉ 63869 – (06020) 97 99 90 – www.villa-marburg.de – geschl. 4. - 17. August

35 Zim – 95/100 € 125/130 € – 4 Suiten – ½ P

Rest – *(geschl. Anfang Januar 2 Wochen, Anfang August 2 Wochen und Sonntagabend)* Menü 20/60 € – Karte 28/37 €

Das Hotel im Ortskern besteht aus einer Villa a. d. 19. Jh. und einem modernen Anbau. Die Zimmer sind wohnlich und mit eleganter Note eingerichtet, zeitgemäß ist der Saunabereich. Zum Restaurant gehört die gemütlich-rustikale Weinstube mit Sandsteingewölbe.

Landgasthof Hochspessart

Lindenallee 40 ✉ 63869 – (06020) 9 72 00 – www.hochspessart.de

34 Zim – 45/58 € 88/98 € – ½ P

Rest – Menü 20 € (mittags)/28 € – Karte 17/35 €

Sie wandern im Naturschutzgebiet Spessartwiesen, radeln auf hauseigenen Fahrrädern durch herrliche Wälder oder besuchen den Kletterpark im Ort. Zurück im Hotel warten sehr gepflegte, wohnliche Zimmer, ein gutes Frühstück und regionale Küche auf Sie - und ein Chef mit einem Faible für Wein!

HEILBRONN – Baden-Württemberg – 545 – 124 260 Ew – Höhe 157 m

55 G17

Berlin 591 – Stuttgart 60 – Heidelberg 68 – Karlsruhe 94

ADAC Bahnhofstr. 19 A1

Kaiserstr. 17 A1, ✉ 74072, (07131) 56 22 70, www.heilbronn-tourist.de

Stadtplan auf der nächsten Seite

insel hotel

Willy-Mayer-Brücke (über Kranenstraße) ✉ 74072 – (07131) 63 00 – www.insel-hotel.de

120 Zim – 128/168 € 178/198 € – 5 Suiten – ½ P A1**r**

Rest *Schwäbisches Restaurant* – siehe Restaurantauswahl

An ein Schiff erinnert das Inselgrundstück im Neckar, auf dem das im klassischen Stil gehaltene Hotel mit seinen unterschiedlichen Gästezimmern und einem beliebten Restaurant liegt. Die Gastgeber sind bereits in der 3. Generation Gastronomen.

Park-Villa garni (mit Gästehaus)

Gutenbergstr. 30 ✉ 74074 – (07131) 9 57 00 – www.hotel-parkvilla.de – geschl. 24. Dezember - 3. Januar B2**p**

25 Zim – 94/99 € 125/145 €

Eine schmucke Villa von 1912 samt hübscher Dependance und individueller Zimmer, zu finden in einer angenehmen Wohngegend. Wundern Sie sich nicht, wenn Sie im Garten einen Geparden sehen! Das ist Sammy, er gehört ebenso zum Haus wie die eigenen Schnee-Eulen und die Fische im Teich.

Traumraum

Bahnhofstr. 31 ✉ 74072 – (07131) 5 91 92 40 – www.hotel-traumraum.de

21 Zim – 99 € 139 € A1**t**

Rest – *(geschl. Sonntag - Montag) (nur Abendessen)* Karte 18/34 €

Eindeutig der Hotspot der Heilbronner Hotellerie: Detailgenau und hochwertig, machen die traumhaften Räume Lust auf das exotische Bangkok, das aparte Island, das farbenprächtige Rio de Janairo...! Syndey werden Sie sofort erkennen!

Schwäbisches Restaurant – Insel-Hotel

Willy-Mayer-Brücke (über Kranenstraße) ✉ 74072 – (07131) 63 00 – www.insel-hotel.de A1**r**

Rest – Menü 21 € (mittags)/39 € – Karte 26/68 €

Familie Mayer betreibt ihr Restaurant persönlich und mit Engagement - einer der Gründe, warum es in der Umgebung sehr geschätzt ist. Auf der Karte finden sich regionale und internationale Speisen, vor dem Haus eine schöne Terrasse unter Palmen.

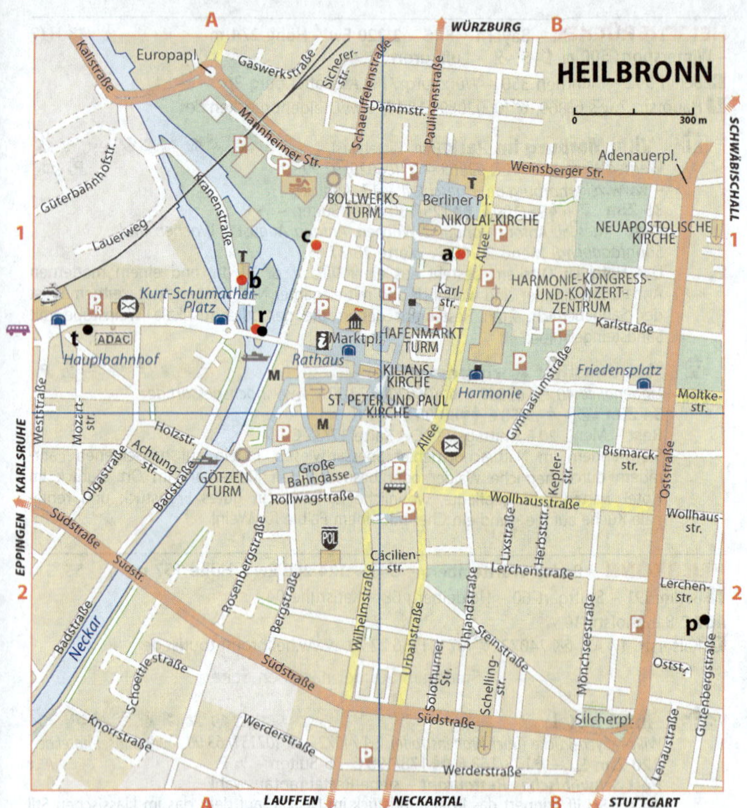

Allegro da Umberto

Kranenstr. 14 ✉ 74072 – ✆ (07131) 9 19 99 03 – www.da-umberto.com – geschl. Sonntag - Montag A1**b**

Rest – *(nur Abendessen)* (Tischbestellung ratsam) Menü 35/52 € – Karte 34/72 €

Wo mittags unter dem Namen "Melaverde" die Gäste des Science Centers "experimenta" im SB-Bistro-Stil bewirtet werden, erwartet Sie am Abend in einem völlig umgestalteten Restaurant ein klassisch italienisches Angebot! Sehr schöne Terrasse.

Bachmaier

Untere Neckarstr. 40 ✉ 74072 – ✆ (07131) 6 42 05 60 – geschl. Weihnachten - Anfang Januar 2 Wochen, Juni 2 Wochen und Sonntag - Dienstagmittag, Samstagmittag sowie an Feiertagen A1**c**

Rest – (Tischbestellung ratsam) Menü 23 € (mittags)/38 €

Ein sehr nettes und modern in warmen Farben gestaltetes Restaurant, in dem der oberbayerische Patron die schmackhafte zeitgemäße Küche kompetent von seiner Frau servieren lässt. Mittags wie abends variabel gestaltetes Menü. Gute offene Weinbegleitung.

Trattoria da Umberto

Schellengasse 16 ✉ 74072 – ✆ (07131) 7 24 76 55 – www.da-umberto.com – geschl. 1. - 30. August und Montag B1**a**

Rest – *(nur Abendessen)* Karte 25/43 €

Etwas versteckt in einer Seitengasse liegt die nette Trattoria mit hübscher begrünter Terrasse. Geboten wird italienische Küche à la Mamma - am Herd steht die sympathische Mutter des Chefs.

In Heilbronn-Böckingen West: 2 km über Südstraße A2

Rebstock la petite Provence

Eppinger Str. 43 (Ecke Ludwigsburger Straße) ✉ 74080 – ✆ (07131) 4 05 43 51 – www.rebstock-provence.de – geschl. Anfang Januar 2 Wochen, Juli - September 2 Wochen und Sonntag - Montag

Rest – *(nur Abendessen)* Menü 35/49 €

Der Burgunder Dominique Champroux kam aus der Provence in die deutsche Heimat seiner Frau - ein Stück Frankreich hat er in Form von leckeren Speisen wie "Seeteufel provencale" mitgebracht. Im Kochkurs können Sie die Zubereitung auch selbst lernen.

In Heilbronn-Sontheim Süd: 5 km über Wilhelmstraße A2

Piccolo Mondo

Hauptstr. 9 ✉ 74081 – ✆ (07131) 25 11 33 – www.piccolo-mondo.org – geschl. 1. - 11. März, 18. August. - 2. September und Montag, Samstagmittag

Rest – Menü 11 € (mittags unter der Woche)/48 € – Karte 23/48 €

Familie Rapisarda umsorgt hier seit über 30 Jahren ihre Gäste, und das mit Hingabe und sympathisch-natürlicher Freundlichkeit! Der Chef kocht selbst - es gibt einfachere Gerichte, darunter auch Pizza, aber auch eine ambitionierte und beliebte Tageskarte. Terrasse unter Weinlauben.

In Flein Süd: 5,5 km über Wilhelmstraße A2

Wo der Hahn kräht

Altenbergweg 11 ✉ 74223 – ✆ (07131) 5 08 10 – www.wo-der-hahn-kraeht.de

38 Zim – †79/99 € ††95/119 € – ½ P

Rest *Wo der Hahn kräht* – siehe Restaurantauswahl

Rest *Gaststube* – *(geschl. Montagmittag)* Karte 21/37 €

Mitten in den Weinbergen befindet sich das gewachsene Hotel mit Weingut. Die Gästezimmer sind wohnlich in ländlich-rustikalem Stil eingerichtet. Neben dem Restaurant hat man noch die Gaststube mit bürgerlichem Angebot.

Reiners Rosine

Bildstr. 6 ✉ 74223 – ✆ (07131) 3 09 09 – www.reiners-rosine.de – geschl. Sonntagabend - Mittwoch

Rest – *(Donnerstag - Samstag nur Abendessen)* Menü 35/56 € – Karte 26/54 €

Engagement und Freundlichkeit spielen bei Familie Reiner eine große Rolle - entsprechend bewirten Sie auch ihre Gäste! Ob Sie nun liebenswerten Dorfhaus-Charakter oder modernes Ambiente vorziehen, die gute und frische Küche des Patrons ist Ihnen in beiden Restaurantbereichen gewiss. Eigene Brauerei.

Wo der Hahn kräht – Hotel Wo der Hahn kräht

Altenbergweg 11 ✉ 74223 – ✆ (07131) 5 08 10 – www.wo-der-hahn-kraeht.de – geschl. Montagmittag

Rest – Karte 24/40 €

Die Gebrüder Schick sind in dem ruhig gelegenen Hotel für das Restaurant verantwortlich. Einst die Hühnerfarm ihrer Eltern, ist das Haus heute bekannt für gute Küche. In rustiklaer Atmosphäre lässt man es sich bei der ambitionierten regionalen und teilweise auch mediterranen Küche von Felix Schick gut gehen!

In Leingarten West: 7 km über Südstraße A2

Löwen

Heilbronner Str. 43 ✉ 74211 – ✆ (07131) 40 36 78 – www.uwe-straub.de – geschl. über Fasching 1 Woche und Sonntag - Montag

Rest – *(nur Abendessen)* (Tischbestellung ratsam) Menü 69/84 € – Karte 51/76 €

Rest *Dorfkrug* – siehe Restaurantauswahl

Uwe Straub kümmert sich um den Service, steht am Herd und berät seine Gäste immer mal gerne selbst in Sachen Wein - ein Gastronom im besten Sinne also! Die Küche ist klassisch orientiert, aber auch mit modernen Ideen gespickt, und so passt sie gut zur aufgefrischten und verjüngten Einrichtung!

Dorfkrug – Restaurant Löwen

Heilbronner Str. 43 ✉ 74211 – ✆ (07131) 40 36 78 – www.uwe-straub.de
– geschl. über Fasching 1 Woche und Montag
Rest – Karte 24/42 €
Das ist die schwäbisch-günstige Alternative zum Löwen, und hier sind der Chef und sein Team ebenso engagiert! An typischen Gerichten wie "Schwäbisches Dreierlei", "Saure Nierle" oder "Nonnenfürzle mit Zwetschgenröster" kommt man nicht vorbei! Nebenan: eigenes Feinkostgeschäft mit Bio-Käse.

HEILBRUNN, BAD – Bayern – 546 – 3 780 Ew – Höhe 682 m   65 L21
– Heilklimatischer Kurort

Berlin 650 – München 63 – Garmisch-Partenkirchen 46 – Bad Tölz 8
Wörnerweg 4, ✉ 83670, ✆ (08046) 3 23, www.bad-heilbrunn.de

Kilian garni

St.-Kilians-Platz 5 ✉ 83670 – ✆ (08046) 91 69 01 – www.hotelkilian.de
– geschl. 13. - 22. September
8 Zim – ♦50/55 € ♦♦80 €
Gleich neben dem idyllischen Adelheid-Park befindet sich dieser kleine Familienbetrieb, dessen Gästezimmer sehr gepflegt und recht geräumig sind.

HEILIGENBERG – Baden-Württemberg – 545 – 2 850 Ew – Höhe 726 m   63 G21
– Luftkurort

Berlin 718 – Stuttgart 139 – Konstanz 36 – Sigmaringen 38
Schulstr. 5, im Rathaus, ✉ 88633, ✆ (07554) 99 83 12, www.heiligenberg.de

Baader mit Zim

Salemer Str. 5 ✉ 88633 – ✆ (07554) 80 20 – www.hotel-baader.de
– geschl. Dienstag
16 Zim – ♦58/75 € ♦♦85/112 € – ½ P
Rest – Menü 35/112 € – Karte 33/68 €
In dem gediegenen Restaurant ist Chefin Emma Baader persönlich mit Leib und Seele bei der Sache und serviert Gerichte wie "Hummermaultäschle mit Blattspinat" oder "Zweierlei vom Guldelamm mit Schupfnudeln und Gemüse". Was Clemens Baader hier so schmackhaft zubereitet, gehört zu seiner gehobenen "Landküche" - alternativ gibt es "Emmas Schmankerl". Für Übernachtungsgäste gratis: Wasser, Früchte, Sauna, Pool... - Zimmer teils mit Balkon.

In Heiligenberg-Steigen West: 2 km

Hack (mit Gästehaus)

Am Bühl 11 ✉ 88633 – ✆ (07554) 86 86 – www.hotel-hack.de
– geschl. 9. Januar - 7. Februar, 5. - 22. November
15 Zim – ♦55/86 € ♦♦80/112 €
Rest *Hack* – siehe Restaurantauswahl
Hier lässt es sich wirklich gut wohnen: Familie Hügle leitet diesen Gasthof persönlich und mit viel Engagement. Dazu kommen noch die schöne ruhige Lage sowie die modernen und geräumigen Zimmer!

Hack – Hotel Hack

Am Bühl 11 ✉ 88633 – ✆ (07554) 86 86 – www.hotel-hack.de
– geschl. 9. Januar - 5. Februar, 4. - 27. November und Montag - Dienstag
Rest – *(Mittwoch - Freitag nur Abendessen)* Menü 29/32 € – Karte 21/44 €
Ein freundliches Gasthaus mit hübscher, von Rosen eingerahmter Terrasse. Aufgetischt werden schmackhafte bürgerliche Gerichte, die auch dem großen Hunger gerecht werden. Wild aus heimischer Jagd - z. B. Rehnüsschen in Rotwein-Cassis-Sauce.

HEILIGENDAMM – Mecklenburg-Vorpommern – siehe Doberan, Bad

HEILIGENHAUS – Nordrhein-Westfalen – 543 – 26 470 Ew – Höhe 190 m   26 C11

Berlin 549 – Düsseldorf 30 – Essen 22 – Wuppertal 25
Höseler Str. 147, ✆ (02056) 9 33 70

Waldhotel

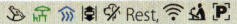

Parkstr. 38 ✉ 42579 – ✆ (02056) 59 70 – www.wald-hotel.de
83 Zim – 131/190 € 173/265 € – 3 Suiten
Rest – Menü 30/85 € – Karte 30/62 €
Recht ruhig liegt das komfortable Hotel mit kleinem Tagungszentrum am Waldrand. Die Gästezimmer sind klassisch oder auch ganz modern gestaltet. Vom angenehm hellen Restaurant blickt man in den Garten, in dem sich die Terrasse und ein Pavillon befinden.

Kuhs-Deutscher Hof

Velberter Str. 146 (Ost: 2 km) ✉ 42579 – ✆ (02056) 65 28 – www.gasthof-kuhs.de – geschl. Anfang Juli 2 Wochen und Montag - Dienstag
Rest – Karte 21/39 €
Bereits seit 1875 ist dieses ländlich gehaltene Restaurant im Familienbesitz. Die breit gefächerte Karte bietet Bürgerliches und Internationales.

HEILIGENSTADT – Thüringen – 16 610 Ew – Höhe 260 m **29** I11

Berlin 334 – Erfurt 126 – Kassel 63 – Braunschweig 142

Am Vitalpark

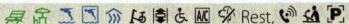

In der Leineaue 2 ✉ 37308 – ✆ (03606) 6 63 70 – www.hotel-am-vitalpark.de
126 Zim – 94/129 € 124/149 € – 4 Suiten – ½ P
Rest *Theodor Storm* – Menü 20 € – Karte 19/40 €
Ein modernes Hotel mit Zimmern in mediterranen Farben und großzügiger Halle mit Lounge auf zwei Ebenen. Direkter Zugang zur Bade- und Wellnesslandschaft auf 4000 qm (Sauna kostenpflichtig). Internationales Angebot im Restaurant Theodor Storm mit Wintergarten.

Gute Küche zu moderatem Preis? Folgen Sie dem „Bib Gourmand". Das freundliche Michelin-Männchen „Bib" steht für ein besonders gutes Preis-Leistungs-Verhältnis!

HEILIGENSTADT in OBERFRANKEN – Bayern – 546 – 3 610 Ew – Höhe 304 m **50** K15

Berlin 394 – München 231 – Coburg 70 – Bayreuth 36

Heiligenstadter Hof

Marktplatz 9 ✉ 91332 – ✆ (09198) 7 81 – www.hotel-heiligenstadter-hof.de
24 Zim – 41/46 € 68/78 € – ½ P
Rest – Karte 15/33 €
Das hübsche alte Fachwerkhaus beherbergt wohnliche Zimmer, teils mit sehenswertem Gebälk, funktionelle und größere Zimmer im Anbau. Gemütlich sitzt man im Restaurant mit Kachelofen - die schöne Lage an der Leinleiter genießt man am besten auf der netten Terrasse!

In Heiligenstadt-Veilbronn Süd-Ost: 3 km – Erholungsort

Landhaus Sponsel-Regus

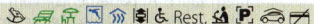

Veilbronn 9 ✉ 91332 – ✆ (09198) 9 29 70 – www.sponsel-regus.de – geschl. 10. Januar - 12. Februar
47 Zim – 50/98 € 100/124 € – 3 Suiten – ½ P
Rest – Menü 25 € (abends) – Karte 17/32 €
Seit 250 Jahren befindet sich dieser gepflegte Gasthof in Familienbesitz. Im Stammhaus sowie in den Häusern Mattstein und Sonneck erwarten Sie wohnliche Zimmer. Nettes rustikales Ambiente in der Gaststube mit Kachelofen.

HEILIGKREUZSTEINACH – Baden-Württemberg – 545 – 2 870 Ew – Höhe 261 m – Erholungsort **47** F16

Berlin 632 – Stuttgart 119 – Mannheim 40 – Heidelberg 21

In Heiligkreuzsteinach-Eiterbach Nord: 3 km

Goldener Pflug mit Zim
Ortsstr. 40 ✉ 69253 – ✆ (06220) 85 09 – www.goldenerpflug.com
geschl. 1. - 7. Januar, 10. - 22. Juni und Montag - Dienstag
5 Zim – 65/85 € 75/100 €
Rest – *(Mittwoch - Freitag nur Abendessen)* (Tischbestellung ratsam) Menü 48/95 € – Karte 31/58 €
Besonders zentral liegt der Traditionsgasthof der Familie Heß zwar nicht, doch der Weg hierher lohnt sich, denn in der Gaststube, im eleganten Restaurant und auch auf der schönen Terrasse kann man nach Herzenslust zwischen dem gehobenen Feinschmeckermenü und den bürgerlich-regionalen Gerichten wie "geschmortem Ochsenbäckchen" oder "Duroc-Schweinelendchen in Rahmsauce" wählen. Wer angesichts der guten Weinauswahl ein Gläschen mehr trinken möchte, kann in netten Zimmern übernachten.

HEIMBACH – Nordrhein-Westfalen – 543 – 4 430 Ew – Höhe 206 m – Luftkurort

35 B13

Berlin 634 – Düsseldorf 91 – Aachen 64 – Düren 26
An der Laag 4, ✉ 52396, ✆ (02446) 8 05 79 14, www.rureifel-tourismus.de

Klostermühle Rest,
Hengebachstr. 106a ✉ 52396 – ✆ (02446) 8 06 00 – www.hotel-klostermuehle.de – geschl. Januar
50 Zim – 51/53 € 69/91 € – ½ P
Rest – Menü 13/30 € – Karte 18/40 €
Die einstige Wassermühle ist eine ideale Adresse für Besucher des Nationalparks Eifel und des Rursees. Ein familiär geführtes Haus mit wohnlichen Zimmern, teils Maisonetten.

HEIMBUCHENTHAL – Bayern – 546 – 2 150 Ew – Höhe 234 m – Erholungsort

48 H15

Berlin 565 – München 346 – Würzburg 66 – Aschaffenburg 19
Hauptstr. 16, ✉ 63872, ✆ (06092) 15 15, www.raeuberland.de

Lamm (mit Gästehäusern)
St.-Martinus-Str. 1 ✉ 63872 – ✆ (06092) 94 40 – www.hotel-lamm.de
75 Zim – 76/95 € 100/150 € – ½ P
Rest – Menü 15 € (mittags)/42 € – Karte 21/48 €
Im Ortskern neben der Kirche steht der zu einem zeitgemäßen Hotel gewachsene Gasthof. Sehr hübsch sind die Palais-Zimmer mit klassisch-elegantem Ambiente. Neuzeitlicher Spa und Restauranträume in rustikalem Stil.

Panorama Hotel
Am Eichenberg 1 ✉ 63872 – ✆ (06092) 60 70 – www.panoramahotel.de
35 Zim – 68/78 € 118/138 € – ½ P
Rest – Menü 12/17 € – Karte 16/36 €
Die erhöhte Lage beschert den Gästen eine schöne Aussicht - von den meisten Zimmern (auch Appartements), vom Wintergarten und der Terrasse oder auch vom hübschen Ruheraum. Jede Menge Action bringen der nahe Hochseilgarten für Gruppen oder Segway-Touren!

In Heimbuchenthal-Heimathen Süd-West: 1,5 km

Heimathenhof (mit Gästehaus) Rest, Rest,
Heimathenhof 2 ✉ 63872 – ✆ (06092) 9 71 50 – www.heimathenhof.com
45 Zim – 73/90 € 124/145 € – ½ P
Rest – Menü 11/35 € – Karte 18/33 €
In ruhiger Lage, umgeben von einer schönen waldreichen Landschaft erwarten Sie freundliche und engagierte Gastgeber, komfortable Zimmer und ein moderner Sauna- und Badebereich. Zum Restaurant gehört eine Terrasse mit toller Aussicht.

HEINSBERG – Nordrhein-Westfalen – 543 – 40 790 Ew – Höhe 38 m 35 A12

Berlin 617 – Düsseldorf 69 – Aachen 36 – Mönchengladbach 33

In Heinsberg-Randerath Süd-Ost: 8 km, jenseits der A 46

Burgstuben Residenz - St. Jacques (Rainer Hensen)

Feldstr. 50 ✉ 52525 – ✆ (02453) 8 02 – www.burgstuben-residenz.de – geschl. Juli - August 2 Wochen und Montag - Dienstag

Rest – *(nur Abendessen, sonntags auch Mittagessen)* (Tischbestellung ratsam) Menü 69/139 €

Rainer Hensen kocht seine klassischen Gerichte bewusst bodenständig und unkompliziert - und das macht den Gästen sichtlich Freude! Der Blick in die schönen Weinschränke und in die Küche gibt dem hübschen Wintergarten noch das gewisse Etwas. Weinliebhaber dürfte auch die Auswahl an Großflaschen beeindrucken.

➜ Steinbutt mit Lauch und Trüffel, Sauce vin blanc und beurre rouge. Jakobsmuscheln auf Ochsenschwanzragout mit einer Trilogie von Blumenkohl. Rücken und Bäckchen vom Müritz-Lamm mit Bohnenragout, Kichererbsenpüree und Senfsauce.

HEITERSHEIM – Baden-Württemberg – 545 – 6 100 Ew – Höhe 254 m 61 D21

Berlin 821 – Stuttgart 223 – Freiburg im Breisgau 23 – Basel 48

Hauptstr. 9, ✉ 79423, ✆ (07634) 4 02 12, www.heitersheim.de

Landhotel Krone

Hauptstr. 12 ✉ 79423 – ✆ (07634) 5 10 70 – www.landhotel-krone.de

32 Zim – †73/98 € ††102/138 € – 3 Suiten – ½ P

Rest *Landhotel Krone* – siehe Restaurantauswahl

Zuvorkommende Gästebetreuung wird bei Familie Rottmann-Thoma groß geschrieben. Die Zimmer in dem liebevoll eingerichteten historischen Gasthaus sind wohnlich-elegant, ein ansprechender Kontrast dazu die geradlinig-modernen Appartements im Wellnesshaus.

OX Hotel

Im Stühlinger 10 ✉ 79423 – ✆ (07634) 6 95 58 55 – www.oxhotel.de

24 Zim – †66 € ††88 € **Rest** – Karte 20/62 €

Vor allem junges Publikum spricht die gelungene Kombination von historischem Rahmen und modernem Interieur an. Die Zimmer sind trendig und klar im Design, W-Lan bietet man kostenfrei. Restaurant im Bistrostil.

Löwen

Hauptstr. 3 ✉ 79423 – ✆ (07634) 55 04 90 – www.loewen-heitersheim.de

23 Zim – †65 € ††85/95 € – ½ P

Rest – *(geschl. Freitagmittag, Sonntagabend - Montag)* Menü 25/48 € – Karte 23/54 €

Der 400 Jahre alte Gasthof wird in der 7. Generation von der Familie geführt und ist sehr gepflegt. Im Anbau sind die Zimmer neuzeitlich-wohnlich, im Stammhaus etwas einfacher. Bürgerlich-saisonale Kost in der Gaststube, im Sommer auch auf der Gartenterrasse.

Landhotel Krone – Landhotel Krone

Hauptstr. 12 ✉ 79423 – ✆ (07634) 5 10 70 – www.landhotel-krone.de – geschl. Dienstag - Mittwochmittag

Rest – Menü 20 € (mittags)/70 € – Karte 28/51 €

Frische und Geschmack... das ist Ihnen bei Gerichten wie "gekochtem Ochsenfleisch mit Spitzkohl und Rösti" sicher. Und damit auch die Atmosphäre stimmt, hat man die Stuben gemütlich gestaltet - ganz besonders heimelig ist es am Kachelofen!

HELGOLAND (INSEL) Schleswig-Holstein – 541 – 1 140 Ew – Höhe 40 m – Zollfreies Gebiet – Seebad 8 E3

Berlin 419 – Hannover 223 – Cuxhaven 2

Autos nicht zugelassen

von Cuxhaven, Bremerhaven, Wilhelmshaven, Bensersiel, Büsum und Ausflugsfahrten von den Ost- und Nordfriesischen Inseln. Auskünfte über Schiffs- und Flugverbindungen ✆ (0461) 80 70 91 02

Lung Wai 28, ✉ 27498, ✆ (04725) 8 14 30, www.helgoland.de

Insel ★★

Auf dem Unterland

Rickmers Insulaner Rest,

Am Südstrand 2 ✉ 27498 – ✆ (04725) 8 14 10 – www.insulaner.com

48 Zim – 73/108 € 104/175 € – 2 Suiten – ½ P

Rest *Galerie* – ✆ (04725) 81 41 25 *(außer Saison nur Abendessen)* Menü 21/55 € – Karte 29/55 €

An der Promenade liegt das Hotel mit hübschem Garten und wohnlichen, nach Inseln benannten Zimmern. Suiten mit Kitchenette. Nett ist der Private Spa im UG. Galerie nennt sich das mit Gemälden und Skulpturen dekorierte Restaurant.

Hanseat garni

Am Südstrand 21 ✉ 27498 – ✆ (04725) 6 63 – www.hanseat-nickels.de – geschl. 1. November - 15. März

20 Zim – 62/115 € 99/140 €

In der 3. Generation wird das gepflegte Hotel an der Landungsbrücke als Familienbetrieb geführt. Auch Appartements werden angeboten. Den hausgemachten Kuchen genießt man am besten auf der netten kleinen Terrasse!

Strandhotel Helgoland garni

Am Südstrand 16 ✉ 27498 – ✆ (04725) 8 15 30 – www.strandhotel-helgoland.de – geschl. November - März

24 Zim – 78/85 € 99/135 € – 5 Suiten

Nach seiner Renovierung bietet das Hotel direkt an der Strandpromande moderne und wohnliche Zimmer, die meist zum Meer hin liegen! Wer es gerne großzügiger hat, bucht eines der Appartements.

HELLENTHAL – Nordrhein-Westfalen – 543 – 8 170 Ew – Höhe 400 m – Wintersport: 690 m 1

35 B13

Berlin 645 – Düsseldorf 109 – Aachen 56 – Düren 44

Rathausstr. 2, ✉ 53940, ✆ (02482) 8 51 15, www.hellenthal.de

Pension Haus Berghof Rest,

Bauesfeld 16 ✉ 53940 – ✆ (02482) 71 54 – www.hotel-berghof-hellenthal.de

10 Zim – 45 € 73 €

Rest – *(geschl. Sonntag) (nur Abendessen für Hausgäste)*

Ein kleiner Familienbetrieb mit behaglichen Zimmern, die teilweise über Balkon oder Terrasse verfügen. Sie frühstücken in gemütlicher Wohnzimmer-Atmosphäre.

HELLWEGE – Niedersachsen – siehe Rotenburg (Wümme)

HELMBRECHTS – Bayern – 546 – 8 770 Ew – Höhe 616 m – Wintersport: 725 m

51 M14

Berlin 320 – München 277 – Hof 25 – Bayreuth 43

In Helmbrechts-Edlendorf Ost: 3,5 km Richtung Reuthlas

Ostermaier's Waldeck mit Zim

Edlendorf 12 ✉ 95233 – ✆ (09252) 72 73 – www.ostermeiers-waldeck.de

6 Zim – 55 € 75 € **Rest** – Karte 17/55 €

Man merkt, das Haus wurde wirklich mit viel Liebe und Herz eingerichtet - sowohl das Restaurant als auch die individuellen Gästezimmer. In richtig gemütlicher Atmosphäre bestellt man argentinisches Rind vom Grill, Sauerbraten, Gänsebrust oder auch Frankenwaldforelle! Und dann noch die schöne, ruhige Lage...

In Helmbrechts-Oberbrumberg West: 7 km

Landhaus Oberbrumberg

Oberbrumberg 6 ✉ 95233 – ✆ (09222) 99 00 30 – www.landhaus-oberbrumberg.de – geschl. Februar

12 Zim – 55 € 75 € – ½ P

Rest – *(Montag - Freitag nur Abendessen)* Menü 18/40 € – Karte 20/44 €

Angenehm ruhig liegt dieses kleine Hotel am Ortsrand. Die Gästezimmer sind mit Naturholzmöbeln wohnlich und zeitgemäß eingerichtet. Nettes, in ländlichem Stil gehaltenes Restaurant.

HEMMINGEN – Niedersachsen – siehe Hannover

HENNEF (SIEG) – Nordrhein-Westfalen – 543 – 46 350 Ew – Höhe 67 m 36 C13

Berlin 606 – Düsseldorf 79 – Köln 42 – Mainz 153

Frankfurter Str. 97, ✉ 53773, ✆ (02242) 1 94 33, www.hennef.de

36 Hennef, Haus Dürresbach, ✆ (02242) 65 01

27 Eitorf, Heckerhof 5, ✆ (02243) 9 23 20

In Hennef-Heisterschoß **Nord-Ost: 7 km, über B 478 Richtung Waldbröhl, in Bröl links nach Happerschloss abbiegen**

Sängerheim - Das Restaurant

Teichstr. 9 ✉ 53773 – ✆ (02242) 34 80 – www.das-saengerheim.de – geschl. über Karneval 1 Woche und Mittwoch, Samstagmittag

Rest – Menü 20 € (mittags unter der Woche)/42 € – Karte 34/45 €

Zeitgemäß-regional und frisch isst man hier! Ihre Vorspeise könnte "Steckrübenschaumsüppchen mit Ziegenfrischkäse" heißen, und wie wär's mit "Filet vom Hennefer Limousinrind mit Schwarzwurzelgemüse und Speck" als Hauptgericht? Das Ambiente: wechselnde Kunstausstellungen zu klaren Linien und warmen Tönen.

HEPPENHEIM an der BERGSTRASSE – Hessen – 543 – 25 210 Ew – Höhe 106 m 47 F16

Berlin 596 – Wiesbaden 69 – Mannheim 29 – Darmstadt 33

Großer Markt 9, ✉ 64646, ✆ (06252) 13 11 71, www.heppenheim.de

Marktplatz★

Villa Boddin garni

Großer Markt 3 ✉ 64646 – ✆ (06252) 6 89 70 – www.villa-boddin.de

10 Zim – **†**85 € **††**125 €

Schön fügt sich das kleine Hotel in das Altstadtbild mit seinen schönen Fachwerkhäusern. Gelungen hat man Mauerwerk und alte Holzbalken mit hochwertiger elegant-mediterraner Einrichtung kombiniert. Beim Frühstück genießt man den Blick auf den Marktplatz.

Goldener Engel (mit Gästehaus)

Großer Markt 2 ✉ 64646 – ✆ (06252) 25 63 – www.goldener-engel-heppenheim.de – geschl. 20. Dezember - 21. Januar

28 Zim – **†**67/75 € **††**92/105 € – ½ P

Rest – *(geschl. November - März: Sonntagabend - Montagmittag)* Karte 18/43 €

Das hübsche Fachwerkhaus liegt mitten in der Altstadt und wird bereits seit 1782 als Familienbetrieb geführt. Freuen Sie sich auf moderne und wohnliche Zimmer, einige mit Blick zum Marktplatz. Im Restaurant isst man bürgerlich.

HERBORN (LAHN-DILL-KREIS) – Hessen – 543 – 20 490 Ew – Höhe 223 m 37 F13

Berlin 531 – Wiesbaden 118 – Siegen 68 – Gießen 38

Hauptstr. 39, ✉ 35745, ✆ (02772) 7 08 19 00, www.herborn.de

Schloss-Hotel

Schloßstr. 4 ✉ 35745 – ✆ (02772) 70 60 – www.schlosshotel-herborn.de

57 Zim – **†**83/104 € **††**125/130 € – ½ P

Rest – *(geschl. Samstagmittag, Sonntag)* Karte 24/49 €

Die zentrale Lage nahe der Fußgängerzone sowie wohnlich und funktional eingerichtete Zimmer machen den Familienbetrieb aus. Zudem hat man einen kleinen Saunabereich im mediterranen Stil. Restaurant Le Bistro mit Bar und Innenhofterrasse.

Gutshof

Austr. 81 ✉ 35745 – ✆ (02772) 5 75 57 40 – www.gutshof-herborn.de

48 Zim – **†**79/99 € **††**109/156 € – ½ P

Rest – *(geschl. 1. - 10. Januar)* Karte 14/38 €

Der behutsam restaurierte ehemalige Bauernhof vereint heute modernen Hotelkomfort mit dem ansprechenden, bewusst erhaltenen Gutshofcharakter der Anlage. Rustikales Lokal mit Brauerei im einstigen Stall gegenüber dem Hotel. Großer Biergarten und Kinderspielplatz.

In Breitscheid-Gusternhain Süd-West: 10 km über B 255 Richtung Montabaur

Ströhmann

Gusternhainer Str. 11 ✉ 35767 – ✆ (02777) 3 04 – www.hotel-stroehmann.de
12 Zim ☕ – 🚹43/53 € 🚹🚹70 € **Rest** – *(geschl. Mittwoch)* Karte 12/40 €
Ein kleines Hotel in ländlicher Umgebung, in dem Sie gepflegte, neuzeitlich eingerichtete Gästezimmer und ein hübsch mit Stuck verzierter Frühstücksraum erwarten. In der Küche der rustikalen Gaststube verwendet man Produkte aus der hauseigenen Metzgerei.

HERFORD – Nordrhein-Westfalen – 543 – 63 790 Ew – Höhe 65 m 28 F9

Berlin 373 – Düsseldorf 192 – Bielefeld 18 – Hannover 91
Bäckerstr. 30, Alter Markt, ✉ 32052, ✆ (05221) 1 89 15 26, www.proherford.de
Exter, Finnebachstr. 31, ✆ (05228) 75 07
Enger-Pödinghausen, Südstr. 96, ✆ (05224) 7 97 51

Zur Fürstabtei garni

Elisabethstr. 9 ✉ 32052 – ✆ (05221) 2 75 50 – www.fuerstabtei.de
– geschl. über Weihnachten - Anfang Januar
20 Zim ☕ – 🚹85/95 € 🚹🚹115 €
Das a. d. 17. Jh. stammende Fachwerkhaus beherbergt heute hübsche wohnliche Gästezimmer, teilweise mit hohen Decken. Stilvolles Ambiente erwartet Sie im Frühstücksraum.

Hansa garni

Brüderstr. 40 ✉ 32052 – ✆ (05221) 5 97 20 – www.hotel-hansa-herford.de
19 Zim ☕ – 🚹62/85 € 🚹🚹88/96 €
Mitten in der Fußgängerzone gelegenes kleines Hotel mit solide eingerichteten Zimmern und einem gemütlichen Café, das morgens als Frühstücksraum dient.

Am Osterfeuer

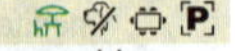

Hellerweg 35 ✉ 32052 – ✆ (05221) 7 02 10 – www.am-osterfeuer.de – geschl. Montag - Dienstag
Rest – *(Mittwoch - Samstag nur Abendessen)* Menü 40 € – Karte 29/47 €
Hans-Jörg Dunker kocht mit Geschmack Gerichte wie "Gegrillter Rücken vom Iberico Schwein an Frühlingsgemüse" und weist damit auf sein Faible für die mediterrane Küche hin, die allerdings den regionalen Bezug nicht verliert.

Die Alte Schule

Holland 39 ✉ 32052 – ✆ (05221) 5 15 58 – www.restaurantalteschule.com
Rest – *(nur Abendessen)* Menü 28/45 € – Karte 35/53 €
In dem Fachwerkhaus a. d. 17. Jh. befindet sich auf zwei Ebenen dieses sympathische behagliche Restaurant mit ungezwungener Atmosphäre, geschultem Service und guter internationaler Küche.

In Herford-Schwarzenmoor

Waldesrand

Zum Forst 4 ✉ 32049 – ✆ (05221) 9 23 20 – www.hotel-waldesrand.de
58 Zim ☕ – 🚹59/78 € 🚹🚹89/99 € – 1 Suite – ½ P
Rest – Menü 22/38 € – Karte 20/54 €
Der auch von Tagungsgästen geschätzte Familienbetrieb liegt etwas außerhalb auf einer Anhöhe und bietet eine gute Autobahnanbindung. Wohnliche Zimmer in Stammhaus und Anbau. Restaurant mit Wintergarten und Terrasse mit Blick auf Herford. Pilsstube für Raucher.

Vivendi

Paracelsusstr. 14 ✉ 32049 – ✆ (05221) 92 00 – www.vivendi-hotel.de
– geschl. August
23 Zim – 🚹79/99 € 🚹🚹99/125 €, ☕ 6 € – ½ P
Rest – *(nur Abendessen, sonntags auch Mittagessen)* Karte 32/66 €
Sehr sauber und gepflegt ist dieses freundlich-familiär geführte Haus im westfälischen Stil. Die Gästezimmer sind praktisch eingerichtet. Bürgerliches Angebot im Restaurant.

In Hiddenhausen - Schweicheln-Bermbeck Nord: 6 km

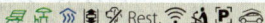

Freihof

Rest,

Herforder Str. 118 (B 239) ✉ *32120* – ✆ *(05221) 9 94 49 90* – *www.hotel-freihof.de*
35 Zim – 59/80 € 90/115 € – ½ P
Rest – *(geschl. Sonntagabend)* Menü 20/43 € – Karte 19/38 €
In dem von der Familie gut geführten Landhotel stehen solide eingerichtete Gästezimmer bereit, von denen viele über einen Balkon verfügen. Zum Restaurant gehört eine nette kleine Terrasse vor dem Haus.

HERINGSDORF – Mecklenburg-Vorpommern – siehe Usedom (Insel)

HERLESHAUSEN – Hessen – 543 – 2 930 Ew – Höhe 210 m 39 I12

Berlin 367 – Wiesbaden 212 – Kassel 73 – Bad Hersfeld 49

Gut Willershausen, Bergring 4, ✆ (05654) 9 20 40

In Herleshausen-Holzhausen Nord-West: 8 km über Nesselröden

Hohenhaus

Hohenhaus ✉ *37293* – ✆ *(05654) 98 70* – *www.hohenhaus.de*
– geschl. 5. Januar - 1. Februar
26 Zim – 135/190 € 230/280 €, 20 € – ½ P
Rest *Hohenhaus* – siehe Restaurantauswahl
Man muss es inmitten des weitläufigen hauseigenen Wald- und Wiesengebiets erst einmal finden, doch Sie werden sehen, das einstige Rittergut a. d. 16. Jh. entpuppt sich als wahres Idyll und als komfortables Hotel mit klassischen Zimmern und ausgezeichnetem Service um Gastgeber Hannes Horsch.

Hohenhaus – Hotel Hohenhaus

Hohenhaus ✉ *37293* – ✆ *(05654) 98 70* – *www.hohenhaus.de*
– geschl. 5. Januar - 1. Februar und Sonntagabend - Dienstagmittag
Rest – Menü 56/119 € – Karte 56/76 €
So niveauvoll wie das geschmackvolle Hotel ist auch sein elegant-rustikales Restaurant mit der feinen klassischen Küche von Ingo Bockler! Herzstück ist der tolle Kachelofen a. d. 18. Jh., nicht weniger beachtenswert der gute Service, treffliche Weinberatung inklusive.
→ Felsenrotbarbe mit Taggiasca-Olivenmarmelade und Zitrus. Rücken und Haxe vom Salzwiesenlamm mit dicken Bohnen. Mousse von weißem Nougat mit Erdbeeren und Mandelkrokant.

HERMESKEIL – Rheinland-Pfalz – 543 – 5 630 Ew – Höhe 540 m 45 C16

Berlin 699 – Mainz 135 – Trier 39 – Bonn 160

Trierer Str. 49, ✉ 54411, ✆ (06503) 9 53 50, www.hermeskeil.de

In Neuhütten Süd-Ost: 8 km über Züsch

Le temple (Christiane Detemple-Schäfer) mit Zim

Saarstr. 2 ✉ *54422* – ✆ *(06503) 76 69* – *www.le-temple.de*
– geschl. Juli 3 Wochen und Mittwoch
6 Zim – 55/65 € 90 €
Rest *Bistro* – siehe Restaurantauswahl
Rest – *(nur Abendessen, Sonntag sowie an Feiertagen auch Mittagessen)* (Tischbestellung ratsam) Menü 85/134 €
Christiane Detemple-Schäfer kocht hier filigrane klassisch-moderne Speisen, denen man die Liebe zum Detail auch ansieht! Der Rahmen dazu: geradlinig-chic und zurückhaltend elegant. Neben der mediterranen Terrasse hat man auch eine kleine Smoker's Lounge und zum Übernachten geschmackvolle Zimmer.
→ Jakobsmuschel - Tatar und glasiert mit Yuzucreme und Kaviar. Rehrücken, kandierte Oliven, Amarena Kirschen, Topfen-Serviettenknödel. Aromen von Arabicabohnen, Amaretto und Valrhona-Sckokolade.

Bistro – Restaurant Le temple
Saarstr. 2 ✉ 54422 – ✆ (06503) 76 69 – www.le-temple.de
– geschl. Juli 3 Wochen und Mittwoch
Rest – *(nur Abendessen, Sonntag sowie an Feiertagen auch Mittagessen)*
Menü 29/32 € – Karte 24/42 €
Gerne kehren auch Wanderer nach einer Tour durch die umliegenden Wälder des Hunsrücks in das nette Bistro ein - klare Linien bestimmen die Einrichtung. Auf der Karte stehen regionale Gerichte.

HEROLDSBERG – Bayern – 546 – 8 270 Ew – Höhe 362 m

50 K16

Berlin 433 – München 177 – Nürnberg 12 – Bayreuth 82

Rotes Roß
Hauptstr. 10 ✉ 90562 – ✆ (0911) 9 56 50 – www.rotesross-heroldsberg.de
– geschl. 22. Dezember - 6. Januar
44 Zim – †58/66 € ††78/95 € – ½ P
Rest – *(geschl. 22. Dezember - 6. Januar, 1. - 26. August und Freitag - Samstag) (nur Abendessen)* Karte 18/30 €
Der historische Gasthof ist schon seit 1856 in der Hand der Familie Sörgel. Man renoviert immer wieder, so hat man auch neuere Zimmer. In der Gaststube im alten fränkischen Stammhaus ist der ländliche Charakter natürlich erhalten geblieben. Schön ist im Sommer die Terrasse unter Linden!

Freihardt
Hauptstr. 81 ✉ 90562 – ✆ (0911) 51 80 08 05 – www.freihardt.com – geschl. Montag - Dienstag
Rest – Menü 18 € (mittags)/50 € – Karte 31/55 €
Produkte aus der eigenen Metzgerei sind in der saisonal-internationalen Küche von Hans-Jürgen Freihardt selbstverständlich. Eine Fleischspezialität ist gereiftes bayerisches Färsenrind. Unter dem Glasdach der Terrasse kann Ihnen auch der ein oder andere Regentropfen nichts anhaben!

HERRENALB, BAD – Baden-Württemberg – 545 – 7 390 Ew – Höhe 365 m – Wintersport: 700 m 2 – Heilbad und Heilklimatischer Kurort

54 F18

Berlin 698 – Stuttgart 80 – Karlsruhe 30 – Baden-Baden 22
Rathausplatz 11, ✉ 76332, ✆ (07083) 50 05 49, www.badherrenalb.de
Bad Herrenalb, Bernbacher Straße 61, ✆ (07083) 88 98

SCHWARZWALD PANORAMA Rest,
Rehteichweg 22 ✉ 76332 – ✆ (07083) 92 70
– www.schwarzwald-panorama.com
96 Zim – †99/159 € ††139/199 € – 1 Suite – ½ P
Rest *La Vie* – Karte 27/52 €
Das Hotel liegt ruhig oberhalb der Stadt und bietet neuzeitliche, großzügige Zimmer (meist mit Talblick), einen hellen Freizeitbereich mit Terrasse und Aussicht sowie Kosmetik. Die gemütliche Bar Heidelberger Stube ergänzt das Restaurant La Vie.

Sonnenhof garni
Bleichweg 9 ✉ 76332 – ✆ (07083) 5 00 46 – www.hotel-sonnenhof-garni.de
– geschl. 15. November - 26. Dezember, 6. - 31. Januar
18 Zim – †59/69 € ††88/98 €
Das kleine Hotel wird wirklich sehr liebevoll und mit viel Herz geführt, und das sieht man auch: kleine Aufmerksamkeiten in den wohnlichen Zimmern (darunter auch Allergikerzimmer), ein appetitliches Frühstück mit gutem Kaffee, überall im Haus weiße Orchideen...

In Bad Herrenalb-Rotensol Nord-Ost: 5 km

Lamm
Mönchstr. 31 ✉ 76332 – ✆ (07083) 9 24 40 – www.lamm-rotensol.de
– geschl. 22. - 24. Dezember, Fasching 1 Woche
29 Zim – †55/75 € ††110/155 €, 8 € – 1 Suite – ½ P
Rest *Lamm* – siehe Restaurantauswahl
Ein gut geführter Familienbetrieb mit wohnlichen Zimmern - moderner und sehr geschmackvoll sind die Zimmer unterm Dach mit hübschem Bad und teils mit großem Dachfenster.

Lamm – Hotel Lamm

Mönchstr. 31 ✉ 76332 – ✆ (07083) 9 24 40 – www.lamm-rotensol.de – geschl. 22. - 24. Dezember, Fasching 1 Woche und Montag

Rest – (abends Tischbestellung ratsam) Menü 50/59 € – Karte 31/53 €

Zur schwäbisch-badischen Küche bietet der Gasthof in seinen behaglichen Stuben eine schöne Weinauswahl, die man auch bei einer Weinprobe im gemütlichen Keller genießen kann.

In Marxzell Nord: 8 km Richtung Karlsruhe

Marxzeller Mühle

Albtalstr. 1 ✉ 76359 – ✆ (07248) 9 19 60 – www.marxzeller-muehle.de

16 Zim – 65/75 € 95/120 € – ½ P **Rest** – Menü 24/65 € – Karte 23/33 €

In der einstigen Mühle von 1255 hat man ein kleines Hotel eingerichtet, das über gepflegte, zeitgemäße Gästezimmer in klassischem Stil verfügt. Restaurant mit ländlich-elegantem Ambiente und internationaler Küche.

HERRENBERG – Baden-Württemberg – 545 – 31 250 Ew – Höhe 460 m 55 G19

Berlin 662 – Stuttgart 38 – Karlsruhe 90 – Freudenstadt 53

Marktplatz 5, ✉ 71083, ✆ (07032) 92 43 20, www.herrenberg.de

Hasen

Zim,

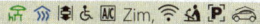

Hasenplatz 6 ✉ 71083 – ✆ (07032) 20 40 – www.hasen.de

65 Zim – 88/99 € 109/119 €, 6 € – 2 Suiten – ½ P

Rest – Menü 34/41 € – Karte 17/46 €

Kaffee-Fans geht das Herz auf: Gastgeber Roland Nölly, gebürtiger Schweizer, hat seine eigene Kaffeerösterei... probieren Sie Espresso, Cappuccino & Co.! Die Zimmer können sich ebenso sehen lassen (die Gesundheitsmatratzen tun nicht nur Allergikern gut!) und im 400 Jahre alten Stammhaus sitzt man gemütlich bei bürgerlicher und internationaler Küche.

Ramada

Rest, 

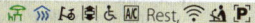

Daimlerstr. 1 ✉ 71083 – ✆ (07032) 27 10 – www.ramada.de/herrenberg

135 Zim – 60/109 € 60/109 €, 15 € – 23 Suiten – ½ P

Rest – Menü 16/32 € – Karte 23/44 €

In einem kleinen Gewerbegebiet liegt das Tagungshotel mit funktionalen Zimmern und Maisonette-Suiten. Im Haus befindet sich auch eine gediegene Cocktail-Bar. Teil des Restaurants ist die gemütliche Schwarzwaldstube. Hübsche Terrasse mit kleinem Teich.

In Herrenberg-Affstätt Nord-West: 1,5 km über B 296

Die Linde

Kuppinger Str. 14 ✉ 71083 – ✆ (07032) 3 16 70 – www.dielin.de – geschl. 7. Januar - 4. Februar, 10. - 18. November und Montag - Dienstag

Rest – *(Mittwoch - Samstag nur Abendessen)* Menü 26/44 € – Karte 21/54 €

"Sie sind am Ziel angekommen" - so steht es am Haus der Familie Willms. Und hier erwarten Sie eine regional-bürgerliche und saisonale Küche, heimische Biere und Weine, angenehm legerer Service, freundliches Ambiente und nicht zuletzt eine schöne Terrasse auf der Wiese hinterm Haus!

In Herrenberg-Mönchberg Süd-Ost: 4 km über B 28

Kaiser

Kirchstr. 10 ✉ 71083 – ✆ (07032) 9 78 80 – www.hotelkaiser-online.de – geschl. 27. Dezember - 8. Januar

29 Zim – 66/120 € 85/140 € – ½ P

Rest – *(geschl. Freitagmittag, Samstagmittag sowie an Feiertagen)* Karte 19/40 €

Der Familienbetrieb ist ein erweiterter Gasthof in ruhiger, leicht erhöhter Lage. Einige der gepflegten und funktionellen Zimmer liegen nach Süden - mit Balkon und Aussicht. Restaurant mit bürgerlichem Angebot.

HERRIEDEN – Bayern – 546 – 7 520 Ew – Höhe 423 m 56 J17

Berlin 491 – München 212 – Nürnberg 67 – Ansbach 11

Zur Sonne (mit Gästehaus)

Vordere Gasse 5 ✉ 91567 – ✆ (09825) 92 46 10 – www.sonne-herrieden.de – geschl. 27. Dezember - 14. Januar

17 Zim ☕ – 🛉46/49 € 🛉🛉70/81 € – ½ P **Rest** – *(geschl. Freitag)* Karte 21/36 €

In dem Familienbetrieb (seit fünf Generationen) sind Fahrradtouristen genau richtig - man hat sogar eine Stromladestation für E-Bikes! Sie können auch den Gepäckservice nutzen. Stolz ist man auf die frische, moderne Sonnenstube - hier serviert man bürgerliche Gerichte und Steaks.

In Herrieden-Schernberg Nord: 1,5 km

Bergwirt

Schernberg 1 ✉ 91567 – ✆ (09825) 2 03 90 – www.hotel-bergwirt.de – geschl. 23. Dezember - 5. Januar

60 Zim ☕ – 🛉48/80 € 🛉🛉60/120 € – 1 Suite – ½ P

Rest – Menü 17 € – Karte 13/27 €

Familientradition seit 1880. Man bietet u. a. die Themen-Juniorsuiten "Honeymoon" und "Las Vegas", den lichten Frühstückspavillon und die asiatisch inspirierte Saunalandschaft. Das Restaurant teilt sich in mehrere nette rustikale Stuben.

HERRSCHING am AMMERSEE – Bayern – 546 – 10 200 Ew – Höhe 568 m – Erholungsort 65 L20

Berlin 623 – München 39 – Augsburg 73 – Garmisch-Partenkirchen 65

Am Bahnhofsplatz 3, ✉ 82211, ✆ (08152) 52 27, www.sta5.de

Ammersee★

Klosterkirche Andechs★★, Süd: 6 km

Chalet am Kiental mit Zim

Andechs Str. 4 ✉ 82211 – ✆ (08152) 98 25 70 – www.gourmetchalet.de – geschl. Montagmittag

9 Zim – 🛉105/145 € 🛉🛉145/195 €, ☕ 9 € – ½ P

Rest – Menü 34/98 € – Karte 34/78 €

Aus einem reizvollen Mix von Alt und Neu ist in dem historischen Bauernhaus ein schönes modernes Restaurant entstanden, in dem man klassisch-internationale Küche serviert. Genießen Sie das Kiental- oder das Chalet-Menü. Mit Geschmack und Liebe zum Detail hat man die Gästezimmer individuell eingerichtet.

HERSBRUCK – Bayern – 546 – 12 240 Ew – Höhe 336 m – Erholungsort 50 L16

Berlin 424 – München 181 – Nürnberg 35 – Bayreuth 70

Unterer Markt 2, ✉ 91217, ✆ (09151) 73 54 01, www.hersbruck.de

In Hersbruck-Kühnhofen Nord: 2 km Richtung Hormersdorf

Grüner Baum (mit Gästehaus)

Kühnhofen 3 ✉ 91217 – ✆ (09151) 60 95 60 – www.gruener-baum-kuehnhofen.de

28 Zim ☕ – 🛉69/75 € 🛉🛉78/92 € – 1 Suite – ½ P

Rest – *(geschl. Montagmittag)* Menü 18 € (mittags)/32 € – Karte 17/33 €

Mit Engagement leitet Familie Eberhard ihr Hotel in dörflicher Umgebung. Die Zimmer sind nach Kräutern benannt und teilweise besonders schön mit unbehandeltem Holz eingerichtet. Ländlich-rustikales Restaurant mit Blick ins Grüne.

In Reichenschwand West: 3 km

Schlossrestaurant Reichenschwand

Schlossweg 12 ✉ 91244 – ✆ (09151) 9 08 75 43 – www.schlossrestaurant-reichenschwand.com – geschl. Januar und Sonntag - Montag

Rest – *(Dienstag - Samstag nur Abendessen)* (Tischbestellung ratsam) Menü 49/110 € – Karte 55/78 €

Wird das elegante Restaurant nicht voll und ganz dem herrlichen Rahmen dieses historischen Wasserschlosses gerecht? Natürlich ist das tolle Parkanwesen auch prädestiniert für eine wunderbare Terrasse! Aus der Küche schickt Ihnen Chef Fritz Müller klassische Gerichte.

In Engelthal **Süd-West: 6 km**

Grüner Baum mit Zim

Hauptstr. 9 ✉ 91238 – ✆ (09158) 2 62 – www.gruener-baum-engelthal.de – geschl. Montag - Dienstag

5 Zim – 34 € 59 € **Rest** – Menü 19 € – Karte 18/47 €

Nett dekoriert und mit ländlichem Charakter ist der fränkische Gasthof der Familie Koch eine sympathische Adresse für alle, die gerne bürgerlich-regional essen, und das zu fairen Preisen.

In Kirchensittenbach **Nord: 7 km Richtung Homersdorf**

Landpension Postwirt garni

Hauptstr. 21 ✉ 91241 – ✆ (09151) 83 00 40 – www.postwirt.eu – geschl. 13. - 20. Januar

21 Zim – 58/65 € 75/95 €

Die Zimmer in dem familiär geleiteten Haus im Ortskern sind tipptopp gepflegt und bieten guten Komfort. Der Gasthof "Post" gegenüber ist unter gleicher Leitung. Am Morgen lässt man sich in freundlich-ländlichem Ambiente das Frühstück schmecken.

In Pommelsbrunn-Hubmersberg **Nord-Ost: 8 km über B 14 Richtung Sulzbach-Rosenberg, Abfahrt Neuhaus, vor Hohenstadt rechts ab**

Lindenhof

Hubmersberg 2 ✉ 91224 – ✆ (09154) 2 70 – www.lindenhof-hubmersberg.de

39 Zim – 72/78 € 109/125 € – 4 Suiten – ½ P

Rest – Menü 18 € – Karte 18/35 €

Der gewachsene Gasthof ist ein Familienbetrieb mit guten Tagungsmöglichkeiten. Die Zimmer sind hell und neuzeitlich oder etwas älter und rustikaler. Im Restaurant bietet man Produkte aus der eigenen Landwirtschaft. Vor dem Haus: der schöne große Biergarten.

HERSFELD, BAD – Hessen – 543 – 30 170 Ew – Höhe 209 m – Heilbad 39 H12

Berlin 408 – Wiesbaden 167 – Kassel 76 – Fulda 46

Benno-Schilde-Platz 1, ✉ 36251, ✆ (06621) 20 12 74, www.bad-hersfeld.de

Oberaula-Hausen, Am Golfplatz, ✆ (06628) 9 15 40

Veranstaltungen

Mitte Juni-Anfang August: Festspiele

Zum Stern

Linggplatz 11, (Zufahrt über Webergasse) ✉ 36251 – ✆ (06621) 18 90 – www.zumsternhersfeld.de

45 Zim – 58/118 € 105/180 € – ½ P

Rest *L'étable* **Rest *Stern's Restaurant*** – siehe Restaurantauswahl

Die Zimmer in dem traditionsreichen Hotel unter familiärer Leitung sind geschmackvoll gestaltet (teils mit offenem Fachwerk) und individuell geschnitten. Schön der moderne Wellnessbereich, praktisch die variablen Veranstaltungsräume, angenehm die Fußgängerzone vor dem Haus.

Am Kurpark

Am Kurpark 19 ✉ 36251 – ✆ (06621) 16 40 – www.hotelamkurpark.net

94 Zim – 70/110 € 115/160 € – ½ P

Rest *Tiroler Stube* – siehe Restaurantauswahl

Rest *ParkRestaurant* – ✆ (06621) 16 45 08 – Menü 30 € – Karte 22/48 €

Im verkehrsberuhigten Kurgebiet liegt dieses zeitgemäße Business- und Tagungshotel. Ein Großteil der Zimmer ist besonders freundlich und modern.

Thermalis

Am Kurpark 10 ✉ 36251 – ✆ (06621) 79 64 90 – www.hotelthermalis.de

78 Zim – 69/99 € 99/135 € – ½ P **Rest** – *(nur für Hausgäste)*

Ein neuzeitlich ausgestattetes Hotel in ruhiger Lage. Man bietet direkten Zugang zur Kurbad Therme, welche die Hausgäste zum ermäßigten Preis nutzen können.

Vitalis garni

Lüderitzstr. 37 ✉ 36251 – ✆ (06621) 9 29 20 – www.hotelpension-vitalis.de – geschl. 23. Dezember - 3. Januar

14 Zim – 60/75 € 80/99 €

Die kleine Hotel-Pension befindet sich in etwas erhöhter Lage in einer Wohngegend. Die recht geräumigen Zimmer sind zeitgemäß und mit eleganter Note eingerichtet.

Haus am Park garni

Am Hopfengarten 2 ✉ 36251 – ✆ (06621) 9 26 20 – www.hotel-hausampark.de

29 Zim – 60/75 € 85/105 € – 1 Suite

In dem gepflegten Hotel etwas oberhalb des Kurparks erwarten Sie funktionale Zimmer, ein netter Garten und ein sehr gutes Frühstücksbuffet mit einer bemerkenswerten Auswahl an Müslisorten.

L'étable – Hotel Zum Stern

Linggplatz 11, (Zufahrt über Webergasse) ✉ 36251 – ✆ (06621) 18 90 – www.zumsternhersfeld.de – geschl. Anfang Januar - Anfang Februar und Montag - Dienstag

Rest – *(nur Abendessen, sonntags auch Mittagessen)* Menü 49/110 € – Karte 62/82 €

Ein Aushängeschild der Gastronomie Nordhessens: "Der Stall", auf Französisch "l'étable". Küchenchef Patrick Spies hat sich ganz der modernen Küche, aber auch den klassischen Wurzeln verschrieben. Er hat ein Händchen für gute Kombinationen - lassen Sie sich von schön zusammengestellten Menüs überraschen!

→ Kohlblume mit Rollgerste, Kapern, Trauben, Eukalyptus und Kokos. Bretonischer Wolfsbarsch mit Artischocke, Zitronenmyrthe und Anchovis. Kleiner „SPIES" Braten vom Juvenilferkel.

Tiroler Stube – Hotel Am Kurpark

Am Kurpark 19 ✉ 36251 – ✆ (06621) 16 45 08 – www.hotelamkurpark.net

Rest – Menü 30 € – Karte 23/48 €

Ein Stück österreichische Heimeligkeit in Hessen? Keine Problem, die "Tiroler Stube" mit Zirbelholz-Gemütlichkeit und geselligen Eckbänken macht es möglich.

Stern's Restaurant – Hotel Zum Stern

Linggplatz 11, (Zufahrt über Webergasse) ✉ 36251 – ✆ (06621) 18 90 – www.zumsternhersfeld.de

Rest – Menü 25 € (mittags)/45 € – Karte 33/56 €

Schmackhafte regionale und internationale Küche (ein schönes Beispiel: "gebratene Lachsforelle auf zweierlei Spargel in Weißweinschaum") macht dieses zweite Restaurant des Hotels interessant! Viel Holz und der historische weiße Kachelofen unterstreichen das gemütlich-ländliche Ambiente.

Dieser Führer lebt von Ihren Anregungen, die uns stets willkommen sind. Egal ob Sie uns eine besonders angenehme Erfahrung oder eine Enttäuschung mitteilen wollen – schreiben Sie uns!

HERTEN – Nordrhein-Westfalen – 543 – 61 640 Ew – Höhe 70 m 26 C10

Berlin 520 – Düsseldorf 68 – Münster 66 – Dortmund 37

18 Schloß Westerholt, Herten-Westerholt, Schlossstr. 1, ✆ (0209) 16 58 40

Schloss Westerholt

Schlossstr. 1 ✉ 45701 – ✆ (0209) 14 89 40 – www.schlosswesterholt.de – geschl. 30. Dezember - 6. Januar

31 Zim – 80/100 € 95/120 € – 4 Suiten – ½ P

Rest – Karte 25/52 €

Ein schönes herrschaftliches Anwesen a. d. 12. Jh. in einem 75 ha großen Park mit eigenem Golfplatz. Die Zimmer und Suiten sind ansprechend und individuell. Gemütlich-rustikal ist das Restaurant im ehemaligen Pferdestall. Dazu stilvolle Veranstaltungsräume.

HERXHEIM – Rheinland-Pfalz – 543 – 10 440 Ew – Höhe 129 m 54 E17

Berlin 676 – Mainz 125 – Karlsruhe 31 – Landau in der Pfalz 10

In Herxheim-Hayna Süd-West: 2,5 km Richtung Kandel

Krone

Hauptstr. 62 ✉ 76863 – ✆ (07276) 50 80 – www.hotelkrone.de – geschl. 24. - 26. Dezember

62 Zim – †93/145 € ††135/215 € – 4 Suiten – ½ P

Rest *Kronen-Restaurant* **Rest *Pfälzer Stube*** – siehe Restaurantauswahl

Familie Kuntz liegt Gastfreundschaft einfach im Blut - wie sonst könnte ihr Haus so vor Herzlichkeit und Charme sprühen! Seien Sie gewiss, das beispielhafte Engagement zeigt sich auch in der überaus geschmackvollen Gestaltung der Zimmer (von klassisch-modern bis zum gemütlichen Landhausstil), im traumhaften Garten mit ganzjährig beheiztem Pool und im tollen Frühstück!

Kronen-Restaurant (Karl-Emil Kuntz) – Hotel Krone

Hauptstr. 62 ✉ 76863 – ✆ (07276) 50 80 – www.hotelkrone.de – geschl. 24. - 26. Dezember, Anfang Januar 2 Wochen, August 2 Wochen und Montag - Mittwoch

Rest – *(nur Abendessen)* (Tischbestellung erforderlich) Menü 104/128 €

Mit diesem stilvollen kleinen Restaurant haben Sie sich eines der besten der Südpfalz ausgesucht. Was hier in elegantem Ambiente von sehr versiertem Service aufgetischt wird, ist - ganz nach Kuntz'scher Manier - aufwändig, geschmackvoll und verdient ohne Übertreibung den Titel "kulinarische Kunstwerke"!

→ Jacobsmuschel / Frischkäse / Grüne Olive / Aubergine / konfierte Zitrone. Bachsaibling-Suprême mild geräuchert / Schmorgurken / Frühkartoffeln / Pommery-Senfschaum. Saint Maure-Törtchen mit Feigengelée / Rote Bete-Cannelloni / kandierte Feige / Sauerrahm.

Pfälzer Stube – Hotel Krone

Hauptstr. 62 ✉ 76863 – ✆ (07276) 50 80 – www.hotelkrone.de – geschl. 24. - 26. Dezember

Rest – Menü 46/65 € – Karte 32/58 €

Hier bringt Karl-Emil Kuntz seine Heimatverbundenheit zum Ausdruck - nicht fehlen darf da das "Pfälzer Lieblingsgericht" mit Saumagen, Bratwurst und Leberknödel. Genauso lecker sind aber auch die "Kalbsniere in Kastanienessigjus" oder die "geschmorte Rinderroulade mit Gurkenfüllsel"! Schöne begrünte Terrasse.

HERZBERG am HARZ – Niedersachsen – 541 – 13 580 Ew – Höhe 240 m 29 J10

Berlin 327 – Hannover 105 – Erfurt 113 – Göttingen 38

Marktplatz 32, ✉ 37412, ✆ (05521) 85 21 11, www.touristinformation-herzberg.de

Landhaus Schulze

Osteroder Str. 7 (B 243) ✉ 37412 – ✆ (05521) 8 99 40 – www.landhaus-schulze.de – geschl. August 2 Wochen

20 Zim – †45/73 € ††92/98 € – ½ P

Rest – *(geschl. Montagmittag, Donnerstagmittag)* Karte 27/59 €

Ein familiär geführtes Hotel in verkehrsgünstiger Lage, das gepflegte und solide Zimmer zu einem guten Preis-Leistungs-Verhältnis bietet. Bemalte Bauernmöbel schaffen Behaglichkeit. In den netten Gaststuben serviert man bürgerliche Küche.

HERZLAKE – Niedersachsen – 541 – 4 130 Ew – Höhe 22 m 16 D7

Berlin 494 – Hannover 227 – Oldenburg 82 – Vlagtwedde 80

In Herzlake-Aselage Ost: 4 km, Richtung Berge

Aselager Mühle Rest,

Zur alten Mühle 12 ✉ 49770 – ✆ (05962) 9 34 80 – www.aselager-muehle.de

53 Zim – †69/129 € ††109/169 € – ½ P

Rest – Menü 25/35 € – Karte 30/51 €

Idyllisch liegt die einstige Windmühle am Waldrand. Neben wohnlich-komfortablen, teils sehr geräumigen Zimmern erwartet die Gäste ein schöner moderner Wellnessbereich auf 600 qm. Internationale Küche im klassischen Mühlenrestaurant und im rustikalen Jagdzimmer.

HERZOGENAURACH – Bayern – 546 – 23 240 Ew – Höhe 301 m 50 K16

Berlin 451 – München 195 – Nürnberg 26 – Bamberg 52

Herzogenaurach, Burgstall 1, (09132) 4 05 86

Puschendorf, Forstweg 2, (09101) 75 52

impala garni

Hans-Sachs-Str. 2a 91074 – (09132) 75 03 20 – www.hotel-impala.eu

18 Zim – 89/95 € 120/130 €

Ein wirklich schickes kleines Designhotel, komplett in modern-puristischem Stil! Die Zimmer sind geräumig und jedes hat eine schöne Küchenzeile. Außerdem im Haus: Wäscheraum, Trockner und Bügelstation - und Fahrräder können Sie auch leihen!

Gästehaus in der Engelgasse garni

Engelgasse 2 91074 – (09132) 7 86 90 – www.engelsschlaf.de

9 Zim – 38/62 € 85 €

Das Fachwerkhaus a. d. 16. Jh. - Geburtshaus der Familie Dassler, Gründer von adidas - ist ein kleines Hotel in zentrumsnaher Lage mit soliden, hell möblierten Zimmern.

Wein und Fein am Turm

Hauptstr. 45 91074 – (09132) 22 12 – www.weinamturm.de

– geschl. Mitte Juni 2 Wochen und Samstag - Sonntag sowie an Feiertagen

Rest – Menü 22 € (mittags)/34 € – Karte 23/40 €

Sie können hier am Stadtturm Wein und Feinkost kaufen (eine Idee sind z. B. Salate von der Buffettheke als "take away") oder von der Tafel bzw. von der kleinen Karte saisonal-internationale Speisen bestellen. Mittags bekommen Sie auch ein günstiges Menü oder Burger.

In Herzogenaurach-Herzo-Base Nord-Ost 2 km:

NOVINA

Olympiaring 90 91074 – (09132) 7 47 20 – www.novina-herzogenaurach.de

150 Zim – 109/137 € 138/166 € – ½ P

Rest – Menü 20 € (mittags)/115 € – Karte 24/41 €

Hotel am ehemaligen US-Militärstützpunkt in relativ ruhiger Ortsrandlage. Das Interieur ist modern und sportbetont. Fitness- und Saunabereich mit zwei Dachterrassen.

HESSDORF – Bayern – 546 – 3 490 Ew – Höhe 290 m 50 K16

Berlin 448 – München 197 – Ansbach 56 – Bayreuth 105

In Heßdorf-Dannberg Nord-West: 4 km, über Hannberg, in Niederlinberg links abbiegen

Wirtschaft von Johann Gerner mit Zim

Dannberg 3 91093 – (09135) 81 82 – www.wvjg.de

– geschl. Februar 3 Wochen, Anfang September 3 Wochen und Montag - Dienstag

3 Zim – 59/79 € 89 €, 12 € – 1 Suite **Rest** – Menü 49 € – Karte 26/50 €

Zusammen mit Ehefrau und Mutter leitet Detlef Gerner hier ein gemütliches familiäres Lokal, in dem man gut isst - das wissen Geschäftsleute ebenso wie die Stammgäste. Macht Ihnen "Geschmorte Kalbshaxe mit Zitronen-Rahmkohlrabi und Kartoffelpüree" Appetit? Logieren können Sie hier übrigens auch: im kleinen "Häusla" gibt es schöne moderne Zimmer!

HESSHEIM – Rheinland-Pfalz – 543 – 2 990 Ew – Höhe 100 m 47 E16

Berlin 634 – Mainz 70 – Neustadt an der Weinstraße 37 – Damstadt 60

Ellenbergs mit Zim

Rest, Zim,

Hauptstr. 46a 67258 – (06233) 6 17 16 – www.ellenbergs-restaurant.de

– geschl. Januar 1 Woche, Anfang - Mitte Oktober, Montag und Samstagmittag

4 Zim – 59 € 72 € – ½ P **Rest** – Menü 25/42 € – Karte 30/46 €

Ein Gasthaus, wie es sein soll! Neben den traditionell-regionalen Gerichten von Chef Dieter Ellenberg - z. B. "gebratenes Kalbsherz und Kalbsniere in Senf- und Rotweinsauce" - kommt auch der französische Charme der Patronne gut an! Übernachten kann man auch, und zwar in netten, wohnlichen und recht modernen Zimmern von "Riesling" bis "St. Laurent".

HEUBACH – Baden-Württemberg – 545 – 10 040 Ew – Höhe 466 m 56 I18

 Berlin 577 – Stuttgart 68 – Ulm 61 – Aalen 16

Deutscher Kaiser

Hauptstr. 42 ✉ *73540 – ✆ (07173) 87 08*
– www.deutscher-kaiser-heubach.de
14 Zim – 45/56 € 75/90 € – 1 Suite – ½ P
Rest – *(geschl. über Fasching, Ende Juli - Mitte September 2 Wochen und Mittwochmittag, Samstagmittag, Sonntagabend)* Menü 25 € (mittags)/40 € – Karte 19/37 €
Das seit mehreren Generationen von Familie Vogel geführte Haus steht an einem kleinen Platz bei der Kirche und bietet praktisch und zeitgemäß eingerichtete Zimmer. Restaurant mit rustikaler Note, die Terrasse "Speisegarten" hinterm Haus.

HIDDENHAUSEN – Nordrhein-Westfalen – siehe Herford

HIDDENSEE (INSEL) Mecklenburg-Vorpommern – 542 – 1 040 Ew – Ostseeinsel – Seebad 6 O2

 Berlin 296 – Schwerin 196 – Rügen (Bergen) 29 – Stralsund 36
Autos nicht zugelassen
von Stralsund (ca. 1 h 45 min.), von Schaprode/Rügen (ca. 45 min.)
✆ (0180) 3 21 21 50
Norderende 162, ✉ 18565, ✆ (038300) 64 20, www.seebad-hiddensee.de
Gesamtbild der Insel★

In Hiddensee-Vitte

Heiderose

In den Dünen 127 (Süd: 3 km) ✉ *18565 – ✆ (038300) 6 30*
– www.heiderose-hiddensee.de – geschl. 3. Januar - 27. März, 4. November - 25. Dezember
33 Zim – 47/75 € 57/105 € – 1 Suite – ½ P
Rest – Karte 17/30 €
Das Hotel mit den soliden Zimmern liegt malerisch inmitten der Dünenheide nicht weit vom Meer. Vom Hafen mit Pferdekutsche oder Schulbus erreichbar. Auch Ferienwohnungen.

HILCHENBACH – Nordrhein-Westfalen – 543 – 15 400 Ew – Höhe 360 m – Wintersport: 650 m 2 37 E12

Berlin 523 – Düsseldorf 130 – Siegen 21 – Olpe 28
Markt 13, ✉ 57271, ✆ (02733) 28 81 33, www.hilchenbach.de

Hof 31 garni

Bruchstr. 31 ✉ *57271 – ✆ (02733) 1 24 85 90 – www.hof31.de*
– geschl. 16. August - 3. September
21 Zim – 65 € 85 €, 10 €
Eine sehr sympathische Adresse mit wohnlichem Ambiente in geradlinig-modernem Stil sowie einem guten Frühstücksbuffet. Zwei der Zimmer sind geräumige Appartements.

Haus am Sonnenhang

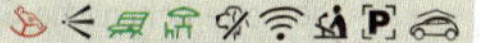

Wilhelm-Münker-Str. 21 ✉ *57271 – ✆ (02733) 70 04*
– www.hotel-am-sonnenhang.de
18 Zim – 62/85 € 85/115 € – 2 Suiten
Rest – *(geschl. Juli - August 2 Wochen und Freitag) (nur Abendessen)* Karte 20/35 €
Der engagiert geführte Familienbetrieb überzeugt durch seine angenehm ruhige und exponierte Lage mit schöner Sicht. Die Zimmer sind gepflegt und individuell, einige mit Balkon. Von der hübschen Gartenterrasse des Restaurants schaut man auf das Rothaargebirge.

In Hilchenbach-Vormwald **Süd-Ost: 2 km über B 508**

Steubers Siebelnhof

Vormwalder Str. 56 ✉ 57271 – ✆ (02733) 8 94 30 – www.steubers-siebelnhof.de
14 Zim – 🚹98/120 € 🚹🚹140/180 €, ☕ 15 € – ½ P
Rest – *(geschl. Montagmittag, Freitagmittag, Samstagmittag)* Menü 22 € (mittags)/ 75 € – Karte 31/55 €
Großzügige Zimmer mit ausgesuchtem Interieur und luxuriösem Touch hat dieses geschmackvolle Landhotel von 1566 zu bieten. Sehr einfach sind die Zimmer im Gästehaus. Restaurant Chesa mit mediterraner Note, ergänzt durch die gemütlich-rustikalen Ginsburg-Stuben.

HILDEN – **Nordrhein-Westfalen** – **543** – **55 510 Ew** – **Höhe 50 m** **36** C12
Berlin 547 – Düsseldorf 18 – Köln 40 – Solingen 12

Am Stadtpark

Klotzstr. 22 ✉ 40721 – ✆ (02103) 57 90 – www.hotel-stadtpark.de
105 Zim ☕ – 🚹79/159 € 🚹🚹89/199 €
Rest – *(geschl. Samstag - Sonntagmittag)* Karte 19/43 €
Aus einem denkmalgeschützten historischen Gebäude ist dieses Businesshotel gegenüber dem Stadtpark gewachsen. Die funktionalen Zimmer sind geradlinig-modern oder gediegen. Eine freundlich gestaltete Bar mit Bistro ergänzt das Restaurant.

Trattoria L'Italiano

Nové-Mesto-Platz 3e ✉ 40721 – ✆ (02103) 91 13 36 – www.ristorante-litaliano.de – geschl. August 2 Wochen und Samstagmittag, Sonntag
Rest – Menü 30 € (mittags unter der Woche)/60 € – Karte 29/59 €
Das Ristorante in einer kleinen Passage im Zentrum ist eine sympathische und engagiert geführte Adresse. Aus der offenen Küche kommen schmackhafte italienische Speisen. Mündliche Tagesempfehlungen.

HILDERS – **Hessen** – **543** – **4 710 Ew** – **Höhe 440 m** **39** I13
Berlin 438 – Wiesbaden 171 – Kassel 132 – Würzburg 115

Leist Sonne Engel

Marktstr. 12 ✉ 36115 – ✆ (06681) 97 70 – www.leist-sonne-engel.de – geschl. November
30 Zim ☕ – 🚹56/89 € 🚹🚹76/136 € – 1 Suite – ½ P
Rest ***Engel*** **Rest** ***Sonne*** – siehe Restaurantauswahl
Der Familienbetrieb ist ein zum Hotel erweiterter Gasthof, in dem man - ganz nach Geschmack - zwischen schönen wohnlich-modernen und etwas schlichteren Zimmern wählt. Auch eine Raucherlounge steht zur Verfügung.

Engel – Hotel Leist Sonne Engel

Marktstr. 12 ✉ 36115 – ✆ (06681) 97 70 – www.leist-sonne-engel.de – geschl. März, November und Sonntag - Dienstag
Rest – *(nur Abendessen)* Menü 35/75 € – Karte 30/69 €
Region und Saison werden hier berücksichtigt - auf der Karte finden sich Gerichte wie z. B. "Filet vom Rhöner Weideochsen". Für Feinschmecker dürfte das "Ox" interessant sein: eine Gourmetstube, in der man abends (außer Mo. und Di.) nur auf Vorbestellung ein 8-Gänge-Menü serviert!

Sonne – Hotel Leist Sonne Engel 

Marktstr. 12 ✉ 36115 – ✆ (06681) 97 70 – www.leist-sonne-engel.de – geschl. November
Rest – Menü 20 € – Karte 16/53 €
Die nette behagliche Gaststube Sonne ist die etwas einfachere Restaurant-Variante im Haus. Hier bringt man bürgerliche Speisen mit Produkten der hauseigenen Metzgerei auf den Tisch!

HILDESHEIM – **Niedersachsen** – **541** – **102 590 Ew** – **Höhe 93 m** **29** I9
Berlin 276 – Hannover 36 – Braunschweig 51 – Göttingen 91
Oldekopstraße, ✆ (01805) 24 12 24 (Gebühr)
ADAC Zingel 39
Rathausstr. 20, Tempelhaus, ✉ 31134, ✆ (05121) 1 79 80, www.hildesheim.de

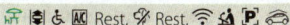

Novotel Rest, Rest,

Bahnhofsallee 38 ✉ 31134 – ✆ (05121) 1 71 70 – www.novotel.com
118 Zim – 🚹80/180 € 🚹🚹95/195 €, ☕ 18 € – 2 Suiten – ½ P
Rest – Menü 16/50 € – Karte 24/47 €
Modernes Hotel mit historischer Bausubstanz. Freigelegtes Mauerwerk wurde geschickt in die neuzeitliche Gestaltung einbezogen und kündet von einer langen Geschichte. An der Stelle des Restaurants La Capella stand einst wirklich eine Kapelle.

Stadtresidenz garni

Steingrube 4 ✉ 31141 – ✆ (05121) 6 97 98 92 – www.hotel-stadtresidenz.de – geschl. 18. Dezember - 10. Januar, über Ostern
15 Zim ☕ – 🚹80/100 € 🚹🚹126/140 € – 5 Suiten
Die beiden Gastgeberinnen in diesem charmant-eleganten Haus nahe dem Theater sind Mutter und Tochter. Die Zimmer sind geräumig, überaus geschmackvoll und ebenso individuell.

In Hildesheim-Ochtersum

Am Steinberg garni

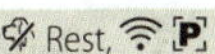

Adolf-Kolping-Str. 6 ✉ 31139 – ✆ (05121) 80 90 30 – www.hotelamsteinberg.de – geschl. 21. Dezember - 1. Januar, über Ostern
27 Zim ☕ – 🚹52/60 € 🚹🚹78/80 €
Das von der Chefin familiär geführte Hotel verfügt über gepflegte, praktisch ausgestattete Gästezimmer und wird auch von Geschäftsleuten gerne genutzt.

In Diekholzen Süd: 9 km

Gasthof Jörns Rest,

Marienburger Str. 41 ✉ 31199 – ✆ (05121) 2 07 00 – www.gasthof-joerns.de – geschl. 1. - 9. Januar
18 Zim ☕ – 🚹50/70 € 🚹🚹80/98 €
Rest – *(geschl. Dienstag) (nur Abendessen)* Karte 14/30 €
Bereits seit 1877 ist das tipptopp gepflegte Haus am Flüsschen Beuster im Familienbesitz. Über ein sehr gutes Platzangebot verfügen zwei neuere Zimmer im obersten Stock. Frühstück im ursprünglichen Gasthof. Das Restaurant bietet bürgerliche Küche. Mit Kegelbahn.

HILLESHEIM – Rheinland-Pfalz – 543 – 3 020 Ew – Höhe 440 m 35 B14

Berlin 662 – Mainz 178 – Trier 90 – Euskirchen 52

Augustiner Kloster Rest,

Augustiner Str. 2 ✉ 54576 – ✆ (06593) 98 08 90 – www.hotel-augustiner-kloster.de
57 Zim ☕ – 🚹89 € 🚹🚹129 € – ½ P
Rest – Menü 26/32 € – Karte 24/48 €
Das Hotel ist aus dem im 13. Jh. erstmals erwähnten Kloster entstanden. Es erwarten Sie zeitgemäße Zimmer und ein moderner Saunabereich mit Massage- und Beautyangebot. Regionale und französisch angehauchte Küche im Restaurant mit Terrasse zum Klostergarten.

HILPOLTSTEIN – Bayern – 546 – 13 370 Ew – Höhe 380 m 57 L17

Berlin 457 – München 134 – Nürnberg 40 – Ingolstadt 59
Kirchenstr. 1, ✉ 91161, ✆ (09174) 97 85 05, www.hilpoltstein.de

Brauereigasthof Zum schwarzen Roß

Marktstr.10 ✉ 91161 – ✆ (09174) 97 69 80 – www.hotelschwarzesross.de
14 Zim ☕ – 🚹49/59 € 🚹🚹69/79 € – 1 Suite
Rest – *(geschl. Mittwoch - Donnerstag)* Karte 13/36 €
Individuell und wohnlich sind die Zimmer in dem liebenswerten historischen Brauereigasthof am Marktplatz. Hübsche Details bewahren den rustikalen Charme. In der Gaststube wird bürgerliche Küche aufgetischt.

In Hilpoltstein-Sindersdorf Süd-Ost: 7 km Richtung Neumarkt

Sindersdorfer Hof
Zim,

Sindersdorf 26 (Nahe der A 9) ✉ 91161 – ✆ (09179) 62 56 – www.sindersdorferhof.de – geschl. Mitte November - Anfang Dezember, nach Pfingsten 2 Wochen

19 Zim – 🚹49/68 € 🚹🚹72/88 € **Rest** – *(geschl. Montag)* Karte 14/54 €

Der von Familie Dotzer freundlich geleitete Landgasthof ist ein verkehrsgünstig gelegenes kleines Hotel mit gepflegten und soliden Zimmern. Gemütlich sitzt man in der Gaststube mit Kachelofen.

HINDELANG, BAD – Bayern – 546 – 4 830 Ew – Höhe 825 m 64 J22
– Wintersport: 1 560 m 1 12 – Kneipp- und Heilklimatischer Kurort

Berlin 730 – München 161 – Kempten (Allgäu) 34 – Oberstdorf 22

Am Bauernmarkt 1, ✉ 87541, ✆ (08324) 89 20, www.bad-hindelang.de

Lage★ · Jochstraße★ · Kanzel★

Sonne

Marktstr. 15 ✉ 87541 – ✆ (08324) 89 70 – www.sonne-hindelang.de

47 Zim – 🚹82/99 € 🚹🚹140/174 € – 10 Suiten – ½ P

Rest *Chesa - Schneider* – Menü 22/35 € – Karte 22/40 €

Ein Traditionshaus mitten im Ortskern, das Sie echtes Allgäuer Flair spüren lässt! Sie wählen zwischen individuellen Zimmern, genießen wohltuende Wellnessanwendungen in schönem Umfeld und speisen in der rustikalen Chesa Schneider auf bürgerlich-regionale Art.

Sonnenbichl

Schindackerweg 1 ✉ 87541 – ✆ (08324) 3 65 – www.hotel-bad-hindelang.com – geschl. 1. - 29. November

19 Zim – 🚹55/65 € 🚹🚹95/135 € – 1 Suite – ½ P

Rest *Am Bichl* – *(geschl. Montag) (Dienstag - Freitag nur Abendessen)* Karte 20/41 €

Der Familienbetrieb etwas außerhalb des Ortes ist ein gepflegtes kleines Urlaubshotel mit praktischen Zimmern im regionstypischen Stil, einige verfügen über einen Balkon. Im Restaurant Am Bichl gibt's Allgäuer Tapas als Spezialität.

In Bad Hindelang-Bad Oberdorf Ost: 1 km

Obere Mühle

Ostrachstr. 40 ✉ 87541 – ✆ (08324) 28 57 – www.obere-muehle.de

11 Zim – 🚹89/102 € 🚹🚹138/164 € – ½ P

Rest *Obere Mühle* – siehe Restaurantauswahl

Der Mix von modernem Stil und antiken Stücken (zu finden in jedem der großzügigen Zimmer) ist schon sehr geschmackvoll. Der Tag beginnt gleich mit einem guten Frühstück in angenehmem Umfeld, zu dem auch die Kaminlounge beiträgt.

Alpenlandhotel Hirsch
Zim,

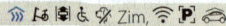

Kurze Gasse 18 ✉ 87541 – ✆ (08324) 3 08 – www.alpenlandhotel.de – geschl. 3. - 28. November

23 Zim – 🚹55/85 € 🚹🚹110/150 € – 4 Suiten – ½ P

Rest – Menü 14/25 € – Karte 16/41 €

Im Dorfzentrum steht das traditionsreiche Haus mit Schindelfassade, das freundlich-familiär geleitet wird. Alpenländische Zimmer mit Balkon, hübscher Sauna- und Anwendungsbereich. In ländlich-rustikalem Stil gehaltene Gaststuben.

Hochstadt garni

Luitpoldstr. 20 ✉ 87541 – ✆ (08324) 20 64 – www.hotelcafehochstadt.de – geschl. November

14 Zim – 🚹54/64 € 🚹🚹89/109 €

Der kleine Familienbetrieb liegt recht ruhig oberhalb des Ortes. Hier wird ständig renoviert und verbessert. Wer gerne etwas komfortabler wohnt, nimmt eines der modernen Zimmer im UG. Entspannung zwischendurch finden Sie im Café mit sehr schöner Terrasse.

Obere Mühle – Hotel Obere Mühle
Ostrachstr. 40 ✉ 87541 – ✆ (08324) 28 57 – www.obere-muehle.de
– geschl. Dienstag
Rest – (Tischbestellung ratsam) Menü 44 € – Karte 35/61 €
Ganz was Uriges ist das alte Gasthaus wenige Meter vom kleinen Hotel entfernt - nicht zuletzt wegen der eigenen Sennerei und dem Antiquitätenhandel hier! Zu essen gibt's Regionales und Internationales, dazu rustikales Ambiente und einen netten Garten.

In Bad Hindelang-Oberjoch Nord-Ost: 7 km über B 308 – Höhe 1 130 m

Panorama Hotel Oberjoch N
Passstrasse 41 ✉ 88400 – ✆ (08324) 9 33 30 Rest,
– www.panoramahotel-oberjoch.de
113 Zim – 🚹158/205 € 🚹🚹256/350 € – ½ P
Rest – (abends Tischbestellung erforderlich) Menü 29 € (abends) – Karte 27/37 €
Hier heißt es tief durchatmen... und zwar für Ferien-, Wellness- und Businessgäste gleichermaßen. Tolle Bergluft, Spa auf 3000 qm, schöne Zimmer im modern-alpinen Stil, technisch top und geräumig... Wie wär's z. B. mit Tischkicker, Heimkino oder Billardtisch im Zimmer? Die Suiten "Selfness" und "Selfness Plus" machen's möglich! Zum Essen (HP inklusive) gibt es eine umfangreiche Weinkarte mit Schwerpunkt Deutschland. Übrigens: Bergbahn und Busse sind ganzjährig im Preis inbegriffen!

Lanig Rest,
Ornachstr. 11 ✉ 87541 – ✆ (08324) 70 80 – www.lanig.de
52 Zim – 🚹95/200 € 🚹🚹200/390 € – 8 Suiten – ½ P
Rest – *(nur für Hausgäste)* Karte 20/50 €
Begonnen hat hier alles in den 30er Jahren als Café, seitdem hat Familie Lanig viel geschaffen: Ferien- und Wellnessgäste fühlen sich wohl in den schönen Zimmern (bemaltes Holz trifft hier auf Schindeln und Leinenstoffe, dazu Granitbäder) und im vielfältigen Edelweiß-AlpenSpa. Hochwertige HP inklusive.

Heckelmiller Rest,
Ornachstr. 8 ✉ 87541 – ✆ (08324) 98 20 30 – www.heckelmiller.de
– geschl. 27. April - 28. Mai, 1. November - 15. Dezember
23 Zim – 🚹52/70 € 🚹🚹86/152 € – ½ P
Rest – *(geschl. Donnerstag) (nur Abendessen für Hausgäste)* Menü 17 €
Herzlichkeit ist Ihnen bei der sympathischen Familie Heckelmiller gewiss. Es ist schon ein wirklich nettes kleines Urlaubshotel, Landhaus-Zimmer sorgen für den passenden Wohnkomfort. Wer's sonnig mag, nimmt am besten ein Südzimmer.

In Bad Hindelang-Unterjoch Nord-Ost: 11 km über B 308

Edelsberg Rest,
Am Edelsberg 10 ✉ 87541 – ✆ (08324) 98 00 00 – www.hotel-edelsberg.de
27 Zim – 🚹56/109 € 🚹🚹112/178 € – ½ P
Rest – *(nur Abendessen)* Karte 13/29 €
Sie suchen Ruhe und haben es gerne rustikal? Genau das werden Sie in dem familiären Fereinhotel finden - dazu noch eine schöne Sicht und einen gepflegten Freizeitbereich mit Wohlfühl- und Kosmetikangebot. HP inklusive.

HINTERZARTEN – Baden-Württemberg – 545 – 2 610 Ew – Höhe 893 m 61 E21
– Wintersport: 1 200 m 3 – Heilklimatischer Kurort

Berlin 785 – Stuttgart 161 – Freiburg im Breisgau 24 – Donaueschingen 38
Freiburger Str. 1, ✉ 79856, ✆ (07652) 12 06 82 00, www.hochschwarzwald.de
Lage ★
Titisee ★★, Ost: 5 km

Parkhotel Adler
Adlerplatz 3 ✉ 79856 – ✆ (07652) 12 70 – www.parkhoteladler.de
50 Zim – 🚹139/179 € 🚹🚹219/388 € – 6 Suiten – ½ P
Rest *Marie Antoinette* Rest *Wirtshaus* – siehe Restaurantauswahl
Wenn Schwarzwälder Flair und klassischer Hotelstil so schön zusammentreffen wie hier, kann man zu Recht von einem gediegenen Haus mit elegantem Charme sprechen. Und wer Wellness sucht, wird im Park auf rund 1200 attraktiv gestalteten Quatratmetern fündig!

Kesslermühle

Erlenbrucker Str. 45 ✉ *79856 –* ✆ *(07652) 12 90 – www.kesslermuehle.de*
– geschl. Mitte November - Mitte Dezember
47 Zim – 84/150 € 188/252 € – 6 Suiten – ½ P
Rest – *(nur Abendessen für Hausgäste)* Menü 38/44 €
Ringsum Wiesen und Wanderwege, im Winter Loipen direkt vor der Tür... die schöne ruhige Lage mit Blick in die Natur ist ganz klar einer der Trümpfe hier! Und die weiteren? Ein toller Spa, die persönliche Betreuung durch die Gastgeber, ein kleiner Hauszoo im Garten, über den sich die Kinder freuen werden, und das Angebot im Restaurant stimmt auch. HP inklusive.

Thomahof

Erlenbrucker Str. 16 ✉ *79856 –* ✆ *(07652) 12 30 – www.thomahof.de*
43 Zim – 124/137 € 204/296 € – 5 Suiten – ½ P
Rest – Menü 22/41 € – Karte 31/56 €
Schön wohnt man in dem persönlich geführten Haus in freundlichen Zimmern, die in der Größe sehr unterschiedlich sind. Die meisten mit Balkon, die zum Garten sind besonders angenehm. Einige mit Kachelofen. Restaurant mit gemütlicher Atmosphäre und regionalem Angebot. HP inklusive.

Reppert

Rest,

Adlerweg 21 ✉ *79856 –* ✆ *(07652) 1 20 80 – www.reppert.de*
– geschl. 9. November - 4. Dezember
42 Zim – 122/145 € 216/290 € – 4 Suiten – ½ P
Rest – Menü 12 € (mittags) – Karte 26/42 €
Dass der traditionsreiche Familienbetrieb mit der schönen klassischen Einrichtung immer gut besucht ist, hat seinen Grund: Die herzlichen Repperts bleiben stets am Ball und verbessern ständig. Für Langschläfer perfekt: Frühstück gibt's bis 12 Uhr. Noch mehr Leckeres ist im Preis inbegriffen: Jause am Nachmittag und hochwertiges Halbpensionsangebot am Abend.

Erfurths Bergfried

Sickinger Str. 28 ✉ *79856 –* ✆ *(07652) 12 80 – www.bergfried.de*
42 Zim – 108/138 € 222/258 € – 2 Suiten – ½ P
Rest – Menü 33/45 € – Karte 22/45 €
Das Engagement der Familie Erfurth ist ungebrochen und so investiert man stetig! Das Ergebnis: geschmackvolle neuzeitliche Zimmer und Juniorsuiten (zwei davon mit Sauna oder Whirlwanne) und für Ihr "Wellbeing" gibt es u. a. die eigene Kosmetikabteilung, den Barfußpark, das Freibad... und natürlich die ruhige Lage! HP inklusive. Für Selbstversorger: schöne Appartements in der Residenz gegenüber (Frühstück buchbar).

Sonnenberg

Rest,

Am Kesslerberg 9 ✉ *79856 –* ✆ *(07652) 1 20 70 – www.hotel-sonnenberg.com*
– geschl. November 2 Wochen
18 Zim – 85/100 € 130/180 € – 1 Suite – ½ P
Rest – *(nur Abendessen für Hausgäste)* Menü 17 € (abends unter der Woche)/35 €
Dank des Engagements von Klauspeter und Freia Lehmann ist den Gästen hier stets ein beispielhaft gepflegtes Domizil sicher. Auf den Zimmern (alle mit individueller Note) finden Sie übrigens eine Espressomaschine als kleines Extra. Für Entspannung sorgen Physiotherapie und Kosmetik - nicht zu vergessen die ruhige Lage mit Talsicht.

Schwarzwaldhof - Gästehaus Sonne

Zim,

Freiburger Str. 2 ✉ *79856 –* ✆ *(07652) 1 20 30 – www.schwarzwaldhof.com*
– geschl. 20. März - 3. April, 7. November - 12. Dezember
39 Zim – 52/60 € 82/116 € – 1 Suite – ½ P
Rest – *(geschl. Dienstag)* Menü 14/25 € – Karte 22/38 €
Das Hotel beim Bahnhof besteht aus dem über 110 Jahre alten Schwarzwaldhof und einem Gästehaus mit privater Atmosphäre. Nett ist das getäfelte Turmzimmer mit Himmelbett. Restaurant mit bürgerlichem Angebot, ergänzt durch eine rustikale Stube.

Imbery (mit Gästehaus)
Rathausstr. 14 ✉ 79856 – ✆ (07652) 9 10 30 – www.hotel-imbery.de – geschl. 17. März - 10. April, 24. November - 18. Dezember
32 Zim – 42/60 € 76/114 € – ½ P
Rest – *(geschl. Oktober - Mitte Juni: Donnerstag)* Menü 15/29 € – Karte 22/46 €
Wer es lieber etwas ruhiger hat, bucht in dem familiengeführten Haus am besten eines der Zimmer im nach hinten gelegenen Gästehaus - hier wohnt man zudem komfortabler. Stärken können Sie sich im bürgerlichen Restaurant, im Café sowie auf der Terrasse und im Biergarten unter einer Linde.

Marie Antoinette – Parkhotel Adler

Adlerplatz 3 ✉ 79856 – ✆ (07652) 12 73 00 – www.parkhoteladler.de
Rest – *(nur Abendessen)* Menü 45/69 € – Karte 39/83 €
Ein traditionsreiches Familienunternehmen par excellence, und das seit 1446. Da ist in den gemütlich-eleganten Stuben des historischen Schwarzwaldhauses mit ihren schönen alten Holztäfelungen, niedrigen Decken und allerlei reizenden wie dekorativen Accessoires natürlich ein Stück Geschichte spürbar. Aus der Küche kommen klassische Menüs und zeitgemäße Gerichte.

Wirtshaus – Parkhotel Adler
Adlerplatz 3 ✉ 79856 – ✆ (07652) 12 73 00 – www.parkhoteladler.de
Rest – Karte 29/64 €
Urig geht's zu im "Wirtshus"! Ob nur auf ein Bier, ein Viertele oder eine Stärkung mit badischen Schmankerln - probieren Sie es aus!

In Hinterzarten-Alpersbach **West: 5 km**

Waldhotel Fehrenbach

Alpersbach 9 ✉ 79856 – ✆ (07652) 9 19 40 – www.waldhotel-fehrenbach.de – geschl. 7. - 28. Januar
14 Zim – 74/94 € 118/128 € – ½ P
Rest *Zur Esche* – siehe Restaurantauswahl
Die einsame Lage wird genau Ihre Vorstellung von Schwarzwald-Idylle treffen! Das kleine Hotel im behaglichen regionstypischen Stil wird inzwischen bereits von der 5. Generation geführt. Sie haben Lust auf ein bisschen Programm? Dann sind Aktionen wie "Kräuterwanderung" oder "Quellwanderung" für Sie bestimmt richtig.

Gasthaus Engel

Alpersbach 14 ✉ 79856 – ✆ (07652) 15 39 – www.engel-hinterzarten.de – geschl. 17. März - 4. April, 17. November - 19. Dezember
9 Zim – 48/50 € 82/96 € – 2 Suiten – ½ P
Rest – *(geschl. Donnerstag)* Menü 17/35 € – Karte 19/40 €
Familien schätzen diese ruhig gelegene Urlaubsadresse in 1030 m Höhe. Bei freundlichen Gastgebern wohnt man hier in geräumigen Zimmern mit Balkon - von den meisten genießt man eine schöne Aussicht über den Wald - und sitzt gemütlich in der rustikalen Gaststube.

Zur Esche – Waldhotel Fehrenbach
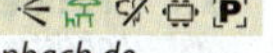
Alpersbach 9 ✉ 79856 – ✆ (07652) 9 19 40 – www.waldhotel-fehrenbach.de – geschl. 7. - 28. Januar und Montag - Dienstag
Rest – Menü 28 € (mittags)/82 € – Karte 41/57 €
In den mit Zirbelholz verkleideten und charmant-rustikal dekorierten Stuben ist es so richtig schwarzwaldtypisch-heimelig! Frische Kräuter sind für Josef Fehrenbach ein Muss - sie unterstreichen in seinen Speisen den Geschmack der guten regionalen Produkte. Außerdem produziert er Tees und Marmeladen, die Sie hier kaufen können!

Das Symbol in Rot weist auf besonders ruhige Häuser hin – hier ist nur der Gesang der Vögel am frühen Morgen zu hören…

HIRSCHAID – Bayern – 546 – 11 780 Ew – Höhe 248 m 50 K15

Berlin 415 – München 218 – Coburg 58 – Nürnberg 47

In Hirschaid-Röbersdorf West: 5 km

Gasthaus Wurm Zim,

Ringstr. 40 ✉ 96114 – ✆ (09543) 8 43 30 – www.gasthaus-wurm.de – geschl. 1. - 20. Januar, 16. - 30. Juni

14 Zim – 49 € 79 € **Rest** – *(geschl. Montag)* Karte 13/34 €

Mitten im Dorf steht das kleine Hotel mit rosa Fassade, das von Familie Wurm mit Herz und Engagement geleitet wird. Ein tipptopp gepflegtes Haus mit freundlichen Zimmern, darunter einige hübsche individuelle Blümchenzimmer. Dazu kommt ein gutes Frühstück. In liebenswerten ländlichen Stuben serviert man fränkische Küche.

In Buttenheim Süd-Ost: 3,5 km, jenseits der A 73

Landhotel Schloss Buttenheim garni

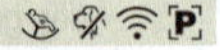

Schloss-Str. 16 ✉ 96155 – ✆ (09545) 9 44 70 – www.landhotel-buttenheim.de

8 Zim – 59/69 € 79/89 €

Das im 18. Jh. erbaute ehemalige Forsthaus des Schlosses beherbergt charmante Zimmer, jedes in einer anderen freundlichen Farbe. Auf dem Anwesen befindet sich auch ein Weinhandel.

HIRSCHBERG – Baden-Württemberg – 545 – 9 460 Ew – Höhe 120 m 47 F16

Berlin 613 – Stuttgart 131 – Mannheim 29 – Darmstadt 50

In Hirschberg-Leutershausen

Bistronauten (N)

Raiffeisenstr. 1A ✉ 69493 – ✆ (06201) 8 46 18 56 – www.bistronauten.de – geschl. Sonntag - Montag

Rest – *(nur Abendessen)* (Tischbestellung ratsam) Menü 25/35 € – Karte 25/44 €

Frisch, saisonal und schnörkellos - das ist die schmackhafte Küche von Max Stoll und Johannes Raiber. In der ehemaligen Kneipe mit ihrem kleinen Gastraum geht es locker-leger zu, wo einst die Bar stand, ist nun die offene Küche. Hier bestellt man das täglich wechselnde Menü! Als Hauptgang gibt's z. B. "geschmorte Kikohuhnkeule mit Aubergine und Gnocchi", lecker auch die Desserts wie "Ziegenkäsetarte mit frischen Beeren".

In Hirschberg-Großsachsen

Krone

Landstr. 9 (B 3) ✉ 69493 – ✆ (06201) 50 50 – www.krone-grosssachsen.de

64 Zim – 63/80 € 83/100 € – ½ P

Rest ***Krone*** – siehe Restaurantauswahl

Seit 1969 ist Familie Grüber in ihrem Hotel mit Engagement bei der Sache und investiert immer wieder. Das Ergebnis sind wohnliche Zimmer: alpenländisch im Haus Kärnten, eher moderner im Stammhaus und im Haus Bergstraße. Erholen kann man sich in Pool und Sauna und auch für Tagungen hat man die passenden Räume.

Krone – Hotel Krone

Landstr. 9 (B 3) ✉ 69493 – ✆ (06201) 50 50 – www.krone-grosssachsen.de

Rest – Karte 32/52 €

Sie sind allesamt richtig gemütlich, die diversen Stuben in der historischen "Krone"... und trotz des traditionellen Charakters finden sich hier auch moderne Akzente. Genauso in der Küche von Alexander Hahn, einem geschmackvollen Mix aus Regionalem und Internationalem: "Kardamom-Hähnchen mit Aprikosen-Chili-Bröseln", "Tafelspitz aus dem Wurzelsud"...

HIRSCHHORN am NECKAR – Hessen – 543 – 3 540 Ew – Höhe 126 m – Luftkurort 48 G16

Berlin 621 – Wiesbaden 120 – Mannheim 52 – Heidelberg 23

Burg (≤★)

Schloss-Hotel (mit Gästehaus)
Schloßstraße 39, (Auf Burg Hirschhorn) ✉ 69434 – ✆ (06272) 9 20 90 – www.schlosshotel-hirschhorn.de – geschl. 1. Januar - 28. Februar
25 Zim – 72/92 € 98/164 €
Rest – *(geschl. Montag)* Menü 55 € (abends)/78 € – Karte 32/51 €
Sie wohnen über den Dächern von Hirschhorn in einer Burganlage a. d. 12. Jh. - übrigens auch ein schöner Rahmen für Hochzeiten (man hat ein eigenes Standesamt)! Einige der Zimmer sind besonders stilvoll, so auch das elegante Restaurant mit Schlossflair. Rustikal der Ritterkeller. Tolle Terrasse.

HOCHHEIM am MAIN – Hessen – 543 – 16 960 Ew – Höhe 129 m   47 F15

Berlin 559 – Wiesbaden 12 – Frankfurt am Main 31 – Darmstadt 32

Zielonka garni
Hajo-Rüter-Str. 15 (Gewerbegebiet Ost) ✉ 65239 – ✆ (06146) 9 06 70 – www.zielonka-privathotel.de – geschl. 21. Dezember - 1. Januar
20 Zim – 79/159 € 99/174 €
Das Businesshotel ist funktionell ausgestattet und liegt günstig im Gewerbegebiet, doch der praktische Aspekt ist nicht alles: So hat man z. B. einen charmanten Garten mit Obstbäumen, die zum Naschen einladen, und in der gemütlich-modernen Kaminlounge kann man das Angebot der Bar sowie kleine Speisen genießen. Außerdem gibt es nebenan ein Fitnessstudio mit Sauna.

Im Weinegg
Kirchstr. 38 ✉ 65239 – ✆ (06146) 90 73 99 21 – www.weinegg.de – geschl. Dienstag
Rest – Menü 31/45 € – Karte 32/53 €
An ein schönes altes Weingut hat man das über zwei Ebenen angelegte Restaurant angeschlossen. Es erwartet Sie eine angenehm helle Einrichtung mit mediterraner Note sowie saisonale Küche.

HOCKENHEIM – Baden-Württemberg – 545 – 21 170 Ew – Höhe 102 m   47 F17

Berlin 630 – Stuttgart 113 – Mannheim 24 – Heidelberg 23

In Reilingen Süd-Ost: 3 km

Achat Premium
Hockenheimer Str. 86 ✉ 68799 – ✆ (06205) 95 90 – www.achat-hotels.com
118 Zim – 75/132 € 85/142 €, 13 € – ½ P   **Rest** – Karte 25/49 €
Ihr Reiseziel ist der Hockenheimring? Dann ist dieses Hotel genau richtig, denn es liegt verkehrsgünstig, ist komfortabel und in den Zimmern wohnt man zeitgemäß und nie beengt. Außerdem gibt es internationale Küche (schön im Sommer die Terrasse) sowie Sauna und Kosmetikanwendungen, und für Tagungen eignet sich das Haus ebenso.

HÖCHENSCHWAND – Baden-Württemberg – 545 – 2 560 Ew – Höhe 1 008 m – Wintersport: 1015 m 1 – Heilklimatischer Kurort   62 E21

Berlin 809 – Stuttgart 186 – Freiburg im Breisgau 56 – Donaueschingen 63
Dr. Rudolf-Eberle-Str. 3, ✉ 79862, ✆ (07672) 4 81 80, www.hoechenschwand.de

Alpenblick
St.-Georg-Str. 9 ✉ 79862 – ✆ (07672) 41 80 – www.alpenblick-hotel.de
27 Zim – 119 € 238/258 € – ½ P   **Rest** – Karte 31/49 €
Das Wellnesshotel ist beliebt, denn hier werden die Gäste von A - Z verwöhnt: wohnliche Zimmer, moderner Spa (das Motto hier "Wasser und Salz") und nicht zuletzt die Bio-Vollpension für Hausgäste! A-la-carte-Gäste werden in der urig-charmanten Schwarzwaldstube z. B. mit Rösti-Gerichten oder Flambi-Spießen bewirtet.

Nägele (mit Gästehaus)
Bürgermeister-Huber-Str. 11 ✉ 79862 – ✆ (07672) 9 30 30 – www.hotel-naegele.de
44 Zim – 55/65 € 120/130 € – 2 Suiten – ½ P
Rest – Menü 20/65 € – Karte 23/50 €
Das Haus der Familie Heinen ist mit den Ansprüchen der Gäste gewachsen: Fragen Sie nach den komfortablen Neubauzimmern und gönnen Sie sich Sauna, Ayurveda & Co.! Für die regionale und bürgerliche Küche stehen verschiedene Stuben zur Wahl. Sehr schön sitzt man z. B. im Maximilian-Stüble am Kachelofen!

Porten's Hotel Fernblick garni 

Im Grün 15 ✉ 79862 – ✆ (07672) 9 30 20 – www.porten.de

40 Zim – 48/61 € 96/102 €

Wer es etwas ruhiger und persönlicher mag, wird dieses gepflegte Haus schätzen. Wie wär's mit einem der schönen neueren Zimmer? Am Morgen lockt ein frisches Frühstück (im Sommer auf der Terrasse), abends können Sie in den "Hubertusstuben" (ebenfalls unter der Leitung der Familie Porten) essen.

Hubertusstuben

Kurhausplatz 1, (Eingang St.-Georg-Straße) (1. Etage) ✉ 79862 – ✆ (07672) 41 16 01 – www.porten.de – geschl. 7. - 28. Januar und Dienstag

Rest – *(Montag - Freitag nur Abendessen)* Menü 35 € – Karte 29/41 €

Nicht nur die Gäste seines wenige Gehminuten entfernten Hotels kommen gerne in das Restaurant von Frank Porten. Es ist klassisch, komfortabel und sehr gepflegt eingedeckt, zudem wird man professionell betreut und lässt sich ambitionierte internationale Küche servieren. Interessant: wechselnde Aktionswochen.

HÖCHST im ODENWALD – Hessen – 543 – 9 740 Ew – Höhe 157 m – Erholungsort

48 G15

Berlin 578 – Wiesbaden 78 – Frankfurt am Main 61 – Mannheim 78

In Höchst-Hetschbach Nord-West: 2 km über B 45 Richtung Groß-Umstadt

Krone (mit Gästehaus) 

Rondellstr. 20 ✉ 64739 – ✆ (06163) 93 10 00 – www.krone-hetschbach.de – geschl. Januar 1 Woche, Juli - August 2 Wochen

20 Zim – 53 € 92/98 € – ½ P

Rest *Wirtschaft* **Rest *Krone*** – siehe Restaurantauswahl

In 5. Generation empfängt Sie hier sehr herzlich Familie Wölfelschneider. Es erwarten Sie schöne wohnliche Zimmer, die teilweise einen netten Blick in den idyllischen Garten bieten.

Krone – Hotel Krone 

Rondellstr. 20 ✉ 64739 – ✆ (06163) 93 10 00 – www.krone-hetschbach.de – geschl. Januar 1 Woche, Juli - August 2 Wochen und Montag, Donnerstag

Rest – Menü 42/98 € – Karte 42/62 €

Auf der Speisekarte des Gourmetrestaurants finden sich heimische Produkte und saisonale Einflüsse, die Karl-Ludwig Wölfelschneider z. B. als "Kaninchenrücken und Ravioli mit grünem Spargel" oder als "Taubenbrust und Entenleber mit Süßholzjus und Couscous" anbietet. Dazu interessante Weine (400 Positionen).

Wirtschaft – Hotel Krone 

Rondellstr. 20 ✉ 64739 – ✆ (06163) 93 10 00 – www.krone-hetschbach.de – geschl. Januar 1 Woche, Juli - August 2 Wochen und Montag, Donnerstagmittag

Rest – Menü 25 € – Karte 23/42 €

Die frische regionale Küche passt zur unkomplizierten Atmosphäre der "Wirtschaft". Probieren Sie "gebackenen Zander auf Grünkern-Lauchsalat" oder "Odenwälder Räucherforelle in knusprigen Kartoffelfäden mit Spargelragout"!

HÖCHSTADT an der AISCH – Bayern – 546 – 13 220 Ew – Höhe 273 m

50 K16

Berlin 435 – München 210 – Nürnberg 43 – Bamberg 31

In Gremsdorf Ost: 3 km über B 470

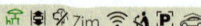

Landgasthof Scheubel Zim,

Hauptstr. 1 (B 470) ✉ 91350 – ✆ (09193) 6 39 80 – www.scheubel.de

27 Zim – 55/65 € 80/90 € **Rest** – Karte 15/35 €

Familientradition seit über 250 Jahren! Das Haus ist gut erreichbar (Anbindung an die A3), man kann hier gepflegt wohnen und bürgerlich-regional essen (eine Spezialität ist Karpfen), und auch feiern lässt es sich schön (restaurierte Scheune). Freuen Sie sich aufs Frühstück im Wintergarten oder im Innenhof!

HÖCHSTÄDT an der DONAU – Bayern – 546 – 6 490 Ew – Höhe 416 m

56 J19

Berlin 557 – München 114 – Augsburg 45 – Ansbach 98

Zur Glocke mit Zim

Friedrich-von-Teck-Str. 12 ✉ 89420 – ✆ (09074) 95 78 85
– www.restaurant-zur-glocke.de – geschl. Februar 2 Wochen, Oktober 2 Wochen und Montag - Dienstag
7 Zim – 36/60 € 72/85 € **Rest** – Karte 28/51 €
Die Fassade ist zwar recht schlicht, doch drinnen ist das Haus der Familie Stoiber hübsch und gemütlich-modern! Auf der internationalen Speisekarte finden sich Leckerbissen wie "Wildsteinbutt mit Erbsenpüree und Hummerschaum" oder "Bio-Zicklein auf Bohnengemüse". Tipp: Im Sommer sitzt man draußen unter der Kastanie am schönsten und luftigsten!

HÖFEN an der ENZ – Baden-Württemberg – 545 – 1 620 Ew – Höhe 369 m – Luftkurort 54 F18

Berlin 680 – Stuttgart 68 – Karlsruhe 44 – Freudenstadt 48
Wildbader Str. 1, ✉ 75339, ✆ (07081) 78 40, www.hoefen-enz.de

Ochsen

Bahnhofstr. 2 ✉ 75339 – ✆ (07081) 79 10 – www.ochsen-hoefen.de
49 Zim – 68/114 € 106/142 € – 3 Suiten – ½ P
Rest – Menü 17 € (mittags)/33 € – Karte 24/54 €
Bei Familie Braune kann man nicht nur gut schlafen: Entspannen lässt es sich schön im Sauna- und Ruhebereich mit seinem ansprechenden Holz-Stein-Look oder aber auf der Terrasse zur Enz. Auch zum Tagen ist es eine ideale Adresse, für Veranstaltungen hat man eine kleine Piazza und sogar heiraten ist dank des eigenen Standesamtes kein Problem!

HÖGERSDORF – Schleswig-Holstein – siehe Segeberg, Bad

HÖHN – Rheinland-Pfalz – 543 – 3 080 Ew – Höhe 508 m 37 E13

Berlin 566 – Mainz 96 – Koblenz 53 – Wiesbaden 75

Millé

Rheinstr. 2 ✉ 56462 – ✆ (02661) 84 48 – www.restaurant-mille.de
– geschl. 4. - 18. Oktober und Montag - Dienstag
Rest – *(Mittwoch - Samstag nur Abendessen)* Menü 35/48 € – Karte 32/53 €
Herzlich leitet Familie Millé das behagliche Restaurant in der Ortsmitte. Geboten wird internationale Küche, die im Sommer auch im schön angelegten Garten serviert wird.

HÖHR-GRENZHAUSEN – Rheinland-Pfalz – 543 – 9 140 Ew – Höhe 250 m 36 D14

Berlin 584 – Mainz 94 – Koblenz 19 – Limburg an der Lahn 35
Rathausstr. 10, ✉ 56203, ✆ (02624) 1 94 33, www.kannenbaeckerland.de

Heinz

Bergstr. 77 ✉ 56203 – ✆ (02624) 9 43 00 – www.hotel-heinz.de
– geschl. 22. - 25. Dezember
90 Zim – 85/140 € 130/220 € – ½ P
Rest – Menü 28/69 € – Karte 28/73 €
Der gut geführte Familienbetrieb auf einer Anhöhe hält ein umfassendes Wellnessangebot für Sie bereit. Zimmer in den Kategorien Klassik, Basic und Lebensart sowie ansprechende Themenzimmer. Restaurant mit individuell gestalteten Räumen und netter Gartenterrasse.

Silicium

Rest,

Schillerstr. 2 ✉ 56203 – ✆ (02624) 94 16 80 – www.hotel-silicium.de
– geschl. 22. - 25. Dezember
54 Zim – 60/75 € 80/105 € – ½ P **Rest** – Menü 21 € – Karte 18/40 €
Die ehemalige Glasfabrik präsentiert sich heute mit geradlinig-modernem Interieur. Die Zimmer sind technisch gut ausgestattet, darunter auch einige Allergikerzimmer. Restaurant mit Front-Cooking, dazu eine trendige Bar. Eventküche für Kochkurse und Kochduelle.

Im Stadtteil Grenzau Nord: 1,5 km

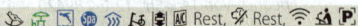

Zugbrücke Rest, Rest,

Brexbachstr. 11 ✉ 56203 – ✆ (02624) 105 0 – www.zugbruecke.de

136 Zim – 89/109 € 138/178 € – 2 Suiten – ½ P

Rest – Menü 30/41 € – Karte 25/46 €

Das Hotel in ruhiger Tallage am Brexbach ist ideal für Tagungen, daneben schätzen Wochenendgäste das große Freizeitangebot. Die Zimmer sind teilweise ganz modern, im Gästehaus gegenüber einfacher.

HÖNNINGEN, BAD – Rheinland-Pfalz – **543** – 5 720 Ew – Höhe 65 m **36** C13
– Heilbad

Berlin 617 – Mainz 125 – Koblenz 37 – Bonn 35

Neustr. 2a, ✉ 53557, ✆ (02635) 22 73, www.bad-hoenningen.de

St. Pierre garni

Hauptstr. 138, (1.Etage) ✉ 53557 – ✆ (02635) 20 91 – www.hotelpierre.de – geschl. 20. - 28. Dezember

19 Zim – 55/65 € 86/96 € – 2 Suiten

Gegenüber dem Rathaus steht das freundlich geführte kleine Hotel mit den gepflegten und praktisch ausgestatteten Zimmern. Die zwei geräumigen Suiten sind auch für Familien geeignet.

HÖRSTEL – Nordrhein-Westfalen – **543** – 19 810 Ew – Höhe 45 m **16** D8

Berlin 464 – Düsseldorf 178 – Nordhorn 45 – Münster (Westfalen) 44

In Hörstel-Riesenbeck Süd-Ost : 6 km über Bevergern, jenseits der A 30 :

Parkhotel Surenburg

Surenburg 13 (Süd-West: 1,5 km) ✉ 48477 – ✆ (05454) 9 33 80 – www.parkhotel-surenburg.com

30 Zim – 95 € 149 € – ½ P

Rest *Surenburg* – Menü 20 € (mittags)/72 € – Karte 33/61 €

Rest *Westfälische Stube* – *(geschl. Montag - Dienstag) (nur Abendessen)* Menü 45/92 € – Karte 45/85 €

Sie wohnen hier in malerischer Lage ca. 300 m vom Wasserschloss entfernt, da passt auch die Reitanlage schön ins Bild! Die Zimmer sind sehr geschmackvoll in modern-elegantem Stil eingerichtet (meist mit Balkon), schön auch die beiden Restaurants - die rustikalere Variante ist die Westfälische Stube.

HÖVELHOF – Nordrhein-Westfalen – **543** – 16 150 Ew – Höhe 107 m **28** F10

Berlin 413 – Düsseldorf 189 – Bielefeld 33 – Detmold 30

Victoria

Bahnhofstr. 35 ✉ 33161 – ✆ (05257) 9 37 70 – www.93770.de

44 Zim – 52/97 € 82/119 € – ½ P

Rest – *(geschl. Samstagmittag)* Menü 20/40 € – Karte 24/46 €

Das Hotel gegenüber dem Bahnhof ist sehr gepflegt, wird familiär geführt und bietet alles, was man unterwegs braucht. Die neuesten Zimmer sind zwar etwas teurer, dafür aber am geräumigsten und klimatisiert! Das Restaurant hat auch einen Bistrobereich, in dem geraucht werden darf.

Gasthof Brink mit Zim 

Allee 38 ✉ 33161 – ✆ (05257) 32 23 – geschl. 1. - 14. Januar, Ende Juli - Anfang August 2 Wochen und Montag

9 Zim – 55 € 85 €

Rest – *(nur Abendessen)* (Tischbestellung ratsam) Menü 59 € – Karte 27/60 €

Bis ins Jahr 1880 geht die Familientradition dieses Hauses zurück. Was Florian Brink in dem eleganten Restaurant kocht, ist eine tolle klassische Küche. Gänseleber mit Sauce Cumberland findet sich ebenso auf der Karte wie Kalbsfilet mit Morcheln oder Seeteufel in Champagnerrahm.

In Hövelhof-Riege Nord-West: 5 km Richtung Kaunitz, dann rechts ab

Gasthaus Spieker mit Zim

Detmolder Str. 86 ✉ 33161 – ✆ (05257) 22 22 – www.gasthaus-spieker.de – geschl. Montag, außer an Feiertagen

13 Zim – 🚹55/60 € 🚻85/90 € – ½ P

Rest – *(nur Abendessen, sonntags auch Mittagessen)* Menü 25/45 € – Karte 23/46 €

Liebenswertes Ambiente, sehr freundlicher Service, gute Produkte - nicht nur für Restaurantbesucher, die regional-mediterran essen möchten, auch für Übernachtungsgäste, die hier zu absolut fairen Preisen in sehr schönen Zimmern schlafen und ein leckeres Frühstück mit ausgezeichnetem Kaffee bekommen!

HÖXTER – Nordrhein-Westfalen – 543 – 31 000 Ew – Höhe 95 m

28 H10

Berlin 362 – Düsseldorf 225 – Hannover 86 – Kassel 70

Weserstr. 11, ✉ 37671, ✆ (05271) 1 94 33, www.hoexter-tourismus.de

Kilianikirche (Kanzel★★)

Wesertal★ (von Höxter bis Hann. Münden) · Corvey: Klosterkirche (Westwerk★), Ost: 3 km

Niedersachsen

Grubestr. 3 ✉ 37671 – ✆ (05271) 68 80 – www.hotelniedersachsen.de

80 Zim – 🚹80/90 € 🚻120 € – ½ P

Rest – Menü 14 € (mittags)/39 € – Karte 20/40 €

Das gut geführte, auch von Geschäftsleuten geschätzte Hotel bietet unterschiedliche Zimmertypen, freundlichen Service und den schönen Freizeitbereich Corbie-Therme. Restaurant Huxori-Stube mit internationaler Küche, kleine Gerichte in der Sachsenklause.

HOF – Bayern – 546 – 45 910 Ew – Höhe 500 m

41 M14

Berlin 317 – München 283 – Bayreuth 55 – Nürnberg 133

Pirk 20a (Süd-West: 5 km), ✆ (09292) 97 70

ADAC Hans-Böckler Str. 10

Ludwigstr. 24, ✉ 95028, ✆ (09281) 8 15 77 77, www.hof.de

Gattendorf-Haidt, Gumpertsreuth 25, ✆ (09281) 47 01 55

Central

Kulmbacher Str. 4 ✉ 95030 – ✆ (09281) 60 50 – www.hotel-central-hof.de

100 Zim – 🚹89 € 🚻119/125 € – 2 Suiten

Rest – Menü 15 € (mittags)/59 € – Karte 20/50 €

In dem Familienbetrieb stehen wohnliche Zimmer mit gutem Platzangebot bereit. Dazu Indoor-Golf, ein ansprechender Saunabereich, Kosmetik und Massage sowie ein Restaurant mit Wintergarten.

Burghof garni

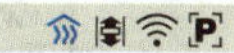

Bahnhofstr. 53 ✉ 95028 – ✆ (09281) 81 93 50 – www.hotel-burghof.com

22 Zim – 🚹69/79 € 🚻89/99 €

Das hübsche Stadthaus aus dem frühen 20. Jh. ist ein nettes familiär geleitetes Hotel, das wohnliche Gästezimmer mit cremefarbenem Stilmobiliar bietet.

Am Maxplatz garni

Maxplatz 7 / Ludwigstr. 15 ✉ 95028 – ✆ (09281) 17 30 – www.hotel-am-maxplatz.de – geschl. 22. - 31. Dezember

18 Zim – 🚹65/90 € 🚻95/110 €

Mitten im Zentrum, nahe dem Rathaus gelegenes gepflegtes kleines Hotel, das in einem denkmalgeschützten Haus mit Gewölbedecken beheimatet ist.

HOFBIEBER – Hessen – 543 – 6 170 Ew – Höhe 380 m – Luftkurort

39 I13

Berlin 434 – Wiesbaden 209 – Fulda 14 – Bad Hersfeld 40

Schulweg 5, ✉ 36145, ✆ (06657) 98 74 11, www.hofbieber-tourismus.de

Hofbieber, Am Golfplatz, ✆ (06657) 13 34

In Hofbieber-Fohlenweide **Süd-Ost: 6 km über Langenbieber**

Fohlenweide
Fohlenweide 1 ✉ 36145 – ✆ (06657) 98 80 – www.fohlenweide.de
27 Zim – 62 € 110 €, 10 € – 1 Suite – ½ P **Rest** – Karte 25/39 €
In dem ehemaligen Gutshof ist ein besonders familienfreundliches Hotel entstanden. Verschiedene Zimmertypen in wohnlich-ländlichem Stil. Mit Reitmöglichkeiten. Rustikal-elegantes Restaurant.

In Hofbieber-Steens **Süd-Ost: 8 km über Langenbieber und Elters**

Lothar Mai Haus
Lothar-Mai-Str. 1 ✉ 36145 – ✆ (06657) 9 60 80 – www.hotel-lothar-mai-haus-rhoen.de
30 Zim – 72/87 € 106/122 € – 2 Suiten – ½ P
Rest – Menü 25/42 € – Karte 24/38 €
Einen schönen Blick über Wald und Wiesen genießt man von dem auf einer Anhöhe gelegenen Hotel. Neuzeitliche Zimmer, Kosmetik- und Massage-Angebot sowie eine Bar für Raucher. Gemütlich-rustikales Restaurant und Terrasse mit grandioser Aussicht.

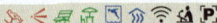

HOFGEISMAR – Hessen – 543 – 15 560 Ew – Höhe 156 m 28 H11

Berlin 407 – Wiesbaden 245 – Kassel 24 – Paderborn 63

Markt 5, ✉ 34369, ✆ (05671) 5 07 04 00, www.reinhardswald.de

Zum Alten Brauhaus

Marktstr. 12 ✉ 34369 – ✆ (05671) 30 81 – www.zumaltenbrauhaus.de – geschl. 27. Dezember - 7. Januar
22 Zim – 45/55 € 73/85 € – 2 Suiten – ½ P
Rest – *(geschl. Sonntagabend - Montagmittag)* Karte 12/37 €
In der Fußgängerzone mitten im malerischen Ortskern liegt das von zwei Brüdern geleitete Traditionsgasthaus mit den gepflegten und solide eingerichteten Zimmern. Das Restaurant ist im bürgerlichen Stil gehalten.

HOFHEIM am TAUNUS – Hessen – 543 – 38 440 Ew – Höhe 136 m 47 F15

Berlin 550 – Wiesbaden 20 – Frankfurt am Main 22 – Limburg an der Lahn 54

Chinonplatz 2, ✉ 65719, ✆ (06192) 20 22 83, www.hofheim.de

Hofheim am Taunus, Reifenberger Straße, ✆ (06192) 20 99 00

Dreispitz
In der Dreispitz 6 (an der B 519) ✉ 65719 – ✆ (06192) 9 65 20 – www.hotel-dreispitz.de – geschl. 20. Dezember - 6. Januar
24 Zim – 75/85 € 88/115 €
Rest – *(geschl. 25. Juli - 25. August) (nur Abendessen)* Karte 20/40 €
Seit mehreren Generationen wird das Haus bereits von Familie Laur geführt, man bleibt am Ball und verbessert immer wieder. So sind die meisten Zimmer freundlich eingerichtet, unterm Dach mit gemütlicher Schräge. Bürgerliche Küche im rustikalen Restaurant.

Die Scheuer

Burgstr. 12 ✉ 65719 – ✆ (06192) 2 77 74 – www.die-scheuer.de – geschl. Sonntagabend - Montag
Rest – Menü 52/98 € – Karte 43/72 €
In der ehemaligen "Hammelschen Scheune" a. d. 17. Jh. spürt man das Engagement der Familie Stöckle: Zum einen ist das Haus charmant und mit viel Liebe renoviert, zum anderen gibt es ambitionierte saisonale Küche mit Wild aus der Region und viel Gemüse. Oder mögen Sie lieber "Zander unter der Korianderkruste mit Wasabischaum, Rote Bete und Topinambur"? Alternativ bekommen Sie im Bistro Schmiede gegenüber bürgerliche Küche.

In Hofheim-Diedenbergen **Süd-West: 3 km über B 519**

Romano

Casteller Str. 68 ✉ 65719 – ✆ (06192) 3 71 08 – www.ristorante-romano.com – geschl. 22. Dezember - 7. Januar und Montag, Samstagmittag
Rest – Karte 35/75 €
In diesem Familienbetrieb stehen Mutter und Vater am Herd, der Sohn serviert freundlich-leger die italienischen Gerichte. Schwerpunkt des auf einer Tafel empfohlenen Angebots ist Fisch.

HOHEN DEMZIN – Mecklenburg-Vorpommern – 542 – 460 Ew – Höhe 70 m 13 N5

Berlin 178 – Schwerin 96 – Neubrandenburg 62 – Waren 26

Schlosshotel Burg Schlitz

(Nahe der B 108, Süd: 2 km, Richtung Waren) ✉ 17166 – ✆ (03996) 1 27 00 – www.burg-schlitz.de
20 Zim – 155/195 € 198/260 €, 19 € – 5 Suiten – ½ P
Rest ***Brasserie Louise*** **Rest** ***Wappen-Saal*** – siehe Restaurantauswahl
Das imposante Schloss auf dem 180 ha großen Anwesen wurde 1806 von Graf Schlitz erbaut und ist heute ein aufwändig und edel mit Stil und Geschmack eingerichtetes Hotel. Klassisch-elegant sind die großen Zimmer mit meist wunderschönen Decken, toll der Spa.

Wappen-Saal – Schlosshotel Burg Schlitz

(Nahe der B 108, Süd: 2 km, Richtung Waren) ✉ 17166 – ✆ (03996) 1 27 00 – www.burg-schlitz.de – geschl. November 1 Woche, Februar - März 4 Wochen und Montag - Dienstag
Rest – *(nur Abendessen)* Menü 66/100 € – Karte 67/79 €
Ein überaus stilvoller Rahmen erwartet Sie in dem eindrucksvollen historischen Raum. Sabine Teubler kocht gehoben, serviert werden zwei Menüs: eines klassisch-französisch ausgelegt, das andere mit Produkten aus der Region.

Brasserie Louise – Schlosshotel Burg Schlitz

(Nahe der B 108, Süd : 2 km, Richtung Waren) ✉ 17166 – ✆ (03996) 1 27 00 – www.burg-schlitz.de – geschl. Montag - Dienstag
Rest – *(Mittwoch - Sonntag nur Mittagessen)* Menü 40/65 € – Karte 24/49 €
In der etwas legereren Brasserie - und auf der schönen Terrasse zum Park - darf man sich auf eine frische regional geprägte Küche freuen, und die gibt es z. B. als "geschmorte Rinderschulter mit Sellerie". Und als Dessert "Schokoladenkuchen mit Blaubeerragout"?

HOFSTETTEN – Baden-Württemberg – 545 – 1 720 Ew – Höhe 259 m 54 E20

Berlin 782 – Stuttgart 146 – Freiburg 47 – Strasbourg 62

Drei Schneeballen

Hauptstr. 11 ✉ 77716 – ✆ (07832) 28 15 – www.drei-schneeballen.de – geschl. 8. - 20. Februar, 5. - 14. August, 18. - 28. November
24 Zim – 36/58 € 62/90 € – ½ P
Rest – *(Montagabend - Dienstag)* Karte 18/45 €
Besonders zu empfehlen sind in dem Traditionsbetrieb die schönen Landhauszimmer (chic die modernen Bäder hier!) und die geräumigen Appartements. Letztere bieten zwar eine Küche, aber die werden Sie angesichts der leckeren Forellengerichte kaum brauchen! Diese Spezialität holt man nach Ihrer Bestellung topfrisch aus dem Bassin im alten Milchhäuschen gegenüber!

HOHENKAMMER – Bayern – 546 – 2 330 Ew – Höhe 471 m 58 L19

Berlin 560 – München 41 – Augsburg 84 – Landshut 69

Hohenkammer 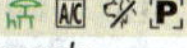

Schlossstr. 25 ✉ 85411 – ✆ (08137) 93 44 43 – www.schlosshohenkammer.de – geschl. 11. - 24. August, 22. Dezember - 4. Januar und Sonntag - Montag
Rest – *(nur Abendessen)* Karte 37/60 €
Ein modernes Restaurant in den schönen Gewölben der ehemaligen Schlossbrauerei. Geboten wird eine zeitgemäße Küche auf klassischer Basis. Nett sitzt man auch im Biergarten.

HOHENSTEIN – Hessen – 543 – 6 110 Ew – Höhe 340 m 47 E14

Berlin 572 – Wiesbaden 23 – Koblenz 64

Hofgut Georgenthal

Georgenthal 1 (Süd-Ost: 5,5 km über Steckenroth, Richtung Strinz-Margarethä)
65329 – (06128) 94 30 – www.hofgut-georgenthal.de
40 Zim – 119/159 € 159/199 € – 1 Suite – ½ P
Rest *Giorgios* – Menü 34/61 € – Karte 30/48 €
Einsam liegt der ehemalige Zehnthof a. d. J. 1692 umgeben von Wald und Wiese. Das Hotel bietet wohnlich-elegantes Ambiente sowie einen Badebereich und Anwendungen. Kleines "Limes"-Museum. Mediterran-regionale Küche im Giorgios.

HOHENSTEIN-ERNSTTHAL – Sachsen – 544 – 15 550 Ew – Höhe 370 m 42 O13

Berlin 269 – Dresden 81 – Chemnitz 15 – Plauen 82

Altmarkt 41, 09337, (03723) 4494 00, www.hohenstein-ernstthal.de

Drei Schwanen

Altmarkt 19 09337 – (03723) 65 90 – www.drei-schwanen.de
32 Zim – 75 € 105 € – ½ P **Rest** – Menü 21/89 € – Karte 30/58 €
In Karl Mays Geburtsstadt liegt dieses klassizistische Stadthaus, dessen wohnliche Zimmer teils mit einer Terrasse versehen sind. Stimmig: die alten Kronleuchter im Treppenaufgang und auch das mit Parkettboden ausgelegte Restaurant, in dem man bürgerlich-internationale Küche mit kreativen Kombinationen bietet.

HOHENTENGEN am HOCHRHEIN – Baden-Württemberg – 545 – 3 670 Ew – Höhe 378 m – Erholungsort 62 E21

Berlin 802 – Stuttgart 176 – Freiburg im Breisgau 79 – Baden 33

Kirchstr. 4, 79801, (07742) 8 53 50, www.hohentengen.de

Wasserstelz

Zim,

Guggenmühle 15 (Nord-West: 3 km, unterhalb der Burgruine Weißwasserstelz)
79801 – (07742) 9 23 00 – www.wasserstelz.de
12 Zim – 60 € 98 € – 1 Suite – ½ P **Rest** – Karte 23/52 €
Über 1000 Jahr alt, ehemals Scheune und Teil einer Burganlage... so viel Historie bringt reichlich Atmosphäre mit sich, und die spürt man sowohl in den wohnlichen Zimmern als auch in der Gaststube mit Holztäfelung und Kachelofen (gekocht wird hier international). Am Rhein hat man übrigens einen Bootsanleger.

In Hohentengen-Lienheim West: 5 km

Landgasthof Hirschen mit Zim

Zim,

Rheintalstr. 13 79801 – (07742) 76 35 – www.hirschen-lienheim.de
– geschl. 26. Dezember - 6. Januar und Sonntag
10 Zim – 40/45 € 70/80 €, 8 € – ½ P
Rest – Menü 17/50 € – Karte 23/60 €
Ausflugsziele gibt es in der Gegend einige, und als Abschluss kehren Sie hier bei Familie Knuth ein: In gemütlich-ländlichen Stuben bekommen Sie saisonale Speisen. Und danach müssen Sie nicht mal mehr aus dem Haus, denn man hat auch gepflegte Gästezimmer und Appartements.

HOHNSTEIN – Sachsen – 544 – 3 470 Ew – Höhe 290 m – Erholungsort 43 R12

Berlin 223 – Dresden 32 – Pirna 16 – Bad Schandau 10

Rathausstr. 9, 01848, (035975) 8 68 13, www.hohnstein.de

In Hohnstein-Rathewalde West: 5,5 km Richtung Pirna

LuK - Das Kleine Landhotel

Rest,

Basteiweg 12 01848 – (035975) 8 00 13 – www.luk-landhotel.de
– geschl. Dezember - Februar
8 Zim – 60/68 € 84/90 € **Rest** – *(nur Abendessen für Hausgäste)*
Ruhig und schön grün ist es hier am Ende des Wohngebietes. Hübsche Stoffe und helle Möbel schaffen in den Zimmern und im luftig-lichten Frühstücksraum Landhausflair.

HOHWACHT – Schleswig-Holstein – 541 – 880 Ew – Höhe 19 m – Seeheilbad

3 J3

Berlin 335 – Kiel 41 – Lübeck 81 – Oldenburg in Holstein 21

Berliner Platz 1, ✉ 24321, ✆ (04381) 9 05 50, www.hohwachterbucht.de

Hohwachter Bucht, ✆ (04381) 9690

Hohe Wacht

Rest, Rest,

Ostseering 5 ✉ 24321 – ✆ (04381) 9 00 80 – www.hohe-wacht.de

87 Zim – 116/143 € 142/179 € – 2 Suiten – ½ P

Rest – Menü 28 € – Karte 27/65 €

Die Lage an einem kleinen Park, nur wenige Schritte vom Strand entfernt, sowie geräumige Gästezimmer mit wohnlicher Einrichtung sprechen für dieses Hotel. Restaurant mit elegantem Touch, im Wintergarten mit Meerblick.

Seeschlösschen

Rest,

Dünenweg 4 ✉ 24321 – ✆ (04381) 40 76 0 – www.seeschloesschen-hohwacht.de

34 Zim – 86/115 € 156/216 € – ½ P

Rest – Menü 35/35 € – Karte 28/42 €

Das Ferienhotel überzeugt durch seine Lage unmittelbar am Ostseestrand. Die Zimmer sind wohnlich gestaltet, darunter einige Appartements mit Glas-Gauben und Balkon zum Meer. Zum Restaurant gehört eine herrliche Terrasse.

HOLLFELD – Bayern – 546 – 5 110 Ew – Höhe 403 m – Erholungsort

50 L15

Berlin 378 – München 254 – Coburg 60 – Bayreuth 23

Wittelsbacher Hof

Langgasse 8 (B 22) ✉ 96142 – ✆ (09274) 9 09 60 – www.wittelsbacher-hof-hollfeld.de – geschl. 27. Oktober - 16. November

8 Zim – 50/60 € 75 € – ½ P

Rest – *(geschl. 26. Oktober - 16. November und Sonntagabend - Montag)* Karte 16/32 €

Geräumige und mit Landhausmöbeln wohnlich ausgestattete Zimmer finden Sie in diesem sehr gepflegten und solide geführten Gasthof vor. Holzvertäfelte Zirbelstube mit gemütlichem Ambiente.

HOLZDORF – Schleswig-Holstein – 541 – 880 Ew – Höhe 25 m

2 I2

Berlin 396 – Kiel 41 – Rendsburg 39

Rosenduft & Kochlust

Glasholz 1 ✉ 24364 – ✆ (04352) 91 20 03 – www.rosenduftundkochlust.de – geschl. Januar - Februar

6 Zim – 110/130 € 130/170 € – ½ P

Rest – *(geschl. Sonntag - Donnerstag) (nur Abendessen für Hausgäste)* Menü 40 €

Was könnte einem alten Bauernhof Schöneres passieren, als zu einem derart stilvollen und liebenswerten Rückzugsort auf dem Lande zu werden? Hier verzichtet man gerne auf Fernseher und Telefon! Die Frühstückseier stammen von den eigenen Hühnern im Garten, nachmittags gibt's "Afternoon Tea" mit Gebäck, abends ein Menü für Hausgäste inklusive Apero und Kaffee.

HOLZGERLINGEN – Baden-Württemberg – 545 – 12 730 Ew – Höhe 476 m

55 G19

Berlin 654 – Stuttgart 28 – Böblingen 6 – Herrenberg 12

Holzgerlingen, Schaichhof, ✆ (07157) 6 79 66

Gärtner

Römerstr. 29 (an der B 464) ✉ 71088 – ✆ (07031) 74 56 – www.hotel-gaertner.de

82 Zim – 61/74 € 92/98 € – ½ P

Rest – *(geschl. Sonntagabend)* Menü 32 € – Karte 21/39 €

Das Hotel ist für den Businessgast interessant. Das liegt zum einen an der verkehrsgünstigen Lage nahe Bahnhof und Bundesstraße, aber auch an der funktionalen Ausstattung. Außerdem gibt es hier ein gutes Frühstück, bürgerlich-regionale Küche und gute Veranstaltungsmöglichkeiten.

Bühleneck garni

Bühlenstr. 81 ✉ 71088 – ✆ (07031) 7 47 50 – www.buehleneck.de

13 Zim – 🚹72/85 € 🚹🚹95/115 €, ☕ 5 € – 2 Suiten

Die ruhige Lage in einer Wohngegend, sehr gepflegte Zimmer und die persönliche Leitung durch das Gastgeberehepaar machen dieses Hotel aus. Auch Appartements mit Küchenzeile.

HOLZKIRCHEN – Bayern – 546 – 15 590 Ew – Höhe 691 m — 66 M21

Berlin 623 – München 34 – Garmisch-Partenkirchen 73 – Bad Tölz 19

Alte Post

Marktplatz 10a ✉ 83607 – ✆ (08024) 3 00 50 – www.alte-post-holzkirchen.de – geschl. über Weihnachten

44 Zim ☕ – 🚹85/120 € 🚹🚹120/130 € **Rest** – *(geschl. Dienstag)* Karte 18/54 €

Dies ist ein richtig schöner gepflegter Traditionsgasthof! Fragen Sie nach den gemütlichen ländlich-modernen Themenzimmern - bei "Golf", "Polo", "Jagd"... ist bestimmt auch was nach Ihrem Geschmack dabei! Und die Gaststuben? Natürlich heimelig-bayerisch!

In Holzkirchen-Großhartpenning Süd-West: 4 km über B 13

Altwirt

Tölzer Str. 135 ✉ 83607 – ✆ (08024) 30 32 20 – www.hotel-altwirt.de

40 Zim ☕ – 🚹98/195 € 🚹🚹130/245 € – 2 Suiten – ½ P

Rest *Altwirtstube* – Karte 16/42 €

Rest *Stubenbach* – *(nur Abendessen, sonntags auch Mittagessen)* Menü 30 € – Karte 16/42 €

Einst stand hier ein alter Landgasthof, heute ist es das Hotel der Familie Vogl mit seinen wohnlichen Zimmern und dem hübschen Saunabereich - beides in warmen Farben gehalten. In der charmanten Altwirtstube werden bayerische Spezialitäten aufgetischt, im Restaurant Stubenbach frische saisonal-mediterrane Speisen.

HOLZMINDEN – Niedersachsen – 541 – 19 940 Ew – Höhe 89 m – Wintersport: 350 m 1 — 28 H10

Berlin 352 – Hannover 75 – Hameln 50 – Kassel 80

Markt 2, ✉ 37603, ✆ (05531) 8 13 89 45, www.holzminden.de

Lindenstr. 8, ✉ 37603, ✆ (05536) 10 11

Rosenhof garni

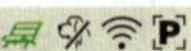

Sollingstr. 85 ✉ 37603 – ✆ (05531) 99 59 00 – www.hotel-rosenhof-holzminden.de – geschl. 22. Dezember - 4. Januar

11 Zim ☕ – 🚹75/100 € 🚹🚹95/125 €

Eine mit Stil und Geschmack eingerichtete Villa, deren wohnliches Ambiente Sie vom Kaminzimmer über die technisch gut ausgestatteten Zimmer bis zum Frühstücksraum begleitet.

In Holzminden-Silberborn Süd-Ost: 12 km über B 497 – Luftkurort

Landhaus Sollingshöhe

Dasseler Str. 15 ✉ 37603 – ✆ (05536) 9 50 80 – www.landhaus-sollingshoehe.de – geschl. Juli 2 Wochen

20 Zim ☕ – 🚹35/45 € 🚹🚹70/80 €

Rest – *(geschl. Montag - Dienstagmittag)* Menü 20/30 € – Karte 26/32 €

In diesem sehr gepflegten, familiär geleiteten kleinen Hotel am Ortsausgang erwarten Sie mit Landhausmöbeln und freundlichen Farben nett gestaltete Zimmer. Restaurant in ländlichem Stil.

HOMBURG am MAIN – Bayern – siehe Triefenstein

HOMBURG (SAAR) – Saarland – 543 – 43 730 Ew – Höhe 233 m — 46 C17

Berlin 680 – Saarbrücken 33 – Kaiserslautern 42 – Neunkirchen/Saar 15

Am Forum 5, ✉ 66424, ✆ (06841) 10 11 68, www.homburg.de

18 Homburg, Websweiler Hof, ✆ (06841) 77 77 60

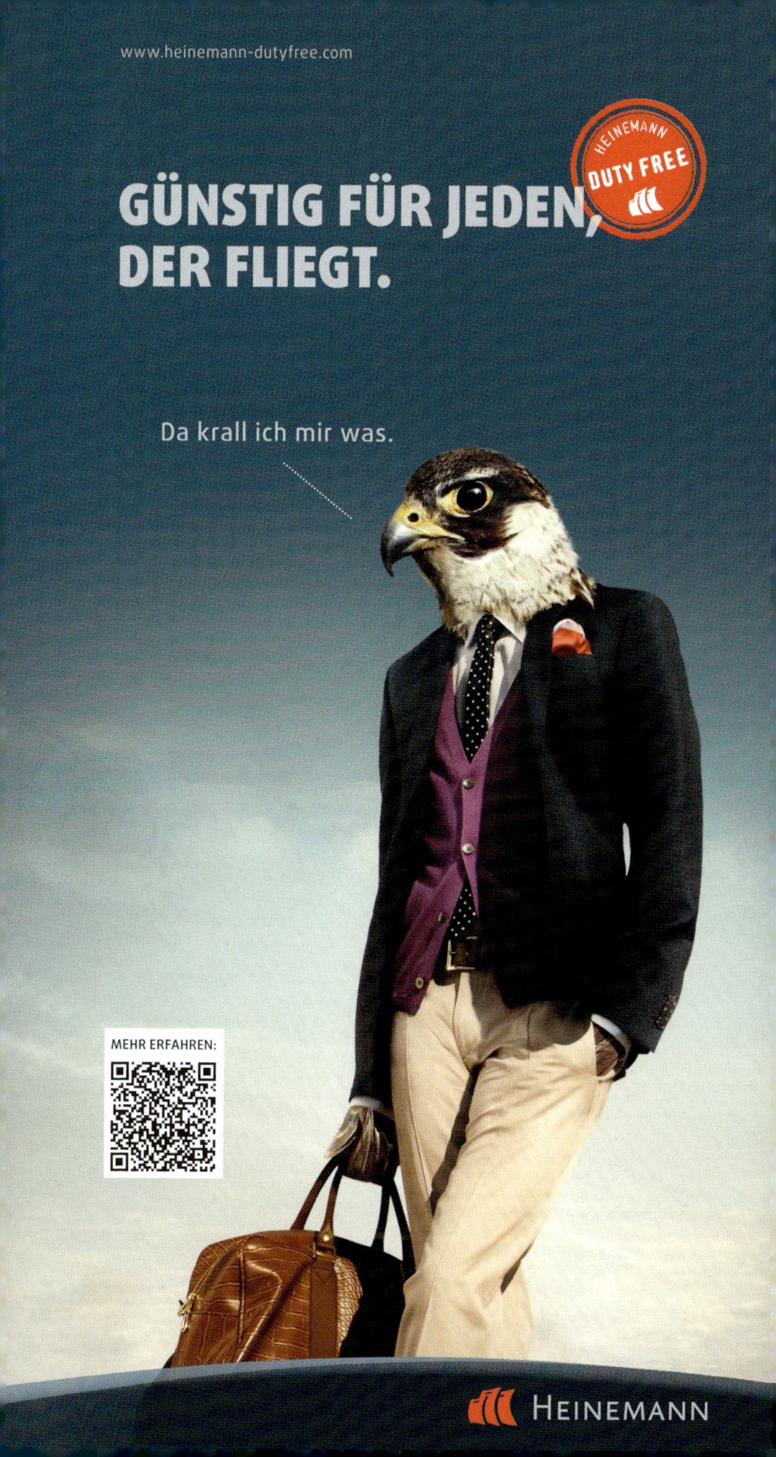
www.heinemann-dutyfree.com
HEINEMANN
DUTY FREE
GÜNSTIG FÜR JEDEN, DER FLIEGT.
Da krall ich mir was.
MEHR ERFAHREN:
HEINEMANN

Schlossberg

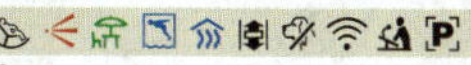

Schlossberg-Höhenstraße ✉ 66424 – ✆ (06841) 66 60 – www.schlossberghotelhomburg.de – geschl. 1. - 7. Januar
74 Zim ☕ – 🚹90 € 🚹🚹140/170 € – ½ P
Rest – Menü 26/50 € – Karte 22/53 €
Neben der Festung Homburg thront das Hotel über der Stadt und bietet eine einmalige Aussicht. Die Zimmer sind zeitgemäß und funktional, die Tagungsräume gut ausgestattet. Angenehm helles Restaurant mit hochwertiger geradliniger Einrichtung und Panoramablick.

Euler garni

Talstr. 40 ✉ 66424 – ✆ (06841) 9 33 30 – www.hoteleuler.de
50 Zim ☕ – 🚹75/81 € 🚹🚹85/98 €
Das ansprechende freundliche Ambiente begleitet die Gäste vom Empfang über die wohnlichen Zimmer bis in den Frühstücksraum, wo sie am Morgen eine gute Buffetauswahl erwartet.

In Homburg-Schwarzenbach Süd: 3 km

XXX

Petit Château mit Zim

Alte Reichsstr. 4 ✉ 66424 – ✆ (06841) 1 52 11 – www.petit-chateau.de – geschl. 1. - 11. Januar, 8. - 10. Juni, Ende Juli - Anfang August 2 Wochen und Sonntag - Montagmittag, Samstagmittag
6 Zim – 🚹55 € 🚹🚹100 €, ☕ 10 € **Rest** – Menü 52/69 € – Karte 53/68 €
Wer zu Rita und Erich Huber kommt, den erwartet ein elegantes Restaurant mit gehobener Tischkultur - ein paar Plätze bieten einen guten Blick in die Küche! Das ist aber noch nicht alles: Richtig bequem sitzt es sich in den schönen Chesterfield-Sesseln der Campagnerlounge! Reizvoll auch die Terrasse zum Garten.

HOMBURG vor der HÖHE, BAD – Hessen – 543 – 52 530 Ew – Höhe 197 m – Heilbad

47 F14

▶ Berlin 526 – Wiesbaden 45 – Frankfurt am Main 18 – Gießen 48
ADAC Luisenstr. 40 A1
ℹ Louisenstr. 58, Kurhaus A2, ✉ 61348, ✆ (06172) 1 78 37 10, www.bad-homburg-tourismus.de
⛳18 Bad Homburg, Saalburgchaussee 2a, ✆ (06172) 30 68 08
👁 Kurpark ★ B1

Stadtplan auf der nächsten Seite

Steigenberger

Kaiser-Friedrich-Promenade 69 ✉ 61348 – ✆ (06172) 18 10 – www.bad-homburg.steigenberger.de B2**r**
148 Zim – 🚹99/185 € 🚹🚹99/185 €, ☕ 21 € – 21 Suiten
Rest *Charly's Bistro* – Menü 36/56 € – Karte 32/59 €
Hinter der klassischen Fassade verbergen sich eine elegante Lobby und geräumige Zimmer - die schönsten in Rot- und Champagnertönen auf der 4. und 5. Etage. Französisches Brasserie-Flair in "Charly's Bistro".

Parkhotel Bad Homburg

Kaiser-Friedrich-Promenade 53 ✉ 61348 – ✆ (06172) 80 10 – www.parkhotel-bad-homburg.de B2**s**
122 Zim ☕ – 🚹88/132 € 🚹🚹108/152 € – 10 Suiten
Rest *Limoncello* – ✆ (06172) 80 13 00 – Menü 33 € (mittags) – Karte 26/59 €
Rest *Fritz 55* – ✆ (06172) 94 59 80 *(geschl. Sonntagabend und Montagabend)* Karte 30/40 €
Das Hotel nahe dem Kurpark besteht aus drei Gebäuden. Hübsch sind die zwei "Schwalbennester" in der Villa Nova. Am ruhigsten wohnt man im Haupthaus, etwas nach hinten versetzt. Italienische Speisen im mediterranen Limoncello, deutsche Küche sowie Konditorspezialitäten im Fritz 55.

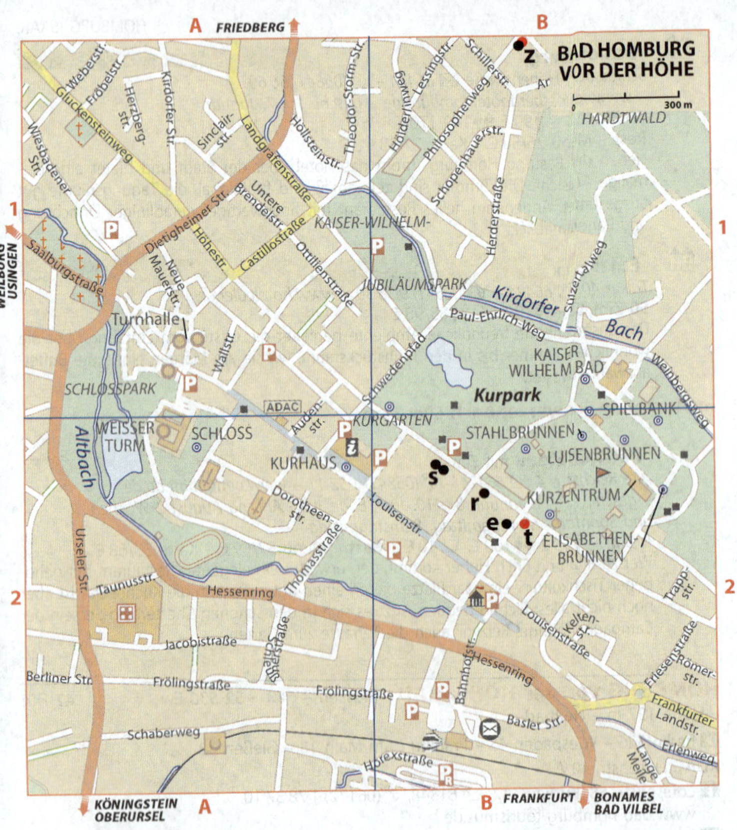

Hardtwald

Philosophenweg 31 61350 – (06172) 98 80 – www.hardtwald-hotel.de – geschl. 20. Dezember - 5. Januar B1**z**

29 Zim – 105/125 € 115/135 € – 2 Suiten

Rest *Schellers* – siehe Restaurantauswahl

Rest *Rusticano* – (06172) 98 81 51 *(geschl. Samstag - Sonntag)* Karte 32/59 €

Für Jogger, Walker und Wanderer ist das hier ein Eldorado am Rand des Taunus. Die idyllische ruhige Lage und die schöne wohnliche Einrichtung sind ideal für Familien oder ruhesuchende Businessgäste. Im Rusticano gibt es Internationales, aber auch die bekannte Frankfurter Grüne Sauce mit Eiern. Im Winter wird's bei offenem Kamin gemütlich-urig.

Comfort Hotel Am Kurpark garni

Ferdinandstr. 2 61348 – (06172) 92 63 00 – www.comforthotel.de B2**e**

45 Zim – 89/219 € 115/269 €

In diesem Stadthaus im klassischen Stil stehen funktionelle, teilweise mit Parkettboden ausgestattete Zimmer bereit, die über ökologische Klimaanlage und Kaffeeautomat verfügen.

Villa am Kurpark garni

Kaiser-Friedrich-Promenade 57 61348 – (06172) 1 80 00 – www.karin-loew-hotellerie.de – geschl. 23. Dezember - 1. Januar. B2**s**

24 Zim – 85/129 € 99/175 €

Das freundlich geführte Hotel ist eine hübsche Villa a. d. 19. Jh. mit wohnlicher Atmosphäre. Zimmer teils mit Blick auf den Kurpark. Heller Frühstücksraum zum kleinen Garten.

Schellers – Hotel Hardtwald
Philosophenweg 31 ✉ 61350 – ✆ (06172) 98 81 51 – www.schellers-restaurant.com – geschl. 23. Dezember - 12. Januar, 28. Juli - 17. August und Sonntag - Montag
Rest – *(nur Abendessen)* Menü 89/105 € – Karte 71/83 € B1**z**
Blick zum Wald und auf alten Baumbestand, mediterranes Flair, freundlich-legerer Service... und dazu die zeitgemäß-internationalen Speisen von Küchenchef Christoph Hesse.
➜ Ferkel / Schwertfisch / Bohne. US-Entrecôte / Kräuterseitling / Perlzwiebel. Guanaja 70% / Banane / Avocado.

Sänger's Restaurant
Kaiser-Friedrich-Promenade 85 ✉ 61348 – ✆ (06172) 92 88 39 – www.saengers-restaurant.de – geschl. Juli - August 2 Wochen und Sonntag - Montag B2**t**
Rest – Menü 36 € (mittags)/105 € – Karte 54/94 €
In dem eleganten Restaurant hinter wilhelminischer Fassade bietet Klaus Sänger klassische Küche. Seine Frau kümmert sich gekonnt um Deko und Service. Schöne Bordeaux-Auswahl.

In Bad Homburg-Ober-Erlenbach Süd-Ost: 6 km über Frankfurter Landstraße B2

Katharinenhof garni
Ober-Erlenbacher Str. 16 ✉ 61352 – ✆ (06172) 94 39 00 – www.hotel-katharinenhof.com
32 Zim – 74/79 € 125/145 €
Mutter und Sohn leiten das ruhig außerhalb von Bad Homburg gelegene Hotel, das für Businessgäste gut geeignet ist. Die Zimmer sind funktional, teilweise mit kleinem Balkon.

HONNEF, BAD – Nordrhein-Westfalen – 543 – 25 330 Ew – Höhe 75 m 36 C13

Berlin 605 – Düsseldorf 86 – Bonn 17 – Koblenz 51
Rathausplatz 1, ✉ 53604, ✆ (02224) 9 88 27 46, www.bad-honnef.de
Windhagen-Rederscheid, Brunnenstr. 11, ✆ (02645) 80 41

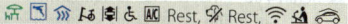

avendi Rest, Rest,
Hauptstr. 22 ✉ 53604 – ✆ (02224) 18 90 – www.avendi.de/badhonnef
97 Zim – 106/125 € 126/146 € – 4 Suiten
Rest *Konrad A.* – Menü 19/22 € – Karte 24/42 €
Hier hat man eine hübsche Villa zu einem neuzeitlichen Tagungshotel erweitert. Modern und sachlich-funktionell ist das Ambiente.

In Bad Honnef-Rhöndorf Nord: 1,5 km

Caesareo
Rhöndorfer Str. 39 ✉ 53604 – ✆ (02224) 7 56 39 – www.caesareo.de – geschl. Dienstag
Rest – (Tischbestellung ratsam) Menü 65 € – Karte 40/70 €
In dem angenehm lichten Restaurant bietet man klassische Küche mit international-italienischem Einschlag. Hinter dem Haus: die schön begrünte Terrasse.

HOOKSIEL – Niedersachsen – siehe Wangerland

HORBEN – Baden-Württemberg – 545 – 1 110 Ew – Höhe 607 m 61 D20

Berlin 815 – Stuttgart 216 – Freiburg im Breisgau 10

Gasthaus zum Raben (Steffen Disch) mit Zim
Dorfstr. 8 ✉ 79289 – ✆ (0761) 55 65 20 – www.raben-horben.de – geschl. Montag - Dienstag
6 Zim – 55/95 € 75/145 € – ½ P
Rest – Menü 48 € (vegetarisch)/84 € – Karte 34/76 €
"Unser Raben-Menü", "Fein-Heimisch" oder lieber "Vegetarisch"... bei Steffen Disch kann man eine gehobene Küche genießen - mittags gibt es in der gemütlich-ländlichen Stube mit Holztäfelung und Kachelofen zusätzlich badisch-regionale Klassiker. Oder möchten Sie auf der Innenhofterrasse speisen? Nett ist auch der Biergarten. So liebenswert wie das Restaurant sind auch die wohnlichen Gästezimmer.
➜ Jakobsmuschel, Rote Beete, Wasabi, Erbse, Yuzu. Loup de mer, Chicorée, Rosinen-Mandelreis, Hummer-Currysauce. Gratinierte Limonencreme, Blutorange, Schokolade.

HORBRUCH – Rheinland-Pfalz – 543 – 370 Ew – Höhe 455 m 46 C15

Berlin 665 – Mainz 92 – Koblenz 76 – Trier 64

Historische Schlossmühle (mit Gästehaus)

An der Landstr. 190 (Ost: 1 km Richtung Rhaunen) ✉ *55483 – (06543) 40 41 – www.historische-schlossmuehle.de*

18 Zim – 88/98 € 129/150 € – 1 Suite – ½ P

Rest ***Historische Schlossmühle*** – siehe Restaurantauswahl

Die liebenswerte Kombination ganz verschiedener Einrichtungsstile macht die ehemalige Mühle a. d. 17. Jh. besonders. Schön ist die ruhige Lage in einem kleinen Tal. Der Service ist gut, ebenso das Frühstück. Keine TV-Geräte im Haus.

Historische Schlossmühle – Hotel Historische Schlossmühle

An der Landstr. 190 (Ost: 1 km Richtung Rhaunen) ✉ *55483 – (06543) 40 41 – www.historische-schlossmuehle.de*

Rest – Menü 39/79 € – Karte 34/64 €

Hinter der historischen Fassade glänzt der einstige Mühlenraum mit seinem erhaltenen Charakter, eleganter Behaglichkeit und kreativen Dekorationen - Blickfang sind die alten Mühlräder!

HORGAU – Bayern – 546 – 2 590 Ew – Höhe 465 m 57 J19

Berlin 577 – München 82 – Augsburg 17 – Memmingen 101

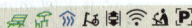

Zum Schwarzen Reiter

Hauptstr. 1 (B 10) ✉ *86497 – (08294) 8 60 80 – www.flairhotel-platzer.de – geschl. 21. Dezember - 5. Januar*

48 Zim – 71/106 € 95/130 € **Rest** – Karte 20/40 €

Familie Platzer hat hier mit einem Faible für Farben und Themen (am schönsten sind die "Elemente"-Zimmer im "Haus der Sinne"!) ein schönes Umfeld zum Wohnen und Tagen geschaffen. Ebenso angenehm: die auffallend freundlichen Mitarbeiter!

HORNBACH – Rheinland-Pfalz – 543 – 1 570 Ew – Höhe 233 m 53 C17

Berlin 708 – Mainz 140 – Saarbrücken 44 – Zweibrücken 11

Kloster Hornbach

Im Klosterbezirk ✉ *66500 – (06338) 91 01 00 – www.kloster-hornbach.de*

33 Zim – 99/179 € 149/199 € – ½ P

Rest ***Refugium*** **Rest** ***Klosterschänke*** – siehe Restaurantauswahl

Eine gelungene Einheit von Historie und Moderne bietet das Kloster a. d. 8. Jh. schon in der Naturstein-Lobby. Ganz individuell wohnt es sich in den Zimmertypen Remise, Shaker, Asia, Ethno und Mediterran - und wer mal auf TV und Telefon verzichten möchte, bezieht eine der Pilgerzellen. Die Gartenanlage samt Kräutergarten ist ein Traum in Grün!

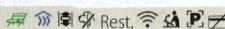

Lösch für Freunde

Rest,

Hauptstr. 19 ✉ *66500 – (06338) 91 01 02 00 – www.loesch-fuer-freunde.de – geschl. 6. - 30. Januar*

15 Zim – 210/223 € 350/376 € – 7 Suiten – ½ P

Rest – *(nur Abendessen) (nur für Hausgäste)* Menü 89 €

Service ist hier das A und O, dazu pure Individualität und Liebe zum Detail, wohin man schaut! Gönnen Sie sich Ihren ganz persönlichen Luxus in hochwertigen Wohnwelten wie "Gartenzimmer", "Großmamas Stube", "Spielzimmer"... und bei Vollpension mit Snacks, Kaffee & Kuchen und dem gemeinsamen Abendessen am langen Tisch! Ein Hotelerlebnis, wie man es nur selten hat!

Refugium – Hotel Kloster Hornbach

Im Klosterbezirk ✉ *66500 – (06338) 91 01 00 – www.kloster-hornbach.de – geschl. 6. Januar - 4. Februar, Mai 2 Wochen, Ende Oktober 1 Woche und Montag - Dienstag*

Rest – *(nur Abendessen)* Menü 43/96 € – Karte 52/75 €

Das historische Flair der schönen Klosteranlage findet sich auch im Restaurant in Form eines tollen Kreuzgewölbes - und die Küche hält, was das modern-elegante Ambiente verspricht: Martin Opitz bringt ambitionierte Speisen wie "2-mal Jakobsmuschel mit Artischocken" auf den Teller, serviert von einem kompetenten und freundlichen Service.

Klosterschänke – Hotel Kloster Hornbach
Im Klosterbezirk ✉ 66500 – ✆ (06338) 91 01 00 – www.kloster-hornbach.de
Rest – Menü 31/39 € – Karte 26/47 €
In der Schänke sitzt man in ausgesprochen gemütlicher Atmosphäre bei Pfälzer Wein und stark regional geprägten Gerichten wie dem "Blanquette vom Kaninchen" und der "Roulade vom Saibling mit Räucherfischpraline" oder aber einem niveauvollen Vesper.

HORN-BAD MEINBERG – Nordrhein-Westfalen – 543 – 17 620 Ew – Höhe 207 m 28 G10

Berlin 369 – Düsseldorf 197 – Bielefeld 37 – Detmold 10
Allee 9, ✉ 32805, ✆ (05234) 9 89 03, www.hornbadmeinberg.de

Im Stadtteil Bad Meinberg – Heilbad

Quality Hotel Vital Zum Stern 
Brunnenstr. 84 ✉ 32805 – ✆ (05234) 90 50 – www.zum-stern.de
126 Zim – 70 € 100/169 € **Rest** – Karte 26/46 €
Am Kurpark gelegenes Hotel mit Zugang zum Gesundheitszentrum. Das mehr als 200 Jahre alte Fachwerkgebäude und der Brunnentrakt beherbergen funktionelle, neuzeitliche Zimmer. Gediegen eingerichtetes Restaurant mit Atrium.

Im Stadtteil Holzhausen-Externsteine – Luftkurort

Waldhotel Bärenstein 
Am Bärenstein 44 ✉ 32805 – ✆ (05234) 20 90 – www.hotel-baerenstein.de
70 Zim – 57/92 € 104/114 € – ½ P **Rest** – *(geschl. Montag)* Karte 23/32 €
Ruhig liegt das 1904 gegründete familiengeführte Hotel am Waldrand. Die Zimmer sind in verschiedene Kategorien unterteilt - schön sind die Giebelzimmer. Gediegenes Restaurant mit Wintergarten.

HORNBERG (ORTENAUKREIS) – Baden-Württemberg – 545 – 4 240 Ew – Höhe 953 m – Erholungsort 62 E20

Berlin 745 – Stuttgart 132 – Freiburg im Breisgau 58 – Offenburg 45
Bahnhofstr. 3, ✉ 78132, ✆ (07833) 7 93 22, www.hornberg.de

Adler 
Hauptstr. 66 ✉ 78132 – ✆ (07833) 93 59 90 – www.hotel-adler-hornberg.de – geschl. 27. Februar - 10. März
19 Zim – 47/53 € 74/82 € – ½ P
Rest – *(geschl. Freitag)* Menü 23/48 € – Karte 19/40 €
Hier erwartet Sie familiäre Führung im besten Sinne, denn das Ehepaar Vogel kümmert sich wirklich zuvorkommend um die Gäste. Das Engagement merkt man auch an der wohnlichen Einrichtung in dem historischen Haus, am guten Frühstück und an der liebenswerten Atmosphäre im Restaurant.

In Hornberg-Fohrenbühl Nord-Ost: 8 km Richtung Schramberg

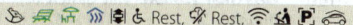

Landhaus Lauble Rest, Rest,
Fohrenbühl 65 ✉ 78132 – ✆ (07833) 9 36 60 – www.landhaus-lauble.de – geschl. 4. - 9. März
25 Zim – 40/60 € 80/100 € – 3 Suiten – ½ P
Rest – *(geschl. 3. - 9. März und Montag, Mai - September: Montagmittag)* Menü 20 € – Karte 16/38 €
Es sieht richtig idyllisch aus, wie das typische Schwarzwaldhaus am Waldrand liegt, ein Fischteich davor und viel Grün drum herum! Da passen das Quellwasser aus dem eigenen Brunnen, der Streichelzoo für Kinder und das bürgerlich-regionale Speisenangebot gut ins Bild. Im Sommer mit großer überdachter Terrasse.

HORUMERSIEL – Niedersachsen – siehe Wangerland

HOSENFELD – Hessen – 543 – 4 590 Ew – Höhe 374 m 38 H13

▶ Berlin 465 – Wiesbaden 147 – Fulda 17

An der Straße nach Fulda Ost: 3 km

Sieberzmühle Zim,

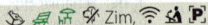

Sieberzmühle 1 ✉ 36154 – ✆ (06650) 9 60 60 – www.sieberzmuehle.de – geschl. 6. - 26. Januar

31 Zim – 49/55 € 78/80 € – ½ P

Rest – *(geschl. 6. - 27. Januar und Montag)* Menü 16 € (unter der Woche)/40 € – Karte 16/42 €

Das solide ausgestattete familiengeführte Hotel in ruhiger Lage ist aus einer ehemaligen Getreidemühle a. d. 16. Jh. entstanden. Zur Anlage gehören auch Badeteich und Damwildgehege. Im Restaurant bietet man bürgerliche Küche. Ein Mühlrad dient als Dekor.

HOYERSWERDA – Sachsen – 544 – 36 690 Ew – Höhe 116 m 34 R11

▶ Berlin 165 – Dresden 65 – Cottbus 44 – Görlitz 80

ℹ Schlossergasse 1, ✉ 02977, ✆ (03571) 90 41 00, www.hoyerswerda.de

In Elsterheide-Neuwiese Nord-West: 3,5 km Richtung Senftenberg

Landhotel Neuwiese

Elstergrund 55 ✉ 02979 – ✆ (03571) 4 29 80 – www.neuwiese.de

18 Zim – 48/85 € 65/105 € – 1 Suite

Rest – *(Montag - Freitag nur Abendessen)* Karte 15/23 €

Der freundlich geführte Familienbetrieb liegt relativ ruhig im Ortskern und verfügt über wohnlich-funktionelle Zimmer. Besonders hübsch: das Appartement und das Hochzeitszimmer. Rustikaler Restaurantbereich.

HÜCKESWAGEN – Nordrhein-Westfalen – 543 – 15 650 Ew – Höhe 270 m 36 D12

▶ Berlin 544 – Düsseldorf 66 – Köln 44 – Lüdenscheid 27

In Hückeswagen-Kleineichen Süd-Ost: 1 km

Haus Kleineichen

Bevertalstr. 44 ✉ 42499 – ✆ (02192) 43 75 – www.haus-kleineichen.de

Rest – Menü 17/28 € – Karte 27/40 €

Der Familienbetrieb ist ein im charmanten alpenländischen Stil gehaltenes Restaurant mit international beeinflusster bürgerlicher Küche. Am Mittag kleines Angebot in Menüform.

HÜFINGEN – Baden-Württemberg – 545 – 7 730 Ew – Höhe 684 m – Erholungsort 62 F21

▶ Berlin 751 – Stuttgart 126 – Freiburg im Breisgau 59 – Donaueschingen 3

ℹ Hauptstr. 16, ✉ 78183, ✆ (0771) 60 09 24, www.huefingen.de

In Hüfingen-Fürstenberg Süd-Ost: 9,5 km über B 27 Richtung Blumberg

Gasthof Rössle (mit Gästehaus)

Zähringer Str. 12 ✉ 78183 – ✆ (0771) 6 00 10 – www.hotel-zum-roessle.de

39 Zim – 62/75 € 92/101 € – ½ P

Rest *Gasthof Rössle* – siehe Restaurantauswahl

In der Ortsmitte liegt der traditionsreiche, familiär geleitete Gasthof. Tipp: Im Gästehaus sind die Zimmer neuzeitlicher und geräumiger als im Haupthaus.

Gasthof Rössle – Hotel Gasthof Rössle

Zähringer Str. 12 ✉ 78183 – ✆ (0771) 6 00 10 – www.hotel-zum-roessle.de – geschl. Donnerstag

Rest – Menü 30/56 € – Karte 22/46 €

Wer bei Andrea und Xaver Wolfsteiner nicht nur übernachten möchte, lässt sich in der ländlichen Gaststube oder im hübschen Wintergarten (Rattanstühle und Steinboden wirken fast mediterran) bürgerliche Küche servieren.

In Hüfingen-Mundelfingen Süd-West: 7,5 km über Hausen

Landgasthof Hirschen

Wutachstr. 19 ✉ 78183 – ✆ (07707) 9 90 50 – www.hirschen-mundelfingen.de – geschl. Januar 2 Wochen, Ende August - Anfang September 2 Wochen und Mittwoch - Donnerstag

Rest – Menü 39/69 € – Karte 32/51 €

Gemütlich ist es hier (liebevolle Deko, viel helles Holz...) und gut essen kann man auch! Chefin Verena Martin kocht regional: z. B. "Spanferkel mit Honig-Senf-Kruste, Frühlingslauchknöpfle und Reichenauer Gemüse" oder auch "Dorade mit Bärlauchrisotto und Kirschtomaten"!

HÜGELSHEIM – Baden-Württemberg – 545 – 4 900 Ew – Höhe 121 m 54 E18

Berlin 707 – Stuttgart 108 – Karlsruhe 36 – Rastatt 10

Hirsch

Hauptstr. 28 (B 36) ✉ 76549 – ✆ (07229) 22 55 – www.hirsch-huegelsheim.de

26 Zim – 60/80 € 80/95 € – 4 Suiten

Rest – *(geschl. Anfang Januar 1 Woche, über Fasching 1 Woche, Ende Juni - Anfang Juli 1 Woche, Mitte August 2 Wochen und Dienstagabend - Mittwoch)* Karte 21/51 €

Ein netter Familienbetrieb mit wohnlichen Zimmern, einem großen Garten mit Pool sowie einer witzigen Bar mit sehr spezieller Atmosphäre, die sich in der ehemaligen Metzgerei befindet. Gemütlich ist das rustikale Restaurant. In der Saison bietet man eine große Auswahl an Spargelgerichten.

Waldhaus garni

Am Hecklehamm 20 ✉ 76549 – ✆ (07229) 3 04 30 – www.waldhaus-huegelsheim.de – geschl. 23. Dezember - Anfang Januar

14 Zim – 58/65 € 86/90 €

Das kleine Hotel in ruhiger Lage wird familiär geleitet und verfügt über gepflegte, solide eingerichtete Zimmer und einen netten Garten.

HÜNSTETTEN – Hessen – 543 – 10 180 Ew – Höhe 325 m 47 E14

Berlin 565 – Wiesbaden 29 – Frankfurt 54 – Limburg an der Lahn 20

In Hünstetten-Bechtheim

Rosi's Restaurant

Am Birnbusch 17 ✉ 65510 – ✆ (06438) 21 26 – www.rosis-restaurant.de – geschl. Januar 10 Tage, August - September 1 Woche, Oktober 1 Woche und Dienstag - Donnerstag

Rest – Menü 49 € – Karte 25/50 €

Seit über 25 Jahren leitet Namensgeberin Rosi das Restaurant gemeinsam mit ihrem Mann. Die beiden sind hier ebenso wenig wegzudenken wie z. B. die Fischsuppe mit Safran! Neben der Standardkarte gibt es noch Saisonales von der Schiefertafel. Nicht zu vergessen: die Terrasse zum schönen Garten mit Teich!

HÜRTGENWALD – Nordrhein-Westfalen – 543 – 8 670 Ew – Höhe 380 m 35 B13

Berlin 625 – Düsseldorf 88 – Aachen 46 – Bonn 70

In Hürtgenwald-Simonskall

Landhotel Kallbach

Zim,

Simonskall 24 ✉ 52393 – ✆ (02429) 9 44 40 – www.kallbach.de

48 Zim – 75/80 € 104/118 € – 1 Suite

Rest – *(geschl. Mitte Oktober - Mitte April: Sonntagabend)* Karte 21/45 €

Das familiengeführte Tagungshotel mit funktionellen Zimmern ist auch für Kurzurlauber im Nationalpark Eifel interessant. Das Haus liegt ruhig im Tal, die Zimmer haben meist einen Balkon und das Restaurant ist schön freundlich gestaltet.

In Hürtgenwald-Vossenack

Zum alten Forsthaus
Rest,

Germeter Str. 49 (B 399) ✉ *52393 – (02429) 78 22 – www.zum-alten-forsthaus.de*
49 Zim – 59/79 € 98/106 €, 5 € – ½ P **Rest** – Karte 24/50 €
Aus einem ehemaligen Forsthaus ist dieses Hotel unter familiärer Leitung gewachsen. Wohnliche, überwiegend geräumige Zimmer, ein gutes Tagungsangebot und ein Restaurant mit internationaler Karte. Man hat übrigens einen eigenen Mineralwasserbrunnen!

HUSUM – Schleswig-Holstein – 541 – 22 090 Ew – Höhe 14 m – Erholungsort 1 G3

Berlin 424 – Kiel 84 – Sylt (Westerland) 42 – Flensburg 42
Norderstr. 15, ✉ 25813, (04841) 8 98 70, www.husum-tourismus.de
Schwesing, Hohlacker 5, (04841) 7 22 38
Die Halligen★ (per Schiff)

Altes Gymnasium
Zim,

Süderstr. 2 (Zufahrt über Ludwig-Nissen-Straße) ✉ *25813 – (04841) 83 30 – www.altes-gymnasium.de*
53 Zim – 105/145 € 179/225 € – ½ P
Rest *Eucken* – siehe Restaurantauswahl
Rest *Alte Schule* – Karte 28/50 €
Ein schmuckes Anwesen mit historischem Charme - 1866/67 als Schule erbaut und liebevoll zum Hotel umgestaltet. Besonders hübsch sind die Superior-Zimmer, dazu Wellness auf 1000 qm. Internationale und regionale Karte in der "Alten Schule" - einst Schulhof, heute luftig-lichter Wintergarten.

Theodor-Storm-Hotel

Neustadt 60 ✉ *25813 – (04841) 8 96 60 – www.bw-theodor-storm-hotel.de*
50 Zim – 79/104 € 118/143 € – 1 Suite – ½ P
Rest – *(geschl. im Winter: Sonntag) (nur Abendessen)* Karte 17/29 €
Ein solides Stadt- und Businesshotel im Zentrum mit zeitgemäßen Gästezimmern und guten Parkmöglichkeiten. W-Lan bietet man kostenlos an. Rustikale Hausbrauerei mit bürgerlicher Speisenauswahl. Dazu der zum Hof hin gelegene Biergarten.

Am Schlosspark garni

Hinter der Neustadt 74 ✉ *25813 – (04841) 6 61 10 – www.hotel-am-schlosspark-husum.de*
64 Zim – 69/99 € 89/139 €
Das Hotel liegt ruhig etwas außerhalb des Zentrums. Einige der wohnlichen Zimmer sind besonders hübsch und modern, ebenso der Frühstücksraum mit großem Buffet.

Thomas Hotel garni

Am Zingel 7 ✉ *25813 – (04841) 6 62 00 – www.thomas-hotel.de*
56 Zim – 69/149 € 92/169 € – 3 Suiten
Die zentrale Lage nahe dem Hafen sowie zeitgemäße Gästezimmer mit kostenfreiem W-Lan sprechen für dieses Hotel. Auch eine schöne Bar ist vorhanden.

Eucken – Hotel Altes Gymnasium

Süderstr. 2 (Zufahrt über Ludwig-Nissen-Straße) ✉ *25813 – (04841) 83 30 – www.altes-gymnasium.de – geschl. Januar und Montag - Dienstag*
Rest – *(nur Abendessen)* Menü 58/110 € – Karte 50/76 €
In einem stilvollen Restaurant mit hellem Gewölbe serviert man zeitgemäße Küche. Namensgeber ist der Literatur-Nobelpreisträger Eucken, der hier im 19. Jh. Philosophie lehrte.

In Husum-Schobüll-Hockensbüll Nord-West: 3 km

Zum Krug

Alte Landstr. 2a ✉ *25813 – (04841) 6 15 80 – www.zum-krug.de – geschl. Mitte Januar - Mitte Februar und Montag - Dienstag*
Rest – *(nur Abendessen)* (Tischbestellung erforderlich) Menü 35 € – Karte 36/57 €
Das denkmalgeschützte Friesenhaus wird seit 1707 als Gasthaus betrieben und bietet regionale Küche, die man in gemütlich-charmanten Stuben an schön eingedeckten Tischen serviert.

In Simonsberg-Simonsbergerkoog Süd-West: 7 km

 **Lundenbergsand** 

Lundenbergweg 3 ✉ 25813 – ✆ (04841) 8 39 30 – www.hotel-lundenbergsand.de – geschl. 14. - 25. Dezember

23 Zim – 69/99 € 109/139 € – 2 Suiten – ½ P

Rest – *(geschl. im Winter: Montag - Donnerstagmittag)* Menü 23 € (abends) – Karte 22/49 €

Das reetgedeckte Haus hinterm Deich wird familiär geleitet. Die Zimmer sind sehr wohnlich und individuell, einige in schönem geradlinigem Design. Moderner Stil auch im "Watt'n Spa". Behaglich-rustikales Ambiente und bürgerliche Küche im Restaurant.

In Hattstedtermarsch Nord-West: 14 km, 9 km über B 5, dann links

 **Arlau-Schleuse**  

✉ 25856 – ✆ (04846) 6 99 00 – www.arlau-schleuse.de

41 Zim – 51/68 € 84/107 € – ½ P

Rest – *(geschl. November - März: Montag - Freitag, Samstagabend, Sonntagabend)* Menü 21 € – Karte 24/43 €

In direkter Nachbarschaft zum Nationalpark Wattenmeer finden Sie in herrlicher Alleinlage diesen gepflegten Familienbetrieb. Zimmer in neuzeitlichem oder friesischem Stil. Bürgerliches Speisenangebot im gemütlichen Restaurant Deichgraf.

IBACH – Baden-Württemberg – siehe St. Blasien

IBBENBÜREN – Nordrhein-Westfalen – 543 – 51 530 Ew – Höhe 75 m 16 E9

Berlin 452 – Düsseldorf 173 – Nordhorn 59 – Bielefeld 73

Bachstr. 14, ✉ 49477, ✆ (05451) 5 45 45 40, www.tourismus-ibbenbueren.de

 **Leugermann** 

Osnabrücker Str. 33 ✉ 49477 – ✆ (05451) 93 50 – www.hotel-leugermann.de – geschl. über Weihnachten

40 Zim – 55/115 € 79/158 € – 2 Suiten – ½ P

Rest – *(geschl. Sonntagabend)* Menü 22/45 € – Karte 17/55 €

Seit rund 40 Jahren eine beliebte Adresse. Familie Leugermann hat wohnliche Zimmer mit einladenden Namen wie "Toskana-", Meeres-" oder "Paradieszimmer", bietet Beauty (Haupthaus) und Sauna (Gästehaus) sowie bürgerlich-internationale Küche (auch Menüs: "Westfälisch", "Feinschmecker" und "Amuse Gueule").

 **Hubertushof** 

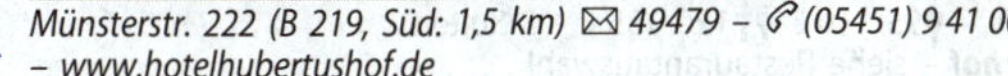

Münsterstr. 222 (B 219, Süd: 1,5 km) ✉ 49479 – ✆ (05451) 9 41 00 – www.hotelhubertushof.de

25 Zim – 60/80 € 90/110 € – 1 Suite – ½ P

Rest – *(geschl. Januar und Dienstag)* Karte 22/46 €

In 3. Generation bietet Familie Welp hier freundliche, gut ausgestattete Zimmer (im Haupthaus auch etwas kleinere), einen schönen Garten mit Terrasse sowie saisonal-internationale Küche (wählen Sie einen Tisch im Kaminzimmer!). Für Aktive: Wanderwege gleich am Haus und eine 9-Loch-Swin-Golf-Anlage!

IBURG, BAD – Niedersachsen – 541 – 11 560 Ew – Höhe 119 m – Kneippkurort 27 E9

Berlin 430 – Hannover 147 – Bielefeld 43 – Nordhorn 94

Schlossstr. 20, ✉ 49186, ✆ (05403) 79 67 80, www.badiburg.de

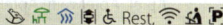

 **Zum Freden** Rest,

Zum Freden 41 ✉ 49186 – ✆ (05403) 40 50 – www.hotel-freden.de – geschl. 1. - 7. Januar

40 Zim – 60/95 € 80/135 € – ½ P

Rest – *(geschl. Donnerstag)* Menü 25/55 € – Karte 23/53 €

Aus einem Bauernhof hat sich dieses Hotel entwickelt, in dem die Familie im Einklang mit der langen Tradition stetig modernisiert. Die neuesten Zimmer: schöner klarer Stil und warme Erdtöne. Helles, elegantes Restaurant, dazu eine Bar mit Bistrobereich im Wintergarten.

ICHENHAUSEN – Bayern – 546 – 8 400 Ew – Höhe 489 m
56 J19

Berlin 584 – München 118 – Augsburg 56 – Ulm 36

In Ichenhausen-Autenried

Autenrieder Brauereigasthof Rest,

Hopfengartenweg 2 ✉ 89335 – ✆ (08223) 96 84 40 – www.brauereigasthof-autenried.de – geschl. 23. Dezember -1. Janaur

29 Zim – 73/85 € 118/130 € **Rest** – Karte 15/43 €

Schön wohnlich hat man es bei Familie Feuchtmayr - die Chefin hat ein Händchen für warme Töne, die man überall im Haus findet! Und was wäre ein Brauereigasthof ohne Biergarten? Hier, unter alten Bäumen, schmeckt das Selbstgebraute natürlich am besten!

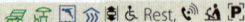

IDAR-OBERSTEIN – Rheinland-Pfalz – 543 – 30 380 Ew – Höhe 300 m
46 C16

Berlin 661 – Mainz 92 – Trier 81 – Bad Kreuznach 49

ADAC John-F.-Kennedy-Str. 7

Hauptstr. 419, ✉ 55743, ✆ (06781) 6 48 71, www.idar-oberstein.de

Kirschweiler, Am Golfplatz, ✆ (06781) 3 66 15

Deutsches Edelsteinmuseum★★ · Edelsteinminen★ · Industriedenkmal Jacob Bengel★★

Felsenkirche★ (10 min zu Fuß ab Marktplatz Oberstein)

Im Stadtteil Idar

Berghotel Kristall

Wiesenstr. 50 ✉ 55743 – ✆ (06781) 9 69 60 – www.berghotel-kristall.de – geschl. 28. Dezember - Mitte Januar

27 Zim – 65/75 € 85/105 € – ½ P **Rest** – Menü 22/30 € – Karte 17/36 €

Das familiär geführte Hotel liegt ruhig oberhalb der Stadt. Die Zimmer sind nach Edelsteinen benannt und verfügen teilweise über Balkon oder Terrasse. Behaglich sitzt man im Restaurant mit Kachelofen. Spezialität des Hauses ist Spießbraten, der täglich am offenen Feuer zubereitet wird.

IDSTEIN – Hessen – 543 – 23 260 Ew – Höhe 266 m
47 E14

Berlin 548 – Wiesbaden 21 – Frankfurt am Main 50 – Limburg an der Lahn 28

König-Adolf-Platz 2, ✉ 65510, ✆ (06126) 7 86 20, www.idstein.de

Idstein-Wörsdorf, Henriettenthal, ✆ (06126) 9 32 20

Höerhof

Obergasse 26 ✉ 65510 – ✆ (06126) 5 00 26 – www.hoerhof.de

14 Zim – 95/110 € 120/135 € – 3 Suiten

Rest *Höerhof* – siehe Restaurantauswahl

Das freundlich geführte Hotel mit nettem Restaurant in der Oberstadt ist ein schönes jahrhundertealtes Fachwerkgebäude, das seinen historischen Charme bewahrt hat.

Felsenkeller

Schulgasse 1 ✉ 65510 – ✆ (06126) 9 31 10 – www.hotel-felsenkeller-idstein.de – geschl. 22. Dezember - 1. Januar, 14. - 26. April

28 Zim – 62/75 € 90/105 €

Rest – *(geschl. 21. Dezember - 1. Januar, 7. April - 4. Mai und Freitag, Sonntagmittag)* Menü 13/25 € – Karte 13/25 €

In dem gepflegten Familienbetrieb am Anfang der Fußgängerzone warten nicht nur freundliche Zimmer auf Sie. Erkunden Sie doch mal per E-Bike die Gegend - hier können Sie welche leihen. Und probieren Sie die eigenen Produkte rund um den Apfel: Apfelwein, Apfelsaft, Gelee und Essig!

Höerhof – Hotel Höerhof

Obergasse 26 ✉ 65510 – ✆ (06126) 5 00 26 – www.hoerhof.de – Sonntagabend - Montagmittag

Rest – Menü 42 € (mittags)/65 € (abends) – Karte 38/60 €

Die rustikale Holzdecke, der gusseiserne Kaminofen, bleiverglaste Fenster... so manch historisches Detail gibt der alten Gutsstube Atmosphäre. Bei gutem Wetter ist der Lindenhof ein wirklich lauschiges Plätzchen, um draußen zu essen - hier gibt es ebenfalls zeitgemäße Küche mit saisonal-regionalem Einfluss.

In Idstein-Oberauroff West: 2 km, jenseits der A 3

Gasthof Kern

Am Dorfbrunnen 6 ✉ 65510 – ✆ (06126) 84 74 – www.hotelkern.de
22 Zim ☕ – 🚹50/60 € 🚹🚹75/90 €
Rest – *(geschl. Dienstag)* Menü 16/35 € – Karte 16/40 €
Der gewachsene Gasthof wird bereits seit 1885 von der Familie geführt. Die Zimmer sind recht unterschiedlich gestaltet und sehr gepflegt. In den bürgerlich-rustikalen Gasträumen bietet man z. T. eigene Produkte. Netter Biergarten.

IFFELDORF – Bayern – 546 – 2 530 Ew – Höhe 603 m 65 L21

Berlin 638 – München 52 – Garmisch-Partenkirchen 41 – Weilheim 22
St. Eurach, ✆ (08801) 13 32
Iffeldorf, Gut Rettenberg, ✆ (08856) 92 55 55

Landgasthof Osterseen

Hofmark 9 ✉ 82393 – ✆ (08856) 9 28 60 – www.landgasthof-osterseen.de – geschl. 7. - 30. Januar
24 Zim ☕ – 🚹79/104 € 🚹🚹102/152 € – ½ P
Rest – *(geschl. Dienstag)* Menü 22/59 € – Karte 23/32 €
Ein Haus, das man gerne weiterempfiehlt! Familie Link ist mit Engagement bei der Sache und hält alles tipptopp gepflegt und gemütlich (die Möbel in den Zimmern stammen vom örtlichen Schreiner). Dazu kommt noch die schöne Lage - hübsch die Terrasse mit Seeblick - und die Preise stimmen auch!

IFFEZHEIM – Baden-Württemberg – 545 – 4 900 Ew – Höhe 123 m 54 E18

Berlin 706 – Stuttgart 100 – Karlsruhe 32 – Rastatt 8

Zum Schiff garni

Hauptstr. 60 ✉ 76473 – ✆ (07229) 69 72 88 – www.hotel-de-charme.de
12 Zim ☕ – 🚹80/90 € 🚹🚹120/130 €
Schöne Möbel und geschmackvolle Stoffe sowie Holzböden und nostalgische Accessoires schaffen in dem schmucken Haus von 1860 Atmosphäre. Sehr hübscher Garten im Innenhof.

IHRINGEN – Baden-Württemberg – 545 – 5 920 Ew – Höhe 204 m 61 D20

Berlin 802 – Stuttgart 204 – Freiburg im Breisgau 19 – Colmar 29

Winzerstube N

Rest,

Wasenweiler Str. 36 ✉ 79241 – ✆ (07668) 97 09 10 – www.hotel-winzerstube.de
30 Zim – 🚹70/95 € 🚹🚹80/115 €, ☕ 15 € – 2 Suiten – ½ P
Rest – *(Montag - Freitag nur Abendessen)* Menü 15 € (mittags)/50 € – Karte 20/50 €
Familie Schandelmeier hat dieses Hotel samt Restaurant wieder zum Leben erweckt und was hier entstanden ist, ist wirklich ansehnlich. Fragen Sie nach den geräumigeren und schön modernen Zimmern im Haus "Sankt Vitus" - alle mit großem Balkon. Wer zum Essen kommt, sitzt bei regionaler Küche oder internationalen Klassikern im Wintergarten oder in der Stube mit Kachelofen und Holztäfelung. Im Sommer ist die Terrasse ein Muss!

Bräutigam

Bahnhofstr. 1 ✉ 79241 – ✆ (07668) 9 03 50 – www.braeutigam-hotel.de
21 Zim ☕ – 🚹55/85 € 🚹🚹88/120 € – ½ P
Rest *Bräutigam* – siehe Restaurantauswahl
Das am Bahnhof gelegene Haus der Familie Bräutigam ist ein guter Ausgangspunkt für Ausflüge nach Freiburg. Zeitlos-wohnlich sind die Zimmer, teilweise haben sie einen Balkon.

Holzöfele

Bachenstr. 46 ✉ 79241 – ✆ (07668) 2 07 – www.holzoefele.de – geschl. 23. Januar - 13. Februar und Donnerstag
Rest – Menü 35/64 € – Karte 24/63 €
Von Gänseleber über Seeteufel bis Rinderfilet findet sich hier ein zeitgemäßes Angebot und badische Klassiker. Und wenn Sie etwas Leckeres für daheim mitnehmen möchten: In "Holzöfele's Lädele" bieten die Gastgeber Christine und Robert Franke hausgemachte Spezialitäten!

Bräutigam – Hotel Bräutigam 

Bahnhofstr. 1 ✉ 79241 – ✆ (07668) 9 03 50 – www.braeutigam-hotel.de – geschl. Mittwoch

Rest – Menü 25/52 € – Karte 19/54 €

Sie mögen badische Küche? Dann dürfte Ihnen gefallen, was auf der Karte des alteingesessenen Hauses zu finden ist: Froschschenkel in Knoblauch, heimischer Fisch, eingemachtes Kalbfleisch... oder vielleicht Chateaubriand flambiert und am Tisch tranchiert (für 2 Pers.)?

Weinstube Zum Küfer N

Eisenbahnstr. 9 ✉ 79241 – ✆ (07668) 9 96 81 40 – www.kuefer-ihringen.de – geschl. Februar 3 Wochen und Montag

Rest – *(Dienstag - Samstag nur Abendessen)* Karte 22/49 €

Warum man hier fast immer ausgebucht ist? Das Lokal von Peter und Marianne Birmele ist urig mit all dem warmen rustikalen Holz, altem Dielen- und Steinboden und behaglichem Kachelofen. Außerdem ist die Küche frisch und gut - probieren Sie z. B. "gekochtes Ochsenfleisch in Meerrettichsauce" und dazu regionalen Wein. Tochter und Schwiegersohn der Gastgeber betreiben übrigens das "Holzöfele" im Ort.

ILLERTISSEN – Bayern – 546 – 16 430 Ew – Höhe 513 m 64 I20

Berlin 633 – München 151 – Augsburg 72 – Bregenz 106

Wain-Reischenhof, Reischenhof 1, ✆ (07353) 17 32

Altenstadt, Oppelshäuser Weg 5, ✆ (06047) 98 80 88

Kolb

Bahnhofstr. 11 ✉ 89257 – ✆ (07303) 9 61 30 – www.hotel-kolb-illertissen.de – geschl. August

15 Zim – †65/85 € ††98/108 € – 1 Suite – ½ P

Rest – *(geschl. Samstag)* Menü 17 € – Karte 21/38 €

Persönlich leitet Familie Kolb bereits in der 3. Generation dieses Hotel gegenüber dem Bahnhof. Sie können hier in gepflegten Gästezimmern übernachten und in einem gemütlich-rustikalen Restaurant speisen.

Gasthof Krone 

Auf der Spöck 2 ✉ 89257 – ✆ (07303) 34 01 – www.krone-illertissen.de – geschl. Mittwoch

Rest – Menü 29 € (vegetarisch)/48 € – Karte 30/59 €

Dass es hier schön gemütlich ist, sieht man dem gepflegten Gasthof - dem ältesten in Illertissen! - schon von außen an mit seinem schmucken Fachwerkgiebel und den grünen Fensterläden. Vor allem aber isst man gut, und das lockt Gäste aus der gesamten Umgebung an. Was die Geschwister Kerstin und Jürgen Willer so an regional-saisonaler Küche zubereiten, nennt sich z. B. "Tafelspitz mit Meerrettich und Bratkartoffeln". Wer dienstags zu den leckeren Fleischküchle kommt, sollte reservieren! Die Terrasse ist übrigens ein ganz lauschiges Fleckchen.

In Illertissen-Dornweiler Süd-West: 1,5 km Richtung Dietenheim

Dornweiler Hof

Dietenheimer Str. 93 ✉ 89257 – ✆ (07303) 95 91 40 – www.dornweilerhof.de – geschl. 1. - 5. Januar

18 Zim – †80/85 € ††98/108 € – ½ P

Rest – *(geschl. Dienstag)* 35 € – Karte 29/49 €

Wo man so herzlich umsorgt wird wie bei den Steinharts, ist man gerne Gast! Hier freut man sich nicht nur über wirklich gepflegte Zimmer und moderne Technik, auch das Preis-Leistungs-Verhältnis stimmt. Und für warme Sommertage gibt es eine schöne Terrasse, auf der man bürgerlich-regionale Speisen serviert.

ILLSCHWANG – Bayern – 546 – 2 090 Ew – Höhe 488 m 51 M16

Berlin 429 – München 202 – Weiden in der Oberpfalz 60 – Amberg 16

Weißes Roß

Am Kirchberg 1 ✉ 92278 – ✆ (09666) 13 34 – www.weisses-ross.de – geschl. 6. - 10. Januar

34 Zim – 75/115 € 130/190 € – ½ P

Rest *Weißes Roß* – siehe Restaurantauswahl

Familie Nägerl bietet in ihrem Gasthof bei der Kirche einen hübschen Spabereich und wohnliche Zimmer, von denen einige in sehr schönem modernem Design gehalten sind. Trendige Loungebar.

Weißes Roß – Hotel Weißes Roß

Am Kirchberg 1 ✉ 92278 – ✆ (09666) 13 34 – www.weisses-ross.de – geschl. 6. - 10. Januar und Montag

Rest – Menü 58 € (abends) – Karte 27/44 €

Hans-Jürgen Nägerl bringt ausschließlich Fleisch aus der eigenen Metzgerei auf den Tisch - und das kommt an bei den Gästen, genauso wie Aktionen von "Hüttenzauber" bis "Küchenparty". Nur ein Beispiel für die schmackhafte Küche ist "Tafelspitz mit Kräutersauce und Bratkartoffeln"!

ILMENAU – Thüringen – 544 – 26 030 Ew – Höhe 480 m 40 K13

Berlin 325 – Erfurt 42 – Coburg 67 – Eisenach 65

Am Markt 1, ✉ 98693, ✆ (03677) 60 03 00, www.ilmenau.de

Lindenhof

Lindenstr. 3 ✉ 98693 – ✆ (03677) 6 80 00 – www.hotel-lindenhof.de

45 Zim – 80/90 € 110/130 € – ½ P **Rest** – Menü 20/30 € – Karte 24/54 €

Diese traditionsreiche Adresse a. d. 19. Jh. ist heute ein aus mehreren miteinander verbundenen Stadthäusern bestehendes Hotel mit wohnlichen, geräumigen Zimmern.

ILSENBURG – Sachsen-Anhalt – 542 – 9 740 Ew – Höhe 250 m 30 J10

– Luftkurort

Berlin 237 – Magdeburg 86 – Braunschweig 59 – Göttingen 98

Marktplatz 1, ✉ 38871, ✆ (039452) 1 94 33, www.ilsenburg.de

Landhaus Zu den Rothen Forellen

Marktplatz 2 ✉ 38871 – ✆ (039452) 93 93 – www.rotheforelle.de

76 Zim – 95/200 € 130/250 € – ½ P

Rest *Landhaus-Restaurant* Rest *Forellenstube* – siehe Restaurantauswahl

Hier wurde einiges investiert und geschmackvoll erweitert, Neues fügt sich dabei harmonisch in den angenehmen bestehenden Landhaus-Charakter ein, denn dafür steht das schöne Anwesen ebenso wie für den persönlichen Service. Nicht nur zusätzliche (und sehr attraktive) Zimmer sind entstanden, Sie können sich auch ein umfassendes Spa-Programm gönnen! Nicht zu vergessen der kleine See, den Sie trotz der Zentrumslage direkt vor der Tür haben.

Forellenstube – Hotel Landhaus Zu den Rothen Forellen

Marktplatz 2 ✉ 38871 – ✆ (039452) 93 93 – www.rotheforelle.de – geschl. Juli - August und Sonntag - Dienstag

Rest – *(nur Abendessen)* Menü 78/129 €

Wer es gerne ein bisschen intimer hat, wird sich in der eleganten kleinen Forellenstube wohlfühlen. Am Abend lässt man sich hier an einem der vier Tische ein klassisch-modernes Menü servieren. Ein hübsches Plätzchen ist auch die Terrasse zum See.

Landhaus-Restaurant – Hotel Landhaus Zu den Rothen Forellen

Marktplatz 2 ✉ 38871 – ✆ (039452) 93 93 – www.rotheforelle.de

Rest – Menü 35/55 € – Karte 33/53 €

Nehmen Sie Platz im "grünen Zimmer", denn dank der Wintergartenkonstruktion hat man einen tollen Blick auf die Terrasse und zum See und fühlt sich wie inmitten der Natur. Geschulter Service und gute Weine!

ILSFELD – Baden-Württemberg – 545 – 8 520 Ew – Höhe 240 m 55 G17

Berlin 596 – Stuttgart 40 – Heilbronn 12 – Schwäbisch Hall 45

Häußermann's Ochsen

König-Wilhelm-Str. 31 ✉ 74360 – ✆ (07062) 6 79 00 – www.ochsen-ilsfeld.de – geschl. 2. - 25. Januar, Juli - August 1 Woche

25 Zim – 40/55 € 55/75 €, 5 € – ½ P

Rest ***Häußermann's Ochsen*** – siehe Restaurantauswahl

Seit 1895 wird der erweiterte Gasthof im Ortszentrum als Familienbetrieb geführt. Die Zimmer sind recht einfach, aber gepflegt und befinden sich überwiegend in dem etwas ruhiger gelegenen Anbau.

Häußermann's Ochsen – Hotel Häußermann's Ochsen

König-Wilhelm-Str. 31 ✉ 74360 – ✆ (07062) 6 79 00 – www.ochsen-ilsfeld.de – geschl. 2. - 25. Januar, Juli - August 1 Woche und Donnerstag - Freitagmittag

Rest – Menü 26 € – Karte 18/45 €

Ralph Häußermann kocht, seine Schwester und ihr Team managen den Service. Was da auf den Tisch kommt, ist regional mit internationalem Einfluss und reicht von "Gänseleber au torchon" bis hin zum "Schwäbischen Sauerbraten". Netter Innenhof.

ILSHOFEN – Baden-Württemberg – 545 – 6 220 Ew – Höhe 441 m 56 I17

Berlin 536 – Stuttgart 99 – Crailsheim 13 – Schwäbisch Hall 19

Park-Hotel

Rest,

Parkstr. 2 ✉ 74532 – ✆ (07904) 70 30 – www.parkhotel-ilshofen.de

70 Zim – 90/140 € 125/150 € – 6 Suiten – ½ P

Rest – Menü 35/55 € – Karte 25/54 €

Ein Tagungshotel in verkehrsgünstiger Lage mit wohnlichen und funktionellen Zimmern, nach hinten teilweise mit Balkon. Brot und Kuchen aus der eigenen Bäckerei im Haus. Gediegenes Panorama-Restaurant, rustikale Kutscherstube und moderne Bistro-Bar Bajazzo.

IMMENSTAAD am BODENSEE – Baden-Württemberg – 545 63 H21

– 6 090 Ew – Höhe 407 m – Erholungsort

Berlin 728 – Stuttgart 199 – Konstanz 21 – Freiburg im Breisgau 152

Dr.-Zimmermann-Str. 1, ✉ 88090, ✆ (07545) 20 11 10, www.immenstaad.de

Heinzler

Strandbadstr. 3 ✉ 88090 – ✆ (07545) 9 31 90 – www.heinzleramsee.de

27 Zim – 59/82 € 138/186 € – 2 Suiten – ½ P

Rest ***Heinzler*** – siehe Restaurantauswahl

Wunderbar ist die Lage am See - auch mit Ihrem Boot können Sie hier anlegen! Die Zimmer sind nicht nur gut ausgestattet, von den meisten schaut man auch auf den See - ganz besonders toll ist die Panoramasuite mit 180°-Blick! Freier Eintritt ins Strandbad gegenüber.

Seehof

Bachstr. 15, (Am Yachthafen) ✉ 88090 – ✆ (07545) 93 60 – www.seehof-hotel.de – geschl. über Weihnachten

36 Zim – 70/100 € 115/160 €

Rest ***Seehof*** – siehe Restaurantauswahl

Der über die Jahre gewachsene Familienbetrieb von 1885 liegt direkt am Yachthafen. Neben wohnlichen Zimmern - teils mit Balkon und Seeblick - steht für die Gäste auch ein eigenes Strandbad zur Verfügung.

Hirschen

Zim,

Bachstr. 1 ✉ 88090 – ✆ (07545) 62 38 – www.gasthof-hirschen-immenstaad.de – geschl. Anfang November - Ende Januar

12 Zim – 45/55 € 74/76 € – ½ P

Rest – *(geschl. Montag; Februar - April: Montag - Dienstag)* Menü 19 € – Karte 20/36 €

Von diesem zentral gelegenen Haus erreichen Sie den Badestrand in wenigen Minuten. In den Zimmern hat man es wohnlich, einige sind etwas älter, aber gut gepflegt. Im Restaurant wird bürgerlich gekocht, und zwar vom Chef selbst!

Heinzler – Hotel Heinzler
Strandbadstr. 3 ✉ 88090 – ✆ (07545) 9 31 90 – www.heinzleramsee.de
Rest – Menü 25/46 € – Karte 30/48 €
Thomas und Michael Heinzler bieten hier frische regionale Küche. Leckeres wie "Wolfsbarsch mit Spinat und Kartoffeln" lässt man sich in netten rustikalen Stuben (teils mit Jagdtrophäen des Vaters) schmecken oder - noch schöner - auf der Terrasse, denn dort sitzt man fast direkt am Wasser!

Seehof – Hotel Seehof
Bachstr. 15, (Am Yachthafen) ✉ 88090 – ✆ (07545) 93 60 – www.seehof-hotel.de – geschl. über Weihnachten
Rest – Menü 26/54 € (abends) – Karte 24/57 €
Klar, dass man bei dieser tollen Seelage am liebsten auf der Terrasse speist, aber auch in den Gasträumen von rustikal bis geradlinig-modern sitzt man schön. Und die Küche von Jürgen Hallerbach (heimischer Maibock, Seesaibling...) schmeckt hier wie dort!

IMMENSTADT im ALLGÄU – Bayern – 546 – 14 110 Ew – Höhe 729 m – Wintersport: 1 450 m 8 – Erholungsort 64 I22

Berlin 719 – München 148 – Kempten (Allgäu) 21 – Oberstdorf 20
Seestr. 10, ✉ 87509, ✆ (08323) 99 88 77, www.immenstadt.de

In Immenstadt-Knottenried Nord-West: 7 km Richtung Isny

Bergstätter Hof
Knottenried 17 ✉ 87509 – ✆ (08320) 92 30 – www.bergstaetter-hof.de
20 Zim – †49/84 € ††84/110 € – 1 Suite – ½ P
Rest – *(geschl. Montag außer Saison)* Menü 15/22 € – Karte 15/36 €
Ruhig liegt diese Ferienadresse auf einer Anhöhe. Einige der freundlichen Zimmer mit Wohnbereich und Bergblick durch eine breite Fensterfront. Massage und Kosmetikbehandlungen. Restaurant mit bürgerlichem Speisenangebot.

In Immenstadt-Stein Nord: 3 km über B 19

Krone
Rottachbergstr. 1, (an der B 19) ✉ 87509 – ✆ (08323) 9 66 10 – www.hotel-krone-stein.de
41 Zim – †42/78 € ††70/110 € – ½ P **Rest** – Karte 19/40 €
Dank der recht verkehrsgünstigen Lage ist die Anfahrt hierher ganz unkompliziert. Sie werden ein gewachsenes, gestandenes Gasthaus vorfinden und in verschiedenen Zimmerkategorien (in Stammhaus, Alt- und Neubau) übernachten. Essen kann man hier ebenso: regionale Küche in unterschiedlichen Stuben.

INGELFINGEN – Baden-Württemberg – 545 – 5 700 Ew – Höhe 217 m – Erholungsort 48 H17

Berlin 564 – Stuttgart 98 – Würzburg 73 – Heilbronn 56
Schlossstr. 12, ✉ 74653, ✆ (07940) 1 30 90, www.ingelfingen.de

Haus Nicklass (mit Gästehaus) 
Künzelsauer Str. 1 ✉ 74653 – ✆ (07940) 9 10 10 – www.haus-nicklass.de
60 Zim – †65/80 € ††90/100 € – ½ P **Rest** – Menü 23/45 € – Karte 29/57 €
Das Hotel ist unter der Woche eine praktische Businessadresse, wird am Wochenende gerne für Familienfeiern genutzt und ist auch bei Stammgästen beliebt! Ein richtiges kleines Highlight ist der Bade- und Saunabereich! Im Haupthaus kann man ganztägig speisen, abends zudem in der rustikalen Weinstube gegenüber.

INGELHEIM am RHEIN – Rheinland-Pfalz – 543 – 24 160 Ew – Höhe 110 m 47 E15

Berlin 587 – Mainz 18 – Bad Kreuznach 29 – Bingen 13
Neuer Markt 1, ✉ 55218, ✆ (06132) 78 22 16, www.ingelheim.de

In Ingelheim-Sporkenheim Nord-West: 4 km

Fetzer's Landhotel Rest,

Gaulsheimer Str. 14 ✉ 55218 – ✆ (06725) 3 01 30 – www.fetzersgastro.de
14 Zim – †72/82 € ††104/119 € – ½ P **Rest** – *(geschl. Montag)* Karte 17/50 €
Ein von der Inhaberfamilie geleitetes Haus, das über solide möblierte, wohnlich gestaltete Gästezimmer mit gutem Platzangebot verfügt. Gegenüber dem Hotel liegt das Restaurant Lindenhof mit Wintergarten und Weinstube.

In Schwabenheim Süd-Ost: 6 km über Groß-Winternheim

Zum alten Weinkeller mit Zim

Schulstr. 6 ✉ 55270 – ✆ (06130) 94 18 00 – www.immerheiser-wein.de
16 Zim – †65/99 € ††90/125 € – ½ P
Rest – Menü 35/57 € – Karte 33/47 €
Ländlichen Charme versprüht dieser historische Gutshof. In gemütlichem Ambiente mit Bruchstein und Fachwerk speist man zeitgemäß-saisonal. Lauschiger "Terra-Cotta-Garten". Hübsche individuelle Zimmer im Gästehaus Casa Rustica.

Landgasthof Engel

Markt 8 ✉ 55270 – ✆ (06130) 92 93 94 – www.immerheiser-wein.de
Rest – Menü 18 € – Karte 19/37 €
Der Gasthof von 1569 ist das älteste Haus im Ort. Regionales Angebot in behaglichen Stuben und im schönen Innenhof, Snackkarte in der Vinothek. Es stehen auch Gästezimmer bereit.

INGOLSTADT – Bayern – **546** – 125 090 Ew – Höhe 374 m **57** L18

Berlin 512 – München 80 – Augsburg 75 – Nürnberg 91
ADAC Schillerstr. 2 (im Donau-Center)
Rathausplatz 2, ✉ 85049, ✆ (0841) 3 05 30 30, www.ingolstadt-tourismus.de
Ingolstadt, Gerolfinger Str., ✆ (0841) 8 57 78

NH Ambassador Rest,

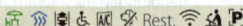

Goethestr. 153 ✉ 85055 – ✆ (0841) 50 30 – www.nh-hotels.de
119 Zim – †88/169 € ††88/169 € – ½ P **Rest** – Menü 25 € – Karte 25/53 €
Technisch gut ausgestattete Standard- und Businesszimmer bietet dieses ganz auf Tagungen und Geschäftsleute zugeschnittene Hotel in einem Hochhaus in Autobahnnähe. Klassisch-zeitloses Restaurant mit internationalem Speisenangebot.

enso garni

Bei der Arena 1 ✉ 85053 – ✆ (0841) 88 55 90 – www.enso-hotel.de
176 Zim – †99/289 € ††129/309 €, 7 € – 1 Suite
Dieses topmoderne und großzügige Businesshotel liegt direkt an der Saturn-Arena, nicht weit vom Klenzepark und nur wenige Gehminuten von der Altstadt! In der schicken Bar "ensorino" gibt es ein italienisches Pasta- und Snack-Angebot und neben dem Hotel befindet sich das japanische Restaurant Hokkaido.

Ara-Hotel

Theodor-Heuss-Str. 30 ✉ 85055 – ✆ (0841) 9 55 50 – www.ara-hotel.de
96 Zim – †155/229 € ††175/259 € – 4 Suiten – ½ P
Rest – Menü 17/43 € – Karte 23/40 €
In dem am Stadtrand gelegenen Hotel mit moderner Fassade stehen zeitgemäße Gästezimmer mit guter Technik und sehr komfortable Themensuiten zur Verfügung. Regelmäßiger Sonntags-Brunch im Restaurant.

Domizil Hummel Rest,

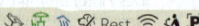

Feldkirchner Str. 69 ✉ 85055 – ✆ (0841) 95 45 30 – www.hoteldomizil.de – geschl. 22. - 25. Dezember
47 Zim – †81 € ††95 €
Rest – *(geschl. 22. Dezember - 6. Januar und Sonntag sowie an Feiertagen) (nur Abendessen)* Karte 19/33 €
Ein Familienbetrieb in recht ruhiger Lage in einem Wohngebiet. Zimmer von modern bis klassisch, teils schön geräumig - die Farbe Weiß dominiert im Haus. Kleiner Pool im Garten. Nett dekoriertes Restaurant in neuzeitlichem Stil.

Ammerland garni
Hermann-Paul-Müller-Str. 15 ✉ 85055 – ✆ (0841) 95 34 50 – www.hotel-ammerland.de – geschl. Weihnachten - 3. Januar
39 Zim – 🚹85/150 € 🚹🚹95/170 € – 1 Suite
Das im Landhausstil gehaltene Hotel in verkehrsgünstiger Lage hält Zimmer verschiedener Kategorien mit guter technischer Ausstattung für Sie bereit, darunter einige Themenzimmer. Relaxen Sie im neu gestalteten Wellnessbereich!

Avus
Ettinger Straße, (im Audi Forum) ✉ 85057 – ✆ (0841) 8 94 10 71 – www.audi.de/foren – geschl. Sonntag
Rest – Menü 45 € – Karte 36/79 €
Modern-elegantes Restaurant in der ersten Etage des gläsernen Audi-Forums. Das Speisenangebot ist zeitgemäß und saisonal, wochentags günstiges Lunchmenü. Audi-Museum nebenan.

In Ingolstadt-Spitalhof Süd: 6 km

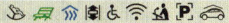

Mercure

Hans-Denck-Str. 21 ✉ 85051 – ✆ (08450) 92 20 – www.mercure.com
71 Zim – 🚹74/109 € 🚹🚹84/119 €, 14 €
Rest – (Tischbestellung ratsam) Menü 40/60 € – Karte 25/50 €
Das Hotel in recht ruhiger Ortsrandlage ist aus einem Gasthof gewachsen und wird familiär geführt. Die praktischen, zeitgemäßen Zimmer liegen meist zum Innenhof oder nach hinten. Restaurant im Landhausstil mit elegantem Wintergarten. Internationale und regionale Küche.

INZLINGEN – Baden-Württemberg – siehe Lörrach

IPHOFEN – Bayern – 546 – 4 410 Ew – Höhe 250 m

49 J16

Berlin 479 – München 248 – Würzburg 34 – Ansbach 67

Kirchplatz 7, ✉ 97346, ✆ (09323) 87 03 06, www.iphofen.de

Zehntkeller (mit Gästehäusern)
Bahnhofstr. 12 ✉ 97346 – ✆ (09323) 84 40 – www.zehntkeller.de
59 Zim – 🚹82/102 € 🚹🚹124/160 € – 5 Suiten
Rest *Zehntkeller* – siehe Restaurantauswahl
Bereits seit 1850 betreibt Familie Seufert dieses schmucke Anwesen mit Weingut. Historisch-gemütlich der Rahmen, stilvoll-klassisch und schön wohnlich die Zimmer, die meist ruhig zum Innenhof hin liegen.

Huhn das kleine Hotel garni

Mainbernheimer Str. 10 ✉ 97346 – ✆ (09323) 12 46 – www.hotel-huhn.de
8 Zim – 🚹40/65 € 🚹🚹85/100 €
In dem seit über 30 Jahren familiär geführten Haus umsorgt die Inhaberin persönlich ihre Gäste. Die Zimmer sind individuell und wohnlich eingerichtet. Zum Frühstück bietet man täglich wechselnde Produkte.

Altstadthotel Bausewein

Breite Gasse 1 ✉ 97346 – ✆ (09323) 87 66 70 – www.altstadthotel-bausewein.de – geschl. über Weihnachten
10 Zim – 🚹63/90 € 🚹🚹88/104 € – ½ P
Rest – *(geschl. über Weihnachten, Juni - Mitte Juli und Mittwoch - Donnerstag) (nur Abendessen)* Menü 18 € – Karte 13/23 €
Das Haus mit der auffallenden roten Fassade ist ein freundlicher Familienbetrieb, in dem Sie neuzeitliche, technisch gut ausgestattete Zimmer sowie ein Frühstücksbuffet mit vielen hausgemachten Produkten erwartet. Getäfelte rustikale Weinstube mit bürgerlicher Karte und Öko-Weinen aus eigenem Anbau.

Goldene Krone
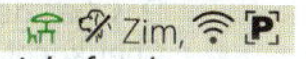
Marktplatz 2 ✉ 97346 – ✆ (09323) 8 72 40 – www.gasthof-krone-iphofen.de – geschl. 10. Februar - 5. März
21 Zim – 🚹38/70 € 🚹🚹63/98 € – ½ P
Rest – *(geschl. Dienstag - Mittwochmittag)* Karte 14/37 €
Ein familiengeführter traditionsreicher Gasthof in der Altstadt mit Weinbau seit 1878. Die Zimmer sind funktionell ausgestattet und unterschiedlich möbliert. Im rustikalen Restaurant serviert man regional-saisonale Küche mit Wildspezialitäten (der Chef ist Jäger).

Zehntkeller – Hotel Zehntkeller
Bahnhofstr. 12 ✉ *97346* – ✆ *(09323) 84 40* – *www.zehntkeller.de*
Rest – Menü 27/70 € – Karte 30/63 €
Seit drei Generationen von den Seuferts geführt, hat sich das Haus mit guter Küche und ebensolchen Weinen einen Namen gemacht. Letztere stammen natürlich vom eigenen Weingut und passen wunderbar zu bayerisch-fränkischen Speisen wie "Bratwürstchen vom Steigerwälder Rehbock", die in den charmanten Räumen serviert werden.

Deutscher Hof mit Zim
Ludwigstr. 10 ✉ *97346* – ✆ *(09323) 33 48* – *www.deutscher-hof-iphofen.de* – *geschl. 20. August - 9. September und Mittwoch - Donnerstag*
6 Zim – 55 € 70/75 € **Rest** – Karte 29/46 €
Wenn Franz Steinbruck in dem historischen Fachwerkhaus am Herd steht, legt er Wert auf bodenständige Küche und Bioprodukte aus der Region. Das Ergebnis ist z. B. "Schweinefilet mit Rhabarber-Schalottengemüse" oder "Kalbssteak mit Gemüse und Kartoffelgratin". Sehr nett und persönlich die Chefin im Service! Behaglich sind sowohl das Restaurant als auch die Gästezimmer.

In Iphofen-Birklingen Ost: 7 km

Augustiner am See 
Klostergasse 8 ✉ *97346* – ✆ *(09326) 97 89 50* – *www.augustiner-am-see.de* – *geschl. Februar 2 Wochen und Mittwoch - Donnerstag*
Rest – Menü 20 € – Karte 17/32 €
Johannes Schwab hat sich dieses lange Jahre ungenutzten Anwesens angenommen und einen netten Landgasthof daraus gemacht! So einiges der typisch fränkischen Küche kommt aus der eigenen Landwirtschaft. Die Lage an einem kleinen See ist prädestiniert für eine tolle Terrasse!

In Mainbernheim West: 3 km über B 8

Gasthof zum Falken 
Herrnstr. 27 ✉ *97350* – ✆ *(09323) 8 72 80* – *www.zum-falken.de* – *geschl. 22. Dezember - 5. Januar, 17. Februar - 17. März*
16 Zim – 45/65 € 75/85 € – 2 Suiten
Rest – *(geschl. Montag - Dienstag)* Karte 20/38 €
Seit 1664 existiert dieser fränkische Gasthof. In dem gepflegten Haus stehen schöne wohnliche Zimmer mit hübschem Gebälk zur Verfügung. In der gemütlich-ländlichen Gaststube serviert man regionale Küche. Verkauf von eigenen Erzeugnissen.

In Rödelsee Nord-West: 3,5 km

Stegner garni 
Mainbernheimer Str. 26 ✉ *97348* – ✆ *(09323) 8 72 10* – *www.hotel-stegner.de* – *geschl. 23. Dezember - 6. Januar*
18 Zim – 40/45 € 65/70 €
Schon über 30 Jahre wird das kleine Hotel als Familienbetrieb geführt. Man bietet gepflegte Gästezimmer (teilweise mit Balkon), Frühstück im Wintergarten und eine nette Liegewiese.

In Willanzheim-Hüttenheim Süd: 8 km

Landgasthof May mit Zim 
Hüttenheim 6, (am Marktplatz) ✉ *97348* – ✆ *(09326) 2 55* – *www.landgasthofmay.de* – *geschl. Mittwoch; November - Ende Februar: Mittwoch - Donnerstag*
3 Zim – 38 € 70 € – ½ P **Rest** – Karte 15/29 €
Das Gastgeberehepaar betreibt das Restaurant mit Weinstube in 3. Generation. Der Chef kocht, die Chefin umsorgt nett die Gäste. Spezialitäten aus eigener Schlachtung und Räucherei.

ISERLOHN – Nordrhein-Westfalen – 543 – 94 970 Ew – Höhe 247 m 27 D11

Berlin 499 – Düsseldorf 80 – Dortmund 26 – Hagen 18
ADAC Unnaer Str. 27
Bahnhofsplatz 2, ✉ 58644, ✆ (02371) 2 17 18 20, www.iserlohn.de

 **VierJahreszeiten**

Seilerwaldstr. 10 ✉ 58636 – ✆ (02371) 97 20 – www.vierjahreszeiten-iserlohn.de
70 Zim ☕ – †98/128 € ††169/199 € – ½ P
Rest – *(geschl. Anfang November - Mitte März: Sonntagabend)* Menü 28/57 € – Karte 30/50 €
Das Hotel liegt schön im Grünen beim Seilersee. Sie wohnen in neuzeitlichen Zimmern mit mediterraner Note und entspannen im netten Saunabereich. Variable Tagungsräume. Internationale Küche bietet man im Restaurant mit hübscher Terrasse zum See.

 **Campus Garden**

Reiterweg 36 ✉ 58636 – ✆ (02371) 1 55 60 – www.campus-garden.de
34 Zim ☕ – †85/98 € ††123 € – ½ P
Rest – Menü 29/43 € – Karte 30/49 €
Auf dem ehemaligen Kasernengelände in Nachbarschaft zu einer privaten Hochschule steht das Businesshotel, das hell und freundlich in mediterranem Stil eingerichtet ist. Internationales Angebot im Restaurant mit hübscher Gartenterrasse.

In Iserlohn-Lössel Süd-West: 6 km über Karl-Arnold-Straße X

 **Neuhaus**

Lösseler Str. 149 ✉ 58644 – ✆ (02374) 9 78 00 – www.hotel-neuhaus.de
35 Zim ☕ – †78/128 € ††118/168 € – 3 Suiten – ½ P
Rest *Neuhaus* – siehe Restaurantauswahl
Ein ansprechendes Anwesen, das Familie Neuhaus (inzwischen die 4. Generation) hier hat: wohnlich-individuelle Zimmer einschließlich schöner moderner Spa-Suite, ein romantischer Garten mit Skulpturen, Obstbäumen und einem 700 Jahre alten Brunnen mit frischem Bergquellwasser, ein toller kleiner Day Spa in einem Fachwerkhaus von 1753... Wer's leger mag, isst im Bistro Julius von der kleinen internationalen Karte.

XX **Neuhaus** – Hotel Neuhaus 

Lösseler Str. 149 ✉ 58644 – ✆ (02374) 9 78 00 – www.hotel-neuhaus.de
Rest – Menü 34/46 € – Karte 25/50 €
Dass hier nicht nur das Hotel einen Besuch wert ist, zeigt die engagierte Küche des Hauses ("Rinderfilet an kräftiger Pfeffersauce", "Halbe Bauernente an geschmortem Wirsing"...), die Sie in den schönen Restaurantbereichen Kaminzimmer und Gaststube serviert bekommen. Auch der sonntägliche Brunch ist beliebt.

Kleines Budget? Profitieren Sie von den Mittagsmenüs zu moderaten Preisen.

ISERNHAGEN – Niedersachsen – **541** – 22 930 Ew – Höhe 58 m **19** I8

▶ Berlin 293 – Hannover 26

 **Engel** garni 

Burgwedeler Str. 151 ✉ 30916 – ✆ (0511) 97 25 60 – www.hotel-engel-isernhagen.de – geschl. 24. Dezember - 2. Januar
27 Zim ☕ – †55/63 € ††77/84 € – 1 Suite
Familie Engel hat hier ein tipptopp gepflegtes kleines Hotel, und das leiten die Gastgeber angenehm persönlich. Sie wohnen in gemütlichen Zimmern im Landhausstil (die im Gästehaus liegen ruhiger) und dürfen sich auf ein gutes Frühstücksbuffet freuen. Kein Wunder also, dass man hier viele Stammgäste hat!

X **Heinrichs** Ⓝ 

Hauptstr. 1 ✉ 30916 – ✆ (05139) 8 73 10 – www.restaurant-heinrichs.de – geschl. Montag - Dienstag
Rest – Menü 33/49 € (abends) – Karte 25/51 €
Alte Holztäfelung, dekorative Bilder von einst, schöne blanke Tische und dazu bürgerlich-regionale Küche... das passt zum gemütlichen Charakter des 1868 erbauten Backsteinhauses. Abends ist das Angebot ein bisschen gehobener.

ISMANING – Bayern – 546 – 15 390 Ew – Höhe 490 m

66 M20

Berlin 577 – München 17 – Ingolstadt 69 – Landshut 58

Zur Mühle (mit Gasthof)

Zim,

Kirchplatz 5 ✉ 85737 – ✆ (089) 96 09 30 – www.hotel-muehle.de – geschl. Anfang Januar 1 Woche

99 Zim – 89/165 € 120/215 € – 2 Suiten **Rest** – Karte 17/41 €

In netter Lage am Seebach finden Sie diesen Gasthof, dessen Familientradition bis ins Jahr 1857 zurückreicht. Es stehen drei Zimmertypen und ein Sauna- und Badebereich bereit. Gemütliche holzvertäfelte Gaststube sowie großer Biergarten und Terrasse.

Frey garni

Hauptstr. 15 ✉ 85737 – ✆ (089) 9 62 42 30 – www.hotel-frey.de

23 Zim – 85 € 110 €

Die behagliche Hotelpension ist ein sympathischer Familienbetrieb mit alpenländischem Ambiente. Das Haus liegt ca. 5 Gehminuten von der S-Bahnstation entfernt.

Malandra Osteria

Schlossstr. 17 ✉ 85737 – ✆ (089) 99 62 86 95 – geschl. Samstag

Rest – Karte 35/40 €

Sie mögen italienische Küche? Die bietet Ihnen Emilio Giorgio Malandra in diesem gemütlichen Restaurant (dekorativ die modernen Bilder) im Hotel Fischerwirt - vor dem Haus die schöne Terrasse. Mittags ist das Speisenangebot kleiner, auf Nachfrage können Sie aber auch von der großen Karte wählen.

ISNY – Baden-Württemberg – 545 – 14 400 Ew – Höhe 704 m – Wintersport: 960 m 3 – Heilklimatischer Kurort

64 I21

Berlin 698 – Stuttgart 189 – Konstanz 104 – Kempten (Allgäu) 25

Unterer Grabenweg 18, ✉ 88316, ✆ (07562) 97 56 30, www.isny.de

Hohe Linde

Lindauer Str. 75 (B 12) ✉ 88316 – ✆ (07562) 9 75 97 – www.hohe-linde.de

30 Zim – 65/75 € 108/130 € – 3 Suiten – ½ P

Rest *Allgäuer Stuben* – siehe Restaurantauswahl

Familie Rimmele führt dieses Hotel am Stadtrand mit viel Freude und Engagement. Die Zimmer sind solide und gemütlich, zum Relaxen bieten sich der große Garten mit Teich oder das Hallenbad an.

Allgäuer Terrassen Hotel

Rest,

Alpenblickweg 3 ✉ 88316 – ✆ (07562) 9 71 00 – www.terrassenhotel.de

28 Zim – 69/89 € 119/129 € – ½ P **Rest** – Menü 46/58 € – Karte 28/56 €

Das Haus liegt schön am Hang und so haben alle Zimmer eine tolle Aussicht nach Süden! Eine nette Idee für warme Sommertage ist Fliegenfischen in den nahen Gewässern - in der Küche bereitet man Ihren Fang auch gerne zu!

Brauerei Gasthof Engel

Bahnhofstr. 36 ✉ 88316 – ✆ (07562) 97 15 10 – www.engel-isny.de

10 Zim – 52/69 € 79/89 € – ½ P

Rest – *(geschl. Mittwoch - Donnerstag, außer an Feiertagen; Juli - September: Mittwoch - Donnerstagmittag)* Menü 20 € – Karte 18/33 €

Hier dreht sich alles um das Thema Bier. Der Traditionsgasthof der Brauerei Stolz ist eine tipptopp gepflegte Adresse mit hellen, geräumigen Zimmern im Landhausstil. Das Restaurant bietet regionale Speisen, zu deren Zutaten auch Bier gehört.

Bären

Obertorstr. 9 ✉ 88316 – ✆ (07562) 24 20 – www.baeren-isny.de

14 Zim – 45 € 75 €

Rest – *(geschl. November 2 Wochen und Dienstag)* Menü 20/45 € – Karte 19/36 €

In dem hübschen Eckhaus mit der gelben Fassade erwarten Sie individuell möblierte Gästezimmer und ein netter, im Landhausstil gehaltener Frühstücksraum. Gemütliche Gaststuben.

Allgäuer Stuben – Hotel Hohe Linde

Lindauer Str. 75 (B 12) ✉ 88316 – ✆ (07562) 9 75 97 – www.hohe-linde.de

Rest – *(geschl. Sonntag) (nur Abendessen)* Menü 25/45 € – Karte 29/52 €

In dem schicken Restaurant mit Sicht auf den gepflegten Hotelgarten kocht Susanne Rimmele für Sie frisch und zeitgemäß, auch regionale Klassiker fehlen nicht! Probieren Sie "geräucherte Forelle mit Rote-Beete-Meerrettich-Crêpes" oder "Rumpsteak mit Sauce Béarnaise" - und das wird am offenen Kamin vor Ihren Augen gegrillt!

In Isny-Neutrauchburg Nord: 2 km

Schloss Neutrauchburg

Schlossstr. 11 ✉ 88316 – ✆ (07562) 9 75 64 60 – www.schloss-neutrauchburg.de
8 Zim – 109/129 € 149/159 €
Rest – *(geschl. Montag-Dienstag, Freitagmittag, Sonntagabend)* Menü 19/39 € – Karte 24/39 €
Das wunderbare Schloss - seit dem 18. Jh. im Besitz der Fürstenfamilie Waldburg-Zeil - besticht durch historisches Flair und überaus hochwertige, geräumige und stilvolle Räume. Die Schlossküche ist regional ausgerichtet.

Außerhalb Nord-West: 6,5 km über Neutrauchburg, in Unterried Richtung Beuren

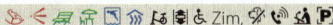

Berghotel Jägerhof

Jägerhof 1 ✉ 88316 Isny – ✆ (07562) 7 70 – www.berghotel-jaegerhof.de
79 Zim – 99/115 € 190/210 € – 9 Suiten – ½ P
Rest – Menü 39 € (abends) – Karte 29/65 €
Schön und absolut ruhig liegt diese Hotelanlage mit Blick auf die Allgäuer Alpen. Man bietet wohnliche Zimmer, Maisonetten und Suiten sowie einen großzügigen Wellnessbereich. Sie speisen im gediegenen Restaurant oder in der rustikalen Stube - Wild kommt übrigens aus dem eigenen Gehege! Für Veranstaltungen ist das charmante Stadl ideal.

ISSELBURG – Nordrhein-Westfalen – **543** – 11 200 Ew – Höhe 17 m **25** B10

Berlin 579 – Düsseldorf 86 – Arnhem 46 – Bocholt 13
Markt 9, ✉ 46419, ✆ (02874) 94 23 44, www.isselburg-online.de
Isselburg-Anholt, Schloss 3, ✆ (02874) 91 51 20
Wasserburg Anholt★

In Isselburg-Anholt Nord-West: 3,5 km

Parkhotel Wasserburg Anholt

Kleverstraße ✉ 46419 – ✆ (02874) 45 90 – www.schloss-anholt.de
31 Zim – 106/128 € 159/195 € – 3 Suiten – ½ P
Rest *Wasserpavillon* – Menü 35/79 € – Karte 41/55 €
Ein stilvolles jahrhundertealtes Wasserschloss - ringsum ein 34 ha großer Park, der zu Spaziergängen einlädt. Die geschmackvollen Zimmer (auch Themenzimmer) sind individuell in Einrichtung und Zuschnitt. Schönes Frühstücksbuffet und freundlicher Service. Vom lichten Pavillon am Burggraben blickt man direkt aufs Wasser.

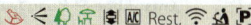

ITZEHOE – Schleswig-Holstein – **541** – 32 370 Ew – Höhe 10 m **9** H4

Berlin 343 – Kiel 69 – Hamburg 61 – Bremerhaven 97
Breitenburg, Gut Osterholz, ✆ (04828) 81 88

Mercure Klosterforst

Hanseatenplatz 2 ✉ 25524 – ✆ (04821) 1 52 00 – www.mercure.com
78 Zim – 110/127 € 143/157 € – ½ P
Rest – *(nur Abendessen)* Karte 25/37 €
Zentrumsnah liegt dieses moderne Stadthotel, das seine Gäste in funktionellen Zimmern mit heller, zeitgemäßer Möblierung beherbergt. Restaurant mit internationaler Karte.

JAMELN – Niedersachsen – **541** – 1 100 Ew – Höhe 19 m **20** K7

Berlin 235 – Hannover 134 – Schwerin 90 – Lüneburg 58

Das Alte Haus

Bahnhofstr. 1 ✉ 29479 – ✆ (05864) 6 08 – www.jameln.de – geschl. Montag - Mittwoch
Rest – *(nur Abendessen)* (Tischbestellung ratsam) Karte 21/38 €
Schon allein die Fleischqualität ist es wert, in dem reizenden Fachwerkhaus zu essen! Es wird an der historischen Feuerstelle gegrillt und schmeckt klasse! Alles ist top frisch, so auch das Salatbuffet - Vegetarier werden es lieben!

JENA – Thüringen – 544 – 105 130 Ew – Höhe 148 m

Berlin 246 – Erfurt 59 – Gera 44 – Chemnitz 112

ADAC Teichgraben (Eulenhaus) A1

Markt 16 B1, ✉ 07743, ✆ (03641) 49 80 50, www.jenatourismus.de

Jena-Münchenroda, Münchenroda 29, ✆ (03641) 42 46 51

Zeiss Planetarium★ · Optisches Museum★ A1

SCALA - Das Turm Hotel

Leutragraben 1, (im JenTower) ✉ *07743* – ✆ *(03641) 3 11 38 88* – *www.scala-jena.de*

17 Zim – †115/125 € ††125/135 €, ☕ 16 € A1**s**

Rest *SCALA - Das Turm Restaurant* – siehe Restaurantauswahl

Wo könnte die Aussicht über Jena eindrucksvoller sein als in der 27. Etage des Intershop-Towers? Jedes der Zimmer bietet diesen Panoramablick und besticht zudem mit ganz klarem, reduziertem Design. Und obendrein wohnt man noch mitten in der Stadt, aber dennoch ruhig.

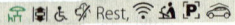

Schwarzer Bär

Rest,

Lutherplatz 2 ✉ *07743* – ✆ *(03641) 40 60* – *www.schwarzer-baer-jena.de*

73 Zim ☕ – †55/95 € ††95/115 € – 2 Suiten – ½ P B1**b**

Rest – *(geschl. Sonntagabend)* Menü 20 € – Karte 23/42 €

Das nahe dem Zentrum gelegene Haus blickt auf eine 500-jährige Tradition zurück. Die Gästezimmer sind recht unterschiedlich in Einrichtung und Zuschnitt. Das Restaurant teilt sich in verschiedene, teils mit schöner Holztäfelung ausgestattete Stuben.

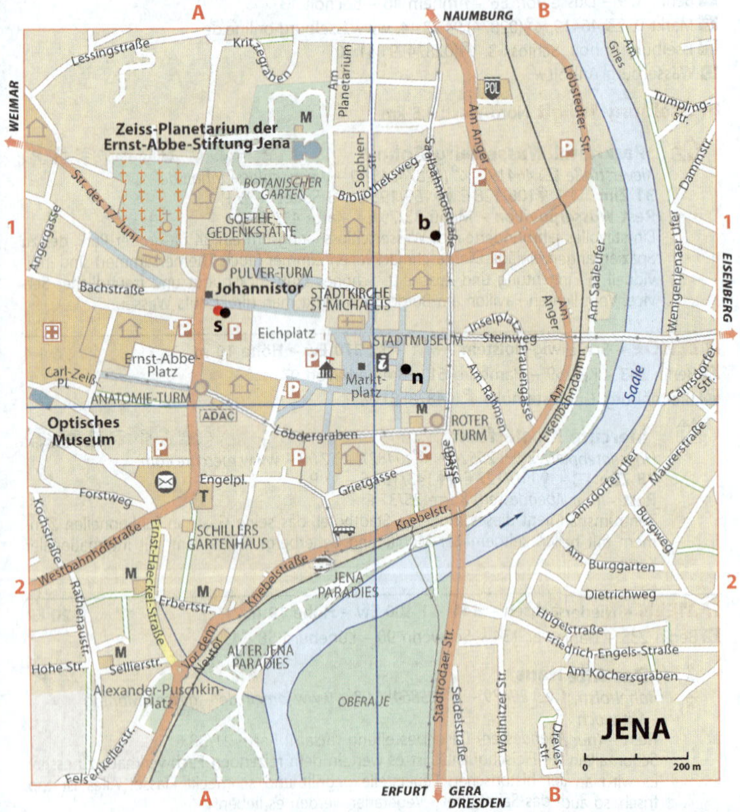

Zur Noll
Zim,

Oberlauengasse 19 ✉ 07743 – ✆ (03641) 59 77 10 – www.zur-noll.de B1**n**
22 Zim – 70/75 € 75/90 € **Rest** – Karte 18/36 €
Die historische Nollendorfer Schankwirtschaft ist heute ein nettes familiär geführtes Hotel. Sehenswert ist das komplett mit alten Bohlen verkleidete Bohlenzimmer. Eine gemütliche Atmosphäre herrscht im rustikalen Restaurant.

SCALA - Das Turm Restaurant – SCALA - Das Turm Hotel

Leutragraben 1, (im JenTower) ✉ 07743 – ✆ (03641) 35 66 66 – www.scala-jena.de
Rest – Menü 25 € (mittags unter der Woche)/85 € – Karte 31/59 € A1**s**
Keine Frage, hier ist schon allein die Lage in 128 m Höhe einen Besuch wert! Die grandiose Sicht über die Stadt genießt man durch eine raumhohe Verglasung und dabei lässt man sich gute intenationale Küche schmecken. Die gibt es mittags übrigens in Form eines etwas einfacheren und günstigeren Menüs.

Landgrafen mit Zim

Landgrafenstieg 25, (Zufahrt über Am Steiger) (über Straße des 17. Juni A1) ✉ 07743 – ✆ (03641) 50 70 71 – www.landgrafen.com – geschl. Februar und Montag - Dienstag
3 Zim – 65/95 € 65/95 €, 10 € **Rest** – Karte 26/46 €
Einen fantastischen Blick über die Stadt bietet dieses beim Aussichtsturm gelegene, auch als "Balkon Jenas" bezeichnete Restaurant mit internationaler Küche. Drei individuelle Gästezimmer zum Übernachten: Landhaus-, Art-déco- oder Hochzeitszimmer.

In Jena-Winzerla **Süd: 3 km über Ernst-Haeckel-Straße A2**

Best Western Hotel Jena
Rest,

Rudolstädter Str. 82, (B 88) ✉ 07745 – ✆ (03641) 6 60 – www.bestwesternjena.de
158 Zim – 72/85 € 89/105 € – 2 Suiten – ½ P **Rest** – Karte 15/42 €
Das Hotel ist zeitgemäß, funktionell und besonders auf Geschäftsreisende und Tagungen ausgelegt. Praktisch für Langzeitgäste sind die Küchenzeilen in einigen Zimmern.

Zur Weintraube

Rudolstädter Str. 76, (B 88) ✉ 07745 – ✆ (03641) 60 57 70 – www.weintraube-jena.de
16 Zim – 70/80 € 90/95 € – 1 Suite – ½ P **Rest** – Karte 17/36 €
Das familiengeführte Haus ist ein traditionsreicher Gasthof mit Ursprung im 17. Jh., der über gepflegte, funktionelle Zimmer verfügt - einige sind recht großzügig. Das Restaurant bietet auch einen Raum für Veranstaltungen unterschiedlicher Art.

JESTEBURG – Niedersachsen – 541 – 7 460 Ew – Höhe 28 m – Luftkurort 10 I6

Berlin 311 – Hannover 126 – Hamburg 42 – Lüneburg 39

In Jesteburg-Itzenbüttel **Nord-West: 3 km**

Zum grünen Jäger

Itzenbütteler Waldweg 35 ✉ 21266 – ✆ (04181) 9 22 50 – www.gruener-jaeger.com
14 Zim – 60 € 80/110 € – ½ P
Rest – *(geschl. Montag) (nur Abendessen für Hausgäste)* Menü 19/35 € – Karte 18/32 €
Schön liegt das 1912 erbaute Haus am Waldrand. Ein freundlich geführtes kleines Hotel, das man wohnlich in ländlich-mediterranem Stil eingerichtet hat. Bürgerliches Speisenangebot im Restaurant.

JETTINGEN-SCHEPPACH – Bayern – 546 – 6 720 Ew – Höhe 468 m 56 J19

Berlin 587 – München 100 – Augsburg 41 – Ulm (Donau) 33

18 Schloss Klingenburg, ✆ (08225) 30 30

Best Hotel Mindeltal garni

Robert-Bosch-Str. 3 (Scheppach) ✉ 89343 – ✆ (08225) 99 70 – www.besthotel.de – geschl. 24. Dezember - 2. Januar
74 Zim – 59/89 € 75/99 €
Nur 10 Autominuten vom Legoland liegt das mit praktischen Zimmern ausgestattete Hotel. Interessant für Familien sind im Sommer auch der Kidsclub und das Kinderkino am Abend.

JEVER – Niedersachsen – 541 – 13 940 Ew – Höhe 9 m – Erholungsort 8 E5

Berlin 488 – Hannover 229 – Emden 59 – Oldenburg 59

Alter Markt 18, ✉ 26441, ✆ (04461) 7 10 10, www.stadt-jever.de

Friesen-Hotel garni

Harlinger Weg 1 ✉ 26441 – ✆ (04461) 93 40 – www.jever-hotel.de
32 Zim – 48/58 € 79/89 €
Das familiengeführte Haus liegt ruhig in einem Wohngebiet und verfügt über helle und funktional ausgestattete Zimmer. Vom Frühstücksraum blickt man in den hübschen Garten.

Schützenhof

Schützenhofstr. 47 ✉ 26419 – ✆ (04461) 93 70 – www.schuetzenhof-jever.de
65 Zim – 57/66 € 88/98 € – ½ P
Rest *Zitronengras* – siehe Restaurantauswahl
In diesem außerhalb des Zentrums nahe dem Sportplatz gelegenen Hotel erwarten die Gäste gepflegte funktionelle Zimmer und eine familiäre Atmosphäre.

Zitronengras – Hotel Schützenhof

Schützenhofstr. 47 ✉ 26419 – ✆ (04461) 93 70 – www.schuetzenhof-jever.de
Rest – *(nur Abendessen)* Menü 12/38 € – Karte 24/45 €
Stephan Eden ist mit Leib und Seele Koch! Deshalb lässt er sich auch immer wieder etwas Außergewöhnliches einfallen, um seine Gäste mit Gerichten aus aller Herren Länder zu überraschen.

JOACHIMSTHAL – Brandenburg – 542 – 3 310 Ew – Höhe 72 m 23 Q7

Berlin 68 – Potsdam 132 – Eberswalde 31

Außerhalb Süd-West: 12 km, Richtung Eberswalde und westliche Seerandstraße am Werbellinsee

Tagungszentrum der Wirtschaft

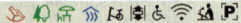

Hubertusstock 2 ✉ 16247 Joachimsthal – ✆ (033363) 5 05 – www.tagungs-zentrum.de
55 Zim – 69/89 € 89/109 € – ½ P
Rest – Menü 33 € – Karte 26/37 €
Das Hotel liegt schön ruhig im Wald, im Biosphärenreservat Schorfheide, bietet ein modern-funktionales Ambiente und ist auf Tagungen spezialisiert. Hell und geradlinig ist das nach einem ehemaligen Förster benannte Restaurant "Von Hövel". Hübsche Terrasse.

JOHANNESBERG – Bayern – siehe Aschaffenburg

JOHANNGEORGENSTADT – Sachsen – 544 – 4 690 Ew – Höhe 780 m – Wintersport: 850 m 1 – Erholungsort 42 O14

Berlin 317 – Dresden 144 – Chemnitz 57 – Chomutov 86

Eibenstocker Str. 67, ✉ 08349, ✆ (03773) 88 82 22, www.johanngeorgenstadt.de

In Johanngeorgenstadt-Steinbach Nord-West: 2 km

Steinbach

Steinbach 22 ✉ 08349 – ✆ (03773) 88 22 28 – www.gasthof-steinbach.de – geschl. 1. - 20. November
15 Zim – 35/37 € 48/60 € – ½ P
Rest – *(geschl. Donnerstag)* Karte 10/25 €
Sehr freundlich und familiär kümmern sich die Inhaber in ihrem praktisch ausgestatteten kleinen Hotel um die Gäste. Naturliebhaber schätzen die schöne ländliche Umgebung. Die behaglichen Gasträume sind in rustikalem Stil gehalten.

JORK – Niedersachsen – 541 – 11 760 Ew – Höhe 1 m 10 I5

Berlin 318 – Hannover 167 – Hamburg 63 – Bremen 108

Altes Land (mit Gästehaus) Zim,

Schützenhofstr. 16 ✉ 21635 – ✆ (04162) 9 14 60 – www.hotel-altes-land.de – geschl. 1. - 13. Januar

30 Zim – ♦68/73 € ♦♦84/103 € – 1 Suite – ½ P

Rest *Ollanner Buurhuus* – Menü 18/38 € – Karte 20/41 €

Ein Fachwerkhaus mit regionalem Charme, das durch ein Gästehaus mit besonders hübschen Zimmern erweitert wurde. Der schöne historische Saal ist ideal für Hochzeiten. Das Ollanner Buurhuus bietet u. a. "vergessene Genüsse" aus seltenen heimischen Grundprodukten.

In Jork-Borstel Nord: 1 km

Die Mühle

Am Elbdeich 1 ✉ 21635 – ✆ (04162) 63 95 – www.diemuehlejork.de – geschl. Januar und Dienstag

Rest – Menü 55/71 € (abends) – Karte 38/66 €

Liebenswert hat man die ehemalige Mühle von 1856 im rustikalen Stil eingerichtet. Zur zeitgemäß-saisonalen Küche bietet der Chef seine gute Weinauswahl. Idyllische Terrasse.

JÜTERBOG – Brandenburg – 542 – 12 670 Ew – Höhe 71 m 32 O9

Berlin 71 – Potsdam 58 – Cottbus 105 – Dessau 82

Mönchenkirchplatz 4, ✉ 14913, ✆ (03372) 46 31 13, www.jueterbog.eu

In Kloster Zinna Nord-Ost: 4,5 km über B 101, Richtung Luckenwalde

Alte Försterei

König-Friedrich-Platz 7 ✉ 14913 – ✆ (03372) 46 50 – www.romantikhotels.com/kloster-zinna

21 Zim – ♦64/81 € ♦♦114/125 € – ½ P

Rest *Friedrichs Stuben* – *(Januar - Ostern: Montag - Freitag nur Abendessen)* Menü 27/36 € – Karte 20/33 €

Rest *12 Mönche* – *(Januar - Ostern: Montag - Freitag nur Abendessen)* Karte 15/25 €

Das Forsthaus a. d. 18. Jh. ist ein romantisches Anwesen, dessen Charme sich in der liebenswerten und stimmigen Landhauseinrichtung widerspiegelt. Gemütlich-elegante Friedrichs Stuben und weinberankter Innenhof. Bürgerlich isst man in der Schankstube 12 Mönche.

JUGENHEIM – Rheinland-Pfalz – 543 – 1 620 Ew – Höhe 155 m 47 E15

Berlin 603 – Mainz 20 – Neustadt an der Weinstraße 91

Weedenhof mit Zim

Mainzerstr. 6 ✉ 55270 – ✆ (06130) 94 13 37 – www.michael-knoell.de – geschl. 28. Juli - 11. August und Montag - Dienstag

8 Zim – ♦50/55 € ♦♦70/80 €

Rest – *(nur Abendessen)* Menü 32/49 € – Karte 27/49 €

Man sieht es den Gästen dieses gemütlich-rustikalen kleinen Gutshofes an, dass es ihnen schmeckt. Was da so gut ankommt, ist die regional und auch mediterran geprägte Küche von Michael Knöll, die man z. B. als "Dorade mit Pfifferlingen, Spargel und Kartoffelstampf" serviert bekommt. Zum Übernachten stehen nette Zimmer im Landhausstil bereit.

JUIST (INSEL) Niedersachsen – 541 – 1 780 Ew – Höhe 3 m – Insel der Ostfriesischen Inselgruppe – Seeheilbad 7 C5

Berlin 537 – Hannover 272 – Emden 37 – Aurich/Ostfriesland 31

Autos nicht zugelassen

von Norddeich (ca. 1 h 30 min.), ✆ (04931) 98 70

Strandstr. 5, ✉ 26571, ✆ (04935) 80 91 06, www.juist.de

Achterdiek
Wilhelmstr. 36 ✉ 26571 – ✆ (04935) 80 40 – www.hotel-achterdiek.de
– geschl. 22. November - 22. Dezember
45 Zim – 150/250 € 180/380 € – 4 Suiten – ½ P
Rest *Achterdiek* – siehe Restaurantauswahl
Ein Ferienhotel wie man es sich wünscht! Ruhige Lage, warme, angenehme Atmosphäre, schöne, individuelle Zimmer (meist mit Blick aufs Wattenmeer) und ein Service, der dem geschmackvollen Interieur in nichts nachsteht!

Pabst
Strandstr. 15 ✉ 26571 – ✆ (04935) 80 50 – www.hotelpabst.de
– geschl. 12. - 30. Januar, 28. November - 18. Dezember
38 Zim – 98/190 € 210/360 € – 16 Suiten – ½ P
Rest *Rüdiger's* – siehe Restaurantauswahl
Sie können sich aussuchen, ob Sie modern oder doch lieber klassisch-friesisch wohnen möchten. Familie Pabst (bereits die 4. Generation) investiert ständig in ihr Haus und macht es so für die Gäste richtig behaglich und hübsch!

Friesenhof
Strandstr. 21 ✉ 26571 – ✆ (04935) 80 60 – www.friesenhof.info
– geschl. 3. November - 26. Dezember, 5. Januar - 21. März
80 Zim – 82/99 € 128/166 € – 3 Suiten – ½ P
Rest – *(geschl. 3. November - 21. März)* Menü 15 € (mittags)/28 € – Karte 19/51 €
Das Hotel mitten im Ort stammt aus der Jahrhundertwende, schön ist die erhaltene Treppe im Haus. Ausruhen kann man sich in wohnlichen Zimmern oder auf der Dachterrasse mit Meerblick. Restaurant in bürgerlichem Stil und rustikale Bierstube.

Westfalenhof garni
Friesenstr. 24 ✉ 26571 – ✆ (04935) 9 12 20 – www.hotel-westfalenhof.de
– geschl. 6. Januar - 4. April, 19. Oktober - 27. Dezember
22 Zim – 69/86 € 100/144 €
Ein zentral gelegenes Hotel unter familiärer Leitung mit wohnlichen Gästezimmern, darunter recht großzügige Eckzimmer sowie Südzimmer mit Balkon.

Rüdiger's – Hotel Pabst
Strandstr. 15 ✉ 26571 – ✆ (04935) 80 54 42 – www.hotelpabst.de
– geschl. 12. - 30. Januar, 28. November - 18. Dezember und Dienstag
Rest – Menü 18 € (mittags)/50 € – Karte 31/63 €
Rüdiger Wanke bringt in dem eleganten kleinen Restaurant auf den Tisch, was die Saison zu bieten hat. Probieren Sie z. B. Maischolle mit frischen Krabben oder Juister Austern! Schöne Terrasse.

Achterdiek – Hotel Achterdiek
Wilhelmstr. 36 ✉ 26571 – ✆ (04935) 80 40 – www.hotel-achterdiek.de
– geschl. 22. November - 22. Dezember
Rest – Menü 35 € (abends) – Karte 43/69 €
Schon das klassisch-elegante Ambiente des Restaurants ist ansprechend - ganz zu schweigen von der Terrasse mit Deichblick! Dazu gibt es ein international ausgerichtetes Speisenangebot.

KAARST – Nordrhein-Westfalen – siehe Neuss

KAHL am MAIN – Bayern – 546 – 7 390 Ew – Höhe 110 m

48 G15

Berlin 538 – München 369 – Frankfurt am Main 36 – Aschaffenburg 16

Zeller
Aschaffenburger Str. 2 (B 8) ✉ 63796 – ✆ (06188) 91 80 – www.hotel-zeller.de
– geschl. 23. Dezember - 2. Januar
84 Zim – 98/150 € 160/200 € – 1 Suite
Rest *Zeller* – siehe Restaurantauswahl
Der gewachsene Gasthof ist ein komfortables Hotel mit freundlichen Mitarbeitern und schönen individuellen Zimmern. Im Sommer Frühstück auf der Terrasse. Gute Tagungsmöglichkeiten.

Mainlust garni (mit Gästehäusern)
Aschaffenburger Str. 12 (B 8) ✉ 63796 – ✆ (06188) 20 07
23 Zim – 47 € 66 €
Das tipptopp gepflegte Haus unter familiärer Leitung bietet seinen Gästen praktisch ausgestattete Zimmer, die teilweise etwas großzügiger und komfortabler sind.

Zeller – Hotel Zeller
Aschaffenburger Str. 2 (B 8) ✉ 63796 – ✆ (06188) 91 80 – www.hotel-zeller.de – geschl. 23. Dezember - 2. Januar
Rest – Menü 20 € (mittags unter der Woche)/55 € – Karte 26/60 €
Hier war jemand am Werk, der was vom Einrichten versteht: Der Ehemann der Gastgeberin Renate Schleunung ist Architekt! Moderne Eleganz, am Puls der Zeit. Rustikaler: die Stube im historischen Trakt. Wie wär's z. B. mit Bäckchen vom Landschwein auf Sommergemüse?

KAHLA – Thüringen – 544 – 7 340 Ew – Höhe 160 m — 41 L13

Berlin 264 – Erfurt 55 – Gera 48

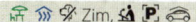

Zum Stadttor Zim,
Jenaische Str. 24 ✉ 07768 – ✆ (036424) 83 80 – www.hotel-stadttor.de – geschl. Januar
14 Zim – 50/96 € 66/96 €, 5 € **Rest** – Karte 11/28 €
Schön hat man das in die alte Stadtmauer integrierte Haus von 1468 saniert. Die einstige Herberge und Fleischerei ist heute ein kleiner Familienbetrieb mit wohnlichen Zimmern. Hübsch dekoriertes, gemütlich-rustikales Restaurant mit netter Terrasse im Innenhof.

KAISERSLAUTERN – Rheinland-Pfalz – 543 – 99 790 Ew – Höhe 251 m — 46 D16

Berlin 642 – Mainz 90 – Saarbrücken 70 – Karlsruhe 88
ADAC Eisenbahnstr. 15 B2
Fruchthallstr. 14 B2, ✉ 67655, ✆ (0631) 3 65 23 16, www.kaiserslautern.de
Mackenbach, Am Hebenhübel, ✆ (06374) 99 46 33
Börrstadt, Röderhof 3b, ✆ (06357) 9 60 94

Stadtplan auf der nächsten Seite

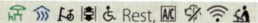

SAKS Rest,
Stiftsplatz 11, (über Spittelstraße) ✉ 67655 – ✆ (0631) 36 12 50 – www.sakshotels.com B1**s**
92 Zim – 95/145 € 115/165 €, 15 € – ½ P
Rest – Menü 18 € (mittags)/45 € – Karte 29/45 €
Das SAKS bringt urbanen Lifestyle nach Kaiserslautern! Die Zimmer: wertig, wohnlich und chic mit ihren klaren Linien und warmen, metallischen Tönen - fragen Sie nach den Einraum-Spa-Suiten mit Balkon! Modernes Design und trendige Atmosphäre auch im Restaurant. Als Extra kostenfreie Snacks in der Lounge. Praktisch: Parkhaus im selben Komplex.

Zollamt garni
Buchenlochstr. 1 ✉ 67663 – ✆ (0631) 316 66 00 – www.hotel-zollamt.de – geschl. 22. Dezember - 4. Januar B2**e**
33 Zim – 99/120 € 130/149 €
Hier übernachtet man gerne, denn das Haus in Bahnhofsnähe wird von Familie Folz mit Engagement geleitet, es ist top in Schuss und richtig geschmackvoll in klarem modernem Stil eingerichtet (schön das "Ligne Roset"-Design) - und last but not least das gute Frühstück... nicht entgehen lassen!

Barth garni
Mühlstr. 31 ✉ 67659 – ✆ (0631) 3 72 60 – www.hotelbarth.de – geschl. 20. Dezember - 5. Januar B1**a**
45 Zim – 69/109 € 99/129 €
Nicht nur die günstige Lage - zentral und doch recht ruhig - überzeugt hier. Familie Barth hat einiges in ihr Haus investiert und so ist nun vom Empfang über die wohnlichen Zimmer (sehr chic die Einraum-Suiten!) bis zum Frühstücksraum und auf die Innenhofterrasse alles schön modern!

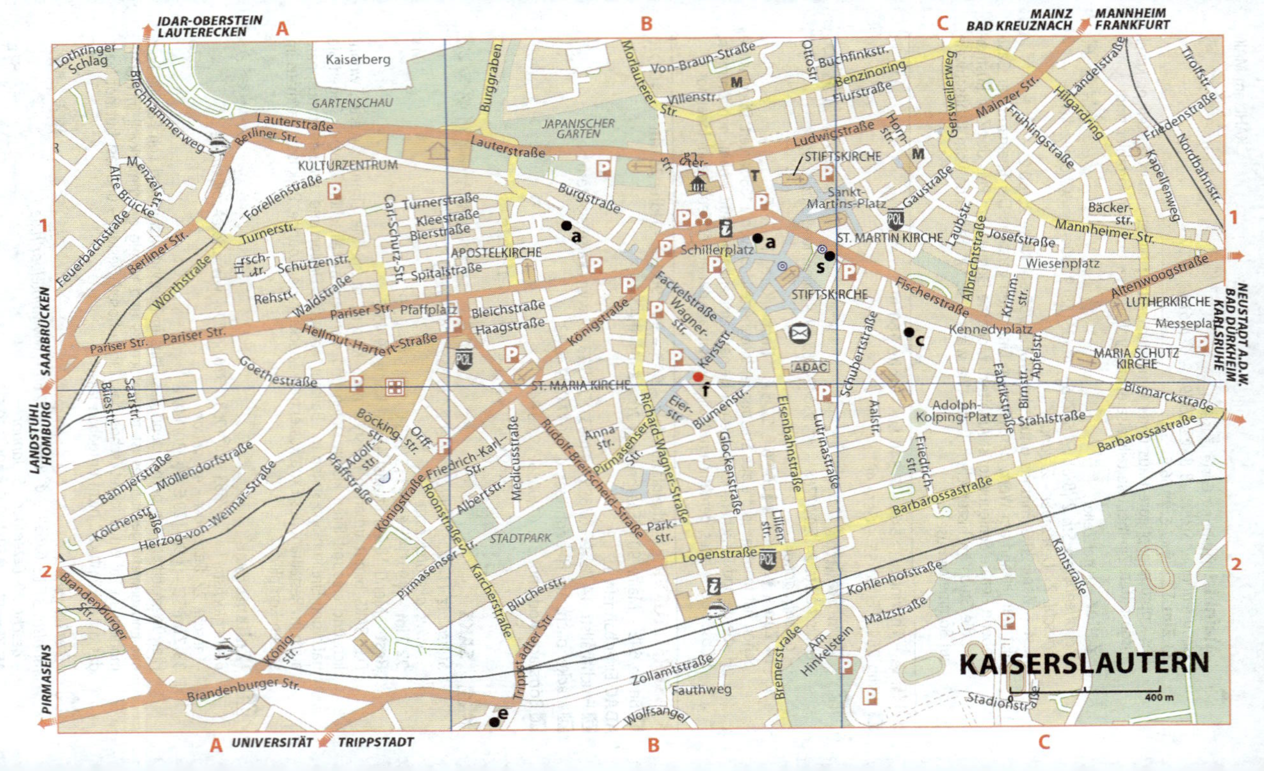
KAISERSLAUTERN
400 m
IDAR-OBERSTEIN
LAUTERECKEN
MAINZ
BAD KREUZNACH
MANNHEIM
FRANKFURT
NEUSTADT A.D.W.
BAD DÜRKHEIM
KARLSRUHE
LANDSTUHL
HOMBURG
SAARBRÜCKEN
PIRMASENS
UNIVERSITÄT
TRIPPSTADT
A
B
C
1
2
Kaiserberg
GARTENSCHAU
JAPANISCHER GARTEN
KULTURZENTRUM
STADTPARK
APOSTELKIRCHE
ST. MARTIN KIRCHE
STIFTSKIRCHE
ST. MARIA KIRCHE
LUTHERKIRCHE
MARIA SCHUTZ KIRCHE
ADAC
Schillerplatz
Kennedyplatz
Pfaffplatz
Sankt-Martins-Platz
Adolph-Kolping-Platz
Wiesenplatz
Lauterstraße
Ludwigstraße
Mainzer Str.
Fischerstraße
Altenwoogstraße
Pariser Str.
Königstraße
Rudolf-Breitscheid-Straße
Richard-Wagner-Straße
Eisenbahnstraße
Barbarossastraße
Brandenburger Str.
Berliner Str.
Mannheimer Str.
Logenstraße
Kohlenhofstraße
Bismarckstraße
Burgstraße
Burggraben
Hellmut-Hartert-Straße
Goethestraße
Trippstadter Str.
Karcherstraße
Benzinoring
Hilgardring

Stadthotel garni

Friedrichstr. 39 (Zufahrt über Heinrich-Heine-Straße) ✉ 67655 – ✆ (0631) 36 26 30 – www.stadthotel-kl.de C1 c

21 Zim ☕ – 🚹69/75 € 🚹🚹89/95 €

Mit seinen modernen Zimmern steht der nette Jugendstilbau des Hotels dem Neubau in nichts nach. Im Frühstücksraum (charmant die freigelegte Sandsteinmauer) bekommt man am Morgen eine gute Auswahl vom Buffet. Übrigens: In der Fußgängerzone ist man schnell und relativ ruhig ist es dennoch.

Art Hotel Lauterbach garni

Fruchthallstr. 15 ✉ 67655 – ✆ (0631) 36 24 00 – www.art-hotel-kl.de – geschl. 23. - 30. Dezember B1 a

23 Zim ☕ – 🚹79/89 € 🚹🚹119 € – 1 Suite

Zentraler geht's kaum, moderner auch nicht! Zur attraktiven geradlinigen Einrichtung mit Farbtupfern in frischem Grün gesellt sich reichlich ansprechende Kunst. Die Zimmer zum hübschen Innenhof sind ruhiger. Praktisch: vergünstigte Preise im Theaterparkhaus.

Bistro 1A

Pirmasenser Str. 1a ✉ 67655 – ✆ (0631) 6 30 59 – geschl. Sonntag sowie an Feiertagen B1 f

Rest – Karte 17/42 €

Bistro und Eiscafé mitten in der Innenstadt. Aus dem breit gefächerten Angebot wählt man internationale Gerichte, Kuchen oder auch hausgemachtes Eis.

In Kaiserslautern-Dansenberg Süd-West: 6 km über A2, Richtung Trippstadt

Fröhlich

Dansenberger Str. 10 ✉ 67661 – ✆ (0631) 35 71 60 – www.hotel-froehlich.de – geschl. 27. Dezember - 6. Januar

28 Zim ☕ – 🚹59/75 € 🚹🚹79/105 € – ½ P

Rest – *(geschl. Montagmittag)* Menü 17/35 € – Karte 17/51 €

Bereits in langer Familientradition halten die Fröhlichs ihr Haus in Schuss. Fragen Sie nach den Zimmern im Haupthaus - sie sind besonders modern, geradlinig und hell. Oder möchten Sie lieber eine Maisonette? Relaxen kann man z. B. bei Massage oder bei bürgerlicher Küche, im Sommer gerne auf der Felswand-Terrasse! Auch der Biergarten lockt die Gäste ins Freie.

In Kaiserslautern-Eselsfürth Nord-Ost: 6 km über Mainzer Straße C1, Richtung Mehlingen

Barbarossahof (mit Gästehäusern)

Eselsfürth 10 ✉ 67657 – ✆ (0631) 4 14 40 – www.barbarossahof.com

109 Zim – 🚹74/110 € 🚹🚹99/139 €, ☕ 5 € – 4 Suiten – ½ P **Rest** – Karte 19/44 €

Ein gewachsenes Hotel mit über 150 Jahren Familientradition. In den Zimmern individuelles und gediegenes Inventar wie Stilmöbel, Stoffe und Bilder sowie Steinböden mit Teppichen. Auch geräumigere Juniorsuiten. Rustikales Restaurant mit internationaler Küche.

KALKAR – Nordrhein-Westfalen – 543 – 13 800 Ew – Höhe 15 m 25 B10

Berlin 587 – Düsseldorf 81 – Nijmegen 35 – Wesel 35

Markt 20, ✉ 47546, ✆ (02824) 1 31 20, www.kalkar.de

Kalkar-Niedermörmter, Mühlenhof, ✆ (02824) 92 40 92

Bedburg-Hau, Schloss Moyland, ✆ (02824) 95 20

Meier's Restaurant

Markt 14 ✉ 47546 – ✆ (02824) 32 77 – www.meiers-restaurant.de – geschl. 23. Dezember - 6. Januar und Montag - Dienstag

Rest – *(nur Abendessen)* Menü 35/50 € – Karte 31/51 €

Rest *Bistro Mango* – siehe Restaurantauswahl

Chef Michael Meier stammt aus Wien und so mischen sich auch Klassiker aus seiner Heimat unter die zeitgemäßen Gerichte. Auch seine Frau ist mit von der Partie - sie leitet mit bayerischem Charme den Service. Und wo möchten Sie speisen? Im Restaurant mit mediterranem Touch, im Wintergarten oder auf der idyllischen Innenhofterrasse?

Bistro Mango – Meier's Restaurant

Markt 14 ✉ 47546 – ✆ (02824) 32 77 – www.meiers-restaurant.de – geschl. 23. Dezember - 6. Januar

Rest – Karte 15/43 €

Frisches Gelb, bequeme Bänke und Flechtstühle, dekorative Bilder... ein einladendes Lokal, in dem sich u. a. österreichische Mehlspeisen auf der Karte finden. Das Café-Bistro hat eine eigene Terrasse zum Marktplatz.

KALKHORST – Mecklenburg-Vorpommern – 542 – 1 860 Ew – Höhe 30 m 11 K4

Berlin 254 – Schwerin 50 – Lübeck 29 – Wismar 31

In Kalkhorst-Groß Schwansee Nord-West: 3 km

Schlossgut Gross Schwansee

Am Park 1 ✉ 23942 – ✆ (038827) 8 84 80 – www.schwansee.de

55 Zim – 98/208 € 98/208 € – 8 Suiten – ½ P

Rest *Schlossgut Gross Schwansee* – siehe Restaurantauswahl

Ein wirklich stilvolles Schlossgut von 1745, schön viel Grün drum herum und zur Ostsee ist es auch nicht weit! Im Schloss selbst wohnt man individuell (von asiatisch bis klassisch), im Neubau geradlinig-modern (hier alle Zimmer mit Balkon/Terrasse). Direkt vor dem Haus: der schöne Naturbadeteich.

Schlossgut Gross Schwansee – Hotel Schlossgut Gross Schwansee

Am Park 1 ✉ 23942 – ✆ (038827) 8 84 80 – www.schwansee.de

Rest – Menü 29/100 € (abends) – Karte 25/75 €

Sie wollten schon immer mal auf einem Schloss speisen? Das Ambiente: modern unter historischem Kreuzgewölbe oder etwas eleganter im Wintergarten. Von der frischen internationalen Küche sollten Sie z. B. den Gewürz-Brownie mit Joghurt-Limoneneis probieren. Mittags kleine Karte.

KALLMÜNZ – Bayern – 546 – 2 820 Ew – Höhe 344 m 58 M17

Berlin 479 – München 151 – Regensburg 29 – Amberg 37

Zum Goldenen Löwen mit Zim

Alte Regensburger Str. 18 ✉ 93183 – ✆ (09473) 3 80 – www.luber-kallmuenz.de – geschl. Montag - Dienstagmittag

15 Zim – 55 € 77/89 €

Rest – *(Oktober - März: Mittwoch - Freitag nur Abendessen)* (Tischbestellung erforderlich) Menü 15 € (mittags)/35 € – Karte 23/31 €

Das historische Gasthaus mit lauschigem Hof versprüht genau den Charme, den man sich für einen romantischen Kurztrip wünscht! Mit liebevoller Dekoration (Kunstfreunde aufgepasst!) und persönlicher Gästebetreuung (das Frühstück bekommt man serviert) sorgt Familie Luber für das richtige Maß an Individualität. Zur regionalen Küche gibt's selbst gebrautes Bier!

KALLSTADT – Rheinland-Pfalz – 543 – 1 210 Ew – Höhe 152 m 47 E16

Berlin 636 – Mainz 69 – Mannheim 26 – Kaiserslautern 37

Weinhaus Henninger (N) (mit Gästehaus Weinkastell zum Weissen Ross)

Weinstr. 93 ✉ 67169 – ✆ (06322) 22 77 – www.weinhaus-henninger.de

26 Zim – 80/150 € 110/210 € – 2 Suiten

Rest *Weinhaus Henninger* – siehe Restaurantauswahl

Über vier Jahrhunderte steht der Vierkanthof schon mitten in Kallstadt, nun ist es ein geschmackvolles und modernes Hotel geworden und ergänzt die Pfälzer Gastronomie perfekt. Im Hauptgebäude und im Gästehaus wohnen Sie in unterschiedlichen Zimmern und Suiten, teils etwas ländlicher, teils topmodern, dazu gibt es ein frisches Landfrühstück, das regional geprägt ist.

Kallstadter Hof

Weinstr. 102 ✉ 67169 – ✆ (06322) 6 00 10 90 – www.kallstadter-hof.de
14 Zim – 65/95 € 85/100 € – ½ P
Rest ***Kallstadter Hof*** – siehe Restaurantauswahl
In dem denkmalgeschützten ehemaligen Winzerhof kann man sich wirklich wohlfühlen, denn hier gibt es nette Zimmer im Landhausstil, kleine Aufmerksamkeiten wie Obst und Wasser sowie herzlichen Service. Und auch die Umgebung ist schön: Nur wenige Meter entfernt können Sie wunderbar zwischen Reben spazierengehen.

Müller's Landhotel garni

Freinsheimer Str. 24 ✉ 67169 – ✆ (06322) 62 07 13 – www.mueller-ruprecht.de – geschl. 20. Dezember - 9. Januar
10 Zim – 69/79 € 89/114 €
Das ist ein richtig nettes kleines Landhotel - und man bietet seinen Gästen auch so einiges: hübsche individuelle Zimmer, ein Fläschchen vom eigenen Weingut als Präsent, zum Frühstück hausgemachte Marmelade und frisches Obst aus dem Garten, im Sommer eine schöne Terrasse...

Kallstadter Hof – Hotel Kallstadter Hof

Weinstr. 102 ✉ 67169 – ✆ (06322) 6 00 10 90 – www.kallstadter-hof.de
Rest – (Tischbestellung ratsam) Menü 19/39 € – Karte 18/45 €
Das Restaurant des Kallstadter Hofs ist eine gefragte Adresse. Gerne lässt man sich hier in ländlich-charmantem Ambiente oder im hellen Wintergarten freundlich und unkompliziert mit regional inspirierter Saisonküche bewirten. Sie planen eine Feier? Dann ist der Gewölbekeller a. d. 17. Jh. ideal!

Weinhaus Henninger – Hotel Weinhaus Henninger

Weinstr. 93 ✉ 67169 – ✆ (06322) 22 77 – www.weinhaus-henninger.de
Rest – Menü 25 € – Karte 23/51 €
Es ist schon wirklich gemütlich in diesem historischen Weinhaus. Das Team um Gastgeber Franz Weber verwöhnt Sie hier mit Pfälzer Klassikern, und das in liebenswert rustikalen Stuben, auf der schönen Innenhofterrasse oder auch im ehemaligen Barrique-Keller mit seiner sehr speziellen Atmosphäre. Probieren Sie sich durch die hiesige Küchen- und Weinlandschaft, vom Saumagen bis zum Rumpsteak und vom Riesling bis zum Spätburgunder.

KALTENENGERS – Rheinland-Pfalz – 543 – 2 050 Ew – Höhe 63 m 36 D14

Berlin 589 – Mainz 111 – Koblenz 11 – Bonn 52

Rheinhotel Larus

In der Obermark 7 ✉ 56220 – ✆ (02630) 9 89 80 – www.rheinhotel-larus.de
32 Zim – 88/105 € 130/175 € – ½ P
Rest – Menü 30/75 € – Karte 25/53 €
Hier überzeugt die Lage unmittelbar am Rhein. Das Haus verfügt über wohnlich-solide Zimmer und Maisonetten, hinter dem Haus befindet sich ein kleiner Garten mit Fischteichen. Restaurant und Terrasse bieten einen schönen Blick auf den Fluss.

KALTENKIRCHEN – Schleswig-Holstein – 541 – 20 110 Ew – Höhe 31 m 10 I4

Berlin 316 – Kiel 61 – Hamburg 42 – Itzehoe 40
Kisdorferwohld, Am Waldhof 3, ✆ (04194) 9 97 40

Dreiklang Business und Spa Resort Zim,

Norderstr. 6 ✉ 24568 – ✆ (04191) 92 10 – www.dreiklang-resort.de
58 Zim – 89/125 € 128/138 € – 2 Suiten – ½ P
Rest – Menü 24/52 € – Karte 22/45 €
Dieses Hotel bietet seinen Gästen wohnlich-mediterrane Landhauszimmer und ein separates Seminarhaus sowie direkten Zugang zum benachbarten Freizeitbad Holstentherme.

KAMENZ – Sachsen – 544 – 16 820 Ew – Höhe 170 m 33 Q11

Berlin 171 – Dresden 47 – Bautzen 24
Schulplatz 5, ✉ 01917, ✆ (03578) 37 92 05, www.kamenz.de

Villa Weiße garni

Poststr. 17 ✉ 01917 – ✆ (03578) 37 84 70 – www.villa-weisse.de
14 Zim ☕ – 🚹63/69 € 🚹🚹89/99 €
Der eigene Park, die Dekoration der Zimmer... alles hat Bezug zum bekannten Gärtnermeister Wilhem Weiße, Namensgeber der Villa von 1875. Im Sommer frühstücken Sie im Freien mit Blick ins Grüne. Eine kleine Aufmerksamkeit sind Obst und Wasser gratis.

KAMP-LINTFORT – Nordrhein-Westfalen – 38 200 Ew – Höhe 28 m   25 B11

■ Berlin 565 – Düsseldorf 42 – Maastricht 126 – Arnhem 89

Wellings Parkhotel

Neuendickstr. 96 ✉ 47475 – ✆ (02842) 2 10 40 – www.wellings-parkhotel.de
60 Zim – 🚹79/121 € 🚹🚹104/136 €, ☕ 13 € – ½ P
Rest *Wellings Parkhotel* – siehe Restaurantauswahl
Wer im "Haus der Alleen" wohnt, hat es richtig schön komfortabel, modern-elegant und zum Teil besonders großzügig. Ein bisschen schlichter sind die Zimmer im "Gartenhaus". Auch zum Tagen hat man die passenden Räumlichkeiten.

Wellings Parkhotel – Wellings Parkhotel

Neuendickstr. 96 ✉ 47475 – ✆ (02842) 2 10 40 – www.wellings-parkhotel.de
Rest – Menü 36/46 € – Karte 30/56 €
Nicht nur das Restaurant mit Bar-Lounge und modernem Ambiente ist schön angelegt: Im Sommer werden Sie die Terrasse lieben, wenn Sie unter großen Sonnenschirmen sitzen und in den Garten mit kleinem See schauen!

KAMP-BORNHOFEN – Rheinland-Pfalz – 543 – 1 580 Ew – Höhe 69 m   36 D14

■ Berlin 623 – Mainz 83 – Koblenz 24 – Wiesbaden 65
Die feindlichen Brüder (Burg Liebenstein: ≤★★ auf Burg Sterrenberg und das Tal)

Anker

Rheinuferstr. 46 ✉ 56341 – ✆ (06773) 2 15 – www.hotel-anker.com
– geschl. November - April
12 Zim ☕ – 🚹60/70 € 🚹🚹75/100 € – ½ P
Rest – *(geschl. Dienstag)* Menü 25 € – Karte 18/48 €
Seit vielen Generationen führt Familie Eriksen das direkt am Rhein gelegene kleine Hotel mit der gelben Fassade. Die Zimmer sind gepflegt und wohnlich, meist mit Flussblick. Gemütliche Atmosphäre und internationale Küche im Restaurant.

KANDEL – Rheinland-Pfalz – 543 – 8 530 Ew – Höhe 123 m   54 E17

■ Berlin 681 – Mainz 122 – Karlsruhe 20 – Landau in der Pfalz 16

Zum Rössel garni (mit Gästehaus)

Bahnhofstr. 9 ✉ 76870 – ✆ (07275) 50 01 – www.hotel-roessel.info
37 Zim ☕ – 🚹49/68 € 🚹🚹70/83 €
Wenngleich die hübsche Fassade des 1761 erbauten Stammhauses Rustikalität vermuten lässt, so wohnt man bei der charmant-engagierten Familie Born doch schön modern - und im geradlinig designten Gästehaus sogar richtig trendig!

Zur Pfalz   Zim, Zim,

Marktstr. 57 ✉ 76870 – ✆ (07275) 9 85 50 – www.hotelzurpfalz.de
48 Zim ☕ – 🚹60/85 € 🚹🚹86/110 € – ½ P
Rest – *(geschl. Sonntagabend - Montag, Samstagmittag)* Karte 25/56 €
Ein Familienbetrieb, in dem sich immer etwas tut! Auch die junge Generation hat schon einiges investiert - so sind viele der wohnlichen Zimmer besonders modern und geschmackvoll. Die Speisekarte kann sich mit ihren ambitionierten regional-internationalen Speisen ebenfalls sehen lassen. Für Freiluft-Fans ist der Biergarten im Sommer wirklich ein lauschiges Plätzchen!

Zum Riesen (N)

Rheinstr. 54 ✉ 76870 – ✆ (07275) 34 37 – www.hotelzumriesen.de
16 Zim ☕ – 🚹35/60 € 🚹🚹55/90 € – 4 Suiten – ½ P
Rest ***Zum Riesen*** – siehe Restaurantauswahl
Bereits in der 4. Generation kümmert sich Familie Wenz engagiert um ihre Gäste. Dafür hat man hübsche alte Fachwerkhäuser ansprechend erweitert und bietet sympathische Atmosphäre sowie unterschiedliche Zimmer - darunter auch Themenzimmer und Appartements mit kleiner Küche (im Haus gegenüber). Praktisch sind die Nähe zur Autobahn und der S-Bahn-Anschluss.

Zum Riesen (N) – Hotel Zum Riesen

Rheinstr. 54 ✉ 76870 – ✆ (07275) 34 37 – www.hotelzumriesen.de – geschl. Januar - Februar und Samstag - Sonntag
Rest – *(nur Abendessen)* Menü 32/48 € – Karte 24/55 €
Im ältesten Gasthaus hier serviert man seit 1697 Pfälzer Küche, die allerdings heute unter Andreas und Nicolas Wenz einen zeitgemäßen Anstrich und eine mediterrane Note hat. Probieren Sie in der schönen modernen Weinstube oder auf der netten Innenhofterrasse frische, schmackhafte Gerichte wie "Boeuf Bourguignon mit Kraut und Rüben" oder "getrüffeltes Kalbsrückensteak"!

KANDERN – Baden-Württemberg – 545 – 8 140 Ew – Höhe 352 m – Erholungsort

61 D21

▶ Berlin 845 – Stuttgart 252 – Freiburg im Breisgau 46 – Basel 21
ℹ Hauptstr. 18, ✉ 79400, ✆ (07626) 97 23 56, www.kandern.de
⛳18 Kandern, Feuerbacherstr. 35, ✆ (07626) 97 79 90

Zur Weserei (mit Gästehaus)

Hauptstr. 81 ✉ 79400 – ✆ (07626) 4 45 – www.weserei.de – geschl. 7. - 15. Januar
24 Zim ☕ – 🚹45/64 € 🚹🚹65/112 € – ½ P
Rest – *(geschl. Montag - Dienstagmittag, November - Februar: Montag - Dienstag)* Menü 20 € (mittags unter der Woche)/60 € – Karte 33/61 €
Der historische Gasthof (einst Bergwerksverwaltung mit Schankrecht) wird seit 1877 als Familienbetrieb geführt. Wohnlich-funktionelle Zimmer, im Sommer Frühstück auf der schönen Terrasse. Wer zum Essen kommt, den erwartet in einem separaten Gebäude klassische Küche in traditionellem Ambiente.

In Kandern-Egerten Süd: 8 km, Richtung Lörrach, in Wollbach links ab

Jägerhaus

Wollbacher Str. 28 ✉ 79400 – ✆ (07626) 87 15 – www.restaurant-jaegerhaus.de – geschl. Januar, August und Sonntagabend - Dienstag
Rest – *(Mittwoch - Samstag nur Abendessen)* (Tischbestellung ratsam)
Menü 28/60 € – Karte 32/67 €
In dem kleinen Haus am Waldrand kocht Christoph Wermuth schmackhaft, frisch und mit australischem Einfluss. Er schätzt nicht nur die Küche dort, sondern auch die entspannte Lebensart... so hat er sich auch gleich seine Frau mitgebracht, die hier den freundlichen Service leitet! Etwas für Kunstfreunde: eigenes Max-Böhlen-Museum (Großvater des Chefs)!

In Kandern-Wollbach Süd: 6 km, Richtung Lörrach

ℹ Hauptstr. 18, ✉ 79400, ✆ (07626) 97 23 56, www.kandern.de

Pfaffenkeller

Rathausstr. 9 ✉ 79400 – ✆ (07626) 9 77 42 90 – www.pfaffenkeller.de – geschl. 3. Februar - 4. März, 4. - 19. August
9 Zim ☕ – 🚹90/130 € 🚹🚹125/150 €
Rest ***Pfaffenkeller*** – siehe Restaurantauswahl
Sie suchen das Besondere? Die beiden Betreiber stecken sehr viel persönliches Engagement in das ehemalige Pfarr- und Domänenhaus von 1618 und geben ihm so seine eigene Note: Stil und Geschmack, allerlei Antiquitäten, kleine Aufmerksamkeiten... Schauen Sie mal in den Hofladen, hier gibt's eigene Erzeugnisse!

Pfaffenkeller – Hotel Pfaffenkeller

Rathausstr. 9 ✉ 79400 – ✆ (07626) 9 77 42 90 – www.pfaffenkeller.de – geschl. 3. Februar - 4. März, 4. - 19. August und Montag - Dienstag

Rest – (Tischbestellung ratsam) Menü 32/75 € – Karte 31/64 €

Wohnzimmeratmosphäre im besten Sinne: liebevoll arrangierte Dekorationen, ein heimeliger Kachelofen, alte Holzbalken... und dazu gute Küche! Mögen Sie traditionelle Schmorgerichte oder lieber ein anspruchsvolles Menü? Draußen auf der lauschigen Terrasse sitzt es sich übrigens nicht weniger schön!

KAPPELN – Schleswig-Holstein – 541 – 9 630 Ew – Höhe 10 m – Erholungsort

2 I2

Berlin 404 – Kiel 60 – Flensburg 48 – Schleswig 32

Schleswiger Str. 1, ✉ 24376, ✆ (04642) 40 27, www.ostseefjordschlei.de

Rabenkirchen-Faulück, Morgensterner Str. 6, ✆ (04642) 38 53

Thomsen's Motel garni 

Theodor-Storm-Str. 2 (B 203) ✉ 24376 – ✆ (04642) 10 52 – www.thomsensmotel.de – geschl. Weihnachten - 1. März

26 Zim – †50/65 € ††85/95 €

An der Durchgangsstraße liegt das gepflegte und funktionale Hotel, fünf Gehminuten ins Zentrum und zum Hafen. Zimmer im EG von außen zugänglich und mit Kochgelegenheit.

Speicher No. 5 

Am Hafen 19a ✉ 24376 – ✆ (04642) 54 51 – www.speicher5.de – geschl. Januar und Montag, sowie den letzten Sonntag im Monat

Rest – *(Dienstag - Samstag nur Abendessen, außer an Feiertagen)* (Tischbestellung erforderlich) Menü 29 € – Karte 29/43 €

Kein Wunder, dass das charmante Backsteinhaus am Hafen immer gut besucht ist, denn hier bei Regina Geske und Küchenchef Holger Tamm gibt es tolle klassische Speisen, z. B. "Schellfisch auf Blattspinat mit Dijon-Senfsahne". Kosten Sie auch die Desserts der Chefin!

KAPPELRODECK – Baden-Württemberg – 545 – 5 830 Ew – Höhe 220 m – Erholungsort

54 E19

Berlin 731 – Stuttgart 132 – Karlsruhe 60 – Freudenstadt 40

Hauptstr. 65, ✉ 77876, ✆ (07842) 8 02 10, www.kappelrodeck.de

In Kappelrodeck-Waldulm Süd-West: 2,5 km

Zum Rebstock mit Zim 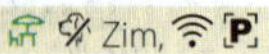

Kutzendorf 1 ✉ 77876 – ✆ (07842) 94 80 – www.rebstock-waldulm.de – geschl. Montag - Dienstagmittag

11 Zim – †54/68 € ††92/124 €

Rest – (Tischbestellung ratsam) Menü 29/42 € – Karte 26/50 €

Wer hinter der charmanten historischen Fachwerkfassade liebenswerte holzgetäfelte Stuben vermutet, liegt goldrichtig! Die Küche setzt auf regionale Produkte. Eine gute Idee sind die Versucherle: So kann man bei Vorspeise und Dessert gleich eine Auswahl probieren! Man schläft hier übrigens genauso schön wie man isst.

KARBEN – Hessen – 543 – 21 900 Ew – Höhe 125 m

47 F14

Berlin 536 – Wiesbaden 55 – Darmstadt 50 – Gießen 53

Neidharts Küche 

Robert-Bosch-Str. 48 (Gewerbegebiet) ✉ 61184 – ✆ (06039) 93 44 43 – www.neidharts-kueche.de – geschl. Januar 1 Woche, Anfang Juli - Mitte August 2 Wochen und Montag

Rest – *(nur Abendessen, sonntags auch Mittagessen)* (Tischbestellung ratsam) Menü 28/41 € – Karte 29/40 €

Der sympathische Gastgeber bereitet in dem freundlichen Restaurant mit Wintergarten und netter Terrasse Schmackhaftes aus regionalen Produkten. Das Duo vom Wetterauer Lamm mit Oliven-Polenta liest sich so gut wie es schmeckt. Preis-Leistungs-Verhältnis und Service stimmen!

KARGOW – Mecklenburg-Vorpommern – siehe Waren (Müritz)

KARLSHAFEN, BAD – Hessen – 543 – 3 780 Ew – Höhe 101 m – Soleheilbad **28** H10

Berlin 376 – Wiesbaden 276 – Kassel 48 – Hameln 79

Hafenplatz 8, ✉ 34385, ✆ (05672) 99 99 22, www.bad-karlshafen.de

Hessischer Hof

Carlstr. 13 ✉ 34385 – ✆ (05672) 10 59 – www.hess-hof.de – geschl. 3. - 19. März

20 Zim – 45/55 € 80 € – ½ P

Rest – *(geschl. November - März: Montag)* Karte 13/35 €

Nahe der Weser liegt der gestandene Gasthof mit solide eingerichteten Zimmern. Ein besonderer Service für Fahrradtouristen sind die abschließbaren Unterstellmöglichkeiten. Großes Restaurant mit Wintergarten.

Zum Weserdampfschiff

Weserstr. 25 ✉ 34385 – ✆ (05672) 24 25 – www.zumweserdampfschiff.de – geschl. November

14 Zim – 44 € 88 € – ½ P

Rest – *(geschl. November - Februar und Montag; März - April sowie Oktober: Montag - Dienstag)* Karte 15/40 €

Das Gasthaus an der Weser kann auf eine über 170-jährige Familientradition zurückblicken. Einige der sehr gepflegten Zimmer liegen schön zum Fluss hin. Restaurant, ländliche Gaststube und Terrasse mit Blick auf das alte Pegelhäuschen.

KARLSHAGEN – Mecklenburg-Vorpommern – siehe Usedom (Insel)

KARLSRUHE – Baden-Württemberg – 545 – 297 490 Ew – Höhe 115 m **54** F18

Berlin 675 – Stuttgart 88 – Mannheim 71 – Saarbrücken 143

ADAC Steinhäuserstr. 22

Bahnhofplatz 6 B3, ✉ 76137, ✆ (0721) 37 20 53 83, www.karlsruhe-tourism.de

Karlsruhe, Gut Scheibenhardt, ✆ (0721) 86 74 63

Königsbach-Stein, Hofgut Johannesthal, ✆ (07232) 80 98 60

Staatliche Kunsthalle★★ · Schloss★ · Badisches Landesmuseum★ · Botanischer Garten (Pflanzenschauhäuser★)B1 · ZKM (Zentrum für Kunst und Medientechnologie)★★A2

Messen und Veranstaltungen

13.-16. Februar: Inventa

13.-16. Februar: RendezVino

13.-16. März: art

8.-11. April: PaintExpo

16.-18. Mai: EUNIQUE

25. Oktober-2. November: Offerta

Stadtplan auf der nächsten Seite

Novotel Karlsruhe City

Festplatz 2 ✉ 76137 – ✆ (0721) 3 52 60 – www.novotel.com B2**f**

242 Zim – 115/185 € 140/210 €, 19 € – 2 Suiten **Rest** – Karte 29/53 €

Das Businesshotel am Kongresszentrum bietet einen modernen Hallenbereich mit News-Bar, technisch gut ausgestattete Zimmer in warmen Erdtönen sowie zehn variable Tagungsräume. Restaurant mit großer Terrasse.

Renaissance

Mendelssohnplatz ✉ 76131 – ✆ (0721) 3 71 70 – www.renaissance-karlsruhe.de

214 Zim – 145/300 € 145/300 €, 19 € – 1 Suite B2**a**

Rest – Karte 24/65 €

Das komfortable Stadthotel befindet sich am Zentrumsrand und verfügt über eine gediegene Lobby und hochwertig eingerichtete Zimmer mit guter Technik. Regionales Speisenangebot im Restaurant Zum Markgrafen.

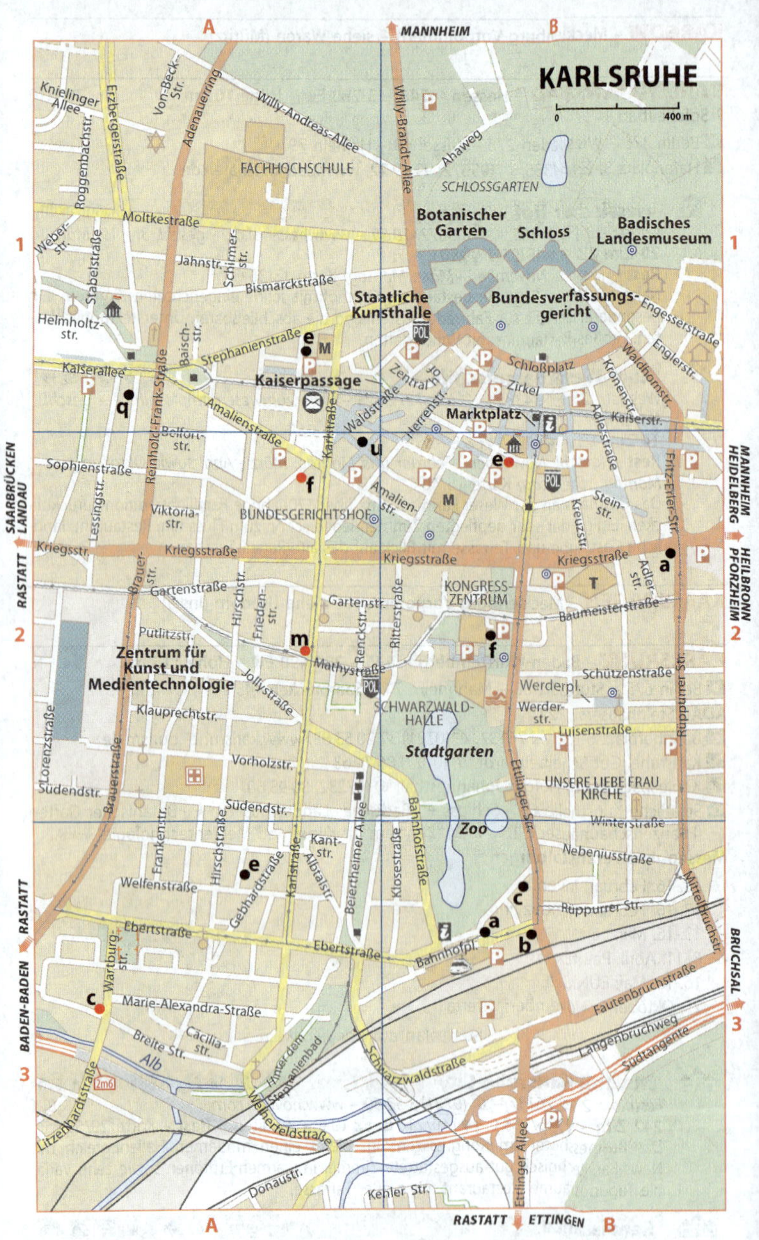
KARLSRUHE
0
400 m
MANNHEIM
A
B
1
2
3
SAARBRÜCKEN LANDAU
RASTATT
BADEN-BADEN
MANNHEIM HEIDELBERG
HEILBRONN PFORZHEIM
BRUCHSAL
RASTATT
ETTINGEN
FACHHOCHSCHULE
SCHLOSSGARTEN
Botanischer Garten
Schloss
Badisches Landesmuseum
Staatliche Kunsthalle
Bundesverfassungs-gericht
Kaiserpassage
Marktplatz
BUNDESGERICHTSHOF
KONGRESS-ZENTRUM
Zentrum für Kunst und Medientechnologie
SCHWARZWALD-HALLE
Stadtgarten
Zoo
UNSERE LIEBE FRAU KIRCHE
Knielinger Allee
Erzbergerstraße
Von-Beck-Str.
Adenauerring
Willy-Andreas-Allee
Willy-Brandt-Allee
Ahaweg
Roggenbachstr.
Moltkestraße
Weberstr.
Stabelstraße
Jahnstr.
Schirmerstr.
Bismarckstraße
Helmholtzstr.
Baischstr.
Stephanienstraße
Kaiserallee
Reinhold-Frank-Straße
Amalienstraße
Karlstraße
Waldstraße
Zentral
Herrenstr.
Schloßplatz
Zirkel
Kronenstr.
Waldhornstr.
Engesserstraße
Englerstr.
Adlerstraße
Kaiserstr.
Belfortstr.
Sophienstraße
Lessingstr.
Viktoriastr.
Amalienstr.
Steinstr.
Kreuzstr.
Fritz-Erler-Str.
Kriegsstr.
Kriegsstraße
Adlerstr.
Brauerstr.
Gartenstraße
Hirschstr.
Friedenstr.
Gartenstr.
Renckstr.
Ritterstraße
Baumeisterstraße
Putlitzstr.
Mathystraße
Jollystraße
Schützenstraße
Werderpl.
Werderstr.
Rüppurrer Str.
Klauprechtstr.
Luisenstraße
Lorenzstraße
Brauerstraße
Vorholzstr.
Südendstr.
Ettlinger Str.
Bahnhofstraße
Beiertheimer Allee
Winterstraße
Frankenstr.
Hirschstraße
Kantstr.
Nebeniusstraße
Welfenstraße
Gebhardstraße
Karlstraße
Albtalstr.
Klosestraße
Mittelbruchstr.
Ebertstraße
Wartburgstr.
Bahnhofpl.
Marie-Alexandra-Straße
Fautenbruchstraße
Cäciliastr.
Breite Str.
Alb
Langenbruchweg
Südtangente
Litzenhardtstraße
Hinter dem Stephanienbad
Schwarzwaldstraße
Weiherfeldstraße
Donaustr.
Kehler Str.
Ettlinger Allee

Schlosshotel
Bahnhofplatz 2 ✉ 76137 – ✆ (0721) 3 83 20 – www.schlosshotel-karlsruhe.de
96 Zim ☕ – †89/199 € ††99/209 € B3**a**
Rest *Schwarzwaldstube* – Menü 20 € (mittags unter der Woche)/53 € – Karte 33/52 €
1914 wurde das denkmalgeschützte Haus gegenüber dem Hauptbahnhof erbaut. Es erwarten Sie eine stilvolle Halle mit Bar, Gästezimmer in wohnlich-klassischem Stil sowie saisonal-regionale Küche in der Schwarzwaldstube (schön hier der traditionell-rustikale Charme durch Holztäfelung, Wandbild und Parkettboden).

Rio (mit Gästehaus)
Hans-Sachs-Str. 2 ✉ 76133 – ✆ (0721) 8 40 80 – www.hotel-rio.de A1**q**
117 Zim – †70/135 € ††82/160 €, ☕ 6 €
Rest – *(geschl. Freitag - Samstag) (nur Abendessen)* Karte 19/60 €
Ein familiär geführtes und sehr gepflegtes Hotel am Rande des Zentrums, dessen Zimmer im Gästehaus besonders neuzeitlich und schön sind, im Haupthaus teilweise etwas einfacher.

Allee Hotel (mit Gästehaus)
Kaiserallee 91 (über Kaiserallee A1) ✉ 76185 – ✆ (0721) 98 56 10 – www.alleehotel-ka.de
60 Zim ☕ – †94 € ††124 €
Rest – *(geschl. Sonntag)* Menü 25 € (mittags)/45 € – Karte 22/60 €
Ein neuzeitliches und praktisches Hotel im Westen der Innenstadt. Einige Zimmer liegen recht ruhig nach hinten. Auch Boardinghouse-Zimmer. W-Lan und Telefon (Inland) gratis.

Alfa garni
Bürgerstr. 4 ✉ 76133 – ✆ (0721) 2 99 26 – www.alfa-karlsruhe.com A2**u**
36 Zim – †59/89 € ††68/108 €, ☕ 10 €
In idealer Zentrumslage am Ludwigsplatz stehen gepflegte, helle und zeitlose Zimmer mit guter technischer Ausstattung zur Verfügung. Neuzeitlicher kleiner Frühstücksraum.

Elite garni
Sachsenstr. 17 ✉ 76137 – ✆ (0721) 82 80 90 – www.hotelelite-ka.de A3**e**
43 Zim ☕ – †79/99 € ††89/129 €
Das Hotel liegt relativ ruhig in einer Seitenstraße und ist freundlich in modernem Stil eingerichtet. Neben W-Lan ist auch das Telefonieren ins Festnetz innerhalb Europas kostenlos.

Avisa garni
Am Stadtgarten 5 ✉ 76137 – ✆ (0721) 3 49 77 – www.hotel-avisa.de – geschl. 21. Dezember - 6. Januar B3**c**
27 Zim ☕ – †85/95 € ††120/140 €
Praktisch ist die Lage dieses Hotels direkt gegenüber dem Stadtgarten und ganz in der Nähe des Bahnhofs. In warmen Tönen gehaltene, teils sehr geräumige Zimmer mit guter Technik.

Hasen
Gerwigstr. 47 (über Kriegstraße A2) ✉ 76131 – ✆ (0721) 9 63 70 – www.hotel-hasen.de – geschl. 22. Dezember - 6. Januar
33 Zim ☕ – †88/110 € ††110/130 € – 1 Suite
Rest – *(geschl. Sonntag) (nur Abendessen)* Menü 29/62 € – Karte 30/51 €
In dem Stadthaus außerhalb des Zentrums kann man wirklich gepflegt übernachten, und morgens gibt's im freundlichen Frühstücksraum ein gutes Buffet. Hugo's nennt sich das nette Bistro-Restaurant - im Sommer mit "Scheune" im Innenhof.

Berliner Hof garni
Douglasstr. 7 ✉ 76133 – ✆ (0721) 1 82 80 – www.hotel-berliner-hof.de – geschl. 21. Dezember - 6. Januar A1**e**
49 Zim – †50/97 € ††68/97 €, ☕ 9 €
In der Innenstadt, in Schlossnähe, erwartet Sie ein engagiert geführtes Hotel mit teilweise ganz modernen Gästezimmern und gutem Frühstücksbuffet.

Ibis Karlsruhe City Zim,

Poststr. 1 ✉ 76137 – ✆ (0721) 35 23 20 – www.ibishotel.com B3**b**

139 Zim – 🚹59/129 € 🚹🚹69/139 €, ☕ 10 € – ½ P

Rest – *(nur Abendessen)* Karte 17/36 €

Das denkmalgeschützte ehemalige Postgebäude beherbergt helle, funktionale Zimmer in klarem modernem Stil, darunter geräumigere Studiozimmer. Gute Parkmöglichkeiten. Restaurant mit nettem Innenhof, dazu eine trendige Bar.

Stiegeles Restaurant

Mathystr. 22 ✉ 76133 – ✆ (0721) 46 03 45 – www.stiegeles-restaurant.de – geschl. August und Sonntag A2**m**

Rest – Menü 25/54 € – Karte 47/58 €

Bruno Stiegele hat einige Zeit in Asien gelebt und gearbeitet (hier hat er auch seine Frau kennengelernt, die sich im Restaurant um die Deko kümmert) - und das ist seiner schmackhaften internationalen Küche deutlich anzumerken! Schön sind auch Terrasse und Raucherlounge.

EigenArt

Hebelstr. 17 ✉ 76133 – ✆ (0721) 5 70 34 43 – www.eigenart-karlsruhe.de – geschl. Samstagmittag, Sonntag - Montagmittag B2**e**

Rest – Menü 39 € – Karte 30/48 €

In einem gepflegten alten Stadthaus nahe dem Marktplatz hat man ein Restaurant mit geradlinig-neuzeitlichem Ambiente eingerichtet. Serviert wird saisonale Küche.

Hammer's Restaurant

Breite Str. 98 ✉ 76135 – ✆ (0721) 8 24 82 60 – www.hammers-restaurant.de – geschl. Weihnachten - Mitte Januar, Anfang September 10 Tage und Montag, Samstagmittag, Sonntagmittag A3**c**

Rest – (Tischbestellung ratsam) Menü 21 € (mittags)/45 € – Karte 33/49 €

Die rund 40 Plätze sind sehr begehrt, die vielen Gästen mögen es eben unkompliziert! Jörg Hammers Saisonküche ist zeitgemäß gekocht und so wird sie auch präsentiert. Wie wär's z. B. mit "langsam gegarter Ochsenbrust auf Erdfrüchteragout und Meerrettich"? Mittags reduziertes, wöchentlich wechselndes Angebot, Abendkarte alle zwei Wochen neu.

Hügels Restaurant Dudelsack

Waldstr. 79 ✉ 76133 – ✆ (0721) 20 50 00 – www.restaurant-dudelsack.de – geschl. Sonntag A2**f**

Rest – *(nur Abendessen)* (Tischbestellung ratsam) Menü 35 € – Karte 28/55 €

Das alteingesessene Restaurant ist eine gemütliche, persönlich geführte Adresse mit internationaler und regionaler Küche. Terrasse im Innenhof und zur Straße. Großzügiger Eventraum.

In Karlsruhe-Daxlanden West: 5 km über Kriegstraße A2

Steuermann

Hansastr. 13 (Rheinhafen) ✉ 76189 – ✆ (0721) 95 09 00 – www.hotel-steuermann.de

30 Zim ☕ – 🚹78/90 € 🚹🚹95/120 € – ½ P

Rest – *(geschl. Samstagmittag, Sonntagabend)* Menü 16 € (mittags unter der Woche)/48 € – Karte 31/50 €

Das Hotel am Rand des Rheinhafens ist ein Familienbetrieb, in dem man sich wirklich um seine Gäste kümmert! Sie wohnen in hellen, zeitgemäßen Zimmern und frühstücken gut. Neben dem klassisch gehaltenen Restaurant gibt es auch ein einfaches kleines Bistro, in dem man preiswert isst.

Künstlerkneipe

Pfarrstr. 18 ✉ 76189 – ✆ (0721) 16 08 99 57 – www.kuenstlerkneipe.com – geschl. über Fasching, September 1 Woche und Montag - Dienstag

Rest – Menü 32/94 € – Karte 41/71 €

Gemütlich-historisch: alter Dielenboden, Kachelofen, Eckbänke, dekorative Bilder Karlsruher Künstler - und eine herzliche Chefin! Man kocht klassisch mit mediterranem Einfluss. In der Weinstube Faller abends Flammkuchen. Charmanter Innenhof.

In Karlsruhe-Durlach Ost: 7 km über Südtangende B3, Richtung Bruchsal

Der Blaue Reiter

Amalienbadstr. 16 ✉ 76227 – ✆ (0721) 94 26 60 – www.hotelderblauereiter.de
81 Zim – 88/139 € 108/149 € – 2 Suiten
Rest *Vogel Hausbräu* – ✆ (0721) 81 96 80 – Karte 11/29 €
Modern und individuell hat man hier die Zimmer mit maßgefertigten Möbeln, stimmigen Farben sowie Bildern der Künstlergruppe "Der Blaue Reiter" ausgestattet. Sehr gute Tagungsräume, im 3. OG mit kleiner Dach-Lounge. Rustikales Restaurant mit Hausbrauerei.

Zum Ochsen mit Zim

Pfinzstr. 64 ✉ 76227 – ✆ (0721) 94 38 60 – www.ochsen-durlach.de – geschl. Montag - Dienstag
6 Zim – 108 € 145 €
Rest – Menü 32 € (mittags)/78 € – Karte 52/88 €
Ein elegantes Restaurant, in dem nicht nur der Patron französisches Flair versprüht, auch die klassische Küche und die sehr schöne Weinkarte sind geprägt von seiner Heimat. Wohnlich, individuell und wertig präsentieren sich die Gästezimmer.

Anders auf dem Turmberg - Anders Superior

Reichardtstr. 22 (auf dem Turmberg) ✉ 76227 – ✆ (0721) 4 14 59 – www.anders-turmberg.de – geschl. Sonntag - Montag
Rest – *(nur Abendessen)* Menü 99/119 €
Rest *Turmberg Brasserie* – siehe Restaurantauswahl
Die tolle historische Kulisse des Turmbergs samt grandioser Aussicht sowie die elegant-intime Atmosphäre sind hier lange nicht alles... denn mit Sören Anders am Herd darf man eine moderne und kreative Küche erwarten, der mitunter auch klassische Gerichte zugrunde liegen.
➜ Gänsestopfleber, Hollunder, Cassis, Amarettinis. Jakobsmuscheln, Erbse, Minze, Joghurt. Dies und Das vom Kalb, Spargel, Sauce Foyot.

Turmberg Brasserie – Restaurant Anders auf dem Turmberg - Anders Superior

Reichardtstr. 22 (auf dem Turmberg) ✉ 76227 – ✆ (0721) 4 14 59 – www.anders-turmberg.de
Rest – Karte 35/55 €
In der modernen Brasserie, dem ehemaligen Restaurant von Werner Klenert, bietet Ihnen heute Sören Anders seine regional angehauchte zeitgemäße Küche - probieren Sie z. B. die 16 Stunden gegarte Ochsenbacke mit Kartoffel-Kräuterstampf!

In Karlsruhe-Grünwinkel Ost: 5 km über Südtangente B3, Richtung Bruchsal

Le Salon im Kesselhaus (N)

Griesbachstr. 10c ✉ 76185 – ✆ (0721) 6 69 92 69 – www.kesselhaus-ka.de – geschl. Anfang August 2 Wochen und Sonntag - Montag
Rest – *(nur Abendessen)* Menü 51/96 € – Karte 51/69 €
Rest *Kesselhaus* – siehe Restaurantauswahl
Die Umgebung: Industriecharme pur. Das Haus: eine ehemalige Lumpenfabrik! Wer würde hier solch ein gastronomisches Kleinod vermuten? Küchenchef Sven Hemmann entführt Sie in die kulinarische Moderne, ohne die klassische Basis zu vernachlässigen. Seine feinen, aromaintensiven Gerichte werden in stylisher, aber keineswegs kühler Atmosphäre serviert - lassen Sie sich das nicht entgehen!

Kesselhaus (N) – Restaurant Le Salon im Kesselhaus

Griesbachstr. 10c ✉ 76185 - ✆ (0721) 6 69 92 69 – www.kesselhaus-ka.de – geschl. Anfang August 2 Wochen
Rest – *(geschl. Montag)* Menü 35 € – Karte 32/54 €
Wer's lieber ein bisschen legerer hat als im "Salon", findet in diesem luftig-hohen großen Raum mit Empore modernes Bistroflair und Speisen von "Flamms" über "Club-Sandwich" bis "Poulardenbrust aus dem Buchenrauch mit Rosmarin-Kartoffeln und BBQ-Sauce".

In Karlsruhe-Neureut Nord: 7 km über Adenauerring A1

Nagel's Kranz
Neureuter Hauptstr. 210 ✉ 76149 – ✆ (0721) 70 57 42 – www.nagels-kranz.de – geschl. 25. August - 13. September und Samstagmittag, Sonntag sowie an Feiertagen
Rest – (Tischbestellung ratsam) Menü 45/65 € – Karte 37/61 €
Durch einen Innenhof betreten Sie das nette Haus mit der weinberankten roten Fassade. Familie Nagel bietet in ihrem Restaurant regionale und internationale Speisen.

KARLSTADT – Bayern – **546** – 14 840 Ew – Höhe 163 m **49** I15
Berlin 498 – München 304 – Würzburg 26 – Aschaffenburg 58

Mainpromenade
Mainkaistr. 6 ✉ 97753 – ✆ (09353) 9 06 50 – www.hotel-mainpromenade.de
42 Zim – 72/92 € 102 € – ½ P **Rest** – Menü 17/34 € – Karte 17/34 €
Direkt am Main liegt das auf Businessgäste zugeschnittene Hotel mit modernen, funktionellen Zimmern. Zu den Annehmlichkeiten zählen auch der freundliche Service und das gute Frühstück. Zwei Dachterrassen. Restaurant und Terrasse bieten einen schönen Blick. Auch ein Biergarten ist vorhanden.

KARLSTEIN am MAIN – Bayern – **546** – 7 950 Ew – Höhe 110 m **48** G15
Berlin 556 – München 368 – Würzburg 89 – Darmstadt 47

In Karlstein-Dettingen Süd-Ost: 1 km, über B 8

Mediterran Hotel Juwel garni
Am Sportplatz 23 ✉ 63791 – ✆ (06188) 44 60 – www.mediterran-hotel-juwel.de
23 Zim – 77 € 101 €
In einem großen Garten steht dieses Hotel mit mediterranem Flair. Die Zimmer hat man in hellen warmen Tönen eingerichtet und nach französischen Städten benannt. Kinderspielplatz.

KASSEL – Hessen – **543** – 196 530 Ew – Höhe 167 m – Wintersport: 615 m **28** H11
1 – Kneipp- und Thermalsoleheilbad
Berlin 383 – Wiesbaden 215 – Dortmund 167 – Erfurt 150
ADAC Obere Königsstr. 9
Willy-Brandt-Platz 1, im IC-Bahnhof Wilhelmshöhe, ✉ 34131, ✆ (0561) 3 40 54, www.kassel.de
Obere Königstr. 15, ✉ 34117, ✆ (0561) 70 77 07, www.kassel-marketing.de
Kassel-Wilhelmshöhe, Ehlener Str. 21, ✆ (0561) 3 35 09
Zierenberg, Gut Escheberg, ✆ (05606) 26 08
Wilhelmshöhe★★ · Park Karlsaue★ · Hessisches Landesmuseum★ (Deutsches Tapetenmuseum★★) · Museum für Astronomie und Technikgeschichte (Sammlung astronomischer Instrumente★★)

Mercure N Rest, Rest,
Spohrstr. 4 ✉ 34117 – ✆ (0561) 7 28 50 – www.mercurehotelkassel.de
128 Zim – 105/205 € 115/225 €, 17 €
Rest – *(nur Mittagessen)* Karte 13/32 €
Hier wohnen Sie bahnhofsnah mitten im Zentrum, ein öffentliches Parkhaus ist direkt angeschlossen. Zum Essen geht man mittags in die "Kurfürsten Galerie": Dort bekommt man in der Brasserie LE COQ eine kleine Lunchkarte, abends in der Hotelbar eine ebenfalls kleine Speisenauswahl, sonntags Brunch. Sauna, Beauty & Co. gibt es gegen Gebühr im direkt zugänglichen "Wellness Resort".

Schweizer Hof N garni
Wilhelmshöher Allee 288 ✉ 34131 – ✆ (0561) 9 36 90 – www.hotel-schweizerhof-kassel.de Xr
65 Zim – 85/105 € 99/119 €
Modern, funktional, durchdacht... Praktisches Detail in den Zimmern sind z. B. Drehschränke mit I-Pod-Station und Safe. Da sich im Haus nur eine Snackbar befindet, gibt es für Hotelgäste einen Shuttle-Service ins Restaurant des Schwesterbetriebs "Schlosshotel Bad Wilhelmshöhe".

Park Schönfeld

Bosestr. 13 ✉ 34121 – ✆ (0561) 73 97 67 44 – www.parkschoenfeld.com – geschl. 1. - 15. Januar und Samstagmittag, Sonntag
Rest – Menü 27 € (mittags unter der Woche)/88 € – Karte 40/53 €
Eine hübsche Auffahrt führt zu dem Schlösschen in einem kleinen Park, passend zum Rahmen das helle, elegante Interieur. Genauso ansprechend geht es auch am gut eingedeckten Tisch weiter: Unter der Leitung der sympathischen jungen Chefin Sabrina Schoregge wird die gute klassische Küche ihres Partners Eduard Jaisler charmant, geschult und aufmerksam serviert. Haben Sie übrigens die schöne Auswahl an Grappa und Bränden gesehen?

El Erni

Parkstr. 42 ✉ 34119 – ✆ (0561) 71 00 18 – www.el-erni.de
Rest – *(nur Abendessen)* Menü 32/39 € – Karte 25/41 €
Beeinflusst von der andalusischen Herkunft des Chefs, bietet das Restaurant spanisch-internationale Küche. Der Service ist freundlich, das Ambiente gemütlich und dennoch elegant.

In Kassel-Niederzwehren

Gude (mit Gästehaus)

Frankfurter Str. 299 ✉ 34134 – ✆ (0561) 4 80 50 – www.hotel-gude.de
84 Zim – 99/280 € 129/310 € – 1 Suite
Rest *Pfeffermühle* – Menü 32/71 € – Karte 27/64 €
Das Hotel verfügt über individuelle Zimmer in fünf Kategorien, von Economy bis zur großen Maisonette-Suite. Interessant: "SALZBar" mit Lichtspiel und Terrasse. Küche auf klassischer Basis im Restaurant Pfeffermühle mit gemütlich-rustikalem und modernem Bereich.

In Kassel-Bad Wilhelmshöhe – Heilbad

Kurparkhotel

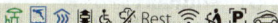

Rest,

Wilhelmshöher Allee 336 ✉ 34131 – ✆ (0561) 3 18 90 – www.kurparkhotel-kassel.de
81 Zim – 98/125 € 125/157 € – 4 Suiten – ½ P
Rest – *(geschl. Sonntagabend sowie an Feiertagen abends)* Menü 15 € (mittags)/25 € – Karte 25/45 €
In der Nähe des Schlossparks liegt das mit wohnlichen Zimmern ausgestattete Hotel unter familiärer Leitung. Besonders schön sind die Komfort-Plus-Zimmer. Am Nachmittag lockt im Restaurant leckerer Kuchen aus der eigenen Konditorei.

Zum Steinernen Schweinchen

Zim, Zim,

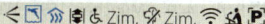

Konrad-Adenauer-Str. 117 ✉ 34132 – ✆ (0561) 94 04 80 – www.steinernes-schweinchen.de
73 Zim – 80/120 € 100/140 € – 2 Suiten
Rest *Santé* – siehe Restaurantauswahl
Rest *Kleines Schweinchen* – *(nur Abendessen)* Karte 25/44 €
Gastgeber Thomas Nähler bleibt in seinem "Steinernen Schweinchen" immer am Ball: Es gibt schon viele ganz moderne Zimmer (schön offen, geradlinig und farblich stimmig) und es werden kontinuierlich mehr! Und auch der Sauna- und Relax-Bereich ist größer und attraktiver geworden. Neben dem gastronomischen Angebot von "Santé" und "Kleinem Schweinchen" bietet man auch exklusiv ab sechs Personen ein Gourmetmenü an.

Wilhelmshöher Tor garni

Heinrich-Schütz-Allee 24 ✉ 34131 – ✆ (0561) 9 38 90 – www.wilhelmshoehertor.de – geschl. Ende Juli - Anfang August 2 Wochen
30 Zim – 70/80 € 95/115 €
Das top gepflegte Hotel am Rande des Kurbezirks bietet funktionelle Zimmer mit Märchennamen, teils ruhiger nach hinten gelegen. Im Sommer frühstücken Sie auf der netten Terrasse.

Santé – Hotel Zum Steinernen Schweinchen

Konrad-Adenauer-Str. 117 ✉ 34132 – ✆ (0561) 94 04 80 – www.steinernes-schweinchen.de
Rest – Menü 35/75 € – Karte 32/59 €
In gehobener Bistro-Atmosphäre (so lässt sich das Ambiente recht treffend beschreiben) steht Schmackhaftes vom Rind hoch im Kurs. Probieren Sie z. B. die "Roulade vom Limousin-Rind mit Holunder-Rotkohl und gebratenen Knödelhälften". Am besten sitzt man dabei auf der Terrasse und schaut ins Tal! Jeden Freitag: "Tête-à-Tête"-Menü.

Gutshof
Wilhelmshöher Allee 347a ✉ 34131 – ✆ (0561) 3 25 25 – www.restaurant-gutshof.de
Rest – (Tischbestellung ratsam) Karte 23/41 €
Stammgäste schätzen das hübsche Backsteinhaus (einst Gutshof des Schlosses Wilhelmshöhe): Es ist gemütlich, man isst international und bestaunt die große Whiskey-Auswahl - Faible des Chefs!

Im Habichtswald West: 2 km, ab Unterer Parkplatz Herkules (Zufahrt für Hotelgäste frei)

Elfbuchen
✉ 34131 Kassel-Bad Wilhelmshöhe – ✆ (0561) 96 97 60 – www.waldhotel-elfbuchen.de
11 Zim – †95/115 € ††125/138 € – ½ P
Rest – *(geschl. Freitag)* Menü 20 € (mittags)/38 € – Karte 19/42 €
In dem familiären kleinen Hotel in ruhiger Waldlage wohnt man in geschmackvollen ländlich-behaglichen Zimmern, darunter drei Juniorsuiten mit Whirlwanne. Man bietet Kutschfahrten. Ausflügler kehren gerne in das Restaurant ein, das auch als Café dient.

In Habichtswald-Ehlen West: 11 km

Ehlener Poststuben mit Zim
Kasseler Str. 11 ✉ 34317 – ✆ (05606) 59 95 80 – www.ehlener-poststuben.de – geschl. Montag - Dienstag
4 Zim – †55 € ††80 € **Rest** – Menü 35/54 € (abends) – Karte 32/45 €
Gemütlich sitzt man hinter der ansprechenden Fachwerkfassade in charmant dekorierten rustikalen Stuben und lässt sich mit saisonaler regionaler Küche bewirten.

In Niestetal-Heiligenrode Ost: 6 km, nahe Autobahn-Anschluss Kassel-Nord

Althans garni
Friedrich-Ebert-Str. 65 ✉ 34266 – ✆ (0561) 52 27 09 – www.hotel-althans.de – geschl. 23. Dezember - Mitte Januar
10 Zim – †43/48 € ††76/80 €
Ein gut geführter kleiner Familienbetrieb am Ortsrand mit sehr gepflegten zeitgemäßen Zimmern, das Frühstück serviert man am Tisch. Café mit Kuchen aus der eigenen Konditorei.

KASTL – Bayern – 546 – 2 440 Ew – Höhe 475 m – Erholungsort 51 M17

Berlin 449 – München 159 – Weiden in der Oberpfalz 69 – Regensburg 92

Forsthof
Amberger Str. 2 (B 299) ✉ 92280 – ✆ (09625) 9 20 30 – www.hotel-forsthof.de
19 Zim – †49 € ††68/75 €, 6 € – ½ P **Rest** – *(geschl. Dienstag)* Karte 15/26 €
Der erweiterte Gasthof wird seit vielen Jahren von der Familie geleitet und bietet solide, wohnliche Zimmer, meist mit Balkon und teils nach hinten gelegen. Kosmetik und Massage. Restaurantbereich in bürgerlichem Stil, im Sommer mit nettem Biergarten.

KAUB – Rheinland-Pfalz – 543 – 840 Ew – Höhe 90 m 46 D15

Berlin 616 – Mainz 59 – Bad Kreuznach 36 – Koblenz 45
Schulstr. 12, ✉ 56349, ✆ (06774) 2 22, www.stadt-kaub.de
Pfalz★

Zum Turm mit Zim
Zollstr. 50 ✉ 56349 – ✆ (06774) 9 22 00 – www.rhein-hotel-turm.com – geschl. 2. - 20. Januar, November und Dienstag
6 Zim – †78/98 € ††88/133 € – 1 Suite – ½ P
Rest – *(Montag - Freitag nur Abendessen, außer an Feiertagen)* (Tischbestellung ratsam) Menü 34/88 € – Karte 28/60 €
Dank schmackhafter Gerichte wie "Zander mit Paprikasauce" und leckerer Desserts wie "Schokoladentarte mit Rahmeis" ist das 300 Jahre alte Haus neben dem namengebenden historischen Stadtturm sehr gefragt. Der engagierte Gastgeber Harald Kutsche ist selbst für die frische saisonal-internationale Küche verantwortlich. Das Restaurant ist gemütlich gestaltet, die Terrasse lauschig und das Highlight unter den wohnlichen Gästezimmern (alle übrigens mit iMac ausgestattet) ist die Turm-Suite für 4 Personen!

KAUFBEUREN – Bayern – 546 – 41 750 Ew – Höhe 678 m 64 J21

Berlin 627 – München 87 – Kempten (Allgäu) 38 – Landsberg am Lech 30
Kaiser-Max-Str. 3a, ✉ 87600, ✆ (08341) 43 78 50, www.kaufbeuren.de
Pforzen-Hammerschmiede, Lettensteige B 16, ✆ (08346) 98 27 80

In Kaufbeuren-Oberbeuren West: 2 km

Grüner Baum garni
Obere Gasse 4 ✉ 87600 – ✆ (08341) 96 61 10 – www.gruener-baum-hotel.de
31 Zim – 49/60 € 79/85 €, 6 €
Ruhig liegt das Hotel mit den freundlich und funktionell eingerichteten Zimmern an der Stelle des früheren Traditionsgasthauses Grüner Baum.

In Mauerstetten-Frankenried Ost: 3,5 km

Zum goldenen Schwanen
Paul-Gaupp-Str. 1 ✉ 87665 – ✆ (08341) 9 39 60 – www.goldener-schwanen.de
11 Zim – 49/58 € 81/91 € – 1 Suite – ½ P
Rest – *(geschl. Montagmittag)* Karte 14/29 €
Aus einem ehemaligen Bauernhof ist dieser nette familiär geleitete Landgasthof entstanden. Die wohnlich gestalteten Zimmer sind nach Seen benannt. Rustikal ist das Ambiente in der Gaststube.

KEHL – Baden-Württemberg – 545 – 34 970 Ew – Höhe 139 m 53 D19

Berlin 748 – Stuttgart 149 – Karlsruhe 78 – Freiburg im Breisgau 81
Hauptstr. 63, ✉ 77694, ✆ (07851) 88 15 55, www.marketing.kehl.de

Grieshaber's Rebstock (mit Gästehaus)
Hauptstr. 183 ✉ 77694 – ✆ (07851) 9 10 40 – www.rebstock-kehl.de
46 Zim – 75/110 € 90/125 €
Rest *Grieshaber's Rebstock* – siehe Restaurantauswahl
"Wirtshaus & Boutique-Hotel" lautet hier das Motto. Letzteres erklärt sich sofort beim Anblick der individuellen Künstler- und Themenzimmer! Überhaupt ist alles im Haus hochwertig, die engagierten Gastgeber sind stets präsent und im Sommer können Sie sogar einen "Mini"-Cabrio für Ihre Ausflüge mieten!

Milchkutsch
Hauptstr. 147a ✉ 77694 – ✆ (07851) 7 61 61 – www.milchkutsch-kehl.de – geschl. 30. Dezember - 6. Januar, über Fasching, 23. August - 7. September und Samstag - Sonntag
Rest – Menü 26 € (mittags)/48 € – Karte 31/45 €
Allein der Name klingt schon nach Gemütlichkeit - und das charmante historische Fachwerkhaus sieht auch so aus! In den zwei liebevoll eingerichteten kleinen Stuben sitzen viele Stammgäste, die speziell wegen der Calamares des französischen Gastgebers Claude Lievre kommen!

Grieshaber's Rebstock – Hotel Grieshaber's Rebstock
Hauptstr. 183 ✉ 77694 – ✆ (07851) 9 10 40 – www.rebstock-kehl.de – geschl. Januar 1 Woche, über Fasching 1 Woche, Mitte August 2 Wochen und Sonntag - Montag
Rest – *(nur Abendessen)* (Tischbestellung ratsam) Karte 29/54 €
Mit all seinen hübschen Details - von geschmackvollen Stoffen über dekorative Kunst bis zur gemütlichen Sitzbank - ist das "Wirtshaus" der Grieshabers wie ein modernes Wohnzimmer - behaglich und chic zugleich! Neben Regionalem und Internationalem fehlen auch Klassiker wie Kalbschnitzel und Tatar vom Rinderfilet nicht auf der Karte!

In Kehl-Kork Süd-Ost: 4 km über B 28

Landgasthof Schwanen
Landstr. 3 ✉ 77694 – ✆ (07851) 79 60 – www.schwanen-kork.de
41 Zim – 51/78 € 78/102 € – ½ P
Rest – *(geschl. Februar 2 Wochen, 31. Juli - 22. August und Sonntagabend - Montag) (Dienstag - Donnerstag nur Abendessen)* Menü 23/49 € – Karte 19/53 €
Die Lubbergers sind stolz auf ihre rund 140-jährige Familientradition, und so packen hier alle mit an! Die Einzelzimmer im Gästehaus sind übrigens alle ganz modern. Wer mit dem Fahrrad die Gegend erkunden möchte, kann kostenfrei eines leihen. Danach gibt's als Stärkung bürgerliche Küche.

Hirsch

Gerbereistr. 20 ✉ 77694 – ✆ (07851) 9 91 60 – www.hirsch-kork.de – geschl. Januar 2 Wochen, August 2 Wochen und Samstagmittag, Sonntag sowie an Feiertagen mittags

Rest – Menü 20 € (mittags)/76 € – Karte 25/60 €

Regionale und internationale Küche, das bedeutet hier z. B. Kartoffelsüppchen mit Kracherle oder Gänseleber als Vorspeise, gefolgt von Cordon bleu oder Kalbsrückensteak. Alles, was bei Familie Arbogast auf den Tisch kommt, ist sehr schmackhaft und topfrisch! Originell: das "Raucherbähnle".

KELHEIM – Bayern – 546 – 15 590 Ew – Höhe 343 m

58 M18

Berlin 512 – München 106 – Regensburg 31 – Ingolstadt 56

Ludwigsplatz 1, ✉ 93309, ✆ (09441) 70 12 34, www.kelheim.de

Weltenburg: Klosterkirche★, Süd-West: 7 km

Wittelsbacher Hof

Donaustr. 22 ✉ 93309 – ✆ (09441) 17 70 50 – www.carat-hotel-kelheim.de

82 Zim – 99/109 € 129/149 € – 2 Suiten – ½ P

Rest – Menü 22/28 € (abends) – Karte 18/33 €

Beim Stadttor stehen die sechs z. T. denkmalgeschützten Gebäude mit geräumigen und wertigen Zimmern, auf Wunsch Leih-Laptop. Chill-Out unterm Dach: In der Bar trifft rustikales Gebälk auf trendig-klares Design. In der "Hazienda" gibt es neben mexikanischer Küche auch bayerische Schmankerl.

Stockhammer

Am oberen Zweck 2 ✉ 93309 – ✆ (09441) 7 00 40 – www.gasthof-stockhammer.de – geschl. 15. - 31. August

14 Zim – 47/63 € 78/96 € – ½ P

Rest – *(geschl. Montag)* Menü 19 € – Karte 15/43 €

Am Ufer der Altmühl liegt dieser schöne, für die Region typische Gasthof, der sich seit über 50 Jahren in Familienbesitz befindet. Mit wohnlichen, teils großzügigen Zimmern. Ländlich-gemütliche Gaststube und Ratskeller mit Gewölbedecke.

KELL am SEE – Rheinland-Pfalz – 543 – 1 880 Ew – Höhe 480 m – Luftkurort

45 B16

Berlin 708 – Mainz 148 – Trier 44 – Saarburg 27

Bahnhofstr. 25, ✉ 54427, ✆ (06589) 10 44, www.hochwald-ferienland.de

Fronhof

Am Stausee (Nord: 2 km) ✉ 54427 – ✆ (06589) 16 41 – www.hotel-fronhof.de – geschl. 11. - 28. November

10 Zim – 55 € 85/95 €

Rest – *(geschl. Montag, außer an Freiertagen)* Menü 20/39 € – Karte 18/31 €

Freundlich und familiär wird diese kleine Adresse am Stausee oberhalb des Ortes geleitet. Die Zimmer sind wohnlich im Landhausstil gehalten, meist mit Balkon zum See. Für Reiter interessant: das zum Haus gehörende Gestüt nebenan. Vom Restaurant und der Sommerterrasse schaut man auf den See.

KELLENHUSEN – Schleswig-Holstein – 541 – 1 060 Ew – Höhe 4 m – Ostseeheilbad

11 K3

Berlin 320 – Kiel 83 – Lübeck 65 – Grömitz 11

Strandpromenade 15, ✉ 23746, ✆ (04364) 4 97 50, www.kellenhusen.de

Erholung

Rest,

Am Ring 31/Strandstr. 1 ✉ 23746 – ✆ (04364) 47 09 60 – www.hotel-erholung.de – geschl. 5. Januar - 20. März, 1. November - 25. Dezember

27 Zim – 52/65 € 80/110 € – 3 Suiten – ½ P

Rest – *(geschl. 5. Januar - 1. April) (Montag - Freitag nur Abendessen)* Menü 20 € – Karte 21/36 €

Ein familiengeführtes Ferienhotel mit gepflegter Atmosphäre, das nur fünf Gehminuten vom Ostseestrand entfernt ist. Die Zimmer sind solide und zeitgemäß eingerichtet. Neuzeitliches Restaurant mit norddeutscher und internationaler Küche.

KELSTERBACH – Hessen – 543 – 13 600 Ew – Höhe 107 m 47 F15

Berlin 551 – Wiesbaden 26 – Frankfurt am Main 19 – Darmstadt 33

Ambiente Italiano in der Alten Oberförsterei

Staufenstr. 16 (beim Bürgerhaus) ✉ 65451 – ✆ (06107) 9 89 68 40 – www.ambienteitaliano.de – geschl. 1. - 9. Januar und Samstagmittag, Sonntagabend

Rest – Menü 35/89 € – Karte 55/79 €

Rest *Trattoria* – Karte 30/49 €

Das schmucke ehemalige Forsthaus bietet gleich zwei Konzepte: zum einen gehobene italienische Küche mit günstigem Lunch an Werktagen, serviert im hellen, modernen Wintergarten, zum anderen die einfachere Trattoria (hier gibt es auch Pizza). Draußen umringt schön viel Grün die Terrasse - ein bisschen kann man sogar den Main sehen.

KELTERN – Baden-Württemberg – 545 – 9 030 Ew – Höhe 195 m 54 F18

Berlin 675 – Stuttgart 61 – Karlsruhe 26 – Pforzheim 11

In Keltern-Dietlingen

Rübenackers Kaiser

Bachstr. 41 ✉ 75210 – ✆ (07236) 62 89 – www.ruebenackers-kaiser.de – geschl. 1. - 6. Januar, Anfang Juni 1 Woche, August - September 2 Wochen und Sonntag - Dienstag

Rest – *(nur Abendessen)* (Tischbestellung ratsam) Menü 59/99 € – Karte 49/70 €

Die zahlreichen Stammgäste hier sprechen eine deutliche Sprache: Sie wissen, bei Tina und Dietmar Rübenacker kann man frisch und zeitgemäß essen - und obendrein gibt es noch eine fair kalkulierte Weinkarte! Übrigens ist das Restaurant selbst mit seinem Mix aus Alt und Neu überaus charmant!

KEMPEN – Nordrhein-Westfalen – 543 – 35 700 Ew – Höhe 35 m 25 B11

Berlin 576 – Düsseldorf 61 – Geldern 21 – Krefeld 13

Buttermarkt 1, ✉ 47906, ✆ (02152) 91 72 37, www.kempen.de

Papillon garni (mit Gästehaus)

Thomasstr. 9 ✉ 47906 – ✆ (02152) 1 41 50 – www.hotel-papillon.com

24 Zim – 77/89 € 81/89 €, 8 € – 1 Suite

Das kleine Hotel in der Innenstadt hat sich mit der Zeit zu einem netten und individuellen Design-Hotel gemausert und wird von den Geschwistern Kipfelsberger mit Engagement geleitet. Wählen Sie eines der modern-funktionellen Zimmer oder eines der besonders wohnlichen Themenzimmer von "Schokolade" bis "New York"! Im Bistro gibt es kleine Snacks.

KEMPFELD – Rheinland-Pfalz – 543 – 810 Ew – Höhe 526 m 46 C15 – Erholungsort

Berlin 669 – Mainz 111 – Trier 58 – Bernkastel-Kues 23

In Asbacherhütte Nord-Ost: 3 km

Harfenmühle mit Zim

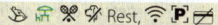

Rest,

beim Feriendorf Harfenmühle ✉ 55758 – ✆ (06786) 13 04 – www.harfenmuehle.net – geschl. Januar und November - April: Montag - Dienstag

4 Zim – 50 € 60 €, 8 € **Rest** – Karte 13/49 €

Bereits in der 3. Generation leitet Familie Koch das hübsche, gemütliche Lokal. Neben einer französisch-internationalen Gourmetkarte gibt es auch ein rustikales Angebot. Dazu empfiehlt man kompetent die passenden Weine. Gästezimmer im Landhausstil.

KEMPTEN (ALLGÄU) – Bayern – 546 – 62 240 Ew – Höhe 674 m 64 J21

Berlin 695 – München 127 – Ulm (Donau) 89 – Bregenz 73

ADAC Bahnhofstr. 55

Rathausplatz 24, ✉ 87435, ✆ (0831) 2 52 52 37, www.kempten.de

36 Wiggensbach, Hof Waldegg, ✆ (08370) 9 30 73

18 Hellengerst, Helinger Str. 5, ✆ (08378) 9 20 00

Veranstaltungen

9.-17. August: Allgäuer Festwoche

Bayerischer Hof

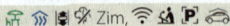

Füssener Str. 96 ✉ 87437 – ✆ (0831) 5 71 80 – www.bayerischerhof-kempten.de
49 Zim – 60/96 € 108/124 € – 1 Suite – ½ P
Rest – Menü 21/29 € – Karte 21/42 €
Schon der schicke modern-regionale Stil des Eingangsbereichs sieht einladend aus! Einige Zimmer präsentieren sich (kürzlich renoviert) ganz ähnlich, andere sind traditioneller. Auch essen können Sie direkt im Haus: In den hübschen rustikalen Stuben und im lauschigen Biergarten bekommt man Allgäuer Küche.

ParkHotel

Beethovenstr. 5 ✉ 87435 – ✆ (0831) 2 52 75 – www.parkhotelkempten.de
38 Zim – 75/90 € 110/130 € – 2 Suiten – ½ P
Rest – *(geschl. Sonntagabend - Montag)* Menü 12 € (mittags unter der Woche)/ 36 € – Karte 21/49 €
Funktionell eingerichtete Gästezimmer mit Wintergartenanbau bietet das Hotel, das in ein Einkaufszentrum mit moderner Glasfassade integriert ist. Vom Restaurant Skyline im 13. Stock hat man eine fantastische Aussicht auf Kempten und das Allgäu.

Waldhorn (mit Gästehaus)

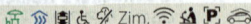

Steufzgen 80 ✉ 87435 – ✆ (0831) 58 05 80 – www.waldhorn-kempten.de – geschl. 18. August - 8. September
70 Zim – 59/65 € 78/98 € – ½ P
Rest – *(geschl. Montag)* Menü 18 € – Karte 17/39 €
Bereits in der 5. Generation ist die Familie hier im Einsatz und bleibt am Ball - so kann man seinen Gästen in Haupt- und Gästehaus moderne und wohnliche Zimmer in frischen Farben bieten. Nicht zu vergessen die regionale Küche im mehrfach unterteilten Restaurantbereich.

In Sulzberg **Süd: 7 km**

Sulzberger Hof

Sonthofener Str. 17 ✉ 87477 – ✆ (08376) 92 13 30 – www.sulzberger-hof.de
22 Zim – 59/75 € 108/135 € – ½ P
Rest – *(Montag - Samstag nur Abendessen)* Menü 17 € – Karte 18/31 €
Die aus Unterfranken stammende Betreiberfamilie hat frischen Wind in das gepflegte Landhotel gebracht. Es erwarten Sie wohnliche Zimmer, eine nette Terrasse ergänzt den Restaurantbereich und die Lage im Grünen trägt ihr Übriges zur Erholung bei!

KENZINGEN – Baden-Württemberg – 545 – 9 250 Ew – Höhe 177 m 61 D20

Berlin 781 – Stuttgart 182 – Freiburg im Breisgau 29 – Offenburg 40

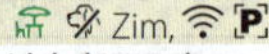

Schieble (mit Gästehaus)

Offenburger Str. 6 (B 3) ✉ 79341 – ✆ (07644) 9 26 99 90 – www.hotel-schieble.de – geschl. über Fasching 2 Wochen, August 2 Wochen
26 Zim – 60/85 € 90/99 € – 1 Suite – ½ P
Rest *Schieble* – siehe Restaurantauswahl
Familie Schmid - inzwischen bereits die 4. Generation - hat richtig viel in ihr Haus investiert, das schöne Ergebnis sieht man vom Empfangsbereich bis in die Zimmer (sehr freundlich und wohnlich der Landhausstil hier).

Scheidels Restaurant zum Kranz mit Zim

Offenburger Str. 18 (B 3) ✉ 79341 – ✆ (07644) 68 55 – www.scheidels-kranz.de – geschl. über Fastnacht 2 Wochen, November 2 Wochen und Montagabend - Dienstag
4 Zim – 60/65 € 90/96 €
Rest – Menü 32 € (vegetarisch)/58 € – Karte 26/53 €
Manch Altes lohnt es sich zu bewahren, so wie das nostaglische Flair der historischen Gaststube! Der langen Familientradition (seit 1800) ist man sich bewusst, so bleibt man angenehm bodenständig, kocht geradlinig und kümmert sich herzlich um die Gäste! Spezialität: Reh aus heimischer Jagd.

Schieble – Hotel Schieble
Offenburger Str. 6 (B 3) ✉ 79341 – ✆ (07644) 9 26 99 90 – www.hotel-schieble.de – geschl. über Fasching 2 Wochen, August 2 Wochen und Sonntagabend - Montag
Rest – Menü 26 € – Karte 17/45 €
Das Essen hier ist lecker und das Restaurant ansprechend in seinem ländlich-modernen Stil (heller Holzboden, geradlinige Einrichtung...)! Alles wird frisch und schmackhaft gekocht, die Portionen sind groß und der Service ist herzlich!

KERNEN im REMSTAL – Baden-Württemberg – 545 – 15 350 Ew – Höhe 271 m

55 H18

Berlin 615 – Stuttgart 21 – Esslingen am Neckar 9 – Schwäbisch Gmünd 43

In Kernen-Stetten

Gästehaus Schlegel garni

Tannäckerstr. 13 ✉ 71394 – ✆ (07151) 94 36 20 – www.ochsen-kernen.de
10 Zim – 70 € 100 €
Dieses kleine Hotel gehört zum historischen Gasthof Ochsen. Wenn Sie nach einem Essen bei den Schlegels also eine gepflegte Übernachtungsadresse suchen, finden Sie ein Stückchen entfernt in einem Wohngebiet helle, zeitgemäße Zimmer. Im Sommer sitzt man am Morgen schön auf der Frühstücksterrasse!

Malathounis

Gartenstr. 5 ✉ 71394 – ✆ (07151) 4 52 52 – www.malathounis.de – geschl. über Fasching 1 Woche, August - September 2 Wochen und Sonntag - Montag sowie an Feiertagen
Rest – Menü 39/59 € – Karte 56/71 €
Joannis Malathounis versteht es, seine griechischen Wurzeln mit klassischen Elementen zu schmackhaften und kraftvollen Gerichten zu verbinden. Serviert werden diese interessanten Speisen fachkundig und freundlich von seiner Frau Anna, und das in schönem gemütlich-modernem Ambiente. Natürlich fehlt es der guten Weinauswahl auch nicht an Weinen aus Griechenland!

Zum Ochsen

Kirchstr. 15 ✉ 71394 – ✆ (07151) 9 43 60 – www.ochsen-kernen.de – geschl. Mittwoch
Rest – Menü 37/62 € – Karte 28/48 €
Die Stammgäste in dem über 300 Jahre alten Gasthaus der Brüder Rolf und Wolfgang Schlegel kommen nicht nur zum Essen (Spezialität ist das Gänsestopfleberparfait), sie sind auch treue Kunden der angeschlossenen Metzgerei - und die ist mit ihrer Weißwurst sogar europaweit bekannt!

Bei schönem Wetter isst man gern im Freien! Wählen Sie ein Restaurant mit Terrasse:

KERPEN – Nordrhein-Westfalen – 543 – 64 840 Ew – Höhe 95 m

35 B12

Berlin 592 – Düsseldorf 60 – Bonn 48 – Aachen 54

In Kerpen-Sindorf Nord: 4 km, jenseits der A 4

Zum alten Brauhaus

Herrenstr. 76 ✉ 50170 – ✆ (02273) 9 86 50 – www.hotel-kerpen.de
52 Zim – 62/198 € 79/198 € – 1 Suite – ½ P
Rest – *(geschl. 24. Dezember - 6. Januar und Sonntag) (nur Abendessen)* Karte 20/29 €
Aus dem früheren Brauhaus ist eine zeitgemäße und praktische Adresse mit recht geräumigen Zimmern und Tagungsangebot entstanden. In der Nähe: die berühmte Kerpener Kartbahn. Rustikales Lokal mit bürgerlicher Küche.

Nahe der Straße von Kerpen nach Sindorf Nord: 2 km

Schloss Loersfeld

Schloss Loersfeld 1 ✉ 50171 Kerpen – ✆ (02273) 5 77 55 – www.schlossloersfeld.de – geschl. 22. Dezember - 7. Januar und Sonntag - Montag

Rest – (Tischbestellung ratsam) Menü 96/126 € – Karte 62/80 €

Das Restaurant ist so stilvoll, wie es das herrschaftliche Anwesen schon von außen vermuten lässt. Durch eine repräsentative Empfangshalle gelangen Sie in elegante Räume mit schönem Parkettfußboden, klassischem Mobiliar, Gemälden an den Wänden... Serviert werden das "Schloss-Menü" und das "Degustations-Menü". Zum Übernachten: drei Appartements.

➜ Sautierter Kaisergranat, Jakobsmuschel, Gartenerbsen, Buchenpilze, Safran. Zweierlei vom Simmentaler Weiderind, Fingerkarotten, Kartoffel-Tatar, Portweinjus. Quarksoufflé und Rhabarber-Sorbet, Erdbeercannelloni, Lavendel-Schokoalden-Sphäre.

KETSCH – Baden-Württemberg – 545 – 12 780 Ew – Höhe 101 m 47 F17

▶ Berlin 631 – Stuttgart 122 – Mannheim 19 – Heidelberg 14

See Hotel

Kreuzwiesenweg 5 ✉ 68775 – ✆ (06202) 69 70 – www.seehotel.de

70 Zim – 99/150 € 130/200 €

Rest *Die Ente* **Rest *EssZimmer*** – siehe Restaurantauswahl

Die Lage ist wirklich klasse: schön ruhig und der kleine See liegt gleich vor der Tür! Wer es gerne besonders modern hat, fragt am besten nach den neueren Zimmern: Die sind in warmen Brauntönen und klaren Linien gehalten - gepflegt wohnt man aber auch in den übrigen Zimmern. Und dass hier alles so reibungslos läuft, ist der Verdienst der engagierten Gastgeber Susanne und Hans-Ludwig Keppel.

Die Ente – See Hotel

Kreuzwiesenweg 5 ✉ 68775 – ✆ (06202) 69 70 – www.seehotel.de – geschl. 1. - 23. Januar, 2. - 10. März, 3. - 11. August und Samstagmittag, Sonntag - Montag

Rest – Menü 45 € (mittags)/119 € – Karte 63/93 €

Wenn Tommy R. Möbius mit seinem Team in der Küche zugange ist, dann entstehen moderne Menüs, leicht und klar strukturiert. Neben freundlichem Service hat das geschmackvolle Restaurant auch einen lichten Wintergarten, der den Blick zum See freigibt.

➜ Froschkönig - Brunnenkresse - Speck. Attersee Ochse - Schulter - Safran - Zuckererbse. Schweinerei - Iberico Bellotta Pluma - Bärlauch.

Gasthaus Adler

Schwetzinger Str. 21 ✉ 68775 – ✆ (06202) 60 90 04 – www.adler-ketsch.de – geschl. 1. -10. März, 9. - 25. August und Sonntagabend - Montag

Rest – Menü 22/69 € – Karte 36/62 €

Die Leute mögen das gepflegte Gasthaus (und im Sommer die nette Hofterrasse!), das schon weit über 10 Jahre von den Steckers betrieben wird. Ob Sie nun in den gemütlichen Stuben essen möchten oder lieber im gediegenen Restaurant, Sie bekommen hier wie dort einen Mix aus bürgerlicher und gehobener Küche geboten. Und für besondere Anlässe stehen separate Räume zur Verfügung.

EssZimmer – See Hotel

Kreuzwiesenweg 5 ✉ 68775 – ✆ (06202) 69 70 – www.seehotel.de – geschl. Samstag - Sonntag

Rest – *(nur Abendessen)* Karte 36/58 €

Im Haus der Keppels gibt es noch ein modernes Zweitrestaurant, in dem man abends zeitgemäß-international isst - und das klingt dann z. B. so: "Kalbsschnitzel mit Erdäpfel-Vogerl-Salat" und als Dessert "Valrhona Schokolade warm und cremig mit Bratapfeleis".

KEVELAER – Nordrhein-Westfalen – 543 – 28 410 Ew – Höhe 22 m – Wallfahrtsort und Erholungsort 25 A10

▶ Berlin 581 – Düsseldorf 73 – Krefeld 41 – Nijmegen 42

ℹ Peter-Plümpe-Platz 12, ✉ 47623, ✆ (02832) 12 21 51, www.kevelaer.de

Klostergarten garni

Klostergarten 1 ✉ 47623 – ✆ (02832) 9 25 01 00 – www.hotel-klostergarten.eu
29 Zim – †49/99 € ††69/119 €, ☕ 9 €
Das Hotel liegt im Mehrgenerationen-Wohnquartier und ist zugleich ein Integrationsbetrieb. Dank komplett barrierefreier Gestaltung erreichen auch Gäste mit Behinderung die freundlichen, großzügigen Zimmer und alle übrigen Bereiche, einschließlich hübschem Wandelgang.

Zur Brücke mit Zim

Bahnstr. 44 ✉ 47623 – ✆ (02832) 23 89 – www.hotel-restaurant-zur-bruecke.de – geschl. Februar 2 Wochen, Juli - August 1 Woche und Dienstag
7 Zim ☕ – †80/85 € ††100/105 € – ½ P **Rest** – *(nur Abendessen)* Karte 30/60 €
In dem Haus von 1783 führen nun schon seit sieben Generationen die Frauen der Familie Regie. Wer gerne bürgerlich isst, wird die Küche der Chefin (u. a. diverse Steaks) mögen. Übrigens: Das Restaurant hat eine hübsche Gartenterrasse.

KIEDRICH – Hessen – 543 – 3 930 Ew – Höhe 165 m

47 E15

Berlin 583 – Wiesbaden 16 – Bad Kreuznach 57
Kloster Eberbach★★, West: 4 km

Nassauer Hof garni

Bingerpfortenstr. 17 ✉ 65399 – ✆ (06123) 99 93 60 – www.hotel-nassauerhof.de – geschl. 15. Dezember - 14. Januar
21 Zim ☕ – †88 € ††145 €
Hier überzeugen geschmackvolle Gästezimmer mit massiven Teakholzmöbeln und schönem Holzfußboden. Angenehm licht ist der moderne, verglaste Frühstücksraum mit Terrasse.

Weinschänke Schloss Groenesteyn

Oberstr. 36 ✉ 65399 – ✆ (06123) 15 33 – www.weinschaenke-schlossgroenesteyn.de – geschl. Anfang Januar 3 Wochen, Anfang August 2 Wochen und Montag - Dienstag
Rest – *(Mittwoch - Samstag nur Abendessen)* (Tischbestellung ratsam)
Menü 33/47 € – Karte 26/45 €
Zu Recht eine beliebte Adresse: heimelig die Stuben, freundlich, flott und unkompliziert der Service... und von der Terrasse schaut man auf Burg Scharfenstein und die "Turmberg"-Reben. Letztere finden sich auch im tollen Rheingau-Riesling-Angebot! Dazu "hausgeräucherter Lachs mit Papaya-Meerrettich-Konfit"?

KIEL L – Schleswig-Holstein – 541 – 242 050 Ew – Höhe 5 m

3 I3

Berlin 346 – Flensburg 88 – Hamburg 96 – Lübeck 92
ADAC Saarbrückenstr. 54
Andreas-Gayk-Str. 31 B A3, ✉ 24103, ✆ (0431) 67 91 00, www.kiel-sailing-city.de
Honigsee, Havighorster Weg 20, ✆ (04302) 96 59 80
Heikendorf-Kitzeberg, Wildgarten 1, ✆ (0431) 23 23 24
Dänischenhagen, Gut Uhlenhorst, ✆ (04349) 18 60

Veranstaltungen
21.-29. Juni: Kieler Woche
Messegelände: Ausstellungsgelände Ostseehalle A3, ✆ (0431) 55 46 50

Rathaus (≤★) A2 · Schifffahrtsmuseum★ B2 · Die Kieler Förde★★ · Hindenburgufer★★ (≤★) ·
Freilichtmuseum★★ (Süd: 6 km)

Stadtplan auf der nächsten Seite

Kieler Yacht Club

Rest, Zim,

Hindenburgufer 70 ✉ 24105 – ✆ (0431) 8 81 30 – www.hotel-kyc.de B1c
20 Zim ☕ – †136/156 € ††167/217 € – 1 Suite – ½ P **Rest** – Karte 32/74 €
Wo Sie heute so komfortabel wohnen können, war früher das Maschinenhaus des kaiserlichen Yachtclubs von 1887. Nun ist an diesem historischen Ort alles topmodern und hochwertig saniert! Yachthafen direkt vor der Tür - man sieht ihn schön vom Restaurant und der Terrasse!

KIEL
SCHLESWIG
HAMBURG LÜBECK
LÜBECK
NORWEGEN
SCHWEDEN
DÄNEMARK
SCHÖNBERG LABOE
Holtenauer Str.
Westring
Olshausenstraße
Düsternbrooker Weg
Hindenburgufer
Feldstraße
Beselerallee
Knooper Weg
Sophienblatt
Kaistraße
Werftstraße
Die Hörn
Kleiner Kiel
Schreventeich
OSTSEEKAI
SEEGARTENBRÜCKEN
Schifffahrtsmuseum
SCHWEDENKAI
BOLLHÖRNKAI
NORWEGENKAI
Rathaus
HAUPTBAHNHOF
GAARDEN
VOLKSPARK
SCHREVEN PARK
MOORTEICHWIESE
ALTER BOTANISCHER GARTEN

Steigenberger Conti Hansa Rest,

Schlossgarten 7 ✉ 24103 – ✆ (0431) 5 11 50 – www.kiel.steigenberger.de
162 Zim – 103/139 € 130/166 € – 2 Suiten – ½ P B2**e**
Rest *Jakob* – ✆ (0431) 5 11 54 07 – Karte 30/52 €
Möchten Sie von Ihrem Zimmer auf den Schlossgarten schauen oder doch lieber auf die Förde? Beides ist bei der hafennahen Lage des Hotels möglich. Wer es sonntagmorgens gerne langsam angehen lässt, darf sich im Restaurant auf das "Langschläferfrühstück" freuen!

Kieler Kaufmann

Niemannsweg 102 ✉ 24105 – ✆ (0431) 8 81 10 – www.kieler-kaufmann.de
39 Zim – 139/185 € 179/220 € B1**k**
Rest *Parkrestaurant* – siehe Restaurantauswahl
Das sieht hübsch aus: eine efeuberankte ehemalige Bankiersvilla von 1911 in einem kleinen Park! Es steht Ihnen der schöne Bade- und Saunabereich "Sanctum" zur Verfügung - für mehr Privatsphäre buchen Sie das Zimmer mit eigener Sauna im Parkflügel!

Berliner Hof garni

Ringstr. 6 ✉ 24103 – ✆ (0431) 6 63 40 – www.berlinerhof-kiel.de A3**d**
103 Zim – 70/150 € 110/180 €
Vor allem Geschäftsleute (aber nicht nur diese) wird es freuen: Das Hotel ist tipptopp gepflegt und liegt zudem geschickt in Zentrumsnähe und unweit des Bahnhofs. Tipp: Die "Komfort Plus"-Zimmer sind schön modern und klimatisiert!

Parkrestaurant – Hotel Kieler Kaufmann

Niemannsweg 102 ✉ 24105 – ✆ (0431) 8 81 10 – www.kieler-kaufmann.de
– geschl. Sonntagmittag B1**k**
Rest – Menü 45/85 €
Das Restaurant macht seinem Namen alle Ehre: Man genießt einen tollen Blick in den Park, während man sich die zeitgemäßen, mediterran und regional beeinflussten Speisen von Küchenchef Mathias Apelt servieren lässt.

Weinstein

Holtenauer Str. 200 ✉ 24105 – ✆ (0431) 55 55 77 – www.weinstein-kiel.com
– geschl. Januar 2 Wochen, Juli 2 Wochen und Montag A1**a**
Rest – *(Freitag - Sonntag nur Abendessen)* Menü 19 € (mittags)/105 €
– Karte 38/85 €
Es hat sich einiges verändert in dieser wirklich netten Brasserie-Vinothek, seit Mario E. Brüggemann das Haus übernommen hat. Er hat der Küche ein moderneres und sehr ambitioniertes Gesicht verliehen, probieren Sie also z. B. "Bio-Stubenküken, Steinpilze, Süßkirsche, Brokkoli und Räucheraal"!

In Kiel-Friedrichsort Nord-Ost: 2,5 km über Westring A1, Richtung Schleswig

Kieler Förde Zim,

Prieser Strand 4 ✉ 24159 – ✆ (0431) 39 96 90 – www.hotel-kielerfoerde.de
19 Zim – 65/70 € 79/88 € – ½ P **Rest** – Karte 17/34 €
Direkt neben den Werften finden Sie das familiär geleitete kleine Hotel mit zeitgemäßen und funktionalen Zimmern - wählen Sie eines der geräumigeren Zimmer mit Blick auf die Förde!

In Kiel-Hasseldieksdamm West: 4 km über Hasseldieksdammer Weg B2

Birke

Martenshofweg 2 ✉ 24109 – ✆ (0431) 5 33 10 – www.hotel-birke.de
82 Zim – 89/178 € 124/201 € – ½ P
Rest *Fischers Fritz* – ✆ (0431) 5 33 14 35 – Menü 23/58 € – Karte 24/58 €
Das Wellnessangebot in dem Familienbetrieb ist sehr gefragt - und es ist auch das einzige Haus in Kiel mit diesen umfassenden Möglichkeiten! Im hübschen kleinen Innenhofgarten kann man zudem in Strandkörben relaxen. Es gibt aber nicht nur den zeitgemäßen Hotelbereich: Im Fischers Fritz isst man friesisch.

In Kiel-Holtenau Nord: 8 km über Westring A1

Waffenschmiede

Friedrich-Voss-Ufer 4 ✉ 24159 – ✆ (0431) 36 96 90 – www.hotel-waffenschmiede.de – geschl. 22. Dezember - 21. Januar

13 Zim – 🛉70/100 € 🛉🛉90/135 € **Rest** – Karte 20/40 €

In einem Wohngebiet direkt am Nord-Ostsee-Kanal liegt dieses familiengeführte kleine Hotel mit seinen ganz unterschiedlich eingerichteten Gästezimmern. Eine Terrasse mit schönem Blick auf den Kanal ergänzt das Restaurant.

In Kiel-Wellsee Süd-Ost: 5 km über Sophienblatt A3

Sporthotel Avantage

Braunstr. 40 ✉ 24145 – ✆ (0431) 71 79 80 – www.avantagesporthotel.de

35 Zim – 🛉74 € 🛉🛉99 €, 10 €

Rest – *(geschl. Samstag - Sonntag)* Karte 20/37 €

So tipptopp gepflegt, wie dieses Hotel ist, verwundert es nicht, dass viele Gäste hier gerne herkommen! Man wohnt in hellen Zimmern, ruhig im Industriegebiet. Tennisfans kommen drinnen und draußen auf ihre Kosten - vom Restaurant schaut man sogar auf die Courts. Am Wochenende kleines Snackangebot.

In Molfsee Süd-West: 8 km über Sophienblatt A3

Bärenkrug (mit Gästehaus)

Hamburger Chaussee 10 (B 4) ✉ 24113 – ✆ (04347) 7 12 00 – www.baerenkrug.de – geschl. 27. Dezember - 6. Januar

39 Zim – 🛉72/98 € 🛉🛉125/145 € – ½ P

Rest – *(geschl. Montag)* Menü 19/44 € – Karte 32/51 €

In dem erweiterten historischen Gasthof von Familie Sierks wohnt man schön behaglich in Zimmern mit Landhausflair. Wer in dem Haus a. d. 17. Jh. speist, spürt den nordischen Charme des Gastraums und der Friesenstube - oder den Reiz des Hofgartens mit seiner alten Kastanie!

KINDING – Bayern – 546 – 2 530 Ew – Höhe 378 m 57 L18

Berlin 482 – München 107 – Augsburg 110 – Ingolstadt 34

In Enkering Süd-West: 1,5 km, jenseits der A 9

Zum Bräu

Rumburgstr. 1a ✉ 85125 – ✆ (08467) 85 00 – www.hotel-zum-braeu.de – geschl. 20. - 25. Dezember

16 Zim – 🛉49/60 € 🛉🛉70/85 € – ½ P **Rest** – Karte 13/27 €

Das über 200 Jahre alte ehemalige Brauereigebäude ist ein sehr gepflegter Landgasthof mit unterschiedlich geschnittenen, wohnlichen Zimmern, die über schöne Marmorbäder verfügen. Gemütlich-ländlich sind die vier Restaurantstuben, ergänzt durch einen Biergarten.

KIPFENBERG – Bayern – 546 – 5 680 Ew – Höhe 378 m – Erholungsort 57 L18

Berlin 490 – München 102 – Augsburg 105 – Ingolstadt 28

Marktplatz 2, ✉ 85110, ✆ (08465) 94 10 40, www.kipfenberg.de

In Kipfenberg-Pfahldorf West: 6 km über Försterstraße

Landhotel Geyer (mit Gästehaus)

Zim,

Alte Hauptstr. 10 ✉ 85110 – ✆ (08465) 1 73 06 30 – www.landhotel-geyer.de – geschl. 2. - 13. Januar

49 Zim – 🛉69/85 € 🛉🛉99/120 € – 3 Suiten – ½ P

Rest – Menü 20/50 € – Karte 16/35 €

In dem gewachsenen familiengeführten Landgasthof erwarten Sie eine recht großzügige Hotelhalle, solide, teilweise besonders wohnliche Zimmer sowie ein moderner Bade- und Saunabereich. In rustikalen Restaurantstuben serviert man regionale Küche.

In Kipfenberg-Schambach Süd: 7 km über Eichstätter Straße Richtung Arnsberg

Zur Linde

Bachweg 2 ✉ 85110 – ✆ (08465) 9 41 50 – www.linde-altmuehltal.de
– geschl. 1. - 15. November
27 Zim ☕ – ♦53/83 € ♦♦90/114 € – ½ P
Rest – *(geschl. Montagmittag, Dienstagmittag, Mittwoch)* Karte 14/32 €
Der traditionsreiche Familienbetrieb in idyllischer dörflicher Lage verfügt über wohnlich-funktionale Gästezimmer, ein schönes Saunahaus und einen reizvollen Naturschwimmteich im Garten. In mehrere Räume unterteiltes Restaurant mit hübscher Terrasse und regionalem Angebot.

KIRCHBERG an der JAGST – Baden-Württemberg – 545 – 4 320 Ew – Höhe 384 m

56 I17

Berlin 535 – Stuttgart 106 – Ansbach 53 – Crailsheim 16

Landhotel Kirchberg

Eichenweg 2 ✉ 74592 – ✆ (07954) 9 88 80 – www.landhotelkirchberg.de
17 Zim ☕ – ♦66/71 € ♦♦84/98 € **Rest** – Karte 15/56 €
Der engagiert geführte Familienbetrieb ist ein sehr gepflegtes und praktisch ausgestattetes kleines Hotel mit guter Autobahnanbindung. Im Garten ein Teich mit Koikarpfen. Spezialität im freundlichen Restaurant sind hausgemachte Maultaschen. Von der Terrasse hat man eine nette Aussicht.

KIRCHDORF an der ILLER – Baden-Württemberg – 545 – 3 420 Ew – Höhe 556 m

64 I20

Berlin 651 – Stuttgart 134 – Tübingen 152 – Bregenz 81

In Kirchdorf-Oberopfingen

Landgasthof Löwen mit Zim

Rest,

Kirchdorfer Str. 8 ✉ 88457 – ✆ (08395) 6 67 – www.loewen-oberopfingen.de
– geschl. Ende Juli - Anfang August 2 Wochen und Montag
10 Zim ☕ – ♦57 € ♦♦77 €
Rest – *(Dienstag - Freitag nur Abendessen)* Menü 33/49 € – Karte 27/39 €
In diesem Gasthof (Familienbetrieb seit 1912) kocht Alexander Ruhland für Sie frisch, zeitgemäß und mit viel Geschmack - ein schönes Beispiel dafür ist "Spanferkel mit Gnocchi und Ratatouille". Ideal, wenn Sie auf der Durchreise sind: die funktionellen Zimmer und die Nähe zur Autobahn.

KIRCHDORF (KREIS MÜHLDORF am INN) – Bayern – 546 – 1 350 Ew – Höhe 551 m

66 N20

Berlin 624 – München 50 – Bad Reichenhall 91 – Mühldorf am Inn 31

Christian's Restaurant - Gasthof Grainer

Dorfstr. 1 ✉ 83527 – ✆ (08072) 85 10 – www.christians-restaurant.de
– geschl. Montag - Dienstag
Rest – *(nur Abendessen, sonntags auch Mittagessen)* (Tischbestellung erforderlich)
Menü 55/99 €
Wieviel Hingabe Christian F. Grainer in sein Restaurant steckt (immerhin ein jahrhundertealter Familienbetrieb), merkt man an Küche und Service. Es ist wohl diese wohltuende Mischung aus bayerischem Charme, eleganter Note und feiner aromatischer Küche, die einen hier begeistert. Genießen Sie zu klassischen Überraschungsmenüs die ausgezeichneten Weinempfehlungen!
➜ Hummerschaumsuppe mit Hummerraviolo und Ananas. Charolais-Rinderfilet unter der Kalbsbrieskruste mit Selleriemousseline und Gemüse. Topfen-Limettenmousse im Baumkuchenmantel mit Nachbars Kirschen und Kokoscremeeis.

In Kirchdorf-Moosham West: 5 km über B 15 in Richtung Taufkirchen, links ab Richtung Isen

Wirth z'Moosham

Isener Str. 4 ✉ 83527 – ✆ (08072) 9 58 20 – www.wirth-z-moosham.de – geschl. 27. Dezember - 6. Januar
36 Zim – 52/80 € 78/99 €
Rest – *(geschl. 1. - 16. August und Montag) (nur Abendessen)* Karte 15/44 €
In einem kleinen Dorf liegt das familiengeführte Hotel mit freundlichen, praktischen Zimmern, teils mit Blick auf die Alpen. Frühstück im Wintergarten. Behaglich-bayerische Stube mit regional-bürgerlicher Küche. Für Feiern: ehemaliger Kuhstall mit Gewölbe.

KIRCHEN (SIEG) – Rheinland-Pfalz – siehe Betzdorf

KIRCHENLAMITZ – Bayern – 546 – 3 480 Ew – Höhe 591 m 51 M14

Berlin 337 – München 270 – Hof 20 – Bayreuth 45

In Kirchenlamitz-Fahrenbühl Nord-Ost: 6 km über Niederlamitz

Jagdschloss Fahrenbühl

Fahrenbühl 14 ✉ 95158 – ✆ (09284) 3 64 – www.jagdschloss-fahrenbuehl.de – geschl. 15. - 22. Juni, 31. August - 7. September, 25. Oktober - 2. November
11 Zim – 35/55 € 60/80 € – ½ P **Rest** – *(nur Abendessen für Hausgäste)*
Mutter und Tochter leiten das Haus angenehm familiär - so fühlt man sich gut aufgehoben! Auch die großen Zimmer mit tollen Antiquitäten und Blick in den Park werden Ihnen gefallen. Wundern Sie sich nicht, wenn Sie am Morgen ein Pfau an Ihren Fenster begrüßt! Pferdefreunde sind übrigens ebenso willkommen, denn zu dem Anwesen von 1887 gehören Reitstall und Pferdezucht.

KIRCHENSITTENBACH – Bayern – siehe Hersbruck

KIRCHHEIM unter TECK – Baden-Württemberg – 545 – 40 140 Ew – Höhe 311 m 55 H19

Berlin 622 – Stuttgart 38 – Göppingen 19 – Reutlingen 30
Max-Eyth-Str. 15, ✉ 73230, ✆ (07021) 30 27, www.kirchheim-teck.de
18 Kirchheim-Wendlingen, Schulerberg 1, ✆ (07024) 92 08 20
9 Ohmden, Am Golfplatz, ✆ (07023) 74 26 63
Burgruine Reußenstein (Lage★★ · ≤★), Süd-Ost: 17 km

Zum Fuchsen

Rest,

Schlierbacher Str. 28 ✉ 73230 – ✆ (07021) 57 80 – www.hotel-fuchsen.de
80 Zim – 99/125 € 120/159 € – ½ P
Rest – *(geschl. Sonntagabend)* Karte 29/49 €
Wie soll Ihr Zimmer sein? Standard, Komfort oder Deluxe? Letztere sind Juniorsuiten und daher am geräumigsten. Auch wenn Sie nicht bei Familie Kübler wohnen, können Sie sich natürlich im behaglichen Restaurant (Fuchsenstube, Weinstube oder Galerie) gepflegt bewirten lassen!

Villa im Park N mit Zim

Steingaustr. 19 ✉ 73230 – ✆ (07021) 8 07 45 30 – www.vip-kirchheim.de – geschl. Anfang Januar 1 Woche, Ende August 2 Wochen und Sonntagabend - Montag
5 Zim – 70/80 € 90 €
Rest – (mittags Tischbestellung erforderlich) Menü 39/63 € – Karte 34/64 €
Die ehemalige Fabrikantenvilla hat ihre bewegte Geschichte hinter sich gelassen, denn Carmen Schroth und Andreas Beck haben hier als engagierte Gastgeber Ruhe reingebracht. In stilvollem Ambiente (oder auf der schönen Gartenterrasse) serviert der Patron klassische Gerichte mit zeitgemäßen Einflüssen, wie z. B. "gegrillte Jakobsmuscheln auf Schnittlauch-Kaviar-Sauce". Und wenn es dazu mal ein Gläschen Wein mehr sein darf, stehen gepflegte Zimmer bereit. Mittags kocht man nur auf Reservierung.

In Kirchheim unter Teck-Ötlingen West: 2,5 km, Richtung Wendlingen

Rössle garni

Stuttgarter Str. 202 ✉ 73230 – ✆ (07021) 80 77 70 – www.roessle-kirchheim.de

14 Zim – 🚹95 € 🚹🚹125 €, ☕ 9 € – 3 Suiten

Natürliches Licht ist in dem kleinen Hotel von Christina Reiser ein ganz entscheidender Wohlfühlfaktor... offen, luftig, hell! Neben den modernen, individuellen Zimmern hat man im Gasthaus von 1662 eine gemütliche kleine Gaststube, in der es an einigen Abenden (Mo., Do., Fr.) ein paar Gerichte gibt.

In Ohmden Ost: 6 km über Jesingen

Landgasthof am Königsweg mit Zim

Hauptstr. 58 ✉ 73275 – ✆ (07023) 20 41 – www.landgasthof.com – geschl. Januar 3 Wochen und Sonntag - Montag

8 Zim – 🚹85/95 € 🚹🚹125 €, ☕ 12 €

Rest – Menü 29 € (mittags)/105 € – Karte 59/88 €

Fritz Richter, aufmerksamer Gastgeber mit schwäbischem Charme, hat sich Michael Grünbacher als Küchenchef in sein modern-elegantes Restaurant geholt, und der versteht sich auf feine klassische Speisen mit mediterranen Einflüssen. Und dazu z. B. ein selbst ausgebauter Sancerre? Sie müssen danach auch nicht unbedingt heimfahren: In dem hübschen Landgasthof a. d. 17. Jh. gibt es nämlich auch Gästezimmer mit einem Mix aus modernem Design und historischem Rahmen (schön das alte Fachwerk).

→ Langustino gebraten auf Blumenkohl mit Raz el Hanout und schwarzen Oliven. Limousin Lamm - confierte Schulter mit Zitrone, gebratener Rücken mit Paprika und Ingwer. Pfirsich und Mandeln mit Valrhonaschokolade, Piment d'espelette und Mandelmilch-Eis.

KIRCHHEIMBOLANDEN – Rheinland-Pfalz – 543 – 7 730 Ew – Höhe 251 m

47 E16

▶ Berlin 610 – Mainz 50 – Bad Kreuznach 43 – Mannheim 58

ℹ Uhlandstr. 2, ✉ 67292, ✆ (06352) 17 12, www.donnersberg-touristik.de

Braun garni

Uhlandstr. 1, (1. Etage) ✉ 67292 – ✆ (06352) 4 00 60 – www.hotelbraun.de

40 Zim ☕ – 🚹62/94 € 🚹🚹89/124 €

In dem Familienbetrieb im Zentrum stehen zeitlos-gediegene Classic-Zimmer bereit sowie in der obersten Etage elegant-moderne Deluxe-Zimmer mit Klimaanlage. Hübscher kleiner Saunabereich.

In Dannenfels-Bastenhaus Süd-West: 9 km, Richtung Rockenhausen – Höhe 400 m – Erholungsort

Bastenhaus

Zim,

Bastenhaus 1 ✉ 67814 – ✆ (06357) 97 59 00 – www.bastenhaus.de

37 Zim ☕ – 🚹65/85 € 🚹🚹98/118 € – ½ P

Rest – *(geschl. Sonntagabend)* Menü 20/40 € – Karte 22/39 €

In freier Natur liegt das aus einer Wirtschaft von 1849 entstandene Hotel mit seinen zeitgemäß und solide ausgestatteten Zimmern (teilweise mit Balkon) und nettem Garten mit Badeteich. Zum Restaurant gehört eine schöne große Terrasse mit Blick zum Donnersberg.

KIRCHHUNDEM – Nordrhein-Westfalen – 543 – 12 190 Ew – Höhe 300 m

37 E12

▶ Berlin 532 – Düsseldorf 136 – Siegen 34 – Meschede 51

In Kirchhundem-Selbecke Ost: 4 km Richtung Bad Laasphe

Assmann

Selbecke 18 ✉ 57399 – ✆ (02723) 7 24 00 – www.hotel-assmann.de – geschl. Januar 2 Wochen

9 Zim ☕ – 🚹44/50 € 🚹🚹72/110 € – 1 Suite – ½ P

Rest – *(geschl. Montag)* Karte 17/35 €

Das erweiterte schöne Fachwerkhaus von 1846 beherbergt geschmackvolle, individuelle und mit harmonisch abgestimmten Stoffen dekorierte Gästezimmer. Das mit mediterraner Note gestaltete Restaurant bietet saisonal-bürgerliche Küche.

KIRCHLAUTER – Bayern – 546 – 1 380 Ew – Höhe 344 m 50 K15

Berlin 432 – München 261 – Würzburg 88 – Bamberg 32

In Kirchlauter-Pettstadt

Gutsgasthof Andres

Pettstadt 1 ✉ 96166 – ✆ (09536) 2 21 – www.gutsgasthof-andres.de – geschl. Dienstag - Mittwoch

Rest – Menü 26/40 € – Karte 18/44 €

Ein denkmalgeschützter Gutshof mit Familientradition seit 1839, eingerahmt von altem Baumbestand. Geboten wird Regionales. Kleiner Feinkostladen mit Hausgemachtem. 2 Appartements.

KIRCHZARTEN – Baden-Württemberg – 545 – 9 820 Ew – Höhe 392 m – Wintersport: 1 265 m 9 – Luftkurort 61 D20

Berlin 800 – Stuttgart 177 – Freiburg im Breisgau 9 – Donaueschingen 54

Hauptstr. 24, ✉ 79199, ✆ (07661) 90 79 80, www.dreisamtal-schwarzwald.de

Kirchzarten, Krüttweg 1, ✆ (07661) 9 84 70

Sonne 

Hauptstr. 28 ✉ 79199 – ✆ (07661) 90 19 90 – www.sonne-kirchzarten.de

22 Zim – 59/85 € 85/129 € – 2 Suiten – ½ P

Rest *Sonne* – siehe Restaurantauswahl

Familie Rombach weiß seit nunmehr sieben Generationen, den wachsenden Ansprüchen ihrer Gäste gerecht zu werden. Immer wieder wird in das Traditionshaus von 1725 investiert, das Ergebnis sind z. B. die frisch und freundlich designten Landhaus-Zimmer. Und wenn's ein bisschen frecher sein darf, buchen Sie eines der "Schwarzwald-Pop"-Zimmer. Physiotherapie, Kosmetik und Massage.

Sonne – Hotel Sonne

Hauptstr. 28 ✉ 79199 – ✆ (07661) 90 19 90 – www.sonne-kirchzarten.de – geschl. Freitagmittag, Samstagmittag

Rest – Menü 24/48 € – Karte 23/49 €

Wer die badische Küche mag, ist bei den Rombachs an der richtigen Adresse! Man serviert sie Ihnen hier in einem gemütlichen Restaurant mit Holztäfelung und Parkettfußboden.

In Kirchzarten - Burg-Birkenhof

rainhof scheune N

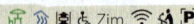

Höllentalstr. 96 ✉ 79199 – ✆ (07661) 9 88 61 10 – www.rainhof-hotel.de

14 Zim – 79/101 € 94/111 €, 10 € – 2 Suiten – ½ P

Rest – Menü 24/49 € – Karte 24/53 €

Design, Wertigkeit und ein Stück Geschichte treffen hier zusammen, und zwar in Form von individuellen Zimmern wie "Poesiezimmer", "Bauernstube", "Landhaus", "Romantikzimmer"... historisches Holz und freigelegtes Mauerwerk mit Spuren aus keltischer Zeit sind besondere Hingucker. In der Gaststätte stärkt man sich z. B. mit Rösti-Gerichten, abends auch etwas internationaler.

In Kirchzarten - Burg-Höfen Ost: 1 km

Schlegelhof 

Höfener Str. 92 ✉ 79199 – ✆ (07661) 50 51 – www.schlegelhof.de

11 Zim – 85/110 € 112/194 €

Rest *Schlegelhof* – siehe Restaurantauswahl

Es sind ihre Freundlichkeit und ihr Engagement, die Familie Schlegel bei den Gästen so beliebt macht, aber auch die hochwertige Einrichtung ihres kleinen Hotels! Mit unbehandeltem hellem Naturholz und wohnlichen Farben haben die Gastgeber Geschmack bewiesen. Lust auf Entspannung? Schöner Sauna- und Ruhebereich zum Garten, dazu Kosmetik und Massage.

Schlegelhof – Hotel Schlegelhof

Höfener Str. 92 ✉ 79199 – ✆ (07661) 50 51 – www.schlegelhof.de – geschl. Mittwoch
Rest – *(nur Abendessen, sonntags auch Mittagessen)* (Tischbestellung ratsam)
Menü 31/63 € – Karte 31/58 €
Das ländlich-moderne Ambiente ist schon einladend, die Terrasse im Grünen sowieso... Wenn Sie jetzt auch noch Speisen wie "Wiener Schnitzel mit Bratkartoffeln" oder "Rostbraten mit Zwiebeln in Burgundersauce" mögen, könnten Sie in dem sympathischen Restaurant zum Stammgast werden. Gute Weinkarte.

In Kirchzarten-Dietenbach Süd-West: 1,5 km

Zum Rössle mit Zim

Dietenbach 1 ✉ 79199 – ✆ (07661) 22 40 – www.zumroessle.de – geschl. Ende Januar - Anfang Februar 3 Wochen, November 1 Woche und Mittwoch; November - März: Montagmittag, Dienstagmittag, Mittwoch
6 Zim – †56/76 € ††82/102 € **Rest** – Menü 32/52 € – Karte 27/51 €
Der Gasthof von 1751 wird Sie gefangen nehmen mit seinem Charme: historisch-rustikal die Bauernstube, ländlich-elegant die Bruggastube, lauschig die Terrasse! In erster Linie genießt man aber die zeitgemäß-regionale Küche von Patrick Franke, z. B. "Lammhüfte mit Artischockencreme & Paprika". Für Übernachtungsgäste: liebenswerte Zimmer und leckeres Bauernfrühstück!

In Stegen-Eschbach Nord: 4 km

Landhotel Reckenberg mit Zim

Reckenbergstr. 2 ✉ 79252 – ✆ (07661) 9 79 33 00 – www.landhotel-reckenberg.de – geschl. Februar 2 Wochen, Anfang November 1 Woche und Dienstag - Mittwochmittag
9 Zim – †65/90 € ††95/140 € – ½ P
Rest – Menü 20 € (mittags)/55 € – Karte 31/61 €
Bei Familie Hug tut sich etwas: Der Junior hat im elterlichen Betrieb die Küche übernommen und bringt frischen Wind ins Haus. Wer nicht nur seine Speisen probieren möchte, kann hier in ruhiger Lage auch in geräumigen und wohnlichen Gästezimmern übernachten.

KIRKEL – Saarland – 543 – 10 000 Ew – Höhe 240 m 46 C17

Berlin 690 – Saarbrücken 24 – Homburg/Saar 10 – Kaiserslautern 48

In Kirkel-Neuhäusel

Ressmann's Residence – Ressmann's Residence

Kaiserstr. 87 ✉ 66459 – ✆ (06849) 9 00 00 – www.ressmanns-residence.de
20 Zim – †65/79 € ††95/99 € – 1 Suite – ½ P
Rest ***Ressmann's Residence*** – siehe Restaurantauswahl
Der gut geführte Familienbetrieb liegt im Ortskern und verfügt über funktionale Gästezimmer mit zeitgemäßem Komfort. Am Morgen erwartet Sie ein gutes Frühstücksbuffet.

Ressmann's Residence – Hotel Ressmann's Residence

Kaiserstr. 87 ✉ 66459 – ✆ (06849) 9 00 00 – www.ressmanns-residence.de
Rest – *(geschl. Dienstag, Samstagmittag, Sonntagabend)* Menü 20 € (mittags unter der Woche)/89 € – Karte 33/71 €
Der moderne Look des Restaurants mit seinen klaren Formen und hellen warmen Tönen kommt bei den Gästen gut an, ebenso die ambitionierte zeitgemäße Küche mit international-saisonalen Einflüssen. Einer der Räume ist klimatisiert. Oder sitzen Sie lieber draußen? Der nette Biergarten liegt ruhig hinter dem Haus.

Rützelerie Geiß

Brunnenstraße 25 ✉ 66459 – ✆ (06849) 13 81 – www.ruetzeleriegeiss.de – geschl. März - April 1 Woche, Juli - August 3 Wochen, Ende Oktober 1 Woche und Sonntag - Montag
Rest – *(nur Abendessen)* Menü 36/82 € – Karte 27/60 €
Seit über 25 Jahren leitet Rudi Geiß (genannt Rützi) das charmante Restaurant gemeinsam mit seiner Frau. Man kocht hier international mit französischem Einfluss. Schön ist die überdachte Terrasse am Haus. Und wenn Sie etwas für unterwegs möchten: Entenleberpralinen (eine Spezialität des Chefs) - gibt's "to go".

KIRN – Rheinland-Pfalz – **543** – 8 150 Ew – Höhe 190 m **46** D15

Berlin 649 – Mainz 76 – Bad Kreuznach 37 – Trier 77

Bahnhofstr. 12, ✉ 55606, ✆ (06752) 9 34 00, www.kirn.de

In Bruschied-Rudolfshaus

Nord-West: 9 km Richtung Rhaunen, am Ortsende in Rudolfshaus rechts

Forellenhof mit Zim Rest,

Reinhartsmühle 1 ✉ 55626 – ✆ (06544) 3 73 – www.hotel-forellenhof.de – geschl. 2. Januar - 27. Februar

26 Zim – 56/62 € 90/100 € – 2 Suiten – ½ P

Rest – *(geschl. Montag)* Menü 26/55 € – Karte 22/52 €

Hier speist man in idyllischer Lage an einem Waldstück bei schöner Aussicht ins Grüne und auf den Teich. Die Terrasse liegt direkt am Wasser. Beachtliche Whisky-Sammlung. Übernachtungsgästen bietet man ruhig gelegene, wohnliche Zimmer und einen schönen kleinen Saunabereich.

KIRRWEILER – Rheinland-Pfalz – siehe Maikammer

KIRSCHAU – Sachsen – **544** – 2 470 Ew – Höhe 249 m **44** R12

Berlin 228 – Dresden 54 – Görlitz 47 – Bautzen 11

Bei Schumann Rest,

Bautzener Str. 20 ✉ 02681 – ✆ (03592) 52 00 – www.bei-schumann.de

23 Zim – 63/90 € 63/210 € – 22 Suiten

Rest *Juwel* **Rest *Al Forno*** – siehe Restaurantauswahl

Rest *Weberstube* – ✆ (03592) 52 05 20 – Menü 26/43 € – Karte 36/46 €

Man spürt förmlich, wie viel Herzblut Petra und Rüdiger Schumann in dieses Haus gesteckt haben. Der tolle Spa-Tempel samt Spa-Lounges, die schönen Zimmer und aufwändig gestalteten Suiten sowie der gute Service lassen hier nur die Bezeichnung "Wohlfühl-Hotel" zu! Als Alternative zu "Al Forno" und "Juwel" gibt es die gemütliche "Weberstube" mit regionaler Küche.

Juwel – Hotel Bei Schumann 

Bautzener Str. 20 ✉ 02681 – ✆ (03592) 52 05 21 – www.bei-schumann.de – geschl. 20. Juli - 11. August und Sonntag - Montag

Rest – *(nur Abendessen)* Menü 59/115 € – Karte 62/78 €

Für das elegante Ambiente in dem halbrunden kleinen Restaurant sorgen schön eingedeckte Tische und eine schicke Einrichtung in Schwarz und Lila, für die ambitionierte Küche auf klassischer Basis ist Maik Schulze verantwortlich und der freundliche, geschulte Service berät Sie sehr gut in Sachen Wein.

Al Forno – Hotel Bei Schumann

Bautzener Str. 20 ✉ 02681 – ✆ (03592) 52 05 30 – www.bei-schumann.de

Rest – *(nur Abendessen)* Karte 27/53 €

Italienischer könnte das Restaurant wohl kaum sein: Terrakottafliesen, Holztische und eine umlaufende Sitzbank... das ist schön gemütlich! Und dazu die Showküche mit authentischem Holzofen - natürlich gibt es Antipasti, Pizza und Pasta!

KISSINGEN, BAD – Bayern – **546** – 20 900 Ew – Höhe 220 m – **Mineral- und Moorheilbad** **49** I14

Berlin 480 – München 329 – Fulda 62 – Bamberg 81

Am Kurgarten 1, ✉ 97688, ✆ (0971) 8 04 82 11, www.badkissingen.de

Bad Kissingen, Euerdorfer Str. 11, ✆ (0971) 36 08

Frankenland Rest,

Frühlingstr. 11 ✉ 97688 – ✆ (0971) 81 28 35 – www.hotel-frankenland.de

496 Zim – 85/98 € 134/160 € – 4 Suiten – ½ P **B1r**

Rest *Rôtisserie* – Menü 26 € (abends) – Karte 22/39 €

Rest *Frankenland-Stuben* – ✆ (0971) 81 28 33 – Karte 22/39 €

Ein komfortables Hotel mit großer Wellnesslandschaft und gutem Tagungsbereich. In der 6. Etage: einige besonders moderne Zimmer, darunter sehr schöne Pavarotti-, Caruso- und Callas-Suiten. Zeitlose Rôtisserie sowie rustikale Frankenland-Stuben mit bürgerlicher Karte.

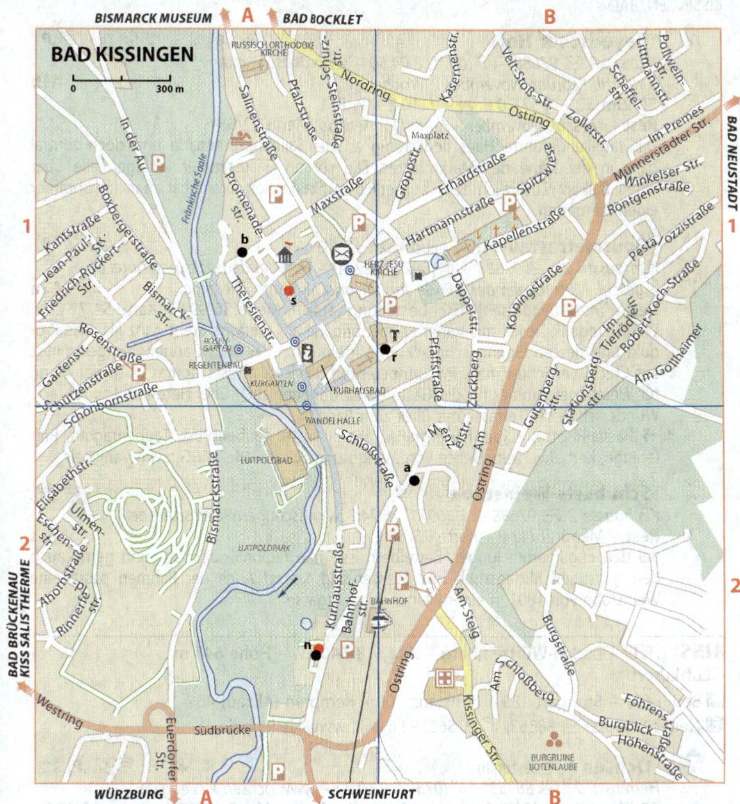

Laudensacks Parkhotel

Kurhausstr. 28 ✉ *97688 – ✆ (0971) 7 22 40 – www.laudensacks-parkhotel.de*
– geschl. Mitte Dezember - Ende Januar A2**n**
20 Zim – 85/96 € 150/192 € – 1 Suite – ½ P
Rest *Gourmetrestaurant* – siehe Restaurantauswahl
Die Stadtvilla der Familie Laudensack ist schon ein beeindruckendes Haus: Zur Ruhe kommt man nicht nur in den sehr wohnlichen und individuellen Zimmern (die meisten mit Balkon), auch im eigenen 4000 qm großen Park wird entspannen leicht gemacht, nicht zu vergessen das Beauty-Angebot der Chefin. Und was kann es Schöneres geben, als an einem warmen Sommermorgen auf der Terrasse die umfangreiche Frühstücksauswahl vom Buffet zu genießen? Halbpension auch an Ruhetagen des Gourmetrestaurants.

Residence von Dapper

Menzelstr. 21 ✉ *97688 – ✆ (0971) 78 54 80 – www.residence-dapper.de*
17 Zim – 69/105 € 119/178 € – 10 Suiten – ½ P B2**a**
Rest – *(nur Abendessen)* Menü 26/65 € – Karte 22/46 €
Vor über 100 Jahren wurde das stattliche Sandsteingebäude von Dr. Carl Dapper eröffnet und zeigt sich heute unter der Leitung von Günther und Sven Wedler in geschmackvoll-modernem Stil: klare Formen und warme Farben von den Zimmern über den Spa bis ins Wintergarten-Restaurant (internationale Küche).

Bayerischer Hof

Maxstr. 9 ✉ 97688 – ✆ (0971) 8 04 50 – www.doesch-kg.de
– geschl. Februar, November 2 Wochen A1**b**
50 Zim – †57/70 € ††93/110 € – ½ P
Rest – *(geschl. November - April: Donnerstag)* Menü 22/55 €
Das familiengeführte Haus liegt ruhig an der Salinenpromenade und doch zentral ganz in der Nähe des Marktplatzes. Die soliden Gästezimmer verfügen alle über einen Balkon. Zusätzlich zum bürgerlich-rustikalen Restaurant hat man im Sommer einen Biergarten.

Gourmetrestaurant – Laudensacks Parkhotel

Kurhausstr. 28 ✉ 97688 – ✆ (0971) 7 22 40 – www.laudensacks-parkhotel.de
– geschl. Mitte Dezember - Ende Januar und Montag - Dienstag A2**n**
Rest – *(nur Abendessen)* (Tischbestellung ratsam) Menü 56/99 € – Karte 54/72 €
Wenn Frederik Desch mit seiner Küchenbrigade am Werk ist, steht ganz klar das Produkt und dessen Eigengeschmack im Mittelpunkt - der Stil ist angenehm geradlinig, auf Chichi verzichtet man! Im kompetenten Serviceteam ist Thomas Hüttl der Mann für Weinfragen. Immer für die Gäste da ist übrigens auch Chef Hermann Laudensack. Wunderschön die Terrasse mit Blick zum Park!
➜ Paella-Risotto, Pulpo, Kaisergranat, Sot l'y-laisse. Taubenbrust, Taubenragout, Pfifferlinge, Kerbelwurzeln. Delice von Mango und Schokolade mit Guaven-Vanilleeis.

Schuberts Weinstube

Kirchgasse 2 ✉ 97688 – ✆ (0971) 26 24 – www.schuberts-weinstube.de
Rest – Menü 26/42 € – Karte 25/38 € A1**s**
Bei den engagierten jungen Betreibern isst man regional-saisonal - und gerne auch den günstigen Mittagstisch inkl. Wasser und Kaffee! Auch der Rahmen passt: eine Weinstube von 1801 in einer kleinen Altstadtgasse.

KISSLEGG – Baden-Württemberg – 545 – 8 540 Ew – Höhe 648 m – Luftkurort

63 I21

Berlin 697 – Stuttgart 185 – Konstanz 100 – Kempten (Allgäu) 46
Neues Schloss, ✉ 88353, ✆ (07563) 93 61 42, www.kisslegg.de

Ochsen (mit Gästehaus)

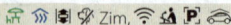

Herrenstr. 21 ✉ 88353 – ✆ (07563) 9 10 90 – www.ochsen-kisslegg.de
55 Zim – †49/69 € ††74/99 € – ½ P **Rest** – Menü 14/29 € – Karte 15/37 €
Frisch und modern ist der Ochsen geworden: Die engagierte Gastgeberfamilie hat in den Zimmern (teilweise mit Balkon) für eine freundliche, neuzeitlich-funktionale Einrichtung gesorgt und im Restaurant mischt sich geradlinig-zeitgemäßer Stil geschickt mit einer rustikalen Note.

KITZINGEN – Bayern – 546 – 20 840 Ew – Höhe 205 m

49 I16

Berlin 482 – München 263 – Würzburg 22 – Bamberg 80
Schrannenstr. 1, ✉ 97318, ✆ (09321) 92 00 19, www.kitzingen.info
 Kitzingen, In der Falk 1, ✆ (09321) 49 56

In Sulzfeld am Main Süd-West: 4 km

Vinotel Augustin garni

Matthias-Schiestl-Str. 4 ✉ 97320 – ✆ (09321) 2 67 29 60 – www.vinotel-augustin.de
– geschl. 21. - 28. Dezember
8 Zim – †70/82 € ††106/118 € – 1 Suite
Ein hübsches kleines Hotel bei einem Weingut. Die komfortablen Themenzimmer sind so individuell wie ihre Namen: Loft, Orient, Tropen, Space, Zen, Hütte, Pop-Art und Afrika. Die Gäste werden hier herzlich betreut, so auch beim guten Frühstück.

KLEINES WIESENTAL – Baden-Württemberg – 545 – 200 Ew – Höhe 920 m

61 D21

Berlin 845 – Stuttgart 208 – Freiburg im Breisgau 58 – Basel 40

Im Ortsteil Neuenweg – Wintersport: 1 414 m 2 – Erholungsort

Haldenhof mit Zim

Haldenhof 1, (In Hinterheubronn, 950 m Höhe) (Nord-West: 4,5 km Richtung Müllheim) ✉ 79692 – ✆ (07673) 2 84 – www.haldenhof-schwarzwald.de – geschl. Januar 3 Wochen und November - April: Dienstag

15 Zim – †45/70 € ††70/90 € – 3 Suiten – ½ P

Rest – Menü 28 € – Karte 19/43 €

Ein Gasthaus im Wald mit einer von Bäumen gesäumten Terrasse... Wer möchte da im Sommer nicht draußen sitzen? Und an kühlen Tagen gibt es die international beeinflusste bürgerlich-regionale Küche drinnen in gemütlich-rustikalen Stuben. Die Gästezimmer sind recht unterschiedlich, eines im philippinischen Stil.

Im Ortsteil Schwand

Sennhütte

Schwand 14 ✉ 79692 – ✆ (07629) 9 10 20 – www.sennhuette.com – geschl. Mitte Februar - Mitte März

11 Zim – †42/60 € ††88/120 € – 1 Suite – ½ P

Rest – *(geschl. Dienstag)* Karte 17/49 €

Nicht nur die liebenswert dörfliche Umgebung und die schöne Schwarzwaldlandschaft praktisch vor der Tür locken die Gäste hierher. Bei den Grethers werden Sie auch sehr freundlich umsorgt, z. B. mit hausmacher Wurst zum Frühstück, oder wie wär's mit einem Schnaps aus der eigenen Brennerei nach dem bürgerlich-regionalen Essen? Außerdem ist hier alles äußerst gepflegt!

KLEINWALSERTAL – Vorarlberg – 730 – 5 015 Ew – Österreichisches Hoheitsgebiet – Wintersport: 2 030 m 2 34

64 I22

Wien 583 – Bregenz 83 – Kempten 49

Tal★

Oberstdorf: Lage★★· Nebelhorn★★ (✳★★) · Fellhorn★★ (✳★★) · Breitachklamm★★ (Süd-West: 6,5 km)

In Riezlern – Höhe 1 100 m

Walserstr. 54, ✉ 87567, ✆ (0043 5517) 5 31 52 85, www.kleinwalsertal.com

Almhof Rupp

Walserstr. 83 ✉ 87567 – ✆ (0043 5517) 50 04 – www.almhof-rupp.at – geschl. Ende April - Anfang Juni, Anfang November - Mitte Dezember

30 Zim – †90/160 € ††140/270 € – ½ P

Rest *Almhof Rupp* – siehe Restaurantauswahl

Direkt neben der Gondelstation liegt diese regionstypische Adresse unter familiärer Leitung. Wohnliche Zimmer, ein ansprechender Saunabereich sowie Massage und Kosmetik.

Alpenhof Jäger

Unterwestegg 17 ✉ 87567 – ✆ (0043 5517) 52 34 – www.alpenhof-jaeger.at – geschl. 24. April - 25. Mai, 9. November - 14. Dezember

12 Zim – †59/75 € ††98/150 € – ½ P

Rest *Humbachstube im Alpenhof Jäger* – siehe Restaurantauswahl

Ein liebevoll restauriertes Walserhaus von 1683, das um einen Anbau im regionalen Stil erweitert wurde. Das kleine Hotel mit den gepflegten rustikalen Gästezimmern wird von Familie Jäger engagiert geleitet. HP inklusive.

Walserstuba

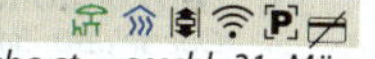

Eggstr. 2 ✉ 87567 – ✆ (0043 5517) 5 34 60 – www.walserstuba.at – geschl. 31. März - 3. Juli, 6. Oktober - 18. Dezember

22 Zim – †65/105 € ††120/180 € – ½ P

Rest – *(geschl. Montag - Dienstag) (nur Abendessen)* (Tischbestellung ratsam) Menü 39/69 € – Karte 41/71 €

Der seit mehreren Generationen von Familie Riezler geführte Alpengasthof mit seinen soliden regionstypischen Zimmern befindet sich etwas abseits des Zentrums, nahe der Lifte. Zum Essen sitzt man im urig-charmanten Enzianstüble besonders gemütlich, und das am besten bei "Walser Ässa"-Gerichten 1912-2012 - so wurde früher und heute gekocht!

XX **Almhof Rupp** – Hotel Almhof Rupp
Walserstr. 83 ✉ 87567 – ✆ (0043 5) 50 04 – www.almhof-rupp.at – geschl. Ende April - Anfang Juni, Anfang November - Mitte Dezember
Rest – (Tischbestellung erforderlich) Menü 25/60 € – Karte 25/57 €
Wo könnte man gemütlicher sitzen als in der urigen 200 Jahre alten Walserstube? Mit ihrem warmen rustikalen Holz und hübscher Deko sorgt sie für pure Heimeligkeit... das macht sich gut zum "Kleinen Rinderfilet mit Schnittlauchkartoffelpüree und Radieschen" oder "Zander mit Fleckerlgemüse und Salzkartoffeln" - schöne Beispiele für die regionale Küche.

XX **Humbachstube im Alpenhof Jäger** – Hotel Alpenhof Jäger
Unterwestegg 17 ✉ 87567 – ✆ (0043 5517) 52 34 – www.alpenhof-jaeger.at – geschl. 24. April - 25. Mai, 19. November - 14. Dezember und Dienstag - Mittwoch
Rest – *(nur Abendessen)* (Tischbestellung ratsam) Menü 29/69 € – Karte 28/64 €
Holzvertäfelte Wände, Kachelofen, netter Zierrat... die alpenländische kleine Stube ist ein richtig gemütliches Plätzchen, um sich die regionalen Gerichte von Martin Jäger schmecken zu lassen. Appetit auf "In Tandoori gebratenes Zanderfilet und Zanderklößchen an Spinatravioli und Rieslingschaum"? Gute heimische Produkte haben hier im Haus einen hohen Stellenwert.

X **Scharnagl's Alpenhof** mit Zim
Zwerwaldstr. 28 ✉ 87567 – ✆ (0043 5517) 52 76 – www.scharnagls.de – geschl. nach Ostern 2 Wochen, November und Mittwoch
5 Zim – †48/76 € ††90/126 € – ½ P
Rest – (Tischbestellung ratsam) Karte 31/52 €
Die Scharnagls sind freundliche Gastgeber. Ihr Gasthof liegt etwas abseits des Dorfes, die ländliche Einrichtung passt zum Charakter des Hauses und zur schönen Landschaft ringsum. Freunde deftiger Hausmannskost (Rehbratwürste, Röstigerichte...) werden hier ebenso fündig wie alle, die es ein bisschen feiner mögen (z. B. Rehbockrücken oder Wolfsbarsch) - guten Appetit!

In Hirschegg – Höhe 1 125 m

i im Walserhaus, ✉ 87568, ✆ (0043 5517) 5 11 40, www.kleinwalsertal.com

Travel Charme Ifen Hotel
Oberseitestr. 6 ✉ 87568 – ✆ (0043 5517) 60 80 – www.travelcharme.com
117 Zim – †139/313 € ††198/448 € – 8 Suiten – ½ P
Rest *Kilian Stuba* – siehe Restaurantauswahl
Das Hotel in 1100 m Höhe wurde von Lorenzo Bellini modern-alpin designt. Schicke Zimmer mit Balkon oder Terrasse, ausgezeichnetes Angebot im PURIA Premium Spa auf 2300 qm. Skischule. Halbpension im Restaurant Theo's.

Walserhof Rest,
Walserstr. 11 ✉ 87568 – ✆ (0043 5517) 56 84 – www.wellnesshotel-walserhof.at – geschl. 6. - 11. April, 27. April - 16. Mai, 26. Oktober - 12. Dezember
40 Zim – †79/106 € ††158/212 € – 4 Suiten – ½ P
Rest – Menü 35 € (abends) – Karte 27/37 €
Man hat hier nicht nur ein gutes Freizeitangebot, schön wohnlich ist es auch, dafür sorgen unterschiedliche Zimmertypen von "Komfort" über "Superior" und "Romantik" bis zum "Kuschelzimmer". Wer es gerne ganz modern hat, bucht ein Zimmer im "Alpin Chic"-Stil! Nicht weniger ansprechend: der "Raum der Stille" und die Bio-Panoramasauna mit Außenwhirlpool. Teil des regionstypischen Restaurants ist ein hübscher lichter Wintergarten.

Birkenhöhe
Oberseitestr. 34 ✉ 87568 – ✆ (0043 5517) 55 87 – www.birkenhoehe.com – geschl. 6 April - 27. Mai, 2. November - 18. Dezember
34 Zim – †90/150 € ††170/240 € – 5 Suiten – ½ P
Rest *Sonnenstüble* – *(geschl. Montag) (nur Abendessen)* (Tischbestellung ratsam) Menü 38/85 € – Karte 41/66 €
Das ruhig gelegene Ferienhotel mit Aussicht aufs Kleinwalsertal ist ein gut geführter Familienbetrieb mit wohnlichem Ambiente und Spa mit Panoramahallenbad. Das kleine alpenländisch-elegante Sonnenstüble dient als A-la-carte-Restaurant. Zur regionalen Küche reicht man eine ambitionierte Weinkarte mit rund 250 Positionen. Außerdem lockt täglich der leckere hausgebackene Kuchen der Seniorchefin und in der Bar finden Rum- und Whisky-Freunde eine große Auswahl.

Naturhotel Chesa Valisa (mit Gästehaus)

Gerbeweg 18 ✉ *87568* – ✆ *(0043 5517) 5 41 40 – www.naturhotel.at – geschl. 23. April - 25. Mai, 3. November - 14. Dezember*
52 Zim – 103/125 € 206/250 € – 10 Suiten – ½ P
Rest – Menü 25/48 € (abends) – Karte 25/51 €
Konsequent verfolgt man hier das Bio-Konzept in Architektur, Material, Kosmetik, Speisen- und Weinangebot... Viel Holz, Glas und klares Design schaffen ein ansprechendes wohnlich-modernes Ambiente und dennoch bewahrt man mit dem 500 Jahre alten Gasthof ein Stück Tradition. Im Restaurant (charmant die historische Stube, schön licht der Wintergarten) serviert man Gerichte aus Naturprodukten, dazu gute österreichische Weine, 70% davon sind Bioweine.

Gemma

Schwarzwassertalstr. 21 ✉ *87568* – ✆ *(0043 5517) 5 36 00 – www.gemma.at – geschl. 27. April - 28. Mai, 5. November - 14. Dezember*
26 Zim – 71/125 € 142/250 € – 1 Suite – ½ P
Rest – *(nur für Hausgäste)* Menü 23/37 €
Nach Umbau erstrahlt das familiär geleitete Haus in neuem Glanz - von der Zufahrt über die Lobby und die Bar bis in die Zimmer ist alles frisch und angenehm modern. Nach wie vor attraktiv ist auch die erhöhte Lage beim Skilift. HP inklusive, im Sommer auch die Liftkarte.

Sonnenberg

Am Berg 26 ✉ *87568* – ✆ *(0043 5517) 54 33 – www.kleinwalsertal-sonnenberg.de – geschl. 30. März - 16. Mai, 19. Oktober - 18. Dezember*
14 Zim – 55/77 € 100/164 € – 1 Suite – ½ P
Rest – *(nur Abendessen für Hausgäste)*
Urigen Charme versprüht das Walser Bauernhaus a. d. 16. Jh. - so liebenswert wie die sympathischen und engagierten Gastgeber. Bei Eis und Schnee müssen Sie die steile Straße hier hinauf nicht selbst fahren, man holt Sie unten im Ort ab.

Kilian Stuba – Travel Charme Ifen Hotel

Oberseitestr. 6 ✉ *87568* – ✆ *(0043 5517) 60 80 – www.travelcharme.com – geschl. Juni 2 Wochen, November 3 Wochen und Sonntag - Montag*
Rest – *(nur Abendessen)* Menü 76/110 € – Karte 56/83 €
Die Küche von Sascha Kemmerer ist praktisch ein Ebenbild des Restaurants selbst: hochwertig und modern, ohne den klassischen Aspekt außer Acht zu lassen! Helle, ruhige Töne geben dem fast schon puristischen Interieur Wärme und Behaglichkeit. Top Weinberatung (vorwiegend österreichische und deutsche Weine).
➜ Heimisches Kalb, Bärlauchsud, getrocknete Tomate, Rollgerste. Allgäuer Rinderfilet, Morchel-Ochsenmarkkruste, geräucherte Erbsencoulis, Pommes fondant. Gekühlte Tarte, Valrhona Ivoire, Himbeere, Maracuja, Pistazie.

In Mittelberg – Höhe 1 220 m

Walserstr. 264, ✉ 87568, ✆ (0043 5517) 5 11 40, www.kleinwalsertal.com

Haller's Genuss & Spa Hotel

Von Klenze Weg 5 ✉ *87569* – ✆ *(0043 5517) 55 51 – www.hallers.at – geschl. 27. April - 31. Mai*
52 Zim – 110/193 € 220/376 € – 25 Suiten – ½ P
Rest *Haller's* – siehe Restaurantauswahl
Das Hotel der Familie Haller ist wohnlich und für die Region typisch eingerichtet, bietet freundlichen Service, eine hochwertige Halbpension und nicht zuletzt einen gut ausgestatteten Spa. Einige Zimmer mit Blick auf die umliegenden Berge!

Leitner

Walserstr. 55 ✉ *87569* – ✆ *(0043 5517) 57 88 – www.leitner-hotel.at – geschl. 28. Oktober - 15. Dezember, 31. März - 29. Mai*
35 Zim – 85/135 € 136/190 € – 12 Suiten – ½ P
Rest – *(geschl. Sonntag) (nur Abendessen)* Menü 19/39 € – Karte 19/44 €
Hier überzeugt der aufwändig gestaltete Spabereich auf 1000 qm, dessen Ruheraum einen tollen Bergblick bietet. Besonders schön: einige Zimmer in alpenländisch-modernem Stil.

Lärchenhof 
Schützabühl 2 ✉ 87569 – ✆ (0043 5517) 65 56 – www.naturhotel-laerchenhof.at – geschl. 15. April - 17. Mai, 4. November - 19. Dezember
24 Zim – 61/89 € 106/150 € – ½ P
Rest – *(geschl. Dienstag) (nur für Hausgäste)* Menü 32 €
Sie finden diesen wohnlichen Familienbetrieb in einer Seitenstraße hinter der Kirche. HP inklusive, im Sommer auch die Bergbahnkarte. Für Entspannung nach einer schönen Wanderung sorgen die "Alpschwitz"-Sauna - attraktiv mit Naturmaterialien wie Holz und Stein gestaltet! - sowie Kosmetikanwendungen und Massagen. Tipp: Probieren Sie die eigenen Honig-Produkte!

Ingeborg garni
Im Hag 3 ✉ 87569 – ✆ (0043 5517) 5 75 80 – www.hotel-garni-ingeborg.at
14 Zim – 49/65 € 76/130 €
Bei Familie Rapp wohnt man schön ruhig in einem sympathischen, freundlich geführten und tipptopp gepflegten kleinen Hotel. Die Zimmer sind behaglich-gediegen, die Umgebung ist angenehm dörflich, und lassen Sie sich nicht den wirklich geschmackvollen Saunabereich im mediterranen Stil entgehen!

Haller's – Haller's Genuss & Spa Hotel
Von Klenze Weg 5 ✉ 87569 – ✆ (0043 5517) 55 51 – www.hallers.at – geschl. 27. April - 31. Mai und Dienstag - Mittwoch
Rest – Menü 42/52 € – Karte 33/54 €
In behaglichem Landhausambiente bekommen Sie ambitionierte regionale und internationale Gerichte von Gerd Hammerer und seinem Team serviert, so z. B. "kross gebratener Spanferkelrücken in Pestojus mit Polentastrudel". Auf eine schöne Terrasse mit Aussicht braucht man auch nicht zu verzichten!

In Mittelberg-Höfle Nord-Ost: 3 km, Zufahrt über die Straße nach Baad, dann links abbiegen

IFA-Hotel Alpenhof Wildental  Zim,
Höfle 8 ✉ 87569 – ✆ (0043 5517) 6 54 40 – www.ifa-wildental-hotel.com – geschl. 30. März - 5. Juni, 9. November - 4. Dezember
57 Zim – 89/135 € 158/280 € – ½ P
Rest – *(nur Menü)* Menü 23 € (abends)
Die Gäste dieses Hotels schätzen die idyllische Lage, die gut ausgestatteten Zimmer, das Wellness- und Fitnessangebot sowie die Sonnenterrasse mit Panoramablick. HP inklusive.

KLETTGAU – Baden-Württemberg – 545 – 7 420 Ew – Höhe 424 m — 62 E21

Berlin 793 – Stuttgart 163 – Freiburg im Breisgau 79 – Donaueschingen 43

In Klettgau-Grießen

Landgasthof Mange
Kirchstr. 2 ✉ 79771 – ✆ (07742) 54 17 – www.mange-griessen.de – geschl. über Fastnacht, Ende August 2 Wochen und Montag - Dienstag
Rest – *(Mittwoch - Freitag nur Abendessen)* Menü 20/54 € – Karte 24/44 €
Nach wie vor eine der besten Adressen der Region! Patron Paul Maier zeigt echtes Engagement, wenn er für seine Gäste abwechslungsreiche klassische Speisen kocht. Die Bandbreite reicht von der Rinderroulade bis zur Seezunge mit Hummer. Zur guten Küche kommt sehr freundlicher Service!

KLINGENBERG am MAIN – Bayern – 546 – 6 110 Ew – Höhe 128 m – Erholungsort — 48 G15

Berlin 576 – München 354 – Würzburg 81 – Amorbach 18
Hauptstr. 26a, ✉ 63911, ✆ (09372) 92 12 59, www.klingenberg-main.de

Straubs Schöne Aussicht (mit Gästehaus) 
Bahnhofstr. 18 (am linken Mainufer) ✉ 63911 – ✆ (09372) 93 03 00 – www.straubs-schoene-aussicht.de – geschl. 21. Dezember - 6. Januar
28 Zim – 🚹59/70 € 🚹🚹85/93 €, ☕ 5 € – ½ P
Rest *Straubs Restaurant* – siehe Restaurantauswahl
An der Mainbrücke im Zentrum liegt der langjährige Familienbetrieb mit seinen gepflegten Zimmern - von den meisten schaut man auf den Fluss und die Clingenburg.

Straubs Restaurant – Hotel Straubs Schöne Aussicht
Bahnhofstr. 18 (am linken Mainufer) ✉ 63911 – ✆ (09372) 93 03 00 – www.straubs-restaurant.de – geschl. 26. Dezember - 11. Januar, 28. Oktober - 13. November und Montag - Dienstagmittag, Mittwochmittag
Rest – Menü 27/59 € – Karte 30/50 €
Hier lockt die schöne Aussicht auf Weinberge, Burg und Main die Gäste an, aber auch die frischen, mit Sorgfalt und Geschmack zubereiteten Gerichte von Rafael Straub. Da gibt es z. B. "gebratene Salzwasser-Riesengarnelen auf lauwarmem Couscous" oder "junge Franzosenpoularde auf Mousseline mit rotem Knoblauch, Limetten, Kapern, Mandeln und Thymian" und dazu eine interessante deutsche Weinkarte. Freundlich der Service durch Sabine Straub.

In Klingenberg-Röllfeld Süd: 2 km

Paradeismühle
Paradeismühle 1 (Ost: 2 km) ✉ 63911 – ✆ (09372) 40 80 – www.paradeismuehle.de
39 Zim ☕ – 🚹49/56 € 🚹🚹75/95 € – ½ P
Rest – Menü 25/55 € – Karte 24/41 €
Ein Fachwerkhaus a. d. J. 1798 ist das Stammhaus dieses gewachsenen Familienbetriebs mit eigenem Weinbau und Wildgehege. Originell: Der Mühlbach verläuft durch das Haus. Restaurant mit rustikalem Charakter und schöner Terrasse.

KLINGENTHAL – Sachsen – 544 – 9 510 Ew – Höhe 569 m – Erholungsort

42 N14

Berlin 337 – Dresden 169 – Chemnitz 86 – Plauen 43
Schlossstr. 3, ✉ 08248, ✆ (037467) 6 48 32, www.klingenthal.de

Berggasthaus Schöne Aussicht
Aschbergstr. 19 ✉ 08248 – ✆ (037467) 2 02 89 – www.bergasthaus-klingenthal.de
5 Zim ☕ – 🚹37/42 € 🚹🚹55/69 € – ½ P
Rest – Karte 14/23 €
Eine tolle Aussicht über das Vogtland bietet dieses im Stil eines Berggasthofs erbaute Haus in ca. 900 m Höhe. Gemütlich dekorierte Zimmer, teils mit Fachwerk. Der Dielenboden unterstreicht den behaglich-urigen Charakter der Gaststuben.

KLOSTER ZINNA – Brandenburg – siehe Jüterbog

KLOSTER LEHNIN – Brandenburg – 542 – 11 020 Ew – Höhe 36 m

22 O9

Berlin 72 – Potsdam 37 – Belzig 30 – Brandenburg 20
Kloster★

Im Ortsteil Lehnin

Markgraf
Friedensstr. 13 ✉ 14797 – ✆ (03382) 76 50 – www.hotel-markgraf.de – geschl. 22. - 24. Dezember
56 Zim ☕ – 🚹58/62 € 🚹🚹79/87 € – 1 Suite – ½ P
Rest – Karte 15/36 €
In diesem familiengeführten Hotel wohnt man in praktischen, zeitgemäßen Zimmern (fast alle mit kleinem Balkon) und entspannt in dem hübschen kleinen Saunabereich im OG. Das Restaurant bietet bürgerlich-saisonale Küche und einige österreichische Gerichte.

KLÜTZ – Mecklenburg-Vorpommern – 542 – 3 090 Ew – Höhe 12 m 11 K4

Berlin 274 – Schwerin 53 – Grevesmühlen 14 – Hamburg 123

Landhaus Sophienhof garni

Wismarsche Str. 34 (Zufahrt über Schulstraße) ✉ 23948 – ✆ (038825) 26 70 80 – www.gartenhotel-sophienhof.de

4 Zim – 49/69 € 69/89 €

Wenige Gehminuten vom Schloss Bothmer entfernt steht das schön sanierte Fachwerkhaus von 1854, dessen Zimmer nordisch-wohnlichen Charme versprühen. Café mit Terrasse.

KNITTELSHEIM – Rheinland-Pfalz – siehe Bellheim

KNÜLLWALD – Hessen – 543 – 4 570 Ew – Höhe 260 m 39 H12

Berlin 426 – Wiesbaden 180 – Kassel 49 – Fulda 59

In Knüllwald-Rengshausen – Luftkurort

Sonneck

Zu den einzelnen Bäumen 13 ✉ 34593 – ✆ (05685) 9 99 57 – www.hotel-sonneck.com – geschl. 3. - 12. Januar, 25. Juli - 17. August

59 Zim – 67/87 € 88/118 € – 1 Suite – ½ P

Rest – Menü 17 € (mittags)/35 € – Karte 24/35 €

In ruhiger Lage oberhalb des Ortes erwartet Sie ein familiär geleitetes Hotel mit neuzeitlichen Zimmern und hübschem Freizeitbereich, der auch Kosmetik und Massage bietet. Eine schöne Aussicht hat man vom Restaurant.

KOBERN-GONDORF – Rheinland-Pfalz – 543 – 3 180 Ew – Höhe 82 m 36 D14

Berlin 612 – Mainz 100 – Koblenz 23 – Trier 117

Alte Mühle Thomas Höreth mit Zim

Mühlental 17 (Kobern) ✉ 56330 – ✆ (02607) 64 74 – www.thomashoereth.de – geschl. Januar

14 Zim – 145/265 € 210/265 €

Rest – *(Montag - Freitag nur Abendessen)* (Tischbestellung ratsam) Karte 35/66 €

Familie Höreth hat mit diesem ausgesprochen charmanten Anwesen einen wunderbaren Rückzugsort geschaffen: Die Stuben sind liebevoll dekoriert, dazu ein Innenhof, der idyllischer kaum sein könnte. Ein echtes Bijou, zu dem auch ein eigenes Weingut gehört. Wenn es Ihnen hier gefällt, bleiben Sie doch einfach ein bisschen länger: Man hat nämlich individuelle und sehr wohnliche Gästezimmer, die genauso geschmackvoll sind und schön ruhig etwas oberhalb des Restaurants liegen!

KOBLENZ – Rheinland-Pfalz – 543 – 106 680 Ew – Höhe 60 m 36 D14

Berlin 600 – Mainz 100 – Bonn 63 – Wiesbaden 102

ADAC Hohenzollernstr. 34 A3

Bahnhofplatz 17 A3, ✉ 56068, ✆ (0261) 3 13 04, www.koblenz-touristik.de

Bad Ems, Denzerheide, ✆ (02603) 65 41

Deutsches Eck★ (★) B1 · Festung Ehrenbreitstein★ (★)

Rheintal★★★ (von Koblenz bis Bingen) · Moseltal★★★ (von Koblenz bis Trier) · Schloss Stolzenfels (Einrichtung★), Süd: 6 km

Ghotel garni

Neversstr. 15 ✉ 56068 – ✆ (0261) 2 00 24 50 – www.ghotel.de A3g

120 Zim – 69/84 € 79/94 €, 12 €

Das direkt am Bahnhofsvorplatz gelegene Hotel mit modern-funktionellen, technisch gut ausgestatteten Zimmern ist ideal für Geschäftsreisende. Perfekt für Autofahrer: die angeschlossene Tiefgarage.

BONN, KÖLN
TRIER
A
B
Mariahilfstr.
Mayener Str.
Garten-str.
Paul-str.
Neuendorfer Str.
Schartwiesenweg
An der Bleiche
HAFEN
Blumenstraße
Europabrücke
Balduinbrücke
Mosel
Deutsches Eck
1
Mittelrhein Museum
DEUTSCH-HERRENHAUS
c
ALTE BURG
Burgstr.
Neuer Messeplatz
Schlachthofstraße
St. Kastor Basilika
Ludwig-Museum
FLORIANSKIRCHE
Florinsmarkt
Am Alten Hospital
b
a
Saarplatz
Weißer Gasse
Fischelstr.
Moselring
POL
Jesuitenplatz
a
d
Liebfrauenkirche
JESUITENKIRCHE
Josef-Görres-Platz
Rheinzollstr.
Konrad-Adenauer-Ufer
Pfuhlgasse
Löhrstraße
Zentralplatz
Poststr.
Bardeleben-str.
Thielenstr.
T
Deinhardplatz
Clemensplatz
Reichenspergerplatz
Luisenstr.
Casinostraße
HERZ-JESU-KIRCHE
Moselring
Stegemannstraße
Schloßstr.
Neustadt
Cusanusstraße
Damm-str.
2
SCHLOSS
RHEINANLAGE
Friedrich-Ebert-Ring
Friedrich-str.
Löhrstraße
Rizzastraße
CONGRESS CENTRUM
Pfaffendorfer Brücke
Roonstraße
RHEIN-MOSEL-HALLE
WEINDORF
Karthäuserstraße
ADAC
Südallee
Kurfürstenstraße
Bismarckstraße
FORT KONSTANTIN
Markenbildchenweg
Emser Str.
NEUWIED BENDORF
BINGEN, BOPPARD SCHLOSS STOLZENFELS
Hohenzollernstraße
g
Römerstraße
Rhein
Adamsstr.
PFAFFENDORF
Frankenstraße
Sachsen-str.
3
Südallee
Kurfürstenstraße
ST. PETER UND PAUL KIRCHE
ST. JOSEF KIRCHE
Emser Str.
Mainzer Str.
Chlodwigstraße
Sankt-Josef-Platz
KOBLENZ
Schenkendorfstr.
0
200 m
Ellingshohl
LAHNSTEIN RHEINTAL

aran garni

Jesuitenplatz 1 ✉ 56068 – ✆ (0261) 20 16 40 – www.aranhotel-koblenz.de
14 Zim – 🚹70/90 € 🚹🚹85/105 €, ☕ 10 € B1**a**
Das schöne alte Haus mitten in der Stadt birgt nicht nur zeitgemäß-funktionale Zimmer, sondern auch ein Café mit Brotmanufaktur - probieren Sie unbedingt die verschiedenen Brotsorten (alle aus Sauerteig) mit diversen Aufstrichen! Hinweis: Die Rezeption ist nur bis 18 Uhr geöffnet.

Stein

Mayener Str. 126 (über Europabrücke A1) ✉ 56070 – ✆ (0261) 96 35 30 – www.hotel-stein.de
30 Zim ☕ – 🚹80/90 € 🚹🚹105/115 €
Rest *Schiller's Restaurant* – siehe Restaurantauswahl
Auch wenn die modern-gediegenen Zimmer zur Straße hin liegen, so hat man dank sehr guter Schallisolierung dennoch eine ruhige Nacht. Autofahrer wird's freuen: Man hat hier gute Parkmöglichkeiten.

Schiller's Restaurant – Hotel Stein

Mayener Str. 126 (über Europabrücke A1) ✉ 56070 – ✆ (0261) 96 35 30 – www.schillers-restaurant.de – geschl. Sonntag - Montag
Rest – Menü 45/80 € – Karte 59/81 €
Mögen Sie es gerne mediterran? Und wie wär's mit Wintergartenflair? Drinnen speist man in elegantem Ambiente, draußen vor den großen Sprossenfenstern auf der schönen Gartenterrasse. Probieren Sie z. B. das Jahreszeitenmenü oder das beliebte "Rinderfilet Rossini"!

Historischer Weinkeller

Mehlgasse 16 ✉ 56068 – ✆ (0261) 91 48 14 20 – www.historischer-weinkeller.de – geschl. Sonntag - Montag A1**a**
Rest – *(nur Abendessen)* (Tischbestellung ratsam) Menü 36/58 € – Karte 32/45 €
Über einen etwas versteckten Zugang in einer Passage in der Innenstadt gelangt man in ein tolles Natursteingewölbe a. d. 13. Jh. Und zu diesem ausgesprochen charmanten Ambiente kommen noch schmackhafte saisonale Gerichte wie "Heilbutt mit Gnocchi und Tomaten-Olivensauce". Und danach ein leckeres "Passionsfruchtmousse mit Mango"? Sie können auch ein Menü wählen oder von der zusätzlichen kleinen Tageskarte.

GERHARDS GENUSSGESELLSCHAFT

Danziger Freiheit 3 ✉ 56068 – ✆ (0261) 91 49 91 33 – www.gerhards-genussgesellschaft.de – geschl. Montag, November - Ostern: Dienstag - Donnerstag nur Abendessen
Rest – Menü 20 € (mittags unter der Woche)/58 € – Karte 28/48 € B1**c**
Nicht weit vom Deutschen Eck, wo Rhein und Mosel zusammenfließen, liegt hinter alten Mauern der historische "Blumenhof". Und hier ist der Eingang zu diesem geradlinig-modernen Lokal mit schönem Gewölbe. Oder sitzen Sie lieber auf der herrlichen Terrasse, um sich die regionale Saisonküche schmecken zu lassen? Die gibt es z. B. als "geschmorte Rinderbacken mit Kartoffelpüree".

Da Vinci

Firmungstr. 32b ✉ 56068 – ✆ (0261) 9 21 54 44 – www.davinci-koblenz.de – geschl. Sonntag B1**d**
Rest – Menü 21 € (mittags)/68 € – Karte 42/55 €
Gastgeber und Küchenchef in diesem eleganten Restaurant in der Fußgängerzone ist Thomas Jaumann, kein Unbekannter in der Stadt! Auf der mediterran-internationalen Karte findet sich z. B. "Entrecôte mit Speckbohnen und Gratinkartoffeln". Mit seiner hohen Decke und der großen Fensterfront wirkt der Raum angenehm luftig, an den geschmackvoll-grünen Wänden Duplikate von Da-Vinci-Werken - auch für das günstige Lunchmenü ein schöner Rahmen!

Bistro Filip

Münzstr. 3 ✉ 56068 – ✆ (0261) 97 37 93 71 – www.bistrofilip.de – geschl. Sonntagabend - Montagmittag A1**b**
Rest – Menü 20 € (mittags)/45 € – Karte 21/41 €
Atmosphäre und Küche sind bistrotypisch, freundlich-leger der Service... also eine sympathische ungezwungene Adresse für frische Küche mit mediterranem Einschlag. Am Abend wird zusätzlich auf der Tafel ein Menü präsentiert. Draußen kann man übrigens auch schön am Münzplatz sitzen.

In Koblenz-Güls Süd-West: 5 km über Römerstraße A3, Richtung Cochem

Moselhotel Hähn
Rest, Rest, Rest,

Wolfskaulstr. 94 56072 – (0261) 94 72 30 – www.moselhotel-haehn.de
51 Zim – 83/93 € 140/155 € – ½ P
Rest *Vinoble* – siehe Restaurantauswahl
Rest – Menü 30/43 € – Karte 25/49 €
Ein gewachsenes Hotel, das seit vielen Jahren in Familienbesitz ist. Freundliche, behagliche Zimmer mit zeitgemäßem Komfort sowie schöner Saunabereich mit privatem Wellnesszimmer.

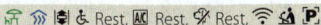

Vinoble – Moselhotel Hähn
Wolfskaulstr. 94 56072 – (0261) 94 72 30 – www.moselhotel-haehn.de – geschl. Montag - Dienstag
Rest – *(nur Abendessen)* Menü 35/43 € – Karte 40/57 €
Ob für ein Geschäftsessen oder zum privaten Vergnügen, das Restaurant wird von seinem Gästeklientel geschätzt. Apfelgrün gepolsterte Hochlehner und moderne Dekorationen setzen Akzente.

In Koblenz-Rauental West: 2 km über Schlachthofstraße A1

Scholz
Moselweißer Str. 121 56073 – (0261) 9 42 60 – www.hotelscholz.de – geschl. 23. Dezember - 5. Januar
67 Zim – 58/68 € 83/88 €
Rest – *(geschl. Samstag - Sonntag) (nur Abendessen für Hausgäste)* Karte 16/30 €
Ein funktional ausgestattetes Hotel mit unterschiedlich eingerichteten, teils besonders modernen Zimmern und einer Internetstation im freundlich gestalteten Empfangsbereich.

KÖLN

Stadtpläne siehe nächste Seiten 36 C12

© Maurizio Borgese / Hemis.fr

Nordrhein-Westfalen – 1 017 160 Ew – Höhe 53 m – 543 N4

Berlin 579 – Düsseldorf 42 – Bonn 31 – Aachen 72

Tourist-Information

Kardinal-Höffner-Platz 1 J1, ✉ 50667, ✆(0221) 22 13 04 00, www.koelntourismus.de

Automobilclub - ADAC

Luxemburger Str. 169 A3
Frankfurter Str. 200

Flughafen

Köln-Bonn in Wahn (über A 559: 17 km), ✆ (02203) 40 40 01

Messegelände

Messe Köln, Messeplatz 1 H1, ✉ 50679, ✆ (0221) 82 10

Messen

Zu Messezeiten verlangen viele Hotels erhöhte Messepreise
13.-19. Januar: imm cologne - Möbelmesse
26.-29. Januar: ISM - Süßwarenmesse
9.-12. März: Eisenwarenmesse
21.-23. März: h+h cologne
3.-6. April: FIBO
10.-13. April: ART COLOGNE
5.-7. Mai: USETEC
18.-22. Juni: RheinSchauKöln
7.-9. September: Spoga + Gafa Cologne
10.-13. September: Kind+Jugend
16.-21. September: photokina
1.-5. Oktober: INTERMOT
21.-25. Oktober: ORGATEC
20.-23. November: Internationale Modellbahn Ausstellung
28.-30. November: TravelTour & Trends

Golfplätze

18 Köln-Marienburg, Schillingsrotter-Weg, ✆ (0221) 38 40 53
18 Köln-Roggendorf, Parallelweg 1, ✆ (0221) 78 40 18
18 Köln-Porz-Wahn, Urbanusstraße, ✆ (02203) 20 23 60
9 Köln-Wahn, Frankfurter Str. 320, ✆ (02203) 6 23 34
18 Leverkusen, Am Hirschfuß 2, ✆ (0214) 50 04 75 00
18 Bergisch-Gladbach - Refrath, Golfplatz 2, ✆ (02204) 9 27 60
18 Pulheim Gut Lärchenhof, Hahnenstraße, ✆ (02238) 92 39 00
27 Pulheim Velderhof, ✆ (02238) 92 39 40
27 Bergheim-Fliesteden, Am Alten Fliess 66, ✆ (02238) 9 44 10

SEHENSWÜRDIGKEITEN

Altstadt: Dom★★★ JK1 · Altes Rathaus★ K2

Museen: Museum Ludwig★★ · Diözesanmuseum★ K1 · Schnütgen Museum★★ J2 · Museum Wallraf-Richartz★★ K2 · Museum für Ostasiatische Kunst★★ B2 · Museum für angewandte Kunst★ M6 J1 · Imhoff-Stollwerck-Museum★ · German Sports and Olympic Museum★ G2

Die romanischen Kirchen: St-Maria-im-Kapitol★ K2 · St-Pantaleon★ EF3 · Gereonskirche★ E1

Umgebung: Schloss Augustusburg★★ (Süd: 13 km)

Alphabetische Liste der Hotels
Alphabetical index of hotels

Alphabetische Liste der Restaurants
Alphabetical index of restaurants

Excelsior Hotel Ernst

Domplatz/Trankgasse 1 ✉ *50667 –* ✆ *(0221) 27 01*
– www.excelsior-hotel-ernst.de J1**a**
123 Zim – 🚹170/410 € 🚹🚹210/480 €, ☕ 30 € – 19 Suiten
Rest *taku* ✿ **Rest *Hanse Stube*** – siehe Restaurantauswahl
Mit Stil und Geschmack hat man in dem 1863 gegründeten Grandhotel am Dom Klassik und Moderne vereint. Exklusiv der Empfangsbereich mit Empore, nobel die Antiquitäten-Boutique, gut das Business Center, elegant die Zimmer... Darf's ein bisschen mehr sein? Dann gönnen Sie sich eines der besonders edlen Zimmer im Hanseflügel! Oder vielleicht eine der Excelsior Suiten mit einmaligem Domblick?

Dorint am Heumarkt

Rest,

Pipinstr. 1 ✉ *50667 –* ✆ *(0221) 2 80 60 – www.dorint.com/koeln-city*
250 Zim ☕ – 🚹129 € 🚹🚹149 € – 12 Suiten J2**d**
Rest – Menü 26 € (mittags)/85 € – Karte 31/60 €
Viele der modernen Zimmer (von Standard bis zur Präsidentensuite) haben Domblick - und den genießt man sogar vom Fahrstuhl aus! Dazu gut ausgestattete Tagungsräume, Concierge und eine großzügige Lobby, die in Harry's New York Bar mit klassischen Bar-Gerichten und täglicher Livemusik übergeht.

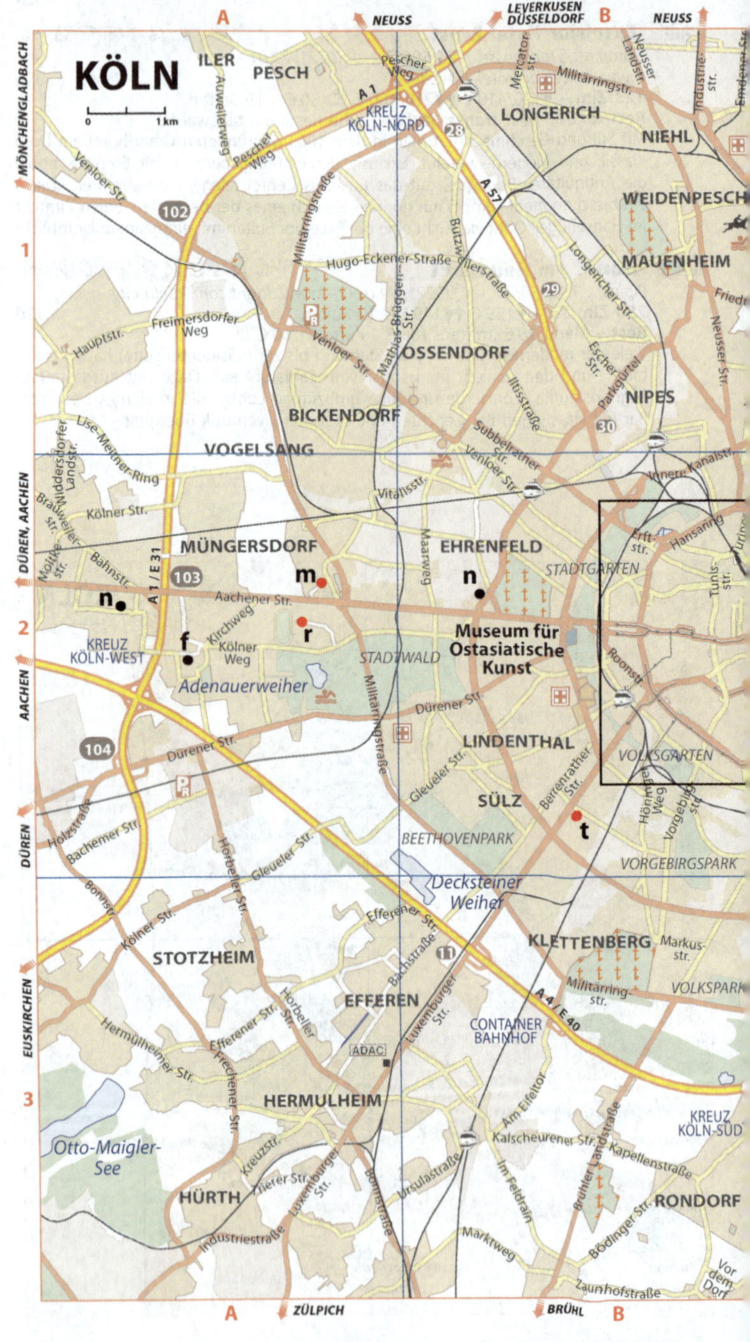
KÖLN
0
1 km
A
B
NEUSS
LEVERKUSEN DÜSSELDORF
MÖNCHENGLADBACH
DÜREN, AACHEN
AACHEN
DÜREN
EUSKIRCHEN
ZÜLPICH
BRÜHL
1
2
3
ILER
PESCH
LONGERICH
NIEHL
WEIDENPESCH
MAUENHEIM
OSSENDORF
NIPES
BICKENDORF
VOGELSANG
MÜNGERSDORF
EHRENFELD
STADTGARTEN
Museum für Ostasiatische Kunst
STADTWALD
Adenauerweiher
LINDENTHAL
VOLKSGARTEN
SÜLZ
BEETHOVENPARK
VORGEBIRGSPARK
Decksteiner Weiher
KLETTENBERG
VOLKSPARK
STOTZHEIM
EFFEREN
CONTAINER BAHNHOF
HERMULHEIM
KREUZ KÖLN-SÜD
Otto-Maigler-See
HÜRTH
RONDORF
KREUZ KÖLN-NORD
KREUZ KÖLN-WEST
A 1
A 57
A 1 / E 31
A 4 / E 40
102
103
104
28
29
30
11
ADAC
m
n
r
f
t
Pescher Weg
Auweilerweg
Venloer Str.
Militärringstraße
Hugo-Eckener-Straße
Butzweilerstraße
Mathias-Brüggen-Str.
Longericher Str.
Mercatorstr.
Militärringstr.
Neusser Landstr.
Industriestr.
Neusser Str.
Escher Str.
Parkgürtel
Iltisstraße
Subbelrather Str.
Innere Kanalstr.
Vitalisstr.
Freimersdorfer Weg
Hauptstr.
Ilse-Meitner-Ring
Niddersdorfer Landstr.
Brauweiler Str.
Kölner Str.
Moltke Str.
Bahnstr.
Aachener Str.
Kirchweg
Kölner Weg
Maarweg
Erftstr.
Hansaring
Tunisstr.
Roonstr.
Dürener Str.
Gleueler Str.
Berrenrather Str.
Höninger Weg
Vorgebirgstr.
Holzstraße
Bachemer Str.
Horbeller Str.
Bonnstr.
Efferener Str.
Bachstraße
Luxemburger Str.
Markusstr.
Militärringstr.
Hermülheimer Str.
Frechener Str.
Am Eifeltor
Kalscheurener Str.
Kapellenstraße
Brühler Landstraße
Kreuzstr.
Trierer Str.
Bonnstraße
Ursulastraße
Im Feldrain
Industriestraße
Marktweg
Bödinger Str.
Zaunhofstraße
Vor dem Dorf

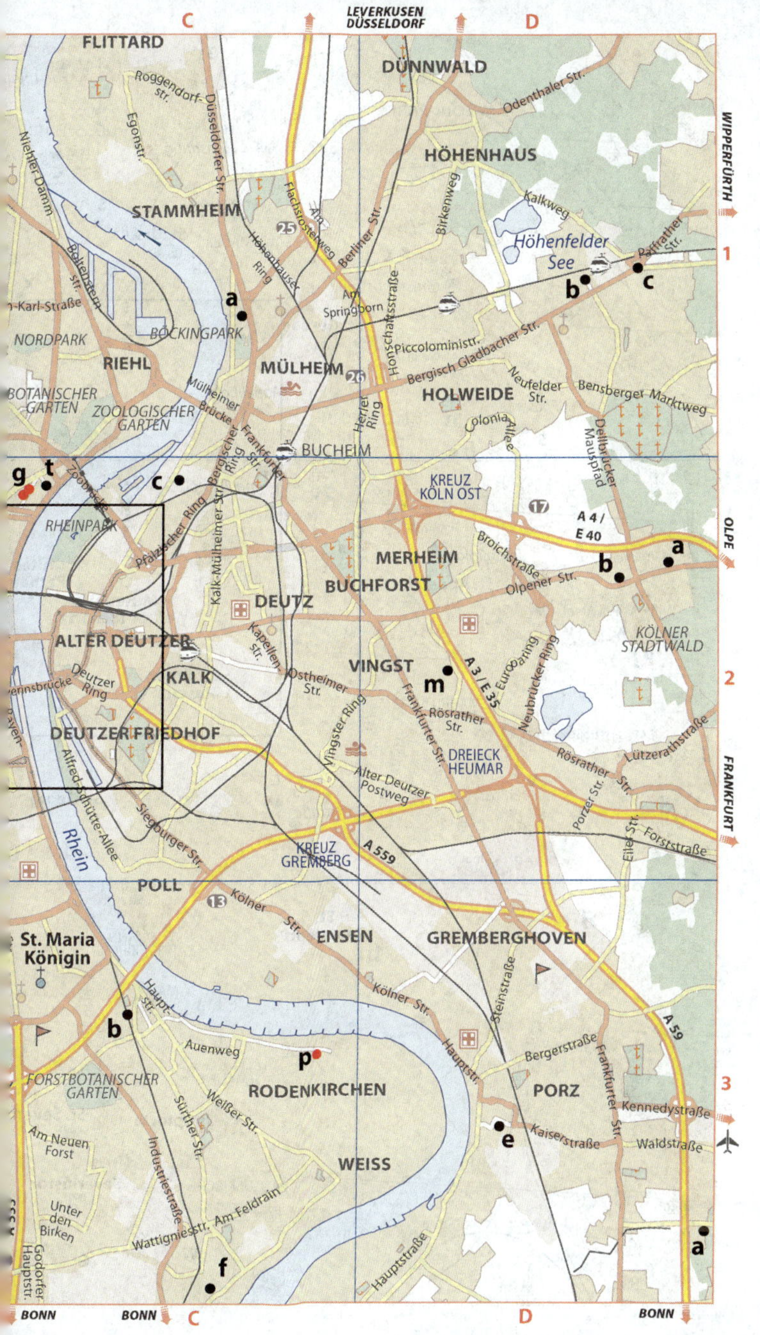

LEVERKUSEN
DÜSSELDORF
C
D
FLITTARD
DÜNNWALD
HÖHENHAUS
STAMMHEIM
Höhenfelder
See
NORDPARK
RIEHL
MÜLHEIM
HOLWEIDE
BOTANISCHER
GARTEN
ZOOLOGISCHER
GARTEN
BUCHEIM
KREUZ
KÖLN OST
RHEINPARK
MERHEIM
BUCHFORST
DEUTZ
ALTER DEUTZER
KALK
VINGST
KÖLNER
STADTWALD
DEUTZER FRIEDHOF
DREIECK
HEUMAR
KREUZ
GREMBERG
POLL
ENSEN
GREMBERGHOVEN
St. Maria
Königin
RODENKIRCHEN
PORZ
WEISS
FORSTBOTANISCHER
GARTEN
WIPPERFÜRTH
OLPE
FRANKFURT
BONN
Rhein
A 4 /
E 40
A 3 / E 35
A 559
A 59
Odenthaler Str.
Kalkweg
Paffrather Str.
Bensberger Marktweg
Bergisch Gladbacher Str.
Olpener Str.
Rösrather Str.
Frankfurter Str.
Kölner Str.
Hauptstr.
Kaiserstraße
Kennedystraße
Waldstraße
1
2
3

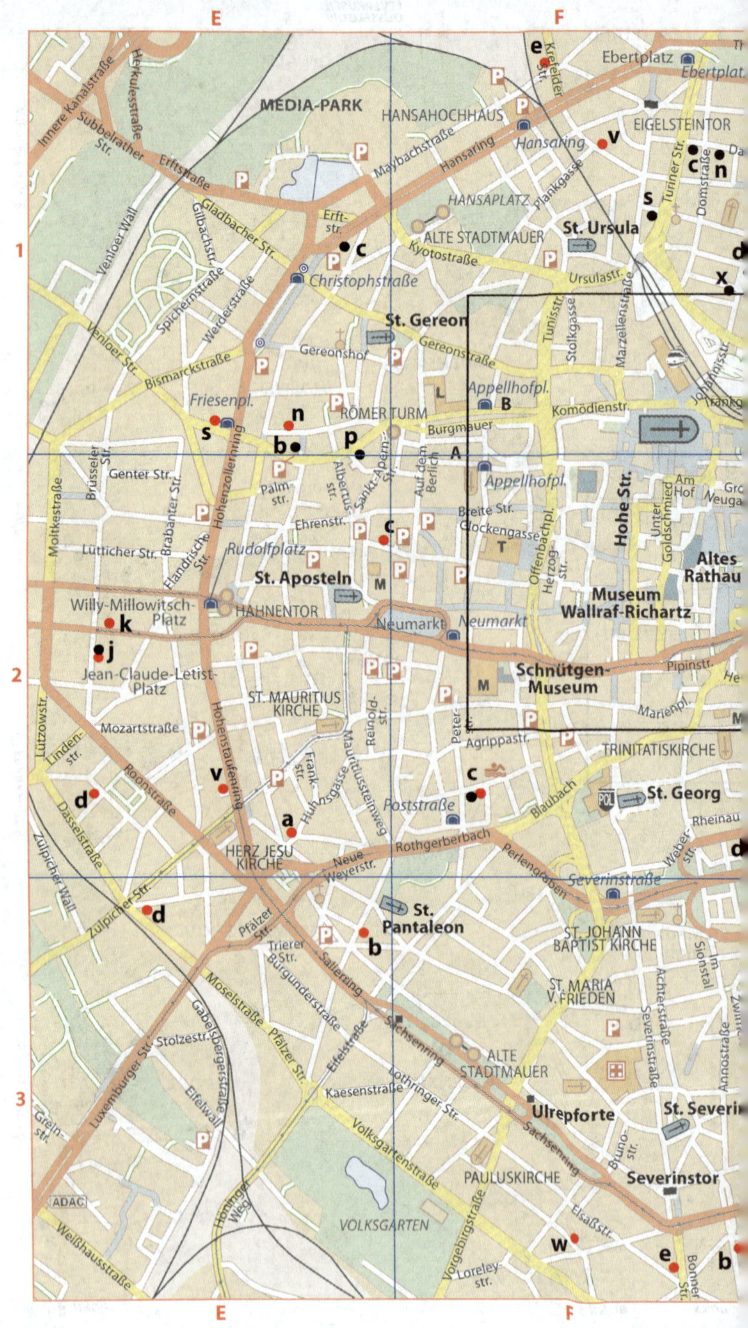
E
F
MEDIA-PARK
HANSAHOCHHAUS
Ebertplatz
EIGELSTEINTOR
HANSAPLATZ
ALTE STADTMAUER
St. Ursula
St. Gereon
RÖMERTURM
Friesenpl.
Christophstraße
Appellhofpl.
Rudolfplatz
St. Aposteln
HAHNENTOR
Neumarkt
Willy-Millowitsch-Platz
Jean-Claude-Letist-Platz
ST. MAURITIUS KIRCHE
Museum Wallraf-Richartz
Altes Rathau
Schnütgen-Museum
TRINITATISKIRCHE
St. Georg
HERZ JESU KIRCHE
St. Pantaleon
ST. JOHANN BAPTIST KIRCHE
ST. MARIA V. FRIEDEN
ALTE STADTMAUER
Ulrepforte
St. Severi
Severinstor
PAULUSKIRCHE
VOLKSGARTEN
Hohe Str.
Poststraße
Severinstraße
Hohenzollernring
Hohenstaufenring
Sachsenring
Salierring
Hansaring
Volksgartenstraße
Zülpicher Str.
Luxemburger Str.
Venloer Str.
Bismarckstraße
Moltkestraße
Roonstraße
ADAC
1
2
3

KÖLN
300 m
G
H
1
2
3
KÖLN MESSE
Messe Sporthalle
LANXESS ARENA
ALTER DEUTZER
PYRAMIDEN-PARK
DEUTZER FRIEDHOF
DEUTZER HAFEN
RHEINAUHAFEN
RHEINPARK
Rhein
St. Maria in Lyskirchen
Imhoff-Stollwerck-Museum
Olympic Museum
ST. KUNIBERT
WECKSCHNAPP
MALAKOFFTURM
BAYENTURM
ST. HERIBERTUS
ST. JOHANNES
EDUARDUS
ALT ST. HERIBERT
Deutzer Brücke
Severinsbrücke
Zoobrücke
Deutzer Ring
Opladener Str.
Siegburger Str.
A 559

Marriott

Rest,

Johannisstr. 76 ✉ 50668 – ✆ (0221) 94 22 20 – www.koelnmarriott.de
355 Zim – †129/485 € ††139/495 €, ☕ 27 € – 10 Suiten FG1**d**
Rest *Fou* – ✆ (0221) 9 42 22 61 01 *(geschl. Sonntagabend)* Karte 28/54 €
Komfortables und modernes Haus mit einem Hauch Luxus. Schön ist die Dom-Suite mit großer Dachterrasse und tollem Blick. Variable Tagungsräume, "Plüsch-Bar" in der Lobby. Fou: Restaurant im leger-französischen Brasseriestil.

Pullman

Rest,

Helenenstr. 14 ✉ 50667 – ✆ (0221) 27 50 – www.pullmanhotels.com
265 Zim – †146/221 € ††146/241 €, ☕ 24 € – 10 Suiten E1_2**p**
Rest *george M.* – *(geschl. Juli - August 5 Wochen und Sonntag - Montag) (nur Abendessen)* Karte 27/70 €
Business- und Tagungshotel im Zentrum, modern und in klaren Linien. Zimmer mit luxuriösem Touch und Bar im Loungestil. Abends bietet das "george M." in der 12. Etage zeitgemäße Bioküche und ausgewählte Grand Crus glasweise, mittags einfachere Karte im "d.light". Man hat den zweitgrößten Ballsaal der Stadt!

Im Wasserturm

Kaygasse 2 ✉ 50676 – ✆ (0221) 2 00 80 – www.hotel-im-wasserturm.de
54 Zim – †164/383 € ††164/383 €, ☕ 28 € – 34 Suiten F2**c**
Rest *d/\blju "W"* – siehe Restaurantauswahl
In einem Wasserturm zu nächtigen, ist schon eine Besonderheit! Die Lobby ein echter Hingucker mit den aparten hohen Backsteinwänden des imposanten 140 Jahre alten Baus und freischwebenden Zugängen zu den geschmackvollen zeitgemäßen Zimmern. Beauty und Massage gibt es ebenso wie ein Businesscenter.

Savoy

Turiner Str. 9 ✉ 50668 – ✆ (0221) 1 62 30 – www.savoy.de F1**s**
93 Zim – †147 € ††194 €, ☕ 18 € – 5 Suiten
Rest – Karte 39/65 €
Für Gäste, die das Besondere suchen, haben Gisela und Daniela Ragge hier mit Liebe zum Detail sehr hochwertige und individuelle Wohnräume geschaffen: New York, Venedig, Geisha,... Abends speist man im Restaurant Mythos, mittags in der Bar. Tolle Dachterrasse.

Hilton

Rest,

Marzellenstr. 13 ✉ 50668 – ✆ (0221) 13 07 10 – www.hilton.de/koeln
294 Zim – †109/399 € ††129/419 €, ☕ 27 € – 2 Suiten J1**h**
Rest – Karte 27/64 €
Sie wohnen in unmittelbarer Nähe zum Dom. Das Businesshotel bietet neuzeitliches Design in den technisch gut ausgestatteten Zimmern, der Ice Bar für Raucher sowie im "Fit & Well Health Club". Geradliniges Ambiente und Showküche im Restaurant Konrad.

Mondial Am Dom Cologne

Rest,

Kurt-Hackenberg-Platz 1 ✉ 50667 – ✆ (0221) 2 06 30
– www.hotel-mondial-am-dom-cologne.com K1**g**
203 Zim – †126/485 € ††146/505 €, ☕ 25 € **Rest** – Karte 33/65 €
Das Hotel in bester Zentrumslage am Dom überzeugt durch modern-funktionale Zimmer mit guter Technik, darunter großzügige Deluxe-Zimmer. Gastronomisch hat man neben dem Restaurant "La Brasserie" noch das Brauhaus "Reissdorf im Mondial". Für Raucher gibt es die "Habana Lounge".

Lindner Hotel City Plaza

Rest,

Magnusstr. 20 ✉ 50672 – ✆ (0221) 2 03 40 – www.lindner.de E1**b**
237 Zim – †95/220 € ††115/240 €, ☕ 24 €
Rest – Menü 30/62 € – Karte 30/62 €
Das Hotel in der Innenstadt bietet einen gediegenen Hallenbereich mit modernen Accessoires sowie zeitgemäß-elegante Zimmer (geräumiger die Juniorsuiten) mit sehr komfortablem Bettenkonzept und eine Club-Etage mit eigener Lounge. Das Restaurant bietet Grillgerichte.

Maritim

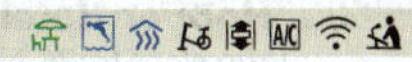

Heumarkt 20 ✉ 50667 – ✆ (0221) 2 02 70 – www.maritim.de K2**m**
442 Zim – 🚹135/370 € 🚹🚹155/390 €, ☕ 21 € – 12 Suiten
Rest *Bellevue* – ✆ (0221) 2 02 78 75 *(geschl. Sonntagabend - Montag) (Dienstag - Samstag nur Abendessen)* Menü 54 €/89 € – Karte 53/73 €
Hotel an der Deutzer Brücke am Altstadtrand. In der luftig-hohen glasüberdachten Halle finden sich diverse Boutiquen, schöne Zigarren- und Whiskey-Auswahl in der Piano-Bar. Funktionale Zimmer. Bellevue mit Dachterrasse und Blick auf den Rhein. Interessante Wasserkarte.

art'otel cologne

Zim, Zim,

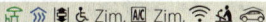

Holzmarkt 4 ✉ 50676 – ✆ (0221) 80 10 30 – www.artotels.de G2**a**
217 Zim – 🚹89/450 € 🚹🚹89/450 €, ☕ 20 € – 1 Suite
Rest – *(geschl. Sonntag)* Menü 35/45 € – Karte 37/45 €
Hotel und Galerie in einem: trendiges Design, sehr gute Technik mit kostenfreiem W-Lan sowie überall im Haus Werke der koreanischen Künstlerin SEO. Die asiatische Küche im Restaurant Chino Latino (schön die Terrasse mit Blick auf Rheinhafen und Schokoladenmuseum) ist eher einfach, kommt aber gut an bei den Gästen!

Santo garni

Dagobertstr. 22 ✉ 50668 – ✆ (0221) 9 13 97 70 – www.hotelsanto.de
69 Zim ☕ – 🚹103/113 € 🚹🚹129/149 € F1**c**
Ein wirklich sympathisches Hotel, in dem man sich wohlfühlt: frisch, freundlich und charmant das geradlinig-stylische Interieur, gut das reichhaltige Frühstücksbuffet. Zum Dom oder ans Rheinufer sind es nur rund 300 m.

NH Köln-City

Rest,

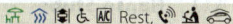

Holzmarkt 47 ✉ 50676 – ✆ (0221) 2 72 28 80 – www.nh-hotels.de FG2**d**
204 Zim – 🚹79/369 € 🚹🚹79/369 €, ☕ 20 €
Rest – Karte 19/48 €
Das Hotel liegt neben der Severinsbrücke unweit des Stollwerck-Schokoladenmuseums. Einige der neuzeitlich-funktionellen Zimmer sind ruhig zum Innenhof gelegene Superior-Zimmer. Modernes Restaurant mit kleinem Wintergarten.

Eden Hotel Früh am Dom

Rest,

Sporergasse 1 ✉ 50667 – ✆ (0221) 2 61 32 95 – www.hotel-eden.de
78 Zim ☕ – 🚹100/270 € 🚹🚹115/310 € J1**w**
Rest *Hof 18* – ✆ (0221) 2 61 32 11 – Menü 29/60 € – Karte 28/59 €
Topaktuell und auf Wunsch mit Domblick, so wohnen Sie hier. Auf die Aussicht braucht man auch beim Frühstück nicht zu verzichten, ebenso wenig bei Tagungen oder im Restaurant (das "Hof 18" wurde übrigens an einem 18. eröffnet und bietet 18 Gerichte - nettes Zahlenspiel!).

Viktoria garni

Worringer Str. 23 ✉ 50668 – ✆ (0221) 9 73 17 20 – www.hotelviktoria.com – geschl. 23. Dezember - 5. Januar, 17. - 22. April C2**t**
47 Zim ☕ – 🚹85/119 € 🚹🚹99/139 €
1905 als Musikhistorisches Museum erbaut, heute ein engagiert geleitetes Hotel in Zentrums- und Rheinnähe. Man hat viele Originale im Haus, dazu historische Details wie Marmortreppen oder Stuck.

Hopper Hotel St. Antonius

Dagobertstr. 32 ✉ 50668 – ✆ (0221) 1 66 00 – www.hopper.de F1**n**
49 Zim ☕ – 🚹105/135 € 🚹🚹155/170 € – 5 Suiten
Rest *L. Fritz im Hopper* - *(geschl. Sonntag - Montag sowie an Feiertagen) (nur Abendessen)* Menü 36 € - Karte 25/47 €
Klarer moderner Stil und Fotokunst im klassisch-historischen Rahmen des einstigen Kolpinghauses. Große oder kleinere Suiten. Im Haus befindet sich auch das Theater Tiefrot. Restaurant mit Bistro-Atmosphäre und schöner Rundbogendecke, draußen im Innenhof die nette Terrasse.

Hopper Hotel et cetera

Brüsseler Str. 26 ✉ 50674 – ✆ (0221) 92 44 00 – www.hopper.de – geschl. 22. Dezember - 5. Januar E2**j**

49 Zim ☕ – 🚹95/130 € 🚹🚹140/155 € – 1 Suite

Rest – *(geschl. Samstag - Sonntag sowie an Feiertagen) (nur Mittagessen)* Menü 13 €

Das einstige Kloster liegt im Belgischen Viertel. In allen Zimmern designorientierte Einrichtung, wertiges Eukalyptus-Parkett, Marmorbäder und kostenfreies W-Lan. Im gemütlichen Restaurant sticht das imposante Altargemälde ins Auge. Innenhofterrasse unter Bäumen.

Ludwig garni

Brandenburger Str. 24 ✉ 50668 – ✆ (0221) 16 05 40 – www.hotelludwig.de F1**x**

54 Zim ☕ – 🚹98/110 € 🚹🚹122/140 € – 1 Suite

Warum das Hotel so gefragt ist? Es ist ein familiäres Haus, in dem man auffallend freundlich zu den Gästen ist und das nur wenige Gehminuten von Dom, Bahnhof und Altstadt entfernt liegt. Fünf der gepflegten, praktischen Zimmer haben einen Balkon.

Boulevard garni

Hansaring 14 ✉ 50670 – ✆ (0221) 3 55 84 40 – www.hotelboulevard.de – geschl. Weihnachten - 2. Januar E1**c**

27 Zim ☕ – 🚹69/250 € 🚹🚹89/280 €

Das Hotel liegt verkehrsgünstig am Stadtring und überzeugt durch persönliche Führung und gepflegte Zimmer, teilweise mit kleinem Balkon nach hinten. Gutes Frühstücksbuffet.

Hanse Stube – Excelsior Hotel Ernst

Domplatz/Trankgasse 1 ✉ 50667 – ✆ (0221) 27 01 – www.excelsior-hotel-ernst.com J1**a**

Rest – Menü 33 € (mittags)/150 € – Karte 56/86 €

Die Hanse Stube gehört zu den elegantesten Restaurants der Stadt und bietet gute klassische Küche. Viele Geschäftsleute kommen zum fair kalkulierten täglich wechselnden Business Lunch.

Grande Milano

Hohenstaufenring 29 ✉ 50674 – ✆ (0221) 24 21 21 – www.grandemilano.com – geschl. Sonntag E2**v**

Rest – Karte 39/87 €

Rest *Pinot di Pinot* – Menü 18 € (mittags unter der Woche)/20 € – Karte 25/41 €

Seit Jahren bekannt für gute italienische Esskultur! Gastgeber Alessandro Minotti bleibt seinem bewährten Konzept treu: Klassiker aus Italien mit Bezug zur Saison (unbedingt Trüffel-Gerichte probieren!). Das Pinot di Pinot ist die legere Alternative zum eleganten Restaurant, auch mit einfacheren Gerichten.

Alfredo (Roberto Carturan)

Tunisstr. 3 ✉ 50667 – ✆ (0221) 2 57 73 80 – www.ristorante-alfredo.com – geschl. Juli - August 3 Wochen und Samstag - Sonntag sowie an Feiertagen J2**k**

Rest – (Tischbestellung ratsam) Menü 50/90 € – Karte 48/74 €

Schon in den 70ern bewies Alfredo Carturan, dass italienische Küche mehr ist als Pizza, und auch unter Sohn Roberto erfreuen sich die niveauvollen authentischen Speisen wachsender Beliebtheit. Man empfiehlt sie mündlich am Tisch - das lässt sich auch der Chef selbst nicht nehmen! Freitagabends erfahren Sie, was es heißt, bei einem ausgebildeten Sänger zu Gast zu sein!

→ Langustinen, Colonata Speck, Dinkel. Gnocchi mit Seeigeleiern. Steinbutt im Venusmuschelsud.

XX **taku** – Excelsior Hotel Ernst

Domplatz, (Trankgasse 1) ✉ 50667 – ✆ (0221) 2 70 39 10 – www.taku.de – geschl. über Karneval 1 Woche, über Ostern 1 Woche, Juli - August 3 Wochen und Montag J1**a**

Rest – Menü 33 € (mittags)/135 € – Karte 64/85 €

Lust auf asiatische Küche mit Niveau? Was in dem hellen geradlinig-modernen Restaurant auf den Tisch kommt, sind - dank der vielfältig-asiatisch zusammengesetzten Küchenbrigade um Mirko Gaul - authentische Gerichte, in die aber auch seine europäischen Wurzeln miteinfließen. Hinweis: Das Pekingentenmenü in 6 Gängen muss 24 h vorher bestellt werden.

➜ Pekingente. US-Beef-Filet, Hokkaido, Shimeji, Sansho-Ko, Dim-Sum. Kaisergranat, Shiso, Krustentiersud, Korianderwurzel.

XX **La poêle d'or** (Jean-Claude Bado)

Komödienstr. 50 ✉ 50667 – ✆ (0221) 13 98 67 77 – www.lapoeledor.de – geschl. 24. Dezember - 2. Januar, 27. Februar - 3. März und Sonntag - Montag sowie an Feiertagen J1**p**

Rest – Menü 64/105 € – Karte 67/77 €

Rest ***Bistrot B*** – siehe Restaurantauswahl

Jean-Claude Bado kocht klassisch und zugleich modern, bereitet seine Gerichte gefühlvoll, aromatisch und ausgewogen zu, gute Produkte sind selbstverständlich. Wer dazu gerne einen schönen (französischen) Wein hätte, kann getrost den Empfehlungen des Oberkellners folgen.

➜ Steinbutt mit Mandelschaum. Perlhuhnbrust mit Sauce Albufera und Mais. Macaron von roten Früchten.

XX **La Société**

Kyffhäuser Str. 53 ✉ 50674 – ✆ (0221) 23 24 64 – www.lasociete.info – geschl. Anfang Juli 2 Wochen E3**d**

Rest – *(nur Abendessen)* (Tischbestellung ratsam) Menü 73/99 € – Karte 64/79 €

Kraft, Geschmack und Gefühl stecken in der frischen Küche, und natürlich das unumstrittene Können von Dominic Jeske, der mal klassische, mal kreative Elemente einfließen lässt. Bei so viel Genuss (dazu gehört auch der freundliche Service samt versierter Weinberatung durch den Chef Stefan Helfrich) stört es nicht, dass man in dem gemütlichen kleinen Restaurant vielleicht ein bisschen eng sitzt.

➜ Brust und Keule von der Wachtel mit Gänseleberterrine und Mispeln. Steinbutt à la Bordelaise mit Blattspinat und Beurre Rouge. Filet und gebackenes Bries vom Kalb auf Morcheljus mit glasiertem Spargel und Erbsen.

XX **Christofs**

Martinstr. 32 ✉ 50667 – ✆ (0221) 27 72 95 30 – www.christofsrestaurant.de – geschl. Januar 1 Woche, Juli - August 2 Wochen K2**c**

Rest – Menü 55/82 € – Karte 40/66 €

Das freundliche Restaurant liegt in Domnähe, gegenüber dem Wallraf-Richartz-Museum. Gekocht wird zeitgemäß-klassisch, am Mittag einfachere Bistro-Karte. Parkhäuser ganz in der Nähe.

XX **Bosporus**

Weidengasse 36 ✉ 50668 – ✆ (0221) 12 52 65 – www.bosporus.de – geschl. Sonntagmittag F1**v**

Rest – Menü 29/45 € – Karte 28/39 €

Wer hier auf authentische türkische Gerichte hofft, darf sich freuen. Die Produkte sind frisch, die Preise fair. Den Service leitet Patron Ali Balaban selbst. Und im Sommer sitzt man am besten auf der mediterran gestalteten Terrasse.

XX **d/\blju "W"** – Hotel Im Wasserturm

Kaygasse 2 ✉ 50676 – ✆ (0221) 2 00 80 – www.hotel-im-wasserturm.de – geschl. Samstagmittag F2**c**

Rest – Menü 32/80 € – Karte 35/82 €

Klar und modern stellt sich das Styling-Konzept des Restaurants dar. Raffinierte Lichtquellen sorgen für Atmosphäre. Durch die große Fensterfront fällt der Blick auf die Terrasse, die mit Open-Air-Kulinarik lockt.

L'escalier

Brüsseler Str. 11 ✉ 50674 – ✆ (0221) 2 05 39 98 – www.lescalier-restaurant.de – geschl. Anfang Januar 2 Wochen, Ende Juli - August 3 Wochen und Sonntag - Montag E2**j**

Rest – Menü 47 € (mittags)/107 € – Karte 49/72 €

Maximilian Lorenz hat schon in den Küchen diverser großer Häuser mitgewirkt und setzt nun - mit Anfang 20 - als Patron des bekannten "L'escalier" seine Erfahrungen um. Das Ergebnis: zeitgemäß-saisonale Gerichte aus guten Produkten, serviert in modernem Ambiente! Tipp: Business-Lunch.

Em Krützche

Am Frankenturm 1 ✉ 50667 – ✆ (0221) 2 58 08 39 – www.em-kruetzche.de – geschl. 14. - 21. April, 23. - 25. Dezember und Montag K1**x**

Rest – Menü 18 € (mittags)/52 € – Karte 31/54 €

"Kölner-Zimmer", "Schankraum", "Delfter-Zimmer"... in dem historischen Gasthaus (seit über 40 Jahren von Familie Fehn geleitet) ist es charmant-rustikal. Winterspezialität ist Gans - sie wird am Tisch tranchiert. Kölsche Gerichte dürfen natürlich auch nicht fehlen. Wenn' s mal eleganter sein darf: "Kaminzimmer" und "Chippendale-Zimmer" im OG.

Le Moissonnier

Krefelder Str. 25 ✉ 50670 – ✆ (0221) 72 94 79 – www.lemoissonnier.de – geschl. Weihnachten - Anfang Januar 2 Wochen, über Ostern 1 Woche, Juli - August 3 Wochen und Sonntag - Montag, außer an Feiertagen F1**e**

Rest – (Tischbestellung erforderlich) Menü 78 € (mittags unter der Woche)/ 120 € – Karte 60/113 €

Sie kommen aus Frankreich und kennen die Bistros dort nur zu gut: Liliane und Vincent Moissonnier. Genau mit diesem Flair - lebendig und unkompliziert - sowie mit der kreativen Küche ihres Landsmannes Eric Menchon hat sich das schöne kleine Lokal hier in Köln einen Namen gemacht. Tipp: Das 4-Gänge-Menü mit Weinbegleitung ist unschlagbar im Preis!

➜ Foie gras de canard Maison. Coquilles Saint-Jacques. Pigeonneau rôti.

Poisson

Wolfsstr. 6 ✉ 50667 – ✆ (0221) 27 73 68 83 – www.poisson-restaurant.de – geschl. über Karneval und Sonntag - Montag sowie an Feiertagen E2**c**

Rest – (Tischbestellung ratsam) Menü 28 € (mittags unter der Woche)/85 € – Karte 54/101 €

Fischfreunde sollten die ambitionierte Küche von Ralf Marhencke probiert haben. Man bekommt hier nicht nur frische und schmackhafte Speisen, sondern kann auch noch bei deren Entstehung zuschauen: Von der Theke aus blickt man nämlich in die offene Küche! Tipp für Autofahrer: Parkhaus gleich nebenan.

WeinAmRhein

Johannisstr. 64 ✉ 50668 – ✆ (0221) 91 24 88 85 – www.weinamrhein.eu – geschl. Samstagmittag, Sonntag - Montag sowie an Feiertagen K1**c**

Rest – Menü 20 € (mittags)/59 € – Karte 27/62 €

Die schmackhafte Küche von Rudolf Mützel kommt z. B. als "geschmorte Kalbsbrust mit Brotknödel und Staudensellerie" daher, und dazu gibt es eine tolle Auswahl an offenen Weinen. Wer am Mittag in dem modernen Restaurant hinter dem Bahnhof essen möchte, macht es am besten wie die meisten Gäste und nimmt das günstige Tagesmenü mit zwei Gängen!

Nada N

Cleverstr.32 ✉ 50668 Köln – ✆ (0221) 88 89 99 44 – www.nada-koeln.de – geschl. Anfang Januar 1 Woche, August 2 Wochen und Samstagmittag, Sonntag - Montag C2**g**

Rest – Menü 35/89 € – Karte 34/65 €

"Surf'n Turf von Pulpo und Hähnchenconfit" oder "Hällisches Landschwein auf Erbsen"... das sind schöne Beispiele für die ambitionierte internationale Küche mit regionalen Produkten. Das Ambiente dazu ist nicht einfach nur modern, sondern schon recht speziell: ein hoher runder Raum mit umlaufender Sitzbank - unter Ihnen schöner Holzboden, über Ihnen ein markanter Leuchter an der violetten Decke! Abends geht's auf einen Cocktail in die Bar.

Capricorn [i] Aries Brasserie

Alteburgerstr. 31 ✉ 50678 – ✆ (0221) 3 97 57 10 – www.capricorniaries.com – geschl. Samstagmittag, Sonntag F3**b**

Rest – Menü 33/55 € – Karte 28/44 €

Die Brasserie in dem Eckhaus ist so wie sie sein sollte: sympathisch, unkompliziert, gemütlich! Und auch Preis und Qualität stimmen - ob "Zander auf Mangoldgemüse in Beurre Blanc", "Couscous mit Gurken und Tomaten" oder "Steak Frites".

Sorgenfrei

Antwerpenerstr. 15 ✉ 50672 – ✆ (0221) 3 55 73 27 – www.sorgenfrei-koeln.com – geschl. über Karneval, über Weihnachten und Samstagmittag, Sonntag

Rest – Menü 35 € (abends) – Karte 36/47 € E1**s**

Eine wirklich nette und lebendige Adresse im Belgischen Viertel, die auch Weinkenner anlockt - nebenan gibt es nämlich eine Weinhandlung mit gutem europäischem Sortiment! Auf der kleinen internationalen Karte macht z. B. "Heilbutt mit Sauce Rouille" Appetit, und natürlich der allseits beliebte Klassiker "Steak Frites"! Mittags ist das Angebot einfacher.

Amabile

Görrestr. 2 ✉ 50674 – ✆ (0221) 21 91 01 – www.restaurant-amabile.de – geschl. über Karneval 3 Wochen, September 3 Wochen und Sonntag - Montag

Rest – *(nur Abendessen)* Menü 37/49 € – Karte 41/50 € E2**d**

Zu finden ist das liebenswert dekorierte Restaurant mit rustikalem Touch zwischen Millowitsch-Theater und Universität. Am besten entdeckt man die saisonale Küche beim Überraschungsmenü.

Heising und Adelmann

Friesenstr. 58 ✉ 50670 – ✆ (0221) 1 30 94 24 – www.heising-und-adelmann.de – geschl. Sonntag - Montag sowie an Feiertagen E1**n**

Rest – *(nur Abendessen)* Menü 31/45 € – Karte 27/64 €

Ein lebendiges Bistro - im Eingangsbereich die Bar, draußen eine tolle Terrasse. Zur kleinen Auswahl an internationalen Gerichten gibt es eine gute Weinkarte, die fair kalkuliert ist.

Ox & Klee (N)

Richard-Wagner-Str. 20 ✉ 50674 – ✆ (0221) 16 95 66 03 – www.oxundklee.de – geschl. über Karneval, über Ostern 2 Wochen, August 2 Wochen und Sonntag, Donnerstag sowie an Feiertagen E2**k**

Rest – *(nur Abendessen)* (Tischbestellung ratsam) Menü 39/69 €

Eine wirklich interessante Adresse für frische moderne Küche. Es ist ein recht intimes kleines Restaurant mit zwei sympathischen Gastgebern: Sie macht freundlich den Service, er bereitet als ambitionierter Koch ein Wahl- oder ein Überraschungsmenü für Sie zu - alleine wegen seiner köstlichen Saucen möchte man wieder kommen!

Comedia Wagenhalle

Vondelstr. 4 ✉ 50677 – ✆ (0221) 35 55 89 10 – www.comedia-wagenhalle.de

Rest – Menü 25/45 € – Karte 27/44 € F3**w**

Einst Wagenhalle der Feuerwache von 1904, heute Restaurant mit lebendigem Bistroflair, in dem man noch den Charme des denkmalgeschützten Gebäudes spürt. Gerne kommt man auch zum günstigen Mittagsmenü. Und wenn Ihnen der Sinn nach Kultur steht: Das Comedia Theater befindet sich mit im Haus!

Bistrot B – Restaurant La poêle d'or

Komödienstr. 50 ✉ 50667 – ✆ (0221) 13 98 67 77 – www.lapoeledor.de – geschl. 24. Dezember - 2. Januar, 27. Februar - 3. März und Sonntag - Montag sowie an Feiertagen J1**p**

Rest – Menü 31/44 € – Karte 31/41 €

Hier kocht man klassisch-französische Gerichte bekannter 3-Sterne-Köche aus den 60er und 70er Jahren nach (von "Salade impromptue" über "Jakobsmuscheln mit Gemüsejulienne" bis "Crêpes Gil Blas"), und die können Sie sich selbst zu einem 3-Gänge-Menü zusammenstellen - der Preis bleibt immer gleich!

basilicum

Am Weidenbach 33 ✉ 50676 – ✆ (0221) 32 35 55 – www.basilicum.org – geschl. 27. Februar - 4. März und Sonntag E3**b**

Rest – *(nur Abendessen)* (Tischbestellung ratsam) Menü 35/49 € – Karte 36/52 €

Ein sehr engagiert und persönlich geführtes kleines Lokal mit Bistroflair. Geboten wird eine gute saisonale und zeitgemäße Küche. Zum Restaurant gehört eine schöne überdachbare Innenhofterrasse.

Gruber's Restaurant

Clever Str. 32 ✉ 50668 – ✆ (0221) 7 20 26 70 – www.grubersrestaurant.de – geschl. über Weihnachten und Samstagmittag, Sonntag sowie an Feiertagen

Rest – Menü 40 € (vegetarisch)/79 € – Karte 40/63 € C2**g**

Lust auf Wiener Schnitzel, Tafelspitz oder Kaiserschmarrn? Typische österreichische Schmankerl, aber auch Internationales sowie Wein und Kaffee aus der Alpenrepublik gibt es bei Franz Gruber (natürlich gebürtiger Österreicher) in freundlich-legerer Atmosphäre (sehenswert: die Hundertwasser-Replikate). Beliebt für Snacks ist die "Österia" nebenan.

Teatro

Zugweg 1 ✉ 50667 – ✆ (0221) 80 15 80 20 – www.teatro-ristorante.de – geschl. 27. Dezember - 4. Januar, August 2 Wochen und Dienstag, Samstagmittag, Sonntagmittag F3**e**

Rest – (Tischbestellung ratsam) Karte 28/55 €

In dem lebendigen Restaurant der sympathischen Familie Spatola wählt man von einer Tafel italienische Speisen. Dekorativ: Schwarz-Weiß-Fotos von Filmstars. Günstiger Mittagstisch.

KÖLSCHE WIRTSCHAFTEN: *typische, urige kölsche Gaststätten. Regionale Speisen und ein gepflegtes Kölsch vom Fass*

Peters Brauhaus

Mühlengasse 1 ✉ 50667 – ✆ (0221) 2 57 39 50 – www.peters-brauhaus.de – geschl. über Weihnachten K1**n**

Rest – Karte 16/38 €

In dieses klassische Brauhaus geht man natürlich in erster Linie, um sein Kölsch vom Fass zu genießen (serviert wird es vom Köbes), doch auch die Räume hinter der schön verzierten Fassade sind es wert, sich genauer umzuschauen! Zum Bier gibt's deftiges Essen.

Haus Töller

Weyerstr. 96 ✉ 50676 – ✆ (0221) 2 58 93 16 – www.haus-toeller.de – geschl. Juni - August, Weihnachten - Mitte Januar und Sonntag sowie Feiertage E2**a**

Rest – *(nur Abendessen)* (Tischbestellung ratsam) Karte 18/26 €

Das einstige "Steynen Huys" von 1343 ist wirklich etwas für Liebhaber: Original sind Holztische und Dielenboden, Kassettendecke und "Beichtstuhl". Spezialitäten: Hämchen, Rheinischer Sauerbraten (vom Pferd) und freitagabends Reibekuchen, dazu Päffgen Kölsch vom Fass.

Früh am Dom

Am Hof 12 ✉ 50667 – ✆ (0221) 26 13 2 15 – www.frueh.de J1**w**

Rest – Karte 15/37 €

Das ist eines der größten Brauhäuser Deutschlands (rund 1200 Gäste passen hier rein) und ein Muss für jeden Köln-Besucher! Gebraut wird seit 1904 - und immer schon werden Kölsch und typische Speisen an blanken Tischen vom Köbes serviert!

In Köln-Braunsfeld

Regent garni

Melatengürtel 15 ✉ 50933 – ✆ (0221) 5 49 90 – www.hotelregent.de

178 Zim – †88/268 € ††88/268 €, ☕ 19 € B2**n**

Ideal für Tagungen und Businessgäste ist dieses Hotel mit sehr schöner moderner Einrichtung in klaren Linien und warmen Farben. Kleines Speisenangebot im Bistro Ludwig.

In Köln-Brück Ost: 13 km

Silencium garni
Olpener Str. 1031 ✉ 51109 – ✆ (0221) 89 90 40 – www.silencium.de – geschl. über Weihnachten, über Ostern D2**a**
70 Zim ☕ – 🚹94/125 € 🚹🚹125/156 €
Das Hotel unweit der Messe wird privat geführt und ist in neuzeitlich-funktionalem Stil eingerichtet. Lichter Wintergarten und Terrasse zum kleinen Garten. Freundliches Personal.

Gut Wistorfs
Rest,
Olpener Str. 845 ✉ 51109 – ✆ (0221) 8 80 47 90 – www.gut-wistorfs.de
13 Zim ☕ – 🚹72/83 € 🚹🚹103/114 € – 1 Suite D2**b**
Rest – *(geschl. Montag) (nur Abendessen)* Menü 22/47 € – Karte 24/47 €
Wenn Sie lieber etwas außerhalb von Köln wohnen, ist der ehemalige Gutshof a. d. 17. Jh. ideal: behagliches Landhausambiente, die Zimmer mit allergikerfreundlichem Fliesenboden und meist zum ruhigen Innenhof - hier kann man im Sommer übrigens schön sitzen! Aus der Küche kommen internationale Saisongerichte mit regionalen Einflüssen. Tolle Scheune für Veranstaltungen.

In Köln-Dellbrück

Uhu garni
Dellbrücker Hauptstr. 201 ✉ 51069 – ✆ (0221) 9 68 19 60 – www.hotel-uhu.de
34 Zim ☕ – 🚹68/209 € 🚹🚹79/299 € – 1 Suite D1**b**
Freundlich, geradlinig und funktionell ist das gesamte Hotel gestaltet. Am Morgen bietet man ein gutes Frühstück. Benannt ist das Haus nach der Karnevalsgesellschaft von Dellbrück.

Ihr Hotel garni
Bergisch-Gladbacher Str. 1109 ✉ 51069 – ✆ (0221) 9 68 19 30 – www.ihr-hotel-koeln.de D1**c**
21 Zim ☕ – 🚹59/139 € 🚹🚹79/179 €
Ein tipptopp gepflegter Familienbetrieb mit zeitgemäß-funktionalen Zimmern, nettem Service und einem appetitlichen Frühstücksbuffet in neuzeitlichem Ambiente. Gute Autobahnanbindung.

In Köln-Deutz

Hyatt Regency
Zim,
Kennedy-Ufer 2a ✉ 50679 – ✆ (0221) 8 28 12 34 – www.cologne.regency.hyatt.de G2**y**
288 Zim – 🚹190/450 € 🚹🚹220/500 €, ☕ 25 € – 18 Suiten
Rest *Glashaus* – ✆ (0221) 82 81 17 73 – Karte 41/79 €
Klassisches Businesshotel direkt am Rhein, an der Hohenzollernbrücke. Die Lobby großzügig und gediegen, die Zimmer geradlinig-modern-elegant und technisch up to date - schon die Standardzimmer bieten 36 qm. Internationale Küche im lichten Restaurant Glashaus im 1. OG.

Dorint An der Messe
Rest,
Deutz-Mülheimer-Str. 22 ✉ 50679 – ✆ (0221) 80 19 00 – www.dorint.com/koeln
278 Zim ☕ – 🚹119 € 🚹🚹139 € – 35 Suiten H1**e**
Rest *Düx* – Menü 19 € (mittags)/65 € – Karte 29/53 €
Das modern-elegante Hotel gegenüber der Messe ist perfekt für den Businessgast - über den "Vital Spa" auf 650 qm freuen sich Stadtreisende aber ebenso! Genauso über das Düx (steht für Deutz): eine kölsche Wirtschaft, die bei den Gästen sehr gut ankommt!

Radisson BLU
Zim,
Messe Kreisel 3 ✉ 50679 – ✆ (0221) 27 72 00 – www.radissonblu.com/hotel-cologne H1**a**
392 Zim – 🚹150/1 500 € 🚹🚹150/1500 €, ☕ 25 € – 1 Suite
Rest – *(geschl. Samstagmittag, Sonntagmittag sowie an Feiertagen mittags) (Juni - August: nur Abendessen)* Menü 25 € – Karte 43/55 €
Das Businesshotel an der Messe ist durch und durch modern. Imposant ist die verglaste Halle mit Bar. Wer das Besondere sucht: Capitolium Suite mit Blick auf den Dom. Italienisch isst man im Restaurant Paparazzi mit großem Pizza-Ofen.

Günnewig Hotel Stadtpalais

Deutz-Kalker-Str. 52 ✉ 50679 – ✆ (0221) 88 04 20 – www.guennewig.de
115 Zim – 145/319 € 165/339 € H2**g**
Rest – *(geschl. Sonntag, Juli - August: Samstag - Sonntag) (nur Abendessen)*
Menü 39/49 € – Karte 32/55 €
Das ansprechende Gebäudeensemble direkt gegenüber der LANXXES-Arena vereint historische und moderne Architektur. Technisch gut ausgestattete Zimmer in puristischem Stil, dazu ein kleines Speisenangebot in Menüform, das man aber auch à la carte bekommt.

Burns Art Hotel garni

Adam-Stegerwald-Str. 9 ✉ 51063 – ✆ (0221) 6 71 16 90 – www.hotel-burns.de – geschl. 22. - 30. Dezember H1**q**
95 Zim – 99/299 € 125/325 €
Das Hotel liegt relativ ruhig in einer Wohnsiedlung. Die Gäste wählen zwischen zeitgemäßen "Fair & More"-Zimmern und den puristisch-chic designten "Burns Art"-Zimmern.

Inselhotel garni

Constantinstr. 96 ✉ 50679 – ✆ (0221) 8 80 34 50 – www.inselhotel-koeln.de
42 Zim – 99/215 € 135/295 € H2**b**
Das Stadthaus an der Ecke, gegenüber dem Deutzer Bahnhof, bietet seinen Gästen freundlichen Service und sehr gepflegte, funktionale Zimmer. Messe und Kölnarena in der Nähe.

Ilbertz garni

Mindener Str. 6, (Zufahrt über Siegesstr. 6) ✉ 50679 – ✆ (0221) 8 29 59 20 – www.hotel-ilbertz.de – geschl. 23. - 30. Dezember, 1. - 6. Januar G2**z**
26 Zim – 97/189 € 115/189 €, 8 €
Für alle, die gerne mal aufs Auto verzichten, ist die gute Anbindung an öffentliche Verkehrsmittel ein echter Vorteil! Zudem hat der messenahe Familienbetrieb (inzwischen von den beiden Söhnen geleitet) tipptopp gepflegte Zimmer zu bieten.

In Köln-Junkersdorf

Brenner'scher Hof garni

Wilhelm-von-Capitaine-Str. 15 ✉ 50858 – ✆ (0221) 9 48 60 00 – www.brennerscher-hof.de A2**f**
38 Zim – 89/225 € 109/245 € – 2 Suiten
Wer es mediterran mag, wird sich auf dem schönen Anwesen von 1754 wohlfühlen. Doch nicht nur für Behaglichkeit ist dank warmer Farben und liebenswertem Dekor gesorgt, auch die Lage am Stadtrand ist günstig - BAB und City sind gut erreichbar.

In Köln-Klettenberg

Steinmetz

Gottesweg 165 ✉ 50939 – ✆ (0221) 44 79 34 – www.restaurant-steinmetz.de – geschl. über Karneval und Montag B2**t**
Rest – *(nur Abendessen)* Menü 35/52 € – Karte 39/51 €
Es sind die Jugendstilelemente, die dem charmanten Lokal das besondere Etwas geben! Nicht weniger Beachtung verdienen aber auch die guten saisonalen Gerichte und das Überraschungsmenü von Gastgeber Martin Pradel - ganz ungezwungen sitzt man auch an der Theke.

In Köln-Merheim

Servatius garni

Servatiusstr. 73 ✉ 51109 – ✆ (0221) 89 00 30 – www.hotel-servatius.de – geschl. 23. Dezember - 6. Januar D2**m**
38 Zim – 79/369 € 89/395 €
Die vielen Stammgäste wissen, dass man hier gut übernachtet. Neben der praktischen und freundlichen Einrichtung stimmt auch die Größe der Zimmer. Die "RED Lounge Bar" macht schon was her mit ihrem schicken trendigen Design!

In Köln-Mülheim

Park Consul

Clevischer Ring 121 ✉ 51063 – ☎ (0221) 9 64 70 – www.pckoeln.consul-hotels.com C1a

186 Zim – 65/288 € 65/288 €, 16 € – 2 Suiten

Rest – Menü 30 € – Karte 23/37 €

Konzept und Lage sind ausgelegt auf Tagungen und Messebesucher - entsprechend gut die Verkehrsanbindung! Schöne Aussicht von der Sonnenterrasse im 5. Stock - hier auch die Executive-Zimmer mit Balkon! Besonders ruhig schläft man in den Zimmern nach hinten. Im Haus bietet man internationale Küche.

The New Yorker garni

Deutz-Mühlheimer-Str. 204 ✉ 51063 – ☎ (0221) 4 73 30 – www.thenewyorker.de C2c

40 Zim – 109/149 € 129/169 €, 15 €

Der Individualgast möchte nicht einfach nur ein Hotel, er sucht das Schöne, Ausgefallene, Kunst und Design... Lifestyle eben! Hier profitieren Sie zudem von der Nähe zu Messe und Medien. Wer länger bleibt, nimmt am besten ein Appartement.

In Köln-Müngersdorf

Maître im Landhaus Kuckuck (Erhard Schäfer)

Olympiaweg 2 (über Friedrich-Schmitt-Straße) ✉ 50933 – ☎ (0221) 48 53 60 – www.landhaus-kuckuck.de – geschl. 3. - 12. März, 14. - 29. April, 7. Juli - 5. August und Montag - Dienstag A2r

Rest – *(nur Abendessen)* (Tischbestellung erforderlich) Menü 99/119 € – Karte 75/85 €

Rest *Landhaus Kuckuck* – siehe Restaurantauswahl

"Klassik" und "Saisonal", so die Namen der beiden Menüs, die Erhard Schäfer hier zum Besten gibt. Man hat nur fünf Tische - das passt zum feinen, fast schon exklusiven Rahmen! Nur einen Steinwurf entfernt liegt das Stadion des 1. FC Köln.

→ Cordon Bleu von Steinbutt und Wildlachs mit jungen Erbsen. Trilogie vom Salzwiesenlamm, glasierte Artischocken und gefüllte Bärlauch-Kartoffel. Mille feuille von Thai Mango und Valrhona-Schokolade, Passionsfruchteis.

Landhaus Kuckuck – Restaurant Maître im Landhaus Kuckuck

Olympiaweg 2 (über Friedrich-Schmitt-Straße) ✉ 50933 – ☎ (0221) 48 53 60 – www.landhaus-kuckuck.de – geschl. 3. - 12. März und Montag A2r

Rest – Menü 38 € – Karte 41/61 €

Ein idyllisches Kleinod außerhalb der hektischen City. Herrlich im Grünen gelegen, ist das im eleganten englischen Landhausstil eingerichtete Restaurant eine wunderbare Kulisse für entspannte Stunden.

Jan's Restaurant in der Remise

Wendelinstr. 48 ✉ 50933 – ☎ (0221) 5 10 39 99 – www.jansrestaurant.de – geschl. über Karneval, Juli - August 2 Wochen und Montag, Samstagmittag, Sonntagmittag A2m

Rest – Menü 20 € (mittags)/52 € – Karte 32/53 €

Kamin, Holzbalken, Backsteinboden, Empore... gemütlicher könnte es auf dem alten Gutshof kaum sein. Und wussten Sie, dass Napoleon hier schon zu Gast war? Viel Historie also! Überraschungsmenü am Abend, mittags einfaches Lunchmenü.

In Köln-Porz

Lemp garni

Bahnhofstr. 44 ✉ 51143 – ☎ (02203) 9 54 40 – www.hotel-lemp.com D3e

45 Zim – 85/95 € 91/109 €

In diesem Hotel überzeugen die persönliche Führung durch den Inhaber und die freundliche Einrichtung. Gutes Frühstücksbuffet, außerdem kleines Bistro. S-Bahn-Anbindung.

In Köln - Porz-Grengel

Leonardo Hotel Köln Bonn Airport

Waldstr. 255, (am Flughafen Köln/Bonn) (über Kennedystraße D3) ✉ 51147 – ✆ (02203) 56 10 – www.leonardo-hotels.com

177 Zim – 79/169 € 99/189 €, 18 € **Rest** – Karte 28/44 €

Keine Frage, Businessgäste sind hier genau richtig! Der Flughafen liegt gleich um die Ecke (Sie können den kostenfreien Shuttle-Service nutzen), von dort aus kommen Sie mit der S-Bahn S13 bequem zum Messegelände. Nach getaner Arbeit gibt es internationale Küche - und vielleicht noch einen Absacker in der Bar? Sonntags Brunch.

Spiegel

Rest,

Hermann-Löns-Str. 122 ✉ 51147 – ✆ (02203) 96 64 40 – www.hotel-spiegel.de – *geschl. Ende Juli - August 3 Wochen* D3**a**

27 Zim – 78/98 € 95/120 €

Rest – *(geschl. Freitag, Samstagmittag, Sonntagabend)* Karte 25/48 €

Bei Familie Spiegel schläft man in praktisch ausgestatteten Gästezimmern, verweilt gemütlich im angenehm lichten Kaminzimmer - mit Blick in den hübschen kleinen japanischen Garten - und lässt sich im gediegenen Restaurant internationale Küche servieren. Und der Flughafen ist nur 5 Autominuten entfernt.

In Köln - Porz-Langel **Süd: 17 km über Hauptstraße D3**

Zur Tant

Rheinbergstr. 49 ✉ 51143 – ✆ (02203) 8 18 83 – www.zurtant.de – *geschl. 24. Februar - 4. März und Donnerstag*

Rest – Menü 70/90 € – Karte 56/70 €

Rest *Hütter's Piccolo* – siehe Restaurantauswahl

Klassische Gerichte wie "Gänseleberterrine mit Balsamgelee" oder "Lammkarree mit Bohnenratatouille" haben Patron Franz Hütter zahlreiche Stammgäste beschert. Und die sitzen besonders gerne am Fenster, da man von dort bei gutem Essen und ebensolchen Weinen schön auf den Rhein schauen kann. Von der Terrasse natürlich genauso!

Hütter's Piccolo – Restaurant Zur Tant

Rheinbergstr. 49 ✉ 51143 – ✆ (02203) 8 18 83 – www.zurtant.de – *geschl. 24. Februar - 4. März und Donnerstag*

Rest – Menü 34 € – Karte 30/40 €

Im Hütter'schen Zweitrestaurant kocht der Gastgeber mit Bezug zur Region, hier und da kommt auch seine österreichischen Heimat durch. Stellen Sie sich einfach selbst Ihr 3-Gänge-Menü zusammen, der Preis bleibt immer gleich!Mögen Sie Kalbsniere? Das ist hier Spezialität. Zu empfehlen ist auch Wild aus der Region.

In Köln - Porz-Wahnheide **West: 17 km über Kennedystraße D3**

Karsten garni

Linder Weg 4 ✉ 51147 – ✆ (02203) 96 61 90 – www.hotelkarsten.de – *geschl. Weihnachten - 2. Januar*

24 Zim – 72/129 € 100/149 €

Nicht nur Raumfahrer vom nahen Übungszentrum fühlen sich hier wohl! Kein Wunder, denn von der recht ruhigen Lage über die freundlichen Gastgeberinnen und die gepflegten Zimmer bis hin zum Frühstück im Wintergarten (oder auf der Terrasse) stimmt hier alles.

In Köln-Rodenkirchen

Begardenhof

Rest,

Brückenstr. 41 ✉ 50996 – ✆ (0221) 9 85 47 10 – www.begardenhof.de C3**b**

36 Zim – 90/400 € 119/500 €

Rest – *(geschl. Sonntagabend)* Karte 24/45 €

Ein verkehrsgünstig gelegenes Hotel in klarem modernem Stil mit schöner Dachterrasse. Die Doppelzimmer liegen zum Innenhof, teils mit Balkon. Geräumig sind die drei Juniorsuiten. Helles, neuzeitliches Restaurant mit günstigem Mittagstisch.

Le Patron

Uferstr. 16 ✉ 50996 – ✆ (0221) 3 48 06 55 – www.lepatron.de
– geschl. Sonntag - Montag C3**p**

Rest – *(nur Abendessen)* Menü 69/95 € – Karte 51/83 €

Mit der Einrichtung hat man sich wirklich Mühe gegeben - edel und äußerst stimmig, vom Kronleuchter bis zum Gedeck, von antik bis modern! Wer die ambitionierte saisonale Küche perfekt abrunden möchte, wählt einen Mouton Rothschild - ab Jahrgang 1934 sind alle vertreten! Tipp: Fensterplatz mit Rheinblick.

➜ Atlantik Steinbutt mit Petersilienwurzel, Gartentomate und weißer Basilikumsauce. Filet vom Milchkalb mit gebackenen Pfifferlingen und getrüffelter Kartoffel. Süße Komposition von Bitterschokolade, Ricotta, Pistazie und Süßkirsche.

In Köln-Sürth

Falderhof

Falderstr. 29 ✉ 50999 – ✆ (02236) 96 69 90 – www.falderhof.de
– geschl. 23. Dezember - 6. Januar C3**f**

33 Zim – 78/98 € 99/118 €

Rest – *(geschl. 27. Dezember - 6. Januar und Samstagmittag, Oktober - April: Samstagmittag, Sonntag)* Menü 17 € (mittags unter der Woche)/47 € – Karte 29/45 €

Schön und ruhig - so schläft man in dem historischen Gut in hof- oder gartenseitigen Zimmern. Antike Stücke hier und da passen zum klassischen Stil. Zum Essen geht man ins charmante Alte Fachwerkhaus mit separatem Eingang - Hausgäste kommen über den wunderbaren Innenhof, viele nehmen gleich hier Platz!

In Köln-Weiden

Garten-Hotel garni

Königsberger Str. 5 ✉ 50858 – ✆ (02234) 4 08 70 – www.garten-hotel.de
– geschl. 20. Dezember - 2. Januar A2**n**

33 Zim – 89/299 € 89/299 €, 9 €

Das tipptopp gepflegte Hotel liegt ruhig und bietet wohnlich-zeitgemäße Zimmer und Appartements. Hübsch ist der Wintergarten mit Blick ins Grüne. Sehr praktisch: die kostenfreie Tiefgarage.

KÖNGEN – Baden-Württemberg – 545 – 9 670 Ew – Höhe 281 m 55 H18

Berlin 626 – Stuttgart 26 – Reutlingen 28 – Ulm (Donau) 67

Schwanen (mit Gästehaus)

Rest,

Schwanenstr. 1 ✉ 73257 – ✆ (07024) 9 72 50 – www.schwanen-koengen.de
– geschl. 24. Dezember - 6. Januar, August 2 Wochen

45 Zim – 75/95 € 105/118 € – 1 Suite

Rest *Schwanen* – siehe Restaurantauswahl

Rest *Bistro K.B.* – *(geschl. Samstag - Sonntag) (nur Abendessen)* Karte 23/35 €

Das 75-jährige Jubiläum feierte Familie Benz bereits (2012) und das Haus ist top in Schuss! Wirklich schön modern sind die Zimmer im Haupthaus geworden. Im legeren, hellen Bistro bekommt man Gerichte von schwäbisch bis international.

Neckartal (mit Gästehaus)

Bahnhofstr. 19 ✉ 73257 – ✆ (07024) 9 72 20 – www.hotel-neckartal.com

44 Zim – 82/98 € 102/125 € – ½ P

Rest *Tafelhaus* – siehe Restaurantauswahl

Praktisch sind hier die verkehrsgünstige Lage nahe der A8 sowie die funktionalen Zimmer in der "Residenz". Für alle, die es besonders schön mögen, haben Petra und Bernd Nödinger das "Gartenhaus" - mit Kräutergarten und Brunnen! Im Stammhaus hat man zudem noch recht einfache Zimmer.

Schwanen – Hotel Schwanen

Schwanenstr. 1 ✉ 73257 – ✆ (07024) 9 72 50 – www.schwanen-koengen.de
– geschl. 24. Dezember - 6. Januar, August 2 Wochen und Sonntag - Montag

Rest – Menü 19 € (mittags)/39 € – Karte 31/48 €

Nicole Domon, Tochter des Hauses, umsorgt herzlich die Gäste, während Ehemann Patrick Domon (gebürtiger Schweizer) Gerichte wie "Duo vom Kalb" oder "Variation aus dem Wasser" zubereitet. Seine Thailand-Erfahrung setzt er übrigens immer im März als Themenwochen um. Ein Tipp auch der Businesslunch wochentags!

Tafelhaus – Hotel Neckartal
Bahnhofstr. 19 ✉ 73257 – ✆ (07024) 9 72 20 – www.hotel-neckartal.com
Rest – *(nur Abendessen, sonntags auch Mittagessen)* Menü 48/58 € – Karte 28/56 €
In erster Linie kommt man natürlich wegen des guten Essens hierher, aber auch das Ambiente stimmt: frisch und modern-elegant. Man bekommt Klassiker wie "Kalbsbäckle in Most geschmort" oder verschiedene Rostbraten-Varianten, aber auch Internationales wie "Curry-Kokossuppe mit gebackener Softshell Crabmuschel".

KÖNIG, BAD – Hessen – 543 – 9 350 Ew – Höhe 183 m – Heilbad 48 G16

Berlin 584 – Wiesbaden 85 – Mannheim 71 – Aschaffenburg 44
Elisabethenstr. 13, ✉ 64732, ✆ (06063) 5 78 50, www.badkoenig.de
Brombachtal, Am Golfplatz 1, ✆ (06063) 5 74 47

In Bad König-Momart Süd-Ost: 2 km über Weyprechtstraße

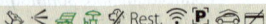

Zur Post Rest,
Hauswiesenweg 16 ✉ 64732 – ✆ (06063) 15 10 – www.zurpost-momart.de – geschl. Februar - März
9 Zim – 40/56 € 65/85 € – ½ P
Rest – *(geschl. Montagmittag, Dienstag)* Menü 15/23 € – Karte 14/43 €
Der Familienbetrieb liegt ruhig in einem kleinen Dorf und ist guter Ausgangsort für Wanderungen. Sie wohnen in behaglichen Zimmern und speisen in gemütlichen Restauranträumen. Im Sommer lässt man sich die regional-saisonale Küche am besten auf der schönen Terrasse mit Blick auf Wiesen und Felder servieren!

KÖNIGSBACH-STEIN – Baden-Württemberg – 545 – 9 760 Ew – Höhe 193 m 54 F18

Berlin 647 – Stuttgart 65 – Karlsruhe 25 – Pforzheim 16

Im Ortsteil Königsbach

Europäischer Hof
Steiner Str. 100 ✉ 75203 – ✆ (07232) 8 09 80 – www.europaeischer-hof.com – geschl. über Fasching 10 Tage, August 2 Wochen, über Weihnachten 1 Woche
21 Zim – 65 € 95 €
Rest *Europäischer Hof* – siehe Restaurantauswahl
Der Familienbetrieb (bereits die 4. Generation) ist ein gut geführtes kleines Hotel in einem Wohngebiet am Ortsrand und nicht zuletzt wegen seiner Tagungsmöglichkeiten für Geschäftsleute geeignet.

Europäischer Hof – Hotel Europäischer Hof
Steiner Str. 100 ✉ 75203 – ✆ (07232) 8 09 80 – www.europaeischer-hof.com – geschl. über Fasching 10 Tage, August 2 Wochen, über Weihnachten 1 Woche und Sonntagabend - Montag
Rest – Menü 52 € – Karte 29/48 €
"Geschmortes Kalbsbäckchen an Rahmwirsing", so könnte eines der schmackhaften Gerichte heißen, die Sie auf der klassisch und auch international geprägten Karte finden. Ein schönes Umfeld zum Essen bieten sowohl das gediegen-ländliche Restaurant als auch die wirklich hübsche Gartenterrasse!

KÖNIGSBRONN – Baden-Württemberg – 545 – 7 060 Ew – Höhe 499 m – Wintersport: – Erholungsort 56 I18

Berlin 572 – Stuttgart 90 – Augsburg 106 – Aalen 14

In Königsbronn-Zang Süd-West: 6 km

Widmann's Löwen

Struthstr. 17 ✉ *89551 – ✆ (07328) 9 62 70 – www.loewen-zang.de – geschl. 25. August - 9. September*
21 Zim ☕ – 🚶52/94 € 🚶🚶80/124 €
Rest *Widmann's Löwen* – siehe Restaurantauswahl
Nordic Walking, Radtouren, ein Besuch im Steiff-Museum... das Hotel der engagierten Widmanns ist wie gemacht als Ausgangspunkt. Wieder zurück vom Ausflug, warten wohnliche Zimmer auf Sie - mal ländlich, mal neuzeitlich. Tipp für Feste: die gemütlich-urige Kerbenhofhütte am Waldrand!

Widmann's Löwen – Widmann's Löwen

Struthstr. 17 ✉ *89551 – ✆ (07328) 9 62 70 – www.loewen-zang.de – geschl. 25. August - 9. September und Dienstag - Mittwochmittag*
Rest – Menü 25/43 € – Karte 21/50 €
Um Sie herum behaglich-ländliche Atmosphäre, auf dem Teller gute saisonal-regionale Speisen wie Tafelspitzbrühe mit Flädle oder Zwiebelrostbraten mit Bratkartoffeln. Sie würden sich gerne bei Frank Widmann ein paar Kniffe abschauen? Gleich gegenüber hat er eine Kochschule!

KÖNIGSBRUNN – Bayern – 546 – 27 510 Ew – Höhe 516 m 65 K20

Berlin 572 – München 66 – Augsburg 14 – Ulm (Donau) 94
Lechfeld, Föllstr. 32a, ✆ (08231) 3 26 37
Königsbrunn, Benzstr. 23, ✆ (08231) 3 42 04

Arkadenhof

Rathausstr. 2 ✉ *86343 – ✆ (08231) 9 68 30 – www.arkadenhof.de*
60 Zim ☕ – 🚶79/85 € 🚶🚶85/115 € – 4 Suiten
Rest – *(nur Abendessen)* Karte 28/61 €
Das Hotel befindet sich im Zentrum der kleinen Stadt und bietet seinen Gästen zeitgemäße und funktionelle Zimmer. Im Sommer kann man schön auf der Terrasse frühstücken. Praktisch: Kino nebenan!

KÖNIGSTEIN – Bayern – 546 – 1 780 Ew – Höhe 490 m – Erholungsort 51 L16

Berlin 407 – München 202 – Nürnberg 54 – Bayreuth 52
Oberer Markt 20, ✉ 92281, ✆ (09665) 91 31 50, www.markt-koenigstein.de
Königstein, Namsreuth 7, ✆ (09665) 9 14 40

Wilder Mann

Oberer Markt 1 ✉ *92281 – ✆ (09665) 9 15 90 – www.wilder-mann.de*
25 Zim ☕ – 🚶39/75 € 🚶🚶60/102 € – 2 Suiten – ½ P
Rest – *(geschl. 7. Februar - 16. März)* Menü 16 € (mittags)/45 € – Karte 14/46 €
Seit 1881 ist der gewachsene Gasthof bei der Kirche im Familienbesitz. Die Zimmer sind wohnlich (nur wenige sind älter und einfacher), teilweise haben sie einen Balkon zum Garten. Zum Frühstück bekommen Sie hausgemachten Kuchen, im Restaurant und in der Stube bürgerliche Küche.

KÖNIGSTEIN im TAUNUS – Hessen – 543 – 16 130 Ew – Höhe 362 m – Heilklimatischer Kurort 47 F14

Berlin 542 – Wiesbaden 27 - Frankfurt am Main 24 – Bad Homburg vor der Höhe 14
Hauptstr. 13a, ✉ 61462, ✆ (06174) 20 22 51, www.koenigstein.de
Lage ★
Großer Feldberg ★ (Aussichtsturm ★★)

Villa Rothschild Kempinski Zim,

Im Rothschildpark 1 ✉ 61462 – ✆ (06174) 2 90 80
– www.kempinski.com/villarothschild – geschl. 2. - 20. Januar
22 Zim – 🚹200/330 € 🚹🚹380/500 €, ☕ 32 €
Rest *Villa Rothschild Kempinski* ✿✿ – siehe Restaurantauswahl
Rest *Tizian's Bar & Brasserie* – Menü 33 € (mittags unter der Woche) – Karte 35/49 €

In einem Park steht die schmucke Bankiers-Villa von 1894 - ein edles und stilvolles Boutiquehotel. Shuttle-Service zum Ascara-Spa des Schwesterbetriebs Falkenstein. In Tizian's Bar & Brasserie reicht man eine kleine Karte - hier können Sie speisen, wenn mittags das Gourmetrestaurant geschlossen hat.

Königshof garni

Wiesbadener Str. 30 ✉ 61462 – ✆ (06174) 2 90 70
– www.koenigshof-koenigstein.de
26 Zim ☕ – 🚹85/105 € 🚹🚹117/137 €

Familie Rudolph leitet das ruhig und zentral gelegene Hotel bereits seit 25 Jahren. Die Fotografien in den soliden Zimmern stammen von der Chefin. Gutes Frühstücksbuffet.

Villa Rothschild Kempinski – Hotel Villa Rothschild Kempinski

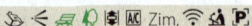

✿✿ *Im Rothschildpark 1 ✉ 61462 – ✆ (06174) 2 90 80*
– www.kempinski.com/villarothschild – geschl. 1. - 20. Januar, 21. - 28. April und Sonntag - Montag
Rest – *(nur Abendessen)* Menü 98/145 € – Karte 76/97 €

So niveauvoll das klassisch-elegante Interieur, die wertige Tischkultur sowie der ausgesprochen aufmerksame und versierte Service samt trefflicher Weinberatung, so anspruchsvoll die klassisch-kreative Küche von Christoph Rainer - erstklassig die Produkte, deren punktgenaue Zubereitung und die gekonnt eingesetzen unterschiedlichen Texturen, nicht zu vergessen die akkurate Präsentation. Und als i-Tüpfelchen der herrliche Parkblick!

→ Entenstopfleber - Marbre und Praline, grüner Apfel, Frischkäse und Koriander, Salzbutterbrioche. US Prime Beef - Onglet und Tatar, Wilder Brokkoli. Mara de Bois Erdbeere, Malabar geeist, Kokosnuss, Opalys-Cornflakes.

In Königstein-Falkenstein Nord-Ost: 2 km

Falkenstein Grand Kempinski

Debusweg 6 ✉ 61462 – ✆ (06174) 9 00 Rest, Rest,
– www.kempinski.com/falkenstein
39 Zim – 🚹180/320 € 🚹🚹230/470 €, ☕ 31 € – 22 Suiten – ½ P
Rest *Landgut* – ✆ (06174) 90 90 50 *(nur Abendessen, sonntags auch Mittagessen)* Menü 59/59 € – Karte 45/69 €
Rest *Bistro Raffael's* – Karte 35/52 €

Das noble Gesamtbild beginnt schon beim Äußeren dieses historischen Häuserensembles und zieht sich durch alle Räume (einschließlich der prächtigen Säle), die ebenso wertig sind wie das umfassende Spa-Angebot - nicht zu vergessen der ausgezeichnete Service! Picknicken Sie doch mal sonntags im Park, während Ihre Kinder den Spielplatz erkunden! Die Klassiker und regionalen Gerichte der Landgut-Küche lassen Sie sich am Besten auf der tollen Terrasse mit Blick bis nach Frankfurt servieren!

KÖNIGSWINTER – Nordrhein-Westfalen – 543 – 40 760 Ew – Höhe 80 m

36 C13

Berlin 597 – Düsseldorf 83 – Bonn 10 – Koblenz 57

Drachenfelsstr. 51, ✉ 53639, ✆ (02223) 91 77 11, www.siebengebirge.com

Siebengebirge★: Drachenfels★ (❊★★), nur zu Fuß, mit Zahnradbahn oder Kutsche erreichbar

Hindenburg garni

Hauptstr. 357 ✉ 53639 – ✆ (02223) 90 19 40 – www.hotel-haus-hindenburg.de – geschl. 22. Dezember - 2. Januar

14 Zim – 70/80 € 100/120 € – 1 Suite

Eine freundlich-familiäre Adresse ist das nette alte Stadthaus in der Fußgängerzone. Die Zimmer sind klassisch und individuell gestaltet, hübsch ist der kleine Frühstücksraum.

Villa Leonhart

Hauptstr. 330 ✉ 53639 – ✆ (02223) 90 58 53 – www.villaleonhart.de – geschl. Montag - Dienstag

Rest – (Tischbestellung ratsam) Karte 29/63 €

"Lachstatar mit Meerrettichschaum und Knusperbrot" oder "Kabeljau mit Spargel, Kräutersaitlingen und Rotweinbutter"? Ansprechende Gerichte wie diese hat die saisonal und regional ausgerichtete Küche von Philipp Bahle zu bieten - Sie können sich aber auch Ihre "Eigenkreation" zusammenstellen! Der Rahmen zum guten Essen: geradlinig-moderne und gleichzeitig stilvoll-elegante Restauranträume und Lounges in einer chic sanierten Villa! Schön der Blick zum kleinen Park.

Auf dem Petersberg Nord-Ost: 3 km

Steigenberger Grandhotel Petersberg

Petersberg ✉ 53639 Königswinter Rest, Rest,

– ✆ (02223) 7 40 – www.grandhotel-petersberg.steigenberger.de

77 Zim – 139/209 € 159/299 € – 11 Suiten – ½ P

Rest *Rheinterrassen* – siehe Restaurantauswahl

Rest *Bistro* – ✆ (02223) 7 47 80 – Menü 20/60 € – Karte 16/60 €

Die weitläufige Anlage in exponierter Lage bietet einen repräsentativen Rahmen und eine grandiose Aussicht. Zimmer von wohnlich-funktionell bis klassisch-luxuriös. Kosmetik und Massage. Bistro-Café mit Terrasse.

Rheinterrassen – Steigenberger Grandhotel Petersberg

Petersberg ✉ 53639 Königswinter – ✆ (02223) 7 47 80 – www.grandhotel-petersberg.steigenberger.de

Rest – *(nur Abendessen)* (Tischbestellung ratsam) Menü 39/100 € – Karte 34/90 €

Das Restaurant zeigt sich, hoch oben auf dem Petersberg, als ein Ort der Ruhe fernab des hektischen Alltags. Klassisch das Interieur, phänomenal der Blick auf den Rhein.

KÖTZTING, BAD – Bayern – 546 – 7 250 Ew – Höhe 409 m – Kneippheilbad

59 O17

Berlin 496 – München 189 – Regensburg 78 – Passau 104

Herrenstr. 10, ✉ 93444, ✆ (09941) 60 21 50, www.bad-koetzting.de

Amberger Hof

Rest,

Zeltendorfer Weg 4 ✉ 93444 – ✆ (09941) 95 00 – www.amberger-hof.de – geschl. 6. - 29. Januar

33 Zim – 45 € 84 € – ½ P

Rest – Menü 16 € (mittags) – Karte 16/26 €

In dem traditionsreichen Haus der Familie Amberger stehen rustikale oder neuzeitlichere und besonders wohnliche Zimmer bereit, zudem Kosmetik, Massage und Kneippanwendungen. Gemütliche Restaurantstuben und nette Terrasse. Die Küche ist regional-bürgerlich.

In Bad Kötzting-Liebenstein Nord: 7 km in Richtung Ramsried – Höhe 650 m

Bayerwaldhof

Liebenstein 25 ✉ 93444 – ✆ (09941) 9 48 00 – www.bayerwaldhof.de

80 Zim – 115 € 210 € – 10 Suiten – ½ P

Rest – Menü 23 € – Karte 25/39 €

Hier wird ständig investiert. Der Spa, aber auch die Zimmer und das Restaurant sind sehr geschmackvoll gestaltet - überhaupt die gesamte Anlage! Man wird freundlich betreut, ringsum Ruhe und viel Grün, Entspannung pur. Freuen Sie sich z. B. auf den Garten mit Naturbadeteich und Blockhaussauna! HP inklusive.

KÖWERICH Rheinland-Pfalz – 543 – 340 Ew – Höhe 123 m 45 B15

Berlin 715 – Mainz 135 – Trier 27 – Saarbrücken 92

Ludwigs

Beethovenstr. 14 ✉ 54340 – ✆ (06507) 80 24 56 – www.moselhotel-ludwigs.de – geschl. Februar 2 Wochen

7 Zim – †53/55 € ††60/68 €, ☕ 9 € – ½ P

Rest – *(geschl. Montag)* Menü 33/50 € – Karte 29/43 €

Das kleine Moselhotel ist idealer Ausgangsort für aktive Gäste: Golf, Reiten, Paragliding, Wassersport... all das ist in der Nähe möglich. Es darf aber auch mal etwas ruhiger zugehen - z. B. im schönen Garten, in den liebevoll eingerichteten Zimmern oder im Restaurant bei regionaler Küche.

KOHLGRUB, BAD – Bayern – 546 – 2 560 Ew – Höhe 828 m 65 K21

– Wintersport: 1 550 m 4 – Moorheilbad

Berlin 668 – München 83 – Garmisch-Partenkirchen 32 – Kempten (Allgäu) 78

Hauptstr. 27, ✉ 82433, ✆ (08845) 7 42 20, www.bad-kohlgrub.de

Schillingshof

Zim, Zim,

Fallerstr. 11 ✉ 82433 – ✆ (08845) 70 10 – www.hotel-schillingshof.com

131 Zim ☕ – †79/119 € ††138/178 € – ½ P

Rest – Menü 22/28 € – Karte 22/43 €

In dem funktionalen Hotel mit modernen Zimmern mischen sich Kur- und Businessgäste. Die Tagungsmöglichkeiten sind ideal, der schöne Saunabereich bringt Entspannung, z. B. beim Schwimmen mit traumhaftem Blick ins Tal! Oder tun Sie sich bei "Medical Wellness" etwas Gutes.

Das Johannesbad

Rest, Rest,

Saulgruber Str. 6 ✉ 82433 – ✆ (08845) 8 40 – www.johannesbad-schober.de – geschl. 16. November - 26. Dezember

41 Zim ☕ – †62/108 € ††144/216 € – 1 Suite – ½ P

Rest – Menü 26/98 € – Karte 28/49 €

Der Untertitel des Hauses: "Medical Spa & Vitalrefugium" - da wundert es nicht, dass es schon im Rezeptionsbereich nach feinen Kräuteressenzen duftet! Entsprechend umfangreich auch das Angebot an Beauty, Massage & Co. Schön zur Ruhe kommt man aber auch in der Kaminbibliothek und im alpinen Landhausambiente der Zimmer und des Restaurants.

Sebaldus

Rest,

Mühlstr. 1 ✉ 82433 – ✆ (08845) 70 00 – www.landhotel-sebaldus.de – geschl. Ende November - 27. Dezember

18 Zim ☕ – †47/58 € ††88/116 € – ½ P

Rest – *(nur Abendessen für Hausgäste)* Menü 19 €

Der Gastgeber hätte sich wohl nicht träumen lassen, dass seine Fliegenfischkurse so gut ankommen! Ist aber natürlich kein Muss - schöne Alternativen bieten der großzügige Ruheraum mit Wintergartenflair, Moor-Kur und Massage oder der tolle Garten, in dem man im Sommer gerne bei einem Bier verweilt!

KOLLNBURG – Bayern – 546 – 2 870 Ew – Höhe 655 m 59 O17

– Wintersport: 1 048 m 4 – Erholungsort

Berlin 510 – München 177 – Regensburg 75 – Passau 85

Schulstr. 1, ✉ 94262, ✆ (09942) 94 12 14, www.kollnburg.de

Burggasthof (mit Gästehaus)

Burgstr. 11 ✉ 94262 – ✆ (09942) 86 86 – www.burggasthof-hauptmann.de – geschl. Mitte November - Mitte Dezember

20 Zim ☕ – †41/47 € ††75/83 € – ½ P

Rest – *(geschl. Oktober - März: Dienstag - Mittwoch, April - September: Dienstag - Mittwochmittag)* Karte 14/28 €

Eine sehr nette familiär geführte Adresse, die immer wieder modernisiert wird. Die Zimmer sind teils im Landhausstil gehalten, hübsch sind die Themenzimmer "Hochzeitsstube", "Kornblumenstube" und "Ritterstube". Gaststube in bürgerlich-rustikalem Stil.

KONSTANZ – Baden-Württemberg – 545 – 85 530 Ew – Höhe 405 m

Berlin 763 – Stuttgart 180 – Bregenz 62 – Ulm (Donau) 146

Bahnhofplatz 43, im Bahnhof, ✉ 78462, ✆ (07531) 13 30 30, www.konstanz-tourismus.de

Allensbach-Langenrain, Hofgut Kargegg 1, ✆ (07533) 9 30 30

Lage★ · Bodensee★★ · Seeufer★ · Münster★ · Sea Life★

Insel Mainau★★ · Insel Reichenau★

RIVA

Seestr. 25, (Zufahrt Kamorstraße) ✉ 78464 – ✆ (07531) 36 30 90 – www.hotel-riva.de

46 Zim – †110/321 € ††200/361 € – 5 Suiten

Rest *Ophelia* ✿✿ **Rest *RIVA*** – siehe Restaurantauswahl

Die Lage an der Uferpromenade, maritimes Flair, wertiges modernes Interieur, eine tolle Lounge mit Seeblick, der anspruchsvolle kleine Spa mit sehenswertem Sonnendeck und Freibad "on top"... beste Voraussetzungen für einen schönen Urlaub!

Steigenberger Inselhotel

Zim, Rest,

Auf der Insel 1 ✉ 78462 – ✆ (07531) 12 50 – www.konstanz.steigenberger.de

100 Zim – †131/164 € ††206/252 € – 2 Suiten – ½ P

Rest *Seerestaurant* – Menü 39/79 € – Karte 37/60 €

Rest *Dominikanerstube* – Karte 32/46 €

Das Dominikanerkloster a. d. 13. Jh. mit seinem wunderschönen Kreuzgang wird seit 1874 als Hotel geführt, seit 1966 ist es ein Steigenberger! Trumpf ist hier natürlich die Lage am See - herrlich die Liegewiese! Tipp: Die stadt- und gartenseitigen Zimmer haben Klimaanlage. Internationale Küche im Seerestaurant mit hübscher Terrasse, Regionales in der Dominikanerstube.

Buchner Hof garni

Buchnerstr. 6 (über Mainaustraße Y) ✉ 78464 – ✆ (07531) 8 10 20 – www.buchner-hof.de – geschl. 20. Dezember - 10. Januar

13 Zim – †90/110 € ††110/170 €

Ein familiäres kleines Hotel, das recht ruhig in See- und Altstadtnähe liegt und über freundliche Gästezimmer mit funktionaler Ausstattung verfügt. Namensgeber des Hauses ist der berühmte Tonsetzer des Konstanzer Münsters a. d. 15. Jh.

Ophelia – Hotel RIVA

✿✿

Seestr. 25, (Zufahrt Kamorstraße) ✉ 78464 – ✆ (07531) 36 30 90 – www.hotel-riva.de – geschl. 4. Februar - 12. März, 8. - 22. Oktober und Dienstag - Mittwoch

Rest – *(nur Abendessen)* (Tischbestellung ratsam) Menü 105/170 €

Schöner könnte die schmucke Villa kaum liegen, ansprechender hätte man klassisch-stilvolle und moderne Elemente wohl nicht mischen können... Das ist der Rahmen für Dirk Hobergs kreative, aufwändige Küche, den angenehmen Service und die fundierte Weinberatung!

➜ Thunfisch, Artischocke, Apfel, Paprika. Taube, Kohlrabi, Pfifferlinge, Vogelmiere. Waldmeister, Beeren, Minze.

Papageno

Hüetlinstr. 8a ✉ 78462 – ✆ (07531) 36 86 60 – www.papageno-konstanz.net – geschl. über Fastnacht, Juni - Juli 2 Wochen und Montag - Dienstag

Rest – Menü 25 € (mittags)/69 € – Karte 49/83 €

In zentraler Lage befindet sich das moderne Restaurant mit eleganter Note. Geboten wird eine zeitgemäße internationale Küche - man kann auch ein günstiges Tagesmenü wählen.

RIVA – Hotel RIVA

Seestr. 25, (Zufahrt Kamorstraße) ✉ 78464 – ✆ (07531) 36 30 90 – www.hotel-riva.de

Rest – Menü 49 € – Karte 32/62 €

Besonders schön ist es in dem mediterran gehaltenen Restaurant, wenn die bodentiefen Fenster zur Terrasse und zum See hin geöffnet sind! Ein Muss im Sommer: hausgebackene Kuchen und Torten draußen im Freien! Nov. - Dez. sonntags Brunch.

In Konstanz-Staad Nord-Ost: 4 km

Schiff am See

William-Graf-Platz 2 ✉ 78464 – ✆ (07531) 3 10 41 – www.konstanz.ringhotels.de
33 Zim – 89/119 € 110/165 € – 4 Suiten – ½ P
Rest ***Heise's Bürgerstube*** – siehe Restaurantauswahl
Rest – Menü 24 € (mittags)/88 € – Karte 20/51 €
Bis ins 13. Jh. geht die Geschichte des Hauses zurück, einst Deutschordenskommende Mainau. Schön die Lage am Seeufer: Zimmer teils mit Aussicht, auf der Sonnenterrasse am Hafen genießt man maritimes Flair - und zur Fähre nach Meersburg sind es nur wenige Schritte.

Heise's Bürgerstube – Hotel Schiff am See

William-Graf-Platz 2 ✉ 78464 – ✆ (07531) 3 10 41 – www.konstanz.ringhotels.de – geschl. über Fasching 2 Wochen und Montag - Dienstag
Rest – *(Mittwoch - Freitag nur Abendessen)* (Tischbestellung ratsam)
Menü 38/88 € – Karte 53/69 €
Was 1272 als "Herrschaftliches Bestands-Wirtshaus" begann, ist auch heute noch perfekt für ein gemütliches Essen - dafür sorgen Zirbelholz und Kachelofen, die charmante Frau Heise im Service und natürlich die gute klassisch-mediterrane Küche von Henning Heise.

KORBACH – Hessen – 543 – 23 540 Ew – Höhe 379 m 28 G11

Berlin 447 – Wiesbaden 187 – Kassel 64 – Marburg 67
Stechbahn 1, ✉ 34497, ✆ (05631) 5 32 32, www.korbach.de

Goldflair am Rathaus

Stechbahn 8 ✉ 34497 – ✆ (05631) 5 00 90 – www.goldflair.de
38 Zim – 58/115 € 90/159 € – ½ P
Rest – *(geschl. Sonntagabend)* Karte 16/30 €
Inspiriert durch Korbachs Goldlagerstätte, findet sich das Thema Gold überall in diesem Hotel. Einige der Zimmer sind individuelle "Gold"- und "Märchengold"-Zimmer. Verwinkelt, rustikal und gemütlich ist das Restaurant.

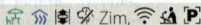

KORDEL – Rheinland-Pfalz – 543 – 2 100 Ew – Höhe 140 m 45 B15

Berlin 719 – Mainz 167 – Trier 18 – Bitburg 21

In Zemmer-Daufenbach Nord: 5 km – Höhe 360 m

Landhaus Mühlenberg (Ulrike Stoebe)

Mühlenberg 2 ✉ 54313 – ✆ (06505) 10 10 – www.landhaus-muehlenberg.de – geschl. Januar 3 Wochen, Juli 3 Wochen und Sonntagabend - Mittwoch
Rest – *(nur Abendessen, sonntags auch Mittagessen)* (Tischbestellung erforderlich) Menü 85/100 €
In dem Landhaus mitten im Wald genießt man die klassischen Speisen der leidenschaftlichen Köchin Ulrike Stoebe in zwei gemütlich-eleganten Räumen voller liebenswerter Details! Während sie am Herd steht, leitet ihr Mann Harald mit ebenso großem Engagement den Service.
→ Lauwarmes Carpaccio von Wildlachs und Jacobsmuscheln mit Langostinos und Thaicurrysauce. Lammfilet mit Ricottaravioli und provencalischen Gemüsen, Zironenthymianjus. Waldbeeren an Mascarpone-Krokantschaum, Tahiti-Vanilleeis.

KORNTAL-MÜNCHINGEN – Baden-Württemberg – 545 – 18 610 Ew – Höhe 335 m 55 G18

Berlin 635 – Stuttgart 15 – Karlsruhe 69 – Tübingen 57

Landschloss Korntal garni

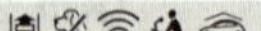

Saalplatz 5, (Korntal) ✉ 70825 – ✆ (0711) 8 38 88 00 – www.landschloss-korntal.de – geschl. 4. - 25. August
26 Zim – 81/92 € 103/116 €, 7 €
Das Hofgut a. d. 13. Jh. bietet heute nicht nur moderne Zimmer mit guter Technik und ein appetitliches Frühstück, auch Veranstaltungen werden hier groß geschrieben! Prunkstück unter den diversen Räumen ist ganz klar der historische Festsaal!

KORSCHENBROICH – Nordrhein-Westfalen – siehe Mönchengladbach

KORSWANDT – Mecklenburg-Vorpommern – siehe Usedom (Insel)

KOSEROW – Mecklenburg-Vorpommern – siehe Usedom (Insel)

KRAIBURG AM INN – Bayern – **546** – 4 000 Ew – Höhe 462 m **66** N20

Berlin 650 – München 78 – Bad Reichenhall 77 – Landshut 67

Schloß Guttenburg, Guttenburg 3, (08638) 88 74 88

Hardthaus

Marktplatz 31 84559 – (08638) 7 30 67 – www.hardthaus.de – geschl. Sonntag - Montag

Rest – *(nur Abendessen)* (Tischbestellung ratsam) Menü 48/98 € – Karte 41/98 €

Rest *Weinkeller* – *(geschl. Sonntag - Montag) (nur Abendessen)* Menü 24/30 €

In dem denkmalgeschützten Haus umgibt Sie das charmante Ambiente eines ehemaligen Kolonialwarenladens. Davor die schöne Terrasse am Marktplatz. Die Küche ist international. Der Weinkeller im gemütlichen Gewölbe bietet ein saisonales Tagesmenü.

KRAKOW AM SEE – Mecklenburg-Vorpommern – **542** – 3 360 Ew – Höhe 50 m – Luftkurort **12** N5

Berlin 170 – Schwerin 74 – Rostock 63 – Neubrandenburg 84

Serrahn, Dobbiner Weg 24, (038456) 6 50

In Krakow-Seegrube Nord-Ost: 4,5 km

Ich weiß ein Haus am See mit Zim

Paradiesweg 3 18292 – (038457) 2 32 73 – www.hausamsee.de – geschl. Montag und November - März: Sonntag - Donnerstag

11 Zim – 60/110 € 70/180 € – ½ P

Rest – *(nur Abendessen)* (Tischbestellung ratsam) Menü 65/95 €

In dem eleganten und stilvoll mit Kunst dekorierten Restaurant der Familie König bietet man gute klassische Küche, die von einer umfassenden Weinberatung durch den Chef begleitet wird. Toller Blick auf den See. Für Übernachtungsgäste: hübsche Landhauszimmer zum See oder zur Waldseite sowie ein eigenes Strandbad.

→ Thunfisch Blufin auf Sprossensalat mit karamellisierter Papaya und milder Wasabisauce. Kross gebratener Zander auf grünen Berglinsen mit geschmolzenen Tomaten und Sauce Saté. Müritz Lamm mit feinen Böhnchen, Kichererbsengemüse, Couscous und Thymianjus.

KRANZBACH – Bayern – siehe Krün

KRANZBERG – Bayern – **546** – 4 010 Ew – Höhe 483 m **58** L19

Berlin 557 – München 41 – Regensburg 94 – Ingolstadt 49

In Kranzberg-Hohenbercha Süd-West: 5 km jenseits der A 9

Hörger Biohotel und Tafernwirtschaft

Hohenbercha 38 85402 – (08166) 99 09 80 – www.hoerger-biohotel.de – geschl. 27. Dezember - 6. Januar

25 Zim – 79 € 99/129 € – ½ P **Rest** – Menü 13/44 € – Karte 19/47 €

Ein Gasthaus mit über 100-jähriger Familientradition. Im eigenen Apfelgarten steht ein moderner Vollholzbau mit hübschen geradlinigen Zirbelholz-Zimmern, einfachere Zimmer im Haupthaus. Bio-Küche in gemütlichen, ländlich-rustikalen Gaststuben.

KREFELD – Nordrhein-Westfalen – **543** – 234 400 Ew – Höhe 38 m **25** B11

Berlin 571 – Düsseldorf 28 – Eindhoven 86 – Essen 38

ADAC Dießemer Bruch 76

Hochstr. 114, 47798, (02151) 86 15 15, www.krefeld.de

Krefeld-Linn, Eltweg 2, (02151) 15 60 30

Krefeld-Bockum, Stadtwald, (02151) 59 02 43

Krefeld-Traar, An der Elfrather Mühle 145, (02151) 4 96 90

Gasthof Korff

Kölner Str. 256 ✉ 47807 – ✆ (02151) 3 62 27 66 – www.gasthof-korff.de – geschl. Montag, Samstagmittag

Rest – Menü 27 € – Karte 29/50 €

Ein netter Gasthof, der mit seiner sympathischen Brasserie-Atmosphäre sowie der französischen und regionalen Küche gut ankommt. Neben Rinderroulade und Kalbsleber gibt es auch Steinbutt und Jakobsmuscheln.

In Krefeld-Bockum

Mercure Parkhotel Krefelder Hof

Uerdinger Str. 245 ✉ 47800 – ✆ (02151) 58 49 10 – www.mercure.de

160 Zim – 99/199 € 139/249 € – 3 Suiten

Rest *Brasserie La Provence* – ✆ (02151) 58 49 60 – Menü 39/69 € – Karte 38/67 €

Ein klassisches und gediegen-komfortables Hotel mit über 100-jähriger Geschichte. Auch stilvolle Veranstaltungsräume sind vorhanden. Zum Haus gehört ein kleiner Park. Restaurant mit Brasserie-Flair, dazu eine nette Terrasse.

Benger

Zim,

Uerdinger Str. 620 ✉ 47800 – ✆ (02151) 9 55 40 – www.hotel-benger.de

20 Zim – 59/69 € 85/95 €

Rest – *(geschl. Freitag) (nur Abendessen)* Karte 21/36 €

Das Hotel ist gut in Schuss und hat gepflegte Zimmer mit schön renovierten Bädern - so manch Besucher ist da schon zum Stammgast geworden. Und als Freund bürgerlicher Küche ist man auch im gemütlich-rustikalen Restaurant gut aufgehoben.

Villa Medici mit Zim

Schönwasserstr. 73 ✉ 47800 – ✆ (02151) 5 06 60 – www.villa-medici-krefeld.de – geschl. Samstagmittag, Sonntag

9 Zim – 80 € 110 € **Rest** – Menü 30 € (mittags)/90 € – Karte 31/75 €

Nicht nur von außen gibt die schmucke Villa ein herrschaftliches Bild ab: Nach dem Klingeln betreten Sie die Empfangshalle mit toller Freitreppe und gelangen in stilvolle Räume mit schönem Parkett. Zum repräsentativen Rahmen passt der gute Service am Tisch: Große Fische werden vor dem Gast tranchiert, Antipasti auf dem Wagen präsentiert. Einfacher Mittagstisch in der Cantinetta.

In Krefeld-Traar **Nord-Ost: 5 km über B 509**

Mercure

Rest,

Elfrather Weg 5 (Zufahrt über An der Elfrather Mühle) ✉ 47802 – ✆ (02151) 95 60 – www.mercure.com/krefeld

151 Zim – 69/129 € 79/139 €, 18 € – 4 Suiten – ½ P

Rest – Menü 26/89 € – Karte 26/60 €

Ein Business- und Tagungshotel in der Nähe des Golfplatzes. In den Zimmern: geradlinig-moderner Stil und frische, warme Töne. Dazu ein Restaurant mit internationaler Küche.

In Krefeld-Uerdingen

Chopelin

Casinogasse 1 ✉ 47829 – ✆ (02151) 31 17 89 – www.chopelin.de – geschl. Sonntag - Montag, Samstagmittag

Rest – Menü 17 € (mittags)/49 € – Karte 35/61 €

Während man im Restaurant etwas gehobener isst, gibt es im Bistro ein günstiges Tagesangebot sowie mittwochabends ein interessantes "Amuse-Bouche-Menü"! Probieren Sie z. B. gebackene Kalbszunge und danach Grießflammerie mit Birnen-Mandelkompott. In dem einstigen Bayer-Casino kann man übrigens auch schön auf der Balkonterrasse mit Rheinblick speisen.

KREMMEN – Brandenburg – 542 – 7 080 Ew – Höhe 39 m 22 O7

Berlin 43 – Potsdam 50 – Neuruppin 36 – Oranienburg 18

In Kremmen-Groß Ziethen Süd: 6 km

Schloss Ziethen (mit Gästehaus)

Alte Dorfstr. 33 ✉ 16766 – ✆ (033055) 9 50 – www.schlossziethen.de – geschl. 20. - 24. Dezember

42 Zim – ♦88/135 € ♦♦114/166 € – 1 Suite – ½ P

Rest – Menü 36/48 € – Karte 29/51 €

Ein schmuckes Herrenhaus a. d. 14. Jh. in einem netten Park. Hübsch sind die wohnlichen Zimmer, die diversen Salons und die kleine Bibliothek. Schöner Tagungsbereich im Rosenhaus. Restaurant Orangerie in einem luftig-hohen Raum mit großen Bogenfenstern.

Altes Amtshaus N

Alte Dorfstr. 36 ✉ 16766 – ✆ (033055) 2 02 05 – www.kneiseler-und-wuensch.de – geschl. 5. - 23. Februar, 16. Juli - 3. August und Montag - Dienstag

Rest – *(nur Abendessen)* Menü 28/75 € – Karte 31/62 €

Direkt neben dem Schloss Ziehten liegt das einstige Amtshaus vom Ende des 19. Jh. Es ist ein intimes kleines Abendrestaurant, in dem das Gastgeber-Duo Heribert Wünsch und André Kneiseler frische, ambitionierte Küche bietet. Bei schönem Wetter setzen Sie sich am besten gleich auf die nette Terrasse vor dem Eingang. Für Raucher gibt's im OG eine gemütliche Lounge.

In Kremmen-Sommerfeld Nord: 8 km

Sommerfeld 

Beetzer Str. 1a ✉ 16766 – ✆ (033055) 9 70 – www.hotelsommerfeld.de

83 Zim – ♦92/132 € ♦♦130/177 € – 2 Suiten – ½ P **Rest** – Karte 38/55 €

Das Hotel befindet sich am Beetzer See und bietet einen ansprechenden Spa sowie wohnlich-komfortable Zimmer. Besonders schön sind die geräumigen Wellness-Relax-Zimmer. Die Restaurantbereiche nennen sich Kranich, Bistro Frosch und Roter Salon.

KRESSBRONN am BODENSEE – Baden-Württemberg – 545 63 H21 – 8 250 Ew – Höhe 407 m – Erholungsort

Berlin 731 – Stuttgart 170 – Konstanz 41 – Ravensburg 23

Im Bahnhof, Nonnebacher Weg 30, ✉ 88079, ✆ (07543) 9 66 50, www.kressbronn.de

Boutique-Hotel Friesinger 

Bahnhofstr. 5 ✉ 88079 – ✆ (07543) 9 39 87 87 – www.boutique-hotel-friesinger.de

3 Zim – ♦92/158 € ♦♦112/162 € – 2 Suiten

Rest *Meersalz* – siehe Restaurantauswahl

Mit diesem kleinen Bijou nahe dem See wurde der Traum von Dominique und Erik Essink Wirklichkeit! Die Zimmer stilvoll-modern und individuell, geräumig und hochwertig. Überall im Haus steckt Liebe zum Detail und die ehrliche Herzlichkeit spürt man schon beim Empfang - schlichtweg ein "Vorzeige"-Boutique-Hotel!

Teddybärenhotel Peterhof 

Nonnenbacher Weg 33 ✉ 88079 – ✆ (07543) 9 62 70 – www.teddybaerenhotel.de - geschl. Januar - Februar

17 Zim – ♦59/75 € ♦♦92/125 € – ½ P

Rest – *(geschl. Dienstag)* Menü 19 € (mittags)/34 € – Karte 18/33 €

Dieses Haus ist ein Muss für alle, die Teddybären lieben oder lieben lernen möchten! Die kleinen bärigen Zeitgenossen sind überall zu finden (im Restaurant, im Zimmer neben der "Minibär"...) und tragen zum individuellen und wohnlichen Ambiente bei - und Sie können Ihren Favoriten sogar käuflich erwerben! Im Restaurant werden ausschließlich regionale Produkte verwendet.

Pension am Bodensee garni

Bodanstr. 7 ✉ *88079 –* ✆ *(07543) 73 82 – www.pension-am-bodensee.de*

8 Zim ☕ – 🚹69/145 € 🚹🚹98/195 € – 1 Suite

Das ehemalige Fischerhaus, von Petra und Klaus Schorpp sehr persönlich geführt, liegt direkt am See und bietet neben der tollen Terrasse und der verglasten Sauna (beides natürlich mit Seeblick!) individuelle Zimmer, die mit Stil und Geschmack liebevoll eingerichtet sind. Nicht zu vergessen das exzellente Frühstücksbuffet mit regionalen Spezialitäten!

Meersalz – Boutique-Hotel Friesinger

Bahnhofstr. 5 ✉ *88079 –* ✆ *(07543) 9 39 87 87 – www.restaurant-meersalz.de – geschl. 4. - 18. März, 5. - 20. November und Montag - Dienstag, außer an Feiertagen*

Rest – *(Mittwoch - Samstag nur Abendessen)* Menü 50/58 € – Karte 36/55 €

In dem ehemaligen Steinmetz-Betrieb kocht Erik Essink für Sie modern und mutig und dabei vereint er Aromen aus der ganzen Welt. Wie wär's z. B. mit "Riesengarnelen im Wasabi-Knuspermantel" oder mit "gefüllter Perhuhnbrust auf Trüffelnudeln"? Elegant das Ambiente, zuvorkommend und freundlich der Service.

In Kressbronn-Retterschen

Sonnenhof

Sonnenhof 8 ✉ *88079 –* ✆ *(07543) 50 02 20 – www.sonnenhof-bodensee.de*

31 Zim ☕ – 🚹82/162 € 🚹🚹133/189 € – 1 Suite – ½ P

Rest – *(geschl. Oktober - Februar: Sonntag) (nur Abendessen)* Menü 30/46 € – Karte 26/55 €

Hier wohnt man gemütlich in modernem Umfeld und dank der Lage oberhalb des Bodensees hat man im Haupthaus oder im neuen Gästehaus "Lindau" teilweise eine schöne Sicht. Einfachere und preisgünstigere Zimmer im älteren Gästehaus. Nehmen Sie Ihr Frühstück oder Abendessen im Sommer auf der tollen Terrasse ein - sie bietet einen beeindruckenden Blick!

KREUTH – Bayern – siehe Rottach-Egern

KREUZNACH, BAD – Rheinland-Pfalz – 543 – 43 960 Ew – Höhe 108 m – Heilbad

46 D15

▶ Berlin 612 – Mainz 45 – Idar-Oberstein 50 – Kaiserslautern 56

ADAC Kreuzstr. 15 B1

ℹ Kurhausstr. 22 A1, ✉ 55543, ✆ (0671) 8 36 00 50, www.bad-kreuznach-tourist.de

ℹ Am Europaplatz, ✉ 55543, ✆ (0671) 8 45 91 47

18 St. Johann, Hofgut Wißberg, ✆ (06701) 2 00 80

Fürstenhof

Kurhausstr. 20 ✉ *55543 –* ✆ *(0671) 2 98 46 70 – www.sympathie-hotels.de*

74 Zim ☕ – 🚹99 € 🚹🚹139 € – 2 Suiten – ½ P A2**f**

Rest – *(geschl. Samstagmittag, Sonntagabend)* Menü 30/40 € – Karte 25/47 €

In dem Hotel im Kurviertel, gleich neben dem Gesundheitszentrum, stehen modern-funktionale, teils recht großzügige Zimmer bereit. Gute Tagungsmöglichkeiten sind ebenso vorhanden.

PK Parkhotel Kurhaus Zim,

Kurhausstr. 28 ✉ *55543 –* ✆ *(0671) 80 20 – www.pkhotels.eu* A2**a**

114 Zim ☕ – 🚹99 € 🚹🚹139 € – 6 Suiten – ½ P

Rest – Menü 25 € (mittags)/65 €

Das klassische Hotel von 1913 liegt ruhig am Kurpark und bietet kostenfreien Zugang zur direkt angeschlossenen "Crucenia-Therme". Im Haus werden auch Kosmetikanwendungen angeboten. Helles Restaurant mit großer Fensterfront zum Park.

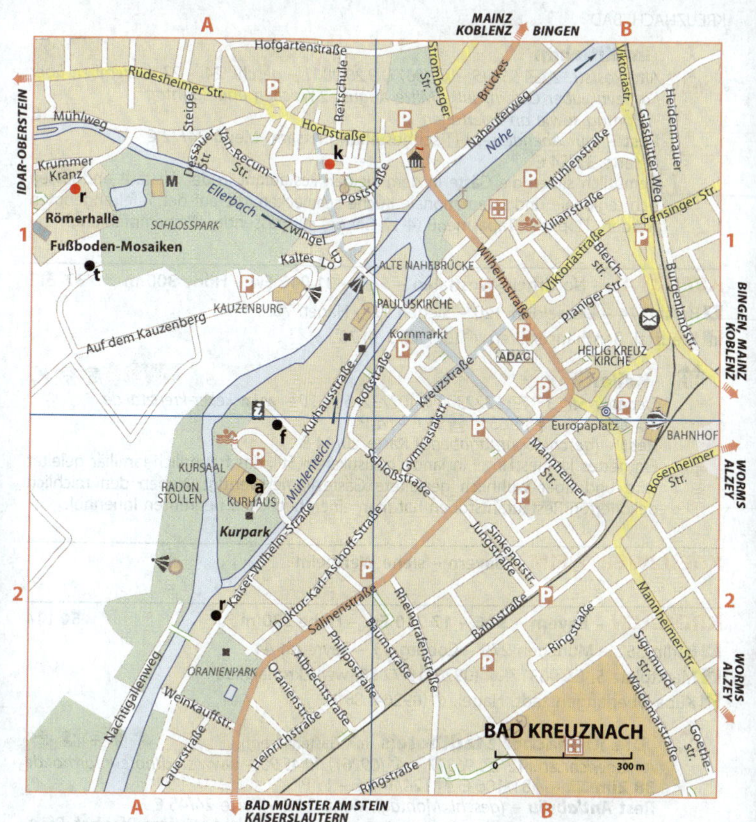

Kauzenburg mit Landhotel garni

Auf dem Kauzenberg 1 ✉ 55545 – ✆ (0671) 3 80 00 – www.kauzenburg.de

45 Zim ☕ – 🚹79/99 € 🚹🚹99/125 € A1**t**

Das gepflegte Hotel liegt wirklich schön und angenehm ruhig über der Stadt, dennoch erreicht man die Altstadt in nur 15 Gehminuten! Zum Entspannen hat man neben dem Saunabereich auch einen netten Barfußpfad hinter dem Haus. Das Restaurant ist wenige Schritte entfernt.

Victoria garni

Kaiser-Wilhelm-Str. 16 ✉ 55543 – ✆ (0671) 84 45 00 – www.hotel-victoria-bad-kreuznach.de – geschl. 22. Dezember - 6. Januar

21 Zim ☕ – 🚹59/69 € 🚹🚹99/115 € A2**r**

Ein im Kurviertel, an der Nahe gelegenes Stadthotel mit gepflegten, funktionalen Gästezimmern - besonders schön sind die Zimmer zum Fluss. Im Haus befindet sich eine Pizzeria.

Im Gütchen

Hüffelsheimer Str. 1 ✉ 55545 – ✆ (0671) 4 26 26 – www.jan-treutle.de – geschl. Anfang Januar 1 Woche, Juli - August 2 Wochen und Dienstag A1**r**

Rest – *(Montag - Samstag nur Abendessen)* Menü 35/99 € – Karte 37/62 €

Ein schöner hoher Raum in einem ehemaligen Hofgut a. d. 18. Jh. Während Chef Jan Treutle frische Speisen auf klassischer Basis zubereitet, lässt man sich in dem modern-eleganten Ambiente gerne von der Chefin herzlich betreuen. Die "Variation von Belgischer Schokolade" ist schon eine Sünde wert!

Im Kittchen

Alte Poststr. 2 ✉ *55545 – ✆ (0671) 9 20 08 11 – geschl. 24. - 27. Dezember, über Karneval, über Ostern, Juli - Mitte August 2 Wochen und Sonntag - Montag sowie an Feiertagen* A1**k**

Rest – *(nur Abendessen)* (Tischbestellung ratsam) Menü 24/72 € – Karte 32/54 €

Gemütlich sitzen die Gäste in dem kleinen Restaurant in der Altstadt und lassen sich regionale und internationale Küche schmecken, die auf der Tafel angeboten werden. Tipp: das Tapasmenü (4-12 Gänge) mit passender Weinempfehlung!

KREUZTAL – Nordrhein-Westfalen – 543 – 31 040 Ew – Höhe 300 m **37** E12

Berlin 574 – Düsseldorf 120 – Siegen 12 – Hagen 78

Kreuztal, Berghäuser Weg, ✆ (02732) 5 94 70

Keller

Siegener Str. 33 ✉ *57223 – ✆ (02732) 5 95 70 – www.keller-kreuztal.de*

15 Zim – 50/65 € 95 € – ½ P

Rest – *(geschl. Sonntagabend)* Karte 20/44 €

Ein nettes kleines Hotel in ländlich-rustikalem Stil, das freundlich-familiär geleitet wird und über wohnlich gestaltete Gästezimmer verfügt. Neben den reichlich dekorierten Restaurantstuben hat man einen hübschen begrünten Innenhof.

KREUZWERTHEIM – Bayern – siehe Wertheim

KRONACH – Bayern – 546 – 17 210 Ew – Höhe 320 m **50** L14

Berlin 352 – München 279 – Coburg 33 – Bayreuth 44

Marktplatz 5, ✉ 96317, ✆ (09261) 9 72 36, www.kronach.de

Küps-Oberlangenstadt, Nagel, ✆ (09264) 88 12

Die Kronacher Stadthotels (mit Gästehäusern)

Amtsgerichtsstr. 12 ✉ *96317 – ✆ (09261) 50 45 90 – www.stadthotel-pfarrhof.de*

38 Zim – 81/106 € 124/143 € – ½ P

Rest *Antlabräu* – *(geschl. Montag)* Menü 24 € – Karte 24/45 €

In der charmanten Oberstadt warten in den historischen Häusern Pfarrhof, Pförtchen und Floßherrn liebevoll gestaltete Zimmer auf Sie - vier Zimmer haben sogar einen kleinen Balkon und Blick zur Festung. Tipp: Im Antlabräu gibt's Bier aus der eigenen Brauerei und Ente (fränkisch: "Antla") als Spezialität!

In Stockheim-Haig Nord-West: 7 km über B 89, in Haßlach links

Landgasthof Detsch mit Zim

Coburger Str. 9 ✉ *96342 – ✆ (09261) 6 24 90 – www.landgasthof-detsch-haig.de – geschl. über Fasching 1 Woche, Anfang August 2 Wochen und Sonntagabend - Montag*

9 Zim – 50/52 € 65 € – 1 Suite

Rest – *(nur Abendessen, sonntags auch Mittagessen)* Karte 21/40 €

Das Gasthaus von 1723 wird seit Generationen von der Familie geführt, die hier ebenso wenig wegzudenken ist wie die herzliche Atmosphäre und die gute regionale Küche! Probieren Sie z. B. Rumpsteak vom Angus - das Fleisch stammt vom eigenen Hof! Im kleinen Gästehaus kann man übrigens auch gepflegt übernachten.

KRONBERG im TAUNUS – Hessen – 543 – 17 720 Ew – Höhe 257 m – Luftkurort **47** F14

Berlin 540 – Wiesbaden 28 – Frankfurt am Main 17 – Bad Homburg vor der Höhe 13

Berliner Platz 3-5, ✉ 61476, ✆ (06173) 70 30, www.kronberg.de

Land- und Golfclub Kronberg, Schloß Friedrichshof, ✆ (06173) 14 26

Schlosshotel
Rest,

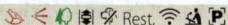

Hainstr. 25 ✉ 61476 – ✆ (06173) 7 01 01 – www.schlosshotel-kronberg.de
55 Zim – 205/350 € 235/450 €, 28 € – 10 Suiten
Rest – Menü 39 € (mittags)/84 € – Karte 54/81 €
Ein imposanter Rahmen zeichnet das Ende des 19. Jh. errichtete Schloss inmitten eines romantischen Parks aus. Exklusives Interieur mit zahlreichen Antiquitäten bewahrt den besonderen Charakter. Das Restaurant: ein prunkvoller Saal, der mit seinem französischen Renaissancestil Eleganz ausstrahlt.

Villa Philippe
Hainstr. 3, (1. Etage) ✉ 61476 – ✆ (06173) 99 37 51 – www.villa-philippe.de
Rest – Menü 18 € (mittags)/69 € – Karte 33/56 €
Sie haben es gerne stilvoll? Dann nehmen Sie in der 1. Etage der schmucken alten Villa Platz. Wer es lieber leger mag, sitzt im EG (hier auch die Bar). Die zeitgemäße Regionalküche schmeckt überall gleich gut - am Abend ist das Angebot anspruchsvoller. Preislich kaum zu toppen ist das Mittagsmenü!

Zum Grünen Wald
Friedrich-Ebert-Str. 19 ✉ 61476 – ✆ (06173) 20 11 – www.zum-gruenen-wald.com – geschl. Dienstag, außer an Feiertagen
Rest – Menü 45/99 € – Karte 34/47 €
In dem schönen Gasthof in der Innenstadt wird auf französischer Basis und mit saisonal-regionalen Einflüssen gekocht - Appetit macht da z. B. "Sot l'y laisse mit Spargel und Austernpilzen auf gebratenem Serviettenknödel". Einen Eindruck von der schönen Weinauswahl bekommt man beim großen und kleinen Weinmenü.

Grüne Gans
Pferdstr. 20 ✉ 61476 – ✆ (06173) 78 36 66 – www.allgaiers-restaurants.com
Rest – *(Montag - Samstag nur Abendessen)* Karte 30/49 €
Freundlich und modern ist die ehemalige Schlosserei a. d. 17. Jh. eingerichtet. Die Küche ist regional und international, daneben bietet man auch Flammkuchen und gute Weine.

Lucullus
Frankfurter Str. 1 ✉ 61476 – ✆ (06173) 96 71 74 – www.lucullus-restaurant.de
Rest – Menü 45/85 € – Karte 29/69 €
Italienische Küche in ansprechendem geradlinig-modernem Ambiente. Eine tolle Weinauswahl aus Italien bereichert das Essen - Weine auch zum Degustieren per Enomat. Smokers Lounge.

KROZINGEN, BAD – Baden-Württemberg – 545 – 17 460 Ew – Höhe 234 m – Heilbad
61 D20

Berlin 816 – Stuttgart 217 – Freiburg im Breisgau 18 – Basel 63

Basler Straße, ✉ 79189, ✆ (07633) 40 08 65, www.verkehrsverein-bad-krozingen.de

Hofmann zur Mühle garni (mit Gästehaus)

Litschgistr. 6 ✉ 79189 – ✆ (07633) 9 08 85 90 – www.hotel-hofmann.de
24 Zim – 57/72 € 106/110 €
Ein wirklich gepflegtes und freundlich eingerichtetes Haus, in dem man gut aufgehoben ist - und das liegt nicht zuletzt an der engagierten und herzlichen Chefin, die ihren Gästen auch gerne Restaurants in der Stadt empfiehlt. Zu Recht stolz ist sie auf ihren schönen mediterranen Garten!

In Bad Krozingen-Biengen Nord-West: 3 km

Zur Krone
Hauptstr. 18 ✉ 79189 – ✆ (07633) 9 39 19 89 – www.zur-krone-biengen.de – geschl. Januar 2 Wochen, November 1 Woche und Montag - Dienstagmittag, Samstagmittag
Rest – Menü 18 € (mittags)/59 € – Karte 29/56 €
Sascha Kölsch hat in guten Betrieben der Region gearbeitet und bietet hier nun regional und mediterran beeinflusste Gerichte - reduziert, klar und ambitioniert. Appetit auf "Tranche vom Rinderfilet mit Rotweinschalotten und Rosmarinkartoffeln" oder "Perlhuhnbrust an Risotto mit Apfel und Parmesan"? Toll die Terrasse im Hof. Eine Raucherlounge gibt es auch.

In Bad Krozingen-Schmidhofen **Süd: 3,5 km über B 3**

Storchen (Fritz und Jochen Helfesrieder) mit Zim
Felix und Nabor Str. 2 ✉ 79189 – ✆ (07633) 53 29 – www.storchen-schmidhofen.de – geschl. Montag - Dienstag
4 Zim – 75 € 85/100 €
Rest – (Tischbestellung ratsam) Menü 32 € (mittags)/85 € – Karte 38/84 €

Schon von außen lässt der schön sanierte Gasthof a. d. 18. Jh. ein geschmackvolles klassisches Interieur erahnen. Bereits seit Generationen hebt sich Familie Helfesrieder hier mit ihrem Stil ab. So findet sich auf der Karte neben regionalen Speisen auch Hummer. Gerne kommt man auch zum günstigen Mittagsmenü. Sie möchten über Nacht bleiben? Die Zimmer sind nicht weniger ansprechend als das Restaurant.

➜ Konfierte Wildfanggarnele auf cremigem Spargel, Kalbskopfravioli und Morcheln. Tatar und gebeizte Gelbflossenmakrele, Avocado und Gemüsevinaigrette. Mangalitza Wollschwein mit weißer Pfeffersauce, Liebstöckelpüree und Aromaten.

KRÜN – Bayern – 546 – 1 950 Ew – Höhe 875 m – Wintersport: 900 m 65 L22

1 – Erholungsort

Berlin 683 – München 96 – Garmisch-Partenkirchen 17 – Mittenwald 8

Schöttlkarspitzstr. 15, ✉ 82494, ✆ (08825) 10 94, www.alpenwelt-klarwendel.ed/kruen

Alpenhof Rest,
Edelweißstr. 11 ✉ 82494 – ✆ (08825) 10 14 – www.alpenhof-kruen.de – geschl. 5. November - 15. Dezember
23 Zim – 55/58 € 110/115 € – 4 Suiten – ½ P
Rest – *(geschl. Sonntagabend) (nur für Hausgäste)* Menü 15/25 € – Karte 20/33 € (Buffet)

Ein alpenländisches Ferienhotel, in dem eine sehr freundliche und familiäre Atmosphäre herrscht. Man hat nicht nur einen schönen Garten und wohnliche Zimmer (Juniorsuiten mit Teeküche), sondern auch den sehr ansprechenden Saunabereich "Alpin Spa" auf rund 500 qm!

Post
Walchenseestr. 4 ✉ 82494 – ✆ (08825) 3 21 – www.gasthof-blocks-post-kruen.de – geschl. 28. April - 13. Mai, 10. November - 9. Dezember und Montag - Dienstag
Rest – *(nur Abendessen)* (Tischbestellung erforderlich) Karte 21/43 €

In dem legeren Wirtshaus müssen Sie reservieren, denn hier ist es immer voll! Josef Block sen. kocht nur mit frischen Produkten, viele direkt aus der Gegend. Bestellen Sie Ochsenbackerl oder den feinen Kaiserschmarrn! Für den kleinen Hunger Salate und Nudelgerichte. Die Söhne sind auch im Haus: der eine an der Bar, der andere als Konditor!

In Krün-Elmau **Süd-West: 9 km über Klais, nur über mautpflichtige Straße zu erreichen**

Schloss Elmau
Elmau 2 ✉ 82493 – ✆ (08823) 1 80 – www.schloss-elmau.de
108 Zim – 203/438 € 406/736 € – 20 Suiten – ½ P
Rest *Luce d'Oro* **Rest *Fidelio*** – siehe Restaurantauswahl

Historie auf der einen Seite, moderner Luxus auf der anderen! Auch Kinder sind hier herzlich willkommen: Für sie gibt's einen eigenen Badebereich und aufwändige Betreuung! Die Eltern (andere Gäste natürlich auch) besuchen währenddessen Konzerte, stöbern in der Bibliothek und genießen die Ruhe im Spa. HP inkl.

Luce d'Oro – Hotel Schloss Elmau

Elmau 2 ✉ 82493 – ✆ (08823) 1 80 – www.schloss-elmau.de – geschl. 26. Januar - 4. Februar, 16. März - 15. April, 11. - 27. Mai und Sonntag - Dienstag
Rest – *(nur Abendessen)* (Tischbestellung erforderlich) Menü 85/170 €
– Karte 85/116 €
Warmes Rot, schimmernde Goldtöne, ein flackernder Kamin... dieses wohltuende Ambiente zusammen mit dem diskreten Service ist angenehm unprätentiös und hat dennoch eine gewisse luxuriöse Note! Unter der Regie von Mario Corti entstehen zwei kreative Menüs: handwerklich sehr exakt, filigran und harmonisch.
→ Überraschungsei „Luce d'Oro". Seezunge, Büsumer Krabben, Petersilie. Lamm, Artischocke, Bohne.

Fidelio – Hotel Schloss Elmau

Elmau 2 ✉ 82493 – ✆ (08823) 1 80 – www.schloss-elmau.de
Rest – *(nur Abendessen)* (Tischbestellung erforderlich) Menü 50 €
– Karte 47/75 €
Im Restaurant hochwertige moderne Einrichtung und schöne Aussicht, in der Küche jede Menge topfrische Produkte. Aus diesen wird z. B. "Tagliolini mit Langostino und Safransauce" oder "Kotelett vom Seeteufel mit Veroneser Spargel und Basilikumschaum", und zum Dessert "Früchtecannoli mit Piemonteser Nougat"!

In Krün-Kranzbach Süd-West: 7 km über Klais, nur über mautpflichtige Straße zu erreichen

 **Das Kranzbach**  

Kranzbach 1 ✉ 82493 – ✆ (08823) 92 80 00 – www.daskranzbach.de 
131 Zim – 185/248 € 290/416 € – ½ P
Rest – *(nur Abendessen für Hausgäste)*
Eine Oase der Ruhe, zurückhaltend luxuriös, topmodern und doch zeitlos - hier sind Individualisten zu Gast! Der Spa erstreckt sich über beachtliche 3500 qm, Lady-Spa und Yoga-Schule inklusive. Wer es ganz privat möchte, bucht das Baumhaus im Wald, über einen Privatweg erreichbar. Kinder erst ab 10 Jahre.

KRUMBACH – Bayern – 546 – 12 460 Ew – Höhe 512 m   64 J20

Berlin 648 – München 120 – Augsburg 48 – Frauenfeld 201

 **Diem** 

Kirchenstr. 5 ✉ 86381 – ✆ (08282) 8 88 20 – www.gasthof-diem.de
30 Zim – 45/75 € 76/105 € – ½ P
Rest – Menü 22/60 € (abends) – Karte 22/61 €
Sie haben die Wahl: einfache Zimmer im Stammhaus, Appartements mit Kitchenette oder die modernsten (und schönsten!) Zimmer in der Neuen Sonne vis-à-vis. Nicht nur bei Einheimischen beliebt: der hübsche Biergarten am Bach!

KRUMMHÖRN – Niedersachsen – 541 – 12 420 Ew – Höhe 1 m   7 C5

Berlin 528 – Hannover 265 – Emden 14 – Groningen 112
Zur Hauener Hooge 15, ✉ 26736, ✆ (04926) 9 18 80, www.greetsiel.de
Emden: Ostfriesisches Landesmuseum★ (Rüstkammer★★), Süd-Ost: 14 km

In Krummhörn-Greetsiel – Erholungsort

 **Der Romantik-Hof** (mit Gästehäusern) 

Ankerstr. 4 ✉ 26736 – ✆ (04926) 91 21 51 – www.romantik-hof.de – geschl. Januar
32 Zim – 80/105 € 150/200 € – 1 Suite – ½ P
Rest – *(nur Abendessen)* Menü 25/30 € – Karte 29/58 €
Der friesische Charme dieses netten familiären Hotels samt seiner zwei Gästehäuser wird Sie gleich gefangen nehmen! Das wohltuende Landhausambiente ist dem Engagement der Gastgeber zu verdanken. Hübsch auch der Sauna- und Kosmetikbereich.

Landhaus Steinfeld

Kleinbahnstr. 16 ✉ 26736 – ✆ (04926) 9 18 10 – www.landhaus-steinfeld.de – geschl. 9. - 26. Dezember

24 Zim – 🚹110/120 € 🚹🚹140/235 € – 1 Suite – ½ P

Rest – *(geschl. Sonntag) (nur Abendessen)* Menü 32 €

Das Hotel in ruhiger Lage bietet verschiedene Zimmertypen, teils im Landhausstil oder mit Bauernmöbeln, und eine gepflegte Außenanlage mit japanischem Garten und Koikarpfenteich.

Hohes Haus (mit Gästehaus)

Hohe Str. 1 ✉ 26736 – ✆ (04926) 18 10 – www.hoheshaus.de – geschl. 12. - 26. Januar

33 Zim – 🚹60/97 € 🚹🚹90/126 € – ½ P

Rest – *(geschl. 12. - 31. Januar und November - März: Mittwoch) (November - März: Montag - Donnerstag nur Abendessen)* Menü 26 € – Karte 24/47 €

Im Zentrum, unweit des Hafens, finden Sie das a. d. 17. Jh. stammende Gebäude mit seinen hübschen ländlich-wohnlich eingerichteten Gästezimmern. Rustikal-friesisches Ambiente im Restaurant. Bürgerliches Angebot mit vielen Fischgerichten.

Witthus (mit 3 Gästehäusern)

Rest,

Kattrepel 5 ✉ 26736 – ✆ (04926) 9 20 00 – www.witthus.de – geschl. 6. - 26. Januar

19 Zim – 🚹77/97 € 🚹🚹109/129 € – ½ P

Rest – *(geschl. November - März: Montag) (November - März: Dienstag - Donnerstag nur Abendessen)* Menü 26/59 € – Karte 23/57 €

Nett liegt das kleine Hotel in einer Seitenstraße des Fischerdörfchens. Besonders wohnlich sind die modernen Zimmer im neueren Gästehaus. Rustikales Restaurant mit Galerie und sehr schöner Gartenterrasse.

KUDDEWÖRDE – Schleswig-Holstein – 541 – 1 350 Ew – Höhe 28 m 10 J5

▶ Berlin 270 – Kiel 93 – Ratzeburg 43 – Hamburg 33

Grander Mühle

Lauenburgerstr. 1 ✉ 22958 – ✆ (04154) 8 10 21 – www.grandermuehle.de – geschl. Januar

13 Zim – 🚹74/84 € 🚹🚹99/115 €

Rest – *(geschl. Montag - Mittwoch) (Donnerstag - Freitag nur Abendessen)* Karte 30/38 €

Der schöne Backsteinbau auf dem Gelände der ältesten Korn-Wasser-Mühle Deutschlands ist ein wahres Schmuckstück, das man mit antiken Möbeln und allerlei hübschen Accessoires liebevoll ausstaffiert hat. Im separat geführten Restaurant gegenüber weht ein frischer Wind bei internationaler Küche mit asiatischem Touch.

KÜHLUNGSBORN – Mecklenburg-Vorpommern – 542 – 7 150 Ew – Höhe 10 m – Seebad 12 M3

▶ Berlin 251 – Schwerin 70 – Rostock 31 – Wismar 39

ℹ Ostseeallee 19, ✉ 18225, ✆ (038293) 84 90, www.kuehlungsborn.de

27 Wittenbeck, Zum Belvedére, ✆ (038293) 41 00 90

Travel Charme Ostseehotel

Zur Seebrücke 1 (Zufahrt über Ostseeallee) ✉ 18225 – ✆ (038293) 41 50 – www.travelcharme.com/ostseehotel

103 Zim – 🚹92/273 € 🚹🚹130/273 € – 7 Suiten – ½ P

Rest – Menü 33 € (abends) – Karte 31/52 €

Die Lage an der Seebrücke ist das erste, was Sie bei Ihrer Ankunft begeistern wird, Eindruck machen aber auch der großzügige Empfangsbereich, der vielfältige Puria Spa und wohnliche, geradlinig-elegante Zimmer! Die internationalen Speisen nimmt man im Sommer natürlich auf der Terrasse zum Strand hin ein.

Neptun (mit Gästehaus)
Strandstr. 37 ✉ 18225 – ✆ (038293) 6 30 – www.neptun-hotel.de
– geschl. 2. - 30. Januar
39 Zim – 75/100 € 85/125 € – 1 Suite – ½ P
Rest *Wilhelms* – *(nur Abendessen)* Menü 30/50 € – Karte 31/49 €
An einer belebten Einkaufsstraße in der Stadtmitte liegt das Hotel mit seinen recht großzügigen, wohnlich-stilvoll gestalteten Gästezimmern. Restaurant im Bistrostil mit Wintergarten. Internationale Küche.

Strandblick
Ostseeallee 6 ✉ 18225 – ✆ (038293) 6 33 – www.ringhotel-strandblick.de
47 Zim – 100/155 € 115/170 € – 5 Suiten – ½ P
Rest – *(nur Abendessen)* Menü 25/41 € – Karte 26/33 €
Man hat hier Jugendstil-Flair bewahrt (sehenswert der Eingangsbereich und das Treppenhaus!), aber auch viel Neues geschaffen, so z. B. den modernen Spa mit Pool. Individuell der Zuschnitt der Zimmer: mal mit Erker, mal als Suite angelegt. Im Restaurant mit Kaminzimmer isst man international.

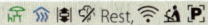

Schweriner Hof Rest,
Ostseeallee 46 ✉ 18225 – ✆ (038293) 7 90 – www.schwerinerhof.de
35 Zim – 69/129 € 99/189 € – 4 Suiten
Rest – *(nur Abendessen)* Karte 21/41 €
Hier hat man den dänischen Stil konsequent durchgezogen - freundlich, farbenfroh und wohnlich. Im hübschen Strandcafé sitzt es sich schön unter Stuckdecken, in der rustikalen Dänischen Stube gibt's nordische Spezialitäten und auf der Terrasse lässt sich die Nähe zur Ostsee genießen!

Westfalia garni
Ostseeallee 17 ✉ 18225 – ✆ (038293) 4 34 90 – www.westfalia-kuehlungsborn.de
15 Zim – 60/115 € 85/154 €
Die Jugendstilvilla ist nicht nur komfortabel und wohnlich, sie liegt auch nur einen Steinwurf von der Ostsee entfernt - die Zimmer bieten Balkon oder Loggia zur Seeseite. Familien haben im Ferienhaus mit direktem Zugang zum sehr schönen Garten ihr eigenes kleines Reich!

KÜNZELSAU – Baden-Württemberg – 545 – 14 830 Ew – Höhe 218 m 48 H17

Berlin 563 – Stuttgart 89 – Würzburg 74 – Heilbronn 48

Anne-Sophie (mit Gästehaus)
Hauptstr. 22 ✉ 74653 – ✆ (07940) 9 34 60 – www.hotel-anne-sophie.de
49 Zim – 78/134 € 110/220 € – ½ P
Rest *Anne-Sophie* **Rest *Handicap*** – siehe Restaurantauswahl
Hier hat sich einiges getan: Zu betreten ist das Hotel (übrigens ein Integrationsbetrieb) nun durch einen Neubau - hier hat man einen Shop im Eingangsbereich sowie großzügige, geschmackvoll-elegante Zimmer. Geblieben - und ein interessanter Kontrast zur modernen Architektur - sind das 300 Jahre alte Stadthaus und der "Würzburger Bau" von 1710 samt diverser Kunstobjekte.

Handicap – Hotel Anne-Sophie
Hauptstr. 22 ✉ 74653 – ✆ (07940) 9 34 60 – www.hotel-anne-sophie.de
– geschl. Sonntag - Montag
Rest – *(nur Abendessen)* Menü 46 € (vegetarisch)/159 € – Karte 71/83 €
Ein großzügiger hoher Raum, in dem sich geradlinig-elegantes Sitzmobiliar in warmem Violett und stilvolle Gemälde an den Wänden zu einem attraktiven und wertigen Interieur verbinden. Dazu internationale und regionale Gerichte wie "Steinbutt Sous Vide / Senfkohl / Dashi Brühe / Sesam / Kräutersaitlinge" oder "Boeuf de Hohenlohe / Kichererbsen Erde / Saubohne".

Anne-Sophie – Hotel Anne-Sophie
Schlossplatz 9 ✉ 74653 – ✆ (07940) 9 34 60 – www.hotel-anne-sophie.de
Rest – Menü 30 € – Karte 33/51 €
Der Mix aus Historischem und Modernem findet im Restaurant seine Fortsetzung. Da sitzt man gemütlich unter alten Originaldecken oder in luftig-lichter Wintergarten-Atmosphäre. Was Serkan Güzelcoban an regional-internationalen Speisen auf den Teller bringt, nennt sich z. B. "Schwäbischer Zwiebelrostbraten vom Weiderind mit handgeschabten Spätzle" oder "gedünstetes Schollenfilet an Limettensauce mit Ratatouille".

KÜPS – Bayern – 546 – 7 930 Ew – Höhe 299 m 50 L14

Berlin 355 – München 278 – Coburg 33 – Bayreuth 50

Werners Restaurant

Griesring 16 ✉ 96328 – ✆ (09264) 64 46 – www.werners-restaurant.de – geschl. September 2 Wochen und Sonntag

Rest – *(nur Abendessen)* Menü 45/51 € – Karte 28/49 €

Schon seit 30 Jahren leiten Maria und Werner Hühnlein das nette Restaurant praktisch als 2-Mann-Betrieb, und das auf angenehm persönliche Art! Ihr Konzept hebt sich etwas von der Region ab, so sind Speise- und Weinkarte eher mediterran.

KÜRTEN – Nordrhein-Westfalen – 543 – 19 470 Ew – Höhe 185 m 36 C12

Berlin 560 – Düsseldorf 63 – Köln 33 – Arnsberg 116

Zur Mühle

Wipperfürther Str. 391 ✉ 51515 – ✆ (02268) 66 29 – www.restaurant-zur-muehle.com – geschl. Ende Juli - Anfang September 3 Wochen und Mittwoch sowie Februar - September: Dienstag - Mittwoch

Rest – Menü 34 € – Karte 23/52 €

Das Restaurant der Familie Berger bietet einen netten rustikalen Rahmen mit modernem Touch. Der Chef kocht Schmackhaftes, von bürgerlich-saisonal bis international - gut zu sehen beim "in orientalischem Honig geschwenkten Schollenfilet an in Cidre geschmortem Lauch".

KUHLEN-WENDORF – Mecklenburg-Vorpommern – 542 – 950 Ew – Höhe 30 m 12 L5

Berlin 230 – Schwerin 26 – Parchim 38

Im Ortsteil Wendorf

Schlosshotel Wendorf (mit Gästehaus)

Hauptstr. 9 ✉ 19412 – ✆ (038486) 3 36 60 – www.schlosshotel-wendorf.de – geschl. Januar - März

21 Zim – †165 € ††195 € – 15 Suiten – ½ P

Rest *Cheval Blanc* – siehe Restaurantauswahl

Das wunderschöne Herrenhaus mit weitläufigem Park und Pferdesportarena liegt leicht erhöht im Dorfkern. Eine stilvolle holzgetäfelte Halle empfängt Sie, die Zimmer sind sehr hochwertig und elegant.

Cheval Blanc – Schlosshotel Wendorf

Hauptstr. 7 ✉ 19412 – ✆ (038486) 33 66 11 – www.restaurant-chevalblanc.de – geschl. Januar - März und Montag - Dienstag

Rest – *(Mittwoch - Donnerstag nur Abendessen)* Menü 84/119 € – Karte 44/55 €

Wie überall im Haus vermitteln auch im Restaurant zahlreiche Details Schlossflair. Dabei legte man viel Wert auf eine Melange aus Moderne und Historie. Gekocht wird nach internationalen Rezepten.

KULMBACH – Bayern – 546 – 26 640 Ew – Höhe 325 m 50 L15

Berlin 355 – München 257 – Coburg 46 – Bayreuth 22

Buchbindergasse 5, Dr.-Stammberger-Halle, ✉ 95326, ✆ (09221) 9 58 80, www.kulmbach.de

Thurnau, Petershof 1, ✆ (09228) 3 19

Plassenburg★

Kronprinz garni (mit Gästehaus)

Fischergasse 4 ✉ 95326 – ✆ (09221) 9 21 80 – www.kronprinz-kulmbach.de – geschl. 23. Dezember - 8. Januar

22 Zim – †65/95 € ††89/119 €

Das Hotel hat gleich mehrere Vorzüge: die zentrale Altstadtlage (praktisch ist die Tiefgarage gegenüber), eine freundliche Gastgeberin und gepflegte Zimmer (besonders schön sind die drei eleganten Zimmer im Gästehaus). Und wie wär's mit hausgemachtem Kuchen im Café? Auch kleine Gerichte sind hier zu haben.

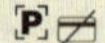

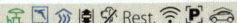

Purucker — Rest

Melkendorfer Str. 4 ✉ 95326 – ✆ (09221) 9 02 00 – www.hotel-purucker.de
25 Zim – 1 Pers. 58/75 € 2 Pers. 78/98 € – 2 Suiten – ½ P
Rest – *(geschl. Freitag - Sonntag sowie an Feiertagen) (nur Abendessen)* Karte 16/47 €
Der Familienbetrieb bietet unterschiedlich eingerichtete und gut schallisolierte Gästezimmer. Zudem hat man zwei hübsche neuzeitlich gestaltete Appartements im Haus nebenan. Bürgerliches Restaurant.

In Kulmbach-Höferänger **Nord-West: 4 km**

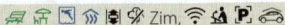

Dobrachtal — Zim

Höferänger 10 ✉ 95326 – ✆ (09221) 94 20 – www.hotel-dobrachtal.de – geschl. 19. Dezember - 4. Januar
56 Zim – 1 Pers. 48/84 € 2 Pers. 79/118 € – ½ P
Rest – *(geschl. Freitag)* Karte 19/40 €
Der erweiterte Gasthof ist ein gepflegtes familiengeführtes Hotel, das über solide eingerichtete und teilweise recht geräumige Zimmer verfügt, einige mit Balkon. Zum Essen sitzt man in gemütlichen Gaststuben mit Kachelofen oder auf der hübschen Gartenterrasse.

KUPFERZELL – Baden-Württemberg – 545 – 5 840 Ew – Höhe 336 m 56 H17

Berlin 555 – Stuttgart 85 – Heilbronn 46 – Schwäbisch Hall 17

In Kupferzell-Eschental **Süd-Ost: 6 km über Schlossstraße**

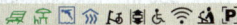

Landgasthof Krone

Hauptstr. 40 ✉ 74635 – ✆ (07944) 6 70 – www.krone-eschental.de
56 Zim – 1 Pers. 66/72 € 2 Pers. 93/99 € – 1 Suite – ½ P
Rest – Menü 19/35 € (abends) – Karte 20/43 €
Der gewachsene Familienbetrieb wurde immer wieder erweitert und modernisiert, so sind die Zimmer recht verschieden und z. T. topmodern! Unterschiedlich sind auch die Restauranträume - mal ländlich, mal elegant. Hier gibt es bürgerliche Küche. Gemütlich die Bar/Weinstube "d'Stall".

KUPPENHEIM – Baden-Württemberg – 545 – 7 960 Ew – Höhe 127 m 54 E18

Berlin 698 – Stuttgart 98 – Karlsruhe 27 – Baden-Baden 12

In Kuppenheim-Oberndorf **Süd-Ost: 2 km Richtung Freudenstadt**

Raubs Landgasthof mit Zim — Zim

Hauptstr. 41 ✉ 76456 – ✆ (07225) 7 56 23 – www.raubs-landgasthof.de – geschl. Februar 1 Woche, über Pfingsten 1 Woche, August - September 2 Wochen und Sonntag - Montag
5 Zim – 1 Pers. 65/88 € 2 Pers. 105/140 €
Rest – (Tischbestellung ratsam) Menü 27 € (mittags)/128 € – Karte 40/85 €
Freundlich-ländlich die Atmosphäre, angenehm familiär der Service, frisch und schmackhaft die Küche... Wolfgang Raub kocht klassisch, mit regionalen und mediterranen Einflüssen, und dabei ist die Produktqualität für ihn das A und O! Übrigens: Auch die wunderbar bepflanzte Terrasse ist einen Besuch wert!
➜ Sautierte Sepien und gefüllte Totani mit Fenchel-Risotto. Wilde Gambas mit Quitten in weißem Balsamessig, Trüffel-Nage und geröstetem Quinoa. Variation von Pyrenäen-Milchlamm mit jungem Knoblauch und Artischocken.

KUSEL – Rheinland-Pfalz – 543 – 4 860 Ew – Höhe 239 m 46 C16

Berlin 682 – Mainz 107 – Saarbrücken 72 – Trier 84

In Blaubach Nord-Ost: 2 km

Reweschnier

Kuseler Str. 1 ✉ 66869 – ✆ (06381) 92 38 00 – www.reweschnier.de
29 Zim – 49/65 € 79/98 € – 1 Suite
Rest – Menü 25/35 € – Karte 22/38 €
Der gepflegte Landgasthof ist ein persönlich geführter Familienbetrieb mit soliden Zimmern, die teilweise über einen Balkon verfügen. Kosmetik und Massage im Haus. Bürgerlich-rustikales Restaurant.

KYRITZ – Brandenburg – 542 – 9 450 Ew – Höhe 42 m 21 N7

Berlin 96 – Potsdam 85 – Schwerin 113
Maxim-Gorki-Str. 32, ✉ 16866, ✆ (033971) 5 23 31, www.knatter-dosseland.de

Waldschlösschen (mit Gästehaus)

Seestr. 110 (Ost: 3 km, Waldkolonie) ✉ 16866 – ✆ (033971) 3 07 80 – www.hotel-kyritz.de – geschl. Januar 1 Woche, Oktober 1 Woche
18 Zim – 47/65 € 68/97 € – ½ P
Rest – *(Oktober - April: Montag - Donnerstag nur Abendessen)* Karte 16/40 €
Das kleine Hotel ist ein 1906 erbautes Haus in seenaher Lage am Waldrand. Die Zimmer sind wohnlich gestaltet, im Gästehaus neuzeitlich, im Stammhaus rustikaler. Zum Restaurant gehört ein schöner Biergarten unter alten Bäumen.

LAASPHE, BAD – Nordrhein-Westfalen – 543 – 14 230 Ew – Höhe 330 m – Kneippheilbad 37 F12

Berlin 489 – Düsseldorf 174 – Siegen 34 – Kassel 108
Wilhelmsplatz 3, ✉ 57334, ✆ (02752) 8 98, www.tourismus-badlaasphe.de

In Bad Laasphe-Feudingen West: 9 km über B 62, in Saßmannshausen links

Landhotel Doerr

Rest,

Sieg-Lahn-Str. 8 ✉ 57334 – ✆ (02754) 37 00 – www.landhotel-doerr.de
52 Zim – 70/90 € 140/180 € – ½ P
Rest – Karte 30/47 €
In diesem Familienbetrieb stehen sehr unterschiedliche, aber stets gemütlich-wohnlich gestaltete Zimmer bereit. Vielfältig und ebenso ansprechend ist der Wellnessbereich. Ländlich-elegantes Ambiente im großzügigen, über zwei Etagen angelegten Restaurant.

Lahntal-Hotel (mit Gästehaus)

Sieg-Lahn-Str. 23 ✉ 57334 – ✆ (02754) 12 85 – www.lahntalhotel.de
15 Zim – 85/95 € 150/200 € – 2 Suiten – ½ P
Rest – Karte 27/48 €
Ein schönes familiengeführtes kleines Landhotel mit wohnlichen und rustikal eingerichteten Zimmern, die recht geräumig sind. Am Morgen wartet ein gutes Frühstücksbuffet. Das Restaurant ist in behaglich-ländlichem Stil gehalten.

Im Auerbachtal

Rest,

Wiesenweg 5 ✉ 57334 – ✆ (02754) 37 58 80 – www.auerbachtal.de – geschl. 23. Dezember - 15. Januar, 4. - 10. November
16 Zim – 54/59 € 80/98 € – 2 Suiten – ½ P
Rest – *(geschl. Sonntagabend) (Montag - Samstag nur Abendessen)*
Menü 18/28 € – Karte 18/30 €
Das sympathische Haus liegt angenehm ruhig am Waldrand und bietet recht schlichte, aber gepflegte Zimmer, die meist mit Parkett ausgestattet sind. Schöner Wintergarten und kleine Bibliothek.

In Bad Laasphe-Glashütte West: 14 km über B 62 sowie Feudingen und Volkholz, in Saßmannshausen links

Jagdhof Glashütte

Glashütter Str. 20 ✉ *57334* – ✆ *(02754) 39 90* – *www.jagdhof-glashuette.de*
25 Zim – 132/248 € 256/356 € – 4 Suiten – ½ P
Rest *Ars Vivendi* ✿ **Rest *Rôtisserie "Die Braterei"*** – siehe Restaurantauswahl
Vom Empfang bis zur Abreise bietet Familie Dornhöfer eine beispielhafte und noch dazu überaus liebenswürdige Gästebetreuung! Dazu eine ausgesprochen schöne Einrichtung, die mit ihrem ländlichen Charme behaglicher kaum sein könnte, und die ruhige Lage umgeben von Wald und Wiese tut ein Übriges. Besuchen Sie unbedingt die reizende rustikale Fuhrmannstube, mit der hier einst alles begann! Unter "Stammgastrevier" finden Sie bürgerlich-regionale Wittgensteiner Küche.

Ars Vivendi – Hotel Jagdhof Glashütte
Glashütter Str. 20 ✉ *57334* – ✆ *(02754) 39 90* – *www.jagdhof-glashuette.de*
– geschl. Januar 3 Wochen, August 3 Wochen und Sonntag - Montag
Rest – *(nur Abendessen)* (Tischbestellung ratsam) Menü 84/115 €
Die "Soul-Kitchen" der bekannten Jagdhof-Gastronomie wird von Küchenchef Marcus Bunzel in Form zweier Menüs umgesetzt, die so interessant zubereitet sind wie sie klingen: "Cuisine Rothaarsteig-Genusssteig" als regionale Variante und "Soul-Ution on Tour" als internationales Pendant. Bei aller Moderne auf dem Teller bewahrt man aber bewusst das geschätzte elegant-verspielte Ambiente.
➜ Lachs "Pina Colada", Ananas, Kokos. Maibock trifft Kalb im Wittgensteiner Wald, Hopfenspargel, Kalbsbries, Walnuss, Kräuterseitling. Süßkartoffel, Ingwer, Zitronengras, Bergamotte.

Rôtisserie "Die Braterei" – Hotel Jagdhof Glashütte
Glashütter Str. 20 ✉ *57334* – ✆ *(02754) 39 90* – *www.jagdhof-glashuette.de*
Rest – Karte 40/83 €
Schon allein der große Rôtisseriegrill neben der offenen Küche verbreitet in dem urigen, liebevoll dekorierten Restaurant pure Gemütlichkeit. Hier gibt es Leckeres vom Holzkohlegrill sowie traditionell-klassische und internationale Küche - da ist auch das ein oder andere Lieblingsgericht von Patron Edmund Dornhöfer vertreten!

LAATZEN – Niedersachsen – siehe Hannover

LABOE – Schleswig-Holstein – 541 – 5 200 Ew – Höhe 21 m – Seebad 3 J3

Berlin 366 – Kiel 18 – Schönberg 13
Börn 2, ✉ 24235, ✆ (04343) 42 75 50, www.laboe.de

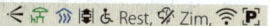

Seeterrassen
Rest, Zim,
Strandstr. 84 ✉ *24235* – ✆ *(04343) 60 70* – *www.seeterrassen-laboe.de* – *geschl. Dezember - Januar*
40 Zim – 45/60 € 76/96 € **Rest** – Karte 15/36 €
Praktisch eingerichtete Gästezimmer in zeitlosem Stil erwarten Sie in diesem Hotel. Zu den Vorzügen des Hauses zählt auch die strandnahe Lage. Restaurant mit Aussicht auf die Kieler Förde.

LADBERGEN – Nordrhein-Westfalen – 543 – 6 400 Ew – Höhe 50 m 27 E9

Berlin 456 – Düsseldorf 149 – Nordhorn 79 – Bielefeld 83

Zur Post (mit Gästehaus)
Dorfstr. 11 ✉ *49549* – ✆ *(05485) 9 39 30* – *www.gastwirt.de*
21 Zim – 70/75 € 92/108 € – 1 Suite – ½ P
Rest *Zur Post* – siehe Restaurantauswahl
Hier hat man recht individuelle Zimmer - in dem jahrhundertealten Fachwerkhaus haben sie teilweise schönen alten Dielenboden, in den Zimmern nach hinten und im Gästehaus wohnt man etwas ruhiger. Gut machen sich auch die diversen Antiquitäten im Haus - ein Hobby der Betreiber!

XX **Waldhaus an de Miälkwellen** mit Zim

Grevener Str. 43 ✉ *49549 – (05485) 9 39 90 – www.waldhaus-ladbergen.de*

10 Zim – 59 € 89 € – ½ P

Rest – Menü 28/37 € – Karte 20/47 €

Im Waldhaus der Familie Wilke gibt es so einige hübsche Räume, alle unterschiedlich... Bauernstube, Wintergarten, Delfter Stübchen... und die sind nicht nur für die regionale und internationale Küche ein schöner Rahmen, sondern auch für Veranstaltungen. So manches Paar hat hier auch schon standesamtlich geheiratet - und zwar in der eigenen Mühle ganz in der Nähe!

X **Zur Post** – Hotel Zur Post

Dorfstr. 11 ✉ *49549 – (05485) 9 39 30 – www.gastwirt.de – geschl. Montagmittag*

Rest – Menü 30/58 € (abends) – Karte 32/42 €

Wo angeblich einst die Vorverhandlungen zum Abschluss des Westfälischen Friedens 1648 stattfanden, kann man heute gemütlich sitzen und regional essen! Ländlichen Charme hat auch das geschmackvolle Dresdner Zimmer, speziell für die Raucher unter Ihnen!

LADENBURG – Baden-Württemberg – 545 – 11 450 Ew – Höhe 106 m

47 F16

Berlin 618 – Stuttgart 130 – Mannheim 15 – Heidelberg 13

Dr.-Carl-Benz-Platz 1, ✉ 68526, (06203) 92 26 03, www.ladenburg.de

Zur Goldenen Krone Zim,

Brauergasse 2 ✉ *68526 – (06203) 95 43 00 – www.hotel-ladenburg.com – geschl. 1. - 13. Januar*

14 Zim – 99/129 € 139/189 €

Rest – *(geschl. Montag, Oktober - März: Montag - Dienstag)* Menü 29/70 € – Karte 22/51 €

Das schmucke kleine Hotel ist in vier miteinander verbundenen und über 300 Jahre alten Stadthäusern untergebracht und wird von Gaby und Claus Hardung mit Engagement geleitet. Die Zimmer sind individuell geschnitten und gestaltet und sehr wohnlich. Im Restaurant, das auch als Café dient, isst man regional.

Cronberger Hof N garni

Cronbergergasse 10 ✉ *68526 – (06203) 9 26 10 – www.hotelcronbergerhof.de*

21 Zim – 75/78 € 98 €

In diesem Haus in einer schmucken Altstadtgasse wohnt man in funktionalen Zimmern, die ideal sind für Geschäftsreisende. Fragen Sie nach den Zimmern im Haupthaus - die Zimmer im Gästehaus sind kleiner und recht einfach.

X **Backmulde**

Hauptstr. 61 ✉ *68526 – (06203) 40 40 80 – www.back-mul.de – geschl. Montag*

Rest – *(Dienstag - Freitag nur Abendessen)* Menü 29 € (mittags)/79 € – Karte 42/72 €

Über 650 Jahre ist das hübsche und liebenswert eingerichtete Fachwerkhaus nun schon alt, doch was aus der Küche kommt, wird dem 21. Jh. gerecht, wie Sie z. B. am leckeren "24 h gegarten Apfelschweinebauch mit Blutwurst, Aprikose und Zwiebelpüree" sehen und schmecken werden! Sehr charmant und angenehm leger der Service durch Patron Rainer Döringer.

X **Die Zwiwwel**

Kirchenstr. 24 ✉ *68526 – (06203) 9 28 40 – www.diezwiwwel.de – geschl. Februar 2 Wochen und Montag*

Rest – *(Dienstag - Freitag nur Abendessen)* Menü 35/59 € – Karte 34/50 €

Das historische gelbe Haus steht mitten in der Altstadt. Drinnen sitzt man in heimeligen Stuben mit viel Holz (im Winter wärmt der Kachelofen!), die junge Küchenchefin kocht saisonal-klassisch.

LAER, BAD – Niedersachsen – 541 – 9 100 Ew – Höhe 88 m – Sole-Kurort 27 E9

Berlin 419 – Hannover 141 – Bielefeld 37 – Münster (Westfalen) 39

Glandorfer Str. 5, ✉ 49196, ✆ (05424) 29 11 88, www.bad-laer.de

Storck (mit Gästehaus)

Paulbrink 4 ✉ 49196 – ✆ (05424) 90 08 – www.hotel-storck.de

31 Zim – 39/54 € 70/80 € – 3 Suiten – ½ P

Rest – *(geschl. Montagmittag) (November - März: Montag - Donnerstag nur Abendessen)* Karte 17/28 €

Hier stimmt das Preis-Leistungs-Verhältnis. Ein erweitertes historisches Fachwerkhaus, das bodenständig geführt wird. Zimmer in warmen, freundlichen Farben, teils mit Whirlwanne. Einige Gästehaus-Zimmer ganz modern. Sauna gegen Gebühr. Gemütliches, teils holzgetäfeltes Restaurant.

LAGE (LIPPE) – Nordrhein-Westfalen – 543 – 35 020 Ew – Höhe 102 m 28 G9

Berlin 388 – Düsseldorf 189 – Bielefeld 21 – Detmold 9

Lage, Ottenhausener Str. 100, ✆ (05232) 6 80 49

In Lage-Stapelage Süd-West: 7 km über B 66 Richtung Bielefeld – Luftkurort

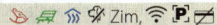

Haus Berkenkamp Zim,

Im Heßkamp 50 ✉ 32791 – ✆ (05232) 7 11 78 – www.haus-berkenkamp.de – geschl. 7. - 17. April, 6. - 28. Oktober

20 Zim – 46/48 € 76/82 € – ½ P

Rest – *(nur für Hausgäste)*

Hier überzeugen sympathische Gästebetreuung und die ruhige Lage im Grünen. Der ehemalige Bauernhof von 1849 wird engagiert von Familie Berkenkamp geführt.

LAHNSTEIN – Rheinland-Pfalz – 543 – 17 800 Ew – Höhe 66 m – Kurort 36 D14

Berlin 596 – Mainz 102 – Koblenz 9 – Bad Ems 13

Salhofplatz 3, ✉ 56112, ✆ (02621) 91 41 71, www.lahnstein.de

Wyndham Garden Lahnstein Koblenz

Zu den Thermen (Süd-Ost: 3,5 km über Rheinhöhenweg) ✉ 56112 – ✆ (02621) 91 20 – www.wyndhamgardenlahnstein.com Rest, Rest,

228 Zim – 59/199 € 59/199 €, 13 € – 13 Suiten – ½ P

Rest – Menü 30 € – Karte 19/110 €

Angenehm ruhig liegt das Hotel mit den funktionellen Zimmern in einer Parkanlage auf einem bewaldeten Bergrücken. Eine ideale Tagungs- und Businessadresse. Herrliche Sicht vom Restaurant im 15. Stock, zur Schließzeit Alternative im EG. Zwei Terrassen am Haus.

LAHR (SCHWARZWALD) – Baden-Württemberg – 545 – 44 180 Ew – Höhe 170 m 53 D19

Berlin 767 – Stuttgart 168 – Karlsruhe 96 – Offenburg 26

Kaiserstr. 1, ✉ 77933, ✆ (07821) 95 02 10, www.lahr.de

Lahr-Reichenbach, Gereut 9, ✆ (07821) 7 72 27

Ettenheimmünster★, Süd-Ost: 18 km

Grüner Baum

Burgheimer Str. 105 ✉ 77933 – ✆ (07821) 2 22 82 – www.gruenerbaum-lahr.de

Rest – (Tischbestellung ratsam) Menü 35/45 € – Karte 18/43 €

Bei Familie Feger gibt es regionale und internationale Küche - Sie essen hier "Lammrücken unter der Senf-Zwiebelkruste" ebenso wie Wiener Schnitzel oder "Leberle nach Mutters Art". Im Sommer ist es draußen im Hof am schönsten.

In Lahr-Reichenbach Ost: 3,5 km über B 415 – Erholungsort

Adler

Reichenbacher Hauptstr. 18 (B 415) ✉ 77933 – ✆ (07821) 90 63 90 – www.adler-lahr.de – geschl. 6. Januar - 2. Februar (Eröffnung Restaurant "Gasthaus" mit regionaler Küche Februar 2014)

22 Zim – 90/100 € 130/140 € – ½ P

Rest ***Adler*** – siehe Restaurantauswahl

Familientradition wird hier groß geschrieben: Gleich drei Generationen der Fehrenbachers kümmern sich um Ihr Wohl! Das Haus hat sehr zur Freude der Gäste über all die Jahre seinen badischen Charme bewahrt und trotzdem passt auch der ganz moderne Stil einiger Zimmer gut ins Bild!

Adler (Otto und Daniel Fehrenbacher) – Hotel Adler

Reichenbacher Hauptstr. 18 (B 415) ✉ 77933 – ✆ (07821) 90 63 90 – www.adler-lahr.de – geschl. 6. Januar - 2. Februar und Montag - Dienstag

Rest – *(nur Abendessen)* Menü 38/92 € – Karte 48/77 €

In erster Linie führt Sie natürlich die Küche der Herren Fehrenbacher hierher, aber auch die traditionelle Atmosphäre gehört einfach zum Adler und ist allseits geschätzt. Und lassen Sie sich die badisch und mediterran beeinflussten klassischen Gerichte von Vater und Sohn unbedingt auch mal im wunderbaren Garten servieren! Für Anfang 2014 plant man einen weiteren Restaurantbereich mit bürgerlich-regionaler Karte.

➜ Hummersalat mit Radieschen, Mango und Sauerklee. Seezunge an der Gräte gebraten mit Ochsenmark, Frühlingslauch und Morcheln. Rehfilet gebraten mit Zitrone, Süßkartoffel und Douglasienpesto.

LALENDORF – Mecklenburg-Vorpommern – **siehe Güstrow**

LAM – Bayern – 546 – 2 770 Ew – Höhe 475 m – Wintersport: 620 m – Luftkurort 59 P17

Berlin 513 – München 196 – Passau 94 – Cham 39

Marktplatz 1, ✉ 93462, ✆ (09943) 7 77, www.lam.de

Sonnenhof

Zim,

Himmelreich 13 ✉ 93462 – ✆ (09943) 3 70 – www.sonnenhof-lam.de

165 Zim – 105/117 € 152/214 € – 9 Suiten – ½ P

Rest – *(nur Abendessen für Hausgäste)* Menü 27 €

Eine schön gelegene wohnlich-komfortable Urlaubsadresse für Golfer, Wellnessgäste und Familien. Der Saunabereich ist im modernen asiatischen Stil gehalten. Mit Kids-Club. Neuzeitlich-elegant ist das Ambiente im Restaurant. HP inklusive.

LANDAU an der ISAR – Bayern – 546 – 12 540 Ew – Höhe 390 m 59 O19

Berlin 566 – München 115 – Regensburg 77 – Deggendorf 31

Landau, Rappach 2, ✆ (09951) 59 91 11

Gästehaus Numberger garni

Dr.-Aicher-Str. 2 ✉ 94405 – ✆ (09951) 9 80 20 – www.gaestehaus-numberger.de – geschl. 24. Dezember - 2. Januar

19 Zim – 40/50 € 75/85 €

Aus dem Jahre 1938 stammt die charmante kleine Villa oberhalb der Altstadt - genauso alt ist auch die Buche im schönen Garten. Die Gäste erwarten hübsche individuelle Zimmer und ein gutes Frühstücksbuffet mit hausgemachten Marmeladen.

LANDAU in der PFALZ – Rheinland-Pfalz – 543 – 43 960 Ew – Höhe 144 m 54 E17

Berlin 668 – Mainz 109 – Karlsruhe 38 – Mannheim 50

ADAC Nordring 7

Marktstr. 50, ✉ 76829, ✆ (06341) 13 83 01, www.landau-tourismus.de

Essingen-Dreihof, Am Golfplatz 1, ✆ (06348) 6 15 02 37

Annweiler: Trifels★ (Lage★★), West: 16 km

Parkhotel

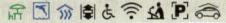

Mahlstr. 1 (an der Festhalle) ✉ *76829 – ✆ (06341) 14 50 – www.parkhotel-landau.de*
78 Zim – ♦89/91 € ♦♦121/123 € – ½ P
Rest – Menü 20 € (mittags)/54 € – Karte 31/45 €
Der aparte Kontrast von modernem Hotelbau und direkt angeschlossener historischer Festhalle zieht so manchen Blick auf sich - drinnen macht der moderne Freizeitbereich eine gute Figur. Wer zum kleinen Park hin wohnen möchte, bucht ein Zimmer mit ungerader Zahl! Praktisch: Am Haus gibt es eine öffentliche Tiefgarage und Stellplätze zu hoteleigenen Tarifen.

Weinstube zur Blum

Kaufhausgasse 9, (Frank-Loebsches Haus) ✉ *76829 – ✆ (06341) 89 76 41 – www.zurblum.de – geschl. Sonntag - Dienstagmittag, Donnerstagmittag, Freitagmittag*
Rest – (Tischbestellung ratsam) Karte 29/38 €
Ein historischer Vierflügelbau mit idyllischem Innenhof, der auf zwei Etagen von Holzarkaden eingefasst ist... schön anzusehen! Sie wählen von der Tafel, u. a. Pfälzer Spezialitäten. Weine auch im Außer-Haus-Verkauf.

In Landau-Arzheim West: 4 km

Weinstube Hahn

Arzheimer Hauptstr. 50 ✉ *76829 – ✆ (06341) 3 31 44 – geschl. Weihnachten - Neujahr, Ende Juni 1 Woche, September 1 Woche und Dienstag - Mittwoch*
Rest – *(nur Abendessen)* (Tischbestellung ratsam) Karte 21/30 €
Das sympathische Lokal ist sehr beliebt und immer gut besucht. Die Atmosphäre ist gemütlich, die Chefin herzlich. Zur frischen regionalen Küche trinkt man gute Weine von Winzern aus der Region.

In Landau-Godramstein Nord-West: 4 km

Beat Lutz

Bahnhofstr. 28 ✉ *76829 – ✆ (06341) 6 03 33 – www.beatlutz.de – geschl. Montag*
Rest – (Tischbestellung ratsam) Menü 28/45 € – Karte 27/49 €
Beat und Pamela Lutz haben hier ein nettes Restaurant - sie im Service, er am Herd, wo z. B. die "Palatinas" (Tapas) oder auch klassische Gerichte wie "Pot au Feu von Edelfischen in Safran" entstehen. Die angenehm legere Atmosphäre hat man nicht nur beim Essen: Es gibt auch eine moderne Smokers Lounge.

Westphals Kulinarium

Godramsteiner Hauptstr. 62 ✉ *76829 – ✆ (06341) 96 84 28 – www.westphals-kulinarium.de – geschl. Montag - Dienstag*
Rest – *(nur Abendessen außer an Feiertagen)* (Tischbestellung ratsam) Menü 26/60 € – Karte 32/47 €
Über den netten kleinen Hof - hier hat man im Sommer eine lauschige Terrasse - kommt man in die gemütliche Stube von Marianne Böhm und Parker Westphal. Der Chef kocht ambitionierte internationale Speisen wie Kalbsrücken mit Pfifferlingen. Mittwoch- und donnerstagabends bietet man ausschließlich Überraschungsmenüs, und die kommen bei den Gästen gut an!

In Landau-Nussdorf Nord : 3 km

Landhaus Herrenberg - La Vigna Ⓝ mit Zim

Lindenbergstr. 72 ✉ *76829 – ✆ (06341) 6 02 05 – www.landhaus-herrenberg.de – geschl. Juli 2 Wochen und Montag*
9 Zim – ♦68 € ♦♦98/115 € – ½ P
Rest – Menü 30/48 € (abends) – Karte 28/46 €
Nach seinem Umzug von Ramberg nach Nussdorf erwartet Sie Nicola Chinnis Küche nun in diesem sympathischen Haus im Landauer Rebland - und zwar ambitionierte italienische Gerichte, aber auch Pizza. Sehr schön die Weinberg-Terrasse! Wer's ländlich-nett mag, wird hier auch gerne über Nacht bleiben.

In Landau-Queichheim Ost: 2 km

Soho Zim,

Marie-Curie-Str. 9 ✉ 76829 – ✆ (06341) 14 19 60 – www.soho-landau.de
65 Zim – †72/78 € ††105/125 € – ½ P
Rest – *(geschl. Samstagmittag, Sonntagabend)* Menü 15 € (mittags unter der Woche)/38 € – Karte 25/37 €
Ideal für Tagung und Business. Das modern-funktionelle Hotel liegt verkehrsgünstig nahe der Autobahnabfahrt und direkt am Messplatz. Restaurant im Bistrostil mit sehr schöner Dachterrasse.

LANDSBERG am LECH – Bayern – 546 – 28 410 Ew – Höhe 587 m 65 K20

Berlin 597 – München 57 – Augsburg 41 – Kempten (Allgäu) 68
Hauptplatz 152, ✉ 86899, ✆ (08191) 12 82 46, www.landsberg.de
Schloss Igling, ✆ (08248) 18 93

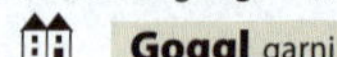

Goggl garni

Hubert-von-Herkomerstr. 19 ✉ 86899 – ✆ (08191) 32 40 – www.hotelgoggl.de
59 Zim – †69/100 € ††95/130 € – 1 Suite
Das Altstadthaus steht in einer Häuserreihe beim Rathausplatz. Zu den zeitgemäßen Zimmern zählen auch Familienzimmer. Hübsch ist das kleine Dampfbad im Hundertwasserstil.

Landhotel Endhart garni 

Erpftinger Str. 19 ✉ 86899 – ✆ (08191) 9 29 30 – www.landhotel-endhart.de
34 Zim – †70/80 € ††89/119 € – 1 Suite
Wer es etwas komfortabler mag, bucht in dem Familienbetrieb am Stadtrand eines der Neubau-Zimmer zum Innenhof, am besten eines mit Balkon! Es gibt auch ein freundliches Tagescafé, in dem man am Morgen gemütlich beim Frühstück sitzt.

LANDSHUT – Bayern – 546 – 64 260 Ew – Höhe 393 m 58 N19

Berlin 556 – München 75 – Regensburg 75 – Ingolstadt 83
ADAC Kirchgasse 250 B2
Altstadt 315 B2, ✉ 84028, ✆ (0871) 92 20 50, www.landshut.de
Furth-Arth, Oberlippach 2, ✆ (08704) 83 78

City Hotel Isar-Residenz garni

Papiererstr. 6 ✉ 84034 – ✆ (0871) 43 05 70 – www.isar-residenz.de – geschl. 19. Dezember - 6. Januar A2**c**
100 Zim – †89/160 € ††112/200 €
Komfortables Businesshotel, ideal auch für Städtereisende. Wohnlich-zeitgemäße Zimmer und großzügiger Frühstücksraum mit gutem Buffet. Nachmittags kostenfrei Kaffee und Kuchen.

Fürstenhof 

Stethaimer Str. 3 ✉ 84034 – ✆ (0871) 9 25 50 – www.fuerstenhof.la
22 Zim – †90/110 € ††120/140 € – 1 Suite A1**d**
Rest *Fürstenzimmer und Herzogstüberl* – siehe Restaurantauswahl
Elegant und charmant ist dieses Stadthaus von 1906: hochwertige und wohnliche Zimmer sind da ebenso angenehm wie die herzlichen und aufmerksamen Mitarbeiter. Wer etwas Besonderes sucht, bucht die tolle Keramik-Suite oder das Tuchhändler-Zimmer.

Lifestyle

Flurstr. 2, (B 299) (über A1, Richtung Neustadt) ✉ 84032 – ✆ (0871) 9 72 70 – www.hotel-lifestyle.de
50 Zim – †79/115 € ††99/140 € – 4 Suiten – ½ P
Rest – *(geschl. 23. Dezember - 6. Januar und Sonntag sowie an Feiertagen) (nur Abendessen)* Karte 20/27 €
Sie suchen ein Musterbeispiel für ein Businesshotel und sind nicht festgelegt auf Innenstadtlage? Das finden Sie hier gegenüber von "Brandt Zwieback-Schokoladen": funktionelle Zimmer in warmen Farben, gute Tagungsmöglichkeiten und abends ein Restaurant mit internationaler Küche. Versäumen Sie es nicht, im Sommer auf der idyllischen Gartenterrasse zu sitzen!

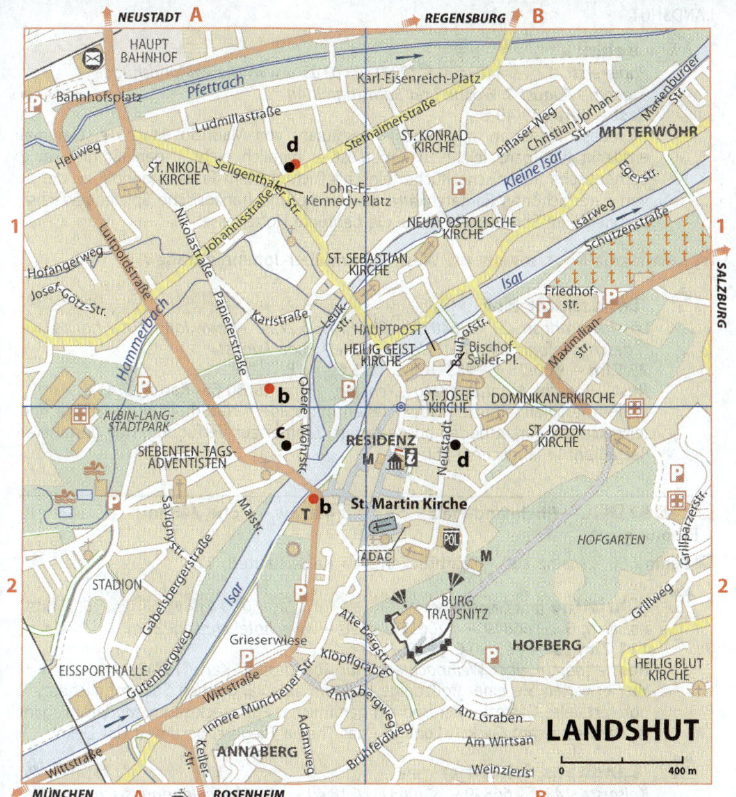

Goldene Sonne

Neustadt 520 ✉ 84028 – ✆ (0871) 9 25 30 – www.goldenesonne.de
59 Zim ☕ – 🚹75/139 € 🚹🚹99/169 € – 2 Suiten – ½ P — B2**d**
Rest – Menü 19/64 € – Karte 23/55 €
Das schmucke historische Gebäude in der Altstadt beherbergt geschmackvoll gestaltete, wohnliche Zimmer mit individuellem Zuschnitt und guter technischer Ausstattung. Rustikale Gaststube mit bürgerlicher Karte. Nett ist der Biergarten im Innenhof.

Fürstenzimmer und Herzogstüberl – Hotel Fürstenhof

Stethaimer Str. 3 ✉ 84034 – ✆ (0871) 9 25 50 – www.fuerstenhof.la
– geschl. 1. - 6. Januar, 12. - 25. August und Sonntag — A1**d**
Rest – *(nur Abendessen)* Menü 56 € (vegetarisch)/80 € – Karte 49/68 €
Sie mögen das bayerische Flair des Herzogstüberls? Oder speisen Sie lieber im stilvoll-eleganten Fürstenzimmer? Hier wie dort darf man sich auf frische klassische Küche freuen, und auf den aufmerksamen Service, der charmant von der Chefin geleitet wird. Im Sommer unbedingt einen Tisch auf der Terrasse reservieren!

Bernlochner

Ländtorplatz 2 ✉ 84028 – ✆ (0871) 8 99 90 – www.restaurant-bernlochner.de
Rest – Menü 38/45 € – Karte 26/49 € — A2**b**
Das freundliche Restaurant im Landshuter Stadttheater an der Isar, nicht weit von der Fußgängerzone, bietet internationale Küche mit steirischen und bayrischen Einflüssen.

Bellini Ⓝ

Papiererstr. 12 ✉ 84034 – ✆ (0871) 63 03 03 – www.bellini-landshut.de – geschl. August 1 Woche und Samstagmittag A1**b**

Rest – Karte 29/49 €

Wer das mediterran angehauchte Restaurant von Maurizio Ritacco erst einmal entdeckt hat (ganz leicht zu finden ist es nämlich nicht...), genießt hier seine authentische italienische Küche (einschließlich kleinem Pizza-Angebot), zu der er von einer schönen Raritätenkarte italienische und französische Spitzengewächse empfiehlt. Im Sommer ein Muss: die begrünte Hofterrasse!

In Landshut-Löschenbrand West: 2,5 km über Johannisstraße A1

Landshuter Hof

Löschenbrandstr. 23 ✉ 84032 – ✆ (0871) 96 27 20 – www.landshuter-hof.de – geschl. Anfang Januar 1 Woche, Mitte - Ende August

25 Zim – †60/75 € ††85/105 €, ☕ 5 € – ½ P

Rest – *(geschl. Montagmittag, Dienstag)* Menü 19/50 € – Karte 25/41 €

In dem familiengeführten Hotel stehen mit solidem Naturholz eingerichtete und teilweise mit Parkettboden ausgestattete Zimmer zur Verfügung. Hell gestaltetes Restaurant in ländlichem Stil.

LANDSTUHL – Rheinland-Pfalz – 543 – 8 480 Ew – Höhe 248 m – Erholungsort

46 D16

▶ Berlin 660 – Mainz 100 – Saarbrücken 54 – Kaiserslautern 17

Christine (mit Gästehäusern)

Zim,

Kaiserstr. 3 ✉ 66849 – ✆ (06371) 90 20 – www.hotel-christine.com

111 Zim ☕ – †65/90 € ††105/115 €

Rest – *(geschl. über Weihnachten) (nur Abendessen)* Karte 19/42 €

Hier erwarten Sie eine großzügige Halle im alpenländischen Stil, wohnliche, z. T. holzvertäfelte Gästezimmer und ein gemütlicher Frühstücksraum. Modern-elegant ist das Restaurant Cockpit Lounge - das Thema Fliegerei bestimmt das Dekor.

Landhaus Schattner garni

Kaiserstr. 143 ✉ 66849 – ✆ (06371) 6 18 40 – www.hotel-landhaus-schattner.de – geschl. über Weihnachten

32 Zim ☕ – †58/68 € ††78/85 €

Das Haus wird freundlich-familiär geleitet und bietet gepflegte Zimmer mit hellen Möbeln im Landhausstil sowie W-Lan gratis. Interessant: das Wellness-Bad Cubo gegenüber.

LANGEN – Hessen – 543 – 36 040 Ew – Höhe 144 m

47 F15

▶ Berlin 557 – Wiesbaden 42 – Frankfurt am Main 22 – Darmstadt 14

Steigenberger

Zim,

Robert-Bosch-Str. 26 ✉ 63225 – ✆ (06103) 972 0 – www.frankfurt-langen.steigenberger.de

205 Zim – †84/299 € ††84/299 €, ☕ 17 € – ½ P **Rest** – Karte 22/53 €

Überall in diesem Businesshotel hat man eine nostalgisch-amerikanische Note in die Einrichtung miteinfließen lassen. Gute S-Bahnanbindung zur Frankfurter Messe. Nett dekoriertes Restaurant im Bistrostil.

Mosbach's Restaurant

Vierhäusergasse 1 ✉ 63225 – ✆ (06103) 50 27 13 – www.mosbachs.com – geschl. Samstagmittag, Montag

Rest – (Tischbestellung ratsam) Menü 23 € (mittags)/45 € – Karte 37/60 €

Für das hübsche Fachwerkhaus im Ortskern gilt: "back to the roots"! Setzte der vorherige Betreiber auf avantgardistische Küche, so bieten die elsässischen Brüder Guy und Dominique Mosbach ganz traditionelle französische Speisen! Ein charmantes Restaurant über zwei Etagen - im Sommer lockt die kleine Terrasse.

Nahe der Straße nach Dieburg Ost: 2 km

Merzenmühle

Koberstädter Str. 204 ✉ 63225 – ✆ (06103) 5 35 33 – www.merzenmuehle.de – geschl. Samstagmittag, Sonntagabend - Montag

Rest – Menü 19 € (mittags)/62 € – Karte 38/62 €

Der charmant-rustikale Charakter des 600 Jahre alten Fachwerkhauses setzt sich im Inneren fort: Dunkle Holzbalken und warme Farben sorgen für Gemütlichkeit. Internationale Küche.

LANGENARGEN – Baden-Württemberg – 545 – 7 850 Ew – Höhe 398 m – Erholungsort

63 H21

Berlin 726 – Stuttgart 175 – Konstanz 40 – Ravensburg 27

Obere Seestr. 2/1, ✉ 88085, ✆ (07543) 93 30 92, www.langenargen.de

Engel

Rest,

Marktplatz 3 ✉ 88085 – ✆ (07543) 9 34 40 – www.engel-bodensee.de – geschl. Ende Januar - Mitte März

37 Zim – †65/84 € ††98/140 € – 3 Suiten – ½ P

Rest – *(geschl. Oktober - Mai: Mittwoch - Donnerstagmittag)* Menü 11 € (mittags unter der Woche)/25 € – Karte 18/39 €

Das Hotel im Zentrum, direkt an der Promenade, bietet wohnliche Zimmer und sehr schöne große Suiten sowie einen freundlich gestalteten Saunabereich und ein eigenes Strandbad. Teil des Restaurants ist ein zum Ufer hin gelegener Wintergarten mit Terrasse.

Löwen

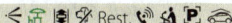

Rest,

Obere Seestr. 4 ✉ 88085 – ✆ (07543) 30 10 – www.loewen-langenargen.de – geschl. Januar - Februar

27 Zim – †79/140 € ††99/200 € – 1 Suite – ½ P

Rest – *(geschl. September - Juni: Dienstag, November - Dezember: Montag - Dienstag)* Menü 22 € – Karte 21/53 €

Ein wohnlich eingerichtetes Haus direkt am Hafen. In den Zimmern wurde viel mit hochwertigem Holz gearbeitet, die zum See hin gelegenen bieten eine schöne Sicht. Ebenso das Restaurant mit großer Fensterfront - die Küche ist bürgerlich.

Klett

Zim,

Obere Seestr. 15 ✉ 88085 – ✆ (07543) 22 10 – www.hotel-klett.de – geschl. November - März

17 Zim – †60/140 € ††88/145 € – ½ P

Rest – *(geschl. Montag)* Karte 17/34 €

Ein sehr gepflegter kleiner Familienbetrieb am See, dem die Chefin mit ihren handgemachten Dekorationen eine persönliche und individuelle Note gibt. Restaurant mit Terrasse und Seeblick.

Im Winkel garni

Im Winkel 9 ✉ 88085 – ✆ (07543) 93 40 10 – www.Hotel-imwinkel.de – geschl. 15. Dezember - 15. März

8 Zim – †65/110 € ††86/132 € – 2 Suiten

Wie zu Hause fühlt man sich in dem tipptopp gepflegten Haus der freundlichen Familie Reiß. Die Gäste wohnen in zeitgemäßen Zimmern, genießen das frische Frühstücksbuffet und entspannen im netten Saunabereich.

Karr mit Zim

Oberdorfer Str. 11 ✉ 88085 – ✆ (07543) 30 90 – www.hotelkarr.de – geschl. Sonntag - Montagmittag, November - Mai: Sonntag - Montag

14 Zim – †75/90 € ††105/115 €

Rest – Menü 29/105 € – Karte 33/64 €

Eine sympathische Adresse ist das freundlich gestaltete, reichlich dekorierte Restaurant der Familie Karr. Geboten wird klassische Küche mit regionalen Einflüssen.

XX **Schuppen 13** 

Argenweg 60, (im BMK-Yachthafen) ✉ 88085 – ✆ (07543) 15 77 – www.schuppen13.de – geschl. 20. Dezember - Februar und September - Juni: Montag

Rest – Menü 27/48 € – Karte 28/52 €

Das Restaurant der Familie Pusceddu liegt direkt am Yachthafen und sieht von außen ein bisschen aus wie ein Bootshaus. Drinnen erwarten Sie sorgfältig zubereitete klassisch-italienische Speisen aus frischen Produkten - richtig lecker schmecken hier z. B. "In Tomatensud geschmorte Calamaretti mit gebratener Polenta".

XX **Malereck** N 

Aargenstr. 60/4, (im BMK-Yachthafen) ✉ 88085 – ✆ (07543) 91 24 91 – www.restaurantmalereck.de – geschl. 20. Dezember - Anfang März und Dienstag

Rest – Menü 15 € (mittags)/60 € – Karte 28/65 €

Ein richtig schönes Fleckchen Erde: wunderbar der eigene Park, toll die Terrasse zum See... Edith und Mariano Pusceddu, Betreiber des "Schuppen 13", leiten auch dieses Restaurant. Hier ist es wirklich sehr stilvoll, chic die bunten Wassergläser auf dem Tisch! Und auch die regional-international ausgelegte Speisekarte liest sich gut. Fleischliebhaber aufgepasst: Im Sommer wird draußen gegrillt!

In Langenargen-Schwedi Nord: 2 km

 **Schwedi** 

Schwedi 1 ✉ 88085 – ✆ (07543) 93 49 50 – www.hotel-schwedi.de – geschl. Anfang November - Anfang Februar

29 Zim – †53/84 € ††80/150 € – 2 Suiten – ½ P

Rest – *(geschl. Dienstag)* Karte 19/41 €

Das Haus liegt schön ruhig im Grünen am See. Einige der wohnlichen Zimmer verfügen über einen Balkon. Durch den hübschen Garten gelangt man direkt ans Wasser. Restaurant mit Fischspezialitäten aus See und Meer - Bodenseefische aus familiärem Fischereibetrieb.

LANGENAU – Baden-Württemberg – 545 – 14 600 Ew – Höhe 458 m 56 I19

Berlin 603 – Stuttgart 86 – Augsburg 71 – Ulm (Donau) 18

 **Zum Bad** 

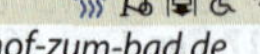

Burghof 11 ✉ 89129 – ✆ (07345) 9 60 00 – www.gasthof-zum-bad.de – geschl. 22. Dezember - 5. Januar

33 Zim – †58/68 € ††87/93 €

Rest ***Zum Bad*** – siehe Restaurantauswahl

Ein Haus, in dem man wirklich gerne übernachtet, denn hier ist die ganze Familie Häge im Einsatz, und das mit viel Herzblut! Außerdem sind die Zimmer schön zeitgemäß und wohnlich, das Frühstück ist lecker und die Preise stimmen auch noch. Der Name stammt übrigens vom ehemaligen "Bad" für Gutbetuchte gleich nebenan.

XX **Zum Bad** (Hans Häge) – Hotel Zum Bad 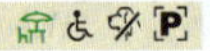

Burghof 11 ✉ 89129 – ✆ (07345) 9 60 00 – www.gasthof-zum-bad.de – geschl. Ende Juli - Anfang August 2 Wochen, Ende Dezember - Anfang Januar und Montag

Rest – Menü 43/85 € – Karte 25/54 €

Juniorchef Hans Häge schafft hier den Spagat zwischen klassisch-regionaler und gehobener Küche. Wie gut er sein Talent umsetzt, merkt man an den gekonnt zubereiteten, durchdachten und ausdrucksstarken Gerichten.

→ Dreimal Thunfisch mit Miso, Rettich, Gurke, Kresse. Gebratene Jakobsmuschel und Kalbsbries mit Sonnenblumencrème. Rosa gebratenes Rehnüssle und Oberschale mit Pinien-Honigkruste.

In Rammingen Nord-Ost: 4 km

Landgasthof Adler mit Zim

Riegestr. 15 ✉ 89192 – ✆ (07345) 9 64 10 – www.adlerlandgasthof.de – geschl. Montag

9 Zim – 79/140 € 110/185 €

Rest – *(Dienstag - Donnerstag nur Abendessen)* Menü 35 € (mittags)/89 € – Karte 28/71 €

Regional bezogene Speisen lautet die Devise in dem hübschen weinberankten Gasthaus. Für den Wein ist Gastgeber und Sommelier Jan Bimboes zuständig - darf es vielleicht ein deutscher Riesling sein? Oder lieber etwas Internationales? Wenn Sie nach dem Essen anspruchsvoll übernachten möchten: Man hat auch hochwertig-moderne Zimmer!

LANGENBURG – Baden-Württemberg – 545 – 1 770 Ew – Höhe 439 m

56 I17

Berlin 576 – Stuttgart 91 – Würzburg 81 – Ansbach 96

Zur Post

Hauptstr. 55 ✉ 74595 – ✆ (07905) 54 32 – www.gasthofpostlangenburg.de – geschl. 27. Dezember - 4. Januar, 10. - 17. Februar

13 Zim – 47/65 € 75/85 € – ½ P

Rest – *(geschl. Sonntagabend - Montag)* Menü 18/50 € – Karte 19/33 €

Der traditionelle kleine Gasthof nur wenige Schritte von der Altstadt ist ein langjähriger Familienbetrieb, dessen Zimmer hell, neuzeitlich und funktional eingerichtet sind. Gasträume in gemütlich-ländlichem Stil.

LANGENFELD (RHEINLAND) – Nordrhein-Westfalen – 543 – 59 250 Ew – Höhe 47 m

36 C12

Berlin 556 – Düsseldorf 22 – Aachen 92 – Köln 26

Langenfeld, Katzbergstr. 21, ✆ (02173) 91 97 41

In Langenfeld-Reusrath Süd: 3 km über B 8 Richtung Opladen

Landhotel Lohmann

Opladener Str. 19 (B 8) ✉ 40764 – ✆ (02173) 9 16 10 – www.landhotel-lohmann.de – geschl. über Weihnachten, über Karneval, Juli - August 3 Wochen

28 Zim – 74/92 € 99/129 €, 5 €

Rest – *(geschl. Mittwoch)* Menü 42 € (abends) – Karte 18/51 €

Der langjährige Familienbetrieb liegt günstig zwischen den Messestädten Düsseldorf und Köln und bietet sehr gepflegte Zimmer. Bürgerliche Küche im Restaurant. Für Raucher hat man einen Wintergarten.

LANGENLONSHEIM – Rheinland-Pfalz – 543 – 3 740 Ew – Höhe 110 m

47 E15

Berlin 618 – Mainz 43 – Koblenz 78 – Neustadt an der Weinstraße 90

Jugendstil-Hof garni

Naheweinstr. 172 ✉ 55450 – ✆ (06704) 9 63 86 82 – www.jugendstil-hof.de

3 Zim – 159 € 159/189 €

Nur drei Zimmer stehen in der schmucken Villa zur Verfügung. Sie sind sehr hübsch, geräumig und individuell - Stoffe, Farben und Möbel hat man harmonisch abgestimmt. Der liebenswerte Frühstücks- und Aufenthaltsbereich versprüht Wohnzimmer-Charme.

LANGENZENN – Bayern – 546 – 10 490 Ew – Höhe 313 m 50 K16

Berlin 468 – München 190 – Fürth 16

In Langenzenn-Keidenzell Süd: 4 km

Keidenzeller Hof (N)

Fürther Str. 11 ✉ 90579 – ✆ (09101) 9 90 12 26 – www.keidenzeller-hof.de – geschl. Montag – Dienstag (Mittwoch – Freitag nur Abendessen)

Rest – Menü 65/71 € – Karte 44/55 €

In dem stilvoll renovierten Landgasthof bekommt man in gemütlichem Rahmen eine frische, ambitionierte Küche serviert. So finden sich auf der Karte z. B. "hausgemachte Ravioli mit Pilzen, Artischocke, Spargel und Ricotta" oder "Galloway-Rind mit Süßkartoffel, Miso, Sesam und Mais".

LANGEOOG (INSEL) Niedersachsen – 541 – 1 970 Ew – Höhe 5 m 7 D4

– Insel der Ostfriesischen Inselgruppe – Seeheilbad

Berlin 525 – Hannover 266 – Emden 57 – Aurich/Ostfriesland 28

Autos nicht zugelassen

von Esens-Bensersiel (ca. 45 min.), ✆ (04971) 9 28 90

Hauptstr. 28, ✉ 26465, ✆ (04972) 69 30, www.langeoog.de

La Villa Rest,

Vormann-Otten-Weg 12 ✉ 26465 – ✆ (04972) 7 77 – www.hotel-lavilla.de – geschl. November - Dezember

3 Zim – †98/126 € ††136/192 € – 6 Suiten – ½ P

Rest – *(nur Abendessen für Hausgäste)* Menü 30 €

Ein familiär geführtes kleines Hotel ist diese Villa aus der Jahrhundertwende. Die Gästezimmer sind wohnlich gestaltet und verfügen über großzügige Marmorbäder.

Kolb (mit Gästehaus)

Barkhausenstr. 30 ✉ 26465 – ✆ (04972) 9 10 40 – www.hotel-kolb.de

33 Zim – †95/110 € ††162/176 € – 1 Suite – ½ P

Rest *Schiffchen* – siehe Restaurantauswahl

Der Familienbetrieb ist ein im friesischen Landhausstil erbautes Hotel mit behaglichen Zimmern (teils mit Terrasse), hübschem Saunabereich und vielfältigem Frühstücksbuffet. Geräumige Juniorsuiten im Gästehaus.

Flörke garni

Hauptstr. 17 ✉ 26465 – ✆ (04972) 9 22 00 – www.hotel-floerke.de

63 Zim – †65/95 € ††110/160 € – 3 Suiten

Das Ferienhotel liegt ruhig und wird familiär geführt. Besonders komfortabel sind die geräumigen und modernen Appartements im Nebenhaus, schön auch die Sauna.

Mare Rest,

Kiebitzweg 8 ✉ 26465 – ✆ (04972) 9 22 60 – www.suiten-hotel-mare.de

24 Suiten – †91/150 € ††124/174 € – ½ P

Rest *bunteKuh* – *(geschl. Sonntag) (nur Abendessen)* Menü 22/42 € – Karte 22/39 €

In dem Hotel in einer ruhigen Wohngegend stehen freundliche zeitgemäße Suiten verschiedener Kategorien bereit, die alle über eine kleine Küche und meist über Balkone verfügen. Schön entspannen können Sie auch im Wellnessgarten mit Naturpool oder aber im Restaurant bei Steaks und Fisch.

Strandeck garni

Kavalierpad 2 ✉ 26465 – ✆ (04972) 68 80 – www.strandeck.de – geschl. 24. November - 22. Dezember

35 Zim – †75/135 € ††132/152 €

Die Lage hinter den Dünen, die familiäre Atmosphäre und solide, funktionelle Zimmer machen dieses Hotel aus. Frühstücksbuffet mit regionalen Produkten.

Schiffchen – Hotel Kolb

Barkhausenstr. 30 ✉ 26465 – ✆ (04972) 9 10 41 25 – www.hotel-kolb.de

Rest – Menü 42/60 € – Karte 32/53 €

Das in dunklem Holz gehaltene Interieur dieses Restaurants ist dem eines Luxusliners nachempfunden. Serviert wird eine frische internationale Küche.

Seekrug
Höhenpromenade 1 ✉ 26465 – ✆ (04972) 3 83 – www.seekrug.de – geschl. Dezember 3 Wochen
Rest – Menü 20/40 € – Karte 18/47 €
Hier speisen die Gäste mit tollem Blick auf Dünen und Meer. Für die bürgerlich-regionale Küche verwendet man vorwiegend heimische Bioprodukte. Große Kuchenauswahl.

Strandhalle
Höhenpromenade 5 ✉ 26465 – ✆ (04972) 99 07 76 – www.hotel-kolb.de – geschl. November - März: Montag - Dienstag
Rest – Menü 16/39 € – Karte 21/36 €
In dem ungezwungenen modernen Restaurant in den Dünen trifft man sich bei einem tollen Rundumblick zum Mittagsbuffet oder zu regionalen Gerichten bei Sonnenuntergang.

LANGERRINGEN – Bayern – siehe Schwabmünchen

LANGWEILER – Rheinland-Pfalz – 543 – 270 Ew – Höhe 510 m 46 C15

Berlin 687 – Mainz 112 – Koblenz 93 – Saarbrücken 92

Kloster Marienhöh
Marienhöh 2 ✉ 55758 – ✆ (06786) 29 29 90 – www.klosterhotel-marienhoeh.de
62 Zim – 75/155 € 145/240 € – 4 Suiten – ½ P
Rest *Altes Refektorium* – siehe Restaurantauswahl
Hier hat man ein ehrwürdiges Kloster zu einem modernen und komfortablen Hotel umgebaut: chic designte Zimmer mit sehr guter Technik und ein geschmackvoller Freizeitbereich.

Altes Refektorium – Hotel Kloster Marienhöh
Marienhöh 2 ✉ 55758 – ✆ (06786) 29 29 90 – www.klosterhotel-marienhoeh.de
Rest – Menü 29 € (mittags)/52 € – Karte 42/60 €
Die historischen Räume (schön die integrierten Bruchsteinwände) hat man für seine Gäste modern-elegant gestaltet. Neben Wahlmenüs bietet man noch ein paar rustikale Klassiker.

LAUBACH – Hessen – 543 – 9 820 Ew – Höhe 207 m – Luftkurort 38 G13

Berlin 478 – Wiesbaden 101 – Frankfurt am Main 71 – Gießen 28
Friedrichstr. 11, ✉ 35321, ✆ (06405) 92 13 21, www.laubach-online.de

Schlosshotel Bunter Hund garni
Schottener Str. 2 ✉ 35321 – ✆ (06405) 50 69 80 – www.schlosshotel-laubach.de
20 Zim – 70/75 € 80/99 €, 10 €
In dem schönen Haus hat man mit Kunst, hübschen Stoffen und diversen Einzelstücken im Barockstil individuelle Räume geschaffen, die Klassik und Moderne ansprechend verbinden. Ihr Frühstück genießen Sie am besten auf der kleinen Terrasse unter Bäumen - auch für Kaffee und Kuchen sowie Snacks ein hübsches Plätzchen!

Café Göbel garni
Friedrichstr. 2 ✉ 35321 – ✆ (06405) 9 13 80 – www.cafegoebel.de
10 Zim – 53/59 € 98 €
Nach einer erholsamen Nacht in einem liebenswerten, stilvollen Zimmer (nach hinten ruhiger gelegen), lockt am Morgen der Duft frischer Backwaren zum Frühstück! Am Nachmittag gönnt man sich dann Leckereien aus der eigenen Konditorei - vielleicht nach einem Besuch des Puppenstubenmuseums gleich nebenan?

In Laubach-Freienseen Nord-Ost: 5 km über B 276 Richtung Mücke

Landgasthaus Waldschenke

Tunnelstr. 42 (außerhalb 0,5 km, an der B 276) ✉ 35321 – ✆ (06405) 61 10 – *www.landgasthaus-waldschenke.de – geschl. Januar 1 Woche, 12. - 27. Oktober und Mittwoch*

Rest – *(Montag - Freitag nur Abendessen)* Karte 21/49 €

Bei Familie Horn ist es so richtig charmant, und das liegt nicht nur am gemütlich-rustikalen Ambiente, bei dem man sich fühlt wie in einem Landhaus in Frankreich, sondern auch an der herzlichen Gastgeberin, die die französisch-internationale Küche ihres Mannes Axel serviert. Für so manchen Stammgast unverzichtbar ist die "Gänsestopfleberterrine mit Cassis-Zwiebelkompott"! Genauso zu empfehlen sind aber auch das "Wagyu-Rind mit Karotten-Senfkörnergemüse".

LAUCHHEIM – Baden-Württemberg – 545 – 4 660 Ew – Höhe 492 m 56 I18

Berlin 557 – Stuttgart 95 – Augsburg 93 – Aalen 16

Roter Ochsen

Hauptstr. 24 ✉ 73466 – ✆ (07363) 53 29 – *www.roter-ochsen-lauchheim.de – geschl. Ende August - Anfang September 3 Wochen*

16 Zim – 🚹54/59 € 🚹🚹78 €, ☕ 5 € – ½ P

Rest – *(geschl. Montag)* Karte 13/48 €

Das kleine Hotel direkt am Marktplatz ist bereits seit 1889 in Familienhand und verfügt über zeitlos-funktionelle, teilweise modern gestaltete Gästezimmer. In der gemütlichen Gaststube serviert man regionale Küche mit Erzeugnissen aus eigener Landwirtschaft.

LAUCHRINGEN – Baden-Württemberg – siehe Waldshut-Tiengen

LAUCHSTÄDT, BAD – Sachsen-Anhalt – 542 – 9 160 Ew – Höhe 113 m 31 M11

Berlin 185 – Magdeburg 100 – Leipzig 11 – Halle (Saale) 15

Kurpark-Hotel

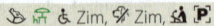

Zim, Zim

Parkstr. 15 ✉ 06246 – ✆ (034635) 2 03 53 – *www.kurpark-hotel-bad-lauchstaedt.de*

35 Zim ☕ – 🚹54/59 € 🚹🚹76/86 € – ½ P

Rest *Lauchstedter Gaststuben* – *(geschl. November: Montag, Januar - März: Montag)* Menü 19/35 € – Karte 19/36 €

Recht ruhig ist die Lage an den Historischen Kuranlagen. Die Zimmer sind schön und individuell in klassischem Stil und wohnlichen Farben. Fachwerk macht den Frühstücksraum gemütlich. Lauchstedter Gaststuben gegenüber dem Hotel. Draußen ergänzt der Weinhof die Terrasse.

LAUDA-KÖNIGSHOFEN – Baden-Württemberg – 545 – 14 560 Ew – Höhe 192 m 49 H16

Berlin 535 – Stuttgart 120 – Würzburg 40 – Bad Mergentheim 12

Landhaus Gemmrig

Hauptstr. 68 (Königshofen) ✉ 97922 – ✆ (09343) 70 51 – *www.landhaus-gemmrig.de – geschl. August 1 Woche und Sonntagabend - Montag*

Rest – Menü 13/30 € – Karte 17/33 €

Das Gastgeberehepaar kümmert sich in diesem alteingesessenen Haus mit regionaler und internationaler Küche sowie mit sympathischem Service um seine Gäste.

Im Stadtteil Beckstein Süd-West: 2 km ab Königshofen über B 292 – Erholungsort

Becksteiner Rebenhof

Am Hummelacker 34 ✉ 97922 – ✆ (09343) 6 27 80 – *www.rebenhof.net – geschl. über Weihnachten*

17 Zim ☕ – 🚹82 € 🚹🚹128 € – 8 Suiten – ½ P

Rest – *(Montag - Samstag nur Abendessen)* Karte 25/39 €

Das neuzeitliche Hotel liegt etwas oberhalb des Dorfes, schön ist der Blick auf die Weinberge. Großzügige Zimmer mit kleiner Küchenzeile, nettes Hallenbad, Kosmetik und Massage. Regionale Speisen im hell gestalteten Restaurant mit mediterranem Touch.

LAUDENBACH – Bayern – 546 – 1 370 Ew – Höhe 127 m 48 G16

▶ Berlin 580 – München 358 – Würzburg 51 – Amorbach 14

Zur Krone

Obernburger Str. 4 ✉ 63925 – ✆ (09372) 24 82 – www.krone-laudenbach.de – geschl. Februar 3 Wochen, August 2 Wochen

8 Zim – 58/110 € 105/140 € – 8 Suiten

Rest – *(geschl. Montagmittag, Dienstagmittag, Donnerstag, Freitagmittag)* Menü 17 € (mittags)/72 € – Karte 27/60 €

Der Familienbetrieb ist ein jahrhundertealter Gasthof, der mitten in dem kleinen Ort neben der Kirche steht. Besonders wohnlich sind die Suiten mit Küchenzeile. Liebenswerte, behagliche Gaststuben mit freundlichem Service. Gartenterrasse und uriger Weinkeller.

Goldner Engel mit Zim

Miltenberger Str. 5 ✉ 63925 – ✆ (09372) 9 99 30 – www.goldner-engel.de – geschl. über Fasching und Mittwoch

9 Zim – 40/43 € 66/70 € – ½ P

Rest – Menü 32/56 € – Karte 28/57 €

In dem traditionellen familiengeführten Dorfgasthof mit Metzgerei wird in rustikalem Ambiente eine international und bürgerlich ausgelegte Küche geboten.

LAUF AN DER PEGNITZ – Bayern – 546 – 26 240 Ew – Höhe 327 m 50 L16

▶ Berlin 417 – München 173 – Nürnberg 20 – Bayreuth 62

ℹ Hellergasse 2, ✉ 91207, ✆ (09123) 98 82 35, www.lauf.de

Zur Post

Friedensplatz 8 ✉ 91207 – ✆ (09123) 95 90 – www.hotelzurpost-lauf.de

40 Zim – 76 € 104 € – ½ P **Rest** – *(geschl. Montag)* Karte 18/34 €

Nicht weit vom Marktplatz liegt der gut geführte Familienbetrieb, in dem Sie tipptopp gepflegte zeitgemäße Zimmer unterschiedlicher Größe erwarten. Im Restaurant bietet man bürgerliche Küche.

An der Straße nach Altdorf Süd: 2,5 km

Waldgasthof Am Letten

Letten 13 ✉ 91207 Lauf an der Pegnitz – ✆ (09123) 95 30 – www.waldgasthof-am-letten.de – geschl. 22. Dezember - 6. Januar

52 Zim – 77 € 105 € – ½ P

Rest *Waldgasthof Am Letten* – siehe Restaurantauswahl

Wohnliche und gleichzeitig funktionelle Zimmer bieten hier in dem Familienbetrieb der Wittmanns modernen Wohnkomfort. Das Haus liegt am Waldrand und dennoch nicht weit von der Autobahn.

Waldgasthof Am Letten – Hotel Waldgasthof Am Letten

Letten 13 ✉ 91207 Lauf an der Pegnitz – ✆ (09123) 95 30 – www.waldgasthof-am-letten.de – geschl. 22. Dezember - 6. Januar und Sonntag

Rest – Menü 22/56 € – Karte 22/49 €

In den gemütlichen Nischen des Lokals, die durch massive Holzbalken unterteilt sind, verwöhnt man Sie mit einer aromenreichen fränkischen Küche. Lecker: Rehbeuscherl mit Knödel!

LAUFENBURG (BADEN) - Baden-Württemberg – 545 – 8 700 Ew – Höhe 337 m – Erholungsort 61 E21

▶ Berlin 812 – Stuttgart 195 – Freiburg im Breisgau 83 – Waldshut-Tiengen 15

ℹ Hauptstr. 26, ✉ 79725, ✆ (07763) 8 06 51, www.laufenburg.de

Rebstock

Hauptstr. 28 ✉ 79725 – ✆ (07763) 9 21 70 – www.hotel-rebstock-laufenburg.de – geschl. 23. Dezember - 6. Januar

25 Zim – 59/75 € 88/100 € – ½ P

Rest – *(geschl. Samstag, Sonntagabend)* Menü 29 € – Karte 17/43 €

Ein Familienbetrieb in einem Altstadthaus a. d. 16. Jh., das sein traditionelles Flair bewahrt. Von einigen Zimmern schaut man auf den Rhein und die Schweizer Seite der Stadt. Auch von der Terrasse des gediegenen Restaurants genießt man den Blick.

XX **Zumkellers Schlössle**

Säckinger Str. 5 ✉ 79725 – ☎ (07763) 9 29 74 15 – www.schloessle-laufenburg.de – geschl. über Fastnacht, August 2 Wochen und Mittwoch - Donnerstag

Rest – Menü 35/75 € – Karte 30/69 €

In dem schönen ehemaligen Sommersitz a. d. 19. Jh. erwarten Sie Stefanie Zumkeller und ihr Mann Iván Lagunas Romeo in eleganter Atmosphäre zu feinen Gerichten der badischen Küche, aber auch zu Klassikern ihres Vaters Winfried, z. B. "Brasato vom Rinderbug in Dolcetto geschmort"! Angelockt werden die Gäste auch durch die tolle Terrasse und die herrliche Sicht.

XX **Alte Post** mit Zim 

Andelsbachstr. 6 ✉ 79725 – ☎ (07763) 9 24 00 – www.alte-post-laufenburg.de – geschl. Montag - Dienstagmittag

11 Zim – †62/78 € ††90/98 € – 1 Suite – ½ P

Rest – Menü 12 € (mittags)/45 € – Karte 33/53 €

Schmorgerichte und natürlich frischer Fisch zählen zu den Favoriten unter den schmackhaften bürgerlich-regionalen Speisen von Patron Siegfried Draganski. Auch schöne Plätze hat das Haus von 1815 zu bieten: von der holzgetäfelten Stube über den hellen Wintergarten bis zur tollen Terrasse mit Rheinblick! Und für die Nacht: nette, wohnliche Gästezimmer.

LAUFFEN am NECKAR – Baden-Württemberg – 545 – 10 930 Ew – Höhe 175 m

55 G17

Berlin 613 – Stuttgart 49 – Heilbronn 10 – Ludwigsburg 33

Gästehaus Kraft garni 

Nordheimer Str. 50 ✉ 74348 – ☎ (07133) 9 82 50 – www.gaestehaus-kraft.de – geschl. 24. Dezember - 5. Januar

33 Zim – †46/49 € ††69/74 €

Die ruhige Lage in den Weinbergen vor den Toren der kleinen Stadt ist wirklich schön. Außerdem kann man hier gut und preisgünstig übernachten - die Zimmer sind zeitgemäß und wohnlich, einige recht groß. Probieren Sie die hauseigenen Weine!

XX **Elefanten** mit Zim 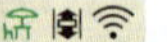

Bahnhofstr. 12 ✉ 74348 – ☎ (07133) 9 50 80 – www.hotel-elefanten.de – geschl. Anfang - Mitte Januar, Anfang - Mitte August und Freitag - Samstagmittag

12 Zim – †68/78 € ††98/118 € – ½ P

Rest – Menü 22 € (mittags)/65 € – Karte 27/59 €

Sie möchten ehrliche, gute Küche? Die bekommen Sie bei Mike Glässing in Form von regionalen und internationalen Gerichten wie "Kalbstafelspitz im Wurzelgemüsesud" oder "Rahmragout vom Hirsch in Lembergersoße". Einfach ein sympathisches Gasthaus - auch schon von außen mit seiner liebenswerten Fachwerkfassade!

LAUINGEN an der DONAU – Bayern – 546 – 10 680 Ew – Höhe 439 m

56 J19

Berlin 550 – München 113 – Augsburg 59 – Donauwörth 31

Kannenkeller 

Dillinger Str. 26 ✉ 89415 – ☎ (09072) 70 70 – www.kannenkeller.de – geschl. 28. Dezember - 20. Januar

27 Zim – †75/85 € ††99/112 € – 1 Suite

Rest – *(geschl. 27. Dezember - 20. Januar und Freitag) (Montag - Donnerstag nur Abendessen)* Menü 16/22 € – Karte 17/45 €

Ein stattliches Gasthaus von 1825 und ein Hotelanbau bilden diesen Familienbetrieb. Erhaltene Natursteinwände zieren den historischen Bereich. Funktionelle, zeitgemäße Zimmer. Teil des Restaurants ist der Wintergarten mit Blick ins Grüne.

LAUMERSHEIM – **Rheinland-Pfalz** – **543** – **880 Ew** – **Höhe 108 m** **47** E16

Berlin 626 – Mainz 68 – Mannheim 25 – Kaiserslautern 41

Zum Weißen Lamm

Hauptstr. 38 ✉ *67229* – ✆ *(06238) 92 91 43* – *www.lamm-laumersheim.de* – *geschl. Mai 10 Tage, Juli - August 2 Wochen, Oktober 2 Wochen und Dienstag - Mittwoch*

Rest – *(Montag - Freitag nur Abendessen)* (Tischbestellung ratsam)
Menü 39/72 € – Karte 33/52 €

Kai und Sigrid Hofheinz wissen, was ihre Gäste mögen: schönes Ambiente (wirklich gelungen ist der Mix aus ländlichem Charme und modernen Elementen!) und gute Küche. Letztere gibt's z. B. als "Pfälzer Wildschweinbraten" oder als "Roulade von zweierlei Forelle". An lauen Sommerabenden sind die Plätze im Innenhof begehrt. Für Feierlichkeiten: Saal im OG.

LAUPHEIM – **Baden-Württemberg** – **545** – **20 000 Ew** – **Höhe 528 m** **64** I20

Berlin 637 – Stuttgart 118 – Konstanz 136 – Ulm (Donau) 26

Laupheimer Hof

Rabenstr. 13 ✉ *88471* – ✆ *(07392) 97 50* – *www.laupheimer-hof.de*

32 Zim – †60/108 € ††87/133 €, ☕ 5 €

Rest – *(nur Abendessen)* Menü 26/42 € – Karte 23/55 €

Das Fachwerkhaus im Zentrum beherbergt unterschiedliche Gästezimmer von rustikal bis modern designt. Hübsch ist die stilvolle Blumendeko im Haus. Auf der Speisekarte mischt sich Regionales mit Asiatischem. Das Ambiente im Restaurant ist ansprechend geradlinig.

LAUTENBACH (ORTENAUKREIS) – **Baden-Württemberg** – **545** **54** E19
– **1 890 Ew** – **Höhe 215 m** – **Luftkurort**

Berlin 742 – Stuttgart 143 – Karlsruhe 72 – Offenburg 19

Hauptstr. 48, ✉ 77794, ✆ (07802) 9 25 90, www.lautenbach-renchtal.de

Wallfahrtskirche Mariä Himmelfahrt (Hochaltar ★)

Sonnenhof

Zim,

Hauptstr. 51 (B 28) ✉ *77794* – ✆ *(07802) 70 40 90* – *www.sonnenhof-lautenbach.de* – *geschl. über Fasnacht 2 Wochen*

17 Zim ☕ – †56/95 € ††79/170 € – ½ P

Rest ***Le Soleil***

Rest ***Bordeaux-Stube*** – siehe Restaurantauswahl

Rest ***Sonnenstüble*** – *(geschl. Mittwoch) (nur Abendessen)* Menü 25/29 € – Karte 21/39 €

Der erweiterte Gasthof in der Ortsmitte bietet zeitgemäße Zimmer, die im Gästehaus elegant sind, im Haupthaus etwas einfacher und kleiner. Neben den Restaurants Le Soleil und Bordeaux-Stube ist das gemütliche Sonnenstüble mit bürgerlicher Karte das Dritte im Bunde - im Sommer mit schöner Grillterrasse.

Bordeaux-Stube – Hotel Sonnenhof

Hauptstr. 51 (B 28) ✉ *77794* – ✆ *(07802) 70 40 90* – *www.sonnenhof-lautenbach.de* – *geschl. über Fasnacht 2 Wochen, Anfang August 2 Wochen und Montag - Dienstag*

Rest – *(nur Abendessen, sonntags auch Mittagessen)* Menü 33/95 € – Karte 48/69 €

Für Wein-, insbesondere Bordeaux-Kenner ein schöner Gedanke, all die feinen Tropfen im Keller direkt unter sich zu wissen - durch das Bodenfenster kann man sie sogar sehen! So ist Ihnen eine gute Auswahl zur internationalen Küche gewiss, genauso wie die Beratung durch den aufmerksamen und diskreten Service.

Le Soleil – Hotel Sonnenhof

Hauptstr. 51 (B 28) ✉ *77794* – ✆ *(07802) 70 40 90* – *www.sonnenhof-lautenbach.de* – *geschl. über Fasnacht 2 Wochen, Anfang August 2 Wochen und Montag - Dienstag*

Rest – *(Mittwoch - Freitag nur Abendessen)* Menü 25/29 € – Karte 31/43 €

Im Le Soleil mit seiner gemütlich-legeren Atmosphäre wird mediterrane Küche serviert: Auf der Karte stehen Pasta & Risotto, Paella, Lammschulter, Dorade... Vorspeisen und Desserts bekommen Sie als Tapas, genannt "Tap-Soleils". Die Weine dazu wählt man von der großen Weinkarte der Bordeaux-Stube.

LAUTERBACH – Hessen – 543 – 13 710 Ew – Höhe 296 m – Luftkurort

38 H13

Berlin 457 – Wiesbaden 151 – Fulda 24 – Gießen 68

Marktplatz 1, ✉ 36341, ☎ (06641) 18 41 12, www.lauterbach-hessen.de

Lauterbach, Hofstr. 14, ☎ (06641) 9 61 30

Schubert

Rest, Rest,

Kanalstr. 12 ✉ 36341 – ☎ (06641) 9 60 70 – www.hotel-schubert.de

31 Zim – 69/93 € 114/134 € – 2 Suiten – ½ P

Rest *Die Brasserie* – siehe Restaurantauswahl

Rest *Schubert* – *(geschl. August 3 Wochen und Sonntag - Montag) (nur Abendessen)* (Tischbestellung erforderlich) Menü 49/65 € – Karte 21/59 €

In der Stadtmitte, direkt am Flüsschen Lauter, steht das Haus der Familie Schubert mit individuellen Zimmern, darunter die geräumigen Themenzimmer Zen, Toskana und Rosen. Im Gourmetrestaurant bietet Stefan Schubert in modern-elegantem Ambiente zeitgemäß-internationale Küche.

Die Brasserie – Hotel Schubert

Kanalstr. 12 ✉ 36341 – ☎ (06641) 9 60 70 – www.hotel-schubert.de – geschl. Sonntagabend

Rest – Karte 17/55 €

Legere Atmosphäre, freundlicher Service und dazu schmackhafte saisonal-internationale Gerichte wie "Entenbrust mit Speckrosenkohl, Cranberriesauce und Maronenplätzchen". Alternativ sitzt man gemütlich in der rustikalen Weinstube Entennest (behaglich der Kachelofen) - die Karte ist hier dieselbe wie in der Brasserie. Sonntags Brunch.

LAUTERBERG, BAD – Niedersachsen – 541 – 11 080 Ew – Höhe 296 m – Kneippheilbad

29 J10

Berlin 272 – Hannover 116 – Erfurt 104 – Göttingen 49

Ritscherstr. 4, ✉ 37431, ☎ (05524) 9 20 40, www.badlauterberg-harz.de

Revita

Zim,

Sebastian-Kneipp-Promenade 56 ✉ 37431 – ☎ (05524) 8 31 – www.revita-hotel.de

248 Zim – 122/150 € 184/226 € – 12 Suiten – ½ P

Rest *Hirschfänger* – Menü 32/45 € – Karte 30/38 €

In dem familiengeführten Urlaubs- und Tagungshotel mit Park wohnt man in hübschen "Landhaus"- oder eleganteren "Domicil"-Zimmern. Regionales Angebot im gemütlichen Hirschfänger, Dachrestaurant Brunello mit italienischer Küche. Diverse Cafés und Bars im Haus.

LAUTERECKEN – Rheinland-Pfalz – 543 – 2 150 Ew – Höhe 169 m

46 D16

Berlin 649 – Mainz 83 – Bad Kreuznach 40 – Kaiserslautern 32

Pfälzer Hof

Hauptstr. 12 ✉ 67742 – ☎ (06382) 73 38 – www.pfaelzer-hof.de – geschl. Juli - August 1 Woche, November 1 Woche

15 Zim – 51/63 € 72/94 € – ½ P

Rest – *(geschl. Donnerstag, Sonntagabend sowie an Feiertagen abends) (November - März nur Abendessen)* Karte 19/32 €

Engagiert kümmert sich Familie Jakob in diesem Haus im Ortskern um die Gäste, die hier in ländlich-gemütlichen und hübsch dekorierten Zimmern mit guten Bädern wohnen. Restaurant in rustikalem Stil mit regionaler Küche. Grillarrangements für Gruppen.

LEBACH – Saarland – 543 – 19 700 Ew – Höhe 275 m

45 B16

Berlin 722 – Saarbrücken 26 – Saarlouis 19 – St. Wendel 28

Locanda Grappolo d'Oro

Mottener Str. 94 (B 268, Gewerbegebiet, West: 2 km) ✉ 66822 – ☎ (06881) 33 39 – geschl. Ende Oktober 1 Woche, August 1 Woche und Samstagmittag, Sonntagabend - Montag

Rest – Menü 65 € – Karte 45/72 €

Hell und freundlich das Restaurant, sympathisch die Familie Stira, frisch und schmackhaft die klassisch-französische Küche mit mediterranen Einflüssen... Und zum Abschluss gibt es einen richtig guten Espresso!

LECHBRUCK – Bayern – 546 – 2 540 Ew – Höhe 737 m 65 K21

Berlin 695 – München 96 – Augsburg 90 – Reutte 39

Landhaus Auf der Gsteig
Rest, Zim,

Gsteig 1 (Nord-West: 3 km, Richtung Bernbeuren, dann links ab) 86983 – (08862) 9 87 70 – www.landhaus-gsteig.de – geschl. 7. Januar - Februar (Erweiterung um 21 Zimmer bis Mai 2014)

19 Zim – 73/134 € 120/349 € – 4 Suiten – ½ P

Rest – Menü 25/44 € – Karte 22/38 €

Die sehr schöne Lage am Golfplatz sowie wohnlich-ländliche Zimmer machen dieses Hotel aus. Vier Panoramazimmer mit Bergblick. Netter kleiner Saunabereich. Das Restaurant ist freundlich-rustikal gestaltet. Vor allem die Terrasse bietet eine tolle Sicht auf die Alpen.

LECK – Schleswig-Holstein – 541 – 7 650 Ew – Höhe 6 m 1 G2

Berlin 453 – Kiel 110 – Sylt (Westerland) 36 – Flensburg 33

Stadum, Hof Berg 3, (04662) 7 05 77

In Enge-Sande Süd: 4 km

Berger's Landgasthof mit Zim
Rest,

Dorfstr. 28 (Enge) 25917 – (04662) 31 90 – www.bergers-landgasthof.de – geschl. 8. - 20. Februar, Oktober 1 Woche und Montag

6 Zim – 54/65 € 89 € – ½ P

Rest – Menü 12 € (abends)/48 € – Karte 25/56 €

Welches Umfeld hätten Sie gerne? Sie können zwischen einer charmant-rustikalen und einer ganz modernen Stube wählen. In beiden bietet man regionale Küche mit internationalem Einfluss. Schönes Gartenrestaurant. Zum Übernachten stehen tipptopp gepflegte Zimmer bereit.

LEER – Niedersachsen – 541 – 34 290 Ew – Höhe 3 m 16 D6

Berlin 495 – Hannover 234 – Emden 31 – Groningen 69

Ledastr. 10, 26789, (0491) 91 96 96 70, www.leer.de

Frisia garni

Bahnhofsring 16 26789 – (0491) 9 28 40 – www.hotel-frisia.de

82 Zim – 90 € 122 €

Das komfortable Hotel befindet sich direkt am Bahnhof und verfügt über funktionell und zeitgemäß ausgestattete Zimmer, besonders geräumig sind die Appartements und Studios.

Ostfriesen Hof
Rest,

Groninger Str. 109 26789 – (0491) 6 09 10 – www.ostfriesen-hof.de

60 Zim – 72/110 € 110/140 € – ½ P **Rest** – Karte 23/49 €

Direkt am Deich steht das tipptopp gepflegte Hotel, das mit seinen funktionalen Zimmern sowie guten Tagungsmöglichkeiten gerne von Geschäftsleuten besucht wird. Vom Frühstücksraum hat man eine schöne Aussicht. Teil des bürgerlichen Restaurants ist ein lichter Wintergarten.

Perior (Christian Richter)

Bergmannstr. 16 26789 – (0491) 9 76 95 15 – www.perior.de – geschl. Sonntag - Montag

Rest – *(nur Abendessen)* Menü 49/90 €

Es lohnt sich, das (Wahl-) Menü von Christian Richter zu probieren, denn die Gerichte sind sehr interessant und stimmig zusammengestellt, die Produkte von ausgesuchter Qualität. Zum Gesamt-Erlebnis gehört aber auch der Rahmen der denkmalgeschützten Villa von 1905: modernes Interieur, schöner Dielenboden, Stuck und Deckenmalerei in stilvollen hohen Räumen!

→ Tatar und mariniertes Filet vom Rind, Senfkräuter und Egerlinge. Jakobsmuscheln, Sardellenbutter, Kopfsalat und Ofenkartoffel. Sauerampfer-Apfeleis, Kokos, Fenchel und Rübensirup.

Zur Waage und Börse

Neue Str. 1 ✉ 26789 – ✆ (0491) 6 22 44 – www.restaurant-zur-waage.de – geschl. Ende Oktober 2 Wochen und Dienstag

Rest – Menü 20/35 € – Karte 32/64 €

Familie Wübbena-Lankenau betreibt nun das Traditionshaus, das sich so schön in den Stadtkern einfügt! Der Patron kocht regional, mit kreativem Touch und eigenen Ideen, seine Frau Hedda leitet den Service. Nett auch das Ambiente mit gekachelten Wänden und friesischem Charme sowie die Terrasse zum Hafen!

LEGDEN – Nordrhein-Westfalen – 543 – 6 800 Ew – Höhe 72 m 26 C9

Berlin 525 – Düsseldorf 113 – Nordhorn 55 – Münster (Westfalen) 49

Hermannshöhe

Rest,

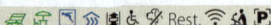

Haulingort 30 (B 474, Süd-Ost: 1 km Richtung Coesfeld) ✉ 48739 – ✆ (02566) 9 30 00 – www.landhotel-hermannshoehe.de

55 Zim – 38/58 € 65/95 € – ½ P **Rest** – Karte 15/32 €

Die Familientradition begann 1884 mit dem Gasthaus an einer Zollstation. Heute stehen neuzeitliche Zimmer bereit, die im Neubau besonders komfortabel sind. W-Lan gratis. Ein großer alter Münsterländer Kamin ziert das rustikale Restaurant.

LEHMKUHLEN – Schleswig-Holstein – siehe Preetz

LEHRTE – Niedersachsen – 541 – 43 250 Ew – Höhe 60 m 19 I8

Berlin 268 – Hannover 22 – Braunschweig 47 – Celle 33

Median

Zim,

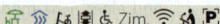

Zum Blauen See 3 (an der B 443) ✉ 31275 – ✆ (05132) 8 29 00 – www.median-hotel.de

141 Zim – 88 € 108 €

Rest – Menü 20/48 € – Karte 26/45 €

Rest *Maximilian's* – *(nur Buffet)* Menü 18 € (mittags)/24 €

Mit seinen zeitgemäßen, funktionellen Zimmern und der Nähe zur Autobahn ist das Hotel ganz auf den Tagungs- und Businessgast ausgerichtet. Schöner Sauna- und Fitnessbereich. Restaurant Vivaldi mit mediterranem Touch. Buffet-Restaurant Maximilian's.

In Lehrte-Ahlten Süd-West: 4 km

Landhotel Behre garni

Zum Großen Freien 3 ✉ 31275 – ✆ (05132) 8 67 80 – www.landhotel-behre.de – geschl. 1.- 5. Januar

39 Zim – 66/180 € 96/240 €

Auf dem Anwesen eines ehemaligen Bauernhofs steht das familiengeführte Hotel mit wohnlichen Zimmern und einem gemütlichen Frühstücksraum mit Blick in den Garten.

LEIMEN – Baden-Württemberg – 545 – 27 470 Ew – Höhe 118 m 47 F17

Berlin 634 – Stuttgart 109 – Mannheim 25 – Heidelberg 7

Villa Toskana

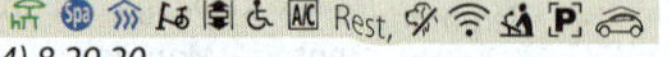

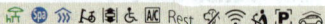

Hamburger Str. 4 ✉ 69181 – ✆ (06224) 8 29 20 – www.hotel-villa-toskana.de

241 Zim – 89/160 € 99/160 €, 14 € – 4 Suiten – ½ P

Rest – *(geschl. 23. Dezember - 2. Januar)* Karte 36/46 €

Rest *Medici* – Menü 28/32 € – Karte 33/50 €

Alles hier vermittelt mediterrane Leichtigkeit: Stein- und Parkettfußböden, schöne Ledersessel und -sofas, helle, warme Töne sowie dekorative Bilder, Spiegel und Stoffe! Zimmer in der Casa Tradizionale, der Casa Superiore, der Casa Villino sowie der Casa Verde. Natürlich zeigt sich der italienische Einfluss auch in den Restaurants.

Seipel garni

Bürgermeister-Weidemaier-Str. 26 ✉ 69181 – ✆ (06224) 98 20 – www.hotelseipel.de – geschl. 23. Dezember - 7. Januar

23 Zim – 🛉75/85 € 🛉🛉89/105 €

Das familiengeführte Haus liegt in einem Wohngebiet nahe dem Sportpark. Für die wohnlich-mediterrane Note sorgt Chefin Martina Seipel, die ein Händchen für Dekorationen hat! Nett auch der helle Frühstücksraum mit einer schönen frischen Auswahl vom Buffet.

Engelhorn garni

Ernst-Naujoks-Str. 2 ✉ 69181 – ✆ (06224) 70 70 – www.hotel-engelhorn.de – geschl. 24. Dezember - 6. Januar

37 Zim – 🛉57/77 € 🛉🛉69/99 €, 9 € – 3 Suiten

Sie suchen ein tipptopp gepflegtes Hotel, in das kontinuierlich investiert wird? Genau das finden Sie bei Familie Engelhorn! Wohnliche Zimmer mit guter Technik, ein leckeres Frühstück und die persönliche Führung überzeugen ebenso wie die praktische Lage. Mit im Haus ein separat geführtes Restaurant mit spanischer Küche.

Weinstube Jägerlust

Rohrbacher Str. 101 ✉ 69181 – ✆ (06224) 7 72 07 – www.seegerweingut.de – geschl. über Ostern 1 Woche, Mitte August - Mitte September, 20. Dezember - 18. Januar und Samstag - Montag

Rest – *(nur Abendessen)* (Tischbestellung ratsam) Karte 26/41 €

Den Namen Seeger verbindet man seit Anfang des 18. Jh. mit dem Weingut und inzwischen auch schon über 120 Jahre mit dieser rustikalen Weinstube, die schön leger und munter daherkommt. Mutter und Tochter kochen hier ganz traditionell, sehr geschmackvoll und ohne Schnörkel, dafür topfrisch und unprätentiös - das erinnert fast ein bisschen an "Großmutters Küche" im besten Sinne! Probieren sollte man auf jeden Fall "Fleischküchle mit Kartoffelsalat" oder die leckeren "Karthäuser Klöße mit Weinschaum". Dazu serviert der flotte junge Service gerne Eigenbauweine.

LEINEFELDE-WORBIS – Thüringen – 544 – 19 570 Ew – Höhe 320 m   29 J11

▶ Berlin 314 – Erfurt 83 – Heiligenstadt 15

Im Ortsteil Worbis

Drei Rosen

Bergstr. 1, (Zufahrt über Lange Str. 76) ✉ 37339 – ✆ (036074) 97 60 – www.3rosen.de

42 Zim – 🛉60/68 € 🛉🛉80/99 € – ½ P **Rest** – Karte 16/38 €

Ein familiengeführtes Hotel in einem historischen roten Backsteingebäude in zentraler Lage. Die Zimmer sind funktional ausgestattet und in zeitlosem Stil gehalten. Zu essen gibt es bürgerlich-regionale Küche (u. a. Wildschwein aus eigener Jagd und Rind aus eigener Schlachtung), daneben Pizza und Co. im Bistro vF.

LEINFELDEN-ECHTERDINGEN – Baden-Württemberg – 545 – 37 380 Ew – Höhe 432 m   55 G18

▶ Berlin 654 – Stuttgart 13 – Karlsruhe 76 – Tübingen 38

Siehe Stadtplan Stuttgart (Umgebungsplan)

Im Stadtteil Leinfelden

Am Park

Lessingstr. 4 ✉ 70771 – ✆ (0711) 90 31 00 – www.hotelampark-leinfelden.de – geschl. 22. Dezember - 7. Januar   B3**k**

42 Zim – 🛉88/140 € 🛉🛉110/150 € – ½ P

Rest *Am Park* – siehe Restaurantauswahl

Ruhig liegt das Haus der Familie Schienle in einer Sackgasse am Park. Es stehen sehr gepflegte und funktional ausgestattete Gästezimmer zur Verfügung.

Am Park – Hotel Am Park

Lessingstr. 4 ✉ 70771 – ✆ (0711) 90 31 00 – www.hotelampark-leinfelden.de – geschl. 22. Dezember - 7. Januar und Samstag - Sonntag B3k

Rest – Menü 45 € – Karte 24/50 €

Die Gäste wissen, dass sie hier immer auch ihre schwäbischen Leibgerichte bekommen, dafür sorgt Küchenchef Ulli Herkommer. Probieren Sie doch mal die schmackhafte Rote-Bete-Suppe mit Rauchforelle und Meerrettich. Im Sommer sollten Sie auf der Gartenterrasse essen!

Im Stadtteil Echterdingen

Parkhotel Stuttgart Messe-Airport

Filderbahnstr. 2 ✉ 70771 – ✆ (0711) 63 34 40 – www.parkhotel-stuttgart.de C3b

220 Zim – †133/163 € ††133/163 €, ☐ 19 € – ½ P

Rest *Parkrestaurant* – Menü 25/47 € – Karte 26/48 €

Rest *Echterdinger Brauhaus* – *(nur Abendessen)* Karte 18/31 €

Kein Hotel von der Stange - das lässt schon die imposante Fassade erahnen. Das Interieur kommt geradlinig-chic und in angenehmen Naturmaterialien daher, zudem hat jede Etage ein regionales Motto (Stuttgart Airport, Wilhelma...). On top: Sauna mit Dachterrasse. Wie möchten Sie speisen? Modern im Parkrestaurant mit Showküche oder urig-gemütlich im Brauhaus (ab 17 Uhr)?

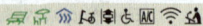

LEINGARTEN – Baden-Württemberg – siehe Heilbronn

LEINSWEILER – Rheinland-Pfalz – 543 – 390 Ew – Höhe 263 m – Luftkurort

54 E17

Berlin 673 – Mainz 122 – Karlsruhe 52 – Wissembourg 20

Hauptstr. 4, ✉ 76829, ✆ (06345) 35 31, www.ferienregion-landau-land.de

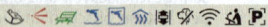

Leinsweiler Hof

Weinstraße, (an der Straße nach Eschbach) (Süd: 1 km) ✉ 76829 – ✆ (06345) 40 90 – www.leinsweilerhof.de

61 Zim ☐ – †89/99 € ††145/165 € – ½ P

Rest *Leinsweiler Hof* – siehe Restaurantauswahl

Schon allein die Lage überzeugt: Der schöne alte Sandsteinbau samt Anbau "Weinland" liegt toll in den Weinbergen - entsprechend reizvoll sind natürlich Außenpool und Terrasse! Und drinnen? Zimmer in wohnlichen Farben, Kessler-Suite mit sehenswertem Wandgemälde, attraktiver Wellnessbereich mit Panoramablick...

Castell

Zim,

Hauptstr. 32 ✉ 76829 – ✆ (06345) 9 42 10 – www.hotel-castell-leinsweiler.de

16 Zim ☐ – †56/69 € ††97/120 € – ½ P

Rest – *(geschl. Dienstag, 6. Januar - 3. März: Montag - Dienstag)* Menü 18 € (mittags unter der Woche)/59 € – Karte 26/58 €

Das kleine Landhotel hat engagierte Gastgeber, gepflegte Zimmer und internationale Küche zu bieten - und als "Natur-Wellness-Bereich" den Pfälzer Wald und die Weinberge ringsum samt schöner Rad- und Wanderwege!

Rebmann

Weinstr. 8 ✉ 76829 – ✆ (06345) 9 54 00 – www.hotel-rebmann.de

11 Zim ☐ – †60/70 € ††98/145 € – ½ P

Rest – *(geschl. 6. Januar - 4. Februar und November - März: Mittwoch)* Menü 21 € (mittags)/35 € – Karte 28/53 €

Es ist ein ganz pfalztypisches Bild, wie der Landgasthof mit Hoftor in dem kleinen Winzerdorf steht. Sowohl die Zimmer als auch das Restaurant sind hell und zeitgemäß gestaltet - Letzteres nennt sich "Vin Au Rant" und bietet regionale und auch internationale Küche sowie heimische Weine.

Leinsweiler Hof – Hotel Leinsweiler Hof

Weinstraße, (an der Straße nach Eschbach) (Süd: 1 km) ✉ 76829 – ✆ (06345) 40 90 – www.leinsweilerhof.de

Rest – Menü 28/125 € – Karte 27/50 €

In der Küche des Leinsweiler Hofs ist Hubert Stoll ambitioniert am Werk: Er bereitet für Sie sowohl einen traditionellen "Pfälzer Teller" als auch "Lammnüsschen in Zwiebel-Meerrettich-Kruste". Speisen Sie im Sommer auf der Terrasse - die Aussicht ist klasse!

LEIPZIG

Stadtpläne siehe nächste Seiten 32 N11

© Reinhard Schmid / Sime / Photononstop

Sachsen – 531 810 Ew – Höhe 112 m – 544 L21

Berlin 195 – Dresden 113 – Erfurt 142

Tourist-Information

Katharinenstr. 8 E1_2, ✉ 04109, ✆ (0341) 7 10 42 60, www.leipzig.travel

Automobilclub - ADAC

Petersstr. 48 E2

Flughafen

Leipzig-Halle, Terminalring 11 (über B1, Richtung Halle), ✆ (0341) 22 40

Messegelände

Neue Messe, Messe Allee 1 C1, ✉ 04356, ✆ (0341) 67 80

Messen

Zu Messezeiten verlangen viele Hotels erhöhte Messepreise

31. Januar-2. Februar: Motorrad Messe
15.-23. Februar: Haus-Garten-Freizeit
15.-23. Februar: Mitteldeutsche Handwerksmesse
20.-23. Februar: Beach & Boat
27. Februar-2. März: Immobilien
1.-3. März: Cadeaux
13.-16. März: Antiquariatsmesse
13.-16. März: Buchmesse
31. Mai-8. Juni: AMICOM
31. Mai-8.Juni: AMI - Auto Mobil International
10.-13. Juli: Games Convention
6.-8. September: Cadeaux
6.-8. September: CONFORTEX
5.-7. September: Le Gourmet
21.-23. Oktober: efa
19.-23. November: Touristik & Caravaning

Golfplätze

Leipzig-Seehausen, Bergweg 10 (An der neuen Messe), (0341) 5 21 74 42

Markkleeberg, Mühlweg, (0341) 3 58 26 86

Machern, Plagwitzer Weg 6d, (034292) 6 80 32

Noitzsch, (034242) 5 03 02

SEHENSWÜRDIGKEITEN

Altes Rathaus★ · Alte Börse★ · Thomaskirche★ · Zeitgeschichtliches Forum★★E2 · Ägyptisches Museum★M²F2 · Museum der Bildenden Künste★★E1_2 · Musikinstrumenten-Museum★C3 · Grassi-Museum★ · Museum für Angewandte Kunst★· Museum für Völkerkunde★B3

Steigenberger Grandhotel Handelshof

Salzgäßchen 6 ✉ 04109 – (0341) 3 50 58 10 – www.leipzig.steigenberger.de EF2**s**

168 Zim – 149 € 149 €, 28 € – 9 Suiten

Rest *Le Grand* – siehe Restaurantauswahl

Die klassische Fassade des einstigen Handelshofes von 1909 könnte wohl kaum repräsentativer in Szene gesetzt werden. Während das historische Flair außen architektonisch festgehalten wird, herrscht innen stilvolle Moderne!

The Westin

Rest,

Gerberstr. 15 ✉ 04105 – (0341) 98 80 – www.westinleipzig.com E1**a**

422 Zim – 99/265 € 109/275 €, 21 € – 14 Suiten

Rest *Falco* ✿✿

Rest *Yamato* – siehe Restaurantauswahl

Rest *Seasons* – *(geschl. Juli - August 3 Wochen und Sonntag - Montag) (nur Abendessen)* Menü 52/69 € – Karte 41/71 €

Das Tagungs- und Businesshotel liegt günstig im Zentrum, hat eine großzügige Lobby und einen ansprechenden Konferenzbereich mit kompletter technischer Ausstattung. Wenn Sie es gerne besonders komfortabel, modern und hochwertig haben, buchen Sie eines der Zimmer in den oberen Etagen. Neben Sauna, Pool und Fitness kann man sich auch eine Massage gönnen! Restaurant Seasons mit internationaler Karte.

Fürstenhof

Tröndlinring 8 ✉ 04105 – (0341) 14 00 – www.hotelfuerstenhofleipzig.com

92 Zim – 120/335 € 120/335 €, 25 € – 4 Suiten E1**c**

Rest *Villers* – siehe Restaurantauswahl

Das repräsentative Patrizierpalais von 1770 bietet einen klassisch-eleganten Rahmen für luxuriösen Hotelkomfort. Schön ist die Badelandschaft, prächtig der historische Serpentinsaal. Mittags und abends Bistrokarte in der "Vinothek 1770" und im "Wintergarten".

Marriott

Rest,

Am Hallischen Tor 1 ✉ 04109 – (0341) 9 65 30 – www.leipzigmarriott.de

231 Zim – 99/299 € 99/299 €, 19 € – 1 Suite F1**n**

Rest – Karte 28/52 €

Elegantes Ambiente von der Lobby mit Bar-Lounge bis in die wohnlichen Zimmer. Executive-Bereich in der 6. Etage. Klar und zeitgemäß ist der Bade-, Sauna- und Fitnessbereich. Allie's American Grille mit internationaler Küche. Burger & Co in der Sportsbar.

Radisson BLU

Rest,

Augustusplatz 5 (Zufahrt über Grimmaische Straße) ✉ 04109 – (0341) 2 14 60 – www.radissonblu.de/hotel-leipzig F2**f**

208 Zim – 99/169 € 119/179 €, 20 € – 6 Suiten

Rest *Spagos* – Menü 29 € – Karte 37/54 €

Das in sehr modernem Stil gehaltene Hotel liegt gegenüber dem Gewandhaus, ins Zentrum ist es nur ein Katzensprung. Großzügig sind die Deluxe-Zimmer und Suiten. Geradliniges Interieur mit purpurroten Farbakzenten im Restaurant Spagos. Internationale Küche.

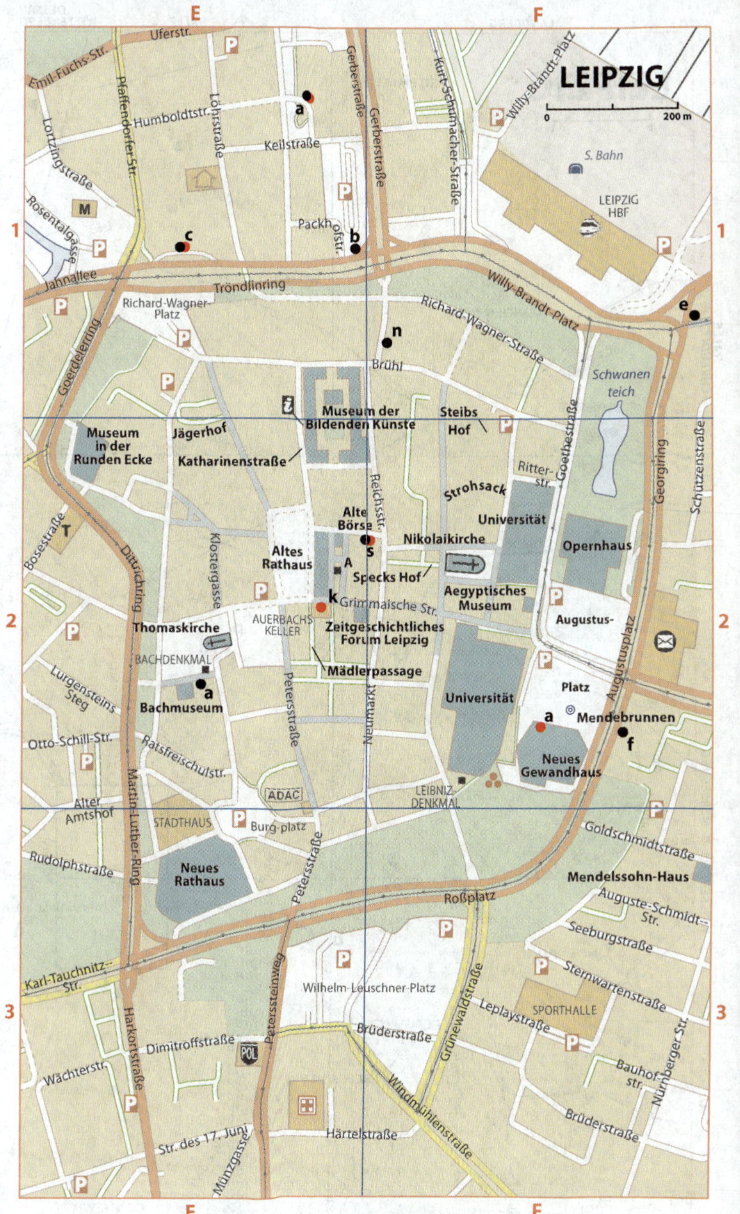
E
F
LEIPZIG
0
200 m
1
2
3
Uferstr.
Emil-Fuchs-Str.
Pfaffendorfer Str.
Humboldtstr.
Löhrstraße
Gerberstraße
Kurt-Schumacher-Straße
Willy-Brandt-Platz
Lortzingstraße
Keilstraße
S. Bahn
LEIPZIG HBF
Rosentalgasse
Packhofstr.
Jahnallee
Tröndlinring
Richard-Wagner-Platz
Richard-Wagner-Straße
Goerdelerring
Brühl
Schwanenteich
Museum der Bildenden Künste
Steibs Hof
Museum in der Runden Ecke
Jägerhof
Katharinenstraße
Goethestraße
Georgiring
Schützenstraße
Ritter-str.
Strohsack
Reichsstr.
Alte Börse
Universität
Nikolaikirche
Opernhaus
Bosestraße
Altes Rathaus
Klostergasse
Specks Hof
Aegyptisches Museum
Dittrichring
Grimmaische Str.
Augustus-
Platz
Augustusplatz
Thomaskirche
AUERBACHS KELLER
Zeitgeschichtliches Forum Leipzig
BACHDENKMAL
Mädlerpassage
Lurgensteins Steg
Bachmuseum
Petersstraße
Neumarkt
Universität
Mendebrunnen
Otto-Schill-Str.
Ratsfreischulstr.
Neues Gewandhaus
Martin-Luther-Ring
ADAC
LEIBNIZ-DENKMAL
Alter Amtshof
STADTHAUS
Burg-platz
Goldschmidtstraße
Rudolphstraße
Neues Rathaus
Mendelssohn-Haus
Auguste-Schmidt-Str.
Roßplatz
Seeburgstraße
Karl-Tauchnitz-Str.
Wilhelm-Leuschner-Platz
Grünewaldstraße
Sternwartenstraße
Leplaystraße
SPORTHALLE
Peterssteinweg
Brüderstraße
Harkortstraße
Dimitroffstraße
POL
Wächterstr.
Windmühlenstraße
Bauhofstr.
Nürnberger Str.
Brüderstraße
Härtelstraße
Str. des 17. Juni
Münzgasse

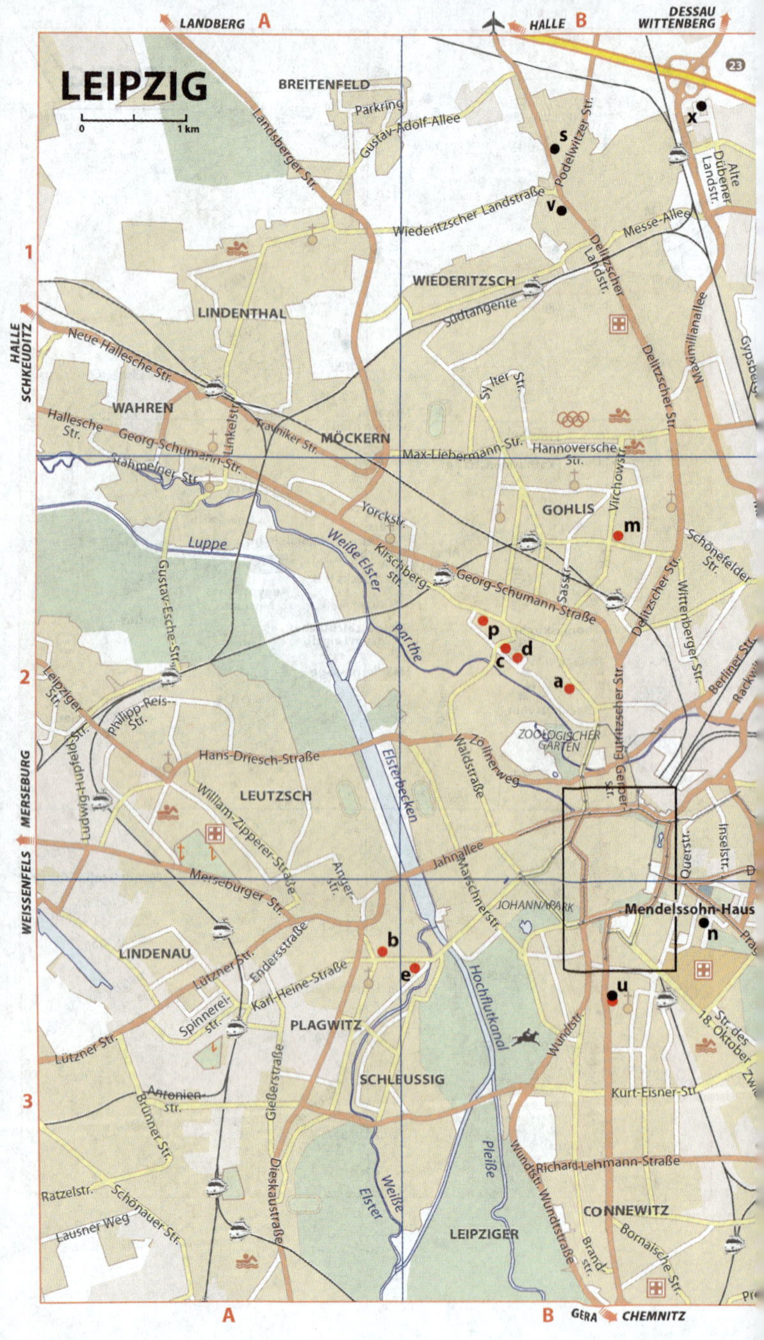
LEIPZIG
0
1 km
LANDBERG
A
HALLE
B
DESSAU
WITTENBERG
HALLE
SCHKEUDITZ
WEISSENFELS
MERSEBURG
GERA
CHEMNITZ
1
2
3
BREITENFELD
LINDENTHAL
WIEDERITZSCH
WAHREN
MÖCKERN
GOHLIS
LEUTZSCH
LINDENAU
PLAGWITZ
SCHLEUSSIG
CONNEWITZ
LEIPZIGER
ZOOLOGISCHER GARTEN
JOHANNAPARK
Mendelssohn-Haus
Landsberger Str.
Gustav-Adolf-Allee
Parkring
Podelwitzer Str.
Wiederitzscher Landstraße
Messe-Allee
Delitzscher Landstr.
Südtangente
Neue Hallesche Str.
Hallesche Str.
Georg-Schumann-Str.
Stahmelner Str.
Linkelstr.
Trauniker Str.
Max-Liebermann-Str.
Hannoversche Str.
Delitzscher Str.
Maximilianallee
Alte Dübener Landstr.
Yorckstr.
Kirschberg-str.
Georg-Schumann-Straße
Luppe
Weiße Elster
Parthe
Gustav-Esche-Str.
Virchowstr.
Sassstr.
Schönefelder Str.
Wittenberger Str.
Berliner Str.
Leipziger Str.
Philipp-Reis-Str.
Hans-Driesch-Straße
Elsterbecken
Zöllnerweg
Waldstraße
Ludwig-Hupfeld-Str.
William-Zipperer-Straße
Merseburger Str.
Jahnallee
Anger-str.
Marschnerstr.
Inselstr.
Querstr.
Lützner Str.
Endersstraße
Karl-Heine-Straße
Spinnerei-str.
Hochflutkanal
Wundtstr.
Str. des 18. Oktober
Kurt-Eisner-Str.
Antonien-str.
Brünner Str.
Gießerstraße
Dieskaustraße
Pleiße
Richard-Lehmann-Straße
Ratzelstr.
Schönauer Str.
Lausner Weg
Wundtstraße
Brand-str.
Bornaische Str.
a
b
c
d
e
m
n
p
s
u
v
x
23

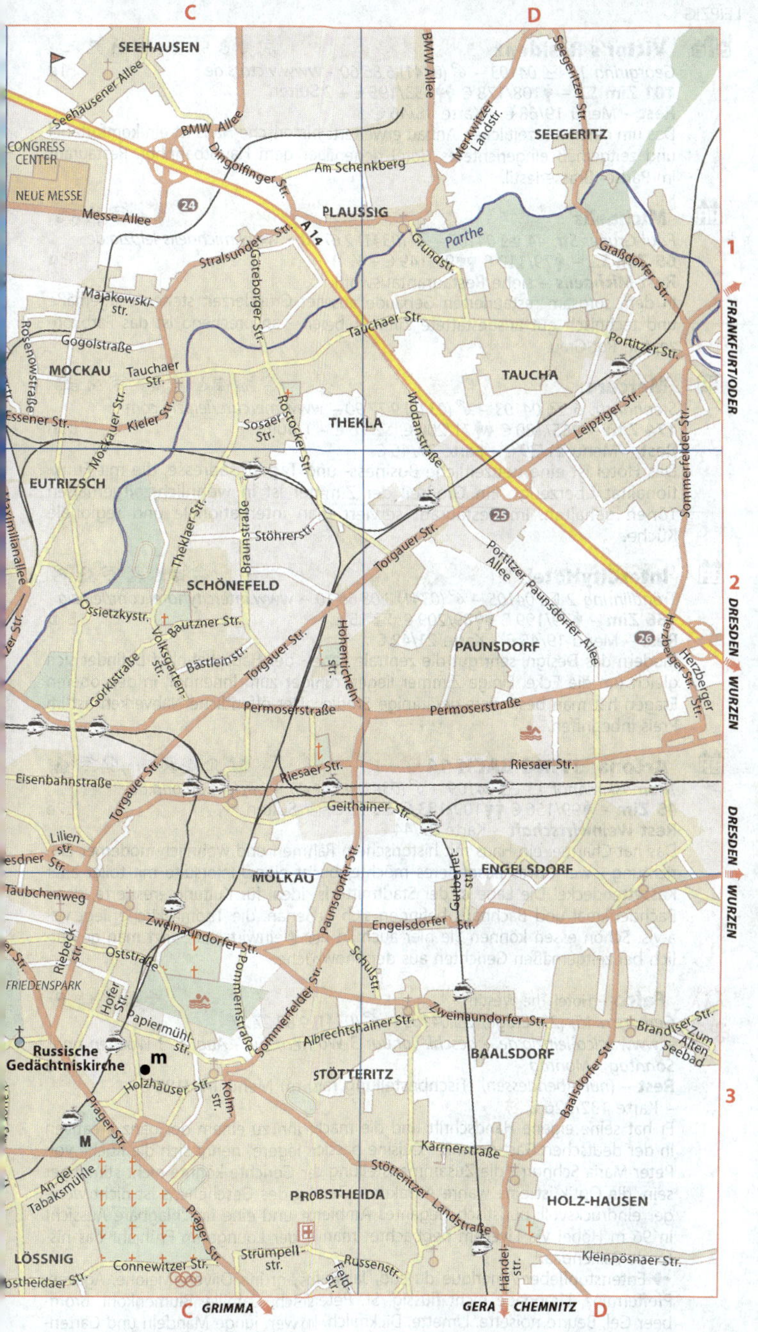

C
D
SEEHAUSEN
Seehausener Allee
CONGRESS CENTER
NEUE MESSE
Messe-Allee
BMW Allee
Dingolfinger Str.
Am Schenkberg
Merkwitzer Landstr.
Seegeritzer Str.
SEEGERITZ
PLAUSSIG
A 14
Grundstr.
Parthe
Graßdorfer Str.
Stralsunder Str.
Göteborger Str.
Majakowski-str.
Gogolstraße
Rosenowstraße
MOCKAU
Tauchaer Str.
Tauchaer Str.
Portitzer Str.
TAUCHA
Leipziger Str.
Sommerfelder Str.
FRANKFURT/ODER
Essener Str.
Kieler Str.
Mockauer Str.
Sosaer Str.
Rostocker Str.
THEKLA
Wodanstraße
EUTRIZSCH
Maximilianallee
Theklaer Str.
Braunstraße
Stöhrerstr.
Torgauer Str.
Portitzer Allee
SCHÖNEFELD
Ossietzkystr.
Bautzner Str.
Volksgarten-str.
Bästleinstr.
Gorkistraße
Torgauer Str.
Hohentichelnstr.
Paunsdorfer Allee
PAUNSDORF
Herzberger Str.
Herzberger Str.
DRESDEN
WURZEN
Permoserstraße
Permoserstraße
Riesaer Str.
Riesaer Str.
Eisenbahnstraße
Torgauer Str.
Geithainer Str.
Lilien-str.
Dresdner Str.
Täubchenweg
MÖLKAU
Paunsdorfer Str.
Gutberletstr.
ENGELSDORF
DRESDEN
WURZEN
Engelsdorfer Str.
Zweinaundorfer Str.
Riebeck-str.
Oststraße
Pommernstraße
Sommerfelder Str.
Schulstr.
FRIEDENSPARK
Hofer Str.
Papiermühl-str.
Albrechtshainer Str.
Zweinaundorfer Str.
Brandiser Str.
Zum Alten Seebad
Russische Gedächtniskirche
Holzhauser Str.
Kolm-str.
STÖTTERITZ
BAALSDORF
Baalsdorfer Str.
Prager Str.
M
m
Kärrnerstraße
An der Tabaksmühle
Stötteritzer Landstraße
PROBSTHEIDA
HOLZ-HAUSEN
Prager Str.
LÖSSNIG
Connewitzer Str.
Strümpell-str.
Russenstr.
Feld-str.
Händel-str.
Kleinpösnaer Str.
Probstheidaer Str.
GRIMMA
GERA
CHEMNITZ
24
25
26
1
2
3

Victor's Residenz

Georgiring 13 ✉ 04103 – ✆ (0341) 6 86 60 – www.victors.de F1**e**
101 Zim – 108/178 € 133/195 € – 2 Suiten
Rest – Menü 19/68 € – Karte 18/46 €
Das um einen neuzeitlichen Anbau erweiterte historische Haus ist ein komfortabel und zeitgemäß eingerichtetes Hotel gegenüber dem Hauptbahnhof. Restaurant im Pariser Brasseriestil.

Michaelis

Paul-Gruner-Str. 44 ✉ 04107 – ✆ (0341) 2 67 80 – www.michaelis-leipzig.de B3**u**
65 Zim – 79/119 € 99/149 € – ½ P
Rest ***Michaelis*** – siehe Restaurantauswahl
In dem sorgsam restaurierten Gebäude aus der Gründerzeit stehen zeitgemäße und technisch gut ausgestattete Zimmer bereit - ansprechend ist das Farbkonzept in Rot-Grau.

Mercure

Rest,

Stephanstr. 6 ✉ 04103 – ✆ (0341) 9 77 90 – www.mercure/leipzig.com B3**n**
174 Zim – 65/180 € 71/200 €, 16 € – 1 Suite
Rest – Menü 21/39 € – Karte 27/46 €
Das Hotel ist eine neuzeitliche Business- und Tagungsadresse, die mit Funktionalität überzeugt. Ein Großteil der Zimmer ist in wohnlich-zeitgemäßen Tönen gehalten. Im Restaurant serviert man internationale und regionale Küche.

InterCityHotel (N)

Tröndlinring 2 ✉ 04105 – ✆ (0341) 3 08 66 10 – www.intercityhotel.com/leipzig E1**b**
166 Zim – 79/199 € 89/209 €, 15 €
Rest – Menü 19/45 € – Karte 21/42 €
Modern das Design, sehr gut die zentrale Lage - der Hauptbahnhof befindet sich gleich um die Ecke. Einige Zimmer liegen ruhiger zum Innenhof, in den oberen Etagen hat man besonders geräumige Studios. Der öffentliche Nahverkehr ist im Preis inbegriffen.

Arcona LIVING BACH 14 (N)

Thomaskirchhof 13 ✉ 04109 – ✆ (0341) 49 61 40 – bach14.arcona.de E2**a**
45 Zim – 99/156 € 109/183 €, 17 € – 7 Suiten
Rest ***Weinwirtschaft*** – Karte 27/44 €
Das hat Charme: ein Haus mit historischem Rahmen und wohnlich-moderner Einrichtung - wer etwas Besonderes möchte, bucht eine Juniorsuite mit toller alter Kassettendecke! Die Lage in der Stadtmitte ist ideal für Kulturinteressierte, denn Bachdenkmal und Bachhaus befinden sich nebenan, die Thomaskirche liegt vis-à-vis. Schön essen können Sie hier auch: In der Weinwirtschaft sitzt man gemütlich bei zeitgemäßen Gerichten aus der Showküche.

Falco – Hotel The Westin

Gerberstr. 15, (27. Etage) ✉ 04105 – ✆ (0341) 9 88 27 27 – www.falco-leipzig.de – geschl. Januar 3 Wochen, Juli - August 3 Wochen und Sonntag - Montag E1**a**
Rest – *(nur Abendessen)* (Tischbestellung ratsam) Menü 144/188 € – Karte 132/226 €
Er hat seine eigene Handschrift und die macht ihn zu einem der ganz Kreativen in der deutschen Gastronomie. "Cuisine passion légère" nennt sich die Küche von Peter Maria Schnurr - die Zusammenstellung der Gerichte könnte nicht stimmiger sein, die Optik ist eine wahre Attraktion. Der Ort des Geschehens ist nicht weniger eindrucksvoll: puristisch-elegantes Ambiente und eine unschlagbare Aussicht in 96 m Höhe! Via Livecam beobachtet man in der Lounge im Frühjahr das nistende Falkenpaar!
➜ Entenstopfleber Amérique du sud, Jalapeños, grüne Oliven, Melone, Agaven, Pfefferminz, Limonade nicht flüssig. St. Petersfisch, Camille, Blumenkohl, Brombeer Gel, Beurre noisette. Limette, Dickmilch, Ingwer, junge Mandeln und Gartengurken-Relish.

Stadtpfeiffer (Detlef Schlegel)
Augustusplatz 8, (Neues Gewandhaus) ✉ 04109 – ✆ (0341) 2 17 89 20 – www.stadtpfeiffer.de – geschl. Juli - August, über Weihnachten und Sonntag - Montag E2**a**
Rest – *(nur Abendessen)* (Tischbestellung ratsam) Menü 88/118 € – Karte 83/97 €
Hinter der Glasfassade des Gewandhauses werden Sie in elegantem Ambiente freundlich und versiert von der stets präsenten Gastgeberin Petra Schlegel betreut, während Patron Detlef Schlegel für Sie feine klassische Küche in Form zweier saisonaler Menüs zubereitet - die harmonisch zusammengestellten und schön angerichteten Gerichte sind auch einzeln wählbar.
➜ Taube / Wachtel / Mangold. Stubenküken / Flusskrebs / Hahnenkamm. Salzwiesenlamm / Safranrisotto / Oliven-Lakritz.

Le Grand – Steigenberger Grandhotel Handelshof
Salzgäßchen 6 ✉ 04109 – ✆ (0341) 3 50 58 18 42 – www.leipzig.steigenberger.de
Rest – Menü 38/85 € – Karte 35/78 € EF2**s**
Gedeckte, ruhige Töne unterstreichen den klassischen Eindruck, den das Restaurant vermittelt. Durch die Fensterfront geht der Blick Richtung Vorplatz - hier erinnert ein Goethe-Denkmal an dessen Zeit in Leipzig. Man bietet Internationales und Klassiker.

Auerbachs Keller - Historische Weinstuben
Grimmaische Str. 2 (Mädler-Passage) ✉ 04109 – ✆ (0341) 21 61 00 – www.auerbachs-keller-leipzig.de – geschl. 15. Dezember - 23. Februar, Mitte Juli - Ende August und Sonntag sowie an Feiertagen E2**k**
Rest – *(nur Abendessen)* Menü 38/75 € – Karte 41/63 €
Rest *Großer Keller* – Menü 20/40 € – Karte 20/43 €
Mitten in der Altstadt findet man diese Leipziger Institution mit toll restaurierten Räumen, die das Flair von einst bewahrt haben. Auch Goethe war hier zu Gast. Die Küche in den "Historischen Weinstuben" ist klassisch und aufwändiger als im "Großen Keller", wo man in schönem Jugendstil-Ambiente bürgerlich isst.

Michaelis – Hotel Michaelis
Paul-Gruner-Str. 44 ✉ 04107 – ✆ (0341) 26 78 0 – www.michaelis-leipzig.de – geschl. Samstagmittag, Sonntag B3**u**
Rest – Menü 35/55 € – Karte 31/50 €
Dank vieler Fenster wirkt das Restaurant hell und freundlich und ist als eine gepflegte Adresse den Gästen zu empfehlen. Hinter dem Haus befindet sich eine nette Terrasse.

Villers – Hotel Fürstenhof
Tröndlinring 8 ✉ 04105 – ✆ (0341) 14 00 – www.restaurant-villers.de – geschl. Sonntag E1**c**
Rest – *(nur Abendessen)* Menü 62/95 € – Karte 53/66 €
In dem klassisch-eleganten Restaurant mit schöner hoher Decke stehen zwei Menüs zur Wahl: "Villers" und "Fürstenhof". Darin finden sich Gerichte wie "Rotbarbe und Pulpo mit geräuchertem Couscous und Gazpachovinaigrette" oder "Sauté von Sot l'y laisse und Flusskrebsen mit Morcheln und Saubohnen" - auch à la carte wählbar. Terrasse im Innenhof.

Yamato – Hotel The Westin
Gerberstr. 15 ✉ 04105 – ✆ (0341) 2 11 10 68 – www.yamato-restaurant.de
Rest – Menü 24/59 € – Karte 25/57 € E1**a**
Vor Jahren das erste japanische Restaurant der Stadt, heute eine Institution. Nicht nur das Angebot ist typisch, auch das Interieur mit seinem puristisch-schlichten Design.

In Leipzig-Gohlis

Schaarschmidt's
Coppistr. 32 ✉ 04157 – ✆ (0341) 9 12 05 17 – www.schaarschmidts.de
Rest – *(nur Abendessen)* (Tischbestellung ratsam) Menü 26/58 € – Karte 28/58 € B2**m**
Ein liebevoll und stimmig dekoriertes Restaurant unter engagierter Leitung. Zur Straße liegt die mit Bäumchen begrünte kleine Terrasse. Sächsische und internationale Küche.

Münsters

Platnerstr. 11 ✉ 04155 – ✆ (0341) 5 90 63 09 – www.münsters.com – geschl. über Weihnachten und Sonntag B2**c**

Rest – *(nur Abendessen)* Karte 31/51 €

Gemütlich ist es hier: rustikale Backsteindecke, Deko aus Bildern und Weinflaschen... Gastgeber André Münster serviert in der ehemaligen Mühle saisonale Gerichte wie "Involtini vom Kalbsfilet mit Blattspinat, Pfifferlingen und Gnocchi". Das Lokal ist sehr gefragt, und der große Biergarten erst! In der zweiten Etage gibt es noch eine Bar.

Campus

Schlösschenweg 2 ✉ 04155 – ✆ (0341) 56 29 67 50 – www.michaelis-leipzig.de – geschl. Sonntag - Montag B2**d**

Rest – Menü 29/39 € – Karte 26/46 €

Eine freundliche Atmosphäre herrscht in dem modernen Bistro-Restaurant auf dem Mediencampus. Die Küche ist international-saisonal, mittags kommt man gerne zum günstigen Lunchgericht.

La Mirabelle

Gohliser Str. 11 ✉ 04105 – ✆ (0341) 5 90 29 81 – www.la-mirabelle.de – geschl. Samstagmittag, Sonntag B2**a**

Rest – Menü 15 € (mittags)/42 € – Karte 28/43 €

Das nette Restaurant im Bistrostil bietet am Mittag eine kleine Auswahl an Gerichten, abends wählt man von der französischen Karte.

Passion

Möckernsche Str. 21 ✉ 04155 – ✆ (0341) 5 50 37 45 – www.restaurant-passion.de – geschl. Samstagmittag, Sonntag - Montag

Rest – (Tischbestellung ratsam) Menü 39 € (abends) – Karte 27/36 € B2**p**

Mediterranes Flair und freundlicher Service unter der Leitung der Chefin machen dieses Restaurant aus. Im Sommer sitzt man schön auf der Terrasse hinter dem Haus. Kleinere Mittagskarte.

In Leipzig-Plagwitz

Heine

Karl-Heine-Str. 20 ✉ 04229 – ✆ (0341) 8 70 99 66 – www.restaurant-heine.de – geschl. Sonntag - Montag A3**b**

Rest – *(nur Abendessen)* Menü 52/89 € – Karte 53/69 €

In dem Restaurant in angenehmen Braun- und Beigetönen kocht der Chef Saisonales, die Chefin leitet freundlich den Service. Im Winter wird der kleine Kamin beheizt. Terrasse zum Park.

Stelzenhaus

Weissenfelser Str. 65h, (Zufahrt über Industriestraße) ✉ 04229 – ✆ (0341) 4 92 44 45 – www.restaurant-stelzenhaus.de B3**e**

Rest – *(nur Abendessen)* Menü 18/59 € – Karte 32/59 €

Internationale Küche in einer ehemaligen Zinkerei. Mittags bietet man ein Lunchbuffet und eine kleine Bistrokarte - Letztere ergänzt auch am Abend das Angebot. Sonntagsbrunch.

In Leipzig-Rückmarsdorf West: 12 km über Merseburger Straße A2

3 Linden

Kastanienweg 11 ✉ 04178 – ✆ (0341) 9 41 01 24 – www.hotel3linden.de

40 Zim – 🚹55/83 € 🚹🚹58/96 €, ☕ 10 € – ½ P **Rest** – Karte 17/33 €

In dem Hotel in verkehrsgünstiger Lage stehen solide und funktionell ausgestattete Zimmer und geräumigere Juniorsuiten bereit. Mehrere Bowlingbahnen. Das Restaurant "Zum Pferdestall" ist rustikal gehalten und mit allerlei Zierrat liebenswert dekoriert. Bürgerliche Küche.

In Leipzig-Stötteritz

Balance Hotel Alte Messe

Rest, Rest,

Breslauer Str. 33 ✉ 04299 – ✆ (0341) 8 67 90 – www.balancehotel-leipzig.de C3**m**

126 Zim – 🚹75/150 € 🚹🚹75/150 €, ☕ 14 € – 9 Suiten

Rest *Amaroso* – Menü 21/39 € – Karte 28/43 €

Ein gepflegtes Businesshotel im recht ruhigen Gründerzeitviertel unweit des Völkerschlachtdenkmals. Kostenfreie Tickets zur Nutzung der öffentlichen Verkehrsmittel in Leipzig. Internationale Küche im Restaurant Amaroso, mittags kleine Gerichte.

In Leipzig-Wiederitzsch

NH Leipzig Messe

Fuggerstr. 2 ✉ 04158 – ✆ (0341) 5 25 10 – www.nh-hotels.com B1**x**

308 Zim – 🚹59/199 € 🚹🚹59/199 €, ☕ 16 € **Rest** – 18 € – Karte 29/34 €

Die autobahnnahe Lage im "Fugger Business Park" sowie die neuzeitlich-funktionelle Ausstattung und der gute Konferenzbereich machen dieses Hotel aus. Geräumige Halle mit Lounge/Bar.

Hiemann

Delitzscher Landstr. 75 ✉ 04158 – ✆ (0341) 5 25 30 – www.hotel-hiemann.de B1**v**

37 Zim ☕ – 🚹65/79 € 🚹🚹79/99 €

Rest – Menü 18 € – Karte 19/36 €

Bei Familie Hiemann überzeugen nicht nur funktionale Zimmer und schöne Maisonetten, auch die Anbindung an Autobahn, Stadt und Flughafen wird von den Gästen geschätzt. Fragen Sie nach den Zimmern, die ruhiger nach hinten liegen! Wer zum Essen kommt, sitzt in einem freundlichen Restaurant mit kleinem Wintergarten bei bürgerlicher Küche.

Papilio

Delitzscher Landstr. 100 ✉ 04158 – ✆ (0341) 52 61 10 – www.hotel-papilio.de – geschl. 22. - 29. Dezember B1**s**

28 Zim ☕ – 🚹59/79 € 🚹🚹79/92 €

Rest – *(geschl. Sonntagabend)* Karte 18/29 €

Solide und zeitgemäß wohnt man in dem familiär geleiteten Haus, das verkehrsgünstig nahe der Messe liegt. Buchen Sie eines der ruhigeren Zimmer zum netten Garten hin.

In Markkleeberg-Wachau **Süd-Ost: 8 km über Prager Straße** C3

Atlanta

Südring 21 ✉ 04416 – ✆ (0341) 41 46 00 – www.atlanta-hotel.de

181 Zim ☕ – 🚹75/250 € 🚹🚹90/280 € – 15 Suiten – ½ P

Rest – Menü 19 € – Karte 23/41 €

Ein ideales Tagungs- und Businesshotel im Gewerbegebiet. In den sachlich-funktional gestalteten Zimmern sind Minibar und Telefonieren ins dt. Festnetz gratis. Sauna und Whirlpool im 7. Stock. Neuzeitlicher Restaurantbereich.

LEIZEN – Mecklenburg-Vorpommern – 542 – 500 Ew – Höhe 76 m 13 N6

▶ Berlin 139 – Schwerin 122 – Waren 40

In Leizen-Woldzegarten Nord: 5 km

Gutshof Woldzegarten

Rest,

Walower Str. 30 ✉ 17209 – ✆ (039922) 82 20 – www.gutshof-woldzegarten.de

20 Zim ☕ – 🚹79/89 € 🚹🚹99/145 € – ½ P

Rest – Menü 35/65 € (abends) – Karte 33/53 €

Das restaurierte Fachwerkhaus ist das ehemalige Verwaltungsgebäude der Adelsfamilie von Flotow. Man bietet freundliche Zimmer und das hübsche "Waschhaus" für Anwendungen. Restaurant im EG mit Terrasse oder im gemütlichen Gewölbekeller.

LEMBERG – Rheinland-Pfalz – 543 – 3 910 Ew – Höhe 359 m – Erholungsort 53 D17

▶ Berlin 689 – Mainz 129 – Saarbrücken 68 – Pirmasens 5

Gasthaus Neupert mit Zim
Hauptstr. 2 ✉ 66969 – ✆ (06331) 4 92 36 – www.gasthausneupert.de – geschl. Januar 2 Wochen, Anfang Juli 2 Wochen und Montag
7 Zim ☕ – †44/48 € ††62/72 € – ½ P **Rest** – Karte 14/29 €
Seit mehr als 125 Jahren gibt es das Gasthaus der Familie Neupert. Viel Holz und Kachelofen machen das Restaurant ländlich-rustikal. Auf den Tisch kommen bürgerliche Speisen - Spezialität ist Sauerbraten.

LEMBRUCH – Niedersachsen – 541 – 1 130 Ew – Höhe 39 m – Erholungsort 17 F8

▶ Berlin 407 – Hannover 119 – Bielefeld 88 – Bremen 77

Seeblick
Birkenallee 41 ✉ 49459 – ✆ (05447) 9 95 80 – www.hotel-seeblick-duemmersee.de
36 Zim ☕ – †60/85 € ††90/140 € – ½ P **Rest** – Karte 18/48 €
Schön und recht ruhig liegt das Hotel nahe dem Dümmer-See. Es stehen individuell gestaltete Zimmer bereit, die modern, im Landhausstil oder etwas einfacher eingerichtet sind. Zeitlos gehaltenes Restaurant mit Terrasse zum See.

LEMFÖRDE – Niedersachsen – 541 – 2 850 Ew – Höhe 41 m 17 F8

▶ Berlin 389 – Hannover 126 – Bielefeld 83 – Bremen 84

In Lemförde-Stemshorn Süd-West: 2,5 km Richtung Osnabrück

Tiemann's Hotel
Vor der Brücke 26 ✉ 49448 – ✆ (05443) 99 90 – www.tiemanns.net – geschl. Anfang Januar 1 Woche
30 Zim ☕ – †65/85 € ††95/120 €
Rest *Tiemann's* – siehe Restaurantauswahl
Das Hotel bietet wohnliche, individuelle Zimmer mit moderner Technik (W-Lan kostenfrei), nette Veranstaltungsräume und einen schönen kleinen Garten mit Teich.

Tiemann's Boarding House garni
Espohlstr. 9 ✉ 49448 – ✆ (05443) 20 47 57 – www.tiemanns.net
21 Zim ☕ – †48 € ††75 €
Aus einem ehemaligen Schwesternheim gewachsenes kleines Hotel in ländlicher Lage mit freundlichen modernen Zimmern. Das Haus verfügt auch über Appartements für Langzeitgäste.

Tiemann's – Tiemann's Hotel 
Vor der Brücke 26 ✉ 49448 – ✆ (05443) 99 90 – www.tiemanns.net – geschl. Anfang Januar 1 Woche
Rest – Menü 30 € – Karte 21/41 €
Ob im gepflegten Restaurant oder in der gemütlichen Gaststube - ein freundlicher Service ist Ihnen in diesem Familienbetrieb gewiss. Besonders schön sitzt man im Sommer zum Essen (z. B. Rücken vom Salzwiesenlamm mit Kräuterkruste) draußen auf der Terrasse.

LENGERICH – Nordrhein-Westfalen – 543 – 22 180 Ew – Höhe 80 m 27 E9

▶ Berlin 438 – Düsseldorf 173 – Bielefeld 57 – Nordhorn 74
ℹ Rathausplatz 1, ✉ 49525, ✆ (05481) 8 24 22, www.lengerich.de

Hinterding mit Zim
Bahnhofstr. 72 ✉ 49525 – ✆ (05481) 9 42 40 – www.hinterding-lengerich.de – geschl. Montag, Donnerstag
5 Zim – †61 € ††92 €, ☕ 8 €
Rest – *(Dienstag - Samstag nur Abendessen)* (Tischbestellung ratsam)
Menü 48/69 € – Karte 39/70 €
In der tollen Villa mit ihren stilgerechten hohen Räumen sind Sie in guten Händen, nämlich in denen zweier ausgebildeter Köche: Klaus Weingartz und seine Frau Elke Zeitner. Wem das Restaurant gefällt, der wird auch die geräumigen Gästezimmer mögen - hier hat man den schönen klassischen Stil fortgeführt!

LENGGRIES – Bayern – 546 – 9 800 Ew – Höhe 679 m – Wintersport: 1 700 m 1 18 – Luftkurort

65 L21

Berlin 649 – München 60 – Garmisch-Partenkirchen 62 – Bad Tölz 9

Rathausplatz 2, ✉ 83661, ✆ (08042) 5 01 80, www.lenggries.de

In Lenggries-Schlegldorf Nord-West: 5 km, links der Isar in Richtung Bad Tölz, über Wackersberger Straße

Schweizer Wirt

Schlegldorf 83 ✉ 83661 – ✆ (08042) 89 02 – www.schweizer-wirt.de – geschl. November 1 Woche und Montag - Dienstag

Rest – (Tischbestellung ratsam) Karte 25/53 €

Auf der Beschilderung im Ort steht "Schweizer Wirt-IN": Hier kocht nämlich Wirtin Barbara Hipp persönlich für Sie - da kommen z. B. Kalbstafelspitz, Kalbsleber, Perhuhnbrust oder Saibling & Doradenfilet auf den Tisch. Nehmen Sie als Dessert eine der feinen Mehlspeisen wie Topfenschmarrn und Erdbeerrhabarber!

LENNESTADT – Nordrhein-Westfalen – 543 – 26 890 Ew – Höhe 410 m

37 E12

Berlin 526 – Düsseldorf 130 – Siegen 42 – Meschede 48

Hundemstr. 18, ✉ 57368, ✆ (02723) 60 88 00, www.lennestadt-kirchhundem.info

In Lennestadt-Altenhundem

Cordial

Hundemstr. 93 (B 517) ✉ 57368 – ✆ (02723) 67 71 00 – www.hotel-cordial.de – geschl. Anfang November 1 Woche

27 Zim – 59/69 € 98 € – ½ P

Rest – *(geschl. Sonntagabend - Montagmittag)* Menü 23 € – Karte 15/42 €

Der engagiert geführte Familienbetrieb ist eine hübsche, zum Hotel erweiterte Villa mit zeitgemäß ausgestatteten Gästezimmern. Wochenendpauschalen für Kurzurlauber. Im behaglichen Kaminzimmer in einem Fachwerkhaus a. d. J. 1886 serviert man Regionales.

In Lennestadt-Halberbracht Nord-Ost: 7 km ab Altenhundem über B 236, in Meggen rechts

Eickhoffs Landgasthof

Am Kickenberg 10 ✉ 57368 – ✆ (02721) 8 13 58 – www.eickhoff-halberbracht.de

Rest – Menü 47 € – Karte 26/49 €

Familienbetrieb mit regional und international beeinflusster Küche sowie einer gut sortierten, fair kalkulierten Weinkarte. Schöne Aussicht von der Terrasse und einem der Räume.

In Lennestadt-Saalhausen Ost: 8 km ab Altenhundem über B 236 – Luftkurort

Haus Hilmeke

 Rest, 

Haus Hilmeke 1 (Ost: 2 km, Richtung Schmallenberg) ✉ 57368 – ✆ (02723) 9 14 10 – www.haus-hilmeke.de – geschl. 23. Juni - 2. Juli, 3. November - 26. Dezember

26 Zim – 82 € 124/188 € – 2 Suiten – ½ P

Rest – *(nur für Hausgäste)* Menü 20 € (abends) – Karte 26/51 €

Viele Stammgäste schätzen das mit Engagement geleitete Haus in schöner Lage. Die Zimmer sind wohnlich, der Service ist freundlich und aufmerksam. Beliebt sind der Mittagstisch sowie hausgemachter Kuchen am Nachmittag.

LENZKIRCH – Baden-Württemberg – 545 – 5 030 Ew – Höhe 808 m – Wintersport: 1 040 m 2 – Heilklimatischer Kurort

62 E21

Berlin 788 – Stuttgart 158 – Freiburg im Breisgau 40 – Donaueschingen 35

Am Kurpark 2, ✉ 79853, ✆ (07653) 12 06 84 00, www.hochschwarzwald.de

In Lenzkirch-Saig Nord-West: 7 km über B 315

Dorfplatz 9, ✉ 79853, ✆ (07653) 12 06 84 20, www.hochschwarzwald.de

Saigerhöh

Saiger Höhe 8 ✉ 79853 – ✆ (07653) 68 50 – www.saigerhoeh.de
105 Zim ☕ – **†**59/99 € **††**99/179 € – 16 Suiten – ½ P
Rest – Menü 27/58 € – Karte 29/50 €
Wer Ruhe sucht, findet sie hier in einsamer Lage oberhalb des Ortes in 1055 m Höhe! Natürlich gibt es da eine tolle Aussicht zu bestaunen - von der gemütlichen Kamin-Lobby, von den meisten Zimmern, von der Panoramaterrasse des Restaurants... Aktive können sich in der Sport- und Spielscheune u. a. an der Kletterwand betätigen.

Ochsen

Dorfplatz 1 ✉ 79853 – ✆ (07653) 9 00 10 – www.ochsen-saig.de
– geschl. 9. November - 19. Dezember
35 Zim ☕ – **†**72/78 € **††**124/136 € – ½ P
Rest – *(geschl. Dienstagmittag, Mittwochmittag)* Karte 19/45 €
Der gewachsene historische Schwarzwaldgasthof wird familiär geleitet und bietet wohnliche Zimmer, teils mit Balkon, sowie einen Freizeitbereich mit Massage und Hamam. Urtümlich und heimelig ist die rustikale Gaststube mit Kachelofen.

Hochfirst

Dorfplatz 5 ✉ 79853 – ✆ (07653) 7 51 – www.hotel-hochfirst.de
– geschl. 4. November - 17. Dezember
21 Zim ☕ – **†**62/69 € **††**78/128 € – ½ P
Rest – *(geschl. Montag - Dienstag) (nur Abendessen)* Karte 22/42 €
In dem engagiert geführten Gasthof in der Ortsmitte kann man nicht nur sehr gepflegt übernachten (die meisten Zimmer mit Balkon), sondern auch gemütlich essen. In dem charmanten Lokal und auf der Terrasse im hübschen kleinen Garten kommen regionale Gerichte und österreichische Klassiker auf den Tisch.

Das Symbol **†** bzw. **††** zeigt den Mindestpreis in der Nebensaison und den Höchstpreis in der Hochsaison für ein Einzelzimmer bzw. für ein Doppelzimmer an.

LEONBERG – Baden-Württemberg – 545 – 45 340 Ew – Höhe 386 m — 55 G18

Berlin 631 – Stuttgart 15 – Heilbronn 55 – Pforzheim 33
Bahnhofstr. 57, ✉ 71229, ✆ (07152) 9 90 14 08, www.leonberg.de

In Renningen Süd-West: 6,5 km über B 295, jenseits der A 8

Walker

Rutesheimer Str. 62 ✉ 71272 – ✆ (07159) 92 58 50 – www.hotel-walker.de
31 Zim ☕ – **†**79 € **††**99 € – ½ P
Rest *fine affaire* – siehe Restaurantauswahl
Bei den Walkers kann man nicht nur gepflegt übernachten (eines der Zimmer sogar mit Wintergartenanbau), sondern auch gut essen! Es gibt aber auch eine Alternative zum "fine affair": Abends bekommt man in der WeinBar neben regionalen Weinen eine kleine Speisenauswahl, nachmittags Kaffee und Kuchen im Stüble.

fine affaire – Hotel Walker

Rutesheimer Str. 62 ✉ 71272 – ✆ (07159) 92 58 50 – www.hotel-walker.de
– geschl. Samstagmittag, Sonntagabend
Rest – Karte 29/55 €
Was bei Andreas Walker auf den Tisch kommt, ist regional, saisonal, hat internationale Einflüsse und es schmeckt! Keine Frage, auch beliebte Klassiker wie Rostbraten und Schnitzel mit Kartoffel-Gurkensalat hat er im Programm. Und wenn's mittags mal schnell gehen soll, nehmen Sie am besten den Businessteller!

LEUN – Hessen – 543 – 5 770 Ew – Höhe 150 m 37 F13

Berlin 524 – Wiesbaden 82 – Frankfurt am Main 77 – Gießen 27

In Leun-Biskirchen Süd-West: 5 km über B 49

Landhotel Adler

Zim,

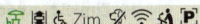

Am Hain 13 ✉ 35638 – ✆ (06473) 9 29 20 – www.landhotel-adler.com – geschl. 30. Dezember - 6. Januar

20 Zim – †63/71 € ††93/120 €

Rest – *(geschl. Sonntag) (nur Abendessen)* Karte 13/41 €

Lust auf eine Radtour im schönen Lahntal? Oder eine Kanufahrt? Dieser Familienbetrieb ist ein guter Ausgangspunkt dafür. Die wohnlich-ländlichen Zimmer (die meisten mit Balkon) gibt es zu einem soliden Preis-Leistungs-Verhältnis, im Restaurant serviert man bürgerliche Speisen.

LEUTKIRCH – Baden-Württemberg – 545 – 21 910 Ew – Höhe 654 m – Wintersport: 64 I21

Berlin 681 – Stuttgart 171 – Konstanz 108 – Kempten (Allgäu) 31

Marktstr. 32, ✉ 88299, ✆ (07561) 8 71 54, www.leutkirch.de

Brauerei-Gasthof Mohren

Wangener Str. 1 ✉ 88299 – ✆ (07561) 9 85 70 – www.brauereigasthofmohren.de

10 Zim – †35/48 € ††60/75 €, 5 €

Rest – *(geschl. Dienstag)* Menü 10 € – Karte 19/38 €

Neuzeitlich oder mit bäuerlichem Mobiliar sind die einfachen, aber sehr gepflegten Gästezimmer dieses typischen kleinen Brauereigasthofs eingerichtet. Urig ist die Atmosphäre in den beiden Gaststuben, nett der begrünte Terrassenbereich vor dem Eingang. Probieren Sie auch die Spezialitäten aus der Brauerei - mit oder ohne Alkohol!

LEVERKUSEN – Nordrhein-Westfalen – 543 – 161 200 Ew – Höhe 40 m 36 C12

Berlin 567 – Düsseldorf 30 – Köln 16 – Wuppertal 41

ADAC Dönhoffstr. 40

Köln, Am Hirschfuß 2, ✆ (0214) 50 04 75 00

Arkade

Rest,

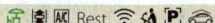

Hauptstr. 104 ✉ 51373 – ✆ (0214) 83 07 80 – www.hotel-arkade.de

31 Zim – †75/89 € ††89/109 € – ½ P

Rest – *(geschl. Dienstag)* Menü 25/33 € – Karte 17/39 €

Im Zentrum liegt das von der Inhaberfamilie geführte Hotel. Die Zimmer sind gepflegt und funktionell, unterschiedlich in Einrichtung und Zuschnitt. Das Restaurant bietet Gerichte vom Balkan.

In Leverkusen-Fettehenne Ost: 8 km über Mülheimer Straße BY

Fettehenne garni

Berliner Str. 40 ✉ 51377 – ✆ (0214) 9 10 43 – www.hotel-fettehenne.de – geschl. 23. Dezember - 1. Januar

42 Zim – †56/75 € ††77/98 €

Ein gepflegtes familiengeführtes Haus in dörflicher Umgebung, das unterschiedlich geschnittene, zeitgemäß und funktionell ausgestattete Gästezimmer bietet.

In Leverkusen-Küppersteg

Lindner Hotel BayArena

Zim,

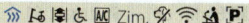

Bismarckstr. 118, (am Stadion) ✉ 51373 – ✆ (0214) 8 66 30 – www.lindner.de

109 Zim – †69/399 € ††89/419 €, 20 € – 12 Suiten **Rest** – Karte 27/45 €

Das Hotel an der Nordkurve des Stadions ist ideal für Business und Sportevents. Die Zimmer sind neuzeitlich, darunter geräumige Studiosuiten. Das Restaurant mit international-saisonaler Küche und die moderne Bar mit großer Cocktailauswahl liegen offen zur Halle.

LICH – Hessen – 543 – 13 280 Ew – Höhe 171 m – Erholungsort 38 G13

Berlin 492 – Wiesbaden 87 – Frankfurt am Main 57 – Gießen 13

Lich, Hofgut Kolnhausen, ✆ (06404) 9 10 71

Ambiente garni
Hungener Str. 46 ✉ 35423 – ✆ (06404) 9 15 00 – www.ambientehotel-lich.de
– geschl. Ende Dezember - Anfang Januar
19 Zim – 66/72 € 89/95 €
Hell, freundlich und funktionell präsentieren sich die Gästezimmer in diesem neuzeitlichen kleinen Hotel, das sich in der Nähe der Brauerei Licher befindet.

In Lich-Muschenheim

Zum Heiligen Stein
Am Kirchberg 1A ✉ 35423 – ✆ (06404) 6 68 09 08 – www.zum-heiligen-stein.de
– geschl. Montag - Dienstag
Rest – *(Mittwoch - Freitag nur Abendessen)* (Tischbestellung ratsam)
Menü 39/65 €
Die schöne Landhauseinrichtung des Lokals gefällt auf Anhieb. Hinzu kommt die gute Küche von Daniel Cornelius, die Schmackhaftes wie "2erlei vom hauseigenen Lamm mit Zwiebelconfit und Artischockenpüree" bietet. Das Fleisch stammt von der eigenen 450-köpfigen Schafherde!

LICHTENAU (KREIS RASTATT) – Baden-Württemberg – 545 – 54 E18

– 4 990 Ew – Höhe 127 m
Berlin 723 – Stuttgart 122 – Karlsruhe 52 – Strasbourg 31

In Lichtenau-Scherzheim Süd: 2,5 km über B 36

Zum Rössel
Rösselstr. 6 ✉ 77839 – ✆ (07227) 9 59 50 – www.roessel-scherzheim.de
18 Zim – 58 € 80 € – ½ P
Rest – *(geschl. Sonntagabend - Montag) (Dienstag - Freitag nur Abendessen)*
Karte 17/45 €
Recht ruhig liegt das familiär geleitete kleine Hotel am Ortsrand. Es erwarten Sie hell gestaltete, zeitgemäß ausgestattete Gästezimmer. Eine schön begrünte Gartenterrasse ergänzt das ländlich-gediegene Restaurant.

LICHTENBERG – Bayern – siehe Steben, Bad

LICHTENFELS – Bayern – 546 – 20 510 Ew – Höhe 271 m – 50 K14

Berlin 372 – München 268 – Coburg 18 – Bayreuth 53
Marktplatz 10, ✉ 96215, ✆ (09571) 79 51 01, www.tourismus-lichtenfels.de
Wallfahrtskirche Vierzehnheiligen★★ (Nothelfer-Altar★★), Süd: 5 km

In Lichtenfels-Reundorf Süd-West: 5 km über B 173

Gasthof Müller 
Kloster-Banz-Str. 4 ✉ 96215 – ✆ (09571) 9 57 80 – www.gasthofmueller.de
– geschl. Ende Februar - Mitte März, Ende Oktober - Mitte November
35 Zim – 33/38 € 54/64 € – 1 Suite – ½ P
Rest – *(geschl. Mittwoch - Donnerstag)* Karte 14/26 €
Ruhig liegt der familiär geführte Gasthof mit nettem Garten in einem Ortsteil der Korbstadt Lichtenfels. Die Zimmer bieten teilweise einen Balkon, geräumig ist das "Banz-Zimmer". Restauranträume in rustikalem Stil.

LICHTENSTEIN – Baden-Württemberg – 545 – 8 990 Ew – 55 G19

– Höhe 507 m – Wintersport: 820 m 4
Berlin 687 – Stuttgart 51 – Reutlingen 16 – Sigmaringen 48

In Lichtenstein-Honau

Forellenhof Rössle Zim,
Heerstr. 20 (B 312) ✉ 72805 – ✆ (07129) 9 29 70 – www.forellenhofroessle.de
– geschl. 7. - 12. Januar
30 Zim – 71/86 € 142/172 € – ½ P **Rest** – Menü 45 € – Karte 19/46 €
In dem komfortablen, familiär geführten Hotel überzeugen nicht nur die neuzeitlichen und gut ausgestatteten Zimmer, auch der Wohlfühlbereich im OG ist sehr ansprechend, mit schönem Blick vom Dach. Restaurant mit hübschem Wintergartenanbau. Spezialität: Forellen aus eigener Zucht.

LICHTENSTEIN (SACHSEN) – Sachsen – 544 – 12 620 Ew – Höhe 305 m

42 O13

Berlin 289 – Dresden 103 – Chemnitz 36

Goldener Helm

Innere Zwickauer Str. 6 ✉ *09350 – ✆ (037204) 94 40 – www.goldener-helm.de*
42 Zim – 67/99 € 75/205 € – ½ P
Rest – Menü 18/55 € – Karte 23/47 €
Das Hotel liegt im Ortskern und praktischerweise sind die Parkplätze (öffentliche Tiefgarage) auch gleich mit dabei! Besonders wohnlich sind das Hochzeitszimmer mit Himmelbett und die Juniorsuite mit Baldachin. An lauen Sommerabenden geht's in den Biergarten.

LIEBENZELL, BAD – Baden-Württemberg – 545 – 9 300 Ew – Höhe 333 m – Heilbad und Luftkurort

54 F18

Berlin 666 – Stuttgart 46 – Karlsruhe 47 – Pforzheim 19
Kurhausdamm 4, ✉ 75378, ✆ (07052) 40 80, www.bad-liebenzell.de
Bad Liebenzell-Monakam, ✆ (07052) 9 32 50

Koch garni

Sonnenweg 3 ✉ *75378 – ✆ (07052) 13 06 – www.hotelkoch.com – geschl. Mitte Dezember - Januar*
16 Zim – 45/60 € 79/95 €
Angenehm familiär führt Sigrid Koch ihr tipptopp gepflegtes Haus. Ein Vorteil sind hier ganz klar die wohnlichen Zimmer, die man zu fairen Preisen bekommt! Den Tag beginnt man in einem schönen frischen Frühstücksraum bei guter Buffetauswahl.

LIEPEN – Mecklenburg-Vorpommern – siehe Stolpe

LIESER – Rheinland-Pfalz – 543 – 1 200 Ew – Höhe 140 m

46 C15

Berlin 680 – Mainz 117 – Trier 44 – Bernkastel-Kues 4

Weinhaus Stettler garni

Moselstr. 41 ✉ *54470 – ✆ (06531) 75 50 – www.top-wein.de*
15 Zim – 54/63 € 82/100 €
In dem kleinen familiengeführten Hotel direkt am Moselufer erwarten Sie solide möblierte Zimmer mit rustikaler Note sowie Kosmetikangebote. Zum Haus gehört ein eigenes Weingut.

LIMBACH-OBERFROHNA – Sachsen – 544 – 25 150 Ew – Höhe 360 m

42 O13

Berlin 269 – Dresden 83 – Chemnitz 13 – Plauen 82
Rathausplatz 1, ✉ 09212, ✆ (0800) 3 38 80 00, www.limbach-oberfrohna.de

Lay-Haus

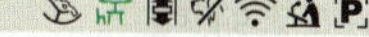

Markt 3 ✉ *09212 – ✆ (03722) 7 37 60 – www.lay-hotel.de*
47 Zim – 58/68 € 80 € – ½ P **Rest** – Karte 18/36 €
Sehr familiär und engagiert wird das historische Haus mitten in der kleinen Stadt geleitet, in dem wohnlich-gemütliche Gästezimmer bereitstehen. Der in seiner Art einmalige, in Schieferfels gehauene Felsenkeller ist eine schöne und originelle Alternative zum eleganten Restaurant.

Bock

Oberer Gutsweg 17c ✉ *09212 – ✆ (03722) 40 98 00 – www.hotel-bock.de*
10 Zim – 50/55 € 70/80 € – ½ P
Rest – *(geschl. Montag) (Dienstag - Freitag nur Abendessen)* Menü 20 € (vegetarisch)/35 € – Karte 20/34 €
Schön, dass jedes der Gästezimmer über einen Balkon verfügt - da hat man was von der ruhigen, etwas versteckten Lage! Im Restaurant (behaglich das Kaminzimmer) bietet man regionale Küche wie z. B. "Roulade vom Zschaagwitzer Hähnchen".

LIMBURG an der LAHN – Hessen – 543 – 33 550 Ew – Höhe 122 m

Berlin 551 – Wiesbaden 52 – Koblenz 57 – Gießen 56

Bahnhofsplatz 2, ✉ 65549, ✆ (06431) 61 66, www.limburg.de

Dom★ (Lage★★) · Friedhofterrasse (≤★) · Diözesanmuseum★ · Altstadt★

DOM Hotel

Rest,

Grabenstr. 57 ✉ 65549 – ✆ (06431) 90 10 – www.domhotellimburg.de – geschl. 24. Dezember - 6. Januar

42 Zim – †101/131 € ††117/152 €, ☕ 10 € – ½ P

Rest – *(geschl. Juli - August 3 Wochen und Sonntagabend - Montag) (Dienstag - Samstag nur Abendessen)* Karte 29/65 €

Mitten im Zentrum steht das klassische Gebäude mit unterschiedlichen Zimmern. Etwas mehr Wohnkomfort bieten die First-Class-Zimmer. Kosmetik- und Massage-Angebot. "Restaurant de Prusse" in der 1. Etage - von den Fensterplätzen mit Blick auf die Fußgängerzone.

Zimmermann garni

Blumenröder Str. 1 ✉ 65549 – ✆ (06431) 46 11 – www.hotelzimmermann.de – geschl. 20. Dezember - 6. Januar

18 Zim ☕ – †75/125 € ††95/165 €

Stilvoll-elegant präsentiert sich das Hotel der Familie Zimmermann. Schön wohnt man z. B. im Themenzimmer Afrika. Die Innenstadt ist nicht weit entfernt.

Nassauer Hof

Brückengasse 1 ✉ 65549 – ✆ (06431) 99 60 – www.hotel-nassauerhof-limburg.de – geschl. Ende Dezember - Mitte Januar

29 Zim ☕ – †83/94 € ††119 € – 1 Suite – ½ P

Rest – *(geschl. Montag) (nur Abendessen)* Karte 23/35 €

Das Hotel überzeugt mit seiner zentralen Lage an der alten Lahnbrücke. Neben gepflegten, zeitlos gehaltenen Zimmern steht ein netter Saunabereich zur Verfügung. Das Restaurant "Der kleine Prins" bietet eine Terrasse direkt am Fluss.

Martin garni

Holzheimer Str. 2 ✉ 65549 – ✆ (06431) 9 48 40 – www.hotel-martin.de – geschl. 21. Dezember - 6. Januar

26 Zim ☕ – †62/80 € ††90/99 €

Sie finden diesen Familienbetrieb gegenüber dem Bahnhof. Die Zimmer (auch 4-Bett-Zimmer) sind hell und neuzeitlich, freundlicher Frühstücksraum mit Buffet. Gute Parkmöglichkeiten.

Montana garni

Am Schlag 19 ✉ 65549 – ✆ (06431) 2 19 20 – www.montana-limburg.de

50 Zim ☕ – †61/71 € ††85 €

Das gepflegte Hotel liegt verkehrsgünstig in einem kleinen Gewerbegebiet, gut sind BAB-Anbindung und Parksituation. Frühstück bietet man im lichten Wintergarten.

Himmel und Erde

Joseph-Heppel-Str. 1a ✉ 65549 – ✆ (06431) 5 84 72 08 – www.kapelle-himmelunderde.de – geschl. Anfang Januar 1 Woche, März 2 Wochen, Oktober 2 Wochen und Sonntagabend - Dienstagmittag, Samstagmittag

Rest – Menü 43/63 € – Karte 32/58 €

Einen besonderen Rahmen bietet die 1896 erbaute ehemalige Kapelle am Schafsberg. Unter der hohen Gewölbedecke wählt man "Irdische Gelüste", "Himmlische Vergnügen" oder ein Überraschungsmenü.

LIMBURGERHOF – Rheinland-Pfalz – 543 – 10 840 Ew – Höhe 97 m

47 F16

Berlin 635 – Mainz 84 – Mannheim 13 – Kaiserslautern 63

Golf-Club Kurpfalz, Kohlhof 9, ✆ (06236) 47 94 94

Residenz Limburgerhof

Rest,

Rheingönheimer Weg 1 ✉ 67117 – ✆ (06236) 47 10 – www.residenz-limburgerhof.de
129 Zim – 85/109 € 105/130 € – 2 Suiten
Rest – Menü 14 € (mittags)/65 € – Karte 16/39 €
Viele Geschäftsleute schätzen das in einem Gewerbegebiet gelegene Hotel wegen seiner freundlichen und funktionalen Einrichtung. Wer gerne ein paar hübsche kleine Details hätte, bucht z. B. ein "Sternenzimmer", das "Glückszimmer" oder das Zimmer "Der kleine Prinz". Im Restaurant bekommen Sie internationale und regionale Gerichte.

LINDAU im BODENSEE – Bayern – 546 – 24 820 Ew – Höhe 401 m – Luftkurort

63 H22

Berlin 722 – München 180 – Konstanz 59 – Ravensburg 33
Alfred-Nobel-Platz 1, Lennart-Bernadotte-Haus A2, ✉ 88131, ✆ (08382) 26 00 30, www.lindau-tourismus.de
Am Schönbühl 5, ✆ (08382) 9 61 70
Weissensberg, Lampertsweilerstr. 51, ✆ (08389) 8 91 90
Lage★★ · Hafen★ (Römerschanze★)B2 · Maximilianstraße★★
Deutsche Alpenstraße★★★ (von Lindau bis Berchtesgaden)

Stadtplan auf der nächsten Seite

Auf der Insel

Bayerischer Hof

Seepromenade ✉ 88131 – ✆ (08382) 91 50 – www.bayerischerhof-lindau.de
97 Zim – 138/244 € 192/322 € – 2 Suiten – ½ P A2**b**
Rest – *(nur Abendessen)* Menü 33 € – Karte 39/73 €
Dieses Grandhotel alter Schule gehört zu den wirklichen Bodensee-Klassikern! Ideale Seelage am Hafen, elegante Zimmer in variablen Zuschnitten und ein umfassendes Wellnessangebot, das man sich mit dem benachbarten Schwesterhotel teilt.

Helvetia

Seepromenade ✉ 88131 – ✆ (08382) 91 30 – www.hotel-helvetia.com
43 Zim – 99/190 € 210/280 € – 7 Suiten – ½ P A2**x**
Rest – Menü 35/45 € – Karte 31/60 €
Ein Hotel mit ganz eigener Note, wie gemacht für Romantiker und Wellnessliebhaber - angefangen vom tollen Spa über die Themensuiten (blicken Sie z. B. vom Bett Ihrer "Neuschwanstein Suite" auf den See, genießen Ihre eigene Sonnenterrasse in der "Garden Lounge Suite" oder orientalisches Flair und Wasserbett in der "Oriental Bedroom Suite") bis hin zum Dachgarten!

Reutemann-Seegarten

Zim,

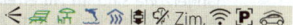

Seepromenade ✉ 88131 – ✆ (08382) 91 50 – www.reutemann-lindau.de
63 Zim – 97/175 € 141/255 € A2**k**
Rest – Menü 33 € – Karte 33/61 €
Das Hotel an der Promenade besteht aus zwei ansprechenden alten Stadthäusern mit gediegenen, freundlichen Zimmern. Saunabereich und Spa im Bayerischen Hof. Highlight - und sehr beliebt - ist die Seeterrasse des Restaurants, von der man auf die Hafeneinfahrt schaut.

Lindauer Hof

Zim,

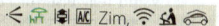

Seepromenade ✉ 88131 – ✆ (08382) 40 64 – www.lindauerhof.de B2**y**
30 Zim – 130/158 € 185/260 € – ½ P
Rest – Menü 22 € – Karte 31/58 €
Schon sehr lange gibt es dieses Haus auf der Insel - außen rote Fassade und hübscher Treppengiebel, innen komplett modernisiert! Die Lage an der Promenade und die unterschiedlichen Zimmerkategorien sprechen ebenso für das Hotel wie die schöne Terrasse und der Wintergarten, die zum eher traditionellen Restaurant gehören.

Vis à vis garni

Bahnhofsplatz 4 ✉ 88131 – ✆ (08382) 39 65 – www.visavis-lindau.de

72 Zim ☕ – 🚹72/110 € 🚹🚹99/195 € **A2t**

Die Lage könnte nicht besser sein: Seepromenade, Bahnhof und auch die Fußgängerzone sind im Nu erreicht. Auch die Zimmer bieten alles, was man braucht: zeitgemäße, technisch gute Ausstattung, dazu sind sie hell und freundlich. Außerdem: gepflegtes Frühstücksbuffet und Café-Bar im Haus.

Brugger garni

Bei der Heidenmauer 11 ✉ 88131 – ✆ (08382) 9 34 10 – www.hotel-garni-brugger.de – geschl. 23. Dezember - 10. Januar **B1r**

23 Zim ☕ – 🚹60/80 € 🚹🚹96/112 €

Sehr zentral liegt das Hotel an der Stadtmauer am Altstadtrand. Die Zimmer sind teilweise für Familien geeignet. Zum Relaxen hat man einen hübschen mediterran gestalteten Saunabereich.

Insel-Hotel garni

Maximilianstr. 42 ✉ 88131 – ✆ (08382) 50 17 – www.insel-hotel-lindau.de

26 Zim ☕ – 🚹59/67 € 🚹🚹95/122 € **A1_2a**

Gepflegt und funktional wohnt es sich in dieser Bed-&-Breakfast-Adresse in einem Altstadthaus, die Fußgängerzone gleich vor der Tür. Ein Café hat man direkt mit dabei, bürgerlich essen kann man am Ende der Straße im Gasthaus zum Sünfzen.

Alte Post mit Zim

Fischergasse 3 ✉ 88131 – ✆ (08382) 9 34 60 – www.alte-post-lindau.de – geschl. 6. - 23. November, 23. Dezember - 15. März B1**s**

10 Zim – 🚹65/120 € 🚹🚹120/170 € **Rest** – Karte 15/46 €

Was von außen schon so schmuck daherkommt, kann innen nur gemütlich sein! Also lassen Sie sich in dem denkmalgeschützten Gasthaus mitten in der Altstadt die traditionellen Klassiker oder auch bürgerliche Gerichte aus der österreichischen Heimat der Chefin schmecken. Übernachten kann man hier auch recht nett.

Zum Sünfzen

Maximilianstr. 1 ✉ 88131 – ✆ (08382) 58 65 – www.suenfzen.de B1**v**

Rest – Karte 18/40 €

Die traditionelle Trinkstube in dem Haus a. d. 14. Jh. ist eine Lindauer Institution mit bürgerlich-rustikalem Charakter. Terrasse in der Fußgängerzone, teils unter Arkaden.

In Lindau-Aeschach Nord: 2 km

Am Rehberg garni

Am Rehberg 29 ✉ 88131 – ✆ (08382) 33 29 – www.lindauhotels.de – geschl. Mitte Oktober - Ende März

18 Zim – 🚹79/98 € 🚹🚹102/124 €

Eine schöne Wahl: Familie Bast leitet das Haus äußerst engagiert und charmant, ermöglicht ihren Gästen dank großzügiger Zimmer sehr bequemes Wohnen (Pantry möglich) und am Morgen frühstückt man gut bei alpenländisch-eleganter Behaglichkeit.

In Lindau-Hoyren Nord-West: 4 km

Villino

Hoyerberg 34 ✉ 88131 – ✆ (08382) 9 34 50 – www.villino.de – geschl. 22. - 26. Dezember

15 Zim – 🚹110/160 € 🚹🚹170/250 € – 6 Suiten

Rest *Villino* ✿ – siehe Restaurantauswahl

Reiner und Sonja Fischer haben hier in den letzten beiden Jahrzehnten ein wahres Kleinod geschaffen: elegante und romantische Zimmer, top Service, eine mit Liebe zum Detail gestaltete Saunalandschaft und nicht zuletzt ein mediterraner Traumgarten von 4000 qm... da bleibt man schon mal länger als geplant!

Villino (Reiner Fischer) – Hotel Villino ✿

Hoyerberg 34 ✉ 88131 – ✆ (08382) 9 34 50 – www.villino.de – geschl. 22. - 26. Dezember

Rest – *(nur Abendessen)* (Tischbestellung ratsam) Menü 86/148 € – Karte 91/114 €

Hinter raumhohen Rundbogenfenstern entfalten schöne Stoffe, dekorative Accessoires, warme Farben und stimmungsvolles Licht ihre äußerst wohnliche Wirkung. Fachkundig und ebenso freundlich präsentiert man Ihnen zu den feinen Menüs von Patron Reiner Fischer die ausgezeichnete Weinauswahl.

→ Asiatische Vorspeisenvariation. Filet vom Bodensee Zander auf der Haut gebraten mit Apfel und Blutwurst. Rehrücken aus dem Allgäu mit Sellerie und Beurre rouge.

In Lindau-Bad Schachen Nord-West: 4 km

Bad Schachen Rest, Rest,

Bad Schachen 1 ✉ 88131 – ✆ (08382) 29 80 – www.badschachen.de – geschl. 6. Oktober - 4. April

125 Zim – 🚹127/179 € 🚹🚹202/284 € – 4 Suiten – ½ P

Rest *Seeblick* – Menü 45/75 € – Karte 40/79 €

Rest *Fischerstube* – *(geschl. Montag) (nur Abendessen)* Menü 45 € – Karte 37/56 €

Ein Haus voller Tradition und Klassik, die Lage direkt am See könnte malerischer kaum sein! Wer schwimmen möchte, kann dies im eigenen Jugendstil-Freibad oder aber im privaten Strandbad. Sie wohnen in sehr individuellen Zimmern, relaxen im hochwertigen Spa und speisen Internationales im Seeblick mit Terrasse unter Kastanien oder Fischgerichte in der rustikalen Fischerstube.

Lindenallee 

Dennenmoosstr. 3 ✉ 88131 – ✆ (08382) 9 31 90 – www.hotel-lindenallee.de – geschl. 23. Dezember - 14. März
19 Zim ☕ – 🚹65/99 € 🚹🚹95/149 € – ½ P
Rest *Lindenallee* – siehe Restaurantauswahl
Hier wohnen Sie in einer angenehmen Villengegend, viel Grün drum herum, der See ganz in der Nähe. Ein Ort, an dem man sich gerne aufhält, ob nun in den freundlichen Zimmern, im hübschen Frühstücksraum (gut die Buffetauswahl) oder aber im sehr gepflegten Garten!

Schachener Hof mit Zim 

Schachener Str. 76 ✉ 88131 – ✆ (08382) 31 16 – www.schachenerhof-lindau.de – geschl. 2. Januar - 5. Februar und Dienstag - Mittwoch, Juli - August: Mittwoch, außer an Feiertagen
10 Zim ☕ – 🚹62/79 € 🚹🚹88/130 € – ½ P
Rest – *(nur Abendessen, sonntags auch Mittagessen)* (Tischbestellung ratsam) Menü 29/75 € – Karte 30/58 €
In dem von Familie Kraus freundlich geführten Restaurant serviert man sorgfältig zubereitete regionale und internationale Gerichte - auch auf der Terrasse unter alten Kastanienbäumen. Hier am Bodensee ist z. B. die Variation vom Bodenseefelchen mit seinem Kaviar ein Muss!

Lindenallee – Hotel Lindenallee

Dennenmoosstr. 3 ✉ 88131 – ✆ (08382) 9 31 90 – www.hotel-lindenallee.de – geschl. 23. Dezember - 14. März und Oktober - Mai: Montag
Rest – *(nur Abendessen)* Menü 28 € – Karte 17/44 €
Das Restaurant ist so licht, frisch und angenehm modern, dass man hier nur zu gerne von der interessanten zeitgemäßen Karte wählt. Noch ein bisschen reizvoller ist die Terrasse, von der man auf Bäume und hübsch bepflanzte Beete schaut.

In Lindau-Zech Ost: 4 km

Nagel 

Bregenzer Str. 193a ✉ 88131 – ✆ (08382) 9 60 85 – www.hotel-nagel.com
27 Zim ☕ – 🚹69/99 € 🚹🚹89/129 € – ½ P
Rest *Melbo's* – Menü 19/39 € – Karte 23/39 €
Dass das hier früher eine Autowerkstatt war, ist nicht mehr zu erkennen. Die junge Familie Kreutz (Nachkommen des Werkstattgründers Franz Nagel) hält heute moderne Zimmer, ein ebensolches Restaurant und einen im Innenhof gelegenen Pool für Sie bereit.

Auf dem Golfplatz Weißensberg Nord-Ost: 8 km

Golfhotel Bodensee 

Lampertsweiler 51 ✉ 88138 Weißensberg – ✆ (08389) 8 91 00 – www.golfhotel-bodensee.de – geschl. 15. November - 15. März
34 Zim ☕ – 🚹90/128 € 🚹🚹155/195 € – 1 Suite – ½ P
Rest – Menü 26/59 € – Karte 22/57 €
Wer etwas für Golf übrig hat, hat hier einen klaren Vorteil, denn das Hotel liegt herrlich inmitten eines Golfplatzes! Die Zimmer (darunter auch Turmzimmer und Maisonetten) sind schön frisch und modern, haben hellen Naturholzboden und bieten recht viel Platz sowie Blick ins Grüne. Letzteren genießt man auch auf der Restaurantterrasse bei internationaler Küche.

LINDENBERG im ALLGÄU – Bayern – 546 – 11 110 Ew – Höhe 764 m – Luftkurort

63 I21

Berlin 713 – München 174 – Konstanz 89 – Lindau 21

Waldsee

Austr. 41 ✉ 88161 – ✆ (08381) 9 26 10 – www.hotel-waldsee.de
17 Zim ☕ – 🚹50/104 € 🚹🚹92/110 € – ½ P
Rest *Bacalau* – *(geschl. Mitte September - Mitte Juni: Montag, außer an Feiertagen)* Menü 35 € – Karte 20/45 €
Es ist ein charmantes kleines Hotel, das auch noch schön idyllisch liegt! Ein passendes Zimmer finden Sie bestimmt auch, ob Sie es nun lieber klein und kuschelig mögen oder eher großzügig, mit sehr modernem Bad. Verständlich, dass hier am höchsten Moorbadsee Deutschlands die Terrasse zum Anziehungspunkt wird!

LINDENFELS – Hessen – 543 – 4 980 Ew – Höhe 364 m **47** F16
– Heilklimatischer Kurort

Berlin 592 – Wiesbaden 86 – Mannheim 52 – Darmstadt 46

Burgstr. 37, ✉ 64678, ✆ (06255) 3 06 44, www.lindenfels.de

Waldschlösschen

Nibelungenstr. 102 ✉ 64678 – ✆ (06255) 96 81 90
– www.waldschloesschen-web.de – geschl. 4. - 29. November

14 Zim – 46/52 € 88/98 € – ½ P

Rest – *(geschl. Montag)* Menü 17 € (mittags unter der Woche)/42 €
– Karte 18/43 €

Bei Gisela und Volker Löwer kann man behaglich wohnen und sich in sympathisch-rustikalem Ambiente heimische Gerichte wie z. B. Odenwälder Forelle servieren lassen. Der Naturpark Bergstraße-Odenwald lädt zu Ausflügen ein - erkunden Sie z. B. den Nibelungensteig, der direkt am Haus vorbeiführt!

LINDLAR – Nordrhein-Westfalen – 543 – 21 990 Ew – Höhe 220 m **36** D12

Berlin 583 – Düsseldorf 73 – Gummersbach 25 – Köln 32

Am Marktplatz 1, ✉ 51789, ✆ (02266) 9 64 07, www.lindlar.de

Lindlar-Hommerich, Georghausen 8, ✆ (02207) 49 38

artgenossen garni

Pollerhofstr. 35 ✉ 51789 – ✆ (02266) 90 12 80 – www.artgenossen-gmbh.de

14 Zim – 65/75 € 82/92 €, 8 €

In dem schön restaurierten, 1912 als Landwirtschaftsschule erbauten Haus haben Künstler mit originellen Details ganz individuelle Themenzimmer gestaltet. Bistro-ähnliches Restaurant in den ehemaligen Klassenräumen.

LINGEN – Niedersachsen – 541 – 51 010 Ew – Höhe 23 m **16** D8

Berlin 498 – Hannover 204 – Nordhorn 21 – Bremen 135

ADAC Rheiner Str. 127

Neue Str. 3a, ✉ 49808, ✆ (0591) 9 14 41 44, www.lwt-lingen.de

Altenlingen, Beversundern 3, ✆ (0591) 6 38 37

Altes Landhaus

Lindenstr. 45 ✉ 49808 – ✆ (0591) 80 40 90 – www.alteslandhaus.de

36 Zim – 65/85 € 80/125 € – ½ P

Rest – *(geschl. 1. - 20. Januar) (nur Abendessen, sonntags auch Mittagessen)*
Karte 20/45 €

Das schöne Landhaus am Stadtrand bietet neben wohnlichen Zimmern im Stammhaus auch topmoderne und sehr komfortable Zimmer im Anbau! Auf der hübschen Innenhofterrasse kann man auch frühstücken. Das Restaurant besteht aus einem angenehm lichten Wintergarten und dem Kaminzimmer.

In Lingen-Darme

Am Wasserfall

Am Wasserfall 2, (Hanekenfähr) (Süd: 4,5 km, über Schüttdorfer Straße) ✉ 49808
– ✆ (0591) 80 90 – www.hotel-am-wasserfall.de

73 Zim – 59/89 € 85/99 € – ½ P

Rest *Fährrestaurant* – Menü 18 € – Karte 27/47 €

Rest *Zur Lachstreppe* – *(geschl. Montag) (nur Abendessen)* Karte 18/29 €

Im Erholungsgebiet Hanekenfähr bietet man seinen Gästen zeitgemäße und funktionelle Zimmer, einige mit Blick auf die Ems, sowie Ausflüge mit hoteleigenen Fahrgastschiffen. Klassisch gehaltenes Fährrestaurant mit internationaler Küche. Rustikal: Zur Lachstreppe.

Zum Märchenwald (mit Gästehaus)

Rest,

Vennestr. 25 ✉ 49809 – ✆ (0591) 91 28 40 – www.hotel-zum-maerchenwald.de

48 Zim – 55/72 € 82/89 € – ½ P

Rest – *(nur Abendessen)* Karte 17/41 €

Die Zimmer in dem gut geführten Familienbetrieb sind sehr gepflegt und praktisch eingerichtet, im Gästehaus etwas kleiner. Das Preis-Leistungs-Verhältnis überzeugt. Hell und freundlich ist das Ambiente im Restaurant.

LINSENGERICHT – Hessen – siehe Gelnhausen

LIPPETAL – Nordrhein-Westfalen – 543 – 12 230 Ew – Höhe 70 m 27 E10

Berlin 453 – Düsseldorf 131 – Arnsberg 42 – Bielefeld 78

Lippetal-Lippborg, Ebbeckeweg 3, ✆ (02527) 81 91

In Lippetal-Lippborg

Gasthof Willenbrink mit Zim

Hauptstr. 10 ✉ 59510 – ✆ (02527) 2 08 – www.willenbrink.de – geschl. 22. Dezember - 8. Januar, 20. Juli - 14. August und Montag sowie an Feiertagen

6 Zim – 50/55 € 75/80 € **Rest** – *(nur Abendessen)* Karte 21/39 €

Nach dem Motto "Deutsches für Feinschmecker" kocht Gastgeber Josef Willenbrink in dem traditionsreichen Familienbetrieb. Das Ambiente dazu ist ländlich oder im "Blauen Zimmer" auch etwas eleganter. Sie möchten übernachten? In den Gästezimmern können Sie Bilder der Künstlerin Annette Strathoff bewundern!

LIPPSPRINGE, BAD – Nordrhein-Westfalen – 543 – 15 330 Ew – Höhe 140 m – Heilbad und Heilklimatischer Kurort 28 G10

Berlin 385 – Düsseldorf 179 – Bielefeld 54 – Detmold 18

Lange Str. 6, ✉ 33175, ✆ (05252) 9 77 00, www.bad-lippspringe.de

Bad Lippspringe, Senne 1, ✆ (05252) 93 23 08

Premier Park Hotel

Rest, Rest,

Peter-Hartmann-Allee 4 ✉ 33175 – ✆ (05252) 96 30 – www.parkhotel-lippspringe.de

135 Zim – 90/120 € 128/198 € – ½ P

Rest – Menü 27/40 € – Karte 20/46 €

Der Kurpark direkt vor dem Haus, in die Fußgängerzone auch nur ein Katzensprung. Die Ruhe hier schätzen unter der Woche Geschäftleute, am Wochenende Wellnessgäste (vielfältig der "Arminius Spa", angenehm der Naturbadeteich). Einige Zimmer mit Balkon zum Park, auch vom Restaurant schaut man ins Grüne!

LIPPSTADT – Nordrhein-Westfalen – 542 – 66 940 Ew – Höhe 75 m 27 F10

Berlin 436 – Düsseldorf 142 – Bielefeld 55 – Meschede 43

Büren-Ahden, Flughafenstr. 33 (Süd-Ost: 17 km über Geseke), ✆ (02955) 7 70

Lange Str. 14, ✉ 59555, ✆ (02941) 5 85 15, www.lippstadt.de

Lippstadt-Gut Mentzelsfelde, Wiesenhausweg 14, ✆ (02941) 81 01 10

Welcome Hotel

Rest,

Lipper Tor 1 ✉ 59555 – ✆ (02941) 98 90 – www.welcome-hotel-lippstadt.de

80 Zim – 76/126 € 87/137 €, 9 € – 2 Suiten – ½ P

Rest – *(geschl. Sonntag)* Menü 23 € – Karte 19/44 €

Nicht nur Geschäftsleute übernachten gerne in den recht geräumigen Zimmern hier, auch Radfahrer sind häufig zu Gast - das Hotel liegt schließlich günstig am Ufer der Lippe! Im Restaurant gibt es internationale Speisen aus der kleinen offenen Küche, ebenso im Biergarten am Wasser!

Lippischer Hof garni

Cappelstr. 3, (Ecke Mühlenstraße) ✉ 59555 – ✆ (02941) 9 72 20 – www.bestwestern.de

49 Zim – 68/94 € 94/120 €

Die Lage im Zentrum und die praktische Ausstattung machen das Businesshotel interessant. Tagsüber können Sie sich hier Fahrräder leihen, abends bei einem Getränk in der Bar sitzen - sie ist rund 100 Jahre alt, sehr nett und rustikal!

Fellini

Cappelstr. 44a ✉ 59555 – ✆ (02941) 92 41 50 – www.fellini-lippstadt.de – geschl. Sonntag

Rest – *(nur Abendessen)* Karte 32/57 €

Das Fachwerkhaus a. d. 18. Jh. befindet sich unweit des Marktplatzes. Freundlich ist der Service durch die Chefin. Mittig die offene Küche, in der italienisch gekocht wird.

In Lippstadt-Bad Waldliesborn Nord: 5 km über B 55 – Heilbad

Parkhotel Ortkemper (mit Gästehaus)  Rest, Zim,

Liesbornerstr. 30 ✉ 59556 – ✆ (02941) 88 20
– www.parkhotelortkemper.de
40 Zim – 51/55 € 75/80 € – 2 Suiten – ½ P
Rest – *(geschl. Sonntagabend)* Menü 15 € (mittags) – Karte 22/48 €
Nicht nur die zeitgemäße und freundliche Einrichtung in Zimmern und Restaurant ist hier ein Pluspunkt, sondern auch die Lage: Familie Ortkemper hat ihr Hotel nämlich in einer ruhigen Wohngegend am Waldrand, direkt am Kurpark. Zum Gästehaus - hier auch die Sauna - sind es nur ca. 40 m.

LODDIN – Mecklenburg-Vorpommern – siehe Usedom (Insel)

LÖBAU – Sachsen – 544 – 15 950 Ew – Höhe 263 m 44 S12

Berlin 260 – Dresden 88 – Görlitz 29 – Bautzen 21
Altmarkt 1, ✉ 02708, ✆ (03585) 45 01 40, www.loebau.de

Berg-Gasthof Honigbrunnen

Löbauer Berg 4 (Ost: 2,5 km) ✉ 02708 – ✆ (03585) 4 13 91 30
– www.honigbrunnen.de
23 Zim – 60/65 € 75/85 € – ½ P **Rest** – Karte 14/38 €
1896 als Ausflugslokal erbaut, bei einem Brand zerstört und mit enormem Aufwand restauriert. Die Mühe hat sich gelohnt: die historische Fassade ist wiederhergestellt, das Interieur geschmackvoll. Einmalige Panoramalage, fantastischer Blick von der Terrasse!

LÖHNE – Nordrhein-Westfalen – 543 – 40 080 Ew – Höhe 70 m 28 G9

Berlin 370 – Düsseldorf 208 – Bielefeld 39 – Hannover 85
Löhne, Auf dem Stickdorn 65, ✆ (05228) 70 50

Schewe 

Dickendorner Weg 48 ✉ 32584 – ✆ (05732) 9 80 30 – www.hotel-schewe.de
– geschl. 1. - 6. Januar, 21. Juli - 4. August
22 Zim – 45/60 € 70/80 €, 8 € – ½ P
Rest *Schewe* – siehe Restaurantauswahl
Eine tadellose Adresse: Ruhig ist die Lage des gut geführten Familienbetriebs in einer Wohngegend, neuzeitlich eingerichtete Gästezimmer stehen hier bereit.

Schewe – Hotel Schewe 

Dickendorner Weg 48 ✉ 32584 – ✆ (05732) 9 80 30 – www.hotel-schewe.de
– geschl. 1. - 6. Januar, 21. Juli - 4. August
Rest – *(nur Abendessen)* (Tischbestellung ratsam) Menü 25 € – Karte 19/42 €
Ein Hauch Süden weht durch die Räumlichkeiten des Lokals - das liegt sicher auch an den vorherrschend freundlichen Farben. Viele Stammgäste halten Familie Schewe seit Jahren die Treue.

LÖNINGEN – Niedersachsen – 541 – 13 060 Ew – Höhe 22 m 16 E7
– Erholungsort

Berlin 290 – Bremen 88 – Nordhorn 65 – Enschede 101
Langenstr. 38, ✉ 49624, ✆ (05432) 8 03 70, www.vvh-loeningen.de

Rüwe 

Parkstr. 15 ✉ 49624 – ✆ (05432) 9 42 00 – www.hotel-ruewe.de
– geschl. 27. Dezember - 15. Januar
11 Zim – 53/64 € 86/94 € – ½ P
Rest – *(geschl. Montag) (nur Abendessen)*
In dem kleinen Hotel sorgen Rita und Hans-Herrmann Rüwe dafür, dass alles tipptopp gepflegt ist. Wohnliche Zimmer mit Parkett, teils auch mit Balkon oder schöner Dachterrasse. Zum Restaurant gehören eine nette begrünte Terrasse und ein kleiner Barbereich. Fahrradverleih.

LÖRRACH – Baden-Württemberg – 545 – 48 630 Ew – Höhe 294 m 61 D21

Berlin 862 – Stuttgart 265 – Freiburg im Breisgau 70 – Basel 9

Bahnhofstraße, (01805) 24 12 24 (Gebühr)

ADAC Am Bahnhofsplatz 2

Herrenstr. 5, 79539, (07621) 9 40 89 13, www.loerrach.de

Villa Elben garni

Hünerbergweg 26 79539 – (07621) 57 70 80 – www.villa-elben.de

34 Zim – 82/98 € 110/130 €

In der hübschen Villa von 1907 erwarten Sie unter anderem eine stilvolle Lobby und ein schicker moderner Frühstücksraum (gut die Auswahl vom Buffet!), dazu wohnliche Zimmer und last but not least eine engagierte und herzliche Corinna Harrer, die das Haus in 3. Generation führt!

Drei König

Basler Str. 169, (Empfang in der 2. Etage) 79539 – (07621) 4 25 83 33 – www.restaurant-dreikoenig.de

14 Zim – 60/95 € 100/135 €

Rest *Drei König* – siehe Restaurantauswahl

Zentraler geht es kaum: Das kleine Hotel liegt direkt am Marktplatz, ein Parkhaus finden Sie nur 1 Minute entfernt! Wirklich chic ist das klare moderne Design und auch technisch sind die Zimmer "up to date".

Am Burghof

Herrenstr. 3 79539 – (07621) 94 03 80 – www.amburghof.de – geschl. Sonntag

8 Zim – 90/100 € 140 € – ½ P

Rest *Am Burghof* – siehe Restaurantauswahl

Die Innenstadtlage direkt am Burghof ist ideal, die Zimmer sind schön zeitgemäß und auf eine Stärkung braucht man dank der Lounge-Bar im EG mit ihrem kleinen Speisenangebot auch nicht zu verzichten! Hier können Sie auch nett draußen sitzen.

Maien

Dorfstr. 49 79539 – (07621) 27 90 – www.maien-loerrach.de

10 Zim – 69/79 € 99/130 €

Rest *Gasthaus Maien* – siehe Restaurantauswahl

Ein kleines Gasthaus a. d. 19. Jh. in Panoramalage über Lörrach. Gastgeber und Küchenchef Marco Weiß ist hier mit Engagement bei der Sache und bietet wohnlich-moderne Zimmer, gestaltet nach den Elementen Feuer, Wasser, Luft und Erde.

Stadt-Hotel garni

Weinbrennerstr. 2, (1. Etage) 79539 – (07621) 4 00 90 – www.stadthotel-loerrach.de

28 Zim – 75/98 € 98/130 €

Praktisch ist die zentrale Lage nahe dem Burghof, ideal die öffentliche Tiefgarage im selben Gebäude, gepflegt die Zimmer (farblich angenehm mit individueller Note eingerichtet). Im Sommer geht's zum Frühstücken auf die nette Terrasse.

Zum Kranz

Basler Str. 90 79540 – (07621) 8 90 83 – www.kranz-loerrach.de

9 Zim – 69/79 € 85 €, 6 €

Rest – *(geschl. Montag)* Menü 30 € (mittags unter der Woche)/58 € – Karte 30/52 €

In diesem Gasthaus mit langer Geschichte hat sich einiges getan: Die Zimmer sind frisch, hell und zeitgemäß und auch das Restaurant ist moderner geworden, auf die ländlich-gemütliche Atmosphäre braucht man hier aber dennoch nicht zu verzichten! Gekocht wird klassisch-international.

Drei König – Hotel Drei König

Basler Str. 169, (Empfang in der 2. Etage) 79539 – (07621) 4 25 83 33 – www.restaurant-dreikoenig.de – geschl. Montag

Rest – (abends Tischbestellung ratsam) Menü 16 € (mittags)/75 € – Karte 36/61 €

Ein großer Raum mit Parkettboden und schönen, vom Chef selbst entworfenen Tischen, an denen man gute mediterrane Küche wie Lammrücken auf Paprika-Schalotten-Gemüse serviert. Tipp: Von der Balkonterrasse kann man wunderbar das rege Treiben auf dem Marktplatz beobachten!

XX **Am Burghof** – Hotel Am Burghof

Herrenstr. 3, (1. Etage) ✉ 79539 – ✆ (07621) 9 40 38 50 – www.amburghof.de – geschl. Sonntag - Montag
Rest – (Tischbestellung ratsam) Menü 48/58 € – Karte 31/61 €
Wer gute Küche sucht, findet sie hier im 1. Stock: Was halten Sie z. B. von "Saibling mit Morcheln und Steinpilzravioli" und danach "Topfenpfannkuchen mit Apfel und Pistazieneis"? Auch das Restaurant selbst mit seinem geradlinig-modernen Stil und der schönen Terrasse ist ansprechend.

XX **Gasthaus Maien** – Hotel Gasthaus Maien

Dorfstr. 49 ✉ 79539 – ✆ (07621) 27 90 – www.maien-loerrach.de – geschl. Montag - Dienstag
Rest – Menü 20 € (mittags)/54 € – Karte 32/59 €
Kommen Sie wegen der tollen Aussicht oder doch eher wegen der guten Küche? Nicht leicht zu sagen, denn was Panoramafenster und Terrasse offenbaren, kann durchaus mit schmackhaften internationalen Gerichten wie Cordon bleu oder Hirschkalbsrücken mithalten!

In Lörrach-Brombach Nord-Ost : 4 km, über Brombacher Straße, jenseits der A 98:

XX **Villa Feer**

Beim Haagensteg 1 ✉ 79541 – ✆ (07621) 5 79 10 77 – www.villa-feer.com – geschl. Mitte - Ende März, Mitte - Ende Oktober und Montag - Dienstag
Rest – Menü 25/72 € – Karte 43/64 €
Hinter ihr liegen einige gute Adressen, u. a. auch in Kanada, Schottland, den Niederlanden und der Schweiz - so hat Kathrin Bucher reichlich Erfahrungen gesammelt, die sie nun in der schmucken alten Villa auf den Teller bringt - ausdrucksstark und harmonisch im Geschmack, stimmig in der Präsentation. Schön die eleganten Räume... und der Garten erst!

In Lörrach-Haagen Nord-Ost: 3,5 km über B 317, jenseits der A 98

X **Burgschenke Rötteln**

Röttelnweiler 47 (in der Burg Rötteln) ✉ 79541 – ✆ (07621) 5 21 41 – www.burgroetteln.com – geschl. Januar 2 Wochen und Sonntag - Montag
Rest – (Tischbestellung ratsam) Menü 27 € (abends)/52 € – Karte 34/56 €
Das hat schon Charme: der historische Rahmen der Burg, die drei kleinen Räume (Tipp: Nehmen Sie einen Fensterplatz in der "Laube"!) und nicht zuletzt die herzliche Chefin Dörthe Stein! Ihr Mann Carsten kocht zeitgemäß-international, so z. B. Rinderfilet mit Portweinsauce. Biergarten mit Selbstbedienung.

In Inzlingen Süd-Ost: 6 km über B 316 Richtung Rheinfelden

Krone (mit Gästehaus)

Riehenstr. 92 ✉ 79594 – ✆ (07621) 22 26 – www.krone-inzlingen.de
23 Zim – †65/75 € ††79/95 €, ☕ 8 €
Rest *Krone* – siehe Restaurantauswahl
Kein Wunder, dass Familie Wiedmer so viele Gäste hat, denn das hier ist ein wirklich gepflegtes Haus mit freundlichen, komfortablen Zimmern und gutem Frühstück - und es ist ideal für Baselbesucher, die etwas günstiger wohnen möchten!

XXX **Inzlinger Wasserschloss** mit Zim (mit Gästehaus)

Riehenstr. 5 ✉ 79594 – ✆ (07621) 4 70 57 – www.inzlinger-wasserschloss.de – geschl. Dienstag - Mittwoch
12 Zim ☕ – †65/85 € ††98/130 €
Rest *Schloss Beizle* – siehe Restaurantauswahl
Rest – Menü 37 € (mittags)/98 € – Karte 45/86 €
Denkmalgeschütztes Gemäuer, ein Wassergraben drum herum, im Inneren stilvoll-elegante Räume... Hier verwöhnen Sie Vater und Tochter Beha mit klassischer Küche, die auf sehr guten Produkten basiert. Übernachten können Sie im 150 m entfernten Gästehaus.

Krone – Hotel Krone
Riehenstr. 92 ✉ 79594 – ✆ (07621) 22 26 – www.krone-inzlingen.de
Rest – Menü 14 € (mittags unter der Woche)/60 € – Karte 29/62 €
Das Lokal der "Krone" hat sich zu einem stylischen und ganz modernen Restaurant mit italienischen Möbeln und schickem Dekor gemausert! Ebenso wenig verstecken muss sich die ambitionierte Küche: Es gibt Klassiker wie Wiener Schnitzel, aber auch Nebraska-Beef mit Tasmanischem Pfeffer. Gut auch die Weinauswahl.

Schloss Beizle – Restaurant Inzlinger Wasserschloss
Riehenstr. 5 ✉ 79594 – ✆ (07621) 4 70 57 – www.inzlinger-wasserschloss.de – geschl. Dienstag - Mittwoch
Rest – Menü 35/55 € – Karte 37/66 €
In dem rustikalen Kellerlokal serviert man Ihnen bürgerliche Küche mit Klassikern wie z. B. Cordon bleu. Gerne kommen da auch Gäste aus der nahen Schweiz zum Essen über die Grenze.

LOHMAR – Nordrhein-Westfalen – 543 – 31 280 Ew – Höhe 70 m

36 C12

Berlin 587 – Düsseldorf 63 – Bonn 16 – Siegburg 5
Lohmar, Schloss Auel, ✆ (02206) 90 90 56

In Lohmar-Wahlscheid Nord-Ost: 4 km über B 484

Schloss Auel
Haus Auel 1 (an der B 484) ✉ 53797 – ✆ (02206) 6 00 30 – www.schlossauel.de
21 Zim – †80/110 € ††119/140 €, ☕ 15 € – 1 Suite – ½ P
Rest *Schloss Auel* – siehe Restaurantauswahl
Historischen Charme versprüht das wunderbare dreiflügelige Schloss am Golfplatz. Stilgerecht hat man zahlreiche Antiquitäten in die individuelle und sehr wohnliche Einrichtung integriert. Alternativ zum Restaurant gibt es Snacks im Bistro. Am Abend: gemütliche Schänke mit bergisch-kölschen Spezialitäten.

Aggertal-Hotel Zur alten Linde Zim,
Bartholomäusstr. 8 ✉ 53797 – ✆ (02206) 9 59 30 – www.meine-alte-linde.de – geschl. Januar 1 Woche, nach Ostern 1 Woche, 7. Juli - 21. Juli
27 Zim – †78/99 € ††99/145 €, ☕ 10 € – ½ P
Rest – *(Montag - Freitag nur Abendessen)* Menü 30/44 € – Karte 23/53 €
Recht ruhig liegt der Familienbetrieb neben der Kirche. Die Zimmer sind wohnlich-rustikal gestaltet, für das Frühstück steht der Wintergarten bereit. Das Restaurant: mediterrane Brasserie und behagliche Stube sowie Terrasse vor und hinter dem Haus. Sonntags Brunch.

Schloss Auel – Hotel Schloss Auel
Haus Auel 1 (an der B 484) ✉ 53797 – ✆ (02206) 6 00 30 – www.schlossauel.de
Rest – Menü 35/65 € – Karte 33/50 €
Ein schönes festliches Ambiente (ideal auch für Hochzeiten), das einen ein bisschen in die Welt des alten Adels versetzt. Abgerundet durch einen stilvollen Service und klassische Kulinarik.

LOHME – Mecklenburg-Vorpommern – siehe Rügen (Insel)

LOHR am MAIN – Bayern – 546 – 15 600 Ew – Höhe 161 m

48 H15

Berlin 521 – München 321 – Würzburg 56 – Aschaffenburg 35
Schlossplatz 5, ✉ 97816, ✆ (09352) 1 94 33, www.lohr.de

Franziskushöhe Rest,
Ruppertshüttener Str. 70 ✉ 97816 – ✆ (09352) 60 40 – www.franziskushoehe.de
68 Zim – †79/119 € ††89/129 €, ☕ 15 € – ½ P **Rest** – Karte 28/49 €
Das Hotel in ruhiger erhöhter Lage am Waldrand ist gut für Tagungen und Veranstaltungen geeignet. Die zeitgemäßen Zimmer sind alle mit DVD-Player ausgestattet. Kinderspielplatz. Restaurant mit bürgerlicher Karte und beliebter Terrasse mit Aussicht.

 **Bundschuh** (mit Gästehaus) 
Am Kaibach 7 ✉ 97816 – ✆ (09352) 8 76 10 – www.hotelbundschuh.de
– geschl. 23. Dezember - 9. Januar
38 Zim – 59/90 € 85/114 € **Rest** – *(nur Abendessen für Hausgäste)*
Das Hotel der Familie Bundschuh liegt in einer Nebenstraße im Zentrum und bietet wohnliche, individuelle Zimmer, teils mit Terrasse oder Balkon. Jugendstilvilla als Gästehaus.

In Lohr-Wombach Süd: 2 km über Westtangente

 **Spessarttor** (mit Gästehaus) 
Wombacher Str. 140 ✉ 97816 – ✆ (09352) 8 73 30 – www.hotel-spessarttor.de
35 Zim – 48/75 € 65/95 € – ½ P
Rest – *(geschl. Montagmittag, Dienstag)* Menü 24 € (mittags)/58 €
– Karte 20/38 €
Die freundlich in wohnlich-ländlichem Stil eingerichteten Zimmer dieses Familienbetriebs verteilen sich auf das Haupthaus und das etwas ruhigere, 500 m entfernte Gästehaus. Gemütlich sitzt man im holzgetäfelten Restaurant mit Stubencharakter.

LORSCH – Hessen – 543 – 13 110 Ew – Höhe 98 m 47 F16

Berlin 595 – Wiesbaden 65 – Mannheim 35 – Darmstadt 29
Marktplatz 1, ✉ 64653, ✆ (06251) 17 52 60, www.nibelungenland.info
Torhalle ★

XXX **Zum Schwanen** 
Nibelungenstr. 52 ✉ 64653 – ✆ (06251) 5 22 53 – www.zum-schwanen-lorsch.de
– geschl. Februar 10 Tage, Juni 2 Wochen, Oktober 10 Tage und Montag
Rest – *(nur Abendessen, sonntags auch Mittagessen)* (Tischbestellung ratsam)
Karte 45/56 €
Hier kochen Chef und Chefin selbst: Lassen Sie sich mit regionalen Klassikern wie "Medaillons vom Rinderfilet" verwöhnen! Viel dunkles Holz sowie reichlich Bilder und Porzellan als Dekoration machen das Restaurant charmant-gediegen.

LOSHEIM AM SEE – Saarland – 543 – 16 290 Ew – Höhe 300 m 45 B16
– Erholungsort

Berlin 749 – Saarbrücken 56 – Merzig 12 – Luxembourg 70

Am Stausee Nord: 1 km

 **Hochwälder Wohlfühlhotel** 
Zum Stausee 192 ✉ 66679 – ✆ (06872) 9 69 20
– www.hochwaelder-wohlfuehlhotel.de
62 Zim – 79/86 € 116/129 € – ½ P
Rest – *(geschl. Montag)* Menü 29 € (mittags) – Karte 27/57 €
Die Schokoladenseite dieses Hotels ist ganz klar die dem Stausee zugewandte Seite: schön die Aussicht von den Zimmern hier! Erholung finden Sie aber auch bei Kosmetikanwendungen oder aber im Restaurant Hochwälder Kulinarium mit Terrasse zum See. Dazu die benachbarte Hausbrauerei mit Biergarten.

LOTTSTETTEN – Baden-Württemberg – 545 – 2 170 Ew 62 F21
– Höhe 433 m

Berlin 813 – Stuttgart 180 – Freiburg im Breisgau 106 – Schaffhausen 12

In Lottstetten-Nack Süd: 1,5 km

XX **Gasthof zum Kranz**
Dorfstr. 23 ✉ 79807 – ✆ (07745) 73 02 – www.gasthof-zum-kranz.de
– geschl. Februar 2 Wochen, August 3 Wochen und Dienstag - Mittwoch
Rest – (Tischbestellung ratsam) Karte 32/56 €
Gerd Saremba ist hier bereits die 6. Generation der Familie. Er ist nicht nur Gastgeber, sondern steht auch am Herd. Seine Küche ist schmackhaft, klassisch und auch zeitgemäß - beliebt sind z. B. die Wildgerichte. Nett: Der ländliche Stil des Gasthofs (Holz, Kachelofen...) ist gespickt mit moderner Kunst.

LUCKENWALDE – Brandenburg – 542 – 20 420 Ew – Höhe 48 m 32 P9

Berlin 58 – Potsdam 45 – Brandenburg 74 – Cottbus 108

Markt 11, ✉ 14943, ✆ (03371) 67 25 00, www.luckenwalde.de

Vierseithof

Haag 20, (Eingang Am Herrenhaus) ✉ 14943 – ✆ (03371) 6 26 80 – www.vierseithof.de

42 Zim – †55/75 € ††75/119 € – ½ P

Rest – *(geschl. Montag) (Dienstag - Freitag nur Abendessen)* Karte 23/41 €

1782 wurde die einstige Tuchfabrik als Herrenhaus erbaut. Heute ist das schöne denkmalgeschützte Anwesen ein neuzeitliches Hotel mit einer geschmackvollen Kunstsammlung. Zurückhaltend elegantes Restaurant mit hübscher Innenhofterrasse.

LUDORF – Mecklenburg-Vorpommern – 542 – 510 Ew – Höhe 67 m 13 N6

Berlin 144 – Schwerin 104 – Neubrandenburg 69 – Waren (Müritz) 26

Gutshaus Ludorf (mit Gästehaus)

Rondell 7 ✉ 17207 – ✆ (039931) 84 00 – www.gutshaus-ludorf.de – geschl. 3. Januar - 14. März, 15. - 29. Dezember

23 Zim – †86/99 € ††120/149 € – 2 Suiten – ½ P

Rest *Morizaner* – siehe Restaurantauswahl

Das barocke Gutshaus an der Müritz verbirgt hinter der hübschen Backsteinfassade a. d. 17. Jh. ein wunderschönes Interieur mit historischem Charme. Zimmer teils mit Parkett.

Morizaner – Hotel Gutshaus Ludorf

Rondell 7 ✉ 17207 – ✆ (039931) 84 00 – www.gutshaus-ludorf.de – geschl. 3. Januar - 14. März, 15. - 29. Dezember

Rest – *(nur Abendessen)* Menü 29/48 € – Karte 29/63 €

Das an der Müritz gelegene Gutshaus im Stil der dänischen Klinkerrenaissance ist eine der empfehlenswertesten Adressen der Region. In der Küche verarbeitet man hauptsächlich Produkte aus heimatlichen Gefilden.

LUDWIGSBURG – Baden-Württemberg – 545 – 88 680 Ew – Höhe 293 m 55 G18

Berlin 617 – Stuttgart 15 – Heilbronn 36 – Karlsruhe 86

ADAC Heinkelstr. 1

Eberhardstr. 1, ✉ 71634, ✆ (07141) 9 10 22 52, www.ludwigsburg.de

Schloss Monrepos, Monrepos 26, ✆ (07141) 22 00 30

nestor

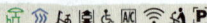

Stuttgarter Str. 35/2 ✉ 71638 – ✆ (07141) 96 70 – www.nestor-hotels-ludwigsburg.de B2**a**

178 Zim – †119/159 € ††129/169 €, 17 € – 1 Suite **Rest** – Karte 34/50 €

Das am Schlosspark gelegene denkmalgeschützte Backsteingebäude von 1871, einst eine Garnisonsbäckerei, ist heute ein Stadthotel mit modernen, meist geräumigen Zimmern. Restaurant im schönen Glasanbau entlang der historischen Hauswand, davor die hübsche Terrasse.

blauzeit garni

Friedrichstr. 43 ✉ 71638 – ✆ (07141) 64 31 30 – www.blauzeit.com – geschl. 24. Dezember - 6. Januar B2**b**

39 Zim – †95/125 € ††120/150 €

In strahlendem Weiß empfängt Sie die Halle - das hat schon was! Alles hier im Haus ist recht puristisch gehalten, funktionell die Zimmer mit guter Technik, nett der Saunabereich.

NH Ludwigsburg garni

Pflugfelder Str. 36 ✉ 71636 – ✆ (07141) 1 50 90 – www.nh-hotels.de

130 Zim – †79/149 € ††79/149 €, 17 € A2**c**

Das Businesshotel befindet sich neben der Arena Ludwigsburg, nicht weit vom Bahnhof. Moderne Zimmer in klaren Linien und frischen hellen Tönen. Lobby-Bar, kleine Terrasse am Haus.

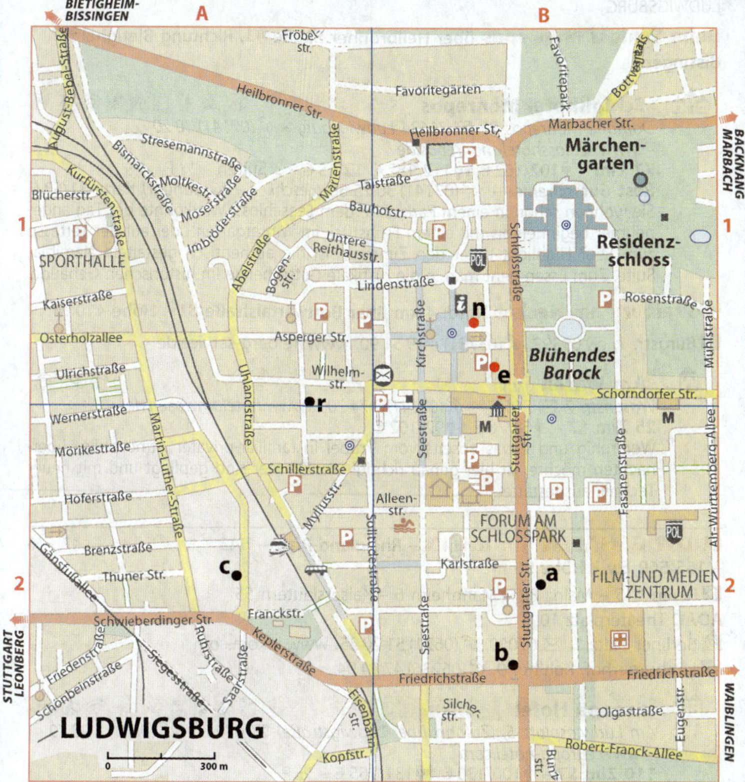

Favorit garni

Gartenstr. 18 ✉ 71638 – ✆ (07141) 97 67 70 – www.hotel-favorit.de – geschl. 23. Dezember - 2. Januar A1**r**

88 Zim – 🚹84/114 € 🚹🚹114/144 €

Ideal für den Businessgast: praktische und zentrale Lage, gut ausgestattete Zimmer und schönes Frühstücksbuffet. Immer wieder wird hier investiert, modernisiert und aufgefrischt - und das sieht man!

Alte Sonne

Bei der kath. Kirche 3 ✉ 71634 – ✆ (07141) 6 43 64 80 – www.altesonne-durst.de – geschl. über Fasching 1 Woche und Montag - Dienstag B1**n**

Rest – Menü 33/82 € – Karte 32/54 €

In modern-elegantem Ambiente oder in legerer Bistro-Atmosphäre verwöhnt Sie Laurent Durst mit einer großen Bandbreite an Gerichten - vom "24 h geschmorten Schaufelstück von der Färse" über "Bouillabaisse à la Laurent" bis hin zum Gourmetmenü. Dazu ein unkomplizierter Service und die zentrale Lage... das sollte man sich mal anschauen!

Post-Cantz

Eberhardstr. 6 ✉ 71634 – ✆ (07141) 92 35 63 – www.post-cantz.de – geschl. 1. - 4. Januar, 28. Februar - 6. März, Mitte Juni 2 Wochen und Mittwoch - Donnerstag B1**e**

Rest – Karte 23/55 €

In dem Traditionshaus a. d. 18. Jh. zeigt sich Familie Buhl in 3. Generation unverändert engagiert! Der Gastgeber kocht selbst - Sie werden sehen, "Saure Nierle" schmecken ebenso gut wie frischer Fisch!

Beim Schloss Monrepos über Heilbronner Straße A1, Richtung Bietigheim-Bissingen

Schloßhotel Monrepos

Domäne Monrepos 22 ✉ 71634 Ludwigsburg – ✆ (07141) 30 20 – www.schlosshotel-monrepos.de

77 Zim – ♦102/162 € ♦♦112/182 €, ☕ 15 € – 3 Suiten – ½ P

Rest *Gutsschenke* – ✆ (07141) 30 25 60 *(geschl. 1. - 12. Januar)* Karte 31/53 €

Sie wohnen schön in einem Park nahe dem Seeschloss. Wie könnte der Tag angenehmer beginnen als mit einem Frühstück im Wintergarten oder auf der Terrasse zum See? Highlight unter den Zimmern ist die authentisch gestaltete Namibia-Suite. Zum Essen geht man in die rustikale Gutsschenke im historischen Gebäude.

In Freiberg am Neckar Nord: 4 km über Bottwartalstraße B1 – Höhe 410 m

Burgstr. 1, ✉ 09599, ✆ (03731) 4 19 51 90, www.freiberg-service.de

Am Wasen garni

Wasenstr. 7 ✉ 71691 – ✆ (07141) 2 74 70 – www.hotelamwasen.de

25 Zim ☕ – ♦68/78 € ♦♦92/102 €

Wer ruhig und etwas abseits vom Trubel in familiär-privater Atmosphäre übernachten möchte, ist hier genau richtig! Die Zimmer sind gepflegt und mit neuer Technik ausgestattet.

LUDWIGSHAFEN am RHEIN – Rheinland-Pfalz – 543 — 47 F16

– 165 560 Ew – Höhe 96 m

Berlin 615 – Mainz 82 – Mannheim 6 – Kaiserslautern 55

ADAC Theaterplatz 10

Berliner Platz 1, ✉ 67059, ✆ (0621) 51 20 35, www.lukom.com

Limburgerhof, Kohlhof 9, ✆ (06236) 47 94 94

Europa Hotel

Zim,

Am Ludwigsplatz 5, (Zufahrt über Ludwigstraße) ✉ 67059 – ✆ (0621) 5 98 70 – www.europa-hotel.com

110 Zim ☕ – ♦106/130 € ♦♦131/155 € – ½ P

Rest – *(geschl. Samstagmittag, Sonntagmittag)* Karte 25/50 €

Businesshotel mitten im Zentrum - Shopping-Begeisterte zieht es in die fußnahe "Rhein-Galerie". Einige Zimmer in modernen warmen Brauntönen, die nach hinten liegen ruhiger.

A table N

Welserstr. 25 ✉ 67063 – ✆ (0621) 68 55 65 65 – www.atable.lu – geschl. Juni 1 Woche und Samstagmittag, Sonntag - Montagmittag

Rest – Menü 32 € (mittags)/75 € – Karte 46/71 €

Neuer Name, neue Betreiber, bekanntes Konzept! Sybille Herbst und Swen Bultmann haben nach zahlreichen Stationen in erstklassigen Häusern das ehemalige "Marly" zu ihrer geschäftlichen Heimat gemacht. Sie leitet kompetent den Service und empfiehlt überwiegend regionale Weine, er sorgt für klassisch inspirierte kulinarische Genüsse wie "Bretonische Rotbarbe mit Rucolarisotto, gebratenen Artischocken und weißem Tomatenschaum".

In Ludwigshafen-Friesenheim

Business-Hotel René Bohn garni

René-Bohn-Str. 4, (siehe Stadtplan Mannheim-Ludwigshafen) ✉ 67063 – ✆ (0621) 6 09 91 00 – www.wirtschaftsbetriebe.basf.de – geschl. 21. Dezember - 6. Januar

80 Zim ☕ – ♦160/190 € ♦♦210/250 € – 8 Suiten

Wenn Sie sich für dieses sehr gut geführte Businesshotel nahe dem Werksgelände der BASF interessieren, sollten Sie frühzeitig buchen, denn das Haus ist stark frequentiert! Das Ambiente ist geradlinig-modern, warme Farben schaffen Wohnlichkeit. Restaurant nur für Veranstaltungen.

Turmrestaurant N

Erzbergerstr. 69, (im Ebertpark) ✉ 67063 – ✆ (0621) 54 96 53 09 – *www.turmrestaurant-ludwigshafen.de*

Rest – *(nur Abendessen)* Menü 30/55 € – Karte 33/62 €

Rest *Bistro* – Karte 26/40 €

Fast schon ein bisschen schlossartig steht das 1925 als klassisches Kaffeehaus erbaute Gebäude mitten im Ebertpark. Drinnen modern, draußen eine tolle Terrasse - der perfekte Rahmen für die frische Saisonküche, aus der man Gerichte wie "Zander mit bunten Linsen und Speckkartoffeln" probieren sollte! Alternativ gibt's im Bistro Internationales von Flammkuchen über Steak bis Fondue.

Bella Capri

Arnimstr. 2 ✉ 67063 – ✆ (0621) 69 20 45 – *www.bellacapri.net* – *geschl. Samstagmittag, Montag*

Rest – Menü 29 € (mittags)/80 € – Karte 29/52 €

Was könnte bei dem gebürtigen Neapolitaner Francesco Mucciolo und seiner Frau wohl naheliegender sein als klassisch italienische Küche? Dazu gibt es eine schöne Weinauswahl, modern-elegantes Ambiente und den familiären Charme, für den das Haus bereits über 30 Jahre bekannt ist!

Das Gesellschaftshaus

Wöhlerstr. 15 ✉ 67063 – ✆ (0621) 6 07 88 88 – *www.wirtschaftsbetriebe.basf.de* – *geschl. 24. Dezember - 1. Januar und Samstag - Sonntag sowie an Feiertagen*

Rest – *(nur Abendessen)* Menü 45/90 € – Karte 40/62 €

Was da so schön, geradezu herrschaftlich daherkommt, ist das historische Gesellschaftshaus der BASF. Klassisches Interieur, rote Lederpolster, hohe Decken... ein ansprechendes Bild! Der kompetente Service samt guter Sommelier-Empfehlungen passt zur ambitionierten Küche mit mediterranen Akzenten.

In Altrip **Süd-Ost: 10 km**

Darstein N

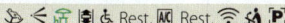

Zum Strandhotel 10 , (im Naherholungsgebiet Blaue Adria) ✉ 67122 – ✆ (06236) 44 40 – *www.hotel-darstein.de*

51 Zim – †70/86 € ††100/125 € – ½ P

Rest *Pfälzer* – *(geschl. April - September: Montagmittag, Dienstagmittag, Oktober - März: Sonntagabend - Montagmittag, Dienstagmittag)* Menü 32/69 € – Karte 19/47 €

Mitten im Naherholungsgebiet "Blaue Adria", den See direkt vor der Tür... aber nicht nur die Lage ist schön: Das gewachsene Hotel ist modern eingerichtet, hat geräumige Zimmer und mit Familie Darstein zudem noch engagierte Gastgeber. Der Junior bietet im "Pfälzer" eine aufgepeppte Regionalküche. Neben einem top Tagungsbereich hat man sogar eine eigene Hochzeitsinsel!

LUDWIGSLUST – Mecklenburg-Vorpommern – 542 – 12 340 Ew – Höhe 35 m 11 L6

Berlin 180 – Schwerin 38 – Güstrow 98 – Hamburg 118

Schlossstr.36, ✉ 19288, ✆ (03874) 52 62 51, www.stadtludwigslust.de

Hotel de Weimar

Schlossstr. 15 (Zufahrt über Gartenstraße) ✉ 19288 – ✆ (03874) 41 80 – *www.hotel-de-weimar.de* – *geschl. 21. - 27. Dezember*

44 Zim – †59/75 € ††85/140 € – 2 Suiten – ½ P

Rest *Ambiente* – *(geschl. Sonntag)* Menü 30/85 € – Karte 30/75 €

Gediegen und stilvoll wohnt es sich nur wenige Gehminuten vom Schloss entfernt, und zwar im ehemaligen Palais der Fürstin von Weimar! Auch zum Essengehen ist das Haus eine schöne Adresse: Das Restaurant Ambiente befindet sich im glasüberdachten Innenhof und bietet ambitionierte internationale Küche, dazu eine gute Weinauswahl.

LÜBBECKE – Nordrhein-Westfalen – 543 – 25 640 Ew – Höhe 75 m 17 F8

Berlin 373 – Düsseldorf 215 – Bielefeld 42 – Bremen 105

Quellenhof

Rest,

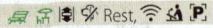

Obernfelder Allee 1 ✉ 32312 – ✆ (05741) 3 40 60 – www.quellenhof-luebbecke.de – geschl. 1. - 7. Januar, 14. Juli - 3. August

23 Zim – †67/70 € ††90/93 € – 1 Suite – ½ P

Rest – *(geschl. Freitag - Samstagmittag, Sonntagabend)* Menü 16 € (mittags)/ 35 € – Karte 25/47 €

Freundlich wird das kleine Hotel von Familie Kleffmann geleitet. Es erwarten Sie funktionelle Zimmer und eine gepflegte Außenanlage mit Forellenteich. In ländlichem Stil gehaltenes Restaurant mit Wintergartenvorbau und schöner Sonnenterrasse.

LÜBBEN – Brandenburg – 542 – 14 050 Ew – Höhe 50 m – Erholungsort 33 Q9

Berlin 84 – Potsdam 99 – Cottbus 53

Ernst-von-Houwald-Damm 15, ✉ 15907, ✆ (03546) 30 90, www.luebben.de

Strandhaus N

Zim, Zim, Rest,

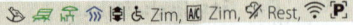

Ernst-von-Houwald-Damm 16 ✉ 15907 – ✆ (03546) 73 64 – www.strandhaus-spreewald.de

16 Zim – †138/158 € ††158/178 € – 4 Suiten – ½ P

Rest *Strandcafé* – Menü 19 € (mittags)/36 € – Karte 23/41 €

Das hat schon was: mitten im Ort und dennoch sehr idyllisch direkt an der Spree gelegen, und dazu noch richtig schön in wohnlich-modernen Stil eingerichtet... Wer mehr Komfort möchte, sollte nach den Juniorsuiten oder den Spa-Suiten fragen! Zum Essen (regionale Küche) sitzt man natürlich am besten auf der herrlichen Spreeterrasse.

LÜBBENAU – Brandenburg – 542 – 16 720 Ew – Höhe 52 m – Erholungsort 33 Q10

Berlin 95 – Potsdam 113 – Cottbus 35

Ehm-Welk-Str. 15, ✉ 03222, ✆ (03542) 36 68, www.luebbenau-spreewald.de

Stadtkirche St. Nicolai★

Spreewald★★

Schloss Lübbenau (mit Gästehaus)

Rest,

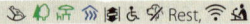

Schlossbezirk 6 ✉ 03222 – ✆ (03542) 87 30 – www.schloss-luebbenau.de

58 Zim – †70/80 € ††120/140 € – 8 Suiten – ½ P

Rest – *(geschl. über Weihnachten)* Menü 28/78 € – Karte 27/57 €

Mit Stil hat die Grafenfamilie zu Lynar in dem Schloss mitten in einem wunderbaren Park ein Stück Historie bewahrt: schöner alter Treppenaufgang, klassische Zimmer (sehr geschmackvoll die neueren Zimmer im Marstall!) sowie elegantes Restaurant und Jagdstube. Hinzu kommt die Brasserie mit etwas bodenständigerer Küche. Und im ehrwürdigen Gewölbe: der Saunabereich.

Spreewaldeck

Dammstr. 31 ✉ 03222 – ✆ (03542) 8 90 10 – www.spreewaldeck.de

27 Zim – †75/85 € ††90/110 € – ½ P

Rest – Karte 14/33 €

Ein familiär geleitetes Hotel nur 300 m vom Kahnfährhafen entfernt mit gepflegten, soliden Gästezimmern, die teilweise auch als Familienzimmer genutzt werden können. Ländlich-rustikale Atmosphäre im Restaurant.

LÜBBOW – Niedersachsen – siehe Lüchow

LÜBECK – Schleswig-Holstein – 541 – 210 580 Ew – Höhe 13 m 11 K4

▶ Berlin 263 – Kiel 92 – Schwerin 66 – Neumünster 58

ADAC Paul-Ehrlich-Str. 1

ℹ Holstentorplatz 1, ✉ 23552, ✆ (0451) 8 89 97 00, www.luebeck-tourismus.de

18 Lübeck-Travemünde, Kowitzberg 41, ✆ (04502) 7 40 18

9 Stockelsdorf-Curau, Malkendorfer Weg 18, ✆ (04505) 59 40 82

36 Warnsdorf, Schlossstr. 14, ✆ (04502) 7 77 70

Haus der Schiffergesellschaft★A1 · Jakobikirche★ · Burgtor★ · Heiligen-Geist-Hospital★B1 · Altstadt★★★ · Holstentor★★ · Rathaus★ Marienkirche★★· Petrikirche (≤★)· TheaterFigurenMuseum★★A2 · Katharinenkirche★B2 · St.-Annen-Museum★B3 · Dom (Triumphkreuzanlage★)A3

Travemünde: Lage★

Stadtplan auf der nächsten Seite

Radisson Blu Senator

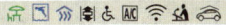

Willy-Brandt-Allee 6 ✉ 23554 – ✆ (0451) 14 20 – www.senatorhotel.de A2**s**

223 Zim – 🚹134/164 € 🚹🚹134/164 €, ☕ 20 € – 1 Suite – ½ P

Rest *Nautilo* – *(geschl. Sonntagabend)* Menü 43 € – Karte 35/50 €

Rest *Kogge* – Karte 25/51 €

Unweit des Holstentors an der Trave gelegenes Businesshotel, das moderne Gästezimmer in klaren Linien sowie einen hochwertig ausgestatteten Tagungsbereich bietet. Nautilo mit elegantem Touch, maritime Note in der Kogge.

Atlantic

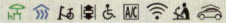

Schmiedestr. 9 ✉ 23552 – ✆ (0451) 38 47 90 – www.atlantic-hotels.de/luebeck A2**b**

132 Zim – 🚹125 € 🚹🚹135 €, ☕ 18 € – 3 Suiten – ½ P

Rest *Salis* – ✆ (0451) 38 47 95 83 *(geschl. Sonntagmittag)* Karte 33/48 €

Das Haus ist ansprechend in geradlinig-modernem Stil gehalten: klare Linien kombiniert mit warmen Tönen. Fragen Sie nach den Zimmern mit Blick über die Stadt - besonders schön: Studiozimmer mit Dachterrasse im 7. Stock! Im Restaurant Salis isst man zeitgemäß-international (Schwerpunkt Steaks vom Lavasteingrill), mittags kleine Karte. Schöne Smokers Lounge.

Vier Jahreszeiten

Bei der Lohmühle 27 (über Schwartauer Allee A1) ✉ 23544 – ✆ (0451) 48 05 30 – www.4jahreszeiten-hotels.de

105 Zim – 🚹74/121 € 🚹🚹84/135 €, ☕ 18 € – ½ P

Rest – Karte 30/40 €

Geradlinig-schlicht ist das Design der Zimmer (auffallend der schöne Dielenboden!), gut der Komfort, modern die Technik. Den besten Blick hat man wohl vom Restaurant in der 8. Etage!

Excelsior garni

Hansestr. 3 (über Holstentor A2) ✉ 23558 – ✆ (0451) 8 80 90 – www.hotel-excelsior-luebeck.de

81 Zim ☕ – 🚹65/85 € 🚹🚹85/130 €

Aus drei miteinander verbundenen Stadthäusern besteht das Hotel in Bahnhofsnähe, zu dessen Vorzügen neben der verkehrsgünstigen Lage auch das neuzeitliche Ambiente zählt.

Hanseatischer Hof

Wisbystr. 7 (über Holstentor A2) ✉ 23538 – ✆ (0451) 30 02 00 – www.hanseatischerhof.de

197 Zim – 🚹79/129 € 🚹🚹109/209 €, ☕ 15 € – 4 Suiten

Rest – Karte 30/45 €

In dem Hotel mit hanseatisch-gediegener Note kann man schön elegant oder auch etwas funktioneller wohnen. Zudem bietet man Wellness auf 1500 qm und jeden 2. Sonntag im Monat gibt es Brunch!

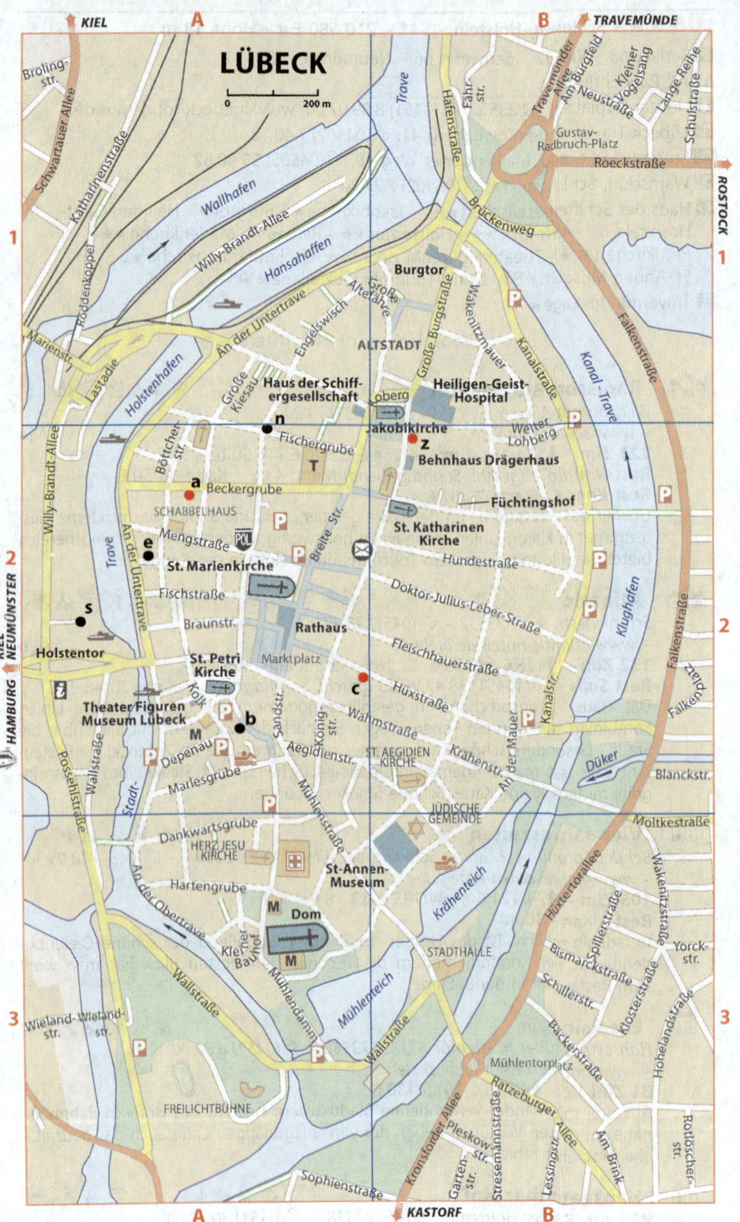
LÜBECK
0
200 m
KIEL
TRAVEMÜNDE
ROSTOCK
KASTORF
KIEL NEUMÜNSTER
HAMBURG
A
B
1
2
3
Brolingstr.
Schwartauer Allee
Katharinenstraße
Wallhafen
Willy-Brandt-Allee
Hansahafen
Roddenkoppel
Marienstr.
Lastadie
Holstenhafen
An der Untertrave
Engelswisch
Alte Fähre
Große Altefähre
Trave
Hafenstraße
Fährstr.
Travemünder Allee
Am Burgfeld
Kleiner Vogelsang
Neustraße
Lange Reihe
Schulstraße
Gustav-Radbruch-Platz
Roeckstraße
Brückenweg
Burgtor
Große Burgstraße
Wakenitzmauer
Kanalstraße
Kanal-Trave
Falkenstraße
ALTSTADT
Haus der Schiffergesellschaft
Heiligen-Geist-Hospital
Große Kiesau
Loberg
Jakobikirche
Weiter Lohberg
Behnhaus Drägerhaus
Böttcherstr.
Fischergrube
Beckergrube
SCHABBELHAUS
Füchtingshof
St. Katharinen Kirche
Mengstraße
Breite Str.
Hundestraße
St. Marienkirche
Willy-Brandt-Allee
Fischstraße
Doktor-Julius-Leber-Straße
Klughafen
Braunstr.
Rathaus
Holstentor
St. Petri Kirche
Marktplatz
Fleischhauerstraße
Hüxstraße
Falkenplatz
Kanalstr.
Theater Figuren Museum Lübeck
Kolk
Sandstr.
Königstr.
Wahmstraße
Depenau
Aegidienstr.
ST. AEGIDIEN KIRCHE
Krähenstr.
An der Mauer
Düker
Blanckstr.
Wallstraße
Possehlstraße
Marlesgrube
Mühlenstraße
JÜDISCHE GEMEINDE
Moltkestraße
Stadt-
Dankwartsgrube
HERZ JESU KIRCHE
St-Annen-Museum
Krähenteich
Hüxtertorallee
Wakenitzstraße
Hartengrube
Spillerstraße
An der Obertrave
Dom
Bismarckstraße
Yorckstr.
Kleiner Bauhof
STADTHALLE
Schillerstr.
Klosterstraße
Mühlenteich
Mühlendamm
Wieland-str.
Wielandstr.
Bäckerstraße
Hohelandstraße
Mühlentorplatz
Ratzeburger Allee
Kronsforder Allee
Pleskowstr.
Stresemannstraße
Am Brink
Rotlöscherstr.
FREILICHTBÜHNE
Gartenstr.
Lessingstr.
Sophienstraße
a
b
c
e
n
s
z
T
M
P
POL

Anno 1216 garni

Alfstr. 38 ✉ 23552 – ✆ (0451) 4 00 82 10 – www.hotelanno1216.de – geschl. 5. - 16. Januar A2e

8 Zim – †118 € ††138 €, ☕ 14 € – 3 Suiten

Dem schmucken alten Backsteinhaus von 1216 hat man ein wirklich schönes Interieur verpasst: wertig und elegant. Es gibt hier sehr attraktive große Zimmer, antike und moderne Möbel im Mix, überall im Haus toller Dielenboden, hohe Decken und Stuck! Highlight: die Einraumsuiten mit sehenswerter Malerei an Decke bzw. Wänden. Das Frühstück wird serviert und man legt Wert auf familiäre Atmosphäre.

Park Hotel garni

Lindenplatz 2 (über Holstentor A2) ✉ 23554 – ✆ (0451) 87 19 70 – www.parkhotel-luebeck.de

20 Zim ☕ – †59/99 € ††79/130 € – 4 Suiten

Die Jugendstilvilla liegt in der Stadtmitte zwischen Holstentor und Bahnhof und verfügt über wohnliche und gepflegte, teils besonders komfortable Zimmer.

Klassik Altstadt Hotel garni

Fischergrube 52 ✉ 23552 – ✆ (0451) 70 29 80 – www.klassik-altstadt-hotel.de

29 Zim ☕ – †73/116 € ††131/139 € A2n

In dem historischen Stadthaus findet sich ein Stück Lübecker Vergangenheit: Die Doppelzimmer sind (in Bild und Text) Persönlichkeiten der Stadt gewidmet, in den Einzelzimmern haben bekannte Künstler ihre Reiseberichte hinterlassen. Schön auch die zeitgemäßen Bäder!

Ibis garni

Fackenburger Allee 54 (über Holstentor A2) ✉ 23554 – ✆ (0451) 4 00 40 – www.ibishotel.com

85 Zim – †55/83 € ††66/104 €, ☕ 10 €

Mit seiner verkehrsgünstigen Lage nahe der Autobahn und den sachlich-funktionell ausgestatteten Zimmern ist das Hotel vor allem für Geschäftsreisende interessant.

Wullenwever (Roy Petermann)

Beckergrube 71 ✉ 23552 – ✆ (0451) 70 43 33 – www.wullenwever.de – geschl. 13. - 25. Oktober und Sonntag - Montag A2a

Rest – *(nur Abendessen)* (Tischbestellung ratsam) Menü 55/95 € – Karte 70/96 €

Roy Petermann steht nach wie vor für eine klassische Küche, die ganz das ausgezeichnete Produkt in den Mittelpunkt stellt und dessen Geschmack und Aroma hervorhebt. Nicht nur drinnen in dem Patrizierhaus a. d. 16. Jh. ist es schön (tolle Bronzefiguren und hohe Stuckdecken sind Teil des eleganten Interieurs), auch der Innenhof hat Flair... ringsum attraktive Altbaufassaden. Eine der versierten Damen im Service ist die herzliche Chefin Manuela Petermann.

➜ Hummertatar mit Reibekuchen und Kräutersalat. Rotbarbenfilet mit Tomatenfondue und grünen Mandeln. Warnsdorfer Erdbeeren mit Eisweinsabayon.

Die Zimberei

Königstr. 5, (im Haus der Gemeinnützigen Gesellschaft) ✉ 23552 – ✆ (0451) 7 38 12 – www.zimberei.de – geschl. Samstagmittag, Sonntag - Montag B2z

Rest – Karte 42/58 €

Altstadtflair, geschmackvolles modern-elegantes Ambiente und dann noch gutes Essen? In dem Kaufmannshaus a. d. 13. Jh. serviert man frische zeitgemäß-klassische Gerichte wie "Lammfilets mit Schwenkgemüse und Kartoffelgratin". Dass man hier auch gerne Veranstaltungen ausrichtet, verwundert nicht angesichts der beeindruckenden stilvoll-historischen Säle!

VAI

Hüxstr. 42 ✉ 23552 – ✆ (0451) 4 00 80 83 – www.vai-restaurant.de – geschl. Sonntag

Rest – Menü 15 € (mittags)/52 € – Karte 18/59 € A2c

Die Lage in der Innenstadt ist ideal, um nach der Shoppingtour auf ein gutes Essen in dieses gemütlich-moderne Lokal samt reizvollem kleinem Innenhof einzukehren - das wird auch gerne zur Mittagszeit gemacht, das Tagesmenü ist sehr gefragt! Zum frischen, schmackhaften Angebot gehört z. B. "gefüllte Perlhuhnbrust mit grünem Spargel und Sußkartoffelbällchen".

In Lübeck-Oberbüssau Süd: 8 km über Hüxtertorallee B3

Friederikenhof

Langjohrd 15 ✉ 23564 – ✆ (0451) 80 08 80 – www.friederikenhof.de
27 Zim – 90/100 € 110/130 € – 3 Suiten
Rest – *(geschl. Montagmittag)* Menü 35/48 € – Karte 32/47 €
Schön liegt das aus einem ehemaligen Gutshof entstandene Hotel auf einem Gartengrundstück in ländlicher Umgebung. Die Gäste wohnen in freundlichen und gemütlichen Zimmern. Viel Holz und warme Töne vermitteln im Restaurant Landhausflair.

In Lübeck-Travemünde Nord-Ost: 19 km – Seeheilbad

Bertlingstr. 21 / Strandbahnhof D2, ✉ 23570, ✆ (0451) 8 89 97 00, www.travemuende-tourismus.de

A-ROSA

Außenallee 10 ✉ 23570 – ✆ (04502) 3 07 00 – www.a-rosa.de/travemuende – geschl. 3. - 6. November D1a
168 Zim – 98/258 € 178/338 € – 17 Suiten – ½ P
Rest *Buddenbrooks* ✿✿ **Rest *Weinwirtschaft*** – siehe Restaurantauswahl
Traditionsreiches Seebad auf der einen Seite, modernes Ferienresort auf der anderen! Sich entspannt im Strandkorb zurücklehnen, von der "Private Spa Suite" den Blick übers Meer schweifen lassen, bei Ayurveda und Thalasso Energie tanken... und die Kinder in guten Händen wissen - das ist Urlaub pur, zu dem auch persönliche Gästebetreuung gehört!

COLUMBIA

Kaiserallee 2 ✉ 23570 – ✆ (04502) 30 80 – www.columbia-hotels.de
66 Zim – 130/315 € 200/370 € – 5 Suiten – ½ P D1b
Rest *La Belle Epoque* ✿✿✿ **Rest *Holstein's*** – siehe Restaurantauswahl
Im Jahre 1914 wurde es erbaut und ist nahezu im Originalzustand erhalten - das wunderschöne weiße Gebäude am Strand (mit eigenem Badebereich) könnte so einiges erzählen! Die Ausstattung ist hochwertig und elegant.

Landhaus Bode

Fehlingstr. 67 ✉ 23570 – ✆ (04502) 88 66 00 – www.landhausbode.de
13 Zim – 65/100 € 85/120 € – 2 Suiten – ½ P D1c
Rest – *(geschl. Januar) (nur Abendessen)* Menü 30 € – Karte 26/41 €
Hier passt alles zusammen: ein kleines Hotel, schöne klassische Möbel und Dielenböden, W-Lan gratis und am Morgen ein appetitlich angerichtetes Frühstück samt persönlicher Betreuung! Charmant auch die zwei Suiten unterm Dach. Gehen Sie mit dem Fahrrad auf Erkundungstour - Sie können direkt im Haus eines leihen.

Buddenbrooks – Hotel A-ROSA

✿✿

Außenallee 10 ✉ 23570 – ✆ (04502) 3 07 08 35 – www.a-rosa.de – geschl. Januar - Februar 3 Wochen, Juli 1 Woche, November 2 Wochen und Sonntag - Montag D1a
Rest – *(nur Abendessen)* (Tischbestellung ratsam) Menü 105/145 € – Karte 65/113 €
Wenn Christian Scharrer in seinen beiden Menüs "Terroir" und "Visite" gekonnt und äußerst präzise klassische und moderne Elemente kombiniert (gerne bringt er auch seine badische Heimat mit ein), zählt nur der Geschmack, auf modische Showeffekte verzichtet er. Dem hohen Niveau der Küche wird auch der reibungslose Service gerecht, den Nathalie Meyer im wunderschönen stilvollen Lübeckzimmer fachlich ausgesprochen kompetent leitet.
➜ Crevetten mit Apfel und Sellerie. Schweinsköpfle mit Gänseleber und Trüffel. Lammschulter mit Schafsmilch und Lattich.

Gute und preiswerte Häuser kennzeichnet der „Bib": der rote „Bib Gourmand" für die Küche, der blaue „Bib Hotel" bei den Zimmern.

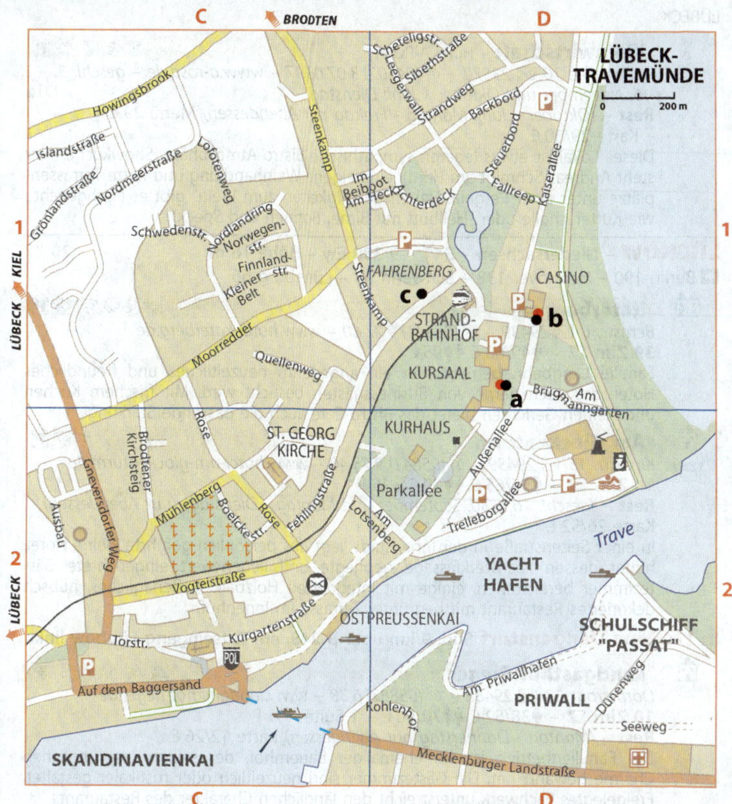

La Belle Epoque – Hotel COLUMBIA

Kaiserallee 2 ✉ 23570 – ✆ (04502) 30 83 84 – www.columbia-hotels.de
– geschl. Februar und Montag - Dienstag **D1b**

Rest – *(nur Abendessen)* (Tischbestellung ratsam) Menü 120/185 €

Seit Kevin Fehling 2005 die Küchenleitung übernommen hat, ist sein Eifer ungebrochen, und auch auf dem 3. Stern ruht er sich keinesfalls aus - ganz im Gegenteil: Unermüdlich, voller Leidenschaft und mit bemerkenswertem Einsatz kreiert er immer wieder neue Kompositionen, wahre Meisterwerke, die in ihrer Fülle an Aromen sowie an geschmacklichen und optischen Highlights kaum zu übertreffen sind. Schauen Sie zwischendurch aber ruhig auch mal vom Teller auf, sonst entgeht Ihnen der einmalige Ausblick!

➜ Jakobsmuschel mit Kaviar, Mark, Champagner und Yuzu. Auster und Aal-Unagi mit gefrorenem Wasabistaub, Gurke, Granny-Smith. Limousin-Lamm mit "Senf, Honig und Dill" Apfel, Staudensellerie, fermentierten Schalotten.

Holstein's – Hotel COLUMBIA

Kaiserallee 2 ✉ 23570 – ✆ (04502) 30 83 72 – www.columbia-hotels.de

Rest – Menü 38/60 € – Karte 31/70 € **D1b**

Das Restaurant zeigt sich hell und elegant in warmen Erdtönen, schön der Meerblick! Da zieht natürlich auch die große Terrasse zur Ostsee Gäste an - und die typisch regionale Küche von Bruno Hillmann ebenso!

Weinwirtschaft – Hotel A-ROSA
Außenallee 10 ✉ 23570 – ✆ (04502) 3 07 08 47 – www.a-rosa.de – geschl. 3. - 6. November und Oktober - Juni: Dienstag D1**a**
Rest – *(Oktober - Juni: Montag - Freitag nur Abendessen)* Menü 29 € – Karte 29/60 €
Dieses Lokal ist etwas legerer: sympathische Bistro-Atmosphäre, Showküche (hier steht Andreas Schmidt am Herd), eine eigene Weinhandlung und nette Terrassenplätze unter einer Pergola. Neben "Kleinigkeiten zum Wein" gibt es Fischgerichte wie Kutterscholle oder "Heilbutt mit Birne, Bohnen und Speck".

LÜCHOW – Niedersachsen – 541 – 9 330 Ew – Höhe 16 m

20 K7

Berlin 190 – Hannover 138 – Schwerin 98 – Lüneburg 66

Katerberg garni
Bergstr. 6 ✉ 29439 – ✆ (05841) 9 77 60 – www.hotel-katerberg.de
39 Zim – 49/60 € 95 €
Familie Langbehn betreibt hier ein angenehm neuzeitliches und freundliches Hotel, das auch gerne von Businessgästen besucht wird. Mit frischem Kuchen und kleinen Gerichten bietet das Bistro-Café auch die passende Stärkung!

Am Glockenturm

Kirchstr. 15 ✉ 29439 – ✆ (05841) 9 75 40 – www.hotel-am-glockenturm.de
14 Zim – 55/65 € 90 € – ½ P
Rest – *(geschl. 16. - 30. September und Montag - Dienstag) (nur Abendessen)* Karte 26/52 €
In einer Seitenstraße in der Innenstadt liegt das persönlich geführte kleine Hotel, hinter dessen Fachwerkfassade gepflegte und liebenswert eingerichtete Gästezimmer bereitstehen, einige mit integrierten Holzbalken. Behagliches, hübsch dekoriertes Restaurant mit begrünter Terrasse im Innenhof.

In Lübbow-Dangenstorf Süd: 9 km über B 248, am Ortseingang Lübbow links

Landgasthof Rieger
Dörpstroat 33 ✉ 29488 – ✆ (05883) 6 38 – www.landgasthof-rieger.de
10 Zim – 38/52 € 70/90 € – 1 Suite – ½ P
Rest – *(Montag - Donnerstag nur Abendessen)* Karte 12/26 €
Der Familienbetrieb ist ein ehemaliger Bauernhof, der seinen ursprünglichen Charme bewahrt hat. Die Gästezimmer sind neuzeitlich oder rustikaler gestaltet. Freigelegtes Fachwerk unterstreicht den ländlichen Charakter des Restaurants.

LÜDENSCHEID – Nordrhein-Westfalen – 543 – 75 200 Ew – Höhe 420 m

36 D11

Berlin 523 – Düsseldorf 76 – Hagen 30 – Dortmund 47
ADAC Knapper Str. 26
18 Schalksmühle-Gelstern, Gelstern 2, ✆ (02351) 5 18 19

Mercure
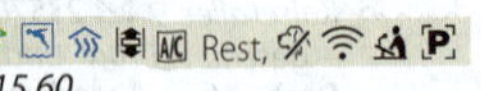
Parkstr. 66 (am Stadtpark) ✉ 58509 – ✆ (02351) 15 60 – www.mercure.com/2927
161 Zim – 69/89 € 69/89 € – 9 Suiten
Rest – *(geschl. Samstagmittag, Sonntagmittag sowie an Feiertagen mittags)* Karte 20/49 €
Die funktionelle Ausstattung macht das Hotel in Zentrumsnähe besonders für Businessgäste interessant. Einige Zimmer und das Hallenbad bieten Aussicht auf Lüdenscheid. Freundliches Restaurant im Wintergartenstil.

LÜNEBURG – Niedersachsen – 541 – 73 590 Ew – Höhe 20 m – Sole- und Moorkurbetrieb

19 J6

Berlin 270 – Hannover 124 – Hamburg 58 – Braunschweig 116
Am Markt, Rathaus , ✉ 21335, ✆ (0800) 2 20 50 05, www.lueneburg.de/tourismus
36 Lüdersburg, Lüdersburger Str. 21, ✆ (04139) 6 97 00
18 St. Dionys, Widukindweg, ✆ (04133) 21 33 11
18 Adendorf, Moorchaussee 3, ✆ (04131) 22 33 26 60
Lage ★★ · Rathaus ★★ (Große Ratsstube ★★) · Wasserviertel ★ (Brauhaus ★) · Altstadt ★ (Am Sande ★)

Bergström (mit Gästehaus)

Bei der Lüner Mühle ✉ 21335 – ✆ (04131) 30 80 – www.bergstroem.de

131 Zim – †119/154 € ††149/184 €, ☕ 15 € – ½ P

Rest – Karte 30/49 €

Das ansprechende Gebäudeensemble liegt wunderschön direkt an der Ilmenau im Herzen der Altstadt. Wohnliche Zimmer (einige im alten Wasserturm) und eigenes Tagungszentrum. Teilweise als Wintergarten angelegtes Restaurant im Brasseriestil. Vinothek und Bistro.

Altes Kaufhaus

Kaufhausstr. 5 ✉ 21335 – ✆ (04131) 3 08 80 – www.alteskaufhaus.de

83 Zim – †99/149 € ††129/179 €, ☕ 13 € – ½ P

Rest ***Canoe*** – siehe Restaurantauswahl

Sie wohnen am Ufer der Ilmenau in einem hübsch sanierten alten Kaufhaus mit Barockgiebel a. d. 16. Jh. Zeitgemäß-funktionale Zimmer, gut ausgestatteter Fitnessbereich und eigene Kunstgalerie.

Einzigartig garni

Lünertorstr. 3 ✉ 21335 – ✆ (04131) 4 00 60 00 – www.hoteleinzigartig.de

9 Zim ☕ – †80/95 € ††120/135 €

In dem verwinkelten weißen Häuschen geht es eine alte Holztreppe hinauf zu den Zimmern, der Charme des rund 450 Jahre alten Gebäudes ist allgegenwärtig! Schöner Holzfußboden, hier und da freigelegte Balken, dazu klarer zeitgemäßer Stil - nicht alltäglich und für alle, die das Besondere lieben!

Zum Heidkrug (Michael Röhm) mit Zim 

Am Berge 5 ✉ 21335 – ✆ (04131) 2 41 60 – www.zum-heidkrug.de
– geschl. Anfang Januar 1 Woche, Anfang August 2 Wochen, Ende Oktober - Anfang November 2 Wochen und Sonntag - Dienstagmittag

7 Zim – †49/72 € ††79/99 €, ☕ 10 € – ½ P

Rest – (Tischbestellung ratsam) Menü 46 € (mittags)/74 € – Karte 50/68 €

In dem hübschen Giebelfachwerkhaus a. d. 15. Jh. beweist Michael Röhm, dass klassische Küche aus hochwertigen Produkten auch ohne große Schnörkel auskommt. Erleben Sie selbst, wie schmackhaft (und preislich fair) solides Handwerk sein kann!

➜ Tatar von der Königskrabbe mit Estragon und Limettengel. Lammrücken mit Zitronen-Thymiankruste, gratinierter Kichererbsenplatte und Merguez Bratwurst. Schokoladenfondant mit süßer Erde und Passionsfruchteis.

Canoe – Hotel Altes Kaufhaus 

Kaufhausstr. 5 ✉ 21335 – ✆ (04131) 3 08 86 24 – www.alteskaufhaus.de

Rest – Karte 22/40 €

Hier kann man in moderner Atmosphäre ungezwungen essen: Die amerikanisch angehauchte Küche reicht von Salaten und Sandwiches über Pasta bis hin zu Steaks und Fisch. Die Plätze am Fluss sind sehr begehrt!

Gute und preiswerte Häuser kennzeichnet der „Bib": der rote „Bib Gourmand" für die Küche, der blaue „Bib Hotel" bei den Zimmern.

In Lüneburg-Häcklingen Süd-West: 8 km

Ristorante Osteria 

Hauptstr. 2 ✉ 21335 – ✆ (04131) 78 92 27 – www.osteria-lueneburg.de
– geschl. August - September 3 Wochen und Montag - Dienstag

Rest – *(Mittwoch - Samstag nur Abendessen)* (Tischbestellung ratsam) Menü 33/59 € – Karte 32/48 €

Hier geht es lebendig und sympathisch-familiär zu: Man kennt seine Gäste - und davon gibt es einige! Auf die rot-weiß karierten Tischdecken kommen appetitlich angerichtete Teller mit der frischen italienischen Küche von Chef Gabriele Penserini.

LÜNEN – Nordrhein-Westfalen – 543 – 87 070 Ew – Höhe 55 m 26 D10

Berlin 481 – Düsseldorf 84 – Dortmund 15 – Münster (Westfalen) 50

Am Stadtpark

Rest,

Kurt-Schumacher-Str. 43 ✉ *44532* – ✆ *(02306) 2 01 00* – *www.ringhotel-luenen.com*

86 Zim – 🚹99/135 € 🚹🚹126/138 € – 4 Suiten

Rest – Menü 18/65 € – Karte 27/41 €

Direkt am Stadtpark gelegenes Businesshotel, das mit diversen Räumlichkeiten und der angeschlossenen Stadthalle perfekt auf Veranstaltungen eingestellt ist. Gerne werden die geräumigeren parkseitigen Zimmer gebucht.

Diana's

Münsterstr. 206 ✉ *44534* – ✆ *(02306) 9 10 37 62* – *www.dianas-luenen.de* – *geschl. Montag*

Rest – *(nur Abendessen)* Karte 32/72 €

Das Motto der herzlichen Gastgeberin Diana Heisig lautet "feine deutsche Küche". Umgesetzt wird es von Dieter Gerdes, kein Unbekannter in der Gastronomie. Mittwochs kommen die Gäste zum "10-Gang-Menü", donnerstags gibt es für Paare das "Partner-Menü"! Nach dem Essen folgt eine Überraschung beim Roulette!

LÜTJENBURG – Schleswig-Holstein – 541 – 5 330 Ew – Höhe 33 m – Luftkurort 3 J3

Berlin 326 – Kiel 34 – Lübeck 85 – Neumünster 56

Markt 4, ✉ 24321, ✆ (04381) 41 99 41, www.stadt-luetjenburg.de

Hohwachter Bucht, Golfplatz, ✆ (04381) 96 90

Ristorante Sandro

Markt 10 ✉ *24321* – ✆ *(04381) 69 57* – *www.ristorante-sandro.com* – *geschl. Oktober und Mittwoch*

Rest – Karte 27/50 €

Lebensfreude und Spaß am Beruf - das ist es, was Familie Scuteri ihren Gästen vermittelt! "Il Patrone" Alessandro kocht unkomplizierte, schlichte und vor allem frische italienische Gerichte, und natürlich fehlt weder Pizza noch Pasta!

In Panker Nord: 4,5 km in Richtung Schönberg – Höhe 62 m

Ole Liese (mit Gästehaus)

(Gut Panker) ✉ *24321* – ✆ *(04381) 9 06 90* – *www.ole-liese.de*

18 Zim – 🚹79/139 € 🚹🚹99/169 € – 2 Suiten

Rest ***Restaurant 1797*** **Rest** ***Ole Liese Wirtschaft*** – siehe Restaurantauswahl

Nur 10 Minuten von der Ostsee entfernt findet sich dieses idyllische Häuserensemble praktisch inmitten des 1600 ha großen Parks des Landgrafen von Hessen. Geschmackvolle Zimmer, der freundliche Service und ein anspruchsvolles Frühstück versüßen Ihnen den Aufenthalt.

Restaurant 1797 – Hotel Ole Liese

(Gut Panker) ✉ *24321* – ✆ *(04381) 9 06 90* – *www.ole-liese.de* – *geschl. Oktober - Mitte Dezember, Januar - März und Sonntag - Dienstag*

Rest – *(nur Abendessen)* Menü 69/107 € – Karte 67/73 €

Seit 1797 hat man das Schankrecht - wer hätte gedacht, was daraus mal wird? Küchenchef Volker Fuhrwerk bietet hier seine ambitionierte zeitgemäße Küche, aus der Sie z. B. den "gerösteten Ostsee-Steinbutt mit Limonen-Marshmallow und Kaviarkartoffel" probieren sollten!

Forsthaus Hessenstein

Am Turm 1 (West: 3 km) ✉ *24321* – ✆ *(04381) 94 16* – *geschl. Oktober 3 Wochen und Montag - Dienstag, Juni - September: Montag, November - März: Montag - Donnerstag*

Rest – *(Dienstag - Samstag nur Abendessen)* (Tischbestellung ratsam) Menü 32/36 € – Karte 33/44 €

In dem rustikalen Forsthaus knapp unterhalb des Hessensteins gibt es die schmackhafte Küche von Werner Kohout, der Ihnen nicht nur die leckeren Lammwürstchen auf Linsen, sondern z. B. auch Sauerfleisch mit Bratkartoffeln servieren lässt! Schön sitzt man auf der Terrasse vor dem Haus.

Ole Liese Wirtschaft – Hotel Ole Liese

(Gut Panker) ✉ *24321 – ✆ (04381) 9 06 90 – www.ole-liese.de – geschl. Mai - September: Montag; Oktober - April: Montag - Dienstag*
Rest – *(November - März: Mittwoch - Freitag nur Abendessen)* Menü 42/53 € – Karte 40/53 €
Auch in der Wirtschaft der Olen Liese erwarten Sie die engagierten Gastgeber Birthe und Oliver Domnick in netter Atmosphäre zu weitgehend regionalen Gerichten wie "geschmorte Schulter vom Happy Highland mit Röstzwiebeln".

LÜTJENSEE – Schleswig-Holstein – 541 – 3 220 Ew – Höhe 53 m 10 J5

Berlin 268 – Kiel 85 – Hamburg 39 – Lübeck 43
Großensee, Hamburger Str. 29, ✆ (04154) 64 73
Lütjensee, Hof Bornbek-Hoisdorf, ✆ (04154) 78 31

Fischerklause

Am See 1 ✉ *22952 – ✆ (04154) 79 22 00 – www.fischerklause-luetjensee.de*
14 Zim – 50/65 € 80/95 €
Rest *Fischerklause* – siehe Restaurantauswahl
Das dürfte wohl jedem gefallen, der es ruhig und idyllisch mag: Den Lütjensee haben Sie hier direkt vor der Tür - und wer sich von dem Anblick gar nicht trennen mag, fragt die engagierten Gastgeber am besten nach den Zimmern zum See!

Fischerklause – Hotel Fischerklause

Am See 1 ✉ *22952 – ✆ (04154) 79 22 00 – www.fischerklause-luetjensee.de – geschl. Donnerstag; November - Februar: Mittwoch - Donnerstag*
Rest – Karte 26/50 €
Hier angelt man noch selbst: Aal, Hecht, Karpfen... frische Fische sind ebenso Spezialität des Hauses wie Wild aus eigener Jagd. Dazu gibt es u. a. Weine aus Österreich, der Heimat des Chefs. Und als Nachtisch hausgemachtes Eis? Das schmeckt übrigens auch an schönen Sommertagen im Freien am Bootshaus!

Seehof mit Zim

Seeredder 19 ✉ *22952 – ✆ (04154) 7 00 70 – www.seehof-luetjensee.de – geschl. Montag außer an Feiertagen*
6 Zim – 50 € 90/120 €, 10 € **Rest** – Karte 21/54 €
Keine Frage, bei dieser tollen Seelage ist der langjährige Familienbetrieb sehr beliebt bei Ausflüglern! Diese schätzen aber nicht nur die Natur ringsum, sondern auch die bürgerliche Küche (z. B. Fisch und Damwild aus eigener Zucht) und die große Kuchenauswahl.

LUPENDORF – Mecklenburg-Vorpommern – 542 – 550 Ew – Höhe 57 m 13 N5

Berlin 184 – Schwerin 109 – Neubrandenburg 57 – Waren (Müritz) 19

In Lupendorf-Ulrichshusen Süd-West: 3 km

Schloss & Gut Ulrichshusen

Seestr. 14 ✉ *17194 – ✆ (039953) 79 00 – www.ulrichshusen.de*
33 Zim – 80/110 € 90/130 € – ½ P
Rest *Am Burggraben* – Karte 27/43 €
Das Schloss besticht durch seine traumhafte Lage am See und die überaus wohnliche, elegante Einrichtung. Frühstücksraum im Turm mit Blick über die Landschaft. Ferienwohnungen im 2 km entfernten Tressow. Das charmant-rustikale Restaurant ist im ehemaligen Pferdestall untergebracht.

MADLITZ-WILMERSDORF – Brandenburg – 542 – 710 Ew – Höhe 65 m 23 R8

Berlin 90 – Potsdam 107 – Beeskow 39

In Madlitz-Wilmersdorf - Alt Madlitz Süd: 4 km

Gut Klostermühle (mit Gästehäusern)

Mühlenstr. 11 ✉ *15518 – ✆ (033607) 5 92 90 – www.gutklostermuehle.com*

76 Zim – 🚹107 € 🚹🚹156/220 € – 4 Suiten – ½ P

Rest *Klostermühle* – siehe Restaurantauswahl

Rest *Klosterscheune* – Menü 30/48 € – Karte 34/41 €

Eine charmante Adresse mitten in der Natur, in idyllischer Waldlage am Madlitzer See. Geschmackvolle Zimmer in diversen Häusern, Spa-Vielfalt im "Brune Balance Med". Klosterscheune mit Empore über 2 Etagen und romantischem Gewölbekeller.

Klostermühle – Hotel Gut Klostermühle

Mühlenstr. 11 ✉ *15518 – ✆ (033607) 5 92 90 – www.gutklostermuehle.com – geschl. Montag - Mittwochmittag, Donnerstagmittag*

Rest – (Tischbestellung ratsam) Menü 40 € (abends) – Karte 42/57 €

Eingebettet in eine wunderbare Landschaft, finden Sie hier Ruhe und Erholung. Das behaglich-elegante Restaurant mit offener Showküche und herrlichen Terrassen ist einer der Anziehungspunkte des Hauses.

MAGDEBURG L – Sachsen-Anhalt – 542 – 232 370 Ew – Höhe 50 m 31 L9

Berlin 151 – Braunschweig 89 – Dessau 63

ADAC Breiter Weg 114a C1

Ernst-Reuter-Allee 12 C1, ✉ 39104, ✆ (0391) 8 38 04 02, www.magdeburg-tourist.de

Dom St. Mauritius und St. Katharina★★★ · Kloster Unser Lieben Frauen★★ C2 · Johanniskirche (✻★★) C1 · Elbauen Park★ (Jahrtausendturm★★)

Herrenkrug Parkhotel

Herrenkrug 3 (über Ernst-Reuter-Allee C2) ✉ *39114 – ✆ (0391) 8 50 80 – www.herrenkrug.de*

147 Zim – 🚹79/122 € 🚹🚹112/180 €, 18 € – 1 Suite – ½ P

Rest *Die Saison* – siehe Restaurantauswahl

Herzstück der Hotelanlage in dem wunderschönen weitläufigen Herrenkrug Park ist ein schmuckes Jugendstilgebäude mit sehenswertem Saal. Gediegene Zimmer, Kosmetik und gute Tagungsbereiche.

Maritim

Otto-von-Guericke-Str. 87 ✉ *39104 – ✆ (0391) 5 94 90 – www.maritim.de*

501 Zim – 🚹94/114 € 🚹🚹124/144 €, 19 € – 13 Suiten – ½ P B1**e**

Rest – Karte 36/68 €

Großes Businesshotel 200 m vom Hauptbahnhof. Von der Rezeption bestaunt man das imponierende, über mehrere Etagen reichende Atrium. Stilvoller Rahmen für Veranstaltungen: Villa Bennewitz. Restaurant Da Capo mit Showküche. Einmal im Monat beliebter Champagnerbrunch.

Ratswaage

Rest,

Ratswaageplatz 1 ✉ *39104 – ✆ (0391) 5 92 60 – www.ratswaage.de*

167 Zim – 🚹83/102 € 🚹🚹95/117 €, 15 € – 7 Suiten – ½ P C1**a**

Rest – Menü 29 € – Karte 26/37 €

Das Hotel an einem kleinen Platz im Zentrum ist ideal für Tagungen und Veranstaltungen. Das ehemalige Haus der Gewerkschaft ist äußerlich durch Bauhaus-Architektur geprägt.

Residenz Joop garni

Jean-Burger-Str. 16 (über Magdeburger Ring A2) ✉ *39112 – ✆ (0391) 6 26 20 – www.residenzjoop.de*

25 Zim – 🚹96/132 € 🚹🚹120/160 €

Familie Joop hat die Gründerzeitvilla in einem schönen ruhigen Viertel in ein Hotel umgebaut. Die Einrichtung ist hell und elegant, die Atmosphäre wirkt angenehm persönlich. Sie frühstücken unter einer Stuckdecke mit stilvollem Kronleuchter.

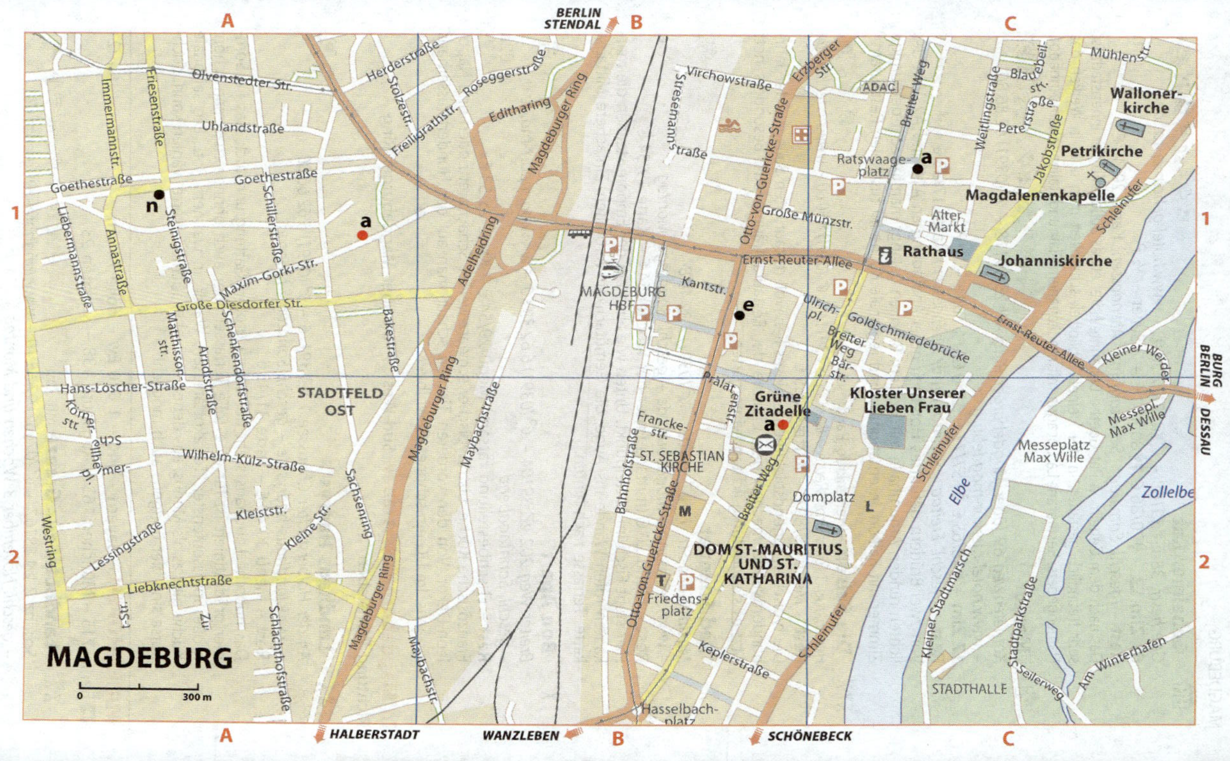

MAGDEBURG
BERLIN
STENDAL
BURG
BERLIN
DESSAU
HALBERSTADT
WANZLEBEN
SCHÖNEBECK
Walloner-kirche
Petrikirche
Magdalenenkapelle
Johanniskirche
Rathaus
Alter Markt
Ratswaage-platz
ADAC
Kloster Unserer Lieben Frau
Grüne Zitadelle
DOM ST.-MAURITIUS UND ST. KATHARINA
ST. SEBASTIAN KIRCHE
MAGDEBURG HBF
STADTFELD OST
STADTHALLE
Domplatz
Friedens-platz
Hasselbach-platz
Messeplatz Max Wille
Messepl. Max Wille
Elbe
Zollelbe
Kleiner Werder
Schleinufer
Jakobstraße
Breiter Weg
Ernst-Reuter-Allee
Otto-von-Guericke-Straße
Große Münzstr.
Goldschmiedebrücke
Ulrich-pl.
Bär-str.
Kantstr.
Prälatenstr.
Francke-str.
Bahnhofstraße
Keplerstraße
Kleiner Stadtmarsch
Stadtparkstraße
Seilerweg
Am Winterhafen
Mühlenstr.
Weitlingstraße
Erzberger Str.
Virchowstraße
Stresemannstraße
Magdeburger Ring
Adelheidring
Editharing
Maybachstraße
Maybachstr.
Herderstraße
Roseggerstraße
Stolzestr.
Freiligrathstr.
Olvenstedter Str.
Uhlandstraße
Goethestraße
Schillerstraße
Maxim-Gorki-Str.
Bakestraße
Große Diesdorfer Str.
Immermannstr.
Friesenstraße
Liebermannstraße
Annastraße
Steinigstraße
Matthisson-str.
Arndtstraße
Schenkendorfstraße
Hans-Löscher-Straße
Körner-str.
Wilhelm-Külz-Straße
Kleiststr.
Kleine Str.
Sachsenring
Lessingstraße
Liebknechtstraße
Schlachthofstraße
Westring
0
300 m

Geheimer Rat
Rest,

Goethestr. 38 39108 – (0391) 7 38 03 – www.hotel-geheimer-rat.de
63 Zim – 70/86 € 80/101 € – 2 Suiten – ½ P A1**n**
Rest – *(geschl. Samstag - Sonntag) (nur Abendessen)* Karte 20/43 €
Das nach dem Geheimen Rat Goethe benannte Hotel etwas außerhalb der Innenstadt ist sehr freundlich gestaltet. In der kleinen Bibliothek schmökert man u. a. in Werken des Namengebers. Restaurant La Cocagna mit mediterranem Flair und italienischem Angebot.

Merkur
Zim,

Kometenweg 69 (über Magdeburger Ring A2) 39118 – (0391) 62 86 80 – www.hotel-merkur-magdeburg.de
17 Zim – 48/65 € 57/77 €, 6 € – 1 Suite – ½ P
Rest – *(geschl. Freitag - Sonntag) (nur Abendessen)* Karte 17/33 €
Von zwei Brüdern geführtes Hotel mit guter Anbindung an A14 und A2. Von der lichten runden Atriumhalle mit kleinem Brunnen gelangt man in recht geräumige Zimmer mit Balkon. Internationale und regionale Küche im rustikalen Restaurant.

Die Saison – Herrenkrug Parkhotel

Herrenkrug 3 (über Ernst-Reuter-Allee C2) 39114 – (0391) 8 50 80 – www.herrenkrug.de
Rest – Menü 19/89 € – Karte 41/65 €
Die typischen Jugendstilelemente dieses liebevoll restaurierten Baus aus der Jahrhundertwende machen den Charme der Restauranträume aus. Besonders nett sitzt es sich im luftig-lichten Wintergarten.

Red Snapper

Maxim-Gorki-Str. 18 39108 – (0391) 7 37 48 84 – www.redsnapper-magdeburg.de – geschl. Sonntag - Montag A1**a**
Rest – Menü 20 € (mittags unter der Woche)/54 € – Karte 19/54 €
Hier steht Fisch im Mittelpunkt. Unten wie auch auf der Empore stechen die markanten roten Wände ins Auge, die Gemütlichkeit verbreiten. Einfachere Mittagskarte. Terrasse nach hinten.

Bon Apart

Breiter Weg 202 39104 – (0391) 6 62 38 50 – www.bonapart-md.de – geschl. Sonntagabend B2**a**
Rest – (Tischbestellung ratsam) Menü 29/54 € – Karte 25/53 €
Französische Küche, bistrotypischer schwarz-weißer Schachbrettboden und Napoleon-Dekor. Von den vorderen Tischen schaut man auf das Hundertwasserhaus vis-à-vis. Im UG ein schönes Gewölbe.

In Magdeburg-Ottersleben Süd-West: 7 km über Magdeburger Ring A2, Richtung Wansleben

Landhaus Hadrys

An der Halberstädter Chaussee 1 39116 – (0391) 6 62 66 80 – www.landhaus-hadrys.de – geschl. Sonntag - Montag
Rest – Menü 30/49 € – Karte 31/45 €
Das hübsche Landhaus steht auf einem großen Gartengrundstück, das im Sommer prädestiniert ist für eine tolle Terrasse! Aber auch drinnen sitzt man schön: große Sprossenfenster, Terrakottafliesen, Wände in warmem Rot... Die saisonale Küche gibt es als Menüs, aus denen man aber auch à la carte wählen kann. Kochkurse sind hier übrigens auch möglich!

MAIERHÖFEN – Bayern – 546 – 1 610 Ew – Höhe 741 m 64 I21

Berlin 715 – München 163 – Augsburg 138 – Kempten 23

Landhotel zur Grenze mit Zim
Zim,

Schanz 2 88167 – (07562) 97 55 10 – www.landhotel-zur-grenze.de – geschl. November 3 Wochen und Montag
14 Zim – 65/72 € 103/125 € – ½ P
Rest – Menü 32/70 € – Karte 32/52 €
Ein rundes Bild gibt der gestandene Gasthof etwas außerhalb des Ortes ab - dafür sorgen der gediegen-ländliche Rahmen, eine charmante Frau Rainer im Service und natürlich die frischen Gerichte ihres Mannes, der international, mit regionalem Einschlag kocht. Komplett wird das Angebot durch die netten Gästezimmer.

MAIKAMMER – Rheinland-Pfalz – 543 – 4 200 Ew – Höhe 151 m 47 E17
– Erholungsort

Berlin 657 – Mainz 101 – Mannheim 42 – Landau in der Pfalz 15

Johannes-Damm-Str. 11, ✉ 67487, ☎ (06321) 95 27 68, www.maikammer-erlebnisland.de

Kalmit (✳★★), Nord-West: 6 km

Immenhof
Zim, Zim,

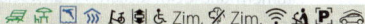

Immengartenstr. 26 ✉ 67487 – ☎ (06321) 95 50 – www.hotel-immenhof.de

55 Zim – 75/90 € 106/132 € – 3 Suiten – ½ P

Rest – *(geschl. Montagmittag, Dienstagmittag)* Menü 22/40 € – Karte 21/40 €

In einer ruhigen Seitenstraße liegt das familiengeführte Ferienhotel. Am schönsten sind die Deluxe-Zimmer, teils mit Wasserbett oder Whirlwanne! Auch im freundlichen Saunabereich lässt es sich gut entspannen, u. a. bei Kosmetik und Massage, oder aber im rustikalen Restaurant mit Wintergarten.

In Kirrweiler Ost: 2,5 km, jenseits der A 65

Zum Schwanen

Hauptstr. 3 ✉ 67489 – ☎ (06321) 5 80 68 – www.schwanen-kirrweiler.de – geschl. März

15 Zim – 40 € 70 € – ½ P

Rest – *(geschl. Montagmittag, Mittwoch - Donnerstagmittag)* Karte 17/32 €

Mitten in dem von Weinbergen umgebenen Dorf steht dieses liebenswerte und gepflegte Haus, das von Familie Eichenlaub freundlich geführt wird. Neben funktionellen Zimmern hat man ein behagliches rustikales Restaurant, in dem man bürgerlich-regional isst.

Außerhalb West: 2,5 km

Waldhaus Wilhelm

Kalmithöhenstr. 6 ✉ 67487 Maikammer – ☎ (06321) 5 80 44 – www.waldhaus-wilhelm.de

22 Zim – 40/63 € 78/96 € – ½ P

Rest – *(geschl. Montag)* Menü 20/60 € – Karte 18/41 €

Das Haus macht seinem Nahmen alle Ehre, liegt es doch angenehm ruhig mitten im Pfälzer Wald! Und alles hier ist sehr behaglich gestaltet - von den Zimmern (unterschiedlich, aber immer schön wohnlich) bis zum Restaurant mit seinem ländlich-eleganten Touch und der hübschen Terrasse.

MAINBERNHEIM – Bayern – siehe Iphofen

MAINBURG – Bayern – 546 – 14 170 Ew – Höhe 422 m 58 M19

Berlin 535 – München 71 – Regensburg 54 – Ingolstadt 43

Rudelzhausen, Weihern 3, ☎ (08756) 9 60 10

Espert-Klause

Espertstr. 7 ✉ 84048 – ☎ (08751) 13 42 – www.espert-klause.de – geschl. Ende Januar 2 Wochen, Mitte August - Ende September und Sonntagabend - Montag, Mitte Mai - September: Sonntagabend - Dienstag

Rest – *(Dienstag - Samstag nur Abendessen)* Menü 29/60 € – Karte 24/48 €

In der Innenstadt befindet sich dieses familiär geführte Restaurant, das im modernen Stil gehalten ist. Nett ist auch der kleine Barbereich.

MAINTAL – Hessen – 543 – 38 270 Ew – Höhe 103 m 48 G14

Berlin 537 – Wiesbaden 53 – Frankfurt am Main 12

In Maintal-Dörnigheim

Zum Schiffchen

Untergasse 21 ✉ 63477 – ☎ (06181) 9 40 60 – www.hotelzumschiffchen.de – geschl. 24. Dezember - 2. Januar

27 Zim – 67/83 € 89/95 €

Rest – *(geschl. Samstag - Sonntag) (nur Abendessen)* Karte 23/43 €

Dieses gut geführte Hotel befindet sich seit 1925 in Familienbesitz und überzeugt durch seine ruhige Lage am Main und die zeitgemäßen, wohnlichen Zimmer. Im rustikalen Restaurant mit netter Terrasse zum Fluss bietet man Regionales und Internationales.

Irmchen garni

Berliner Str. 4 ✉ *63477* – ✆ *(06181) 4 30 00* – *www.hotel-irmchen.de*
22 Zim – 65/80 € 95 €
Ein tipptopp gepflegtes Haus mit nostalgischem Flair, das von Familie Daubenthaler herzlich geleitet wird. Behagliche Atmosphäre umgibt Sie in den individuellen Zimmern und beim leckeren Frühstück.

Hessler (Markus Medler) mit Zim

Rest,

Am Bootshafen 4 ✉ *63477* – ✆ *(06181) 4 30 30* – *www.hesslers.de*
– geschl. Januar 1 Woche und Sonntag - Montag
6 Zim – 95/125 € 145/185 €
Rest *Bistro* – siehe Restaurantauswahl
Rest – *(nur Abendessen)* (Tischbestellung ratsam) Menü 73 € (vegetarisch)/ 113 € – Karte 55/98 €
In einem noblen Ambiente wie diesem erwartet man auch kulinarisch ein hohes Niveau - Markus Medler und seine klassischen Speisen werden diesem Anspruch absolut gerecht! Nehmen Sie doch mal eine der interessanten Teesorten als Alternative zum Kaffee! Sie möchten übernachten? Die Gästezimmer sind ebenso elegant!
→ Cannelloni von Pfifferlingen mit Süßkartoffelpüree und Frühlingslauchsud. Auf der Haut gebratener Zander mit Bärlauchgraupen, Tomate, Safransauce und Speck. Ziegenkäsesoufflée mit Koriandereis und Erdbeeren.

Bistro – Restaurant Hessler

Am Bootshafen 4 ✉ *63477* – ✆ *(06181) 4 30 30* – *www.hesslers.de*
– geschl. Januar 1 Woche und Sonntag - Montag
Rest – *(nur Mittagessen)* Menü 40/51 € – Karte 50/84 €
Mit stilvollem Interieur lädt man Sie vor den Toren Frankfurts in das nette Lokal (die günstigere Alternative zum Gourmetrestaurant) ein. Hier offeriert man Ihnen eine Bistro-Karte, die unter den Einflüssen der Jahreszeiten steht.

MAINZ L – **Rheinland-Pfalz** – **543** – **200 960 Ew** – **Höhe 110 m** **47** E15

Berlin 568 – Frankfurt am Main 42 – Bad Kreuznach 44 – Mannheim 82
ADAC Große Langgasse 3a C2
Brückenturm am Rathaus D1, ✉ 55116, ✆ (06131) 28 62 10, www.touristik-mainz.de
Lage★ · Gutenberg-Museum★★ (Gutenberg-Bibel★★★)D1_2 · Dom★(Blick★★ · Grabmäler★ · Kreuzgang★)D2 · Landesmuseum★C1 · Römisch-Germanisches Museum★A1 · Ignazkirche (Kreuzigungsgruppe★)D2 · Stefanskirche (Chagall-Fenster★★ Kreuzgang★)C2

Stadtpläne siehe nächste Seiten

Hyatt Regency

Malakoff-Terrasse 1 ✉ *55116* – ✆ *(06131) 73 12 34*
– www.mainz.regency.hyatt.de D2**s**
265 Zim – 119/345 € 119/375 €, 28 € – 3 Suiten
Rest *Bellpepper* – Menü 32 € (mittags unter der Woche)/54 € – Karte 32/75 €
Businesshotel am Rhein mit großzügiger Lobby und Olympus Spa. Besonders schön sind die Clubzimmer und Suiten mit Flussblick. Diesen hat man auch vom glasüberdachten, modern-eleganten Restaurant Bellpepper (hier gibt es Internationales aus der Showküche) sowie von der Terrasse - zusätzlich kann man noch im Biergarten und auf der "Rheintöchter-Terrasse" sitzen. Bar und Innenhof im historischen Bereich "Fort Malakoff".

Favorite Parkhotel

Zim,

Karl-Weiser-Str. 1 ✉ *55131* – ✆ *(06131) 8 01 50* – *www.favorite-mainz.de*
115 Zim – 137/195 € 167/225 € – 7 Suiten B2**k**
Rest *Favorite* – siehe Restaurantauswahl
Rest *Bierkutsche* – *(Mittwoch - Sonntag nur Abendessen)* Karte 32/52 €
Das Hotel liegt unweit des Rheins, eingebettet in den Stadtpark und dennoch in Zentrumsnähe. Schlafen Sie doch mal wie die Profis von Mainz 05 und buchen die Zimmer in der 5. Etage! Etwas Besonderes sind das exotische Palmenhaus und die Meerwasseraquarien in der lichten Halle! Entspannen können Sie auf der Dachterrasse mit Jacuzzi, zum Essen geht man z. B. ins Restaurant Bierkutsche mit Terrasse und zusätzlichem Biergarten.

Hilton Mainz City

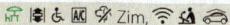

Münsterstr. 11 ✉ 55116 – ✆ (06131) 27 80 – www.mainzcity.hilton.com C2**v**

127 Zim – 🚹100/180 € 🚹🚹140/220 €, ☕ 23 € **Rest** – Karte 26/42 €

Eine ideale Adresse für Businessgäste. Das Hotel liegt sehr zentral (zum Dom sind es nur wenige Minuten zu Fuß) und verbindet klassischen Stil mit zeitgemäßer Funktionalität. In der obersten Etage: Deluxe-Plus-Zimmer mit Balkon. Restaurant Planters mit kleiner internationaler Karte.

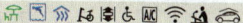

Novotel

Augustusstr. 6 ✉ 55131 – ✆ (06131) 95 40 – www.novotel.com/5407 A2**a**

216 Zim – 🚹79/199 € 🚹🚹95/215 €, ☕ 18 € – 1 Suite **Rest** – Karte 24/51 €

Ein Business- und Tagungshotel etwas oberhalb der Innenstadt mit neuzeitlich-funktionell ausgestatteten Zimmern und internationaler Küche im Restaurant Bajazzo im EG. Für Events gibt es das Kasematten-Gewölbe a. d. 17. Jh. Praktisch: Von der öffentlichen Garage nebenan hat man Zugang zum Haus.

InterCityHotel

Binger Str. 21 ✉ 55131 – ✆ (06131) 58 85 10 – www.mainz.intercityhotel.de

194 Zim – 🚹79/225 € 🚹🚹89/235 €, ☕ 15 € **Rest** – Karte 20/41 € A2**b**

Mit modern-funktionalen Zimmern und der Nähe zu Bahnhof, Innenstadt und Autobahn ist das Hotel eine ideale Businessadresse. Es gibt auch ein Restaurant in geradlinigem Stil mit internationaler Küche.

Favorite – Favorite Parkhotel

Karl-Weiser-Str. 1 ✉ 55131 – ✆ (06131) 8 01 51 33 – www.favorite-mainz.de – geschl. Anfang Januar 2 Wochen, Juli - August 2 Wochen und Montag - Dienstag

Rest – Menü 29 € (mittags unter der Woche)/115 € B2**k**
– Karte 71/84 €

Zeitlos-elegant das Ambiente, geschmacksintensiv, ausdrucksstark und fein die Küche von Tim Meierhans. Durch eine Glasscheibe beim Zugang zum Restaurant können Sie ihn und sein Team bei der Arbeit sehen! Wer an der Fensterfront sitzt, schaut auf Rhein und Dom, von der schönen Terrasse geht der Blick zum Park hin. Smoker-Lounge.

→ Gâteau von Elsässer Gänsestopfleber, Himbeere, Balsamico, Pfeffer, Bitterschokolade. Langustenschwanz, Flugmango, Anapurna-Curry, Salicorn, Rauchmandeln. Deutsches Roastbeef „trocken gereift", Ochsenmark, Maispüree, junger Lauch.

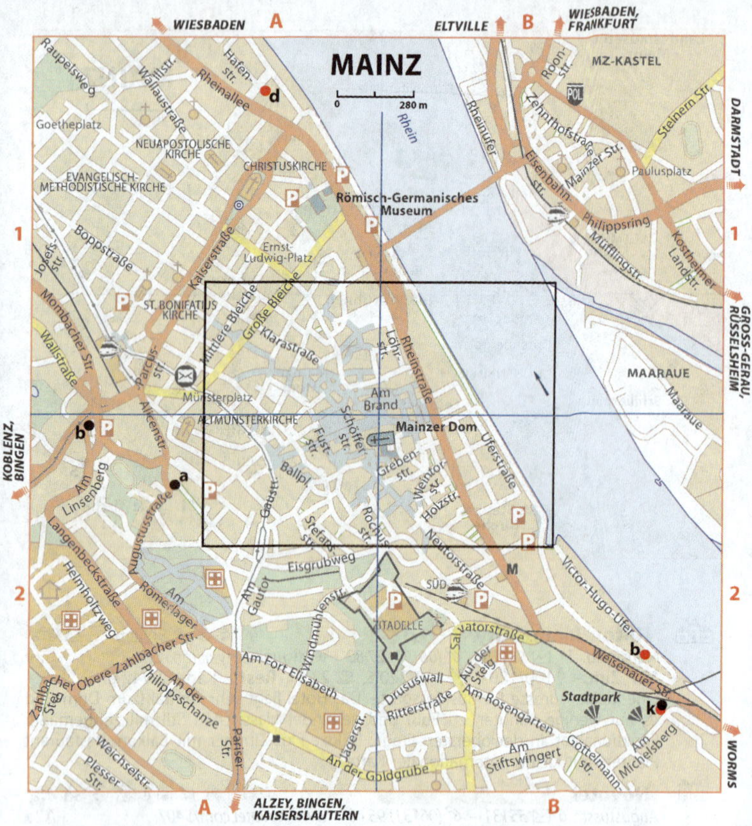

Geberts Weinstuben

Frauenlobstr. 94 ✉ 55118 – ✆ (06131) 61 16 19 – www.geberts-weinstuben.de – geschl. Juli - August 3 Wochen und Montag, Samstagmittag A1**d**

Rest – Menü 34/56 € – Karte 31/50 €

Typische Weinstuben-Atmosphäre, wie der Name vermuten lässt, herrscht hier nicht, aber gemütlich ist das elegante Restaurant allemal mit seinem warmen Dielenboden, wertigen lila Stoffen und stilvoller Deko. Zudem isst man in dem langjährigen Familienbetrieb gut, nämlich klassisch-saisonale Gerichte wie "Kalbsrückensteak mit Morchelrahmsauce". Sehr nett ist die weinberankte Terrasse im Innenhof.

Bootshaus

Victor-Hugo-Ufer 1 ✉ 55116 – ✆ (06131) 1 43 87 00 – www.bootshausmainz.de – geschl. 27. Dezember - 13. Januar B2**b**

Rest – Menü 15 € (mittags unter der Woche) – Karte 32/55 €

In dem modernen Gebäude des Bootsvereins Mainz (daher auch der Name) speist man dank Rundumverglasung mit Blick auf den Rhein mit schöner Promenade - das macht Lust auf einen Spaziergang nach dem Essen! Man kommt auch gerne zum günstigen Mittagstisch hierher.

In Mainz-Finthen West: 7 km über A2, Richtung Koblenz

Atrium
Rest,

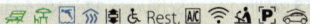

Flugplatzstr. 44 ✉ 55126 – ✆ (06131) 49 10 – www.atrium-mainz.de – geschl. Ende Dezember - Anfang Januar 2 Wochen
147 Zim – †91/108 € ††105/279 €, ☕ 11 € – 3 Suiten
Rest *Andante* – siehe Restaurantauswahl
Rest *Vinothek* – *(nur Abendessen)* Karte 29/58 €
Das gut geführte Hotel liegt verkehrsgünstig am Ortsrand und ist vor allem auf Tagungen (sehr gut der Konferenzbereich) und Geschäftsreisende ausgelegt. In den wirklich schönen modernen Zimmern fühlt man sich aber auch als Freizeitgast wohl. Attraktiv auch die in klaren Linien gehaltene Vinothek.

Stein's Traube

Poststr. 4 ✉ 55126 – ✆ (06131) 4 02 49 – www.steins-traube.de – geschl. über Fasching 3 Wochen, Juli 3 Wochen und Montag - Dienstagmittag
Rest – Menü 37/55 € – Karte 21/43 €
Bereits die 5. Generation der Familie Stein leitet dieses schön freundlich eingerichtete Gasthaus samt nettem Innenhof - im Sommer ist das hier ein wirklich lauschiges Plätzchen! Der Service ist herzlich, die Küche saisonal geprägt und der Weinkeller birgt dazu über 200 Positionen.

Andante – Hotel Atrium

Flugplatzstr. 44 ✉ 55126 – ✆ (06131) 49 10 – www.atrium-mainz.de – geschl. Ende Dezember - Anfang Januar 2 Wochen und Sonntag - Montag
Rest – *(nur Abendessen)* Menü 39/79 € – Karte 41/53 €
Ein kleines Restaurant mit eleganter Tischkultur und international-saisonaler Küche. Im Sommer nutzt man die Terrasse gemeinsam mit dem Restaurant Vinothek und kombiniert die Speisekarten.

In Mainz-Gonsenheim West: 8 km über A2, Richtung Koblenz

Buchholz

Klosterstr. 27 ✉ 55124 – ✆ (06131) 9 71 28 90 – www.frank-buchholz.de – geschl. Ende Dezember - Anfang Januar, Ende Juli - Mitte August und Montag - Dienstag
Rest – *(nur Abendessen, sonntags auch Mittagessen)* (Tischbestellung ratsam) Menü 80/105 € – Karte 65/80 €
Auf den zwei modern-eleganten Etagen des alten Bauernhauses erfahren Sie, welch grundlegende Bedeutung die Produktqualität für Frank Buchholz hat: Aus der unmittelbaren Umgebung sollen Fleisch, Gemüse & Co. kommen - das ist sein Anspruch an seine mediterran beeinflussten saisonalen Speisen! Kochschule.
→ Variation vom Rotlachs mit Tomate, Gurke und Kopfsalat. Jakobsmuschel mit grünem Apfel, Sellerie und schwarzem Knoblauch. Imperial Taubenbrust mit geschmortem Spargel und Röstzwiebelbiskuit.

MAISACH – Bayern – 546 – 13 020 Ew – Höhe 514 m   65 L20

Berlin 606 – München 41 – Augsburg 43 – Landsberg am Lech 44
Rottbach, Weiherhaus 5, ✆ (08135) 9 32 90

In Maisach-Überacker Nord: 3 km über Überackerstraße

Gasthof Widmann

Bergstr. 4 ✉ 82216 – ✆ (08135) 4 85 – geschl. Weihnachten - 10. Januar, 15. August - 15. September und Sonntag - Montag
Rest – *(nur Abendessen)* (Tischbestellung erforderlich) Menü 64 € – Karte 36/47 €
Man schmeckt förmlich die Leidenschaft und Freude, mit der Anna Schwarzmann internationale Speisen wie "Geschmorte Flanke vom Rind mit Püree und Gemüse" kocht (als 6-Gänge-Menü oder à la carte). Serviert wird in zwei gemütlichen Stuben.

MALCHOW – Mecklenburg-Vorpommern – 542 – 6 890 Ew – Höhe 75 m – Luftkurort

13 N5

Berlin 148 – Schwerin 77 – Neubrandenburg 74 – Rostock 79

Kirchenstr. 2, ✉ 17213, ✆ (039932) 8 31 86, www.tourismus-malchow.de

Göhren-Lebbin, Fleesensee, Tannenweg 1, ✆ (039932) 8 04 00

Rosendomizil

Lange Str. 2, (mit Gästehaus) ✉ *17213 – ✆ (039932) 1 80 65 – www.rosendomizil.de*

27 Zim – 79/129 € 89/139 € – ½ P

Rest – *(geschl. 22. - 24. Dezember)* Menü 32/40 € – Karte 34/45 €

Mit Geschmack hat man hier hochwertige und moderne Wohnräume geschaffen, wunderbar ist die Lage am See. Nur einen Steinwurf entfernt liegt das Gästehaus "Hofgarten" mit geräumigeren Zimmern sowie Sauna und Massage. Hauseigene Bäckerei und Konditorei. Wintergartenflair im Restaurant/Café zum Wasser hin.

Inselhof garni

Lange Str. 61 ✉ *17213 – ✆ (039932) 82 72 80 – www.hotel-inselhof.de – geschl. 7. Oktober - 14. April*

9 Zim – 80/100 € 90/110 €

Aus einem ganz alten Dorfhaus ist dieses nette Hotel mit großzügigen und individuellen Zimmern entstanden. Gleich hinter dem Haus kann man am eigenen kleinen Strandbereich baden! Für Hausgäste bietet man kleine Speisen.

MALENTE-GREMSMÜHLEN, BAD – Schleswig-Holstein – 541 – 10 820 Ew – Höhe 32 m – Kneippheilbad und Heilklimatischer Kurort

11 J3

Berlin 306 – Kiel 41 – Lübeck 55 – Oldenburg in Holstein 36

Bahnhofstr. 3, ✉ 23714, ✆ (04523) 9 89 90, www.bad-malente.de

See-Villa garni

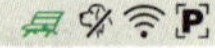

Frahmsallee 11 ✉ *23714 – ✆ (04523) 18 71 – www.hotel-see-villa.de – geschl. 21. - 26. Dezember*

7 Zim – 56/82 € 78/88 € – 3 Suiten

In einem Garten steht die kleine Villa, in der eine zuvorkommende, sehr persönliche Gästebetreuung und viele kleine Annehmlichkeiten selbstverständlich sind. Von hier aus ist der Dieksee in ein paar Minuten zu Fuß erreichbar.

Weisser Hof

Zim,

Voßstr. 45 ✉ *23714 – ✆ (04523) 9 92 50 – www.weisserhof.de*

16 Zim – 85 € 135/155 € – ½ P

Rest – Karte 24/41 €

Aus drei Gebäuden und einem sehr schönen Garten besteht die kleine Hotelanlage. Neben zeitgemäßen Zimmern bietet man einen hübschen Wellnessbereich mit Kosmetik und Massage. Zwei Terrassen ergänzen das nette Restaurant.

MALTERDINGEN – Baden-Württemberg – 545 – 3 070 Ew – Höhe 193 m

61 D20

Berlin 790 – Stuttgart 188 – Freiburg im Breisgau 27 – Strasbourg 67

Landhaus Keller

Rest,

Gartenstr. 21 ✉ *79364 – ✆ (07644) 9 27 70 – www.landhaus-keller.com – geschl. August 2 Wochen*

16 Zim – 75/85 € 100/125 € – ½ P

Rest – *(geschl. Samstagmittag, Sonntag)* Menü 38 € – Karte 37/54 €

Hier hat man Ruhe und eine schöne Umgebung (ideal für Wanderer) und ist trotzdem nicht weit weg von Freiburg! Und auch die Atmosphäre stimmt: Es ist ein kleines Hotel, das familiär geführt wird, Zimmer und Restaurant sind gediegen-elegant. Beim Speisen (internationale Küche) schaut man in den hübschen Garten.

MANDELBACHTAL - Saarland - 543 - 11 330 Ew - Höhe 310 m 53 C17

Berlin 698 – Saarbrücken 24 – Sarreguemines 23 – Zweibrücken 24

In Mandelbachtal-Gräfinthal

Gräfinthaler Hof

Gräfinthal 6 ✉ 66399 – ✆ (06804) 9 11 00 – www.graefinthaler-hof.de – geschl. 3. - 9. März, 20. - 31. Oktober und Montag - Dienstag

Rest – Menü 35/55 € – Karte 24/56 €

Aus dem im Jahre 1243 erstmals urkundlich erwähnten Kloster und späteren Brauhaus (18. Jh.) wurde dieser Landgasthof mit Wintergarten: gemütlich und in 4. Generation herzlich-familiär geführt! Die Produkte kommen aus der Region: Bliesgaulamm, Saibling aus Ballweiler, Ziegenkäse aus Erfweiler... Mittwochs bis freitags kommt man gerne zum günstigen Mittagstisch.

MANNHEIM - Baden-Württemberg - 545 - 314 940 Ew - Höhe 97 m 47 F16

Berlin 614 – Stuttgart 133 – Frankfurt am Main 79 – Strasbourg 145

ADAC Am Friedensplatz 6

Willy-Brandt-Platz 5 B3, ✉ 68161, ✆ (0621) 2 93 87 00, www.tourist-mannheim.de

Viernheim, Alte Mannheimer Str. 5, ✆ (06204) 6 07 00

Heddesheim, Gut Neuzenhof, ✆ (06204) 9 76 90

Veranstaltungen

4.-6. Januar: Reisemarkt

7.-9. Februar: Erlebnis Motorrad

26. April-6. Mai: Maimarkt

Messegelände: Ausstellungsgelände, ✆ (0621) 42 50 90

Stadtplan auf der nächsten Seite

Dorint Kongresshotel

Friedrichsring 6 ✉ 68161 – ✆ (0621) 1 25 10 – www.dorint.com/mannheim

287 Zim – 115/275 € 135/295 €, 20 € – 2 Suiten B2**x**

Rest – Menü 32/70 € – Karte 30/56 €

Ziemlich chic kommen die Zimmer nach ihrer "Verjüngungskur" daher... schön modern mit harmonischen wohnlich-warmen Tönen. Als bedeutende Businessadresse hat das Hotel in der Innenstadt nicht nur zahlreiche eigene Tagungs- und Veranstaltungsräume, sondern trumpft auch mit direktem Zugang zum Congress Center Rosengarten!

Steigenberger Mannheimer Hof

Rest,

Augustaanlage 4 ✉ 68165 – ✆ (0621) 4 00 50 – www.mannheim.steigenberger.de B2_3**n**

190 Zim – 119/179 € 129/189 €, 22 € – 2 Suiten

Rest – Menü 22 € (mittags)/32 € – Karte 27/48 €

Direkt an der Augustaanlage, ganz in der Nähe des Wasserturms, befindet sich dieses Stadthotel. Ein Teil der Zimmer ist modern-elegant eingerichtet und zum Innenhof gelegen. Vom geradlinig gestalteten Restaurant blickt man in den schönen Atriumgarten.

Maritim Parkhotel

Zim, Rest,

Friedrichsplatz 2 ✉ 68165 – ✆ (0621) 1 58 80 – www.maritim.de B2**y**

171 Zim – 110/250 € 128/268 €, 19 € – 2 Suiten

Rest *Park Restaurant* – ✆ (0621) 1 58 88 24 *(nur Abendessen, sonntags auch Mittagessen)* Karte 29/63 €

Rest *Papageno* – ✆ (0621) 1 58 88 16 *(geschl. Samstagabend - Sonntag)* Karte 26/40 €

Sie mögen es klassisch? Mit seiner denkmalgeschützten Architektur von 1901 bietet das Hotel einen eleganten Rahmen, dem die gediegenen Zimmer gut zu Gesicht stehen. Wenn es etwas mehr Platz sein darf, fragen Sie nach den Eckzimmern! Passend zum Charakter des Hauses geht es im Park Restaurant stilvoll zu bei klassisch-internationaler Küche. Die gemütliche Alternative ist die Weinstube Papageno.

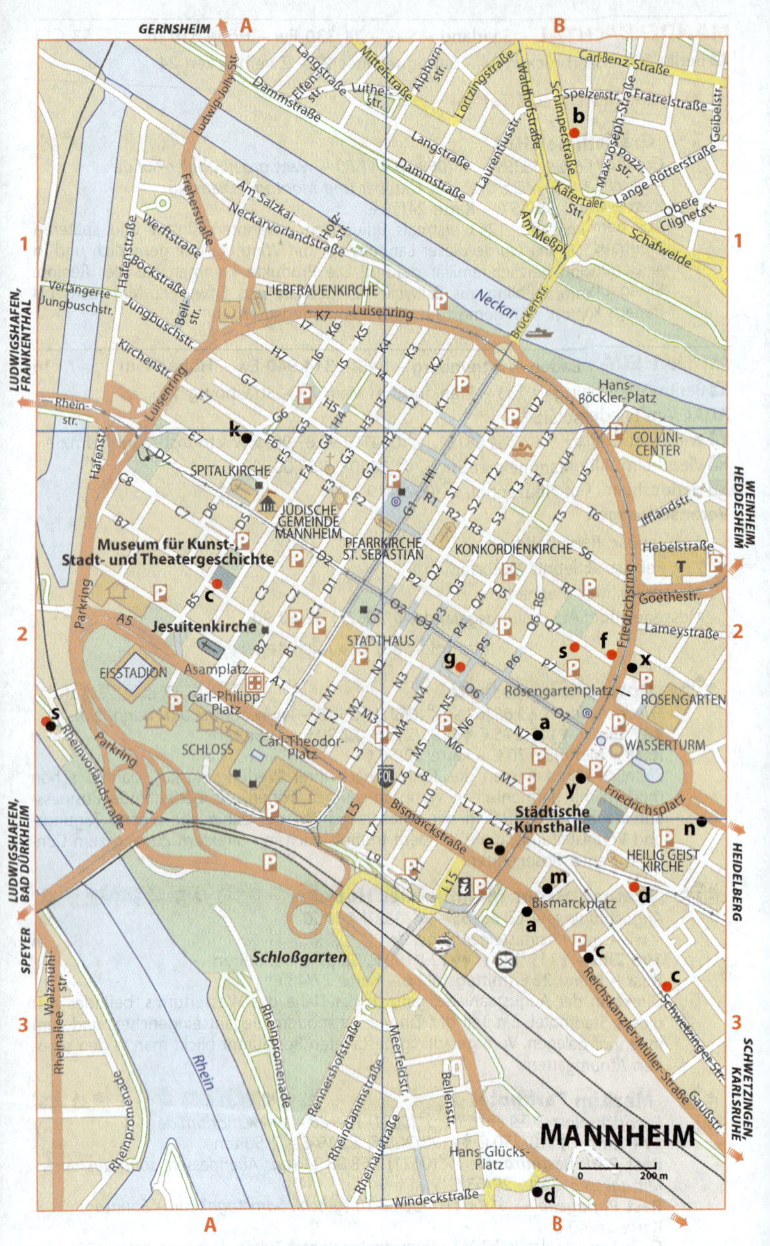
MANNHEIM
GERNSHEIM
LUDWIGSHAFEN, FRANKENTHAL
LUDWIGSHAFEN, BAD DÜRKHEIM
SPEYER
WEINHEIM, HEDDESHEIM
HEIDELBERG
SCHWETZINGEN, KARLSRUHE
Neckar
Rhein
Schloßgarten
LIEBFRAUENKIRCHE
SPITALKIRCHE
JÜDISCHE GEMEINDE MANNHEIM
Museum für Kunst-, Stadt- und Theatergeschichte
PFARRKIRCHE ST. SEBASTIAN
KONKORDIENKIRCHE
Jesuitenkirche
STADTHAUS
EISSTADION
Asamplatz
Carl-Philipp-Platz
SCHLOSS
Carl-Theodor-Platz
Rosengartenplatz
ROSENGARTEN
WASSERTURM
Friedrichsplatz
Städtische Kunsthalle
HEILIG GEIST KIRCHE
Bismarckplatz
COLLINI-CENTER
Hans-Böckler-Platz
Hans-Glücks-Platz
Luisenring
Friedrichsring
Parkring
Bismarckstraße
Reichskanzler-Müller-Straße
Schwetzinger Str.
Gaußstr.
Windeckstraße
Rheinvorlandstraße
Rheinpromenade
Rennershofstraße
Rheindammstraße
Rheinaustraße
Meerfeldstr.
Bellenstr.
Walzmühlstr.
Rheinallee
Carl-Benz-Straße
Spelzenstr.
Fratrelstraße
Geibelstr.
Schimperstraße
Waldhofstraße
Lortzingstraße
Mittelstraße
Alphornstr.
Langstraße
Dammstraße
Elfenstr.
Lutherstr.
Laurentiusstr.
Max-Joseph-Straße
Pozzistr.
Lange Rötterstraße
Käfertaler Str.
Obere Clignetstr.
Schafweide
Am Meßpl.
Brückenstr.
Ludwig-Jolly-Str.
Freherstraße
Am Salzkai
Neckarvorlandstraße
Holzstr.
Werftstraße
Hafenstraße
Böckstraße
Verlängerte Jungbuschstr.
Jungbuschstr.
Beilstr.
Kirchenstr.
Rheinstr.
Hafenstr.
Ifflandstr.
Hebelstraße
Goethestr.
Lameystraße
0 200 m

Delta Park Hotel

Keplerstr. 24 ✉ 68165 – ✆ (0621) 4 45 10 – www.delta-park.de B3**c**

125 Zim – ♦114/244 € ♦♦114/244 €, ☕ 18 € – 4 Suiten – ½ P

Rest – *(geschl. Samstagabend, Sonntagabend)* Menü 22/45 € – Karte 24/44 €

Die zentrale Lage im Herzen der Quadratestadt sowie die funktionelle und komfortable Ausstattung machen das Business- und Tagungshotel interessant. Wer gerne etwas großzügiger wohnt, bucht ein Executive-Zimmer oder eine Juniorsuite. Und wenn Sie zum Essen kommen, nehmen Sie am besten einen Tisch im schönen Wintergarten.

LanzCarré

Rest,

Heinz-Haber-Str. 2, (Zufahrt über Lindenhofstr. 90) ✉ 68163 – ✆ (0621) 86 08 40 – www.hotel-lanzcarre.de – geschl. 22. Dezember - 6. Januar B3**d**

76 Zim – ♦122/295 € ♦♦152/325 €, ☕ 17 € – ½ P **Rest** – Karte 21/40 €

Das Businesshotel in verkehrsgünstiger Lage unweit der John-Deere-Werke und wenige Gehminuten vom Hauptbahnhof überzeugt mit neuzeitlichen und wohnlichen Zimmern. Auch Appartements und Allergikerzimmer. Restaurant in geradlinig-modernem Bistrostil.

Speicher 7 Ⓝ garni

Rheinvorlandstr. 7 ✉ 68159 – ✆ (0621) 1 22 66 80 – www.speicher7.com

20 Zim – ♦150/450 € ♦♦150/450 €, ☕ 19 € A2**s**

Sehr schön hat man den alten Getreidespeicher am Hafen zu einem attraktiven Hotel umgebaut. In großen Zimmern mit Loftflair vereinen sich moderne Elemente mit kultigen Details der 50er und 60er Jahre - stylish, trendig und wirklich toll! So ist auch die Bar, wo man neben richtig guten Spirituosen auch Kleinigkeiten zum Essen serviert. Und all das direkt am Rhein!

Mercure am Rathaus

F 7, 5-13 ✉ 68159 – ✆ (0621) 33 69 90 – www.mercure.com A2**k**

150 Zim – ♦109/185 € ♦♦119/211 €, ☕ 17 €

Rest – *(geschl. Samstag - Sonntag und an Feiertagen)* Karte 23/51 €

Das zentral und doch relativ ruhig gelegene Hotel bietet dem Geschäftsreisenden alles Notwendige: zeitgemäß-funktionelle Zimmer, W-Lan im ganzen Haus sowie gute Tagungsmöglichkeiten.

Park Inn by Radisson

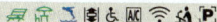

Am Friedensplatz 1 (über Reichskanzler-Müller-Straße B3) ✉ 68165 – ✆ (0621) 97 67 00 – www.park-inn-mannheim.de

180 Zim – ♦124/141 € ♦♦139/173 €, ☕ 17 € – ½ P **Rest** – Karte 24/48 €

In Ausstattung und Service ein typisches "Park Inn" und ganz auf Businessgäste zugeschnitten: die Zimmer gepflegt, hell, funktional und technisch modern. Gerne gebucht wird das Hotel auch wegen seiner Anbindung an das Maimarktgelände und die SAP-Arena. Im Restaurant gibt es zuerst ein gutes Frühstück, später internationale Küche. Parken können Sie übrigens kostenfrei!

GuestHouse Ⓝ garni

O7, 21 ✉ 68161 – ✆ (0621) 1 23 47 40 – www.guesthouse-ma.de B2**a**

30 Zim ☕ – ♦99/150 € ♦♦119/170 €

Bleiben Sie nur für eine Nacht oder für länger? Dieses urbane Konzept ist für beides ideal: wohnliche Zimmer mit Parkett und voll ausgestatteter Kitchenette, einfaches kostenloses Frühstücksbuffet, dazu die zentrale Lage nahe Wasserturm, Rosengarten und Hauptbahnhof.

Kurpfalzstuben

L 14, 15 ✉ 68161 – ✆ (0621) 1 50 39 20 – www.kurpfalzstuben.de B3**e**

17 Zim ☕ – ♦60/90 € ♦♦80/110 €

Rest – *(geschl. Anfang Januar 1 Woche, August 3 Wochen und Samstag - Sonntag sowie an Feiertagen)* Karte 19/38 €

Mutter und Tochter leiten das kleine Hotel in Bahnhofsnähe. Gäste schätzen die gemütlichen Zimmer und die familiäre Note in dem schmucken Haus aus der Jahrhundertwende. Hübsch auch das behaglich dekorierte Restaurant mit Kachelofen.

Am Bismarck garni

Bismarckplatz 9 ✉ 68165 – ✆ (0621) 40 04 19 60 – www.bismarckhotel.de – geschl. Weihnachten - Neujahr B3**m**

44 Zim ☕ – 🚹87/95 € 🚹🚹99/105 €

Ein engagiert geführter Familienbetrieb mit persönlicher Atmosphäre. Hinter der freundlichen gelben Fassade erwarten Sie gepflegte Zimmer mit wohnlicher Einrichtung.

Wegener garni

Tattersallstr. 16 ✉ 68165 – ✆ (0621) 4 40 90 – www.hotel-wegener.de – geschl. Weihnachten - 8. Januar B3**a**

41 Zim ☕ – 🚹76/150 € 🚹🚹90/168 €

Lassen Sie sich von der eher unscheinbaren Fassade nicht täuschen, denn drinnen hat es Familie Wegener nett und wohnlich. Neben gepflegten Zimmern bekommen Sie hier ein gutes Frühstück, außerdem ist die Lage zwischen Bahnhof, Rosengarten und Fußgängerzone wirklich günstig.

Da Gianni

R 7, 34 ✉ 68161 – ✆ (0621) 2 03 26 – www.da-gianni.de – geschl. August 3 Wochen und Sonntagabend - Montag B2**f**

Rest – (Tischbestellung ratsam) Menü 62 € (mittags)/93 € – Karte 59/86 €

Nach wie vor ist dies ein Klassiker in der Quadratestadt, dafür sorgt Küchenchef Thorsten Wittmann: Er kocht fein, exakt, ohne viele Schnörkel und natürlich ist die Produktqualität erstklassig - ganz so, wie man es von der mediterranen "Da Gianni"-Küche kennt! Allseits geschätzt auch der charmante Service um Gastgeber Paolo Julita!

➜ Offene Ravioli mit Hummer in Orangen-Fenchel-Sud. Saltimbocca vom Seeteufel auf süß-saurem Gemüse. Hohenloher Rinderfilet "dry aged" mit dreierlei Artischocken.

Marly (N)

Rheinvorlandstr. 7, (Am Hafen) ✉ 68159 – ✆ (0621) 86 24 21 21 – www.restaurant-marly.com – geschl. Juni - Juli 3 Wochen und Sonntag - Montag A2**s**

Rest – Menü 33 € (mittags)/75 € – Karte 50/66 €

Gregor Ruppenthal ist mit seinem "Marly" von Ludwigshafen in diesen ehemaligen Speicher unmittelbar am Rhein umgezogen. Eine gute Wahl, denn wer schaut beim Speisen nicht gerne aufs Wasser? Am besten geht das im Sommer natürlich auf der Terrasse, z. B. bei "Bretonischer Rotbarbe mit Ratatouille" oder "geschmorten Kalbsbäckchen mit Gremolata und gegrilltem Sommergemüse".

Doblers

Seckenheimer Str. 20 ✉ 68165 – ✆ (0621) 1 43 97 – www.doblers.de – geschl. Anfang Januar 2 Wochen, Ende Juni - Anfang Juli 2 Wochen und Sonntag - Montag B3**d**

Rest – (Tischbestellung ratsam) Menü 37 € (mittags)/88 € – Karte 57/78 €

Wer Gastronomen mit Leib und Seele erleben möchte, geht zu den Doblers. Man spürt ihre Hingabe und die Erfahrung von nahezu 30 Jahren! Patron Norbert Dobler steht für eine produktbezogene klassisch-mediterrane Küche, die unkompliziert und gleichermaßen geschmackvoll ist, die Chefin ist in dem modern-eleganten Restaurant für ihre charmante Gästebetreuung bekannt. Sie möchten auf der kleinen Terrasse essen? Dann reservieren Sie rechtzeitig!

➜ Gebratene Jakobsmuscheln auf marinierten Cedri-Zitronen und Thai-Curry-Mayonnaise. Geschmorter Oktopus im Bouillabaisse-Sud mit jungem Gemüse. Degustation von der Guanaja-Schokolade.

Gute Küche zu moderatem Preis? Folgen Sie dem „Bib Gourmand" ☺. Das freundliche Michelin-Männchen „Bib" steht für ein besonders gutes Preis-Leistungs-Verhältnis!

Le Corange

O 5, 9, (in der 6. Etage des Modehaus Engelhorn) ✉ 68161 – ✆ (0621) 1 67 11 33 – www.corange-restaurant.de – geschl. Sonntag und an Feiertagen

Rest – Menü 39 € – Karte 46/65 € B2**g**

Manfred Bantle und Andreas Löffler haben schon im "Kopenhagen" viele Jahre zusammen gekocht, heute gibt es ihre frische Fischküche im 6. Stock des exklusiven Modehauses Engelhorn. Dass hier mit hervorragenden Produkten gearbeitet wird, merkt man auch an der schönen Auswahl an Austern und Meeresfrüchten. Bei freiem Blick in die Küche und Panoramasicht auf die Stadt weiß man gar nicht, wohin man zuerst schauen soll! Eine Etage tiefer bekommt man in der trendigen Bar ein erweitertes Snackangebot.

L'Osteria Vineria

Q 7,12 ✉ 68161 – ✆ (0621) 1 81 93 35 – www.osteria-vineria.de – geschl. Sonntag, Montagabend B2**s**

Rest – Menü 26 € (mittags)/68 € – Karte 44/52 €

Wer mitten in Mannheim authentische italienische Küche sucht, ist bei Franco Pizzarelli und seinem kleinen Team genau richtig! So heißt es in seinem eleganten Restaurant z. B. "Orecchiette con pesce spada e zucchini" oder "Ossobuco alla Franciacorta" - viele Produkte stammen übrigens aus seiner Heimat Apulien. Mittags isst man günstiger.

Costa Smeralda

Schwetzinger Str. 71 ✉ 68165 – ✆ (0621) 44 39 46 – www.restaurantcostasmeralda.com – geschl. Samstag B3**c**

Rest – Menü 23/40 € – Karte 27/56 €

Seit über 30 Jahren gibt es dieses Restaurant bereits, und es ist bekannt für frische italienische Küche, bei der das Produkt im Mittelpunkt steht. Empfohlen werden die leckeren Gerichte auf der Tafel.

Saigon

Augustaanlage 54 (über Reichskanzler-Müller-Straße B3) ✉ 68165 – ✆ (0621) 1 46 04 – www.saigon-mannheim.de – geschl. Samstagmittag

Rest – Karte 29/42 €

Lust auf authentische vietnamesische Küche? Nicht nur der Name des puristisch-modern gehaltenen Restaurants ist vielversprechend, auch die Karte liest sich gut und die Speisen sind frisch. Eilige Mittagsgäste kommen gerne zum günstigen Lunch.

Osteria Limoni

Schimperstr. 16 ✉ 68167 – ✆ (0621) 3 45 03 – www.osteria-limoni.de – geschl. Ende August - Anfang September und Samstagmittag, Montag B1**b**

Rest – Menü 31/42 € – Karte 25/39 €

Wo es so gemütlich und lebendig zugeht und man so herzlich umsorgt wird wie bei Familie Paba, kommt man gerne auch öfter zum Essen - und das gibt es in Form von italienischen Klassikern oder als schöne Menüs. Tipp für den Sommer: die begrünte Terrasse!

Pinzgauer Stub'n (N)

Schwetzinger Str. 175 (über Reichskanzler-Müller-Straße B3) ✉ 68165 – ✆ (0621) 44 96 75 – www.pinzgauerstubn.de – geschl. 2. - 9. März, 9. - 19. Juni, 18. - 31. August und Montag

Rest – Menü 39/49 € – Karte 23/63 €

Ganz am Ende der Schwetzinger Straße erwartet Sie ein Stück "K.u.K. Gastlichkeit" mitten in der kurpfälzischen Quadratestadt. Familie Rohregger sorgt für ungezwungen-alpenländische Atmosphäre, am Herd mischt der Patron seine österreichische Heimat mit internationalen Einflüssen. Dazu passt natürlich ein guter Tropfen aus Österreich.

C-Five

C5,1 ✉ 68159 – ✆ (0621) 1 22 95 50 – www.c-five.de A2**c**

Rest – (Tischbestellung ratsam) Menü 22/79 € – Karte 39/65 €

Auf dem Gelände des Zeughaus-Museums finden Sie dieses moderne Restaurant, in dem Sie Gerichte wie "Brust und konfierte Keule von der Barbarie Ente mit weißen Bohnen" probieren können. Schön ist im Sommer auch der Terrassenbereich.

In Mannheim-Neckarau Süd-Ost: 5 km über Neckarauerstraße B3

Steubenhof

Steubenstr. 66 ✉ 68199 – ✆ (0621) 81 91 00 – www.steubenhof.bestwestern.de
79 Zim – †95/145 € ††112/230 €, ☕ 17 € – ½ P **Rest** – Karte 38/60 €
Neuzeitlich und funktional ist hier die Ausstattung, von den Zimmern bis in die Tagungsräume - ganz so wie Geschäftsreisende es brauchen. Besonders komfortabel die Executive- und Deluxe-Zimmer.

Amador

Floßwörthstr. 38 (im Gewerbegebiet am Metro Parkplatz) ✉ 68199 – ✆ (0621) 8 54 74 96 – www.restaurant-amador.de – geschl. 1. - 10. Januar, August 2 Wochen und Sonntag - Montag sowie an Feiertagen
Rest – *(nur Abendessen)* (Tischbestellung ratsam) Menü 215 €
Zugegeben, die Umgebung könnte attraktiver sein, doch sobald Sie das gepflegte Backsteingebäude betreten, tauchen Sie ein in eine eigene futuristisch-moderne Welt - die Welt von Juan Amador, einem der besten Köche Deutschlands. Sein Stil: kontrast- und ideenreich. Spitzenprodukte und ihre geschmackliche Intensität stehen an erster Stelle - Showeffekte sind da überflüssig! Und das räumliche Pendent zu diesem innovativen Konzept? Ein luftiger Raum in stylischem Rot-Weiß, in dem ein bewusst legeres Serviceteam überaus kompetent agiert. Di - Do bietet man auch ein kleines Menü zu 110 € an.
➜ Carabinero / Salzmandel / Perigord Trüffel / Topinambur. Mieral Taube / Mango / Cocos / Purple Curry. Brick in the Wall / Rote Bete / Gewürzmilch / Himbeere.

Axt

Adlerstr. 23 ✉ 68199 – ✆ (0621) 85 70 05 – www.restaurant-axt.de – geschl. Sonntag - Montag
Rest – *(nur Abendessen)* Menü 49/71 € – Karte 49/64 €
In dieser Ecke Mannheims und in einem unscheinbaren Haus wie diesem würde man eigentlich kein Restaurant dieser Klasse vermuten. Angenehm schon die elegante Atmosphäre, der Höhepunkt sind die feinen geschmackvoll-modernen Gerichte von Christian Krüger und abgerundet wird das Ganze durch den natürlichen und aufmerksamen Service - hier sind auch schonmal die motivierten Köche anzutreffen.
➜ Freilandhähnchen, Ei, Gurke, Kartoffel. Dorade, Lauch, Polenta, Kapern. Kirsche, Schokolade, Streusel.

In Mannheim-Seckenheim Ost: 9 km über B2, Richtung Heidelberg

Badischer Hof

Seckenheimer Hauptstr. 114 ✉ 68239 – ✆ (0621) 97 86 14 30 – www.badischerhof.net – geschl. Montag
Rest – Karte 23/52 €
Schon von außen ist die über 280 Jahre alte denkmalgeschützte Brauerei mit den netten blauen Fensterläden hübsch anzuschauen, drinnen dann ein gemütliches modernes Restaurant mit geradlinier Einrichtung und altem Dielenboden, hinter dem Haus ein schöner Biergarten. Die Küche ist eine Mischung aus traditionellen und internationalen Gerichten. Ideal für Veranstaltungen: Jugendstilsaal, Vinothek, Keller. Kommen Sie doch auch mal zu einem der vielen Kleinkunst-Events vorbei!

MARBACH am NECKAR – Baden-Württemberg – 545 – 15 440 Ew – Höhe 229 m 55 G18

Berlin 610 – Stuttgart 33 – Heilbronn 32 – Ludwigsburg 8
Marktstr. 25, ✉ 71672, ✆ (07144) 10 20, www.schillerstadt-marbach.de

Parkhotel Schillerhöhe garni

Schillerhöhe 14 ✉ 71672 – ✆ (07144) 90 50 – www.parkhotel-schillerhoehe.de
44 Zim ☕ – †89/125 € ††118/165 €
Sie suchen ein modernes Hotel in ruhiger Lage? Hier finden Sie eine trendige Lounge, Zimmer in klaren Linien und eine sehr gute technische Ausstattung! Für das Haus spricht auch der Park nebenan mit dem Literaturmuseum der Moderne und dem Schiller-Nationalmuseum.

MARBURG – Hessen – 543 – 81 150 Ew – Höhe 186 m 38 F13

Berlin 473 – Wiesbaden 121 – Gießen 30 – Kassel 93

Pilgrimstein 26, ✉ 35037, ✆ (06421) 9 91 20, www.marburg.de

Cölbe-Bernsdorf, Maximilianshof 35, ✆ (06427) 9 20 40

Elisabethkirche★★ (Kunstwerke★★★ · Elisabethschrein★★) · Marktplatz★ · Schloss★ (Museum für Kulturgeschichte★)

VILA VITA Hotel Rosenpark

Zim,

Anneliese Pohl Allee 7 ✉ 35037 – ✆ (06421) 6 00 50 – www.rosenpark.com

177 Zim – 130/190 € 170/240 € – 13 Suiten

Rest *Rosenkavalier* – siehe Restaurantauswahl

Rest *Zirbelstube* – *(geschl. Sonntag) (nur Abendessen)* Karte 31/43 €

Klassisch-elegant ist das Ambiente von der Atriumlobby im hohen Kuppelbau bis in die Zimmer dieses an der Lahn gelegenen Hotels. Gute Tagungsmöglichkeiten. Gemütliche Zirbelstube.

WELCOME HOTEL

Pilgrimstein 29 ✉ 35037 – ✆ (06421) 91 80 – www.welcome-hotel-marburg.de

146 Zim – 104/154 € 134/184 € – 4 Suiten – ½ P

Rest – *(geschl. Sonntag)* Karte 30/51 €

Das Hotel befindet sich im Lahn-Center mitten in der Stadt, die öffentliche Tiefgarage bietet Zugang zum Hotel. Gegenüber: der Aufzug hinauf in die Altstadt. Die Superior-Zimmer liegen ruhiger. Internationale Küche im Restaurant.

Im Kornspeicher garni

Molkereistr. 6, (3. Etage) ✉ 35039 – ✆ (06421) 94 84 10 – www.hotel-kornspeicher.de

25 Zim – 85/99 € 105/120 €

Das Hotel ist aus einem ehemaligen Kornspeicher entstanden und verfügt über technisch gut ausgestattete Zimmer in klarem modernem Stil. Integrationsbetrieb für behinderte Menschen.

MARBURGER esszimmer

Anneliese Pohl Allee 1 ✉ 35037 – ✆ (06421) 8 89 04 71 – www.marburger-esszimmer.de – geschl. Montag

Rest – (abends Tischbestellung ratsam) Menü 27 € (mittags)/50 € – Karte 25/50 €

So richtig schön freundlich und modern ist es hier: klare Linien, frisches Grün, warmer Holzfußboden, dekorativ die Lampen an der Decke und die alten Menükarten an der Wand... In der durch eine Glasscheibe einsehbaren Küche bringt Bernd Siener Schmackhaftes vom "scharfen Thai-Rindfleischsalat" über Pizza bis zum "Kalbstafelspitz mit grüner Soße und Kartoffeln" auf den Teller.

Rosenkavalier – VILA VITA Hotel Rosenpark

Anneliese Pohl Allee 7 ✉ 35037 – ✆ (06421) 6 00 51 43 – www.rosenpark.com

Rest – Menü 48/85 € – Karte 48/88 €

Stimmungsvolles Tafeln ist hier garantiert. Elegant gibt sich der Raum, in dem die Farben Goldgelb und Königsblau vorherrschend sind. Der Blick fällt unweigerlich hinaus auf die Terrasse, die im Sommer ein Magnet ist.

Bückingsgarten

Landgraf-Philipp-Str. 6, (Zufahrt über Gisonenweg) ✉ 35037 – ✆ (06421) 1 65 77 71 – www.bueckingsgarten-marburg.de

Rest – Karte 25/46 €

Wer in das charmante Haus direkt unterhalb des Schlosses einkehrt (markant die mächtige alte Sandsteinmauer!), genießt neben der tollen Aussicht auch ambitionierte bürgerlich-saisonale Küche mit internationalem Einfluss. Auf der Terrasse kann man alternativ auch von einer einfacheren Karte wählen.

In Marburg-Dagobertshausen Nord-West: 6 km

XX **Waldschlösschen**

Dagobertshäuser Str. 12 ✉ 35041 – ✆ (06421) 1 75 02 71 – www.waldschloesschen-dagobertshausen.de

Rest – Menü 32 € – Karte 22/56 €

Wirklich ganz reizend ist das aufwändig sanierte alte Fachwerkhaus. Drinnen drei ländlich-charmante Räume (absolut sehenswert die Porzellanstube!), draußen Terrasse, Garten, Spielplatz. Etwas Besonderes unter den selbst erzeugten Produkten ist die hauseigene Kartoffelsorte: Die gibt's vorneweg als leckere Chips "Dagobertshäuser Hörnchen"!

In Marburg-Gisselberg Süd: 5 km

Fasanerie Zim,

Zur Fasanerie 15 ✉ 35043 – ✆ (06421) 9 74 10 – www.hotel-fasanerie.de – geschl. 21. Dezember - 13. Januar

45 Zim – †72/106 € ††101/137 €

Rest – *(geschl. Freitag, Sonntagabend) (Montag - Donnerstag nur Abendessen)* Karte 14/44 €

Für dieses zeitgemäße, seit vielen Jahren familiär geleitete Haus spricht vor allem die ruhige Lage in einem Wohngebiet am Waldrand oberhalb des Ortes.

In Marburg - Wehrshausen-Dammühle West: 6 km

Dammühle (mit Gästehaus) Zim,

Dammühlenstr. 1 ✉ 35041 – ✆ (06421) 9 35 60 – www.hotel-dammuehle.de

25 Zim – †80/110 € ††110/140 € – 2 Suiten **Rest** – Karte 25/58 €

Die idyllisch gelegene einstige Mühle a. d. 14. Jh. beherbergt wohnliche Zimmer in drei Gebäudetrakten. Chic und modern designt: "Kuhstall"-Zimmer, Suiten und Penthouse-Juniorsuite. Ländliche Gaststube und großer Biergarten mit Blick ins Grüne.

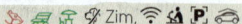

In Cölbe Nord: 6 km

Company

Lahnstr. 6 ✉ 35091 – ✆ (06421) 9 86 60 – www.hotel-company.de – geschl. 24. Dezember - 1. Januar

25 Zim – †66/88 € ††99/132 € – ½ P

Rest – *(geschl. Sonntag) (nur Abendessen)* Karte 18/33 €

Das Hotel mit der freundlichen gelben Fassade bietet seinen Gästen mit hellem Naturholz und Rattansesseln behaglich und einladend ausgestattete Zimmer. Nettes rustikales Restaurant mit bürgerlicher Küche. Terrasse vor dem Haus.

MARCH – Baden-Württemberg – 545 – 8 760 Ew – Höhe 201 m 61 D20

Berlin 804 – Stuttgart 202 – Freiburg im Breisgau 13 – Mulhouse 61

In March-Neuershausen Nord-West: 1 km

X **Jauch's Löwen** mit Zim

Eichstetter Str. 4 ✉ 79232 – ✆ (07665) 9 20 90 – www.jauch-loewen.de – geschl. über Fasching 1 Woche

15 Zim – †55 € ††88 € – ½ P

Rest – *(geschl. Januar - Mitte März: Mittwoch - Donnerstag, Ende März - Dezember: Mittwoch)* Menü 25/46 € – Karte 21/46 €

Bei Familie Jauch kochen Vater und Sohn, und zwar international und regional. Lassen Sie sich Gerichte wie "geschmortes Rinderbäckle mit Wirsing und Kartoffelpüree" oder "Rehragout mit Pilzen" im Sommer am besten auf der schönen Terrasse servieren! Für Feierlichkeiten ist der historische Gewölbekeller der ideale Rahmen. Und gemütlich übernachten können Sie hier auch.

MARIA LAACH – Rheinland-Pfalz – 543 – 600 Ew – Höhe 285 m 36 C14

Berlin 617 – Mainz 121 – Koblenz 31 – Bonn 51

Kloster★ (Paradies★)

Seehotel Maria Laach

Am Laacher See ✉ *56653 – ✆ (02652) 5 84 00 – www.seehotel-maria-laach.de*

69 Zim ☕ – 🚹85/120 € 🚹🚹139/169 € – ½ P

Rest – Menü 35 € – Karte 34/63 €

Ein 1865 als Gästehaus des Benediktinerklosters erbautes Hotel in ruhiger Lage mit Blick auf Laacher See und Abtei. Die zeitgemäßen Zimmer unterscheiden sich farblich von Etage zu Etage. Drei Restaurantbereiche, schöne Terrasse sowie Bier- und Weinstube im UG.

MARIENBERG – Sachsen – 544 – 15 240 Ew – Höhe 610 m – Wintersport: 890 m 2 — 42 P13

Berlin 280 – Dresden 94 – Chemnitz 30 – Chomutov 31

Markt 1, ✉ 09496, ✆ (03735) 60 22 70, www.marienberg.de

In Pobershau Süd-Ost: 6 km über B 171, bei Rittersberg nach der Brücke rechts ab

Schwarzbeerschänke

Hinterer Grund 2 ✉ *09496 – ✆ (03735) 9 19 10 – www.schwarzbeerschaenke.de*

33 Zim ☕ – 🚹44/54 € 🚹🚹82/104 € – ½ P

Rest – Menü 27 € – Karte 18/24 €

Die Lage an einem Waldstück sowie wohnliche Zimmer in hellem Naturholz und ein netter gepflegter Hallenbadbereich mit Sauna sprechen für das Hotel mit der holzverkleideten Fassade. Ländliche Gaststuben.

MARIENTHAL, KLOSTER – Hessen – siehe Geisenheim

MARKDORF – Baden-Württemberg – 545 – 12 970 Ew – Höhe 453 m — 63 H21

Berlin 719 – Stuttgart 197 – Konstanz 23 – Friedrichshafen 16

Marktstr. 1, ✉ 88677, ✆ (07544) 50 02 90, www.gehrenberg-bodensee.de

Bischofschloss

Schlossweg 2 ✉ *88677 – ✆ (07544) 5 09 10 – www.mindnesshotel.de – geschl. Weihnachten - Anfang Januar*

37 Zim ☕ – 🚹114/124 € 🚹🚹144/170 € – 7 Suiten – ½ P

Rest *Mundart - Das Lokal* – *(geschl. Samstagmittag, Sonntagmittag und November - März: Sonntag)* Menü 39/62 € – Karte 30/63 €

Wohnen mit historischem Flair? Das bieten die stilvollen, hochwertigen Zimmer im Haupttrakt der ehemaligen Bischofsresidenz. Die übrigen Zimmer sind zeitgemäßer gestaltet. Modern auch das Ambiente im Restaurant - hier gibt es regional-internationale Küche. Interessant sind übrigens die individuellen Aufzüge im Haus!

Wirthshof garni

Steibensteg 10 (B 33, Ost: 1 km Richtung Ravensburg, beim Campingplatz) ✉ *88677 – ✆ (07544) 5 09 90 – www.wirthshof.de – geschl. 22. Dezember - 6. Januar*

22 Zim ☕ – 🚹79/109 € 🚹🚹109/139 € – 1 Suite

Eine zeitgemäß-wohnliche Adresse unter familiärer Leitung. Die Zimmer sind individuell nach Themen gestaltet, hübsch ist der Saunabereich. Auch Beauty-Anwendungen gehören zum Angebot.

MARKNEUKIRCHEN – Sachsen – 544 – 6 590 Ew – Höhe 500 m — 41 N14

Berlin 328 – Dresden 177 – Hof 35 – Plauen 28

Berggasthof Heiterer Blick

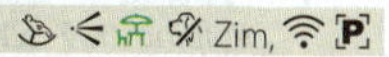

Oberer Berg 54 ✉ *08258 – ✆ (037422) 26 95 – www.heiterer-blick.de – geschl. 20. - 27. Oktober*

7 Zim ☕ – 🚹40/45 € 🚹🚹56/66 € – ½ P **Rest** – Karte 11/29 €

Mit liebenswerter ländlicher Atmosphäre und persönlicher Gästebetreuung überzeugt das bereits seit 1914 als Familienbetrieb geführte Haus. Von den Zimmern blickt man aufs Vogtland. Gemütlichkeit verbreiten auch die Gaststuben.

MARKT NORDHEIM – Bayern – 546 – 1 100 Ew – Höhe 332 m 49 J16

Berlin 475 – München 231 – Würzburg 51 – Nürnberg 68

In Markt Nordheim-Ulsenheim Süd-West: 7 km, Richtung Uffenheim

Landgasthaus Zum Schwarzen Adler

Ulsenheim 97 ✉ *91478 – ✆ (09842) 82 06 – www.frankenurlaub.de – geschl. Januar 2 Wochen, August 2 Wochen*

12 Zim – †30/45 € ††60/65 € – ½ P

Rest – *(geschl. Montag, Juni - August: Sonntagabend - Montag, November - April: Montag, Mittwoch)* Menü 19 € – Karte 13/31 €

Das Gasthaus a. d. 17. Jh. liegt in dörflicher Umgebung, schöne Wanderwege ganz in der Nähe, nach Rothenburg ob der Tauber fährt man nur ca. 15 Minuten. Neben gepflegten Zimmern bietet man bürgerlich-regionale Küche (das Ambiente mal fränkisch, mal etwas eleganter) sowie einen Sauna- und Ruhebereich, den man schön in das alte Fachwerk eingebunden hat.

MARKTBERGEL – Bayern – 546 – 1 560 Ew – Höhe 363 m 49 J16

Berlin 492 – München 232 – Ansbach 24 – Stuttgart 168

Rotes Ross

Rest,

Würzburger Str. 1 ✉ *91613 – ✆ (09843) 93 66 00 – www.rotes-ross-marktbergel.de – geschl. Mitte November 2 Wochen*

12 Zim – †45/50 € ††67/77 € – ½ P

Rest – *(geschl. Dienstag) (nur Abendessen, sonntags auch Mittagessen)* Menü 24/42 € – Karte 21/48 €

Eine markante rote Fassade ziert das a. d. 16. Jh. stammende Gasthaus im Ortskern, das familiär geleitet wird und neuzeitlich-wohnliche Zimmer beherbergt. Sehr nett sitzt man in freundlichen Stuben bei internationaler und regionaler Küche.

MARKTBREIT – Bayern – 546 – 3 580 Ew – Höhe 191 m 49 I16

Berlin 491 – München 272 – Würzburg 28 – Ansbach 58

Renaissance-Komplex★

Löwen (mit Gästehaus)

Marktstr. 8 ✉ *97340 – ✆ (09332) 5 05 40 – www.ringhotel-loewen.de – geschl. 1. - 7. März*

29 Zim – †68/79 € ††89/96 € – ½ P

Rest – *(geschl. November - März: Montag)* Menü 37 € – Karte 15/39 €

Das jahrhundertealte Fachwerkhaus nahe dem Stadttor vereint das Flair von einst mit zeitgemäßem Komfort. Man bietet historisch-romantische, aber auch neuzeitlich-funktionale Zimmer. Gemütliche Gaststuben mit bürgerlichem Angebot.

Michels Stern mit Zim

Bahnhofstr. 9 ✉ *97340 – ✆ (09332) 13 16 – www.michelsstern.de – geschl. Ende Februar 1 Woche, November und Mittwoch, im Winter: Mittwoch - Donnerstagmittag*

12 Zim – †54/59 € ††79/84 € **Rest** – Menü 27/36 € – Karte 19/40 €

Die Brüder Michel stecken viel Engagement in ihr Gasthaus, und das sieht man nicht nur an schmackhaften saisonal-regionalen Gerichten wie "Zanderfilet auf Bärlauchrisotto mit Marktgemüse", sondern auch an der rein fränkischen Weinkarte!

MARKTHEIDENFELD – Bayern – 546 – 10 840 Ew – Höhe 154 m 48 H15

Berlin 533 – München 322 – Würzburg 32 – Aschaffenburg 46

Luitpoldstr. 17, ✉ 97828, ✆ (09391) 5 00 40, www.marktheidenfeld.de

Marktheidenfeld, Eichenfürst, ✆ (09391) 84 35

Anker

Kolpingstr. 7 ✉ *97828 – ✆ (09391) 6 00 40 – www.hotel-anker.de*

39 Zim – †73/93 € ††102/132 € – 1 Suite

Rest *Weinhaus Anker* – siehe Restaurantauswahl

In dem Familienbetrieb in der Altstadt wohnen Sie im Torhaus (hier besonders moderne Zimmer) oder im Hofgartenhaus, die um einen romantischen Innenhof angelegt sind. Lust auf ein bisschen Kultur? Kleinkunstbühne im alten Fasskeller! Gute Tagungsmöglichkeiten.

Zur schönen Aussicht
Brückenstr. 8 ✉ 97828 – ✆ (09391) 9 85 50 – www.hotelaussicht.de
54 Zim ☕ – 🚹60/90 € 🚹🚹85/115 € – 2 Suiten
Rest – Menü 16 € (mittags)/49 € – Karte 18/36 €
Sie finden dieses familiengeführte Hotel am Zentrumsrand, nicht weit vom Main. Ein Teil der funktionell ausgestatteten Gästezimmer ist besonders geräumig. Gaststuben im rustikalen fränkischen Stil.

Weinhaus Anker – Hotel Anker
Obertorstr. 13 ✉ 97828 – ✆ (09391) 6 00 48 01 – www.weinhaus-anker.de – geschl. 2. - 8. Januar
Rest – Menü 25/85 € – Karte 30/66 €
So richtig liebenswert ist die Gaststube im Stammhaus der Familie Deppisch, behagliches Holz, wohin man schaut - Hingucker ist die Deckenmalerei. Auf der international ausgerichteten Speisekarte macht z. B. Boeuf Bourguignon Appetit.

MARKTOBERDORF – Bayern – 546 – 18 200 Ew – Höhe 758 m – Erholungsort

64 J21

▶ Berlin 638 – München 99 – Kempten (Allgäu) 28 – Füssen 29

Sepp
Bahnhofstr. 13 ✉ 87616 – ✆ (08342) 70 90 – www.hotelsepp.com – geschl. August
48 Zim ☕ – 🚹50/75 € 🚹🚹75/105 €
Rest – *(geschl. Donnerstag - Sonntag) (nur Abendessen für Hausgäste)* Karte 15/35 €
Seit 1910 wird das gewachsene Hotel gegenüber dem Bahnhof von der Inhaberfamilie geführt. Es erwarten Sie individuelle Gästezimmer mit funktioneller Ausstattung. Unterschiedliche Restauranträume von rustikal bis zum neuzeitlichen Wintergarten.

MARKTREDWITZ – Bayern – 546 – 17 260 Ew – Höhe 529 m

51 M15

▶ Berlin 365 – München 288 – Weiden in der Oberpfalz 47 – Bayreuth 54
ℹ Markt 29, ✉ 95615, ✆ (09231) 50 11 28, www.tourismus-marktredwitz.de

Bairischer Hof
Markt 40 (Zufahrt über Leopoldstraße 25) ✉ 95615 – ✆ (09231) 6 20 11 – www.bairischer-hof.de
50 Zim ☕ – 🚹55/80 € 🚹🚹80/120 €
Rest – Menü 19 € (abends) – Karte 15/44 €
Das Hotel mit der hellblauen Fassade steht mitten in der Fußgängerzone. Neben gepflegten Gästezimmern hat man auch ein eigenes Café im Haus. Ländliche Restauranträume, teils mit Kreuzgewölbe.

MARXZELL – Baden-Württemberg – siehe Herrenalb, Bad

MASELHEIM – Baden-Württemberg – 545 – 4 380 Ew – Höhe 542 m

64 I20

▶ Berlin 660 – Stuttgart 130 – Ulm 40 – Neu Ulm 40

In Maselheim-Sulmingen Nord-West: 2,5 km

Lamm
Baltringer Str. 14 ✉ 88437 – ✆ (07356) 93 70 78 – www.sulminger-lamm.de – geschl. 1. - 8. Januar, 15. August - 5. September und Montag - Dienstag
Rest – *(nur Abendessen, sonntags auch Mittagessen)* Menü 69 € – Karte 33/58 €
Zeitgemäß, mit regionalen Einflüssen und produktbezogen... so kocht Mike Becker für Sie. Macht Ihnen "Zwiebelrostbraten mit Spätzle" Appetit? Oder vielleicht "Schweinebauch und Garnele mit Fenchel"? Der Gastraum elegant-ländlich, der Service herzlich und aufmerksam - da fühlt man sich wohl!

MASSERBERG – Thüringen – 544 – 2 580 Ew – Höhe 780 m – Wintersport: 900 m ⛷3 – Heilklimatischer Kurort

40 K13

▶ Berlin 343 – Erfurt 63 – Coburg 37 – Saalfeld 51
ℹ Hauptstr. 37, ✉ 98666, ✆ (036870) 5 70 15, www.masserberg.de

Residenz

Kurhausstr. 9 ✉ 98666 – ✆ (036870) 25 50 – www.residenz-thueringen.de
25 Zim – 64/89 € 118/138 € – 5 Suiten – ½ P
Rest – Menü 19/38 € (abends) – Karte 27/39 €
Ruhig liegt das Haus mit der Schieferfassade am Ortsrand in Waldnähe. Die Gästezimmer sind mit Parkettboden und Naturholzmöbeln wohnlich ausgestattet. Ein kleiner Wintergarten dient als A-la-carte-Restaurant.

MASSWEILER – Rheinland-Pfalz – 543 – 1 080 Ew – Höhe 435 m 46 D17

Berlin 682 – Mainz 138 – Saarbrücken 59 – Pirmasens 15

Borst mit Zim

Luitpoldstr. 4 ✉ 66506 – ✆ (06334) 14 31 – www.restaurant-borst.de – geschl. Juli - August 3 Wochen, Oktober 1 Woche und Montag - Dienstag
5 Zim – 50 € 70 € **Rest** – (Tischbestellung ratsam) Karte 35/66 €
Es ist schlicht und ergreifend ein nettes Haus, das die sympathischen Gastgeber Harry und Monika Borst hier bereits seit 1988 führen. Die attraktive Einrichtung ist "up to date" und die guten klassischen Speisen wie "St. Petersfisch in der Parmesankruste" sollte man probieren. Übernachten kann man in einfachen, aber gepflegten Zimmern im Gästehaus gegenüber.

MAUERSTETTEN – Bayern – siehe Kaufbeuren

MAUTH – Bayern – 546 – 2 380 Ew – Höhe 821 m – Wintersport: 800 m 1 – Erholungsort 60 Q18

Berlin 536 – München 211 – Passau 43 – Grafenau 21
Mühlweg 2, ✉ 94151, ✆ (08557) 97 38 38, www.mauth.de

In Mauth-Finsterau Nord: 5 km über Am Goldenen Steig, Zwölfhäuser und Heinrichsbrunn – Höhe 998 m

Landhotel Bärnriegel (mit Gästehaus)

Halbwaldstr. 32 ✉ 94151 – ✆ (08557) 9 60 20 – www.landhotel-baernriegel.de – geschl. November - 15. Dezember
24 Zim – 52/70 € 90/124 € – ½ P
Rest – *(geschl. Dienstagmittag)* Menü 16 € (mittags)/69 € – Karte 19/48 €
Der aus zwei Häusern bestehende Familienbetrieb liegt ruhig am Ortsrand und verfügt über behagliche Gästezimmer im regionstypischen Landhausstil. Ländliches Ambiente auch im Restaurantbereich. HP inklusive.

MAYEN – Rheinland-Pfalz – 543 – 18 630 Ew – Höhe 250 m 36 C14

Berlin 625 – Mainz 126 – Koblenz 35 – Bonn 63
Altes Rathaus am Markt, ✉ 56727, ✆ (02651) 90 30 04, www.mayenzeit.de

Zur Traube garni

Bäckerstr. 6 ✉ 56727 – ✆ (02651) 9 60 10 – www.hotel-traube-mayen.de – geschl. Weihnachten - Neujahr
12 Zim – 48/57 € 80/85 €
Der Familienbetrieb in Marktplatznähe ist ein gepflegtes und persönlich geführtes Haus. Die Zimmer sind in warmen Farben gehalten, man schläft in hochwertigen Betten und beim guten Frühstück schaut man in den kleinen Garten.

Zum Alten Fritz mit Zim

Koblenzer Str. 56 ✉ 56727 – ✆ (02651) 49 77 90 – www.hotel-alter-fritz-my.de – geschl. Juli 3 Wochen
12 Zim – 42/45 € 74/90 €
Rest – *(Montag - Samstag nur Abendessen)* Menü 39/52 € – Karte 34/54 €
In der 3. Generation befindet sich das 1908 erbaute Haus im Besitz der Familie Lander, die Tochter hat inzwischen die Leitung der Küche übernommen. Und hier sorgt sie für schmackhafte saisonale Speisen wie "Zander mit Kartoffelkruste und Linsengemüse". Wirklich lecker sind auch die Desserts: "Crème brûlée mit Sauerkirschen und Mascarponeeis" ist da ein tolles Beispiel - also nicht entgehen lassen!

Gourmet Wagner

Marktplatz 10 ✉ 56727 – ✆ (02651) 4 97 70 – www.gourmet-wagner.com – geschl. Montag - Dienstag

Rest – *(nur Abendessen)* Menü 49/89 € – Karte 56/75 €

Was Gastgeber Josef Wagner und Michael Hammes hier auf den gut eingedeckten Tisch bringen, ist saisonale Küche einschließlich ansprechender Menüs wie z. B. "Spargel-" oder "Frühlings-Menü". Dazu eine gute Weinkarte. Das Ambiente in dem Restaurant nahe dem Marktplatz ist schön elegant: helle Grautöne und Weiß dominieren.

In Mayen-Kürrenberg West: 7 km Richtung Nürburgring – Höhe 525 m – Erholungsort

Wasserspiel

Im Weiherhölzchen 7 ✉ 56727 – ✆ (02651) 30 81 – www.hotel-wasserspiel.de – geschl. 27. Februar - 3. März

18 Zim – 48/76 € 74/103 € – ½ P

Rest – *(geschl. Dienstag)* Menü 19/32 € – Karte 21/33 €

Ein gepflegtes Haus mit familiärer Atmosphäre, das ruhig in einer Wohngegend liegt. Es erwarten Sie solide Zimmer, ein netter Garten mit kleinem Spielplatz sowie eine schöne Sicht. Restaurant mit Blick auf die Eifelberge.

MAYSCHOSS – Rheinland-Pfalz – 543 – 930 Ew – Höhe 150 m 36 C13

Berlin 628 – Mainz 158 – Bonn 35 – Koblenz 56

Lochmühle

Ahr-Rotwein-Str. 62, (B 267) ✉ 53508 – ✆ (02643) 80 80 – www.hotel-lochmuehle.com

117 Zim – 70/250 € 85/350 € – 3 Suiten – ½ P

Rest – *(geschl. Montag)* Menü 20/50 € (abends) – Karte 29/44 €

In den Hotelflügeln Ahrtalwinkel und Romantischer Winkel bietet man unterschiedliche Zimmer, teils zum Fluss hin, alle mit Blick auf die Weinberge. Einige neuere Themenzimmer. Restaurant und Café Ahrblick, dazu die Mühlenschänke in einem hübschen Natursteinhaus.

Zur Saffenburg

Ahr-Rotwein-Str. 43, (B 267) ✉ 53508 – ✆ (02643) 83 92 – www.gasthof-saffenburg.de – geschl. 23. Dezember - 4. Februar

13 Zim – 48 € 80/85 € – ½ P

Rest – *(geschl. Mittwoch)* Menü 20 € (abends) – Karte 25/38 €

Ein netter gewachsener Landgasthof unter familiärer Leitung mit gepflegten, funktionalen Zimmern. Hinter dem Haus fließt die Ahr. Gemütliche holzvertäfelte Restauranträume und tolle Terrasse. Wild aus heimischer Jagd, Kuchen aus der eigenen Backstube.

MECKENBEUREN – Baden-Württemberg – 545 – 13 450 Ew – Höhe 416 m 63 H21

Berlin 712 – Stuttgart 158 – Konstanz 40 – Ravensburg 11

In Meckenbeuren-Madenreute Nord-Ost: 5 km über Liebenau

Jägerhaus (mit Gästehaus)

Madenreute 13 ✉ 88074 – ✆ (07542) 9 45 50 – www.jaegerhaus-hotel.de – geschl. 24. Dezember - 10. Januar

49 Zim – 65/140 € 90/180 € – ½ P

Rest – *(geschl. Februar und November - April: Mittwoch) (nur Abendessen, sonntags auch Mittagessen)* Karte 17/29 €

Das in einem kleinen Ortsteil gelegene Haus mit Balkonfassade verfügt über funktionelle, recht großzügige Gästezimmer - ganz modern sind die neueren Zimmer im Gästehaus. In neuzeitlichem Stil gehaltenes Restaurant.

MEDDERSHEIM – Rheinland-Pfalz – siehe Sobernheim, Bad

MEERANE – Sachsen – 544 – 16 120 Ew – Höhe 250 m

42 N13

 Berlin 246 – Dresden 114 – Chemnitz 41 – Gera 38

Meerane

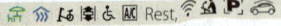

Rest,

An der Hohen Str. 3, (Gewerbegebiet) ✉ 08393 – ✆ (03764) 59 10 – www.hotel-meerane.de

136 Zim – 77/160 € 97/190 € – 20 Suiten – ½ P

Rest – Menü 30/54 € – Karte 19/48 €

Das vorwiegend auf Tagungen ausgerichtete Hotel in verkehrsgünstiger Lage bietet gut ausgestattete Zimmer und einen im römischen Stil gehaltenen Saunabereich auf 500 qm. Zeitgemäßes Restaurant mit internationaler Küche.

Schwanefeld

Schwanefelder Str. 22 ✉ 08393 – ✆ (03764) 40 50 – www.schwanefeld.de

50 Zim – 85/115 € 115/145 € – 1 Suite – ½ P

Rest – Menü 20/59 € – Karte 22/50 €

Die Hotelanlage besteht aus einem hübschen Fachwerkhaus a. d. 17. Jh., einem Anbau sowie einem schönen Garten mit Teich. Eine Besonderheit ist die hauseigene Schokoladenmanufaktur. Die behaglichen Gaststuben sind im historischen Teil des Hotels untergebracht.

MEERBUSCH – Nordrhein-Westfalen – 543 – 54 320 Ew – Höhe 36 m

25 B11

Berlin 578 – Düsseldorf 13 – Venlo 56 – Arcen 64

Siehe Düsseldorf (Umgebungsplan)

In Meerbusch-Büderich

Gästehaus Meererbusch garni

Hindenburgstr. 4 ✉ 40667 – ✆ (02132) 9 33 40 – www.gaestehaus-meererbusch.de – geschl. 1. - 7. Januar, 26. Juli - 17. August, 18. - 31. Dezember

17 Zim – 79/89 € 109/119 €

Eine familiäre Adresse mit privatem Rahmen. Antike Möbelstücke schaffen eine stilvolle Atmosphäre. Im schönen Frühstücksraum mit Flügel erwarten Sie ein gutes Buffet und freundlicher Service.

Landsknecht

Zim,

Poststr. 70 ✉ 40667 – ✆ (02131) 13 78 20 – www.landsknecht.de A1**k**

11 Zim – 119 € 139 €, 15 € **Rest** – Karte 30/46 €

In dem Hotel in der Ortsmitte überzeugen hübsche, hochwertig ausgestattete Zimmer in modernem Stil. Zur sehr guten Technik zählen u. a. automatische Frischluftzufuhr sowie Plasma-TV und Regenwalddusche im Bad. Breites internationales Speisenangebot. Große Terrasse.

Landhaus Mönchenwerth

Niederlöricker Str. 56 ✉ 40667 – ✆ (02132) 75 76 50 – www.moenchenwerth.de – geschl. über Karneval und Montag, außer an Messen B1**c**

Rest – Menü 55 € – Karte 50/84 €

Gute Produkte sind die Grundlage des ambitionierten Franzosen Guy de Vries, der sein Fach im Elsass gelernt hat und seit 2001 hier Küchenchef ist. In seinen Speisen kombiniert er traditionelle Elemente mit modernen Einflüssen. Wunderschöne Rheinterrasse und Biergarten.

WINELIVE im Lindenhof

Dorfstr. 48 ✉ 40667 – ✆ (02132) 6 58 64 60 – www.winelive.de – geschl. Montag und an Feiertagen A1**a**

Rest – *(nur Abendessen)* Menü 29/48 € – Karte 30/40 €

Lecker das Essen, gemütlich das Bistro-Flair... Eiko Scharfenberger hat so manch gute Adresse hinter sich und kocht nun in dem hübschen Backsteinhaus geschmacklich kraftvolle und schön abgestimmte Gerichte ganz ohne Chichi. Zu "Kotelett vom Duroc-Schwein mit Stilmus und Senfjus" oder "gegrillte Lammhüfte auf Ragout von grünem Spargel" bietet die angeschlossene Vinothek über 550 Weine.

In Meerbusch - Langst-Kierst

Rheinhotel Vier Jahreszeiten
Rest,

Zur Rheinfähre 15 ✉ *40668 –* ✆ *(02150) 91 40 – www.rheinhotel-meerbusch.de – geschl. 23. - 27. Dezember*

71 Zim – 123/163 € 163/203 € – 1 Suite – ½ P

Rest *Bellevue* – *(geschl. Sonntag - Montag) (nur Abendessen)* Menü 45/55 € – Karte 36/44 €

Rest *Orangerie* – *(geschl. Sonntagabend - Montag) (Dienstag - Samstag nur Mittagessen)* Menü 26/38 € – Karte 21/38 €

Schön und recht ruhig liegt das komfortable Hotel am Rhein, direkt an der Anlegestelle der Fähre. Die helle elegante Einrichtung begleitet Sie durch das ganze Haus. Das Bellevue ist ein klassisches Restaurant mit Sicht zum Rhein.

MEERFELD Rheinland-Pfalz – 543 – 350 Ew – Höhe 370 m
45 B14

Berlin 686 – Mainz 153 – Trier 62

Maarblick

Meerbachstr. 52 ✉ *54531 –* ✆ *(06572) 44 94 – www.naturpurhotel.de*

22 Zim – 50/60 € 95/140 € – 4 Suiten – ½ P

Rest *MundArt* – Karte 24/41 €

Ein herzlicher Familienbetrieb mitten in der Vulkaneifel, der mit der Natur im Einklang steht - so werden hier auch Bioprodukte groß geschrieben. Genießen Sie vom Balkon der "Maarblick"-Zimmer die namengebende Aussicht und lassen Sie sich am Nachmittag den hausgemachten Kuchen der Chefin schmecken!

MEERSBURG – Baden-Württemberg – 545 – 5 630 Ew – Höhe 444 m – Erholungsort
63 G21

Berlin 730 – Stuttgart 191 – Konstanz 12 – Freiburg im Breisgau 143

Kirchstr. 4 B1, ✉ 88709, ✆ (07532) 44 04 00, www.meersburg.de

Marktplatz★B1 · Steigstraße★A1 · Neues Schloss (★)B1_2

Stadtplan auf der nächsten Seite

Residenz am See

Uferpromenade 11 ✉ *88709 –* ✆ *(07532) 8 00 40 – www.hotel-residenz-meersburg.com*
B2r

23 Zim – 84/120 € 140/290 € – 2 Suiten – ½ P

Rest *Casala* ❁ **Rest *Residenz am See*** – siehe Restaurantauswahl

Direkt am See erwarten Sie moderne, hochwertige und individuell eingerichtete Zimmer - schön die Seesicht von den Balkonen. Der sehr persönliche Service durch Familie Lang und ihr Team nebst netten kleinen Aufmerksamkeiten macht es hier ebenso angenehm wie das wohnlich-stilvolle Ambiente. Ein echter Genuss ist das reichhaltige Frühstücksbuffet mit vielen Überraschungen und hausgemachten Spezialitäten!

Villa Seeschau garni

Von-Laßberg-Str. 12 ✉ *88709 –* ✆ *(07532) 43 44 90 – www.hotel-seeschau.de – geschl. Dezember - Februar*
B1z

16 Zim – 90/160 € 120/277 € – 2 Suiten

Die familiengeführte Villa mit gediegenem Ambiente liegt ruhig über der Altstadt. Modern und stilvoll die geräumigen Zimmer - in der Suite haben Sie sogar eine eigene Sauna! Im Sommer lässt es sich im gepflegten Garten mit Seeblick schön verweilen. Keine Kinder.

Seehotel Off

Uferpromenade 51 (über Stefan-Lochner-Straße B2) ✉ *88709 –* ✆ *(07532) 4 47 40 – www.seehotel-off.de – geschl. November - Februar*

21 Zim – 88/158 € 150/252 € – ½ P

Rest – Menü 33/39 € – Karte 19/57 €

Das Hotel liegt am ruhigen Teil der Uferpromenade. Von den freundlichen Zimmern schaut man auf den See oder die Weinberge. Die Liegewiese bietet direkten Zugang zum Wasser. Auch im Restaurant (regionale Küche) hat man den See im Blick - er reicht sogar bis zu den Schweizer Bergen. Zimmerpreise inkl. HP.

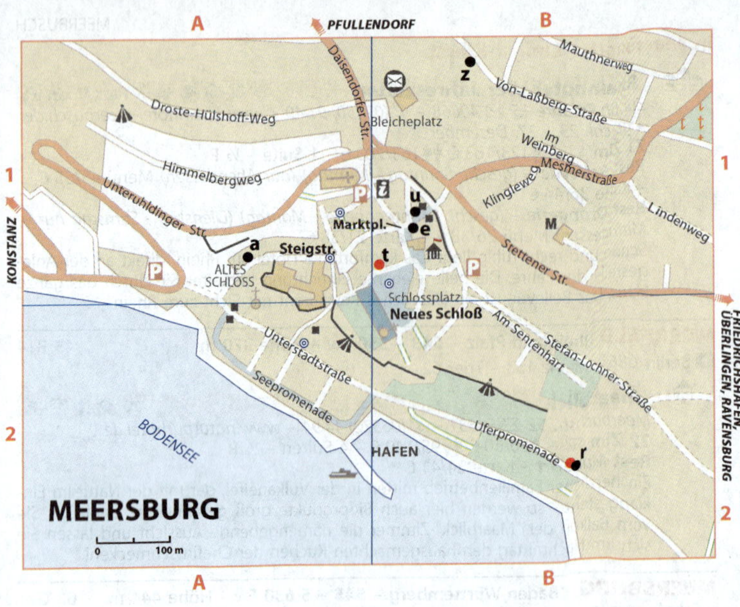

Terrassenhotel Weißhaar

Stefan-Lochner-Str. 24 (über Stefan-Lochner-Straße B2) ✉ 88709 – ✆ (07532) 4 50 40 – www.terrassenhotel-meersburg.de – *geschl. November - März*

25 Zim – ♦42/110 € ♦♦122/135 € – ½ P

Rest – Menü 32 € – Karte 30/52 €

Traumhaft die Lage oberhalb des Sees mit Panoramablick, den man sowohl von den meisten der wohnlichen Zimmer (überwiegend mit Balkon) hat als auch von der großen Restaurantterrasse - an klaren Tagen schaut man sogar bis zu den Schweizer Alpen!

Löwen

Marktplatz 2 ✉ 88709 – ✆ (07532) 4 30 40 – *www.hotel-loewen-meersburg.de* B1**e**

20 Zim – ♦45/105 € ♦♦90/130 € – ½ P

Rest – *(geschl. November - April: Donnerstag)* Menü 19 € (mittags)/35 € – Karte 29/52 €

In dem über 500 Jahre alten Haus im Zentrum hat man sehr wohnliche und individuell eingerichtete Zimmer für Sie. Ein wahres Bijou ist die komplett holzgetäfelte Gaststube. Hier bietet man regionale Gerichte, die von der Juniorchefin zubereitet werden.

Bären

Marktplatz 11 ✉ 88709 – ✆ (07532) 4 32 20 – www.baeren-meersburg.de – *geschl. 14. November - Mitte März* B1**u**

Zim,

20 Zim – ♦50/75 € ♦♦86/114 € – ½ P

Rest – *(geschl. Montag, außer an Feiertagen sowie März - Juni: jeden 2. Dienstag)* Menü 20/23 € – Karte 20/36 €

Der historische Familienbetrieb hat schon Charme - das liegt zum einen an der verwinkelten Bauweise, zum anderen an den antiken Möbeln hier und da! Am Eingang zur gemütlichen Gaststube (hier serviert man Regionales) begrüßt Sie ein beachtliches Bärenfell!

Aurichs

Steigstr. 28 ✉ 88709 – ✆ (07532) 4 45 98 55 – www.aurichs.com – geschl. Mitte Dezember - Mitte März A1a

10 Zim ☕ – 🚹50/69 € 🚹🚹78/98 € – ½ P

Rest – *(geschl. Anfang Januar - Mitte März und Montag außer Saison) (November - Dezember: nur Abendessen)* Menü 27/49 € – Karte 18/62 €

Das gepflegte Gasthaus liegt am Hang, in einer kleinen Gasse in der Altstadt, und wird in der 2. Generation familiär geführt. Bei schönem Wetter bietet das nette moderne Restaurant eine schöne Terrasse zum See. Mittags einfacheres Angebot.

Casala – Hotel Residenz am See

Uferpromenade 11 ✉ 88709 – ✆ (07532) 8 00 40 – www.hotel-residenz-meersburg.com – geschl. Februar 3 Wochen, November und Montag - Dienstag B2r

Rest – *(nur Abendessen)* Menü 72/140 €

Gelungen ist die Symbiose aus Klassik und Moderne nicht nur im neu gestalteten Gastraum (bei schönem Wetter mit Blick auf See und Berge!), sondern auch in der exakten und zeitgemäßen Küche von Markus Philippi. Aufmerksam und charmant der junge Service.

➜ Gänseleber "Casala". Duett von der Hofente, Rhabarber, Balsamico. Komposition von der Valrhona Schokolade, Erdbeere, Spargel, Pinienkerne.

Residenz am See – Hotel Residenz am See

Uferpromenade 11 ✉ 88709 – ✆ (07532) 8 00 40 – www.hotel-residenz-meersburg.com – geschl. Februar, 22. - 25. Dezember und Dienstag B2r

Rest – Menü 48/59 € – Karte 37/57 €

Der reizvolle Ausblick und die mit viel Engagement zubereiteten zeitgemäß-internationalen Gerichte spielen hier ganz klar die Hauptrolle. Reservieren Sie daher rechtzeitig einen Tisch nahe dem Fenster!

Winzerstube zum Becher 

Höllgasse 4 ✉ 88709 – ✆ (07532) 90 09 – www.zumbecher.de – geschl. Januar 1 Woche und Montag B1t

Rest – (Tischbestellung ratsam) Menü 29 € (mittags)/65 € – Karte 23/44 €

Das gemütliche Gasthaus mit 400-jähriger Tradition ist seit 1887 in Familienbesitz. Gekocht wird regional mit internationalem Einfluss - macht Ihnen z. B. "Felchen mit Gemüse, Reis und Spinatauflauf" Appetit? Kleine Terrasse nach hinten.

MEHRING (KREIS ALTÖTTING) – Bayern – 546 – 2 260 Ew – Höhe 432 m

67 O20

Berlin 632 – München 103 – Bad Reichenhall 70 – Passau 84

In Mehring-Hohenwart Nord: 1,5 km

Schwarz 

Hohenwart 10 ✉ 84561 – ✆ (08677) 9 84 00 – www.gasthof-schwarz.de – geschl. 18. August - 5. September

28 Zim ☕ – 🚹58/68 € 🚹🚹87/95 € – ½ P

Rest – *(geschl. Dienstag)* Menü 13 € – Karte 17/41 €

Der Gasthof unter familiärer Leitung liegt in einem beschaulichen Dorf, unterhalb der Kirche. Wohnliche Zimmer, nette Aussicht vom verglasten Frühstücksraum. In den gemütlichen regionstypischen Gaststuben isst man bayerisch.

MEININGEN – Thüringen – 544 – 21 590 Ew – Höhe 290 m

39 J13

Berlin 371 – Erfurt 80 – Coburg 69 – Fulda 63

Markt 14, ✉ 98617, ✆ (03693) 4 46 50, www.meiningen.de

Sächsischer Hof

Georgstr. 1 ✉ 98617 – ✆ (03693) 45 70 – www.saechsischerhof.com
37 Zim – 79/135 € 98/150 €, 12 € – 3 Suiten
Rest *Posthalterei* – siehe Restaurantauswahl
Rest *Kutscherstube* – Menü 20 € – Karte 17/30 €
Das traditionsreiche Hotel - einst Poststation - befindet sich gegenüber dem Englischen Garten und beherbergt elegante großzügige Zimmer sowie einfachere Classic-Zimmer. Gemütlich sitzt man in der rustikalen Kutscherstube (charmant die alte Holztäfelung) bei bürgerlich-regionaler Küche.

Posthalterei – Hotel Sächsischer Hof

Georgstr. 1 ✉ 98617 – ✆ (03693) 45 70 – www.saechsischerhof.com
– geschl. 20. Juli - 11. August und Sonntag - Montag
Rest – *(nur Abendessen)* Menü 38/75 € – Karte 26/38 €
Appetit auf "Safran-Fischsüppchen mit Lachs und Spinat"? Und danach "Kalbsrücken mit Morchelsauce"? So zum Beispiel klingt das schmackhafte saisonale Angebot, das begleitet wird von 285 Positionen Wein. Helles warmes Holz an Decke und Wänden sowie zwei rustikale alte Natursteinbögen und Deko aus Posthalterei-Zeiten machen es hier schön behaglich.

MEISSEN – Sachsen – 544 – 27 550 Ew – Höhe 110 m 43 P12

Berlin 194 – Dresden 23 – Chemnitz 61 – Leipzig 85
Markt 3 A2, ✉ 01662, ✆ (03521) 4 19 40, www.touristinfo-meissen.de
Staatliche Porzellanmanufaktur★ A3 · Albrechtsburg★ · Dom★ (Stifterfiguren★★) A1

WELCOME Parkhotel (mit Gästehaus)
Zim, Rest,

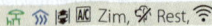

Hafenstr. 27 ✉ 01662 – ✆ (03521) 7 22 50
– www.welcome-hotel-meissen.de B1**a**
96 Zim – 65/105 € 100/140 € – ½ P
Rest – Menü 19/29 € – Karte 23/32 €
Den Mittelpunkt der Hotelanlage bildet eine Jugendstilvilla von 1870 mit auffallend schöner Fassade! In drei Häusern hat man klassisch-elegante oder etwas funktionellere Zimmer. Ein kleiner Garten mit altem Baumbestand gehört auch dazu, ebenso wie eine hübsche Terrasse und ein Biergarten am Elbradweg.

Goldener Löwe

Heinrichsplatz 6 ✉ 01662 – ✆ (03521) 4 11 10 – www.welcome-hotels.de
36 Zim – 60/90 € 100/130 € – ½ P A2**t**
Rest – Menü 19/34 € – Karte 21/32 €
In der historischen Altstadt gelegen und über 350 Jahre alt, hat das Gasthaus ein ganzes Stück Meißner Tradition zu bieten! Aber nicht nur das: Die Zimmer sind gediegen-komfortabel (teils ruhig zum Innenhof), das Restaurant ist recht elegant, mit nettem Barbereich.

Vincenz Richter

An der Frauenkirche 12 ✉ 01662 – ✆ (03521) 45 32 85 – www.vincenz-richter.de
– geschl. 6. - 31. Januar und Sonntagabend - Montag A2**f**
Rest – (Tischbestellung ratsam) Menü 20/38 € – Karte 18/44 €
Bei Familie Herrlich im Tuchmacherzunfthaus von 1523 fühlt man sich angesichts zahlreicher Antiquitäten und charmanter Einrichtungsdetails fast wie im Museum! Ein gemütlicher Rahmen u. a. für das Meißner Menü und natürlich die Eigenbauweine.

Meissen

Talstr. 9, (2. Etage) ✉ 01662 – ✆ (03521) 46 87 30
– www.gastronomie-meissen.com – geöffnet: im Winter bis 18 Uhr und im Sommer bis 19 Uhr A2_3**a**
Rest – Menü 32/49 € – Karte 24/35 €
Wer das Museum der Porzellan-Manufaktur besucht, sollte gleich ein Essen miteinplanen, denn im Restaurant gibt es auch Interessantes zu sehen: Die saisonalen Speisen werden natürlich auf Meissener Porzellan serviert, dazu tolle Porzellanskulpturen als Dekor!

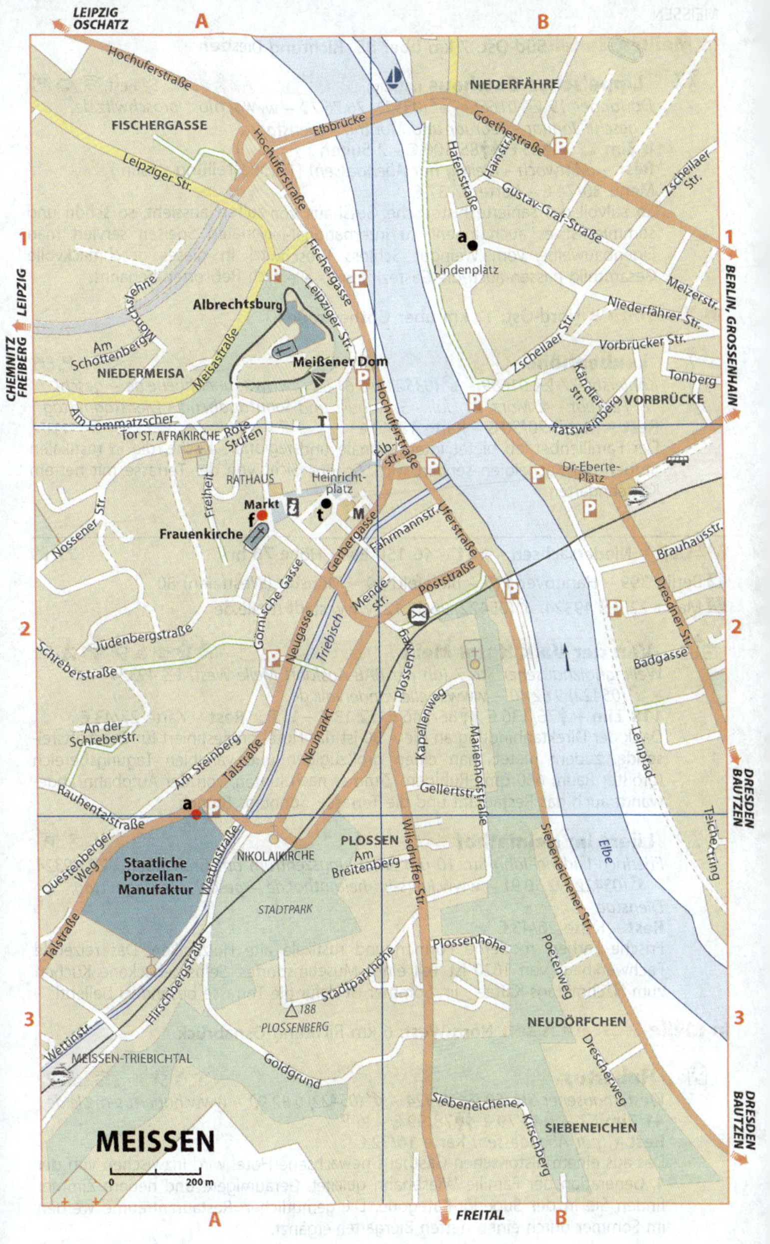
MEISSEN
LEIPZIG OSCHATZ
A
B
1
2
3
CHEMNITZ FREIBERG
LEIPZIG
BERLIN, GROSSENHAIN
DRESDEN BAUTZEN
FREITAL
0
200 m
Hochuferstraße
FISCHERGASSE
Elbbrücke
NIEDERFÄHRE
Goethestraße
Leipziger Str.
Hafenstraße
Hainstr.
Zscheilaer Str.
Gustav-Graf-Straße
Fischergasse
Lindenplatz
Melzerstr.
Niederfährer Str.
Albrechtsburg
Mönchsiehne
Meisastraße
Am Schottenberg
NIEDERMEISA
Meißener Dom
Zscheilaer Str.
Vorbrücker Str.
Kändlerstr.
Tonberg
VORBRÜCKE
Ratsweinberg
Am Lommatzscher Tor
ST. AFRAKIRCHE
Rote Stufen
Elbstr.
Dr-Eberte-Platz
RATHAUS
Heinrichtplatz
Markt
Freiheit
Frauenkirche
Nossener Str.
Gerbergasse
Fährmannstr.
Uferstraße
Brauhausstr.
Görnische Gasse
Mendestr.
Poststraße
Dresdner Str.
Jüdenbergstraße
Schreberstraße
Neugasse
Triebisch
Plossenweg
Badgasse
An der Schreberstr.
Am Steinberg
Talstraße
Neumarkt
Kapellenweg
Marienhofstraße
Leinpfad
Rauhentalstraße
Gellertstr.
Questenberger Weg
Staatliche Porzellan-Manufaktur
Wettinstraße
NIKOLAIKIRCHE
PLOSSEN
Am Breitenberg
Wilsdruffer Str.
Siebeneichener Str.
Elbe
Teichertring
STADTPARK
Talstraße
Plossenhöhe
Poetenweg
Stadtparkhöhe
Hirschbergstraße
188
PLOSSENBERG
NEUDÖRFCHEN
Wettinstr.
MEISSEN-TRIEBICHTAL
Goldgrund
Drescherweg
Siebeneichener Kirschberg
SIEBENEICHEN

In Meißen-Zadel Süd-Ost: 7 km über B3, Richtung Dresden

XX **Lippe'sches Gutshaus** mit Zim Rest, P

Dorfanger 19 ✉ 01665 – ✆ (03521) 76 76 73 – www.schloss-proschwitz.de – geschl. Januar - Februar und Montag - Dienstag

8 Zim – 65 € 85/100 € – 2 Suiten

Rest – *(Mittwoch - Freitag nur Abendessen)* (Tischbestellung ratsam)

Menü 30/74 € – Karte 27/37 €

So stilvoll das sanierte historische Gutshaus von außen aussieht, so schön und stimmig ist es auch innen! Zu international-regionalen Speisen serviert man Eigenbauweine vom Weingut Schloss Proschwitz! In dieses geschmackvolle Gesamtbild passen auch die Gästezimmer - alle nach Rebsorten benannt.

In Weinböhla Nord-Ost: 11 km über Göthestraße B1

X **Laubenhöhe** P

Köhlerstr. 77 ✉ 01689 – ✆ (035243) 3 61 83 – www.laubenhoehe.de – geschl. 18. Februar - 4. März, 21. Juli - 5. August und Sonntagabend - Dienstagmittag

Rest – Menü 20/50 € – Karte 18/40 €

Der Familienbetrieb bietet internationale und regionale Küche, die in rustikalen Stuben mit Kachelofen serviert wird. Schöne Sicht von der Terrasse mit nettem Kakteengarten.

MELLE – Niedersachsen – 541 – 46 150 Ew – Höhe 76 m

27 F9

Berlin 399 – Hannover 115 – Bielefeld 39 – Münster (Westfalen) 80

Markt 22, ✉ 49324, ✆ (05422) 96 53 12, www.stadt-melle.de

Van der Valk Hotel Melle

Wellingholzhausener Str. 7 (an der BAB-Ausfahrt Melle-West) ✉ 49324 – ✆ (05422) 9 62 40 – www.melle.vandervalk.de

118 Zim – 76/136 € 86/146 €, 13 € – ½ P **Rest** – Karte 27/43 €

Dank der Direktanbindung an die A 30 ist das Hotel prädestiniert für Geschäftsreisende, zudem bietet man einen großzügigen und variablen Tagungsbereich (größter Raum 660 qm). Ruhigere Zimmer nach hinten; von der Autobahn abgewandt auch das Restaurant und die Terrasse. Sonntags Brunch.

X **Lüers im Heimathof**

Friedrich-Ludwig-Jahn-Str. 10 (im Erhohlungszentrum am Grönenberg) ✉ 49324 – ✆ (05422) 92 50 91 – www.luers-im-heimathof.de – geschl. Montagmittag, Dienstag

Rest – Karte 26/45 €

Frische Farben, moderne Formen und rustikale alte Holzbalken. Das reizende Fachwerkhaus von 1620 ist Teil eines Museumsdorfes. Selbstgebackene Kuchen zum Nachmittags-Kaffee - im Sommer ist dafür die Terrasse besonders beliebt!

In Melle-Westerhausen Nord-West: 6 km Richtung Osnabrück

Hubertus

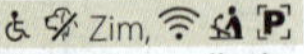

Westerhausener Str. 50 ✉ 49324 – ✆ (05422) 9 82 90 – www.hubertus-melle.de

41 Zim – 49/79 € 78/99 € – ½ P

Rest – *(nur Abendessen)* Karte 16/32 €

Das aus einem historischen Gasthaus gewachsene Hotel wird inzwischen von der 4. Generation der Familie Wiesehahn geleitet. Geräumigere und neuere Zimmer finden Sie in der Superior-Kategorie. Die gemütlichen Restauranträume werden im Sommer durch einen netten Biergarten ergänzt.

MELLRICHSTADT – Bayern – 546 – 5 810 Ew – Höhe 270 m

39 J14

Berlin 392 – München 359 – Fulda 57 – Bamberg 89

Marktplatz 2, ✉ 97638, ✆ (09776) 92 41, www.mellrichstadt-rhoen.de

BIO Hotel Sturm (mit Gästehäusern) Rest,

Ignaz-Reder-Str. 3 ✉ *97638 – ✆ (09776) 8 18 00 – www.hotel-sturm.com*
46 Zim – 77/102 € 134/162 € – ½ P
Rest – *(nur Abendessen)* Karte 26/52 €
Man sieht dem Hotel das Engagement der Betreiber an: Hier wird stetig renoviert und verbessert, auch bio-zertifiziert ist man inzwischen! Einige Zimmer sind ganz modern, dazu kommen Massage und Kosmetik sowie ein Garten mit Schwimmteich und Blockhaussauna.

MELSUNGEN – Hessen – 543 – 13 390 Ew – Höhe 179 m – Luftkurort 39 H12

Berlin 407 – Wiesbaden 198 – Kassel 30 – Bad Hersfeld 45
Kasseler Str. 44, ✉ 34212, ✆ (05661) 92 11 00, www.melsungen.de

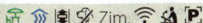

Centrinum Zim,

Rosenstr. 1 ✉ *34212 – ✆ (05661) 92 60 60 – www.centrinum.de*
21 Zim – 80 € 120 € – 1 Suite **Rest** – Karte 26/42 €
In diesem Hotel in der Altstadt wurde Modernität clever mit Fachwerk kombiniert. Die zeitgemäßen Zimmer sind individuell eingerichtet. Netter Saunabereich. Internationale Küche im Bistro. Von der Terrasse beobachtet man das Geschehen in der Fußgängerzone.

MEMMELSDORF – Bayern – 546 – 8 860 Ew – Höhe 262 m 50 K15

Berlin 398 – München 240 – Coburg 47 – Bamberg 7

Brauerei-Gasthof Drei Kronen (mit Gästehaus)

Hauptstr. 19 ✉ *96117 – ✆ (0951) 94 43 30 – www.drei-kronen.de*
– geschl. 20. - 25. Dezember
25 Zim – 59/85 € 89/125 € – ½ P
Rest – *(geschl. Sonntagabend - Montagmittag)* Karte 16/38 €
Als Gasthof gibt es das Haus der Straubs schon seit 1750, die Brautradition geht sogar bis ins Jahr 1457 zurück! Schön wohnlich sind die Zimmer alle, das komfortabelste ist aber der "Braumeistertempel"! Und welche Gaststube gefällt Ihnen am besten? Vielleicht die mit alter Original-Täfelung und Kachelofen?

MEMMINGEN – Bayern – 546 – 41 030 Ew – Höhe 601 m 64 I20

Berlin 661 – München 114 – Kempten (Allgäu) 35 – Augsburg 95
Marktplatz 3, ✉ 87700, ✆ (08331) 85 01 72, www.memmingen.de
Buxheim, Westernhart 1b, ✆ (08331) 7 10 16

Falken garni

Roßmarkt 3 ✉ *87700 – ✆ (08331) 9 45 10 – www.hotel-falken-memmingen.de*
– geschl. August 3 Wochen, Ende Dezember 2 Wochen
41 Zim – 79/99 € 115/145 € – 1 Suite
In dem Stadthotel mitten im Zentrum erwarten Sie wohnliche, neuzeitliche Zimmer, einige mit Dampfdusche. W-Lan steht den Gästen kostenfrei zur Verfügung.

Allgäuhotel Memmingen Nord garni 

Teramostr. 31 ✉ *87700 – ✆ (08331) 99 18 10*
– www.allgaeuhotel-memmingen-nord.de
28 Zim – 70 € 89 €
Neuzeitlich und funktionell ausgestattete Zimmer und die gute Anbindung an die Autobahn machen dieses Hotel aus. Man bietet einen Shuttleservice zum Bahnhof und zum Flughafen.

Engelkeller

Königsgraben 9 ✉ *87700 – ✆ (08331) 9 84 44 90 – www.engelkeller.de*
25 Zim – 82 € 118 € **Rest** – Karte 18/48 €
In einem Eckhaus nicht weit von der Innenstadt stehen geradlinig-zeitgemäß gestaltete Gästezimmer in warmen Brauntönen bereit. Das mit rustikaler Note eingerichtete Restaurant wird durch einen Biergarten ergänzt.

Weinstube Weber am Bach

Untere Bachgasse 2 ✉ 87700 – ✆ (08331) 24 14 – www.weberambach.de – geschl. Montagmittag
Rest – (Tischbestellung ratsam) Menü 30/56 € – Karte 21/61 €
Herbert Breckel ist nicht nur Gastgeber, er steht auch selbst am Herd und kocht bürgerlich-saisonale Speisen mit internationalem Einfluss. Holzgetäfelt und sehr gemütlich, passen die Stuben zum Charakter des 1320 erstmals erwähnten Hauses mitten in der Altstadt. Im Sommer sitzt man im Freien direkt am Bach!

MENGKOFEN (KREIS DINGOLFING) – Bayern – 546 – 5 780 Ew – Höhe 398 m

59 N18

Berlin 556 – München 106 – Regensburg 65 – Dingolfing 10

Zur Post

Hauptstr. 20 ✉ 84152 – ✆ (08733) 9 22 70 – www.post-mengkofen.de – geschl. 1. - 10. Januar
30 Zim – 70/79 € 100 €
Rest – *(geschl. Sonntagabend) (nur Abendessen, sonntags auch Mittagessen)* Menü 28 € (abends) – Karte 23/33 €
Der gewachsene historische Gasthof im Ortskern ist eine ehemalige Posthalterei, die heute modern und funktionell gestaltete Zimmer bietet, nach hinten ruhiger. Angenehm helles Restaurant im Wintergarten, dazu das Poststüberl. Samstagabends Gourmetmenü im "P 20".

MEPPEN – Niedersachsen – 543 – 34 950 Ew – Höhe 14 m

16 D7

Berlin 504 – Hannover 240 – Nordhorn 43 – Bremen 129

Markt 4, ✉ 49716, ✆ (05931) 15 33 33, www.touristmeppen.de

Gut Düneburg, Düneburg 1, ✆ (05932) 7 27 40

von Euch

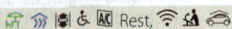

Rest,

Kuhstr. 21 ✉ 49716 – ✆ (05931) 4 95 01 00 – www.hotelvoneuch.de
29 Zim – 74/89 € 89/104 € – ½ P
Rest – Menü 28 € (abends) – Karte 28/44 €
Freundlich kümmert man sich in dem Hotel im Zentrum um seine Gäste. Sie wohnen in tipptopp gepflegten, neuzeitlich eingerichteten Zimmern und genießen am Morgen ein gutes Frühstück. Restaurant in zeitlosem Stil mit ruhig gelegener Terrasse.

Poeker

Herzog-Arenbergstr. 15 ✉ 49716 – ✆ (05931) 49 10 – www.hotel-poeker.de
49 Zim – 58/79 € 75/95 € – ½ P **Rest** – Menü 18 € – Karte 15/31 €
Der Familienbetrieb liegt zentral und dennoch relativ ruhig. Die neueren "First-Class"-Zimmer sind mit klarem Design, Klimaanlage, Bluetooth-Technik und iPod-Station "up to date"! In einem Gästehaus hat man zudem vier Ferienwohnungen.

Parkhotel

Lilienstr. 21 (nahe der Freilichtbühne) ✉ 49716 – ✆ (05931) 9 79 00 – www.parkhotel-meppen.de
34 Zim – 60/80 € 80/100 € – ½ P
Rest – *(geschl. Sonntag) (nur Abendessen)* Menü 20/50 € – Karte 22/47 €
In einer ruhigen Seitenstraße am Waldrand gelegenes Hotel mit unterschiedlichen Zimmern, darunter einige besonders moderne mit Terrasse. Schön ist auch die Außensauna im Garten. Hübsch dekoriertes, ländlich gehaltenes Restaurant.

Schmidt am Markt

Markt 17 ✉ 49716 – ✆ (05931) 9 81 00 – www.hotel-schmidt-meppen.de
31 Zim – 50/85 € 85/99 € – ½ P **Rest** – Karte 18/38 €
Vor allem die Zimmer im Neubau überzeugen - nicht nur mit ihrer modernen Einrichtung, auch mit ihrer Größe! Sie brauchen nur aus dem Haus zu gehen und stehen direkt in der Fußgängerzone.

MERGENTHEIM, BAD - Baden-Württemberg - 545 - 22 400 Ew 49 I16
- Höhe 206 m - Heilbad

Berlin 539 - Stuttgart 117 - Würzburg 46 - Ansbach 78

Marktplatz 1, ✉ 97980, ✆ (07931) 57 48 15, www.bad-mergentheim.de

Igersheim, Erlenbachtalstr. 36, ✆ (07931) 56 11 09

Lage★

Victoria
Poststr. 2 ✉ 97980 – ✆ (07931) 59 30 – www.victoria-hotel.de
41 Zim – 69/89 € 99/165 € – ½ P
Rest ***Vinothek & Zirbelstube*** – siehe Restaurantauswahl
Sie suchen ein geschmackvolles, wohnliches und zugleich gastronomisch interessantes Hotel? Mit frischen, eleganten Zimmern, gutem Service und der zentralen Lage am Altstadtrand liegen Sie hier richtig! Dazu kommen noch gute Veranstaltungsmöglichkeiten.

Parkhotel
Lothar-Daiker-Str. 6 ✉ 97980 – ✆ (07931) 53 90 – www.parkhotel-mergentheim.de
116 Zim – 88/111 € 119/155 € – ½ P **Rest** – Karte 29/50 €
Das Hotel befindet sich direkt am schönen Kurpark, zu dem auch die neuzeitlichen Zimmer liegen, alle mit Balkon oder Loggia. Medizinische Anwendungen und Schönheitsfarm. Internationale Küche im hellen, geradlinigen Restaurant. Terrasse mit Blick ins Grüne.

Bundschu
Milchlingstr. 24 ✉ 97980 – ✆ (07931) 93 30 – www.hotel-bundschu.de
60 Zim – 70/100 € 99/130 € – ½ P
Rest ***Bundschu*** – siehe Restaurantauswahl
Familie Bundschu leitet ihr Haus schon mit sehr viel Engagement und Herz, man renoviert und investiert, und so bietet man seinen Gästen neben den Komfortzimmern auch besonders schicke und topmoderne Superiorzimmer sowie großzügige Juniorsuiten. Das Haus eignet sich auch bestens für Tagungen und Veranstaltungen aller Art.

Alte Münze garni
Münzgasse 12 ✉ 97980 – ✆ (07931) 56 60 – www.hotelaltemuenze.de
30 Zim – 52/65 € 85/95 €
Der Gast bekommt hier alles, was er von einem gepflegten Stadthotel erwartet: funktionell ausgestattete Zimmer, solide Technik und ein gutes Frühstücksbuffet. Tipp: Besuchen Sie das wenige Gehminuten entfernte Deutschordensschloss!

Bundschu – Hotel Bundschu
Milchlingstr. 24 ✉ 97980 – ✆ (07931) 93 30 – www.hotel-bundschu.de – geschl. Montag
Rest – Menü 29/39 € – Karte 21/44 €
Das gepflegte bürgerliche Restaurant ist die "Gute Stube" im Hause der Bundschus. Patron Hans Jörg führt nach wie vor Regie in der Küche, seine Gerichte sind regional, zeigen aber auch mediterrane Einflüsse.

Vinothek & Zirbelstube – Hotel Victoria
Poststr. 2 ✉ 97980 – ✆ (07931) 59 30 – www.victoria-hotel.de
Rest – Karte 25/54 €
Entscheiden Sie selbst, ob Sie in der gemütlich-eleganten Zirbelstube mit ihrer schönen Holztäfelung sitzen oder in der angenehm legeren Vinothek (interessant hier die einsehbare Küche!) - die regional-saisonalen Speisen serviert man Ihnen hier wie dort. Und wer die regionalen Weine nicht nur zum Essen genießen möchte, kann hier auch gleich welche für zuhause mitnehmen!

In Bad Mergentheim-Markelsheim Süd-Ost: 6 km über B 19 – Erholungsort

Gästehaus Birgit garni
Scheuerntorstr. 25 ✉ 97980 – ✆ (07931) 9 09 00 – www.gaestehausbirgit.de
11 Zim – 43/46 € 63/72 € – 1 Suite
Wie gemacht für Radwanderer: ruhig am Ortsrand gelegen, der Tauberradweg direkt vor der Tür! Bei der engagierten Familie Beck kann man wirklich nett und sehr günstig übernachten (und auch gut frühstücken) - alles hell und frisch in Blau-Weiß.

MERKLINGEN – Baden-Württemberg – 545 – 1 880 Ew – Höhe 699 m
56 H19

Berlin 629 – Stuttgart 73 – Reutlingen 53 – Ulm (Donau) 26

Ochsen Rest,

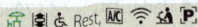

Hauptstr. 12 ✉ 89188 – ✆ (07337) 9 61 80 – www.hotel-ochsen-merklingen.de

31 Zim – 🚹79/86 € 🚹🚹124 € – ½ P

Rest – Menü 33 € (mittags)/36 € – Karte 20/39 €

Das Gasthaus von 1609 wird seit 1823 von Familie Hintz betrieben! Im Stammhaus wohnt man in Zimmern von rustikal bis neuzeitlich, im Anbau befinden sich Tagungsräume, Festsaal und das moderne Restaurant (internationale Küche und Steaks) - hübsch die Terrasse.

In Berghülen Süd: 8 km über Machtholsheim

Zum Ochsen

Blaubeurer Str. 14 ✉ 89180 – ✆ (07344) 9 60 90 – www.ochsen-berghuelen.de – geschl. 4. - 17. August

32 Zim – 🚹40/53 € 🚹🚹65/83 € – ½ P

Rest – *(geschl. Montag)* Menü 16/32 € – Karte 16/32 €

In der 6. Generation wird der erweiterte Gasthof von der Familie geleitet. Die Zimmer im Haupthaus und im Anbau sind etwas unterschiedlich eingerichtet, solide und gepflegt. Restaurant mit bürgerlicher Küche.

MERSEBURG – Sachsen-Anhalt – 542 – 35 420 Ew – Höhe 100 m
31 M11

Berlin 189 – Magdeburg 104 – Leipzig 27 – Halle (Saale) 16

Burgstr. 5, ✉ 06217, ✆ (03461) 21 41 70, www.merseburg.de

Radisson BLU Rest, Rest,

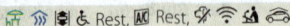

Oberaltenburg 4 ✉ 06217 – ✆ (03461) 4 52 00 – www.merseburg-radissonblu.com

132 Zim – 🚹89/190 € 🚹🚹104/210 € – 4 Suiten – ½ P

Rest – Menü 26/60 € – Karte 27/49 €

Das barocke Zech'sche Palais ist Teil dieses oberhalb der Stadt gelegenen Hotels. Die Zimmer sind gediegen-komfortabel und technisch gut ausgestattet. Schöne historische Säle. Klassische Küche mit internationalem Einfluss im Restaurant Belle Epoque.

Stadt Merseburg

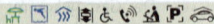

Christianenstr. 25 ✉ 06217 – ✆ (03461) 35 00 – www.bestwestern-merseburg.de

73 Zim – 🚹69/99 € 🚹🚹79/119 € – 1 Suite – ½ P **Rest** – Karte 22/35 €

Das auf Businessgäste ausgerichtete Hotel am Rande der Innenstadt bietet neuzeitliche Zimmer mit guter Technik, die Suite verfügt über eine tolle Dachterrasse. Massage-Angebot. Die Brasserie und der freundliche Wintergarten dienen als Restaurant.

Ritters Weinstuben mit Zim

Große Ritterstr. 22 (Zufahrt über Burgstraße) ✉ 06217 – ✆ (03461) 3 36 60 – www.ritters-weinstuben.de

9 Zim – 🚹54 € 🚹🚹65 €, 7 € – 1 Suite

Rest – Menü 10 € (mittags)/65 € – Karte 27/58 €

In behaglichen Räumen mit bürgerlich-eleganter Note serviert man Ihnen zeitgemäße internationale Küche. Mittags reicht man eine kleine Karte, ergänzt durch Tagesgerichte. Die Gästezimmer sind solide, wohnlich und funktional gestaltet.

MERTESDORF – Rheinland-Pfalz – 1 670 Ew – Höhe 220 m
45 B15

Berlin 725 – Mainz 150 – Trier 16 – Saarbrücken 82

Weis Rest,

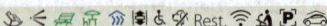

Eitelsbacher Str. 4 ✉ 54318 – ✆ (0651) 9 56 10 – www.hotel-weis.de

49 Zim – 🚹79/96 € 🚹🚹110/130 € – ½ P

Rest – Menü 23 € (mittags)/45 € – Karte 28/50 €

Das in den Weinbergen des Ruwertals gelegene familiengeführte Hotel mit Weingut verfügt über zeitgemäße und wohnliche Zimmer sowie einen modernen Sauna- und Anwendungsbereich. Behagliches Restaurant mit Kachelofen und rustikale Stube.

Grünhäuser Mühle
Hauptstr. 4 ✉ 54318 – ✆ (0651) 5 24 34 – www.gruenhaeuser-muehle.de – geschl. Februar und Montag - Dienstag
Rest – *(nur Abendessen, sonntags auch Mittagessen)* Menü 31/52 € – Karte 32/55 €
Die gemütliche restaurierte alte Mühle bietet klassisch-traditionelle französische Küche mit vielen Spezialitäten aus der bretonischen Heimat des Patrons. Freundlicher Service.

MERZHAUSEN – Baden-Württemberg – 545 – 4 830 Ew – Höhe 281 m

61 D20

Berlin 814 – Stuttgart 187 – Freiburg 6 – Strasbourg 89

Grüner Baum mit Zim
Hexentalstr. 35 ✉ 79249 – ✆ (0761) 8 88 68 00 – www.gruenerbaum-merzhausen.de – geschl. 6. - 19. Januar und Montagabend
10 Zim – †58/87 € ††95/115 € **Rest** – Menü 42 € – Karte 34/41 €
Der historische Gasthof (in der 1. Etage war auch einige Jahre das Rathaus untergebracht), hat mit Nicole Aigner eine sympathische Gastgeberin. Viel Holz macht es hier liebenswert-ländlich, gekocht wird international. Und für Übernachtungsgäste gibt's am Morgen hausgemachte Marmelade zum Frühstück!

MERZIG – Saarland – 543 – 30 360 Ew – Höhe 174 m

45 B16

Berlin 746 – Saarbrücken 47 – Luxembourg 56 – Saarlouis 21
Poststr. 12, ✉ 66663, ✆ (06861) 8 53 30, www.merzig.de

Roemer
Schankstr. 2 ✉ 66663 – ✆ (06861) 9 33 90 – www.roemer-merzig.de
41 Zim – †64/72 € ††89/99 € – ½ P
Rest – *(geschl. Samstagmittag)* Menü 16 € – Karte 17/46 €
Das zeitgemäß und funktionell ausgestattete Haus (teilweise hübsche Themenzimmer wie z. B. Meereszimmer oder Afrikazimmer) ist ein "Bett+Bike"-Hotel: Gäste dürfen sich über Fahrrad-Garage sowie Verleih von Rädern und E-Bikes freuen. Das Restaurant bietet u. a. regionale Küche.

Callari N
Fischerstr. 20 ✉ 66663 – ✆ (06861) 99 24 24 – geschl. 27. Februar - 5. März, Anfang Juni 1 Woche, Anfang Oktober 1 Woche und Mittwoch - Donnerstag, Samstagmittag
Rest – Menü 45 € – Karte 25/52 €
In Sizilien geboren, hat Gaspare Callari über die Toskana den Weg ins Saarland gefunden. Und hier bewahrt er sich nun in dem etwas versteckt im Zentrum am Seffersbach liegenden Restaurant ein Stückchen Heimat in Form von mediterran-italienischer Küche.

MESCHEDE – Nordrhein-Westfalen – 543 – 30 830 Ew – Höhe 260 m – Wintersport: 550 m 2

27 F11

Berlin 481 – Düsseldorf 150 – Arnsberg 19 – Brilon 22
Le-Puy-Str. 6-8, ✉ 59872, ✆ (0291) 9 02 24 43, www.hennesee-tourismus.de

Von Korff
Le-Puy-Str. 19 ✉ 59872 – ✆ (0291) 9 91 40 – www.hotelvonkorff.de
26 Zim – †69 € ††94 € – ½ P
Rest ***Von Korff*** – siehe Restaurantauswahl
Familie von Korff bietet in dem erweiterten Stadthaus von 1902 geradlinig-modern eingerichtete Zimmer mit Parkettboden, zeitgemäßer Technik und gutem Platzangebot.

Von Korff – Hotel Von Korff

Le-Puy-Str. 19 ✉ 59872 – ✆ (0291) 9 91 40 – www.hotelvonkorff.de
Rest – Menü 19/49 € – Karte 29/56 €
Ein Patrizierhaus, dessen architektonische Erneuerung und Erweiterung gelungen ist, überzeugt mit einem Ambiente aus Modernität, klaren Formen und viel Licht. Schöne Auswahl an Bordeaux-Weinen.

In Meschede-Freienohl Nord-West: 10 km über A 46

Luckai mit Zim

Christine-Koch-Str. 11 ✉ 59872 – ✆ (02903) 9 75 20 – www.hotel-luckai.de – geschl. Mittwoch

15 Zim – 59/69 € 86/98 €

Rest – *(Montag - Freitag nur Abendessen)* Karte 18/43 €

In diesem hell gestalteten Restaurant serviert man bürgerliche Küche mit internationalen Einflüssen. Zum Haus gehören auch eine nette Sonnenterrasse und eine Bierstube. Die soliden Gästezimmer verfügen meist über einen Balkon.

In Meschede-Remblinghausen Süd: 6 km

Landhotel Donner

Zur alten Schmiede 4 ✉ 59872 – ✆ (0291) 95 27 00 – www.landhotel-donner.de – geschl. 8. - 23. Januar

14 Zim – 58/64 € 86/90 € – ½ P

Rest *Landhotel Donner* – siehe Restaurantauswahl

Die engagierte Familie Donner hat ihren 1911 gegründeten Gasthof in dem historischen Handelshaus zu einem sympathischen, bestens unterhaltenen und wohnlich gestalteten kleinen Hotel erweitert. Sie möchten die schöne Gegend erwandern? Der Seniorchef hat Tipps für Ihre Tour!

Landhotel Donner – Landhotel Donner

Zur alten Schmiede 4 ✉ 59872 – ✆ (0291) 95 27 00 – www.landhotel-donner.de – geschl. 8. - 23. Januar und Mittwoch

Rest – Menü 33/45 € – Karte 24/49 €

Von der hausgemachten Rindswurst bis zu "Tempura-Garnelen Tandoori"... die regionalen, aber auch zeitgemäß-internationalen Gerichte von Georg Donner schmecken richtig gut und das Ambiente dazu ist wirklich gemütlich: hübsche ländliche Gaststuben mit hochwertigen Stoffen und warmem Holz. Und am Nachmittag ein Stück selbst gebackenen Kuchen auf der schönen Gartenterrasse?

MESPELBRUNN – Bayern – 546 – 2 200 Ew – Höhe 269 m – Erholungsort 48 H15

Berlin 561 – München 342 – Würzburg 62 – Aschaffenburg 16

Schlosshotel

Schlossallee 25 ✉ 63875 – ✆ (06092) 60 80 – www.schlosshotel-mespelbrunn.de – geschl. 4. - 11. Januar

40 Zim – 72/77 € 100/176 € – ½ P **Rest** – Karte 20/42 €

In direkter Nachbarschaft zum Wasserschloss hat sich aus der Schlosswirtschaft dieser Hotelkomplex entwickelt. In neuem Glanz und geradlinig-zeitgemäßem Stil erstrahlen nun viele der Zimmer und auch der Sauna- und Kosmetikbereich. Speisen Sie im Sommer auf der Terrasse unter alten Linden!

Zum Engel

Hauptstr. 268 ✉ 63875 – ✆ (06092) 9 73 80 – www.mespelbrunn-hotel-engel.de

23 Zim – 60/75 € 82/95 € – ½ P

Rest – *(geschl. November - April: Donnerstag)* Karte 18/43 €

Der gewachsene Gasthof mit frischer gelber Fassade liegt am Ortsanfang unweit des Schlosses. Wohnliche Zimmer, teils mit Balkon - zum schönen großen Garten hin ruhiger. Das Restaurant teilt sich in eine Gaststube mit Kachelofen und die separate Zirbelstube.

Müller's Landhotel

Am Dürrenberg 1 (Hessenthal, Nord: 2 km) ✉ 63875 – ✆ (06092) 82 48 20 – www.muellers-landhotel.eu

29 Zim – 41/71 € 70/124 € – 2 Suiten – ½ P

Rest *Müller's Frischeküche* – siehe Restaurantauswahl

Seit rund 40 Jahren wird der Gasthof als Familienbetrieb geführt. Wer klare, moderne Formen mag, sollte eines der besonders ansprechenden neueren Zimmer wählen! Die meisten Zimmer mit Balkon.

Müller's Frischeküche – Müller's Landhotel

Am Dürrenberg 1 (Hessenthal, Nord: 2 km) ✉ 63875 – ✆ (06092) 82 48 20 – www.muellers-landhotel.eu

Rest – *(Montag - Donnerstag nur Abendessen)* Menü 24/36 € – Karte 20/47 €

Die nett dekorierten Stuben versprühen ländlichen Charme. Ein freundliches Team serviert Ihnen regionale Speisen, zubereitet aus heimischen Produkten (z. B. Wild aus dem Spessart), die auf der Terrasse bei schöner Aussicht noch besser schmecken!

MESSKIRCH – Baden-Württemberg – 545 – 8 300 Ew – Höhe 616 m — 63 G20

Berlin 708 – Stuttgart 118 – Konstanz 55 – Freiburg im Breisgau 119

Schlossstr. 1, ✉ 88605, ✆ (07575) 2 06 46, www.messkirch.de

In Meßkirch-Menningen Nord-Ost: 5 km über B 311

Zum Adler Leitishofen

Leitishofen 35 (B 311) ✉ 88605 – ✆ (07575) 92 50 80 – www.adler-leitishofen.de – geschl. Ende Januar - Anfang Februar 2 Wochen und Dienstag

Rest – Menü 13/45 € – Karte 18/39 €

Regional isst man in dem sympathischen familiengeführten Landgasthof mit seinem netten ländlichen Ambiente. Und übernachten können Sie hier auch - die Gästezimmer haben teilweise einen Balkon.

MESSSTETTEN – Baden-Württemberg – 545 – 10 480 Ew – Höhe 907 m — 63 G20

Berlin 736 – Stuttgart 91 – Konstanz 88 – Albstadt 8

Schwane

Zim,

Hauptstr. 11 ✉ 72469 – ✆ (07431) 9 49 40 – www.hotel-schwane.de

23 Zim – 68/78 € 100 €

Rest – *(geschl. Samstagmittag)* Menü 25 € (mittags)/46 € – Karte 26/52 €

Das besonders von Geschäftsreisenden geschätzte Hotel ist aus einem restaurierten historischen Gasthof entstanden und verfügt über zeitgemäß und funktionell ausgestattete Zimmer. Neben regionalen Speisen bietet man auch immer wieder Weinproben an!

In Meßstetten-Hartheim Süd-West: 3 km über Hauptstraße

Lammstuben

Römerstr. 2 ✉ 72469 – ✆ (07579) 6 21 – www.lammstuben.de – geschl. Dienstag - Mittwoch

Rest – Menü 29/48 € – Karte 17/45 €

Sie sitzen in einer von drei geschmackvoll gestalteten Stuben, während Sie sich die regionale Küche servieren lassen. Kachelofen, Wandvertäfelungen, bemalte Holzdecken... das macht's stilvoll und charmant. Lust auf Schlachtfest, Kochkurs oder Spargelessen? Je nach Jahreszeit steht regelmäßig etwas Besonderes an.

METTLACH – Saarland – 543 – 12 310 Ew – Höhe 175 m — 45 B16

Berlin 754 – Saarbrücken 55 – Trier 43 – Saarlouis 29

Freiherr-vom-Stein-Str. 22, ✉ 66693, ✆ (06865) 9 11 50, www.tourist-info.mettlach.de

Cloef★★, West: 7 km

Saarpark

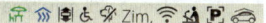

Zim,

Bahnhofstr. 31 (B 51) ✉ 66693 – ✆ (06864) 92 00 – www.hotel-saarpark.de

40 Zim – 65/85 € 100/145 € – 5 Suiten – ½ P

Rest – Menü 15 € (mittags)/40 € – Karte 17/45 €

In dem Hotel nahe der Saar wohnt man fluss- oder parkseitig, teilweise in Maisonette-Zimmern. Auch Wanderer und Radfahrer sind - vor allem im Sommer - in dieser "Bett+Bike"-Adresse gerne zu Gast. Freundlich gestaltetes Restaurant Montclair und rustikale Bierstube.

In Mettlach-Orscholz **Nord-West: 6 km, jenseits der Saar, im Wald links abbiegen – Heilklimatischer Kurort**

Landhotel Saarschleife (mit Gästehaus)
Cloefstr. 44 ✉ 66693 – ✆ (06865) 17 90 – www.hotel-saarschleife.de
44 Zim – 72/117 € 112/176 € – 4 Suiten
Rest *Landhotel Saarschleife* – siehe Restaurantauswahl
Familie Buchna führt ihr Haus sehr engagiert, immer wieder wird investiert und erneuert. Fragen Sie nach den neuen geradlinig-modern gestalteten Zimmern! Schön entspannen können Sie auch im gepflegten Freizeitbereich.

Landhotel Saarschleife – Landhotel Saarschleife
Cloefstr. 44 ✉ 66693 – ✆ (06865) 17 90 – www.hotel-saarschleife.de
Rest – Menü 38/60 € – Karte 38/52 €
Viel Lob bekommt Familie Buchna für ihr Restaurant. Kein Wunder, denn es gibt regional-saisonale Speisen mit zeitgemäßem Einfluss, die schmackhaft zubereitet werden, so z. B. "Civet von der Rehkeule in Spätburgunder mit Waldpilzen". Und freundlich umsorgt wird man obendrein.

METTMANN – Nordrhein-Westfalen – 543 – 39 300 Ew – Höhe 140 m 26 C11

Berlin 540 – Düsseldorf 12 – Essen 33 – Wuppertal 16
Mettmann, Obschwarzbach 4a, ✆ (02058) 9 22 40

An der B 7 **West: 3 km**

Gut Höhne  Zim,
Düsseldorfer Str. 253 ✉ 40822 Mettmann – ✆ (02104) 77 80 – www.guthoehne.de
130 Zim – 99 € 130/175 € – 5 Suiten – ½ P
Rest *Gutshof Restaurant* – Karte 23/58 €
Rest *Tenne* – *(nur Abendessen)* Karte 20/27 €
Mit seiner rustikalen Erscheinung erinnert das Anwesen etwas an eine Burg - Holz und Backstein bestimmen das Bild. Schöner Park und guter Spa. Aufwändig: vier Wellness-Suiten. Rustikal ist auch das Gutshofrestaurant gehalten. Tenne mit großer Theke als Mittelpunkt.

METTNAU (HALBINSEL) Baden-Württemberg – siehe Radolfzell

METZINGEN – Baden-Württemberg – 545 – 22 040 Ew – Höhe 350 m 55 G19

Berlin 673 – Stuttgart 34 – Reutlingen 8 – Ulm (Donau) 79
Am Lindenplatz 4, ✉ 72555, ✆ (07123) 92 53 26, www.metzingen.de

Schwanen
Bei der Martinskirche 10 ✉ 72555 – ✆ (07123) 94 60 – www.schwanen-metzingen.de
72 Zim – 69/145 € 99/176 €, 12 €
Rest *Schwanen* – siehe Restaurantauswahl
Sie finden das Haus gegenüber der Martinskirche und - ideal für Shopping-Fans - nur wenige Gehminuten von einem der Mode-Outlets. Buchen Sie eines der besonders schönen neueren Zimmer im Anbau! Neben dem Restaurant hat man noch die Bistro-Bar Mezzo.

Garni garni 
Bohlstr. 8 ✉ 72555 – ✆ (07123) 72 61 80 – www.garni-metzingen.de
21 Zim – 50/60 € 80 €, 7 €
In dem familiär geführten kleinen Hotel stehen funktionell ausgestattete, in modernem Stil gehaltene Gästezimmer zur Verfügung.

Schwanen – Hotel Schwanen 
Bei der Martinskirche 10 ✉ 72555 – ✆ (07123) 94 60 – www.schwanen-metzingen.de
Rest – Menü 23/44 € – Karte 20/55 €
Moderne Gastronomie und schwäbisch-ländliche Traditionen zu verbinden, ist hier gelungen. Auf den Tisch kommt saisonale Küche aus regionalen Produkten, ein Tipp für mittags ist das günstige Lunchmenü! Begehbarer Weinschrank.

In Metzingen-Glems **Süd: 4 km über B 28 Richtung Bad Urach, in Neuhausen rechts ab**

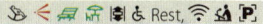

Stausee-Hotel

Rest,

Unterer Hof 3 (am Stausee, West: 1,5 km) ✉ 72555 – ✆ (07123) 9 23 60 – www.stausee-hotel.de

22 Zim – 80/110 € 120/140 €

Rest – *(geschl. Sonntagabend)* Karte 19/54 €

Die Zimmer in diesem Hotel in schöner Panoramalage oberhalb des Glemser Stausees sind hell und modern-funktionell gestaltet, zur Seeseite mit eigenem kleinem Wintergarten. Auf der Terrasse mit beeindruckender Sicht auf See und Schwäbische Alb sitzt man gerne bei Kaffee und Kuchen.

Waldhorn

Rest,

Neuhauser Str. 32 ✉ 72555 – ✆ (07123) 9 63 50 – www.gasthof-waldhorn-metzingen.de – geschl. über Fasching 1 Woche, Anfang August 2 Wochen

6 Zim – 52/58 € 90/98 € – ½ P

Rest – *(geschl. Dienstag)* Karte 22/39 €

Der traditionsreiche Gasthof in der Ortsmitte ist seit Generationen im Familienbesitz. Es stehen wohnliche und praktisch ausgestattete Zimmer bereit. Bürgerlich speist man in der ländlichen Gaststube.

MEYENBURG – Brandenburg – 542 – 2 270 Ew – Höhe 82 m 12 N6

Berlin 143 – Potsdam 136 – Perleberg 49 – Waren 67

Germania Hotel am Schlosspark

Wilhelmsplatz 3 ✉ 16945 – ✆ (033968) 50 20 – www.germania-meyenburg.de

14 Zim – 62 € 83 € – ½ P **Rest** – Karte 16/37 €

Das kleine Hotel am Eingang des Schlossparks ist eine gut geführte und wohnlich-moderne Adresse mit zeitgemäß ausgestatteten Gästezimmern in angenehm warmen Tönen. Hell, freundlich und neuzeitlich zeigt sich das Restaurant. Die Küche ist international.

MICHELSTADT – Hessen – 543 – 16 470 Ew – Höhe 206 m 48 G16

Berlin 592 – Wiesbaden 92 – Mannheim 66 – Aschaffenburg 51

Marktplatz 1, ✉ 64720, ✆ (06061) 9 79 41 10, www.michelstadt.de

Vielbrunn, Ohrnbachtalstr. 7, ✆ (06066) 2 58

Drei Hasen

Zim,

Braunstr. 5 ✉ 64720 – ✆ (06061) 7 10 17 – www.dreihasen.de – geschl. 1. - 15. Januar

20 Zim – 62/68 € 96 € – ½ P

Rest – *(geschl. Montag, außer an Feiertagen)* Menü 30 € (mittags) – Karte 22/46 €

1685 wurde das schöne historische Gebäude zum Gasthaus! Über 300 Jahre und 14 Generationen später erwartet Sie hier direkt am Marktplatz familiäre Atmosphäre, hübsche individuelle Zimmer und bürgerliche Küche in gemütlichen Restauranträumen. Charmant das Küferhaus und der Gewölbekeller.

In Michelstadt-Vielbrunn **Nord-Ost: 13,5 km über B 47 Richtung Walldürn – Luftkurort**

Landgasthof Geiersmühle mit Zim

Im Ohrnbachtal (Ost: 2 km) ✉ 64720 – ✆ (06066) 7 21 – www.geiersmuehle.de – geschl. Anfang - Mitte Januar und Montag - Dienstag

8 Zim – 55 € 90 € – ½ P

Rest – *(Mittwoch - Freitag nur Abendessen)* Menü 36 € (mittags)/56 € – Karte 30/63 €

So wünscht man sich ein beschauliches Mühlenanwesen: etwas abseits in einem idyllischen Tal, gemütlich-elegantes Ambiente und gute Küche. Chefin Franca Wewetzer leitet freundlich den Service, ihr Sohn kocht Saisonales wie z. B. geschmorte Lammkeule. Zum Übernachten hat man recht geräumige, wohnliche Zimmer.

MICHENDORF – Brandenburg – 542 – 11 920 Ew – Höhe 45 m 22 O8

Berlin 50 – Potsdam 11 – Belzig 48 – Brandenburg 42

In Michendorf-Wildenbruch Süd-Ost: 4 km

Gasthof Zur Linde Zim,

Kunersdorfer Str. 1 ✉ 14552 – ✆ (033205) 2 30 20 – www.linde-wildenbruch.de – geschl. Februar

6 Zim – †72/128 € ††82/138 € – ½ P

Rest – Menü 28/68 € – Karte 24/44 €

Auf einem schönen, ehemals bäuerlich genutzten Anwesen gegenüber der Kirche übernachten Sie bei freundlichen Gastgebern in sechs überaus wohnlichen, modernen Zimmern, darunter eine Ferienwohnung im Nebengebäude. Regionale Küche im hübsch eingedeckten liebenswert-rustikalen Restaurant mit Kamin. Hof- und Grillgarten.

MIESBACH – Bayern – 546 – 11 170 Ew – Höhe 697 m 66 M21

Berlin 644 – München 56 – Garmisch-Partenkirchen 77 – Salzburg 101

Bayerischer Hof

Oskar-von-Miller-Str. 2 ✉ 83714 – ✆ (08025) 28 80 – www.bayerischerhof-online.de

134 Zim – †89/199 € ††119/239 € – ½ P

Rest – Menü 15 € (mittags)/48 € – Karte 23/40 €

Sie möchten auch auf Geschäftsreise nicht auf Ihr Sportprogramm verzichten? Vom Hotel haben Sie direkten Zugang zum Sportpark: Hier warten auf rund 5000 qm ein großer Fitnessbereich, Sauna, eine Indoor-Soccer-Anlage, Tennis drinnen wie draußen, Squash... Bayerische und italienische Küche in verschiedenen Restaurantbereichen. Prunkstück: der Ballsaal.

MILTENBERG – Bayern – 546 – 9 210 Ew – Höhe 129 m 48 G16

Berlin 566 – München 347 – Würzburg 69 – Aschaffenburg 44

Engelplatz 69, ✉ 63897, ✆ (09371) 40 41 19, www.miltenberg.info

Eichenbühl, Ortstraße, ✆ (09378) 7 89

Hopfengarten

Ankergasse 16 ✉ 63897 – ✆ (09371) 9 73 70 – www.flairhotel-hopfengarten.de – geschl. Anfang Januar 1 Woche

15 Zim – †58/78 € ††94/108 € – ½ P

Rest – *(geschl. Anfang Januar 1 Woche, Mitte März 1 Woche, Anfang November 3 Wochen und Dienstag - Mittwochmittag)* Karte 18/39 €

Der hübsche Gasthof in zentraler Lage ist eine familiäre Adresse, die Zimmer bieten W-Lan und Sky-TV gratis, manche auch eine Whirlwanne! Geradlinig-modern ist das Ambiente im Restaurant.

Brauerei Keller

Hauptstr. 66 ✉ 63897 – ✆ (09371) 50 80 – www.hotel-brauerei-keller.de

32 Zim – †59/62 € ††89/92 € – ½ P

Rest – *(geschl. 7. - 20. Januar und Montag)* Karte 20/41 €

Seit 1881 ist der a. d. 16. Jh. stammende Gasthof in Familienbesitz - bereits die fünfte Generation leitet das Haus mit den gepflegten, funktionellen Zimmern. Gaststuben mit ursprünglichem rustikalem Charakter.

1622 im Jagd Hotel Rose (N) (Jean-Philipp Schneider) mit Zim

Hauptstr. 280 ✉ 63897 – ✆ (09371) 4 00 60 – www.jagdhotel-rose.de – geschl. Januar 2 Wochen, Anfang August 3 Wochen und Montag - Dienstag

23 Zim – †65/75 € ††100/110 € – ½ P

Rest *Kristinas Esszimmer* – siehe Restaurantauswahl

Rest – *(nur Abendessen)* Menü 64/94 € – Karte 66/82 €

In dem familiengeführten historischen Haus direkt am Main hat nun Junior Jean-Philipp Schneider seinen Traum vom Gourmetrestaurant verwirklicht. Seine frische klassisch-saisonale Küche wird in stilvoll-zeitgemäßem Ambiente serviert. Für Übernachtungsgäste hat man im OG einfache Zimmer.

→ Sot l'y-laisse vom Perlhuhn, pochiertes Landei mit jungen Erbsen und Sellerie. St. Pierre mit Pfifferlingsrisotto, Spinat und getrockneten Tomaten. Variation von dunkler Schokolade mit Kirschen und Kirsch-Buttermilcheis.

Kristinas Esszimmer – Jagd Hotel Rose

Hauptstr. 280 ✉ 63897 – ✆ (09371) 4 00 60 – www.jagdhotel-rose.de – geschl. Januar 2 Wochen und Montag - Dienstag
Rest – Menü 35/45 € – Karte 29/47 €
Schön sitzt man hier im zweiten Schneider'schen Restaurant in dezent elegantem Rahmen, der Blick geht zum Main. Serviert werden schmackhafte zeitgemäß interpretierte Klassiker wie z. B. "geschmorte Rinderschulter mit Vichykarotten und Serviettenknödel".

MINDELHEIM – Bayern – 546 – 14 210 Ew – Höhe 604 m 64 J20

Berlin 614 – München 86 – Augsburg 69 – Kempten (Allgäu) 69
Maximilianstr. 26, ✉ 87719, ✆ (08261) 99 15 20, www.mindelheim.de

Alte Post

Maximilianstr. 39 ✉ 87719 – ✆ (08261) 76 07 60 – www.hotel-alte-post.de
42 Zim – 71/78 € 99 € – 2 Suiten – ½ P
Rest – Menü 24 € (mittags) – Karte 21/30 €
Das a. d. J. 1618 stammende Gasthaus im Zentrum bietet Ihnen wohnliche, mit solidem Holzmobiliar eingerichtete Zimmer, ein gutes Frühstück und freundlichen Service. Gediegenes Restaurant und gemütlich-rustikale Stube. Internationale Karte.

Zur Laute mit Zim

Lautenstr. 8 ✉ 87719 – ✆ (08261) 5 02 58 20 – www.zur-laute.de – geschl. Ende Januar 1 Woche, Anfang August 1 Woche und Sonntagabend - Montag
9 Zim – 52/59 € 74/89 €
Rest – *(Dienstag - Samstag nur Abendessen)* Menü 27/49 € – Karte 33/44 €
Dass Daniele Di Fabio kochen kann, beweist er mit schmackhaften regionalen Gerichten, die preislich fair sind! Zusammen mit Annemarie Näther leitet er das sympathische Haus in Marktplatznähe. Und wenn Sie über Nacht bleiben, bekommen Sie ihr Frühstück à la carte serviert.

MINDEN – Nordrhein-Westfalen – 543 – 81 910 Ew – Höhe 48 m 18 G9

Berlin 353 – Düsseldorf 220 – Bielefeld 54 – Bremen 100
ADAC Königstr. 105
Domstr. 2, ✉ 32423, ✆ (0571) 8 29 06 59, www.minden-erleben.de

Victoria

Markt 11 ✉ 32423 – ✆ (0571) 97 31 00 – www.victoriahotel-minden.de
32 Zim – 115 € 159 €
Rest – *(geschl. Montagabend, Sonntagabend)* Menü 33 € – Karte 25/46 €
Das komfortable Hotel, entstanden aus einem Gebäude von 1840, steht in der Innenstadt und überzeugt mit großzügigen neuzeitlichen Zimmern. Schön ist auch der elegante Saal. Im Restaurant erwartet Sie klassisches Ambiente.

MINTRACHING – Bayern – 546 – 4 790 Ew – Höhe 335 m 58 N18

Berlin 511 – München 125 – Regensburg 18 – Landshut 55

In Mintrachting-Sengkofen Süd-Ost: 6 km über Regensburgerstraße

Zum Goldenen Krug

Brunnenstr. 6 ✉ 93098 – ✆ (09406) 29 33 – www.zum-goldenen-krug.de – geschl. 1. - 5. Januar, 11. - 15. Juni, 27. August - 7. September und Montag - Dienstag
Rest – *(nur Abendessen, sonntags auch Mittagessen)* (Tischbestellung ratsam) Menü 33/40 € – Karte 25/45 €
Sie können das Wirtshaus an der Ortsdurchfahrt eigentlich nicht verfehlen - die rosa Fassade mit den grünen Fensterläden ist ebenso charmant wie die Stuben drinnen! Die Gäste kommen auch aus der weiteren Umgebung, um hier richtig gut zu essen, und zwar Gerichte wie Kalbsentrecôte mit Polenta und Tomaten-Lauchgemüse. Im Sommer: Biergarten mit Spielplatz.

MITTENWALD – Bayern – 546 – 7 430 Ew – Höhe 923 m – Wintersport: 2 300 m 1 7 – Luftkurort 65 L22

Berlin 698 – München 103 – Garmisch-Partenkirchen 23 – Innsbruck 37
Dammkarstr. 3, ✉ 82481, ✆ (08823) 3 39 81, www.mittenwald.de

Rieger

Dekan-Karl-Platz 28 ✉ 82481 – ✆ (08823) 9 25 00 – www.hotel-rieger.de – geschl. 21. Oktober - 18. Dezember

42 Zim – 57/67 € 98/118 € – ½ P **Rest** – Karte 19/43 €

Familie Rieger bietet individuelle Zimmer im regionstypischen Landhausstil und einige großzügige Appartements. Wirklich nett ist die sympathisch-ländliche Atmosphäre im Haus. Zu essen gibt es nicht nur regionale und internationale Küche, sondern auch leckere Kuchen aus der eigenen Konditorei!

Alpengasthof Gröbl-Alm

Gröbl-Alm 1 (Nord: 2 km) ✉ 82481 – ✆ (08823) 91 10 – www.groeblalm.de – geschl. 17. März - 11. April, 3. November - 20. Dezember

25 Zim – 48/55 € 78/93 € – 3 Suiten **Rest** – Karte 16/31 €

Sie wohnen hier richtig auf dem Land! Die Familie betreibt auch den angrenzenden Bauernhof mit Pferden, Ziegen, Schafen... das kommt auch bei Kindern gut an! Die Lage ist schön ruhig, die Atmosphäre typisch bayerisch-behaglich, der Blick von der Terrasse und vom Saunabereich ein Traum!

Das Marktrestaurant

Dekan-Karl-Platz 21 ✉ 82481 – ✆ (08823) 9 26 95 95 – www.das-marktrestaurant.de – geschl. November 1 Woche und Montag, außer an Feiertagen

Rest – Menü 38/48 € – Karte 30/50 €

Zum Traum vom eigenen Restaurant gehören für Andreas Hillejan hochwertige Produkte aus der Region - und die kommen wie folgt zum Einsatz: "Jungschweinefilet in Gewürzbrotmantel mit Spitzkraut", "Lachsforelle mit Rahmkraut", "Topfenmousse mit eingelegtem Rhabarber"...hmmm!

Arnspitze

Innsbrucker Str. 68 ✉ 82481 – ✆ (08823) 24 25 – www.arnspitze-mittenwald.de – geschl. April (außer Ostern), November - Mitte Dezember und Dienstag - Mittwoch

Rest – (Tischbestellung erforderlich) Menü 27/45 € – Karte 31/49 €

In klassischem bürgerlichem Ambiente kümmern sich Chef und Chefin um ihre Gäste. Hausgemachte Gänseleberterrine findet sich ebenso auf der Karte wie Schweinelendchen oder Hirschrücken.

Am Lautersee **Süd-West: 3 km über Leutascher Straße**

Lautersee

Am Lautersee 1 ✉ 82481 Mittenwald – ✆ (08823) 10 17 – www.hotel-lautersee.de – geschl. April und November - 19. Dezember

13 Zim – 48/58 € 58/63 € – 2 Suiten – ½ P

Rest – *(geschl. 16. März - 30. April)* Menü 25 € (abends) – Karte 24/43 €

Garantiert fällt bei der Ankunft hier jeglicher Alltagsstress von Ihnen ab! Ruhe, grandioser Alpenblick, direkter Seezugang, Terrasse mit Sicht aufs Wasser - und damit die Idylle nicht gestört wird, ist das Haus nur mit Sondergenehmigung per Auto erreichbar. Übrigens: Man ist überaus herzlich zu den Gästen!

MITTENWALDE – Brandenburg – 542 – 8 760 Ew – Höhe 37 m 23 P9

Berlin 40 – Potsdam 60 – Lübben 52

Karl-Marx-Str. 1, ✉ 15749, ✆ (033769) 2 06 21, www.mittenwalde.de

Motzen, Am Golfplatz 5, ✆ (033769) 5 01 30

In Mittenwalde-Motzen **Süd-Ost: 7 km über Gallun**

Residenz am Motzener See

Töpchiner Str. 4 ✉ 15749 – ✆ (033769) 8 50 – www.hotel-residenz-motzen.de

60 Zim – 70/95 € 120/150 € – ½ P

Rest – *(geschl. Januar - Februar: Montag - Dienstagmittag)* Menü 30 € – Karte 28/47 €

Das gut geführte Hotel befindet sich in einer schönen Gartenanlage, die direkt an den See grenzt. Die zeitgemäßen Zimmer haben teilweise einen Balkon. Eine gediegene Atmosphäre herrscht im Restaurant, von der Terrasse blickt man ins Grüne und auf den See.

MITTERTEICH – Bayern – 546 – 6 760 Ew – Höhe 519 m 51 N15

Berlin 371 – München 238 – Weiden in der Oberpfalz 35 – Bayreuth 67

Miratel garni

Gottlieb-Daimler-Str. 6 (Süd-West: 1 km, nahe der BAB-Ausfahrt Mitterteich-Süd)
95666 – (09633) 9 23 20 – www.a93.de
38 Zim – 52/55 € 82/85 €
Die verkehrsgünstige Lage an einem Autohof sowie gepflegte, neuzeitlich-funktionell ausgestattete Gästezimmer machen dieses Hotel aus.

MÖGLINGEN – Baden-Württemberg – 545 – 10 760 Ew – Höhe 297 m 55 G18

Berlin 618 – Stuttgart 19 – Heilbronn 38 – Karlsruhe 70

Zur Traube

Rathausplatz 5 71696 – (07141) 2 44 70 – www.hotelzurtraube.com
18 Zim – 65 € 85 €
Rest *Frietsch* – siehe Restaurantauswahl
Eine praktische und gepflegte Adresse ist dieses familiengeführte kleine Hotel in der verkehrsberuhigten Zone neben dem Rathaus.

Frietsch – Hotel Zur Traube

Rathausplatz 5 71696 – (07141) 2 99 35 15 – www.hotelzurtraube.com – geschl. Freitag
Rest – *(Montag - Samstag nur Abendessen)* Karte 24/57 €
Im Haus von Heiderose und Martin Frietsch sitzen die Gäste bei regional-internationalen Tagesempfehlungen in einem behaglichen Restaurant, das hübsch in Weiß gehalten ist. Natürlich ist die Terrasse zum Rathausplatz im Sommer der Renner!

MÖHNESEE – Nordrhein-Westfalen – 543 – 11 350 Ew – Höhe 250 m 27 E11

Berlin 471 – Düsseldorf 122 – Arnsberg 12 – Soest 10
Küerbiker Str. 1, 59519, (02924) 4 97, www.moehnesee.de
Möhnesee-Völlinghausen, Frankenufer 13, (02925) 49 35
Möhnesee ★

In Möhnesee-Delecke

Haus Delecke (mit Gästehaus)

Linkstr. 10 59519 – (02924) 80 90 – www.haus-delecke.de
39 Zim – 64/119 € 128/160 € – ½ P
Rest – Menü 32/38 € – Karte 36/54 €
Rest *Remise* – *(Montag - Samstag nur Abendessen, außer an Feiertagen)* Karte 22/30 €
Die Villa steht in einem Park mit altem Baumbestand direkt am See. Hier wohnen die Gäste in gediegenen Zimmern, das Gästehaus ist etwas einfacher eingerichtet. Klassisch gehaltenes Restaurant. In der rustikalen Remise bietet man bürgerlich-regionale Küche.

In Möhnesee-Körbecke

Haus Griese

Seestr. 5 (am Freizeitpark) 59519 – (02924) 98 20 – www.hotel-haus-griese.de
36 Zim – 65/80 € 99/140 € – ½ P
Rest – *(geschl. Sonntagabend)* Menü 35 € – Karte 21/46 €
Gepflegt, familiär und nicht weit vom Möhnesee! Wer gerne etwas mehr Platz hat, bucht am besten eines der Komfortzimmer, wer's moderner mag, ein Business-Zimmer. Aus der Küche kommt ein Mix aus bürgerlichen und internationalen Speisen - und auch Steakgerichte. Schöne Terrasse.

MÖLLN – Schleswig-Holstein – 541 – 18 460 Ew – Höhe 19 m – Kneippkurort 11 K5

Berlin 248 – Kiel 112 – Schwerin 59 – Lübeck 29
Am Markt 12, 23879, (04542) 70 90, www.moelln-tourismus.de
Grambek, Schlossstr. 21, (04542) 84 14 74

Zum Weissen Ross mit Zim

Hauptstr. 131 ✉ 23879 – ✆ (04542) 27 72 – www.weissesross.com – geschl. Sonntagabend - Montag

8 Zim ☕ – 🚹59/64 € 🚹🚹98/105 € – 1 Suite – ½ P

Rest – Menü 35 € (abends)/48 € – Karte 28/60 €

Gerne schauen die Gäste auch mal in die offene Küche, wenn dort Chef Sönke Schlie bereits in der 6. Generation kocht. Viele kommen am Mittag auf ein klassisch-bürgerliches Tagesgericht. Man kann hier übrigens direkt auf den Stadtsee gucken. Tipp: Das hausgemachte Sonnenblumenkernbrot ist ein Gedicht!

MÖNCHBERG – Bayern – 546 – 2 530 Ew – Höhe 254 m – Luftkurort 48 G15

Berlin 574 – München 351 – Würzburg 75 – Aschaffenburg 32

Schmitt Zim,

Urbanusstr. 12 ✉ 63933 – ✆ (09374) 20 90 – www.hotel-schmitt.de – geschl. Anfang Januar - Anfang Februar

40 Zim ☕ – 🚹67/77 € 🚹🚹100/117 € – ½ P

Rest – *(geschl. November - April: Sonntag) (nur Abendessen, Mai - Oktober: Sonntag auch Mittagessen)* Menü 22 € (mittags)/30 € – Karte 23/42 €

Schön für entspannte Urlaubstage: großer Garten (hier Boccia, Minigolf und Schach) und ein gutes kleines Freizeitangebot, einschließlich Massage- und Kosmetikbereich. Liebhaber von Sammlerstücken kommen in "Hildes Puppenstube" ins Schwärmen! Terrasse mit Aussicht.

Zur Krone

Mühlweg 7 ✉ 63933 – ✆ (09374) 5 39 – www.krone-moenchberg.de – geschl. Februar - März, November

25 Zim ☕ – 🚹40/45 € 🚹🚹72/82 € – ½ P

Rest – *(geschl. Donnerstag - Freitagmittag, Samstagmittag, Sonntagabend)* Menü 12/17 € – Karte 15/37 €

Das Gasthaus in der Ortsmitte ist ein gepflegter Familienbetrieb, in dem funktionell ausgestattete Zimmer zur Verfügung stehen. Bürgerliches Restaurant.

MÖNCHENGLADBACH – Nordrhein-Westfalen – 543 – 257 210 Ew – Höhe 60 m 35 B11

Berlin 585 – Düsseldorf 38 – Aachen 64 – Duisburg 50

Düsseldorf-Mönchengladbach, Flughafenstr. 95, ✆ (02161) 6 89 80

ADAC Bismarckstr. 17

18 Korschenbroich, Schloss Myllendonk, ✆ (02161) 64 10 49

18 Mönchengladbach-Wanlo, Kuckumer Str. 61, ✆ (02166) 14 57 22

27 Korschenbroich, Rittergut Birkhof, ✆ (02131) 51 06 60

Dorint Parkhotel Rest,

Hohenzollernstr. 5 ✉ 41061 – ✆ (02161) 89 30 – www.hotel-moenchengladbach.dorint.com

158 Zim – 🚹125/151 € 🚹🚹137/163 €, ☕ 18 € – 1 Suite **Rest** – Karte 32/60 €

Das Hotel befindet sich bei der Kaiser-Friedrich-Halle, angrenzend ein Park mit besten Laufmöglichkeiten. Wer lieber drinnen trainiert, genießt im schönen Fitnessraum den Blick über die Stadt! Besonders chic sind die modernen Superior-Zimmer und Studios. Helles Wintergarten-Restaurant mit internationaler Küche, sonntags (außer im Sommer) gibt es Brunch.

Palace St. George

Konrad-Zuse-Ring 10 (Nord Park) ✉ 41179 – ✆ (02161) 54 98 80 – www.palace-st-george.de

12 Zim – 🚹98/115 € 🚹🚹115/158 €, ☕ 15 € – 1 Suite

Rest *Eickes Restaurant* Rest *Bistro* – siehe Restaurantauswahl

Hier hat jemand Geschmack bewiesen, denn was aus der einstigen englischen Kaserne beim Borussia-Park geworden ist, ist schön, modern und sehr wertig! Angenehm auch der freundliche Service, das gute Frühstücksbuffet und die Terrasse mit Lounge. Etwas Besonderes: Im 1. Stock dient eine ehemalige Kirche als Tagungs- und Veranstaltungsraum.

Rosenmeer Rest, Zim,

Schürenweg 45 ✉ 41063 – (02161) 46 24 20 – www.rosenmeer.net
17 Zim – 98/110 € 128 €, 12 € – 2 Suiten
Rest – Karte 30/49 €
Überall im Haus bestimmt wertiges geradlinig-modernes Design das Bild: Schön harmonieren in den Zimmern ruhige Farben, hübsche Stoffe und warmer Parkettboden, ebenso chic und trendig sind Lounge, Bar und das kompett verglaste lichte Restaurant mit Terrasse zum Stadtpark Bunter Garten - hier lässt es sich übrigens gut joggen oder spazierengehen. Sonntags Brunch.

Eickes Restaurant – Hotel Palace St. George

Konrad-Zuse-Ring 10 (Nord Park) ✉ 41179 – (02161) 54 98 80 – www.palace-st-george.de – geschl. Montag - Dienstag
Rest – *(nur Abendessen)* Menü 67/96 €
Wolfgang Eickes bietet in dem schönen modern-eleganten Restaurant eine Mischung aus internationaler und klassischer Küche, die sich auch an der Saison orientiert. Das Angebot reicht von "Teriyaki vom Lachs mit Sesamcreme, Hummer und Süß-Sauer-Sauce" bis zu "Eifeler Rehrücken und Kalbsbries mit zweierlei Karotte".

Bistro – Hotel Palace St. George

Konrad-Zuse-Ring 10 (Nord Park) ✉ 41179 – (02161) 54 98 80 – www.palace-st-george.de
Rest – Menü 20 € (mittags)/90 € – Karte 36/57 €
Farbenfroh und keinesfalls aufgesetzt ist hier das Ambiente - im Gegenteil eine herrliche Leichtigkeit liegt in der Luft. Kein Wunder, dass das Bistro eine beliebte Alternative zu Eickes Restaurant ist!

In Mönchengladbach-Hardt West: 6 km

Lindenhof mit Zim Zim,

Vorster Str. 535 ✉ 41169 – (02161) 55 93 40 – www.lindenhof-mg.de – geschl. Sonntag - Montag
16 Zim – 74/119 € 97/134 €
Rest – *(nur Abendessen)* Menü 55/82 € – Karte 46/66 €
Seit 1908 führt Familie Kasteel den Gasthof mit über 300-jähriger Tradition. Die Küche ist frisch, ambitioniert und basiert auf guten Produkten. Freundliches Ambiente mit elegantem Touch. Einige der Gästezimmer sind modernere und großzügigere Komfortzimmer.

In Mönchengladbach-Rheydt Süd: 3,5 km

Elisenhof Rest,

Klusenstr. 97 (in Hockstein) ✉ 41239 – (02166) 93 30 – www.elisenhof.de
68 Zim – 65/250 € 85/250 €, 15 € – ½ P
Rest *Classics & Trends* – Menü 38/58 € – Karte 34/70 €
Eine gefragte Tagungs- und Businessadresse: gut erreichbar durch die Nähe zur A 61, Telefonate ins dt. Festnetz, W-Lan sowie Minibar sind kostenfrei und sonntags können Sie bis 14 Uhr frühstücken! Tipp: Einige Zimmer sind besonders modern eingerichtet. Sie brauchen einen flotten fahrbaren Untersatz? Dann mieten Sie einen Wiesmann-Roadster oder einen Segway! Internationale Küche im Restaurant mit Wintergarten und hübscher Gartenterrasse.

Montana garni 

Giesenkirchener Str. 41 (B 230) ✉ 41238 – (02166) 1 60 06 – www.montana-hotels.de – geschl. 20. Dezember - 5. Januar, 17. - 21. April
33 Zim – 58/69 € 83 €, 8 €
Neben der verkehrsgünstigen Lage nahe der Autobahn ist hier auch die gute und funktionelle Zimmerausstattung interessant. Und damit der Tag angenehm beginnt, können Sie beim Frühstücken in den schönen nach hinten gelegenen Garten schauen.

In Korschenbroich-Kleinenbroich Ost: 7 km

Bienefeld garni

Im Kamp 5 ✉ 41352 – ✆ (02161) 99 83 00 – www.bienefeld-hotel.de – geschl. 22. Dezember - 3. Januar

13 Zim – 59/70 € 75/92 €

Eine gediegene und persönliche Atmosphäre erwartet die Gäste in dem kleinen Familienbetrieb in einer ruhigen Wohngegend. Die Zimmer verfügen über moderne Wellness-Dampfduschen.

In Korschenbroich-Steinhausen Ost: 10 km

Gasthaus Stappen

Steinhausen 39 ✉ 41352 – ✆ (02166) 8 82 26 – www.gasthaus-stappen.de – geschl. 27. Dezember - 2. Januar und Dienstag

Rest – *(nur Abendessen, sonntags auch Mittagessen)* Menü 33/54 € – Karte 31/57 €

In 5. Generation betreiben die sympathischen Gastgeber Franz-Josef und Carmen Stappen das nette regionstypische Ziegelsteinhaus. Modern-elegant das Restaurant, charmant die kleine Gaststube, schön die Terrasse. Man darf sich auf ambitionierte Küche freuen, von traditionell wie "Düsseldorfer Senfrostbraten mit Spitzkohl" bis mediterran wie "Loup de Mer mit Kartoffelwürfeln und provenzalischem Gemüse". Fleischspezialitäten sind Glehner Schwein und Liedberger Rind.

MÖRNSHEIM – Bayern – 546 – 1 580 Ew – Höhe 408 m 57 K18

Berlin 511 – München 127 – Augsburg 72 – Ingolstadt 47

Lindenhof (mit Gästehaus)

Marktstr. 25 ✉ 91804 – ✆ (09145) 8 38 00 – www.lindenhof-altmuehltal.de – geschl. 23. Januar - 10. Februar

15 Zim – 44/56 € 68/84 € – 1 Suite – ½ P

Rest – *(geschl. Dienstag, November - März: Montagabend - Dienstag)* Menü 18/42 € – Karte 16/51 €

In der Ortsmitte steht dieser freundlich geführte Gasthof. Im Gästehaus übernachten Sie in rustikalen Zimmern, wo freigelegte Balken hübsche Akzente setzen. Das mit viel Holz gemütlich gestaltete Restaurant bietet vorwiegend klassisch-internationale Küche.

MOERS – Nordrhein-Westfalen – 543 – 105 110 Ew – Höhe 30 m 25 B11

Berlin 556 – Düsseldorf 41 – Duisburg 12 – Krefeld 17

Hombergerstr. 4, ✉ 47441, ✆ (02841) 88 22 60, www.moers-stadtportal.de

27 Neukirchen-Vluyn, Bergschenweg 71, ✆ (02845) 2 80 51

18 Kamp-Lintfort, Kirchstr. 164, ✆ (02842) 48 33

Kurlbaum

Burgstr. 7, (1. Etage) ✉ 47441 – ✆ (02841) 2 72 00 – www.restaurant-kurlbaum.de – geschl. Dienstag

Rest – *(Samstag - Montag nur Abendessen)* (Tischbestellung ratsam) Menü 25 € (mittags)/89 € – Karte 44/67 €

Seit über 25 Jahren bleibt man hier seiner klassischen Küche treu - sehr zur Freude der zahlreichen Stammgäste, die das elegante Restaurant in der Fußgängerzone auch gerne zur Mittagszeit besuchen - da bekommt man ein 2-Gänge-Menü zu einem attraktiven Preis!

In Moers-Repelen Nord: 3,5 km, Richtung Kamp-Lintfort

Zur Linde 

An der Linde 2 ✉ 47445 – ✆ (02841) 97 60 – www.hotel-zur-linde.de

60 Zim – 98/160 € 135/160 € – 3 Suiten

Rest *Zur Linde* – siehe Restaurantauswahl

Hier hat man ein denkmalgeschütztes Gasthaus und ein historisches Bauernhaus mit einem modernen Anbau verbunden. Eine Businessadresse mit guten Tagungsmöglichkeiten.

Zur Linde – Hotel Zur Linde
An der Linde 2 ✉ 47445 – ✆ (02841) 97 60 – www.hotel-zur-linde.de
Rest – Menü 36/64 € – Karte 27/58 €
Das über 220 Jahre alte Bauernhaus hat Atmosphäre - dafür sorgt u. a. die reizende Einrichtung der Stuben, mit der die Gastgeber Liebe zum Detail bewiesen haben. Und im Innenhof: eine charmante Terrasse! Aus der Küche kommen internationale und einige regionale Gerichte.

Außerhalb Süd-West: 6 km, Richtung Krefeld

Feltgenhof
Krefelder Str. 244 ✉ 47447 Moers – ✆ (02845) 2 87 28 – www.feltgenhof.de – geschl. Februar 2 Wochen und Montag
Rest – *(nur Abendessen)* Menü 34 € – Karte 37/55 €
Sehr freundlicher Service und nette Atmosphäre machen das Restaurant in einem ehemaligen Bauernhof von 1890 aus. Im Sommer der Renner: Biergarten mit Grillstation im schönen Innenhof.

MOLFSEE – Schleswig-Holstein – siehe Kiel

MONSCHAU – Nordrhein-Westfalen – 543 – 12 430 Ew – Höhe 440 m – Luftkurort   35 A13

Berlin 649 – Düsseldorf 110 – Aachen 49 – Düren 43
Stadtstr. 16, ✉ 52156, ✆ (02472) 8 04 80, www.monschau.de
Lage★★ · Aussichtspunkt (≤★★) Rotes Haus★(Inneneinrichtung★)

Lindenhof garni
Laufenstr. 77 ✉ 52156 – ✆ (02472) 41 86 – www.lindenhof.de
13 Zim – †53/79 € ††89/118 €
Ein sehr gepflegter kleiner Familienbetrieb oberhalb der Innenstadt, dessen Gästezimmer, Frühstücksraum und gediegener Barbereich in klassischem Stil gehalten sind.

Hubertusklause mit Zim 
Bergstr. 45 ✉ 52156 – ✆ (02472) 80 36 50 – www.hubertusklause-monschau.de – geschl. Januar 1 Wochen, Mai 1 Woche, Oktober 1 Woche und Montag - Dienstag
6 Zim – †69/89 € ††88/120 € – ½ P
Rest – (Tischbestellung ratsam) Karte 31/53 €
Etwas erhöht in Altstadtnähe gelegen, bieten Restaurant und Terrasse eine schöne Sicht aufs Tal. Gekocht wird international mit saisonalem Einfluss - so z. B. "Lammbratwürstchen auf Kräuter-Kartoffelsalat". Auch Kochkurse sowie eigene eingemachte Spezialitäten werden angeboten.

Schnabuleum
Laufenstr. 118 ✉ 52156 – ✆ (02472) 22 45 – www.senfmuehle.de – geschl. Montag
Rest – (Tischbestellung ratsam) Menü 17 € (mittags)/47 € – Karte 26/47 €
Rustikalen Charme versprüht das Bruchsteinhaus neben der in langer Familientradition betriebenen Senfmühle. Auf zwei Ebenen serviert man regionale Senfgerichte. Da passt natürlich auch das Senfmuseum perfekt ins Bild.

MOOS – Baden-Württemberg – siehe Radolfzell

MORBACH (HUNSRÜCK) – Rheinland-Pfalz – 543 – 10 760 Ew – Höhe 440 m – Luftkurort   46 C15

Berlin 669 – Mainz 107 – Trier 48 – Bernkastel-Kues 17
Bahnhofstr. 19, ✉ 54497, ✆ (06533) 7 11 17, www.morbach.de

Landhaus am Kirschbaum

Rest,

Am Kirschbaum 55a ✉ 54497 – ✆ (06533) 9 39 50 – www.landhausamkirschbaum.de – geschl. 15. - 26. Dezember

22 Zim – †57 € ††94 € – ½ P

Rest – *(nur Abendessen)* Menü 27/38 € – Karte 20/39 €

Ein ruhig am Hang gelegenes Hotel unter der freundlichen Leitung der Inhaberin mit funktionellen Zimmern und Appartements. Zum Haus gehört ein Zentrum für Kosmetik und Massage.

MORSBACH – Nordrhein-Westfalen – 543 – 10 870 Ew – Höhe 220 m 37 D12

Berlin 587 – Düsseldorf 107 – Bonn 63 – Siegen 33

Goldener Acker

Zum goldenen Acker 44 ✉ 51597 – ✆ (02294) 99 36 60 – www.goldener-acker.de

28 Zim – †59/75 € ††79/95 €

Rest – *(geschl. Sonntag) (nur Abendessen)* Karte 20/35 €

Ruhig liegt das Haus in einem Wohngebiet, die Zimmer sind funktional und klassisch eingerichtet und zum Ausspannen hat man hinter dem Haus einen Garten mit Liegewiese sowie die Sauna im UG. W-Lan bietet man kostenlos. Im Restaurant lässt man sich Internationales servieren, die angegliederte Zirbelholzstube dient als Bar, in der man auch kleine Snacks zu sich nehmen kann.

MORSCHEN – Hessen – 543 – 3 590 Ew – Höhe 195 m 39 H12

Berlin 421 – Wiesbaden 204 – Kassel 46 – Gießen 126

Poststation Zum Alten Forstamt

Nürnberger Landstr. 13 ✉ 34326 – ✆ (05664) 9 39 30 – www.poststation-raabe.de – geschl. 1. - 15. Januar, Ende Juli - Anfang August 2 Wochen

13 Zim – †71 € ††85/95 € – ½ P

Rest *Poststation Zum Alten Forstamt* – siehe Restaurantauswahl

1765 wurde das einstige Forstamt erbaut. In dem liebevoll sanierten denkmalgeschützten Haus erwarten Sie zeitgemäße Zimmer mit historischen Elementen.

Poststation Zum Alten Forstamt – Hotel Poststation Zum Alten Forstamt

Nürnberger Landstr. 13 ✉ 34326 – ✆ (05664) 9 39 30 – www.poststation-raabe.de – geschl. 1. - 15. Januar, Ende Juli - Anfang August 2 Wochen und Dienstag

Rest – Menü 19/45 € – Karte 30/56 €

Einiges erinnert noch an die alten Tage, als hier das Forstamt untergebracht war - so schmücken Geweihe die Wände. Inzwischen können Sie sich aber in den netten Räumen mit regionalen Spezialitäten verwöhnen lassen.

MOSBACH – Baden-Württemberg – 545 – 24 240 Ew – Höhe 156 m 48 G17

Berlin 587 – Stuttgart 87 – Mannheim 79 – Heidelberg 45

Marktplatz 4, ✉ 74821, ✆ (06261) 9 18 80, www.mosbach.de

Zum Amtsstüble

Lohrtalweg 1 ✉ 74821 – ✆ (06261) 9 34 60 – www.amtsstueble.de

50 Zim – †60/85 € ††90/120 €

Rest – *(geschl. Montagmittag)* Menü 28 € – Karte 24/44 €

In diesem familiär geführten Haus sind die Zimmer und auch der Frühstücksraum freundlich und zeitgemäß gestaltet. Im Anbau hat man u. a. zwei großzügige Juniorsuiten. Bürgerliches Restaurant.

In Mosbach-Nüstenbach Nord-West: 4 km

Landgasthof zum Ochsen

Im Weiler 6 ✉ 74821 – ✆ (06261) 1 54 28 – www.restaurant-zum-ochsen.de – geschl. August - September 3 Wochen und Montag - Dienstag

Rest – *(nur Abendessen, sonntags auch Mittagessen)* (Tischbestellung ratsam) 44 € – Karte 29/54 €

Hier speisen Sie unter einer freigelegten Fachwerkdecke in stilvollem Ambiente. Achim Münch kocht für Sie international inspirierte Speisen mit frischen regionalen Produkten, dazu der herzliche Service durch seine Frau. Probieren Sie "Karotten-Ingwer-Chilisuppe" oder "Angussteak mit Kartoffelgratin und Marktgemüse".

MOTTEN – Bayern – 546 – 1 790 Ew – Höhe 420 m 39 I14

Berlin 469 – München 358 – Fulda 19 – Würzburg 93

In Motten-Speicherz Süd: 7 km über B 27

Zum Biber (mit Gästehaus)

Hauptstr. 15 (B 27) ✉ 97786 – ✆ (09748) 9 12 20 – www.gasthof-zum-biber.de

43 Zim – 39/52 € 64/74 € – ½ P

Rest – Menü 16/35 € – Karte 18/33 €

Aus dem Jahre 1771 stammt der traditionsreiche Familienbetrieb mit Landmetzgerei und gepflegten, recht unterschiedlichen Zimmern. Im Haus stellt man auch selbst Hagebuttenwein her. Bürgerlich-rustikales Restaurant.

MÜDEN – Rheinland-Pfalz – siehe Treis-Karden

MÜHLHAUSEN – Thüringen – 544 – 35 880 Ew – Höhe 209 m 39 J12

Berlin 301 – Erfurt 54 – Eisenach 32 – Kassel 103

Ratsstr. 20, ✉ 99974, ✆ (03601) 40 47 70, www.muehlhausen.de

Brauhaus Zum Löwen (mit Gästehäusern) Zim, Zim,

Felchtaer Str. 2 ✉ 99974 – ✆ (03601) 47 10 – www.brauhaus-zum-loewen.de

80 Zim – 57/60 € 84/90 € – ½ P **Rest** – Karte 16/32 €

Im Altstadtbereich liegt das hübsche zum Hotel erweiterte Brauhaus. Die behaglichen Zimmer verteilen sich auf das Haupthaus und die Gästehäuser Unstrut, La Villa und Hainich. Im gemütlichen Restaurant schenkt man Bier aus der eigenen Brauerei aus.

Landhaus Frank - Zum Nachbarn

Eisenacher Landstr. 34 ✉ 99974 – ✆ (03601) 81 25 13 – www.landhaus-frank.de – geschl. Mittwoch

Rest – Karte 18/35 €

In dem am Ortsrand gelegenen kleinen Landhaus mit der roten Fassade bekommt man die bürgerlich-internationalen Speisen von André Frank aufgetischt, die mit frischen Produkten und saisonalem Einfluss zubereitet werden.

MÜHLHEIM am MAIN – Hessen – 543 – 27 060 Ew – Höhe 102 m 48 G15

Berlin 537 – Wiesbaden 51 – Frankfurt am Main 15 – Hanau 8

In Mühlheim-Lämmerspiel Süd-Ost: 5 km über Lämmerspieler Straße

Landhaus Waitz 

Bischof-Ketteler-Str. 26 ✉ 63165 – ✆ (06108) 60 60 – www.hotel-waitz.de

67 Zim – 110/195 € 150/260 € – 7 Suiten

Rest *Das Waitz* – siehe Restaurantauswahl

Rest *Steff's Lounge* – *(geschl. Samstag - Sonntag sowie an Feiertagen)* 20 € (abends) – Karte 25/41 €

In dieser Hotelanlage mit hübschem kleinem Garten stehen ganz individuelle Zimmer zur Wahl, von modern-toskanischem Landhausstil bis klassisch-elegant. Drei großzügige Maisonetten. Vinothek im separaten Fachwerkhaus. Trendig: Steff's Lounge.

Das Waitz – Hotel Landhaus Waitz

Bischof-Ketteler-Str. 26 ✉ 63165 – ✆ (06108) 60 60 – www.hotel-waitz.de

Rest – *(nur Abendessen, sonntags auch Mittagessen)* Menü 35/69 € – Karte 36/58 €

Ein Hauch von Süden weht durch die hellen Räumlichkeiten des Restaurants. Aber noch mehr merken Sie dies auf der schönen Terrasse, die mit Palmen bestückt das mediterrane Bild abrundet.

MÜHLTAL – Hessen – siehe Darmstadt

MÜLHEIM an der RUHR – Nordrhein-Westfalen – 543 26 C11
– 167 160 Ew – Höhe 40 m

Berlin 539 – Düsseldorf 36 – Duisburg 9 – Essen 10

ADAC Mellinghofer Str. 165

Synagogenplatz 3, Medienhaus B1, ✉ 45468, ✆ (0208) 96 09 60, www.muelheim-ruhr.de

Raffelberg, Akazienallee 84, ✆ (0208) 5 80 56 90

Mülheim, Am Golfplatz 1, ✆ (0208) 48 36 07

Villa am Ruhrufer garni
Dohne 105 ✉ 45468 – ✆ (0208) 9 41 39 70 – www.villa-am-ruhrufer.de
6 Zim – 175/275 € 195/295 €, 25 € – 6 Suiten A2**v**
Die herrschaftliche Villa am Rheinufer (1898 erbaut) ist der Inbegriff eines Boutique-Hotels: individuell, geradlinig-chic und auffallend wertig in der Einrichtung, beispielhaft im Service (so z. B. der Shuttle zu den eigenen Golfplätzen und in die City)! Noch etwas ruhiger schläft man im Hinterhaus.

Gartenhotel Luisental garni
Trooststr. 2 ✉ 45468 – ✆ (0208) 99 21 40 – www.gartenhotel-luisental.de
20 Zim – 88/98 € 108/118 € A2**a**
Das Hotel in einer Seitenstraße nahe der Ruhr überzeugt mit technisch gut ausgestatteten Zimmern in modernem und doch klassischem Stil, teils ruhig zum Garten hin gelegen.

Im Forum garni
Hans-Böckler-Platz 19 (Forum-City-Center) ✉ 45468 – ✆ (0208) 30 86 30 – www.hotelimforum.de B1**c**
51 Zim – 99/119 € 139/159 €
Hoch über den Dächern der Stadt, im 5. Stock des Büro- und Einkaufszentrums "Forum City Mülheim", bietet man seinen Gästen zeitgemäße und funktionell ausgestattete Zimmer.

Thiesmann
Zim,
Dimbeck 56 ✉ 45470 – ✆ (0208) 30 68 90 – www.hotel-thiesmann.de
34 Zim – 75/125 € 95/180 € B2**e**
Rest – *(nur Abendessen)* Karte 21/35 €
Seit rund 100 Jahren leitet Familie Thiesmann das Gasthaus, in dessen neuzeitlichem Hotelanbau man in hell und freundlich eingerichteten Zimmern wohnt. Das gemütliche Restaurant bietet bürgerliche Küche.

Friederike garni
Friedrichstr. 32 ✉ 45468 – ✆ (0208) 99 21 50 – www.hotel-friederike.de
25 Zim – 78/88 € 98/108 € A2**f**
Zwei schmucke Stadtvillen beherbergen ansprechende moderne Zimmer, darunter schöne großzügige Maisonetten in der oberen Etage. Hübsch ist auch das Treppenhaus.

Noy garni
Schlossstr. 28 ✉ 45468 – ✆ (0208) 4 50 50 – www.hotelnoy.de A1**a**
50 Zim – 72/110 € 99/140 €
Mitten im Zentrum liegt dieses sehr gepflegte Hotel unter familiärer Leitung. Die Zimmer sind recht unterschiedlich. Kleine Aufmerksamkeiten sind z. B. täglich frisches Obst und Wasser.

KOCKS am Mühlenberg garni
Mühlenberg 20 ✉ 45479 – ✆ (0208) 65 61 20 00 – www.hotel-kocks.de – geschl. Weihnachten - 6. Januar A1**k**
39 Zim – 105/135 € 125/165 €
In dem ehemaligen Verwaltungsgebäude einer Drahtseilerei ist dieses schöne und gut ausgestattete Hotel entstanden, das ansprechend in geradlinig-modernem Stil eingerichtet ist.

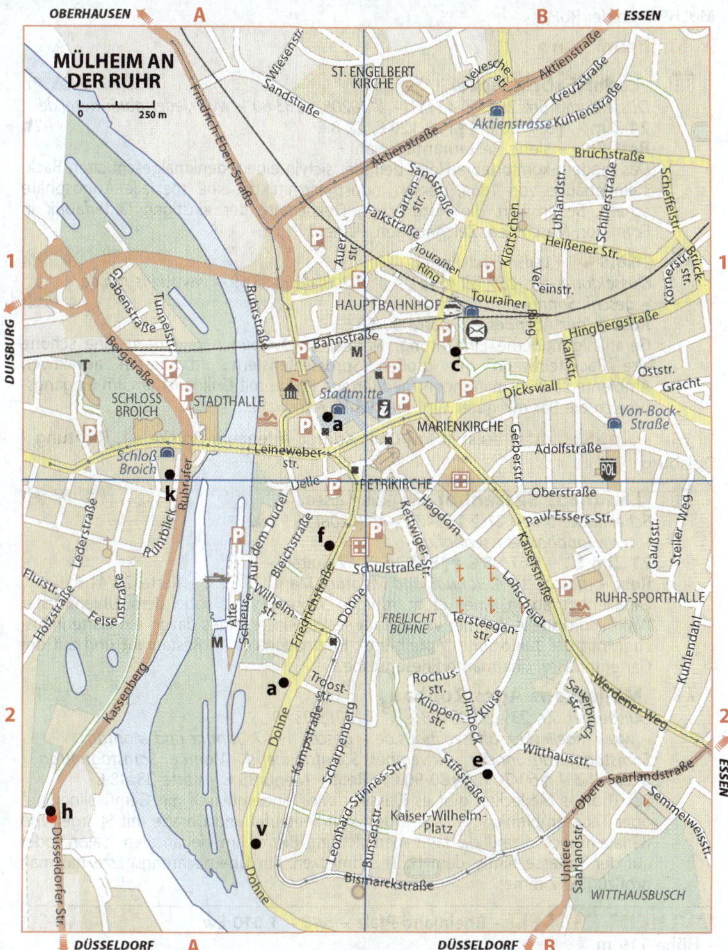

am Kamin

Striepensweg 62 (über Aktienstraße B1) ✉ 45473 – ✆ (0208) 76 00 36 – www.restaurant-amkamin.de – geschl. 1. - 10. Januar und Samstagmittag

Rest – Menü 49 € (mittags)/69 € – Karte 32/56 €

Ein Fachwerkhaus von 1732 in einem schönen Garten mit altem Baumbestand. Die Stuben sind liebenswert gestaltet, der Service ist freundlich. International-regionale Küche und gute Weinauswahl.

In Mülheim-Mintard West: 8 km über Untere Saarlandstraße B2, Richtung Düsseldorf

Landhaus Höppeler

August-Thyssen-Str. 123 ✉ 45481 – ✆ (02054) 1 85 78 – www.landhaus-hoeppeler.de – geschl. Montag

Rest – Menü 25 € – Karte 25/48 €

Familie Höppeler bietet in ihrem Landhaus eine solide bürgerlich-regionale Küche. Die Gäste sitzen in behaglich-gediegenen Räumen oder im Sommer auf der netten Terrasse.

In Mülheim-Saarn

Leder Fabrik Hotel

Düsseldorfer Str. 269 ✉ *45481 – ✆ (0208) 48 83 80 – www.lederfabrik-hotel.de*
A2**h**
24 Zim – 85/100 € 110/120 €, 8 €
Rest *Kais* – siehe Restaurantauswahl
Das modern-komfortable Hotel befindet sich in einem denkmalgeschützten Backsteingebäude von 1864, dessen Industriearchitektur eine spezielle Atmosphäre schafft. Sehenswert die historischen Dokumente der einstigen Lederfabrik in Form von Maschinen, Zeichnungen, Plänen.

Kais – Leder Fabrik Hotel

Düsseldorfer Str. 269 ✉ *45481 – ✆ (0208) 46 93 93 69 – www.kais-mh.de – geschl. Sonntag*
A2**h**
Rest – *(nur Abendessen)* Karte 30/58 €
Geradlinig-moderne Einrichtung, warmer Holzfußboden und dazu eine schöne alte Backsteinwand mit großen Sprossenfenstern... in diesem attraktiven Ambiente serviert man Ihnen mediterrane Küche mit Grillgerichten. Im Eingangsbereich die Bar mit guter Gin- und Whisky-Auswahl.

In Mülheim-Speldorf West: 4 km über Konrad-Adenauer-Brücke A1, Richtung Duisburg

Landhaus Sassenhof (mit Gästehäusern)

Schellhockerbruch 21 ✉ *45478 – ✆ (0208) 99 91 80 – www.landhaus-sassenhof.de*
21 Zim – 67/98 € 89/116 € – 2 Suiten – ½ P
Rest – *(geschl. 1.- 4. Januar und Montag)* Menü 15/22 € – Karte 20/41 €
Familienbetrieb in einer recht ruhigen Wohngegend nahe dem Uhlenhorster Wald. Individuelle Zimmer verteilt auf sechs Häuser, eines davon ein Gartenhäuschen mit der Juniorsuite "Apfelblüte". Internationales im Restaurant und auf der Gartenterrasse. Charmante Friesenstube.

Mölleckens Altes Zollhaus mit Zim

Duisburger Str. 239 ✉ *45478 – ✆ (0208) 5 03 49 – www.moelleckensalteszollhaus.de – geschl. 1. - 7. Januar und Montag, Samstagmittag, Januar - November: Sonntagabend - Montag, Samstagmittag*
5 Zim – 60/70 € 80/90 € **Rest** – Menü 35 € – Karte 33/48 €
Bei Thomas Möllecken gibt es Klassiker wie "Rindergulasch mit Gemüselinguine" oder Tagesempfehlungen wie "Duett von Seeteufel und Dorade mit Spargel und Bärlauchsauce" - und die lässt man sich im "Bistro", im eleganteren "Salon" oder auf der Terrasse hinter dem Haus schmecken. Für Übernachtungsgäste hat man großzügige Zimmer.

MÜLHEIM (MOSEL) – Rheinland-Pfalz – 543 – 1 010 Ew – Höhe 119 m
46 C15

Berlin 681 – Mainz 119 – Trier 44 – Bernkastel-Kues 6

Weinromantikhotel Richtershof

Hauptstr. 81 ✉ *54486 – ✆ (06534) 94 80 – www.weinromantikhotel.de*
40 Zim – 96/136 € 156/266 € – 3 Suiten – ½ P
Rest *Culinarium R* – siehe Restaurantauswahl
Rest *Remise* – Karte 31/43 €
Das schöne historische Gebäudeensemble war einst ein Weingut, heute kann man hier überaus charmant wohnen, gut essen und in elegantem Umfeld bei Sauna und Beauty relaxen. Sehr gemütlich speist man in der Remise mit Terrasse unter alten Kastanien! Tolles Kellergewölbe auf 1700 qm.

Weisser Bär

Moselstr. 7 (B 53) ✉ *54486 – ✆ (06534) 9 47 70 – www.hotel-weisser-baer.de*
33 Zim – 90/105 € 128/225 € – ½ P
Rest – Menü 36/79 € – Karte 33/62 €
Geschmackvoll und authentisch hat man die Zimmer in diesem Haus Städten, Regionen und Ländern gewidmet, sehr schön ist auch der Saunabereich mit Thai-Massage. Park an der Mosel. Das Restaurant bietet u. a. eine gute regionale Rieslingauswahl. Terrasse und Biergarten.

Landhaus Schiffmann (mit Gästehaus) 
Veldenzer Str. 49a ✉ 54486 – ✆ (06534) 9 39 40
– www.landhaus-schiffmann.de – geschl. 29. Juli - 10. August, 9. - 26. Dezember
28 Zim – 80 € 122 € – 2 Suiten – ½ P
Rest – *(nur Abendessen für Hausgäste)* Menü 19 €
Ein familiengeführtes Hotel mit zeitgemäßen Zimmern. Der Anwendungsbereich mit vielfältigem Angebot befindet sich in einem separaten Gebäude. Schön ist das 6000 qm große Gartengrundstück.

Domizil Schiffmann 
Hauptstr. 52 ✉ 54486 – ✆ (06534) 94 76 90 – www.domizil-schiffmann.de
– geschl. Januar
18 Zim – 55 € 90 € – ½ P
Rest – *(geschl. Mittwoch) (nur Abendessen)* Menü 20 € – Karte 20/35 €
Eine nette Adresse ist das ganz modern eingerichtete kleine Hotel mitten im Ort. W-Lan und Telefon (deutsches Festnetz) sind im Preis inbegriffen. Alle Zimmer bieten Balkon oder Terrasse, auch Allergikerzimmer vorhanden.

Culinarium R – Weinromantikhotel Richtershof 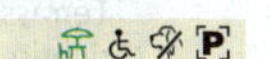
Hauptstr. 81 ✉ 54486 – ✆ (06534) 94 80 – www.weinromantikhotel.de
– geschl. 6. - 28. Januar und Montag - Dienstag
Rest – *(nur Abendessen; Mai - Oktober: Sonn- und Feiertage auch Mittagessen)*
Menü 58/98 € – Karte 58/71 €
Vier Menüs einer ambitionierten zeitgemäßen Küche stehen in dem modern-eleganten Restaurant zur Wahl. Begleitet wird das Essen von einem ansprechenden Weinangebot und freundlichem Service. Schöne Terrasse.

MÜLHEIM-KÄRLICH – Rheinland-Pfalz – 543 – 10 990 Ew – Höhe 76 m

36 D14

Berlin 599 – Mainz 109 – Koblenz 10

Zur Linde 
Bachstr. 12 (Mülheim) ✉ 56218 – ✆ (02630) 41 30 – www.zurlinde.info
– geschl. über Karneval 1 Woche, Oktober 2 Wochen und Dienstag, Samstagmittag
Rest – Menü 25/80 € – Karte 23/54 €
Rest *Weinstube* – siehe Restaurantauswahl
In dem gemütlichen Gasthaus der Familie Linden hat inzwischen die 5. Generation die Küchenleitung übernommen. Gekocht wird international. Kleine Enoteca mit Verkauf von Wein und Gewürzen.

Weinstube – Restaurant Zur Linde 
Bachstr. 12 (Mülheim) ✉ 56218 – ✆ (02630) 41 30 – www.zurlinde.info
– geschl. über Karneval 1 Woche, Oktober 2 Wochen und Dienstag, Samstagmittag
Rest – Menü 25/80 € – Karte 23/54 €
Das liebenswertes Dekorations-Sammelsurium und die Einrichtung erinnern ein bisschen an Großmutters gute Stube: hier ein Püppchen, da ein Kränzchen und dazu bürgerlich-regionale Kost.

MÜLLHEIM – Baden-Württemberg – 545 – 18 440 Ew – Höhe 267 m – Erholungsort

61 D21

Berlin 831 – Stuttgart 238 – Freiburg im Breisgau 33 – Basel 41
Wilhelmstr. 14, ✉ 79379, ✆ (07631) 80 15 00, www.muellheim.de

Landhotel Alte Post 
Posthalterweg (B 3) ✉ 79379 – ✆ (07631) 1 78 70 – www.alte-post.net
– geschl. 22. - 25. Dezember
50 Zim – 80/90 € 120/130 € – 1 Suite – ½ P
Rest *Landhotel Alte Post* – siehe Restaurantauswahl
Heimisches Holz und warme Töne bestimmen in der einstigen Posthalterei das Bild. Die Zimmer sind nach Rebsorten, Bäumen und Kräutern benannt, einige im japanischen Stil; im Gästehaus mit kleinem Balkon. Fragen Sie nach den neu renovierten Zimmern!

Appartement-Hotel im Weingarten garni 

Kochmatt 8 ✉ 79379 – ✆ (07631) 36 94 0
– www.app-hotel-im-weingarten.de – geschl. Februar
12 Zim – 68/93 € 96/105 €
Die freundliche und engagierte Betreiberin bietet hier hübsche Appartements mit Küchenzeile und Balkon/Terrasse. Zu finden ist das Haus in einer ruhigen Wohngegend etwas oberhalb der kleinen Stadt.

Taberna 
Marktplatz 7 ✉ 79379 – ✆ (07631) 17 48 84 – www.taberna-muellheim.de
– geschl. Sonntag - Montag
Rest – Menü 17 € (mittags)/90 € – Karte 39/65 €
Bei Raffaele Cannizzaro bekommt man eine ehrliche italienische Küche, die Geschmack hat und aus guten Produkten zubereitet wird - so z. B. "Lammrücken mit kleinen Artischocken" oder "gedämpfter Saibling mit Senfkohl und gratinierten Zwiebeln". Und der Rahmen dazu? Ein hübsches Gewölbe oder die Terrasse am bzw. über dem Klemmbach. Mittags ist das Angebot kleiner und richtig preiswert.

Landhotel Alte Post – Landhotel Alte Post 
Posthalterweg (B 3) ✉ 79379 – ✆ (07631) 1 78 70 – www.alte-post.net
– geschl. 23. - 25. Dezember
Rest – Menü 22 € (mittags unter der Woche)/56 € – Karte 33/47 €
Der Poet Johann Peter Hebel verewigte den geschichtsträchtigen Gasthof sogar in einem seiner Gedichte. Inzwischen hat man hier Historisches gelungen mit Modernem kombiniert - schön gemütlich! Während das Angebot am Abend etwas aufwändiger ist, bietet man mittags eine reduzierte Karte.

Messer & Gradel N 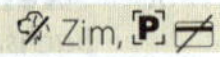
Goethestr. 10 ✉ 79379 – ✆ (07631) 1 00 60 – www.messerundgradel.de
– geschl. Januar 2 Wochen, über Pfingsten, Mitte Juni 1 Woche und Mittwoch
Rest – Menü 29/75 € (abends) – Karte 26/79 €
Das Konzept aus Restaurant, Lounge und Bar kommt an, ebenso die trendige "Weltküche", wie man sie selbst nennt, mit ihren bewusst kleinen Portionen von asiatisch über kalifornisch bis mediterran - das passt zur modern-legeren Atmosphäre hier! Im Sommer mit angenehmer Terrasse.

In Müllheim-Britzingen **Nord-Ost: 5 km über Zunzingen – Erholungsort**

Landgasthof Hirschen mit Zim — Zim,
Markgräfler Str. 22 ✉ 79379 – ✆ (07631) 54 57 – www.hirschen-britzingen.eu
– geschl. 23. Dezember - 10. Januar, 6. - 16. August und Dienstag - Mittwoch
4 Zim – 65 € 65 € **Rest** – (Tischbestellung ratsam) Karte 21/39 €
Ein typisch badischer Familienbetrieb, in dem es schön gastlich zugeht, und das bei solider bürgerlicher Küche... da kommt schonmal die Suppenterrine zum Schöpfen auf den Tisch! Die Gäste mögen den ländlichen Charme- da passen auch die einfachen, aber gepflegten Übernachtungszimmer gut ins Bild.

In Müllheim-Feldberg **Süd-Ost: 6 km über Vögisheim**

Ochsen mit Zim 
Bürgelnstr. 32 ✉ 79379 – ✆ (07631) 35 03 – www.ochsen-feldberg.de
– geschl. Donnerstag
7 Zim – 45/50 € 90 €
Rest – Menü 22/45 € – Karte 22/58 €
Der Gasthof ist seit seiner Gründung 1763 in Familienbesitz. Innen schöne Stuben mit ländlichem Charakter, draußen eine hübsche Terrasse und ein Innenhof (zur Weihnachtszeit mit kleinem Markt). Hier wird frisch gekocht und behaglich übernachten kann man auch - gönnen Sie sich doch die tolle moderne große Juniorsuite!

MÜNCHBERG – Bayern – 546 – 10 760 Ew – Höhe 546 m

51 M14

Berlin 323 – München 266 – Hof 21 – Bayreuth 37

Ludwigstr. 15, ✉ 95213, ✆ (09251) 8 74 25, www.muenchberg.de

Seehotel Hintere Höhe

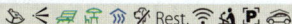

Hintere Höhe 7 ✉ 95213 – ✆ (09251) 9 46 10 – www.seehotel-muenchberg.de
33 Zim – 49/59 € 69/79 € – ½ P
Rest – *(geschl. Freitag - Samstag) (nur Abendessen)* Karte 17/36 €
Ruhig liegt das Haus umgeben von Wiesen und Wäldern, vor der Tür befindet sich ein kleiner See. Die soliden Zimmer bieten meist einen Balkon. Gediegenes Restaurant und behagliche Gaststube mit Kachelofen.

Braunschweiger Hof

Bahnhofsstr. 13 ✉ 95213 – ✆ (09251) 9 94 00 – www.braunschweigerhof.de
20 Zim – 38/48 € 67/74 € – ½ P
Rest – *(geschl. 6. - 15. August)* Karte 17/50 €
Ein familiär geleitetes kleines Stadthotel mit freundlichem Service, in dem gepflegte und praktisch eingerichtete Gästezimmer zur Verfügung stehen. Gemütlich ist die Atmosphäre im gediegenen Restaurant.

H·I·M
VILLENBAU

MÜNCHEN

Stadtpläne siehe nächste Seiten **65** L20

© Mauritius / Photononstop

Bayern – 1 378 180 Ew – Höhe 518 m – 546 V18

Berlin 588 – Innsbruck 164 – Nürnberg 166 – Salzburg 144

Tourist-Informationen

Bahnhofsplatz 2 J2, ✉ 80335, ✆(089) 23 39 65 00, www.muenchen.de
Neues Rathaus L2, ✉ 80331, ✆(089) 23 39 65 00

Automobilclub - ADAC

Sendlinger Tor Platz 9 K3
Frankfurter Ring 30 C1
Ridler Str. 35 C2
Elsässer Str. 33 H3

Autoreisezug

Ostbahnhof, Friedenstraße H3, ✆ (01806) 99 66 33 (Gebühr)

Flughafen

Flughafen Franz Josef Strauß, Nordallee 25 (Nord-Ost: 29 km über A 9 D1), ✆ (089) 9 75 00

Messegelände

Messe München, Messegelände (über A 94 D2), ✉ 81823, ✆ (089) 94 92 07 20

Messen und Veranstaltungen

Zu Messezeiten verlangen viele Hotels erhöhte Messepreise
10.-12. Januar: opti
24.-26. Januar: Antique&Art
26.-29. Januar: ISPO
14.-16. Februar: IMOT - Internatinale Motoradausstellung
14.-17. Februar: inhorgenta europe
19.-23. Februar: f.re.e
21.-23. Februar: Golftage
3.-6. März: Automatica
8.-9. März: WeinMünchen
12.-18. März: Internationale Handwerksmesse
12.-18. März: Garten München
28.-30. März: Münchner Immobilien Messe
5.-9. Mai: IFAT

15.-18. Mai: HIGH END
20.-23. Mai: FESPA
3.-6. Juni: Maintain
16.-20. Juli: Interforst
20. September-5. Oktober: Oktoberfest
11.-14. November: electronica
14.-16. November: Forum Vini
26.-30. November: Food&Life
26.-30. November: Heim+Handwerk

Golfplätze

9 München-Thalkirchen, Zentralländstr. 40, ✆(089) 7 23 13 04
9 München-Riem, Graf-Lehndorff Str. 36, ✆(089) 94 50 08 00
18 Aschheim, Fasanenallee 10, ✆(089) 9 90 24 20
27 Straßlach, Tölzerstr. 95, ✆(08170) 9 29 18 11
9 Eschenried, Kurfürstenweg 10, ✆(08131) 5 67 40
18 Eschenhof, Kurfürstenweg 13, ✆(08131) 56 74 56
18 Olching, Feuersstr. 89, ✆(08142) 4 82 90
9 Dachau, An der Floßlände 1, ✆(08131) 1 08 79
27 Eichenried, Münchener Str. 57, ✆(08123) 9 30 80

SEHENSWÜRDIGKEITEN

Die Altstadt: Michaelskirche★ · Frauenkirche★★K2 · Marienplatz★ · Residenzmuseum★★ · Theatinerkirche★L2 · Asamkirche★K3
Museen und Galerien: Alte Pinakothek★★★ · Neue Pinakothek★★ · Pinakothek der Moderne★★ · Glyptothek★ · Staatliche Antikensammlungen★K1 · Deutsches Museum★★★LM3 · Bayerisches Nationalmuseum★★M2 · Deutsches Jagd- und Fischereimuseum★K2 · Städtlische Galerie im Lenbachhaus★J1 · BMW-Museum★★C1 · Stadtmuseum★K3
Weitere Sehenswürdigkeiten: Englischer Garten★M1 · Schloss Nymphenburg★★B2 · Botanischer Garten★★B1 · Olympiaturm✳★★★C1 · Tierpark Hellabrunn★C3

Alphabetische Liste der Hotels
Alphabetical index of hotels

Alphabetische Liste der Restaurants
Alphabetical index of restaurants

Restaurants am Sonntag geöffnet
Restaurants open on Sunday

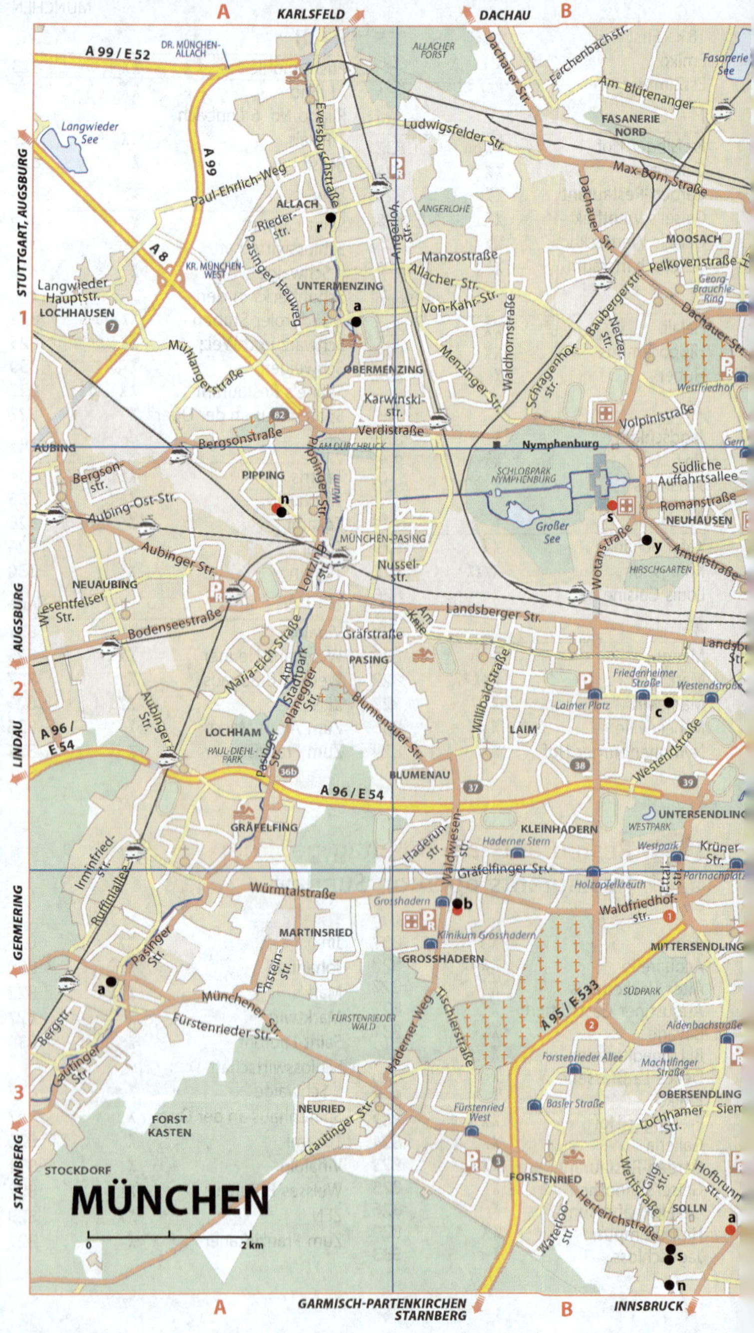
MÜNCHEN
KARLSFELD
DACHAU
GARMISCH-PARTENKIRCHEN
STARNBERG
INNSBRUCK
STUTTGART, AUGSBURG
AUGSBURG
LINDAU
GERMERING
STARNBERG
A 99 / E 52
A 99
A 8
A 96 / E 54
A 95 / E 533
ALLACH
UNTERMENZING
OBERMENZING
LOCHHAUSEN
AUBING
PIPPING
NEUAUBING
PASING
MÜNCHEN-PASING
LOCHHAM
GRÄFELFING
MARTINSRIED
NEURIED
FORST KASTEN
STOCKDORF
BLUMENAU
LAIM
KLEINHADERN
GROSSHADERN
FORSTENRIED
SOLLN
OBERSENDLING
MITTERSENDLING
UNTERSENDLING
NEUHAUSEN
MOOSACH
FASANERIE NORD
Nymphenburg
SCHLOßPARK NYMPHENBURG
Großer See
HIRSCHGARTEN
ALLACHER FORST
ANGERLOHE
FÜRSTENRIEDER WALD
WESTPARK
SÜDPARK
Langwieder See
Fasanerie See
Westfriedhof
0
2 km

INGOLSTADT
REGENSBURG
NÜRNBERG
LANDSHUT
ERDING
PASSAU
EBERSBERG
WASSEBURG
BAD-TÖLZ
GRÜNWALD
BAVARIA-FILMSTADT
SALZBURG
INNSBRUCK
SALZBURG
MILBERTSHOFEN
Olympiapark
Museum BMW
OLYMPIATURM
FREIMANN
HIRSCHAU
Englischer Garten
UNTERFÖHRING
OBERFÖHRING
ENGLSCHALKING
DENNING
BOGENHAUSEN
ALTE PINAKOTHEK
Bayerisches Nationalmuseum
Residenzmuseum
Frauenkirche
DEUTSCHES MUSEUM
BERG AM LAIM
TRUDERING
RAMERSDORF
GIESING
THALKIRCHEN
Tierpark
HELLABRUNN
HARLACHING
NEU PERLACH
UNTERBIBERG
PERLACHER FORST

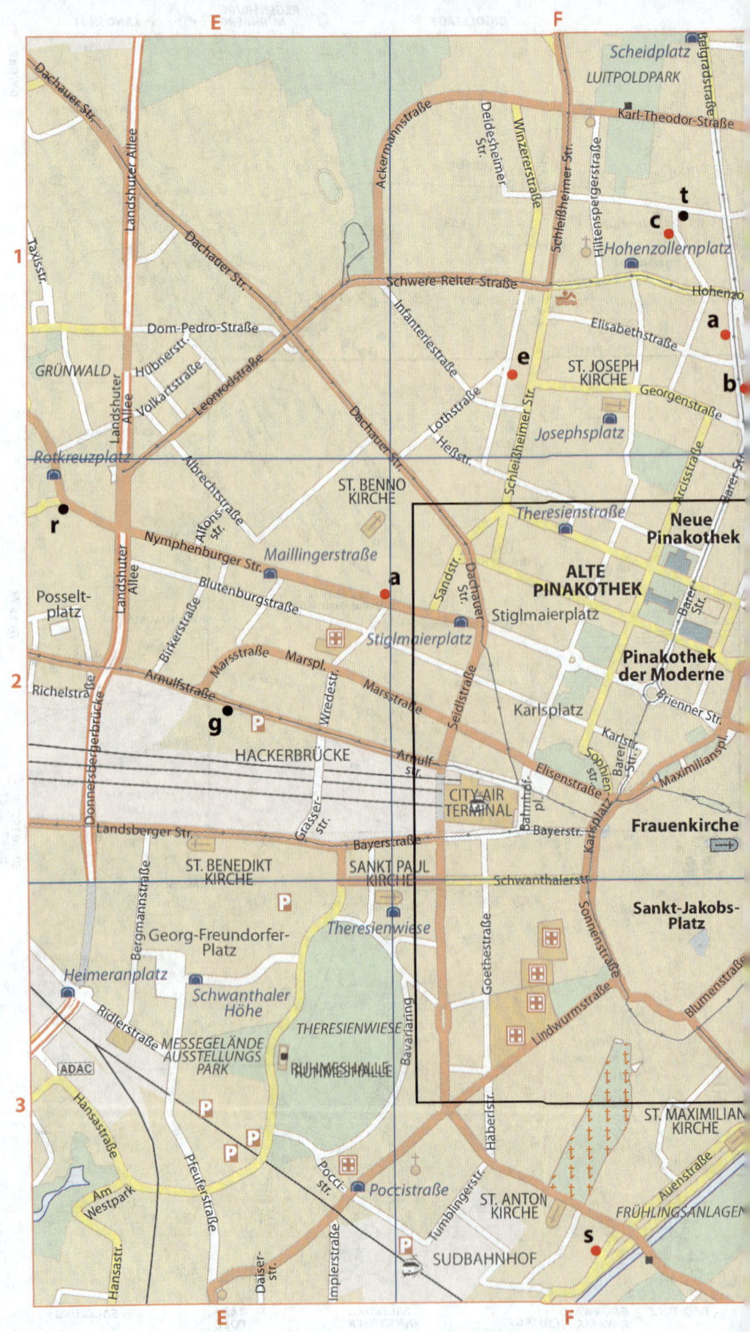

E
F
1
2
3
Scheidplatz
LUITPOLDPARK
Karl-Theodor-Straße
Dachauer Str.
Landshuter Allee
Ackermannstraße
Deidesheimer Str.
Winzererstraße
Schleißheimer Str.
Hiltenspergerstraße
Belgradstraße
Hohenzollernplatz
Schwere-Reiter-Straße
Taxisstr.
Dom-Pedro-Straße
Infanteriestraße
Elisabethstraße
GRÜNWALD
Hübnerstr.
Volkartstraße
Leonrodstraße
ST. JOSEPH KIRCHE
Georgenstraße
Lothstraße
Josephsplatz
Heßstr.
Rotkreuzplatz
Albrechtstraße
ST. BENNO KIRCHE
Arcisstraße
Theresienstraße
Neue Pinakothek
Nymphenburger Str.
Alfonsstr.
Maillingerstraße
Sandstr.
ALTE PINAKOTHEK
Posseltplatz
Blutenburgstraße
Stiglmaierplatz
Barer Str.
Birkerstraße
Marsstraße
Marspl.
Pinakothek der Moderne
Richelstraße
Arnulfstraße
Wredestr.
Seidlstraße
Karlsplatz
Brienner Str.
Donnersbergerbrücke
HACKERBRÜCKE
Karlstr.
Sophienstr.
Maximiliansplatz
Arnulfstr.
Elisenstraße
CITY-AIR TERMINAL
Bahnhofpl.
Landsberger Str.
Grasserstr.
Bayerstraße
Bayerstr.
Karlsplatz
Frauenkirche
ST. BENEDIKT KIRCHE
SANKT PAUL KIRCHE
Schwanthalerstr.
Sankt-Jakobs-Platz
Bergmannstraße
Sonnenstraße
Georg-Freundorfer-Platz
Theresienwiese
Heimeranplatz
Schwanthaler Höhe
Goethestraße
Blumenstraße
Ridlerstraße
MESSEGELÄNDE AUSSTELLUNGS PARK
THERESIENWIESE
Lindwurmstraße
ADAC
RUHMESHALLE
Bavariaring
Hansastraße
Pfeuferstraße
Häberlstr.
ST. MAXIMILIAN KIRCHE
Pocci-str.
Poccistraße
Tumblingerstr.
ST. ANTON KIRCHE
Auenstraße
Am Westpark
FRÜHLINGSANLAGEN
Hansastr.
Daiserstr.
Implerstraße
SUDBAHNHOF
a
b
c
e
g
r
s
t
P

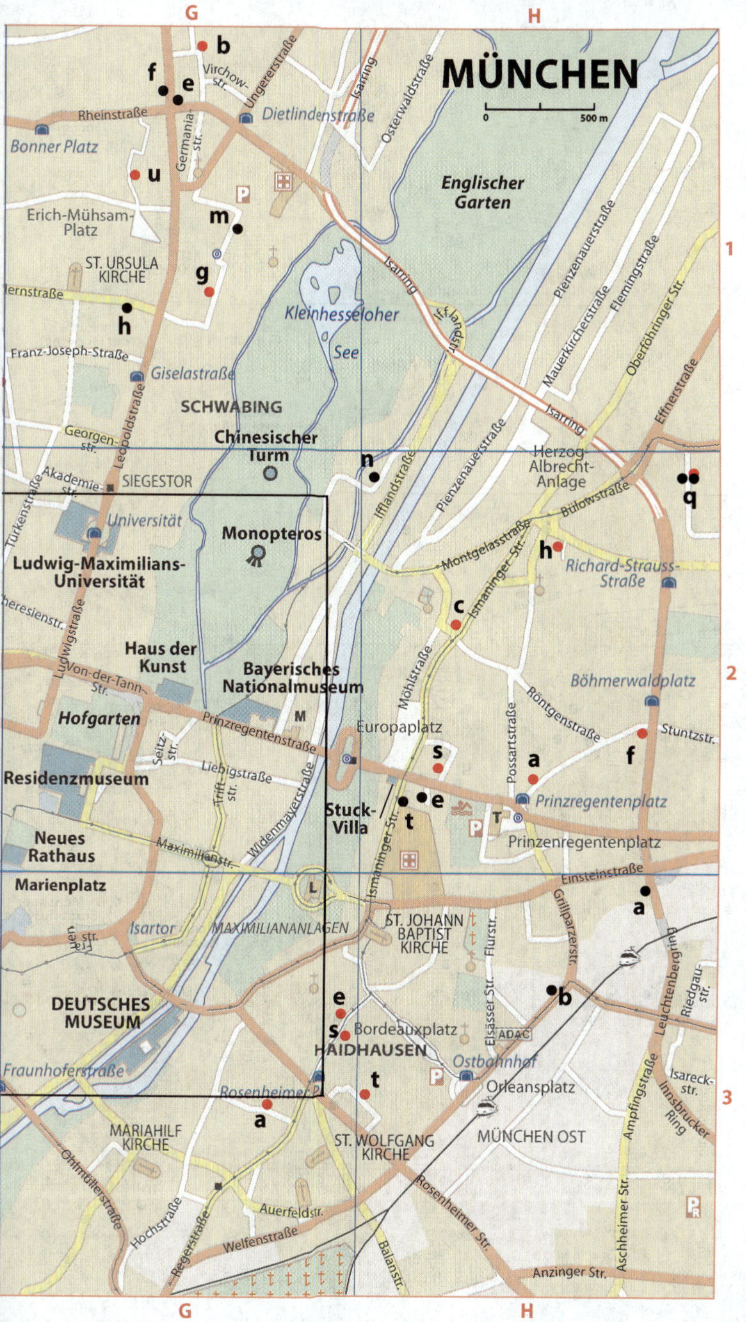
MÜNCHEN
0
500 m
G
H
1
2
3
Bonner Platz
Rheinstraße
Dietlindenstraße
Ungererstraße
Virchow-str.
Germania-str.
Isarring
Osterwaldstraße
Englischer Garten
Erich-Mühsam-Platz
ST. URSULA KIRCHE
Franz-Joseph-Straße
Giselastraße
Kleinhesseloher See
Ifflandstr.
SCHWABING
Leopoldstraße
Georgen-str.
Akademie-str.
SIEGESTOR
Chinesischer Turm
Herzog-Albrecht-Anlage
Pienzenauerstraße
Mauerkircherstraße
Flemingstraße
Oberföhringer Str.
Effnerstraße
Bülowstraße
Türkenstraße
Universität
Ludwig-Maximilians-Universität
Monopteros
Montgelasstraße
Ismaninger Str.
Richard-Strauss-Straße
Theresienstr.
Ludwigstraße
Von-der-Tann-Str.
Haus der Kunst
Bayerisches Nationalmuseum
Möhlstraße
Böhmerwaldplatz
Röntgenstraße
Stuntzstr.
Hofgarten
Prinzregentenstraße
Europaplatz
Possartstraße
Seitz-str.
Liebigstraße
Residenzmuseum
Trift-str.
Widenmayerstraße
Stuck-Villa
Prinzregentenplatz
Prinzenregentenplatz
Neues Rathaus
Maximilianstr.
Marienplatz
Einsteinstraße
Isartor
MAXIMILIANANLAGEN
ST. JOHANN BAPTIST KIRCHE
Flurstr.
Grillparzerstr.
Leuchtenbergring
Riedgau-str.
DEUTSCHES MUSEUM
Elsässer Str.
Bordeauxplatz
ADAC
HAIDHAUSEN
Ostbahnhof
Fraunhoferstraße
Rosenheimer Pl.
Orleansplatz
Ampfingstraße
Isareck-str.
Innsbrucker Ring
MARIAHILF KIRCHE
ST. WOLFGANG KIRCHE
MÜNCHEN OST
Ohlmüllerstraße
Hochstraße
Auerfeldstr.
Rosenheimer Str.
Regerstraße
Welfenstraße
Balanstr.
Aschheimer Str.
Anzinger Str.

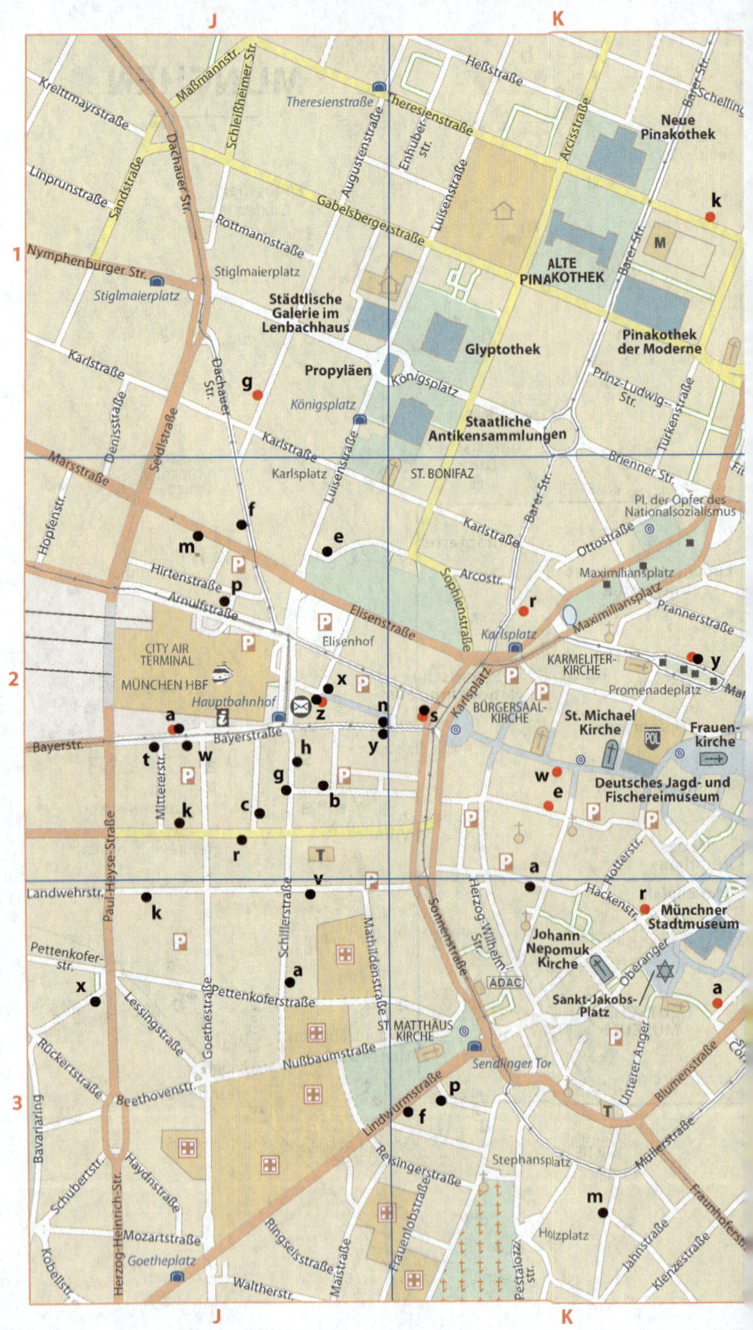
J
K
1
2
3
Neue Pinakothek
ALTE PINAKOTHEK
Pinakothek der Moderne
Städtlische Galerie im Lenbachhaus
Propyläen
Glyptothek
Staatliche Antikensammlungen
Königsplatz
Karlsplatz
ST. BONIFAZ
Stiglmaierplatz
CITY AIR TERMINAL
MÜNCHEN HBF
Hauptbahnhof
Elisenhof
KARMELITER-KIRCHE
BÜRGERSAAL-KIRCHE
St. Michael Kirche
Frauen-kirche
Deutsches Jagd- und Fischereimuseum
Münchner Stadtmuseum
Johann Nepomuk Kirche
Sankt-Jakobs-Platz
ST MATTHÄUS KIRCHE
Sendlinger Tor
Goetheplatz
Pl. der Opfer des Nationalsozialismus
Maximiliansplatz
Promenadeplatz
Stephansplatz
Holzplatz
ADAC
Theresienstraße
Heßstraße
Schelling
Arcisstraße
Barer Str.
Gabelsbergerstraße
Kreittmayrstraße
Maßmannstr.
Schleißheimer Str.
Augustenstraße
Enhuber str.
Luisenstraße
Linprunstraße
Sandstraße
Dachauer Str.
Rottmannstraße
Nymphenburger Str.
Karlstraße
Denisstraße
Seidlstraße
Marsstraße
Hopfenstr.
Hirtenstraße
Arnulfstraße
Elisenstraße
Sophienstraße
Arcostr.
Ottostraße
Maximiliansplatz
Prannerstraße
Brienner Str.
Prinz-Ludwig-Str.
Türkenstraße
Bayerstr.
Bayerstraße
Mittererstr.
Paul-Heyse-Straße
Landwehrstr.
Schillerstraße
Mathildenstraße
Sonnenstraße
Herzog-Wilhelm-Str.
Hotterstr.
Hackenstr.
Oberanger
Unterer Anger
Blumenstraße
Müllerstraße
Fraunhoferstr.
Pettenkofer-str.
Pettenkoferstraße
Lessingstraße
Goethestraße
Nußbaumstraße
Rückertstraße
Beethovenstr.
Bavariaring
Lindwurmstraße
Reisingerstraße
Schubertstr.
Haydnstraße
Herzog-Heinrich-Str.
Mozartstraße
Kobellstr.
Ringseisstraße
Maistraße
Frauenlobstraße
Waltherstr.
Pestalozzistr.
Jahnstraße
Klenzestraße

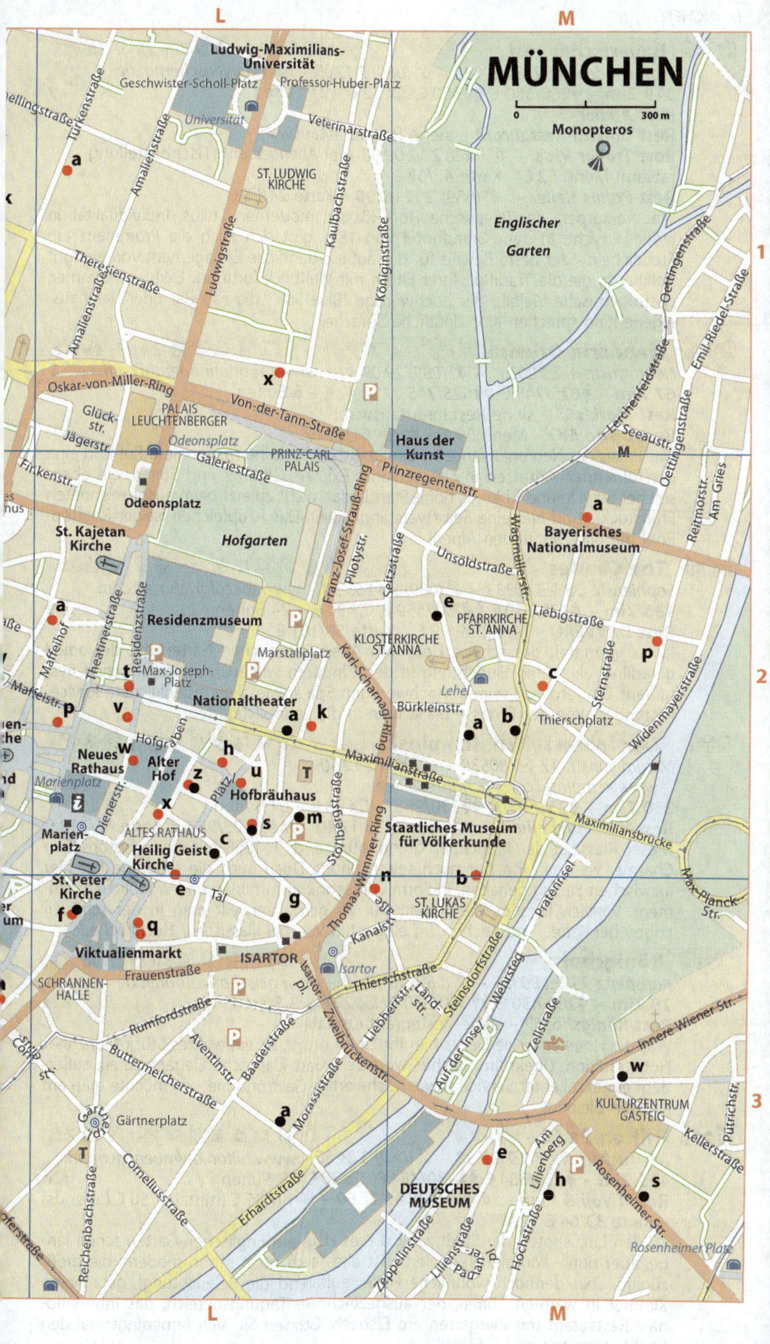
MÜNCHEN
0
300 m
Monopteros
Englischer Garten
Ludwig-Maximilians-Universität
Geschwister-Scholl-Platz
Professor-Huber-Platz
Universität
Veterinärstraße
ST. LUDWIG KIRCHE
Ludwigstraße
Kaulbachstraße
Königinstraße
Türkenstraße
Amalienstraße
Theresienstraße
Oskar-von-Miller-Ring
Von-der-Tann-Straße
PALAIS LEUCHTENBERGER
Odeonsplatz
Glück-str.
Jägerstr.
Galeriestraße
PRINZ-CARL PALAIS
Haus der Kunst
Prinzregentenstr.
Finkenstr.
Odeonsplatz
St. Kajetan Kirche
Hofgarten
Franz-Josef-Strauß-Ring
Pilotystr.
Seitzstraße
Unsöldstraße
Wagmüllerstr.
Bayerisches Nationalmuseum
Lerchenfeldstraße
Seeaustr.
Oettingenstraße
Emil-Riedel-Straße
Reitmorstr.
Am Gries
Liebigstraße
PFARRKIRCHE ST. ANNA
Residenzmuseum
Residenzstraße
Theatinerstraße
Maffeihof
Marstallplatz
KLOSTERKIRCHE ST. ANNA
Karl-Scharnagl-Ring
Lehel
Sternstraße
Widenmayerstraße
Max-Joseph-Platz
Maffeistr.
Nationaltheater
Bürkleinstr.
Thierschplatz
Hofgraben
Neues Rathaus
Alter Hof
Marienplatz
Hofbräuhaus
Maximilianstraße
Maximiliansbrücke
Dienerstr.
Platzl
Stollbergstraße
Staatliches Museum für Völkerkunde
Marien-platz
ALTES RATHAUS
Heilig Geist Kirche
St. Peter Kirche
Tal
Thomas-Wimmer-Ring
ST. LUKAS KIRCHE
Praterinsel
Max-Planck-Str.
Viktualienmarkt
ISARTOR
Isartor
Kanalstr.
Frauenstraße
SCHRANNEN-HALLE
Isartorpl.
Thierschstraße
Liebherrstr.
Land-str.
Steinsdorfstraße
Wehrsteg
Zellstraße
Innere Wiener Str.
Rumfordstraße
Baaderstraße
Aventinstr.
Buttermelcherstraße
Zweibrückenstr.
Morassistraße
Auf der Insel
KULTURZENTRUM GASTEIG
Pütrichstr.
Kellerstraße
Gärtnerplatz
Cornelliusstraße
Reichenbachstraße
Erhardtstraße
DEUTSCHES MUSEUM
Zeppelinstraße
Lilienstraße
Am Lilienberg
Hochstraße
Rosenheimer Str.
Rosenheimer Platz
L
M
1
2
3

Bayerischer Hof

Promenadeplatz 2 ✉ *80333 – (089) 2 12 00 – www.bayerischerhof.de*
319 Zim – 260/360 € 360 €, 32 € – 21 Suiten K2**y**
Rest *Atelier*
Rest *Garden-Restaurant* – siehe Restaurantauswahl
Rest *Trader Vic's* – (089) 2 12 09 95 *(nur Abendessen)* (Tischbestellung ratsam) Menü 52 € – Karte 47/62 €
Rest *Palais Keller* – (089) 2 12 09 90 – Karte 24/53 €
Was verkörpert der Bayerische Hof? Klassik, modernen Luxus, Individualität in jeder Hinsicht. In dem Grandhotel von 1841 gibt sich auch die Prominenz ein Stelldichein - der beste Beweis für das außerordentliche Engagement von Innegrit Volkhardt, die die Tradition ihrer Eltern mit Weitblick fortführt. Exklusive Zimmer, gastronomische Vielfalt, der hochwertige "Blue Spa", die Falk-Bar oder das hauseigene Kino sprechen eine deutliche Sprache.

Mandarin Oriental

Neuturmstr. 1 ✉ *80331 – (089) 29 09 80 – www.mandarinoriental.com*
67 Zim – 625/745 € 625/745 €, 42 € – 6 Suiten L2**s**
Rest *Mark's* – siehe Restaurantauswahl
Rest *Bistro MO* – Menü 39 € – Karte 61/89 €
Das Palais der Neorenaissance ist ein Luxushotel mit internationalem Ruf und eine der führenden Adressen in Deutschland. Exlusive Zimmer und Suiten, ein ebensolcher Service und überaus hohe Standards - nicht zuletzt beim ausgezeichneten Frühstück - sind hier eine Selbstverständichkeit. Das i-Tüpfelchen ist der Rooftop-Pool mit Blick bis zu den Alpen!

The Charles

Sophienstr. 28 ✉ *80333 – (089) 5 44 55 50 – www.roccofortehotels.com*
136 Zim – 270/550 € 270/550 €, 34 € – 24 Suiten J2**e**
Rest *DAVVERO* – Menü 49/99 € – Karte 50/101 €
Luxus vermittelt das schöne Hotel am Alten Botanischen Garten mit der edlen geradlinig-eleganten Einrichtung in den Zimmern wie auch im italienischen Restaurant Davvero, mit seinem hochwertigen Spa sowie allen erdenklichen Serviceleistungen. Von der Terrasse blickt man in die Lehnbachgärten.

Vier Jahreszeiten Kempinski

Maximilianstr. 17 ✉ *80539 – (089) 2 12 50*
– www.kempinski.com/vierjahreszeiten L2**a**
230 Zim – 230/960 € 230/960 €, 38 € – 67 Suiten
Rest *Vue Maximilian* – (089) 21 25 17 40 – Menü 25/98 € – Karte 46/113 €
Dieser Klassiker der Münchner Grandhotels a. d. J. 1858 hat einen historischen Charme, wie man ihn nur noch selten findet. Doch auch die Moderne hat hier inzwischen Einzug gehalten, in Form von sehr komfortablen und wohnlichen Zimmern, wirklich luxuriös die Suiten. Nur zu gerne verweilt man in der schönen Lobby bei Kaffee und Kuchen, im eleganten Vue bei klassischer Hochküche.

Königshof

Karlsplatz 25 ✉ *80335 – (089) 55 13 60 – www.geisel-privathotels.de*
79 Zim – 280/430 € 350/500 €, 29 € – 8 Suiten K2**s**
Rest *Königshof* – siehe Restaurantauswahl
Was die Hotelierfamilie Geisel hier ihr Eigen nennt, ist ein wahres Stück Münchner Hoteltradition. Direkt am Stachus wird dem Gast klassische Eleganz zuteil, außerdem ein exzellenter Service sowie hochwertige Gastronomie - da möchte man am liebsten bleiben!

Hilton Park

Am Tucherpark 7 ✉ *80538 – (089) 3 84 50 – www.hilton.de/muenchenpark*
475 Zim – 130/384 € 130/384 €, 28 € – 9 Suiten H2**n**
Rest *Tivoli & Club* – (089) 38 45 27 69 – Menü 35 € (mittags)/50 € (abends) – Karte 33/64 €
Zu den Luxushotels der Stadt zählt dieses Haus am Englischen Garten schon lange, aber nun - komplett renoviert - ist alles auch noch schön modern: die großzügige, aber dennoch wohnliche Halle (auffallend die Beleuchtung), geradlinige Zimmer in warmen Tönen, der ausgezeichnete Tagungsbereich, das internationale Restaurant mit Biergarten am Eisbach. Gönnen Sie sich unbedingt mal den Sonntagsbrunch im 15. Stock!

Sofitel Munich Bayerpost

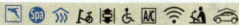

Bayerstr. 12 ✉ *80335 – (089) 59 94 80 – www.sofitel-munich.com*
388 Zim – 270/520 € 270/520 €, 33 € – 8 Suiten J2**a**
Rest ***Schwarz & Weiz*** **Rest** ***Délice La Brasserie*** – siehe Restaurantauswahl
Äußerst gelungen hat man in das imposante denkmalgeschützte Gebäude aus der Gründerzeit moderne Architektur und zeitgenössisches Design integriert - das steht auch dem hochwertigen Spa gut zu Gesicht, ebenso den vielfältigen Veranstaltungsräumen.

Le Méridien

Rest,

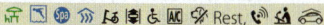

Bayerstr. 41 ✉ *80335 – (089) 2 42 20 – www.lemeridienmunich.com*
373 Zim – 154/569 € 154/569 €, 28 € – 8 Suiten J2**w**
Rest – Karte 42/71 €
Das Hotel gegenüber dem Hauptbahnhof steht für modernen Stil und schlichte Eleganz. Vom Restaurant schaut man in den hübschen begrünten Innenhof - eine kleine ruhige Oase in der Großstadt! Im Zimmerpreis ist der Eintritt in einige Münchner Museen inkludiert.

Eurostars Grand Central

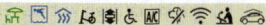

Arnulfstr. 35 ✉ *80636 – (089) 5 16 57 40 – www.eurostarsgrandcentral.com*
243 Zim – 147/738 € 172/861 € – 4 Suiten E2**g**
Rest – *(geschl. Juli - August) (nur Abendessen)* Menü 30/40 € – Karte 38/70 €
Ein topaktuelles Businesshotel, nur eine S-Bahn-Station vom Hauptbahnhof entfernt. Zu den sehr komfortablen, wohnlichen und wertigen Zimmern gesellt sich ein kleines Highlight: der Pool auf dem Dach! Mediterrane Küche im "Red" oder (zu Schließzeiten des Restaurants) in der Lounge-Bar.

Louis

Viktualienmarkt 6 ✉ *80331 – (089) 41 11 90 80 – www.louis-hotel.com*
72 Zim – 139/279 € 189/299 €, 20 € L3**f**
Rest ***Emiko*** – siehe Restaurantauswahl
Ihr Vorteil hier ist die top Lage am Viktualienmarkt - der ist nicht nur sehr zentral, auch die hervorragenden Produkte fürs Frühstück stammen von dort! Trotz moderner Formen überzeugen die Zimmer des Design-Hotels mit Wohnlichkeit und Atmosphäre. Nicht zu vergessen: Annehmlichkeiten vom Schuhputzservice bis zur Tageszeitung für jeden Gast, und - last but not least - die Dachterrasse!

Cortiina

Ledererstr. 8 ✉ *80331 – (089) 2 42 24 90 – www.cortiina.com* L2**c**
70 Zim – 149/329 € 169/349 €, 24 € – 5 Suiten
Rest – *(nur Abendessen)* Karte 29/64 €
Da staunt man nicht schlecht, was man hier in fast schon unscheinbarer, aber doch sehr zentraler Lage zu Gesicht bekommt: hochwertige Materialien, wohin das Auge blickt - Holz, Schiefer, Jura-Marmor und Naturfarben absolut stimmig kombiniert! Die Zimmer sind sehr unterschiedlich geschnitten. Im offenen Restaurant wird internationale Küche geboten.

Eurostars Book Hotel (N)

Zim, Zim,

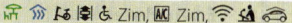

Schwanthalerstr. 44 ✉ *80336 – (089) 5 99 92 50 – www.eurostarsbookhotel.com* J2**k**
193 Zim – 79/600 € 79/650 € – 8 Suiten
Rest – *(geschl. Samstag - Sonntag)* Karte 29/52 €
Das topmoderne Businesshotel hat schon eine eigene Atmosphäre, denn neben dem attraktiven Design finden sich überall im Haus Motive zum Thema Literatur. Eyecatcher ist ein überdimensionales Buch gleich an der Rezeption! Komfort und Ausstattung stimmen hier ebenso wie die praktische Lage. Und kulinarisch? Da geht es mediterran-spanisch zu.

anna hotel

Schützenstr. 1 ✉ *80335 – (089) 59 99 40 – www.geisel-privathotels.de*
75 Zim – 205/285 € 225/305 € – 1 Suite J2**n**
Rest – Karte 25/48 €
Auf ein junges und junggebliebenes Publikum trifft man in dem modernen Hotel direkt am Stachus. Wenn Sie Panoramasicht möchten, nehmen Sie ein Zimmer im obersten Stock. Und wer es ganz diskret mag, fragt am besten nach den schicken topaktuellen Zimmern im Nebengebäude! Sollte Ihnen der Sinn nach Sushi stehen: Das gibt es gleich hier im Bistro (mit gut besuchter Bar).

Excelsior

Schützenstr. 11 ✉ 80335 – ✆ (089) 55 13 70 – www.geisel-privathotels.de J2**z**

118 Zim – †175/225 € ††230/320 €, ☕ 20 € – 3 Suiten

Rest *Geisel's Vinothek* – siehe Restaurantauswahl

Ein Haus im Wandel - das kann man schon so sagen, denn Familie Geisel investiert stetig in ihre Betriebe, so auch in dieses Schwesterhotel des Königshofes (dort befindet sich der Freizeitbereich). Entstanden sind z. B. einige schöne modern-alpine Zimmer. Auch hier ist für ein ausgezeichnetes Frühstück gesorgt.

Mercure City Center

Zim,

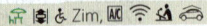

Senefelder Str. 9 ✉ 80336 – ✆ (089) 55 13 20 – www.mercure.com J2**c**

167 Zim – †109/269 € ††109/289 €, ☕ 19 €

Rest – Menü 25 € (mittags)/70 € (abends) – Karte 24/58 €

Ein nicht ganz typisches Mercure: Das Thema Theater zieht sich durch das gesamte Hotel und die Zimmer sind (dank stetiger Renovierungen) schön wohnlich in kräftigen warmen Farben gestaltet. Sehr gut sind auch die Technik und die ideale Lage zum Bahnhof. Zusätzlich zum Restaurant (internationale Küche) hat man im Sommer einen Biergarten im Innenhof.

Maximilian Munich (N) (mit Gästehäusern)

Zim,

Hochbrückenstr. 18 ✉ 80331 – ✆ (089) 24 25 80 – www.maximilian-munich.com L2**m**

36 Zim – †175/350 € ††195/370 €, ☕ 18 € – 18 Suiten

Rest *kleines Max* – ✆ (089) 24 25 81 95 *(geschl. Sonntag und an Feiertagen) (nur Abendessen)* Karte 26/50 €

Ein genauerer Blick lohnt sich, denn der vielleicht etwas unscheinbar wirkende Rahmen ist Teil des Konzepts: Man verbindet hier angenehme Diskretion mit der Exklusivität geräumiger und geschmackvoll-moderner Zimmer (alle mit Küche und auch für Longstay-Gäste). Im "kleines Max" gibt es abends internationale Küche, im Sommer auch auf der tollen Gartenterrasse.

Platzl

Zim, Zim,

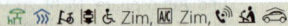

Sparkassenstr. 10 ✉ 80331 – ✆ (089) 23 70 30 – www.platzl.de L2**z**

166 Zim ☕ – †100/200 € ††200/252 € – 1 Suite

Rest *Pfistermühle* – siehe Restaurantauswahl

Rest *Ayingers* – ✆ (089) 23 70 36 66 – Menü 26/40 € – Karte 23/40 €

Das Hotel liegt mitten in der Altstadt und versprüht schon einen gewissen Charme - das liegt an den schönen wohnlichen Zimmern mit traditionellem Touch und modernem Equipment sowie am attraktiven Erholungsbereich im Stil des Maurischen Kiosks von Ludwig II. Das Ayingers mit seiner Wirtshaustradition ergänzt die Pfistermühle.

Eden Hotel Wolff

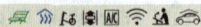

Arnulfstr. 4 ✉ 80335 – ✆ (089) 55 11 50 – www.ehw.de J2**p**

212 Zim ☕ – †148/163 € ††192/208 € – 2 Suiten **Rest** – Karte 24/58 €

Kürzer könnte der Weg vom Hauptbahnhof ins Hotel kaum sein! Das Haus existiert bereits über 100 Jahre und ist seit jeher ein reines Privathotel. Man wohnt hier klassisch, puristisch-alpenländisch oder ganz modern, nach Fitness oder Sauna relaxt man auf der Dachterrasse - oder aber im Barbereich am Kamin! Und zum Essen (international, aber auch bayerisch) geht es in die rustikale Zirbelstube.

angelo Munich Westpark (N)

Zim,

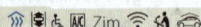

Albert-Rosshaupter-Str. 45 ✉ 81369 – ✆ (089) 4 11 11 30 – www.angelo-munich.com C2_3**a**

187 Zim ☕ – †99/169 € ††119/189 € – 22 Suiten

Rest – Menü 34 € – Karte 33/49 €

Die ideale Businessadresse: modern, funktional, technisch gut ausgestattet und mit variablen Tagungsräumen für bis zu 350 Personen. Ansprechend auch das markante Design in Rot, Schwarz und Gelb. Die Zimmer bieten hier ein bisschen mehr Platz als im "angelo"-Schwesterhotel.

Torbräu

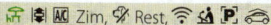

Tal 41 ✉ 80331 – ✆ (089) 24 23 40 – www.torbraeu.de L3g

88 Zim ☕ – 🚹160/199 € 🚹🚹209/215 € – 2 Suiten

Rest *Schapeau* – ✆ (089) 24 23 44 00 – Karte 25/55 €

Das älteste Hotel der Stadt gibt es schon seit 1490, zu finden ist es direkt neben dem historischen Isartor. Unterschiedliche Einrichtungsstile geben dem Haus Charme: in den Zimmern von traditionell bis topmodern, im Schapeau Jugendstilatmosphäre zu bayerisch-mediterraner Küche.

Courtyard by Marriott

Schwanthalerstr. 37 ✉ 80336 – ✆ (089) 54 88 48 80 – www.courtyardmunichcitycenter.de J2r

247 Zim – 🚹139/499 € 🚹🚹139/499 €, ☕ 21 € – 1 Suite **Rest** – Karte 28/45 €

In der Innenstadt, nicht weit vom Bahnhof, liegt das auf Geschäftsreisende ausgelegte Hotel. Die Zimmer sind gediegen-wohnlich im Stil und neuzeitlich in der Ausstattung, das Frühstücksbuffet ist gut und im Restaurant hat man modernes Flair mit Showküche.

Opéra (N) garni

St.-Anna-Str. 10 ✉ 80538 – ✆ (089) 2 10 49 40 – www.hotel-opera.de

22 Zim ☕ – 🚹155/195 € 🚹🚹175/215 € – 3 Suiten M2a

Wer ein bisschen was Spezielles sucht, dem wird das kleine Schmuckstück nahe der Oper gefallen. Hier hat man nämlich sehr individuelle Zimmer: Kunst, dazu zahlreiche Antiquitäten, unter die sich aber auch moderne Akzente mischen. Tipp: Das Frühstück schmeckt an warmen Sommertagen im reizenden Innenhof am besten! Und später geht's dann zu einem mediterranen Essen 200 m weiter ins eigene Restaurant "Gandl".

Splendid-Dollmann garni

Thierschstr. 49 ✉ 80538 – ✆ (089) 23 80 80 – www.hotel-splendid-dollmann.de

35 Zim – 🚹90/280 € 🚹🚹120/345 €, ☕ 15 € – 1 Suite M2b

Gut macht sich das feine Boutique-Hotel mit der stilvollen Bürgerhausfassade im recht ruhigen Stadtteil Lehel. Die Zimmer sind nicht riesig, aber liebevoll im klassischen Stil und mit reichlich Antiquitäten eingerichtet. Auf der lauschigen Terrasse im Hof, im hübschen Frühstücksraum, in der Bibliothek (hier kleine Snacks am Abend)... überall herrscht persönliche Atmosphäre. Für Autofahrer: zwei Garagenplätze und Anwohnerparkausweise.

das asam garni

Josephspitalstr. 3 ✉ 80331 – ✆ (089) 2 30 97 00 – www.hotel-asam.de – geschl. 21. Dezember - 3. Januar K3a

16 Zim – 🚹132/151 € 🚹🚹166/202 €, ☕ 19 € – 9 Suiten

Was den Charme dieses geschmackvoll-gediegenen Hauses ausmacht? Helle, wohnliche Zimmer mit hochwertigen Bädern (einige liegen sehr ruhig zum Innenhof) sowie das gute Frühstück in warmer Atmosphäre, das auf der kleinen Terrasse mindestens genauso schön ist!

King's Hotel First Class garni

Dachauer Str. 13 ✉ 80335 – ✆ (089) 55 18 70 – www.kingshotels.de – geschl. über Weihnachten J2f

90 Zim – 🚹120/320 € 🚹🚹120/550 €, ☕ 18 € – 5 Suiten

Ein echter Blickfang sind die raumerfüllenden gediegen-eleganten Holztäfelungen, mit denen die Lobby Sie auf den klassisch-bayerischen Stil des Hauses einstimmt! In jedem Zimmer steht ein Himmelbett mit Baldachin.

Alpen Hotel

Adolf-Kolping-Str. 14 ✉ 80336 – ✆ (089) 55 93 30 – www.alpenhotel-muenchen.de J2b

57 Zim ☕ – 🚹99/205 € 🚹🚹148/285 €

Rest – *(geschl. Samstagmittag, Sonntag und an Feiertagen)* Menü 18 € – Karte 24/42 €

Auf die unmittelbare Nähe zu Bahnhof und Stachus sowie die tipptopp gepflegten Zimmer (klassisch gehalten, die zwei Juniorsuiten ganz modern) ist hier bereits die 4. Generation der Familie Bauer stolz. Genauso schön wie in der hübschen kleinen Halle mit Kamin sitzt man auch im Innenhof - hier gibt's Frühstück oder die Münchner Küche von "Stefans Gasthaus".

Fleming's München-City

Bayerstr. 47 ✉ *80335 – ✆ (089) 4 44 46 60 – www.flemings-hotels.com*
112 Zim ☕ – 🚹117/272 € 🚹🚹148/297 € **Rest** – Karte 25/56 € J2**t**
Zentral, in unmittelbarer Nähe des Hauptbahnhofs gelegenes Hotel mit funktionellen, in modernem Design gehaltenen Gästezimmern. Restaurant im Bistrostil mit Bar und Feinkosttheke.

Conrad-Hotel de Ville

Zim,

Schillerstr. 10 ✉ *80336 – ✆ (089) 54 55 60 – www.conrad-hotel.de* J2**g**
89 Zim ☕ – 🚹118/289 € 🚹🚹153/369 €
Rest – *(geschl. 1. - 6. Januar und Sonntag)* Karte 17/30 €
Dieses Stadthotel liegt sehr günstig nahe dem Bahnhof und unweit des Zentrums und bietet freundliche Zimmer mit mediterranem Ambiente. Restaurant mit Bistrokarte und netter Terrasse zum Innenhof.

King's Hotel Center garni

Marsstr. 15 ✉ *80335 – ✆ (089) 51 55 30 – www.kingshotels.de* J2**b**
90 Zim – 🚹99/270 € 🚹🚹99/400 €, ☕ 14 €
Das zentrumsnahe Hotel verfügt über behagliche Zimmer mit Himmelbetten, recht klein sind die Einzelzimmer. Im holzvertäfelten Frühstücksraum bietet man eine gute Auswahl vom Buffet.

Admiral N garni

Kohlstr. 9 ✉ *80469 – ✆ (089) 21 63 50 – www.hotel-admiral.de* L3**a**
31 Zim ☕ – 🚹119/169 € 🚹🚹149/199 € – 1 Suite
Hinter der unscheinbaren Fassade verbirgt sich ein kleines Hotel, das mal nicht dem Design-Trend folgt, sondern ganz im Gegenteil seinen angenehm klassischen Stil beibehält. Das macht sich nicht nur in den wohnlich-gepflegten Zimmern und der charmant-plüschigen Halle bemerkbar, sondern auch in der persönlichen Führung durch Kevin Voigt-Masermann! Ein ausgezeichnetes Frühstück (im Sommer auch im kleinen Garten) ist hier selbstverständlich.

Atrium garni

Landwehrstr. 59 ✉ *80336 – ✆ (089) 51 41 90 – www.atrium-hotel.de* J3**k**
162 Zim ☕ – 🚹129/149 € 🚹🚹159 €
Ideal die Lage zwischen Hauptbahnhof und "Wiesn", geradlinig-modern und großzügig der Rahmen. Für gute Laune am Morgen sorgt das Frühstück in frischer, freundlicher Atmosphäre, für eine entspannende Pause kommt der begrünte Innenhof mit seinem Loungebereich wie gerufen.

Domus

St.-Anna-Str. 31 ✉ *80538 – ✆ (089) 2 17 77 30 – www.domus-hotel.de*
45 Zim ☕ – 🚹120/175 € 🚹🚹160/260 € M2**e**
Rest *Cupido* – ✆ (089) 21 66 77 21 – Menü 13 € (mittags)/40 € (abends) – Karte 30/46 €
Mit der kürzlichen Renovierung seines Hauses hat Aldo Diaco für eine gute Portion Frische gesorgt: zeitgemäße Zimmer in warmen Farben, moderne Bäder... Natürlich kann man im Sommer auch nach wie vor auf der hübschen kleinen Terrasse frühstücken. Im Cupido kocht Guiseppe Campo seine "Arte di Cucina Italiana".

Schiller 5 garni

Schillerstr. 5 ✉ *80336 – ✆ (089) 51 50 40 – www.schiller5.com* J2**h**
52 Zim ☕ – 🚹102/290 € 🚹🚹144/330 € – 3 Suiten
Gerne kümmert sich Eigentümer Leo Milchiker persönlich um seine Gäste, das macht den Aufenthalt hier umso netter! Wie der modern-puristische Stil zieht sich auch das Thema "Schiller" durch das ganze Haus. Minibar inklusive, in der Lounge Kaffee und Wasser.

DEMAS City garni

Landwehrstr. 19 ✉ *80336 – ✆ (089) 6 93 39 90 – www.demas-city.de*
50 Zim ☕ – 🚹95/185 € 🚹🚹115/229 € J3**v**
Zentrale Lage und zeitgemäßes, klares, puristisches Design... damit überzeugt dieses Hotel. Die Zimmer zum Hof sind ruhiger und wer es gerne etwas geräumiger hat, bucht die Juniorsuiten in der 6. Etage.

Carat-Hotel garni

Lindwurmstr. 13 ✉ 80337 – ✆ (089) 23 03 80 – www.carat-hotel-muenchen.de **K3f**

116 Zim – 119/139 € 129/159 €

Frisch, modern, großzügig... das ist der erste Eindruck, den Sie beim Betreten der Halle haben werden - und dieses helle, freundliche Bild bietet sich Ihnen auch, wenn Sie am Morgen vom funktionell ausgestatteten Zimmer in den Frühstücksraum (mit Terrasse) kommen. Zu finden ist das Businesshotel übrigens beim Park am Sendlinger Tor.

Müller garni

Fliegenstr. 4 ✉ 80337 – ✆ (089) 2 32 38 60 – www.hotel-mueller-muenchen.de **K3p**

44 Zim – 119/139 € 129/159 €

Ein gepflegtes Hotel beim Sendlinger Tor, schräg gegenüber der Matthäuskirche - der hoteleigene Parkplatz ist angesichts dieser zentralen Lage schon etwas Besonderes! Vor allem die vier Superior-Zimmer im 5. Stock sind geräumig und schön zeitgemäß in klaren Linien eingerichtet.

Olympic garni

Hans-Sachs-Str. 4 ✉ 80469 – ✆ (089) 23 18 90 – www.hotel-olympic.de **K3m**

37 Zim – 95/180 € 160/250 €

Das Gästeklientel aus der Mode- und Medienbranche ist ein deutliches Indiz: Dies ist ein sehr individuelles Haus! Stilvolle Einrichtung, Zimmer zu ruhigen, grünen Innenhöfen, wechselnde Kunstausstellung. Viktualienmarkt, Marienplatz, Deutsches Museum und U-Bahn ganz in der Nähe. Den Parkplatz reservieren Sie am besten gleich mit!

Kraft N garni

Schillerstr. 49 ✉ 80336 – ✆ (089) 5 50 59 40 – www.hotel-kraft.com **J3a**

32 Zim – 95/185 € 110/215 €

Ein bisschen versprüht dieses Stadthotel im Universitätsklinik-Viertel den Charme vergangener Zeiten, und das kommt gut an - viele Gäste schätzen nämlich den gediegen-klassischen Stil, den Familie Kraft hier ebenso bietet wie ein frisches Frühstück! Und einen Parkplatz können Sie auch reservieren.

Stachus garni

Bayerstr. 7 ✉ 80335 – ✆ (089) 5 45 84 20 – www.hotel-stachus.com – geschl. 22. - 26. Dezember **J2y**

73 Zim – 69/89 € 89/109 €, 10 €

Traditionsreich und gleichzeitig modern wohnt man hier: schöne Zimmer ohne Schnickschnack, dafür mit komfortablen Bädern, morgens ein gepflegtes Frühstück... und das Ganze in zentraler Lage und zu fairen Preisen. Wer es ruhiger mag, fragt nach den Superior-Zimmern.

Meier garni

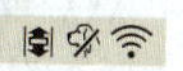

Schützenstr. 12 ✉ 80335 – ✆ (089) 5 49 03 40 – www.hotel-meier.de **J2x**

50 Zim – 80/250 € 100/300 €

Wer wünscht sich das nicht: sich morgens beim Frühstück mit einer reichhaltigen Auswahl für den Tag stärken und nach einer erlebnisreichen Stadt-Tour (ideal die Lage zwischen Hauptbahnhof und Stachus) in frischen, freundlichen und top-gepflegten Zimmern zur Ruhe kommen!

Uhland garni

Uhlandstr. 1 ✉ 80336 – ✆ (089) 54 33 50 – www.hotel-uhland.de – geschl. 7. - 18. Januar **J3x**

27 Zim – 80/105 € 95/120 €

Bestaunen Sie ruhig erst einmal die wunderbare Villenfassade (schon zweimal mit dem Fassadenpreis ausgezeichnet!), drinnen erwartet Sie dann eine engagierte Gastgeberfamilie - seit über 55 Jahren im Haus. Zimmer 34 und 35: besonders groß, modern und hell.

XXXX **Königshof** – Hotel Königshof

Karlsplatz 25, (1. Etage) ✉ 80335 – ☎ (089) 55 13 60 – www.geisel-privathotels.de – geschl. Anfang Januar 1 Woche, Ostern 1 Woche, Pfingsten 1 Woche, August - Anfang September 4 Wochen und Sonntag, Januar - September: Sonntag - Montag K2s

Rest – (Tischbestellung ratsam) Menü 44 € (mittags)/132 € – Karte 77/102 €

Seit 1900 in der Gastronomie zu Hause, haben die Geisels bei der Wahl ihres Küchenchefs ein gutes Gespür bewiesen: Martin Fauster ist genauso engagiert wie sie selbst und steht hier bereits seit vielen Jahren am Herd. Zu seiner niveauvollen und feinen klassischen Küche empfiehlt ein fachkundiges Sommelierteam interessante Weine.

➜ Huchen roh mariniert, Blumenkohl und Erdnüsse. Bresse Taube, Brust, Keule, Kirschen und Grießknödel. Bergpfirsich glasiert, Himbeeren, Pistazien und Vanille-Milcheis.

XXX **Atelier** – Hotel Bayerischer Hof

Promenadeplatz 2 ✉ 80333 – ☎ (089) 2 12 07 43 – www.bayerischerhof.de – geschl. August und Sonntag - Montag K2y

Rest – *(nur Abendessen)* Menü 95/135 €

Das Atelier des Bayerischen Hofs hat sich etabliert - kein Wunder bei der fein abgestimmten klassisch-französischen Küche von Steffen Mezger, die auch einen kreativen Touch nicht vermissen lässt! Dazu passt das stylische und gleichzeitig wohltuend warme Ambiente ebenso wie der umsichtige Service unter der Leitung von Enrico Spannenkrebs.

➜ Entenleber und Jamón Ibérico de Bellota mit Brokkoli und Dickmilch. Lachs Loch Duart mit Blumenkohl, Rhabarber und Brunnenkresse. Lamm vom Gutshof Polting mit Erbsen und Kichererbsen.

XXX **Dallmayr**

Dienerstr. 14, (1. Etage) ✉ 80331 – ☎ (089) 2 13 51 00 – www.restaurant-dallmayr.de – geschl. 24. Dezember - Anfang Januar 2 Wochen, über Ostern 2 Wochen, August 3 Wochen und Sonntag - Montag sowie an Feiertagen L2w

Rest – *(nur Abendessen, samstags auch Mittagessen)* (Tischbestellung ratsam) Menü 90/170 € – Karte 91/121 €

In München die Adresse für Delikatessen schlechthin! Wer die exquisiten Produkte nicht nur kaufen möchte, lässt sie sich im eleganten Restaurant in der oberen Etage in Form von Diethard Urbanskys "Küche der klassischen Moderne" finessenreich und geschmacksintensiv inszenieren. Währenddessen steht Ihnen Andrej Grunert samt Serviceteam ebenso mit Rat und Tat zur Seite wie der Sommelier, der für Sie aus der erstklassigen Weinauswahl eine interessante Weinreise zusammenstellt!

➜ Iberico Schwein, Aal und Banane. Rochenflügel, Lorbeermilch, Entenleber und Bohnensaft. Bresse Taube mit Oliven, Speck, Bitterorangenjus und 4 x Sellerie.

XXX **Mark's** – Hotel Mandarin Oriental

Neuturmstr. 1, (1. Etage) ✉ 80331 – ☎ (089) 29 09 80 – www.mandarinoriental.com – geschl. Montag L2s

Rest – *(nur Abendessen)* Menü 70/175 € – Karte 73/97 €

In stilvoller Grandhotel-Atmosphäre auf der Galerie sitzen und den abendlichen Pianoklängen aus der Hotelhalle lauschen... so führt man sich die Speisen von Simon Larese zu Gemüte, eine feine klassische Küche mit modernen und leicht asiatischen Einflüssen. Und auch der Service wird den Ansprüchen an ein nobles Haus wie diesem gerecht.

➜ Gänseleber mit weißer Schokolade, Baby Banane und Macadamia Nüssen. Gebratenes Sirloin vom Bison mit Gänseleber, Lauchmousseline, Morchelcrumbles, Taleggioschaum. Schokoladen-Zigarre mit geräuchertem Schokoladenmousse und Mojito-Granité.

Die rote Kennzeichnung weist auf besonders angenehme Häuser hin XXX.

XXX **Schuhbecks in den Südtiroler Stuben**

Platzl 6 ✉ 80331 – ✆ (089) 2 16 69 00 – www.schuhbeck.de – geschl. Anfang Januar 1 Woche und Sonntag - Montagmittag L2**u**

Rest – (Tischbestellung ratsam) Menü 46 € (mittags unter der Woche) /128 €

Zum Wohlfühlen sind die gemütlichen alpenländischen Stuben, wenn auch mitunter etwas lebendig. Und was Alfons Schuhbeck und Küchenchef Patrick Raaß Gutes für Sie kochen, betitelt man am besten wie folgt: Feine Regionalküche mit guten Produkten und Gewürzen aus der ganzen Welt! Nebenan der Rest des Schuhbeck'schen Platzl-Imperiums: Läden mit Eis, Schokolade, Gewürzen, Wein.

➜ Buttermilch-Safranhendl auf Gurken-Ingwer-Salat mit Dill. Bayerischer Zander mit geschmortem Spitzkraut, geräucherte Paprikasauce und Bauernspeck. Geeister Kaiserschmarrn mit Kardamom-Quittenkompott.

XX **Pfistermühle** – Hotel Platzl

Pfisterstr. 4 ✉ 80331 – ✆ (089) 23 70 38 65 – www.pfistermuehle.de – geschl. Sonntag L2**z**

Rest – Menü 43/62 € – Karte 39/76 €

Ein separater Eingang führt Sie in die einstige herzogliche Mühle (1573), wo Sie in stilvoll-bayerischem Ambiente (schön das Kreuzgewölbe) ambitionierte Regionalküche wie z. B. "rosa gebratener Kalbsrücken unter Kürbis-Krokantkruste" serviert bekommen.

XX **Garden-Restaurant** – Hotel Bayerischer Hof

Promenadeplatz 2 ✉ 80333 – ✆ (089) 2 12 09 93 – www.bayerischerhof.de

Rest – (Tischbestellung ratsam) Menü 33 € (mittags)/68 € – Karte 47/87 € K2**y**

Der belgische Designer Axel Vervoordt verpasste dem Restaurant ein ganz besonderes Gewand: Die Wintergartenkonstruktion mit ihrem Industrial-Style und der lichten Atmosphäre hat ein bisschen was von einem Künstleratelier. Aus der Küche kommen viele Klassiker wie z. B. die ganze Seezunge mit Blattspinat.

XX **Les Deux** N

Maffeistr. 3a, (1. Etage) ✉ 80333 – ✆ (089) 7 10 40 73 73 – www.lesdeux-muc.de – geschl. Sonntag und an Feiertagen L2**p**

Rest – (Tischbestellung ratsam) Menü 48 € (mittags)/79 € – Karte 59/92 €

"Les Deux", das sind Fabrice Kieffer und Johann Rappenglück, die im ehemaligen "Dukatz" nun ihr eigenes Restaurant-Brasserie-Konzept umsetzen: Unten einfache, aber dennoch niveauvolle Kost, im 1. Stock sehr feine moderne französische Küche, dazu ausgezeichneter Service und über 400 verschiedene Weine - was will man mehr?

➜ Gillardeau Austern, Yuzu, Tapioka. Rehrücken, Blaukraut, Wocholder, Apfelcrêpes. Schokolade, Pistazie, Kirsche.

XX **Blauer Bock**

Sebastiansplatz 9 ✉ 80331 – ✆ (089) 45 22 23 33 – www.restaurant-blauerbock.de – geschl. 10. - 21. Juni, 25. August - 7. September und Sonntag - Montag sowie an Feiertagen K3**a**

Rest – Menü 25 € (mittags unter der Woche)/74 € – Karte 42/78 €

Ein schickes modernes Restaurant in klaren Linien, zu finden in unmittelbarer Nähe des Viktualienmarktes. Hans-Jörg Bachmeier kocht ambitioniert, und zwar französisch und regional - Appetit macht da z. B. "Skrei mit Grüner Sauce, Perlzwiebeln und Pommes Rissolées"!

XX **Rilano No. 6 Lenbach Palais** N 

Ottostr. 6 ✉ 80333 – ✆ (089) 5 49 13 00 – www.rilano-no6.com – geschl. Sonntag und an Feiertagen K2**r**

Rest – Menü 52/72 € – Karte 35/62 €

Nach bewegter Vergangenheit ist das Lenbach Palais heute wieder eine gefragte Adresse: Schon das Gebäude selbst schafft Atmosphäre, das Interieur elegant (toll die aufwändige hohe Stuckdecke!), die Küche international. Und statten Sie ruhig auch der Bar einen Besuch ab - ihr Loungecharakter ist stilvoll und modern zugleich. Historischer Charme in den Veranstaltungsräumen.

XX **Ederer**

Kardinal-Faulhaber-Str. 10, (1. Etage) ✉ 80333 – ✆ (089) 24 23 13 10 – www.restaurant-ederer.de – geschl. über Weihnachten 1 Woche und Sonntag sowie an Feiertagen L2**a**

Rest – (Tischbestellung ratsam) Menü 45/55 € – Karte 32/82 €

Das angenehm schlicht-moderne Restaurant mit sehr schönem Innenhof gehört zum City Quartier "Fünf Höfe". Karl Ederer, Urgestein der gehobenen Münchner Gastronomie, ist ein Verfechter der guten Regionalküche. Ein schmackhaftes Beispiel dafür ist "Zweierlei von der Gams mit Spinatravioli".

XX **Halali**

Schönfeldstr. 22 ✉ 80539 – ✆ (089) 28 59 09 – www.restaurant-halali.de – geschl. Samstagmittag, Sonntag und an Feiertagen; Oktober - Weihnachten: Samstagmittag, Sonntagmittag L1**x**

Rest – (Tischbestellung ratsam) Menü 25 € (mittags)/63 € – Karte 37/61 €

Hubert Buckl und Hans Reisinger führen das zu einer echten Institution gewordene Gasthaus a. d. 19. Jh., das mit seiner dunklen Holztäfelung schön gemütlich daherkommt. Die beiden kochen klassisch-ambitioniert: "Kalbskopf in Meerrettichschaum", "Rebhuhn mit gebratener Gänseleber"...

XX **Boettner's**

Pfisterstr. 9 ✉ 80331 – ✆ (089) 22 12 10 – www.boettners.de – geschl. Sonntag und an Feiertagen L2**h**

Rest – (Tischbestellung ratsam) Menü 38 € (mittags)/94 € (abends) – Karte 39/124 €

Direkt am Platzl steht dieser Münchner Klassiker von 1901. Die Gäste wissen die traditionelle Atmosphäre bei Frank Hartung zu schätzen - und die diversen Luxusprodukte, die sich in den Speisen finden. Ausflüge ins Bodenständige macht man hier aber auch immer wieder.

XX **Nymphenburger Hof**

Nymphenburger Str. 24 ✉ 80335 – ✆ (089) 1 23 38 30 – www.nymphenburgerhof.de – geschl. 24. Dezember - 8. Januar und Samstagmittag, Sonntag sowie an Feiertagen E2**a**

Rest – (Tischbestellung ratsam) Menü 25 € (mittags)/75 € – Karte 42/68 €

Hier hat Patron Andreas Derler eine wirklich schöne gutbürgerliche Traditionsadresse. Er ist gebürtiger Steirer und so verwundert es nicht, dass sich in der geschmackvollen Küche Gerichte wie "Donau-Waller mit Senfbutter & Kren" und "Topfenknödel mit Zwetschgenröster" finden, dazu ausgewählte österreichische Weine. Lauschige Terrasse, zeitweise mit Live-Pianomusik!

XX **Galleria**

Sparkassenstr. 11 (Ecke Ledererstraße) ✉ 80331 – ✆ (089) 29 79 95 – www.ristorante-galleria.de L2**x**

Rest – (Tischbestellung ratsam) Menü 25 € (mittags)/79 € (abends) – Karte 46/58 €

Hier isst man nicht wie beim Italiener um die Ecke... Nein, das kleine und mit reichlich Kunst geschmückte Restaurant hat eine ambitionierte italienische Küche zu bieten: feine Pasta, frischer Fisch und als Abschluss vielleicht "Crème brûlée von der Pistazie"?

XX **BNM Restaurant**

Prinzregentenstr. 3, (im Bayerischen Nationalmuseum) ✉ 80538 – ✆ (089) 45 22 44 30 – www.bnmrestaurant.de – geschl. Sonntag - Montag M2**a**

Rest – *(nur Abendessen)* Menü 59/75 € – Karte 41/68 €

Sicher kein Museumsrestaurant wie jedes andere, denn zum einen besticht hier puristisches Design in Kombination mit hohen Gewölbedecken, zum anderen glänzt man mit einem anspruchsvollen gastronomischen Konzept. Am Abend gibt es ambitionierte Gerichte wie "Eifeler Ur-Lamm mit Ratatouille" oder "Schokolade als Crème brûlée, Eis & Kuchen", mittags bekommt man eine einfachere Bistrokarte.

Shane's Restaurant

Geyerstr. 52 ✉ 80469 – ✆ (089) 74 64 68 20 – www.shanesrestaurant.de – geschl. 1. - 5. Januar und Sonntag - Montag F3**s**

Rest – *(nur Abendessen)* Menü 55/95 €

"A place to be", so würde man in der irischen Heimat von Shane McMahon wohl sagen, und das liegt nicht nur am trendig-modernen Ambiente, sondern vor allem an seiner feinen Küche, die trotz aller Kreativität ihre klassische Basis behält und als Überraschungsmenü serviert wird. Der Service leger und kompetent. Nebenan: Shane's Bar.

Weinhaus Neuner

Herzogspitalstr. 8 ✉ 80331 – ✆ (089) 2 60 39 54 – www.weinhaus-neuner.de – geschl. Sonntag und an Feiertagen K2**e**

Rest – Menü 25 € (mittags)/56 € – Karte 37/60 €

Das älteste Weinhaus der Stadt (1641) ist seit 1852 als Restaurant für Gäste geöffnet, und für die bietet man heute eine zeitgemäß interpretierte traditionelle Küche, von der Landente bis zum Lammrücken in der Kräuterkruste, dazu eine schöne Weinauswahl. Und für die Atmosphäre: ein tolles Kreuzgewölbe sowie schöne Wandmalereien, die alte Täfelung und sehenswerte Schnitzereien von einst.

Schwarz & Weiz – Hotel Sofitel Munich Bayerpost

Bayerstr. 12 ✉ 80335 – ✆ (089) 59 94 80 – www.sofitel.com – geschl. Anfang Januar 2 Wochen, Juli - Anfang September und Sonntag - Montag J2**a**

Rest – *(nur Abendessen)* Menü 99 € – Karte 63/76 €

Im modernen Abendrestaurant der Bayerpost ist nicht nur das geradlinige Ambiente ansprechend, über geschulten Service und ambitionierte zeitgemäße Küche darf man sich ebenfalls freuen! Begleitet wird das Ganze von guten Weinen, zum Abschluss eine schöne Käseauswahl.

Les Cuisiniers

Reitmorstr. 21 ✉ 80538 – ✆ (089) 23 70 98 90 – www.lescuisiniers.de – geschl. Samstagmittag, Sonntag M2**p**

Rest – (Tischbestellung ratsam) Menü 23 € (mittags)/54 € (abends) – Karte 34/54 €

Es ist schon ein wirklich hübsches und lebendiges Bistro, das Jean-Marc Ferrara hier betreibt. Geboten wird eine frische und unkomplizierte französische Küche, die Ihnen auf einer Tafel präsentiert wird.

Le Barestovino

Thierschstr. 35 ✉ 80538 – ✆ (089) 23 70 83 55 – www.barestovino.de – geschl. Sonntag - Montag M2_3**b**

Rest – *(nur Abendessen)* Menü 35/63 € – Karte 32/53 €

Bei Patron Joel Bousquet herrscht eine sympathische Atmosphäre, sowohl im modernen Restaurant als auch in der Weinbar "Le Bouchon". Genauso unkompliziert ist auch die Küche mit ihren schmackhaften Gerichten wie "Saumon mi-cuit mit Kartoffel-Fenchelpüree". Begleitet wird das Ganze von französischen Weinen - "bonne dégustation"!

Jin

Kanalstr. 14 ✉ 80538 – ✆ (089) 21 94 99 70 – www.restaurant-jin.de – geschl. Montag L3**n**

Rest – Menü 49 € – Karte 47/84 €

Das Restaurant des Chinesen Hao Jin ist schon besonders: nicht nur das Ambiente (asiatische Schlichtheit in hochwertiger Form), sondern vor allem seine gute panasiatische Küche, die chinesisch geprägt ist, aber auch deutliche japanische und leicht europäische Einflüsse zeigt. Da wären z. B. "Tatar vom Yellow Fin Tuna" oder "geschmorter Lammnacken mit Shiitake".

Geisel's Vinothek – Hotel Excelsior

Schützenstr. 11 ✉ 80335 – ✆ (089) 5 51 37 71 40 – www.geisel-privathotels.de – geschl. Sonntagmittag sowie an Feiertagen mittags J2**z**

Rest – Menü 40 € (abends)/67 € – Karte 43/52 €

Nicht nur der "Königshof" der Familie Geisel bietet interessante Gastronomie: In dieser etwas legereren Restaurant-Variante kommt zum guten Wein ambitionierte Küche wie "Polentaravioli mit Aprikosen und Wildgarnelen" auf den Tisch, es gibt aber auch Klassiker wie "Crostini mit Geflügelleber".

Délice La Brasserie – Hotel Sofitel Munich Bayerpost

Bayerstr. 12 ✉ 80335 – ✆ (089) 59 94 80 – www.sofitel-munich.com

Rest – Menü 40 € (mittags) – Karte 37/68 € J2**a**

Mit seiner schicken Einrichtung und der enormen Raumhöhe schafft die Brasserie den Spagat zwischen urbaner Leichtigkeit und historischem Gemäuer. Die internationale Küche hat einen stark französischen Touch.

Gesellschaftsraum (N)

Augustenstr. 7 ✉ 80333 – ✆ (089) 55 07 77 93 – www.der-gesellschaftsraum.de J1**g**

Rest – *(nur Abendessen)* Menü 51/80 € – Karte 59/61 €

Wer urbanen Lifestyle und kreatives Fusion-Food sucht, sollte Bernd Arold und sein legeres und doch sehr gut geschultes Team in der ehemaligen Schuhfabrik einen Besuch abstatten. "Radicchio-Reh mit Zimt-Tuna" oder "Seezunge mit Oxen Ravioli"... das klingt doch interessant, oder?

Toshi

Wurzerstr. 18 ✉ 80539 – ✆ (089) 25 54 69 42 – www.restaurant-toshi.de – geschl. August 2 Wochen und Sonntag, Samstagmittag sowie an Feiertagen mittags L2**k**

Rest – Menü 35 € (mittags unter der Woche)/140 € – Karte 39/111 €

Von der noblen Maximilianstraße zu authentisch japanischer Gastronomie ist es nur ein kurzer Weg. So typisch wie die puristische Einrichtung ist auch die Karte: frische Küche aus Fernost, Sushi, Teppanyaki und auch Pan-Pacific-Cuisine.

Emiko – Hotel Louis

Viktualienmarkt 6 ✉ 80331 – ✆ (089) 41 11 90 80 – www.louis-hotel.com L3**f**

Rest – *(nur Abendessen)* Menü 59 € (abends) – Karte 35/109 €

Designorientiertes schlichtes Interieur verleiht dem Restaurant den typischen asiatischen Touch. Das Küchenteam bietet hier moderne japanische Speisen.

Zum Alten Markt

Dreifaltigkeitsplatz 3 ✉ 80331 – ✆ (089) 29 99 95 – www.zumaltenmarkt.de – geschl. Sonntag und an Feiertagen L3**q**

Rest – Menü 32/40 € (abends) – Karte 26/43 €

Dieses persönlich geführte und urig-kleine Lokal am Viktualienmarkt hat man mit dem original erhaltenen 400 Jahre alten Holz einer Südtiroler Ratsherrenstube ausgestattet - wirklich charmant!

Louis Cuisine

Tattenbachstr. 1 ✉ 80538 – ✆ (089) 44 14 19 10 – www.restaurant-louis.de – geschl. Mitte August - Anfang September und Samstag - Sonntag M2**c**

Rest – Menü 20 € (mittags)/57 € (abends) – Karte 20/58 €

Gemeinsam mit seiner Frau leitet Chef Stefan Schütz das hübsche kleine Restaurant im alten Stadtteil Lehel als Zwei-Mann-Betrieb. Begehrt sind die 12 Plätze natürlich beim günstigen Mittagsmenü (3 Gänge inkl. Wasser für 20 €). Abends dann ambitionierte französische Küche, aus der man z. B. das Lachsfilet "Louis" oder gebratene Kalbsrückenscheiben probieren sollte!

Tokami

Theresienstr. 54 ✉ 80333 – ✆ (089) 28 98 67 60 – www.tokami.de K1**k**

Rest – Menü 49/59 € (abends) – Karte 28/48 €

Schon seit rund 25 Jahren gibt es dieses typisch minimalistisch gehaltene Restaurant - das spricht für die klassisch-japanische Küche, die mit ihrer vielfältigen Auswahl nicht nur bei Sushi-Liebhabern ankommt.

BRAUEREI-GASTSTÄTTEN: *traditionelle, gemütliche Brauhäuser mit Biergarten. Regional gebraute Biere und deftige bayrische Speisen.*

Altes Hackerhaus

Sendlinger Str. 14 ✉ 80331 – ✆ (089) 2 60 50 26 – www.hackerhaus.de
Rest – Menü 21/46 € – Karte 16/54 € K3**r**
Unter den Brauhäusern der Stadt ist das hier ein recht kleines Haus, dafür aber mit viel Charme und liebenswerten, heimeligen Stuben... und natürlich mit bayerischen SchmankerIn! Schöner überdachbarer Innenhof.

Weisses Bräuhaus

Tal 7 ✉ 80331 – ✆ (089) 2 90 13 80 – www.weisses-brauhaus.de L2_3**e**
Rest – Menü 25 € – Karte 19/42 €
Ein bayerisches Wirtshaus, wie es im Buche steht! Hierher kommen die Münchner für "ihr" Kronfleisch - eine von vielen Spezialitäten aus der hauseigenen Metzgerei. In den urigen Stuben zusammenrücken - das hat Tradition!

Spatenhaus an der Oper

Residenzstr. 12 ✉ 80333 – ✆ (089) 2 90 70 60 – www.kuffler.de L2**t**
Rest – Menü 38 € (mittags)/60 € (abends) – Karte 31/64 €
Sicher das Brauhaus mit den elegantesten Stuben, das München zu bieten hat - und die ideale Adresse, um vor oder nach dem Besuch der Oper (genau gegenüber!) bayerisch oder auch international zu essen.

Zum Franziskaner

Residenzstr. 9 / Perusastr. 5 ✉ 80333 – ✆ (089) 2 31 81 20
– www.zum-franziskaner.de L2**v**
Rest – Karte 24/60 €
Vater und Sohn führen dieses beliebte Traditionshaus, in dem es dank zahlreicher Stammgäste schön lebendig zugeht. Auf den Tisch kommen Leberkäs, Weißwurst und noch weitere Spezialitäten aus der eigenen Metzgerei! Glasüberdachter Innenhof.

Marktwirt

Heiliggeiststr. 2 ✉ 80331 – ✆ (089) 23 24 11 33 – www.marktwirt.com
Rest – Menü 30/50 € – Karte 19/40 € L3**q**
In dem sympathischen Lokal am Viktualienmarkt wird nicht nur bayerisch gekocht - auch Südtirol und Österreich sind vertreten. Beim Blick auf die Getränkekarte staunt man nicht schlecht: Man hat rund 150 Obst- und Gemüsebrände! Einladend der beheizte Biergarten.

Augustiner Gaststätten

Neuhauser Str. 27 ✉ 80331 – ✆ (089) 23 18 32 57
– www.augustiner-restaurant.com K2**w**
Rest – Karte 12/41 €
Seit jeher ist das beachtliche Brauereigasthaus in der Fußgängerzone für sein gutes Bier bekannt, das hier bis 1885 gebraut wurde. Im Innenhof: einer der schönsten Biergärten der Stadt.

In München-Allach

Lutter garni

Eversbuschstr. 109, (1. Etage) ✉ 80999 – ✆ (089) 8 12 70 04
– www.hotel-lutter.com – geschl. 20. Dezember - 5. Januar A1**r**
21 Zim – †70/125 € ††90/160 € – 4 Suiten
Die Gäste schätzen das Hotel der Familie Lutter wegen seiner freundlichen Atmosphäre und der wohnlichen Zimmer sowie der recht ruhigen Lage und der fairen Preise. Parken und Internet sind kostenfrei.

In München-Berg am Laim

Am Ostpark garni

Michaeliburgstr. 21 ✉ 81671 – ✆ (089) 49 10 13 – www.ostparkhotel.de
– geschl. 26. Dezember - 4. Januar D2**a**
21 Zim – †72/130 € ††95/200 €
Familie Obermaier legt großen Wert darauf, dass Sie hier immer gepflegte, funktionale Zimmer vorfinden und mit einem guten Frühstück den Tag beginnen - besonders schön auf der kleinen Gartenterrasse! Praktisch: kostenfreie Garagenplätze.

In München-Bogenhausen

The Westin Grand

Arabellastr. 6 ✉ 81925 – ✆ (089) 9 26 40 – www.westingrandmunich.com H2**q**

597 Zim – 🚹149/365 € 🚹🚹165/379 € – 30 Suiten

Rest *ZEN* – siehe Restaurantauswahl

Rest *Paulaner's* – ✆ (089) 92 64 81 15 *(geschl. Samstagmittag, Sonntagmittag)* Karte 24/47 €

Diese Business- und Tagungsadresse ist das größte Hotel Münchens und hat auch den größten Day-Spa der Stadt! Tolle Dach-Lounge für die Executive-Zimmer - als rustikale Alternative stehen die Bayerischen Zimmer zur Verfügung.

Palace

Zim,

Trogerstr. 21 ✉ 81675 – ✆ (089) 41 97 10 – www.muenchenpalace.de H2**e**

70 Zim – 🚹180/345 € 🚹🚹210/375 €, 28 € – 4 Suiten **Rest** – Karte 40/58 €

Ein geschmackvolles Hotel, das sehr gut geführt wird und zahlreiche Musiker zu seinen Stammgästen zählt. Erdtöne und Dielenboden schaffen ein ausgesprochen wohnliches Ambiente. Angenehm: Garten und Dachterrasse. Klassisch-internationale Küche im Restaurant.

Sheraton Arabellapark

Zim,

Arabellastr. 5 ✉ 81925 – ✆ (089) 9 23 20 – www.sheratonarabellapark.com H2**q**

409 Zim – 🚹139/305 € 🚹🚹154/319 € – 37 Suiten

Rest – Menü 25/90 € – Karte 27/51 €

Das Hotel befindet sich nahe dem Englischen Garten und verfügt über geradlinig-zeitgemäß eingerichtete Zimmer mit Balkon. Stadtblick vom Hallenbad im 22. Stock. Die Restaurants "Audrey's" und "66" bieten internationale Küche sowie Grill- und Bio-Gerichte.

Prinzregent am Friedensengel garni

Ismaninger Str. 42 ✉ 81675 – ✆ (089) 41 60 50 – www.prinzregent.de H2**t**

63 Zim – 🚹125/170 € 🚹🚹155/200 € – 2 Suiten

Das Hotel wurde mit schönem altem Holz ausgestattet, das bayerischen Charme versprüht - so auch im heimelig-alpenländischen Frühstücksraum mit Wintergarten und in der urig-gemütlichen Bar (hier gibt's auch Snacks). Fragen Sie nach den ruhig gelegenen Zimmern zur Gartenseite!

Bogenhauser Hof

Ismaninger Str. 85 ✉ 81675 – ✆ (089) 98 55 86 – www.bogenhauser-hof.de – geschl. Weihnachten - 6. Januar und Sonntag sowie an Feiertagen

Rest – (Tischbestellung ratsam) Menü 45/116 € – Karte 53/76 € H2**c**

Auch wenn es hier etwas moderner geworden ist, die Gemütlichkeit ist geblieben und auf die gute klassische Küche müssen die zahlreichen Stammgäste ebenso wenig verzichten! Auch der Garten mit seinen großen Kastanien ist nach wie vor ein wunderbar lauschiges Plätzchen! Tipp: Weinkarte mit Raritäten.

Acquarello (Mario Gamba)

Mühlbaurstr. 36 ✉ 81677 – ✆ (089) 4 70 48 48 – www.acquarello.com – geschl. 1. - 3. Januar und Samstagmittag, Sonntagmittag, Feiertage mittags H2**f**

Rest – Menü 49 € (mittags)/98 € – Karte 64/93 €

Kocht er nun italienisch mit frankophilem Einschlag oder französisch mit italienischen Wurzeln? Eigentlich völlig egal angesichts der feinen, geschmackvollen und auf erstklassigen Produkten basierenden Küche von Mario Gamba! Und auch sein Sohn Massimiliano ist mit von der Partie: Er unterstützt in dem ausgezeichneten Serviceteam seinen Vater.

➜ Hummer mit Eigelb, Prunier Kaviar, Goldgelee und Frühlingslauch. Artischockenravioli mit Kokoswolken, Minzöl und Orangenreduktion. Rotbarbe "Gaudi" auf weißem Zwiebelconfit und Paprikacoulis.

Käfer Schänke

Prinzregentenstr. 73, (1. Etage) ✉ 81675 – ✆ (089) 4 16 82 47 – www.feinkost-kaefer.de – geschl. Sonntag sowie an Feiertagen H2**s**

Rest – (Tischbestellung erforderlich) Menü 38 € (mittags)/110 € (abends) – Karte 60/109 €

Eines der Aushängeschilder der Münchner Gastroszene! Der Feinkostladen unter einem Dach mit dem gemütlichen Restaurant garantiert hervorragende Produkte - das Fleisch für die Grillgerichte ist da nur eines von vielen! Für besondere Anlässe: 12 ganz individuelle Stuben, eine schöner als die andere!

Hippocampus

Mühlbaurstr. 5 ✉ 81677 – ✆ (089) 47 58 55 – www.hippocampus-restaurant.de – geschl. Montag, Samstagmittag H2**a**

Rest – Menü 30/64 € – Karte 42/56 €

Hier sollten Sie auf jeden Fall reservieren, denn die lebendige Atmosphäre und der sympathisch-italienische Service ziehen viele Gäste an... hier fühlt man sich eben wohl! Und auch die Küche - natürlich ebenfalls italienisch - macht Freude.

ZEN – Hotel The Westin Grand

Arabellastr. 6 ✉ 81925 – ✆ (089) 92 64 81 10 – www.westingrandmunich.com

Rest – *(Juli - August: nur Mittagessen)* Karte 28/50 € H2**q**

Warme Töne, klare Linien, Showküche... das sind hier raumprägende Elemente. Während Sie asiatische Speisen genießen, können Sie auf den schönen Zen-Garten schauen, am Abend geben Lichteffekte dem Restaurant ein besonderes Flair.

Huber

Newtonstr. 13 ✉ 81679 – ✆ (089) 98 51 52 – www.huber-restaurant.de – geschl. Samstagmittag, Sonntag - Montag H2**h**

Rest – Menü 25 € (mittags)/95 € (abends) – Karte 46/71 €

In dem sympathischen modernen Restaurant mit freundlichem Service kocht ein junger Chef zeitgemäße klassische Speisen. Sehr gut ist die Auswahl an österreichischen Weinen. Das Interieur stammt von einem Münchner Designer.

In München-Großhadern

Neumayr

Heiglhofstr. 18 ✉ 81377 – ✆ (089) 7 41 14 40 – www.hotel-neumayr.de

48 Zim ☕ – 🚹80/120 € 🚹🚹100/140 € B3**b**

Rest *Johannas* – siehe Restaurantauswahl

Seit vielen Jahrzehnten und in 3. Generation führt Familie Neumayr ihren ländlichen Gasthof im Münchner Südwesten, unweit des bekannten Klinikums. Die Zimmer sind schlicht, aber gut gepflegt, das Frühstück ist frisch und auch die persönliche Atmosphäre spricht für das Haus.

Johannas – Hotel Neumayr

Heiglhofstr. 18 ✉ 81377 – ✆ (089) 7 41 14 40 – www.hotel-neumayr.de – geschl. Ende Dezember 1 Woche, Ende Januar 2 Wochen B3**b**

Rest – Menü 42/49 € – Karte 30/49 €

Bei den Neumayrs steht Sohn Andreas am Herd und sorgt mit frischen Produkten und ohne viel Schnickschnack dafür, dass sich die Gäste in den gemütlich-rustikalen Stuben Gerichte wie Krustentiersuppe und gebratene Rehleber schmecken lassen und aus rund 450 tollen Weinen wählen können. Liebhaber von Süßspeisen sollten den Kaiserschmarrn probieren!

In München-Haidhausen

Hilton City

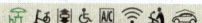

Rosenheimer Str. 15 ✉ 81667 – ✆ (089) 4 80 40 – www.hilton.de/munichcity

460 Zim – 🚹109/469 € 🚹🚹109/469 €, ☕ 29 € – 20 Suiten M3**s**

Rest – Menü 31/79 € – Karte 22/53 €

Ein Businesshotel mit zeitgemäßer und funktionaler Ausstattung, guten Tagungsmöglichkeiten und direktem S-Bahn-Anschluss zum Flughafen. Regionale und internationale Küche im rustikalen Restaurant.

Courtyard by Marriott München City Ost

Orleansstr. 71 ✉ 81667 – ✆ (089) 5 58 91 90 – www.courtyardmunich-cityeast.com H3**b**

225 Zim – 89/200 € 89/200 €, 23 € – 1 Suite

Rest ***max*** – ✆ (089) 5 58 91 96 80 – Menü 25 € – Karte 25/52 €

Das Einrichtungskonzept dieses komfortablen Hotels: gerade Formen, warme Farben, technisch neuester Stand. Langzeitgäste wohnen im Residence Inn gleich nebenan. Die internationale Karte im "max" bietet u. a. Burger und Steaks.

Novotel City

Hochstr. 11 ✉ 81669 – ✆ (089) 66 10 70 – www.novotel.com M3**h**

305 Zim – 89/169 € 89/169 €, 21 € – 2 Suiten

Rest – Menü 24/37 € – Karte 31/42 €

Nahe der Isar und dem Deutschen Museum liegt das Geschäftshotel, dessen Gästezimmer geradlinig-modern und funktionell eingerichtet sind. Auch das Restaurant ist in klarem neuzeitlichem Stil gehalten.

angelo

Leuchtenbergring 20 ✉ 81677 – ✆ (089) 1 89 08 60 – www.angelo-munich.com H3**a**

144 Zim – 89/189 € 114/214 € – 2 Suiten

Rest – Menü 22/50 € – Karte 21/43 €

Modernes Businesshotel mit direktem S-Bahn-Anschluss. Nebenan befindet sich ein großes Fitness- und Wellnessstudio, für das man eine Tageskarte anbietet. Restaurant im Bistrostil.

Preysing garni

Preysingstr. 1 / Stubenvollstr. 2 ✉ 81667 – ✆ (089) 45 84 50 – www.hotel-preysing.de – geschl. Weihnachten - 6. Januar M3**w**

57 Zim – 128/260 € 174/315 € – 5 Suiten

Dank sehr guter Führung ist das Hotel immer gut in Schuss, ständig wird hier und da investiert, alles ist top gepflegt - vom hübschen hellen Frühstücksraum bis in die Zimmer, deren Ausstattung optimal ist für Geschäftsreisende - alle übrigens mit Granitfußboden.

Tramin

Lothringer Str. 7 ✉ 81667 – ✆ (089) 44 45 40 90 – www.tramin-restaurant.de – geschl. Sonntag - Montag H3**t**

Rest – *(nur Abendessen)* Menü 70/115 €

Hier zeigt sich, dass legere Atmosphäre, puristisch-schlichte Einrichtung und jugendlich-lockerer Service sehr wohl mit guter Küche vereinbar sind. Da lässt man sich gerne von einem kompetenten Team in Jeans und Sportschuhen umsorgen.

Schweiger²

Lilienstr. 6 ✉ 81669 – ✆ (089) 44 42 90 82 – www.schweiger2.de – geschl. Weihnachten - Anfang Januar, Anfang August 2 Wochen und Samstag - Sonntag sowie an Feiertagen M3**e**

Rest – *(nur Abendessen)* (Tischbestellung erforderlich) Menü 99/139 €

"Schweiger²" ist ein Synonym für junge, unkomplizierte und dennoch hochwertige Gastronomie, umgesetzt von der charmanten Rosenheimerin Franziska und dem Ortenauer Andreas Schweiger. Seine feine, variantenreiche Küche (Produkte aus Papas Garten inklusive) ist in wahlweise fünf bis neun Überraschungs-Gängen zu haben.

→ Epfenhausener Seeforelle / Rosenheimer Dillblüten / Gartengurke / Sauerrahmeis / Meerrettichtrüffel. Bayerischer Maibock / Malz / Fichtenzapfen / roh marinierte Gänsestopfleber / Petersiliencreme. Apfel / Lorbeer Panna Cotta / Ciabatta.

Saint Laurent

Steinstr. 63 ✉ 81667 – ✆ (089) 47 08 40 00 – geschl. 28. Juli - 4. August und Montag G3**s**

Rest – *(nur Abendessen)* Menü 25/50 € – Karte 35/65 €

Saison und Einkauf bestimmen das typisch französische Angebot hier - Spezialitäten und Tagesgerichte findet man auf der Tafel. Nicht nur das Essen, auch die frankophile Stimmung samt passender Musik lockt Gäste an! Nur ein paar Schritte weiter können Sie auch draußen sitzen.

Atelier Gourmet

Rablstr. 37 ✉ 81669 – ✆ (089) 48 72 20 – www.ateliergourmet.de – geschl. Sonntag G3**a**

Rest – *(nur Abendessen)* (Tischbestellung ratsam) Menü 38/44 € – Karte 35/51 €

Es ist klein, eng, lebhaft, gut besucht... und eben einfach nett! Das kulinarische Pendant zur sympathischen Atmosphäre: lecker, frisch und preislich fair - das garantiert das Küchenchef-Duo Duchardt/Bousquet z. B. mit "Crépinette von Kapaun und Ente". Dazu gibt's von der Chefin einen flotten Service und eine gute Weinbegleitung.

Vinaiolo

Steinstr. 42 ✉ 81667 – ✆ (089) 48 95 03 56 – www.vinaiolo.de – geschl. Samstagmittag G3**e**

Rest – Menü 19 € (mittags unter der Woche) – Karte 47/58 €

Das ist ein Stück Dolce Vita: Der Service versprüht südländischen Charme, die Küche wäre wohl in Italien kaum schmackhafter (zu erwähnen sei hier das fair kalkulierte Mittagsmenü!). Komplett wird das gemütlich-authentische Bild durch Einrichtungsstücke eines alten Krämerladens aus Triest!

In München-Laim

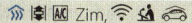

Park Hotel

Zim,

Zschokkestr. 55 ✉ 80686 – ✆ (089) 57 93 60 – www.park-hotel-laim.de B2**c**

72 Zim – 100 € 129 € – 2 Suiten

Rest – *(geschl. Samstag - Sonntag sowie an Feiertagen) (nur Abendessen)* Menü 20/50 € – Karte 16/29 €

Das Hotel verfügt über solide und wohnlich im alpenländischen Landhausstil eingerichtete Gästezimmer. Praktisch ist die U-Bahn-Station direkt vor dem Haus.

In München-Milbertshofen

EssZimmer (N)

Am Olympiapark 1, (3. Etage) (BMW Welt) ✉ 80809 – ✆ (089) 3 58 99 18 14 – www.feinkost-kaefer.de – geschl. 1. - 9. Januar, 27. Juli - 1. September und Sonntag - Montag, sowie an Feiertagen C1**e**

Rest – *(nur Abendessen)* Menü 90/160 € – Karte 72/140 €

Rest *Bavarie* – siehe Restaurantauswahl

"Back to the roots" heißt es hier für Bobby Bräuer, denn der gebürtige Münchner ist in seine Heimat zurückgekehrt, um in dieser einzigartigen Location seine klassisch-moderne Küche (deutlich erkennbar auch seine Zeit in Tirol) zu bieten. Umsorgt vom überaus professionellen Team um Maître Johannes Gaberger und Sommelier Frank Glüher, blickt man in die beachtliche luftig-lichte Auslieferungshalle - doch von Trubel keine Spur, angenehm entspannt ist es hier oben in der 3. Etage der BMW Welt, elegant und gemütlich zugleich. Sehr angenehm: der Shuttle-Service!

➜ Gänseleber, Rotkraut, Granatapfel. Poltinger Entenbrust, Williams Christbirne, Marone. Almjoghurt, Sauerampfer, Limonenpfeffer.

Bavarie (N) – Restaurant Esszimmer

Am Olympiapark 1, (2. Etage) (BMW Welt) ✉ 80809 – ✆ (089) 3 58 99 18 14 – www.feinkost-kaefer.de – geschl. Weihnachten und Sonntagabend, sowie an Feiertagen abends C1**e**

Rest – Karte 32/53 €

Ein Stockwerk unter dem "EssZimmer" vereinen sich in der ungezwungenen Atmosphäre einer modernen Brasserie französische und bayerische Küche zur "Bavarie". Was darf's sein? "Pot au feu" oder "Kalbsbratwürstl mit Sauerkraut und Dijon-Senf"? "Bouillabaisse" oder "Kalbsrahmgulasch mit Pfifferlingen und Serviettenknödel"?

In München-Neuhausen

Rotkreuzplatz garni
Rotkreuzplatz 2 ✉ 80634 – ✆ (089) 1 39 90 80 – www.hotel-rotkreuzplatz.de – geschl. Weihnachten - 10. Januar E2**r**
56 Zim – 100/200 € 130/300 €
Am Rande der Innenstadt finden Sie dieses gut geführte und gepflegte Hotel. Beim Frühstücken können Sie das Treiben auf dem namengebenden Rotkreuzplatz beobachten. Tipp: Fragen Sie nach den Zimmern mit den neuen Bädern!

In München-Nymphenburg

Kriemhild garni
Guntherstr. 16 ✉ 80639 – ✆ (089) 1 71 11 70 – www.kriemhild.de B2**y**
16 Zim – 68/178 € 88/220 € – 2 Suiten
Eine familiäre Adresse mit freundlichem Service und soliden Gästezimmern. Sehr schön sind die neueren Zimmer unterm Dach, darunter eine Familiensuite.

Acetaia
Nymphenburger Str. 215 ✉ 80639 – ✆ (089) 13 92 90 77 – www.restaurant-acetaia.de – geschl. Samstagmittag C2**a**
Rest – Menü 29 € (mittags)/95 € – Karte 48/67 €
Italienische Küche und gemütliches Jugendstil-Flair! Sehr gut sind das Olivenöl und der alte Balsamico - Letzterer gab dem Haus sogar seinen Namen. Spaziergeh-Tipp: einfach den Nymphenburger Kanal entlang zum Schloss mit seinem schönen Park!

Schlosswirtschaft Schwaige
Schloss Nymphenburg, (Eingang 30) ✉ 80638 – ✆ (089) 12 02 08 90 – www.schlosswirtschaft-schwaige.de B2**s**
Rest – Menü 14 € (mittags unter der Woche) – Karte 24/42 €
Ein Seitenflügel des Schlosses beherbergt mehrere Stuben von rustikal bis elegant. Herrlich ist der große Biergarten mit schönem Kinderspielplatz. Gekocht wird bayerisch.

In München-Oberföhring

Freisinger Hof
Oberföhringer Str. 191 ✉ 81925 – ✆ (089) 95 23 02 – www.freisinger-hof.de – geschl. 1. - 7. Januar D1**f**
51 Zim – 118/178 € 148/205 €
Rest *Freisinger Hof* – siehe Restaurantauswahl
Von diesem Landgasthaus ist es nur ein Katzensprung zum Englischen Garten! Es stehen tipptopp gepflegte und behagliche Gästezimmer zur Verfügung, die kleine Halle ist hell und freundlich.

Freisinger Hof – Hotel Freisinger Hof
Oberföhringer Str. 189 ✉ 81925 – ✆ (089) 95 23 02 – www.freisinger-hof.de – geschl. 1. - 7. Januar D1**f**
Rest – Karte 32/59 €
So stellt man sich einen traditionsreichen bayerischen Gasthof vor! Vor den Toren der Stadt bekommt man in den gemütlichen Wirtsstuben von 1875 Typisches aus Bayern und Österreich aufgetischt: krosser Spanferkelrücken, Wiener Tafelspitz...

In München-Obermenzing

Jagdschloss
Alte Allee 21 ✉ 81245 – ✆ (089) 82 08 20 – www.jagd-schloss.com
35 Zim – 99/105 € 138/150 € – 1 Suite A2**n**
Rest *Jagdschloss* – siehe Restaurantauswahl
Ein typischer historischer Gasthof, der zum Hotel erweitert wurde. Es erwarten Sie unterschiedlich eingerichtete Zimmer, darunter auch modernere im angeschlossenen Chalet.

Jagdschloss – Hotel Jagdschloss
Alte Allee 21 ✉ 81245 – ✆ (089) 82 08 20 – www.jagd-schloss.com
Rest – Karte 19/41 € A2**n**
So sollte ein traditionsreiches Münchner Wirtshaus sein: rustikal, blanke Tische, bayerische Küche, Service in Dirndl oder Lederhose... und ein schöner Biergarten darf natürlich nicht fehlen! Die Speisekarte gibt's hier in Zeitungsform - Sie können sie auch mitnehmen.

In München-Riem Ost: 9 km über D2, Richtung Passau

Prinzregent an der Messe Rest,
Riemer Str. 350 ✉ 81829 – ✆ (089) 94 53 90 – www.prinzregent.de
87 Zim – 124/195 € 164/245 € – 4 Suiten
Rest – Menü 38/57 € – Karte 22/49 €
Das schöne Hotel ist aus einem historischen Gasthof entstanden und bietet gemütliche Zimmer im bayerischen Stil, eine nette Sauna, ein behagliches Restaurant und einen Biergarten. Ideal für Businessgäste: die Messe ist nicht weit, BAB und Stadt sind gut erreichbar.

Novotel Messe
Willy-Brandt-Platz 1 ✉ 81829 – ✆ (089) 99 40 00 – www.novotel.com/5563
278 Zim – 89/399 € 89/399 €, 19 € **Rest** – Karte 23/46 €
Auf einem ehemaligen Flughafengelände direkt an der Messe liegt dieses modern und funktionell ausgestattete Hotel. Gut ist die Verkehrsanbindung durch Autobahn und U-Bahn. Helles und freundliches Restaurant mit großer Fensterfront.

In München-Schwabing

Marriott
Berliner Str. 93 ✉ 80805 – ✆ (089) 36 00 20 – www.marriott-muenchen.de
347 Zim – 159/199 € 159/199 €, 26 € – 1 Suite D1**a**
Rest – Karte 31/83 €
Eine komfortable Tagungs- und Businessadresse: moderne Zimmer, geräumige Lobby, Massage- und Kosmetikanwendungen. Wer Steaks mag, isst am besten gleich hier im Haus. Neben dem Restaurant "Grill 93" gibt es in der Sportsbar alternativ noch ein kleines Speisenangebot.

Leonardo Royal Rest,
Moosacher Str. 90 ✉ 80809 – ✆ (089) 2 88 53 80 – www.leonardo-hotels.com
424 Zim – 99/499 € 99/499 €, 21 € – 5 Suiten C1**c**
Rest – Menü 26 € – Karte 33/48 €
Der erste Eindruck: die bemerkenswerte Großzügigkeit der Hotelhalle mit ihrem stylischen Design! Lichtdurchflutete Zimmer in ruhigen, geschmackvollen Farben bieten dem Businessgast allen Komfort. Praktisch ist die Lage am Olympiapark.

INNSIDE Parkstadt Schwabing Rest,
Mies-van-der-Rohe-Str. 10 ✉ 80807 – ✆ (089) 35 40 80 – www.innside.com
160 Zim – 109/189 € 119/199 € D1**s**
Rest – *(geschl. Samstagmittag, Sonntagmittag und an Feiertagen)* Karte 34/68 €
Ein von Stararchitekt Helmut Jahn designtes Hotel in verkehrsgünstiger Lage bei den markanten HighLight Towers. Das gesamte Haus ist schön hell und geradling-modern. Das in Weiß gehaltene Restaurant im Bistrostil bietet internationale Speisen.

pullman N Zim, Zim,
Theodor-Dombart-Str. 4 , (Ecke Berliner Straße) ✉ 80805 – ✆ (089) 36 09 90 – www.pullman-hotel-muenchen.de D1**p**
321 Zim – 109/395 € 109/395 €, 24 € – 10 Suiten
Rest *theos* – Karte 31/59 €
Das ehemalige Renaissance wurde komplett saniert und präsentiert sich heute als topmodernes Businesshotel mit komfortabel-wohnlichen Zimmern, kleinem Wellnessbereich und dem lebendigen "theos" (internationale Küche) nebst netter Innenhofterrasse.

The Rilano N

Domagkstr. 26 ✉ 80807 – ✆ (089) 36 00 10 – www.rilano-hotels.com
150 Zim – †120/210 € ††120/210 €, ☕ 18 € D1**n**
Rest – Karte 30/50 €
Beim Flaggschiff der kleinen Rilano-Gruppe ist Ihnen eine moderne Zimmerausstattung mit wohnlich-warmen Farben und aktueller Technik gewiss. Weitere Vorteile sind die recht verkehrsgünstige Lage auf der Rückseite der Parkstadt und gute Tagungsbedingungen. Außerdem gibt es ein Restaurant mit internationaler Küche sowie im selben Gebäude das Budget-Hotel "Rilano 24/7".

La Maison garni

Occamstr. 24 ✉ 80802 – ✆ (089) 33 03 55 50 – www.hotel-la-maison.com
31 Zim – †109/265 € ††129/360 €, ☕ 14 € G1**m**
Schon ein Hingucker das wertige, stilvoll-moderne Einrichtungskonzept - richtig gut machen sich da die schicken Akzente in edlem Schwarz! Noch ein Pluspunkt: Das Hotel liegt relativ ruhig und dennoch zentral.

Fleming's

Leopoldstr. 130 ✉ 80804 – ✆ (089) 2 06 09 00 – www.flemings-hotels.com
156 Zim ☕ – †112/279 € ††132/299 € – 6 Suiten G1**e**
Rest – Karte 25/53 €
Das Tagungshotel in zentraler Lage verfügt über funktionell ausgestattete Gästezimmer und eine schöne Bar. Fragen Sie nach den ruhigeren Zimmern zum Innenhof! Und wie wär's im Sommer mit Frühstück auf der Terrasse?

Suite Novotel garni

Lyonel-Feininger-Str. 22 ✉ 80807 – ✆ (089) 35 81 90 – www.suitenovotel.com
149 Zim – †89/124 € ††89/124 €, ☕ 13 € CD1**b**
Zur komfortablen Ausstattung der Zimmer gehören hier Kühlschrank und Mikrowelle. Und das ist noch nicht alles: Donnerstags gibt's eine kleine Massage gratis und ab 4 Nächten einen Smart für 4 Stunden kostenfrei!

H'Otello F'22 garni

Fallerayerstr. 22 ✉ 80769 – ✆ (089) 3 07 92 00 – www.hotello.de F1**t**
72 Zim ☕ – †95/190 € ††130/225 € – 2 Suiten
Eines der ersten Häuser der H'Otello-Gruppe und perfekt für Businessgäste: Die Einrichtung ist sachlich und geradlinig-modern, die Autobahnanbindung gut.

H'Otello H'09 garni

Hohenzollernstr. 9 ✉ 80801 – ✆ (089) 3 09 07 70 – www.hotello.de
71 Zim ☕ – †95/190 € ††130/225 € G1**h**
Die Lage: mitten in Schwabing. Das Design: klar, modern, urban. Praktisch: die Tiefgarage am Haus. Die A8 und die A96 erreicht man übrigens in ca. 10 Minuten.

Leopold garni

Leopoldstr. 119 ✉ 80804 – ✆ (089) 36 04 30 – www.hotel-leopold.de – geschl. 23. - 28. Dezember G1**f**
57 Zim ☕ – †89/105 € ††99/159 €
Das Hotel ist tipptopp gepflegt und schon über mehrere Generationen ein Familienbetrieb. Angenehm ist, dass die Zimmer straßenabgewandt zum Garten hin liegen! Man hat auch ein Restaurant im Haus, freundlich und mit rustikalem Touch, in dem man internationale Küche serviert.

Tantris

Johann-Fichte-Str. 7 ✉ 80805 – ✆ (089) 3 61 95 90 – www.tantris.de – geschl. 1. - 13. Januar und Sonntag - Montag sowie an Feiertagen G1**b**
Rest – (Tischbestellung ratsam) Menü 80 € (mittags unter der Woche)/175 € – Karte 99/148 €
Dass diese Adresse so gut besucht ist, dürfte wohl niemanden verwundern, schließlich leitet Hans Haas seit über 20 Jahren die Geschicke der Tantris-Küche, und das seit jeher auf überaus hohem Niveau. Zu diesem wahren Könner am Herd gesellt sich ein exzellenter Service - und dann wäre da noch der nicht wegzudenkende Retro-Charme... Die Weinkarte mit so mancher Rarität garantiert sehr hochwertige Weinbegleitungen zu den feinen Menüs.
➜ Konfierte Calamari mit Chili und Sepianudeln. Steinbutt mit Auberginenpürée und Olivenfond. Geräucherte Taubenbrust mit Karotten-Currypürée und Pfefferjus.

181 - First (Otto Koch)

Spiridon-Louis-Ring 7, (im Olympiaturm) ✉ 80809 – ✆ (089) 3 50 94 81 81 – www.restaurant181.com – geschl. Anfang Januar 2 Wochen, über Ostern 2 Wochen, Ende August - Anfang September 2 Wochen und Samstag - Sonntag sowie an Feiertagen **C1s**

Rest – *(nur Abendessen)* (Tischbestellung erforderlich) Menü 125/145 €

Rest *181 - Business* – siehe Restaurantauswahl

Die absolut gigantische Sicht, die man hier in 181 m Höhe hat, bleibt unvergessen! Und die Eindrücke wechseln sogar, denn das kleine Gourmetrestaurant mit nur vier Tischen rotiert während des Essens um 360°! Nicht minder beachtenswert ist das Menü von Otto Koch mit seinen kreativen Überraschungen!

→ Zarenstück vom Lachs mit Kaviar, Gurke und Zitrusfrucht. Ravioli "aus der Dose" mit Périgord Trüffel. Honeymoon.

Geisels Werneckhof

Werneckstr. 11 ✉ 80802 – ✆ (089) 38 87 95 68 – www.geisels-werneckhof.de – geschl. Sonntag - Montagmittag **G1g**

Rest – (Tischbestellung ratsam) Menü 79/129 € – Karte 72/81 €

Neuer Küchenchef, neues Konzept: Da wäre zum einen das facettenreiche "Gaudi-Menü" (erweiterbar zum "Omni-Menü"), zum anderen die Klassiker "Soli" - und überall gelingt Tohru Nakamura eine sehr feine, exakte und moderne Küche mit guter Balance und interessanter Aromenmischung. Unverändert versiert die Weinberatung durch Gastgeber Ireneo Tucci!

→ Langoustine, geschmolzene Gänseleber, schwarzer Knoblauch, Tofu und Soja. Müritz Lamm, Rücken BBQ, Bauch geschmort als Curry, Erdnuss, Chinakohlherzen, Jus von Tamarinde und Koriander. Kirschblüten, Sauerampfer, Eis von Sesam und Merengue.

181 - Business – Restaurant 181 - First

Spiridon-Louis-Ring 7, (im Olympiaturm, Gebühr) ✉ 80809 – ✆ (089) 3 50 94 81 81 – www.restaurant181.com – geschl. Anfang Januar 2 Wochen, über Ostern 2 Wochen, Ende August - Anfang September 2 Wochen und Samstag - Sonntag sowie an Feiertagen **C1s**

Rest – Menü 42 € (mittags)/79 €

Das "Business" ist das zweite (und etwas einfachere) der beiden sich um die eigene Achse drehenden Turmrestaurants: Oben ist man schnell, runter möchte man angesichts der fulminanten Aussicht nicht gleich wieder! Tipp: günstiges Mittagsmenü.

Il Borgo

Georgenstr. 144 ✉ 80797 – ✆ (089) 1 29 21 19 – www.il-borgo.de – geschl. Sonntag, Samstagmittag sowie an Feiertagen mittags **F1e**

Rest – 50 € – Karte 42/54 €

In schönem zeitgemäßem Stil hat man das nette Restaurant an der Straßenecke eingerichtet. Das wechselnde Speisenangebot ist italienisch.

Bibulus

Siegfriedstr. 11 ✉ 80803 – ✆ (089) 39 64 47 – www.bibulus-ristorante.de – geschl. Samstagmittag, Sonntag **G1u**

Rest – Menü 43/89 € – Karte 38/54 €

Wenn ein Restaurant beliebt ist bei den Einheimischen, spricht das für sich! Und die Schwabinger mögen die unkomplizierte und schmackhafte italienische Küche sowie den charmanten Service hier - vorzugsweise draußen auf dem kleinen Platz unter Platanen.

Mangi

Ungererstr. 161 ✉ 80805 – ✆ (089) 36 69 31 – www.mangi.de – geschl. über Pfingsten 1 Woche, 15. September - 1. Oktober und Samstagabend - Sonntag

Rest – Menü 34/60 € – Karte 33/47 € **D1r**

Angelo Ritrovato und sein Partner und Küchenchef Marco Pizzolato haben hier nicht nur einen Mix aus Feinkostgeschäft und moderner Trattoria geschaffen, sondern sich mit schlichter, sehr schmackhafter authentischer Küche auch gleich in die Herzen der Münchner gekocht. Die hausgemachte Bio-Pasta ist da schon Pflicht! Dies und anderes gibt es Mo - Mi bis 18 Uhr und Do - Fr bis 22 Uhr.

BLU mediteraneo

Bauerstr. 2 (Ecke Nordendstraße) ✉ 80796 – ✆ (089) 27 31 22 88 – www.blu-mediteraneo.de F1**a**

Rest – Menü 12 € (mittags)/45 € – Karte 25/50 €

Hier hat man Vinothek, Restaurant und Bar in einem, und das ist angenehm ungezwungen und lebendig! Gekocht wird mit mediterraner Note - mittags kommt man gerne auf ein preiswertes Tagesmenü!

M Belleville

Fallmerayerstr. 16 ✉ 80796 – ✆ (089) 30 74 76 11 – www.m-belleville.com – geschl. Januar 2 Wochen, August 2 Wochen, Sonntag - Montag F1**c**

Rest – *(nur Abendessen)* Menü 34 € – Karte 39/47 €

Ein Stück Paris in München? Aber sicher! Manina Panzer betreibt ihr lebendiges und charmantes Bistrot mit viel Engagement, vor allem aber kocht sie schmackhaft, wie z. B. "Lammschulter au four", "geschmorte Ochsenbacke" oder auch "Riz au lait caramel" beweisen. Ihr Vater serviert dazu gerne seltene Naturweine und jeden 2. Mittwoch gibt es Live-Musik.

Tira tardi (N)

Kurfürstenstr. 41 ✉ 80331 – ✆ (089) 27 77 44 55 – www.tiratardi.de – geschl. Ende August - Anfang September 2 Wochen und Sonntag F1**b**

Rest – *(Samstag und an Feiertagen nur Abendessen)* Karte 35/59 €

Was Sie bei den Brüdern Giuseppe und Michele Zicaro in dem kleinen Restaurant in einer Schwabinger Wohnstraße aufgetischt bekommen, ist authentische italienische Küche: klassisches Brasato, Tagliatelle mit Oktopus... Und das in stimmiger Atmosphäre mit angenehm heller Einrichtung und freundlichem Service.

Rossini (N)

Türkenstr. 76 ✉ 80799 – ✆ (089) 33 09 42 70 – www.ristoranterossini.net – geschl. 23. - 31. Dezember, August und Samstagmittag, Sonntag sowie an Feiertagen L1**a**

Rest – (Tischbestellung ratsam) Karte 36/60 €

In Anlehnung an den bekannten Film haben Sabine Nasswetter und Fabrizio Cereghini (sein ehemaliges Restaurant diente dem Drehort als Vorbild) diesen Namen gewählt. Interessant ist aber nicht nur der Background, sondern auch die unkomplizierte authentisch-italienische Küche des familiären kleinen Lokals mit eigenem Weinhandel. Parken kann man gut in der Amaliengarage.

In München-Sendling

Ambiance Rivoli

Albert-Rosshaupter-Str. 22 ✉ 81369 – ✆ (089) 7 43 51 50 – www.rivoli.de

57 Zim ☕ – †108/348 € ††128/368 € – 9 Suiten C2**r**

Rest – *(geschl. Sonntag)* (abends Tischbestellung erforderlich) Menü 39 € (abends) – Karte 24/59 €

Ein bisschen Art-déco, eine Spur von Asien... Stil und Wertigkeit machen das Hotel durchaus besonders. Im Sommer beginnt man den Tag am besten auf der schönen Frühstücksterrasse! Das Angebot im Restaurant ist thailändisch, außerdem hat man einen eigenen Sushimeister.

K+K Hotel am Harras garni

Albert-Rosshaupter-Str. 4 ✉ 81369 – ✆ (089) 74 64 00 – www.kkhotels.com

102 Zim – †92/272 € ††112/292 €, ☕ 18 € C2**n**

Sehr gepflegt, gut geführt und verkehrsgünstig gelegen, ist das Hotel eine praktische Tagungs- und Businessadresse. Eine U-Bahnstation befindet sich gleich vor der Tür, so sind Sie in nur 10 Minuten in der Innenstadt!

In München-Solln

Sollner Hof

Herterichstr. 63 ✉ 81479 – ✆ (089) 7 49 82 90 – www.sollnerhof.de

29 Zim ☕ – †68/78 € ††86/105 € B3**s**

Rest – *(geschl. Weihnachten - 6. Januar und Samstag - Sonntag)* Karte 19/35 €

In einem Wohngebiet gelegener Gasthof mit Familientradition. Im Hotelbau nebenan stehen recht unterschiedlich eingerichtete, wohnlich-solide Zimmer bereit. Ausgesprochen gemütlich ist das Wirtshaus mit typischer Stube und bayerischer Küche.

Heigl garni
Bleibtreustr. 15 ✉ 81479 – ✆ (089) 7 49 83 70 – www.hotelheigl.de B3**s**
38 Zim – 56/84 € 94/124 €
Hier kümmert man sich gut um die Gäste, alles ist tipptopp gepflegt, die Preise sind fair und als kleine Aufmerksamkeit gibt's mittags Süßigkeiten in der Lobby. Die Einzelzimmer sind recht klein und schlicht, fragen Sie daher nach den größeren Zimmern!

Villa Solln garni
Wilhelm-Leibl-Str. 16 ✉ 81479 – ✆ (089) 7 49 82 80 – www.villasolln.de
22 Zim – 70/180 € 92/230 € B3**n**
Ein sehr gepflegter Familienbetrieb in ruhiger Lage nahe dem Forstenrieder Park mit unterschiedlich gestalteten, zeitgemäßen Zimmern, teils mit Balkon und Blick ins Grüne.

Al Pino
Frans-Hals-Str. 3 ✉ 81479 – ✆ (089) 79 98 85 – www.al-pino.de B3**a**
Rest – Menü 36/72 € – Karte 39/68 €
Valerio Scopel betreibt dieses Restaurant schon seit 30 Jahren, und seit jeher bleibt man hier der klassisch-italienischen Küche treu. Das tagesfrische Angebot gibt es mittags auch als saisonales Lunchmenü. Schöne Sommerterrasse.

In München-Trudering Ost: 8 km über D2, Richtung Ebersberg

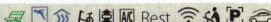

Am Moosfeld (mit Gästehäusern)

Am Moosfeld 41 ✉ 81829 – ✆ (089) 42 91 90 – www.hotel-am-moosfeld.de
219 Zim – 99/135 € 139/175 €
Rest – *(geschl. Samstagmittag)* Karte 19/36 €
Das aus drei Häusern bestehende Hotel verfügt über zeitgemäße, funktionell eingerichtete Zimmer sowie einige Appartements und wird gerne von Businessgästen genutzt. Lunchbuffet im Bistro, Abendessen in der Kaminstube.

In München-Untermenzing

Insel Mühle

Von-Kahr-Str. 87 ✉ 80999 – ✆ (089) 8 10 10 – www.inselmuehle.com
35 Zim – 99/289 € 139/409 € – 2 Suiten A1**a**
Rest – Karte 30/47 €
In der historischen Mühle wohnt man in großzügigen, behaglichen Gästezimmern mit Landhausflair; einige sind als Maisonetten angelegt. Gemütlich sind die Restaurantstuben. Die Terrasse und der herrliche große Biergarten liegen an der Würm.

In München-Zamdorf

Comfort Hotel München Ost garni

Kronstadter Str. 12, (jenseits der A 94) ✉ 81677 – ✆ (089) 5 99 76 30 – www.comfort-hotel-muenchen.de – geschl. 20. - 29. Dezember D2**e**
167 Zim – 108/295 € 123/325 €
Das Messe- und Businesshotel überzeugt mit seiner verkehrsgünstigen Lage nahe der Autobahn und modern-puristischen, in klaren Linien gehaltenen Zimmern mit guter Technik.

München-Flughafen siehe Freising

München Neue Messe siehe auch Aschheim und Feldkirchen

MÜNDER am DEISTER, BAD – Niedersachsen – 541 – 17 330 Ew – Höhe 125 m – Heilbad
28 H9

▶ Berlin 317 – Hannover 35 – Hameln 16 – Hildesheim 38
ℹ Hannoversche Str. 14a, ✉ 31848, ✆ (05042) 92 98 04, www.bad-muender.de
18 Bad Münder, Am Osterberg 2, ✆ (05042) 50 32 76

Kastanienhof

Am Stadtbahnhof 11 (am Süntel) ✉ 31848 – ✆ (05042) 30 63 – www.hotel-kastanienhof.de

28 Zim – 96/128 € 128 € – 2 Suiten – ½ P **Rest** – Karte 24/69 €

Recht ruhig liegt das Hotel am Ortsende. Die Zimmer sind unterschiedlich geschnitten, technisch gut ausgestattet und mit warmen Farben wohnlich gestaltet. Freundlich und behaglich ist das Ambiente im Restaurant, zu dem auch ein Wintergarten gehört.

MÜNSING – Bayern – 546 – 4 190 Ew – Höhe 666 m

65 L21

Berlin 623 – München 36 – Garmisch-Partenkirchen 57 – Bad Tölz 23

Gasthaus Limm

Hauptstr. 29 ✉ 82541 – ✆ (08177) 4 11 – www.gasthauslimm.de – geschl. Weihnachten - 1. Januar, 26. August - 16. September, Sonntagabend - Montagmittag und Mittwoch

Rest – Menü 16 € (mittags) – Karte 24/50 €

Wenn Sie die gebratene Blutwurst, die leckeren Fleischpflanzerl und so manch anderes probieren, wissen Sie, es sind Produkte aus der eigenen Metzgerei - und darauf ist Chef Sebastian Limm auch stolz! Den gemütlichen Gasthof führt die Familie übrigens schon seit 1908.

In Münsing-St. Heinrich Süd-West: 10 km über A 95, Abfahrt Seeshaupt

Landgasthof Schöntag

Beuerberger Str. 7 ✉ 82541 – ✆ (08801) 9 06 10 – www.hotel-schoentag.de

14 Zim – 50/75 € 82/105 € **Rest** – Karte 16/36 €

Der Familienbetrieb ist nicht nur eine gepflegte Übernachtungsadresse (wohnlich-rustikal die Einrichtung), viele Gäste kommen auch wegen der Steaks - zum Restaurantbereich gehört nämlich auch ein Steakhouse. Tipp: Im Sommer wird im Biergarten gegrillt!

MÜNSINGEN – Baden-Württemberg – 545 – 14 510 Ew – Höhe 707 m – Wintersport: 850 m 4

55 H19

Berlin 657 – Stuttgart 58 – Reutlingen 32 – Ulm (Donau) 51

Hauptstr. 13, ✉ 72525, ✆ (07381) 18 21 45, www.muensingen.de

Herrmann (mit Gästehaus)

Zim,

Marktplatz 1 ✉ 72525 – ✆ (07381) 1 82 60 – www.hotelherrmann.de

41 Zim – 54/85 € 100/142 € – 2 Suiten – ½ P

Rest – Menü 32 € – Karte 22/41 €

Mitten in der Altstadt steht der schmucke Fachwerk-Gasthof mit langer Familientradition. Die Landschaftszimmer im Gästehaus sind nach Pflanzen benannt, die neuesten und komfortabelsten Zimmer sind die im Anbau. Schwäbische Gemütlichkeit und typische Küche im Restaurant.

MÜNSTER (WESTFALEN) – Nordrhein-Westfalen – 543 – 291 760 Ew – Höhe 60 m

26 D9

Berlin 480 – Düsseldorf 124 – Nordhorn 75 – Bielefeld 87

Greven, Hüttruper Weide 71 (Nord-West: 31 km über BC1 und die A 1), ✆ (02571) 94 33 60

ADAC Weseler Str. 539

Heinrich-Brüning-Str. 9 B2, ✉ 48143, ✆ (0251) 4 92 27 10, www.tourismus.muenster.de

Münster-Wilkinghege, Steinfurter Str. 448, ✆ (0251) 21 40 90

Münster-Tinnen, Am Kattwinkel 244, ✆ (02536) 3 30 10 11

Prinzipalmarkt★ · Rathaus (Friedenssaal★) · Westfälisches Landesmuseum für Kunst und Kulturgeschichte★(Altartafeln★★)**M¹**B2 · Graphik Museum Pablo Picasso★ ·Dom★★(Astronomische Uhr★ · Ausstattung★ · Domkammer★★)**M²** · Residenzschloss★ · Lambertikirche (Spitze★)B1

Wasserschloss Hülshoff★, West: 9 km

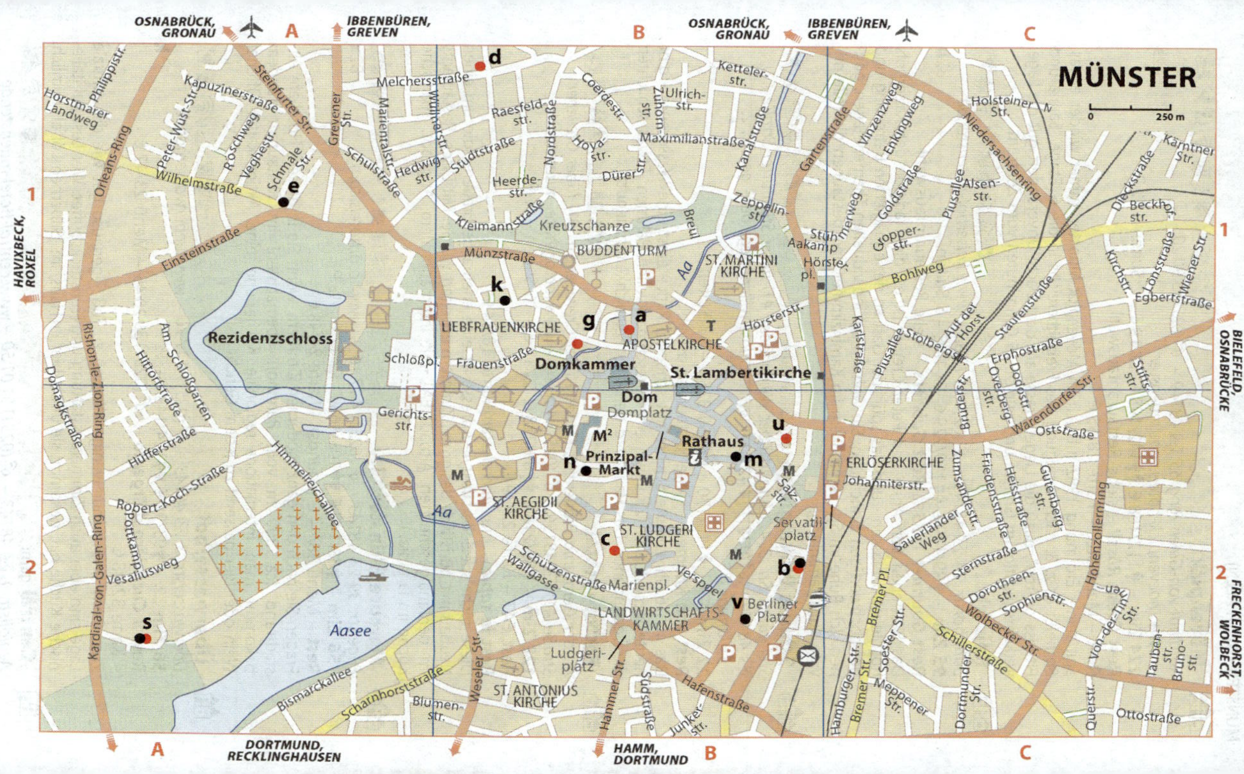
MÜNSTER
0
250 m
OSNABRÜCK, GRONAU
IBBENBÜREN, GREVEN
BIELEFELD, OSNABRÜCKE
FRECKENHORST, WOLBECK
HAVIXBECK, ROXEL
DORTMUND, RECKLINGHAUSEN
HAMM, DORTMUND
St. Lambertikirche
Rathaus
Prinzipal-Markt
Dom
Domplatz
Domkammer
Rezidenzschloss
Aasee
APOSTELKIRCHE
LIEBFRAUENKIRCHE
ST. MARTINI KIRCHE
ST. LUDGERI KIRCHE
ST. AEGIDII KIRCHE
ST. ANTONIUS KIRCHE
ERLÖSERKIRCHE
BUDDENTURM
LANDWIRTSCHAFTSKAMMER
Kreuzschanze
Servatiiplatz
Berliner Platz
Ludgeriplatz
Marienpl.
Schloßpl.
Hörsterpl.
Hohenzollernring
Niedersachsenring
Orleans-Ring
Rishon-le-Zion-Ring
Kardinal-von-Galen-Ring
Steinfurter Str.
Warendorfer Str.
Wolbecker Str.
Hammer Str.
Weseler Str.
Hafenstraße
Schillerstraße
Himmelreichallee
Bismarckallee
Scharnhorststraße
Einsteinstraße
Wilhelmstraße
Gartenstraße
Kanalstraße
Bohlweg
Münzstraße
Frauenstraße
Schützenstraße
Wallgasse
Salzstr.
Am Schloßgarten
Domagkstraße
Melchersstraße
Oststraße
Ottostraße

Mövenpick

Kardinal-von-Galen-Ring 65 ✉ 48149 – ✆ (0251) 8 90 20 – www.moevenpick-hotels.com/muenster A2**s**

224 Zim – 🚹112/168 € 🚹🚹142/198 €, ☕ 19 € – 2 Suiten – ½ P

Rest *Chesa Rössli* – siehe Restaurantauswahl

Rest – Menü 56 € – Karte 28/55 €

Seit seiner Eröffnung 1982 tut sich im Mövenpick Münster immer wieder etwas. So heißt es z. B. nach Verlegung des Freizeitbereichs in die 6. Etage "Sauna und Fitness on top", dazu die Liegeterrasse auf dem Dach! Unverändert gut die Lage: verkehrsgünstig, im Grünen und nur ca. 15 Gehminuten vom Zentrum.

Kaiserhof

Bahnhofstr. 14 ✉ 48143 – ✆ (0251) 4 17 80 – www.kaiserhof-muenster.de

95 Zim – 🚹99/179 € 🚹🚹119/229 €, ☕ 18 € – 5 Suiten B2**b**

Rest *Gourmet 1895* ✿ **Rest *Gabriel's*** – siehe Restaurantauswahl

Das Bestreben von Anne und Peter Cremer ist es, die Tradition des Kaiserhofs hochleben zu lassen - und das spürt der Gast an der engagierten Betreuung und der hochwertigen Einrichtung: Sie wohnen auf individuellen Themenetagen, gönnen sich Ruhe im Spa, schmökern im Kaminzimmer und bestaunen die tolle private Kunstsammlung!

Schloss Wilkinghege (mit Gästehaus)

Steinfurter Str. 374, (Zufahrt über Wilkinghege 41) (über Steinfürter Straße A1) ✉ 48159 – ✆ (0251) 14 42 70 – www.schloss-wilkinghege.de – geschl. 2. - 5. Januar

22 Zim ☕ – 🚹110/170 € 🚹🚹150/315 € – 13 Suiten

Rest *von Rhemen* – siehe Restaurantauswahl

Das im 16. Jh. erbaute Schloss mit schönem Park - einst eine Wasserburg - gibt heute individuellen Zimmern einen geschmackvollen Rahmen. Etwas schlichter: die Dependance. Das Haus wird gerne für Feierlichkeiten genutzt.

Factory Hotel

Zim,

An der Germania Brauerei 5, (Zufahrt über Grevener Str. 91) (über Grevener Straße A1) ✉ 48159 – ✆ (0251) 4 18 80 – www.factoryhotel-muenster.de

128 Zim – 🚹89/218 € 🚹🚹89/218 €, ☕ 17 € – 16 Suiten – ½ P

Rest *EAT* – Karte 22/39 €

Rest *la tapia* – *(nur Abendessen)* Karte 18/34 €

Diese recht spezielle Lifestyle-Adresse ist eine ehemalige Brauerei, die um einen Neubau mit puristisch designten Zimmern erweitert wurde. Mit Disco. Restaurants im denkmalgeschützten Altbau. EAT mit internationalem Angebot, spanische Küche im la tapia.

Mercure Münster City

Rest,

Engelstr. 39 ✉ 48143 – ✆ (0251) 4 17 10 – www.accorhotels.com B2**v**

156 Zim – 🚹88/148 € 🚹🚹108/168 €, ☕ 17 € – ½ P

Rest – Menü 18/44 € (abends) – Karte 24/48 €

Fragen Sie nach den ganz modernen Zimmern, wenn Sie in diesem Hotel am Altstadtrand (ca. 300 m vom Bahnhof) übernachten! Im Restaurant Tandem bekommt man international-regionale Küche und eine Aktionskarte. Offener Wein oder Bier passend zu jedem Gericht.

Überwasserhof

Rest,

Überwasserstr. 3 ✉ 48143 – ✆ (0251) 4 17 70 – www.ueberwasserhof.de

56 Zim ☕ – 🚹93/98 € 🚹🚹124/148 € – ½ P B1**k**

Rest *Il Cucchiaro d'Argento* – ✆ (0251) 39 20 45 – Menü 23/47 € – Karte 32/48 €

Zum Dom sind es nur wenige Minuten zu Fuß - genauso gut wie die zentrale Lage sind aber auch Zimmerausstattung und Frühstücksbuffet. Wer Lust auf italienische Küche hat, bekommt sie direkt hier im Haus, im "Silbernen Löffel" nämlich.

Central garni

Aegidiistr. 1 ✉ 48143 – ✆ (0251) 51 01 50 – www.central-hotel-muenster.de – geschl. 1. - 6. Januar, 1. - 15. August B2**n**

17 Zim ☕ – 🚹89/139 € 🚹🚹109/139 € – 3 Suiten

Ideal für Kunstliebhaber: Das Haus mit den recht großen, wohnlichen Zimmern und persönlichem Service ist geschmückt mit zahlreichen Werken von Beuys, Warhol & Co.

Feldmann Zim,
An der Clemenskirche 14 ✉ 48143 – ✆ (0251) 41 44 90
– www.hotel-feldmann.de B2**m**
20 Zim ☕ – 🚹69/110 € 🚹🚹100/150 €
Rest – *(geschl. Sonntag und an Feiertagen)* Menü 28 € – Karte 25/51 €
Bei Familie Feldmann wohnen Sie individuell und schön zentral - da kann man bestens die Stadt erkunden! Sie suchen noch ein Restaurant? Die traditionell-klassische Küche mit deutschen Wurzeln kommt gut an - ebenso der günstige Mittagstisch, den man auch gerne auf der Terrasse bei der Clemenskirche einnimmt!

Am Schlosspark garni
Schmale Str. 2 ✉ 48149 – ✆ (0251) 8 99 82 00
– www.hotel-am-schlosspark-muenster.de A1**e**
28 Zim ☕ – 🚹88/95 € 🚹🚹112/125 € – 2 Suiten
Das besonders auf Geschäftsreisende ausgelegte Hotel liegt relativ ruhig in einer Anliegerstraße und bietet zeitlos-funktionelle Zimmer sowie Parkmöglichkeiten im Hof.

Gourmet 1895 – Hotel Kaiserhof
Bahnhofstr. 14 ✉ 48143 – ✆ (0251) 4 17 87 00 – www.gourmet1895.de – geschl. 20. Juli - 18. August und Sonntag - Montag B2**b**
Rest – *(nur Abendessen)* (Tischbestellung erforderlich) Menü 74/89 €
Wie überall im Haus haben die Gastgeber auch hier für ausgesuchtes Interieur gesorgt. Wer an einem der vier Tische speist, den umgibt ein Hauch von Exklusivität, was natürlich genauso an den ambitionierten klassischen Menüs von André Skupin liegt, der hier mit Gefühl Aromen und Texturen kombiniert!
→ Steinbutt, Yuzu und Kaffee. Rücken vom Rehbock, Steckrüben und Morcheln. Erdbeerkuchen "mal anders".

von Rhemen – Hotel Schloss Wilkinghege
Steinfurter Str. 374, (Zufahrt über Wilkinghege 41) (B 54) ✉ 48159 – ✆ (0251) 14 42 70 – www.schloss-wilkinghege.de – geschl. 2. - 5. Januar
Rest – Menü 26 € (mittags unter der Woche)/118 € – Karte 48/57 €
Ein bisschen Noblesse versprüht bereits der Name "von Rhemen" - so gedenkt man den letzten Adeligen hier. Und das Ambiente kann seinerzeit kaum stilvoller gewesen sein! Sonntags und montags hat man auch geöffnet, die Karte ist aber kleiner.

Gabriel's – Hotel Kaiserhof
Bahnhofstr. 14 ✉ 48143 – ✆ (0251) 4 17 86 00 – www.kaiserhof-muenster.de – geschl. 28. Juli - 17. August und Sonntag B2**b**
Rest – Menü 39 € – Karte 37/61 €
Blattgold, italienischer Naturstein, Kunst... Den Anspruch, den das edle geradlinige Design verspricht, halten die international-saisonalen Speisen. Steht bei Ihnen vielleicht eine Feier an? Hier gibt es Veranstaltungsräume für jeden Anlass.

Chesa Rössli – Hotel Mövenpick
Kardinal-von-Galen-Ring 65 ✉ 48149 – ✆ (0251) 8 90 26 27 – www.chesa-roessli.de – geschl. Juli - August 4 Wochen und Samstagmittag, Sonntag A2**s**
Rest – Menü 29 € (mittags unter der Woche)/49 € – Karte 34/68 €
Als Alternative zum Hotelrestaurant isst man im Chesa Rössli in ebenfalls moderner Atmosphäre, aber etwas gehobener: Serviert werden internationale Speisen und (der Name lässt es bereits vermuten) Schweizer Küche.

Giverny - Caveau de Champagne
Spiekerhof 25 ✉ 48143 – ✆ (0251) 51 14 35 – www.restaurant-giverny.de – geschl. Sonntag - Montag B1**g**
Rest – Menü 49/59 € (abends) – Karte 47/74 €
Patron Emile Zaragoza ist Franzose und hat noch einen Landsmann mit im Küchenteam... entsprechend ist auch die Speisekarte ausgelegt. Tipp: Mittwoch ist Bouillabaisse-Tag - da wird Ihnen die beliebte Spezialität in zwei Gängen serviert! Beachtung verdient auch die Champagnerauswahl.

Brust oder Keule

Melcherstr. 32 ✉ 48149 – ✆ (0251) 9 17 96 56 – www.brustoderkeule.de – geschl. Juli - August 2 Wochen und Sonntag - Montag B1**d**

Rest – *(nur Abendessen)* (Tischbestellung ratsam) Karte 40/60 €

Erinnert Sie der Name an den Film mit Louis de Funès? Bei Gastgeber Bernd Ahlert (ursprünglich Journalist) und Küchenchef Frederik Packwitz bekommen Sie nur Frisches aufgetischt!

BRAUEREI-GASTSTÄTTEN: *Urig-gemütliche Gaststätten, in denen man zu verschiedenen regional gebrauten Biersorten Topf- oder Pfannengerichte serviert.*

Kleiner Kiepenkerl

Spiekerhof 47 ✉ 48143 – ✆ (0251) 4 34 16 – www.kleiner-kiepenkerl.de – geschl. Montag B1**a**

Rest – Karte 21/47 €

Eine gemütlich-westfälische Traditionsadresse in der Altstadt - der obligatorische Stammtisch nennt sich hier "Schöpperecke" (zum Schmunzeln die Politik-Karikaturen). Typisch für hier: Pfefferpotthas, Eintöpfe, Rouladen, Grünkohl...

Altes Gasthaus Leve

Alter Steinweg 37 ✉ 48143 – ✆ (0251) 4 55 95 – www.gasthaus-leve.de – geschl. über Weihnachten, über Ostern, über Pfingsten B2**u**

Rest – Karte 22/44 €

Nach dem Krieg wurde das Gasthaus von 1607 wieder aufgebaut, bis heute sprüht es mit seinen charmanten Stuben nur so vor Heimeligkeit. Dekorative Details sind hier z. B. historische Karikaturportraits - der Chef kann da auch so manche Geschichte erzählen!

In Münster-Handorf **Ost: 7 km über Warendorfer Straße C1, Richtung Bielefeld**

Hof zur Linde (mit Gästehaus)

Handorfer Werseufer 1 ✉ 48157 – ✆ (0251) 3 27 50 – www.hof-zur-linde.de

41 Zim – †97/115 € ††137/164 € – 8 Suiten – ½ P

Rest *Hof zur Linde* – siehe Restaurantauswahl

Nach und nach hat Familie Löfken aus dem historischen Bauernhof dieses schöne Anwesen gemacht. Jedes Zimmer ist anders (mal rustikal, mal hell und freundlich) - Romantiker buchen am besten das Fischerhaus oder das Waldhaus, beide idyllisch an der Werse gelegen!

Landhaus Eggert

Rest,

Zur Haskenau 81 (Nord: 5 km über Dorbaumstraße) ✉ 48157 – ✆ (0251) 32 80 40 – www.landhaus-eggert.de – geschl. 22. - 25. Dezember

34 Zim – †90/135 € ††138/160 € – 3 Suiten – ½ P

Rest *Hof Wesendrup* – siehe Restaurantauswahl

Rest – Menü 38/59 € – Karte 35/61 €

Der idyllisch gelegene Gutshof von 1030 ist ein geschmackvolles Anwesen unter engagierter familiärer Leitung. Stilvoll-wohnliche Zimmer, viele mit schönem Parkett, sowie geräumige Suiten, außerdem Kosmetik- und Massage-Angebot zum Entspannen.

Hof Wesendrup – Hotel Landhaus Eggert

Zur Haskenau 81 (Nord: 5 km über Dorbaumstraße) ✉ 48157 – ✆ (0251) 32 80 40 – www.landhaus-eggert.de – geschl. 18. Dezember - 26. Januar, 9. - 13. Juli, 15. Oktober - 2. November und Montag - Dienstag

Rest – *(nur Abendessen)* Menü 65/95 € – Karte 55/73 €

Fast schon intim ist die Atmosphäre in dem angenehm zurückhaltend eleganten Restaurant. Und wenn dann noch guter Service (samt ebensolcher Weinberatung) und ambitionierte zeitgemäß-klassische Küche dazukommen, ist das stimmige Bild komplett!

XX **Hof zur Linde** – Hotel Hof zur Linde

Handorfer Werseufer 1 ✉ 48157 – ✆ (0251) 3 27 50 – www.hof-zur-linde.de
Rest – Menü 26 € (mittags unter der Woche)/76 € – Karte 38/60 €
Münsterländer Gemütlichkeit gepaart mit Eleganz und Historie... das trifft den Charakter der schönen Räume. Im Winter kommt im Herdfeuerraum eine ganz besondere Stimmung auf, im Sommer auf der Lindenterrasse! Wählen Sie am Abend z. B. das "Westfälische Menü". Unter der Woche gibt es das günstige Lunchmenü.

In Münster-Hiltrup Süd: 6 km über Hammerstraße B2, Richtung Hamm

Ambiente garni

Marktallee 44 ✉ 48165 – ✆ (02501) 2 77 60 – www.hotel-ambiente-muenster.de
21 Zim – 63/71 € 83/95 €
In dem gepflegten Hotel in der 1. Etage eines Geschäftshauses stehen helle, zeitgemäße Zimmer mit solider Technik bereit. Am Morgen wartet im freundlichen Frühstücksraum ein gutes Buffet auf Sie.

X **Landgraf** mit Zim

Thierstr. 26 ✉ 48165 – ✆ (02501) 12 36 – www.hotel-landgraf.de
10 Zim – 62 € 90 € **Rest** – *(geschl. Montag)* Karte 25/55 €
Der regionale Charme des roten Backsteingebäudes setzt sich auch im Inneren fort, in Form eines ländlich-gediegenen Restaurants. Man hat auch einen Wintergarten, der sich im Sommer öffnen lässt - davor die Terrasse zum schönen Garten! Bei Familie Erbrech kann man übrigens auch sehr gepflegt übernachten.

In Münster-Roxel West: 6,5 km über Einsteinstraße A1, Richtung Havixbeck

Bakenhof

Zim, Zim,

Roxeler Str. 376 (Ost: 2,5 km) ✉ 48161 – ✆ (0251) 87 12 10 – www.bakenhof.de
41 Zim – 82/92 € 115/125 € – ½ P **Rest** – Menü 37 € – Karte 26/57 €
Familie Twent bietet hier ein wohnlich-modernes Hotel, etwas von der Straße zurückversetzt und daher recht ruhig (einige wenige Zimmer auch im Stammhaus). Das Bistro - benannt nach Sohn Tristan - ist eine gelungene Ergänzung zum gemütlich-rustikalen Restaurant.

MÜNSTEREIFEL, BAD – Nordrhein-Westfalen – 543 – 18 410 Ew – Höhe 290 m – Kneippheilbad

35 B13

Berlin 621 – Düsseldorf 91 – Bonn 42 – Aachen 74
Kölner Str. 13, ✉ 53902, ✆ (02253) 54 22 44, www.bad-muenstereifel.de
Bad Münstereifel-Stockert, Moselweg 4, ✆ (02253) 27 14
Lage★ · Ehemalige Stadtbefestigung★

XX **Landgasthaus Steinsmühle** mit Zim

Rest,

Kölner Str. 122 ✉ 53902 – ✆ (02253) 45 87 – www.landgasthaus-steinsmuehle.de – geschl. Donnerstag
12 Zim – 55 € 88 € – ½ P
Rest – *(nur Abendessen, sonntags auch Mittagessen)* Menü 28/35 € – Karte 27/40 €
Rustikal-romantische Atmosphäre und saisonal-internationale Küche in einer Wassermühle a. d. 12. Jh. In einer der Stuben sorgt Kerzenlicht für stimmungsvolles Ambiente. Der Familienbetrieb bietet auch wohnlich-funktionelle Gästezimmer.

MÜNSTER-SARMSHEIM – Rheinland-Pfalz – siehe Bingen

MÜNSTERTAL – Baden-Württemberg – 545 – 5 160 Ew – Höhe 373 m – Wintersport: 1 300 m 1 3 – Luftkurort

61 D21

Berlin 826 – Stuttgart 229 – Freiburg im Breisgau 30 – Basel 65
Wasen 47, ✉ 79244, ✆ (07636) 7 07 40, www.muenstertal-staufen.de
Belchen★★★ (✳★★★), Süd: 18 km

In Untermünstertal

Landhaus Langeck (N)
Rest,

Langeck 6 ✉ 79244 – ✆ (07636) 78 77 5 80 – www.langeck.de
– geschl. 1. März - 10. April
14 Zim – 62/67 € 110/128 € – ½ P
Rest – *(geschl. Montag - Dienstag) (nur Abendessen, sonntags auch Mittagessen)* Menü 41 € – Karte 30/57 €
Für ein paar erholsame Urlaubstage in ländlicher Umgebung ist das kleine Hotel ideal: ruhige Lage, jede Menge Grün ringsum... da kann man direkt vor der Tür loswandern! Und zurück vom Ausflug, hat man es in den Zimmern schön wohnlich, dafür sorgt die behagliche Holzeinrichtung. Gemütlich auch die Gaststube mit ihrem netten ländlichen Stil

Schmidt's Gasthof zum Löwen

Wasen 54 ✉ 79244 – ✆ (07636) 5 42 – www.loewen-muenstertal.de
– geschl. Mitte Januar - Mitte Februar und Montag - Dienstag, außer an Feiertagen
Rest – Menü 22/64 € – Karte 25/61 €
Der gestandene Gasthof mit grünen Fensterläden und Wandmalerei steckt natürlich auch innen voller Schwarzwälder Charme. In der ländlich-eleganten Stube (vielleicht ergattern Sie ja einen Platz am gemütlichen Kachelofen) gibt es badisch-klassische Küche - in Sommer nur zu gerne auf der schönen Gartenterrasse! Die eigenen Brände probiert man am besten in der "Destille".

In Obermünstertal

Spielweg

Spielweg 61 ✉ 79244 – ✆ (07636) 70 90 – www.spielweg.com
44 Zim – 116/140 € 139/212 € – 3 Suiten – ½ P
Rest *Spielweg* – siehe Restaurantauswahl
Ein Haus mit eigenem Charme! Es wird schon seit Generationen von der Familie geführt und das spürt man: Die Gastgeber sind engagiert, die Zimmer schön behaglich (teilweise mit antiken Möbelstücken), geräumiger im Haus Sonnhalde. Perfekt für Familien: Gartenhaus und "s' Franze". Zum Entspannen gibt's Kosmetik und Massage.

Landgasthaus zur Linde mit Zim

Krumlinden 13 ✉ 79244 – ✆ (07636) 4 47 – www.landgasthaus.de
– geschl. November - April: Donnerstag
9 Zim – 74/118 € 95/126 € – 2 Suiten – ½ P
Rest – Menü 30/49 € – Karte 26/51 €
Der historische Gasthof am Neumagenbach ist bekannt für seine Forellengerichte. Und im Winter wird's auch schon mal norddeutsch (das sind schließlich die Wurzeln der Inhaber) - da gibt's dann z. B. Grünkohl mit Pinkel. Alte Stube, Jägerstube, Kaminstube... überall ist es richtig gemütlich, entsprechend schön schläft man auch in den wohnlichen Landhauszimmern.

Spielweg – Hotel Spielweg

Spielweg 61 ✉ 79244 – ✆ (07636) 70 90 – www.spielweg.com
Rest – Menü 45/66 € – Karte 40/63 €
Gemütliche Stuben mit Holzvertäfelung, Kachelofen, knarrendem Dielenboden, liebevollen Dekorationen... das ist Schwarzwälder Heimeligkeit. Montags und dienstags ist das Angebot reduziert. Probieren Sie auch den Käse - man hat nämlich eine eigene Käserei!

MUGGENSTURM – Baden-Württemberg – 545 – 6 150 Ew – Höhe 123 m
54 E18

Berlin 704 – Stuttgart 98 – Karlsruhe 22

Lamm

Hauptstr. 24 ✉ 76461 – ✆ (07222) 5 20 05 – www.lamm-muggensturm.de – geschl. 24. Februar - 11. März, 16. - 19. Juni, 27. Oktober - 3. November und Dienstag, Samstagmittag

Rest – Menü 37/53 € – Karte 35/61 €

Ein sehr nettes, hell gestaltetes Restaurant mit Kulturprogramm (ständig wechselnde Fotoausstellung von Ralf Cohen). Einer der Patrons leitet den freundlichen Service, der andere sorgt für eine gute internationale Küche mit regionalen Einflüssen.

MULFINGEN – Baden-Württemberg – 545 – 3 710 Ew – Höhe 288 m 49 I17

Berlin 564 – Stuttgart 100 – Würzburg 67 – Heilbronn 68

In Mulfingen-Ailringen Nord-West: 7,5 km über Ailringer Straße

Altes Amtshaus

Kirchbergweg 3 ✉ 74673 – ✆ (07937) 97 00 – www.altes-amtshaus.de – geschl. 1. - 14. Januar

12 Zim – 99/119 € 149 € – 3 Suiten – ½ P

Rest *Amtskeller* – siehe Restaurantauswahl

Vom kleinen Einzelzimmer bis zur großzügigen Maisonette findet in dem hübschen kleinen Hotel von 1650 jeder das Passende. Frisches, geschmackvolles Ambiente, moderne Technik, ausgewähltes Frühstück... und all das umgeben von schönem altem Fachwerk, das wohltuende Behaglichkeit verbreitet!

Amtskeller – Hotel Altes Amtshaus

Kirchbergweg 3 ✉ 74673 – ✆ (07937) 97 00 – www.altes-amtshaus.de – geschl. 1. - 14. Januar und Montag - Dienstag, außer Feiertage

Rest – *(Mittwoch - Freitag nur Abendessen)* Menü 72 € (mittags)/104 € – Karte 49/73 €

Schon der Rahmen ist etwas Besonderes: ein wunderschönes altes Naturstein-Tonnengewölbe, stimmig mit modernem Stil kombiniert! Und was Olaf Pruckner und Sebastian Wiese in der Küche fabrizieren, ist nicht minder interessant! Für ihre zeitgemäßen Speisen greifen sie nur zu gerne auf regionale Produkte zurück.
→ Allerlei von der Erlenbacher Forelle mit Blumenkohl und Nussbutter. Gebratener Waller mit Hällischer Schwarzwurst und Birnen. Hohenloher Lamm mit Staudensellerie und Mandelgremolata.

In Mulfingen-Heimhausen Süd: 4 km Richtung Buchenbach

Jagstmühle

Jagstmühlenweg 10 ✉ 74673 – ✆ (07938) 9 03 00 – www.jagstmuehle.de

26 Zim – 60/125 € 90/145 € – ½ P

Rest *Jagstmühle* – siehe Restaurantauswahl

Mit Engagement wird das wunderschöne Anwesen der alten Wassermühle geführt. Zu dem charmanten Hotel gehört ein herrlicher Garten zur Jagst. Fragen Sie nach den besonders geschmackvollen und wohnlichen Zimmern im Haupthaus.

Jagstmühle – Hotel Jagstmühle

Jagstmühlenweg 10 ✉ 74673 – ✆ (07938) 9 03 00 – www.jagstmuehle.de

Rest – Menü 35 € (vegetarisch)/62 € – Karte 24/70 €

Das gemütlich-elegante Landidyll zieht zurecht viele Gäste an - im Winter ans wärmende Kaminfeuer, im Sommer in den Garten. Was hier auf den Teller kommt, kann sich ebenso sehen (und schmecken!) lassen: vom "Ochsenfleisch in Meerrettich" bis zum "Hirschrücken mit Feigen-Rotkohl".

MURNAU – Bayern – 546 – 12 400 Ew – Höhe 688 m – Luftkurort 65 L21

Berlin 656 – München 70 – Garmisch-Partenkirchen 25 – Weilheim 20

Kohlgruber Str. 1, ✉ 82418, ✆ (08841) 6 14 10, www.murnau.de

Alpenhof Murnau

Ramsachstr. 8 ✉ *82418* – *(08841) 49 10* – *www.alpenhof-murnau.com*
65 Zim – 150/363 € 198/388 € – 6 Suiten – ½ P
Rest *Reiterzimmer* **Rest *Hofmann's*** – siehe Restaurantauswahl
Ein alpenländisches Ferienhotel mit freundlicher Atmosphäre, wohnlichen Zimmern unterschiedlicher Kategorien (auch etwas schlichtere Standardzimmer) und hochwertigem Spa-Angebot. Schön: der Blick auf Wetterstein und Estergebirge.

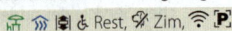

Angerbräu Rest, Zim,

Untermarkt 44 ✉ *82418* – *(08841) 62 58 76* – *www.angerbraeu.de*
27 Zim – 69/105 € 98/129 € – 1 Suite – ½ P
Rest – *(geschl. Montagmittag)* Karte 23/37 €
In dem komplett sanierten historischen Haus ist dank der Gastgeberin alles tipptopp in Schuss! Hier gibt es schöne behagliche Zimmer mit gutem Platzangebot, einen Saunabereich im DG, wechselnde Kunstaustellungen. Sie möchten essen gehen? Das geradlinig-modern gehaltene Restaurant bietet Internationales.

Post garni

Obermarkt 1 ✉ *82418* – *(08841) 48 78 00* – *www.hotel-post-murnau.de*
– *geschl. Ende November - Ende Dezember*
16 Zim – 59/89 € 108/138 €
Hier können Sie getrost buchen: Das hübsche Haus ist sehr gut geführt, liegt schön zentral in der Fußgängerzone, ist charmant eingerichtet, das Frühstücksbuffet ist frisch, das Personal top freundlich...

Griesbräu Rest,

Obermarkt 37 ✉ *82418* – *(08841) 14 22* – *www.griesbraeu.de*
26 Zim – 50/75 € 85/109 € – ½ P
Rest – *(geschl. Montag, Donnerstag)* Karte 16/31 €
Ein gestandener Brauereigasthof mit langer Tradition. Fragen Sie nach den moderneren und komfortableren Neubauzimmern. Wenn Sie es so richtig typisch bayerisch mögen: Neben dem rustikalen Restaurant hat man noch die Hausbrauerei, die 7 Tage in der Woche geöffnet hat - hier gibt's durchgehend warme Küche.

Klausenhof am Park

Burggraben 10 ✉ *82418* – *(08841) 6 11 60* – *www.klausenhof-murnau.de*
24 Zim – 58/85 € 98/136 € – 1 Suite – ½ P
Rest *Burgklause* – Menü 18/35 € – Karte 22/46 €
Ein gepflegtes und freundlich-familiäres Hotel beim Kurhaus. Im Restaurant Burgklause kommt das Fleisch aus der Region, darunter auch viel Wild aus heimischer Jagd! Der Klassiker: das Pfeffersteak. Je nach Fang (hierfür ist der Enkel des Chefs zuständig) steht auch Zander aus dem Staffelsee auf der Karte.

Reiterzimmer – Hotel Alpenhof Murnau

Ramsachstr. 8 ✉ *82418* – *(08841) 49 10* – *www.alpenhof-murnau.com*
– *geschl. Januar, November und Sonntag - Montag*
Rest – *(nur Abendessen)* (Tischbestellung ratsam) Menü 73/125 €
– Karte 73/103 €
Wer genießt nicht gerne in gediegen-elegantem Ambiente einen traumhaften Bergblick? Und wenn man dann auch noch so ambitioniert und kreativ bekocht wird wie von Thilo Bischoff... In Sachen Wein könnten Sie mit Oberkellner und Chef-Sommelier Guarino Tugnoli nicht besser beraten sein.
→ Thunfisch, Kaiserkalb, Avocado. Geangelter Wolfsbarsch, Artischocke, Aubergine. Mandel, Curry, Banane.

Hofmann's – Hotel Alpenhof Murnau 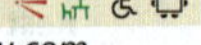

Ramsachstr. 8 ✉ *82418* – *(08841) 49 10* – *www.alpenhof-murnau.com*
Rest – Menü 39 € – Karte 36/59 €
Hier werden für Sie internationale Gerichte wie "Heilbutt mit Kohlgemüse und Zitronengras" oder "Asiatische Bauernente" zubereitet - sicherlich finden Sie auf der Karte aber auch ein klassisches Rinderfilet! Die Aussicht ist von der Terrasse natürlich am schönsten!

MUSKAU, BAD – **Sachsen** – **544** – **3 810 Ew** – **Höhe 110 m** **34** S10
– **Moorbad**
Berlin 161 – Dresden 111 – Cottbus 40 – Görlitz 63

Am Schloßbrunnen

Zim,

Köbelner Str. 68 ✉ 02953 – ✆ (035771) 52 30 – www.schlossbrunnen.de – geschl. 27. - 31. Dezember

13 Zim – †45/59 € ††63/89 € – ½ P

Rest – *(nur Abendessen)* Karte 15/33 €

Freundlich-familiäre Adresse nur 400 m vom Fürst-Pückler-Park (UNESCO Weltkulturerbe) entfernt. Nutzen Sie die nahen Radwanderwege, danach lockt eine Erfrischung auf der Terrasse! Ein Extra: Fahrrad-Service im Haus.

MUTTERSTADT – Rheinland-Pfalz – 543 – 12 720 Ew – Höhe 96 m 47 E16

Berlin 629 – Mainz 77 – Mannheim 14 – Kaiserslautern 58

Ebnet

Zim,

Neustadter Str. 53 ✉ 67112 – ✆ (06234) 9 46 00 – www.hotel-ebnet.de

24 Zim – †59/76 € ††90/96 € – ½ P

Rest – *(geschl. Anfang Januar 1 Woche, Ende Juli - Anfang August 1 Woche und Sonntagabend) (nur Abendessen, sonntags auch Mittagessen)* Menü 16/36 € – Karte 17/41 €

Als 3. Generation in diesem Familienbetrieb legt Jürgen Ebnet viel Wert darauf, sein Haus gut in Schuss zu halten. Die Zimmer sind zeitgemäß (im hinteren Trakt ruhiger), Fußballfans freuen sich über kostenfreies Sky-TV, das Restaurant ist gemütlich (mit Wintergarten und netter Terrasse) und bietet regionale Küche. Jeden 2. Sonntag im Monat Brunch.

NACHRODT-WIBLINGWERDE – Nordrhein-Westfalen – 543 – 6 640 Ew – Höhe 380 m 26 D11

Berlin 505 – Düsseldorf 72 – Dortmund 28 – Hagen 16

Im Ortsteil Veserde Nord-West: 3 km ab Wiblingwerde Richtung Hohenlimburg

Schloss Hotel Holzrichter (mit Gästehaus)

Hohenlimburger Str. 15 ✉ 58769 – ✆ (02334) 92 99 60 – www.hotel-holzrichter.de – geschl. 1. - 10. Januar, Juli

28 Zim – †88/120 € ††145/180 € – ½ P

Rest – *(geschl. Donnerstag)* Menü 30/48 € – Karte 27/44 €

In idyllischer Aussichtslage bietet Familie Holzrichter seit über 100 Jahren einen herzlichen und engagierten Service, den die Gäste ebenso schätzen wie die hochwertige und überaus wohnliche Einrichtung. Am Morgen macht die gute Auswahl am Frühstücksbuffet Appetit. Gemütliche Atmosphäre im holzverkleideten Restaurant.

NAGOLD – Baden-Württemberg – 545 – 22 500 Ew – Höhe 411 m 54 F19

Berlin 675 – Stuttgart 52 – Karlsruhe 81 – Tübingen 34

Bondorf, Domäne Niederreutin, ✆ (07457) 9 44 90

Adler

Zim,

Badgasse 1 ✉ 72202 – ✆ (07452) 86 90 00 – www.hotel-adler-nagold.de

45 Zim – †63/100 € ††96/130 € – ½ P

Rest – *(geschl. Montag)* Menü 28/36 € – Karte 25/44 €

Das denkmalgeschützte Fachwerkhaus von 1675 (seit 1702 als Gasthof genutzt) steht im Zentrum, nicht weit vom Fluss Nagold. Besonders modern sind die Zimmer im Gästehaus. Nett sind die ländlichen Restaurantstuben im alten Gasthof. Man bietet bürgerliche Küche.

Burg

Burgstr. 2 ✉ 72202 – ✆ (07452) 37 35 – www.restaurant-burg.de – geschl. 28. Februar - 7. März, 25. Oktober - 8. November und Montagabend - Dienstag

Rest – Menü 32 € – Karte 18/52 €

In der Stadtmitte liegt das ländlich-rustikale Restaurant der Familie Merkle. Mit mediterran inspirierter Terrasse und gemütlichem Kaminzimmer. Die Küche ist regional.

Ostaria da Gino

Querstr. 3 ✉ 72202 – ✆ (07452) 6 66 10 – www.dagino-nagold.de – geschl. Sonntag

Rest – (Tischbestellung ratsam) Menü 35/65 € (abends) – Karte 34/52 €
Lebendig, ungezwungen und urgemütlich... so wie eine Osteria eben sein soll! Auf die blanken Tische kommt natürlich typisch italienische Küche - auch auf der kleinen Terrasse auf dem Trottoir. Und im Feinkostladen finden Sie bestimmt noch was Leckeres für zuhause!

In Nagold-Pfrondorf Nord: 4,5 km über B 463

Pfrondorfer Mühle

Pfrondorfer Mühle 1 (an der B 463) ✉ 72202 – ✆ (07452) 8 40 00 – www.pfrondorfer-muehle.de

19 Zim – 🕴66/95 € 🕴🕴92/140 € – 2 Suiten – ½ P **Rest** – Karte 15/60 €
Aus einer ehemaligen Mühle ist das gut geführte und wohnlich eingerichtete Hotel an der Nagold entstanden. Wer es komfortabler mag, bucht eines der eleganteren Zimmer (auch Juniorsuiten) im Anbau. Das Angebot im Restaurant ist bürgerlich-regional - und das kommt bei den Gästen gut an!

NAHETAL-WALDAU – Thüringen – 544 – 3 150 Ew – Höhe 410 m – Erholungsort

40 K13

Berlin 344 – Erfurt 72 – Coburg 40 – Suhl 23

Weidmannsruh

Hauptstr. 74, (Waldau) ✉ 98667 – ✆ (036878) 6 03 92 – www.gasthofweidmannsruh.de

8 Zim – 🕴32/35 € 🕴🕴48/50 €
Rest – *(geschl. Montagmittag)* Menü 16/24 € – Karte 13/20 €
In dem hübschen Fachwerkgebäude befindet sich eine kleine Pension, die über solide möblierte, wohnliche Gästezimmer verfügt.

NAKENSTORF – Mecklenburg-Vorpommern – siehe Neukloster

NASTÄTTEN – Rheinland-Pfalz – 543 – 4 210 Ew – Höhe 280 m

47 E14

Berlin 585 – Mainz 46 – Koblenz 35 – Limburg an der Lahn 34

Oranien mit Zim

Oranienstr. 10 ✉ 56355 – ✆ (06772) 10 35 – www.hotel-restaurant-oranien.de – geschl. 27. Juli - 1. August und Sonntagabend - Montag

10 Zim – 🕴40/60 € 🕴🕴70/90 € – ½ P
Rest – *(Dienstag - Samstag nur Abendessen)* Menü 25 € – Karte 20/40 €
Das Restaurant der Familie Debus liegt etwas erhöht am Ortsrand und bietet von den meisten Plätzen eine nette Aussicht. Die Küche ist saisonal und regional, teils auch international. Solide Zimmer zum Übernachten.

NAUEN – Brandenburg – 542 – 16 810 Ew – Höhe 35 m

22 O8

Berlin 50 – Potsdam 45 – Wittstock 70

Börnicke, Am Kallin 1, ✆ (033230) 89 40

In Nauen-Tietzow Nord: 13 km über B 273

Helenenhof

Am Dorfanger 2 ✉ 14641 – ✆ (033230) 87 70 – www.hotel-helenenhof.de – geschl. 20. Dezember - 10. Februar

21 Zim – 🕴67/82 € 🕴🕴98/110 € – ½ P
Rest – *(Montag - Freitag nur Abendessen)* Karte 22/33 €
In dem seit 1883 familiengeführten Gasthof mit den wohnlich gestalteten Zimmern kümmert sich Maria Schuppan engagiert und persönlich um die Gäste. Stilvoll-klassisches Restaurant mit schönen Details wie Stuck und Kronleuchter, Parkett und offenem Kamin.

NAUHEIM, BAD – Hessen – 543 – 31 320 Ew – Höhe 148 m – Heilbad 38 F14

Berlin 507 – Wiesbaden 64 – Frankfurt am Main 38 – Gießen 31

In den Kolonnaden 1, ✉ 61231, ✆ (06032) 92 99 20, www.bad-nauheim.de

Bad Nauheim, Nördlicher Park 21, ✆ (06032) 21 53

Friedberg-Am Löwernhof, Am Golfplatz, ✆ (06031) 1 61 99 80

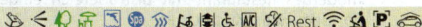

Dolce

Rest,

Elvis-Presley-Platz 1 ✉ 61231 – ✆ (06032) 30 30 – www.DolceBadNauheim.com

149 Zim – 115/219 € 145/259 € – 10 Suiten – ½ P

Rest – Menü 25/62 € – Karte 31/62 €

Das weitläufige Hotel ist ideal für Tagungen und Veranstaltungen. Die Zimmer sind zeitgemäß-gediegen und wohnlich, meist mit Balkon zum Park. Zum Haus gehört ein imposantes Jugendstiltheater. Klassisches Restaurant mit einer von Säulen getragenen Gewölbedecke.

In Bad Nauheim-Steinfurth Nord: 3 km über Frankfurter Straße

Herrenhaus von Löw (mit Gästehaus)

Steinfurther Hauptstr. 36 ✉ 61231 – ✆ (06032) 9 69 50 – www.herrenhaus-von-loew.de – geschl. 1. - 8. Januar

21 Zim – 99/129 € 139/169 €

Rest *Herrenhaus von Löw* – siehe Restaurantauswahl

Das Anwesen a. d. 19. Jh. ist ein wahres Kleinod mit historischem Charme und einer durch und durch wohnlich-geschmackvollen Einrichtung. Individuelle Zimmer mit Marmorbädern.

Herrenhaus von Löw – Hotel Herrenhaus von Löw

Steinfurther Hauptstr. 36 ✉ 61231 – ✆ (06032) 9 69 50 – www.herrenhaus-von-loew.de – geschl. 1. - 8. Januar und Sonntag

Rest – *(nur Abendessen)* Menü 59/79 € – Karte 41/59 €

Eine Treppe führt Sie hinunter in das alte Gewölbe des stilvollen Herrenhauses. Schön eingedeckte Tische, ein offener Kamin und abgestimmtes Mobiliar runden das Bild ab. Uriger Weinkeller für Veranstaltungen!

In Bad Nauheim-Schwalheim Süd-Ost: 3 km

Brunnenwärterhaus

Am Sauerbrunnen ✉ 61231 – ✆ (06032) 70 08 70 – www.brunnenwaerterhaus.de – geschl. Januar 1 Woche, 20. Oktober - 1. November und Montag - Dienstag

Rest – *(nur Abendessen, sonntags auch Mittagessen)* (Tischbestellung ratsam) Karte 31/48 €

In dem reizenden denkmalgeschützten Haus sorgt Familie Zuleger seit über zehn Jahren für Wohlfühlatmosphäre. Das Restaurant besteht aus zwei hübschen kleinen Stuben und einer idyllischen Terrasse unter alten Bäumen. Die schmackhafte Küche aus regionalen Produkten gibt es z. B. als "Lammkarree mit Oliven-Kräuterkruste und Gemüse-Couscous".

NAUMBURG – Sachsen-Anhalt – 542 – 34 060 Ew – Höhe 135 m 41 M12

Berlin 223 – Magdeburg 135 – Leipzig 62 – Weimar 49

Markt 6, ✉ 06618, ✆ (03445) 27 31 25, www.naumburg-tourismus.de

Zur Alten Schmiede

Lindenring 36 ✉ 06618 – ✆ (03445) 2 43 60 – www.hotel-zur-alten-schmiede.de

42 Zim – 65/78 € 90/105 € – ½ P

Rest – *(nur Abendessen)* Karte 22/33 €

Der Name erinnert noch an die einstige Huf- und Wagenschmiede. Heute stehen hier neuzeitlich-wohnliche Gästezimmer bereit. Gemütlich-rustikales Restaurant mit nettem Schmiede-Dekor, dazu die elegante Winzerstube.

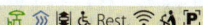

St. Marien garni

Marienstr. 12 ✉ 06618 – ✆ (03445) 2 35 40 – www.naumburg-tourismus.de

15 Zim – 39/54 € 59/72 €

Das kleine Hotel befindet sich in zentraler Lage und wird von Gastgeberin Elke Becker herzlich geführt. Die Gäste wohnen in gepflegten, funktionellen Zimmern.

XX **Bocks**

Steinweg 5 ✉ 06618 – ✆ (03445) 2 61 51 10 – www.bocks-restaurant.de – geschl. Donnerstag, Sonntagabend
Rest – Menü 25 € – Karte 25/34 €
Im ehemaligen Zunfthaus der Ledergerber a. d. 18. Jh. hat man ein freundlich-modernes Restaurant mit Bistrobereich eingerichtet. Terrasse im Innenhof und vor dem Haus. Kochschule.

NAURATH (WALD) – Rheinland-Pfalz – siehe Trittenheim

NECKARBISCHOFSHEIM – Baden-Württemberg – 545 – 3 870 Ew – Höhe 171 m

48 G17

Berlin 614 – Stuttgart 82 – Mannheim 60 – Heilbronn 30

Schloss Neckarbischofsheim

Schlossstr. 1 ✉ 74924 – ✆ (07263) 4 08 00 – www.schlosshotel-neckarbischofsheim.de
30 Zim – †89/109 € ††119/169 € – ½ P
Rest – *(geschl. Montag)* Menü 29/89 € – Karte 43/64 €
Ein toller Rahmen, wie gemacht für Hochzeiten! Die Zimmer sind elegant im Biedermeierstil gehalten - wer es ganz stilgerecht mag, wohnt in einem der Zimmer im Schlossflügel. Neuer Betreiber ist übrigens Jörg Glauben (bekannt aus dem inzwischen geschlossenen Sternerestaurant "Tschifflik" in Zweibrücken). Natürlich steht er in dem klassischen Restaurant (schön der Blick in den Park) auch am Herd!

NECKARGEMÜND – Baden-Württemberg – 545 – 13 840 Ew – Höhe 127 m

47 F17

Berlin 635 – Stuttgart 107 – Mannheim 41 – Heidelberg 10
Neckarstr. 21, ✉ 69151, ✆ (06223) 35 53, www.neckargemuend.de
18 Lobbach-Lobenfeld, Am Biddersbacher Hof, ✆ (06226) 95 21 10
Dilsberg: Burgruine ✳ ★, Nord-Ost: 5 km

In Neckargemünd-Waldhilsbach Süd-West: 5 km über B 45 Richtung Sinsheim

X **Zum Rössl** mit Zim

Heidelberger Str. 15 ✉ 69151 – ✆ (06223) 26 65 – www.roessel-waldhilsbach.de – geschl. Montag - Dienstag
10 Zim – †48/59 € ††70/82 € **Rest** – Menü 31/58 € – Karte 27/52 €
Familie Hauck hat aus der ehemaligen Poststation von 1642 diesen sympathischen Landgasthof gemacht, in dem heute Sohn Jochen Hauck kocht. Zu seinem interessanten Mix an Gerichten gehört "Ragout von Reh und Hirsch mit Spätzle" ebenso wie "Aal in Aspik mit Gänseleber". Und da man hier auch Gästezimmer hat (einfach, aber sehr gepflegt), können Sie am Abend ruhig das ein oder andere Glas Wein mehr trinken!

NECKARSULM – Baden-Württemberg – 545 – 26 600 Ew – Höhe 162 m

55 G17

Berlin 597 – Stuttgart 60 – Karlsruhe 89 – Darmstadt 122

Nestor

Zim,

Sulmstr. 2 ✉ 74172 – ✆ (07132) 38 80 – www.nestor-hotels.de
84 Zim – †105/125 € ††111/131 €, 17 € **Rest** – Karte 23/41 €
Eine ideale Businessadresse am Altstadtrand, nur wenige Gehminuten vom Audi Forum, nebenan das Konferenz- und Kulturzentrum Ballei. Nach umfassenden Renovierungen sind Lobby, Zimmer und der offene Restaurantbereich geradlinig-modern und mit frischen roten Farbakzenten gestaltet.

NECKARWESTHEIM – Baden-Württemberg – 545 – 3 530 Ew – Höhe 266 m

55 G17

Berlin 602 – Stuttgart 38 – Heilbronn 13 – Ludwigsburg 25
27 Neckarwestheim, Schloss Liebenstein, ✆ (07133) 9 87 80

Schloßhotel Liebenstein

Liebenstein 1 (Süd: 2 km) ✉ *74382 – ✆ (07133) 9 89 90 – www.schlosshotel-liebenstein.de – geschl. 1. - 6. Januar, 23. - 31. Dezember*

24 Zim – 93/128 € 125/165 € – ½ P

Rest – *(geschl. Sonntagabend - Montag)* Karte 26/53 €

Hier wohnt man in einem sehr schönen und speziellen Umfeld: Das Hotel ist in die ehrwürdige Schlossanlage integriert, zu der eine Kapelle a. d. 16. Jh. gehört. Internationale Küche mit regionalen Einflüssen sowohl im Restaurant Kurfürst als auch im Lazuli (Hingucker ist hier das bemalte Gewölbe).

Am Markt garni

Marktplatz 2 ✉ *74382 – ✆ (07133) 9 81 00 – www.hotel-am-markt-neckarwestheim.de – geschl. 25. Dezember - 6. Januar*

13 Zim – 62 € 85 € – 2 Suiten

Allein schon wegen der herzlichen Gastgeberin werden Sie das Haus direkt am kleinen Marktplatz in sehr guter Erinnerung behalten! Außerdem ist alles auffallend gepflegt, die Zimmer haben überwiegend neu renovierte Bäder und das Frühstück ist appetitlich und gut.

NECKARZIMMERN – Baden-Württemberg – 545 – 1 530 Ew – Höhe 150 m

48 G17

Berlin 593 – Stuttgart 80 – Mannheim 79 – Heilbronn 25

Burg Hornberg

✉ *74865 – ✆ (06261) 9 24 60 – www.burg-hotel-hornberg.de – geschl. Anfang Januar 2 Wochen*

23 Zim – 78/100 € 110/160 € – 1 Suite – ½ P

Rest – Menü 38/64 € – Karte 33/60 €

Hoch über dem Neckar liegt dieses in die Burganlage Götz von Berlichingens (sie stammt a. d. 12. Jh.) integrierte charmante Hotel. Das ruhig gelegene Haus bietet eine beeindruckende Sicht - fragen Sie nach den Zimmern mit Flussblick! Im Burghof das Restaurant sowie ein Café mit Aussichtsterrasse, außerdem können Sie hier den Wein der eigenen Reben kaufen.

NEHREN – Rheinland-Pfalz – 543 – 100 Ew – Höhe 91 m

46 C15

Berlin 662 – Mainz 120 – Trier 79 – Koblenz 63

Quartier Andre

Moselstr. 3 ✉ *56820 – ✆ (02673) 40 15 – www.andre-nehren.de – geschl. 3. Januar - 15. März, 8. November - 20. Dezember*

15 Zim – 40/60 € 65/85 € – ½ P

Rest – *(geschl. Dienstag) (nur Abendessen)* Menü 18/25 € – Karte 18/36 €

In dem Familienbetrieb mit eigenem Weingut in der Nähe stehen gepflegte, funktionelle Gästezimmer und Appartements mit Kitchenette bereit. Zimmer z. T. mit Balkon nach hinten. Restaurant mit bürgerlicher Küche, kleine Mittagskarte. Donnerstags bietet man Weinproben an.

NENNDORF, BAD – Niedersachsen – 541 – 10 560 Ew – Höhe 82 m – Heilbad

18 H8

Berlin 315 – Hannover 33 – Bielefeld 85 – Osnabrück 115

Hauptstr. 4, ✉ 31542, ✆ (05723) 74 85 60, www.badnenndorf.de

Harms

Gartenstr. 5 ✉ *31542 – ✆ (05723) 95 00 – www.hotel-harms.de*

48 Zim – 58/85 € 115/145 € – ½ P

Rest – *(nur für Hausgäste)* Menü 23 €

Ein freundlicher Familienbetrieb in ruhiger und doch zentraler Lage. Neben gepflegten, unterschiedlich geschnittenen Zimmern bietet man einen ansprechenden Sauna-, Bade- und Beautybereich.

In Bad Nenndorf-Riepen Nord-West: 4,5 km über die B 65

Schmiedegasthaus Gehrke (mit Gästehaus)

Riepener Str. 21 ✉ 31542 – ✆ (05725) 9 44 10 – www.schmiedegasthaus.de
19 Zim – †65/95 € ††95/140 € – ½ P
Rest *August* – siehe Restaurantauswahl
Wirklich nett übernachtet man in dem gepflegten Gasthof mit Familientradition seit fünf Generationen. Im Haupthaus stehen freundliche Zimmer in neuzeitlichem Stil bereit, die im Gästehaus sind etwas größer - alle mit kostenfreiem W-Lan.

August – Hotel Schmiedegasthaus Gehrke

Riepener Str. 21 ✉ 31542 – ✆ (05725) 9 44 10 – www.schmiedegasthaus.de – geschl. Montag
Rest – Menü 28 € – Karte 27/44 €
Auch modernes Ambiente ist in diesem alteingessenen Gasthaus gemütlich! Neben neuzeitlichen Gerichten werden hier auch Klassiker wie Hirschkeulenbraten sowie regionale Tapas und Steaks serviert. Ist Ihnen auch der tolle begehbare Weinschrank aufgefallen?

Die „Hoffnungsträger" sind Restaurants, deren Küche wir für die nächste Ausgabe besonders sorgfältig auf eine höhere Auszeichnung hin testen. Die Namen dieser Häuser sind in Rot gedruckt und zudem auf der Sterne-Liste am Anfang des Buches zu finden.

NETTETAL – Nordrhein-Westfalen – 543 – 41 720 Ew – Höhe 45 m

25 A11

Berlin 591 – Düsseldorf 53 – Krefeld 24 – Mönchengladbach 24
Nettetal-Hinsbeck, An Haus Bey 16, ✆ (02153) 9 19 70

In Nettetal-Hinsbeck – Erholungsort

Sonneck

Schlossstr. 61 ✉ 41334 – ✆ (02153) 41 57 – www.restaurantsonneck.de – geschl. Januar - Februar 2 Wochen, September - Oktober 2 Wochen und Dienstag
Rest – Menü 30/50 € – Karte 30/54 €
Sie mögen bodenständige bürgerliche Küche? Dann werden Ihnen die geschmorten Rinderbäckchen oder die Seezunge Müllerin zusagen, die hier bei Ernst-Willi und Birgit Franken nicht von der Karte wegzudenken sind. Kaninchen, Lamm, Geflügel... die meisten Produkte kommen von regionalen Züchtern, die Kräuter aus dem eigenen Garten hinter dem Haus. Eine leckere Beilagenspezialität sind übrigens verschiedene Bohnensorten!

In Nettetal-Lobberich

Burg Ingenhoven

Burgstr. 10 ✉ 41334 – ✆ (02153) 91 25 25 – www.burg-ingenhoven.de – geschl. 24. Februar - 6. März, 7. - 17. Juli und Montag
Rest – Menü 20/37 € – Karte 25/46 €
Hinter den alten Backsteinmauern des einst ritterlichen Anwesens verbergen sich reichlich dekorierte Räume, in denen man international und regional speist. Ein schöner Rahmen für Hochzeiten.

NETZEN – Brandenburg – siehe Kloster Lehnin

NEU-ANSPACH – Hessen – 543 – 14 660 Ew – Höhe 342 m 37 F14

Berlin 531 – Wiesbaden 61 – Frankfurt am Main 31

Im Hessenpark Süd-Ost: 4 km über Saalburgstraße

Landhotel Zum Hessenpark

Laubweg 1 ✉ 61267 Neu-Anspach – ✆ (06081) 4 46 70 – www.landhotel-hessenpark.de – geschl. 23. Dezember - 3. Januar

34 Zim – †89/104 € ††124/129 € – ½ P

Rest – Menü 28 € – Karte 22/36 €

Das Hotel ist in ein Museumsdorf mit schmucken rekonstruierten Fachwerkhäusern integriert. Schön ist der klassisch-gediegene Stil im ganzen Haus. Das Restaurant mit Galerie und Terrasse zum Marktplatz nennt sich "Alter Markt".

NEUBERG – Hessen – siehe Erlensee

NEUBEUERN – Bayern – 546 – 4 260 Ew – Höhe 478 m – Erholungsort 66 N21

Berlin 660 – München 72 – Bad Reichenhall 71 – Rosenheim 14

Marktplatz 4, ✉ 83115, ✆ (08035) 21 65, www.neubeuern.de

Auers Schlosswirtschaft

Rosenheimer Str. 8 ✉ 83115 – ✆ (08035) 26 69 – www.auers-schlosswirtschaft.de – geschl. 31. August - 16. September und Sonntag - Montag

Rest – *(nur Abendessen)* (Tischbestellung ratsam) Karte 29/50 €

Hier kennt man seine Gäste, schließlich ist man schon seit 1987 im Haus. Da ist die Atmosphäre in den liebenswert eingerichteten Räumen (und auch auf der Terrasse unter Bäumen) angenehm ungezwungen, und dass die saisonal-regionale Küche (z. B. gratinierte Rinderlende) richtig gut schmeckt, hat sich herumgesprochen! Kommen Sie doch auch mal zu einer der kulturellen Veranstaltungen.

NEUBRANDENBURG – Mecklenburg-Vorpommern – 542 – 65 140 Ew – Höhe 20 m 13 P5

Berlin 142 – Schwerin 149 – Rostock 103 – Stralsund 99

ADAC Demminer Str. 10

Stargarder Str. 17, ✉ 17033, ✆ (0395) 1 94 33, www.neubrandenburg-touristinfo.de

Groß Nemerow, Bornmühle 1a, ✆ (03960) 52 73 76

Radisson BLU

Treptower Str. 1 ✉ 17033 – ✆ (0395) 5 58 60 – www.radissonblu.com/hotel-neubrandenburg

190 Zim – †80 € ††98 € – ½ P **Rest** – Menü 21 € – Karte 23/41 €

Die zentrale Lage und funktionelle, zeitgemäße Zimmer machen dieses Stadthotel aus. Die Businesszimmer bieten zusätzliche Annehmlichkeiten wie Kaffeemaschine, Zeitung und Bademantel. Restaurant mit Showküche.

Weinert garni

Ziegelbergstr. 23 ✉ 17033 – ✆ (0395) 58 12 30 – www.hotel-weinert.de

18 Zim – †45/50 € ††62/65 €

Das vom Inhaber gut geführte kleine Hotel befindet sich nahe der Ringstraße und verfügt über solide und praktisch eingerichtete Gästezimmer.

In Burg Stargard Süd: 10 km

Marienhof

Carl-Stolte-Str. 22 ✉ 17094 – ✆ (039603) 25 50 – www.hotel-marienhof.de

24 Zim – †54 € ††74 € – ½ P **Rest** – Karte 17/27 €

In einem relativ ruhigen Wohngebiet etwas oberhalb des Ortes liegt dieses Haus, in dem gepflegte und funktional ausgestattete Zimmer zur Verfügung stehen. Das Restaurant teilt sich in Kornkammer und Bauernstube. Man bietet bürgerliche Küche.

In Groß Nemerow **Süd: 13 km**

Bornmühle

Bornmühle 35 (westlich der B 96) ✉ *17094 –* ✆ *(039605) 6 00 – www.bornmuehle.com*

64 Zim – 79/89 € 120/144 € – 2 Suiten

Rest ***Lisette*** – siehe Restaurantauswahl

Richtig schön zeitgemäß und wohnlich hat man es hier: Der Chef hat einiges investiert, um neben der schönen einsamen Lage am Tollensesee auch mit einer schicken Lobby und frischen modernen Zimmern samt hochwertigem "Schlaf-Gesund-System" überzeugen zu können. Besonderheit: Höhenlufttraining in Juniorsuiten und Fitnessraum.

Lisette – Hotel Bornmühle

Bornmühle 35 (westlich der B 96) ✉ *17094 –* ✆ *(039605) 6 00 – www.bornmuehle.de*

Rest – Menü 40/52 € – Karte 29/49 €

Am schönsten sitzt man im luftig-lichten Wintergarten, während man sich eine frische regionale Küche schmecken lässt, die sehr auf hochwertige heimische Produkte bedacht ist - und die finden sich in Gerichten wie "Müritzlamm mit Ziegenkäseravioli" oder "gebackener Aal mit Kräuterpüree".

NEUBULACH – **Baden-Württemberg** – **545** – **5 470 Ew** – **Höhe 584 m** – **Heilklimatischer Kurort** **54** F19

Berlin 670 – Stuttgart 57 – Karlsruhe 64 – Freudenstadt 41

Marktplatz 3, ✉ 75387, ✆ (07053) 96 95 10, www.teinachtal.de

In Neubulach-Oberhaugstett **Süd-West: 1 km über Julius-Heuss-Straße**

Löwen (mit Gästehäusern) Zim, Zim,

Hauptstr. 21 ✉ *75387 –* ✆ *(07053) 9 69 30 – www.schwarzwald-landgasthof-loewen.de – geschl. Januar - Februar 2 Wochen*

31 Zim – 44/55 € 81/94 € – ½ P

Rest – *(geschl. Dienstagabend)* Menü 15/30 € – Karte 18/44 €

Der Familienbetrieb bietet im Haupthaus teilweise besonders komfortable Zimmer sowie auch einige recht einfache. Appartements mit kleiner Küchenzeile in den beiden Gästehäusern. Ländliche Gaststuben und ein wintergartenähnlicher Raum bilden das Restaurant.

NEUBURG an der DONAU – **Bayern** – **546** – **28 550 Ew** – **Höhe 149 m** **57** L18

Berlin 532 – München 95 – Augsburg 52 – Ingolstadt 22

Ottheinrichplatz A 118, ✉ 86633, ✆ (08431) 5 52 40, www.neuburg-donau.de

Rohrenfeld, ✆ (08431) 90 85 90

In Neuburg-Bergen **Nord-West: 8 km über Ried, im Igstetter Wald links**

Zum Klosterbräu

Kirchplatz 1 ✉ *86633 –* ✆ *(08431) 6 77 50 – www.zum-klosterbraeu.de – geschl. 23. - 29. Dezember*

24 Zim – 93/99 € 108/139 € – ½ P

Rest ***Gaststube*** – siehe Restaurantauswahl

Familientradition seit 1744. Alles hier versprüht Behaglichkeit: schönes hochwertiges Vollholz und kräftige Farben in den Zimmern (im Gästehaus etwas einfacher), das Kreuzgewölbe in der Lobby (wohlig der offene Kamin) und im Frühstücksraum... Ein Traum in Grün ist der 3 ha große Garten mit Pferdekoppel!

Gaststube – Hotel Zum Klosterbräu

Kirchplatz 1 ✉ *86633 –* ✆ *(08431) 6 77 50 – www.zum-klosterbraeu.de – geschl. 23. - 29. Dezember und Montagmittag, außer an Feiertagen*

Rest – Menü 30/65 € – Karte 24/63 €

Die historische Gaststube ist ein Zeitzeuge vieler netter Begegnungen. In rustikalem Ambiente bietet man Ihnen eine interessante Mischung an Speisen, von der Bauernente mit Kraut bis hin zum Rehrücken!

NEUBURG an der KAMMEL – Bayern – 546 – 3 110 Ew – Höhe 506 m 56 J20

Berlin 637 – München 125 – Augsburg 48 – Tübingen 146

Landhaus Jekle (N) mit Zim

Zim,

Marktplatz 4 ✉ *86476 –* ✆ *(08283) 17 07 – www.landhaus-jekle.de – geschl. Dienstag*

8 Zim – 🛉41/45 € 🛉🛉70/78 €, ☐ 4 €

Rest – *(Montag - Samstag nur Abendessen)* Menü 33/65 € – Karte 28/73 €

Küchenchef Günther Jekle jun. hat so manch gute Adresse hinter sich, seine Erfahrungen bringt er nun in 4. Generation in diesen Familienbetrieb (samt Metzgerei) ein - und zwar in Form von zeitgemäß-regionalen Gerichten, darunter auch Tatar als Spezialität. Oder macht Ihnen die Steakkarte Appetit? Und nehmen Sie unbedingt ein Dessert! Lecker z. B. das "Waldbeermousse mit Grieß, Himbeersorbet und Szechuan-Pfeffer".

NEUDROSSENFELD – Bayern – 546 – 3 920 Ew – Höhe 334 m 51 L15

Berlin 359 – München 241 – Bayreuth 12 – Regensburg 166

Schloss Neudrossenfeld

Schlossplatz 2 ✉ *95512 –* ✆ *(09203) 6 83 68 – www.schloss-neudrossenfeld.de – geschl. Montag - Dienstag*

Rest – *(Mittwoch - Freitag nur Abendessen)* Menü 42/58 € (abends) – Karte 35/48 €

Der rechte Schlossflügel hat so einiges zu bieten: ein schönes Restaurant (mal gemütlich-rustikal, mal modern), eine Vinothek und im OG ein Saal. Draußen kommt noch die tolle Terrasse dazu! Die Landküche von Heinrich Schöpf ist schmackhaft, saisonal und kommt gut an. Probieren Sie Kartoffellasagne mit Lachs!

NEUENAHR-AHRWEILER, BAD – Rheinland-Pfalz – 543 – 27 460 Ew – Höhe 104 m – Heilbad 36 C13

Berlin 624 – Mainz 147 – Bonn 31 – Koblenz 56

Hauptstr. 80, ✉ 53474, ✆ (02641) 9 17 10, www.ahrtal.de

Blankartshof 1, ✉ 53474, ✆ (02641) 9 17 10, www.ahrtal.de

Ahrweiler: Altstadt★

Stadtpläne siehe Seiten 855, 857

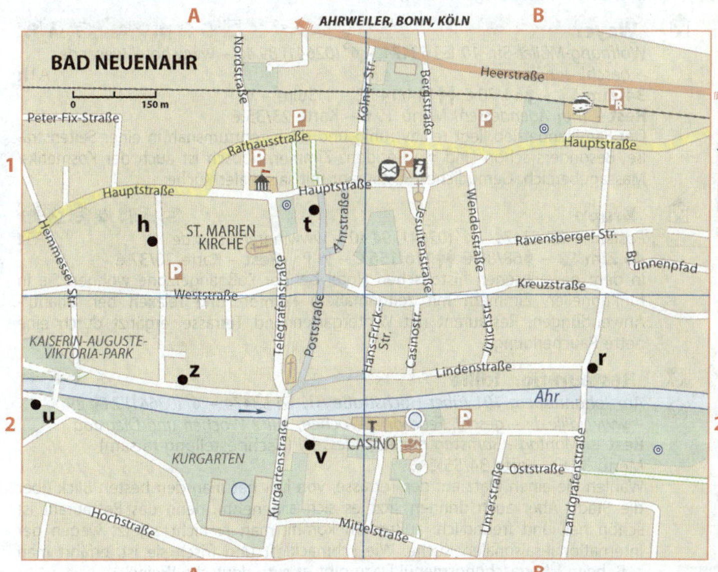

Im Stadtteil Bad Neuenahr

Dorint Parkhotel
Rest, Rest,

Am Dahliengarten 1 (über Hochstraße A2) ✉ *53474 – ✆ (02641) 89 50 – www.dorint.com/bad-neuenahr*

235 Zim – 70/180 € 100/210 € – 3 Suiten – ½ P

Rest – Menü 33/65 € – Karte 30/56 €

Ein Tagungs- und Businesshotel an der Ahr mit neuzeitlich-funktioneller Ausstattung und Zugang zum Kongresszentrum. Auch Allergikerzimmer sind vorhanden. Zum hellen Restaurant gehört eine Terrasse mit schöner Aussicht.

Seta Hotel
Zim, Rest,

Landgrafenstr. 41 ✉ *53474 – ✆ (02641) 80 30 – www.setahotel.de* B2**r**

103 Zim – 82/125 € 125/245 € – ½ P **Rest** – Karte 20/28 €

Das mit zeitgemäß-wohnlichen Zimmern ausgestattete Hotel unter freundlicher privater Führung ist vor allem auf Tagungen zugeschnitten. Man bietet auch Leihfahrräder an. Restaurant Landgraf mit internationalem Angebot. Bar im Pubstil.

Steigenberger
Rest, Zim, Rest,

Kurgartenstr. 1 ✉ *53474 – ✆ (02641) 94 10 – www.bad-neuenahr.steigenberger.de* A2**v**

145 Zim – 99/154 € 148/288 € – 5 Suiten – ½ P

Rest – Menü 32/46 € – Karte 35/58 €

Der große klassische Bau befindet sich im Herzen der Stadt. Nicht nur die komfortablen Zimmer in Haupthaus, Mittelbau und Westflügel versprechen Erholung, auch die beeindruckende Bäderabteilung im Haus sowie die Therme "Ahr-Resort", die Sie bequem mit dem Bademantel erreichen!

Villa Aurora
Rest,

Georg-Kreuzberg-Str. 8 ✉ *53474 – ✆ (02641) 94 30 – www.aurora.de – geschl. 11. November - 7. Dezember* A2**z**

52 Zim – 80/99 € 136/192 € – 1 Suite – ½ P

Rest – Menü 36 € (abends) – Karte 30/40 €

Drei um die Jahrhundertwende erbaute Villen in einer Häuserreihe geben dem traditionsreichen Familienbetrieb seinen klassischen Rahmen. Individuelle Zimmer und eine modern-elegante Suite.

Weyer
Rest,

Wolfgang-Müller-Str. 10 ✉ *53474 – ✆ (02641) 89 40 – www.hotel-weyer.de – geschl. Januar* A1**h**

34 Zim – 64/90 € 114/148 € – 1 Suite – ½ P

Rest – *(nur Abendessen)* Menü 19 € – Karte 23/35 €

Der Familienbetrieb liegt relativ ruhig und doch zentrumsnah in einer Seitenstraße. Besonders schön sind die Residenz-Zimmer, hübsch ist auch der Kosmetik-/Massagebereich. Gemütliches Restaurant mit saisonaler Küche.

Krupp

Poststr. 4 ✉ *53474 – ✆ (02641) 94 40 – www.hotel-krupp.de* A1**t**

46 Zim – 68/88 € 116/156 € – ½ P **Rest** – Karte 20/37 €

In dem gewachsenen historischen Hotel bei der Fußgängerzone wohnen Sie in funktionellen Zimmern mit zeitgemäßem Komfort und relaxen bei "Shanti"-Anwendungen. Restaurant mit Wintergarten und Terrasse, ergänzt durch eine nette Raucherlounge.

Restauration Idille

Am Johannisberg 101 (über Hochstraße A1) ✉ *53474 – ✆ (02641) 2 84 29 – www.idille.de – geschl. Februar 3 Wochen, Juli 2 Wochen und Dienstag*

Rest – *(Montag - Samstag nur Abendessen)* (Tischbestellung ratsam) Menü 34 € – Karte 34/55 €

Wählen Sie einen Platz auf der Terrasse, von hier hat man den besten Blick über die Stadt! Aber auch drinnen sitzt es sich angenehm, denn das Restaurant ist schön hell und freundlich, außerdem kommt man ja nicht zuletzt wegen der international-saisonalen Küche. Wie schmackhaft und frisch sie ist, erfährt man z. B. beim Überraschungsmenü! Dazu gibt es gute deutsche Weine.

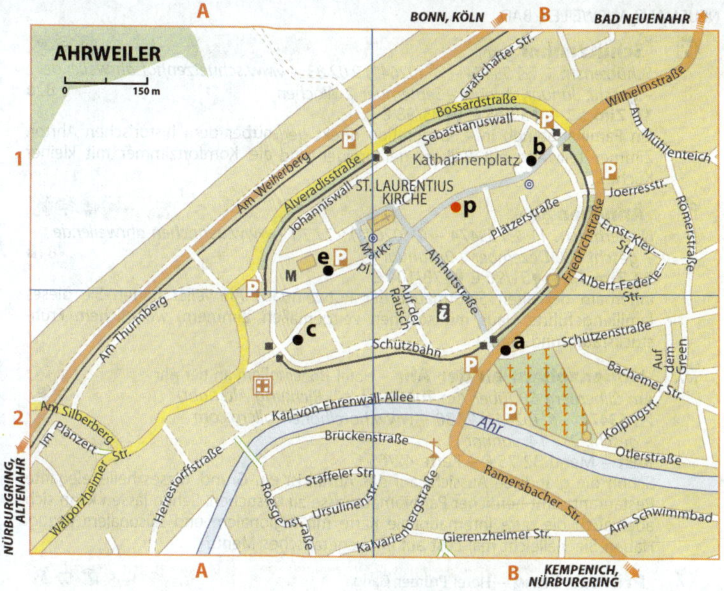

Im Stadtteil Ahrweiler

Hohenzollern an der Ahr

Am Silberberg 50 (über Am Turmberg A2, Richtung Altenahr) ✉ 53474 – ✆ (02641) 97 30 – www.hotelhohenzollern.com – geschl. 2. - 14. Januar

27 Zim – 🕴75/88 € 🕴🕴122/155 € – ½ P

Rest *Hohenzollern an der Ahr* – siehe Restaurantauswahl

Das familiengeführte Hotel bietet dank seiner erhöhten Lage in den Weinbergen einen fantastischen Blick aufs Ahrtal. Schön für Aktive: Direkt am Haus verläuft der Rotweinwanderweg. Die Zimmer sind wohnlich, einige besonders modern.

Prümer Gang

Niederhutstr. 58 (Zufahrt über Plätzerstraße) ✉ 53474 – ✆ (02641) 47 57 – www.pruemergang.de – geschl. Juli - August 2 Wochen B1**p**

12 Zim – 🕴74/80 € 🕴🕴122/131 €

Rest *Prümer Gang* – siehe Restaurantauswahl

Das von Bruder und Schwester freundlich geleitete Hotel liegt ruhig in der Fußgängerzone und gefällt mit modern-puristischem Design. Ansprechend ist auch der Saunabereich.

Rodderhof

Oberhutstr. 48 ✉ 53474 – ✆ (02641) 39 90 – www.rodderhof.de A2**c**

49 Zim – 🕴71/86 € 🕴🕴96/123 € – ½ P

Rest – *(geschl. Sonntag) (nur Abendessen)* Menü 26/46 € – Karte 22/40 €

Das Hotel befindet sich in einem einstigen Klostergut von 1248, sehr schön ist der Innenhof. Die Zimmer sind freundlich und wohnlich gestaltet, einige mit freiliegendem Gebälk.

Am weißen Turm garni

Altenbaustr. 3 ✉ 53474 – ✆ (02641) 9 08 00 – www.hotelamweissenturm.de – geschl. 20. Dezember - 2. Januar A1**e**

27 Zim – 🕴59/75 € 🕴🕴85/118 €

Das in einen neuzeitlichen Gebäudekomplex beim Marktplatz integrierte Hotel bietet funktionale Zimmer und zwei Sonnen-Dachterrassen. Parken können Sie in der öffentlichen Tiefgarage unter dem Haus.

Schützenhof garni
Schützenstr. 1 ✉ 53474 – ✆ (02641) 9 02 83 – www.schuetzenhof-ahrweiler.de – geschl. Januar, August - September 2 Wochen B2**a**
14 Zim – 55/65 € 85/98 €
Ein Familienbetrieb in 4. Generation direkt gegenüber dem historischen Ahrtor. Zimmer teilweise mit Balkon, geräumiger sind die Komfortzimmer mit kleiner Küche.

Ännchen garni
Niederhutstr. 11 ✉ 53474 – ✆ (02641) 9 77 70 – www.aennchen-ahrweiler.de – geschl. 22. Dezember - 9. Januar B1**b**
24 Zim – 51/96 € 78/104 €
Innerhalb der alten Stadtmauer der Rotweinstadt Ahrweiler finden Sie dieses familiengeführte Haus mit schönen zeitgemäßen Zimmern, wohnlichem Frühstücksraum und Café.

Hohenzollern an der Ahr – Hotel Hohenzollern an der Ahr
Am Silberberg 50 (über Am Turmberg A2, Richtung Altenahr) ✉ 53474 – ✆ (02641) 97 30 – www.hotelhohenzollern.com – geschl. 2. - 14. Januar
Rest – Menü 32/75 € – Karte 42/65 €
Schon die grandiose Aussicht auf das Ahrtal ist ein Grund, dieses helle, elegante Restaurant samt herrlicher Panoramaterrasse zu besuchen. Sehen lassen kann sich aber auch die gute internationale Karte mit regionalem und saisonalem Bezug. Haben Sie vielleicht mal Lust auf ein vegetarisches Menü?

Prümer Gang – Hotel Prümer Gang
Niederhutstr. 58 (Zufahrt über Plätzerstraße **CY**) ✉ *53474 – ✆ (02641) 47 57 – www.pruemergang.de – geschl. Juli - August 2 Wochen und Montag - Dienstagmittag* B1**p**
Rest – Menü 37/58 € – Karte 36/52 €
Stilvoll und modern ist das Ambiente in dem hübschen historischen Haus mitten in der Stadt, und gut essen kann man hier auch. Ein schönes Beispiel für die zeitgemäß-saisonale Küche ist "Steinbeißerfilet auf grünem und weißem Spargel mit Senfschaum und Kartoffelstampf"! Dazu regionale Weine.

Sie möchten spontan verreisen? Besuchen Sie die Internetseiten der Hotels, um von deren Sonderkonditionen zu profitieren.

Im Stadtteil Heimersheim über Heerstraße A1, Richtung Ahrweiler

Freudenreich mit Zim
Göppinger Str. 13 ✉ 53474 – ✆ (02641) 68 68 – www.restaurant-freudenreich.de – geschl. Juni 2 Wochen und Montag - Dienstag
5 Zim – 55/65 € 80/90 €
Rest – *(Mittwoch - Freitag nur Abendessen)* (Tischbestellung ratsam)
Menü 39/50 € – Karte 41/52 €
Saisonal geprägte internationale Küche bietet man in dem behaglichen Restaurant. Im Sommer schaut man von der Terrasse auf die Weinberge.

Im Stadtteil Heppingen über Heerstraße B1, Richtung Sinzig

Weinquartier Burggarten garni
Landskroner Str. 61 ✉ 53474 – ✆ (02641) 2 12 80 – www.weingut-burggarten.de – geschl. Januar
19 Zim – 68 € 110 €
"BurgunderDomizil", "DornfelderKlause" "PortugieserStube"... Das Hotel der Winzerfamilie liegt neben dem eigenen Weingut und so sind die schönen, geräumigen und individuellen Zimmer je einer Rebsorte gewidmet, und jedes hat seine eigene "Weinschatzkammer". Einen hübschen Garten gibt es hier übrigens auch.

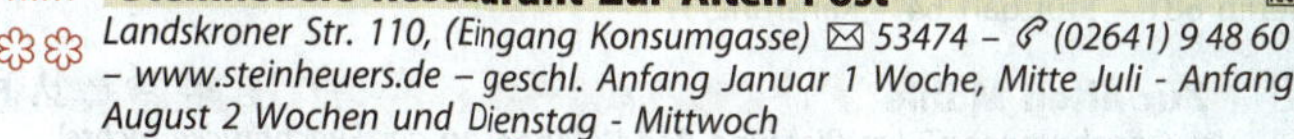

Steinheuers Restaurant Zur Alten Post

Landskroner Str. 110, (Eingang Konsumgasse) ✉ 53474 – ✆ (02641) 9 48 60 – www.steinheuers.de – geschl. Anfang Januar 1 Woche, Mitte Juli - Anfang August 2 Wochen und Dienstag - Mittwoch

Rest – Menü 125/169 €

Seit 1985 steht Hans Stefan Steinheuer für eine alles andere als langweilige Grande Cuisine und ruht sich trotz allem Erfolg keineswegs auf seinen Lorbeeren aus. Seit Jahren gelingt es ihm immer, am Puls der Zeit zu kochen: Da werden veschiedene Texturen kombiniert, Aromen gekonnt betont... ohne die klassische Linie zu verlassen! Chefin Gabriele Steinheuer steht ihrem Mann in Sachen Engagement in keiner Weise nach, denn das Restaurant lebt auch von ihrem Charme! Moderne Lounge.

➜ Gänseleber mit Sherry geliert, Täubchen und Powerade. Jakobsmuscheln mit Blumenkohl und Maciscreme. Eifler Reh mit Lorbeerjus und jungen Kohlgemüsen.

Steinheuers Landgasthof Poststuben mit Zim

Rest, Zim,

Landskroner Str. 110 ✉ 53474 – ✆ (02641) 9 48 60 – www.steinheuers.de – geschl. Juli - August 2 Wochen und Dienstag - Mittwoch

11 Zim – 89/98 € 125/230 € – 1 Suite

Rest – Menü 42/59 € – Karte 34/49 €

Das gemütliche ländlich-gediegene Restaurant mit schöner Gartenterrasse ist mit seinem klassisch-regionalen Angebot eine etwas bodenständigere Alternative zum Gourmetrestaurant. Im Gästehaus gegenüber stehen drei komfortable Juniorsuiten und eine Suite bereit.

Im Stadtteil Walporzheim über Am Turmberg A1, Richtung Altenahr

Sanct Peter garni

Walporzheimer Str. 118 ✉ 53474 – ✆ (02641) 90 50 30 – www.hotel-sanctpeter.de

17 Zim – 118/138 € 158/188 €

Die Herzlichkeit von Gastgeberin Dagmar Lorenz trägt maßgeblich zur angenehmen Atmosphäre in der schmucken Villa bei. Die schönen Zimmer verbinden Klassisches mit Modernem. Am Morgen überzeugt ein ausgezeichnetes Frühstück, dazu der Blick in den Garten.

Historisches Gasthaus Sanct Peter Restaurant Brogsitter

Walporzheimer Str. 134 ✉ 53474 – ✆ (02641) 9 77 50 – www.sanct-peter.de – geschl. Januar 2 Wochen, Juli - August 2 Wochen und Donnerstag sowie an und vor Feiertagen

Rest – *(nur Abendessen, samstags auch Mittagessen)* Menü 82/126 € – Karte 80/95 €

Rest *Historisches Gasthaus Sanct Peter Restaurant Weinkirche* – siehe Restaurantauswahl

Hans-Joachim Brogsitter ist nicht nur Garant für erstklassige Ahr-Weine, sondern zudem passionierter Gastronom, und das merkt man seinem Haus an! Sein Team um Maître Klaus Jungmann und die beiden Küchenchefs Christian Schmidt und Stefan Krupp verwöhnen die Gäste zum einen mit kompetenter Weinberatung, zum anderen mit geschmackvollen und finessenreichen Gerichten, die auf erstklassigen Produkten basieren. Sie werden sich im rustikal-eleganten, ganz mit Holz vertäfelten Restaurant sicher wohlfühlen.

➜ Feines von der Gänseleber mit Abinao, Charentais Melone und Kubebenpfeffer. Filet von der Goldforelle, junger Lauch, Risotto und Schnittlauchveloutė. Das Beste vom Eifeler Reh, junger Wirsing, Pfifferlinge mit Feigen-Kaffeejus.

Historisches Gasthaus Sanct Peter Restaurant Weinkirche

Historisches Gasthaus Sanct Peter Restaurant Brogsitter –
Walporzheimer Str. 134 ✉ 53474 – ✆ (02641) 9 77 50 – www.sanct-peter.de – geschl. Januar - November: Donnerstag, außer an Feiertagen

Rest – Menü 35/60 € – Karte 53/69 €

Über zwei Ebenen (mit Galerie) erstreckt sich das stilvolle Restaurant, dessen Historie bis ins 13. Jh. zurückgeht. Besonders schön zum Speisen ist auch der schmucke Innenhof oder die leger-moderne Raucherlounge mit Bar.

NEUENBÜRG – Baden-Württemberg – 545 – 7 490 Ew – Höhe 323 m 54 F18

Berlin 681 – Stuttgart 64 – Karlsruhe 37

Zur alten Mühle

Im Gänzbrunnen (5 km Richtung Bad Wildbad, an der Eyachbrücke rechts)
✉ 75305 – ✆ (07082) 9 24 00 – www.zordel.de
26 Zim – †72 € ††117 € – ½ P
Rest – *(geschl. Montag)* Menü 24/36 € – Karte 25/46 €
Familie Zordel betreibt hier in netter ruhiger Lage etwas außerhalb das aus einer Mühle entstandene Gasthaus mit wohnlichen Zimmern. Auch Anfahrt mit S6 möglich. Das sehr gemütliche Restaurant bietet viele Fischgerichte. Mühlbachkeller für Tagungen.

NEUENBURG – Baden-Württemberg – 545 – 12 180 Ew – Höhe 230 m 61 D21

Berlin 831 – Stuttgart 232 – Freiburg im Breisgau 39 – Basel 35
Rathausplatz 5, ✉ 79395, ✆ (07631) 79 10, www.neuenburg.de

Krone

Breisacher Str. 1 ✉ 79395 – ✆ (07631) 7 03 90 – www.krone-neuenburg.de
37 Zim – †62/72 € ††88/108 € – ½ P
Rest – Karte 19/52 €
Auf herzliche badische Art betreibt die Familie dieses Haus. Die Zimmer, verteilt auf Haupthaus und Anbau Anna, unterscheiden sich etwas in Komfort und Einrichtung. In den gediegen-ländlichen Gaststuben kommen auch Produkte aus der eigenen Metzgerei auf den Tisch.

Anika

Rest,

Freiburger Str. 2a ✉ 79395 – ✆ (07631) 7 90 90 – www.hotel-anika.de – geschl. 27. Dezember - 7. Januar
34 Zim – †65/75 € ††95/105 € – ½ P
Rest – *(Montag - Samstag nur Abendessen)* Menü 16/42 € – Karte 20/46 €
Ein sehr gepflegter Familienbetrieb in einem Wohngebiet am Ortsrand - ganz in der Nähe verläuft der Rheintal-Radweg. Die Gästezimmer sind zum Teil auch für Allergiker geeignet. Zum Restaurant - hier bürgerliches Angebot - gehört eine hübsch angelegte Gartenterrasse.

Gasthof Adler

Zim,

Breisacher Str. 20 ✉ 79395 – ✆ (07631) 7 21 20 – www.adler-neuenburg.de
13 Zim – †52/70 € ††88/95 € – ½ P
Rest – *(geschl. Januar 2 Wochen, November 2 Wochen und Montag)* Menü 15 € (mittags unter der Woche)/45 € – Karte 21/44 €
Schon seit mehreren Generationen ist diese Haus im Besitz der Familie Saurer. Die Zimmer sind auffallend gepflegt, einige besonders freundlich gestaltet und mit Parkett ausgestattet. Das Restaurant mit schöner Terrasse bietet bürgerliche Küche.

NEUENDETTELSAU – Bayern – 546 – 7 800 Ew – Höhe 438 m 50 K17

Berlin 467 – München 187 – Nürnberg 44 – Ansbach 19

Sonne (mit Gästehaus)

Hauptstr. 43 ✉ 91564 – ✆ (09874) 50 80 – www.landhotel-sonne.com – geschl. August 3 Wochen
70 Zim – †62/80 € ††89/108 €
Rest – Karte 18/43 €
Seit die Familie das Traditionshaus 1881 übernahm, hat sich einiges getan: Dank Gästehaus und Anbau hat man ein wertig ausgestattetes Hotel, auch für Tagungen. Übrigens haben Sie freie Kopfkissen-Wahl und profitieren vom Granderwasser im Haus! Wer zum Essen kommt, wird bürgerlich-regional bewirtet.

In Petersaurach-Gleizendorf Nord-West: 7 km über Altendettelsau, in Petersaurach links

Scherzer

Am Anger 2 ✉ 91580 – ✆ (09872) 9 71 30 – www.landhotel-scherzer.de – geschl. 20. Dezember - 26. Januar
19 Zim – 65/85 € 90/110 € – 1 Suite
Rest – *(geschl. Freitag - Sonntag)* Karte 16/32 €
Seit 1905 in Familienbesitz, wurde das ländlich gelegene Haus fortlaufend modernisiert. Man bietet dem Gast funktionell ausgestattete Zimmer, teilweise mit Balkon. Restaurant mit bürgerlicher Küche.

NEUENDORF bei WILSTER Schleswig-Holstein – 541 – 470 Ew 9 H4

Berlin 364 – Kiel 84 – Itzehoe 18 – Hamburg 75

In Neuendorf-Sachsenbande Süd-Ost: 2 km

Zum Dückerstieg (mit Gästehaus)

Dückerstieg 7 ✉ 25554 – ✆ (04823) 9 29 29 – www.dueckerstieg.de
11 Zim – 69/99 € 89/110 €
Rest *Zum Dückerstieg* – siehe Restaurantauswahl
Etwas unterhalb des Meeresspiegels liegt das in 4. Generation familiär geführte Gasthaus von 1910. Im Gästehaus gegenüber übernachtet man in schönen, zeitgemäß-wohnlichen Zimmern.

Zum Dückerstieg – Hotel Zum Dückerstieg

Dückerstieg 7 ✉ 25554 – ✆ (04823) 9 29 29 – www.dueckerstieg.de – geschl. Anfang Januar 1 Woche und Montag
Rest – (Tischbestellung ratsam) Menü 29/42 € – Karte 17/38 €
Netter Landhausstil mit gelb-weiß karierten Vorhängen - so präsentiert sich das alteingesessene Lokal. Viele Gäste schätzen die gute regionale Küche von Frank Prüß und kehren deshalb immer wieder ein.

NEUENKIRCHEN – Mecklenburg-Vorpommern – siehe Greifswald oder Rügen

NEUENKIRCHEN (KREIS STEINFURT) – Nordrhein-Westfalen 16 D9
– 543 – 13 710 Ew – Höhe 60 m

Berlin 482 – Düsseldorf 180 – Nordhorn 45 – Enschede 37

Wilminks Parkhotel

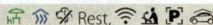

Rest,

Wettringer Str. 46 ✉ 48485 – ✆ (05973) 9 49 60 – www.wilminks-parkhotel.de
30 Zim – 55/85 € 90/130 € – ½ P
Rest *Eichenblatt* – *(geschl. Sonntagabend - Montagmittag)* Menü 31/40 € – Karte 29/56 €
Rest *Bistro Regioner* – *(geschl. Sonntagabend - Montagmittag)* Karte 15/29 €
Es ist schon ein sehr gepflegtes Haus, das Theo und Maria Wilmink hier betreiben, und sie investieren auch immer wieder, damit Sie zeitgemäß übernachten, erfolgreich tagen und schön speisen können. Für Letzteres hat man das gemütlich-rustikale "Eichenblatt" mit saisonaler Regionalküche sowie das legere "Bistro Regioner" mit bürgerlich-internationalem Angebot.

NEUE TIEFE – Schleswig-Holstein – siehe Fehmarn (Insel)

NEUFAHRN bei FREISING – Bayern – 546 – 19 610 Ew 58 M20
– Höhe 464 m

Berlin 569 – München 23 – Regensburg 106 – Landshut 55

In Neufahrn-Hetzenhausen Nord-West: 6 km über Massenhausen, jenseits der A 92

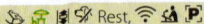

Landgasthof Hofmeier
Rest,

Hauptstr. 6a ✉ 85376 – ✆ (08165) 80 06 90 – www.hotel-hofmeier.de
58 Zim – 59/125 € 89/150 € – ½ P
Rest – *(geschl. Donnerstagmittag)* Karte 16/36 €
Der langjährige Familienbetrieb liegt in der Ortsmitte und dennoch recht ruhig. Man bietet freundliche Zimmer und schöne geräumige Appartements. Bürgerlich-regional speist man im ländlichen Restaurant. Für Veranstaltungen: hübsches Salettl im viktorianischen Stil.

NEUFAHRN in NIEDERBAYERN – Bayern – 546 – 3 790 Ew – Höhe 404 m
58 N18

Berlin 526 – München 94 – Regensburg 38 – Ingolstadt 74

Schlosshotel Neufahrn (mit Gästehaus)

Schloßweg 2 ✉ 84088 – ✆ (08773) 70 90 – www.schlosshotel-neufahrn.de – geschl. Anfang Januar 1 Woche
56 Zim – 65/98 € 84/130 € – 1 Suite
Rest – *(geschl. Sonntagabend)* Menü 25/79 € – Karte 23/45 €
In dem historischen Herrenhaus wohnt man in Zimmern mit schöner Schloss-Atmosphäre, im Gästehaus sind die Zimmer neuzeitlich-funktionell. Ideal für Hochzeiten und Tagungen. Elegant-rustikales Restaurant mit Innenhofterrasse. Eigener Ritterkeller.

NEUFFEN – Baden-Württemberg – 545 – 6 120 Ew – Höhe 408 m
55 H19

Berlin 636 – Stuttgart 42 – Reutlingen 17 – Ulm (Donau) 70

Traube mit Zim

Hauptstr. 24 ✉ 72639 – ✆ (07025) 9 20 90 – www.traube-neuffen.de – geschl. 23. Dezember - 5. Januar und Freitag - Samstag, Sonntagabend
15 Zim – 85/95 € 95/110 € – 1 Suite
Rest – Menü 29 € – Karte 19/47 €
Hinter der Fachwerkfassade ist Familie Spring schon rund 40 Jahre im Einsatz. Auch der Junior Alexander ist mit im Haus, zusammen mit Vater Karlheinz kocht er frisch und mit regionalen Produkten (Felchen aus dem Bodensee, Gemüse von der Insel Reichenau...). Tipp: die geschmälzten Maultaschen des Seniors!

NEUHARDENBERG – Brandenburg – 542 – 2 630 Ew – Höhe 12 m
23 R8

Berlin 71 – Potsdam 114 – Frankfurt (Oder) 43 – Eberswalde 45

Schloss Neuhardenberg

Schinkelplatz ✉ 15320 – ✆ (033476) 60 00 – www.schlossneuhardenberg.de
54 Zim – 154/164 € 189/199 € – 2 Suiten – ½ P
Rest *Kleine Orangerie* – *(geschl. Oktober - April und Sonntag - Dienstag) (nur Abendessen)* (Tischbestellung erforderlich) Menü 28/65 €
Rest *Brennerei* – Menü 25 € – Karte 18/34 €
Inmitten eines wunderbaren Parks liegt dieses Schloss a. d. 18. Jh. Modern-elegante Zimmer, darunter Galerie-Zimmer auf zwei Ebenen (z. T. als Sternenzimmer mit Glasdach). Sympathisch-rustikal ist die Brennerei, stilvoll die Kleine Orangerie, in der früher Zitrusbäume überwinterten.

In Neuhardenberg-Wulkow Süd: 3 km

Parkhotel Schloss Wulkow (mit Remise)

Hauptstr. 24 ✉ 15320 – ✆ (033476) 5 80 – www.schloss-wulkow.de
47 Zim – 75 € 105/125 € – ½ P
Rest – Menü 20 € (mittags)/40 € – Karte 28/40 €
Einst Gut und Herrensitz, ist das hübsche Anwesen heute ein stilvolles, neuzeitlich-komfortables Hotel. Schlichter sind die Zimmer im Gästehaus. Elegantes Restaurant mit Wintergarten.

NEUHARLINGERSIEL – Niedersachsen – 541 – 1 110 Ew – Höhe 3 m 8 E5 – Nordseeheilbad

Berlin 517 – Hannover 257 – Emden 58 – Oldenburg 87

Edo-Edzards-Str. 1, ✉ 26427, ✆ (04974) 18 80, www.neuharlingersiel.de

Janssen (mit Gästehaus)

Am Hafen - West 7 ✉ 26427 – ✆ (04974) 9 19 50 – www.hotel-janssen.de – geschl. 20. November - 25. Dezember

33 Zim – 69/79 € 100/130 € – ½ P

Rest – *(geschl. Donnerstag)* Menü 22/63 € – Karte 27/57 €

In der 4. Generation wird das 1929 gebaute Haus mit den zeitgemäß eingerichteten Zimmern bereits von der Familie geleitet. Der kleine Fischereihafen liegt gleich vor der Tür. Das Restaurant ist im friesischen Stil gestaltet.

Poggenstool mit Zim — Zim,

Addenhausen 1 ✉ 26427 – ✆ (04974) 9 19 10 – www.poggenstool.com – geschl. 7. Januar - 20. Februar, 24. November - 11. Dezember

7 Zim – 58/65 € 85/115 € – ½ P

Rest – *(geschl. Montag - Dienstag)* Menü 39/55 € – Karte 15/63 €

Sehr freundlich wird das gemütlich gestaltete Restaurant in Deichnähe von der Inhaberfamilie geleitet, serviert wird überwiegend regionale Küche. Gepflegte wohnliche Gästezimmer.

NEUHAUS am RENNWEG – Thüringen – 544 – 7 280 Ew 40 K13 – Höhe 800 m – Wintersport: 2 – Erholungsort

Berlin 321 – Erfurt 109 – Coburg 44 – Fulda 168

Marktstr. 3, ✉ 98724, ✆ (03679) 72 20 61, www.neuhaus-am-rennweg.de

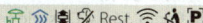

Schieferhof — Rest,

Eisfelder Str. 26 (B 281) ✉ 98724 – ✆ (03679) 77 40 – www.schieferhof.de

38 Zim – 68/110 € 78/130 €, 16 € – ½ P

Rest – *(nur Abendessen)* Menü 30/99 € – Karte 33/58 €

In dem persönlich geführten Haus von 1908 sorgen schöne freundliche Farben, Streifentapeten und Karomuster sowie hübsche Möbel für Wohnlichkeit und Landhausflair. Fragen Sie nach den Zimmern mit besonderen Details wie Büchern oder Badewanne im Raum! Im Restaurant setzt man auf regionale Produkte und Slow Food.

Rennsteighotel Herrnberger Hof

Eisfelder Str. 44 (B 281) ✉ 98724 – ✆ (03679) 7 92 00 – www.rennsteighotel.de

20 Zim – 56/65 € 88/110 € – ½ P

Rest – *(geschl. Mittwoch - Donnerstag)* Menü 20 € – Karte 15/52 €

Eine familiäre Adresse in waldnaher Lage am beliebten Rennsteig-Wanderweg! Zimmer in behaglichen warmen Tönen, eine kleine Bibliothek zum Schmökern und bürgerliche Kost im netten Restaurant Pfeffermühle.

NEUHOF – Hessen – 543 – 10 790 Ew – Höhe 278 m 39 H14

Berlin 464 – Wiesbaden 133 – Fulda 14 – Frankfurt am Main 89

Schmitt

Michaelstr. 2 ✉ 36119 – ✆ (06655) 9 69 70 – www.gasthof-schmitt.de

26 Zim – 32/40 € 52/64 € – ½ P

Rest – *(geschl. Dienstag)* Karte 13/29 €

Der erweiterte Gasthof ist seit vielen Jahren ein Familienbetrieb und bietet gepflegte, solide eingerichtete Zimmer, die im Anbau etwas komfortabler sind. Restaurant in bürgerlichem Stil.

NEUHÜTTEN – Rheinland-Pfalz – siehe Hermeskeil

NEU-ISENBURG – Hessen – siehe Frankfurt am Main

NEUKIRCH (BODENSEEKREIS) – Baden-Württemberg – 545 63 H21 – 2 660 Ew – Höhe 562 m

Berlin 720 – Stuttgart 200 – Konstanz 45 – Sankt Gallen 71

In Neukirch-Goppertsweiler

XX **Gasthof zum Hirsch** mit Zim

Argenstr. 29 ✉ 88099 – ✆ (07528) 17 65 – www.gasthof-zum-hirsch.com – geschl. 4. - 14. März, 9. - 19. September und Montag - Dienstag

10 Zim ☕ – 🚹58/65 € 🚹🚹78/85 € – ½ P

Rest – *(Mittwoch - Freitag nur Abendessen)* Menü 26/55 € – Karte 25/43 €

In dem Haus a. d. J. 1840 kocht Artur Renz nun seit über 15 Jahren zeitgemäß-regionale Speisen, die seine Gäste im Sommer natürlich am liebsten auf der hübschen Gartenterrasse genießen. Interessant ist auch die große Auswahl an Destillaten. Und wenn Sie übernachten möchten: Man hat wohnlich-funktionale Zimmer in hellen warmen Farben.

NEUKIRCHEN – Sachsen – 544 – 6 930 Ew – Höhe 355 m 42 O13

▶ Berlin 272 – Dresden 87 – Chemnitz 10

 **Almenrausch**

Bahnhofstr. 5 ✉ 09221 – ✆ (0371) 26 66 60 – www.hotel-almenrausch.de

16 Zim ☕ – 🚹48 € 🚹🚹69 € – ½ P

Rest – *(geschl. Montag - Dienstag) (nur Abendessen)* Menü 16/18 € – Karte 16/23 €

Das familiär geführte kleine Hotel an der Straße nach Chemnitz hat einen netten rustikalen Charakter. Schöne helle Holzmöbel im Bauernstil machen die Zimmer behaglich. Was auffällt, sind die Balkonpflanzen und Orchideen im Haus - keine Frage, der Chef hat einen "grünen Daumen"!

NEUKIRCHEN-VLUYN – Nordrhein-Westfalen – 543 – 27 690 Ew – Höhe 30 m 25 B11

▶ Berlin 566 – Düsseldorf 38 – Essen 37 – Duisburg 17

Im Stadtteil Rayen Nord-West: 6 km Richtung Kamp-Lintfort, dann links

X **Achterath's Restaurant**

Geldernsche Str. 352 ✉ 47506 – ✆ (02845) 29 87 80 – www.achteraths.de – geschl. Montag

Rest – Menü 25 € (mittags unter der Woche)/55 € – Karte 35/59 €

Die schmackhaften Gerichte ("gebratener Tintenfisch mit Rucola", "Hirschkalbsrücken mit Vanille-Karotten"...) kommen sehr gut an - aber nicht nur die: Das Gasthaus von 1771 ist ein schöner Mix aus rustikal-historischem Rahmen und modernem Stil und auch der freundlich-legere Service ist angenehm.

NEUKLOSTER – Mecklenburg-Vorpommern – 542 – 4 000 Ew – Höhe 30 m 12 L4

▶ Berlin 223 – Schwerin 46 – Rostock 44 – Lübeck 77

In Nakenstorf Süd: 2,5 km über Bahnhofstraße, am Ortsende links

Seehotel am Neuklostersee

Seestr. 1 ✉ 23992 – ✆ (038422) 45 70 – www.seehotel-neuklostersee.de – geschl. 6. - 23. Januar

26 Zim ☕ – 🚹75/115 € 🚹🚹125/185 € – ½ P

Rest *Allesisstgut* – siehe Restaurantauswahl

Das einstige Bauernhaus war wohl dazu berufen, solch ein liebenswertes Refugium zu werden! Ruhe, viel Grün, die "Badescheune" und das "Wohlfühlhaus", dazu direkter Seezugang und Bootssteg... Idylle pur! Sie wohnen modern, genießen ein tolles Frühstück, später Kulturprogramm in der "Kunstscheune" und lassen den Tag in der "Gänsebar" ausklingen!

X **Allesisstgut** – Seehotel am Neuklostersee

Seestr. 1 ✉ 23992 – ✆ (038422) 45 70 – www.seehotel-neuklostersee.de – geschl. 6. - 23. Januar

Rest – Menü 35 € (abends) – Karte 26/37 €

Sie möchten an diesem wunderbaren Fleckchen Erde essen? Regionale Speisen in luftig-leichter mediterraner Atmosphäre oder - das Nonplusultra - an einem schönen Sommertag auf der herrlichen Holzterrasse zum Wasser! Mittags wählt man à la carte, abends ein 2- oder 3-Gänge-Menü.

NEULEININGEN – Rheinland-Pfalz – siehe Grünstadt

NEUMAGEN-DHRON Rheinland-Pfalz – 543 – 2 180 Ew – Höhe 130 m

45 B15

Berlin 707 – Mainz 130 – Trier 35 – Saarbrücken 92

Zur Post (mit Gästehaus)

Römerstr. 79 ✉ 54347 – ✆ (06507) 93 97 71 – www.hotel-zurpost.com – geschl. 1. - 23. Januar, 21. - 28. Juni, 2. - 12. November

13 Zim – 55/75 € 75/95 € – ½ P

Rest – *(geschl. Mittwoch)* Menü 33 € (abends) – Karte 30/56 €

Ein junges Paar aus Holland betreibt hier an der schönen Mittelmosel die ehemalige Post von 1779. Man hat geschmackvoll und wohnlich eingerichtete Zimmer, die teilweise Moselblick bieten, sowie ein Restaurant mit mediterranem Touch.

NEUMARKT in der OBERPFALZ – Bayern – 546 – 39 090 Ew – Höhe 424 m – Wintersport:

50 L17

Berlin 454 – München 138 – Nürnberg 47 – Amberg 40

Rathausplatz 1, ✉ 92318, ✆ (09181) 25 51 27, www.neumarkt.de

Neumarkt, Am Herrnhof 1, ✆ (09188) 39 79

Velburg-Unterwiesenacker, Im Golfplark 1, ✆ (09182) 93 19 10

Lehmeier

Zim,

Obere Marktstr. 12 ✉ 92318 – ✆ (09181) 2 57 30 – www.hotel-lehmeier.de – geschl. 23. - 26. Dezember

27 Zim – 68/83 € 92/103 € – ½ P

Rest – *(geschl. 1. - 12. November, 7. - 19. Januar und Dienstag)* Karte 18/41 €

Ein familiengeführtes Hotel im Zentrum mit individuellen Zimmern. Fragen Sie nach den acht schicken Designerzimmern in Oliv-Braun-Gold-Tönen! Frühstück im böhmischen Gewölbe. Schöner Mix aus Historischem und Modernem im Restaurant. Mit loungiger Terrasse.

Mehl

Viehmarkt 20 ✉ 92318 – ✆ (09181) 29 20 – www.hotel-mehl.de

24 Zim – 69/89 € 88/120 €

Rest – *(geschl. über Pfingsten 1 Woche, Mitte August - Anfang September 3 Wochen und Samstag - Sonntag) (nur Abendessen für Hausgäste)* Menü 29 €

Der engagiert geleitete Familienbetrieb mit teilweise besonders neuzeitlichen und freundlichen Zimmern liegt in der Innenstadt und dennoch recht ruhig. Zum Frühstück gibt's leckere hausgemachte Marmeladen.

Gasthof Wittmann (mit Gästehaus)

Bahnhofstr. 21 ✉ 92318 – ✆ (09181) 90 74 26 – www.hotel-wittmann.de

32 Zim – 69/119 € 98/140 € – ½ P

Rest – *(geschl. Sonntagabend)* Menü 25 € (mittags)/59 € – Karte 18/58 €

Im Laufe von über 50 Jahren hat Familie Wittmann das Haus vom Gasthof zum Hotel mit komfortablen Zimmern gemacht - schon immer mit eigener Metzgerei (davon zeugt auch das Museum mit diversen Gerätschaften). Die Produkte serviert man in den freundlichen Gaststuben - stolz ist man auf die spezielle Weißwurst-Speisekarte!

Dietmayr

Rest,

Bahnhofstr. 4 ✉ 92318 – ✆ (09181) 2 58 70 – www.hotelgasthof-dietmayr.de – geschl. Anfang Januar 1 Woche, August 2 Wochen

25 Zim – 72/112 € 92/142 € – ½ P

Rest – *(geschl. Dienstag, Sonntagabend)* Karte 25/39 €

Gut ausgestattet und gepflegt, preislich fair und zentral gelegen (in einem Geschäftskomplex). Einige Zimmer sind geräumige Appartements, eines davon mit kleiner Küche. In der gemütlichen Gaststube zieht ein witziges und zugleich dekoratives Detail die Blicke auf sich: eine Modelleisenbahn unter der Decke!

NEUMÜNSTER – Schleswig-Holstein – 541 – 76 940 Ew – Höhe 22 m 10 I4

Berlin 330 – Kiel 39 – Flensburg 100 – Hamburg 66

ADAC Wasbeker Str. 306

Großflecken 34a, Pavillon, ✉ 24534, ✆ (04321) 4 32 80, www.neumuenster-tourismus.de

Aukrug-Bargfeld, Zum Glasberg 9, ✆ (04873) 5 95

Krogaspe, Aalbeksweg, ✆ (04321) 85 29 93

Prisma
Zim,

Max-Johannsen-Brücke 1 ✉ 24537 – ✆ (04321) 90 40 – www.hotel-prisma.de

93 Zim – 68/125 € 85/150 € – ½ P

Rest – Menü 20/50 € – Karte 19/36 €

Mit seinen funktionellen Zimmern und der verkehrsgünstigen Lage ist das neuzeitliche Hotel vor allem für Geschäftsreisende geeignet.

Am Kamin

Probstenstr. 13 ✉ 24534 – ✆ (04321) 4 28 53 – www.am-kamin.info – geschl. über Ostern, über Pfingsten, über Weihnachten und Sonntag sowie an Feiertagen

Rest – Menü 22 € (mittags)/55 € – Karte 47/64 €

Was für ein hübsches kleines Restaurant! Und ganz besonders gemütlich ist es hier, wenn im Winter abends das Feuer im Kamin flackert! Natürlich schmecken die saisonalen Gerichte aber auch im Sommer.

NEUNBURG vorm WALD – Bayern – 546 – 8 030 Ew – Höhe 398 m – Erholungsort 51 N17

Berlin 456 – München 175 – Regensburg 56 – Cham 35

Rötz, Hillstett 40, ✆ (09976) 1 80 44 60

Panorama-Hotel am See

Gütenland 22 ✉ 92431 – ✆ (09672) 9 21 90 – www.hotelgreiner.de

36 Zim – 45/56 € 64/72 € – ½ P **Rest** – Karte 14/32 €

Der gewachsene Gasthof in schöner Lage am See ist ein Familienbetrieb mit gepflegten praktischen Zimmern (teils als Appartement nutzbar) und modernem Saunabereich. Bowlingbahn. Das Restaurant bietet bürgerliche Speisen.

In Neunburg-Hofenstetten West: 9 km Richtung Schwarzenfeld, in Fuhrn links

Landhotel Birkenhof

Hofenstetten 55 ✉ 92431 – ✆ (09439) 95 00 – www.landhotel-birkenhof.de – geschl. 21. - 26. Dezember

67 Zim – 79/106 € 132/178 € – 4 Suiten – ½ P

Rest *Obendorfer's Eisvogel* **Rest *Turmstube*** – siehe Restaurantauswahl

Die schöne Lage im Grünen ist lange nicht alles: Familie Obendorfer zeigt Engagement und hat über die Jahre viel erreicht! Es ist hier eine sehr gute und sympathische Adresse entstanden, sowohl für Wellnessfans (vielfältiges Angebot) als auch für Tagungsgäste.

Obendorfer's Eisvogel – Landhotel Birkenhof

Hofenstetten 55 ✉ 92431 – ✆ (09439) 95 00 – www.landhotel-birkenhof.de – geschl. 21. Dezember - 14. Januar, August 2 Wochen und Sonntag - Montag

Rest – *(nur Abendessen)* (Tischbestellung ratsam) Menü 85/124 €

Sie werden sehen, ein Besuch in diesem Restaurant ist die Fahrt hier raus absolut wert! Das Gesamtkonzept stimmt einfach: klares, modernes Ambiente (Hingucker ist der Weinschrank mittig im Raum!) sowie die interessante und durchdachte Küche. In der Davidoff Cigar Lounge staunen Whiskey-Liebhaber nicht schlecht: 66 stehen zur Wahl!

→ Sepia-Spaghettini mit Belugalinsen, Spinat und mildem Knoblauchschaum. Zanderfilet im Bärlauchmantel mit Spargel und Steinchampignons. Rehrücken "Baden Baden" mit Birne, Johannisbeere und Petersilienwurzel.

Turmstube – Landhotel Birkenhof

Hofenstetten 55 ✉ 92431 – ✆ (09439) 95 00 – www.landhotel-birkenhof.de – geschl. 21. - 26. Dezember

Rest – Menü 36 € – Karte 33/48 €

Die Stuben sind wirklich mit Geschmack und Stilsicherheit eingerichtet, und in diesem schönen Ambiente können Sie nun auch noch richtig gut essen. Wie wäre es z. B. mit "Kraftbrühe vom Biohendl" als Vorspeise, gefolgt von "Zander auf der Haut gebraten mit Kräuterschaum"?

NEUNKIRCHEN – Baden-Württemberg – 545 – 1 840 Ew – Höhe 297 m

48 G17

▶ Berlin 605 – Stuttgart 92 – Mannheim 55 – Heidelberg 34

Stumpf

Zeilweg 16 ✉ 74867 – ✆ (06262) 9 22 90 – www.hotel-stumpf.de

47 Zim ☕ – 🚹70/124 € 🚹🚹119/167 € – 2 Suiten – ½ P

Rest – Menü 22/39 € – Karte 18/45 €

Tagungsgäste können hier "auf dem Land" hochmotiviert arbeiten, Wellnessgäste genießen die Angebote von "Garden Spa" und "Beauty Island". Von der ruhigen Lage haben alle etwas! Im Restaurant bietet man regionale und internationale Küche, Terrasse zum Garten.

Bestecke ✗ und Sterne ✲ sollten nicht verwechselt werden!
Die Bestecke stehen für eine Komfortkategorie, die Sterne zeichnen Häuser mit besonders guter Küche aus - in jeder dieser Kategorien.

NEUNKIRCHEN (SAAR) – Saarland – 543 – 47 210 Ew – Höhe 224 m

46 C17

▶ Berlin 690 – Saarbrücken 22 – Homburg/Saar 15 – Idar-Oberstein 60

ADAC Lindenallee 2

Villa Medici (N)

Zweibrücker Str. 86 ✉ 66538 – ✆ (06821) 8 63 16 – www.villa-medici-nk.de – geschl. Januar

Rest – Menü 29/75 € – Karte 36/59 €

So klassisch wie die schöne Jugendstilvilla a. d. J. 1912 von außen ist, zeigt sie sich auch im Inneren mit ihren drei kleinen Salons. Boris Iacopini bietet hier mediterrane Küche - Spezialität ist Bliesgaulamm. Tipp: Dienstag- und mittwochabends bietet man auch ein günstiges Überraschungsmenü.

In Neunkirchen-Kohlhof Süd-Ost: 5 km, jenseits der A 8

Hostellerie Bacher - Wögerbauer

Limbacher Str. 2 ✉ 66539 – ✆ (06821) 3 13 14 – www.hostellerie-bacher.de

20 Zim ☕ – 🚹70/89 € 🚹🚹108/165 € – 1 Suite – ½ P

Rest *Hostellerie Bacher - Wögerbauer* – siehe Restaurantauswahl

Ein vom Inhaber geführtes Hotel mit freundlichen, wohnlichen Zimmern und hübschem Wintergarten fürs Frühstück. Probieren Sie hier doch auch mal Schinken und Forellen aus der eigenen Räucherei!

Hostellerie Bacher - Wögerbauer – Hotel Hostellerie Bacher - Wögerbauer

Limbacher Str. 2 ✉ 66539 – ✆ (06821) 3 13 14 – www.hostellerie-bacher.de – geschl. Sonntagabend - Dienstagmittag

Rest – (Tischbestellung ratsam) Menü 32/68 € – Karte 32/62 €

Die Küche von Gastgeber Hermann Wögerbauer ist klassisch, lässt hier und da aber auch seine österreichische Heimat erkennen. Sehr zur Freude der Gäste hat man eine schöne mediterrane Terrasse. Auf Kinder ist man übrigens ebenso gut eingestellt wie auf Veranstaltungen.

NEUPOTZ – Rheinland-Pfalz – 543 – 1 840 Ew – Höhe 103 m 54 E17

Berlin 665 – Mainz 123 – Karlsruhe 23 – Landau 23

Gehrlein's Hardtwald mit Zim

Sandhohl 14 ✉ 76777 – ✆ (07272) 24 40 – www.gehrlein-hardtwald.de – geschl. Mittwoch - Donnerstag

11 Zim – 48/58 € 78/109 € **Rest** – Karte 24/47 €

Ein wirklich schönes Refugium hat Familie Gehrlein hier geschaffen... das Restaurant heimelig, die Terrasse lauschig, die Küche gut. Wie wär's z. B. mit "Seesaibling in der Meerrettichkruste" und danach "Grießknödel mit Rumtopf und Zimteis"? Und angesichts geschmackvoller und wohnlicher Zimmer steht dem abendlichen Weingenuss zum Essen nichts im Wege!

Zum Lamm mit Zim

Hauptstr. 7 ✉ 76777 – ✆ (07272) 28 09 – www.gasthof-lamm-neupotz.de – geschl. Ende Juli - Anfang September 3 Wochen und Dienstag, Sonntagabend sowie an Feiertagen abends

6 Zim – 36 € 66 €

Rest – (Tischbestellung ratsam) Menü 30/55 € – Karte 29/47 €

Wer richtig gut essen möchte, kann sich getrost in die Hände der engagierten Familie Kreger begeben. In dem hübschen Restaurant mit ländlicher Note ist die geschmorte Kalbsbacke ebenso zu empfehlen wie Zander mit Steinpilzen. Gepflegt übernachten können Sie hier übrigens auch.

NEURIED – Baden-Württemberg – 545 – 9 360 Ew – Höhe 147 m 53 D19

Berlin 755 – Stuttgart 156 – Karlsruhe 85 – Lahr 21

In Neuried-Altenheim Nord: 2 km über die B 36 Richtung Kehl

Ratsstüble

Rest,

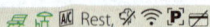

Kirchstr. 38 ✉ 77743 – ✆ (07807) 9 28 60 – www.ratsstueble.de

30 Zim – 45/50 € 65/70 €

Rest – *(geschl. 24. Februar - 11. März, 27. Juli - 12. August und Sonntag) (nur Abendessen)* Karte 17/46 €

Gepflegt und preislich fair übernachten? Das kann man bei Familie Strosack. Die funktionale und zeitgemäße Ausstattung bietet alles, was man unterwegs braucht. Viele der Zimmer sind recht klein, einige für Raucher. An lauen Sommerabenden sitzt man bei bürgerlicher Küche schön auf der Gartenterrasse.

NEURUPPIN – Brandenburg – 542 – 31 510 Ew – Höhe 44 m 22 O7

Berlin 76 – Potsdam 75 – Brandenburg 90

ADAC Karl-Marx-Str. 40

Karl-Marx-Str. 1, ✉ 16816, ✆ (03391) 4 54 60, www.tourismus-neuruppin.de

Resort Mark Brandenburg

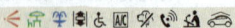

An der Seepromenade 20 ✉ 16816 – ✆ (03391) 4 03 50 – www.resort-mark-brandenburg.de

126 Zim – 90/110 € 150/180 €, 15 € – 4 Suiten – ½ P

Rest *Parzival* – Menü 35/49 € (abends) – Karte 26/54 €

Rest *Seewirtschaft* – Karte 23/59 €

Modernes Hotel in schöner Seelage. Über eine Glasbrücke gelangt man in die für Hausgäste kostenlose "Fontane Therme" mit schwimmender Seesauna. Schifffahrten mit hauseigenem Dampfer. Geradlinig-elegant: Parzival mit Seeblick. Behagliche Seewirtschaft mit Showküche.

NEUSS – Nordrhein-Westfalen – 543 – 151 390 Ew – Höhe 40 m 35 B11

Berlin 563 – Düsseldorf 12 – Köln 38 – Krefeld 20

ADAC Glockhammer 27 B1

Büchel 6, Rathausarkaden B2, ✉ 41460, ✆ (02131) 4 03 77 95, www.neuss-marketing.de

Korschenbroich, Rittergut Birkhof, ✆ (02131) 51 06 60

Hummelbachaue, Am Golfplatz, ✆ (02137) 9 19 10

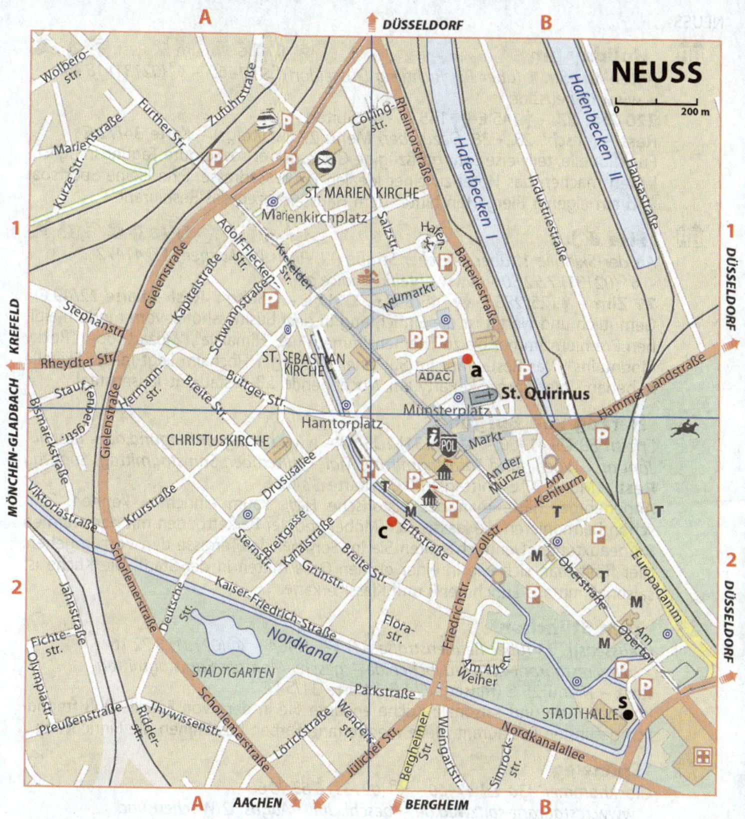

Swissôtel

Rest,

Rheinallee 1 (über Hammerlandstraße B1, Richtung Düsseldorf) ✉ 41460
– ✆ (02131) 77 00 – www.swissotel-duesseldorf.de

244 Zim – †80/130 € ††80/145 €, ☐ 20 € – 2 Suiten

Rest – Menü 28 € (mittags)/52 € – Karte 32/71 €

Das Hotel in einem Hochhaus etwas außerhalb der Stadt am Rhein zeichnet sich aus durch schöne komfortable Gästezimmer in geradlinig-modernem Design und angenehmen Farben. Der trendige Stil des Hauses setzt sich im Restaurant mit Rheinblick fort.

Dorint

Selikumer Str. 25 ✉ *41460 – ✆ (02131) 26 20*
– www.dorint.com/neuss

B2s

208 Zim – †69/169 € ††69/169 €, ☐ 18 € – 1 Suite

Rest – Menü 26 € – Karte 26/42 €

Die direkt angeschlossene Stadthalle mit ihren zahlreichen Konferenzräumen macht das gut ausgestattete Hotel zur idealen Business- und Tagungsadresse. Interessant auch die Lage am Rosengarten - so genießt man vom Biergarten aus den Blick ins Grüne. Alternativ kann man im neuzeitlichen Restaurant speisen.

Holiday Inn
Zim, Rest,

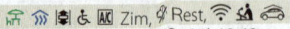

Anton-Kux-Str. 1 (über B2, Richtung Düsseldorf) ✉ 41460 – ✆ (02131) 18 40 – www.hi-neuss.de

220 Zim – 145 € 145 € – 47 Suiten

Rest – *(geschl. 23. - 28. Dezember)* Menü 27 € (mittags) – Karte 34/72 €

Funktionelle, teilweise sehr großzügige Gästezimmer sowie gute Tagungsmöglichkeiten machen das Hotel zu einer idealen Businessadresse. Eine kleine Sportsbar und ein eigener Biergarten hinter dem Haus ergänzen das Restaurant.

Fire & Ice

An der Skihalle 1 (über Jülischer Straße A2, Richtung Aachen) ✉ 41472 – ✆ (02131) 7 52 50 – www.hotelfireandice.de

79 Zim – 125/285 € 145/305 €, 17 € – 1 Suite **Rest** – Karte 22/49 €

Gemütlich und wertig ist die Einrichtung in dem Businesshotel: vom modern-alpinen Premiumzimmer bis zu Themenzimmern wie "Himalaja", "Mozart" oder "Rocky Mountains"! Das Restaurant im Stil einer Salzburger Hochalm liegt in der Skihalle nebenan - hier Après-Ski-Party am Wochenende. SB-Restaurant Jausenstadl.

Herzog von Burgund

Erftstr. 88 ✉ 41460 – ✆ (02131) 2 35 52 – www.herzogvonburgund.de – geschl. Januar 1 Woche und Samstagmittag, Mai - September: Samstagmittag, Sonntag B2**c**

Rest – Menü 27 € (mittags)/80 € – Karte 33/63 €

Angenehmer hätte man das historische Haus kaum einrichten können: Sehr schön harmonieren die klassischen Möbel und der Parkettboden mit den warmen Bordeauxtönen. Dennoch sollten Sie im Sommer der Terrasse den Vorzug geben: Hier fühlt man sich wie in einer grünen Oase mitten in der Stadt! Die Küche ist saisonal, mittags Lunchmenü und Klassikerkarte.

Zum Stübchen

Preussenstr. 73 (über Reußenstraße A1) ✉ 41464 – ✆ (02131) 8 22 16 – www.restaurant-zum-stuebchen.de – geschl. Montag, Samstagmittag

Rest – Menü 25 € (mittags)/74 € – Karte 31/54 €

Internationale und saisonale Küche erwartet Sie in dem von Familie Buß freundlich geführten Restaurant. Helle mediterrane Farben bestimmen die Einrichtung.

Spitzweg

Glockhammer 43a ✉ 41460 – ✆ (02131) 6 63 96 60 – www.restaurant-spitzweg.de – geschl. Juli - August 2 Wochen und Freitagmittag, Samstagmittag, Sonntag B1**a**

Rest – Menü 23 € (mittags)/48 € – Karte 33/48 €

Ein modernes Restaurant mit roten Wänden und großen, bewusst schiefen Gemälden als Blickfang. Gekocht wird mit internationalem Einfluss. Viele Businessgäste kommen zum Mittagstisch.

In Neuss-Grimlinghausen Süd-Ost: 6 km über Nordkanalstraße B2

Landhaus Hotel
Rest,

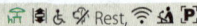

Hüsenstr. 17 ✉ 41468 – ✆ (02131) 3 10 10 – www.landhaus-hotel-schulte.com

28 Zim – 90 € 120 €, 10 € **Rest** – Karte 30/62 €

Die Zimmer in diesem Familienbetrieb sind im klassischen Stil gehalten, dekorative Details wie Blumenmuster vermitteln Wohnlichkeit. Die nette Zwitscherstube ist eine Bar für Raucher. Bürgerliches Restaurant mit elegantem Touch.

In Kaarst Nord-West: 6 km über Fürtherstraße A1

Park Inn by Radisson N

Königsberger Str. 20 ✉ 41564 – ✆ (02131) 96 90 – www.park-inn-duesseldorf-kaarst.de – geschl. 20. Dezember - 1. Januar

192 Zim – 90/115 € 110/135 €, 18 €

Rest – Menü 28/31 € – Karte 31/56 €

Die günstige Lage in Autobahnnähe ist hier genauso interessant wie die helle, moderne Einrichtung von der großzügigen Halle über die Zimmer bis zum Restaurant (internationale Küche). Sie mögen es etwas komfortabler? Dann buchen sie ein Superior-Zimmer mit diversen kostenfreien Extras!

Classic Hotel garni

Friedensstr. 12 ✉ 41564 – ✆ (02131) 12 88 80 – www.classic-hotel-kaarst.de – geschl. 23. Dezember - 7. Januar, Juli 2 Wochen
22 Zim – 72/109 € 101/143 €, 12 € – 1 Suite
Wohnlich-klassisch gestaltete Zimmer sowie eine gute Autobahnanbindung sprechen für das Hotel im Zentrum, das gerne von Geschäftsleuten besucht wird.

Landhaus Michels garni

Kaiser-Karl-Str. 10 ✉ 41564 – ✆ (02131) 7 67 80 – www.landhaus-michels.de – geschl. 19. Dezember - Anfang Januar
15 Zim – 68/88 € 95/110 €
Er versprüht schon einen gewissen Charme, dieser alte Gasthof neben der St.-Martinus-Kirche! Das liegt zum einen an der familiären Leitung (in 6. Generation), zum anderen an den gepflegten Zimmern und dem sympathisch-rustikalen Ambiente der einstigen Gastwirtschaft, in der man heute gemütlich beim guten Frühstück sitzt!

NEUSTADT am RÜBENBERGE – Niedersachsen – 541 – 45 050 Ew – Höhe 37 m

18 H8

Berlin 307 – Hannover 25 – Bremen 90 – Celle 58
Neustadt-Mardorf, Vor der Mühle 10a, ✆ (05036) 27 78

Neustädter Hof garni

Königsberger Str. 43 ✉ 31535 – ✆ (05032) 8 91 40 – www.neustaedter-hof.de – geschl. 21. Dezember - 5. Januar
25 Zim – 52/55 € 84/88 €
Ein Geschäftshaus in einer Wohngegend beherbergt das gepflegte Hotel. Auch ein Familienzimmer ist vorhanden. Das Erholungsgebiet Steinhuder Meer ist nur wenige Kilometer entfernt.

NEUSTADT an der AISCH – Bayern – 546 – 12 170 Ew – Höhe 293 m

49 J16

Berlin 458 – München 217 – Nürnberg 49 – Bamberg 53
Marktplatz 5, ✉ 91413, ✆ (09161) 6 66 14, www.neustadt-aisch.de

Allee-Hotel (mit Gästehaus)

Rest,

Alleestr. 14 (B 8/470) ✉ 91413 – ✆ (09161) 8 95 50 – www.allee-hotel.de – geschl. 23. Dezember - 6. Januar
41 Zim – 66/98 € 94/136 €
Rest – *(geschl. Freitag - Sonntag) (nur Abendessen)* Karte 22/47 €
Außen ein schmuckes ehemaliges Schulhaus (1866), innen stimmige klassische Eleganz. Speisen sollten Sie im lichten Wintergarten (nämlich Klassiker oder saisonale Gerichte), er liegt zum Park hin! Nicht vermuten würde man hier das "Oelkabinett"! Es ist die Bar - vom Druckmesser bis zum Ölkanister ist alles da!

In Dietersheim-Oberroßbach Süd: 6 km über B 470

Fiedler (mit Gästehaus)

Oberroßbach 3 ✉ 91463 – ✆ (09161) 24 25 – www.landgasthof-fiedler.de – geschl. 1. - 19. Januar
22 Zim – 50/80 € 80/115 €
Rest – *(geschl. Mittwoch, Sonntagabend sowie an Feiertagen abends)*
Menü 21/40 € – Karte 21/46 €
Gepflegte, solide Zimmer und die familiäre Führung sprechen für dieses recht ruhig in einem Ortsteil gelegene Haus. In einem Gästehaus bietet man Appartements mit Küche. Bürgerliches Angebot im Restaurant mit kleinem Wintergarten.

NEUSTADT an der DONAU – Bayern – 546 – 12 750 Ew – Höhe 354 m – Heilbad

58 M18

Berlin 525 – München 90 – Regensburg 52 – Ingolstadt 33
Heiligenstädter Str. 5, ✉ 93333, ✆ (09445) 9 57 50, www.bad-goegging.de
Bad Gögging, Heiligenstätter Str. 36, ✆ (09445) 95 80

In Neustadt-Bad Gögging Nord-Ost: 4 km – Heilbad

Marc Aurel
Rest,

Heiligenstädter Str. 34 ✉ *93333 – ✆ (09445) 95 80 – www.marcaurel.de*
165 Zim – 99/120 € 160/220 € – 13 Suiten – ½ P
Rest – Karte 35/63 €
Das komfortable Hotel empfängt Sie mit einer Lobby im römischen Stil. Wellness- und Freizeitangebote auf 2800 qm. Auch variable Tagungsräume sind vorhanden. Im Restaurant serviert man internationale Küche.

Eisvogel

An der Abens 20 ✉ *93333 – ✆ (09445) 96 90 – www.hotel-eisvogel.de – geschl. 23. - 25. Dezember*
54 Zim – 73/140 € 125/210 € – 4 Suiten – ½ P
Rest – *(geschl. Montagmittag)* Karte 19/50 €
Was mit einem Gasthof begann, ist heute ein wirklich komfortables Hotel: Neben wohnlichen Zimmern (fragen Sie nach den neuesten!) bietet man seinen Gästen Spa-Vielfalt auf 1600 qm! Dazu kommt noch das Restaurant mit seinen vielen gemütlichen Stuben. Und auch die Umgebung hat ihren Reiz: Das Haus liegt schön ruhig am Flüsschen Abens.

NEUSTADT an der ORLA – Thüringen – 544 – 8 590 Ew – Höhe 300 m

41 M13

Berlin 262 – Erfurt 97 – Gera 47 – Triptis 8
Markt 1, ✉ 07806, ✆ (036481) 8 51 21, www.neustadtanderorla.de

Schlossberg
Rest,

Ernst-Thälmann-Str. 62 ✉ *07806 – ✆ (036481) 6 60 – www.ringhotel-schlossberg.de*
29 Zim – 65/90 € 90/110 € – 2 Suiten – ½ P **Rest** – Karte 18/40 €
In dem sanierten historischen Altstadthaus im Zentrum stehen zeitgemäß und funktionell ausgestattete Gästezimmer zur Verfügung; W-Lan können Sie kostenfrei nutzen. Gediegenes Ambiente im Restaurant.

NEUSTADT an der SAALE, BAD – Bayern – 546 – 15 560 Ew – Höhe 242 m – Heilbad

39 I14

Berlin 406 – München 344 – Fulda 58 – Bamberg 86
Rathausgasse 2, ✉ 97616, ✆ (09771) 9 10 68 00, www.tourismus-nes.de
18 Münnerstadt, Rindhof 1, ✆ (09766) 16 01

Fränkischer Hof

Spörleinstr. 3 ✉ *97616 – ✆ (09771) 6 10 70 – www.hotelfraenkischerhof.de*
11 Zim – 49/59 € 76/96 € – ½ P
Rest *Zum Kolonat* – *(geschl. Mittwochmittag)* Menü 28 € – Karte 18/40 €
Das jahrhundertealte Fachwerkhaus am Anfang der Fußgängerzone ist ein familiengeführtes Gasthaus mit langer Tradition. Zeitgemäß und wohnlich sind die Zimmer. Gemütliches Restaurant mit Terrasse im romantischen Kilianhof.

In Bad Neustadt-Brendlorenzen Nord: 4,5 km

Die Scheune

Hauptstr. 206 ✉ *97616 – ✆ (09771) 6 31 98 82 – www.die-scheune-nes.de – geschl. Februar und Dienstag - Donnerstag, Sonntagabend*
Rest – *(nur Abendessen, sonntags auch Mittagessen)* (Tischbestellung ratsam) Karte 25/43 €
In der ehemaligen Scheune mit dekorativer moderner Kunst kocht Chefin Edeltraud Woitekat selbst - und zwar regional und international. Wenn Sie hoch zu Ross kommen möchten: Man hat eine Koppel für Gastpferde!

NEUSTADT an der WALDNAAB – Bayern – 546 – 5 870 Ew – Höhe 419 m

51 N16

Berlin 402 – München 210 – Weiden in der Oberpfalz 7 – Bayreuth 60

Am Hofgarten garni

Knorrstr. 18 ✉ 92660 – ✆ (09602) 92 10 – www.hotelamhofgarten.de
27 Zim – 60/80 € 80/120 €
Das gepflegte Hotel unter der Leitung von Familie Greifeneder befindet sich im Zentrum und verfügt über zeitgemäße, funktionelle Gästezimmer, einige davon mit Balkon.

NEUSTADT an der WEINSTRASSE – Rheinland-Pfalz – 543 47 E17 – 52 860 Ew – Höhe 136 m

Berlin 650 – Mainz 94 – Mannheim 35 – Kaiserslautern 36
ADAC Europastr. 1
Hetzelplatz 1, ✉ 67433, ✆ (06321) 92 68 92, www.neustadt.pfalz.com
Neustadt-Geinsheim, Im Lochbusch, ✆ (06327) 9 74 20

Palatina garni

Gartenstr. 8 ✉ 67433 – ✆ (06321) 92 40 00 – www.hotel-palatina.com
19 Zim – 75/155 € 100/170 €, 16 €
Nur fünf Gehminuten von der Altstadt zeigt ein historisches Weingut nun sein neues Gesicht: ein äußerst geschmackvolles, modernes und sehr komfortables Hotel, in dem man die Liebe zum Detail spürt - beim Empfang, in den Zimmern, beim Frühstück... selbst im hübschen Innenhof! Im Sommer Grill-Spezialitäten vom Smoker.

Ramada

Exterstr. 2 ✉ 67433 – ✆ (06321) 89 80 – www.ramada.de
123 Zim – 68/128 € 98/158 € – ½ P
Rest – Karte 19/32 €
Das Hotel im Zentrum ist eine funktionell und zeitgemäß ausgestattete Businessadresse. Im Sommer darf man sich auf einen schönen Biergarten freuen, der das Restaurant ergänzt. Praktisch: In die historische Altstadt sind es nur wenige Gehminuten.

Urgestein im Steinhäuser Hof mit Zim

Rathausstr. 6 ✉ 67443 – ✆ (06321) 48 90 60 – www.restaurant-urgestein.de – geschl. Sonntagabend - Montag
6 Zim – 75/95 € 95/110 €
Rest – *(nur Abendessen, sonntags auch Mittagessen)* Menü 40/120 € – Karte 63/95 €
Ein talentierter junger Mann bietet hier eine der kreativsten Küchen der Region! Benjamin Peifer heißt er und wie ausdrucksstark und aromatisch er kocht, beweisen die Menüs "Grundstein" und "Meilenstein". Ort des Geschehens ist der einzige noch bestehende Renaissance-Hof der Pfalz mit seinem wunderschönen Kreuzgewölbe. Gönnen Sie sich ruhig ein Fläschchen Pfälzer Wein zum Essen... man kann auch gepflegt übernachten! Es finden übrigens regelmäßig "Jazzclub"-Abende statt - dann ist die Speisekarte einfacher.
→ Bauch vom Landschwein, langsam gegart und kross gebraten, Avocado. Gebratener Zander und Bellota Schinken, Artischocken, Wilder Pfirsich, Quinao. Bienenstich "Intense", Vanille, Mandelkrokant, Honigeis mit Hefe aromatisiert.

Das neue Fontana

Hintergasse 38 ✉ 67433 – ✆ (06321) 35 49 96 – www.das-neue-fontana.de – geschl. Februar, Mitte August 1 Woche und Montag - Dienstag
Rest – *(nur Abendessen, außer Sonntag und an Feiertagen)* (Tischbestellung ratsam) Karte 28/45 €
Axel Jostock ist nach 12 Jahren Wanderschaft in Frankreich in seine pfälzische Heimat zurückgekehrt. Er hat nicht nur Know-how mitgebracht, sondern auch seine charmante Gattin, die sich in dem freundlichen kleinen Restaurant in der Altstadt nun herzlich um die Gäste kümmert und ihnen Internationales serviert.

In Neustadt-Diedesfeld Süd-West: 4 km über Hambach

Grünwedel's Restaurant

Weinstr. 507 ✉ 67434 – ✆ (06321) 21 95 – www.gruenwedels-restaurant.de – geschl. Februar 2 Wochen sowie Mittwoch - Donnerstag

Rest – (Tischbestellung ratsam) Menü 39/52 € – Karte 22/43 €

Im ehemaligen "Becker's Gut" haben sich Dominik Grünwedel und seine Frau den Traum vom eigenen Restaurant erfüllt. In dem eleganten Raum mit weißem Kreuzgewölbe - oder im Sommer auf der Terrasse - sollte man sich weder "Wildentenbrust auf Rahmwirsing" noch "Maultaschen vom Saumagen mit Zwiebelmarmelade" entgehen lassen!

In Neustadt-Gimmeldingen Nord: 3 km – Erholungsort

Netts Restaurant und Landhaus mit Zim

Meerspinnstr. 46 ✉ 67435 – ✆ (06321) 6 01 75 – www.nettsrestaurant.de – geschl. 1. - 7. Januar und Montag - Dienstag

7 Zim – †68/100 € ††88/120 € – ½ P

Rest – *(nur Abendessen; April - Oktober: Sonntag auch Mittagessen)* Menü 32/42 € – Karte 33/51 €

Keine Frage, bei der wunderbaren Aussicht auf die Rheinebene ist die Terrasse hier natürlich der Renner! Aber auch das klare, moderne Interieur des alten Weinguts und der charmante Service kommen gut an, von der Küche ganz zu schweigen. Letztere gibt z. B. als "Bäckchen & Kotelett vom Iberico-Schwein". Für Übernachtungsgäste haben Susanne und Daniel Nett tolle schnörkellose Zimmer und gutes Frühstück!

Spinne

Peter-Koch-Str. 43 ✉ 67435 – ✆ (06321) 9 59 77 99 – www.restaurant-spinne.de – geschl. Februar 2 Wochen, November 1 Woche und Dienstag, November - Februar: Dienstag - Mittwoch

Rest – *(Montag - Freitag nur Abendessen)* (Tischbestellung ratsam) Menü 36/74 € – Karte 27/51 €

Das Weingut Christmann hat wirklich Charme! Das liegt am attraktiven Tonnengewölbe und am gepflasterten, begrünten Innenhof, der im Sommer zu einer reizenden Terrasse wird, aber auch an den engagierten Gastgebern Christiana Mix und Jörg Friedrich. Gekocht wird ambitioniert - regional und mit internationalen Einflüssen, dazu u. a. Weine des eigenen Guts.

Kommerzienrat

Loblocher Str. 34 ✉ 67435 – ✆ (06321) 6 82 00 – www.weinstube-kommerzienrat.de – geschl. Donnerstag

Rest – *(nur Abendessen)* Menü 20/38 € – Karte 20/38 €

Sie werden diese typische Weinstube samt Innenhof lieben, denn Bernd Hagedorn ist passionierter Gastgeber und Weinliebhaber und hat für Sie rund 300 Weine im Offenausschank. Außerdem passt die bürgerliche Küche seiner Frau perfekt zur liebenswert-rustikalen Atmosphäre hier.

In Neustadt-Mußbach Nord-Ost: 2 km

Weinstube Eselsburg

Kurpfalzstr. 62 ✉ 67435 – ✆ (06321) 6 69 84 – www.eselsburg.de – geschl. 24. Dezember - 10. Januar und Sonntag - Montag

Rest – *(nur Abendessen)* (Tischbestellung ratsam) Menü 24 € – Karte 19/48 €

Außen urige Natursteinmauern, innen gemütliche enge Stuben, viel Holz und allerlei Zierrat wie Bilder oder Mützen, dazu das herzliche Team um Anette Ueberschaer. Hier und im reizenden Innenhof gibt es Pfälzer Brotzeit, einfache Winzerküche und eine Wochenkarte.

Erwarten Sie in einem X oder ⌂ nicht den gleichen Service wie in einem XXXXX oder ⌂⌂⌂⌂⌂.

NEUSTADT (DOSSE) – Brandenburg – 542 – 3 580 Ew – Höhe 35 m 21 N7

Berlin 91 – Potsdam 78 – Schwerin 128 – Stendal 71

Parkhotel St. Georg
Zim,

Prinz-von-Homburg-Str. 35 ✉ 16845 – ✆ (033970) 9 70 – www.park-hotel-neustadt.de

20 Zim – †58/70 € ††78/90 € – ½ P **Rest** – Karte 15/25 €

Ein gepflegter, gediegen eingerichteter Familienbetrieb in der Stadt mit dem größten Gestüt Deutschlands. Das Haus ist mit allerlei Dekorationen rund ums Thema Pferd geschmückt. Eine Terrasse mit Blick ins Grüne ergänzt das Restaurant.

NEUSTADT in HOLSTEIN – Schleswig-Holstein – 541 – 16 270 Ew – Höhe 2 m – Seebad 11 K4

Berlin 296 – Kiel 60 – Lübeck 42 – Oldenburg in Holstein 21

Dünenweg 7, ✉ 23730, ✆ (04561) 70 11, www.neustadt-holstein.de

Gut Beusloe, Baumallee 14, ✆ (04561) 81 40

In Neustadt-Pelzerhaken Ost: 5 km

Seehotel Eichenhain

Eichenhain 2 ✉ 23730 – ✆ (04561) 5 37 30 – www.eichenhain.de

19 Zim – †85/145 € ††110/190 € – 7 Suiten – ½ P

Rest – Menü 15 € (mittags)/49 € – Karte 26/48 €

Hier genießt man den Blick über die Gartenanlage und den direkt angrenzenden Strand bis zur Ostsee. Die Zimmer und der Anwendungsbereich sind freundlich und modern. Auch auf der Terrasse des Restaurants profitiert man von der bevorzugten Lage des Hauses.

NEUSTADT in SACHSEN – Sachsen – 544 – 13 760 Ew – Höhe 333 m 44 R12

Berlin 217 – Dresden 39 – Bautzen 28

Johann-Sebastian-Bach-Str. 15, ✉ 01844, ✆ (03596) 50 15 16, www.neustadt-sachsen.de

Parkhotel Neustadt
Rest,

Johann-Sebastian-Bach-Str. 20 ✉ 01844 – ✆ (03596) 56 20 – www.parkhotel-neustadt.de

55 Zim – †72/88 € ††88/104 € – ½ P

Rest – *(nur Abendessen)* Menü 18/29 € – Karte 19/30 €

Ein freundlich geführtes Stadthotel mit zeitgemäß und funktionell eingerichteten Gästezimmern. Das Erlebnisbad Monte Mare befindet sich nur wenige Schritte vom Haus entfernt.

NEUSTRELITZ – Mecklenburg-Vorpommern – 542 – 21 540 Ew – Höhe 75 m 13 O6

Berlin 114 – Schwerin 177 – Neubrandenburg 27

Strelitzer Str. 1, ✉ 17235, ✆ (03981) 25 31 19, www.neustrelitz.de

Schlossgarten
Rest,

Tiergartenstr. 15 ✉ 17235 – ✆ (03981) 24 50 0 – www.hotel-schlossgarten.de

24 Zim – †50/69 € ††69/99 € – ½ P

Rest – *(geschl. Sonntag) (nur Abendessen)* Karte 21/30 €

Das engagiert geführte historische Haus im Zentrum der Stadt verfügt über neuzeitlich eingerichtete Zimmer, die teilweise zum Garten hin gelegen sind. Stilvoll gestaltetes Restaurant.

NEUTRAUBLING – Bayern – siehe Regensburg

NEU-ULM – Bayern – 546 – 53 510 Ew – Höhe 471 m 56 I19

Berlin 616 – München 138 – Stuttgart 96 – Augsburg 80

Münsterplatz 50, ✉ 89073, ✆ (0731) 1 61 28 30, www.tourismus.ulm.de

Neu-Ulm, Steinhäuslesweg 9, ✆ (0731) 72 49 37

siehe Ulm (Umgebungsplan)

Parkhotel Ⓝ Rest, Rest,

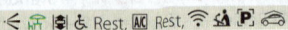

Silcherstr. 40 (Edwin-Scharff-Haus) ✉ 89231 – ✆ (0731) 8 01 10 – www.goldentulip-parkhotel-neu-ulm.com B2**p**

135 Zim – †99/157 € ††119/177 €, ☕ 17 € – ½ P

Rest *Edwin.s* – Menü 23 € – Karte 28/45 €

Direkt an der Donau und nur 10 Gehminuten von der Altstadt entfernt wohnen Sie hier in funktionalen Zimmern mit moderner Technik. Im obersten Stock hat man Executive-Zimmer mit Klimaanlage. Vom Restaurant in der 1. Etage blickt man auf Ulm und das Münster.

City-Hotel garni

Ludwigstr. 27 ✉ 89231 – ✆ (0731) 97 45 20 – www.cityhotel-garni.de – geschl. 1. - 6. Januar, 7. - 22. August B2**r**

20 Zim ☕ – †72/80 € ††94/100 €

Das Hotel befindet sich in zentraler Lage unweit des Bahnhofs, Messe und Kongresszentren sind gut zu Fuß erreichbar. Helle zeitgemäße Zimmer, teilweise mit Balkon.

Stephans-Stuben

Bahnhofstr. 65 (über Schützenstraße B2) ✉ 89231 – ✆ (0731) 72 38 72 – www.stephans-stuben.de – geschl. Februar 1 Woche , Anfang August 2 Wochen und Sonntagabend - Dienstagmittag

Rest – (Tischbestellung ratsam) Menü 30 € (mittags unter der Woche)/110 € – Karte 32/59 €

Bei Franziska und Siegfried Pfnür passt nicht nur das Ambiente (freundlich, mit mediterranem Touch und stimmig dekoriert), man kann hier auch schmackhaft essen, z. B. ausgelösten Hummer mit Lachspflanzerl.

Das Symbol † bzw. †† zeigt den Mindestpreis in der Nebensaison und den Höchstpreis in der Hochsaison für ein Einzelzimmer bzw. für ein Doppelzimmer an.

In Neu-Ulm-Reutti Süd-Ost: 6,5 km über B1 Richtung Augsburg

Meinl

Marbacher Str. 4 ✉ 89233 – ✆ (0731) 7 05 20 – www.hotel-meinl.de – geschl. 20. Dezember - 6. Januar

30 Zim – †89/99 € ††115/130 €, ☕ 9 € – ½ P

Rest – *(geschl. Samstagmittag)* Menü 32/58 € – Karte 29/46 €

Ausflugstipps, Relaxen in der Sauna, Service für Biker - und nicht zu vergessen: Kinderspielzimmer und Spielplatz! Die Zimmer hier sind in wohnlichen Farben gestaltet und in den beiden Restaurants "PEUNT" und "Willis" serviert man eine ambitionierte Regionalküche. Schön die Terrasse mit Blick ins Grüne!

NEUWIED – Rheinland-Pfalz – 543 – 64 320 Ew – Höhe 65 m 36 D14

Berlin 600 – Mainz 114 – Koblenz 18 – Bonn 54

Luisenplatz/Marktstr. 63, ✉ 56564, ✆ (02631) 8 02 55 55, www.neuwied.de

18 Neuwied, Gut Burghof, ✆ (02622) 8 35 23

Food Hotel

Langendorferstr. 155 ✉ 56564 – ✆ (02631) 8 25 20 – www.food-hotel.de

45 Zim – †90 € ††130 €, ☕ 14 € – 1 Suite – ½ P

Rest – Menü 16/50 € – Karte 17/34 €

Ein modernes Hotel, angeschlossen an die Lebensmittelfachschule. Unter der Patenschaft bekannter Firmen sind individuelle themenbezogene Zimmer entstanden. Geradlinig gestaltetes Restaurant mit Supermarkt-Atmosphäre.

Coquille St. Jacques im Parkrestaurant Nodhausen

Nodhausen 1 (Nord: 3 km, über B 256 nach Niederbieber)
✉ 56567 – ✆ (02631) 81 34 23 – www.parkrestaurant-nodhausen.de – geschl. Ende Dezember - Anfang Januar 2 Wochen, Juli - August 2 Wochen und Sonntag - Dienstag sowie an Feiertagen
Rest – *(nur Abendessen)* (Tischbestellung erforderlich) Menü 65/130 € – Karte 64/103 €
Rest *Brasserie Nodhausen* – siehe Restaurantauswahl
Das schöne historische Anwesen ist Garant für einen rundum gelungenen Abend: Modern-elegantes Ambiente und geschulter Service nebst trefflicher Weinberatung durch Seniorchef Armin Kurz könnten die saisonale kreativ-klassische Küche von Florian Kurz nicht stimmiger begleiten. In den beiden Menüs überzeugen erstklassige Produktqualität und harmonische Zusammenstellung - Sie können die einzelnen Gänge auch à la carte bestellen.
➜ Die Kartoffelernte mit Saibling und Ossietra Kaviar. Kalb mit Brunnenkresse und Sellerie. Erdbeere Romanoff.

Brasserie Nodhausen – Restaurant Coquille St. Jacques im Parkrestaurant Nodhausen

Nodhausen 1 (Nord: 3 km, über B 256 nach Niederbieber)
✉ 56567 – ✆ (02631) 81 34 23 – www.parkrestaurant-nodhausen.de – geschl. Ende Dezember - Anfang Januar 2 Wochen, Juli - August 2 Wochen und Sonntag - Montag, Samstagmittag sowie an Feiertagen
Rest – (Tischbestellung ratsam) Menü 32 € (mittags)/60 € – Karte 32/63 €
Im Zweitrestaurant des Hauses setzt Florian Kurz auf internationale und regionale Kost, die sich an der Saison orientiert. Macht Ihnen "Nuss vom Maibock auf Spargelragout" Appetit? Oder eher ein Steakgericht? Geradlinge Einrichtung und Wintergartenflair schaffen eine ansprechende Atmosphäre.

NIDDERAU – Hessen – 543 – 19 900 Ew – Höhe 117 m — 48 G14

Berlin 526 – Wiesbaden 60 – Frankfurt am Main 30 – Gießen 52

In Nidderau-Heldenbergen

Zum Adler — Zim,

Windecker Str. 2 ✉ 61130 – ✆ (06187) 92 70 – www.hoteladler-goy.de – geschl. 27. Dezember - 7. Januar
24 Zim – 53/83 € 82/106 €
Rest – *(geschl. Ende Juli 2 Wochen, Anfang August 2 Wochen und Freitag, Sonntagabend) (Montag - Samstag nur Abendessen)* Karte 17/57 €
Der zum Hotel erweiterte Gasthof mit blauem Fachwerk wird mit Engagement von Familie Goy geführt. Es erwarten Sie sehr gepflegte Zimmer und ein gutes Frühstücksbuffet. Restaurant in ländlichem Stil.

Alte Bäckerei garni

Friedberger Str. 16 ✉ 61130 – ✆ (06187) 90 52 30 – www.hotelaltebaeckerei.de – geschl. 22. Dezember - 6. Januar
15 Zim – 53/80 € 82/109 €
Die freundliche Gastgeberin Jutta Goy bietet in der ehemaligen Dependance des 500 m entfernten Hotels Zum Adler helle Zimmer, die teilweise besonders ruhig nach hinten liegen. Ausgezeichnetes Frühstück in einem hübschen modernen Raum.

NIEBLUM – Schleswig-Holstein – siehe Föhr (Insel)

NIEDERHAUSEN – Rheinland-Pfalz – 543 – 510 Ew – Höhe 127 m — 46 D15

Berlin 631 – Mainz 56 – Koblenz 82 – Saarbrücken 128

Hermannshöhle Restaurant Weck

Niederhäuser Hermannshöhle 1 ✉ 55585 – ✆ (06758) 64 86 – www.hermannshoehle-weck.de – geschl. 13. Januar - 6. Februar, 10. - 18. November und Montag, November - März: Montag - Dienstag
Rest – Menü 36/60 € – Karte 30/51 €
In dem schön an der Nahe gelegenen Restaurant, einem ehemaligen Fährhaus a. d. 16. Jh., bietet man bürgerlich-regionale Küche. Der Chef steht am Herd, die Chefin leitet den Service.

NIEDERKASSEL – Nordrhein-Westfalen – **543** – 37 560 Ew – Höhe 55 m **36** C12

Berlin 585 – Düsseldorf 67 – Bonn 15 – Köln 23

Niederkassel-Uckendorf, Heerstraße, (02208) 50 67 90

In Niederkassel-Mondorf Süd-Ost: 6 km über Hauptstraße

Zur Börsch Rest,

Oberdorfstr. 30 53859 – (0228) 97 17 20 – www.zur-boersch.de – geschl. 1. - 20. August

21 Zim – 58/65 € 95/100 €

Rest – *(geschl. Donnerstag) (nur Abendessen)* Karte 20/39 €

Ein gut geführter kleiner Familienbetrieb in der Nähe des Sport-Yacht-Hafens, in dem sehr gepflegte und neuzeitlich ausgestattete Zimmer bereitstehen. Restaurant in rustikalem Stil mit Terrasse hinter dem Haus.

In Niederkassel-Uckendorf Nord-Ost: 2 km über Spicher Straße

Clostermanns Hof

Heerstraße 53859 – (02208) 9 48 00 – www.clostermannshof.de

66 Zim – 99/400 € 115/450 € – ½ P

Rest – Menü 29/51 € – Karte 40/57 €

Beim Golfplatz liegt das stilvoll-wohnliche Hotel, entstanden aus einem hübschen historischen Gutshof. Regionale und internationale Küche bieten die Restaurants: klassisch-modernes "Clostermanns" und "Closterstube" mit Landhausflair, dazu ein schöner Biergarten im Innenhof, ein Kaffeegarten und die Remisenbar im Wintergarten.

NIEDERNBERG – Bayern – **546** – 4 920 Ew – Höhe 117 m **48** G15

Berlin 563 – München 375 – Frankfurt am Main 50 – Aschaffenburg 12

Seehotel Spa Rest,

Leerweg (Süd-West: 1,5 km) 63843 – (06028) 99 90 – www.seehotel-niedernberg.de

69 Zim – 109 € 140/150 €, 15 € – 5 Suiten – ½ P

Rest *Rivage* – 60 € – Karte 32/56 €

Wie ein kleines Dorf am Seeufer! Gepflegte Gartenanlage und Privatstrand, gute Tagungs- und Veranstaltungsmöglichkeiten und für den Winter das hauseigene Kino. Im Rivage speist man international-regional. Schöne Terrasse am Koikarpfenteich.

Die Blecherne Katz

Rathausgasse 7 63843 – (06028) 2 06 26 – geschl. Anfang September 1 Woche, Dezember und Montag - Dienstag sowie an Feiertagen

Rest – *(nur Abendessen)* (Tischbestellung ratsam) Karte 29/49 €

Das sympathische Restaurant liegt in einer kleinen Gasse und ist über den hübschen Innenhof mit Terrasse erreichbar. Naturstein und Holz schaffen ein gemütliches Ambiente.

NIEDERSCHÖNA – Sachsen – **544** – 5 400 Ew – Höhe 346 m **43** P12

Berlin 220 – Dresden 29 – Chemnitz 45 – Freiberg 11

In Niederschöna-Hetzdorf Nord-Ost: 3 km über B 173

Waldhotel Bergschlößchen

Am Bergschlößchen 14 09600 – (035209) 23 80 – www.bergschloesschen.de – geschl. 18. - 31. Dezember

18 Zim – 43/53 € 59/74 € – ½ P **Rest** – Menü 23 € – Karte 15/34 €

Aus dem Jahre 1911 stammt das weiß-blaue Schlösschen, das nett und ruhig auf einer Anhöhe am Waldrand liegt. Gepflegte Gästezimmer. Freundliches Restaurant mit Wintergarten.

NIEDERSTETTEN – Baden-Württemberg – **545** – 5 230 Ew – Höhe 306 m **49** I17

Berlin 553 – Stuttgart 127 – Würzburg 50 – Crailsheim 37

Krone Rest,

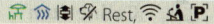

Marktplatz 3 ✉ 97996 – ✆ (07932) 89 90 – www.hotelgasthofkrone.de – geschl. 27. Dezember - 7. Januar

32 Zim – 60/76 € 95/108 € – ½ P

Rest – *(geschl. Montagmittag)* Karte 22/45 €

Hätten Sie hinter der historischen Fassade des alten Gasthofs derart moderne Zimmer erwartet? Klare Linien und warme Farben sind hier stimmig und wohnlich kombiniert. Die Zimmer im Gästehaus sind etwas funktioneller. Im Restaurant wählen Sie zwischen der Kronenstube und der eleganten Guten Stube.

NIEDERWINKLING – Bayern – siehe Bogen

NIEFERN-ÖSCHELBRONN – Baden-Württemberg – 545 — 55 F18

– 11 860 Ew – Höhe 240 m

Berlin 659 – Stuttgart 47 – Karlsruhe 37 – Pforzheim 7

Im Ortsteil Niefern

Krone Rest, Rest,

Schloßstr. 1 ✉ 75223 – ✆ (07233) 70 70 – www.krone-pforzheim.de

59 Zim – 74/84 € 92/105 € – 1 Suite – ½ P

Rest – Menü 15 € (mittags)/55 € – Karte 19/47 €

Gepflegte funktionelle Gästezimmer mit zeitgemäßer Einrichtung und gutem Platzangebot bietet dieses von der Inhaberfamilie geführte Haus. Restaurant mit internationaler Küche.

NIENSTÄDT – Niedersachsen – siehe Stadthagen

NIERSTEIN – Rheinland-Pfalz – 543 – 7 840 Ew – Höhe 85 m — 47 F15

Berlin 578 – Mainz 20 – Frankfurt am Main 53 – Darmstadt 23

18 Mommenheim, Am Golfplatz 1, ✆ (06138) 9 20 20

Wein- und Parkhotel Rest,

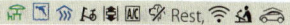

An der Kaiserlinde 1 ✉ 55283 – ✆ (06133) 50 80 – www.weinhotel.bestwestern.de

55 Zim – 85/125 € 105/155 € – ½ P **Rest** – Karte 28/43 €

Das Hotel ist besonders für Tagungsgäste und Wochenendurlauber interessant. Es liegt in der Ortsmitte, der Heyl'sche Garten direkt vor der Tür und der Rhein gleich um die Ecke. Zimmer und Restaurant haben einen mediterranen Touch, in der Halle gibt es ein Irish Pub.

Villa Spiegelberg garni

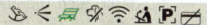

Hinter Saal 21 ✉ 55283 – ✆ (06133) 51 45 – www.villa-spiegelberg.de – geschl. über Weihnachten, über Ostern

11 Zim – 70/85 € 90/110 €

Hier besticht vor allem die Lage in einem parkähnlichen Garten, umgeben von Weinbergen. Die ansprechende Villa ist ein familiär geführtes kleines Hotel mit gediegener Einrichtung.

NIESTETAL – Hessen – siehe Kassel

NITTEL – Rheinland-Pfalz – 543 – 2 210 Ew – Höhe 180 m — 45 A16

Berlin 744 – Mainz 187 – Trier 26 – Luxembourg 32

Nitteler Hof Zim,

Weinstr. 42 ✉ 54453 – ✆ (06584) 9 93 60 – www.hotelnittelerhof.eu

30 Zim – 69/75 € 75/85 €, 14 € – ½ P

Rest – *(Montag - Samstag nur Abendessen)* Menü 24/29 € – Karte 19/54 €

Das rund 100 Jahre alte Haus mit der denkmalgeschützten Fassade beherbergt zeitgemäße, geradlinig gestaltete Zimmer und einen Kosmetikbereich im schönen Gewölbe. Showküche mit Holzkohlegrill im neuzeitlichen Restaurant.

Culinarium

Weinstraße 5, (mit Gästehaus) ✉ 54453 – ✆ (06584) 91 45 0 – www.culinarium-nittel.de – geschl. Ende Februar - Ende März

20 Zim – 🛉45/52 € 🛉🛉65/85 €

Rest *Culinarium* – siehe Restaurantauswahl

Direkt an der Mosel und nur wenige Meter von der luxemburgischen Grenze liegt das Weingut mit seinen großzügigen, wohnlichen Zimmern - einige im Gästehaus, 300 m entfernt in einer Seitenstraße. Dazu ein kleiner Sauna- und Wohlfühlbereich.

XX **Culinarium** – Hotel Culinarium

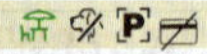

Weinstraße 5 ✉ 54453 – ✆ (06584) 9 14 50 – www.culinarium-nittel.de – geschl. Ende Februar - Ende März und Sonntagabend - Dienstag

Rest – *(nur Abendessen, sonntags auch Mittagessen)* Menü 37 € – Karte 20/56 €

Warme Farben, Holzfußboden, bequeme Sitzbänke... Trotz des klaren, modernen Stils ist es hier schön gemütlich! Aus der Küche von Walter Curman kommen regional-saisonale Speisen.

NÖRDLINGEN – Bayern – 546 – 19 030 Ew – Höhe 441 m

56 J18

Berlin 514 – München 128 – Augsburg 72 – Nürnberg 92

Marktplatz 2, ✉ 86720, ✆ (09081) 8 41 16, www.noerdlingen.de

Lage★ · St.-Georgskirche★ (Figur der hl. Magdalena★) · Stadtmauer★ ·Stadtmuseum★ · Rieskrater-Museum★

Benediktinerabtei Neresheim★, Süd-West: 19 km

NH Klösterle Ⓝ

Beim Klösterle 1 ✉ 86720 – ✆ (09081) 8 70 80 – www.nh-hotels.com

98 Zim – 🛉69/109 € 🛉🛉69/109 €, 17 € **Rest** – Karte 24/46 € **v**

Das ehemalige Franziskanerkloster a. d. 13. Jh. liegt mitten in der Altstadt und ist mit seiner modernen, funktionalen Ausstattung eine gute Tagungsadresse. Regional-saisonale Küche im Restaurant.

XX **Wirtshaus Meyers Keller - Restaurant Joachim Kaiser**

Marienhöhe 8 ✉ 86720 – ✆ (09081) 44 93 – www.meyerskeller.de – geschl. Januar 2 Wochen, Juni 1 Woche und Montag - Dienstag

Rest – Menü 75/125 €

Rest *Wirtsstube* – siehe Restaurantauswahl

Sehr schön spiegelt das Degustationsmenü die exakte kreative Küche von Joachim Kaiser wider, und zu den ansprechend angerichteten feinen Gerichten passt auch die angenehme elegante Atmosphäre. Speisen Sie im Sommer unbedingt auf der Terrasse!

→ Gänseleberterrine mit Kirschragout und erfrischendem Schokoladensorbet. Meeräsche mit Fenchel-Gemüse, Bärlauch-Kapern, warmer Mayonnaise, Bottarga und frittierten Kartoffeln. "Kirschenmichel" frisch aus dem Ofen mit Vanillesauce und Sauerkirschsorbet.

X **Wirtsstube** – Wirthaus Meyers Keller - Restaurant Joachim Kaiser

Marienhöhe 8 ✉ 86720 – ✆ (09081) 44 93 – www.meyerskeller.de – geschl. Januar 2 Wochen, Juni 1 Woche und Montag - Dienstag

Rest – Menü 35/59 € – Karte 36/53 €

Holzfußboden, Natursteinwände, Hirschgeweihe als Deko... modern-rustikal ist es hier und schön charmant! Auf den Teller kommen akkurat zubereitete regionale Speisen, die man mittig im Raum auch als "Versucherle" genießen kann. Tipp: Im ehemaligen Bierkeller reift der hausgemachte Schinken nach Culatello-Art!

NÖRTEN-HARDENBERG – Niedersachsen – 541 – 8 260 Ew – Höhe 140 m

29 I10

Berlin 328 – Hannover 109 – Kassel 57 – Göttingen 11

36 GC Hardenberg,, Northeim, Gut Levershausen, ✆ (05551) 90 83 80

Hardenberg BurgHotel 

Hinterhaus 11a ✉ 37176 – ✆ (05503) 98 10 – www.hardenberg-burghotel.de – geschl. 1. - 14. Januar

43 Zim ☕ – 🚹125/265 € 👫170/340 € – 2 Suiten – ½ P

Rest *Novalis* – siehe Restaurantauswahl

Rest *Keilerschänke* – Menü 28 € – Karte 22/50 €

In dem eleganten Hotel zeugt der Keilerkopf, das Wappen der Hardenbergs, von langer Familientradition. Direkt unterhalb der Burgruine kann man geschmackvoll wohnen und entspannen (schöner Saunabereich). Eigenes Reitturnier. Rustikale Keilerschänke.

XXX **Novalis** – Hardenberg BurgHotel

Hinterhaus 11a ✉ 37176 – ✆ (05503) 98 10 – www.hardenberg-burghotel.de – geschl. 1. - 14. Januar und Sonntag - Montag

Rest – *(nur Abendessen)* Menü 58/85 € – Karte 58/73 €

Das kulinarische Herz des Burghotels schlägt im Novalis. Das Ambiente: eine schöne Symbiose aus klassischem elegantem Stil und modernem Zeitgeschmack.

NOHFELDEN – Saarland – 543 – 10 140 Ew – Höhe 350 m 46 C16

Berlin 702 – Saarbrücken 54 – Trier 58 – Kaiserslautern 59

An der Burg, ✉ 66625, ✆ (06852) 88 50, www.nohfelden.de

Nohfelden-Eisen, Heidehof, ✆ (06852) 99 14 70

Nohfelden-Selbach Süd-West: 10 km

X **Oldenburger Hof** N

Birkenfelder Str. 1 ✉ 66625 – ✆ (06875) 8 01 – www.oldenburgerhof-selbach.de – geschl. Februar 2 Wochen, Mitte Juni - Mitte Juli und Montag - Dienstag, Samstagmittag

Rest – Karte 17/37 €

Mit Jochen und Charlotte Schneider ist der gestandene Gasthof nun in 10. Generation in Familienhand. Den ländlichen Charme hat man bewahrt, helle warme Töne machen sich gut dazu und wirken schön freundlich. Saisonal-bürgerliche Küche von Schnitzel bis "Öchsenbacke provencale".

NONNENHORN – Bayern – 546 – 1 670 Ew – Höhe 404 m – Luftkurort 63 H22

Berlin 730 – München 187 – Kostanz 77 – Ravensburg 25

Seehalde 2, ✉ 88149, ✆ (08382) 82 50, www.nonnenhorn.eu

Torkel  Rest,

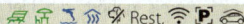

Seehalde 14 ✉ 88149 – ✆ (08382) 9 86 20 – www.hotel-zum-torkel.de – geschl. Januar

30 Zim ☕ – 🚹70/100 € 👫140 € – 1 Suite – ½ P

Rest – *(geschl. Mittwoch)* Karte 19/62 €

Der Generationswechsel im Haus beschert dem Gast neuen Komfort: Die Gebrüder Stoppel haben im Neubau schicke moderne Zimmer sowie ein schönes Wellnessangebot geschaffen! Wer das Bewährte vorzieht: ländlich-schlichte Zimmer im Stammhaus. Im Fokus des Restaurants (nett auch die Terrasse) steht regionale Küche.

Haus am See

Uferstr. 23 ✉ 88149 – ✆ (08382) 98 85 10 – www.hausamsee-nonnenhorn.de – geschl. 17. - 26. November, 22. Dezember - 1. März

24 Zim ☕ – 🚹68/99 € 👫110/167 € – 1 Suite – ½ P

Rest *Haus am See* – siehe Restaurantauswahl

Angesichts der sehr wohnlichen Zimmer und des überaus gepflegten Gartens, der auch noch direkten Zugang zum See bietet, möchte man hier einfach die Seele baumeln lassen! Und zufriedene Gäste sind schließlich das Anliegen der engagierten Familie Knörle.

Seewirt

Seestr. 15 ✉ 88149 – ✆ (08382) 98 85 00 – www.hotel-seewirt.de – geschl. 7. Januar - 28. Februar, 27. Oktober - 11. Dezember

32 Zim – 59/120 € 90/175 € – ½ P

Rest – Menü 19/45 € – Karte 23/56 €

Das Hotel liegt wirklich günstig: Zum einen ist der See ganz nah, zum anderen nutzen Hausgäste kostenlos das örtliche Freibad gegenüber. Essen können Sie im Stammhaus von 1617, z. B. in der charmanten historischen Stube. Es gibt aber auch ein Café mit Seeterrasse und Leckerem aus der eigenen Konditorei.

Zur Kapelle

Kapellenplatz 3 ✉ 88149 – ✆ (08382) 82 74 – www.witzigmann-kapelle.de – geschl. 13. Januar - 21. März

17 Zim – 48/68 € 78/116 € – ½ P

Rest – *(geschl. November - März: Donnerstag)* Menü 17 € – Karte 19/38 €

Seit Jahrzehnten befindet sich der denkmalgeschützte Gasthof im Familienbesitz. Alles passt zusammen: wohnliche Zimmer, private Atmosphäre, die gemütliche Stimmung in der rustikalen Gaststube - hier bietet man durchgehend warme Küche, Hausspezialität ist Wildente. Natürlich zieht es die Gäste auch auf die schöne Terrasse!

Haus am See – Hotel Haus am See

Uferstr. 23 ✉ 88149 – ✆ (08382) 98 85 10 – www.hausamsee-nonnenhorn.de – geschl. 17. - 26. November, 22. Dezember - 1. März und Mittwoch

Rest – Menü 37 € – Karte 31/57 €

Der Blick in den Garten und auf den See gibt dem Wintergartenrestaurant samt schöner Terrasse seinen besonderen Reiz. Valentin Knörle, Sohn des Hauses, leitet die Küche - auf der regionalen Karte finden Sie z. B. "Spanferkelrücken mit Dunkelbiersauce, Spitzkraut und Honig-Grießknödel".

NONNWEILER – Saarland – 543 – 8 910 Ew – Höhe 400 m – Heilklimatischer Kurort

45 C16

Berlin 712 – Saarbrücken 50 – Trier 45 – Kaiserslautern 75

In Nonnweiler-Sitzerath West: 4 km, jenseits der A 1

Landgasthof Paulus

Prälat-Faber-Str. 2 ✉ 66620 – ✆ (06873) 9 10 11 – www.landgasthof-paulus.de – geschl. Montag - Mittwochmittag, außer an den Feiertagen

Rest – (Tischbestellung ratsam) Menü 38/50 € – Karte 38/51 €

Die Leibspeise von Gastgeber Thomas Nickels (bereits die 7. Generation) ist Rindsroulade. Keine Frage, dass diese auch zum Repertoire seiner Frau Sigrune Essenpreis gehört, die hier ihre Naturküche aus regionalen (Bio-) Produkten, heimischen Kräutern etc. zum Besten gibt - zu genießen in freundlichem, modernem Landhaus-Ambiente. Zudem hat man eine Vinothek.

NORDDORF – Schleswig-Holstein – siehe Amrum (Insel)

NORDEN – Niedersachsen – 541 – 25 120 Ew – Höhe 7 m

7 D5

Berlin 531 – Hannover 268 – Emden 44 – Oldenburg 97

von Norden-Norddeich nach Norderney (Autofähre) und nach Juist, ✆ (04931) 98 70

Dörper Weg 22, ✉ 26506, ✆ (04931) 98 62 00, www.norddeich.de

Reichshof (mit Gästehäusern)

Neuer Weg 53 ✉ 26506 – ✆ (04931) 17 50 – www.reichshof-norden.de

52 Zim – 76/230 € 119/300 € – 3 Suiten – ½ P

Rest – Menü 30/59 € – Karte 26/54 €

Welchen Zimmertyp bevorzugen Sie? "Standard", "Klassik", "De Luxe" oder eines der beiden chic-modernen und sehr großzügigen "Wellness-Lofts"? Das Hotel liegt an der Fußgängerzone und ist gut geführt - hier wird immer wieder investiert!

In Norden-Norddeich **Nord-West: 4,5 km über B 72 – Seebad**

Fährhaus
Hafenstr. 1 ✉ 26506 – ✆ (04931) 9 88 77 – www.hotel-faehrhaus.de
74 Zim – 65/180 € 130/210 € – 4 Suiten – ½ P
Rest – Menü 19/50 € – Karte 21/53 €
Ein Traditionshaus in völlig neuem Gewand! Das Stammhaus (1838) wurde umfassend renoviert: moderne Zimmer, Spa und ein geschmackvolles Restaurant mit Wintergarten - und nicht zu vergessen die schöne Lage am Deich, direkt an den Fähren nach Juist und Norderney!

Regina Maris
Zim,
Badestr. 7c ✉ 26506 – ✆ (04931) 18 93 70 – www.hotelreginamaris.de – geschl. 15. - 26. Dezember
54 Zim – 65/95 € 116/160 € – 6 Suiten – ½ P
Rest – Menü 25/47 € – Karte 29/47 €
Rest *Störtebeker's* – ✆ (04931) 18 93 66 – Menü 20/35 € – Karte 22/34 €
In einem Wohngebiet direkt am Deich liegt das Ferienhotel mit soliden wohnlichen Gästezimmern, in der obersten Etage mit Meerblick. Auch ein Beautybereich ist vorhanden. Richtig nett und modern-friesisch kommt das Störtebeker's daher. Die Küche ist regional.

NORDENHAM – **Niedersachsen** – **541** – **26 830 Ew** – **Höhe 3 m** **8** F5

Berlin 464 – Hannover 200 – Cuxhaven 51 – Bremen 71
Marktplatz 7, ✉ 26954, ✆ (04731) 9 36 40, www.nordenham.net

Hotel Am Markt
Rest,
Marktstr. 12 ✉ 26954 – ✆ (04731) 9 37 20 – www.hotel-am-markt.de
44 Zim – 88/200 € 108/200 € – 3 Suiten – ½ P
Rest – Menü 25/40 € – Karte 25/44 €
In dem roten Klinkerbau in der Stadtmitte stehen neuzeitliche Zimmer mit geschmackvoller Einrichtung bereit. Auch für Tagungen ist das Hotel gut geeignet. Restaurant in der 1. Etage mit internationaler Karte. Bistro.

Küste garni
Hansingstr. 5 ✉ 26954 – ✆ (04731) 24 98 90 – www.hotelkueste.de
12 Zim – 75/89 € 89/99 €
In dem kleinen Hotel erwarten Sie individuell geschnittene Zimmer mit moderner, komfortabler Ausstattung, dazu ein netter Frühstücksraum mit recht guter Buffetauswahl und ein richtig hübscher Garten - eine wirklich schöne Alternative zu den großen Häusern!

In Nordenham-Abbehausen **Süd-West: 4,5 km**

Landhotel Butjadinger Tor (mit Gästehäusern)
Butjadinger Str. 69 ✉ 26954 – ✆ (04731) 9 38 80 – www.butjadinger-tor.de
73 Zim – 59/99 € 89/129 € – ½ P **Rest** – Karte 17/49 €
Zimmer vom soliden Landhausstil bis hin zu geradlinig-modern bietet das gewachsene Hotel in drei Gebäuden. Das neueste Gästehaus liegt nach hinten versetzt, hier schläft man etwas ruhiger! Am Morgen gibt es ein gepflegtes Frühstück und die Küche im Restaurant ist bürgerlich.

In Nordenham-Tettens **Nord: 10 km Richtung Butjadingen, in Schneewarden rechts**

Landhaus Tettens

Am Dorfbrunnen 17 ✉ 26954 – ✆ (04731) 3 94 24 – www.landhaus-tettens.de – geschl. Anfang Januar 2 Wochen und Montag
Rest – Menü 18/40 € – Karte 20/38 €
In einem schönen Garten am Deich steht das charmante einstige Bauernhaus, unter dessen Reetdach man mit Liebe zum Detail ein gemütliches ländlich-elegantes Restaurant eingerichtet hat. Man serviert Ihnen hier regionale und internationale Küche.

NORDERNEY (INSEL) Niedersachsen – **541** – 5 820 Ew – Höhe 5 m   7 D5
– **Insel der Ostfriesischen Inselgruppe, eingeschränkter Kfz-Verkehr – Seeheilbad**

Berlin 537 – Hannover 272 – Emden 44 – Aurich 31
Am Leuchtturm 1a, ✆(04932) 24 55
von Norddeich (ca. 1h), ✆ (04931) 98 70
Am Kurplatz 1, ✉ 26548, ✆(04932) 89 13 00, www.norderney.de
Norderney, Am Golfplatz 2, ✆(04932) 92 71 56

Michels Thalasso Hotel Nordseehaus

Bülowallee 6 ✉ 26548 – ✆ (04932) 88 10 00 – www.michelshotels.de Zim, Zim,
116 Zim – 68/90 € 100/175 € – 9 Suiten – ½ P
Rest *Tide* – *(nur Abendessen)* Menü 25/89 € – Karte 36/56 €
Großzügig und modern kommt das Ferienhotel daher. Geradliniger Stil im schönen Eingangsbereich mit Lobby, in den Zimmern (viele verfügen sogar über zwei Bäder!), im geräumigen Fitnessraum sowie im Restaurant Tide mit zeitgemäßer Küche.

Strandhotel Georgshöhe

Rest, Rest,
Kaiserstr. 24 ✉ 26548 – ✆ (04932) 89 80 – www.georgshoehe.de – geschl. 7. - 25. Dezember
109 Zim – 52/140 € 121/255 € – 23 Suiten – ½ P
Rest *N'eys* – siehe Restaurantauswahl
Rest – *(nur Abendessen)* Menü 28 € – Karte 21/46 €
Ein idealer Ort zum Urlaubmachen: die strandnahe Lage und der große Spa, der u. a. Saunen mit Meerblick bietet! Für Freunde modernen Designs könnten die Zimmerkategorien "Prestige" und "Sportive" kaum passender sein.

Seesteg

Damenpfad 36a ✉ 26548 – ✆ (04932) 89 36 00 – www.seesteg-norderney.de
7 Zim – 240/540 € 280/580 € – 9 Suiten
Rest *Seesteg* – siehe Restaurantauswahl
Es gibt wohl nichts in diesem Boutique-Hotel, das nicht exklusiv ist! Angefangen bei der Lage am Strand über die Wertigkeit in Design und Technik bis hin zu Highlights wie dem Private Spa und dem Rooftop-Pool - vom guten Service ganz zu schweigen!

Strandhotel Pique

Am Weststrand 4 ✉ 26548 – ✆ (04932) 9 39 30 – www.hotel-pique.de – geschl. 10. Januar - 15. Februar
24 Zim – 87/149 € 129/186 € – 1 Suite
Rest – *(geschl. Dienstag)* Menü 18 € (mittags)/47 € – Karte 18/47 €
Die Lage ist wirklich einzigartig - nur wenige Schritte und Sie stehen direkt am Weststrand! Die Zimmer bieten teilweise eine tolle Seesicht, ebenso Restaurant und Terrasse. 50 m weiter: Thalasso im "Badehaus Norderney".

Villa Ney

Gartenstr. 59 ✉ 26548 – ✆ (04932) 91 70 – www.villa-ney.de – geschl. 15. November - 15. Dezember, 10. Januar - 10. Februar
4 Zim – 100/125 € 145/165 € – 10 Suiten
Rest – *(nur Abendessen für Hausgäste)*
In einer ruhigen Dorfstraße befindet sich dieser moderne Villenbau. Dem Gast stehen tipptopp gepflegte, wohnlich und elegant eingerichtete Zimmer zur Verfügung.

Haus Norderney garni

Janusstr. 6 ✉ 26548 – ✆ (04932) 22 88 – www.hotel-haus-norderney.de – geschl. 1. Dezember - 26. Februar
10 Zim – 69/79 € 118/188 €
Die Villa von 1927 ist eines der schönsten Häuser der Insel und perfekt für Individualisten! Klares Design in warmen Tönen, Frühstück im kleinen Garten, relaxen am Kamin oder in der Sauna, dazu kostenfreie Fahrräder und nette Kleinigkeiten, die den Aufenthalt versüßen!

Aquamarin  garni 

Friedrichstr. 5 ✉ 26548 – ✆ (04932) 9 28 50
– www.hotel-aquamarin-norderney.de – geschl. 2. Dezember - 31. Januar
13 Zim ☕ – 🚹48/85 € 🚹🚹90/168 €
Richtig nett wohnt man in dem sympathischen kleinen Hotel: Die Führung ist persönlich, die Zimmer sind individuell (einige neuere sind besonders schön), charmant-modern sind Lobby und Frühstücksraum mit hellem Dielenboden und hübschen Details.

XX ✿ **Seesteg** – Hotel Seesteg

Damenpfad 36a ✉ 26548 – ✆ (04932) 89 36 35 – www.seesteg-norderney.de
Rest – (Tischbestellung ratsam) Menü 60/82 € – Karte 43/66 €
Der Blick aufs Meer ist zweifelsohne interessant, doch auch in die Küche lohnt es sich zu schauen. Hier kocht Markus Kebschull frisch, zeitgemäß und mit ausgesuchten Produkten. Die kleine Weinkarte dazu ist gut kalkuliert. Mittags ist das Angebot kleiner. Angenehm ist nicht nur das helle, moderne Ambiente drinnen: Die Terrasse zum Meer ist ein echtes Highlight!
→ Hummertatar mit mariniertem grünem Spargel, Avocado und Passionsfrucht. Steinbutt mit 2 x Blumenkohl und Champagnersauce. Taube mit Erbsensalat und Himbeeressigsauce.

XX **N'eys** – Strandhotel Georgshöhe 

Kaiserstr. 24 ✉ 26548 – ✆ (04932) 89 80 – www.georgshoehe.de – geschl. 7. - 25. Dezember und Montag, November - März: Montag - Donnerstag
Rest – *(nur Abendessen)* Menü 45/95 € – Karte 40/62 €
N'eys nennt sich das kleine Abendrestaurant im Wintergarten. Stylish ist das Ambiente, grandios der Blick aufs Meer. Die Küche lockt mit klassischer Kulinarik.

X **Weisse Düne**

Weisse Düne 1 ✉ 26548 – ✆ (04932) 93 57 17 – www.weisseduene.com
Rest – Karte 24/54 €
Es gibt wohl kaum jemanden, der nicht gerne an einem warmen Sommertag direkt hinter den Dünen entspannt im Freien sitzt! Mittags kann man nicht reservieren und die Karte ist einfacher (mit Auszügen aus dem Abendangebot).

NORDERSTEDT – Schleswig-Holstein – 541 – 72 000 Ew – Höhe 36 m 10 I5

Berlin 309 – Kiel 79 – Hamburg 26 – Itzehoe 58
ADAC Berliner Allee 38 (Herold-Center)

Park-Hotel garni 

Buchhörner Moor 100 ✉ 22846 – ✆ (040) 52 65 60 – www.parkhotel-hamburg.de – geschl. Ende Dezember - Anfang Januar
78 Zim ☕ – 🚹72/124 € 🚹🚹83/134 €
Ein Businesshotel in zentraler Lage, in dem Sie eine ansprechende, großzügige Lobby empfängt. Gut ausgestattete Zimmer in zeitlosem Stil, hübscher Frühstücksraum.

Nordic garni

Ulzburger Str. 387 ✉ 22846 – ✆ (040) 5 26 85 80 – www.hotel-nordic.de
30 Zim ☕ – 🚹72/82 € 🚹🚹79/105 €
Ein familiär geleitetes Haus mit zeitgemäßen, hell eingerichteten Zimmern und einem freundlichen verglasten Frühstücksraum zum Garten hin - im Sommer mit Terrasse.

In Norderstedt-Harksheide

Schmöker Hof 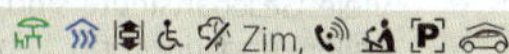

Oststr. 18 ✉ 22844 – ✆ (040) 52 60 70 – www.schmoekerhof.bestwestern.de
122 Zim – 🚹89/104 € 🚹🚹104/114 €, ☕ 13 € – ½ P
Rest – Menü 28/47 € – Karte 33/43 €
Das Tagungs- und Geschäftshotel befindet sich etwas außerhalb und bietet funktionell ausgestattete und teilweise frisch renovierte Zimmer. Auch eine Indoor-Golfanlage ist vorhanden. Zum Restaurant gehört ein schöner Biergarten im Innenhof.

NORDHEIM – Bayern – siehe Volkach

NORDHORN – Niedersachsen – 541 – 53 060 Ew – Höhe 23 m 16 C8

Berlin 502 – Hannover 224 – Bremen 155 – Groningen 113

ADAC Firnhaber Str. 17

Firnhaberstr. 17, ✉ 48529, ✆ (05921) 8 03 90, www.vvv-nordhorn.de

Am Stadtring

Stadtring 31 ✉ 48527 – ✆ (05921) 8 83 30 – www.hotel-am-stadtring.de

47 Zim – 67/94 € 92/110 € – 1 Suite – ½ P

Rest – Menü 25 € – Karte 26/44 €

In dem Familienbetrieb wohnt man individuell, einige Zimmer sind ganz modern und geradlinig. Man bietet auch eine ansprechende Sauna, Kosmetik und einen Verbindungsgang zum städtischen Hallenbad - für Sie kostenfrei! Das Restaurant: Orangerie und Kaminstübchen.

Riverside

Zim,

Heseper Weg 40 ✉ 48529 – ✆ (05921) 81 98 10 – www.riverside-nordhorn.de

46 Zim – 108/114 € 125/135 € – ½ P

Rest *Pier 99* – ✆ (05921) 81 98 19 99 – Karte 19/37 €

Komfortable Ausstattung, moderner Stil und wohnlich-warme Farben - und das unmittelbar am Vechtesee! Zur Seeseite liegen die Zimmer ruhiger. Das Restaurant Pier99 sieht sich als legere "Strandbude"; im Sommer mit geöffneter Glasfront, im Winter mit wärmendem Kamin.

IN-SIDE garni

Bernhard-Niehues-Str. 12 ✉ 48529 – ✆ (05921) 8 98 60 – www.in-side-hotel.de – geschl. 21. Dezember - 6. Januar

55 Zim – 57/80 € 81/94 €

Das Hotel ganz in der Nähe der Innenstadt verfügt über zeitgemäße, funktionelle Zimmer, zwei davon mit schöner Dachterrasse! Hübsch ist der modern gestaltete Saunabereich.

NORDKIRCHEN – Nordrhein-Westfalen – 543 – 10 440 Ew – Höhe 65 m 26 D10

Berlin 503 – Düsseldorf 96 – Dortmund 36 – Bochum 48

Schloss Restaurant Venus

Schloss 1, (im Schloss Nordkirchen) ✉ 59394 – ✆ (02596) 97 24 72 – www.lauter-nordkirchen.de – geschl. Montag - Dienstag

Rest – *(Mittwoch - Samstag nur Abendessen)* Menü 28/79 € (abends) – Karte 40/61 €

Das elegante Restaurant befindet sich im "Westfälischen Versailles", direkt am Wassergraben. Freundlich serviert man in geschmackvollem Ambiente ambitionierte klassische Küche. Nachmittags kleine Snacks sowie Kaffee und Kuchen.

NORDRACH – Baden-Württemberg – 545 – 1 980 Ew – Höhe 297 m 54 E19

Berlin 780 – Stuttgart 126 – Freiburg 63 – Strasbourg 60

Gasthaus Stube

Zim,

Im Dorf 28 ✉ 77787 – ✆ (07838) 2 02 – www.stube-nordrach.de

11 Zim – 57 € 83 € **Rest** – *(geschl. Mittwoch)* Karte 21/41 €

Viele Geschäftsleute sind in dem kleinen Hotel zu Gast - sie schätzen die funktionellen und tipptopp gepflegten Zimmer. Zum Essen geht man in die ländliche Stube - hier gibt's Sauerbraten, Schnitzel, Wildgulasch...

NORDSTRAND – Schleswig-Holstein – 541 – 2 220 Ew – Höhe 2 m – Seeheilbad 1 G2

Berlin 447 – Kiel 103 – Sylt (Westerland) 53 – Flensburg 61

Schulweg 4, ✉ 25845, ✆ (04842) 4 54, www.nordstrand.de

Die Halligen★ (per Schiff)

In Nordstrand-Süden

Arcobaleno garni

Am Ehrenmal 10 ✉ *25845 – ✆ (04842) 82 12 – www.hotel-arcobaleno.de – geschl. November - Februar*

13 Zim ☕ – †53/70 € ††80/90 €

Ein kleines Hotel am Ortsrand unter freundlich-familiärer Leitung. Die Zimmer sind funktionell und wohnlich zugleich, teilweise mit Pantry-Küche. W-Lan bietet man kostenfrei.

In Nordstrand-Süderhafen

Am Heverstrom

Zim, P

Heverweg 14 ✉ *25845 – ✆ (04842) 80 00 – www.am-heverstrom.de*

10 Zim ☕ – †55/65 € ††72/92 € – 1 Suite – ½ P

Rest – *(geschl. Dienstag)* Karte 18/42 €

In dem familiengeführten Haus nahe dem Wattenmeer stehen gemütliche Gästezimmer mit friesischem Touch bereit, zum Teil mit Terrasse oder schöner Aussicht. Behagliches Restaurant mit bürgerlichem Angebot.

NORTHEIM – **Niedersachsen** – **541** – **29 440 Ew** – **Höhe 120 m** **29** I10

Berlin 317 – Hannover 99 – Braunschweig 85 – Göttingen 27

Am Münster 6, ✉ 37154, ✆ (05551) 91 30 66, www.northeim-touristik.de

Northeim, Gut Levershausen, ✆ (05551) 90 83 80

Schere

Breite Str. 24 ✉ *37154 – ✆ (05551) 96 90 – www.hotel-schere.de*

38 Zim ☕ – †77/96 € ††101/129 € – 1 Suite – ½ P

Rest – *(geschl. Sonntagabend - Montagmittag) (Juli nur Abendessen)* Menü 16/60 € – Karte 16/65 €

Das Hotel besteht aus acht historischen Fachwerkhäusern, in denen sich unterschiedliche, zeitgemäß ausgestattete Gästezimmer befinden. Die Fußgängerzone beginnt am Haus. Teil des Restaurants ist die bürgerlich-rustikale Gaststube. Internationale Küche.

In Northeim-Hollenstedt Nord-West: 4 km über B 3

Seeger's Gasthof mit Zim

P

Einbecker Str. 48 ✉ *37154 – ✆ (05551) 57 48 – www.seegersgasthof.de – geschl. Montag - Dienstag*

5 Zim ☕ – †35 € ††68 €

Rest – *(nur Abendessen)* (Tischbestellung ratsam) Menü 34/49 € – Karte 33/51 €

Der typische Dorfgasthof ist ein sympathischer und gut geführter Familienbetrieb mit Tradition. In der Küche verarbeitet man Bioprodukte zu schmackhaften regionalen Gerichten. Zum Übernachten stehen gepflegte Gästezimmer bereit.

NORTORF – **Schleswig-Holstein** – **541** – **6 210 Ew** – **Höhe 32 m** **10** I3

Berlin 348 – Kiel 29 – Flensburg 81 – Hamburg 78

Alter Landkrug (mit Gästehaus)

P

Große Mühlenstr. 13 ✉ *24589 – ✆ (04392) 44 14 – www.alterlandkrug.de*

40 Zim ☕ – †49/70 € ††84/110 € – 2 Suiten – ½ P

Rest – Menü 18/29 € – Karte 18/36 €

Hier wird immer wieder investiert, um auf dem Laufenden zu bleiben. Neben den gepflegten Zimmern kommt auch die verkehrsgünstige Lage gut an. Für Hochzeiten ist das Haus ebenfalls beliebt - Grund ist der große Ballsaal im Gästehaus!

Kirchspiels Gasthaus

P

Große Mühlenstr. 9 ✉ *24589 – ✆ (04392) 2 02 80 – www.kirchspiels-gasthaus.de – geschl. 1. - 8. Januar*

18 Zim ☕ – †50/75 € ††80/105 € – 3 Suiten – ½ P

Rest – Menü 28/45 € – Karte 29/57 €

Das familiengeführte kleine Hotel befindet sich unmittelbar am Dorfplatz und verfügt über solide und funktionell ausgestattete Gästezimmer. Gediegenes Restaurant mit internationaler und regionaler Küche.

NOSSENTINER HÜTTE – Mecklenburg-Vorpommern – 542 – 700 Ew – Höhe 74 m 12 N5

Berlin 154 – Schwerin 78 – Güstrow 41 – Wittstock 51

Im Ortsteil Sparow Süd-West: 5 km Richtung Malchow, nach 1,5 km rechts ab

Gutshof Sparow (mit Gästehäusern)

Sparow 8 ✉ 17214 – ✆ (039927) 76 20 – www.gutshof-sparow.de
47 Zim – 70/80 € 90/120 € – 3 Suiten – ½ P
Rest – Menü 23/60 € – Karte 20/39 €
Das komfortable Hotel besteht aus einem schmucken ehemaligen Gutshaus sowie mehreren hübschen Fachwerkhäusern mit Appartements. Auf Anfrage bietet man auch Kosmetik. Die gemütlich-rustikale Jägerstube und der neuzeitliche Wintergarten bilden das Restaurant.

NOTHWEILER – Rheinland-Pfalz – siehe Rumbach

NOTTULN – Nordrhein-Westfalen – 543 – 19 880 Ew – Höhe 97 m 26 D9

Berlin 499 – Düsseldorf 106 – Nordhorn 85 – Enschede 65

In Nottuln-Schapdetten Ost: 5 km

Zur alten Post

Roxeler Str. 5 ✉ 48301 – ✆ (02509) 9 91 90 – www.zuraltenpost.de
26 Zim – 45 € 72/78 € – ½ P
Rest – *(geschl. Dienstag)* Menü 14 € (mittags)/30 € – Karte 15/30 €
Ein traditionelles Haus, das seit 1872 von der gleichen Familie geführt wird. Die Zimmer sind etwas unterschiedlich eingerichtet, das Hochzeitszimmer ist im alpenländischen Stil gehalten.

In Nottuln-Stevern Nord-Ost: 2 km Richtung Schapdetten

Gasthaus Stevertal mit Zim

Zim,

Stevern 36 ✉ 48301 – ✆ (02502) 9 40 10 – www.gasthaus-stevertal.de – geschl. über Weihnachten
16 Zim – 50 € 90 €
Rest – Menü 12 € (mittags)/46 € – Karte 16/44 €
Bürgerlich isst man in dem gut geführten gemütlich-westfälischen Haus, einem alteingesessenen Familienbetrieb. Aus der eigenen Metzgerei kommt u. a. geräucherter Schinken. Übernachtungsgästen bietet man tipptopp gepflegte Zimmer.

NOTZINGEN – Baden-Württemberg – 545 – 3 560 Ew – Höhe 316 m 55 H18

Berlin 629 – Stuttgart 32 – Karlsruhe 104 – Tübingen 57

Die Kelter

Kelterstr. 15 ✉ 73274 – ✆ (07021) 86 37 86 – www.kelter-notzingen.de – geschl. August 3 Wochen und Mittwoch
Rest – *(Montag - Samstag nur Abendessen)* Menü 28/39 € – Karte 27/45 €
Den ursprünglichen Fachwerk-Charme spürt man immer noch, so behutsam und schön hat man die ehemalige Kelter von 1700 restauriert! Wo bis ins 19. Jh. Wein gepresst wurde, geht's heute sehr gastlich zu: Oliver Sagrati kocht für Sie mediterran-regional, seine Frau ist für den Service zuständig.

NÜMBRECHT – Nordrhein-Westfalen – 543 – 17 230 Ew – Höhe 285 m – Heilklimatischer Kurort 36 D12

Berlin 576 – Düsseldorf 91 – Bonn 49 – Waldbröl 8

Hauptstr. 16, ✉ 51588, ✆ (02293) 30 23 02, www.nuembrecht.de

Golfanlage Nümbrecht, Höhenstr. 40, ✆ (02293) 30 37 00

Park-Hotel

Rest,

Parkstr. 3 (Zufahrt über Weiherstraße) ✉ 51588 – ✆ (02293) 30 30 – www.nuembrecht.com
90 Zim – 92/122 € 130/150 € – ½ P **Rest** – Karte 23/50 €
Ein Tagungshotel nahe Kurpark und Sportzentrum mit zeitgemäß-funktionellen Zimmern, einige befinden sich in der Sportresidenz direkt am Golfplatz. Mit im Haus: Café mit Kuchenbuffet. Das Restaurant bietet internationale Küche.

NÜRBURG – Rheinland-Pfalz – 543 – 160 Ew – Höhe 593 m 36 C14

Berlin 644 – Mainz 152 – Aachen 133 – Bonn 56

ADAC Ring Boulevard

Hügellandschaft★

Nürburgring★ (Erlebnispark Nürburgring★)

Lindner Congress & Motorsport Hotel

Stefan-Bellof-Straße ✉ *53520 – ✆ (02691) 3 02 50 00 – www.lindner.de* Rest,

154 Zim – 🚹169/189 € 🚹🚹209/229 €, ☕ 21 € – 5 Suiten – ½ P

Rest *Nuvolari* – ✆ (02691) 3 02 51 76 – Karte 29/41 €

Das moderne Design in dem Hotel am Nürburgring ist ganz dem Motorsport gewidmet. VIP-Etage mit Zugang zu Tribüne und Hubschrauber-Landeplatz auf dem Dach. Bar und Spielkasino. Geradlinig-elegantes Restaurant mit angrenzender Terrasse. Davidoff Lounge.

Dorint Rest,

Grand-Prix-Strecke ✉ *53520 – ✆ (02691) 30 90 – www.dorint.com/nuerburgring*

206 Zim ☕ – 🚹68/189 € 🚹🚹102/229 € – 1 Suite – ½ P

Rest – Menü 25 € – Karte 27/42 €

Modern-funktional sind die Zimmer dieses Tagungshotels in einer vor allem für Motorsport-Fans einmaligen Lage. Besonders interessant sind die Zimmer zur Rennstrecke hin. Restaurant mit Sicht zur Start- und Zielgeraden, Cockpit Bar mit Autosport-Dekor.

NÜRNBERG – Bayern – 546 – 505 670 Ew – Höhe 309 m 50 K16

Berlin 432 – München 165 – Frankfurt am Main 226 – Leipzig 276

Flughafenstr. 100 B1, ✆ (0911) 9 37 00

ADAC Äußere Sulzbacher Str. 98 H1

ADAC Frauentorgraben 43 K2

Königstr. 93 L2, ✉ 90402, ✆ (0911) 2 33 60, www.tourismus.nuernberg.de

Hauptmarkt 18 L1, ✉ 90403, ✆ (0911) 2 33 60, www.tourismus.nuernberg.de

18 Am Reichswald, Schiestlstr. 100, ✆ (0911) 30 57 30

27 Fürth, Am Golfplatz 10, ✆ (0911) 75 75 22

Veranstaltungen

Zu Messezeiten verlangen viele Hotels erhöhte Messepreise

4.-6. Januar: Antique&Art

29. Januar-3. Februar: Spielwarenmesse

12.-15. Februar: BioFach

12.-15. Februar: Vivaness

26. Februar-2. März: Freizeit

8.-11. April: IFH - Intherm

17.-20. September: GaLaBau

30. September-2. Oktober: Powtec

1.-9. November: Consumenta

28. November-24. Dezember: Christkindlesmarkt

Messegelände: Messezentrum 1 C2, ✉ 90471, ✆ (0911) 8 60 60

Germanisches Nationalmuseum★★★ K2 · Lorenzkirche★(Englischen Gruß★★ · Sakramentshaus★★)L2 · Sebalduskirche★(Sebaldusgrab★★ · Taufbecken★ · Schreyer-Grabmal★) · Zwingenmauer★ · Albrecht-Dürer-Haus★K1 · Schöner Brunnen★ · Kaiserburg (Sinwellturm ⋞★) · Frauenkirche★L1

Stadtpläne siehe nächste Seiten

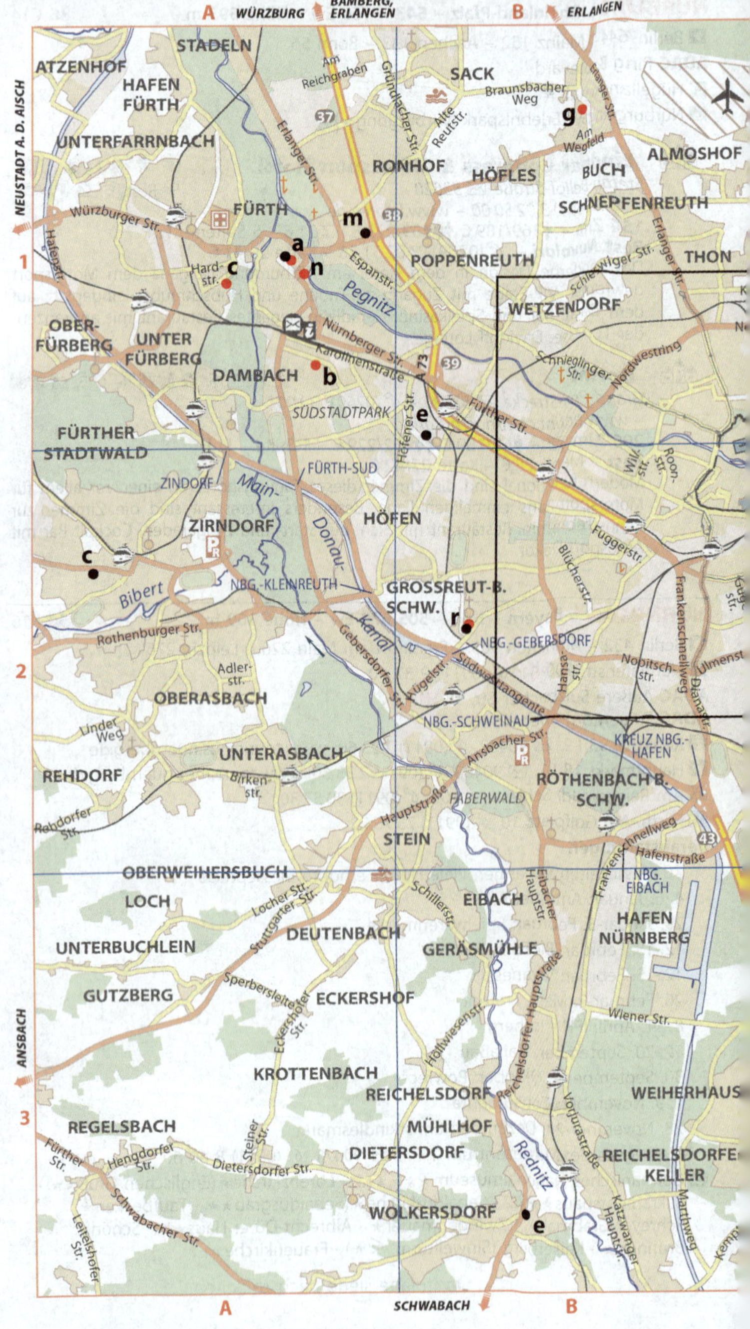
A
WÜRZBURG
BAMBERG, ERLANGEN
B
ERLANGEN
NEUSTADT A. D. AISCH
ANSBACH
SCHWABACH
1
2
3
STADELN
ATZENHOF
HAFEN FÜRTH
UNTERFARRNBACH
SACK
RONHOF
HÖFLES
BUCH
ALMOSHOF
SCHNEPFENREUTH
FÜRTH
POPPENREUTH
THON
WETZENDORF
OBER-FÜRBERG
UNTER FÜRBERG
DAMBACH
SÜDSTADTPARK
FÜRTHER STADTWALD
ZINDORF
FÜRTH-SUD
ZIRNDORF
HÖFEN
NBG.-KLEINREUTH
GROSSREUT-B. SCHW.
NBG.-GEBERSDORF
OBERASBACH
NBG.-SCHWEINAU
KREUZ NBG.-HAFEN
UNTERASBACH
REHDORF
RÖTHENBACH B. SCHW.
FABERWALD
STEIN
OBERWEIHERSBUCH
LOCH
EIBACH
NBG. EIBACH
HAFEN NÜRNBERG
DEUTENBACH
UNTERBUCHLEIN
GERÄSMÜHLE
GUTZBERG
ECKERSHOF
KROTTENBACH
REICHELSDORF
WEIHERHAUS
REGELSBACH
MÜHLHOF
DIETERSDORF
REICHELSDORFER KELLER
WOLKERSDORF
Würzburger Str.
Hafenstr.
Hardstr.
Erlanger Str.
Am Reichgraben
Gründlacher Str.
Alte Reutstr.
Braunsbacher Weg
Am Wegfeld
Erlanger Str.
Espanstr.
Pegnitz
Nürnberger Str.
Karolinenstraße
Schleswiger Str.
Schnieglinger Str.
Nordwestring
Höfener Str.
Fürther Str.
Wilstr.
Roonstr.
Main-Donau-Kanal
Fuggerstr.
Blücherstr.
Frankenschnellweg
Bibert
Rothenburger Str.
Gebersdorfer Str.
Hugelstr.
Südwesttangente
Hansastr.
Nopitschstr.
Ulmenstr.
Dianastr.
Adlerstr.
Linder Weg
Ansbacher Str.
Birkenstr.
Rehdorfer Str.
Hauptstraße
Hafenstraße
Schillerstr.
Eibacher Hauptstr.
Locher Str.
Stuttgarter Str.
Sperbersleite
Eckershofer Str.
Höllwiesenstr.
Reichelsdorfer Hauptstraße
Wiener Str.
Vorjurastraße
Rednitz
Steiner Str.
Fürther Str.
Hengdorfer Str.
Dietersdorfer Str.
Schwabacher Str.
Leitelshofer Str.
Katzwanger Hauptstr.
Marthweg
37
38
39
43
A 73
a
b
c
e
g
m
n
r

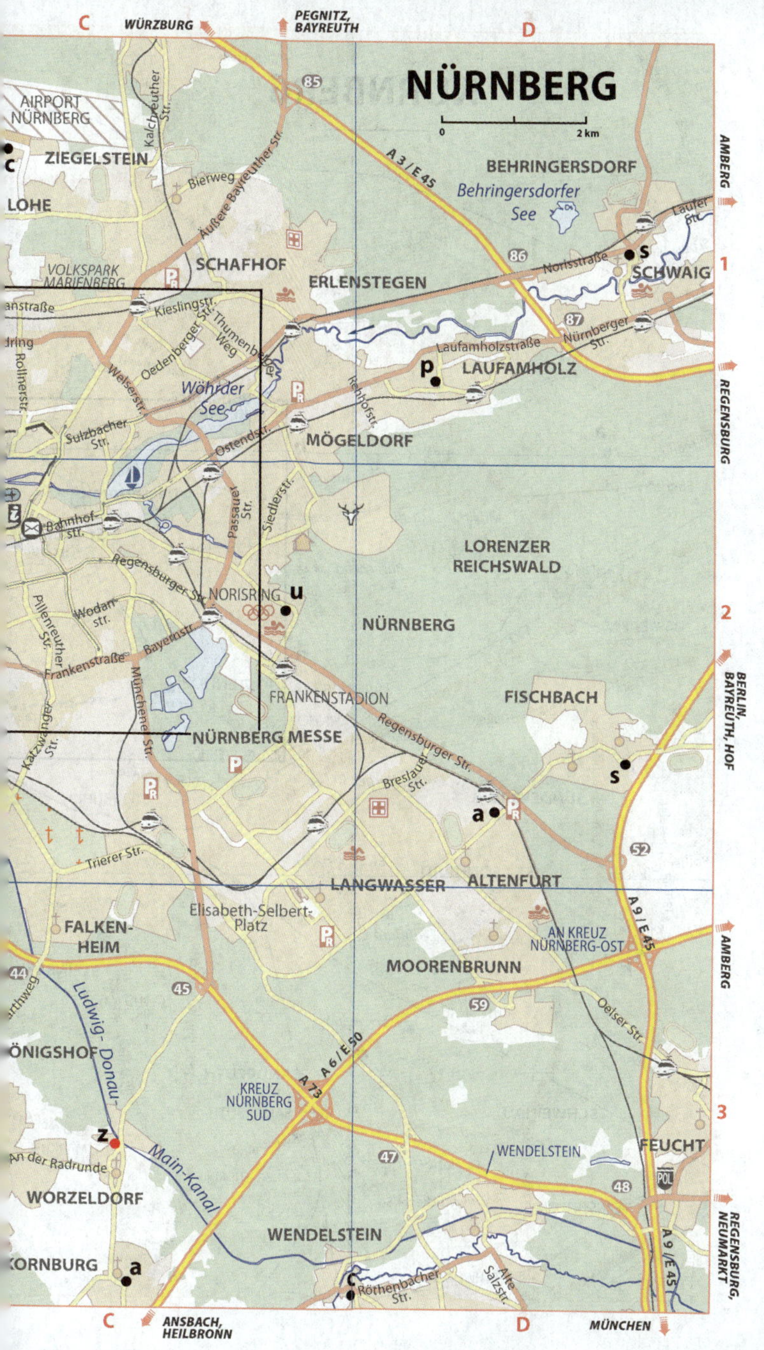
NÜRNBERG
0
2 km
WÜRZBURG
PEGNITZ, BAYREUTH
AMBERG
REGENSBURG
BERLIN, BAYREUTH, HOF
AMBERG
REGENSBURG, NEUMARKT
ANSBACH, HEILBRONN
MÜNCHEN
AIRPORT NÜRNBERG
ZIEGELSTEIN
LOHE
SCHAFHOF
ERLENSTEGEN
BEHRINGERSDORF
Behringersdorfer See
SCHWAIG
LAUFAMHOLZ
MÖGELDORF
VOLKSPARK MARIENBERG
Wöhrder See
LORENZER REICHSWALD
NORISRING
NÜRNBERG
FRANKENSTADION
FISCHBACH
NÜRNBERG MESSE
LANGWASSER
ALTENFURT
Elisabeth-Selbert-Platz
FALKEN-HEIM
MOORENBRUNN
AN KREUZ NÜRNBERG-OST
KREUZ NÜRNBERG SUD
WENDELSTEIN
FEUCHT
WORZELDORF
WENDELSTEIN
Ludwig-Donau-Main-Kanal
A 3 / E 45
A 9 / E 45
A 6 / E 50
A 73
Äußere Bayreuther Str.
Bierweg
Kalchreuther Str.
Kieslingstr.
Oedenberger Str.
Thumenberger Weg
Welserstr.
Sulzbacher Str.
Ostendstr.
Passauer Str.
Siedlerstr.
Rehhofstr.
Laufamholzstraße
Nürnberger Str.
Norisstraße
Laufer Str.
Bahnhofstr.
Regensburger Str.
Wodanstr.
Pillenreuther Str.
Frankenstraße
Bayernstr.
Münchener Str.
Katzwanger Str.
Breslauer Str.
Trierer Str.
Oelser Str.
An der Radrunde
Röthenbacher Str.
Alte Salzstr.
Rollnerstr.

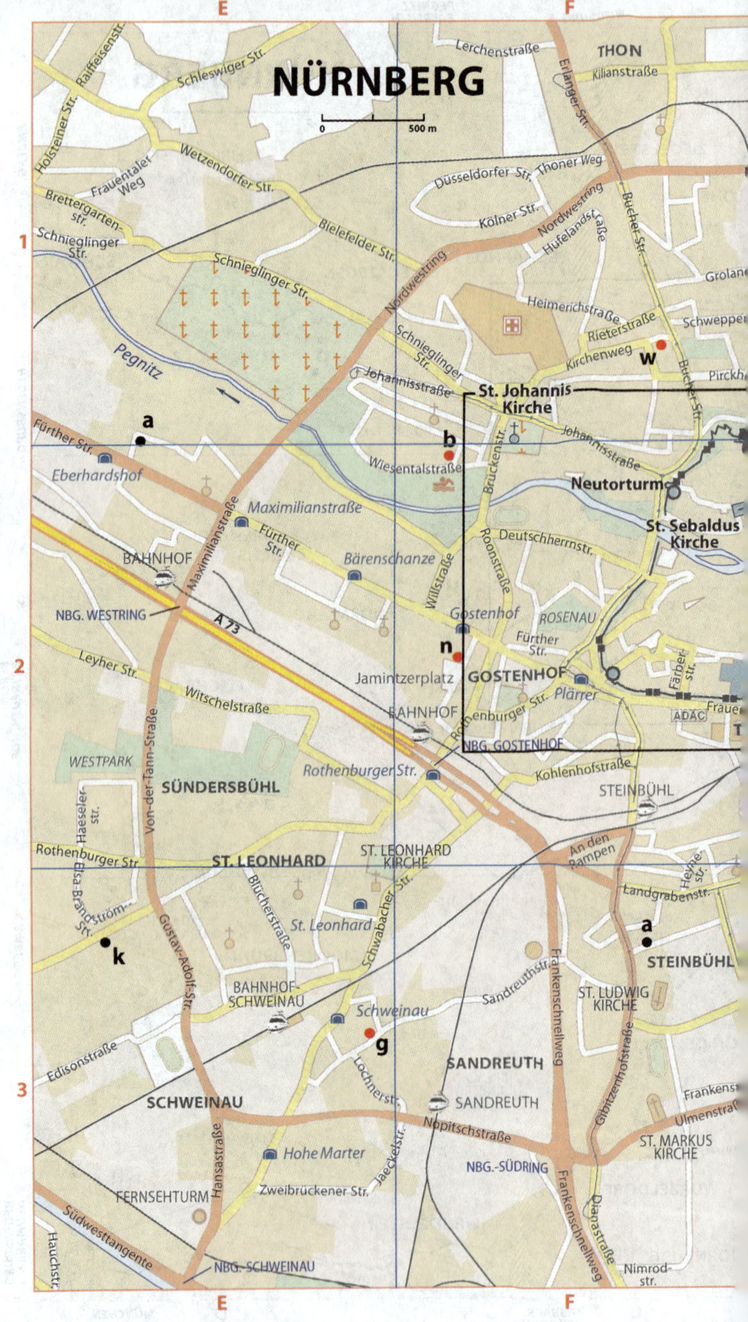

NÜRNBERG
0
500 m
E
F
1
2
3
THON
Lerchenstraße
Kilianstraße
Erlanger Str.
Schleswiger Str.
Raiffeisenstr.
Holsteiner Str.
Wetzendorfer Str.
Frauentaler Weg
Brettergartenstr.
Schnieglinger Str.
Bielefelder Str.
Düsseldorfer Str.
Thoner Weg
Kölner Str.
Nordwestring
Hufelandstraße
Bucher Str.
Grolan
Heimerichstraße
Rieterstraße
Schwepper
Kirchenweg
w
Pirckh
Pegnitz
Johannisstraße
St. Johannis Kirche
a
b
Fürther Str.
Eberhardshof
Wiesentalstraße
Brückenstr.
Neutorturm
Maximilianstraße
St. Sebaldus Kirche
Deutschherrnstr.
Roonstraße
BAHNHOF
Bärenschanze
Willstraße
NBG. WESTRING
A 73
Gostenhof
ROSENAU
n
Leyher Str.
Witschelstraße
Jamintzerplatz
GOSTENHOF
Plärrer
Färberstr.
Rothenburger Str.
ADAC
Fraue
WESTPARK
NBG. GOSTENHOF
Von-der-Tann-Straße
SÜNDERSBÜHL
Kohlenhofstraße
STEINBÜHL
Haeselerstr.
An den Rampen
Rothenburger Str.
ST. LEONHARD
ST. LEONHARD KIRCHE
Heynestr.
Landgrabenstr.
Elsa-Brandström-Str.
Blücherstraße
Schwabacher Str.
St. Leonhard
k
Gustav-Adolf-Str.
Frankenschnellweg
STEINBÜHL
Sandreuthstr.
BAHNHOF-SCHWEINAU
ST. LUDWIG KIRCHE
Schweinau
g
Edisonstraße
SANDREUTH
Lochnerstr.
Gibitzenhofstraße
SCHWEINAU
Frankens
Ulmenstraß
Nopitschstraße
Hansastraße
Hohe Marter
ST. MARKUS KIRCHE
NBG.-SÜDRING
FERNSEHTURM
Zweibrückener Str.
Jaeckelstr.
Dianastraße
Südwesttangente
Hauchstr.
NBG.-SCHWEINAU
Nimrodstr.

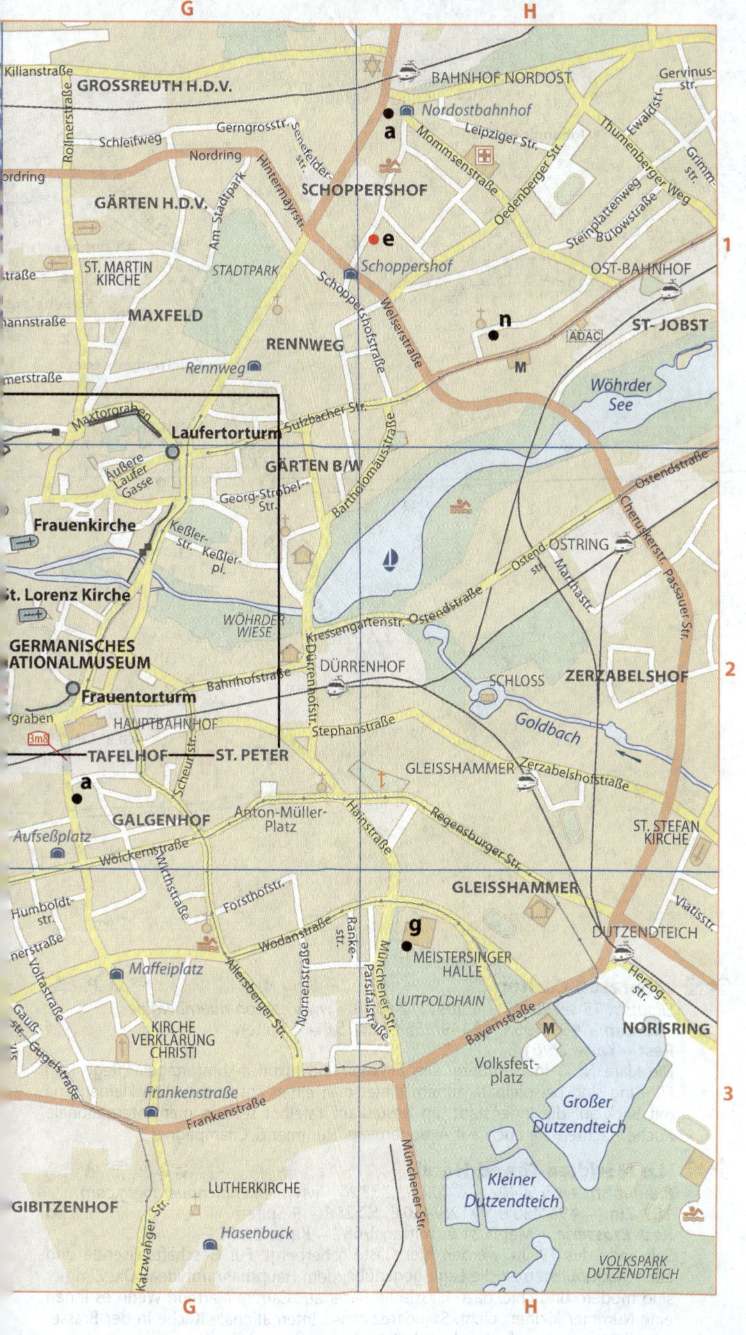

G
H
Kilianstraße
GROSSREUTH H.D.V.
BAHNHOF NORDOST
Gervinus-str.
Nordostbahnhof
a
Leipziger Str.
Ewaldstr.
Thumenberger Weg
Grimm-str.
Schleifweg
Gerngrosstr.
Senefelder-str.
Mommsenstraße
Rollnerstraße
Nordring
Hintermayrstr.
SCHOPPERSHOF
Oedenberger Str.
Steinplattenweg
Bülowstraße
GÄRTEN H.D.V.
Am Stadtpark
e
1
ST. MARTIN KIRCHE
STADTPARK
Schoppershof
OST-BAHNHOF
MAXFELD
Schoppershofstraße
Welserstraße
n
ST- JOBST
ADAC
RENNWEG
Rennweg
M
Wöhrder See
Maxtorgraben
Laufertorturm
Sulzbacher Str.
Bartholomäusstraße
Äußere Laufer Gasse
GÄRTEN B/W
Ostendstraße
Georg-Strobel-Str.
Frauenkirche
Keßler-str.
Keßler-pl.
Ostend-str.
ÖSTRING
Cheruskerstr.
Marthastr.
Passauer Str.
St. Lorenz Kirche
WÖHRDER WIESE
Kressengartenstr.
Ostendstraße
GERMANISCHES NATIONALMUSEUM
Dürrenhofstr.
DÜRRENHOF
SCHLOSS
ZERZABELSHOF
2
Frauentorturm
Bahnhofstraße
Goldbach
HAUPTBAHNHOF
Stephanstraße
TAFELHOF
ST. PETER
GLEISSHAMMER
Zerzabelshofstraße
Scheurlstr.
a
Anton-Müller-Platz
Hainstraße
Regensburger Str.
GALGENHOF
ST. STEFAN KIRCHE
Aufseßplatz
Wölckernstraße
Wirthstraße
Forsthofstr.
GLEISSHAMMER
Humboldt-str.
Viatisstr.
Wodanstraße
Ranke-str.
g
DUTZENDTEICH
Voltastraße
MEISTERSINGER HALLE
Maffeiplatz
Allersberger Str.
Nürnberger Str.
Münchener Str.
Parsifalstraße
LUITPOLDHAIN
Herzog-str.
Gauß-str.
Bayernstraße
NORISRING
M
KIRCHE VERKLÄRUNG CHRISTI
Gugelstraße
Volksfest-platz
Frankenstraße
Großer Dutzendteich
3
Frankenstraße
Kleiner Dutzendteich
LUTHERKIRCHE
GIBITZENHOF
Münchener Str.
Hasenbuck
Katzwanger Str.
VOLKSPARK DUTZENDTEICH
G
H

Sheraton Carlton

Rest,

Eilgutstr. 15 ✉ *90443* – ✆ *(0911) 2 00 30* – *www.carlton-nuernberg.de*

162 Zim – 🚹99/195 € 🚹🚹149/255 €, ☕ 15 € – 4 Suiten **L2f**

Rest – Karte 26/61 €

Die klare Nr. 1 in Nürnberg: Die Zimmer sind luxuriös-komfortabel, Pflege und Führung sind beispielhaft, zudem bietet man einen anspruchsvollen kleinen Spa mit Blick auf die Innenstadt. Im Restaurant Tafelhof serviert man internationale Küche - achten Sie auch auf Aktionen wie "Hummer & Champagner"!

Le Méridien Grand-Hotel

Bahnhofstr. 1 ✉ *90402* – ✆ *(0911) 2 32 20* – *www.lemeridiennuernberg.com*

187 Zim – 🚹95/430 € 🚹🚹125/460 €, ☕ 25 € – 5 Suiten **L2d**

Rest *Brasserie* – Menü 31 € (mittags)/68 € – Karte 39/65 €

Seit Ende des 19. Jh. werden hier Gäste beherbergt. Für Geschäftsreisende und auch Stadttouristen ist die Lage gegenüber dem Hauptbahnhof ideal. Die Zimmer sind modern und chic, dazu klassische Bäder aus Carrara-Marmor! Wenn es Ihnen eine Nummer kleiner reicht: Standardzimmer. Internationale Küche in der Brasserie, sehenswert der denkmalgeschützte Richard-Wagner-Saal!

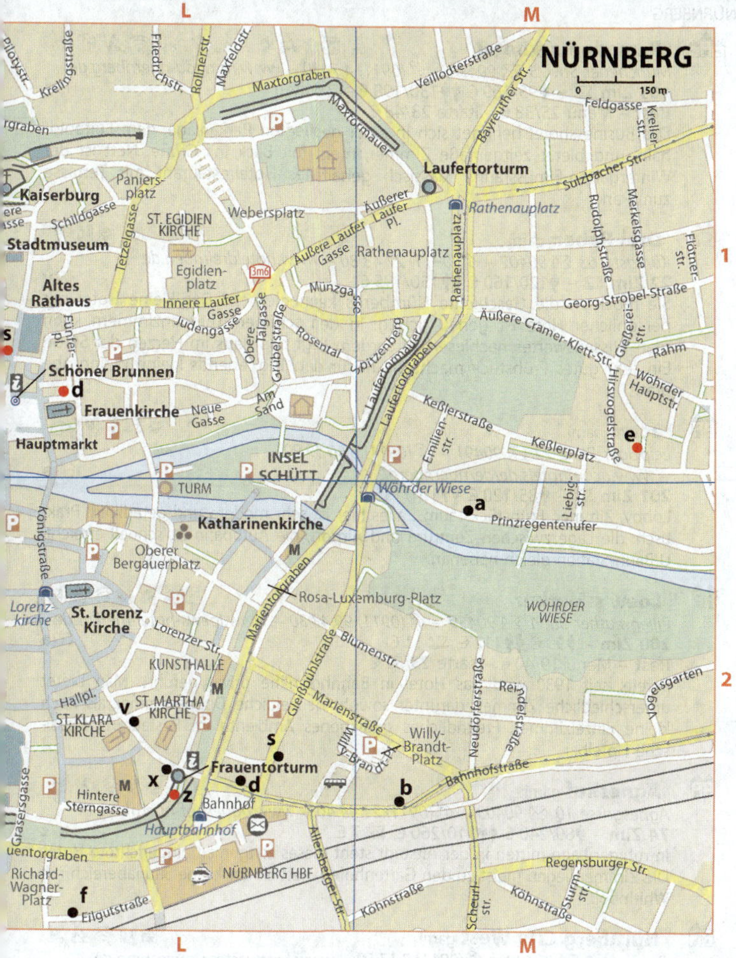

Holiday Inn City Centre

Rest,

Engelhardgasse 12 ✉ *90402* – ✆ *(0911) 24 25 00*
– *www.hi-nuernberg.de* K2**a**

217 Zim – †115 € ††140 €, ☐ 15 € – 3 Suiten **Rest** – Karte 22/47 €

Mit seiner sehr guten zeitgemäß-funktionalen Ausstattung ist das Hotel am Altstadtrand ideal für Geschäftsleute. In der Lobby bietet man den Gästen kostenlos Kaffee und Tee. Restaurant in klaren Linien mit internationalem Angebot.

NH Nürnberg-City

Bahnhofstr. 17 ✉ *90402* – ✆ *(0911) 9 99 90*
– *www.nh-hotels.com* M2**b**

244 Zim – †69/599 € ††69/599 €, ☐ 21 €
Rest *nhube* – Karte 29/63 €

Die zentrale Lage in der Innenstadt unweit des Bahnhofs sowie modern gestaltete Zimmer mit guter technischer Ausstattung machen dieses Stadthotel aus. Leger: das Restaurant nhube mit Bistroküche.

Ramada Parkhotel Rest,

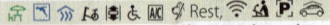

Münchener Str. 25 ✉ 90478 – ✆ (0911) 4 74 80 – www.ramada-nuernberg.de

185 Zim – 95/169 € 130/198 € – 2 Suiten H3**g**

Rest – Menü 25/38 € – Karte 23/48 €

Das Businesshotel befindet sich in einer gepflegten Parkanlage, dem Luitpoldhain, und bietet zeitgemäße Zimmer, meist mit Blick ins Grüne. Nett ist der Wintergarten-Fitnessraum. Klassisch gehaltenes Hotelrestaurant mit Terrasse zum Park.

Drei Raben garni

Königstr. 63 ✉ 90402 – ✆ (0911) 27 43 80 – www.hoteldreiraben.de

22 Zim – 120/160 € 150/195 € L2**v**

Sie möchten die Geschichte Nürnbergs kennenlernen? Das kleine Hotel mit persönlicher Note ist genau richtig: In den schönen Themenzimmern kann man Wissenswertes nachlesen, außerdem liegt das Haus im Herzen der Stadt! Ein sehr gutes Frühstück macht Sie fit für den Tag, abends kleine Weinprobe gratis!

acom garni

Leipziger Platz 22 ✉ 90491 – ✆ (0911) 6 50 59 90
– www.acomhotels.de/de/nuernberg/ H1**a**

201 Zim – 85/120 € 101/136 €

Lobby, Zimmer, Frühstücksraum... alles hier ist sehr modern und geradlinig! Praktisch: die Lage zwischen Zentrum und Airport, die Autobahn ist schnell erreicht, U-Bahn-Station gleich nebenan.

Loew's Merkur

Pillenreuther Str. 1 ✉ 90459 – ✆ (0911) 99 43 30 – www.loews-hotel-merkur.de

200 Zim – 99 € 112 €, 11 € G2**a**

Rest – Menü 19/40 € – Karte 23/52 €

Bereits seit 1930 wird das Hotel in Bahnhofsnähe privat geführt. Man bietet unterschiedliche Zimmer, darunter sowohl neuzeitliche Doppelzimmer als auch kleine Einzelzimmer. Freundliches gediegenes Ambiente im Restaurant. Klassische Hotelbar.

Agneshof garni

Agnesgasse 10 ✉ 90403 – ✆ (0911) 21 44 40 – www.agneshof-nuernberg.de

74 Zim – 89/240 € 110/260 €, 7 € K1**c**

In ruhiger Lage mitten in der Altstadt steht dieses zeitgemäß eingerichtete Hotel. Die Zimmer liegen meist zu den Gartenhöfen, nett ist der kleine Saunabereich mit Whirlpool.

Nürnberg City West garni

Regerstr. 6 ✉ 90429 – ✆ (0911) 2 17 50 – www.bestwestern-nuernberg.de

228 Zim – 69/269 € 99/299 € – 6 Suiten E1**a**

Ein modernes und funktionelles Businesshotel, das acht U-Bahn-Minuten vom Zentrum entfernt ist. Heller, nach hinten gelegener Frühstücksraum mit gutem Buffet.

Victoria garni

Königstr. 80 ✉ 90402 – ✆ (0911) 2 40 50 – www.hotelvictoria.de L2**x**

62 Zim – 64/128 € 84/168 €

Freundlich, zeitgemäß und wohnlich sind die Zimmer in diesem gut geführten Hotel, einem historischen Haus mit hübscher Natursteinfassade neben dem Eingang zum Handwerkerhof.

Am Josephsplatz garni

Josephsplatz 30 ✉ 90403 – ✆ (0911) 21 44 70 – www.hotel-am-josephsplatz.de
– geschl. 23. Dezember - 6. Januar K2**k**

32 Zim – 90/104 € 125 € – 4 Suiten

Eine sympathische, persönlich geführte Adresse ist das Altstadthaus von 1675. Man wohnt in gemütlichen, individuellen Zimmern und entspannt auf der sonnigen Dachterrasse.

Klughardt garni 

Tauroggenstr. 40 ✉ 90491 – ✆ (0911) 91 98 80 – www.hotel-klughardt.de – geschl. 24. Dezember - 6. Januar H1**n**

32 Zim ☕ – 🚹75/145 € 🚹🚹95/175 €

Familie Klughardt betreibt ihr Hotel nun schon viele Jahre. Das Engagement spürt man, denn den Zimmern ist diese lange Zeit nicht anzusehen: Sie sind hell, freundlich, zeitgemäß und technisch gut ausgestattet - zum Hof hin liegen Sie besonders ruhig. Schön ist übrigens auch das Frühstücksbuffet.

Prinzregent garni

Prinzregentenufer 11 ✉ 90489 – ✆ (0911) 58 81 88 – www.prinzregent.net – geschl. 2. Dezember - 4. Januar M2**a**

35 Zim ☕ – 🚹65/135 € 🚹🚹85/155 €

Das Stadthaus steht in bester Lage an der Pegnitz, gegenüber der Stadtpark "Wöhrder Wiese" und nur 10 Gehminuten in die Innenstadt. Zimmer gibt es vom kleinen Standard-Einzelzimmer bis zum geräumigen und modernen Superior-Doppelzimmer.

Westend garni

Karl-Martell-Str. 42 ✉ 90431 – ✆ (0911) 93 98 60 – www.hotelwestend.de – geschl. 23. Dezember - 7. Januar B1**e**

28 Zim ☕ – 🚹65/95 € 🚹🚹90/125 €

Das verkehrsgünstig gelegene Hotel unter der charmanten Leitung von Familie Dümler bietet moderne Doppelzimmer, die Einzelzimmer fallen kleiner aus. Frühstück im Wintergarten.

Merian

Unschlittplatz 7 ✉ 90403 – ✆ (0911) 2 14 66 90 – www.merian-hotel.de K2**x**

21 Zim – 🚹60/120 € 🚹🚹90/220 €, ☕ 10 €

Rest *Opatija* – ✆ (0911) 22 71 96 – Karte 28/65 €

Das Hotel ist ein historisches Gebäude an einem kleinen Platz nahe der Pegnitz. Die Gästezimmer sind unterschiedlich geschnitten und gut gepflegt. Internationale Küche und Balkanspezialitäten im freundlichen Restaurant. Terrasse auf dem Vorplatz mit Brunnen.

Bardolino Rest, Zim,

Humboldtstr. 3 ✉ 90443 – ✆ (0911) 9 41 18 90 – www.hotelbardolino.info – geschl. 1. - 6. Januar F3**a**

26 Zim ☕ – 🚹85 € 🚹🚹105 €

Rest – *(geschl. 18. August - 1. September)* Menü 35/65 € – Karte 26/54 €

Dies ist ein familiengeführtes kleines Hotel in einem Wohngebiet in der Nürnberger Südstadt. Es erwarten Sie hier funktionelle, zeitgemäße Zimmer zu fairen Preisen sowie Italienisches von Fisch bis zum Wagyu-Steak. Im Sommer sitzt man nett auf der überdachten Terrasse mit Lavagrill.

art & business hotel garni

Gleißbühlstr. 15 ✉ 90402 – ✆ (0911) 2 32 10 – www.art-buisness-hotel.com – geschl. 22. Dezember - 7. Januar L2**s**

49 Zim ☕ – 🚹60/160 € 🚹🚹89/210 €

Ein zentrumsnahes, von Kunst geprägtes Hotel. Modern hat man die Zimmer, die Lounge-Bar und den schönen Frühstücksraum zum Innenhof gestaltet. Brot und Marmelade sind hausgemacht!

Die „Hoffnungsträger" sind Restaurants, deren Küche wir für die nächste Ausgabe besonders sorgfältig auf eine höhere Auszeichnung hin testen. Die Namen dieser Häuser sind in Rot gedruckt und zudem auf der Sterne-Liste am Anfang des Buches zu finden.

Essigbrätlein (Andree Köthe)

Weinmarkt 3 ✉ 90403 – ✆ (0911) 22 51 31 – geschl. 24. Dezember - 2. Januar und Sonntag - Montag K1**z**

Rest – (Tischbestellung ratsam) Menü 60 € (mittags)/129 € (abends)

Man muss klingeln, um in dem schönen alten Stadthaus empfangen zu werden. Dann kommt man auch schon gleich in ein gemütliches kleines Restaurant, das aber natürlich nicht nur wegen seiner intimen Atmosphäre gefragt ist, sondern in erster Linie wegen Andree Köthes und Yves Ollechs interessanter und kreativer "Gewürzküche", die in Deutschland einfach einzigartig ist... verständlich, dass man da regelmäßig ausgebucht ist! Mittags gibt es diesen Genuss in vier Gängen, abends auch in sechs.

➜ Zitronen - Sauer - Kraut. Gegrillte Taube mit Rote Bete und Wacholderasche. Kiefernadeleis mit Kräutern.

Aumer's La Vie

Kartäusergasse 12 ✉ 90402 – ✆ (0911) 2 44 97 74 – www.aumers-la-vie.de – geschl. Januar 1 Woche, April 1 Woche, August 2 Wochen und Sonntag - Montag K2**r**

Rest – *(Dienstag - Freitag nur Abendessen)* Menü 65/89 € – Karte 57/71 €

Durchdachte Gerichte, interessante Kombinationen, hervorragende Produkte, nicht zu vergessen die schöne Optik... so sieht die zeitgemäße Küche von Andreas Aumer aus! Und der Rahmen? Das Jugendstil-Nebengebäude des Germanischen Nationalmuseums mit seinem modern-eleganten Interieur.

➜ Wachtelbrust und Ei, Aubergine, Datteln und Frühlingslauch. Seezunge und Kerbel, Sauerkraut und Shiitake Pilze. Schokolade, Moro Blutorange und Olive.

Entenstuben

Schranke 9 ✉ 90489 – ✆ (0911) 5 20 91 28 – www.entenstuben.de – geschl. Anfang Januar 2 Wochen und Sonntag - Montag M1**e**

Rest – *(nur Abendessen)* Menü 68/80 € – Karte 48/64 €

Manfred Burr, einer der großen Klassiker Nürnbergs, bietet in seinem behaglichen Restaurant mit einem Hauch Wohnzimmer-Charme schmackhafte Küche aus guten Produkten - die Weinauswahl dazu kann sich ebenfalls sehen lassen. Im Sommer entscheiden Sie sich bestimmt auch für einen Platz auf der Terrasse!

Da Claudio

Hauptmarkt 16 ✉ 90403 – ✆ (0911) 20 47 52 – www.daclaudio.de – geschl. Sonntag - Montagmittag L1**d**

Rest – Menü 26 € (mittags)/72 € – Karte 30/67 €

In dem netten Restaurant direkt hinter dem Hauptmarkt verwöhnt Sie Familie Faenza mit italienischer Lebensart und natürlich entsprechendem Speis und Trank! Tizianos Küche beinhaltet auch ein gepflegtes Antipasti-Buffet, das Appetit macht. Den herzlichen Service leitet seine Frau.

Restauration Fischer

Schottengasse 1 ✉ 90402 – ✆ (0911) 9 89 88 70 – geschl. 6. - 13. Januar, 1. - 13. Juli und Montag K2**f**

Rest – *(nur Abendessen)* Menü 52/95 € – Karte 47/56 €

In dem Haus a. d. 14. Jh. können Sie zwischen zwei Etagen wählen: Im modernen EG gesellen sich einige Plätze zur einsehbaren Küche, im 1. OG das eigentliche Restaurant mit historischer Holzdecke. Ingo Fischer präsentiert hier seine mediterran beeinflusst klassische Küche.

Quo vadis

Elbinger Str. 28 ✉ 90491 – ✆ (0911) 51 55 53 – www.ristorante-quovadis.de – geschl. Montag H1**e**

Rest – Menü 24/62 € – Karte 26/51 €

In dem alten Natursteinhaus kocht der Chef selbst: Guiseppe Pluchinos Spezialität sind seine hausgemachten Ravioli mit allerlei Füllungen! Im Sommer zieht es die Gäste aus den gemütlichen Räumen hinaus auf die Terrasse vor dem Haus.

Wonka

Johannisstr. 38 ✉ 90419 – ✆ (0911) 39 62 15 – geschl. 1. - 6. Januar, 16. - 31. August und Samstagmittag, Sonntag - Montag J1w

Rest – Menü 32 € (mittags unter der Woche)/89 € – Karte 43/55 €

Ein wirklich nettes, freundliches Restaurant, vom hübschen Innenhof ganz zu schweigen... Da ist man gerne zu Gast - in erster Linie natürlich wegen der zeitgemäßen, kreativ und klassisch beeinflussten Küche von Christian Wonka und seinem Team! Wie gefällt Ihnen z. B. "Juvenil-Schwein mit gegrillter Zwiebel"?

MINNECI Leonardo

Zirkelschmiedsgasse 28 ✉ 90402 – ✆ (0911) 20 96 55 – www.minneci-ristorante.de – geschl. Sonntag - Montag K2f

Rest – Menü 42/80 € – Karte 37/56 €

Richtig schön verbindet sich der historische Charakter des alten Stadthauses von 1560 mit der Atmosphäre eines italienisches Ristorante. Da ist der Gastgeber Minneci Leonardo ganz Italiener: freundlich-charmant serviert er die zeitgemäße Küche von Waldemar Nagel, z. B. "offene Ravioli mit Borlottibohnen" oder "gefüllte Wachtel auf Risotto".

Koch und Kellner

Obere Seitenstr. 4 ✉ 90429 – ✆ (0911) 26 61 66 – www.kochundkellner.de – geschl. Sonntag F2n

Rest – (Tischbestellung ratsam) Menü 40 € (mittags)/65 € – Karte 51/65 €

"Einfach genießen" lautet das Motto in dem sympathischen Bistro. "Koch" ist - nach Stationen in diversen Top-Adressen - Fabian Denninger, "Kellner" nach wie vor Gastgeber Frank Mackert. Die täglich wechselnden frischen zeitgemäßen Speisen stehen auf einer Tafel, dazu internationale und viele deutsche Weine.

Würzhaus

Kirchenweg 3a ✉ 90419 – ✆ (0911) 9 37 34 55 – www.wuerzhaus.info – geschl. 24. - 26. Dezember, 1. - 9. Januar und Samstagmittag, Sonntag - Montagmittag F1w

Rest – (Tischbestellung ratsam) Menü 44/66 € – Karte 34/42 €

Pfiffiger und interessanter könnte ein Gasthaus kaum sein: Diana Burkel kocht kreativ, modern und gleichzeitig mit stark regionalem Einschlag. Abends gibt es Gerichte wie "Confierten Schweinebauch mit Rübe und Thunfisch", am Mittag isst man etwas einfacher. Die Atmosphäre dazu: ungezwungen und lebendig.

Sebald

Weinmarkt 14 ✉ 90403 – ✆ (0911) 38 13 03 – www.restaurant-sebald.de

Rest – Karte 30/55 € K1v

Ein wirklich quirliges Restaurant, in dem man Ihnen eine solide internationale Küche serviert, in der auch so manch regionaler Einfluss nicht fehlt! Nett auch der Bistrobereich. Von Oktober bis April gibt's an den Wochenenden Livemusik.

IU & ON

Roritzerstr. 10 ✉ 90419 – ✆ (0911) 33 67 67 – www.iu-on.de – geschl. August und Montag - Dienstag K1p

Rest – Menü 40/52 € – Karte 35/48 €

Restaurant mit hellem modernem Interieur in einer kleinen Seitenstraße. Die Schwestern Iu und On bereiten thailändische Speisen zu, interessant ist auch die kleine Weinkarte.

Le Virage

Helmstr. 19 ✉ 90419 – ✆ (0911) 9 92 89 57 – www.nefkom.net/le.virage – geschl. Montag F2b

Rest – *(nur Abendessen)* Menü 35/40 €

In dem einfachen kleinen Bistro erfährt man ein Stückchen französische Lebensart in Nürnberg! Der Patron bereitet traditionelle Gerichte zu, die in Menüform angeboten werden. Er kocht eher schlicht, aber mit Geschmack und alles ist frisch!

NÜRNBERGER BRATWURST-LOKALE: *Bis ins 14. Jh. reicht die Tradition dieser rustikal-gemütlichen Lokale zurück. Über Buchenholzfeuer gegrillt schmecken die Würste besonders gut.*

Historische Bratwurstküche Zum Gulden Stern

Zirkelschmiedsgasse 26 ✉ 90402 – ✆ (0911) 2 05 92 88 – www.bratwurstkueche.de K2**f**

Rest – Menü 16/21 € – Karte 14/20 €

Sehr gemütlich sind die nett dekorierten Stuben in dem Gasthaus von 1419. In der angeblich ältesten Bratwurstküche der Welt kommt die Bratwurst natürlich vom Buchenholzrost.

Bratwursthäusle

Rathausplatz 1 ✉ 90403 – ✆ (0911) 22 76 95 – www.bratwursthaeusle.de – geschl. Sonntag und an Feiertagen L1**s**

Rest – Karte 13/19 €

Zwischen Hauptmarkt und Kaiserburg liegt das Bratwurstlokal schlechthin. Eine äußerst beliebte Adresse mit gemütlich-rustikalem Flair, mittig der Grill.

Das Bratwurstglöcklein

im Handwerkerhof ✉ 90402 – ✆ (0911) 22 51 53 – www.bratwurstgloecklein.de – geschl. Sonntag L2**z**

Rest – Menü 13/24 € – Karte 15/27 €

Das Fachwerkhäuschen im Nürnberger Handwerkerhof hat eine lange Tradition als Bratwurstküche. Bis spät am Abend servieren Damen im Dirndl die über Buchholzfeuer gegrillte Wurst.

In Nürnberg-Altenfurt

Nürnberger Trichter garni

Löwenberger Str. 147 ✉ 90475 – ✆ (0911) 8 33 50 – www.nuernberger-trichter.de – geschl. 21. Dezember - 7. Januar, 17. - 22. April D2**a**

37 Zim ☕ – 🚹57/66 € 🚹🚹84/102 €

Hier stimmen Lage und Einrichtung: Das familiär geführte Hotel liegt verkehrsgünstig nahe der Messe und dem Fußballstadion und verfügt über hell und zeitgemäß möblierte Gästezimmer.

In Nürnberg-Boxdorf Nord: 9 km über Erlanger Straße B1

Schindlerhof (mit Gästehäusern)

Steinacher Str. 6 ✉ 90427 – ✆ (0911) 9 30 20 – www.schindlerhof.de

90 Zim ☕ – 🚹125/146 € 🚹🚹158/168 € – 2 Suiten

Rest – Menü 32/60 € – Karte 40/54 €

Die aus sechs Häusern bestehende Hotelanlage ist ein exzellentes und innovatives Tagungshotel mit wohnlichen, teils ganz modernen Zimmern. Nett ist der kleine Teich mit Koikarpfen. Das Restaurant: verschiedene freundliche Stuben und ein schöner Innenhof.

In Nürnberg-Buch

Gasthof Bammes

Bucher Hauptstr. 63 ✉ 90427 – ✆ (0911) 9 38 95 20 – www.gasthof-bammes.de – geschl. 2. - 29. Januar und Montag, außer an Feiertagen B1**g**

Rest – Menü 18/49 € – Karte 15/43 €

Bürgerlich-regional isst man in dem historischen fränkischen Gasthof. Man hat hier vier behaglich-charmante Stuben und eine schöne große Gartenterrasse! Sie planen ein Fest? Der Saal mit Bühne ist ideal für Gesellschaften.

In Nürnberg-Fischbach

Fischbacher Stuben garni

Hutbergstr. 2b ✉ 90475 – ✆ (0911) 83 10 11 – www.hotel.nuernberg.ms – geschl. Mitte Dezember - Mitte Januar, August D2**s**

10 Zim – 🚹79/299 € 🚹🚹89/399 €, ☕ 19 €

Das familiär geleitete kleine Hotel ist besonders auf Messegäste ausgelegt. Man bietet zeitgemäße, praktische Zimmer, darunter auch einige Maisonetten.

In Nürnberg-Flughafen

Mövenpick garni

Flughafenstr. 100 ✉ 90411 – ✆ (0911) 3 50 10 – www.moevenpick-hotels.com/nuernberg C1c

150 Zim – 🚹120/220 € 🚹🚹140/240 €, ☕ 21 €

Eine funktionale Businessadresse direkt am Flughafen. Hell und freundlich sind die Zimmer und der Frühstücksraum, in dem Sie am Morgen ein gutes Buffet erwartet.

In Nürnberg-Gebersdorf

NOVINA HOTEL Tillypark

Wallensteinstr. 71 ✉ 90431 – ✆ (0911) 81 76 70 – www.novina-hotel-tillypark.de – geschl. 23. Dezember - 1. Januar E3k

131 Zim ☕ – 🚹99 € 🚹🚹127 €

Rest – *(nur Abendessen)* Menü 22 € (abends) – Karte 18/35 €

Das aus einer ehemaligen Kaserne entstandene Hotel bietet helle, moderne Zimmer mit gutem Platzangebot. Praktisch ist die Anbindung an Autobahn, Innenstadt und Messe. Internationale Küche im freundlich und geradlinig gestalteten Restaurant.

In Nürnberg-Großreuth bei Schweinau

Rottner (mit Gästehaus)

Winterstr. 17 ✉ 90431 – ✆ (0911) 65 84 80 – www.rottner-hotel.de – geschl. 24. Dezember - 8. Januar B2r

37 Zim ☕ – 🚹108/127 € 🚹🚹149/167 €

Rest *Gasthaus Rottner* – siehe Restaurantauswahl

Mit der 200-jährigen Geschichte des Gasthauses kann das Hotel noch nicht mithalten, dafür bietet es aber überaus zeitgemäßen Komfort, wohnliche Zimmer mit kostenfreier Minibar und ein sehr gutes Frühstück im Pavillon oder auf der Terrasse!

Gasthaus Rottner – Hotel Rottner

Winterstr. 15 ✉ 90431 – ✆ (0911) 61 20 32 – www.rottner-hotel.de – geschl. 24. Dezember - 7. Januar und Samstagmittag, Oktober - März: Samstagmittag, Sonntagabend B2r

Rest – (Tischbestellung ratsam) Menü 42 € (mittags unter der Woche)/78 € – Karte 53/72 €

Außen ein hübsches Fachwerkhaus und ein charmanter Biergarten unter Nussbäumen, innen liebenswerte Stuben und einfach eine nette Atmosphäre - da spürt man förmlich die lange Tradition! Bewährt: die schmackhafte und überwiegend regionale Küche, typisch für Steffan Rottner und beliebt bei den Gästen!

In Nürnberg-Kornburg

Weißes Lamm (mit Gästehaus)

Flockenstr. 2 ✉ 90455 – ✆ (09129) 2 81 60 – www.weisses-lamm.com – geschl. Ende August - Mitte September C3a

30 Zim ☕ – 🚹40/60 € 🚹🚹64/80 € **Rest** – *(geschl. Freitag)* Karte 11/29 €

Ein ländlicher Gasthof mit Familientradition seit 1732, zu dem auch eine eigene Metzgerei gehört. Gepflegte, solide Zimmer zu einem guten Preis-Leistungs-Verhältnis. Nett sitzt man in der rustikalen Gaststube.

In Nürnberg-Kraftshof **Nord: 7 km über Erlanger Straße und Kraftshofer Hauptstraße B1**

Schwarzer Adler

Kraftshofer Hauptstr. 166 ✉ 90427 – ✆ (0911) 30 58 58 – www.schwarzer-adler.com

Rest – (Tischbestellung ratsam) Menü 38/131 € – Karte 38/54 €

Seit über 250 Jahren existiert dieser fränkische Gasthof nun schon. Eduard Aßmann kocht gute klassische Speisen (z. B. "Fränkischen Waller aus dem Wurzelsud"), die in geschmackvoll dekorierten, gemütlich-eleganten Stuben serviert werden - oder auf der schönen Gartenterrasse!

Alte Post

Kraftshofer Hauptstr. 164 ✉ 90427 – ✆ (0911) 30 58 63 – www.altepost.net
Rest – Menü 25/50 € – Karte 20/45 €
Dass man in der einstigen Post- und Kutschstation a. d. 15. Jh. mit der Region verwurzelt ist, zeigt die Küche von Patron Thomas Bösl (4. Generation): In charmanten Stuben - oder auf der netten Terrasse - wird Fränkisches aufgetischt!

In Nürnberg-Laufamholz

Park-Hotel garni

Brandstr. 64 ✉ 90482 – ✆ (0911) 95 07 00 – www.park-hotel-nuernberg.de – geschl. 23. Dezember - 5. Januar D1**p**
21 Zim – †75/130 € ††90/160 €
Solche Häuser sollte es öfter geben: Charlotte Sigel kümmert sich in ihrem kleinen und sehr persönlich geführten Hotel mit viel Engagement und Herzblut um die Gäste! Die Zimmer sind wohnlich und funktional - und lassen Sie sich nicht das gute Frühstück entgehen!

In Nürnberg-Moorenbrunn **Süd-Ost: 15 km über A 73 D3, Richtung München**

Landgasthof Gentner

Bregenzer Str. 31 ✉ 90475 – ✆ (0911) 8 00 70 – www.landgasthof-gentner.de – geschl. 23. Dezember - 8. Januar
28 Zim – †68/82 € ††98/118 € – 1 Suite
Rest *Landgasthof Gentner* – siehe Restaurantauswahl
Familie Gentner (bereits die 3. Generation) legt großen Wert darauf, die Gasthaus-Tradition zu bewahren - und das merkt man an der sehr netten Gästebetreuung vom Empfang bis zur Verabschiedung! Sie schlafen in soliden ländlichen Zimmern und freuen sich auf ein gutes Frühstück.

Landgasthof Gentner – Hotel Landgasthof Gentner

Bregenzer Str. 31 ✉ 90475 – ✆ (0911) 8 00 70 – www.landgasthof-gentner.de – geschl. 23. Dezember - 8. Januar, Anfang August 3 Wochen und Montagmittag
Rest – Menü 30/49 € – Karte 23/52 €
Eine schnuckelige Adresse, die Sie sich merken sollten. Nicht nur weil die heimeligen Zirbelholz-Stuben so gemütlich sind, sondern natürlich auch weil man richtig gut isst! Gekocht wird fränkisch, ein Muss ist das "kross gebackene Schäufele mit Klößen". Etwas feiner wird's bei "Zweierlei von Krustentieren"!

In Nürnberg-Reutles **Nord: 11 km über Erlanger Straße B2**

Höfler (mit Gästehaus)

Rest,

Reutleser Str. 61 ✉ 90427 – ✆ (0911) 9 30 39 60 – www.hotel-hoefler.de – geschl. Ende Dezember - Anfang Januar 2 Wochen, August 3 Wochen
35 Zim – †75/115 € ††95/135 €
Rest – *(geschl. Samstag - Sonntag sowie an Feiertagen) (nur Abendessen)*
Karte 16/36 €
Ein familiengeführter regionstypischer Gasthof mit Gästehaus, der über gepflegte, in rustikalem Stil eingerichtete Zimmer verfügt. Im holzgetäfelten Restaurant mit Kachelofen bietet man fränkische Küche.

In Nürnberg-Schweinau

Gatto Rosso

Hintere Marktstr. 48 ✉ 90441 – ✆ (0911) 66 68 78 – www.gatto-rosso.de – geschl. Samstagmittag, Sonntag E3**g**
Rest – Menü 20/42 € – Karte 29/48 €
Richtig gemütlich ist es in dem über 400 Jahre alten kleinen Fachwerkhaus. Hier kocht Severino Donadoni frische italienische Speisen, die seine Frau Amalia freundlich serviert - mitunter hört man sie auch mal hinter der Theke singen!

In Nürnberg-Worzeldorf

Zirbelstube mit Zim
Friedrich-Overbeck-Str. 1 ✉ 90455 – ✆ (0911) 99 88 20 – www.zirbelstube.com – geschl. 1. - 8. Januar, 21. Juli - 4. August und Sonntag - Montagmittag, Dienstagmittag C3z
6 Zim – 70/110 € 93/150 € **Rest** – Menü 33/72 € – Karte 33/49 €
Wirklich wunderschön ist das Sandsteingebäude (1860) am alten König-Ludwig-Kanal - auch drinnen mit seiner Zirbelstube und dem kleinen Gewölbezimmer! Sebastian Kunkel kocht Schmackhaftes wie "geschmorte Kalbsbäckchen mit Kräutersaitlingen". Sie möchten etwas länger bleiben? Es gibt hier reizende Gästezimmer!

In Nürnberg-Zerzabelshof

Hilton Nuremberg
Valznerweiherstr. 200 ✉ 90480 – ✆ (0911) 4 02 90 – www.hilton.de/nuernberg
152 Zim – 69/359 € 89/379 €, 25 € C2u
Rest – *(nur für Hausgäste)* Menü 30/36 € – Karte 26/52 €
Das Tagungshotel liegt am Lorenzer Wald, und zwar direkt neben dem Trainingsgelände des 1. FC Nürnberg (vom Frühstücksraum kann man zuschauen!). Die Zimmer sind funktional und auf den Businessgast zugeschnitten. Im Restaurant gibt es internationale Küche - speisen kann man auch in der Lounge mit Bar.

NÜRTINGEN – Baden-Württemberg – 545 – 40 370 Ew – Höhe 291 m 55 H19

Berlin 633 – Stuttgart 37 – Reutlingen 21 – Ulm (Donau) 66

Am Schlossberg Rest,
Europastr. 13 ✉ 72622 – ✆ (07022) 70 40 – www.hotel-am-schlossberg.de
163 Zim – 69/149 € 69/149 €, 15 € – ½ P
Rest – *(geschl. Sonntag sowie an Feiertagen) (nur Abendessen)* Karte 31/51 €
Für Tagungen ideal, mit funktionellen Zimmern und überwiegend internationaler Küche im Restaurant "Schupfnudl". Buchen Sie eines der Zimmer im Anbau, sie sind geräumiger und klimatisiert. Netter Blickfang: Koiteich in der Halle! Wellness gibt's im öffentlichen "City Spa" - praktischerweise direkt im Haus!

Vetter garni
Marienstr. 59 ✉ 72622 – ✆ (07022) 9 21 60 – www.hotel-vetter.de
38 Zim – 58/72 € 88/92 €
Das Hotel liegt in einem Wohngebiet außerhalb des Zentrums und ist tipptopp gepflegt. Die Komfortzimmer sind großzügiger geschnitten. Heller Frühstücksraum im Bistrostil.

Valentino
Heiligkreuzstr. 18 ✉ 72622 – ✆ (07022) 3 11 14 – www.ristorante-valentino.com – geschl. Samstagmittag, Sonntag
Rest – Karte 28/52 €
Familie Polizzi hat sich hier im Laufe von rund 30 Jahren einen Namen gemacht... mit italienisch-saisonaler Küche. Ehrensache, dass das Olivenöl aus Silzilien kommt, aus eigener Herstellung! Fleischlos-lecker? Das allabendliche vegetarische Antipastibuffet kommt gut an. Mediterranes Flair im "giardino".

NUTHETAL – Brandenburg – 542 – 8 780 Ew – Höhe 34 m 22 O8

Berlin 41 – Potsdam 17 – Belzig 55 – Magdeburg 123

In Nuthetal-Philippstal Süd-Ost: 6 km über Potsdamer Straße

Philippsthal
Philippsthaler Dorfstr. 35 ✉ 14558 – ✆ (033200) 52 44 32 – www.restaurant-philippsthal.de
Rest – Menü 37/47 € – Karte 34/46 €
Zu Zeiten des "Alten Fritz" wurde hier noch Seide gesponnen, heute ist das denkmalgeschützte Anwesen ein wirklich hübsches Restaurant, in dem alte rustikale Elemente wie Backstein und dunkle Holzbalken ebenso zur Geltung kommen wie die moderne Einrichtung. Mindestens genauso schön sitzt es sich im ausgesprochen charmanten Hofgarten - und hier schmecken "gesottener Kalbstafelspitz mit Spargelsalat" oder "krosser Spanferkelrücken mit Rosmarin-Spitzkohl" ebenso gut!

OBERAMMERGAU – Bayern – 546 – 5 230 Ew – Höhe 837 m – Wintersport: 1 700 m 1 9 – Luftkurort, Heilbad und Erholunsort

65 K21

Berlin 678 – München 92 – Garmisch-Partenkirchen 19 – Landsberg am Lech 59

Eugen-Papst-Str. 9a, ✉ 82487, ✆ (08822) 92 27 40, www.ammergauer-alpen.de

Lage★

Schloss Linderhof★★ (Park★★), Süd-West: 10 km

Maximilian

Ettaler Str. 5 ✉ 82487 – ✆ (08822) 94 87 40 – www.maximilian-oberammergau.de

18 Zim – 110/250 € 170/475 € – 2 Suiten – ½ P

Rest ***Ammergauer Maxbräu*** – siehe Restaurantauswahl

Chic ist der alpenländisch-moderne Stil dieses luxuriösen kleinen Feriendomizils vor der malerischen Bergkulisse. Die Zimmer sind äußerst wohnlich und auch der Sauna- und Beautybereich ist ansprechend gestaltet. Sehr guter und aufmerksamer Service.

Landhaus Feldmeier (mit Gästehäusern)

Ettaler Str. 29, (Zufahrt über Rüdererweg) ✉ 82487 – ✆ (08822) 30 11 – www.hotel-feldmeier.de – geschl. 14. - 26. April, 25. Oktober - 2. November

30 Zim – 75/110 € 110/180 € – ½ P

Rest – *(geschl. Dienstag) (nur Abendessen)* Menü 23 € – Karte 19/42 €

Auf drei Häuser im regionalen Stil verteilen sich die wohnlichen Gästezimmer mit Balkon oder Terrasse. In "Haus 3" sind die Zimmer besonders neuwertig! Rustikales Restaurant.

Turmwirt garni

Ettaler Str. 2 ✉ 82487 – ✆ (08822) 9 26 00 – www.turmwirt.de

22 Zim – 75/85 € 105/140 € – 1 Suite

Das Traditionshaus mit Ursprung im 18. Jh. steht mitten im Ort. Eine familiäre Adresse mit gepflegten, funktionellen Zimmern und einem schönen lichten Saunabereich.

Antonia garni

Freikorpsstr. 5 ✉ 82487 – ✆ (08822) 9 20 10 – www.hotel-antonia.com

14 Zim – 50/64 € 82 €

In diesem kleinen Hotel, das ruhig in einer Wohngegend liegt, kümmert sich die Chefin persönlich um Sie. Es stehen auch zwei geräumige Zimmer mit Kitchenette zur Verfügung.

Ammergauer Maxbräu – Hotel Maximilian

Ettaler Str. 5 ✉ 82487 – ✆ (08822) 9 48 74 60 – www.maximilian-oberammergau.de

Rest – Menü 32 € (abends) – Karte 25/53 €

Frische saisonale Küche und bayerische Klassiker stehen in diesem herzlichen rustikalen Brauhaus auf der Karte - beim Essen schaut man auf die Braukessel. Sie trinken hier hauseigenes Bier, natürlich auch auf der Terrasse und im Biergarten! Im Restaurant gibt's sogar eine Spielecke für die Kleinen.

OBERAUDORF – Bayern – 546 – 4 950 Ew – Höhe 480 m – Wintersport: 1 500 m 23 – Luftkurort

66 N21

Berlin 672 – München 81 – Bad Reichenhall 95 – Rosenheim 28

Kufsteiner Str. 6, ✉ 83080, ✆ (08033) 3 01 20, www.oberaudorf.de

Bernhard's im Seebacher Haus N garni

Kufsteiner Str. 10 ✉ 83080 – ✆ (08033) 30 87 76 20 – www.bernhards.biz

24 Zim – 58/78 € 82/98 €

Die Bernhards haben sich hier im Ort einen Namen gemacht: Da wäre zum einen ihr Restaurant, zum anderen (gleich gegenüber) dieses denkmalgeschützte Haus mit der auffallend bemalten Fassade, das von der Tochter geleitet wird. Außen historisch, innen auf dem neusten Stand und richtig schön wohnlich!

Ochsenwirt (mit Gästehaus) 

Carl-Hagen-Str. 14 ✉ *83080* – ✆ *(08033) 3 07 90* – *www.ochsenwirt.com* – *geschl. 4. - 14. November*

38 Zim ☕ – 🚹45/56 € 🚹🚹75/112 € – ½ P

Rest – *(geschl. Dienstag außer Saison)* Karte 15/44 €

Seit 1445 gibt es diesen Gasthof und seither ist er auch in Familienbesitz. Diese lange Tradition spürt man: Die Atmosphäre ist persönlich, man bemüht sich um seine Gäste und bleibt am Ball - so hat man z. B. einige neuere, wohnlich-charmante Zimmer im Nebenhaus. Behaglich wird's auch beim Essen, und zwar in den Bauernstuben mit viel Holz und Kachelofen.

Bayerischer Hof 

Sudelfeldstr.12 ✉ *83080* – ✆ *(08033) 9 23 50* – *www.hotel-in-oberaudorf.com* – *geschl. 21. Oktober - 20. November*

13 Zim ☕ – 🚹45/54 € 🚹🚹78/89 € – ½ P

Rest – *(geschl. Dienstag)* Menü 15 € (abends) – Karte 17/38 €

Im ehemaligen "Haus Rübezahl" von 1953 bietet Familie Wolf heute eher einfache und kleine Gästezimmer, die aber sehr gepflegt sind. Radel und Rodel kann man im Haus mieten. Man isst in rustikalen Stuben oder im sehr freundlichen, hellen Restaurant. Im Sommer ist die Terrasse beliebt.

Bernhard's mit Zim 

Marienplatz 2 ✉ *83080* – ✆ *(08033) 3 05 70* – *www.bernhards.biz* – *geschl. Donnerstag*

10 Zim ☕ – 🚹38/68 € 🚹🚹66/98 € – ½ P **Rest** – Menü 39 € – Karte 26/53 €

Mit mediterranem Dekor hat man hier gemütliche Ecken geschaffen. Chef Peter Bernhard kocht regional, einige Gerichte widmet der gebürtige Schweizer auch seiner Heimat. Die Gästezimmer sind großzügig und mit freundlichen Farben und hübschen Stoffen schön im Landhausstil eingerichtet.

Im Ortsteil Niederaudorf Nord: 2 km Richtung Flintsbach

Alpenhof 

Rosenheimer Str. 97 ✉ *83080* – ✆ *(08033) 30 81 80* – *www.alpenhof-oberaudorf.de* – *geschl. 18. November - 17. Dezember*

15 Zim ☕ – 🚹52/70 € 🚹🚹85/100 € – ½ P

Rest – *(geschl. Montag) (nur Abendessen, sonntags auch Mittagessen)* Menü 17/25 € – Karte 15/40 €

Nicht zuletzt die familiäre Führung sorgt in dem netten Gasthof für Charme. Man ist herzlich und engagiert und investiert immer wieder. Sie wohnen in freundlichen Zimmern (am komfortabelsten die "Edelweißzimmer"), sitzen gemütlich im regionstypischen Restaurant oder auf der Terrasse (lecker der selbstgebackene Kuchen!) und dank Obstgarten und Spielplatz wird auch Kindern hier nicht langweilig. Im Winter hat man übrigens die Langlaufloipe direkt vor der Tür.

An der Straße nach Bayrischzell Nord-West: 8,5 km

Feuriger Tatzlwurm  

Tatzelwurm ✉ *83080 Oberaudorf* – ✆ *(08034) 3 00 80* – *www.tatzlwurm.de*

74 Zim ☕ – 🚹79/99 € 🚹🚹140/220 € – 2 Suiten – ½ P **Rest** – Karte 19/43 €

Was im 19. Jh. als Gasthaus begann (reizender Zeitzeuge ist die heimelige Leiblstube von 1863!), ist nach stetigen Erweiterungen und Modernisierungen zu einem komfortablen Wellnesshotel gewachsen. Stimmig das regionstypische Konzept, wohnlich und wertig die gesamte Einrichtung, vielfältig das Freizeitangebot. Und die wunderbare Natur hat man immer vor Augen: herrlicher Blick aufs Kaisergebirge, ein Badeteich beim Wildbach vor dem Haus...

OBERAULA – Hessen – 543 – 3 240 Ew – Höhe 326 m – Luftkurort 38 H13

▶ Berlin 425 – Wiesbaden 165 – Kassel 73 – Bad Hersfeld 22

⛳18 Oberaula-Hausen, Am Golfplatz, ✆ (06628) 9 15 40

Zum Stern Zim,

Hersfelder Str. 1 (B 454) ✉ 36280 – ✆ (06628) 9 20 20 – www.hotelzumstern.de
66 Zim ☕ – ♦58/69 € ♦♦86/116 € – ½ P
Rest – Menü 13 € (mittags)/32 € – Karte 19/41 €
Schon von außen nett anzusehen ist das schmucke Fachwerkhaus. Die meisten der ländlich-wohnlichen Gästezimmer liegen zum hübschen Garten hin und bieten einen Balkon, zwei der Zimmer sind Familienmaisonetten. Kleiner Spabereich. Ein Grill-Pavillon ergänzt das bürgerlich-rustikal gehaltene Restaurant.

OBERBOIHINGEN – Baden-Württemberg – 545 – 5 390 Ew – Höhe 276 m — 55 H19

Berlin 630 – Stuttgart 34 – Göppingen 26 – Reutlingen 25

Zur Linde

Nürtinger Str. 24 ✉ 72644 – ✆ (07022) 6 11 68 – www.linde-oberboihingen.de – geschl. über Pfingsten 2 Wochen und Montag - Dienstag
Rest – Menü 30/60 € – Karte 26/46 €
Kleine Zeitreise gefällig? Fast schon kultig ist der Stil des Restaurants, den Architekt Susenbeth hier in den 70er Jahren umsetzte! Spezialität bei Jörg und Heike Ebermann sind Württemberger Lamm, die seltene Buchenziege sowie Innereien. Oder fragen Sie, ob man Rind der Limburger Rasse im Kühlhaus hat!

OBERDING – Bayern – siehe Freising

OBERELSBACH – Bayern – 546 – 2 760 Ew – Höhe 420 m – Wintersport: — 39 I14

Berlin 410 – München 325 – Fulda 52 – Bamberg 99
Unterelsbacher Str. 4, ✉ 97656, ✆ (09774) 91 02 60, www.naturpark-rhoen.de

In Oberelsbach-Ginolfs Süd-West: 4 km Richtung Bischofsheim, nach 1 km rechts

Fischerhütte Edwin

Herbertsweg 1 ✉ 97656 – ✆ (09774) 85 83 38 – www.fischerhuette-edwin.de – geschl. Februar 2 Wochen und Montag - Dienstag
Rest – Karte 19/29 €
Ein schlicht-modern gehaltenes Restaurant in einem Holzhaus auf Pfählen mitten im Biosphärenreservat Rhön. Man bietet vorwiegend Fisch aus den eigenen Forellenteichen am Haus.

OBERGÜNZBURG – Bayern – 546 – 6 320 Ew – Höhe 737 m — 64 J21

Berlin 652 – München 111 – Kempten (Allgäu) 19 – Memmingen 36

Goldener Hirsch mit Zim Rest,

Marktplatz 4 ✉ 87634 – ✆ (08372) 74 80 – www.hirsch-oberguenzburg.de – geschl. Sonntagabend - Montag
5 Zim ☕ – ♦41 € ♦♦66 € **Rest** – Karte 19/44 €
Der Gasthof von 1683 ist schon von außen einladend und genauso nett sind auch die holzgetäfelte Gaststube und das Museumsstüble! Dazu passt die bürgerlich-regionale Küche - nehmen Sie die guten Spätzle als Beilage!

OBERHACHING – Bayern – 546 – 12 940 Ew – Höhe 576 m — 65 L20

Berlin 614 – München 16 – Innsbruck 156 – Kufstein 82

Hachinger Hof

Pfarrer-Socher-Str. 39 ✉ 82041 – ✆ (089) 61 37 80 – www.hachinger-hof.de – geschl. 22. Dezember - 6. Januar
75 Zim ☕ – ♦70/159 € ♦♦90/190 € **Rest** – *(nur Abendessen)* Karte 18/37 €
Hier kümmert sich bereits die 2. Generation der Familie Mair um Ihr Wohl, ob Sie nun einen Kurzurlaub machen oder nur auf der Durchreise sind. Fragen Sie nach den aktuellsten, komplett aufgefrischten Zimmern! In gemütlichen Stuben bekommen Sie bürgerlich-regionale Speisen serviert.

OBERHAUSEN – Nordrhein-Westfalen – 543 – 212 950 Ew – Höhe 42 m

26 C11

Berlin 536 – Düsseldorf 35 – Duisburg 10 – Essen 12

ADAC Lessingstr. 2 (Buschhausen)

Willy-Brandt-Platz 2, ✉ 46045, ✆ (0208) 8 24 57 13, www.oberhausen.de

Red Golf Oberhausen, Jacobistr. 35, ✆ (0208) 2 99 73 35

Gasometer★ · Rheinisches Industriemuseum★

Mercure

Zim, Rest,

Max-Planck-Ring 6 ✉ 46049 – ✆ (0208) 4 44 10 – www.mercure-oberhausen.de

94 Zim – 🛉93 € 🛉🛉133 €, ☕ 16 €

Rest – *(geschl. Sonntag sowie an Feiertagen) (nur Abendessen für Hausgäste)* Karte 26/49 €

Ein modernes Businesshotel, das günstig in einem Industriegebiet liegt, parken ist kein Problem. Hier bleibt man am Ball, alles ist gut in Schuss, die Einrichtung freundlich, das Frühstücksbuffet macht Appetit. Einen genaueren Blick sind auch die Bilder im Haus wert - einige stammen von der Chefin selbst.

TRYP

Centroallee 280 ✉ 46047 – ✆ (0208) 8 20 20 – www.solmelia.com

210 Zim ☕ – 🛉83/110 € 🛉🛉97/124 €

Rest – *(geschl. Sonntagabend)* Menü 18 € (mittags)/33 € – Karte 23/51 €

Das Hotel am Centro, dem großen Shopping- und Freizeitzentrum, verfügt über neuzeitliche und freundliche Zimmer. Die Premium-Zimmer bieten kleine Extras, geräumig die Juniorsuiten.

Hackbarth's Restaurant

Im Lipperfeld 44 ✉ 46047 – ✆ (0208) 2 21 88 – www.hackbarths.de – geschl. 24. Dezember - 7. Januar und Samstagmittag, Sonntag

Rest – Menü 22/50 € – Karte 20/52 €

Schnitzel vom Hirsch, gebackene Sushi... das sind schöne Beispiele für die kreative Küche in dem netten Lokal in Centro-Nähe. Die ansprechend angerichteten Speisen werden auf freundlich-legere Art serviert. Hübsch die kleine Terrasse.

OBERHEIMBACH – Rheinland-Pfalz – 543 – 610 Ew – Höhe 140 m

46 D15

Berlin 619 – Mainz 49 – Neustadt an der Weinstraße 107 – Koblenz 55

Weinberg-Schlösschen (N)

Hauptstr. 2 ✉ 55413 – ✆ (06743) 9 47 18 40 – www.weinberg-schloesschen.de – geschl. Januar - 1. März

25 Zim ☕ – 🛉59 € 🛉🛉85/110 € – 1 Suite – ½ P

Rest *Weinberg-Schlösschen* – siehe Restaurantauswahl

Nur wenige Kilometer vom Rhein und inmitten der Weinberge liegt das kleine Hotel der Familie Lambrich, in das die beiden Söhne in den letzten Jahren jede Menge frischen Wind gebracht haben. Die Zimmer variieren sehr in der Größe, ansprechend modern sind sie alle, schön der Holzfußboden. Wer es besonders komfortabel und chic mag, bucht die Suite oder das Turmzimmer (hier mit komplett verglastem Bad)!

Weinberg-Schlösschen (N) – Hotel Weinberg-Schlösschen

Hauptstr. 2 – ✆ (06743) 9 47 18 40 – www.weinberg-schloesschen.de – geschl. Januar - 1. März und Montag, November - Dezember: Montag - Mittwoch

Rest – *(Dienstag - Donnerstag nur Abendessen)* Menü 22/45 € – Karte 26/47 €

Im Restaurant des sympathischen Familienbetriebs sind Ihnen nicht nur attraktives zeitgemäßes Ambiente und freundlicher Service gewiss, sondern vor allem auch die Küche von Marc Lambrich, die z. B. mit Klassikern wie "Ragout vom Oberheimbacher Hirsch" Appetit macht. Im Sommer lockt natürlich die Terrasse mit Blick in die Reben.

OBERHOF – Thüringen – 544 – 1 530 Ew – Höhe 800 m – Wintersport: 830 m 4 – Luftkurort

40 K13

Berlin 337 – Erfurt 58 – Bamberg 106 – Eisenach 53

Crawinkler Str. 2, ✉ 98559, ✆ (036842) 26 90, www.oberhof.de

Lage★

Berghotel

Theodor-Neubauer-Str. 20 ✉ 98559 – ✆ (036842) 2 70 – www.berghotel-oberhof.de

69 Zim – 64/82 € 110/178 € – ½ P **Rest** – Karte 25/65 €

Nach umfassender Renovierung steht hier ein wirklich nettes Ferienhotel mit Wellness auf 500 qm und wohnlichen Zimmern. Nicht zu vergessen der sehr schöne Terrassenbereich, der das gemütliche Restaurant ergänzt!

OBERKIRCH – Baden-Württemberg – 545 – 19 970 Ew – Höhe 192 m – Erholungsort

54 E19

Berlin 739 – Stuttgart 140 – Karlsruhe 76 – Offenburg 16

Bahnhofstr. 16, ✉ 77704, ✆ (07802) 8 26 00, www.renchtal-tourismus.de

Lage★

Obere Linde

Rest,

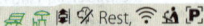

Hauptstr. 25 ✉ 77704 – ✆ (07802) 80 20 – www.obere-linde.de

27 Zim – 80/110 € 110/140 €

Rest – *(geschl. Montag)* Menü 15 € (mittags unter der Woche)/52 € – Karte 16/63 €

Wenn man die zwei schmucken Fachwerkhäuser sieht, denkt man unweigerlich an wohltuend gemütliche Atmosphäre. Und die finden Sie sowohl in den Zimmern (hier können Sie auf Wunsch sogar in einem Himmelbett schlafen) als auch in den Restaurantstuben. Wenn Sie im Sommer lieber draußen essen: Es gibt auch eine schöne Gartenterrasse!

In Oberkirch-Ödsbach Süd: 3 km

Waldhotel Grüner Baum

Alm 33 ✉ 77704 – ✆ (07802) 80 90 – www.waldhotel-gruener-baum.de

40 Zim – 101/123 € 160/216 € – 5 Suiten – ½ P

Rest – Menü 21/65 € – Karte 22/57 €

Als wäre die tolle Schwarzwaldlandschaft ringsum nicht schon genug, bietet man Ihnen hier auch noch den modernen "zeitlos SPA", einen weitläufigen Garten mit Streichelzoo, eine Kaminlounge sowie ein eigenes "Back- und Brennhus", dazu Restauranträume von ländlich bis elegant. Tipp: die schönen Panorama-Suiten!

In Oberkirch-Ringelbach Nord: 4 km, Richtung Kappelrodeck

Landhotel Salmen

Weinstr. 10 ✉ 77704 – ✆ (07802) 44 29 – www.hotelsalmen.de – geschl. 22. - 27. Dezember, 30. Januar - 13. Februar

29 Zim – 65/80 € 96/105 € – ½ P

Rest – *(geschl. Donnerstag) (Montag - Samstag nur Abendessen)* Menü 25 € – Karte 20/52 €

Man merkt, mit welchem Engagement Familie Meier ihr Hotel führt: Alles ist tipptopp gepflegt, die Zimmer sind freundlich (man hat auch zwei Familienzimmer), die Restaurantstuben gemütlich. Serviert wird hier bürgerlich-saisonale Küche.

Haus am Berg

Am Rebhof 5 (Zufahrt über Privatweg) ✉ 77704 – ✆ (07802) 47 01 – www.haus-am-berg-oberkirch.de – geschl. Mitte Januar 2 Wochen, Anfang November 2 Wochen und Dienstag

Rest – (Tischbestellung ratsam) Menü 23/56 € – Karte 26/69 €

Ruhe, Weinberge ringsum, der Blick bis nach Straßburg... Kein Wunder, dass die gemütliche Terrasse an warmen Sommertagen gut besucht ist! Peter Zimmermann und seine Frau bieten Ihnen hier - und natürlich auch im ländlichen Restaurant - internationale Speisen. Im Haus sind zudem einfache Zimmer zum Übernachten verfügbar.

OBERNBURG – Bayern – 546 – 8 550 Ew – Höhe 127 m 48 G15

Berlin 569 – München 356 – Frankfurt am Main 58 – Darmstadt 47

Zum Anker (mit Gästehaus)

Mainstr. 3 ✉ 63785 – ✆ (06022) 6 16 70 – www.zum-anker.net

20 Zim – †65/71 € ††85/90 € – ½ P

Rest – *(geschl. Freitagabend, Sonntagabend) (November - März nur Abendessen)* Menü 19/40 € – Karte 19/45 €

In einer Seitenstraße im Zentrum liegt dieser Familienbetrieb, bestehend aus einem schönen alten Fachwerkhaus und einem Gästehaus. Man verfügt über individuell gestaltete Zimmer. Das Restaurant ist mit Kamin und Eichenparkett ausgestattet.

OBERNDORF am NECKAR – Baden-Württemberg – 545 – 14 380 Ew – Höhe 506 m 54 F20

Berlin 709 – Stuttgart 80 – Konstanz 103 – Rottweil 18

Zum Wasserfall (mit Gästehaus)

Lindenstr. 60 ✉ 78727 – ✆ (07423) 92 80 – www.gasthof-hotel-zum-wasserfall.de – geschl. 1. - 6. Januar

38 Zim – †52/65 € ††82/88 € – 2 Suiten – ½ P

Rest – *(geschl. 4. - 24. August und Freitag - Samstag)* Karte 16/48 €

Sie fahren bis zum Ortsrand etwas oberhalb von Oberndorf, bis Sie in einer 180°-Kurve auf dieses Hotel stoßen. Ein freundlich-famililär geleitetes Haus mit funktional ausgestatteten Zimmern und bürgerlichem Speisenangebot.

OBEROTTERBACH – Rheinland-Pfalz – 543 – 1 190 Ew – Höhe 192 m 54 E17

Berlin 694 – Mainz 130 – Neustadt a.d. Weinstraße 44 – Saarbrücken 107

Schlössl (N) mit Zim

Weinstr. 6 ✉ 76889 – ✆ (06342) 92 32 30 – www.schloessl-suedpfalz.de – geschl. Januar, August - September 2 Wochen

8 Zim – †75/100 € ††175 €

Rest – *(geschl. Montag - Dienstag)* Menü 52/109 €

Die Restaurierung des alten Amtshauses von 1778 ist wirklich geglückt: schöner Sandstein, Parkettboden und als Besonderheit französische Dufour-Tapete a. d. 19. Jh. als stilvoller Rahmen für ambitionierte Küche... richtig elegant und wertig - so übrigens auch die edlen Gästezimmer. Der Gewölbe-Weinkeller ist ebenfalls einen Blick wert!

OBER-RAMSTADT – Hessen – 543 – 15 050 Ew – Höhe 217 m 47 F15

Berlin 571 – Wiesbaden 58 – Frankfurt am Main 53 – Mannheim 56

Hessischer Hof

Schulstr. 14 ✉ 64372 – ✆ (06154) 6 34 70 – www.hehof.de – geschl. 27. Dezember - 6. Januar, 13. Juli - 4. August

22 Zim – †55/85 € ††85/95 €, 5 € – ½ P

Rest – *(geschl. Freitag - Samstagmittag)* Menü 30 € – Karte 23/40 €

In 6. Generation leitet Familie Fischer das über 200 Jahre alte Hotel, eine ehemalige Zehntscheune. Die Gästezimmer sind gepflegt und wohnlich, einige sind etwas größer. Aus frischen saisonalen Produkten kocht man Regionales mit internationalem Einfluss.

OBERRIED – Baden-Württemberg – 545 – 2 820 Ew – Höhe 455 m – Wintersport: 1 250 m 10 – Erholungsort 61 D20

Berlin 804 – Stuttgart 182 – Freiburg im Breisgau 13 – Donaueschingen 59

Hauptstr. 24, ✉ 79199, ✆ (07661) 90 79 80, www.dreisamportal.de

Gasthaus Sternen Post mit Zim

Hauptstr. 30 ✉ 79254 – ✆ (07661) 98 98 49 – www.gasthaus-sternen-post.de – geschl. Dienstag

4 Zim – †50/70 € ††75/90 € – 1 Suite **Rest** – Menü 52 € – Karte 31/49 €

In dem schön sanierten Gasthaus von 1875 spürt man das Engagement der Inhaber: Man sitzt in gemütlichen Stuben mit Kachelofen, lässt sich Leckeres wie "Rehragout mit Spätzle und Rotkraut" sowie "Apfelküchle mit Vanillesauce" schmecken und übernachtet in liebenswerten, freundlichen Zimmern im Landhausstil.

In Oberried-Hofsgrund Süd-West: 11 km Richtung Schauinsland

Die Halde
Halde 2 (Süd-West: 1,5 km) ✉ 79254 – ✆ (07602) 9 44 70 – www.halde.com – geschl. 22. - 24. Dezember
37 Zim – 161/171 € 232/300 € – 1 Suite
Rest ***Die Halde*** – siehe Restaurantauswahl
Wandern Sie gerne? Der einstige Bauernhof liegt ruhig und abgeschieden in 1147 m Höhe, toll der Blick zum Feldberg und ins Tal - da kriegt man Lust, loszumarschieren! Die Einrichtung ist eine gesunde Mischung aus Modernem und Regionalem... hochwertig und wohnlich. Wellness gibt es hier u. a. in Form eines schönen Naturbadeteichs. HP inklusive.

Die Halde – Hotel Die Halde
Halde 2 (Süd-West: 1,5 km) ✉ 79254 – ✆ (07602) 9 44 70 – www.halde.com – geschl. 22. - 24. Dezember
Rest – Menü 32/59 € – Karte 27/52 €
Altes hat man hier auf wunderschöne Art bewahrt, so versprüht die historische Gaststube mit ihrer dunklen Holzvertäfelung pures Behagen. Wild aus eigener Jagd kommt z. B. in Form von "Ragout vom Jungwild mit Nudeln" auf den Teller. Gut das Preis-Leistungs-Verhältnis des saisonalen Menüs!

OBERSCHLEISSHEIM – Bayern – 546 – 11 300 Ew – Höhe 483 m 65 L20

Berlin 575 – München 17 – Regensburg 112 – Augsburg 64

Schlossrestaurant Bellevue N
Freisinger Str. 2 ✉ 85764 – ✆ (089) 81 30 93 33 – www.schlossrestaurant-bellevue.de – geschl. Montag
Rest – *(nur Abendessen, sonntags auch Mittagessen)* Menü 30/50 € – Karte 26/50 €
Ein Stück französische Lebensart vor den Toren Münchens, das findet man im Restaurant von Jessica Brandenburger und Timo Röpke. Der Patron bietet eine ländlich geprägte und verfeinerte französisch-rustikale Küche, die Patronne betreut Sie indes im wohnlichen Landhausambiente. Probieren Sie z. B. die Bouillabaisse oder "Pot au feu de Poulet".

In Oberschleißheim-Lustheim Ost: 1 km über B 471

Zum Kurfürst (mit Gästehäusern) Rest,
Kapellenweg 5 ✉ 85764 – ✆ (089) 31 57 90 – www.kurfuerst-hotel.de
88 Zim – 75/217 € 98/250 € – 1 Suite
Rest – *(geschl. Ende Dezember - Anfang Januar 2 Wochen)* Menü 21/53 € – Karte 20/44 €
Bei Familie Kunstwaldl wohnt man recht ruhig beim Schlosspark und nur 20 S-Bahn-Minuten von München! Zimmer in den Kategorien Standard-, Komfort- und Superior oder günstigere "Chaletzimmer". Im Restaurant bekommt man Wiener Schnitzel ebenso wie Flammkuchen.

OBERSTAUFEN – Bayern – 546 – 7 170 Ew – Höhe 791 m 64 I22

– Wintersport: 1 700 m 2 24 – Schroth-Heilbad und Heilklimatischer Kurort

Berlin 735 – München 161 – Konstanz 107 – Kempten (Allgäu) 37

Hugo-von-Königsegg-Str. 8, ✉ 87534, ✆ (08386) 9 30 00, www.oberstaufen.de

Oberstaufen-Steibis, In der Au 5, ✆ (08386) 85 29

Oberstaufen, Buflings 1a, ✆ (08386) 93 92 50

Allgäu Sonne (mit Gästehäusern)
Stießberg 1 ✉ 87534 – ✆ (08386) 70 20 – www.allgaeu-sonne.de
152 Zim – 115/154 € 230/284 € – 3 Suiten – ½ P
Rest – Menü 35/61 € – Karte 24/55 €
Bei der Ankunft beeindruckt nicht nur die fantastische Sicht über das Weißachtal, auch die geräumige Panoramahalle kommt gut an. Nicht minder attraktiv der topmoderne Fitnessraum als Teil des vielfältigen, weit über 2000 qm messenden Freizeit- und Wellnessbereichs! In traditionellen Restauranträumen können Sie international inspirierte Regionalküche kosten.

Lindner Parkhotel

Rest,

Argenstr. 1 ✉ 87534 – ✆ (08386) 70 30 – www.lindner.de/oberstaufen
82 Zim – 99/149 € 189/239 € – 5 Suiten – ½ P
Rest – Menü 32 € – Karte 31/44 €
Ein Kettenhotel, das nicht ganz alltäglich ist. Hier wirkt alpenländische Tradition - in den gemütlichen Zimmern, im Bergwiesen-Spa, der schon durch seine Gestaltung Exklusivität versprüht. Paare buchen gerne den Private Spa. Zum Essen sollten Sie auf der tollen Terrasse zum Park hin Platz nehmen!

Rosenalp

Rest,

Am Lohacker 5 ✉ 87534 – ✆ (08386) 70 60 – www.rosenalp.de – geschl. 29. November - 24. Dezember
67 Zim – 110/150 € 230/280 € – 12 Suiten – ½ P
Rest – Menü 35/65 € – Karte 32/57 €
Sie merken dem Haus seine intensive Führung an: Man hat in den letzten Jahren viel getan - so kann das Ferien- und Wellnesshotel nun wohnliche Zimmer (klassisch oder topmodern) und jede Menge Spa bieten. Restaurant und Terrasse können sich ebenfalls sehen lassen und auch der Garten ist ein schönes Fleckchen!

Concordia

Rest,

In Pfalzen 8 ✉ 87534 – ✆ (08386) 48 40 – www.concordia-hotel.de
62 Zim – 74/100 € 148/200 € – ½ P **Rest** – Menü 17 € (abends)/25 €
Das Haus hat schon Atmosphäre! Für Wohnlichkeit ist gesorgt, in den vier miteinander verbundenen Gebäuden erwartet Sie unterschiedliche Landhauseinrichtung, ebenso Balkon oder Terrasse. Für Ihr Wohlbefinden: Medical Wellness, Beauty und mehr. Wer möchte, bekommt "Logi-Diät" oder Schrothkur.

Alpenkönig

Rest,

Kalzhofer Str. 25 ✉ 87534 – ✆ (08386) 9 34 50 – www.hotel-alpenkoenig.de – geschl. 23. November - 24. Dezember
23 Zim – 84/104 € 168 € – ½ P
Rest – *(nur Abendessen)* Menü 35/42 € – Karte 29/42 €
Familie Bentele hat aus ihrem Haus wirklich ein Schmuckstück gemacht: Für eine geschmackvolle Optik sorgen warme Farben und hochwertige Materialien, fürs Gefühl die persönliche Atmosphäre! Richtig heimelig wird's in den Restaurantstuben bei internationaler und regionaler Kost.

evviva!

Kalzhofer Str. 50 ✉ 87534 – ✆ (08386) 9 32 90 – www.evviva.de – geschl. 3. November - 26. Dezember
18 Zim – 79/87 € 128/148 € – 2 Suiten – ½ P
Rest *ecco!* – siehe Restaurantauswahl
Der ehemalige erfolgreiche Fußballprofi Karl-Heinz Riedle hat hier nicht nur ein zeitgemäßes Hotel, im Sommer kommt der Fußball-Nachwuchs ins Jugend-Camp! Tagsüber relaxen Sie bei Ayurvedaanwendungen, abends macht man es sich in der Fernsehlounge gemütlich.

Adler (mit Gästehaus)

Kirchplatz 6 ✉ 87534 – ✆ (08386) 9 32 10 – www.adler-oberstaufen.de
27 Zim – 58/110 € 116/220 € – 1 Suite – ½ P
Rest – *(geschl. 1. - 14. Dezember)* Menü 21/47 € – Karte 22/49 €
Direkt im Herzen der Stadt steht der Traditionsgasthof von 1574 - das macht die Terrasse auf dem Kirchplatz sehr beliebt! Das freundliche Personal ist auch bei der Parkplatzsuche behilflich. Sie beginnen den Tag mit einem guten Frühstück, später können Sie hier bürgerlich-regional essen.

Hochbühl garni

Auf der Höh 12 ✉ 87534 - ✆ (08386) 9 35 40 – www.hochbuehl.de
21 Zim – 49/70 € 98/136 €
Ein sehr familiäres Haus, in dem man nett und behaglich wohnen kann. Das wissen auch die vielen Schrothkur-Gäste, die hier auf Wunsch Kur-Halbpension erhalten. Gönnen Sie sich doch auch mal eine wohltuende Kosmetikanwendung oder Massage!

Ambiente
Kalzhofer Str. 22 ✉ 87534 – ✆ (08386) 74 78 – www.ambiente-oberstaufen.de – geschl. 7. - 21. Januar, 23. Juni - 15. Juli und Montag - Dienstag
Rest – *(Mittwoch - Samstag nur Abendessen)* Menü 36/60 € – Karte 32/62 €
Zahlreiche Stammgäste zieht es immer wieder in das helle, mediterran inspirierte Restaurant mit Wintergarten. Aus der einsehbaren Küche lässt Ihnen Patron Richard Zwick internationale Speisen aus frischen Produkten servieren.

Posttürmle
Bahnhofsplatz 4 ✉ 87534 – ✆ (08386) 74 12 – www.posttuermle.de – geschl. Dezember 3 Wochen und Dienstag, Juni - August: Montag - Dienstag
Rest – *(nur Abendessen)* (Tischbestellung ratsam) Menü 36/89 € – Karte 30/73 €
In dem überaus netten, intimen Restaurant sollten Sie reservieren, denn man hat nur drei Tische! Familie Stark ist hier seit rund 20 Jahren mit Herzblut bei der Sache. Der Patron bereitet gute klassische Küche zu - probieren Sie "Frische Steinpilze in Kräuterbutter gebraten"! Eigene kleine Vinothek.

ecco! – Hotel evviva!
Kalzhofer Str. 50 ✉ 87534 – ✆ (08386) 9 91 96 80 – www.ecco-oberstaufen.de – geschl. 3. November - 26. Dezember
Rest – Menü 25/48 € – Karte 20/45 €
Hinter der großen Fensterfront sitzt man in freundlichem Ambiente bei international-saisonaler Küche. Sie hätten es gerne etwas gehobener? Dann nehmen Sie an einem der vier elegant eingedeckten Tische des "ecco!~nobile" Platz, eine Art Restaurant im Restaurant - hier gibt es Mi.-So. am Abend ein Gourmetmenü.

In Oberstaufen-Bad Rain Ost: 1,5 km über Rainwaldstraße

Bad Rain (mit Gästehaus)
Hinterstaufen 9 ✉ 87534 – ✆ (08386) 9 32 40 – www.bad-rain.de – geschl. Mitte November - Mitte Dezember
25 Zim – 🚹60/87 € 🚹🚹130/164 € – ½ P
Rest *Bad Rain* – siehe Restaurantauswahl
Schon die 5. Generation der Familie ist in dem sympathischen Alpengasthof im Einsatz. Man ist zwar schon ein Stück vom Zentrum entfernt, doch die Idylle hier, die wohnlichen Zimmer, der Wellnessbereich und die gemütlichen Stuben machen das wieder wett!

Bad Rain – Hotel Bad Rain
Hinterstaufen 9 ✉ 87534 – ✆ (08386) 9 32 40 – www.bad-rain.de – geschl. Mitte November - Mitte Dezember
Rest – Karte 18/47 €
Hier bietet Ihnen Michael Kirchmann eine solide regional bezogene Küche - seine Spezialität sind Gerichte mit Wild aus eigener Jagd. Wenn Sie in der urigen Bauernstube essen möchten, sollten Sie rechtzeitig reservieren!

In Oberstaufen-Kalzhofen Nord-Ost: 1 km über Kalzhofer Straße

Haubers Alpenresort
Meerau 34 ✉ 87534 – ✆ (08386) 9 33 05 – www.haubers.de
68 Zim – 🚹85/218 € 🚹🚹176/336 € – 5 Suiten – ½ P
Rest – *(nur für Hausgäste)* Menü 29/46 € – Karte 34/44 €
Das Resort steht auf 60 ha Grund, darauf befinden sich ein Golfplatz, Wanderwege, ein ganzer Bergrücken, zwei Almen und zwei komfortable Hotels (Landhaus und Gutshof)! Neben der schönen Umgebung gibt es auch einiges für Wellness-Fans. Eine hochwertige Halbpension rundet das Angebot ab.

In Oberstaufen-Steibis Süd: 5 km

König Ludwig
Im Dorf 29 ✉ 87534 – ✆ (08386) 89 10 – www.hotel-koenig-ludwig.com – geschl. 3. November - 13. Dezember
64 Zim – 🚹100/120 € 🚹🚹160/200 € – 2 Suiten – ½ P
Rest – Menü 28 € (abends) – Karte 26/45 €
Stilvoll und klassisch-rustikal ist es hier. Ein Ferienhotel mit komfortablen Zimmern und großzügigen Suiten, hübschem Wellnessbereich und verschiedenen Restaurantstuben, in denen Passanten und Pensionsgäste gemischt sitzen.

In Oberstaufen-Thalkirchdorf Ost: 6 km über B 308 – Erholungsort

Traube
Zim,

Kirchdorfer Str. 12 ✉ 87534 – ✆ (08325) 92 00 – www.traube-thalkirchdorf.de
– geschl. Mitte November - Mitte Dezember
30 Zim – 72/101 € 114/155 € – ½ P
Rest – *(geschl. Dienstag)* Menü 15/45 € – Karte 21/52 €
So richtig schön urig kommt der Gasthof mit seiner Schindel-Fachwerkfassade a. d. J. 1767 daher. Passend dazu der traditionelle Charakter des Restaurants. Sie schlafen in frischen, modernen und großen Zimmern oder aber in kleinen ländlich-rustikalen. Zeitweise bietet man auch Kosmetik.

In Oberstaufen-Willis West: 1,5 km über B 308

Bergkristall
Rest,

Willis 8 ✉ 87534 – ✆ (08386) 91 10 – www.bergkristall.de
44 Zim – 108/204 € 216/310 € – 4 Suiten – ½ P
Rest – Menü 38/65 € (abends) – Karte 27/43 €
Der Familienbetrieb in traumhafter Lage über dem Weißachtal hat sich zu einer sehr guten Wellnessadresse gemausert. Auf 800 qm können Sie bei Sauna, Beauty & Co. entspannen - alles hier ist hochwertig. Im Stammhaus hat man ganz schicke neue Zimmer: topmodern und regional. Restaurant und Terrasse bieten grandiose Aussicht.

OBERSTDORF – Bayern – 546 – 9 890 Ew – Höhe 815 m – Wintersport: 2 200 m 10 36 – Heilklimatischer Kurort und Kneippkurort 64 J22

Berlin 737 – München 165 – Kempten (Allgäu) 39 – Immenstadt im Allgäu 20
Prinzregenten-Platz 1, ✉ 87561, ✆ (08322) 70 00, www.oberstdorf.de
Oberstdorf, Gebrgoibe 2, ✆ (08322) 28 95
Lage★★
Nebelhorn★★ (★★), 30 min mit und · Breitachklamm★★ , Süd-West: 7 km · Fellhorn★★ (★★)

Parkhotel Frank
Zim,

Sachsenweg 11 ✉ 87561 – ✆ (08322) 70 60 – www.parkhotel-frank.de
73 Zim – 108/190 € 241/317 € – 8 Suiten – ½ P
Rest – Menü 48/54 € – Karte 35/51 €
Sie werden schnell merken, was bei Familie Frank zählt: Service, Herzlichkeit und das Wohlbefinden der Gäste! Zimmer gibt es von gemütlich-rustikal bis modern, dazu Wellness-Vielfalt und ein 4000-qm-Garten. Das Restaurant hat jetzt auch eine ganz geradlinig-zeitgemäße Variante: das "MaSiLeRo".

Exquisit
Rest, Rest,

Lorettostr. 20 ✉ 87561 – ✆ (08322) 9 63 30 – www.hotel-exquisit.de
43 Zim – 155/240 € 250/380 € – 9 Suiten
Rest – *(nur Abendessen)* (Tischbestellung erforderlich) Menü 55 €
Das "Exquisit" erstrahlt in neuem Glanz, es ist praktisch nicht wieder zu erkennen! Entstanden ist ein geschmackvolles modern-elegantes Ferien- und Wellnesshotel, heimische Hölzer schaffen Behaglichkeit! Im Restaurant sollten Sie reservieren, denn die gute Küche von Frank Aldinger hat sich herumgesprochen. Preise inkl. HP.

Alpenhof
Rest,

Fellhornstr. 36 ✉ 87561 – ✆ (08322) 9 60 20 – www.alpenhof-oberstdorf.de
– geschl. Mitte November - Mitte Dezember
57 Zim – 103/161 € 174/270 € – 4 Suiten – ½ P
Rest – Menü 28/35 € (abends) – Karte 27/58 €
So wünscht man sich hier sein Ferienhotel: angenehm familiär, schöne Lage, wohnlich-alpenländische Zimmer und reichlich Wellnessmöglichkeiten. Wenn man dann auch noch auf einer hübschen Terrasse Bergblick und Essen genießen kann, ist das Bild komplett!

Schüle's Gesundheitsresort & Spa

Ludwigstr. 37 ✉ *87561 – ✆ (08322) 70 10 – www.schueles.com*
101 Zim – †78/152 € ††156/230 € – 3 Suiten – ½ P
Rest – *(nur für Hausgäste)* Menü 25 € (mittags)/59 €
Nicht nur Gesundheit und Medical Wellness (der Spa misst 2200 qm) stehen hier auf dem Programm - genauso wichtig ist für Familie Schüle die behagliche Atmosphäre in ihrem Haus, die die Gäste in den nach Kräutern benannten Zimmern spüren können.

Filser

Rest,

Freibergstr. 15 ✉ *87561 – ✆ (08322) 70 80 – www.filserhotel.de*
84 Zim – †79/94 € ††138 € – ½ P
Rest – Menü 15 € (mittags)/29 € – Karte 25/30 €
Seit 1952 ist Familie Filser hier für ihre Gäste da und ermöglicht ihnen einen schönen Aufenthalt: in wohnlichen, ganz unterschiedlich geschnittenen Zimmern und Appartements, beim Beautyprogramm, im Wintergarten am Kamin oder im gediegenen Restaurant.

Löwen & Strauss

Kirchstr. 1 ✉ *87561 – ✆ (08322) 80 00 80 – www.loewen-strauss.de – geschl. November 2 Wochen*
22 Zim – †60/110 € ††80/260 € – ½ P
Rest *ESS ATELIER STRAUSS* ✿ **Rest *Löwen-Wirtschaft*** – siehe Restaurantauswahl
Der gebürtige Oberstdorfer Peter A. Strauss hat sich einen langgehegten Traum erfüllt und sein "AlpinLifeStyleHotel" der besonderen Art geschaffen. Den Bezug zur Region schaffen die Materialien ebenso wie die guten Produkte zum Frühstück!

Kappeler-Haus garni

Am Seeler 2 ✉ *87561 – ✆ (08322) 9 68 60 – www.kappeler-haus.de*
47 Zim – †48/67 € ††76/134 €
Ideal für alle, die es in ihrem Urlaub gerne ruhig und diskret mögen! Sie finden hier ein wohltuendes Umfeld in Form heller und sehr freundlicher Zimmer, eines hübschen Gartens mit beheiztem Sommerpool und einer netten Atmosphäre zum Frühstück. Den Bergblick bekommen Sie gratis dazu!

Fuggerhof

Speichackerstr. 2 ✉ *87561 – ✆ (08322) 9 64 30 – www.hotel-fuggerhof.de*
21 Zim – †59/79 € ††118/148 € – 4 Suiten – ½ P
Rest – *(geschl. 20. März - 5. Mai, 20. Oktober - 20. Dezember und Mai - Oktober: Dienstag)* Menü 20/23 € – Karte 19/38 €
Ruhig liegt das kleine Hotel am Ortsrand, am Anfang der Langlaufloipe. Die Gästezimmer sind solide möbliert - schön ist die Sicht von den Südbalkonen. Vom Restaurant und der Terrasse aus blicken Sie auf die Berge.

ESS ATELIER STRAUSS – Hotel Löwen & Strauss

A/C

✿ *Kirchstr. 1* ✉ *87561 – ✆ (08322) 80 00 80 – www.loewen-strauss.de – geschl. nach Ostern 2 Wochen, November 3 Wochen und Montag - Mittwoch*
Rest – *(nur Abendessen)* (Tischbestellung ratsam) Menü 58/111 €
Das alpine Design allein zieht schon die Blicke auf sich, weitere Hingucker sind der schicke Weinklimaschrank und die Spiegelwand mit kleinen Fenstern zur Küche - und was hier entsteht, ist nicht nur etwas fürs Auge, die liebevoll angerichteten Speisen sind harmonisch und fein, zeugen von sehr gutem Handwerk und ebensolcher Produktqualität.
→ Schottischer Wildlachs, Andalusische Orange. Gänseleber, Taube, Schwarze Nuss, Birne. Atlantik Steinbutt, Flusskrebs, Blumenkohl, Grillaromen.

Gute Küche zu moderatem Preis? Folgen Sie dem „Bib Gourmand" ☺. Das freundliche Michelin-Männchen „Bib" steht für ein besonders gutes Preis-Leistungs-Verhältnis!

Maximilians Restaurant - Landhaus Freiberg mit Zim

Freibergstr. 21 ✉ 87561 – ✆ (08322) 9 67 80 – www.maximilians-restaurant.de – geschl. Sonntag

8 Zim – †113/150 € ††186/252 €

Rest – *(nur Abendessen)* Menü 77/110 € – Karte 58/75 €

Seit gut 20 Jahren leitet Familie Fetz das Haus schon mit Engagement und Herzblut. Nachdem sich Ludger Fetz aus der Küche verabschiedet hat, ist Tobias Eisele nun alleine Garant für eine feine und strikt saisonale Küche. Gästezimmer, die zum Bleiben verleiten: Formen und Farben aufwändig und schön kombiniert.

➜ Das Beste vom Weidekalb - Kopf, Bries, Bäckle mit Spargel, Wollmispel, Blutampfer. Scholle vom kleinen Boot aus der Normandie mit Safranrisotto, Mönchsbart, schwarze Schalotten. Dreierlei vom Müritzlamm - Rücken, Tafelspitz, Backe mit Artischocken, Spinat, Paprika, Bohnenkerne.

Königliches Jagdhaus

Ludwigstr. 13 ✉ 87561 – ✆ (08322) 98 73 80 – www.koenigliches-jagdhaus.de – geschl. Mittwoch - Donnerstagmittag

Rest – Menü 28/38 € – Karte 25/47 €

Das charmante Holzhaus von 1856 mit seinen drei Stuben ist ein netter Ableger des Sternerestaurants "Maximilian". Geboten werden hier regionale Speisen wie "gebratene Rehbockkeule in Kirschjus mit Spitzkraut und Schupfnudeln". Schöner Biergarten unter Kastanien!

Löwen-Wirtschaft – Hotel Löwen & Strauss

Kirchstr. 1 ✉ 87561 – ✆ (08322) 80 00 80 – www.loewen-strauss.de – geschl. nach Ostern 2 Wochen, November 3 Wochen und Montag, außer Saison

Rest – Menü 25/32 € – Karte 31/50 €

Das Wirtshaus hat schon ein etwas spezielles Ambiente: moderne Rustikalität - schön gemacht mit liebevollen Einrichtungsdetails wie alten Skiern, Kuhglocken etc., aber vor allem mit angenehm freundlichem Service und schmackhafter Crossover-Küche (deftig regional, aber auch international).

In Oberstdorf-Birgsau Süd: 9,5 km in Richtung Fellhornbahn – Höhe 960 m

Birgsauer Hof Zim,

Birgsau 9 ✉ 87561 – ✆ (08322) 9 69 00 – www.birgsauer-hof.de

30 Zim – †82/93 € ††140/207 € – ½ P

Rest – Menü 22/27 € – Karte 21/32 €

Viele suchen die Abgeschiedenheit und Idylle dieses im Stillachtal gelegenen Hotels. Toll ist der Blick auf die Allgäuer Alpen, schön zum Relaxen der Freizeitbereich samt kleiner Kosmetikabteilung, gemütlich das regionstypische Flair der Restaurantstuben.

In Oberstdorf-Kornau West: 4 km über B 19 – Höhe 940 m

Nebelhornblick Rest,

Kornau 49 ✉ 87561 – ✆ (08322) 9 64 20 – www.nebelhornblick.de – geschl. 23. November - 4. Dezember

37 Zim – †95/145 € ††152/200 € – ½ P

Rest – *(nur Abendessen)* Menü 21 € – Karte 20/53 €

Ruhe ist nicht alles, was die Gäste in dem Ferienhotel erwartet. Zu nennen seien auch die persönliche Führung, gepflegte Zimmer und Appartements und nicht zuletzt die Sicht auf das namengebende Nebelhorn! Im Sommer ist zudem die Bergbahnkarte inklusive.

In Oberstdorf-Tiefenbach Nord-West: 6 km – Höhe 900 m

Alpenhotel Tiefenbach

Falkenstr. 15 ✉ 87561 – ✆ (08322) 70 20 – www.alpenhotel-tiefenbach.de

75 Zim – †80/100 € ††150/200 € – 10 Suiten – ½ P

Rest – *(nur Abendessen)* Menü 25/35 € – Karte 31/58 €

Das Hotel liegt schön und recht ruhig am Waldrand und ist eine geschmackvolle gewachsene Ferienadresse. Wohnen können Sie in unterschiedlichen Kategorien, entspannen beim guten Wellnessangebot und zum Essen stehen gleich zwei Varianten zur Wahl: der Allgäuer Bereich und das italienische Locanda.

OBERSTENFELD – Baden-Württemberg – 545 – 7 900 Ew – Höhe 234 m

55 H18

▶ Berlin 600 – Stuttgart 44 – Heilbronn 18 – Schwäbisch Hall 49

 **Zum Ochsen** 

Großbottwarer Str. 31 ✉ 71720 – ✆ (07062) 93 90 – www.hotel-gasthof-zum-ochsen.de – geschl. 1. - 9. Januar

30 Zim ☕ – 🚹67/77 € 🚹🚹97/107 € – ½ P

Rest ***Zum Ochsen*** – siehe Restaurantauswahl

Ein gestandener Gasthof, den es schon über 300 Jahre gibt! Historisch ist in den Zimmern allerdings gar nichts: Sie sind schön modern und farblich frisch - nur wenige rustikalere Standardzimmer sind noch da. Charmanter Service und gutes Frühstück machen das positive Bild komplett.

Zum Ochsen – Hotel Zum Ochsen 

Großbottwarer Str. 31 ✉ 71720 – ✆ (07062) 93 90 – www.hotel-gasthof-zum-ochsen.de – geschl. 1. - 9. Januar und Dienstag

Rest – Menü 30/55 € – Karte 22/47 €

Nicht nur der beliebte Rostbraten ist gut hier, auch die anderen regionalen Speisen dieser typisch schwäbischen Adresse sind schmackhaft - probieren Sie doch mal die geschmorte Lammhaxe. Auf jeden Fall ist aber der Kartoffelsalat ein Muss!

OBERTEURINGEN – Baden-Württemberg – 545 – 4 500 Ew – Höhe 451 m – Erholungsort

63 H21

▶ Berlin 712 – Stuttgart 174 – Konstanz 35 – Friedrichshafen 11

ℹ St.-Martin-Platz 9, Rathaus, ✉ 88094, ✆ (07546) 2 99 25, www.oberteuringen.de

In Oberteuringen-Bitzenhofen Nord-West: 2 km

Am Obstgarten

Gehrenbergstr. 16/1 ✉ 88094 – ✆ (07546) 92 20 – www.am-obstgarten.de

32 Zim ☕ – 🚹55/99 € 🚹🚹85/129 € – 1 Suite – ½ P

Rest – *(geschl. November - April: Mittwoch - Donnerstag) (nur Abendessen)* Menü 13/36 € – Karte 21/33 €

Relativ ruhig liegt das familienfreundliche Haus am Ortsrand und - wie der Name schon vermuten lässt - an den eigenen Obstwiesen. Die Zimmer sind funktionell und haben meist einen Balkon, das Restaurant bietet bürgerliche Küche.

OBERTHAL – Saarland – 543 – 6 220 Ew – Höhe 300 m

46 C16

▶ Berlin 710 – Saarbrücken 48 – Trier 68 – Idar-Oberstein 39

In Oberthal - Steinberg-Deckenhardt Nord-Ost: 5 km

Zum Blauen Fuchs 

Walhausener Str. 1 ✉ 66649 – ✆ (06852) 67 40 – www.zumblauenfuchs.de – geschl. Juni 2 Wochen und Montag - Dienstag

Rest – *(Mittwoch - Samstag nur Abendessen, Sonntag nur Mittagessen)* (Tischbestellung ratsam) Menü 40/84 € – Karte 42/65 €

Stimmig ist das gemütlich-elegante Ambiente, gut die mediterran-saisonal beeinflusste klassische Küche... Letzteres ist dem ambitionierten Gastgeber Olaf Bank zu verdanken, der freundliche Service und die fachkundige Weinberatung seiner Frau.

OBERTHULBA – Bayern – 546 – 5 060 Ew – Höhe 270 m

49 I14

▶ Berlin 491 – München 327 – Fulda 52 – Bad Kissingen 9

 **Rhöner Land** 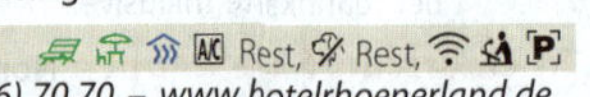

Zum Weißen Kreuz 20 ✉ 97723 – ✆ (09736) 70 70 – www.hotelrhoenerland.de

25 Zim – 🚹63/83 € 🚹🚹90/112 €, ☕ 5 € – 2 Suiten – ½ P **Rest** – Karte 14/32 €

Das Businesshotel bietet eine gute Verkehrsanbindung und liegt dennoch im Grünen. Funktionelle Zimmer mit W-Lan und "Sky"-Fernsehen gratis, teils für bis zu vier Personen geeignet.

OBERTRUBACH – Bayern – 546 – 2 210 Ew – Höhe 434 m – Erholungsort

50 L16

▶ Berlin 400 – München 206 – Nürnberg 41 – Forchheim 28

ℹ Teichstr. 5, ✉ 91286, ✆ (09245) 98 80, www.trubachtal.com

Alte Post

Trubachtalstr. 1 ✉ 91286 – ✆ (09245) 3 22 – www.postritter.de – geschl. 4. Januar - 2. Februar

33 Zim – 28/36 € 50/60 € – ½ P

Rest – *(geschl. Oktober - April: Dienstag - Mittwoch)* Karte 11/24 €

Der gestandene Gasthof in der Ortsmitte ist alter Familienbesitz und wird auch heute noch von Familie Ritter geführt. Die sehr gepflegten Zimmer verfügen zum Teil über Balkone. Restaurant in ländlichem Stil.

In Obertrubach-Bärnfels Nord: 2,5 km, über Teichstraße und Herzogwind

Drei Linden (mit Gästehaus)

Dorfstr. 38 ✉ 91286 – ✆ (09245) 91 88 – www.drei-linden.com – geschl. 1. - 9. März, 25. Oktober - 2. November

30 Zim – 39/41 € 64/68 € – ½ P

Rest – *(geschl. November - März: Donnerstag) (Montag - Dienstag nur Abendessen)* Menü 11/32 € – Karte 12/30 €

Ein solide geführter Gasthof, der im Haupthaus wie auch im gegenüberliegenden Gästehaus meist rustikal möblierte Zimmer bereithält. Das Restaurant ist ländlich in hellem Holz gehalten.

OBERUCKERSEE – Brandenburg – 542 – 1 770 Ew — 23 Q6

Berlin 98 – Potsdam 164 – Prenzlau 21

In Oberuckersee-Röpersdorf

Am Uckersee

Straße am Uckersee 27 ✉ 17291 Röpersdorf – ✆ (03984) 67 48 – www.schilfland.de

19 Zim – 56/66 € 77/99 € – 1 Suite

Rest – *(nur Abendessen)* Karte 15/28 €

Die Lage nahe dem Unteruckersee sowie gepflegte, zeitgemäße Gästezimmer (teilweise mit Wasserbett) sprechen für diesen Familienbetrieb. Das Restaurant mit schöner Terrasse zum See befindet sich auf der gegenüberliegenden Straßenseite.

In Oberuckersee-Seehausen

Seehotel Huberhof

Dorfstr. 49 ✉ 17291 Seehausen – ✆ (039863) 60 20 – www.seehotel-huberhof.de – geschl. 6. - 23. Januar

23 Zim – 52 € 65/86 € – 2 Suiten – ½ P

Rest – Menü 19/28 € (abends) – Karte 16/31 €

Ein wohnliches Hotel unter familiärer Leitung, das aus einem restaurierten alten Bauernhof entstanden ist. Schön ist der direkte Zugang zum Oberuckersee. Auch Ferienwohnungen/-häuser. Die behaglichen Gaststuben versprühen ländlichen Charme. Innenhofterrasse.

In Oberuckersee-Warnitz

Panorama Hotel am Oberuckersee

Quastweg 2 ✉ 17291 Warnitz – ✆ (039863) 6 39 23 – www.paho-warnitz.de

Zim, P

33 Zim – 85 € 120/138 € – 2 Suiten – ½ P

Rest – *(Oktober - April: nur Abendessen)* Menü 22 € (abends) – Karte 25/57 €

Direkt am Oberuckersee gelegenes Hotel mit Spa auf 1500 qm. Die Zimmer sind wohnlich und recht individuell, fast alle mit Seeblick. Fünf einfachere Zimmer im Ferienhaus. Restaurantbereiche: Provence, behagliches Kaminzimmer und heller Saal sowie Seeterrasse.

OBERURSEL (TAUNUS) – Hessen – 543 – 43 750 Ew – Höhe 210 m 47 F14

Berlin 533 – Wiesbaden 47 – Frankfurt am Main 14 – Bad Homburg vor der Höhe 4

Parkhotel am Taunus

Rest,

Hohemarkstr. 168 ✉ *61440 –* ✆ *(06171) 92 00 – www.parkhotel-am-taunus.de – geschl. Weihnachten - Neujahr*

100 Zim – †98/165 € ††142/185 €

Rest – *(geschl. Sonntag und an Feiertagen)* Menü 17 € (mittags unter der Woche) – Karte 25/61 €

Ein gut geführtes Tagungs- und Businesshotel mit zeitgemäßen Zimmern, teils mit Balkon zum hübschen Park hinter dem Haus. Schöner moderner Freizeitbereich im obersten Stock. Restaurant in neuzeitlichem Stil.

Kalist

Vorstadt 10, (1.Etage) ✉ *61440 –* ✆ *(06171) 5 86 23 77 – www.kalist.de – geschl. Sonntag - Montag*

Rest – Menü 17 € (mittags)/44 € – Karte 40/54 €

Was Sie hier im 1. Stock eines Geschäftshauses mitten in der Fußgängerzone erwartet, ist ein stimmiges Gesamtbild aus modernem Ambiente und ebenso zeitgemäßer Küche. Mittags zieht das Tagesmenü Gäste an, am Abend isst man gehobener - so z. B. "Lamm / Paprika / Aubergine".

Kraftwerk

Zimmersmühlenweg 2, (Gewerbegebiet) ✉ *61440 –* ✆ *(06171) 92 99 82 – www.kraftwerkrestaurant.de – geschl. Juli 2 Wochen und Sonntag - Montagmittag, Freitagmittag, Samstagmittag*

Rest – (abends Tischbestellung ratsam) Menü 32/72 € – Karte 34/52 €

In dem einstigen Kraftwerk serviert man in freundlicher moderner Atmosphäre neben internationaler Küche auch schmackhafte österreichische Speisen, dazu ein gutes Weinangebot mit Schwerpunkt Österreich. Im Eingangsbereich ein Oldtimer-Showroom.

In Oberursel-Oberstedten

Sonnenhof garni

Weinbergstr. 94 ✉ *61440 –* ✆ *(06172) 96 29 30 – www.hotel-sonnenhof-oberursel.de*

16 Zim – †75/90 € ††90/110 € – 1 Suite

Seit über 40 Jahren leitet Familie Bender dieses Hotel am Ortsrand. Die Zimmer sind unterschiedlich geschnitten und sehr gepflegt. Der Tag beginnt mit einem guten Frühstück.

OBERWESEL – Rheinland-Pfalz – 543 – 2 840 Ew – Höhe 180 m 46 D15

Berlin 621 – Mainz 56 – Bad Kreuznach 42 – Koblenz 49

Rathausstr. 3, ✉ 55430, ✆ (06744) 71 06 24, www.oberwesel.de

Liebfrauenkirche★

Burg Schönburg★, Süd: 2 km

Burghotel Auf Schönburg

Schönburg (Süd: 2 km, Richtung Dellhofen) ✉ *55430 –* ✆ *(06744) 9 39 30 – www.burghotel-schoenburg.de – geschl. 5. Januar - 13. März*

19 Zim – †105/135 € ††180/270 € – 5 Suiten – ½ P

Rest – *(geschl. Montag)* Menü 35/85 € – Karte 40/66 €

Ein besonderes Flair hat das in die historische Burg integrierte Hotel. Die Aussicht von hier oben ist grandios - auch beim Speisen im Restaurant ein Genuss! Die Gästezimmer sind sehr wohnlich, stilvoll und individuell, ausgestattet mit tollen Bädern; viele Zimmer mit Balkon oder Terrasse.

Augustin's

Zim,

Rathausstr. 2 ✉ *55430 –* ✆ *(06744) 71 00 70 – www.augustins-hotelgastro.com*

22 Zim – †60/70 € ††100/140 € – ½ P

Rest – Menü 28/50 € – Karte 24/43 €

Hier wurde ein historisches Haus originalgetreu wiederaufgebaut und modern ergänzt - das Ergenbis kann sich wirklich sehen lassen: überall stylische Geradlinigkeit und warme Farben.

Römerkrug mit Zim

Marktplatz 1 ✉ *55430 – ✆ (06744) 70 91 – www.hotel-roemerkrug.de – geschl. Februar, November und Mittwoch*

10 Zim – ♦53/65 € ♦♦83/85 € – 1 Suite – ½ P

Rest – Menü 25/37 € – Karte 23/43 €

Freundlich und familiär werden Sie in dem 1458 erbauten Fachwerkhaus mit klassisch-regionaler Küche bewirtet. Man sitzt in gemütlichen Stuben mit rustikalem Charakter. Die Gästezimmer sind gepflegt und solide.

In Oberwesel-Dellhofen Süd-West: 2,5 km

Gasthaus Stahl 

Am Talblick 6 ✉ *55430 – ✆ (06744) 4 16 – www.gasthaus-stahl.de – geschl. Mitte Dezember - Anfang März*

20 Zim – ♦48/59 € ♦♦75/110 € – ½ P

Rest – *(nur Abendessen)* Karte 20/32 €

Ein sympathischer ländlicher Gasthof, der von der Familie gut geführt wird. Die neueren Zimmer sind sehr schön im Landhausstil eingerichtet. Hübscher Garten mit Baumbestand. Bürgerliche Küche und Eigenbauweine in den gemütlichen Gaststuben. Toller alter Saal.

Zum Kronprinzen mit Zim 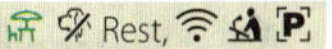

Rheinhöhenstr. 43 ✉ *55430 – ✆ (06744) 7 10 80 – www.zumkronprinzen.de – geschl. 2. Januar - 4. Februar und Montag*

17 Zim – ♦48/65 € ♦♦88/98 € – 2 Suiten – ½ P

Rest – *(Dienstag - Donnerstag nur Abendessen)* Menü 29/40 € – Karte 23/51 €

Bei Markus Oppermann genießen Sie nicht nur gute internationale Küche (mittags günstigere kleinere Karte), Sie können auch selbst Hand anlegen - nämlich in "Oppis Kochschule"! Bei der Einrichtung hat man sich übrigens an Feng Shui orientiert - so ist ein lichter Pavillon in frischen sonnigen Tönen entstanden! Gepflegte Gästezimmer.

OBERWIESENTHAL – Sachsen – 544 – 2 470 Ew – Höhe 914 m – Wintersport: 1215 m 1 6 – Luftkurort 42 O14

Berlin 317 – Dresden 125 – Chemnitz 53 – Plauen 110

Markt 8, ✉ 09484, ✆ (037348) 15 50 50, www.oberwiesenthal.de

Fichtelberg★ (✳★), Nord: 3 km

Sachsenbaude 

Fichtelbergstr. 4 (auf dem Fichtelberg, West: 3 km) ✉ *09484 – ✆ (037348) 13 90 – www.sachsenbaude.de – geschl. 9. - 20. November*

15 Zim – ♦82/190 € ♦♦98/206 € – 16 Suiten – ½ P

Rest *Loipenklause* – Menü 22/30 € – Karte 15/39 €

Es ist das sehr wohnliche und geschmackvolle Ambiente, das dieses Berghotel in fast 1200 m Höhe auszeichnet. Der nette Freizeitbereich bietet u. a. Kosmetik und Massage. Als Restaurant dient die gemütliche Loipenklause mit rustikalem Charakter.

Vier Jahreszeiten 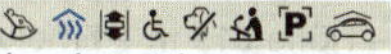

Annaberger Str. 83 ✉ *09484 – ✆ (037348) 1 80 – www.hotel-vierjahreszeiten.de*

100 Zim – ♦69/79 € ♦♦89/99 € – ½ P

Rest – *(nur Abendessen)* Karte 17/49 €

Ruhig liegt das gepflegte neuzeitliche Hotel mit Balkonfassade. Die Gästezimmer sind einheitlich eingerichtet und bieten teilweise sehr viel Platz. Zweigeteiltes Restaurant mit internationaler und regionaler Karte.

Appartementhotel Jens Weissflog 

Emil-Riedel-Str. 50 ✉ *09484 – ✆ (037348) 1 00 – www.jens-weissflog.de – geschl. 9. - 17. November*

18 Zim – ♦75/115 € ♦♦96/138 € – ½ P

Rest – Menü 22/24 € – Karte 20/34 €

Umgeben von Wiesen und Wald liegt das kleine Hotel des ehemaligen Skisprung-Olympiasiegers. Die Appartements sind nach bekannten Skisprungorten benannt. Kosmetik und Massage. Das Restaurant bietet internationale Küche mit "Springer-Menü". Tolle Sicht auf die Region.

Rotgießerhaus

Böhmische Str. 8 ✉ 09484 – ✆ (037348) 13 10 – www.rotgiesserhaus.de – geschl. 24. März - 11. April, 3. - 16. November
21 Zim – 55/65 € 85/110 € – 1 Suite – ½ P
Rest – *(geschl. Mittwoch) (Montag - Donnerstag nur Abendessen)* Menü 18/56 € – Karte 17/40 €
Denkmalgeschütztes Haus mit Kreuzgewölbe im Eingangsbereich, gepflegter Sauna und freundlichen Zimmern. Besonders hübsch ist das Himmelbettzimmer mit Bauernmöbeln. In den gemütlichen Stuben speist man regional. Uriger Weinkeller.

OBERWOLFACH – Baden-Württemberg – 545 – 2 730 Ew – Höhe 284 m – Luftkurort 54 E19

Berlin 753 – Stuttgart 139 – Freiburg im Breisgau 60 – Freudenstadt 40
Rathausstr. 1, ✉ 77709, ✆ (07834) 8 38 30, www.oberwolfach.de

In Oberwolfach-Walke

Hirschen

Schwarzwaldstr. 2 ✉ 77709 – ✆ (07834) 83 70 – www.hotel-hirschen-oberwolfach.de – geschl. 7. - 21. Januar
28 Zim – 58/68 € 98/120 € – ½ P
Rest – *(geschl. Montag)* Menü 23 € – Karte 17/38 €
Ein familiär geleitetes Hotel mit Ursprung im Jahre 1609. Die Zimmer hier sind zeitgemäß und wohnlich, das Restaurant teilt sich in gemütliche Stuben (eine davon die schöne holzgetäfelte Hans-Jakob-Stube!) und bietet bürgerliche Gerichte.

OBING – Bayern – 546 – 3 980 Ew – Höhe 562 m 66 N20

Berlin 647 – München 72 – Bad Reichenhall 62 – Rosenheim 31
Obing, Kirchreitbergerstr. 2, ✆ (08624) 87 56 23

Oberwirt

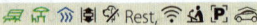

Kienberger Str. 14 ✉ 83119 – ✆ (08624) 8 91 10 – www.oberwirt.de
49 Zim – 60/95 € 95/108 € – ½ P
Rest – *(geschl. Mittwoch)* Menü 19/42 € – Karte 21/31 €
Ein gewachsener Gasthof mit eigener Metzgerei, liebenswerten wohnlichen Zimmern und nettem Garten, an den sich der See mit privatem Badesteg anschließt. Gemütlich-charmante Restaurantstuben, darunter die besonders hübsche Tiroler Stube. Biergarten im Innenhof.

OCHSENHAUSEN – Baden-Württemberg – 545 – 8 800 Ew – Höhe 613 m – Erholungsort 64 I20

Berlin 658 – Stuttgart 139 – Konstanz 150 – Ulm (Donau) 47
Marktplatz 1, ✉ 88416, ✆ (07352) 92 20 26, www.ochsenhausen.de

In Gutenzell-Hürbel Nord-Ost: 6 km über Ulmer Straße, am Ortsende rechts:

Klosterhof (mit Gästehaus)

Schlossbezirk 2, (Gutenzell) ✉ 88484 – ✆ (07352) 9 23 30 – www.klosterhof-gutenzell.de – geschl. über Weihnachten (Hotel)
16 Zim – 55/60 € 80/90 € – ½ P
Rest – *(geschl. Montag - Dienstagmittag)* Menü 16 € (mittags)/32 € – Karte 17/43 €
Das Gasthaus gehörte ursprünglich als Torwache zur ehemaligen Klosteranlage. Die Zimmer sind schlicht, sehr gepflegt und nett im ländlichen Stil gehalten. Gemütlich-rustikales Restaurant mit Kachelofen.

OCKFEN – Rheinland-Pfalz – 543 – 620 Ew – Höhe 170 m 45 B16

Berlin 742 – Mainz 173 – Trier 29 – Saarburg 5

Klostermühle
Rest, Zim,

Hauptstr. 1 ✉ 54441 – ✆ (06581) 9 29 30 – www.klostermuehle-saar.de – geschl. 4. - 30. Januar

22 Zim – †48/67 € ††72/86 € – ½ P

Rest – *(geschl. Dienstag - Mittwochmittag)* Karte 14/38 €

Der gut geführte Familienbetrieb in dörflicher Umgebung ist eine umgebaute und erweiterte ehemalige Mühle. Die Zimmer sind funktionell eingerichtet und sehr gepflegt. Schlicht-rustikales Restaurant. Vom eigenen Weingut stammt die Spezialität Saarriesling.

ODELZHAUSEN – Bayern – 546 – 4 320 Ew – Höhe 499 m 57 L20

Berlin 590 – München 46 – Augsburg 30 – Donauwörth 65

18 Gut Todtenried, ✆ (08134) 9 98 80

Gutshotel im Schlossgut Odelzhausen

Am Schloßberg 1 ✉ 85235 – ✆ (08134) 9 98 70 – www.schlossgut-odelzhausen.de

32 Zim – †85/100 € ††105/140 € – 1 Suite

Rest *Braustüberl* – siehe Restaurantauswahl

Ein zeitgemäßes Hotel mit historischem Rahmen und geräumigen, wohnlichen Zimmern, im Gutshaus etwas rustikaler. Originell: Durch drei Bäder zieht sich der alte Backsteinschornstein!

Staffler
Zim,

Hauptstr. 3 ✉ 85235 – ✆ (08134) 60 06 – www.hotel-staffler.de – geschl. 22. Dezember - 9. Januar

28 Zim – †64/85 € ††85/105 €

Rest *Schreiners* – *(geschl. Sonntag) (nur Abendessen)* Karte 30/38 €

Die verkehrsgünstige Lage nahe der A8 sowie gepflegte, zeitgemäß ausgestattete Gästezimmer sprechen für diesen Familienbetrieb, zu dem auch eine nette Gartenanlage gehört. Im Restaurant Schreiners gibt es Saisonales in modernem Ambiente.

Braustüberl – Gutshotel im Schlossgut Odelzhausen

Am Schloßberg 1 ✉ 85235 – ✆ (08134) 9 98 70 – www.schlossgut-odelzhausen.de

Rest – Karte 20/43 €

Zünftig bayerisch - so ist das Motto in den rustikalen Braustuben. Sie bekommen Bier aus der eigenen Hausbrauerei und bürgerliches Essen, wie es für die Region typisch ist.

ODENTHAL – Nordrhein-Westfalen – 543 – 15 770 Ew – Höhe 85 m 36 C12

Berlin 553 – Düsseldorf 49 – Köln 18

Odenthal-Altenberg: Altenberger Dom★, Nord: 3 km

Zur Post

Altenberger-Dom-Str. 23 ✉ 51519 – ✆ (02202) 97 77 80 – www.zurpost.eu – geschl. Anfang Januar 1 Woche

16 Zim – †95/125 € ††135/155 €

Rest *Zur Post* ✿ **Rest *Postschänke*** – siehe Restaurantauswahl

Hübsch ist die denkmalgeschützte Schieferfassade der einstigen Pferdewechselstation. Heute ist der Familienbetrieb (drei Brüder leiten das Haus) auch bei Messebesuchern in Köln gefragt! Klassische Zimmer und gutes Frühstücksbuffet.

Zur Post (Alejandro und Christopher Wilbrand) – Hotel Zur Post

✿

Altenberger-Dom-Str. 23 ✉ 51519 – ✆ (02202) 97 77 80 – www.zurpost.eu – geschl. Anfang Januar 1 Woche und Montag

Rest – Menü 39 € (mittags)/125 € (abends) – Karte 52/103 €

Im Restaurant des Traditionshauses ist alles hell, modern und elegant. Alejandro und Christopher Wilbrand beeindrucken mit einem kreativen, klassischen Kochstil.

➜ Seezunge, Gemüsejus, Ofenrüben, Passpierre. US-Flank-Steak, US-Short-Rip 70/48, Rotweinschalottenbutter, gratinierter Cannellono. Erdbeeren in Texturen mit Yuzueis.

Postschänke – Hotel Zur Post

Altenberger-Dom-Str. 23 ✉ 51519 – ✆ (02202) 97 77 80 – www.zurpost.eu – geschl. Anfang Januar 1 Woche und Montagmittag

Rest – Menü 35/40 € – Karte 33/49 €

Das zweite Restaurant der "Post" ist eine sympathische und legere Adresse mit gemütlichem Bistro-Flair. Serviert werden schmackhafte regionale Klassiker und internationale Gerichte: "hausgemachte Bauernsülze mit Bratkartoffeln", "Carpaccio vom Oktopus mit gebratenen Garnelen, Spargelsalat und Ingwergelee"...

ÖHNINGEN – **Baden-Württemberg** – **545** – **3 630 Ew** – **Höhe 446 m** – **Erholungsort** **62** F21

Berlin 800 – Stuttgart 168 – Konstanz 34 – Singen (Hohentwiel) 16

Klosterplatz 1, ✉ 78337, ✆ (07735) 8 19 20, www.oehningen.de

In Öhningen-Schienen Nord: 2,5 km in Richtung Radolfzell

Falconera (Johannes Wuhrer)

Zum Mühlental 1 ✉ 78337 – ✆ (07735) 23 40 – www.restaurant-falconera.de – geschl. über Fastnacht 1 Woche, Anfang September 2 Wochen und Sonntagabend - Dienstag

Rest – Menü 58 € (vegetarisch)/88 € – Karte 65/80 €

So idyllisch wie das Fachwerkhaus auf der Höri liegt, eingebettet ins Grüne, wundert es nicht, dass die Gartenterrasse vor dem Haus zu den Lieblingsplätzen zählt! Charmant umsorgen Anne und Johannes Wuhrer ihre (Stamm-) Gäste - viele sind ihnen schon richtig ans Herz gewachsen! Die Küche: saisonal, zeitgemäß und mit mediterranem Einschlag.

→ Hausgemachte Fonduta Teigtaschen mit im Speckmantel gebratenem Kaninchenrücken. Gebratenes Filet vom Loup de mer mit würzigem Wok-Gemüse und gebratenen Sesam-Glasnudeln. Karamellisierte Crème Brûlée auf Cantuccini mit Mandel-Zylinder und Pandan-Rahmeis.

ÖHRINGEN – **Baden-Württemberg** – **545** – **22 770 Ew** – **Höhe 230 m** **55** H17

Berlin 568 – Stuttgart 66 – Heilbronn 28 – Schwäbisch Hall 29

Marktplatz 15, ✉ 74613, ✆ (07941) 6 81 18, www.oehringen.de

Friedrichsruhe - Zweiflingen, Hofgasse 12, ✆ (07941) 92 08 10

Württemberger Hof

Karlsvorstadt 4 ✉ 74613 – ✆ (07941) 9 20 00 – www.wuerttemberger-hof.de

59 Zim – 🚹89/95 € 🚹🚹106/129 € – 1 Suite – ½ P

Rest *Württemberger Hof* – siehe Restaurantauswahl

Familie Schäffer bietet in ihrem gewachsenen Haus am Anfang der Fußgängerzone teilweise gediegene, im Neubau auch schön moderne Zimmer. Toll die Suite und die Juniorsuite mit herrlicher Dachterrasse! Nicht zu vergessen der Saunabereich, passend zum neuen Stil.

Württemberger Hof – Hotel Württemberger Hof

Karlsvorstadt 4 ✉ 74613 – ✆ (07941) 9 20 00 – www.wuerttemberger-hof.de

Rest – Karte 25/47 €

Bei gepflegter Tischkultur und zeitlosem Ambiente wird ambitionierte internationale Küche serviert - aber nicht nur: Gerichte wie geschmortes Rehschäufele oder Rostbraten schlagen die Brücke zur Region!

In Friedrichsruhe Nord: 6 km, jenseits der A 6

Wald & Schlosshotel Friedrichsruhe

Kärcherstraße ✉ 74639 Zweiflingen – ✆ (07941) 6 08 70 – www.schlosshotel-friedrichsruhe.de

51 Zim – 🚹200/320 € 🚹🚹280/400 € – 15 Suiten

Rest *Gourmet-Restaurant*

Rest *Jägerstube* – siehe Restaurantauswahl

Rest *SPA-Bistro* – Karte 27/37 €

Ein solches Landhotel "de luxe" würde man sich öfter wünschen: Zimmer von modern bis hin zu klassischem Schlossflair, ein 4000-qm-Spa, der nichts auslässt, Golfplätze direkt vor der Tür und ein Park, der wohl jeden zu einem Spaziergang verführt! All das wäre aber nur halb so schön ohne den top Service!

XXX **Gourmet-Restaurant** – Wald & Schlosshotel Friedrichsruhe

Kärcherstraße ✉ 74639 Zweiflingen – ✆ (07941) 6 08 70 – www.schlosshotel-friedrichsruhe.de – geschl. 20. Januar - 16. Februar und Sonntag - Montag

Rest – Menü 42 € (mittags)/138 € – Karte 84/112 €

Raffinierte klassische Gerichte, schön klar, in sich stimmig und mit so manch herausragender Kombination... kurzum, Boris Benecke bietet hier eine Küche, die wirklich Freude macht! Und das feine Ambiente mit stilvollen Details steht dem in nichts nach, ebenso wenig das versierte Serviceteam um Dominique Metzger! Draußen ein Traum von Terrasse. Am Mittag wählt man von der "Schlosskarte" ein einfacheres und preisgünstigeres Angebot.

➜ Tatar vom Taschenkrebs mit Avocado, Joghurt, Kaviar und Holzhofenbrot. Geräucherte Spanferkelschulter mit Apfel, Rettich, Trüffel. Medaillon vom Hohenloher Rinderfilet auf Gänseleber, Kalbskopf und Lembergerjus.

XX **Jägerstube** – Wald & Schlosshotel Friedrichsruhe

Kärcherstraße ✉ 74639 Zweiflingen – ✆ (07941) 6 08 70 – www.schlosshotel-friedrichsruhe.de

Rest – Menü 42 € – Karte 34/72 €

Sie suchen eine etwas günstigere Alternative zum Gourmet Restaurant, die trotzdem gute Küche bietet? Hier ist die Atmosphäre richtig gemütlich, das Angebot regional und sehr schmackhaft. Gefällt Ihnen z. B. das "Schäufele vom Hohenloher Rind mit Kartoffelstampf und Waldpilzen"?

OELDE – Nordrhein-Westfalen – 543 – 29 280 Ew – Höhe 90 m   27 E10

Berlin 430 – Düsseldorf 137 – Bielefeld 51 – Beckum 13

Engbert garni

Lange Str. 24, (Zufahrt über Gerichtsstraße) ✉ 59302 – ✆ (02522) 9 33 90 – www.hotelengbert.de – geschl. 20. Dezember - 13. Januar

43 Zim – 70/90 € 99/120 €

Die Engberts sind nicht nur freundlich, sondern investieren auch stetig. So hat man teilweise besonders moderne Zimmer, einige mit beheiztem Fliesenboden, andere mit Klimaanlage. Die zum Hof hin liegen ruhiger. Noch ein Vorteil: Sie können hier zentral wohnen und trotzdem gut parken!

OESTRICH-WINKEL – Hessen – 543 – 11 720 Ew – Höhe 93 m   47 E15

Berlin 588 – Wiesbaden 21 – Bad Kreuznach 65 – Koblenz 74

An der Basilika 11a, ✉ 65375, ✆ (06723) 1 94 33, www.oestrich-winkel.de

Im Stadtteil Winkel

F. B. Schönleber

Hauptstr. 1b ✉ 65375 – ✆ (06723) 9 17 60 – www.fb-schoenleber.de – geschl. 18. Dezember - 14. Januar

17 Zim – 70 € 88/133 €

Rest – *(geschl. Montag - Dienstag) (nur Abendessen)* Karte 18/29 €

Die Schönlebers haben hier ein tipptopp gepflegtes kleines Hotel mit ländlich-familiärem Charme. Sie möchten mit Rheinblick wohnen? Diese Zimmer sind ein bisschen teurer. Gute Nachricht für Weinliebhaber: Das traditionsreiche eigene Wein- und Sektgut ist direkt angegliedert! Probieren Sie den ein oder anderen Tropfen in der heimeligen Weinstube mit Terrasse zum Hof!

X **Gutsrestaurant Schloss Vollrads**

Vollradser Allee (Nord: 2 km) ✉ 65375 – ✆ (06723) 6 60 – www.schlossvollrads.com – geschl. 27. Dezember - 22. Februar und Montag - Dienstag; Mai - Oktober: Mittwoch

Rest – Menü 36/59 € – Karte 29/46 €

Das bekannte Weingut a. d. 13. Jh., die wunderbare Schlossanlage mit ihrem gepflegten Garten, die Lage in den Weinbergen... eine stilvolle Kulisse für Hochzeiten! Und wer einfach "nur" schön essen gehen möchte, bekommt regional-saisonale Küche mit mediterranem Einschlag oder aber die zusätzliche Vesper- und Schmankerlkarte.

Ankermühle

Kapperweg (Nord: 1 km, in den Weinbergen) ✉ 65375 – ✆ (06723) 24 07 – www.ankermuehle.de – geschl. Januar und Dienstag, Oktober - März: Dienstag - Mittwoch

Rest – *(im Sommer: Montag - Freitag nur Abendessen, im Winter: Montag - Samstag nur Abendessen)* Menü 35/45 € – Karte 33/45 €

Gehen Sie doch mal in den Weinbergen vor Anker, genauer gesagt im Mühlenviertel am Elsterbach unterhalb des Schlosses Johannisberg! Hier wird saisonale Heimatküche modern interpretiert. Passend dazu das Ambiente: freigelegtes altes Fachwerk kombiniert mit frischen Accessoires.

Die Wirtschaft

Hauptstr. 70 ✉ 65375 – ✆ (06723) 74 26 – www.die-wirtschaft.net – geschl. 29. Juni - 20. Juli und Sonntagabend - Montag

Rest – Menü 12 € (mittags)/34 € – Karte 20/39 €

"Die Wirtschaft" ist so, wie man sie sich vorstellt: sympathisch-rustikal und einfach gemütlich! Auf den Tisch kommen bürgerlich-regionale Speisen, aber auch ein günstiges Lunch-Menü sowie das Saisonmenü "Kulinarium" - Letztere auch in Tapas-Portionen für den kleinen Hunger. Der Innenhof des einstigen Weinguts dient als Terrasse.

ÖSTRINGEN – Baden-Württemberg – 545 – 12 840 Ew – Höhe 163 m 54 F17

Berlin 630 – Stuttgart 97 – Karlsruhe 45 – Heilbronn 45

18 Östringen-Tiefenbach, Birkenhof, ✆ (07259) 86 83

In Östringen-Tiefenbach Süd-Ost: 8 km Richtung Odenheim, nach 4 km links

Kreuzberghof

Am Kreuzbergsee 1 ✉ 76684 – ✆ (07259) 9 11 00 – www.kreuzberghof.de

40 Zim – 60/105 € 80/125 € – ½ P **Rest** – Karte 16/49 €

Mit seiner schönen Lage am kleinen Kreuzbergsee bietet der Familienbetrieb angenehme Ruhe. Durch eine wohnlich-rustikale Halle gelangt man in komfortable neuere Zimmer oder etwas einfachere. Gutes Frühstück in behaglichem Ambiente. Das Restaurant teilt sich in verschiedene Stuben im alpenländischen Stil.

Weingut Heitlinger

Am Mühlberg 3 ✉ 76684 – ✆ (07259) 91 12 17 – www.restaurant-heitlinger.de – geschl. Januar und Montag - Dienstag (Eröffnung eines Hotels im Sommer 2014 geplant)

Rest – Menü 40/55 € (abends) – Karte 28/52 €

In dem hübschen Restaurant bestimmen gepflegte Tischkultur und viele moderne Bilder das Ambiente. Geboten wird schmackhafte Regionalküche mit internationalen Akzenten, dazu Eigenbauweine. Gleiches Angebot in der gemütlichen Weinstube.

ÖTISHEIM – Baden-Württemberg – 545 – 4 820 Ew – Höhe 246 m 55 F18

Berlin 637 – Stuttgart 43 – Karlsruhe 46 – Heilbronn 69

Sternenschanz

Gottlob-Linck-Str. 1 ✉ 75443 – ✆ (07041) 66 67 – www.sternenschanz.de – geschl. über Fasching 1 Woche, Ende Juli - Mitte September 3 Wochen und Montagabend - Dienstag

Rest – (Tischbestellung ratsam) Karte 20/49 €

Gemütliche Atmosphäre, gute Küche und faire Preise... da macht es Spaß, essen zu gehen! Bei Familie Linck darf man sich auf beliebte schwäbische Klassiker wie Maultaschen, Zwiebelrostbraten oder Lammhäxle freuen! Und die schmecken im Sommer auch im schönen Garten.

OEVENUM – Schleswig-Holstein – siehe Föhr (Insel)

OEVERSEE – Schleswig-Holstein – siehe Flensburg

OEYNHAUSEN, BAD – Nordrhein-Westfalen – 543 – 48 300 Ew – Höhe 55 m – Heilbad 28 G9

Berlin 362 – Düsseldorf 211 – Bielefeld 37 – Bremen 116

Im Kurpark, ✉ 32545, ✆ (05731) 13 00, www.badoeynhausen.de

Löhne, Auf dem Stickdorn 63, ✆ (05228) 70 50

In Bad Oeynhausen-Lohe Süd: 2 km über Steinstraße und Weserstraße

Trollinger Hof

Zim,

Detmolder Str. 89 ✉ 32545 – ✆ (05731) 7 95 70 – www.trollingerhof.de

19 Zim – 58/66 € 88/108 € – ½ P

Rest – *(geschl. Sonntagabend - Dienstag) (Mittwoch - Samstag nur Abendessen)* Karte 26/43 €

In dem familiengeführten kleinen Hotel am Ortsrand erwarten Sie gepflegte zeitgemäße Zimmer und ein gutes Frühstücksbuffet. Zum Haus gehört ein vielfältiger Kräuter- und Blütengarten. Restaurant im bürgerlichen Stil mit überdachter Terrasse hinter dem Haus.

OFFENBACH – Hessen – 543 – 120 440 Ew – Höhe 98 m 47 F15

Berlin 543 – Wiesbaden 44 – Frankfurt am Main 8 – Darmstadt 28

ADAC Stadthof 1 A1

Salzgässchen 1 B1, ✉ 63065, ✆ (069) 80 65 20 52, www.offenbach.de

Stadtplan auf der nächsten Seite

Sheraton

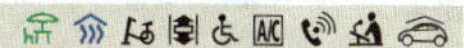

Berliner Str. 111 ✉ 63065 – ✆ (069) 82 99 90 – www.sheratonoffenbach.com A1**c**

220 Zim – 119/400 € 119/400 €, 22 € – 1 Suite

Rest – Karte 35/46 €

Das Hotel am schönen Büsing-Park ist eine zeitgemäße Tagungs- und Businessadresse. Praktisch: Das Büsing Palais a. d. 19. Jh. mit Veranstaltungsräumen ist direkt angeschlossen. Modernes Ambiente im Restaurant und im Bistro-/Barbereich.

ACHAT Plaza

Ernst-Griesheimer-Platz 7 ✉ 63071 – ✆ (069) 80 90 50 – www.achat-hotels.com B2**p**

153 Zim – 90/120 € 100/130 €, 15 € – 2 Suiten

Rest – *(geschl. Samstagmittag, Sonntagmittag)* Karte 25/38 €

Das Hotel in dem denkmalgeschützten ehemaligen Schlachthof von 1904 empfängt Sie mit einer architektonisch ansprechenden Lobby. Moderne Zimmer in Braun- oder Blautönen. Eventhalle. Freundliches Restaurant in neuzeitlichem Stil.

Graf

Ziegelstr. 6, (Zufahrt über Schloßstraße) ✉ 63065 – ✆ (069) 8 00 85 10 – www.hotel-graf.de – geschl. 20. Dezember - 2. Januar B1**g**

32 Zim – 75/99 € 89/99 € **Rest** – *(nur für Hausgäste)*

Zwei Brüder leiten mit Engagement dieses tipptopp gepflegte Hotel mitten in der Stadt. Zeitgemäße Standard- und Komfortzimmer sowie ein gutes Frühstücksbuffet stehen für Sie bereit.

schauMahl

Bismarckstr. 177 ✉ 63067 – ✆ (069) 82 99 34 00 – www.schaumahl.de – geschl. 28. Juli - 19. August und Sonntag sowie an Feiertagen A2**a**

Rest – *(nur Abendessen)* Menü 43/88 € – Karte 43/63 €

In dem Eckrestaurant in einem schön sanierten historischen Stadthaus am Zentrumsrand hat man es gemütlich und modern. Die zeitgemäße Küche können Sie in Form zweier Menüs oder à la carte bestellen, dazu gibt es eine gute Weinauswahl.

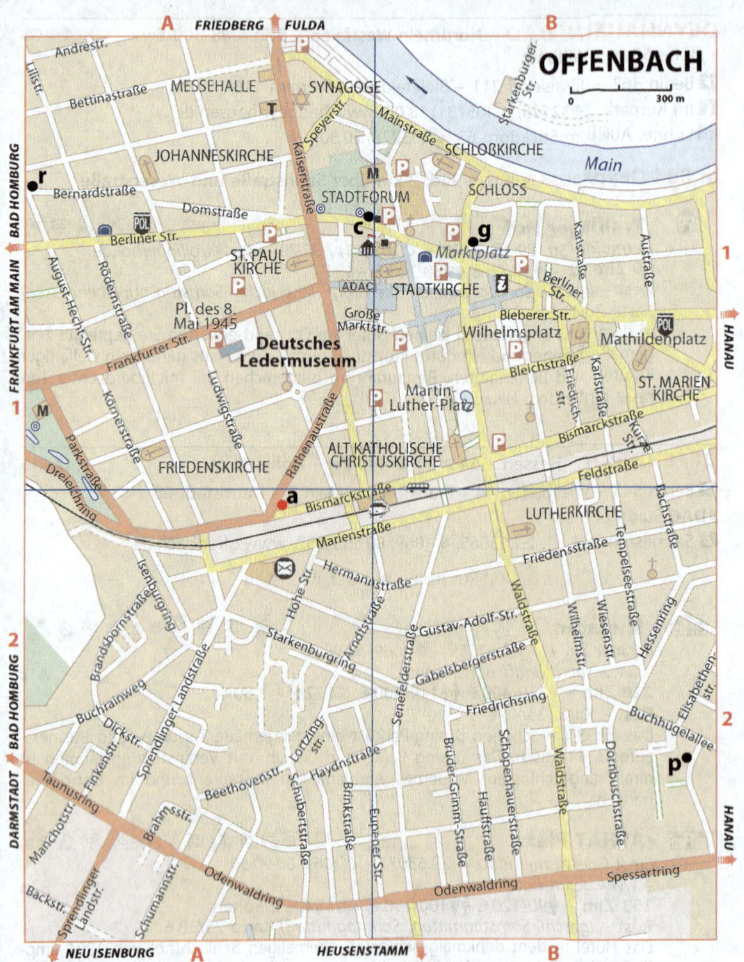

OFFENBURG – Baden-Württemberg – **545** – **59 220 Ew** – **Höhe 163 m** **53** D19

▶ Berlin 744 – Stuttgart 148 – Karlsruhe 77 – Freiburg im Breisgau 64

ADAC Marlener Str. 6

ℹ Am Fischmarkt 2, ✉ 77652, ✆ (0781) 82 20 00, www.offenburg.de

⛳ Appenweier-Urloffen, Golfplatz 1, ✆ (07843) 99 32 40

Veranstaltungen

21.-23. März: BAUEN+WOHNEN

21.-23. März: Gartenzeit

10.-11. Mai: Badische Weinmesse

11.-13. Juli: Forst Live

23.-27. Juli: eurocheval

27. September-5. Oktober: Oberrhein Messe

Messegelände Oberrheinhalle, Schutterwälder Str. 3, ✉ 77656, ✆ (0781) 9 22 60

◉ Heilig-Kreuz-Kirche★

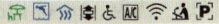

Mercure am Messeplatz
Schutterwälder Str. 1a (bei der Oberrheinhalle) ✉ 77656 – ✆ (0781) 50 50 – www.accorhotels.com
127 Zim – 🚹73/129 € 🚹🚹83/144 €, ☕ 17 € – 5 Suiten
Rest – Menü 21/25 € – Karte 25/39 €
Die Lage direkt bei der Oberrheinhalle sowie die funktionelle Ausstattung machen dieses Hotel vor allem für Messebesucher und Tagungsgäste interessant. Restaurant mit Terrasse und Bar.

Sonne
Hauptstr. 94 ✉ 77652 – ✆ (0781) 93 21 60 – www.hotel-sonne-offenburg.de
25 Zim ☕ – 🚹81/92 € 🚹🚹109/153 €
Rest ***Sonne*** – siehe Restaurantauswahl
Schön, dass man den historischen Charakter des Hauses bewahrt hat. Wer es also gerne ein bisschen nostalgisch hat, bucht im Stammhaus - wirklich charmant sind hier die Zimmer mit den schönen Antiquitäten, stilvoll auch die Lounge mit Humidor und Bibliothek. Als Alternative hat man funktionale Businesszimmer.

Sonne – Hotel Sonne
Hauptstr. 94 ✉ 77652 – ✆ (0781) 9 32 16 46 – www.hotel-sonne-offenburg.de – geschl. Anfang Januar 1 Woche und Sonntag sowie an Feiertagen
Rest – Menü 18 € (mittags unter der Woche)/52 € – Karte 26/59 €
Eine wirklich gemütliche badische Gaststube, die an die gute alte Zeit erinnert: Holzvertäfelungen, barocke Schränke, der grüne Kachelofen... Aus der Küche kommen regionale Speisen.

In Offenburg-Rammersweier Nord-Ost: 3 km – Erholungsort

Blume mit Zim
Weinstr. 160 ✉ 77654 – ✆ (0781) 3 36 66 – www.gasthof-blume.de – geschl. September - Juli: Sonntagabend - Montag und August: Sonntag - Montag
6 Zim ☕ – 🚹68/75 € 🚹🚹98/110 € **Rest** – Menü 32/49 € – Karte 30/49 €
Bei Christa und Alfred Krammer wird richtig schmackhaft gekocht! Auf der Karte stehen klassische und regionale Gerichte, nämlich Gänseleberterrine mit glasierten Apfelspalten ebenso wie badische Schneckensuppe, geschmortes Kalbsbäckle oder Ortenauer Rehragout! So gemütlich wie das Restaurant sind auch die blumigen Gästezimmer von "Rose" bis "Vergissmeinnicht".

In Ortenberg Süd: 4 km – Erholungsort

Edy's Restaurant im Glattfelder mit Zim
Kinzigtalstr. 20 ✉ 77799 – ✆ (0781) 9 34 90 – www.edys-restaurant-hotel.de – geschl. Sonntagabend - Montag
8 Zim ☕ – 🚹62/72 € 🚹🚹72/92 € – ½ P **Rest** – Menü 25/98 € – Karte 38/53 €
In dem Restaurant mit den drei gediegenen holzgetäfelten Stuben bietet Edy Ledig eine international-saisonal geprägte Küche. Serviert wird auch auf der schön bepflanzten Terrasse mit Orangenbäumen, Kräutern etc.

OFTERSCHWANG – Bayern – siehe Sonthofen

OHMDEN – Baden-Württemberg – siehe Kirchheim unter Teck

OLCHING – Bayern – 546 – 25 020 Ew – Höhe 503 m 65 L20

Berlin 595 – München 36 – Augsburg 48 – Dachau 13
Olching, Feursstr. 89, ✆ (08142) 4 82 90

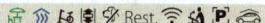

Schiller
Nöscherstr. 20 ✉ 82140 – ✆ (08142) 473 0 – www.hotel-schiller.de
55 Zim ☕ – 🚹95/190 € 🚹🚹115/210 € – ½ P
Rest – *(geschl. 22. Dezember - 7. Januar und Sonntag sowie an Feiertagen)* Menü 12 € (mittags unter der Woche)/32 € – Karte 18/51 €
Damit die Gäste hier nicht nur in gut ausgestatteten Zimmern wohnen, sondern auch angenehm relaxen können, hat man in dem familiär geführten Hotel an der Amper einen hübschen Sauna- und Ruhebereich im asiatischen Stil geschaffen! Für Tagungen gibt es zudem moderne Seminarräume.

XX **Villa Romantica**

Ascherbachstr. 85 (Nord-Ost: 3,5 km, am Olchinger See) ✉ 82140 – ✆ (08142) 6 52 80 28 – www.villaromantica.de – geschl. Montag

Rest – Menü 30/49 € – Karte 23/39 €

Auch wenn die hübsche Villa recht toskanisch anmutet, so wird hier dennoch nicht nur italienisch gekocht. Neben Saltimbocca findet sich auf der Karte auch Deutsches wie geschmorte Ochsenbacke! Die Terrasse liegt idyllisch zum See.

In Olching-Grasslfing Nord-Ost: 2,5 km

X **Gast- und Tafernwirtschaft zum Haderecker**

Allacher Str. 67 (Nord-Ost: 4 km, jenseits der A 8) ✉ 82140 – ✆ (08142) 76 29 – www.zumhaderecker.de – geschl. Dienstag

Rest – (Tischbestellung ratsam) Karte 12/29 €

Das Gasthaus (seit seiner Gründung im 19. Jh. ein Familienbetrieb) ist so richtig traditionell-bayerisch - und die Küche ist es auch. Merken Sie sich den Montag vor, da gibt es Kesselfleisch! Klar, ein schöner Biergarten gehört auch dazu!

OLDENBURG – Niedersachsen – 541 – 162 180 Ew – Höhe 4 m   17 F6

Berlin 432 – Hannover 171 – Bremen 46 – Bremerhaven 58

ADAC Donnerschweer Str. 237

Schlossplatz 16, im Schlauen Haus , ✉ 26122, ✆ (0441) 36 16 13 66, www.oldenburg-tourist.de

Hatten e.v., Hatter Landstr. 34, ✆ (04481) 88 55

altera Hotel (mit Gästehaus)

Herbartgang 23, (Zufahrt über Mottenstr. 13) ✉ 26122 – ✆ (0441) 21 90 80 – www.altera-hotels.de

56 Zim – †96/146 € ††126/187 €

Rest *altera Restaurant* – siehe Restaurantauswahl

In den Zimmern klare Linien und moderne Technik (DVD-Player, Kaffeemaschine und W-Lan gratis). Besonders chic: die Design-Lofts im Gästehaus, zusätzlich mit iPod-Station und Klimaanlage.

XX **altera Restaurant** – altera Hotel

Herbartgang 23, (Zufahrt über Mottenstr. 13, 1. Etage) ✉ 26122 – ✆ (0441) 21 90 80 – www.altera-hotels.de – geschl. Anfang Januar 1 Woche und Samstagmittag - Sonntag

Rest – Menü 33/68 € – Karte 39/62 €

Das Restaurant mit geradlinig-elegantem Ambiente und saisonaler Küche liegt im 1. Stock, im EG wählt man in der Bar und der Genussmanufaktur aus einem kleinen Tapas- und Klassiker-Angebot.

In Oldenburg-Etzhorn Nord: 4 km

Etzhorner Krug

Butjadinger Str. 341 ✉ 26125 – ✆ (0441) 3 61 67 00 – www.etzhornerkrug.de – geschl. 31. Dezember - 5. Januar

33 Zim – †69 € ††110 € – ½ P

Rest – *(geschl. Sonntagabend - Montagmittag)* Menü 21/39 € – Karte 23/49 €

Ein Hotel in regionstypischer Bauweise mit individuell geschnittenen neuzeitlichen Zimmern, in denen man kostenfrei W-Lan bietet. Rustikales Gaststuben-Flair im Restaurant.

OLFEN – Nordrhein-Westfalen – 543 – 12 220 Ew – Höhe 48 m   26 D10

Berlin 490 – Düsseldorf 80 – Münster (Westfalen) 37 – Recklinghausen 19

In Olfen-Kökelsum Nord-West: 2 km Richtung Haltern

XX **Füchtelner Mühle**

Kökelsumerstr. 66 ✉ 59399 – ✆ (02595) 4 30 – www.fuechtelner-muehle.de – geschl. Montag - Dienstag außer an Feiertagen

Rest – *(Mittwoch - Freitag nur Abendessen)* Karte 26/51 €

Gemütlich ist die Atmosphäre in den vier Stuben, die besonders zur Weihnachtszeit mit ihren äußerst aufwändigen und charmanten Dekorationen zu wahren Schmuckstücken werden. Der Chef kocht regional.

OLPE (BIGGESEE) – Nordrhein-Westfalen – **543** – 25 410 Ew – Höhe 340 m **37** E12

Berlin 559 – Düsseldorf 114 – Siegen 30 – Hagen 62

Westfälische Str. 11, ✉ 57462, ✆ (02761) 9 42 90, www.olpe.de

Koch's Hotel (mit Gästehaus)

Bruchstr. 16 ✉ 57462 – ✆ (02761) 8 25 20 – www.kochs-hotel.de

39 Zim – †60/110 € ††98/169 € – ½ P

Rest – *(geschl. Samstagmittag)* Menü 26/40 € – Karte 25/54 €

Die individuellen und wohnlichen Zimmer dieses Hotels verteilen sich auf das Stammhaus und das auf der anderen Seite des Flusses gelegene Gästehaus mit roter Backsteinfassade. Freundlich präsentiert sich das in warmen Farben gehaltene Restaurant Altes Olpe.

OLSBERG – Nordrhein-Westfalen – **543** – 15 110 Ew – Höhe 360 m – Wintersport: 800 m 3 – Kneippkurort **27** F11

Berlin 479 – Düsseldorf 167 – Arnsberg 36 – Kassel 99

Ruhrstr. 32, ✉ 59939, ✆ (02962) 9 73 70, www.olsberg-touristik.de

Kurpark Villa (mit Gästehaus)

Mühlenufer 4a ✉ 59939 – ✆ (02962) 9 79 70 – www.kurparkvilla.info

29 Zim – †65/85 € ††108/156 € – ½ P **Rest** – Karte 20/37 €

Ein wohnlich-elegantes Hotel mit geschmackvollen, im Gästehaus auch etwas moderneren Zimmern. Zum Angebot gehört ein Therapie- und Kosmetikbereich. Schön ist die ruhige Lage am Kurpark. Lichtdurchflutetes Wintergartenrestaurant.

Schinkenwirt

Eisenberg 2 (Nord-Ost: 2,5 km, Richtung Willingen, dann links ab) ✉ 59939 – ✆ (02962) 97 90 50 – www.schinkenwirt.com – geschl. 7. - 12. Januar, 11. - 17. April, 9. - 23. Juli

18 Zim – †49/79 € ††96/128 € – 2 Suiten – ½ P

Rest – *(geschl. Mittwoch)* Menü 17 € (mittags unter der Woche)/40 € – Karte 19/52 €

Das Hotel mit den gepflegten zeitgemäßen Zimmern liegt ruhig außerhalb des Ortes am Waldrand. Am Haus befindet sich eine kleine Kapelle, zudem hat man eigenes Quellwasser. Vom Restaurant mit hübschem modernem Nebenraum schaut man ins Grüne. Saisonale Küche.

In Olsberg-Bigge West: 2 km

Schettel mit Zim

Rest,

Hauptstr. 52 ✉ 59939 – ✆ (02962) 18 32 – www.hotel-schettel.de – geschl. Dienstag - Mittwochmittag

10 Zim – †46/49 € ††84/89 € – ½ P

Rest – Menü 17 € (mittags)/41 € – Karte 20/42 €

Eine nette familiär geleitete Adresse mit regionaler Küche. Gemütlich sitzt man im Restaurant und in der rustikalen Bauernstube. Am Mittag bietet man eine kleinere Karte. Die Gästezimmer sind im wohnlichen Landhausstil gehalten.

OLZHEIM – Rheinland-Pfalz – **543** – 540 Ew – Höhe 496 m **35** B14

Berlin 672 – Mainz 197 – Trier 73 – Diekirch 85

Haus Feldmaus

Knaufspescher Str. 14 ✉ 54597 – ✆ (06552) 9 92 20 – www.feldmaus.de

8 Zim – †60/80 € ††95/125 € – ½ P

Rest – *(geschl. Sonntag - Montag) (nur Abendessen)* (Tischbestellung erforderlich) Menü 28 € – Karte 29/50 €

In Frankreich würde man es wohl "Bijou" nennen: Mit Liebe haben die beiden sympathischen Betreiber ein kleines Hotel zum Wohlfühlen geschaffen! Schön und ganz individuell hat man es in Zimmern wie "Frühlingsrolle", "Nostalgie" oder "Prinzenkammer". Abends bietet man auf Vorreservierung ein paar Gerichte - viel Vegetarisches und meist Bioprodukte (auch zum Frühstück).

OPPENAU – Baden-Württemberg – **545** – 4 850 Ew – Höhe 277 m – Wintersport: 960 m 1 – Luftkurort **54** E19

Berlin 750 – Stuttgart 150 – Karlsruhe 79 – Offenburg 26

Allmendplatz 3, ✉ 77728, ✆ (07804) 91 08 30, www.oppenau.de

Rebstock 

Straßburger Str. 13 ✉ *77728 – ✆ (07804) 97 80 – www.rebstock-oppenau.de – geschl. 23. Oktober - 20. November*

13 Zim – 49/55 € 77/99 € – 1 Suite – ½ P

Rest – *(geschl. Dienstag)* Menü 16 € – Karte 16/52 €

Engagiert leitet die aus dem Elsass stammende Familie das hübsche Fachwerkhaus. Eine sehr gepflegte Adresse im Ortskern, am Flüsschen Lierbach. Das Restaurant wird ergänzt durch eine Terrasse über dem kleinen Fluss.

In Oppenau-Lierbach Nord-Ost: 3,5 km Richtung Allerheiligen

Gasthof Blume (mit Gästehäusern)

Rotenbachstr. 1 ✉ *77728 – ✆ (07804) 30 04 – www.blume-lierbach.de – geschl. 1. - 20. Februar*

9 Zim – 45/55 € 80/120 € – 1 Suite – ½ P

Rest – *(geschl. Donnerstag)* Karte 17/37 €

Der kleine Gasthof der Familie Doll liegt im romantischen Lierbachtal. Nutzen Sie das Haus als Ausgangspunkt für Wanderungen, danach können Sie sich mit bürgerlicher Küche stärken - im Sommer natürlich auf der Terrasse. Tipp: Am schönsten sind die zwei Zimmer im neueren Gästehaus!

OPPENHEIM – Rheinland-Pfalz – 543 – 7 030 Ew – Höhe 100 m 47 F15

Berlin 597 – Mainz 24 – Neustadt an der Weinstraße 74 – Darmstadt 47

Merian garni

Wormser Str. 2 ✉ *55276 – ✆ (06133) 9 49 40 – www.merianhotel.de – geschl. 1. - 10. Januar*

14 Zim – 67/101 € 92/132 €

Das in der Altstadt gelegene Stadtschreiberhaus von 1699 beherbergt hochwertig in modernem Stil eingerichtete Zimmer. Das Frühstücksbuffet bietet eine sehr gute Auswahl.

Zwo garni

Friedrich-Ebert-Str. 84 ✉ *55276 – ✆ (06133) 9 49 40 – www.hotelzwo-oppenheim.de – geschl. 1. - 10. Januar*

13 Zim – 67/101 € 92/132 €

In dem kleinen Hotel bestimmt ansprechend geradliniges Design die Einrichtung - chic die Bäder! Ein nettes Plätzchen findet sich auch auf der Terrasse oder in der Lounge.

Völker

Krämerstr. 7, (Eingang Schulstraße) ✉ *55276 – ✆ (06133) 22 69 – www.restaurant-voelker.de – geschl. Januar und Montag - Donnerstag, Freitagmittag*

Rest – Menü 35 € – Karte 29/59 €

Sympathisch und ungezwungen, so sind Atmosphäre und Gastgeber. Was Sie keinesfalls versäumen sollten: eine Führung durch den einmaligen mittelalterlichen "Untergrund" - oder aber "Dinner for One uff rhoihessisch"!

ORANIENBURG – Brandenburg – 542 – 41 810 Ew – Höhe 34 m 22 P7

Berlin 38 – Potsdam 57 – Frankfurt (Oder) 112

Bernauer Str. 52, ✉ 16515, ✆ (03301) 70 48 33, www.tourismus-or.de

Stolpe, Am Golfplatz 1, ✆ (03303) 54 92 14

Stadthotel Rest,

Andre-Pican-Str. 23 ✉ *16515 – ✆ (03301) 69 00 – www.stadthotel-oranienburg.de*

56 Zim – 75 € 84 € – 2 Suiten – ½ P

Rest – *(nur Abendessen)* Menü 20 € – Karte 17/41 €

In diesem Businesshotel erwarten Sie ein großzügiger Empfangsbereich sowie neuzeitliche Gästezimmer mit guter Technik und funktionellem Arbeitsplatz. Hell gestaltetes Restaurant mit Bar.

ORB, BAD – Hessen – 543 - 9 780 Ew – Höhe 189 m – Heilbad **48** H14

Berlin 504 – Wiesbaden 99 - Fulda 54 – Frankfurt am Main 55

Kurparkstr. 2, ✉ 63619, ✆ (06052) 8 30, www.bad-orb.info

Jossgrund, Hindenburgstr. 7, ✆ (06059) 90 55 10

Hotel an der Therme

Horststr. 1 ✉ 63619 – ✆ (06052) 8 80 – www.toskanaworld.net
105 Zim – 95/138 € 156/196 € – 7 Suiten – ½ P
Rest – Menü 22 € (mittags)/45 € – Karte 25/47 €
Für Freizeitaktivitäten wie Baden, Saunieren & Co. ist das eine ideale Adresse: Sie haben freien Zugang zur angeschlossenen "Toskana Therme" und wählen aus dem umfangreichen Kosmetikangebot des "Wellnessparks". Die Zimmer sind klassisch oder modern, sonntags gibt's ein Langschläferfrühstück.

Rheinland

Lindenallee 36 ✉ 63619 – ✆ (06052) 9 14 90 – www.hotel-rheinland.de – geschl. Mitte Dezember - Ende Januar
33 Zim – 59/69 € 95/125 € – ½ P
Rest – *(nur Abendessen) (nur für Hausgäste)* Menü 17 €
Das tipptopp gepflegte Hotel der Familie Göb liegt nahe dem Kurpark und bietet freundliche Zimmer in zeitlosem Stil, teilweise mit Balkon und Blick ins Grüne.

Rauchfang

Gutenberg Str. 15 ✉ 63619 – ✆ (06052) 91 23 76 – www.restaurant-rauchfang.de – geschl. Montag - Dienstag
Rest – *(nur Abendessen)* (Tischbestellung erforderlich) Karte 37/56 €
Eine nette Adresse: rustikaler Rahmen, gutes Preis-Leistungs-Verhältnis und zwei herzliche Gastgeber - sie im Service, er in der Küche. Probieren Sie die hausgemachte Pasta!

ORTENBERG – Baden-Württemberg – siehe Offenburg

OSNABRÜCK – Niedersachsen – 541 – 164 120 Ew – Höhe 63 m **17** E9

Berlin 424 – Hannover 141 – Bielefeld 50 – Bremen 121

Greven, Hüttruper Weide 71 (West: 34 km über Lotter Straße A2), ✆ (02571) 94 33 60

ADAC Kurt-Schumacher-Damm 16

Bierstr. 22-23 A1, ✉ 49074, ✆ (0541) 3 23 22 02, www.osnabrueck.de

Lotte, Wersener Str. 17, West: 11 km über A 30, ✆ (05404) 99 86 10

Ostercappeln-Venne, Im Schlingerort 5, Nord-Ost: 19km über Hansastraße, ✆ (05476) 2 00

Gut Arenshorst, Arenshorster Kirchweg 2, Nord-Ost: 21 km, ✆ (05471) 95 25 20

Osnabrücker Golf Club, Am Golfplatz 3, 13 km über Mindener Straße, ✆ (05402) 56 36

Stadtplan auf der nächsten Seite

Steigenberger Hotel Remarque

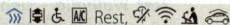

Rest,

Natruper-Tor-Wall 1 ✉ 49076 – ✆ (0541) 6 09 60 – www.osnabrueck.steigenberger.de A1**b**
153 Zim – 88/184 € 106/216 €, 17 € – 3 Suiten
Rest *Vila Real* – siehe Restaurantauswahl
Rest *Remarque's Weinwirtschaft* – ✆ (0541) 6 09 66 28 – Karte 15/43 €
Ideale Lage, um die Altstadt zu erkunden. Businessgäste schätzen die Tagungsräume sowie technisch gute Arbeitsplätze in den komfortablen Zimmern. Besonderheit: Kunst in der Halle. Das Ambiente der Weinwirtschaft überrascht: nicht wie erwartet rustikal, sondern modern. Zum Essen gibt es internationale Gerichte, eine Spezialität sind Tapas. Jeden 2. Sonntag im Monat Brunch.

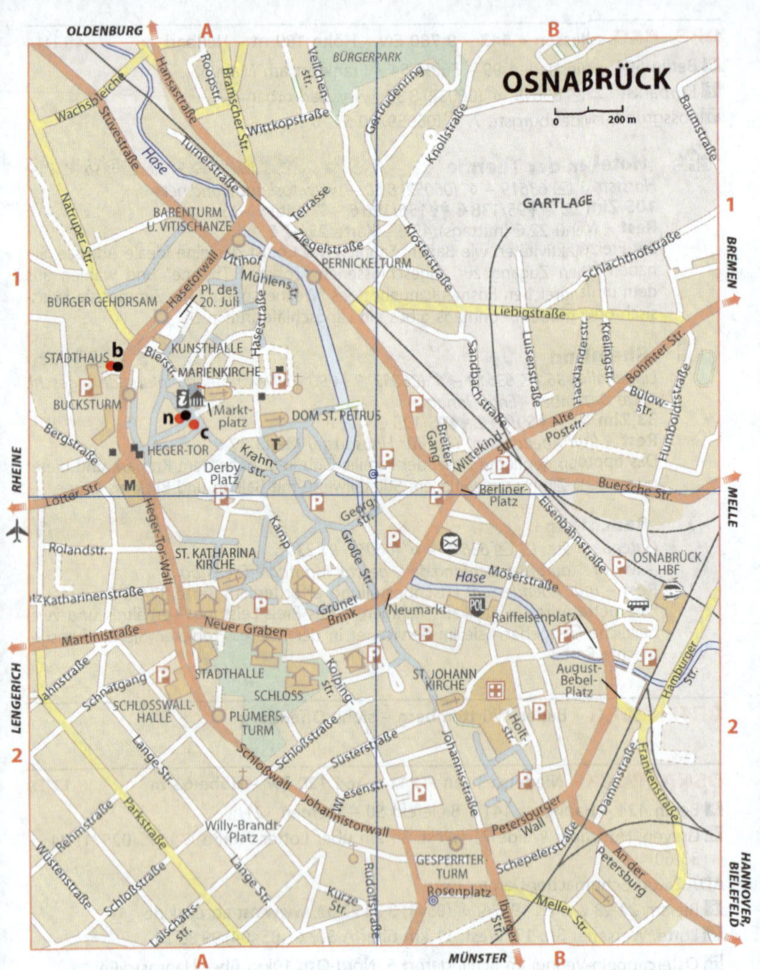

Walhalla (mit Gästehaus)

Bierstr. 24 ✉ *49074 – ✆ (0541) 3 49 10 – www.hotel-walhalla.de* A1**n**

69 Zim ☕ – 🚹**94/109 €** 🚹🚹**119/190 €** – ½ P

Rest *Walhalla* – siehe Restaurantauswahl

Ein Ensemble historischer Häuser mitten in der Altstadt. Zimmer von klassisch bis geradlinig-modern, ein wertiger Saunabereich (auch Massagen) sowie die David Lounge als luftig-lichter Wintergarten mit Zugang zum Innenhof.

Landhaus Osterhaus garni

Bramstr. 109a (über Iburger Straße B2, Richtung Münster) ✉ *49090 – ✆ (0541) 9 62 12 31 – www.osterhaus.de – geschl. 20. Dezember - 15. Januar*

11 Zim ☕ – 🚹**85/95 €** 🚹🚹**105/115 €** – 3 Suiten

Geräumig und wohnlich-elegant sind die Zimmer/Appartements in dem von der Inhaberfamilie freundlich geleiteten Haus. Mineralwasser, Kaffee/Tee und W-Lan gratis.

Welp

Natruper Str. 227 (über Hansastraße A1, Richtung Oldenburg) ✉ 49090 – ✆ (0541) 91 30 70 – www.hotel-welp.de

23 Zim – 59/70 € 81/89 €

Rest – *(geschl. 20. Dezember - 6. Januar und Freitag - Sonntag) (nur Abendessen)* Karte 19/27 €

Der gut geführte Familienbetrieb mit praktischen Zimmern (teils mit Balkon) liegt am Grüngürtel der Stadt etwas außerhalb des Zentrums. Im Sommer frühstückt man schön auf der Terrasse.

La Vie

Krahnstr. 1 ✉ 49074 – ✆ (0541) 33 11 50 – *www.restaurant-lavie.de – geschl. 21. Dezember - 8. Januar, Juli - August 3 Wochen und Sonntag - Montag*

Rest – *(Dienstag - Donnerstag nur Abendessen)* (Tischbestellung ratsam) Menü 89 € (mittags)/198 € A1c

Thomas Bühner - das bedeutet Perfektion bis ins kleinste Detail. Die Vielzahl an Bestandteilen, die Fülle an Aromen, unterschiedlichste Zubereitungsmethoden und kunstvolle Präsentation machen seine kreative Küche zu einem anspruchsvollen Vergnügen. Das denkmalgeschützte Stadthaus mit seinem modern-eleganten Interieur sowie eine durch Präsenz und Professionalität glänzende Servicebrigade (geleitet von der herzlichen Gastgeberin Thayarni Kanagaratnam) könnten da keinen niveauvolleren Rahmen bieten!

→ Makrele mariniert und geräuchert - Edamame Bohnen, Sprossen, Fromage blanc, Caviar (Zucht). Milchlammnacken geschmort - Rücken rosa gebraten, Comtétarte, Süßkartoffel, Weizengras. Petersilienwurzel und Pistazie, schwarzer Knoblauch als Crème, Limette.

Vila Real – Steigenberger Hotel Remarque

Natruper-Tor-Wall 1 ✉ 49076 – ✆ (0541) 6 09 60 – *www.osnabrueck.steigenberger.de – geschl. August - September 3 Wochen und Sonntag sowie an Feiertagen* A1b

Rest – *(nur Abendessen)* (Tischbestellung ratsam) Menü 42 € – Karte 57/76 €

Modernes kleines Restaurant in einem Wintergarten; die Lampen und die bequemen Sessel hat man im Retro-Stil gewählt. Geboten wird eine international-mediterran ausgerichtete Küche.

Walhalla – Hotel Walhalla

Bierstr. 24 ✉ 49074 – ✆ (0541) 3 49 10 – *www.hotel-walhalla.de* A1n

Rest – Menü 34 € (mittags)/49 € – Karte 32/55 €

Trotz aller Tradition hat das Haus auch seine moderne Seite: Klare Formen und warme Töne hat man hier schön kombiniert. Eine angenehme Alternative ist die Terrasse im Hof. Geboten wird klassisch-internationale Küche.

Tatort Engels N

Adolfstr. 40 (über Katharinenstraße A2) ✉ 49074 – ✆ (0541) 6 68 73 19 – *www.tatort-engels.de – geschl. Sonntag - Montag*

Rest – *(nur Abendessen)* (Tischbestellung ratsam) Karte 41/51 €

Leger und trendig ist es hier bei Hans-Peter Engels, und das kommt an bei den Gästen. Mit ihm zusammen kocht ein langjähriger Weggefährte, und zwar saisonal orientierte Gerichte, die auf einer dekorativen roten Tafel präsentiert werden und täglich wechseln.

In Belm-Vehrte Nord-Ost: 12 km über Bohmter Straße B1, Richtung Bremen

Landgasthaus Kortlüke

Venner Str. 5 ✉ 49191 – ✆ (05406) 8 35 00 – *www.hotel-kortlueke.de*

22 Zim – 47/53 € 65/70 €, 5 € – ½ P

Rest – *(geschl. Dienstag) (Montag - Freitag nur Abendessen)* Karte 14/28 €

Ein sehr gepflegter Familienbetrieb mit rustikalen oder helleren, neuzeitlicheren Zimmern und kostenlosem W-Lan. In der Nähe verläuft der bei Wanderern beliebte Wittekindsweg.

OSTBEVERN – Nordrhein-Westfalen – siehe Telgte

OSTERBURKEN – **Baden-Württemberg** – **545** – **6 490 Ew** – **Höhe 247 m** **48** H16

Berlin 561 – Stuttgart 91 – Würzburg 66 – Heilbronn 49

Ravenstein-Merchingen, Im Laber 4 a, (06297) 3 99

Märchenwald

Boschstr. 14 (Nord-Ost: 2 km, nahe der B 292) 74706 – (06291) 6 42 00 – www.hotelmaerchenwald.de

20 Zim – 55/65 € 85/95 € – ½ P

Rest – *(geschl. Anfang August 2 Wochen und Sonntagabend - Montagmittag)* Karte 15/42 €

In diesem ruhig gelegenen Haus hat man von den Balkonen der ländlichen Zimmer einen netten Blick auf Feld, Wiesen und den (Märchen-) Wald. Vier Zimmer im UG sind recht einfach. Das Wild aus eigener Zucht findet sich ganzjährig auf der Karte des Restaurants.

OSTERODE am HARZ – **Niedersachsen** – **541** – **23 450 Ew** – **Höhe 220 m** **29** J10

Berlin 316 – Hannover 98 – Braunschweig 81 – Göttingen 48

Eisensteinstr. 1, 37520, (05522) 31 83 33, www.osterode.de

In Osterode-Lerbach **Nord-Ost: 5 km über B 241 – Erholungsort**

Sauerbrey

Friedrich-Ebert-Str. 129 37520 – (05522) 5 09 30 – www.hotel-sauerbrey.de

29 Zim – 59/79 € 85/109 € – 2 Suiten – ½ P

Rest – Menü 12 € (mittags)/35 € – Karte 18/45 €

Ein gewachsenes Hotel mit Familientradition seit 1850. Die Gästezimmer sind unterschiedlich geschnitten und eingerichtet, teilweise mit Balkon. Im rustikalen Restaurant bietet man bürgerliche Küche. Schöner Saal.

In Osterode-Riefensbeek **Nord-Ost: 12 km über B 498 – Erholungsort**

Landhaus Meyer

Sösetalstr. 23 (B 498) 37520 – (05522) 38 37 – www.hotel-landhaus-meyer.de

9 Zim – 48/50 € 78/80 € – ½ P **Rest** – Karte 15/33 €

In dem sehr familiären kleinen Hotel wohnt man in soliden Gästezimmern, die nicht sehr groß, aber behaglich sind. Im Blockhaus nebenan hat man eine Ferienwohnung. In den beiden Stuben serviert man bürgerliche Küche. Nette Terrasse zum Garten.

OSTERWIECK – **Sachsen-Anhalt** – **542** – **12 040 Ew** – **Höhe 117 m** **30** K9

Berlin 235 – Magdeburg 83 – Goslar 32

Brauner Hirsch

Stephanikirchgasse 1 38835 – (039421) 79 50 – www.hotel-braunerhirsch.de

24 Zim – 48 € 81/83 € – ½ P **Rest** – Karte 19/27 €

Das Fachwerkhaus von 1728 fügt sich schön in den historischen Kern des kleinen Städtchens ein. Rustikale Fichtenholzmöbel sorgen zusammen mit angenehmen Farben für Gemütlichkeit. Behaglich ist auch das Restaurant mit niedriger Decke im 1. Stock. Terrasse im Innenhof.

OSTFILDERN – **Baden-Württemberg** – **545** – **36 170 Ew** – **Höhe 348 m** **55** G18

Berlin 644 – Stuttgart 19 – Göppingen 39 – Reutlingen 35

In Ostfildern-Kemnat

Am Brunnen garni

Heumadener Str. 19 73760 – (0711) 16 77 70 – www.hotelambrunnen.de

22 Zim – 85/99 € 105/119 €

Mitten im Ort, neben dem namengebenden alten Brunnen, steht das Hotel, das die freundliche Gastgeberin Gabriele Beinschrodt schon seit 20 Jahren gut in Schuss hält. Die Zimmer sind unterschiedlich groß und funktional.

In Ostfildern-Ruit

Hirsch Hotel Gehrung Rest,

Stuttgarter Str. 7 ✉ 73760 – ✆ (0711) 44 13 00 – www.hirsch-hotel-gehrung.de
62 Zim – 89/95 € 105/120 € – ½ P
Rest – *(geschl. Sonntag)* Menü 30 € – Karte 33/51 €
Familie Gehrung führt das Hotel (der ursprüngliche Teil stammt übrigens a. d. J. 1604) bereits in 3. Generation. Sie mögen es besonders komfortabel? Dann buchen Sie ein "Top Site"-Zimmer im 4. Stock oder eine der ganz modernen Business-Juniorsuiten! Gediegenes Restaurant und heimelige Schwäbische Stube.

In Ostfildern-Scharnhausen

Lamm

Plieninger Str. 3a ✉ 73760 – ✆ (07158) 1 70 60 – www.hotelrestaurantlamm.de
35 Zim – 69/133 € 69/178 €, 8 €
Rest – Menü 25/47 € – Karte 25/45 €
In dem Hotel unter familiärer Leitung stehen solide ausgestattete Gästezimmer unterschiedlicher Kategorien zur Verfügung, teilweise mit Balkon. Freundliches Restaurant im Wintergartenstil und gediegenes Nebenzimmer. Die Küche ist regional und international.

OSTRACH – Baden-Württemberg – 545 – 6 720 Ew – Höhe 615 m   63 H20

Berlin 700 – Stuttgart 128 – Konstanz 69 – Ravensburg 33

Landhotel zum Hirsch

Hauptstr. 27 ✉ 88356 – ✆ (07585) 9 24 90 – www.landhotel-hirsch.de – geschl. 2. - 6. November
15 Zim – 58/63 € 85/96 € – ½ P
Rest *Landhotel zum Hirsch* – siehe Restaurantauswahl
Dass dieses Gasthaus mitten im Ort bei der Kirche so sympathisch ist, liegt nicht zuletzt an Familie Ermler, die hier schon seit Generationen Gäste empfängt. Außen der nette typisch ländliche Charakter, drinnen funktionale Zimmer mit guter Ausstattung. Sogar die Klapperstörche auf dem Dach fühlen sich hier wohl!

Landhotel zum Hirsch – Landhotel zum Hirsch

Hauptstr. 27 ✉ 88356 – ✆ (07585) 9 24 90 – www.landhotel-hirsch.de – geschl. 2.- 6. November und Montag
Rest – (Tischbestellung ratsam) Menü 34 € – Karte 29/47 €
Die geradlinige, bodenständige Küche von Gastgeber Josef Ermler kommt an - kein Wunder bei den leckeren hausgemachten Pasteten oder Gerichten wie "Schweinebäckchen mit Bouillonkartöffelchen und Marktgemüse"! Und auch das Ambiente stimmt: Serviert wird in gemütlichen holzgetäfelten Stuben.

OTTENHÖFEN im SCHWARZWALD – Baden-Württemberg – 545 – 3 280 Ew – Höhe 309 m – Luftkurort   54 E19

Berlin 736 – Stuttgart 137 – Karlsruhe 64 – Freudenstadt 35
Großmatt 15, ✉ 77883, ✆ (07842) 8 04 44, www.ottenhoefen.de
Allerheiligen★ · Wasserfälle★, Süd-Ost: 7 km

Breig garni

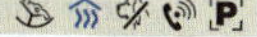

Zieselmatt 10 ✉ 77883 – ✆ (07842) 25 65 – www.pension-breig.de
9 Zim – 59/79 € 96/112 €
Eine familiäre Adresse in ruhiger Lage mit schön gepflegtem Garten, solide und praktisch ausgestatteten Zimmern (meist mit Balkon) sowie einem gemütlichen Frühstücksraum.

OTTERNDORF – Niedersachsen – 541 – 7 100 Ew – Höhe 2 m – Seebad   9 G4

Berlin 402 – Hannover 217 – Cuxhaven 18 – Bremerhaven 40
Rathausplatz 1, ✉ 21762, ✆ (04751) 91 91 31, www.otterndorf.de

Am Medemufer

Goethestr. 15 ✉ 21762 – ✆ (04751) 9 99 90 – www.hotel-am-medemufer.de
32 Zim – 69/99 € 99/139 € – 6 Suiten – ½ P
Rest – *(nur Abendessen)* Menü 25 € – Karte 22/36 €
Ein tipptopp gepflegtes, neuzeitliches Hotel mit reizvollem Garten und sehr gutem Frühstück. Kosmetik und Massage im "Miomare" in der Therme gegenüber - mit Shuttle-Service. Helles, freundliches Restaurant mit Blick auf den Fluss Medem.

Ratskeller

Rathausplatz 1 ✉ 21762 – ✆ (04751) 38 11 – www.altstadtgaestehaus.de – geschl. Februar und Dienstag
Rest – Menü 24/38 € – Karte 20/33 €
Das Restaurant in dem über 400 Jahre alten Gewölbekeller wird sympathisch geführt. Freundlich und pfiffig ist der Service der Damen, geleitet von der Chefin. Der Chef steht am Herd.

OTTOBEUREN – Bayern – 546 – 7 940 Ew – Höhe 660 m – Kneippkurort

64 J21

Berlin 672 – München 110 – Kempten (Allgäu) 40 – Bregenz 85
Marktplatz 14, ✉ 87724, ✆ (08332) 92 19 50, www.ottobeuren.de
Hofgut Boschach, ✆ (08332) 9 25 10
Klosterkirche★★ (Chorgestühl★★ · Chororgeln★★ · Klostermuseum★)

Parkhotel Maximilian

Bannwaldweg 11 ✉ 87724 – ✆ (08332) 9 23 70 – www.parkhotel-ottobeuren.de
110 Zim – 85/198 € 139/254 € – 1 Suite – ½ P
Rest – Menü 24/50 € – Karte 29/50 €
Genau das Richtige für Businessgäste ist das großzügige Hotel in ruhiger Lage in einem Park am Waldrand. Entspannen kann man beim guten Wellnessangebot, so z. B. am schönen Pool im Freien!

Am Mühlbach garni

Luitpoldstr. 57 ✉ 87724 – ✆ (08332) 9 20 50 – www.hotel-am-muehlbach.de – geschl. 20. Dezember - 20. Januar
20 Zim – 66/78 € 82/98 €
Das halbkreisförmig angelegte Hotel bei der Benediktinerabtei bietet zeitgemäße Zimmer (teils mit Balkon oder Terrasse), fast alle liegen zur Innenseite, zum Garten hin.

Hirsch

Marktplatz 12 ✉ 87724 – ✆ (08332) 79 67 70 – www.hirsch-ottobeuren.de
47 Zim – 69/89 € 89/110 € – 1 Suite – ½ P
Rest – Menü 20/45 € – Karte 15/55 €
In dem Hotel mit Brauerei erwarten Sie wohnliche Gästezimmer, die mit Parkett und geradlinig-moderner Einrichtung freundlich gestaltet sind. Klarer neuzeitlicher Stil auch im Restaurant. Die Küche ist regional und saisonal.

St. Ulrich

Bannwaldweg 10 ✉ 87724 – ✆ (08332) 92 35 20 – www.hotel-st-ulrich.com – geschl. 28. Oktober - 17. Februar
28 Zim – 59/69 € 88/98 € – 2 Suiten
Rest – *(geschl. Sonntag - Montag) (nur Abendessen für Hausgäste)* Karte 17/30 €
Das Haus liegt ruhig am Waldrand etwas oberhalb des kleinen Ortes. Von einigen Zimmern schaut man auf die Basilika. Fragen Sie nach den neueren, besonders freundlichen Zimmern.

OTTOBRUNN – Bayern – 546 – 20 110 Ew – Höhe 455 m 66 M20

Berlin 609 – München 14 – Innsbruck 156 – Kufstein 83

Aigner garni 

Rosenheimer Landstr. 118 ✉ 85521 – ✆ (089) 60 81 70 – www.hotelaigner.de

73 Zim – 77/295 € 97/395 €

Das Haus ist gepflegt und preislich eine echte Alternative zu Hotels direkt in München. Die Familie investiert immer wieder und so sind einige Zimmer besonders modern! Praktisch: Bushaltestelle vor dem Haus.

OVERATH – Nordrhein-Westfalen – 543 – 26 990 Ew – Höhe 100 m 36 C12

Berlin 583 – Düsseldorf 60 – Bonn 31 – Köln 25

Overath-Steinenbrück, Golfplatz 1, ✆ (02204) 9 76 00

In Overath-Immekeppel Nord-West: 7 km über A 4 Richtung Köln, Abfahrt Untereschbach

Sülztaler Hof mit Zim 

Lindlarer Str. 83 ✉ 51491 – ✆ (02204) 9 75 00 – www.suelztaler-hof.de – geschl. Juni 3 Wochen

15 Zim – 89/139 € 139/189 €

Rest – *(geschl. Montagmittag, Dienstag - Mittwochmittag)*

Menü 39 € (mittags)/65 € – Karte 32/70 €

Das Gasthaus von 1883 wird seit jeher freundlich und engagiert von Familie Selbach geleitet. Das Ambiente ist charmant-gediegen, die Küche klassisch mit internationalem Einfluss. In einem Hotelanbau bietet man schöne, sehr wohnliche Landhauszimmer.

In Overath-Klef Nord-Ost: 2 km, jenseits der A 4

Lüdenbach 

Klef 99 (B 55) ✉ 51491 – ✆ (02206) 9 53 80 – www.hotel-luedenbach.de – geschl. 23. - 31. Dezember

28 Zim – 57/75 € 82/99 € – ½ P

Rest – *(Montag - Freitag nur Abendessen)* Menü 28/40 € – Karte 18/46 €

Das seit vielen Jahren familiengeführte Hotel liegt verkehrsgünstig nahe der Autobahn und bietet zeitgemäße, funktionelle Zimmer sowie einen großen Parkplatz. W-Lan kostenfrei. Bürgerlich-saisonales Angebot im Restaurant.

OY-MITTELBERG – Bayern – 546 – 4 440 Ew – Höhe 1 035 m – Wintersport: 1 050 m 4 – Luft- und Kneippkurort 64 J21

Berlin 710 – München 124 – Kempten (Allgäu) 23 – Füssen 22

Wertacher Str. 11, ✉ 87466, ✆ (08366) 2 07, www.oy-mittelberg.de

Im Ortsteil Mittelberg

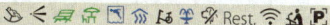

Die Mittelburg 

Mittelburgweg 1 ✉ 87466 – ✆ (08366) 1 80 – www.mittelburg.info – geschl. 5. November - 15. Dezember

27 Zim – 89/121 € 178/224 € – 3 Suiten – ½ P

Rest – Menü 38 € (abends)/45 € – Karte 26/43 €

Von der Begrüßung über das ausgezeichnete Frühstück bis zum Ausflugstipp ist der Service freundlich und hilfsbereit, die Leitung durch Familie Mayr ist sehr persönlich und auch Wellness einschließlich Blockhaussauna wird geboten. Rustikal oder elegant? Diese Frage stellt sich bei den Zimmern wie auch beim Restaurant.

PADERBORN – Nordrhein-Westfalen – **543** – 146 290 Ew – Höhe 110 m **28** G10

Berlin 429 – Düsseldorf 167 – Bielefeld 47 – Dortmund 101

Büren-Ahden, Flughafenstr. 33 (Süd-West: 20 km über Bahnhofstraße Z), (02955) 7 70

ADAC Kamp 9 B2

Marienplatz 2a A2, 33098, (05251) 88 29 80, www.paderborn.de

Bad Lippspringe, Senne 1, (05252) 93 23 08

Salzkotten-Thüle, Im Nordfeld 25, (05258) 93 73 10

Arosa

Westernmauer 38 33098 – *(05251) 12 80* – *www.arosa-paderborn.de* A2**s**

118 Zim – 94/139 € 129/159 €, 10 € – 3 Suiten

Rest – *(geschl. Samstagmittag, Sonntag)* Karte 27/42 €

Komfortabler könnte die Lage kaum sein: Sie wohnen ganz zentral in unmittelbarer Altstadtnähe und parken im hauseigenen Parkhaus! Besonders elegant sind die neueren Deluxe-Zimmer, sehr guter Tagungs- und Veranstaltungsbereich. Schöne Aussicht vom Schwimmbad im obersten Stock und auch von der Terrasse.

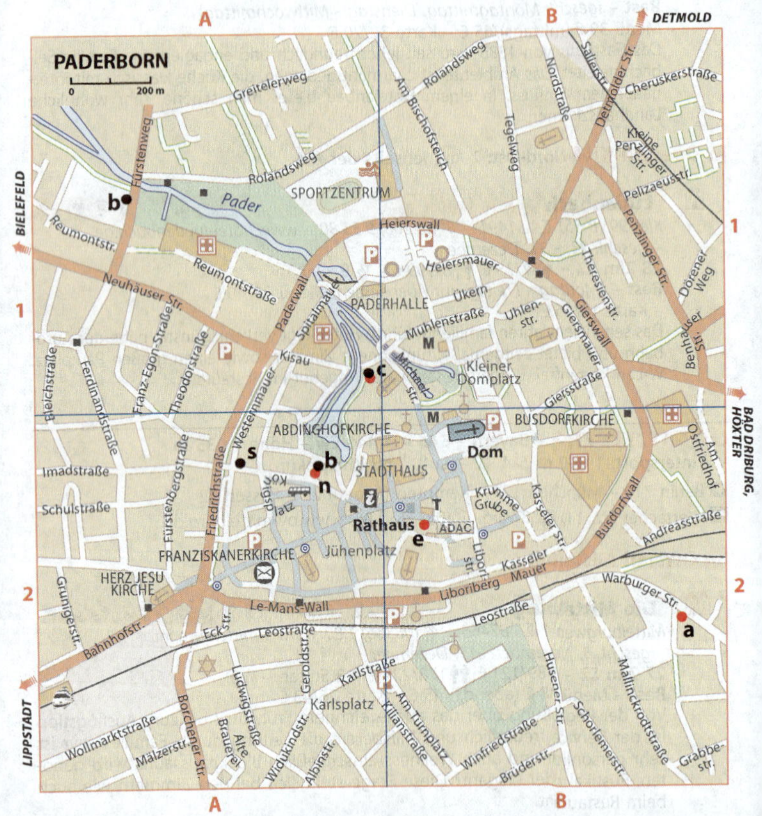

Welcome Hotel

Fürstenweg 13 ✉ 33102 - ✆ (05251) 2880 0 – www.welcome-hotel-paderborn.com A1**b**

141 Zim ☕ – 🚹75/225 € 🚹🚹95/259 € – 12 Suiten – ½ P

Rest – Menü 22 € – Karte 22/42 €

Moderner Stil und Farbakzente in warmem Rot begleiten Sie von der Halle bis in die wohnlichen Zimmer dieses zeitgemäßen Businesshotels. Mit großem Tagungsbereich. Restaurant Paderaue und gemütlich-rustikale Bierkneipe.

Zur Mühle

Mühlenstr. 2 ✉ 33098 – ✆ (05251) 1 07 50 – www.hotelzurmuehle.de – geschl. 23. Dezember - 5. Januar A1**c**

25 Zim ☕ – 🚹75/104 € 🚹🚹100/124 € – 1 Suite

Rest ***J. Staebner*** – siehe Restaurantauswahl

Sie wohnen hier nicht nur angenehm zentral, sondern auch schön elegant (zu erwähnen sei die stilvolle Stuck-Dekoration im Frühstücksraum) - nicht zu vergessen die freundliche Chefin, die ihre Gäste persönlich umsorgt!

Galerie-Hotel

Bachstr. 1 ✉ 33098 – ✆ (05251) 1 22 40 – www.galerie-hotel.de A2**b**

11 Zim – 🚹65/75 € 🚹🚹85/95 €, ☕ 10 € – ½ P

Rest – Menü 24/35 € – Karte 19/42 €

Ein individuelles Haus: angefangen bei der schmucken spätgotischen Giebelfront über die ständige Bilderausstellung (die Chefin malt die Bilder selbst!) bis hin zum liebenswert dekorierten Restaurant und den vielen hausgemachten Kuchen im reizenden Teestübchen!

Balthasar (Elmar Simon)

Warburger Str. 28 ✉ 33098 – ✆ (05251) 2 44 48 – www.restaurant-balthasar.de – geschl. 1. - 14. Januar und Sonntag - Dienstagmittag, Samstagmittag

Rest – Menü 38 € (mittags)/115 € – Karte 61/82 € B2**a**

Gemeinsam mit Restaurantleiterin, Sommelière und Ehefrau Laura bereitet Elmar Simon den Gästen genussvolle Stunden: feine klassische Küche, serviert in einem angenehm großzügigen Raum in ruhigen, warmen Tönen! Und am Mittag gibt es das zu einem besonders guten Preis-Leistungs-Verhältnis!

→ Marinierter Kaisergranat mit Frischkäse und Paderborner Brot. Pochiertes Kalbsfilet mit Königsberger Klößen, Erbsen und Möhren. Reelser Apfelbaum mit Guinnesseis und Portweinschaum.

Kupferkessel

Marienstr. 14 ✉ 33098 – ✆ (05251) 2 36 85 – www.kupferkessel-paderborn.de – geschl. Sonntagmittag A2**n**

Rest – Menü 34/50 € – Karte 32/51 €

Ein sympathisches, freundliches Restaurant, in dem regional-international gekocht wird - freitags und samstags auch in Menüform. Mittags ist das Restaurant ein bisschen belebter, denn dann locken günstigere Gerichte viele Gäste an!

Bobberts

Kötterhagen 3a ✉ 33098 – ✆ (05251) 1 84 42 27 – www.bobberts.de

Rest – Karte 30/49 € B2**e**

Neben dem Theater tritt nun ein nagelneues Gebäude die Nachfolge des langjährigen Gasthauses an. Lockere und ungezwungene Atmosphäre, ein bisschen Lounge-Charakter und dazu ein Stück Tradition: z. B. Linseneintopf und Wiener Schnitzel oder aber "Doradenfilet auf mediterranem Risotto". Mittags nur kleines Angebot.

J. Staebner – Hotel Zur Mühle

Mühlenstr. 2 ✉ 33098 – ✆ (05251) 8 76 19 50 – www.jstaebner.de – geschl. 22. Dezember - 6. Januar und Montag A1**c**

Rest – *(nur Abendessen)* Karte 39/50 €

Sympathisches Bistro-Ambiente, legerer Service, der Blick hinaus auf das geschäftige Treiben. Nicht weniger interessant: Von einem der Stehtische kann man Jörg Staebner in der halboffenen Küche wirbeln sehen.

In Borchen-Nordborchen Süd-West: 6 km über Borchener Straße A2

Pfeffermühle
Paderborner Str. 66 ✉ 33178 – ✆ (05251) 54 00 60 – www.hotel-pfeffermuehle.com – geschl. 19. Dezember - 3. Januar
36 Zim – 🚹58/75 € 🚹🚹75/88 €
Rest – *(geschl. Sonntag sowie an Feiertagen) (nur Abendessen)* Karte 17/35 €
Das familiengeführte Hotel ist eine gute Adresse außerhalb der Stadt. Fragen Sie nach einem der fünf geräumigen neueren Zimmer! Das Restaurant bietet bürgerliche Küche, im Pfefferkeller trifft man sich auf ein Bier.

PALLING – Bayern – **546** – 3 380 Ew – Höhe 531 m **67** O20

Berlin 666 – München 92 – Bad Reichenhall 49 – Rosenheim 64

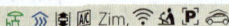

Michlwirt Zim,
Steiner Str. 1 ✉ 83349 – ✆ (08629) 9 88 10 – www.michlwirt.de – geschl. 20. - 26. Januar, 22. September - 12. Oktober
47 Zim – 🚹39/50 € 🚹🚹69/82 € **Rest** – *(geschl. Sonntag)* Karte 15/30 €
Marianne Trinkberger leitet herzlich diesen Bilderbuch-Gasthof, während ihr Mann Rudolf sich gemeinsam mit dem Sohn um die angeschlossene Metzgerei kümmert. Zimmer im Anbau meist geräumiger. Leckeres Frühstücksbuffet in der Guten Stube. Ebenso behaglich-traditionell sind Michlstube und Theaterstube. Bayerische Küche.

PANKER – Schleswig-Holstein – siehe Lütjenburg

PAPENBURG – Niedersachsen – **541** – 35 040 Ew – Höhe 1 m **16** D6

Berlin 513 – Hannover 240 – Emden 47 – Groningen 67

Ölmühlenweg 21, ✉ 26871, ✆ (04961) 8 39 60, www.papenburg-tourismus.de

Papenburg-Aschendorf, Gutshofstr. 141, ✆ (04961) 9 98 00

Alte Werft
Ölmühlenweg 1 ✉ 26871 – ✆ (04961) 92 00 – www.hotel-alte-werft.de
112 Zim – 🚹90/108 € 🚹🚹124/160 € – 9 Suiten – ½ P
Rest *Graf Goetzen* – *(nur Abendessen)* Menü 23/79 € – Karte 34/52 €
Rest *Schnürboden* – Menü 23/79 € – Karte 20/44 €
Gelungen hat man hier Industriearchitektur a. d. 19. Jh. - samt einiger erhaltener Werftmaschinen - in einen Hotelbau integriert. Neben neuzeitlich eingerichteten Gästezimmern hat man die beiden Restaurants Graf Goetzen (internationale Küche) und Schnürboden (hier ist das Angebot regionaler) - Letzteres mit einer beachtlichen Krankonstruktion als Hingucker.

In Halte Nord-West: 4 km Richtung Meyer Werft

Gut Halte 
Gut Halte 6 ✉ 26826 – ✆ (04961) 23 17 – www.papenburg-hotel.de – geschl. 15. - 29. Juli
8 Zim – 🚹55/75 € 🚹🚹90/120 € – ½ P
Rest *Reiherhorst* – *(geschl. Sonntagabend - Montag)* Menü 21/35 € – Karte 21/44 €
Das schön restaurierte Herrenhaus von 1796 ist ein kleiner Familienbetrieb, der ruhig in einem Park am Deich liegt. Helle und zeitgemäße Zimmer, elegante Lobby und Bibliothek, regionstypisches Restaurant Reiherhorst; der Wintergarten wird im Sommer zur Terrasse.

PAPPENHEIM – Bayern – **546** – 4 480 Ew – Höhe 405 m – Luftkurort **57** K18

Berlin 499 – München 134 – Augsburg 77 – Nürnberg 72

Zur Sonne N
Deisinger Str. 20 ✉ 91788 – ✆ (09143) 83 78 37 – www.sonne-pappenheim.de – geschl. Februar - März 2 Wochen, November 10 Tage
12 Zim – 🚹38/55 € 🚹🚹70/90 € – ½ P
Rest *Zur Sonne* – siehe Restaurantauswahl
Die jungen Inhaber Sven-Wolfgang und Stefanie Glück haben hier einen wirklich gepflegten Gasthof, der nicht zuletzt wegen seiner Lage am Altmühlradweg gut ankommt. Wer ein bisschen was Besonderes sucht, bucht am besten eines der tollen Themenzimmer, z. B. eines mit rustikalem Hütten-Flair!

Zur Sonne – Hotel Zur Sonne
Deisinger Str. 20 ✉ 91788 – ✆ (09143) 83 78 37 – www.sonne-pappenheim.de – geschl. Februar - März 2 Wochen, November 10 Tage und Dienstag
Rest – Menü 20 € – Karte 19/37 €
Auch zum Essen sollten Sie mal bei Familie Glück vorbeischauen, denn man sitzt gemütlich und es gibt schmackhafte regionale Küche mit einigen gehobeneren Gerichten. Wie wär's z. B. mit "geschmortem Bauch und Lende vom Hällischen Landschwein mit Senf-Karottencreme"?

PARCHIM – Mecklenburg-Vorpommern – 542 – 18 670 Ew – Höhe 50 m

12 M5

Berlin 163 – Schwerin 43 – Güstrow 75
Blutstr. 5, ✉ 19370, ✆ (03871) 7 15 50, www.parchim.de

Stadtkrug Rest,
Apothekenstr. 11 ✉ 19370 – ✆ (03871) 6 23 00 – www.hotel-stadtkrug-parchim.m-vp.de
20 Zim – 46/59 € 65/72 € – 1 Suite – ½ P
Rest – Menü 13/20 € – Karte 14/30 €
Auf eine über 250-jährige Geschichte kann dieses rote Klinkergebäude zurückblicken. Die Gästezimmer sind sehr gepflegt und wohnlich. Reichlich dekoriertes Restaurant in bürgerlichem Stil.

PARSBERG – Bayern – 546 – 6 590 Ew – Höhe 553 m

58 M17

Berlin 477 – München 137 – Regensburg 47 – Ingolstadt 63

Hirschen
Marktstr. 1 ✉ 92331 – ✆ (09492) 60 60 – www.romantik-hotel-hirschen.com – geschl. 22. - 26. Dezember
33 Zim – 78/160 € 102/190 € – 2 Suiten – ½ P
Rest – Menü 25 € (mittags unter der Woche)/69 € – Karte 25/57 €
Hier verbindet sich traditioneller Charme mit neuzeitlichem Stil. Wohnliche Zimmer, schöner Kosmetikbereich und hübscher kleiner Dorfladen mit eigenen Metzgereiprodukten. Regionale Küche mit hausgemachten Fleisch-/Wurstwaren in elegant-rustikalen Stuben.

Garten Hotel Hirschenhof
Marktstr. 2 ✉ 92331 – ✆ (09492) 60 60 – www.hirschenhof.de – geschl. 21. Dezember - 8. Januar
30 Zim – 78/125 € 102/148 € – ½ P
Rest – *(geschl. Sonntag sowie an Feiertagen) (nur Abendessen)* Menü 13/27 € – Karte 18/26 €
Die Betreiber des "Hirschen" bieten mit dieser zweiten Adresse ein zeitgemäßes und technisch gut ausgestattetes Hotel für Tagungsgäste. Wie wär's mit einem Outdoor-Seminar im "Lern- & Spielgarten"? Kosmetik können Sie im Schwesterhotel buchen!

Außerhalb Nord: 2 km an der A 3 Ausfahrt Parsberg (Autohof)

Villa Toskana Rest,
Steinmühlerstr. 3 ✉ 92331 – ✆ (09492) 90 61 81 – www.a3-villa-toskana.de
32 Zim – 49/65 € 76/95 €, 6 €
Rest – *(geschl. Sonntag) (nur Abendessen für Hausgäste)* Karte 15/22 €
Das Haus mit der mediterranen Note ist eine sehr gepflegte Adresse mit funktionellen Gästezimmern in wohnlichen Farben sowie bester Anbindung an die A3.

PASEWALK – Mecklenburg-Vorpommern – 542 – 11 380 Ew – Höhe 15 m

14 Q5

Berlin 134 – Schwerin 208 – Neubrandenburg 59 – Szczecin 40
Haußmannstr. 85, ✉ 17309, ✆ (03973) 21 39 95, www.pasewalk.de

Pasewalk
Dargitzer Str. 26 ✉ 17309 – ✆ (03973) 22 20 – www.hotel-pasewalk.de
68 Zim – 72/77 € 96/99 € – ½ P
Rest – *(geschl. Sonntag) (nur Abendessen)* Menü 21/50 € – Karte 18/42 €
Das ruhig gelegene ehemalige landwirtschaftliche Anwesen bietet wohnlich und funktionell mit hellen Naturholzmöbeln ausgestattete Zimmer. Im Garten: Modelleisenbahn und Teich. Rustikal gehaltenes Restaurant mit bürgerlichem Angebot.

Villa Knobelsdorff

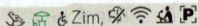

Ringstr. 121 ✉ 17309 – ✆ (03973) 2 09 10 – www.villa-knobelsdorff.de
18 Zim – 🚹58/67 € 🚹🚹72/80 €, ☕ 6 € **Rest** – *(nur Abendessen)* Karte 17/43 €
Die Villa a. d. J. 1896 wird persönlich vom Ehepaar Pommerening geleitet, das sich hier herzlich um die Gäste kümmert. Eine schöne Holztreppe führt zu den klassisch gehaltenen Zimmern. Im Restaurant im Untergeschoss herrscht eine gemütlich-rustikale Atmosphäre. Einige Plätze unter einer Gewölbedecke.

PASSAU – Bayern – **546** – 50 600 Ew – Höhe 262 m **60** P19

Berlin 607 – München 192 – Landshut 119 – Linz 110

ADAC Brunngasse 5

Rathausplatz 3 B1, ✉ 94032, ✆ (0851) 95 59 80, www.tourismus.passau.de

Thyrnau-Raßbach, Raßbach 8, ✆ (08501) 9 13 13

Dom St. Stephan (Chorabschluß★★)B1_2 ·Dreiflusseck★ (Zusammenfluss von Inn, Donau und Ilz)B2 – Glasmuseum★★ B1

Veste Oberhaus (<★★)B1

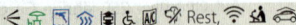

Ibb Hotel Rest,

Bahnhofstr. 24 ✉ 94032 – ✆ (0851) 9 88 30 00 – www.ibbhotelpassau.de
129 Zim ☕ – 🚹59 € 🚹🚹99 € – ½ P A2**d**
Rest – *(nur Abendessen)* Menü 18 €
Praktisch ist die zentrale Lage dieses funktionell ausgestatteten Hotels: Es befindet sich gegenüber dem Bahnhof und neben dem Shopping-Center. Restaurant für Veranstaltungen, Gruppen oder auf Vorreservierung!

König garni

Untere Donaulände 1 ✉ 94032 – ✆ (0851) 38 50 – www.hotel-koenig.de
41 Zim ☕ – 🚹59/79 € 🚹🚹79/119 € A1**t**
Das Hotel liegt in der Altstadt an den Schiffsanlegestellen und verfügt über wohnlich-gediegene Gästezimmer, einige mit Blick auf die Donau.

Residenz garni

Fritz-Schäffer-Promenade 6 ✉ 94032 – ✆ (0851) 98 90 20 – www.residenz-passau.de – geschl. über Weihnachten B1**c**
50 Zim ☕ – 🚹65/119 € 🚹🚹99/139 €
Eine familiäre Adresse direkt am Donauufer mit freundlich gestalteten Gästezimmern und hübscher Terrasse mit Flussblick, auf der man im Sommer frühstücken kann.

Weisser Hase Zim,

Heiliggeistgasse 1 ✉ 94032 – ✆ (0851) 9 21 10 – www.weisser-hase.de – geschl. 20. - 28. Dezember A2**e**
107 Zim ☕ – 🚹79/109 € 🚹🚹99/149 € – 1 Suite – ½ P
Rest – *(nur Abendessen)* Menü 19/65 € – Karte 24/42 €
In dem sanierten Altstadthaus im Zentrum erwarten Sie funktionelle Zimmer in neuzeitlichem oder klassischem Stil. Bilder des Künstlers Otto Sammer zieren das Hotel. Gediegenes Restaurant mit internationalem Angebot.

Altstadt-Hotel

Bräugasse 23, (am Dreiflüsseeck) ✉ 94032 – ✆ (0851) 33 70 – www.altstadt-hotel.de – geschl. 20. - 26. Dezember, 2. - 7. Januar
36 Zim ☕ – 🚹75/95 € 🚹🚹99/155 € – ½ P B1**s**
Rest – *(geschl. November 2 Wochen, November - April: Sonntagabend, Donnerstag) (November - April: Montag - Freitag nur Abendessen)* Menü 16 € (mittags)/40 € – Karte 17/40 €
Einige Zimmer in diesem Hotel bieten eine schöne Sicht auf das Dreiflüsseeck. Angenehm sitzt man im Sommer beim Frühstück auf der Donauterrasse, nett ist die familiäre Atmosphäre. Internationale Küche im Restaurant oder auf der Terrasse zum Fluss.

Wilder Mann garni

Am Rathausplatz 2 ✉ 94032 – ✆ (0851) 3 50 71 – www.wilder-mann.com
49 Zim ☕ – 🚹55/77 € 🚹🚹110/120 € B1**a**
Hotel und sehenswertes Glasmuseum in einem jahrhundertealten Gebäudekomplex im Herzen der Stadt. Sie frühstücken im Adalbert-Stifter-Saal mit herrlichem Blick auf die Altstadt.

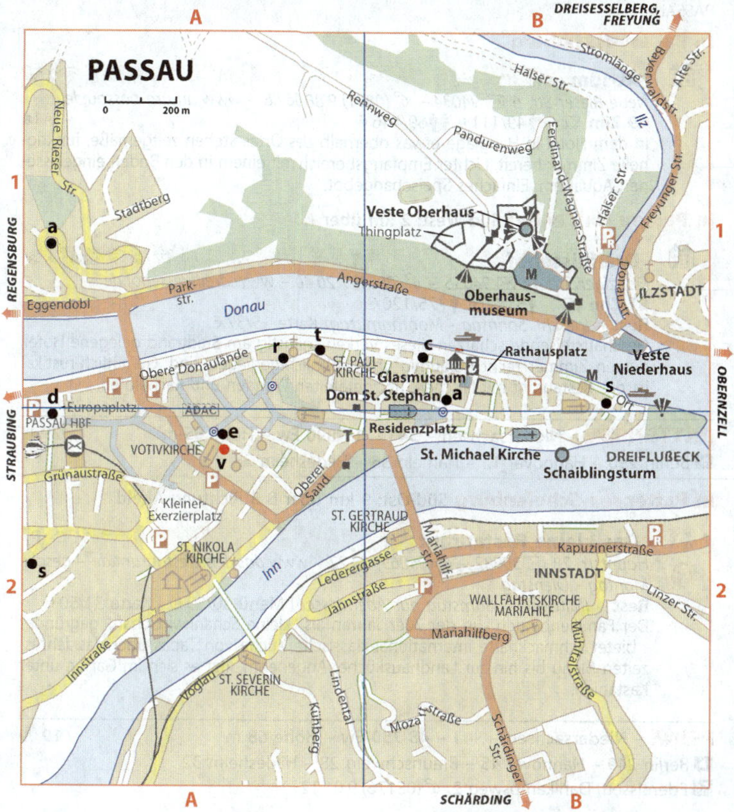

Passauer Wolf garni

Rindermarkt 6 ✉ 94032 – ✆ (0851) 93 15 10 – www.hotel-passauer-wolf.de
38 Zim – 49/111 € 69/159 € – 1 Suite A1**r**
Nur wenige Schritte vom Altstadtkern wohnt man in einem mit warmen Farben in neuzeitlichem Stil eingerichteten und technisch gut ausgestatteten Hotel, das aus einem schönen historischen Gebäude entstanden ist. Hübsche kleine Dachterrasse.

Spitzberg garni

Neuburger Str. 29 (B 12/388) ✉ 94032 – ✆ (0851) 95 54 80 – www.hotel-spitzberg.de – geschl. 1. - 6. Januar A2**s**
35 Zim – 42/95 € 64/140 €
Das familiengeführte Hotel befindet sich in zentrumsnaher Lage oberhalb der Altstadt und bietet eine gute Verkehrsanbindung sowie funktionelle Zimmer, auch Familienzimmer.

Heilig-Geist-Stift-Schenke

Heiliggeistgasse 4 ✉ 94032 – ✆ (0851) 26 07 – www.stiftskeller-passau.de – geschl. 10. - 31. Januar und Mittwoch A2**v**
Rest – Menü 19 € – Karte 18/46 €
Charmant-rustikale Stuben mit zahlreichen Relikten von einst im Franziskanerkloster a. d. J. 1358. Mit Stiftskeller und lauschigem Garten. Auch Fisch aus eigenem Apostelfischwasser.

In Passau-Hacklberg

Atrium garni

Neue Rieser Str. 6 ✉ 94034 – ✆ (0851) 9 88 66 88 – www.atrium-passau.de
49 Zim – 49/111 € 69/146 € A1**a**
In dem Hotel in Hanglage etwas oberhalb des Ortes stehen zeitgemäße, funktionelle Zimmer bereit. Lichter Empfangsbereich mit einem in den Boden eingelassenen Aquarium. Einfaches Speisenangebot.

In Passau-Haidenhof Süd-West: 2 km über A2

Dreiflüssehof

Danziger Str. 42 ✉ 94036 – ✆ (0851) 7 20 40 – www.dreifluessehof.de
67 Zim – 55/80 € 75/120 €
Rest – *(geschl. Sonntag - Montagmittag)* Karte 15/37 €
Geschäftsreisende schätzen dieses verkehrsgünstig am Stadtrand gelegene Hotel, dessen Zimmer recht geräumig und wohnlich-gediegen sind. Gemütlich-rustikal ist das Restaurant mit Nischen, holzgetäfelten Wänden und Kachelofen.

PATTENSEN – Niedersachsen – 541 – 13 890 Ew – Höhe 65 m 29 I9

Berlin 290 – Hannover 12 – Hameln 36 – Hildesheim 23

In Pattensen-Schulenburg Süd-Ost: 9 km über B 3 Richtung Alfeld

Das kleine Restaurant

Hauptstr. 28 ✉ 30982 – ✆ (05069) 63 22 – www.daskleinerestaurant.de – geschl. Montag - Dienstag
Rest – *(Mittwoch - Samstag nur Abendessen)* Menü 30/50 € – Karte 31/50 €
Der Familienbetrieb - in der 70er Jahren als "kleine Schankwirtschaft" gegründet - bietet schmackhafte international-klassische Küche von Tapas über das Jahreszeiten Menü bis hin zur Landhausküche. Angenehm sitzt es sich im Garten unter Kastanien.

PEINE – Niedersachsen – 541 – 48 750 Ew – Höhe 68 m 19 J9

Berlin 249 – Hannover 45 – Braunschweig 28 – Hildesheim 32
Edemissen, Dahlkampsweg 2, ✆ (05176) 9 01 12

In Peine-Stederdorf Nord: 3 km über B 444, jenseits der A 2

Schönau

Peiner Str. 17 (B 444) ✉ 31228 – ✆ (05171) 99 80 – www.hotel-schoenau.de
64 Zim – 80/90 € 110/120 € – ½ P
Rest – *(geschl. Samstagmittag)* Karte 26/46 €
Seit fast 100 Jahren hält Familie Hacke ihr Hotel in Schuss. Ihr Engagement ist nicht zuletzt an stetigen Investitionen zu erkennen, so hat man nun 20 topmoderne Zimmer - straßenabgewandt, schön hell, mit bodentiefen Fenstern! Elegantes Restaurant mit hübscher Terrasse sowie Bar mit Bierstube.

PELLWORM (INSEL) – Schleswig-Holstein – 541 – 1 080 Ew – Höhe 1 m – Seebad 1 G2

Berlin 465 – Kiel 117 – Husum 29 – Heide 76

Friesenhaus

Kaydeich 17 ✉ 25849 – ✆ (04844) 99 04 90 – www.hotel-friesenhaus-pellworm.de – geschl. 13. Januar - 2. Februar und 3. November - 7. Dezember
20 Zim – 59/110 € 79/180 €
Rest – *(Montag - Dienstag nur Abendessen)* Menü 21/59 € – Karte 18/40 €
Ein nettes, nahe dem Leuchtturm gelegenes Hotel im regionalen Baustil mit wohnlichen und recht modernen Zimmern. Auch heiraten kann man hier im Haus. Im Restaurant und auf der kleinen Terrasse serviert man regionale Küche und einige internationale Gerichte.

PENZBERG – Bayern – 546 – 16 270 Ew – Höhe 596 m 65 L21

Berlin 640 – München 53 – Garmisch-Partenkirchen 43 – Bad Tölz 19
Iffeldorf, Gut Rettenberg, (08856) 92 55 55

Troadstadl

Kirnberger Str. 1 (nahe der BAB-Ausfahrt Penzberg) ✉ *82377* – *(08856) 94 82 – www.troadstadl.de – geschl. Dienstag - Mittwoch*
Rest – *(nur Abendessen)* (Tischbestellung ratsam) Menü 45 € – Karte 26/70 €
Rest *essBar* – siehe Restaurantauswahl
Gehobene zeitgemäße Küche bietet das Gastgeberpaar in den gemütlichen Stuben des im 13. Jh. erbauten denkmalgeschützten Hauses. Moderne Bilder und Accessoires schaffen einen reizvollen Kontrast zum rustikalen Charakter des Restaurants.

essBar – Restaurant Troadstadl

Kirnberger Str. 1 (nahe der BAB-Ausfahrt Penzberg) ✉ *82377* – *(08856) 94 82 – www.troadstadl.de – geschl. Dienstag - Mittwoch*
Rest – *(nur Abendessen, sonntags auch Mittagessen)* Karte 20/32 €
Ein Hauch von Heuschober-Romatik in der essBar (Tenne), traditionelle Herzelstühle und viel Holz müssen sein! Hier isst man ein bisschen einfacher: Pasta, Asiatisches, Salate oder auch nur ein Glas Wein.

In Penzberg-Promberg Nord: 5 km Richtung Wolfratshausen

Hoisl-Bräu

Promberg 1, (mit Gästehaus) ✉ *82377* – *(08856) 9 01 73 30 – www.hoisl-braeu.de*
22 Zim – †57/100 € ††77/122 € – 1 Suite
Rest – *(geschl. 13. - 30. Januar und Montag - Dienstag)* Karte 16/29 €
Hier übernachtet man gerne, keine Frage: Den Landgasthof aus gibt es nun seit rund 10 Jahren und alles ist noch immer tipptopp! Außerdem liegt das Haus schön ruhig, die Preise sind fair, die Einrichtung ist gemütlich-bayerisch, das Frühstück gut... Bei schönem Wetter geht's raus auf die Südterrasse!

PERL – Saarland – 543 – 7 600 Ew – Höhe 254 m 45 A16

Berlin 767 – Saarbrücken 68 – Trier 45 – Luxembourg 32
Nennig: Römisches Mosaik★★, Nord: 9 km

Hammes

Hubertus-von-Nell-Str. 15 ✉ *66706* – *(06867) 9 10 30 – www.hotel-hammes.de – geschl. 25. Juli - 8. August, 17. - 30. November*
12 Zim – †52/55 € ††75/80 € – ½ P
Rest – *(geschl. Mittwoch; November - März: Dienstagabend, Samstagmittag)* Menü 10 € (mittags unter der Woche)/35 € – Karte 24/51 €
In diesem familiengeführten Hotel in der Ortsmitte stehen sehr gepflegte, solide und zeitgemäß eingerichtete Gästezimmer zur Verfügung. Und nicht nur das: In der gediegenen Schlemmerstube und der kleinen Dreiländereckstube gibt es bürgerliche Küche und Spezialitäten des Hauses wie z. B. Fischgerichte.

In Perl-Nennig Nord: 10 km über B 419

Victor's Residenz - Hotel Schloss Berg

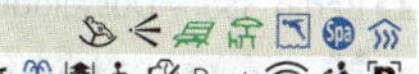

Schlossstr. 27 ✉ *66706* – *(06866) 7 90 – www.victors.de*
96 Zim – †160/180 € ††220/240 € – 10 Suiten – ½ P
Rest *Die Scheune* – siehe Restaurantauswahl
Rest *Bacchus* – *(geschl. Sonntag) (nur Abendessen)* Menü 48 € – Karte 36/57 €
Nahe der Mosel und der Grenze zu Luxemburg und Frankreich liegt das elegante Hotel am Rande der Weinberge. Sie möchten sich ein besonderes Zimmer gönnen? Dann buchen Sie eine der Götter-Suiten! Zur Ruhe kommen kann man aber auch gut im schönen Spa oder bei mediterraner Küche im Bacchus.

Zur Traube

Bübingerstr. 22 (B 51) ✉ 66706 – ✆ (06866) 3 49 – www.traube-nennig.de – geschl. Mitte Dezember - Anfang Januar

10 Zim – 49/100 € 68/120 € – 11 Suiten – ½ P

Rest – *(geschl. Samstag)* Menü 24/44 € (abends) – Karte 23/50 €

Ein engagiert geführter Gasthof an der Bundesstraße. Gepflegt sind die Zimmer alle, im Neubau wohnt man besonders komfortabel. Speisen können Sie in klassisch-elegantem Rahmen mit neuzeitlichem Touch, und zwar bürgerliche Küche mit der Hausspezialität geräucherter Hinterschinken! An Fahrradfahrer ist übrigens auch gedacht, z. B. mit einem Fahrradraum.

Victor's Gourmet Restaurant Schloss Berg mit Zim

Schlossstr. 27 ✉ 66706 – ✆ (06866) 7 91 18 – www.victors-gourmet.de – geschl. Anfang Januar 2 Wochen, Juli 3 Wochen, Ende Oktober 1 Woche und Montag - Dienstag

Zim,

14 Zim – 149/179 € 198/228 € – 3 Suiten – ½ P

Rest – *(Mittwoch - Freitag nur Abendessen)* Menü 119/199 €

Direkt an der luxemburgischen Grenze ist eine der besten Küchen Deutschlands zu Hause! Mit Christian und Yildiz Bau erwarten Sie hier zwei Gastronomen, die wohl kaum mehr Herzblut und Hingabe an den Tag legen könnten - die äußerst aufwändigen und perfekt ausbalancierten Kreationen des Patrons sprechen eine deutliche Sprache. Das Beste aus Klassik, Moderne und Fernost vereint sich zu seinem ganz persönlichen Stil, präsentiert in einem würdigen eleganten Rahmen. Noch etwas mehr Schlosscharakter bieten die geschmackvollen Zimmer.

➜ Island-Shrimps mit Gurke, Joghurt, Zitrus und geeistem Tee von Herzmuscheln und Verveine. Steinbutt mit Blumenkohl-Strukturen, kandierten Kombu, japanische Zitrone und Umamisud. Dessert von Multi-Vitaminfrüchten in Textur.

Die Scheune – Victor's Residenz - Hotel Schloss Berg

Schlossstr. 27 ✉ 66706 – ✆ (06866) 7 91 80 – www.victors.de – geschl. Dienstag

Rest – Karte 31/41 €

Wer es gerne ein bisschen rustikaler mag, findet ca. 100 m vom Hotel entfernt in der ehemaligen Scheune Gemütlichkeit - und das auf beachtlichen drei Etagen! Hier gibt's regional-saisonale Kost und im Biergarten dazu noch einen schönen Blick in die Weinberge.

In Perl-Sinz Nord-Ost: 9 km, über Tettingen-Butzdorf

Birkenhof

Saarbrücker Str. 9 (B 406) ✉ 66706 – ✆ (06866) 2 02 – www.birkenhof-sinz.de

10 Zim – 45 € 70 € – ½ P

Rest – *(geschl. Februar 2 Wochen, Oktober 2 Wochen und Dienstag, Oktober - März: Montagabend)* Menü 25/35 € – Karte 30/40 €

Dieses familiär geleitete Haus ist eine nette und gepflegte kleine Adresse, deren Gästezimmer und Restaurant freundlich gestaltet sind. Wenn Sie ganz besonders schön wohnen möchten, fragen Sie nach einem der neueren modern-eleganten Zimmer.

PETERSAURACH – Bayern – siehe Neuendettelsau

PETERSHAGEN – Nordrhein-Westfalen – 543 – 25 750 Ew – Höhe 37 m

18 G8

Berlin 355 – Düsseldorf 230 – Bielefeld 67 – Bremen 90

Schloss Petershagen

Schlossfreiheit ✉ 32469 – ✆ (05707) 9 31 30 – www.schloss-petershagen.com – geschl. Anfang Januar - Anfang Februar

13 Zim – 85/95 € 140 € – 2 Suiten – ½ P

Rest – *(geschl. Januar - April: Dienstag) (Montag - Donnerstag nur Abendessen)* Menü 40/60 € – Karte 33/53 €

In dem reizenden kleinen Schloss an der Weser sorgen stilvoll-historische Details für romantisches Flair. Die Gästezimmer sind individuell gestaltet. Vom freundlichen Restaurant Orangerie hat man einen schönen Flussblick.

PETERSHAGEN-EGGERSDORF – Brandenburg – 542 – 13 880 Ew 23 Q8

– Höhe 52 m

Berlin 28 – Potsdam 59 – Eberswalde 44 – Frankfurt (Oder) 81

Im Ortsteil Eggersdorf Nord-Ost: 2 km

Landhaus Villago Zim,

Altlandsberger Chaussee 88 ✉ 15345 – ✆ (03341) 46 90 – www.villago.de

60 Zim – †82/93 € ††102/118 € **Rest** – Menü 28 € – Karte 19/43 €

Zeitgemäß, wohnlich und funktional sind die Zimmer in diesem auf Tagungen zugeschnittenen Hotel. Schön ist die Lage am Bötzsee - hier hat man ein eigenes Strandbad. Internationale Küche im behaglichen Restaurant.

Landgasthof zum Mühlenteich Rest, Rest,

Karl-Marx-Str. 32 ✉ 15345 – ✆ (03341) 4 26 60 – www.landgasthof.de

20 Zim – †66/125 € ††89/175 € – ½ P

Rest *Das Zimmer* – *(geschl. Ende Dezember - Ende Januar 4 Wochen, Sonntag - Montag und an Feiertagen) (nur Abendessen)* Menü 39/99 €

Rest *Bauernstube* – Menü 25/45 € – Karte 25/45 €

Das familiär geführte Hotel im Ortskern überzeugt durch freundlichen Service und wirklich wohnliche Gästezimmer im Landhausstil. Etwas Besonderes ist das Hochzeitszimmer: Es ist hübsch mit bemalten Bauernmöbeln eingerichtet. Und kulinarisch? Das Gourmetrestaurant Das Zimmer bietet zwei Menüs, aus denen man auch à la carte wählen kann, als gemütlich-rustikale Alternative hat man die Bauernstube.

PETERSTAL-GRIESBACH, BAD – Baden-Württemberg – 545 54 E19

– 2 700 Ew – Höhe 393 m – Wintersport: 800 m 1 – Heilbad und Kneippkurort

Berlin 737 – Stuttgart 115 – Karlsruhe 88 – Offenburg 34

Wilhelmstr. 2, ✉ 77740, ✆ (07806) 9 10 00, www.bad-peterstal-griesbach.de

Im Ortsteil Bad Peterstal

Hubertus garni

Insel 3 ✉ 77740 – ✆ (07806) 5 95 – www.hotel-hubertus-peterstal.de

13 Zim – †47 € ††94/106 €

Der kleine Familienbetrieb im Ortskern ist ein einfaches, funktionelles und gut gepflegtes Haus. Besonders hübsch sind die zwei Zimmer unterm Dach: schön neuzeitlich in dunklem Holz und frischem Grün!

Im Ortsteil Bad Griesbach

Dollenberg

Dollenberg 3 ✉ 77740 – ✆ (07806) 7 80 – www.dollenberg.de

63 Zim – †130/173 € ††210/262 € – 27 Suiten – ½ P

Rest *Le Pavillon* **Rest *Kamin- und Bauernstube*** – siehe Restaurantauswahl

Wo der Schwarzwald mit am schönsten ist, hat sich Familie Schmiederer ganz den Wünschen und Ansprüchen ihrer Gäste verschrieben. Und die können sich u. a. auf rund 5000 qm Wellness freuen! Sie möchten die höher gelegenen Spazierwege erkunden? Der Schrägaufzug bringt Sie bequem zum Seeschlössle hoch über dem Hotel. Und wer es gerne mal besinnlich hat, besucht die Kapelle auf dem Berg!

Adlerbad (mit Gästehaus) Rest,

Kniebisstr. 55 (B 28) ✉ 77740 – ✆ (07806) 9 89 30 – www.adlerbad.de – geschl. Mitte November - Mitte Dezember

25 Zim – †40/63 € ††76/113 € – ½ P

Rest – *(geschl. Mittwoch)* Menü 18/26 € – Karte 20/44 €

Gleich zwei Generationen der Häfners sind hier im Haus. Den Charme des alten Fachwerkhauses spürt man schön in der komplett getäfelten Alten Dorfstube! Ebenso hübsch, nur eben ganz modern sind ein paar neuere Zimmer im Gästehaus. Sie möchten entspannen? Moorpackung, Cleopatra-Bad, Aromaöl-Massage im Angebot.

XXX ✿✿ **Le Pavillon** – Hotel Dollenberg

Dollenberg 3 ✉ 77740 – ✆ (07806) 7 80 – www.dollenberg.de – geschl. 18. März - 3. April, 24. Juni - 10. Juli und Dienstag - Mittwoch

Rest – *(Montag - Freitag nur Abendessen)* (Tischbestellung ratsam)

Menü 110/140 € – Karte 88/106 €

Was das edle Interieur und der ausgesprochen aufmerksame, versierte Service samt vortrefflicher Weinberatung der Atmosphäre an Eleganz verleiht, gibt der langjährige Küchenchef (und Schwager von Meinrad Schmiederer) Martin Herrmann der Küche an Klasse: Mit völliger Konzentration auf das Wesentliche schafft er reduzierte, kraftvolle und ausgewogene Speisen.

➜ Jakobsmuschel roh mariniert und gebraten / Blumenkohl / Erdnüsse. Steinbuttfilet / Kerbelwurzel / Boudin Noir / Verjussauce. Etouffée Taubenbrust / Rhabarber / Flan von der Gänsestopfleber / Kakao.

XX **Kamin- und Bauernstube** – Hotel Dollenberg

Dollenberg 3 ✉ 77740 – ✆ (07806) 7 80 – www.dollenberg.de

Rest – Menü 21/49 € – Karte 29/52 €

Sehr aufmerksam umsorgt Sie der beispielhafte Service mit regionalen Gerichten und Klassikern: Da stehen dann "Getrüffeltes Kartoffelsüppchen mit Wachtelei" oder "Flädlesuppe" genauso auf der Karte wie "Schwarzwaldforelle blau" oder "Chateaubriand mit Sauce Bérnaise". Schon fest etabliert ist die beliebte dienstägliche "Küchenparty"!

X **Renchtalhütte** (N)

Rohrenbach 8 ✉ 77740 – ✆ (07806) 91 00 75 – www.renchtalhuette.de

Rest – Karte 17/35 €

Die ganz zünftige Seite der Dollenberg-Gastronomie: urig-gemütlich wie eine Skihütte, überall rustikales altes Holz und auf den blanken Tisch kommen Raclette und Fondue sowie regionale Gerichte und Vesper (lecker die Hausmacher Wurst im Glas!). Genießen Sie in aller Ruhe die tolle Aussicht... den Kindern wird es dank Spielplatz und Streichelzoo nicht langweilig.

PETTENDORF – Bayern – siehe Regensburg

PFAFFENHOFEN an der ILM – Bayern – 24 160 Ew – Höhe 428 m 58 L19

▶ Berlin 549 – München 55 – Augsburg 65 – Landshut 80

Moosburger Hof

Moosburger Str. 3, (Zufahrt und Eingang über Prof.-Stock-Straße) ✉ 85276 – ✆ (08441) 2 77 00 80 – www.hotel-moosburgerhof.de

48 Zim – †75/132 € ††127/182 € – ½ P

Rest *Tweer's* – *(geschl. August und Samstagmittag, Sonntagabend)*

Menü 33/39 € – Karte 35/51 €

Hochwertig, komfortabel und modern-elegant sind die Zimmer in diesem Hotel im Zentrum. Im Haus befinden sich tolle Kunstwerke von Omer Berber. Das Restaurant bietet saisonal-internationale Speisen. Eine einfachere Alternative ist das Bistro Kunstwinkel.

PFAFFENWEILER – Baden-Württemberg – 545 – 2 510 Ew – Höhe 252 m 61 D20

▶ Berlin 811 – Stuttgart 213 – Freiburg im Breisgau 14 – Basel 66

XX ✿ **Zehner's Stube**

Weinstr. 39 ✉ 79292 – ✆ (07664) 62 25 – www.zehnersstube.de – geschl. Montag

Rest – Menü 55/105 € – Karte 57/74 €

Rest *Weinstube* – siehe Restaurantauswahl

Fritz Zehner kann man schon als Urgestein der badischen Gastronomie bezeichnen, seit über 30 Jahren ist er selbständig. Schön der historische Rahmen des ehemaligen Rathauses, unter einer Kreuzgewölbedecke serviert man klassische Küche - klar und unkompliziert, aufs Produkt konzentriert und schmackhaft!

➜ Rochenflügel mit Tomberries und Kapern. Atlantik Steinbutt mit Hummerschaum. Schokoladensoufflé mit Joghurteis.

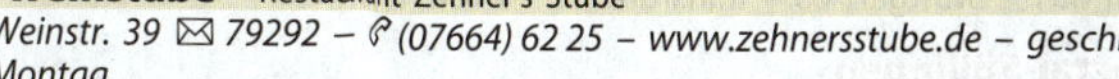

Weinstube – Restaurant Zehner's Stube

Weinstr. 39 ✉ 79292 – ✆ (07664) 62 25 – www.zehnersstube.de – geschl. Montag

Rest – *(nur Abendessen)* Karte 34/50 €

Steigen Sie hinab in die Tiefen des Gewölbekellers dieses 400 Jahre alten Gasthauses, das auch über eine nette Außenterrasse vefügt. Verköstigt werden Sie mit Badischem!

PFALZGRAFENWEILER – **Baden-Württemberg** – **545** – **7 260 Ew** – **Höhe 636 m** – **Wintersport:** – **Luftkurort** **54** F19

Berlin 697 – Stuttgart 76 – Karlsruhe 87 – Tübingen 57

Hauptstr. 1, ✉ 72285, ✆ (07445) 85 18 27, www.pfalzgrafenweiler.de

In Pfalzgrafenweiler-Kälberbronn West: 7 km

Schwanen

Große Tannenstr. 10 ✉ 72285 – ✆ (07445) 18 80 – www.hotel-schwanen.de

59 Zim – 65/99 € 119/152 € – ½ P

Rest – Menü 25/35 € – Karte 20/41 €

Ein gewachsenes Hotel unter familiärer Leitung mit modernem Lobby- und Barbereich in hellen Tönen sowie wohnlichen Zimmern; die schönsten liegen zur Südseite. Gemütlich sind die Restauranträume Bauern- und Brennstube. Hier verwendet man Produkte aus der eigenen Landwirtschaft.

Waldsägmühle

Waldsägmühle 1 (Süd-Ost: 2 km an der Straße nach Durrweiler) ✉ 72285 – ✆ (07445) 8 51 50 – www.waldsaegmuehle.de

37 Zim – 79/85 € 124/174 € – 1 Suite – ½ P

Rest *Waldsägmühle* – siehe Restaurantauswahl

Die sympathische Familie Ziegler leitet das am Wald gelegene Hotel mit wohnlichem Ambiente. Ansprechend ist die zeitgemäß in Natur- und Erdtönen gehaltene "Zinsbach-Therme."

Waldsägmühle – Hotel Waldsägmühle

Waldsägmühle 1 (Süd-Ost: 2 km an der Straße nach Durrweiler) ✉ 72285 – ✆ (07445) 8 51 50 – www.waldsaegmuehle.de – geschl. Montagmittag

Rest – Menü 18 € (mittags)/68 € – Karte 28/61 €

Dass man bei den Zieglers nicht nur gut übernachten kann, zeigen die regionalen Gerichte, die man hier bei rustikalem Schwarzwald-Flair serviert bekommt. Das verwendete Fleisch stammt ausschließlich aus Baden und auch das Wild kommt aus der Region! Mittags kleine Karte.

Bestecke und Sterne sollten nicht verwechselt werden!
Die Bestecke stehen für eine Komfortkategorie, die Sterne zeichnen Häuser mit besonders guter Küche aus - in jeder dieser Kategorien.

PFATTER – **Bayern** – **546** – **3 060 Ew** – **Höhe 326 m** **59** N18

Berlin 518 – München 142 – Regensburg 23 – Cham 59

Landgasthof Fischer

Haidauer Str. 22 ✉ 93102 – ✆ (09481) 3 26 – www.hotel-landgasthof-fischer.de – geschl. 23. Dezember - 10. Januar

30 Zim – 40/46 € 70/78 €

Rest – *(geschl. Mittwoch, Sonntagabend sowie an Feiertagen abends) (Montag - Freitag nur Abendessen)* Karte 14/27 €

Ein gut gepflegter, familiär geleiteter Gasthof bei der Kirche mit Zimmern in hellem Naturholz oder mit Bauernmöbeln und freigelegten Holzbalken. Auch einige kleinere Zimmer. Gemütlich sind die Gaststuben in ländlichem Stil.

PFINZTAL – Baden-Württemberg – 545 – 17 910 Ew – Höhe 151 m 54 F18

Berlin 651 – Stuttgart 65 – Karlsruhe 15 – Pforzheim 21

In Pfinztal-Söllingen

Villa Hammerschmiede

Hauptstr. 162 (B 10) ✉ 76327 – ✆ (07240) 60 10 – www.villa-hammerschmiede.de

30 Zim – 132/218 € 188/288 €, 20 € – ½ P

Rest *Villa Hammerschmiede* **Rest *Die Guten Stuben*** – siehe Restaurantauswahl

Schon von außen wirkt die modern erweiterte Villa a. d. J. 1893 äußerst einladend, im Inneren besticht die exquisite Einrichtung. Viele der Zimmer liegen besonders ruhig zum weitläufigen Park.

Villa Hammerschmiede – Hotel Villa Hammerschmiede

Hauptstr. 162 (B 10) ✉ 76327 – ✆ (07240) 60 10 – www.villa-hammerschmiede.de – geschl. Dienstag - Mittwoch

Rest – Menü 48 € (mittags)/98 € – Karte 52/70 €

Das Auge isst mit... das gilt in erster Linie für die ansprechend angerichteten saisonalen Speisen. Doch nicht nur die sind schön anzuschauen: attraktiv auch der lichtdurchflutete Wintergarten mit Blick in den hübschen Park. Und auch an der stimmigen Weinberatung fehlt es hier nicht!

→ Lauwarm geräucherter Ostsee Aal mit Misocreme, Eissalat und gebeiztem Kalbsfilet. Bretonischer Steinbutt, gefüllte Calamaretti, Anchovi-Basilikum-Fumet. Bresse Taubenbrust am Knochen gegart mit Raz el Hanout Aromen, Granatapfelkernen.

Die Guten Stuben – Hotel Villa Hammerschmiede

Hauptstr. 162 (B 10) ✉ 76327 – ✆ (07240) 60 10 – www.villa-hammerschmiede.de

Rest – Menü 28 € (mittags) – Karte 30/54 €

Die beiden behaglichen Stuben in geschmackvoll-ländlichem Stil bilden das zweite, etwas regionaler geprägte Restaurant der Villa Hammerschmiede. Gute badisch-elsässische Küche erwartet Sie hier. Reizvoller Terrassenbereich.

PFOFELD – Bayern – siehe Gunzenhausen

PFORZHEIM – Baden-Württemberg – 545 – 119 790 Ew – Höhe 273 m 54 F18

Berlin 662 – Stuttgart 53 – Karlsruhe 31 – Heilbronn 82

ADAC Julius-Moser-Str. 1

Marktplatz 1, ✉ 75175, ✆ (07231) 39 37 00, www.pforzheim.de

Ölbronn-Dürrn, Karlshäuser Weg, ✆ (07237) 91 00

Parkhotel Zim,

Deimlingstr. 36 ✉ 75175 – ✆ (07231) 16 10 – www.parkhotel-pforzheim.de

204 Zim – 99/135 € 146/166 € – 4 Suiten – ½ P

Rest – Menü 34/65 € – Karte 31/46 €

Ein Tagungshotel beim Kongresszentrum, in dem auch die Entspannung nicht zu kurz kommt, Stadtblick inklusive: Saunabereich samt Außenwhirlpool im obersten Stock! Hier oben hat man übrigens auch einen schönen Panorama-Veranstaltungsraum. Die Gastronomie: Restaurant, Wintergarten-Café mit Terrasse sowie Bar.

Hasenmayer

Heinrich-Wieland-Allee 105 ✉ 75177 – ✆ (07231) 31 10 – www.hotel-hasenmayer.de – geschl. 23. Dezember - 7. Januar

44 Zim – 53/80 € 83/100 €

Rest – *(geschl. Montagmittag, Freitagmittag, Samstagmittag, Sonntagabend) (an Feiertagen nur Mittagessen)* Karte 19/39 €

Der mit funktionellen Zimmern ausgestattete Familienbetrieb ist eine ideale Businessadresse zwischen Autobahnanschluss und Zentrum. Frühstück im Wintergarten. Restaurant mit gemütlich-rustikaler Jäger- und Weinstube. Bürgerlich-regionales Angebot.

XX **Chez Gilbert**

Altstädter Kirchenweg 3 ✉ 75175 – ✆ (07231) 44 11 59 – www.chez-gilbert.de – geschl. 26. August - 7. September und Sonntagabend - Montag, außer an Feiertagen

Rest – Menü 48 € – Karte 38/52 €

Seine Heimat ist das Elsass, und so ist es nicht verwunderlich, dass Gilbert Noesser hier klassisch-französische Küche bietet. Nicht nur das Zirbelholz schafft eine schöne Atmosphäre, auch die herzliche Chefin trägt im Service ihren Teil dazu bei!

X **Landgasthof Seehaus**

Tiefenbronner Str. 201 (Süd-Ost: 3 km) ✉ 75175 – ✆ (07231) 65 11 85 – www.seehaus-pforzheim.de – geschl. Februar und Montag - Dienstag

Rest – Menü 39/98 € – Karte 23/60 €

Schon im 19. Jh. war das Gasthaus eine beliebte Ausflugsadresse - die Waldlage an dem kleinen See kommt eben gut an! Sie können in einer gemütlichen Stube sitzen oder vom Wintergartenpavillon und der Terrasse auf den See schauen. Wanderer zieht es in den herrlichen großen Biergarten!

X **Hoppe's**

Weiherstr. 15 ✉ 75173 – ✆ (07231) 10 57 76 – www.restaurant-hoppe.de – geschl. Ende Januar - Anfang Februar 2 Wochen, Ende Mai 1 Woche, August 3 Wochen und Sonntag

Rest – *(nur Abendessen)* Karte 30/47 €

Die Gäste kommen immer wieder gerne zu Manfred und Monika Hoppe, denn hier ist es gemütlich, charmant-lebendig und einfach richtig sympathisch! Ein guter Tipp für alle, die es elsässisch-badisch mögen!

In Pforzheim-Brötzingen West: 3,5 km

XX **Pyramide**

Dietlinger Str. 25 ✉ 75179 – ✆ (07231) 44 17 54 – www.restaurant-pyramide.de – geschl. Januar 1 Woche, Ende August - Mitte September 3 Wochen und Montag - Dienstag

Rest – *(Mittwoch - Samstag nur Abendessen)* (Tischbestellung erforderlich) Menü 34/61 € – Karte 38/53 €

Das Restaurant wirkt recht intim und hat mit seinen liebenswerten Dekorationen ein bisschen Wohnzimmeratmosphäre - genauso wie der lauschige Innenhof ein schöner Rahmen für die schmackhafte klassische Küche von Andreas Wolf. Stammgäste nehmen übrigens am liebsten die mündlichen Empfehlungen!

PFRONTEN – Bayern – 546 – 7 940 Ew – Höhe 880 m – Wintersport: 1600 m 1 15 – Luftkurort

64 J22

Berlin 664 – München 131 – Kempten (Allgäu) 33 – Füssen 12

Vilstalstr. 2, ✉ 87459, ✆ (08363) 6 98 88, www.pfronten.de

In Pfronten-Obermeilingen

 **Berghotel Schlossanger-Alp**

Am Schlossanger 1 ✉ 87459 – ✆ (08363) 91 45 50 – www.schlossanger.de

27 Zim – 105/181 € 185/215 € – 8 Suiten

Rest *Berghotel Schlossanger-Alp* – siehe Restaurantauswahl

Sich zuvorkommend umsorgen lassen, in der "Schwitzküche" relaxen oder im tollen Naturteich baden, sich ein Beautyprogramm gönnen oder sich einfach mal mit einem Buch in die loungige Kaminstube zurückziehen - das ist Erholung, und zwar in 1130 m Höhe, umgeben von wunderbarer Berglandschaft!

Burghotel auf dem Falkenstein

Falkenstein 1 ✉ 87459 – ✆ (08363) 91 45 40 – www.burghotel-falkenstein.de

12 Zim – 122/160 € 180/290 € – 4 Suiten – ½ P

Rest – Menü 35/70 € – Karte 21/54 €

Die Aussicht ist schlichtweg gigantisch! Wem der Blick vom Zimmer nicht reicht, bekommt gleich morgens beim Frühstück auf der Panoramaterrasse mehr davon! Bemerkenswert ist aber auch die wertige und detailgenaue Zimmereinrichtung von "Luitpolds Jagd", "Suite Burgkristall", "Casablanca" & Co. Eine wirklich angenehme Mischung aus Berggasthof und zeitgemäßem Urlaubshotel!

Berghotel Schlossanger-Alp – Berghotel Schlossanger-Alp
Am Schlossanger 1 ✉ 87459 – ✆ (08363) 91 45 50 – www.schlossanger.de
Rest – Menü 36/85 € – Karte 30/60 €
Was könnte man in diesem schönen heimeligen Berggasthof Besseres essen als gute bayerische Küche? Regionale Speisen wie "Dreierlei vom Landschwein" oder heimisches Wild werden von Chefin Barbara Schlachter-Ebert zubereitet.

PFULLENDORF – Baden-Württemberg – 545 – 13 070 Ew – Höhe 654 m

63 G21

Berlin 707 – Stuttgart 123 – Konstanz 60 – Freiburg im Breisgau 137
Kirchplatz 1, ✉ 88630, ✆ (07552) 25 11 31, www.noerdlicher-bodensee.de

Adler (mit Gästehaus)

Heiligenberger Str. 20 ✉ 88630 – ✆ (07552) 9 20 90 – www.adler-hotel.de
46 Zim – 65/98 € 89/145 € – 2 Suiten – ½ P **Rest** – Karte 17/42 €
Hier lässt es sich schön wohnen: Die Zimmer im Haupt- und Gästehaus dieses engagiert geführten Familienbetriebs sind zeitgemäß gestaltet und technisch gut ausgestattet. Neuzeitlich-leger ist das Bistro Zauberlehrling. Und schauen Sie sich auch den tollen Sandstein-Gewölbekeller an!

PFULLINGEN – Baden-Württemberg – 545 – 18 680 Ew – Höhe 426 m

55 G19

Berlin 680 – Stuttgart 43 – Reutlingen 4 – Ulm (Donau) 78

Engelhardt garni

Kaiserstr. 120 ✉ 72793 – ✆ (07121) 9 92 00 – www.hotel-engelhardt.de
55 Zim – 84/96 € 96/120 €
Das Hotel ist tipptopp gepflegt und wird gerne von Geschäftsreisenden besucht, die die funktionalen, zeitgemäßen Zimmer und die Nähe zu Reutlingen schätzen - das Zentrum ist auch mit dem Stadtbus von der ca. 150 m entfernten Haltestelle aus schnell zu erreichen. Im Sommer frühstückt man am besten auf der Terrasse zum Garten.

PIDING – Bayern – 546 – 5 250 Ew – Höhe 455 m – Wintersport: – Luftkurort

67 O21

Berlin 718 – München 128 – Bad Reichenhall 9 – Salzburg 13
Petersplatz 2, ✉ 83451, ✆ (08651) 38 60, www.piding.de

Lohmayr Stub'n
Salzburger Str. 13 ✉ 83451 – ✆ (08651) 71 44 78 – www.lohmayr.com – geschl. Januar 1 Woche, nach Pfingsten 2 Wochen, September 1 Woche und Mittwoch; September - Juli: Dienstag - Mittwoch
Rest – (Tischbestellung ratsam) Menü 28 € (vegetarisch)/48 € – Karte 25/44 €
Vermutlich ist das hier das älteste Haus in Piding... rustikaler Bauernhaus-Charme inklusive! Viel Holz sorgt für Gemütlichkeit, Sebastian Oberholzner für gute Küche von regional-saisonal bis international, von Kalbsbries bis Tafelspitz.

PIESPORT – Rheinland-Pfalz – 543 – 1 930 Ew – Höhe 110 m

45 C15

Berlin 693 – Mainz 135 – Trier 43 – Bernkastel-Kues 18

schanz. hotel.

Bahnhofstr. 8a ✉ 54498 – ✆ (06507) 9 25 20 – www.schanz-hotel.de – geschl. 20. Januar - 11. Februar, 21. Juli - 5. August
12 Zim – 71/77 € 99/111 €
Rest *schanz. restaurant.* – siehe Restaurantauswahl
Das Landhaus mit den grünen Fensterläden ist ein engagiert geführter Familienbetrieb, in dem man wirklich gepflegt übernachtet und zudem noch sehr gut frühstückt. Fragen Sie nach den kürzlich renovierten, schön zeitgemäßen Zimmern! Praktisch für Weinliebhaber: Man hat ein eigenes kleines Weingut.

schanz. restaurant. – schanz. hotel.
Bahnhofstr. 8a ✉ 54498 – ✆ (06507) 9 25 20 – www.schanz-hotel.de – geschl. 20. Januar - 11. Februar, 21. Juli - 5. August und Montag - Dienstag
Rest – Menü 68/107 € - Karte 74/108 €
Die angenehme Moderne, die das geradlinig-schicke Interieur widerspiegelt, steckt auch in der frischen Küche von Thomas Schanz - immer im Fokus: Geschmack und Produktqualität. Und dazu Weine vom elterlichen Weingut.
➜ Duett von Gänseleber und Keule mit feinem "Studentenfutter". Wilder Steinbutt in Cardamom-Öl konfiert mit Fenchel, Artischocken-Pesto und Orangencreme. Kalbsbries, Kopf und Flusskrebse mit Kartoffelmousse, Erbsenfumé und Lavendel-Beurre blanc.

PILSACH – Bayern – 546 – 2 680 Ew – Höhe 445 m 51 L17

Berlin 454 – München 144 – Nürnberg 40 – Amberg 36
Jura Golf, Hilzhofen 23, ✆ (09182) 9 31 91 40

Gasthof Am Schloss
Litzloher Str. 8 ✉ 92367 – ✆ (09181) 51 06 00 – www.am-schloss.de – geschl. 11. - 26. August
16 Zim – 54/64 € 74/84 € – ½ P
Rest – *(geschl. Dienstag)* Karte 18/47 €
Der kleine Familienbetrieb liegt im Ortskern nahe dem Schloss (hier soll Kaspar Hauser seine ersten Lebensjahre verbracht haben). Die Zimmer sind solide und funktional. Im Restaurant und auf der schönen Terrasse bietet man bürgerlich-regionale Küche.

In Pilsach-Hilzhofen Süd-Ost: 9 km über B 299 Richtung Amberg, über Laaber, in Eschertshofen links

Landgasthof Meier mit Zim — Rest, Rest,
Hilzhofen 18 ✉ 92367 – ✆ (09186) 2 37 – www.landgasthof-meier.de – geschl. Montag und Mittwoch, außer an Feiertagen
3 Zim – 90/100 € 140/160 € – 1 Suite – ½ P
Rest – Menü 36/60 € – Karte 19/52 €
Wo Qualität und Preis stimmen, kehrt man gerne zum Essen ein! Hier ist von den Gasträumen bis in die Küche Traditionelles mit Modernem gemischt. Notieren Sie sich am besten schonmal den Dienstag als "Schlachtschüsseltag"! Und wenn Sie die Gästezimmer sehen, bleiben Sie bestimmt auch über Nacht: hochwertig, chic, modern!

PINNEBERG – Schleswig-Holstein – 541 – 42 510 Ew – Höhe 2 m 10 I5

Berlin 305 – Kiel 89 – Hamburg 23 – Bremen 128
ADAC Elmshorner Str. 73
Pinneberg-Weidenhof, Mühlenstr. 140, ✆ (04101) 51 18 30
Tangstedt - Gut Wulfsmühle, Mühlenstr. 98, ✆ (04101) 58 67 77
Prisdorf, Peiner Hag, ✆ (04101) 7 37 90

Cap Polonio 
Fahltskamp 48 ✉ 25421 – ✆ (04101) 53 30 – www.cap-polonio.de
53 Zim – 84 € 106 €
Rest *Rolin* – siehe Restaurantauswahl
Das Hotel mit den neuzeitlich-wohnlichen Zimmern ist seit 1935 in Familienhand. Hier findet sich ein Teil der Original-Einrichtung des namengebenden Luxusliners Cap Polonio.

Thesdorfer Hof garni
Rellinger Str. 35 ✉ 25421 – ✆ (04101) 5 45 40 – www.thesdorferhof.de
20 Zim – 70/81 € 85/110 €
In dem gepflegten Haus stehen mit solidem Kirschholzmobiliar eingerichtete Gästezimmer zur Verfügung. Der Frühstücksraum dient auch als Tagescafé.

Rolin – Hotel Cap Polonio
Fahltskamp 48 ✉ 25421 – ✆ (04101) 53 30 – www.cap-polonio.de – geschl. Donnerstag
Rest – Menü 38/60 € – Karte 29/53 €
In klassisch-elegantem Ambiente wird schmackhafte internationale Küche von einem freundlichen Team an gut eingedeckten Tischen serviert. "Rolin" ist der Name eines Schiffskapitäns.

PIRMASENS – Rheinland-Pfalz – 543 – 40 390 Ew – Höhe 387 m 53 D17

Berlin 683 – Mainz 122 – Saarbrücken 62 – Landau in der Pfalz 46
ADAC Hauptstr. 35a

In Pirmasens-Winzeln West: 4 km

Kunz
Bottenbacher Str. 74 ✉ 66954 – ✆ (06331) 87 50 – www.hotel-kunz.de – geschl. 22. Dezember - 5. Januar
56 Zim – 75/105 € 99/115 € – 2 Suiten – ½ P
Rest ***Kunz*** – siehe Restaurantauswahl
Das Hotel der Familie Kunz bietet so einiges für seine fairen Preise: wohnliche Zimmer, Juniorsuiten und Suiten im Landhausstil, einen ansprechenden zeitgemäßen Spa, eine moderne Bar und am Morgen ein sehr gutes Frühstück.

Kunz – Hotel Kunz
Bottenbacher Str. 74 ✉ 66954 – ✆ (06331) 87 50 – www.hotel-kunz.de – geschl. 22. Dezember - 5. Januar
Rest – *(geschl. Freitagmittag, Samstagmittag)* Menü 17 € (mittags unter der Woche)/62 € (abends) – Karte 31/58 €
Im Kunz'schen Restaurant mit seinen geschmackvollen, gemütlich-eleganten Räumen und der hübschen Terrasse macht eine international beeinflusste regionale Küche aus frischen Produkten Appetit. Komplett wird das schöne Bild durch den freundlichen Service.

PIRNA – Sachsen – 544 – 38 710 Ew – Höhe 118 m 43 Q12

Berlin 213 – Dresden 20 – Chemnitz 91 – Görlitz 97
Am Markt 7, ✉ 01796, ✆ (03501) 55 64 46, www.pirna.de

Deutsches Haus
Niedere Burgstr. 1 ✉ 01796 – ✆ (03501) 4 68 80 – www.romantikhotel-pirna.de
40 Zim – 68/74 € 92/105 € – ½ P
Rest – Menü 21/34 € – Karte 19/34 €
Ein schöner Renaissancebau in der Altstadt, das Eingangsportal von Wolf Blechschmidt ein Hingucker und auch im Inneren historische Details wie z. B. die bemalte Holzbalkendecke im Saal. Bürgerliches im Restaurant, Gerichte vom heißen Stein im Gewölbekeller.

Genusswerk
Lange Str. 34 ✉ 01796 – ✆ (03501) 5 07 04 91 – www.restaurant-genusswerk.de – geschl. Montag - Dienstagmittag, Mittwochmittag, Sonntagmittag
Rest – Karte 29/46 €
Sie finden das moderne Restaurant in einer Häuserreihe in der kopfsteingepflasterten Altstadt - Marktplatz und Elbe ganz in der Nähe. Während Sie sich saisonale und regionale Küche servieren lassen, parken Sie 2 Stunden kostenfrei in der hauseigenen Garage!

PLANEGG – Bayern – 546 – 10 420 Ew – Höhe 542 m 65 L20

Berlin 605 – München 24 – Augsburg 69

siehe München (Umgebungsplan)

Asemann Planegg garni (mit Gästehaus) 

Gumstr. 13 ✉ *82152 – ✆ (089) 8 99 67 60 – www.hotel-planegg.de*
38 Zim ☕ – 🚹58/90 € 🚹🚹79/105 € A3a
Das Haus ist beliebt, denn hier übernachtet man stadtnah und ruhig, und das zu einem guten Preis-Leistungs-Verhältnis! Am Morgen frühstückt man mit Blick in den Garten. Die leckeren Backwaren kommen übrigens aus der eigenen Bäckerei im Ort!

PLATTLING – Bayern – 546 – 12 750 Ew – Höhe 320 m 59 O18

Berlin 566 – München 134 – Passau 54 – Deggendorf 12

Liebl 

Bahnhofsplatz 3 ✉ *94447 – ✆ (09931) 89 01 60 – www.hotel-liebl.de*
26 Zim ☕ – 🚹55/65 € 🚹🚹75/95 € – ½ P
Rest – *(geschl. Freitag)* Menü 15/55 € – Karte 13/51 €
Ein nettes familiär geführtes Hotel gegenüber dem Bahnhof. Die Gästezimmer sind recht großzügig geschnitten und wohnlich gestaltet. Gaststuben mit ländlichem Ambiente.

PLAU AM SEE – Mecklenburg-Vorpommern – 542 – 6 500 Ew – Höhe 70 m – Luftkurort 12 N5

Berlin 151 – Schwerin 73 – Rostock 84 – Stendal 123

Marktstr. 20, ✉ 19395, ✆ (038735) 4 56 78, www.plau-am-see.de

Parkhotel Klüschenberg (mit Gästehaus) Zim, Rest,

Klüschenberg 14 ✉ *19395 – ✆ (038735) 4 92 10 – www.klueschenberg.de*
73 Zim ☕ – 🚹55/96 € 🚹🚹85/105 € – 3 Suiten – ½ P
Rest – Menü 21/45 € – Karte 27/34 €
Ein gut geführtes Hotel in relativ ruhiger Ortsrandlage in einem kleinen Park. Die Zimmer verfügen z. T. über einen Balkon, besonders hübsch sind die mediterran gehaltenen Zimmer im Parkchalet. Klassisches Restaurant mit internationaler und regionaler Küche.

In Plau-Plötzenhöhe Süd-Ost: 1,5 km über B 103

Strandhotel 

Seestr. 6 ✉ *19395 – ✆ (038735) 81 10 – www.strandhotel-plau.de – geschl. 2. - 31. Januar*
90 Zim ☕ – 🚹50/75 € 🚹🚹55/112 € – ½ P
Rest – Menü 18/45 € – Karte 20/36 €
Das Hotel liegt direkt am See und bietet sehr gepflegte, unterschiedlich geschnittene Zimmer: großzügig in den Häusern Panorama und Teichblick, etwas kleiner im Haus Seeblick. Eigene Seebrücke. Im Restaurant serviert man bürgerliche und regionale Küche.

PLAUEN – Sachsen – 544 – 66 100 Ew – Höhe 355 m 41 M14

Berlin 291 – Dresden 151 – Gera 54 – Chemnitz 80

ADAC Oberer Steinweg 9

Unterer Graben 1, ✉ 08523, ✆ (03741) 2 91 10 27, www.plauen.de

Dormero Hotel Plauen 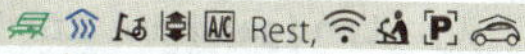

Theaterstr. 7 ✉ *08523 – ✆ (03741) 12 10 – www.dormero-plauen.de*
117 Zim – 🚹74/124 € 🚹🚹74/124 €, ☕ 13 € – ½ P
Rest *Philipp* – ✆ (03741) 12 15 00 *(nur Abendessen)* Karte 24/40 €
In dem komfortablen Hotel im Zentrum erwarten Sie eine modern-elegante, mit Kunst dekorierte Lobby und wohnliche Zimmer in warmen Tönen, dazu ein Saunabereich mit asiatischer Note und das neuzeitlich gestaltete Restaurant Philipp mit internationaler Küche.

Am Strassberger Tor

Straßberger Str. 37 ✉ 08527 – ✆ (03741) 2 87 00 – www.strassberger-tor.bestwestern.de

61 Zim ☕ – ♦82/97 € ♦♦106/116 € – 1 Suite – ½ P

Rest – *(Montag - Freitag nur Abendessen)* Menü 25 € – Karte 17/36 €

Neuzeitlich gestaltetes Hotel in Zentrumsnähe, dessen geschmackvolle Zimmer zum Innenhof teils mit einem Balkon versehen sind. Suite mit Dachterrasse und netter Saunabereich. Freundliches Ambiente im Restaurant.

In Plauen-Zwoschwitz **Nord-West: 5 km**

Landhotel Plauen 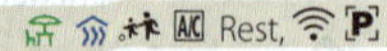

Talstr. 1 ✉ 08525 – ✆ (03741) 30 06 80 – www.landhotel-plauen.de

24 Zim ☕ – ♦51/66 € ♦♦74/82 € – 1 Suite – ½ P

Rest – *(geschl. Sonntagabend - Montagmittag)* Menü 13/28 € – Karte 18/32 €

Bereits in der 4. Generation wird dieses Hotel von der Familie geführt. Gepflegte Zimmer und freundlicher Service erwarten Sie. Spielplatz für die Kinder. Mit Parkettboden und hellem Holz ausgestattetes Restaurant mit bürgerlicher Küche und sonniger Terrasse.

PLECH – Bayern – **546** – 1 320 Ew – Höhe 461 m – Erholungsort **50** L16

■ Berlin 394 – München 192 – Nürnberg 50 – Bayreuth 40

18 Velden, Gerhelm 1, ✆ (09152) 3 98

In Plech-Bernheck **Nord-Ost: 2,5 km, vor der Autobahn rechts**

Veldensteiner Forst 

Bernheck 38 ✉ 91287 – ✆ (09244) 98 11 11 – www.veldensteiner-forst.de – geschl. Mitte Februar - Mitte März

30 Zim ☕ – ♦59/68 € ♦♦100/106 € – 2 Suiten – ½ P

Rest – *(geschl. Montag)* Karte 18/42 €

Meist recht geräumige und neuzeitlich ausgestattete Zimmer bietet dieses Ferien- und Tagungshotel. Im Garten: ein Naturbadeteich mit Blockhaussauna. Restaurant mit bürgerlicher Küche.

PLEINFELD – Bayern – **546** – 7 290 Ew – Höhe 382 m – Erholungsort **57** K17

■ Berlin 473 – München 140 – Nürnberg 49 – Ingolstadt 60

ℹ Marktplatz 11, ✉ 91785, ✆ (09144) 92 00 70, www.pleinfeld-am-brombachsee.de

18 Ellingen, Zollmühle 1, ✆ (09141) 39 76

Landgasthof Siebenkäs mit Zim

Kirchenstr. 1 ✉ 91785 – ✆ (09144) 82 82 – www.landgasthof-siebenkaes.de – geschl. Januar 1 Woche, Ende September 2 Wochen und Sonntagabend - Montag

5 Zim ☕ – ♦80 € ♦♦105 € **Rest** – Menü 33/55 € – Karte 22/54 €

Familie Riedel betreibt hier einen behaglich eingerichteten Landgasthof mit hübscher Terrasse. Mit sehr guten Produkten - man verwendet überwiegend Bioprodukte - wird regional gekocht. Mittags zusätzlich kleinere preiswertere Karte, hier z. B. "Geschnetzeltes Bio-Hühnerbrüstchen mit Pfifferlingen".

In Pleinfeld-Stirn

Landgasthaus Zur Linde 

Spalterstr. 2 ✉ 91785 – ✆ (09144) 2 54 – www.zur-linde-stirn.de – geschl. Januar 1 Woche, Juni 1 Woche, November 2 Wochen und Montag

Rest – Karte 17/40 €

Hübsch die holzgetäfelte Stube, familiär der Service, günstig die Preise... das Landgasthaus in der Nähe des Brombachsees ist eine sympathische Adresse, um bürgerlich-regional zu speisen. Und für Feierlichkeiten hat man ein schönes Nebenzimmer.

PLEISKIRCHEN – Bayern – 546 – 2 380 Ew – Höhe 450 m
59 O20

Berlin 594 – München 90 – Braunau am inn 43 – Landshut 51

Huberwirt (Alexander Huber)

Hofmark 3 ✉ 84568 – ✆ (08635) 2 01 – www.huber-wirt.de – geschl. Januar 1 Woche, August 2 Wochen und Montagmittag, Dienstag

Rest – (Tischbestellung ratsam) Menü 32/79 € – Karte 28/54 €

Der Gasthof ist schon seit Generationen ein Familienbetrieb, und so steht bei Josef und Johanna Huber inzwischen Junior Alexander am Herd. Nach Stationen in sehr guten Adressen mischt er nun im elterlichen Betrieb gelungen Gourmetküche mit regionaler Kost - die Basis dafür sind saisonale Produkte, von denen viele direkt aus der Gegend stammen.

→ Zanderfilet in Speck lauwarm gebeizt, Schweinebauch 75°, weiße und rote Rüben, Pumpernickelcreme, Kümmel und Kren. Geschmorte Rinderbacke und Kaisergranat, karamellisierter Spargel, gebratene Bergkäsepolenta, Petersiliensauce. Lauwarmer Schokoladenkuchen mit Erdbeer-Joghurteis.

PLEISWEILER-OBERHOFEN – Rheinland-Pfalz – 543 – 800 Ew – Höhe 190 m
54 E17

Berlin 696 – Mainz 126 – Neustadt an der Weinstraße 39 – Saarbrücken 105

Landhaus Wilker
Zim,

Hauptstr. 31 (Oberhofen) ✉ 76889 – ✆ (06343) 70 07 00 – www.wilker.de – geschl. Januar - Februar 3 Wochen

21 Zim – †65/105 € ††80/120 € – 1 Suite – ½ P

Rest – *(geschl. Montag und Donnerstag) (nur Abendessen)* Menü 28 € – Karte 21/45 €

Bei der Winzerfamilie Wilker wohnt man zu fairen Preisen. Die Zimmer (mit Namen auf Hochdeutsch und Pfälzisch) teils mit Südbalkon oder Dachgaube, das Frühstück frisch und appetitlich. Im rustikalen Restaurant gibt es eine aufgefrischte Regionalküche mit internationalem Einfluss. Beliebt: thailändisches Buffet einmal im Monat. Und probieren Sie auch die eigenen Weine!

Reuters Holzappel mit Zim

Hauptstr. 11 (Oberhofen) ✉ 76889 – ✆ (06343) 42 45 – www.reuters-holzappel.de – geschl. Januar - Februar 1 Woche, Juni - Juli 2 Wochen und Montag; November - März: Montag - Dienstag

2 Zim – †45 € ††65 €

Rest – *(nur Abendessen)* (Tischbestellung ratsam) Menü 29 € (abends) – Karte 24/45 €

Familie Reuter hat viel Liebe in den alten Winzerhof (1742) gesteckt und mit hübschen Details wie Fachwerk oder Bildern Atmosphäre geschaffen. Draußen der charmante kopfsteingepflasterte Hof. Der Chef kocht regional, die gut sortierte Weinkarte ist etwas für Riesling- und Silvaner-Fans.

PLIEZHAUSEN – Baden-Württemberg – 545 – 9 330 Ew – Höhe 340 m
55 G19

Berlin 672 – Stuttgart 37 – Reutlingen 8 – Ulm (Donau) 80

Schönbuch

Lichtensteinstr. 45 ✉ 72124 – ✆ (07127) 97 50 – www.hotel-schoenbuch.de – geschl. 23. Dezember - 6. Januar

43 Zim – †95 € ††140 € – ½ P

Rest *Schönbuch* – siehe Restaurantauswahl

Sie wohnen in großzügigen Zimmern mit neuzeitlicher Einrichtung, solider Technik und kostenfreier Minibar. Dank der erhöhten Lage hat man eine schöne Sicht auf die Schwäbische Alb.

Schönbuch – Hotel Schönbuch

Lichtensteinstr. 45 ✉ 72124 – ✆ (07127) 97 50 – www.hotel-schoenbuch.de – geschl. 27. Dezember - 6. Januar; im August: Samstag - Sonntag

Rest – Menü 29/63 € – Karte 35/57 €

Klassisch-rustikal das Restaurant, ganz modern die Neckarlounge - wer die tolle Aussicht auf die Schwäbische Alb genießen möchte, wählt einen Fensterplatz! Geboten wird eine internationale Küche, die ihren Bezug zur Region nicht verleugnet. Klassiker sind z. B. Lachs mit Meerrettichkruste oder Rostbraten mit Sauerkraut.

In Pliezhausen-Dörnach **Nord: 4 km, in Gniebel rechts**

Landgasthaus zur Linde (Andreas Goldbach)
Schönbuchstr. 8 ✉ 72124 – ✆ (07127) 89 00 66 – www.linde-doernach.de – geschl. über Fasching 2 Wochen, Ende August - Mitte September und Mittwoch, Samstagmittag
Rest – (Tischbestellung ratsam) Menü 48 € (mittags) – Karte 54/60 €
Andreas Goldbach kocht eine schmackhafte und unkomplizierte klassische Küche mit mediterranen und regionalen Einflüssen, und dabei stehen die Produkte ganz klar im Mittelpunkt. Umsorgt vom charmanten Service unter der Leitung von Irene Goldbach fühlt man sich hier wirklich wohl - ganz so wie es zu diesem liebenswerten und unprätentiösen Haus passt!
➜ Zweierlei vom Lachs mit Gurkengelee. Jungrinderrücken aus dem Ofen mit Bohnengemüse und Bärlauch-Kichererbsentarte. Panna Cotta mit Rhabarberkompott und Tonkabohneneis.

PLOCHINGEN – Baden-Württemberg – 545 – 14 050 Ew – Höhe 276 m

55 H18

Berlin 623 – Stuttgart 25 – Göppingen 20 – Reutlingen 36

Princess garni
Widdumstr. 3 ✉ 73207 – ✆ (07153) 60 50 – www.hotel-princess.de
42 Zim – 89/139 € 99/139 €
Das Hotel liegt in Bahnhofsnähe, 15 Autominuten von der Messe Stuttgart. Pluspunkte: Frühstücksterrasse, erste Minibarfüllung gratis, Snacks auf Wunsch. Die Gemälde im Haus stammen übrigens von der Chefin! Überhaupt wird Dekoration groß geschrieben: Mit den Jahreszeiten wechseln Farben, Bilder, Stoffe...

Rathausstube - Da Enzo
Am Markt 11 ✉ 73207 – ✆ (07153) 2 30 46 – www.enzo-rathausstube.de – geschl. 11. - 31. August und Montag
Rest – Menü 28/41 € – Karte 22/63 €
Viele Stammgäste schätzen diesen gemütlichen Italiener. Der Chef macht persönlich den Service - die Tagesgerichte empfiehlt er mit Vorliebe mündlich.

Cervus
Bergstr. 1 ✉ 73207 – ✆ (07153) 55 88 69 – www.gasthaus-cervus.de – geschl. Sonntag - Montag
Rest – *(Freitag - Samstag nur Abendessen)* Menü 48 € (mittags) – Karte 29/42 €
In dem sympathischen leger-rustikalen Restaurant isst man frisch und preislich fair, und zwar Saisonküche mit regionalem Bezug! Gut besucht ist das Haus gerade am Mittag: Da gibt es ein kleines Angebot mit vier Tagesgerichten.

In Plochingen-Stumpenhof **Nord-Ost: 3 km Richtung Schorndorf**

Stumpenhof
Am Stumpenhof 1 ✉ 73207 – ✆ (07153) 2 24 25 – www.stumpenhof.de – geschl. über Fasching 1 Woche und Montag - Dienstag
Rest – (Tischbestellung ratsam) Menü 34/58 € – Karte 33/58 €
Ein herzliches "Grüß Gott", eine aufmerksame Beate Wägerle, immer mit einem offenen Ohr für die Wünsche ihrer Gäste... so sehen hier über 75 Jahre Familientradition aus! Die Küche? Rostbraten, Kalbsbäckle & Co., ansonsten zeitgemäß-internationale Gerichte. Spezialität ist auch Wild. Terrasse mit Aussicht!

PLÖN – Schleswig-Holstein – 541 – 12 850 Ew – Höhe 28 m – Luftkurort

10 J3

Berlin 317 – Kiel 28 – Lübeck 56 – Neumünster 37

Bahnhofstr. 5, ✉ 24306, ✆ (04522) 5 09 50, www.holsteinischeschweiz.de/ploen

Landhaus Hohe Buchen garni
Lütjenburgerstr. 34 ✉ 24306 – ✆ (04522) 78 94 10 – www.landhaus-hohebuchen.de – geschl. November - März
12 Zim – 55/65 € 80/90 €
Das hübsche alte Landhaus auf einem schönen Gartengrundstück ist seit rund 100 Jahren im Familienbesitz. Die Zimmer sind liebenswert gestaltet und nach Blumen benannt. Charmantes Lesezimmer zum Schmökern.

Stolz mit Zim

Markt 24 ✉ 24306 – ✆ (04522) 5 03 20 – www.hotel-restaurant-stolz.de – geschl. 17. Februar - 4. März, 28. Oktober - 10. November und Montag

5 Zim – †90/110 € ††130/140 € **Rest** – *(nur Abendessen)* Menü 58/103 €

Was Robert Stolz in dem ehemaligen Pastorat mit der schmucken roten Backsteinfassade auf den Teller bringt, ist fein und stammt fast ausschließlich aus der Region! Seine Frau Christine ist mit ihrem Serviceteam charmant am Gast - sowohl im ländlich-stilvollen Restaurant (sehr schön der Dielenboden) als auch auf der tollen Terrasse. Geschmackvolle Gästezimmer!

→ Fördegarnelen mit Radieschen, Meerrettichcreme, geräuchertem Rindermark und Lindenblättern. Pochierte Amrumer Wildauster mit Frischkäse, Klettenwurzel und Kräutern. Hecht aus dem Plöner See mit Rote Bete, Zitronenthymian und geräucherten weißen Beten.

Brasserie am Schloss

Schlossberg 1 ✉ 24306 – ✆ (04522) 18 37 – www.brasserie-ploen.de – geschl. Mittwoch

Rest – *(nur Abendessen)* Karte 25/53 €

Im Herzen der kleinen Stadt, gegenüber der Kirche, finden Sie diese nette Brasserie. Was Sie erwartet? Wohnliche Einrichtung in kräftigen Farben, ausgesprochen freundlicher Service und die frische saisonale Küche von Enrico Kindler! Und im Innenhof: eine lauschige Terrasse mit Strandkorb.

POBERSHAU – Sachsen – siehe Marienberg

PÖSSNECK – Thüringen – 544 – 12 890 Ew – Höhe 215 m 41 L13

Berlin 283 – Erfurt 75 – Gera 45 – Hof 73

Villa Altenburg

Straße des Friedens 49 ✉ 07381 – ✆ (03647) 42 20 01 – www.villa-altenburg.de – geschl. 2. - 5. Januar

15 Zim – †53/73 € ††79/109 € – ½ P

Rest – *(geschl. Sonntag) (nur Abendessen)* Menü 23/49 € – Karte 20/39 €

Die in einem Park gelegene Villa von 1928 ist größtenteils im Originalzustand erhalten - einige schöne Antiquitäten und Parkettböden unterstreichen den historischen Charme. Eine alte Holztäfelung ziert das klassische Restaurant. Terrasse mit Blick ins Grüne.

POHLHEIM – Hessen – siehe Gießen

POLLE – Niedersachsen – 541 – 1 100 Ew – Höhe 90 m – Erholungsort 28 H10

Berlin 349 – Hannover 80 – Detmold 44 – Hameln 38

Amtsstr. 4a, ✉ 37647, ✆ (05535) 4 11, www.muenchhausenland.de

Polle, Weißenfelder Mühle 2, ✆ (05535) 88 42

Graf Everstein

Amtsstr. 6 ✉ 37647 – ✆ (05535) 99 97 80 – www.graf-everstein.de – geschl. Montag - Dienstag

Rest – Menü 32/37 € – Karte 28/44 €

Für schmackhafte regionale Küche ist Familie Multhoff die richtige Adresse, denn neben der wunderschönen Aussicht auf die Weser genießt man z. B. "Kaninchenrücken im Strudelteig" oder im Sommer die "Weser-Bergland-Tapas"!

POMMELSBRUNN – Bayern – siehe Hersbruck

POPPENHAUSEN (WASSERKUPPE) – Hessen – 543 – 2 600 Ew – Höhe 452 m – Wintersport: 950 m 2 – Luftkurort 39 I14

Berlin 462 – Wiesbaden 201 – Fulda 17 – Gersfeld 7

Von-Steinrück-Platz 1, ✉ 36163, ✆ (06658) 96 00 13, www.poppenhausen-wasserkuppe.de

Hof Wasserkuppe garni

Pferdskopfstr. 3 ✉ 36163 – ✆ (06658) 98 10 – www.hof-wasserkuppe.de
16 Zim – 60/70 € 96/110 € – 1 Suite
Relativ ruhig liegt das kleine Hotel in einem Wohngebiet. Ein sympathischer Familienbetrieb in zeitlosem Landhausstil. Einige Zimmer sind moderner gestaltet, zwei Studios mit Küchenzeile. Zudem bietet man Kosmetikanwendungen.

Rhön Garden Rest.

Kohlstöcken 4 (Ost: 3 km über Rodholz) ✉ 36163 – ✆ (06658) 9 17 60 – www.rhoen-garden.de
54 Zim – 77/100 € 110/130 € – ½ P
Rest – Menü 22 € – Karte 22/57 €
Die ruhige Lage unterhalb der Wasserkuppe, wohnlich-gediegene Zimmer (meist mit Balkon) sowie Massage- und Kosmetikangebote sprechen für dieses familiengeführte Tagungshotel. Im Restaurant mit Wintergarten bietet man internationale Küche.

POSERITZ – **Mecklenburg-Vorpommern** – **siehe Rügen (Insel)**

POTSDAM L – **Brandenburg** – **542** – **156 910 Ew** – **Höhe 32 m** **22** O8

Berlin 31 – Brandenburg 38 – Frankfurt (Oder) 121 – Leipzig 141

ADAC Jägerallee 16 A1

Brandenburger Str. 3 A2, ✉ 14467, ✆ (0331) 27 55 80, www.potsdam.de

18 Kemnitz, Kemnitzer Schmiedeweg 1, ✆ (03327) 6 63 70

18 Tremmen, Zachower Straße, ✆ (033233) 70 50

36 Wildenbruch - Seddiner See, Zum Weiher 44, ✆ (033205) 73 20

Schloss und Park Sanssouci★★★ (Bildergalerie★ Neue Kammern★ Neues Palais★★ Schloss Charlottenhof★ Chinesisches Teehaus★★) · Friedenskirche (Mosaik★) (über A1) · Moschee Pumpwerk★ · Brandenburger Tor★ · Neuer Markt★★ A2 · Schloss Cecilienhof★★ (über B1)· Holländisches Viertel★ · Neuer Garten★★ · Russische Kolonie Alexandrowna★★ B1 · Nikolaikirche★ · Filmmuseum★ · Hans Otto Theater★T B2· Park Babelsberg★(über B1, Richtung Babelsberg)

Bayrisches Haus

Elisenweg 2, (im Wildpark) (Süd-West: 6 km über Zeppelinstraße A2) ✉ 14471 – ✆ (0331) 5 50 50 – www.bayrisches-haus.de – geschl. Januar
37 Zim – 99/149 € 129/179 € – 4 Suiten – ½ P
Rest *Friedrich-Wilhelm* ✿ – siehe Restaurantauswahl
Rest *Alte Försterei* – Elisenweg 1 *(geschl. Dienstag - Mittwoch)* Karte 26/46 €
Die Fahrt geht mitten in den Wald, für ein "Stadthotel" zugegebenermaßen eher ungewöhnlich. Doch die ruhige Lage ist herrlich (zu empfehlen auch eine Führung durch den Wildpark) und das Gebäudeensemble wunderschön - Herzstück ist das namengebende, 1847 vom Preußenkönig erbaute Bayrische Haus. Gut der Service überall, von kleinen Aufmerksamkeiten in den äußerst wohnlich und wertig eingerichteten Zimmern bis zur freundlichen Betreuung im attraktiven Spa sowie beim Essen in der Alten Försterei.

Am Jägertor

Hegelallee 11 ✉ 14467 – ✆ (0331) 2 01 11 00 – www.hotel-am-jaegertor.de
62 Zim – 97/152 € 135/206 € – ½ P A1**f**
Rest *Fiore* – siehe Restaurantauswahl
An einer belebten Straße in zentraler Lage direkt am Jägertor steht das stattliche Gebäude a. d. 18. Jh. Die Einrichtung ist wohnlich und elegant.

Dorint Hotel Sanssouci

Jägerallee 20 ✉ 14469 – ✆ (0331) 27 40 – www.dorint.com/potsdam
287 Zim – 79/139 € 89/149 €, 20 € – 4 Suiten A1**r**
Rest – Menü 29/55 € – Karte 38/57 €
Das komfortable Hotel zwischen Schloss Sanssouci und dem historischen Stadtkern bietet modern-funktionelles Ambiente, einen großzügigen Freizeitbereich und gute Tagungsmöglichkeiten.

Seminaris Seehotel

Rest, Rest,

An der Pirschheide 40 (Süd-West: 5 km, über Zeppelinstraße A2)

✉ *14471 – ✆ (0331) 9 09 00 – www.seminaris.de/potsdam*

219 Zim – 🚹102/122 € 🚹🚹137/147 € – 6 Suiten – ½ P

Rest – Karte 27/47 €

Ein gut ausgestattetes Seminarhotel mit diversen Freizeitangeboten. Schön ist die Lage am Templiner See (mit Strandbad und Bootssteg). Das Potsdamer Wassertaxi hält direkt vor der Tür. Restaurant in neuzeitlichem Stil mit netter Terrasse zum See.

Steigenberger Hotel Sanssouci

Rest,

Allee nach Sanssouci 1 ✉ *14471 – ✆ (0331) 9 09 10*
– www.steigenberger.com/Potsdam A2**n**

135 Zim – 🚹79/139 € 🚹🚹89/159 € – 2 Suiten – ½ P

Rest – Menü 26 € (abends)/58 € – Karte 25/41 €

Das Hotel bietet eine funktionelle Einrichtung mit angloamerikanischem Touch. Das Thema Film findet sich in Form von Portraits und Plakaten überall im Haus. Zahlreiche Bilder von Filmstars geben dem bistroähnlichen Restaurant eine nostalgische Note.

Die rote Kennzeichnung weist auf besonders angenehme Häuser hin.

Am Luisenplatz

Luisenplatz 5 ✉ 14471 – ✆ (0331) 97 19 00 – www.hotel-luisenplatz.de A2**c**

34 Zim – 69/169 € 99/219 € – 4 Suiten – ½ P

Rest – Menü 25/55 € – Karte 29/57 €

Das schmucke Stadtpalais von 1726 liegt sehr zentral und beherbergt Gästezimmer in klassischem Stil, die in den verschiedenen Kategorien unterschiedlich groß ausfallen. Mediterran beeinflusste Küche bietet das Restaurant Luisa.

Am Großen Waisenhaus garni

Lindenstr. 28 ✉ 14467 – ✆ (0331) 6 01 07 80 – www.hotelwaisenhaus.de A2**w**

34 Zim – 75/99 € 85/122 €

Angefangen hat alles 1753 als "Kaserne für Beweibte", heute ist der historische Bau im Herzen der Stadt ein modernes Hotel. Die schön geradlinig eingerichteten Zimmer gibt es in unterschiedlichen Größen - wer alten Dielenboden mag, fragt nach den "Quartieren deluxe". Das reichhaltige Frühstück sollten Sie im Sommer unbedingt auf der Terrasse einnehmen!

Zum Hofmaler garni

Gutenbergstr. 73 ✉ 14467 – ✆ (0331) 73 07 60 – www.hofmaler-hotel-potsdam.de B1**a**

18 Zim – 58/95 € 78/115 €, 5 € – 1 Suite

Das kleine Hotel im Holländischen Viertel vereint alte Bausubstanz von 1742 mit zeitgemäßer Architektur. Die Zimmer sind hübsch, hochwertig und modern, im Stammhaus sind die Zimmer geräumiger, hier befinden sich auch Barockzimmer.

Friedrich-Wilhelm – Hotel Bayrisches Haus

Elisenweg 2, (im Wildpark) (Süd-West: 6 km über Zeppelinstraße A2) ✉ 14471 – ✆ (0331) 5 50 50 – www.bayrisches-haus.de – geschl. Januar, Juli und Sonntag - Montag

Rest – *(nur Abendessen)* Menü 68/110 € – Karte 72/96 €

Als "hölzern" kann man das Gourmetrestaurant wirklich nur hinsichtlich seiner hellen Rundumverkleidung bezeichnen, von der schönen Kassettendecke über die Wandvertäfelung bis zum stilvollen Parkettboden. Geschmackvoller könnte der Rahmen für Alexander Dressels feine, aromatische und auf Top-Produkten basierende klassische und gleichzeitig modern inspirierte Küche kaum sein. Keine Frage, dass hier auch der Service stimmt, treffliche Weinempfehlungen inklusive.

➜ Gekühlte Essenz vom Beelitzer Spargel, Königskrabbe und Kaviar. Hüfte vom Müritzlamm, Bärlauch, Erbsen und Schafsmilchjoghurt. Sanddorn, Schokolade und Champagner.

Fiore – Hotel Am Jägertor

Hegelallee 11 ✉ 14467 – ✆ (0331) 2 01 11 00 – www.hotel-am-jaegertor.de – geschl. Januar - März: Sonntag A1**f**

Rest – Menü 32/58 € – Karte 40/51 €

Kommt man in den wunderschönen ruhigen Innenhof, kann man schonmal für einen Moment die Außenwelt vergessen: Elegantes Mobiliar sorgt hier - aber auch im Restaurant - für Atmosphäre. Es wird mit Geschmack und ausschließlich guten Produkten gekocht.

Speckers Landhaus mit Zim

Zim,

Jägerallee 13 ✉ 14469 – ✆ (0331) 2 80 43 11 – www.speckers.de – geschl. Sonntag - Montag A1**b**

3 Zim – 60/70 € 80/90 €, 5 €

Rest – Menü 36/48 € – Karte 32/63 €

Der Name Specker steht in Potsdam schon seit vielen Jahren für hochwertige Küche und noch immer sind geschmackvolle Gerichte wie "Wirsingroulade vom Kalb in Morcheljus" oder der leckere "Vanille-Cheesecake mit Eierlikörеis" das Markenzeichen dieses sympathischen Familienbetriebs. Wer nach einem ausgedehnten Essen nicht mehr fahren möchte, kann es sich in einem der individuellen Gästezimmer gemütlich machen.

Juliette

Jägerstr. 39 ✉ 14467 – ✆ (0331) 2 70 17 91 – www.restaurant-juliette.de – geschl. Januar - November: Dienstag A1e

Rest – Menü 52/85 € - Karte 44/60 €

Sie suchen ein Stück französische Lebensart mitten in Potsdam? Bitte sehr: In dem wirklich liebenswerten Restaurant im Holländischen Viertel bietet Ihnen Carsten Rettschlag auf drei Ebenen seine ambitionierte klassische Küche aus frischen Produkten, begleitet von den passenden Weinen - und im Hintergrund stimmen Sie Chansons aufs Essen ein!

Ma Cuisine

Hebbelstr. 54 ✉ 14467 – ✆ (0331) 2 43 77 20 – www.ma-cuisine.de – geschl. 1. - 12. Januar und Sonntag - Montag B1m

Rest – *(nur Abendessen)* Menü 40 € – Karte 40/47 €

Der Chef, ein Schotte, bietet hier authentische französische Küche. Das Restaurant ist mit Antiquitäten und moderner Kunst der Chefin geschmückt, die charmant den Service leitet.

In Potsdam-Babelsberg Ost: 3 km über Berliner Straße B1, Richtung Babelsberg

avendi Hotel am Griebnitzsee Rest,

Rudolf-Breitscheid-Str. 190 ✉ 14482 – ✆ (0331) 7 09 10 – www.avendi.de/griebnitzsee

84 Zim – 115/140 € 140/160 € – 3 Suiten – ½ P **Rest** – Karte 30/38 €

Die neuzeitlich-funktionalen, teils seeseitigen Zimmer dieses Businesshotels am Griebnitzsee verteilen sich auf zwei unterirdisch miteinander verbundene Häuser. Gute S-Bahn-Anbindung. Restaurant und Terrasse mit Seeblick.

In Potsdam-Drewitz Ost: 4 km über Berliner Straße B1, Richtung Babelsberg

Ascot-Bristol

Asta-Nielsen-Str. 2 ✉ 14480 – ✆ (0331) 6 69 10 – www.hotel-ascot-bristol.de

90 Zim – 60/130 € 60/130 €, 13 € – 4 Suiten – ½ P

Rest *Journal* – ✆ (0331) 6 69 13 00 – Karte 17/31 €

Hotel unweit der Autobahnausfahrt mit wohnlich-funktionalen Zimmern und großzügigen Studios. Mit der S-Bahn (Haltestelle vor dem Haus) sind es ca. 20 Minuten zur Berliner Messe. Journal mit Bistro-Atmosphäre und einer für Berlin-Brandenburg typischen Küche.

In Potsdam-Hermannswerder Süd: 3,5 km über Lange Brücke B2, Richtung Magdeburg

INSELHOTEL Rest,

Hermannswerder ✉ 14473 – ✆ (0331) 2 32 00 – www.inselhotel-potsdam.de

86 Zim – 117/133 € 137/153 € – 2 Suiten – ½ P **Rest** – Karte 26/34 €

Zeitgemäß und funktionell ausgestattete Zimmer, Suiten und Maisonetten stehen in dem ruhig auf der Havelinsel Hermannswerder gelegenen Businesshotel bereit. Seerestaurant mit eleganter Note.

POTTENSTEIN – Bayern – 546 – 5 320 Ew – Höhe 368 m – Luftkurort 50 L16

Berlin 395 – München 212 – Nürnberg 67 – Bayreuth 40

Forchheimer Str. 1, ✉ 91278, ✆ (09243) 7 08 41, www.pottenstein.de

Pottenstein, Weidenloh 40, ✆ (09243) 92 92 20

Schwan garni

Am Kurzentrum 6 ✉ 91278 – ✆ (09243) 98 10 – www.hotel-bruckmayer.de – geschl. Januar

26 Zim – 46/50 € 72/80 €

Bei den Bruckmayers schläft man nicht nur sehr gepflegt und preislich fair, ein Tipp ist auch das eigene Café: An der Vitrine mit den hausgebackenen Kuchen kommen Sie nicht vorbei! Und wenn's herzhafter sein soll, fragen Sie nach dem außergewöhnlichen Wirtshaus der Familie, dem "Urbräu"! Übrigens: direkter und kostenloser Zugang zum "Juramar"-Bad.

In Pottenstein-Kirchenbirkig Süd: 4 km

Bauernschmitt
Rest,

St.-Johannes-Str. 25 ✉ 91278 – ✆ (09243) 98 90 – www.landgasthof-bauernschmitt.de – geschl. 15. November - 15. Dezember

27 Zim – †40/46 € ††76/84 € – ½ P **Rest** – Karte 13/28 €

Im Dorfkern steht der erweiterte fränkische Landgasthof unter familiärer Leitung. Sehr gepflegte, praktische Zimmer, ein schöner Garten sowie ein Saunabereich, Kosmetik und Massage. Bürgerlich speist man im rustikalen Restaurant.

PREETZ – Schleswig-Holstein – 541 – 15 860 Ew – Höhe 24 m
10 J3

Berlin 327 – Kiel 16 – Lübeck 68 – Puttgarden 82

Mühlenstr. 9, ✉ 24211, ✆ (04342) 7 28 04 20, www.schusterstadt-preetz.de

In Lehmkuhlen-Dammdorf Nord-Ost: 2 km

Neeth (mit Gästehäusern)
Zim,

Preetzer Str. 1 ✉ 24211 – ✆ (04342) 8 23 74 – www.neeth.de – geschl. 27. Dezember - 3. Januar, 11. - 27. Oktober

19 Zim – †55/80 € ††90/110 € – 2 Suiten – ½ P

Rest – *(geschl. Montagmittag)* Menü 24/48 € – Karte 19/40 €

In 3. Generation führt Familie Neeth mit ihrem Team dieses nette Landhaus. Ob im Stammhaus oder in einem der beiden Gästehäuser, ob rustikal oder topmodern - wohnlich sind die Zimmer alle! Regionale und bürgerliche Küche im ländlichen Restaurant mit kleinem Wintergarten, dekorativ die Kaffeekannensammlung.

PREROW – Mecklenburg-Vorpommern – 542 – 1 630 Ew – Höhe 1 m – Seebad
5 N3

Berlin 276 – Schwerin 150 – Rostock 63

Gemeindeplatz 1, ✉ 18375, ✆ (038233) 61 00, www.ostseebad-prerow.de

Waldschlösschen (mit Gästehäusern)
Zim,

Bernsteinweg 9 ✉ 18375 – ✆ (038233) 61 70 – www.waldschloesschen-prerow.de

31 Zim – †103/140 € ††138/176 € – 2 Suiten – ½ P

Rest *Titania* – *(Montag - Freitag nur Abendessen)* Karte 33/49 €

Sie wohnen nur 300 m von der Ostsee! Die 1891 von einem Berliner Bankier erbaute Fachwerkvilla sowie ein altes und ein neues Gartenhaus liegen auf einem parkähnlichen Grundstück. Zimmer von Landhausstil bis modern. Zum Essen geht man ins helle, freundliche Titania, hier gibt es regionale Küche.

Störtebeker

Mühlenstr. 2 ✉ 18375 – ✆ (038233) 70 20 – www.pension-stoertebeker.m-vp.de

10 Zim – †30/45 € ††60/85 € – ½ P

Rest – *(geschl. November - März)* Karte 14/29 €

Eine kleine Pension mit wohnlich-solide eingerichteten Gästezimmern, die teilweise über Balkon, Loggia oder Terrasse verfügen. Bürgerliches Restaurant mit Wintergartenanbau.

In Wieck a. Darss Süd: 4 km – Erholungsort

Haferland

Bauernreihe 5a ✉ 18375 – ✆ (038233) 6 80 – www.hotelhaferland.de – geschl. 1. - 9. Dezember

33 Zim – †117/152 € ††137/172 € – 13 Suiten – ½ P

Rest *Gute Stube* Rest *Bajazzo* – siehe Restaurantauswahl

Schön liegen die drei Reetdachhäuser nahe dem Bodden auf einem 2 ha großen Naturgrundstück mit Kräuter- und Gourmetgarten, Teichen, Wald und Feuchtwiese. Zu den gemütlichen Zimmern kommt ein tolles Hallenbad mit Sauna und hübschem Ruheraum in der "Gesundheitsscheune".

Gute Stube – Hotel Haferland

Bauernreihe 5a ✉ 18375 – ✆ (038233) 6 80 – www.hotelhaferland.de – geschl. 1. - 9. Dezember

Rest – Menü 33/49 € (abends) – Karte 26/44 €

Mit seiner gemütlichen Einrichtung im nordischen Stil trägt das Restaurant den Namen "Gute Stube" zu Recht. Auf den Teller kommen neben Fisch und Wild aus der Region auch Kräuter und Gemüse aus dem eigenen Garten.

Bajazzo – Hotel Haferland

Bauernreihe 5a ✉ 18375 – ✆ (038233) 6 80 – www.hotelhaferland.de – geschl. 1. - 9. Dezember

Rest – *(nur Abendessen)* Menü 40/49 € – Karte 33/40 € (vegetarisch)

Ein besonderes Plätzchen sind die drei Stuben (mit Kochschule) oben direkt unter dem Reetdach - von hier aus haben Sie einen grandiosen Blick auf den Wiecker Seglerhafen und die Halbinsel Bliesenrade. Vegetarisches Essen!

PRESSECK – Bayern – 546 – 1 960 Ew – Höhe 642 m 50 L14

Berlin 337 – München 270 – Bayreuth 42 – Erfurt 170

Gasthof Berghof - Ursprung mit Zim

Wartenfels 85 ✉ 95355 – ✆ (09223) 2 29 – www.berghof-wartenfels.de – geschl. Mitte Januar - Mitte Februar und Mittwoch - Donnerstagmittag

5 Zim – 39 € 69 € **Rest** – Menü 35/48 € – Karte 22/57 €

Rustikales Holz, dazu klare Formen und frische Farbtupfer - so hat man "Tradition trifft Moderne" optisch umgesetzt. Und auch in der Küche von Alexander Schütz findet sich dieses Konzept: gehobenes Menü oder doch lieber deftige Bratwurst? Hier macht es Spaß zu essen, denn Geschmack und Preis stimmen!

PRICHSENSTADT – Bayern – 546 – 3 190 Ew – Höhe 248 m 49 J15

Berlin 466 – München 254 – Würzburg 42 – Schweinfurt 32

Freihof (N) (mit Gästehaus) Zim, Zim,

Freihofgasse 3 ✉ 97357 – ✆ (09383) 9 02 03 40 – www.freihof-prichsenstadt.de – geschl. 3. - 23. Januar

30 Zim – 120/130 € 160/175 € – ½ P

Rest ***prixxess*** – *(geschl. Montag)* Menü 30 € (mittags)/75 € – Karte 34/59 €

Mit der aufwändigen Restaurierung des alten Gutshofes hat Familie Gebert voll ins Schwarze getroffen: Hochwertig und geschmackvoll ist das moderne Interieur geworden, Fachwerk-Charme trifft auf klares Design. Sie möchten auf stilvolle Art die Gegend erkunden? Man verleiht Motorkutschen! Und für Feierlichkeiten gibt es die Eventscheune.

Zum Storch

Luitpoldstr. 7 ✉ 97357 – ✆ (09383) 65 87 – www.gasthof-storch.de – geschl. Januar

13 Zim – 50/80 € 65/90 € – ½ P

Rest – *(geschl. Dienstag, November - März: Montag - Dienstag)* Menü 22/60 € – Karte 14/48 €

Aus dem Jahre 1658 stammt der Gasthof, der seit über 130 Jahren als Familienbetrieb geführt wird. Die Zimmer sind sehr gepflegt und in wohnlich-ländlichem Stil eingerichtet. Nette Wirtschaft mit schönem Innenhof unter alten Bäumen. Weine aus eigenem Anbau.

In Prichsenstadt-Neuses am Sand Nord: 5 km über B 286

Landhotel Neuses mit Zim

Neuses am Sand 19 ✉ 97357 – ✆ (09383) 71 55 – www.landhotel-neuses-sand.de – geschl. Februar 2 Wochen, November 1 Woche und November - März: Montag - Dienstag, April - Oktober: Montagmittag, Dienstagmittag

10 Zim – 45/54 € 59/88 € – 2 Suiten – ½ P

Rest – Menü 20/60 € – Karte 18/46 €

In der einstigen Posthalterei von 1812 wechselte schon Napoleon die Pferde. Hinter der gepflegten Bruchsteinfassade bietet das nette Gastgeberpaar regional-bürgerliche Speisen. Die Zimmer und Appartements sind in ländlichem Stil gehalten.

PRIEN am CHIEMSEE – Bayern – 546 – 10 400 Ew – Höhe 533 m – Luftkurort und Kneippkurort
66 N21

Berlin 656 – München 85 – Bad Reichenhall 58 – Salzburg 64

Alte Rathausstr. 11, ✉ 83209, ✆ (08051) 6 90 50, www.tourismus.prien.de

Prien - Bauernberg, Bauernberg 5, ✆ (08051) 6 22 15

Chiemsee★ (Überfahrt zu Herren- und Fraueninsel) · Schloss Herrenchiemsee★★

Garden-Hotel Reinhart garni (mit Gästehaus)

Erlenweg 16 ✉ 83209 – ✆ (08051) 69 40 – www.reinhart-hotel.de – geschl. 20. Oktober - Mitte April

37 Zim – †85/95 € ††120/160 €

Ein wirklich gepflegtes Hotel haben die Reinharts hier: Zimmer mit hellem warmem Holz, hübschen Stoffen und wohnlichen Farben (die Einzelzimmer recht groß), dazu ein richtig schöner Garten mit Liegewiese - beim leckeren Frühstück kann man ins Grüne schauen. Außerdem liegt das Haus relativ ruhig und der See ist nicht weit!

Neuer am See

Seestr. 104 ✉ 83209 – ✆ (08051) 60 99 60 – www.neuer-am-see.de

28 Zim – †50/77 € ††89/180 € – 3 Suiten – ½ P

Rest – *(geschl. Oktober - April: Dienstag)* Karte 15/32 €

Nur 200 m trennen Sie vom See und der Chiemsee-Schifffahrt zum Königsschloss. Highlight unter den wertigen Zimmern ist die neue große Panoramasuite unterm Dach. Freundlicher Cafébereich im Restaurant: Versuchen Sie erst gar nicht, den hausgemachten Leckereien zu widerstehen!

Rehmann

Bernauer Str. 40 ✉ 83209 – ✆ (08051) 9 61 42 55 – www.restaurant-rehmann.de – geschl. 24. Februar - 9. März und Montag - Dienstag

Rest – Menü 82/115 € – Karte 60/72 €

Martin Rehmann bietet hier in gemütlichem Landhausambiente (schön sind Holztäfelung und Dielenboden) eine moderne, feine und sehr produktbezogene Küche. Dazu unkomplizierter Service und eine fair kalkulierte Weinkarte... was will man mehr?

→ Jacobsmuschel, Paellagemüse, Safranreisschaum. Rehrücken, Broccoli, Kumquats. Bananensplit 2013, Eis, Joghurt, Schokolade.

PRITZWALK – Brandenburg – 542 – 12 600 Ew – Höhe 63 m
21 M6

Berlin 123 – Potsdam 115 – Schwerin 84 – Rostock 120

Waldhotel Forsthaus Hainholz

Rest,

Hainholz 2 (Nord-Ost: 1,5 km über B 103 Richtung Meyenburg) ✉ 16928 – ✆ (03395) 30 07 90 – www.prignitz-hotels.com

24 Zim – †59/65 € ††78/85 € **Rest** – Karte 17/28 €

Ein gut geführtes Hotel, in dem man sich herzlich um den Gast kümmert. Das im Wald gelegene Haus wurde nach historischem Vorbild rekonstruiert und erweitert. Neben sehr freundlichen Zimmern erwartet Sie auch ein gutes Frühstück. Im Sommer ist die schöne Terrasse des Restaurants beliebt.

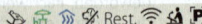

PROBSTRIED – Bayern – siehe Dietmannsried

PULHEIM – Nordrhein-Westfalen – 543 – 53 770 Ew – Höhe 47 m
35 B12

Berlin 573 – Düsseldorf 37 – Aachen 72 – Köln 13

Pulheim, Gut Lärchenhof, ✆ (02238) 92 39 00

Pulheim, Velderhof, ✆ (02238) 92 39 40

In Pulheim-Dansweiler Süd-West: 6 km über Brauweiler

Il Paradiso

Zehnthofstr. 26 ✉ 50259 – ✆ (02234) 8 46 13 – www.il-paradiso.de – geschl. Montag - Dienstagmittag, Samstagmittag

Rest – Menü 36/48 € – Karte 31/60 €

Eine behagliche Atmosphäre herrscht in dem freundlichen, gediegenen Restaurant unter familiärer Leitung. Mediterran-internationale Gerichte von der Tafel. Schöne Gartenterrasse.

In Pulheim-Sinnersdorf Nord-Ost: 3 km

Auerhahn garni

Roggendorfer Str. 46 ✉ 50259 – ✆ (02238) 9 49 00 – www.hotel-auerhahn.net

22 Zim – 85/95 € 95/115 €

Ein Hotel mit freundlichem Ambiente von den neuzeitlichen Gästezimmern bis zum Frühstücksraum, in dem eine wechselnde Bilderausstellung eines örtlichen Malers zu sehen ist.

In Pulheim-Stommelerbusch Nord-West: 10 km

Velderhof

Gut Velderhof 1, (im Golfclub Velderhof) ✉ 50259 – ✆ (02238) 14 02 85 – www.restaurant-velderhof.de – geschl. Januar und Montag

Rest – *(Dienstag nur Abendessen)* Menü 32/98 € – Karte 47/56 €

Rest *Bistro* – Menü 32 € – Karte 31/41 €

In dem Restaurant im Golfclubhaus blickt man durch eine große Fensterfront zum Golfplatz. Man bietet internationale Küche mit regionalem Einfluss. Zum Angebot des Bistros gehören Tapas wie auch Klassiker. Nett sind die ehemaligen Pferdeboxen als Sitznischen.

Am Golfplatz Nord: 7 km Richtung Stommeler Busch

Gut Lärchenhof

Hahnenstraße ✉ 50259 Pulheim – ✆ (02238) 92 31 00 – www.restaurant-gutlaerchenhof.de – geschl. Anfang Januar 1 Woche und über Karneval

Rest – (Tischbestellung ratsam) Menü 65 € (mittags)/125 € – Karte 65/100 €

Auch wer nichts mit Golf am Hut hat, kommt hier im Clubhaus der exklusiven Golfanlage auf seine Kosten, nämlich kulinarisch. Und dafür sorgt Sven Messerschmidt, der mit seiner kreativen Küche so manch wohldurchdachte und harmonische Komposition auf den Teller bringt. Dank des versierten Serviceteams fehlt es auch nicht an trefflichen Weinempfehlungen aus einem beachtlichen Angebot. Und wenn Sie lieber ein bisschen einfacher essen möchten: Es gibt hier auch ein Bistro.

→ Gänsestopfleber, Matjes und Apfel. Dry Age-Roastbeef, Dicke Bohnen und Zwiebeln. Hibiskus, Kalingo Schokolade, Popcorn, Kampot Pfeffer.

PULLACH – Bayern – 546 – 8 740 Ew – Höhe 583 m

65 L20

Berlin 598 – München 12 – Augsburg 72 – Garmisch-Partenkirchen 77

Seitner Hof garni

Habenschadenstr. 4 ✉ 82049 – ✆ (089) 74 43 20 – www.seitnerhof.de – geschl. 21. Dezember - 6. Januar

40 Zim – 119/169 € 159/206 €

Wohnliche Zimmer, schöner Garten, ruhige Lage... und nicht zuletzt der gute Service - da kommen schon so einige Annehmlichkeiten zusammen. Naürlich sei hier auch die kleine Bibliothek erwähnt, und wie wär's mit frischen Waffeln und Kuchen am Nachmittag?

PUTBUS – Mecklenburg-Vorpommern – siehe Rügen (Insel)

PYRMONT, BAD – Niedersachsen – 541 – 20 770 Ew – Höhe 111 m – Heilbad

28 H9

Berlin 351 – Hannover 69 – Bielefeld 58 – Hildesheim 70

Europa-Platz 1, ✉ 31812, ✆ (05281) 94 05 11, www.badpyrmont.de

Lügde, Am Golfplatz 2, ✆ (05281) 93 20 90

Aerzen, Schwöbber 8, ✆ (05154) 98 70

Steigenberger

Heiligenangerstr. 2 ✉ 31812 – ✆ (05281) 15 02 – www.bad-pyrmont.steigenberger.de
148 Zim – 105/160 € 180/280 € – 3 Suiten – ½ P
Rest – Menü 24/36 € (abends) – Karte 29/48 €
Als einstiges "Fürstliches Kurhotel" bietet dieses Haus am Kurpark einen klassisch-komfortablen Rahmen. Meist großzügie Zimmer sowie Spa- und Freizeitangebot auf 1500 qm. Alternativ zum angenehm hellen Restaurant bietet man die Stube "Bayerisches Platzl".

Alte Villa Schlossblick

Kirchstr. 23 ✉ 31812 – ✆ (05281) 9 56 60 – www.alte-villa-schlossblick.de – geschl. Januar, 27. Oktober - 8. November
15 Zim – 46/49 € 82/88 € – ½ P
Rest *Alte Villa Schlossblick* – siehe Restaurantauswahl
Schon die Fassade der denkmalgeschützten Villa von 1894 ist wirklich einladend, und dazu noch die attraktive Lage am Kurpark gegenüber der Spielbank... Drinnen ist das Haus natürlich ganz stilgerecht mit seinen hohen Räumen und der eleganten Einrichtung.

Alte Villa Schlossblick – Hotel Alte Villa Schlossblick

Kirchstr. 23 ✉ 31812 – ✆ (05281) 9 56 60 – www.alte-villa-schlossblick.de – geschl. Januar, 27. Oktober - 8. November und Montag - Dienstag
Rest – Menü 33 € – Karte 24/39 €
Der Chef der netten Villa sorgt hier für bürgerlich-regionale Küche. Und die bekommen Sie in ansprechendem Ambiente serviert: Angenehm hell durch die große Fensterfront, schön frisch durch die freundlichen Rottöne.

QUEDLINBURG – Sachsen-Anhalt – 542 – 28 430 Ew – Höhe 122 m 30 K10

Berlin 208 – Magdeburg 56 – Erfurt 133 – Halle 76
Markt 4, ✉ 06484, ✆ (03946) 90 56 20, www.quedlinburg.de
Lage★ · Markt★ · Altstadt★ (Alte Straßen★ · Schlossbergplatz★) · Schlossberg★ · Stiftskirche St. Servatius★★ · Feininger-Galerie★ · Schlossmuseum★

Hotel Am Brühl

Billungstr. 11 ✉ 06484 – ✆ (03946) 9 61 80 – www.hotelambruehl.de
44 Zim – 75/90 € 105/140 € – 2 Suiten – ½ P
Rest *Weinstube* – siehe Restaurantauswahl
Ein denkmalgeschütztes Fachwerkgebäude und eine Gründerzeitvilla wurden sorgsam restauriert und mit Landhausmöbeln, hellen Tönen und schönen Stoffen in ein wahres Kleinod verwandelt, das fast mediterran anmutet. In die überaus sehenswerte Altstadt sind es übrigens nur ca. 10 Minuten zu Fuß!

Zum Bär

Markt 8 ✉ 06484 – ✆ (03946) 77 70 – www.hotelzumbaer.de
48 Zim – 58/90 € 90/130 € – 2 Suiten – ½ P
Rest – *(geschl. 6. Januar - 31. März) (nur Abendessen)* Menü 17/45 € – Karte 15/30 €
Das traditionsreiche Hotel in dem Ensemble von Altstadthäusern am Markt verfügt über geschmackvolle und individuelle Zimmer, darunter zwei Suiten. Kosmetik und Massage. Im Restaurant mit Bistro-Ambiente speist man bürgerlich. Dazu ein Café und eine Terrasse auf dem Marktplatz.

Theophano im Palais Salfeldt

Kornmarkt 6 ✉ 06484 – ✆ (03946) 52 66 01 – www.restaurant-theophano.de – geschl. 7. - 30. Januar und Sonntag - Montag
Rest – *(nur Abendessen)* Menü 35/69 € – Karte 26/46 €
Während Sie sich in dem ehemaligen Kornspeicher im historischen Stadtkern frische Gerichte wie "Spargelcremesuppe mit gebeiztem Lachs" und "Sauerbraten von der Rinderbacke mit Rotkohl und Serviettenknödel" schmecken lassen, bewundern Sie das tolle alte Kreuzgewölbe um Sie herum, dem die geradlinige Einrichtung gut zu Gesicht steht. Schön sitzt man auch im Innenhof.

Weinstube – Hotel Am Brühl
Billungstr. 11 ✉ 06484 – ✆ (03946) 9 61 80 – www.hotelambruehl.de – geschl. Januar - März: Sonntag
Rest – *(Januar - März: nur Abendessen)* Menü 29/66 € – Karte 34/52 €
Erinnert Sie das hier an die Provence? Reizende Räume, in denen Terrakottafliesen, freundliche Farben und eine alte Backsteindecke ländlichen Charme versprühen, dazu ein lauschiger begrünter Innenhof... das ist der schöne Rahmen, den die ehemalige Stallung für die saisonal-regionale Küche zu bieten hat.

QUERFURT – Sachsen-Anhalt – 542 – 11 840 Ew – Höhe 170 m — 31 L11

Berlin 205 – Magdeburg 103 – Leipzig 60 – Merseburg 33
Markt 14, ✉ 06268, ✆ (034771) 2 37 99, www.querfurt.de

Querfurter Hof
Merseburger Str. 5 ✉ 06268 – ✆ (034771) 52 40 – www.querfurterhof.de
25 Zim – 51/61 € 63/75 €, 8 € – ½ P **Rest** – Karte 18/45 €
Das Hotel steht in verkehrsberuhigter Lage im Herzen der Altstadt und verfügt über solide und zeitgemäß ausgestattete Gästezimmer. Hell und zeitlos ist das Restaurant gestaltet.

QUICKBORN – Schleswig-Holstein – 541 – 20 560 Ew – Höhe 19 m — 10 I5

Berlin 309 – Kiel 76 – Hamburg 33 – Itzehoe 45
Quickborn-Renzel, Pinneberger Str. 81a, ✆ (04106) 8 18 00
Tangstedt - Gut Wulfsmühle, Mühlenstr. 98, ✆ (04101) 58 67 77

Jagdhaus Waldfrieden (mit Gästehaus)
Kieler Straße, (Richtung Bilsen) (B 4, Nord: 3 km) ✉ 25451 – ✆ (04106) 6 10 20 – www.waldfrieden.com
26 Zim – 70/98 € 138/165 € – ½ P
Rest *Jagdhaus Waldfrieden* – siehe Restaurantauswahl
Die ehemalige Privatvilla mit Nebengebäude und schönem Park bietet einen idealen Rahmen für Feierlichkeiten wie Hochzeiten. Die Gästezimmer sind stimmig und sehr wohnlich gestaltet.

Jagdhaus Waldfrieden – Hotel Jagdhaus Waldfrieden
Kieler Straße (B 4, Nord: 3 km) ✉ 25451 – ✆ (04106) 6 10 20 – www.waldfrieden.com – geschl. Montagmittag
Rest – Menü 22 € (mittags unter der Woche)/54 € – Karte 41/55 €
Nehmen Sie Platz, entweder im gemütlichen Kaminzimmer oder im luftigen Wintergarten. Auf der Karte finden Sie viele norddeutsche Produkte, die teils auch mit mediterranem Einfluss zubereitet werden. Eine Spezialität des Hauses ist die Bauernente.

RABENAU – Sachsen – siehe Freital

RADEBEUL – Sachsen – 544 – 33 710 Ew – Höhe 117 m — 43 Q12

Berlin 190 – Dresden 7 – Chemnitz 70 – Leipzig 110
Meißner Str. 152, ✉ 01445, ✆ (0351) 8 95 41 20, www.radebeul.de

Villa Sorgenfrei
Augustusweg 48 ✉ 01445 – ✆ (0351) 7 95 66 60 – www.hotel-villa-sorgenfrei.de
13 Zim – 129/149 € 149/179 € – 1 Suite – ½ P — A1**h**
Rest *Villa Sorgenfrei* – siehe Restaurantauswahl
Hier passt alles zusammen: die Villengegend, der kleine Park, das Flair des alten Herrenhauses, die charmanten und ebenso stilvollen Räume mit Spiegelmalereien, alten Sandstein- und Dielenböden... Schon beim appetitlichen frischen Frühstück ist das engagierte Team um Familie Zierow für Sie da!

Stadt Radebeul — Zim,
Meißner Str. 216 ✉ 01445 – ✆ (0351) 6 56 31 14 – www.hotel-radebeul.de
30 Zim – 60/90 € 90/120 € – ½ P **Rest** – Karte 25/55 € — A1**t**
Der sanierte Gasthof a. d. J. 1820 beherbergt zeitgemäße Zimmer mit gutem Platzangebot. Shuttle-Service zu Bahnhof und Flughafen, praktisch auch die Straßenbahnanbindung nach Dresden. Freundlich gestaltetes Restaurant mit Terrasse im mediterranen Innenhof.

Villa Sorgenfrei – Hotel Villa Sorgenfrei
Augustusweg 48 ✉ 01445 – ✆ (0351) 7 95 66 60 – www.hotel-villa-sorgenfrei.de – geschl. Dienstag A1**h**
Rest – *(nur Abendessen)* Menü 39/69 € – Karte 31/42 €
Der Fest- und Gartensaal a. d. 18. Jh. wirkt durch seine historischen Elemente wie Bleikristall-Lüster, Wandmalerei und hohe Stuckdecke! Wer lässt sich in dieser Atmosphäre nicht gerne mit ambitionierter internationaler Küche umsorgen?

RADEBURG – Sachsen – 544 – 7 650 Ew – Höhe 147 m **43** Q11

Berlin 173 – Dresden 22 – Meißen 18

In Radeburg-Bärwalde Süd-West: 4,5 km

Gasthof Bärwalde
Kalkreuter Str. 10a ✉ 01471 – ✆ (035208) 34 29 01 – geschl. Sonntagabend, Dienstag - Mittwoch
Rest – *(nur Abendessen, sonntags auch Mittagessen)* (Tischbestellung ratsam) Menü 42 € – Karte 27/40 €
Das kleine Dörfchen liegt etwas ab vom Schuss, aber der Weg lohnt sich: In dem netten Gasthaus steckt viel Herzblut und Chef Olav Seidel kocht richtig gut! "Gefüllte Royal-Wachtel in Spätburgunder" ist nur eines seiner klassischen Gerichte.

RADEVORMWALD – Nordrhein-Westfalen – 543 – 22 530 Ew – Höhe 360 m **36** D11

Berlin 540 – Düsseldorf 64 – Hagen 27 – Lüdenscheid 22

Außerhalb Nord-Ost: 3 km an der B 483 Richtung Schwelm

Zur Hufschmiede (mit Gästehaus) Zim,
Neuenhof 1 ✉ 42477 Radevormwald – ✆ (02195) 9 27 60 – www.zurhufschmiede.de
20 Zim – †65/75 € ††95/130 €, ☕ 9 €
Rest – *(geschl. Donnerstag - Freitag) (nur Abendessen, sonntags auch Mittagessen)* Karte 26/49 €
Das aus einem Landgasthof entstandene Hotel ist ein netter Familienbetrieb mit wohnlichen Gästezimmern und einem zum Garten hin gelegenen Frühstücksraum. Im Restaurant herrscht eine ländlich-gemütliche Atmosphäre.

RADOLFZELL – Baden-Württemberg – 545 – 30 790 Ew – Höhe 404 m – Kneippkurort und Erholungsort **62** G21

Berlin 747 – Stuttgart 163 – Konstanz 23 – Singen (Hohentwiel) 11
Bahnhofplatz 2, ✉ 78315, ✆ (07732) 8 15 00, www.radolfzell.de
Steißlingen-Wiechs, Brunnenstr. 4b, ✆ (07738) 71 96

Am Stadtgarten garni
Höllturmpassage 2 ✉ 78315 – ✆ (07732) 9 24 60 – www.hotel-am-stadtgarten.de – geschl. Weihnachten - 10. Januar
31 Zim ☕ – †79/90 € ††125/150 €
In der Höllturmpassage im Zentrum befindet sich dieses Hotel mit zeitgemäßen, funktionalen Zimmern - einige mit Loggia zum Stadtgarten. Hell und modern ist der Frühstücksraum. Praktisch: Parken kann man in einer öffentlichen Garage im Haus!

Zur Schmiede garni
Friedrich-Werber-Str. 22 ✉ 78315 – ✆ (07732) 9 91 40 – www.zur-schmiede.com – geschl. 23. Dezember - 2. Januar
37 Zim ☕ – †65/80 € ††99/129 €
Hier wohnt man in praktischer Lage gegenüber dem Bahnhof und nahe der Fußgängerzone - und der See ist auch nicht weit! Manche der neuzeitlichen Zimmer (einige im "Alten Zollamt" nebenan) sind recht geräumig!

Auf der Halbinsel Mettnau

Art Villa am See garni

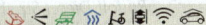

Rebsteig 2/2 ✉ 78315 – ✆ (07732) 9 44 40 – www.artvilla.de
8 Zim – 97/190 € 135/215 € – 3 Suiten
Kunst trägt die schöne Villa nicht nur in ihrem Namen! So einiges zieht die Gäste an: das geschmackvolle und stimmige Interieur, die traumhafte Lage am Mettnaupark, die Nähe zum See, der tolle Garten, der persönliche Service... Der Chef bietet zudem eine gute Weinauswahl mit besonderen Rotweinen!

Mettnau-Stube

Strandbadstr. 23 ✉ 78315 – ✆ (07732) 1 36 44 – www.mettnaustube.de – geschl. Montag - Dienstagmittag
Rest – Menü 20/39 € – Karte 24/55 €
In dem freundlich-rustikal gestalteten Restaurant mit Wintergarten bietet man überwiegend Fischküche, asiatisch und regional-saisonal. Schön sitzt man auf der Terrasse im Tessiner Stil - mit Mückenschutz!

In Radolfzell-Güttingen Nord: 4,5 km

Adler-Gästehaus Sonnhalde

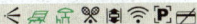

Schloßbergstr. 1 ✉ 78315 – ✆ (07732) 1 50 20 – www.landgasthaus-adler.de
29 Zim – 45/55 € 80/90 € – 2 Suiten – ½ P
Rest – *(geschl. Dienstag)* Menü 14/19 € – Karte 14/40 €
Der Adler ist ein einfacher, aber sehr gepflegter Gasthof unter familiärer Leitung, dessen etwas oberhalb gelegenes Gästehaus solide Zimmer beherbergt, meist mit Südbalkon. Das Restaurant teilt sich in rustikale Stuben und einen freundlichen Wintergarten.

In Moos Süd-West: 4 km

Gottfried

Böhringer Str. 1 ✉ 78345 – ✆ (07732) 9 24 20 – www.hotel-gottfried.de – geschl. 11. Januar - 2. Februar
15 Zim – 70/95 € 115/125 € – 3 Suiten – ½ P
Rest *Gottfried* – siehe Restaurantauswahl
Das kleine Hotel wird familiär geführt und verfügt über gepflegte, funktional eingerichtete Gästezimmer, darunter auch das Garten-, Golf-, Smart- oder Natur-Pur-Zimmer.

Gasthaus Schiff (mit Gästehaus)

Hafenstr. 1 ✉ 78345 – ✆ (07732) 9 90 80 – www.schiff-moos.de
21 Zim – 37/90 € 62/94 €
Rest – *(geschl. über Fasching, November und Montag - Dienstag, im Sommer: Montag - Dienstagmittag)* Menü 16/32 € – Karte 18/25 €
Relativ ruhig liegt der Familienbetrieb in Seenähe beim Bootshafen. Die Zimmer sind im Haupthaus eher schlicht, komfortabler und zeitgemäß-funktionell ist das Gästehaus. Richtig schön sitzt man auf der Terrasse unter Platanen bei leckerem Fisch aus dem Bodensee!

Gottfried – Hotel Gottfried

Böhringer Str. 1 ✉ 78345 – ✆ (07732) 9 24 20 – www.hotel-gottfried.de – geschl. 11. Januar - 2. Februar, im Sommer: Donnerstag - Freitagmittag sowie im Winter: Mittwoch - Donnerstag
Rest – Menü 28 € (mittags)/65 € – Karte 34/57 €
Die Küche von Klaus Neidhart ist saisonal und mediterran beeinflusst und hat natürlich Bezug zum Bodensee. So serviert man frische Speisen wie z. B. "Bouillabaise von Bodenseefischen mit Rouille und Croûtons".

RAHDEN – Nordrhein-Westfalen – 543 – 15 640 Ew – Höhe 45 m 17 F8

Berlin 370 – Düsseldorf 231 – Bielefeld 60 – Bremen 91
Wagenfeld, Oppenweher Str. 83, ✆ (05444) 98 08 22

Westfalen Hof
Rudolf-Diesel-Str. 13 ✉ 32369 – ✆ (05771) 9 70 00 – www.westfalen-hof.de
34 Zim – 55/84 € 80/104 € – ½ P
Rest – Menü 21/44 € – Karte 25/54 €
Rest *Rupert* – Karte 28/40 €
Neuzeitlich-komfortable Zimmer und ein gutes Sport-/Vitalangebot (u. a. Saunabereich auf 800 qm, Beauty sowie Hallenfußball und Sportsbar) machen diese Anlage aus. Modern-elegantes Ambiente und internationale Küche im Restaurant Rupert.

RAIN am LECH – **Bayern** – **546** – **8 470 Ew** – **Höhe 402 m** **57** K18

Berlin 532 – München 109 – Augsburg 52 – Ingolstadt 46

Dehner Blumen Hotel
Bahnhofstr. 19 ✉ 86641 – ✆ (09090) 7 60 – www.dehner-blumenhotel.com
91 Zim – 79/99 € 99/129 € – 3 Suiten – ½ P
Rest – Menü 20/40 € – Karte 27/53 €
Das komfortable Hotel des bekannten Garten-Center-Betreibers ist besonders auf Tagungen zugeschnitten und bietet wohnlich-solide Gästezimmer sowie das "Rosenrestaurant" mit hübscher Terrasse - von hier schaut man ins Grüne.

RAMBERG – **Rheinland-Pfalz** – **543** – **970 Ew** – **Höhe 237 m** **47** E17

Berlin 691 – Mainz 122 – Neustadt an der Weinstraße 36 – Mannheim 64

Landhaus St. Laurentius Rest,
Hermersbachstr. 4 ✉ 76857 – ✆ (06345) 95 49 90
– www.landhaus-sanktlaurentius.de
14 Zim – 57/65 € 100/116 € – ½ P
Rest – *(geschl. Montag, im Winter: Montag - Dienstag) (im Winter: nur Abendessen)* Karte 24/49 €
Wald, Wiese, Burg, Bach... das sehen Sie, wenn Sie hier um sich schauen. Zum einen wohnen Sie ruhig in einer Seitenstraße, zum anderen behaglich in schönen Landhauszimmern (meist mit Balkon). Entspannen kann man zudem bei Massage- und Kosmetikanwendungen oder bei bürgerlich-regionaler Küche.

RAMMINGEN – **Baden-Württemberg** – **siehe Langenau**

RAMSAU – **Bayern** – **546** – **1 800 Ew** – **Höhe 670 m** – **Wintersport: 1 400 m** 4 – **Luftkurort** **67** O21

Berlin 732 – München 138 – Bad Reichenhall 21 – Berchtesgaden 11

Im Tal 2, ✉ 83486, ✆ (08657) 98 89 20, www.ramsau.de

Schwarzbachwachtstraße (★★), Nord: 7 km · Hintersee★, West: 5 km

Berghotel Rehlegg
Holzengasse 16 ✉ 83486 – ✆ (08657) 9 88 40 – www.rehlegg.de
87 Zim – 59/75 € 117/229 € – 9 Suiten – ½ P
Rest – *(nur Abendessen)* Menü 28 € – Karte 27/41 €
Aus einem Hof von 1640 ist das Ferienhotel der Familie Lichtmannegger gewachsen. In der Residenz hat man Suiten und Studios in schickem alpenländisch-modernem Stil, z. T. mit Kamin und Außenwhirlpool. Hübsches regionstypisches Restaurant mit Sonnenterrasse.

An der Straße nach Loipl **Nord: 6 km**

Nutzkaser
Am Gseng 10 ✉ 83486 Ramsau – ✆ (08657) 3 88 – www.hotel-nutzkaser.de
– geschl. 11. November - 14. Dezember
23 Zim – 62/83 € 88/130 € – ½ P **Rest** – Menü 15 € – Karte 18/34 €
Ein sympathischer Familienbetrieb mit soliden, behaglichen Zimmern. Traumhaft ist die einsame und ruhige Lage in 1100 m Höhe, herrlich die Aussicht auf Watzmann und Hochkalter. Panoramarestaurant und gemütliches Kaminstüberl.

RAMSEN – Rheinland-Pfalz – 543 – 1 800 Ew – Höhe 232 m 47 E16

Berlin 645 – Mainz 63 – Neustadt an der Weinstraße 57 – Saarbrücken 100

Seehaus Forelle (mit Gästehaus) 

Am Eiswoog (Süd-West: 4 km, Richtung Kaiserslautern) ✉ 67305 – ✆ (06356) 6 08 80 – www.seehaus-forelle.de

20 Zim – 70/115 € 90/150 € – 1 Suite – ½ P

Rest – Menü 38/45 € – Karte 28/53 €

In idyllischer Lage an einem Weiher erwarten Sie modern designte Zimmer im "haeckenhaus" sowie 100 m entfernt im "forsthaus" und einem kleinen Nebenhaus. TV auf Wunsch. Restaurant mit Seeterrasse, Kaminzimmer und elegantem Grünem Salon. Süßwasserfisch-Spezialitäten.

RAMSTEIN-MIESENBACH – Rheinland-Pfalz – 543 – 7 410 Ew – Höhe 238 m 46 D16

Berlin 662 – Mainz 100 – Saarbrücken 56 – Kaiserslautern 19

Ramsteiner Hof garni 

Miesenbacher Str. 26 (Ramstein) ✉ 66877 – ✆ (06371) 97 20 – www.ramsteiner-hof.de

21 Zim – 75/95 € 95/125 €

Der ehemalige Gasthof a. d. 18. Jh. ist zu einem netten und gepflegten Landhotel geworden: Es gibt hier einen gemütlichen Loungebereich sowie helle, mit warmen Farben wohnlich gestaltete und technisch gut ausgestattete Zimmer.

RANDERSACKER – Bayern – 546 – 3 400 Ew – Höhe 175 m 49 I16

Berlin 498 – München 278 – Würzburg 8 – Ansbach 71

Maingasse 9, ✉ 97236, ✆ (0931) 70 53 17, www.randersacker.de

Bären (mit Gästehaus)

Würzburgerstr. 6 ✉ 97236 – ✆ (0931) 7 05 10 – www.baeren-randersacker.de – geschl. 23. Dezember - 6. Januar, 11. - 28. August

38 Zim – 61/89 € 92/120 €

Rest *Bären* – siehe Restaurantauswahl

Der hübsche Gasthof mit Familientradition seit 1886 liegt unweit von Würzburg in einem Weinort am Main. Man hält hier alles schön in Schuss, die Atmosphäre ist sympathisch, die Zimmer sind zeitgemäß und am Morgen gibt es ein frisches Frühstück. Tagungsräume im Gartenhaus.

Bären – Hotel Bären 

Würzburgerstr. 6 ✉ 97236 – ✆ (0931) 7 05 10 – www.baeren-randersacker.de – geschl. 23. Dezember - 6. Januar, 11. - 28. August und Sonntagabend

Rest – Karte 26/51 €

Was dieses Restaurant so nett und beliebt macht? Zum einen ist es der traditionelle Charme, zum anderen die regionale Saisonküche - und natürlich die Spezialität: Forelle. Gerne sitzen die Gäste im Sommer im lauschigen Innenhof.

RASTATT – Baden-Württemberg – 545 – 47 560 Ew – Höhe 123 m 54 E18

Berlin 696 – Stuttgart 97 – Karlsruhe 24 – Baden-Baden 13

Herrenstr. 18, im Schloss, ✉ 76437, ✆ (07222) 9 72 12 20, www.rastatt.de

Rastatt-Plittersdorf, Im Teilergrund 1, ✆ (07222) 15 42 09

Schloss★ (Erinnerungsstätte für die Freiheitsbewegungen in der deutschen Geschichte★)

Schloss Favorite★★ (Innenausstattung★★), Süd-Ost: 5 km

Schwert 

Herrenstr. 3a ✉ 76437 – ✆ (07222) 76 80 – www.hotel-schwert.de

51 Zim – 69/99 € 99/135 € – ½ P

Rest *Schwert Stuben* – *(geschl. 1. - 6. Januar und Samstagmittag, Sonntag - Montag)* Menü 23 € (mittags)/74 € – Karte 29/59 €

Hoteltradition seit 1729 bietet das stattliche Haus mitten in Rastatt. Sie wohnen in funktionellen und technisch gut ausgestatteten Zimmern, perfekt für Businessgäste, aber auch für Stadtbesucher. Im Restaurant serviert man Ihnen traditionelle und gehobene Küche mit badischen Wurzeln.

Am Kulturplatz

Am Schloßplatz 7 ✉ 76437 – ✆ (07222) 15 88 70 – www.hotel-am-kulturplatz.de
10 Zim – 🚹78 € 🚹🚹98 €
Rest – *(geschl. Samstagmittag und Sonntag)* Karte 22/49 €
Das kleine Hotel in dem schön sanierten denkmalgeschützten Haus von 1907 überzeugt durch seine hübschen, geradlinig-modern eingerichteten Gästezimmer. Restaurant im Bistrostil, im Sommer mit netter Terrasse.

RASTEDE – **Niedersachsen** – **541** – **20 820 Ew** – **Höhe 18 m** – **Luftkurort** **17** F6

Berlin 445 – Hannover 181 – Bremen 58 – Wilhelmshaven 44

Kleibroker Str. 1, ✉ 26180, ✆ (04402) 93 98 23, www.rastede-touristik.de

Rastede-Wemkendorf, Wemkenstr. 13, ✆ (04402) 72 40

Schlosspark-Hotel Hof von Oldenburg (mit Gästehäusern)

Oldenburger Str. 199 ✉ 26180 – ✆ (04402) 9 27 90 Rest,
– www.schlosspark-hotel.de – geschl. 23. Dezember - 7. Januar
47 Zim – 🚹48/54 € 🚹🚹80/92 € – ½ P
Rest – Menü 14/28 € – Karte 12/38 €
Direkt am Schlosspark des Luftkurortes und doch verkehrsgünstig gelegenes Hotel mit solide und funktionell ausgestatteten Gästezimmern. Unterteiltes bürgerliches Restaurant.

Das weiße Haus mit Zim

Südender Str. 1 ✉ 26180 – ✆ (04402) 32 43 – www.kindermann-weisseshaus.de – geschl. Januar 1 Woche, Oktober 1 Woche und Mittwoch - Donnerstag
3 Zim – 🚹57/82 € 🚹🚹94/115 €
Rest – *(nur Abendessen)* (Tischbestellung ratsam) Menü 40 € – Karte 29/51 €
Ein schönes reetgedecktes Ammerländer Bauernhaus von 1892 mit gediegenem Interieur und saisonal beeinflusster internationaler Küche. Im Sommer serviert man auch im hübschen Naturgarten. Zum Übernachten stehen wohnliche Gästezimmer bereit.

RATEKAU – **Schleswig-Holstein** – **541** – **15 560 Ew** – **Höhe 20 m** **11** K4

Berlin 323 – Kiel 71 – Eutin 27 – Lübeck 15

In Ratekau-Warnsdorf **Nord-Ost: 9 km**

Landhaus Töpferhof

Fuchsbergstr. 5 ✉ 23626 – ✆ (04502) 21 24 – www.landhaus-toepferhof.de
35 Zim – 🚹90/155 € 🚹🚹130/170 € – 3 Suiten – ½ P
Rest – *(geschl. Sonntag) (nur Abendessen)* Karte 24/56 €
Wer eine individuelle Adresse sucht, wird sich hier wohlfühlen - dafür sorgen Landhaus-Flair, wohltuende Kosmetik- und Massage-Anwendungen und ein großer Garten mit Ententeich (besonders ruhig sind die Zimmer zu dieser Seite!) sowie ein gemütliches Restaurant mit schönem Wintergarten und ein sehenswerter Weinkeller.

RATHEN (KURORT) – **Sachsen** – **544** – **400 Ew** – **Höhe 120 m** **43** R12
– **Luftkurort**

Berlin 226 – Dresden 37 – Pirna 18

Füllhölzelweg 1, ✉ 01824, ✆ (035024) 7 04 22, www.kurort-rathen.de

Elbiente

Zim,
Wehlener Weg 1 ✉ 01824 – ✆ (035024) 7 55 00 – www.elbiente.de
30 Zim – 🚹70/120 € 🚹🚹90/140 € – ½ P **Rest** – Menü 23 € – Karte 23/40 €
Das Hotel liegt direkt an der Fähre und ist ein idealer Ausgangspunkt für Radwanderungen. In den Zimmern: geradliniges Design in Erdtönen und kräftigem Rot. Relaxen bei Kosmetik oder im Solebad, Elbblick vom Restaurant und der Terrasse.

 **Elbschlösschen** 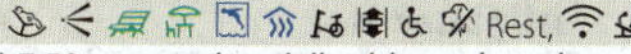

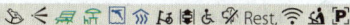

Kottesteig 5 ✉ 01824 – ✆ (035024) 7 50 – www.hotelelbschloesschen.de – geschl. 2. - 16. Januar

70 Zim – 60/105 € 85/130 € – ½ P

Rest – Karte 23/50 €

Ein Logenplatz direkt an der Elbe, am Fuße der Bastei. Einige Zimmer haben einen eigenen Balkon zum Elbufer hin, und auch vom Restaurant Lilienstein schaut man auf den Fluss. Zudem: Massage und Kosmetik in der Beautyabteilung.

RATHENOW – **Brandenburg** – **542** – **25 310 Ew** – **Höhe 29 m** **21** N8

Berlin 91 – Potsdam 78 – Magdeburg 85 – Brandenburg 32

Freier Hof 5, ✉ 14712, ✆ (03385) 51 49 91, www.fvv-westhavelland.de

Semlin, Ferchesarer Str. 8b, ✆ (03385) 55 44 10

 **Fürstenhof** garni

Bahnhofstr. 13 ✉ 14712 – ✆ (03385) 55 80 00 – www.hotel-fuerstenhof-rathenow.de

40 Zim – 67/75 € 98/110 €

Das Haus mit der auffallend gepflegten klassischen Fassade liegt im Zentrum nahe dem Bahnhof. Individuelle, z. T. mit Antiquitäten eingerichtete Zimmer und stilvoll-gediegener Frühstücksraum.

In Rathenow-Semlin **Nord-Ost: 6 km über B 188, in Stechow links**

 **Golf Resort Semlin am See** Rest, Rest,

Ferchesarer Str. 8 b (Süd-Ost: 2,5 km) ✉ 14712 – ✆ (03385) 55 40 – www.golfresort-semlin.de – geschl. 4. - 10. Februar

72 Zim – 85/100 € 110/145 € – 1 Suite – ½ P

Rest – Menü 15/20 € – Karte 15/28 €

Ein Golfhotel in herrlich ruhiger Lage etwas außerhalb. Die Zimmer sind wohnlich gestaltet und verfügen über Balkon/Terrasse zum Golfplatz oder zum Wald. Gute Tagungsmöglichkeiten. Schön sind die Restaurantterrasse mit Blick ins Grüne sowie der große Barbereich.

RATINGEN – **Nordrhein-Westfalen** – **543** – **91 090 Ew** – **Höhe 50 m** **26** C11

Berlin 552 – Düsseldorf 13 – Duisburg 19 – Essen 22

Minoritenstr. 2, ✉ 40878, ✆ (02102) 5 50 41 11, www.ratingen.de

18 Ratingen, Rommeljansweg 12, ✆ (02102) 8 10 92

36 Heiligenhaus, Höseler Str. 147, ✆ (02056) 9 33 70

18 Ratingen-Homberg, Grevenmühle, ✆ (02102) 9 59 50

 **relexa hotel Ratingen City** 

Calor-Emag-Str. 7 ✉ 40878 – ✆ (02102) 1 67 50 – www.relexa-hotels.de

134 Zim – 57/149 € 57/179 €, 17 € – ½ P

Rest – Menü 19 € (mittags)/42 € – Karte 34/50 €

Das Businesshotel im Zentrum ist freundlich in neuzeitlichem Stil gehalten. Großzügige Lobby mit angrenzendem Café. Sauna und Fitnessraum sind kostenpflichtig. Das geradlinige Ambiente setzt sich im Restaurant fort.

Astoria garni

Mülheimer Str. 72 ✉ 40878 – ✆ (02102) 8 56 70 – www.astoria-ratingen.de – geschl. 20. Dezember - 6. Januar, über Ostern

27 Zim – 89/98 € 98/110 €

Das familiär geleitete zeitgemäße Hotel befindet sich in einem hübschen Stadthaus in verkehrsgünstiger Lage am Zentrumsrand. Gutes Frühstücksbuffet und W-Lan kostenfrei.

Allgäuer Hof

Beethovenstr. 24 ✉ 40878 – ✆ (02102) 9 54 10 – www.allgaeuerhof-ratingen.de – geschl. 20. Dezember - 8. Januar

14 Zim ☕ – ♦79/179 € ♦♦99/199 € – ½ P

Rest – *(geschl. August 3 Wochen und Samstag)* Menü 36 € (abends) – Karte 22/44 €

Das gepflegte kleine Hotel mit den gut ausgestatteten Zimmern wird persönlich und familiär geführt. Zum historischen Stadtkern sind es nur wenige Gehminuten. Gemütliches Ambiente und bürgerliche Küche im Restaurant.

Wasserburg Haus zum Haus

Mühlenkämpchen 8 ✉ 40878 – ✆ (02102) 2 25 86 – www.wasserburghauszumhaus.de – geschl. Anfang Januar 1 Woche, Juli - August 2 Wochen und Montag, Samstagmittag

Rest – Menü 49/99 € – Karte 39/67 €

Eine schöne Adresse ist die einstige Wasserburg a. d. 13. Jh.: toller historischer Rahmen und freundliche Gastgeber. Im 1. Stock werden internationale Speisen serviert, die aus der Showküche kommen. Für Veranstaltungen hat man den historischen Weinkeller.

In Ratingen-Homberg Ost: 5 km jenseits der A3

Essgold

Dorfstr. 33 ✉ 40882 – ✆ (02102) 5 51 90 70 – www.restaurant-essgold.de – geschl. 30. Dezember - 9. Januar und Montag - Dienstag

Rest – *(nur Abendessen, sonntags auch Mittagessen)* Menü 39/52 € – Karte 27/50 €

Hinter den bleiverglasten Fenstern des Fachwerkhauses von 1875 sitzt man in einem gemütlichen Raum mit Kachelofen unter einer Holzbalkendecke auf hellen Lederstühlen und lässt sich saisonale Küche servieren. Auch zwei Gästezimmer stehen zur Verfügung.

In Ratingen-Lintorf Nord: 4 km, jenseits der A 52

Gut Porz

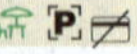

Hülsenbergweg 10 ✉ 40885 – ✆ (02102) 93 40 80 – www.gutporz.de – geschl. Ende Dezember - Anfang Januar 2 Wochen, 23. Juli - 6. August und Dienstag

Rest – *(Montag - Samstag nur Abendessen, außer an Feiertagen)* (Tischbestellung ratsam) Menü 30/69 € – Karte 27/54 €

Ein liebenswert-rustikales Fachwerkhaus mit Wintergarten und moderner Raucherlounge. Das schmackhafte Angebot reicht von Flammkuchen über Dim Sum bis hin zu Klassikern und wird von einem freundlichen jungen Team serviert.

In Ratingen-Tiefenbroich Nord-West: 2 km über Kaiserswerther Straße

TRYP Düsseldorf Airport

Am Schimmersfeld 9 ✉ 40880 – ✆ (02102) 42 70 – www.melia.com

137 Zim – ♦70/110 € ♦♦90/120 €, ☕ 18 € **Rest** – Karte 25/52 €

Hier überzeugt natürlich die Nähe zum Flughafen Düsseldorf. Das Hotel ist ideal für Tagungen und bietet geräumige Zimmer (viele mit Kitchenette) sowie einen hübschen Saunabereich. Zum Restaurant mit Showküche gehört eine schöne Terrasse.

Beim Autobahnkreuz Breitscheid Nord: 5 km, Ausfahrt Mülheim

Landhotel Krummenweg

Am Krummenweg 1 ✉ 40885 Ratingen-Breitscheid – ✆ (02102) 70 06 70 – www.hotel-krummenweg.de

59 Zim – ♦98/118 € ♦♦98/148 €, ☕ 16 € – 1 Suite

Rest – *(geschl. Sonntag)* Menü 39/59 € (abends) – Karte 26/52 €

Eine moderne Lobby und sehr geräumige, geschmackvoll gestaltete Gästezimmer hat das komfortable Hotel in verkehrsgünstiger Lage zu bieten. In einem kleinen Fachwerkhaus befinden sich auf zwei Ebenen gemütliche rustikale Restaurantstuben.

RATSHAUSEN – Baden-Württemberg – 545 – 770 Ew – Höhe 676 m 62 F20

Berlin 725 – Stuttgart 91 – Konstanz 101 – Villingen-Schwenningen 33

Adler

Hohnerstr. 3 ✉ 72365 – ✆ (07427) 22 60 – www.adler-ratshausen.de – geschl. Juni 2 Wochen und Montag - Dienstag

Rest – Karte 29/66 €

In jeder Hinsicht ein echtes kleines Bijou! Da ist zum einen das Haus an sich, 1811 erbaut, reizend die historischen Details. Zum anderen ist Gastgeberin Martina Sauter, gebürtige Österreicherin, an Charme und Herzlichkeit kaum zu übertreffen, und dann ist da noch die schmackhafte schwäbische Küche ihres Mannes Klaus! Hier wird so viel wie nur möglich selbst gemacht: Brot, Würste, Schinken, Schnaps... Man hat eigene Schweine und schlachtet selbst. Kinder sind hier übrigens ausdrücklich willkommen!

RATTENBERG – Bayern – 546 – 1 850 Ew – Höhe 560 m 59 O17 – Erholungsort

Berlin 506 – München 153 – Regensburg 71 – Cham 25

Dorfplatz 15, ✉ 94371, ✆ (09963) 94 10 30, www.rattenberg.de

Posthotel

Rest,

Dorfplatz 2 ✉ 94371 – ✆ (09963) 95 00 – www.posthotel-rattenberg.de – geschl. 16. - 31. Juli, 16. - 22. Dezember

47 Zim – 62/85 € 110/130 € – 2 Suiten – ½ P

Rest – Karte 26/45 €

Der Familienbetrieb hat sich von einem traditionellen Gasthof zu einem Wellnesshotel mit schönen wohnlichen Zimmern und vielfältigem Spa auf rund 1000 qm entwickelt. Ein lichter Wintergarten ergänzt das in ländlichem Stil gehaltene Restaurant. HP inklusive.

RATZEBURG – Schleswig-Holstein – 541 – 13 700 Ew – Höhe 36 m 11 K5 – Luftkurort

Berlin 240 – Kiel 107 – Lübeck 23 – Schwerin 46

Unter den Linden 1, ✉ 23909, ✆ (04541) 8 00 08 86, www.ratzeburg-tourismus.de

Wittlers Hotel-Gästehaus Cäcilie

Zim,

Große Kreuzstr. 11 ✉ 23909 – ✆ (04541) 32 04 – www.wittlers-hotel.de – geschl. 20. Dezember - 19. Januar

30 Zim – 70/80 € 90/118 € – ½ P

Rest – *(geschl. Sonntagabend)* Karte 17/44 €

Man findet dieses Hotel im historischen Zentrum der im Ratzeburger See gelegenen Inselstadt. Die Gästezimmer sind praktisch in funktionellem Stil eingerichtet. Im Restaurant wird internationale Küche geboten.

RAUENBERG – Baden-Württemberg – 545 – 7 960 Ew – Höhe 132 m 47 F17

Berlin 631 – Stuttgart 99 – Mannheim 37 – Heidelberg 22

Winzerhof

Bahnhofstr. 4 ✉ 69231 – ✆ (06222) 95 20 – www.winzerhof.net – geschl. 1. - 6. Januar

75 Zim – 69/98 € 119/217 € – ½ P

Rest *Angela* – siehe Restaurantauswahl

Rest – *(geschl. Montagmittag)* Menü 15/40 € – Karte 25/44 €

Seit 1900 hat sich einiges getan: Familie Menges steckt viel Herzblut in ihr Haus - inzwischen in der 4. Generation! Fragen Sie nach den ansprechenden und geräumigen Komfortzimmern. Das Restaurant "Regionale Stuben" ist rustikal.

Gutshof

Suttenweg 1 ✉ 69231 – ✆ (06222) 95 10 – www.gutshof-menges.de – geschl. 24. Dezember - 7. Januar, August 3 Wochen

30 Zim – 78/93 € 135/145 €

Rest – *(geschl. Samstag - Sonntag und Feiertage) (nur Abendessen)* Karte 15/44 €

Das Hotel ist direkt an das eigene Weingut angeschlossen - ruhig, ringsum romantische Weinberge, dennoch gute Autobahnanbindung. Hübsch ist der kleine Kräutergarten. Terrakottafliesen und helle Holzstühle lassen die ohnehin schon lichtdurchflutete Weinstube noch freundlicher wirken.

Angela – Hotel Winzerhof
Bahnhofstr. 4 ✉ 69231 – ✆ (06222) 95 23 53 – www.winzerhof.net – geschl. Januar, 25. März - 5. April, 21. Mai - 1. Juni, 25. Juli - 7. September, 28. - 31. Oktober und Sonntag - Dienstag sowie an Feiertagen
Rest – *(nur Abendessen)* (Tischbestellung ratsam) Menü 55/80 € – Karte 33/64 €
Ein rustikal gehaltenes Restaurant mit einer Speisekarte, auf der Sie Klassiker finden wie geschmorte Rinderbäckchen mit Wurzelgemüse oder Brüstchen von der Maispoularde in Rosmarin gebraten.

RAUHENEBRACH – Bayern – 546 – 2 980 Ew – Höhe 320 m — 49 J15

Berlin 431 – München 251 – Coburg 70 – Nürnberg 82

In Rauhenebrach-Schindelsee

Gasthaus Hofmann mit Zim
Schindelsee 1 ✉ 96181 – ✆ (09549) 9 87 60 – www.schindelsee.de – geschl. 7. - 30. Januar und Montag - Mittwochmittag, Donnerstagmittag, Freitagmittag; November - März: Montag - Donnerstagmittag, Freitagmittag
8 Zim – †43/60 € ††65/85 €, ☕ 8 € **Rest** – Menü 54 € – Karte 23/51 €
Regional und saisonal isst man hier, die Produkte sind frisch und teilweise sogar selbst erzeugt! Das lockt viele Stammgäste in den Landgasthof, die in gemütlich-rustiklaer Atmosphäre z. B. "Krustenbraten mit Kartoffelkloß und Kohlrabigemüse" oder den "Gockel aus Kleinlangheim" bestellen! Wer von weiter weg kommt, kann nach dem Essen auch in wohnlichen Zimmern übernachten.

RAUNHEIM – Hessen – siehe Rüsselsheim

RAVENSBURG – Baden-Württemberg – 545 – 49 780 Ew – Höhe 450 m — 63 H21

Berlin 696 – Stuttgart 147 – Konstanz 43 – Ulm (Donau) 86
ADAC Jahnstr. 26
Kirchstr. 16, ✉ 88212, ✆ (0751) 8 28 00, www.ravensburg.de
Ravensburg, Hofgut Okatreute, ✆ (0751) 99 88
Liebfrauenkirche (Schutzmantelmadonna★★)

Waldhorn Rest,
Marienplatz 15 ✉ 88212 – ✆ (0751) 3 61 20 – www.waldhorn.de – geschl. über Weihnachten
42 Zim ☕ – †65/119 € ††109/139 € – 6 Suiten – ½ P
Rest – *(geschl. Sonntag - Montag sowie an Feiertagen)* Menü 20 € (mittags)/ 76 € – Karte 32/63 €
In der Fußgängerzone steht das denkmalgeschützte Stadthaus. Neben zeitlos eingerichteten Zimmern bietet man einige elegante Romantikzimmer sowie moderne Appartements. Aus der Küche kommen euro-asiatische Gerichte, die man sich in der historischen holzgetäfelten Stube servieren lässt oder im einfacheren rustikalen Rebleutehaus.

Rebgarten garni
Zwergerstr. 7 ✉ 88214 – ✆ (0751) 36 23 30 – www.hotel-rebgarten.de – geschl. 21. Dezember - 2. Januar
30 Zim ☕ – †72/99 € ††90/125 €
Großzügig und funktional gestaltet sind sowohl die Gästezimmer als auch der Saunabereich dieses Hotels am Rande der Innenstadt - ruhig die Lage im Hinterhof.

Bärengarten Rest,
Schützenstr. 21 ✉ 88212 – ✆ (0751) 18 97 07 20 – www.baerengarten.de
13 Zim ☕ – †80 € ††98/115 €
Rest – *(geschl. Anfang Februar 2 Wochen, Mitte Juli 2 Wochen und Montag)* Karte 16/43 €
In dem kleinen Hotel in der sanierten 100 Jahre alten Villa stehen den Gästen zeitgemäß-funktionell eingerichtete Zimmer zur Verfügung. Zum großen Wirtshaus gehören ein Biergarten und eine schöne gediegene Zigarren-Lounge.

Obertor

Marktstr. 67 ✉ 88212 – ✆ (0751) 3 66 70 – www.hotelobertor.de – geschl. 23. Dezember - 2. Januar
30 Zim – 🚹85/160 € 🚹🚹120/190 € – 2 Suiten
Rest – *(geschl. Dienstag, Sonntag) (nur Abendessen)* Menü 30/60 € – Karte 22/49 €
Das historische Haus am Obertor beherbergt charmante und recht individuelle Zimmer, einen hübschen Frühstücksraum mit Blick ins Grüne und eine schöne Dachterrasse. Gemütlich ist das Ambiente in der liebenswert gestalteten Gaststube.

Lumperhof

Lumper 1 (West: 2 km in Richtung Schlier) ✉ 88212 – ✆ (0751) 3 52 50 01 – www.lumperhof.de – geschl. 10. - 24. Juni und Dienstag
Rest – *(Montag - Freitag nur Abendessen)* Menü 34/56 € – Karte 32/47 €
Ein idyllisch gelegener Landgasthof, der in 3. Generation von der Familie geführt wird. Jochen Fischer kocht für Sie schmackhafte regional-saisonale Speisen wie "Perlhuhnbrust mit Spargel und Kartoffeln" - und die lässt man sich im Sommer auch gerne auf der reizvollen Terrasse servieren.

RECKLINGHAUSEN – Nordrhein-Westfalen – 543 – 118 370 Ew – Höhe 85 m   26 C10

Berlin 508 – Düsseldorf 63 – Bochum 17 – Dortmund 28
ADAC Martinistr. 11
Recklinghausen, Bockholter Str. 475, ✆ (02361) 9 34 20
Ikonen-Museum★★

Parkhotel Engelsburg

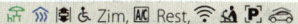

Augustinessenstr. 10 ✉ 45657 – ✆ (02361) 20 10 – www.parkhotel-engelsburg.de
64 Zim – 🚹95/156 € 🚹🚹117/185 € – 1 Suite – ½ P
Rest *VESTTAFEL* – ✆ (02361) 20 11 25 *(geschl. Sonntag) (nur Abendessen)* Menü 29/52 € – Karte 34/54 €
Ein über 300 Jahre altes ehemaliges Herrenhaus am Altstadtrand mit wohnlichem und elegantem Ambiente. Wenn es mal etwas Besonderes sein darf: Im historischen Turm befindet sich eine schöne Suite auf drei Etagen! Modern, trendig, frisch... das ist das Restaurant "VESTTAFEL" mit zeigemäßer Küche.

REES – Nordrhein-Westfalen – 543 – 22 270 Ew – Höhe 17 m   25 B10

Berlin 580 – Düsseldorf 87 – Arnhem 49 – Wesel 24
Markt 1, ✉ 46459, ✆ (02851) 5 11 15, www.stadt-rees.de

Op de Poort

Vor dem Rheintor 5 ✉ 46459 – ✆ (02851) 74 22 – www.opdepoort.de – geschl. 1. Januar - 20. Februar und Montag - Dienstag, außer an Feiertagen
Rest – (Tischbestellung ratsam) Menü 32/53 € – Karte 32/47 €
Da kann man schon ins Schwärmen kommen, wenn man bei schönem Wetter auf der Terrasse sitzt! Sie genießen hier aber nicht nur die herrliche Sicht auf den Rhein, sondern auch schmackhafte Küche mit regionalem und internationalem Einfluss. Drinnen im klassisch-eleganten Restaurant sorgt die Fensterfront für reizvolle Ausblicke.

In Rees-Reeserward Nord-West: 4 km über Westring und Wardstraße

Landhaus Drei Raben

Reeserward 5 ✉ 46459 – ✆ (02851) 18 52 – www.landhaus-drei-raben.de – geschl. Montag - Dienstag
Rest – Menü 32/55 € – Karte 32/57 €
Seinen Landgut-Charakter hat das Anwesen a. d. 18. Jh. bewahrt, entsprechend gemütlich - mit Kaminöfen und ländlichem Touch - auch das Interieur. Im Sommer lässt man sich die international-regionale Küche am besten auf der herrlichen Terrasse zum Rhein schmecken - beliebt auch bei Kaffeegästen, die nachmittags wegen des tollen hausgemachten Kuchens kommen!

REGENSBURG – Bayern – 546 – 135 520 Ew – Höhe 343 m

58 N18

Berlin 489 – München 122 – Nürnberg 100 – Passau 115

ADAC Paracelsusstr. 1

Rathausplatz 4, Altes Rathaus B1, ✉ 93047, ✆ (0941) 5 07 44 10, www.regensburg.de/tourismus

Sinzing, Am Minoritenhof 1, ✆ (0941) 3 78 61 00

Jagdschloß Thiergarten, ✆ (09403) 5 05

Dom St. Peter★ Steinerne Brücke (e★ Haidplatz★ · Altes Rathaus★B1 · Alte Kapelle★ · Diözesanmuseum St. Ulrich★C1 · Schottenkirche St. Jakob (Hauptportal★)A2 · Kunstforum Ostdeutsche Galerie★

Walhalla★, Ost: 11 km

Goliath am Dom garni

Goliathstr. 10 ✉ 93047 – ✆ (0941) 2 00 09 00 – www.hotel-goliath.de

41 Zim – 115/180 € 155/180 € – 2 Suiten B1**g**

Ein gut geführtes Hotel in Domnähe mit freundlichem Service. In den Zimmern schafft liebenswertes Dekor eine individuelle Note. Nettes Café und Dachterrasse mit schöner Sicht.

Sorat Insel-Hotel

Zim, Rest,

Müllerstr. 7, (Zufahrt über Oberpfalzbrücke) ✉ 93059 – ✆ (0941) 8 10 40 – www.sorat-hotels.com B1**r**

73 Zim – 87/147 € 126/186 € – 2 Suiten – ½ P

Rest *Brandner* – ✆ (0941) 8 10 44 70 *(geschl. 21. Dezember - 13. Januar und Sonntag - Montag)* Menü 25/80 € – Karte 23/34 €

Das moderne Hotel ist aus einer denkmalgeschützten alten Manufaktur entstanden, die reizvoll über einen Donauarm gebaut wurde. Komfortzimmer mit Sicht auf Fluss und Altstadt. Brandner mit neuzeitlich-elegantem Ambiente und Panoramablick auf den Dom.

Regensburg

Ziegetsdorfer Str. 111 (West: 3 km über Augustenstraße A2, Richtung München) ✉ 93051 – ✆ (0941) 46 39 30 – www.hotel-regensburg.bestwestern.de

128 Zim – 104/121 € 117/136 € – ½ P

Rest – *(Samstag - Sonntag nur Abendessen)* Karte 26/36 €

Diese Businessadresse mit guter Autobahnanbindung ist von der Atriumhalle mit Lobbybar bis zu den Zimmern in klarem modernem Stil gehalten. Komfortabler sind die Juniorsuiten. Das Restaurant nennt sich Alte Ziegelei und ist geradlinig gestaltet.

Orphée Großes Haus

Untere Bachgasse 8 ✉ 93047 – ✆ (0941) 59 60 20 – www.hotel-orphee.de

33 Zim – 110/175 € 140/205 € – 1 Suite B1**b**

Rest – Karte 26/53 €

Für Autofahrer ist die Innenstadtlage zwar nicht ganz ideal, dafür ist das Ambiente umso schöner: Wie könnte man attraktiver wohnen als in stilgerecht erhaltenen Räumen mit Stuckdecken und Dielenböden? Ist Ihnen nach einem modernen Giebelzimmer oder bevorzugen Sie die günstigere Variante im Gästehaus? Bistro mit Pariser Charme.

Central garni

Margaretenstr. 18 (über Kunpfmühler Straße A2) ✉ 93047 – ✆ (0941) 2 98 48 40 – www.hotel-central-regensburg.de

70 Zim – 94/134 € 124/164 €, 11 €

Zwischen Schlosspark und Hauptbahnhof liegt das modern-funktionelle Businesshotel. Einige der Zimmer bieten Schlossblick. Zum Frühstück oder auf einen Kaffee geht man in die Lounge im Coffeeshop-Stil. Fortschrittlich: eigene Elektroauto-Tankstelle!

Landhaus Andreasstadel garni

Andreasstr. 26 (über Griesersteg C1) ✉ 93059 – ✆ (0941) 59 60 23 00 – www.hotel-orphee.de

10 Zim – 105/125 € 135/165 €

Das charmante ehemalige Salzstadel nahe der Steinernen Brücke besticht durch herzliche Gästebetreuung und geräumige Zimmer mit mediterraner Note, teils zu den Donauauen hin. Das Frühstück serviert man Ihnen auf dem Zimmer. Parkplatz in der Salzgasse.

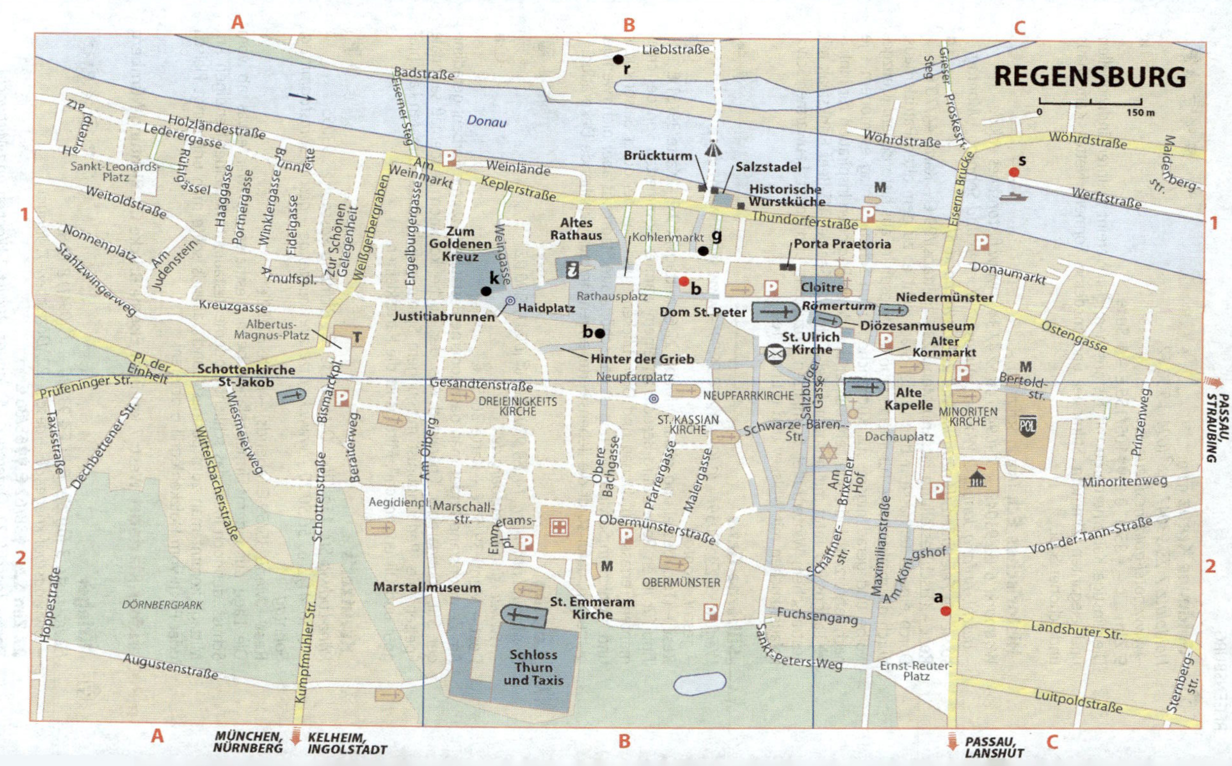
REGENSBURG
0
150 m
A
B
C
1
2
Lieblstraße
Badstraße
Eiserner Steg
Donau
Grieser Steg
Proskestr.
Eiserne Brücke
Wöhrdstraße
Maidenberg-str.
Werftstraße
Holzländestraße
Lederergasse
Herrenplatz
Sankt-Leonards-Platz
Rühlgässel
Haaggasse
Portnergasse
Winklergasse
Fidelgasse
Brunnleite
Weitoldstraße
Nonnenplatz
Am Judenstein
Stahlzwingerweg
Arnulfspl.
Zur Schönen Gelegenheit
Weißgerbergraben
Engelburgergasse
Am Weinmarkt
Weinlände
Keplerstraße
Weingasse
Zum Goldenen Kreuz
Altes Rathaus
Kohlenmarkt
Brückturm
Salzstadel
Historische Wurstküche
Thundorferstraße
Porta Praetoria
Donaumarkt
Cloître
Niedermünster
Römerturm
Diözesanmuseum
Dom St. Peter
St. Ulrich Kirche
Alter Kornmarkt
Ostengasse
Justitiabrunnen
Haidplatz
Rathausplatz
Hinter der Grieb
Neupfarrplatz
Kreuzgasse
Albertus-Magnus-Platz
Pl. der Einheit
Prüfeninger Str.
Schottenkirche St-Jakob
Bismarckpl.
Gesandtenstraße
DREIEINIGKEITS KIRCHE
NEUPFARRKIRCHE
ST. KASSIAN KIRCHE
Salzburger Gasse
Schwarze-Bären-Str.
Alte Kapelle
MINORITEN KIRCHE
Bertold-str.
Prinzenweg
Dachauplatz
Minoritenweg
Taxisstraße
Dechbettener Str.
Wittelsbacherstraße
Wiesmeierweg
Schottenstraße
Beraiterweg
Am Ölberg
Obere Bachgasse
Pfarrergasse
Malergasse
Am Brixener Hof
Aegidienpl.
Marschall-str.
Emmerams-pl.
Obermünsterstraße
Schäffner-str.
Maximilianstraße
Am Königshof
Von-der-Tann-Straße
OBERMÜNSTER
Marstallmuseum
St. Emmeram Kirche
Schloss Thurn und Taxis
DÖRNBERGPARK
Hoppestraße
Augustenstraße
Kumpfmühler Str.
Fuchsengang
Sankt-Peters-Weg
Ernst-Reuter-Platz
Landshuter Str.
Luitpoldstraße
Sternberg-str.
PASSAU, STRAUBING
MÜNCHEN, NÜRNBERG
KELHEIM, INGOLSTADT
PASSAU, LANSHUT

Goldenes Kreuz garni

Haidplatz 7 ✉ 93047 – ✆ (0941) 5 58 12
– www.hotel-goldeneskreuz.de B1**k**

9 Zim – ♦85/110 € ♦♦105/155 € – 1 Suite

Die einstige Kaiserherberge mit historischem Flair vereint in ihren individuellen und eleganten Zimmern Stilmöbel und moderne Formen. Nettes Kaffeehaus und schöner Saal.

Historisches Eck (Anton Schmaus)

Watmarkt 6 ✉ 93047 – ✆ (0941) 46 52 47 34 – www.historisches-eck.de
– geschl. Anfang Januar 2 Wochen, August 2 Wochen und Sonntag - Montag sowie an Feiertagen (Umzug im Mai 2014, Watmarkt 5) B1**b**

Rest – (Tischbestellung ratsam) Menü 23 € (mittags)/99 € – Karte 44/70 €

Durch eine Seitengasse mitten in der Stadt geht es zu dem alten Patrizierhaus, durch die markant rote Tür in eine schöne Atmosphäre aus historischem Kreuzgewölbe und geradlinigem Stil. Küchenchef Anton Schmaus mag es modern - je nach Jahreszeit sind seine Lehrmeister und deren Regionen Inspiration für ihn!

→ Langostino Tatar mit grünem Apfel, Chili und Seeigel. US-Beef Flanksteak mit australischem Wintertrüffel, Steinpilzen, Yuzukoshu und Foyot. Lauwarmer Schokoladenkuchen mit Whiskey und grünem Tee.

Silberne Gans

Werftstr. 3 ✉ 93059 – ✆ (0941) 2 80 55 98 – www.silbernegans.de
– geschl. Montag C1**s**

Rest – (Tischbestellung ratsam) Menü 22 € (mittags)/69 € – Karte 39/61 €

Tipp für Ihren Regensburg-Besuch: an einem warmen Sommertag von der charmanten Terrasse auf Donau und Dom blicken - und das bei guter Saisonküche und herzlichem Service! Drinnen ist das schöne alte Stadthaus aber nicht weniger gemütlich, dafür sorgt die liebenswerte, angenehm zurückhaltende Dekoration.

Lessing

D.-Martin-Luther-Str. 14 ✉ 93047 – ✆ (0941) 5 90 02
– www.lessing-regensburg.de C2**a**

Rest – Menü 39/51 € – Karte 36/52 €

Am Zentrumsrand findet man das moderne Restaurant: warme Farben, geradliniger Stil, loungartiger Charakter! Aus der Küche kommen zeitgemäß-saisonale Speisen wie "Perlhuhnbrust mit jungem Spinat gefüllt, dazu Tomaten-Lauchragout und Olivengnocchi". Mittags ist die Karte kleiner.

Kreutzer's

Prinz-Ludwig-Str. 15a (über Ostengasse C1, Richtung Passau) ✉ 93055 – ✆ (0941) 5 69 56 50 20 – www.kreutzers-restaurant.de – geschl. Samstagmittag, Sonntag

Rest – Menü 35/59 € (abends) – Karte 31/52 €

Die Lage auf einem Firmengelände beim Westhafen ist zwar etwas ab vom Schuss, dennoch lockt das schlicht-moderne Restaurant mit seiner trendigen Art. Mittags kommt man zum Business-Lunch, abends sollte man unbedingt Fleisch oder Fisch vom Holzkohlegrill probieren!

In Pettendorf-Mariaort West: 7 km über Eiserne Brücke C1, Richtung Nürnberg

Krieger

Heerbergstr. 3 (an der B 8) ✉ 93186 – ✆ (0941) 8 10 80
– www.gasthof-krieger.de – geschl. 22. Dezember -7. Januar

27 Zim – ♦38/62 € ♦♦68/86 €

Rest – *(geschl. 22. Dezember - 5. Januar, August 2 Wochen und Mittwoch)*
Menü 12 € – Karte 15/28 €

An der Naab-Donau-Mündung liegt der freundlich-familiär geleitete Gasthof mit etwas nach hinten versetztem Hotelbau. Schöne Aussicht von den flussseitigen Zimmern im 3. Stock. Zum Restaurant gehört ein gemütliches historisches Gewölbe.

In Donaustauf Ost: 9 km über Wördstraße C1

Forsters Posthotel
Maxstr. 43 ✉ 93093 – ✆ (09403) 91 00 – www.forsters-posthotel.de – geschl. 11. - 31. August
71 Zim – †93/119 € ††130/150 € – 2 Suiten – ½ P
Rest *Zum Postillion* **Rest *Karree*** – siehe Restaurantauswahl
Bei Monika und Reinhold Forster ist nicht nur alles top in Schuss, mit dem Neubau ist man auch "up to date": schön die modernen Zimmer sowie die Lobby und der Sauna-, Ruhe- und Beautybereich - alles in klaren Formen und ruhigen Farben. Hier im Hotel ist übrigens ein Teil der alten Stadtmauer freigelegt - so nimmt man optisch ansprechend Bezug auf Donaustauf.

XX **Karree** – Hotel Forsters Posthotel
Maxstr. 43 ✉ 93093 – ✆ (09403) 91 00 – www.forsters-posthotel.de – geschl. Januar 3 Wochen, 11. - 31. August und Sonntag - Dienstag
Rest – *(nur Abendessen)* (Tischbestellung ratsam) Menü 59/109 €
Mit seinem geradlinigen Design passt das Restaurant perfekt zum neuen Look des Forster'schen Hauses. Sie wählen zwischen zwei kreativen Menüs: "National" und "International".

XX **Zum Postillion** – Hotel Forsters Posthotel
Maxstr. 43 ✉ 93093 – ✆ (09403) 91 00 – www.hotel-forsters.de – geschl. 11. - 31. August
Rest – Menü 30/53 € – Karte 25/47 €
Nicht ohne Grund kehren immer wieder viele Gäste gerne bei Familie Forster ein! Schon das Lesen der international-regionalen Karte macht Appetit: ob Donauzander mit Kürbisgemüse oder Rib Eye Steak vom Wagyu-Rind!

In Neutraubling Süd-Ost: 10 km über Adolf-Schmetzer-Straße B Richtung Straubing

Am See (mit Gästehaus)
Teichstr. 6 ✉ 93073 – ✆ (09401) 94 60 – www.hotel-am-see.com
38 Zim – †70/119 € ††99/155 € – ½ P
Rest *Am See* – siehe Restaurantauswahl
An einem kleinen See liegt das Haus der Familie Lacher. Es erwarten Sie tipptopp gepflegte Zimmer in wohnlichen Farben sowie freundlicher Service. Geräumigere Komfortzimmer, im Gästehaus teils mit Terrasse.

XX **Am See** – Hotel Am See
Teichstr. 6 ✉ 93073 – ✆ (09401) 94 60 – www.hotel-am-see.com – geschl. August 3 Wochen und Montag
Rest – (Tischbestellung ratsam) Menü 30/45 € – Karte 23/47 €
Bayerischer Charme und gute Küche ziehen nicht nur die Stammgäste an, auch Tagungs-, Hochzeits- und Hotelgäste möchten sich Saisonales wie Wild oder bürgerliche Klassiker wie Zwiebelrostbraten mit Bratkartoffeln nicht entgehen lassen!

REGENSTAUF – Bayern – 546 – 15 130 Ew – Höhe 345 m – Wintersport: 520 m 2 58 N17

Berlin 474 – München 136 – Regensburg 19 – Nürnberg 110
Bahnhofstr. 15, ✉ 93128, ✆ (09402) 50 90, www.regenstauf.de

In Regenstauf-Heilinghausen Nord-Ost: 8 km im Regental

X **Landgasthof Heilinghausen**
Alte Regenstr. 5 ✉ 93128 – ✆ (09402) 42 38 – www.landgasthof-heilinghausen.de – geschl. Dienstag
Rest – Menü 30/67 € – Karte 17/40 €
Bürgerlich-regional speist man in dem mit viel Holz und Kachelofen gemütlich gestalteten Familienbetrieb. Biergarten vor dem Haus, auf der anderen Straßenseite der Fluss Regen.

REHBURG-LOCCUM – Niedersachsen – 541 – 10 390 Ew – Höhe 60 m

18 H8

Berlin 328 – Hannover 47 – Bremen 89 – Minden 28

Neustadt, Vor der Mühle 10a, (05036) 27 78

Rehburg-Loccum, Hormannshausen 2a, (05766) 9 30 17

Rodes Hotel

Marktstr. 22 (Loccum) ✉ 31547 – (05766) 2 38 – www.rodes-hotel.de – geschl. 20. Dezember - 10. Januar

23 Zim – 60/75 € 96/109 € – ½ P

Rest – *(geschl. Freitag)* Karte 17/48 €

Der traditionsreiche Familienbetrieb existiert bereits seit 1608 als Gasthof. Die Zimmer sind gepflegt und ländlich eingerichtet, nett ist der hell gestaltete Frühstücksraum. Restaurant im altdeutschen Stil.

REHLINGEN-SIERSBURG – Saarland – 543 – 15 440 Ew – Höhe 180 m

45 B16

Berlin 736 – Saarbrücken 37 – Luxembourg 66 – Trier 63

Im Ortsteil Eimersdorf Nord-West: 2 km ab Siersburg

Niedmühle mit Zim

Niedtalstr. 13 ✉ 66780 – (06835) 6 74 50 – www.restaurant-niedmuehle.de – geschl. Montag, Samstagmittag

11 Zim – 85/105 € 110/135 € **Rest** – Menü 39/79 € – Karte 39/74 €

Was in dem hellen modernen Restaurant oder - im Sommer sehr beliebt - im romantischen, zur Nied gelegenen Garten mit altem Baumbestand geboten wird, ist klassische Küche mit regionalem und saisonalem Einfluss sowie mittags zusätzlich eine günstige Lunchkarte. Gerne bleiben die Gäste auch über Nacht. Kein Wunder: Die Zimmer sind richtig schön mit ihrem klaren Design!

REICHELSHEIM – Hessen – 543 – 8 730 Ew – Höhe 216 m – Luftkurort

48 G16

Berlin 585 – Wiesbaden 84 – Mannheim 53 – Darmstadt 36

Bismarkstr. 43, ✉ 64385, (06164) 5 08 26, www.reichelsheim.de

Treuschs Schwanen

Rathausplatz 2 ✉ 64385 – (06164) 22 26 – www.treuschs-schwanen.com – geschl. Februar 3 Wochen und Montag - Mittwoch

Rest – *(Donnerstag - Freitag nur Abendessen)* Menü 45/98 € – Karte 39/66 € 

Rest *Johanns-Stube* – siehe Restaurantauswahl

Das Gasthaus bei der Kirche ist ein zeitgemäßes, helles Restaurant mit Lounge und begehbarem Weinschrank. Man bietet internationale Speisen und eigenen Apfelwein.

Johanns-Stube – Restaurant Treuschs Schwanen

Rathausplatz 2 ✉ 64385 – (06164) 22 26 – www.treuschs-schwanen.com – geschl. Februar 2 Wochen

Rest – Menü 20 € – Karte 16/32 €

Die Stube ist nach dem ersten Schwanen-Wirt (Johann Treusch) benannt, der das Lokal 1842 gründete. Auf den Tisch kommen Produkte aus der Odenwald-Region, z. B. in Form von "Forelle im Kartoffelmantel an Apfelwein-Senfsauce".

In Reichelsheim-Eberbach Nord-West: 1,5 km über Konrad-Adenauer-Allee

Landhotel Lortz

Eberbach 3a ✉ 64385 – (06164) 49 69 – www.landhotel.nu – geschl. Anfang Januar 1 Woche, Ende Juli - Anfang September 2 Wochen

18 Zim – 55/62 € 73/87 €, 6 € – 2 Suiten

Rest *O de vie* – siehe Restaurantauswahl

Die ruhige Lage und den schönen Ausblick genießt man am besten auf der traumhaften Terrasse oder beim Wandern (schöne Wege ganz in der Nähe). Die Zimmer sind gepflegt und wohnlich (teilweise mit Küchenzeile), von den Balkonen blickt man ins Grüne.

O de vie – Landhotel Lortz

Eberbach 3a ✉ 64385 – ✆ (06164) 49 69 – www.landhotel.nu – geschl. Anfang Januar 1 Woche, Ende Juli - Anfang September 2 Wochen und Sonntagabend - Montag

Rest – *(Dienstag - Freitag nur Abendessen)* Menü 25/43 € – Karte 28/46 €

Das Lokal ist schon sehr nett in seiner rustikalen Art - besonders gemütlich sitzt man in den kleinen Nischen, da sollten Sie reservieren! Und gut essen kann man hier auch, und zwar zeitgemäß-saisonal. Probieren Sie z. B. "Rehgulasch mit Backpflaumen und Serviettenknödel".

REICHENAU (INSEL) Baden-Württemberg – 545 – 5 190 Ew – Höhe 403 m – Erholungsort

63 G21

Berlin 763 – Stuttgart 181 – Konstanz 12 – Singen (Hohentwiel) 29

Pirminstr. 145, ✉ 78479, ✆ (07534) 9 20 70, www.reichenau.de

Insel Reichenau★

Oberzell: St. Georgskirche (Wandmalereien★★) · Mittelzell: Münster St. Maria und Markus★ (Schatzkammer★)

Im Ortsteil Mittelzell

Ganter Hotel Mohren

Zim,

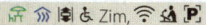

Pirminstr. 141 ✉ 78479 – ✆ (07534) 9 94 40 – www.mohren-bodensee.de

35 Zim – †75/140 € ††88/170 € – ½ P **Rest** – Menü 25 € – Karte 32/50 €

Sie möchten schön modern wohnen? Im Stammhaus a. d. 17. Jh. hat man historische Elemente integriert, hier hat man einige besonders großzügige Doppelzimmer. Massage- und Kosmetikangebote gibt es auch. Restaurant im neuzeitlichen Landhausstil und behagliche holzgetäfelte Stube.

Strandhotel Löchnerhaus

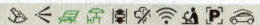

An der Schiffslände 12 ✉ 78479 – ✆ (07534) 80 30 – www.loechnerhaus.de – geschl. November - Februar

41 Zim – †85/135 € ††155/195 € – ½ P

Rest – *(geschl. März sowie Oktober: Montag)* Menü 30 € – Karte 28/57 €

Das Haus von 1920 hat wohl die perfekte Lage: der See mit eigenem Strandbad direkt vor der Tür, dazu der romantische Garten mit altem Baumbestand. Natürlich darf hier eine Terrasse zum See nicht fehlen! Das Speisenangebot ist bürgerlich. Zwei der Zimmer sind Appartements.

REICHENBACH (VOGTLAND) – Sachsen – 544 – 20 150 Ew – Höhe 380 m

41 N13

Berlin 304 – Dresden 132 – Gera 46 – Zwickau 29

Meister Bär Hotel

Rest,

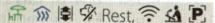

Goethestr. 28 ✉ 08468 – ✆ (03765) 78 00 – www.mb-hotel.de

30 Zim – †69/99 € ††89/129 € – ½ P

Rest – *(nur Abendessen)* Karte 19/36 €

Zwischen Zwickau und Plauen finden Sie dieses in einem Wohngebiet gelegene Hotel mit seinen soliden, meist mit Kirschbaummöbeln eingerichteten Gästezimmern. In Grüntönen gehaltenes Restaurant mit bürgerlichem und internationalem Angebot.

REICHENHALL, BAD – Bayern – 546 – 17 470 Ew – Höhe 473 m – Wintersport: 1 600 m 1 2 – Heilbad

67 O21

Berlin 723 – München 136 – Berchtesgaden 20 – Salzburg 19

Wittelsbacherstr. 15 A1, ✉ 83435, ✆ (08651) 60 60, www.bad-reichenhall.de

Stadtplan auf der nächsten Seite

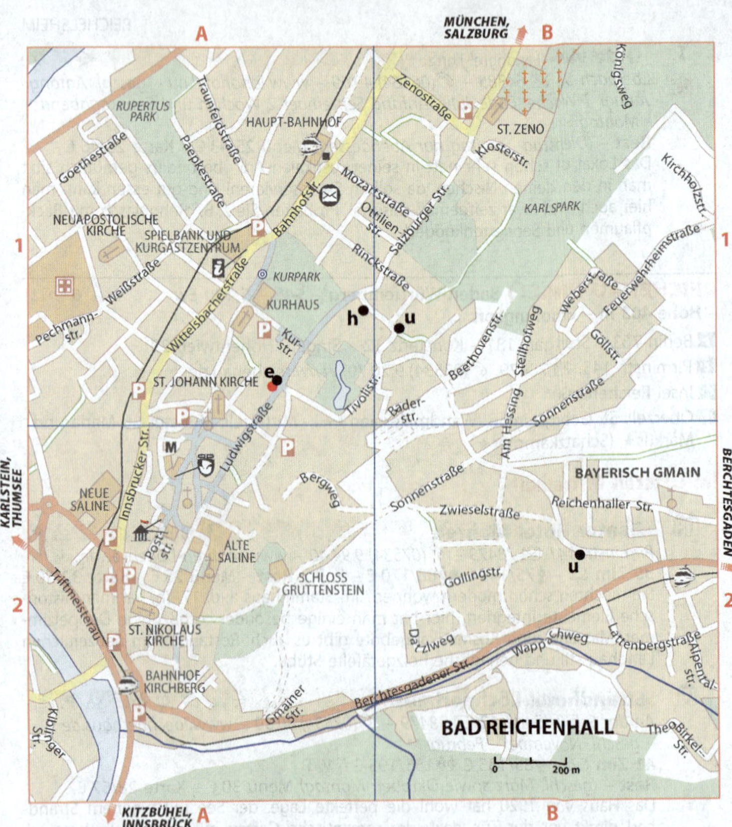

Parkhotel Luisenbad

Ludwigstr. 33 ✉ 83435 – ✆ (08651) 60 40 – www.parkhotel.de – geschl. Mitte Januar - Anfang März A1**e**

75 Zim – 69/109 € 118/198 €

Rest *Parkhotel Luisenbad* – siehe Restaurantauswahl

Seit 1864 ist das Haus im Kurgebiet bereits in den Händen der Familie Herkommer. Es überzeugt mit gediegenen Zimmern, nettem Service und einem schönen Garten.

Sonnenbichl garni

Adolf-Schmid-Str. 2 ✉ 83435 – ✆ (08651) 7 80 80 – www.sonnenbichlhotel.de A1**h**

37 Zim – 40/65 € 70/100 € – 3 Suiten

Besonders für Kur- und Erholungsaufenthalte empfiehlt sich dieses Hotel nur wenige Schritte vom Kurpark mit Gradierwerk und Konzerthalle. Rustikale Zimmer sowie Appartements.

Erika garni

Adolf-Schmid-Str. 3 ✉ 83435 – ✆ (08651) 9 53 60 – www.hotel-pension-erika.de – geschl. November - Februar B1**u**

29 Zim – 38/54 € 68/96 €

Aus dem Jahre 1898 stammt die schön restaurierte Villa mit hübschem Garten, die freundlich vom Inhaber geführt wird. Viele der gepflegten Zimmer bieten Sicht auf die Berge. Besonderheit ist eine Juniorsuite mit Massagedusche.

Parkhotel Luisenbad – Parkhotel Luisenbad

Ludwigstr. 33 ✉ 83435 – ✆ (08651) 60 40 – www.parkhotel.de – geschl. Mitte Januar - Anfang März A1**e**

Rest – Karte 26/50 €

Klassisch und dennoch alpenländisch-rustikal präsentiert sich das Restaurant (mit internationaler und regionaler Küche) seinen zahlreichen Stammgästen; diese schätzen die persönliche Führung des Hauses sehr.

In Bad Reichenhall-Nonn West: 4 km über Triftmeisterau A2, Richtung Thumsee

Neu-Meran

Nonn 94 ✉ 83435 – ✆ (08651) 40 78 – www.hotel-neu-meran.de – geschl. 19. Januar - 12. Februar, 10. November - 3. Dezember

17 Zim – 65 € 130 € – 5 Suiten – ½ P

Rest – *(geschl. Dienstag - Mittwochmittag)* Menü 21 € (mittags)/50 € – Karte 22/55 €

Der von Familie Weber gut geführte Berggasthof liegt ruhig in toller Aussichtslage über dem Ort - man blickt auf Bad Reichenhall und den Predigtstuhl. Schöne Suiten und Juniorsuiten. Das Restaurant mit netter Terrasse bietet regionale und internationale Küche.

Am Thumsee West: 5 km über Triftmeisterau A2, Richtung Karlstein

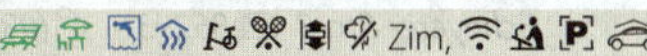

Haus Seeblick

Thumsee 10 ✉ 83435 Bad Reichenhall – ✆ (08651) 9 86 30 – www.hotel-seeblick.de – geschl. November - 2. Dezember

46 Zim – 60/75 € 120/140 € – 4 Suiten – ½ P

Rest – *(geschl. Sonntagmittag) (nur für Hausgäste)* Menü 15/35 € – Karte 18/40 €

Die Lage oberhalb des Sees und Angebote wie Blockhaussauna, Kosmetik, Massage und Reiten zählen hier neben den geschmackvoll-wohnlichen Zimmern im Landhausstil zu den Annehmlichkeiten - die meisten Zimmer mit Aussicht. Man hat übrigens eigenes Quellwasser!

Hubertus

Thumsee 5 ✉ 83435 Bad Reichenhall – ✆ (08651) 22 52 – www.hubertus-thumsee.de – geschl. 3. November - 12. Dezember

18 Zim – 34/45 € 68/90 € – 2 Suiten – ½ P

Rest – *(nur Abendessen für Hausgäste)* Menü 15/20 €

Familie Winkler betreibt engagiert ihre Pension am Thumsee, den man von den meisten Zimmern aus sieht. Die herrliche große Liegewiese bietet direkten Zugang zum See.

Lesen Sie die Einleitung:
Symbole, Klassements, Abkürzungen und andere Zeichen werden Ihnen dann keine Rätsel mehr aufgeben.

In Bayerisch Gmain

Amberger

Schillerallee 5 ✉ 83457 – ✆ (08651) 9 86 50 – www.amberger-hotel.de – geschl. 4. November - 8. Dezember, 25. März - 8. April B2**u**

17 Zim – 33/48 € 52/90 € – ½ P

Rest – *(geschl. Samstag - Sonntag) (nur Abendessen für Hausgäste)*

Ein sympathisches kleines Hotel mit nettem Garten und gepflegten Gästezimmern, die teilweise eine schöne Aussicht auf die Berge bieten.

REICHENSCHWAND – **Bayern** – **siehe Hersbruck**

REICHENWALDE – Brandenburg – 542 – 1 130 Ew – Höhe 68 m 23 Q9

Berlin 68 – Potsdam 76 – Storkow 6 – Fürstenwalde 14

Alte Schule mit Zim

Kolpiner Str. 2 ✉ 15526 – ✆ (033631) 5 94 64 – www.restaurant-alteschule.de – geschl. 28. Januar - 13. Februar, 28. Oktober - 13. November und Dienstag

6 Zim – 65 € 85 € – 1 Suite

Rest – Menü 30 € (vegetarisch)/33 € – Karte 31/45 €

Die ehemalige Schule von 1813 hat schon Charme mit ihrer schlicht-modernen Einrichtung und diversen Schul-Accessoires. Die Speisekarten liegen auf einer alten Schulbank bereit, die netten Gästezimmer sind nach Schulfächern benannt... Statt büffeln steht bei Torsten Lojewski heute genießen auf dem Stundenplan, und zwar gute und frische Landhausküche: "Brandenburger Ente", "Blutwurst aus der Manufaktur Neukölln" oder auch gelungene Menüs.

REICHERTSHAUSEN – Bayern – 546 – 4 930 Ew – Höhe 448 m 58 L19

Berlin 555 – München 47 – Augsburg 89 – Landshut 75

18 Schloß Reichertshausen, Holzhof 2, ✆ (08137) 50 84

In Reichertshausen-Langwaid Süd-West: 6 km, Richtung Hilgertshausen, in Lausham rechts ab

Maurerwirt

Scheyerer Str. 3 ✉ 85293 – ✆ (08137) 80 90 66 – www.maurerwirt.de – geschl. Montag - Dienstag, außer an Feiertagen

Rest – *(nur Abendessen, sonntags auch Mittagessen)* Menü 36/61 € – Karte 34/55 €

Geschmackvoll hat man die Stuben dieses Gasthauses im rustikalen Stil eingerichtet. Georg Grimm leitet den Familienbetrieb in der 4. Generation und bietet eine sorgfältig zubereitete zeitgemäße Küche aus frischen Produkten.

REICHSHOF – Nordrhein-Westfalen – 543 – 19 530 Ew – Höhe 370 m 37 D12
– Wintersport: 500 m 2 – Heilklimatischer Kurort

Berlin 574 – Düsseldorf 97 – Bonn 87 – Olpe 22

Rodener Platz 3, ✉ 51580, ✆ (02265) 3 45, www.ferienland-reichshof.de

9 Reichshof, Hasseler Str. 2a, ✆ (02297) 71 31

In Reichshof-Hespert

Ballebäuschen

Hasseler Str. 10 ✉ 51580 – ✆ (02265) 93 94 – www.ballebaeuschen.de – geschl. Montag - Dienstag

Rest – *(Mittwoch - Freitag nur Abendessen)* Menü 20/69 € – Karte 33/70 €

Seit über 20 Jahren betreibt Familie Allmann dieses nette, im rustikalen Stil gehaltene Restaurant im Oberbergischen. Die Küche des Patrons ist schmackhaft, frisch und ehrlich - sie reicht von regionalen bis hin zu klassischen Gerichten. Tipp: wunderschöne Terrasse hinter dem Haus mit zwei kleinen Pavillons!

REIL – Rheinland-Pfalz – 543 – 1 060 Ew – Höhe 105 m 46 C15

Berlin 673 – Mainz 110 – Trier 62 – Bernkastel-Kues 34

Reiler Hof (mit Gasthof zur Traube) 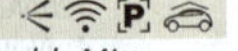

Moselstr. 27 ✉ 56861 – ✆ (06542) 26 29 – www.reiler-hof.de – geschl. Mitte Dezember - Mitte Februar

22 Zim – 50/60 € 68/96 € – 2 Suiten – ½ P

Rest *Heim's Restaurant* – siehe Restaurantauswahl

Der langjährige Familienbetrieb liegt schön direkt an der Moselpromenade. In zwei historischen Fachwerkhäusern hat man überaus wohnliche Räume geschaffen, so dass nicht nur die gute Küche von Christoph Heim die Gäste anlockt.

Heim's Restaurant – Hotel Reiler Hof

Moselstr. 27 ✉ 56861 – ✆ (06542) 26 29 – www.reiler-hof.de – geschl. Mitte Dezember - Mitte Februar

Rest – Menü 26/60 € – Karte 21/55 €

In dem rund 300 Jahre alten Haus werden marktfrische saisonale Produkte aufgetischt, und zwar als schmackhafte Gerichte von moseltypisch bis modern. Beim Speisen in klassisch-elegantem Ambiente schaut man auf die Mosel. Gemütlich-ländlich die Kachelstube.

REILINGEN – Baden-Württemberg – siehe Hockenheim

REINBEK – Schleswig-Holstein – 541 – 25 830 Ew – Höhe 27 m 10 J5

Berlin 272 – Kiel 113 – Hamburg 30 – Lübeck 56

Wentorf, Golfstr. 2, ✆ (040) 72 97 80 68

Dassendorf, Am Riesenbett, ✆ (04104) 61 20

Escheburg, Am Soll 3, ✆ (04152) 8 32 04

Waldhaus Reinbek

Rest,

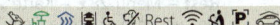

Loddenallee 2 ✉ 21465 – ✆ (040) 72 75 20 – www.waldhaus.de

48 Zim – 130/135 € 155/160 €, 17 € – 2 Suiten

Rest – Menü 40 € – Karte 35/48 €

Ein echter Hingucker ist das Haus mit seinem markanten steilen Dach und den vielen kleinen Gauben - und auch der Wald ringsum macht diese Adresse interessant. Und drinnen? Zimmer im wohnlich-eleganten Landhausstil, das Restaurant mit Orangerie, Pavillon und Zirbelstube und last but not least eine tolle klassische Bar!

REINFELD – Schleswig-Holstein – 541 – 8 540 Ew – Höhe 19 m 10 J4

Berlin 291 – Kiel 66 – Lübeck 18 – Hamburg 57

Gästehaus Freyer garni

Bolande 41a ✉ 23858 – ✆ (04533) 7 00 10 – www.hotel-freyer.de

11 Zim – 42/45 € 58/60 €

In dieser kleinen Pension am Rand von Reinfeld fühlt man sich gut aufgehoben, denn Familie Freyer kümmert sich freundlich um ihre Gäste. Außerdem ist das Haus samt Außenanlage sehr gepflegt und die Zimmer haben Balkon oder Terrasse.

REIT im WINKL – Bayern – 546 – 2 350 Ew – Höhe 696 m 67 N21

– Wintersport: 1 869 m 2 14 – Luftkurort

Berlin 696 – München 111 – Bad Reichenhall 50 – Rosenheim 52

Dorfstr. 38, ✉ 83242, ✆ (08640) 8 00 20, www.reitimwinkl.de

Reit im Winkl-Kössen, ✆ (08640) 79 82 50

Unterwirt

Kirchplatz 2 ✉ 83242 – ✆ (08640) 80 10 – www.unterwirt.de

71 Zim – 80/191 € 160/382 € – 2 Suiten – ½ P

Rest – Menü 17/22 € – Karte 22/57 €

Im 14. Jh. erbaut und 1612 erstmals als Schankwirtschaft erwähnt... das hat Tradition - und die wird hier gepflegt, ohne dabei stehenzubleiben. So hat man es in den Zimmern schön wohnlich und charmant-rustikal, lässt es sich im weitläufigen Wellnessbereich gut gehen, und wie man es sich für einen gestandenen bayerischen Gasthof wünscht, sind die Restauranträume gemütlich-regionstypisch. Tipp: In der angeschlossenen eigenen Metzgerei gibt's auch Leckeres für daheim.

Edelweiß (mit Gästehaus)

Am Grünbühel 1 ✉ 83242 – ✆ (08640) 9 88 90 – www.edelweiss-hotel.de – geschl. November und April

19 Zim – 40/55 € 70/100 € – 1 Suite – ½ P

Rest – *(geschl. Mittwoch, Sonntag) (nur Abendessen für Hausgäste)* Menü 15 €

Nicht umsonst hat dieses familiäre kleine Haus hinter der Kirche viele Stammgäste. Es ist eine sehr gepflegte und von der Chefin freundlich geführte Adresse mit fairen Preisen. Die Zimmer im Gästehaus sind etwas einfacher.

Klauser's Restaurant

Birnbacher Str. 8 ✉ 83242 – ✆ (08640) 84 24 – www.klausers.de – geschl. 8. April - 12. Mai, 1. November - 18. Dezember und Montag

Rest – *(nur Abendessen)* (Tischbestellung ratsam) Menü 39/91 € – Karte 35/72 €

Wie vor ihm schon seine Eltern, ist Wolfgang Klauser hier gemeinsam mit seiner Frau Brigitte seit über 30 Jahren unverändert motiviert bei der Sache. Es macht ihnen sichtlich Spaß, ihre (Stamm-) Gäste in dem gemütlich-ländlichen, liebevoll dekorierten Restaurant mit frischer klassisch-regionaler Küche zu bewirten. Bekommen Sie da nicht Lust auf Schmackhaftes wie "geschmortes Kalbsbäckchen mit Madeirasauce, Karamell-Rotkraut und Kartoffelpüree"?

In Reit im Winkl-Blindau Süd-Ost: 2 km

Gut Steinbach

Steinbachweg 10 ✉ 83242 – ✆ (08640) 80 70 – www.gutsteinbach.de

44 Zim – 75/198 € 138/264 € – 8 Suiten – ½ P

Rest – Menü 28 € – Karte 29/53 €

Sie suchen bayerische Gemütlichkeit, möchten aber nicht auf modernen Komfort verzichten? In den Zimmern mischt sich alpenländischer Stil mit attraktiven zeitgemäßen Formen und Farben, die Restaurantstuben verbreiten mit viel warmem Holz Behaglichkeit, die Küche setzt auf Regionalität (gut auch die Weinkarte). Und wie könnte das Anwesen in typischem traditionellem Stil schöner liegen als ruhig, einsam, umgeben von Natur?

REKEN – Nordrhein-Westfalen – 543 – 14 070 Ew 26 C10

Berlin 517 – Düsseldorf 94 – Münster 50 – Arnhem 95

In Reken-Groß Reken

Berghotel Hohe Mark

Werenzostr. 17 ✉ 48734 – ✆ (02864) 951 95 95 – www.beghotel-hohemark.de

12 Zim – 69/79 € 94/99 € – ½ P

Rest – Menü 12 € (mittags unter der Woche)/31 € – Karte 22/36 €

Der 121 m hohe Melchenberg, auf dem das kleine Hotel liegt, ist mit die höchste Erhebung in der Umgebung - so hat man vor allem von der Terrasse eine richtig schöne Aussicht! Hier schließen sich direkt der hübsch angelegte Garten und ein Waldstück an - herrlich für Spaziergänge und ein toller Spielplatz für Kinder! Wohnen können Sie in freundlichen, neuzeitlichen Zimmern, zu essen gibt es Regionales.

RELLINGEN – Schleswig-Holstein – 541 – 13 720 Ew – Höhe 9 m 10 I5

Berlin 304 – Kiel 92 – Hamburg 22 – Bremen 124

In Rellingen-Krupunder Süd-Ost: 5 km über A 23 Richtung Hamburg, Abfahrt Halstenbek-Krupunder:

Fuchsbau

Altonaer Str. 357 (siehe Stadtplan Hamburg) ✉ 25462 – ✆ (04101) 3 82 50 – www.hotel-fuchsbau.de – geschl. 23. Dezember - 1. Januar A1**b**

38 Zim – 72/76 € 93/97 €

Rest – *(geschl. Sonntag - Montag und an Feiertagen) (nur Abendessen)* Karte 18/41 €

Aufmerksam und freundlich kümmert man sich in diesem sehr gepflegten Familienbetrieb um seine Gäste, auf die individuelle und wohnliche Zimmer sowie ein gutes Frühstücksbuffet warten. Klassisch gehaltenes Restaurant mit hübscher Gartenterrasse.

REMCHINGEN – Baden-Württemberg – 545 – 11 720 Ew – Höhe 160 m 54 F18

Berlin 673 – Stuttgart 54 – Karlsruhe 21 – Pforzheim 14

In Remchingen-Wilferdingen

Zum Hirsch
Hauptstr. 23 ✉ 75196 – ✆ (07232) 7 96 36 – www.hirsch-remchingen.de – geschl. 1. - 20. Januar
17 Zim – †59/63 € ††88/92 € – ½ P
Rest *Zum Hirsch* – siehe Restaurantauswahl
Hier hat man einen netten Fachwerkgasthof sorgsam saniert und zum Hotel erweitert. Es ist eine sehr gepflegte Adresse unweit von Pforzheim, zu der auch ein hübscher Garten mit Terrasse gehört.

Zum Hirsch – Hotel Zum Hirsch
Hauptstr. 23 ✉ 75196 – ✆ (07232) 7 96 36 – www.hirsch-remchingen.de – geschl. 1. - 20. Januar und Montagmittag
Rest – Menü 26 € (mittags)/45 € – Karte 33/50 €
Der gemütlich-rustikale Charme des 1688 erbauten Hauses ist erhalten geblieben - außen und innen! Bei Gerichten wie Sauerbraten oder geschmortem Kalbsbäckchen stehen regionale Produkte im Mittelpunkt. Nette Besonderheit: Die Desserts kommen in kleinen Weckgläsern an den Tisch! Mittags einfacheres Angebot.

REMSCHEID – Nordrhein-Westfalen – 543 – 110 570 Ew – Höhe 365 m

36 C12

Berlin 535 – Düsseldorf 40 – Köln 43 – Lüdenscheid 35
ADAC Bismarckstr. 12

Concordia - Heldmann's Restaurant

Brüderstr. 56 ✉ 42853 – ✆ (02191) 29 19 41 – www.heldmanns-restaurant.de – geschl. Anfang Januar 1 Woche, Juli - August 3 Wochen und Samstagmittag, Sonntag - Montag sowie an Feiertagen
Rest – (Tischbestellung ratsam) Menü 54/98 € – Karte 58/84 €
Rest *Fifty Six* – siehe Restaurantauswahl
Das Interieur hier ist genauso schön wie es die Industriellenvilla von 1889 schon von außen vermuten lässt: stilvoll-elegante hohe Räume! Dass gutes Essen keine kreativen Exzesse braucht, zeigt Ulrich Heldmann mit seiner produktbezogenen klassischen Küche!
➜ Morsbachtaler Waldboden mit Bergischem Reh und Morcheln. Krosser Ostseezander „Moderne Doria Art" mit Paprikasauce und Remscheider Kiesel. Bergisches Rinderfilet Bordelaise am Wupperweg.

Fifty Six – Concordia - Heldmann's Restaurant

Brüderstr. 56 ✉ 42853 – ✆ (02191) 29 19 41 – www.heldmanns-restaurant.de – geschl. Anfang Januar 1 Woche, Juli - August 4 Wochen und Samstagmittag, Sonntag - Montag sowie an Feiertagen
Rest – Menü 30/36 € – Karte 32/58 €
Das zweite Concordia-Restaurant ist das freundliche Bistro Fifty Six. Der Chef setzt auf frische regionale Küche, bietet aber auch einige internationale Speisen; so finden sich auf der Karte Gerichte wie Entenbrust oder Tafelspitz.

In Remscheid-Grund Nord: 5 km

Der Grund
Grund 41 ✉ 42855 – ✆ (02191) 5 92 70 04 – www.der-grund.com – geschl. Montag
Rest – *(nur Abendessen, sonntags auch Mittagessen)* Menü 22/40 € – Karte 23/58 €
Hier lässt es sich in familiärer Atmosphäre gemütlich speisen, auf den Tisch kommt Regionales. Dienstags-Aktion: Überraschungsmenü. Auch für Veranstaltungen ist das Haus beliebt.

In Remscheid-Lüttringhausen Nord-Ost: 6 km

Fischer (mit Gästehaus)
Lüttringhauser Str. 131 (B 51) ✉ 42899 – ✆ (02191) 9 56 30 – www.hotel-fischer-remscheid.de – geschl. 22. Dezember - 3. Januar
50 Zim – 65/130 € 110/150 €
Rest – *(geschl. Samstagmittag)* Karte 24/49 €
Das Haus liegt günstig: nur ca. 200 m von der Autobahnausfahrt und dennoch im Grünen. Es ist ein tipptopp gepflegter Familienbetrieb, in dessen Gästehaus man komfortabler wohnt. Das bürgerliche Restaurant ist im traditionellen bergischen Gasthof untergebracht.

REMSECK am NECKAR – Baden-Württemberg – 545 – 23 360 Ew – Höhe 212 m 55 G18

Berlin 625 – Stuttgart 17 – Heilbronn 44 – Nürnberg 198

In Remseck-Aldingen

Schiff
Neckarstr. 1 ✉ 71686 – ✆ (07146) 9 05 40 – www.restaurant-schiff.de – geschl. Februar 1 Woche und Mittwoch - Donnerstag
Rest – Menü 29/49 € – Karte 18/47 €
Familie Jagiella steht hier schon seit weit über 20 Jahren für Qualität! Chef Christian kocht schwäbisch, aber auch asiatisch, um den Service kümmert sich Chefin Marion selbst.

REMSHALDEN – Baden-Württemberg – 545 – 13 390 Ew – Höhe 255 m 55 H18

Berlin 615 – Stuttgart 23 – Schwäbisch Gmünd 34 – Schwäbisch Hall 58

In Remshalden-Geradstetten

Krone N
Obere Hauptstraße 2 ✉ 73630 – ✆ (07151) 2 97 92 – www.krone-geradstetten.de – geschl. über Fasching 1 Woche, August 2 Wochen und Mittwoch, sowie Feiertage
Rest – *(nur Abendessen, sonntags auch Mittagessen)* Menü 44/78 € – Karte 36/60 €
An der Ortsdurchfahrt gelegen, kann man den traditionellen Gasthof kaum übersehen. Der freundliche Service und die gepflegte Einrichtung (schön das Fischgrätparkett, die Tische gut eingedeckt...) machen die Atmosphäre sympathisch, für das gute Essen ist Gastgeber Björn Bergmann verantwortlich. Seine ambitionierte Küche gibt es z. B. als "in Lemberger geschmortes Ochsenschwanzragout mit hausgemachten Nudeln" oder auch als Jahreszeiten-Menü.

In Remshalden-Grunbach

Weinstube zur Traube
Schillerstr. 27 ✉ 73630 – ✆ (07151) 7 99 01 – www.traube-grunbach.de – geschl. 24. Februar - 11. März, 4. - 31. August und Montag - Dienstag
Rest – Menü 28/89 € – Karte 20/43 €
Sandra und Gunter Arbogast leiten die alteingesessene Traube schon in 4. Generation. Das regionale Angebot sowohl an Weinen als auch an Spezialitäten passt zu den behaglich-ländlichen Stuben - zu erwähnen seien hier u. a. die hausgemachte Bauernwurst! Gourmetmenü auf Vorbestellung.

In Remshalden-Hebsack

Lamm
Winterbacher Str. 1 ✉ 73630 – ✆ (07181) 4 50 61 – www.lamm-hebsack.de – geschl. Anfang Januar 1 Woche
23 Zim – 75/84 € 98/110 € – ½ P
Rest *Lamm* – siehe Restaurantauswahl
Sie nutzen Sie schöne Gegend für einen Fahrrad- oder Wanderurlaub? Dann sind Sie bei den Polinskis gut aufgehoben. Der Gasthof gegenüber der Alten Kelter ist seit 1880 im Familienbesitz, entsprechend engagiert wird das Haus geführt!

XX **Lamm** – Hotel Lamm 

Winterbacher Str. 1 ✉ 73630 – ✆ (07181) 4 50 61 – www.lamm-hebsack.de – geschl. Anfang Januar 1 Woche und Sonntagabend

Rest – Menü 29/64 € – Karte 30/49 €

Puppen-, Back-, Bauern- und Jägerstube... Die Restauranträume sind so gemütlich wie ihre Namen klingen! Die Spezialität des Hauses sollte man probiert haben: "Wurstknöpfle in Petersilienbutter geschmelzt mit Filderkraut und Zwiebelstroh". Dazu wählt man aus über 200 Weinen, sehr viele davon aus der Region.

RENCHEN – Baden-Württemberg – 545 – 7 350 Ew – Höhe 150 m 54 E19

Berlin 731 – Stuttgart 132 – Karlsruhe 61 – Offenburg 15

In Renchen-Erlach Süd-Ost: 2 km über Renchtalstraße

X **Drei Könige** 

Erlacher Str. 1 ✉ 77871 – ✆ (07843) 22 87 – www.3-koenige.de – geschl. Juli 2 Wochen und Mittwoch

Rest – Menü 20/49 € – Karte 17/47 €

Freuen Sie sich auf schmackhafte regional-bürgerliche Küche! Wenn Sie sich im gemütlichen holzvertäfelten Hanauer-Stüble z. B. Klassiker wie "Badische Schneckensuppe überbacken" oder "Angus-Rumpsteak mit Bratkartoffeln" servieren lassen, sitzen Sie zwischen vielen einheimischen Gästen!

RENDSBURG – Schleswig-Holstein – 541 – 28 220 Ew – Höhe 6 m 2 I3

Berlin 368 – Kiel 36 – Neumünster 38 – Schleswig 30

Schiffbrückenplatz 17, ✉ 24768, ✆ (04331) 2 11 20, www.tinok.de

Sorgbrück, Am Golfplatz, ✆ (04336) 99 91 11

ConventGarten

Hindenburgstr. 38 ✉ 24768 – ✆ (04331) 5 90 50 – www.conventgarten.de

48 Zim – †72/110 € ††114/129 € – ½ P

Rest – Menü 29 € – Karte 27/44 €

Neuzeitliche Zimmer, gute Veranstaltungsmöglichkeiten sowie die Anbindung an die Autobahn und das Zentrum sprechen für dieses Businesshotel am Nord-Ostsee-Kanal.

1690 garni 

Herrenstr. 6 ✉ 24768 – ✆ (04331) 77 02 90 – www.hotel-1690.de – geschl. 19. Dezember - 4. Januar

16 Zim – †68/83 € ††88/108 €

Schon die sanierte alte Backsteinfassade und die hohen Fenster sehen einladend aus, dass es dahinter so chic-modern eingerichtet ist, würde man von außen aber nicht vermuten! Buchen Sie eines der DZ, sie sind geräumiger und liegen nach hinten.

In Büdelsdorf Nord-Ost: 4 km über B 203 Richtung Eckernförde

 **Heidehof** garni

Hollerstr. 130 (B 203) ✉ 24782 – ✆ (04331) 34 30 – www.heidehof.de

102 Zim – †77/92 € ††102/126 € – 6 Suiten

Es ist schon auffallend, wie viel Granit in diesem Haus steckt! Er prägt die Einrichtung und passt gut zum zeitlosen Stil der Zimmer. Für Geschäftsreisende ist die verkehrsgünstige Lage nahe der Autobahn praktisch.

Am Bistensee Nord-Ost: 12 km über B 203 in Richtung Eckernförde, in Holzbunge Richtung Alt-Duvenstedt

Seehotel Töpferhaus (mit Gästehaus)

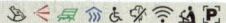

Am See ✉ 24791 Alt-Duvenstedt – ✆ (04338) 9 97 10 – www.toepferhaus.com

46 Zim – †90/125 € ††125/190 € – ½ P

Rest *Gourmetrestaurant Töpferhaus* ✿ **Rest *Pesel*** – siehe Restaurantauswahl

Ruhe und tolle Sicht! Den See sieht man auch von einigen Zimmern, die Juniorsuiten haben Terrasse und Zugang zum Garten! Für ungestörtes Badevergnügen sorgen der eigene Bade- und Bootssteg sowie die private Seewiese. Nachmittags gibt es hauseigene Kuchen sowie Snacks.

Gourmetrestaurant Töpferhaus – Seehotel Töpferhaus

Am See ✉ 24791 Alt-Duvenstedt – ✆ (04338) 9 97 10 – www.toepferhaus.com – geschl. Anfang Januar - Anfang Februar, Juli - August 3 Wochen und Sonntag - Montag

Rest – *(nur Abendessen)* Menü 79/118 € – Karte 71/88 €

Das kulinarische Gesamterlebnis setzt sich wie folgt zusammen: ein mit beeindruckender Finesse kochender Oliver Pfahler, der bei der Präsentation der Speisen größte Sorgfalt walten lässt, ein exzellenter Patissier, treffliche Weinberatung durch den Sommelier, elegantes Ambiente und 1A-Lage!

➜ Entenleber, Himbeeren, Eis, Aal. Steinbutt, Schweinebauch, Rhabarber, Erdbeere, Radieschen. Mieral Etouffe Taube, Mairüben, Ei, Rhabarber.

Pesel – Seehotel Töpferhaus

Am See ✉ 24791 Alt-Duvenstedt – ✆ (04338) 9 97 10 – www.toepferhaus.com

Rest – Menü 48 € – Karte 40/51 €

Der Name bedeutet "Gute Stube" und dazu passt die feine Landhausküche perfekt! Wenn Sie es lieber etwas bodenständiger mögen, bekommen Sie hier geschmorte Backe vom Apfel-Schwein, Wiener Schnitzel oder auch Fisch - und als Dessert z. B. Topfenknödel!

RENGSDORF – Rheinland-Pfalz – 543 – 2 640 Ew – Höhe 240 m – Heilklimatischer Kurort

36 D13

Berlin 607 – Mainz 118 – Koblenz 25 – Bonn 57

Westerwaldstr. 25, ✉ 56579, ✆ (02634) 92 29 11, www.rengsdorfer-land.de

In Hardert Nord-Ost: 3 km über Friedrich-Ebert-Straße – Luftkurort

Corona mit Zim

Mittelstr. 13, (Hotel zur Post) ✉ 56579 – ✆ (02634) 27 27 – www.restaurantcorona.de – geschl. Januar 2 Wochen, Juli 2 Wochen und Montag - Dienstag

8 Zim – †35 € ††66 € **Rest** – Menü 30/60 € – Karte 27/55 €

Mit diesem klassisch-eleganten Restaurant führen Kerstin und Sergio Corona die Familientradition des über 100 Jahre alten "Hotel zur Post" fort. Probieren Sie das "Menü Méditerranée" - da spiegelt z. B. das "Cremesüppchen von Krustentieren mit Garnelenspieß" schön den südländischen Einfluss der Küche wider. Sehr geschult und charmant obendrein ist der Service durch die Chefin.

RENNEROD – Rheinland-Pfalz – 543 – 3 770 Ew – Höhe 540 m

37 E13

Berlin 551 – Mainz 87 – Siegen 87 – Limburg an der Lahn 28

Röttger

Hauptstr. 50, (B 54) ✉ 56477 – ✆ (02664) 9 93 60 – www.hotel-roettger.de – geschl. Januar

12 Zim – †50/65 € ††80/95 €

Rest *Gourmetstübchen* – siehe Restaurantauswahl

Rest – *(geschl. Januar, Ende Juli - Anfang September und Sonntagabend - Dienstagmittag)* Karte 23/35 €

Rest *Die Scheune* – *(geschl. Januar - März und Montag, Oktober - April: Sonntagabend - Montag) (nur Abendessen, sonntags auch Mittagessen)* Karte 19/34 €

Das Haus der Familie Röttger ist schon eine empfehlenswerte Adresse: Man kann gut übernachten (nämlich in gepflegten, zeitgemäß-wohnlichen Zimmern) und hat zudem diverse Restaurants zur Auswahl. Wem das Gourmetstübchen etwas zu gehoben ist, bekommt auch Internationales oder - ein bisschen rustikaler - bürgerliche Gerichte in der gemütlichen Scheune.

Gourmetstübchen – Restaurant Röttger

Hauptstr. 50, (B 54) ✉ 56477 – ✆ (02664) 9 93 60 – www.hotel-roettger.de – geschl. Januar, Ende Juli - Anfang September und Sonntagabend - Dienstagmittag

Rest – Menü 31 € (mittags)/72 € – Karte 29/56 €

Charmant leitet die Hausherrin den Service in dem netten Restaurant. Währenddessen steht ihr Mann Thomas Röttger am Herd und bekocht seine Gäste mit klassischen Speisen.

RENNINGEN – Baden-Württemberg – siehe Leonberg

REURIETH – Thüringen – 544 – 890 Ew – Höhe 350 m 40 J14

Berlin 381 – Erfurt 89 – Coburg 39

In Reurieth-Trostadt Nord-West: 1 km

Landhotel Klostermühle

Dorfstr. 2 ✉ 98646 – ✆ (036873) 2 46 90 – www.landhotel-klostermuehle.de

16 Zim – 39/50 € 50/62 € – 4 Suiten – ½ P

Rest – *(geschl. Anfang Januar - Februar) (Montag - Freitag nur Abendessen für Hausgäste)* Karte 11/29 €

Idyllisch! Aus einer alten Getreidemühle ist das kleine Hotel entstanden - charmant, günstig und nicht von der Stange. Man schläft in gemütlichen Zimmern und isst in liebenswerten Stuben oder im lauschigen Innenhof.

REUTLINGEN – Baden-Württemberg – 545 – 112 490 Ew – Höhe 382 m 55 G19

Berlin 676 – Stuttgart 39 – Pforzheim 77 – Ulm (Donau) 75

ADAC Lederstr. 102

Marktplatz 2, ✉ 72764, ✆ (07121) 93 93 53 53, www.tourismus-reutlingen.de

Württemberger Hof garni

Bahnhofstr. 12 ✉ 72764 – ✆ (07121) 9 47 99 50 – www.hotel-wuerttemberger-hof.de

49 Zim – 85/120 € 109/140 € – 1 Suite

Inzwischen ist es bereits die 4. Generation der Inhaberfamilie, die dieses traditionelle Haus gegenüber dem Bahnhof führt - und die Gastgeber bleiben nicht stehen: So sind die Zimmer nicht nur wohnlich und freundlich gestaltet, sondern haben auch schöne und gut ausgestattete Bäder!

City Hotel Fortuna

Am Echazufer 22 ✉ 72764 – ✆ (07121) 92 40 – www.fortuna-hotels.de

155 Zim – 78/108 € 95/132 € – 4 Suiten – ½ P

Rest – *(geschl. Sonntag)* Karte 23/32 €

Ein Business- und Tagungshotel mit funktioneller Ausstattung in verkehrsgünstiger Lage. Im obersten Stock hat man einen modernen Fitnessraum mit Blick auf die Stadt.

Fürstenhof garni

Kaiserpassage 5 ✉ 72764 – ✆ (07121) 31 80 – www.fuerstenhof-reutlingen.de

50 Zim – 96/112 € 136 €

Von diesem Hotel aus sind Sie schnell in der Innenstadt - für Touristen und Businessgäste gleichermaßen interessant. Zudem sind die Zimmer zeitgemäß, funktional und technisch solide und der Tag beginnt mit eine guten Frühstücksbuffet.

RHEDA-WIEDENBRÜCK – Nordrhein-Westfalen – 543 – 47 320 Ew – Höhe 72 m 27 F10

Berlin 418 – Düsseldorf 151 – Bielefeld 37 – Münster (Westfalen) 54

Im Stadtteil Rheda

König's Zim,

Berliner Str. 47, (Zufahrt über Bleichstraße) ✉ 33378 – ✆ (05242) 40 80 60 – www.das-koenigs.de

26 Zim – 79/95 € 99/115 € **Rest** – *(nur Abendessen)* Karte 27/44 €

So aufwändig das Stadthaus a. d. 18. Jh. von außen saniert wurde, so hochwertig zeigen sich auch die Zimmer! Sie möchten lieber etwas preiswerter übernachten? Man vermietet auch Zimmer im Gästehaus "Hotel Am Doktorplatz". Tipp: Im Sommer, wenn das Wetter es zulässt, gibt es BBQ auf dem tollen "Sonnendeck"!

Reuter

Bleichstr. 3 ✉ 33378 – ✆ (05242) 9 45 20 – www.hotelreuter.de – geschl. 27. Dezember - 6. Januar

36 Zim – †65/149 € ††109/189 € – ½ P

Rest *Reuter* **Rest *Bistro*** – siehe Restaurantauswahl

Über 110 Jahre Gastgebererfahrung merkt man: Die Atmosphäre ist sympathisch und familiär, die individuellen, teils chic-modernen Zimmer bieten für jeden das Passende - so fühlen sich hier auch Coco und Chanel wohl, zwei Papageien auf Zimmer Nr. 28!

Reuter (Iris Bettinger) – Hotel Reuter

Bleichstr. 3 ✉ 33378 – ✆ (05242) 9 45 20 – www.hotelreuter.de – geschl. 27. Dezember - 6. Januar, Juli - August 2 Wochen und Sonntag

Rest – *(nur Abendessen)* Menü 79/119 €

Gleich nebenan liegt die Kirche, da würden die Speisen von Chefin Iris Bettinger bestimmt auch dem Pfarrer ein "sündhaft gut" entlocken! Sie kocht zeitgemäß, sehr saisonal und auf klassischer Basis. Tipp: die Terrasse ist ein lauschiges Plätzchen für warme Sommertage!

→ Kaisergranat als Carpaccio und knusprig gebacken mit weißem Spargelpüree. Falaffelpyramide im Karottensud mit scharf eingelegtem Spitzkohl und Schafskäse-Cotta. Milchlammkeule sanft gegart mit Morcheln, Spinat und Wasserkresse Risotto.

Emshaus

Gütersloher Str. 22 ✉ 33378 – ✆ (05242) 4 06 04 00 – www.emshaus-rheda.de – geschl. Montag - Dienstag

Rest – Menü 30 € – Karte 30/48 €

Zwischen Rosengarten und Schlosspark steht das schmucke sanierte Fachwerkhaus von 1936. Spezialitäten aus der Region werden hier klassisch gekocht, mit französischen und italienischen Einflüssen. Mittags ist die Karte kleiner und einfacher - und kommen Sie doch auch mal am Nachmittag zum hausgemachten Kuchen!

Bistro – Hotel Reuter

Bleichstr. 3 ✉ 33378 – ✆ (05242) 9 45 20 – www.hotelreuter.de – geschl. 27. Dezember - 6. Januar und Sonntag, Freitagmittag, Samstagmittag

Rest – Menü 34 € – Karte 27/46 €

Auch wenn es im Bistro etwas legerer zugeht, so kocht die Gastgeberin auch hier mit sehr guten und topfrischen Zutaten, einfach ein bisschen regionaler (z. B. "Gebratenes Zanderfilet auf Blutwurstgraupen mit Majoransauce")! Es gibt ein Menü, Brasserie-Klassiker und schnelle Kleinigkeiten.

Im Stadtteil Wiedenbrück

Ratskeller

Markt 11, (Eingang Lange Str. 40) ✉ 33378 – ✆ (05242) 92 10 – www.ratskeller-wiedenbrueck.de – geschl. Weihnachten - Anfang Januar

31 Zim – †80/120 € ††120/170 € – ½ P

Rest – Menü 36/50 € – Karte 29/51 €

Das wunderschöne Fachwerkhaus von 1560 wurde zu einem Hotel erweitert, das bereits in der 5. Generation als Familienbetrieb geführt wird. Die Zimmer sind hübsch und individuell. Gemütlich sitzt man in den historischen Gasträumen. Terrasse am Marktplatz.

RHEINBACH – Nordrhein-Westfalen – 543 – 27 400 Ew – Höhe 175 m 36 C13

Berlin 626 – Düsseldorf 87 – Köln 52 – Bonn 29

Raths am Bürgerhaus

Am Bürgerhaus 5 ✉ 53359 – ✆ (02226) 90 06 88 – www.raths-am-buergerhaus.de – geschl. Montag

Rest – Menü 20 € (mittags unter der Woche)/50 € – Karte 22/54 €

Sehr nett sitzt man in dem Fachwerkhäuschen an schönen blanken Holztischen. In rustikaler Atmosphäre bietet man Speisen von bürgerlich bis klassisch.

RHEINE – Nordrhein-Westfalen – 543 – 76 530 Ew – Höhe 35 m 16 D8

Berlin 470 – Düsseldorf 166 – Nordhorn 39 – Enschede 45

ADAC Tiefe Str. 32

Bahnhofstr. 14, ✉ 48431, ✆ (05971) 80 06 50, www.verkehrsverein-rheine.de

Rheine - Gut Winterbrock, Wörstr. 201, ✆ (05975) 94 90

City Club Hotel garni

Humboldtplatz 8 ✉ 48429 – ✆ (05971) 8 08 00 – www.cch-rheine.de

55 Zim – †82/98 € ††103/125 € – 2 Suiten

Praktisch sind hier sowohl die Ausstattung als auch der direkte Zugang zur Stadthalle. Tipp: die Twin-Zimmer, die geräumigen DZ-Komfort und die Suiten liegen schön zur Ems! Auch von der Bar schaut man zum Fluss - hier gibt es Snacks. Für Aktive: Das Fitnesscenter nebenan können Sie kostenfrei nutzen.

Zum Alten Brunnen (mit Gästehäusern)

Dreierwalder Str. 25 ✉ 48429 – ✆ (05971) 96 17 15 – www.zumaltenbrunnen.de – geschl. 24. Dezember - 2. Januar

16 Zim – †89/115 € ††98/128 € – 4 Suiten – ½ P

Rest – *(geschl. Sonntag) (nur Abendessen)* Menü 30 € – Karte 23/58 €

Sie mögen es liebenswert-persönlich? Das ist es hier bei Familie Fleischer! Ein Anwesen wie ein kleines Dörfchen, in der Mitte ein charmanter Hof mit Brunnen. Drinnen ist alles mit Sinn fürs Details ausstaffiert, Antiquitäten und stimmiges Dekor, edel die Suiten, gemütlich der Kamin im Restaurant...

Beesten

Eichenstr. 3 ✉ 48431 – ✆ (05971) 32 53 – www.restaurant-beesten.de – geschl. Anfang Juli 2 Wochen und Donnerstag

Rest – Menü 35/55 € – Karte 30/49 €

Seit vier Generationen sind die Beestens Gastwirte, Engagement ist da für sie selbstverständlich - das merkt man am Service und an der Küche. Letztere kommt z. B. als "Schweinelendchen an frischen Pfifferlingen" daher. Im Sommer auch im Schatten großer alter Bäume ein Genuss!

In Rheine-Mesum Süd-Ost: 7 km über B 481

Altes Gasthaus Borcharding mit Zim

Alte Bahnhofstr. 13 ✉ 48432 – ✆ (05975) 12 70 – www.borcharding.de – geschl. Sonntag

9 Zim – †47/70 € ††69/93 €

Rest – *(nur Abendessen)* Menü 18/48 € – Karte 26/67 €

Mit Tobias Borcharding steht schon die 10. Generation der Familie am Herd! Seine regional-saisonale Küche wird in Wein- und Gaststube serviert - richtig gemütlich mit viel Dekor! Wenn Sie eine Feier planen: Münsterlandstübchen, Saal und Atrium.

RHEINFELDEN – Baden-Württemberg – 545 – 32 330 Ew – Höhe 280 m 61 D21

Berlin 838 – Stuttgart 284 – Freiburg im Breisgau 84 – Bad Säckingen 15

I Fratelli

Rheinbrückstr. 8, (im Haus Salmegg, am Grenzübergang) ✉ 79618 – ✆ (07623) 3 02 54 – www.ristorante-i-fratelli.de – geschl. Ende August 2 Wochen und Montag

Rest – Menü 15/35 € – Karte 42/66 €

In der historischen Villa direkt am Rhein (die Schweiz zum Greifen nahe!) empfängt Sie Patrone Enrico Lamano in seinem schönen Souterrain-Restaurant mit Gewölbedecke. Sein Bruder Bruno bereitet klassische, gehobene italienische Küche zu. Tipp: die Terrasse zum Fluss!

In Rheinfelden-Eichsel Nord: 6 km über B 316, in Degerfelden rechts

Landgasthaus Maien

Maienplatz 2 ✉ 79618 – ✆ (07623) 7 21 50 – www.maien.de

21 Zim – †63/81 € ††94/120 € – ½ P

Rest – *(geschl. Freitag)* Menü 12/35 € – Karte 13/42 €

Inzwischen hat die 5. Generation der Familie Börner das Gasthaus von 1749 übernommen, unverändert stark das Engagement! Fragen Sie nach den geräumigeren Komfortzimmern. Das Restaurant bietet etwas für jeden Geschmack: rustikale Stube oder heller Wintergarten, viele Aktionswochen, Terrasse unter Kastanien...

In Rheinfelden-Riedmatt Nord-Ost: 5 km über B 34

Storchen

Brombachstr. 3 (B 34) ✉ *79618* – ✆ *(07623) 7 51 10* – *www.storchen.com*
22 Zim – †72/105 € ††90/140 €
Rest – *(geschl. 27. Dezember - 15. Januar und Donnerstagmittag, Freitag - Samstagmittag)* Menü 33/70 € – Karte 29/60 €
Ganz individuell sind die Zimmer hier eingerichtet, da findet jeder eines nach seinem Geschmack, vom mediterranen Touch bis zum modernen New-York-Style. Kommen Sie mal im Sommer zum Essen, da wird auf der Terrasse gegrillt! Praktisch: Bushaltestelle neben dem Haus.

Wie entscheidet man sich zwischen zwei gleichwertigen Adressen?
In jeder Kategorie sind die Häuser nochmals geordnet, die besten Adressen stehen an erster Stelle.

RHEINSBERG – Brandenburg – 542 – 8 470 Ew – Höhe 61 m – Erholungsort 22 O6

Berlin 88 – Potsdam 125 – Neubrandenburg 70
Markt, ✉ 16831, ✆ (033931) 20 59, www.rheinsberg.de
Schloss Rheinsberg ★

Schloss Hotel

Seestr. 13 ✉ *16831* – ✆ *(033931) 3 90 59* – *www.schlosshotel-rheinsberg.de* – *geschl. Januar - Februar*
28 Zim – †60/80 € ††100/120 € – 1 Suite – ½ P **Rest** – Karte 21/30 €
Das ursprünglich a. d. J. 1827 stammende Hotel liegt in Schloss- und Seenähe und bietet wohnliche, individuelle Gästezimmer sowie eine Lounge und eine nette Cocktailbar. Das Restaurant ist ein kleines Steakhaus.

Der Seehof Zim,

Seestr. 18 ✉ *16831* – ✆ *(033931) 40 30* – *www.seehof-rheinsberg.de*
11 Zim – †65/75 € ††100/110 € – ½ P
Rest – Menü 25/46 € – Karte 25/38 €
Sie finden das ehemalige Ackerbürgerhaus von 1750 ca. 100 m vom See entfernt. Hinter der frischen hellblauen Fassade erwartet Sie ein gepflegtes und freundliches Ambiente. Restaurant mit saisonal geprägter klassischer und regionaler Küche. Schöner Innenhof.

RHODT unter RIETBURG – Rheinland-Pfalz – siehe Edenkoben

RIEDEN (KREIS AMBERG-SULZBACH) – Bayern – 546 – 2 920 Ew – Höhe 365 m 51 M17

Berlin 448 – München 165 – Regensburg 47 – Nürnberg 74

In Rieden-Kreuth Süd-West: 2 km

Waldhotel-Gut Matheshof

Kreuth 2, (Zufahrt über Hans-Nowak-Ring) ✉ *92286* – ✆ *(09624) 91 90* – *www.gut-matheshof.de*
128 Zim – †60/90 € ††82/120 € – 2 Suiten – ½ P
Rest – *(geschl. Sonntagabend)* Karte 21/44 €
Rest *Gutsgasthof* – ✆ (09624) 9 19 46 00 *(geschl. Sonntag) (nur Abendessen, Juni - August: sonntags auch Mittagessen)* Karte 16/34 €
Ideal für Pferdefreunde ist das zeitgemäße Hotel auf dem Gut Matheshof, einer weitläufigen Anlage am Wald. Angeschlossen ist Europas größtes Reitsport- und Turnierzentrum. Restaurantterrasse mit schöner Sicht über die Region. Rustikaler Gutsgasthof ca. 500 m vom Hotel.

RIEGEL – Baden-Württemberg – 545 – 3 650 Ew – Höhe 181 m 61 D20

Berlin 796 – Stuttgart 187 – Freiburg im Breisgau 27 – Offenburg 45

Riegeler Hof (mit Gästehäusern)
Hauptstr. 69 ✉ 79359 – ✆ (07642) 68 50 – www.riegeler-hof.de
– geschl. Januar 1 Woche
55 Zim – 60/70 € 90/100 € – ½ P
Rest – *(geschl. Montagmittag; im Winter: Sonntagabend - Montagmittag)*
Menü 24/42 € – Karte 34/49 €
Die Landschaft am Kaiserstuhl ist überaus beliebt bei Wanderern - und mit dem Hotel der Familie Scherzinger haben Sie einen idealen Ausgangspunkt! Ob Haupthaus, Gästehaus oder Haus Steffi, alle Zimmer sind gepflegt und wohnlich - besonders hell und freundlich sind aber die im Gästehaus! Rustikale Gemütlichkeit herrscht im Restaurant.

RIESA an der ELBE – Sachsen – 544 – 34 020 Ew – Höhe 106 m 33 P11

Berlin 192 – Dresden 65 – Leipzig 62 – Meißen 27

In Zeithain-Moritz Nord-Ost: 3,5 km über B 169

Moritz an der Elbe Rest,
Dorfstr. 2 ✉ 01619 – ✆ (03525) 5 12 30 – www.hotel-moritz.de
40 Zim – 72/75 € 88/94 € – ½ P
Rest – *(nur Abendessen, sonntags auch Mittagessen)* Menü 18/32 €
– Karte 21/38 €
Der mit wohnlichen Zimmern ausgestattete Familienbetrieb ist Teil eines Vierseitenhofes von 1823. Hinter dem Haus verläuft der Elbradwanderweg. Zeitlos-elegantes Restaurant mit bürgerlicher Küche. Eine Terrasse liegt im Innenhof, eine weitere zur Elbe.

RIESEBY – Schleswig-Holstein – 541 – 2 440 Ew – Höhe 30 m 2 I2

Berlin 393 – Kiel 38 – Rendsburg 36

Riesby Krog
Dorfstr. 35 ✉ 24354 – ✆ (04355) 18 17 87 – www.riesbykrog.de
– geschl. 27. Januar - 26. Februar und Montag, außer an Feiertagen
Rest – *(November - April: Dienstag - Donnerstag nur Abendessen)*
Menü 29 € (mittags)/54 € – Karte 32/56 €
Die engagierte Chefin hat den ehemaligen Dorfkrug in ein helles, freundliches Restaurant verwandelt und verarbeitet hier mit Vorliebe Produkte aus Schleswig-Holstein - so stehen "Ostseedorsch" oder "Steak von der Holsteiner Färse mit Rotweinschalotten" auf der Karte.

RIETBERG – Nordrhein-Westfalen – 543 – 28 870 Ew – Höhe 78 m 27 F10

Berlin 423 – Düsseldorf 160 – Bielefeld 44 – Münster (Westfalen) 63

Lind Zim,
Am Nordtor 1 ✉ 33398 – ✆ (05244) 70 01 00 – www.lind-hotel.de
78 Zim – 83/109 € 116/139 € – 2 Suiten – ½ P
Rest *Mauritz* – ✆ (05244) 70 01 60 – Menü 33/45 € – Karte 32/52 €
Großzügig, modern und hochwertig ausgestattet, ist das Hotel mitten in Rietberg für Urlauber und Geschäftsreisende gleichermaßen ideal! Nach einem langen Tag ruft das "Lind vital" mit Massage, Beauty & Co. Oder steht Ihnen der Sinn nach mediterran-regionaler Küche?

In Rietberg-Mastholte Süd-West: 7 km über Mastholter Straße

Domschenke
Lippstädter Str. 1 ✉ 33397 – ✆ (02944) 3 18 – www.domschenke-mastholte.de
– geschl. 1. - 4. Januar, 13. - 25. April, 21. Juli - 12. August, 6. - 14. Oktober, 21. - 26. Dezember und Dienstag
Rest – *(nur Abendessen)* (Tischbestellung erforderlich) Menü 68 € (abends)
– Karte 20/45 €
Rest *Gaststube - Wintergarten* – siehe Restaurantauswahl
Ein familiengeführtes Restaurant an einem kleinen Platz gegenüber der Kirche, das in klassischem Ambiente eine gehobene internationale Küche bietet.

Gaststube - Wintergarten – Restaurant Domschenke
Lippstädter Str. 1 ✉ *33397* – ✆ *(02944) 3 18*
– *www.domschenke-mastholte.de* – *geschl. 1. - 4. Januar, 13. - 25. April, 21. Juli - 12. August, 6. - 14. Oktober, 21. - 26. Dezember und Dienstag*
Rest – *(nur Abendessen)* (Tischbestellung erforderlich) Menü 68 €
– Karte 20/47 €
Bereits in der dritten Generation sind die Sittingers Gastronomen aus Leidenschaft - eine gute Voraussetzung! Gerne sitzen Gäste im Sommer auf der Terrasse im Schatten der uralten Eichen!

RIETHNORDHAUSEN – Thüringen – 544 – 1 020 Ew – Höhe 160 m — 40 K12

Berlin 275 – Erfurt 16 – Gotha 37 – Nordhausen 58

Landvogt
Erfurter Str. 29 ✉ *99195* – ✆ *(036204) 58 80* – *www.hotel-landvogt.de*
16 Zim – 69 € 89 € – ½ P
Rest – *(geschl. Samstag - Sonntag und an Feiertagen) (nur Abendessen)*
Menü 20/40 € – Karte 20/37 €
Das erweiterte Fachwerkhaus an einer Kastanienallee ist ein familiär geführtes kleines Landhotel, das über zeitgemäße und funktionelle Gästezimmer verfügt. Helles Restaurant in zeitlosem Stil.

RIMSTING – Bayern – 546 – 3 710 Ew – Höhe 564 m – Luftkurort — 66 N21

Berlin 653 – München 87 – Bad Reichenhall 61 – Wasserburg am Inn 24
Schulstr. 4, ✉ 83253, ✆ (08051) 68 76 21, www.rimsting.de
Chiemsee★

Landhotel beim Has'n
Endorfer Str. 1 ✉ *83253* – ✆ *(08051) 60 95 90* – *www.landhotelbeimhasn.de*
22 Zim – 50/59 € 80/94 € – ½ P
Rest – *(geschl. Mittwoch) (Montag, Donnerstag und Freitag nur Abendessen)*
Menü 17 € – Karte 13/27 €
Zwei Schwestern betreiben das sympathische, wohnliche Landhotel, die Eltern das rustikale Wirtshaus. Man ist hier auf freundlich-familiäre Art sehr um die Gäste bemüht und bietet ein gutes Preis-Leistungs-Verhältnis. Auf den Tisch kommen regionale Speisen.

In Rimsting-Greimharting Süd-West: 4 km in Richtung Prien – Höhe 668 m

Der Weingarten (mit Gästehaus) Rest,
Weingarten 1, (Ratzinger Höhe) (Nord-West: 1 km) ✉ *83253* – ✆ *(08051) 17 75*
– *www.gasthof-weingarten.de* – *geschl. 7. Januar - 28. Februar*
25 Zim – 50/65 € 80/95 € – 2 Suiten
Rest – *(geschl. Oktober - März: Freitag)* Karte 16/35 €
Die traumhafte Lage auf der Ratzinger Höhe und die einmalige Aussicht auf den Chiemgau machen Lust auf Natur. Alle Zimmer und Appartements mit Balkon oder Terrasse. Im Restaurant isst man bürgerlich. Der Biergarten und die große Schnitzelkarte ziehen viele Gäste an.

RINGELAI – Bayern – 546 – 2 050 Ew – Höhe 425 m – Erholungsort — 60 P18

Berlin 535 – München 209 – Passau 35 – Regensburg 138

Landhotel Koller Rest,
Perlesreuter Str. 5 ✉ *94160* – ✆ *(08555) 9 70 00* – *www.landhotel-koller.de*
– *geschl. 9. - 27. Januar*
28 Zim – 46/62 € 72/100 € – ½ P
Rest – *(geschl. im Winter: Montag)* Karte 16/32 €
Die Gästezimmer in dem Familienbetrieb im Dorfkern sind sehr unterschiedlich geschnitten und eingerichtet, teilweise besonders geräumig und wohnlich. Die meisten Zimmer mit Balkon. In ländlichem Stil gehaltenes Restaurant.

RINGSHEIM – Baden-Württemberg – 545 – 2 230 Ew – Höhe 170 m 61 D20

Berlin 780 – Stuttgart 174 – Freiburg im Breisgau 38 – Strasbourg 54

Heckenrose

Bundesstr. 22 (B 3) ✉ 77975 – ✆ (07822) 78 99 80 – www.hotel-heckenrose.de
24 Zim – 65 € 89/99 € – 1 Suite – ½ P
Rest *Heckenrose* – siehe Restaurantauswahl
Mit seinen funktionalen Zimmern in klarem modernem Stil hat sich das ehemals bürgerliche Gasthaus zu einem zeitgemäßen Hotel gemausert! Ein weiterer Vorteil ist die praktische Lage, perfekt für Ausflüge nach Offenburg, Straßburg oder in den Europa-Park (Shuttle).

Heckenrose – Hotel Heckenrose

Bundesstr. 22 (B 3) ✉ 77975 – ✆ (07822) 78 99 80 – www.hotel-heckenrose.de – geschl. Dienstag
Rest – *(Montag - Samstag nur Abendessen)* Menü 28/49 € – Karte 32/52 €
Es ist die Küche von Mike Germershausen, die die Gäste in das geradlinig designte Restaurant zieht - viele kommen auch aus dem benachbarten Elsass, um von der wechselnden Karte Gerichte wie "Perlhuhn mit Limetten-Kartoffelstampf" oder "Kalbsrücken mit Venere Risotto und Zucchini" zu probieren!

RINTELN – Niedersachsen – 541 – 26 880 Ew – Höhe 56 m 28 G9

Berlin 342 – Hannover 60 – Bielefeld 61 – Hameln 27
Marktplatz 7, ✉ 31737, ✆ (05751) 40 39 80, www.westliches-weserbergland.de

Der Waldkater

Waldkaterallee 27 ✉ 31737 – ✆ (05751) 1 79 80 – www.waldkater.com
32 Zim – 95/100 € 125/135 € – ½ P
Rest *Waldkater* – siehe Restaurantauswahl
Rest *Brauerei* – Karte 24/47 €
Das neuzeitliche Fachwerkhaus liegt schön ruhig am Waldrand und beherbergt wohnliche Zimmer, die farblich individuell gestaltet sind. Gemütlich-rustikale Brauerei mit Sudpfanne als Blickfang.

Waldkater – Hotel Der Waldkater

Waldkaterallee 27 ✉ 31737 – ✆ (05751) 1 79 80 – www.waldkater.com – geschl. Sonntag - Mittwoch
Rest – *(nur Abendessen)* Karte 39/57 €
Schon 1886 als Einkehr mit einfachen Eichenbänken für Wanderer ein beliebtes Ziel. Heute sitzen Sie weitaus gehobener im schönen Wintergartenambiente auf schicken schwarzen Flechtstühlen und können internationale Gerichte wie Vitello Tonnato oder Rinderfilet Strindberg bestellen.

RIPPOLDSAU-SCHAPBACH, BAD – Baden-Württemberg – 545 54 E19
– 2 240 Ew – Höhe 564 m – Heilbad

Berlin 732 – Stuttgart 106 – Karlsruhe 97 – Offenburg 55
Kurhausstr. 2, ✉ 77776, ✆ (07440) 91 39 40, www.bad-rippoldsau-schapbach.de

Im Ortsteil Bad Rippoldsau

Landhotel Rosengarten garni

Fürstenbergstr. 46 ✉ 77776 – ✆ (07440) 2 36 – www.landhotel-rosengarten.de
10 Zim – 44/60 € 70/90 €
In dem freundlich geführten kleinen Hotel beim Fluss Wolf stehen funktionelle Gästezimmer zur Verfügung, die meist mit Gesundheitsmatratzen ausgestattet sind. Auf Vorbestellung kocht man auch für seine Gäste.

Klösterle Hof mit Zim

Klösterleweg 2 ✉ 77776 - ✆ (07440) 2 15 – www.kloesterle-hof.de – geschl. Januar 3 Wochen, November 3 Wochen; November - März: Montag - Mittwoch und April - Oktober: Sonntagabend - Montag
7 Zim – 35/68 € 70/96 € – 1 Suite – ½ P
Rest – Menü 35 € – Karte 21/43 €
Ein gemütlich-rustikales Restaurant unter familiärer Leitung, in dem man schmackhafte regionale Speisen serviert, begleitet von einer guten kleinen Weinauswahl. Nett sitzt man auch an den Tischen vor dem Haus. Die Gästezimmer sind in ländlichem Stil gehalten und teilweise besonders wohnlich.

Im Ortsteil Schapbach **Süd: 10 km**

Ochsenwirtshof 

Wolfacher Str. 21 (Süd-West: 1,5 km) ✉ 77776 – ✆ (07839) 91 97 98 – www.ochsenwirtshof.de – geschl. 10. November - 10. Dezember

15 Zim ☕ – 🚹69/87 € 🚹🚹114/156 € – ½ P

Rest – *(geschl. Dienstag)* Menü 23/39 € – Karte 20/48 €

In dem regionstypischen Haus wohnt man besonders schön in den geräumigen Komfortzimmern. Netter kleiner Sauna- und Hallenbadbereich mit Sonnenterrasse. Auf Anfrage auch Massage. Sie speisen in Gaststuben mit ländlichem Charakter oder auf der hübschen Terrasse.

RITTERSDORF – **Rheinland-Pfalz** – **siehe Bitburg**

RODACH, BAD – **Bayern** – **546** – **6 360 Ew** – **Höhe 320 m** – **Heilbad** **40** K14

■ Berlin 368 – München 300 – Coburg 18

ℹ Schlossplatz 5, ✉ 96476, ✆ (09564) 15 50, www.bad-rodach.de

In Bad Rodach-Rossfeld **West: 3,5 km über Hildburghäuser Straße**

Altmühlaue Rest,

Untere Mühlgasse 10 ✉ 96476 – ✆ (09564) 9 23 80 – www.altmuehlaue.de – geschl. 14. - 24. Dezember

30 Zim ☕ – 🚹40/65 € 🚹🚹80/98 € – ½ P

Rest – *(Montag - Samstag nur Abendessen)* Karte 18/30 €

In einem ruhigen Ortsteil liegt der zum Hotel erweiterte ehemalige Bauernhof. Sehr geräumig sind die Château-Komfort-Zimmer. Ferienwohnungen im Nebenhaus. Massage und Kosmetik. Mit viel Holz hat man das Restaurant ländlich-rustikal gestaltet.

RÖBEL (MÜRITZ) – **Mecklenburg-Vorpommern** – **542** – **5 230 Ew** – **Höhe 65 m** – **Erholungsort** **13** N6

■ Berlin 140 – Schwerin 105 – Neubrandenburg 64

ℹ Straße der Deutschen Einheit 7, ✉ 17207, ✆ (039931) 8 01 13, www.stadt-roebel.de

Landhaus Müritzgarten garni

Seebadstr. 45 ✉ 17207 – ✆ (039931) 88 10 – www.hotel-mueritzgarten.de

38 Zim ☕ – 🚹65/85 € 🚹🚹95/125 €

Am Waldrand, nur 200 m von der Müritz, liegt das aus zwei Landhäusern und vier Blockhäusern bestehende Hotel, das persönlich von Familie Neu geführt wird. Wohnliche Zimmer und Vesperstube.

RÖDELSEE – **Bayern** – **siehe Iphofen**

RÖDENTAL – **Bayern** – **siehe Coburg**

RÖHRMOOS – **Bayern** – **546** – **6 290 Ew** – **Höhe 505 m** **58** L19

■ Berlin 573 – München 29 – Dachau 12

In Röhrmoos-Großinzemoos **Nord-West: 2 km**

Landgasthof Brummer mit Zim Rest,

Indersdorfer Str. 51 ✉ 85244 – ✆ (08139) 72 70 – www.landgasthof-brummer.de – geschl. Montag

13 Zim ☕ – 🚹55/89 € 🚹🚹79/119 € **Rest** – Karte 19/46 €

Der traditionsreiche Familienbetrieb ist gemütlich-rustikal gestaltet, teilweise auch schön neuzeitlich und hell. Der Chef bietet solide zubereitete regionale Küche. Netter Biergarten.

RÖHRNBACH – **Bayern** – **546** – **4 530 Ew** – **Höhe 438 m** – **Wintersport:** – **Erholungsort** **60** Q18

■ Berlin 539 – München 199 – Passau 23 – Freyung 12

ℹ Rathausplatz 1, ✉ 94133, ✆ (08582) 96 09 40, www.roehrnbach-bayerischer-wald.de

Jagdhof Rest,

Putzgartenstr. 2 ✉ 94133 – ✆ (08582) 9 15 90 – www.jagdhof-roehrnbach.de – geschl. Ende Juni 2 Wochen, Anfang Dezember 2 Wochen
94 Zim – 141/170 € 246/294 € – 38 Suiten – ½ P
Rest – Menü 34/48 € (abends) – Karte 22/37 €
Sehr schönes Wellnesshotel mit vielfältigem Spa auf weit über 2000 qm sowie eigenem Naturbadeteich. Dazu elegante öffentliche Bereiche und luxuriöse Suiten. Auch einfachere Zimmer vorhanden. Behagliche Restaurantstuben mit regionstypischem Flair. HP inklusive.

RÖMERBERG – Rheinland-Pfalz – siehe Speyer

RÖPERSDORF – Brandenburg – siehe Oberuckersee

RÖSRATH – Nordrhein-Westfalen – 543 – 27 290 Ew – Höhe 90 m 36 C12
Berlin 584 – Düsseldorf 56 – Bonn 24 – Siegburg 12

Klostermühle

Zum Eulenbroicher Auel 15 ✉ 51503 – ✆ (02205) 47 58 – www.restaurant-klostermuehle.de – geschl. Anfang Januar 1 Woche, Anfang August 2 Wochen und Montag - Dienstag
Rest – Menü 29 € (mittags)/80 € – Karte 39/59 €
Das hübsche Fachwerkhaus hat auch im Inneren seinen rustikalen Charme bewahrt. In dem liebenswert gestalteten Restaurant bekocht Josée Moissonnier seit über 25 Jahren ihre Gäste.

ROETGEN – Nordrhein-Westfalen – 543 – 8 250 Ew – Höhe 410 m 35 A13
Berlin 648 – Düsseldorf 96 – Aachen 34 – Liège 59

Gut Marienbildchen mit Zim
Münsterbildchen 3 (B 258, Nord: 2 km) ✉ 52159 – ✆ (02471) 25 23 – www.gut-marienbildchen.de – geschl. vor Ostern 1 Woche, Juli - August 3 Wochen und Sonntag - Montagmittag
8 Zim – 60/80 € 85/115 € – ½ P
Rest – Menü 29/65 € – Karte 24/55 €
Monschauer Senfsteak, Gulasch vom Eifel-Hirsch, Kräuter aus dem Garten... Chef Jürgen Ziemons legt in seinem gemütlichen Gasthof viel Wert auf heimische Produkte - zum Teil stammen sie sogar aus der eigenen Landwirtschaft (so auch die Frühstückseier!).

RÖTZ – Bayern – 546 – 3 500 Ew – Höhe 453 m 52 N17
Berlin 459 – München 204 – Regensburg 67 – Amberg 56
Rötz, Hillstett 40, ✆ (09976) 18 44 60

In Rötz-Hillstett West: 4 km in Richtung Seebarn

Resort Die Wutzschleife

Hillstett 40 ✉ 92444 – ✆ (09976) 1 80 – www.wutzschleife.com
59 Zim – 82/125 € 110/198 € – ½ P
Rest Gregor's **Rest Spiegelstube** – siehe Restaurantauswahl
Seit über 125 Jahren ist das Haus im Familienbesitz - und Erfahrung über Generationen zahlt sich aus: Es wird immer wieder investiert, damit Tagungen und Wellnessaufenthalte (gönnen Sie sich doch mal eine Ayurveda-Behandlung oder Private-Spa zu zweit!) zum Erfolg werden. Die ruhige Lage tut ihr Übriges.

Gregor's (Gregor Hauer) – Resort Die Wutzschleife

Hillstett 40 ✉ 92444 – ✆ (09976) 1 80 – www.wutzschleife.com – geschl. 6. Januar - 26. März, 28. Juli - 10. September und Sonntag - Dienstag
Rest – *(nur Abendessen)* (Tischbestellung erforderlich) Menü 78/98 €
Klassisches auf kreative Art zuzubereiten, ist die Leidenschaft von Chef Gregor Hauer, der u. a. Gualtiero Marchesi (Italien) zu seinen Stationen zählen darf. So individuell wie die Küche ist auch das Ambiente.
→ Forelle bayerisch und asiatisch. Wachtel und Taube, Schwarzer Trüffel, Spargel, Morchel. Mandel Crème Brûlée, Erdbeeren, Champagner.

XX **Spiegelstube** – Resort Die Wutzschleife

Hillstett 40 ✉ 92444 – ✆ (09976) 1 80 – www.wutzschleife.com – geschl. Montag - Dienstag

Rest – Menü 30 € – Karte 28/56 €

Es muss ja nicht immer Gourmetküche sein! Das weiß jeder, der die schmackhaften international-saisonalen Speisen hier versucht hat. Knusprige Bauernente oder Zanderfilet sind so lecker, wie sie aussehen! Mittags ist das Angebot etwas kleiner und regionaler.

In Winklarn-Muschenried Nord: 10 km in Richtung Oberviechtach

Seeschmied (mit Gästehaus)

Lettenstr. 6 ✉ 92559 – ✆ (09676) 2 41 – www.seeschmied.de – geschl. Februar - März

15 Zim – 40/45 € 68/76 € – ½ P

Rest – *(geschl. Montag, im Winter: Sonntagabend - Dienstag) (Dienstag - Donnerstag nur Abendessen)* Karte 16/37 €

Ein gepflegtes kleines Hotel unter familiärer Leitung, das recht ruhig liegt und unterschiedliche Zimmer bietet. Zum Haus gehören ein Angelsee und ein Tennisplatz in der Nähe. Hübsch dekoriertes Restaurant in ländlichem Stil, im Sommer mit nettem Biergarten.

ROHRDORF – Bayern – 546 – 5 480 Ew – Höhe 476 m 66 N21

Berlin 657 – München 69 – Bad Reichenhall 71 – Passau 178

Zur Post (mit Gästehäusern)

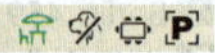

Dorfplatz 14 ✉ 83101 – ✆ (08032) 18 30 – www.post-rohrdorf.de

104 Zim – 52/84 € 69/105 €

Rest – Menü 14 € (mittags)/18 € – Karte 14/29 €

Seit über 200 Jahren betreibt Familie Stocker-Albrecht diesen echt bayerischen Gasthof, und das mit Engagement: Man investiert stetig, fast alle Zimmer sind angenehm neuzeitlich. Gut zu wissen: Im Restaurant wird Fleisch aus der eigenen Metzgerei verarbeitet und man kann hier günstig essen! Praktisch ist die gute Anbindung an die Autobahn - Sie können aber auch Fahrräder leihen, in der Umgebung gibt es schöne Wege.

Christl garni

Anzengruberstr. 10 ✉ 83101 – ✆ (08032) 9 56 50 – www.hotel-christl.de

34 Zim – 50/69 € 80/98 €

Das verkehrsgünstig an der A8 gelegene Hotel ist eine tipptopp gepflegte Übernachtungsadresse, deren Zimmer ebenerdig liegen und praktisch ausgestattet sind.

XX **Gut Apfelkam**

Unterapfelkam 3 (Ost: 3 km, nahe der BAB-Ausfahrt Achenmühle) ✉ 83101 – ✆ (08032) 53 21 – www.gut-apfelkam.de – geschl. Montag - Dienstag

Rest – *(nur Abendessen, sonntags auch Mittagessen)* (Tischbestellung ratsam) Menü 57/78 € – Karte 43/61 €

Gemütliches Ambiente, gute Tischkultur, saisonale Küche... so setzen die engagierten Gastgeber Monika und Herbert Meusel ihr Motto "gehoben, aber nicht abgehoben" um. Der Chef kocht Zeitgemäßes wie "Skrei mit Blaukrautsud, Kartoffel, Birne, Boudin noir", seine Frau serviert im Dirndl. Praktisch: Das Restaurant ist von der Autobahn schnell erreichbar.

ROIGHEIM – Baden-Württemberg – 545 – 1 450 Ew – Höhe 220 m 48 H17

Berlin 560 – Stuttgart 80 – Karlsruhe 122 – Darmstadt 112

X **Hägele**

Gartenstr. 6 ✉ 74255 – ✆ (06298) 52 05 – www.haegeles-restaurant.de – geschl. Anfang Januar 1 Woche, über Fasching und Montag, Dienstagabend, Samstagmittag

Rest – Menü 20 € – Karte 22/48 €

Die Hägeles sind eine engagierte Gastronomenfamilie - der Junior ist für die überwiegend regionale Küche verantwortlich. Man hat nicht nur die gemütliche Gaststube mit schickem Nebenzimmer, auch Festsaal und Catering sind gefragt.

RONNEBURG – Hessen – 543 – 3 230 Ew – Höhe 167 m 48 G14

Berlin 535 – Wiesbaden 76 – Frankfurt 37 – Fulda 75

In Ronneburg-Hüttengesäß

Zur Krone mit Zim

Langstr. 7 ✉ 63549 – ✆ (06184) 30 30 – www.hessenkrone.de – geschl. 20. Juli - 8. August und Montag - Dienstagmittag

14 Zim – 62 € 84 € – ½ P **Rest** – Menü 20/36 € – Karte 17/33 €

Der traditionsreiche Familienbetrieb bietet in seinem gemütlichen holzvertäfelten Restaurant bürgerliche Küche mit hausgemachten Produkten. Sehenswert: der historische Brunnen. Sehr gepflegte, solide ausgestattete Gästezimmer.

RONNENBERG – Niedersachsen – siehe Hannover

ROSBACH – Hessen – siehe Friedberg/Hessen

ROSENBERG – Baden-Württemberg – 545 – 2 600 Ew – Höhe 503 m 56 I18

Berlin 558 – Stuttgart 92 – Aalen 30 – Ansbach 64

Landgasthof Adler (Josef Bauer) mit Zim

Ellwanger Str. 15 ✉ 73494 – ✆ (07967) 5 13 – www.landgasthofadler.de – geschl. Januar 3 Wochen, August - September 3 Wochen und Montag - Mittwochmittag, Donnerstagmittag

13 Zim – 60/75 € 100/120 € – 2 Suiten

Rest – (Tischbestellung ratsam) Menü 33/95 € – Karte 31/66 €

Sicher eine der sympathischsten Adressen weit und breit, und die Preise stimmen auch! Gekonnt hat man Tradition (ehemalige Poststation von 1380) mit Moderne gemischt - nicht nur in der Stube, sondern auch auf dem Teller! So verwenden Chef Josef Bauer und sein Team regionale Produkte, bereiten sie zeitgemäß zu und richten die Speisen ohne große Schnörkel an!

➜ Lauwarm mariniertes Gemüse, bretonische Rotbarbe. Bavette vom Limburger Rind, Spinatsalat, Kartoffelterrine. Waldmeistersuppe, Walderdbeeren, Haselnusssoufflé, Tonkabohneneis.

ROSENHEIM – Bayern – 546 – 61 300 Ew – Höhe 446 m 66 N21

Berlin 658 – München 70 – Bad Reichenhall 77 – Innsbruck 108

ADAC Salinstr. 12

Kufsteiner Str. 4, ✉ 83022, ✆ (08031) 3 65 90 61, www.touristinfo-rosenheim.de

Höslwang, Kronberg 4, ✆ (08075) 7 14

San Gabriele

Zellerhornstr. 16 ✉ 83026 – ✆ (08031) 2 60 70 – www.hotel-sangabriele.de

38 Zim – 79/109 € 119/179 €

Rest *Il Convento* – Menü 27/40 € – Karte 24/39 €

Hier ist keine Wand gerade, jede Zimmertür hat eine andere Form. Vom Ameranger Architekten Rudolf Rechl stammt das ungewöhnliche Design. Wer hier übernachtet, sollte es ritterlich-rustikal mögen. Klosterflair im italienischen Restaurant Il Convento: Gewölbe, Feuerstelle und Weinkeller.

TRYP by Wyndham garni

Brixstr. 3 ✉ 83022 – ✆ (08031) 30 60 – www.tryprosenheim.com

89 Zim – 77/115 € 92/130 €, 13 € – 2 Suiten

In dem Hotel in der Stadtmitte hat man gelungen natürliche Materialien mit urbanen Elementen kombiniert und so ein wohnlich-modernes Interieur geschaffen.

La Grappa

Riederstr. 8 ✉ 83022 – ✆ (08031) 9 00 95 90 – www.lagrappa-rosenheim.de

Rest – Menü 37 € – Karte 22/47 €

Dass der sympathisch-familiäre Hinterhof-Italiener zahlreiche Stammgäste hat, liegt an der netten Atmosphäre (schön sitzt man auch auf der Terrasse im Innenhof) und an Spezialitäten wie hausgemachter Pasta, Saltimbocca alla Romana oder Riesengarnelen vom Grill. Neben der Standardkarte gibt es ein Tagesangebot.

Weinhaus zur historischen Weinlände N

Weinstr. 2 ✉ 83022 – ✆ (08031) 1 27 75 – www.weinlaende.de – geschl. 25. August - 10. September, Sonntag und an Feiertagen

Rest – Menü 13 € (mittags unter der Woche)/60 € – Karte 23/46 €

Wer hinter der schönen historischen Fassade des über 500 Jahre alten Stadthauses ein gemütliches Lokal vermutet, liegt ganz richtig! In drei charmanten Stuben (Holztäfelung, Kachelofen, Parkettboden...) isst man regional und trinkt gute Weine. Sie sitzen gerne draußen? In der verkehrberuhigten Zone hat man eine nette Terrasse.

In Stephanskirchen-Baierbach Ost: 7,5 km, jenseits des Inn

Gocklwirt mit Zim

Weinbergstr. 9 ✉ 83071 – ✆ (08036) 12 15 – www.gocklwirt.de – geschl. Januar 2 Wochen, September 2 Wochen und Montag - Dienstag

4 Zim – 50 € 80 € **Rest** – Menü 39/78 € – Karte 23/53 €

Man hat hier viele Stammgäste und auch Ausflügler zieht es zu Familie Huber... kein Wunder, denn die Atmosphäre in den reichlich dekorierten Stuben ist schön urig und die beachtliche Sammlung an diversen Landmaschinen ist schon sehenswert! Auf den Tisch kommen bürgerliche Gerichte - oder wie wär's am Nachmittag mit hausgemachtem Kuchen? Wer übernachten möchte, kann im Nachbarhaus eines der vier Doppelzimmer buchen.

ROSSBACH – Rheinland-Pfalz – 543 – 1 490 Ew – Höhe 116 m – Luftkurort 36 D13

Berlin 619 – Mainz 132 – Bonn 65 – Koblenz 42

Strand-Café

Neustadter Str. 9 ✉ 53547 – ✆ (02638) 9 33 90 – www.strand-cafe.de – geschl. 6. - 30. Januar

21 Zim – 50/64 € 89/109 € – ½ P

Rest – *(geschl. Januar - Februar: Montag - Dienstag und November: Montag - Dienstag)* Menü 20/35 € – Karte 19/35 €

An der Wied etwas außerhalb des Ortes finden Sie diese nette familiäre Adresse. Die Zimmer liegen teils schön zum Fluss hin, etwas geräumiger sind die Komfort-Plus-Zimmer. Restaurant mit Wintergarten und Terrasse mit Blick zur Wied. Kinderspielplatz.

ROSSFELD-RINGSTRASSE – Bayern – siehe Berchtesgaden

ROSSHAUPTEN – Bayern – 546 – 2 120 Ew – Höhe 816 m – Wintersport: 892 m 2 64 J21

Berlin 657 – München 118 – Kempten 55 – Füssen 11

Hauptstr. 10, ✉ 87672, ✆ (08367) 3 64, www.rosshaupten.de

Kaufmann

Füssener Str. 44 ✉ 87672 – ✆ (08367) 9 12 30 – www.hotel-kaufmann.de

38 Zim – 75/135 € 140/250 € – 5 Suiten – ½ P

Rest *Kaufmann* – siehe Restaurantauswahl

Ehemals ein ländlicher Gasthof, heute ein modernes Ferienhotel unweit des Forggensees. Einige Zimmer muten fast schon puristisch an, andere noch traditionell. Der chic designte Spa glänzt u. a. mit dem lichtdurchfluteten Poolhaus und einer Panoramasauna mit Außen-Wasserfall.

Kaufmann – Hotel Kaufmann

Füssener Str. 44 ✉ 87672 – ✆ (08367) 9 12 30 – www.hotel-kaufmann.de

Rest – Menü 27 € (mittags)/45 € – Karte 25/57 €

Rinderrouladen, Sauerbraten und andere bürgerlich-regionale Gerichte kommen bei den Brüdern Kaufmann auf den Tisch - man ist bekannt für frische und gute Küche! Das Ambiente: Holztäfelung und Kachelofen treffen auf moderne klare Linien.

ROSTOCK – **Mecklenburg-Vorpommern** – **542** – **202 740 Ew** – **Höhe 13 m** 12 M4

Berlin 222 – Schwerin 89 – Lübeck 117 – Stralsund 69

Rostock-Laage (über A 19: 30 km) ✆ (038454) 32 13 90

ADAC Trelleborger Str. 1 (Lütten-Klein)

Neuer Markt 3 CD2, ✉ 18055, ✆ (0381) 3 81 22 22, www.rostock.de

Marienkirche★★ (Astronomische Uhr★★ · Bronzetaufkessel★ · Turm ≤★) CD2 · Kulturhistorisches Museum★ (Dreikönigsaltar)★ **M²** C2 · Kröpeliner Tor★ A1

Schifffahrtsmuseum IGA-Park★★, Nord-West: 10 km · Bad Doberan: Münster★★, über B 103: 17 km

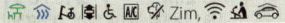

Radisson BLU

Lange Str. 40 ✉ 18055 – ✆ (0381) 3 75 00 – www.radissonblu.de/hotel-rostock

251 Zim – †89/225 € ††89/225 €, ☕ 19 € – ½ P C1**a**

Rest – Menü 25/45 € – Karte 28/49 €

Ideal für Business sind die zentrale Lage und der große Tagungsbereich mit moderner Technik, zur Entspannung gibt es Kosmetik, Panoramasauna und Dachterrasse, nicht zu vergessen die gut ausgestatteten Zimmer in den Stilen Urban, Chili und Ocean (teils mit Blick über den Hafen). Internationales im Restaurant.

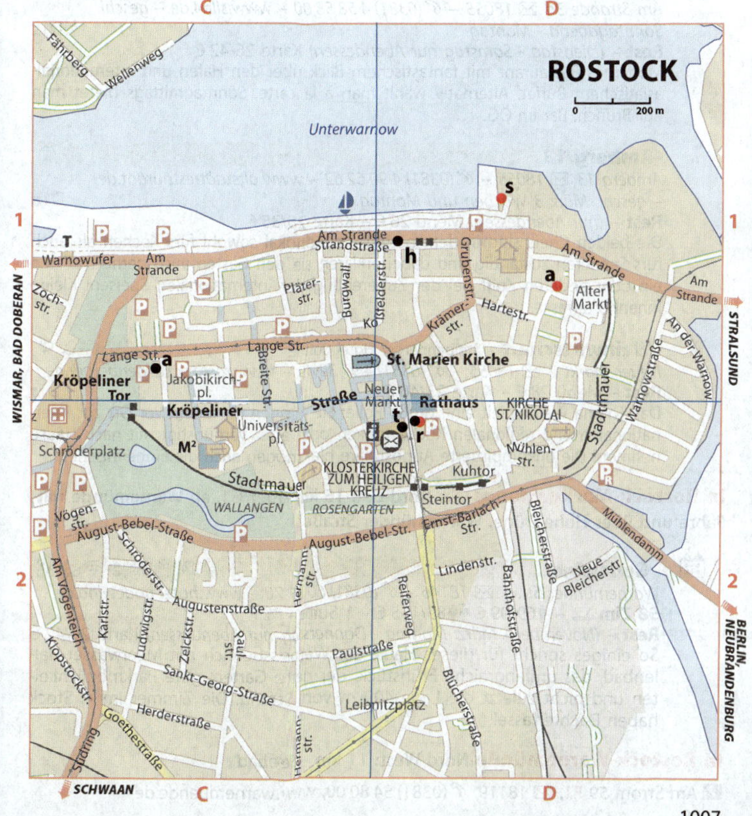

Steigenberger Hotel Sonne

Neuer Markt 2 ✉ *18055 – ✆ (0381) 4 97 30 – www.rostock.steigenberger.de*
121 Zim – †79/159 € ††79/159 €, ☕ 18 € – 9 Suiten – ½ P D2**r**
Rest ***Weinwirtschaft*** – siehe Restaurantauswahl
Das Businesshotel zieht aufgrund seiner Lage mitten in Rostock auch Touristen an. Die schöne Sicht auf die Altstadt von einigen der komfortablen Zimmer macht Lust auf einen Bummel! Neben guten Veranstaltungsmöglichkeiten bietet man auch Wellness.

Die kleine Sonne garni

Steinstr. 7 ✉ *18055 – ✆ (0381) 4 61 20 – www.die-kleine-sonne.de* D2**t**
48 Zim ☕ – †70/105 € ††83/118 €
Das Hotel liegt sehr zentral und bietet wohnliche Zimmer sowie einen farbenfroh dekorierten Frühstücksraum. Gäste nutzen die Sauna im Partnerhotel gegenüber. Kiosk mit Snacks.

Altes Hafenhaus garni

Strandstr. 93 ✉ *18055 – ✆ (0381) 4 93 01 10 – www.altes-hafenhaus.de*
12 Zim ☕ – †69/89 € ††89/99 € D1**h**
Das schön sanierte 200 Jahre alte Stadthaus gegenüber dem alten Hafen ist ein individuelles kleines Hotel, in dem man stilvoll und gemütlich wohnt. Asiatische Massagen.

SILO 4

Am Strande 3d ✉ *18055 – ✆ (0381) 4 58 58 00 – www.silo4.de – geschl. Sonntagabend - Montag* D1**s**
Rest – *(Dienstag - Samstag nur Abendessen)* Karte 26/42 €
Modernes Restaurant mit fantastischem Blick über den Hafen und international-asiatischem Buffet. Alternativ wählt man à la carte. Sonntagmittags bietet man nur Brunch. Bar im OG.

Amberg 13

Amberg 13 ✉ *18055 – ✆ (0381) 4 90 62 62 – www.altstadtrestaurant.de – geschl. März 3 Wochen und Montag* D1**a**
Rest – *(nur Abendessen)* Menü 26 € – Karte 28/35 €
Die beiden Chefs sind in dem netten Altstadtlokal sowohl fürs Kochen als auch fürs Servieren zuständig und dabei erklären sie den Gästen auch gerne mal den ein oder anderen Kniff bei der Zubereitung der internationalen Speisen! Kleine Innenhofterrasse.

Weinwirtschaft – Steigenberger Hotel Sonne

Neuer Markt 2 ✉ *18055 – ✆ (0381) 4 97 32 49 – www.rostock.steigenberger.de*
Rest – Menü 28 € – Karte 23/40 € D2**r**
Das Thema Wein spielt eine große Rolle: Sie können ihn direkt vor Ort zur internationalen und regionalen Küche trinken oder aber vergünstigt mit nach Hause nehmen! Die unkomplizierte Atmosphäre hier mögen auch die Einheimischen!

In Rostock-Markgrafenheide Nord-Ost: 16 km über G1, ab Warnemünde mit Fähre und über Hohe Düne, Warnemünder Straße

Godewind

Warnemünder Str. 5 ✉ *18146 – ✆ (0381) 60 95 70 – www.hotel-godewind.de*
58 Zim ☕ – †69/99 € ††89/155 € – 1 Suite – ½ P
Rest – *(November - März: Montag - Donnerstag nur Abendessen)* Karte 20/42 €
So einiges spricht für dieses Haus: der Wellnessbereich mit Meerwasser-Hallenbad, das umfangreiche Frühstück, der nette Garten, gute Parkmöglichkeiten und nicht zuletzt die Lage 400 m vom Strand. Die Zimmer im 4. Stock haben Dachterrasse!

In Rostock-Warnemünde Nord-West: 11 km – Seebad

Am Strom 59 F1, ✉ 18119, ✆ (0381) 54 80 00, www.warnemuende.de

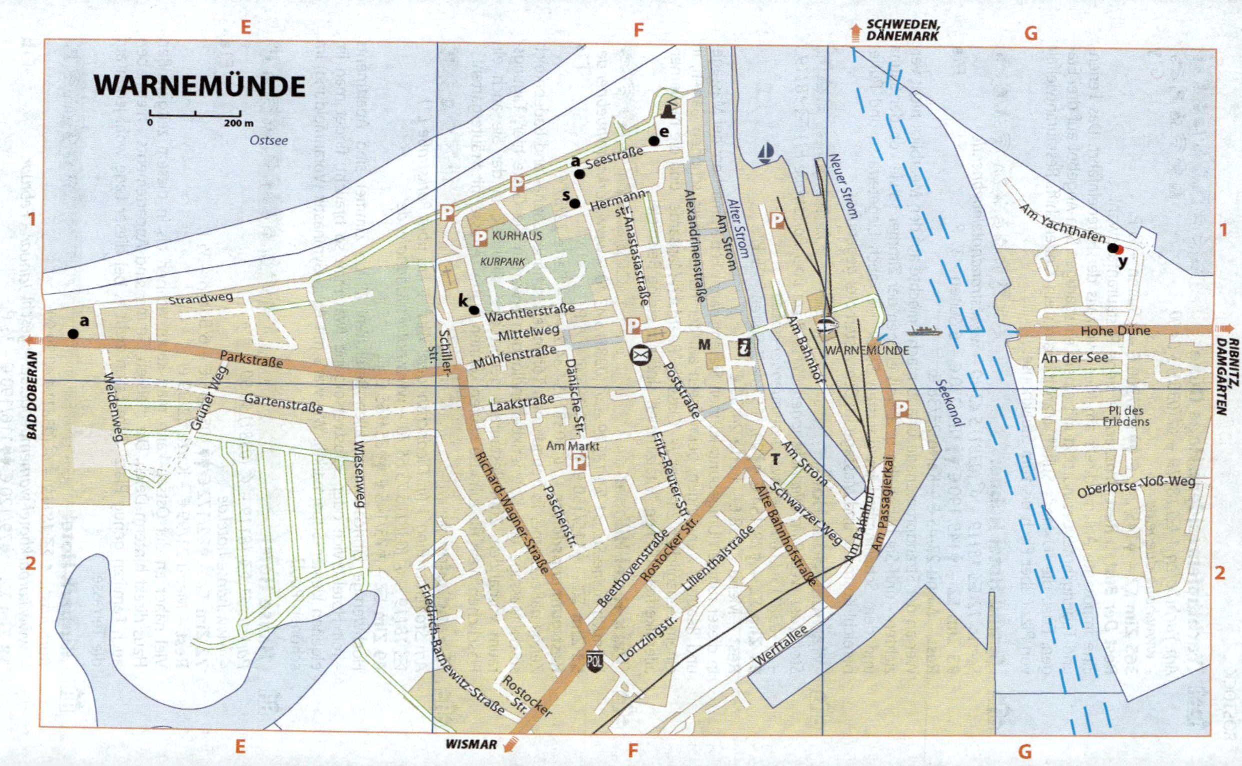

WARNEMÜNDE
Ostsee
0
200 m
RIBNITZ, DAMGARTEN
BAD DOBERAN
WISMAR
SCHWEDEN, DÄNEMARK
Hohe Düne
An der See
Pl. des Friedens
Oberlotse-Voß-Weg
Am Yachthafen
Seekanal
Neuer Strom
Alter Strom
Am Passagierkai
Am Bahnhof
Werftallee
Am Strom
Schwarzer Weg
Alte Bahnhofstraße
Alexandrinenstraße
Poststraße
Fritz-Reuter-Str.
Anastasiastraße
Seestraße
Hermann-str.
Lilienthalstraße
Beethovenstraße
Rostocker Str.
Lortzingstr.
Dänische Str.
Am Markt
Paschenstr.
KURHAUS
KURPARK
Wachtlerstraße
Mittelweg
Mühlenstraße
Laakstraße
Richard-Wagner-Straße
Friedrich-Barnewitz-Straße
Schiller-str.
Wiesenweg
Parkstraße
Gartenstraße
Strandweg
Grüner Weg
Weidenweg
WARNEMÜNDE
POL

Yachthafenresidenz Hohe Düne

Am Yachthafen 1 ✉ 18119 – ✆ (0381) 5 04 00 – www.hohe-duene.de G1**y**

365 Zim ☕ – 🚹145/240 € 🚹🚹185/300 € – 3 Suiten – ½ P

Rest *Der Butt* ✿ **Rest *Brasserie*** – siehe Restaurantauswahl

Eine imposante Anlage direkt am Meer, vis-à-vis der Hafeneinfahrt. Das Ferien- und Tagungshotel beeindruckt mit einem einzigartigen Spa-Angebot auf drei Etagen. Edel: die "Owner's Suite". Man hat auch ein Kinderschiff. Restaurantvielfalt von Pizza über Fisch bis zum Steakhouse.

Strand-Hotel Hübner

Zim,

Seestr. 12 ✉ 18119 – ✆ (0381) 5 43 40 – www.strandhotelhuebner.de

95 Zim ☕ – 🚹145/190 € 🚹🚹185/230 € – 6 Suiten – ½ P F1**a**

Rest – Menü 23/45 € – Karte 23/38 €

Wer an der Strandpromenade Urlaub macht, möchte auf den Meerblick nicht verzichten - und Sie haben ihn u. a. von einigen der Zimmer sowie von der Sauna und dem Schwimmbad im obersten Stock, hier auch Liegeterrasse und Ruhebereich! Kosmetik und Massage im Schwesterhotel gegenüber.

Warnemünder Hof

Rest,

Stolteraer Weg 8 (in Diedrichshagen, West: 2 km über Parkstraße E1) ✉ 18119 – ✆ (0381) 5 43 00 – www.warnemuender-hof.de

91 Zim ☕ – 🚹78/154 € 🚹🚹99/185 € – 7 Suiten – ½ P

Rest – Menü 23/38 € – Karte 24/50 €

In dieser ruhigen Umgebung können Sie entspannt Ferien machen: bei Massage- und Beautyanwendungen, beim Essen auf der Terrasse zum schönen Garten, in einem behaglichen Zimmer... - "Classic", "Reetdach-Mansarde" und die modernen, allergikerfreundlichen "Vitalzimmer" sind nur einige Beispiele!

Park-Hotel Hübner

Zim, Rest,

Heinrich-Heine-Str. 31 ✉ 18119 – ✆ (0381) 5 43 40 – www.parkhotelhuebner.de

53 Zim ☕ – 🚹115/150 € 🚹🚹155/185 € – ½ P F1**s**

Rest *gutmannsdörfer* – ✆ (0381) 54 34 21 41 – Karte 23/37 €

Zeitgemäße Zimmer in freundlichen Tönen, ein schöner Sauna- und Badebereich sowie Massage und Kosmetikbehandlungen erwarten die Gäste hier. Tagungsraum vorhanden. Zum Restaurant gehört eine Vinothek, in der Sie auch ein Fläschchen Wein für zuhause kaufen können. Nette Terrasse mit Kräutergarten!

Strandhafer garni

Am Stolteraer Ring 1 (in Diedrichshagen, West: 2 km über Parkstraße E1) ✉ 18119 – ✆ (0381) 3 75 65 70 – www.hotel-strandhafer.de

49 Zim ☕ – 🚹75/145 € 🚹🚹85/155 €

Hochwertige Einrichtung in allen Bereichen! Einige Zimmer sind Apartments - mit Hotelservice oder Selbstversorgung (was man so braucht, findet man im eigenen kleinen Supermarkt!). Wie wär's mit Aqua-Gymnastik (Voranmeldung) im schönen Pool?

Hanse Hotel

Rest,

Parkstr. 51 ✉ 18119 – ✆ (0381) 54 50 – www.hanse-hotel.de E1**a**

72 Zim ☕ – 🚹82/172 € 🚹🚹105/245 € – 6 Suiten – ½ P

Rest – Menü 21/99 € – Karte 22/39 €

Viel näher an der Ostsee kann man kaum wohnen als in diesem zeitgemäßen Haus direkt hinterm Deich. Die meisten Zimmer sind Appartements - hier haben auch Familien genug Platz! Zum Essen zieht es bei dieser Lage wohl jeden auf die Terrasse!

Kurpark Hotel

Zim,

Kurhausstr. 4 ✉ 18119 – ✆ (0381) 4 40 29 90 – www.kurparkhotel-warnemuende.de – geschl. Januar - Februar F1**k**

18 Zim ☕ – 🚹79/120 € 🚹🚹116/190 € – ½ P

Rest – *(nur Abendessen)* Menü 22 € – Karte 21/39 €

Die 1890 erbaute und ehemals als Pension genutzte Villa wird heute von Familie Krause als elegantes kleines Ferienhotel geführt. Wer es lieber kühl mag, sollte eine klimatisierte Juniorsuite buchen. Ein großer Pluspunkt: Zur Strandpromenade ist es nur ein Katzensprung!

Am Leuchtturm garni

Am Leuchtturm 16 ✉ 18119 – ✆ (0381) 5 43 70
– www.hotel-am-leuchtturm.de F1**e**
33 Zim – 80/135 € 105/215 € – 1 Suite
In dem Hotel am Anfang der Strandpromenade, gegenüber dem Leuchtturm, erwarten Sie neuzeitlich-wohnliche Zimmer - die Apartments verfügen über kleine Küchenzeilen.

Der Butt – Hotel Yachthafenresidenz Hohe Düne

Am Yachthafen 1 ✉ 18119 – ✆ (0381) 5 04 00 – www.hohe-duene.de
– geschl. 26. Januar - 3. März und Sonntag - Montag G1**y**
Rest – *(nur Abendessen)* Menü 98/125 € – Karte 74/100 €
Im Gourmetrestaurant der "Hohen Düne" gab es nicht nur personell Bewegung, sondern auch einen Stilwechsel: Der neue Chef am Herd ist Matthias Stolze und er kocht modern, sehr variantenreich und mit persönlicher Note, und dabei berücksichtigt er sowohl regionale Produkte als auch Feines aus der ganzen Welt. So anspruchsvoll das Essen, so elegant das Ambiente, so geschult der Service und so passend die Weinempfehlungen zu den beiden Menüs.
→ Kumamoto Auster und Sevruga Kaviar mit Rettich, Holunderblüte und Buddhas Hand. Supreme vom Steinbutt mit Morcheln, grünem Spargel, Venusmuschelkompott und Yuzu-Hollandaise. „Falscher Hase" von der Wachtel mit Bohnen, Weizengras und Périgord Trüffeljus.

Brasserie – Hotel Yachthafenresidenz Hohe Düne

Am Yachthafen 1 ✉ 18119 – ✆ (0381) 5 04 00
– www.hohe-duene.de G1**y**
Rest – Menü 29/52 € – Karte 34/64 €
Eine geschmackvoll eingerichtete große Brasserie mit Rundumblick, in der man regional speist. Sehr angenehm sitzt man auf der schönen Terrasse mit Sicht auf den Hafen.

In Sievershagen **West: 8 km über Warnowufer C1, Richtung Wismar**

Atrium Hotel Krüger

Ostsee-Park-Str. 2 (B 105) ✉ 18069 – ✆ (0381) 1 28 82 00
– www.atrium-hotel-krueger.de
59 Zim – 59/75 € 80/115 € – 2 Suiten – ½ P
Rest – *(geschl. Sonntag) (nur Abendessen für Hausgäste)*
Die Lage in dem kleinen Gewerbegebiet ist zwar eher funktionell, aber dafür verkehrsgünstig. Außerdem sind die Zimmer zeitgemäß in Stil und Technik, das Frühstück ist gut und der Sauna- und Badebereich ist ansprechend und gepflegt. Massage bietet man ebenso.

ROT am SEE – **Baden-Württemberg** – **545** – **5 240 Ew** – **Höhe 438 m** **56** I17

Berlin 532 – Stuttgart 132 – Würzburg 78 – Crailsheim 18

Landhaus Hohenlohe

Erlenweg 24 ✉ 74585 – ✆ (07955) 9 31 00 – www.landhaus-hohenlohe.de
– geschl. 1. - 17. Januar
21 Zim – 50/85 € 80/125 € – ½ P
Rest ***Landhaus Hohenlohe*** – siehe Restaurantauswahl
Da kommt man gerne zum Übernachten: Zum einen liegt das Haus der Familie Mack ruhig in einem Wohngebiet am Ortsrand, zum anderen sind die Zimmer fast alle schön frisch und modern eingerichtet.

Landhaus Hohenlohe – Hotel Landhaus Hohenlohe

Erlenweg 24 ✉ 74585 – ✆ (07955) 9 31 00 – www.landhaus-hohenlohe.de
– geschl. 1. - 17. Januar und Sonntagabend - Montag
Rest – Menü 36 € (vegetarisch)/83 €
– Karte 30/57 €
Die Küche von Matthias Mack ist ambitioniert und bietet einen Mix aus Regionalem und Klassischem - so reicht das Angebot von "Rahmschnitzel vom Hällischen Schweinerücken mit Spätzle und Salat" bis "Wilder Steinbutt in Olivenöl gebraten im Tomaten-Ingwersud mit kleinen Artischocken".

ROTENBURG an der FULDA – Hessen – 543 – 13 640 Ew – Höhe 187 m – Luftkurort

39 H12

Berlin 424 – Wiesbaden 188 – Kassel 58 – Gießen 110

Weingasse 3, ✉ 36199, ☎ (06623) 55 55, www.rotenburg.de

Landhaus Silbertanne

Zim,

Am Wäldchen 2 ✉ 36199 – ☎ (06623) 9 22 00 – www.hotel-silbertanne.de – geschl. 6. - 24. Januar

25 Zim – 59/79 € 79/129 € – ½ P

Rest – *(geschl. Sonntagabend)* Menü 19/49 € – Karte 23/56 €

Ein gepflegtes Hotel unter familiärer Leitung, das relativ ruhig in einer Wohngegend am Ortsrand liegt. Unterschiedliche Gästezimmer, darunter auch Raucherzimmer. Rustikal gehaltenes Restaurant mit altem Leinenwebstuhl als Dekor. Schön ist der Biergarten.

ROTENBURG (WÜMME) – Niedersachsen – 541 – 21 830 Ew – Höhe 21 m

18 H6

Berlin 352 – Hannover 107 – Bremen 51 – Hamburg 79

Große Str. 1, ✉ 27356, ☎ (04261) 7 11 00, www.rotenburg-wuemme.de

Scheessel-Westerholz, Hof Emmen, ☎ (04263) 9 30 10

Landhaus Wachtelhof

Gerberstr. 6 ✉ 27356 – ☎ (04261) 85 30 – www.wachtelhof.de

36 Zim – 138/157 € 218/248 € – 2 Suiten – ½ P

Rest *L'auberge* – siehe Restaurantauswahl

Im Haus der Familie Höhns überzeugen Annehmlichkeiten wie der aufmerksame Service und das elegante Ambiente, das sehr gute Frühstück und die zauberhafte Gartenanlage. Auf Wunsch auch Limousinen-Service. Außerdem ist die Buchung von Kreuzfahrten möglich.

L'auberge – Hotel Landhaus Wachtelhof

Gerberstr. 6 ✉ 27356 – ☎ (04261) 85 30 – www.wachtelhof.de

Rest – Menü 49/74 € – Karte 39/74 €

Hier weht der Duft der großen weiten Welt! Denn: Küchenchef Daniel Rundholz ist immer wieder Gastkoch auf dem Kreuzfahrtschiff "Europa" und verwöhnt Sie deshalb mit Spezialitäten aus aller Herren Länder.

In Hellwege Süd-West: 15 km über B 75, in Sottrum links

Prüser's Gasthof (mit Gästehäusern)

Dorfstr. 5 ✉ 27367 – ☎ (04264) 99 90 – www.pruesers-gasthof.de – geschl. 21. - 24. Dezember

58 Zim – 50/56 € 80/88 € – ½ P

Rest – *(geschl. Dienstagmittag)* Menü 15/55 € – Karte 15/47 €

Businessgäste schätzen diesen gepflegten Familienbetrieb, der in seinen drei Häusern funktional ausgestattete und teilweise besonders zeitgemäße Zimmer beherbergt. Der Bade- und Saunabereich befindet sich im Haus Barkmeier. Das Restaurant bietet einen rustikalen und einen neuzeitlichen Bereich.

ROTHENBUCH – Bayern – 546 – 1 880 Ew – Höhe 365 m

48 H15

Berlin 542 – München 345 – Würzburg 66 – Frankfurt am Main 68

Spechtshaardt

Rolandstr. 34 ✉ 63860 – ☎ (06094) 9 72 00 – www.spechtshaardt.de

48 Zim – 58/95 € 78/125 € – ½ P

Rest – Menü 17/46 € – Karte 19/39 €

Ein ruhig am Ortsrand gelegenes Hotel mit guten Tagungsmöglichkeiten. Die Zimmer bieten teilweise einen Balkon, einige neuere sind wohnlicher und moderner. Kleines Wildgehege. Zum bürgerlich-rustikalen Restaurant gehört eine nette Terrasse mit Blick auf den Ort.

ROTHENBURG ob der TAUBER – Bayern – 546 – 11 030 Ew – Höhe 430 m

▶ Berlin 500 – München 236 – Würzburg 69 – Ansbach 35

ℹ Marktplatz 2 B1, ✉ 91541, ✆ (09861) 40 48 00, www.tourismus.rothenburg.de

Veranstaltungen

6.-9. Juni: Historische Festspiele

5.-7. September: Reichsstadt-Festtage

👁 Rathaus★ · Jakobskirche★ (Heilig-Blut-Altar★★)B1 · Herrngasse★A1 · Kalkturm ≤★ · Spitaltor★ · Spital★B2 · Stadtmauer★ · Burggarten (≤★)

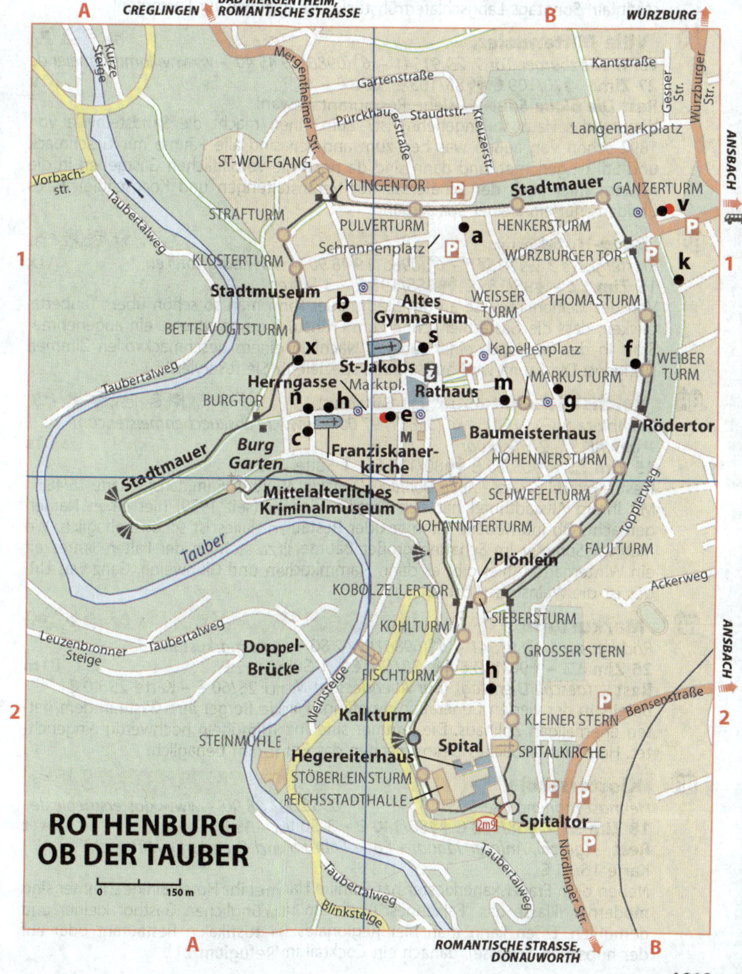

herrnschlösschen

Rest,

Herrngasse 20 ✉ 91541 – ✆ (09861) 87 38 90 – www.herrnschloesschen.de
4 Zim ☕ – 🚹210/325 € 🚹🚹210/325 € – 4 Suiten – ½ P **A1h**
Rest – *(geschl. 12. - 25. November und Montag - Dienstag)* Karte 16/32 €
Wohl das kleinste Hotel der Stadt und derartig exklusiv, dass es eigentlich nur die Bezeichnung Designhotel zulässt! Die Zimmer sind an Individualität und Wertigkeit kaum zu überbieten, top das Zusammenspiel mit der historischen Bausubstanz überall im Haus! Der Service: echte "Verwöhnleistungen". Und als i-Tüpfelchen gibt es den Barockgarten - ein Traum!

Eisenhut (mit Gästehaus)

Herrngasse 3 ✉ 91541 – ✆ (09861) 70 50 – www.eisenhut.com **B1e**
78 Zim – 🚹80/160 € 🚹🚹100/208 €, ☕ 12 € – 1 Suite – ½ P
Rest *Eisenhut* – siehe Restaurantauswahl
Die historisch-rustikale Lobby mit ihrer alten Holzdecke und allerlei Zierrat, die individuellen Zimmer mit Stilmöbeln und Antiquitäten... hier (in den schönen Patrizierhäusern und dem Fachwerkhaus vis-à-vis) spürt man so richtig das Altstadtflair! Sonntags Langschläferfrühstück - ist auch was für Passanten!

Villa Mittermeier

Vorm Würzburger Tor 7 ✉ 91541 – ✆ (09861) 9 45 40 – www.villamittermeier.de
27 Zim – 🚹70/109 € 🚹🚹85/165 €, ☕ 8 € – ½ P **B1v**
Rest *Die blaue Sau* – siehe Restaurantauswahl
Warum das Haus so angenehm ist? Zum einen macht die Sandsteinvilla von 1892 schon von außen was her, zum anderen sind alle Räume mit Geschmack und Stil eingerichtet, und dann sind da noch die vorbildlichen Gastgeber! In die Altstadt (hier auch der Schäfersaal für Veranstaltungen und Kochschule) ist es übrigens nur ein kleiner Spaziergang!

Burg-Hotel garni

Klostergasse 3 ✉ 91541 – ✆ (09861) 9 48 90 – www.burghotel.eu **A1x**
15 Zim ☕ – 🚹95/155 € 🚹🚹155/195 € – 3 Suiten
Von der kleinen Terrasse an der Stadtmauer kann man so schön übers Taubertal blicken, dass die Gäste hier schon zum Frühstück gerne sitzen - ein angenehmer Start in den Tag nach einer ruhigen Nacht in einem geschmackvollen Zimmer! Übrigens: Die Sauna wird auf Anfrage speziell für Sie reserviert!

Reichsküchenmeister (mit Gästehaus)

Rest,

Kirchplatz 8 ✉ 91541 – ✆ (09861) 97 00 – www.reichskuechenmeister.com – geschl. 3. - 21. Februar **B1s**
45 Zim ☕ – 🚹65/85 € 🚹🚹80/125 € – 1 Suite – ½ P
Rest – *(geschl. Januar - April: Montag - Dienstag)* Menü 22 € (mittags) – Karte 16/48 €
Mit ihrem Altstadthotel hat sich Familie Niedner (seit 1920) hier einen Namen gemacht. Ob individuelle Zimmer oder Restaurant, alles ist schön behaglich. Wo man im Sommer im Schatten großer Bäume sitzt, steht in der kalten Jahreszeit ein Wintergarten (hier gibt es dann Flammkuchen und Glühwein!). Ganz was Uriges ist die Weinstube Löchle.

Markusturm

Rödergasse 1 ✉ 91541 – ✆ (09861) 9 42 80 – www.markusturm.de
25 Zim ☕ – 🚹90/130 € 🚹🚹130/170 € – 1 Suite – ½ P **B1m**
Rest – *(geschl. Dienstag) (nur Abendessen)* Menü 25/60 € – Karte 25/40 €
Bereits in der vierten Generation empfängt Familie Berger ihre Gäste in dem netten ehemaligen Zollhaus. Die Zimmer sind mit Stilmöbeln hochwertig eingerichtet. Holz und ländliches Dekor machen das Restaurant behaglich.

Klosterstüble

Heringsbronnengasse 5 ✉ 91541 – ✆ (09861) 93 88 90 – www.klosterstueble.de
18 Zim ☕ – 🚹58/108 € 🚹🚹88/140 € – 3 Suiten – ½ P **A1c**
Rest – *(geschl. Anfang Januar - Ende Februar und Dienstag - Mittwoch)* Karte 16/51 €
Neben dem Franziskanerkloster hat Familie Hammel ihr Hotel. Einige Zimmer sind moderner (klasse das "Falkennest"!), die im ursprünglichen Gasthof kleiner und gemütlich. Essen kann man hier Regionales (im rustikalen Restaurant oder auf der hübschen Terrasse), danach ein Cocktail im "Refugium 21".

Prinzhotel Rothenburg

Rest, Rest,

An der Hofstatt 3 ✉ 91541 – ✆ (09861) 97 50 – www.prinzhotel.rothenburg.de
52 Zim – †95/115 € ††125/185 €, ☕ 8 € – ½ P **B1f**
Rest – Menü 14 € (mittags)/39 € – Karte 35/42 €
Das Hotel von 1927 liegt in der Innenstadt, wenn Sie Glück haben, ergattern Sie einen der kostenlosen öffentlichen Parkplätze vor dem Haus! Sie relaxen gerne in der Whirlwanne? Zwei der Zimmer haben eine! Das modern-rustikale Restaurant nennt sich "topiNambur" - diese schmackhafte Knolle findet sich hier auch in vielen Gerichten.

BurgGartenpalais

Zim,

Herrngasse 26 ✉ 91541 – ✆ (09861) 8 74 74 30 – www.burggartenpalais.de
14 Zim ☕ – †85/135 € ††110/195 € – 2 Suiten – ½ P **A1n**
Rest *Meistertrunk* – ✆ (09861) 9 74 70 54 *(geschl. Januar - März)*
Karte 20/42 €
In Rothenburgs Altstadt wohnen und dann noch in einem der ältesten Patrizierhäuser... das hat schon was! Die Zimmer sehr gepflegt (man renoviert regelmäßig), das Restaurant gemütlich-rustikal, hübsch die Terrasse im Garten - und schauen Sie sich die restaurierten Stuckdecken und alten Türzargen im Haus an!

Hornburg garni

Hornburgweg 28 ✉ 91541 – ✆ (09861) 84 80 – www.hotel-hornburg.de
– geschl. August - September 10 Tage und 26. Oktober - 3. November
9 Zim ☕ – †65/95 € ††80/130 € – 1 Suite **B1k**
Wenn Sie bei Gabriele und Martin Wetzel ankommen, stellen Sie Ihr Auto am besten auf den öffentlichen Parkplatz gleich gegenüber. Hohe Räume, Stuckdecken, original Türen... so einiges bewahrt dem Haus von 1903 seinen Charme. Nur die Stadtmauer direkt vor der Tür trennt Sie vom Zentrum.

Gerberhaus garni

Spitalgasse 25 ✉ 91541 – ✆ (09861) 9 49 00 – www.gerberhaus.rothenburg.de
– geschl. Februar **B2h**
20 Zim ☕ – †75/100 € ††89/130 €
So richtig schön charmant-historisch! In der ehemaligen Gerberei haben die Gastgeber wirklich Sinn fürs Detail bewiesen: liebevolle Deko zu freiliegenden Holzbalken, Dielenboden oder Kamin... Entspannen Sie im romantischen Garten mit Blick auf die Stadtmauer oder im Café bei Kuchen und kleinen Speisen.

Spitzweg garni

Paradeisgasse 2 ✉ 91541 – ✆ (09861) 9 42 90 – www.hotel-spitzweg.de
9 Zim ☕ – †70 € ††90/105 € **B1g**
Den Charme von einst versprüht das in der Stadtmitte gelegene Haus mit der netten Fassade aus Naturstein und Fachwerk. Passend dazu das sympathisch-rustikale Ambiente.

Schranne

Zim, Zim,

Schrannenplatz 6 ✉ 91541 – ✆ (09861) 9 55 00 – www.hotel-schranne.de
48 Zim ☕ – †50/75 € ††70/105 € – ½ P **Rest** – Karte 11/35 € **B1a**
Seit über 50 Jahren sind die Meinolds schon in dem historischen Haus an der Stadtmauer, auch der Sohn ist mit von der Partie. Wer mit dem Fahrrad die Stadt erkunden will, kann sich hier auch E-Bikes mieten! Wieder zurück von der Tour, stärkt man sich mit bürgerlich-regionalen Gerichten - gerne auch auf der sonnigen Terrasse.

Altfränkische Weinstube

Rest,

Klosterhof 7 ✉ 91541 – ✆ (09861) 64 04 – www.altfraenkische-weinstube.de
7 Zim ☕ – †59/69 € ††69/78 € **A1b**
Rest – *(geschl. Januar - März: Dienstag) (nur Abendessen)* Menü 18 €
– Karte 19/29 €
Ein 650 Jahre altes Gebäude in der Altstadt bei der Kirche St. Jacob. Gemütlich-rustikal sind sowohl die Zimmer als auch der liebenswerte Frühstücksraum mit hübschem Kachelofen. Im urigen Restaurant bietet man bürgerliche Küche.

Eisenhut – Hotel Eisenhut

Herrngasse 3 ✉ 91541 – ✆ (09861) 70 50 – www.eisenhut.com B1e

Rest – Menü 26 € (mittags)/64 € – Karte 21/57 €

Alles ist schön stimmig: gediegener Rahmen, klassisches Mobiliar und ebensolche Tischkultur, dazu beeindruckende Bilder von der Geschichte Rothenburgs. Toll die Terrasse mit Blick in den Garten (auch vom Wintergarten), separat der Biergarten.

Die blaue Sau – Hotel Villa Mittermeier

Vorm Würzburger Tor 7 ✉ 91541 – ✆ (09861) 9 45 40 – www.blauesau.eu – geschl. Januar, August 2 Wochen und Sonntag B1v

Rest – *(nur Abendessen)* (Tischbestellung ratsam) Menü 30/70 € – Karte 26/55 €

Wenn es unkompliziert und leger sein soll, dann auf in das gemütliche Tonnengewölbe der Villa! Wie gut die frische saisonale Küche ist, merkt man z. B. bei "Gegrillter Hochrippe mit Kartoffeln, Gemüse und Melange noir". Wein und Delikatessen gibt's auch für zuhause.

In Steinsfeld-Reichelshofen Nord: 7 km über Würzburger Straße B1

Landwehrbräu (mit Gästehaus)

Reichelshofen 31 ✉ 91628 – ✆ (09865) 98 90 – www.landwehr-braeu.de – geschl. 3. - 28. Januar

37 Zim – †63/85 € ††75/112 € – ½ P

Rest *Landwehrbräu* – siehe Restaurantauswahl

In dem historischen Gasthof schaffen verschiedene kleine Details Gemütlichkeit. Die individuellen Zimmer sind als Standard- oder geräumigere Komfortzimmer zu haben. Und wenn es mal was Besonderes sein soll, mieten Sie den Bentley von 1948!

Landwehrbräu – Hotel Landwehrbräu

Reichelshofen 31 ✉ 91628 – ✆ (09865) 98 90 – www.landwehr-braeu.de – geschl. 3. - 28. Januar

Rest – Menü 22 € – Karte 17/42 €

Hier kommt man gerne her: Die Gasträume sprühen nur so vor traditionellem Charme, die Küche ist saisonal-regional ausgerichtet und eigenes Bier aus der Brauerei von 1755 gibt es außerdem! Schön die Nebenzimmer für Feierlichkeiten.

In Windelsbach Nord-Ost: 9 km über Schweinsdorfer Straße B1, Richtung Ansbach

Landhaus Lebert mit Zim

Schlossstr. 8 ✉ 91635 – ✆ (09867) 95 70 – www.landhaus-rothenburg.de – geschl. 22. - 27. Dezember und Montag

8 Zim – †45/68 € ††62/99 € – ½ P

Rest – *(Dienstag - Freitag nur Abendessen, außer an Feiertagen)* Menü 29 € – Karte 22/62 €

Wer gerne mal aufs Land fährt, sollte bei Familie Lebert einkehren und sich vom Gastgeber regional bekochen lassen. Was dann auf den Tisch kommt, könnte z. B. Lamm oder Alblinsen sein, die Spezialität des Hauses. Der Bruder des Chefs liefert Destillate und Liköre. Auch zum Übernachten und für Veranstaltungen (schön die Hofscheune) ist das Haus ideal.

ROTHENFELDE, BAD – Niedersachsen – 541 – 7 450 Ew – Höhe 100 m – Heilbad

27 E9

Berlin 414 – Hannover 135 – Bielefeld 31 – Münster (Westfalen) 45

Am Kurpark 12, ✉ 49214, ✆ (05424) 2 21 80, www.bad-rothenfelde.de

Drei Birken Zim, Rest,

Birkenstr. 1 ✉ 49214 – ✆ (05424) 64 20 – www.hotel-drei-birken.de

45 Zim – †55/72 € ††88/96 € – 2 Suiten – ½ P

Rest – Menü 17/35 € – Karte 16/36 €

Die Gästezimmer dieses Familienbetriebs sind teilweise sehr großzügig, einige sind als Themenzimmer für Damen oder Businessgäste ausgelegt. Kosmetik, Massage und Arztpraxis im Haus. Restaurant mit internationaler Küche.

Dreyer garni 

Salinenstr. 7 ✉ 49214 – ✆ (05424) 2 19 00 – www.hotel-dreyer.de
16 Zim ☕ – 🚹49/58 € 🚹🚹71 €
Ein sehr gepflegter kleiner Familienbetrieb mit Selbstgebackenem im angeschlossenen Café. Einen Besuch wert ist die Saline vis-à-vis, umgeben vom schönen Kurpark. Kostenlose Leihfahrräder.

ROTTACH-EGERN – Bayern – 546 – 5 620 Ew – Höhe 736 m – Wintersport: 1 550 m 1 17 – Heilklimatischer Luftkurort

66 M21

▶ Berlin 645 – München 56 – Garmisch-Partenkirchen 81 – Bad Tölz 22
ℹ Nördliche Hauptstr. 9, ✉ 83700, ✆ (08022) 67 13 41, www.rottach-egern.de

Althoff Seehotel Überfahrt 

Überfahrtstr. 10 ✉ 83700 – ✆ (08022) 66 90 – www.seehotel-ueberfahrt.com
153 Zim ☕ – 🚹265/365 € 🚹🚹325/425 € – 23 Suiten – ½ P
Rest *Restaurant Überfahrt Christian Jürgens* ✿✿✿ **Rest *Egerner Bucht***
Rest *Il Barcaiolo* Rest *Bayernstube* – siehe Restaurantauswahl
Zimmer und Spa dieses eleganten Hauses bieten Luxus, top ist die Lage direkt am See - hier kommt man in den Genuss eines eigenen Strandbades. Der Service - sehr persönlich und freundlich - tut ein Übriges.

Park-Hotel Egerner Höfe 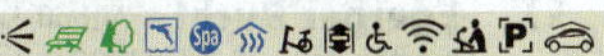

Aribostr. 19 ✉ 83700 – ✆ (08022) 66 60 – www.egerner-hoefe.de
90 Zim ☕ – 🚹129/149 € 🚹🚹175/289 € – 10 Suiten – ½ P
Rest *Dichterstub'n* ✿ **Rest *Hubertusstüberl*** – siehe Restaurantauswahl
Hier fühlt man sich so richtig wohl: Das gesamte Personal ist aufmerksam und lässt keine Wünsche offen - jeder versteht sich als Gastgeber! Wer ganz besonders individuell schlafen möchte, bucht die "Alm"-Zimmer! Hochwertig die Suiten und Premuim-Doppelzimmer in den Höfen Valentina und Catherina.

Haltmair am See garni 

Seestr. 33 ✉ 83700 – ✆ (08022) 27 50 – www.haltmair.de – geschl. 30. November - 12. Dezember
37 Zim ☕ – 🚹90/130 € 🚹🚹145/164 € – 3 Suiten
Direkt am See liegt dieses sympathische familiär geführte Haus. Wohnlich sind die Landhauszimmer, Appartements sowie die Seesuite, chic und modern ist der Spabereich.

Seerose garni

Stielerstr. 13 ✉ 83700 – ✆ (08022) 92 43 00 – www.seeroserottach.de – geschl. 6. März - 11. April, Ende Oktober - 20. Dezember
19 Zim ☕ – 🚹60/65 € 🚹🚹86/105 €
Wohnlich und angenehm privat ist die Atmosphäre in diesem Familienbetrieb in Seenähe - ruhig und gleichzeitig zentral gelegen. Das Haus verfügt auch über einen netten hellen Saunabereich und ein gemütliches Stüberl.

✿✿✿

Restaurant Überfahrt Christian Jürgens – Althoff Seehotel Überfahrt

Überfahrtstr. 10 ✉ 83700 – ✆ (08022) 66 90 – www.restaurant-ueberfahrt.com – geschl. Mitte Februar - Anfang März, Ende Oktober - Mitte November und Montag - Dienstag
Rest – Menü 145/218 € – Karte 97/162 €
Was dieses elegante Restaurant zu einem der besten in Deutschland macht? Christian Jürgens hat seinen eigenen Stil entwickelt, der seine Ideen, sein Gespür für harmonische Kombinationen und feine Kontraste sowie sein ausgezeichnetes Handwerk ausdrucksstark und schlichtweg perfekt vereint. So stimmig die Küche und das Ambiente, so eingespielt und reibungslos der Service.
➜ Blaukraut - Rotkohl, Saibling gebeizt und gegrillt, Senf, Meerrettich, Soja. Ein Teller voll Meer - Rouget, Langostino, Pulpo, Bouchot, Fenchel, Safran, Rouille. Milch und Heidelbeere - Topfensoufflé, Heidelbeere, Buttermilch.

Dichterstub'n – Park-Hotel Egerner Höfe

Aribostr. 19 ✉ 83700 – ✆ (08022) 66 65 02 – www.egerner-hoefe.de – geschl. Dienstag - Mittwoch

Rest – *(Montag - Freitag nur Abendessen)* (Tischbestellung ratsam)
Menü 88/132 € – Karte 51/106 €

Zwei Menüs stellt Ihnen Küchenchef Michael Fell zur Wahl: das eine regional orientiert, das andere mit internationalen Produkten. Tipp für zwei Personen: die geschmorte Lammschulter oder der Kaiserschmarrn! Für die warme vornehm-alpenländische Atmosphäre sorgen Zirbelholztäfelung, Kachelofen, Gemälde...

➜ Gänseleber geräuchert und gerieben, Rhabarber und Brioche. Bauerngockel in Gewürzmilch pochiert, Trüffelschaum und Bohnen. Geeister Joghurt, Bircher Müsli und Apfel.

Fährhütte am See

Weißachdamm 50 ✉ 83700 – ✆ (08022) 18 82 20 – www.faehrhuette.de – geschl. November und Montag

Rest – (Tischbestellung ratsam) Menü 58/78 € – Karte 35/64 €

Näher am See geht nicht, daher sollten Sie im Sommer auf jeden Fall auf der wunderbaren Terrasse sitzen. Die Flusskrebse auf der Karte könnten frischer nicht sein! Im Garten gibt es übrigens auch noch das Angebot von der Grillstation.

Egerner Bucht – Althoff Seehotel Überfahrt

Überfahrtstr. 10 ✉ 83700 – ✆ (08022) 66 90 – www.seehotel-ueberfahrt.com

Rest – *(nur Abendessen)* Menü 65 € – Karte 47/64 €

Mit grau-braunen Leinenstoffen auf bequemen Sesseln und der dazu passenden Holzvertäfelung an den Wänden verbreitet das Lokal stylisches Alpenflair. Das Küchenteam verwöhnt Sie mit international-alpenländischen Gerichten.

Hubertusstüberl – Park-Hotel Egerner Höfe

Aribostr. 19 ✉ 83700 – ✆ (08022) 66 65 02 – www.egerner-hoefe.de

Rest – Menü 28/48 € – Karte 36/76 €

In dem bayerisch-eleganten Stüberl isst man fein-regional: "Tegernseer Herrengulasch mit Kraut und Spiegelei", "Geschmorter Kalbstafelspitz" oder "Zanderfilet in der Zwiebelkruste"! An sechs Tagen in der Woche lauschen Sie beim Essen den Klängen des Pianospielers.

Il Barcaiolo – Althoff Seehotel Überfahrt

Überfahrtstr. 10 ✉ 83700 – ✆ (08022) 66 90 – www.seehotel-ueberfahrt.com

Rest – Menü 39/59 € – Karte 46/66 €

Große Panoramafenster mit Blick in die herrliche Natur, stilvolle Einrichtung und entspannte Atmosphäre, dazu authentische italienische Küche - was will man als Gast mehr?

Bayernstube – Althoff Seehotel Überfahrt

Überfahrtstr. 10 ✉ 83700 – ✆ (08022) 66 90 – www.seehotel-ueberfahrt.com – geschl. Mittwoch - Donnerstag

Rest – *(nur Abendessen)* Karte 38/56 €

Beeindruckender Mittelpunkt der mit Zirbelholz getäfelten Stuben ist ein raumhoher blau-weißer Kachelofen. Lassen Sie sich die bayerischen Schmankerln schmecken: Weißwürstl, Bauernente, Hirsch-Fleischpflanzerl... und zum Dessert Kaiserschmarrn, Bayrisch Creme oder Topfen-Palatschinken!

In jedem Sterne-Restaurant werden drei Spezialitäten angegeben, die den Küchenstil widerspiegeln. Nicht immer finden sich diese Gerichte auf der Karte, werden aber durch andere repräsentative Speisen ersetzt.

Kirschner Stuben

Seestr. 23a ✉ *83700 – ✆ (08022) 27 39 39 – www.kirschner-stuben.de – geschl. Mittwoch*

Rest – *(Montag - Dienstag nur Abendessen)* (Tischbestellung ratsam) Karte 36/70 €

Ein sympathisches Restaurant mit lebendiger Atmosphäre und legerem Service. Man reicht eine gute internationale Karte, mittags hat man nur ein einfaches Angebot an bayerischen Schmankerln.

In Kreuth Süd: 5,5 km über B 307 – Wintersport: 1 270 m 2 – Heilklimatischer Kurort

Nördliche Hauptstr. 3, ✉ 83708, ✆ (08029) 18 19, www.kreuth.de

Villa Sonnwend garni

Setzbergweg 4 ✉ *83708 – ✆ (08029) 3 68 – www.sonnwend.de*

13 Zim – 98/138 € 128/178 € – 4 Suiten

Hier schläft der Gast, der den Trubel direkt am See meiden möchte! Die charmante Einrichtung, der schöne Garten, der fürsorgliche Service, ein tolles Frühstück, das keine Wünsche offenlässt... Gastgeberin Barbara Maier steckt jede Menge Liebe in ihr Haus!

Altes Bad

Wildbad Kreuth 2 (Süd: 3 km in Richtung Achensee) ✉ *83708 – ✆ (08029) 3 04 – www.altesbad.de – geschl. 4. - 19. November und Montag - Dienstag*

Rest – (Tischbestellung ratsam) Menü 34/78 € (abends) – Karte 32/61 €

Schon recht abgeschieden gelegen. Sie essen hier mittags rustikal das Hendl oder Vesper, am Abend wird aufwändiger gekocht: Neben Schnitzel und Rostbraten stehen dann auch Filet, Loup de Mer und Rotbarbe auf der Karte.

In Kreuth-Weißach West: 1 km

Bachmair Weissach

Zim,

Wiesseer Str. 1 ✉ *83700 Rottach-Weißach – ✆ (08022) 27 80 – www.bachmair-weissach.com*

93 Zim – 159/199 € 229/269 € – 53 Suiten – ½ P

Rest *Laulenzi*

Rest *Gasthof zur Weissach* – siehe Restaurantauswahl

Rest *Kreuther Fondue Stube* – ✆ (08022) 27 85 59 *(geschl. April - Oktober und Montag - Dienstag) (nur Abendessen)* Menü 29/36 €

Aus dem historischen Gasthaus ist ein echtes Schmuckstück geworden - und der rauschende Mühlbach verläuft direkt durch den Garten! Der Eigentümer hat keine Mühe gescheut: Stoffe, Hölzer, Deko... alles ist wertig und vermittelt den unverwechselbaren Tegernsee-Charme! Gastronomisch kommt im Winter die Kreuther Fondue Stube gut an. Beachtlich die Veranstaltungsmöglichkeiten der "Bachmair Weissach Arena".

Laulenzi – Hotel Bachmair Weissach

Wiesseer Str. 1 ✉ *83700 Rottach-Weißach – ✆ (08022) 27 85 59 – www.bachmair-weissach.com – geschl. Sonntag - Montag*

Rest – *(nur Abendessen)* Menü 53/89 € – Karte 43/62 €

In diesem eleganten Restaurant hat sich Frank Mollenhauer der euro-asiatischen Küche verschrieben, und diese lernen Sie bei Gerichten wie "Thunfischsashimi, kurz grilliert, Sesam, Zitrone, Sojasauce, Koriander" oder "Kalbsbauchcurry, Roulade von Kalbszunge und wildem Spargel, Papaya Dim Sum, Kopfsalat" bestens kennen.

Gasthof zur Weissach – Hotel Bachmair Weissach

Wiesseer Str. 1 ✉ *83700 Rottach-Weißach – ✆ (08022) 27 85 59 – www.bachmair-weissach.com*

Rest – Karte 25/53 €

Im "Gasthof zur Weissach" von 1861 gibt es bayerische Küche, und zwar in hübschen Stuben, die teils in ihrem ursprünglichen Zustand daherkommen! Auf der Karte: klassisches Tatar, Schweinebraten in Dunkelbiersauce, Bayerische Fischsuppe...

ROTTENBUCH – Bayern – 546 – 1 800 Ew – Höhe 763 m – Wintersport: – Erholungsort

65 K21

Berlin 644 – München 70 – Garmisch-Partenkirchen 39 – Landsberg am Lech 40

Klosterhof 42, 82401, (08867) 91 10 18, www.rottenbuch.de

Mariä-Geburts-Kirche★

Wies: Kirche★★, Süd-West: 12 km

In Rottenbuch-Moos Nord-West: 2 km über B 23

Moosbeck-Alm Zim,

Moos 38 82401 – (08867) 9 12 00 – www.moosbeck-alm.de – geschl. 15. - 30. November

21 Zim – 45/55 € 55/90 € – ½ P

Rest – *(geschl. Dienstag) (nur Abendessen)* Menü 13/18 € – Karte 15/25 €

Ein Haus ganz im Zeichen der Regenbogenfahne. Man wohnt wunderschön im Grünen, und zwar in sehr netten und gemütlichen Zimmern. Wer es gerne etwas verspielter hat, wird die Zimmer "König-Ludwig", "Luitpold" und "Sisi" mögen - und natürlich das Modell von Schloss Neuschwanstein im Garten! Hier hat man übrigens eine FKK-Wiese.

ROTTENBURG am NECKAR – Baden-Württemberg – 545 – 42 510 Ew – Höhe 349 m

55 G19

Berlin 682 – Stuttgart 55 – Freudenstadt 47 – Reutlingen 26

Marktplatz 24, 72108, (07472) 91 62 36, www.tourismus-rottenburg.de

18 Starzach-Sulzau, Schloss Weitenburg, (07472) 1 50 50

Martinshof Rest,

Eugen-Bolz-Platz 5 72108 – (07472) 91 99 40 – www.martinshof-rottenburg.de

34 Zim – 67/87 € 85/144 €

Rest *Martinshof* – *(geschl. über Fasching, August 3 Wochen) (Sonntag sowie an Feiertagen nur Mittagessen)* Menü 37/55 € – Karte 25/50 €

Die altstadtnahe Lage ist ein klarer Vorteil, man wohnt hier nämlich direkt am Eingang zur Fußgängerzone. Und auch das Haus selbst kann sich wirklich sehen lassen: Es wird engagiert und familiär geführt und bietet sehr gepflegte und gut ausgestattete Zimmer sowie schwäbische Spezialitäten, für die man frische Produkte aus der Region verwendet. Für Gruppen hat man die gemütliche Zirbelstube.

Württemberger Hof (mit Gästehaus)

Tübinger Str. 14 72108 – (07472) 9 63 60 – www.wuerttembergerhof.de

17 Zim – 67/70 € 97/102 € – ½ P

Rest – *(geschl. Sonntagabend und Donnerstag)* Menü 19/36 € – Karte 21/36 €

Ideal für Radfahrer und Wanderer ist der sympathische Familienbetrieb - der Neckarradweg verläuft am Haus, 5 Gehminuten in die Innenstadt. Die Zimmer sind unterschiedlich geschnitten. Regional und bürgerlich isst man im Restaurant mit rustikaler Note.

ROTTENDORF – Bayern – siehe Würzburg

ROTTWEIL – Baden-Württemberg – 545 – 25 660 Ew – Höhe 597 m

62 F20

Berlin 724 – Stuttgart 98 – Konstanz 87 – Offenburg 83

Hauptstr. 21, 78628, (0741) 49 42 80, www.rottweil.de

Johanniterbad Zim,

Johannsergasse 12 78628 – (0741) 53 07 00 – www.johanniterbad.de – geschl. 1. - 9. Januar

32 Zim – 79/97 € 114/136 € – 1 Suite

Rest *Johanniterstube* – *(geschl. Sonntagabend - Montagmittag)* Karte 22/52 €

Es ist schön und recht ruhig in der engen Gasse am alten Stadtgraben, und genau hier liegt der langjährige Familienbetrieb! Fragen Sie nach den neueren Zimmern - geräumig, modern und klimatisiert. Zum Essen (international und regional) sollte man im Sommer auf der reizvollen Gartenterrasse Platz nehmen!

In Zimmern-Horgen **Süd-West: 7,5 km in Richtung Hausen – Erholungsort**

Linde Post mit Zim

Alte Hausener Str. 8 ✉ 78658 – ✆ (0741) 3 33 33 – www.lindepost.de – geschl. Donnerstag

7 Zim – 59 € 93 € **Rest** – Karte 19/60 €

Familie Kühn bietet in ihrem Haus frische regionale Küche (Rehmedaillon, Zanderfilet...) und dazu freundliches Ambiente: Zum einen gibt es den klassischen Gastraum im hinteren Bereich, zum anderen das vorgelagerte Bistro mit Bar als legerere Alternative - hier sitzt man auch gerne mal beim Vesper!

RUBKOW – **Mecklenburg-Vorpommern – siehe Anklam**

RÜDENAU – **Bayern – 546 – 820 Ew – Höhe 193 m** **48** G16

Berlin 575 – München 361 – Würzburg 87 – Wiesbaden 107

Zum Stern mit Zim

Hauptstr. 41 ✉ 63924 – ✆ (09371) 28 34 – www.landhotel-stern.de – geschl. nach Fasching 1 Woche, nach Pfingsten 1 Woche, November 3 Wochen und Mittwoch, außer an Feiertagen

10 Zim – 42/52 € 68/82 € – ½ P **Rest** – Karte 18/34 €

In dem Gasthof mit über 100-jähriger Familientradition hat inzwischen Sohn Dieter Baumann die Küche übernommen. Das Fleisch für Gerichte wie Kotelett mit Grünkern-Knuspermantel stammt aus der eigenen Metzgerei!

RUDERSBERG – **Baden-Württemberg – 545 – 11 430 Ew – Höhe 279 m** **55** H18

Berlin 600 – Stuttgart 43 – Heilbronn 47 – Göppingen 37

In Rudersberg-Schlechtbach **Süd: 1 km**

Sonne

Heilbronner Str. 70 ✉ 73635 – ✆ (07183) 30 59 20 – www.sonne-rudersberg.de

55 Zim – 80/120 € 105/150 € – 3 Suiten – ½ P

Rest – *(geschl. Montagmittag)* Menü 25/48 € – Karte 19/48 €

Familie Nörr (bereits die 5. Generation) hat einiges investiert und das Ergebnis kann sich sehen lassen: ein neuer Hoteltrakt mit großzügiger Lobby und geräumigen modern-eleganten Deluxe-Zimmern! Die Gaststube (hier bürgerlich-regionale Küche) ist unverändert gemütlich. Tipp für Sonntagsausflügler: Fahrt mit der Schwäbischen Waldbahn (Schorndorf - Welzheim).

Gasthaus Stern 

Heilbronner Str. 16 ✉ 73635 – ✆ (07183) 83 77 – geschl. über Pfingsten 3 Wochen, November 3 Wochen und Mittwoch - Donnerstag

Rest – Menü 30 € (vegetarisch)/37 € – Karte 27/52 €

Auch wenn das Haus von außen etwas unscheinbar ist, hier fühlt man sich rundum wohl: urige Stuben, die herzliche Chefin und eine ehrliche regionale Küche, die preislich fair ist! Helmut Schiffner macht Ihnen z. B. "Blutwurst-Maultaschen in Majoranbutter gebraten, auf warmem Weißkrautsalat".

RUDOLSTADT – **Thüringen – 544 – 23 770 Ew – Höhe 200 m** **40** L13

Berlin 284 – Erfurt 48 – Coburg 79 – Suhl 65

Marktstr. 57, ✉ 07407, ✆ (03672) 48 64 40, www.rudolstadt.de

Schloss Heidecksburg★ (Räume★★)

Am Marienturm **Süd-Ost: 3 km**

Panoramahotel Marienturm 

Marienturm 1 ✉ 07407 Rudolstadt – ✆ (03672) 4 32 70 – www.hotel-marienturm.de

29 Zim – 81/92 € 105/129 € – ½ P

Rest – Menü 34 € – Karte 22/48 €

Die einsame Panoramalage im Wald über Rudolstadt und dem Saaletal lockt zahlreiche Besucher an - ebenso die Aussichtsterrasse des Marienturms gleich nebenan. Gediegene Zimmer in frischen Farben. Restaurant mit rustikaler Note. Gemütlicher Raum für Frühstück und Veranstaltungen im 1. OG.

RÜCKHOLZ – Bayern – siehe Seeg

RÜDESHEIM am RHEIN – Hessen – 543 – 9 630 Ew – Höhe 86 m 47 E15

Berlin 592 – Wiesbaden 31 – Bad Kreuznach 70 – Koblenz 65

Rheinstr. 29a, ✉ 65385, ✆ (06722) 90 61 50, www.ruedesheim.de

Lage★ · Siegfried Mechanisches Musikkabinett★★

Kloster Eberbach★★

Breuer's Rüdesheimer Schloss

Steingasse 10 ✉ 65385 – ✆ (06722) 9 05 00 – www.ruedesheimer-schloss.com – geschl. 23. Dezember - 31. Januar

26 Zim – 🚹90/125 € 🚹🚹125/155 € – 1 Suite – ½ P

Rest – *(geschl. 23. Dezember- 15. Februar)* Menü 30 € – Karte 22/40 €

Das gut geführte Hotel der Familie Breuer (auch bekannt durch das Weingut) besteht aus dem Gutshaus von 1729 und dem Sickinger Hof. Kunst und Design prägen das Interieur. Das gemütlich-rustikale Restaurant wird ergänzt durch einen sehr netten Innenhof.

Trapp

Kirchstr. 7 ✉ 65385 – ✆ (06722) 9 11 40 – www.hotel-trapp.de – geschl. 20. Dezember - 10. März

34 Zim – 🚹70/99 € 🚹🚹99/140 € – 1 Suite – ½ P

Rest *Entenstube* – *(nur Abendessen)* Menü 35/49 € – Karte 27/43 €

Familie Brühl hat sich ganz dem Thema Ente verschrieben, die liebenswerte Deko zieht sich durch das gesamte Haus. Neben wohnlichen Gästezimmern hat man ein gemütliches Restaurant, in dem - wie könnte es anders sein - Entengerichte die Spezialität sind, so z. B. "halbe Bauernente mit drei Saucen und Pommes".

Rheinhotel Rüdesheim

Geisenheimer Str. 25 ✉ 65385 – ✆ (06722) 90 30 – www.rheinhotel-ruedesheim.de – geschl. 16. Dezember - 10. März

30 Zim – 🚹64/86 € 🚹🚹93/140 € – ½ P

Rest – *(nur Abendessen für Hausgäste)*

Schon viele Jahre fühlen sich die Gäste bei Familie Dries gut aufgehoben, denn es erwarten Sie hier gepflegte Zimmer, ein freundlicher Saunabereich und am Morgen ein netter Frühstücksraum mit charmant-rustikaler Note.

Zum Bären garni

Schmidtstr. 24 ✉ 65385 – ✆ (06722) 9 02 50 – www.zumbaeren.de – geschl. Januar - 15. März

18 Zim – 🚹70/125 € 🚹🚹95/160 €

Familie Willig renoviert immer wieder in ihrem kleinen Hotel und so sind einige Zimmer besonders modern: schön die wohnlichen Erdtöne, chic die Bäder! Sie sind Radler? Zum Service des Hauses zählen Werkstatt, Leihräder & Co., aber auch reichlich Tourenvorschläge des fahrraderfahrenen Chefs!

In Rüdesheim-Assmannshausen Nord-West: 5 km über B 42

Krone N

Rheinuferstr. 10 ✉ 65385 – ✆ (06722) 40 30 – www.hotel-krone.com

66 Zim – 🚹89/179 € 🚹🚹119/229 € – ½ P

Rest *Veranda* – siehe Restaurantauswahl

Rest *Kronenstube* – Menü 39 € – Karte 41/67 €

Die Krone vermittelt hier im Rheingau Tradition (hübsch schon von außen z. B. das mit Türmchen geschmückte jahrhundertealte Haupthaus) - und diese Tradition lebt weiter als gediegen-komfortables Hotel am Rhein: stilvolles Mobiliar, antike Stücke, aufwändige Bäder, Suiten teils mit Kamin... Kulinarisch zeigt sich die Kronenstube mit Terrasse als klassisch-regionale Alternative zur eleganten Veranda.

Schön

Rheinuferstr. 3 ✉ 65385 – ✆ (06722) 22 25 – www.karl-schoen.de – geschl. November - März

13 Zim – 65/85 € 85/115 € – 2 Suiten – ½ P

Rest – Menü 25/65 € – Karte 26/51 €

Familie Schön betreibt hier ein Hotel mit Weingut, dessen Tradition auf einen im Jahr 1752 gegründeten Gasthof zurückgeht. Ein Teil der Zimmer ist mit Balkon zum Rhein ausgestattet. Klassisch-rustikales Restaurant und überdachte Terrasse mit Weinlauben-Flair.

XX

Veranda N – Hotel Krone

Rheinuferstr. 10 ✉ 65385 – ✆ (06722) 40 30 – www.hotel-krone.com – geschl. Januar - Februar 2 Wochen und Sonntag - Dienstag sowie an Feiertagen

Rest – *(nur Abendessen)* Menü 79/119 €

Die etwas gehobenere Restaurant-Variante bietet in stilvoller Atmosphäre modern beeinflusste Küche nebst tollem Rheinblick. Verzichten Sie nicht auf das süße Finale: Desserts wie "Weiße Schokolade und Rhabarber" sind ebenso fein wie die Pralinen!

RÜGEN (INSEL) **Mecklenburg-Vorpommern – 542 – Größte Insel Deutschlands, durch einen 2,5 km langen Damm mit dem Festland verbunden** 6 P3

Berlin 249 – Schwerin 186 – Greifswald 60 – Stralsund 28

Fährlinie Sassnitz-Trelleborg, ✆ (03892) 5 77 77

Karnitz, Dorfstr. 11a, ✆ (038304) 8 24 70

Gesamtbild★ der Insel mit Badeorten★ Binz, Sellin, Babe und Göhren · Putbus★ (Circus★ Theater★ Schlosspark★) · Jagdschloss Granitz (≤★★) · Kap Arkona★ (≤★★) · Stubbenkammer★★

BAABE – **860 Ew – Seebad**

Am Kurpark 9, ✉ 18586, ✆ (038303) 14 20, www.baabe.de

Solthus am See

Bollwerkstr. 1 (Süd-West: 1 km) ✉ 18586 – ✆ (038303) 8 71 60 – www.solthus.de

39 Zim – 65/115 € 106/176 € – ½ P

Rest – *(nur Abendessen)* Menü 29/40 € – Karte 36/45 €

Das reetgedeckte Haus liegt idyllisch zwischen Selliner See und Greifswalder Bodden. Sehr behaglich sind die Zimmer im Landhausstil sowie die holzgetäfelte kleine Bibliothek. Im Restaurant erzeugen Blockhauswände eine skandinavische Note. Terrasse zum Bodden.

ACÀ Hotel Mönchgut

Strandstr. 31 ✉ 18586 – ✆ (038303) 1 26 30 – www.aca-hotel.de – geschl. 10. Januar - 25. März, 31. Oktober - 14. Dezember

32 Zim – 85/150 € 99/185 € – 2 Suiten – ½ P

Rest *Mönchguter Stuben* – Menü 39/87 € – Karte 21/39 €

Wer möchte nicht ruhig und nur 150 m von der Ostsee entfernt wohnen? Das können Sie hier in einem geschmackvollen kleinen Hotel, das auch noch völlig barrierefrei gestaltet ist! Zimmer und Restaurant sind freundlich und elegant gestaltet, zur Entspannung gibt es Kosmetik und Massage.

Villa Granitz garni

Birkenallee 17 ✉ 18586 – ✆ (038303) 14 10 – www.villa-granitz.de – geschl. November - März

53 Zim – 44/69 € 66/92 € – 6 Suiten

Ein Hotel im Stil der Rügener Seebäderarchitektur, in dem man sich aufmerksam um die Gäste kümmert. Die Zimmer sind recht unterschiedlich geschnitten, teilweise bieten sie Balkon oder Terrasse. Entspannen können Sie im hübschen, romantisch angelegten Garten oder - nur wenige Gehminuten entfernt - am Meer. Und einen gemütlichen abendlichen Absacker gibt es in einem alten Fischerboot, das hier als Bar dient.

BERGEN – 14 480 Ew – Höhe 55 m

Markt 23, ✉ 18528, ✆ (03838) 8 28 61 86, www.stadt-bergen-auf-ruegen.de

Rugard

Rugardweg 10 ✉ 18528 – ✆ (03838) 2 01 90 – www.rugard.de
21 Zim – 44/66 € 59/93 € – ½ P
Rest – *(geschl. Januar - Februar)* Karte 13/35 €
Die ruhige Lage am Ernst-Moritz-Arndt-Turm, einem Wahrzeichen Rügens, macht dieses Hotel interessant. Solide und praktisch ausgestattete Zimmer, darunter vier Appartements. Freundlich-ländlich ist das Ambiente im Restaurant.

BINZ – 5 490 Ew – Seebad

Heinrich-Heine-Str. 7, ✉ 18609, ✆ (038393) 14 81 48, www.ostseebad-binz.de

Travel Charme Kurhaus Binz

Strandpromenade 27 (Zufahrt über Schillerstr. 5)
✉ 18609 – ✆ (038393) 66 50 – www.travelcharme.com
131 Zim – 69/189 € 134/247 € – 6 Suiten – ½ P
Rest *Kurhaus* – ✆ (038393) 66 54 63 *(nur Abendessen)* Menü 34 € – Karte 39/58 €
Rest *Das Steakhaus* – ✆ (038393) 66 55 42 *(geschl. Dienstag, Oktober - April: Montag - Dienstag) (Oktober - April: nur Abendessen)* Karte 22/54 €
Seit 1908 existiert der beeindruckende Bau, der an der bekannten Seebrücke liegt. Der Gast wohnt komfortabel und kann im großzügigen Freizeitbereich entspannen. Restaurant Kurhaus mit klassisch-stilvollem Rahmen und Meerblick. Internationale, teils regionale Küche.

Grand Hotel Binz

Strandpromenade 7 ✉ 18609 – ✆ (038393) 1 50 – www.grandhotelbinz.com
120 Zim – 105/224 € 150/318 € – 4 Suiten – ½ P
Rest – Menü 37/49 € – Karte 30/58 €
Eine wohnlich-elegante Ferienadresse, die an die Bäderarchitektur erinnert. Sehr schön sind die Maisonette-Suiten. Wellness auf 800 qm mit Thai-Bali-Spa. Eigenes Strandbad. Restaurant mit Wintergarten und netter kleiner Terrasse zum Strand. Internationale Karte.

CERÊS

Strandpromenade 24 ✉ 18609 – ✆ (038393) 6 66 70 – www.ceres-hotel.de
44 Zim – 143/433 € 158/448 € – 6 Suiten – ½ P
Rest *NEGRO* – siehe Restaurantauswahl
Modern und puristisch wie die Architektur präsentiert sich auch das Innere dieses Hauses. Die Zimmer sind chic designt und hochwertig ausgestattet, teilweise mit schöner Sicht. "Top-Suite" mit Glaskuppel. Als Liegewiese dient die schöne Dachterrasse.

Rugard Strandhotel

Strandpromenade 62 (Zufahrt über Proraer Straße) ✉ 18609 – ✆ (038393) 5 60 – www.rugard-strandhotel.de
217 Zim – 79/165 € 108/220 € – 14 Suiten – ½ P
Rest *Rugard's Gourmet* – siehe Restaurantauswahl
Rest *Bernstein* – ✆ (038393) 5 68 30 – Menü 29/39 € – Karte 24/44 €
An der schönen lang gezogenen Binzer Bucht erwarten Sie wohnliche Landhauszimmer, ein gediegener Lounge-/Barbereich und ein großer Spa mit Panorama-Dachterrasse. Bernstein: helles, verglastes Restaurant mit Bernsteinbrunnen.

Seehotel Binz-Therme

Strandpromenade 76 (Zufahrt über Dollahner Straße)
✉ 18609 – ✆ (038393) 60 – www.binz-therme.de
136 Zim – 89/143 € 132/206 € – 2 Suiten – ½ P
Rest – *(nur Abendessen)* Karte 21/38 €
Nur der Küstenschutzwald trennt das komfortable Hotel von der Ostsee. Ideal für Familien sind die Residenzappartements mit kleiner Küche. Thermalbad mit Wasser aus 1222 m bzw. 300 m Tiefe.

AM MEER

Strandpromenade 34 ✉ 18609 – ✆ (038393) 4 40 – www.hotel-am-meer.de
60 Zim – 110/210 € 150/305 € – ½ P
Rest – Menü 30/65 € (abends) – Karte 20/49 €
Engagiert führt Wolfgang Schewe sein modern designtes Hotel. Toller Spa, eigenes Strandbad und einzigartige Blue Moon Lounge mit Rundumblick. Sehr schön: Juniorsuiten und Eckzimmer. Die Restaurants: "Düne" zur Promenade, "Fischküche" mit Showküche.

niXe

Strandpromenade 10 ✉ 18609 – ✆ (038393) 66 62 00 – www.niXe.de
12 Zim – 122/215 € 154/240 € – 4 Suiten – ½ P
Rest *niXe* – siehe Restaurantauswahl
Aus einer schmucken Villa von 1903 und einem modernen Nebenhaus ist ein kleines Designhotel in bester Lage entstanden, das sehr chic und hochwertig eingerichtet ist. Zwei der eleganten großzügigen Zimmer sind Maisonetten. Auch der Saunabereich ist schön in geradlinigem Stil gehalten.

Vier Jahreszeiten

Zeppelinstr. 8 ✉ 18609 – ✆ (038393) 5 00 – www.vier-jahreszeiten.de
79 Zim – 110/129 € 139/179 € – ½ P
Rest *freustil* – siehe Restaurantauswahl
Rest – *(nur Abendessen)* Menü 25/40 € – Karte 26/34 €
Was schon von außen so ansprechend aussieht (weiße Fassade im typischen Bäderstil), zeigt sich innen schön wohnlich: In den Zimmern italienische Möbel, angenehme Farben, teilweise Holzfußboden... Zum Essen geht man - alternativ zum "freustil" - in die "Orangerie", deren frische Gelbtöne eine mediterrane Note schaffen.

Strandhotel Binz

Strandpromenade 33 (Zufahrt über Marienstraße) ✉ 18609 – ✆ (038393) 38 10 – www.strandhotel-binz.de
54 Zim – 79/179 € 99/199 € – ½ P
Rest *Fischmarkt* – ✆ (038393) 38 14 43 – Menü 24 € (abends)/39 € – Karte 19/38 €
In dem hübschen historischen Haus mit Anbau sind die Zimmer klassisch gestaltet oder geschmackvoll-modern und geräumig. Schöner Sauna- und Beautybereich im obersten Stock. Das Restaurant mit maritim-rustikalem Touch bietet vorwiegend Fischgerichte.

Imperial garni

Strandpromenade 20 (Zufahrt über Schwedenstraße) ✉ 18609 – ✆ (038393) 13 80 – www.karin-loew-hotellerie.de – geschl. 18. - 25. Dezember, 6. - 9. Januar
27 Zim – 65/90 € 95/120 €
Relativ ruhig liegt die hübsche 1903 erbaute Jugendstilvilla mit zeitgemäß-wohnlichen Zimmern - meist mit Balkon und Ostseeblick. Nette Frühstücksterrasse zur Promenade.

Villa Salve

Strandpromenade 41 (Zufahrt über Lottumstr. 13) ✉ 18609 – ✆ (038393) 22 23 – www.salve-binz.de
11 Zim – 70/130 € 80/150 € – 2 Suiten – ½ P **Rest** – Karte 24/50 €
Hinter der weißen Villenfassade des über 100 Jahre alten denkmalgeschützten Hauses verbergen sich individuelle, meist großzügige Zimmer. Restaurant im Brasseriestil mit schöner Terrasse zum Strand hin.

Rugard's Gourmet – Rugard Strandhotel

Strandpromenade 62 (Zufahrt über Proraer Straße) ✉ 18609 – ✆ (038393) 5 68 30 – www.rugard-strandhotel.de – geschl. Montag - Dienstag
Rest – *(nur Abendessen)* Menü 39/72 € – Karte 43/73 €
Das Restaurant im 5. Stock lockt mit tollem Meerblick. Ohne Zweifel hinterlässt aber auch das elegante Interieur mit roten floralen Samtstoffen und feiner Tischkultur einen bleibenden Eindruck.

niXe – Hotel niXe

Strandpromenade 10 ✉ 18609 – ✆ (038393) 66 62 00 – www.nixe.de
Rest – *(nur Abendessen)* (Tischbestellung ratsam) Menü 49/99 €
Der neue Küchenchef Sebastian Syrbe passt mit seinem kreativen Stil schön ins moderne Konzept des Restaurants: Er kocht asiatisch inspiriert, kontrastreich und aromatisch und mischt dabei regionale und japanische Produkte. Entsprechend fernöstlicher Geradlinigkeit sind die Gerichte angenehm reduziert und auf den Punkt gebracht. Kleinere Mittagskarte mit Bistrogerichten.
➜ Gänseleber, Grüner Apfel, Yuzu, Dashi. Gelbschwanzmakrele, Wasserkresse, Spargel, Sesam, Limone. Spanferkel, Aubergine, Früchtebrot, Saitlinge.

NEGRO – Hotel CERÊS

Strandpromenade 24 ✉ 18609 – ✆ (038393) 66 67 77 – www.ceres-hotel.de
Rest – Menü 39 € (abends)/46 € – Karte 35/52 €
Effektvoll setzt sich das minimalistische Interior in Szene. Die konsequente Einhaltung der Farbkombination Schwarz-Ecru macht das Ganze zu einem Ort, der ideal ist zum Entspannen und zum Genießen der guten regionalen Küche.

freustil N – Hotel Vier Jahreszeiten

Zeppelinstr. 8 ✉ 18609 – ✆ (038393) 5 04 44 – www.freustil.de – geschl. Montag, Oktober - Mai: Montag - Dienstag
Rest – Menü 44/95 € – Karte 46/61 €
Blümchenmuster an den Wänden, Holzfußboden, dazu schicke Leuchter, moderne Stühle und blanke Holztische... das Restaurant hat schon seinen eigenen Stil. Und dazu passt die kreative Küche von Ralf Haug, der in seine beiden Menüs (eines davon vegetarisch) nordische Elemente einfließen lässt. Auf der Terrasse vor dem Haus sitzt es sich übrigens auch schön!
➜ Tatar vom Rind. Zander, Gnocchi, grüner Spargel. Holunder in Variationen.

Strandhalle

Strandpromenade 5 ✉ 18609 – ✆ (038393) 3 15 64 – www.strandhalle-binz.de – geschl. 3. - 10. Februar und November - März: Dienstag
Rest – *(November - März: nur Abendessen)* Menü 27 € – Karte 20/42 €
Am Ende der Promenade steht das von Schweden erbaute restaurierte Strandhaus mit nostalgischer Note. Vordere Fensterplätze mit Blick aufs nahe Meer. Überwiegend Fischgerichte.

BREEGE – 770 Ew

In Breege-Juliusruh Nord-Ost: 1 km

Atrium am Meer Rest, P

Am Waldwinkel 2 ✉ 18556 – ✆ (038391) 40 30 – www.atrium-am-meer.de
54 Zim – †69/89 € ††74/130 € – 1 Suite – ½ P
Rest – Menü 19 € (abends) – Karte 19/36 €
Das hinter dem Dünenwald in Strandnähe gelegene Haus bietet freundliche, neuzeitlich-wohnliche Zimmer - etwas geräumiger sind die Atelier-Zimmer. Netter Sauna- und Kosmetikbereich. Angenehm hell und frisch gestaltetes Restaurant.

GÖHREN – 1 260 Ew – Höhe 35 m – Seebad und Kneippkurort

Poststr. 9, ✉ 18586, ✆ (038308) 6 67 90, www.goehren-ruegen.de

Travel Charme Nordperd (mit Gästehäusern) Rest, P

Nordperdstr. 11 ✉ 18586 – ✆ (038308) 70 – www.travelcharme.com – geschl. 3. Januar - 14. März
90 Zim – †69/202 € ††98/288 € – 2 Suiten – ½ P
Rest – *(nur Abendessen für Hausgäste)* Menü 28/54 € – Karte 26/42 €
Ein leicht erhöht und relativ ruhig gelegenes Ferienhotel, das aus mehreren Häusern besteht. Mit wohnlichen Zimmern, schönem Garten- und Liegebereich sowie Zugang zum Strand.

Hanseatic (mit Gästehäusern)

Nordperdstr. 2 ✉ 18586 – ✆ (038308) 5 15 – www.hotel-hanseatic.de
126 Zim – 84/149 € 109/189 € – 5 Suiten – ½ P
Rest *Friedrich's* – *(nur Abendessen)* Menü 32/52 € – Karte 21/37 €
Ein neuzeitliches Hotel im Bäderstil mit markantem Turm (hier Café und Standesamt). Wohnliche Zimmer mit Pantry sowie Appartements in den Villen Fortuna und Felicitas. Hübscher Spa. Nostalgisches Flair im Friedrich's.

Stranddistel garni

Katharinenstr. 9 ✉ 18586 – ✆ (038308) 54 50 – www.stranddistel.eu – geschl. 5. Januar - 27. März und 2. - 26. Dezember
24 Zim – 58/85 € 78/130 € – 3 Suiten
Die ruhige und doch zentrumsnahe Lage sowie wohnliche Gästezimmer - alle mit Balkon und teilweise mit Seeblick - sprechen für diesen Familienbetrieb. Man bietet auch Ausflüge mit dem hauseigenen Segelschiff "Sehnsucht".

Inselhotel garni

Wilhelmstr. 6 ✉ 18586 – ✆ (038308) 555 0 – www.inselhotel-ruegen.de – geschl. 15. November - 28. Dezember
27 Zim – 43/70 € 70/120 € – 5 Suiten
Nur 150 m vom Strand, am Rande des Dünenwaldes, erwarten die Gäste neuzeitlich-funktionale Zimmer (darunter auch einige Appartements) sowie freundliches Personal und ein sehr gutes Frühstück.

Knoblochs Kräuterküche - Villa mit Sonnenhof

Friedrichstr. 8 ✉ 18586 – ✆ (038308) 3 40 94 – www.villa-mit-sonnenhof.de – geschl. Sonntag - Mittwoch
Rest – *(nur Abendessen)* (Tischbestellung erforderlich) Menü 98 €
Die professionellen und charmanten Gastgeber Christina und Peter Knobloch bieten ab 19 Uhr an einem großen Tisch ein saisonal-regionales Kräutermenü mit 8 - 10 Gängen, dazu treffliche Weinempfehlungen. Verkauf von hausgemachten Produkten. Ferienwohnung.

LOHME – 530 Ew – Höhe 50 m

Schloss Ranzow

Schlossallee 1 ✉ 18551 – ✆ (038302) 8 89 10 – www.schloss-ranzow.de – geschl. 6. Januar - Februar
19 Zim – 75/240 € 95/260 € – ½ P
Rest – *(Montag - Freitag nur Abendessen)* Menü 34 € – Karte 32/44 €
Der Weg an die nordöstliche Spitze der Insel lohnt sich: In exponierter Lage mit Traumblick steht auf einem wunderschönen Anwesen dieses ehemalige Herrenhaus von 1900! Im Schloss schicke, edel-moderne Zimmer und das elegante Restaurant mit regionaler Küche (Kaffee und Kuchen gibt es täglich ab 12 Uhr), im Gästehaus geradlinig designte Appartements. Eigene Golf-Übungsanlage und sogar eine Hauskapelle zum Heiraten!

Panorama Hotel Lohme (mit Gästehäusern)

An der Steilküste 8 ✉ 18551 – ✆ (038302) 91 10 – www.panorama-hotel-lohme.de
43 Zim – 38/64 € 58/145 € – 1 Suite – ½ P
Rest – Menü 19/45 € – Karte 19/37 €
Beeindruckend ist die Lage des Hotels auf einem 60 m hohen bewaldeten Kreidekliff. Man bietet u. a. hübsche moderne Themenzimmer, Appartements oder auch etwas einfachere Zimmer. Internationale Küche im Restaurant mit Wintergarten und Meerblick.

Das Symbol bzw. zeigt den Mindestpreis in der Nebensaison und den Höchstpreis in der Hochsaison für ein Einzelzimmer bzw. für ein Doppelzimmer an.

Neuenkirchen – 320 Ew

In Neuenkirchen-Tribbevitz Süd-Ost: 2 km

Gut Tribbevitz
Tribbevitz 6 ✉ 18569 – ✆ (038309) 70 80 – www.gut-tribbevitz.de – geschl. November - April
20 Zim – 70/95 € 100/140 € – 7 Suiten – ½ P
Rest – *(nur Abendessen)* Menü 23/44 € – Karte 32/43 €
Das schmucke historische Gutshaus in ruhiger, einsamer Lage beherbergt recht geräumige Gästezimmer. Zur Anlage gehört auch ein Trakehnergestüt mit Gastboxen. Das Restaurant verfügt über eine Terrasse zum Garten mit schönem Baumbestand.

Poseritz

In Poseritz-Puddemin Süd-Ost: 3,5 km

LUV im Port Puddemin mit Zim
Hafen 1 ✉ 18574 – ✆ (038307) 41 98 78 – www.port-puddemin.de – geschl. November, Mitte Januar - Mitte März und Mittwoch, November - März: Montag - Mittwoch
8 Zim – 68/110 € 68/110 €, 9 € – ½ P
Rest – Menü 22/35 € – Karte 26/38 €
Romantisch liegt das moderne Haus an einem kleinen Yachthafen mit eigenem Anleger. Ein helles Restaurant mit schöner Terrasse, das internationale Speisen mit regionalem Einfluss bietet.

Putbus – 4 640 Ew – Höhe 50 m – Erholungsort

Alleestr. 35, ✉ 18581, ✆ (038301) 2 59, www.putbus.de

In Putbus-Lauterbach Süd-Ost: 2 km

Badehaus Goor Rest,
Fürst-Malte-Allee 1 ✉ 18581 – ✆ (038301) 8 82 60 – www.hotel-badehaus-goor.de
86 Zim – 49/134 € 69/152 € – 5 Suiten – ½ P
Rest – *(November - April nur Abendessen; Zwischensaison: Montag - Freitag nur Abendessen)* Menü 25 € – Karte 17/42 €
Direkt am Bodden steht die ehemalige fürstliche Residenz von 1818 - ein hübscher Rahmen für die geschmackvollen, klassisch-wohnlichen Zimmer. Schön sind auch Spa und Garten. Elegantes Restaurant mit Terrasse im reizvollen Innenhof.

In Putbus-Vilmnitz Ost: 2 km Richtung Binz

Landhotel Ulmenhof
Chausseestr. 5 ✉ 18581 – ✆ (038301) 8 82 80 – www.landhotel-ulmenhof.de – geschl. 2. Januar - 15. März, 1. November - 25. Dezember
31 Zim – 40/95 € 65/130 € – 1 Suite – ½ P **Rest** – Karte 16/31 €
In einem kleinen Dorf liegt dieser neuzeitliche Hotelbau. Tipptopp gepflegt sind die praktisch und zeitgemäß ausgestatteten, in sachlichem Stil eingerichteten Zimmer.

In Putbus-Wreechen Süd-West: 2 km

Wreecher Hof (mit Gästehäusern)
Kastanienallee 1 ✉ 18581 – ✆ (038301) 8 50 – www.wreecher-hof.de
43 Zim – 49/189 € 79/209 € – 4 Suiten – ½ P
Rest *KOXorange* – siehe Restaurantauswahl
Familie Jürgens bietet in dem Ferienhotel mit den sieben reetgedeckten Häusern meist Suiten, Juniorsuiten oder Maisonetten sowie Kosmetik und Massage. Idyllische Lage im Grünen.

XX **KOXorange** – Hotel Wreecher Hof
Kastanienallee 1 ✉ 18581 – ✆ (038301) 8 50 – www.wreecher-hof.de
Rest – *(November - April: Montag - Freitag nur Abendessen)* (Tischbestellung ratsam) Menü 28/65 € – Karte 23/43 €
Dass dieses Restaurant - ein luftiger Wintergarten - mit persönlicher Hingabe gestaltet wurde, ist leicht zu erkennen. Besonders schön sitzt es sich auf der Terrasse im Schatten riesiger Marktschirme. Die Küche bindet die Produkte der Insel in die Gerichte ein.

RALSWIEK – 270 Ew

 **Schlosshotel Ralswiek**  Rest,
Parkstr. 35 ✉ 18528 – ✆ (03838) 2 03 20 – www.schlosshotel-ralswiek.de
63 Zim – 🚹65/85 € 🚹🚹90/187 € – 2 Suiten – ½ P
Rest – Menü 28 € (abends)/37 € – Karte 25/42 €
Wunderschön anzusehen ist das 1893 im Stil der Neurenaissance erbaute Schloss, das oberhalb des Jasmunder Boddens einsam in einem Park liegt. Auch Kosmetikanwendungen im Haus. Von der Terrasse des hübschen Restaurants schaut man auf Park, Bodden und Seebühne.

SAGARD – 2 590 Ew – Höhe 25 m

In Sagard-Neddesitz Nord-Ost: 3 km

 **Jasmar Resort** 
Neddesitz ✉ 18551 – ✆ (038302) 95 – www.jasmar.de
119 Zim – 🚹65/125 € 🚹🚹100/180 € – 10 Suiten – ½ P
Rest *Gutsherrenhaus Neddesitz* – *(geschl. Sonntag - Montag) (nur Abendessen)* Menü 39/42 €
Rest *Hofküche* – *(nur Mittagessen)* Karte 15/29 €
Familienfreundliche Ferienanlage mit historischem Gutsherrenhaus als Herzstück. Hier befinden sich individuelle, sehr wohnliche Suiten. Angrenzende Therme mit Sport/Wellness. Die Gutsschänke ist ein gemütliches Abendrestaurant. Hofküche mit hübschem Wintergarten.

Ein wichtiges Geschäftsessen oder ein Essen mit Freunden?
Das Symbol ⯐ weist auf Veranstaltungsräume hin.

SASSNITZ – 10 480 Ew – Höhe 30 m – Erholungsort

i Bahnhofstr. 19a, ✉ 18546, ✆ (038392) 64 90, www.insassnitz.de

 **Waterkant** garni 
Walterstr. 3 ✉ 18546 – ✆ (038392) 5 09 41 – www.hotel-waterkant.de – geschl. 6. Januar - 9. Februar
16 Zim – 🚹35/70 € 🚹🚹50/95 €
Diese tipptopp gepflegte Urlaubsadresse mit privater Atmosphäre liegt zentrumsnah über dem Hafen. Hafen- und Meerblick von einigen Zimmern und vom Frühstücksraum. Schöner Garten.

X **Gastmahl des Meeres** mit Zim 
Strandpromenade 2 ✉ 18546 – ✆ (038392) 51 70 – www.gastmahl-des-meeres-ruegen.de
12 Zim – 🚹60/76 € 🚹🚹76/96 € – ½ P
Rest – Karte 22/40 €
Ganz in der Nähe des Hafens liegt das familiengeführte Restaurant mit maritimer Note. Beliebt ist die Terrasse zur Strandpromenade. Geboten werden überwiegend Fischgerichte. Für Übernachtungsgäste stehen wohnliche Zimmer und eigene Parkplätze bereit.

SEHLEN – 920 Ew – Höhe 35 m

In Sehlen-Klein Kubbelkow Nord-West: 3,5 km, über die B 96 Richtung Bergen

Gutshaus Kubbelkow mit Zim

Im Dorfe 8 ✉ *18528 – ✆ (03838) 8 22 77 77 – www.kubbelkow.de – geschl. Anfang Februar 2 Wochen und Dienstag*

8 Zim – 🚹85/130 € 🚻90/130 € – 2 Suiten – ½ P

Rest – *(nur Abendessen)* Menü 40/63 € – Karte 40/57 €

Mit seiner schmucken Fassade und den stilvollen Salons bewahrt das denkmalgeschützte Herrenhaus in schöner Parklage den ursprünglichen Charme von 1908. Axel Diembeck bietet ambitionierte internationale Küche. Die Gästezimmer sind hochwertig und komfortabel eingerichtet, hier und da schöne Antiquitäten. Nette Sauna.

SELLIN – 2 330 Ew – Höhe 20 m – Seebad

i Warmbadstr. 4, ✉ 18586, ✆ (038303) 1 60, www.ostseebad-sellin.de

ROEWERS Privathotel

Rest,

Wilhelmstr. 34 ✉ *18586 – ✆ (038303) 12 20 – www.roewers.de – geschl. 5. Januar - 14. Februar*

55 Zim – 🚹130/230 € 🚻150/250 € – 24 Suiten – ½ P

Rest *Ambiance* – *(nur Abendessen)* Menü 35/75 € – Karte 34/59 €

So schön das Häuserensemble im typisch wilhelminischen Bäderstil schon von außen ist, so geschmackvoll ist auch das das ausgesprochen wohnliche klassische Interieur. Auf dem 1 ha großen Grundstück unweit des Ostseestrandes finden Sie eine ruhige Oase in Form eines tollen Privatparks samt großzügigem modernem Spa! Gastronomisch gibt es am Abend saisonale Küche, im Ambiance heißt es ambitioniertes "fine dining" und in der Brasserie serviert man Snacks.

Cliff Hotel

Cliff am Meer 1 ✉ *18586 – ✆ (038303) 80 – www.cliff-hotel.de*

241 Zim – 🚹75/165 € 🚻118/240 € – 5 Suiten – ½ P

Rest – Menü 12 € (mittags)/46 € – Karte 30/64 €

Das Hotel liegt erhöht in einem 10 ha großen Park mit Lift zum eigenen Strand. Wohnliche Zimmer, teils mit Blick auf Ostsee oder Selliner See. Gutes Spa-Angebot. Casa Blanka mit mediterraner Küche, Regionales in der Hansestube, Internationales im Restaurant Seeterrassen.

TRENT – 770 Ew

Lindner Hotel & Spa Rügen

Rest,

Vaschvitz 17 (Nord-West: 5 km) ✉ *18569 – ✆ (038309) 2 20 – www.lindner.de*

153 Zim – 🚹95/175 € 🚻110/198 € – ½ P

Rest – Menü 25 € (mittags)/69 € – Karte 32/69 €

Ein Ensemble aus fünf Gebäuden im Stil regionaler Gutshöfe. Die Zimmer sind skandinavisch inspiriert, geräumig sind die Residenzzimmer und Juniorsuiten. Kosmetik und Massage. Bistro-Ambiente im Restaurant mit Wintergarten.

WIEK – 1 180 Ew – Erholungsort

Kyp Yachthafen Residenz

Hauptstr. 10 ✉ *18556 – ✆ (038391) 7 64 60 – www.kyp-ferien-ruegen.de – geschl. November - März*

37 Zim – 🚹40/65 € 🚻64/90 € – ½ P

Rest – *(nur Abendessen)* Karte 14/29 €

Gegenüber der Kirche, ca. 100 m vom Hafen steht das neu aufgebaute traditionelle Gasthaus mit modernem Anbau. Man verfügt über zeitgemäße Zimmer, Appartements und Ferienwohnungen. Deutsches Haus nennt sich das elegant im Brauhausstil gehaltene Restaurant.

RÜHSTÄDT – Brandenburg – 542 – 570 Ew – Höhe 23 m 21 M7

Berlin 155 – Potsdam 133 – Perleberg 22 – Stendal 67

Schloss Rühstädt garni

Am Schloss 3 ✉ *19322 –* ✆ *(038791) 8 08 50 – www.schlosshotel-ruehstaedt.de – geschl. 6. - 23. Januar*

14 Zim – 69 € 110 € – 1 Suite

In dem für viele Storche bekannten Ort liegt das schöne Schloss mit stilgerechter Einrichtung. Geräumige Zimmer und diverse Wohlfühl-Angebote in unterschiedlichen Trakten des Anwesens.

RÜLZHEIM – Rheinland-Pfalz – 543 – 7 820 Ew – Höhe 112 m 54 E17

Berlin 676 – Mainz 117 – Neustadt a.d. Weinstraße 48 – Stuttgart 105

Hotel Apart garni

Keplerstr. 1 ✉ *76761 –* ✆ *(07272) 77 60 00 – www.hotel-apart.eu*

20 Zim – 69 € 99 € – 1 Suite

Auch wenn die Lage im Gewerbegebiet eher unspektakulär ist, so ist das Hotel innen umso attraktiver: Die Zimmer sind sehr modern, komfortabel und schön stimmig (alle mit kleiner Küche), das Frühstück ist frisch und wer sich etwas Besonderes gönnen möchte, bucht die Penthouse-Suite!

RÜSSELSHEIM – Hessen – 543 – 60 300 Ew – Höhe 88 m 47 F15

Berlin 561 – Wiesbaden 19 – Frankfurt am Main 29 – Darmstadt 27

ADAC Marktplatz 8

COLUMBIA

Stahlstr. 2 ✉ *65428 –* ✆ *(06142) 87 60 – www.columbia-hotels.com – geschl. 20. Dezember - 4. Januar*

140 Zim – 96/122 € 133/159 € – 5 Suiten

Rest ***NAVETTE*** ✿ **Rest** ***X.O.*** – siehe Restaurantauswahl

Eine elegante Adresse für Business, Kulinarik und komfortables Wohnen. Schon in der Lobby begrüßen Sie warme Töne. Ein Vorteil ist auch die gute Autobahnanbindung.

NAVETTE – Hotel COLUMBIA

✿

Stahlstr. 2 ✉ *65428 –* ✆ *(06142) 87 60 – www.columbia-hotels.de – geschl. 21. Dezember - 6. Januar, 14. - 28. April, 28. Juli - 25. August und Samstag - Montag*

Rest – *(nur Abendessen)* Menü 62/108 €

Hier stimmen nicht nur Kochtechnik, Produktqualität und Geschmack, Küchenchef Thomas Macyszyn legt auch viel Wert auf die Optik. Detailverliebt wie er ist, überlässt er auch auf dem Teller nichts dem Zufall! Wenn Sie gerne noch mehr Eindrücke hätten: Einige Speisen finden sich als Fotomotive an den Wänden!

→ Spargel, Lachs, Meerrettich. Black Cod, Erbse, Morchel, Parmesan. Rhabarber, Yoghurt, Pistazie.

X.O. – Hotel COLUMBIA

Stahlstr. 2 ✉ *65428 –* ✆ *(06142) 87 60 – www.columbia-hotels.de – geschl. 20. Dezember - 5. Januar, 14. - 24. April, 28. Juli - 24. August und Freitagabend - Sonntag*

Rest – Karte 33/50 €

Ob bereits zum Frühstück, zum Mittag- oder Abendessen - hier erwartet Sie eine ungezwungene Brasserie, die mit ihrem Einrichtungskonzept ein wenig die Sonne des Südens scheinen lässt.

In Raunheim Nord-Ost: 4 km über B 43

Mercure Hotel Wings

Anton-Flettner-Str. 8 ✉ *65479 –* ✆ *(06142) 7 90 – www.mercure.com*

167 Zim – 69/259 € 69/259 €, 18 € **Rest** – Karte 22/48 €

Das funktional ausgestattete Hotel nahe der Autobahnabfahrt ist ideal für Flugreisende und Messebesucher. Man bietet einen kostenlosen Shuttle-Service zum Flughafen.

RÜTHEN – Nordrhein-Westfalen – 543 – 10 510 Ew – Höhe 380 m   27 F11

Berlin 466 – Düsseldorf 150 – Arnsberg 44 – Detmold 73

In Rüthen-Kallenhardt Süd: 8 km über Suttrop

Knippschild

Theodor-Ernst-Str. 3 ✉ 59602 – ✆ (02902) 8 03 30 – www.hotel-knippschild.de – geschl. über Weihnachten

22 Zim – †85/92 € ††99/149 € – 2 Suiten – ½ P

Rest *Knippschild* – siehe Restaurantauswahl

Bei Familie Knippschild (bereits die 5. Generation ist im Haus) ist es überall gemütlich, dafür sorgen Farben, Stoffe, Holz... Schauen Sie sich unbedingt auch das Saunadorf an - Schwarzwaldholz macht's schön behaglich! Elektrofahrräder kann man kostenlos leihen - reservieren Sie rechtzeitig!

Knippschild – Hotel Knippschild

Theodor-Ernst-Str. 3 ✉ 59602 – ✆ (02902) 8 03 30 – www.hotel-knippschild.de – geschl. über Weihnachten

Rest – Menü 20 € – Karte 24/47 €

Dorfstube, Bauernstube, Romantikstube - was schon die Namen an Charme versprechen, hält die schöne, liebenswerte Einrichtung! Freundlich und angenehm leger wird den Gästen regionale und saisonale Küche aufgetischt.

RUHPOLDING – Bayern – 546 – 6 290 Ew – Höhe 656 m   67 O21

– Wintersport: 1 670 m 1 7 – Luftkurort

Berlin 703 – München 115 – Bad Reichenhall 30 – Salzburg 43

Hauptstr. 60, ✉ 83324, ✆ (08663) 8 80 60, www.ruhpolding.de

Ruhpolding-Zell, Rauschbergstr. 1a, ✆ (08663) 24 61

Lage★ · Talfahrt (★★)

Ortnerhof

Ort 6, (am Golfplatz) (Süd: 3 km) ✉ 83324 – ✆ (08663) 8 82 30 – www.ortnerhof.de

41 Zim – †63/77 € ††138/210 € – ½ P

Rest – Menü 23/50 € – Karte 23/52 €

Wellness direkt im Hotel, Golfen gleich nebenan. Viel Platz hat man in den schönen Zimmern im neueren Anbau. Private Spa Suite für Paare, gemütliche Hotelbar in der Halle. A-la-carte-Gäste wählen von der zeitgemäßen Tageskarte. HP inkl.

Rosenhof garni

Niederfeldstr. 17 ✉ 83324 – ✆ (08663) 8 82 00 – www.ruhpolding-rosenhof.de

11 Zim – †48 € ††84 €

Die kleine Pension in einer ruhigen Wohngegend überzeugt mit geräumigen Zimmern zu günstigen Preisen, die mit schönen Altholzmöbeln behaglich eingerichtet sind.

Steinbach-Hotel   Zim,

Maiergschwendter Str. 8 ✉ 83324 – ✆ (08663) 54 40 – www.steinbach-hotel.de – geschl. November

72 Zim – †59/105 € ††104/146 € – 8 Suiten – ½ P

Rest – Menü 23 € (abends)/70 € – Karte 23/54 €

Von hier aus ist man im Nu am Skilift. Wer's ruhiger mag, entspannt im schönen Saunabereich oder im Hallenbad. Die Zimmer sind recht unterschiedlich, die meisten mit Balkon. Besonders gemütlich speist man in der holzgetäfelten Stube am Kachelofen.

Ruhpoldinger Hof

Hauptstr. 30 ✉ 83324 – ✆ (08663) 12 12 – www.ruhpoldinger-hof.de – geschl. November - Anfang Dezember

42 Zim – †53/93 € ††84/116 € – ½ P

Rest – *(geschl. Dienstag)* Menü 19/65 € – Karte 16/37 €

Mitten im Dorfzentrum liegt der langjährige Familienbetrieb. Viele Zimmer mit Balkon oder Terrasse; auch etwas einfachere Zimmer sind vorhanden. Gemütliche Gasträume. Probieren Sie die Schnäpse aus der kleinen hauseigenen Brennerei.

Landhotel Maiergschwendt
Maiergschwendt 1 (West: 1,5 km) ✉ 83324 – ✆ (08663) 8 81 50 – www.landhotel-maiergschwendt.de – geschl. Anfang November - 20. Dezember
27 Zim – 44/61 € 94/120 € – ½ P
Rest – Karte 16/33 €
Ein gewachsenes Ferienhotel vor schöner Bergkulisse. Die Zimmer im Biohaus sind nach ökologischen Aspekten ausgestattet, etwas schlichter sind die Zimmer im Stammhaus. Zum Restaurant gehört eine große Terrasse.

RUHSTORF an der ROTT – Bayern – 546 – 7 040 Ew – Höhe 319 m — 60 P19

Berlin 622 – München 155 – Passau 23 – Salzburg 118

Antoniushof Rest,
Ernst-Hatz-Str. 2 ✉ 94099 – ✆ (08531) 9 34 90 – www.antoniushof.de
38 Zim – 88/128 € 108/180 € – 1 Suite – ½ P
Rest – Menü 18/48 € – Karte 23/67 €
Ein traditionsreicher Familienbetrieb mit verschiedenen Zimmerkategorien im wohnlichen Landhausstil. Eine Besonderheit: die Wellness-Suite mit Sauna und Whirlpool. Schöner Garten. Internationale Küche in der rustikal-eleganten Kaminstube und im Wintergarten.

RUMBACH – Rheinland-Pfalz – 543 – 470 Ew – Höhe 233 m — 53 D17

Berlin 704 – Mainz 150 – Karlsruhe 60 – Saarbrücken 91

In Nothweiler Süd: 3,5 km – Erholungsort

Landgasthaus Zur Wegelnburg
Hauptstr. 15 ✉ 76891 – ✆ (06394) 9 20 91 90 – www.zur-wegelnburg.de – geschl. 5. Januar - 10. Februar
12 Zim – 40/60 € 75/95 € – ½ P
Rest – *(geschl. Montagmittag, Dienstag)* Menü 23 € – Karte 22/49 €
Das kleine Gasthaus in der Dorfmitte wird familiär geführt und verfügt über wohnlich-solide eingerichtete Zimmer sowie ländliche Gaststuben mit teils überdachter Sonnenterrasse. Die Umgebung bietet gute Ausflugsmöglichkeiten.

RUST – Baden-Württemberg – 545 – 3 740 Ew – Höhe 164 m – Erholungsort — 53 D20

Berlin 776 – Stuttgart 185 – Freiburg im Breisgau 37 – Offenburg 37
Fischerstr. 51, ✉ 77977, ✆ (07822) 86 45 20, www.rust.de
Europa-Park★★★

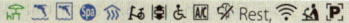

Bell Rock Rest,
Peter-Thumb-Str. 6, (im Europa-Park) ✉ 77977 – ✆ (07822) 86 00 – www.europapark.de/bell-rock – geschl. 23. - 25. Dezember, 2. - 27. Februar
190 Zim – 85/164 € 120/211 € – 35 Suiten
Rest *ammolite - The Lighthouse Restaurant* – siehe Restaurantauswahl
Rest *Captain's Finest* – *(nur Abendessen)* Karte 32/86 €
Hier gilt es, das historische Neuengland zu entdecken! Auf 40 000 qm finden sich stilvolle Fassaden und geschmackvolles Interieur mit maritimem Touch. Zahlreiche schöne Details - von den großen Bildern in der Halle über originelle Kinder-Etagenbetten im Schiffs-Look bis zum Pooldeck "Mayflower" - widmen sich den Pilgervätern in Amerika.

Casa Rustica garni 
Fischerstr. 44 ✉ 77977 – ✆ (07822) 3 00 70 – www.hotel-casa-rustica.de – geschl. Januar - März
6 Zim – 65 € 94 € – 4 Suiten
Wie ein Landhaus im Süden steht das kleine Hotel da: Terrakottaböden, Holz, warme Farben... mediterranes Flair überall! Man ist auch auf Familien mit Kindern eingestellt (Familienzimmer mit Etagenbetten) - schließlich ist es nur ein Katzensprung zum Europa-Park! Pizzeria und Eisdiele sind gleich mit dabei.

XXX **ammolite - The Lighthouse Restaurant** – Hotel Bell Rock

Peter-Thumb-Str. 6 ✉ 77977 – ✆ (07822) 77 66 99 – www.ammolite-restaurant.de – geschl. 27. Januar - 28. Februar und Montag - Dienstag

Rest – *(Mittwoch - Freitag nur Abendessen)* Menü 65/95 € – Karte 79/98 €

Chic ist das elegante Interieur hier im Leuchtturm des Hotels: dunkels Holz, edles Violett, hochwertige Stoffe... das ist das Werk des Designers Claudio Carbone. Das kulinarische Schaffen unterliegt Peter Hagen, der so manch gute Adresse hinter sich hat. Seine Speisen sind modern, harmonisch und zeugen von seinem Gespür für Kontraste und Texturen.

➜ Rind, Parmesan, Senf, schwarzer Knoblauch. Bretonische Seezunge, Trüffel, Schinken, Sellerie. Guanaja-Schokolade, Physalis, Tonkabohnen.

SAALFELD – Thüringen – 544 – 27 010 Ew – Höhe 240 m — 40 L13

Berlin 294 – Erfurt 59 – Coburg 73 – Suhl 65

Markt 6, ✉ 07318, ✆ (03671) 52 21 81, www.saalfeld-tourismus.de

Feengrotten★, Süd-Ost: 1 km

Anker

Markt 25 ✉ 07318 – ✆ (03671) 59 90 – www.hotel-anker-saalfeld.de

49 Zim – 56/81 € 83/107 € – 2 Suiten

Rest *Güldene Gans* – siehe Restaurantauswahl

Rest *Thüringer Stuben* – ✆ (03671) 59 91 03 – Menü 29 € – Karte 22/38 €

Schon seit 1543 gibt es dieses Gasthaus direkt am Marktplatz, in dem man gut schlafen und speisen kann! Die Zimmer zum Marktplatz sind teilweise etwas größer geschnitten. Ein bisschen einfacher als das Restaurant Güldene Gans sind die Thüringer Stuben mit nostalgischem Touch.

XX **Güldene Gans** – Hotel Anker 

Markt 25 ✉ 07318 – ✆ (03671) 59 91 03 – www.gueldene-gans.de – geschl. Januar - Mitte Februar 4 Wochen, Juli - August 4 Wochen und Sonntag - Montag

Rest – *(nur Abendessen)* Menü 34/45 € – Karte 30/40 €

Das historische Kellergewölbe mit seinem mächtigen Gemäuer und dem schönen alten Kachelofen ist schon ein besonderer Rahmen! André Dubrow und Jan Fischer bieten jeden Abend ein schmackhaftes Menü mit 3-5 Gängen, das Sie auch mit Weinbegleitung bestellen können. Je nach Saison kommen natürlich heimische Produkte wie Reh oder Waller zum Einsatz.

SAALFELDER HÖHE – Thüringen – 544 – 3 310 Ew – Höhe 570 m — 40 L13

Berlin 310 – Erfurt 86 – Saalfeld 11 – Jena 61

Im Ortsteil Eyba

Schlosshotel Eyba (mit Gästehaus) 

Eyba 23 ✉ 07422 – ✆ (036736) 3 40 – www.schlosshotel-eyba.de

38 Zim – 69/79 € 99/129 € – 6 Suiten – ½ P

Rest – Menü 16/22 € – Karte 23/28 €

In einer schönen Parkanlage steht das im 16. Jh. erbaute Schloss mit Gästehaus. Man bietet funktionelle, neuzeitliche Zimmer sowie einen gut ausgestatteten Tagungsbereich.

SAARBRÜCKEN 🄻 – Saarland – 543 – 175 750 Ew – Höhe 190 m

▶ Berlin 710 – Mannheim 128 – Luxembourg 93 – Metz 67

✈ Saarbrücken-Ensheim, Balthasar-Goldstein-Sraße (Süd-Ost: 12 km), ✆ (06893) 8 30

ADAC Am Staden 9 B2

ℹ Rathaus St. Johann, Haupteingang A1, ✉ 66111, ✆ (0681) 93 80 90, www.die-region-saarbruecken.de

⛳18 Gersheim-Rubenheim, Katharinenhof, ✆ (06843) 87 97

⛳18 Wallerfangen-Gisingen, Oberlimberger Weg, ✆ (06837) 9 18 00

Veranstaltungen

20.-26. Januar: Filmfestival

14.-16. Februar: Reisemarkt

5.-13. April: Saarmesse

Messegelände, ✉ 66117 ✆ (0681) 95 40 20

👁 Ludwigsplatz★★ A2 · St. Johanner Markt★ · Basilika St. Johann★ B2 · Stiftskirche St. Arnual★

Weltkulturerbe Völklinger Hütte★ (Gasbläsehütte★), West: 10 km

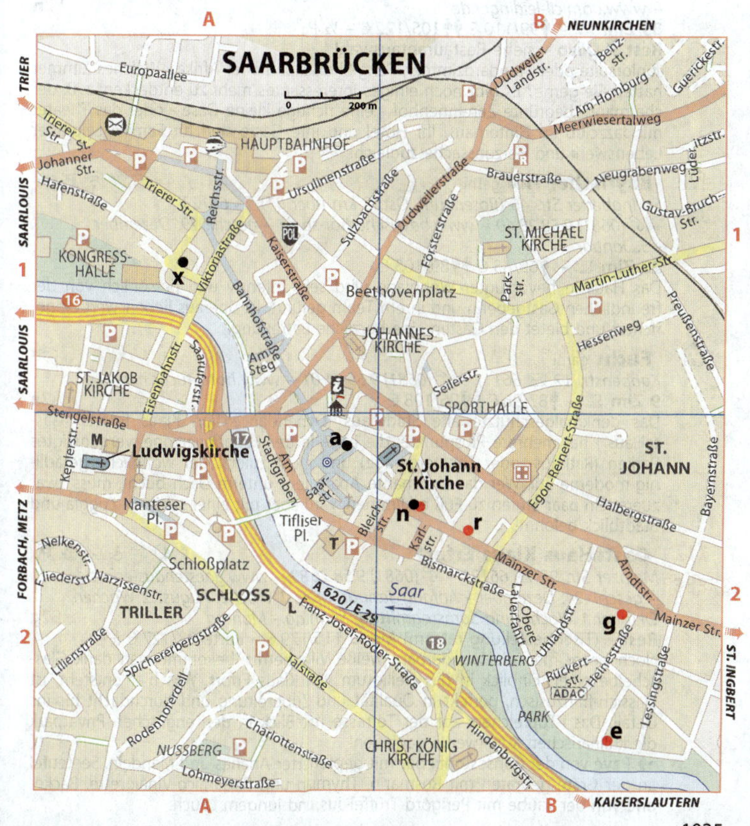

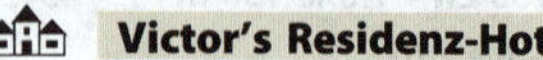

Victor's Residenz-Hotel

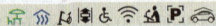

Deutschmühlental 19 (über A1, Richtung Saarlouis) ✉ 66117 – ✆ (0681) 58 82 10 – www.victors.de
142 Zim ☕ – 🚹87/149 € 🚹🚹107/174 € – 2 Suiten – ½ P
Rest *Chez Victor's Brasserie* – ✆ (0681) 58 82 19 50 – Menü 18 € (mittags unter der Woche)/45 € – Karte 25/65 €
Rest *Victor's Stüble* – ✆ (0681) 58 82 19 50 – Karte 16/31 €
In dem komfortablen Hotel neben dem Kasino, beim Deutsch-Französischen Garten wohnen Sie zum Park oder zum Boulevard. Auch beim Essen hat man Auswahl: Sie mögen Brasserie-Flair à la Paris? Im Chez Victor's gibt es französische Küche. Schnell und günstig: "Menu TGV" am Mittag. Freitags Meeresfrüchte-Karte, sonntags Brunch. Stüble als gemütlich-bayerische Alternative.

La Résidence

Zim,

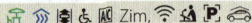

Faktoreistr. 2 ✉ 66111 – ✆ (0681) 3 88 20 – www.la-residence.de A1**x**
139 Zim ☕ – 🚹95/215 € 🚹🚹125/245 € – 9 Suiten – ½ P
Rest – *(geschl. 20. Dezember - 8. Januar und Samstag - Sonntag sowie an Feiertagen)* Menü 18/75 € – Karte 23/43 €
Ideale Businessadresse in zentraler am Kongresszentrum. Wie wär's z. B. mit einem der geräumigen Loft-Einzelzimmer im obersten Stock? Ganz oben auch der Saunabereich, schön der Blick hier über die Stadt. Im Bonne Table isst man französisch-international. Tipp: günstiger Business Lunch.

Domicil Leidinger

Mainzer Str. 10 ✉ 66111 – ✆ (0681) 9 32 70 – www.domicil-leidinger.de B2**n**
85 Zim ☕ – 🚹99/110 € 🚹🚹105/122 € – ½ P
Rest *s' Olivo* – siehe Restaurantauswahl
Juniorsuite oder Standardzimmer, Feng-Shui, Japan oder Afrika... Welches Zimmer hätten Sie gerne? Es gibt noch einiges Interessantes mehr zu entdecken: z. B. der charmante begrünte Zen-Innenhof - eine richtige kleine Oase - oder das Theater mit Jazzclub im Hinterhaus. Ihr Hotel und ihre Gäste sind für Familie Leidinger Lebenswerk und Herzenssache zugleich!

Bayrischer Hof garni

St. Ingberter Str. 46 (Rotenbühl, Ost: 3 km über B1) ✉ 66123 – ✆ (0681) 9 58 28 40 – www.bayrischerhof-sb.de – geschl. 29. Dezember - 5. Januar
22 Zim ☕ – 🚹69/85 € 🚹🚹89/105 €
Das Haus in bevorzugter Wohnlage wird sehr intensiv und persönlich von der freundlichen Gastgeberin und ihrem Team geführt, ist überaus liebenswert eingerichtet und bietet den Gästen eine herzliche Betreuung.

Fuchs garni

Kappenstr. 12 ✉ 66111 – ✆ (0681) 9 59 11 01 – www.hotel-fuchs.net
9 Zim ☕ – 🚹87/96 € 🚹🚹96/108 € A2**a**
Das denkmalgeschützte alte Stadthaus (Dependance von Klaus Erforts "GästeHaus") hat mehrere Pluspunkte: die Lage in der Fußgängerzone, vergünstigtes Parken (Rathaus- oder Theatergarage) und nicht zuletzt der wohnliche geradlinig-moderne Stil. Wer das charmante Apartment unterm Dach bucht, muss zwar zuerst ein paar Stufen zu Fuß erklimmen, wird aber mit einer schönen Loggia und Stadtblick belohnt!

XXX GästeHaus Klaus Erfort

✿✿✿

Mainzer Str. 95 ✉ 66121 – ✆ (0681) 9 58 26 82 – www.gaestehaus-erfort.de – geschl. 24. Dezember - Anfang Januar, März 1 Woche, August 2 Wochen, Oktober 1 Woche und Samstagmittag, Sonntag - Montag B2**g**
Rest – (Tischbestellung ratsam) Menü 115/179 € – Karte 93/127 € ✿
Noch bevor man die wunderbare weiße Villa betritt, bekommt man dank Glasscheibe einen Einblick in das Heiligtum von Klaus Erfort. Was hier entsteht, ist klassich-französisch, perfekt in Qualität und Zubereitung und durchdacht bis ins Detail. Das i-Tüpfelchen: auf der Terrasse mit Blick in den englischen Privatpark die kulinarischen Kunstwerke genießen!
➜ Pavé von der Gänsestopfleber mit gepfefferter Ananas und Mandeln. Seeteufel an der Gräte gebraten mit Rosmarin, Thymian und Balsamico-Vinaigrette. Bäckeoffe von der Taube mit Périgord-Trüffel-Jus und jungem Lauch.

Le noir (Jens Jakob)

Mainzer Str. 26 ✉ 66111 – ✆ (0681) 9 68 19 88 – www.lenoir-restaurant.de – geschl. Juli - August 3 Wochen und Sonntag - Montagmittag B2**r**

Rest – Menü 89/117 € – Karte 64/83 €

Mit eigenem Stil auf internationales Niveau... Jens Jakob hat hier eine Küche mit Charakter entwickelt: intensiv, ausdrucksstark, ohne Schnörkel, dafür mit geschickt eingestreuten feinen Kontrasten. Eine Glasscheibe in dem modern-puristischen Restaurant gewährt Ihnen sogar einen Einblick in deren Enstehung! Mittags ist das Angebot etwas reduziert und günstiger.

➜ Gänsestopfleberpavé mit Rote Bete und Brioche. Jakobsmuschelcarpaccio mit Passionsfrucht und Sellerie. Salzwiesenlamm im Brickteig gebacken mit Gemüse-Couscous.

Restaurant Quack in der Villa Weismüller

Gersweiler Str. 43a (Alt-Saarbrücken, über A2 Richtung Metz) ✉ 66117 – ✆ (0681) 5 21 53 – www.restaurant-quack.de – geschl. 27. Dezember - 7. Januar, 20. Oktober - 1. November und Freitagmittag, Samstagmittag - Sonntag

Rest – (Tischbestellung ratsam) Menü 29/64 € – Karte 31/58 €

"Quack's Bretonische Fischsuppe" - das ist die Spezialität bei Anne und Wolfgang Quack und möglicherweise bald Ihr Lieblingsgericht. Probieren Sie aber ruhig auch all die anderen regionalen und internationalen Speisen - in den schönen hellen Räumen ist man auch gerne öfter zu Gast. Besonderheit ist ein Essen am "Chef's Table". Außerdem: die Champagner-Lounge.

s' Olivo – Hotel Domicil Leidinger

Mainzer Str. 10 ✉ 66111 – ✆ (0681) 9 32 70 – www.domicil-leidinger.de – geschl. 28. Juli - 19. August und Sonntag - Montag sowie an Feiertagen

Rest – Menü 25/80 € – Karte 39/64 € B2**n**

Klare Linien und Cremetöne für die Atmosphäre, Mediterranes für den Gaumen (mittags reduzierte Karte) und für alle, die gerne draußen sitzen, eine herrliche Terrasse im Zen-Garten, von der man sich kaum mehr losreißen kann! Im günstigen Business-Lunch für den eiligen Mittagsgast ist sogar das Parken inklusive!

Schlachthof Brasserie

Straße des 13. Januar 35 (über Mainzer Straße B2) ✉ 66121 – ✆ (0681) 6 85 33 32 – www.schlachthof-brasserie.de – geschl. 24. Dezember - 1. Januar und Sonntag - Montagmittag sowie an Feiertagen

Rest – (Tischbestellung ratsam) Menü 39 € – Karte 28/56 €

Mitten im Schlachthofviertel gelegen, steht in der charmanten Brasserie natürlich Fleisch im Mittelpunkt - an der "Schwamm sélection" mit ihrem Rind aus Trockenreifung kommt kein Steak-Liebhaber vorbei! Sehenswert: Historische Fleisch-Auszeichnungen und Fotos aus der Schlachterei-Szene.

Le Bouchon

Am Staden 18 ✉ 66121 – ✆ (0681) 6 85 20 60 – www.lebouchon.de – geschl. 27. Dezember - 12. Januar und Samstagmittag, Sonntag - Montagmittag B2**e**

Rest – (abends Tischbestellung ratsam) Menü 25/46 € – Karte 26/51 €

Hier wird französische Gastronomie gelebt - dafür stehen Inge und Roland Schauenburg mit ihrem sympathischen, freundlichen Gewölberestaurant. Als gebürtiger Franzose kocht der Chef natürlich Traditionelles aus seiner Heimat, aber auch regional-saisonale Speisen. Und nach dem Essen ein schöner Spaziergang entlang der Saar?

Auf dem Halberg Ost: 4 km über Mainzer Straße B2

Schloss Halberg

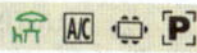

Franz-Mai-Str. 1 ✉ 66121 Saarbrücken – ✆ (0681) 6 31 81 – www.restaurant-schloss-halberg.de – geschl. Samstagmittag, Sonntag, außer an Feiertagen

Rest – Menü 39/49 € – Karte 33/52 €

In dem Schloss neben dem Saarländischen Rundfunk finden sich ein Bistro mit Esstheke, ein Restaurant und ein Wintergarten, dazu hat man eine Terrasse und Salons für Extras. Geboten wird französische Küche. Tipp: Achten Sie auf beliebte Sonderveranstaltungen wie Schlager-, Krimi- oder Gangster-Dinner - hier müssen Sie reservieren!

SAARBURG – Rheinland-Pfalz – 543 – 6 450 Ew – Höhe 130 m – Erholungsort

45 B16

Berlin 743 – Mainz 176 – Trier 25 – Saarbrücken 71

Graf-Siegfried-Str. 32, ✉ 54439, ✆ (06581) 99 59 80, www.saar-obermosel.de

Villa Keller

Brückenstr. 1 ✉ 54439 – ✆ (06581) 9 29 10 – www.villa-keller.de – geschl. 15. - 28. Februar

11 Zim – 70/80 € 100/120 € – ½ P

Rest ***Villa Keller*** – siehe Restaurantauswahl

Klassisch-elegante Villa von 1801 und ehemaliges Weingut direkt an der Saar. Das hübsche kleine Hotel wird freundlich und engagiert geleitet, tolle Sicht auf Saarburg. Uriges Wirtshaus.

Saar Galerie garni

Heckingstr. 12, (2. Etage) ✉ 54439 – ✆ (06581) 9 29 60 – www.hotel-saar-galerie.de

33 Zim – 55/58 € 85/88 €

Das Hotel ist in eine Einkaufspassage am Rande der Innenstadt integriert. Die Zimmer sind meist sehr geräumig sowie funktionell und neuzeitlich-wohnlich gestaltet.

Villa Keller – Hotel Villa Keller

Brückenstr. 1 ✉ 54439 – ✆ (06581) 9 29 10 – www.villa-keller.de – geschl. 15. - 28. Februar und Montag - Dienstag

Rest – Menü 30/48 € – Karte 34/50 €

Ihre Gastgeber heißen Sie in den stilvollen hohen Räumen ihres Hauses willkommen. Hier hat man gleich ein bisschen das Gefühl, der Zeit entflohen zu sein. Internationale Küche unter regionalem Einfluss!

In Trassem Süd-West: 4,5 km über B 407

St. Erasmus (mit Gästehaus)

Kirchstr. 6a ✉ 54441 – ✆ (06581) 92 20 – www.st-erasmus.de – geschl. 21. - 26. Dezember

33 Zim – 45/75 € 70/120 € – ½ P

Rest – *(geschl. Mittwoch - Donnerstagmittag)* Menü 28/50 € – Karte 22/41 €

In dem Familienbetrieb direkt bei der Kirche stehen unterschiedliche Zimmer bereit. Im Gästehaus besonders großzügig, sehr modern sind die Elegance-Zimmer. Beauty und Massage. Behagliches Restaurant im Landhausstil mit bürgerlicher und internationaler Küche.

SAARLOUIS – Saarland – 543 – 37 140 Ew – Höhe 185 m

45 B17

Berlin 728 – Saarbrücken 27 – Luxembourg 75 – Metz 57

ADAC Kleiner Markt 3

Großer Markt 1, ✉ 66740, ✆ (06831) 44 32 63, www.saarlouis.de

18 Wallerfangen-Gisingen, Oberlimberger Weg, ✆ (06837) 9 18 00

Victor's Residenz Hotel

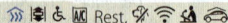

Rest,

Bahnhofsallee 4 ✉ 66740 – ✆ (06831) 98 00 – www.victors.de

88 Zim – 70/120 € 90/140 € – 55 Suiten – ½ P

Rest – ✆ (06831) 98 00 – Karte 30/55 €

Ein Businesshotel ganz in der Nähe des Bahnhofs, gut sind hier die Tagungsmöglichkeiten, aber auch die Zimmer, allen voran die wohnlichen Themensuiten in der Dependance gegenüber! Für ein ungezwungenes Essen geht man in die Brasserie La Fleur. Tipp: Jeden 1. Sonntag im Monat bietet man Brunch im Veranstaltungsbereich "The Club".

Posthof garni

Postgäßchen 5, (Passage) ✉ 66740 – ✆ (06831) 9 49 60 – www.posthof-saarlouis.de

48 Zim – 85/98 € 105/125 €

Mitten in der Altstadt gelegen hat das Hotel mit den praktisch ausgestatteten Zimmern auch im Inneren etwas von dem historischen Charme bewahrt: Hübsches altes Fachwerk ziert sowohl den kleinen Saunabereich unterm Dach als auch den Tagungsraum sowie die Bar "vis-à-vis".

In Saarlouis-Beaumarais West: 3 km

Altes Pfarrhaus Beaumarais

Hauptstr. 2 ✉ 66740 – ✆ (06831) 63 83 – www.altespfarrhaus.de – geschl. 21. Dezember - 1. Januar
34 Zim – ♦80/89 € ♦♦95/112 € – 1 Suite – ½ P
Rest *Trampert* – ✆ (06831) 96 56 70 – Menü 23/50 € – Karte 36/64 €
Es hat seinen Grund, dass das einstige Pfarrhaus seit über 25 Jahren voller Charme und Atmosphäre steckt. Im Jahre 1762 erbaut, hat es so manch liebenswertes historisches Detail bewahrt: Dielenböden, einige Antiquitäten, hier und da alte Holzbalken. Was fürs Auge bieten auch das Restaurant mit seinem französischen Brasserie-Flair sowie die Bilderausstellung. Am Morgen gibt's ein frisch zubereitetes Frühstück à la carte.

In Wallerfangen West: 4 km

Villa Fayence mit Zim

Hauptstr. 12 ✉ 66798 – ✆ (06831) 9 64 10 – www.villafayence.de – geschl. 1. - 14. Januar
4 Zim – ♦89 € ♦♦137/170 €
Rest – *(geschl. Sonntag - Montag)* Menü 39 € (mittags)/72 € – Karte 35/68 €
Die schmucke historische Villa in dem schönen Park sowie das elegante Interieur und die klassische Küche des engagierten Chefs ergeben ein schönes, stimmiges Bild. Im legeren Keller-Bistro reicht man eine ähnliche Karte. Altbauflair in den geräumigen Gästezimmern mit antiken französischen Möbeln.

In Wallerfangen-Oberlimberg Nord-West: 12 km

Hotellerie Waldesruh

Siersburger Str. 8 ✉ 66798 – ✆ (06831) 9 66 00 – www.waldesruh-wallerfangen.de – geschl. September 1 Woche
6 Zim – ♦53/65 € ♦♦85/125 € – ½ P
Rest – *(geschl. Sonntag - Montag)* Menü 33/60 € – Karte 17/62 €
Die ruhige Lage verrät bereits der Name - aber nicht nur das ist angenehm: Thomas Mouget hat hier ein sympathisches kleines Hotel (man hat u. a. auch drei Ferienwohnungen), ein gemütliches Restaurant mit Jagddekor (Hobby des Chefs), eine beheizte Terrasse und einen hübschen Biergarten. Und besuchen Sie auch "Mouget's Delikatessen Laden" mit hausgemachten Produkten!

SAAROW, BAD – Brandenburg – 542 – 4 870 Ew – Höhe 45 m – Thermalsole- und Moorheilbad

23 Q8

▶ Berlin 72 – Potsdam 88 – Frankfurt (Oder) 38 – Brandenburg 118

ℹ Bahnhofsplatz 4, ✉ 15526, ✆ (033631) 43 83 80, www.bad-saarow.de

A-ROSA Scharmützelsee

Parkallee 1, (Süd-West: 8 km) ✉ 15526 Rest,
– ✆ (033631) 60 – www.a-rosa.de/scharmuetzelsee
174 Zim – ♦76/236 € ♦♦126/286 € – 16 Suiten – ½ P
Rest *Villa am See* – siehe Restaurantauswahl
Rest *Marktrestaurant* – ✆ (033631) 6 17 05 *(nur Abendessen)* Menü 45 € (Buffet)
Rest *Greenside* – ✆ (033631) 6 33 50 *(geschl. Januar - Dezember und Montag)* Karte 30/57 €
Wellness- und Golfresort mit beachtlichem Freizeit- und Sportangebot: Spa auf 4200 qm, mehrere Tennis- und Golfplätze, Strandbad, Segelschule und Kinderclub. Ländlich-elegant: Greenside im Golf-Clubhaus. Marktrestaurant mit Showküche - schauen Sie sich kleine Tricks der Köche ab. Smokers Lounge.

Esplanade Resort & Spa

Rest,

Seestr. 49 ✉ 15526 – ✆ (033631) 43 20 – www.esplanade-resort.de

191 Zim – 91/169 € 140/218 € – ½ P

Rest – *(nur Abendessen)* Karte 29/49 €

Die schöne Hotelanlage am Scharmützelsee bietet freundlich-moderne Zimmer, ein vielfältiges Angebot im ansprechenden Spa sowie eine eigene Marina. "Spa-Suite" mit Sauna. Restaurant "Dependance" über mehrere Ebenen. "Pechhütte" mit einfachem bürgerlichem Angebot.

Palais am See garni

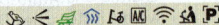

Karl-Marx-Damm 23 ✉ 15526 – ✆ (033631) 86 10 – www.palais-am-see.de – geschl. Dezember - Januar 4 Wochen

9 Zim – 130/168 € 154/180 € – 2 Suiten

Bei den engagierten Gastgebern Annette und Peter Fink genießt man den freundlichen und aufmerksamen Service sowie das geschmackvolle wohnlich-klassische Ambiente. Über das schöne Gartengrundstück gelangt man direkt zum See.

Landhaus Alte Eichen

Alte Eichen 21 ✉ 15526 – ✆ (033631) 4 30 90 – www.landhaus-alte-eichen.de

32 Zim – 80/150 € 110/170 € – 6 Suiten – ½ P

Rest *19hundert* – siehe Restaurantauswahl

In dem Hotel auf einer Halbinsel im See wohnen die Gäste in schönen Landhauszimmern. Der hübsche Garten grenzt an den See - hier hat man einen Badesteg. Kosmetik und Massage.

Villa Contessa

Seestr. 18 ✉ 15526 – ✆ (033631) 5 80 18 – www.villa-contessa.de – geschl. über Weihnachten

7 Zim – 98/278 € 158/338 € – 1 Suite – ½ P

Rest *Villa Contessa* – siehe Restaurantauswahl

In der elegant und mit Liebe zum Detail eingerichteten Villa im Kurpark wird Gästebetreuung groß geschrieben. Neben direktem Seezugang bietet man auch Massage- und Beauty-Anwendungen.

Villa Contessa – Hotel Villa Contessa

Seestr. 18 ✉ 15526 – ✆ (033631) 5 80 18 – www.villa-contessa.de – geschl. über Weihnachten

Rest – Menü 48/88 € (abends) – Karte 44/75 €

Ein Gesamterlebnis für die Sinne! Gäste sind immer wieder von der zauberhaften Individualität des Restaurants begeistert: opulente Stilmöbel, feine Stoffe sowie eleganter Tisch- und Wandschmuck. Französische Küche.

19hundert – Hotel Landhaus Alte Eichen

Alte Eichen 21 ✉ 15526 – ✆ (033631) 4 30 90 – www.landhaus-alte-eichen.de

Rest – Menü 30 € – Karte 28/44 €

Ein Logenplatz am See, ob Sommer oder Winter - kein Problem! Es gibt die herrliche Terrasse und das Restaurant verfügt über einen Wintergarten inklusive Weinstube mit tollem Blick.

Villa am See – Hotel A-ROSA Scharmützelsee

Parkallee 1, (Süd-West: 8 km) ✉ 15526 – ✆ (033631) 6 34 59 – www.a-rosa.de – geschl. Februar, November und Dienstag - Mittwoch

Rest – Menü 64 € (abends)/86 € – Karte 33/76 €

Wer möchte nicht in geschmackvollem "Long-Island"-Ambiente direkt an der kleinen Marina gute, ambitionierte Küche genießen? Da ist es nur im Sommer auf der traumhaften Terrasse zum See noch schöner! "Büsumer Krabben mit Beelitzer Spargel und Bärlauch" ist nur eines der empfehlenswerten Gerichte von Matthias Rösch und seinem Team. Am Mittag ist die Karte einfacher.

SACHSA, BAD – Niedersachsen – 541 – 7 680 Ew – Höhe 310 m – Wintersport: 660 m 3 – Heilklimatischer Kurort

30 J11

Berlin 273 – Hannover 129 – Erfurt 100 – Göttingen 62

Am Kurpark 6, ✉ 37441, ✆ (05523) 47 49 90, www.bad-sachsa.de

Romantischer Winkel

Bismarckstr. 23 ✉ 37441 – ✆ (05523) 30 40 – www.romantischer-winkel.de
73 Zim – 129/204 € 219/309 € – 5 Suiten – ½ P
Rest ***Romantischer Winkel*** – siehe Restaurantauswahl
Hier überzeugen die ruhige Lage am See und schöne, wohnlich-individuelle Zimmer. Ebenso angenehm sind der freundliche Service und der Spabereich. Auch an Kinderbetreuung ist gedacht. Hausgästen bietet man eine sehr gute Vollpension.

Sonnenhof garni

Glasebergstr. 20a ✉ 37441 – ✆ (05523) 9 43 70 – www.sonnenhof-bad-sachsa.de – geschl. 15. November - 1. Dezember
17 Zim – 55/75 € 76/150 €
In dem kleinen Hotel unter familiärer Leitung erwarten die Gäste geräumige und wohnlich gestaltete Zimmer. Das Haus liegt etwas erhöht und recht ruhig.

Romantischer Winkel – Hotel Romantischer Winkel

Bismarckstr. 23 ✉ 37441 – ✆ (05523) 30 40 – www.romantischer-winkel.de
Rest – Menü 20 € (mittags)/78 € – Karte 26/57 €
Das A-la-carte-Restaurant wurde mit viel Geschmack elegant-rustikal eingerichtet, sein Ambiente strahlt Behaglichkeit aus - so lassen sich Gerichte wie z. B. Rinderfilet "Rossini" oder gebratener St.-Petersfisch in Ruhe genießen.

SÄCKINGEN, BAD – Baden-Württemberg – 545 – 16 770 Ew – Höhe 291 m – Heilbad

61 D21

Berlin 822 – Stuttgart 205 – Freiburg im Breisgau 74 – Schaffhausen 67
Waldshuter Str. 20, ✉ 79713, ✆ (07761) 5 68 30, www.badsaeckingen.de
Rickenbach, Hennematt 20, ✆ (07765) 7 77
Lage★ · Fridolinsmünster★★

Goldener Knopf

Rathausplatz 9 ✉ 79713 – ✆ (07761) 56 50 – www.goldenerknopf.de
70 Zim – 85/90 € 140/160 € – ½ P
Rest ***Le Jardin*** – siehe Restaurantauswahl
Rest ***VinoGusta*** – Menü 56/94 € – Karte 56/67 €
Die Lage könnte nicht besser sein: schön zentral und trotzdem ruhig, direkt am Rhein, gleich nebenan stehen Münster und Rathaus! Familie Herzog engagiert sich hier sehr und das sieht man z. B. an den vielen neuen, topmodernen und richtig komfortablen Zimmern! VinoGusta nennt sich der gastronomische Neuzugang des Traditionshotels - hier gibt es international beeinflusste Küche.

St. Fridolin garni

Hasenrütte 4 ✉ 79713 – ✆ (07761) 93 11 00 – www.hotel-st-fridolin.de
25 Zim – 66/88 € 77/99 €
Nicht nur die gepflegte, geradlinige Einrichtung und die ruhige Lage sind Pluspunkte (für Geschäftsreisende und Touristen gleichermaßen), sondern auch die Tatsache, dass es sich hier um einen vorbildlichen Integrationsbetrieb für benachteiligte Menschen handelt!

Zum Hirsch

Schaffhauser Str. 64 (Ost: 1 km über die B 34, Obersäckingen) ✉ 79713 – ✆ (07761) 5 53 62 00 – www.hirsch-saeckingen.de – geschl. Anfang Januar 1 Woche, August 3 Wochen
11 Zim – 65/72 € 90/94 € – ½ P
Rest – *(geschl. Montag, Samstagmittag)* Menü 30/50 € – Karte 34/62 €
Familie Will bietet mit hell und zeitlos eingerichteten Zimmern (teils rückwärtig mit Balkon), regional-saisonaler Küche, kostenfreien Parkplätzen und Kinderspielplatz ein empfehlenswertes kleines Hotel in Obersäckingen.

Genuss-Apotheke
Schönaugasse 11 ✉ 79713 – ✆ (07761) 9 33 37 67 – www.genuss-apotheke.de – geschl. Sonntag - Montag
Rest – *(nur Abendessen)* (Tischbestellung ratsam) Menü 32/91 € – Karte 32/59 €
Die Betreiber der ehemaligen "Fuchshöhle" sind nun in der "Genuss-Apotheke" beim Schlosspark zu finden, und zwar mit dem Konzept "Freigeist": In modern-elgantem Ambiente genießen die Gäste, was Raimar Pilz in seinem offenen Kochatelier für sie zubereitet. Aber nicht nur das: Auch Kochkurse werden hier angeboten und viele der Produkte stehen zum Verkauf. Oder kommen Sie doch mal nach der Arbeit auf ein Gläschen Wein und kleine Slow-Food-Häppchen!

Le Jardin – Hotel Goldener Knopf
Rathausplatz 9 ✉ 79713 – ✆ (07761) 56 50 – www.goldenerknopf.de
Rest – Menü 19 € (mittags unter der Woche)/40 € – Karte 30/43 €
Ob Sie nun im Restaurant oder auf der hübschen Terrasse mit Rheinblick sitzen, die regionalen Speisen des Küchenteams kommen hier wie dort gut an bei den Gästen, z. B. in Form von "gesottener Kaninchenkeule mit Petersiliensauce".

SAGARD – Mecklenburg-Vorpommern – siehe Rügen (Insel)

SAILAUF – siehe Aschaffenburg

SALACH – Baden-Württemberg – 545 – 7 750 Ew – Höhe 363 m 56 H18

Berlin 601 – Stuttgart 49 – Göppingen 8 – Ulm (Donau) 43

In der Ruine Staufeneck Ost: 3 km

Burghotel Staufeneck
Burg Staufeneck 1 ✉ 73084 – ✆ (07162) 93 34 40 – www.burg-staufeneck.de
40 Zim – 110/130 € 200/210 € – 1 Suite – ½ P
Rest *Burgrestaurant Staufeneck* – siehe Restaurantauswahl
Einsame Lage, Ruhe, Blick über das Filstal... Wer kommt da nicht ins Schwärmen? Die Aussicht hat man schon beim Frühstück auf der Terrasse oder beim Relaxen im Liegestuhl! Und es gibt noch mehr Annehmlichkeiten: z. B. hochwertig ausgestattete Zimmer in geschmackvollen Erdtönen!

Burgrestaurant Staufeneck (Rolf Straubinger) – Burghotel Staufeneck
Burg Staufeneck 1 ✉ 73084 – ✆ (07162) 93 34 40 – www.burg-staufeneck.de – geschl. Montag
Rest – (Tischbestellung ratsam) Menü 48 € (mittags)/135 € – Karte 64/80 €
Die große Fensterfront macht es deutlich: Die Gourmetküche ist nicht das einzige Genusserlebnis hier! Während ausgezeichnete regionale Speisen (und eine beachtliche Zahl an Weinen) den Gaumen verwöhnen, erfreut sich das Auge der fulminanten Aussicht!
→ Bugblatt schwarz-sauer auf Püree von Hofgut Kartoffeln, karamellisierte Lauchzwiebel. Der Schwabenteller vom Stauferrind. Der Zander im Frühling.

SALEM – Baden-Württemberg – 545 – 11 170 Ew – Höhe 443 m – Erholungsort 63 G21

Berlin 730 – Stuttgart 149 – Konstanz 27 – Sigmaringen 47
Schloss Salem, ✉ 88682, ✆ (07553) 91 77 15, www.bodensee-linzgau.de
Lage ★ · Münster ★ · Schloss ★

Salmannsweiler Hof mit Zim
Salmannsweiler Weg 5 ✉ 88682 – ✆ (07553) 9 21 20 – www.salmannsweiler-hof.de – geschl. 6. - 12. Februar, 4. - 19. März, 23. Oktober - 12. November und Montag - Dienstag
10 Zim – 48/54 € 78/88 € – ½ P
Rest – Menü 35/46 € – Karte 23/50 €
Familie Schiele bezieht die Zutaten für ihre bodenständig-regionale Küche weitestgehend von bekannten Produzenten aus der Region. Daraus entstehen dann z. B. Bärlauchcremesuppe oder Kalbssteak mit Pilzen und Spätzle. Bei den sympathischen Gastgebern kann man übrigens auch übernachten - die Zimmer sind eher einfach, aber gepflegt.

In Salem-Neufrach **Süd-Ost: 3 km über Schlossstraße und Neufracher Straße**

Recks
Bahnhofstr. 111 ✉ 88682 – ✆ (07553) 2 01 – www.recks-hotel.de – geschl. über Fastnacht 3 Wochen und Anfang November 2 Wochen
18 Zim ☕ – †70/90 € ††95/140 € – 1 Suite – ½ P
Rest ***Recks*** – siehe Restaurantauswahl
In dem sehr individuell eingerichteten Hotel der Familie Reck sind Kunst und stilvolle Deko allgegenwärtig! Die Zimmer sind wohnlich und haben teilweise einen Balkon, sehr schön zum Ausspannen ist der eigene Obstgarten direkt am Haus.

Landgasthof Apfelblüte
Markdorfer Str. 45 ✉ 88682 – ✆ (07553) 9 21 30 – www.landgasthof-apfelbluete.de
40 Zim ☕ – †62/68 € ††105/115 € – ½ P
Rest – *(geschl. im Winter: Montag - Dienstag, Freitagmittag, Samstagmittag)* Menü 15 € – Karte 18/37 €
Das gewachsene Hotel am Ortsausgang wird seit über 25 Jahren als Familienbetrieb geführt. Inzwischen ist ein Neubau mit weiteren gut ausgestatteten Zimmern hinzugekommen. Im Restaurant wird regionale Küche geboten.

Recks – Hotel Recks
Bahnhofstr. 111 ✉ 88682 – ✆ (07553) 2 01 – www.recks-hotel.de – geschl. über Fastnacht 3 Wochen, Anfang November 2 Wochen und Mittwoch - Donnerstagmittag
Rest – Menü 26/47 € – Karte 28/47 €
Gäste der drei behaglichen Stuben werden von Alexandra Reck mit ehrlichen regionalen Speisen bekocht, so z. B. "Kraftbrühe mit Grießnocken" oder "Schweinesteak mit Spargel und Sauce Hollandaise" - im Sommer sitzt man dazu am besten auf der herrlichen Terrasse an der Obstwiese!

SALZGITTER – **Niedersachsen** – **541** – **102 400 Ew** – **Höhe 70 m** **29** J9
Berlin 261 – Hannover 68 – Braunschweig 28 – Göttingen 79
Bad Salzgitter, Mahner Berg, ✆ (05341) 3 73 76

In Salzgitter-Bad – **Heilbad**

Golfhotel garni
Gittertor 5 ✉ 38259 – ✆ (05341) 30 10 – www.golfhotel-salzgitter.de
32 Zim ☕ – †60/85 € ††81/105 €
Das Hotel unweit des Marktplatzes wird gut geführt und bietet freundlichen Service. Die Zimmer verteilen sich auf das Fachwerkhaus und einen Anbau; sie sind wohnlich und funktionell, einige besonders zeitgemäß. Appetitliches frisches Frühstück.

SALZHAUSEN – **Niedersachsen** – **541** – **4 560 Ew** – **Höhe 40 m** **19** I6
Berlin 288 – Hannover 117 – Hamburg 55 – Lüneburg 18

Josthof (mit Gästehäusern)

Am Lindenberg 1 ✉ 21376 – ✆ (04172) 9 09 80 – www.josthof.de
16 Zim ☕ – †55/75 € ††110/135 €
Rest – *(geschl. Januar - April: Dienstag)* Menü 17 € (mittags)/49 € – Karte 30/58 €
In den hübschen Reetdachhäusern dieses historischen Bauernhofs stehen schöne wohnliche Zimmer (auch Maisonetten) bereit. Zudem hat man ein zeitgemäßes Ferienhaus. Heimelig sind die mit allerlei Zierrat liebenswert dekorierten Restaurantstuben.

SALZUFLEN, BAD – **Nordrhein-Westfalen** – **543** – **53 900 Ew** – **Höhe 80 m** – **Heilbad** **28** G9
Berlin 375 – Düsseldorf 191 – Bielefeld 26 – Hannover 89
Parkstr. 20, ✉ 32105, ✆ (05222) 18 31 83, www.staatsbad-salzuflen.de
Bad Salzuflen, Schwaghof 4, ✆ (05222) 1 07 73

Arminius

Ritterstr. 2 ✉ 32105 – ✆ (05222) 36 60 – www.hotelarminius.de
63 Zim ☕ – 👤85/99 € 👥115/129 € – 8 Suiten – ½ P
Rest *Varus* – Menü 28/65 € – Karte 33/56 €
Das schöne Gebäudeensemble, ein Mix aus historischer und moderner Architektur, ist ein zeitgemäßes Hotel mit wohnlichen Zimmern sowie Sauna-, Kosmetik- und Massageangebot. Rustikal-gemütliches Restaurant und Vinothek.

Altstadt-Palais Lippischer Hof

Mauerstr. 1 ✉ 32105 – ✆ (05222) 53 40 – www.hof-hotels.de
60 Zim ☕ – 👤85/135 € 👥105/185 € – 5 Suiten
Rest *The ALCHEMIST* – *(geschl. Montag - Dienstag) (nur Abendessen)* (Tischbestellung erforderlich) Menü 59/129 €
Rest *Walter's Pharmacy* – Menü 29/89 € – Karte 26/143 €
Mitten in der historischen Altstadt bietet das familiengeführte Hotel nicht nur schöne individuelle Zimmer, auch die Restaurants sind Hingucker: im Schotten-Look The ALCHEMIST für "Fine Dining" (hier nur Menüs), mit nostalgischem Apotheken-Interieur die Brasserie Walter's Pharmacy - dazu die Gartenterrasse.

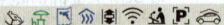

Vitalotel Roonhof garni

Roonstr. 9 ✉ 32105 – ✆ (05222) 34 30 – www.roonhof.de – geschl. 2. Januar - 10. Februar
42 Zim ☕ – 👤82/89 € 👥114/138 €
Ein neuzeitliches Hotel mit wohnlich-funktionellen Zimmern und Appartements. Auch Massage- und Kosmetikanwendungen werden angeboten, zudem eine Praxis für Physiotherapie.

Kurpark-Hotel

Rest,

Parkstr. 1 ✉ 32105 – ✆ (05222) 39 90 – www.kurparkhotel.de – geschl. 2. Januar - 8. Februar
74 Zim ☕ – 👤63/116 € 👥140/188 € – 1 Suite – ½ P
Rest – Menü 15 € (mittags)/30 € – Karte 20/43 €
Das von der Inhaberfamilie geführte Haus im Kurgebiet verfügt über zeitgemäße Zimmer verschiedener Kategorien, fast alle mit Balkon zum Garten oder zur Saline.

Otto garni

Friedenstr. 2 ✉ 32105 – ✆ (05222) 93 04 40 – www.hotel-otto.de – geschl. Anfang November - Anfang Februar
22 Zim ☕ – 👤59/85 € 👥89/130 €
Herzlich kümmert sich Familie Otto in dem denkmalgeschützen Haus um ihre Gäste. Eine sehr gut geführte Adresse mit tipptopp gepflegten Zimmern.

In Bad Salzuflen-Sylbach Süd: 8 km über B 239 Richtung Lage

Zum Löwen

Sylbacher Str. 223 ✉ 32107 – ✆ (05232) 9 56 50 – www.hotel-zum-loewen.com – geschl. Juli - August 2 Wochen
32 Zim ☕ – 👤58/62 € 👥78/85 € – ½ P
Rest – *(nur Abendessen, sonntags auch Mittagessen)* Karte 19/35 €
Der Familienbetrieb verfügt über wohnlich-gediegene Zimmer und einen Garten mit Teich und Kinderspielplatz. Ein heller Wintergarten dient als Frühstücksraum. Zum Restaurant gehört eine schöne Terrasse hinter dem Haus. Auch ein Raucherbereich ist vorhanden.

SALZWEDEL – Sachsen-Anhalt – 542 – 24 880 Ew – Höhe 22 m **20** K7

▶ Berlin 187 – Magdeburg 103 – Schwerin 114 – Wolfsburg 59
ℹ Neuperverstr. 29, ✉ 29410, ✆ (03901) 42 24 38, www.salzwedel.de

Union

Zim,

Goethestr. 11 ✉ 29410 – ✆ (03901) 42 20 97 – www.hotel-union-salzwedel.de
33 Zim ☕ – 👤55/64 € 👥85/90 € – ½ P **Rest** – Karte 20/43 €
In dem schmucken Haus (1872) an der mittelalterlichen Stadtmauer wird ständig investiert und modernisiert. Das Ergebnis: individuelle Zimmer, z. T. mit hübschen Stoffen und warmen Farben. Alpenländische Holztäfelung und Kachelofen machen das Restaurant gemütlich.

SAMERBERG – Bayern – 546 – 2 670 Ew – Höhe 700 m – Wintersport: 1 569 m 2 1 — 66 N21

Berlin 672 – München 82 – Bad Reichenhall 65 – Traunstein 44

Dorfplatz 3, ✉ 83122, (08032) 9 89 40, www.samerberg.de

In Samerberg-Duft Süd: 6 km ab Törwang, über Eßbaum und Gernmühl – Höhe 800 m

Berggasthof Duftbräu — Zim,

Duft 1 ✉ 83122 – (08032) 82 26 – www.duftbraeu.de – geschl. 15. Januar - 28. Februar

27 Zim – 55/60 € 90/110 € – 1 Suite

Rest – *(geschl. Montag - Dienstag außer an Feiertagen, November - März: Montag - Freitag)* Menü 20/40 € – Karte 15/37 €

Das ist schon Bilderbuch-Idylle! Ruhe, Wald und Wiesen, und mittendrin der Gasthof der engagierten Familie Wallner - eigentlich fast schon ein kleines Dörfchen und so richtig bayerisch! Ein Muss: der Schweinsbraten - oder aber Selbstgebrautes im Biergarten bei tollem Blick auf die Region!

In Samerberg-Grainbach

Gasthof Alpenrose N

Kirchplatz 2 ✉ 83122 – (08032) 82 63 – www.alpenrose-samerberg.de – geschl. November und Montag - Dienstag

Rest – Menü 28/42 € – Karte 16/44 €

Von der Autobahn sind es nur wenige Minuten... Gleich bei der Kirche steht ein richtig schöner gestandener bayerischer Gasthof mit Familientradition seit 1868: drinnen ländliche Gemütlichkeit mit viel Holz und Ofen, draußen ein lauschiger Biergarten, dazu regional-saisonale Küche samt tagesfrischem Angebot - probieren Sie die hausgemachten Schokoladennudeln!

ST. BLASIEN – Baden-Württemberg – 545 – 3 930 Ew – Höhe 770 m – Wintersport: 1220 m 3 – Heilklimatischer Kneippkurort und Luftkurort — 61 E21

Berlin 810 – Stuttgart 187 – Freiburg im Breisgau 51 – Donaueschingen 64

Am Kurgarten 11, ✉ 79837, (07672) 41 40, www.tourismus.stblasien.de

Lage★ · Kirche★★

Café Aich garni

Hauptstr. 31 ✉ 79837 – (07672) 14 29 – www.cafeaich.de

5 Zim – 65/75 € 85/95 €

In dem kleinen Familienbetrieb erwarten Sie persönliche Atmosphäre und elegante Zimmer. Schon früh duftet es aus der eigenen Backstube - gute Kuchenauswahl im Café.

Klostermeisterhaus mit Zim

Im süßen Winkel 2, (mit Gästehaus) ✉ 79837 – (07672) 8 48 – www.klostermeisterhaus.de – geschl. Februar 2 Wochen und Montag - Dienstag

20 Zim – 59/109 € 89/159 € – ½ P

Rest – *(nur Abendessen)* Menü 29/72 € – Karte 34/81 €

1761 war es eine Herberge der klösterlichen Handwerksmeister, später Volksbierstube und heute sitzt man bei ambitionierter Küche in gemütlichem Ambiente (heimelig die Holztäfelung) und übernachtet in freundlichen, liebenswerten Zimmern. Wenn Sie beim Essen gerne Domblick hätten: Terrasse im 1. OG!

ST. ENGLMAR – Bayern – 546 – 1 520 Ew – Höhe 808 m – Wintersport: 1 030 m 13 – Luftkurort — 59 O18

Berlin 519 – München 151 – Regensburg 68 – Cham 37

Rathausstr. 6, ✉ 94379, (09965) 84 03 20, www.urlaubsregion-sankt-englmar.de

Angerhof Rest,

Am Anger 38 ✉ 94379 – ✆ (09965) 18 60 – www.angerhof.de
58 Zim – 98/174 € 168/284 € – 12 Suiten – ½ P
Rest – Menü 26/49 € – Karte 28/42 €
In dem schön am Hang gelegenen Familienbetrieb in einem 3 ha großen Naturpark genießen die Gäste Ruhe, Spa-Vielfalt auf 2000 qm und das wohnliche Ambiente der individuellen Zimmer und Suiten. Auch allergikergeeignete Zimmer. Panoramarestaurant mit Vinothek und Kaminstube.

In St. Englmar-Grün **Nord-West: 3 km über Bogener Straße, am Ortsende links**

Reiner-Hof

Grün 9 ✉ 94379 – ✆ (09965) 85 10 – www.reinerhof.de – geschl. 1. - 18. Dezember
45 Zim – 67/101 € 124/162 € – 3 Suiten – ½ P
Rest – Menü 18/37 € (abends) – Karte 16/33 €
Das Ferienhotel bietet im Stammhaus und im Sonnenschlösschen verschiedene Zimmerkategorien von eher einfach bis sehr komfortabel. Zudem hat man einen schönen Spabereich.

In St. Englmar-Maibrunn **Nord-West: 5 km über Grün**

Berghotel Maibrunn

Maibrunn 1 ✉ 94379 – ✆ (09965) 85 00 – www.berghotel-maibrunn.de
50 Zim – 65/150 € 130/220 € – 2 Suiten – ½ P
Rest – Menü 15 € (mittags)/68 € – Karte 19/43 €
Ein engagiert und charmant geleitetes Haus in erhöhter Lage mit reizvoller Rundumsicht. Sehr wohnliche und geschmackvolle Zimmer im Landhausstil sowie hübsche, etwas kleinere Themenzimmer. Neuzeitlicher Spa, Garten mit Hirschgehege, eigener Skilift. Restauranträume von elegant bis gemütlich-ländlich.

In St. Englmar-Rettenbach **Süd-Ost: 5 km über Bogener Straße**

Gut Schmelmerhof Rest,

Rettenbach 24 ✉ 94379 – ✆ (09965) 18 90 – www.gut-schmelmerhof.de
52 Zim – 59/110 € 122/174 € – ½ P
Rest – Menü 25/58 € – Karte 24/41 €
Das Haus mit Familientradition seit 1630 liegt herrlich ruhig etwas abseits. Sie wohnen in schönen individuellen Zimmern, lassen sich bei Massage und Beautyanwendungen verwöhnen und speisen im Gewölberestaurant, in der Ludwigsstube oder in der gemütlich-rustikalen Wirtsstube St. Florian mit alter Holzdecke.

ST. GOAR – Rheinland-Pfalz – 543 – 2 760 Ew – Höhe 80 m

46 D14

Berlin 627 – Mainz 63 – Koblenz 43 – Bingen 28
Heerstr. 86, ✉ 56329, ✆ (06741) 3 83, www.st-goar.de
Burg Rheinfels★★
Lorelei★★ (★★), Süd-Ost: 4 km

Schloss Rheinfels (mit Gästehaus)

Schloßberg 47 ✉ 56329 – ✆ (06741) 80 20 – www.schloss-rheinfels.de
64 Zim – 80/175 € 145/245 € – 2 Suiten – ½ P
Rest *Silcher-Stube* – siehe Restaurantauswahl
Rest *Auf Scharffeneck* – Menü 29/44 € – Karte 29/44 €
Rest *Burgschänke der Landgraf* – *(geschl. November - Ostern)* Menü 26/36 € – Karte 26/36 €
Das Hotel in der eindrucksvollen Burganlage mit Panoramablick ist klassisch-elegant eingerichtet. Besonders ansprechend sind der hübsche Spabereich sowie der kleine Garten mit Rosen und Kräutern. Beliebt bei Burgbesuchern: Kaffee und Kuchen auf der Panoramaterrasse der Burgschänke!

Silcher-Stube – Hotel Schloss Rheinfels

Schloßberg 47 ✉ 56329 – ✆ (06741) 80 20 – www.schloss-rheinfels.de – geschl. Januar 3 Wochen, August 3 Wochen und Sonntag - Montag

Rest – *(nur Abendessen)* Menü 63/92 €

Elegante Goldtöne, stilvolles Mobiliar und ebensolche Tischdekorationen sorgen für ein schönes Ambiente. Die Terrasse mit ihrer grandiosen Aussicht ist natürlich das Highlight! Niveauvolle klassische Küche.

In St. Goar-Fellen Nord-West: 3 km über B 9, Richtung Koblenz

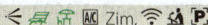

Landsknecht Zim,

Aussiedlung Landsknecht 6 (an der Rheinufer-Straße, B 9) ✉ 56329 – ✆ (06741) 20 11 – www.hotel-landsknecht.de – geschl. 16. - 26. Dezember, 2. Januar - 15. Februar

20 Zim – †65/90 € ††89/149 € – 1 Suite – ½ P

Rest – *(geschl. November - März: Montag - Dienstag)* Menü 25 € – Karte 20/48 €

Eine familiäre Adresse mit reizvoller Gartenanlage, deren Zimmer meist zum Rhein hin liegen. Lecker: Am Frühstücksbuffet findet sich hausgemachte Marmelade. Mit seiner großen Fensterfront zum Rhein macht das Restaurant "Ausblick" seinem Namen alle Ehre. Probieren Sie auch die Weine vom eigenen Weingut!

ST. INGBERT – **Saarland** – **543** – **37 200 Ew** – **Höhe 229 m** **46** C17

Berlin 697 – Saarbrücken 13 – Kaiserslautern 55 – Zweibrücken 25

La Trattoria del Postillione 

Neue Bahnhofstr. 2 ✉ 66386 – ✆ (06894) 38 10 61 – www.postillione.de – geschl. Sonntag

Rest – Menü 15 € (mittags)/45 € – Karte 25/49 €

Schon von außen stimmt Sie das ehemalige Bahnhofsgebäude auf mediterranes Flair ein - dazu trägt der eigene Weinberg direkt am Haus ebenso bei wie die reizende Terrasse. Die persönliche und private Atmosphäre drinnen ist nicht weniger charmant! Hier umsorgt der charismatische Chef seine Gäste - natürlich mit italienischer Küche. Günstiges Lunchmenü.

Die Alte Brauerei mit Zim 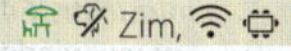

Kaiserstr. 101 ✉ 66386 – ✆ (06894) 9 28 60 – www.diealtebrauerei.com – geschl. Dienstag, Samstagmittag

5 Zim – †65 € ††89 € – 1 Suite **Rest** – Menü 29/50 € – Karte 29/56 €

Lust auf eine regionale Spezialität? Bliesgaulamm gibt es hier z. B. als "Lammconsommé mit Tomaten-Rosmarinnocken" oder als "Lammragout Lothringer Art". Das Restaurant samt seiner individuellen Gästezimmer (teilweise mit Werken der Künstlerin Margret Lafontaine dekoriert) und der engagierten Gastgeber Isabelle und Eric Dauphin erreichen Sie übrigens über den Innenhof.

In St. Ingbert-Sengscheid Süd-West: 4 km über B 40, jenseits der A 6

Sengscheider Hof (mit Gästehaus) Zim,

Zum Ensheimer Gelösch 30 ✉ 66386 – ✆ (06894) 98 20 – www.sengscheiderhof.de – geschl. 27. Dezember - 3. Januar

45 Zim – †55/74 € ††85/120 €, 7 €

Rest – *(geschl. Sonntag) (nur Abendessen)* Menü 44/58 € – Karte 29/58 €

Ein gewachsenes Hotel mit Stammhaus von 1879. Letzteres hat u. a. einige besonders moderne und geräumige neuere Zimmer zu bieten. Oder wie wär's mit der Juniorsuite (Zimmer Nr. 400) mit schöner Dachterrasse und Blick auf den Garten samt kleinem Pool? Hell und elegant ist das Ambiente im Restaurant, klassisch die Küche, ergänzt durch eine kleine bürgerliche Auswahl.

ST. JOHANN – **Rheinland-Pfalz** – **siehe Sprendlingen**

ST. LEON-ROT – **Baden-Württemberg** – **545** – **12 840 Ew** – **Höhe 107 m** **47** F17

Berlin 642 – Stuttgart 92 – Mannheim 32

St. Leon-Rot, Opelstr. 30, ✆ (06227) 8 60 80

Fairway garni

Opelstr. 10 (Gewerbegebiet) ✉ 68789 – ✆ (06227) 54 40 – www.fairway-hotel.de
88 Zim – ♦69/94 € ♦♦86/118 €, ☐ 12 € – 2 Suiten
Die Lage im Gewerbegebiet ist perfekt für Businessgäste, doch auch am Wochenende ist das auffallend gepflegte Haus beliebt: Golfplatz nebenan! Abends Snacks in der Lobbybar. Dampfbad im UG.

ST. MÄRGEN – **Baden-Württemberg** – **545** – **1 890 Ew** – **Höhe 887 m** **61** E20
– **Wintersport: 1 100 m** – **Luftkurort**

Berlin 790 – Stuttgart 230 – Freiburg im Breisgau 24 – Donaueschingen 51
Rathausplatz 6, ✉ 79274, ✆ (07652) 12 06 83 90, www.hochschwarzwald.de

An der B 500 **Süd-Ost: 8 km, Richtung Furtwangen**

Zum Kreuz

Hohlengraben 1 ✉ 79274 St. Märgen – ✆ (07669) 9 10 10 – www.gasthaus-zum-kreuz.de – geschl. Mitte November - Mitte Dezember
15 Zim ☐ – ♦34/44 € ♦♦64/77 € – ½ P
Rest – *(geschl. Donnerstag)* Menü 17/40 € – Karte 15/44 €
Das nette Haus im Schwarzwälder Stil, Familienbetrieb in 3. Generation, liegt etwas außerhalb an der Bundesstraße in idyllischer Umgebung. Behagliche Zimmer und Appartements, im Anbau mit Balkon. Ländlich-elegant ist das Ambiente im Restaurant.

ST. MARTIN – **Rheinland-Pfalz** – **543** – **1 820 Ew** – **Höhe 225 m** **47** E17
– **Luftkurort**

Berlin 658 – Mainz 102 – Mannheim 43 – Kaiserslautern 46
Kellereistr. 1, ✉ 67487, ✆ (06323) 53 00, www.maikammer-erlebnisland.de

Wiedemann's Weinhotel Rest,

Einlaubstr. 64 ✉ 67487 – ✆ (06323) 9 44 30 – www.wiedemanns-weinhotel.de
20 Zim ☐ – ♦93/101 € ♦♦150/204 € – ½ P
Rest – *(nur Abendessen, sonntags auch Mittagessen)* Menü 32 € (abends) – Karte 25/35 €
Im Hotel des Weinguts Wiedemann wohnt man nicht nur geschmackvoll und modern, sondern auch mit Panoramablick! Und es gibt noch mehr zum Wohlfühlen: z. B. die Essig-Inhalation "Respiratio" im schönen Spa auf 400 qm, einen Traum von Garten mit Freibad, das elegante Restaurant mit toller Terrasse, Verkostungen in der Vinothek... und 3/4-Pension inklusive!

Das Landhotel Weingut Gernert

Maikammerer Str. 39 ✉ 67487 – ✆ (06323) 9 41 80 – www.das-landhotel.com – geschl. 7. - 31. Januar
17 Zim ☐ – ♦54/62 € ♦♦94/110 €
Rest ***Das Barrique-Gewölbe*** – *(geschl. Montag - Dienstag)* Karte 17/50 €
Ein tipptopp gepflegtes Anwesen am Rand des Weindorfes, etwas unterhalb das eigene Weingut. Die Zimmer sind geräumig und mit mediterraner Note eingerichtet - mit kleinem Rotweinangebot! Regional und international speist man im Barrique-Gewölbe von 1851, dazu hat man eine schöne Terrasse mit Kräutergarten.

St. Martiner Castell

Maikammerer Str. 2 ✉ 67487 – ✆ (06323) 95 10 – www.hotelcastell.de
24 Zim ☐ – ♦66/70 € ♦♦104/112 € – ½ P
Rest – *(geschl. Dienstag)* Menü 32/50 € – Karte 22/43 €
Es hat sich was getan bei Werner und Brigitte Mücke: So einige Renovierungen haben frischen Wind in das Gasthaus (ursprünglich ein Winzerhof) gebracht, die Wohnlichkeit der Zimmer ist geblieben. In den gemütlichen Restaurantstuben und auf der schönen Terrasse isst man traditionell und regional.

Consulat des Weins
Rest,

Maikammerer Str. 44 ✉ 67487 – ✆ (06323) 80 40 – www.schneider-pfalz.de – geschl. 15. Dezember - 16. Februar

45 Zim ☕ – 🚹68/78 € 🚹🚹116/136 € – ½ P

Rest – *(geschl. Sonntagabend - Montag)* Karte 17/37 €

Im Hotel des bekannten Weinguts Albert Valentin Schneider gibt es nicht nur gepflegte, zeitgemäße Zimmer: Bei schönem Wetter verweilen die Gäste gerne im hübschen großzügigen Garten, anschließend stärkt man sich im Restaurant Schneider mit regional-internationaler Küche oder trifft sich in der Vinothek.

Haus am Weinberg

Oberst-Barret-Str. 1 ✉ 67487 – ✆ (06323) 94 50 – www.hausamweinberg.de

64 Zim ☕ – 🚹60/90 € 🚹🚹95/150 € – 1 Suite

Rest – Menü 18/39 € – Karte 28/38 €

Der Name des Hauses trifft es genau: Das Hotel liegt allein in den Weinbergen, toll ist der Blick auf die rebenreiche Landschaft. Die Suite mit Whirlwanne ist besonders chic, gute Fitnessgeräte im Well-Aktiv-Club. Bürgerliche Küche im Restaurant.

Chalet Raabe garni

Emserstr. 4 ✉ 67487 – ✆ (06323) 21 17 – www.weingut-raabe.de

5 Zim ☕ – 🚹73/84 € 🚹🚹85/105 € – 2 Suiten

Das tipptopp gepflegte kleine Gästehaus mit den komfortablen Zimmern und zwei Appartements ist angeschlossen an das Weingut Raabe. Weinstube im Ortskern ganz in der Nähe.

Landhaus Christmann garni

Riedweg 1 ✉ 67487 – ✆ (06323) 9 42 70 – www.landhaus-christmann.de

7 Zim ☕ – 🚹49/60 € 🚹🚹77/97 € – 2 Suiten

In dem Winzerhof am Ortsrand sind die Zimmer nach Weinlagen benannt. Man hat sie mit hellen Tönen, Parkettboden und antiken Möbelstücken charmant gestaltet (teilweise mit Balkon) - und in der Probierstube gibt's ein frisches und gutes Frühstücksbuffet.

ST. MICHAELISDONN – Schleswig-Holstein – 541 – 3 640 Ew – Höhe 3 m
9 G4

Berlin 382 – Kiel 99 – Heide 30 – Cuxhaven 100

Landhaus Gardels

Westerstr. 15 ✉ 25693 – ✆ (04853) 80 30 – www.gardels.de – geschl. 1. - 12. Januar

50 Zim ☕ – 🚹83/111 € 🚹🚹114/164 € – ½ P

Rest *Landhaus Gardels* – siehe Restaurantauswahl

In dem seit mehr als 130 Jahren von Familie Peters geführten Landhotel warten individuell und meist neuzeitlich eingerichtete Zimmer auf Sie - auch einfachere Kategorien sind noch vorhanden. Der Tag beginnt mit einem guten und reichhaltigen Frühstücksbuffet.

Landhaus Gardels – Hotel Landhaus Gardels

Westerstr. 15 ✉ 25693 – ✆ (04853) 80 30 – www.gardels.de – geschl. 1. - 12. Januar; November - März: Sonntag

Rest – *(nur Abendessen, sonntags auch Mittagessen)* Menü 33/40 € – Karte 31/53 €

Das Restaurant des Familienbetriebs steht für gutes Essen zu fairen Preisen: Marc Schlürscheid hat nach Wanderjahren nun hier die Küchenregie übernommen und beschert Ihnen einen Mix aus regionalen und internationalen Gerichten: "Schweineschulter sous vide in Malzbiersauce", "Glückstädter Matjesvariationen"...

ST. OSWALD-RIEDLHÜTTE – Bayern – 546 – 3 050 Ew – Höhe 791 m – Wintersport: 850 m 1 – Erholungsort
60 P18

Berlin 503 – München 188 – Passau 43 – Regensburg 115

Schulplatz 2, ✉ 94566, ✆ (08553) 60 83, www.sankt-oswald-riedlhuette.com

Im Ortsteil Riedlhütte

Der Wieshof
Rest,

Anton-Hilz-Str. 8 ✉ 94566 – ✆ (08553) 4 77 – www.der-wieshof.de – geschl. 10. - 23. März, 7. - 26. April, 3. November - 20. Dezember

19 Zim – 🚹43/48 € 🚹🚹76/88 € – ½ P

Rest – Menü 12/17 € – Karte 14/25 €

Ein familiär geführter Gasthof mit sehr wohnlichen, modernen und schön gestalteten Zimmern sowie einem netten Sauna-, Ruhe- und Anwendungsbereich. Rustikal-bürgerliches Restaurant mit regionalem und internationalem Angebot. HP inklusive.

Zum Friedl

Kirchstr. 28 ✉ 94566 – ✆ (08553) 9 66 80 – www.zumfriedl.de – geschl. November - 25. Dezember

18 Zim – 🚹40/70 € 🚹🚹70/86 € – ½ P

Rest – Menü 11 € (abends) – Karte 14/29 €

In dem gepflegten Haus in ruhiger Lage stehen individuelle Zimmer bereit, teilweise nach Themen benannt (z. B. Schwammerl, Wilderer, etc.). Schön ist die geräumige Durandl-Suite. Gemütliches, in Stuben unterteiltes Restaurant.

ST. PETER – Baden-Württemberg – 545 – 2 550 Ew – Höhe 720 m – Wintersport: – Luftkurort
61 E20

Berlin 797 – Stuttgart 224 – Freiburg im Breisgau 32 – Waldkirch 20

Klosterhof 11, ✉ 79271, ✆ (07652) 12 06 83 70, www.hochschwarzwald.de

Barockkirche★ (Bibliothek★)

★★ von der Straße nach St. Märgen

Jägerhaus

Mühlengraben 18 ✉ 79271 – ✆ (07660) 9 40 00 – www.hotel-jaegerhaus.de – geschl. 9. - 31. März, 26. Oktober - 16. November

18 Zim – 🚹50/56 € 🚹🚹78/104 € – ½ P

Rest – *(geschl. Mittwoch, November - April: Mittwoch - Donnerstagmittag)* Menü 15/30 € – Karte 16/39 €

Sie wohnen hier bei sehr freundlichen Gastgebern in behaglichen Zimmern mit ländlichem Charme. Nach einem guten Frühstück lädt die schöne Umgebung mit Wiesen und Weihern zum Spazierengehen ein - im Winter die reizvolle Schneelandschaft. Im gemütlichen Restaurant stärkt man sich dann mit bürgerlicher Küche und leckeren selbstgemachten Kuchen.

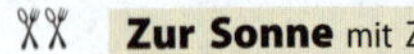

Zur Sonne mit Zim

Zähringerstr. 2 ✉ 79271 – ✆ (07660) 9 40 10 – www.sonneschwarzwald.de – geschl. 10. - 27. März, 3. - 20. November und Montag, November - April: Montag - Dienstagmittag

13 Zim – 🚹58/95 € 🚹🚹70/130 € – ½ P

Rest – Menü 35 € (vegetarisch)/69 € – Karte 29/54 €

"Apfel-Kürbisterrine mit Bio-Lachs und Ingwer", "gekochter Kalbstafelspitz mit Meerrettich"... die Gerichte von Chef Hanspeter Rombach sind richtig frisch, schmackhaft und sehen auch noch schön aus! Er legt Wert auf Bioprodukte aus der Region - und auch auf der Weinkarte findet sich der Bio-Gedanke wieder. Bleiben Sie doch über Nacht (z. B. in einem schönen Komfortzimmer) und nutzen den hübschen Sauna- und Ruhebereich!

Nostalgie Gastronomie Zum Kreuz mit Zim

Scheuergasse 1 ✉ 79271 – ✆ (07660) 92 03 32 – www.rombach-st-peter.de – geschl. 10. März - 7. April und Montag außer an Feiertagen

9 Zim – 🚹33/85 € 🚹🚹90/125 € – ½ P

Rest – *(November - April: Dienstag - Donnerstag nur Abendessen; Mai - Oktober: Dienstag nur Abendessen)* Karte 19/43 €

Über 100 Jahre reicht die Familientradition der Rombachs schon zurück - deshalb ist ein Stück Nostalgie auch heute noch ein Muss, ob im ländlich-schlichten Restaurant oder in den (Themen-) Zimmern. Der Chef kocht regional, mit hiesigen Produkten und teilweise auch Gerichte, die man nur noch selten bekommt, wie z. B. die leckeren Kohlrouladen!

ST. PETER-ORDING – Schleswig-Holstein – 541 – 4 130 Ew – Höhe 3 m – Nordseeheilbad und Schwefelbad

1 G3

Berlin 428 – Kiel 125 – Sylt (Westerland) 93 – Heide 40

Marleens Knoll 2, ✉ 25826, ✆ (04863) 99 90, www.st.peter-ording.de

St. Peter-Ording, Eiderweg 1, ✆ (04863) 35 45

Im Ortsteil St. Peter-Bad

Landhaus an de Dün garni

Im Bad 63 ✉ 25826 – ✆ (04863) 9 60 60 – www.hotel-landhaus.de

13 Zim – 85/205 € 135/230 € – 2 Suiten

Die modern-wohnlichen Zimmer und der hübsche, neuzeitliche Wellnessbereich zeichnen dieses Hotel in Strandnähe ebenso aus wie die sehr freundlichen, aufmerksamen Mitarbeiter und das ausgesuchte kleine Frühstücksbuffet mit A-la-carte-Service.

Dünenhotel Eulenhof garni

Im Bad 89 ✉ 25826 – ✆ (04863) 9 65 50 – www.duenenhotel-eulenhof.de

36 Zim – 55/95 € 100/160 €

Schön liegt das sehr gepflegte Hotel (Stammhaus und vier Gästehäuser) auf einem 8000 qm großen Gartengrundstück. Hotelservice auch in den behaglichen Ferienwohnungen mit Küche.

Jensens Hotel Tannenhof garni

Im Bad 59 ✉ 25826 – ✆ (04863) 70 40 – www.jensenstannenhof.de – geschl. Dezember - Januar

34 Zim – 64/75 € 80/128 €

Ein strandnah gelegenes und von Kiefern eingerahmtes Hotel mit hübschem Garten. Man verfügt über unterschiedliche Zimmer vom kleinen Standardzimmer bis zum großen Familienzimmer.

Im Ortsteil Ording

Eickstädt garni

Waldstr. 19 ✉ 25826 – ✆ (04863) 9 68 80 – www.hotel-eickstaedt.de

27 Zim – 59/89 € 89/159 € – 3 Suiten

Die Zimmer in dem familiär geleiteten Hotel in einer Wohngegend sind zeitgemäß und freundlich, einige auch ganz geradlinig und modern. Wellnesssuite mit offenem Bad.

ST. WENDEL – Saarland – 543 – 26 210 Ew – Höhe 285 m

46 C16

Berlin 699 – Saarbrücken 42 – Idar-Oberstein 43 – Neunkirchen/Saar 19

Mommstr. 4a, ✉ 66606, ✆ (06851) 8 09 19 13, www.sankt-wendel.de

Angel's - das Hotel am Golfpark

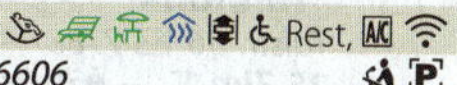

Golfparkallee 1, (am Golfplatz) (West: 1,5 km) ✉ 66606 – ✆ (06851) 99 90 00 – www.angels-dashotel.de

44 Zim – 97/151 € 143/193 € – 2 Suiten – ½ P **Rest** – Karte 27/53 €

Die komfortable Hotelanlage grenzt unmittelbar an die grüne Golflandschaft und ist ganz modern in Architektur und Ambiente. Man bietet auch Massage- und Kosmetikanwendungen. Internationale Küche im großzügigen und lichten Restaurant.

Angel's - das Hotel am Fruchtmarkt

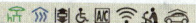

Am Fruchtmarkt 5 (Zufahrt über Hospitalstraße) ✉ 66606 – ✆ (06851) 99 90 00 – www.angels-dashotel.de

53 Zim – 78/103 € 109/138 € – 1 Suite – ½ P **Rest** – Karte 30/56 €

Beim Dom stehen die vier miteinander verbundenen restaurierten alten Stadthäuser mit ihren geschmackvoll-modernen Zimmern und dem Restaurant Luise mit Bistroflair. Wer das Kosmetikangebot nutzen möchte, wird per Shuttle kostenfrei zum Partnerhotel am Golfplatz gebracht.

In St. Wendel-Bliesen Nord-West: 5,5 km über Sankt Annen Straße und Alsfassener Straße

Kunz

Kirchstr. 22 ✉ 66606 – ✆ (06854) 81 45 – www.restaurant-kunz.de – geschl. 14. - 23. Februar, 30. März - 11. April, 26. Juli - 10. August und Sonntag - Dienstag

Rest – *(nur Abendessen)* (Tischbestellung ratsam) Menü 74/112 €

Rest *Kaminzimmer* – siehe Restaurantauswahl

In erster Linie kommen die Gäste natürlich wegen der anspruchsvollen klassischen Küche von Alexander Kunz in den lichten eleganten Wintergarten. Dennoch hat auch der tollen Blick auf den beachtlichen "Bliestaldom" St. Remigius seine Fans, und die charmante Chefin Anke Kunz im Service sowieso!

→ Sous - Vide gegarter Pulpo mit Charentais Melone, Limonen-Olivenöl Marinade und Kapern. Gebratene Gänseleber auf pochiertem Rhabarber mit weißem Portweinsabayon. Soufflé vom Topfen mit Tahiti Vanille und Erdbeer-Rahmeis.

Kaminzimmer – Restaurant Kunz

Kirchstr. 22 ✉ 66606 – ✆ (06854) 81 45 – www.restaurant-kunz.de – geschl. 14. - 23. Februar, 30. März - 11. April, 26. Juli - 10. August und Montag - Dienstag, Samstagmittag

Rest – (Tischbestellung ratsam) Menü 34/36 € – Karte 24/59 €

Lieber mal keine Gourmetküche? Dann probieren Sie doch die besondere Spezialität des Zweitrestaurants: Dry Aged Beef vom irischen Rind. Oder im Winter Gans vom Grill? Da sorgt dann in dem schönen modernen Raum der Kamin für Gemütlichkeit. Im Sommer ist die Terrasse sehr nett.

ST. WOLFGANG – Bayern – 546 – 4 320 Ew – Höhe 509 m — 66 N20

Berlin 633 – München 55 – Landshut 41 – Kufstein 88

St. Georg garni

Hauptstr. 28 (B 15) ✉ 84427 – ✆ (08085) 9 30 30 – www.hotel-st-georg.com

17 Zim – 56/63 € 68/75 €

Ein gepflegtes und funktional ausgestattetes kleines Hotel, das gut für Geschäftsreisende im Raum München geeignet ist. Im Nebenhaus bietet man Appartements mit kleiner Küche.

SASBACHWALDEN – Baden-Württemberg – 545 – 2 440 Ew – Höhe 257 m – Wintersport: 1 100 m 4 – Luft- und Kneippkurort — 54 E19

Berlin 729 – Stuttgart 131 – Karlsruhe 58 – Freudenstadt 45

Talstr. 51, ✉ 77887, ✆ (07841) 10 35, www.sasbachwalden.de

Lage★

Talmühle

Talstr. 36 ✉ 77887 – ✆ (07841) 62 82 90 – www.talmuehle.de

25 Zim – 70/107 € 110/162 € – 1 Suite – ½ P

Rest *Fallert* **Rest *Badische Stuben*** – siehe Restaurantauswahl

Wenn Sie in einem der schönen, wohnlichen Südzimmer dem Rauschen des Baches lauschen, am Morgen aufmerksam umsorgt von der kleinen Frühstückskarte wählen oder über das reizvolle begrünte Anwesen schlendern, dann wird klar: Der Name Fallert steht nicht nur für Gourmetküche!

Tannenhof garni

Murberg 6 (Ost: 1 km) ✉ 77887 – ✆ (07841) 66 30 65 – www.relaxhotel-tannenhof.de – geschl. 7. - 15. Januar

19 Zim – 51/78 € 102/156 €

Toll die exponierte Lage oberhalb des Ortes, klasse der Blick auf die Berge, erholsam die absolute Ruhe... nur während der Weinlese herrscht reges Treiben ums Haus herum. Charmant sind die Zimmer mit ihrem Mix aus Bauernmobiliar und mediterranen Farben, gut das Beautyangebot.

XX **Fallert** – Hotel Talmühle 

Talstr. 36 ✉ 77887 – ✆ (07841) 62 82 90 – www.talmuehle.de – geschl. 15. Februar - 1. März und November - März: Montag - Mittwochmittag

Rest – (Tischbestellung ratsam) Menü 49/98 € – Karte 42/74 €

Zwei Generationen, die gut harmonieren: Gutbert Fallert und Sohn Marius kochen gemeinsam und das Ergebnis sind geschmacklich absolut stimmige Gerichte. Zusammen mit dem eleganten Ambiente und dem versierten Service ergibt das ein wirklich schönes Gesamtbild. In den Sommermonaten bietet man zur klassischen Gourmetküche auch die regionale Karte.

➜ Sauté von St. Petersfischfilet mit Parmesanbrösel, Vin jaune-Sauce. „Elsässer Taube" - die Brust rosa gebraten, geschmorte Roulade von der Keule. Beeren "Schnitte" - knusprige Nussschnitte, Himbeergranulat, Erdbeergelee, Erdbeeren, Himbeeren.

XX **Engel** mit Zim 

Talstr. 14 ✉ 77887 – ✆ (07841) 30 00 – www.engel-sasbachwalden.de – geschl. Montag, Januar - März: Montag - Dienstag

11 Zim – 58/68 € 88/100 € – ½ P

Rest – Menü 28 € (vegetarisch)/50 € – Karte 27/54 €

Wo könnte die über 200-jährige Familientradition authentischer sein als in den liebenswerten Stuben eines historischen Fachwerkhauses? Die Chefs selbst kümmern sich herzlich um die Gäste, servieren richtig gute international-regionale Speisen wie "Rinderfiletspitzen mit Pommery-Senfsauce und Spätzle"!

X **Badische Stuben** – Hotel Talmühle 

Talstr. 36 ✉ 77887 – ✆ (07841) 62 82 90 – www.talmuehle.de – geschl. 15. Februar - 1. März

Rest – (Tischbestellung ratsam) Menü 31 € (mittags unter der Woche)/70 € – Karte 24/59 €

Hier ist alles ein bisschen regionaler: die Küche, die Atmosphäre... Bei badischer Gemütlichkeit essen Sie z. B. Hechtklöße mit Rieslingsauce, Kutteln oder Kalbskopf. Im Sommer ist die Terrasse im Garten fast schon ein Muss!

SASSENDORF, BAD – Nordrhein-Westfalen – 543 – 11 700 Ew – Höhe 92 m – Heilbad

27 E10

Berlin 456 – Düsseldorf 123 – Arnsberg 29 – Beckum 27

Kaiserstr. 14, ✉ 59505, ✆ (02921) 5 01 48 11, www.badsassendorf.de

Wulff (mit Gästehäusern) 

Berliner Str. 31 ✉ 59505 – ✆ (02921) 9 60 30 – www.hotel-wulff.de

20 Zim – 55/60 € 105/115 € – 4 Suiten – ½ P

Rest – *(geschl. Sonntag) (nur Abendessen)* (Tischbestellung ratsam) Menü 20 € (Buffet)

Das Haus liegt nicht nur günstig in Kurparknähe, sondern ist auch tipptopp gepflegt und wird sehr persönlich geführt! Die Auswahl an Gästezimmern reicht vom Einzelzimmer bis zum Appartement. Und wenn es mal etwas mehr Entspannung sein darf: Sie können auch Wellnessanwendungen buchen!

XX **Hof Hueck** mit Zim

Gartenstr. 8 ✉ 59505 – ✆ (02921) 9 61 30 – www.hofhueck.de

12 Zim – 58/73 € 98/110 € – ½ P

Rest – Menü 20/22 € – Karte 21/43 €

Wie stellen Sie sich das schöne Bauernhaus von 1775 innen vor? Richtig: dunkle Holzbalken, rustikale Einrichtung und viel Charme! Dazu gibt es saisonal-regionale Küche. Auf der Terrasse reicht man ebenfalls die Karte, im Biergarten isst man etwas einfacher, samtagabends wird gegrillt!

SASSNITZ – Mecklenburg-Vorpommern – siehe Rügen (Insel)

SAULGAU, BAD – Baden-Württemberg – 545 – 17 450 Ew – Höhe 587 m – Heilbad

63 H20

Berlin 686 – Stuttgart 114 – Konstanz 89 – Reutlingen 74

Lindenstr. 7, ✉ 88348, ✆ (07581) 20 09 15, www.t-b-g.de

Bad Saulgau, Koppelweg 103, ✆ (07581) 52 74 59

Kleber Post

Poststr. 1 ✉ 88348 – ✆ (07581) 50 10 – www.kleber-post.de
48 Zim ☕ – 🚹89/109 € 🚻149/189 € – 1 Suite – ½ P
Rest *Vinum* – siehe Restaurantauswahl
Durch und durch stilvoll-modern ist dieses Hotel im Zentrum, hier und da schöne künstlerische Akzente. Die Zimmer sind elegant und stimmig in ihren hellen, warmen Tönen, attraktiv der lichte verglaste Sauna- und Fitnessbereich auf dem Dach. Im Restaurant (Poststüble, Vinum und Esszimmer) isst man international und regional.

Vinum – Hotel Kleber-Post

Poststr. 1 ✉ 88348 – ✆ (07581) 50 10 – www.kleber-post.de
Rest – (Tischbestellung ratsam) Menü 29 € (mittags)/59 € – Karte 36/57 €
Das Restaurant ist chic und farblich gut getroffen - da hat Chefin Christine Durach bei der Einrichtung Geschmack bewiesen. Auf bequemen Sesseln und Bänken genießt man die schmackhafte Küche von Egon Durach, und die bietet Internationales, aber auch Regionales wie "Ochsenbacken mit Erbsenpüree und Spätzle".

In Bad Saulgau-Bondorf Nord-Ost: 2 km

Oberamer Hof

St.-Bruno-Str. 34 ✉ 88348 – ✆ (07581) 4 89 20 – www.oberamerhof.de – geschl. 20. Januar - 5. Februar
20 Zim ☕ – 🚹40/42 € 🚻62/64 € – ½ P
Rest – *(geschl. November - Februar: Dienstag) (nur Abendessen, sonntags auch Mittagessen)* Karte 16/24 €
Charmant die ruhige Lage mit Blick über die Felder... In dem alten Bauernhof übernachten Sie in individuellen Zimmern oder - ideal für Familien - in einem der Appartements. Passend zum Charakter des Hauses die in hellem Holz gehaltene Gaststube mit ihren regionalen Spezialitäten - freitags gibt es z. B. typisch schwäbische "Dennete". Sehr nett auch die Gartenterrasse.

In Bad Saulgau-Renhardsweiler Ost : 7,5 km, Richtung Bad Schussenried

Zum Hasen Ⓝ

Hochstr. 37 (Süd-Ost: 2km) ✉ 88348 – ✆ (07581) 4 87 40 – www.zumhasen.de
14 Zim ☕ – 🚹47/69 € 🚻79/120 € – ½ P
Rest – *(geschl. 7. - 21. Januar und Dienstag) (nur Abendessen)* Karte 17/27 €
Das kleine Hotel in dem alten Fachwerkhaus ist eine schöne Adresse mit seinen behaglichen Zimmern (wohnlich die hellen Holzmöbel) und der gemütlichen Dorfstube mit regionaler Küche.

SCHALKENMEHREN – Rheinland-Pfalz – siehe Daun

SCHALKHAM – Bayern – 546 – 970 Ew – Höhe 430 m 59 N19

▶ Berlin 581 – München 86 – Regensburg 86 – Landshut 26

In Schalkham-Johannesbrunn

Sebastianihof

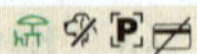

Brunnenstr. 9 ✉ 84175 – ✆ (08744) 91 94 45 – www.sebastianihof.de – geschl. August 2 Wochen und Montag - Mittwoch
Rest – *(nur Abendessen, sonntags auch Mittagessen)* Menü 34/66 € – Karte 29/52 €
Nicht ganz alltäglich ist das Ambiente dieses ehemaligen Bauernhofs. Ein hübsches rustikales Restaurant mit herzlichem Service und schmackhafter, überwiegend regionaler Küche, u. a. die Variation vom heimischen Ziegenkäse mit Fruchtsenf.

SCHANDAU, BAD – Sachsen – 544 – 4 090 Ew – Höhe 128 m 43 R12
– Kneippkurort

▶ Berlin 233 – Dresden 39 – Chemnitz 110 – Görlitz 78
ℹ Markt 12, ✉ 01814, ✆ (035022) 9 00 30, www.bad-schandau.de
◉ Lage★
◉ Ostrauer Scheibe (<★) · Kirnitzschtal★ · Festung Königstein★★ · Barockgarten Großsedlitz★ · Bastei★★★ (<★★)

Elbresidenz

Markt 1 ✉ 01814 – ✆ (035022) 91 97 00 – www.elbresidenz-bad-schandau.de – geschl. November - Mitte Januar

199 Zim – 80/118 € 120/196 € – 12 Suiten

Rest *Sendig* **Rest *Elbterrasse*** – siehe Restaurantauswahl

Nur noch die schmucken Fassaden der einstigen Bürgerhäuser und Hotels an der Elbe sind erhalten geblieben, dahinter befindet sich Hotelkomfort von heute, geprägt von moderner Eleganz.

Parkhotel

Rudolf-Sendig-Str. 12 ✉ 01814 – ✆ (035022) 5 20 – www.parkhotel-bad-schandau.de

75 Zim – 57/75 € 88/128 € – ½ P

Rest – *(Montag - Freitag ab 14 Uhr geöffnet)* Menü 17/28 € – Karte 27/52 €

Umgeben vom Grün des Parks wohnt man in der Villa Sendig von 1880 oder in der Residenz mit Elbblick. Zum Fluss hin auch das Wintergartenrestaurant und die Terrasse. Unter der Woche warme Küche von 14 - 21 Uhr. Im prächtigen historischen Saal kann man jeden Samstag (und bei Workshops) das Tanzbein schwingen!

Sendig – Hotel Elbresidenz

Markt 1 ✉ 01814 – ✆ (035022) 91 97 00 – www.restaurant-sendig.de – geschl. November - Mitte Januar, Juli 2 Wochen und Sonntag - Montag

Rest – *(nur Abendessen)* Menü 86/105 €

Hier speist man "Um die Ecke", "Aus aller Welt" oder "Kleine Fische" - so betitelt Küchenchef André Tienelt treffend seine Menüs. Der Rahmen: ein attraktiver hoher Raum mit bodentiefen Fenstern zum Innenhof, in dem sich die Terrasse befindet.
➜ Heimische Forelle gebeizt und geräuchert, Gurkenessig, Kartoffelcreme, Kaviar. Maishuhn vom Berghäuserhof, Sellerie, gebackene Keule, getrocknete Hühnerhaut. Linumer Kalbshaxe geschmort, Morcheln, Erbsen, Wildkräuter Tee.

Elbterrasse – Hotel Elbresidenz

Markt 1 ✉ 01814 – ✆ (035022) 91 97 00 – www.elbresidenz-bad-schandau.de

Rest – Menü 33/53 € – Karte 26/65 €

Schon in den 20er Jahren war hier ein Restaurant. Diesem Lokal zu Ehren trägt die "Elbterrasse" ihren Namen. Freigelegter Sandstein und alte, wieder eingezogene Holzdecken geben dem sonst modernen Raum besonderes Flair.

SCHARBEUTZ – Schleswig-Holstein – **541** – 11 710 Ew – Höhe 12 m – Seeheilbad

11 K4

Berlin 288 – Kiel 59 – Lübeck 30 – Schwerin 82

Strandallee 134, ✉ 23683, ✆ (04503) 77 09 64, www.luebecker-bucht-ostsee.de

BelVeder

Strandallee 146, (Süd: 1,5 km über B 76, Richtung Timmendorfer Strand) ✉ 23683 – ✆ (04503) 3 52 66 00 – www.hotel-belveder.de

68 Zim – 125/180 € 180/255 € – 15 Suiten – ½ P

Rest *DiVa* **Rest *BelVeder*** – siehe Restaurantauswahl

Ihr Zimmer ist wohnlich-elegant und in warmen Tönen gehalten, auf Wunsch genießen Sie vom Balkon den Blick aufs Meer, die angeschlossene Ostsee-Therme nutzen Sie gratis... und freundliche Gästebetreuung ist Ihnen ebenfalls gewiss - also beste Voraussetzungen für entspannte Urlaubstage!

Petersen's Landhaus garni

Seestr. 56a ✉ 23683 – ✆ (04503) 3 55 10 – www.petersens-landhaus.de

16 Zim – 75/90 € 108/138 € – 1 Suite

Ein Haus mit sympathischer familiärer Atmosphäre und behaglichem Ambiente von der kleinen Kaminhalle bis in die tipptopp gepflegten Zimmer.

Göttsche

Am Hang 8 ✉ 23683 – ✆ (04503) 88 20 – www.hotelgoettsche.de – geschl. 1. November - 25. Dezember

12 Zim – 60/159 € 110/168 € – 1 Suite – ½ P

Rest – *(geschl. Mittwoch)* Karte 24/54 €

Schon ein hübsches Plätzchen, so leicht erhöht über dem Strand! Die hauseigene Treppe führt Sie hinunter. Wer auf den Meerblick auch im Zimmer nicht verzichten möchte, fragt am besten nach den seeseitigen. Die schöne Sicht genießt man auch auf der Restaurantterrasse bei bürgerlicher Küche.

Villa Scharbeutz garni

Seestr. 26 ✉ 23683 – ✆ (04503) 8 70 90 – www.hotel-villa-scharbeutz.de – geschl. 10. Januar - 28. Februar, 1. - 30. November

22 Zim ☕ – 🚹39/63 € 🚹🚹75/91 €

Die schöne Jugendstilvilla ist das Stammhaus dieses Hotels - hier wohnt man in funktionellen Gästezimmern. Wenn Sie es gerne etwas komfortabler und zeitgemäßer haben, buchen Sie ein Zimmer im Anbau!

DiVa – Hotel BelVeder

Strandallee 146, (Süd: 1,5 km über B 76, Richtung Timmendorfer Strand) ✉ 23683 – ✆ (04503) 3 52 66 00 – www.hotel-belveder.de – geschl. 22. Dezember - 7. Januar, 26. August - 15. September und Sonntag - Montag

Rest – *(nur Abendessen)* (Tischbestellung erforderlich) Menü 69/119 € – Karte 74/87 €

Zur mediterranen Leichtigkeit, die das Gourmetrestaurant versprüht, passen die modernen Einflüsse, die Küchenchef Gunter Ehinger geschickt in seine Speisen einfließen lässt.

➜ Rascasse und Muscheln im Bouillabaissesud. Oldesloer Reh mit Apfel, Fichtensprossen und schwarzen Wurzeln. Süße Ostseebrise.

BelVeder – Hotel BelVeder 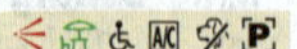

Strandallee 146, (Süd: 1,5 km über B 76, Richtung Timmendorfer Strand) ✉ 23683 – ✆ (04503) 3 52 66 00 – www.hotel-belveder.de

Rest – Menü 32/45 € – Karte 30/63 €

Regionale Küche mit Blick auf die Ostsee - das erwartet Sie hier. Dazu noch klassisch-elegantes Ambiente und im Sommer eine herrliche Terrasse hinter den Dünen!

Brechtmanns Botschaft 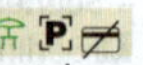

Strandallee 116 ✉ 23683 – ✆ (04503) 7 33 31 – www.brechtmanns-botschaft.de – geschl. Mitte Januar - Mitte Februar und Dienstag - Mittwochmittag

Rest – Menü 35/48 € – Karte 30/49 €

Hier fühlt man sich sofort wohl: Ann Kathrin und Sven Brechtmann sind Gastgeber mit Leib und Seele, außerdem ist das Lokal angenehm unkompliziert und geschmackvoll! Sie mögen regionale Küche? Dann probieren Sie z. B. "Kabeljau mit Pastis Schaum"! Oder lieber etwas Asiatisches? Vielleicht "Rotes Thai Curry"?

Herzberg's Restaurant

Strandallee 129 ✉ 23683 – ✆ (04503) 7 41 59 – www.herzbergs-restaurant.de

Rest – Karte 20/44 €

Hier kommt Frisches aus der Region auf den Tisch: Probieren Sie den Fisch oder - wenn Sie lieber Fleisch mögen - die Grillgerichte! Das Restaurant selbst haben die Herzbergs mit allerlei Accessoires und Liebe zum Detail wirklich charmant gestaltet. Auch draußen ums Haus herum sitzt es sich schön.

In Scharbeutz-Haffkrug

Maris 

Strandallee 10 ✉ 23683 – ✆ (04563) 4 27 20 – www.hotelmaris.de

13 Zim ☕ – 🚹60/95 € 🚹🚹90/130 € – 1 Suite – ½ P

Rest *Muschel* – siehe Restaurantauswahl

Das direkt an der Strandpromenade gelegene Hotel verfügt über wohnlich gestaltete Gästezimmer mit Balkon - teilweise hat man auch Meerblick! Radler dürfen sich auf den kostenlosen Fahrradverleih freuen.

Muschel – Hotel Maris 

Strandallee 10 ✉ 23683 – ✆ (04563) 42 28 03 – www.restaurant-muschel-haffkrug.de – geschl. Mitte Januar - Mitte Februar und Montag - Dienstag, Mitte Juni - September: Dienstag

Rest – (Tischbestellung ratsam) Menü 36 € – Karte 32/52 €

Ob "Zander auf Rahmsauerkraut" oder "eingelegte Feigen mit Schokoladenparfait", was hier an frischen saisonalen Gerichten die Küche von Jens Häberle verlässt, überzeugt mit Geschmack - und mit fairen Preisen. Große Fenster machen das Restaurant schön hell.

SCHEER – Baden-Württemberg – siehe Sigmaringen

SCHEESSEL – Niedersachsen – 541 – 12 820 Ew – Höhe 30 m 18 H6

Berlin 341 – Hannover 121 – Hamburg 68 – Bremen 54

In Scheeßel-Oldenhöfen Nord-West: 7 km über Zevener Straße, in Hetzwege rechts

Rauchfang

Oldenhöfen 3a ✉ 27383 – ✆ (04263) 6 02 – www.rauchfang-oldenhoefen.de – geschl. Montag - Dienstag

Rest – *(Mittwoch - Samstag nur Abendessen)* Menü 40 € – Karte 27/55 €

Seit 20 Jahren betreibt Familie Kaiser den netten Landgasthof, ein Häuslingshaus von 1800. Der Chef kocht hier Leckeres wie "geschmorte Lammhaxe mit Speckbohnen" oder "Saibling auf Spargelrisotto". Blickfang in dem liebenswerten Restaurant ist der offene Kamin. Oder sitzen Sie lieber auf der Terrasse im Grünen?

SCHEIBENHARDT – Rheinland-Pfalz – 543 – 690 Ew – Höhe 120 m 54 E18

Berlin 687 – Mainz 168 – Karlsruhe 24 – Landau in der Pfalz 32

In Scheibenhardt-Bienwaldmühle Nord-West: 5,5 km

Bienwaldmühle

Bienwaldmühle 3 ✉ 76779 – ✆ (06340) 2 76 – www.bienwaldmuehle.de – geschl. 16. Dezember - 3. Februar, Ende Juli - Anfang August 2 Wochen und Montag - Dienstag

Rest – Menü 25/55 € – Karte 20/40 €

Mitten im Bienwald und entsprechend abgelegen und ruhig steht das Gasthaus der Familie Roth. Die regionale und saisonale Küche - und auch den Nachmittagskaffee samt Kuchen - lässt man sich im Sommer besonders gerne auf der Terrasse servieren - bei dieser Lage auch bei Radlern und Wanderern ein beliebtes Ziel!

SCHEIDEGG – Bayern – 546 – 4 260 Ew – Höhe 804 m 63 I21

– Wintersport: 1000 m 1 – Kneipp- und Heilklimatischer Kurort

Berlin 720 – München 177 – Konstanz 84 – Ravensburg 40

Rathausplatz 8, ✉ 88175, ✆ (08381) 8 95 55, www.scheidegg.de

Birkenmoor Rest,

Am Brunnenbühl 10 ✉ 88175 – ✆ (08381) 9 20 00 – www.hotel-birkenmoor.com – geschl. Mitte November - 25. Dezember

16 Zim – 45/75 € 90/118 € – ½ P

Rest – *(nur Abendessen für Hausgäste)* Menü 15/18 € – Karte 17/33 €

Sie suchen ein ruhiges Plätzchen zum Ausspannen? Bei Familie Späth finden Sie ein kleines Hotel fast ganz im Grünen. Die Zimmer hell und gepflegt, zum Wohlfühlen der große Garten und das Wellnessangebot.

SCHENEFELD – Schleswig-Holstein – 541 – 18 510 Ew – Höhe 21 m 10 I5

Berlin 298 – Kiel 86 – Hamburg 12

In Schenefeld-Dorf

Klövensteen

Hauptstr. 83 ✉ 22869 – ✆ (040) 8 39 36 30 – www.hotel-kloevensteen.de

58 Zim – 83/95 € 110/120 € – ½ P

Rest *Peter's Bistro* – *(Montag - Freitag nur Abendessen)* Menü 65 € (abends) – Karte 20/48 €

Ein recht komfortables Hotel, das neben wohnlich und funktionell ausgestatteten Zimmern auch Kosmetikanwendungen bietet. Prakisch ist die gute Anbindung an die Autobahn. Bürgerliche Küche im Bistro.

SCHENKENZELL – Baden-Württemberg – 545 – 1 780 Ew 54 E19

– Höhe 361 m – Luftkurort

Berlin 732 – Stuttgart 104 – Freiburg im Breisgau 72 – Villingen-Schwenningen 46

Reinerzaustr. 12, ✉ 77773, ✆ (07836) 93 97 51, www.schenkenzell.de

Waldblick Zim, P

Schulstr. 12 (B 294) ✉ 77773 – ✆ (07836) 9 39 60 – www.hotel-waldblick.de – geschl. 5.- 15. März, 3. - 10. November
20 Zim – 56/70 € 80/106 € – ½ P
Rest – Menü 22/33 € – Karte 20/44 €
Schon die gelbe Fassade mit den blauen Fensterläden ist freundlich und einladend, ebenso die zeitgemäßen und hochwertigen Zimmer (teilweise groß genug für Familien) und natürlich die engagierte Familie Kilgus! Lust auf Minigolf? Man hat eine eigene Anlage direkt am Haus.

SCHERMBECK – Nordrhein-Westfalen – 543 – 13 690 Ew – Höhe 40 m

26 C10

Berlin 523 – Düsseldorf 69 – Dorsten 10 – Wesel 19
Schermbeck, Steenbecksweg 12, ✆ (02856) 9 13 70

In Schermbeck-Gahlen Süd: 4 km über Mittelstraße und Maassenstraße

Landhaus Nikolay P

Kirchhellener Str. 1 (Süd: 2 km, in Besten) ✉ 46514 – ✆ (02362) 4 11 32 – www.landhaus-nikolay.de – geschl. Montag
Rest – (Tischbestellung ratsam) Menü 45 € (mittags)/99 € – Karte 40/78 €
Sie legen Wert auf frische, möglichst heimische Produkte? Der Chef dieses liebenswerten Restaurants ebenso: Für seine klassische Küche sammelt er Pilze, züchtet Hühner und Enten selbst, zieht Gemüse und Kräuter im eigenen Garten...

In Schermbeck-Weselerwald Nord-West: 13 km über B 58, bei Drevenack rechts Richtung Bocholt

Landhotel Voshövel P

Am Voshövel 1 ✉ 46514 – ✆ (02856) 9 14 00 – www.landhotel.de – geschl. über Weihnachten, 2. - 7. Januar
50 Zim – 99/136 € 146/187 € – ½ P
Rest *Landhotel Voshövel* – siehe Restaurantauswahl
Seminar, Hochzeit, Wellness... das Hotel ist mit seinem schönen Spa, den individuellen Zimmern (teils Themenzimmer), den variablen Tagungsräumen und dem eigenen Standesamt ideal für so manchen Anlass. Außerdem gibt es Ermäßigung im Golfclub nebenan.

Landhotel Voshövel – Landhotel Voshövel P

Am Voshövel 1 ✉ 46514 – ✆ (02856) 9 14 00 – www.landhotel.de – geschl. über Weihnachten, 2. - 7. Januar
Rest – Menü 38/65 € – Karte 26/59 €
Was in den gemütlichen Stuben serviert wird, ist schmackhaft, saisonal und aus guten Produkten zubereitet. Die Karte macht mit "gebratenem Lammnüsschen und Bries" oder "trocken gereiftem Rumpsteak unter der Kräuterkruste" Appetit.

SCHESSLITZ – Bayern – 546 – 7 080 Ew – Höhe 310 m

50 K15

Berlin 391 – München 252 – Coburg 57 – Bayreuth 47

In Schesslitz-Burgellern Nord-Ost: 2 km über B 22

Schloss Burgellern P

Kirchplatz 1 ✉ 96110 – ✆ (09542) 77 47 50 – www.burgellern.de
23 Zim – 94/119 € 134/179 € – ½ P
Rest – ✆ (09542) 77 47 50 *(nur Abendessen, sonntags auch Mittagessen)*
Menü 25/69 € – Karte 19/50 €
Ein sorgsam saniertes Anwesen a. d. 18. Jh. mit geschmackvollen Zimmern und einem Naturbadeteich im 5 ha großen Park. Hübsche historische Details sowie Kunstausstellung im Haus. Restaurant in klassischem Stil mit schönem Biergarten.

In Schesslitz-Würgau Ost: 5 km über Hauptstraße, Oberend und B 22

Brauerei-Gasthof Hartmann mit Zim
Fränkische-Schweiz-Str. 26 (B 22) ✉ 96110 – ✆ (09542) 92 03 00 – www.brauerei-hartmann.de – geschl. 23. - 28. Dezember und Dienstag
9 Zim – 40/45 € 70/75 € **Rest** – Menü 22 € – Karte 18/40 €
Bereits seit 1550 existiert der gestandene Brauereigasthof mit gemütlich-rustikaler Atmosphäre und sehr nettem Biergarten unter Kastanien. Regionale Küche mit heimischem Wild.

SCHIEDER-SCHWALENBERG – Nordrhein-Westfalen – 543 – 8 780 Ew – Höhe 200 m – Kneippkurort 28 G10

Berlin 362 – Düsseldorf 209 – Hannover 80 – Detmold 22
Domäne 3, ✉ 32816, ✆ (05282) 6 01 71, www.schieder-schwalenberg.de

Im Ortsteil Schieder – Kneippkurort

Landhaus Schieder (mit Gästehaus) Zim,
Domäne 1 ✉ 32816 – ✆ (05282) 9 80 90 – www.landhaus-schieder.de
25 Zim – 75/89 € 111/136 € – ½ P
Rest – Menü 25/32 € – Karte 20/41 €
Das um 1900 von Graf Ernst Regent zur Lippe errichtete Herrenhaus und ein Gästehaus beherbergen ansprechende Zimmer, z. T. mit separatem Wohnbereich. Restaurant mit Wintergartenvorbau und internationaler Karte.

SCHIERKE – Sachsen-Anhalt – 542 – 34 390 Ew – Höhe 610 m – Wintersport: 900 m – Luftkurort 30 J10

Berlin 246 – Magdeburg 92 – Braunlage 10 – Halberstadt 45
Brockenstr. 10, ✉ 38879, ✆ (039455) 86 80, www.schierke-am-brocken.de

In Elend-Mandelholz Süd-Ost: 5,5 km Richtung Braunlage und Königshütte

Grüne Tanne
Mandelholz 1 (B 27) ✉ 38875 – ✆ (039454) 4 60 – www.mandelholz.de – geschl. 11. - 29. November
23 Zim – 51 € 85 € – ½ P
Rest – *(geschl. Oktober - November: Montag)* Menü 13/28 € – Karte 17/38 €
Wie gemacht für Wanderer und Kurzurlauber liegt das holzverkleidete Haus am Bodestausee umgeben von Wald. Im schönen Saunahaus etwas oberhalb bietet man auch Massage an. Gemütliche Restauranträume, darunter der freundliche lichte Wintergarten. Die Kuchentheke macht Appetit.

SCHIFFERSTADT – Rheinland-Pfalz – 543 – 19 380 Ew – Höhe 104 m 47 F16

Berlin 631 – Mainz 83 – Mannheim 25 – Speyer 9

Salischer Hof (mit Gästehäusern) Rest,
Burgstr. 12 ✉ 67105 – ✆ (06235) 93 10 – www.salischer-hof.de – geschl. 1. - 8. Januar
24 Zim – 79/89 € 99/114 € – ½ P
Rest – *(geschl. Samstagmittag, Sonntag)* Menü 38 € (abends)/55 € – Karte 36/56 €
Das aus einem historischen Hofgut entstandene und aus mehreren Gebäuden bestehende Hotel bietet helle, zeitgemäße Zimmer. Ein mediterraner Touch prägt das Haus. Internationale Küche im Restaurant mit Wintergarten und nettem Innenhof. Jeden 3. Sonntag im Monat Brunch.

Zur Kanne (mit Gästehaus)

Kirchenstr. 7 ✉ 67105 – ✆ (06235) 4 90 00 – www.hotel-zurkanne.de – geschl. 27. Dezember - 6. Januar
38 Zim – 55/65 € 80/100 €
Rest – *(geschl. 27. Dezember - 3. Januar) (Montag - Samstag nur Abendessen)* Karte 15/34 €
Der Gasthof mit der Fachwerkfassade existiert bereits seit 1547 und war ursprünglich ein Männerkloster. Heute wohnen Sie bei Familie Prieschl in sehr gepflegten Zimmern und lassen sich im gemütlichen Restaurant mit bürgerlicher Küche bewirten, wobei Pfälzer Klassiker natürlich nicht fehlen dürfen!

SCHILLINGSFÜRST – Bayern – 546 – 2 720 Ew – Höhe 516 m – Wintersport: – Erholungsort 49 J17

Berlin 517 – München 188 – Würzburg 85 – Ansbach 28

Die Post

Rothenburger Str. 1 ✉ *91583* – ✆ *(09868) 95 00* – *www.flairhotel-diepost.com*
13 Zim – 55/59 € 65/88 € – ½ P
Rest – *(geschl. Sonntagabend - Montagmittag)* Menü 19/45 € – Karte 20/48 €
Einen schönen Blick auf die Region bietet das bereits in der 5. Generation von der Inhaberfamilie geführte Haus gegenüber der Kirche. Behagliche und gepflegte Gästezimmer. Zum Restaurant gehört eine sonnige Terrasse mit Aussicht. Eigene Schnapsbrennerei.

SCHILTACH – Baden-Württemberg – 545 – 3 880 Ew – Höhe 330 m – Luftkurort 54 E20

Berlin 740 – Stuttgart 126 – Freiburg im Breisgau 68 – Offenburg 51
Marktplatz 6, ✉ 77761, ✆ (07836) 58 50, www.schiltach.de
Lage★★ · Marktplatz★

Zum weyßen Rössle

Schenkenzeller Str. 42 ✉ *77761* – ✆ *(07836) 3 87* – *www.weysses-roessle.de* – *geschl. 22. Dezember - 6. Januar*
9 Zim – 54/62 € 74/86 € – ½ P
Rest – *(geschl. Sonntagabend - Montag)* Karte 20/41 €
Ulrich Wolber und seine Frau sind sehr engagierte Gastgeber - so kümmert sich die Chefin schon beim Frühstück herzlich um Sie, im rustikalen Restaurant finden sich allerlei liebenswerte Dekorationen... Tipp: Buchen Sie am besten ein DZ (die EZ fallen recht klein aus).

SCHKEUDITZ – Sachsen – 544 – 17 470 Ew – Höhe 111 m 31 N11

Berlin 172 – Dresden 124 – Leipzig 13 – Halle (Saale) 21

Globana Airport Hotel

Frankfurter Str. 4 (West: 1,5 km) ✉ *04435* – ✆ *(034204) 3 33 33* – *www.globana.com*
153 Zim – 69/100 € 89/120 € – 5 Suiten
Rest – Karte 28/47 €
Funktionale Tagungs- und Businessadresse mit guter Verkehrsanbindung. Im 6. Stock sind einige Annehmlichkeiten wie z. B. Minibar inklusive. Hausgäste parken kostenfrei. Restaurant mit Wintergarten und Blick ins Grüne.

Schillerstuben

Herderstr. 26 ✉ *04435* – ✆ *(034204) 1 47 16* – *www.schillerstuben.de* – *geschl. Sonntag*
Rest – *(nur Abendessen)* Menü 59/79 €
In der Villa von 1929 befinden sich schöne wohnliche Restauranträume mit wechselnder Kunstausstellung. Die Küche ist saisonal - im Sommer sitzt man auch auf der hübschen Terrasse.

In Schkeuditz-Radefeld Nord-Ost: 6 km

Ibis Styles

Haynaer Weg 15 ✉ *04435* – ✆ *(034207) 4 20* – *www.ibisstyles-leipzig.com*
112 Zim – 65/155 € 65/175 € – ½ P
Rest – Menü 16/31 € – Karte 22/32 €
Nahe der Autobahnausfahrt gelegenes Business- und Tagungshotel mit modernem Ambiente von der Lobby bis in die funktionellen Zimmer. Messe und Flughafen sind gut erreichbar. Das Restaurant bietet eine regionale Karte.

SCHKOPAU – Sachsen-Anhalt – 542 – 11 460 Ew – Höhe 98 m 31 M11

Berlin 182 – Magdeburg 96 - Leipzig 35 – Halle (Saale) 11

Schlosshotel Schkopau

Zim,

Am Schloss ✉ 06258 – ✆ (03461) 74 90 – www.schlosshotel-schkopau.de

49 Zim – 75/149 € 95/199 € – 5 Suiten – ½ P

Rest – Menü 30/60 € – Karte 33/47 €

Ein schönes jahrhundertealtes Anwesen mit Schlosskapelle und Park. Die wohnlich-elegante Einrichtung fügt sich harmonisch in den historischen Rahmen. Massage- und Kosmetikangebot. Stilvolles Ambiente im Restaurant mit Kreuzgewölbe.

SCHLAT – Baden-Württemberg – 545 – 1 730 Ew – Höhe 424 m 56 H19

Berlin 608 – Stuttgart 51 – Göppingen 9 – Schwäbisch Gmünd 27

Gasthof Lamm mit Zim

Eschenbacher Str. 1 ✉ 73114 – ✆ (07161) 99 90 20 – www.lamm-schlat.de – geschl. Dienstag - Mittwoch

5 Zim – 50/56 € 80/129 €, 9 € **Rest** – Menü 30/82 € – Karte 23/52 €

Den ländlichen Charme spürt man sowohl im Restaurant (hier gibt es regionale Küche) als auch in den liebenswerten Gästezimmern (warmes Holz und frische Farben machen sie schön wohnlich) - praktisch, wenn Sie die Obstschaumweine und Schnäpse aus der Manufaktur von Gastgeber Jörg Geiger probiert haben!

SCHLEIDEN – Nordrhein-Westfalen – 543 – 13 290 Ew – Höhe 370 m 35 B13

Berlin 639 – Düsseldorf 103 – Aachen 50 – Düren 38

Kurhausstr. 6, ✉ 53937, ✆ (02444) 20 11, www.natuerlich-eifel.de

In Schleiden-Gemünd Nord: 6 km über B 265 – Kneippkurort

Kurpark Hotel garni

Parkallee 1 ✉ 53937 – ✆ (02444) 9 51 10 – www.kurparkhotel-schleiden.de

20 Zim – 57/61 € 98 €

Das gepflegte Hotel liegt ruhig am Kurpark und bietet Zimmer mit solidem Komfort, die teilweise über einen Balkon verfügen. Dazu ein gutes Frühstücksbuffet mit Bioprodukten.

SCHLEMA, BAD – Sachsen – 544 – 5 150 Ew – Höhe 450 m – Heilbad 42 O13

Berlin 300 – Dresden 113 – Chemnitz 37 – Oberwiesenthal 41

Richard-Friedrich-Str. 18, ✉ 08301, ✆ (03772) 38 04 50, www.kurort-schlema.de

Golfclub Bad Schlema e.V., Grubenstr. 24, ✆ (03771) 21 55 15

Am Kurhaus

Richard-Friedrich-Boulevard 16 ✉ 08301 – ✆ (03772) 3 71 70 – www.am-kurhaus.com

41 Zim – 66/83 € 98/154 € – 2 Suiten – ½ P **Rest** – Karte 21/41 €

Hotel in einem neuzeitlichen Gebäudekomplex im Kurgebiet. Die teils zum Park gelegenen Zimmer sind hell und großzügig, der Ayurvedabereich ist authentisch im Stil Sri Lankas gehalten. Freundliches Restaurant mit sonniger Terrasse.

SCHLEPZIG – Brandenburg – 542 – 620 Ew – Höhe 47 m 33 Q9

Berlin 78 – Potsdam 95 – Cottbus 66 – Frankfurt (Oder) 67

Landgasthof zum grünen Strand der Spree

Dorfstr. 53 ✉ 15910 – ✆ (035472) 66 20 – www.spreewaldbrauerei.de

27 Zim – 50/65 € 80/120 € – ½ P **Rest** – Karte 17/37 €

Diese hübsche Anlage mit regionstypischem Charakter bietet richtig wohnliche Landhauszimmer (auch Spa-Suiten mit eigener Sauna) und eine schöne große Wiese zum Spreekanal hin. Gemütlich essen können Sie im ländlich gehaltenen Restaurant - oder wie wär's mit einem selbstgebrauten Bier in der netten rustikalen Braustube?

SCHLESWIG – Schleswig-Holstein – 541 – 24 060 Ew – Höhe 1 m 2 H2

Berlin 395 – Kiel 53 – Flensburg 33 – Neumünster 65

Plessenstr. 7, ✉ 24837, ✆ (04621) 85 00 56, www.ostseefjordschlei.de

Güby, Borgwedeler Weg 16, ✆ (04354) 9 81 84

Schloss Gottorf: Landesmuseum für Kunst und Kultur★★ (Renaissancekapelle★★ · Jugendstil-Sammlung★ · Porzelansammlung★) · Archäologisches Landesmuseum★ · Dom St. Peter★ (Bordesholmer Altar★★) · Holm★

Hahn garni

Lutherstr. 8 ✉ 24837 – ✆ (04621) 99 53 52 – www.hotelhahn.de

6 Zim – †69/109 € ††89/109 €

In der schmucken Gründerzeitvilla fühlt man sich sehr gut aufgehoben: Das Haus wurde von den Eigentümern sorgsam renoviert, die Einrichtung ist hochwertig und stilvoll, in der schönen Lounge bekommt man gute Weine, zum Frühstück ausgewählte Produkte - natürlich auch selbstgemachte Konfitüre.

In Schleswig-Friedrichsberg Süd-West: 5 km

F-Ritz garni

Friedrichstr. 102 ✉ 24837 – ✆ (04621) 93 22 80 – www.hotel-f-ritz.de

11 Zim – †60/75 € ††80/95 €

Die Gastgeberin ist Architektin - und ihr Faible für schöne Formen und Farben sieht man sofort: Vom Parkett über Möbel und Stoffe bis zum Bild an der Wand passt alles zusammen. Im Sommer: Frühstück auf der Dachterrasse.

In Schleswig-Pulverholz Süd-West: 1,5 km

Waldschlösschen Rest,

Kolonnenweg 152 ✉ 24837 – ✆ (04621) 38 30 – www.hotel-waldschloesschen.de

114 Zim – †90/139 € ††105/169 € – 2 Suiten – ½ P

Rest *Fasanerie* – siehe Restaurantauswahl

Rest *Olerarius* – *(geschl. 22. - 24. Dezember)* Karte 27/40 €

Sie können hier ganz klassisch wohnen oder aber etwas spezieller: Lotsen-, Afrika-, Maritim- und Schlei-Zimmer, Mops-, Kräuter-, Seide- und Barockzimmer! Vor dem Haus lädt das Waldgebiet "Pöhler Gehege" zum Spazierengehen ein, danach stehen zur Stärkung zwei Restaurants zur Wahl.

Fasanerie – Hotel Waldschlösschen

Kolonnenweg 152 ✉ 24837 – ✆ (04621) 38 30 – www.hotel-waldschloesschen.de – geschl. Sonntag - Montag

Rest – *(nur Abendessen)* Menü 44/53 € – Karte 37/49 €

Schon über ein halbes Jahrhundert betreibt Familie Behmer das Waldschlösschen. Seit einigen Jahren gibt es nun die elegante "Fasanerie". Man offeriert hier eine zeitgemäße Karte, saisonal beeinflusst.

SCHLIENGEN – Baden-Württemberg – 545 – 5 330 Ew – Höhe 250 m – Erholungsort 61 D21

Berlin 836 – Stuttgart 243 – Freiburg im Breisgau 38 – Müllheim 9

Wasserschloss Entenstein, ✉ 79418, ✆ (07635) 31 09 11, www.schliengen.de

In Schliengen-Mauchen

Gasthaus Zur Krone 

Müllheimer Str. 6 ✉ 79410 – ✆ (07635) 98 99 – www.krone-mauchen.de – geschl. Montag - Dienstag

Rest – Karte 12/29 €

Der gebürtige Chemnitzer Jan Kronfeld hat nach einigen Jahren in Müllheim nun das einstige Stammhaus des Weinguts Lämmlin-Schindler übernommen und bietet hier frische bürgerliche Markgräfler Küche. Rustikales Ambiente, die nette Terrasse und die hauseigenen Weine sind ebenfalls gute Gründe für einen Besuch!

SCHLIERSEE – Bayern – 546 – 6 670 Ew – Höhe 784 m – Wintersport: 1 700 m 2 16 – Luftkurort 66 M21

Berlin 652 – München 62 – Garmisch-Partenkirchen 79 – Rosenheim 36

Perfallstr. 4, ✉ 83727, ✆ (08026) 6 06 50, www.schliersee.de

Pfarrkirche St-Sixtus★

In Schliersee-Spitzingsee **Süd: 10 km über B 307, hinter Neuhausen rechts – Höhe 1 085 m**

Arabella Alpenhotel am Spitzingsee

Seeweg 7 ✉ *83727* – ✆ *(08026) 79 80 – www.arabella-alpenhotel.com*
108 Zim – 122/172 € 162/262 € – 12 Suiten – ½ P
Rest *König Ludwig Stube* – ✆ (08026) 79 88 08 – Menü 35 €/48 € (abends) – Karte 32/48 €
Rest *Osteria L'Oliva* – ✆ (08026) 79 88 08 *(geschl. Sonntag - Mittwoch) (nur Abendessen)* Menü 35/48 € – Karte 31/43 €
Schön liegt das Hotel in 1100 m Höhe, viele der wohnlichen Zimmer bieten Seeblick. Zum schicken modernen Spa gehört die höchstgelegene Sole-Therme Deutschlands. Strandbad. Alpenländisch: König Ludwig Stube. Mediterran (u. a. mit Antipasti, Pizza, Pasta) gibt sich die Osteria L'Oliva. Weinkeller.

SCHLUCHSEE

– Baden-Württemberg – 545 – 2 540 Ew – Höhe 950 m **62** E21
– Wintersport: 1 150 m 2 – Heilklimatischer Kurort
Berlin 795 – Stuttgart 172 – Freiburg im Breisgau 48 – Donaueschingen 49
Fischbacher Str. 7, ✉ 79859, ✆ (07652) 12 06 85 00, www.hochschwarzwald.de
See★

Vier Jahreszeiten

Am Riesenbühl ✉ *79859* – ✆ *(07656) 7 00 – www.vjz.de*
197 Zim – 145/175 € 260/340 € – 11 Suiten – ½ P
Rest – Karte 39/57 €
Ruhige Lage und vielfältiges Freizeitangebot mit Tennis (Hallen- und Freiplätze), Nordic Walking, Indoor-Golf... Dazu ein spezielles Ayurveda-Zentrum. Nicht zu vergessen: wohnliche Zimmer mit Balkon. Teil des Restaurantbereichs ist die gemütlich-rustikale Gaststube "Kachelofen".

Hegers Parkhotel Flora

Sonnhalde 22 ✉ *79859* – ✆ *(07656) 9 74 20 – www.parkhotel-flora.de*
31 Zim – 100/120 € 162/172 € – 7 Suiten – ½ P
Rest – Menü 33/67 € – Karte 32/54 €
Ein familiengeführtes Ferienhotel in ruhiger Lage. Die Zimmer bieten teilweise Seeblick, einige neuere in attraktivem geradlinig-modernem Stil. Und dann sind da noch die Appartements gegenüber... hier gibt's auch Fitness, Hallenbad und Sauna. Gönnen Sie sich ruhig auch Kosmetik und Massage. Im Restaurant sitzt man besonders schön am Fenster und natürlich bei gutem Wetter auf der Terrasse.

Mutzel

Im Wiesengrund 3 ✉ *79859* – ✆ *(07656) 9 87 99 90 – www.hotel-mutzel.de – geschl. Mitte November - Mitte Dezember*
23 Zim – 47/50 € 88/107 € – 2 Suiten – ½ P
Rest – *(geschl. Mittwoch)* Menü 30 € – Karte 19/43 €
Sie finden dieses familiär geleitete Haus in einem Wohngebiet am Rande des Ortes. Hinter der regionaltypischen Balkonfassade erwarten Sie solide zeitgemäße Gästezimmer.

In Schluchsee-Aha **Nord-West: 4 km über B 500**

Auerhahn

Vorderaha 4 (an der B 500) ✉ *79859* – ✆ *(07656) 9 74 50 – www.auerhahn.net*
59 Zim – 145/165 € 270/310 € – 3 Suiten – ½ P
Rest – (Tischbestellung erforderlich) Menü 35/45 € – Karte 21/46 €
Nur die Straße trennt das Hotel vom See. Genießen Sie das umfassende Wellness- und Sportangebot, dazu ein Leihboot für Angler. Ein bisschen Spa gleich auf dem Zimmer? Eine Juniorsuite hat eine eigene Sauna, zwei Suiten eine Whirlwanne. Auch wenn Sie kein Hausgast sind, können Sie hier essen - und zwar Röstigerichte im rustikalen "Tannenzäpfle".

In Schluchsee-Seebrugg Süd-Ost: 3 km, über B500

Seehotel Hubertus
Rest,

Seebrugg 16, (am Schluchsee) ✉ 79859 – ✆ (07656) 5 24 – www.hubertus-schluchsee.de – geschl. 10. November - 18. Dezember

16 Zim – 99/155 € 140/225 € – ½ P

Rest – Menü 30 € – Karte 35/51 €

Das erweiterte Jagdschlösschen von 1897 beherbergt schöne, gut ausgestattete Zimmer in zeitgemäß-klassischem Stil, manche mit Balkon zum See. Freundlicher Sauna- und Ruhebereich, eigener Seezugang. Das Restaurant verfügt über eine tolle Terrasse mit Seeblick.

SCHLÜCHTERN – Hessen – 543 – 16 780 Ew – Höhe 207 m
38 H14

Berlin 478 – Wiesbaden 117 – Fulda 30 – Frankfurt am Main 76

Stadt Schlüchtern garni

Breitenbacher Str. 1 ✉ 36381 – ✆ (06661) 74 78 80 – www.hotel-stadt-schluechtern.de

28 Zim – 55/62 € 85/90 € – 2 Suiten

Das Hotel mitten im Zentrum ist hell und freundlich in neuzeitlichem Stil eingerichtet. Der nette Frühstücksraum bietet direkten Zugang zur hauseigenen Bäckerei mit Café.

SCHLÜSSELFELD – Bayern – 546 – 5 650 Ew – Höhe 300 m
50 J16

Berlin 446 – München 227 – Nürnberg 59 – Bamberg 44

Schlüsselfeld, Schloss Reichmannsdorf, ✆ (09546) 92 15 10

Zum Storch (mit Gästehaus)
Rest,

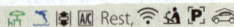

Marktplatz 20 ✉ 96132 – ✆ (09552) 92 40 – www.hotel-storch.de

58 Zim – 59/75 € 82/95 € – 2 Suiten – ½ P

Rest – *(geschl. Januar 3 Wochen)* Menü 15/35 € – Karte 17/43 €

Ein erweiterter familiengeführter Gasthof mitten im Ort. Im Haupthaus hat man u. a. einige neuere Zimmer, ansonsten sind die im ca. 100 m entfernten Gästehaus etwas komfortabler, unterm Dach mit original Holzbalken. Restaurant mit ländlichem Charakter, dazu die nette Terrasse vor dem Haus.

SCHMALLENBERG – Nordrhein-Westfalen – 543 – 25 290 Ew – Höhe 400 m – Wintersport: 810 m 11 – Luftkurort
37 F12

Berlin 513 – Düsseldorf 168 – Arnsberg 48 – Meschede 35

Poststr. 7, ✉ 57392, ✆ (02972) 9 74 00, www.schmallenberger-sauerland.de

Schmallenberg, Winkhausen 75, ✆ (02975) 87 45

Schmallenberg, Sellinghausen 10, ✆ (02971) 9 60 91 06

In Schmallenberg-Fleckenberg Süd-West: 2 km über B 236 Richtung Olpe

Hubertus

Latroper Str. 24 ✉ 57392 – ✆ (02972) 50 77 – www.gasthof-hubertus.de – geschl. 5. - 25. Dezember

25 Zim – 64/66 € 102/124 € – ½ P

Rest – Menü 15 € (mittags)/31 € – Karte 18/41 €

Ein äußerst gepflegtes Hotel mit familiärer Führung und wohnlichen Zimmern, die teilweise über Balkon/Terrasse verfügen. Vom Badebereich schaut man in den Garten. Bürgerlich-rustikales Restaurant.

In Schmallenberg-Jagdhaus Süd: 7 km über B 236 Richtung Olpe, in Fleckenberg links

Jagdhaus Wiese
Rest,

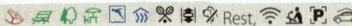

Jagdhaus 3 ✉ 57392 – ✆ (02972) 30 60 – www.jagdhaus-wiese.de – geschl. 14. - 26. Dezember

47 Zim – 84/132 € 134/202 € – 14 Suiten – ½ P

Rest – Menü 23 € (abends) – Karte 18/46 €

Das herrlich ruhig gelegene Anwesen mit Park ist ein Haus mit Tradition, das mit Gefühl und Geschmack modernisiert wird. Die Zimmer sind sehr unterschiedlich, einige eher rustikal, andere moderner. Restaurant in ländlichem Stil.

Schäferhof

Jagdhaus 21 ✉ 57392 – ✆ (02972) 4 73 34 – www.schaeferhof.com – geschl. 17. - 27. März, November 2 Wochen

10 Zim ☕ – 🚹57/65 € 🚹🚹84/104 € – 2 Suiten – ½ P

Rest – *(geschl. Dienstag)* Karte 21/37 €

Die herrliche Landschaft, nette, wohnliche Gästezimmer (darunter zwei Maisonetten) und die sehr persönliche Führung machen das tipptopp gepflegte Haus der Familie Grobbel aus. Gemütlich ist die Atmosphäre im Restaurant, schön die Terrasse mit Blick ins Grüne.

In Schmallenberg-Latrop Süd-Ost: 8,5 km über B 236 Richtung Olpe, in Fleckenberg links

Hanses Bräutigam

Rest,

Latrop 27 ✉ 57392 – ✆ (02972) 99 00 – www.hotel-hanses.de – geschl. 2. - 25. November

24 Zim ☕ – 🚹60/87 € 🚹🚹108/158 € – ½ P

Rest – Menü 14 € (mittags)/26 € – Karte 20/43 €

In dem netten Sauerländer Fachwerkhaus erwarten Sie einige modern-elegante Komfortzimmer und Juniorsuiten, aber auch einfachere und rustikalere Gästezimmer. Bürgerliches Restaurant.

In Schmallenberg-Nordenau Nord-Ost: 13 km über B 236, in Oberkirchen links – Luftkurort

Gnacke

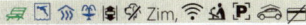

Zim,

Astenstr. 6 ✉ 57392 – ✆ (02975) 9 63 30 – www.hotel-gnacke.de

46 Zim ☕ – 🚹69/99 € 🚹🚹138/186 € – ½ P

Rest – Menü 34/49 € – Karte 20/35 €

Das traditionelle Ferienhotel verbindet Sauerländer Stil mit modernen Elementen. Die Zimmer sind etwas unterschiedlich in Einrichtung und Zuschnitt, viele mit Balkon und Aussicht. Rustikales Restaurant und hübsche Caféterrasse zum Tal.

Das Symbol in Rot weist auf besonders ruhige Häuser hin – hier ist nur der Gesang der Vögel am frühen Morgen zu hören…

In Schmallenberg-Oberkirchen Ost: 8 km über B 236

Gasthof Schütte

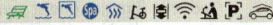

Eggeweg 2 (nahe der B 236) ✉ 57392 – ✆ (02975) 8 20 – www.gasthof-schuette.de – geschl. 9. - 26. Dezember

47 Zim ☕ – 🚹65/98 € 🚹🚹130/238 € – 12 Suiten – ½ P

Rest *Gasthof Schütte* – siehe Restaurantauswahl

Sage und schreibe 19 Generationen hält die Familientradition dieser historischen Adresse schon an! In Stammhaus, Giersberghaus und Lennehaus wohnt man in recht individuellen Zimmern, im elegant-komfortablen Spa "Lenneborn" lässt man es sich bei Kosmetikanwednungen gut gehen und ca. 300 m entfernt entspannt man im Garten mit Freibad!

XX

Gasthof Schütte – Hotel Gasthof Schütte

Eggeweg 2 (nahe der B 236) ✉ 57392 – ✆ (02975) 8 20 – www.gasthof-schuette.de – geschl. 9. - 26. Dezember

Rest – Menü 21 € (mittags)/55 € – Karte 29/54 €

Bewusst hat man mit liebenswerten Dekorationen den rustikalen Charme des alten Stammhauses bewahrt - ein wirklich wohltuender Rahmen für schmackhafte klassisch-internationale Speisen und deftige Spezialitäten wie "Westfälische dicke Bohnen mit Kasseler und Mettwurst" oder "Gebratene Blutwurst auf Spitzkohl".

In Schmallenberg-Ohlenbach Ost: 15 km über B 236, in Oberkirchen links Richtung Winterberg

Waldhaus Rest,

Ohlenbach 10 ✉ 57392 – ✆ (02975) 8 40 – www.waldhaus-ohlenbach.de
– geschl. 17. - 21. November
45 Zim – 94/124 € 188/198 € – ½ P
Rest *Schneiderstube* – siehe Restaurantauswahl
Rest – Menü 22 € (mittags) – Karte 24/49 €
Das Hotel befindet sich in herrlich ruhiger, sonnenexponierter Lage in 700 m Höhe - toll der Ausblick! Weitere Vorzüge: Nach Umbau sind nun einige der wohnlichen Zimmer überaus geschmackvoll in modernem Stil eingerichtet und auch der Spa hat noch mehr zu bieten!

Schneiderstube – Hotel Waldhaus

Ohlenbach 10 ✉ 57392 – ✆ (02975) 8 40 www.waldhaus-ohlenbach.de
– geschl. 17. - 21. November und Montag - Dienstag
Rest – *(nur Abendessen)* Karte 27/59 €
Das Restaurant ist eine Mischung aus rustikaler Gemütlichkeit und klassischem Stil, es wirkt angenehm unkompliziert und einladend! Die Küche ist kreativ, dazu bietet man eine Weinauswahl mit Raritäten.

In Schmallenberg-Westfeld Ost: 12 km über B 236, in Oberkirchen links

Schneider Zim,

Winterbergerstr. 3 ✉ 57392 – ✆ (02975) 3 32 – www.schneider-westfeld.de
– geschl. 18. November - 4. Dezember
17 Zim – 40/52 € 70/104 € – 3 Suiten – ½ P
Rest – *(geschl. 17. Dezember - 3. Januar und Montag)* Menü 15 € (mittags unter der Woche) – Karte 22/44 €
Die engagierte familiäre Führung sowie die gepflegten und wohnlich eingerichteten Gästezimmer sprechen für dieses kleine Hotel. Hell gestaltetes Restaurant mit rustikaler Gaststube und Terrasse.

In Schmallenberg-Winkhausen Ost: 6 km über B 236

Deimann Rest,

Winkhausen 5 (B 236) ✉ 57392 – ✆ (02975) 8 10 – www.deimann.de
89 Zim – 122/229 € 162/314 € – ½ P
Rest *Wintergarten* – Menü 19/63 € – Karte 30/57 €
Rest *Bar* – Menü 19/43 € – Karte 24/48 €
Aus dem Herrenhaus von 1880 ist ein sehr komfortables Ferien- und Wellnesshotel entstanden. Geboten wird ein vielfältiger Spa auf rund 3000 qm, dazu individuelle Zimmer (meist zum Garten hin). Im Wintergarten reicht man eine gehobenere Karte als im Barrestaurant, dessen internationale Küche vom Flammkuchen bis zur Forelle reicht.

SCHMIEDEFELD am RENNSTEIG – Thüringen – 544 – 1 780 Ew – Höhe 700 m – Wintersport: 893 m 1

40 K13

Berlin 341 – Erfurt 59 – Suhl 13
Brunnenstr. 1, ✉ 98711, ✆ (036782) 6 13 24, www.schmiedefeld.de

Gastinger (mit Gästehaus)

Ilmenauer Str. 21, (B 4) ✉ 98711 – ✆ (036782) 70 70 – www.hotel-gastinger.de
– geschl. Anfang - Mitte November
18 Zim – 55/70 € 70/88 € – 2 Suiten – ½ P
Rest – Menü 17/40 € – Karte 17/36 €
Hier kann man wirklich sehr nett und ganz individuell wohnen - und zwar bei engagierten Gastgebern! Übrigens: Wenn Ihnen das hübsche Geschirr gefällt, können Sie es auch kaufen - es wird im eigenen Keramikatelier gefertigt! Am Nachmittag hausgebackener Kuchen.

SCHMÖLLN – Thüringen – 544 – 11 880 Ew – Höhe 210 m
41 N12

▶ Berlin 236 – Erfurt 114 – Gera 27

Bellevue

Am Pfefferberg 7 ✉ 04626 – ✆ (034491) 70 00 – www.bellevuehotel.de

15 Zim ☕ – 🚹59/75 € 🚹🚹92/110 € – ½ P

Rest – Menü 22/35 € – Karte 21/42 €

Aus einem im 19. Jh. erbauten Gasthaus etwas oberhalb der Stadt ist dieses kleine Hotel entstanden. Hier lässt es sich in schöner Lage gut wohnen und in klassischem Ambiente speisen - die Küche ist regional und international ausgelegt.

SCHNAITTACH – Bayern – 546 – 7 950 Ew – Höhe 355 m
50 L16

▶ Berlin 409 – München 178 – Nürnberg 35 – Bayreuth 55

In Schnaittach-Osternohe Nord: 5 km – Höhe 596 m – Erholungsort

Berggasthof Igelwirt

Igelweg 6 (am Schlossberg, Ost: 1 km) ✉ 91220 – ✆ (09153) 40 60 – www.igelwirt.de

32 Zim ☕ – 🚹62/92 € 🚹🚹85/129 € – ½ P

Rest – *(geschl. Montag)* Karte 18/48 €

Ein Gasthaus a. d. J. 1892, das dank seiner Lage auf dem Schlossberg eine schöne Sicht über das Tal bietet. Die Zimmer sind neuzeitlich oder nett mit Bauernmöbeln eingerichtet. Bürgerlich-regionale Küche im Restaurant.

SCHNAITTENBACH – Bayern – 546 – 4 200 Ew – Höhe 403 m
51 M16

▶ Berlin 430 – München 196 – Weiden in der Oberpfalz 28 – Amberg 19

Brauerei-Gasthof-Haas

Hauptstr. 20 ✉ 92253 – ✆ (09622) 24 66 – www.hotel-haas.de

35 Zim ☕ – 🚹49/69 € 🚹🚹75/95 €

Rest – *(geschl. November und Samstag) (Dienstag - Mittwoch nur Abendessen)* Menü 19/35 € – Karte 18/29 €

Der erweiterte Gasthof in der Ortsmitte wird familiär geführt und verfügt über zeitgemäße Zimmer in freundlichen Farben sowie einen modernen Frühstücksraum. Ländlich-rustikal ist das Ambiente im Restaurant.

SCHNEEBERG KREIS AUE Sachsen – 544 – 15 420 Ew – Höhe 470 m
42 O13

▶ Berlin 301 – Dresden 115 – Chemnitz 40 – Plauen 50

ℹ Markt 1, ✉ 08289, ✆ (03772) 2 03 14, www.schneeberg.de

Büttner garni

Markt 3 ✉ 08289 – ✆ (03772) 35 30 – www.hotel-buettner.de

13 Zim ☕ – 🚹50/55 € 🚹🚹70/90 €

So manch hübsches Detail von einst ist in dem schmucken kleinen Hotel, einer ehemaligen Bäckerei, erhalten: Da wäre z. B. der Loungebereich mit seinem historischen Kreuzgewölbe, der sehenswerte Ofen in der "Alten Backstube" (hier gibt's Frühstück) oder freiliegendes Gebälk in der schönen Juniorsuite!

SCHNEVERDINGEN – Niedersachsen – 541 – 18 840 Ew – Höhe 86 m – Luftkurort
19 I6

▶ Berlin 339 – Hannover 97 – Hamburg 66 – Bremen 74

ℹ Rathauspassage 18, ✉ 29640, ✆ (05193) 9 38 00, www.schneverdingen-touristik.de

Ramster mit Zim

Heberer Str. 16 ✉ 29640 – ✆ (05193) 68 88 – www.hotel-ramster.de – geschl. Mittwoch

6 Zim ☕ – 🚹55/65 € 🚹🚹85/95 € – ½ P **Rest** – Menü 33 € – Karte 22/36 €

Der Chef bezieht seine Produkte aus der Region und macht daraus z. B. geschmorte Heidschnuckenkeule oder Wildhase - und die schmecken auf der schönen Terrasse zum Garten natürlich auch! Sie möchten übernachten? Die Zimmer sind sehr wohnlich und zeitgemäß, teilweise mit Balkon.

In Schneverdingen-Reinsehlen **Nord: 4,5 km über Harburger Straße**

Camp Reinsehlen (mit Gästehäusern) Rest,

✉ 29640 – ✆ (05198) 98 30 – www.campreinsehlen.de

51 Zim – 79/119 € 119/155 € – ½ P

Rest – Menü 17/49 € – Karte 24/43 €

Auch Businessgäste schätzen die Ruhe hier in der schönen Heide! Mit ihrem Lodge-Stil und wohnlich-warmen Naturtönen fügt sich die weitläufige Anlage schön in die Landschaft. Spätestens nach einer Klettertour im Hochseilgarten zieht es Sie zur Stärkung ins separat gelegene Restaurant.

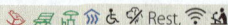

In Schneverdingen-Tütsberg **Süd-Ost : 12 km über Bahnhofstraße und Heber, in Scharrl links :**

Hof Tütsberg (mit Gästehäusern)

im Naturschutzpark ✉ 29640 – ✆ (05199) 9 00 – www.hotel-hof-tuetsberg.de

26 Zim – 68/78 € 75/129 € – ½ P **Rest** – Karte 19/45 €

Reetgedeckte Häuser a. d. 16. Jh., drum herum ein herrlicher Garten mit großen Buchen und Eichen... so stellt man sich einen Gutshof vor. Keine Frage, im Sommer ist die Terrasse der Renner - ob bei Kaffee und Kuchen oder Heidschnuckengerichten! Es gibt auch Gastboxen, schließlich ist das Naturschutzgebiet ideal für Reiter!

SCHOBÜLL – **Schleswig-Holstein** – **siehe Husum**

SCHÖMBERG (KREIS CALW) – **Baden-Württemberg – 545** **54 F18**

– 8 530 Ew – Höhe 625 m – Wintersport: 620 m 1 – Heilklimatischer Kurort und Kneippkurort

Berlin 674 – Stuttgart 74 – Karlsruhe 47 – Pforzheim 24

Lindenstr. 7, ✉ 75328, ✆ (07084) 1 44 44, www.schoemberg.de

In Schömberg-Langenbrand **Nord-West: 2 km – Luftkurort**

Schwarzwald-Sonnenhof

Salmbacher Str. 35 ✉ 75328 – ✆ (07084) 9 24 00 – www.schwarzwald-sonnenhof.de

29 Zim – 79/118 € 150/180 € – ½ P

Rest – Menü 28/45 € – Karte 25/55 €

Familie Bub leitet das Hotel wirklich herzlich - da fühlen sich Tagungsgäste, Geschäftsleute und Wochenendurlauber gleichermaßen wohl. Entspannung finden Sie in wohnlichen Zimmern (zwei sogar mit Dachterrasse!), im kleinen Saunadorf und im Restaurant bei bürgerlicher Küche.

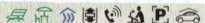

SCHÖNAICH – **Baden-Württemberg** – **siehe Böblingen**

SCHÖNAU am KÖNIGSSEE – **Bayern – 546 – 5 330 Ew** **67 O21**

– Höhe 630 m – Wintersport: 1 800 m 1 4 – Heilklimatischer Kurort

Berlin 747 – München 159 – Bad Reichenhall 23 – Berchtesgarden 5

Rathausplatz 1, ✉ 83471, ✆ (08652) 17 60, www.koenigssee.com

Königssee★★, Süd: 2 km · St. Bartholomä: Lage★ (nur mit Schiff ab Königssee erreichbar)

Alpenhotel Zechmeisterlehen

Wahlstr. 35 (Oberschönau) ✉ 83471 – ✆ (08652) 94 50 – www.zechmeisterlehen.de – geschl. 8. November - 20. Dezember

54 Zim – 89/190 € 138/226 € – ½ P

Rest – *(nur Abendessen für Hausgäste)* Menü 19/49 € – Karte 21/41 €

Das komfortable Ferienhotel unter familiärer Leitung bietet zeitgemäße, wohnliche Zimmer und einen hübschen Spabereich, dazu einen tollen Blick auf Grün- und Kehlstein.

Alm & Wellnesshotel Alpenhof

Richard-Voss-Str. 30 ✉ *83471 – ✆ (08652) 60 20* Rest,
– www.alpenhof.de – geschl. 23. März - 11. April, 2. November - 5. Dezember
52 Zim – 60/103 € 102/214 € – ½ P **Rest** – Karte 25/46 €
Angenehm ruhig liegt das gewachsene Urlaubshotel an einem Waldstück in 700 m Höhe. Einige Zimmer mit schöner großer Dachterrasse, hübsch ist auch der Wellnessbereich. Restaurant mit behaglichem rustikalem Ambiente.

Georgenhof

Zim,
Modereggweg 21 (Oberschönau) ✉ *83471 – ✆ (08652) 95 00*
– www.hotel-georgenhof.de – geschl. 5. November - 15. Dezember
22 Zim – 44/64 € 78/106 € – ½ P
Rest – *(nur Abendessen für Hausgäste)*
Ein wohnlicher und engagiert geführter Familienbetrieb in ruhiger Lage, dessen Zimmer alle über einen Balkon verfügen. Vom Wintergarten und der Terrasse blickt man beim Frühstück auf die umliegenden Berge. Nette Kaminlounge.

SCHÖNAU im SCHWARZWALD – Baden-Württemberg – 545 — 61 D21

– 2 390 Ew – Höhe 540 m – Wintersport: 1 414 m 1 3 – Luftkurort
Berlin 808 – Stuttgart 186 – Freiburg im Breisgau 39 – Donaueschingen 63
Gentnerstr. 2a, ✉ 79677, ✆ (07673) 91 81 30, www.schoenau-im-schwarzwald.de
Schönau, Schönenberger Str. 17, ✆ (07673) 88 86 60
Belchen★★★ (✳★★★), Nord-West: 14 km

Vier Löwen

Talstr. 18 ✉ *79677 – ✆ (07673) 91 81 20 – www.vier-loewen.de*
– geschl. April 10 Tage
20 Zim – 54/62 € 96/106 € – ½ P
Rest – *(geschl. Dienstagmittag, Mittwoch)* Menü 27 € – Karte 22/36 €
Nicht nur gepflegt, sondern auch schön familiär ist es in dem Haus mitten im Ort bei der Kirche. In den freundlichen (teils auch etwas rustikaleren) Zimmern kann man gut entspannen und in den ländlichen Gasträumen gemütlich essen! Vater und Sohn Karle bieten eine stark regional ausgerichtete Küche.

In Tunau Ost : 3 km über Talstraße und Bischmatt :

Zur Tanne mit Zim

Alter Weg 4 ✉ *79677 – ✆ (07673) 3 10 – www.tanne-tunau.de*
– geschl. Januar 1 Woche, März 1 Woche
9 Zim – 48/65 € 85/100 € – 1 Suite – ½ P
Rest – *(geschl. Montag - Dienstag) (nur Abendessen)* Menü 27/40 €
– Karte 27/37 €
Ein Paradebeispiel für einen Schwarzwaldgasthof: ruhige dörfliche Umgebung, ein historisches Bauernhaus mit Walmdach und drinnen urige Gemütlichkeit! Für die regionale Küche sorgt Gastgeber Claus Ruch. Gästezimmer hat man auch: Sie sind einfach, aber gepflegt und so schwarzwaldtypisch wie das ganze Haus.

In Aitern-Multen Nord-West: 10 km über B 317, Aitern und Holzinshaus

Belchenhotel Jägerstüble

Obermulten 3 (an der Talstation der Belchenbahn) ✉ *79677*
– ✆ (07673) 88 81 80 – www.belchenhotel.de – geschl. 18. November
- 13. Dezember
29 Zim – 60/80 € 110/160 € – 2 Suiten – ½ P
Rest – Menü 20/40 € – Karte 16/48 €
Familie Dietsche hat angebaut und nun bietet man seinen Gästen neben einem erweiterten Wellnessangebot auch hochwertige Juniorsuiten (alle mit Balkon) sowie eine Hotelbar mit Kamin. Neu auch der Skieingang direkt von der Piste! Und dann ist da natürlich noch die idyllische Lage inmitten der Schwarzwaldhöhen - genießen Sie die Aussicht von der Terrasse!

SCHÖNBERG – Schleswig-Holstein – 541 – 6 720 Ew – Höhe 11 m — 3 J3

Berlin 348 – Kiel 26 – Lübeck 88 – Lütjenburg 22
Käptn's Gang 1, ✉ 24217, ✆ (04344) 41 41 10, www.schoenberg.de

Ruser's Hotel (mit Gästehaus) Rest,
Albert-Koch-Str. 4 ✉ 24217 – ✆ (04344) 20 13 – www.rusershotel.de
42 Zim – 42/55 € 62/79 € **Rest** – Karte 12/39 €
Das Hotel liegt in der Ortsmitte und verfügt über gepflegte, praktisch eingerichtete Zimmer - in einer ca. 100 m entfernten Wohngegend bietet ein Gästehaus weitere Zimmer.

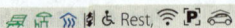

SCHÖNBORN, BAD – **Baden-Württemberg** – **545** – **12 530 Ew** – **Höhe 122 m** – **Heilbad** **54** F17

Berlin 636 – Stuttgart 79 – Karlsruhe 41 – Heilbronn 51
Kraichgaustr. 10, ✉ 76669, ✆ (07253) 9 43 10, www.bad-schoenborn.de

Im Ortsteil Mingolsheim

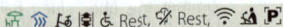

Villa Medici Rest, Rest,
Waldparkstr. 20 ✉ 76669 – ✆ (07253) 9 87 10 – www.hotel-villa-medici.de – geschl. 23. Dezember - 7. Januar
89 Zim – 84/114 € 94/124 €, 14 € – 1 Suite
Rest *Dolce Vita* – *(geschl. Sonntag) (nur Abendessen)* Menü 32 € – Karte 30/49 €
Das mediterran inspirierte Hotel gegenüber dem Kurpark bietet wohnlich-moderne, teils ruhig zum Innenhof gelegene Zimmer, einen netten Saunabereich und gute Tagungsmöglichkeiten. Freundlich gestaltetes Restaurant mit italienischer Küche.

Waldparkstube Zim,
Waldparkstr. 1 ✉ 76669 – ✆ (07253) 97 10 – www.waldparkstube.de – geschl. 20. Dezember - 7. Januar
24 Zim – 68/98 € 90/135 € – 1 Suite – ½ P
Rest – *(geschl. Mittwoch)* Karte 17/36 €
Ein sehr gepflegtes familiengeführtes Hotel in Kurparknähe, in dem unterschiedlich geschnittene und funktional ausgestattete Gästezimmer bereitstehen. Bürgerliches Restaurant mit Wintergarten.

SCHÖNEBECK – **Sachsen-Anhalt** – **542** – **33 890 Ew** – **Höhe 50 m** **31** M9

Berlin 162 – Magdeburg 16 – Dessau 50 – Halberstadt 56
Badepark 3, ✉ 39218, ✆ (03928) 72 72 30, www.solepark.de

Domicil
Friedrichstr. 98a ✉ 39218 – ✆ (03928) 71 23 – www.hotel-domicil-schoenebeck.de
48 Zim – 60/70 € 70/80 €, 7 € – 1 Suite – ½ P
Rest – Menü 17/27 € – Karte 19/35 €
Das Stadthotel in zentraler Lage bietet zeitgemäße und funktionale Gästezimmer, die teilweise ruhiger nach hinten liegen. Auch eine Suite ist vorhanden. Im Restaurant ein umfangreiches Angebot an regionalen und internationalen Speisen.

SCHÖNEFELD (KREIS DAHME-SPREEWALD) – **Brandenburg** – **542** – **13 260 Ew** – **Höhe 46 m** **23** P8

Berlin 19 – Potsdam 36 – Königs Wusterhausen 16 – Cottbus 113

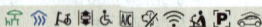

Holiday Inn Airport
Hans-Grade-Allee 5 ✉ 12529 – ✆ (030) 63 40 10 – www.holidayinn-berlin.de
300 Zim – 85/175 € 105/185 €, 20 € – 1 Suite
Rest – *(nur Abendessen)* Menü 17/24 € – Karte 25/52 €
Die perfekte Adresse für Businessgäste, die auf dem Luftweg unterwegs sind! Sie schätzen die zeitgemäß-funktionalen Zimmer, aber eben vor allem die Nähe zum Flughafen. Neben dem Restaurant hat man noch die Bar "Hangar 16" und eine Raucherlounge.

SCHÖNHEIDE – **Sachsen** – **544** – **5 000 Ew** – **Höhe 630 m** **42** N13

Berlin 316 – Dresden 151 – Chemnitz 78 – Zwickau 30
Hauptstr. 43, ✉ 08304, ✆ (037755) 5 16 23, www.gemeinde-schoenheide.de

Forstmeister

Auerbacher Str. 15 ✉ 08304 – ✆ (037755) 6 30 – www.forstmeister.de – geschl. 20. - 24. Dezember

46 Zim – 42/70 € 59/96 € – ½ P

Rest – Menü 16/32 € – Karte 21/44 €

Gepflegt sind die Zimmer in dem Hotel am Waldrand alle, in den schön renovierten hat man es zudem noch besonders wohnlich! Entspannen kann man in der kostenpflichtigen Sauna mit Panoramaruheraum oder nachmittags bei Kaffee und Kuchen. In der Küche setzt man auf regionale Produkte.

SCHÖNWALD – Baden-Württemberg – 545 – 2 390 Ew – Höhe 988 m – Wintersport: 1 080 m 3 – Heilklimatischer Kurort

62 E20

Berlin 772 – Stuttgart 146 – Freiburg im Breisgau 49 – Donaueschingen 37

Franz-Schubert-Str. 3, ✉ 78141, ✆ (07722) 86 08 31, www.schoenwald.net

Zum Ochsen

Ludwig-Uhland-Str. 18 ✉ 78141 – ✆ (07722) 86 64 80 – www.ochsen.com

35 Zim – 71/113 € 128/174 € – ½ P

Rest ***Zum Ochsen*** – siehe Restaurantauswahl

1796 erstmals erwähnt und nun in 6. Generation familiär geführt! Wer's besonders schön mag, bucht eines der neuen großen Doppelzimmer oder eine Juniorsuite (Typ E + F)! Und da dies hier eine richtig angenehme Ferienadresse ist, darf man sich auch auf ein gutes Frühstück und einen gelungenen modernen Spa freuen! Hinterm Haus viel Grün (eigener kleiner Golfplatz).

Dorer

Franz-Schubert-Str. 20 ✉ 78141 – ✆ (07722) 9 50 50 – www.hotel-dorer.de

18 Zim – 72/85 € 120/134 € – ½ P

Rest ***Dorer*** – siehe Restaurantauswahl

Das Haus von 1896 liegt ruhig oberhalb des kleinen Kurparks, so hat man hier eine schöne Aussicht - z. B. beim Relaxen im Saunabereich! Liebenswert sind sowohl die Zimmer mit ihrem wohnlich-rustikalen Charme als auch die Gastgeber, die schon seit 4 Generationen familiär und persönlich für Sie im Einsatz sind!

Zum Ochsen – Hotel Zum Ochsen

Ludwig-Uhland-Str. 18 ✉ 78141 – ✆ (07722) 86 64 80 – www.ochsen.com

Rest – Menü 30/50 € – Karte 34/55 €

Hier genießen Sie Schwarzwälder Bauernromantik! In die holzvertäfelten Stuben sind wunderschöne ländliche Antiquitäten und Dekorationen eingestreut... hier ein altes Bild, da ein roter Bollenhut!

Dorer – Hotel Dorer

Franz-Schubert-Str. 20 ✉ 78141 – ✆ (07722) 9 50 50 – www.hotel-dorer.de

Rest – Menü 28/75 € (abends) – Karte 25/50 €

In der reizenden Stube kocht Salvatore Cerasola für seine Gäste nicht nur nach Schwarzwälder Tradition: Der aus Palermo stammende Hausherr und Küchenchef überzeugt auch mit schmackhafter mediterraner und klassisch-saisonaler Küche! Indes empfiehlt die Chefin die dazu passenden Weine.

SCHOLLBRUNN – Bayern – 546 – 910 Ew – Höhe 397 m – Erholungsort

48 H15

Berlin 547 – München 325 – Würzburg 51 – Aschaffenburg 34

Zur Sonne

Zim,

Brunnenstr.1 ✉ 97852 – ✆ (09394) 9 70 70 – www.sonne-schollbrunn.de – geschl. 5. Januar - 5. Februar

26 Zim – 37 € 60 € – ½ P

Rest – *(geschl. Montag - Dienstag)* Karte 12/25 €

Wandern im Wald oder ein Besuch des Outlet Centers Wertheim? Vom Haus der Familie Haas ist beides nicht weit! Einige Zimmer sind neuer und moderner in warmen Tönen gehalten. Im Restaurant schafft viel Holz rustikales Ambiente, dazu ein netter Biergarten.

SCHONACH – Baden-Württemberg – 545 – 3 890 Ew – Höhe 885 m – Wintersport: 1 163 m 3 – Luftkurort
62 E20

Berlin 769 – Stuttgart 143 – Freiburg im Breisgau 54 – Triberg 4

Hauptstr. 6, ✉ 78136, ✆ (07722) 96 48 10, www.schonach.de

Berghotel Schiller garni

Schillerstr. 2 ✉ 78136 – ✆ (07722) 92 04 40 – www.berghotel-schiller.com – geschl. 25. November - 20. Dezember

8 Zim – †60/70 € ††90/96 €

Ein sympathischer Holländer leitet das wohnlich eingerichtete kleine Hotel am Ortsrand, fast im Grünen. Unterm Dach gibt es zwei Juniorsuiten mit offener Holzbalkendecke und Panaramafenster! Und auch beim Frühstücken im lichten Wintergarten hat man eine schöne Sicht.

SCHONGAU – Bayern – 546 – 12 090 Ew – Höhe 726 m – Wintersport: – Erholungsort
65 K21

Berlin 623 – München 83 – Garmisch-Partenkirchen 53 – Kempten (Allgäu) 54

Münzstr. 1, ✉ 86956, ✆ (08861) 21 41 81, www.schongau.de

Bernbeuren, Stenz 1, ✆ (08860) 5 82

Holl

Rest,

Altenstädter Str. 39 ✉ 86956 – ✆ (08861) 2 33 10 – www.hotel-holl-schongau.de – geschl. 2. - 13. Januar, 20. August - 3. September

26 Zim – †69/95 € ††98/130 € – ½ P

Rest – *(geschl. Samstag - Sonntag) (nur Abendessen)* Menü 15/25 € – Karte 18/44 €

In dem Hotel in leicht erhöhter Lage stehen zwei unterschiedliche Zimmertypen zur Wahl - besonders schön sind die neueren, hell und wohnlich eingerichteten Zimmer. Im Sommer kann man schön im kleinen Biergarten sitzen!

SCHOPFHEIM – Baden-Württemberg – 545 – 18 940 Ew – Höhe 373 m
61 D21

Berlin 826 – Stuttgart 275 – Freiburg im Breisgau 83 – Basel 23

Hauptstr. 23, ✉ 79650, ✆ (07622) 39 61 45, www.suedwaerts.com

Schopfheim, Ehner-Fahrnau 12, ✆ (07622) 67 47 60

City Hotel

Friedrichstr. 3 ✉ 79650 – ✆ (07622) 6 66 95 90 – www.city-hotel-schopfheim.de

11 Zim – †69/79 € ††89/99 €

Rest *Metropole* – siehe Restaurantauswahl

Nette neuzeitliche Zimmer, ein gepflegtes Frühstück, faire Preise... Familie Berberich führt ihr kleines Hotel wirklich engagiert. Zudem ist auch die zentrale Lage ideal.

Metropole – City Hotel

Friedrichstr. 3 ✉ 79650 – ✆ (07622) 6 66 95 90 – www.city-hotel-schopfheim.de – geschl. Samstagmittag, Montagmittag - Dienstag

Rest – Menü 35/52 € (abends) – Karte 30/62 €

Die richtige Mischung macht's: ein bisschen Eleganz, ein bisschen moderner Bistrostil! Frank Berberich bietet sowohl Klassiker wie Cordon bleu als auch Aktuelles wie "Skrei/Chicorée/Meerrettich" - beides gleichermaßen empfehlenswert. Kleinere Mittagskarte.

Alte Stadtmühle

Entegaststr. 9 ✉ 79650 – ✆ (07622) 24 46 – www.altestadtmuehle.info – geschl. Montag - Dienstagmittag, Mittwochmittag

Rest – Menü 30/60 € – Karte 35/59 €

Ein sympathisches Restaurant mit ländlich-französischem Flair und einer ebenso französisch geprägten Küche aus frischen Produkten. Der Service ist persönlich und aufmerksam.

Glöggler
Austr. 5 ✉ 79650 – ✆ (07622) 21 67 – www.restaurant-gloeggler.de – geschl. Ende August und Sonntag - Montagmittag
Rest – Menü 10/50 € – Karte 28/48 €
Gut geführt und sympathisch in seiner ländlich-bodenständigen Art ist das Restaurant in der Altstadt am Rande der Fußgängerzone. Hier bekommt man regionale Klassiker, Saisonales und auch interessante Menüs.

In Schopfheim-Gersbach Nord-Ost: 16 km über B 317 und Kürnberg – Höhe 855 m – Wintersport: 970 m 2 – Erholungsort

Mühle zu Gersbach
Zum Bühl 4 ✉ 79650 – ✆ (07620) 9 04 00 – www.muehle.de – geschl. 12. - 31. Januar
16 Zim – 62/95 € 90/160 € – ½ P
Rest *Mühle zu Gersbach* – siehe Restaurantauswahl
Ein kleines Hotel in ruhiger dörflicher Lage, das sich wirklich sehen lassen kann - dafür sorgt die engagierte Familie Buchleither mit stetigen Verbesserungen. Fragen Sie nach den renovierten Zimmern oder den beiden Studios! Aber auch die anderen Zimmer sind nett und wohnlich. Gutes Frühstück gibt's auch.

Mühle zu Gersbach – Hotel Mühle zu Gersbach
Zum Bühl 4 ✉ 79650 – ✆ (07620) 9 04 00 – www.muehle.de – geschl. 12. - 31. Januar und Dienstag - Mittwochmittag
Rest – Menü 19/64 € – Karte 19/68 €
Charmant und aufmerksam wird man bei Familie Buchleither umsorgt, Tochter und Sohn sind inzwischen auch mit eingestiegen - sie im Service, er hat vom Vater die Leitung der Küche übernommen und bietet hier Regionales und Internationales.

In Schopfheim-Wiechs Süd-West: 3 km

Krone (mit Gästehaus) Zim,
Am Rain 6 ✉ 79650 – ✆ (07622) 3 99 40 – www.krone-wiechs.de – geschl. 3. - 30. Januar
52 Zim – 76/95 € 118/170 € – 2 Suiten – ½ P
Rest – *(geschl. Montagmittag, Freitag)* Menü 9 € (mittags unter der Woche)/ 59 € – Karte 21/51 €
Familie Hauri hat umfangreich renoviert und umgebaut! Zur schönen Lage kommen individuelle Zimmer, einige davon sehr modern! Als Freizeitangebot können Sie bei Sauna und Massage entspannen, oder wie wär's mit einer Kutschfahrt mit dem Chef? Lassen Sie sich die bürgerliche Küche des Hauses im Sommer auf der Terrasse mit Aussicht servieren!

SCHORNDORF – Baden-Württemberg – 545 – 39 240 Ew – Höhe 256 m 55 H18

Berlin 605 – Stuttgart 35 – Göppingen 20 – Schwäbisch Gmünd 23
Marktplatz 1, ✉ 73614, ✆ (07181) 60 20, www.schorndorf.de

An der Rems garni
Stuttgarter Str. 77 (nahe der B 29 Ausfahrt Schorndorf West) ✉ 73614 – ✆ (07181) 98 55 80 – www.hotel-rems.de – geschl. 22. Dezember - 6. Januar, 11. - 25. August
20 Zim – 75/82 € 103/111 € – 1 Suite
Eine Gastgeberin wie man sie sich wünscht: Gisela Schloz ist stets präsent und kümmert sich geradezu fürsorglich um ihre Gäste! Buchen Sie ein Zimmer zur Rems (die meisten liegen zu dieser Seite) und frühstücken Sie im Wintergarten!

Gruber garni
Remsstr. 2 ✉ 73614 – ✆ (07181) 4 82 09 90 – www.hotel-gruber.de – geschl. 20. Dezember - 6. Januar, über Ostern 1 Woche, über Pfingsten 1 Woche
14 Zim – 55/75 € 88/92 €
Bei den Grubers wohnt man schön familiär, sie sind voll und ganz für die Gäste da! Alles ist top gepflegt, der Preis stimmt und parken kann man auch völlig problemlos. Im Sommer schmeißt der Chef schonmal den Grill an... Stolz ist er auch auf seine Musicbox (die alten D-Mark-Münzen dafür gibt's bei ihm!).

Pfauen mit Zim

Höllgasse 9 ✉ 73614 – ✆ (07181) 6 69 90 10 – www.pfauen-schorndorf.de – geschl. Montag

7 Zim – 79/115 € 128/175 €, 5 €

Rest – Menü 29/75 € (abends) – Karte 32/64 €

Wie gemalt liegt das reizende historische Fachwerkhaus in der gepflasterten Altstadtgasse - trotz oder vielleicht gerade wegen des Kontrasts macht sich das klare moderne Interieur sehr gut, im Restaurant (hier gute, frische Küche) wie auch in den Zimmern (toll die Juniorsuite unterm Dach). Ein schönes Plätzchen ist die Terrasse in der Fußgängerzone. Kommen Sie doch mal zum günstigen Mittagstisch!

In Schorndorf-Weiler West: 2 km

Baur garni

Winterbacher Str. 52 ✉ 73614 – ✆ (07181) 7 09 30 – www.hotel-baur.de – geschl. 24. Dezember - 7. Januar

18 Zim – 78 € 104 €

Im Haus der Familie Baur kann man nicht nur gepflegt übernachten, es gibt auch Kunst in Form diverser Bilder zu bewundern! Und für Raucher hat man eine kleine Lounge eingerichtet.

In Winterbach West: 4 km über Grabenstraße und Weilerstraße

Best Western Rest,

Fabrikstr. 6 (nahe der B 29) ✉ 73650 – ✆ (07181) 7 09 00 – www.bestwestern-hotel-winterbach.de – geschl. 21. Dezember - 9. Januar

62 Zim – 105/133 € 145/172 €

Rest – *(geschl. Samstag - Sonntag sowie an Feiertagen) (nur Abendessen)* Karte 29/53 €

In dem funktionalen Businesshotel passt auch Kunst gut ins Bild, wie die wechselnde Ausstellung hier zeigt! Zum Frühstücken und auch zum Abendessen geht man ins Restaurant Remshalden. Praktisch für die Gäste ist natürlich die gute Anbindung an die B29.

In Winterbach-Manolzweiler West: 9 km über Weiler und Engelberg

Landgasthaus Hirsch

Kaiserstr. 8, (1. Etage) ✉ 73650 – ✆ (07181) 4 15 15 – www.hirsch-manolzweiler.de – geschl. über Fasching 2 Wochen, Ende Oktober - Anfang November 2 Wochen und Montag - Dienstag

Rest – Menü 35 € – Karte 20/55 €

Drei Generationen unter einem Dach! Da backt die Großmutter im Backhäuschen nebenan das Brot, der Vater brennt Schnaps (Spezialität ist der "Hirsch-Kammerz-Brand") und der Schwiegersohn kocht. Nehmen Sie den bewährten Zwiebelrostbraten? Oder doch mal das "Thaisüppchen mit Cocos und gebackener Tempuragarnele"?

SCHOTTEN – Hessen – 543 – 10 810 Ew – Höhe 274 m – Wintersport: 749 m 4 — 38 G13

Berlin 487 – Wiesbaden 100 – Frankfurt am Main 67 – Fulda 52

Vogelsbergstr. 137a, ✉ 63679, ✆ (06044) 66 51, www.schotten.de

Schotten-Eschenrod, Lindenstr. 46, ✆ (06044) 84 01

Haus Sonnenberg  Zim,

Laubacher Str. 25 ✉ 63679 – ✆ (06044) 9 62 10 – www.hotel-haus-sonnenberg.de

47 Zim – 49/65 € 85/90 € – ½ P

Rest – Menü 19/30 € – Karte 15/42 €

Der Familienbetrieb ist ein gewachsenes Haus mit unterschiedlich eingerichteten funktionellen Gästezimmern. Schön ist die ruhige Lage oberhalb des kleinen Städtchens. Restaurant mit ländlichem Ambiente.

SCHRAMBERG – Baden-Württemberg – 545 – 21 250 Ew – Höhe 424 m – Wintersport: 800m 1 – Erholungsort und Luftkurort — 62 E20

Berlin 730 – Stuttgart 118 – Freiburg im Breisgau 65 – Freudenstadt 37

Hauptstr. 25, ✉ 78713, ✆ (07422) 2 92 15, www.schramberg.de

Villa Junghans

Bauernhofweg 25 ✉ 78713 – ✆ (07422) 5 60 11 30 – www.villa-junghans.de – geschl. 12. August - 2. September
12 Zim ☕ – 🚹55/85 € 🚻99/119 € – ½ P
Rest – *(geschl. Sonntagabend - Montag)* Karte 23/48 €
Die schöne klassizistische Villa von 1885 liegt ruhig im Park. In geräumigen Zimmern schaffen historische Details wie hohe Decken oder Parkett eine besondere Note. Auch im Restaurant findet sich die stilvolle Eleganz des Hauses in Form einer alten Holzdecke und Täfelungen. Terrasse mit Blick auf die Stadt!

Gasthof Hirsch mit Zim

Hauptstr. 11, (1. Etage) ✉ 78713 – ✆ (07422) 28 01 20 – www.hotel-gasthof-hirsch.com – geschl. nach Fastnacht 1 Woche, Anfang - Mitte August und Dienstag - Mittwochmittag
6 Zim ☕ – 🚹68/128 € 🚻120/135 € – ½ P
Rest – Menü 35/68 € – Karte 20/55 €
Schon allein die persönliche, aufmerksame und diskrete Art von Gastgeberin Margarete Weber macht das klassisch-gediegene Restaurant besonders. Dazu kommen erstklassige Produkte in Speisen wie "Rinderfilet mit Pfeffersoße, Gemüse und Kartoffelgratin". Zum Übernachten wählen Sie unbedingt ein Zimmer hier im Haus - es sind die schönsten und individuellsten in Schramberg!

In Schramberg-Sulgen Ost: 5 km in Richtung Rottweil

Zum Hasen

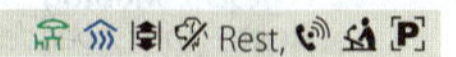

Rottweiler Str. 8 ✉ 78713 – ✆ (07422) 9 91 65 60 – www.hotel-zum-hasen.com
35 Zim ☕ – 🚹75/135 € 🚻110/150 € – 13 Suiten
Rest – *(geschl. 6. - 26. August und Samstag - Sonntag)* Menü 30/48 € (abends) – Karte 29/60 €
Das Hotel ist ein schönes historisches Gebäude, das neuzeitlich erweitert wurde. Es ist tipptopp gepflegt und mit seiner zeitgemäß-funktionellen Ausstattung genau die richtige Adresse für Geschäftsreisende. Restaurant mit internationaler Karte, ergänzt durch einen einfacheren Bistrobereich.

Drei Könige

Birkenhofweg 10 ✉ 78713 – ✆ (07422) 9 94 10 – www.hotel-3-koenige.de – geschl. 27. Dezember - 5. Januar, August 2 Wochen
25 Zim ☕ – 🚹75 € 🚻130 €
Rest – *(geschl. Freitag, Sonntagabend)* Karte 23/45 €
Der regionstypische Gasthof liegt ruhig und wird familiär geführt. Es erwarten Sie eine schöne Aussicht sowie wohnlich-solide Zimmer mit gutem Platzangebot. Bürgerliche Küche im Restaurant.

In Schramberg-Tennenbronn Süd-West: 8,5 km – Luftkurort

Adler

Hauptstr. 60 ✉ 78144 – ✆ (07729) 9 22 80 – www.adler-tennenbronn.de – geschl. Ende Oktober 1 Woche
9 Zim ☕ – 🚹47/69 € 🚻69/79 € – 1 Suite
Rest – *(geschl. Montag, Samstagmittag)* Menü 22/39 € – Karte 19/41 €
Genau so stellt man sich einen typischen Schwarzwälder Gasthof vor. Alles in dem Familienbetrieb ist wohnlich und sehr gepflegt. Im Restaurant (schön gemütlich mit dem Kachelofen) kocht Thomas Reutlinger seine bürgerlich-regionalen Gerichte vorwiegend mit Bioprodukten!

SCHRIESHEIM – Baden-Württemberg – 545 – 14 910 Ew – Höhe 121 m **47** F16

▶ Berlin 618 – Stuttgart 130 – Mannheim 13 – Darmstadt 53

Kaiser Rest,

Talstr. 44 ✉ 69198 – ✆ (06203) 9 24 89 80 – www.kaiser-schriesheim.de
25 Zim – †100/150 € ††145/195 €, ☕ 15 €
Rest – *(nur Abendessen)* Menü 42/62 € – Karte 38/55 €
In dem Gebäudekomplex mit Ursprung im 17. Jh. (schön die alte Fachwerkarchitektur!) stecken 45 verschiedene Natursteine aus der ganzen Welt! Die Zimmer entsprechend individuell und hochwertig, zudem werden Sie aufmerksam und persönlich betreut und genießen ein frisches A-la-carte-Frühstück. In den Restaurants kommt dank des sehenswerten Granitsteins auch das Auge auf seine Kosten! Im Sommer isst man natürlich gerne auf der netten Terrasse.

Strahlenberger Hof N

Kirchstr. 2 ✉ 69198 – ✆ (06203) 6 30 76 – www.strahlenbergerhof.de – geschl. Sonntag - Montag
Rest – *(nur Abendessen)* (Tischbestellung ratsam) Menü 40/86 €
– Karte 40/71 €
Die Zehntscheune a. d. 14. Jh. hat schon Atmosphäre, und nach vielen erfolgreichen Jahren unter Familie Schneider haben nun Marcus Schleicher und Partnerin Meike Roschig hier Einzug gehalten. In rustikal-elegantem Ambiente oder auf der wunderschönen Terrasse mit ihrem mediterranen Flair genießen Sie nun gute zeitgemäße Gerichte wie "Geschmorte Rinderbacke - Steinpilze - Rote Bete - Kartoffelwürfel".

Weinhaus Bartsch

Schillerstr. 9 ✉ 69198 – ✆ (06203) 69 44 14 – www.weinhaus-bartsch.de – geschl. Montag
Rest – *(nur Abendessen)* Menü 33/45 € – Karte 30/45 €
Die Weinstube und das zugehörige Weingut der Familie Bartsch liegen ja recht unscheinbar, doch es erwartet Sie hier eine wirklich nette, gemütliche Atmosphäre und die idyllische Innenhofterrasse erinnert an südlichere Gefilde! In der Küche von Peter Müller reicht die Bandbreite vom leckeren "Wiener Schnitzel mit Kartoffelsalat" bis zur "Dorade auf Gurkengemüse".

SCHROBENHAUSEN – Bayern – 546 – 15 990 Ew – Höhe 158 m 57 L19

Berlin 549 – München 74 – Augsburg 45 – Ingolstadt 37

Griesers Hotel Zur Post garni

Alte Schulgasse 3a ✉ 86529 – ✆ (08252) 8 94 90 – www.griesers-hotel-post.de – geschl. 23. Dezember - 9. Januar
46 Zim ☕ – †55/75 € ††70/95 €
Ein familiengeführtes Traditionshaus, das auf Geschäftsreisende zugeschnitten ist. Die Zimmer sind funktionell, im unterirdisch angebundenen Neubau in neuzeitlich-sachlichem Stil.

SCHÜTTORF – Niedersachsen – 541 – 11 580 Ew – Höhe 33 m 16 D8

Berlin 486 – Hannover 201 – Nordhorn 19 – Enschede 35

Nickisch

Nordhorner Str. 71 ✉ 48465 – ✆ (05923) 9 66 60 – www.hotel-nickisch.de
34 Zim ☕ – †79/98 € ††108/116 € – ½ P **Rest** – Karte 19/52 €
Am Ortsausgang steht der zum neuzeitlichen Hotel gewachsene Gasthof, der auch für Businessgäste gut geeignet ist. Praktische, freundliche Zimmer und heller Saunabereich. Internationale Küche im zeitgemäßen Restaurant oder in der einfacheren Stube.

SCHUSSENRIED, BAD – Baden-Württemberg – 545 – 8 470 Ew – Höhe 570 m – Erholungsort 63 H20

Berlin 675 – Stuttgart 120 – Konstanz 104 – Ulm (Donau) 61
Wilhelm-Schussen-Str. 36, ✉ 88427, ✆ (07583) 94 01 71, www.bad-schussenried.de
Abtei (Bibliothek★)

Amerika
Maybachstraße 14 ✉ 88427 – ✆ (07583) 9 42 50 – www.hotel-amerika.de – geschl. 21. - 28. Dezember
54 Zim – 65/69 € 84/92 € – ½ P
Rest – *(geschl. Mittwoch)* Karte 16/35 €
Praktisch für Businessgäste ist die Lage in einem Gewerbegebiet, in den funktionell ausgestatteten Zimmern sorgen kleine Aufmerksamkeiten und die freundliche Einrichtung für eine persönliche Note. Speisen können Sie in dem zum Hotel gehörenden Restaurant "Zum Schinderhannes" gleich gegenüber.

SCHWABACH – Bayern – 546 – 38 880 Ew – Höhe 326 m — 50 K17

Berlin 447 – München 167 – Nürnberg 23 – Ansbach 36
Abenberg, Am Golfplatz 19, ✆ (09178) 9 89 60

Holiday Inn Express garni
Wendelsteiner Str. 4 ✉ 91126 – ✆ (09122) 1 88 00 – www.express-schwabach.de
150 Zim – 75/85 € 75/85 €
Ein modern-funktionelles Businesshotel in verkehrsgünstiger Lage nahe der A6. Schön ist der große helle Lobby- und Frühstücksbereich, kleine Snacks an der Bar.

Raab - Inspektorsgarten
Äußere Rittersbacher Str. 14 (Forsthof) ✉ 91126 – ✆ (09122) 9 38 80 – www.hotel-raab.de – geschl. 1. - 4. Januar, 31. Juli - 18. August
29 Zim – 79/125 € 95/160 €
Rest – *(geschl. Dienstagmittag)* Karte 12/31 €
Die gute Verkehrsanbindung zur Messe Nürnberg sowie praktisch eingerichtete Gästezimmer sprechen für diesen gewachsenen Familienbetrieb. Nettes Restaurant mit rustikalem Charakter.

In Schwabach-Wolkersdorf Nord: 4 km

Siehe Nürnberg (Umgebungsplan)

Drexler Zim,
Wolkersdorfer Hauptstr. 42 ✉ 91126 – ✆ (0911) 63 00 98 – www.gasthof-drexler.de – geschl. August B3e
30 Zim – 50 € 80 €
Rest – *(geschl. Freitagabend - Sonntag)* Karte 12/33 €
Seit 1877 existiert dieser bereits seit mehreren Generationen familiär geleitete Gasthof mit Metzgerei. Man verfügt über gepflegte, meist eher schlichte Zimmer. Gaststube mit ländlichem Ambiente und fränkischer Küche.

SCHWABENHEIM – Rheinland-Pfalz – siehe Ingelheim

SCHWABMÜNCHEN – Bayern – 546 – 13 350 Ew – Höhe 558 m — 65 K20

Berlin 588 – München 75 – Augsburg 32 – Kempten (Allgäu) 77

Deutschenbaur
Fuggerstr. 11 ✉ 86830 – ✆ (08232) 95 96 00 – www.hotel-deutschenbaur.de – geschl. 24. Dezember - 6. Januar
27 Zim – 62/77 € 88/95 € – 1 Suite – ½ P
Rest – *(geschl. Freitag - Samstag)* Menü 15/35 € – Karte 18/37 €
Das bereits seit 1853 als Familienbetrieb geführte Haus verfügt über sehr gepflegte Gästezimmer, die überwiegend hell, freundlich und neuzeitlich eingerichtet sind. Zeitlos gestaltetes Restaurant.

In Langerringen-Schwabmühlhausen Süd: 9 km Richtung Buchloe

Untere Mühle (mit Gästehaus) Zim,
Untere Mühle 1 ✉ 86853 – ✆ (08248) 12 10 – www.unteremuehle.de
36 Zim – 57/70 € 85/110 € **Rest** – Karte 24/45 €
Ideal für Urlauber und Tagungen ist die einstige Kornmühle: ruhige Lage am Ortsrand, wohnliche Zimmer (darunter die zwei Themenzimmer Bambus und Afrika), ein schöner Garten mit Badeweiher und - last but not least - ein Streichelzoo für Kinder!

SCHWÄBISCH GMÜND – Baden-Württemberg – 545 – 59 660 Ew – Höhe 321 m – Wintersport: 600 m 1

56 I18

Berlin 582 – Stuttgart 56 – Nürnberg 151 – Ulm (Donau) 68

Marktplatz 37/1, ✉ 73525, ✆ (07171) 6 03 40 12, www.schwaebisch-gmuend.de

Heiligkreuzmünster★

Fuggerei

Münstergasse 2 ✉ 73525 – ✆ (07171) 3 00 03 – www.restaurant-fuggerei.de – geschl. Sonntagabend - Dienstag und an Feiertagen abends

Rest – Menü 34 € (mittags)/85 € – Karte 33/57 €

Küche und Ambiente stimmen hier gleichermaßen: Für die besondere Atmosphäre ist die historische Gewölbedecke verantwortlich, für die schmackhaften Speisen Armin Wiedmann. Ob Rostbraten in verschiedenen Variationen oder das 10-Gänge-Amuse-Gueule-Menü für 85 €, alles basiert auf frischen regionalen Produkten!

In Waldstetten Süd: 6 km

Sonnenhof

Lauchgasse 19 ✉ 73550 – ✆ (07171) 94 77 70 – www.sonnenhof.de – geschl. Montag - Dienstag

Rest – Menü 24/49 € – Karte 22/43 €

Sie sitzen im klassischen "Stüble am Kachlofen" oder in "Hilse's schwäbischem Beizle" - in beiden Räumen reicht man eine regional-saisonal ausgerichtete Karte. Ein Tipp für warme Sommerabende: der erhöht gelegene Biergarten mit Pavillon.

SCHWÄBISCH HALL – Baden-Württemberg – 545 – 37 140 Ew – Höhe 304 m

56 H17

Berlin 551 – Stuttgart 74 – Heilbronn 53 – Nürnberg 138

Am Markt 9 B2, ✉ 74523, ✆ (0791) 75 12 46, www.schwaebischhall.de

Schwäbisch Hall-Dörrenzimmern, Am Golfplatz 1, ✆ (07907) 81 90

Marktplatz★★ · Rathaus★ · Michaelskirche (Innenraum★) B2 · Kocherufer★ (Mauerstraße ★) · Kunsthalle Würth★★ A2

Benediktinerkloster Großcomburg★ (Leuchter★★★), Süd-Ost: 3 km

Hohenlohe

Rest,

Weilertor 14 ✉ 74523 – ✆ (0791) 7 58 70 – www.hotel-hohenlohe.de

108 Zim – 112/164 € 148/220 € – 6 Suiten – ½ P A1**c**

Rest *Hohenlohe Aussichtsrestaurant* – siehe Restaurantauswahl

Rest *Jenseits Kochers* – *(nur Abendessen)* Karte 18/49 €

Ein komfortables Hotel mit ansprechendem Wellnessangebot und schönem Rosengarten. Viele Zimmer (darunter luxuriöse Landhauszimmer und Suiten) mit Balkon und Blick auf Altstadt und Kocher. Neben dem klassischen Restaurant gibt es noch das Bistro Jenseits Kochers, mit Bar.

Der Adelshof

Am Markt 12 ✉ 74523 – ✆ (0791) 7 58 90 – www.hotel-adelshof.de

43 Zim – 85/120 € 120/150 € – 1 Suite – ½ P B2**e**

Rest *San Michele* Rest *Ratskeller* – siehe Restaurantauswahl

Sie möchten die Museen der Stadt besuchen? Dann ist dieses schöne historische Haus die ideale Unterkunft, denn auch hier treffen Sie auf Themen wie Stadt, Kunst und Geschichte - miteinbezogen in die individuelle Gestaltung der Zimmer!

Kronprinz

Bahnhofstr. 17 ✉ 74523 – ✆ (0791) 9 77 00 – www.kronprinz-hall.de – geschl. Weihnachten - Anfang Januar A2**s**

43 Zim – 78/111 € 108/145 € – ½ P

Rest – *(geschl. Sonntag)* Menü 18/23 € – Karte 18/42 €

Das Haus a. d. 17. Jh. ist ein von zwei Schwestern freundlich geleitetes Hotel mit hellen zeitgemäßen Zimmern, die teilweise einen schönen Blick auf die Stadt bieten. Neuzeitlich gestaltetes Restaurant und ländliche Gaststube. Spezialität sind Forellengerichte.

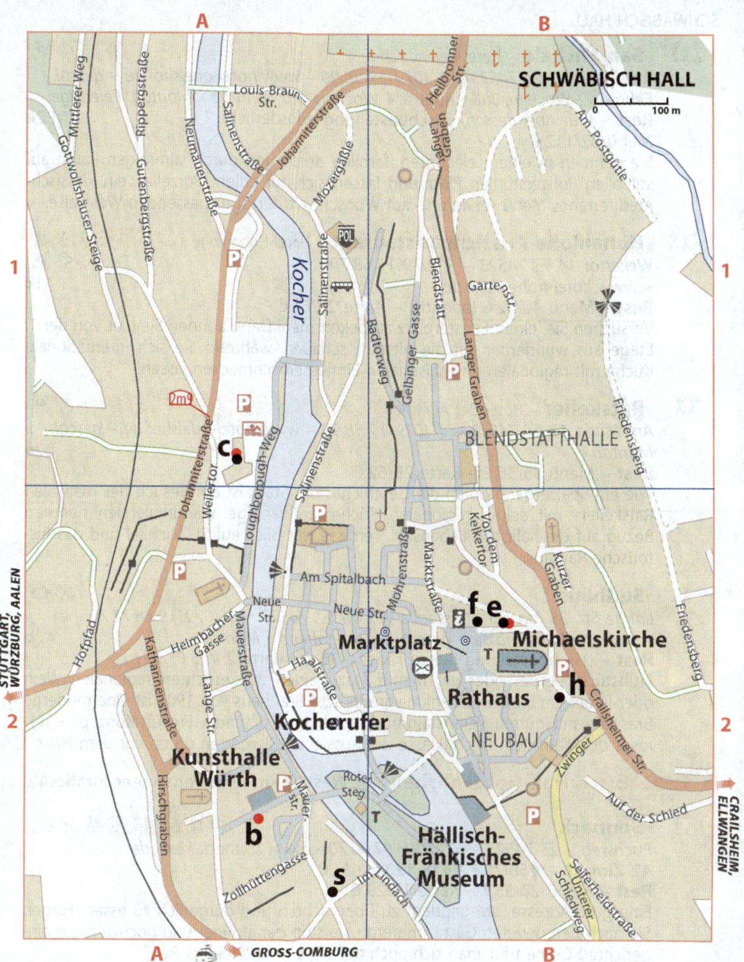

Scholl garni

Klosterstr. 2 ✉ 74523 – ✆ (0791) 9 75 50 – www.hotelscholl.de – geschl. 21. Dezember - 6. Januar B2**h**

41 Zim – 🚹75/99 € 🚹🚹99/145 €

Am Holzmarkt stehen die drei miteinander verbundenen historischen Stadthäuser. Holzbalken zieren den Frühstücksraum und die meisten Zimmer. Ruhig sind die Zimmer zum Innenhof.

Goldener Adler

Am Markt 11 ✉ 74523 – ✆ (0791) 94 66 46 80 – www.hotelgoldeneradler.de

23 Zim – 🚹64/87 € 🚹🚹98/154 € – ½ P B2**f**

Rest – Menü 19/49 € – Karte 16/32 €

Schauen Sie sich am besten selbst an, wie harmonisch man Mittelalter und Moderne verbinden kann! Das komplett sanierte Haus von 1578 gehört mit seiner schmucken Fassade fest ins Stadtbild hier am historischen Marktplatz. Im Sommer haben Sie einen Logenplatz bei den Freilichtspielen gleich gegenüber an der Kirche St. Michael!

XXX **San Michele** – Hotel Der Adelshof

Am Markt 12 ✉ 74523 – ✆ (0791) 7 58 90 – www.hotel-adelshof.de – geschl. Februar 2 Wochen, Juli - August 4 Wochen und Sonntag - Montag, Feiertage

Rest – *(nur Abendessen)* (Tischbestellung erforderlich) B2**e**

Menü 82/112 €

Sie nehmen in einem eleganten, farblich durch und durch stimmigen Raum auf stilvollen Polsterstühlen Platz und lassen sich auf edlem Porzellan ein klassisch-mediterranes Menü servieren - auf Wunsch mit der dazu passenden Weinreise.

XXX **Hohenlohe Aussichtsrestaurant** – Hotel Hohenlohe

Weilertor 14 ✉ 74523 – ✆ (0791) 7 58 70 – www.hotel-hohenlohe.de A1**c**

Rest – Menü 40/52 € (abends) – Karte 29/61 €

Versuchen Sie, einen Fensterplatz zu bekommen! Dann können Sie hier von der 1. Etage aus wunderbar auf die Altstadt schauen, während Sie sich internationale Küche mit regionalen und saisonalen Einflüssen schmecken lassen!

XX **Ratskeller** – Hotel Der Adelshof

Am Markt 12 ✉ 74523 – ✆ (0791) 7 58 90 – www.hotel-adelshof.de – geschl. Montag B2**e**

Rest – Menü 35/56 € – Karte 29/62 €

Wie ein Spaziergang durch die Geschichte der Stadt ist der Besuch des rustikalen Ratskellers mit seiner regionalen Küche: aufwändige Wandmalereien nehmen Bezug auf die hällische Lebensart. Terrasse mit Blick auf St. Michael und das historische Rathaus.

X **Sudhaus**

Lange Str. 35 (an der Kunsthalle Würth) ✉ 74523 – ✆ (0791) 9 46 72 70 – www.sudhaus-sha.de – geschl. Sonntagabend - Montag A2**b**

Rest – (Tischbestellung ratsam) Menü 36 € – Karte 20/55 €

Frühstück, Vesper oder ein Menü? Dazu einen ausgesuchten regionalen Wein oder lieber ein Bier? Das denkmalgeschützte Brauhaus von 1903 ist eine moderne Brasserie mit gutem Veranstaltungsbereich und schönem Freiluft-Konzept - Terrasse oben auf dem Dach (klasse die Aussicht!), Biergarten unten vor dem Haus.

In Schwäbisch Hall-Gottwollshausen **West: 4 km über Johanniter Straße A2**

Sonneck Zim,

Fischweg 2 ✉ 74523 – ✆ (0791) 97 06 70 – www.sonneck-klenk.de

42 Zim – 58/78 € 78/120 € – ½ P

Rest – Menü 20/35 € – Karte 15/29 €

Eine gute Adresse, um gepflegt zu übernachten und bürgerlich zu essen. Fragen Sie nach den neueren Gästezimmern - sie sind geräumiger und hochwertiger eingerichtet! Gerne trifft man sich auch auf ein Bier in "Heiners Pub".

In Schwäbisch Hall-Hessental **Süd-Ost: 3 km über B2, Richtung Crailsheim**

Die Krone Rest,

Wirtsgasse 1 ✉ 74523 – ✆ (0791) 9 40 30 – www.hotel-diekrone.de

90 Zim – 72/121 € 99/165 € – ½ P

Rest – ✆ (0791) 9 40 30 – Karte 21/40 €

Familienbetrieb mit "Limpurgischem Hochzeitshaus" von 1541 und zeitgemäßem Hotelanbau. Interessanter Park mit diversen Freizeitmöglichkeiten. Geräumig: First-Class-Zimmer und Appartements. Restaurant in rustikalem Stil. Schöner Barocksaal für Feierlichkeiten.

Landhaus Wolf

Karl-Kurz-Str. 2 ✉ 74523 – ✆ (0791) 93 06 60 – www.landhauswolf.eu

24 Zim – 75/105 € 95/125 €

Rest *Eisenbahn* ✿ – siehe Restaurantauswahl

Mit Sohn Thomas ist nun die 4. Generation der Familie Wolf im Haus. Der Gasthof mit der schönen Fachwerkfassade ist das Stammhaus, die Zimmer befinden sich im Anbau - wohnlich und wertig die Einrichtung.

Eisenbahn (Josef und Thomas Wolf) – Hotel Landhaus Wolf 
Karl-Kurz-Str. 2 ✉ 74523 – ✆ (0791) 93 06 60 – www.landhauswolf.eu – geschl. Ende Februar - Anfang März 2 Wochen, Oktober - November 2 Wochen und Sonntag - Montag
Rest – *(nur Abendessen)* (Tischbestellung ratsam) Menü 48 € (vegetarisch)/ 125 € – Karte 53/81 €
Josef Wolf teilt sich die Küche inzwischen mit seinem Sohn, während Ehefrau Christa freundlich den Service managt. Sowohl das ansprechende Speisenangebot samt jahreszeitlicher Menüs als auch das elegante Ambiente (geschmackvoll die warmen Creme-Töne) zeugen vom Engagement der Gastgeber!
➜ Feines vom Taschenkrebs mit Koriander, Jakobsmuschel, Avocado, Zitronengrasmarinade. Bretonischer Wildfang Steinbutt im Pastilla-Teig gegart, Lauch, Poverade. Blutorangen-Sorbet-Kugel „Kindheitstraum " gefüllt mit luftig leichtem Schaum und Rhabarber.

In Schwäbisch Hall-Veinau Nord-Ost: 4,5 km über B2, Richtung Crailsheim

Landhaus Zum Rössle 
Zeilwiesen 5 ✉ 74523 – ✆ (0791) 25 93 – www.roessle-veinau.de
21 Zim – 🚹54/64 € 🚹🚹79/89 € – ½ P
Rest *Landhaus Zum Rössle* – siehe Restaurantauswahl
Der traditionsreiche Gasthof unter familiärer Leitung liegt in einem kleinen Ort in ländlicher Umgebung. Die Zimmer sind schön modern oder etwas funktioneller eingerichtet.

Landhaus Zum Rössle – Hotel Landhaus Zum Rössle
Zeilwiesen 5 ✉ 74523 – ✆ (0791) 25 93 – www.roessle-veinau.de – geschl. Dienstag
Rest – *(Montag - Freitag nur Abendessen)* Menü 32/46 € – Karte 26/46 €
Auf die lange Familientradition (seit 1493!) ist man stolz, und den vollen Einsatz sieht und schmeckt man: Frische, Qualität und Preis stimmen - das wissen auch die Gäste zu schätzen! "Wildragout mit Pilzen und Knödel" ist nur ein Beispiel für die gute regional-saisonale Küche. Scheune für Events.

In Schwäbisch Hall-Weckrieden Süd-Ost: 3 km über B2, Richtung Crailsheim

Rebers Pflug 
Weckriedener Str. 2 ✉ 74523 – ✆ (0791) 93 12 30 – www.rebers-pflug.de – geschl. 1. - 14. Januar
18 Zim – 🚹79 € 🚹🚹98 € – 2 Suiten – ½ P
Rest *Rebers Pflug* – siehe Restaurantauswahl
Wer nach dem ausgezeichneten Essen die Gastfreundschaft der sympathischen Familie Reber noch etwas länger genießen möchte, bleibt einfach über Nacht. Vor allem von den wunderschönen Juniorsuiten im Garten mag man sich gar nicht mehr trennen!

Rebers Pflug – Hotel Rebers Pflug 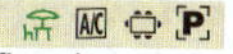
Weckriedener Str. 2 ✉ 74523 – ✆ (0791) 93 12 30 – www.rebers-pflug.de – geschl. 1. - 14. Januar und Sonntagabend - Dienstagmittag
Rest – Menü 49 € (vegetarisch)/92 € – Karte 35/70 €
Ein Besuch in dem Traditionshaus von 1805 bedeutet frische Küche mit Bezug zur Region. "Pflug-Klassiker" wie Maultaschen und Rostbraten gibt es bei Hans-Harald Reber ebenso wie das "Genießermenü" in fünf Gängen! Sie möchten nur einen Snack? Den bekommt man in der modernen "Schwein & Weinbar".
➜ Zanderschnitte auf Frühlingsspinat mit Nudelflecken und Morchelschaum. Filet vom heimischen Kalb in der Kerbelkruste mit zweierlei Spargel und gebackenem Kartoffelflädle. Variation von Pfirsichen, Buttermilch und Vanille.

SCHWAIG – Bayern – **546** – 8 220 Ew – Höhe 320 m **50** L16
Berlin 429 – München 171 – Nürnberg 14 – Lauf 6

Siehe Nürnberg (Umgebungsplan)

In Schwaig-Behringersdorf

Weißes Ross (mit Gästehaus) 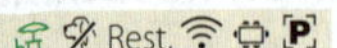
Schwaiger Str. 2 ✉ 90571 – ✆ (0911) 5 06 98 80 – www.weissesross.de – geschl. 1. - 7. Januar D1s
30 Zim – 60/110 € 90/130 € – ½ P
Rest – *(geschl. Montag)* Menü 11 € – Karte 12/39 €
Der familiengeführte Gasthof mit guter Autobahnanbindung ist eine solide und gepflegte Adresse. Die Zimmer im Gästehaus sind etwas größer. Gemütliche holzgetäfelte Gaststuben mit bürgerlicher Küche.

SCHWAIGERN – Baden-Württemberg – 545 – 11 020 Ew – Höhe 107 m 55 G17

Berlin 613 – Stuttgart 51 – Heilbronn 15 – Karlsruhe 61

Zum Alten Rentamt mit Zim Rest,
Schlossstr. 6 ✉ 74193 – ✆ (07138) 52 58 – www.altesrentamt.de – geschl. über Fasching, Anfang August 3 Wochen und Sonntag - Montag sowie an Feiertagen
12 Zim – 68/80 € 98/110 € – ½ P
Rest – Menü 27/43 € – Karte 29/52 €
Natürlich hat man dem schönen 300 Jahre alten Fachwerkhaus auch innen ein Stück Historie erhalten: im gemütlich-stilvollen Restaurant mit Kachelofen und auch in den Gästezimmern. Christian Pilz bietet mittags und abends regionale "Gutsküche", für ein gehobeneres Dinner wählt man die zeitgemäße "Schlossküche". So reicht das Angebot von der "Roulade vom Angus Rind" bis zum "Lammrücken im Gemüsecrêpe".

SCHWALBACH – Saarland – 543 – 17 670 Ew – Höhe 215 m 45 B17

Berlin 726 – Saarbrücken 25 – Kaiserslautern 84 – Saarlouis 6

In Schwalbach-Elm Süd-Ost: 2 km

Mühlenthal garni (mit Gästehaus) 
Bachtalstr. 214 ✉ 66773 – ✆ (06834) 9 55 90 – www.hotel-muehlenthal.de
27 Zim – 53/75 € 75/85 € – 1 Suite
Die Vorzüge dieses Hotels? Es wird familiär geführt, ist tipptopp gepflegt, die Zimmer haben teilweise einen Balkon zum hübschen Garten mit Teich, am Morgen frühstückt man in freundlichem Ambiente und tagsüber kann man auf Reservierung Kutschfahrten unternehmen. Außerdem betreibt die Schwägerin des Chefs gleich nebenan ein Restaurant - hier bekommt man abends (außer sonntags) als Spezialität Gerichte vom Grill.

SCHWANGAU – Bayern – 546 – 3 360 Ew – Höhe 796 m – Wintersport: 1 720 m 1 4 – Heilklimatischer Kurort 65 K22

Berlin 656 – München 116 – Kempten (Allgäu) 47 – Füssen 3

Münchener Str. 2, ✉ 87645, ✆ (08362) 8 19 80, www.schwangau.de

Schloss Neuschwanstein★★★, Süd: 3 km · Schloss Hohenschwangau★, Süd: 4 km

Weinbauer 
Füssener Str. 3 ✉ 87645 – ✆ (08362) 98 60 – www.hotel-weinbauer.de – geschl. 8. - 18. Dezember, 9. Januar - 13. Februar
40 Zim – 48/54 € 78/90 €
Rest *S'Wirtshaus im Weinbauer* – *(geschl. Mittwochmittag, Donnerstagmittag)* Karte 22/40 €
Der gewachsene alpenländische Gasthof unter familiärer Leitung liegt an der Hauptstraße unweit der Königsschlösser. Die Zimmer sind z. T. besonders freundlich und neuzeitlich. Bayerisch-schwäbische Spezialitäten in verschiedenen Restauranträumen mit Kachelofen oder Holztäfelung.

In Schwangau-Hohenschwangau

Müller

Alpseestr. 16 ✉ 87645 – ✆ (08362) 8 19 90 – www.hotel-mueller.de – geschl. Anfang Januar - Ende März

39 Zim – 105/155 € 140/190 € – 3 Suiten **Rest** – Karte 26/49 €

Das seit 1910 existierende Hotel liegt zwischen den beiden Königsschlössern und beherbergt gediegene Gästezimmer mit unterschiedlichem Komfort und Schlossblick. Restaurant in klassischem oder gemütlich-rustikalem Stil. Terrasse mit Sicht auf die Schlösser.

In Schwangau-Horn

Rübezahl

Am Ehberg 31 ✉ 87645 – ✆ (08362) 88 88 – www.hotelruebezahl.de

37 Zim – 105/125 € 155/210 € – 8 Suiten – ½ P

Rest *Rübezahl* – siehe Restaurantauswahl

Die Umgebung ist schön ruhig, die Betreiberfamilie engagiert und die Zimmer (teils mit Schlossblick) sind nach umfassender Renovierung modern-elegant, haben aber dennoch einen regionalen Touch. Der wohltemperierte Außenpool lockt auch im Winter!

XX

Rübezahl – Hotel Rübezahl

Am Ehberg 31 ✉ 87645 – ✆ (08362) 88 88 – www.hotelruebezahl.de

Rest – Menü 28/65 € – Karte 28/74 €

Unterschiedliche Räume, verschiedene Stilrichtungen: stylish-modern mit Swarovski-Dekorationen, klassisch-rustikal oder richtig urig mit Zirbelholz. Tipp: Donnerstags gibt es ein schmackhaftes Bayrisches Buffet, das gut ankommt!

In Schwangau-Waltenhofen

Café Gerlinde garni

Forggenseestr. 85 ✉ 87645 – ✆ (08362) 82 33 – www.pension-gerlinde.de – geschl. 3. November - 19. Dezember, März 2 Wochen und Montag

19 Zim – 43/52 € 60/98 €

Dem herrlichen Duft von frisch gebackenem Kuchen kann man einfach nicht widerstehen! Man serviert ihn (und auch kleine Gerichte) im heimeligen Café. Hier frühstücken Sie auch, wenn Sie in dem netten Familienbetrieb in Seenähe übernachten.

SCHWARMSTEDT – Niedersachsen – 541 – 5 210 Ew – Höhe 29 m – Erholungsort 18 H8

Berlin 310 – Hannover 51 – Bremen 88 – Celle 33

Am Markt 1, ✉ 29690, ✆ (05071) 86 88, www.schwarmstedt.de

In Schwarmstedt-Bothmer Nord-West: 3 km über B 214

Gästehaus Schloss Bothmer

Alte Dorfstr. 15 ✉ 29690 – ✆ (05071) 30 37 – www.schlossbothmer.de

6 Zim – 89/99 € 119/139 € – ½ P

Rest – *(nur Abendessen)* Menü 26/50 €

Ganz individuell wohnt man auf diesem nicht alltäglichen Anwesen. Im Gästehaus des privat bewohnten Schlosses stehen sehr schöne und stilvolle Zimmer bereit, teils mit kleinem Wintergarten. Im lichtdurchfluteten Restaurant bietet man Menüs für Hausgäste.

In Essel Nord-Ost: 8 km, Richtung Ostenholz, jenseits der A 7

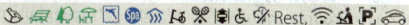

Heide-Kröpke

Rest,

Esseler Damm 1 ✉ 29690 – ✆ (05167) 97 90 – www.heide-kroepke.de

53 Zim – 85/95 € 115/155 € – 7 Suiten – ½ P

Rest – Menü 22/52 € – Karte 24/52 €

Die Hotelanlage mit Park wird bereits in der 3. Generation familiär geleitet. Man bietet u. a. Maisonetten, moderne Suiten oder die gemütliche "Schnucken-Etage". Gutes Spa-Angebot. Freundliches gediegenes Ambiente im Restaurant.

SCHWARZACH am MAIN – Bayern – 546 – 3 680 Ew – Höhe 190 m 49 I15

Berlin 471 – München 255 – Würzburg 28 – Bamberg 47

Im Ortsteil Stadtschwarzach

Schwab's Landgasthof

Bamberger Str. 4 ✉ 97359 – ✆ (09324) 12 51 – www.landgasthof-schwab.de – geschl. Februar 2 Wochen, August 2 Wochen

13 Zim – †49 € ††75 €

Rest *Schwab's Landgasthof* – siehe Restaurantauswahl

Seit vier Generationen wird hier fränkische Gastfreundschaft groß geschrieben. Nahe der A3 bietet Familie Schwab Ihnen wohnliche und technisch gut ausgestattete Zimmer - wirklich toll und sehr hochwertig die beiden komplett in Holz gehaltenen Zimmer!

Schwab's Landgasthof – Hotel Schwab's Landgasthof

Bamberger Str. 4 ✉ 97359 – ✆ (09324) 12 51 – www.landgasthof-schwab.de – geschl. Februar 2 Wochen, August 2 Wochen und Montag - Dienstag

Rest – (Tischbestellung ratsam) Menü 24/33 € – Karte 24/38 €

Die Nähe zur Autobahn ist nicht nur praktisch für eine Stärkung auf der Reise, das Haus der Familie Schwab ist wegen seiner guten Küche auch bei Einheimischen gefragt. Wer gerne bodenständig und regional isst, freut sich hier z. B. über "Rinderroulade mit gebackenen Klößen und Blaukraut"!

SCHWARZENBERG – Sachsen – 544 – 18 550 Ew – Höhe 450 m 42 O13

– Wintersport: 800 m 2

Berlin 300 – Dresden 125 – Chemnitz 41 – Chomutov 76

Oberes Tor 5, ✉ 08340, ✆ (03774) 2 25 40, www.schwarzenberg.de

St-Georgenkirche★

Neustädter Hof Rest,

Grünhainer Str. 24 ✉ 08340 – ✆ (03774) 12 50 – www.neustaedterhof.de

77 Zim – †62/72 € ††95/99 € – 2 Suiten – ½ P **Rest** – Karte 15/34 €

Das a. d. J. 1910 stammende Haus an der Straßenecke beherbergt hinter seiner hübschen auffallenden Fassade zeitgemäße, wohnlich und funktionell gestaltete Zimmer. Elegante Note im Restaurant mit Kronleuchtern und Holzfußboden.

SCHWARZENFELD – Bayern – 546 – 6 200 Ew – Höhe 364 m 51 N17

Berlin 443 – München 175 – Weiden in der Oberpfalz 38 – Nürnberg 82

Kemnath bei Fuhrn, ✆ (09439) 4 66

Schloss Schwarzenfeld Rest,

Schlossstr. 13 ✉ 92521 – ✆ (09435) 55 50 – www.schloss-schwarzenfeld.de

84 Zim – †99/119 € ††129/149 € – 4 Suiten – ½ P

Rest – *(geschl. Sonntag)* Menü 29/49 € – Karte 32/43 €

Planen Sie Ihre nächste Tagung doch mal in einem Schloss! Hier kommen zum attraktiven Rahmen eine komfortable Ausstattung (Tipp: Suiten im Schloss), eine schöne Außenanlage sowie die gute Autobahnanbindung (A93 und A6). Ein bisschen Historie vermittelt das weiße Kreuzgewölbe im Restaurant Le Château.

In Fensterbach-Wolfringmühle West: 7,5 km in Richtung Amberg

Wolfringmühle

Wolfringmühle 3 ✉ 92269 – ✆ (09438) 9 40 20 – www.hotel-wolfringmuehle.de – geschl. 3. - 25. Januar

53 Zim – †53/61 € ††79 € – 1 Suite – ½ P

Rest – Menü 20 € – Karte 14/41 €

Hier mischen sich Tagungsgäste, Familien, Kegelgruppe und Urlauber. Der ansprechende Bade-, Sauna- und Massagebereich bietet Erholung für alle und wohl jeder sitzt im Sommer gerne im Biergarten unter schattenspendenden Kastanien!

SCHWARZHEIDE – Brandenburg – 542 – 6 060 Ew – Höhe 100 m 33 Q11

Berlin 144 – Potsdam 162 – Senftenberg 18 – Dresden 56

lukAs mit Zim

Ruhlander Str. 49 ✉ 01987 – ✆ (035752) 96 91 41 – www.lukas-schwarzheide.de
5 Zim – †54 € ††69 €, ☐ 10 € – ½ P
Rest – *(geschl. Montagmittag)* Karte 19/37 €
Freundlich und neuzeitlich - dieser Eindruck begleitet Sie durch das ganze Haus, vom Restaurant (hier serviert man Ihnen international-saisonale Küche aus frischen Produkten) über die Zimmer (freuen Sie sich über die kostenfreie Minibar!) bis zur Lounge.

SCHWEDT – Brandenburg – 542 – 34 040 Ew – Höhe 5 m 23 R6

Berlin 100 – Potsdam 136 – Neubrandenburg 98 – Szczecin 87
Berliner Str. 46, ✉ 16303, ✆ (03332) 25 59 10, www.unteres-odertal.de

Andersen garni

Gartenstr. 11 ✉ 16303 – ✆ (03332) 2 91 10 – www.andersen.de
32 Zim ☐ – †68/76 € ††80/96 €
Ein funktionell ausgestattetes Hotel in der Altstadt, auch für Businessgäste geeignet. Im Sommer kann man auf der Dachterrasse frühstücken. Auf Wunsch: hausgebackener Kuchen.

SCHWEICH – Rheinland-Pfalz – 543 – 6 700 Ew – Höhe 130 m 45 B15

Berlin 706 – Mainz 149 – Trier 18 – Bernkastel-Kues 36
Brückenstr. 46, ✉ 54338, ✆ (06502) 9 33 80, www.roemische-weinstrasse.de

Schweicher Hof mit Zim

Rest,

Brückenstr. 45 ✉ 54338 – ✆ (06502) 9 39 90 – www.hotel-schweicher-hof.de
11 Zim ☐ – †49 € ††89 € – ½ P **Rest** – Menü 36/45 € – Karte 26/41 €
Wo gefällt es Ihnen an besten? In der schlichten Brasserie, im geschmackvollen Restaurant mit kleinem Wintergarten oder auf der schönen Terrasse? Die Speisekarte ist überall gleich und darauf findet sich sowohl das bürgerliche Schnitzel als auch der "in Olivenöl gebratene Knurrhahn auf getrüffeltem Spinat". Gepflegt übernachten kann man hier übrigens auch.

SCHWEINFURT – Bayern – 546 – 53 420 Ew – Höhe 226 m 49 J15

Berlin 456 – München 287 – Würzburg 51 – Bamberg 57
ADAC Rückertstr. 17 B2
Markt 1, Rathaus B2, ✉ 97421, ✆ (09721) 51 36 00, www.schweinfurt360.de
18 Löffelsterz, Ebertshäuser Str. 17, ✆ (09727) 58 89

Stadtplan auf der nächsten Seite

Roß

Hohe Brückengasse 4 ✉ 97421 – ✆ (09721) 2 00 10 – www.hotel-ross.de
– geschl. 23. Dezember - 6. Januar B2r
47 Zim ☐ – †88/108 € ††105/120 € – ½ P
Rest – *(geschl. Sonntag - Montagmittag, Feiertage) (August: nur Abendessen)*
Menü 28/65 € (abends) – Karte 18/54 €
Das engagiert geführte Hotel von 1806 liegt in der Altstadt von Schweinfurt. Die Gästezimmer sind wohnlich, funktionell und technisch gut ausgestattet. Internationale und regionale Küche im Restaurant. Modern hat man die Vinothek-Bar gestaltet.

Alte Reichsbank

Rest,

Neutorstr. 4 1/2 ✉ 97421 – ✆ (09721) 54 16 70 – www.altereichsbank.de
18 Zim ☐ – †69/109 € ††79/119 € B1a
Rest – *(geschl. Sonntagabend - Montag) (Dienstag - Samstag nur Abendessen)*
Menü 22/48 € – Karte 20/41 €
Zentral gegenüber dem Châteaudun-Park gelegenes Hotel im Gebäude der ehemaligen Reichsbank a. d. J. 1923. Geräumige, freundliche Zimmer mit funktioneller Ausstattung. Das helle, neuzeitliche Restaurant wird ergänzt durch eine Weinstube im einstigen Tresorraum.

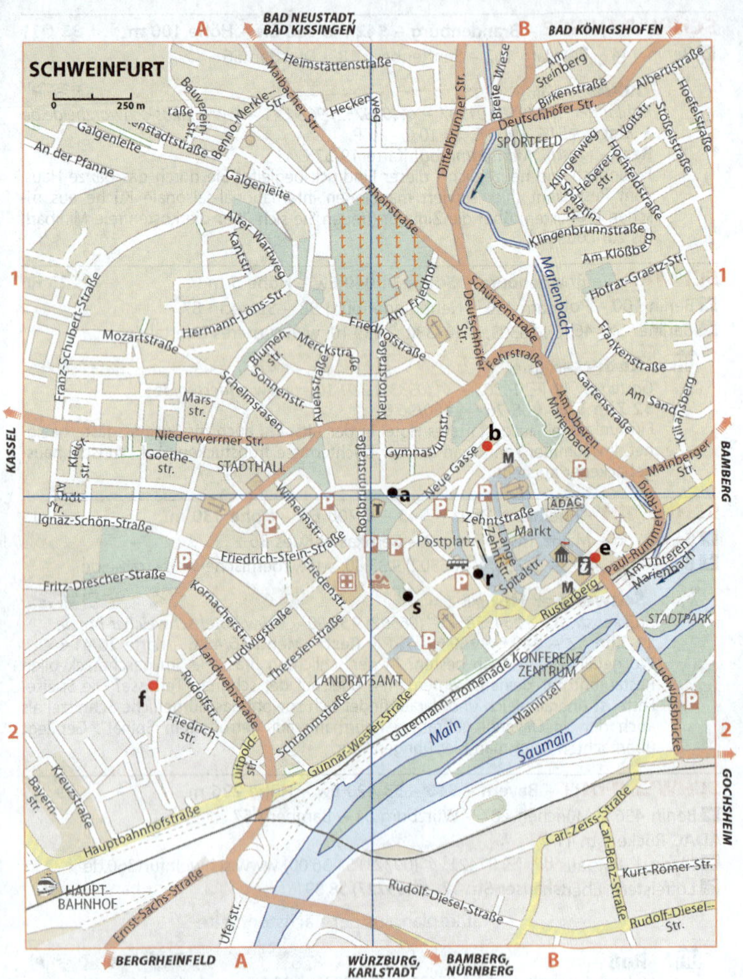

Park Hotel garni

Hirtengasse 6a ✉ 97421 – ✆ (09721) 12 77 – www.park-hotel-mpm.de – geschl. 22. Dezember - 7. Januar B2**s**

39 Zim – 79/89 € 109 €

Das Businesshotel in der Innenstadt verfügt über funktionale Gästezimmer und einen hellen, freundlichen Frühstücksraum. Moderne Bilder zieren das Haus.

Kugelmühle

Georg-Schäfer-Str. 30 ✉ 97421 – ✆ (09721) 91 47 02 – www.restaurant-kugelmuehle.de – geschl. 22. Dezember - 5. Januar, August und Samstag - Sonntag A2**f**

Rest – (Tischbestellung erforderlich) Menü 49/65 € – Karte 37/58 €

Modern-elegantes Restaurant in einem Fabrikgebäude unter der Leitung von Küchenchef und Inhaber Max Matreux. Fränkisch-mediterrane Küche auf klassischer Basis, dazu aufmerksamer Service.

Kings & Queens

Bauerngasse 101 ✉ 97421 – ✆ (09721) 53 32 42 – www.kings-u-queens.de – geschl. über Fasching, 4. - 26. August und Sonntag - Montag, Dezember - Januar: Montag B1**b**

Rest – *(nur Abendessen)* Menü 35/62 € – Karte 32/44 €

Gemütlich das kleine Restaurant der Familie Wiederer, schmackhaft die internationale Klüche des Chefs. Da finden sich "Riesengarnelen mit Zitrone, Risotto und Rucola" oder "Maishuhn mit Pfifferlingkruste, Kohlrabi-Vanillegemüse und Couscous" auf der Karte. Gerne berät Sie der freundliche und kompetente Service bei Ihrer Weinauswahl.

Ebracher Hof mit Zim

Rest,

Rittergasse 2 ✉ 97421 – ✆ (09721) 73 02 30 – www.ebracher-hof-sw.de – geschl. Sonntagabend B2**e**

8 Zim – 99 € 125 € – ½ P

Rest – Menü 14 € (mittags)/35 € – Karte 14/29 €

Im schönen historischen Rahmen eines ehemaligen Klosters bietet man in modernem Ambiente regional-saisonale Speisen. Im Hof befindet sich eine hübsche Sonnenterrasse. Zeitgemäße, wohnliche Gästezimmer.

SCHWENDI – Baden-Württemberg – 545 – 6 230 Ew – Höhe 538 m

64 I20

Berlin 645 – Stuttgart 127 – Konstanz 138 – Ravensburg 67

Wain, Reischenhof, ✆ (07353) 17 32

Oberschwäbischer Hof

Hauptstr. 9 ✉ 88477 – ✆ (07353) 9 84 90 – www.oberschwaebischer-hof.de

30 Zim – 89/94 € 120/150 € – ½ P

Rest *Oberschwäbischer Hof* – siehe Restaurantauswahl

Schon die Architektur spricht einen hier an, ebenso das modern-funktionale Interieur. Schön die große Lobby sowie der Fitness- und Saunabereich mit Zugang zur Liegewiese, die Zimmer sind angenehm hell und liegen recht ruhig nach hinten.

Oberschwäbischer Hof – Hotel Oberschwäbischer Hof

Hauptstr. 9 ✉ 88477 – ✆ (07353) 9 84 90 – www.oberschwaebischer-hof.de – geschl. Sonntag

Rest – Menü 29/60 € – Karte 29/50 €

Elmar Reisch kocht für Sie regionale Gerichte, in die er gekonnt internationale Einflüsse integriert - so liest man auf der Karte z. B. "Orangen-Ingwer-Karottensuppe" oder "Maishühnchenbrust mit Kichererbsen und Pak Choi". Dazu passt auch die moderne Note im Restaurant.

SCHWERIN L – Mecklenburg-Vorpommern – 542 – 95 220 Ew – Höhe 38 m

11 L5

Berlin 203 – Lübeck 67 – Rostock 89

ADAC Lübecker Str. 18 A2

Am Markt 14, Rathaus B2, ✉ 19055, ✆ (0385) 5 92 52 12, www.schwerin.info

Gneven-Vorbeck, Kranichweg 1, ✆ (03860) 50 20

Schloss-Insel★: Schloss★ (Thronsaal★) · Schlosskirche★ B2 · Schlossgarten★ B3 · Altstadt: Dom★ · Staatliches Museum★ B2

Stadtplan auf der nächsten Seite

Carathotel Schwerin

Bleicher Ufer 23 ✉ 19053 – ✆ (0385) 5 75 50 – www.carat-hotel-schwerin.de

100 Zim – 65/99 € 65/99 €, 15 € – ½ P A3**n**

Rest – *(nur Abendessen)* Menü 22/48 € – Karte 18/51 €

In dem Hotel etwas außerhalb der Altstadt erwarten Sie gediegen-komfortable Zimmer, einige davon mit Blick zum See. Gute Tagungsmöglichkeiten und großer Fitness-Club. Internationale Küche im Restaurant mit Terrasse.

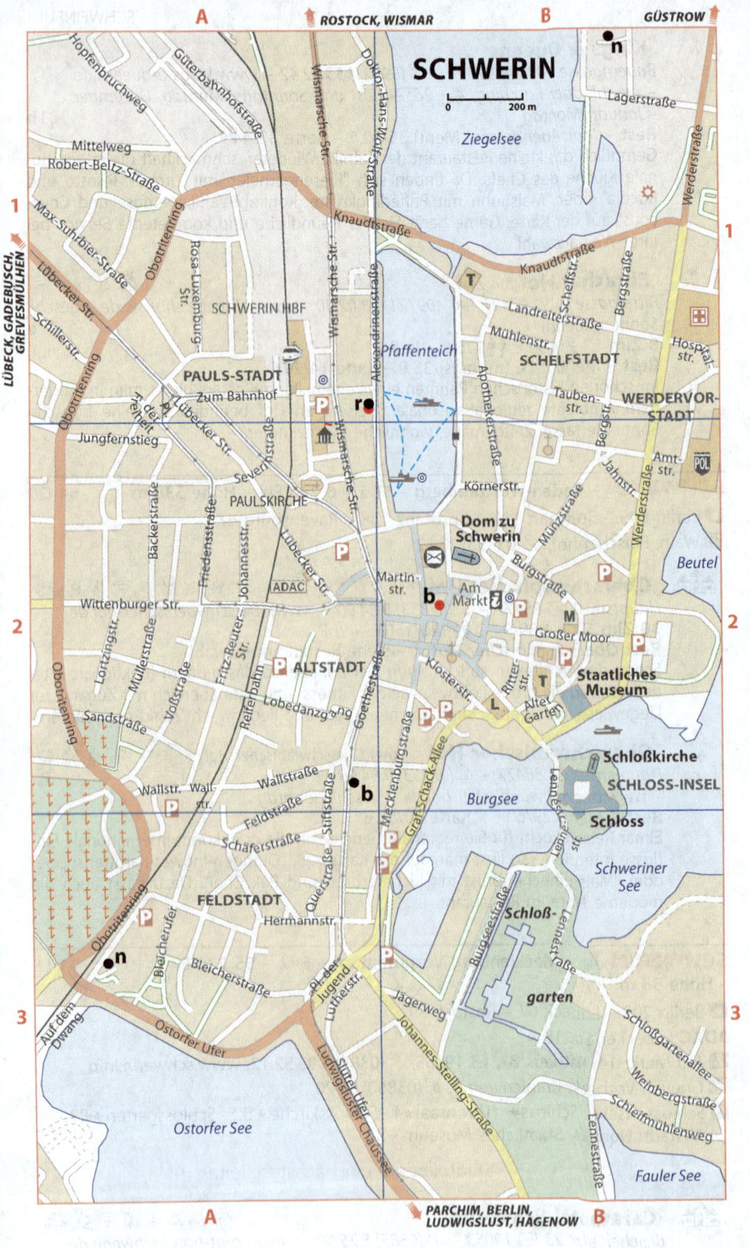

SCHWERIN
0
200 m
A
B
1
2
3
ROSTOCK, WISMAR
GÜSTROW
LÜBECK, GADEBUSCH, GREVESMÜHLEN
PARCHIM, BERLIN, LUDWIGSLUST, HAGENOW
Ziegelsee
Pfaffenteich
Burgsee
Schweriner See
Ostorfer See
Fauler See
Beutel
SCHWERIN HBF
PAULS-STADT
PAULSKIRCHE
SCHELFSTADT
WERDERVOR-STADT
ALTSTADT
FELDSTADT
Dom zu Schwerin
Staatliches Museum
Schloßkirche
SCHLOSS-INSEL
Schloss
Schloß-garten
Knaudtstraße
Lagerstraße
Werderstraße
Güterbahnhofstraße
Hopfenbruchweg
Mittelweg
Robert-Beltz-Straße
Max-Suhrbier-Straße
Lübecker Str.
Schillerstr.
Obotritenring
Rosa-Luxemburg-Str.
Wismarsche Str.
Doktor-Hans-Wolf-Straße
Alexandrinenstraße
Zum Bahnhof
Jungfernstieg
Severinstraße
Bäckerstraße
Friedensstraße
Johannesstr.
Wittenburger Str.
Lortzingstr.
Müllerstraße
Voßstraße
Fritz-Reuter-Str.
Reiferbahn
Lobedanzgang
Goethestraße
Sandstraße
Wallstr.
Wallstraße
Feldstraße
Schäferstraße
Stiftstraße
Querstraße
Hermannstr.
Bleicherufer
Bleicherstraße
Ostorfer Ufer
Auf dem Dwang
Pl. der Jugend
Lutherstr.
Jägerweg
Johannes-Stelling-Straße
Ludwigsluster Chaussee
Stifter Ufer
Mecklenburgstraße
Graf-Schack-Allee
Martinstr.
Am Markt
Klosterstr.
Ritterstr.
Alter Garten
Großer Moor
Burgstraße
Münzstraße
Körnerstr.
Apothekerstraße
Landreiterstraße
Mühlenstr.
Schelfstr.
Bergstraße
Taubenstr.
Bergstr.
Jahnstr.
Amtstr.
Hospitalstr.
Lennéstr.
Lennéstraße
Burgseestraße
Schloßgartenallee
Weinbergstraße
Schleifmühlenweg
Lennestraße
ADAC

Speicher am Ziegelsee

Rest,

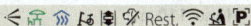

Speicherstr. 11 ✉ 19055 – ✆ (0385) 5 00 30 – www.speicher-hotel.com
78 Zim – 78/105 € 98/155 € – ½ P — B1**n**
Rest – Menü 25 € – Karte 24/37 €
Am Seeufer steht der 1939 erbaute ehemalige Getreidespeicher, der aufwändig zum Hotel umgebaut wurde. Die Zimmer sind wohnlich und zeitgemäß, teils mit Seeblick. Das Restaurant ist neuzeitlich-elegant gestaltet, mit hübscher Terrasse zum See - hier hat man einen Bootsanleger.

Niederländischer Hof

Alexandrinenstr. 12 ✉ 19055 – ✆ (0385) 59 11 00 – www.niederlaendischer-hof.de — A1**r**
30 Zim – 79/124 € 112/159 € – 3 Suiten – ½ P
Rest *Niederländischer Hof* – siehe Restaurantauswahl
Schön sieht sie aus, die denkmalgeschützte Fassade dieses 1901 gegründeten Hotels - passend dazu ist das Interieur klassisch gehalten. Wer es komfortabler mag oder das Besondere sucht, sollte in einem der Studios oder im hübschen Kapitänszimmer übernachten! Von einigen Zimmern schaut man auf den Pfaffenteich.

Am Schloss garni

Heinrich-Mann-Str. 3 ✉ 19053 – ✆ (0385) 59 32 30 – www.hotel-am-schloss-schwerin.de — A2**b**
25 Zim – 69/71 € 89 €
Von der ehemaligen Bäckerei und Dampfmühle im Zentrum ist nur die denkmalgeschützte Fassade geblieben. Helle, funktionale Zimmer, teilweise mit integrierten Holzbalken.

Niederländischer Hof – Hotel Niederländischer Hof

Alexandrinenstr. 12 ✉ 19055 – ✆ (0385) 59 11 00 – www.niederlaendischer-hof.de — A1**r**
Rest – Menü 24/54 € – Karte 14/51 €
Es ist bekannt in Schwerin, dass man hier gut isst! Gediegen-eleganter Stil und ebensolche Tischkultur machen sich gut zur ambitionierten internationalen Küche. Tipp: Man sitzt auch schön im luftig-lichten Wintergarten!

buschérie

Buschstr. 9 ✉ 19053 – ✆ (0385) 59 23 60 66 – www.buscherie.de — B2**b**
Rest – Menü 33/49 € – Karte 23/56 €
Steht Ihnen der Sinn nach legerer Bistro-Atmosphäre oder möchten Sie lieber im modernen Restaurant essen? In dem sanierten alten Stadthaus im Herzen von Schwerin geht beides; die zeitgemäße Karte ist im EG und in der 1. Etage die gleiche.

In Schwerin-Krebsförden Süd: 4 km über Ludwigsluster Chaussee B3

Arte

Dorfstr. 6 ✉ 19061 – ✆ (0385) 6 34 50 – www.hotel-arte.de
40 Zim – 67/79 € 87/105 € – ½ P
Rest *Fontane* – Menü 18/37 € – Karte 21/33 €
Das Hotel liegt in einem fast schon dörflichen Ortsteil, aber trotzdem (oder vielleicht gerade deshalb) wird das Haus gerne besucht. Es ist ein wirklich gepflegter und engagiert geführter Betrieb, nett die individuelle Farbgestaltung der Zimmer. Im Sommer sollten Sie auf der Terrasse im Garten speisen!

De Schün garni

Dorfstr. 16, (Zufahrt über Am Winkel) ✉ 19061 – ✆ (0385) 64 61 20 – www.hotel-deschuen-schwerin.de – geschl. 22. - 29. Dezember
17 Zim – 54/59 € 81/89 €
Der freundlichen Gastgeberin ist eine wohnliche und familiäre Atmosphäre in ihrem netten Landhaus sehr wichtig und das spürt man auch... schon morgens beim guten Frühstück, das man im Sommer gerne auf der schönen Gartenterrasse einnimmt.

SCHWERTE – Nordrhein-Westfalen – 543 – 48 260 Ew – Höhe 110 m

26 D11

Berlin 491 – Düsseldorf 73 – Dortmund 13 – Hagen 19

Rohrmeisterei - Glaskasten

Ruhrstr. 20 ✉ 58239 – ✆ (02304) 2 01 30 01 – www.rohrmeisterei-schwerte.de – geschl. Montagmittag

Rest – *(nur Abendessen)* Menü 33/50 € – Karte 42/55 €

Rest *Unter'm Kran* – siehe Restaurantauswahl

Das sehenswerte Industriedenkmal aus rotem Backstein, eine ehemalige Pumpstation von 1890, beherbergt in der einstigen Werkshalle den modernen Glaskasten. Geboten wird hier gute internationale Küche. Werksutensilien dienen als Dekor. Eventhallen.

Unter'm Kran – Restaurant Rohrmeisterei - Glaskasten

Ruhrstr. 20 ✉ 58239 – ✆ (02304) 2 01 30 01 – www.rohrmeisterei-schwerte.de – geschl. Montagmittag

Rest – Karte 26/45 €

Dank einer Bürgerstiftung konnte das alte Gebäude zu einem Gastronomie- und Kulturzentrum ausgebaut werden. Hier im Bistro des Restaurants "Rohrmeisterei-Glaskasten" sollten Sie die Gerichte mit Schwerter Senf probieren! Mittags ist die Auswahl kleiner.

In Schwerte-Geisecke Ost: 5,5 km über Schützenstraße

Gutshof Wellenbad

Zum Wellenbad 7 ✉ 58239 – ✆ (02304) 48 79 – www.gutshof-wellenbad.de – geschl. Anfang Januar 2 Wochen, Ende Oktober - Mitte November 2 Wochen

14 Zim – 72/77 € 94/109 € – 2 Suiten

Rest *Gutshof Wellenbad* – siehe Restaurantauswahl

Wunderbar, dieses Anwesen! Zum einen der ehemalige Gutshof an sich (in den Zimmern altes Holz und liebenswert-rustikaler Stil in Kombination mit modernen Bädern), zum anderen der riesige Garten mit Baumbestand, der sich hinterm Haus bis direkt an die Ruhr erstreckt!

Gutshof Wellenbad – Hotel Gutshof Wellenbad

Zum Wellenbad 7 ✉ 58239 – ✆ (02304) 48 79 – www.gutshof-wellenbad.de – geschl. Anfang Januar 2 Wochen, Ende Oktober - Mitte November 2 Wochen

Rest – *(Montag - Freitag nur Abendessen)* Menü 35/55 € – Karte 31/47 €

Gediegenes Restaurant, charmant-rustikale Gaststube, schicker Wintergarten... Wo möchten Sie bei internationaler Küche am liebsten sitzen? Essen Sie im Sommer unbedingt auf der Terrasse - vor Ihnen liegt ein herrliches Gartengrundstück mit der vorbeifließenden Ruhr!

SCHWETZINGEN – Baden-Württemberg – 545 – 21 790 Ew – Höhe 101 m

47 F17

Berlin 623 – Stuttgart 118 – Mannheim 18 – Heidelberg 10

Drei Königstr. 3, ✉ 68723, ✆ (06202) 94 58 75, www.schwetzingen.de

Lage★ · Schlossgarten★★ • Schloss★ •Rokokotheater★

Villa Benz garni

Zähringer Str. 51 ✉ 68723 – ✆ (06202) 93 60 90 – www.villa-benz.de – geschl. 1. - 6. Januar, 20. - 31. Dezember

10 Zim – 82/95 € 107/115 €

Hier hat man die persönliche Atmosphäre eines familiären Hauses - und den Schlosspark direkt gegenüber! Tipp: In den Zimmern zum Garten hin schläft man ruhiger.

SCHWIELOWSEE – Brandenburg – 542 – 10 190 Ew – Höhe 35 m 22 O8

Berlin 56 – Potsdam 16 – Belzig 54

In Schwielowsee-Caputh

Landhaus Haveltreff 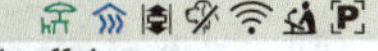

Weinbergstr. 4 ✉ 14548 – ✆ (033209) 7 80 – www.haveltreff.de

26 Zim – †73/90 € ††98/108 € – 1 Suite – ½ P

Rest – Menü 15/40 € – Karte 18/41 €

Die Lage unmittelbar an der Havel sowie wohnliche Zimmer in harmonischen Farben machen das ansprechende Hotel aus. Auch ein eigener Bootssteg steht zur Verfügung. Restaurant im Landhausstil mit regionaler und internationaler Küche. Terrasse zum Fluss.

SEBNITZ – Sachsen – 544 – 8 440 Ew – Höhe 300 m – Erholungsort 44 R12

Berlin 227 – Dresden 47 – Görlitz 66

Neustädter Weg 10, ✉ 01855, ✆ (035971) 7 09 60, www.sebnitz.de

Sebnitzer Hof 

Markt 13 ✉ 01855 – ✆ (035971) 90 10 – www.sebnitzer-hof.de – geschl. 13. - 29. Januar

54 Zim – †65/75 € ††90/119 € – 2 Suiten – ½ P

Rest – *(nur Abendessen)* Menü 18/36 € – Karte 19/32 €

Der Name hat sich geändert (früher "Sächsischer Hof"), die Tradition ist geblieben. Wer es gern etwas individueller hat, wählt eines der Themenzimmer: "Afrika", "Vive la France", "Sebnitz"... Nette Alternative zum Restaurant "August der Starke": Café-Weinstube mit französischem Konzept.

SEEG – Bayern – 546 – 2 810 Ew – Höhe 853 m – Wintersport: 900 m 64 J21

1 – Luftkurort

Berlin 658 – München 142 – Kempten (Allgäu) 31 – Pfronten 11

Hauptstr. 33, ✉ 87637, ✆ (08364) 98 30 33, www.seeg.de

Pension Heim garni 

Aufmberg 8 ✉ 87637 – ✆ (08364) 2 58 – www.pensionheim.de – geschl. November - 24. Dezember

14 Zim – †42/52 € ††82/94 € – 2 Suiten

Eine nette Adresse in dörflicher Umgebung ist diese familiär geführte kleine Hotelpension mit ländlich-rustikaler Einrichtung und Blick auf das Alpenvorland.

In Rückholz-Seeleuten Süd-West: 2 km über Aufmberg

Landhotel Panorama 

Seeleuten 62 ✉ 87494 – ✆ (08364) 2 48 – www.panorama-allgaeu.de – geschl. November - 24. Dezember

11 Zim – †54/91 € ††84/116 € – 3 Suiten – ½ P

Rest – *(geschl. November - März: Montag - Freitag, April - Oktober: Montag) (nur Mittagessen)* Menü 25/35 € – Karte 21/38 €

Die ruhige Lage mit schöner Sicht auf die Voralpenlandschaft sowie gepflegte solide Zimmer, teils mit großem Wohnbereich und Kamin, sprechen für diesen Familienbetrieb.

SEEHAUSEN – Brandenburg – siehe Oberuckersee

SEEHEIM-JUGENHEIM – Hessen – 543 – 15 860 Ew – Höhe 133 m 47 F15

– Luftkurort

Berlin 582 – Wiesbaden 56 – Mannheim 48 – Darmstadt 13

Im Ortsteil Malchen

Malchen garni 

Im Grund 21 ✉ 64342 – ✆ (06151) 9 46 70 – www.hotel-malchen.de

25 Zim – †75/90 € ††110/130 €

Ein familiär geführtes Haus in recht ruhiger Lage an der Bergstraße - angrenzend der Naturpark des Odenwaldes. Ein Teil der Zimmer ist besonders geräumig, einige mit Kitchenette für Langzeitgäste. Freundlicher Frühstücksraum.

SEELBACH – Baden-Württemberg – 545 – 5 030 Ew – Höhe 215 m 53 D19
– Luftkurort

Berlin 774 – Stuttgart 175 – Freiburg im Breisgau 61 – Offenburg 33

Hauptstr. 7, ✉ 77960, ✆ (07823) 94 94 55, www.seelbach-online.de

Schmieders Ochsen (mit Gästehäusern) & Rest, Zim, P

Hauptstr. 100 ✉ 77960 – ✆ (07823) 9 49 50
– www.ochsen-seelbach.de – geschl. 3 Wochen über Fastnacht

34 Zim – †60/75 € ††90/110 € – ½ P

Rest – *(geschl. Mittwoch)* Menü 18/38 € – Karte 18/41 €

Das gewachsene Gasthaus ist ein langjähriger Familienbetrieb mit wohnlichen Zimmern. In den nahe gelegenen Gästehäusern Martha und Brigitte hat man auch Familienzimmer. Restaurant in gepflegtem bürgerlich-rustikalem Stil mit schöner Terrasse.

In Seelbach-Wittelbach Süd: 2,5 km über Tretenhofstraße

Landgasthof Ochsen mit Zim P

Schuttertalstr. 5 ✉ 77960 – ✆ (07823) 22 57 – www.landgasthof-ochsen.com
– geschl. Montag

11 Zim – †47/59 € ††84/118 €, 8 € – ½ P

Rest – *(Dienstag - Freitag nur Abendessen)* Menü 21 € – Karte 20/52 €

Sie mögen es gemütlich und traditionell? So ist es in dem kleinen Gasthof der Familie Eble. Das Haus wird persönlich geführt, hat eine nette Atmosphäre und gekocht wird regional. Wie schön man hier im Sommer draußen sitzen kann, hat sich schon rumgesprochen - Innenhof und Garten sind heiß begehrt!

SEEON-SEEBRUCK – Bayern – 546 – 4 620 Ew – Höhe 537 m 67 N20
– Luftkurort und Erholungsort

Berlin 654 – München 80 – Bad Reichenhall 55 – Wasserburg am Inn 26

Am Anger 1, ✉ 83358, ✆ (08667) 71 39, www.seeon-seebruck.de

Chiemsee★

Im Ortsteil Lambach Süd-West: 3 km ab Seebruck in Richtung Rosenheim

Malerwinkel & Rest, P

Lambach 23 ✉ 83358 – ✆ (08667) 8 88 00 – www.hotelmalerwinkel.de

20 Zim – †50/74 € ††102/148 € **Rest** – Menü 48/65 € – Karte 29/62 €

Die Lage am See ist wunderschön. Liegewiese, Strandbad und Bootsanleger hat man direkt vor der Tür. Für Ausflüge kann man Fahrräder leihen. Die riesige Terrasse zum Chiemsee ist im Sommer gut besucht, ein Grund dafür ist sicher auch die große Kuchenauswahl.

Im Ortsteil Truchtlaching Süd-Ost : 4 km ab Seeon in Richtung Traunstein, dann links ab :

Schaller zur Post & P

Chiemseestr. 2 ✉ 83376 – ✆ (08667) 16 92 17 – www.schaller-zurpost.de
– geschl. Montagmittag, Dienstagmittag und Mittwoch

Rest – (Tischbestellung ratsam) Menü 25 € – Karte 20/57 €

Sie mögen Süßes? Dann sind Sie bei Sebastian Schaller in dem gemütlichen modern-rustikalen Gasthof an der richtigen Adresse, denn hier sind die Desserts der krönende Abschluss Ihres Menüs oder eines ebenso schmackhaften traditionell-regionalen Essens! Verzichten Sie also nicht auf Leckeres wie "Crème Brûlée mit Pistazieneis" und auch nicht auf die hausgemachten Kuchen und Pralinen - die gibt's am Wochenende und im Sommer auf der Terrasse!

SEESEN – Niedersachsen – 541 – 20 280 Ew – Höhe 205 m 29 I10

Berlin 294 – Hannover 78 – Braunschweig 62 – Göttingen 53

Marktstr. 1, ✉ 38723, ✆ (05381) 7 52 43, www.seesen.de

Goldener Löwe
Jacobsonstr. 20 ✉ 38723 – ✆ (05381) 93 30 – www.loewe-seesen.de
39 Zim – 75/105 € 95/130 € – 1 Suite – ½ P
Rest *Anna* – *(geschl. Samstagmittag, Sonntagabend - Montag)* Menü 27/42 € – Karte 27/49 €
Rest *Brasserie* – *(nur Abendessen, samstags auch Mittagessen)* Karte 25/49 €
Das Hotel besteht aus einem alten Fachwerkhaus und einem Anbau, verbunden durch einen verglasten Übergang. Unterschiedliche Zimmer mit funktionaler Ausstattung. Anna mit rustikalem Ambiente und bürgerlich-regionaler Küche. Kleine Gerichte und Steaks in der Brasserie.

SEEVETAL – Niedersachsen – 541 – 42 220 Ew – Höhe 14 m 10 I6

Berlin 298 – Hannover 130 – Hamburg 26 – Bremen 101

Seevetal-Helmstorf, Am Hockenberg 100, ✆ (04105) 5 22 45

Seevetal-Hittfeld, Am Golfplatz 24, ✆ (04105) 23 31

In Seevetal-Hittfeld

Nordlicht
Bahnhofstr. 42 ✉ 21218 – ✆ (04105) 67 55 32 – www.nordlicht-hittfeld.de – geschl. Montag und Samstagmittag
Rest – Menü 19 € (mittags unter der Woche)/90 € – Karte 29/64 €
Ein Restaurant mit sehr nettem Bistro-Ambiente und freundlichem Service, in dem gute, sorgfältig zubereitete internationale Küche geboten wird, dazu eine ausgesuchte kleine Weinauswahl. Beliebt ist der günstige Mittagstisch. Turmzimmer für besondere Anlässe.

SEEWALD – Baden-Württemberg – 545 – 2 330 Ew – Höhe 749 m 54 F19 – Wintersport: 900 m – Luftkurort

Berlin 709 – Stuttgart 76 – Karlsruhe 80 – Freudenstadt 23

Wildbader Str. 1, ✉ 72297, ✆ (07447) 94 60 11, www.seewald.eu

In Seewald-Besenfeld

Oberwiesenhof
Freudenstädter Str. 60 (B294) ✉ 72297 – ✆ (07447) 28 00 – www.hotel-oberwiesenhof.de
34 Zim – 78/96 € 150/198 € – 8 Suiten – ½ P
Rest – Menü 19 € (mittags)/42 € – Karte 27/47 €
Sie schlafen in wohnlichen Zimmern, gönnen sich ein wohltuendes Wellnessprogramm, genießen die schöne Landschaft ringsum! Wie wär's z. B. mit einer Wanderung zum Jagdhaus im eigenen Privatwald? Und danach ein gemütliches Essen am Kachelofen? Man bietet regionale und internationale Küche.

SEGEBERG, BAD – Schleswig-Holstein – 541 – 15 770 Ew 10 J4 – Höhe 44 m – Heilbad und Luftkurort

Berlin 302 – Kiel 47 – Lübeck 33 – Hamburg 69

Oldesloer Str. 20, ✉ 23795, ✆ (04551) 9 64 90, www.bad-segeberg.de

Wensin, Feldscheide 2, ✆ (04559) 13 60

Vitalia Seehotel
Am Kurpark 3 ✉ 23795 – ✆ (04551) 8 02 80 – www.vitaliaseehotel.de
107 Zim – 85/115 € 130/178 € – 4 Suiten – ½ P
Rest – Menü 30/75 € – Karte 34/49 €
Eine schöne Sicht auf den See bieten sowohl die komfortablen, in modernem Stil eingerichteten Zimmer wie auch der großzügige Wellnessbereich dieses Hotels am Kurpark. Neuzeitlich-gediegenes Restaurant mit Seeblick.

In Högersdorf Süd-West: 3,5 km über B 432

XX **Landhaus Holsteiner Stuben** mit Zim

Dorfstr. 19 ✉ 23795 – ✆ (04551) 40 41 – www.holsteiner-stuben.de – geschl. Anfang Oktober 2 Wochen und Mittwoch

5 Zim ☐ – †45 € ††70 € – ½ P **Rest** – Menü 23 € – Karte 30/45 €

Bürgerlich-regional kocht man in dem regionstypischen Backsteinhaus, das unter seinem Reetdach behaglich in holsteinisch-rustikalem Stil eingerichtet ist.

In Blunk Nord: 8 km über B 432, in Klein Rönnau links

Landhaus Schulze - Hamann Rest, P

Segeberger Str. 32 ✉ 23813 – ✆ (04557) 9 97 00 – www.landhaus-schulze-hamann.de

9 Zim ☐ – †69/79 € ††118/125 €

Rest – *(geschl. Montag - Dienstag)* Menü 32 € – Karte 23/48 €

Der erweiterte Gasthof ist ein langjähriger Familienbetrieb, in dem Sie wohnliches Landhausambiente erwartet. Entspannen kann man auch im hübschen kleinen Garten. Freundlich gestaltetes Restaurant mit schöner Terrasse. Serviert werden regionale Speisen.

In Pronstorf-Strenglin Ost: 17 km über B 206, in Geschendorf links

Strengliner Mühle (mit Gästehäusern)

Mühlenstr. 2 ✉ 23820 – ✆ (04556) 99 70 99 – www.strenglinermuehle.de

33 Zim ☐ – †54/89 € ††92/130 € – 2 Suiten – ½ P

Rest – *(Montag - Samstag nur Abendessen)* Karte 20/46 €

Die zum Hotel gewachsene historische Wind- und Wassermühle in netter ländlicher Umgebung ist seit mehreren Generationen im Familienbesitz. Gut gepflegte und wohnliche Gästezimmer. Im Haupthaus befindet sich das helle Wintergarten-Restaurant.

SEHLEN – Mecklenburg-Vorpommern – siehe Rügen (Insel)

SEHNDE – Niedersachsen – **541** – 22 950 Ew – Höhe 68 m 19 I9

Berlin 269 – Hannover 23 – Braunschweig 48 – Hildesheim 38

18 Sehnde-Rethmar, Seufzerallee 10, ✆ (05138) 70 05 30

In Sehnde-Bolzum Süd West: 2,5 km über Nordstraße

Landhaus Bolzum garni

Schmiedestr. 10 ✉ 31319 – ✆ (05138) 60 82 90 – www.landhaus-bolzum.de – geschl. 19. - 31. Dezember

14 Zim – †50/55 € ††65/70 €, ☐ 6 € – 2 Suiten

Das familiär geführte kleine Landhotel verfügt über solide, hell eingerichtete Gästezimmer und einen freundlichen Frühstücksraum im Wintergarten.

SEIFFEN – Sachsen – **544** – 2 420 Ew – Höhe 640 m 43 P13

– Wintersport: 750 m 5 – Kurort und Erholungsort

Berlin 256 – Dresden 65 – Chemnitz 56 – Freiberg 36

Hauptstr. 95, ✉ 09548, ✆ (037362) 84 38, www.seiffen.de

Erbgericht-Buntes Haus

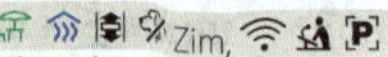

Hauptstr. 94 ✉ 09548 – ✆ (037362) 77 60 – www.erzgebirgshotels.de

44 Zim ☐ – †47/72 € ††79/129 € – ½ P

Rest – Menü 22 € (abends) – Karte 16/38 €

In diesem traditionsreichen Haus hat man mit recht farbenfroher Einrichtung und den für den Ort Seiffen bekannten Holzfiguren eine freundliche Atmosphäre geschaffen. Restaurantstuben mit rustikalem Charakter.

Seiffener Hof

Hauptstr. 31 ✉ 09548 – ✆ (037362) 1 30 – www.seiffener-hof.de – geschl. 5. - 31. Januar
25 Zim – 50/90 € 70/120 € – ½ P
Rest – Menü 15/40 € – Karte 15/31 €
Ein sehr wohnlicher und auffallend gepflegter Familienbetrieb am Ortsanfang, zu dem neben gemütlichen Gästezimmern auch eine von den Inhabern betriebene Holzwarenwerkstatt gehört - hier kann man bei Bastelkursen seiner Kreativität freien Lauf lassen!

SELB – **Bayern** – **546** – **15 900 Ew** – **Höhe 541 m** **51** M14

Berlin 344 – München 291 – Hof 29 – Bayreuth 62
Ludwigstr. 6, ✉ 95100, ✆ (09287) 88 31 18, www.selb.de

Rosenthal-Casino

Kasinostr. 3 ✉ 95100 – ✆ (09287) 80 50 – www.rosenthal-casino.de
20 Zim – 65/105 € 85/110 € – ½ P
Rest – *(geschl. Samstagmittag, Sonntag)* Menü 37/62 € – Karte 30/44 €
In dem Haus neben der Porzellanmanufaktur haben Künstler und Designer - jeder mit seiner unverwechselbaren Handschrift - individuelle Zimmer geschaffen. Zeitlos-elegantes Restaurant mit nettem rustikalem Nebenzimmer.

SELIGENSTADT – **Hessen** – **543** – **20 250 Ew** – **Höhe 110 m** **48** G15

Berlin 540 – Wiesbaden 58 – Frankfurt am Main 27 – Aschaffenburg 17
Aschaffenburger Str. 1, ✉ 63500, ✆ (06182) 8 71 77, www.seligenstadt.de
Seligenstadt am Kortenbach e.V., An der Lache 1, ✆ (06182) 82 89 90

Landgasthof Neubauer

Westring 3a ✉ 63500 – ✆ (06182) 30 97 – www.landgasthof-neubauer.de – geschl. Januar 1 Woche, Juli - August 3 Wochen
17 Zim – 65/80 € 85/105 €
Rest – Menü 17 € (mittags)/46 € – Karte 21/46 €
Das Haus am Rande der kleinen Stadt ist eine familiäre Adresse, in der Sie private Atmosphäre und gut gepflegte Gästezimmer erwarten. Gemütlich-rustikal ist das Ambiente im Restaurant. Große Eventscheune für Feierlichkeiten.

In Seligenstadt-Froschhausen **Nord-West: 3 km über Frankfurter Straße**

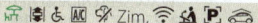

Columbus Zim,

Am Reitpfad 4 ✉ 63500 – ✆ (06182) 84 00 – www.hotel-columbus.de
117 Zim – 74/89 € 99/131 € – ½ P
Rest – Menü 12 € (mittags)/28 € – Karte 24/41 €
Mit seiner verkehrsgünstigen Lage in einem Gewerbegebiet und funktionellen Zimmern in zeitlosem Stil ist das Hotel ideal für Tagungen und Businessgäste.

SELLIN – **Mecklenburg-Vorpommern** – **siehe Rügen (Insel)**

SELZEN – **Rheinland-Pfalz** – **543** – **1 550 Ew** – **Höhe 134 m** **47** E15

Berlin 605 – Mainz 31 – Neustadt an der Weinstraße 83 – Wiesbaden 44

Kaupers Restaurant im Kapellenhof

Kapellenstr. 18a, (Zufahrt über Kirschgartenstraße) ✉ 55278 – ✆ (06737) 83 25 – www.kaupers-kapellenhof.de – geschl. Mittwoch - Donnerstag
Rest – *(nur Abendessen)* (Tischbestellung erforderlich) Menü 81/113 € – Karte 57/76 €
Freigelegtes Fachwerk, warmes Holz vom Boden bis in den offenen Giebel, ansprechend der einsehbare Weinschrank... Man spürt und sieht, wie viel Herzblut Nora Breyer und Sebastian Kauper in dieses wunderschön sanierte alte Haus samt traumhafter Dachterrasse gesteckt haben. Und die harmonisch abgestimmten saisonalen Speisen stehen dem in nichts nach!
➜ Laacher Seeforelle - lauwarm / im Sud / Maronenpilzcreme / Rapsblüten. Pochierte Kalbshaxe / Frühlingsmorcheln / Petersilie. Mohn nach Großmutters Art / Mohnschlotz und weiße Mohnsoße / Birnensorbet / Mohnnudeln.

SENDEN – Bayern – 546 – 22 380 Ew – Höhe 549 m 56 I19

Berlin 624 – München 143 – Augsburg 81 – Memmingen 48

Feyrer

Bahnhofstr. 18 ✉ 89250 – ✆ (07307) 94 10 – www.hotel-feyrer.de
50 Zim – 69/84 € 94/104 €
Rest – *(geschl. 1. - 5. Januar, 5. - 18. August und Samstagmittag, Sonntagabend)* Karte 18/44 €
Ein Tagungshotel in Bahnhofsnähe: die Zimmer gepflegt, zeitgemäß und funktionell, die Seminarräume klimatisiert. Dazu bietet man im Restaurant mit Innenhofterrasse internationale und regionale Küche.

SENDENHORST – Nordrhein-Westfalen – 543 – 13 240 Ew – Höhe 62 m 27 E10

Berlin 451 – Düsseldorf 136 – Bielefeld 73 – Beckum 19

 Everswinkel-Alverskirchen, Holling 4, ✆ (02582) 56 45

In Sendenhorst-Hardt Süd-Ost: 2 km über Osttor

Waldmutter

Hardt 6 (an der Straße nach Beckum) ✉ 48324 – ✆ (02526) 9 32 70 – www.waldmutter.de
26 Zim – 71 € 112 € **Rest** – Menü 15 € (mittags)/40 € – Karte 24/43 €
Im Hotelanbau dieses regionstypischen Gasthauses (1450 erstmals erwähnt) befinden sich geräumige, neuzeitliche Zimmer mit gutem Schreibplatz und kostenfreiem W-Lan. Variable Veranstaltungsräume. Der Tradition des Hauses folgend bleibt man dem bürgerlichen Küchenstil treu.

SENFTENBERG – Brandenburg – 542 – 26 530 Ew – Höhe 102 m 33 Q11

Berlin 143 – Potsdam 152 – Cottbus 35 – Dresden 75
ADAC Am Neumarkt 6
Markt 1, ✉ 01968, ✆ (03573) 1 49 90 10, www.senftenberg.de

Seeschlößchen

Buchwalder Str. 77 ✉ 01968 – ✆ (03573) 3 78 90 – www.seeschloesschen-lausitztherme.de
33 Zim – 105/115 € 160/180 € – 2 Suiten – ½ P
Rest *Sandak* – siehe Restaurantauswahl
Rest – Menü 36/45 € – Karte 34/52 €
Der Senftenberger See liegt gleich gegenüber, die Zimmer sind wohnlich und zum Relaxen hat man einen großzügigen Spa mit allerlei Anwendungen! Nett für Ausflügler ist die Brasserie in einem kleinem Holzhaus mit Terrasse direkt am See.

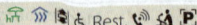

Lido Senftenberg

Rest,

Steindamm 26 ✉ 01968 – ✆ (03573) 36 30 00 – www.hotel-lido-senftenberg.de
35 Zim – 64/88 € 104/119 € – 3 Suiten – ½ P
Rest – *(Januar - März: Montag - Freitag nur Abendessen)* Menü 21 € (mittags)/30 € – Karte 15/56 €
Man hat hier das größte Blockhaus in Europa errichtet! Schon von außen ein schöner Anblick und auch drinnen sorgen die Holzbohlen für kanadisches Flair. Entsprechend die Spezialität im Restaurant: Elch-, Bison- und Rindersteak. Kinder freuen sich über den Spielplatz, der nahe See ist ein ideales Ausflugsziel!

Strandhotel

Am See 3 ✉ 01968 – ✆ (03573) 80 04 00 – www.strandhotel-see.de
22 Zim – 61/93 € 82/105 € – ½ P
Rest – *(nur Abendessen , Juli - August auch Mittagessen)* Menü 19/45 € – Karte 21/36 €
In attraktiver Lage unmittelbar am See erwarten Sie gepflegte, teilweise seeseitige Zimmer in geradlinig-neuzeitlichem Stil sowie eine eigene Badestelle und ein Bootssteg. Restaurant und Terrasse mit Seeblick.

Sandak

Buchwalder Str. 77 ✉ 01968 – ✆ (03573) 37 89 40 – www.seeschloesschen-lausitztherme.de – geschl. Juli - August und Montag - Dienstag

Rest – *(nur Abendessen)* Menü 85/110 €

In dem eleganten Gourmetrestaurant des "Seeschlößchens" ("Sandak" ist übrigens das sorbische Wort für "Zander") erwartet Sie Philipp Liebisch zum kreativen und sehr ambitionierten "Menü Sandak", das mit Gerichten wie "roh mariniertem Carabinero mit Sot l'y laisse Bloody Mary" oder "Etouffé Taube mit Bärlauch, Amarant und Ochsenmark" Appetit macht.

SERRIG – Rheinland-Pfalz – 543 – 1 600 Ew – Höhe 160 m   45 B16

Berlin 739 – Mainz 173 – Trier 25 – Saarbrücken 71

Gasthaus Wagner

Losheimer Str. 3 ✉ 54455 – ✆ (06581) 22 77 – www.gasthaus-wagner-serrig.de – geschl. Januar - Februar 2 Wochen, September - Oktober 2 Wochen und Dienstag - Mittwoch

Rest – *(November - April: Montag - Freitag nur Abendessen)* Menü 25/45 € – Karte 24/47 €

In dem familiär geführten Gasthaus wird bürgerlich-regionale Küche aufgetischt. Man sitzt in gemütlich-rustikalem Ambiente oder draußen unter einer schattenspendenden Kastanie.

SESSLACH – Bayern – 546 – 4 070 Ew – Höhe 271 m   50 K14

Berlin 395 – München 275 – Coburg 19 – Bamberg 40

Fränkische Landherberge garni

Hans-Reiser-Str. 33 ✉ 96145 – ✆ (09569) 9 22 70 – www.fraenkische-landherberge.de – geschl. Mitte Dezember - Mitte Januar

33 Zim – †40/45 € ††58/73 €

Im Stil früherer bäuerlicher Anwesen wurde das nach ökologischen Aspekten gebaute Hotel u-förmig um einen Innenhof angelegt. Die Zimmer sind funktionell.

Pörtnerhof mit Zim

Luitpoldstr. 15 ✉ 96145 – ✆ (09569) 1 88 69 00 – www.sesslach-poertnerhof.de – geschl. 1. - 8. Januar, 24. Februar - 7. März, 20. Oktober - 9. November und Montag - Dienstag

4 Zim – †45/50 € ††65/70 € – ½ P

Rest – *(nur Abendessen)* Menü 22/39 € – Karte 18/46 €

Rest *Diele* – *(nur Abendessen)* (Tischbestellung erforderlich) Menü 29/55 € – Karte 37/50 €

Ein schön saniertes ehemaliges Bauernhaus im Ortskern. In gemütlichem Ambiente bietet man an gut eingedeckten Tischen internationale Küche, in der Diele im 1. OG bekommen Sie auf Anfrage ein Menü. Zum Übernachten stehen wohnliche Gästezimmer bereit.

SIEGBURG – Nordrhein-Westfalen – 543 – 39 750 Ew – Höhe 55 m   36 C13

Berlin 590 – Düsseldorf 67 – Bonn 13 – Koblenz 87

ADAC Industriestr. 47

Europaplatz 3, ✉ 53721, ✆ (02241) 1 94 33, www.siegburg.de

Kranz-Parkhotel

Zim, Zim,

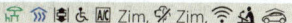

Mühlenstr. 32 ✉ 53721 – ✆ (02241) 54 70 – www.kranzparkhotel.de

107 Zim – †85/201 € ††144/210 € – 1 Suite – ½ P **Rest** – Karte 37/53 €

Ein neuzeitlich-gediegenes und funktionell ausgestattetes Hotel im Zentrum, das gute Tagungsmöglichkeiten bietet. Die Deluxe-Zimmer und Suiten sind geräumiger. Freundlich gestaltetes Parkrestaurant. Im obersten Stock: die Sunset-Bar.

Oktopus

Rest,

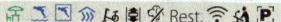

Zeithstr. 110 ✉ 53721 – ✆ (02241) 84 64 00 – www.friendly-cityhotel-siegburg.de

57 Zim – †65/149 € ††85/169 € – 4 Suiten – ½ P

Rest – Menü 21 € – Karte 22/46 €

Die Gäste schätzen nicht nur den einladenden geradlinig-modernen Stil des Hotels, auch der direkte Zugang zum Oktopus-Bad ist ein echter Vorteil! Attraktion ist hier das Indoor-Tauchcenter "dive4life": 20 m tief, rund 3 Mio. Liter Wasser!

Kaiserhof

Kaiserstr. 80 (Zufahrt über Johannisstraße) ✉ 53721 – ✆ (02241) 1 72 30 – www.kaiserhof-siegburg.de – geschl. 22. - 28. Dezember
28 Zim – 75/95 € 95/135 €
Rest – Menü 33 € (mittags)/89 € – Karte 36/62 €
Die praktische Lage in der Fußgängerzone von Siegburg sowie funktional eingerichtete Zimmer sprechen für dieses gut geführte Haus. Im Restaurant mit Bistro-Ambiente überzeugt Familie Keller mit Gastlichkeit und ambitionierter Küche.

SIEGEN – **Nordrhein-Westfalen** – **543** – **103 430 Ew** – **Höhe 280 m** **37** E12
Berlin 564 – Düsseldorf 130 – Bonn 99 – Gießen 73
ADAC Leimbachstr. 189
Markt 2, Rathaus, ✉ 57072, ✆ (0271) 4 04 13 16, www.siegen-pulsiert.de

Pfeffermühle garni Rest,

Frankfurter Str. 261 ✉ 57074 – ✆ (0271) 23 05 20 – www.pfeffermuehle-siegen.de
42 Zim – 70/87 € 82/95 €, 5 €
Rest – *(geschl. Sonntag sowie an Feiertagen) (nur Abendessen)* Karte 20/49 €
Das familiengeführte Hotel liegt etwas erhöht außerhalb des Zentrums und bietet zeitgemäße Klassik- und Komfortzimmer sowie ganz moderne Businesszimmer im neuen Anbau. Man verfügt auch über einen guten Tagungsbereich. Internationales Speisenangebot im hellen, freundlichen Restaurant.

Berghotel Johanneshöhe

Wallhausenstr. 1 ✉ 57072 – ✆ (0271) 3 87 87 90 – www.johanneshoehe.de – geschl. 1. - 5. Januar
23 Zim – 65/100 € 91/125 € – ½ P
Rest – Menü 32 € (mittags) – Karte 31/51 €
Hier überzeugen die exponierte Lage sowie die gepflegten und praktisch ausgestatteten Zimmer (Standard, Premium oder Superior) - meist mit tollem Blick auf Siegen. Geradliniger Stil bestimmt das Ambiente im Restaurant, Highlight ist die Panoramaterrasse!

In Wilnsdorf **Süd-Ost: 11 km**

Qualitel garni

Elkersberg 4 (BAB 45, Ausfahrt 23 / Autohof) ✉ 57234 – ✆ (02739) 3 01 50 – www.qualitel-hotel.de
44 Zim – 65/85 € 85 €, 8 €
Das Hotel ist durch und durch geradlinig-modern und funktionell. Zimmer mit Schallschutz und schöner Sicht von den oberen Etagen; hier auch die Konferenzräume mit guter Technik.

In Wilnsdorf-Wilgersdorf **Süd-Ost: 4 km**

Gästehaus Wilgersdorf

Kalkhain 23 ✉ 57234 – ✆ (02739) 8 96 90 – www.gaestehaus-wilgersdorf.de – geschl. Juli - August 3 Wochen
40 Zim – 48/56 € 79/91 €, 5 € – ½ P
Rest – *(geschl. Sonntagabend)* Menü 12 € (mittags)/25 € – Karte 18/36 €
Angenehm ist die ruhige Waldrandlage dieses Familienbetriebs, schön die Aussicht. Neben funktionellen Zimmern bietet man gute Tagungsmöglichkeiten und einen großen Garten. Freundliches Restaurant zum Tal hin.

SIEGSDORF – **Bayern** – **546** – **8 020 Ew** – **Höhe 615 m** – **Luftkurort** **67** O21
Berlin 695 – München 105 – Bad Reichenhall 32 – Rosenheim 48
Rathausplatz 2, ✉ 83313, ✆ (08662) 49 87 45, www.siegsdorf.de

Alte Post

Traunsteiner Str. 7 ✉ 83313 – ✆ (08662) 66 46 09 00 – www.altepostsiegsdorf.de
29 Zim – 64/79 € 90/99 € – ½ P **Rest** – Menü 18 € – Karte 17/34 €
Wer auf der Durchreise gut und gepflegt übernachten möchte, macht am besten in dem 600 Jahre alten Gasthof mit typischer Fassadenmalerei Station: praktisch der kurze Weg zur Autobahn, zeitgemäß die Zimmer. Unter einer schönen alten Gewölbedecke gelangt man in das gemütlich-bayerische Restaurant, wo man bürgerliche Küche und regionale Schmankerl serviert.

In Siegsdorf-Hammer Süd-Ost: 6 km über B 306

Gasthof Hörterer - Der Hammerwirt 
Schmiedstr. 1 (B 306) ✉ 83313 – ✆ (08662) 66 70 – www.der-hammerwirt.de – geschl. März 2 Wochen, Ende Oktober - Anfang November 4 Wochen
21 Zim – 59/92 € 89/125 € – ½ P
Rest – *(geschl. April - Oktober: Mittwoch) (Oktober - März: Montag - Freitag nur Abendessen)* Karte 16/60 €
Mit 700 Jahren gilt die einstige Schmiede als ältestes Anwesen im Ort. Im Garten der wunderschöne große Natur-Badesee mit Holzstegen und Kinderbereich. Man hat auch Familienzimmer und Ferienwohnungen. Im Restaurant (Holzdecke, Terrakottaboden und Kachelofen machen es hier schön gemütlich) setzt man auf saisonale Küche mit regionalen Produkten.

SIEK – Schleswig-Holstein – 541 – 2 070 Ew – Höhe 62 m 10 J5

Berlin 277 – Kiel 86 – Bad Oldesloe 26 – Hamburg 27

Alte Schule
Hauptstr. 44 ✉ 22962 – ✆ (04107) 87 73 10 – www.alte-schule-siek.de
19 Zim – 80/95 € 100/120 €, 13 €
Rest *Alte Schule* – siehe Restaurantauswahl
Familie Franke leitet samt Schwiegersohn (er ist auch Küchenchef im Haus und bietet Kochkurse an!) diese ehemalige Schule mitten in Siek. Bei den engagierten Gastgebern lässt es sich gut wohnen, nämlich in schönen hellen Zimmern mit Obst und Wasser gratis!

Alte Schule – Hotel Alte Schule 
Hauptstr. 44 ✉ 22962 – ✆ (04107) 87 73 10 – www.alte-schule-siek.de – geschl. Montag
Rest – *(Dienstag - Freitag nur Abendessen)* Menü 39/69 € – Karte 36/60 €
Holzboden, hohe Decken, offener Kamin... in dem hübschen Restaurant steckt noch der Charme von 1911. Wer die frische und schmackhafte Saisonküche gerne in Menüform probieren möchte, wählt zwischen "Erdkunde" und "(Meeres-) Biologie" - die Unterrichtsfächer erinnern an die ursprüngliche Nutzung des Hauses!

SIERKSDORF – Schleswig-Holstein – 541 – 1 600 Ew – Höhe 21 m – Seebad 11 K4

Berlin 291 – Kiel 57 – Lübeck 38 – Neustadt in Holstein 8

Seehof (mit Gästehäusern) 
Gartenweg 30 ✉ 23730 – ✆ (04563) 4 77 70 – www.seehof-sierksdorf.de – geschl. 6. - 30. Januar
19 Zim – 115/125 € 134/175 € – ½ P
Rest – *(geschl. Februar und November: Montag - Mittwoch; März, Oktober sowie Dezember: Dienstag - Mittwoch)* Menü 28/72 € – Karte 26/48 €
Ihrer Erholung steht hier nichts im Wege! Ein bisschen erinnert das Gebäudeensemble mit der herrlichen Parkanlage an einen Gutshof. Die Lage leicht erhöht, der Blick aufs Meer unverbaubar! Eine Treppe führt hinunter zum Badestrand.

SIEVERSHAGEN – Mecklenburg-Vorpommern – siehe Rostock

SIGMARINGEN – Baden-Württemberg – 545 – 16 260 Ew – Höhe 580 m 63 G20

Berlin 696 – Stuttgart 101 – Konstanz 73 – Freiburg im Breisgau 136
Schwabstr. 1, ✉ 72488, ✆ (07571) 10 62 24, www.sigmaringen.de
Inzigkofen, Buwiesen 10, ✆ (07571) 7 44 20
Lage ★

Fürstenhof
Zeppelinstr. 14 (Süd-Ost: 2 km, Richtung Ravensburg, nahe der B 32) ✉ 72488 – ✆ (07571) 7 20 60 – www.fuerstenhof-sig.de
34 Zim – 65/75 € 80/90 € – ½ P
Rest – *(geschl. Sonntag) (nur Abendessen)* Karte 20/33 €
Praktisch die verkehrsgünstige Lage im Gewerbegebiet der Stadt. In der Lobby fallen einem sofort die beachtlichen Jagdtrophäen ins Auge. Von hier aus geht es in die funktionalen Zimmer (teilweise haben sie Zugang zur Liegewiese) und ins Restaurant mit internationaler Küche.

In Scheer **Süd-Ost: 10 km über B 32**

Donaublick

Bahnhofstr. 21 (an der B 32) ✉ *72516 – ✆ (07572) 7 63 80 – www.donaublick.de – geschl. 25. - 31. Dezember (Hotel)*

32 Zim – 59/69 € 80/94 € – ½ P

Rest – *(geschl. August - September 2 Wochen und Donnerstagabend - Samstagmittag)* Menü 15 € (mittags)/38 € – Karte 17/41 €

Rest *Bacchusstube* – ✆ (07572) 76 38 60 *(geschl. Samstag - Mittwoch) (nur Abendessen)* Karte 15/17 €

Wer mit dem Fahrrad im Donautal unterwegs ist, findet in dem ehemaligen Bahnhof ein ideales Domizil. Sie wohnen in funktionellen Zimmern im Altbau oder in besonders schönen, nach Feng Shui eingerichteten Neubau-Zimmern und am Morgen macht ein appetitliches Buffet Lust aufs Frühstück. Im Restaurant serviert man bürgerlich-saisonale Gerichte, dazu gibt es noch die urig-rustikale Bacchusstube. Fahrräder und E-Bikes können Sie natürlich auch hier im Haus leihen!

Brunnenstube

Mengener Str. 4 ✉ *72516 – ✆ (07572) 36 92 – www.brunnenstube-scheer.de – geschl. Montag - Dienstagmittag, Samstagmittag*

Rest – Menü 35/50 € – Karte 33/52 €

Seit nunmehr über 30 Jahren bekocht Fabrice Coquelin in dem Gasthaus von 1870 seine Gäste mit einer schmackhaften klassisch-französischen Küche, während seine Frau Rita charmant den Service managt. Das Fleisch kommt vom Metzger gegenüber, das Gemüse von Bauern aus der Region... Lassen Sie sich nicht die hausgemachten Terrinen entgehen! Oder wie wär's mit "Kalbsrücken mit Bergkäsesauce und Nudeln"?

SIMBACH am INN – Bayern – 546 – 9 730 Ew – Höhe 440 m   67 P20

Berlin 634 – München 122 – Passau 54 – Landshut 89

Göttler (mit Gästehaus)

Pfarrkirchner Str. 24 ✉ *84359 – ✆ (08571) 9 11 80 – www.goettler-simbach.de*

15 Zim – 36/45 € 55 € – ½ P

Rest – *(geschl. Montag)* Menü 16/24 € – Karte 12/26 €

Der Familienbetrieb im Ortskern ist eine ehemalige Weißbierbrauerei, die durch ein Gästehaus mit funktionell eingerichteten Zimmern erweitert wurde. Bürgerliche und saisonale Küche im Restaurant - im Sommer mit Biergarten.

In Stubenberg-Prienbach **Nord-Ost: 4,5 km über B 12**

Zur Post

Poststr. 1 (B 12) ✉ *94166 – ✆ (08571) 60 00 – www.hotel-post-prienbach.de – geschl. 27. Dezember - 31. Januar*

32 Zim – 34/42 € 57/68 € – ½ P

Rest *Gaststube* – siehe Restaurantauswahl

Am Ortsrand finden Sie das familiengeführte Hotel, das aus einem hübschen Gasthof gewachsen ist. Es erwarten Sie wohnliche und funktionelle Zimmer, meist mit Balkon.

Gaststube – Hotel Zur Post

Poststr. 1 (B 12) ✉ *94166 – ✆ (08571) 60 00 – www.hotel-post-prienbach.de – geschl. 27. Dezember - 31. Januar*

Rest – *(Montag - Freitag nur Abendessen)* Karte 16/40 €

Sitzbänke, Kachelofen, Holzbalken an der Decke... schön gemütlich hat man es in der sympathisch-ländlichen Stube, während man sich regionale Gerichte wie "Zwiebelrostbraten vom heimischen Jungrind mit Kräuterkartofferl und Salat" schmecken lässt.

SIMMERATH – Nordrhein-Westfalen – 543 – 15 560 Ew – Höhe 540 m – Erholungsort   35 A13

Berlin 640 – Düsseldorf 107 – Aachen 30 – Düren 34

Franz-Becker-Str. 2a, ✉ 52152, ✆ (02485) 3 17, www.rursee.de

Rurtalsperre★, Ost: 10 km

In Simmerath-Rurberg Ost: 8 km

Genießer Wirtshaus mit Zim
Hövel 15 ✉ 52152 – ✆ (02473) 32 12 – www.geniesserwirtshaus.de – geschl. Montag - Mittwoch
8 Zim – 🚹55/80 € 🚹🚹70/90 €, ☕ 7 € – 2 Suiten
Rest – Menü 25/41 € – Karte 21/44 €
Gemütlichkeit kommt auf, wenn man bei regionalen Gerichten wie "Döppekooche" in liebenswert dekorierten Stuben sitzt oder nach dem Abendessen in charmanten Themenzimmern in ein kuscheliges Bett sinkt! Ihnen und Ihren Kindern wird der Obstgarten gleichermaßen gefallen.

SIMMERN – Rheinland-Pfalz – 543 – 7 580 Ew – Höhe 340 m 46 D15

Berlin 634 – Mainz 67 – Bad Kreuznach 52 – Trier 87
Brühlstr. 2, ✉ 55469, ✆ (06761) 83 72 97, www.simmern.de
Kirche St-Stephan (Grabdenkmäler★)

Bergschlößchen
Nannhauser Str. 4 ✉ 55469 – ✆ (06761) 90 00 – www.hotel-bergschloesschen.de – geschl. 24. Februar - 9. März
22 Zim ☕ – 🚹60/70 € 🚹🚹92/112 €
Rest – *(geschl. Montagmittag)* Menü 10/20 € – Karte 18/38 €
Das familiengeführte Hotel liegt leicht erhöht etwas außerhalb des Ortes. Die Zimmer sind gediegen und teilweise recht großzügig, einige mit Balkon nach Süden. Das Restaurant bietet bürgerliche Küche in rustikalem Ambiente.

An der Straße nach Laubach Nord: 6 km

Birkenhof
Birkenweg 1 ✉ 55469 – ✆ (06761) 9 54 00 – www.birkenhof-info.de
22 Zim ☕ – 🚹70/75 € 🚹🚹100/115 € – ½ P
Rest – *(geschl. Dienstagmittag)* Menü 24 € (mittags)/27 € – Karte 29/71 €
Man sieht diesem gewachsenen Gasthof an, dass die Gastgeber immer am Ball bleiben und alles in Schuss halten. So hat Familie Dietrich hier ausgesprochen wohnliche Zimmer für Sie, die freundlich mit hellem Holz eingerichtet sind, einige haben einen Balkon. In der gemütlichen Gaststube gibt es bürgerlich-regionale Gerichte - die Rinder stammen übrigens aus eigener Zucht. Bei der schönen ruhigen Lage im Grünen ist natürlich auch die Terrasse gefragt.

SIMONSBERG – Schleswig-Holstein – siehe Husum

SIMONSWALD – Baden-Württemberg – 545 – 3 020 Ew – Höhe 372 m – Erholungsort 61 E20

Berlin 786 – Stuttgart 215 – Freiburg im Breisgau 36 – Donaueschingen 49
Talstr. 14a, ✉ 79263, ✆ (07683) 1 94 33, www.simonswald.de

Hugenhof mit Zim
Am Neuenberg 14 ✉ 79263 – ✆ (07683) 93 00 66 – www.hugenhof.de – geschl. über Fastnacht 2 Wochen, Mitte August - Anfang September 3 Wochen und Montag - Dienstag
15 Zim ☕ – 🚹40/45 € 🚹🚹70 €
Rest – *(nur Abendessen, sonntags auch Mittagessen)* (Tischbestellung erforderlich) Menü 46 € – Karte ca. 35 €
Das Restaurant ist so liebenswert, wie der Gasthof schon von außen vermuten lässt: schön die hohen Decken, behaglich das alte Gebälk, im Winter wärmt der Kamin... Jeden Abend gibt es ein schmackhaftes 4-Gänge-Menü, das Chef Klaus Ditz am Tisch annonciert. Dazu empfiehlt die Chefin fachkundig den Wein. Die Gästezimmer sind recht einfach, aber gepflegt.

In Simonswald-Obersimonswald Süd-Ost: 4 km in Richtung Furtwangen

Gasthaus Zur Erle

Obertalstr. 36 (Süd: 1 km) ✉ *79263 –* ✆ *(07683) 4 94 – www.erle-simonswald.de – geschl. nach Fastnacht 3 Wochen, Anfang Juni 2 Wochen, Dienstag - Mittwoch, Mai - Oktober: Dienstag - Mittwochmittag*

Rest – Karte 25/53 €

Rustikal-gemütlich ist die Stube dieses familiengeführten Gasthofs. Hier bereitet der Chef regionale Spezialitäten zu, die von seiner Frau freundlich serviert werden.

SINDELFINGEN – Baden-Württemberg – 545 – 60 450 Ew – Höhe 449 m

55 G18

Berlin 647 – Stuttgart 20 – Karlsruhe 80 – Reutlingen 34

ADAC Tilsiter Str. 15 (Breuningerland)

Marktplatz 1, ✉ 71063, ✆ (07031) 9 43 25, www.sindelfingen.de

Holzgerlingen, Schaichhof, ✆ (07157) 6 79 66

Marriott

Rest,

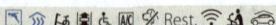

Mahdentalstr. 68 ✉ *71065 –* ✆ *(07031) 69 60 – www.stuttgart-marriott-sindelfingen.de*

256 Zim – †149 € ††149 €, ☕ 23 € – 4 Suiten **Rest** – Karte 39/71 €

Gediegen-elegantes Ambiente begleitet Sie von der großzügigen Atriumlobby bis in die hochwertig ausgestatteten Zimmer. Als Gast der Executive-Etagen nutzen Sie die separate Lounge im 7. Stock! Sie mögen Steaks? Die gibt's (in verschiedenen Fleischqualitätsstufen) zusätzlich zur internationalen Karte.

Erikson-Hotel

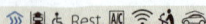

Rest,

Hanns-Martin-Schleyer-Str. 8 ✉ *71063 –* ✆ *(07031) 93 50 – www.erikson.de – geschl. 21. Dezember - 5. Januar*

92 Zim ☕ – †64/155 € ††69/201 € – ½ P

Rest *Restaurant und s'Stüble* – *(geschl. Samstagmittag; April - September: Samstag)* Menü 43 € – Karte 28/47 €

Ein privat geführtes Businesshotel mit recht geräumigen Zimmern in günstiger Lage: Bahnhof gleich gegenüber, die A81 ist schnell erreicht. Im Restaurant gibt es Regionales (Leberle, Nierle...) sowie international-saisonale Gerichte. Wild kommt übrigens immer aus eigener Jagd! Einmal im Monat Sonntagsbrunch.

Berlin

Zim,

Berliner Platz 1 ✉ *71065 –* ✆ *(07031) 86 55 – www.hotelberlin-sindelfingen.de*

108 Zim ☕ – †107/157 € ††130/190 € – 2 Suiten – ½ P

Rest – *(nur Abendessen)* Menü 18/32 € – Karte 17/29 €

Wenn Sie es gerne geradlinig-modern haben, buchen Sie eines der "Design"-Zimmer im Neubau! Für international-regionale Küche geht man ins "Salvia", für Flammkuchen & Co. ins Bistro "Entre Nous". Mit der S-Bahn (Haltestelle ganz in der Nähe) ist man in 20 Minuten an der Messe Stuttgart oder am Airport.

Knote

Vaihinger Str. 14 ✉ *71063 –* ✆ *(07031) 61 10 – www.hotel-knote.com*

40 Zim ☕ – †59/125 € ††78/148 € **Rest** – Karte 28/42 €

Sie wohnen im Zentrum der Stadt in gepflegten, funktionellen Zimmern, die teilweise einen Balkon nach hinten haben - hier liegt auch recht ruhig die schöne begrünte Terrasse! Im Restaurant wird regionale Küche geboten (der Pächter ist übrigens kein Unbekannter: Benjamin Breitenbach!).

SINGEN (HOHENTWIEL) – Baden-Württemberg – 545 – 45 830 Ew – Höhe 429 m

62 F21

Berlin 780 – Stuttgart 154 – Konstanz 34 – Freiburg im Breisgau 106

ADAC Georg-Fischer-Str. 33 (Industriegebiet)

Hohgarten 4, ✉ 78224, ✆ (07731) 85 04, www.hegau.de

Steißlingen-Wiechs, Brunnenstr. 4b, ✆ (07738) 71 96

Lamm

Alemannenstr. 42 ✉ 78224 – ✆ (07731) 40 20 – www.lamm-singen.bestwestern.de – geschl. 19. Dezember - 9. Januar
76 Zim – 🚹76/106 € 🚹🚹96/126 €, ☕ 7 € – 2 Suiten – ½ P
Rest – *(geschl. Sonntag sowie an Feiertagen) (nur Abendessen)* Karte 24/40 €
Der Familienbetrieb am Zentrumsrand bietet unterschiedlich eingerichtete Zimmer - fragen Sie nach den neueren in zeitgemäßem Stil. Im obersten Stock: Frühstücksraum mit Aussicht. Bürgerliche Küche im Restaurant.

In Singen-Bohlingen Süd-Ost: 6 km über Rielasinger Straße, Richtung Überlingen

Zapa

Rest, Rest,

Bohlinger Dorfstr. 48 ✉ 78224 – ✆ (07731) 79 61 61 – www.restaurant-zapa.de – geschl. über Fastnacht 1 Woche und Anfang November 1 Woche
14 Zim ☕ – 🚹84/110 € 🚹🚹122/150 €
Rest – *(geschl. Sonntagabend - Montagmittag)* Menü 17 € (mittags unter der Woche)/49 € – Karte 25/54 €
Das Haus liegt ruhig und hat schicke moderne Zimmer. Besonderheit: Bilder und Windspiele eines Nürnberger Künstlers - und nicht zu vergessen die beiden Hausschweine Piggeldy und Frederick! Das Restaurant bietet als Spezialität Graugänse und Hühner (2 Wochen im Winter), dienstagabends vegetarisches Buffet.

SINSHEIM – Baden-Württemberg – 545 – 35 400 Ew – Höhe 154 m 48 G17

▶ Berlin 618 – Stuttgart 87 – Mannheim 50 – Heilbronn 35
18 Sinsheim-Weiler, Buchenauerhof 4, ✆ (07265) 72 58

In Sinsheim-Dühren Süd-West: 3 km über B 39, jenseits der A 6

Ratsstube

Karlsruher Str. 55 ✉ 74889 – ✆ (07261) 93 70 – www.ratsstube.de
33 Zim ☕ – 🚹74/109 € 🚹🚹84/119 € **Rest** – Karte 17/53 €
Der familiengeführte Gasthof ist zu einem Hotel mit wohnlichen Zimmern gewachsen. Ruhiger ist der nach hinten gelegene Anbau. Parkplätze direkt am Haus! Ein besonders freundlicher Ort für die bürgerliche Küche (Fleisch kommt aus der hauseigenen Metzgerei!) ist die Kraichgaustube des Restaurants.

SINZIG – Rheinland-Pfalz – 543 – 17 420 Ew – Höhe 90 m 36 C13

▶ Berlin 613 – Mainz 135 – Bonn 22 – Koblenz 37

XX **Vieux Sinzig**

Kölner Str. 6 ✉ 53489 – ✆ (02642) 4 27 57 – www.vieux-sinzig.com – geschl. 24. Februar - 9. März, 7. - 20. Juli, 2. - 16. November und Montag - Dienstag
Rest – Menü 23 € (mittags unter der Woche)/89 € – Karte 53/83 €
Jean-Marie Dumaine und sein Team bieten in dem hübschen hellen Restaurant (schön auch der Garten!) zeitgemäß-saisonale Küche, in der zahlreiche Wildkräuter zum Einsatz kommen - Einflüsse aus der Region und der französischen Heimat des Chefs sind unverkennbar! Gut die Weinberatung. Und für zu Hause gibt's eigene eingemachte Produkte zu kaufen.

In Sinzig-Bad Bodendorf

Maravilla

Rest,

Hauptstr. 158 ✉ 53489 – ✆ (02642) 4 00 00 – www.maravilla-spa.de
33 Zim ☕ – 🚹70/120 € 🚹🚹90/140 € – ½ P **Rest** – Menü 25 € – Karte 18/48 €
Eine wohnliche, ruhig gelegene Adresse, die für Geschäftsreisende, aber auch für den Wellnessgast interessant ist, dafür sorgen Hamam und Rasulbad sowie das Beauty- und Massage-Angebot. Die Zimmer sind unterschiedlich groß, im Haus Classic verfügen alle über einen Balkon. Geradlinig-elegant ist das Ambiente im Restaurant, auch an Vegetarier ist hier gedacht.

SITTENSEN – Niedersachsen – 541 – 5 510 Ew – Höhe 31 m 9 H6

▶ Berlin 334 – Hannover 130 – Hamburg 58 – Bremen 63
18 Sittensen, Alpershausener Weg 60, ✆ (04282) 32 66

In Groß Meckelsen **West: 5 km, jenseits der A 1, über Lindenstraße**

Schröder (mit Gästehaus) Zim, Rest, Rest,
Am Kuhbach 1 ✉ 27419 – ✆ (04282) 5 08 80 – www.hotel-schroeder.de
40 Zim – 55/85 € 65/105 € – ½ P
Rest – Menü 21/43 € – Karte 18/46 €
Das in 2. Generation familiengeführte Hotel verfügt über unterschiedliche Zimmer, die auch in der Farbgebung recht individuell und teilweise besonders freundlich sind. Im Restaurant hat man moderne Details und warme Töne mit traditionellen Elementen kombiniert.

In Groß Meckelsen-Kuhmühlen **West: 5 km, jenseits der A 1, über Lindenstraße, hinter Groß Meckelsen rechts**

Zur Kloster-Mühle Zim,
Kuhmühler Weg 7 ✉ 27419 – ✆ (04282) 59 41 90 – www.kloster-muehle.de – geschl. 31. Dezember - 6. Januar
17 Zim – 80/120 € 120/210 € – ½ P
Rest – *(geschl. Dezember - März: Sonntagabend) (nur Abendessen, sonntags auch Mittagessen)* Menü 34/52 € – Karte 28/51 €
Idyllisch liegt der Gutshof an einem kleinen Weiher. In den schönen zeitgemäßen Zimmern (darunter auch ein hochwertig eingerichtetes Wellnesszimmer mit eigenem Whirlpool!) steht sogar Wein und Sekt für Sie bereit, am Morgen gibt es ein reichhaltiges Frühstücksbuffet, später internationale Küche im Restaurant mit mediterraner Note. Keine Frage, bei dieser Lage ist das Haus auch für Feierlichkeiten eine tolle Adresse.

In Stemmen **Süd-Ost: 12 km, Richtung Scheeßel, in Helvesiek links**

Landgut Stemmen Rest, Rest,
Große Str. 12 ✉ 27389 – ✆ (04267) 9 30 40 – www.landgut-stemmen.de
32 Zim – 50/79 € 85/99 €
Rest – *(geschl. Montag) (nur Abendessen)* Menü 15 € – Karte 13/42 €
Das Hotel wird familiär geleitet und bietet gepflegte, wohnlich gestaltete Gästezimmer, darunter auch geräumige Familienzimmer. Teil des Restaurants ist ein heller, modern in Braun und Beige gehaltener Rundbau.

SOBERNHEIM, BAD – Rheinland-Pfalz – 543 – 6 450 Ew – Höhe 150 m – Heilbad

46 D15

Berlin 631 – Mainz 64 – Bad Kreuznach 19 – Idar-Oberstein 31
Bahnhofstr. 4, ✉ 55566, ✆ (06751) 8 12 41, www.bad-sobernheim.de

BollAnt's im Park (mit Gästehäusern)
Felkestr. 100 ✉ 55566 – ✆ (06751) 9 33 90 – www.bollants.de
67 Zim – 149/179 € 288/358 € – 5 Suiten – ½ P
Rest *Passione Rossa* **Rest *Hermannshof*** – siehe Restaurantauswahl
In einem etwas abgelegenen Park an der Nahe ist Ihnen ein individueller Wellness-Urlaub gewiss: asiatisch inspirierter "bollant.SPA", exklusive "SPA-Logdes" und Spa-Garten am Fluss, dazu die sehr wohnlichen Zimmer... Man sieht das Engagement der Familie Bolland nicht zuletzt an den ständigen Verbesserungen! HP inklusive.

Maasberg Therme Rest,
Am Maasberg (Nord: 2 km) ✉ 55566 – ✆ (06751) 87 60 – www.maasberg-therme.de
69 Zim – 93/118 € 154/188 € – 8 Suiten
Rest – *(geschl. 7. - 24. Januar, 3. - 21. Dezember)* Menü 16 € (mittags)/35 € – Karte 23/50 €
Das Hotel auf einem Parkgrundstück ist auf Golf-, Wellness- und Tagungsgäste zugeschnitten. Schöne Halle, wohnlich-gediegene Zimmer (teils mit Whirlwanne). Auch Medical Wellness. Freundlich-mediterran hat man das Restaurant Villa Soveranum gestaltet.

Passione Rossa – Hotel BollAnt's im Park

Felkestr. 100 ✉ 55566 – ✆ (06751) 9 33 90 – www.bollants.de – geschl. Dienstag - Mittwoch

Rest – *(nur Abendessen)* (Tischbestellung ratsam) Menü 89/129 €

Früher diente das tolle historische Sandstein-Tonnengewölbe als Obstkeller, heute ist dieser besondere Rahmen erfüllt von behaglicher Eleganz. Zum Essen serviert Ihnen ein umsichtiges Team schöne regionale Weine.

➜ Jakobsmuschel, Erdnuss, gerösteter Blumenkohl. Limousin Lammrücken im Honigsud gegart, Saint Maure, Kichererbsen, geschmorte Zwiebel. Vanilleessig, gefrorener Birnensaft, Schokoladenstaub.

Hermannshof – Hotel BollAnt's im Park

Felkestr. 100 ✉ 55566 – ✆ (06751) 9 33 90 – www.bollants.de

Rest – Menü 40 € – Karte 39/57 €

Das hübsche helle Gewölbe gibt auch dem zweiten Restaurant des "BollAnt's" ein attraktives Ambiente. Hier hat man es bei mediterraner Küche schön gemütlich.

Kupferkanne (N)

Berliner Str. 2 ✉ 55566 – ✆ (06751) 28 58 – www.restaurant-kupferkanne.de – geschl. Donnerstag; Oktober - März: Samstagmittag

Rest – Karte 18/37 €

Das ist frische und bodenständige bürgerliche Küche! Und die passt genau in dieses sympathische Ecklokal, das im Sommer auch eine nette Terrasse hat. Man hat zahlreiche Stammgäste, die gerne zum Mittagsmenü kommen!

In Meddersheim Süd-West: 3 km

Landgasthof zur Traube

Sobernheimer Str. 2 ✉ 55566 – ✆ (06751) 95 03 82 – www.langendorfstraube.de – geschl. 27. Dezember - 11. Januar, Mitte Juli - Anfang August und Dienstagabend - Mittwoch

Rest – Karte 28/54 €

Die Gäste schätzen die gute regionale Küche (ein guter Tipp ist das Kalbskotelett), mit der Ingrid und Herbert Langendorf sie in dem hübschen historischen Naturstein-Fachwerk-Haus bewirten. Gemütlich ist die rustikale Einrichtung mit sehr schönen alten Tischen und Stühlen.

Lohmühle

(an der Straße nach Meisenheim) (Süd-West: 3 km) ✉ 55566 – ✆ (06751) 45 74 – www.restaurant-lohmuehle.de – geschl. Januar und Montag - Dienstag

Rest – *(Mittwoch - Freitag nur Abendessen)* Menü 29 € – Karte 23/47 €

Am Waldrand, in einer alten Mühle mit schöner Bruchsteinfassade befindet sich das gemütliche Restaurant mit Empore. Regionale Küche aus heimischen Produkten. Herrliche Terrasse.

SODEN-SALMÜNSTER, BAD – Hessen – 543 – 13 600 Ew – Höhe 150 m – Heilbad

38 H14

Berlin 511 – Wiesbaden 101 – Darmstadt 87 – Hanau 47

Frowin-von-Hutten-Str. 5, ✉ 63628, ✆ (06056) 74 41 44, www.badsoden-salmuenster.de

Im Ortsteil Bad Soden

KIShotel am Kurpark Rest,

Parkstr. 8 ✉ 63628 – ✆ (06056) 9 12 20 – www.kishotel.de

22 Zim – 🚹49/68 € 🚹🚹79/95 €, ☕ 5 € – ½ P

Rest – *(geschl. Sonntag) (nur Abendessen)* Menü 20 € – Karte 18/37 €

Das Hotel befindet sich am Kurpark und bietet funktionale Zimmer, die mit warmen Farben wohnlich gestaltet sind. Kosmetik- und Massagebereich sowie ein gepflegter Garten. Helles, freundliches Restaurant.

 **Fiori** 
Franz-von-Sickingen-Str. 3 ✉ 63628 – ✆ (06056) 91 97 12 – www.hotel-fiori.de
6 Zim – 50 € 75 € – ½ P
Rest – *(geschl. Mittwoch - Donnerstag)* Karte 25/48 €
Eine nette familiäre Adresse in relativ ruhiger Lage in einer Einbahnstraße. Angenehme mediterrane Töne machen die Gästezimmer behaglich. Italienisch-internationales Angebot im hübschen modernen Restaurant.

SOEST – **Nordrhein-Westfalen** – **543** – **48 580 Ew** – **Höhe 95 m** **27** E11
Berlin 457 – Düsseldorf 118 – Arnsberg 21 – Dortmund 52
ADAC Arnsberger Str. 7
Teichsmühlengasse 3, ✉ 59494, ✆ (02921) 66 35 00 50, www.wms-soest.de
Lage★ · Wiesenkirche★(Schreinaltar★) · St-Patroklidom★ (Westwerk★★ · Turm★★)

Pilgrim-Haus mit Zim — Zim,
Jakobistr. 75 ✉ 59494 – ✆ (02921) 18 28 – www.pilgrimhaus.de
14 Zim – 77/79 € 98 € – ½ P
Rest – (abends Tischbestellung ratsam) Menü 14 € (mittags)/59 € – Karte 26/43 €
Das am Jakobitor gelegene Haus von 1304 ist der älteste Gasthof Westfalens! Man sitzt in heimeligen rustikalen Stuben, die liebenswert dekoriert sind. Die Küche ist deftig-regional. Schöne individuelle Gästezimmer, teilweise mit freigelegten Holzbalken.

SOMMERACH – **Bayern** – **546** – **1 430 Ew** – **Höhe 202 m** **49** I15
Berlin 471 – München 263 – Würzburg 31 – Schweinfurt 30

Zum weißen Lamm
Hauptstr. 2 ✉ 97334 – ✆ (09381) 93 77 – www.strobel-lamm.de – geschl. 23. Dezember - 23. Januar
19 Zim – 38/84 € 68/108 €
Rest – *(geschl. November - März: Dienstag)* Karte 13/32 €
Seit 1870 ist der Landgasthof mitten im Dorf im Familienbesitz. Die Zimmer sind neuzeitlich-wohnlich gestaltet, hübsch der freundlich-rustikale Frühstücksraum und die Dachterrasse. Gaststube mit behaglich-ländlicher Atmosphäre.

Bocksbeutelherberge garni
Weinstr. 22 ✉ 97334 – ✆ (09381) 8 48 50 – www.bocksbeutelherberge.de
8 Zim – 46/55 € 60/68 €
Ein gut geführter kleiner Familienbetrieb mit gepflegten, wohnlichen Zimmern. Der ländliche Frühstücksraum dient abends als Weinstube. Die Gäste können hier auch Fahrräder leihen.

SOMMERHAUSEN – **Bayern** – **546** – **1 660 Ew** – **Höhe 181 m** **49** I16
Berlin 505 – München 281 – Würzburg 14 – Schweinfurt 59

Zum Weinkrug garni
Steingraben 5 ✉ 97286 – ✆ (09333) 9 04 70 – www.zum-weinkrug.de – geschl. 20. Dezember - 6. Januar, 11. - 27. April, 24. Oktober - 2. November
15 Zim – 50/68 € 74/86 €
Man findet dieses gepflegte und familiär geführte kleine Hotel vor dem Tor der alten Stadtmauer. Einige der Zimmer bieten einen Balkon. Freundlicher Frühstücksraum.

Ritter Jörg 
Maingasse 14 ✉ 97286 – ✆ (09333) 9 73 00 – www.ritter-joerg.de – geschl. 27. Dezember - 1. Februar, 4. - 29. August
22 Zim – 60/65 € 95/115 €
Rest ***Ritter Jörg*** – siehe Restaurantauswahl
Das von Familie Unkel geleitete Hotel steht am Brunnen des namengebenden Ritter Jörg. Die Zimmer sind zeitlos, funktionell und technisch solide ausgestattet.

XX **Philipp** mit Zim

Hauptstr. 12 ✉ 97286 – ✆ (09333) 14 06 – www.restaurant-philipp.de – geschl. Montag - Dienstag

1 Zim – 🛉99/138 € 🛉🛉148/190 € – 1 Suite

Rest – *(November - März: Mittwoch - Freitag nur Abendessen)* (Tischbestellung erforderlich) Menü 49/138 €

Mitten in dem schönen Weinort liegt das schmucke 400 Jahre alte Gebäude. Drinnen historisch-ländlicher Charme (Dielenboden, Holzbalken, halbhohe Täfelung) und zurückhaltend eleganter Stil. Michael Philipp kocht ein klassisch-saisonales Menü, dazu treffliche Weinempfehlungen von seiner Frau. Zum Übernachten: Barock- und Renaissance-Suite sowie ein Doppelzimmer.

➜ Yellow Fin Thunfisch / Gurke / Apfel / Yuzu. Rehrücken aus dem Steigerwald / Sellerie / Artischocken / Verjus. Rote Bete und Amaranth / Cru de Cao Madagascar 70%.

X **Ritter Jörg** – Hotel Ritter Jörg

Maingasse 14 ✉ 97286 – ✆ (09333) 9 73 00 – www.ritter-joerg.de – geschl. 27. Dezember - 1. Februar, 4. - 29. August und Montag - Dienstag

Rest – *(Montag - Freitag nur Abendessen)* Karte 17/40 €

Was Küchenchef Andreas Bundschuh Ihnen in dem netten rustikalen Restaurant anbietet, sind bürgerliche Gerichte wie "Schweinebraten mit Kümmel-Altbiersauce, Kartoffelklößen und Apfelrotkraut" oder "Tafelspitz in Meerrettichsauce".

Gute Küche zu moderatem Preis? Folgen Sie dem Bib Gourmand

SONNENBÜHL – Baden-Württemberg – 545 – 7 050 Ew – Höhe 775 m – Wintersport: 880 m 6

55 G19

Berlin 700 – Stuttgart 63 – Konstanz 120 – Reutlingen 26

Hauptstr. 2, ✉ 72820, ✆ (07128) 9 25 18, www.sonnenbuehl.de

Sonnenbühl-Undingen, Im Zerg, ✆ (07128) 9 26 00

In Sonnenbühl-Erpfingen – Luftkurort

XX **Hirsch** (Gerd Windhösel) mit Zim

Rest,

Im Dorf 12 ✉ 72820 – ✆ (07128) 9 29 10 – www.restaurant-hotel-hirsch.de – geschl. über Pfingsten 1 Woche, Anfang November 1 Woche und Montagmittag, Dienstag - nur Restaurant

13 Zim – 🛉75/97 € 🛉🛉105/165 € – 1 Suite – ½ P

Rest *Dorfstube* – siehe Restaurantauswahl

Rest – Menü 42 € (vegetarisch)/98 € – Karte 43/72 €

Dies ist die Gourmetvariante des gastronomischen Doppelkonzepts im Hause Windhösel. Ein gemütliches Restaurant (frisches helles Grün mischt sich hier mit einer angenehm ländlichen Note), in dem man auf regionale Produkte setzt - sein Öl bezieht der Chef übrigens von einer Ölpresse im Nachbarort! Übernachtungsgäste (besonders charmant die neueren Zimmer) können auch gleich noch in der hübschen rustikalen Stubensauna relaxen.

➜ Gebratener Zander auf Älbler Linsen. Filet und gefülltes Schwänzle vom Albbüffel. Rücken vom Alblamm mit Wiesenkräutern.

X **Dorfstube** – Restaurant Hirsch

Im Dorf 12 ✉ 72820 – ✆ (07128) 9 29 10 – www.restaurant-hotel-hirsch.de – geschl. über Pfingsten 1 Woche, Anfang November 1 Woche und Montagmittag, Dienstag

Rest – Karte 32/45 €

Die Dorfstube ist eine prima Ergänzung zum Feinschmeckerrestaurant: Richtig heimelig wird es in der liebenswert dekorierten holzgetäfelten Stube, wenn man sich bei Kerzenschein bodenständige regionale Gerichte wie "Kürbis-Käsemaultaschen auf gedünstetem Rucola" oder "Fleischküchle mit Kartoffel-Gurkensalat" schmecken lässt! Oder vielleicht heimisches Wild?

SONTHOFEN – Bayern – 546 – 20 880 Ew – Höhe 741 m – Wintersport: 900 m 1 – Luftkurort 64 J22

Berlin 725 – München 152 – Kempten (Allgäu) 27 – Oberstdorf 13

Rathausplatz 1, ✉ 87527, ✆ (08321) 61 52 91, www.sonthofen.de

Ofterschwang, Muderbolz 10, ✆ (08321) 27 21 81

In Ofterschwang Süd-West: 4 km über Südliche Alpenstraße

Sonnenalp

✉ 87527 – ✆ (08321) 27 20 – www.sonnenalp.de

212 Zim – 162/272 € 412/606 € – 21 Suiten

Rest *Silberdistel* – siehe Restaurantauswahl

Rest – *(nur für Hausgäste)* Karte 22/43 €

Ein solches in vielerlei Hinsicht bemerkenswertes Ferienhotel findet man in Deutschland und darüber hinaus nur sehr selten! Familie Fäßler steht hier für Herzlichkeit, top Service, alpinen Luxus und Freizeitaktivitäten jeglicher Art, darunter Wellness in Hülle und Fülle auf 5000 qm, dazu eine Halbpension (inklusive), die nahezu keine Wünsche offen lässt.

Silberdistel – Hotel Sonnenalp

✉ 87527 – ✆ (08321) 27 20 – www.sonnenalp.de

Rest – *(nur Abendessen)* (Tischbestellung erforderlich) Menü 88/125 € – Karte 66/84 €

Ganz oben im Hotel (grandios der Blick!) hat Kai Schneller sein Reich. Bei ihm steht feine klassische und stark regional geprägte Küche auf dem Programm. Auch das Interieur präsentiert das Allgäu in exklusiver Form: wertige heimische Materialien elegant arrangiert.

➜ Komposition von Gänseleber, Spargel und Kaninchen mit Brunnenkresse. Niedersonthofener Rehrücken mit Holundersabayon, schwarzem Knoblauch und Pioppini. Bodensee Erdbeeren am Tisch flambiert mit Erdbeerroulade und Basilikumsorbet.

SOODEN-ALLENDORF, BAD – Hessen – 543 – 8 360 Ew – Höhe 162 m – Heilbad 39 I11

Berlin 375 – Wiesbaden 231 – Kassel 52 – Bad Hersfeld 68

Landgraf-Philipp-Platz 1-2, ✉ 37242, ✆ (05652) 9 58 70, www.bad-sooden-allendorf.de

Im Ortsteil Ahrenberg Nord-West: 6 km über Ellershausen

Berggasthof Ahrenberg

Auf dem Ahrenberg 5 ✉ 37242 – ✆ (05652) 9 57 30 – www.hotel-ahrenberg.de

35 Zim – 55/65 € 85/109 € – ½ P

Rest – Menü 15 € (mittags)/25 € – Karte 19/46 €

Von diesem Hotel in Hanglage hat man einen wundervollen Ausblick aufs Werratal. Das familiär geleitete Haus verfügt über drei Zimmertypen. Im Restaurant bietet man regionale und saisonale Gerichte.

SPAICHINGEN – Baden-Württemberg – 545 – 12 310 Ew – Höhe 660 m 62 F20

Berlin 737 – Stuttgart 112 – Konstanz 70 – Tuttlingen 14

In Hausen ob Verena Süd-West: 6 km über Angerstraße, Karlstraße und Hausener Straße

Hofgut Hohenkarpfen

Am Hohenkarpfen (Süd-West: 2 km) ✉ 78595 – ✆ (07424) 94 50 – www.hohenkarpfen.de – geschl. 1. - 5. Januar

21 Zim – 89/96 € 129/132 € – ½ P

Rest *Hofgut Hohenkarpfen* – siehe Restaurantauswahl

Ein wahres Idyll - bei gutem Wetter schaut man bis zu den Schweizer Alpen! Die Zimmer in der einstigen Scheune sind nicht sehr geräumig, aber schön geradlinig, wohnlich und durchdacht, dekoriert mit Original-Gemälden. Gegen Gebühr bewundern Sie im Haus Ausstellungen der Kunststiftung!

Hofgut Hohenkarpfen – Hotel Hofgut Hohenkarpfen

Am Hohenkarpfen (Süd-West: 2 km) ✉ *78595 –* ✆ *(07424) 94 50*
– www.hohenkarpfen.de
Rest – *(geschl. 1. - 14. Januar)* Menü 38/58 € – Karte 31/57 €
Im Hofgutshaus gibt es internationale und regionale Küche - schöne Beispiele sind "Lammragout in Joghurt-Masalasauce mit gegrillten Auberginen und Curryreis" oder "gefüllte Kalbsbrust mit Rotweinsauce, Karotten und Butternudeln". Speisen Sie auf der tollen Terrasse! Oder doch lieber im frischen modernen Restaurant-Ambiente?

SPALT – Bayern – 546 – 5 010 Ew – Höhe 309 m – Erholungsort — 57 K17

Berlin 474 – München 149 – Nürnberg 50 – Ingolstadt 70
Herrengasse 10, ✉ 91174, ✆ (09175) 7 96 50, www.spalt.de

In Spalt-Großweingarten Süd-Ost: 1 km

Zum Schnapsbrenner 

Dorfstr. 67 ✉ *91174 –* ✆ *(09175) 7 97 80 – www.pension-schnapsbrenner.de*
– geschl. 21. Oktober - 29. November
9 Zim – †42/55 € ††68/85 € – 1 Suite – ½ P
Rest – *(geschl. Sonntagabend; Ende November - Ende April: Sonntagabend - Montag) (nur Abendessen, sonntags auch Mittagessen)* Menü 14 €
– Karte 14/35 €
Chefin Christa Walther leitet die kleine Pension herzlich und engagiert. Die Gästezimmer sind gepflegt, geräumig und mit Naturholz solide ausgestattet. Zum Haus gehört eine eigene Brennerei mit kleinem Laden. Das Restaurant ist gemütlich-ländlich gestaltet. Man ist bekannt für das Spargelbuffet.

In Spalt-Stiegelmühle Nord-West: 5 km, Richtung Wernfels

Gasthof Blumenthal

Stiegelmühle 42 ✉ *91174 –* ✆ *(09873) 3 32 – www.gasthof-blumenthal.de*
– geschl. Montag - Dienstag
Rest – Menü 22 € (mittags unter der Woche)
– Karte 22/44 €
Mittags wie abends fahren die Gäste gerne hierher aufs Land zu Sophie und Josef Kocher (bereits die 5. Generation!), denn sie wissen um die gute regionale Küche: Wild, Forellen aus eigener Zucht, Spargelgerichte zur Saison... Schön sitzt man übrigens auch im Innenhof!

SPAY – Rheinland-Pfalz – 543 – 1 940 Ew – Höhe 68 m — 36 D14

Berlin 608 – Mainz 98 – Koblenz 14

Alter Posthof Rest,

Mainzer Str. 47 ✉ *56322 –* ✆ *(02628) 87 08 – www.alterposthof.de*
– geschl. 21. Dezember - 15. Januar
17 Zim – †48/58 € ††88/95 € – ½ P
Rest – *(geschl. Mittwochmittag)* Karte 22/36 €
Eine traditionsreiche Adresse mitten im Ort, die bereits seit 1802 als Familienbetrieb geführt wird. Die Zimmer sind gepflegt und solide möbliert. Das Restaurant teilt sich in verschiedene gemütlich-rustikale Stuben. Nett sitzt man im Biergarten unter Kastanien.

SPELLE – Niedersachsen – 541 – 8 510 Ew – Höhe 40 m — 16 D8

Berlin 472 – Hannover 188 – Oldenburg 155 – Münster 59

Krone garni 

Bernard-Krone-Str. 15 ✉ *48480 –* ✆ *(05977) 9 39 20*
– www.krone-hotel-spelle.de
28 Zim – †58 € ††80 €
Zeitgemäße und funktionale Zimmer mit gutem Platzangebot erwarten Sie in dem gepflegten Hotel, das auch gerne als Businessadresse genutzt wird. An das Haus ist ein Restaurant angeschlossen.

▶ Berlin 638 – Mainz 93 – Mannheim 33 – Heidelberg 21

ℹ Maximilianstr. 13 B2, ✉ 67346, ✆ (06232) 14 23 92, www.speyer.de

◉ Kaiserdom★★ (Äußeres: ≤★★ vom Fuß des Heidentürmchens auf den Dom, Inneres: Querschiff★★, Krypta★★★) · Judenbad★ · Historisches Museum der Pfalz★(Goldene Hut★★ · Römerwein★ · Technik-Museum★ (IMAX-Filmtheater★) · Sea Life★B2 - Altstadt (Altpörtel★)A2

Residenz am Königsplatz N garni

Ludwigstr. 6 ✉ 67346 – ✆ (06232) 68 49 90
– www.residenz-speyer.de A2**a**

15 Zim ☕ – 🕴115/165 € 🕴🕴165/200 €

Früher ein Hospiz, heute ein geschmackvolles, wohnliches und modernes Hotel in denkmalgeschützten Mauern. Der historische Rahmen vereint sich aufs Ansprechendste mit geradlinigem Stil, ruhigen Tönen und topaktueller Technik. Toll der Frühstücksraum im Gewölbe, ebenso schön der Innenhof. Günstig parken kann man um die Ecke im Karstadt-Parkhaus.

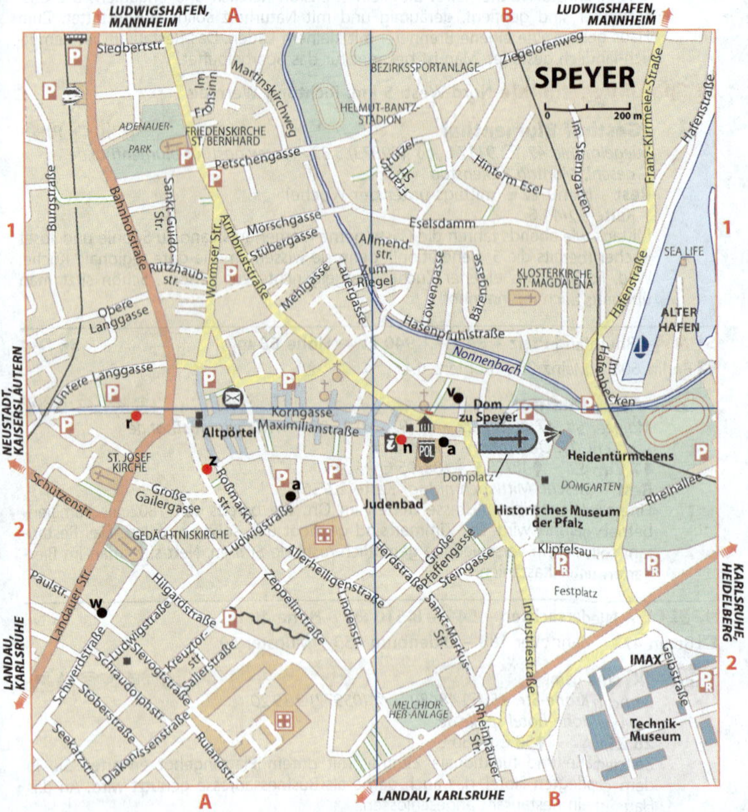

Löwengarten

Schwerdstr. 14 ✉ 67346 – ✆ (06232) 62 70 – www.hotel-loewengarten.de
63 Zim – †100/175 € ††115/200 €, ☕ 13 € – ½ P A2**w**
Rest – *(geschl. Sonntag - Montag) (nur Abendessen)* Menü 20/65 € – Karte 28/57 €
Der Familienbetrieb liegt schön zentral - da sind die Sehenswürdigkeiten der Stadt schnell erreicht! Die Zimmer sind hell und freundlich, einige neuere etwas moderner, geräumig die Komfortzimmer.

Domhof garni

Bauhof 3 ✉ 67346 – ✆ (06232) 1 32 90 – www.domhof.de B1**v**
50 Zim ☕ – †98/121 € ††121/131 €
Die einstige Herberge des Reichskammergerichts ist heute als tolles historisches Gebäudeensemble mit charmantem Innenhof eine schöne Übernachtungsadresse mitten in der Altstadt. Warme Farben und Parkett machen die Zimmer wohnlich. Interessant: Der Frühstückssaal war in den 50er Jahren das Kino von Speyer. Speis und Trank in der Hausbrauerei mit Biergarten nebenan.

Speyerer Hof garni

Maximilianstr. 8 (Zufahrt über Domplatz) ✉ 67346 – ✆ (06232) 60 212 22 – www.hotel-speyerer-hof.de B2**a**
20 Zim ☕ – †65/80 € ††100/110 €
Die Lage in der Fußgängerzone ist perfekt, der Dom ist nur einen Steinwurf entfernt, direkt gegenüber die Pilger-Statue. Und das bietet man sonst noch: schlicht-moderne Zimmer (auch Appartements), Kulinarium mit Pfälzer Spezialitäten, Wein-Shop, Fahrrad- und E-Bike-Verleih.

Backmulde mit Zim

Karmeliterstr. 11 ✉ 67346 – ✆ (06232) 7 15 77 – www.backmulde.de – geschl. Sonntagabend - Montag A2**z**
6 Zim ☕ – †58/65 € ††78/85 € – ½ P
Rest – Menü 24 € (mittags)/68 € – Karte 26/62 €
Gunter Schmidt und seine charmant-rustikale Backmulde sind schon wahre Urgesteine der Speyerer Gastronomie und der Patron ist nach wie vor unermüdlich am Werk. Er bietet klassische Küche, die begleitet wird von einer erstklassigen, auch über die Grenzen der Pfalz hinausgehenden Weinauswahl. Und Gästezimmer gibt es auch: wohnlich-warm, mit viel Holz.

Wirtschaft zum Alten Engel

Mühlturmstr. 7 ✉ 67346 – ✆ (06232) 7 09 14 – www.alter-engel.de – geschl. Juli - August: Sonntag A2**r**
Rest – *(nur Abendessen)* Karte 28/49 €
Ein sehr nettes Lokal, in dem das alte Backsteingewölbe und gemütliche Nischen urig-rustikalen Charme versprühen - und daneben hat man noch die gut frequentierte Weinbar. Die Karte ist regional, dazu ein Tagesangebot.

Ratskeller

Maximilianstr. 12, (Zufahrt über Kleine Pfaffengasse) ✉ 67346 – ✆ (06232) 7 86 12 – www.ratskeller-speyer.de – geschl. über Fasching 3 Wochen, Juli - August 2 Wochen und Sonntagabend - Montag B2**n**
Rest – Menü 18/28 € – Karte 18/39 €
Das schmucke Rathaus a. d. 18. Jh. birgt in seinem Keller ein historisches Backsteingewölbe, in dessen gemütlicher Atmosphäre man bürgerliche Küche mit internationalen Einflüssen serviert. Terrasse im Innenhof.

In Speyer-Binshof Nord: 6 km über Bahnhofstraße A1, Richtung Otterstadt, jenseits der A 61

Lindner Hotel & Spa Binshof

Binshof 1 ✉ 67346 – ✆ (06232) 64 70 – www.lindner.de
131 Zim ☕ – †128/176 € ††158/316 € – 2 Suiten
Rest – Menü 35/80 € (abends) – Karte 25/42 €
Highlight dieses Hotels ist der Wellnessbereich auf 5200 qm mit Tropic Asia Spa und Private Spa. Zeitgemäße individuelle Zimmer, einige mit offenen Bädern, auch Maisonetten. Verschiedene Restaurants stehen zur Wahl.

In Römerberg-Berghausen Süd: 3 km über Landauer Straße A2

Morgenstern

Germersheimer Str. 2b ✉ 67354 – ✆ (06232) 6 85 00 – www.hotel-morgenstern.de
20 Zim – 51/60 € 83/95 €
Rest – *(geschl. über Fasching 2 Wochen, Juli 2 Wochen und Dienstag, Samstagmittag)* Menü 24 € (mittags unter der Woche)/45 € – Karte 27/42 €
In dem verkehrsgünstig gelegenen Hotel der Familie Morgenstern können Sie in gepflegten, zeitgemäßen Zimmern wohnen und sich im klassischen Restaurant (im Sommer natürlich auch auf der begrünten Terrasse!) eine ambitionierte internationale Küche mit regionalen Akzenten servieren lassen.

SPIEGELAU – Bayern – 546 – 3 950 Ew – Höhe 759 m – Wintersport: – Erholungsort 60 P18

Berlin 496 – München 193 – Passau 43 – Deggendorf 50
Konrad-Wilsdorf-Str. 1, ✉ 94518, ✆ (08553) 96 00 17, www.spiegelau.de

In Spiegelau-Klingenbrunn Nord-West: 4 km – Höhe 820 m

Hochriegel (mit Gästehaus)

Zim,

Frauenauer Str. 31 ✉ 94518 – ✆ (08553) 97 00 – www.hotel-hochriegel.de – geschl. 23. März - 12. April, 9. - 29. November
37 Zim – 59/97 € 108/186 € – 21 Suiten – ½ P
Rest – Menü 17/27 €
Wohnlich-individuelle Zimmer erwarten Sie in diesem Haus. In der Residence auf der anderen Straßenseite sind die Zimmer sehr großzügig und komfortabel; hier auch eigener Saunabereich. Hochwertige 3/4-Pension für Hausgäste.

In Spiegelau-Oberkreuzberg Süd: 4 km, in Steinbüchl links

Panoramahotel Grobauer (mit Gästehaus)

Rest,

Kreuzbergstr. 8 ✉ 94518 – ✆ (08553) 9 78 88 80 – www.hotel-grobauer.de – geschl. 8. November - 17. Dezember
36 Zim – 45/49 € 90/98 € – 4 Suiten – ½ P
Rest – *(Montag - Freitag nur Abendessen)* Karte 11/30 €
Der Familienbetrieb ist ein zum Hotel gewachsener Gasthof in ruhiger Lage - schön ist der Ausblick. Im neueren Anbau befinden sich besonders komfortable Zimmer. Gaststube im ländlichen Stil.

SPIEKEROOG (INSEL) Niedersachsen – 541 – 790 Ew – Höhe 3 m – Insel der Ostfriesischen Inselgruppe – Nordseeheilbad 8 E4

Berlin 518 – Hannover 258 – Emden 61 – Aurich 33
Autos nicht zugelassen
von Neuharlingersiel (40 min.), ✆ (04974) 2 14
Noorderpad 25, ✉ 26474, ✆ (04976) 9 19 31 01, www.spiekeroog.de

Inselfriede (mit Gästehäusern)

Zim,

Süderloog 12 ✉ 26474 – ✆ (04976) 9 19 20 – www.inselfriede.de – geschl. 8. Januar - 28. Februar
38 Zim – 75/125 € 130/175 € – ½ P
Rest – *(nur Abendessen)* Menü 22 € – Karte 23/55 €
Die verschiedenen Häuser dieses Familienbetriebs beherbergen freundliche wohnliche Zimmer und einen schönen Bade- und Saunabereich. In wenigen Minuten ist man am Strand. Behagliches Restaurant in Blau-Weiß. Zum Haus gehört auch ein Irish Pub.

Zur Linde

Noorderloog 5 ✉ 26474 – ✆ (04976) 9 19 40 – www.hotelzurlinde.eu – geschl. 6. Januar - 27. Februar, 30. November - 26. Dezember
22 Zim – 70/130 € 110/170 € – ½ P
Rest – *(geschl. Dienstag) (nur Abendessen)* Menü 26 € – Karte 26/57 €
Im Zentrum des autofreien Inselortes steht das traditionsreiche friesische Landhaus a. d. 19. Jh., in dem man in hellen behaglichen Zimmern wohnt. Zeitlos gehaltenes Restaurant mit regionaler Karte. Bar "Kap Hoorn" und Raucherlounge.

SPREMBERG – Brandenburg – 542 – 24 380 Ew – Höhe 97 m 34 R10

Berlin 143 – Potsdam 148 – Cottbus 22 – Dresden 72

Am Markt 2, ✉ 03130, ✆ (03563) 45 30, www.spremberg.de

Stadt Spremberg

Am Markt 5, (im City Center) ✉ 03130 – ✆ (03563) 3 96 30 – www.hotel-stadt-spremberg.de

31 Zim – 55/62 € 66/75 € – ½ P

Rest – Menü 20 € – Karte 24/35 €

Direkt im Zentrum der Stadt, gegenüber dem Rathaus, liegt dieses neuzeitliche Hotel, das in das City Center Spremberg integriert ist.

Am Berg

Rest, Rest,

Bergstr. 30 ✉ 03130 – ✆ (03563) 6 08 20 – www.hotel-restaurant-am-berg.de

15 Zim – 51 € 72 € – ½ P

Rest – *(nur Abendessen)* Menü 18/30 € – Karte 15/38 €

Eine familiäre Adresse ist das kleine Hotel nicht weit von der Innenstadt Sprembergs mit seinen gepflegten und praktisch ausgestatteten Gästezimmern. Der Wintergartenvorbau des Restaurants und die Terrasse im Hof bieten besonders schöne Plätze!

SPRENDLINGEN – Rheinland-Pfalz – 543 – 4 000 Ew – Höhe 110 m 47 E15

Berlin 610 – Mainz 39 – Bad Kreuznach 7

Rheinhessen, Hof Wißberg (St. Johann), ✆ (06701) 2 00 80

Apart Hotel Garni garni

Bahnhofstr. 39 ✉ 55576 – ✆ (06701) 9 30 10 – www.apart-hotel-blessing.de

18 Zim – 52/62 € 80/88 €

Freundliche Gästebetreuung und zeitgemäß ausgestattete Zimmer erwarten Sie in dem am Ortsrand gelegenen kleinen Hotel der Familie Blessing.

In St. Johann Nord-Ost: 2 km

Golf Hotel Rheinhessen

Hofgut Wißberg, (Höhe 273 m) (Süd: 4 km, beim Golfplatz) ✉ 55578 – ✆ (06701) 91 64 50 – www.golfhotel-rheinhessen.de – geschl. 20. Dezember - 6. Januar

21 Zim – 79/119 € 119/159 € – ½ P

Rest – *(geschl. Januar - Februar und November - April: Montag)* Karte 19/36 €

Die reizvolle, ruhige Lage am Golfplatz, der tolle Blick auf die Weinberge und die ganze Region sowie wohnliche, moderne Gästezimmer machen das Hotel interessant. Im Restaurant und auf der netten Aussichtsterrasse speist man saisonal.

SPROCKHÖVEL – Nordrhein-Westfalen – 543 – 25 410 Ew – Höhe 200 m 26 C11

Berlin 526 – Düsseldorf 53 – Bochum 18 – Wuppertal 16

Sprockhövel, Gut Frielinghausen, ✆ (0202) 64 82 22 22

Im Stadtteil Niedersprockhövel

Eggers mit Zim

Hauptstr. 78 ✉ 45549 – ✆ (02324) 7 17 80 – www.hotel-restaurant-eggers.de – geschl. Januar 2 Wochen und Mittwoch

15 Zim – 60/70 € 90/110 € – ½ P

Rest – Menü 29/49 € – Karte 23/47 €

Das Motto "Auf gut Deutsch" reicht hier vom herbstlichen Grünkohl über die "Paella des Bergmanns" bis zu "Eggers Wochenspiegel". Serviert wird das Ganze in verschiedenen gemütlichen Stuben oder im Weingarten. Wer lieber selbst Hand anlegt, macht im "Hobbyraum" einen Kochkurs!

Sprockhövel-Haßlinghausen Süd-Ost: 8,5 km, jenseits der A 43 und A 1, nahe Gevelsberg

Habbel's

Gevelsberger Str. 127 ✉ 45549 – ✆ (02339) 91 43 12 – www.habbel.com – geschl. Montag

Rest – Menü 30 € (mittags)/90 € – Karte 29/62 €

Hierher kommt man nicht nur wegen der internationalen und regionalen Küche: Fast schon ein Muss sind die zahlreichen eigenen Destillate (der 77er Whisky ist der älteste in Deutschland!) Und schauen Sie ruhig auch in die Weinkarte: rund 1000 Positionen mit Schwerpunkt Frankreich sowie tollen Raritäten!

STADE – Niedersachsen – 541 – 46 160 Ew – Höhe 1 m 9 H5

Berlin 350 – Hannover 178 – Hamburg 59 – Bremerhaven 76

ADAC Hinterm Teich 1

Hansestr. 16, ✉ 21682, ✆ (04141) 40 91 70, www.stade-tourismus.de

Deinste, Im Mühlenfeld 30, ✆ (04149) 92 51 12

Lage★ · Schwedenspeicher/Museum★ · Altstadt★★

Parkhotel Stader Hof

Schiffertorsstr. 8, (Stade) ✉ 21682 – ✆ (04141) 49 90 – www.staderhof.de

99 Zim – †79/105 € ††109/125 € – 1 Suite – ½ P

Rest – *(geschl. Sonntag)* Menü 25/60 € – Karte 28/43 €

Das Hotel bietet Zimmer mit zeitgemäßer Technik und die schöne klassisch-elegante Admirals-Suite. Außerdem: stilvoll-gediegene Piano-Bar und kleines Dampfbad in der obersten Etage. Vom Wintergarten und der Terrasse des Restaurants blickt man ins Grüne.

Ramada Hotel Herzog Widukind garni

Große Schmiedestr. 14, (Zufahrt über Ritterstraße) ✉ 21682 – ✆ (04141) 9 99 80 – www.ramada.de

45 Zim – †80/110 € ††95/135 €

Ein Businesshotel mit funktional ausgestatteten Zimmern ganz in der Nähe der Fußgängerzone. Ruhiger sind die Zimmer zur Innenseite. Man frühstückt auf der Empore der Lobby.

RAMADA

Kommandantendeich 1 ✉ 21680 – ✆ (04141) 9 99 70 – www.ramada.de/stade

65 Zim – †80/110 € ††95/135 € – ½ P **Rest** – Karte 21/43 €

Das Hotel liegt zentrumsnah direkt am Hafen und verfügt über gut gepflegte Zimmer mit praktischer Einrichtung. Auch Appartements mit Kitchenette sind vorhanden. Das Restaurant ist im US-amerikanischen Stil gehalten.

STADTHAGEN – Niedersachsen – 541 – 22 280 Ew – Höhe 72 m 18 G8

Berlin 327 – Hannover 45 – Bielefeld 76 – Osnabrück 106

Am Markt 1, ✉ 31655, ✆ (05721) 92 50 65, www.stadthagen.de

Obernkirchen, Röserheide 2, ✆ (05724) 46 70

Stadthotel Gerbergasse (mit Gästehaus)

Echternstr. 14 ✉ 31655 – ✆ (05721) 98 60 – www.stadthotel-gerbergasse.de

27 Zim – †65/105 € ††89/135 € – ½ P

Rest *Kleine Sinfonie* – *(nur Abendessen)* Menü 23/39 € – Karte 20/36 €

In dem Hotel in zentraler Lage am Rand der Fußgängerzone erwarten Sie neuzeitliche, technisch gut ausgestattete Zimmer, die im Gästehaus geräumiger sind.

Torschreiberhaus

Krumme Str. 42 ✉ 31655 – ✆ (05721) 64 50 – www.torschreiberhaus.com – geschl. 1. - 16. Januar und Sonntag - Montag

Rest – *(nur Abendessen)* Menü 38 € – Karte 39/56 €

Ein nettes historisches Stadthaus beherbergt dieses geschmackvoll in klarem modernem Stil eingerichtete Restaurant unter familiärer Leitung. Unter den leckeren zeitgemäßen Gerichten findet sich z. B. "U.S. Ribeye mit Chimichurri, Pestogemüse, Kartoffel-Waffeln mit Quark".

Fisch-Restaurant Blanke
Rathauspassage 5 ✉ 31655 – ✆ (05721) 8 17 86 – www.fischhaus-blanke.de – geschl. Sonntag - Montag
Rest – Menü 20 € (mittags)/45 € – Karte 26/60 €
In diesem Bistro mit Fischdelikatessengeschäft bietet man fast ausschließlich Fischgerichte und Krustentiere - mittags speist man an blanken Tischen, abends wird eingedeckt.

In Nienstädt-Sülbeck **Süd-West: 6 km über B 65**

Sülbecker Krug mit Zim
Mindener Str. 6 (B 65) ✉ 31688 – ✆ (05724) 9 55 00 – www.suelbeckerkrug.de – geschl. Montag - Dienstagmittag, Samstagmittag
12 Zim – 🚹40 € 🚹🚹60 €, ☕ 5 € **Rest** – Karte 30/55 €
Hier lässt man sich im klassischen holzgetäfelten Restaurant mit Kamin regionale Speisen wie "Ochsenschwanz mit Rahmwirsing und Kartoffelpüree" oder "Ziegenfrischkäse im Schinkenmantel" schmecken. Alternativ bekommen Sie im "S-Zimmer" ein kleines Tagesangebot an Gerichten unter 10 €. Auch auf Übernachtungsgäste ist man vorbereitet: Die Zimmer sind recht schlicht, aber nett und gepflegt.

STADTRODA – Thüringen – 544 – 6 060 Ew – Höhe 200 m 41 M13

▶ Berlin 245 – Erfurt 58 – Gera 29 – Jena 17

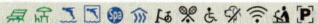

Hammermühle
Hammermühlenweg 2 ✉ 07646 – ✆ (036428) 57 90 – www.hammermuehle.com
26 Zim ☕ – 🚹57/90 € 🚹🚹79/139 € – 2 Suiten – ½ P
Rest – Menü 25/60 € (abends) – Karte 22/53 €
Solide und wohnlich eingerichtete Gästezimmer und ein neuzeitlicher Spabereich sprechen für das einstige Mühlengehöft aus dem 15. Jh. Auch ein Badeteich ist vorhanden. Die Mühlenstube und die rustikale ehemalige Scheune bilden das Restaurant.

STAFFELSTEIN, BAD – Bayern – 546 – 10 620 Ew – Höhe 274 m – Heilbad 50 K15

▶ Berlin 379 – München 261 – Coburg 24 – Bamberg 26
ℹ Bahnhofstr. 1, ✉ 96231, ✆ (09573) 3 31 20, www.bad-staffelstein.de
Wallfahrtskirche Vierzehnheiligen★★ (Nothelfer-Altar★★), Nord-Ost: 5 km

Kurhotel
Rest,
Am Kurpark 7 ✉ 96231 – ✆ (09573) 33 30 – www.kurhotel-staffelstein.de
111 Zim ☕ – 🚹81/115 € 🚹🚹117/178 € – 1 Suite – ½ P
Rest – Menü 25 € – Karte 23/42 €
Rest *v. Scheffel* – *(nur Abendessen)* (Tischbestellung ratsam) Menü 38/73 € – Karte 42/51 €
Ein für Kurgäste und Tagungen gleichermaßen geeignetes Hotel mit geräumigen, gut ausgestatteten Zimmern (teils mit Balkon) und großem Vitalangebot mit Massage und Kosmetik. Das Gourmetrestaurant des Hauses nennt sich v. Scheffel. Bei guter Tischkultur wählt man hier ein Menü oder auch Steaks.

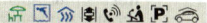

Erich Rödiger
Zur Herrgottsmühle 2 ✉ 96231 – ✆ (09573) 92 60 – www.hotel-roediger.de – geschl. 19. - 26. Dezember
50 Zim ☕ – 🚹51/65 € 🚹🚹82/94 € – ½ P
Rest – *(geschl. Juli - August 3 Wochen und Freitag)* Menü 13/45 € – Karte 17/44 €
Das familiengeführte Hotel liegt nahe Bahnhof und Obermain-Therme. Die Zimmer im Haupthaus sind größer und wohnlicher gestaltet. Frisches und reichhaltiges Frühstücksbuffet. Das Restaurant: modern-elegantes Mahagonizimmer, nette rustikale Stube und Terrasse.

In Bad Staffelstein-Grundfeld **Nord-Ost: 3 km über Lichtenfelser Straße**

Gasthof Maintal
Alte Bundesstr. 5 ✉ 96231 – ✆ (09571) 31 66 – www.gasthof-maintal.de – geschl. 23. Dezember - 20. Januar, 8. -18. August
19 Zim – 34/49 € 54/80 €
Rest – *(geschl. Sonntagabend - Montag)* Karte 13/34 €
Zwei Brüder leiten den Gasthof mit der orange-roten Fassade. Die gepflegten Zimmer befinden sich in einem etwas von der Straße zurückversetzten Anbau. Behaglich ist das ländlich-rustikale Restaurant.

In Bad Staffelstein-Schwabthal **Süd-Ost: 8 km Richtung Stublang und Frauendorf**

Augustin
Schwabthal 3 ✉ 96231 – ✆ (09573) 9 69 70 – www.hotel-augustin.de
35 Zim – 63/93 € 96/136 € – ½ P **Rest** – Karte 16/45 €
So wünscht man sich eine Übernachtungsadresse: persönlich geführt (die Dinkels sind wirklich angenehme Gastgeber) und geschmackvoll dekoriert, von den Zimmer (auch geräumige Juniorsuiten) über den Frühstücksraum mit Landhausflair bis hin zu den Restaurantstuben mit hübschen Stoffen, Kachelofen und viel Holz!

STARNBERG – **Bayern** – **546** – **23 150 Ew** – **Höhe 588 m** **65** L20

Berlin 613 – München 26 – Augsburg 82 – Garmisch-Partenkirchen 70
Wittelsbacher Str. 2c, ✉ 82319, ✆ (08151) 9 06 00, www.sta5.de
Starnberg-Hadorf, Uneringer Str. 1, ✆ (08151) 1 21 57
Starnberg, Gut Rieden, ✆ (08151) 9 07 70

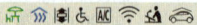

Vier Jahreszeiten Starnberg 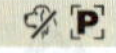
Münchnerstr. 17 ✉ 82319 – ✆ (08151) 4 47 00 – www.vier-jahreszeiten-starnberg.de – geschl. 7. - 12. Januar
121 Zim – 105/225 € 139/259 € – 5 Suiten – ½ P
Rest *Aubergine* – siehe Restaurantauswahl
Rest *Oliv's* – ✆ (08151) 44 70 2 93 – Menü 26 € (abends) – Karte 27/51 €
Ein modern-elegantes Businesshotel mit technisch gut ausgestatteten Zimmern. Eine schöne Sicht bietet der Saunabereich im obersten Stock mit kleiner Dachterrasse. Französisch-mediterran ist das Speisenangebot im Restaurant Oliv's.

Fischerhaus garni
Achheimstr. 1 ✉ 82319 – ✆ (08151) 9 05 50 – www.hotel-fischerhaus-starnberg.de
11 Zim – 89/109 € 119/155 €
Sehr gepflegt ist das Haus schon von außen mit seiner orangefarbenen Fassade und den grünen Fensterläden. Und auch innen entpuppt es sich als wirklich sympathische und freundlich gestaltete Adresse - und das nur 150 m vom See!

Aubergine – Hotel Vier Jahreszeiten
Münchnerstr. 17 ✉ 82319 – ✆ (08151) 44 70 2 90 – www.aubergine-starnberg.de – geschl. 7. - 12. Januar und Sonntag - Montag
Rest – *(nur Abendessen)* Menü 62/72 € – Karte 42/69 €
Großflächig verglast und chic in seinem klaren Interieur... so ist der Wintergarten ein echtes Highlight im "Vier Jahreszeiten Starnberg", und der schöne Rahmen passt gut zur zeitgemäß-international geprägten Küche.

Al Torchio 
Kaiser-Wilhelm-Str. 2 ✉ 82319 – ✆ (08151) 74 44 66 – www.altorchio.de – geschl. Montag
Rest – Menü 29/65 € – Karte 30/54 €
Rustikal-elegantes Ambiente und italienische Küche erwarten Sie in diesem von zwei Brüdern geführten Restaurant in der Innenstadt.

STARZACH – Baden-Württemberg – 545 – 4 440 Ew – Höhe 526 m 55 F19

Berlin 697 – Stuttgart 63 – Tübingen 44 – Schaffhausen 124

In Starzach-Börstingen Nord: 7 km

Schloß Weitenburg
Weitenburg 1 ✉ 72181 – ✆ (07457) 93 30 – www.schloss-weitenburg.de – geschl. 22. - 24. Dezember
33 Zim – 🚹78/110 € 🚹🚹105/175 € – ½ P
Rest *Schloß Weitenburg* – siehe Restaurantauswahl
Das Schloss liegt mitten im Grünen über dem Neckartal, überall Jagdtrophäen aus dem Familienbesitz. Ideal auch für ganz besondere Anlässe: Sagen Sie "Ja" im Roten Salon oder in der hauseigenen neugotischen Kapelle! Kleines Extra: Hausgäste nutzen den Golfplatz im Tal vergünstigt.

Schloß Weitenburg – Hotel Schloß Weitenburg
Weitenberg 1 ✉ 72181 – ✆ (07457) 933 0 – www.schloss-weitenburg.de – geschl. 22. - 24. Dezember
Rest – Menü 39/75 € – Karte 38/58 €
Auch im Restaurant legt man Wert auf den authentisch-rustikalen Schloss-Charakter - und natürlich auf frische, gute Küche! Die Aussicht von der Terrasse ist schlichtweg superb!

STAUFEN – Baden-Württemberg – 545 – 7 630 Ew – Höhe 288 m – Erholungsort 61 D21

Berlin 820 – Stuttgart 222 – Freiburg im Breisgau 22 – Basel 58

Hauptstr. 53, ✉ 79219, ✆ (07633) 8 05 36, www.muenstertal-staufen.de

Zum Löwen Zim,
Rathausgasse 8 ✉ 79219 – ✆ (07633) 9 08 93 90 – www.fauststube-im-loewen.de
16 Zim – 🚹68/86 € 🚹🚹76/105 € – ½ P
Rest – Menü 31/59 € – Karte 20/61 €
In Zimmer Nr. 5 dieses historischen Hauses am Marktplatz soll Faust 1539 sein Leben ausgehaucht haben. Das Gästehaus ist mit Schwarzwälder Fichte wohnlich eingerichtet. Holz und Kachelofen machen das Restaurant gemütlich, die Fauststube mit eleganter Note.

Die Krone
Hauptstr. 30 ✉ 79219 – ✆ (07633) 58 40 – www.die-krone.de
9 Zim – 🚹70/75 € 🚹🚹90/95 €
Rest *Die Krone* – siehe Restaurantauswahl
Der nette Gasthof a. d. 16. Jh. ist eine sympathische familiäre Adresse. Hier wohnt man ruhig und dennoch zentral in behaglichen Zimmern, von denen einige einen Balkon und Blick auf den Schlossberg bieten.

Kreuz-Post mit Zim
Hauptstr. 65 ✉ 79219 – ✆ (07633) 9 53 20 – www.kreuz-post-staufen.de – geschl. Februar 3 Wochen, November 1 Woche und Dienstag - Mittwoch
12 Zim – 🚹85/105 € 🚹🚹90/145 € – ½ P
Rest – Menü 35/44 € – Karte 30/71 €
Michael Zahn weiß, was seine Gäste mögen, und das ist eine frische badisch-regionale Küche - aber auch gehobene sowie einige internationale Gerichte kommen an. So heißt es in dem hübschen historischen Gasthaus nicht nur "Wildschweinragout mit Knöpfle" und "Kalbskopf en tortue", sondern auch "Wolfsbarsch mit Hummerravioli". So freundlich wie die heimelige Stube (reizend mit ihrer lindgrünen Täfelung, dem Holzfußboden und dem Kachelofen) sind übrigens auch die hochwertig eingerichteten Gästezimmer.

Die Krone – Hotel Die Krone
Hauptstr. 30 ✉ 79219 – ✆ (07633) 58 40 – www.die-krone.de – geschl. Freitagmittag, Samstag
Rest – Menü 25 € (vegetarisch)/48 € – Karte 23/53 €
Als Chef in der Küche setzt Volker Lahn die Familientradtion fort. Zur badisch-gemütlichen Atmosphäre der Gaststuben gibt es badisch-gutes Essen - probieren sollte man z. B. das "Lammhäxle in Portweinsauce"!

In Staufen-Grunern **Süd-West: 1 km**

XX **Ambiente**

Ballrechterstr. 8 ✉ 79219 – ✆ (07633) 80 24 42 – www.restaurant-ambiente.com – geschl. März 1 Woche, Juli 2 Wochen und Mittwoch - Donnerstag

Rest – Menü 33/52 € – Karte 34/57 €

Dank der guten Verkehrsanbindung des kleinen Gewerbegebiets ist das Restaurant von Mathias und Melanie Luiz bequem erreichbar. Wie es hier aussieht? Helle, warme Töne, Holz, Terrakottafliesen, Korbstühle... Mediterran inspiriert wie das Ambiente ist auch die saisonale Küche hier.

STEBEN, BAD – **Bayern** – **546** – **3 480 Ew** – **Höhe 578 m** – **Wintersport: 650 m** **1** – **Moorheilbad** **41** L14

Berlin 320 – München 295 – Coburg 75 – Hof 25

Badstr. 31, ✉ 95138, ✆ (09288) 96 00, www.bad-steben.de

relexa Rest,

Badstr. 26 ✉ 95138 – ✆ (09288) 7 20 – www.relexa-hotel-bad-steben.de

115 Zim ☕ – †76/95 € ††132/160 € – 7 Suiten

Rest – Karte 20/34 €

Ruhig liegt das gewachsene Anwesen mit hübschem Schlösschen beim Kurpark. Es erwarten Sie ein klassischer Rahmen und wohnlich-gediegene Zimmer. Freundlich gestaltetes Restaurant mit Wintergarten.

Am Rosengarten garni 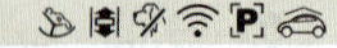

Wenzstr. 8 ✉ 95138 – ✆ (09288) 9 72 00 – www.amrosengarten.de – geschl. Mitte - Ende Januar

14 Zim ☕ – †35/39 € ††74/88 €

Sehr herzliche Begrüßung, persönliche Atmosphäre, wohnliche Zimmer und gutes Frühstück... in dem kleinen Hotel nur wenige Schritte von der Therme ist man gerne Gast!

In Bad Steben-Bobengrün **Süd: 3 km über Thierbach**

X **Spitzberg** mit Zim Zim,

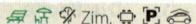

Dorfstr. 43 ✉ 95138 – ✆ (09288) 3 13 – www.gasthof-spitzberg.de – geschl. Anfang November 2 Wochen und Montag - Dienstag

4 Zim ☕ – †35 € ††62 €

Rest – Menü 12 € (mittags)/48 € – Karte 14/43 €

Bei Gastgeber und Küchenchef Helmut Völkel kommen fränkische Klassiker auf den Tisch. In der 3. Generation wird das Restaurant, ehemals Metzgerei, nun schon familiär geführt. Gepflegt übernachten kann man hier auch.

In Lichtenberg **Nord-Ost: 3 km**

XX **Harmonie**

Schloßberg 2 ✉ 95192 – ✆ (09288) 2 46 – www.harmonie-lichtenberg.com – geschl. Januar 10 Tage, Juli 2 Wochen und Dienstag - Mittwochmittag

Rest – Menü 33/35 € – Karte 29/53 €

Vater und Tochter kochen schmackhaft und saisonal: Wie wär's mit "Filet vom Saibling, im Wurzelsud gegart", gefolgt von "Weißem Schokoladenmousse mit Erdbeer-Rhabarberragout und Sorbet"? Nicht nur die Küche stimmt: Viel Holz, Kachelofen und hübsche Deko machen es in dem Haus von 1823 schön gemütlich!

STEGAURACH – **Bayern** – **siehe Bamberg**

STEGEN – **Baden-Württemberg** – **siehe Kirchzarten**

STEINEN – Baden-Württemberg – 545 – 10 150 Ew – Höhe 333 m 61 D21

Berlin 833 – Stuttgart 269 – Freiburg im Breisgau 76 – Basel 17

In Steinen-Höllstein Süd: 1 km

Höllsteiner Hof

Friedrichstr. 65 ✉ 79585 – ✆ (07627) 9 10 80 – www.hotelhh.de

19 Zim – 🛉59/66 € 🛉🛉85/97 €

Rest – *(geschl. Sonntag) (nur Abendessen)* Menü 42 € – Karte 17/52 €

Tipptopp gepflegt, zeitgemäß und funktionell... so wohnt man in dem kleinen Familienbetrieb am Ortsrand, und das zu fairen Preisen! In der netten Buurestube wird vor den Gästen auf Holzkohle gegrillt. Und damit Sie auch im zweiten Gastraum etwas davon haben, gibt's eine Livecam!

In Steinen-Kirchhausen Nord: 10 km, über Weitenau und Hofen

Zum fröhlichen Landmann

Hausmatt 3 ✉ 79585 – ✆ (07629) 3 88 – www.hotel-landmann.de – geschl. 13. Januar - 13. Februar

18 Zim – 🛉55/65 € 🛉🛉85/95 € – ½ P

Rest *Zum fröhlichen Landmann* – siehe Restaurantauswahl

Sie werden überrascht sein, welch moderne Zimmer (toll die Juniorsuiten) Sie in diesem Schwarzwälder Gasthof erwarten! Die meisten haben einen Balkon, von dem Sie in den Garten oder auf die Wiesen ringsum schauen. Es sind auch noch ein paar rustikalere Zimmer da.

Zum fröhlichen Landmann – Hotel Zum fröhlichen Landmann

Hausmatt 3 ✉ 79585 – ✆ (07629) 3 88 – www.hotel-landmann.de – geschl. 13. Januar - 13. Februar und Montag

Rest – Menü 35/55 € – Karte 24/53 €

Seitdem Alexander Pfanstiel das Haus seiner Eltern übernommen hat, hat sich das ländlich-charmante Restaurant weiterentwickelt: zum einen frische moderne Akzente in der Stube, zum anderen eine ambitionierte regionale Küche mit internationalen Einflüssen. Wunderbare Terrasse!

STEINFURT – Nordrhein-Westfalen – 543 – 33 910 Ew – Höhe 65 m 26 D9

Berlin 494 – Düsseldorf 162 – Nordhorn 55 – Enschede 39

Markt 2, ✉ 48565, ✆ (02551) 13 83, www.steinfurt-touristik.de

Steinfurt, Bagno, ✆ (02551) 83 35 50

In Steinfurt-Borghorst

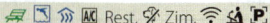

Schünemann Rest, Zim,

Altenberger Str. 109 ✉ 48565 – ✆ (02552) 70 24 80 – www.hotel-schuenemann.de

45 Zim – 🛉71/83 € 🛉🛉99/119 € – ½ P

Rest – *(geschl. Sonntagabend)* Menü 11 € (unter der Woche)/39 € – Karte 11/39 €

Ein gewachsenes Hotel unter familiärer Leitung. Die Zimmer sind unterschiedlich eingerichtet, aber immer zeitgemäß. Besonders komfortabel sind die Juniorsuiten. Sie können sich hier Fahrräder leihen und die Gegend erkunden. Danach stärken Sie sich dann im Restaurant (rustikal-elegant oder zeitlos-hell).

Posthotel Riehemann

Münsterstr. 8 (Zufahrt über Alte Lindenstr. 2) ✉ 48565 – ✆ (02552) 9 95 10 – www.riehemann.de

16 Zim – 🛉70/125 € 🛉🛉94/150 € – 1 Suite – ½ P

Rest – *(geschl. Sonntag) (nur Abendessen für Hausgäste)*

Schon in der ersten Ausgabe des Guide MICHELIN von 1910 war dieses Haus als "Zur Post" erwähnt! Die Herzlichkeit der Familie (bereits die 3. Generation) ist bei den Gästen beliebt, viele davon sind Biker (Fahrradverleih im Haus). Schauen Sie sich auch den kleinen Hofladen mit Münsterländer Produkten an!

STEINHAGEN – Nordrhein-Westfalen – 543 – 19 770 Ew – Höhe 102 m 27 F9

Berlin 404 – Düsseldorf 166 – Bielefeld 11 – Münster (Westfalen) 67

Graf Bernhard 1344

Rest,

Bahnhofstr. 56 ✉ 33803 – ✆ (05204) 87 01 93 – www.grafbernhard1344.de

23 Zim – 59/78 € 89/119 € – ½ P

Rest – *(Montag - Freitag nur Abendessen)* Menü 25 € – Karte 22/35 €

Was früher ein Bauernhof war, ist heute ein guter Ausgangspunkt für Ausflüge in den Teutoburger Wald und eine schöne Adresse für Veranstaltungen. Während man im Sommer laue Abende im riesigen Biergarten genießt, lockt von Mitte November bis Anfang Januar die Eislaufbahn vor dem Haus - mit Glühwein und Punsch!

In Steinhagen-Brockhagen West: 5 km

Ententurm mit Zim

Zim,

Sandforther Str. 50 ✉ 33803 – ✆ (05204) 9 17 60 – www.ententurm.de – geschl. Dienstag

5 Zim – 75 € 95 € – 1 Suite **Rest** – Karte 30/37 €

Was hier auffällt, ist das durchweg sehr freundliche, herzliche und aufmerksame Personal! Das begleitet Sie vom Restaurant mit charmantem Landhausambiente, hübscher Terrasse und mediterraner Küche bis in den Hotelbereich mit schönen, individuellen Zimmern und einem guten Frühstück, das am Tisch serviert wird!

STEINHEIM – Nordrhein-Westfalen – 543 – 13 170 Ew – Höhe 140 m 28 G10

Berlin 368 – Düsseldorf 208 – Hannover 87 – Detmold 21

In Steinheim-Sandebeck Süd-West: 12 km über B 252 und Bergheim

Germanenhof

Teutoburger-Wald-Str. 29 ✉ 32839 – ✆ (05238) 9 89 00 – www.germanenhof.de – geschl. 6.- 9. Januar

32 Zim – 68/85 € 88/105 € – ½ P

Rest *Germanenhof* – siehe Restaurantauswahl

Aufmerksame Gästebetreuung und wohnliche Zimmer (teilweise mit Balkon) sprechen für dieses zentral gelegene Haus unter engagierter familiärer Leitung.

Germanenhof – Hotel Germanenhof

Teutoburger-Wald-Str. 29 ✉ 32839 – ✆ (05238) 9 89 00 – www.germanenhof.de – geschl. 6. - 9. Januar und Montagmittag und Dienstag

Rest – (Tischbestellung ratsam) Menü 16/49 € – Karte 20/55 €

Gediegen-ländlich ist die Atmosphäre bei Familie Seidensticker. Mit sicherem Gespür werden die Tische liebevoll eingedeckt. Gerne werden hier auch Hochzeiten gefeiert. Internationaler Küchenstil unter saisonalem Einfluss.

STEINHEIM am ALBUCH – Baden-Württemberg – siehe Heidenheim an der Brenz

STEINHOEFEL – Brandenburg – siehe Fürstenwalde

STEINKIRCHEN – Niedersachsen – 541 – 1 610 Ew – Höhe 1 m 10 H5

Berlin 321 – Hannover 161 – Hamburg 41 – Bremerhaven 88

Windmüller

Kirchweg 3, (hinter der Kirche) ✉ 21720 – ✆ (04142) 8 19 80 – www.hotel-windmueller.de

24 Zim – 63/68 € 85/95 € – 1 Suite – ½ P

Rest – *(November - März: Montag - Samstag nur Abendessen)* Menü 26/45 € – Karte 23/37 €

Die ruhige und recht versteckte Lage hinter der Kirche sowie wohnliche Zimmer machen das gewachsene Hotel aus. Charmant ist das ursprüngliche Stammhaus, ein Fachwerkhaus a. d. J. 1746. Als Frühstücksraum dient ein freundlicher Pavillon. Das Restaurant im historischen Gebäude wird ergänzt durch eine hübsche Terrasse.

STEINSFELD – Bayern – siehe Rothenburg ob der Tauber

STEMMEN – Niedersachsen – siehe Sittensen

STEMWEDE – Nordrhein-Westfalen – 543 – 13 820 Ew – Höhe 42 m 17 F8

Berlin 385 – Düsseldorf 227 – Bielefeld 50 – Minden 36

In Stemwede-Haldem

Berggasthof Wilhelmshöhe

Zur Wilhelmshöhe 14 ✉ 32351 – ✆ (05474) 9 20 30 – www.berggasthof-wilhelmshoehe.de – geschl. 16. - 25. Dezember

21 Zim – †45/70 € ††80/95 € – ½ P

Rest – *(geschl. Dienstagmittag)* Menü 10 € (mittags)/59 € – Karte 21/41 €

Angenehm ruhig liegt das familiengeführte Landhotel am Waldrand oberhalb des kleinen Ortes. Ein behaglich gestaltetes Haus mit hübschem Garten. Das geschmackvoll eingerichtete Restaurant wird ergänzt durch Räume für Feierlichkeiten und eine Bar für Raucher.

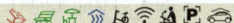

STENDAL – Sachsen-Anhalt – 542 – 42 440 Ew – Höhe 32 m 21 M8

Berlin 130 – Magdeburg 60 – Dessau 133 – Schwerin 135

Kornmarkt 8, ✉ 39576, ✆ (03931) 65 11 90, www.stendal-tourist.de

Am Uenglinger Tor garni

Moltkestr. 17 ✉ 39576 – ✆ (03931) 6 84 80 – www.hotelstendal.de

17 Zim – †55/65 € ††70/80 €

Das kleine Hotel liegt in der Nähe des namengebenden alten Stadttors. Die Zimmer sind teilweise Maisonetten, einige mit Balkon/Terrasse oder auch mit Küche.

STEPHANSKIRCHEN – Bayern – siehe Rosenheim

STIEFENHOFEN – Bayern – 546 – 1 790 Ew – Höhe 805 m 64 I21

Berlin 738 – München 165 – Augsburg 140 – Bregenz 39

Landgasthof Rössle mit Zim

Hauptstr. 14 ✉ 88167 – ✆ (08383) 9 20 90 – www.roessle.net – geschl. Mitte November - Anfang Dezember und Mittwoch

14 Zim – †50/65 € ††78/98 € **Rest** – Menü 12/38 € – Karte 21/40 €

Axel Kulmus trägt zurecht den Namen "Kräuterwirt", denn es sind allerlei frische Kräuter aus dem eigenen (übrigens auch sehr hübsch angelegten) Garten, mit denen er seine regionalen Gerichte verfeinert und würzt.

STIMPFACH – Baden-Württemberg – 545 – 2 950 Ew – Höhe 418 m 56 I17

Berlin 541 – Stuttgart 109 – Nürnberg 110 – Würzburg 111

In Stimpfach-Rechenberg Süd-Ost: 4 km

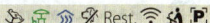

Landhotel Rössle Rest,

Ortsstr. 22 ✉ 74597 – ✆ (07967) 9 00 40 – www.roessle-rechenberg.de – geschl. 1. - 5. Januar, 10. - 24. August

90 Zim – †65/78 € ††85/105 € – ½ P

Rest – *(geschl. Sonntag) (jeden 1. Sonntag im Monat auch Mittagessen)* Menü 25 € (abends unter der Woche) – Karte 24/44 €

Ideal für Tagungen und Hochzeiten! Man hat auf dem weitläufigen Gelände ein separates Seminargebäude: viel Licht, perfekte Technik, Blick ins Grüne... und im Freien fördert der Hochseilgarten den Teamgeist! Wenn's mal richtig gemütlich sein darf: Restaurant und Stuben sind schön alpenländisch.

STOCKACH – Baden-Württemberg – 545 – 16 680 Ew – Höhe 491 m 63 G21

Berlin 730 – Stuttgart 157 – Konstanz 34 – Freiburg im Breisgau 112

Salmannsweilerstr. 1, ✉ 78333, ✆ (07771) 80 23 00, www.stockach.de

27 Orsingen-Nenzingen, Schloss Langenstein, ✆ (07774) 5 06 51

Zum Goldenen Ochsen

Zoznegger Str. 2 ✉ 78333 – ✆ (07771) 9 18 40 – www.ochsen.de

38 Zim – †49/105 € ††79/168 € – ½ P

Rest *Zum Goldenen Ochsen* – siehe Restaurantauswahl

Mit Philipp P. Gassner leitet nun die 3. Generation den historischen Ochsen! Die Zimmer hat man individuell und wohnlich gestaltet, teilweise haben sie einen Balkon zum Garten. Hübsch: Im Haus hängen einige Gemälde.

Zum Goldenen Ochsen – Hotel Zum Goldenen Ochsen
Zoznegger Str. 2 ✉ 78333 – ✆ (07771) 9 18 40 – www.ochsen.de – geschl. Samstagmittag
Rest – Menü 18/48 € – Karte 23/47 €
Geradlinig-klassisch das Ambiente im Restaurant, rustikaler die gemütliche Stube. Gekocht wird überwiegend mit Bio-Produkten aus der Region, dazu wählen Sie von einer fair kalkulierten Weinkarte mit vielen italienischen Weinen.

In Stockach-Wahlwies Süd-West: 3 km über B 313, jenseits der A 98

Gasthof Adler mit Zim
Leonhardtstr. 29 ✉ 78333 – ✆ (07771) 35 27 – www.adler-wahlwies.de – geschl. Juni 2 Wochen, Ende Oktober - Anfang November 2 Wochen und Montag - Dienstagmittag
11 Zim – 38/60 € 65/80 € – ½ P
Rest – Menü 30/50 € – Karte 20/51 €
Der Gasthof von 1664 ist Familienbetrieb in 11. Generation! Jürgen Veeser kocht regional-saisonal - schmackhaft und auch mal herzhaft. So gibt es in dem gemütlichen Restaurant z. B. "Rumpsteak mit Koriander-Knoblauch-Zitronen-Emulsion" und auch Wurstsalat! Zum Übernachten: freundliche, wohnliche Zimmer.

STOCKHEIM – Bayern – siehe Kronach

STOCKSTADT am MAIN – Bayern – 546 – 7 460 Ew – Höhe 117 m 48 G15

Berlin 550 – München 361 – Frankfurt am Main 38 – Darmstadt 36

Brößler
Obernburger Str. 2 ✉ 63811 – ✆ (06027) 42 20 – www.hotel-broessler.de
36 Zim – 60 € 95 € **Rest** – *(geschl. Samstagabend)* Karte 12/38 €
Ein schmucker erweiterter Gasthof von 1905. Am reichlich bestückten Frühstücksbuffet und auch in der bürgerlichen Küche findet sich so manches aus eigener Produktion: Bäckerei/Konditorei und Metzgerei gehören zum Haus! Beliebt der Biergarten.

STOLBERG – Nordrhein-Westfalen – 543 – 57 480 Ew – Höhe 200 m 35 A12

Berlin 629 – Düsseldorf 80 – Aachen 11 – Düren 23

Parkhotel am Hammerberg garni
Hammerberg 11 ✉ 52222 – ✆ (02402) 1 23 40 – www.parkhotel-stolberg.de – geschl. 23. - 31. Dezember
28 Zim – 78/98 € 99/175 €
Das Hotel befindet sich nur wenige Gehminuten von der Altstadt in ruhiger waldnaher Lage. Nette Halle mit Kamin, behagliche Gästezimmer und freundlicher Frühstücksraum mit Terrasse.

STOLBERG (HARZ) – Sachsen-Anhalt – siehe Südharz

STOLPE – Mecklenburg-Vorpommern – 542 – 370 Ew – Höhe 9 m 14 P4

Berlin 179 – Schwerin 171 – Neubrandenburg 48 – Rügen (Bergen) 103

Gutshaus Stolpe
Peenstr. 33 ✉ 17391 – ✆ (039721) 55 00 – www.gutshaus-stolpe.de
32 Zim – 80/150 € 128/258 € – 4 Suiten – ½ P
Rest *Gutshaus Stolpe* – siehe Restaurantauswahl
Dieses wunderbare Domizil bietet im Gutshaus und in der Remise ein sehr geschmackvolles, stimmiges Ambiente und weiß mit ausgezeichnetem Service und Annehmlichkeiten wie dem ansprechenden A-la-carte-Frühstück zu überzeugen. Schöne Bar.

Gutshaus Stolpe – Hotel Gutshaus Stolpe

Peenstr. 33 ✉ 17391 – ✆ (039721) 55 00 – www.gutshaus-stolpe.de – geschl. 2. Januar - 18. Februar und Montag, Oktober - Mai: Sonntag - Montag

Rest – *(nur Abendessen)* Menü 68/98 € – Karte 54/87 €

Blickt man von der herrlichen Terrasse durch die bodentiefen Sprossenfenster, setzt dahinter äußerst elegantes Interior gekonnt Akzente. Richtet man sein Augenmerk auf die Teller, finden Sie die feinen, klassisch zubereiteten Kompositionen von André Münch.

➜ „Vom Tatar zum Landei" - Tatar vom US-Rinderfilet, gebackenes Stolper Landei. „AndReh auf dem Jacobsweg" - Stolper Reh aus eigener Jagd, Jakobsmuscheln, Karotte, Ingwer. „Stolper Maulwurfshügel" - Valrhonaschokolade, Banane und Rhabarber.

Fährkrug

Peenstr. 38 ✉ 17391 – ✆ (039721) 5 22 25 – www.gutshaus-stolpe.de – geschl. Oktober - März; im April: Dienstag - Mittwoch; im Mai: Dienstag

Rest – Menü 32 € – Karte 21/36 €

Das gemütliche Lokal in dem liebenswerten 300 Jahre alten Reetdachhaus besticht durch rustikales Flair. Die regionale Küche serviert man auch auf der sonnigen Terrasse zur Peene.

In Liepen

Am Peenetal (mit Gästehaus) 

Dorfstr. 31 ✉ 17391 – ✆ (039721) 5 67 58 – www.gutshof-liepen.de – geschl. Januar - Februar

38 Zim – 🚹65/90 € 🚹🚹90/120 € – ½ P

Rest – *(geschl. Oktober - April: Montag - Dienstag)* Menü 27 € – Karte 21/53 €

Ein sanierter und gewachsener Gutshof im Peenetal, der modern-rustikale Zimmer sowie eine gute Autobahnanbindung bietet. Dazu ein Hofladen mit regionalen Produkten und ein Restaurant mit netter und legerer Atmosphäre, nicht zu vergessen die schön gestaltete Terrasse.

STORKAU – Sachsen-Anhalt – 542 – 160 Ew – Höhe 35 m 21 M8

Berlin 123 – Magdeburg 71 – Brandenburg 60 – Stendal 18

Schloss Storkau (mit Kavaliershaus) 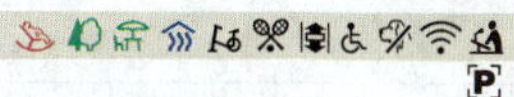

Im Park ✉ 39590 – ✆ (039321) 52 10 – www.hotel-schloss-storkau.de

106 Zim – 🚹55/165 € 🚹🚹105/185 € – 1 Suite – ½ P

Rest – Menü 22/75 € – Karte 29/59 €

Auf einem weitläufigen Parkgrundstück an der Elbe steht das Schloss - ein stilvoller Rahmen für Hochzeiten. Zimmer im Haupthaus z. T. mit Antiquitäten, im Kavaliershaus etwas praktischer für Tagungsgäste. Im Restaurant bietet man Bioprodukte vom eigenen Gutshof.

STRALSUND – Mecklenburg-Vorpommern – 542 – 57 780 Ew – Höhe 13 m 6 O3

Berlin 247 – Schwerin 160 – Rügen (Bergen) 29 – Rostock 71

ADAC Werftstr. 4 (im Autohaus Hanseat)

Alter Markt 9 B1, ✉ 18439, ✆ (03831) 2 46 90, www.stralsundtourismus.de

Rathaus★ (Nordfassade★★) · Nikolaikirche★ B1 · Marienkirche★ Meeresmuseum★ B2

Stadtplan auf der nächsten Seite

Scheelehof

Fährstr. 23 ✉ 18439 – ✆ (03831) 28 33 00 – www.scheelehof.de B1**a**

94 Zim – 🚹89/139 € 🚹🚹105/155 € – ½ P

Rest *Zum Scheel* Rest *scheel's* – siehe Restaurantauswahl

Das ist wirklich sehenswert: Ein Ensemble aus fünf historischen Häusern in der ältesten Straße Stralsunds! Ein Hotel voller Charme, mit allerlei Details von einst - perfekt integriert sind da die geschmackvollen Zimmer mit rustikalem Touch.

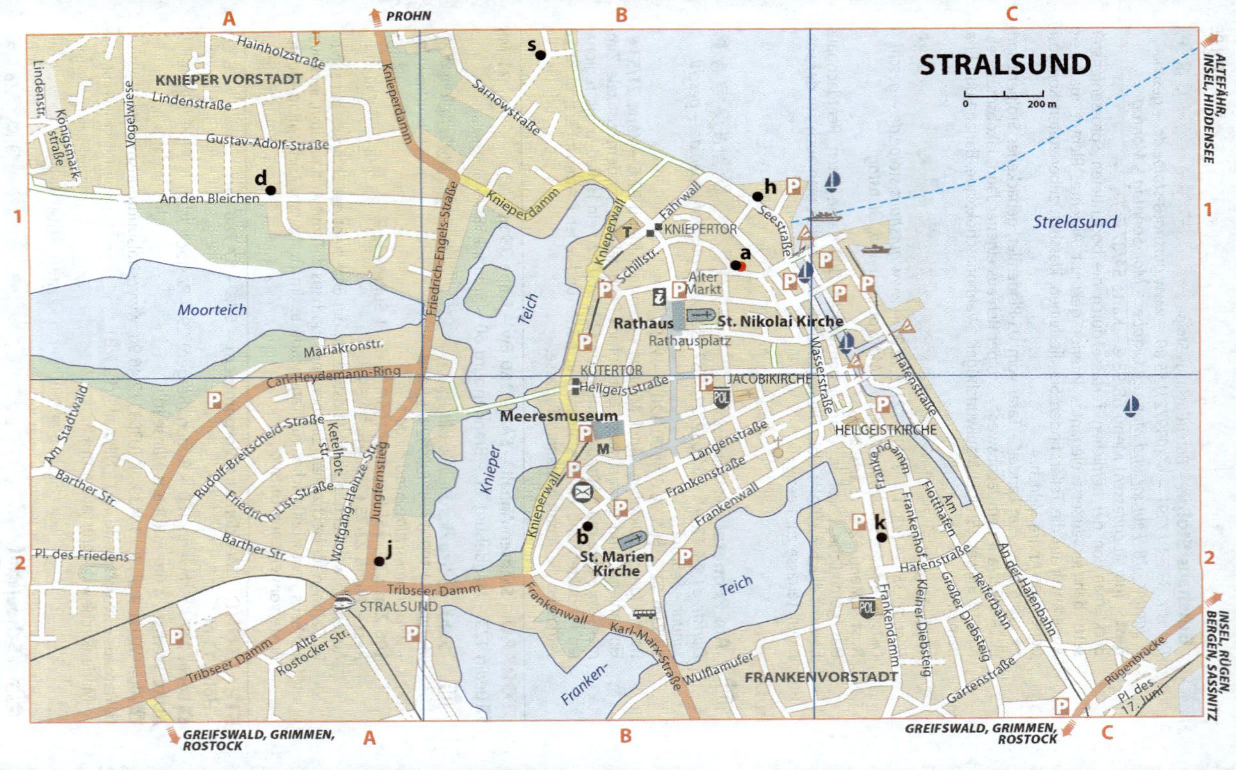

STRALSUND
0 200 m
PROHN
ALTEFÄHR, INSEL, HIDDENSEE
INSEL, RÜGEN, BERGEN, SASSNITZ
GREIFSWALD, GRIMMEN, ROSTOCK
GREIFSWALD, GRIMMEN, ROSTOCK
Strelasund
KNIEPER VORSTADT
Hainholzstraße
Lindenstraße
Lindenstr.
Königsmarkstraße
Vogelwiese
Gustav-Adolf-Straße
An den Bleichen
Sarnowstraße
Knieperdamm
Friedrich-Engels-Straße
Moorteich
Mariakronstr.
Carl-Heydemann-Ring
Teich
Knieperwall
Fährwall
KNIEPERTOR
Seestraße
Schillstr.
Alter Markt
Rathaus
St. Nikolai Kirche
Rathausplatz
KÜTERTOR
Heilgeiststraße
JACOBIKIRCHE
Wasserstraße
Hafenstraße
HEILGEISTKIRCHE
Meeresmuseum
Langenstraße
Frankenstraße
Frankenwall
Knieper
St. Marien Kirche
Teich
Am Stadtwald
Barther Str.
Rudolf-Breitscheid-Straße
Ketelhot-str.
Friedrich-List-Straße
Wolfgang-Heinze-Str.
Jungfernstieg
Pl. des Friedens
Tribseer Damm
STRALSUND
Frankenwall
Karl-Marx-Straße
Alte Rostocker Str.
Tribseer Damm
Franken-
Wulflamufer
FRANKENVORSTADT
Frankendamm
Am Flotthafen
Frankenhof
Hafenstraße
Kleiner Diebsteig
Großer Diebsteig
Reiferbahn
An der Hafenbahn
Gartenstraße
Rügenbrücke
Pl. des 17. Juni

arcona Hotel Baltic

Zim,

Frankendamm 22 ✉ 18439 – ✆ (03831) 20 40 – www.baltic.arcona.de C2**k**

133 Zim – 81/149 € 113/181 € – ½ P

Rest – Menü 22 € – Karte 18/52 €

Das aus einer früheren Kaserne entstandene Hotel in Hafen- und Altstadtnähe ist mit seinen neuzeitlichen und funktionellen Zimmern besonders für Geschäftsreisende interessant. Freundlich und modern: das bistroartige Restaurant Weinwirtschaft.

Hafenresidenz

Rest,

Seestr. 10 ✉ 18439 – ✆ (03831) 28 21 20 – www.hotel-hafenresidenz.de B1**h**

39 Zim – 77/108 € 99/160 € – 2 Suiten – ½ P

Rest *Fürst Wizlaw I* – ✆ (03831) 28 21 2 62 – Menü 22/43 € – Karte 22/43 €

Schöner kann ein Stadthotel kaum liegen: Hafen, Altstadt und das bekannte Ozeaneum liegen in unmittelbarer Nähe! Dazu noch der Charme des denkmalgeschützten Gebäudeensembles mit seinem geradlinig-modernen, aber dennoch wohnlichen Interieur! Das Restaurant: lichte Orangerie, historische Pumpenstation mit Industrie-Flair sowie die Terrasse zum Meer.

Am Jungfernstieg garni

Jungfernstieg 1b ✉ 18437 – ✆ (03831) 4 43 80 – www.hotel-am-jungfernstieg.de A2**j**

42 Zim – 45/85 € 55/105 €

Nur wenige Schritte vom Hauptbahnhof erwarten Sie zeitgemäß-wohnliche Zimmer, nach hinten mit Altstadtblick. Mit im Haus: erste Stralsunder Marzipan-Produktion. Fahrradverleih.

An den Bleichen garni

An den Bleichen 45 ✉ 18435 – ✆ (03831) 39 06 75 – www.hotelandenbleichen.de – geschl. 12. Dezember - 12. Januar A1**d**

24 Zim – 46/60 € 63/85 €

Das familiengeführte Haus befindet sich in einem Wohngebiet am Zentrumsrand. Es stehen praktisch ausgestattete Zimmer und ein kleiner Garten zur Verfügung.

Villa am Meer garni

Gerhart-Hauptmann-Str. 14 ✉ 18435 – ✆ (03831) 30 84 66 – www.hotel-mit-meerblick.de B1**s**

12 Zim – 42/55 € 67/87 €

Dieses familiäre Haus ist eine sorgsam sanierte Villa von 1912. Die Zimmer sind zeitlos gehalten, teils mit Aussicht auf den Sund. Hübscher Frühstücksraum mit Stuckdecke.

Altstadt Hotel Peiß garni

Tribseer Str. 15 ✉ 18439 – ✆ (03831) 30 35 80 – www.altstadt-hotel-peiss.de – geschl. Januar - Februar B2**b**

12 Zim – 65/85 € 85/115 € – 3 Suiten

Ein 1881 erbautes Altstadthaus am Neuen Markt beherbergt freundliche, wohnliche Zimmer, einige mit Blick zur Marienkirche. Kleine Innenhofterrasse und Weinbar zum Verweilen.

scheel's – Hotel Scheelehof

Fährstr. 23 ✉ 18439 – ✆ (03831) 2 83 31 13 – www.scheelehof.de – geschl. Januar und Montag - Dienstag B1**a**

Rest – *(nur Abendessen)* (Tischbestellung ratsam) Menü 51/81 € – Karte 50/69 €

Das Gourmet-Restaurant des Hotels hat eine sehr spezielle Atmosphäre, allein schon durch das schöne historische Gewölbe! Wer nah bei der offenen Küche sitzt, kann zuschauen, wie z. B. "Langostino auf Apfel-Mispel-Chutney mit Zitronenbutter & Hummerbisque" entsteht! Kleines Angebot in Menüform.

Zum Scheel – Hotel Scheelehof
Fährstr. 23 ✉ 18439 – ✆ (03831) 2 83 31 12 – www.scheelehof.de B1**a**
Rest – Menü 28/49 € – Karte 27/49 €
Eine schöne alte Holzdecke, Backsteinwände, ein sehenswertes historisches Wappen... so sieht hier hanseatisches Flair aus, und dazu gibt es regionale und internationale Küche, die man sich im Sommer auch gerne auf der tollen Innenhofterrasse servieren lässt. Man hat übrigens eine eigene Rösterei mit gemütlichem Café - nehmen Sie sich am besten auch Kaffee für daheim mit!

STRANDE – Schleswig-Holstein – 541 – 1 490 Ew – Höhe 4 m – Seebad 3 J3

Berlin 366 – Kiel 18 – Eckernförde 26
Strandstr. 12, ✉ 24229, ✆ (04349) 2 90, www.strande.de

Strandhotel
Strandstr. 21 ✉ 24229 – ✆ (04349) 9 17 90 – www.strandhotel.de
29 Zim – 95/180 € 155/210 €
Rest – *(geschl. Oktober - März: Sonntagabend)* Menü 27/69 € – Karte 22/53 €
Schön zum Urlaub machen, aber auch ideal für Geschäftsreisende, die außerhalb von Kiel Ruhe suchen. Vor dem Haus die Seepromenade, ganz in der Nähe der Yachthafen. Nicht nur in den Zimmern stimmt das Ambiente, auch beim Essen - ob im Restaurant mit Kamin und Wintergarten oder auf der Terrasse mit Meerblick!

STRASSLACH-DINGHARTING – Bayern – 546 – 2 970 Ew – Höhe 635 m 65 L20

Berlin 619 – München 24 – Augsburg 84 – Garmisch-Partenkirchen 71
Straßlach, Tölzer Str. 95, ✆ (08170) 9 29 18 11

Gasthof zum Wildpark
Tölzer Str. 2 ✉ 82064 – ✆ (08170) 9 96 20 – www.roiderer.de
Rest – Karte 16/45 €
Ein gemütlich-bayerisches Wirtshaus wie es im Buche steht - und da darf ein Biergarten natürlich nicht fehlen! Dieser hier ist auch noch ein besonders tolles Exemplar: riesig, mit großer Markise und Fußbodenheizung! Fleisch und Wurst für die durchgehend warme Küche kommen aus der eigenen Metzgerei nebenan!

L' Estragon
Riedweg 15 ✉ 82064 – ✆ (08170) 2 14 – www.lestragon.de – geschl. Montag - Dienstag
Rest – Menü 22/52 € – Karte 35/47 €
Brasserie-Flair und französisch-internationale Küche kommen gut an - und auch die Terrasse mitten im Garten! Mittags an Werktagen nehmen die vielen Stammgäste den günstigen Lunch - zusätzlich gibt's das "Menu de la Semaine" und das "Gourmet Menu".

STRAUBENHARDT – Baden-Württemberg – 545 – 10 770 Ew – Höhe 406 m 54 F18

Berlin 674 – Stuttgart 67 – Karlsruhe 30 – Baden-Baden 38

In Straubenhardt-Schwann

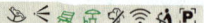

Landhotel Adlerhof
Mönchstr. 14 (Schwanner Warte) ✉ 75334 – ✆ (07082) 9 23 40 – www.adlerhof.de – geschl. 2. - 16. Januar
21 Zim – 82/86 € 122/126 € – 1 Suite – ½ P
Rest – *(geschl. Montag)* Menü 15 € (mittags unter der Woche) – Karte 21/48 €
Das reizvoll auf einer kleinen Anhöhe gelegene Hotel verfügt über zeitgemäß und funktionell eingerichtete Zimmer, von denen einige besonders schön zum Tal hin liegen. Neben bürgerlicher Küche gibt's hier im Haus auch leckere hausgemachte Kuchen!

STRAUBING – Bayern – 546 – 44 450 Ew – Höhe 331 m 59 O18

Berlin 541 – München 120 – Regensburg 50 – Landshut 51

ADAC Stadtgraben 44a

Theresienplatz 2, ✉ 94315, ✆ (09421) 94 43 07, www.straubing.de

Kirchroth, Bachhof 9, ✆ (09428) 71 69

ASAM

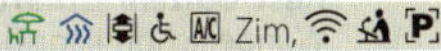

Wittelsbacher Höhe 1 ✉ *94315* – ✆ *(09421) 78 86 80* – *www.hotelasam.de*

101 Zim – ♦72/160 € ♦♦99/185 €, ☕ 11 € – ½ P

Rest ***ASAM-QUIRIN*** – ✆ (09421) 78 86 86 10 – Menü 21/45 € – Karte 24/44 €

Ein modernes Lifestyle-Hotel im Zentrum bestehend aus einem denkmalgeschützten Gründerzeit-Gebäude und einem Neubau. Die Zimmer sind komfortabel und sehr zeitgemäß. W-Lan gratis.

Villa garni

Bahnhofsplatz 5b ✉ *94315* – ✆ *(09421) 96 36 70* – *www.villa-straubing.de*

10 Zim ☕ – ♦79/119 € ♦♦109/139 €

Die Villa von 1895 hat Atmosphäre. Ein kleines Hotel mit wohnlichen, technisch gut ausgestatteten Zimmern (W-Lan inklusive) und hübschem Frühstücksraum mit Stuckdecke.

In Straubing-Ittling Ost: 4 km über Ittlinger Straße

Nothaft garni

Ittlinger Hauptstr. 3 ✉ *94315* – ✆ *(09421) 18 33 90* – *www.nothaft-straubing.de*

18 Zim ☕ – ♦62/72 € ♦♦94/104 €

Das familiär geleitete kleine Hotel in der Ortsmitte bietet moderne und funktionelle Zimmer mit guter Technik. Am Frühstücksbuffet finden Sie Produkte aus der eigenen Metzgerei.

STRAUSBERG – Brandenburg – 542 – 26 210 Ew – Höhe 75 m 23 Q8

Berlin 44 – Potsdam 75 – Eberswalde 35 – Frankfurt (Oder) 62

August-Bebel-Str. 1, ✉ 15344, ✆ (03341) 31 10 66, www.strausberg.de

Altlandsberg, Schloss Wilkendorf, ✆ (03341) 33 09 60

The Lakeside

Rest, P

Gielsdorfer Chaussee 6 ✉ *15344* – ✆ *(03341) 3 46 90*
– *www.burghotel-strausberg.de*

50 Zim ☕ – ♦90 € ♦♦120 € – 1 Suite – ½ P

Rest – Menü 58 € – Karte 29/38 €

Das ansprechende Hotel ist architektonisch einer Burg nachempfunden und bietet wohnlich-klassisches Ambiente sowie Massage- und Kosmetikanwendungen. Mit Standesamt und Burgtheater. Eine Bistro-Bar mit Pub-Flair ergänzt das Restaurant. Hier und im schön angelegten Garten (der Besitzer kommt aus der Gartenbaubranche) serviert man Internationales.

STROMBERG (KREIS KREUZNACH) – Rheinland-Pfalz – 543 46 D15
– 3 160 Ew – Höhe 250 m

Berlin 611 – Mainz 45 – Bad Kreuznach 28 – Koblenz 59

Stromberg-Schindeldorf, Eckenrother Fels 1, ✆ (06724) 9 30 80

Johann Lafer's Stromburg

Schlossberg 1 (über Michael-Obentraut-Straße) ✉ *55442* – ✆ *(06724) 9 31 00*
– *www.stromburg.com* – *geschl. 6. - 21. Januar*

13 Zim – ♦150/175 € ♦♦195/265 €, ☕ 25 € – 1 Suite

Rest ***Le Val d'Or*** ✿ **Rest** ***Bistro d'Or*** – siehe Restaurantauswahl

Aufmerksamer Service ist in der schön restaurierten Burg ebenso selbstverständlich wie die komfortable Ausstattung. Die Gäste wohnen in stimmig und individuell gestalteten Zimmern, die nach bekannten Kochbuchautoren benannt sind.

Land & Golf Hotel Stromberg Rest, Rest,
Am Buchenring 6 (beim Golfplatz) ✉ 55442
– ✆ (06724) 60 00 – www.golfhotel-stromberg.de
164 Zim – 130/150 € 190/240 € – 10 Suiten – ½ P
Rest *Le Delice* – siehe Restaurantauswahl
Rest *Gartenrestaurant* – Menü 32 € (abends) – Karte 31/40 €
Wunderschön liegt das Hotel mit dem komfortablen Rahmen in einer Golfanlage. Zu den wohnlichen Zimmern zählen auch die besonders hübschen neueren Suiten.

Le Val d'Or – Hotel Johann Lafer's Stromburg
Schlossberg 1 (über Michael-Obentraut-Straße) ✉ 55442 – ✆ (06724) 9 31 00 – www.johannlafer.de – geschl. 6. - 21. Januar und Montag - Dienstag
Rest – *(Mittwoch - Freitag nur Abendessen)* (Tischbestellung ratsam) Menü 89 € (mittags)/165 € – Karte 83/102 €
Das Jahreszeiten-Konzept der Lafers ist in ihrem eleganten Gourmetrestaurant allgegenwärtig: Nicht nur Stoffe und Dekorationen, auch die Beleuchtung, das Gedeck und sogar die Kleidung des Serviceteams wechseln im Rhythmus der Jahreszeiten ihre Farbe und tauchen den Raum in eine ausgesprochen harmonische Frühlings-, Sommer-, Herbst- oder Winterstimmung! Wie könnten die ausgesuchten, meist regionalen Produkte besser untermalt werden?
➜ Seeteufel im Bouillabaisse-Sud mit Pesto-Gnocchi. Brust und Keule vom Perlhuhn mit Tomatenmarmelade und kleinen Pfifferlingen. Vanilleschnitte mit Sorbet von der Roten Grütze und Schokolade.

Le Delice – Land & Golf Hotel Stromberg
Am Buchenring 6 (beim Golfplatz) ✉ 55442 – ✆ (06724) 60 00 – www.golfhotel-stromberg.de – geschl. Januar 3 Wochen, Ende Juli - Anfang September 3 Wochen und Sonntag - Montag
Rest – *(nur Abendessen)* (Tischbestellung ratsam) Menü 75/90 € – Karte 49/69 €
Weder minimalistisch noch kühl, sondern eher behaglich-elegant lässt sich die Atmosphäre des Restaurants beschreiben. Küchenchef Michael Stortz verwöhnt Sie mit internationalen Spezialitäten, wie z. B. "Filet und Bäckchen vom Milchkalb an Tahiti-Vanilleschmorsauce".

Bistro d'Or – Hotel Johann Lafer's Stromburg
Schlossberg 1 (über Michael-Obentraut-Straße) ✉ 55442 – ✆ (06724) 9 31 00 – www.stromburg.com – geschl. 1. Januar - 17. April
Rest – Menü 39/65 € – Karte 46/58 €
Legeres Flair durchzieht das zweite Lafer'sche Restaurant. Dazu passen die etwas handfesteren regionalen Gerichte (à la carte oder als Menü), und auf freundlichen Service darf man sich - wie überall im Haus - auch hier freuen!

STRULLENDORF – Bayern – 546 – 7 660 Ew – Höhe 251 m 50 K15

Berlin 415 – München 223 – Bayreuth 67 – Ansbach 92

In Strullendorf-Wernsdorf

Gasthof Schiller Zim,
Amlingstadter Str. 14 ✉ 96129 – ✆ (09543) 4 40 20 – www.gasthof-schiller.de
27 Zim – 59/99 € 74/104 € – 4 Suiten – ½ P
Rest – *(geschl. Montagmittag)* Karte 14/26 €
Seit über 30 Jahren sind die Schillers hier in dem Gasthof mit der hübschen historischen Sandsteinfassade und zeitgemäßen Zimmern - inzwischen auch die junge Generation. Gemütliche Wirtshausatmosphäre und die eher einfache regionale Karte kommen gut an!

STUBENBERG – Bayern – siehe Simbach am Inn

STÜHLINGEN – Baden-Württemberg – 545 – 5 180 Ew – Höhe 501 m 62 E21 – Luftkurort

Berlin 773 – Stuttgart 156 – Freiburg im Breisgau 73 – Donaueschingen 30
Stühlingen, Am Golfplatz 1, ✆ (07703) 9 20 30

Rebstock (mit Gästehaus) 
Schlossstr. 10 ✉ 79780 – ✆ (07744) 9 21 20 – www.rebstock.eu – geschl. 2. - 25. Januar
33 Zim ☕ – 🚹46/48 € 🚹🚹72/76 € – ½ P
Rest – *(Montag - Freitag nur Abendessen)* Menü 15/35 € – Karte 16/43 €
Seit 1368 gibt es den Gasthof (damals noch Schenke), seit 1930 und nun in 3. Generation wird er von Familie Sarnow geführt - inzwischen mit wohnlich-komfortablen Zimmern im Landhausstil, einer urig-gemütlichen und liebevoll dekorierten Gaststube sowie einem eigenen Bauern- und Bulldogmuseum!

In Stühlingen-Schwaningen Nord-West: 7 km über B 314 und B 315, Richtung Singen und Weizen

Gasthaus Schwanen mit Zim
Talstr. 9 ✉ 79780 – ✆ (07744) 51 77 – www.gasthaus-schwanen.de – geschl. 1. - 10. Januar, 20. Oktober - 15. November und Mittwoch; Oktober - April: Mittwoch - Donnerstag
11 Zim ☕ – 🚹52/67 € 🚹🚹79/89 € – 4 Suiten – ½ P
Rest – *(nur Abendessen, sonntags auch Mittagessen)* Menü 39/49 € – Karte 24/51 €
Einfach sympathisch... Das liegt zum einen am Engagement von Alexandra und Markus Wekerle, zum anderen an der Liebe zum Detail, die in dem gemütlichen Gasthaus von 1912 steckt! Der Patron kocht schmackhafte Gerichte vom Rehkrautwickel bis zu "Jakobsmuscheln mit Fenchel und Grapefruit", seine Frau ist indes mit Kompetenz und oberbayerischem Charme am Gast! Wohnen kann man hier übrigens auch richtig nett: etwas einfacher im Haupthaus oder sehr komfortabel in der "Villa Pfarrhus" nur wenige Meter entfernt.

STUHR – Niedersachsen – 541 – 33 350 Ew – Höhe 4 m 18 G7

Berlin 390 – Hannover 125 – Bremen 10 – Wildeshausen 29
Blockener Str. 6, ✉ 28816, ✆ (0421) 5 69 50, www.stuhr.de

In Stuhr-Brinkum Süd-Ost: 4 km, jenseits der A 1

Bremer Tor Rest,
Syker Str. 4 ✉ 28816 – ✆ (0421) 80 67 80 – www.hotel-bremer-tor.de
36 Zim ☕ – 🚹84/109 € 🚹🚹98/114 € – ½ P
Rest – *(nur Abendessen, sonntags auch Mittagessen)* Karte 16/42 €
Das Hotel liegt verkehrsgünstig nahe der Autobahn und bietet gute Tagungsmöglichkeiten sowie funktionell ausgestattete Zimmer in gediegenem oder modernem Stil. Freundliches, zeitlos gehaltenes Restaurant.

In Stuhr-Moordeich West: 2 km

Nobel mit Zim Zim,
Neuer Weg 13 ✉ 28816 – ✆ (0421) 5 68 00 – www.nobel-moordeich.de – geschl. Dienstag
2 Zim – 🚹40/47 € 🚹🚹58 €, ☕ 10 € **Rest** – Menü 26/32 € – Karte 25/45 €
In dem klassisch gehaltenen Restaurant wie auch in der gemütlichen, etwas rustikaleren Bierstube Pumpernickel bietet man eine saisonal ausgerichtete Küche von bürgerlich bis international.

STUTENSEE – Baden-Württemberg – 545 – 23 590 Ew – Höhe 114 m 54 F17

Berlin 662 – Stuttgart 79 – Karlsruhe 15 – Heidelberg 45

In Stutensee-Blankenloch

Herrmannshäusle 
Hauptstr. 97 ✉ 76297 – ✆ (07244) 9 44 39 – www.herrmannshaeusle.de – geschl. Sonntag - Donnerstag
Rest – *(nur Abendessen)* Menü 38/60 € – Karte 38/52 €
Das reizende Fachwerkhaus von 1720 versprüht von außen wie auch im Inneren heimelig-rustikalen Charme. Ambitionierte Küche mit asiatischen Einflüssen. Terrasse auf dem Kirchplatz.

STUTTGART

Stadtpläne siehe nächste Seiten **55** G18

© Werner Dieterich / Westend61 RM / Age fotostock

Baden-Württemberg – 606 590 Ew – Höhe 245 m – 545 T11

Berlin 637 – Frankfurt am Main 207 – Karlsruhe 75 – München 223

Tourist-Information

Königstr. 1a K1, ✉ 70173, ✆ (0711) 2 22 82 53, www.stuttgart-tourist.de

Automobilclub - ADAC

Am Neckartor 2 G2
Kronprinzstr. 8 J2

Flughafen

Stuttgart-Echterdingen, Flughafenstr. 43 C3, ✆ (01805) 94 84 44

Messegelände

Messegelände am Flughafen, Messepiazza C3, ✉ 70629, ✆ (0711) 2 58 90

Messen und Veranstaltungen

11.-19. Januar: CMT Die Urlaubs Messe
1.-5. Februar: Gelatissimo
13.-16. März: Retro Classics
14.-16. März: Blickfang
25.-29. März: Didacta
10.-13. April: Garten
10.-13. April: Slow Food
11.-13. April: Haus/Holz/Energie
19. April-11. Mai: Frühlingsfest
6.-9. Mai: Control
17.-18. Mai: Cosmetica
3.-5. Juni: SüdTec
24.-26. Juni: Automotive Testing Expo
16.-20. September: AMB
26. September-12. Oktober: Cannstatter Volksfest
21.-24. Oktober: interbad
25.-28. Oktober: Südback
4.-6. November: Vision

Golfplätze

Kornwestheim, Aldinger Str. 975, ✆(07141) 87 13 19
Schwieberdingen, Nippenburg 21, ✆(07150) 3 95 30
Mönsheim, Schlossfeld 21, ✆(07044) 9 11 04 10

SEHENSWÜRDIGKEITEN

Linden-Museum★★ J1 · Stiftskirche (Grabdenkmäler★) · Kunstmuseum★★ J2 · Staatsgalerie★★ K1 · Wilhelma★ G1 · Mercedes-Benz Museum★★ H2 · Porsche-Museum★ C1 · Schloss Solitude★ B2

Alphabetische Liste der Hotels
Alphabetical index of hotels

Alphabetische Liste der Restaurants
Alphabetical index of restaurants

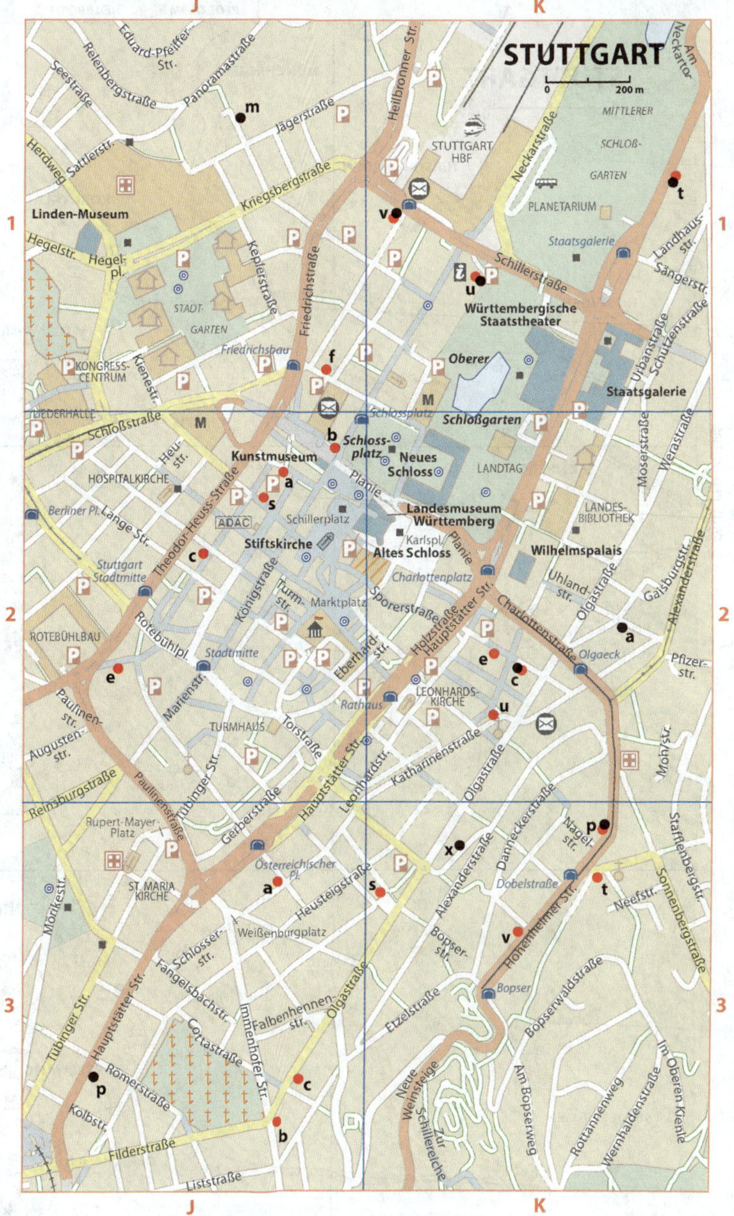

STUTTGART
0
200 m
J
K
1
2
3
Linden-Museum
STUTTGART HBF
MITTLERER SCHLOẞ-GARTEN
PLANETARIUM
Staatsgalerie
Württembergische Staatstheater
Staatsgalerie
STADT-GARTEN
Friedrichsbau
KONGRESS-CENTRUM
LIEDERHALLE
Oberer Schloßgarten
Schlossplatz
Schloss-platz
Neues Schloss
Kunstmuseum
LANDTAG
HOSPITALKIRCHE
Landesmuseum Württemberg
LANDES-BIBLIOTHEK
ADAC
Schillerplatz
Stiftskirche
Karlspl.
Altes Schloss
Wilhelmspalais
Stuttgart Stadtmitte
Charlottenplatz
Marktplatz
ROTEBÜHLBAU
Stadtmitte
Olgaeck
Rathaus
LEONHARDS-KIRCHE
TURMHAUS
Rupert-Mayer-Platz
ST. MARIA KIRCHE
Österreichischer Pl.
Weißenburgplatz
Dobelstraße
Bopser
Eduard-Pfeiffer-Str.
Relenbergstraße
Seestraße
Panoramastraße
Jägerstraße
Heilbronner Str.
Am Neckartor
Neckarstraße
Herdweg
Sattlerstr.
Kriegsbergstraße
Hegelstr.
Hegel-pl.
Keplerstraße
Friedrichstraße
Schillerstraße
Landhausstr.
Sängerstr.
Urbanstraße
Schützenstraße
Kienestr.
Schloßstraße
Heustr.
Theodor-Heuss-Straße
Planie
Moserstraße
Werastraße
Berliner Pl.
Lange Str.
Königstraße
Turmstr.
Sporerstraße
Holzstraße
Hauptstätter Str.
Charlottenstraße
Uhlandstr.
Olgastraße
Gaisburgstr.
Alexanderstraße
Rotebühlpl.
Eberhardstr.
Pfizerstr.
Paulinenstr.
Augustenstr.
Marienstr.
Torstraße
Katharinenstraße
Mohlstr.
Reinsburgstraße
Paulinenstraße
Tübinger Str.
Gerberstraße
Leonhardstr.
Danneckerstraße
Nagelstr.
Stafflenbergstr.
Mörikestr.
Heusteigstraße
Sonnenbergstraße
Neefstr.
Hohenheimer Str.
Schlosserstr.
Fangelsbachstr.
Bopserstr.
Bopserwaldstraße
Immenhofer Str.
Falbenhennenstr.
Etzelstraße
Cottastraße
Römerstraße
Kolbstr.
Filderstraße
Liststraße
Neue Weinsteige
Zur Schillereiche
Am Bopserweg
Rottannenweg
Wernhaldenstraße
Im Oberen Kienle

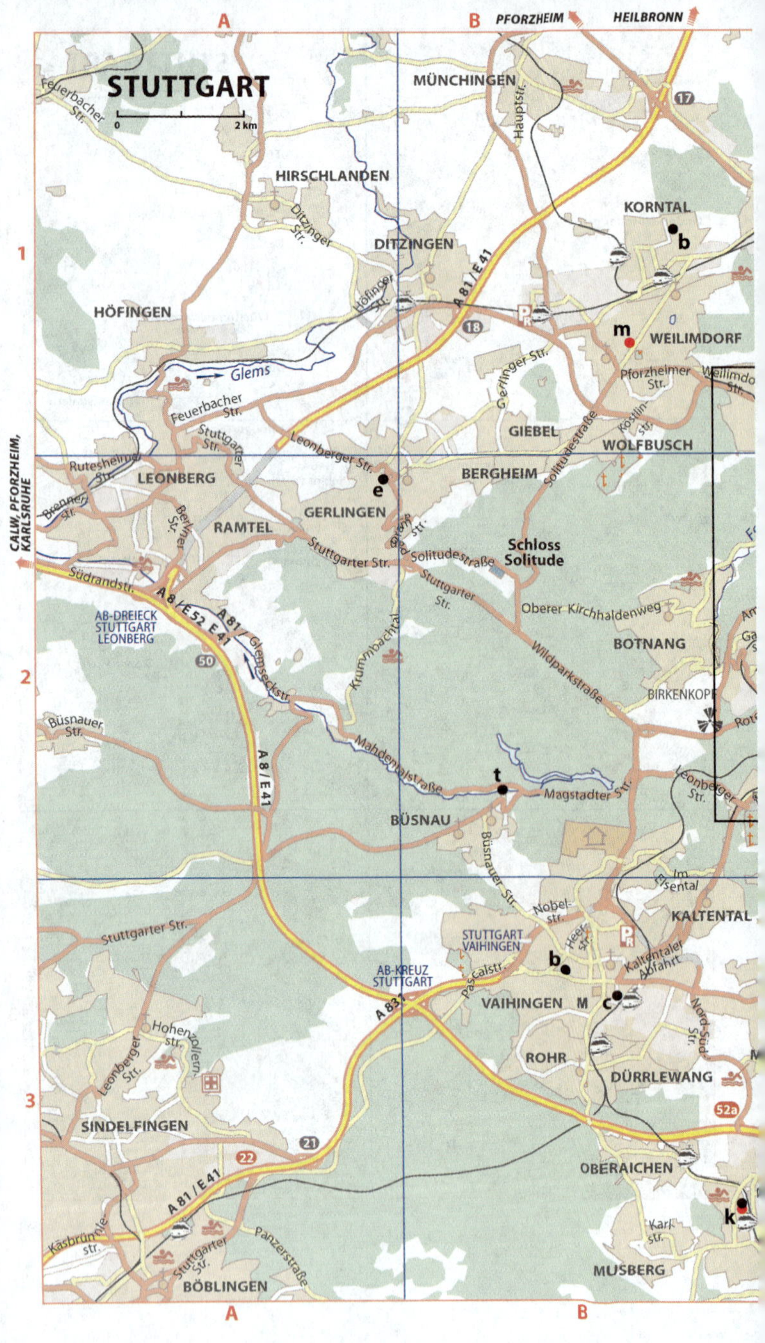
STUTTGART
0
2 km
A
B
PFORZHEIM
HEILBRONN
MÜNCHINGEN
HIRSCHLANDEN
KORNTAL
DITZINGEN
HÖFINGEN
WEILIMDORF
Glems
GIEBEL
WOLFBUSCH
LEONBERG
BERGHEIM
GERLINGEN
RAMTEL
Schloss
Solitude
CALW, PFORZHEIM, KARLSRUHE
AB-DREIECK
STUTTGART
LEONBERG
BOTNANG
BIRKENKOPF
BÜSNAU
KALTENTAL
STUTTGART
VAIHINGEN
AB-KREUZ
STUTTGART
VAIHINGEN
ROHR
DÜRRLEWANG
SINDELFINGEN
OBERAICHEN
MUSBERG
BÖBLINGEN
1
2
3
A 81 / E 41
A 8 / E 52 E 41
A 8 / E 41
A 831
Solitudestraße
Wildparkstraße
Mahdentalstraße
Magstadter Str.
Südrandstr.

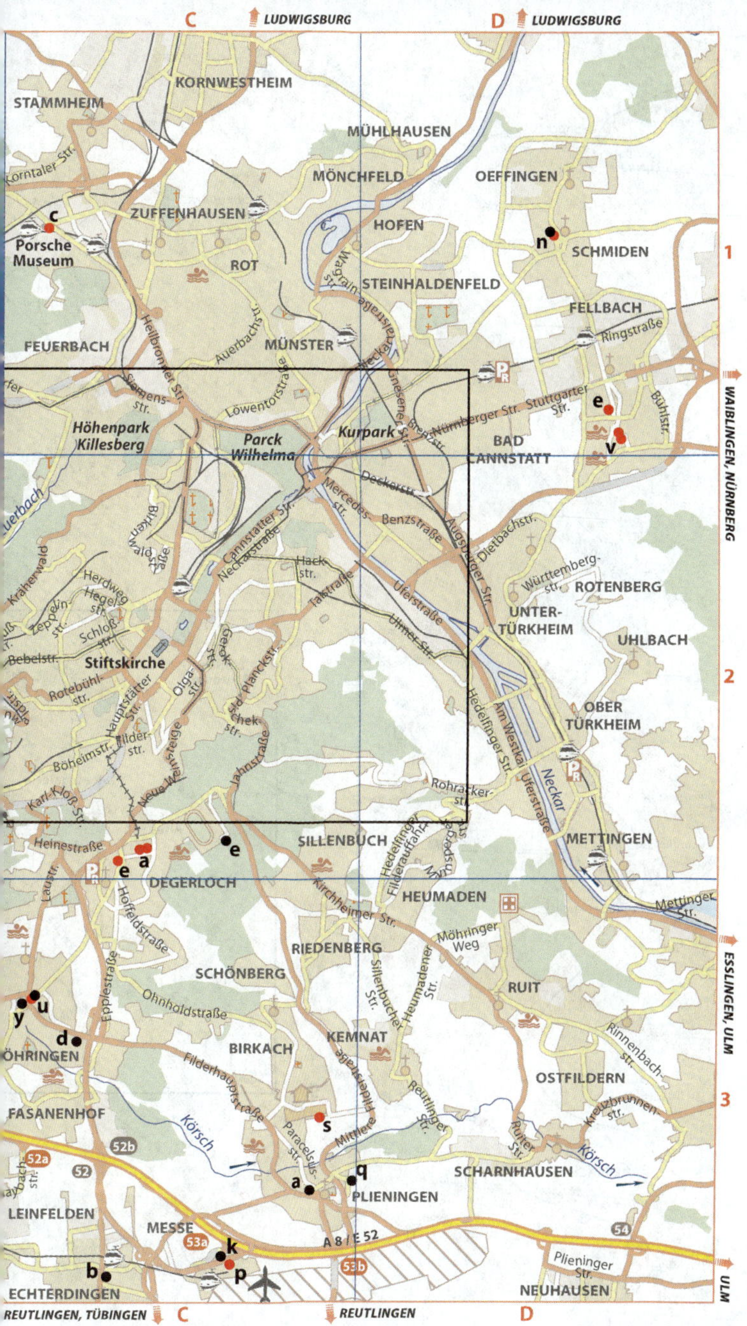

C
LUDWIGSBURG
D
LUDWIGSBURG
KORNWESTHEIM
STAMMHEIM
MÜHLHAUSEN
Korntaler Str.
MÖNCHFELD
OEFFINGEN
ZUFFENHAUSEN
HOFEN
c
Porsche Museum
n
SCHMIDEN
ROT
STEINHALDENFELD
1
FELLBACH
Ringstraße
FEUERBACH
MÜNSTER
Auerbachstr.
Heilbronner Str.
Siemens-str.
Löwentorstraße
Höhenpark Killesberg
Parck Wilhelma
Kurpark
Nürnberger Str.
Stuttgarter Str.
e
v
Bühlstr.
BAD CANNSTATT
WAIBLINGEN, NÜRNBERG
Deckerstr.
Mercedes-str.
Benzstraße
Augsburger Str.
Dietbachstr.
Cannstatter Str.
Neckarstraße
Birkenwaldstraße
Herdweg
Hegelstr.
Zeppelinstr.
Kräherwald
Schloßstr.
Hackstr.
Talstraße
Uferstraße
Ulmer Str.
Württemberg-str.
ROTENBERG
UNTER-TÜRKHEIM
UHLBACH
Bebelstr.
Stiftskirche
Gerokstr.
Olgastr.
Rotebühlstr.
Hauptstätter Str.
Filderstr.
Böheimstr.
Karl-Kloß-Str.
Neue Weinsteige
Jahnstraße
2
OBER TÜRKHEIM
Hedelfinger Str.
Am Westkai
Uferstraße
Neckar
Rohracker-str.
Heinestraße
a
e
e
SILLENBUCH
METTINGEN
DEGERLOCH
Laustr.
Hoffeldstraße
Kirchheimer Str.
HEUMADEN
Mettinger Str.
RIEDENBERG
Möhringer Weg
ESSLINGEN, ULM
SCHÖNBERG
Sillenbucher Str.
Heumadener Str.
RUIT
y
u
Epplestraße
Ohnholdstraße
d
MÖHRINGEN
BIRKACH
KEMNAT
Rinnenbach-str.
Filderhauptstraße
Reutlinger Str.
OSTFILDERN
FASANENHOF
s
Paracelsusstr.
Mittlere Filderstraße
Ruiter Str.
Kreuzbrunnenstr.
3
Körsch
Körsch
52b
52a
52
a
q
PLIENINGEN
SCHARNHAUSEN
LEINFELDEN
MESSE
53a
k
A 8 / E 52
54
53b
b
p
Plieninger Str.
ULM
ECHTERDINGEN
NEUHAUSEN
REUTLINGEN, TÜBINGEN
C
REUTLINGEN
D

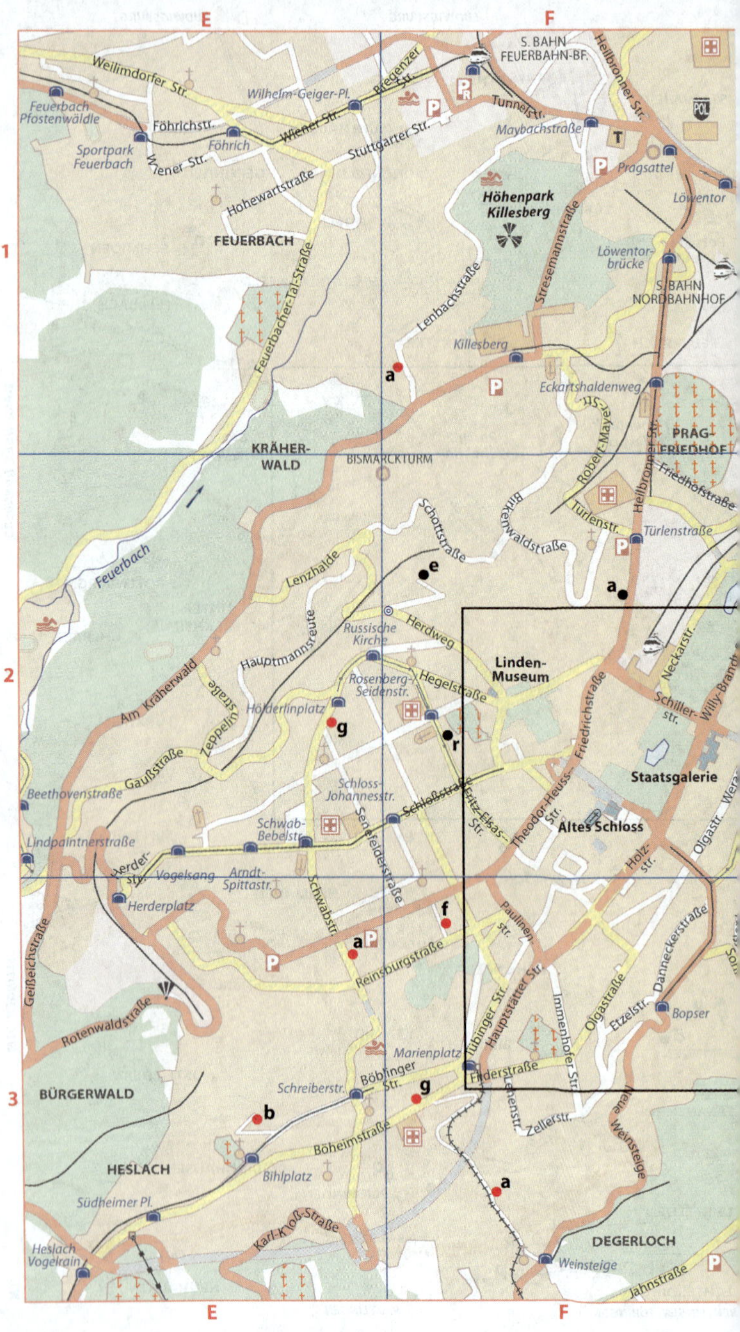
E
F
1
2
3
Weilimdorfer Str.
Feuerbach Pfostenwäldle
Föhrichstr.
Föhrich
Wilhelm-Geiger-Pl.
Wiener Str.
Bregenzer Str.
Stuttgarter Str.
Sportpark Feuerbach
Hohewartstraße
FEUERBACH
Feuerbacher-Tal-Straße
S. BAHN FEUERBAHN-BF.
Tunnelstr.
Maybachstraße
Heilbronner Str.
Pragsattel
Löwentor
Höhenpark Killesberg
Stresemannstraße
Löwentorbrücke
S. BAHN NORDBAHNHOF
Lenbachstraße
Killesberg
Eckartshaldenweg
PRAG-FRIEDHOF
KRÄHER-WALD
BISMARCKTURM
Robert-Mayer-Str.
Friedhofstraße
Birkenwaldstraße
Türlenstr.
Türlenstraße
Schottstraße
Feuerbach
Lenzhalde
Russische Kirche
Herdweg
Hauptmannsreute
Am Kräherwald
Rosenberg-/Seidenstr.
Hegelstraße
Linden-Museum
Friedrichstraße
Neckarstr.
Schiller-str.
Willy-Brandt-
Hölderlinplatz
Zeppelinstraße
Gaußstraße
Staatsgalerie
Beethovenstraße
Schloss-Johannesstr.
Schloßstraße
Fritz-Elsas-Str.
Theodor-Heuss-Str.
Altes Schloss
Schwab-Bebelstr.
Senefelderstraße
Lindpaintnerstraße
Herderstr.
Vogelsang
Arndt-Spittastr.
Schwabstr.
Holzstr.
Olgastr.
Herderplatz
Paulinenstr.
Dannekerstraße
Reinsburgstraße
Geißeichstraße
Hauptstätter Str.
Tübinger Str.
Immenhofer Str.
Olgastraße
Etzelstr.
Bopser
Rotenwaldstraße
Marienplatz
Böblinger Str.
Filderstraße
BÜRGERWALD
Schreiberstr.
Lehenstr.
Zellerstr.
Neue Weinsteige
Böheimstraße
HESLACH
Bihlplatz
Südheimer Pl.
Karl-Kloß-Straße
DEGERLOCH
Heslach Vogelrain
Weinsteige
Jahnstraße

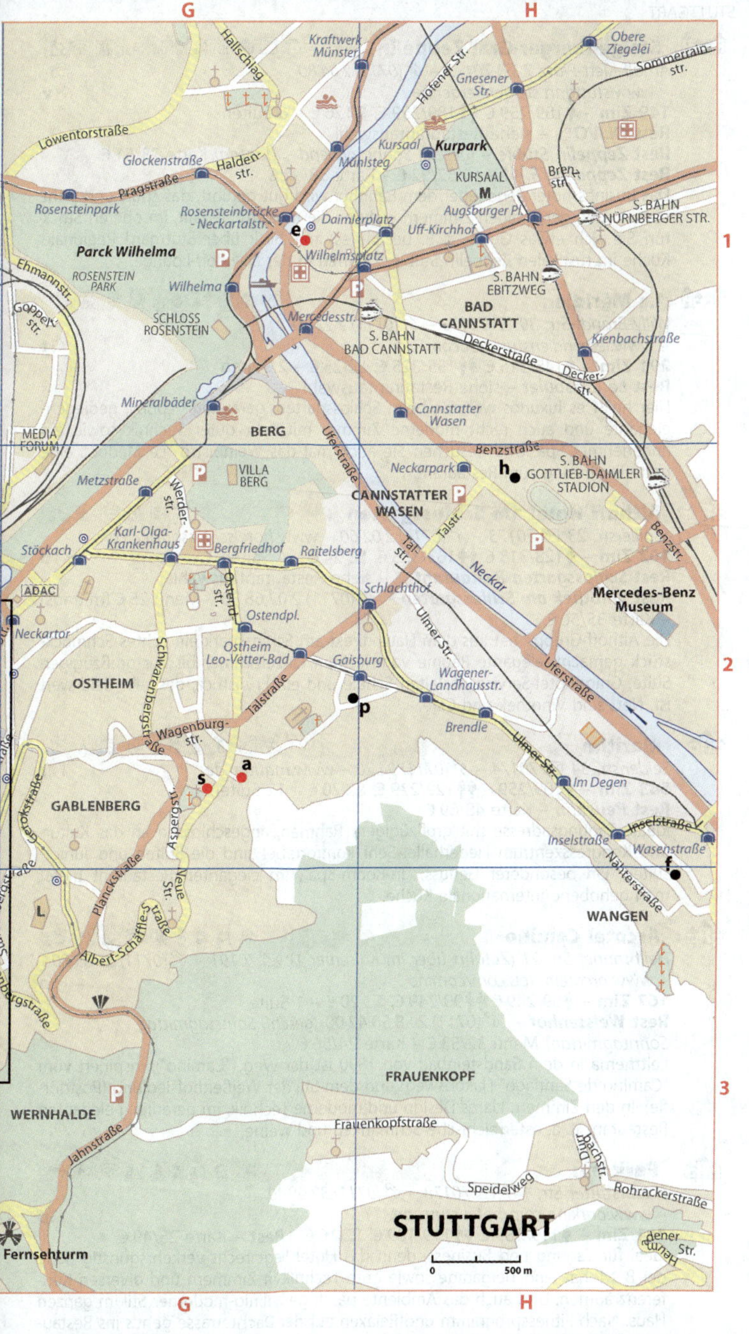
G
H
Hallschlag
Kraftwerk Münster
Obere Ziegelei
Sommerrainstr.
Hofener Str.
Gnesener Str.
Löwentorstraße
Kursaal
Kurpark
Mühlsteg
Glockenstraße
Haldenstr.
Pragstraße
KURSAAL
M
Brenzstr.
Rosensteinpark
Rosensteinbrücke - Neckartalstr.
Daimlerplatz
Augsburger Pl.
S. BAHN NÜRNBERGER STR.
e
Uff-Kirchhof
Parck Wilhelma
Wilhelmsplatz
1
Ehmannstr.
ROSENSTEIN PARK
Wilhelma
S. BAHN EBITZWEG
Goppeltstr.
SCHLOSS ROSENSTEIN
Mercedesstr.
BAD CANNSTATT
S. BAHN BAD CANNSTATT
Deckerstraße
Kienbachstraße
Deckerstr.
Mineralbäder
Cannstatter Wasen
MEDIA FORUM
BERG
Uferstraße
Benzstraße
VILLA BERG
Neckarpark
h
S. BAHN GOTTLIEB-DAIMLER STADION
Metzstraße
Werderstr.
CANNSTATTER WASEN
Talstr.
Karl-Olga-Krankenhaus
Benzstr.
Stöckach
Bergfriedhof
Raitelsberg
Neckar
ADAC
Ostendstr.
Schlachthof
Mercedes-Benz Museum
Neckartor
Ostendpl.
Ulmer Str.
Ostheim Leo-Vetter-Bad
Gaisburg
2
OSTHEIM
Schwarenbergstraße
Wagener-Landhausstr.
Uferstraße
Talstraße
p
Brendle
Wagenburgstr.
Ulmer Str.
s
a
Aspergstr.
Im Degen
GABLENBERG
Gerokstraße
Inselstraße
Inselstraße
Wasenstraße
f
Neue Str.
Nähterstraße
L
WANGEN
Planckstraße
Albert-Schäffle-Straße
Frauenkopf
3
WERNHALDE
Frauenkopfstraße
Jahnstraße
Dürrbachstr.
Speidelweg
Rohrackerstraße
STUTTGART
Heumadener Str.
Fernsehturm
0
500 m
G
H

Steigenberger Graf Zeppelin

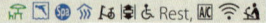

Arnulf-Klett-Platz 7 ✉ *70173* – ✆ *(0711) 2 04 80* – *www.stuttgart.steigenberger.de* K1**v**

149 Zim – †189/259 € ††189/259 €, ☕ 26 € – 6 Suiten

Rest ***OLIVO*** ✿ – siehe Restaurantauswahl

Rest ***Zeppelin Stüble*** – *(geschl. Sonntagabend - Montag)* Karte 23/51 €

Rest ***Zeppelino'S*** – Menü 32/92 € – Karte 38/92 €

Das Businesshotel gegenüber dem Bahnhof wird gut geführt, das spürt und sieht man. In den geräumigen Zimmern wohnen Sie modern-elegant, im oberen Stock tun Sie sich etwas Gutes, z. B. bei Fitness mit Blick über Stuttgart! Regionale Küche im rustikalen Zeppelin Stüble, Zigarren in der Davidoff-Lounge.

Le Méridien

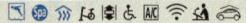

Willy-Brandt-Str. 30 ✉ *70173* – ✆ *(0711) 2 22 10* – *www.lemeridienstuttgart.com* K1**t**

291 Zim – †145/315 € ††155/325 €, ☕ 25 € – 2 Suiten

Rest ***Le Cassoulet*** – siehe Restaurantauswahl

Hier heißt es luxuriös wohnen beim Schlossgarten: geräumige Lobby, gediegen-elegante und auch recht moderne Zimmer mit sehr guter Technik sowie ein angenehmer Spa. Und besuchen Sie auch mal das Weinbistro "Le Médoc", eine nette Ergänzung zum Restaurant.

Althoff Hotel am Schlossgarten

Schillerstr. 23 ✉ *70173* – ✆ *(0711) 2 02 60* – *www.hotelschlossgarten.com*

102 Zim – †128/313 € ††163/353 €, ☕ 24 € – 4 Suiten K1**u**

Rest ***Schlossgarten Restaurant*** ✿ – siehe Restaurantauswahl

Rest ***Vinothek am Schlossgarten*** – ✆ (0711) 2 02 68 36 – Menü 25 € (mittags) – Karte 35/56 €

Die Althoff-Gruppe hat aus dem Haus direkt am Schlosspark ein echtes Schmuckstück gemacht: elegante Räume vom kleinen Einzelzimmer bis zur großzügigen Suite, Grandhotel-Service der alten Schule und ein Frühstück, das sein Geld wert ist. Nett sind Vinothek und Café.

Maritim

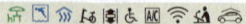

Seidenstr. 34 ✉ *70174* – ✆ *(0711) 94 20* – *www.maritim.de* F2**r**

543 Zim – †109/259 € ††129/279 €, ☕ 20 € – 12 Suiten

Rest ***Reuchlin*** – Karte 48/69 €

Ideale Tagungsadresse mit großzügigem Rahmen, angeschlossen an das Kultur- und Kongresszentrum Liederhalle. Sehr komfortabel sind die Suiten und Juniorsuiten. Ein besonderer Genuss: "In-Room-Spa". Im eleganten Restaurant bietet man gehobene internationale Küche.

Arcotel Camino

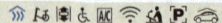

Heilbronner Str. 21 (Zufahrt über Im Kaisemer 1) ✉ *70191* – ✆ *(0711) 25 85 80* – *www.arcotelhotels.com/camino* F2**a**

167 Zim – †99/249 € ††99/249 €, ☕ 20 € – 1 Suite

Rest ***Weissenhof*** – ✆ (0711) 2 58 58 42 00 *(geschl. Samstagmittag, Sonntagmittag)* Menü 32/53 € – Karte 24/56 €

Leitthema in dem Sandsteinbau von 1890 ist der Weg ("Camino"), inspiriert vom "Camino de Santiago" (Jakobsweg) und dem Stil der Weißenhofsiedlung (Postdörfle). In den Zimmern klares Design und moderne Technik, im geradlinig-eleganten Restaurant u. a. österreichische Schmankerl und Weine.

Park Inn

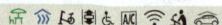

Hauptstätter Str. 147 ✉ *70178* – ✆ *(0711) 32 09 40* – *www.parkinn.com/hotel-stuttgart* J3**p**

181 Zim – †119/189 € ††119/189 €, ☕ 16 € **Rest** – Karte 25/49 €

Ideal für Tagung und Business, denn das Hotel liegt recht verkehrsgünstig nahe der B 14, hat eine Tiefgarage sowie gute Technik in Zimmern und diversen Konferenzräumen. Und auch das Ambiente passt: geradlinig-moderner Stil im ganzen Haus. Nach Fitnessprogramm und Relaxen auf der Dachterrasse geht's ins Restaurant mit Grillgerichten als Spezialität.

Kronen-Hotel garni

Kronenstr. 48 ✉ 70174 – ✆ (0711) 2 25 10 – www.kronenhotel-stuttgart.de – geschl. Weihnachten - 2. Januar J1**m**

80 Zim ☕ – 🚹110/130 € 🚹🚹150/180 €

Das Hotel ist wirklich auffallend gepflegt! Und auch in anderen Bereichen zeigt sich das Engagement der Familie Berger - so sind Ihnen z. B. persönliche Betreuung und ein richtig gutes Frühstück sicher! Zudem wohnen Sie hier zentrumsnah.

Wörtz zur Weinsteige

Hohenheimer Str. 30 ✉ 70184 – ✆ (0711) 2 36 70 00 – www.zur-weinsteige.de K3**p**

30 Zim ☕ – 🚹105/140 € 🚹🚹130/160 €

Rest *Wörtz zur Weinsteige* – siehe Restaurantauswahl

Sie wohnen hier bei zwei engagierten Brüdern; einer der beiden züchtet Kois - zu bewundern im großen Aquarium auf der Terrasse. Sie mögen es besonders stilvoll? Dann buchen Sie die Louis-XVI-Juniorsuite im Schlösschen!

Der Zauberlehrling

Rosenstr. 38 ✉ 70182 – ✆ (0711) 2 37 77 70 – www.zauberlehrling.de

13 Zim – 🚹135/195 € 🚹🚹180/420 €, ☕ 19 € – 4 Suiten K2**c**

Rest *Der Zauberlehrling* – siehe Restaurantauswahl

Dass dieses citynahe Haus so gut ankommt, liegt natürlich an den schönen Zimmern (sie sind so individuell wie ihre Namen: "Barolo", "Zeitfalle", "Sunrise"...), aber ohne Zweifel auch an der Herzlichkeit der Familie Heldmann! Das erste Highlight am Tag ist das gute Frühstück.

Azenberg garni

Seestr. 114 ✉ 70174 – ✆ (0711) 2 25 50 40 – www.hotelazenberg.de F2**e**

57 Zim – 🚹70/180 € 🚹🚹90/220 €, ☕ 11 € – 1 Suite

Sie werden sich hier wohlfühlen, denn das Haus liegt ruhig, aber dennoch zentrumsnah in einer Sackgasse, ist geschmackvoll und wohnlich eingerichtet (Zimmer recht variabel geschnitten), hat einen hübschen Garten mit Teich sowie einen netten kleinen Freizeitbereich (Sauna gegen Gebühr) und ein gutes Frühstück gibt es auch noch!

City-Hotel garni

Uhlandstr. 18 ✉ 70182 – ✆ (0711) 21 08 10 – www.cityhotel-stuttgart.de K2**a**

31 Zim ☕ – 🚹79/89 € 🚹🚹99/120 €

Das Hotel unweit der Fußgängerzone bietet unterschiedlich geschnittene Zimmer in klassischem Stil und einen hellen, modern-eleganten Frühstücksraum mit Wintergarten und Terrasse.

Abalon garni

Zimmermannstr. 7 (Zufahrt über Olgastr. 79) ✉ 70182 – ✆ (0711) 2 17 10 – www.abalon.de K3**x**

42 Zim ☕ – 🚹79/84 € 🚹🚹89/119 €

Oberhalb des Zentrums erwarten Sie funktionelle Zimmer (Saft und Wasser inklusive), ein moderner Frühstücksbereich und eine schön begrünte Dachterrasse.

Bellevue

Schurwaldstr. 45 ✉ 70186 – ✆ (0711) 48 07 60 – www.bellevue-stuttgart.de – geschl. August G2**p**

6 Zim ☕ – 🚹69/129 € 🚹🚹89/149 €

Rest – *(geschl. Montagmittag, Dienstag - Mittwoch)* Menü 10/42 € – Karte 23/52 €

Bereits seit 1913 ist das kleine Hotel im Familienbesitz und die persönliche Atmosphäre kommt bei den Gästen genauso gut an wie die gepflegten Zimmer. Und nicht nur das: Jeder bekommt täglich eine Tageszeitung und ein Mineralwasser! Im Restaurant wird überwiegend regionale Küche geboten.

XXX **Schlossgarten Restaurant** – Althoff Hotel am Schlossgarten
Schillerstr. 23, (1. Etage) ✉ 70173 – ✆ (0711) 2 02 68 27 – www.hotelschlossgarten.com – geschl. Januar 2 Wochen, August 3 Wochen und Sonntag - Montag K1**u**

Rest – Menü 44 € (mittags)/142 € – Karte 87/133 €

Wer in klassisch-elegantem Ambiente gehoben essen möchte, ist mit dem Restaurant am Schlossgarten bestens beraten: Sebastian Prüßmann (nach Stationen in verschiedenen renommierten Häusern ist er nun hier Küchenchef) kocht mit top Produkten, fein und akkurat. Währenddessen wird den Gästen ein umsichtiger und charmanter Service zuteil. Sie kommen zum Lunch? Wählen Sie zwischen dem kleinen Mittagsangebot und dem "Grand Menü" von der Abendkarte.

➜ Carpaccio von der Langoustine, Rote Bete, Sesam, Gewürzmango, Cocos. Zweierlei von der Kalbsbacke, Broccoli, Kartoffelcreme, Gewürz-Zitrone. Gariguette-Erdbeeren mit Baumkuchen, Sauerklee, Joghurt, Ivoire-Malto.

XXX **YoSH**
Feuerbacher Weg 101 ✉ 70192 – ✆ (0711) 6 99 69 60 – www.yosh-stuttgart.de – geschl. Mitte August - Anfang September und Montag - Dienstag F1**a**

Rest – *(nur Abendessen)* (Tischbestellung ratsam) Menü 98/139 € – Karte 60/97 €

Sie möchten nicht nur gut, sondern auch in anspruchsvollem Umfeld speisen? Bei der hochwertigen Einrichtung hat man Geschmack bewiesen und die klassische Saisonküche von Klaus Jäschke steht dem in nichts nach! Nehmen Sie doch vor dem Essen einen Apero im Garten! Es gibt auch eine Raucherlounge.

➜ Edelfischsuppe YoSH, Sauce Rouille, Crostini. Thunfischtatar, Wachtelspiegelei, Rösti, Sauce Remoulade. Ochsenschwanzragout geschmort in Burgundersauce, Frühlingsgemüse, handgeschabte Spätzle.

XXX **OLIVO** – Hotel Steigenberger Graf Zeppelin
Arnulf-Klett-Platz 7 ✉ 70173 – ✆ (0711) 2 04 82 77 – www.olivo-restaurant.de – geschl. 14. - 27. April, 9. - 22. Juni, 4. August - 14. September und Sonntag - Montag K1**v**

Rest – Menü 60 € (mittags)/126 € – Karte 68/96 €

Er verwendet nur ausgesuchte Produkte und bereitet sie exakt, fein und auf moderne Art zu: Nico Burkhardt, der junge Küchenchef dieses eleganten Restaurants im 1. OG des Grandhotels. Beim Speisen schauen Sie auf den Hauptbahnhof gleich gegenüber.

➜ Roh marinierte Périgord Gänseleber, Kokos, Flugmango, Sesamkrokant. Frikassee vom Stubenküken, Kartoffelcreme, Erbsen, Kapern, Champignons. Duroc Schweinebacke à la BBQ, Zuckermais, Parmesan, Pimento.

XX **Kern's Pastetchen**
Hohenheimer Str. 64 ✉ 70184 – ✆ (0711) 48 48 55 – www.kerns-pastetchen.de – geschl. Mitte Mai 1 Woche, August - September 2 Wochen und Sonntag K3**v**

Rest – *(nur Abendessen)* (Tischbestellung ratsam) Menü 58/70 € – Karte 44/70 €

Hier sitzt man gemütlich, wird freundlich bedient und isst wirklich gut. Man merkt einfach, dass Marieluise und Josef Kern mit Herz bei der Sache sind. Und das mögen die Gäste genauso wie die schmackhaften Speisen, unter denen sich auch das ein oder andere österreichische Gericht findet - schließlich ist der Chef gebürtiger Österreicher.

XX **La Fenice**
Rotebühlplatz 29 ✉ 70178 – ✆ (0711) 6 15 11 44 – www.ristorante-la-fenice.de – geschl. Samstagmittag, Sonntag außer an Feiertagen J2**e**

Rest – Menü 19 € (mittags)/65 € – Karte 35/55 €

Schon so mancher ist bei den Geschwistern Gorgoglione zum Stammgast geworden - das spricht für die italienische Küche in dem freundlich-eleganten Ristorante. Übrigens: Zu finden ist der etwas versteckte Eingang über den Hof, wo man im Sommer eine Terrasse hat.

Délice

Hauptstätter Str. 61 ✉ 70178 – ✆ (0711) 6 40 32 22 – www.restaurant-delice.de – geschl. Weihnachten - 6. Januar, über Ostern 1 Woche, über Pfingsten 1 Woche, August 3 Wochen und Samstag - Sonntag

Rest – *(nur Abendessen)* (Tischbestellung erforderlich) Menü 75 € – Karte 58/81 € J3**d**

Es gibt mehrere Gründe, weshalb man hier gerne Gast ist: Das Restaurant ist angenehm klein, der Service persönlich (perfekt die Weinberatung durch Inhaber und Sommelier Evangelos Pattas!) und die Küche wirklich zu empfehlen. Verantwortlich für die sehr guten produktbezogenen Speisen ist Benjamin Schuster.

➜ Thunfisch in Ras-el-Hanout gebraten mit Kohlrabi, Frühlingsrolle und rotem Curryschaum. US-Beef-Filet mit rahmigen Morcheln, Birnen und violetten Kartoffeln, Gänseleber. Zweierlei von der Ivoire-Schokolade mit Apfelsüppchen und Basilikum.

5

Bolzstr. 8, (1. Etage) ✉ 70173 – ✆ (0711) 65 55 70 11 – www.5.fo – geschl. Mitte August - Mitte September und Sonntag J1**f**

Rest – *(nur Abendessen)* Menü 69/129 €

Zuvor war er Sous-Chef hier im Haus, nun ist Neuseeländer Russell Pirrit Küchenchef in diesem schicken urbanen Restaurant mit Lounge-Atmosphäre. Seine beiden Menüs (eines davon vegetarisch) spiegeln eine moderne, kreative Küche mit verspielten Details wider. Unten die trendige Bar in Weiß, ein echter Hotspot in der Stadt!

➜ "Thronfolger" - Kingfish, Hibiskus, Kokos. "Lufthoheit" - Taube, Brennessel, Rhabarber. "Wasserspiel" - Steinbutt, Bisque, Erbsen, Chorizo.

Le Cassoulet – Hotel Le Méridien

Willy-Brandt-Str. 30 ✉ 70173 – ✆ (0711) 2 22 10 – www.lemeridienstuttgart.com

Rest – Menü 50/66 € – Karte 31/57 € K1**t**

Warme, helle Erdtöne wurden gewählt, um dem Ambiente des Restaurants einen eleganten Rahmen zu geben. Dank eines internationalen Speisenangebots ist für jeden Geschmack etwas auf der Karte zu finden.

La nuova Trattoria da Franco

Calwer Str. 32 ✉ 70173 – ✆ (0711) 29 47 44 – www.dafrancostuttgart.de

Rest – Menü 19 € (mittags unter der Woche)/40 € – Karte 30/49 € J2**c**

Italienische Klassiker, Pizza & Pasta und dazu frisches Ambiente auf zwei Stockwerken... so isst man bei Familie Annunziata mitten in der City. Kommen Sie doch auch mal zum beliebten Mittagstisch in die Trattoria!

Il Quinto Quarto

Olgastr. 133b ✉ 70180 – ✆ (0711) 66 48 66 02 – www.ilquintoquarto.de – geschl. 11. August - 3. September und Samstagmittag, Sonntag, Montagmittag J3**c**

Rest – (Tischbestellung ratsam) Menü 27 € (mittags)/93 € – Karte 32/76 €

Wie schon sein Vater hat sich auch Attila Caprano dem Kochen verschrieben... italienisch natürlich! Die ursprüngliche und ganz typische Küche Italiens liegt ihm dabei besonders am Herzen. Stolz kann er auch auf die schöne, wertige Einrichtung sein, die gut zu dem sanierten Jugendstilhaus passt.

Wörtz zur Weinsteige – Hotel Wörtz zur Weinsteige

Hohenheimer Str. 30 ✉ 70184 – ✆ (0711) 2 36 70 00 – www.zur-weinsteige.de – geschl. Anfang Januar 2 Wochen, August 2 Wochen und Sonntag - Montag sowie an Feiertagen außer an Weihnachten K3**p**

Rest – Menü 14 € (mittags)/90 € – Karte 39/70 €

Während Jörg Scherle in der Küche gehobene Speisen zubereitet, kümmert sich sein Bruder Andreas in dem elegant-behaglichen Restaurant um den Service. Erwähnenswert ist auch die Weinauswahl, vor allem die Badener und Württemberger! Unter der Woche gibt es auch einen günstigen Lunch.

Feinkost Böhm

Kronprinzstr. 6 ✉ 70173 – ✆ (0711) 2 27 56 28 – www.feinkost-boehm.de – geschl. Sonntag J2a

Rest – *(Montag - Samstag bis 20 Uhr geöffnet)* Menü 30 € (mittags) – Karte 37/56 €

Gleich beim Eintreten sind Sie umgeben von feinen Leckereien - das puristisch-moderne Lokal mit den originellen Bildern an den Wänden befindet sich nämlich in einem Feinkostgeschäft. Die guten Produkte für die saisonalen und klassischen Gerichte hat man also direkt im Haus! Tipp: Besuchen Sie vor oder nach dem Essen das Kunstmuseum gleich um die Ecke!

Le Pastis

Sophienstr. 3 ✉ 70180 – ✆ (0711) 51 87 66 72 – www.le-pastis.de – geschl. Sonntag und an Feiertagen J3a

Rest – *(nur Abendessen)* (Tischbestellung ratsam) Menü 35/98 € – Karte 37/60 €

Sie brauchen nur ein paar Stufen hinabzusteigen und kommen in ein gemütliches Kellerlokal. Sowohl die schöne Atmosphäre des alten Sandsteingewölbes als auch die frische französische Küche locken viele Gäste hierher.

Tafelberg

Dobelstr. 2 ✉ 70184 – ✆ (0711) 51 89 02 68 – www.tafelberg-stuttgart.de – geschl. Ende August 2 Wochen und Sonntag - Montag K3t

Rest – *(nur Abendessen)* (Tischbestellung ratsam) Menü 25/41 € – Karte 25/41 €

In dem sympathischen, geradlinig-modernen Restaurant werden Sie herzlich von Nina Ruisinger empfangen, ihr Mann bereitet eine ambitionierte zeitgemäß-saisonale Küche.

Der Zauberlehrling – Hotel Der Zauberlehrling

Rosenstr. 38 ✉ 70182 – ✆ (0711) 2 37 77 70 – www.zauberlehrling.de – geschl. Sonntag K2c

Rest – *(nur Abendessen)* (Tischbestellung ratsam) Menü 64/89 € – Karte 42/82 €

Das kleine Restaurant ist schon ein bisschen außergewöhnlich: viel Weiß, interessante Lichteffekte, Glaskamin, klarer moderner Stil kombiniert mit Barockelementen... Dazu passt die kreative Küche (samstags nur "Candle-Light-Dinner"). Wer es selbst lernen möchte, bucht einen Kochkurs!

Cube

Kleiner Schlossplatz 1, (im Kunstmuseum, 4. Etage) ✉ 70173 – ✆ (0711) 2 80 44 41 – www.cube-restaurant.de J2b

Rest – Menü 30 € (mittags)/73 € – Karte 47/63 €

Puristisch das Design von Heinz Witthöft, sensationell die Aussicht über die Stadt - die Komplettverglasung macht's möglich! Auf der Karte findet sich internationale Crossover-Küche, mittags ist das Angebot kleiner und einfacher, in der Bar im EG bekommt man Snacks.

Vetter

Bopserstr. 18 ✉ 70180 – ✆ (0711) 24 19 16 – geschl. Mitte August 2 Wochen und Sonntag K3s

Rest – *(nur Abendessen)* (Tischbestellung ratsam) Menü 28/45 € – Karte 32/60 €

Was in dem gemütlichen Lokal in der Innenstadt auf den Tisch kommt, ist bodenständige regionale Küche. So bereitet der Chef auf seinem kleinen Gasherd z. B. leckere Innereien und Schmorgerichte zu!

Goldener Adler

Böheimstr. 38 ✉ 70178 – ✆ (0711) 6 33 88 02 – www.goldener-adler-stuttgart.de

Rest – *(nur Abendessen)* (Tischbestellung ratsam) Karte 30/45 € F3g

Was Rolf Hekeler und Christopher Oelkrug hier bieten, hat Hand und Fuß - vor allem aber Geschmack! Man bleibt bodenständig und setzt auf Frische, so essen die zahlreichen (Stamm-) Gäste neben internationalen Gerichten auch immer wieder gerne bewährte Klassiker wie "Wiener Schnitzel mit Kartoffel-Gurkensalat"!

GiraSole

Schwabstr. 114 (nahe Hölderlinplatz) ✉ 70193 – ✆ (0711) 2 22 06 51
Rest – (Tischbestellung ratsam) Karte 21/32 € E2**g**
Die typische italienische Küche des kleinen Lokals kommt auch als günstiges Tagesmenü gut an. Die Damen der Familie kümmern sich freundlich um die Gäste, der Chef kocht.

Augustenstüble

Augustenstr. 104 ✉ 70197 – ✆ (0711) 62 12 48 – www.augustenstüble.de – geschl. Sonntag - Montag außer an Feiertagen E3**a**
Rest – *(nur Abendessen)* (Tischbestellung ratsam) Menü 35/44 € – Karte 33/45 €
Auch wenn es der Name nicht unbedingt vermuten lässt, hier erwartet Sie ein Stück Frankreich mitten in Stuttgart. Herzlich kümmert sich Familie Oberkamm um die Gäste, die sich - dicht an den kleinen Tischen sitzend - Gerichte wie Cassoulet vom Lamm, Boeuf Bourguignon oder Gänseleberterrine schmecken lassen. Dazu eine gute Weinauswahl.

SUSHI-YA

Kronprinzenstr. 6, (im Feinkost Böhm) ✉ 70173 – ✆ (0711) 2 27 56 29 – www.feinkost-boehm.de – geschl. Sonntag J2**s**
Rest – Menü 14 € (mittags)/31 € – Karte 13/44 €
Kommen Sie nicht zu spät! Wenn diese trendige Sushi-Bar erst einmal geöffnet hat, füllt sie sich binnen weniger Minuten! Die authentisch japanische Küche ist eben gefragt - und eine Reservierung ist nicht möglich.

SCHWÄBISCHE WEINSTUBEN: *gemütliche Weinstuben mit regionalen Speisen und lokalem Weinangebot.*

Weinstube Schellenturm

Weberstr. 72 ✉ 70182 – ✆ (0711) 2 36 48 88 – www.weinstube-schellenturm.de – geschl. 24. Dezember - 1. Januar und Sonntag sowie an Feiertagen
Rest – *(nur Abendessen)* Karte 27/30 € K2**u**
Richtig hübsch ist das Restaurant in dem 1564 als Teil der Stadtmauer erbauten Turm - benannt nach Strafgefangenen in Fußschellen. Für gemütliche Urigkeit sorgen Natursteinmauern, alter Holzboden, -bänke und Gebälk, der Kachelofen und auch die Wendeltreppe, die Sie vom einen in den nächsten Stock bringt! Zu essen gibt's Regionales.

Weinstube Klink

Epplestr. 1c (Degerloch) ✉ 70597 – ✆ (0711) 7 65 32 05 – www.weinstube-klink.de – geschl. Samstagmittag, Sonntag C2**a**
Rest – (Tischbestellung ratsam) Karte 22/38 €
Stammgäste schätzen das etwas versteckt in einem Innenhof gelegene Lokal mit kleiner schwäbischer Karte und guter Weinauswahl. Tagesgerichte empfiehlt man auf Schiefertäfelchen.

Stuttgarter Stäffele

Buschlestr. 2a ✉ 70178 – ✆ (0711) 66 41 90 – www.staeffele.de – geschl. Weihnachten und Samstagmittag, Sonntagmittag F3**f**
Rest – (Tischbestellung ratsam) Karte 19/47 €
Das gemütliche schwäbische Weinlokal besteht aus verschiedenen heimeligen Stuben, die liebenswert mit unterschiedlichsten Accessoires ausstaffiert sind. Parkservice.

Weinstube Träuble

Gablenberger Hauptstr. 66, (Eingang Bussenstraße) ✉ 70186 – ✆ (0711) 46 54 28 – geschl. Sonntag und an Feiertagen G2**s**
Rest – *(nur Abendessen)* Karte 19/46 €
Äußerst gemütlich sitzt man in der vertäfelten Gaststube dieses 200 Jahre alten kleinen Häuschens. Man bietet eine Vesperkarte und Tagesgerichte.

Weinstube Kochenbas

Immenhofer Str. 33 ✉ 70180 – ✆ (0711) 60 27 04 – www.kochenbas.de – geschl. August - September 3 Wochen und Montag J3**b**

Rest – Karte 15/29 €

So behaglich wie die Stube bei den Großeltern... Kein Wunder also, dass man das Gasthaus von 1847 (die älteste Weinstube in Stuttgart!) gerne besucht, um sich am alten Ofen regionale Gerichte servieren zu lassen.

Weinhaus Stetter

Rosenstr. 32 ✉ 70182 – ✆ (0711) 24 01 63 – www.weinhaus-stetter.de – geschl. Anfang Januar 1 Woche, Ende August - Anfang September 2 Wochen und Sonntag sowie an Feiertagen K2**e**

Rest – *(Montag - Freitag ab 15 Uhr geöffnet)* Karte 15/32 €

Ein ländliches Lokal mit regionaler Küche und Weinverkauf. Das Weinangebot umfasst ca. 600 Positionen, vor allem Württemberger und französische Weine sind reichlich vertreten.

Weinstube Klösterle

Marktstr. 71 (Bad Cannstatt) ✉ 70372 – ✆ (0711) 56 89 62 G1**e**

Rest – *(Montag - Samstag nur Abendessen)* Karte 22/34 €

Das alte Holzhaus von 1463 sticht einem gleich ins Auge - und so urig-gemütlich wie von außen ist es auch drinnen: dunkles Holz, niedrige Decken, Fachwerk... Die regionalen Speisen und saisonalen Tagesangebote serviert man auch auf der netten Innenhofterrasse.

In Stuttgart-Büsnau

relexa Waldhotel Schatten

Zim,

Magstadter Str. 2 ✉ 70569 – ✆ (0711) 6 86 70 – www.relexa-hotels-stuttgart.de

136 Zim – 145/185 € 175/215 € – 2 Suiten B2**t**

Rest – Menü 35 € – Karte 25/47 €

Das um einen Anbau erweiterte historische Hotel verfügt über klassisch oder zeitgemäß eingerichtete Zimmer, teilweise mit Balkon zum Wald. Moderner Ruhe- und Fitnessbereich. Rustikal ist das Kaminrestaurant mit bürgerlich-regionaler Küche. Schöne Terrasse.

Das Symbol bzw. zeigt den Mindestpreis in der Nebensaison und den Höchstpreis in der Hochsaison für ein Einzelzimmer bzw. für ein Doppelzimmer an.

In Stuttgart-Bad Cannstatt

Hilton Garden Inn NeckarPark

Mercedesstr. 75 ✉ 70372 – ✆ (0711) 90 05 50 – www.hilton.de/stuttgartneckarpark H2**h**

150 Zim – 115/280 € 115/280 €, 18 € – ½ P **Rest** – Karte 22/30 €

Das Hotel ist auf Businessgäste ausgelegt - dazu passend die Lage direkt neben der Mercedes-Benz Arena und der Porsche-Arena. Moderne Zimmer und Juniorsuiten, guter Fitness- und Saunabereich. Parken kann man bequem in der angrenzenden öffentlichen Tiefgarage.

In Stuttgart-Degerloch

Wald-Hotel

Rest, Rest,

Guts-Muths-Weg 18 ✉ 70597 – ✆ (0711) 18 57 20 – www.waldhotel-stuttgart.de

96 Zim – 110/200 € 110/200 €, 18 € C2**e**

Rest – Menü 46 € – Karte 31/59 €

Was dieses Hotel zu bieten hat, kann sich wirklich sehen lassen: hochwertige Ausstattung auf dem neuesten Stand! Und auch die Lage stimmt: am Waldrand und dennoch mit guter Anbindung an Stadt, Messe und Airport - um die Ecke der Fernsehturm.

Wielandshöhe (Vincent Klink)

Alte Weinsteige 71 ✉ 70597 – ✆ (0711) 6 40 88 48 – www.wielandshoehe.de – geschl. Sonntag - Montag F3**a**

Rest – (Tischbestellung ratsam) Menü 78/110 € – Karte 58/96 €

Einfach ein Klassiker der deutschen Gastronomie: Vincent Klink. Auf moderne Trends oder Gekünstel auf dem Teller legt er keinen Wert, wohl aber auf Aroma und Gefühl bei der Zubereitung, auf den unverfälschten Geschmack hochwertiger Produkte - und genau das mögen seine (Stamm-) Gäste, denen schon auf dem Weg zum Restaurant der betörende Duft seiner frischen Küche in die Nase steigt!

➜ Aubergine aus dem Ofen mit Tomatenragout. Rücken vom Alblamm, Rosmarin, Gratin Dauphinoise. Ganzes Perlhuhn am Tisch tranchiert.

Fässle

Löwenstr. 51 ✉ 70597 – ✆ (0711) 76 01 00 – www.faessle.de – geschl. Sonntag - Montag C2**a**

Rest – (Tischbestellung ratsam) Menü 25 € (mittags)/58 € – Karte 28/52 €

Ein Blick auf die Speisekarte macht deutlich, dass Rudolf Schmölz nicht nur die Tradition wahrt (die strahlt auch das schöne alte Sandsteingebäude aus), sondern auch behutsam Modernes aufnimmt. So gesellt sich zu Rostbraten und Topfenknödel auch der etwas exotischere Thunfisch mit asiatischem Gemüse!

Lava

Epplestr. 40 ✉ 70597 – ✆ (0711) 71 91 78 95 – www.lava-stuttgart.de – geschl. 1. - 13. Januar, 5. - 23. August und Samstagmittag, Sonntag - Montag

Rest – Menü 19 € (mittags unter der Woche)/89 € (abends) – Karte 41/63 € C2**e**

"Entdecken...", "erleben...", "genießen..." - so nennen sich die saisonalen Menüs in diesem modernen Restaurant, darunter ein vegetarisches. Gerne kommen die Gäste auch zum täglich wechselnden günstigen Business-Lunch-Menü. Zu erreichen ist das Lava übrigens bequem von der Tiefgarage im Haus.

In Stuttgart-Flughafen

Mövenpick Hotel Airport & Messe Zim,

Flughafenstr. 50 ✉ 70629 – ✆ (0711) 55 34 40 – www.moevenpick-hotels.com/stuttgart-airport C3**k**

324 Zim – 🚹139/450 € 🚹🚹164/475 €, ☕ 23 € – 2 Suiten **Rest** – Karte 27/51 €

Das Businesshotel ist nicht nur komfortabel, man bietet mit schickem klarem Design (und der Sicht von den oberen Etagen) auch was fürs Auge! Die Lage an Flughafen und Messe ist dank sehr guter Schallisolierung nur von Vorteil. Im Restaurant blickt man bei Frühstück oder Mövenpick-Klassikern auf die Terminals.

top air

im Flughafen, (Terminal 1, Ebene 4) ✉ 70629 – ✆ (0711) 9 48 21 37 – www.restaurant-top-air.de – geschl. Ende Dezember - Anfang Januar, August und Samstagmittag, Sonntag - Montag sowie an Feiertagen

Rest – Menü 48 € (mittags)/128 € – Karte 79/104 € C3**p**

Bisher war Marco Akuzun hier Souschef, heute führt er als Küchenchef Regie, und das mit Erfolg, da lassen seine feinen, kreativen und stimmig präsentierten Speisen keinen Zweifel aufkommen. Die gibt es z. B. in den Menüs "ready for..." und "...take off". Oder kommen Sie doch zum Businessmenü "top air"! Wo sonst hat man beim Essen einen so tollen Blick aufs Rollfeld als direkt an der Fensterfront des Flughafenterminals? Praktisch: Parkplatz P5 ist ganz in der Nähe.

➜ Langustine /Algen / Harissa / Avocado / Kokos. Presa vom Pata Negra Schwein / Haselnuss / Himbeere / Rote Beete / Schwarzbier / Senf. Orange / Kardamom / Valrhona "Manjari" / Campari.

In Stuttgart-Gablenberg

Nannina

Gaishämmerstr. 14 ✉ 70186 – ✆ (0711) 7 77 51 72 – www.nannina.de – geschl. Montag und Samstagmittag G2**a**

Rest – Menü 49/69 € – Karte 45/67 €

Gastgeberin Giovanna Di Tommaso (genannt Nannina) legt in ihrem kleinen Restaurant Wert auf frische Produkte, die sie mit Gefühl zubereitet - und mit dem Olivenöl der eigenen Familie! Probieren Sie z. B. gebratenen Tintenfisch oder Brasato. Im Service: ein Bruder der Chefin und ihr Sohn, typisch italienisch eben!

In Stuttgart-Heslach

XX **Berg**

Gebelsbergstr. 97 ✉ 70199 – ✆ (0711) 6 40 64 67 – www.bei-berg.de – geschl. 23. Dezember - 8. Januar, August 2 Wochen und Sonntag - Montag

Rest – *(nur Abendessen)* (Tischbestellung ratsam) Menü 49/73 € – Karte 41/59 € E3**b**

Auch wenn das Restaurant von Philipp Berg äußerlich eher unscheinbar daherkommt, essen kann man hier dennoch gut - nämlich eine kleine Auswahl an Gerichten, die von Küchenchef Johannes Daiker schmackhaft und zeitgemäß zubereitet werden. Für Raucher gibt es ein schickes modernes Kaminzimmer.

In Stuttgart-Hohenheim

XX ✿ **Speisemeisterei** (Frank Oehler und Markus Eberhardinger)

Schloss Hohenheim ✉ 70599 – ✆ (0711) 34 21 79 79 – www.speisemeisterei.de – geschl. 24. Februar - 5. März C3**s**

Rest – (Tischbestellung ratsam) Menü 34 € (mittags)/108 €

Nicht nur die aparte moderne Einrichtung schafft einen markanten Kontrast zum historischen Rahmen, auch die Speisen von Frank Oehler und seinem Küchenchef Markus Eberhardinger: kreativ und voller eigener Ideen. Wesentlich klassischer ist der Nebenraum. Aber auch jenseits der kulinarischen Genüsse gilt es Schönes zu entdecken, wie der Kunstraum zeigt!

→ Furchengarnele mit gebackenem Kalbskopf und Spargel. Gebeizte Schwarzwaldforelle mit Gurke, Apfel und Meerrettich. Dorade für zwei Personen in der Salzkruste mit Beurre blanc, Grüner Wiese und neuen Kartoffeln.

In Stuttgart-Möhringen

DORMERO (N)

Plieninger Str. 100, (im SI Centrum) ✉ 70567 – ✆ (0711) 72 10 – www.dormero-hotel-stuttgart.de C3**d**

424 Zim – †129/169 € ††129/169 €, ☕ 20 € – 30 Suiten

Rest – Karte 21/48 €

Ein apartes Bild: "Whitelounge" und Zimmer sind sachlich-modern in Weiß gehalten! Das Hotel ist ideal für Tagungen und Veranstaltungen, aber auch Privatgäste schätzen das SI-Erlebnis-Centrum und seine Musical-Theater direkt vor der Tür sowie den Zugang zu den "SchwabenQuellen". Gastronomisch wählt man zwischen sechs Restaurants.

Gloria

Sigmaringer Str. 59 ✉ 70567 – ✆ (0711) 7 18 50 – www.hotelgloria.de

83 Zim ☕ – †98/135 € ††115/175 € C3**u**

Rest *Möhringer Hexle* – ✆ (0711) 7 18 51 17 *(geschl. Sonntagabend und an Feiertagen abends)* Karte 23/43 €

Schon viele Jahre sorgt Evelin Kraft dafür, dass man hier gepflegt übernachtet (am geräumigsten im obersten Stock) - sei es nach einem Musical-Besuch (achten Sie auf die Musical-Arrangements) oder auf Geschäftsreise (10 Minuten zu Messe und Airport). Im Hexle isst man schwäbisch-mediterran.

Körschtal garni

Richterstr. 23 ✉ 70567 – ✆ (0711) 71 60 90 – www.hotel-koerschtal.de

30 Zim ☕ – †65/78 € ††78/98 € C3**y**

Funktionelle und gut gepflegte Zimmer stehen in dem Hotel mitten in Möhringen zur Verfügung. Von der nahen Stadtbahnhaltestelle erreichen Sie bequem das Stuttgarter Zentrum.

X **Zur Linde** 

Sigmaringer Str. 49 ✉ 70567 – ✆ (0711) 7 19 95 90 – www.joergmink.com – geschl. Samstagmittag C3**u**

Rest – (Tischbestellung ratsam) Karte 26/52 €

Solide die Küche, freundlich der Service, gemütlich die Stube! In dem rund 300 Jahre alten Gasthaus darf man sich u. a. natürlich auf hausgemachte Maultaschen freuen! Für Veranstaltungen ist der urige Gewölbekeller ideal.

In Stuttgart-Plieningen

ROSS Messehotel garni

Dreifelderstr. 36 ✉ 70599 – ✆ (0711) 7 22 36 60 – www.ross-messehotel.de – geschl. 22. Dezember - 6. Januar C3**q**

55 Zim ☕ – 🚹89/99 € 🚹🚹119 €

Das Businesshotel ist in klassischem Stil gehalten und technisch zeitgemäß ausgestattet. Die Zimmer sind teilweise sehr geräumig. Gute Autobahnanbindung an Messe und Flughafen.

Traube garni

Brabandtgasse 2 ✉ 70599 – ✆ (0711) 45 89 20 – www.hotel-traube-stuttgart.de C3**a**

37 Zim ☕ – 🚹99/119 € 🚹🚹129/179 €

Ein charmantes Ensemble aus vier teilweise historischen Häusern bildet den Rahmen für das kleine Landhotel. Es ist nicht nur schön mit seinen wohnlich-individuellen Zimmern, sondern auch praktisch mit der ausgezeichneten Anbindung an Autobahn, Messe und Flughafen.

In Stuttgart-Vaihingen

Pullman Fontana

Vollmoellerstr. 5 ✉ 70563 – ✆ (0711) 73 00 – www.pullmanhotels.com/5425

250 Zim – 🚹121/231 € 🚹🚹141/251 €, ☕ 22 € – 2 Suiten B3**c**

Rest – 45 € – Karte 23/67 €

Ein komfortables Hotel mit wohnlichen Zimmern in klassischem Stil, von den oberen Etagen mit schöner Sicht. Zudem hat man einen hell und neuzeitlich gestalteten Freizeitbereich und ein rustikal-elegantes Restaurant mit Wintergarten.

MO.HOTEL

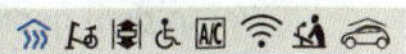

Hauptstr. 26 ✉ 70563 – ✆ (0711) 28 05 60 – www.stuttgart.arcona.de

131 Zim – 🚹99/279 € 🚹🚹109/299 €, ☕ 20 € B3**b**

Rest – Karte 27/49 €

Tagungsgäste und Messebesucher schätzen hier die Funktionalität: Da wäre zum einen die günstige Lage an der Schwabengalerie, dann die moderne Technik und das puristische Design. Nach dem Training an hochwertigen Fitnessgeräten stärken Sie sich im Restaurant mit internationaler und regionaler Küche.

In Stuttgart-Wangen

Ochsen

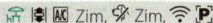

Zim, Zim,

Ulmer Str. 323 ✉ 70327 – ✆ (0711) 4 07 05 00 – www.ochsen-online.de

36 Zim ☕ – 🚹70/102 € 🚹🚹99/132 € – 2 Suiten H3**f**

Rest – Menü 18 € (mittags unter der Woche)/48 € – Karte 20/37 €

Familie Bender zeigt hier schon seit Jahrzehnten vollen Einsatz und entsprechend gepflegt ist das alteingesessene Gasthaus. Ausgebaut und erweitert, bietet es sowohl klassische als auch moderne Zimmer (einige sogar mit Whirlwanne) sowie internationale und schwäbische Küche in gemütlich-rustikalem Ambiente.

In Stuttgart-Weilimdorf

XX

Meister Lampe

Solitudestr. 261 ✉ 70499 – ✆ (0711) 9 89 89 80 – www.restaurant-meisterlampe.de – geschl. über Fasching 1 Woche, August 2 Wochen, November 1 Woche und Sonntagabend - Montag, Samstagmittag B1**m**

Rest – Menü 45/70 € – Karte 28/55 €

Wenn Patron Daniel Stübler in seinem bürgerlich-rustikalen Gasthaus kocht, stimmen Frische und Geschmack. Das merkt man z. B. an seiner Spezialität "Ente in zwei Gängen", die das ganze Jahr über mit wechselnden Beilagen serviert wird. Und wer Süßes mag, wird die Desserts lieben - wie wär's mit "Schokolade und Zwetschgen"?

In Stuttgart-Zuffenhausen

XX **Christophorus**

Porscheplatz 5, (im Porsche Museum) ✉ 70435 – ✆ (0711) 91 12 59 80 – www.porsche.com – geschl. Sonntagabend - Montag C1**c**

Rest – Menü 38 € (mittags)/96 € – Karte 41/95 €

Ein Muss ist hier US-Prime-Beef - und dank der offenen Küche können Sie sogar sehen, wie das Fleisch auf dem Grill liegt! Aber auch das Museum gewährt Ihnen beim Essen interessante Eindrücke. Im 1. Stock gibt es neben dem Restaurant eine Raucherlounge, im EG Bistro und Coffee-Bar.

In Fellbach

Zum Hirschen

Hirschstr. 1 ✉ 70734 – ✆ (0711) 9 57 93 70 – www.zumhirschen-fellbach.de

9 Zim – †88/98 € ††118/138 € D1**v**

Rest *Gourmet Restaurant avui* **Rest *Gasthaus zum Hirschen*** – siehe Restaurantauswahl

Dass man im "Hirschen" gut essen kann, dürfte bekannt sein, aber haben Sie auch schonmal darüber nachgedacht, hier nach dem Restaurantbesuch zu übernachten? Der kochende Gastgeber und seine Frau bieten schöne, wohnliche Zimmer, Telefon (Festnetz) und W-Lan inklusive.

Hirsch

Fellbacher Str. 2, (Ortsteil Schmiden) ✉ 70736 – ✆ (0711) 9 51 30 – www.hirsch-fellbach.de – geschl. 22. Dezember - 1. Januar D1**n**

104 Zim – †70/85 € ††102/115 €

Rest *Oettinger's Restaurant* – siehe Restaurantauswahl

Rest *Weinstube* – ✆ (0711) 9 51 34 70 *(geschl. 22. Dezember - 7. Januar und Samstag - Sonntag)* Karte 16/39 €

Wer in dem gepflegten traditionsreichen Familienbetrieb der Oettingers im Ortskern von Schmiden übernachtet, sollte auch die wirklich reizende, heimelige Weinstube im angrenzenden denkmalgeschützten Bauernhaus samt Biergarten besuchen! Hier isst man bürgerlich.

XX **Gourmet Restaurant avui** (Armin Karrer) – Hotel Zum Hirschen

Hirschstr. 1 ✉ 70734 – ✆ (0711) 9 57 93 70 – www.zumhirschen-fellbach.de – geschl. 2. - 4. Januar, über Fasching, Juli - August und Sonntag - Dienstag sowie an Feiertagen D1**v**

Rest – *(nur Abendessen)* (Tischbestellung erforderlich) Menü 98/168 € – Karte 60/102 €

Wenn Armin Karrer in dem schönen Gewölbekeller seine innovativen Degustationen kreiert, baut er auch gerne mal molekulare Elemente mit ein, und die Optik kommt auch nicht zu kurz! So manches Gericht findet im Restaurant vor den Augen der Gäste seine Vollendung!

➔ Gebratene und roh marinierte Jakobsmuscheln, Eiskraut, Pinienkerne und Grapefruit. Zander mit exotischer Würze, Shiitake und Basmatireisschaum. Bug vom Stauferico Schwein mit Oliven-Schokoladenbuchtel und Senfkohl.

XX **Oettinger's Restaurant** – Hotel Hirsch

Fellbacher Str. 2, (Ortsteil Schmiden) ✉ 70736 – ✆ (0711) 9 51 30 – www.hirsch-fellbach.de – geschl. 22. Dezember - 6. Januar, August und Sonntag - Montag D1**n**

Rest – *(Dienstag - Freitag nur Abendessen)* Menü 47/62 € – Karte 40/62 €

Dies ist die gehobenere Restaurant-Variante des Hotel Hirsch: Michael Oettinger, Mitglied der "Jeunes Restaurateurs", bietet nach Stationen in guten Betrieben hier im eigenen Haus saisonale Küche - auch als Menü.

XX **Goldberg**

Tainer Str. 7, (Schwabenlandhalle) ✉ 70734 – ✆ (0711) 57 56 16 66 – www.goldberg-restaurant.de – geschl. Samstagmittag und Sonntag

Rest – Menü 50/86 € – Karte 46/57 € D1**u**

Gold, Braun, Creme... das sind die Töne, die der geradlinig-eleganten Einrichtung Wärme geben. In diesem einladend modernen Ambiente bietet Philipp Kovacs seine ambitionierte Küche. Die Gerichte gibt es als kleine Portionen auch in der Winelounge zu guten Weinen.

Aldinger's Germania

Schmerstr. 6 ✉ 70734 – ✆ (0711) 58 20 37 – www.aldingers-germania.de – geschl. Februar 2 Wochen, August 3 Wochen und Sonntag - Montag
Rest – (Tischbestellung ratsam) Menü 39/48 € – Karte 28/56 € D1**v**
Hier schmeckt's einfach - ob nun Maultaschen, Rostbraten oder etwas von der saisonalen Aktionskarte! Und auch die gemütliche Atmosphäre ist bei den Aldingers (inzwischen bereits die 3. Generation) sicher! Gewölbekeller für Feierlichkeiten.

Gasthaus zum Hirschen – Hotel Zum Hirschen

Hirschstr. 1 ✉ 70734 – ✆ (0711) 9 57 93 70 – www.zumhirschen-fellbach.de – geschl. Montag D1**v**
Rest – (Tischbestellung ratsam) Menü 39/55 € – Karte 35/65 €
Dass nicht nur die Gourmetküche des Hauses gut ankommt, beweist Armin Karrer hier - und dabei wird er zum einen den Freunden regionaler Klassiker gerecht (toll die Maultaschen!) als auch den Anhängern zeitgemäßer Küche, die sich z. B. "pochierten Pfirsich mit Champagnersüppchen" zu Gemüte führen.

Esszimmer im Rathaus

Marktplatz 6 ✉ 70734 – ✆ (0711) 54 04 08 90 – www.esszimmer-im-rathaus.de – geschl. Montag D1**e**
Rest – Menü 16 € (mittags)/40 € – Karte 24/49 €
Ein bisschen privaten Charme darf ein Restaurant ruhig haben, und der wirkt hier in Form von reizenden Accessoires wie Bildern, Tapeten, Stoffen, Porzellan... Aufgetischt werden mediterrane Gerichte und auch regionale Klassiker, zum Mitnehmen für daheim gibt's Hausgemachtes! Interessantes Lunchmenü zu 14 Euro. Sonntags nur Brunch.

SÜDHARZ – Sachsen-Anhalt – 542 30 L11

Berlin 256 – Magdeburg 105 – Erfurt 90 – Braunschweig 130
Markt 2 (Stolberg), ✉ 06547, ✆ (034654) 4 54, www.stadt-stolberg.de

Im Ortsteil Stolberg – Luftkurort

Markt 2, ✉ 06547, ✆ (034654) 4 54, www.stadt-stolberg.de

Schindelbruch (mit Gästehäusern)

Schindelbruch 1 (Nord-Ost: 6 km) ✉ 06536 – ✆ (034654) 80 80 – www.schindelbruch.de
99 Zim – †74/140 € ††106/238 € – 3 Suiten – ½ P
Rest *Silberstreif* – siehe Restaurantauswahl
Rest *Waldteufel* – Karte 25/45 €
Haupthaus, Landresidenz und zwei Blockhäuser bilden das Hotel in herrlich ruhiger Waldlage. Individuelle, wohnliche Zimmer, schöner Spa samt Badehaus auf drei Ebenen sowie stilvoller Festsaal. Bürgerlich-saisonale Küche im Waldrestaurant.

Zum Bürgergarten

Zim,

Thyratal 1 ✉ 06536 – ✆ (034654) 81 10 – www.hotel-zum-buergergarten.de
33 Zim – †43 € ††72 € – ½ P
Rest – *(Montag - Donnerstag nur Abendessen)* Karte 12/45 €
Das nette historische Fachwerkhaus ist ein familiengeführtes Hotel, in dem solide, wohnlich eingerichtete Gästezimmer zur Verfügung stehen. Das Restaurant befindet sich im Altbau und ist gediegen-rustikal gestaltet.

Silberstreif – Hotel Schindelbruch

Schindelbruch 1 (Nord-Ost: 6 km) ✉ 06536 – ✆ (034654) 80 80 – www.schindelbruch.de – geschl. 15. Juli - 15. August und Sonntag - Dienstag
Rest – *(nur Abendessen)* Menü 46/85 €
Das Zusammenspiel von modern-elegantem Interieur, gepflegter Tischkultur sowie einer klassisch-saisonalen Küche in Form zweier Menüs schafft im Restaurant ein stimmiges Bild.

SÜDERENDE – Schleswig-Holstein – siehe Föhr (Insel)

SÜDLOHN – Nordrhein-Westfalen – 543 – 9 010 Ew – Höhe 50 m 26 C9

Berlin 538 – Düsseldorf 98 – Nordhorn 69 – Bocholt 24

 **Gasthaus Nagel** (mit Gästehaus) 

Kirchplatz 8 ✉ 46354 – ✆ (02862) 9 80 40 – www.hotel-nagel.de
27 Zim – †50/75 € ††75/95 € – ½ P
Rest – *(geschl. Dienstagmittag, Mittwochmittag)* Karte 16/38 €
Neben der Kirche steht das gewachsene Gasthaus mit Familientradition seit 1849. Im Haupthaus sind die Zimmer neuzeitlich, im Gästehaus etwas einfacher; alle mit kostenfreiem W-Lan. Restaurant in bürgerlich-rustikalem Stil, im Sommer mit netter Terrasse.

SÜLZETAL – Sachsen-Anhalt – 542 – 9 990 Ew – Höhe 80 m 31 L9

Berlin 178 – Magdeburg 17 – Braunschweig 99

In Sülzetal-Osterweddingen

Landhotel Schwarzer Adler (mit Gästehaus)

Alte Dorfstr. 2 ✉ 39171 – ✆ (039205) 65 20 – www.hotel-osterweddingen.de – geschl. 23. Dezember - 12. Januar
22 Zim – †57/67 € ††84/89 €, 5 €
Rest – *(geschl. Samstag - Sonntag) (nur Abendessen)* Menü 19/25 € – Karte 19/27 €
Besonderes Flair hat der Vierseitenhof von 1754 mit sehenswertem mittelalterlichem Taubenturm und Bauerngarten. Hier wohnt man bei freundlichen Gastgebern, die ihr Haus mit Herz leiten. Die behaglichen Zimmer sind unterschiedlich eingerichtet, teils mit eleganter Note. In einem der Restauranträume steht ein schöner historischer Kachelofen. Draußen sitzt man angenehm im lauschigen Innenhof.

SUHL – Thüringen – 544 – 38 780 Ew – Höhe 440 m – Wintersport: 700 m 2 40 J13

Berlin 352 – Erfurt 61 – Bamberg 94
Friedrich-König-Str. 7, ✉ 98527, ✆ (03681) 78 84 05, www.suhl-tourismus.de

Arcadia Zim,

Friedrich-König-Str. 1 ✉ 98527 – ✆ (03681) 71 00 – www.arcadia-hotellerie.com
127 Zim – †50/125 € ††60/145 €, 15 € – 6 Suiten – ½ P
Rest – *(geschl. Sonntag) (nur Abendessen)* Menü 25/50 € – Karte 20/43 €
Eine Mischung aus Business- und Freizeithotel - zeitgemäß und funktionell in der Einrichtung und mit freiem Zugang zum angrenzenden Ottilienbad im Kongresszentrum. Highlight ist die fantastische Sicht vom Restaurant in der 16. Etage!

SULZBACH-ROSENBERG – Bayern – 546 – 19 670 Ew – Höhe 450 m – Wintersport: 51 M16

Berlin 422 – München 205 – Weiden in der Oberpfalz 50 – Bayreuth 67
Luitpoldplatz 25, ✉ 92237, ✆ (09661) 51 01 10, www.sulzbach-rosenberg.de

Brauereigasthof Sperber-Bräu

Rosenberger Str. 14 ✉ 92237 – ✆ (09661) 8 70 90 – www.sperberbraeu.de
23 Zim – †64/84 € ††79/98 € – ½ P
Rest – Menü 15/25 € (unter der Woche) – Karte 14/30 €
Familie Sperber, traditionell mit dem Brau-Handwerk verbunden, hat das Thema Bier und die Geschichte des Hauses hier immer wieder aufgegriffen - so auch in einigen gelungenen neuen Zimmern in modernem Design! Beim Essen geht's bayerisch zu: ein Paradebeispiel für eine Oberpfälzer Gaststube!

SULZBERG – Bayern – siehe Kempten (Allgäu)

SULZBURG – Baden-Württemberg – 545 – 2 750 Ew – Höhe 337 m – Luftkurort 61 D21

Berlin 826 – Stuttgart 229 – Freiburg im Breisgau 29 – Basel 51
Am Marktplatz, ✉ 79295, ✆ (07634) 56 00 40, www.sulzburg.de

Waldhotel Bad Sulzburg

Badstr. 67 (Süd-Ost: 4 km) ✉ 79295 – ✆ (07634) 50 54 90 – www.waldhotel4you.de – geschl. 12. Januar - 3. Februar

35 Zim – †83/119 € ††109/169 € – 4 Suiten – ½ P

Rest – Menü 20/55 € – Karte 30/57 €

In einsamer Waldlage finden Sie Ruhe sowie ein gutes Freizeitangebot u. a. mit Rad-, Wander- und Kanutouren, aber auch Beauty-Anwendungen. Zimmer teils zum Tal, schönes Himmelbettzimmer. Im Restaurant: neuzeitlich-elegantes Ambiente mit rustikaler Note.

Hirschen (Ehepaar Steiner-Weiler) mit Zim

Hauptstr. 69 ✉ 79295 – ✆ (07634) 82 08 – www.hirschen-sulzburg.de – geschl. 17. Februar - 11. März, 28. Juli - 19. August, 22. - 26. Dezember und Montag - Dienstag

10 Zim – †90/150 € ††125/155 €

Rest – (Tischbestellung ratsam) Menü 48 € (mittags)/140 € – Karte 84/109 €

Zusammen mit Ehemann Udo Weiler hat Douce Steiner hier mitten in dem typischen Weindorf ihren eigenen Weg gefunden, ihre eigene klassische Küche - und die hat sie zur einzigen 2-Sterne-Köchin in Deutschland gemacht. Auch die vortreffliche Weinempfehlung aus rund 500 Gewächsen ist Ihnen gewiss. Und um diesen Genuss stilgerecht abzuschließen, könnten die liebevoll ausstaffierten Gästezimmer nicht besser geeignet sein: ausgesuchte Möbelstücke, schöner Dielenboden...

→ Unsere Gänseleberváriation mit Sauternesgelee. Pochiertes Kalbsfilet und Kalbsbries auf einem leichten Fond von grünen Bohnen, knusprige Kartoffelgalette. Valrhona Zartbitterschokolade auf Minzcoulis mit Matchatee aromatisiert.

La Maison Eric mit Zim

Im Brühl 7 ✉ 79295 – ✆ (07634) 61 10 – www.la-maison-eric.de – geschl. Januar 2 Wochen, Ende Juni 10 Tage, Ende August 10 Tage und Montag - Dienstag

3 Zim – †65/90 € ††105/120 €

Rest – *(nur Abendessen, Freitag - Sonntag auch Mittagessen)* (Tischbestellung ratsam) Menü 35 € (mittags)/57 € – Karte 40/54 €

Schön gemütlich haben es die freundlichen Betreiber in ihrem hübschen alten Fachwerkhaus. Ein bisschen Eleganz, eine ländliche Note und dazu ein Hauch Moderne - das hat Charme, genauso wie der persönliche Service von Eric Grandgirard! Noch ein Grund, hierher zu kommen, ist die schmackhafte internationale und saisonale Küche von Dagmar Hauck.

Landgasthof Rebstock mit Zim

Hauptstr. 77 ✉ 79295 – ✆ (07634) 50 31 40 – www.kellers-rebstock.de – geschl. über Fastnacht, Ende August - Anfang September und Mittwoch

7 Zim – †55/85 € ††68/90 € – ½ P

Rest – Menü 17 € (mittags)/50 € – Karte 26/49 €

Ob in der charmant-rustikalen Ofenstube oder im klassisch gehaltenen Rebstübli, ob "Feldsalat mit Kartoffeldressing und Kracherle" oder "Filet vom Schwäbisch-Hällischen Landschwein auf Rahmpilzen" - hier sitzt man schön gemütlich und bekommt gutes regionales Essen! Und gepflegt übernachten kann man obendrein.

In Sulzburg-Laufen West: 2 km

La Vigna mit Zim

Rest,

Weinstr. 38 ✉ 79295 – ✆ (07634) 80 14 – www.restaurant-la-vigna.de – geschl. März 1 Woche, Anfang September 2 Wochen und Sonntag - Montag

2 Zim – †60 € ††85 €

Rest – (Tischbestellung ratsam) Menü 30/72 € – Karte 35/60 €

Ein Renner im Hause Esposito ist das Tagesmenü... nicht weniger interessant und ebenso typisch für den italienischen Familienbetrieb sind aber auch Spezialitäten wie "Vitello tonnato" oder "Lammnüsschen auf Peperonata mit Thymiankartoffeln". Kein Wunder also, dass das ländlich-elegant eingerichtete Gasthaus mit der reizenden Terrasse meist schnell ausgebucht ist!

SULZFELD – Bayern – siehe Kitzingen

SULZFELD (KREIS KALRSRUHE) – Baden-Württemberg – 545 – 4 640 Ew – Höhe 196 m

55 G17

Berlin 632 – Stuttgart 57 – Karlsruhe 46 – Neustadt a.d. Weinstraße 75

Burg Restaurant Ravensburg

Mühlbacherstr. 84 ✉ 75056 – ☎ (07269) 91 41 91 – www.burgrestaurant-ravensburg.de – geschl. Anfang Januar - Mitte Februar und Montag - Dienstag

Rest – Menü 12 € (mittags)/43 € – Karte 23/43 €

Keine Frage, die Lage in der Burg ist der Besuchermagnet schlechthin, traumhaft die Terrasse mit Blick über die Region! Serviert wird bürgerlich-regionale Küche und der Wein dazu wächst praktisch vor der Tür. Wäre das nicht auch etwas für Ihre Hochzeit? Eine eigene Kapelle und elegante Säle gibt es neben dem gemütlichen historisch-rustikalen Restaurant nämlich auch.

SULZHEIM – Bayern – 546 – 1 980 Ew – Höhe 227 m

49 J15

Berlin 451 – München 214 – Würzburg 51 – Bamberg 55

Landgasthof Goldener Adler

Otto-Drescher-Str. 12 ✉ 97529 – ☎ (09382) 70 38 – www.goldener-adler-sulzheim.de – geschl. 23. Dezember - 7. Januar

35 Zim – 70/80 € 108/118 € **Rest** – *(geschl. Freitag)* Karte 17/35 €

Der ansprechende Gasthof ist ein beispielhaft gepflegter Familienbetrieb. Die Zimmer sind individuell gestaltet, teilweise in ganz modernem Stil eingerichtet. Nettes Restaurant mit ländlichem Charakter.

SUNDERN – Nordrhein-Westfalen – 543 – 28 730 Ew – Höhe 265 m – Wintersport: 648 m 5 – Luftkurort

27 E11

Berlin 504 – Düsseldorf 111 – Arnsberg 13 – Lüdenscheid 48

Rathausplatz 7, ✉ 59846, ☎ (02933) 97 95 90, www.sorpesee.de

Sundern-Amecke, Golfplatz 1, ☎ (02393) 17 06 66

Sunderland

Rathausplatz 2 ✉ 59846 – ☎ (02933) 98 70 – www.sunderlandhotel.de

51 Zim – 72/119 € 78/129 € – 4 Suiten – ½ P

Rest *Le Coq* – *(geschl. Sonntagabend)* Karte 24/47 €

Einen Hauch von Afrika im Sauerland vermittelt das gepflegte und funktional ausgestattete Tagungshotel. In den Zimmern bietet man kostenfreies W-Lan. Ansprechende Themensuiten. Internationales und afrikanisches Angebot im Le Coq und im Bistro toujours mit Showküche.

In Sundern-Dörnholthausen Süd-West: 6 km über Seidfeld und Stockum

Klöckener

Rest,

Stockumer Str. 44 ✉ 59846 – ☎ (02933) 9 71 50 – www.hotel-kloeckener.de – geschl. Januar 1 Woche, Juli 1 Woche

17 Zim – 42/48 € 74/90 € – ½ P

Rest – *(geschl. Mittwoch) (Montag - Freitag nur Abendessen)* Karte 16/39 €

Freundlich leitet Familie Klöckener schon seit mehreren Generationen dieses wohnlich eingerichtete und hübsch dekorierte Haus. Auch Räume für Seminare und Veranstaltungen sind vorhanden. Behagliches Restaurant mit netter Terrasse vor dem Haus.

In Sundern-Langscheid Nord-West: 4 km über Stemel – Luftkurort

Seegarten

Rest,

Zum Sorpedamm 21 ✉ 59846 – ☎ (02935) 9 64 60 – www.hotel-seegarten.com

35 Zim – 60/88 € 89/99 € – ½ P **Rest** – Karte 23/55 €

Das gewachsene Hotel unter engagierter familiärer Leitung bietet wohnliche, in warmen Tönen gehaltene Zimmer mit See- oder Parkblick und einen romantisch angelegten Garten. Im elegant-rustikalen Restaurant serviert man internationale und regionale Speisen.

Seehof Rest,

Zum Sorpedamm 1 ✉ 59846 – ✆ (02935) 9 65 10
– www.hotel-seehof-sorpesee.de – geschl. 2. - 15. Januar
12 Zim – 39/65 € 65/95 € – 3 Suiten – ½ P
Rest – *(geschl. Montag)* Menü 19 € (mittags unter der Woche)/57 € – Karte 17/44 €
Das kleine Hotel liegt an der Seepromenade und verfügt über geräumige Zimmer, in denen solides Kiefernholz eine ländliche Note schafft; einige mit Balkon und Blick zum Sorpesee. Internationale Küche im Restaurant. Wintergarten und schöne Terrasse mit Seeblick.

SYLT (INSEL) Schleswig-Holstein – 541 – Höhe 3 m – Größte Insel der Nordfriesischen Inselgruppe mit 40 km Strand, durch den 12 km langen Hindenburgdamm (nur Eisenbahn, ca. 40 min.) mit dem Festland verbunden 1 F1

Berlin 464 – Kiel 136 – Flensburg 55 – Husum 53
Westerland, Flughafenstr. 1, ✆ (04651) 92 06 12
in Niebüll, ✆ (01806) 99 66 33 (Gebühr)
18 Kampen-Wenningstedt, ✆ (04651) 9 95 98 12
9 Klein-Morsum, Uasterhörn 37, ✆ (04651) 89 03 87
18 Sylt-Ost, Flugplatz, ✆ (04651) 92 75 75
18 Hörnum, Fernsicht 1, ✆ (04651) 44 92 70
Insel★★ · Westerland★ · Rotes Kliff★
Die Halligen★

HÖRNUM – 1 050 Ew

BUDERSAND Hotel - Golf & Spa

Am Kai 3 ✉ 25997 – ✆ (04651) 4 60 70
– www.budersand.de – geschl. 6. Januar - 9. Februar
73 Zim – 230/270 € 280/450 € – 6 Suiten
Rest *KAI3* ✿ **Rest *Strönholt*** – siehe Restaurantauswahl
Die aparte Architektur lässt bereits vermuten, welch edles und formschönes Design sich im Inneren verbirgt. Klasse haben hier nicht nur Einrichtung und Service: Ein wahres Eldorado für Literaturfreunde ist die von Elke Heidenreich eingerichtete Bibliothek mit über 1000 Werken (teilweise werden sie auch in Lesungen vorgestellt). Und was könnte in dieser wunderbaren Lage am Rand der Dünen an einem schönen Sommermorgen reizvoller sein als ein tolles Frühstück auf der Terrasse am Meer?

KAI3 – BUDERSAND Hotel - Golf & Spa

✿ *Am Kai 3 ✉ 25997 – ✆ (04651) 4 60 70 – www.budersand.de – geschl. 6. Januar - 9. Februar und Mittwoch - Donnerstag*
Rest – *(nur Abendessen)* (Tischbestellung ratsam) Menü 95/149 €
– Karte 66/90 €
Auch wenn man beim Blick aufs Meer alles um sich herum vergessen könnte, so haben die aufwändigen Speisen von Jens Rittmeyer doch Ihre ganze Aufmerksamkeit verdient. Es gibt sie als Menü "Meine nordische Küche" oder als "Meine heimliche Leidenschaft", und zwar die für Gemüse und Kräuter. Bei der Weinkarte liegt der Fokus auf deutschen (Bio-) Weinen und auch diverse namhafte Gewächse sind vertreten.
➜ Unsere Interpretation vom Krabbencocktail. Scholle vom großen Fang mit Eisenkrautsud, Erbsen und Junglauch. Dessert von Rhabarber mit Fichtensprossen, Schafsjoghurt und Buchweizen.

Strönholt – BUDERSAND Hotel - Golf & Spa 

Fernsicht 1 ✉ 25997 – ✆ (04651) 4 49 27 27 – www.stroenholt.de – geschl. 6. Januar - 9. Februar und außer Saison: Sonntag - Montag
Rest – Menü 39/43 € – Karte 29/53 €
Dass das Backsteingebäude oberhalb des Hotels einst militärischen Zwecken diente, würde man heute angesichts des schicken modernen Designs kaum vermuten. Während Sie den Blick über die Dünen und das Meer Richtung Föhr und Amrum schweifen lassen, serviert man Ihnen bodenständige saisonale Küche. Im Winter heißt es: gemütlich am Kaminfeuer sitzen!

KAMPEN – 610 Ew – Seebad

Hauptstr. 12, ✉ 25999, ✆ (04651) 4 69 80, www.kampen.de

Rungholt

Kurhausstr. 35 ✉ 25999 – ✆ (04651) 44 80 – www.hotel-rungholt.de
65 Zim – 110/193 € 177/328 € – 21 Suiten – ½ P
Rest – *(nur Abendessen für Hausgäste)* Menü 37 €
Ein wunderschön an den Dünen gelegenes Ferienhotel mit sehr unterschiedlichen und komfortablen Gästezimmern, die hell und neuzeitlich eingerichtet sind. Viele Suiten.

Walter's Hof

Kurhausstr. 23 ✉ 25999 – ✆ (04651) 9 89 60 – www.walters-hof.de
20 Zim – 120/320 € 190/360 €, 20 € – 12 Suiten
Rest *Tappe's im Walter's Hof* – siehe Restaurantauswahl
Nicht nur die Nähe zum Strand ist hier ein Vorteil, auch die schönen, individuellen Zimmer (teilweise mit Meerblick!). Wer länger bleiben möchten, wohnt in den Ferienwohnungen und Appartementhäusern am bequemsten.

Village

Alte Dorfstr. 7 (Zufahrt über Brönshooger Weg) ✉ 25999 – ✆ (04651) 4 69 70 – www.village-kampen.de – geschl. Anfang Dezember 3 Wochen und Januar 2 Wochen
10 Zim – 239/335 € 255/355 € – 7 Suiten
Rest – *(geschl. Mittwoch) (nur Abendessen für Hausgäste)*
Ein schmuckes reetgedecktes Landhaus, wie es für die Region typischer kaum sein könnte. Die herzlichen Gastgeber sind beide Inneneinrichter und waren bei der Gestaltung des kleinen Hotels ganz in ihrem Element: Farben, Dekorationen, Möbelstücke... die Zimmer (auch geräumige Einraum-Suiten und Maisonetten) sind so individuell wie gemütlich! Charmant auch der kleine Schwimmbad- und Saunabereich.

Reethüüs garni (mit Gästehaus)

Hauptstr. 18 ✉ 25999 – ✆ (04651) 9 85 50 – www.reethues-sylt.de
18 Zim – 130/180 € 180/260 € – 2 Suiten
Dieses sehr nette Anwesen mit seinen zwei reetgedeckten Häusern bietet wohnliche Zimmer im regionalen Stil, im EG meist mit Terrasse. Hell gestalteter Freizeitbereich.

Ahnenhof garni

Kurhausstr. 8 ✉ 25999 – ✆ (04651) 4 26 45 – www.ahnenhof.de
13 Zim – 83/118 € 152/250 €
Angenehm persönlich ist die Atmosphäre in dem kleinen Hotel in schöner Lage. Dazu kommen sehr gepflegte und wohnliche Zimmer, ein hübscher Saunabereich und der liebenswert-rustikale Frühstücksraum. Am besten beginnt man den Tag aber auf der Terrasse mit Blick auf Dünen und Meer!

Tappe's im Walter's Hof – Hotel Walter's Hof

Kurhausstr. 23 ✉ 25999 – ✆ (04651) 9 89 60 – www.walters-hof.de – geschl. Dienstag - Mittwoch, außer Saison
Rest – (Tischbestellung ratsam) Karte 39/102 €
In dem gediegen-eleganten kleinen Restaurant mit charmant-friesischer Note serviert Ihnen das Team um Detlef Tappe eine zeitgemäß ausgelegte klassische Küche, aus der man z. B. den "gegrillten halben Hummer auf Pfifferlingsnudeln" oder das "friesische BIO-Deichhanghuhn auf Blumenkohlragout mit pochiertem Ei" probieren sollte.

Gogärtchen

Strönwai 12 ✉ 25999 – ✆ (04651) 4 12 42 – www.gogaertchen.com – geschl. 8. - 20. Dezember
Rest – *(ab 14 Uhr geöffnet)* (abends Tischbestellung ratsam) Karte 44/70 €
Nach über 30 Jahren weht nun ein frischer Wind in dieser Sylter Institution. Verantwortlich dafür sind Florian Hühne und Christina Hässler, die hier ein modern-elegantes Ambiente geschaffen haben, ohne den friesischen Charakter aufzugeben. Neben saisonalen Gerichten (abends kocht man aufwändiger als tagsüber) gibt es auch hausgebackenen Kuchen (besonders schön natürlich auf der Terrasse!), und in Bar und Lounge heißt es bei Champagner oder einer Zigarre "sehen und gesehen werden"!

Jens'ns Tafelfreuden

Süderweg 2 ✉ 25999 – ✆ (04651) 4 40 41 – www.jensens-tafelfreuden.de – geschl. Oktober - Juni: Dienstag

Rest – *(nur Abendessen)* Menü 39/120 € – Karte 32/79 €

Ein Friesenhaus beherbergt das moderne Restaurant mit netter Terrasse. Hingucker sind Pop-Art-Bilder und Farbakzente in Rot und Pink. Gekocht wird international und regional.

Manne Pahl

Zur Uwe Düne 2 ✉ 25999 – ✆ (04651) 4 25 10 – www.manne-pahl.de

Rest – Karte 26/73 €

In dem rustikalen Gastraum oder im freundlichem Wintergarten sitzt man gemütlich bei international beeinflusster bürgerlich-regionaler Küche und Leckerem aus der Konditorei.

Sturmhaube

Riperstig 1 ✉ 25999 – ✆ (04651) 99 59 40 – www.sturmhaube.de

Rest – Karte 38/92 €

Keine Frage, die Lage in den Dünen nur wenige Meter vom Meer ist schlichtweg fantastisch! Seit Lutter & Wegner die gefragte Sturmhaube übernommen haben, vereinen sich hier österreichische und Sylter Küche sowie internationale Gerichte. Mittags kommt man auch gerne einfach mal auf einen "Sturmhauben Burger".

KEITUM

Keitumer Landstr. 10B, ✉ 25980, ✆ (04651) 60 26, www.keitum.de

Benen-Diken-Hof

Keitumer Süderstr. 3 ✉ 25980 – ✆ (04651) 9 38 30 – www.benen-diken-hof.de

48 Zim – 128/234 € 160/368 € – 19 Suiten

Rest *KÖKKEN* – siehe Restaurantauswahl

Das traditionsreiche Haus der engagierten Familie Johannsen ist beliebt: Wer möchte nicht in schönen frischen und teilweise sehr geräumigen Zimmern wohnen, sich an der kostenfreien Minibar bedienen, im großen Spa relaxen und im Sommer von den hauseigenen Schafen auf den Koppeln vor dem Haus begrüßt werden?

Aarnhoog

Gaat 13 ✉ 25980 – ✆ (04651) 39 90 – www.faehrhaus-hotel-collection.de – geschl. 9. - 20. Dezember

13 Zim – 150/250 € 200/300 € – 12 Suiten – ½ P

Rest – *(geschl. Montag - Dienstag)* Menü 39/79 € – Karte 35/52 €

In dem reizenden kleinen Schwesterhaus des Munkmarscher Fährhauses ist Ihnen absolute Diskretion gewiss, ebenso stilvolle Wohnlichkeit, wie man sie auch zu Hause gerne hätte! Den exklusiven Service genießt man nicht nur beim leckeren Frühstück und im Restaurant (vor allem abends gepflegtes Angebot)!

Seiler Hof garni

Gurtstig 7 ✉ 25980 – ✆ (04651) 9 33 40 – www.seilerhofsylt.de – geschl. Mitte November - Weihnachten, Mitte Januar - Mitte Februar

10 Zim – 85/130 € 130/195 € – 1 Suite

Das hübsche Haupthaus von 1760 war einst eine Seilwerkstatt. Heute freut man sich über individuelle Zimmer mit wohnlichem Charakter, einen schönen modernen Saunabereich und einen netten Garten!

Kamps garni

Gurtstig 41 ✉ 25980 – ✆ (04651) 9 83 90 – www.kamps-sylt.de – geschl. 18. November - 16. Dezember

8 Zim – 99/159 € 109/169 €

Das familiär geleitete kleine Haus vereint unter seinem Reetdach Hotel, Galerie und Café. Persönliche Gästebetreuung, freundliche Zimmer und hausgemachter Kuchen am Nachmittag.

Karsten Wulff

Museumsweg 4 ✉ 25980 – ✆ (04651) 3 03 00 – www.karsten-wulff.de – geschl. Dezember - Mitte Februar und Sonntag, außer Saison: Sonntag - Montag

Rest – Menü 54 € – Karte 35/63 €

Trotz seiner etwas versteckten Lage ist das Haus (einschließlich der tollen Terrasse) schon lange kein Geheimtipp mehr - gute, unkomplizierte und frische (Fisch-) Küche spricht sich eben rum! Freuen Sie sich auf Sylter Pannfisch, Nordsee-Kabeljau & Co. Den Fisch kauft Chef Karsten Wulff übrigens meist selber direkt bei den Fischern in Dänemark!

KÖKKEN – Hotel Benen-Diken-Hof

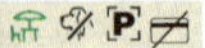

Keitumer Süderstr. 3 ✉ 25980 – ✆ (04651) 9 38 30 – www.benen-diken-hof.de – Im Winter: Mittwoch

Rest – *(nur Abendessen)* Menü 48/79 € – Karte 48/64 €

Sie werden sich wohlfühlen, wenn Sie in diesem geschmackvollen und stimmigen Ambiente freundlich mit gutem Essen umsorgt werden. Man kocht frisch, mit regionalen und internationalen Einflüssen - da findet sich auch eine "Bouillabaise des Nordens" auf der Karte!

Fisch-Fiete

Weidemannweg 3 ✉ 25980 – ✆ (04651) 3 21 50 – www.fisch-fiete.de – geschl. Anfang Januar - Mitte Februar und Dienstag

Rest – (Tischbestellung erforderlich) Karte 28/80 €

Ein Sylter Original, das sich durch Beständigkeit auszeichnet. Mit Zierrat und alten Delfter Kacheln hat man das Fischrestaurant liebenswert gestaltet. Bistro mit Tapas-Angebot.

LIST – 2 560 Ew

Landwehrdeich 1, ✉ 25992, ✆ (04651) 9 52 00, www.list-sylt.de

A-ROSA

Rest,

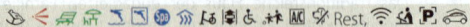

Listlandstr. 11 ✉ 25992 – ✆ (04651) 96 75 00 – www.a-rosa.de

147 Zim – 🚹168/468 € 🚻248/548 € – 30 Suiten – ½ P

Rest *La Mer*

Rest *Spices* – siehe Restaurantauswahl

Rest *Cucina Della Mamma* – ✆ (04651) 96 75 08 27 *(nur Abendessen)* Menü 45 € (Buffet)

Ein bemerkenswertes Haus in traumhafter Lage mit Blick auf Dünen, Watt und Meer. Alles in diesem Hotel ist überaus hochwertig und formschön in geradlinigem Design gestaltet. SPA-ROSA auf 3500 qm mit Meerwasserpool und exklusiven Anwendungen.

La Mer – Hotel A-ROSA

Listlandstr. 11 ✉ 25992 – ✆ (04651) 96 75 08 27 – www.a-rosa.de – geschl. 6. - 28. Januar, 5. - 13. Mai, 3. - 25. November und Montag - Dienstag

Rest – *(nur Abendessen)* (Tischbestellung ratsam) Menü 149/159 €

Das Meer kann man von hier zwar nicht sehen, doch was Mittdreißiger Sebastian Zier (er kochte bereits in der "Schwarzwaldstube" in Baiersbronn und im "Schlossstern" in Velden) kulinarisch vollbringt, entschädigt dafür voll und ganz! Seine Leidenschaft fürs Kochen, sein Tatendrang, sein fachliches Können lassen die Menüs "Vom Himmel und La Mer" und "Empfehlung" eine feine, ausdrucksstarke und aufwändige kreative Küche widerspiegeln.

→ Ungestopfte Bio-Gänseleber trifft Brombeere, grüner Pfeffer und Schafsjoghurt. Steinbutt mit Rindermark, Spargel, Morcheln, Ochsenschwanzessenz und Nußbutterschaum. Confierte Taube mit Tandooripüree, Tauben-Crème Brûlée und Bulgur.

Gute Küche zu moderatem Preis? Folgen Sie dem Bib Gourmand.

Spices – Hotel A-ROSA

Listlandstr. 11 ✉ 25992 – ✆ (04651) 96 75 08 27 – www.a-rosa.de – geschl. 5. - 19. Februar, 3. - 16. Dezember und Mittwoch

Rest – *(nur Abendessen)* (Tischbestellung ratsam) Menü 72/74 € – Karte 58/70 €

In dem geradlinigen Restaurant gibt es einiges zu sehen: Wer direkt am mittig platzierten "Cube" sitzt, kann den Sushiköchen bei der Arbeit zuschauen, oder Sie beobachten, wie die Crew um Sarah Henke in der zweiten einsehbaren Küche u. a. die Menüs "Erde", "Wasser" und "Feuer" oder das spezielle "Thalasso-Menü" zubereitet. Essen kann man hier um 18 Uhr oder um 20.30 Uhr.

➜ Calamaretti thailändisch - Minze, rote Zwiebel. Schwein süß-sauer, Kimchi. Yin und Yang - Joghurt, Zitrus, schwarzer Tee.

Morsum

Morsum Kliff 

Nösistig 13 ✉ 25980 – ✆ (04651) 83 63 20 – www.hotel-morsum-kliff.de – geschl. 8. Januar - 20. Februar und 17. November - 19. Dezember

10 Zim – 🚹90/225 € 🚹🚹131/305 € – ½ P

Rest *Morsum Kliff* – siehe Restaurantauswahl

Das schöne Friesenhaus in malerischer, herrlich ruhiger Lage an der Ostspitze der Insel beherbergt wohnlich-charmante Gästezimmer im regionalen Stil. Toll für Nachtschwärmer und Langschläfer: Frühstück gibt es bis 17 Uhr! Und probieren Sie den hausgebackenen Kuchen!

Morsum Kliff – Hotel Morsum Kliff 

Nösistig 13 ✉ 25980 – ✆ (04651) 83 63 20 – www.hotel-morsum-kliff.de – geschl. 8. Januar - 20. Februar, 17. November - 19. Dezember und Montag

Rest – (Tischbestellung ratsam) Menü 33 € (vegetarisch)/54 € – Karte 30/62 €

Nicht nur das wunderbare Naturschutzgebiet zieht die Gäste an, auch die schmackhafte Küche von Janko Rahneberg: Da gibt es Klassiker wie Kutterscholle oder Rinderroulade sowie das "Menü am Morsum Kliff" und das "Vitalmenü" und tagsüber zusätzlich günstigere Gerichte. In der Kaptains Stuuv darf geraucht werden.

Munkmarsch

Fährhaus 

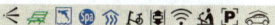

Bi Heef 1 ✉ 25980 – ✆ (04651) 9 39 70 – www.faehrhaus-sylt.de

30 Zim – 🚹190/370 € 🚹🚹250/430 € – 12 Suiten – ½ P

Rest *Fährhaus* ✿✿ **Rest *Käpt'n Selmer Stube*** – siehe Restaurantauswahl

Ein Luxushotel ohne prätentiösen Rahmen, dafür aber mit exklusivem Wohnkomfort und nahezu perfektem Service! Und auch angesichts des hochwertigen Spabereichs und der tollen Lage mit Blick zum Wattenmeer verabschiedet man sich nur sehr ungern von diesem Haus!

Fährhaus – Hotel Fährhaus 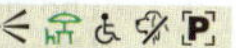

Bi Heef 1 ✉ 25980 – ✆ (04651) 9 39 70 – www.faehrhaus-sylt.de – geschl. Anfang Januar - 25. März und Montag, Mitte September - Juni: Sonntag - Montag

Rest – *(nur Abendessen)* (Tischbestellung ratsam) Menü 132/158 € – Karte 88/122 €

Alexandro Pape (seit 1999 Küchenchef im Haus) kocht gefühlvoll und sicher, geht mit der Zeit, ohne dabei übertrieben kreativ zu sein - kurzum, er versteht sein Handwerk, was das Fährhaus-Menü "99/13", das Sardische Menü "meine Wurzeln" und das "Feinheimisch"-Menü eindrucksvoll beweisen. Eine wahre Freude ist auch der Service, einschließlich Weinberatung: ausgesprochen kompetent und voller Elan. Sie möchten in der Küche live dabei sein? Am Chef's Table haben max. 12 Personen Platz.

➜ Tomate und Burrata - Tatar von der Ochsenherz-Tomate mit Molkegelee, gebackene Burrata. Filet vom kanadischen Bison mit Allerlei von Erbse und Mais. Gefüllte Pralinenschale mit Rhabarber - Erdbeerkompott, Schafs-Topfen.

Käpt'n Selmer Stube – Hotel Fährhaus

Bi Heef 1 ✉ 25980 – ✆ (04651) 9 39 70 – www.faehrhaus-sylt.de

Rest – *(ab 13 Uhr geöffnet)* (Tischbestellung ratsam) Menü 58 € (abends) – Karte 51/73 €

Die Liebe zum Detail und zu schönen Formen ist überall zu sehen: bei den original blau-weißen Kacheln, den kostbaren Antiquitäten, der traumhaften Terrasse... Ein Beispiel für die gute zeitgemäß-saisonale Küche ist die "Variation vom Holsteiner Kalb"!

Zur Mühle

Lochterbarig 24 ✉ 25980 – ✆ (04651) 38 77 – www.zur-muehle-sylt.de – geschl. 1. November - 25. Dezember und Dienstag

Rest – Menü 34 € (abends) – Karte 24/52 €

Ein recht schlichtes Lokal und dennoch gerne besucht; was könnte schließlich schöner sein, als bei Kaffee und Kuchen von der Terrasse den Blick auf Wattenmeer und Hafen zu genießen? Auch im Strandkorb ein Vergnügen! Die regionale Karte bietet viel Fisch, wie z. B. Dorschfilet auf Blattspinat.

RANTUM – 15 170 Ew

Strandstr. 7, ✉ 25980, ✆ (04651) 8 07 77, www.rantum.de

Söl'ring Hof

Am Sandwall 1 ✉ 25980 – ✆ (04651) 83 62 00 – www.soelring-hof.de – geschl. 7. - 26. Januar

15 Zim – 370/470 € 395/1050 €

Rest ***Söl'ring Hof*** ✿✿ – siehe Restaurantauswahl

Das ist Sylt pur... Gedanken wie dieser kommen einem unweigerlich angesichts der traumhaft schönen Lage in den Dünen! Und auch das schmucke Friesenhaus selbst steht dem in nichts nach - angefangen bei der persönlichen Atmosphäre und dem diskreten Service über die hochwertigen und gleichermaßen geschmackvollen Zimmer und den attraktiven kleinen Spa bis hin zum exklusiven Frühstück, in dessen Genuss auch passionierte Langschläfer kommen! Minibar und Strandkorb sind übrigens inklusive!

Watthof

Raanwai 40 ✉ 25980 – ✆ (04651) 80 20 – www.watthof.de

22 Zim – 155/180 € 205/290 € – 11 Suiten

Rest ***Schaper's*** – siehe Restaurantauswahl

Strandnah liegt das familiär geleitete hübsche Reetdachhaus. Die wohnlichen Zimmer und Suiten sind teilweise mit Parkett ausgestattet. Netter Frühstücksraum im friesischen Stil.

Alte Strandvogtei garni

Merret-Lassen-Wai 6 ✉ 25980 – ✆ (04651) 9 22 50 – www.alte-strandvogtei.de

7 Zim – 105/225 € 155/230 € – 12 Suiten

Das inseltypische Haus nicht weit vom Strand ist durch und durch hochwertig und geschmackvoll in hellen Tönen eingerichtet. Suiten mit Kitchenette, teils als Maisonetten angelegt.

✿✿ **Söl'ring Hof** (Johannes King) – Hotel Söl'ring Hof

Am Sandwall 1 ✉ 25980 – ✆ (04651) 83 62 00 – www.soelring-hof.de – geschl. 7. - 26. Januar, Sonntag und Mittwoch

Rest – *(nur Abendessen)* (Tischbestellung ratsam) Menü 139/209 € – Karte 74/110 €

Region und Saison spielen für Johannes King eine entscheidende Rolle: Beste Produkte und deren natürlicher Geschmack, frische Kräuter und stimmige moderne Texturen sind die Zutaten für seine leichte, harmonische Küche. Und für Austern-Freunde nur vom Feinsten: ausschließlich "Sylter Royal"! Darf es dazu vielleicht ein schöner Riesling sein? Die nordische Eleganz des Restaurants wird nur durch die schöne Terrasse in der Düne getoppt.

→ Marinierte Gartengemüse mit Wiesenkräutercrème, warmes Eigelb und Erbsenschnee. Getreide mit Frischkäse und Taschenkrebs, kandierte Gurke. Reh mit roter Zwiebelcrème, Apfel und Muscovadostreusel.

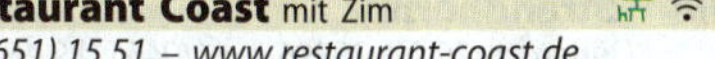

Landhaus Rantum - Restaurant Coast mit Zim

Stiindeelke 1 ✉ 25980 – ✆ (04651) 15 51 – www.restaurant-coast.de – geschl. November - April: Mittwoch

2 Zim – 🚹86/166 € 🚹🚹106/186 € – 4 Suiten – ½ P

Rest – Menü 69 € (abends) – Karte 43/66 €

In dem Reetdachhaus in der Dorfmitte lässt man sich in friesisch-ländlicher Atmosphäre gute zeitgemäße Küche mit kreativem Touch schmecken. Mittags einfachere Karte. Im Haus stehen nette Gästezimmer und Suiten bereit, man vermietet aber auch Ferienwohnungen.

Schaper's – Hotel Watthof

Raanwai 40 ✉ 25980 – ✆ (04651) 8 02 20 – www.watthof.de – geschl. Dienstag

Rest – *(nur Abendessen)* Menü 45 € – Karte 55/110 €

Gelb-weiß gestreifte Polsterbänke, Korbsessel mit weichen Kissen und sonnig gestrichene Wände, so und mit internationalen Speisen präsentiert sich das "Schapers" seinen Gästen.

Sansibar

Hörnumer Str. 80 (Süd: 3 km) ✉ 25980 – ✆ (04651) 96 46 46 – www.sansibar.de

Rest – (Tischbestellung erforderlich) Karte 30/79 €

Früher eine einfache Strandhütte, heute eine Institution mit recht speziellem Charakter. In dem rustikalen In-Restaurant direkt hinterm Strand erwarten Sie schmackhafte regionale und internationale Speisen, dazu eine ausgesprochen interessante Weinauswahl.

TINNUM

Landhaus Stricker

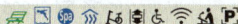

Boy-Nielsen-Str. 10 ✉ 25980 – ✆ (04651) 8 89 90 – www.landhaus-stricker.de

17 Zim – 🚹135/275 € 🚹🚹220/740 € – 21 Suiten – ½ P

Rest *Bodendorf's* **Rest *Restaurant siebzehn84*** – siehe Restaurantauswahl

Kerstin und Holger Bodendorf sind beispielhafte Gastgeber, was sich in luxuriösen Zimmern (überwiegend Suiten) und hervorragendem Service äußert! Dazu ein attraktiver Spa und ein schöner Garten, der fast vergessen lässt, dass man nahe der Bahnlinie liegt.

Bodendorf's – Hotel Landhaus Stricker

Boy-Nielsen-Str. 10 ✉ 25980 – ✆ (04651) 8 89 90 – www.landhaus-stricker.de – geschl. Februar - März 8 Wochen, November - Dezember 8 Wochen und Sonntag - Montag

Rest – *(nur Abendessen)* (Tischbestellung ratsam) Menü 98/159 € – Karte 106/116 €

Holger Bodendorf legt immer wieder neue und ganz eigene Ideen an den Tag, kocht absolut exakt, ist technisch top und präsentiert seine Speisen ebenso filigran wie durchdacht! Übrigens: moderne Geradlinigkeit kann überaus wohnlich sein, wie das elegante kleine Restaurant mit seinen frischen Farben zeigt!

➜ Kabeljau in Nussbuttermolke pochiert / grüne Mandeln / geräucherter Kabeljau / Tagliarini / Kapern. Bretonischer Steinbutt und Zuckermais / marinierter Spargel / Zuckermaispüree / Espressogel / Malzöl. Erdbeere und Panna Cotta / gelierter Balsamico / Sauerrahmeis / Erdbeer- Mascarponecreme / Erdbeerdrops.

Restaurant siebzehn84 – Hotel Landhaus Stricker

Boy-Nielsen-Str. 10 ✉ 25980 – ✆ (04651) 8 89 90 – www.landhaus-stricker.de

Rest – *(nur Abendessen, sonntags auch Mittagessen)* Menü 54/79 € – Karte 30/82 €

Modernes Ambiente zu moderner Küche... Wirklich gelungen ist die Einrichtung hier: Grau, Schwarz und Weiß, dazu Farbakzente in Rot sowie regelmäßige Ausstellungen von Steve McQueen und Devin Miles, genauso ansprechend die Karte: "Rinderfiletwürfel & Teriyaki-Marinade", "Lammfilet & Risotto mit wildem Rucola", "Ibericoburger & Cheddar Käse"... Der Restaurantname nimmt übrigens Bezug auf das Baujahr des schmucken Gebäudes.

WENNINGSTEDT – 1 490 Ew – Seeheilbad

i Westerlandstr. 3, ✉ 25996, ✆ (04651) 9 89 00, www.wenningstedt.de

Strandhörn

Dünenstr. 20 ✉ 25996 – ✆ (04651) 9 45 00 – www.strandhoern.de
18 Zim – 120/150 € 210/230 € – 16 Suiten – ½ P
Rest – *(geschl. Mittwoch)* Karte 28/47 €
Bei Familie Lässig wohnt man in mehreren Häusern, viele Zimmer und Suiten sind recht modern und elegant. Der Spa ist großzügig und schön gestaltet. Das Restaurant ist zeitgemäß und bietet Internationales wie z. B. gebackene spicy Tuna-Roll, aber auch Chateaubriand.

Sylter Domizil garni (mit Gästehäusern)

Berthin-Bleeg-Str. 2 ✉ 25996 – ✆ (04651) 8 29 00 – www.sylter-domizil.de
41 Zim – 75/145 € 110/210 € – 2 Suiten
Die drei Häuser dieses sehr beliebten Hotels beherbergen wohnliche Zimmer mit friesischer Note. Auch der freundliche Service und das gute Frühstück sprechen für diese Adresse.

Gartenhotel Wenningstedt

Rest,

Lerchenweg 10 ✉ 25996 – ✆ (04651) 9 46 20 – www.gartenhotel.de
– geschl. Mitte November - Mitte Dezember
13 Zim – 90/145 € 110/185 € – 2 Suiten
Rest – *(nur Abendessen für Hausgäste)* Karte 26/46 €
In dem sympathischen und gut gebuchten Haus sollte man frühzeitig reservieren, denn die neuzeitlich-wohnlichen Zimmer, die familiäre Atmosphäre und der schöne Freizeitbereich sind beliebt.

Friesenhof garni

Hauptstr. 26 ✉ 25996 – ✆ (04651) 94 10 – www.sylt-friesenhof.de
– geschl. November - April
14 Zim – 63/98 € 126/198 €
Auf einem schönen Gartengrundstück mit Obstbäumen und Liegewiese liegt der langjährige Familienbetrieb mit seinen hellen, freundlichen Gästezimmern im friesischen Stil.

Wiesbaden garni

Hochkamp 8 ✉ 25996 – ✆ (04651) 9 84 40 – www.hotel-wiesbaden-sylt.de
– geschl. November - Mitte Dezember, Mitte Januar - Februar
15 Zim – 70/130 € 140/240 €
Ein auffallend gepflegtes Haus mit Charme und Atmosphäre. Sehr wohnliche Zimmer im Landhausstil, ein netter Frühstücksraum mit gutem Buffet sowie ein hübscher Garten.

Fitschen am Dorfteich mit Zim

Rest,

Am Dorfteich 2 ✉ 25996 – ✆ (04651) 3 21 20 – www.fitschen-am-dorfteich.de
– geschl. Januar 2 Wochen, 9. September - 17. Juli: Dienstag
4 Zim – 80/155 € 130/185 € – 4 Suiten
Rest – Menü 52/78 € – Karte 32/64 €
Schön hell und freundlich sind die Restauranträume (und auch die Gästezimmer) im Haus von Manfred und Verena Fitschen. Die Chefin (Schwester der bekannten Köche Dieter und Jörg Müller) serviert auf herzliche Art die saisonale und regionale Küche ihres Mannes. Ein romantisches Fleckchen ist die Terrasse mit Blick zum Dorfteich, auf der man unter Bäumen in gemütlichen Strandkörben sitzen kann!

WESTERLAND – 15 170 Ew – Seeheilbad

Stephanstr. 6, ✉ 25980, ✆ (04651) 8 20 20, www.westerland.de

Stadt Hamburg

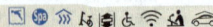

Strandstr. 2 ✉ 25980 – ✆ (04651) 85 80 – www.hotelstadthamburg.com
45 Zim – 95/260 € 225/320 €, 22 € – 25 Suiten – ½ P
Rest *Bistro Stadt Hamburg* **Rest *Gourmet Restaurant Stadt Hamburg***
– siehe Restaurantauswahl
Ein Klassiker a. d. J. 1869, der seinen ganz eigenen Charme hat! Individuelle Zimmer in Stammhaus, Gartenflügel und Parkvilla. Und als Besonderheit die "Sylt-Lichtbilder" im Haus, fotografiert vom Inhaber selbst! Schön auch der Spa.

Jörg Müller

Süderstr. 8 ✉ 25980 – ✆ (04651) 2 77 88 – www.jmsylt.de – geschl. 6. Januar - 14. Februar

18 Zim – 🚹145/235 € 🚹🚹190/280 € – 4 Suiten

Rest *Jörg Müller* ✿ **Rest *Pesel*** – siehe Restaurantauswahl

Ein richtig schönes Haus, in dem Herzlichkeit und Persönlichkeit groß geschrieben werden: Familie Müller sorgt hier für eine angenehm private Note! Auch das Gourmet-Frühstück wird Sie begeistern!

Strandhotel Sylt garni

Margarethenstr. 9 ✉ 25980 – ✆ (04651) 83 80 – www.sylt-strandhotel.de – geschl. über Weihnachten

20 Zim – 🚹150/210 € 🚹🚹190/320 € – 32 Suiten

Ideal ist die Lage an der Düne, direkt am Strandzugang. Lobby und Zimmer/ Suiten (alle mit kleiner Küche) sind in mediterranen Tönen gehalten. Panorama-Suite mit Meerblick.

Miramar  Rest,

Friedrichstr. 43 (Zufahrt über Margarethenstraße) ✉ 25980 – ✆ (04651) 85 50 – www.hotel-miramar.de – geschl. 17. November - 19. Dezember

44 Zim – 🚹165/435 € 🚹🚹230/455 € – 20 Suiten – ½ P

Rest – Menü 39 € – Karte 26/67 €

Hier wird nicht nur die Familientradition aufrecht gehalten (inzwischen ist bereits die 5. Generation im Haus), sondern auch der Charme der Jahrhundertwende. Außen pflegt man die hübsche Fassade des 1903 erbauten Hotels, drinnen fügen sich zahlreiche Jugendstilmöbel harmonisch in das klassische Bild. Einige Zimmer liegen ebenso schön zum Meer hin wie das Restaurant und die Terrasse. Versäumen Sie nicht, sich neben Kosmetik und Massage auch mal einen Sonnentag im Strandkorb auf der Düne am Meer zu gönnen!

Wiking garni

Steinmannstr. 11 ✉ 25980 – ✆ (04651) 4 60 60 – www.hotel-wiking-sylt.de – geschl. 23. November - 19. Dezember

28 Zim – 🚹66/176 € 🚹🚹124/226 €

Hier überzeugen individuell geschnittene Zimmer mit geschmackvoll-wohnlicher Einrichtung, alle mit Balkon, teilweise mit Blick auf die Nordsee. Strand und Fußgängerzone in der Nähe.

Long Island House garni

Eidumweg 13 ✉ 25980 – ✆ (04651) 9 95 95 50 – www.sylthotel.de – geschl. Anfang Januar - Anfang März

9 Zim – 🚹86/136 € 🚹🚹126/196 € – 1 Suite

Ein gepflegtes kleines Hotel mit attraktivem Interieur nach dem Vorbild der Hamptons auf Long Island. Klarer moderner Stil im ganzen Haus, gutes Frühstück, W-Lan gratis.

Clausen garni

Friedrichstr. 20 ✉ 25980 – ✆ (04651) 9 22 90 – www.hotel-clausen-sylt.de – geschl. 5. Januar - 1. Februar

19 Zim – 🚹65/95 € 🚹🚹99/175 €

In bester Shopping-Lage und dennoch nicht weit vom Strand wohnt man in diesem netten Etagenhotel mit unterschiedlich geschnittenen Zimmern und familiärer Führung.

✿

Jörg Müller – Hotel Jörg Müller

Süderstr. 8 ✉ 25980 – ✆ (04651) 2 77 88 – www.jmsylt.de – geschl. 6. Januar - 14. Februar und Dienstag

Rest – *(nur Abendessen)* (Tischbestellung ratsam) Menü 106/158 € – Karte 90/113 €

Bei Barbara und Jörg Müller speisen Sie nicht nur bei äußerst sympathischen Gastgebern, das Haus ist auch einer der Gourmet-Klassiker Deutschlands! Elegantes Ambiente, feine Speisen aus edlen Produkten, eine Weinkarte, die kaum Wünsche offen lässt...

➜ Wachtel, Gänseleberterrine. Pot au feu vom Nordseehummer. Tournedos Rossini mit Perigord-Trüffelsauce.

Gourmet Restaurant Stadt Hamburg – Hotel Stadt Hamburg
Strandstr. 2 ✉ 25980 – ✆ (04651) 85 80 – www.hotelstadthamburg.com
Rest – *(nur Abendessen)* Menü 85/119 € – Karte 55/91 €
Im gediegen-eleganten Restaurant des "Stadt Hamburg" ist die Atmosphäre stilvoll und britisch angehaucht. Klassisch und kompetent der Service, gut die französische und regionale Küche aus frischen Produkten.

Franz Ganser
Bötticherstr. 2 ✉ 25980 – ✆ (04651) 2 29 70 – www.ganser-sylt.de – geschl. 24. Februar - 15. März, 17. November - 17. Dezember und Montag - Dienstagmittag
Rest – Menü 42/94 €
Seit rund 30 Jahren leitet Franz Ganser sein freundliches Restaurant am Zentrumsrand. Er kocht regional und international, mittags etwas einfacher. Angenehm legerer Service.

Pesel – Hotel Jörg Müller
Süderstr. 8 ✉ 25980 – ✆ (04651) 2 77 88 – www.hotel-joerg-mueller.de – geschl. 6. Januar - 14. Februar und Montagmittag, Dienstag - Mittwochmittag
Rest – Menü 48 € (mittags)/64 € – Karte 39/99 €
Der Pesel ist eine gemütliche Friesenstube, in der hübsche typische Kacheln für nordisches Flair sorgen. Die regionalen und klassischen Gerichte werden schmackhaft zubereitet.

IVO & CO.
Gaadt 7 ✉ 25980 – ✆ (04651) 2 31 11 – www.ivoundco.de – geschl. 15. Januar - 15. Februar und Dienstag
Rest – *(nur Abendessen)* Karte 38/63 €
In dem netten Restaurant mit Bistro-Ambiente und freundlichem Service reicht man eine saisonale Karte, die ergänzt wird durch ein Tagesangebot auf der Tafel.

Bistro Stadt Hamburg – Hotel Stadt Hamburg
Strandstr. 2 ✉ 25980 – ✆ (04651) 85 80 – www.hotelstadthamburg.com
Rest – Menü 25 € – Karte 30/41 €
Nicht wegzudenken von der Karte und immer gefragt sind Pannfisch, Labskaus oder die Sylter Lammbratwürste - oder möchten Sie lieber die "geschmorte Kalbshaxe in Vin Santo mit Artischocken" probieren? Die Küche ist frisch, lecker und schön unkompliziert! Gerne kommt man auch zum günstigen Tagesmenü in das lebendige, freundliche Bistro.

TABARZ – Thüringen – 544 – 4 040 Ew – Höhe 400 m – Wintersport: 916 m 2 – Kneippkurort

39 J12

Berlin 344 – Erfurt 53 – Bad Hersfeld 92 – Coburg 102
Theodor-Neubauer-Park 3, ✉ 99891, ✆ (036259) 6 10 87, www.tabarz.de

Zur Post
Lauchagrundstr. 16 ✉ 99891 – ✆ (036259) 66 60 – www.hotel-tabarz.de
36 Zim – 54/65 € 82/98 € – 2 Suiten – ½ P
Rest – Menü 17/38 € – Karte 18/47 €
Das neuzeitliche Hotel im Zentrum bietet zeitgemäße und funktionelle Zimmer, Massage- und Kosmetikbehandlungen sowie Nordic-Walking- und Wander-Angebote. Das gepflegte Restaurant wird ergänzt durch die rustikale Kellerbar Postmarie.

TAMM – Baden-Württemberg – siehe Asperg

TANGERMÜNDE – Sachsen-Anhalt – 542 – 10 940 Ew – Höhe 45 m

21 M8

Berlin 119 – Magdeburg 63 – Brandenburg 64
Markt 2, ✉ 39590, ✆ (039322) 2 23 93, www.tourismus-tangermuende.de

Schloss Tangermünde (mit Gästehäusern) 

Amt 1 ✉ 39590 – ✆ (039322) 73 73 – www.schloss-tangermuende.de

34 Zim – 80/114 € 100/148 € – 1 Suite – ½ P

Rest – *(November - März: nur Abendessen)* Menü 25/40 € – Karte 25/45 €

Ein romantisches Anwesen über der Elbe mit mehreren Häusern in einer idyllischen Gartenanlage. "Kaisertherme" auf 1100 qm, z. B. mit Aquafitness und Ayurveda. Restaurantterrasse mit Elbblick, zudem Raucherlounge und für besondere Anlässe die Alte Kanzlei a. d. 14. Jh.

TANN (RHÖN) – Hessen – 543 – 4 450 Ew – Höhe 390 m – Luftkurort 39 I13

Berlin 418 – Wiesbaden 226 – Fulda 30 – Bad Hersfeld 52

Marktplatz 9, ✉ 36142, ✆ (06682) 96 11 11, www.tann-rhoen.de

In Tann-Lahrbach Süd: 3 km

Gasthof Kehl (mit Gästehaus) Zim,

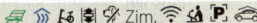

Eisenacher Str. 15 ✉ 36142 – ✆ (06682) 3 87 – www.landhaus-kehl.de – geschl. Ende Oktober - Mitte November

37 Zim – 43/51 € 70/86 € – ½ P

Rest – *(geschl. Dienstag)* Menü 19/55 € – Karte 17/34 €

Der sehr gepflegte und freundlich geführte Familienbetrieb ist ein erweiterter traditioneller Gasthof. Im Gästehaus sind die Zimmer etwas geräumiger. Dort verschiedene Saunen. Ländlich-rustikal ist das Ambiente im Restaurant.

TANGSTEDT – Schleswig-Holstein – 541 – 6 340 Ew – Höhe 33 m 10 I5

Berlin 310 – Kiel 84 – Bad Oldesloe 24 – Hamburg 29

Gutsküche 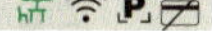

Wulksfelder Damm 15, (im Gutshof Wulksfelde) ✉ 22889 – ✆ (040) 64 41 94 41 – www.gutskueche.de – geschl. Sonntagabend - Montag

Rest – Menü 38/58 € – Karte 27/58 €

"Gutsküche" trifft es ziemlich genau, denn Chef Matthias Gfrörer bietet in der ehemaligen Scheune zeitgemäß-regionale Speisen, die schmackhaft und unkompliziert sind und auf sehr guten, frischen Zutaten (häufig Bioqualität) basieren. So kommt aus der offenen Küche z. B. "Dreierlei vom Ferkel" oder auch eine leckere Schokoladenvariation! Mittags ist das Angebot kleiner. Bioprodukte aus der Region gibt's im Hofladen nebenan auch zu kaufen.

TANNENBERG – Sachsen – 544 – 1 200 Ew – Höhe 498 m 42 O13

Berlin 297 – Dresden 116 – Chemnitz 32 – Zwickau 46

Zum Hammer

Untere Dorfstr. 21 ✉ 09468 – ✆ (03733) 5 29 51 – www.zumhammer.de

18 Zim – 49/55 € 68/85 € – ½ P

Rest – *(Montag - Freitag nur Abendessen)* Karte 16/29 €

Mitten im Erzgebirge liegt dieses familiengeführte Landhotel. Das gepflegte Haus verfügt über wohnliche und zugleich funktionelle Zimmer, zum Teil mit freigelegtem Fachwerk. Rustikale Gaststuben mit bürgerlicher Küche.

TAUBERBISCHOFSHEIM – Baden-Württemberg – 545 – 13 110 Ew – Höhe 183 m 48 H16

Berlin 529 – Stuttgart 117 – Würzburg 34 – Heilbronn 75

Marktplatz 8, ✉ 97941, ✆ (09341) 8 03 33, www.tauberbischofsheim.de

Sankt Michael

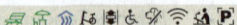

Stammbergweg 1 ✉ 97941 – ✆ (09341) 8 49 50 – www.hotel-stmichael.com – geschl. 21. Dezember - 6. Januar

44 Zim – 65/75 € 98 € – ½ P

Rest – *(geschl. Sonntagabend sowie an Feiertagen abends) (nur Abendessen, sonntags und an Feiertagen auch Mittagessen)* Menü 23 € (abends) – Karte 24/44 €

Das 1891 als Knabenkonvikt erbaute Haus ist heute ein Hotel mit funktionellen Zimmern, das als Integrationsbetrieb für behinderte Menschen geführt wird. Im Restaurant Stammberger kocht man international-saisonal - nette Terrasse zum Garten! Kapelle und Kirche sind auch dabei.

Badischer Hof 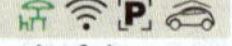

Am Sonnenplatz ✉ 97941 – ✆ (09341) 98 80 – www.hotelbadischerhof.de – geschl. 21. Dezember - 11. Januar, 1. - 16. August

27 Zim – 59/69 € 69/89 € – 1 Suite – ½ P

Rest – *(geschl. Freitag)* Menü 12/35 € – Karte 15/35 €

Der historische Gasthof wurde 1733 erbaut und hat sein traditionelles Erscheinungsbild bewahrt. Bereits seit acht Generationen wird das Haus familiär geführt und bietet funktionale Zimmer sowie ein bürgerliches Restaurant.

In Tauberbischofsheim-Distelhausen Süd: 3 km

Das kleine Amtshotel garni 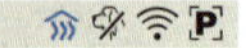

Amtstr. 2 ✉ 97941 – ✆ (09341) 78 88 – www.das-kleine-amtshotel.de

10 Zim – 60/70 € 80/90 € – 1 Suite

Das kleine Hotel ist schnell ausgebucht. Kein Wunder, denn die Skazels sind wirklich nette Gastgeber. Dazu kommen moderne Zimmer, gutes Frühstück und kostenloser Fahrradverleih! Etwas Besonderes sind Bier-Hefe- und Bier-Hopfen-Bäder im Holzzuber - oder vereinbaren Sie doch eine Bierdegustation mit dem Chef!

TAUBERRETTERSHEIM – Bayern – siehe Weikersheim

Wie entscheidet man sich zwischen zwei gleichwertigen Adressen? In jeder Kategorie sind die Häuser nochmals geordnet, die besten Adressen stehen an erster Stelle.

TAUFKIRCHEN (VILS) – Bayern – 546 – 8 980 Ew – Höhe 466 m 58 N19

Berlin 581 – München 58 – Regensburg 87 – Landshut 26

Am Hof garni 

Hierlhof 2 ✉ 84416 – ✆ (08084) 9 30 00 – www.hotelamhof.de

28 Zim – 59/119 € 89/149 €

In der 1. Etage befindet sich dieses freundlich-charmant geführte kleine Hotel. Die Zimmer sind in zeitgemäßem Stil gehalten und bieten moderne Technik, teilweise mit Balkon. Zum Service gehört auch ein gutes Frühstücksbuffet.

In Taufkirchen-Hörgersdorf Süd-West: 8,5 km über B 15

Landgasthof Forster 

Hörgersdorf 23 ✉ 84416 – ✆ (08084) 23 57 – www.landgasthof-forster.de – geschl. August - September 2 Wochen und Montag - Dienstag

Rest – *(nur Abendessen außer Sonntag und Feiertagen)* Menü 70 € – Karte 29/49 €

Alois Forster kocht ohne große Schnörkel, aber mit Geschmack und frischen Produkten. In sympathisch-ländlichem Ambiente werden Gerichte wie "geschmorte Milchziege mit glasiertem Gemüse" oder "Melange aus Himbeere, Holunderblüte & Erdbeere" dann freundlich von seiner Frau Friederike serviert!

TAUNUSSTEIN – Hessen – 543 – 28 970 Ew – Höhe 343 m 47 E14

▶ Berlin 574 – Wiesbaden 13 – Darmstadt 66 – Mainz 31

In Taunusstein-Neuhof

Légère garni

Heinrich-Hertz-Str. 2 ✉ 65232 – ✆ (06128) 60 98 10 – www.legere-hotels-online.com

31 Zim – †86/96 € ††91/96 €, ☕ 10 €

Eines der modernsten Hotels in der Gegend! Innovativ und klimatisiert, bieten die Zimmer top Technik, geradliniges und doch wohnliches Design, offene Bäder, Minibar gratis. Dazu Snacks gegen den kleinen Hunger. Sie sind übrigens in prominenter Gesellschaft: Überall im Haus ist die deutsche Politik-, Business- und Kunstszene in Form von großen Fotodrucken vertreten.

TECKLENBURG – Nordrhein-Westfalen – 543 – 9 160 Ew – Höhe 200 m – Kneippkurort und Luftkurort 27 E9

▶ Berlin 442 – Düsseldorf 160 – Bielefeld 77 – Münster (Westfalen) 28

ℹ Markt 7, ✉ 49545, ✆ (05482) 9 38 90, www.tecklenburg-touristik.de

18 Westerkappeln-Velpe, Industriestr. 16/Birkenhof, ✆ (05456) 9 60 13

9 Tecklenburg, Wallenweg 24, ✆ (05455) 10 35

In Tecklenburg-Brochterbeck West: 6,5 km

Teutoburger Wald

Im Bocketal 2 ✉ 49545 – ✆ (05455) 9 30 00 – www.ringhotel-teutoburger-wald.de – geschl. 20. - 25. Dezember

44 Zim ☕ – †85/95 € ††125/145 € – 1 Suite – ½ P

Rest – (Tischbestellung erforderlich) Menü 22/45 € – Karte 30/47 €

Das Hotel ist sehr gefragt und das kommt nicht von ungefähr: Familie Kerssen zeigt viel Engagement, verbessert und erweitert stetig! Das Ergebnis: Komfort in Zimmern und Spa. Vor allem im Sommer ist der Garten mit Teich ein Highlight! Ebenso verlockend sind die hausgemachten Kuchen am Nachmittag.

TEGERNSEE – Bayern – 546 – 3 890 Ew – Höhe 747 m – Heilklimatischer Kurort 66 M21

▶ Berlin 642 – München 53 – Garmisch-Partenkirchen 75 – Bad Tölz 19

ℹ Hauptstr. 2, ✉ 83684, ✆ (08022) 92 73 80, www.tegernsee.com

Leeberghof

Ellingerstr. 10 ✉ 83684 – ✆ (08022) 18 80 90 – www.leeberghof.de – geschl. 7. Januar - 7. Februar

15 Zim ☕ – †110/150 € ††175/220 € – 4 Suiten – ½ P

Rest *Leeberghof* – siehe Restaurantauswahl

In dem individuellen kleinen Haus werden Sie sich nicht sattsehen können an dem Blick von oben auf den See! Aber auch der überaus freundliche Service, die schöne Einrichtung und das sehr gute Frühstück sind Gründe, hier zu übernachten!

Villa am See

Schwaighofstr. 53 ✉ 83684 – ✆ (08022) 18 77 00 – www.villa-am-see-tegernsee.de – geschl. November 2 Wochen, Februar 2 Wochen

12 Zim ☕ – †180 € ††220/280 € – ½ P

Rest *Schwingshackl ESSKULTUR* ✿ – siehe Restaurantauswahl

Famos der Blick auf den Tegernsee, geschmackvoll und hochwertig die Zimmer (fast alle mit Whirlwanne oder eigener Sauna), überaus einladend der Badesteg... Direkt am Wasser hat man das Bistro mit einfacher Speisekarte.

Fackler (mit Appartementhaus)
Karl-Stieler-Str. 14 ✉ 83684 – ✆ (08022) 9 17 60 – www.hotel-fackler.de – geschl. 10. November - 15. Dezember
13 Zim – †60/65 € ††104/136 €
Rest – *(geschl. Dienstag - Mittwoch) (nur Abendessen für Hausgäste)* Menü 28 € – Karte 27/36 €
Dies ist ein eher schlichtes Hotel, das aber sehr gepflegt ist und besonders durch die Freundlichkeit der Chefin und die frische Küche des Chefs besticht - ganz zu schweigen von der schönen Aussicht, die man von den meisten Zimmen hat! Appartements im Gästehaus.

Schwingshackl ESSKULTUR – Hotel Villa am See
Schwaighofstr. 53 ✉ 83684 – ✆ (08022) 7 06 19 20 – www.schwingshackl-esskultur.de – geschl. November 2 Wochen, Februar 2 Wochen und Dienstag - Mittwoch
Rest – *(Montag - Freitag nur Abendessen)* (Tischbestellung ratsam) Menü 69/120 €
Die engagierten Gastgeber heißen Erich Schwingshackl und Katharina Krauß: Er verwöhnt Sie mit klassischer Küche auf überaus hohem Niveau, sie managt kompetent den Service und sorgt für die passenden Weine! Verständlich, wenn man trotz des schönen eleganten Ambientes des Restaurants doch lieber auf der Terrasse speist - der Blick auf den See ist einfach traumhaft!
➜ Bretonischer Hummer mit Mango und Avocado. Rotbarbe mit Safran-Kartoffel-Stock und Tomatenschaum. Zweierlei vom Rind mit Selleriecreme und Frühlingsgemüse.

Leeberghof – Hotel Leeberghof
Ellingerstr. 10 ✉ 83684 – ✆ (08022) 18 80 90 – www.leeberghof.de – geschl. 7. Januar - 7. Februar und Montag
Rest – Menü 70 € – Karte 28/55 €
Man findet hier kaum einen angenehmeren Ort als auf der Terrasse hoch oben über dem See! Bei schlechtem Wetter bietet man drinnen aber eine wirklich gemütliche Alternative. Mittags einfachere bayerische Karte, am Abend feine saisonale Küche.

TEINACH-ZAVELSTEIN, BAD – Baden-Württemberg – 545 – 2 960 Ew – Höhe 391 m – Heilbad und Luftkurort

54 F18

▶ Berlin 669 – Stuttgart 56 – Karlsruhe 64 – Pforzheim 37

ℹ Rathausstr. 5, ✉ 75385, ✆ (07053) 9 20 50 40, www.bad-teinach-zavelstein.de

Im Stadtteil Bad Teinach

Bad-Hotel Rest,
Otto-Neidhart-Allee 5 ✉ 75385 – ✆ (07053) 2 90 – www.bad-hotel.de
54 Zim – †83/108 € ††156/176 € – 4 Suiten – ½ P
Rest – Menü 25/46 € – Karte 27/53 €
Rest *Brunnen-Schenke* – Karte 21/41 €
Ein denkmalgeschütztes Traditionshaus mit elegantem Rahmen, Zimmern in klassischem Stil sowie Kosmetikangebot. Zur Therme nebenan hat man direkten Zugang. Die Gastronomie: Quellenrestaurant mit Reiter- und Jagdzimmer, dazu die nette Kaminbar und die gemütlich-rustikale Brunnen-Schenke.

Im Stadtteil Zavelstein

Berlins Hotel KroneLamm (mit Gästehaus)
Marktplatz 2 ✉ 75385 – ✆ (07053) 9 29 40 – www.berlins-hotel.de – geschl. 7. - 22. Januar, 28. Juli - 20. August

60 Zim – †79/129 € ††138/204 € – 2 Suiten – ½ P
Rest *Berlin's Krone* – siehe Restaurantauswahl
Rest – Menü 27/38 € – Karte 31/43 €
Dank engagierter Führung kann man dem Gast hier so einiges bieten: Wellnessfans kommen auf 1600 qm auf ihre Kosten, Wohnkomfort gibt es von "Talblick" über "Katharinenplaisir" und "Burgherrengemach" bis hin zur "Jungbrunnensuite" und auch kulinarisch gibt es Abwechslung: gehobene Küche, schwäbische Gerichte oder darf es vielleicht auch mal etwas Herzhaftes in der 1 km entfernten Wanderhütte sein?

Berlin's Krone (Franz Berlin) – Berlins Hotel KroneLamm 
Marktplatz 2 ✉ 75385 – ✆ (07053) 9 29 40 – www.berlins-hotel.de – geschl. 7. - 22. Januar, 28. Juli - 22. August und Montag - Dienstag
Rest – *(Mittwoch - Samstag nur Abendessen)* Menü 80/105 € – Karte 64/80 €
Eine schöne Alternative zum Restaurant "Lamm" sind die gemütlich-eleganten Räume in der "Krone": Franz Berlin gibt hier drei verschiedene Menüs zum Besten, allesamt produktbezogen, mit moderner Note und wirklich schmackhaft. In Sachen Wein sind Sie bei seinem Bruder Roland, seines Zeichens Sommelier, in fachkundigen Händen.
→ Steinbutt mit Petersilie und weißem Langustinenschaum. Kalbsfilet, Backe, Bries, Mark. Mango, Kaffee, Kardamom.

TEISENDORF – **Bayern** – **546** – **9 160 Ew** – **Höhe 501 m** – **Erholungsort** **67** O21
Berlin 717 – München 126 – Salzburg 22 – Linz 155

In Teisendorf-Holzhausen

Gut Edermann
Holzhausen 2 ✉ 83317 – ✆ (08666) 9 27 30 – www.gut-edermann.de
54 Zim – ♦75/95 € ♦♦105/125 € – ½ P
Rest *MundArt* – siehe Restaurantauswahl
In diesem Traditionshaus hat sich einiges getan, denn das ehemalige Kurhotel wurde zu einem wirklich geschmackvollen, wohnlichen und komfortablen Hotel. Individuelle Zimmer locken ebenso wie der große Wellnessbereich und natürlich die tolle Lage mit entsprechender Aussicht!

MundArt – Hotel Gut Edermann 
Holzhausen 2 ✉ 83317 – ✆ (08666) 9 27 30 – www.gut-edermann.de
Rest – Menü 30/65 € – Karte 24/49 €
Das Restaurant des "Gut Edermann" hat zwei Gesichter: Eines ist das modern designte "MundArt", das andere die gemütlich-rustikale "Bauernstubn". Marcus Werner kocht schmackhaft und ambitioniert - probieren Sie doch mal die Landente oder regionale Desserts wie "Zwetschgenkoch mit Vanilleeis"! Schöne Terrasse.

TEISNACH – **Bayern** – **546** – **2 900 Ew** – **Höhe 467 m** **59** O17
Berlin 520 – München 168 – Passau 73 – Cham 40

In Teisnach-Kaikenried Süd-Ost: 4 km über Oed und Aschersdorf

Oswald Rest,
Am Platzl 2 ✉ 94244 – ✆ (09923) 8 41 00 – www.hotel-oswald.de – geschl. Mai - Juni
33 Zim – ♦92/107 € ♦♦160/190 € – 2 Suiten
Rest – (Tischbestellung ratsam) Menü 14 € (mittags)/38 € – Karte 24/43 €
Ein charmantes und schön eingerichtetes Ferienhotel unter familiärer Leitung. Es erwarten Sie unterschiedlich geschnittene und komfortabel ausgestattete Zimmer und ein hübscher Spa. Freundliches Restaurant mit rustikaler Note.

TEISTUNGEN – **Thüringen** – **544** – **2 490 Ew** – **Höhe 200 m** **29** J11
Berlin 306 – Erfurt 98 – Göttingen 32 – Nordhausen 45

Victor's Residenz-Hotel Teistungenburg 
Klosterweg 6 ✉ 37339 – ✆ (036071) 8 40 – www.victors.de Rest,
97 Zim – ♦87/119 € ♦♦128/162 € – ½ P
Rest – Menü 25/45 € – Karte 18/41 €
Das Tagungs- und Wellnesshotel bietet neben wohnlich-funktionalen Zimmern zahlreiche Freizeitangebote wie "Bäderwelt", Squash, Fitness und Kosmetik sowie Fahrradverleih. Internationale Küche im freundlichen Restaurant mit schöner Terrasse.

TELGTE – **Nordrhein-Westfalen** – **543** – **19 120 Ew** – **Höhe 50 m** **27** E9
Berlin 446 – Düsseldorf 149 – Bielefeld 64 – Münster (Westfalen) 12
Kapellenstr. 2, ✉ 48291, ✆ (02504) 69 01 00, www.telgte.de
Telgte, Harkampsheide 5, ✆ (02504) 7 23 26

Heidehotel Waldhütte 

Im Klatenberg 19 (Nord-Ost: 3 km, über die B 51) ✉ 48291 – ✆ (02504) 92 00 – *www.heidehotel-waldhuette.de*

33 Zim ☕ – 🚹65/82 € 🚹🚹99/127 € – ½ P

Rest *Heidehotel Waldhütte* – siehe Restaurantauswahl

Wie könnte man dem hübschen ehemaligen Bauernhaus und der Idylle hier besser Rechnung tragen als mit rustikalem Charme, einer schönen großen Gartenanlage (sehenswert die Skulpturen-Ausstellung!) sowie Pferdeboxen und Weide für Gastpferde?

Heidehotel Waldhütte – Heidehotel Waldhütte

Im Klatenberg 19 (Nord-Ost: 3 km, über die B 51) ✉ 48291 – ✆ (02504) 92 00 – *www.heidehotel-waldhuette.de*

Rest – Menü 37 € – Karte 25/48 €

Der gemütlich-westfälische Charakter des Hauses findet sich natürlich auch im Restaurant wieder: viel Holz, Kamin... typischer geht es kaum! Im Sommer ist die Terrasse ein Muss - hier lässt sich die ruhige Waldlage wunderbar genießen!

In Ostbevern Nord-Ost: 7 km über B 51

Beverhof

Hauptstr. 35 ✉ 48346 – ✆ (02532) 51 62 – *www.beverhof.de – geschl. 4. - 17. August*

13 Zim ☕ – 🚹42/45 € 🚹🚹65/69 € – 1 Suite – ½ P

Rest – *(geschl. Montag) (Dienstag - Samstag nur Abendessen)* Menü 15/26 € – Karte 13/32 €

Hier arbeitet die ganze Familie mit, entsprechend persönlich ist die Atmosphäre! Auch Fahrradtouristen schätzen die gepflegten Zimmer und die fairen Preise - und nach der Radtour gibt es bürgerlich-regionale Küche.

TEMPLIN – Brandenburg – 542 – 16 460 Ew – Höhe 60 m – Heilbad **23 P6**

Berlin 75 – Potsdam 127 – Neubrandenburg 81 – Neuruppin 75

Am Markt 19, ✉ 17268, ✆ (03987) 26 31, www.tourismus-service-templin.de

Am Großdöllner See Süd-Ost: 22 km über Ahrensdorf und B 109

Döllnsee-Schorfheide Rest, Zim,

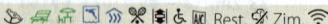

Döllnkrug 2 ✉ *17268 Groß Dölln* – ✆ *(039882) 6 30 – www.doellnsee.de*

124 Zim ☕ – 🚹72/102 € 🚹🚹98/138 € – 2 Suiten – ½ P

Rest – Menü 20/45 € – Karte 29/50 €

Das in klassischem Stil eingerichtete Hotel liegt ruhig auf einem großzügigen Grundstück am Waldrand mit direktem Seezugang. In der "Wellness Lounge" bietet man Beauty-Anwendungen. Restaurant mit internationaler Küche.

In Tempelin-Storkow Süd: 11km über B 109, in Hammelspring links abbiegen

Villa Morgentau garni

Burgwaller Str. 2 ✉ 17268 – ✆ (03987) 20 80 80 – *www.villa-morgentau.de – geschl. 15. Januar - 1. März*

5 Zim ☕ – 🚹80/105 € 🚹🚹130/150 €

Geschmackvoll wohnen und schön relaxen? Das engagiert geführte kleine Hotel liegt reizvoll im Wald, bietet wohltuende Massagen und Kosmetikanwendungen und hat für seine Gäste gemütlich-elegante, individuell eingerichtete kleine Bungalows auf einem 11 ha großen Parkgrundstück mit Zugang zum Badesee!

TENGEN – Baden-Württemberg – 545 – 4 610 Ew – Höhe 614 m 62 F21

Berlin 760 – Stuttgart 131 – Konstanz 58 – Villingen-Schwenningen 25

In Tengen-Blumenfeld Ost: 2 km über B 314

Bibermühle

Untere Mühle 1 ✉ 78250 – ✆ (07736) 9 29 30 – www.bibermuehle.de – geschl. Februar 3 Wochen

31 Zim – 🚹58/65 € 🚹🚹98/116 € – ½ P

Rest *Bibermühle* – siehe Restaurantauswahl

Hier wurde eine Wassermühle a. d. 12. Jh. zum Hotel erweitert. Genießen Sie die schöne ruhige Lage etwas abseits! Das passt zur Idylle: Man hat einen Forellenteich und ein Damwildgehege.

Bibermühle – Hotel Bibermühle

Untere Mühle 1 ✉ 78250 – ✆ (07736) 9 29 30 – www.bibermuehle.de – geschl. Februar 3 Wochen

Rest – Menü 25/68 € – Karte 24/60 €

Drinnen wie draußen ein romantisches Kleinod: der historische Rahmen des Mühlengebäudes, rustikaler Charme, die hübsche Terrasse beim Wasserfall... Die Küche ist international, natürlich bekommt man auch Forelle aus dem Mühlenteich.

In Tengen-Wiechs Süd: 7 km über Schwarzwaldstraße

Gasthof zur Sonne

Hauptstr. 57 ✉ 78250 – ✆ (07736) 75 43 – www.sonne-wiechs.de – geschl. Februar 3 Wochen und Montag - Dienstag

Rest – Menü 35/69 € – Karte 28/46 €

Unweit der Schweizer Grenze kann man bei gemütlich-ländlichem Flair gut essen: regional-saisonal und mit mediterranem Einschlag. Chef Egbert Tribelhorn kocht, leitet den Service und empfiehlt vieles mündlich. Drei einfache Gästezimmer.

TETEROW – Mecklenburg-Vorpommern – 542 – 9 020 Ew – Höhe 10 m 13 N4

Berlin 182 – Schwerin 92 – Neubrandenburg 55 – Rostock 58

Teschow, Gutshofallee 1, ✆ (03996) 14 00

In Teterow-Teschow Nord-Ost: 5 km

Landhotel Schloss Teschow Zim,

Gutshofallee 1 ✉ 17166 – ✆ (03996) 14 00 – www.schloss-teschow.de

106 Zim – 🚹95/118 € 🚹🚹110/155 € – 5 Suiten – ½ P

Rest *Conrad* – siehe Restaurantauswahl

Rest *Gutsschänke von Blücher* – *(geschl. Dienstag - Mittwoch) (Montag - Freitag nur Abendessen)* Karte 21/33 €

Wohnliche Eleganz in einem schönen Gebäude-Ensemble im Grünen - ein Anwesen wie gemacht für Golfer. Herrschaftlich ist das Interieur im Schlossteil. Rustikale Gutsschänke mit regional-saisonaler Küche. Kleiner Hofladen.

Conrad – Hotel Schloss Teschow

Gutshofallee 1 ✉ 17166 – ✆ (03996) 14 00 – www.schloss-teschow.de

Rest – *(nur Abendessen)* Menü 30/43 € – Karte 31/38 €

Ob im blauen oder im roten Salon, dank des vornehmen, herrschaftlichen Ambientes spüren Sie als Gast das Schloss-Flair! In der Küche legt man Wert auf regionale Zutaten.

TETTNANG – Baden-Württemberg – 545 – 18 650 Ew – Höhe 466 m 63 H21

Berlin 714 – Stuttgart 160 – Konstanz 35 – Kempten (Allgäu) 65

Montfortstr. 41, ✉ 88069, ✆ (07542) 51 05 00, www.tettnang.de

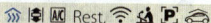

Rad Rest,

Lindauer Str. 2 ✉ 88069 – ✆ (07542) 54 00 – www.hotel-rad-tettnang.de – geschl. 7. - 28. Januar

69 Zim – 🚹78/135 € 🚹🚹98/145 € **Rest** – Menü 23/35 € – Karte 31/52 €

In diesem gepflegten Haus in zentraler Lage in der Stadtmitte sind die Zimmer teilweise etwas älter, aber alle sehr gut unterhalten und wohnlich. Holztäfelung und Kachelofen machen es im Restaurant gemütlich, auf der Karte regionale Spezialitäten.

In Tettnang-Kau West: 3 km Richtung Friedrichshafen, in Pfingstweide links

Lamm im Kau

Sängerstr. 50 ✉ 88069 – ✆ (07542) 47 34 – www.lamm-im-kau.de – geschl. Oktober 2 Wochen, 24. - 30. Dezember und Montag

Rest – (Tischbestellung erforderlich) Menü 15 € (mittags) – Karte 29/54 €

In der ehemaligen Bäckerei kocht Reinhard Kiechle frische und wohlschmeckende regionale Gerichte für Sie, die sich z. B. "Ziegenkäseparfait mit Rote-Beete-Carpaccio" oder "knuspriger Bodenseekretzer mit Kartoffelsalat" nennen! Zur wirklich netten Atmosphäre hier trägt auch die herzliche Chefin im Service bei - natürlich auch auf der schönen Terrasse vor dem Haus!

THANNHAUSEN – Bayern – 546 – 5 930 Ew – Höhe 499 m

64 J20

Berlin 591 – München 113 – Augsburg 36 – Ulm (Donau) 59

Schloß Klingenburg, ✆ (08225) 30 30

Schreiegg's Post

Rest,

Postgasse 1 ✉ 86470 – ✆ (08281) 9 95 10 – www.schreieggs-post.de – geschl. Anfang Januar 2 Wochen

13 Zim – 95/99 € 135 € – 2 Suiten – ½ P

Rest – *(geschl. Montag)* Menü 40/65 € – Karte 32/42 €

Familie Nicke leitet freundlich das tipptopp gepflegte und stilvoll-behagliche kleine Hotel in dem hübschen jahrhundertealten Gasthaus. Saunabereich mit Blick über die Stadt, leckeres Frühstück und schöne Restaurantstuben von elegant bis rustikal - dazu der lauschige Kastaniengarten!

THIERHAUPTEN – Bayern – 546 – 3 780 Ew – Höhe 430 m

57 K19

Berlin 550 – München 86 – Augsburg 29 – Donauwörth 27

Klostergasthof

Augsburger Str. 3 ✉ 86672 – ✆ (08271) 8 18 10 – www.hotel-klostergasthof.de

46 Zim – 54/81 € 89/99 € – ½ P

Rest – *(geschl. Sonntagabend sowie an Feiertagen abends)* Karte 18/39 €

Das einstige Sudhaus des Klosters ist ein zeitgemäßes Hotel mit praktischen Zimmern und Maisonetten, das vor allem Tagungsgäste schätzen. Frühstück im schönen Gewölbesaal.

THOLEY – Saarland – 543 – 12 740 Ew – Höhe 400 m – Luftkurort

45 C16

Berlin 718 – Saarbrücken 37 – Trier 62 – Birkenfeld 25

Im Kloster 1, ✉ 66636, ✆ (06853) 50 80, www.tholey.de

Hotellerie Hubertus

Zim,

Metzer Str. 1 ✉ 66636 – ✆ (06853) 9 10 30 – www.hotellerie-hubertus.de

17 Zim – 52/65 € 95/110 €

Rest *Hotellerie Hubertus* – siehe Restaurantauswahl

Rest *Palazzo* – *(geschl. Montag, Dienstag, Samstagmittag)* Menü 33 € – Karte 31/50 €

In dem kleinen Familienbetrieb beim Rathaus kann man gepflegt wohnen und gut essen. Neben dem Gourmetrestaurant hat man das Palazzo mit mediterraner Küche. Tipp: Am Nachmittag gibt es hausgebackenen Kuchen der Seniorchefin! Wer's geschichtlich mag: Es sind nur wenige Schritte zu Bediktinerabtei und St. Mauritius Kirche mit schönem Barockgarten, in dem man tagsüber herrlich entspannen kann.

Gästehaus St. Lioba garni

Im Kloster 3 ✉ 66636 – ✆ (06853) 91 04 23 – www.abtey-tholey.de

15 Zim – 63/78 € 93/103 €

Das sehenswerte schmiedeeiserne Tor wird Ihnen sofort ins Auge stechen... Die Benediktinermönche der alten Klosteranlage laden zum Übernachten ein. Gemütlich-moderne Zimmer mit wohnlichen Farben und guter Technik, dazu eine kleine Speisenauswahl sowie Kaffee und Kuchen auf der Terrasse mit Blick übers Tal und in den Klostergarten - wahrlich ein Ort der Besinnung.

Hotellerie Hubertus - Hotel Hotellerie Hubertus
Metzer Str. 1 ✉ 66636 – ☎ (06853) 9 10 30 – www.hotellerie-hubertus.de – geschl. Montag - Dienstag
Rest – *(nur Abendessen, sonntags auch Mittagessen)* (Tischbestellung ratsam) Menü 68/98 € – Karte 69/84 €
Nicht nur im Saarland kennt man Josef Hubertus für seine ambitionierte klassisch-französische Küche - seit über 35 Jahren kommt er damit bei seinen Gästen unverändert gut an. Und auch das Ambiente hat seinen Reiz: Der offene Kamin und das mächtige Kreuzgewölbe sind schön anzuschauen.

THUMBY – Schleswig-Holstein – 541 – 470 Ew – Höhe 25 m 2 I2

Berlin 397 – Kiel 50 – Flensburg 61 – Schleswig 34

In Thumby-Sieseby West: 3 km

Schlie-Krog
Dorfstr. 19 ✉ 24351 – ☎ (04352) 25 31 – www.schliekrog.de – geschl. Mitte November 2 Wochen, Mitte Januar 2 Wochen und Montag
Rest – (Tischbestellung ratsam) Karte 38/57 €
In dem netten Landhaus in einem kleinen Dorf an der Schlei nimmt man in gemütlich-eleganten Stuben Platz und lässt sich Regionales servieren. Die Mittagskarte bietet eine kleinere Auswahl. Zwei Appartements zum Übernachten.

THUMSEE – Bayern – siehe Reichenhall, Bad

THYRNAU – Bayern – 546 – 4 190 Ew – Höhe 455 m 60 Q19

Berlin 617 – München 202 – Passau 10 – Regensburg 128

In Thyrnau-Hundsdorf Nord-Ost: 2 km

Parkschlössl  Rest, Zim,
Hundsdorf 20a ✉ 94136 – ☎ (08501) 92 20 – www.hotel-parkschloessl.de
45 Zim – †65/85 € ††180/200 € – 6 Suiten – ½ P
Rest – *(nur Abendessen)* Menü 19 € – Karte 19/29 €
Das Hotel befindet sich in ruhiger dörflicher Lage am Rande des Bayerischen Waldes. Wohnliche Zimmer mit italienischen Möbeln und geräumigem Bad, Wellness im Beautyschlössl. Elegant ist das Ambiente im Restaurant mit großer Fensterfront.

TIEFENBRONN – Baden-Württemberg – 545 – 5 300 Ew – Höhe 432 m 55 F18

Berlin 646 – Stuttgart 39 – Karlsruhe 45 – Pforzheim 15

Ochsen-Post 
Franz-Josef-Gall-Str. 13 ✉ 75233 – ☎ (07234) 9 54 50 – www.ochsen-post.de
27 Zim – †60/120 € ††85/148 € – 6 Suiten
Rest *Bauernstuben* – siehe Restaurantauswahl
Seit sage und schreibe 24 Generationen ist der Gasthof im Familienbesitz! Und jede hat bewusst den regionstypischen Charme des Fachwerkhauses erhalten. Hätten Sie gerne ein Himmelbett im Zimmer? Oder vielleicht einen Kachelofen? Egal, welches Zimmer Sie nehmen, die schöne Frühstücksauswahl ist Ihnen gewiss! Im Restaurant Ochsen-Post bietet man für Gruppen ein gehobenes Menü.

Bauernstuben - Hotel Ochsen-Post 
Franz-Josef-Gall-Str. 13 ✉ 75233 – ☎ (07234) 9 54 50 – www.ochsen-post.de – geschl. Sonntag
Rest – Menü 23 € (mittags)/69 € – Karte 28/63 €
Auch mitten in Baden-Württemberg kann es heimelig wie in einem urigen Bergdorf sein! Überall rustikales Holz und charmant-ländliche Accessoires... Das gute Speisenangebot reicht von der schwäbischen Ochsenbacke bis hin zur thailändischen "Tom Kha Gai"-Suppe. Man kann übrigens auch kleine Portionen bestellen.

In Tiefenbronn-Mühlhausen Süd-Ost: 4 km

Arneggers Adler (mit Gästehaus)
Tiefenbronner Str. 20 ✉ 75233 – ✆ (07234) 95 35 30 – www.arneggers-adler.de – geschl. Anfang Januar 1 Woche
23 Zim – †57/62 € ††75/85 €, ☕ 6 € – ½ P
Rest *Arneggers Adler* – siehe Restaurantauswahl
Die helle Fassade mit den grün-weißen Fensterläden ist schon ein Hingucker, stattlich die überdachte Zufahrt! Schön wohnlich sind die Zimmer alle, ein bisschen was Besonderes sind aber die gemütlichen Giebel-Juniorsuiten im Haupthaus!

Arneggers Adler – Hotel Arneggers Adler
Tiefenbronner Str. 20 ✉ 75233 – ✆ (07234) 95 35 30 – www.arneggers-adler.de – geschl. Anfang Januar 1 Woche und Montag
Rest – Karte 35/49 €
Gastgeberin Melanie Arnegger-Becker ist bereits die 5. Generation in diesem Familienbetrieb. Als Küchenchefin bringt sie regionale Klassiker wie Zwiebelrostbraten, aber auch Internationales wie Frühlingsrolle auf den Tisch.

Im Würmtal West: 4 km Richtung Würm

Häckermühle mit Zim
Rest,
Im Würmtal 5 ✉ 75233 Tiefenbronn – ✆ (07234) 42 46 – www.haecker-muehle.de – geschl. 2. - 8. Januar und Montag - Dienstagmittag, Mittwochmittag, Januar - März: Donnerstagmittag
13 Zim ☕ – †60/70 € ††90/95 € – ½ P
Rest – (Tischbestellung ratsam) Menü 35/60 € – Karte 23/60 €
Die ehemalige Getreidemühle an der Würm ist ein behagliches Restaurant mit idyllischer Terrasse, das von Familie Häcker freundlich geführt wird. Regionale Küche mit klassischer Basis. Die Gästezimmer verfügen meist über einen Balkon mit Blick ins Grüne.

TIMMENDORFER STRAND – Schleswig-Holstein – 541 – 8 980 Ew – Höhe 2 m – Seeheilbad 11 K4

Berlin 281 – Kiel 64 – Schwerin 80 – Lübeck 27

Timmendorfer Platz 10, ✉ 23669, ✆ (04503) 3 57 70, www.timmendorfer-strand.de

Timmendorfer Strand, Am Golfplatz 3, ✆ (04503) 70 44 00

Grand Hotel Seeschlösschen
Rest,
Strandallee 141 ✉ 23669 – ✆ (04503) 60 11 – www.seeschloesschen.de
112 Zim ☕ – †150/255 € ††190/295 € – 13 Suiten – ½ P
Rest *Panorama* – siehe Restaurantauswahl
Rest *Bistro Noblesse* – Menü 39 € – Karte 31/68 €
Lust auf Penthouse-Feeling? Reichlich Komfort und das Nonplusultra an Aussicht erlebt man in der 9. Etage! Noch ein Trumpf des Hauses ist die Spa-Vielfalt auf rund 2000 qm: Meerwasser-Außenpool, Ruheraum mit Ostseeblick, Ayurveda... Und das Meer haben Sie direkt vor der Tür! Neben dem Restaurant Panorama gibt es noch das Bistro Noblesse mit Seeterrasse als Highlight.

Landhaus Carstens (mit Gästehaus)
Strandallee 73 ✉ 23669 – ✆ (04503) 60 80 – www.landhauscarstens.de
32 Zim ☕ – †125/195 € ††180/250 € – 1 Suite – ½ P
Rest – Menü 35 € – Karte 27/41 €
Schön wohnt man hier direkt an der Promenade hinter dem Strand, und zwar in klassischen Zimmern - verteilt auf das nordische Landhaus und die moderne Dependance. Zum Essen sitzt man bei schönem Wetter am besten auf der Gartenterrasse. Noch ein Vorteil des Hauses: Zum Strand ist es nur ein Katzensprung.

Gorch Fock

Strandallee 152 ✉ 23669 – ✆ (04503) 89 90 – www.hotel-gorch-fock.de
42 Zim – 40/65 € 75/130 € – 1 Suite **Rest** – Karte 16/33 €
Ideal für Feriengäste ist die Nähe zum Strand... gerade einmal 50 m! Man hat nicht nur praktische Zimmer, sondern sogar ein Naturheilzentrum, das gerne zum Heilfasten und für medizinische Anwendungen genutzt wird. Nicht zu vergessen der leckere selbstgemachte Kuchen hier im Haus!

Park-Hotel garni

Am Kurpark 4 ✉ 23669 – ✆ (04503) 6 00 60 – www.park-hotel-timmendorf.de
25 Zim – 66/123 € 108/158 €
Die um einen Anbau erweiterte denkmalgeschützte Villa direkt am Kurpark beherbergt wohnlich eingerichtete Gästezimmer. Vor dem Haus befindet sich eine nette Terrasse.

Orangerie

Strandallee 73 ✉ 23669 – ✆ (04503) 6 05 24 24
– www.orangerie-timmendorfer-strand.de – geschl. Februar, 17. - 30. November und Montag - Dienstag
Rest – *(nur Abendessen, sonntags auch Mittagessen)* Menü 75/119 €
– Karte 74/98 €
Lutz Niemann kocht eine klassische Küche, die den Zeitgeist trifft, ohne modischen Trends hinterherzulaufen. Die Gerichte überzeugen durch Aroma und geschmackliche Finesse. In dem eleganten Restaurant sorgt ein aufmerksames, eingespieltes Team unter dem langjährigen Sommelier Ralf Brönner für einen reibungslosen Ablauf.
→ Bretonischer Hummer mit Passionsfrucht, Kokos und Zuckerschoten. Atlantik Steinbutt mit gebackener Auster, Artischocke und Perlzwiebel. Müritz Lamm in milder Knoblauchjus mit Ratatouille und Aubergine.

Panorama – Grand Hotel Seeschlösschen

Strandallee 141 ✉ 23669 – ✆ (04503) 60 11 – www.seeschloesschen.de
Rest – *(Montag - Freitag nur Abendessen)* Menü 41 € (vegetarisch)/89 €
– Karte 40/74 €
Was erwarten Sie von einem Restaurant mit diesem Namen? Sowohl drinnen in eleganter Atmosphäre als auch draußen auf der Terrasse über dem Strand... eine Aussicht wie ein Postkartenmotiv! Internationale Karte mit guter Fischauswahl.

Reethuus N

Wohldstr. 25 ✉ 23669 – ✆ (04503) 88 87 90 – www.restaurant-reethus.de – geschl. Dienstag
Rest – Menü 45/60 € – Karte 37/78 €
Grillgerichte, Salate, regionale Klassiker... das kommt gut an bei den Gästen! Genauso der freundlich-legere Service und die Dünen-Terrasse - nicht ganz leicht, hier im Sommer einen Platz zu ergattern! Aber auch drinnen in dem reetgedeckten alten Haus mit seinem nordischen Charme sitzt man richtig angenehm.

In Timmendorfer Strand-Niendorf Ost: 1,5 km über B 76

Strandhotel Miramar

Strandstr. 59 ✉ 23669 – ✆ (04503) 80 10 – www.miramar-niendorf.de
34 Zim – 75/105 € 100/177 € – 2 Suiten – ½ P
Rest *Meereszeit* – *(geschl. November - März: Montag - Dienstag)* Karte 28/39 €
Hinter der weißen Klinkerfassade dieses Hotels direkt am Strand erwarten die Gäste gut gepflegte Zimmer. Das Restaurant "Meereszeit" bietet neben regionaler und internationaler Küche auch einen schönen Blick auf Dünen und Meer!

Am Golfplatz West: 2 km

Golfresidenz (mit Gästehaus)

Am Golfplatz 3, (Oeverdiek) ✉ 23669 Timmendorfer Strand – ✆ (04503) 70 44 00 – www.gc-timmendorf.de
28 Zim – 39/115 € 49/125 €, 12 € – ½ P **Rest** – Karte 14/43 €
Den Golfplatz direkt vor der Tür und schon beim Frühstück von der Balkonterrasse auf die Fairways und den Oeverdieker See schauen... das lässt Golferherzen höher schlagen!

TIRSCHENREUTH – Bayern – 546 – 9 100 Ew – Höhe 504 m 51 N15

Berlin 388 – München 283 – Weiden in der Oberpfalz 30 – Nürnberg 131

Haus Elfi garni

Theresienstr. 23 ✉ 95643 – ✆ (09631) 28 02 – www.pension-haus-elfi.de

12 Zim – 38/42 € 60/65 €

Seit über 20 Jahren ist das Haus der Familie Flauger eine bestens gepflegte Adresse. Die Zimmer bieten teils Terrasse oder Balkon, der Frühstücksraum ist liebenswert dekoriert.

TITISEE-NEUSTADT – Baden-Württemberg – 545 – 11 860 Ew 62 E21

– Höhe 849 m – Wintersport: 1 200 m 3 – Heilklimatischer Kurort

Berlin 780 – Stuttgart 160 – Freiburg im Breisgau 33 – Donaueschingen 32

Strandbadstr. 4, ✉ 79822, ✆ (07652) 12 06 81 20, www.hochschwarzwald.de

Sebastian-Kneipp-Anlage 2, Neustadt, ✉ 79822, ✆ (07652) 12 06 81 90

See★★

Höllental★

Im Ortsteil Titisee

Treschers Schwarzwaldhotel

Seestr. 10 ✉ 79822 – ✆ (07651) 80 50 – www.schwarzwaldhotel-trescher.de Rest, Rest,

83 Zim – 130/165 € 180/260 € – ½ P **Rest** – Karte 35/68 €

Den See hat man hier praktisch immer im Blick. Besonders attraktiv ist der Seeflügel mit seinem Mix aus Klassik und Moderne. Ebenso chic (mit Naturstein) sind Hallenbad und Saunabereich, herrlich der Außenpool zum See, davor das private Strandbad! Tolle Restaurantterrasse direkt oberhalb des Titisees.

Seehotel Wiesler (mit Gästehaus)

Strandbadstr. 5 ✉ 79822 – ✆ (07651) 9 80 90 – www.seehotel-wiesler.de – geschl. 16. November - 20. Dezember

34 Zim – 81/145 € 140/220 € – 2 Suiten – ½ P

Rest – Menü 28 € (abends) – Karte 22/41 €

Die Seelage mit eigenem Strandbad ist wirklich optimal, fast alle Zimmer liegen seeseitig. Außerdem ist das Hotel top in Schuss, es wird immer wieder investiert. Buchen Sie z. B. eines der "Life Style"-Zimmer oder das ebenso moderne "Loft-Haus" und gönnen Sie sich "Samt und Seide", "Massagekerzen Ritual" u.v.m. im Spa-Bereich! Sie möchten mit Seeblick speisen? Den hat man auf der großen Restaurantterrasse!

Im Jostal Nord-West: 6 km ab Neustadt

Jostalstüble

Jostalstr. 60 ✉ 79822 Titisee-Neustadt – ✆ (07651) 91 81 60 – www.jostalstueble.com – geschl. Mitte Januar - Mitte Februar 4 Wochen

11 Zim – 55 € 100 € – 2 Suiten – ½ P

Rest – *(geschl. Montag - Dienstagmittag)* Menü 14/22 € – Karte 16/40 €

Der typische Schwarzwaldgasthof ist ein netter Familienbetrieb mit wohnlichen Zimmern, darunter zwei geräumige Appartements, sowie Massage- und Kosmetikbereich mit schönem Heubad. Restaurant mit ländlichem Charakter und bürgerlicher Speisekarte.

Im Ortsteil Langenordnach Nord: 5 km

Zum Löwen - Unteres Wirtshaus (mit Gästehaus)

Langenordnach 4 ✉ 79822 – ✆ (07651) 10 64 – www.loewen-titisee.de – geschl. Ende November - Mitte Dezember

20 Zim – 41/46 € 82/112 € – ½ P

Rest – *(geschl. Montag)* Menü 14/23 € – Karte 15/39 €

Das 400 Jahre alte Haus hat traditionellen Charakter, trotzdem kann man im Gästehaus auch ganz modern wohnen. Hinter dem Haus ein kleiner Bach, ringsum herrliche Schwarzwald-Landschaft - im Winter die Loipe gleich vor der Tür. Bürgerliche Kost in urigen Stuben.

Im Ortsteil Waldau **Nord: 10 km**

Sonne-Post

Landstr. 13 ✉ 79822 – ✆ (07669) 9 10 20 – www.sonne-post.de – geschl. Mitte November - Mitte Dezember, Mitte - Ende März

23 Zim – 54/56 € 100/104 € – ½ P

Rest – *(geschl. Montag)* Menü 19/45 € – Karte 16/41 €

Der Gasthof mit 100-jähriger Familientradition bietet wohnliche Zimmer, die nach Vögeln benannt sind. In den Talzimmern hat man es etwas ruhiger und genießt eine schöne Aussicht. Ein Kachelofen und viel helles Holz machen die Gaststube heimelig.

TITTING – **Bayern** – **546** – **2 640 Ew** – **Höhe 447 m** – **Erholungsort** **57** L18

Berlin 485 – München 119 – Augsburg 87 – Ingolstadt 42

Marktstr. 21, ✉ 85135, ✆ (08423) 98 55 89, www.titting.de

In Titting-Emsing **Ost: 4,5 km über Emsinger Straße**

Dirsch Rest, Zim,

Hauptstr. 13 ✉ 85135 – ✆ (08423) 18 90 – www.hotel-dirsch.de – geschl. 22. - 28. Dezember

96 Zim – 78/120 € 113/250 € – 3 Suiten – ½ P

Rest – Menü 19/50 € – Karte 22/41 €

Ein gut geführtes Hotel in ruhiger dörflicher Lage mit recht modernen, unterschiedlich geschnittenen Gästezimmern, Spa auf 1500 qm und einem großen Tagungsbereich.

TODTMOOS – **Baden-Württemberg** – **545** – **2 020 Ew** – **Höhe 820 m** – **Wintersport: 1 100 m** **4** – **Heilklimatischer Kurort** **61** E21

Berlin 817 – Stuttgart 201 – Freiburg im Breisgau 49 – Donaueschingen 78

Wehratalstr. 19, ✉ 79682, ✆ (07674) 9 06 00, www.todtmoos.de

In Todtmoos-Strick **Nord-West: 2 km**

Rößle (mit Gästehäusern)

Kapellenweg 2 ✉ 79682 – ✆ (07674) 9 06 60 – www.hotel-roessle.de – geschl. Mitte November - Mitte Dezember

35 Zim – 70/95 € 125/150 € – ½ P

Rest – Menü 20/35 € – Karte 19/44 €

Der gewachsene Schwarzwaldgasthof von 1670 ist seit jeher ein Familienbetrieb. Man bleibt hier am Ball, renoviert immer wieder... So sind die Zimmer recht individuell in Zuschnitt und Einrichtung. Man bietet auch Massage und Kosmetik, und für alle, die im Sommer gern draußen essen, eine schöne Gartenterrasse.

TODTNAU – **Baden-Württemberg** – **545** – **4 880 Ew** – **Höhe 659 m** – **Wintersport: 1 390 m** **19** – **Luftkurort** **61** D21

Berlin 800 – Stuttgart 179 – Freiburg im Breisgau 32 – Donaueschingen 56

Meinrad-Thoma-Str. 21, ✉ 79674, ✆ (07671) 96 96 95, www.bergwelt-suedschwarzwald.de

Kurhausstr. 18, ✉ 79674, ✆ (07671) 96 96 90, www.todtnauer-ferienland.de

Wasserfall★

In Todtnau-Brandenberg **Nord-Ost: 3,5 km über B 317 – Höhe 800 m**

Zum Hirschen 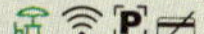

Kapellenstr. 1 (B317) ✉ 79674 – ✆ (07671) 18 44 – www.hirschen-brandenberg.de – geschl. Mitte November - Mitte Dezember, April 2 Wochen

10 Zim – 50/55 € 90/114 € – ½ P

Rest – *(geschl. Dienstag)* Menü 19/25 € – Karte 17/33 €

Familie Spürgin hat hier einen schönen historischen Schwarzwaldgasthof, in dem man wirklich gepflegt übernachtet: Die Zimmer sind mit ihrem hellen Naturholz richtig wohnlich und einige sind sehr geräumig. Behaglich ist auch das freundlich-rustikale Restaurant. Übrigens: Die Hochschwarzwald-Card ist inklusive!

In Todtnau-Fahl Nord-Ost: 4,5 km über B 317 – Höhe 900 m

Lawine

Fahl 7 (B317) ✉ 79674 – ✆ (07676) 9 33 30 – www.lawine.de – geschl. 10. November - 12. Dezember, 31. März - 11. April
17 Zim – †55/60 € ††84/90 € – ½ P
Rest – *(geschl. Montag - Dienstagmittag)* Karte 17/44 €
Gemütlichkeit, familiäre Atmosphäre, die reizvolle Landschaft ringsum... Sie können sich im Haus auch mit Kosmetikanwendungen verwöhnen lassen oder machen Ausflüge mit der Hochschwarzwald-Card (ab 2 Übernachtungen gratis). In der heimeligen Schwarzwaldgaststube isst man gerne Forelle oder Wild.

In Todtnau-Todtnauberg Nord: 6 km, Richtung Freiburg – Höhe 1 021 m

Mangler

Rest,

Ennerbachstr. 28 ✉ 79674 – ✆ (07671) 9 69 30 – www.mangler.de – geschl. 16. - 21. Dezember
28 Zim – †76/99 € ††134/158 € – ½ P
Rest – Menü 29/42 € (abends) – Karte 31/46 €
Die schöne Hanglage ist nur ein Grund, seinen Urlaub hier zu verbringen. Bei Sauna, Beauty & Co. kommt man ebenso zur Ruhe wie in geschmackvollen Zimmern mit Balkon und Talblick oder beim Essen im ländlich-eleganten Restaurant (hier auch die anspruchsvolle Halbpension).

Sonnenalm

Hornweg 21 ✉ 79674 – ✆ (07671) 18 00 – www.hotel-sonnenalm.de – geschl. 8. November - 20. Dezember
15 Zim – †65/70 € ††80/116 € – ½ P
Rest – *(geschl. Sonntag außer an Feiertagen) (nur Abendessen für Hausgäste)* Menü 18 €
Das Haus hat einen ganz klaren Vorteil: Die Hanglage oberhalb des Dorfes bringt einen unverbaubaren Blick auf Schwarzwald und Schweizer Alpen mit sich! Außerdem ist das hier eine sympathisch regionale und angenehm familiäre Adresse.

TÖLZ, BAD – Bayern – 546 – 17 820 Ew – Höhe 658 m – Wintersport: 1 236 m 2 – Heilbad und Heilklimatischer Kurort

65 L21

Berlin 642 – München 53 – Garmisch-Partenkirchen 54 – Innsbruck 97
Max-Höfler-Platz 1, ✉ 83646, ✆ (08041) 7 86 70, www.bad-toelz.de
Wackersberg, Straß 124, ✆ (08041) 99 94

Rechts der Isar

Altes Fährhaus mit Zim

An der Isarlust 1 ✉ 83646 – ✆ (08041) 60 30 – www.altes-faehrhaus-toelz.de – geschl. 6. - 15. November und Sonntagabend - Dienstag
5 Zim – †80 € ††120 € **Rest** – Menü 58/68 € – Karte 38/58 €
Persönlich und familiär ist die Atmosphäre in dem ehemaligen Fährhaus am idyllischen Isarufer, schmackhaft die saisonale und regionsbezogene Küche. Terrasse am Fluss unter Kastanienbäumen. Wohnliche Gästezimmer mit Balkon.

Links der Isar

Jodquellenhof Alpamare (mit Gästehaus)

Ludwigstr. 13 ✉ 83646 – ✆ (08041) 50 90 – www.jodquellenhof.com
90 Zim – †162/232 € ††224/294 € – ½ P
Rest – *(nur Abendessen)* Menü 29 €
Ein komfortables Hotel im Kurgebiet mit wohnlich-klassischem Ambiente und einem eigenen Tagungshaus. Direkt angeschlossen ist das Freizeitbad Alpamare, in dem Sie auch am An- und Abreisetag freien Eintritt haben. Ein schön idyllisches Plätzchen ist die Terrasse des Restaurants.

Lindenhof garni 

Königsdorfer Str. 24 ✉ 83646 – ✆ (08041) 79 43 40 – www.lindenhof-toelz.de – geschl. 20. - 26. Dezember

8 Zim ☕ – 🚹50/65 € 🚹🚹80/90 € – 2 Suiten

Das gut geführte kleine Hotel mit sehr netten und recht geräumigen Gästezimmern in warmen Farben ist in einem Haus a. d. J. 1843 untergebracht. Von einigen Zimmern schaut man auf die Isar hinter dem Haus. Das Restaurant bietet griechische Küche.

Alexandra garni 

Kyreinstr. 13 ✉ 83646 – ✆ (08041) 7 84 30 – www.alexandrahotel.de

20 Zim ☕ – 🚹55/95 € 🚹🚹85/165 €

Das kleine Hotel ist eine sympathische persönlich-familiäre Adresse, die behaglich eingerichtet ist. Die meisten Zimmer verfügen über einen Balkon.

In Bad Tölz-Kirchbichl Nord: 6,5 km über Dietramszeller Straße

X

Jägerwirt 

Nikolaus-Rank-Str. 1 ✉ 83646 – ✆ (08041) 95 48 – www.jaegerwirt-kirchbichl.de – geschl. Ende Oktober - Mitte November und Montag, Donnerstag

Rest – Karte 23/32 €

Sie haben auf Ihrer Wanderung Hunger bekommen? Bei Familie Rank gibt es Klassiker wie gebackene Milzwurst oder Bratensülze sowie eine umfangreiche Tageskarte. Auf Vorbestellung bekommen Sie die beliebten Kalbs- und Schweinshaxen vom Grill!

TORNESCH – Schleswig-Holstein – 541 – 12 980 Ew – Höhe 13 m 10 I5

▶ Berlin 315 – Kiel 104 – Hamburg 33 – Itzehoe 35

Esinger Hof garni 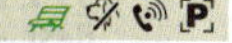

Denkmalstr. 7 (Esingen) ✉ 25436 – ✆ (04122) 9 52 70 – www.esingerhof.de

23 Zim ☕ – 🚹40/48 € 🚹🚹60/70 €

Eine nette familiäre Pension mit sehr gepflegten, soliden Zimmern und schönem Garten. Praktisch ist die gute Autobahnanbindung. Mit Appartements für Langzeitgäste.

TRABEN-TRARBACH – Rheinland-Pfalz – 543 – 5 860 Ew – Höhe 110 m – Heilbad 46 C15

▶ Berlin 673 – Mainz 104 – Trier 63 – Bernkastel-Kues 24

ℹ Am Bahnhof 5, ✉ 56841, ✆ (06541) 8 39 80, www.traben-trarbach.de

⛳ Hahn, Golf Allee 1/Am Flughafen, ✆ (06543) 50 95 60

Im Ortsteil Traben

Bellevue (mit Gästehäusern) 

An der Mosel 11 ✉ 56841 – ✆ (06541) 70 30 – www.bellevue-hotel.de

59 Zim ☕ – 🚹95/125 € 🚹🚹140/170 € – 9 Suiten – ½ P

Rest *Clauss Feist* – siehe Restaurantauswahl

An der Mosel liegt das hübsche Gebäudeensemble mit stilvollem Haupthaus von 1903. Wohnliche und individuelle Zimmer, einige farbenfroh und modern, andere eher klassisch.

Trabener Hof 

Bahnstr. 25 ✉ 56841 – ✆ (06541) 7 00 80 – www.trabener-hof.de – geschl. Januar - Februar

23 Zim ☕ – 🚹65/85 € 🚹🚹85/125 € – ½ P

Rest *Cavallerie* – *(geschl. Sonntag) (nur Abendessen)* Karte 35/47 €

Im Ortskern finden Sie das Haus a. d. J. 1898, in dem zeitgemäß und freundlich eingerichtete Gästezimmer zur Verfügung stehen, W-Lan nutzen Sie kostenfrei. Im Restaurant Cavallerie bietet Ihnen das junge Pächterpaar eine ambitionierte zeitgemäße Küche.

XX **Clauss Feist** – Hotel Bellevue 
An der Mosel 11 ✉ *56841* – ✆ *(06541) 70 30* – *www.bellevue-hotel.de*
Rest – Menü 39/69 € – Karte 32/66 €
Moselfränkischer Jugendstil gemixt mit anderen Einrichtungs- und Gestaltungselementen macht den interessanten Charme dieses Restaurants aus. Außerdem erfreut man die Gäste mit leckeren internationalen und klassischen Gerichten.

Im Ortsteil Trarbach

Moseltor
Moselstr. 1 ✉ *56841* – ✆ *(06541) 65 51* – *www.moseltor.de*
9 Zim – 69/95 € 110/140 € – 1 Suite – ½ P
Rest – *(geschl. Dienstag) (nur Abendessen)* (Tischbestellung ratsam)
Menü 30/45 € – Karte 29/40 €
Eine sehr gepflegte familiär geleitete Adresse ist das an der Mosel gelegene kleine Hotel mit Bruchsteinfassade. Die wohnlichen individuellen Zimmer verfügen über moderne Bäder. Neuzeitlich ist das Ambiente im Restaurant, international das Speisenangebot.

TRASSEM – **Rheinland-Pfalz** – **siehe Saarburg**

TRASSENHEIDE – **Mecklenburg-Vorpommern** – **siehe Usedom (Insel)**

TRAUNSTEIN – **Bayern** – **546** – **18 850 Ew** – **Höhe 591 m** **67** O21
Berlin 674 – München 112 – Bad Reichenhall 35 – Rosenheim 53
ADAC Ludwigstr. 12c
Haywards-Heath-Weg 1, ✉ 83278, ✆ (0861) 9 86 95 23, www.traunstein.de

Park-Hotel Traunsteiner Hof 
Bahnhofstr. 11 ✉ *83278* – ✆ *(0861) 98 88 20* – *www.parkhotel-traunstein.de*
53 Zim – 60/66 € 98/110 € – 2 Suiten
Rest – *(12. Oktober - 11. November und Samstag)* Menü 15 € (mittags) – Karte 22/40 €
In dem Hotel a. d. 19. Jh. sticht gleich der Treppenaufgang mit eindrucksvoll gedrechseltem Geländer ins Auge. Trotz aller Tradition findet man hier angenehm zeitgemäße Zimmer. Die Holztäfelung in den netten Gaststuben sorgt für alpenländisches Ambiente zur regional-internationalen Küche.

TREBBIN – **Brandenburg** – **542** – **9 280 Ew** – **Höhe 39 m** **32** P9
Berlin 56 – Potsdam 29 – Brandenburg 62 – Frankfurt (Oder) 101

Parkhotel Zim, Zim,
Parkstr. 5 ✉ *14959* – ✆ *(033731) 7 10* – *www.parkhotel-trebbin.de*
37 Zim – 54/78 € 69/80 € – 1 Suite – ½ P
Rest – *(nur Abendessen)* Karte 13/30 €
Neuzeitlich und funktionell ist die Einrichtung der Gästezimmer in diesem familiär geführten Hotel in relativ ruhiger Lage am Stadtpark. Im Restaurant bietet man u. a. Gerichte und Weine aus der pfälzischen Heimat der Chefin.

TREBUR – **Hessen** – **543** – **13 200 Ew** – **Höhe 88 m** **47** F15
Berlin 571 – Wiesbaden 25 – Frankfurt am Main 38 – Darmstadt 21

Zum Erker
Hauptstr. 1 ✉ *65468* – ✆ *(06147) 9 14 80* – *www.zum-erker.de*
18 Zim – 65 € 82 € – ½ P
Rest – *(geschl. 1. - 20. Juli und Sonntagabend - Montagmittag)* Karte 16/41 €
Bereits seit 1743 wird das Gasthaus als Familienbetrieb geführt. Es stehen gediegen und solide eingerichtete Zimmer mit gutem Platzangebot bereit. Bürgerliches Restaurant.

TREIS-KARDEN – **Rheinland-Pfalz** – **543** – **2 240 Ew** – **Höhe 90 m** **46** C14
Berlin 633 – Mainz 100 – Koblenz 37 – Trier 104
St. Castor-Str. 87, ✉ 56253, ✆ (02672) 9 15 77 00, www.treis-karden.de
Burg Eltz★★, Nord: 20 km · Burg Thurant★, Nord: 16 km

Im Ortsteil Karden

Schloss-Hotel Petry 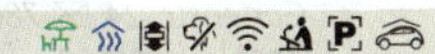
St.-Castor-Str. 80 ✉ 56253 – ✆ (02672) 93 40 – www.schloss-hotel-petry.de
73 Zim – 53/95 € 86/160 € – ½ P
Rest *Schloss-Stube* – siehe Restaurantauswahl
Rest – Menü 13 € (mittags)/44 € – Karte 21/41 €
Diese Anlage mit jahrhundertealtem Schloss verfügt über individuelle Zimmer in vier Häusern. Im Stammhaus befinden sich besonders schicke und hochwertig eingerichtete Superiorzimmer. Weinstube im altdeutschen Stil.

Schloss-Stube – Schloss-Hotel Petry
St.-Castor-Str. 80 ✉ 56253 – ✆ (02672) 93 40 – www.schloss-hotel-petry.de – geschl. 2. - 17. Januar, 21. Juli - 4. August und Montag - Mittwoch
Rest – Menü 40/70 € – Karte 44/58 €
Als Alternative zur Weinstube im Haus bietet dieses kleine Gourmetrestaurant einen klassischen Rahmen und ambitionierte Küche, die den Gästen an gut eingedeckten Tischen serviert wird.

In Müden Ost: 4 km Richtung Löf

Sewenig 
Moselstr. 5 (B 416) ✉ 56254 – ✆ (02672) 13 34 – www.hotel-sewenig.de – geschl. 5. Januar - 15. Februar
30 Zim – 38/45 € 68/90 € – ½ P
Rest – *(geschl. Februar - April sowie November - Dezember: Montag - Dienstag)* Karte 16/31 €
In dem Ferienhotel mit Weingut wohnt man in funktionellen Zimmern, die im rustikalen Stil gehalten sind. Vom kleinen Saunabereich schaut man auf die Weinberge. Restaurant mit Blick auf die Mosel.

TRENT – **Mecklenburg-Vorpommern** – **siehe Rügen (Insel)**

TREUEN – **Sachsen** – **544** – **8 520 Ew** – **Höhe 450 m** **41** N13

Berlin 298 – Dresden 143 – Gera 51 – Plauen 10

Wettin 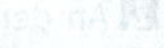
Bahnhofstr. 18 ✉ 08233 – ✆ (037468) 65 80 – www.hotel-wettin.de
23 Zim – 42/68 € 58/89 € – ½ P **Rest** – Karte 15/37 €
Das 1898 im Ortskern erbaute Eckhaus ist ein kleiner Familienbetrieb, dessen Gästezimmer zeitlos, solide und funktionell ausgestattet sind. Zum unterteilten Restaurantbereich gehört eine nette Terrasse.

TRIBERG – **Baden-Württemberg** – **545** – **4 790 Ew** – **Höhe 864 m** – **Wintersport: 1 000 m** – **Heilklimatischer Kurort** **62** E20

Berlin 765 – Stuttgart 139 – Freiburg im Breisgau 61 – Offenburg 56

Wallfahrtstr. 4, ✉ 78098, ✆ (07722) 86 64 90, www.dasferienland.de

Wasserfälle★ · Kirche Maria in den Tannen (Barocke Innenausstattung★)

Parkhotel Wehrle (mit Gästehäusern) 
Gartenstr. 24 ✉ 78098 – ✆ (07722) 8 60 20 – www.parkhotel-wehrle.de
49 Zim – 85/115 € 149/159 €
Rest *Parkhotel Wehrle* – siehe Restaurantauswahl
Traditionshaus mit reizvollem Park (sehenswert hier der über 400 Jahre alte Mammutbaum!) und individuellen Zimmern von klassisch bis modern. Das größere Gästehaus ist direkt mit dem tollen "Sanitas Spa" verbunden. Sie möchten heiraten? Kleinstes Standesamt Deutschlands im Haus!

Schwarzwald Residenz 
Bgm.-De-Pellegrini-Str. 20 ✉ 78098 – ✆ (07722) 9 62 30 – www.residenz-triberg.bestwestern.de
36 Zim – 65/80 € 109/129 € – ½ P
Rest – *(nur Abendessen)* Menü 19 € – Karte 24/37 €
Freundliche Zimmer finden sich in diesem recht ruhig gelegenen Hotel mit schöner Aussicht. Die praktischen Appartements sind insbesondere für Familien geeignet. Das hell und zeitlos gestaltete Restaurant bietet internationale Küche.

Parkhotel Wehrle – Parkhotel Wehrle

Gartenstr. 24 ✉ *78098* – ✆ *(07722) 8 60 20* – *www.parkhotel-wehrle.de*
Rest – *(Montag - Samstag nur Abendessen)* Menü 41/59 € – Karte 31/57 €
Ob Roter Salon, Ochsenstube oder Alte Schmiede, ob elegant oder rustikal - jeder dieser historischen Räume ist ein sehr schöner Ort für regionale Spezialitäten wie frische Forellen oder Internationales wie "rosa gebratene Lammhüfte mit Lauch-Ziegenkäsetarte".

TRIEFENSTEIN – Bayern – 546 – 4 340 Ew – Höhe 180 m 48 H15

Berlin 523 – München 313 – Würzburg 31

In Triefenstein-Homburg am Main Süd-Ost: 2 km

Weinhaus Zum Ritter mit Zim

Rittergasse 2 ✉ *97855* – ✆ *(09395) 15 06* – *www.weinhaus-ritter.de* – *geschl. Februar - März 3 Wochen und Montag - Dienstagmittag*
4 Zim – 🚹38 € 🚹🚹62 €
Rest – *(November - Mai: Dienstag - Samstag nur Abendessen)* Menü 24/43 € – Karte 24/35 €
Thomas Hausin bietet eine ehrliche regionale Küche, die auch als Stärkung für Mainweg-Radler ideal ist. In dem 400 Jahre alten ehemaligen Bauernhaus gibt es in einer liebenswerten Stube "Gaisburger Marsch", "Rindsroulade mit Spätzle und Krautsalat"... Im Sommer unbedingt auf der Terrasse Platz nehmen!

TRIER – Rheinland-Pfalz – 543 – 105 260 Ew – Höhe 130 m 45 B15

Berlin 719 – Mainz 162 – Bonn 143 – Koblenz 124
ADAC Fleischstr. 14 C1
An der Porta Nigra D1, ✉ 54290, ✆ (0651) 97 80 80, www.trier-info.de
Ensch-Birkenheck, ✆ (06507) 99 32 55
Lage★★ · Porta Nigra★★ · Liebfrauenkirche★ (Grabmal★) · Dom★ (Domschatz★) · Bischöfliches Dom und Diözesanmuseum★ · Hauptmarkt★ (Marktkreuz★) · Dreikönigenbau★D1 · Basilika St. Paulin★B1 · Kaiserthermen★★ · Rheinisches Landesmuseum★★ · Basilika★★ · Schatzkammer der Stadtbibliothek★★D2
Moseltal★★★ (von Trier bis Koblenz)

Stadtpläne siehe nächste Seiten

Park Plaza

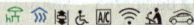

Nikolaus-Koch-Platz 1 ✉ *54290* – ✆ *(0651) 9 99 30* – *www.parkplaza-trier.de*
150 Zim – 🚹95/157 € 🚹🚹128/190 €, 17 € – 8 Suiten – ½ P C1f
Rest – Menü 16/60 € – Karte 31/46 €
In diesem Hotel in unmittelbarer Nähe der Fußgängerzone erwarten Sie eine moderne Lobby mit Bar, zeitgemäße, teils recht geräumige Zimmer und gute Tagungsmöglichkeiten. Zur Halle hin offenes Restaurant im Bistrostil mit Terrasse im Innenhof.

Villa Hügel Rest,

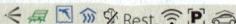

Bernhardstr. 14 ✉ *54295* – ✆ *(0651) 3 30 66* – *www.hotel-villa-huegel.de*
32 Zim – 🚹98/138 € 🚹🚹128/184 € – 1 Suite A2s
Rest – ✆ (0651) 93 71 00 *(geschl. Freitag - Sonntag) (nur Abendessen für Hausgäste)* Karte 29/48 €
Sie suchen etwas mehr Stil und Charme als in einem "normalen" Stadthotel? Wie wär's mit dieser Villa von 1914, die relativ ruhig über Trier liegt, komfortabel, wohnlich und technisch modern ausgestattet ist, in der Sie aufmerksam betreut werden und im Sauna- und Ruhebereich oder im herrlichen Garten wunderbar entspannen können? Und wer genießt zum leckeren Frühstück nicht gerne den Stadtblick von der Panoramaterrasse?

Nells Park Hotel (N) 

Dasbachstr. 12 ✉ 54292 – ✆ (0651) 1 44 40 – www.nellsparkhotel.de

73 Zim ☕ – 🚹80/105 € 🚹🚹110/155 € – ½ P **B1n**

Rest – Menü 30 € – Karte 25/60 €

Das komfortable Hotel (seinen Ursprung hat es übrigens in einem Herrenhaus a. d. 18. Jh.) liegt verkehrsgünstig in der Nähe des Verteilerkreises und dennoch im Grünen - so haben der Park direkt vor Ihrer Tür und auch die nahe Mosel einen hohen Freizeitwert! Und auch im Hotel selbst kommt der Komfort nicht zu kurz: Die Zimmer sind geschmackvoll und wohnlich, der Wellnessbereich modern (schön auch die Dachterrasse), die Veranstaltungsbedingungen ideal. Im Restaurant gibt es ebenso wie auf der Terrasse zum Park eine internationale Küche.

Deutscher Hof 

Südallee 25 ✉ 54290 – ✆ (0651) 9 77 80 – www.hotel-deutscher-hof.de – geschl. 22. Dezember - 5. Januar **C2g**

98 Zim ☕ – 🚹68/77 € 🚹🚹85/125 € – ½ P

Rest – Menü 25/49 € (abends) – Karte 24/46 €

Ein familiär geführtes Hotel in sehr zentraler Lage mit großzügiger moderner Lobby, funktionellen, teilweise komfortableren Zimmern sowie Freizeitbereich mit Blick über Trier.

Aulmann garni 

Fleischstr. 47, (2. Etage) ✉ 54290 – ✆ (0651) 9 76 70 – www.hotel-aulmann.de **C1a**

36 Zim – 🚹45/80 € 🚹🚹70/115 €, ☕ 5 €

Mitten im Zentrum steht das aus einem modernisierten und erweiterten Altstadthaus entstandene Hotel. Die Gästezimmer sind zeitgemäß und praktisch ausgestattet.

ante porta - DAS STADTHOTEL (N) garni 

Paulinstr. 66 ✉ 54292 – ✆ (0651) 43 68 50 – www.hotel-anteporta.de – geschl. 23. - 26. Dezember **D1a**

37 Zim – 🚹54/59 € 🚹🚹69/89 €, ☕ 8 €

Kein Wunder, dass dieses Hotel gefragt ist: Es ist geschickt anzufahren, bietet gute Parkmöglichkeiten, zur Porta Nigra sind es nur fünf Minuten zu Fuß und die modern-puristische Einrichtung ist ebenfalls attraktiv! In den Zimmern freundliche Farben, gute Technik und teilweise Balkone, zum Frühstück eine frische Buffet-Auswahl.

Petrisberg garni 

Sickingenstr. 11 ✉ 54296 – ✆ (0651) 46 40 – www.hotel-petrisberg.de

25 Zim ☕ – 🚹70/75 € 🚹🚹100/105 € **B2y**

Herrlich liegt der Familienbetrieb in einem Naturschutzgebiet oberhalb der Stadt, 15 Gehminuten vom Zentrum. Mit Massivholzmöbeln solide eingerichtete Zimmer, alle mit Balkon.

Paulin garni 

Paulinstr. 13 ✉ 54292 – ✆ (0651) 14 74 00 – www.hotel-paulin-trier.de

24 Zim – 🚹57/69 € 🚹🚹82/97 €, ☕ 8 € **D1e**

Praktisch ist hier vor allem die Nähe zur Porta Nigra: So erreichen Sie die Fußgängerzone von diesem gepflegten und funktionalen Hotel aus bequem zu Fuß!

Schlemmereule 

Domfreihof 1b, (im Palais Walderdorff) ✉ 54290 – ✆ (0651) 7 36 16 – www.schlemmereule.de – geschl. 23. Februar - 5. März und Sonntag, außer an Feiertagen **D1b**

Rest – Menü 45 € (mittags)/48 € – Karte 37/56 €

In dem einstigen Amts- und Regierungshaus a. d. 18. Jh. verbindet sich der klassisch-historische Rahmen mit modernem Stil. Saisonale internationale Küche. Terrasse im Hof.

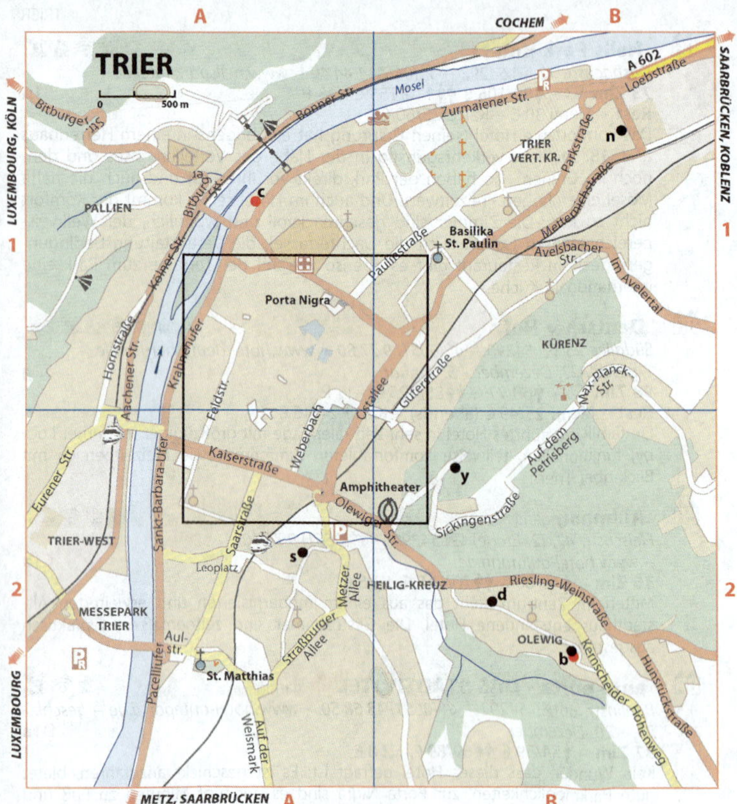

BECKER´S XO (N)

Fleischstr. 59, (im Innenhof der ehm. Hauptpost) ✉ 54290 – ✆ (0651) 99 19 77 80 – www.xo-trier.de – geschl. Sonntag C1**b**

Rest – Karte 27/59 €

Die Becker'schen Restaurants beschränken sich nicht mehr nur auf Trier-Olewig: Diese tolle trendige Adresse liegt in der Innenstadt und ist seit ihrer Eröffnung sehr gefragt! Zuerst zeitgemäße Gerichte aus der offenen Küche, danach einen Cocktail in der Bar oder im Innenhof, und tagsüber trifft man sich im "Daily" - hier gibt es Wein, Käse und Fleisch zu kaufen, daneben Feinkost und Kaffee.

Brasserie (N)

Fleischstr. 12 – ✆ (0651) 97 80 00 – www.brasserie-trier.de C1**b**

Rest – Karte 23/52 €

Wer bei seinem Bummel durch Trier Lust auf eine Stärkung in typischer lebendiger Brasserie-Atmosphäre bekommt, kehrt am besten bei Björn und Melanie Ostermann ein. Das gemütliche Lokal liegt ideal dafür, gleich beim Hauptmarkt und nur wenige Gehminuten von der Porta Nigra. Zu essen gibt's Klassiker wie den "Trierer Lieblingsteller", "alte" deutsche Gerichte wie Hühnerfrikassee oder auch "Pot au feu von St. Pierre, Crevettes roses und Jakobsmuscheln".

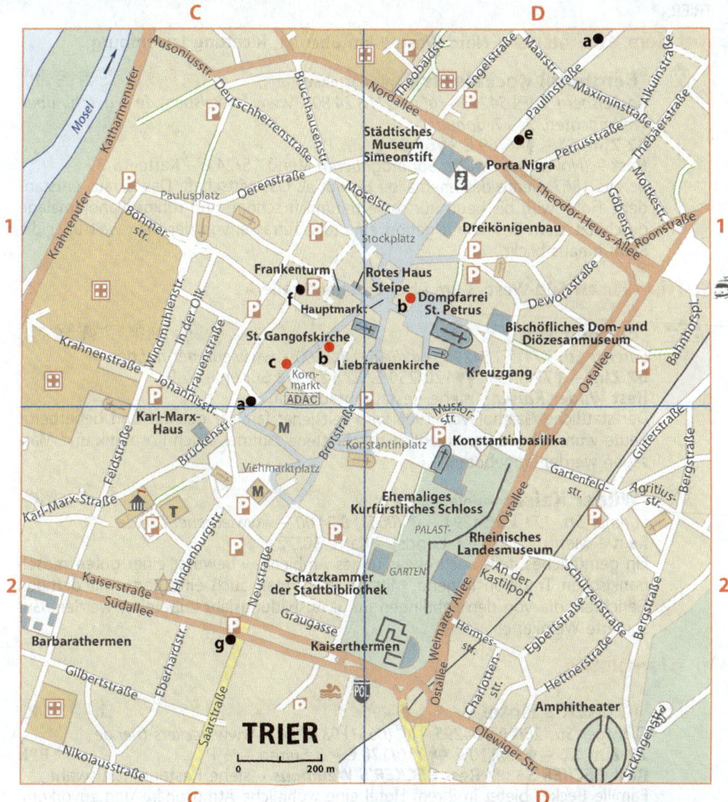

Bagatelle

Zurlaubener Ufer 78 ✉ *54292 – ✆ (0651) 2 97 22 – www.bagatelle-trier.com* A1c

Rest – 89 € – Karte 59/82 €

In dem kleinen alten Fischerhaus am Moselufer befindet sich das über zwei Ebenen angelegte Restaurant mit gepflegter Tischkultur und klassischer Küche - unter der Woche kann man mittags neben Gerichten à la carte auch das günstige Mittagsmenü wählen. Schön die Moselterrasse.

Georgs Restaurant (N)

An der Härenwies 10 (Süd: 5 km über Metzger Allee D2) ✉ *54294 – ✆ (0651) 9 93 00 60 – www.georgs-restaurant.de – geschl. 7. - 17. Oktober und Montag - Dienstag*

Rest – *(nur Abendessen, sonntags auch Mittagessen)* Menü 21 € (mittags)/34 € – Karte 29/49 €

Das "Südbad" ist nicht nur für Badegäste interessant, dafür sorgt Georg Henke mit frischen internationalen Gerichten wie der "in Honig karamellisierten Barbarie-Entenbrust mit Thymianjus und Sellerie-Kartoffelpüree". Das moderne Restaurant hat eine kleine Lounge und eine tolle Terrasse, von der man ins Schwimmbad schauen kann.

Auf dem Kockelsberg Nord-West: 5 km über A1, Richtung Luxemburg

Berghotel Kockelsberg (mit Gästehaus)

Kockelsberg 1 ✉ 54293 – ✆ (0651) 8 24 80 – www.kockelsberg.de – geschl. über Weihnachten, 3. - 7. Januar
32 Zim – †46/69 € ††67/97 € – ½ P
Rest – *(November - März: Sonntagabend)* Menü 15/24 € – Karte 15/37 €
Bereits 1867 diente das ehemalige Hofgut als Gastwirtschaft. Das daraus entstandene Hotel wird bis heute für seine traumhaft schöne und ruhige Panoramalage geschätzt. Zum Restaurant gehört eine tolle Terrasse, von der man weit über die Stadt hinaus blickt.

In Trier-Euren Süd-West: 3 km über Eurener Straße A2

Eurener Hof

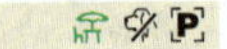

Eurener Str. 171 ✉ 54294 – ✆ (0651) 8 24 00 – www.eurener-hof.de
67 Zim – †72/115 € ††120/250 €, 12 € – 2 Suiten – ½ P
Rest *Wilder Kaiser* – siehe Restaurantauswahl
Der stattliche Gasthof von 1906 wird seit jeher familiär geleitet und beherbergt heute wohnliche, unterschiedlich geschnittene Zimmer. Auch Kosmetik und Massagen werden angeboten.

Wilder Kaiser – Hotel Eurener Hof

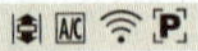

Eurener Str. 171 ✉ 54294 – ✆ (0651) 8 24 00 – www.eurener-hof.de
Rest – Menü 42/115 € (abends) – Karte 30/72 €
Ein gemütliches, teils auch etwas uriges Ambiente - bewusst einer guten moselfränkischen Tradition folgend. Mittags reicht man auch eine Karte mit deftigen Gerichten, die von den Lehrlingen im 3. Ausbildungsjahr zubereitet werden. Gut sortierte Weinkarte!

In Trier-Olewig

BECKER'S Hotel

Olewiger Str. 206 ✉ 54295 – ✆ (0651) 93 80 80 – www.beckers-trier.de
22 Zim – †85/110 € ††110/170 € – 3 Suiten – ½ P **B2b**
Rest *BECKER'S* ✿✿ **Rest *BECKER'S Weinhaus*** – siehe Restaurantauswahl
Familie Becker bietet in ihrem Hotel eine wohnliche Atmosphäre und zuvorkommenden Service. Die Zimmer sind minimalistisch designt, ebenso trendig-modern ist der Frühstücksraum, der auch als Weinbar dient.

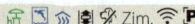

Blesius Garten

Olewiger Str. 135 ✉ 54295 – ✆ (0651) 3 60 60 – www.blesius-garten.de
62 Zim – †72/100 € ††95/147 € – ½ P **B2d**
Rest *Wintergarten* – Menü 39 € (abends) – Karte 21/48 €
Rest *Brauerei* – ✆ (0651) 3 60 62 00 – Karte 19/31 €
Das ehemalige Hofgut a. d. J. 1789 beherbergt charmante Gästezimmer im Landhausstil, deren farbliche Gestaltung für eine individuelle Note sorgt. Das Restaurant mit hübschem Wintergarten bietet internationale Küche. Rustikale Hausbrauerei mit Biergarten.

BECKER'S – BECKER'S Hotel

✿✿

Olewiger Str. 206 ✉ 54295 – ✆ (0651) 93 80 80 – www.beckers-trier.de – geschl. über Karneval 3 Wochen, Juli - August 2 Wochen und Sonntag - Montag
Rest – *(nur Abendessen)* (Tischbestellung ratsam) **B2b**
Menü 115/135 €
Diese traditionelle Adresse hat auch eine moderne Seite - sowohl im geradlinigen Ambiente als auch in Wolfgang Beckers Küche. Letztere konzentriert sich auf ein Menü mit 5 - 7 Gängen, dessen Komponenten wunderbar harmonieren und den Eigengeschmack der Top-Produkte schön zur Geltung bringen! Dazu passt z. B. einer der schönen deutschen Weine - gerne empfiehlt man auch einen hauseigenen!
➜ Gänseleber aus den Landes, Deklination der Himbeere. Pochiertes Eifel Lamm, Gewürz-Bulgur mit Rosinen. Dessert von Schokolade, Birne, Süßholz.

BECKER'S Weinhaus – BECKER'S Hotel 

Olewiger Str. 206 ✉ 54295 – ✆ (0651) 93 80 80
– www.beckers-trier.de B2**b**
Rest – Menü 28 € (mittags)/42 € – Karte 43/68 €
Ein Kontrast zum modernen Neubau des Hotels ist das Stammhaus, in dem sich die Weinstube befindet. Sie ist gemütlich-rustikal in hellem Holz gehalten und hat Tradition! Lassen Sie sich die sehr schmackhafte international-regionale Küche aber ruhig auch mal auf der Terrasse servieren - dort sitzt es sich ebenfalls angenehm!

In Trier-Pfalzel **Nord: 7 km über Bonner Straße B1**

Klosterschenke 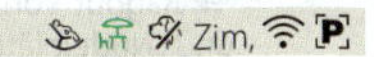

Klosterstr. 10 ✉ 54293 – ✆ (0651) 96 84 40 – www.hotel-klosterschenke.de
– geschl. Januar - Februar 4 Wochen
11 Zim – †58/67 € ††84/99 € – ½ P
Rest – *(geschl. Mitte Oktober - Mitte April: Montag - Dienstag)* Menü 38 €
– Karte 24/59 €
Das ehemalige Kloster mit hübschem Innenhof ist ein kleines Schmuckstück mit historischem Flair, in dem Sie sehr individuelle, liebenswerte Zimmer erwarten. Restaurant mit Kreuzgewölbe, ein Teil davon ist der einstige Kreuzgang. Terrasse mit altem Baumbestand.

In Trier-Zewen **Süd-West: 7 km über A2, Richtung Luxemburg**

Ambiente 

In der Acht 1 ✉ 54294 – ✆ (0651) 82 72 80 – www.ambiente-trier.de
12 Zim – †69/79 € ††99/109 € – ½ P
Rest *Stemper's Brasserie* – siehe Restaurantauswahl
Ein familiär geleitetes kleines Hotel mit wohnlichen, teils besonders großzügigen Zimmern und einem schönen Garten mit Teich.

Schloss Monaise 

Schloss Monaise 7 ✉ 54294 – ✆ (0651) 82 86 70 – www.schlossmonaise.de
– geschl. 17. Februar - 5. März und Montag - Dienstagmittag
Rest – Menü 48/98 € – Karte 51/77 €
Markenzeichen von Chef Hubert Scheid ist (neben dem charakteristischen Pferdeschwanz!) seine klassische Küche aus hervorragenden Produkten. Und die wird - wie sollte es in dem 1780 erbauten Schlösschen an der Mosel auch anders sein - in stilvollen hohen Räumen serviert. Auf der Karte liest man z. B. "Gänseleber in Eiswein mariniert" oder "Croustillant von der Seezunge in Champagnerschaum mit Orangenfenchel".

Stemper's Brasserie – Hotel Ambiente 

In der Acht 1 ✉ 54294 – ✆ (0651) 82 72 80 – www.ambiente-trier.de
– geschl. Sonntag - Montagmittag, Donnerstag
Rest – *(Januar - Februar: nur Abendessen)* Menü 25/48 € – Karte 24/46 €
Mit dem ganz persönlichen Charme eines familiär geführten Lokals. Sie können wählen, ob Sie in dem mediterran gestalteten Restaurant oder lieber in der legereren Brasserie Platz nehmen. Serviert werden regionale und internationale Speisen.

Gute und preiswerte Häuser kennzeichnet der „Bib": der rote „Bib Gourmand" für die Küche, der blaue „Bib Hotel" bei den Zimmern.

TRITTENHEIM – Rheinland-Pfalz – 543 – 1 080 Ew – Höhe 130 m – Erholungsort **45** B15

Berlin 700 – Mainz 138 – Trier 35 – Bernkastel-Kues 25
Moselweinstr. 55, ✉ 54349, ✆ (06507) 22 27, www.trittenheim.de

Wein- und Tafelhaus (Alexander Oos) mit Zim Rest,

Moselpromenade 4 ✉ 54349 – ✆ (06507) 70 28 03 – www.wein-tafelhaus.de – geschl. Januar 3 Wochen, Juli - August 2 Wochen und Montag - Dienstag, außer an Feiertagen

7 Zim – 90/110 € 140/160 €

Rest – Menü 85/105 € – Karte 61/95 €

Wer das Haus noch nicht kennt, wird angenehm überrascht sein von der luftig-lichten Atmosphäre: Wände in Vanillegelb, weiße Stoffe und Fliesen, bodentiefe Fenster... Vom herrlichen Garten hat man die Weinberge samt "Trittenheimer Apotheke" im Blick! Die herzlichen Gastgeber und die klassische Küche des Chefs machen das schöne Bild komplett. Geschmackvolle Gästezimmer!

➜ Ragout von Meeresfrüchten mit Verjusschaum, Frühlingsgemüse mit Estragon und Nudelblättern. Kabeljau im Strudelteig gebacken mit Pommery-Senfsauce und Lauchzwiebeln. Délice von der Schokolade mit marinierter Ananas, Passionsfruchtsorbet und Minzschaum.

Weinstube Stefan-Andres mit Zim

Laurentiusstr. 17 ✉ 54349 – ✆ (06507) 59 72 – www.weingut-bernhard-eifel.de – geschl. Montag - Dienstag, November - März: Montag - Donnerstag

5 Zim – 50/55 € 62/72 € – ½ P

Rest – *(nur Abendessen)* (Tischbestellung ratsam) Menü 33/47 € – Karte 34/53 €

Naturstein, Holz und warme Töne verleihen der charmanten Weinstube ihren gemütlichen Charakter. Zur internationalen Küche bietet man Weine aus eigenem Anbau. Für Übernachtungsgäste stehen nette, wohnliche Zimmer bereit.

In Bescheid Süd: 10 km über Büdlicherbrück

Zur Malerklause

Im Hofecken 2 ✉ 54413 – ✆ (06509) 5 58 – www.malerklause.de – geschl. über Fastnacht 2 Wochen, Anfang September 2 Wochen und Montag - Dienstag

Rest – *(Mittwoch - Samstag nur Abendessen)* (Tischbestellung ratsam) Menü 52/83 € – Karte 44/74 €

Bei Familie Lorscheider wird mit guten Produkten schmackhaft und ambitioniert gekocht. Das gediegene Restaurant ist reichlich dekoriert und hat eine schöne überdachte Terrasse.

In Naurath (Wald) Süd: 8 km oder über A1 Abfahrt Mehring – Höhe 395 m

Rüssel's Landhaus St. Urban mit Zim

Büdlicherbrück 1 (Nord-Ost: 1,5 km) ✉ 54426 – ✆ (06509) 9 14 00 – www.landhaus-st-urban.de – geschl. 1. - 9. Januar, August 2 Wochen und Dienstag - Mittwoch

12 Zim – 90/135 € 110/210 € – 2 Suiten

Rest – Menü 125/145 €

Ruth und Harald Rüssel hätten für ihr Restaurant kaum ein reizenderes Fleckchen finden können als die ehemalige Mühle inmitten des Grüns dieses ruhigen Tales. Direkt vor dem Haus ein kleiner See... prädestiniert für eine wunderbare Terrasse! Zu Augenweide und Seelenwohl gesellt sich die Gaumenfreude in Form von exzellenter innovativer und gefühlvoller Küche! Als gebührenden Abschluss buchen Sie eines der Landhaus- oder Themenzimmer: ein Ausbund an Geschmack und Wohnlichkeit.

➜ Coq au Vin vom Serriger Huhn, Marktgemüse und Gerste. Störfilet, junge Erbsen, Blumenkohl und Kaviar. Rehrücken mit Crue de Cacao, Sellerie, Mandelspitzkohl, Himbeeressig-Rote Betejus.

TROCHTELFINGEN – Baden-Württemberg – 545 – 6 450 Ew – Höhe 700 m – Wintersport: 800 m 2 – Erholungsort 55 G19

Berlin 702 – Stuttgart 68 – Konstanz 105 – Reutlingen 27

Rathausplatz 9, Rathaus, ✉ 72818, ✆ (07124) 4 80, www.trochtelfingen.de

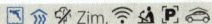

Zum Rössle 
Marktstr. 48 ✉ 72818 – ☎ (07124) 92 50 – www.Roessle-Trochtelfingen.de – geschl. Anfang August 2 Wochen
28 Zim – 43/53 € 70/80 € – ½ P
Rest – *(geschl. Montag)* Menü 24 € – Karte 17/38 €
Gepflegte, teilweise sehr zeitgemäße Zimmer stehen in dem gut geführten Gasthof der Familie Fischer zur Verfügung. Ca. 200 m entfernt befindet sich das kleine Tagungszentrum. Im Restaurant bietet man bürgerlich-regionale Küche.

TRÖSTAU – Bayern – 546 – 2 520 Ew – Höhe 550 m 51 M15

Berlin 370 – München 268 – Weiden in der Oberpfalz 58 – Bayreuth 37
Tröstau, Fahrenbach 1, ☎ (09232) 88 22 51

Schmankerl Restaurant Bauer mit Zim
Kemnather Str. 22 ✉ 95709 – ☎ (09232) 28 42 – www.bauershotel.de – geschl. Mittwoch, November - April: Montagmittag, Dienstagmittag, Mittwoch
11 Zim – 45/60 € 80/90 € **Rest** – Karte 22/36 €
Im Ort kennt man das rund 60 Jahre alte Restaurant eigentlich nur unter dem Namen "Bergcafé". Es ist zwar recht schlicht, dafür sind die Gastgeber Antje und Andre Pielorz umso freundlicher! Auch die Seniorchefin Frau Bauer ist noch mit im Haus und hilft dem Schwiegersohn in der Küche, wo er Regionales wie z. B. Zwiebelrostbraten zubereitet. Einige ausgesuchte Weine!

In Tröstau-Fahrenbach Süd-Ost: 2 km

Golfhotel Fahrenbach 
Fahrenbach 1 ✉ 95709 – ☎ (09232) 88 20 – www.golfhotel-fahrenbach.de
76 Zim – 69/75 € 110/122 € – 4 Suiten – ½ P **Rest** – Karte 21/41 €
Man spürt gleich das gute Betriebsklima im Haus, alle sind auffallend freundlich, man fühlt sich willkommen! Das Hotel (angenehm ruhig am Golfplatz gelegen) ist bei Golfern und Geschäftsleuten gleichermaßen beliebt. Geräumige Zimmer, Saunalandschaft und Massagen bieten Erholung.

TROISDORF – Nordrhein-Westfalen – 543 – 75 370 Ew – Höhe 60 m 36 C12

Berlin 584 – Düsseldorf 65 – Bonn 12 – Siegburg 5

Das Kronprinz (N) garni 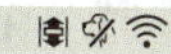
Poststr. 87 ✉ 53840 – ☎ (02241) 9 84 90 – www.daskronprinz.de
48 Zim – 89/150 € 99/170 €
Außen hat man den historischen Charme des schmucken 1900 gegründeten Hotels bewahrt, innen ist alles angenehm modern: klare Formen, ruhige Farben... Für Ihr Auto gibt es überdachte Stellplätze im Hof oder Sie parken kostenfrei im Parkhaus beim Bahnhof gegenüber.

Außerhalb Nord: 2 km über Altenrather Straße

Forsthaus Telegraph 
Mauspfad 3 ✉ 53842 Troisdorf-Spich – ☎ (02241) 7 66 49 – www.forsthaus-telegraph.de – geschl. Anfang Januar 1 Woche und Montag - Dienstagmittag, Mittwochmittag
Rest – (Tischbestellung ratsam) Menü 32/68 € – Karte 33/60 €
Das einstige Forsthaus in idyllischer Lage im Wald bietet auf zwei Ebenen in gediegen-rustikalem Ambiente eine klassische Küche mit internationalem und regionalem Einfluss.

TROSSINGEN – Baden-Württemberg – 545 – 15 310 Ew – Höhe 699 m 62 F20

Berlin 741 – Stuttgart 108 – Freiburg im Breisgau 86 – Schaffhausen 68
Schultheiß-Koch-Platz 1, ✉ 78647, ☎ (07425) 2 50, www.trossingen.de

In Trossingen-Schura Süd: 3 km

Landgasthof Bären

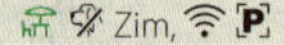

Lange Str. 18 ✉ 78647 – ✆ (07425) 81 78 – www.baeren-schura.de – geschl. Ende August 2 Wochen
8 Zim – †77/88 € ††98/105 € – ½ P
Rest – *(geschl. Donnerstag, Samstagmittag)* Menü 28/45 € – Karte 19/48 €
Ein schöner Gasthof, seit mehreren Generationen im Besitz der Familie Link. Sehenswert sind die modernen Themenzimmer wie "Natur pur", "Sinfonie", "Technologie"... Im Restaurant - und natürlich auf der schönen Terrasse - ergänzt eine wechselnde Saisonkarte das bürgerliche und regionale Angebot.

TROSTBERG – Bayern – 546 – 11 490 Ew – Höhe 493 m 67 O20

Berlin 676 – München 98 – Salzburg 65 – Rosenheim 60

Auf Wolke 8 garni

Schwarzerberg 8 (B 299) ✉ 83308 – ✆ (08621) 6 48 49 00 – www.hotelaufwolke-8.de
15 Zim – †56/59 € ††84/89 €
Das kleine Hotel liegt zwar etwas unruhig an der Straße, doch die Zimmer sind schallisoliert. Nette Details in dem freundlich eingerichteten Haus sind die zahlreichen Bilder von Jazz-Musikern sowie die schöne Aussicht von der Frühstücksveranda! Außerdem kommt man bequem zum Essen: Man bietet einen Shuttle-Bus zum nahen Restaurant "Hex'n Küch".

TÜBINGEN – Baden-Württemberg – 545 – 88 360 Ew – Höhe 341 m 55 G19

Berlin 682 – Stuttgart 46 – Karlsruhe 105 – Ulm (Donau) 100

An der Neckarbrücke 1 B1_2, ✉ 72072, ✆ (07071) 9 13 60, www.tuebingen-info.de

Altstadt★★ · Museum im Schloss Hohentübingen★ (Vogelherdpferdchen★ · Kultkammer★)A1 · Stiftskirche (Kanzel★ · Renaissance-Grabtumben★★ · Kirchturm ≤★) · Am Markt★ · Rathaus★ · Eberhardsbrücke (≤★auf den Neckar)B1

Bebenhausen: Kloster★ (Dachreiter★ · Sommerrefektorium★), Nord-Ost: 6 km über Wilhelmstraße B1

Hospederia La Casa

Hechingerstr. 59 (über B2) ✉ 72072 – ✆ (07071) 94 66 60 – www.lacasa-tuebingen.de – geschl. 24. Dezember - 6. Januar, 15. - 31. August
39 Zim – †138/162 € ††158/198 €, 18 € – 2 Suiten – ½ P
Rest *Hospederia La Casa* – siehe Restaurantauswahl
Dass Gastgeberin Claudia Leuze ursprünglich Architektin war, glaubt man gerne angesichts der geschmackvollen orientalisch-mediterranen Einrichtung, die ihren Sinn für schöne Formen und Farben und hochwertige Materialien beweist. Fragen Sie nach den Zimmern zum Innenhof, genießen Sie den wirklich herzlichen und persönlichen Service und relaxen Sie im Arabischen Bad unter den Maurischen Bögen in einem Ambiente aus 1001 Nacht!

Stadt Tübingen

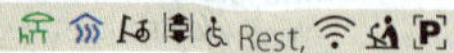

Stuttgarter Str. 97 (über B2, Richtung Reutligen) ✉ 72072 – ✆ (07071) 3 10 71 – www.hotel-stadt-tuebingen.de – geschl. 20. Dezember - 6. Januar, 1. - 15. August
70 Zim – †94/125 € ††125/165 €
Rest *Sammet´s* – *(geschl. Samstag - Sonntag sowie an Feiertagen)* Menü 30 € (abends) – Karte 32/61 €
Seit nunmehr über 35 Jahren führt Familie Sammet dieses Hotel. Beim schönen und hochwertigen modernen Design der Zimmer hat die Chefin persönlich mitgewirkt - man beachte auch die schicken Bäder! Dazu kommt noch ein praktischer Aspekt, nämlich die günstige Verkehrslage. Das Restaurant bietet regionale und internationale Küche.

A B BÖBLINGEN, DETTENHAUSEN

HERRENBERG 1 2

1 2 NÜRTINGEN, STUTTGART, REUTLINGEN

TÜBINGEN

0 200 m

ROTTENBURG A B

Domizil

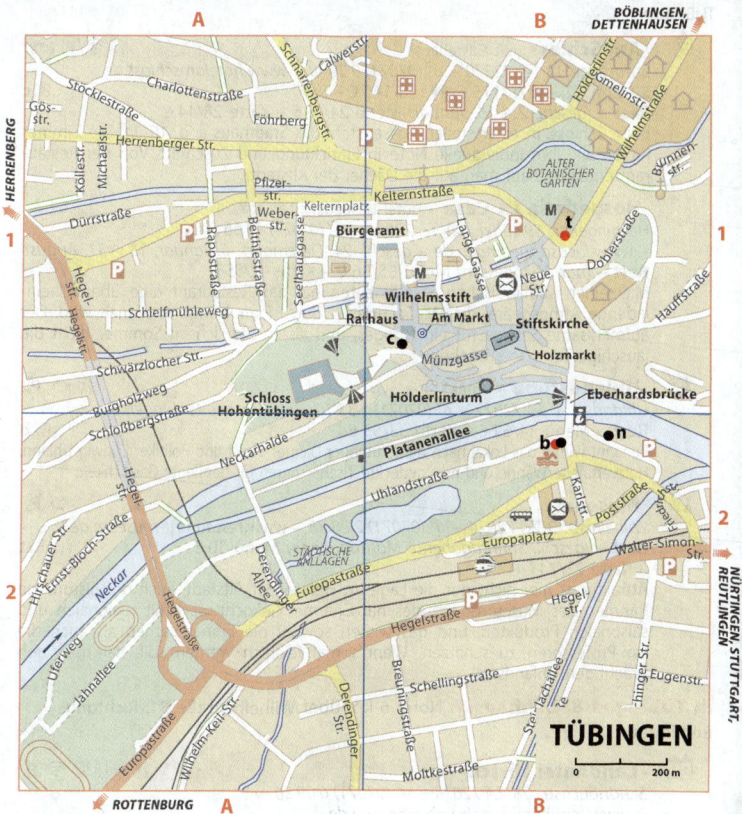

Wöhrdstr. 5-9 ✉ 72072 – ✆ (07071) 13 90 – www.hotel-domizil.de B2**n**

79 Zim ☕ – 👤109/129 € 👥139/153 € – ½ P

Rest – *(geschl. 22. Dezember - 11. Januar und Sonntag sowie an Feiertagen)*
Menü 19 € (mittags)/45 € – Karte 21/37 €

Wussten Sie, dass der aus drei Gebäuden bestehende Komplex mit einem Architekturpreis ausgezeichnet wurde? Die hellen, zeitgemäßen und funktionellen Zimmer mit geräumigen Bädern liegen teilweise schön zum Neckar hin. Frühstücken Sie im Sommer unbedingt auf der Terrasse direkt am Ufer! Hier können Sie sich übrigens auch mit dem Stocherkahn am hauseigenen Anleger absetzen lassen!

Krone

Uhlandstr. 1 ✉ 72072 – ✆ (07071) 1 33 10 – www.krone-tuebingen.de

41 Zim ☕ – 👤99/155 € 👥125/195 € – 2 Suiten – ½ P B2**b**

Rest *Uhlandstube* – siehe Restaurantauswahl

Rest *Ludwig's* – ✆ (07071) 13 31 21 – Menü 30 € – Karte 20/34 €

Ein traditionelles Stadthotel - seit 1885 in Familienhand - mit individuellen, wertigen Zimmern, schön die modernen Bäder. Für das Haus spricht auch die Lage am Neckar. Brasserie Ludwig's im Glasanbau.

Am Schloss (mit Gästehaus)

Burgsteige 18 ✉ 72070 – ✆ (07071) 9 29 40 – www.hotelamschloss.de

37 Zim – 78/115 € 128/145 € – ½ P B1**c**

Rest – *(geschl. 2. - 16. Januar)* Menü 24/65 € – Karte 28/44 €

Beim Schloss, in einer steilen Gasse, steht das Stadthaus a. d. 16. Jh. Die Zimmer haben alle ihre individuelle Note in Einrichtung und Zuschnitt. Von der Restaurantterrasse schaut man auf die Dächer der Altstadt.

Hospederia La Casa – Hotel Hospederia La Casa

Hechingerstr. 59 (über B2) ✉ 72072 – ✆ (07071) 94 66 60 – www.lacasa-tuebingen.de – geschl. 24. Dezember - 6. Januar, 15. - 31. August

Rest – *(nur Abendessen)* Menü 35/56 € – Karte 42/55 €

Mit seinen südländischen Stilelementen hat das Restaurant eine überaus einladende Atmosphäre, die Mi., Fr. und Sa. durch Pianoklänge untermalt wird. Der aufmerksame Service tut ein Übriges, und lassen Sie sich im Sommer nicht die lauschige Terrasse entgehen!

Uhlandstube – Hotel Krone

Uhlandstr. 1 ✉ 72072 – ✆ (07071) 1 33 10 – www.krone-tuebingen.de

Rest – Menü 34/69 € – Karte 33/53 € B2**b**

Benannt wurde das Lokal nach dem Tübinger Dichter, Jurist und Politiker Ludwig Uhland. Holzvertäfelte Wände und nett gedeckte Tische sorgen für gepflegte Gastlichkeit.

Museum

Wilhelmstr. 3 ✉ 72074 – ✆ (07071) 2 28 28 – www.restaurant-museum.de

Rest – *(geschl. Sonntagabend, Montagabend)* Menü 30 € – Karte 23/74 € B1**t**

Attraktiv ist hier nicht nur die Lage im Herzen der Altstadt, auch der historische Rahmen des Museumsgebäudes hat Charme! Gekocht wird mit regionalen und saisonalen Produkten, und das wissen sowohl die Einheimischen als auch die Uni-Professoren zu schätzen. Wenn's mal feierlich werden soll, hat man den prächtigen Uhlandsaal!

In Tübingen-Bebenhausen Nord: 6 km über Wilhelmstraße B1, Richtung Böblingen

Landhotel Hirsch

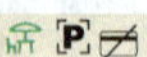

Schönbuchstr. 28 ✉ 72074 – ✆ (07071) 6 09 30 – www.landhotel-hirsch-bebenhausen.de

12 Zim – 79/112 € 144/160 €

Rest – *(geschl. Dienstag)* Menü 43 € – Karte 30/63 €

In dem traditionsreichen Haus stehen liebenswert eingerichtete Zimmer bereit, die ländlichen Charme mit eleganter Note verbinden. Das Restaurant empfängt seine hungrigen Gäste mit hübschem Ambiente und freundlichem Service.

Waldhorn

Schönbuchstr. 49 ✉ 72074 – ✆ (07071) 6 12 70 – www.waldhorn-bebenhausen.de – geschl. Montag

Rest – Menü 39 € (mittags unter der Woche) – Karte 39/81 €

Waldhornstube und Schlossstube... gemütlich sind sie beide, Letztere ist etwas eleganter. Die herzliche Gästebetreuung ist Ihnen aber überall im Haus gewiss, man hat auch immer eine passende Weinempfehlung parat. Und wie wär's mit der schönen Terrasse im Garten?

In Tübingen-Lustnau Nord-Ost: 4 km über Wilhelmstraße B1, Richtung Böblingen

Basilikum

Kreuzstr. 24 ✉ 72074 – ✆ (07071) 8 75 49 – www.ristorantebasilikum.de – geschl. August 2 Wochen und Sonntag

Rest – Menü 24 € (mittags)/39 € – Karte 32/55 €

Gerne lässt man sich in dem stilvoll-gemütlichen Restaurant von Familie Di Nicola mit typisch italienischer Herzlichkeit umsorgen. Ebenso italienisch die schmackhafte Küche aus frischen regionalen Produkten - da dürfen Saltimbocca alla Romana (aus dieser Gegend stammt der Chef) und hausgemachte Pasta natürlich nicht fehlen!

TUNAU – Baden-Württemberg – siehe Schönau im Schwarzwald

TUTTLINGEN – Baden-Württemberg – 545 – 34 290 Ew – Höhe 645 m – Wintersport: 902 m 3 — 62 F20

Berlin 753 – Stuttgart 128 – Konstanz 70 – Freiburg im Breisgau 88

Rathausstr. 1, ✉ 78532, (07461) 9 93 40, www.tuttlingen.de

Rôtisserie & Vinothek Gartner

Im Wöhrden 5 ✉ 78532 – (07461) 9 65 49 94 – www.gartner-tut.de – geschl. Anfang Januar 1 Woche, August 3 Wochen und Samstagmittag, Sonntag

Rest – Karte 24/57 €

Mit Engagement betreibt Florian Gartner seine Rôtisserie (chic der geradlinig-moderne Stil), in deren offener Küche ein Grill das Herzstück ist - von hier kommt die Spezialität des Hauses: Stubenküken oder Taube! Gekocht wird meist mit Produkten aus der Region.

In Tuttlingen-Möhringen Süd-West: 5 km – Luftkurort

Löwen (mit Gästehaus)

Mittlere Gasse 4 ✉ 78532 – (07462) 62 77 – www.loewen-moehringen.de

13 Zim – 54 € 74/84 €

Rest – *(geschl. Mittwoch) (Montag - Donnerstag nur Abendessen)* Karte 16/27 €

Der erweiterte 400 Jahre alte Gasthof wird familiär geleitet und verfügt über helle, tipptopp gepflegte und funktionale Zimmer, die sich teilweise auch für Familien eignen. Im Sommer isst man am besten auf der Terrasse vor oder hinter dem Haus.

Außerhalb Süd-Ost: 6 km über B 14 Richtung Stockach

Landhotel Hühnerhof

Äussere Talhöfe 2 ✉ 78532 Tuttlingen – (07461) 9 65 50 – www.tut-hotel.de

46 Zim – 89/118 € 108/168 € – ½ P **Rest** – Karte 16/32 €

Man wohnt hier verkehrsgünstig, gepflegt und auf Wunsch auch besonders komfortabel. Nicht weit entfernt erinnert ein Gedenkstein an die ehemalige Grenze zwischen Württemberg und Baden. Bürgerliche Küche in der Gaststube und auf der Sonnenterrasse. Schöner Kinderspielplatz.

TUTZING – Bayern – 546 – 9 410 Ew – Höhe 611 m – Luftkurort — 65 L21

Berlin 627 – München 40 – Starnberg 15 – Weilheim 14

Tutzing, Deixlfurt 7, (08158) 36 00

Zum Reschen garni

Marienstr. 7 ✉ 82327 – (08158) 93 90 – www.zumreschen.de

18 Zim – 59/85 € 87/100 €

Ein wirklich netter Familienbetrieb, der von Mutter und Tochter Hauer herzlich geführt wird. Sie wohnen in gepflegten, behaglichen Zimmern (teilweise mit Balkon oder Terrasse), vom See trennt Sie nur ein kurzer Spaziergang!

TWIST – Niedersachsen – 541 – 9 610 Ew – Höhe 18 m — 16 C7

Berlin 523 – Hannover 255 – Nordhorn 25 – Bremen 147

In Twist-Bült

Gasthof Backers - Zum alten Dorfkrug mit Zim

Kirchstr. 25 ✉ 49767 – (05936) 90 47 70 – www.gasthof-backers.de – geschl. Anfang Januar 1 Woche und Montag - Dienstag, Samstagmittag

4 Zim – 45 € 75 € **Rest** – Menü 35/42 € – Karte 24/52 €

Dass man in diesem behaglichen Landgasthof der Familie Backers (bereits die 5. Generation) gerne isst, liegt vor allem an der frischen Regionalküche des Chefs. Mit viel Geschmack, Aroma und sehr gutem Preis-Leistungs-Verhältnis überzeugen z. B. "Kotelett vom Bentheimer Landschwein mit Spitzkohl und Dunkelbiersauce" oder "Zweierlei von der Lammkeule"!

ÜBERHERRN – Saarland – 543 – 11 690 Ew – Höhe 377 m 45 B17

Berlin 743 – Saarbrücken 36 – Saarlouis 13 – Metz 52

Linslerhof (mit Gästehäusern)

Linslerhof 1 (Ost: 2 km) ✉ *66802 –* ✆ *(06836) 80 70 – www.linslerhof.de*
62 Zim – 🚹80/156 € 🚹🚹119/188 € – ½ P
Rest *St. Antonius* – ✆ (06836) 8 07 66 *(geschl. Sonntag) (nur Abendessen)*
Menü 30/57 € – Karte 32/56 €
Rest *Georgstube* – ✆ (06836) 8 07 66 *(geschl. Sonntagabend)* Karte 21/45 €
Ein schöner historischer Gutshof in ruhiger Lage, dessen verschiedene Gebäude sich auf 330 ha verteilen. Mit einem Blick fürs Detail hat Brigitte von Boch-Galhau liebenswerte Zimmer im englischen Landhausstil und gemütliche Restauranträume geschaffen. In der Georgstube isst man regional-saisonal, im St. Antonius etwas gehobener.

ÜBERKINGEN, BAD – Baden-Württemberg – 545 – 3 830 Ew – Höhe 440 m – Heilbad 56 I19

Berlin 598 – Stuttgart 62 – Göppingen 21 – Ulm (Donau) 37
Otto-Neidhart-Platz 2, ✉ 73337, ✆ (07331) 20 09 26, www.bad-ueberkingen.de
Bad-Überkingen-Oberböhringen, Beim Bildstöckle, ✆ (07331) 6 40 66

Bad-Hotel (mit Gästehäusern)

Otto-Neidhart-Platz 1 ✉ *73337 –* ✆ *(07331) 30 20 – www.bad-hotel-bad-ueberkingen.de – geschl. 1. - 6. Januar*
38 Zim – 🚹75/95 € 🚹🚹120/140 €, 12 € – ½ P
Rest *Olive* – *(geschl. Montagmittag)* Karte 25/42 €
Die neuzeitliche Einrichtung und die Lage am Kurpark machen dieses Hotel aus. Im Alten Pfarrhaus sind die Zimmer besonders hübsch und wohnlich. Auch Appartements vorhanden. International-mediterranes Angebot mit regionalen Einflüssen im Restaurant Olive.

ÜBERLINGEN – Baden-Württemberg – 545 – 21 820 Ew – Höhe 403 m – Kneippheilbad und Erholungsort 63 G21

Berlin 743 – Stuttgart 172 – Konstanz 40 – Ravensburg 46
Landungsplatz 5, ✉ 88662, ✆ (07551) 9 47 15 22, www.ueberlingen.de
Owingen-Hofgut Lugenhof, Alte Owinger Str. 93, ✆ (07551) 8 30 40
Lage ★ · Stadtbefestigungsanlagen ★ · Münster ★ · Rathaus (Ratssaal ★)
Birnau-Maurach: Wallfahrtskirche ★, Süd: 8 km

Parkhotel St. Leonhard

Zim,
Obere St.-Leonhard-Str. 71 ✉ *88662 –* ✆ *(07551) 80 81 00 – www.parkhotel-sankt-leonhard.de*
174 Zim – 🚹99/139 € 🚹🚹145/218 € – 8 Suiten – ½ P
Rest – Menü 27/59 € – Karte 26/50 €
Schön ist die etwas erhöhte Lage im hauseigenen Park (hier lässt es sich wunderbar flanieren!), beeindruckend die Sicht über den Bodensee aus den teils modern gestalteten Zimmern und Suiten. Zum Speisen sollten Sie unbedingt auf der Terrasse reservieren!

Wiestor garni

Wiestorstr. 17 ✉ *88662 –* ✆ *(07551) 8 30 60 – www.wiestor.com*
16 Zim – 🚹59/71 € 🚹🚹85/99 €
Mitten in der Altstadt betreibt Familie Gabel das gepflegte kleine Hotel. Die Zimmer sind alle wohnlich eingerichtet, in warmen Tönen gehalten und verfügen teilweise über einen Balkon oder eine Terrasse. Zur Uferpromenade ist es nur ein kurzer Spaziergang.

Stadtgarten

Rest,
Bahnhofstr. 22 ✉ *88662 –* ✆ *(07551) 45 22 – www.hotel-stadtgarten.com – geschl. 1. November - 15. März*
34 Zim – 🚹48/70 € 🚹🚹96/138 € – 2 Suiten
Rest – *(geschl. Mittwoch)* Menü 19 € – Karte 15/27 €
Die zentrumsnahe Lage am namengebenden Stadtgarten, freundliche und funktionale Zimmer sowie ein hübsch angelegter Garten mit Seeblick sprechen für dieses Haus. Einen Kosmetiksalon gibt es übrigens auch. Sie kommen mit der ganzen Familie? Im Hinterhaus hat man geräumige Ferienwohnungen.

Alpenblick garni

Nussdorferstr. 35 ✉ 88662 – ✆ (07551) 9 20 40 – www.alpenblickhotel.de – geschl. 15. Dezember - 1. März

22 Zim – †60/85 € ††90/120 €

Seit über 30 Jahren leitet Walter Mohring dieses kleine Haus etwas oberhalb des Sees. Die Balkone bieten teilweise einen tollen Seeblick, nett im Sommer auch der kleine Außenpool!

Bürgerbräu mit Zim

Aufkircher Str. 20 ✉ 88662 – ✆ (07551) 9 27 40 – www.bb-ueb.de – geschl. 7. - 25. Januar und Montag - Dienstag

12 Zim – †64/79 € ††94/114 € – ½ P

Rest – *(Mittwoch - Freitag nur Abendessen)* Menü 35/59 € – Karte 31/53 €

Junior Simon Metzler führt das gepflegte Restaurant in der Altstadt in 3. Generation, und er hat frischen Wind ins Haus gebracht. Das merkt man zum einen an der Speisekarte mit teils internationalen Einflüssen und einigen Überraschungen, zum anderen auch an den freundlichen Farben in den Gästezimmern!

In Überlingen-Andelshofen Ost: 3 km

Johanniter-Kreuz 

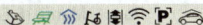

Johanniterweg 11 ✉ 88662 – ✆ (07551) 93 70 60 – www.johanniter-kreuz.de

29 Zim – †72/100 € ††110/170 € – 1 Suite

Rest ***Johanniter-Kreuz*** – siehe Restaurantauswahl

Ein zum Hotel gewachsenes historisches Bauernhaus. Besonders schön sind die Designer- und Gartenzimmer, ebenso modern der verglaste Frühstücksraum und die hübsche Terrasse.

Sonnengarten garni 

Zum Brandbühl 19 ✉ 88662 – ✆ (07551) 8 30 00 – www.wohlfuehlhotel-sonnengarten.de

20 Zim – †65/95 € ††95/135 €

Hier ziehen die ruhige Lage und die netten Zimmer in warmen Tönen die Gäste an, und auch der helle Saunabereich und der schöne Garten direkt am Haus sind ansprechend.

Johanniter-Kreuz – Hotel Johanniter-Kreuz

Johanniterweg 11 ✉ 88662 – ✆ (07551) 93 70 60 – www.johanniter-kreuz.de – geschl. Montag - Dienstagmittag

Rest – Menü 33/60 € – Karte 25/45 €

In den ehemaligen Stallungen des einstigen Bauernhofs werden nun in schickem gemütlichem Rahmen Gäste bewirtet. Imposant der mitten im Raum platzierte Kamin mit offenem Feuer!

In Überlingen-Lippertsreute Nord-Ost: 9 km

Landgasthof zum Adler (mit Gästehaus) 

Hauptstr. 44 ✉ 88662 – ✆ (07553) 8 25 50 – www.adler-lippertsreute.de

16 Zim – †65/75 € ††80/115 € – ½ P

Rest ***Landgasthof zum Adler*** – siehe Restaurantauswahl

Seit 1570 ist dieser ehemalige Bauernhof bereits in Familienbesitz! Fragen Sie nach den neueren Zimmern im Gästehaus! Im Haupthaus hat man einfachere rustikale Zimmer. Auf der Liegewiese hinter dem Haus kann man schön die Aussicht genießen.

Landgasthof Keller 

Riedweg 4 ✉ 88662 – ✆ (07553) 82 72 90 – www.landgasthofbrauereikeller.de – geschl. 27. Dezember - 20. Januar

13 Zim – †45/60 € ††65/85 €

Rest – *(geschl. Montag - Dienstag)* Menü 23 € – Karte 20/45 €

Der seit vielen Jahren familiengeführte Gasthof mit den roten Fensterläden bietet Ihnen schlichte, tipptopp gepflegte Zimmer im Haupthaus oder im Anbau. Gaststube mit sympathisch-ländlichem Charakter, dazu eine lauschige Terrasse unter Kastanienbäumen.

Landgasthof zum Adler – Hotel Landgasthof zum Adler

Hauptstr. 44 ✉ 88662 – ✆ (07553) 8 25 50 – www.adler-lippertsreute.de – geschl. Mittwoch - Donnerstag

Rest – Menü 34/40 € – Karte 25/43 €

In der gemütlichen Gaststube des tollen alten Fachwerkhauses kocht Peter Vögele Regionales, ist aber auch offen für internationale Einflüsse. Mit viel Geschmack überzeugen da z. B. "klare Fischsuppe mit Sauce Rouille" oder "Ochsenschwanz mit Spargel und Spätzle"!

UELZEN – Niedersachsen – 541 – 34 250 Ew – Höhe 35 m — 19 J7

Berlin 233 – Hannover 99 – Braunschweig 83 – Celle 53

Herzogenplatz 2, ✉ 29525, ✆ (0581) 8 00 61 72, www.uelzen.de

In Uelzen-Holdenstedt Süd-West: 4 km Richtung Celle

Holdenstedter Hof mit Zim

Holdenstedter Str. 64 ✉ 29525 – ✆ (0581) 97 63 70 – www.holdenstedterhof.de – geschl. 27. Oktober - 8. November und Montag - Dienstag

4 Zim – 50/60 € 80 € – ½ P

Rest – Menü 18 € (mittags)/40 € – Karte 17/46 €

Sie suchen einen soliden Gasthof mit bürgerlicher Küche? Zum Essen bietet man Ihnen hier ein nettes Ambiente, ob Sie nun im elegant dekorierten Restaurant, in der holzgetäfelten Bauernstube oder im Sommer auf der hübschen Gartenterrasse sitzen möchten.

ÜRZIG – Rheinland-Pfalz – 543 – 860 Ew – Höhe 106 m — 46 C15

Berlin 691 – Mainz 124 – Trier 51 – Bernkastel-Kues 10

Zur Traube (mit Gästehaus)

Am Moselufer (B 53) ✉ 54539 – ✆ (06532) 93 08 30 – www.zurtraubeuerzig.de – geschl. Januar - 15. März

13 Zim – 65/145 € 65/145 € – ½ P

Rest – *(geschl. Mittwoch)* Karte 22/50 €

Ein nettes und sehr gepflegtes kleines Hotel unter familiärer Leitung mit zeitgemäßen Zimmern, die im Haupthaus etwas größer sind und teilweise moselseitig liegen. Zum neuzeitlichen Restaurant gehört eine überdachte Moselterrasse.

Moselschild mit Zim

Hüwel 14 (B 53) ✉ 54539 – ✆ (06532) 9 39 30 – www.moselschild.de – geschl. Januar - Februar 6 Wochen und Donnerstag, November - März: Mittwochmittag, Freitagmittag

10 Zim – 70/95 € 80/125 € – 2 Suiten – ½ P

Rest – Menü 40/79 € – Karte 31/59 €

"Zander unter Kartoffelkruste auf Tomaten-Lauchgemüse" oder "gebratene Maishähnchenbrust auf geschmortem Sommergemüse" - das sind Beispiele für die schmackhaften regionalen Gerichte, die man bei Familie Probst serviert bekommt! Angenehm sitzt man auf der Terrasse mit Moselblick. Die schöne Aussicht hat man auch von einigen Gästezimmern mit Balkon.

UETERSEN – Schleswig-Holstein – 541 – 17 690 Ew – Höhe 6 m — 10 H5

Berlin 319 – Kiel 101 – Hamburg 37 – Itzehoe 35

18 Gut Haseldorf - Haselau, Heister Feld 7, ✆ (04122) 85 35 00

Mühlenpark

Mühlenstr. 49 ✉ 25436 – ✆ (04122) 9 25 50 – www.muehlenpark.de

25 Zim – 80/85 € 120/132 €

Rest – *(geschl. Samstag - Sonntag) (nur Abendessen)* (Tischbestellung ratsam) Menü 30/55 € – Karte 27/38 €

Das stilvolle Gebäude auf einem Grundstück mit altem Baumbestand ist schon ein schmuckes Anwesen! Im Anbau erwarten Sie geräumige Gästezimmer mit klassischer Einrichtung, in der Villa selbst das Restaurant mit internationaler Küche. Schöne Terrasse.

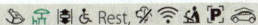

PARKHOTEL-Rosarium Rest,

Berliner Str. 10 ✉ 25436 – ✆ (04122) 9 21 80 – www.parkhotel-rosarium.de
37 Zim – †45/78 € ††99/115 €, ☕ 12 € – ½ P
Rest – *(Oktober - März: Montag - Freitag nur Abendessen)* Menü 35/70 € – Karte 27/56 €
Unmittelbar am wunderschönen Rosarium der Rosen- und Hochzeitsstadt Uetersen liegt das familiengeführte Hotel. Beeindruckend ist die Ausstellung von über 5000 Golfbällen aus der ganzen Welt. Von der hübschen Terrasse schaut man auf Park und Mühlenteich.

UFFING am STAFFELSEE – **Bayern** – **546** – **2 980 Ew** – **Höhe 659 m** **65** K21

▶ Berlin 660 – München 71 – Innsbruck 90

Seerestaurant Alpenblick

Kirchtalstr. 30 ✉ 82449 – ✆ (08846) 93 00 – www.seerestaurant-alpenblick.de – geschl. Mitte September - April: Donnerstag
Rest – Menü 20/30 € – Karte 19/46 €
Ein Logenplatz am Staffelsee! Hier werden regionale Klassiker und internationale Küche frisch gekocht. Tipp: Man hat einen der schönsten Biergärten der Region (mit Grillstation und Selbstbedienung) unterhalb der Restaurantterrasse!

UHINGEN – **Baden-Württemberg** – **545** – **13 560 Ew** – **Höhe 295 m** **55** H18

▶ Berlin 613 – Stuttgart 37 – Tübingen 63 – Karlsruhe 110

Schloss Filseck N

Filseck 1 ✉ 73066 – ✆ (07161) 2 83 80 – www.restaurant-auf-schloss-filseck.de – geschl. Samstagmittag, Sonntagabend
Rest – Menü 15 € (mittags)/67 € – Karte 28/60 €
Das schöne Schloss mit Ursprung im 13. Jh. ist prädestiniert für Veranstaltungen und Feierlichkeiten und auch ein geschmackvoller Rahmen für gute Küche (z. B. "Heilbutt mit Kräuterpolenta und karamellisiertem Radiccio"). Die hohe Holzdecke, freiliegende Backsteinwände und Steinfußboden schaffen ein spezielles Ambiente, wunderbar die Terrasse im Innenhof!

UHLDINGEN-MÜHLHOFEN – **Baden-Württemberg** – **545** – **7 910 Ew** – **Höhe 398 m** – **Erholungsort** **63** G21

▶ Berlin 736 – Stuttgart 181 – Konstanz 19 – Ravensburg 38
ℹ Schulstr. 12, ✉ 88690, ✆ (07556) 9 21 60, www.seeferien.com
◉ Pfahlbaumuseum ★★
◉ Birnau-Maurach: Wallfahrtskirche ★, Nord-West: 3 km

Im Ortsteil Maurach

Seehalde

Birnau-Maurach 1 ✉ 88690 – ✆ (07556) 9 22 10 – www.seehalde.de – geschl. Anfang Januar - Anfang März
21 Zim ☕ – †85/120 € ††145/200 € – ½ P
Rest *Seehalde* – siehe Restaurantauswahl
Die Brüder Thomas und Markus Gruler haben den Familienbetrieb inzwischen übernommen. Das Haus könnte kaum schöner liegen: Über die Liegewiese gelangt man direkt zum See! Diesen kann man auch von den zeitgemäßen Zimmern sehen - fragen Sie nach den neueren Superiorzimmern!

Pilgerhof und Rebmannshof

Maurach 2 ✉ 88690 – ✆ (07556) 93 90 – www.hotel-pilgerhof.de
48 Zim ☕ – †80/90 € ††130/160 € – ½ P
Rest – *(geschl. November - März: Montag)* Karte 19/41 €
Der Pilgerhof und der über 300 Jahre alte Rebmannshof liegen umgeben von Weinbergen und nur wenige Meter vom See entfernt, wo man einen hauseigenen Badestrand hat. Die Zimmer sind großzügig und wohnlich, neuzeitlich auch das Restaurant - Highlight ist natürlich die Seeterrasse! Brot backt man hier übrigens noch selbst.

XX **Seehalde** – Hotel Seehalde

Birnau-Maurach 1 ✉ 88690 – ✆ (07556) 9 22 10 – www.seehalde.de – geschl. Anfang Januar - Anfang März und Dienstag - Mittwochmittag

Rest – Menü 35/79 € – Karte 33/64 €

Ein Besuch lohnt sich nicht nur wegen der fantastischen Seelage (ein Muss ist im Sommer die Terrasse!), auch was Markus Gruler an frischen, schmackhaften und abwechslungsreichen Speisen auf den Teller bringt, ist zu empfehlen. Die Kräuter stammen aus dem eigenen Garten, von bekannten Bodenseefischern kommt regelmäßig Fisch!

Im Ortsteil Seefelden

Landhotel Fischerhaus (mit Gästehäusern)

Seefelden 3 ✉ 88690 – ✆ (07556) 92 94 90 – www.fischerhaus-seefelden.de – geschl. November - März

23 Zim – 🚹125/155 € 🚹🚹190/240 € – 6 Suiten – ½ P

Rest – *(nur Abendessen für Hausgäste)*

Auf diesem wunderschön gelegenen Anwesen wohnen Sie im historischen Fachwerkhaus oder einem der Gästehäuser in wirklich gemütlichem Rahmen. Vom parkähnlichen Garten hat man Zugang zum hoteleigenen Seestrand. Für Hausgäste ist die Halbpension inklusive.

Im Ortsteil Unteruhldingen

Seevilla

Seefelder Str. 36 ✉ 88690 – ✆ (07556) 9 33 70 – www.seevilla.de – geschl. Mitte November - Februar

27 Zim – 🚹110/140 € 🚹🚹130/180 €

Rest – *(Buffet, nur Abendessen)* (Tischbestellung erforderlich) Karte 25/38 €

Die stilvoll eingerichtete Villa nahe den Pfahlbauten hat wohnliche, hochwertige Zimmer zu bieten, teils mit Seeblick und Balkon. Dekorativ: Im ganzen Haus finden sich Werke regionaler Künstlerinnen. Am Abend gibt es ein reichhaltiges Buffet im Wintergarten oder auf der Terrasse im schön gepflegten Garten mit Wasserspiel.

Mainaublick (mit Gästehaus)

Seefelder Str. 22 ✉ 88690 – ✆ (07556) 9 21 30 – www.hotel-mainaublick.de – geschl. 25. Oktober - 1. April

32 Zim – 🚹58/80 € 🚹🚹112/126 €

Rest – Menü 22 € – Karte 23/51 €

Schön wohnt es sich in dem Ferienhotel nahe dem Yachthafen in zeitgemäßen Zimmern. Entspannen können Sie u. a. bei Beauty-Anwendungen, beim Speisen auf der Terrasse sitzt man herrlich zum See hin, schattig unter hübschen Platanen.

UHLSTÄDT-KIRCHHASEL – Thüringen – 544 – 6 350 Ew – Höhe 190 m

41 L13

Berlin 283 – Erfurt 79 – Saalfeld 21 – Gera 61

Im Ortsteil Weißen

Kains Hof

Weißen 19 ✉ 07407 – ✆ (036742) 6 11 30 – www.hotelkainshof.com – geschl. 1. - 20. Januar

15 Zim – 🚹54/57 € 🚹🚹79/82 €

Rest – Karte 17/30 €

Mit seiner liebenswerten Fachwerkfassade verspricht der ehemalige Bauernhof in dem beschaulichen Dorf schon von außen ländlichen Charme. Neben gemütlich-rustikalen Gaststuben hat man im Sommer eine lauschige Terrasse im Innenhof. Das Haus wird engagiert geführt.

ULM (DONAU) – Baden-Württemberg – 545 – 122 810 Ew – Höhe 478 m

▶ Berlin 613 – Stuttgart 93 – Augsburg 80 – München 138

ADAC Neue Str. 40 A2

ℹ Münsterplatz 50, Stadthaus A2, ✉ 89073, ✆ (0731) 1 61 28 30, www.tourismus.ulm.de

⛳18 Illerrieden, Wochenauer Hof 2, ✆ (07306) 92 95 00

Veranstaltungen

18.-19. Januar: Die grüne Haus Messe

13.-16. Februar: Jagd & Fischerei

22.-30. März: Frühjahrsmesse - Leben-Wohnen-Freizeit

3.-4. Mai: Technorama

Messegelände: Ausstellungsgelände an der Donauhalle, Böflingerstr. 50 (über Wielandstraße B1), ✉ 89073, ✆ (0731) 92 29 90

👁 Münster★★★ (Turm ※★★★· Chorgestühl★★★) · Museum der Brotkultur★ A1 · Fischerviertel★ A2 · Ulmer Museum★ B2 · Jahnufer (Neu-Ulm)★

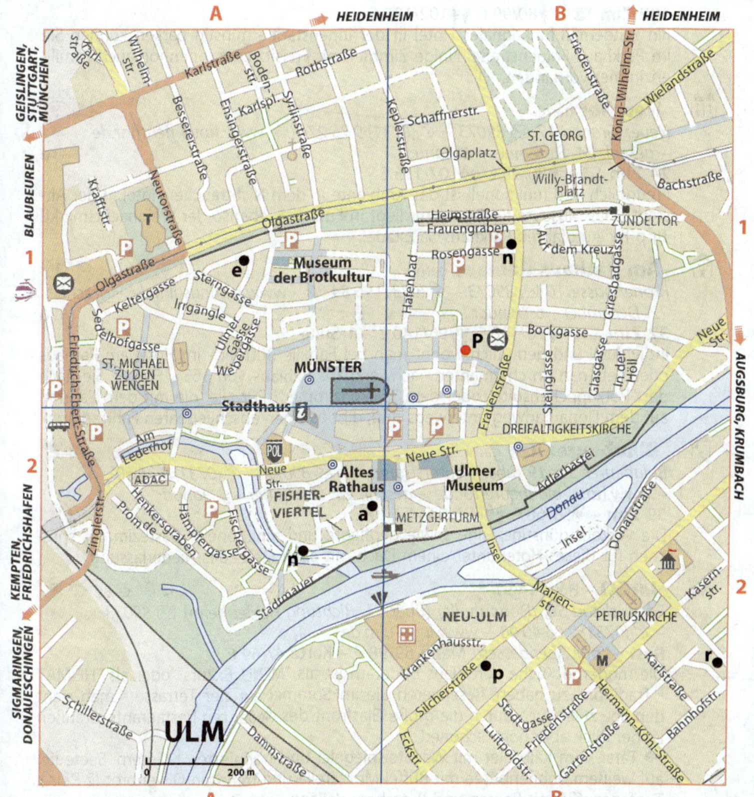

LAGO

Friedrichsau 50, (Donauhalle) (über B1, Richtung Heidenheim) ✉ 89073 – ✆ *(0731) 2 06 40 00 – www.hotel-lago.de*

60 Zim – 🚹99/129 € 🚹🚹111/141 €, ☕ 17 €

Rest *LAGO* ✿ – siehe Restaurantauswahl

Buchen Sie ein Zimmer mit Blick zum See - im Sommer bekommt man direkt Lust auf einen Sprung ins kühle Nass! Schön anzusehen ist aber auch das hochwertige und sehr schicke geradlinig-moderne Interieur (einige Zimmer mit Design-Elementen der Hochschule für Gestaltung (HfG) Ulm). Praktisch: Die Messe ist nur einen Steinwurf entfernt.

Schiefes Haus garni

Schwörhausgasse 6 ✉ *89073 –* ✆ *(0731) 96 79 30 – www.hotelschiefeshausulm.de – geschl. 24. Dezember - 1. Januar*

11 Zim ☕ – 🚹125 € 🚹🚹148/160 € A2**n**

Gerade Wände sucht man hier vergeblich! In diesem liebenswerten kleinen Haus a. d. 15. Jh. ist so ziemlich alles schief - nur die Betten nicht! Das hochwertige moderne Design ist ein charmanter Kontrast zu alten Holzbalken und knarrenden Dielenböden. Zimmer Nr. 6 ist am schiefsten! Im Sommer sollten Sie sich zum Frühstücken oder auf ein Gläschen Wein auf die reizende Galerie direkt über dem Flüsschen Blau setzen!

Comfor garni

Frauenstr. 51 ✉ *89073 –* ✆ *(0731) 9 64 90 – www.comfor.de – geschl. 24. Dezember - 1. Januar* B1**n**

102 Zim ☕ – 🚹80/99 € 🚹🚹102/125 €

Ein zeitgemäß-funktionales Hotel in der Innenstadt - günstig parken können Sie im Parkhaus Frauenstraße. Einige Zimmer mit Freisitz zum Innenhof; auch Familienzimmer vorhanden.

Neuthor garni

Neuer Graben 17 ✉ *89073 –* ✆ *(0731) 9 75 27 90 – www.hotel-neuthor.de – geschl. 24. Dezember - 6. Januar* A1**e**

24 Zim ☕ – 🚹80/99 € 🚹🚹102/115 €

Freundlich und funktionell ist das Ambiente in dem Nichtraucher-Hotel in der Altstadt - das Museum für Brotkultur liegt in Fußnähe, ebenso der Weihnachtsmarkt! Tipp für Autofahrer: Parkhaus Salzstadel.

Am Rathaus-Reblaus garni

Kronengasse 10 ✉ *89073 –* ✆ *(0731) 96 84 90 – www.rathausulm.de – geschl. 22. Dezember - 6. Januar* A2**a**

32 Zim ☕ – 🚹76/130 € 🚹🚹96/140 € – 1 Suite

Individuell und gemütlich wohnt man bei Familie Büttner - im Hotel am Rathaus oder nebenan im charmanten Fachwerkhaus Reblaus von 1651. Fragen Sie nach der "Rotkäppchensuite" oder dem "Balkonzimmer"! Für alle, die mit dem Fahrrad auf dem Donauradweg unterwegs sind, gibt es einen abschließbaren Fahrradraum.

Blaubeurer Tor garni

Blaubeurer Str. 19 (über Neutorstraße A1) ✉ *89077 –* ✆ *(0731) 9 34 60 – www.hotel-blaubeurertor.de – geschl. 23. Dezember - 6. Januar*

39 Zim – 🚹55/68 € 🚹🚹68/88 €, ☕ 10 €

Die verkehrsgünstige Lage sowie gepflegte und funktionelle Gästezimmer sprechen für dieses Hotel unter einem Dach mit einer Mercedes-Niederlassung.

LAGO – Hotel LAGO

✿

Friedrichsau 50, (Donauhalle) (über B1, Richtung Heidenheim) ✉ *89073 –* ✆ *(0731) 2 06 40 00 – www.lago-ulm.de*

Rest – *(nur Abendessen)* Menü 59/98 € – Karte 47/69 €

Die moderne Küche von Klaus Buderath ist als "MENÜ Exkurs" oder als "HEIMAT - Tradition" zu haben. Reservieren Sie im Sommer auf der Terrasse - man sieht den See zwar auch durch die große Glasfront des eleganten Restaurants, draußen ist der Blick aber noch schöner!

→ Tatar vom Kalbsfilet mit Wachtelspiegelei und marinierten Kräutern. Seeteufel auf weißem Bohnenpüree mit Büffel-Mozzarella und Tomaten-Olivenbrot (2 Pers.). Topfensoufflé mit Beeren und Brombeer-Veilchen-Sorbet.

Pflugmerzler
Pfluggasse 6 ✉ 89073 – ✆ (0731) 6 02 70 44 – www.pflugmerzler.de – geschl. Sonntag B1p
Rest – *(nur Abendessen)* Menü 48/75 € – Karte 43/68 €
Wenn Sie durch die Altstadt bummeln, ist dieses Restaurant in einer Seitengasse schnell erreicht. Die Einrichtung ist ein schöner Mix: nostalgische Holztäfelung einerseits, moderne Töne andererseits. Und auf der Karte internationale Gerichte und Steaks.

In Ulm-Söflingen Süd-West: 4 km über Neue Straße A2

Löwen Rest,
Klosterhof 41, (Im Klosterhof) (Zufahrt über Torstraße) ✉ 89077 – ✆ (0731) 3 88 58 80 – www.hotel-loewen-ulm.de
18 Zim – 85/110 € 119/185 € – 1 Suite
Rest – *(geschl. 23. Dezember - 5. Januar und Sonntag) (nur Abendessen)* Menü 35/60 € – Karte 26/38 €
Sehr charmant wird das über 300 Jahre alte Haus von Familie Hafner geführt. Ein wirklich reizendes Anwesen: freigelegte Steinmauern und Original-Gebälk gemischt mit Modernem! Liebhaber der schwäbischen Küche sind im Restaurant (und auch auf der Terrasse) goldrichtig!

In Ulm-Wiblingen Süd: 3 km über Schützenstraße B3

Löwen
Hauptstr. 6 ✉ 89079 – ✆ (0731) 8 80 31 20 – www.loewen-ulm.com
23 Zim – 85/110 € 110/135 € – 2 Suiten **Rest** – Karte 22/36 €
Günstig ist natürlich die Nähe zu Ulm - für das Haus sprechen aber auch das moderne und zugleich wohnliche Landhausflair (viel schönes Holz und warme Farben), der Biergarten sowie die Terrasse im Innenhof. Die Küche ist international.

ULMET – Rheinland-Pfalz – 543 – 730 Ew – Höhe 200 m 46 D16

Berlin 663 – Mainz 98 – Saarbrücken 81 – Trier 92

Felschbachhof
Felschbachhof 1 (West: 1 km, nahe der B 420) ✉ 66887 – ✆ (06387) 91 10 – www.felschbachhof.de
35 Zim – 58/74 € 80/100 € – 1 Suite – ½ P
Rest – Menü 20/60 € – Karte 23/42 €
Ein gut geführtes Hotel in etwas erhöhter Lage außerhalb des kleinen Ortes mit Superior-, Komfort- und Standardzimmern sowie Appartements mit kleiner Küche. Netter Saunabereich. Für die internationale und saisonale Küche werden teilweise Bioprodukte verwendet.

UMKIRCH – Baden-Württemberg – 545 – 5 220 Ew – Höhe 207 m 61 D20

Berlin 808 – Stuttgart 203 – Freiburg im Breisgau 10 – Strasbourg 87

Landhaus Blum N Rest, Zim, Rest,
Am Gansacker 3 ✉ 79224 – ✆ (07665) 9 34 39 90 – www.hotel-landhaus-blum.de
60 Zim – 85 € 120 € – ½ P
Rest – *(geschl. Samstagmittag, Sonntag)* Menü 21/48 € – Karte 22/41 €
Praktisch die Anbindung an die Autobahn, gut die Tagungsmöglichkeiten, modern die Zimmer (mit schönem Holzfußboden und klarem Design). Sie kommen zum Essen? Im "Heuboden" gegenüber dem Hotel wählen Sie zwischen Buffet und à la carte. Und für Nachtschwärmer gibt es hier auch Dancing Clubs.

Pfauen
Hugstetter Str. 2 ✉ 79224 – ✆ (07665) 9 37 60 – www.hotel-pfauen-umkirch.de – geschl. Januar 3 Wochen
20 Zim – 58/75 € 85/95 € – ½ P
Rest *Villa Thai* – siehe Restaurantauswahl
Die freundliche Gastgeberfamilie bietet in dem kleinen Hotel gepflegte Zimmer, teilweise mit Balkon. Wer's fernöstlich mag, sollte nach den "Thai-Zimmern" fragen - die sind mit schönen Möbelstücken aus Thailand ausgestattet.

Villa Thai – Hotel Pfauen

Hugstetter Str. 2 ✉ 79224 – ✆ (07665) 9 37 60 – www.hotel-pfauen-umkirch.de – geschl. Januar 3 Wochen

Rest – Menü 35/59 € – Karte 25/50 €

Viel Holz schafft warme Atmosphäre, thailändisches Dekor einen Hauch Exotik. Schön hat Familie Mac das Ambiente hier auf die kulinarischen Spezialitäten Thailands abgestimmt - serviert werden authentische Menüs.

UNKEL – Rheinland-Pfalz – 543 – 4 950 Ew – Höhe 56 m

36 C13

Berlin 608 – Mainz 137 – Bonn 20 – Neuwied 28

Willy-Brandt-Platz 5, ✉ 53572, ✆ (02224) 33 09, www.unkel.de

Rheinhotel Schulz Rest, Rest,

Vogtsgasse 4 ✉ 53572 – ✆ (02224) 90 10 50 – www.rheinhotel-schulz.de – geschl. 1. - 6. Januar

32 Zim – 85/95 € 130/180 € – 5 Suiten – ½ P

Rest – Menü 25 € (mittags)/55 € – Karte 36/65 €

Das gewachsene historische Hotel in toller Lage direkt am Rhein bietet klassisches Ambiente im Haupthaus, modernes Interieur im Rheinflügel und Landhausstil im Sonnenflügel. Flussblick vom Restaurant und von der Terrasse mit Platanen.

UNNA – Nordrhein-Westfalen – 543 – 66 510 Ew – Höhe 100 m

27 D11

Berlin 476 – Düsseldorf 83 – Dortmund 21 – Soest 35

27 Fröndenberg, Schwarzer Weg 1, ✆ (02373) 7 00 68

18 Fröndenberg Gut Neuenhof, Eulenstr. 58, ✆ (02373) 7 64 89

Katharinen Hof

Bahnhofstr. 49 ✉ 59423 – ✆ (02303) 92 00 – www.riepe.com

96 Zim – 109/165 € 135/191 € – 4 Suiten

Rest – Menü 17/52 € – Karte 22/52 €

Ein Tagungs- und Businesshotel: praktisch die Lage gegenüber dem Bahnhof (mit dem Zug sind Sie in 20 Minuten in Dortmund), geräumig die Zimmer, international die Küche. In den modernen Executive- und Businesszimmern sowie den Suiten können Sie auf Wunsch ganz stromfrei schlafen!

Kraka

Gesellschaftsstr. 10 ✉ 59423 – ✆ (02303) 2 20 22 – www.hotel-kraka.de

35 Zim – 59/85 € 75/97 € **Rest** – *(nur Abendessen)* Karte 16/24 €

In dem Familienbetrieb in der Innenstadt erwarten Sie sehr gepflegte, teilweise recht modern eingerichtete Gästezimmer sowie freundlicher Service.

UNTERFÖHRING – Bayern – 546 – 9 940 Ew – Höhe 508 m

66 M20

Berlin 586 – München 10 – Kufstein 107 – Augsburg 77

siehe Stadtplan München (Umgebungsplan)

Lechnerhof garni (mit Gästehaus)

Eichenweg 4 ✉ 85774 – ✆ (089) 95 82 80 – www.hotel-lechnerhof.de

68 Zim – 120/170 € 150/170 € – 3 Suiten D1e

Aus einem alten Hof entstandenes familiengeführtes Hotel mit wohnlichen Zimmern und besonders komfortablen Superior-Zimmern. Hübscher Frühstücksraum in hellem Holz.

Feringapark Zim,

Feringastr. 2 ✉ 85774 – ✆ (089) 95 71 60 – www.feringapark-hotels.com

218 Zim – 119/299 € 159/499 € – ½ P D1t

Rest – Menü 20 € (mittags unter der Woche)/35 € – Karte 21/44 €

Ein Businesshotel mit guter Autobahnanbindung nahe Isarauen und Englischem Garten. Wer es gerne modern mag, sollte nach den ganz geradlinigen Zimmern fragen. Gastronomisch bietet man Restaurant (internationale Küche), Bräustüberl und Bar. Übrigens gibt es im Haus und nebenan auch Einkaufsmöglichkeiten!

UNTERGRIESBACH – Bayern – 546 – 6 130 Ew – Höhe 556 m 60 Q19

Berlin 633 – München 213 – Landshut 142 – Linz 66

Landgasthof Zum Lang mit Zim Rest,

Alte Dorfstr. 29 ✉ 94107 – ✆ (08593) 9 33 00 – www.landgasthof-lang.de – geschl. Montag

6 Zim – †50/60 € ††70/90 € – ½ P

Rest – Menü 20/29 € (abends) – Karte 14/30 €

In dem Gasthof a. d. 17. Jh. steht die engagierte Gastgeberin Ursula Bauer selbst am Herd. Ihre pfiffig aufgewertete bayerische Küche gibt es in liebenswert dekorierten Stuben. Tipp für Übernachtungsgäste: das "Kuschelzimmer" ist das größte und schönste!

UNTERHACHING – Bayern – 546 – 22 780 Ew – Höhe 556 m 65 L20

Berlin 601 – München 14 – Innsbruck 155 – Kufstein 82

Holiday Inn

Inselkammer Str. 7 ✉ 82008 – ✆ (089) 66 69 10 – www.holiday-inn-muenchen.de

260 Zim – †69/319 € ††69/319 €, 22 € – ½ P **Rest** – Karte 28/53 €

Schon aufgrund seiner verkehrsgünstigen Lage in einem Gewerbegebiet ist das Hotel ideal für Businessgäste, aber auch die funktionale Ausstattung passt! Einige der Zimmer sind nun schön modern in frischem Grün oder Rot gehalten.

UNTERREICHENBACH – Baden-Württemberg – 545 – 2 250 Ew 54 F18 – Höhe 314 m – Erholungsort

Berlin 672 – Stuttgart 62 – Karlsruhe 40 – Pforzheim 12

In Unterreichenbach-Kapfenhardt Süd-West: 3 km

Mönchs Waldhotel Zim,

Zu den Mühlen 2 ✉ 75399 – ✆ (07235) 79 00 – www.moenchs-waldhotel.de

61 Zim – †64/114 € ††114/169 € – 4 Suiten – ½ P **Rest** – Karte 28/51 €

In dem gewachsenen Ferienhotel am Wald wohnt man in neuzeitlichen oder traditionelleren Zimmern, am geräumigsten sind die schönen Deluxe-Zimmer. Kosmetikangebot. Das rustikal gehaltene Restaurant wird durch eine hübsche Terrasse ergänzt.

UNTERSCHLEISSHEIM – Bayern – 546 – 26 420 Ew – Höhe 473 m 65 L20

Berlin 570 – München 17 – Regensburg 107 – Augsburg 69

Dolce Munich Rest,

Andreas-Danzer-Weg 1 ✉ 85716 – ✆ (089) 3 70 53 00 – www.dolcemunich.com

252 Zim – †99/349 € ††129/379 € – 3 Suiten

Rest *Redox* – ✆ (089) 3 70 53 09 00 – Menü 35 € – Karte 33/62 €

Die ideale Businessadresse: Das Hotel liegt gut erreichbar im Gewerbegebiet, die Zimmer sind chic-modern und technisch aktuell, man hat 23 Tagungsräume und mit dem Ballhausforum (1300 qm!) sind auch Groß-Events kein Problem! Als A-la-carte-Gast kann man im Redox international essen.

Victor's Residenz-Hotel

Keplerstr. 14 ✉ 85716 – ✆ (089) 3 21 03 09 – www.victors.de

205 Zim – †95/175 € ††125/205 € – 2 Suiten – ½ P **Rest** – Karte 13/34 €

Ein gut gebuchtes Tagungshotel: Nicht nur die Zimmer bieten alles, was man unterwegs braucht, auch die Lage ist ein Pluspunkt: gute S-Bahn- und Autobahnanbindung - 20 Autominuten sind es in die City und zur Messe.

UNTERWÖSSEN – Bayern – 546 – 3 460 Ew – Höhe 555 m 67 N21 – Wintersport: 900 m 5 – Luftkurort

Berlin 688 – München 99 – Bad Reichenhall 52 – Traunstein 29

Rathausplatz 1, ✉ 83246, ✆ (08641) 82 05, www.unterwoessen.de

Astrid

Wendelweg 15 ✉ 83246 – ✆ (08641) 9 78 00 – www.astrid-hotel.de – geschl. November - 15. Dezember

8 Zim ☕ – 🧍60/71 € 🧍🧍96/112 € – 12 Suiten – ½ P

Rest – *(geschl. Montag - Dienstag, außer an Feiertagen) (nur Abendessen)* Menü 19/40 € – Karte 16/41 €

Bei Anreise, Frühstück und während des gesamten Aufenthalts sind die Gäste bei Familie Tegelthoff in sehr guten Händen. Sie schlafen in freundlichen Zimmern mit Balkon, entspannen bei Kosmetikanwendungen oder sind mit dem E-Bike aktiv (Verleih im Haus) und speisen in behaglicher Landhausatmosphäre. Ganz in der Nähe: Wössener See mit kostenlosem Freibad.

UPLENGEN – **Niedersachsen** – **541** – **11 470 Ew** – **Höhe 9 m** **8** E6

▶ Berlin 473 – Hannover 206 – Emden 53 – Oldenburg 38

In Uplengen-Südgeorgsfehn Süd: 10 km ab Remels, jenseits der A 28

XX **Ostfriesischer Fehnhof**

Südgeorgsfehner Str. 85 ✉ 26670 – ✆ (04489) 27 79 – www.fehnhof.de – geschl. Oktober 2 Wochen und Montag - Dienstag

Rest – *(Mittwoch - Freitag nur Abendessen)* Menü 37/40 € – Karte 21/45 €

Der Familienbetrieb bietet in gemütlichen friesischen Stuben regionale Gerichte aus frischen Produkten. Hinter dem Haus befindet sich ein schöner Biergarten mit Teich.

URACH, BAD – **Baden-Württemberg** – **545** – **12 320 Ew** **55** H19 – **Höhe 463 m** – **Wintersport: 850 m** 1 – **Heilbad und Luftkurort**

▶ Berlin 660 – Stuttgart 45 – Reutlingen 19 – Ulm (Donau) 56

ℹ Bei den Thermen 4, ✉ 72574, ✆ (07125) 9 43 20, www.badurbach-tourismus.de

👁 Uracher Wasserfall (<★)

Graf Eberhard

Bei den Thermen 2 ✉ 72574 – ✆ (07125) 14 80 – www.hotel-graf-eberhard.de

83 Zim ☕ – 🧍80/125 € 🧍🧍120/165 € – ½ P

Rest – Menü 32/40 € – Karte 22/42 €

Das Hotel liegt an der bekannten Albtherme und wird auch von Tagungsgästen und Besuchern der Stuttgarter Messe geschätzt. Alle Zimmer mit gutem Platzangebot und Balkon. Im Restaurant bietet man regionale Küche. Besonders gemütlich ist die Weinstube.

X **Wilder Mann**

Pfählerstr. 7 ✉ 72574 – ✆ (07125) 94 73 30 – www.restaurant-wildermann.de – geschl. Montag (Erweiterung um einen Hotelbereich mit 25 Zimmern bis Frühjahr 2014)

Rest – *(nur Abendessen, sonntags auch Mittagessen)* Menü 35/54 € (abends) – Karte 26/49 €

Michael Bischoff ist ein sympathischer Gastgeber und kochen kann er auch noch! Was in dem ehemaligen Brauereigebäude auf den Tisch kommt, ist Altbewährtes, das neu interpretiert wird - und das sind frische, aromatische Speisen wie "Rostbraten mit Speck-Zwiebelkruste" oder "Jakobsmuscheln mit Blutwurst auf Himmel und Erd".

URSENSOLLEN – **Bayern** – **siehe Amberg**

USEDOM (INSEL) **Mecklenburg-Vorpommern** – **542** – **Höhe 5 m** **14** Q4 – **Östlichste und zweitgrößte Insel Deutschlands, durch Brücken mit dem Festland verbunden** – **Seebad**

▶ Berlin 220 – Schwerin 201 – Neubrandenburg 81 – Rügen (Bergen) 100

45 Neppermin-Balm, Drewinscher Weg 1, ✆ (038379) 2 81 99

👁 Seebrücke Ahlbeck★

AHLBECK – **9 350 Ew** – **Seeheilbad**

ℹ Dünenstr. 45, ✉ 17419, ✆ (038378) 49 93 50, www.ahlbeck.de

Seehotel Ahlbecker Hof (mit Gästehaus) Rest,
Dünenstr. 47 ✉ 17419 – ✆ (038378) 6 20 – www.seetel.de
65 Zim – 99/185 € 137/277 € – 26 Suiten – ½ P
Rest *Kaiserblick* – siehe Restaurantauswahl
Rest *Brasserie* – *(geschl. November - April: Dienstag)* Karte 23/45 €
Rest *Suan Thai* – *(geschl. Montag) (nur Abendessen)* Karte 31/52 €
Rest *Blauer Salon* – *(geschl. Januar, November - April: Sonntag - Montag) (nur Abendessen)* Menü 80/140 € – Karte 54/81 €
Stilgerecht hat man den Prachtbau von 1890 klassisch eingerichtet. Man bietet guten Service und ein umfassendes Wellnessangebot mit Asia-Spa. Große Suiten in der Residenz. Französisch-Saisonales in der Brasserie. Neu ist das kleine Gourmetrestaurant Blauer Salon mit moderner Küche.

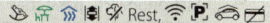

Kastell Rest,
Dünenstr. 3 ✉ 17419 – ✆ (038378) 4 70 10 – www.kastell-usedom.de
6 Zim – 70/140 € 79/155 € – 9 Suiten – ½ P
Rest – *(nur Abendessen)* Menü 38 € – Karte 29/46 €
Ein schön saniertes, nach dem Vorbild einer Burg erbautes kleines Hotel, das durchweg im klassischen Stil eingerichtet ist, Lobby und Bar mit Chesterfield-Sofas. Moderner Saunabereich. Gediegenes Ambiente im Restaurant.

XXX **Kaiserblick** – Seehotel Ahlbecker Hof
Dünenstr. 47 ✉ 17419 – ✆ (038378) 6 20 – www.ahlbecker-hof.de
Rest – *(nur Abendessen)* Menü 39/57 € – Karte 45/59 €
Edel bezogene klassische Armsessel in den Farben Bleu-Ecru oder Rosé-Ecru, dazu Maria-Theresia-Kronleuchter und aufwändig drapierte Vorhänge geben dem Restaurant ein harmonisches Bild. Französische Küche.

BANSIN – 9 350 Ew – Seeheilbad

An der Seebrücke, ✉ 17429, ✆ (038378) 4 70 50, www.drei-kaiserbaeder.de

Kaiser Spa Zur Post
Seestr. 5 ✉ 17429 – ✆ (038378) 5 60 – www.hzp-usedom.de
110 Zim – 68/158 € 88/178 € – 60 Suiten – ½ P
Rest *Zur Alten Post* – siehe Restaurantauswahl
Rest *Banzino* – ✆ (038378) 5 62 75 – Karte 18/32 €
Aus der Villa im Seebäderstil ist ein neuzeitlich-komfortables Hotel aus mehreren Häusern entstanden, in denen sich z. T. sehr schöne Suiten befinden. Spa auf 1200 qm. Bürgerlich-saisonale Küche im Banzino.

Travel Charme Strandhotel Rest,
Bergstr. 30 ✉ 17429 – ✆ (038378) 80 00 – www.travelcharme.com
87 Zim – 104/255 € 144/382 € – 13 Suiten – ½ P **Rest** – Karte 30/49 €
Familienfreundlichkeit wird hier groß geschrieben: Kinderbetreuung, Familienzimmer und sogar Wellness für Kinder im "Puria-Spa". Sehr hübsche Suiten im OG mit Blick auf Strand und Meer. Auch das Restaurant in der 1. Etage und die Terrasse bieten eine tolle Aussicht.

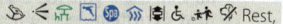

Strandhotel Atlantic (mit Villa Meeresstrand) Rest,
Strandpromenade 18 ✉ 17429 – ✆ (038378) 6 05 – www.seetel.de
46 Zim – 70/115 € 96/212 € – 13 Suiten – ½ P
Rest – *(nur Abendessen)* Menü 28/86 € – Karte 38/60 €
Schön hat man die Ende des 19. Jh. erbaute Villa an der Strandpromenade restauriert. Die Zimmer sind gediegen-elegant, geräumigere Suiten bietet die Villa Meeresstrand. Vom Restaurant wie auch von der Terrasse aus haben Sie einen tollen Meerblick!

XX **Zur Alten Post** – Hotel Kaiser Spa Zur Post
Seestr. 5 ✉ 17429 – ✆ (038378) 5 60 – www.hzp-usedom.de – geschl. 13. Januar - 4. Februar und Montag - Dienstag
Rest – *(nur Abendessen)* Menü 45/102 € – Karte 45/77 €
In dem klassisch-gediegenen Restaurant genießen Sie die internationalen und saisonalen Gerichte von René Bobzin und werden dabei freundlich und zuvorkommend von der Servicebrigade umsorgt. Probieren Sie z. B. den "pochierten Kabeljau mit Granny Smith" oder das "Tiramisu Zur Alten Post"! Zudem kann man eine große Sammlung alter Fernmeldegeräte und Postfahrzeugmodelle bestaunen.

HERINGSDORF – 9 350 Ew – Seeheilbad

Kulmstr. 33, ✉ 17424, ✆ (038378) 24 51, www.kaiserbaeder.usedom.de

Steigenberger Grandhotel und Spa

Liehrstr. 11 ✉ 17424 – ✆ (038378) 49 50 – www.heringsdorf.steigenberger.de
116 Zim – 110/255 € 125/345 € – 57 Suiten – ½ P
Rest *Waterfront* – Karte 26/56 €
Rest *Seaside* – *(nur Abendessen)* Karte 34/58 €
In diesem neuen Grandhotel wurde an nichts gespart: die Qualität merkt man am Service, in den Zimmern ("Urban", "Baltic" und "Classic") sowie im großen Spa und in der Kinderbetreuung! Nicht zu vergessen die Ostsee gleich vor der Tür. Auch gastronomisch passt das Angebot ins Bild: gehobene Menüs im Seaside. Wer legere Bistroküche bevorzugt, ist im Waterfront an der Promenade richtig.

Travel Charme Strandidyll

Zim,

Delbrückstr. 9 ✉ 17424 – ✆ (038378) 47 60 – www.travelcharme.com/strandidyll
136 Zim – 97/248 € 130/300 € – 7 Suiten – ½ P
Rest *Belvedere* – siehe Restaurantauswahl
Rest *Giardino* – Menü 35 € (abends) – Karte 29/49 €
Luxuriöses Flair versprüht das Hotel mit Park bereits von außen. Was innen folgt, steht dem in nichts nach: große Atriumlobby mit Glaskuppel, mediterran inspirierter Spabereich und freundlich-wohnliche Zimmer. Etwas Besonderes ist die schöne Turmsuite mit Rundumblick. Vom Giardino mit Wintergarten schaut man in den Garten.

Maritim Hotel Kaiserhof

Rest,

Strandpromenade ✉ 17424 – ✆ (038378) 6 50 – www.maritim-usedom.de
138 Zim – 90/250 € 135/295 € – 5 Suiten – ½ P
Rest – *(nur Abendessen)* Menü 29/35 € – Karte 30/64 €
Ein komfortables Hotel mit Spa auf drei Etagen und schönem lichtem Wintergarten mit Bibliothek und Meerblick. Interessant: zeitgenössische Kunst und zahlreiche Designer-Stühle. Luftige Atmosphäre im Restaurant Palmengarten, im Sommergarten auch Kaffee und Kuchen.

Strandhotel Ostseeblick

Kulmstr. 28 ✉ 17424 – ✆ (038378) 5 40 – www.strandhotel-ostseeblick.de
60 Zim – 80/165 € 120/230 € – 3 Suiten – ½ P
Rest *Bernstein* – siehe Restaurantauswahl
Rest *Alt Heringsdorf* – ✆ (038378) 5 42 01 *(nur Abendessen)* Karte 25/50 €
Hier überzeugen der kompetente und freundliche Service, die helle, geschmackvolle Einrichtung und Wellness auf 1000 qm mit MEERness-Ritualen am Strand. Von den meisten Zimmern sowie von der Lounge hat man einen einzigartigen Blick auf die See. Bistro-Flair im Alt Heringsdorf gegenüber.

Oasis (mit Gästehaus)

Puschkinstr. 10 ✉ 17424 – ✆ (038378) 26 50 – www.hotel-oasis.de – geschl. 6. Januar - 11. April
18 Zim – 82/202 € 104/224 €, 13 € – 2 Suiten – ½ P
Rest *Rossini* – *(geschl. Dienstag) (nur Abendessen)* Menü 39/170 € – Karte 35/77 €
Die einstige Privatvilla von 1896 repräsentiert den klassisch-eleganten Stil der Gründerzeit. Schöne Halle mit Lichthof, geräumige Zimmer und hübsch bepflanzter Park. Im Restaurant dominieren zarte Pastelltöne, die mit Stilmöbeln vornehm aufeinander abgestimmt sind. Umfangreiche Weinkarte.

Esplanade

Rest, Rest,

Seestr. 5 ✉ 17424 – ✆ (038378) 7 00 – www.seetel.de
48 Zim – 70/120 € 120/180 € – ½ P
Rest *Tom Wickboldt* – siehe Restaurantauswahl
Rest *Epikur* – Menü 29/38 € – Karte 26/69 €
Das Hotel ist ein schlossartiges Gebäude von 1869, in dem schöne gediegene Gästezimmer bereitstehen. Mitbenutzung des großen Spabereichs des Pommerschen Hofs. Klassisch gehaltenes Epikur mit saisonaler Karte.

Strandhotel (N) (mit Gästehaus) 
Liehrstr. 10 ✉ 17424 – ✆ (038378) 23 20
– www.strandhotel-heringsdorf.de – geschl. 23. - 25. Dezember
88 Zim – 76/190 € 102/280 € – 1 Suite – ½ P
Rest – Menü 25/30 € – Karte 29/52 €
Nur wenige Schritte von der Promenade und dem Strand entfernt steht das stilvoll-wohnlich eingerichtete Hotel mit vielfältigem Spa. Zimmer teilweise mit Meerblick. Geschmackvolles holzgetäfeltes Restaurant mit internationalem und regionalem Angebot.

Fortuna garni
Kulmstr. 8 ✉ 17424 – ✆ (038378) 4 70 70
– www.hotel-fortuna.kaiserbaeder.m-vp.de – geschl. 1. November - 21. Dezember
21 Zim – 45/75 € 60/90 €
In der schmucken Villa a. d. 19. Jh. bieten die freundlichen Gastgeber helle, zeitgemäße Zimmer, einige mit netter Loggia. Zum Strand ist es nur ein Katzensprung.

Tom Wickboldt – Hotel Esplanade
Seestr. 5 ✉ 17424 – ✆ (038378) 7 00 – www.seetel.de – geschl. Montag - Dienstag
Rest – *(nur Abendessen)* Menü 69/129 € – Karte 72/116 €
Hier versteht einer sein Handwerk: Tom Wickboldt kocht modern, aber ohne zu übertreiben - stimmig, durchdacht und mit gelungenen Kontrasten. Zu genießen sind seine beiden Menüs (auch A-la-carte-Auswahl möglich) in einem klassisch-eleganten kleinen Abendrestaurant in Weiß.
➜ Steinbuttfilet, Eisbein, Zuckerschotenschaum. Rehrücken im Brotmantel, Selerietaschen, Pfifferlingsravioli. "Rote Grütze 2013".

Belvedere – Hotel Travel Charme Strandidyll
Delbrückstr. 9 ✉ 17424 – ✆ (038378) 47 60 – www.travelcharme.com
– geschl. Sonntag - Dienstag; September - April: Sonntag - Mittwoch
Rest – *(nur Abendessen)* (Tischbestellung erforderlich) Menü 58/85 € – Karte 42/60 €
Sie befinden sich im wahrsten Sinne des Wortes "on top" (4. Stock) - mit einem spektakulären Blick über die Ostsee! Ornamentstoffe in der Kombination Rot und Gold geben ein stimmiges Bild ab. Die Küchenbrigade kocht für Sie nach internationalen Rezepten.

Bernstein – Strandhotel Ostseeblick
Kulmstr. 28 ✉ 17424 – ✆ (038378) 5 42 40 – www.strandhotel-ostseeblick.de
Rest – Menü 35/85 € (abends) – Karte 56/66 €
Frisch und leicht wirken Beige-Töne, klare Linien und bodentiefe Verglasung (Ostseeblick inklusive!). Dazu passt die kreative Küche; probieren Sie z. B. Rotbarbe mit Couscous und Bohnen.

Da Claudio
Friedenstr. 16 ✉ 17424 – ✆ (038378) 80 18 76 – www.da-claudio-usedom.de
– geschl. 10. Dezember - 10. Februar und November - April: Dienstag
Rest – *(nur Abendessen)* (Tischbestellung ratsam) Karte 36/53 €
Ein behagliches italienisches Restaurant im Zentrum, das neben mündlichen Tagesempfehlungen am Tisch auch eine kleine Karte bietet. Chef Claudio Mazzucato steht am Herd, seine Frau umsorgt liebevoll die Gäste.

Kulm-Eck (N)
Kulmstr. 17 ✉ 17424 – ✆ (038378) 2 25 60 – www.kulm-eck.de – geschl. Montag, Oktober - April: Sonntag - Montag
Rest – *(nur Abendessen)* Menü 39/72 € – Karte 36/55 €
In dem mit zahlreichen Fotos von Heringsdorf dekorierten Restaurant und auf der Terrasse unter hohen Bäumen serviert man kreative Küche, verfeinert mit Kräutern und Blüten.

Lutter und Wegner im Seebad Heringsdorf (N)
Kulmstr. 3 ✉ 17424 Usedom-Heringsdorf – ✆ (038378) 2 21 25 – www.laggner-gruppe.de
Rest – Karte 25/52 €
Lust auf klassische Bistrogerichte? Hier bekommen Sie eine ehrliche Küche aus frischen Produkten und sitzen dabei gemütlich zwischen Weinregalen und alten Bildern, dazu freundlich-legerer Service.

Karlshagen – 3 150 Ew – Erholungsort

Hauptstr. 4, ✉ 17449, ✆ (038371) 5 54 90, www.karlshagen.de

Strandhotel

Strandpromenade 1 ✉ 17449 – ✆ (038371) 26 90 – www.strandhotel-usedom.de – geschl. November - Februar
22 Zim – †50/110 € ††60/120 € – ½ P
Rest – *(nur Abendessen, Juni - August auch Mittagessen)* Menü 19 € – Karte 18/30 €
In dem wohnlich-familiären Haus direkt an der Strandpromenade beginnt der Tag mit einem guten Frühstück und freundlicher Gästebetreuung. Besonders schön sind die Giebelstudios und Maisonetten mit Blick auf die See. Das Restaurant ist hübsch in neuzeitlichem Stil gehalten.

Korswandt – 550 Ew

Idyll am Wolgastsee

Hauptstr. 9 ✉ 17419 – ✆ (038378) 2 21 16 – www.idyll-am-wolgastsee.de
19 Zim – †45/70 € ††65/135 € – ½ P
Rest – *(geschl. 1. November - 24. Dezember, 3. Januar - 28. Februar)* Karte 18/35 €
Am See liegt das 1924 erbaute Haus mit gelb-weißer Fassade und behaglicher, freundlicher Einrichtung. Zimmer teils zur Seeseite, einige mit Dachschräge. Der rustikale Poggenkrug mit Frosch-Deko und die sonnige Terrasse zum See ergänzen das Restaurant.

Koserow – 1 700 Ew – Seebad

Hauptstr. 31, ✉ 17459, ✆ (038375) 2 04 15, www.seebad-koserow.de

Nautic

Triftweg 4 ✉ 17459 – ✆ (038375) 25 50 – www.nautic-usedom.de
51 Zim – †49/75 € ††70/122 € – 9 Suiten – ½ P
Rest – Menü 16 € – Karte 21/30 €
In dem Hotel in der Ortsmitte bietet man tipptopp gepflegte, zeitgemäße Zimmer in frischen Farben (mit Balkon bzw. Terrasse) und kümmert sich sehr nett um die Gäste. Restaurant mit bürgerlichem Angebot.

Loddin – 1 060 Ew – Seebad

In Loddin-Kölpinsee Nord-Ost: 2 km

Strandstr. 23, ✉ 17459, ✆ (038375) 2 27 80, www.seebad-loddin.de

Strandhotel Seerose

Rest,

Strandstr. 1 ✉ 17459 – ✆ (038375) 5 40 – www.strandhotel-seerose.de – geschl. 23. - 28. November
109 Zim – †51/133 € ††94/226 € – 3 Suiten – ½ P **Rest** – Karte 26/49 €
Reizvoll ist hier die strandnahe Lage umgeben vom Küstenwald. Neben wohnlichen, teils besonders hellen und neuzeitlichen Zimmern verfügt man über einen ansprechenden Spa. Freundliches Ambiente im Restaurant mit Wintergarten zum Meer.

Trassenheide – 950 Ew – Seebad

Strandstr. 36, ✉ 17449, ✆ (038371) 2 09 28, www.trassenehide.de

Kaliebe

Rest,

Zeltplatzstr. 14 ✉ 17449 – ✆ (038371) 5 20 – www.kaliebe.de
35 Zim – †45/85 € ††60/130 € – ½ P **Rest** – Karte 13/31 €
Eine nette Ferienadresse mit hübschen modernen Zimmern. Zum 250 m entfernten Strand gelangt man durch den Küstenwald, in dem mehrere Blockhäuser stehen - besonders bei Familien beliebt. Bürgerliche Küche mit selbst geräuchertem Fisch im Restaurant mit Wintergarten.

ZINNOWITZ – 3 740 Ew – Seebad

Möwenstr. 1, ✉ 17454, ✆ (038377) 7 30, www.amt-usedom-nord.de

Usedom-Palace Rest, Rest,

Dünenstr. 8 ✉ 17454 – ✆ (038377) 39 60 – www.usedom-palace.de – geschl. 11. November - 27. Februar

41 Zim – 80/130 € 100/260 € – 2 Suiten – ½ P

Rest – Menü 18/65 € – Karte 24/44 €

Das historische Anwesen an der Uferpromenade ist ein prächtiges Hotel von 1900, in dem klassische Eleganz das Ambiente bestimmt. Schöner Badebereich und gutes Frühstücksbuffet. Im Restaurant bietet man internationale Küche.

USINGEN – Hessen – 543 – 13 410 Ew – Höhe 292 m 37 F14

Berlin 521 – Wiesbaden 62 – Frankfurt am Main 32 – Gießen 38

In Usingen-Kransberg Nord-Ost: 5 km über B 275

Herrnmühle

Herrenmühle 1 ✉ 61250 – ✆ (06081) 6 64 79 – www.herrnmuehle.de – geschl. Montag - Donnerstag

Rest – *(nur Abendessen)* (Tischbestellung erforderlich) Menü 35/48 € – Karte 30/54 €

In der ehemaligen Mühle bestimmen rustikales Flair, schöne Teppiche und blanke runde Tische das Ambiente. Internationale Küche - zwei Menüs und kleine A-la-carte-Auswahl.

USLAR – Niedersachsen – 541 – 14 690 Ew – Höhe 178 m – Erholungsort 29 H10

Berlin 352 – Hannover 133 – Kassel 60 – Göttingen 39

Mühlentor 1, ✉ 37170, ✆ (05571) 9 22 40, www.uslarer-land.de

Menzhausen 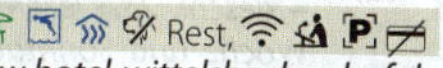

Lange Str. 12 ✉ 37170 – ✆ (05571) 9 22 30 – www.hotel-menzhausen.de

40 Zim – 79/89 € 120/165 € – ½ P

Rest – Menü 24/46 € – Karte 21/45 €

Das Hotel mit schmuckem historischem Fachwerkhaus als Stammhaus bietet einen schönen Freizeitbereich mit Kosmetik und Massage sowie einen reizvollen Garten. Einige "Märchenzimmer". Restaurant mit internationaler und bürgerlicher Küche. Hübscher Innenhof.

UTTING am AMMERSEE – Bayern – 546 – 4 360 Ew – Höhe 554 m 65 K20

Berlin 625 – München 47 – Augsburg 61 – Landsberg am Lech 24

Wittelsbacher Hof Rest,

Bahnhofsplatz 6 ✉ 86919 – ✆ (08806) 9 20 40 – www.hotel-wittelsbacher-hof.de – geschl. 22. Dezember - 1. März

18 Zim – 77/98 € 90/138 € – 1 Suite

Rest – *(geschl. Mittwoch) (nur Abendessen)* Karte 17/34 €

In dem langjährigen Familienbetrieb beim Bahnhof stehen gut gepflegte, solide und praktisch eingerichtete Gästezimmer bereit, einige verfügen über einen Balkon. Bürgerliches Angebot im Restaurant mit Biergarten.

In Utting-Holzhausen

Landhaus Sonnenhof (mit Gästehäusern) 

Ammerseestr. 1 ✉ 86919 – ✆ (08806) 9 23 30 – www.sonnenhof-hotel.de

46 Zim – 95/110 € 150/180 € – 4 Suiten – ½ P

Rest – *(geschl. 22. - 25. Dezember)* Karte 21/40 €

Das Hotel liegt nur wenige Gehminuten vom Ammersee entfernt und bietet wohnliche Zimmer und besonders komfortable Suiten/Appartements in einem der beiden Gästehäuser. In zwei Zimmern haben Sie sogar ein Wasserbett! Verschiedene Restaurantstuben im alpenländischen Stil.

VAIHINGEN an der ENZ – Baden-Württemberg – 545 – 28 840 Ew – Höhe 217 m 55 G18

Berlin 633 – Stuttgart 28 – Heilbronn 54 – Karlsruhe 56

In Vaihingen-Horrheim Nord-Ost: 7 km Richtung Heilbronn

Lamm

Klosterbergstr. 45 ✉ 71665 – ✆ (07042) 8 32 20 – www.hotel-lamm-horrheim.de
23 Zim – †72/90 € ††94/109 € – ½ P
Rest ***Lamm*** – siehe Restaurantauswahl
Familie Bramm betreibt hier mitten im Ort ein nettes und gepflegtes Hotel, in dem man gut und zeitgemäß übernachten und auch tagen kann. Wenn das Wetter mitspielt, können Sie im Sommer schön auf der Terrasse zum Kirchplatz frühstücken!

Lamm – Hotel Lamm

Klosterbergstr. 45 ✉ 71665 – ✆ (07042) 8 32 20 – www.hotel-lamm-horrheim.de – geschl. 1. - 7. Januar
Rest – Menü 28/94 € – Karte 30/45 €
In dem freundlichen Restaurant bekommen Sie in zwangloser Umgebung bürgerlich-schwäbische Gerichte serviert. Nicht zu verfehlen - liegt direkt an der Hauptstraße!

In Vaihingen-Rosswag West: 4 km über B 10 Richtung Pforzheim

Lamm Rosswag (Steffen Ruggaber) mit Zim

Rathausstr. 4 ✉ 71665 – ✆ (07042) 2 14 13 – www.lamm-rosswag.de – geschl. Februar 3 Wochen, August 2 Wochen und Montag - Dienstag
12 Zim – †55/65 € ††90/95 € – ½ P
Rest – Menü 25 € (mittags unter der Woche)/95 € – Karte 38/70 €
Der langjährige Familienbetrieb hat sich zu einer der nettesten und besten Adressen der Region gemausert! Steffen Ruggaber kocht natürlich schwäbische Klassiker, aber genauso auch feine zeitgemäße Speisen. Dazu gibt's eine rein deutsche Weinauswahl. Im Service ist die sympathische Patronne mit von der Partie.
→ Marinierte Gänsestopfleber - Rauchaal / Rhabarber. Rücken und Carée vom Alb Lamm - Bohnenkrautjus / Kartoffel-Paprikacrème / Rahmpolenta. Fondant von Zartbitterschokolade - Passionsfrucht / Himbeere.

VALLENDAR – Rheinland-Pfalz – 543 – 8 200 Ew – Höhe 99 m 36 D14

Berlin 593 – Mainz 113 – Koblenz 9 – Bonn 61
Rathausplatz 5, ✉ 56179, ✆ (0261) 6 67 57 80, www.vallendar-rhein.de

Die Traube

Rathausplatz 12 ✉ 56179 – ✆ (0261) 6 11 62 – www.dietraube-vallendar.de – geschl. 23. Dezember - 8. Januar, 11. - 27. August, Ende Oktober 1 Woche und Sonntag - Montag
Rest – (Tischbestellung ratsam) Menü 49/61 € – Karte 29/57 €
Die gute Küche zieht zahlreiche Gäste zu Stefan und Anita Schleier, doch auch der Rahmen ist schön (ein außen wie innen gleichermaßen reizendes Fachwerkhaus von 1647) und der Service ist freundlich. Neben leckeren Gerichten wie den "geschmorten Kalbsbäckchen mit Spätzle und Gemüse" kommt auch der günstige Mittagstisch gut an. Vor der alten Scheune mit Glockenspiel kann man zum Essen angenehm draußen sitzen.

VAREL – Niedersachsen – 541 – 24 590 Ew – Höhe 9 m 8 E5

Berlin 461 – Hannover 204 – Bremen 75 – Wilhelmshaven 25

Schienfatt

Neumarktplatz 3 ✉ 26316 – ✆ (04451) 47 61 – www.restaurant-schienfatt-varel.de
Rest – *(nur Abendessen, sonntags auch Mittagessen)* (Tischbestellung erforderlich) Menü 33/41 € – Karte 29/48 €
Das Ehepaar Rehs leitet das zum Museum gehörende Haus, das gemütlich und mit allerlei historischen Details eingerichtet ist. Internationale Küche mit regionalem Einfluss.

In Varel-Dangast **Nord-West: 7 km – Nordseebad**

Upstalsboom Landhotel Friesland

Mühlenteichstr. 78 ✉ 26316 – ✆ (04451) 92 10 – www.upstalsboom.de/landhotel-friesland

105 Zim ☕ – 🚹89/99 € 🚹🚹138/188 € – ½ P

Rest *Entenblick* – Menü 27 € – Karte 27/45 €

Das Hotel im Grünen nahe dem Mühlenteich bietet vielfältige Möglichkeiten: Tagungen, Businessgäste, aber auch Urlauber - für alle sind die modernen Zimmer, der Spa sowie die internationale und regionale Küche des Restaurants Entenblick interessant.

Graf Bentinck

Dauener Str. 7 ✉ 26316 – ✆ (04451) 13 90 – www.bentinck.de

42 Zim ☕ – 🚹82/90 € 🚹🚹120/136 € – ½ P

Rest – *(nur Abendessen)* Menü 25 € – Karte 23/38 €

Das reetgedeckte Haus mit backsteinroter Fassade und Sprossenfenstern ist mit seinen geräumigen wohnlichen Zimmern für Tagungen und Urlauber gleichermaßen geeignet. Restaurant im friesischen Stil.

VATERSTETTEN – Bayern – 546 – 22 070 Ew – Höhe 528 m

66 M20

▶ Berlin 596 – München 21 – Landshut 76 – Passau 160

In Vaterstetten-Neufarn **Nord-Ost: 10 km über B 304 Richtung Ebersberg und Markt Schwaben, in Purfing links**

Gutsgasthof Jugendstilhotel Stangl (mit Gasthof)

Münchener Str. 1 ✉ 85646 – ✆ (089) 90 50 10 – www.hotel-stangl.de

56 Zim ☕ – 🚹79/134 € 🚹🚹99/155 € – ½ P

Rest *Gutsgasthof Stangl* – siehe Restaurantauswahl

Wie möchten Sie wohnen? Modern, rustikal oder im Jugendstil? Die Zimmer befinden sich im Gasthof oder im ehemaligen Gutshof - Letzterer ist mit seinem historischen Flair besonders attraktiv, für den Rest sorgt die Chefin mit einem Händchen für Deko!

Landhotel Anderschitz garni

Münchener Str. 13 ✉ 85646 – ✆ (089) 9 27 94 90 – www.hotel-anderschitz.de – geschl. 13. Dezember - 5. Januar

21 Zim ☕ – 🚹60/120 € 🚹🚹90/180 €

In dem familiär geleiteten Landhotel wohnen die Gäste in soliden und gepflegten Zimmern und lassen sich in gemütlich-ländlichen Stuben das Frühstück schmecken.

Gutsgasthof Stangl – Gutsgasthof Jugendstilhotel Stangl

Münchener Str. 1 ✉ 85646 – ✆ (089) 90 50 10 – www.hotel-stangl.de

Rest – (Tischbestellung erforderlich) Menü 28 € – Karte 24/51 €

Richtig bayerisch-gemütlich, so ist jede der Stuben hier: Holztäfelung, hübsche Stoffe und Accessoires... Trotzdem werden Sie im Sommer vermutlich dem Reiz des Kastanien-Biergartens erliegen! Hier wie dort essen Sie gut und preislich fair. Verpassen Sie nicht die Adventstradition: "Ganspaschen".

VEITSHÖCHHEIM – Bayern – 546 – 9 960 Ew – Höhe 170 m

49 I15

▶ Berlin 506 – München 287 – Würzburg 11 – Karlstadt 17

ℹ Erwin-Vornberger-Platz, ✉ 97209, ✆ (0931) 9 80 27 40, www.wuerzburgerland.de

◉ Schloss★ · Schlosspark★

Weisses Lamm (mit Gästehaus)

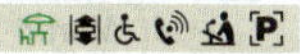

Kirchstr. 24 ✉ 97209 – ✆ (0931) 9 80 23 00 – www.hotel-weisses-lamm.bestwestern.de

70 Zim ☕ – 🚹78/83 € 🚹🚹98/103 € – ½ P

Rest – *(nur Abendessen)* Karte 17/46 €

Das Hotel ist ein erweitertes historisches Gasthaus. Die Juniorsuiten im Gästehaus Anna sind besonders geräumig, modern und verfügen über eine kleine Küchenzeile. Im Restaurant escaVinum: geradliniger Stil und Bistro-Angebot.

Am Main garni

Untere Maingasse 35 ✉ 97209 – ✆ (0931) 9 80 40 – www.hotel-am-main.de – geschl. 22. Dezember - 7. Januar

34 Zim – ♦65/79 € ♦♦95/105 € – 1 Suite

In dem hübschen Haus in einem ruhigen Wohnviertel am Main erwarten Sie moderne Gästezimmer in klaren Linien, ein heller Frühstücksbereich sowie ein netter Garten.

Müller garni

Thüngersheimerstr. 8 ✉ 97209 – ✆ (0931) 98 06 00 – www.hotel-cafe-mueller.de – geschl. 20. Dezember - 5. Januar

20 Zim – ♦75/85 € ♦♦105 €

Die verkehrsberuhigte Lage, zeitgemäße Gästezimmer und ein gutes Frühstücksbuffet machen den langjährigen Familienbetrieb aus. Schön sitzt man auf der kleinen Dachterrasse.

Spundloch

Kirchstr. 19 ✉ 97209 – ✆ (0931) 90 08 40 – www.spundloch.com – geschl. Januar 2 Wochen

9 Zim – ♦69/75 € ♦♦98/105 € – ½ P

Rest – *(geschl. Januar - Februar und November - März: Mittwoch - Donnerstagmittag)* Menü 19/50 € – Karte 16/37 €

In dem kleinen Fachwerkhaus bietet man seinen Gästen gemütlich-wohnliche Zimmer (darunter ein Hochzeitszimmer mit Himmelbett) sowie Massage- und Kosmetikanwendungen. Urig-rustikales Restaurant mit überwiegend regionaler Küche.

VELBERT – Nordrhein-Westfalen – 543 – 84 040 Ew – Höhe 245 m 26 C11

Berlin 544 – Düsseldorf 41 – Essen 16 – Wuppertal 19

Velbert, Kuhlendahler Str. 283, ✆ (02053) 92 32 90

In Velbert-Neviges Süd-Ost: 4 km über B 224, Abfahrt Velbert-Tönisheide

Haus Stemberg

Kuhlendahler Str. 295 ✉ 42553 – ✆ (02053) 56 49 – www.haus-stemberg.de – geschl. 2. - 17. April, Juli - August 3 Wochen und Donnerstag - Freitag, Dezember: Donnerstag - Freitagmittag

Rest – (Tischbestellung ratsam) Menü 35/72 € – Karte 30/64 €

Man ist stolz auf 150 Jahre Familientradition, ensprechend engagiert führt Junior Sascha Stemberg am Herd Regie. Dabei geht er seinen eigenen Weg in Form von zeitgemäß-kreativer Küche, hält aber auch an regionalen Klassikern fest. Und immer wird Produktqualität groß geschrieben! Zu erwähnen ist auch die fair kalkulierte Weinkarte - der Weinkeller im Berg ist das "Heiligtum" von Senior Walter Stemberg!

→ Gänseleber und mild geräucherter Aal, Salat Waldorf. Bretonischer Adlerfisch, Sommergemüse, Pfifferlinge, Kalbsfond und Sauce Bearnaise. Délice von Guanaja-Schokolade mit Sauerkirschen und Kirschwasser.

VELBURG – Bayern – 546 – 5 180 Ew – Höhe 492 m 58 M17

Berlin 474 – München 144 – Regensburg 58 – Nürnberg 60

In Velburg-Lengenfeld West: 3 km, jenseits der Autobahn

Winkler Bräu

St.-Martin-Str. 6 ✉ 92355 – ✆ (09182) 1 70 – www.winkler-braeu.de – geschl. 23. - 25. Dezember

72 Zim – ♦75/123 € ♦♦99/176 € – 1 Suite – ½ P

Rest – Menü 34/56 € – Karte 20/49 €

Der erweiterte Brauereigasthof mit über 500-jähriger Tradition wird freundlich und engagiert geführt. Fragen Sie nach den zeitgemäßen Zimmern in der ehemaligen Mälzerei. Kosmetik. Urig-gemütliches Bräustüberl und netter Innenhof-Biergarten. Eigene Brauerei.

VELDENZ – Rheinland-Pfalz – 543 – 890 Ew – Höhe 170 m 46 C15

Berlin 689 – Mainz 116 – Trier 43 – Saarbrücken 114

Rittersturz

Veldenzer Hammer 1 (Süd-Ost: 0,5 km) ✉ 54472 – ✆ (06534) 1 82 92 – www.rendezvousmitgenuss.de – geschl. 4. - 20. November und Montag
Rest – *(Dienstag - Freitag nur Abendessen)* (Tischbestellung ratsam)
Menü 37/55 € – Karte 38/53 €
Eine sympathische Atmosphäre herrscht in dem idyllisch im Grünen gelegenen Landhaus mit schönem Garten. Der Service ist freundlich und familiär, das Speisenangebot saisonal geprägt.

VELEN – Nordrhein-Westfalen – 543 – 12 980 Ew – Höhe 55 m 26 C10
– Erholungsort

Berlin 525 – Düsseldorf 90 – Bocholt 30 – Enschede 54

Ramsdorfer Str. 19, ✉ 46342, ✆ (02863) 92 62 19, www.velen.de

Sportschloss Velen

Rest,

Schlossplatz 1 ✉ 46342 – ✆ (02863) 20 30 – www.sportschlossvelen.de
97 Zim – 69/99 € 90/130 € – 5 Suiten – ½ P
Rest – *(geschl. Sonntagabend, Montagabend)* Menü 39/74 € – Karte 26/42 €
Rest *Querbeet* – *(geschl. Dienstag) (nur Abendessen)* Karte 18/37 €
Das schön angelegte historische Gebäudeensemble ist umgeben von einem traumhaften Park mit Putting-Green. Im Schloss selbst wohnt man besonders geschmackvoll und speist im klassisch gehaltenen Restaurant. Die rustikale Alternative: Querbeet mit tollem Backsteingewölbe. 21 Tagungs- und Veranstaltungsräume.

VERDEN (ALLER) – Niedersachsen – 541 – 26 810 Ew – Höhe 20 m 18 H7

Berlin 354 – Hannover 95 – Bremen 43 – Rotenburg (Wümme) 25

Große Str. 40, ✉ 27283, ✆ (04231) 1 23 45, www.verden.de

18 Verden-Walle, Holtumer Str. 24, ✆ (04230) 14 70

Pades Restaurant

Grüne Str. 15 ✉ 27283 – ✆ (04231) 30 60 – www.pades.de
Rest – Karte 30/51 €
Sie sind wirklich schön, die Gasträume in dem schmucken Patrizierhaus von Wolfang Pade: moderne, aber auch klassische Elemente, toller Parkettboden, hohe Decken (mal Stuck, mal Holz)... Das absolute Highlight ist aber die "grüne Oase", eine traumhafte Gartenterrasse, die man mitten in der Stadt nicht vermuten würde! Wo könnte man angenehmer sitzen, um sich regional inspirierte Gerichte wie "im Vakuum gegarte Bio-Lammschulter mit karamellisiertem Spargel" schmecken zu lassen?

VERL – Nordrhein-Westfalen – 543 – 24 990 Ew – Höhe 92 m 27 F10

Berlin 413 – Düsseldorf 152 – Bielefeld 19 – Gütersloh 11

Landhotel Altdeutsche

Sender Str. 23 ✉ 33415 – ✆ (05246) 96 60 – www.altdeutsche.de
41 Zim – 69/99 € 99/132 € – 2 Suiten – ½ P
Rest – Menü 29/62 € – Karte 27/46 €
Das schöne Fachwerkhaus hat gleich mehrere Pluspunkte: Es liegt ruhig, wird vorbildlich geführt, hat komfortable Zimmer und gemütliche Gaststuben, in denen man bürgerlich-regional essen kann.

Papenbreer garni

Gütersloher Str. 82 ✉ 33415 – ✆ (05246) 9 20 40 – www.hotel-papenbreer.de
18 Zim – 48/61 € 74/89 €
Das gepflegte kleine Hotel unter der Leitung der Inhaber verfügt über funktionell ausgestattete Zimmer, die sich teilweise im etwas ruhiger gelegenen Gästehaus befinden.

VERSMOLD – Nordrhein-Westfalen – 543 – 20 990 Ew – Höhe 70 m 27 E9

Berlin 415 – Düsseldorf 165 – Bielefeld 33 – Münster (Westfalen) 44

18 Versmold-Peckeloh, Schulten-Allee 1, ✆ (05423) 4 28 72

Altstadthotel

Wiesenstr. 4 ✉ *33775 – ✆ (05423) 95 20 – www.altstadthotel-versmold.de*
45 Zim ☕ – 🛉72/100 € 🛉🛉102/132 €
Rest *Kachelstube* – Karte 19/38 €
Für erholsamen Schlaf sorgen hier die verkehrsberuhigte Lage und die freundlichen Zimmer - wer es moderner mag, wohnt im Gästehaus! Zur Kachelstube gehören ein Wintergarten und eine Terrasse, gleiches Speisenangebot in der Tenne mit nettem Kneipen-Charakter. Perfekt für laue Sommerabende: der Biergarten.

In Versmold-Bockhorst

Alte Schenke

Bockhorst 3, (An der Kirche) ✉ *33775 – ✆ (05423) 9 42 80 – www.alteschenke.de – geschl. Montag - Dienstag*
Rest – *(nur Abendessen, sonntags auch Mittagessen)* (Tischbestellung ratsam)
Menü 46/55 € – Karte 27/54 €
Die Gäste fahren gerne auch etwas weiter, um hier zu essen! Warum? Alles ist liebenswert-westfälisch und auch die Küche trägt mit Gerichten wie "Alte Schenke Krüstchen mit Kartoffelsalat" dazu bei! Allerdings bieten Ihnen Emil Sickendiek und sein Küchenchef Jakob Sudermann auch moderne Landhausküche wie "gebratenes Zanderfilet auf Basilikum-Risotto".

VETTELSCHOSS – Rheinland-Pfalz – 543 – 3 300 Ew – Höhe 280 m — 36 D13

Berlin 620 – Mainz 130 – Bonn 33 – Bad Honnef 17

In Vettelschoss-Kalenborn West: 1 km

Nattermann's Fine Dining mit Zim — Rest,

Bahnhofstr. 12 ✉ *53560 – ✆ (02645) 9 73 10 – www.nattermanns.de – geschl. Montag*
12 Zim – 🛉58/62 € 🛉🛉79/89 €, ☕ 7 € – ½ P
Rest – Menü 37/67 € – Karte 25/54 €
Seit vielen Jahren leitet Joachim (genannt Jo) Nattermann den gewachsenen Familienbetrieb. Bürgerliche Küche mit internationalen Einflüssen, auch Flammkuchen. Tafelstube für Veranstaltungen. Gute Gästezimmer.

VIECHTACH – Bayern – 546 – 8 260 Ew – Höhe 435 m – Wintersport: – Luftkurort — 59 O17

Berlin 507 – München 174 – Passau 81 – Cham 27

Stadtplatz 1, ✉ 94234, ✆ (09942) 16 61, www.viechtacher-land.de

Schmaus

Stadtplatz 5 ✉ *94234 – ✆ (09942) 9 41 60 – www.hotel-schmaus.de – geschl. 6. - 28. Januar*
41 Zim ☕ – 🛉58/63 € 🛉🛉85/93 € – ½ P
Rest – Menü 30/65 € – Karte 19/56 €
Einer der Traditionsbetriebe der Region, in dem Familie Schmaus seit 250 Jahren ihre Gäste bewirtet. Die Zimmer sind neuzeitlich oder rustikaler eingerichtet. Das Restaurant ist eine gepflegte Einkehradresse für Freunde regionaler Speisen.

In Viechtach-Neunussberg

Nord-Ost: 10 km in Richtung Lam, in Wiesing rechts

Burghotel Sterr — Rest,

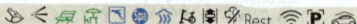

Neunußberg 35 ✉ *94234 – ✆ (09942) 80 50 – www.burghotel-sterr.de – geschl. 16. - 19. Dezember*
23 Zim ☕ – 🛉90/100 € 🛉🛉160/200 € – 9 Suiten – ½ P
Rest – *(nur Abendessen für Hausgäste)*
Hier überzeugen wohnlich-elegante Zimmer - teilweise sehr geräumige Komfortzimmer und Suiten - sowie ein hübscher Wellnessbereich und ein gepflegter Garten mit Badeteich. Freundlich gestaltetes Restaurant.

VIERNHEIM – Hessen – 543 – 32 610 Ew – Höhe 101 m 47 F16

Berlin 608 – Wiesbaden 82 – Mannheim 11 – Darmstadt 47

Viernheim, Alte Mannheimer Str. 3, (06204) 6 07 00

Heddesheim, Gut Neuzenhof, (06204) 9 76 90

Central-Hotel am Königshof garni

Hölderlinstr. 2 ✉ 68519 – (06204) 9 64 20 – www.central-hotel-viernheim.de

20 Zim – 69/89 € 119/139 € – 10 Suiten

Ein familiär geleitetes Haus (5. Generation), in dem man gerne wohnt: Das liegt an den liebevoll und ganz individuell eingerichteten Zimmern, aber auch am reichhaltigen Frühstücksangebot und nicht zuletzt am schönen kleinen Day-Spa! Für Hausgäste bietet man eine kleine Speisekarte. Gute Autobahnanbindung.

In Viernheim-Neuzenlache über A 659, Ausfahrt Viernheim-Ost

Pfeffer & Salz

Neuzenlache 10 ✉ 68519 – (06204) 7 70 33 – www.pfeffersalz.de
– geschl. Januar und Sonntag - Montag, Dezember: Sonntag

Rest – *(nur Abendessen)* (Tischbestellung ratsam) Menü 34/69 €
– Karte 36/78 €

Hier zieht schon allein der wunderbare Garten die Gäste an: eine richtige kleine Oase mit viel Grün und hübschem Springbrunnen! Aber auch die Küche von Gastgeber Peter Liebold kommt gut an - schmackhaft und klassisch-saisonal, dazu eine sehr gute Auswahl an französischen Weinen.

VIERSEN – Nordrhein-Westfalen – 543 – 75 360 Ew – Höhe 40 m 25 B11

Berlin 592 – Düsseldorf 34 – Krefeld 20 – Mönchengladbach 10

In Viersen-Süchteln Nord-West: 4,5 km über A 61, Ausfahrt Süchteln

Alte Villa Ling mit Zim

Hindenburgstr. 34 ✉ 41749 – (02162) 97 01 50 – www.alte-villa-ling.de
– geschl. Montag, Samstagmittag

7 Zim – 85 € 130 € **Rest** – Menü 35 € (mittags)/85 € – Karte 33/58 €

Thomas Teigelkamp, Gastgeber in der schönen Jugendstilvilla von 1899, ist ein Vertreter der klassischen Küche, überzeugt aber auch mit internationalen Gerichten. Großen Wert legt er auf gute Produkte, so kommen Rind, Zicklein und Lamm aus der Region. Ein bisschen schwer fällt die Platzwahl: Salon, Gaststube und Wintergarten haben alle ihren eigenen Charme! Haben Sie auch den hübschen Treppenaufgang gesehen? Hier geht's in die wohnlichen Gästezimmer.

VILBEL, BAD – Hessen – 543 – 31 830 Ew – Höhe 109 m – Heilbad 47 F14

Berlin 540 – Wiesbaden 48 – Frankfurt am Main 10 – Gießen 55

Bad Vilbel-Dortelweil, Lindenhof, (06101) 5 24 52 00

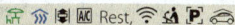

City Hotel

Alte Frankfurter Str. 13 (Siedlung Heilsberg) ✉ 61118 – (06101) 58 80
– www.cityhotel-badvilbel.de

92 Zim – 74/99 € 79/114 €, 10 € **Rest** – Karte 22/62 €

Zeitgemäß-funktionelle Zimmer und die gute Verkehrsanbindung sprechen für dieses Tagungs- und Businesshotel. Hübscher kleiner Saunabereich. Internationale Küche im mediterran gehaltenen Restaurant Zum Heilsberg. Schöne Terrasse mit Lounge-Atmosphäre.

VILLINGENDORF – Baden-Württemberg – 545 – 3 310 Ew 62 F20
– Höhe 621 m

Berlin 725 – Stuttgart 89 – Konstanz 92 – Rottweil 6

Gasthof Linde

Rottweiler Str. 3 ✉ 78667 – (0741) 3 18 43 – www.linde-villingendorf.de
– geschl. 2. - 10. Januar, 3. - 25. August und Montag - Dienstag

Rest – Menü 32/70 € – Karte 30/56 €

Wo so schmackhaft und frisch gekocht wird, sind auch viele Stammgäste - sie essen am liebsten "Gaiselmanns Klassiker" wie Sauerbraten oder Rostbraten! Probieren Sie aber ruhig auch das raffinierte "Versucherle Menü" in 10 Gängen! Größter Beliebtheit erfreut sich übrigens die Fischwoche zweimal im Jahr!

– 81 030 Ew – Höhe 704 m – Kneipp-Kurort

Berlin 734 – Stuttgart 115 – Freiburg im Breisgau 77 – Konstanz 90

ADAC Kaiserring 1 (Villingen)

Rietgasse 2, ✉ 78050, ✆ (07721) 82 23 40, www.tourismus-vs.de

Erzbergerstr. 20, im Bahnhof, ✉ 78054, ✆ (07720) 82 12 08

Veranstaltungen

14.-22. Juni: Südwest Messe

Im Stadtteil Villingen – Kneippkurort

Mercure am Franziskaner

Rietstr. 27 ✉ 78050 – ✆ (07721) 29 70 – www.mercure.de

80 Zim – 89/125 € 114/150 € – 7 Suiten

Rest *3 elements* – *(geschl. Sonntag sowie an Feiertagen) (nur Abendessen)*
Karte 28/40 €

Harmonisch fügt sich das zeitgemäße Hotel beim Riettor am Anfang der Fußgängerzone in das historische Stadtbild ein. Eine Businessadresse mit funktionalen Zimmern, geräumiger die Superior-Kategorie. Im Restaurant: moderner Bistrostil und internationale, italienisch angehauchte Küche.

Rindenmühle

Am Kneipp-Bad 9, (am Kurpark) ✉ 78052 – ✆ (07721) 8 86 80 – www.rindenmuehle.de

23 Zim – 72/94 € 89/135 € – ½ P

Rest *Rindenmühle* – siehe Restaurantauswahl

Woher der Name kommt? Im 16. Jh. wurde hier zum Gerben von Leder Baumrinde gemahlen. Heute schaffen in dem engagiert geführten Hotel im Kurpark Stoffe, Farben und Accessoires geschmackvolle Wohnräume! Gerne zeigt der Chef den Hausgästen auch mal die Mühle!

Bären garni

Bärengasse 2 ✉ 78050 – ✆ (07721) 2 06 96 90 – www.hotel-baeren.biz – geschl. 22. Dezember - 6. Januar

15 Zim – 66/75 € 86/96 € – 1 Suite

Ein kleiner Familienbetrieb in 3. Generation, mitten in der Altstadt, in der Nähe des Bickentors! Ansprechend nicht nur die Lage, sondern auch die zeitgemäßen und praktischen Zimmer.

Rindenmühle – Hotel Rindenmühle

Am Kneipp-Bad 9, (am Kurpark) ✉ 78052 – ✆ (07721) 8 86 80 – www.rindenmuehle.de – geschl. Februar und Sonntag - Montag

Rest – Menü 30/68 € – Karte 31/60 €

Modern-elegant und doch mit Bezug zur Region, so zeigt sich das Interieur, saisonal die Küche. Probieren Sie Felchen, Forelle und Saibling aus dem Bodensee oder die eigenen Gänse! Oder lieber die Menüs "Romantiker", "Klassiker" und "Kulinarische Entdeckungsreise"? Mediterranes Flair auf der Terrasse.

Im Stadtteil Schwenningen

Central garni

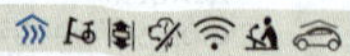

Alte Herdstr. 12 (Muslen-Parkhaus) ✉ 78054 – ✆ (07720) 30 30 – www.centralhotel-vs.de – geschl. 20. Dezember - 7. Januar

60 Zim – 77/82 € 86/94 €

Das Businesshotel mit freundlichen Zimmern und modernem Frühstücksraum ist über ein Parkhaus erreichbar. Im UG hat man einen kleinen Sauna- und Fitnessbereich. Und fürs Auge: die farbenfrohen Gemälde eines norddeutschen Künstlers!

Ochsen

Bürkstr. 59 ✉ 78054 – ✆ (07720) 83 90 – www.hotelochsen.com – geschl. Weihnachten - 6. Januar

38 Zim – 75/95 € 95/105 € – ½ P

Rest *Ochsenstube* – siehe Restaurantauswahl

Bei Familie Schlenker wohnen Sie in unterschiedlichen Zimmern, einige davon sind Themenzimmer wie "Afrika", "Schweden", "Lavendel"... Zimmer 103 ist für alle: eine "Mini-Café-Bar" als Treffpunkt. Für Sommertage: die Sonnenterrasse "Steg 1"!

Ochsenstube – Hotel Ochsen 

Bürkstr. 59 ✉ 78054 – ✆ (07720) 83 90 – www.hotelochsen.com – geschl. Weihnachten - 6. Januar und Sonntag
Rest – *(Montag - Freitag nur Abendessen)* Menü 29/51 € – Karte 19/45 €
Dieter Schlenker, die 4. Generation im Haus, bietet saisonale Küche ebenso wie Ochsen-Klassiker - nicht nur im behaglich-klassischen Restaurant, sehr schön ist es auch draußen auf der Terrasse hinterm Haus!

VILSBIBURG – Bayern – 546 – 11 430 Ew – Höhe 449 m — 59 N19

Berlin 581 – München 79 – Regensburg 81 – Landshut 21
Vilsbiburg, Trauterfing 31, ✆ (08741) 96 86 80

In Vilsbiburg-Achldorf Süd: 2 km

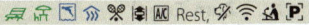

Kongressissimo — Rest,

Hauptstr. 2 ✉ 84137 – ✆ (08741) 96 60 – www.kongressissimo.de – geschl. 24. Dezember - 6. Januar, 9. - 24. August
42 Zim – †85/125 € ††170/250 € – 2 Suiten
Rest – *(geschl. Samstag - Sonntagmittag)* Menü 25/59 € – Karte 23/46 €
In dem modernen Hotelbau erwarten Sie komfortable und neuzeitlich-funktionelle Gästezimmer mit guter Technik. Trendige Lounge. Das Restaurant in der 1. Etage bietet internationale Küche. Durch Sonnensegel geschützter Biergarten.

VISBEK – Niedersachsen – 541 – 9 330 Ew – Höhe 46 m — 17 F7

Berlin 429 – Hannover 139 – Bremen 48 – Oldenburg 45

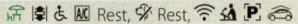

Stüve's Hotel — Rest, Rest,

Hauptstr. 20 ✉ 49429 – ✆ (04445) 96 70 10 – www.hotel-stueve.de
25 Zim – †58/69 € ††75/89 € – ½ P
Rest – Menü 22/69 € – Karte 31/48 €
Der Anbau dieses schmucken Jugendstilhauses beherbergt neuzeitliche und besonders wohnliche Gästezimmer. Etwas einfacher sind die Zimmer im Stammhaus. Helles, freundliches Restaurant mit eleganter Note.

In Visbek-Neumühle Nord-West: 8 km über Ahlhorner Straße, in Engelmannsbäke links Richtung Meyerhöfen

Neumühle

Neumühle 36a ✉ 49429 – ✆ (04445) 28 89 – www.neumuehle-visbek.de – geschl. 1. - 9. Januar und Montag - Dienstag
Rest – *(Mittwoch - Freitag nur Abendessen)* Menü 43/69 € – Karte 38/61 €
Ein malerisches Fleckchen ist die charmante, über 500 Jahre alte Mühle. Die Küche ist international und regional, im Sommer sind Kaffee und Kuchen auf der Terrasse direkt am Mühlweiher ein Muss.

VISSELHÖVEDE – Niedersachsen – 541 – 10 260 Ew – Höhe 55 m — 18 H7

Berlin 344 – Hannover 81 – Hamburg 87 – Bremen 60
Marktplatz 2, ✉ 27374, ✆ (04262) 30 10, www.visselhoevede.de

In Visselhövede-Hiddingen Nord-Ost: 3 km Richtung Schneverdingen

Röhrs (mit Gästehaus) 

Neuenkirchener Str. 1 ✉ 27374 – ✆ (04262) 9 31 80 – www.hotel-roehrs.de
35 Zim – †49/69 € ††79/109 € – ½ P
Rest – *(nur Abendessen)* Menü 17 € – Karte 21/42 €
Ein Gasthaus mit langer Tradition. Die Zimmer im Gästehaus verfügen über Terrasse/Balkon mit Blick ins Grüne - hier auch einige Komfortzimmer. Gediegenes Restaurant - einer der Räume mit Wintergartenanbau.

VLOTHO – Nordrhein-Westfalen – 543 – 19 290 Ew – Höhe 64 m — 28 G9

Berlin 359 – Düsseldorf 206 – Bielefeld 43 – Bremen 116
Vlotho-Exter, Heideholz 8, ✆ (05228) 74 34

In Vlotho-Bonneberg Süd-West: 2,5 km

Bonneberg

Wilhelmstr. 8 ✉ *32602 – ✆ (05733) 79 30 – www.bonneberg.bestwestern.de*
98 Zim – 77/99 € 99/120 € – ½ P **Rest** – Karte 20/43 €
Hell, neuzeitlich und funktionell ist das aus einer ehemaligen Möbelfabrik entstandene Tagungshotel gestaltet. Die Zimmer sind großzügig geschnitten.

VÖHRENBACH – Baden-Württemberg – 545 – 3 810 Ew – Höhe 797 m – Wintersport: 1 100 m 4 – Erholungsort

62 E20

Berlin 759 – Stuttgart 131 – Freiburg im Breisgau 48 – Donaueschingen 21
Friedrichstr. 8, ✉ 78147, ✆ (07727) 50 11 15, www.voehrenbach.de

Zum Engel

Schützenstr. 2 ✉ *78147 – ✆ (07727) 70 52 – www.engel-voehrenbach.de – geschl. Montag - Dienstag*
Rest – (Tischbestellung ratsam) Menü 19/62 € – Karte 31/55 €
Hier ist es genauso behaglich, wie man es bei dem schönen historischen Gasthof schon von außen vermutet! Chef Reinhold Ketterer kocht regional (wie wär's mit "Badischen Tapas" als Vorspeise?) und auch saisonal (z. B."Gefüllte Kaninchenkeule mit Morcheln und Spargel im Kräuterflädlemantel").

VÖHRINGEN – Bayern – 546 – 13 060 Ew – Höhe 499 m

64 I20

Berlin 628 – München 146 – Augsburg 86 – Kempten (Allgäu) 75

In Vöhringen-Illerberg Nord-Ost: 3 km nahe der A 7

Speisemeisterei Burgthalschenke

Untere Hauptstr. 4 (Thal) ✉ *89269 – ✆ (07306) 52 65 – www.burgthalschenke.de – geschl. Montag, außer an Feiertagen*
Rest – Menü 28/58 € – Karte 29/59 €
"Asiatisch marinierte Flusskrebse mit Limonen-Couscous", "Wildlachs auf Spargelragout und hausgemachten Nudeln"... so z. B. klingen die schmackhaften zeitgemäß-saisonalen Gerichte, die man in dem seit 1968 familiengeführten Restaurant serviert bekommt. Im Winter sitzt man gemütlich am Kamin, im Sommer auf der hübschen Terrasse. Die Chefin hat ein Händchen für angenehm dezente, geschmackvolle Deko - die Kunst an den Wänden kann man auch kaufen.

VÖLKLINGEN – Saarland – 543 – 39 630 Ew – Höhe 200 m

45 B17

Berlin 737 – Saarbrücken 15 – Neunkirchen 38 – Homburg 49
Weltkulturerbe Völklinger Hütte★ (Gasbläsehalle★)

Leonardo

Kühlweinstr. 105 ✉ *66333 – ✆ (06898) 5 66 10 – www.leonardo-hotels.com*
96 Zim – 69/129 € 69/129 €, 12 € – 2 Suiten – ½ P
Rest *Vitruv* – Karte 26/45 €
Wo einst Nonnen ihr Gemüse angebaut haben, steht heute dieses Businesshotel. Von den Zimmern bis ins lichtdurchflutete Restaurant ist es modern designt - geschickt eingebunden ein Stück Industriegeschichte: Dekorationen im Haus nehmen Bezug auf das nahe Weltkulturerbe Völklinger Hütte.

Parkhotel Albrecht

Zim,

Kühlweinstr. 70 ✉ *66333 – ✆ (06898) 91 47 00 – www.parkhotel-albrecht.de*
11 Zim – 85/105 € 119/139 € – 2 Suiten – ½ P
Rest *Gourmetstube* – siehe Restaurantauswahl
Rest *Orangerie* – Menü 24 € (mittags unter der Woche)/49 € – Karte 34/69 €
Das gut geführte Hotel liegt in einem 7000 qm großen Park und bietet neuzeitlich-wohnliche Zimmer, benannt nach Städten. Besonders komfortabel sind die beiden Juniorsuiten. Orangerie mit Wintergarten und Terrasse.

XXX **Gourmetstube** – Parkhotel Albrecht

Kühlweinstr. 70 ✉ 66333 – ✆ (06898) 91 47 00 – www.parkhotel-albrecht.de – geschl. Samstagmittag

Rest – Menü 48/84 € – Karte 61/88 €

Macht Ihnen "kross gebratenes Wolfsbarschfilet mit Parmesan-Riesling-Risotto und Chorizo-Spieß" Appetit? Das ist nur ein Beispiel für die zeitgemäß-mediterran ausgelegte Karte in der Gourmetstube, deren modern-elegantes Ambiente ebenso ansprechend ist.

VOGTSBURG im KAISERSTUHL – Baden-Württemberg – 545 61 D20

– 5 680 Ew – Höhe 218 m

▶ Berlin 797 – Stuttgart 200 – Freiburg im Breisgau 31 – Breisach 10

In Vogtsburg-Achkarren

Zur Krone 

Schlossbergstr. 15 ✉ 79235 – ✆ (07662) 9 31 30 – www.krone-achkarren.de

23 Zim – 59/75 € 90/130 € – ½ P

Rest – ✆ (07662) 9 31 30 *(geschl. Mitte Januar - März: Mittwoch - Donnerstag)* Menü 20/45 € – Karte 19/59 €

Das gewachsene Gasthaus ist über 400 Jahre alt und wird seit 1919 von der Familie geführt. Man schläft in unterschiedlich geschnittenen Zimmern (teils mit Balkon) und isst gemütlich in der rustikalen Winzerstube - hier kehren auch gerne Einheimische ein! Sehr beliebt ist die günstige Mittagskarte!

In Vogtsburg-Burkheim

Kreuz-Post 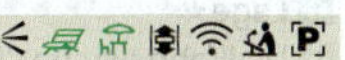

Landstr. 1 ✉ 79235 – ✆ (07662) 9 09 10 – www.kreuz-post.de – geschl. 6. - 20. Januar

35 Zim – 44/88 € 64/124 € – ½ P

Rest – *(geschl. November - März: Dienstag)* Menü 28 € – Karte 20/48 €

Wo einst die Heilig-Kreuz-Kapelle stand, befindet sich dieser gewachsene Gasthof, Familienbetrieb in der 7. Generation. Besonders ansprechend sind die Gartenzimmer mit Terrasse. Die badische Küche lassen Sie sich im Sommer am besten im angenehmen Innenhof servieren.

In Vogtsburg-Oberbergen

XXX **Schwarzer Adler** mit Zim 

Badbergstr. 23 ✉ 79235 – ✆ (07662) 93 30 10 – www.schwarzeradler.eu – geschl. 3. Februar - 6. März und Mittwoch - Donnerstag

14 Zim – 110/120 € 150/160 €

Rest – (Tischbestellung ratsam) Menü 76/102 € – Karte 66/87 €

Dem Gasthof der Winzerfamilie Keller merkt man seine Tradition sofort an, schön stimmig vereinen sich hier badisch-ländlicher Charme und Eleganz. Komplett wird das Bild aber erst durch die klassische Küche von Anibal Strubinger und Christian Rosse und die Weinkarte mit über 2600 Positionen (gut z. B. die Auswahl aus Baden und Frankreich)! Die stilvollen Gästezimmer sind es wert, hier auch gleich zu übernachten!

➜ Ceviche vom Kabeljau mit Mais, Paprika, violetten Zwiebeln und Crostini. Zweierlei vom deutschen Weidelamm mit Madeirasauce und Auberginenauflauf. Gebratene Ente aus der Dombe.

X **KellerWirtschaft** N 

Badbergstr. 44, (1. Etage) ✉ 79235 – ✆ (07662) 93 30 80 – www.franz-keller.de – geschl. 3. Februar - 9. März und Montag - Mittwoch

Rest – Menü 35/62 € - Karte 43/76 €

Hier handelt es sich um den neuesten Streich des Multitalents Fritz Keller (Winzer, Sterne-Gastronom und Sport-Funktionär). Im neuen Weingut - terrassenförmig in die Kaiserstühler Weinhügel gebaut - findet sich diese coole, aber keineswegs kalte Weinwirtschaft, in der Sie durchgehend von 12 - 22 Uhr eine geschmackvolle, ambitionierte und unkomplizierte Produkt-Küche sowie eine schöne Weinauswahl genießen können. Probieren Sie z. B. Marcus Helfesrieders "Kalbshaxe mit Kartoffelpüree" und dazu einen Spätburgunder, der direkt nebenan produziert wurde! Terrasse mit Traumblick!

Winzerhaus Rebstock

Badbergstr. 22 ✉ 79235 – ✆ (07662) 93 30 11 – www.franz-keller.de – geschl. 1. Januar - 4. Februar und Montag - Dienstag

Rest – Menü 30 € – Karte 21/35 €

In dem liebenswerten alten Wirtshaus gegenüber dem Schwarzen Adler - ebenfalls unter der Leitung von Familie Keller - isst man regional. Die Terrasse im Innenhof ist wirklich reizend.

In Vogtsburg-Schelingen

Zur Sonne mit Zim

Mitteldorf 5 ✉ 79235 – ✆ (07662) 2 76 – www.sonne-schelingen.de – geschl. Januar 4 Wochen und Dienstag - Mittwoch

9 Zim – 52 € 65/85 € – ½ P **Rest** – Menü 29/64 € – Karte 26/48 €

Vis-à-vis der Kirche hat Familie Köpfer ihrem Gasthof mit seiner ländlich-gemütlichen holzgetäfelten Stube. Mit Sohn Stephan steht inzwischen die 3. Generation am Herd und sorgt für schmackhafte badische Küche - aus der Region auch die fair kalkulierte Weinauswahl. Übernachten können Sie ebenfalls: rustikal im Stammhaus oder neuzeitlicher im Gästehaus gegenüber.

VOLKACH – Bayern – 546 – 9 160 Ew – Höhe 203 m 49 I15

Berlin 466 – München 269 – Würzburg 28 – Bamberg 64

Marktplatz 1, ✉ 97332, ✆ (09381) 4 01 12, www.volkach.de

Lage ★

Wallfahrtskirche "Maria im Weingarten" (Rosenkranzmadonna ★), Nord-West: 1 km

Zur Schwane

Hauptstr. 12 ✉ 97332 – ✆ (09381) 8 06 60 – www.schwane.de – geschl. 22. - 29. Dezember

34 Zim – 75/95 € 125/210 € – 2 Suiten – ½ P

Rest *Zur Schwane* – siehe Restaurantauswahl

Sie finden das a. d. 15. Jh. stammende Gasthaus in der Altstadt. Nicht nur gepflegte, unterschiedlich eingerichtete Zimmer erwarten Sie hier, gleich beim Empfang hat man eine Vinothek - der eigene Wein kommt aus dem Keller direkt unterm Hotel.

Vier Jahreszeiten garni

Hauptstr. 31 ✉ 97332 – ✆ (09381) 8 48 40 – www.vier-jahreszeiten-volkach.de – geschl. 24. Dezember - 12. Januar

20 Zim – 80/100 € 110/160 € – 1 Suite

In dem schmucken Haus von 1605 erwarten Sie herzliche Gastgeber und individuelle, elegante Zimmer mit Antiquitäten. Faible des Chefs: ein Shop mit eigenen Gewürzmischungen.

Am Torturm garni (mit Gästehaus)

Hauptstr. 41 ✉ 97332 – ✆ (09381) 8 06 70 – www.hotel-am-torturm.de – geschl. 23. Dezember - 7. Januar

21 Zim – 70/95 € 90/120 €

Die freundliche Betreiberin bietet in dem kleinen Hotel am Torturm komfortable und sehr gepflegte Zimmer, darunter auch größere Familienzimmer. Im Sommer Frühstück im Innenhof.

Rose

Oberer Markt 7 ✉ 97332 – ✆ (09381) 84 00 – www.rose-volkach.de

29 Zim – 60/80 € 96/115 € – 1 Suite – ½ P

Rest – *(geschl. 15. - 24. Dezember und Mittwoch)* Karte 17/42 €

Der gepflegte Familienbetrieb nahe dem Altstadtkern ist u. a. bei Radfahrern beliebt, die die Landschaft um die Mainschleife erkunden möchten. Stärken können Sie sich dafür an Sommermorgenden beim Frühstück auf der Terrasse, später speist man in regionstypisch-gemütlichen Gasträumen. Probieren Sie den eigenen Wein!

Behringer (mit Gästehaus) Zim,
Marktplatz 5 ✉ 97332 – ✆ (09381) 81 40 – www.hotel-behringer.de
16 Zim – 55/85 € 85/105 €
Rest – *(geschl. Mitte November - Mitte März: Donnerstag)* Karte 18/38 €
Das schöne jahrhundertealte Fachwerkhaus mit seinem "Hinterhöfle" a. d. 17. Jh. ist seit 1928 im Familienbesitz - die Zimmer hier haben richtig Charme! Und wenn Sie zum Essen kommen: In den Marktblickstuben, der rustikalen Gaststube sowie im Wintegarten oder im Biergarten im Hof serviert man Regionales.

Zur Schwane – Hotel Zur Schwane 
Hauptstr. 12 ✉ 97332 – ✆ (09381) 8 06 60 – www.schwane.de – geschl. 22. - 29. Dezember und Montagmittag
Rest – Menü 25 € (mittags)/78 € – Karte 36/56 €
Schon die frische gelbe Fassade des Gasthofs spricht einen an und bei den urigen Stuben drinnen (hübsch der alte Ofen) sieht es nicht anders aus! Im Sommer könnte es im Innenhof kaum gemütlicher sein.

In Volkach-Escherndorf West: 4 km, in Astheim links abbiegen

Gasthaus Zur Krone
Bocksbeutelstr. 1 ✉ 97332 – ✆ (09381) 28 50 – www.krone-escherndorf.de – geschl. Mitte Januar - Mitte Februar, Juli 2 Wochen und Dienstag - Mittwoch
Rest – Menü 29 € (mittags)/59 € – Karte 29/42 €
Bewusst hat man dem Haus a. d. 18. Jh. ein Stück seiner Rustikalität bewahrt und gelungen mit Modernem kombiniert. Und neben dem Ambiente stimmt auch die Küche: Es gibt sowohl Regionales wie Fleischküchle mit Kartoffelsalat als auch zeitgemäße Gerichte wie Zweierlei vom Saibling oder geschmorte Hasenkeule. Die Weine dazu stammen zu rund 90% aus Escherndorf!

In Nordheim Süd-West: 4 km

Hauptstr. 26, ✉ 74226, ✆ (07133) 18 20, www.nordheim.de

Weininsel (mit Gästehaus) 
Mainstr. 17 ✉ 97334 – ✆ (09381) 80 36 90 – www.gasthof-weininsel.de – geschl. 27. Dezember - 26. Januar
12 Zim – 39/43 € 62/83 € – ½ P
Rest – *(geschl. Mittwoch, Mai - Juni: Mittwochmittag, September - Oktober: Mittwochmittag)* Karte 13/32 €
Das gepflegte kleine Hotel ist ein freundlich geführter Familienbetrieb. Die Zimmer verteilen sich auf Haupt- und Gästehaus, teilweise sind sie etwas größer und wohnlicher. In den Gaststuben bietet man bürgerliche Küche.

VREDEN – Nordrhein-Westfalen – 543 – 22 560 Ew – Höhe 32 m 26 C9

Berlin 537 – Düsseldorf 116 – Nordhorn 66 – Bocholt 33
Markt 7, ✉ 48691, ✆ (02564) 46 00, www.stadtmarketing-vreden.de

Cavallino
Dömern 69 (Ost: 2 km, Richtung Ottenstein) ✉ 48691 – ✆ (02564) 3 26 99 – geschl. Juli 2 Wochen und Montag, Samstagmittag
Rest – Menü 23 € (mittags)/42 € – Karte 25/47 €
Ein modernes, in verschiedene Bereiche unterteiltes Restaurant, in dem der freundliche Chef nicht nur Pizza und Pasta auftischt, sondern auch gehobenere italienische Gerichte.

WAAKIRCHEN – **Bayern** – **siehe Gmund am Tegernsee**

WACHENHEIM – Rheinland-Pfalz – 543 – 4 680 Ew – Höhe 141 m – Erholungsort 47 E16

Berlin 641 – Mainz 86 – Mannheim 27 – Kaiserslautern 35
Weinstr. 15, ✉ 67157, ✆ (06322) 95 80 32, www.wachenheim.de

Rieslinghof garni

Weinstr. 86 ✉ *67157 – ✆ (06322) 9 89 89 20 – www.rieslinghof.com*

6 Zim ☕ – 🚹70/85 € 🚹🚹98 €

In dem ehemaligen Pferdestall des Weinguts hat man Altes und Neues sehr gelungen verbunden - und das mit Stil, wertig und modern. Als Begrüßungspräsent bekommen Sie Wasser und eine Flasche eigenen Wein. Eine angenehm familiäre Adresse, die zudem noch preislich fair ist. Gewölbe-Saal für Tagungen und Feiern.

Goldbächel

Waldstr. 99 ✉ *67157 – ✆ (06322) 9 40 50 – www.goldbaechel.de*

16 Zim ☕ – 🚹60/70 € 🚹🚹100/140 € – ½ P

Rest – *(geschl. Januar 2 Wochen, Juli 2 Wochen und Montag - Dienstagmittag)* Menü 22/75 € – Karte 19/50 €

Der Familienbetrieb am Waldrand ist ein sehr gepflegtes Haus mit praktischen Zimmern und schönem kleinem Saunabereich. Stärkung am Morgen bringt das Pfälzer Landfrühstück. Bürgerlich-rustikales Restaurant, ergänzt durch einen Anbau mit Wintergartenflair.

In Gönnheim Ost: 4,5 km über Friedelsheim

Zum Lamm mit Zim

Bismarckstr. 21 ✉ *67161 – ✆ (06322) 9 52 90 – www.restaurant-zum-lamm.de – geschl. Dienstag, Januar - Mitte April: Dienstag - Mittwoch*

9 Zim ☕ – 🚹55/69 € 🚹🚹60/79 € – ½ P

Rest – *(Montag - Freitag nur Abendessen)* Menü 30/75 € – Karte 20/54 €

In dem hübschen alten Gasthaus kocht Patron Frank Schmidt regionale und internationale Gerichte, die dann in schönen gemütlichen Stuben (es gibt auch einen Bereich für Raucher) und auf der Terrasse im Innenhof auf den Tisch kommen. Sie möchten übernachten? Man hat auch gepflegte und funktionelle Zimmer.

WACHTBERG – Nordrhein-Westfalen – 543 – 20 210 Ew – Höhe 200 m   36 C13

Berlin 609 – Düsseldorf 99 – Bonn 17 – Koblenz 67

Wachtberg-Niederbachem, Landgrabenweg, ✆ (0228) 34 40 03

In Wachtberg-Adendorf West: 6 km Richtung Meckenheim

Kräutergarten

Töpferstr. 30 ✉ *53343 – ✆ (02225) 75 78 – www.gasthaus-kraeutergarten.de – geschl. Sonntagabend - Montag*

Rest – *(Dienstag - Samstag nur Abendessen)* (Tischbestellung ratsam) Menü 44/59 € – Karte 52/66 €

Ein familiengeführtes Restaurant mit ambitionierter internationaler Küche auf klassischer Basis. Mediterrane Farben und moderne Accessoires schaffen ein angenehm helles, freundliches Ambiente.

WACKERSBERG – Bayern – 546 – 3 640 Ew – Höhe 735 m   65 L21

Berlin 648 – München 56 – Garmisch-Partenkirchen 56

In Wackersberg-Arzbach Süd: 3 km

Benediktenhof garni

Alpenbadstr. 16 ✉ *83646 – ✆ (08042) 9 14 70 – www.benediktenhof.de – geschl. November 2 Wochen*

11 Zim ☕ – 🚹62/80 € 🚹🚹94/172 €

Was für ein schönes Haus! Sympathisch und äußerst reizend der ländliche Charakter, herzlich die Gastgeberfamilie - zum Wohlfühlen eben. Lassen Sie es sich gut gehen beim hochwertigen Bio-Frühstück und einem Snack am Nachmittag, aber auch bei Kosmetik und Massage.

WADERSLOH – Nordrhein-Westfalen – 543 – 12 600 Ew – Höhe 95 m 27 F10

Berlin 432 – Düsseldorf 153 – Bielefeld 52 – Beckum 16

Bomke (mit Gästehaus)

Kirchplatz 7 ✉ 59329 – ✆ (02523) 9 21 60 – www.hotel-bomke.de – geschl. 22. - 26. Dezember

20 Zim – 81/125 € 108/129 € – ½ P

Rest *Bomke* **Rest *Bistro Vinothek*** – siehe Restaurantauswahl

Seit 1874 wird das historische Gasthaus - inzwischen ein kleines Hotel - von Familie Bomke geleitet, und das unverändert engagiert! In den Zimmern hat man es schön wohnlich.

Bomke – Hotel Bomke

Kirchplatz 7 ✉ 59329 – ✆ (02523) 9 21 60 – www.hotel-bomke.de – geschl. 22. - 26. Dezember, Januar 1 Woche, Juli - August 2 Wochen, Oktober 1 Woche und Sonntagabend - Montag

Rest – *(Dienstag - Freitag nur Abendessen)* Menü 49/108 € – Karte 54/96 €

Sie genießen nicht nur feine Küche, sondern auch die Herzlichkeit der Gastgeber: Christa Bomke ist stets im Service präsent, während ihr Mann Jens sich den drei Menüs widmet (auch à la carte möglich). Täfelung und Stuck unterstreichen schön die Tradition des Hauses, im Winter wärmt der offene Kamin.

➜ Allerlei von der Wadersloher Silberforelle mit Apfelessig, Bohnenkernen und Pimpinelle. Milchkalbskotelette mit geröstetem Kalbskopfsandwich, Steinpilzen und Topinambur. Schichtkuchen von Himbeere und karamellisierter Schokolade mit Estragonsorbet.

Bistro Vinothek – Hotel Bomke

Kirchplatz 7 ✉ 59329 – ✆ (02523) 9 21 60 – www.hotel-bomke.de – geschl. 22. - 26. Dezember und Montagmittag

Rest – Menü 31/45 € – Karte 28/52 €

Bomke mal traditionell-westfälisch? Da die Küchenmannschaft des Gourmetrestaurants auch fürs Bistro kocht, können die Gerichte ja nur gut sein! Spezialität ist "Das Beste aus der Hausschlachtung". Wenn die lieben Kleinen da nicht mitmachen: Es gibt auch leckere Pizza!

WÄSCHENBEUREN – Baden-Württemberg – 545 – 3 980 Ew – Höhe 408 m 55 H18

Berlin 598 – Stuttgart 53 – Göppingen 10 – Schwäbisch Gmünd 16

In Wäschenbeuren-Wäscherhof Nord-Ost: 1,5 km

Zum Wäscherschloss mit Zim

Wäscherhof 2 ✉ 73116 – ✆ (07172) 73 70 – www.gasthofwaescherschloss.de – geschl. August und Montag - Donnerstag

11 Zim – 60/80 € 120 € **Rest** – Karte 40/50 €

So behaglich das charmante Anwesen (Familienbetrieb in der 5. Generation!) von außen wirkt, ist es auch drinnen: sowohl in den gemütlichen Stuben (hier isst man zeitgemäß-regional) als auch in den Gästezimmern mit ihrem liebenswerten Landhausflair! Tipp: Schön geräumig sind die drei DZ im Gästehaus!

WAGING am SEE – Bayern – 546 – 6 410 Ew – Höhe 465 m – Luftkurort 67 O21

Berlin 679 – München 124 - Bad Reichenhall 47 – Traunstein 12

Salzburger Str. 32, ✉ 83329, ✆ (08681) 3 13, www.waging-am-see-de

Wölkhammer

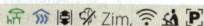

Zim,

Haslacher Weg 3 ✉ 83329 – ✆ (08681) 40 80 – www.hotel-woelkhammer.de – geschl. März 1 Woche, November 3 Wochen

45 Zim – 48/65 € 82/134 € – 2 Suiten – ½ P

Rest – *(geschl. Freitag)* Menü 25 € (abends) – Karte 18/35 €

Ein sehr gepflegtes Hotel, das familiär geführt wird und über heimelige, mit viel Holz eingerichtete Zimmer verfügt. Im Anbau, dem Fürstenhof, wohnt man etwas komfortabler. In ländlichen Restaurantstuben bietet man bürgerliche Küche.

Landhaus Tanner mit Zim

Aglassing 1 ✉ 83329 – ✆ (08681) 6 97 50 – www.landhaustanner.de – geschl. Oktober 1 Woche und Montagmittag, Dienstag

11 Zim – 70/78 € 110/138 € – 2 Suiten – ½ P

Rest – Menü 18 € (mittags)/59 € – Karte 24/53 €

Sehr zur Freude der Gäste schmeckt es bei den engagierten Gastgebern Stefanie und Franz Tanner nicht nur richtig gut, die frischen saisonalen Gerichte wie z. B. "Ochsenlende mit Meerrettich und Paprikagemüse" gibt es zudem noch zu fairen Preisen! Auch wenn man im Restaurant mit Kachelofen, Holzboden und Täfelung wirklich ausgesprochen gemütlich sitzt, zieht es einen im Sommer raus in den Biergarten. Charmante Gästezimmer hat man obendrein, einige davon besonders freundlich und modern.

WAIBLINGEN – Baden-Württemberg – 545 – 52 900 Ew – Höhe 230 m

55 H18

Berlin 609 – Stuttgart 19 – Schwäbisch Gmünd 42 – Schwäbisch Hall 57

ADAC Fronackerstr. 16

Scheuerngasse 4, ✉ 71332, ✆ (07151) 5 00 11 55, www.wtm-waiblingen.de

Bachofer mit Zim

Am Marktplatz 6 ✉ 71332 – ✆ (07151) 97 64 30 – www.bachofer.info – geschl. Januar 1 Woche, Oktober 2 Wochen und Samstagmittag, Sonntag - Montag

9 Zim – 79/120 € 120/180 €

Rest – Menü 56 € (mittags)/110 € – Karte 53/77 €

Stylish in Einrichtung, Licht-Design und Konzept! In Bernd Bachofers Brust schlagen zwei Herzen: eines für asiatische Küche, das andere für klassische - entsprechend die Menüs mit bis zu 10 Gängen. Alternativ gibt es die vegetarische 5-Gänge-Variante. Günstiger Mittagstisch. Tipp: die geräumigen Gästezimmer.

WAISCHENFELD – Bayern – 546 – 3 170 Ew – Höhe 372 m – Luftkurort

50 L15

Berlin 391 – München 228 – Coburg 73 – Bayreuth 26

Marktplatz 1, ✉ 91344, ✆ (09202) 96 01 17, www.waischenfeld.de

Im Wiesenttal an der Straße nach Behringersmühle

Café-Pension Krems

Heroldsberg Tal 17 (Süd-West: 3 km) ✉ 91344 Waischenfeld – ✆ (09202) 2 45 – www.pension-krems.de – geschl. 16. November - 20. Dezember

14 Zim – 27/35 € 54/60 € – ½ P

Rest – *(geschl. Dienstag) (nur Abendessen für Hausgäste)* Menü 10/25 € – Karte 12/25 €

In einem malerischen Tal liegt die gut geführte Pension ruhig an Wald, Wiesen und Wasser. Die Zimmer sind nett und sehr gepflegt. Im Restaurant reicht man eine kleine Speisekarte.

WALDBREITBACH – Rheinland-Pfalz – 543 – 1 850 Ew – Höhe 140 m – Luftkurort

36 D13

Berlin 614 – Mainz 135 – Bonn 42 – Koblenz 37

Neuwieder Str. 61, ✉ 56588, ✆ (02638) 40 17, www.wiedtal.de

Zur Post

Neuwieder Str. 44 ✉ 56588 – ✆ (02638) 92 60 – www.hotelzurpost.de

43 Zim – 58/80 € 106/142 € – 1 Suite – ½ P

Rest – Menü 13 € – Karte 16/44 €

Das persönlich geführte Hotel ist aus einem Gasthof von 1777 gewachsen. Die Zimmer sind neuzeitlich und wohnlich, geräumiger sind die Deluxe-Zimmer. Poststube, Weinstube und die moderne Wiedtalstube im Wintergartenstil bilden das Restaurant. Im UG: gemütliche Zeip Bar.

WALDBRONN – Baden-Württemberg – 545 – 12 390 Ew – Höhe 261 m

54 F18

Berlin 683 – Stuttgart 71 – Karlsruhe 15 – Pforzheim 22

Bergstr. 32, ✉ 76337, ✆ (07243) 5 65 70, www.waldbronn.de

In Waldbronn-Busenbach

La Cigogne - Zum Storch 

Ettlinger Str. 97 ✉ 76337 – ✆ (07243) 5 65 20 – www.la-cigogne.de – geschl. August 3 Wochen

11 Zim – 72 € 102 €

Rest – *(geschl. Mittwoch) (Montag - Samstag nur Abendessen)* Karte 19/51 €

Das Haus mit der hellblauen Fassade ist eine nette familiär geleitete Adresse mit solide und zeitgemäß eingerichteten Gästezimmern. Restaurant mit bürgerlichem Speisenangebot.

In Waldbronn-Reichenbach – Luftkurort

Weinhaus Steppe 

Neubrunnenschlag 18 ✉ 76337 – ✆ (07243) 5 65 60 – www.weinhaus-steppe.de

28 Zim – 54/110 € 94/135 € – 2 Suiten – ½ P

Rest – *(geschl. August und Mittwoch, Sonntagabend sowie an Feiertagen abends) (Montag - Donnerstag nur Abendessen)* Menü 20 € – Karte 15/44 €

Die Gästezimmer in dem gewachsenen familiengeführten Hotel am Ortsrand sind recht unterschiedlich geschnitten und eingerichtet, von schlicht-rustikal bis ganz modern. Gemütlich-rustikal ist das Restaurant Weinstube.

WALDECK – Hessen – 543 – 7 160 Ew – Höhe 404 m – Luftkurort 38 G12

Berlin 436 – Wiesbaden 201 – Kassel 54 – Korbach 23

Sachsenhäuser Str. 10, ✉ 34513, ✆ (05623) 97 37 82, www.waldeck.nordhessen.de

Waldeck, Domänenweg 12, ✆ (05623) 9 98 90

Schloss Waldeck 

Schloss Waldeck 1 ✉ 34513 – ✆ (05623) 58 90 – www.hotel-schloss-waldeck.de

42 Zim – 88/168 € 98/258 € – ½ P

Rest *Alte Turmuhr* – *(geschl. Sonntag - Montag) (nur Abendessen)* Menü 24/59 € – Karte 32/54 €

Rest *Altane* – *(Dienstag - Samstag nur Mittagessen)* Karte 25/42 €

Zweifelsohne lockt die einstige Burganlage a. d. 11. Jh. vor allem mit ihrer Panoramalage auf einer Bergkuppe oberhalb des Edersees! Doch es gibt noch mehr zu entdecken: die Lobby in einem mächtigen alten Natursteingewölbe, "Teatime" im stilvoll-modernen Kaminzimmer, das Burgmuseum, das Standesamt... Und was halten Sie von einer Beautyanwendung? Dass man im Sommer wunderbar auf den Restaurantterrassen sitzt, weiß man auch unten am See - da kommt man gerne mal mit der Bergbahn hier hinauf!

Roggenland 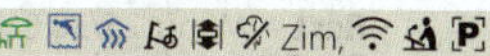

Schlossstr. 11 ✉ 34513 – ✆ (05623) 99 88 – www.roggenland.de – geschl. 18. - 27. Dezember

59 Zim – 79/99 € 118/150 € – 1 Suite – ½ P **Rest** – Menü 24/70 €

Der Familienbetrieb befindet sich in der Nähe des Edersees. Fragen Sie nach den neueren, modernen Zimmern, von den "Deluxe" hat man Schlossblick! Massage- und Kosmetikangebot, nette Bar sowie Restaurant mit bürgerlicher Karte.

Im Ortsteil Nieder-Werbe West: 8 km

Werbetal 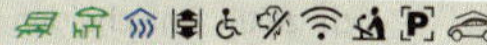

Uferstr. 28 ✉ 34513 – ✆ (05634) 9 79 60 – www.hotel-werbetal.de – geschl. Januar - Februar

29 Zim – 64/78 € 102/132 € – ½ P

Rest – Menü 14 € (mittags)/30 € – Karte 14/32 €

Nahe am Seeufer steht dieses familiengeführte Hotel, das bereits seit 1866 als Gasthaus existiert. Die Zimmer sind z. T. recht geräumig, einige mit Balkon. Rustikales Restaurant mit großen Fenstern zum See.

WALDENBUCH – Baden-Württemberg – 545 – 8 530 Ew – Höhe 362 m 55 G19

Berlin 662 – Stuttgart 25 – Tübingen 20 – Ulm (Donau) 94

Landgasthof Rössle

Auf dem Graben 5 ✉ 71111 – ✆ (07157) 73 80 – www.landgasthofroessle.de – geschl. August 1 Woche

32 Zim – 79 € 109 €

Rest – *(geschl. Montag)* Karte 19/52 €

Der gepflegte Landgasthof a. d. J. 1843 ist ein Familienbetrieb in 7. Generation! Interessant sind die gastronomischen Aktionen (z. B. Balinesische Wochen über Fasching), aber auch die Holzrelief-Bilder des Künstlers Heinrich Rohwedder. Fast schon ein Muss ist der Besuch bei "Ritter Sport" im Ort!

Gasthof Krone

Nürtinger Str. 14 ✉ 71111 – ✆ (07157) 40 88 49 – www.krone-waldenbuch.de – geschl. Anfang Januar 1 Woche, über Fasching 1 Woche, Ende August 2 Wochen und Montag - Dienstag

Rest – Menü 56/66 € – Karte 41/50 €

Der Weg in die schwäbische Provinz (rund 20 km von Stuttgart) lohnt sich, denn Matthias Gugeler und Patrick Giboin haben hier ihr kulinarisches Refugium in Form eines denkmalgeschützten Gasthofs samt schöner Terrasse. Die sehr gute klassische Küche und die treffliche Weinberatung hätten auch Goethe und Schiller gefallen, die im 18. Jh. hier einkehrten!

→ Sankt Jakobsmuscheln mit Erbsen, Spargel, Estragon und Schweinebauch. Rinderbavette mit Ochsenschwanz-Tourte, Zwiebelmarmelade und Schmorsauce. Macarons au chocolat mit Piment d´ Espelette und Kümmel, Karamelleis mit Fleur de Sel.

Sie möchten spontan verreisen? Besuchen Sie die Internetseiten der Hotels, um von deren Sonderkonditionen zu profitieren.

WALDENBURG – Baden-Württemberg – **545** – **3 010 Ew** **55** H17 – **Höhe 506 m** – **Luftkurort**

Berlin 558 – Stuttgart 88 – Heilbronn 42 – Schwäbisch Hall 19

Hauptstr. 13, ✉ 74638, ✆ (07942) 10 80, www.waldenburg-hohenlohe.de

Panoramahotel Waldenburg

Hauptstr. 84 ✉ 74638 – ✆ (07942) 9 10 00 – www.panoramahotel-waldenburg.de

65 Zim – 80/150 € 115/150 € – 4 Suiten – ½ P

Rest – Menü 25/30 € – Karte 31/55 €

Ein Businesshotel - gut geführt, praktisch, inklusive Traumblick auf die Hohenloher Ebene! Die Zimmer sind individuell und farblich teils recht prägnant, einige auch allergikergeeignet. Dazu ein moderner Saunabereich, ein frisches, helles Restaurant mit internationaler Küche und ein kleines Bistro.

Villa Blum garni

Haller Str. 12 ✉ 74638 – ✆ (07942) 9 43 70 – www.villa-blum.de

9 Zim – 79/95 € 125/135 €

Wenn Sie eines der geschmackvollen Zimmer hier ergattern wollen, sollten Sie sich zeitig entscheiden, denn die wohltuende Atmosphäre in der charmanten alten Villa und das Engagement der Familie Philipps haben sich rumgesprochen! Das Frühstück ist wirklich gut, die Minibar gratis...

Bergfried

Hauptstr. 30 ✉ 74638 – ✆ (07942) 9 14 00 – www.hotel-bergfried.com

15 Zim – 55/65 € 78/95 € – ½ P

Rest – *(geschl. Mitte Februar - Anfang März und Mittwoch)* Menü 23/25 € – Karte 17/36 €

Ein gepflegtes kleines Hotel, das direkt an den Staufferturm gebaut ist, den höchsten Aussichtsturm des Hohenloher Landes. In den Zimmern: moderne, individuelle Bäder. Dazu das Restaurant und die Weinlauben-Terrasse mit schöner Aussicht.

WALDESCH – **Rheinland-Pfalz** – **543** – **2 230 Ew** – **Höhe 297 m** **36** D14

Berlin 603 – Mainz 88 – Koblenz 12 – Bingen 56

Rosenhof Rest,

Hübingerweg 10 ✉ 56323 – ✆ (02628) 9 60 90
– www.hotel-rosenhof-waldesch.de – geschl. 20. Dezember - 28. Januar
8 Zim – 49/58 € 68/92 € – ½ P
Rest – *(geschl. 6. - 24. Januar und Montag)* Menü 16 € (mittags unter der Woche) – Karte 16/42 €
Der kleine Familienbetrieb liegt ruhig in einer Wohngegend und bietet seinen Gästen tipptopp gepflegte und funktionell eingerichtete Zimmer mit Balkon. Das Restaurant ist in rustikalem Stil gehalten.

WALDKIRCH – **Baden-Württemberg** – **545** – **20 860 Ew** – **Höhe 274 m** – **Wintersport: 1 200 m** **4** – **Luftkurort** **61** D20

Berlin 778 – Stuttgart 204 – Freiburg im Breisgau 26 – Offenburg 62
Kirchplatz 2, ✉ 79183, ✆ (07681) 1 94 33, www.stadt-waldkirch.de
Lage★ · Stiftskirche St. Margaretha (Innenraum★)
Kandel ★, Süd-Ost: 12 km

In Waldkirch-Buchholz **Süd-West: 4 km über B 294**

Hirschen-Stube - Gästehaus Gehri

Schwarzwaldstr. 45 ✉ 79183 – ✆ (07681) 47 77 70 – www.hirschenstube.de
24 Zim – 60/80 € 85/100 € – 1 Suite – ½ P
Rest *Hirschenstube* – siehe Restaurantauswahl
Das Gästehaus Gehri ist sehr gut geführt, man verbessert stetig hier und da und alles ist tipptopp gepflegt! Außerdem wohnt man hier dank der etwas zurückversetzten Lage schön ruhig.

Hirschenstube – Hirschen-Stube - Gästehaus Gehri

Schwarzwaldstr. 45 ✉ 79183 – ✆ (07681) 47 77 70 – www.hirschenstube.de
– geschl. Februar 2 Wochen, August 3 Wochen und Sonntag - Montag
Rest – Menü 28/45 € – Karte 18/60 €
Frische Gerichte, freundlicher Service in Tracht und familiäre Atmosphäre... da mischt man sich doch gerne unter die vielen Stammgäste! Auf der Karte: badische Schneckensuppe und Rahmschnitzel vom Kalb sowie pochiertes Zanderfilet und Lammcarré mit provenzalischer Sauce.

In Waldkirch-Kollnau **Nord-Ost: 2 km**

Kohlenbacher Hof

Kohlenbach 8 (West: 2 km) ✉ 79183 – ✆ (07681) 88 28
– www.kohlenbacherhof.de
18 Zim – 52/60 € 78/90 € – ½ P
Rest – *(geschl. Montag - Dienstag)* Menü 25 € (mittags unter der Woche)/35 € – Karte 17/43 €
Wunderbar ist die ruhige, einsame Lage in einem Seitental - allein das ist schon ein Grund, hierher zu kommen! Da aber auch der schönste Tag in der Natur einmal zu Ende geht, hat Familie Gluminski hier freundliche, funktionale Zimmer (teils mit Balkon) sowie bürgerlich-regionale Küche in gemütlichem Ambiente.

WALD-MICHELBACH – **Hessen** – **543** – **10 920 Ew** – **Höhe 346 m** – **Wintersport: 593 m** – **Erholungsort** **48** G16

Berlin 599 – Wiesbaden 101 – Mannheim 56 – Darmstadt 61
In der Gass 17, ✉ 69483, ✆ (06207) 94 71 11, www.wald-michelbach.de

Auf der Kreidacher Höhe **West: 3 km Richtung Weinheim**

Kreidacher Höhe

Kreidacher Höhe 1 ✉ 69483 Wald-Michelbach – ✆ (06207) 9 22 20
– www.kreidacher-hoehe.de
34 Zim – 65/85 € 105/130 € – ½ P **Rest** – Karte 20/49 €
Ruhig liegt das Hotel auf einer Anhöhe in waldreicher Umgebung. Man bietet funktionelle, solide möblierte Zimmer - die nach Süden hin verfügen über einen Balkon. Neorustikal gestaltetes Restaurant, z. T. mit schöner Sicht auf die Region.

WALDSASSEN – Bayern – 546 – 6 980 Ew – Höhe 477 m – Wintersport: 650 m 1

51 N15

Berlin 370 – München 311 – Weiden in der Oberpfalz 43 – Bayreuth 77

Johannisplatz 11, ✉ 95652, ✆ (09632) 8 81 60, www.waldsassen.de

Neualbenreuth, Ottengrün 50, ✆ (09638) 12 71

Bayerischer Hof

Bahnhofstr. 15 ✉ 95652 – ✆ (09632) 92 31 30 – www.bayerischerhof-waldsassen.de – geschl. April 1 Woche, November 1 Woche

14 Zim – 38/47 € 62/64 € – ½ P

Rest – *(geschl. Mittwoch)* Menü 13 € (mittags) – Karte 15/41 €

Schon seit drei Generationen ist der 1906 eröffnete Gasthof mit dem hübsch geschwungenen Giebel in der Hand der Familie Sperber. Tipp: Die wohnlicheren Zimmer sind die im 2. Stock! Behaglich auch das rustikale Restaurant. Schauen Sie sich die prächtige Basilika im Ort an!

WALDSEE, BAD – Baden-Württemberg – 545 – 19 940 Ew – Höhe 588 m – Moorheilbad und Kneippkurort

63 H21

Berlin 676 – Stuttgart 154 – Konstanz 61 – Ulm (Donau) 66

Ravensburger Str. 3, ✉ 88339, ✆ (07524) 94 13 42, www.bad-waldsee.de

Bad Waldsee, Hopfenweiler, ✆ (07524) 4 01 72 00

Oberschwaben, Hofgut Hopfenweiler 2d, ✆ (07524) 59 00

Golf & Vitalpark Bad Waldsee

Rest,

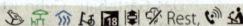

Hopfenweiler (Nord-Ost: 3 km) ✉ 88339 – ✆ (07524) 4 01 70 – www.waldsee-golf.de – geschl. 3. - 13. Januar

40 Zim – 79/109 € 129/168 € – ½ P

Rest – *(nur Abendessen, sonntags auch Mittagessen)* Menü 29/79 € – Karte 31/60 €

Diese Adresse wird natürlich vor allem von Golfern geschätzt, denn das moderne Hotel ist in eine Golfanlage eingebettet! Und auch wohnen lässt es sich schön dank neuzeitlicher Zimmer mit gutem Komfort.

Grüner Baum (mit Gästehäusern)

Hauptstr. 34 ✉ 88339 – ✆ (07524) 9 79 00 – www.baum-leben.de

49 Zim – 61/85 € 91/125 € – ½ P

Rest – *(geschl. Montag)* Menü 22/30 € – Karte 20/52 €

Richtig charmant ist das Gasthaus direkt am Rathausplatz (schön hier im Sommer die Terrasse!): Es ist tipptopp gepflegt, wird gut geführt und hat gemütliche, individuelle Zimmer, verteilt auf das Haupthaus und das ca. 80 m entfernte "Alte Tor". Das nach altem Hausrezept gebraute Bier der ehemaligen Brauerei von 1769 wird hier nach wie vor ausgeschenkt!

Kreuz N

Mattenhaus 3 ✉ 88339 – ✆ (07524) 9 75 70 – www.hotel-kreuz.de – geschl. 20. Dezember - 13. Januar

21 Zim – 52/65 € 78/94 € – ½ P

Rest – *(geschl. Freitagabend - Samstag)* Karte 14/41 €

Für alle, die es gerne modern haben, gibt es in dem Gasthof a. d. 15. Jh. besonders schicke neuere Zimmer, die klare Linien und warmes Holz schön verbinden - und teilweise haben sie noch Zugang zur Blumenwiese hinterm Haus! Alternativ hat man aber auch einfachere und günstigere Zimmer. Im Restaurant serviert man regionale Klassiker.

Scala

Wurzacher Str. 55 ✉ 88339 – ✆ (07524) 91 32 00 – www.scala-restaurant.de – geschl. Januar 3 Wochen und Montag - Dienstag

Rest – Menü 29 € – Karte 24/51 €

Stephan Gruß bekocht Sie in dem modernen Restaurant mit saisonal-internationalen Speisen. Und während Sie sich z. B. "Wildschweinsteak mit Pilzkruste und Spätzle" schmecken lassen, genießen Sie den Blick auf den Stadtsee!

In Bad Waldsee-Gaisbeuren Süd-West: 4 km über B 30

Adler

Bundesstr. 15 (B 30) ✉ 88339 – ✆ (07524) 99 80 – www.hotel-gasthaus-adler.de – geschl. 27. Februar - 13. März

31 Zim – †62/71 € ††86/99 € – ½ P

Rest – *(geschl. Donnerstag)* Menü 21 € – Karte 19/47 €

Ein 500 Jahre altes Gasthaus, das zu einem Hotel mit funktionalen und recht geräumigen Zimmern gewachsen ist. Auch Seminarräume stehen bereit. Im Restaurant serviert man u. a. Wild aus eigener Jagd und verkauft selbstgebrannten Schnaps vom Obst aus dem Garten!

WALDSHUT-TIENGEN – Baden-Württemberg – 545 – 22 860 Ew – Höhe 341 m

62 E21

Berlin 793 – Stuttgart 180 – Freiburg im Breisgau 75 – Donaueschingen 57

Wallstr. 26, ✉ 79761, ✆ (07751) 83 32 00, www.waldshut-tiengen.de

Im Stadtteil Waldshut

Waldshuter Hof

Kaiserstr. 56, (1. Etage) ✉ 79761 – ✆ (07751) 8 75 10 – www.waldshuter-hof.de

23 Zim – †65/70 € ††98/105 € – ½ P

Rest – *(geschl. Sonntagabend - Montag)* Menü 28/44 € – Karte 23/43 €

In dem Hotel in der Altstadt, mitten in der Fußgängerzone, gibt es nicht nur funktionell und zeitgemäß ausgestattete Zimmer, man kann hier auch gut essen! Das Restaurant im 1. Stock ist bekannt für ambitionierte internationale Küche.

Im Stadtteil Tiengen

Bercher

Rest,

Bahnhofstr. 1 ✉ 79761 – ✆ (07741) 4 74 70 – www.bercher.de – geschl. August

36 Zim – †65/108 € ††114/167 € – 2 Suiten – ½ P

Rest – *(geschl. Samstagmittag, Sonntag)* Karte 28/52 €

Die Zimmer in dem gewachsenen Familienbetrieb (seit 1911) sind komfortabel und individuell, von eher ländlich bis zum eleganten Landhausstil - es gibt auch welche mit Kachelofen. Ein schöner Ort zum Enstpannen: die Wellness-Stuben im separaten Anbau! Gediegene Restauranträume mit traditionellem Angebot.

Brauerei Walter

Hauptstr. 23 ✉ 79761 – ✆ (07741) 8 30 20 – www.brauereiwalter.de

19 Zim – †46/55 € ††82/95 €

Rest *Brauerei Walter* – siehe Restaurantauswahl

Das historische Haus war einst eine Brauerei und ist heute (erweitert um einen Anbau) ein solides Hotel mit funktionalen Zimmern, gepflegter Auswahl am Frühstücksbuffet sowie familiärem Service.

Brauerei Walter – Hotel Brauerei Walter

Hauptstr. 23 ✉ 79761 – ✆ (07741) 8 30 20 – www.brauereiwalter.de – geschl. Ende August 1 Woche und Sonntagabend - Montag

Rest – Menü 17 € (mittags)/54 € – Karte 24/59 €

Nicht nur Gäste des Hotels sollten hier zum Essen einkehren, denn es lohnt sich, die gute Küche von Gastgeber Stefan Hoferer zu probieren! Da wäre z. B. das Stubenküken aus dem Ofen oder - wenn es etwas feiner sein soll - das anspruchsvolle Tagesmenü. Patronne Claudia Hoferer leitet freundlich den Service.

Im Stadtteil Breitenfeld Nord-Ost: 3 km ab Tiengen

Landgasthof Hirschen

Breitenfeld 13 ✉ 79761 – ✆ (07741) 6 82 50 – www.hirschen-breitenfeld.de – geschl. 9. - 29. Januar

27 Zim – †45/56 € ††83/93 € – ½ P **Rest** – Karte 13/51 €

Familie Knöpfle hält ihren Landgasthof top in Schuss und renoviert immer wieder, damit die wohnlich-ländlichen Zimmer auch stets gepflegt sind - die im Gästehaus "Cäcilia" sind übrigens geräumiger. Im rustikalen Restaurant bekommt man bürgerliche und regionale Küche serviert.

In Lauchringen-Oberlauchringen Süd-Ost: 4 km ab Tiengen, über B 34

Gartenhotel Feldeck

Klettgaustr. 1, (B 34) ✉ 79787 – ✆ (07741) 8 30 70 – www.hotel-feldeck.de
36 Zim – 55/70 € 95/105 € – ½ P
Rest – *(geschl. Samstag)* Karte 20/47 €
In dem von der Inhaberfamilie gut geführten Haus stehen freundlich und solide eingerichtete Gästezimmer bereit, die teilweise mit Balkon ausgestattet sind. Das Restaurant teilt sich in einen rustikalen und einen neuzeitlichen Bereich. Dazu kommt noch die Terrasse hinter dem Haus.

WALDSTETTEN – Baden-Württemberg – siehe Schwäbisch Gmünd

WALLDÜRN – Baden-Württemberg – 545 – 11 710 Ew – Höhe 398 m 48 H16
– Erholungsort

Berlin 554 – Stuttgart 125 – Würzburg 59 – Aschaffenburg 64
Hauptstr. 27, ✉ 74731, ✆ (06282) 6 71 06, www.wallduern.de
Walldürn-Neusaß, Mühlweg 7, ✆ (06282) 73 83
Mudau, Donebacher Str. 41, ✆ (06284) 84 08

Zum Riesen

Hauptstr. 14 ✉ 74731 – ✆ (06282) 9 24 20 – www.hotel-riesen.de
25 Zim – 59 € 89 € – 1 Suite – ½ P
Rest – *(geschl. Freitag)* Karte 17/33 €
Der Familienbetrieb besteht aus einem hübschen Herrenhaus a. d. 15. Jh. - hier hat man einige Barockzimmer mit Stuckdecke - und einem Neubau mit modern-funktionalen Zimmern. Im Restaurant serviert man regionale Küche.

In Walldürn-Reinhardsachsen Nord-West: 9 km

Frankenbrunnen

Rest,

Am Kaltenbach 3 ✉ 74731 – ✆ (06286) 9 20 20 – www.hotel-frankenbrunnen.de – geschl. 2. - 31. Januar
26 Zim – 79/95 € 110/140 € – 1 Suite – ½ P
Rest – *(geschl. November - März: Sonntagabend)* Menü 18 € (mittags)/49 € – Karte 22/58 €
Der Familienbetrieb in dem beschaulichen Dörfchen bietet funktionelle Zimmer, ein früheres Bauernhaus dient als Gästehaus. Zudem hat man eine schöne Veranstaltungsscheune.

WALLENFELS – Bayern – 546 – 2 880 Ew – Höhe 382 m 50 L14

Berlin 338 – München 282 – Bayreuth 54 – Erfurt 172

Gasthof Roseneck mit Zim

Schützenstr. 46 ✉ 96346 – ✆ (09262) 72 60 – www.gasthof-roseneck.de – geschl. Dienstag
21 Zim – 39 € 64 € – ½ P **Rest** – Karte 20/36 €
Bei Frank Fröhmel gibt es nicht nur regionale Speisen, auch ein etwas ungewöhnlicheres Angebot macht neugierig: Probieren Sie doch mal fränkische Tapas oder Desserts aus Rosenblüten (aus dem eigenen Garten)! Im Sommer geht's natürlich raus in den Biergarten - da locken z. B. Grillabende und Flößer-Events.

WALLENHORST – Niedersachsen – 541 – 23 710 Ew – Höhe 91 m 17 E8

Berlin 433 – Hannover 150 – Bielefeld 61 – Nordhorn 83

Alte Küsterei

Kirchplatz 6 ✉ 49134 – ✆ (05407) 85 78 70 – www.alte-kuesterei.de – geschl. Januar 2 Wochen, Mitte Juli - Ende August 2 Wochen und Montag - Dienstag
Rest – *(nur Abendessen)* Menü 38/68 € – Karte 40/64 €
Mit der Bruchsteinfassade von 1883 ist das Haus des Ehepaares Stubenreich schon von außen ein Hingucker, innen dekorative Details wie freigelegte Holzbalken oder moderne Bilder. Der Chef am Herd, die Chefin herzlich im Service.

WALLERFANGEN – Saarland – siehe Saarlouis

WALLGAU – Bayern – **546** – 1 400 Ew – Höhe 866 m – Wintersport: 1 000 m 1 – Erholungsort **65** L22

Berlin 680 – München 93 – Garmisch-Partenkirchen 20 – Bad Tölz 47

Mittenwalder Str. 8, ✉ 82499, (08825) 92 50 50, www.wallgau.de

Karwendel, Risserstr. 14, (08825) 21 83

Parkhotel Rest,

Barmseestr. 1 ✉ 82499 – (08825) 2 90 – www.parkhotel-wallgau.de

30 Zim – 95/110 € 140/180 € – 15 Suiten – ½ P

Rest – (08825) 2 90 (Tischbestellung ratsam) Menü 29/75 € – Karte 27/48 €

In diesem Ferienhotel sind Sie gut aufgehoben, dafür sorgen bayerischer Charme, komfortable Zimmer unterschiedlicher Kategorien, ein angenehm heller, mit Lüftlmalereien verzierter Spabereich und die Kellerbar "Max & Moritz" - damit Sie nichts verpassen, werden hier auch Fernsehevents übertragen!

WALLUF – Hessen – **543** – 5 550 Ew – Höhe 84 m **47** E15

Berlin 573 – Wiesbaden 10 – Bad Kreuznach 49 – Koblenz 71

Zur Schlupp

Hauptstr. 25 ✉ 65396 – (06123) 7 26 38 – www.gasthauszurschlupp.de – geschl. Ende Dezember - Anfang Januar, Mitte Juli - Ende August und Montagmittag, Dienstag - Mittwoch

Rest – *(Montag - Samstag nur Abendessen)* (Tischbestellung ratsam) Menü 37/54 € – Karte 31/46 €

In einem Altstadthäuschen in einer kleinen Gasse nahe dem Rhein ist das sympathische Lokal der Familie Ehrhardt untergebracht. Der Chef kocht saisonal.

WALPERTSKIRCHEN – Bayern – **546** – 2 070 Ew – Höhe 464 m **66** M20

Berlin 603 – München 43 – Erding 8

In Walpertskirchen-Hallnberg Süd: 1,5 km

Hallnberg

Hallnberg 2 ✉ 85469 – (08122) 9 94 30 – www.hotel-restaurant-hallnberg.de – geschl. 1. - 19. August

30 Zim – 49/149 € 69/290 €, 9 € – ½ P

Rest – *(geschl. Sonntag) (nur Abendessen)* Menü 25/49 € – Karte 18/45 €

Der ruhig gelegene, gut geführte Gasthof mit neuzeitlichem Anbau verfügt über zeitgemäße Zimmer, die wohnlich und zugleich funktionell eingerichtet sind. Das Restaurant bietet ambitionierte internationale Küche, die auch auf der Kräuterterrasse serviert wird.

WALSRODE – Niedersachsen – **541** – 23 980 Ew – Höhe 32 m – Erholungsort **18** H7

Berlin 329 – Hannover 70 – Bremen 61 – Hamburg 102

Lange Str. 22, ✉ 29664, (05161) 97 71 75, www.stadt-walsrode.de

Fallingbostel, Tietlingen 6c, (05162) 38 89

Landhaus Walsrode garni

Oskar-Wolff-Str. 1 ✉ 29664 – (05161) 9 86 90 – www.landhaus-walsrode.de – geschl. 20. Dezember - 5. Januar

14 Zim – 75/115 € 90/157 €

Fast schon herrschaftlich steht das alte niedersächsische Bauernhaus auf dem Parkgrundstück. Wer es schön stilvoll mag, findet unter den sehr individuellen Zimmern natürlich auch das Passende. Nicht weniger einladend sind der Salon mit Kamin sowie der gemütlich-elegante Frühstücksraum mit Terrasse zum Garten!

Mercure Zim,

Gottlieb-Daimler-Str. 11 ✉ 29664 – (05161) 60 70 – www.mercurewalsrode.de

75 Zim – 69/99 € 94/124 € – ½ P

Rest anders – *(geschl. Sonntag)* Menü 24/54 € – Karte 14/45 €

Sachlich-funktionelle Zimmer und gute Verkehrsanbindung machen das Businesshotel aus. Dazu ein netter Saunabereich. Im Restaurant "anders" (angeschlossen an das Konferenzzentrum) ergänzt täglich ein Buffet die Speisekarte.

Beim Vogelpark **Nord: 3 km**

Parkhotel Luisenhöhe

Am Vogelpark 2 ✉ 29699 – ✆ (05161) 9 86 20 – www.luisenhoehe.de
47 Zim – †90/145 € ††130/185 € – ½ P
Rest – Menü 20/83 € – Karte 18/53 €
Das Hotel gegenüber dem bekannten Vogelpark in einem Waldgebiet bietet funktionelle Zimmer sowie einen netten Sauna- und Anwendungsbereich, aber auch gute Tagungsmöglichkeiten. Man speist im Restaurant "Ums Mühlrad" oder am Abend im eleganten Kaminzimmer.

In Walsrode-Hünzingen **Nord: 5 km über Dreikronen**

Forellenhof (mit Gästehaus)

Hünzingen 3 ✉ 29664 – ✆ (05161) 97 00 – www.forellenhof.de
62 Zim – †80/145 € ††130/185 € – ½ P
Rest – Menü 20/75 € – Karte 18/43 €
Eine schon äußerlich sehr gepflegte Anlage mit hauseigener Brauerei und Reitmöglichkeiten. Hier überzeugen helle, wohnliche Zimmer im Landhausstil und die schöne Lage. Regionales und mediterranes Angebot im Restaurant.

WALTENHOFEN – Bayern – 546 – 8 880 Ew – Höhe 722 m 64 J21

Berlin 704 – München 131 – Kempten (Allgäu) 6 – Bregenz 73
Rathausstr. 4, ✉ 87448, ✆ (08303) 79 29, www.urlaub-in-waltenhofen.de

In Waltenhofen-Martinszell **Süd: 5,5 km über B 19 – Erholungsort**

Landhotel Adler (mit Gästehaus)

Illerstr. 10 ✉ 87448 – ✆ (08379) 92 07 00 – www.adler-martinszell.de
30 Zim – †57/67 € ††92/106 € – 1 Suite – ½ P
Rest – Menü 19 € (mittags)/39 € – Karte 17/30 €
Der nette Gasthof mit seinen gepflegten Zimmern (einige im hübschen Fachwerkhaus gegenüber) steht mitten im Dorf, so finden an warmen Tagen natürlich viele Gäste den Weg in den Biergarten mit seinen Kastanienbäumen - im Sommer wird mittwochs gegrillt. Drinnen kann man in der gemütlichen Gaststube sitzen.

WALTROP – Nordrhein-Westfalen – 543 – 29 640 Ew – Höhe 70 m 26 D10

Berlin 494 – Düsseldorf 74 – Münster (Westfalen) 50 – Recklinghausen 15

Gasthaus Stromberg

Dortmunder Str. 5 ✉ 45731 – ✆ (02309) 42 28 – www.gasthaus-stromberg.de – geschl. Sonntag - Montag
Rest – Menü 30 € (mittags)/56 € – Karte 32/47 €
Einladend ist schon die Fachwerkfassade, drinnen ist es schön gemütlich und modern, vor allem aber isst man hier gut! Spezialitäten sind Schmorgerichte, Wiener Schnitzel vom Milchkalb und auch Curry Wurst - oder probieren Sie das Gasthaus- oder das Strombergmenü! Die Produkte sind ausgesucht, gerne bezieht man sie auch aus der Region. Für Gesellschaften gibt es 1,5 km entfernt die "Werkstatt".

WANDLITZ – Brandenburg – 542 – 21 710 Ew – Höhe 55 m 23 P7

Berlin 33 – Potsdam 61 – Brandenburg 103 – Frankfurt (Oder) 118
Bahnhofsplatz 2, ✉ 16348, ✆ (033397) 6 72 77, www.barnim-tourismus.de

SeePark

Kirchstr. 10 ✉ 16348 – ✆ (033397) 7 50 – www.seepark-wandlitz.com
52 Zim – †70/90 € ††105 € – ½ P
Rest – *(geschl. November - März: Montag - Dienstag)* Menü 25/65 € – Karte 25/40 €
Vor allem die Lage auf einem wunderschönen Seegrundstück mit Park und Strandbad macht dieses mit zeitgemäßen Gästezimmern ausgestattete Hotel aus. Das Restaurant im Untergeschoss des Hotels wird durch eine nette Gartenterrasse ergänzt.

Zur Waldschänke

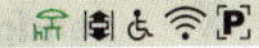

Zühlsdorfer Chaussee 14 (Süd-West: 3 km über die B 273) ✉ 16348 – ✆ (033397) 35 50 – www.waldschaenkerahmersee.de

20 Zim ☕ – 🚹40/45 € 🚹🚹72/74 € – ½ P

Rest – Menü 16/33 € – Karte 13/33 €

Ein gepflegtes familiengeführtes Haus im Wald, das solide, funktionelle Gästezimmer sowie zwei Appartements mit schöner Dachterrasse bietet. Spezialität des Hauses ist Wildschwein am Spieß. Am Wochenende wird das Restaurant gerne als Ausflugslokal genutzt.

WANGELS – Schleswig-Holstein – 541 – 2 380 Ew – Höhe 5 m 11 K3

▶ Berlin 327 – Kiel 45 – Lübeck 73 – Oldenburg in Holstein 11

In Wangels-Weißenhäuser Strand Nord: 5 km

Bootshaus (N)

Strandstr. 4 ✉ 23758 – ✆ (04382) 92 62 35 00 – www.weissenhaus.net – (Eröffnung des Weissenhaus Resorts mit 160 Zimmern im Sommer 2014)

Rest – Menü 28/49 € (abends) – Karte 21/54 €

Man sitzt hier mitten in den Dünen in einem modernen Restaurant in hellem Naturholz, durch die große Fensterfront geht der Blick Richtung Strand... traumhafte Sonnenuntergänge inklusive! Man kocht regional und international, mittags Pizza, Pasta und Salate. Übrigens: Einige der neuen luxuriösen Suiten stehen schon für Sie bereit!

WANGEN im ALLGÄU – Baden-Württemberg – 545 – 27 470 Ew – Höhe 556 m – Luftkurort 63 I21

▶ Berlin 701 – Stuttgart 194 – Konstanz 37 – Ravensburg 23

ℹ Bindstr. 10, ✉ 88239, ✆ (07522) 7 42 11, www.wangen.de

allgovia garni

Scherrichmühlweg 15 ✉ 88239 – ✆ (07522) 9 16 88 90 – www.hotel-allgovia.de – geschl. 28. Dezember - 10. Januar

21 Zim ☕ – 🚹58/99 € 🚹🚹95/99 €

In dem Hotel in einer Sackgasse am Bach wohnen Sie in modernen Zimmern, beginnen den Tag im Sommer auf der schönen Frühstücksterrasse und freuen sich über den netten Service!

Engelberg garni

Leutkircher Str. 47 ✉ 88239 – ✆ (07522) 70 79 70 – www.birk-wangen.de – geschl. 31. Dezember - Januar

11 Zim ☕ – 🚹59/66 € 🚹🚹93/99 €

Ein gut geführter kleiner Familienbetrieb, dessen Zimmer geräumig und in klassischem Stil eingerichtet sind. Am Morgen wartet ein appetitliches Frühstück in hellem Ambiente auf Sie.

In Wangen-Deuchelried Ost: 1,5 km

Adler

Obere Dorfstr. 4 ✉ 88239 – ✆ (07522) 70 74 77 – www.adler-deuchelried.de – geschl. über Fasching 2 Wochen, August 2 Wochen und Montag - Dienstag

Rest – (Tischbestellung ratsam) Menü 56 € – Karte 34/48 €

Ambitioniert, schnörkellos und frisch, so ist die regionale, aber auch internationale Küche von Uwe Zöller in diesem etwas außerhalb gelegenen Gasthof. Unter der Leitung von Anne-Kathrin Zöller werden Sie herzlich mit Gerichten wie "Jakobsmuscheln auf Thai-Curry" oder "Zweierlei vom Lamm auf Bärlauchpesto mit Barolojus" umsorgt.

WANGEN (KREIS GÖPPINGEN) – Baden-Württemberg – 545 – 3 170 Ew – Höhe 388 m 55 H18

▶ Berlin 607 – Stuttgart 38 – Göppingen 5

XX **Landgasthof Adler**

Hauptstr. 103 ✉ 73117 – ✆ (07161) 2 11 95 – geschl. Sonntagabend - Mittwochmittag

Rest – (Tischbestellung ratsam) Menü 69 € – Karte 33/58 €

Ein mit Zierrat, Kachelofen und Fotografien gemütlich gestaltetes Restaurant, in dem Familie Clement für eine angenehm persönliche Note sorgt. Serviert wird international-regionale Küche.

WANGERLAND – Niedersachsen – 541 – 10 010 Ew – Höhe 2 m – Nordseeheilbad 8 E5

Berlin 496 – Hannover 242 – Emden 76 – Cuxhaven 123

Zum Hafen 3, ✉ 26434, ✆ (04426) 98 70, www.wangerland.de

In Wangerland-Hooksiel

X **Zum Schwarzen Bären** 

Lange Str. 15 ✉ 26434 – ✆ (04425) 9 58 10 – www.zum-schwarzen-baeren.de – geschl. 6. - 29. Januar und Mittwoch außer Saison

Rest – Menü 20/26 € – Karte 14/35 €

Dieses im friesischen Stil eingerichtete Restaurant liegt genau gegenüber dem alten Hafen. Inmitten maritimer Accessoires isst man hier hauptsächlich Fischgerichte.

In Wangerland-Horumersiel

Bendiks garni 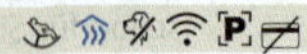

Deichstr. 18 ✉ 26434 – ✆ (04426) 18 57 – www.hotel-bendiks.de

15 Zim – 49/54 € 78/90 €

Das mit Engagement geleitete Hotel ist nahe dem Deich in einem Wohngebiet zu finden und bietet zeitgemäß-elegante Zimmer, einen in warmen Farben gehaltenen Frühstücksraum sowie Kosmetik und Massage.

Schmidt's Hoern garni 

Heinrich-Tiarks-Str. 5 ✉ 26434 – ✆ (04426) 9 90 10 – www.schmidts-hoern.de – geschl. 7. Januar - 4. Februar

17 Zim – 37/48 € 76/90 €

Ruhig liegt das kleine Ferienhotel mit Pensionscharakter in einer Wohngegend. Jedes Zimmer verfügt über eine kleine Küche sowie Balkon oder Terrasse.

WANGEROOGE (INSEL) Niedersachsen – 541 – 920 Ew – Höhe 3 m – Insel der Ostfriesischen Inselgruppe – Nordseeheilbad 8 E4

Berlin 512 – Hannover 256 – Cuxhaven 144 – Emden 72

Autos nicht zugelassen

von Wittmund-Harlesiel (ca. 1 h 15 min), ✆ (04464) 94 74 11

Bahnhofstr. 6, ✉ 26476, ✆ (04469) 9 98 80, www.wangerooge.de

Atlantic garni 

Peterstr. 13 ✉ 26486 – ✆ (04469) 18 01 – www.atlantic-wangerooge.de – geschl. 6. Januar - 11. April, 26. Oktober - 26. Dezember

16 Zim – 60/100 € 116/132 €

Ein persönlich geführtes kleines Hotel nahe der Strandpromenade. Von den Zimmern hat man Meer- oder Gartenblick, im Sommer kann man auf der Gartenterrasse frühstücken.

WARDENBURG – Niedersachsen – 541 – 15 980 Ew – Höhe 9 m 17 F6

Berlin 444 – Hannover 156 – Bremen 56 – Oldenburg 13

Wardenburger Hof

Oldenburger Str. 255 ✉ 26203 – ✆ (04407) 9 21 00 – www.wardenburger-hof.de

38 Zim – 54/64 € 84/94 € – ½ P **Rest** – Menü 23 € – Karte 20/40 €

Hier wohnt man in einem gewachsenen Gasthof, der seit 1899 und in 4. Generation als Familienbetrieb geführt wird. Gepflegt und wohnlich die Zimmer, besonders schön die neueren im ruhig gelegenen Anbau. Das Restaurant mit friesischem Touch (die Chefin stammt von Sylt) bietet saisonale Aktionen. Sie machen gerne Fahrradausflüge? Die Wildeshauser Geest ist dafür beliebt!

WAREN (MÜRITZ) – Mecklenburg-Vorpommern – 542 – 21 170 Ew – Höhe 70 m – Heilbad
13 N5

Berlin 162 – Schwerin 102 – Neubrandenburg 42 – Hamburg 212

Neuer Markt 21, ✉ 17192, ✆ (03991) 74 77 90, www.waren-mueritz.de

Müritz-Nationalpark★

Kleines Meer

Alter Markt 7 ✉ 17192 – ✆ (03991) 64 80 – www.kleinesmeer.com – geschl. 22. - 26. Dezember

30 Zim – 🛉75/99 € 🛉🛉89/180 € – ½ P

Rest *Kleines Meer* – siehe Restaurantauswahl

Ein Hotel in zentraler Lage nicht weit vom Hafen, das über modern ausgestattete Zimmer mit freundlichem Ambiente verfügt. Die Tagungsräume sind im Haus schräg gegenüber untergebracht.

Villa Margarete

Fontanestr. 11 ✉ 17192 – ✆ (03991) 62 50 – www.villa-margarete.de

28 Zim – 🛉60/94 € 🛉🛉99/169 € – 1 Suite – ½ P

Rest – *(Oktober - April nur Abendessen)* Menü 25 € (abends) – Karte 25/44 €

In dem wohnlich eingerichteten Hotel am Rande des Nationalparks kann man es sich bei Anwendungen wie Kosmetik, Floating und Bädern gut gehen lassen. Schön: die Fontane-Suite.

Ingeborg garni

Rosenthalstr. 5 ✉ 17192 – ✆ (03991) 6 13 00 – www.hotel-ingeborg.de

31 Zim – 🛉55/60 € 🛉🛉79/99 €

In zweiter Reihe vor dem Yachthafen steht das gut geführte Hotel mit funktionellen, unterschiedlich großen Zimmern. Lust auf einen Ausflug mit der hauseigenen Jolle "Ingeborg"?

Am Yachthafen garni

Strandstr. 2 ✉ 17192 – ✆ (03991) 6 72 50 – www.am-yachthafen.de – geschl. November - Ende März

10 Zim – 🛉60/77 € 🛉🛉74/135 € – 5 Suiten

Die Zimmer und Suiten in dem ansprechend restaurierten Haus von 1831 sind mit schönen Möbeln stilvoll und sehr wohnlich eingerichtet. Der Marktplatz liegt ganz in der Nähe.

Zwischen den Seen garni

Am Mühlenberg 4 ✉ 17192 – ✆ (03991) 63 14 44 – www.hotelzwischendenseen.de

30 Zim – 🛉55/63 € 🛉🛉65/75 €

In der hübsch sanierten Villa im ruhigeren Teil der Stadt wohnt man in schlicht-modernen Zimmern. Kompetent stellt die Chefin für Sie ganz individuelle Tagestouren zusammen.

Stadt Waren garni

Große Burgstr. 25 ✉ 17192 – ✆ (03991) 6 20 80 – www.hotel-stadt-waren.de

22 Zim – 🛉60/83 € 🛉🛉88 €

Ein familiengeführtes Haus, das relativ ruhig im Zentrum liegt und gut gepflegte, zeitgemäß-funktionell ausgestattete Gästezimmer bereithält.

Kleines Meer – Hotel Kleines Meer

Alter Markt 7 ✉ 17192 – ✆ (03991) 64 80 – www.kleinesmeer.com – geschl. 22. - 26. Dezember

Rest – *(geschl. November - März: Sonntag - Montag) (November - März nur Abendessen)* Menü 18 € (mittags)/55 € – Karte 36/50 €

Moderne Atmosphäre und eine schmackhafte Küche, die sich an der Saison orientiert. Auf der Terrasse genießt man die Aussicht auf die Müritz. Am Mittag reicht man eine kleine Karte.

In Kargow-Schwarzenhof Süd-Ost: 12 km über Federow

Kranichrast

Dorfstraße 15 (im Müritz-Nationalpark) ✉ 17192 – ✆ (03991) 6 72 60 – www.nationalparkhotel-kranichrast.de – geschl. Januar - Februar

31 Zim – †54/60 € ††75/89 € – ½ P

Rest – Menü 15/30 € – Karte 20/30 €

Umgeben von freier Natur, ist dieses tipptopp gepflegte Hotel geradezu prädestiniert für Radtouren und Wanderungen. Bei Bedarf können Sie hier ein Fahrrad leihen. Bürgerliche Küche im Restaurant mit Blick ins Grüne oder auf der schön gelegenen Terrasse.

In Groß Plasten Nord-Ost: 12 km über B 192 und B 194

Schloss Groß Plasten

Parkallee 36 ✉ 17192 – ✆ (039934) 80 20 – www.schlosshotel-grossplasten.de

54 Zim – †63/78 € ††78/103 € – 1 Suite – ½ P

Rest – Menü 25 € (mittags)/40 € – Karte 25/69 €

Das schöne historische Anwesen bietet im Schloss wie auch im Kutscherhaus wohnlich-klassische Zimmer. Wer es individueller mag, sollte eines der Themen- oder Nostalgie-Zimmer wählen. Vom eleganten Restaurant blickt man in den Garten, reizvolle Terrasse zum See.

WARENDORF – Nordrhein-Westfalen – 543 – 38 140 Ew – Höhe 63 m 27 E9

Berlin 443 – Düsseldorf 150 – Bielefeld 50 – Münster (Westfalen) 27

Emsstr. 4, ✉ 48231, ✆ (02581) 54 54 54, www.warendorf.de

Warendorf, Vohren 41, ✆ (02586) 17 92

Im Engel

Brünebrede 33 ✉ 48231 – ✆ (02581) 9 30 20 – www.hotel-im-engel.de

39 Zim – †75/125 € ††99/195 € – ½ P

Rest *Im Engel* – siehe Restaurantauswahl

Das Hotel in der Altstadt wird seit 1692 familiär geführt. Die Gästezimmer sind individuell gestaltet, besonders komfortabel im Neubau. Über den Innenhof gelangt man zur eigenen Weinboutique.

Mersch

Dreibrückenstr. 66 ✉ 48231 – ✆ (02581) 6 37 30 – www.hotel-mersch.de

24 Zim – †95 € ††135 € – ½ P

Rest – *(nur Abendessen)* (Tischbestellung erforderlich) Karte 31/49 €

Alles hier ist ein bisschen mehr als nur "Standard": die geräumigen Zimmer, der schöne Garten (zu dieser Seite schläft es sich ruhiger), der aufmerksame Service, die gediegene "M's Lounge"... und wo bekommt man schon am Abend gratis Suppe?

Im Engel – Hotel Im Engel

Brünebrede 33 ✉ 48231 – ✆ (02581) 9 30 20 – www.hotel-im-engel.de – geschl. Sonntag

Rest – Menü 28/65 € – Karte 28/56 €

Während schöne Einrichtungsdetails (alte Täfelung, offener Kamin mit Delfter Kacheln...) für Atmosphäre sorgen, runden die große Digestif-Auswahl, zahlreiche Bordeaux-Weine und der klassische Dessertwagen die gute saisonale Küche ab!

Engelchen

Heumarkt 2 ✉ 48231 – ✆ (02581) 7 89 88 88 – www.hotel-im-engel.de – geschl. Montag

Rest – Menü 27/49 € – Karte 22/44 €

Hätten Sie in Warendorf Vorfahren von Doris Day vermutet? Was heute ein Mix aus Café, Bistro, Feinkost- und Weinhandel ist, war einst das Wohnhaus ihrer Großeltern - so verwundert es nicht, dass man hier auch ein Doris-Day-Menü bekommt. Achten Sie auf den "Walk of fame"-Stern vor der Tür!

WARMENSTEINACH – Bayern – **546** – 2 180 Ew – Höhe 628 m – Wintersport: 1 024 m 7 – Luftkurort **51** M15

Berlin 372 – München 253 – Weiden in der Oberpfalz 73 – Bayreuth 24

Freizeithaus 420, ✉ 95485, ✆ (09277) 14 01, www.warmensteinach.de

Landhaus Preißinger Zim, P

Bergstr. 134 ✉ 95485 – ✆ (09277) 15 54 – www.landhaus-preissinger.de – geschl. Mitte November 2 Wochen

24 Zim – 45/65 € 82/130 € – 1 Suite – ½ P

Rest – *(nur Abendessen für Hausgäste)*

Eine gemütlich-familiäre Adresse in ruhiger Lage am Waldrand. Es stehen sehr gepflegte Zimmer bereit, eher schlicht oder auch etwas aufwändiger mit soliden Landhausmöbeln. Sehr kleine Speisenauswahl im Restaurant.

WARSTEIN – Nordrhein-Westfalen – **543** – 27 170 Ew – Höhe 310 m **27** F11

Berlin 466 – Düsseldorf 149 – Arnsberg 32 – Lippstadt 28

In Warstein-Allagen Nord-West: 11 km über B 55 bis Belecke und B 516

Püster (mit Gästehäusern) P

Marmorweg 27 ✉ 59581 – ✆ (02925) 9 79 70 – www.hotel-puester.de

40 Zim – 65/75 € 96/115 €

Rest – *(geschl. Sonntag) (nur Abendessen)* Karte 22/39 €

Sie mögen es etwas ruhiger und familiärer? Dann sind Sie hier, etwas abseits am Hang in einem Wohngebiet, gut aufgehoben. Nach Massage oder Kosmetik entspannen Sie im orientalischen Ruheraum - oder bevorzugen Sie eine Radtour? Leihfahrräder gibt's im Haus.

WARTENBERG-ROHRBACH – Rheinland-Pfalz – **543** – 480 Ew – Höhe 266 m **46** D16

Berlin 637 – Mainz 70 – Mannheim 60 – Kaiserslautern 10

Mühle am Schlossberg P

Schloßberg 16 ✉ 67681 – ✆ (06302) 9 23 40 – www.muehle-schlossberg.de

15 Zim – 69/115 € 90/145 €

Rest *MAHL-WERK Das Mühlenrestaurant* – siehe Restaurantauswahl

Durch und durch schön: Der Dreiseithof a. d. 16. Jh. liegt idyllisch, schon die gepflegte Außenanlage (samt Spielplatz) ist sehr ansprechend und innen fügt sich der moderne Stil gelungen in den historischen Rahmen ein. Chic die Design-Elemente, da ist nichts von der Stange! Obendrein wird man noch ausgesprochen freundlich und persönlich umsorgt und als i-Tüpfelchen gibt es am Morgen ein frisches, reichhaltiges Frühstück!

MAHL-WERK Das Mühlenrestaurant – Hotel Mühle am Schlossberg P

Schloßberg 16 ✉ 67681 – ✆ (06302) 9 23 40 – www.muehle-schlossberg.de

Rest – (Tischbestellung ratsam) Menü 26 € (vegetarisch)/59 € – Karte 34/50 €

Mit dem von Steinsäulen getragenen historischen Kreuzgewölbe hat man dem einstigen Stall trotz moderner Einrichtung eine historische Note bewahrt. Nicht weniger schön sitzt es sich im Sommer auf der Terrasse! In Gerichten wie "Filet vom Bachsaibling mit jungem Spinat und Petersilien-Risotto" findet sich auch so manches aus dem eigenen Kräutergarten.

WARTMANNSROTH – Bayern – siehe Hammelburg

WASSENBERG – Nordrhein-Westfalen – **543** – 17 300 Ew – Höhe 50 m **35** A12

Berlin 613 – Düsseldorf 57 – Aachen 42 – Mönchengladbach 27

Wassenberg, Rothenbach 10, ✆ (02432) 90 22 09

Burg Wassenberg Rest,

Auf dem Burgberg 1 ✉ 41849 – ✆ (02432) 94 90 – www.burg-wassenberg.de

30 Zim – 70/90 € 140/160 €, 10 €

Rest – Menü 20 € (mittags)/60 € – Karte 33/53 €

Historisches Flair versprüht die a. d. J. 1410 stammende Burganlage, ein schöner Rahmen für Hochzeiten! Freiliegende Holzbalken zieren einige der wohnlichen Gästezimmer, nicht weniger gemütlich ist das Restaurant mit offenem Kamin. Auch für Tagungen eine gute Adresse.

XX **Tante Lucie**

An der Windmühle 31 ✉ 41849 – ✆ (02432) 23 32 – www.tante-lucie.de – geschl. Montag

Rest – Menü 19/50 € – Karte 26/54 €

Ob in der oberen Etage oder in der Brasserie im EG, gemütlich ist es überall, und auch die regional-internationale Küche serviert man hier wie dort. Für ein Stück selbstgemachten Kuchen am Nachmittag sollten Sie der herrlichen Terrasse den Vorzug geben!

In Wassenberg-Effeld Nord-West: 6 km

Haus Wilms Zim,

Steinkirchener Str. 3 ✉ 41849 – ✆ (02432) 89 02 80 – www.haus-wilms.de

16 Zim – 65/74 € 99/105 € – ½ P

Rest – *(geschl. Montagmittag, Dienstagmittag)* Menü 19 € (mittags)/56 € – Karte 25/60 €

Der kleine Familienbetrieb in ruhiger Lage nur 500 m von der Grenze zu Holland ist eine freundliche und gut geführte Adresse mit zeitgemäßen und wohnlichen Gästezimmern. Mit Spiegeln dekoriertes, in klassischem Stil gehaltenes Restaurant.

WASSERBURG am BODENSEE – Bayern – 546 – 3 480 Ew 63 H22

– Höhe 406 m – Luftkurort

Berlin 728 – München 185 – Konstanz 74 – Ravensburg 27

Lindenplatz 1, ✉ 88142, ✆ (08382) 88 74 74, www.wasserburg-bodensee.de

Schlosshotel Zim,

Halbinselstr. 78 ✉ 88142 – ✆ (08382) 2 73 33 00 – www.schloss-hotel-wasserburg.de

15 Zim – 60/125 € 80/200 € – ½ P

Rest – *(geschl. November und Januar - März: Donnerstag) (Dezember - März: Montag - Samstag nur Abendessen)* Menü 22 € – Karte 30/40 €

Wer in einem alten Schloss nächtigt (dieses stammt a. d. 8. Jh.), der wünscht sich historisch-klassisches Flair - so wie hier. Zudem sind die Zimmer geräumig und technisch up to date! Von der schönen Liegewiese mit Seeblick gelangen Sie ganz einfach zum eigenen Badestrand. Und die Seeterrasse... ein Traum!

Lipprandt

Halbinselstr. 65 ✉ 88142 – ✆ (08382) 9 87 60 – www.hotel-lipprandt.de

37 Zim – 59/89 € 96/158 € – ½ P

Rest – *(nur Abendessen)* Menü 24/36 € – Karte 22/50 €

Das Ferienhotel hat viele Stammgäste - der sehr schicke, moderne Spa, eine engagierte Betreiberfamilie und ihr ständiges Bestreben, durch Renovierungen immer weiter zu verbessern, gibt ihnen recht! Pluspunkte sind natürlich der eigene Badebereich am See und die schöne Terrasse.

Zum lieben Augustin (mit Gästehäusern)

Halbinselstr. 70 ✉ 88142 – ✆ (08382) 98 00 – www.hotel-lieber-augustin.de – geschl. 7. Januar - 28. Februar

16 Zim – 65/98 € 78/152 € – 17 Suiten – ½ P

Rest – *(geschl. 6. Januar - 28. Februar) (November - Dezember: nur Abendessen)* Menü 29/68 € – Karte 22/59 €

Das aus vier Häusern bestehende Hotel (eines der Häuser befindet sich unmittelbar am See) bietet zeitlos eingerichtete Gästezimmer und ein eigenes Strandbad. Unterteilter Restaurantbereich mit rustikalem Ambiente.

Walserhof

Nonnenhorner Str. 15 ✉ 88142 – ✆ (08382) 9 85 60 – www.walserhof.de – geschl. 6. Januar - 28. Febraur

27 Zim ☕ – 🚹50/92 € 🚹🚹76/104 € – 1 Suite – ½ P

Rest – *(geschl. Montag und November - Mai: Montag - Dienstag)* Menü 14/25 € – Karte 19/38 €

Bei dem guten Preis-Leistungs-Verhältnis verwundert es nicht, dass das Haus gut besucht ist! Außerdem liegt es nur wenige Gehminuten vom See - und trotzdem ruhig. Familie Walser leitet das Hotel wirklich engagiert, die Zimmer sind wohnlich, alles ist gepflegt und im Restaurant gibt es regionale Küche.

WASSERBURG am INN Bayern – 546 – 12 170 Ew – Höhe 427 m 66 N20

▶ Berlin 629 – München 53 – Bad Reichenhall 77 – Rosenheim 31

ℹ Marienplatz 2, ✉ 83512, ✆ (08071) 1 05 22, www.wasserburg.de

⛳ Pfaffing, Köckmühle 132, ✆ (08076) 9 16 50

Herrenhaus

Herrengasse 17 ✉ 83512 – ✆ (08071) 5 97 11 70 – www.restaurant-herrenhaus.de – geschl. Februar 2 Wochen, August 2 Wochen und Sonntag - Montag, Dezember: Montag

Rest – Menü 35/43 € – Karte 31/52 €

In dem historischen Altstadthaus führt ein junges Team Regie, und das mit Engagement, wie die schmackhafte regional ausgerichtete Küche und der freundliche, geschulte Service zeigen. Da kommt "Schweinsfilet mit Rahmwirsing und Kartoffelpüree" genauso gut an wie "Passionsfruchttorte und Kakaosorbet". Ebenso beliebt ist der günstige Lunch - auch an Vegetarier ist gedacht.

Weisses Rössl

Herrengasse 1 ✉ 83512 – ✆ (08071) 5 02 91 – geschl. Sonntag - Dienstag

Rest – Menü 17 € (mittags)/39 € – Karte 29/41 €

Dass man hier immer gut besucht ist, hat seinen Grund: Was Manfred Tiller und Tochter Theresia an regional-saisonalen Speisen kochen, hat richtig viel Geschmack und ist preislich fair. Spezialität in dem historischen Haus mit dem angenehm hellen, freundlichen Ambiente ist Kalbsfilet mit Bries. Gerne kommt man auch zum günstigen Mittagsmenü!

WASSERLIESCH – Rheinland-Pfalz – 543 – 2 200 Ew – Höhe 135 m 45 B15

▶ Berlin 733 – Mainz 164 – Trier 12 – Grevenmacher 10

Scheid's mit Zim

Reinigerstr. 48 ✉ 54332 – ✆ (06501) 9 20 97 92 – www.scheids-wasserliesch.de – geschl. 3. - 13. Februar und Dienstag – Mittwochmittag

12 Zim ☕ – 🚹55/68 € 🚹🚹75/95 €

Rest – Menü 35 € – Karte 30/45 €

Nach fast 20 Jahren haben die Geschwister Scheid ihr damals sehr bekanntes Haus "reaktiviert". Die Räume (einschließlich der Gästezimmer) sind schön freundlich, gut und frisch die Landhausküche mit stark mediterranem Touch. Christian Steffen bereitet für Sie z. B. "Carpaccio von roter Bete mit Matjestatar" oder "gebratenen Angeldorsch mit grünem Spargel und Gnocchi". Bei der Weinauswahl hilft gerne der charmante Service.

WEDEL – Schleswig-Holstein – 541 – 32 210 Ew – Höhe 8 m 10 I5

▶ Berlin 304 – Kiel 106 – Hamburg 19 – Bremen 126

⛳ Holm, Haverkamp 1, ✆ (04103) 9 13 30

Senator Marina garni

Hafenstr. 28 ✉ 22880 – ✆ (04103) 8 07 70 – www.hotel-senator-marina.de – geschl. 21. Dezember - 1. Januar

46 Zim ☕ – 🚹83/87 € 🚹🚹108/113 €

Nur wenige Gehminuten von der Elbe und dem Fähranleger erwartet Sie dieses gepflegte Hotel mit maritimem Touch. Funktionell ausgestattete Gästezimmer.

WEGBERG – Nordrhein-Westfalen – 543 – 29 100 Ew – Höhe 60 m 35 A12

Berlin 605 – Düsseldorf 46 – Erkelenz 9 – Mönchengladbach 16

Schmitzhof, Arsbecker Str. 160, (02436) 3 90 90

Wildenrath, Friedrich-List-Allee, (02432) 8 15 00

In Wegberg-Tüschenbroich Süd-West: 2 km

Tüschenbroicher Mühle

Gerderhahner Str. 1 ✉ 41844 – (02434) 42 80 – www.tueschenbroicher-muehle.de – geschl. Montag

Rest – Menü 31/43 € – Karte 28/40 €

Was könnte schöner sein, als nach einem Waldspaziergang entspannt auf der herrlichen Terrasse direkt am See zu sitzen? Hier schmecken Kaffee und Kuchen ebenso gut wie regionale und internationale Gerichte - natürlich wird auch im eleganten Restaurant serviert.

WEGSCHEID – Bayern – 546 – 5 590 Ew – Höhe 718 m 60 Q19

Berlin 644 – München 224 – Landshut 152 – Linz 58

Reischlhof

Sperlbrunn 7 (Nord-Ost: 8 km, Richtung Sonnen) ✉ 94110 – (08592) 9 39 00 – www.reischlhof.de – geschl. 15. - 24. Dezember

27 Zim – 93/108 € 180/212 € – 18 Suiten – ½ P

Rest – *(nur Abendessen für Hausgäste)*

Ein Wellnesshotel wie aus dem Bilderbuch - das Werk von Familie Reischl. Die Zimmer und Suiten im Landhausstil sind zu schön, um hier nur zu schlafen, aber relaxen Sie unbedingt auch im 1300-qm-Spa und versäumen Sie nicht die ambitionierte 3/4-Pension im geschmackvollen Restaurant! Buchen Sie rechtzeitig!

WEHR – Baden-Württemberg – 545 – 12 780 Ew – Höhe 366 m 61 D21

Berlin 832 – Stuttgart 216 – Freiburg im Breisgau 64 – Lörrach 22

Hauptstr. 14, ✉ 79664, (07762) 80 86 01, www.wehr.de

Landgasthof Sonne (mit Gästehaus)

Enkendorfstr. 38 ✉ 79664 – (07762) 84 84 – www.hotel-sonne-wehr.de

18 Zim – 45/60 € 65/80 € – ½ P

Rest *Landgasthof Sonne* – siehe Restaurantauswahl

Der erweiterte Gasthof wird familiär geleitet und ist wohnlich eingerichtet - man beachte auch die Gemälde von Adolf Lamprecht, die hier viele Wände zieren! Wenn Sie es gerne etwas geräumiger hätten, nehmen Sie ein Zimmer im Gästehaus!

Landgasthof Sonne – Hotel Landgasthof Sonne

Enkendorfstr. 38 ✉ 79664 – (07762) 84 84 – www.hotel-sonne-wehr.de – geschl. Montag

Rest – *(Dienstag - Freitag nur Abendessen, außer an Feiertagen)* Karte 16/44 €

Warmes Holz an Decke und Wänden, Kachelofen, viele Bilder als Dekor... der rustikale Charme macht's hier schön heimelig. Genauso schätzt man auch die ambitionierte Küche: Christoph Genter kocht bürgerlich-regional, aber auch gehobener.

WEICHERING – Bayern – 546 – 2 410 Ew – Höhe 374 m 57 L18

Berlin 532 – München 91 – Augsburg 64 – Ingolstadt 14

Landgasthof Vogelsang (mit Gästehaus)

Bahnhofstr. 24 ✉ 86706 – (08454) 9 12 60 – www.landgasthof-vogelsang.de – geschl. 6. - 13. März

23 Zim – 47/58 € 70/84 € – ½ P **Rest** – Karte 14/33 €

Der Landgasthof von 1872 bietet sehr gepflegte, in ländlichem Stil eingerichtete Zimmer zu fairen Preisen - etwas neuzeitlicher im kleinen Gästehaus. Eigener Hochzeitsstadl. Das Restaurant ist gemütlich-rustikal.

WEIDEN in der OBERPFALZ – Bayern – 546 – 41 970 Ew – Höhe 397 m

51 N16

Berlin 406 – München 204 – Bayreuth 64 – Nürnberg 100

ADAC Bgm.-Prechtl-Str. 21

Oberer Markt 1, Altes Rathaus, ✉ 92637, ✆ (0961) 81 41 31, www.weiden-tourismus.info

Luhe-Wildenau, Klaus-Conrad-Allee 1, ✆ (09607) 9 20 20

Admira

Rest,

Brenner-Schäffer-Str. 27 ✉ *92637* – ✆ *(0961) 4 80 90* – *www.hotel-admira.com*

103 Zim – 85 € 110 € – 1 Suite – ½ P

Rest *Lobster* – ✆ (0961) 4 80 96 08 *(geschl. Anfang Januar 2 Wochen und Sonntag) (nur Abendessen)* Menü 40/50 € – Karte 28/55 €

Das Hotel am Stadtrand bietet eine geräumige Lobby, wohnliche Zimmer und individuelle Juniorsuiten sowie eine "Luxussuite". Gute Tagungsmöglichkeiten durch das Kongresszentrum nebenan. Dank seiner Wintergartenkonstruktion völlig unabhängig vom Wetter, ist das Lobster immer ein helles, freundliches Plätzchen.

Klassik Hotel am Tor garni

Schlörplatz 1a ✉ *92637* – ✆ *(0961) 4 74 70* – *www.klassikhotel.de* – *geschl. 21. Dezember - 12. Januar*

36 Zim – 69/99 € 89/109 € – 3 Suiten

Das gewachsene Gasthaus von 1567 steht mitten im Zentrum - ein Teil der original Stadtmauer ist hier integriert. Klassik- oder Komfort-Zimmer. Parkhaus Ost ist kostenfrei.

WEIDENBERG – Bayern – 546 – 6 350 Ew – Höhe 436 m

51 M15

Berlin 368 – München 244 – Weiden in der Oberpfalz 53 – Bayreuth 15

Landgasthof Kilchert

Lindenstr. 14 ✉ *95466* – ✆ *(09278) 99 20* – *www.landgasthof-kilchert.de* – *geschl. Ende Oktober - Ende November*

16 Zim – 38/45 € 75/90 € – 1 Suite **Rest** – *(geschl. Montag)* Karte 14/30 €

Der 1745 erbaute Gasthof an der Ortsdurchfahrt wird seit mehreren Generationen als Familienbetrieb geführt. Die Zimmer verteilen sich auf Haupthaus und Anbau. In der Gaststube herrscht eine nette fränkisch-rustikale Atmosphäre.

WEIKERSHEIM – Baden-Württemberg – 545 – 7 440 Ew – Höhe 230 m – Erholungsort

49 I16

Berlin 522 – Stuttgart 128 – Würzburg 40 – Ansbach 67

Marktplatz 7, ✉ 97990, ✆ (07934) 1 02 55, www.weikersheim.de

Schloss (Ausstattung★★ · Rittersaal★★)

Laurentius

Marktplatz 5 ✉ *97990* – ✆ *(07934) 9 10 80* – *www.hotel-laurentius.de*

13 Zim – 89/110 € 129/139 € – ½ P

Rest *Laurentius* ✿ **Rest *Bistro*** – siehe Restaurantauswahl

Familie Koch steckt jede Menge Engagement und Herzblut in ihr kleines Hotel, und das schon seit über 20 Jahren! Die schönen Zimmer gibt es in den Kategorien "Kabinett", "Cuvée" und "Grand Cru", wobei letztere besonders komfortabel sind. Im eigenen Hohenloher Märktle bekommt man "Obst, Gemüse, Schwein & Wein".

Laurentius (Jürgen Koch) – Hotel Laurentius

✿

Marktplatz 5 ✉ *97990* – ✆ *(07934) 9 10 80* – *www.hotel-laurentius.de* – *geschl. Februar und Montag - Dienstag, außer an Feiertagen*

Rest – *(nur Abendessen)* (Tischbestellung ratsam) Menü 36/99 € – Karte 41/82 €

Gute Küche und attraktives Ambiente gehen hier Hand in Hand: Das schöne historische Natursteintonnengewölbe ist schon ein besonderer Rahmen für die klassischen Speisen von Jürgen Koch und seinem Team. Man bezieht regionale und internationale Elemente mit ein und hat ein Händchen für kräftige Würze.

➜ Kabeljau mit Mostrich, Wiesenkräutern, Kornelkirschenmark und Gemüsemaultäschle. Hohenloher Taube „Cachupa style" - mit Kichererbsen, Mais, Maniok und Wildgemüse. Erdmandelmilch gesulzt, Blanc-manger mit Amaranth-Popcorn, Beeren und Pfefferminzsorbet.

Bistro – Hotel Laurentius

Marktplatz 5 ✉ 97990 – ✆ (07934) 9 10 80 – www.hotel-laurentius.de – geschl. Montag, außer an Feiertagen

Rest – (Tischbestellung ratsam) Menü 20/56 € – Karte 24/54 €

Nicht immer steht einem der Sinn nach Gourmetküche - dafür hat man das Bistro: etwas legerer in seiner Art, etwas regionaler in seinem Angebot. Schmackhafte Gerichte des Patrons sind hier z. B. "Lammhuft und Lammbratwürstchen" oder "Geschmorte Schulter vom Böff de Hohenlohe".

In Tauberrettersheim Nord-Ost: 4 km Richtung Rothenburg

Zum Hirschen

Mühlenstr. 1 ✉ 97285 – ✆ (09338) 3 22 – www.zum-hirschen.info – geschl. Anfang Januar - Anfang Februar

14 Zim – 41/46 € 66/71 €

Rest – *(geschl. Mittwoch außer an Feiertagen)* Menü 16/22 € – Karte 13/23 €

Gastgeberin Iris Kaulbersch ist eine echte Vollblut-Wirtin (und die 5. Generation hier im Haus), bei der man etwas einfacher, aber sehr gepflegt, familiär und günstig wohnt. Probieren Sie die von ihr selbst hergestellten Blüten- und Kräutergetränke! Markant: die Bruchsteinbrücke von 1732 gleich nebenan.

WEIL am RHEIN – Baden-Württemberg – 545 – 29 920 Ew – Höhe 281 m

61 D21

Berlin 860 – Stuttgart 261 – Freiburg im Breisgau 67 – Basel 7

Schwanen

Hauptstr. 121 ✉ 79576 – ✆ (07621) 9 78 60 – www.schwanen-weil.de

26 Zim – 80/90 € 120/130 €

Rest *Schwanen* – siehe Restaurantauswahl

Das seit 1906 von Familie Ritter geführte Hotel bietet im Stammhaus und in zwei Nebenhäusern zeitgemäße Zimmer, einige sind besonders wohnlich und neuzeitlich.

Ott's Hotel Leopoldshöhe

Müllheimer Str. 4 ✉ 79576 – ✆ (07621) 9 80 60 – www.ottshotel.de

35 Zim – 90/120 € 90/160 €

Rest – *(geschl. Sonntag)* Karte 22/64 €

Nur drei Kilometer vom Messezentrum Basel liegt das familiär geführte Hotel. Wer's modern mag, sollte eines der hellen, freundlichen Zimmer im Gästehaus buchen! Im Stammhaus (Blickfang ist die markant rote Fassade) bekommt man saisonale Küche - im gediegenen Restaurant oder in der lockeren Weinwirtschaft.

Gasthaus Krone

Hauptstr. 58 ✉ 79576 – ✆ (07621) 7 11 64 – www.kroneweil.de

12 Zim – 90 € 130/145 €

Rest *Gasthaus Krone* – siehe Restaurantauswahl

Auch wenn Tochter Sonja das kleine Haus mit dem persönlichen Charme inzwischen von den Eltern übernommen hat, so empfängt doch die ganze Familie Hechler hier mit badischer Herzlichkeit ihre Gäste. Man wohnt in geschmackvollen Designerzimmern, genießt am Morgen ein frisches Frühstück und Basel-Besucher haben es nicht weit in die Schweiz. Einfachere Zimmer im Gästehaus.

Go2bed garni

Pfädlistr. 15 ✉ 79576 – ✆ (07621) 9 86 75 10 – www.go2bed.biz

4 Zim – 69/99 € 119/129 € – 1 Suite

In dem kleinen Hotel der engagierten Familie Steffan sind Sie bestens aufgehoben, denn die komfortablen Zimmer trumpfen mit modern-puristischem Stil und exzellenter technischer Ausstattung! Zudem können Sie hier im Haus kostenfrei einen Getränke-Kühlschrank nutzen und bekommen ein gutes, frisches Frühstück.

Adler

Hauptstr. 139 ✉ 79576 – ✆ (07621) 9 82 30 – www.adler-weil.de – geschl. März - Mai 2 Wochen, Juni - August 2 Wochen
28 Zim – 65/120 € 120/190 €
Rest *Adler* – siehe Restaurantauswahl
Rest *Spatz* – *(geschl. Sonntag - Montag) (Oktober - April: nur Abendessen)* Karte 26/50 €
Hinter der traditionellen Fassade kann man auch richtig modern wohnen: einige Zimmer sind geradlinig und ganz in Weiß gehalten! In Sachen Restaurant ist der Spatz im Gewölbe die legerere Variante. Hier ist auch vespern möglich.

Adler – Hotel Adler

Hauptstr. 139 ✉ 79576 – ✆ (07621) 9 82 30 – www.adler-weil.de – geschl. März - Mai 2 Wochen, Juni - August 2 Wochen und Sonntag - Montag
Rest – Menü 88 € – Karte 49/95 €
Ein echter Klassiker im südbadischen und Basler Raum - komfortabel und gediegen. Hansjörg Wöhrle und sein Team bieten eine gute klassische und französisch geprägte Küche mit ausgewählten Produkten und dazu eine ausgezeichnete Weinauswahl.

Schwanen – Hotel Schwanen

Hauptstr. 121 ✉ 79576 – ✆ (07621) 9 78 60 – www.schwanen-weil.de – geschl. Mittwoch - Donnerstagmittag
Rest – Menü 18 € (mittags unter der Woche)/70 € – Karte 27/72 €
Das ländlich-elegante Restaurant des traditionsreichen Schwanen ist schon einen Besuch wert: Aus der ambitionierten traditionellen und auch klassischen Küche von Patron Hans-Dieter Ritter schmecken Gourmet-Menü und Cordon bleu gleichermaßen!

Gasthaus Krone

Hauptstr. 58 ✉ 79576 – ✆ (07621) 7 11 64 – www.kroneweil.de – geschl. Dienstag
Rest – (Tischbestellung ratsam) Menü 15 € (mittags)/58 € – Karte 31/61 €
Auch im Restaurant der Hechlers spürt man deren Freude am Beruf - und die Passion für regionale Küche. Das Ambiente hat man einer Verjüngung unterzogen, was der gemütlichen Ländlichkeit aber keinerlei Abbruch tut. Geblieben ist auch der liebenswert badische Service. Im Sommer geht's auf die Terrasse im Hof.

In Weil-Haltingen **Nord: 3 km über B 3**

Rebstock

Große Gass 30 ✉ 79576 – ✆ (07621) 96 49 60 – www.rebstock-haltingen.de
16 Zim – 80/90 € 115/120 €
Rest *Rebstock* – siehe Restaurantauswahl
Eine traditionsreiche Adresse ist dieser Familienbetrieb in ruhiger Ortsrandlage. Die Zimmer sind schön zeitgemäß und frisch, in einigen hat man auch einen Balkon.

Krone (mit Gästehaus)

Burgunderstr. 21 ✉ 79576 – ✆ (07621) 6 22 03 – www.krone-haltingen.de
24 Zim – 78 € 105/115 € – ½ P
Rest – *(Dienstag - Donnerstag nur Abendessen)* Menü 32 € – Karte 23/59 €
Eine wirklich nette und empfehlenswerte Adresse nicht weit vom Bahnhof. Im Gästehaus wohnen Sie in zeitgemäß-funktionellen Zimmern, im Stammhaus sind die ländlich-gemütlichen Gaststuben untergebracht, hier gibt's traditionelle Küche. Genau das Richtige für warme Sommertage ist der Biergarten unter Kastanien!

Rebstock – Hotel Rebstock

Große Gass 30 ✉ 79576 – ✆ (07621) 96 49 60 – www.rebstock-haltingen.de
Rest – (Tischbestellung ratsam) Menü 15 € (mittags)/60 € – Karte 39/73 €
Im Restaurant dieses schmucken gestandenen Gasthofs hat man die ländliche Atmosphäre hübsch mit neuzeitlichen Elementen gespickt. Aus der Küche von Manfred Graf kommen Klassiker wie "Kalbskopf en tortue" oder saure Kutteln ebenso wie Wolfsbarsch "provencale". Terrasse zum Innenhof.

In Weil-Märkt Nord-West: 5 km über B 3, in Eimeldingen links

XX **Zur Krone** mit Zim

Rheinstr. 17 ✉ 79576 – ✆ (07621) 6 23 04 – www.krone-maerkt.de – geschl. Februar 2 Wochen, September 2 Wochen
9 Zim ☕ – 🚹65 € 🚹🚹90 €
Rest – *(geschl. Montag - Dienstag)* Menü 27/56 € – Karte 24/58 €
Die engagierte Familie d'Angelo-Hagist hat das Gasthaus von 1884 nun schon in 5. Generation! Fisch ist das Steckenpferd des Patrons - vor allem Egli-Gerichte sind der Renner! Vom freundlichen Service samt Chefin lässt man sich in gemütlichen Stuben oder auf der schönen Terrasse unter Kastanien gerne umsorgen.

WEILBACH – Bayern – 546 – 2 300 Ew – Höhe 152 m

48 G16

▶ Berlin 568 – München 353 – Würzburg 79 – Wiesbaden 110

In Weilbach-Ohrnbach Nord-West: 8 km über Weckbach

Zum Ohrnbachtal

Ohrnbach 5 ✉ 63937 – ✆ (09373) 14 13 – www.gasthof-ohrnbachtal.de – geschl. Januar
22 Zim ☕ – 🚹52/70 € 🚹🚹90/100 € – ½ P
Rest – *(geschl. Dienstag - Mittwoch)* Karte 17/45 €
Familie Schäfer ist hier seit rund 50 Jahren - auch die jüngere Generation bringt sich tatkräftig mit ein. Vor allem die ruhige Lage macht's: ringsum Wiesen und Wälder. Juniorchef Patrick Schäfer steht am Herd - Spezialität sind Wildgerichte und Forellen aus dem eigenen Teich. Von der Terrasse schaut man ins Grüne.

WEILBURG – Hessen – 543 – 13 100 Ew – Höhe 172 m – Luftkurort

37 E13

▶ Berlin 530 – Wiesbaden 72 – Frankfurt am Main 61 – Limburg an der Lahn 22
ℹ Mauerstr. 6, ✉ 35781, ✆ (06471) 3 14 67, www.weilburg.de

Lahnschleife

Hainallee 2 ✉ 35781 – ✆ (06471) 4 92 10 – www.hotel-lahnschleife.de
77 Zim ☕ – 🚹88/102 € 🚹🚹112/155 € – ½ P
Rest – Menü 22/45 € – Karte 24/54 €
Zeitgemäß wohnt man in diesem Hotel mit mediterranem Touch, das oberhalb der Lahn am Hang liegt. Auch romantische Hochzeitszimmer stehen zur Verfügung. Kosmetik- und Massage-Angebot. Zum Restaurant gehören zwei Terrassen mit schöner Sicht.

Lahnbahnhof

Bahnhofstr. 14 ✉ 35781 – ✆ (06471) 62 94 40 – www.hotel-lahn-bahnhof.de
25 Zim ☕ – 🚹45/60 € 🚹🚹72/90 € – ½ P **Rest** – Karte 22/49 €
Das historische Bahnhofsgebäude von 1862 beherbergt heute gepflegte und praktisch ausgestattete Gästezimmer in wohnlichen Farbtönen. Das geradlinig-zeitgemäße Restaurant nennt sich "Gleis 1a", Terrasse am ehemaligen Bahnsteig. Die Küche ist bürgerlich.

XX **Joseph's**

Marktplatz 10 ✉ 35781 – ✆ (06471) 21 30 – www.josephs-restaurant.de – geschl. Januar 1 Woche, Ende September 1 Woche und Montagmittag, Samstagmittag
Rest – Karte 30/51 €
In dem elegant-mediterranen Restaurant im Stadtkern serviert man eine italienisch-internationale Küche. Eine der beiden Terrassen liegt zum Innenhof, die andere zum Markt.

WEILER-SIMMERBERG im ALLGÄU – Bayern – 546 – 6 510 Ew – Höhe 632 m – Wintersport: 900 m 3 – Luftkurort

64 I21

▶ Berlin 715 – München 179 – Konstanz 83 – Ravensburg 42
ℹ Hauptstr. 14, ✉ 88171, ✆ (08387) 3 91 50, www.weiler-tourismus.de

Im Ortsteil Weiler

Tannenhof (mit Gästehaus)  Rest,

Lindenberger Str. 33 ✉ 88171 – ✆ (08387) 12 35 – www.tannenhof.com

88 Zim – 98/154 € 154/292 € – 12 Suiten **Rest** – Karte 29/60 €

Ein Ferien-, Sport- und Wellnesshotel wie aus dem Bilderbuch: beste Tennisbedingungen, Nordic Walking, Squash, Beautyanwendungen und Gesundheitsprogramme,... und viel Ruhe! Dazu Zimmer vom eleganten Landhausstil bis zum "Allgäu-Design" sowie ein Restaurant mit modern-regionalem Ambiente. HP inklusive.

WEILHEIM – Bayern – 546 – 21 650 Ew – Höhe 563 m 65 K21

Berlin 637 – München 51 – Garmisch-Partenkirchen 45 – Landsberg am Lech 37

18 Pähl, Hohenpähl, ✆ (08808) 9 20 20

Vollmann garni

Eisenkramergasse 4 ✉ 82362 – ✆ (0881) 92 77 18 60 – www.hotel-vollmann.com

41 Zim – 68/73 € 104/116 €

Es gibt gleich mehrere Gründe, hier zu übernachten: Das Haus liegt ganz zentral nur wenige Schritte vom Marktplatz, die Zimmer (darunter auch Appartements) sind tipptopp gepflegt und parken kann man günstig im Sparkassengebäude nebenan!

WEILROD – Hessen – 543 – 6 190 Ew – Höhe 270 m – Erholungsort 37 F14

Berlin 532 – Wiesbaden 42 – Frankfurt am Main 47 – Gießen 51

18 Weilrod-Altweilnau, Merzhäuser Str., ✆ (06083) 9 50 50

In Weilrod-Altweilnau Süd-Ost: 1,5 km

Landsteiner Mühle

Landstein 1 ✉ 61276 – ✆ (06083) 3 46 – www.landsteiner-muehle.de – geschl. Januar - Februar 2 Wochen und Donnerstag, Anfang Oktober - Mitte April: Mittwoch - Donnerstag

Rest – Karte 26/51 €

Das "ApfelWeinBistrorant" bietet neben regionaler Küche (auf Wunsch kleine Portionen) u. a. auch Apfelweine. Viel Holz und landwirtschaftliche Utensilien schaffen rustikales Flair.

In Weilrod-Neuweilnau Nord-Ost: 2,5 km über B 275, in Erbismühle links

Erbismühle Zim,

An der Weilstraße ✉ 61276 – ✆ (06083) 28 80 – www.erbismuehle.de – geschl. 2. - 10. Januar

70 Zim – 83/140 € 118/170 € – ½ P

Rest – Menü 15 € (mittags)/36 € – Karte 29/42 €

Das ruhig im Weiltal gelegene Hotel ist ein langjähriger Familienbetrieb, entstanden aus einer Mühle von 1234. Wohnlich-rustikale Zimmer und schöner zeitgemäßer Freizeitbereich. Gepflegtes Restaurant in ländlichem Stil mit bürgerlich-internationaler Küche.

WEIMAR – Thüringen – 544 – 65 480 Ew – Höhe 220 m 40 L12

Berlin 285 – Erfurt 22 – Chemnitz 132

Markt 10 B2, ✉ 99423, ✆ (03643) 74 50, www.weimar.de

9 Jena-Münchenroda, Münchenroda 29, ✆ (03641) 42 46 51

Lage★★ · Goethes Wohnhaus und Goethe Museum★★ · Goethes Gartenhaus★★ B3 · Grünes Schloss (Herzogin-Anna-Amalia-Bibliothek★) · Stadtkirche (Cranachaltar★★ · Renaissance-Grabdenkmäler★) · Stadtschloss (Cranachsammlung★★ im Schlossmuseum) · Schillers Wohnhaus★ B2 · Deutsches Nationaltheater (Doppelstandbild★★ von Goethe und Schiller) · Nietzsche-Archiv (Bibliothek★) A3

Stadtplan auf der nächsten Seite

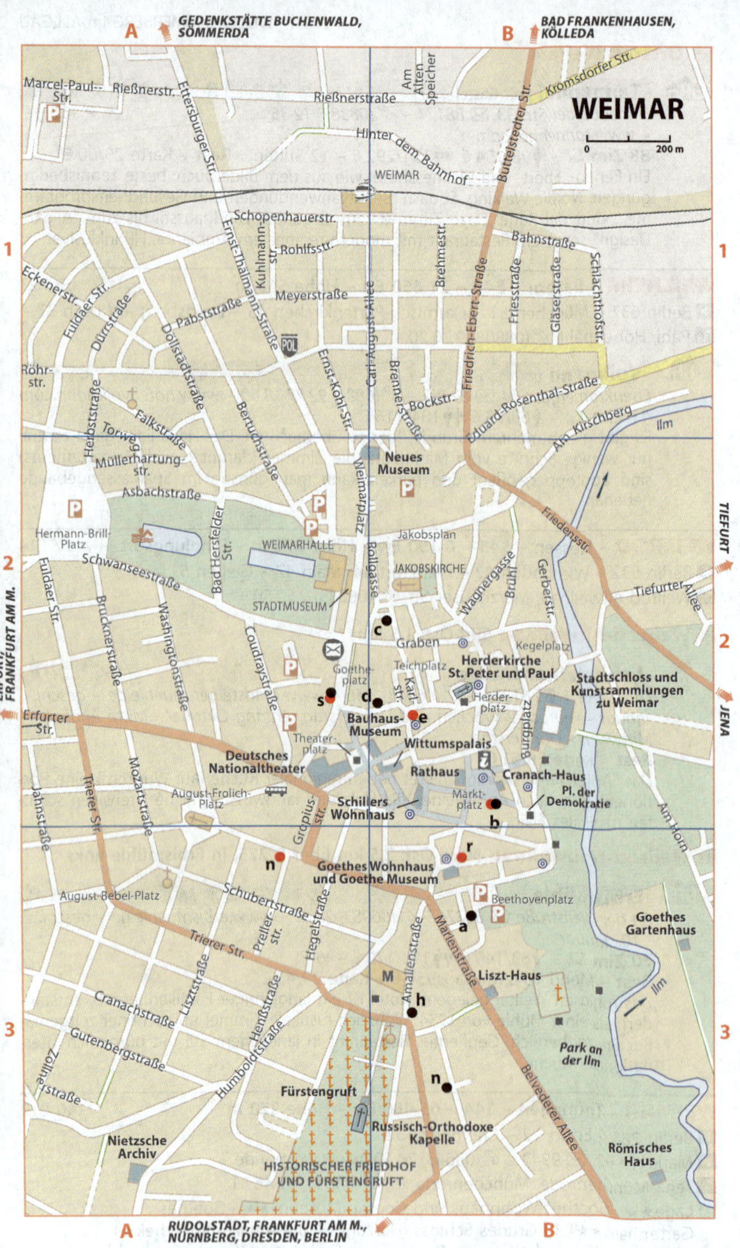

WEIMAR
A
GEDENKSTÄTTE BUCHENWALD, SÖMMERDA
B
BAD FRANKENHAUSEN, KÖLLEDA
ERFURT, FRANKFURT AM M.
TIEFURT
JENA
RUDOLSTADT, FRANKFURT AM M., NÜRNBERG, DRESDEN, BERLIN
Neues Museum
WEIMARHALLE
JAKOBSKIRCHE
STADTMUSEUM
Herderkirche St. Peter und Paul
Stadtschloss und Kunstsammlungen zu Weimar
Bauhaus-Museum
Wittumspalais
Deutsches Nationaltheater
Rathaus
Cranach-Haus
Schillers Wohnhaus
Pl. der Demokratie
Goethes Wohnhaus und Goethe Museum
Goethes Gartenhaus
Liszt-Haus
Park an der Ilm
Fürstengruft
Russisch-Orthodoxe Kapelle
Nietzsche Archiv
HISTORISCHER FRIEDHOF UND FÜRSTENGRUFT
Römisches Haus

Dorint Am Goethepark

Zim,

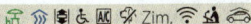

Beethovenplatz 1 ✉ 99423 – ✆ (03643) 87 20
– www.dorint.com/weimar B3**a**
137 Zim – 🚹99/149 € 🚹🚹99/149 €, ☕ 19 € – 6 Suiten – ½ P
Rest *Bettina von Arnim* – Karte 28/56 €
Eine ehemalige russische Gesandtschaft, eine frühere Privatvilla und ein moderner Zwischenbau... so hat man hier Historisches mit Zeitgemäßem verbunden. Nach einem sehr guten Frühstückbuffet am Morgen stehen mittags und abends das Restaurant Bettina von Arnim mit schöner Täfelung und Dielenboden sowie die rustikale Bierstube mit Thüringer Gerichten zur Wahl.

Elephant

Markt 19 ✉ 99423 – ✆ (03643) 80 20
– www.luxurycollection.com/elephant B2**b**
93 Zim – 🚹115/225 € 🚹🚹115/225 €, ☕ 20 € – 6 Suiten
Rest *Anna Amalia* ✿ **Rest *Elephantenkeller*** – siehe Restaurantauswahl
Mitten in der Stadt steht das elegante Haus a. d. 16. Jh. mit seinen hochwertig im Bauhausstil eingerichteten Zimmern. Interessant die Kunstsammlung im Haus - so sind z. B. die Suiten Persönlichkeiten bzw. Künstlern gewidmet.

Grand Hotel Russischer Hof

Goetheplatz 2 ✉ 99423 – ✆ (03643) 77 40
– www.russischerhof.bestwestern.de A2**s**
126 Zim – 🚹95/140 € 🚹🚹105/160 €, ☕ 19 € – 8 Suiten – ½ P
Rest *Anastasia* ☺ – siehe Restaurantauswahl
Das über 200 Jahre alte Stadthotel liegt schön zentral in unmittelbarer Nähe der Fußgängerzone. Im vorderen historischen Gebäudeteil wohnt man besonders stilvoll, Frühstück gibt es im hellen Atrium. An die Lobby schließt sich die klassisch-gediegene Bar an.

Anna Amalia garni

Geleitstr. 8 ✉ 99423 – ✆ (03643) 4 95 60 – www.hotel-anna-amalia.de
– geschl. 22. - 27. Dezember B2**d**
51 Zim ☕ – 🚹62/77 € 🚹🚹87/97 € – 2 Suiten
Sie finden das Hotel mit Stammhaus von 1792 in sehr guter Lage in der Innenstadt, nur wenige Gehminuten vom Marktplatz entfernt. Das Haus ist gut geführt, die Einrichtung hat eine mediterrane Note und ist tipptopp gepflegt.

Villa Hentzel garni

Bauhausstr. 12 ✉ 99423 – ✆ (03643) 8 65 80 – www.hotel-villa-hentzel.de
13 Zim ☕ – 🚹54/80 € 🚹🚹77/95 € B3**n**
Eine ruhige Wohngegend, die Innenstadt und auch der Park an der Ilm ganz in der Nähe... Schon die Umgebung ist schön und die Villa a. d. 19. Jh. ist es ebenfalls: Hinter einer schmucken Fassade verbergen sich ganz individuell eingerichtete, helle, hohe Räume. Gastgeberin Petra Hentzel und ihr Team sind freundlich und aufmerksam.

Zur Sonne

Zim,

Rollplatz 2 ✉ 99423 – ✆ (03643) 8 62 90
– www.thueringen.info/hotel-zur-sonne B2**c**
21 Zim ☕ – 🚹47/52 € 🚹🚹67/78 € – ½ P
Rest – Menü 13/23 € – Karte 15/25 €
In dem denkmalgeschützten Haus an einem kleinen Platz im Herzen von Weimar werden schon seit dem 18. Jh. Gäste beherbergt. Die Zimmer sind unterschiedlich geschnitten und praktisch ausgestattet. Restaurant im Stil einer Gastwirtschaft, die Küche ist bürgerlich.

Am Stadtpark garni

Amalienstr.19 ✉ 99423 – ✆ (03643) 2 48 30
– www.hotel-am-stadtpark-weimar.de – geschl. Februar B3**h**
12 Zim ☕ – 🚹46/55 € 🚹🚹76/82 €
Das familiengeführte kleine Hotel mit gepflegten Zimmern ist ein Stadthaus a. d. 19. Jh., das um einen ruhig zum Innenhof gelegenen Anbau im Motelstil erweitert wurde.

XXX **Anna Amalia** – Hotel Elephant

Markt 19 ✉ 99423 – ✆ (03643) 80 26 39 – www.restaurant-anna-amalia.com – geschl. Januar - Februar und Montag, Oktober - April: Sonntag - Montag

Rest – *(nur Abendessen)* (Tischbestellung ratsam) Menü 64 € (vegetarisch)/165 € – Karte 65/86 € B2**b**

Historisch der Rahmen, modern die Küche... Die Gerichte von Marcello Fabbri überzeugen durch Produktqualität, harmonische Kombinationen und schöne Präsentation, und sie lassen einen angenehmen mediterranen Einschlag erkennen. Ebenso stimmig sind auch die Weinempfehlungen durch den freundlichen Service. Versäumen Sie nicht, an einem lauen Sommerabend im hübschen Garten zu speisen.

➜ Filet von Loup de Mer und knuspriger Kaisergranat. Passatelli, Steinbutt, Zucchini. Rehrücken, Kakaobruch-Sauce, Süßkirschen, Kartoffelbaumkuchen, karamelisierte Entenmastleber.

XX **Alt Weimar** mit Zim

Prellerstr. 2 ✉ 99423 – ✆ (03643) 8 61 90 – www.alt-weimar.de – geschl. 1. - 15. Februar A3**n**

16 Zim – 🚹50/80 € 🚹🚹80/120 € – 1 Suite – ½ P

Rest – Menü 30/85 € (abends) – Karte 35/42 €

Mit Original-Holztäfelung und Parkett hat das Restaurant von 1909 - einst Treff der Weimarer Kunstszene - noch seinen traditionellen Charakter. Gemütlich die Atmosphäre, gepflegt die Tischkultur, frisch und international die Küche - auch ein vegetarisches Menü ist dabei. Sie möchten übernachten? Die Zimmer sind recht einfach, der Stil ist sachlich und klar.

XX **Anastasia** – Grand Hotel Russischer Hof

Goetheplatz 2 ✉ 99423 – ✆ (03643) 77 48 14 – www.restaurant-anastasia.info – geschl. 7. - 23. Januar und Montag A2**s**

Rest – *(nur Abendessen)* Menü 35 € – Karte 32/49 €

In einem Seitenflügel des Russischen Hofes sitzt man in einem eleganten Raum, auf Wunsch am Fenster, und lässt sich die gute saisonale Küche von Andreas Scholz schmecken, und die gibt es z. B. als "Rücken und geschmorte Stelze vom Salzwiesenlamm mit Thymian-Grießklößchen". Oder nehmen Sie doch das Saison-Menü!

X **Gasthaus Zum weißen Schwan**

Frauentorstr. 23 ✉ 99423 – ✆ (03643) 90 87 51 – www.hotelelephantweimar.com/de/weisser-schwan – geschl. Januar - Februar und Sonntag - Montag B3**r**

Rest – Menü 20 € (mittags)/37 € – Karte 21/45 €

Das Gasthaus mit seinen gemütlichen Stuben hatte in seiner jahrhundertelangen Geschichte nicht selten Johann Wolfgang von Goethe zu Besuch (er wohnte gleich nebenan) und auch das japanische Kaiserpaar war schon zu Gast. Historisch-charmant hat man es hier, während man sich bürgerliche und Thüringer Küche schmecken lässt.

X **Gasthaus Scharfe Ecke**

Eisfeld 2 ✉ 99423 – ✆ (03643) 20 24 30 – geschl. August 3 Wochen und Montag - Dienstag B2**e**

Rest – Karte 21/37 €

Spätestens nach dem Besuch dieser Weimarer Institution an der namengebenden "scharfen Ecke" ist Ihnen die "Kloßmarie" ein Begriff. Man kocht sehr traditionell und in großen Portionen - die hausgemachten Klöße sind ein Muss!

X **Elephantenkeller** – Hotel Elephant

Markt 19 ✉ 99423 – ✆ (03643) 80 26 66 – www.luxurycollection.com/elephant – geschl. März - Dezember: Mittwoch B2**b**

Rest – *(Mai - August: nur Abendessen)* Menü 28/35 € – Karte 28/45 €

Auch Sie werden beeindruckt sein von dieser geschichtsträchtigen Stätte. Denn das Ambiente mit seinem gewaltigen Kreuzgewölbe wusste schon Johann Wolfgang von Goethe zu schätzen. Thüringer Spezialitäten!

In Weimar-Gelmeroda Süd-West: 4 km über B3, Richtung Frankfurt am Main

Schwartze

Zim,

Holzdorferweg 7 ✉ 99428 – ✆ (03643) 5 99 50 – www.hotel-schwartze.de – geschl. 20. Dezember - 5. Januar

30 Zim ☕ – 🛉56/65 € 🛉🛉77/85 € – ½ P

Rest – *(nur Abendessen)* Karte 15/26 €

Seit über 20 Jahren betreibt Familie Schwartze ihr Haus und sorgt dafür, dass alles in Schuss ist. Nicht nur die freundlich eingerichteten Zimmer sind hier interessant, auch die gute Autobahnanbindung und die 24 Stunden besetzte Rezeption! Schauen Sie sich auch mal draußen um: Man hat ein eigenes Damwildgehege.

In Weimar-Legefeld Süd-West: 6 km über B3, Richtung Frankfurt am Main

Park Inn

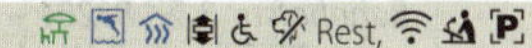

Rest,

Kastanienallee 1 ✉ 99428 – ✆ (03643) 80 30 – www.tagungshotel-weimar.de

190 Zim – 🛉66/95 € 🛉🛉66/95 €, ☕ 13 € – 4 Suiten – ½ P

Rest – Karte 17/44 €

Um eine Atriumhalle herum hat man das Tagungshotel in Quadratform angelegt. Die Zimmer sind funktionell-komfortabel. Praktisch: Bushaltestelle und BAB ganz in der Nähe.

In Weimar-Schöndorf Nord: 4 km über Buttelstedter Straße B1

Dorotheenhof

Dorotheenhof 1 ✉ 99427 – ✆ (03643) 45 90 – www.dorotheenhof.com

52 Zim ☕ – 🛉68/81 € 🛉🛉96/155 € – 4 Suiten

Rest *Alboth's Restaurant* – siehe Restaurantauswahl

Rest *Le Goullon* – Menü 24/49 € – Karte 28/39 €

Sie mögen Gutshof-Flair? Den hat der einst von Rittmeister Carl von Kalckreuth angelegte Dorotheenhof, und der attraktive Landhausstil passt schön dazu! Tagungsgäste schätzen das Haus wegen seiner modernen Technik. Gastronomisch hat man neben dem "Alboth's" noch die einfache, aber behagliche "Küchenstube" und das elegante "Le Goullon" - man beachte das imposante Kreuzgewölbe! Mittags Buffetangebot.

Alboth's Restaurant – Hotel Dorotheenhof

Dorotheenhof 1 ✉ 99427 – ✆ (03643) 45 90 – www.dorotheenhof.com – geschl. Sonntag - Montag

Rest – *(nur Abendessen)* Menü 55/100 €

Claus Alboth ist kein Unbekannter hier in der Region. Seine zwei Menüs serviert man in einem eleganten kleinen Fine-Dining-Restaurant: edel eingedeckte Tische, dazu markantes Rot und eine gemütliche, fast schon intime Atmosphäre. Für alle, die selbst Hand anlegen möchten, hat man im 1. Stock eine Kochschule.

WEINBÖHLA – Sachsen – siehe Meißen

WEINGARTEN – Baden-Württemberg – 545 – 23 880 Ew – Höhe 485 m

63 H21

Berlin 692 – Stuttgart 143 – Konstanz 48 – Ravensburg 4

Münsterplatz 1, ✉ 88250, ✆ (0751) 40 52 32, www.weingarten-online.de

Kirche★★ (Chorgestühl★ · Orgel★★)

Altdorfer Hof (mit Gästehaus)

Zim,

Burachstr. 12 ✉ 88250 - ✆ (0751) 5 00 90 – www.altdorfer-hof.de – geschl. 22. Dezember - 12. Januar

55 Zim ☕ – 🛉82/108 € 🛉🛉119/138 € – 1 Suite – ½ P

Rest – *(geschl. Sonntagabend - Montagmittag)* Menü 22/42 € – Karte 22/39 €

Das Hotel liegt in einer verkehrsberuhigten Zone am Stadtrand, wird familiär geführt und präsentiert sich in wohnlich-klassischem Stil. In das gediegene Bild fügt sich das Restaurant mit seiner Barock-Note schön ein.

Bären

Kirchstr. 3 ✉ 88250 – ✆ (0751) 56 12 00 – www.baeren-weingarten.de – geschl. 29. Juli - 18. August

15 Zim ☕ – 🚹56/61 € 🚹🚹80/85 € – 1 Suite

Rest – *(geschl. Montag)* Menü 15 € – Karte 16/33 €

Das seit über 300 Jahren existierende Gasthaus ist eine nette Adresse, die über gepflegte Zimmer mit gutem Platzangebot verfügt. Restaurant mit rustikaler Note. Hinterm Haus zur Fußgängerzone liegt die kopfsteingepflasterte und begrünte Terrasse.

In Wolpertswende-Mochenwangen Nord: 7,5 km über B 30, in Eggers links

Rist (mit Gästehaus)

Bahnhofstr. 8 ✉ 88284 – ✆ (07502) 9 22 20 – www.hotel-rist.de – geschl. Februar 2 Wochen, August 2 Wochen

16 Zim ☕ – 🚹30/45 € 🚹🚹58/70 €

Rest – *(geschl. Sonntagabend - Dienstagmittag)* Menü 29 € – Karte 17/39 €

Ein typischer schwäbischer Gasthof mit neuzeitlichem Gästehaus. In beiden Bereichen sind die Zimmer solide und technisch gut ausgestattet. Helle rustikale Gaststube mit sehr familiärem und lebendigem Service.

WEINGARTEN (KREIS KARLSRUHE) – Baden-Württemberg – 545 – 9 950 Ew – Höhe 119 m

54 F17

Berlin 664 – Stuttgart 88 – Karlsruhe 17 – Heidelberg 46

Walk'sches Haus (mit Gästehaus)

Marktplatz 7 (B 3) ✉ 76356 – ✆ (07244) 7 03 70 – www.walksches-haus.de

26 Zim ☕ – 🚹75/85 € 🚹🚹134 € – ½ P

Rest ***Gourmet-Restaurant*** ✿ – siehe Restaurantauswahl

Rest ***Bistro*** – Karte 27/46 €

Das Hotel in der Altstadt besteht aus einem schönen jahrhundertealten Fachwerkhaus mit individuellen Zimmern und einem Gästehaus; hier sind die Zimmer etwas größer.

✿

Gourmet-Restaurant – Hotel Walk'sches Haus

Marktplatz 7 (B 3) ✉ 76356 – ✆ (07244) 7 03 70 – www.walksches-haus.de – geschl. Anfang Januar 1 Woche und Sonntag - Montag

Rest – *(nur Abendessen)* Menü 69/109 € – Karte 69/84 €

Die klassische Küche von Jörg Lawerenz (handwerklich sehr präzise zubereitet!) wird in Menüform serviert, man kann aber auch à la carte wählen. Die Weinberatung ist exzellent - so auch der Service insgesamt! Gemütliche Stuben und schöne Terrasse im Hof.

➜ Nordseekrabben und Grünes Gemüse, Dill, Pumpernickel, Speck. Pfälzer Lamm - Rücken, Bauch, Zunge, Bries, geröstetes Knoblauchpüree, mediterranes Gemüse. Mohn, Toffee, Orange.

WEINHEIM an der BERGSTRASSE – Baden-Württemberg – 545 – 43 690 Ew – Höhe 135 m

47 F16

Berlin 609 – Stuttgart 137 – Mannheim 28 – Darmstadt 45

Hauptstr. 47, ✉ 69469, ✆ (06201) 87 44 50, www.weinheim.de

Exotenwald ★

Ottheinrich garni

Hauptstr. 126 ✉ 69469 – ✆ (06201) 1 80 70 – www.hotelottheinrich.de

21 Zim ☕ – 🚹109/129 € 🚹🚹119/145 € – 1 Suite

Mitten in der Altstadt liegt das Hotel, dessen teilweise recht geräumige Zimmer in klarem modernem Design gehalten sind. Freundlich ist auch das Ambiente im Frühstücksraum. Sie möchten länger bleiben? Dann sind die beiden großzügigen Appartements im Haus gegenüber ideal!

Fuchs'sche Mühle

Birkenauer Talstr. 10 ✉ 69469 – ✆ (06201) 1 00 20 – www.fuchssche-muehle.de

18 Zim – 68/105 € 105/145 € – ½ P

Rest *Fuchs'sche Mühle* – siehe Restaurantauswahl

Schon weit über 200 Jahre hat Familie Fuchs das schöne Landhotel (entstanden aus einer Mühle von 1563) und man sieht ihr Engagement an den wohnlichen Zimmern (zur Waldseite), am gut bestückten Frühstücksbuffet, am hübschen Saunabereich... Wanderer und Jogger aufgepasst: schöne Wege direkt am Haus!

Goldener Pflug garni

Obertorstr. 5 ✉ 69469 – ✆ (06201) 9 02 80 – www.hotel-goldener-pflug.de – geschl. 24. Dezember - 6. Januar

17 Zim – 62/80 € 87/98 €

Das hat Charme: Schon von außen gibt das denkmalgeschützte über 400 Jahre alte Fachwerkhaus mitten in der Altstadt (nebenen die St.-Laurentius-Kirche) ein hübsches Bild ab. Und drinnen? Da kümmert sich Familie Stark (bereits die 3. Generation) mit wohnlichen, teils sehr großzügigen Zimmern und einem guten Frühstück um die Gäste. Und am Abend macht man es sich bei einer kleinen Stärkung in der Weinstube gemütlich.

Hutter im Schloss

Obertorstr. 9 ✉ 69469 – ✆ (06201) 9 95 50 – www.hutter-im-schloss.de – geschl. Mittwoch

Rest – Menü 30/64 € – Karte 29/71 €

Hohe Decken, Stuck, Stilmobiliar, Parkettboden... - der Rahmen hier ist schön klassisch, eben so, wie man es sich von einem historischen Schloss wünscht. Und auch wer von einer herrlichen Terrasse zum Schlosspark träumt, wird nicht enttäuscht. Natürlich spielt aber die Küche von Jan Hutter die eigentliche Hauptrolle, und die ist regional und auch spanisch inspiriert - seine Zeit in Spanien lässt grüßen!

Fuchs'sche Mühle – Hotel Fuchs'sche Mühle

Birkenauer Talstr. 10 ✉ 69469 – ✆ (06201) 1 00 20 – www.fuchssche-muehle.de

Rest – *(Montag - Freitag nur Abendessen)* Menü 38/65 € – Karte 35/63 €

Die Fuchs'sche Mühle ist eine von sechs Mühlen im reizvollen Weinheimer Tal. Müllerstube, Bauernstube, Fuchsbau... hier hat man es schön gemütlich, während man sich die gute klassisch-internationale Küche schmecken lässt, die es z. B. als Meeresfrüchtesalat oder als Rumpsteak mit Sherry-Jus gibt. Hinter dem Haus lockt an warmen Tagen der Biergarten!

WEINSBERG – Baden-Württemberg – 545 – 11 590 Ew – Höhe 219 m 55 G17

Berlin 588 – Stuttgart 53 – Heilbronn 6 – Schwäbisch Hall 42

Außerhalb Süd-Ost: 2 km, nahe A 81 Ausfahrt Weinsberg-Ellhofen

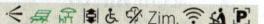

Rappenhof Zim,

Rappenhofweg 1 ✉ 74189 Weinsberg – ✆ (07134) 51 90 – www.rappenhof.de – geschl. 22. Dezember - 6. Januar

38 Zim – 92/102 € 113/123 € – 1 Suite – ½ P

Rest – Menü 24/49 € – Karte 19/58 €

Das hübsche Landhotel liegt nicht weit von der Autobahn und doch im Grünen zwischen den Weinbergen. Die Zimmer sind hell und wohnlich im Landhausstil eingerichtet, meist mit Balkon. Der Wintergartenanbau und die Terrasse des Restaurants bieten eine schöne Sicht.

WEINSTADT – Baden-Württemberg – 545 – 26 430 Ew – Höhe 241 m 55 H18

Berlin 616 – Stuttgart 24 – Esslingen am Neckar 13 – Schwäbisch Gmünd 38

In Weinstadt-Baach

Adler mit Zim

Forststr. 12 ✉ 71384 – ✆ (07151) 6 58 26 – www.adler-baach.de – geschl. Montag - Dienstag

5 Zim – 40 € 70 € **Rest** – Karte 28/51 €

Hier isst man lecker und bodenständig! Michael Kiesel steht nach wie vor mit großer Freude am Herd. Aus seiner bürgerlich-schwäbischen Küche sollten Sie eines der Forellengerichte probieren! Sie sitzen gerne draußen? Die Markise hält auch mal einem Regen Stand! Ansonsten sind die Stuben schön gemütlich.

Gasthaus Rössle

Forststr. 6 ✉ 71384 – ✆ (07151) 6 68 24 – www.roessle-baach.de – geschl. Ende Juni 10 Tage, Mitte September 10 Tage und Mittwoch - Donnerstag

Rest – Karte 21/38 €

Ein bürgerlich-ländliches Gasthaus. Daniela und Roland Welte sorgen hier für gutes Essen und angenehm familiäre Atmosphäre. Neben regionalen Klassikern wie Kutteln oder Gaisburger Marsch bekommt man auch zeitgemäß-internationale Küche.

In Weinstadt-Beutelsbach

Weinstadt-Hotel

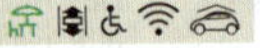

Marktstr. 41 ✉ 71384 – ✆ (07151) 99 70 10 – www.weinstadt-hotel.de

32 Zim – 65/75 € 95/105 €, 5 € – ½ P

Rest ***Krone*** – Menü 15/85 € – Karte 16/42 €

Charmant-frischer Wind weht bei den Staudenmayers, seit Tochter Stéphanie das Haus übernommen hat. Man bekommt täglich frisches Wasser aufs Zimmer, frühstückt im schönen Innenhof und lässt sich im gemütlichen Restaurant mit schwäbischer und französischer Küche, aber auch mit Vegetarischem bewirten. Tipp: Das "Winzerhäusle" in den Weinbergen kann man buchen!

In Weinstadt-Endersbach

Weinstube Muz

Traubenstr. 3 ✉ 71384 – ✆ (07151) 6 13 21 – www.weinstube-muz.de – geschl. Anfang August 3 Wochen und Samstagmittag, Sonntag - Montag, sowie an Feiertagen

Rest – Menü 35/55 € (abends) – Karte 32/55 €

Reizend und so richtig heimelig ist es in dem Gasthaus von 1877, und man isst wirklich gut (ein Klassiker: Zwiebelrostbraten mit Bratkartoffeln). Ein Wohlfühlfaktor ist aber natürlich auch die liebenswerte Art der Familie Muz! Zum Biergarten sind es 5 Gehminuten - hier gibt es ab 16 Uhr Deftiges. Und wie wär's mal mit einer Weinprobe in den Weinbergen (ab 10 Pers.)?

In Weinstadt-Strümpfelbach

Zum Hirsch

Hauptstr. 3 ✉ 71384 – ✆ (07151) 6 11 03 – www.hirsch-struempfelbach.de – geschl. 5. - 9. Mai, 25. Juni - 18. Juli und Montag - Dienstag

Rest – Karte 22/42 €

So ländlich-charmant kann es wohl nur in einem historischen Fachwerkhaus sein. Gekocht wird hier schwäbisch. Gefällt Ihnen eines der dekorativen Aquarelle? Die malt der Chef selbst, Sie können sie auch kaufen! Tipp: Erwandern Sie den rund 3 km langen Skulpturenpfad (39 Plastiken) in den Weinbergen!

WEISENDORF – Bayern – **546** – 6 260 Ew – Höhe 308 m **50** K16

Berlin 445 – München 204 – Nürnberg 35 – Bamberg 53

Jägerhof (mit Gästehaus)

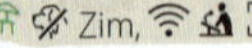

Auracher Bergstr. 2 ✉ 91085 – ✆ (09135) 71 70 – www.jaegerhof.biz – geschl. 1. - 6. Januar, August 2 Wochen

34 Zim – 56/99 € 89/130 €

Rest – *(geschl. Freitag, Mai - September: Freitag - Samstag) (nur Abendessen, sonntags auch Mittagessen)* Karte 17/43 €

In dem familiengeführten Hotel in der Ortsmitte wohnt man in schön freundlich gestalteten Zimmern, im Gästehaus mit Blick auf den Badweiher. In den rustikalen Restaurantstuben kann man bürgerlich essen.

In Weisendorf-Oberlindach Nord: 1 km

Acantus
Ringstr. 13 ✉ 91085 – ✆ (09135) 21 16 60 – www.acantus-hotel.de
57 Zim – 🚹90 € 🚹🚹115 €, ☕ 14 € – 2 Suiten
Rest – *(geschl. Sonntag)* Menü 20 € (mittags) – Karte 24/50 €
Mit seiner hochwertigen Ausstattung und dem klaren, modernen Stil hat das Hotel schon was zu bieten. Wenn Sie etwas länger bleiben möchten, sind die Apartments mit Küche ideal. Im Restaurant sollten Sie Wild probieren - das kommt aus eigener Jagd, und den Rehschinken stellt der Chef selbst her!

WEISENHEIM am BERG – Rheinland-Pfalz – **543** – 1 640 Ew – Höhe 221 m **47** E16

Berlin 639 – Mainz 78 – Mannheim 29 – Kaiserslautern 41

Admiral
Leistadter Str. 6 ✉ 67273 – ✆ (06353) 41 75 – www.restaurant-admiral.de – geschl. 6. - 19. Januar, 4. - 10. August und Montag - Dienstag
Rest – *(nur Abendessen, sonntags und an Feiertagen auch Mittagessen)* Menü 33/55 € – Karte 32/50 €
Liebenswert ist das denkmalgeschützte Haus mit den grünen Fensterläden, lauschig der hübsch bepflanzte Innenhof - wie gemacht für die Terrasse! Patron Alexander Hundt kocht teilweise schon etwas gewagter, z. B. Jakobsmuscheln mit Blutwurst, teils eher klassisch wie Rehmedaillons auf Zwiebelmarmelade. Über den Hof gelangen Übernachtungsgäste zu ihrem Pavillon.

WEISKIRCHEN – Saarland – **543** – 6 400 Ew – Höhe 400 m – Heilklimatischer Kurort und Kneippkurort **45** B16

Berlin 725 – Saarbrücken 59 – Trier 37 – Birkenfeld 39
Trierer Str. 21, ✉ 66709, ✆ (06876) 7 09 37, www.weiskirchen.de

Parkhotel
Kurparkstr. 4 ✉ 66709 – ✆ (06876) 91 90 – www.parkhotel-weiskirchen.de
124 Zim ☕ – 🚹84/98 € 🚹🚹114/142 € – 1 Suite – ½ P
Rest – Menü 26/59 € – Karte 31/49 €
Nicht nur für Tagungen ist das Hotel optimal. Wer entspannen möchte, kann dies im direkt angeschlossenen öffentlichen Bäderzentrum "Vitalis" mit Gesundheits- und Beautyangebot. Und gastronomisch? Wählen Sie zwischen internationaler Küche im Restaurant mit Wintergarten und dem etwas günstigeren bürgerlichen Angebot der Brasserie. Jeden 1. Sonntag im Monat Brunch.

In Weiskirchen-Rappweiler Süd-West: 2 km

La Provence
Merziger Str. 25 ✉ 66709 – ✆ (06872) 43 26 – www.le-restaurant-la-provence.de – geschl. Ende Juli - Anfang September 3 Wochen und Montag
Rest – *(Dienstag - Samstag nur Abendessen)* Karte 23/52 €
Das Restaurant heißt "La Provence", der Küchenchef Jean-Paul Laponche - klar, dass hier alles ein bisschen französisch inspiriert ist! Spezialität im Herbst sind Bouchot-Muscheln in unterschiedlichen klassischen Zubereitungen. Im Winter bringt der offene Kamin wohlige Wärme in das sympathische Haus. Alternativ bietet die Brasserie Le Mistral eine kleinere Karte.

WEISSENBURG in BAYERN – Bayern – **546** – 17 520 Ew – Höhe 422 m **57** K18

Berlin 483 – München 131 – Nürnberg 59 – Augsburg 82
Martin-Luther-Platz 3, ✉ 91781, ✆ (09141) 90 71 24, www.weissenburg.info

Am Ellinger Tor 
Ellinger Str. 7 ✉ 91781 – ✆ (09141) 8 64 60 – www.ellingertor.de
27 Zim ☕ – 🚹59/79 € 🚹🚹69/92 € – ½ P
Rest – *(geschl. 1. - 15. Januar)* Menü 17/25 € – Karte 20/43 €
Das historische Fachwerkhaus mit roter Fassade liegt relativ ruhig im Zentrum. Man bietet individuelle Zimmer, teils mit freigelegtem Gebälk, sowie einen hübschen Frühstücksraum. Bürgerlich-regionale Küche im Restaurant mit Terrasse im Innenhof.

WEISSENFELS – Sachsen-Anhalt – 542 – 41 440 Ew – Höhe 100 m 41 M12

Berlin 201 – Magdeburg 122 – Leipzig 42 – Halle 34

Mart 27, ✉ 06667, ✆ (03443) 30 30 70, www.weissenfelstourist.de

Parkhotel Güldene Berge (mit Gästehaus)

Langendorfer Str. 94 ✉ 06667 – ✆ (03443) 3 92 00 – www.gueldene-berge.de

25 Zim – 70/75 € 90/95 € – 1 Suite – ½ P

Rest – Menü 20 € – Karte 19/36 €

Gegen Ende des 19. Jh. wurde diese Villa mit kleiner Parkanlage erbaut. Ein gut geführtes Hotel mit wohnlichen und zeitgemäßen Zimmern. Hohe Decke und Parkettboden unterstreichen im Restaurant den historischen Charakter der Villa.

WEISSENHORN – Bayern – 546 – 13 260 Ew – Höhe 501 m 56 I20

Berlin 591 – München 146 – Augsburg 67 – Memmingen 41

Zum Löwen (mit Gästehaus)

Martin-Kuen-Str. 5 ✉ 89264 – ✆ (07309) 9 65 00 – www.der-loewen.de – geschl. über Weihnachten

22 Zim – 61/70 € 88/92 € **Rest** – *(geschl. Sonntag)* Karte 18/49 €

Eine lange Wirtshaustradition hat das recht ruhig in der Altstadt gelegene Haus, das von Familie Ländle persönlich geführt wird. Im Gästehaus sind die Zimmer besonders geräumig. Im traditionellen Gasthof mit hübsch geschwungenem Giebel bietet man Regionales.

WEISSENSTADT – Bayern – 546 – 3 340 Ew – Höhe 630 m – Wintersport: – Erholungsort 51 M15

Berlin 349 – München 265 – Hof 28 – Bayreuth 36

Kirchplatz 5, ✉ 95163, ✆ (09253) 9 50 30, www.weissenstadt.de

Gasthaus Egertal

Wunsiedler Str. 49 ✉ 95163 – ✆ (09253) 2 37 – www.gasthaus-egertal.de – geschl. 6. - 31. Januar, 16. - 23. Juli und Dienstag

Rest – *(nur Abendessen, sonntags auch Mittagessen)* (Tischbestellung ratsam) Menü 37/74 €

Rest *Bistro Prinz-Rupprecht Stube* – siehe Restaurantauswahl

Theodor Rupprecht jun., Neffe der Gastgeber (diese freundlich im Service), kocht hier klassisch. Sehr fein: "Filet und Bäckchen vom Rind", vorneweg Gänseleberparfait, Bouillabaisse oder Label Rouge Lachs. In dem hübsch sanierten alten Gasthaus wird man auch schonmal auf einen Absacker in die Küche eingeladen!

Bistro Prinz-Rupprecht Stube – Restaurant Gasthaus Egertal

Wunsiedler Str. 49 ✉ 95163 – ✆ (09253) 2 37 – www.gasthaus-egertal.de – geschl. 6. - 31. Januar, 16. - 23. Juli und Dienstag

Rest – *(nur Abendessen, sonntags auch Mittagessen)* Menü 17/28 € – Karte 23/39 €

Unter dem freigelegten böhmischen Kreuzgewölbe bestellt man in bayerischer Wirtshausatmosphäre bunte Salate und Nudeln, aber auch Zander in Silvanersauce, Wiener Schnitzel und Rinderfilet in Rotweinjus!

WEISWEIL – Baden-Württemberg – 545 – 2 130 Ew – Höhe 172 m 61 D20

Berlin 783 – Stuttgart 181 – Freiburg im Breisgau 36 – Offenburg 39

Landgasthof Baumgärtner

Sternenstr. 2 ✉ 79367 – ✆ (07646) 3 47 – www.baumgaertner-weisweil.de – geschl. Montag

Rest – *(nur Abendessen, sonntags auch Mittagessen)* Menü 20/46 € – Karte 23/54 €

In dem langjährigen Familienbetrieb steht Bernhard Mössinger inzwischen zusammen mit seinem Sohn in der Küche. Serviert werden die regionalen Gerichte dann in einer rustikalen Stube mit hübschem altem Kachelofen, der im Winter schön wärmt.

WEITNAU – Bayern – 546 – 5 120 Ew – Höhe 797 m 64 I21

Berlin 724 – München 154 – Augsburg 131 – Kempten 24

18 Golfclub Hellengerst, Helinger Str. 5, ✆ (08378) 92 00 14

In Weitnau-Hellengerst Nord-Ost: 10 km über B 12

Hanusel Hof Rest,

Helinger Str. 5 ✉ 87480 – ✆ (08378) 9 20 00 – www.hanusel-hof.de
32 Zim – ♦89/160 € ♦♦127/228 € – ½ P **Rest** – Karte 27/45 €
Früher Viehweiden, heute der hauseigene Golfplatz - das satte Grün ringsum ist geblieben! Viele Golfer sind hier zu Gast - sie wohnen in geräumigen Zimmern, gönnen sich gerne mal eine Ayurveda- oder Alpenkräutermassage und genießen den Bergblick (sehr schön von der Terrasse!) Im Winter Loipen vor dem Haus.

WEMDING – Bayern – **546** – 5 620 Ew – Höhe 463 m – Erholungsort **57** K18
Berlin 511 – München 128 – Augsburg 70 – Nördlingen 18
Mangoldstr. 5, ✉ 86650, ✆ (09092) 96 90 35, www.wemding.de

Weißer Hahn

Wallfahrtstr. 19 ✉ 86650 – ✆ (09092) 9 68 00 – www.weisser-hahn.de
27 Zim – ♦59/62 € ♦♦80/82 € – 1 Suite – ½ P
Rest – *(geschl. Donnerstag, November - April: Donnerstag und Samstag) (nur Abendessen, sonntags auch Mittagessen)* Karte 17/35 €
Von 1464 stammt das Haus mit dem aufwändig gestalteten Treppengiebel. Man hat gepflegte und funktionale Zimmer, ein Restaurant mit gutbürgerlicher Küche, die auch im Biergarten hinter dem Gasthof serviert wird, sowie Gastboxen auf dem eigenen Reiterhof!

WENDELSTEIN – Bayern – **546** – 15 770 Ew – Höhe 330 m **50** K17
Berlin 439 – München 157 – Nürnberg 15 – Ingolstadt 84

Siehe Nürnberg (Umgebungsplan)

Zum Wenden

Hauptstr. 32 ✉ 90530 – ✆ (09129) 9 01 30 – www.hotel-zum-wenden.de
17 Zim – ♦55/63 € ♦♦85/98 € – ½ P CD3c
Rest – *(geschl. Montagmittag)* Menü 19 € (mittags)/39 € – Karte 25/37 €
Ein sympathischer Gasthof, dessen Tradition bis ins Jahr 1745 zurückreicht. Die Zimmer sind rustikal gehalten (teilweise mit Fachwerk) oder hell und modern eingerichtet. Eine Holzdecke und alte Balken schaffen im Restaurant eine gemütliche Atmosphäre.

WENDEN – Nordrhein-Westfalen – **543** – 19 910 Ew – Höhe 360 m **37** E12
Berlin 565 – Düsseldorf 109 – Siegen 21 – Köln 72
Wenden-Ottfingen, Am Golfplatz, ✆ (02762) 9 76 20

An der Straße nach Hünsborn Süd: 2 km

Landhaus Berghof

Berghof 1 ✉ 57482 – ✆ (02762) 50 88 – www.landhaus-berghof.de
15 Zim – ♦73 € ♦♦100 € – ½ P
Rest – *(geschl. Montag)* Menü 18/24 € – Karte 19/37 €
Ein sehr nettes und persönlich geführtes Landhotel, das direkt am Waldrand liegt und für seine Gäste geschmackvolle, wohnliche Zimmer mit schönen modernen Bädern und teilweise mit Parkett bereithält. Das Restaurant bietet eine reizvoll zum Wald hin gelegene Terrasse.

In Wenden-Brün West : 5,5 km über Gerlingen

Sporthotel Landhaus Wacker N

Mindener Str. 1 ✉ 57482 – ✆ (02762) 69 90 – www.hotel-wacker.de
71 Zim – ♦72/99 € ♦♦98/178 € – ½ P
Rest – Menü 24/78 € – Karte 24/70 €
Was 1860 als Post- und Pferdewechselstation begann, ist heute - noch immer im Besitz der Familie Wacker - ein bei Wochenendurlaubern und Tagungsgästen gleichermaßen beliebtes Hotel. Warmes Holz im alpenländischen Stil sorgt für Wohnlichkeit, Freizeit- und Sportangebote wie Beautybehandlungen, Minigolf, Fußball oder Reiten (eigene Reitanlage ganz in der Nähe) locken Wellnessfans und Aktive an.

WENDLINGEN AM NECKAR – Baden-Württemberg – 545 — 55 H18
– 15 980 Ew – Höhe 280 m

Berlin 626 – Stuttgart 30 – Göppingen 28 – Reutlingen 31

Villa Behr

Behrstr. 90 ✉ 73240 – ✆ (07024) 5 01 95 51 – www.villa-behr.de

10 Zim – 79/109 € 89/179 €, 15 € – 2 Suiten

Rest *Osteria Bonomi* – ✆ (07024) 5 01 95 52 – Menü 49/89 € – Karte 40/67 €

Übrig geblieben von der ehemaligen Möbelfabrik ist dieses hübsche denkmalgeschützte Gebäude von 1910, in dem es sich heute richtig schön in hellen, geradlinig-modernen Zimmern wohnt. Gegessen wird, genau wie damals, in der einstigen Betriebskantine - es gibt italienische Küche, einschließlich Pizza.

WERBEN – Brandenburg – siehe Burg (Spreewald)

WERDAU – Sachsen – 544 – 22 620 Ew – Höhe 276 m — 42 N13

Berlin 263 – Dresden 123 – Gera 41 – Zwickau 9

Markt 10, ✉ 08412, ✆ (03761) 59 40, www.werdau.de

Friesen

Zwickauer Str. 58 (B 175) ✉ 08412 – ✆ (03761) 8 80 00 – www.hotel-friesen.de

20 Zim – 42/49 € 65/75 € – ½ P

Rest – Menü 15/25 € – Karte 13/27 €

Das schon seit über 20 Jahren familiengeführte kleine Hotel am Ortsanfang ist eine zeitgemäße, funktionelle und gepflegte Adresse. Viel Holz bestimmt das Ambiente im bürgerlichen Restaurant.

In Werdau-Steinpleis Süd-Ost: 2,5 km

In der Mühle

Mühlweg 1 ✉ 08412 – ✆ (03761) 18 88 80 – www.hotel-indermuehle.de

21 Zim – 45/49 € 65/68 €

Rest – *(geschl. Freitag) (nur Abendessen, sonntags auch Mittagessen)* Karte 18/26 €

Der Familienbetrieb liegt ruhig neben einer Wassermühle, beschattet von 100-jährigen Eichen. Sie schlafen in ländlich eingerichteten Zimmern und speisen im rustikalen Restaurant unter historischen Deckenbalken. Kinder wird's freuen: Der Garten ist groß genug für einen Spielplatz!

WERDER (HAVEL) – Brandenburg – 542 – 23 020 Ew – Höhe 31 m — 22 O8

Berlin 53 – Potsdam 11 – Brandenburg an der Havel 29 – Oranienburg 64

In Werder-Petzow Süd-Ost: 4 km

Resort Schwielowsee

Am Schwielowsee 117 (Nord-Ost: 1,5 km) ✉ 14542 – ✆ (03327) 5 69 60 – www.resort-schwielowsee.de – geschl. 1. - 12. Januar

151 Zim – 79/169 € 99/229 €, 19 € – 4 Suiten – ½ P

Rest – Menü 29/49 € – Karte 26/54 €

Rest *Ernest* – ✆ (03327) 73 27 08 *(geschl. Januar - März: Montag) (April - Oktober: Dienstag - Freitag nur Abendessen)* Menü 29/48 € – Karte 26/54 €

Weitläufige Hotelanlage am See mit eleganten Zimmern und Suiten, Pfahlhäusern sowie Apartments im "Key West Village" (z. T. mit eigener Sauna). Strandbad und Bootssteg. Restaurant mit internationaler Karte. Ernest in einem Pavillon am Wasser mit Fischgerichten aus der Showküche.

In Werder-Kemnitz

Zum Rittmeister

Seestr. 9 ✉ 14542 – ✆ (03327) 46 46 – www.zum-rittmeister.de

25 Zim – 70/75 € 90/95 € – ½ P **Rest** – Menü 29 € – Karte 23/56 €

Was aus dem ehemaligen Kinderheim geworden ist, kann sich wirklich sehen lassen: Das schöne parkähnliche Grundstück liegt direkt am Plessower See (mit direktem Zugang), die Zimmer sind neuzeitlich, hell und freundlich, technisch gut ausgestattet und haben alle eine Terrasse zum Garten, und ein gemütliches Restaurant mit traditioneller und internationaler Küche hat man ebenfalls.

WERDOHL – Nordrhein-Westfalen – 543 – 18 710 Ew – Höhe 210 m 27 D11

Berlin 534 – Düsseldorf 91 – Arnsberg 43 – Hagen 36

In Werdohl-Kleinhammer

Thuns Dorfkrug mit Zim

Brauck 7 ✉ 58791 – ✆ (02392) 9 79 80 – www.thuns.info – geschl. Samstagmittag, Sonntag

17 Zim – 49/63 € 91 € **Rest** – Menü 33/60 € – Karte 32/51 €

Gepflegte Tischkultur, engagierter Service und gute Küche, die einen schmackhaften Mix aus Regionalem und Internationalem bietet. Zeitgenössische Bilder und Parkettboden sind hübsche Details in dem modern und schlicht-elegant gestalteten Restaurant. Gästezimmer in geradlinigem neuzeitlichem Stil.

WERLTE – Niedersachsen – 541 – 9 450 Ew – Höhe 33 m 16 E7

Berlin 487 – Hannover 220 – Oldenburg 74 – Assen 138

Afrikan Sky

Harrenstätter Str. 64 ✉ 49757 – ✆ (05951) 98 77 60 – www.africanskyhotel.de

39 Zim – 67/69 € 87/89 € – 1 Suite – ½ P

Rest *Simola* – siehe Restaurantauswahl

Allerlei Accessoires in Hotel und Restaurant lassen südafrikanischen Logde-Stil erkennen. Kein Wunder: Der Eigentümer lebt seit Jahren in Südafrika und betreibt dort weitere Hotels dieser Art!

Simola – Hotel Afrikan Sky

Harrenstätter Str. 64 ✉ 49757 – ✆ (05951) 98 69 00 – www.africanskyhotel.de – geschl. 1. - 7. Januar und Sonntag

Rest – *(nur Abendessen)* Menü 30 € – Karte 31/48 €

Der Bezug zu Südafrika ist angenehm unaufdringlich, aber doch präsent - zum einen in diversen Dekorationsgegenständen, zum anderen natürlich im internationalen Speisenangebot.

WERMELSKIRCHEN – Nordrhein-Westfalen – 543 – 35 440 Ew – Höhe 310 m 36 C12

Berlin 541 – Düsseldorf 50 – Köln 34 – Lüdenscheid 38

Hückeswagen, Stoote 1, ✆ (02192) 85 47 20

Zum Schwanen

Schwanen 1 ✉ 42929 – ✆ (02196) 71 10 – www.zumschwanen.com

39 Zim – 75/105 € 122/136 €

Rest – *(geschl. August)* Menü 18 € (mittags)/54 € – Karte 35/51 €

Ein gut geführter Familienbetrieb in zentraler Lage an der Durchgangsstraße. Die Zimmer im Stammhaus sind neuzeitlich-funktional eingerichtet, die im Anbau klassisch-elegant. Das Speisenangebot im gemütlichen Restaurant ist international ausgelegt.

In Wermelskirchen-Stumpf Süd: 4 km

Landhaus Spatzenhof

Süppelbach 11 (Süd-Ost: 2,5 km in Richtung Kürten) ✉ 42929 – ✆ (02196) 9 75 90 – www.landhaus-spatzenhof.de – geschl. 24. Februar - 2. März, 13. - 19. Oktober

2 Zim – 119/139 € 189/245 € – 4 Suiten

Rest *Landhaus Spatzenhof* – siehe Restaurantauswahl

Etwas Schöneres hätte man aus dem idyllisch gelegenen ehemaligen Waisenhaus von 1913 kaum machen können: Nach aufwändiger Sanierung kann man hier nun ausgesprochen geschmackvoll, wertig und individuell wohnen. Zudem bringt der persönliche Einsatz der Familie Wolter eine ganz besondere Note ins Haus, die sich nicht zuletzt in Form eines tollen Frühstücks äußert - im Sommer natürlich am liebsten auf der Terrasse!

XX ✿ **Landhaus Spatzenhof** (Philipp Wolter) – Hotel Landhaus Spatzenhof

Süppelbach 11 (Süd-Ost: 2,5 km in Richtung Kürten)
✉ *42929 – ✆ (02196) 9 75 90 – www.landhaus-spatzenhof.de*
– geschl. 24. Februar - 2. März, 13. - 19. Oktober und Montag - Dienstag
Rest – Menü 28 € (mittags)/98 € (abends) – Karte 32/62 €

Der gehobene Landhausstil des Restaurants samt schöner Erdtöne steht dem historischen Gebäude gut zu Gesicht. Aber nicht nur hier speist es sich überaus angenehm... Haben Sie die herrliche Terrasse gesehen? Die Konzeptänderung (die Zusammenlegung von regionaler und modern inspirierter klassischer Küche) hat dem Niveau von Philipp Wolters Küche keinen Abbruch getan, im Gegenteil: Nun können Sie in allen Bereichen genießen, wonach Ihnen der Sinn steht! Mittags ist das Angebot kleiner und günstiger, das Gourmetmenü gibt es ausschließlich abends.

➜ Feine Scheiben vom gebeizten Label Rouge Lachs mit Frühlingslauchsalat und Tomatenvinaigrette. Perlhuhnbrust in brauner Butter knusprig gebraten mit rotem Mangold, fruchtige Johannisbeeren. Süppelbacher Müsli - Joghurtmousse mit Haselnusss.

WERMSDORF – Sachsen – 544 – 5 560 Ew – Höhe 170 m — 32 O11

▶ Berlin 226 – Dresden 80 – Leipzig 49 – Oschatz 13

Seehof Döllnitzsee — & Zim,

Grimmaer Str. 29 ✉ *04779 – ✆ (034364) 5 17 00 – www.hotel-doellnitzsee.de*
20 Zim ☕ – 🚹59/64 € 🚹🚹85/99 €
Rest – Karte 18/37 €

Ein hübsches und tipptopp gepflegtes Hotel unter familiärer Leitung, in dem Sie wohnlich-alpenländisches Ambiente erwartet. Schön ist die Ortsrandlage am Döllnitzsee. Vom charmant-rustikalen Restaurant mit Galerie schaut man zum See.

WERNBERG-KÖBLITZ – Bayern – 546 – 5 650 Ew – Höhe 377 m — 51 N16

▶ Berlin 425 – München 193 – Weiden in der Oberpfalz 20 – Nürnberg 95
⛳18 Luhe-Wildenau, Klaus-Conrad-Allee 1, ✆ (09607) 9 20 20

Burg Wernberg

Schlossberg 10 ✉ *92533 – ✆ (09604) 93 90 – www.burg-wernberg.de*
– geschl. 1. - 9. Januar
24 Zim – 🚹114/144 € 🚹🚹161/195 €, ☕ 19 € – 3 Suiten
Rest *Kastell* ✿✿ – siehe Restaurantauswahl

Sie suchen etwas Romantisches, fast schon Einzigartiges? Dann begeben Sie sich über die alte Zugbrücke auf eine Entdeckungsreise in das Gemäuer a. d. 13. Jh. Beeindruckend die Historie und die Handwerkskunst, bemerkenswert aber auch die Herzlichkeit, der Servicegedanke und die Präsenz der Mitarbeiter! Entspannung ist allgegenwärtig: in den individuellen Zimmern, in der "grünen Oase" des ehemaligen Burggrabens, auf dem historischen Pfad rund um die Burg...

Landgasthof Burkhard

Marktplatz 10 ✉ *92533 – ✆ (09604) 9 21 80 – www.hotel-burkhard.de*
34 Zim ☕ – 🚹66/84 € 🚹🚹112/118 € – ½ P
Rest *Kaminstube* – siehe Restaurantauswahl
Rest – *(geschl. 7. Januar - 3. Februar und Donnerstagabend, Samstagmittag, Sonntagabend)* Menü 20/27 € – Karte 18/36 €

In 6. Generation wird der Landgasthof nun schon von der Familie geführt. Sie haben die Wahl zwischen größeren und etwas moderneren Zimmern im Neubau und kleineren, etwas günstigeren Altbauzimmern - tipptopp gepflegt sind sie alle! In der Gaststube bietet man bürgerlich-regionale Alternativen zum gehobenen Angebot der Kaminstube.

Kastell – Hotel Burg Wernberg

Schlossberg 10 ✉ 92533 – ✆ (09604) 93 90 – www.burg-wernberg.de – geschl. 1. - 15. Januar, 21. - 27. April, 3. - 21. August und Montag - Dienstag

Rest – *(nur Abendessen)* (Tischbestellung erforderlich) Menü 88/138 €

Große, finessenreiche Küche in der Oberpfalz? Und ob! Hinter historischen Burgmauern fasziniert Thomas Kellermann mit intensiven, feinen und schön ausbalancierten Speisen samt kreativem Touch. Unter einem tollen hellen Gewölbe lässt man sich dabei aufmerksam und kompetent umsorgen.

→ Saibling aus Bärnau mit Blumenkohl, Soja und Orange. Seezunge mit Morcheln, Safrangraupen und Sherry-Buttermilchfond. Warmer Schokoladenschaum mit Rotweineis und Petersilienwurzel.

Kaminstube – Hotel Landgasthof Burkhard

Marktplatz 10 ✉ 92533 – ✆ (09604) 9 21 80 – www.hotel-burkhard.de – geschl. 7. Januar - 3. Februar und Donnerstagabend , Samstagmittag, Sonntagabend

Rest – Menü 32/55 € – Karte 24/49 €

Schön heimelig ist die Stube mit ihrer Zirbelholzvertäfelung, hübschen Stoffen, dem Ofen und allerlei charmantem Zierrat. Nur zu gerne lässt man sich hier die schmackhafte regional geprägte Küche von Josef Braun servieren - da sollte man sich weder die geschmorte Kalbsbacke noch die feinen süßen Leckereien entgehen lassen! Im Sommer isst man natürlich am liebsten draußen unter Kastanienbäumen!

WERNE – Nordrhein-Westfalen – 543 – 29 910 Ew – Höhe 60 m 26 D10

Berlin 483 – Düsseldorf 104 – Dortmund 25 – Hamm in Westfalen 15

Markt 19, ✉ 59368, ✆ (02389) 53 40 80, www.stadtmarketing-werne.de

Werne-Schmintrup, Kerstingweg 10, ✆ (02389) 53 90 60

Hotel am Kloster

Kurt-Schumacher-Str. 9 ✉ 59368 – ✆ (02389) 52 61 40 – www.hotel-am-kloster.de

54 Zim – †79 € ††89 €, ☕ 12 € – ½ P

Rest – *(nur Abendessen)* Menü 22/29 € – Karte 21/52 €

In dem Hotel gegenüber dem Kapuzinerkloster kann man sich am Abend schon auf den Morgen freuen, denn der Tag beginnt wirklich schön beim Frühstück in den Räumen Klostereck und Klosterblick im obersten Stock! Gerne kommen Tagungsgäste und Geschäftsreisende hierher, für sie hat man spezielle Businesszimmer.

Sim-Jú

Stockumer Str. 8 ✉ 59368 – ✆ (02389) 95 39 30 – www.sim-ju.de

18 Zim – †74/94 € ††94/114 €, ☕ 12 € – 2 Suiten

Rest *Lippekuss* – siehe Restaurantauswahl

Die Zimmer in dem Haus am einstigen Simon-Juda-Markt sind so liebenswert gestaltet, dass man darin nicht nur schlafen möchte! Genauso einladend sind aber auch die anderen Räume: Machen Sie es sich beim Schmökern in der Bibliothek gemütlich oder darf es vielleicht eine Zigarre in der Davidoff Lounge sein?

Lippekuss – Hotel Sim-Jú

Stockumer Str. 8 ✉ 59368 – ✆ (02389) 95 39 30 – www.sim-ju.de – geschl. 2. Juli - 28. August und Montag - Dienstag

Rest – *(nur Abendessen)* Menü 35/50 € – Karte 21/60 €

Freigelegte Balken, warme Pastelltöne und Korbsessel schaffen hier ein stimmiges Ambiente zur überwiegend internationalen Karte. Etwas günstigere Gerichte gibt es im Bistro, dazu der gemütliche, von schmucken Hauswänden eingerahmte Bier- und Kräutergarten.

WERNECK – Bayern – 546 – 10 380 Ew – Höhe 222 m 49 I15

Berlin 468 – München 295 – Würzburg 27 – Schweinfurt 13

Krone-Post

Balthasar-Neumann-Str. 1 ✉ 97440 – ✆ (09722) 50 90 – www.kronepost.de
39 Zim – 57/97 € 79/109 € – ½ P
Rest – *(geschl. Sonntag sowie an Feiertagen) (nur Abendessen)* Karte 19/36 €
Gasthaus mit Familientradition seit 1850. Komfortabel sind die hellen, modernen Business-Plus-Zimmer, die hübschen Jacobuszimmer vereinen Schlichtheit mit zeitgemäßer Technik. In den Gaststuben bietet man regional-internationale Küche.

WERNIGERODE – Sachsen-Anhalt – 542 – 34 390 Ew – Höhe 240 m 30 K10 – Erholungsort

Berlin 229 – Magdeburg 78 – Braunschweig 88 – Erfurt 145
Marktplatz 10, ✉ 38855, ✆ (03943) 5 53 78 35, www.wernigerode-tourismus.de
Lage★ · Rathaus★★ Fachwerkhäuser★★ in der Breite Straße
Rübeland (Hermannshöhle★), Süd-Ost: 14 km · Bodetal★★ (Roßtrappe★★ · ≤★★★ auf den Talgrund), Flussweg zwischen Treseburg und Thale, Süd-Ost: 28 km

Travel Charme Gothisches Haus

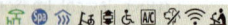

Marktplatz 2 ✉ 38855 – ✆ (03943) 67 50 – www.travelcharme.com/gothisches-haus
113 Zim – 90/189 € 124/308 € – 3 Suiten – ½ P
Rest *Bohlenstube* – siehe Restaurantauswahl
Rest – Menü 31/58 € – Karte 31/49 €
Wirklich ein reizender Anblick, wie sich das aus mehreren Häusern bestehende Hotel (das älteste a. d. 15. Jh.) so harmonisch in das charmante Stadtbild einfügt. Und drinnen geht es ebenso schön weiter: Da sei zum einen die herzliche Gästebetreuung samt zahlreicher Aufmerksamkeiten erwähnt, zum anderen die wertige Einrichtung, jede Menge Spa-Angebote und das gute Frühstück. Und die Altstadt liegt direkt vor der Tür! Drei Restauranträume: Hexenstube, Ritterstube und Bohlenstube.

Weißer Hirsch

Marktplatz 5 ✉ 38855 – ✆ (03943) 26 71 10 – www.hotel-weisser-hirsch.de
49 Zim – 79/92 € 106/136 € – 2 Suiten – ½ P
Rest – Menü 25/54 € – Karte 26/41 €
Seit 1717 existiert das familiengeführte Hotel, umgeben von schönen alten Fachwerkfassaden. Besonders hochwertig und geräumig: Komfortzimmer und Suiten (zwei mit Whirlwanne). Internationales Angebot im Restaurant. Von der Terrasse blickt man aufs Rathaus.

Am Anger garni

Breite Str. 92 ✉ 38855 – ✆ (03943) 92 32 0 – www.hotel-am-anger.de
40 Zim – 55/75 € 90/112 €
Hier spürt man noch die ländliche Behaglichkeit des einstigen kleinen Gehöfts und dennoch ist die historische Altstadt ganz nah. Von einigen Zimmern schaut man aufs Schloss, im Sommer blickt man beim Frühstücken auf der Balkonterrasse zum schönen Garten. Wer Süßes mag, kommt an den verlockenden Kuchen des Louisen-Cafés nicht vorbei!

Johannishof garni

Pfarrstr. 25 ✉ 38855 – ✆ (03943) 9 49 40 – www.hotel-johannishof.de
25 Zim – 53/58 € 80/90 €
Das ehemalige Gutshaus ist heute ein wohnlich eingerichtetes Hotel unter freundlich-familiärer Leitung. Eines der Zimmer verfügt über eine schöne Dachterrasse. Liebenswert-rustikal ist der Frühstücksraum.

Bohlenstube – Hotel Travel Charme Gothisches Haus
Marktplatz 2 ✉ 38855 – ✆ (03943) 6 75 09 – www.travelcharme.com/gothisches-haus – geschl. Januar, Juli - August, 21. - 31. Dezember und Sonntag - Dienstag
Rest – *(nur Abendessen)* (Tischbestellung ratsam) Menü 56/95 € – Karte 59/75 €
In der kleinen Bohlenstube zum historischen Marktplatz nimmt man an einem der vier fein eingedeckten Tische Platz und wählt zwischen zwei saisonal wechselnden Menüs. Der elegante Raum bekommt durch die schönen alten Holzbohlen einen ganz besonderen gemütlichen Charakter.

WERSHOFEN – Rheinland-Pfalz – 543 – 890 Ew – Höhe 460 m — 35 B13

Berlin 648 – Mainz 176 – Aachen 97 – Adenau 19

Kastenholz Rest,
Hauptstr. 1 ✉ 53520 – ✆ (02694) 3 81 – www.kastenholz-eifel.de
50 Zim – 83/128 € 130/210 € – ½ P **Rest** – Karte 29/48 €
Eine sehr gepflegte Hotelanlage unter engagierter familiärer Leitung, zu der auch ein Gesundheitsbereich mit "F.-X.-Mayr-Kur" gehört. Wohnliche Zimmer mit Balkon und Blick zum eigenen Wildpark. Behaglich-rustikales Restaurant mit Kaminzimmer und Kachelofenzimmer.

WERTACH – Bayern – 546 – 2 510 Ew – Höhe 915 m — 64 J21

Berlin 722 – München 150 – Augsburg 125 – Bregenz 90

Pferdeturm
Starzlach-Auen 2 ✉ 87497 – ✆ (08365) 70 39 66 – www.restaurant-pferdeturm-allgaeu.de – geschl. Montag
Rest – Menü 16 € (mittags)/27 € – Karte 21/33 €
Wenn Sie das Restaurant erst einmal gefunden haben (es liegt außerhalb), dürfen Sie sich über eine nette Atmosphäre, internationale Küche und den freundlichen Service von Elke Steck freuen. Von den "Pferdeboxen" schaut man in die angrenzende Reithalle, von der Terrasse ins Grüne!

WERTHEIM – Baden-Württemberg – 545 – 23 560 Ew – Höhe 145 m – Erholungsort — 48 H16

Berlin 537 – Stuttgart 143 – Würzburg 38 – Aschaffenburg 47
Mühlenstr. 26, ✉ 97877, ✆ (09342) 30 10, www.wertheim.de

Wertheimer Stuben garni
Rechte Tauberstr. 2 ✉ 97877 – ✆ (09342) 9 35 72 70 – www.wertheimer-stuben.de
21 Zim – 90/110 € 98/130 €
Wo Tauber und Main zusammentreffen, wohnen Sie zeitgemäß und zentral, nur einen Katzensprung von der Altstadt entfernt. Eines der Zimmer mit Burgblick! Der Chef bietet einen kostenlosen Shuttleservice zu seinem Restaurant "Bestenheider Stuben".

Stadtpalais Gourmetrestaurant (Ralf Kronmüller) 
Mühlenstr. 26 ✉ 97877 – ✆ (09342) 9 34 90 06 – www.stadtpalais-wertheim.de – geschl. Montag - Dienstag
Rest – *(nur Abendessen)* Menü 54/110 € – Karte 49/68 €
Rest *Stadtpalais Speiselokal* – siehe Restaurantauswahl
Ralf Kronmüller (zuletzt Küchenchef im damals besternten Schlossrestaurant Sondershausen) ist wieder in seine Heimat zurückgekehrt, um nun dieses modern-elegante kleine Restaurant im Innenhof des historischen Rathauses zu leiten. Dass er kochen kann, zeigen die zwei stimmig zubereiteten Menüs auf klassischer Basis.
→ Carpaccio von roten Wildgarnelen mit Osietra Kaviar und Schnittlauchcrème. Rehrücken mit Olivenkrokant im Gemüsebeet und gebratener Grießschnitte. "Omas Obstgarten".

Stadtpalais Speiselokal – Stadtpalais Gourmetrestaurant 
Mühlenstr. 26 ✉ 97877 – ✆ (09342) 9 34 90 06 – www.stadtpalais-wertheim.de – geschl. Montag - Dienstag
Rest – Karte 28/47 €
So einfach wie der Name "Speiselokal" vielleicht vermuten lässt, ist es hier nicht. Die Einrichtung ist ebenso geradlinig-chic wie in der Gourmet-Variante des Stadtpalais, nur stehen die Tische ein bisschen enger und sind etwas schlichter eingedeckt. Die Karte ist mit Gerichten wie "Maispoulardenbrust mit Ratatouille und Salbei-Gnocchi" eher international ausgelegt.

In Wertheim-Bestenheid Nord-West: 3 km

Bestenheider Stuben 
Breslauer Str. 1 ✉ 97877 – ✆ (09342) 9 65 40 – www.bestenheider-stuben.de
20 Zim – †68/77 € ††95/100 € – ½ P
Rest *Bestenheider Stuben* – siehe Restaurantauswahl
Freundlich, zeitgemäß und funktionell sind die Zimmer in dem familiär geleiteten kleinen Hotel an der Hauptstraße eingerichtet. Klar, dass man auch die Nähe zum Shopping-Paradies Wertheim-Village nutzt - es ist nur 14 km entfernt!

Bestenheider Stuben – Hotel Bestenheider Stuben 
Breslauer Str. 1 ✉ 97877 – ✆ (09342) 9 65 40 – www.bestenheider-stuben.de
Rest – Menü 36/49 € – Karte 29/54 €
Viele zieht es hierher, denn es ist bekannt, dass Gastgeber Otto Hoh schmackhaft und unkompliziert kocht. Eine Sünde wert ist z. B. das "halbfeste Schokoküchle mit Tonkabohneneis"! Die Atmosphäre stimmt auch: Das Restaurant ist hell und frisch.

In Wertheim-Reicholzheim Süd-Ost: 7 km – Erholungsort

Martha 
Am Felder 11 ✉ 97877 – ✆ (09342) 78 96 – www.hotel-restaurant-martha.de – geschl. Februar - März 2 Wochen
9 Zim – †36/55 € ††70/94 € – ½ P **Rest** – Menü 23 € – Karte 20/33 €
Die ruhige sonnige Hanglage sowie die solide und praktisch ausgestatteten Gästezimmer - teils mit Balkon - machen das familiengeführte kleine Hotel aus. Ländliches Restaurant mit wechselnder Bilderausstellung.

In Kreuzwertheim - auf der rechten Mainseite

Herrnwiesen garni 
In den Herrnwiesen 4 ✉ 97892 – ✆ (09342) 9 31 30 – www.herrnwiesen.de – geschl. 24. Dezember - 6. Januar
20 Zim – †55/85 € ††75/95 €
Das freundlich und engagiert geführte Haus bietet zeitgemäße Gästezimmer - einige verfügen über einen hübsch bewachsenen Balkon - sowie einen großen Garten mit Zierteich.

Lindenhof 
Lindenstr. 41 (Nord - Ost: 2 km Richtung Marktheidenfeld) ✉ 97892 – ✆ (09342) 91 59 40 – www.weinhaus-lindenhof.de – geschl. über Weihnachten
11 Zim – †69/98 € ††89/125 €
Rest – *(geschl. Anfang Januar 2 Wochen, Anfang August 2 Wochen)* Menü 40 € – Karte 22/56 €
Die langjährige familiäre Führung spürt man hier im Haus: Die Wiesslers sind engagierte Gastgeber, bei denen man sehr gepflegt wohnt. Die Zimmer sind ganz individuell (einige sogar mit Höhensonne), eine Wohltat ist die schöne Salzgrotte, gediegen-rustikal das Restaurant mit eleganter Tischkultur.

WERTHER – Thüringen – siehe Nordhausen

WERTINGEN – Bayern – 546 – 8 800 Ew – Höhe 421 m

Berlin 538 – München 90 – Augsburg 34 – Donauwörth 24

Hirsch

Schulstr. 7 ✉ 86637 – ✆ (08272) 80 50 – www.hotel-zum-hirsch.de – geschl. 23. Dezember - 5. Januar

28 Zim – †49/54 € ††85/99 €

Rest – *(geschl. Freitagabend - Samstag)* Karte 15/31 €

Direkt im Ortskern finden Sie diesen Gasthof mit Hotelanbau, der seit über 150 Jahren als Familienbetrieb geführt wird. Die Zimmer sind eher schlicht, aber funktionell und technisch gut ausgestattet. Im Restaurant isst man bodenständig-regional, im Sommer zieht es die Gäste in den kleinen Biergarten vor dem Haus.

Gänsweid

Gänsweid 1 ✉ 86637 – ✆ (08272) 64 21 32 – www.gaensweid.de – geschl. Februar 1 Woche, August 2 Wochen und Mittwoch, Samstagmittag

Rest – Menü 24/37 € – Karte 23/45 €

Hier heißt es "Olivenöl statt Maschinenöl", denn Sie sitzen in einer inzwischen sorgsam sanierten ehemaligen Autowerkstatt! In entspannter Atmosphäre können Sie den Köchen zusehen, wie sie die täglich wechselnden schwäbisch-mediterranen Speisen zubereiten. Beim Aperitif an der Bar haben Sie teilweise Glasfußboden unter sich! Mittags preiswerte einfache Karte.

Schmankerlstube

Zusmarshauser Str. 1 ✉ 86637 – ✆ (08272) 33 44 – www.schmankerlstube.de – geschl. Sonntagabend - Montag

Rest – *(nur Abendessen)* Menü 25/36 € – Karte 28/47 €

Kein Wunder, dass die Webers so viele Stammgäste haben: Seit über 30 Jahren betreiben sie dieses Haus und sie sind wirklich sympathische Gastgeber! Während der Chef Internationales zubereitet, kümmert sich die Chefin um die Gäste - im Sommer auf der Dachterrasse, ansonsten in der gemütlichen holzvertäfelten Stube.

WESEL – Nordrhein-Westfalen – 543 – 60 750 Ew – Höhe 27 m

25 B10

Berlin 557 – Düsseldorf 64 – Bocholt 24 – Duisburg 31

ADAC Schermbecker Landstr. 41

Großer Markt 11, ✉ 46483, ✆ (0281) 2 44 98, www.weselmarketing.de

Welcome Hotel Wesel

Rest,

Rheinpromenade 10 ✉ 46487 – ✆ (0281) 3 00 00 – www.welcome-hotel-wesel.de

102 Suiten – †119/154 € ††149/174 € – ½ P **Rest** – Karte 25/46 €

Ausschließlich Suiten gibt es in dem vierflügeligen Hotel in ruhiger Lage am Rhein - da wohnt es sich richtig komfortabel, mit Küchenzeile und Balkon bzw. verglaster Loggia, teils mit Flussblick. Wer noch mehr Platz möchte, bucht eine Master-Suite! Das schöne helle Restaurant und die Terrasse liegen zum Rhein - alternativ isst man einfacher im rustikalen "Stall".

In Wesel-Flüren Nord-West: 3 km über B 8

ART

Reeser Landstr. 188 ✉ 46487 – ✆ (0281) 9 75 75 – www.restaurant-art.de – geschl. Dienstag, Samstagmittag

Rest – Menü 15 € – Karte 29/54 €

Gut zu wissen, dass man hier mit frischen regionalen (Bio-) Produkten kocht. So kommen bei Chef Uwe Lemke neben Rinderroulade mit Gemüsenudeln auch Schnecken aus einer nahen Zucht sowie Limburger Schwein auf den Tisch. Das Restaurant ist hell, modern und hat eine schöne Terrasse zum kleinen See. Gefällt Ihnen die Kunst im Haus? Man kann sie auch kaufen.

In Hamminkeln-Marienthal Nord-Ost: 14 km über B 70

Carpe diém

Pastor-Winkelmann-Str. 5 ✉ 46499 – ✆ (02856) 90 17 90 – www.carpe-diem-marienthal.de – geschl. Montag

Rest – *(Dienstag - Freitag nur Abendessen)* Karte 30/47 €

Wäre das nicht auch eine Adresse für Sie? Wertig, hell und freundlich das Interieur, schmackhaft die Küche, engagiert die Gastgeber. Gekocht wird saisonal (z. B. Kalbsbacke mit Selleriepüree), und das meist mit regionalen Produkten. Kommen Sie ruhig auch mal nachmittags vorbei - es gibt hausgemachten Kuchen!

In Hamminkeln-Ringenberg Nord: 12 km über B 473, jenseits der A 3

J Restaurant im Schloß Ringenberg
Schloss Str. 8 ✉ 46499 – ✆ (02852) 50 75 40 – www.j-restaurant.de – geschl. 1. - 9. Januar und Sonntagabend - Montag sowie an Feiertagen; Juli - Mitte August: Sonntagabend - Dienstag
Rest – *(nur Abendessen, sonntags auch Mittagessen)* Menü 47/73 € (abends) – Karte 52/59 €
Ein schönes herrschaftliches Anwesen, drum herum eine Parkanlage - hier liegt, ein bisschen versteckt, das Gewölberestaurant. Der Chef kocht einen Mix aus Asiatischem, Mediterranem und Modernem, die herzliche Chefin im Service. Im Sommer zieht es die Gäste nach draußen auf die Terrasse beim Wassergraben.

WESSELING – Nordrhein-Westfalen – 543 – 35 120 Ew – Höhe 47 m 36 C12

Berlin 583 – Düsseldorf 55 – Bonn 20 – Köln 12

Am Rhein garni
Auf dem Rheinberg 2 ✉ 50389 – ✆ (02236) 32 50 – www.hotelamrhein.de
65 Zim – †69/145 € ††79/165 € – 3 Suiten
Eine funktionelle Adresse direkt am Rhein. Die meisten Zimmer und der helle Frühstücksraum bieten Flussblick. Die Lage ist praktisch für Besucher der Kölner Messe.

WESTERBURG – Rheinland-Pfalz – 543 – 5 490 Ew – Höhe 343 m 37 E13

Berlin 561 – Mainz 88 – Koblenz 54 – Siegen 43
Neumarkt 1, ✉ 56457, ✆ (02663) 29 14 90, www.westerburgerland.de
Westerburg, Am Wiesensee, ✆ (02663) 99 11 92

In Westerburg-Stahlhofen Nord-Ost: 4,5 km Richtung Wiesensee

Lindner Hotel und Sporting Club Wiesensee
Am Wiesensee Rest, Rest,
✉ 56457 Westerburg – ✆ (02663) 9 91 00 – www.lindner.de
95 Zim – †119/189 € ††159/259 € – 8 Suiten – ½ P
Rest – Menü 29/65 € – Karte 31/57 €
Ein Tagungs- und Wellnesshotel in herrlich ruhiger Lage. Die Zimmer liegen zum See oder zum Golfplatz, auch Themensuiten sind vorhanden. Umfassendes Beauty-Angebot. Der Wintergarten des Restaurants und die Terrasse bieten Seeblick.

WESTERHEIM (KREIS UNTERALLGÄU) – Bayern – 546 – 2 110 Ew – Höhe 602 m 64 J20

Berlin 678 – München 107 – Augsburg 82 – Kempten 55

In Westerheim-Günz Nord: 2 km

Brauereigasthof Laupheimer
Dorfstr. 19 ✉ 87784 – ✆ (08336) 76 63 – www.laupheimer.de – geschl. 1. - 14. Januar
9 Zim – †56/64 € ††88/98 € – ½ P **Rest** – Menü 19/58 € – Karte 17/50 €
Der Brauereigasthof mit langer Familientradition ist ein sehr gepflegtes Haus, das mit freundlichen und wohnlichen Zimmern überzeugt. Ländlich-gemütlich ist die Atmosphäre in den Restauranträumen. Zudem hat man einen netten Biergarten.

WESTERSTEDE – Niedersachsen – 541 – 22 010 Ew – Höhe 8 m – Erholungsort 8 E6

Berlin 460 – Hannover 195 – Emden 58 – Groningen 110
Am Markt 2, ✉ 26655, ✆ (04488) 1 94 33, www.westerstede.de

Voss
Bahnhofstr. 17 ✉ 26655 – ✆ (04488) 51 90 – www.voss-hotels.de
71 Zim – †71/100 € ††110/156 € – 2 Suiten – ½ P
Rest *Vossini* – *(nur für Hausgäste)* Karte 29/45 €
Das neuzeitliche Hotel im Zentrum der Rhododendronstadt bietet wohnliche Zimmer verschiedener Kategorien, einen schönen hellen Badebereich und gute Tagungsmöglichkeiten. Sonnige Farben verleihen dem Restaurant ein wenig südliches Flair. Besonders nett sitzt man im Sommer draußen unter der roten Markise und beobachtet das Treiben auf dem Marktplatz.

Altes Stadthaus (mit Gästehaus) 

Albert-Post-Platz 21 ✉ 26655 – ✆ (04488) 8 47 10 – www.hotel-altes-stadthaus.de
17 Zim ☕ – 🚹54/70 € 🚹🚹62/129 € – ½ P
Rest – *(geschl. Montagmittag, Samstagmittag)* Karte 19/45 €
Das kleine Hotel, ein saniertes altes Stadthaus mit Neubau, steht unter derselben engagierten Leitung wie das Hotel Voss. Vorteile sind die gut ausgestatteten Zimmer und die Nähe zur Fußgängerzone.

WETZLAR – Hessen – 543 – 51 500 Ew – Höhe 168 m 37 F13

▶ Berlin 510 – Wiesbaden 96 – Frankfurt am Main 68 – Limburg an der Lahn 42
ℹ Domplatz 8, ✉ 35578, ✆ (06441) 99 77 55, www.wetzlar-tourismus.de
⛳18 Braunfels, Homburger Hof, ✆ (06442) 45 30

In Wetzlar-Naunheim Nord: 3 km

Landhotel Naunheimer Mühle 

Mühle 2 ✉ 35584 – ✆ (06441) 9 35 30 – www.naunheimer-muehle.de
32 Zim ☕ – 🚹51/85 € 🚹🚹99/135 € – 1 Suite – ½ P
Rest – Menü 21/36 € – Karte 16/46 €
Idyllisch liegt die ehemalige Mühle direkt an der Lahn, von einigen der gepflegten, im Landhausstil eingerichteten Zimmer kann man auch auf diese blicken. Restaurantbereich als Wintergarten oder rustikale Stube, ergänzt durch eine nette Terrasse.

WEYARN – Bayern – 546 – 3 420 Ew – Höhe 650 m 66 M21

▶ Berlin 627 – München 38 – Garmisch-Partenkirchen 83 – Salzburg 104

Im Mangfalltal Nord-West: 2,5 km, jenseits der A 8

✕ **Waldrestaurant Maxlmühle** 

Maxlmühle ✉ 83626 Valley – ✆ (08020) 17 72 – www.maxlmuehle.de – geschl. Februar, Anfang November 1 Woche und Mittwoch - Donnerstag
Rest – Karte 15/37 €
Mögen Sie Forellen? Die räuchert man hier selbst - auch Sülze und Pasteten sind aus eigener Herstellung! Familie Fritzsche ist nun seit 50 Jahren in diesem Gasthaus, das so schön einsam am Ende der Straße direkt am Wasser liegt! Da kommt natürlich auch der Biergarten gut an.

WEYHAUSEN – Niedersachsen – siehe Wolfsburg

WEYHER – Rheinland-Pfalz – siehe Edenkoben

WICKEDE (RUHR) – Nordrhein-Westfalen – 543 – 11 900 Ew – Höhe 165 m 27 E11

▶ Berlin 478 – Düsseldorf 103 – Arnsberg 27 – Dortmund 38

✕✕ **Haus Gerbens** mit Zim

Hauptstr. 211 (Nord-Ost: 2 km, an der B 63) ✉ 58739 – ✆ (02377) 10 13 – www.haus-gerbens.de – geschl. 1. - 13. Januar und Montag, Samstagmittag
13 Zim – 🚹50/90 € 🚹🚹100/120 €, ☕ 10 €
Rest – Menü 22 € (mittags unter der Woche)/75 € – Karte 38/62 €
Rest *Gaststube* – Menü 22 € (mittags unter der Woche) – Karte 26/45 €
Wer am Abend in das rund 150 Jahre alte Gasthaus kommt, kann von einer internationalen Karte wählen, mittags gibt es nur Business Lunch. Sollte Ihnen das Restaurant ein bisschen zu elegant sein, können Sie in der rustikalen Gaststube etwas einfacher essen. Auch zum Übernachten eine gepflegte Adresse!

WIECK auf dem DARSS – Mecklenburg-Vorpommern – siehe Prerow

WIEDEN – Baden-Württemberg – 545 – 570 Ew – Höhe 835 m – Wintersport: 1 200 m 3 – Erholungsort 61 D21

▶ Berlin 813 – Stuttgart 246 – Freiburg im Breisgau 44 – Basel 50
ℹ Kirchstr. 2, ✉ 79695, ✆ (07673) 3 03, www.bergwelt-suedschwarzwald.de

An der Straße zum Belchen West: 4 km

Berghotel Wiedener Eck

Oberwieden 15, (Höhe 1050 m) ✉ 79695 Wieden – ✆ (07673) 90 90 – www.wiedener-eck.de
28 Zim – †75/80 € ††126/176 € – ½ P
Rest – *(geschl. Dienstag)* Karte 21/55 €
Das Haus verdient seinen Namen, liegt es doch auf 1050 m Höhe! Familie Wissler hat nette Zimmer (unterschiedlich, aber doch alle im Landhausstil) und ein rustikales Restaurant zu bieten. Hier sorgen Vater und Sohn (4. Generation) für regionale Küche. Terrasse und Biergarten liegen sehr schön!

WIEHL – Nordrhein-Westfalen – 543 – 25 650 Ew – Höhe 190 m 36 D12

Berlin 570 – Düsseldorf 82 – Bonn 71 – Siegen 53
Bahnhofstr. 1, ✉ 51674, ✆ (02262) 9 91 95, www.wiehl.de

Zur Post

Hauptstr. 8 ✉ 51674 – ✆ (02262) 79 00 – www.hzpw.de – geschl. Mitte Dezember - Anfang Januar
46 Zim – †72/113 € ††98/148 € – 1 Suite
Rest – *(nur Abendessen)* Karte 24/51 €
In dem traditionsreichen Haus in der Ortsmitte stehen zeitgemäße, funktionelle Zimmer bereit, teilweise mit Balkon zum Bach Wiehl. Zahlreiche Sportmöglichkeiten in der Nähe. Restaurant Oscar's in modernem Stil, rustikale Atmosphäre in den Bergischen Stuben.

WIEK – Mecklenburg-Vorpommern – siehe Rügen (Insel)

WIENHAUSEN – Niedersachsen – 541 – 4 120 Ew – Höhe 43 m 19 J8

Berlin 273 – Hannover 48 – Lüneburg 97 – Braunschweig 45

Am Kloster garni

Mühlenstr. 6 ✉ 29342 – ✆ (05149) 18 55 50 – www.hotel-wienhausen.de
24 Zim – †65/120 € ††105/180 €
Sie wohnen direkt am Allerradweg! Das charmante Ensemble aus mehreren Backstein-Fachwerkhäusern ist nicht nur ein freundliches Hotel, sondern gleichzeitig ein Integrationsprojekt. Zeitgemäß vom Empfang über die Zimmer bis ins "Kloster-Kaffee" - hier gibt es Kuchen und kleine Speisen.

WIESBACH – Rheinland-Pfalz – 543 – 520 Ew – Höhe 267 m 46 D17

Berlin 698 – Mainz 115 – Neustadt an der Weinstraße 77 – Saarbrücken 50

Wiesbacher Hof

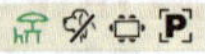

Lamachstr. 5 ✉ 66894 – ✆ (06337) 16 16 – www.wiesbacher-hof.de – geschl. Anfang Januar 1 Woche, Ende Juli - Anfang September 10 Tage, 20. - 31. Oktober und Montag - Dienstagmittag
Rest – Menü 17 € – Karte 18/43 €
In dem familiengeführten Gasthaus steht Chef Udo Kiefer am Herd und gibt traditionelle Küche zum Besten, die man sich im Sommer natürlich am liebsten auf der schönen Terrasse hinterm Haus schmecken lässt. Für Feierlichkeiten ist der hübsche moderne Saal im OG ideal.

WIESBADEN L – Hessen – 543 – 275 980 Ew – Höhe 115 m – Heilbad 47 E15

Berlin 567 – Bonn 153 – Frankfurt am Main 40 – Bad Kreuznach 49
ADAC Grabenstr. 5
Marktplatz 1 B1, ✉ 65183, ✆ (0611) 1 72 99 30, www.wiesbaden.de
18 Wiesbaden-Delkenheim, Lange Seegewann 2, ✆ (06122) 58 86 80
18 Wiesbaden, Weißer Weg, ✆ (0611) 1 84 24 16
9 Wiesbaden, Chausseehaus 17, ✆ (0611) 46 02 38
Lage★ · Kurhaus★ Kurpark und Kuranlagen★ B1 · Museum Wiesbaden (Jawlensky-Kollektion★) B2 · Nerobergbahn★ (üner Taunusstraße B1)
Kloster Eberbach★★, West: 18 km

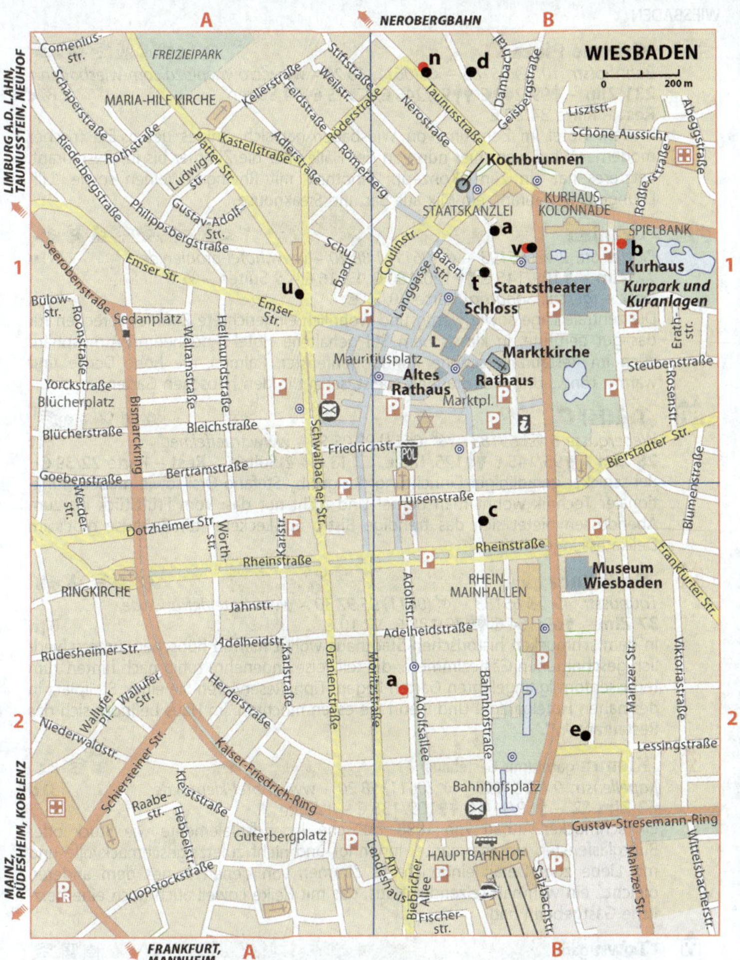

Nassauer Hof

Kaiser-Friedrich-Platz 3 ✉ *65183 – ✆ (0611) 13 30 – www.nassauer-hof.de*
147 Zim – **🚹300/330 € 🚹🚹350/380 €**, ☕ **32 €** – **12 Suiten** B1**v**
Rest *Ente* ✿ **Rest *Orangerie* Rest *Ente-Bistro*** – siehe Restaurantauswahl

Das schöne Grandhotel hat inzwischen seinen 200. Geburtstag gefeiert und noch immer pflegt man hier seinen klassischen Stil, ohne dabei stehenzubleiben. Das beweisen die zeitgemäß-eleganten und hochwertigen Zimmer ebenso wie der tolle Spa im 5. Stock mit Stadtblick und 32°-Thermal-Pool!

Dorint Pallas

Auguste-Viktoria-Str. 15 ✉ *65185 – ✆ (0611) 3 30 60*
– www.hotel-wiesbaden.dorint.com B2**e**
292 Zim – **🚹99/299 € 🚹🚹99/299 €**, ☕ **24 €** – **5 Suiten** – **½ P**
Rest – Karte 38/56 €

Geradlinig und hell hat man dieses Hotel gestaltet. Die Nähe zum Bahnhof und der sehr große Tagungsbereich machen das Haus zur idealen Businessadresse. Der Sonntags-Brunch für 24,50 € kommt bei den Gästen gut an!

Crowne Plaza (N)

Bahnhofstr. 10 ✉ 65185 – ✆ (0611) 16 20 – www.crowneplaza.com/wiesbaden
231 Zim – 🚹99/248 € 🚹🚹99/248 €, ☕ 15 € – 4 Suiten B2**c**
Rest – Karte 34/82 €
In dem Hotel im Zentrum von Wiesbaden hat sich einiges getan: Ein frischer moderner Wind weht hier nun von der Halle über die Zimmer bis ins Restaurant. Letzteres hat ein 2-in-1-Konzept: "Vinothek" mit Rheingau-Weinen sowie "Lili" Lounge & Restaurant, ein Mix aus Bar und Steakhouse.

Oranien

Zim,

Platter Str. 2 ✉ 65193 – ✆ (0611) 1 88 20 – www.hotel-oranien.de A1**u**
72 Zim – 🚹109/145 € 🚹🚹120/180 €, ☕ 16 € – 5 Suiten – ½ P
Rest – *(geschl. Sonntag)* Karte 30/52 €
Die zentrale Lage sowie wertig und wohnlich eingerichtete Zimmer sprechen für das gut geführte, in klassischem Stil gehaltene Hotel. Angenehme Atmosphäre auch im Restaurant: schöne Rundbogenfenster, Palmen, die hohe Decke und warme Töne... Und wer draußen speist, schaut in den hübschen Garten!

Trüffel (N)

Rest,

Webergasse 6 ✉ 65183 – ✆ (0611) 99 05 50 – www.trueffel.net B1**t**
28 Zim – 🚹95/145 € 🚹🚹125/185 €, ☕ 13 € – 2 Suiten **Rest** – Karte 22/39 €
Bei schicker geradliniger Einrichtung designt by Stefano Orsi sowie modern-funktionaler Technik wohnt man gerne! Und nicht nur das: Vom Frühstück bis zum Abendessen bietet sich das trendige Bistro an, Leckeres für Zuhause gibt's im Delikatessengeschäft.

De France garni

Taunusstr. 49 ✉ 65183 – ✆ (0611) 95 97 30 – www.hoteldefrance.de
37 Zim – 🚹69/164 € 🚹🚹79/188 €, ☕ 10 € B1**n**
In dem schmucken historischen Stadthaus wohnt man in hübschen, unterschiedlich geschnittenen Gästezimmern, die teilweise angenehm ruhig nach hinten zum terrassenförmig angelegten Garten liegen. Tipp: Reservieren Sie einen Stellplatz in der nahen Hotelgarage! Und wenn Sie essen möchten: Im Haus befindet sich das Restaurant "M".

Klemm garni (mit Gästehaus)

Kapellenstr. 9 ✉ 65193 – ✆ (0611) 58 20 – www.hotel-klemm.de B1**d**
62 Zim ☕ – 🚹89/110 € 🚹🚹109/135 € – 1 Suite
Ein schmucker Altbau von 1888, hübsche Jugendstilelemente wie Stuck oder Buntglasfenster, ein charmanter Innenhof und nicht zuletzt geschmackvolle und mit Liebe zum Detail eingerichtete Zimmer, von denen keines dem anderen gleicht... ein wahrhaft reizendes Haus, das mit Heike Lowell auch noch eine herzliche Gastgeberin hat!

Town garni

Spiegelgasse 5 ✉ 65183 – ✆ (0611) 36 01 60 – www.townhotel.de B1**a**
24 Zim – 🚹77/119 € 🚹🚹89/129 €, ☕ 8 €
Hier überzeugen modern-funktionale Ausstattung, freundliche Gästebetreuung und so manch kostenloses Extra wie z. B. Telefonieren ins deutsche Festnetz. Oder wie wär's mit einem zweiten Frühstück "to go"? Auch das gibt es gratis!

Ente – Hotel Nassauer Hof

Kaiser-Friedrich-Platz 3 ✉ 65183 – ✆ (0611) 13 36 66 – www.nassauer-hof.de – geschl. Januar 2 Wochen, August 2 Wochen und Sonntag - Montag
Rest – *(Dienstag - Freitag nur Abendessen)* (Tischbestellung ratsam) Menü 95/130 € – Karte 74/99 € B1**v**
Trotz moderner Elemente verliert die Küche nie ihre klassische Basis - so kennt und schätzt man die "Ente"! Und wer gemeinsam mit Michael Kammermeier hinter den ausgezeichneten Speisen steckt, verrät das Menü "Küchenrunde" - hier stellt sich die gesamte Crew vor. Spezialität des Hauses: Ente in zwei Gängen. Man beachte auch die interessante Rheingau-Riesling-Auswahl!
→ Gehobelte Entenleber, Rhabarber, Mandeln, Salzbutterbrioche. Knusprige Heide-Ente aus dem Rohr, Morchelklößchen, Erbsen, Spargel. Jasminreis-Eis mit Apfel-Sauerampfersüppchen und Matcha-Tee-Bisquit.

XXX **Orangerie** – Hotel Nassauer Hof

Kaiser-Friedrich-Platz 3 ✉ 65183 – ✆ (0611) 13 36 33 – www.nassauer-hof.de B1**v**

Rest – Karte 39/81 €

Klassisch, mit traditionellen und internationalen Einflüssen - so speist man hier. Als Besonderheit wird gelegentlich auch vor Ihren Augen flambiert! Sonntags kommt man gerne zum Lunchbuffet für 39 €. Sie mögen Wintergarten-Atmosphäre? Dann wählen Sie einen Platz im lichten verglasten Rondell!

X **Käfer's Bistro**

Kurhausplatz 1, (im Kurhaus) ✉ 65189 – ✆ (0611) 53 62 10 – www.kurhaus-gastronomie.de B1**b**

Rest – Karte 33/77 €

Das prächtige Kurhaus von 1907 (hier auch die Spielbank) ist für A-la-carte-Gäste und Gesellschafen gleichermaßen schön! Im Parfüm-Saal bestaunt man große Original-Flacons, in der Beletage Werke von Gunter Sachs und im Bistro unzählige Fotos (zählen Sie die Eiffelturm-Bilder!). Gerne kommt man sonntags zum Brunch oder auch nach dem Theater (23 - 1 Uhr kleine Karte).

X **M** 

Taunusstr. 49, (im Hotel de France) ✉ 65183 – ✆ (0611) 2 04 87 65 – www.mrestaurant-wiesbaden.com – geschl. 1. - 10. Januar, 15. - 30. Juli und Sonntag B1**n**

Rest – *(nur Abendessen)* Menü 39/69 € – Karte 36/75 €

"Anspruch - Genuss - Liebe" - so die Parole an der Wand des stilvoll-modernen Restaurants. Bei Gastgeber und Küchenchef Andreas Mohr stehen sorgfältig ausgesuchte Produkte im Mittelpunkt seiner internationalen Küche. Die Terrasse zur Taunusstraße ist dank Heizung übrigens auch etwas für kühlere Tage.

X **Maloiseau** 

Adolfsallee 17 ✉ 65185 – ✆ (0611) 7 16 88 44 – www.maloiseau-restaurant.de – geschl. 6. - 18. Juli und Montag, Samstagmittag, Sonntagmittag B2**a**

Rest – Menü 16 € (mittags unter der Woche)/60 € – Karte 31/57 €

Hell und geradlinig-modern kommt das Kellerrestaurant daher. In der einsehbaren Küche kocht Franzose Nicolas Maloiseau u. a. Klassiker aus seiner Heimat wie z. B. "Französische Stopfleber mit Nektarinenchutney". Ebenso schmackhaft sind Desserts wie "Ofenschlupfer von Aprikosenbrioche mit Gewürz-Apfelkompott"!

X **Ente-Bistro** – Hotel Nassauer Hof 

Kaiser-Friedrich-Platz 3 ✉ 65183 – ✆ (0611) 13 36 62 – www.nassauer-hof.de – geschl. Januar 2 Wochen, August 2 Wochen und Sonntag - Montag B1**v**

Rest – Karte 40/50 €

Gutes Essen ist Ihnen hier gewiss, denn die Küchenmannschaft der "Ente" steht auch in ihrer Bistro-Variante am Herd! Mit legerer Atmosphäre und französisch-saisonaler Karte ist dieses Restaurant zum beliebten Treff geworden.

In Wiesbaden-Alt Klarenthal Nord-West: 5 km über Dotzheimer Srtaße A2

XX **Landhaus Diedert** mit Zim 

Am Kloster Klarenthal 9 ✉ 65195 – ✆ (0611) 1 84 66 00 – www.landhaus-diedert.de – geschl. Samstagmittag, Montag

13 Zim – 🚹79/105 € 🚻105/135 €, ☕ 10 € – 2 Suiten – ½ P

Rest – Menü 28/59 € – Karte 30/50 €

Wie in einem französischen Landhaus fühlt man sich bei Familie Diedert. Liebenswert ist der rustikal-mediterrane Charakter des Hauses, herrlich der Garten, saisonal die Küche. Hier übernachtet man auch gerne mal, denn die gemütlichen individuellen Zimmer sind genauso charmant!

In Wiesbaden-Erbenheim Süd-Ost: 6 km über Gustav-Stresemann-Ring B2

Domäne Mechtildshausen

(Süd-Ost: 4 km, über B 455, nahe Army Airfield) ✉ 65205 – ✆ (0611) 7 37 46 60 – www.domaene-mechtildshausen.de – geschl. nach Weihnachten - Mitte Januar
15 Zim – 75 € 120 €, ☕ 8 €
Rest *Domäne Mechtildshausen* – siehe Restaurantauswahl
Rest *Weinstube* – Karte 18/34 €
Auf dem imposanten Gutsanwesen kann man nicht nur schön wohnen, auch Gastronomie und eigene Landwirtschaft haben so einiges zu bieten: Restaurant, Weinstube und das Café "Bohne" (lecker die Kuchen und Torten!), dazu Bäckerei, Käserei und Metzgerei, nicht zu vergessen die Markthalle! Fast alles hier wird selbst produziert und gezüchtet!

FRANKS

Kreuzberger Ring 36 ✉ 65205 – ✆ (0611) 94 20 42 00 – www.franks-wiesbaden.de – geschl. 1. - 13. Januar, 28. Juli - 18. August und Samstagmittag, Sonntag - Montag
Rest – Menü 25 € (mittags unter der Woche)/85 € – Karte 39/58 €
Küchenchef Stefan Pumm kocht saisonal mit Ausflügen ins Mediterrane - gerne verwendet er dafür heimische Produkte. Schönes Beispiel: "Das Beste vom Kühkopf-Reh mit Wirsing und glasierter Birne". Unter der Woche lockt der Mittagstisch viele Gäste in das elegante Restaurant im 2. OG des Domicil Möbelhauses.

Domäne Mechtildshausen – Hotel Domäne Mechtildshausen

(Süd-Ost: 4 km, über B 455, nahe Army Airfield) ✉ 65205 – ✆ (0611) 7 37 46 60 – www.domaene-mechtildshausen.de – geschl. nach Weihnachten - Mitte Januar und Sonntagabend - Montag

Rest – (abends Tischbestellung ratsam) Menü 39/52 € – Karte 32/47 €
Sie speisen in einem der größten ökologischen Landwirtschaftsbetriebe Hessens und so steckt die saisonal-regionale Bio-Küche voller Spezialitäten vom eigenen Hof. Vom Rind gibt es z. B. Boeuf Bourguignon, Charolais-Leber oder Niere - natürlich aus eigener Zucht und Schlachtung! Passend zum Essen eine persönliche kleine Weindegustation am Tisch, umfangreich das deutsch-französische Angebot.

In Wiesbaden-Nordenstadt Ost: 10 km über Dotzheimer Straße A2

Courtyard by Marriott

Ostring 9 ✉ 65205 – ✆ (06122) 80 10 – www.courtyard-wiesbaden.de
139 Zim – 109 € 119 €, ☕ 16 € **Rest** – Karte 16/42 €
Top für Business und Tagung. Hier stimmt die Verkehrsanbindung (A66) an den Frankfurter Flughafen, parken kann man auch problemlos und die Zimmer sind modern - einige liegen etwas ruhiger nach hinten. Und gastronomisch? Mediterrane und regional-saisonale Küche im Restaurant, sonntags Brunch. Snacks und Getränke zum Mitnehmen im "Market".

Ein wichtiges Geschäftsessen oder ein Essen mit Freunden?
Das Symbol ⯐ weist auf Veranstaltungsräume hin.

In Wiesbaden-Sonnenberg Nord-Ost: 4 km über Sonnenberger Straße B1

Gollner's Burg Sonnenberg

Am Schlossberg 20 ✉ 65191 – ✆ (0611) 54 14 09 – www.gollners.de – geschl. Dienstag
Rest – Menü 32/68 € – Karte 32/69 €
Probieren Sie doch mal Wiener Schnitzel oder geschmortes Schulterscherzel vom Styria Beef - sie gehören zu den Klassikern des Hauses, denn der Chef stammt aus Österreich. Auch Kaiserschmarrn als Nachtisch darf nicht fehlen. Vorteil der erhöhten Lage bei der Burg: Von der Terrasse hat man eine tolle Aussicht.

Außerhalb **Nord-West: 5 km, über Seerobenstraße A1, Richtung Limburg an der Lahn**

XX **Villa im Tal** Ⓝ

Adamstal 4 ✉ 65195 – ✆ (0611) 2 38 62 28 – www.villaimtal.de – geschl. Montag

Rest – Menü 36/75 € – Karte 31/65 €

Markus Seegert - ehemals Küchenchef im Restaurant "M" - hat es von der Stadt in den Wald verschlagen. Mitten im Grünen (toll die Terrasse!) bietet er Saisonales und lässt bei Gerichten wie "Tafelspitz mit Meerrettich-Brotsauce" oder "Topfenknödel mit Marillenröster" seine österreichischen Wurzeln erkennen.

WIESENTTAL – Bayern – 546 – 2 540 Ew – Höhe 400 m – Luftkurort 50 L15

Berlin 409 – München 226 – Nürnberg 58 – Bayreuth 53

Forchheimer Str. 8, ✉ 91346, ✆ (09196) 92 99 31, www.wiesenttal.de

Im Ortsteil Muggendorf

Goldner Stern (mit Gästehaus)

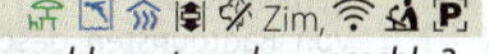

Marktplatz 6 ✉ 91346 – ✆ (09196) 9 29 80 – www.goldner-stern.de – geschl. 3. - 15. Januar

44 Zim – †55/75 € ††75/99 € – 2 Suiten – ½ P **Rest** – Karte 22/35 €

Ein traditionsreicher Gasthof mitten im Ort. Im Hotel hat sich in den letzten Jahren viel getan, die Zimmer sind schön wohnlich, moderner im Gästehaus Sternla gegenüber (einst Rathaus). Auf Wunsch Kosmetik und Massage buchbar. Das Restaurant (nett der ländlich-rustikale Charakter) setzt auf regionale Produkte.

XX **Feiler** mit Zim

Oberer Markt 4 ✉ 91346 – ✆ (09196) 9 29 50 – www.hotel-feiler.de – geschl. 10. - 28. Februar und Montagmittag

13 Zim – †55/65 € ††90 € – 2 Suiten – ½ P

Rest – Menü 35 € (mittags)/60 € – Karte 34/60 €

Probieren Sie feine Gerichte mit Kräutern - der Juniorchef sammelt sie jeden Morgen mit Leidenschaft! Außerdem bringt Familie Feiler garantiert die ersten frischen Morcheln auf den Tisch (einfach und gut: "Nudeln mit Morcheln in Kräuterrahmsauce")! Charmante Gästezimmer mit dem Flair vergangener Tage.

WIESLOCH – Baden-Württemberg – 545 – 26 040 Ew – Höhe 123 m 47 F17

Berlin 633 – Stuttgart 102 – Mannheim 40 – Heidelberg 14

18 Wiesloch-Baiertal, Hohenhardter Hof, ✆ (06222) 78 81 10

36 St.Leon-Rot, Opelstr. 30, ✆ (06227) 8 60 80

Mondial

Schwetzinger Str. 123 ✉ 69168 – ✆ (06222) 57 60 – www.mondial-wiesloch.de

43 Zim – †85/95 € ††95/115 €, 10 € – ½ P

Rest – *(geschl. Samstagmittag, Sonntagabend)* Menü 16/36 € – Karte 25/37 €

Businessgäste sind von hier aus schnell im SAP-Schulungszentrum, Stadttouristen im schönen Heidelberg... und zudem wohnt man hier komfortabel - fragen Sie nach den mit moderner Kunst dekorierten Juniorsuiten in der 4. Etage! Im Restaurant bietet man saisonale Küche, auf der Terrasse zum Garten wird im Sommer auch gegrillt. Unter der Woche gibt es ein günstiges 3-Gänge-Tagesmenü, inkl. Glas Wein und Espresso.

Ifen garni

Schwetzinger Str. 131 ✉ 69168 – ✆ (06222) 5 80 90 – www.hotel-ifen.de – geschl. 24. - 26. Dezember

32 Zim – †79/93 € ††85/110 €

Im 2. OG befindet sich diese tipptopp gepflegte Geschäftsadresse. Einige der zeitgemäß ausgestatteten Zimmer bieten eine Küchenzeile. Shuttleservice zu SAP, zudem Fahrradverleih.

Freihof
Freihofstr. 2 ✉ 69168 – ✆ (06222) 25 17 – www.freihof-wiesloch.de
Rest – Menü 34/49 € – Karte 37/69 €
Rest *Freihof Keller* – *(geschl. Sonntagmittag)* Karte 19/43 €
In dem altehrwürdigen Gemäuer des Freihofs (1300 erstmals erwähnt) bietet Patron und Küchenchef Maximilian Neuweiler eine gehobene klassische Küche, im original erhaltenen Keller serviert man dagegen bürgerliche Gerichte. Günstiges Mittagsangebot.

WIESMOOR – Niedersachsen – 541 – 13 390 Ew – Höhe 13 m – Luftkurort

8 E5

Berlin 493 – Hannover 222 – Emden 52 – Oldenburg 51
Hauptstr. 199a, ✉ 26639, ✆ (04944) 9 19 80, www.tourismus-wiesmoor.de
27 Wiesmoor-Hinrichsfehn, Fliederstr. 5, ✆ (04944) 64 40

Zur Post (mit Gästehaus)
Am Rathaus 6 ✉ 26639 – ✆ (04944) 9 10 60 – www.hotelzurpost-wiesmoor.de
14 Zim – 46 € 78 € – ½ P **Rest** – *(geschl. Montag)* Karte 24/42 €
Engagiert und persönlich-familiär wird das kleine Hotel mitten in der Blumengemeinde Wiesmoor geführt. Es wird sowohl von Geschäftsreisenden als auch von Radtouristen geschätzt. Bürgerlich-regionale Küche im ländlich-gemütlichen Restaurant.

In Wiesmoor-Hinrichsfehn Süd: 4,5 km Richtung Remels, nach 3,5 km rechts

Blauer Fasan (mit Gästehaus)
Fliederstr. 1 ✉ 26639 – ✆ (04944) 9 27 00 – www.blauer-fasan.de
26 Zim – 69/85 € 99/149 € – ½ P
Rest – Menü 25/49 € – Karte 20/54 €
Ein Gästehaus erweitert das nette reetgedeckte Haus um wohnliche, recht moderne und teils leicht elegante Zimmer. Schön: der Blumengarten sowie die ruhige Lage in Golfplatznähe. Ostfriesischer Charme prägt die Gaststuben.

WIESSEE, BAD – Bayern – 546 – 4 640 Ew – Höhe 750 m – Wintersport: 880 m 2 – Heilbad

66 M21

Berlin 643 – München 54 – Garmisch-Partenkirchen 76 – Bad Tölz 18
Adrian-Stoop-Str. 20, ✉ 83707, ✆ (08022) 8 60 30, www.bad-wiessee.de
18 Bad Wiessee, Robognerhof, ✆ (08022) 87 69

Relais Chalet Wilhelmy
Freihausstr. 15 ✉ 83707 – ✆ (08022) 9 86 80 – www.relais-chalet.com
19 Zim – 110/159 € 169/198 € – 4 Suiten – ½ P
Rest – *(geschl. Sonntag - Montag) (nur Abendessen für Hausgäste)*
Menü 30/54 € – Karte 31/50 €
Hier wurde renoviert, der schöne individuelle Stil ist unverändert: Von den Zimmern bis zur kleinen Vinothek hat man traditionelle und moderne Elemente sehr hübsch gemischt. Nett auch der intime Saunabereich.

Landhaus Marinella N garni
Am Strandbad 7 ✉ 83707 – ✆ (08022) 8 59 99 90 – www.landhaus-marinella.de
11 Zim – 98/138 € 136/196 € – 3 Suiten
Gemeinsam mit ihrem Mann hat Caroline Güldener hier am Tegernsee ein wirklich geschmackvolles kleines Domizil geschaffen, das die beiden persönlich leiten. Individuelle Zimmer mit schönem Parkettboden, eines charmanter als das andere... mal romantisch, mal mit maritimem Touch - hell, frisch und ausgesprochen wohnlich sind sie alle! Günstig für warme Sommertage: das Strandbad gleich gegenüber.

Landhaus St. Georg im Jägerwinkel garni
Jägerstr. 20 ✉ 83707 – ✆ (08022) 66 26 1 00 – www.stgeorg.net
13 Zim – 49/99 € 59/175 €
Dieses sympathische Landhaus hat gleich mehrere Vorzüge: die ruhige Wohngegend ringsum, behagliche, individuelle Zimmer sowie die engagierte familiäre Führung. Und das ist noch nicht alles: Von der Seife bis zum Frühstück ist alles biozertifiziert!

Landhaus am Stein garni

Im Sapplfeld 8 ✉ 83707 – ✆ (08022) 9 84 70 – www.landhausamstein.de

15 Zim ☕ – 🚹90/160 € 🚹🚹170/215 € – 4 Suiten

Das Haus ist nicht von der Stange! Familie Schnorr ist sehr freundlich und engagiert, wenn es um ihre Gäste geht - so hat man liebenswerte ländliche Zimmer in frischem Pink, ein schönes Frühstück, einen gepflegten Garten und einen Wellnessbereich, der für dieses feine kleine Hotel doch recht großzügig ist!

Landhaus Christl garni

Sonnenfeldweg 11 ✉ 83707 – ✆ (08022) 1 88 08 90 – www.landhauschristl.de – geschl. 7. Januar - 9. Februar, 16. November - 14. Dezember

13 Zim ☕ – 🚹70/120 € 🚹🚹140/200 €

Sie haben es gerne persönlich und familiär? Nur ein Privatweg führt zu dem kleinen Haus, und damit zu sympathisch-bayerischer Gastlichkeit, charmanten Landhauszimmern und einem tollen Blick auf den See! Die Betreiber sind übrigens dieselben wie im Landhaus am Stein.

Bellevue

Hirschbergstr. 22 ✉ 83707 – ✆ (08022) 6 64 90 – www.hotel-bellevue-badwiessee.de – geschl. November

25 Zim ☕ – 🚹40/63 € 🚹🚹98/140 € – ½ P

Rest – Menü 16 € (abends) – Karte 22/36 €

Das familiär geleitete Haus liegt zentral nahe See und Kurpark und hält für seine Gäste helle, funktional eingerichtete Zimmer bereit. Weinstube mit behaglich-rustikalem Charakter.

Freihaus Brenner

Freihaus 4 ✉ 83707 – ✆ (08022) 8 65 60 – www.freihaus-brenner.de – geschl. 7. - 31. Januar

Rest – (Tischbestellung ratsam) Karte 28/58 €

Die Gäste kommen wegen der fangfrischen Forelle oder des Saiblings, nicht verpassen sollte man aber auch "Gebratenen Spanferkelrücken mit Salbeijus und Romanesco" oder "Knusprige Mastente mit Blaukraut". Wer die grandiose Sicht genießen möchte, sitzt am besten am Fenster - und im Sommer auf der Terrasse!

WILDBAD im SCHWARZWALD, BAD – Baden-Württemberg 54 F18

– 545 – 10 530 Ew – Höhe 426 m – Wintersport: 950 m ⛷4 ⛷ – Heilbad und Luftkurort

▶ Berlin 681 – Stuttgart 76 – Karlsruhe 52 – Pforzheim 26

ℹ König-Karl-Str. 5, ✉ 75323, ✆ (07081) 1 02 80, www.bad-wildbad.de

Mokni's Palais Hotels & Spa

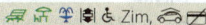

Kurplatz 4, (Zufahrt über Uhlandstraße) ✉ 75323 – ✆ (07081) 30 10 – www.moknis.com

97 Zim ☕ – 🚹80/89 € 🚹🚹144/184 € – 3 Suiten – ½ P **Rest** – Karte 38/51 €

Die Zimmer im Stammhaus dieses Hotels sind sehr wohnlich und individuell, im Badhotel gegenüber etwas sachlicher. Letzteres bietet direkten Zugang zum "Palais Thermal", das die Hausgäste kostenfrei nutzen können. Gediegenes Restaurant mit eleganter Note.

Rothfuß

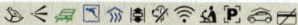

Olgastr. 47 ✉ 75323 – ✆ (07081) 9 24 80 – www.hotel-rothfuss.de

20 Zim ☕ – 🚹72 € 🚹🚹140/160 € – 2 Suiten – ½ P **Rest** – Karte 23/34 €

Die recht ruhige Lage, gepflegte, praktisch eingerichtete Gästezimmer sowie ein netter Freizeitbereich mit Kosmetik- und Massageangebot sprechen für diesen Familienbetrieb. Freundliches Restaurant mit Aussicht.

WILDBERG – Baden-Württemberg – 545 – 9 890 Ew – Höhe 395 m 54 F19

– Luftkurort

▶ Berlin 674 – Stuttgart 52 - Karlsruhe 69 – Nagold 12

Talblick mit Zim — Rest,

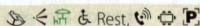

Bahnhofsträßle 6 ✉ 72218 – ✆ (07054) 52 47 – www.talblick-wildberg.de – geschl. Februar 2 Wochen, Mitte - Ende Oktober und Dienstag
16 Zim – 40/50 € 70/80 €
Rest – (Tischbestellung ratsam) Menü 25/92 € – Karte 20/44 €
Die ganze Familie - inzwischen die 3. Generation - kümmert sich hier in schöner Aussichtslage um die Gäste. Und die bekommen bürgerlich-regionale Küche, wie man sie sich wünscht. Nicht nur dem überaus schmackhaften Rehragout merkt man an, mit welcher Begeisterung Chef Claus Weitbrecht kocht. Alternativ bietet man im zweiten Restaurant am Abend auf Vorbestellung ein Gourmetmenü.

In Wildberg-Schönbronn West: 5 km über Effringen – Erholungsort

Löwen (mit Gästehaus) — Zim,

Eschbachstr. 1 ✉ 72218 – ✆ (07054) 9 26 10 – www.tagungshotel-loewen.com – geschl. August
51 Zim – 55/85 € 110/140 € – 3 Suiten – ½ P
Rest – Menü 25 € – Karte 19/31 €
Ein familiär geleiteter gewachsener Gasthof a. d. 19. Jh. In einem neueren Haus gegenüber befinden sich komfortable und ganz moderne Appartements. Freundliches Ambiente im Restaurant.

WILDESHAUSEN – Niedersachsen – 541 – 19 210 Ew – Höhe 25 m – Luftkurort

17 F7

Berlin 417 – Hannover 149 – Bremen 37 – Oldenburg 37
Am Markt 1, ✉ 27793, ✆ (04431) 65 64, www.verkehrsverein-wildeshausen.de
Wildeshausen, Spasche 5, ✆ (04431) 12 32

An der Straße nach Oldenburg Nord: 1,5 km

Gut Altona (mit Gästehäusern)

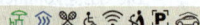

Wildeshauser Str. 34 ✉ 27801 Dötlingen – ✆ (04431) 95 00 – www.gut-altona.de
70 Zim – 49/83 € 85/135 € – ½ P
Rest – Menü 10 € (mittags unter der Woche)/29 € – Karte 21/50 €
Auf dem schönen weitläufigen Anwesen erwarten Sie individuelle, teilweise besonders wohnliche Zimmer im mediterranen Stil sowie viele Freizeitangebote wie Reiten, Schießen, etc. In verschiedene Räume unterteiltes Restaurant mit hellem Wintergarten.

WILDUNGEN, BAD – Hessen – 543 – 17 380 Ew – Höhe 273 m – Heilbad

38 G12

Berlin 422 – Wiesbaden 185 – Kassel 40 – Marburg 56
Brunnenallee 1, ✉ 34537, ✆ (05621) 9 65 67 41, www.badwildungen.de
Bad Wildungen, Talquellenweg 33, ✆ (05621) 37 67

Maritim Badehotel — Rest, Rest,

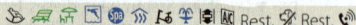

Dr.-Marc-Str. 4 ✉ 34537 – ✆ (05621) 79 99 – www.maritim.de
237 Zim – 89/132 € 146/189 € – 3 Suiten **Rest** – Karte 25/41 €
Ein elegantes Kurhotel in ruhiger Lage am Park mit komfortablem Rahmen, das sich auf Tagungsgäste spezialisiert hat und technisch gut ausgestattete Räumlichkeiten bietet. Klassischer Stil im Hotelrestaurant.

Allee-Schlößchen

Brunnenallee 11 ✉ 34537 – ✆ (05621) 7 98 00 – www.hotel-alleeschloesschen.de – geschl. Februar 2 Wochen
14 Zim – 38/49 € 69/82 € – ½ P
Rest – *(geschl. Sonntagabend - Montag)* Karte 16/30 €
Freundlich wird das kleine Hotel in zentraler Lage von den Inhabern geleitet. Die Gästezimmer sind hell in neuzeitlich-ländlichem Stil eingerichtet. Das Restaurant wird ergänzt durch eine nette Terrasse vor dem Haus.

WILGARTSWIESEN – Rheinland-Pfalz – 543 – 1 080 Ew – Höhe 222 m – Erholungsort

53 D17

Berlin 682 – Mainz 122 – Mannheim 70 – Kaiserslautern 60

Landhaus Am Hirschhorn

Rest,

Am Hirschhorn 12 ✉ 76848 – ✆ (06392) 5 81 – www.hotel-hirschhorn.de
17 Zim – 85/115 € 130/160 € – ½ P
Rest – *(Montag - Samstag nur Abendessen)* Menü 28 € – Karte 24/45 €
Das kleine Landhotel liegt schön und recht ruhig, ist äußerst gepflegt, wohnlich, sehr gut geführt und braucht sich auch in Sachen Wellness nicht zu verstecken! Interessant: die frischen "Young-Life-Style"-Zimmer sowie die "Adlerhorst"-Juniorsuite ganz oben. Und gastronomisch? Da bietet man ambitionierte Regionalküche - besonders angenehm isst man auf der Terrasse.

WILHELMSHAVEN – Niedersachsen – 541 – 81 330 Ew – Höhe 2 m

8 E5

Berlin 485 – Hannover 228 – Cuxhaven 110 – Bremerhaven 70
ADAC Ebertstr. 110 B2
Bahnhofsplatz 1, Nordsee Passage B2, ✉ 26382, ✆ (04421) 91 30 00, www.wilhelmshaven-touristik.de
Schortens-Accum, Mennhausen 5, ✆ (04423) 98 59 18

Stadtplan auf der nächsten Seite

COLUMBIA

Jadeallee 50 ✉ 26382 – ✆ (04421) 7 73 38 0 – www.columbia-hotels.de
120 Zim – 134/154 € 156/196 € – 25 Suiten – ½ P B2**d**
Rest *Marco Polo* **Rest *Harbour View*** – siehe Restaurantauswahl
Das Business- und Tagungshotel - erbaut nach dem Vorbild eines Luxusliners - befindet sich in bester Lage am Großen Hafen. Man bietet den Gästen moderne, maritim-elegante Zimmer.

Residenz garni

Kopperhörnerstr. 7 ✉ 26384 – ✆ (04421) 9 32 20 – www.4sterne-residenz.de
21 Zim – 88/94 € 104/125 € B1**c**
Die Lage im Zentrum sowie funktionell ausgestattete Gästezimmer machen das gut geführte Geschäfts- und Urlaubshotel aus. Schöner Loungebereich mit Bibliothek.

City Hotel Valois

Rest,

Valoisstr. 1, (Ecke Valoisplatz) ✉ 26382 – ✆ (04421) 48 50 – www.city-hotel-valois.de B2**a**
66 Zim – 85/95 € 105/120 € – ½ P
Rest – Menü 27/33 € – Karte 15/29 €
Direkt im Stadtzentrum liegt dieses Hotel - nur Gehminuten von Bahnhof, Hafen und Strand entfernt. Die Zimmer sind unterschiedlich in der Größe, gepflegt und funktionell. Restaurant mit internationalem Angebot.

Keil garni

Marktstr. 23 ✉ 26382 – ✆ (04421) 9 47 80 – www.hotel-keil.de – geschl. 19. Dezember - 5. Januar B2**b**
16 Zim – 57/67 € 84/94 €
Ein Stadthaus am Rande der Fußgängerzone beherbergt im 1. und 2. Stock das sehr gepflegte kleine Hotel, das über helle, zeitgemäß gestaltete Zimmer verfügt.

Marco Polo – Hotel COLUMBIA

Jadeallee 50 ✉ 26382 – ✆ (04421) 77 33 80 – www.columbia-hotels.de – geschl. 8. - 29. April, 7. - 28. Oktober und Sonntag - Montag B2**d**
Rest – *(nur Abendessen)* (Tischbestellung ratsam) Menü 89/116 €
Neben modern-elegantem Ambiente und freundlichem Service steht hier vor allem die feine, aromatische Küche des gebürtigen Unterfranken David Mottl im Mittelpunkt. In seinem Menü vereint er viele nordische, aber auch internationale Einflüsse und setzt dabei auf ausgezeichnete Produkte.
→ Hamachi - Gartengurke / Saiblingskaviar / Fingerlimes. Maccaroni Chartreuse - Kalbsbries / Petersilie / Gotland Trüffel. Limousin Lamm - Ras el Hanout / Zucchiniblüte / gegrillter Gemüsesalat.

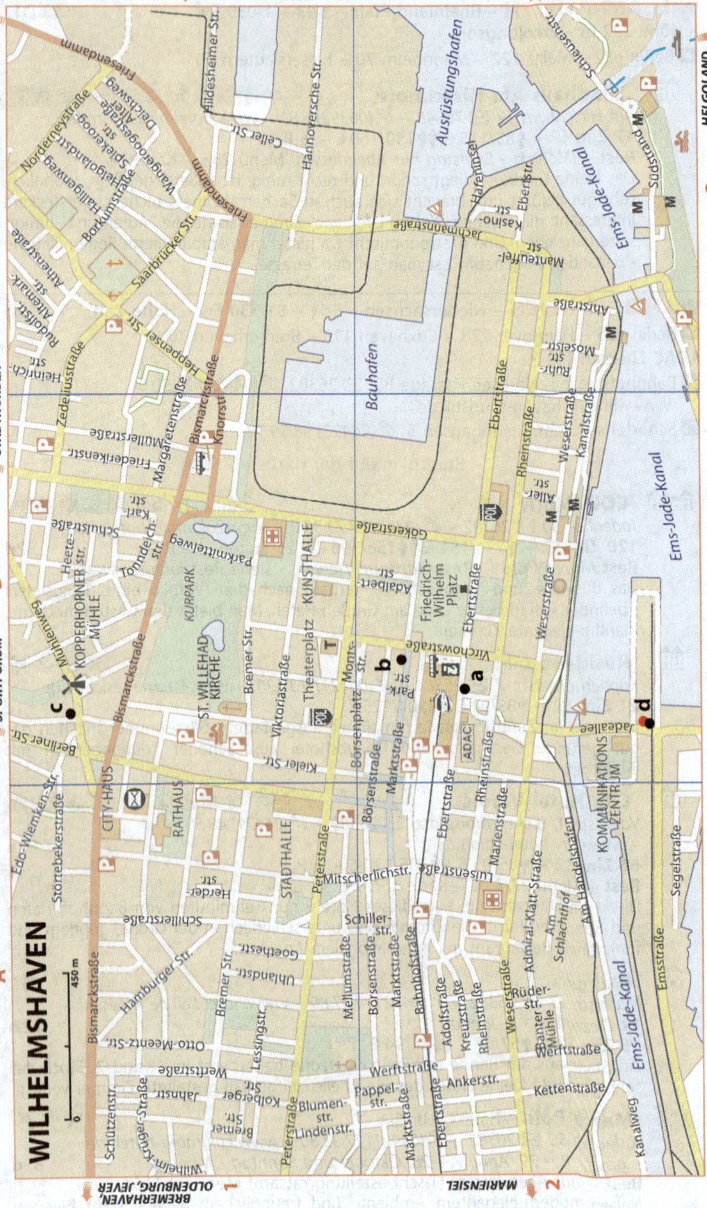
WILHELMSHAVEN
0
450 m
STADTNORDEN, ÖLHAFEN
STADTNORDEN
SPORTFORUM
OLDENBURG, JEVER
BREMERHAVEN,
MARIENSIEL
HELGOLAND
A
B
C
1
2
Ausrüstungshafen
Bauhafen
Ems-Jade-Kanal
Hafeninsel
Südstrand
KOPPERHORNER MÜHLE
KURPARK
ST. WILLEHAD KIRCHE
KUNSTHALLE
Theaterplatz
Friedrich-Wilhelm Platz
CITY-HAUS
RATHAUS
STADTHALLE
KOMMUNIKATIONS ZENTRUM
ADAC
Friesendamm
Bismarckstraße
Peterstraße
Ebertstraße
Rheinstraße
Weserstraße
Gökerstraße
Virchowstraße
Jachmannstraße
Jadeallee
Emsstraße
Marktstraße
Bahnhofstraße
Börsenstraße
Kieler Str.
Bremer Str.
Viktoriastraße
Parkmittelweg
Mühlenweg
Berliner Str.
Zedeliusstraße
Heppenser Str.
Saarbrücker Str.
Schulstraße
Müllerstraße
Margaretenstraße
Knorrstr.
Schillerstraße
Mitscherlichstr.
Luisenstraße
Marienstraße
Admiral-Klatt-Straße
Am Handelshafen
Segelstraße
Kanalweg
Werftstraße
Ankerstr.
Kettenstraße
Hamburger Str.
Otto-Meentz-Str.
Lessingstr.
Goethestr.
Uhlandstr.
Schützenstr.
Wilhelm-Krüger-Straße
Jahnstr.
Kolberger Str.
Lindenstr.
Blumenstr.
Pappelstr.
Mellumstraße
Adolfstraße
Kreuzstraße
Rüderstr.
Banter Mühle
Am Schlachthof
Störtebekerstraße
Edo-Wiemken-Str.
Herderstr.
Hannoversche Str.
Hildesheimer Str.
Celler Str.
Schleusenstr.
Ahrstraße
Moselstr.
Ruhrstr.
Kanalstraße
Allerstr.
Manteuffelstr.
Kasinostr.
Norderneystraße
Helgolandstr.
Spiekeroogstr.
Wangeroogestraße
Borkumstraße
Halligenweg
Deichsweg
Allee
Athenstraße
Altemarkstr.
Rudolfstr.
Heinrichstr.
Friederikenstr.
Karlstr.
Tonndeichstr.
Heetestr.
Adalbertstr.
Parkstr.
Montsstr.
Börsenplatz

Harbour View – Hotel COLUMBIA

Jadeallee 50 ✉ *26382* – ✆ *(04421) 7 73 38 0* – *www.columbia-hotels.de*

Rest – Menü 32 € – Karte 34/57 € B2d

Eine Melange aus friesisch und mediterran, so lässt sich das Ambiente dieses Restaurants beschreiben. Absolutes Highlight ist der spektakuläre Blick auf die Kaiser-Wilhelm-Brücke.

In Wilhelmshaven-Rüstersiel **Nord: 5 km über Norderney Straße C1**

Schröder Zim, P

Rüstersieler Str. 85 ✉ *26386* – ✆ *(04421) 80 64 80*
– *www.hotel-schroeder-wilhelmshaven.de*

20 Zim – 71/83 € 97 € – ½ P **Rest** – Karte 19/38 €

Ein ruhig gelegenes Hotel mit geschmackvollen neuzeitlichen Gästezimmern. Beim Frühstück schaut man auf den gegenüberliegenden kleinen Yachthafen. Bürgerlich gehaltenes Restaurant mit großer Fensterfront.

WILLANZHEIM – **Bayern** – **siehe Iphofen**

WILLICH – **Nordrhein-Westfalen** – **543** – **51 950 Ew** – **Höhe 40 m** **25** B11

Berlin 583 – Düsseldorf 24 – Krefeld 8 – Mönchengladbach 16

18 Duvenhof, Hardt 21, ✆ (02159) 91 10 93

Hubertus Hamacher garni (mit Gästehäusern) P

Anrather Str. 4 ✉ *47877* – ✆ *(02154) 91 80* – *www.hotel-hamacher.de*

50 Zim – 60/84 € 84/109 €

Geschäftsleute schätzen das sehr gepflegte familiäre Hotel nicht zuletzt wegen seiner fairen Preise. Für den längeren Aufenthalt bieten sich die Deluxe-Zimmer an.

In Willich-Neersen **Süd-West: 5 km über A 44 Richtung Mönchengladbach und Viersen, nahe der B 7**

Landgut Ramshof P

Ramshof 1 ✉ *47877* – ✆ *(02156) 9 58 90* – *www.landgut-ramshof.de*

28 Zim – 85/95 € 125/145 € – ½ P

Rest – *(geschl. Samstagmittag)* Menü 22/65 € – Karte 26/64 €

Der nette Familienbetrieb im Grünen ist ein ehemaliges Hofgut a. d. 17. Jh. Mit vielen Antiquitäten hat man die in Einrichtung und Zuschnitt sehr individuellen Zimmer ausgestattet. Ländlich-gemütliche Atmosphäre im Restaurant.

WILLINGEN (UPLAND) – **Hessen** – **543** – **6 250 Ew** – **Höhe 550 m** **27** F11
– **Wintersport: 843 m** **11** – **Kneippheilbad - Heilklimatischer Kurort**

Berlin 467 – Wiesbaden 208 – Arnsberg 61 – Kassel 81

Am Hagen 10, ✉ 34508, ✆ (05632) 40 11 80, www.willingen.de

Göbel's Landhotel (mit Gästehäusern) Rest,

Briloner Str. 48 (B 251) ✉ *34508* – ✆ *(05632) 98 70* P
– *www.goebels-landhotel.de*

134 Zim – 78/92 € 144/180 € – 3 Suiten – ½ P

Rest – Menü 15 € (mittags)/24 € – Karte 21/41 €

Am Kurpark, nahe dem Zentrum, liegt dieses gewachsene Hotel mit seinen wohnlichen Gästezimmern, darunter auch Familienappartements. Schön ist der Kosmetik- und Freizeitbereich. Holzgetäfeltes Restaurant mit gediegenem Ambiente.

Sporthotel Zum hohen Eimberg  Rest,

Zum hohen Eimberg 3a ✉ *34508* – ✆ *(05632) 40 90* P
– *www.eimberg.de*

73 Zim – 74/116 € 136/218 € – ½ P

Rest – Menü 15 € (mittags)/35 € – Karte 23/44 €

Die ruhige Lage, behagliche Zimmer und geräumige Appartements sowie Wellnessanwendungen machen den Familienbetrieb für Feriengäste interessant. Internationale Küche im Restaurant.

Fürst von Waldeck

Briloner Str. 1 (B 251) ✉ 34508 – ✆ (05632) 9 88 99 – www.fuerst-von-waldeck.de – geschl. 9. November - 19. Dezember
26 Zim – †58/68 € ††104/130 € – 2 Suiten – ½ P
Rest – *(geschl. 2. November - 19. Dezember und Mittwoch)* Karte 18/42 €
Das familiengeführte Haus bietet neben wohnlich-soliden Zimmern (nach hinten ruhiger gelegen) auch eine nette kleine Liegewiese sowie einen schönen Sauna- und Badebereich. Die dunkle Holztäfelung gibt dem Restaurant einen rustikalen Touch.

Kur- und Sporthotel Göbel

Waldecker Str. 5 (B 251) ✉ 34508 – ✆ (05632) 4 00 90 – www.hotel-goebel.de – geschl. 23. November - 18. Dezember
36 Zim – †61/74 € ††102/130 € – 4 Suiten – ½ P
Rest – *(geschl. Donnerstag)* Karte 16/34 €
Familie Göbel betreibt hier ein sehr gepflegtes Ferienhotel - und das bereits in der 5. Generation (seit 1867)! Die Zimmer sind wohnlich und auch das Hallenbad ist ansprechend gestaltet. Zudem hat man behaglich-rustikale Restauranträume.

Rüters Parkhotel

Bergstr. 3a ✉ 34508 – ✆ (05632) 98 40 – www.ruetersparkhotel.de
38 Zim – †54/68 € ††112/166 € – ½ P
Rest – Menü 13 € (mittags) – Karte 17/48 €
Das familiengeführte Hotel liegt in einer Parkanlage im Zentrum und hat u. a. schöne Komfortzimmer und zwei Appartements mit Whirlwanne zu bieten, zudem Kosmetikbehandlungen. Zum Garten hin liegt das elegante bürgerliche Restaurant mit Wintergartenanbau.

Die rote Kennzeichnung weist auf besonders angenehme Häuser hin.

In Willingen-Schwalefeld Nord-Ost: 3,5 km

Upländer Hof

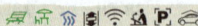

Uplandstr. 2 ✉ 34508 – ✆ (05632) 9 81 23 – www.uplaender-hof.de – geschl. 11. - 30. November
28 Zim – †40/75 € ††68/140 € – ½ P
Rest – *(geschl. Montag)* Menü 14/55 € – Karte 18/42 €
Man spürt, dass Familie Vonhoff um Ihre Gäste bemüht ist! Man bringt Sie aufs Zimmer (hier eine Flasche Wasser gratis), bietet faire Preise und in der Küche verwendet man Bioprodukte! Tipp: Ringsum wollen viele schöne Wanderwege erkundet werden.

In Willingen-Stryck Süd-Ost: 3,5 km

Stryckhaus

Mühlenkopfstr. 12 ✉ 34508 – ✆ (05632) 98 60 – www.stryckhaus.de
56 Zim – †83/118 € ††186/206 € – ½ P
Rest – Menü 40/64 € – Karte 25/54 €
Das Hotel am Waldrand ist aus einem Landhaus entstanden, das der Künstler Heinrich Vogeler im Jahre 1912 erbaute; einige Details im Haus erinnern an ihn. Schöne Appartements. Klassisch-elegantes Restaurant mit Gartenterrasse und gemütlich-rustikale Wirtsstube.

Gutshof Itterbach

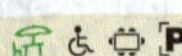

Mühlenkopfstr. 7 ✉ 34508 – ✆ (05632) 9 69 40 – www.gutshof-itterbach.de – geschl. Sonntagabend - Dienstag
Rest – (Tischbestellung ratsam) Menü 36/72 € (abends) – Karte 43/62 €
Klassische Küche, eine Terrasse mit Blick ins Grüne, freundlicher Service - das alles wird in dem sorgsam sanierten Gutshof mit gemütlicher Atmosphäre geboten.

WILLSTÄTT – Baden-Württemberg – 545 – 9 100 Ew – Höhe 143 m 53 D19

Berlin 739 – Stuttgart 136 – Karlsruhe 70 – Offenburg 11

Kinzigbrücke

Sandgasse 1 ✉ 77731 – ✆ (07852) 22 80 – www.kinzigbruecke.de – geschl. Fasching 1 Woche, Juli 3 Wochen, Oktober 1 Woche und Montag - Dienstag, Samstagmittag

Rest – Menü 27/60 € – Karte 26/69 €

Seit über 30 Jahren wird das schmucke Fachwerkhaus a. d. 18. Jh. mit der gemütlichen traditionellen Gaststube familiär geführt. Im Sommer sollten Sie einen Tisch auf der schönen Terrasse zur Kinzig wählen.

WILNSDORF – Nordrhein-Westfalen – siehe Siegen

WILSDRUFF – Sachsen – 544 – 13 750 Ew – Höhe 265 m 43 P12

Berlin 205 – Dresden 20 – Leipzig 98 – Chemnitz 61

Landhotel Keils Gut

Dresdner Str. 26 ✉ 01723 – ✆ (035204) 78 05 80 – www.keilsgut.de

26 Zim – 59/63 € 79 € – ½ P **Rest** – Karte 19/30 €

Diese nette, gut geführte Adresse vor den Toren Dresdens ist ein ehemaliger Gutshof mit 900-jähriger Geschichte. Die Zimmer sind freundlich und praktisch gestaltet. Spezialität im Restaurant mit schöner Gewölbedecke sind Gerichte vom heißen Stein.

WILSNACK, BAD – Brandenburg – 542 – 2 640 Ew – Höhe 27 m 21 M7 – Moorheilbad

Berlin 132 – Potsdam 117 – Schwerin 95 – Perleberg 23

Am Markt 5, ✉ 19336, ✆ (038791) 26 20, www.bad-wilsnack.de

Ambiente

Dr.-Wilhelm-Külz-Str. 5a ✉ 19336 – ✆ (038791) 7 60 – www.hotelambiente.com

58 Zim – 91 € 117 € – ½ P **Rest** – Karte 25/38 €

In dem Hotel am Kurpark erwarten Sie wohnlich gestaltete Zimmer und ein hübscher Beauty- und Massagebereich. Das Haus ist auch gut für Tagungen geeignet. Neuzeitliches Ambiente im Restaurant mit großer Fensterfront.

WILTHEN – Sachsen – 544 – 5 530 Ew – Höhe 288 m – Erholungsort 44 R12

Berlin 216 – Dresden 81 – Görlitz 49 – Bautzen 13

Bahnhofstr. 8, ✉ 02681, ✆ (03592) 38 54 16, www.wilthen.de

In Wilthen-Tautewalde West: 2 km Richtung Neukirch

Erbgericht Tautewalde

Tautewalde 61 ✉ 02681 – ✆ (03592) 3 83 00 – www.tautewalde.de

31 Zim – 63/67 € 86/120 € – ½ P

Rest *Erbgericht Tautewalde* – siehe Restaurantauswahl

Nahe Görlitz und nicht sehr weit von Dresden ist das hier ein guter Ausgangspunkt für Kulturinteressierte. Altes wurde hier sorgsam saniert, so hat das Gasthaus von 1842 noch immer historisches Flair, zeitgemäß wohnen kann man dennoch.

Erbgericht Tautewalde – Hotel Erbgericht Tautewalde

Tautewalde 61 ✉ 02681 – ✆ (03592) 3 83 00 – www.tautewalde.de – geschl. Dienstagmittag

Rest – Menü 22/64 € – Karte 24/40 €

Wer im Sommer im herrlichen Innenhof speist, kann durch eine große Fensterfront in die Küche schauen, wo unter der Leitung von Enrico Schulz schmackhafte, frische Gerichte wie "Zander mit Basilikumrisotto und Paprika" zubereitet werden! Drinnen in der hübschen Gaststube sitzt es sich aber auch gemütlich. Falls Sie Ihre Kinder mitbringen: Man hat einen Spielplatz am Haus.

WIMPFEN, BAD – Baden-Württemberg – 545 – 6 830 Ew – Höhe 195 m – Heilbad

55 G17

Berlin 598 – Stuttgart 69 – Heilbronn 16 – Mannheim 73

Carl-Ulrich-Str. 1, ✉ 74206, ✆ (07063) 9 72 00, www.badwimpfen.de

Stiftskirche St. Peter und Paul (Kreuzgang★★) · Bad Wimpfen am Berg★★ (Hauptstraße★)

Am Rosengarten

Osterbergstr. 16 ✉ 74206 – ✆ (07063) 99 10 – www.hotel-rosengarten.net

60 Zim – †82/98 € ††112/136 € – ½ P

Rest – *(nur Abendessen)* Menü 20/49 € – Karte 15/27 €

Die verkehrsgünstige Lage und zeitgemäße, funktionelle Zimmer sprechen für dieses Hotel. Die Gäste haben direkten und kostenfreien Zugang zum Solebad. Das freundliche Restaurant, teils mit Blick zum Rosengarten, wird ergänzt durch einen Bistrobereich.

Friedrich

Hauptstr. 74, (1. Etage) ✉ 74206 – ✆ (07063) 2 45 – www.friedrich-feyerabend.de – geschl. 1. - 10. Januar und Montag - Dienstag

Rest – Menü 38/54 € – Karte 35/60 €

Verbinden Sie doch einen Bummel durch die beschauliche Altstadt von Bad Wimpfen mit einem Essen in dem charmanten Stadthaus a. d. 16. Jh.! Unten die liebenswert-rustikale Weinstube Feyerabend, oben das Restaurant, in dem man mittags einfacher und am Abend zeitgemäß-ambitioniert kocht. Es gibt auch Leckeres aus der eigenen Konditorei!

WINDECK – Nordrhein-Westfalen – 543 – 20 460 Ew – Höhe 200 m

36 D13

Berlin 592 – Düsseldorf 114 – Bonn 62 – Limburg an der Lahn 71

Rathausstr. 12, ✉ 51570, ✆ (02292) 1 94 33, www.gemeinde-windeck.de

In Windeck-Schladern

Bergischer Hof

Elmorestr. 8 ✉ 51570 – ✆ (02292) 22 83 – www.bergischer-hof.de – geschl. August

19 Zim – †51/72 € ††79/92 € – ½ P

Rest – *(geschl. Sonntagabend - Montag)* Menü 14/20 € – Karte 15/30 €

In dem denkmalgeschützten Haus mit typisch bergischer Schieferfassade erwarten Sie zeitgemäß ausgestattete Gästezimmer. Mit hübschem Garten. Gepflegtes ländliches Restaurant mit bürgerlichem Angebot.

WINDELSBACH – Bayern – siehe Rothenburg ob der Tauber

WINDEN – Baden-Württemberg – 545 – 2 830 Ew – Höhe 327 m – Erholungsort

61 E20

Berlin 771 – Stuttgart 192 – Freiburg im Breisgau 35 – Offenburg 46

Bahnhofstr.1, ✉ 79297, ✆ (07682) 92 36 14, www.winden-im-elztal.de

In Winden-Oberwinden Nord-Ost: 2 km über B 294

Elztalhotel

Am Rüttlersberg 5 (Süd: 2 km, über Bahnhofstraße) ✉ 79297 – ✆ (07682) 9 11 40 – www.elztalhotel.de

77 Zim – †139/181 € ††238/322 € – 13 Suiten – ½ P

Rest – *(nur Abendessen)* Menü 36 €

Im Laufe von rund 40 Jahren ist das Hotel kontinuierlich gewachsen und man spürt (und sieht) das Engagement der Betreiber: sehr freundliches Personal, zeitgemäßer Komfort im Schwarzwald-Stil, ein bemerkenswertes Freizeit-, Beauty- und Sportangebot... und dazu die tolle Lage. Da kann man sich nur gut aufgehoben fühlen und bräuchte das Hotel gar nicht mehr zu verlassen!

WINDHAGEN – Rheinland-Pfalz – 543 – 4 260 Ew – Höhe 290 m

36 D13

Berlin 616 – Mainz 132 – Koblenz 26 – Bonn 57

Windhagen-Rederscheid, Brunnenstr. 11, ✆ (02645) 80 41

In Windhagen-Rederscheid **Süd-West: 3 km jenseits der A 3**

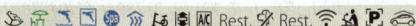

Dorint

Rest, Rest,

Brunnenstr. 7 ✉ *53578 – (02645) 1 50 – www.dorint.com/windhagen*
124 Zim – 114/124 € 136/156 € – 1 Suite – ½ P
Rest – Menü 40/61 € – Karte 29/50 €
Das Tagungs- und Wellnesshotel an einem Golfplatz in schöner exponierter Lage überzeugt mit Spa-Vielfalt auf 3000 qm. Zeitgemäßer Komfort und wohnliches Ambiente in den Zimmern. Restaurant mit Wintergarten und hübscher Gartenterrasse.

WINDSHEIM, BAD – Bayern – 546 – 11 820 Ew – Höhe 321 m – Heilbad

49 J16

Berlin 475 – München 236 – Nürnberg 68 – Bamberg 72
Erkenbrechtallee 2, ✉ 91438, (09841) 40 20, www.bad-windsheim.de
Bad Windsheim, Otmar-Schaller-Allee 1, (09841) 50 27

Arvena Reichsstadt Hotel (mit Gästehaus)

Pastoriusstr. 5 ✉ *91438 – (09841) 90 70 – www.arvena.de*
110 Zim – 76/129 € 98/160 € – 2 Suiten
Rest *Alte Schule* – siehe Restaurantauswahl
Das schmucke Haupthaus hat eine lange Geschichte (1350) - davon zeugt auch der 15 m tiefe historische Brunnen, den Sie an der Rezeption bewundern können! Einige der Zimmer befinden sich im Tagungscenter vis-à-vis.

Zum Storchen (mit Gästehaus)

Weinmarkt 6 ✉ *91438 – (09841) 66 98 90 – www.zumstorchen.de*
21 Zim – 62/79 € 90/105 € – ½ P **Rest** – Karte 21/34 €
Rund 250 Jahre Familientradition verpflichten: Man zeigt Einsatz und verbessert ständig. Die meisten Zimmer sind daher recht modern - und wo es noch etwas ländlicher ist, ist es dennoch tipptopp! Die schöne Juniorsuite hat sogar eine Dachterrasse! Das Restaurant im fränkischen Stil bietet bürgerliche Küche.

Alte Schule – Arvena Reichsstadt Hotel

Pastoriusstr. 5 ✉ *91438 – (09841) 90 70 – www.arvena.de*
Rest – Menü 28 € – Karte 27/41 €
An die einstige Nutzung des schönen Fachwerkhauses von 1569 erinnert nur noch der Name - heute darf man sich hier entspannen und genießen, Regionales und Internationales nämlich. Das Restaurant ist liebenswert eingerichtet, über Ihnen dekorative alte Holzbalken, unter Ihnen Terrakottafliesen.

WINGERODE – Thüringen – 544 – 1 240 Ew – Höhe 290 m

29 J11

Berlin 305 – Erfurt 90 – Göttingen 47 – Nordhausen 43

Keppler's Ecke

Hauptstr. 52 ✉ *37327 – (03605) 50 16 66 – www.kepplersecke.de*
16 Zim – 40/49 € 70/80 € – ½ P
Rest – *(geschl. Montag)* Menü 13 € (mittags)/20 € – Karte 14/23 €
Das hübsche Fachwerkhaus steht am Dorfplatz bei der Kirche. Ein sympathischer kleiner Familienbetrieb mit herzlicher, persönlicher Gästebetreuung. Wohnlich sind die individuellen Zimmer und der Frühstücksraum, zudem hat man ein Kosmetikstudio. Rustikales Ambiente im Restaurant und in der Jägerstube.

WINGST – Niedersachsen – 541 – 3 430 Ew – Höhe 9 m – Erholungsort

9 G5

Berlin 383 – Hannover 218 – Cuxhaven 39 – Bremerhaven 54
Hasenbeckallee 1, ✉ 21789, (04778) 8 12 00, www.wingst.de

Peter

Bahnhofstr. 1, (B 73) ✉ *21789 – (04778) 2 79 – www.hotel-peter-wingst.de*
29 Zim – 38/60 € 70/91 € – ½ P
Rest *Oehlschläger-Stube* – siehe Restaurantauswahl
Ein familiengeführtes Hotel mit recht individuellen Gästezimmern - etwas komfortabler in der Apfeltenne (hier mit Terrasse) und im Fleethuus (mit Balkon).

Oehlschläger-Stube – Hotel Peter

Bahnhofstr. 1, (B 73) ✉ 21789 – ✆ (04778) 2 79 – www.hotel-peter-wingst.de – geschl. Mitte Januar - Mitte Februar und Dienstag - Donnerstag

Rest – *(nur Abendessen, sonntags auch Mittagessen)* Menü 23/54 € – Karte 18/39 €

Benannt nach dem Wingster Heimatmaler Mario Oehlschläger serviert man Ihnen - umgeben von Bildern des verstorbenen Künstlers - internationale Speisen.

WINKLARN – Bayern – siehe Rötz

WINNENDEN – Baden-Württemberg – 545 – 27 600 Ew – Höhe 292 m 55 H18

Berlin 599 – Stuttgart 26 – Schwäbisch Gmünd 44 – Schwäbisch Hall 48

In Winnenden-Hanweiler Süd: 3 km

Traube mit Zim

Weinstr. 59 ✉ 71364 – ✆ (07195) 13 99 00 – www.traube-hanweiler.de – geschl. Ende Februar - Mitte März, Ende Juli - Mitte August

6 Zim – 40 € 70 €

Rest – *(geschl. Dienstag - Mittwoch)* Menü 28/43 € – Karte 13/42 €

Seit 1902 befindet sich der Gasthof in Familienbesitz, mit Frank Windeisen ist es nun die 4. Generation. Als Spezialität bietet er Maultaschen und Wild - beliebt ist besonders die Wildschweinbratwurst! Verbinden Sie Ihren Besuch doch mit einer Wanderung oder Radtour - es wimmelt nur so von schönen Wegen!

In Berglen-Lehnenberg Süd-Ost: 6 km

Blessings Landhotel

Lessingstr. 13 ✉ 73663 – ✆ (07195) 9 76 00 – www.blessings-landhotel.de – geschl. 2. - 16. Januar

23 Zim – 68/82 € 90/101 € – ½ P

Rest – *(geschl. Donnerstag)* Karte 14/50 €

Bei Familie Blessing schlafen Sie in wohnlichen, freundlich gestalteten Zimmern, freuen sich am Morgen auf ein gutes Frühstücksbuffet und sitzen geschützt auf der überdachten Terrasse beim Essen. Am Wochenende kommt man zum Buffet, freitagabends im Sommer zum Barbecue! Spezialität des Hauses ist der Likör "Johanniskräutle" (nach Rezeptur der Großmutter).

WINSEN (LUHE) – Niedersachsen – 541 – 34 250 Ew – Höhe 6 m 10 J6

Berlin 285 – Hannover 132 – Hamburg 36 – Bremen 118

Winsen, Radbrucher Str. 200, ✆ (04171) 78 22 41

Storchennest 

Tönnhäuser Weg 3 ✉ 21423 – ✆ (04171) 88 80 – www.hotel-storchennest.com

25 Zim – 72/78 € 91/99 € – ½ P

Rest – *(geschl. Juni - Juli 2 Wochen und Sonntag) (nur Abendessen)* Menü 14/18 € – Karte 16/28 €

Die Zimmer in diesem Hotel sind funktionell und mit solider Technik ausgestattet. Am Morgen bietet man ein reichhaltiges Frühstücksbuffet. PC-Office mit Internet-Corner.

In Winsen-Pattensen Süd-West: 8 km

Maack-Kramer's Landgasthof

Blumenstr. 2 ✉ 21423 – ✆ (04173) 2 39 – www.maack-kramer.de – geschl. 21. Juli - 12. August und Montag - Dienstag

Rest – (Tischbestellung ratsam) Menü 26 € – Karte 17/38 €

Ein sehr netter, familiär geführter Landgasthof mit schöner Terrasse im Grünen, an die sich der weitläufige Garten anschließt. Gekocht wird bürgerlich und saisonal.

WINTERBACH – Baden-Württemberg – siehe Schorndorf

WINTERBERG – Nordrhein-Westfalen – 543 – 13 570 Ew – Höhe 668 m – Wintersport: 840 m 54 – Heilklimatischer Kurort

Berlin 482 – Düsseldorf 186 – Arnsberg 56 – Marburg 60

Am Kurpark 4, ✉ 59955, ✆ (02981) 9 25 00, www.winterberg.de

Winterberg, In der Büre, ✆ (02981) 17 70

Oversum Vital Resort

Rest, Rest,

Am Kurpark 6 ✉ 59955 – ✆ (02981) 92 95 50 – www.oversum-vitalresort.de

73 Zim – 70/140 € 130/200 € – 4 Suiten – ½ P

Rest – *(nur Abendessen)* Menü 29/58 € – Karte 30/52 €

Dieser Anblick ist nicht ganz alltäglich: Ein Hotel in Ei-Form! Mit seinem Namen - zusammengesetzt aus "Ovum" (lat. für "Ei") und "Universum" - steht es für kosmopolitisches Flair, und das spiegelt sich im schicken geradlinig-modernen Design wider - von der Lobby über die großflächig verglasten Zimmer (meist mit schöner Aussicht) bis zum Kosmetikbereich.

Engemann-Kurve

Haarfelder Str. 10 (B 236) ✉ 59955 – ✆ (02981) 9 29 40 – www.engemann-kurve.de – geschl. 24. Juni - 7. Juli

16 Zim – 61/67 € 96/132 € – ½ P

Rest – Menü 30/49 € – Karte 30/46 €

Im Hotel der Familie Gebhardt überzeugen persönliche Gästebetreuung, solide, wohnliche Zimmer und ein gutes Frühstücksbuffet. Auf Anfrage bietet man auch Kosmetik und Massage.

Astenblick

Nuhnestr. 5 ✉ 59955 – ✆ (02981) 9 22 30 – www.astenblick.de

19 Zim – 62/80 € 120/150 € – 4 Suiten – ½ P

Rest *Pascha's* – *(geschl. 9. - 26. April, 4. - 22. November und Dienstag) (Montag - Freitag nur Abendessen)* Menü 32/70 € – Karte 23/48 €

Das Hotel im Zentrum verfügt über recht unterschiedliche Zimmer (besonders hübsch sind die in den Ecktürmen!), dazu ein Freizeitangebot, zu dem Kosmetik sowie Walken, Wandern, etc. zählen, und auch ein hell und zeitlos gestaltetes Restaurant gehört zum Haus. Kinder erst ab 16 Jahre.

In Winterberg-Altastenberg West: 5 km über B 236

Berghotel Astenkrone

Astenstr. 24 ✉ 59955 – ✆ (02981) 80 90 – www.astenkrone.de – geschl. 28. April - 29. Mai

41 Zim – 78/113 € 136/236 € – ½ P

Rest *Berghotel Astenkrone* – siehe Restaurantauswahl

Als Jab-Anstoetz-Unternehmen präsentiert sich das engagiert geführte Haus als "Showhotel" für wunderschöne und stimmig arrangierte Stoffe - zu bewundern in den individuellen und äußerst wohnlichen Zimmern und Juniorsuiten. Im Wellnessbereich heißt es Meersalzpeeling, Hydrothermalbad, Farblichtanwendung...

Berghotel Astenkrone – Berghotel Astenkrone

Astenstr. 24 ✉ 59955 – ✆ (02981) 80 90 – www.astenkrone.de – geschl. 28. April - 29. Mai

Rest – Menü 38/55 € – Karte 24/65 €

Viel Holz kombiniert mit attraktiven Stoffen aus bekanntem Hause sorgt für ein gemütliches Ambiente. Auf den gut eingedeckten Tisch kommt international-regionale Küche, auch in Form von Aktiv-Gerichten. Und wenn bei Ihnen mal eine Feier ansteht: Man hat hier schöne Nebenräume.

In Winterberg-Züschen Süd-Ost: 7 km Richtung Hallenberg – Luftkurort

Mühlengrund

Zim,

Nuhnetalstr. 114 (B 236) ✉ 59955 – ✆ (02981) 5 84 – www.hotel-muehlengrund.de – geschl. Ende Oktober - Mitte November

11 Zim – 48/60 € 76/100 € – ½ P

Rest – *(geschl. Dienstag)* Menü 17/33 € – Karte 12/37 €

Dieser langjährige Familienbetrieb bietet seinen Gästen gepflegte praktische Zimmer und einen Garten mit Spielplatz und Minigolf. Auch für Biker eine interessante Adresse. Bürgerliches Angebot im Restaurant, im Sommer mit nettem kleinem Biergarten.

WINTERHAUSEN – Bayern – 546 – 1 470 Ew – Höhe 188 m 49 I16

Berlin 502 – München 262 – Würzburg 14 – Kitzingen 13

Gasthof Schiff mit Zim

Fährweg 14 ✉ 97286 – ✆ (09333) 17 85 – www.hotel-schiff.de – geschl. 12. - 30. Januar und Sonntag

10 Zim – 55/80 € 70/99 € – ½ P

Rest – Menü 25/65 € – Karte 26/33 €

In dem schönen Gasthof a. d. 16. Jh. lässt man sich in liebenswerten, hübsch dekorierten Räumen von der herzlichen Chefin umsorgen. Die Küche ist klassisch-regional. Terrasse zum Main. Nette wohnlich-rustikale Gästezimmer, teilweise mit Mainblick.

WIRSBERG – Bayern – 546 – 1 950 Ew – Höhe 370 m – Luftkurort 51 L15

Berlin 341 – München 250 – Coburg 60 – Hof 41

Sessenreuther Str. 2, ✉ 95339, ✆ (09227) 9 32 20, www.wirsberg.de

Herrmann's Posthotel

Marktplatz 11 ✉ 95339 – ✆ (09227) 20 80 – www.herrmanns-posthotel.de

35 Zim – 95 € 136/151 € – 7 Suiten – ½ P

Rest *Alexander Herrmann* ✿ **Rest *AH - Das Bistro*** – siehe Restaurantauswahl

Mitten im Ort steht das gewachsene Haus mit über 140-jähriger Familientradition. Die einstige Poststation beherbergt heute wohnliche und individuelle Zimmer. Man beachte auch das gastronomische Angebot!

Reiterhof Wirsberg

Sessenreuther Str. 50 (Süd-Ost: 1 km) ✉ 95339 – ✆ (09227) 20 40 – www.reiterhof-wirsberg.de

46 Zim – 88/150 € 146/233 € – ½ P

Rest – Menü 30/55 € – Karte 21/54 €

Das gewachsene familiengeführte Hotel mit wohnlich-gediegenem Ambiente liegt ruhig etwas außerhalb des Ortes. Zimmer mit gutem Platzangebot und netter Wellnessbereich. Das elegant-rustikale Restaurant und die Terrasse bieten einen schönen Blick aufs Tal.

Alexander Herrmann – Herrmann's Posthotel

✿

Marktplatz 11 ✉ 95339 – ✆ (09227) 20 80 – www.herrmanns-posthotel.de – geschl. Januar 3 Wochen und Sonntag

Rest – *(nur Abendessen)* Menü 110/178 € – Karte 95/107 €

Patron Alexander Herrmann teilt sich die Leitung der Küche mit Tobias Bätz, und wie gut sie zusammenarbeiten, zeigen die beiden kreativen, saisonalen Menüs! Eine passende Begleitung bietet die sehr gute Auswahl an Frankenweinen. Falls Sie Lust aufs Kochen bekommen haben: Man hat eine eigene Kochschule.

→ Land und Wasser - gebeizter Saibling, Saiblingskaviar, eingelegter Stangenspargel. Weich und Kross - sautierte Morcheln, Kalbskopfchip, gebackene Schalotte, Röstkartoffeln. Heimisch und Exotisch - marinierte Erdbeeren, Erdbeersorbet, Waldmeister, Passionsfrucht, Cocos.

AH - Das Bistro – Herrmann's Posthotel

Marktplatz 11 ✉ 95339 – ✆ (09227) 20 80 – www.herrmanns-posthotel.de

Rest – Menü 35/52 € – Karte 40/55 €

Sie suchen eine günstigere und etwas legerere Alternative zum Gourmetrestaurant des TV-bekannten Patrons? Dann probieren Sie in seinem geradlinig-modernen Bistro die fränkischen Tapas!

WISMAR – Mecklenburg-Vorpommern – 542 – 44 470 Ew – Höhe 15 m 11 L4

Berlin 234 – Schwerin 32 – Rostock 52 – Lübeck 59

Am Markt 11, ✉ 23966, ✆ (03841) 1 94 33, www.wismar-tourist.de

Hohen Wieschendorf, Am Golfplatz 1, ✆ (038428) 6 60

Lage★ · Altstadt★ · Marktplatz★ (Wasserkunst★) · Nikolaikirche★ (Krämergilde★) · Schabbellhaus★

Wismar 

Breite Str. 10, (Zufahrt Parkplatz über Böttcherstraße) ✉ 23966 – ✆ (03841) 22 73 40 – www.hotel-restaurant-wismar.de
15 Zim ☕ – 🚹65/75 € 🚹🚹80/95 € – ½ P **Rest** – Karte 21/35 €
Sie wohnen hier ideal direkt in der Altstadt und auch das Parken ist kein Problem (eigene Stellplätze!). Gemütliche Details in dem historischen Haus von 1896 sind warme Töne und teilweise Dachschrägen in den Zimmern sowie eine alte Holzdecke und -vertäfelungen im maritim-gediegenen Restaurant.

Fründts Hotel garni

Schweinsbrücke 1 ✉ 23966 – ✆ (03841) 2 25 69 82 – www.hotel-stadtwismar.de
33 Zim ☕ – 🚹51/57 € 🚹🚹70/78 €
Nach bewegter Geschichte ist das Haus a. d. 18. Jh. heute wieder das, was es ursprünglich einmal war: ein Hotel - wiedereröffnet unter dem Namen von einst. Der Tag beginnt stilvoll: gutes Frühstück unter hoher Decke mit mächtigem Kronleuchter - oder "open air" auf der schönen Terrasse!

Reuterhaus 

Am Markt 19 ✉ 23966 – ✆ (03841) 2 22 30 – www.reuterhaus-wismar.de
10 Zim ☕ – 🚹55/69 € 🚹🚹69/110 € – ½ P
Rest – Menü 18 € (mittags)/35 € – Karte 24/44 €
Direkt am Marktplatz steht das schmucke historische Haus mit der frischen gelben Fassade, benannt nach dem Dichter Fritz Reuter. Die Zimmer sind wohnlich-gediegen eingerichtet. Blickfang im Restaurant ist die schön gearbeitete dunkle alte Holztäfelung.

In Wismar-Bad Wendorf Nord-West: 2 km

Seeblick

Rest,

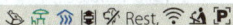

Ernst-Scheel-Str. 27 ✉ 23968 – ✆ (03841) 6 27 40 – www.phoenix-hotels.de.
54 Zim ☕ – 🚹65/120 € 🚹🚹79/210 € – ½ P
Rest – Menü 19/85 € (abends) – Karte 19/55 €
Sie finden das ehemalige Kurhaus an der Seebrücke, direkt am Strand. Besonders geräumig ist das Turmzimmer im Haupthaus - oder wie wäre eines der ganz modernen Zimmer im Anbau? Einige Zimmer und auch das Restaurant bieten eine schöne Sicht auf die Wismarer Bucht.

WISSEN – Rheinland-Pfalz – 543 – 8 130 Ew – Höhe 200 m – Luftkurort

37 D13

▶ Berlin 588 – Mainz 127 – Bonn 69 – Limburg an der Lahn 67

Ambiente garni 

Hockelbachstr. 2 ✉ 57537 – ✆ (02742) 9 32 40 – www.hotel-ambiente-wissen.de
8 Zim – 🚹55/61 € 🚹🚹81 €, ☕ 6 €
Ein sehr persönlich geleitetes Haus in einer relativ ruhigen Wohngegend. In den Zimmern (alle im EG) erwarten Sie kleine Aufmerksamkeiten wie Wasserkocher, Badeartikel und Hausschuhe.

WITTDÜN – Schleswig-Holstein – siehe Amrum (Insel)

WITTENBERG (LUTHERSTADT) – Sachsen-Anhalt – 542 – 49 500 Ew – Höhe 65 m

32 N10

▶ Berlin 108 – Magdeburg 87 – Leipzig 66 – Dresden 151

ℹ Schlossplatz 2, ✉ 06886, ✆ (03491) 49 86 10, www.lutherstadt-wittenberg.de

👁 Schlosskirche★ · Marktplatz★ · Stadtkirche St-Marien (Reformationsaltar★) · Lutherhalle★

Wörlitz: Park★★ • Schloss★ • Gotisches Haus★, West: 23 km

Stadtpalais Wittenberg Zim,

Collegienstr. 56 (Zufahrt über Wallstraße) ✉ 06886 – ✆ (03491) 42 50 – www.stadtpalais.bestwestern.de

78 Zim ☕ – †76/99 € ††99/122 € – ½ P

Rest – *(nur Abendessen)* Menü 15/29 € – Karte 14/33 €

Die Lage in der Fußgängerzone und die komfortable Ausstattung mit eleganter Note sprechen für das Hotel. Vom Saunabereich im OG schaut man auf das Lutherhaus. Kosmetik und Massage. Das offen zur Halle hin gelegene Restaurant bietet internationale Küche.

Schwarzer Baer garni

Schlossstr. 2 (Zufahrt über Wallstraße) ✉ 06886 – ✆ (03491) 4 20 43 44 – www.stadthotel-wittenberg.de

32 Zim ☕ – †55/65 € ††65/85 €

Mitten in der Altstadt steht das seit 1520 existierende Gasthaus. Schönes modernes Interieur hinter einer denkmalgeschützten Fassade. Restaurant "Kartoffelhaus" nebenan.

WITTENBURG – Mecklenburg-Vorpommern – 542 – 4 880 Ew – Höhe 40 m 11 K5

Berlin 209 – Schwerin 35 – Lübeck 54 – Rostock 113

Schwanenhof garni

Bahnhofstr. 12 ✉ 19243 – ✆ (038852) 61 80 – www.hotel-a24.de

23 Zim ☕ – †49/55 € ††68/80 €

In dem familiär geführten Hotel stehen freundliche und gut gepflegte Zimmer bereit - am schönsten ist Zimmer Nr. 17 mit großem Balkon zum Stadtteich. Reizvolle Terrasse.

WITTINGEN – Niedersachsen – 541 – 11 740 Ew – Höhe 85 m 20 K7

Berlin 265 – Hannover 93 – Schwerin 149 – Celle 50

Wittinger Tor (mit Gästehaus)

Salzwedeler Str. 4 ✉ 29378 – ✆ (05831) 2 53 00 – www.wittinger-tor.de

16 Zim ☕ – †70/80 € ††105/115 €

Rest – *(Montag - Samstag nur Abendessen)* Menü 16/45 € – Karte 15/44 €

Das weiße Fachwerkhaus prägt wahrlich das Ortsbild! Wie ein Hobby scheint das Hotel für das Ehepaar Deck (er ist eigentlich Architekt), betrachtet man ihre Hingabe: Man kennt seine Stammgäste, die gediegene Einrichtung ist tipptopp gepflegt und die hübschen Stuben sind ein Sammelsurium von Antiquitäten!

WITTLICH – Rheinland-Pfalz – 543 – 17 830 Ew – Höhe 160 m 45 B15

Berlin 681 – Mainz 129 – Trier 41 – Koblenz 91

Neustr. 18, ✉ 54516, ✆ (06571) 40 86, www.wittlich.de

Lindenhof - Vulcano Spirit Rest,

Am Mundwald 5 (Süd: 2 km) ✉ 54516 – ✆ (06571) 69 20 – www.lindenhof-wittlich.de

38 Zim ☕ – †80/95 € ††115/145 € – ½ P

Rest – Karte 23/44 €

Das Hotel liegt ruhig etwas außerhalb am Hang. Die Gästezimmer sind individuell, chic und trendig ist der Sauna- und Badebereich. Man bietet auch Massage an. Behagliches modernes Restaurant mit Lounge und sehr schöner Terrasse.

Well garni

Marktplatz 5, (1. Etage) ✉ 54516 – ✆ (06571) 9 11 90 – www.hotel-well.de – geschl. 20. - 31. Dezember

20 Zim ☕ – †60/95 € ††90/115 € – 1 Suite

Hübsch anzuschauen ist die zum Marktplatz hin gelegene Fassade a. d. 17. Jh. Die Zimmer im Altbau sowie im rückwärtigen Anbau sind in klassischem Stil gehalten.

Rotenberg garni
Trierer Landstr.115 ✉ 54516 – ✆ (06571) 1 48 00 – www.hotel-rotenberg.de
20 Zim – 🚹59/70 € 🚹🚹80/95 €, ☕ 5 €
Aus dem Elternhaus der Chefin ist dieses sympathische kleine Hotel mit markanter roter Fassade entstanden. Die (Themen-) Zimmer sind freundlich, modern und wohnlich. Gutes Frühstück.

In Dreis Süd-West: 8 km

Waldhotel Sonnora (Helmut Thieltges) mit Zim
Auf'm Eichelfeld 1 ✉ 54518 – ✆ (06578) 9 82 20 – www.hotel-sonnora.de – geschl. 30. Dezember - 29. Januar, 28. Juli - 13. August und Montag - Dienstag
20 Zim ☕ – 🚹95/250 € 🚹🚹130/300 €
Rest – (Tischbestellung ratsam) Menü 145/178 € – Karte 108/173 €
Nicht ohne Grund ist dieses Haus seit über 30 Jahren "besternt", seit 2000 sogar 3-fach: Bei Helmut Thieltges ist das Produkt der erklärte Star... der unumstrittene Mittelpunkt seiner zeitlos-klassischen Küche, der sich auf dem Teller in Form von purem Geschmack und Harmonie wiederfindet. Für eine angenehme Atmosphäre sorgt die Familie, die stets präsent ist. Der Genuss muss nach dem Essen übrigens noch nicht zu Ende sein, denn man hat richtig schöne, ruhige Gästezimmer!
➜ Langustinen-Carpaccio mit Imperial-Kaviarcreme, feinem Haselnussöl und Fleur de Sel. Tranche vom bretonischen Steinbutt an der Gräte gebraten mit Sauce Bearnaise, Kalbsjus und kleinen Frühlingsgemüsen. Eifeler Rehrücken mit karamellisierten Macadamia Nüssen und Birnenpolenta-Canapé auf Rouenaiser-Sauce.

WITZENHAUSEN – **Hessen** – **543** – **15 370 Ew** – **Höhe 145 m** **29** I11

▶ Berlin 365 – Wiesbaden 248 – Kassel 36 – Göttingen 26
ℹ Ermschwerder Str. 2, ✉ 37213, ✆ (05542) 6 00 10, www.kirschenland.de

In Witzenhausen-Dohrenbach Süd: 4 km über B 451 – Luftkurort

Zur Warte
Warteweg 1 ✉ 37216 – ✆ (05542) 30 90 – www.hotelzurwarte.de
20 Zim ☕ – 🚹49/56 € 🚹🚹70/76 € – ½ P
Rest – *(geschl. Montag, November - März: Sonntagabend - Montag) (November - März: Dienstag - Freitag nur Abendessen)* Karte 16/37 €
Der gut geführte Familienbetrieb mit soliden, praktischen Zimmern und nettem Garten liegt ruhig in einer Wohngegend. Originell: In der Heuscheune können Gruppen im Heu übernachten. Restaurant in ländlichem Stil.

WITZHAVE – **Schleswig-Holstein** – **541** – **1 430 Ew** – **Höhe 24 m** **10** J5

▶ Berlin 260 – Kiel 98 – Hamburg 29 – Lübeck 51

Pünjer
Möllner Landstr. 9 ✉ 22969 – ✆ (04104) 9 77 70 – www.hotel-puenjer.de – geschl. 22. Dezember - 5. Januar
36 Zim ☕ – 🚹53/60 € 🚹🚹78/80 €
Rest – *(geschl. 12. - 27. Juli und Samstag) (nur Abendessen)* Karte 18/34 €
Ein freundlich-familiär geleitetes Haus, das sich durch seine verkehrsgünstige Lage nahe der A 24, die praktische Ausstattung sowie das gute Preis-Leistungs-Verhältnis auszeichnet. Das Restaurant mit rustikaler Note verfügt über einen Wintergartenanbau.

WÖLLSTEIN – **Rheinland-Pfalz** – **543** – **4 420 Ew** – **Höhe 130 m** **47** E15

▶ Berlin 605 – Mainz 36 – Bad Kreuznach 10 – Kaiserslautern 60

Wöllsteiner Weinstube
Eleonorenstr. 32 ✉ 55597 – ✆ (06703) 96 19 33 – www.woellsteiner-weinstube.de – geschl. Montag - Dienstag
Rest – *(nur Abendessen)* (Tischbestellung ratsam) Karte 31/45 €
Gemütlich sitzt man in dem reizenden Natursteinhaus in einer liebenswerten Weinstube mit Empore. Gekocht wird bürgerlich-regional mit internationalen Einflüssen. Lauschiger Innenhof.

WÖRISHOFEN, BAD - Bayern - 546 - 14 110 Ew - Höhe 630 m 64 J20

– Wintersport: ⛷ – Kneippkurort

Berlin 612 – München 80 – Augsburg 62 – Kempten (Allgäu) 53

Hauptstr. 16, ✉ 86825, ✆ (08247) 99 33 55, www.bad-woerishofen.de

Rieden, Schlingener Str. 27, ✆ (08346) 7 77

Türkheim-Ludwigsberg, Augsburger Str. 51, ✆ (08245) 33 22

Steigenberger Hotel Der Sonnenhof

Hermann-Aust-Str. 11 ✉ 86825 Rest,

– ✆ (08247) 95 90 – www.spahotel-sonnenhof.de

143 Zim – 170 € 260 € – 13 Suiten – ½ P

Rest *CALLA* – siehe Restaurantauswahl

Rest *König Ludwig Lounge* – *(nur Abendessen)* Karte 28/57 €

Das Hotel in einem schönen Park überzeugt mit stilvollen wohnlichen Zimmern, Wellness auf 3500 qm und einem Tagungszentrum mit neuester Technik. Flughafen-Shuttle. Modern-rustikal: König Ludwig Lounge mit Allgäuer Schmankerln.

Fontenay

Eichwaldstr. 10 ✉ 86825 – ✆ (08247) 30 60 – www.hotel-fontenay.de

48 Zim – 141/228 € 250/370 € – 7 Suiten – ½ P

Rest – (Tischbestellung ratsam) Menü 35 € (mittags)/95 € – Karte 44/72 €

Die Gäste schätzen dieses Hotel wegen seiner bevorzugten Lage im ruhigen Kurgebiet, der klassisch-eleganten Einrichtung und nicht zuletzt wegen des Engagements von Hubertus Holzbock und seinem Team. Spa mit Kneipp-Kur. Wählen Sie im Restaurant einen Platz mit Sicht in den Garten! Die Küche ist international.

Edelweiß

Bürgermeister-Singer-Str. 11 ✉ 86825 – ✆ (08247) 3 50 10

– www.hotel-edelweiss.de – geschl. 25. November - 20. Dezember

43 Zim – 55/85 € 108/198 € – 2 Suiten – ½ P

Rest – *(geschl. Sonntagmittag) (nur für Hausgäste)* Menü 16 €

Was die vielen Stammgäste hier schätzen, ist die sehr gepflegte gediegene Einrichtung, aber auch die Leitung durch Familie Schneid, die schon in 3. Generation im Haus ist! Außerdem sorgen die ruhige Umgebung sowie Medical Wellness, Beauty & Co. für Erholung - und in der Bibliothek lässt es sich gut schmökern.

Angerhof

Lerchenstr. 13 ✉ 86825 – ✆ (08247) 99 10 – www.angerhof.com Rest,

45 Zim – 55/90 € 102/170 € – 4 Suiten – ½ P

Rest – Menü 15 € (mittags)/35 € – Karte 15/39 €

Das familiengeführte gewachsene Kurhotel in einer Seitenstraße bietet seinen Gästen gediegen-wohnliche Zimmer und viele Wellnessangebote. Hell gestaltete Restauranträume mit Blick in den Garten.

Villa Hofmann

Eichwaldstr. 6 ✉ 86825 – ✆ (08247) 96 09 70 – www.hotel-villa-hofmann.de

25 Zim – 49/59 € 98/118 € – ½ P

Rest – *(geschl. Sonntag) (nur Abendessen für Hausgäste)* Menü 15 €

Die ehemalige Hofratsvilla in einer kleinen Nebenstraße ist ein sehr gepflegter Familienbetrieb mit zeitgemäßen, wohnlichen Zimmern, meist mit Balkon. Gönnen Sie sich doch mal eine Massage oder Kosmetikanwendungen!

die Villa garni

Obere Mühlstr. 1 ✉ 86825 – ✆ (08247) 9 62 00 – www.villa-bad-woerishofen.de

– geschl. 24. Dezember - 6. Januar, 7. - 22. Juni

10 Zim – 58/81 € 108/128 €

Das hier ist nicht nur ein sympathisch-familiäres kleines Hotel mit Themenzimmern ("Pur", "Kunst", "Schokolade"...), sondern gleichzeitig auch Kinderbuch- und Deko-Laden sowie Café! Es gibt hausgemachten Kuchen und ein Tagesessen.

XXX **CALLA** – Steigenberger Hotel Der Sonnenhof

Hermann-Aust-Str. 11 ✉ 86825 – ✆ (08247) 95 90 – www.spahotel-sonnenhof.de – geschl. Montag - Dienstag

Rest – Menü 46/58 € – Karte 29/81 €

Seine Asienerfahrung bringt Jörg Richter hier gerne mit ein: Aus der Showküche kommen daher euro-asiatische Gerichte, die man in elegantem Rahmen (schön auch der Blick in den Garten) serviert bekommt.

X **Muschitz**

Fidel-Kreuzer-Str. 4, (im Münchner Haus) ✉ 86825 – ✆ (08247) 99 73 97 – www.muschitz-einrestaurant.de – geschl. Dienstag - Mittwoch

Rest – Menü 22 € (mittags)/70 € – Karte 31/59 €

Hier kocht der Chef zeitgemäß und saisonal, während sich die Chefin um die Gäste kümmert. Blickfang im Restaurant ist der schöne Mosaikfußboden. Terrasse mit großem Sonnenschirm.

WÖRTH AM RHEIN – Rheinland-Pfalz – 543 – 17 270 Ew – Höhe 106 m

54 E17

Berlin 681 – Mainz 129 – Karlsruhe 14 – Landau in der Pfalz 23

In Wörth-Maximiliansau Süd-Ost: 1,5 km, jenseits der A 65

XX **Zur Einigkeit**

Karlstr. 16 ✉ 76744 – ✆ (07271) 44 44 – www.einigkeit-maximiliansau.de – geschl. 22. Dezember - 10. Januar und Samstagmittag, Sonntag - Montag

Rest – Karte 43/74 €

Hier kennt man sich und vertraut auf die Empfehlungen von Gastgeber Franz Klöfer - Freude am Essen ist schließlich seine Philosophie! Trotz aller Bodenständigkeit ist die Küche gehoben, und auf der Weinkarte findet sich Interessantes aus der Region oder auch aus Frankreich. Im Frühjahr ist die Schlachtplatte ein Muss! Kleiner Innenhof.

WOLFACH – Baden-Württemberg – 545 – 5 830 Ew – Höhe 262 m – Luftkurort

54 E19

Berlin 750 – Stuttgart 137 – Freiburg im Breisgau 57 – Freudenstadt 38

Hauptstr. 41, ✉ 77709, ✆ (07834) 83 53 53, www.wolfach.de

In Wolfach-Kirnbach Süd: 5 km

Kirnbacher Hof (mit Gästehaus)

Untere Bahnhofstr. 2 ✉ 77709 – ✆ (07834) 61 11 – www.kirnbacher-hof.de

20 Zim – †49/69 € ††84/98 € – ½ P

Rest – *(Montag - Freitag nur Abendessen)* Karte 23/39 €

Hier passt alles zusammen: die idyllische Lage in einem ruhigen Seitental, die sympathisch-familiäre Atmosphäre und Zimmer zum Wohlfühlen (hier hat man auch an Familien mit Kindern gedacht). Im Restaurant fährt man zweigleisig: zum einen bürgerliche Gerichte, zum anderen ein modern inspiriertes Menü.

In Wolfach-St. Roman Nord-Ost: 12 km Richtung Schiltach, nach 7 km links – Höhe 673 m

Adler

St. Roman 14 ✉ 77709 – ✆ (07836) 9 37 80 – www.naturparkhotel-adler.de

56 Zim – †80/131 € ††140/222 € – 1 Suite – ½ P

Rest *Adler* – siehe Restaurantauswahl

Ein zum Hotel gewachsener Gasthof mit über 350-jähriger Familientradition - und man hat nochmal erweitert: Es sind neue Zimmer hinzugekommen und der Spa bietet noch mehr in Sachen Baden, Sauna und Beauty! Man hat auch Familienappartements.

XX **Adler** – Hotel Adler

St. Roman 14 ✉ 77709 – ✆ (07836) 9 37 80 – www.naturparkhotel-adler.de

Rest – Menü 19/42 € – Karte 25/43 €

Man sitzt in zwei ländlich-gemütlichen Stuben (im Winter sorgt der Kachelofen für behagliche Wärme) oder im lichten Wintergarten. Die regional-klassische Küche, z. B. "Terrine vom Damhirsch mit Apfelsalat", ist ambitioniert und preislich fair.

WOLFEGG – Baden-Württemberg – 545 – 3 450 Ew – Höhe 674 m 63 H21

Berlin 706 – Stuttgart 173 – Tübingen 138 – Appenzell 96

In Wolfegg-Alttann Nord: 2 km

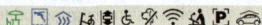

Allgäuer Hof

Waldseer Str. 36 ✉ 88364 – ✆ (07527) 2 90 – www.landhotel-allgaeuer-hof.de

57 Zim – 🚹58/64 € 🚹🚹104/116 €, ☕ 10 € **Rest** – Karte 19/34 €

Das im Ort am Hang gelegene Hotel bietet helle, wohnliche Komfortzimmer und einen schönen Freizeitbereich in klarem modernem Stil. Ältere, preigünstigere Zimmer im Haus Oberschwaben. Teil des Restaurants ist die ganz in hellem Holz gehaltene Wolfegg-Stube.

WOLFENBÜTTEL – Niedersachsen – 541 – 53 430 Ew – Höhe 75 m 30 J9

Berlin 240 – Hannover 74 – Braunschweig 12 – Goslar 31

Stadtmarkt 7, ✉ 38300, ✆ (05331) 8 62 80, www.wolfenbuettel-tourismus.de

Kissenbrück, Rittergut Hedwigsburg, ✆ (05337) 9 07 03

Lage★★ · Fachwerkhäuser★★ · Herzog-August-Bibliothek★ · Stadtmarkt★ · Schloss★(Turm★)

Parkhotel Altes Kaffeehaus

Harztorwall 18 ✉ 38300 – ✆ (05331) 88 80 – www.parkhotel-wolfenbuettel.de

75 Zim ☕ – 🚹81/91 € 🚹🚹111/138 € – ½ P

Rest – *(nur Abendessen, sonntags auch Mittagessen)* Menü 20/42 € – Karte 18/42 €

Sie sind noch erhalten, die denkmalgeschützten Mauern, in denen 1838 das namengebende Kaffeehaus eröffnet wurde! Heute befindet sich in dieser alten Weingrotte mit schönem Gewölbe das Restaurant. In den Zimmern erwartet Sie eine freundliche Einrichtung, auf der Terrasse Parkblick (im Sommer auch Frühstück).

Rilano 24/7 garni

Bahnhofstr. 9 ✉ 38300 – ✆ (05331) 9 88 60 – www.rilano.com

48 Zim – 🚹59/144 € 🚹🚹69/154 €, ☕ 11 €

Nicht nur praktisch, sondern auch sehr chic: Zum einen liegt das Hotel verkehrsgünstig am Altstadtrand (gleich beim Bahnhof), zum anderen ist der stilvolle topmoderne Style der Zimmer ein echter Hingucker: klares Design, ein Mix aus Weiß und Lila, dazu dunkler Holzboden! Angeschlossen ist ein Freizeitcenter.

Landhaus Dürkop garni

Alter Weg 47 ✉ 38302 – ✆ (05331) 70 53 – www.landhaus-duerkop.de

30 Zim ☕ – 🚹64 € 🚹🚹99 € – 2 Suiten

Was dieses Hotel ausmacht? Es liegt relativ ruhig in einem Wohngebiet und dennoch nur 10 Gehminuten von Zentrum entfernt, die Preise sind fair und darüber hinaus sind die Dürkops schon viele Jahre sympathische Gastgeber!

WOLFRATSHAUSEN – Bayern – 546 – 18 000 Ew – Höhe 576 m 65 L21

Berlin 622 – München 39 – Garmisch-Partenkirchen 57 – Bad Tölz 23

Bergkramerhof, ✆ (08171) 4 19 10

Riedhof, ✆ (08171) 2 19 50

Haderbräu Stuben

Untermarkt 17 ✉ 82515 – ✆ (08171) 4 80 49 51 – www.haderbraeu-wolfratshausen.de – geschl. 10. - 24. August und Sonntag - Montagmittag

Rest – *(Oktober - April: nur Abendessen)* Menü 34/47 € – Karte 29/47 €

Das Konzept von Maximilian Plötz war schon in seinem früheren Restaurant ein Erfolg: geradlinige und feine alpenländische Küche aus frischen naturbelassenen Produkten. Viel gepriesen seine Tafelspitzgerichte! Wer die zwei gemütlichen Stuben besucht, parkt bequem auf den öffentlichen Parkplätzen hinterm Haus.

WOLFSBURG – Niedersachsen – 541 – 121 460 Ew – Höhe 63 m

Berlin 222 – Hannover 91 – Magdeburg 83 – Celle 80

ADAC Am Mühlengraben 22 B2

Willy-Brandt-Platz 3, Bahnhof B1, ✉ 38440, ✆ (05361) 89 99 30, www.wolfsburg-marketing.de

Bokensdorf, Oslоßer Weg 20, ✆ (05366) 12 23

Autostadt★★

The Ritz-Carlton

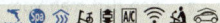

Parkstr. 1 (Autostadt) ✉ 38440 – ✆ (05361) 60 70 00 – www.ritzcarlton.de

153 Zim – †315/425 € ††315/425 €, ☕ 29 € – 21 Suiten B1**a**

Rest *Aqua* ✿✿✿ **Rest *The Grill*** – siehe Restaurantauswahl

Schon die Lage in der Autostadt von Volkswagen ist einzigartig, hinzu kommen das edle modern-elegante Interieur und der erstklassige Service. Ein Highlight des Spabereichs ist der schwimmende Außenpool zum Hafen hin.

einschlaf garni

An der St. Annen Kirche 24 ✉ 38440 – ✆ (05361) 70 97 44 – www.einschlaf.de

5 Zim – †98/149 € ††129/149 €, ☕ 18 € B1**s**

Es sind zwar nur fünf Zimmer, aber die sind wirklich top: wertig, chic, überall apartes klares Design... Und so erklärt sich auch der Name - hier kann man ja nur gut schlafen! Aber es ist nicht alleine die Ausstattung, auch die Führung ist beispielhaft. Und man ist berühmt für sein großes Frühstücksbuffet - das alleine lockt schon zahlreiche Gäste an!

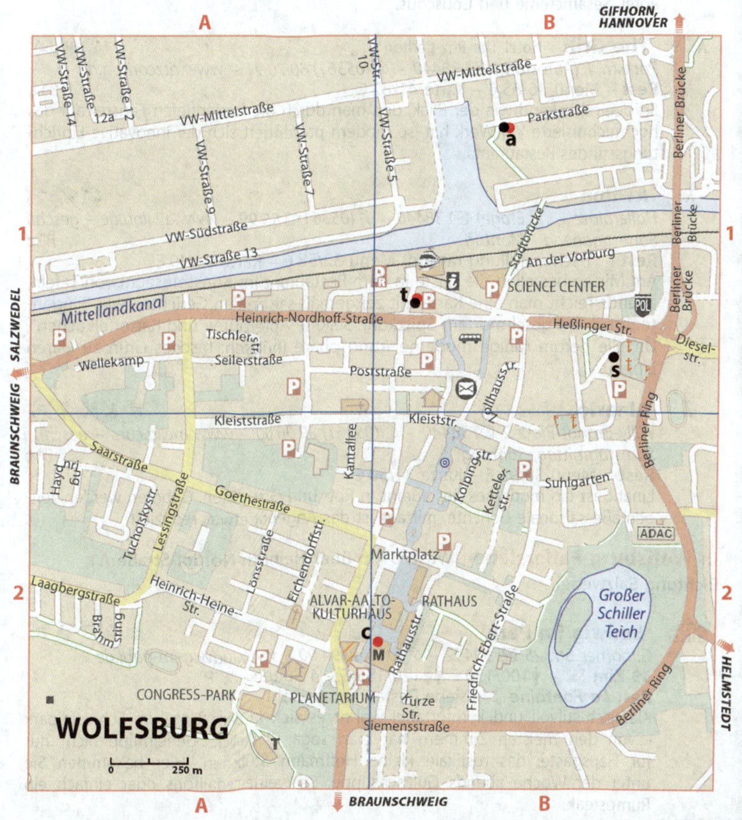

TRYP

Willy-Brandt-Platz 2 ✉ 38440 – ✆ (05361) 89 90 00 – www.tryphotels.com/wolfsburg B1**t**

121 Zim – 139/299 € 177/337 € – ½ P

Rest *Linario* – siehe Restaurantauswahl

Wer in dem sehr gut besuchten Hotel nahe Bahnhof und Autostadt übernachten möchte, sollte zeitig buchen! Der Komfort stimmt: Dank stetiger Investitionen darf man vom Kopfkissen bis zum Schallschutzfenster hochwertiges Interieur erwarten!

Aqua – Hotel The Ritz-Carlton

Parkstr.1 (Autostadt) ✉ 38440 – ✆ (05361) 60 60 56 – www.restaurant-aqua.com – geschl. Anfang Januar 2 Wochen, nach Ostern 1 Woche, Juli - August 3 Wochen und Sonntag - Montag B1**a**

Rest – *(nur Abendessen)* (Tischbestellung ratsam) Menü 135/205 € – Karte 112/184 €

Mit seinen "Visionen" und "Impressionen" sichert sich Sven Elverfeld seinen Platz unter den Spitzenreitern der deutschen Gastronomie. Moderne und kreative Elemente dienen hier ausschließlich dem bemerkenswerten Ausdruck und dem vollen Geschmack der Gerichte, nicht etwa der Effekthascherei. Über jeden Zweifel erhaben ist auch der elegante Service.

➜ Sot-l'y-laisse und Reis - Mimolette. Odenwälder Schnecken und glasiertes Kalbsbries - Knollensellerie, Champignons, Feldsalat. Gewürz Taube - Kefir, Granatapfel, Sesamcreme und Couscous.

The Grill – Hotel The Ritz-Carlton

Parkstr. 1 (Autostadt) ✉ 38440 – ✆ (05361) 60 70 91 – www.ritzcarlton.de

Rest – Menü 36/65 € – Karte 41/62 € B1**a**

So beeindruckend wie der Blick, den man durch die bodentiefen Fenster auf das hochtechnisierte VW-Werk hat, so modern präsentiert sich der innovative Einrichtungsstil des Restaurants.

Awilon

Hollerplatz 1, (2. Etage) ✉ 38440 – ✆ (05361) 2 55 99 – www.awilon.de – geschl. Sonntagabend - Montag B2**c**

Rest – (Tischbestellung ratsam) Menü 32/58 € – Karte 33/49 €

Am Mittag bestellen die Gäste in dem Restaurant im Kunstmuseum von Tafeln, abends reicht man eine Karte mit zeitgemäß-saisonalen Gerichten wie "Flugentenbrust mit geschmortem Spitzkohl, Sellerie-Apfelpüree und Kartoffelkuchen". Um Sie herum ruhige moderne Atmosphäre (hübsch: frisches Grün zu klaren Linien).

Linario – Hotel TRYP

Willy-Brandt-Platz 2 ✉ 38440 – ✆ (05361) 89 90 00 – www.melia.com – geschl. Samstagmittag, Sonntag B1**t**

Rest – Menü 30/95 € – Karte 31/50 €

Linario ist ein modernes Restaurant in Rot- und Grautönen. Geboten werden zeitgemäße saisonale Gerichte, mittags ist das Angebot etwas reduziert.

In Wolfsburg-Fallersleben West: 6 km über Heinrich-Nordof-Straße A1, Richtung Salzwedel

Ludwig im Park

Gifhorner Str. 25 ✉ 38442 – ✆ (05362) 94 00 – www.ludwig-im-park.de

39 Zim – 100/130 € 120/185 € – 4 Suiten – ½ P

Rest *La Fontaine* – siehe Restaurantauswahl

Klassisch-stilvoll und komfortabel wohnt es sich in dem Hotel im Schwefelpark - von den meisten Zimmern hat man sogar Parkblick. Geheimtipp nicht nur für Hausgäste: das rustikale kleine Hoffmann Stübchen. Hier bekommen Sie unter der Woche abends Gulaschsuppe, Schweinemedaillons oder einfach ein Rumpsteak.

La Fontaine – Hotel Ludwig im Park

Gifhorner Str. 25 ✉ *38442 –* ✆ *(05362) 94 00 – www.ludwig-im-park.de – geschl. Anfang Januar 2 Wochen und Sonntag - Montag*
Rest – *(nur Abendessen)* Menü 78/125 € – Karte 54/76 €
Klassischer kann ein Restaurant wohl kaum sein, Höhepunkt ist ganz klar die Küche von Hartmut Leimeister. Dazu gehören z. B. Meeresfrüchte aus dem Bassin - auch wenn diese sich nicht unbedingt immer auf der Karte finden!
➜ Feines vom Hummer - Süppchen, marinierter Hummer, Terrine. Gebratene Steinbuttschnitte auf asiatischem Pfannengemüse mit Zitronengras-Chilibutter. Dome von Nougat und Limone mit Physaliskompott.

In Wolfsburg-Neuhaus Ost: 5 km über Heßlinger Straße B1

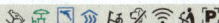

An der Wasserburg

An der Wasserburg 2 ✉ *38446 –* ✆ *(05363) 94 00 – www.an-der-wasserburg.de*
62 Zim – †100/155 € ††140/205 €, ☕ 10 € – 3 Suiten
Rest *Saphir* – siehe Restaurantauswahl
Rest *Romantik* – Menü 30/55 € – Karte 28/43 €
Wer hier die Business- oder Superior-Zimmer bucht, wohnt besonders fein, individuell und zeitgemäß - teilweise sieht man auch das Gebälk des alten Fachwerkhauses! Erfolgreich arbeiten kann man im separaten Tagungszentrum, entspannen bei Kosmetik und Massage. Restaurant Romantik: angenehm hell und zurückhaltend modern.

Saphir – Hotel An der Wasserburg

An der Wasserburg 2 ✉ *38446 –* ✆ *(05363) 94 00 – www.an-der-wasserburg.de*
Rest – *(geschl. Sonntag -Montag) (nur Abendessen)* (Tischbestellung erforderlich) Menü 65/94 €
Das ist der neue "Edelstein" im gastronomischen Bereich des gepflegten Businesshotels! Es erwarten Sie hier ein klassisch ausgerichtetes Menü aus Silvio Langes Küche, ein geschmackvolles Ambiente und entsprechend guter Service.

In Wolfsburg-Sandkamp West: 3 km über Heinrich-Nordoff-Straße A1

Jäger

Eulenweg 3 ✉ *38442 –* ✆ *(05361) 3 90 90 – www.hotel-jaeger-wolfsburg.de*
60 Zim ☕ – †65/95 € ††100/120 € – ½ P
Rest *Jott* – ✆ (05361) 39 09 95 *(geschl. Samstagmittag, Sonntag)* Karte 29/48 €
Chefin Annegret Schmidt kennt ihre Gäste, und die schätzen die familiäre und engagierte Führung. Man bietet aber noch mehr: zeitgemäße Zimmer, eine sehr schöne großzügige Lobby, internationale Küche, reichlich Parkplätze vor der Tür... Außerdem wohnt man hier ruhig und in die Stadt ist es auch nicht weit!

In Wolfsburg-Westhagen West: 5 km über Heinrich-Nordoff-Straße A1

Strijewski's

Rostocker Str. 2 ✉ *38444 –* ✆ *(05361) 8 76 40 – www.hotel-strijewski.de*
50 Zim ☕ – †93/98 € ††123/135 € – ½ P
Rest – *(geschl. Samstag)* Menü 22 € – Karte 22/33 €
Das in einem Wohngebiet gelegene Hotel wird gut geführt und ist sehr gepflegt. Die Zimmer sind funktionell ausgestattet, praktisch ist die Anbindung an Stadt und Autobahn. Restaurant mit bürgerlichem Ambiente.

In Weyhausen Nord-West: 9 km über Berliner Brücke B1, Richtung Hannover

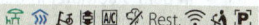

Alte Mühle

Rest,

Wolfsburger Str. 72 (B188) ✉ *38554 –* ✆ *(05362) 9 80 00 – www.altemuehle.bestwestern.de*
52 Zim – †99/221 € ††130/245 €, ☕ 14 € – ½ P
Rest – *(geschl. Samstagmittag)* Menü 26 € (mittags) – Karte 27/41 €
Zum einen ist hier die Lage günstig (gute Autobahnanbindung), zum anderen überzeugen die Zimmer mit viel Platz und einem frischen modernen Ambiente. Nach dem Essen (die Küche ist international ausgerichtet) können Sie es sich noch in der großzügigen Bar gemütlich machen.

WOLGAST – Mecklenburg-Vorpommern – 542 – 11 970 Ew – Höhe 20 m 14 P4

Berlin 210 – Schwerin 193 – Rügen (Bergen) 90 – Greifswald 34

Rathausplatz 10, ✉ 17438, ☎ (03836) 60 01 18, www.wolgast.de

Peenebrücke garni 

Burgstr. 2 ✉ 17438 – ☎ (03836) 2 72 60 – www.hotel-peenebruecke.de – geschl. Ende Dezember - Anfang Januar

20 Zim – 54/84 € 69/94 €

Ein gepflegtes rekonstruiertes Patrizierhaus a. d. 16. Jh. Nett ist der freundliche Frühstücksraum mit freigelegtem Fachwerk. Einige geräumige Appartements sind gut für Familien geeignet.

WOLMIRSTEDT – Sachsen-Anhalt – 542 – 12 010 Ew – Höhe 51 m 31 L9

Berlin 152 – Magdeburg 14 – Gardelegen 50 – Stendal 47

Wolmirstedter Hof 

August-Bebel-Str. 1 (Zufahrt über Friedensstraße) ✉ 39326 – ☎ (039201) 2 27 27 – www.wolmirstedter-hof.de

20 Zim – 40/45 € 67/73 €, 5 € – ½ P

Rest – *(geschl. Sonntagabend - Montagmittag)* Menü 12/20 € – Karte 15/24 €

Sehr gepflegte Gästezimmer bietet der Inhaber in seinem kleinen Hotel in der Ortsmitte. In einem der Zimmer schläft man sogar in einem Wasserbett. In gemütlich-uriger Atmosphäre trinkt man zu böhmischen Gerichten das bekannte tschechische Bier Starobrno.

WOLPERTSWENDE – Baden-Württemberg – siehe Weingarten

WORMS – Rheinland-Pfalz – 543 – 81 740 Ew – Höhe 100 m 47 F16

Berlin 607 – Mainz 45 – Mannheim 25 – Darmstadt 43

ADAC Friedrich-Ebert-Str. 84

Neumarkt 14, ✉ 67547, ☎ (06241) 8 53 73 06, www.touristinfo-worms.de

Lage★ · Dom St. Peter★★ (Westchor★★ · Reliefs aus dem Leben Christi★) · Judenfriedhof★★ · Museum Heylshof★ (Gemäldesammlung★)

Parkhotel Prinz Carl 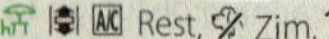

Prinz-Carl-Anlage 10 ✉ 67547 – ☎ (06241) 30 80 – www.parkhotel-prinzcarl.de – geschl. 24. Dezember - 2. Januar

88 Zim – 88/98 € 131 € – 2 Suiten – ½ P

Rest – *(geschl. Samstagmittag, Sonntag sowie an Feiertagen) (nur für Hausgäste)* Menü 25/50 € – Karte 31/54 €

Schöne historische Gebäude - darunter "Kunsthaus" und "Kapelle" - auf einem ehemaligen Kasernengelände. Das Hotel ist auf Businessgäste zugeschnitten und bietet wohnliche Zimmer und Suiten. Internationale Küche im Restaurant.

Dom-Hotel garni 

Obermarkt 10 ✉ 67547 – ☎ (06241) 90 70 – www.dom-hotel.de

53 Zim – 70/88 € 90/120 € – 2 Suiten

In dem Stadthotel in der Fußgängerzone erwarten Sie wohnlich-solide und funktional eingerichtete Gästezimmer; von einigen schaut man zum Obermarkt. Heller Frühstücksraum.

Central garni 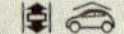

Kämmererstr. 5, (1. Etage) (Zufahrt über Schildergasse 3) ✉ 67547 – ☎ (06241) 6 45 70 – www.centralhotel-worms.de

19 Zim – 59/65 € 85/95 €

Ein gut geführtes Etagenhotel am Anfang der Fußgängerzone gegenüber dem Marktplatz, in dem gepflegte zweckmäßige Zimmer bereitstehen.

Kriemhilde

Hofgasse 2 ✉ 67547 – ✆ (06241) 9 11 50 – www.hotel-kriemhilde.de
18 Zim – 44/60 € 66/80 € – ½ P
Rest – *(geschl. Samstag, Januar - Ende April: Samstag, Sonntagabend)*
Menü 11 € (mittags unter der Woche) – Karte 18/50 €
Hier wohnt man in einem familiengeführten kleinen Hotel direkt neben dem Dom. Die Zimmer sind etwas unterschiedlich gestaltet und bieten eine funktionelle Ausstattung. Restaurant mit bürgerlichem Angebot.

Tivoli

Adenauer-Ring 4b ✉ 67547 – ✆ (06241) 2 84 85 – geschl. Montag
Rest – Menü 16 € (mittags unter der Woche)/60 € – Karte 24/48 €
Auch nach 35 Jahren bleibt man in diesem Familienbetrieb in der Innenstadt seiner italienischen Frischeküche treu. Die Gäste schätzen den persönlichen Service.

Das Symbol in Rot weist auf besonders ruhige Häuser hin – hier ist nur der Gesang der Vögel am frühen Morgen zu hören…

WORPSWEDE – Niedersachsen – 541 – 9 410 Ew – Höhe 17 m – Erholungsort

18 G6

Berlin 383 – Hannover 142 – Bremen 26 – Bremerhaven 59
Bergstr. 13, ✉ 27726, ✆ (04792) 93 58 20, www.worpswede.de
Vollersode, Paddewischer Weg, ✆ (04763) 73 13
GC Lilienthal e.V., An der 1. Landwehr, ✆ (04298) 69 70 69

Eichenhof

Zim,

Ostendorfer Str. 13 ✉ 27726 – ✆ (04792) 26 76 – www.eichenhof-worpswede.de
20 Zim – 81/110 € 158/165 € – ½ P
Rest – *(geschl. Montagabend, Oktober - März: Montagabend, Sonntag) (nur Abendessen)* Menü 39/57 € – Karte 35/61 €
Über eine lange Eichenallee erreicht man das ehemalige Landgut, dessen geschmackvoll eingerichtete Gebäude umgeben sind von einem Park mit altem Baumbestand. Modernes Restaurant in kräftigem Rot. Man hat wechselnde Vernissagen regionaler Künstler im Haus.

Buchenhof garni

Ostendorfer Str. 16 ✉ 27726 – ✆ (04792) 9 33 90 – www.hotel-buchenhof.de
28 Zim – 74 € 95/130 €
Die einstige Künstlervilla besticht durch ihr stilvolles Interieur mit zahlreichen schönen Antiquitäten. Von der netten Café-Terrasse schaut man in den Garten mit altem Baumbestand.

Village Hotel am Weyerberg garni

Bergstr. 22 ✉ 27726 – ✆ (04792) 9 35 00 – www.village-worpswede.de
9 Zim – 76/92 € 136/160 €
Ein kleines Hotel in der Ateliergegend mit wohnlich-individuellen Maisonetten, modern-eleganten Frühstückraum sowie Café mit Bistroangebot. Galerie im Haus.

Kaffee Worpswede

Lindenallee 1 ✉ 27726 – ✆ (04792) 10 28 – www.kaffee-worpswede.de – geschl. Montag - Dienstag
Rest – (Tischbestellung ratsam) Menü 38/45 € – Karte 29/55 €
Eine Buddha-Skulptur ("Bonze des Humors") begrüßt Sie auf dem von Bernhard Hoetger gestalteten Anwesen. In dem sehenswerten Backsteingebäude von 1925 serviert man freundlich schmackhafte internationale Küche. Wählen Sie z. B. die "Lammhüfte in Olivenkruste mit mediterranem Gemüse".

WREMEN – Niedersachsen – 541 – 1 970 Ew – Höhe 2 m – Seebad 8 F5

Berlin 419 – Hannover 199 – Bremerhaven 16 – Cuxhaven 30

Upstalsboom Hotel Deichgraf

Rest, Rest,

Strandstr. 54 ✉ 27638 – ✆ (04705) 6 60 40 – www.upstalsboom.de/deichgraf

32 Zim – 109/144 € 168/258 € – 2 Suiten – ½ P

Rest – Menü 29/48 € (abends) – Karte 32/59 €

Schön ist die ruhige Lage auf dem Deich. Das Hotel bietet wohnliche Zimmer, die Superior-Kategorie ist am komfortabelsten. In der 1. und 2. Etage haben die Zimmer Balkone. Tolle Aussicht auch vom Restaurant und der Terrasse.

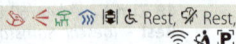

Gasthaus Wolters - Zur Börse

Lange Str. 22 ✉ 27638 – ✆ (04705) 12 77 – www.zur-boerse.de – geschl. Ende März - Anfang April 2 Wochen, Oktober - November 3 Wochen und Januar - Mai: Dienstag - Mittwoch, Juni - Dezember: Dienstag - Mittwochmittag

Rest – (Tischbestellung ratsam) Menü 28 € (vegetarisch)/54 € – Karte 20/49 €

Neben der Kirche steht das nette Gasthaus a. d. 18. Jh., das einst der Viehbörse diente. In gediegenem Ambiente bietet man schmackhafte Speisen mit reichlich regionalen Produkten der Saison. Probieren Sie unbedingt die leckere "Rote Grütze mit Vanillesoße", "Kalbsbäckchen vom Wurster Niederungsrind" oder "Röhrkohl", eine heimische Spezialität!

WÜNNENBERG, BAD – Nordrhein-Westfalen – 543 – 12 260 Ew – Höhe 280 m – Kneippheilbad 28 F11

Berlin 455 – Düsseldorf 168 – Detmold 62 – Arnsberg 75

Im Aatal 3, ✉ 33181, ✆ (02953) 9 98 80, www.wuennenberg.de

Parkhotel garni

Hoppenberg 2 ✉ 33181 – ✆ (02953) 83 49 – www.parkhotel-hegers.de

8 Zim – 55/65 € 65/85 €

In dem langjährigen Familienbetrieb in ruhiger Ortsrandlage erwarten Sie funktionell ausgestattete Gästezimmer in klassischem Stil, teilweise mit Balkon.

WÜRSELEN – Nordrhein-Westfalen – 543 – 37 700 Ew – Höhe 195 m 35 A12

Berlin 635 – Düsseldorf 80 – Aachen 9 – Mönchengladbach 47

Alte Feuerwache - Podobnik's Gourmet Restaurant

Oppener Str. 115 ✉ 52146 – ✆ (02405) 4 29 01 12 – www.alte-feuerwache-wuerselen.de – geschl. Januar 1 Woche, Mai 2 Wochen, September 2 Wochen und Sonntag - Montag

Rest – *(nur Abendessen)* (Tischbestellung erforderlich) Menü 90/138 €

Rest Alte Feuerwache - Podobnik's Bistro – siehe Restaurantauswahl

Das Restaurant ist ein bisschen kleiner geworden, das Küchenkonzept ist geblieben: Mit nur vier Tischen und modern-elegantem Interieur hat dieses Gourmet-Séparée schon etwas Exklusives - genau richtig für das 4- bis 7-gängige Menü von Kurt Podobnik!

→ Rillettes von der Gänseleber und Kaninchen, Pistaziencreme, Rote-Beete-Vinaigrette. Zanderfilet auf der Haut kross gebraten, Kräuter-Olivenöl-Emulsion, Kopfsalat-Risotto mit Kalbskopf. Suprême vom Mais-Stubenküken mit Spitzmorcheln in Sherrysauce und Erbsenpüree.

Alte Feuerwache - Podobnik's Bistro

Oppener Str. 115 ✉ 52146 – ✆ (02405) 4 29 01 12 – www.alte-feuerwache-wuerselen.de – geschl. Sonntag - Montag

Rest – Menü 32/47 € – Karte 38/55 €

Geradliniges Design und ungezwungene Atmosphäre, dazu geschulter Service und gutes Essen... das kommt an! Man kann in die Küche schauen, während dort schmackhafte überwiegend regional-saisonale Speisen zubereitet werden.

Berlin 500 – München 281 – Frankfurt am Main 119 – Nürnberg 110

ADAC Sternplatz 1 A2

Am Congress Centrum, ✉ 97070, ✆ (0931) 37 23 35, www.wuerzburg.de

Falkenhaus Marktplatz 9, Falkenhaus A1, ✉ 97070, ✆ (0931) 37 23 98, www.wuerzburg.de

Würzburg, Am Golfplatz 2, ✆ (0931) 6 78 90

Lage★★ · Residenz★★ (Treppenhaus★★, Freskengemälde★★, Kaisersaal★) · Hofkirche★ · Hofgarten★ B2 · Martin-von-Wagner-Museum★ (Gemäldegalerie★, Vasen★★) A1 · Dom (Sandsteinskulpturen★ · Bischofsgrabmäler★) AB1 · Alte Mainbrücke★ A2 · Festung Marienberg★ · Mainfränkisches Museum★★ · Fürstengarten (<★) · Käppele (Terrasse <★★)

Romantische Straße★★ (von Würzburg bis Füssen) · Bocksbeutelstraße★ (Maintal)

Stadtplan auf der nächsten Seite

Maritim Rest,

Pleichertorstr. 5 ✉ 97070 – ✆ (0931) 3 05 30 – www.maritim.de A1**k**

285 Zim – †99/274 € ††144/319 €, ☕ 18 € – 2 Suiten – ½ P

Rest – Karte 21/42 €

Rest *Viaggio* – ✆ (0931) 3 05 38 77 *(geschl. Anfang Juli - Ende September, Mitte Dezember - Anfang Januar und Sonntag sowie an Feiertagen) (nur Abendessen)* Karte 41/68 €

Rest *Weinstube* – ✆ (0931) 3 05 38 78 *(geschl. Anfang Juli - Ende September und Montag - Donnerstag) (nur Abendessen)* Karte 21/37 €

An das Kongresszentrum angeschlossenes Hotel direkt am Mainufer, ganz in der Nähe der Altstadt. Viele der Zimmer zum Innenhof und mit Balkon; auch Allergikerzimmer. Elegantes Viaggio mit internationaler Küche, regionales Angebot in der Weinstube.

Rebstock

Neubaustr. 7 ✉ 97070 – ✆ (0931) 3 09 30 – www.rebstock.com A2**v**

68 Zim – †109/162 € ††189/220 €, ☕ 15 € – 2 Suiten

Rest *KUNO 1408* ✿ – siehe Restaurantauswahl

Rest *Salon* – *(geschl. Sonntag)* Karte 37/49 €

Das Hotel hat eine hübsche denkmalgeschützte Rokokofassade, hinter der sich u. a. die besonders ansprechenden Komfortzimmer mit Lounge-Design und guter Technik sowie die Suite mit Blick auf die Festung verbergen. Im Salon bekommen Sie eine regional beeinflusste internationale Küche vom "Würz-Burger" bis zum Rumpsteak.

Novotel

Eichstr. 2 (Ecke Ludwigstraße) ✉ 97070 – ✆ (0931) 3 05 40 – www.novotel.com/5362 B1**f**

166 Zim – †83/124 € ††98/139 €, ☕ 18 € – 1 Suite – ½ P

Rest – Menü 21/77 € – Karte 19/47 €

Das Hotel in zentraler Lage ist eine ideale Adresse für Geschäfts- und Tagungsgäste. Die Ausstattung ist neuzeitlich-funktional, geräumiger sind die Zimmer der Executive-Kategorie.

Am Congress Centrum garni

Pleichertorstr. 26 ✉ 97070 – ✆ (0931) 2 30 79 70 – www.hotel-am-congress-centrum.de A1**c**

25 Zim – †89/115 € ††109/150 €, ☕ 5 € – 1 Suite

In dem hübschen Hotel in der Altstadt erwarten Sie elegante und komfortable Zimmer mit guter Technik. Im OG: Suite mit Aussicht. Gemütliche Atmosphäre im wohnlichen Frühstücksraum.

Walfisch Rest,

Am Pleidenturm 5 ✉ 97070 – ✆ (0931) 3 52 00 – www.hotel-walfisch.com

40 Zim – †88/108 € ††99/149 €, ☕ 10 € – ½ P A2**b**

Rest – *(geschl. Sonntagabend)* Karte 21/47 €

Bereits seit 1919 befindet sich das Haus mit den neuzeitlichen, technisch gut ausgestatteten Zimmern im Besitz der Familie Schwarzmeier. Schön ist der Blick auf Main und Festung. Im Restaurant mit Terrasse zur Mainpromenade bietet man bürgerlich-regionale Küche.

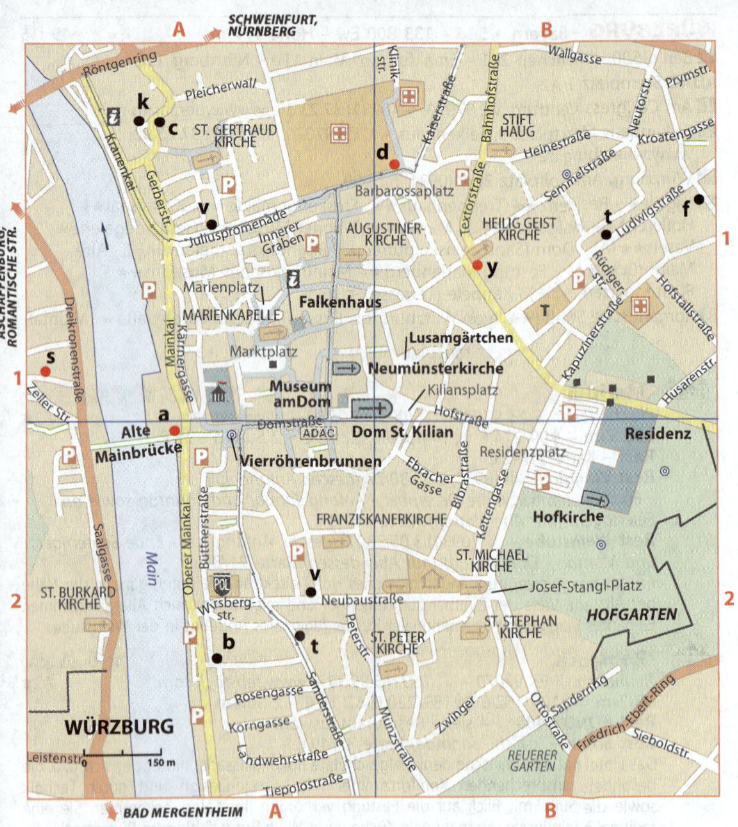

Amberger garni

Ludwigstr. 17 ✉ *97070 – ☎ (0931) 3 51 00 – www.hotel-amberger.de – geschl. 22. Dezember - 7. Januar* B1**t**

70 Zim ☕ – 🛉81/105 € 🛉🛉99/135 €

Wenige Gehminuten von der Fußgängerzone finden Sie dieses familiär geleitete Hotel mit freundlichen Mitarbeitern und wohnlichen, praktisch ausgestatteten Zimmern.

Strauss

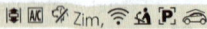

Juliuspromenade 5 ✉ *97070 – ☎ (0931) 3 05 70 – www.hotel-strauss.de*

75 Zim – 🛉61/80 € 🛉🛉80/85 €, ☕ 10 € – ½ P A1**v**

Rest – *(geschl. Januar und Dienstag)* Menü 16 € (mittags)/31 € – Karte 21/35 €

Die Lage in Altstadtnähe, unweit des Bahnhofs, sowie funktionelle, z. T. neuzeitlicher eingerichtete Gästezimmer sprechen für dieses familiengeführte Hotel. Restaurant in rustikalem Stil.

Till Eulenspiegel

Sanderstr. 1a ✉ *97070 – ☎ (0931) 35 58 40 – www.hotel-till-eulenspiegel.de – geschl. 23. Dezember - 6. Januar (Hotel)* A2**t**

20 Zim ☕ – 🛉75/99 € 🛉🛉105/125 €

Rest *Weinstube* – ☎ (0931) 35 81 30 56 *(nur Abendessen)* Menü 19 € – Karte 16/25 €

Das kleine Hotel in Uninähe, wenige Minuten von der Fußgängerzone ist solide, gepflegt und preislich fair. Fragen Sie nach den Zimmern zum Innenhof - sie sind ruhiger und haben einen Balkon. Zum Essen oder auf ein Bier (davon gibt es 18 verschiedene gezapfte!) geht man in die gemütliche holzverkleidete Weinstube mit Bierkeller.

Ghotel (N)

Schweinfurter Str. 1 (über Ludwigstraße B1) ✉ 97080 – ✆ (0931) 35 96 20 – www.ghotel.de

196 Zim – †71/139 € ††81/149 €, ☕ 12 € – 8 Suiten – ½ P

Rest – Karte 24/42 €

Mit seiner modernen Einrichtung und der zentralen, verkehrsgünstigen Lage spricht das Hotel vor allem den Businessgast an, am Wochenende wird das Haus aber auch gerne von Stadttouristen gebucht. Verteilt über 17 Etagen, bieten die Zimmer teilweise eine schöne Sicht über Würzburg, einige haben auch eine kleine Küchenzeile.

KUNO 1408 (N) – Hotel Rebstock

Neubaustr. 7 ✉ 97070 – ✆ (0931) 3 09 30 – www.rebstock.com – geschl. Anfang Januar 2 Wochen, August und Sonntag - Montag sowie an Feiertagen

Rest – *(nur Abendessen)* Menü 54/87 € A2**v**

Mit diesem neuen Gourmetrestaurant hat wieder ein Stück Moderne im traditionsreichen Rebstock Einzug gehalten. Einer der ersten Besitzer des seit 1408 als Gasthaus bekannten Anwesens war Kuno vom Rebstock - daher der Name. Für die Leitung der Küche ist Benedikt Faust ins heimische Unterfranken zurückgekehrt. Seine Menüs: "Wilde Heimat" und "Junges Franken".

→ Heimisches Rindvieh - Brotkohle, Ei. 3 mal vom Milchklab - Blumenkohl, Kraut, Aromen. Blaubeerkuchen - Mohn, Honig.

REISERS am Stein

Mittlerer Steinbergweg 5 (über Röntgenring A1) ✉ 97080 – ✆ (0931) 28 69 01 – www.der-reiser.de – geschl. Juli 2 Wochen und Sonntag

Rest – *(nur Abendessen)* (Tischbestellung ratsam) Menü 69 € – Karte 53/59 €

Frischer Wind in diesem Würzburger Klassiker in toller Lage in den Weinbergen! Caroline Baum - nach einem Jahr in San Francisco hat sie nun hier ihre neue Wirkungsstätte - überzeugt mit ihrer ideenreichen und exakten Küche, angenehm der professionelle junge Service. Tipp: Unter der Woche gibt es spezielle Menüs für werdende Gourmets: Ihr Alter bestimmt den Preis!

→ Tatar vom Weideochsen, geeiste grüne Bohnen, Sardine und rote Zwiebeln. Gebratener Zander, Kalbsschwanz-Tortellini, Gillardeau Auster und Meerrettich. Käsekuchen, schwarze Olive, Fenchel und Zitronenbuttereis.

Schiffbäuerin

Katzengasse 7 ✉ 97082 – ✆ (0931) 4 24 87 – www.schiffbaeuerin.de – geschl. 1. - 7. Januar, 19. Juli - 21. August und Sonntagabend - Montag sowie an Feiertagen abends, Juni - August: Sonntagabend - Dienstag A1**s**

Rest – Karte 25/43 €

Wo im 19. Jh. die Tochter eines Schiffbauers eine Weinwirtschaft betrieb, serviert man heute in einem rustikalen Restaurant frische Fischgerichte aus den eigenen Bassins.

Alte Mainmühle

Mainkai 1 ✉ 97070 – ✆ (0931) 1 67 77 – www.alte-mainmuehle.de

Rest – (Tischbestellung ratsam) Menü 27/45 € – Karte 17/49 € A2**a**

Regional und international kocht man in dem behaglichen Restaurant direkt an der alten Mainbrücke. Sehr beliebt sind die Tische in den Gauben, schön der Ausblick.

FRÄNKISCHE WEINSTUBEN: *gemütliche Lokale mit Weinen und Speisen aus der Region.*

Weinstuben Juliusspital

Juliuspromenade 19 ✉ 97070 – ✆ (0931) 5 40 80 – www.weinstuben-juliusspital.de B1**d**

Rest – Menü 18/44 € – Karte 19/43 €

In dem gemütlichen Lokal in der Innenstadt sitzt man in rustikalen Stuben mit historischem Flair oder im hübschen Innenhof. Regionale Küche und Weine vom eigenen Weingut.

Bürgerspital-Weinstuben

Theaterstr. 19 ✉ 97070 – ✆ (0931) 35 28 80 – www.buergerspital-weinstuben.de
Rest – Menü 20/50 € – Karte 21/46 € B1y
In dem schmucken historischen Gebäude mit seinem schönen weißen Kreuzgewölbe wird bürgerliche Küche mit Fischgerichten geboten, dazu Weine des Bürgerspitals. Kleine "Einbar".

In Würzburg-Heidingsfeld Süd: 3 km über Friedrich-Ebert-Ring B2

Reisers am Golfplatz

Am Golfplatz 2 ✉ 97084 – ✆ (0931) 99 17 26 40 – www.der-reiser.de – geschl. 1. Januar - 28. Februar und März - April: Montag, Oktober: Montag, Dezember: Montag - Dienstag
Rest – Menü 35 € – Karte 32/50 €
Hier bietet man "mediterrane Alpenküche". Geradliniger Stil und warme Töne bestimmen das Ambiente, durch die Fensterfront blickt man auf den Golfplatz.

Am Stein Nord-West, über Röntgenring A1

Schloss Steinburg

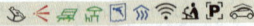

Mittlerer Steinbergweg 100 (schmale Zufahrt ab Unterdürrbach) ✉ 97080 – ✆ (0931) 9 70 20 – www.steinburg.com
69 Zim – 120/205 € 156/255 € – ½ P
Rest – Menü 48/75 € – Karte 37/56 €
Die schöne Anlage entstand auf den Überresten einer alten Burg. Mit Stilmöbeln eingerichtete, teils besonders wohnliche Zimmer, einige mit Blick auf die Stadt. Gehobene internationale Küche im Rittersaal, im Kaminzimmer oder auf der hübschen Gartenterrasse.

In Rottendorf über Ludwigstraße B1: 6 km

Waldhaus

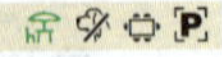

Waldhaus 1 (nahe der B 8) ✉ 97228 – ✆ (09302) 9 22 90 – www.waldhaus-leonhardt.de – geschl. Mitte August - Anfang September, Ende Dezember 1 Woche und Donnerstag
Rest – Karte 19/31 €
Ein bei Familien beliebtes Idyll am Waldrand mit gemütlicher Atmosphäre. Die Küche ist regional und international, auf der Karte finden sich viele Fischgerichte.

In Biebelried über Ludwigstraße B1: 12 km

Leicht

Würzburger Str. 3 (B8) ✉ 97318 – ✆ (09302) 91 40 – www.hotel-leicht.de – geschl. 21. Dezember - 6. Januar
69 Zim – 66/100 € 108/149 € – 2 Suiten – ½ P
Rest – *(geschl. Sonntagmittag)* Menü 20/55 € – Karte 18/53 €
Das ehemals als Herberge der Johanniterkommende genutzte Anwesen bietet in ländlichem Stil gehaltene Zimmer mit zeitgemäßem Komfort sowie diverse Tagungsräume und behagliche rustikale Gaststuben. Gute Autobahnanbindung.

In Erlabrunn über Röntgenring A1: 12 km

Weinhaus Flach (mit Gästehaus)

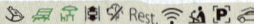

Rest,

Würzburger Str. 14 ✉ 97250 – ✆ (09364) 81 25 50 – www.hotel-weinhaus-flach.de – geschl. Mitte Januar - Anfang Februar, 20. - 30. August
30 Zim – 52/70 € 82/90 € – 1 Suite – ½ P
Rest – *(geschl. Dienstag) (Montag - Freitag nur Abendessen)* Karte 19/29 €
Das Haus ist seit mehreren Generationen in Familienhand. Es stehen zeitgemäße, wohnliche Zimmer bereit, zudem hat man ein eigenes Weingut und einen Hofladen mit Wein, Bränden und Gewürzen. Gemütlich-rustikales Ambiente im Restaurant.

WUNSIEDEL – Bayern – 546 – 9 520 Ew – Höhe 537 m – Wintersport: 51 M15

Berlin 353 – München 280 – Weiden in der Oberpfalz 55 – Bayreuth 48
Jean-Paul-Str. 5, ✉ 95632, (09232) 60 21 62, www.wunsiedel.de
Luisenburg★★, Süd: 3 km

In Wunsiedel-Göpfersgrün Ost: 5 km, Richtung Thiersheim

Wirtshaus im Gut 
Göpfersgrün 2 ✉ 95632 – (09232) 91 77 67 – www.wirtshausimgut.de – geschl. Ende August - Mitte September 3 Wochen und Montagabend - Dienstag
Rest – (Tischbestellung ratsam) Karte 16/40 €
Das hier ist ein wirklich schöner, gemütlicher Landgasthof! Zum umfangreichen Angebot der saisonalen (Kräuter-) Küche gehören auch Süßwasserfische aus dem Becken. Und jeden Mittwoch gibt's Kronfleisch als Spezialität!

Bei der Luisenburg Süd-West: 2 km

Teschner's Restaurant 
Luisenburg 5 ✉ 95632 Wunsiedel – (09232) 9 15 47 26 – www.teschners-restaurant.de – geschl. Anfang Januar 1 Woche, September 2 Wochen und Sonntag - Montag
Rest – *(nur Abendessen)* Menü 41/77 € – Karte 30/55 €
Das Restaurant nahe der Freilichtbühne Luisenburg bietet in zwei schönen eleganten Räumen mit ländlicher Note eine zeitgemäße saisonale Küche. Hübsch ist auch die Terrasse.

WUNSTORF – Niedersachsen – 541 – 41 020 Ew – Höhe 43 m 18 H8

Berlin 306 – Hannover 24 – Bielefeld 94 – Bremen 99
Meerstr. 2, ✉ 31515, (05033) 9 50 10, www.steinhuder-meer.de

Cantera Naturstein Hotel garni 
Adolph-Brosang-Str. 32 ✉ 31515 – (05031) 95 29 10 – www.cantera.de
11 Zim – †89/145 € ††116/177 €
Die individuellen Zimmer und die schöne 2000 qm große Saunalandschaft in dem modernen Bau sind mit hochwertigem Naturstein ausgestattet, der auch zum Verkauf steht. Bistro mit Snacks.

In Wunstorf-Steinhude Nord-West: 8 km über B 441, in Hagenburg-Altenhagen rechts – Erholungsort

Schweers-Harms-Fischerhus 
Graf-Wilhelm-Str. 9 ✉ 31515 – (05033) 52 28 – www.fischerhus.de – geschl. 6. - 30. Januar und November - März: Montag, außer an Feiertagen
Rest – Karte 19/48 €
Mit urig-ländlichem Charme und allerlei liebenswertem Zierrat strahlt das einstige Bauernhaus Gemütlichkeit aus. Geboten wird bürgerliche Fischküche.

WUPPERTAL – Nordrhein-Westfalen – 543 – 349 730 Ew – Höhe 160 m 26 C11

Berlin 522 – Düsseldorf 40 – Essen 35 – Dortmund 48
ADAC Bundesallee 237 (Elberfeld)
Pavillon Döppersberg, ✉ 42103, (0202) 1 94 33, www.wuppertal.de
Siebeneickerstr. 386, (02053) 70 77
Sprockhövel, Frielinghausen 1, (0202) 64 96 30
Von der Heydt-Museum★

In Wuppertal-Elberfeld

Miraflores garni

Nützenberger Str. 23 (Zufahrt über Haarhausstraße) ✉ 42115 – ✆ (0202) 4 96 28 69 – www.hotelmiraflores.de

6 Zim – 🚹90/110 € 🚹🚹90/110 €, ☕8 €

Nicht von der Stange ist das kleine Hotel in dem Stadthaus a. d. 19. Jh. Es wird von der Gastgeberin freundlich und leger geführt und verbindet helle, moderne Einrichtung mit Altbau-Charme.

Am Husar

Jägerhofstr. 2 ✉ 42119 – ✆ (0202) 42 48 28 – www.amhusar.de – geschl. Mittwoch

Rest – *(nur Abendessen)* (Tischbestellung ratsam) Menü 18 € – Karte 28/63 €

Seit 30 Jahren wird dieses rustikal-gemütliche Restaurant von Familie Schmand geführt, die hier internationale Küche mit regionalen Einflüssen bietet.

In Wuppertal-Vohwinkel

Scarpati mit Zim

Rest,

Scheffelstr. 41 ✉ 42327 – ✆ (0202) 78 40 74 – www.scarpati.de

6 Zim ☕ – 🚹85/115 € 🚹🚹115 € – 1 Suite

Rest *Trattoria* – siehe Restaurantauswahl

Rest – Menü 65 € – Karte 34/65 €

Über 30 Jahre empfängt Familie Scarpati nun schon ihre Gäste in der Jugendstilvilla, und die schätzen sowohl das klassische Ambiente (stimmig die gepflegte Tischkultur und die zahlreichen stilvoll gerahmten Gemälde) als auch die italienische Küche. So richtig schön (und geschützt dank Markise) sitzt man auf der tollen Gartenterrasse. Tipp: Montags serviert man ein 6-gängiges Amuse-Bouche-Menü für 38 €.

Trattoria – Restaurant Scarpati

Scheffelstr. 41 ✉ 42327 – ✆ (0202) 78 40 74 – www.scarpati.de

Rest – Menü 27 € – Karte 31/57 €

Hier im eleganten Zweitrestaurant der Scarpatis können Sie etwas preiswerter und dennoch gut essen, z. B. "auf der Haut gebratener Wolfsbarsch mit Kartoffel-Artischockenfondue". Man wählt à la carte, mündliche Empfehlungen oder das Menü - zusätzlich gibt's von Mo. bis Fr. den günstigen Mittagstisch.

WURZACH, BAD – Baden-Württemberg – 545 – 14 280 Ew – Höhe 654 m – Moorheilbad

64 I21

Berlin 681 – Stuttgart 159 – Konstanz 121 – Kempten (Allgäu) 47

Mühltorstr. 1, ✉ 88410, ✆ (07564) 30 21 50, www.bad-wurzach.de

Adler (mit Gästehaus)

Schlossstr. 8 ✉ 88410 – ✆ (07564) 9 30 30 – www.hotel-adler-bad-wurzach.de

18 Zim ☕ – 🚹59/75 € 🚹🚹78/98 €

Rest *Adler* – siehe Restaurantauswahl

Familie Gut sorgt in dem Gasthof in der Ortsmitte dafür, dass alles gut in Schuss ist. So modernisiert man Schritt für Schritt und bietet gepflegte, helle und geräumige Zimmer. Außerdem werden die Gäste im ganzen Haus wirklich sehr freundlich betreut!

Adler – Hotel Adler

Schlossstr. 8 ✉ 88410 – ✆ (07564) 9 30 30 – www.hotel-adler-bad-wurzach.de – geschl. 1.- 14. August und Montag

Rest – *(Dienstag - Freitag nur Abendessen)* Menü 29 € – Karte 29/48 €

Das ist etwas für Freunde schwäbischer Klassiker: Mit Käsespätzle, Rostbraten, Cordon bleu oder Maultaschensuppe bietet die kleine Karte alles, was man hier in der Region erwartet.

WUSTERHAUSEN – Brandenburg – 542 – 6 230 Ew – Höhe 35 m 21 N7

Berlin 100 – Potsdam 80 – Magdeburg 146

In Wusterhausen - Dosse-Bantikow

Schlosshotel Bantikow garni

Dorfstr. 34 ✉ 16868 – ✆ (033979) 50 40 – www.schlosshotel-bantikow.de – geschl. 18. Dezember - 1. Januar

9 Suiten – 75 € 118 €

Stilvolle Möbel, reichlich Antiquitäten und Gemälde... der klassische Stil des hübschen Schlösschens zieht sich von der Lobby über die Suiten (hier schläft man in Himmelbetten) bis zu den Anwendungsräumen. Die zahlreichen Behandlungen (Heilschlamm, Ayurveda...) sind ebenso gefragt wie die Lage direkt am Kyritzer See - durch den eigenen kleinen Park gelangt man zum Bootssteg.

WUSTRAU-ALTFRIESACK – Brandenburg – 542 – 8 780 Ew – Höhe 40 m 22 O7

Berlin 81 – Potsdam 74 – Neuruppin 22

Seeschlösschen Zim,

Am Schloss 8 (über Am Bollwerk) ✉ 16818 – ✆ (033925) 88 03 – www.seeschloesschen-wustrau.de – geschl. 27. Dezember - 31. Januar

11 Zim – 90/110 € 120/150 €

Rest – *(Februar - März: nur Abendessen)* Karte 34/51 €

Das hübsche weiße Landhaus unmittelbar am Ruppiner See versprüht südliches Flair. Hell und freundlich sind die mit Terrakottaboden ausgestatteten Zimmer, meist mit Balkon. Im Restaurant mit schöner Seeterrasse setzt sich der mediterrane Stil des Hauses fort.

WUSTROW – Mecklenburg-Vorpommern – 542 – 1 230 Ew – Höhe 6 m – Seebad 5 N3

Berlin 255 – Schwerin 133 – Rostock 42

Ernst-Thälmann-Str. 11, ✉ 18347, ✆ (038220) 2 51, www.ostseebad-wustrow.de

DorintResorts Rest,

Strandstr. 46 ✉ 18347 – ✆ (038220) 6 50 – www.dorint.com/wustrow

81 Zim – 97/147 € 128/228 € – 16 Suiten – ½ P **Rest** – Karte 31/49 €

Modernes Hotel mit schönen Zimmern, netter Kinderbetreuung und einem nach den Elementen Feuer, Wasser, Luft und Erde ausgerichteten Spabereich. "InnerBalance"-Teehaus. Helles, freundliches Restaurant mit Feng-Shui-Wintergarten.

Schimmel's mit Zim Zim,

Parkstr. 1 ✉ 18347 – ✆ (038220) 6 65 00 – www.schimmels.de – geschl. März, November und Donnerstag, außer an Feiertagen

3 Zim – 55/65 € 60/70 €, 6 €

Rest – *(nur Abendessen, sonntags auch Mittagessen)* (Tischbestellung ratsam) Menü 38/48 € – Karte 34/45 €

In einem hübschen roten Haus befindet sich das Restaurant von Ralph Schulze und Maren Schimmelpfennig. Sie leitet freundlich und kompetent den Service, er die Küche. Auf der Karte finden sich z. B. Reh aus der Region und frischer Fisch. Und wenn Ihnen das behaglich-moderne Landhausambiente im Restaurant gefällt, bleiben Sie am besten über Nacht, denn in den Zimmern setzt sich der schöne Stil fort, mit individuellen Farbakzenten in Rot, Gelb oder Grün.

XANTEN – Nordrhein-Westfalen – 543 – 21 580 Ew – Höhe 22 m – Erholungsort 25 B10

Berlin 574 – Düsseldorf 68 – Duisburg 42 – Kleve 26

Kurfürstenstr. 9, ✉ 46509, ✆ (02801) 77 22 00, www.xanten.de

Dom★

Neumaier

Orkstr. 19 ✉ 46509 – ✆ (02801) 7 15 70 – www.hotel-neumaier.de
16 Zim – 66/96 € 92/132 € – ½ P
Rest – *(Januar - Februar: nur Abendessen)* Menü 25/59 € – Karte 23/45 €
Relativ ruhig liegt das kleine Hotel wenige Gehminuten vom Marktplatz entfernt. Die Zimmer sind freundlich und individuell, W-Lan gratis. Gleich nebenan: die Metzgerei der Familie - die Produkte finden sich auch in der bürgerlichen Küche des rustikalen Restaurants.

In Xanten-Obermörmter Nord-West: 15 km über B 57, nach Marienbaum rechts ab

Landhaus Köpp

Husenweg 147 ✉ 46509 – ✆ (02804) 16 26 – www.landhaus-köpp.de
– geschl. 1. - 10. Januar und Samstagmittag, Sonntagabend - Montag
Rest – (Tischbestellung erforderlich) Menü 57/95 € – Karte 59/71 €
Klassische Küche, wie sie im Buche steht: Jürgen Köpp setzt auf ausgesuchte regionale und französische Produkte, gehaltvolle Saucen und gutes Handwerk. Dazu schenkt man zahlreiche schöne Weine auch offen aus. Solch ein elegantes Restaurant würden Sie hier auf dem Lande eher nicht vermuten.
➜ Geschmorter Kaninchenrücken im Balsamicoduft auf französischem Senf. Dialog von Seeteufel und Tomate auf Estragonfumé. Vielfalt von der Birne mit Mandel-Crème-Fraîche.

ZEIL AM MAIN – Bayern – 546 – 5 680 Ew – Höhe 230 m 49 J15

Berlin 428 – München 270 – Coburg 70 – Schweinfurt 27

Kolb

Krumer Str. 1 ✉ 97475 – ✆ (09524) 90 11 – www.hotel-kolb-zeil.de
– geschl. Anfang Januar 3 Wochen, Ende August - Anfang September 2 Wochen
20 Zim – 49/69 € 79/99 € – ½ P
Rest – *(geschl. Mittwochmittag, Donnerstagmittag)* Menü 30/38 € – Karte 22/48 €
Das kleine Hotel am Zentrumsrand ist ein engagiert geführter Familienbetrieb, in dem sehr gepflegte, individuell gestaltete Zimmer mit Themenbezug zur Verfügung stehen. Internationale und regionale Küche im Restaurant.

ZEISKAM – Rheinland-Pfalz – 543 – 2 210 Ew – Höhe 123 m 54 E17

Berlin 674 – Mainz 112 – Neustadt an der Weinstraße 25 – Karlsruhe 46

Zeiskamer Mühle

Hauptstr. 87 (Süd: 1,5 km) ✉ 67378 – ✆ (06347) 9 74 00
– www.zeiskamermuehle.de
45 Zim – 55/99 € 85/125 €
Rest *Zeiskamer Mühle* – siehe Restaurantauswahl
Von der einstigen Einkehr der Familie Küspert ist nicht mehr viel übrig, denn die beiden Junioren Maik und Timo haben frischen Wind ins Haus gebracht. Das Ergebnis ist dieses moderne Landhotel, das mit geradlinig-wohnlichen Zimmern, gutem Frühstück und schöner Lage Businessgäste und Pfalzurlauber gleichermaßen anspricht. Es gibt auch noch einige etwas ältere und günstigere Zimmer.

Zeiskamer Mühle – Zeiskamer Mühle 

Hauptstr. 87 (Süd: 1,5 km) ✉ 67378 – ✆ (06347) 9 74 00
– www.zeiskamermuehle.de
Rest – Menü 30/41 € – Karte 30/61 €
Mögen Sie es modern oder bevorzugen Sie den rustikalen Charme der komplett in Holz gekleideten Mühlenstube, dem Herzstück des Hauses? Gekocht wird überall gleich, und zwar mit Geschmack und Würze, frisch und unkompliziert. Sowohl der "Winzerteller" mit seinen regionalen Leckereien als auch das "Pescaccio vom Thunfisch mit Kürbismousse" spiegeln die Küche von Patron Timo Küspert wider.

ZEITHAIN – Sachsen – siehe Riesa an der Elbe

ZEITZ – Sachsen-Anhalt – 542 – 31 560 Ew – Höhe 180 m 41 M12

Berlin 214 – Magdeburg 149 – Gera 23

Altmarkt 16, ✉ 06712, ✆ (03441) 8 32 91, www.zeitz.de

Maximilian

Braustr. 5a ✉ 06712 – ✆ (03441) 68 88 00 – www.hotel-maximilian-zeitz.de
25 Zim – 52 € 69 € – ½ P
Rest – *(geschl. Sonntag - Montag) (nur Abendessen)* Karte 18/31 €
Ein sorgsam saniertes Stadthaus gegenüber der alten Kirche, in dem Sie solide und funktional ausgestattete Gästezimmer erwarten. Bürgerliche Küche im Restaurant mit gediegen-rustikalem Touch.

ZELL am HARMERSBACH – Baden-Württemberg – 545 – 8 070 Ew – Höhe 223 m – Erholungsort 54 E19

Berlin 769 – Stuttgart 168 – Karlsruhe 99 – Freudenstadt 43

Alte Kanzlei, ✉ 77736, ✆ (07835) 63 69 47, www.zell.de

Zell am Harmersbach - Gröbernhof, Im Gröbern 1, ✆ (07835) 63 49 09

Bräukeller

Fabrikstr. 8 ✉ 77736 – ✆ (07835) 54 88 00 – www.braeukeller-zell.de – geschl. Montag
Rest – Karte 29/44 €
Sie werden froh sein, das etwas versteckt liegende Haus entdeckt zu haben! Schön ist die Terrasse (nennt sich Hopfengarten) an der alten Stadtmauer - hier schmecken die bürgerlichen und internationalen Gerichte ebenso wie im gemütlichen Gewölbekeller von 1768.

ZELL an der MOSEL – Rheinland-Pfalz – 543 – 4 110 Ew – Höhe 100 m 46 C15

Berlin 665 – Mainz 105 – Trier 72 – Cochem 39

Balduinstr. 44, ✉ 56856, ✆ (06542) 9 62 20, www.zellerland.de

Haus Notenau garni

Notenau 8 ✉ 56856 – ✆ (06542) 50 10 – www.haus-notenau.de
20 Zim – 55 € 70 €
Freundlich leitet Familie Saxler dieses sehr gepflegte Haus, in dem auch wohnliche Appartements bereitstehen. Im Sommer kann man auf der Terrasse frühstücken.

ZELL – Rheinland-Pfalz – siehe Zellertal

ZELLA-MEHLIS – Thüringen – 544 – 11 750 Ew – Höhe 500 m – Erholungsort 40 J13

Berlin 346 – Erfurt 55 – Coburg 58 – Suhl 6

Louis-Anschütz-Str. 28, ✉ 98544, ✆ (03682) 48 28 40, www.tourismus.zella-mehlis.de

Waldmühle

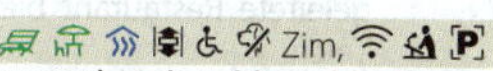

Lubenbachstr. 2 ✉ 98544 – ✆ (03682) 8 98 33 – www.hotel-waldmuehle.de
29 Zim – 54/61 € 77/89 € – 2 Suiten – ½ P **Rest** – Karte 14/31 €
Am Ortsrand finden Sie dieses sehr gepflegte Hotel, das aus einem Gast- und Logierhaus von 1892 entstanden ist. Wohnlich gestaltete Zimmer und Saunabereich mit Außenwhirlpool. Das Restaurant ist mit viel Holz in ländlichem Stil eingerichtet.

Stadt Suhl

Bahnhofstr. 7 ✉ 98544 – ✆ (03682) 48 23 79 – www.hotel-stadt-suhl.de
10 Zim – 48 € 72 € – ½ P
Rest – *(geschl. Sonntagabend - Montagmittag, Dienstagmittag)* Karte 14/23 €
Das Stadthaus mit der rotbraunen Fassade und dem Schieferdach ist ein kleiner Familienbetrieb, der solide und freundlich eingerichtete Zimmer bietet. Gemütlich sitzt man in der rustikalen Gaststube.

ZELLERTAL – Rheinland-Pfalz – 543 – 1 230 Ew – Höhe 169 m 47 E16

Berlin 636 – Mainz 53 – Neustadt an der Weinstraße 53 – Mannheim 44

In Zellertal-Zell

Kollektur Zim,

Zeller Hauptstr. 19 ✉ 67308 – ✆ (06355) 95 45 45 – www.hotel-kollektur.de – geschl. 27. Dezember - 21. Januar

15 Zim – †62/72 € ††92/105 € – ½ P

Rest – *(geschl. Montag) (Dienstag - Freitag nur Abendessen)* Karte 19/35 €

In schöner Lage am Ortsrand bietet Familie Kiefer in einer ehemaligen Kollektur von 1748 sehr wohnliche Gästezimmer, teils mit Talsicht. Auch eine sonnige Liegewiese gehört zum Hotel. Restaurant mit hübscher Terrasse.

ZELTINGEN-RACHTIG – Rheinland-Pfalz – 543 – 2 210 Ew – Höhe 120 m – Erholungsort 46 C15

Berlin 688 – Mainz 121 – Trier 49 – Bernkastel-Kues 8

Uferallee 13, ✉ 54492, ✆ (06532) 24 04, www.zeltingen-rachtig.de

Im Ortsteil Zeltingen

St. Stephanus

Uferallee 9 (B 53) ✉ 54492 – ✆ (06532) 6 80 – www.hotel-stephanus.de

46 Zim – †49/80 € ††70/140 € – ½ P

Rest *Saxlers Restaurant* – siehe Restaurantauswahl

An der Mosel liegt das Herrenhaus mit hübscher Bruchsteinfassade a. d. 18. Jh. Wohnliche Zimmer im historischen Haus sowie im angeschlossenen Anbau. Einfaches Angebot im gemütlichen Weinkeller.

Saxlers Restaurant – Hotel St. Stephanus

Uferallee 9 (B 53) ✉ 54492 – ✆ (06532) 6 80 – www.hotel-stephanus.de

Rest – (Tischbestellung ratsam) Menü 19/45 € – Karte 21/37 €

An der Uferpromenade unweit des alten Marktplatzes kommt man bei Familie Saxler auch bei international ausgerichteter Küche auf seine Kosten. Freundlich und engagiert führen die Gastgeber ihr Lokal.

ZEMMER – Rheinland-Pfalz – siehe Kordel

ZERBST – Sachsen-Anhalt – 542 – 23 170 Ew – Höhe 55 m 31 M9

Berlin 133 – Magdeburg 43 – Dessau 30

Markt 11, ✉ 39261, ✆ (03923) 76 01 78, www.stadt-zerbst.de

Park-Restaurant Vogelherd

Lindauer Str. 78 (Nord: 2,5 km) ✉ 39261 – ✆ (03923) 78 04 44 – geschl. 30. Juli - 10. August und Montag - Dienstag

Rest – Menü 28/60 € – Karte 26/51 €

Idyllisch liegt das einstige Gutshaus im Grünen. Das seit über 100 Jahren familiär geleitete Restaurant bietet saisonale Küche. Hübsche Terrasse bei einem kleinen Teich.

ZETEL – Niedersachsen – 541 – 11 700 Ew – Höhe 6 m 8 E5

Berlin 477 – Hannover 189 – Bremen 89 – Wilhelmshafen 21

In Zetel-Neuenburg Süd: 4 km

Neuenburger Hof

Am Markt 12 ✉ 26340 – ✆ (04452) 2 66 – www.hotel-neuenburger-hof.de

16 Zim – †42/48 € ††66/70 €

Rest – *(geschl. Mittwoch) (nur Abendessen)* Karte 16/30 €

Dieser gestandene Landgasthof ist ein sehr gepflegter kleiner Familienbetrieb mit unterschiedlich eingerichteten, zeitgemäßen Zimmern. Im Restaurant bietet man bürgerliche Küche.

ZEUTHEN – Brandenburg – 542 – 10 400 Ew – Höhe 35 m 23 P8

Berlin 32 – Potsdam 57 – Frankfurt (Oder) 74

Seehotel

Fontaneallee 27 ✉ 15738 – ✆ (033762) 8 90 – www.seehotel-zeuthen.de

138 Zim – 69/99 € 99/138 € – 4 Suiten – ½ P **Rest** – Karte 30/40 €

Das Hotel mit dem großzügigen Rahmen und der stilvollen Einrichtung schätzen sowohl Tagungsgäste als auch Urlauber - dafür sorgen natürlich auch der Sandbadestrand mit Steg und die schöne Terrasse des klassisch gehaltenen Restaurants.

ZEVEN – Niedersachsen – 541 – 13 450 Ew – Höhe 18 m 9 H6

Berlin 350 – Hannover 147 – Bremen 58 – Bremerhaven 60

Central

Alte Poststr. 2 ✉ 27404 – ✆ (04281) 9 39 10 – www.hotelcentral.de

25 Zim – 60/69 € 85/95 € – ½ P

Rest – *(nur Abendessen)* Karte 19/37 €

Das familiär geleitete Haus im Ortszentrum verfügt über freundliche, in warmen Tönen gehaltene Gästezimmer. Im Sommer kann man auf der netten kleinen Terrasse frühstücken. Zum Restaurant gehört ein lichter neuzeitlicher Wintergarten.

Landhaus Radler garni

Kastanienweg 17 ✉ 27404 – ✆ (04281) 9 88 20 – www.landhaus-radler.de

16 Zim – 54/69 € 75/89 €

Das hübsche regionstypische Haus ist ein freundlich geführter kleiner Familienbetrieb mit wohnlichen Zimmern, nettem Frühstücksraum und sehr schönem Garten.

In Gyhum-Sick Süd: 10 km über B 71

Niedersachsen-Hof

Zim,

Sick 13 ✉ 27404 – ✆ (04286) 94 00 – www.niedersachsenhof.de – geschl. 1. - 10. Januar, August 2 Wochen

34 Zim – 56/68 € 85/92 €

Rest – *(geschl. Montagmittag, Freitag)* Karte 21/35 €

Gepflegte, wohnlich-funktional eingerichtete Zimmer und eine gute Anbindung an die A 1 sprechen für dieses seit mehreren Generationen familiär geleitete Haus. Das Restaurant vereint Modernes mit Traditionellem.

ZIESAR – Brandenburg – 542 – 2 560 Ew – Höhe 55 m 31 N9

Berlin 106 – Potsdam 77 – Magdeburg 58

Burg Hotel

Zim,

Frauentor 5 ✉ 14793 – ✆ (033830) 66 60 – www.burghotel-ziesar.de

14 Zim – 55/69 € 75/89 €

Rest – *(geschl. Sonntagabend - Montagmittag)* Karte 17/41 €

Wer bei dem engagierten Gastgeber Holger Stark Quartier bezieht, findet nicht nur freundiche und funktionelle Zimmer vor, sondern hat auch ein lohnenswertes Ausflugsziel in unmittelbarer Nähe; zur namengebenden Burg sind es nämlich nur 10 Minuten zu Fuß! Wieder zurück von der Besichtigung, lassen Sie sich im rustikalen Restaurant vom Chef mit traditionell-bürgerlichen Gerichten bekochen.

ZIMMERN – Baden-Württemberg – siehe Rottweil

ZINGST – Mecklenburg-Vorpommern – 542 – 3 190 Ew – Höhe 2 m – Seeheilbad 5 N3

Berlin 284 – Schwerin 143 – Rostock 71 – Stralsund 42

Seestr. 56, ✉ 18374, ✆ (038232) 51 50, www.zingst.de

Steigenberger Strandhotel

Rest,

Seestr. 60 ✉ 18374 – ✆ (038232) 84 21 00 – www.strandhotel-zingst.steigenberger.de

117 Zim – 100/180 € 130/280 € – 6 Suiten – ½ P

Rest *Nautica* – Menü 29/55 € (abends) – Karte 34/54 €

Ein komfortables Hotel im Stil der Bäderarchitektur, dessen schickes modernes Interieur in hellen Naturtönen und klarem Design gehalten ist. Schöner Garten- und Poolbereich. Im Nautica können Sie international speisen.

Meerlust
Seestr. 72 ✉ 18374 – ✆ (038232) 88 50 – www.hotelmeerlust.de
45 Zim ☕ – 🚹104/154 € 🚹🚹163/253 € – 7 Suiten – ½ P
Rest *Meerlust* – siehe Restaurantauswahl
Mit Engagement umsorgt man den Gast in dem stilvoll-modernen Hotel am Seedeich hinter dem Strand. Schöne, äußerst wohnliche Zimmer und das gute Wellnessangebot überzeugen. Einen Hauch Exklusivität vermitteln die neueren Zimmer in der Lodge.

Steigenberger Aparthotel
Seestr. 54 ✉ 18374 – ✆ (038232) 8 50 – www.aparthotel-zingst.steigenberger.de
92 Zim ☕ – 🚹65/115 € 🚹🚹90/160 € – ½ P
Rest – Menü 21 € (abends) – Karte 22/38 €
Schön liegt das Hotel an der Strandpromenade. Die Gästezimmer sind alle als Appartement angelegt: geräumig, neuzeitlich und mit Küchenzeile ausgestattet. Das Restaurant Trattoria Vongola bietet mediterrane Speisen.

Marks
Weidenstr. 17 ✉ 18374 – ✆ (038232) 1 61 40 – www.hotel-marks.de
25 Zim ☕ – 🚹69/115 € 🚹🚹115/159 € – ½ P **Rest** – Karte 21/40 €
Die ruhige Lage in einem kleinen Wäldchen gleich hinterm Deich sowie wohnliche, freundliche Zimmer (teilweise mit Terrasse) machen das gepflegte Hotel aus. Restaurant im Brasserie-Stil mit netter Terrasse zum Garten.

Am Strand
Birkenstr. 21 ✉ 18374 – ✆ (038232) 1 56 00 – www.amstrand.de – geschl. 6. Januar - 7. Februar
19 Zim ☕ – 🚹49/70 € 🚹🚹63/112 € – ½ P
Rest – *(Ende Oktober - Mitte Mai: Montag - Freitag nur Abendessen, außer an Feiertagen)* Karte 15/33 €
In einem Wohngebiet, wenige Schritte vom Strand, steht das familiär geleitete Haus. Zimmer teilweise mit Balkon, einige mit getrenntem Wohn- und Schlafbereich. Eigene Strandkörbe. Bürgerliches Restaurant mit frischen Farbakzenten in Rot, Gelb und Blau.

Gode Tied garni
Friedenstr. 35 ✉ 18374 – ✆ (038232) 1 56 39 – www.hotel-gode-tied.eu – geschl. 2. Januar - 1. März
10 Zim ☕ – 🚹52/75 € 🚹🚹70/97 €
In der familiären kleinen Ferienadresse erwarten Sie wohnliche Zimmer, alle mit Kitchenette und Balkon/Terrasse, sowie ein charmanter Frühstücksraum. Fahrradverleih.

Meerlust – Hotel Meerlust
Seestr. 72 ✉ 18374 – ✆ (038232) 88 50 – www.hotelmeerlust.de
Rest – Menü 38/98 € – Karte 35/57 €
Cremefarbene Rattanstühle mit in Pastelltönen bezogenen Polstern, dazu die fein eingedeckten Tische - hier hat man ein Gefühl für Stil bewiesen. Die Küche offeriert ein internationales Speisenangebot.

In Zingst-Sundische Wiese Ost: 10 km

Schlösschen garni
Landstr. 19 ✉ 18374 – ✆ (038232) 81 80 – www.hotelschloesschen.de
15 Zim ☕ – 🚹60/140 € 🚹🚹90/175 €
Das einstige Jagdschloss von 1900 liegt einsam auf einem Waldgrundstück im Nationalpark Vorpommersche Boddenlandschaft. Zimmer, Appartements und Maisonetten sind im Landhausstil eingerichtet.

ZINNOWITZ – Mecklenburg-Vorpommern – siehe Usedom (Insel)

ZIRNDORF – Bayern – 546 – 25 970 Ew – Höhe 306 m 50 K16

Berlin 452 – München 175 – Nürnberg 16 – Ansbach 35

Siehe Nürnberg (Umgebungsplan)

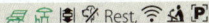

Reubel (mit Gästehaus) Rest,

Banderbacher Str. 27 ✉ 90513 – ✆ (0911) 9 60 10 – www.hotel-reubel.de – geschl. Ende Dezember - Anfang Januar 2 Wochen A2**c**

24 Zim – †79/149 € ††98/160 € – ½ P

Rest – *(geschl. Sonntagabend - Montagmittag)* Karte 20/53 €

Die Nähe zum Playmobil-Funpark macht das sehr gepflegte Haus besonders für Familien mit Kind interessant - für sie ist das Playmobil-Zimmer praktisch ein Muss! Ein Highlight der romantischeren Art ist die "1001 Nacht"-Juniorsuite! Wer viel Platz braucht, nimmt eines der Appartements im Gästehaus.

ZITTAU – Sachsen – 544 – 28 220 Ew – Höhe 245 m **44** S12

Berlin 246 – Dresden 99 – Görlitz 34

Markt 1, ✉ 02763, ✆ (03583) 75 22 00, www.zittau.de

Zittauer Gebirge★

Dreiländereck

Bautzner Str. 9 ✉ 02763 – ✆ (03583) 55 50 – www.hotel-dle.de

45 Zim – †68 € ††90 € – ½ P

Rest – Menü 12 € (mittags)/30 € – Karte 19/32 €

Das Haus in verkehrsberuhigter Innenstadtlage diente im 19. Jh. als Konditorei und Kaffeehaus, bevor es zu diesem zeitgemäßen und funktionellen Hotel umgebaut wurde. Unter der schönen historischen Gewölbedecke hat man die Brasserie Triangle eingerichtet.

ZORGE – Niedersachsen – 541 – 1 080 Ew – Höhe 340 m – Luftkurort **30** J10

Berlin 262 – Hannover 137 – Erfurt 98 – Göttingen 70

Wolfsbach Rest,

Hohegeißer Str. 25 ✉ 37449 – ✆ (05586) 8 04 70 – www.hotel-wolfsbach.de – geschl. 1. November - 16. Dezember

17 Zim – †37/45 € ††66/72 € – ½ P

Rest – *(nur Abendessen für Hausgäste)* Menü 11 € – Karte 16/28 €

Der Gasthof mit der Fachwerkfassade wird familiär geführt und verfügt über sehr gepflegte Zimmer zu fairen Preisen. Schöne Liegewiese am Haus.

ZORNEDING – Bayern – 546 – 8 840 Ew – Höhe 560 m **66** M20

Berlin 599 – München 24 – Wasserburg am Inn 34

Glasl's Landhotel garni

Münchner Str. 11a ✉ 85604 – ✆ (08106) 24 12 80 – www.glasls-landhotel.de – geschl. Weihnachten - Neujahr

54 Zim – †70/135 € ††90/160 €

Sie werden sich wohlfühlen bei Familie Glasl, denn vom Zimmer bis in den Sauna- und Fitnessbereich ist alles auffallend gepflegt! Außerdem kümmert man sich freundlich um Sie. Die Zimmer im Haupthaus sind etwas größer und komfortabler.

Neuwirt

Münchner Str. 4 ✉ 85604 – ✆ (08106) 2 42 60 – www.hotelneuwirt.de

36 Zim – †65/180 € ††85/250 € – ½ P **Rest** – Karte 17/44 €

Der familiär geführte Gasthof liegt zwar an einer recht befahrenen Straße, bietet dafür aber wohnliche Zimmer und ein gutes Frühstück. Am schönsten sind die Deluxe-Zimmer im OG - hier auch der kleine Saunabereich mit Aussicht. Zum Essen (bürgerlich-regional) sitzt man in behaglich-rustikalem Ambiente.

Alte Posthalterei mit Zim

Anton-Grandauer-Str. 9 ✉ 85604 – ✆ (08106) 2 00 07 – www.alteposthalterei-zornedig.de – geschl. über Fasching 1 Woche, Anfang November 1 Woche und Montag - Dienstag

5 Zim – †70/85 € ††99 € **Rest** – Menü 32/60 € – Karte 18/53 €

Vater und Sohn kochen hier regionale und internationale Gerichte, die in den liebenswerten Stuben dieses gestandenen Gasthofs serviert werden. Lauschiger Biergarten unter Kastanien. Zum Übernachten stehen schöne großzügige Zimmer bereit.

ZWEIBRÜCKEN – Rheinland-Pfalz – 543 – 33 950 Ew – Höhe 226 m   46 C17

Berlin 691 – Mainz 139 – Saarbrücken 40 – Pirmasens 25

Herzogstr. 1, ✉ 66482, ✆ (06332) 87 14 51, www.zweibruecken.de

Rieschweiler-Mühlbach, Hitscherhof, ✆ (06336) 64 42

Rosengarten am Park

Rosengartenstr. 60 ✉ 66482 – ✆ (06332) 97 70 – www.rosengarten-am-park.de

46 Zim – †75/99 € ††120/130 € – ½ P

Rest – Menü 20/29 € – Karte 20/39 €

Hier wohnt man schön am angrenzenden Rosengarten, dem Wahrzeichen der Stadt. Die Zimmer sind zeitgemäß in frischem Grün, Rot oder Beige gehalten, alle mit Holzfußboden. Restaurant mit lichtem Wintergarten und Terrasse sowie Biergarten mit Selbstbedienung.

Zum StorchenNest

Landauer Str. 106a ✉ 66482 – ✆ (06332) 4 94 10 – www.zumstorchennest.de – geschl. Anfang Januar 1 Woche, Ende Juli - Anfang August 2 Wochen und Dienstag, Samstagmittag

Rest – Menü 12 € (mittags)/50 € – Karte 20/42 €

Seit vielen Jahren umsorgt Familie Krück ihre Gäste mit Herzlichkeit. Nicht nur das ist Wohlfühl-Garant, auch die Gaststube mit Dielenboden, das Winzerzimmer mit Kamin sowie die schöne Terrasse und nicht zuletzt die regionale Küche des Patrons - dazu eine wirklich gute Auswahl an Pfälzer Weinen. Mittags außerdem Hausmannskost für kleines Geld!

Außerhalb Ost: 3 km

Landschloss Fasanerie

Fasanerie 1 ✉ 66482 – ✆ (06332) 97 30 – www.landschloss-fasanerie.de

50 Zim – †99/105 € ††139/149 € – ½ P

Rest *ESSLIBRIS* **Rest *Landhaus*** – siehe Restaurantauswahl

Vor allem im Sommer, wenn alles blüht, ist der romantische ruhige Park mit Rosengarten und Weiher ein Traum. Am größten sind die Atelierzimmer und die Maisonetten. Wohltuende Massagen und Kosmetik, Jogging- und Wanderwege rund ums Hotel.

ESSLIBRIS – Hotel Landschloss Fasanerie

Fasanerie 1 ✉ 66482 – ✆ (06332) 97 32 05 – www.landschloss-fasanerie.de

Rest – Menü 34/68 € – Karte 33/54 €

Der Name steht für "Essen, Freiheit, Vergnügen"! So macht auf der Speisekarte "Feines von Serranoschinken und Charantaise-Melone" ebenso Appetit wie "Brust vom Bauernhähnchen mit Pfifferlingen". Küchenchef Jürgen Süs ist offen für Ihre eigene Menü-Zusammenstellung und auch für A-la-carte-Bestellungen.

Landhaus – Hotel Landschloss Fasanerie

Fasanerie 1 ✉ 66482 – ✆ (06332) 97 32 07 – www.landschloss-fasanerie.de

Rest – *(Montag - Samstag ab 14 Uhr geöffnet)* Karte 28/37 €

Im 18. Jh. wurde das Gebäude als Stallung des Landschlosses genutzt, heute überzeugen hier die sehr gemütliche Atmosphäre und gute Gerichte wie "Gebratene Entenbrust in Portweinsauce mit Spitzkohl und Püree". Sonntags kommt man auch gerne schon zum Mittagstisch.

ZWENKAU – Sachsen – 542 – 8 750 Ew – Höhe 129 m   41 N12

Berlin 198 – Dresden 125 – Leipzig 23 – Altenburg 35

Seehof

Zur Harth 1 ✉ 04442 – ✆ (034203) 57 10 – www.seehof-leipzig.de – geschl. Januar

42 Zim – †71/96 € ††85/129 € – ½ P

Rest – *(geschl. Samstagmittag, Sonntag)* Karte 17/47 €

Ein familiengeführtes Hotel mit wohnlicher Atmosphäre. Angenehm licht ist der Frühstücksraum in klarem modernem Stil. Einige Zimmer hat man besonders charmant dekoriert. Im Restaurant sorgen helles Holz und Kachelofen für Gemütlichkeit.

ZWICKAU – Sachsen – 544 – 93 750 Ew – Höhe 267 m 42 N13

▶ Berlin 263 – Dresden 105 – Chemnitz 42 – Leipzig 80

ADAC Hauptmarkt 3

ℹ Hauptstr. 6, ✉ 08056, ✆ (0375) 2 71 32 44, www.zwickautourist.de

⛳9 Zwickau, Reinsdorfer Str. 29, ✆ (0375) 2 04 04 00

Holiday Inn

Kornmarkt 9 ✉ 08056 – ✆ (0375) 2 79 20 – www.holiday-inn.com/zwickau

126 Zim ☕ – 🚹89/113 € 🚹🚹109/153 € – 2 Suiten – ½ P **Rest** – Karte 24/48 €

Das Businesshotel liegt in einer verkehrsberuhigten Zone im Zentrum, ist neuzeitlich gestaltet und verfügt über eine gute technische Ausstattung. Das Restaurant nennt sich "No. 9" und kommt geradlinig-modern in Braun daher.

Amedia

Olzmannstr. 57 ✉ 08060 – ✆ (0375) 2 72 07 70 – www.amediahotels.com

120 Zim – 🚹68/155 € 🚹🚹68/155 €, ☕ 13 € – 2 Suiten – ½ P

Rest – Karte 18/34 €

Das Hotel ist eine funktionelle Businessadresse etwas außerhalb des Stadtzentrums. Besonderheit: Die Gäste können kostenlos in 48 Länder telefonieren!

In Zwickau-Schedewitz Süd: 3,5 km

Drei Schwäne

Tonstr. 1, (Zufahrt über Körnerstraße) ✉ 08056 – ✆ (0375) 2 04 76 50 – www.drei-schwaene.de – geschl. Anfang Januar 1 Woche und Sonntag - Montag

Rest – *(nur Abendessen)* Karte 33/62 €

Gastgeber in dem Landhaus mit der rosafarbenen Fassade ist ein gebürtiger Elsässer, der im Laufe von über 15 Jahren in Zwickau heimisch geworden ist. Seine Küche hat daher französische, aber auch regionale Elemente.

ZWIESEL – Bayern – 546 – 9 740 Ew – Höhe 585 m – Wintersport: 750 m ⛷2 ⛷ – Luftkurort 59 P18

▶ Berlin 476 – München 179 – Passau 62 – Cham 59

ℹ Stadtplatz 27, ✉ 94227, ✆ (09922) 84 05 23, www.zwiesel-tourismus.de

⛳18 Lindberg, Oberzwieselau, ✆ (09922) 8 01 13 26 67

Zur Waldbahn

Bahnhofplatz 2 ✉ 94227 – ✆ (09922) 85 70 – www.zurwaldbahn.de – geschl. 21. März - 13. April

25 Zim ☕ – 🚹58/64 € 🚹🚹78/96 € – ½ P **Rest** – Karte 15/32 €

Der erweiterte historische Gasthof gegenüber dem Bahnhof beherbergt wohnliche Zimmer (meist mit Balkon) und einen netten Sauna- und Badebereich. Gepflegter Garten. Gemütlich-rustikal ist das Ambiente im Restaurant.

GlasHotel

Hochstr. 45 ✉ 94227 – ✆ (09922) 85 40 – www.glashotel.de – geschl. 8. November - 20. Dezember

24 Zim ☕ – 🚹48/75 € 🚹🚹96/110 € – 1 Suite – ½ P

Rest – *(nur Abendessen für Hausgäste)*

Wohnlich sind sowohl die mit persönlicher Note eingerichteten Zimmer und komfortablen Juniorsuiten als auch der nette Spabereich. Heimische Glasgegenstände dienen im ganzen Haus als Dekor.

Marktstube

Angerstr. 31 ✉ 94227 – ✆ (09922) 62 85 – www.restaurant-marktstube.de – geschl. 24. Mai - 6. Juni und Dienstag, November: Dienstag, Sonntagabend

Rest – Karte 22/34 €

Die von Familie Horn persönlich geführte Marktstube ist ein gepflegtes, hell gestaltetes Restaurant, in dem man bürgerliche und internationale Speisen bietet.

ZWINGENBERG – Hessen – 543 – 6 740 Ew – Höhe 99 m **47** F16

Berlin 586 – Wiesbaden 61 – Mannheim 43 – Darmstadt 23

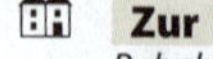

Zur Bergstraße garni

Bahnhofstr. 10 ✉ 64673 – ✆ (06251) 1 78 50 – www.hotel-zur-bergstrasse.de – geschl. 22. Dezember - 6. Januar

19 Zim – 🛉77/92 € 🛉🛉90/110 € – 2 Suiten

Wohnliche Zimmer mit Parkettboden und Bergstraßen-Blick (einige mit Balkon), eine schöne Terrasse sowie die praktische zentrale Lage nahe Altstadt und Bahnhof machen das Hotel interessant.

Rot'Ox N

Obergasse 15A ✉ 64673 – ✆ (06251) 1 05 86 40 – www.rotoxrestaurant.com – geschl. 24. Dezember - 7. Januar

Rest – Menü 15 € (mittags)/86 € – Karte 40/56 €

Im einstigen "Roten Ochsen" a. d. 17. Jh. hat man es schön freundlich und ungezwungen (ansprechend das warme Rot und das freigelegte Fachwerk), während man sich klassisch-saisonale Gerichte wie "Rinderfilet mit Gänseleber" schmecken lässt. Draußen lockt das "Atrium" nicht nur mit Innenhof-Flair, auch der Blick in die verglaste Küche macht neugierig auf die Terrasse!

ZWISCHENAHN, BAD – Niedersachsen – 541 – 27 540 Ew – Höhe 7 m – Moorheilbad **17** E6

Berlin 453 – Hannover 185 – Bremen 67 – Oldenburg 17

Auf dem Hohen Ufer 24, ✉ 26160, ✆ (04403) 6 11 59, www.bad-zwischenahn-touristik.de

Bad Zwischenahn, Ebereschenstr. 10, ✆ (04403) 6 38 68

Haus am Meer

Auf dem Hohen Ufer 25 ✉ 26160 – ✆ (04403) 94 00 – www.hausammeer.de

70 Zim – 🛉65/125 € 🛉🛉110/180 € – 1 Suite – ½ P

Rest *Deters* – Menü 22/29 € – Karte 28/60 €

Die Zimmer dieses komfortablen Hotels unmittelbar am Zwischenahner Meer sind mit modernen Möbeln und warmen Farben sehr wohnlich eingerichtet. Ob Tagungsgäste, Urlauber oder Einheimische - besonders gerne genießt man im Sommer die Restaurantterrasse mit Blick aufs Wasser.

Am Badepark

Am Badepark 5 ✉ 26160 – ✆ (04403) 69 60 – www.hotelambadepark.de

45 Zim – 🛉61/75 € 🛉🛉88/109 € – 5 Suiten – ½ P

Rest – Menü 19/37 € – Karte 18/51 €

Das familienfreundliche Ferienhotel mit Zimmern in mediterranen Tönen liegt neben einem großen Freizeitbad (für Hausgäste kostenfrei) und bietet auch einen Fahrradverleih. Neuzeitlich-gediegenes Restaurant mit netter Terrasse.

NordWest Hotel garni

Zum Rosenteich 14 ✉ 26160 – ✆ (04403) 92 30 – www.hotel-bad-zwischenahn.de

48 Zim – 🛉64/85 € 🛉🛉94/125 € – 2 Suiten

Ein zeitgemäßes und gepflegtes Hotel in einem Wohngebiet. Nett sind der helle, freundliche Frühstücksraum mit Terrasse und die kleine Bar mit offenem Kamin.

Antonio Lava

In der Horst 1 ✉ 26160 – ✆ (04403) 6 49 70 – www.antonio-lava.de

Rest – Menü 20/120 € – Karte 20/72 €

In diesem neuzeitlich-gediegenen Restaurant bietet man italienische Küche mit ansprechendem Antipastibuffet. Freundliches Ambiente und netter Service.

Der Ahrenshof

Oldenburger Straße ✉ 26160 – ✆ (04403) 47 11 – www.der-ahrenshof.de

Rest – Menü 29/43 € – Karte 20/50 €

Nahe dem Kurpark finden Sie das gemütliche und charmant-rustikale Ammerländer Bauernhaus von 1688. Die bürgerliche Küche serviert man auch auf der großen Terrasse im Grünen.

In Bad Zwischenahn-Aschhauserfeld Nord-Ost: 4 km Richtung Wiefelstede

Jagdhaus Eiden

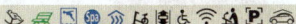

Eiden 9 ✉ 26160 – ✆ (04403) 69 80 00 – www.jagdhaus-eiden.de
72 Zim – 74/117 € 117/173 € – 2 Suiten – ½ P
Rest *Jäger- und Fischerstube* – siehe Restaurantauswahl
Hochwertig und geschmackvoll sind die Zimmer in dem familiär geführten hübschen Haus in Seenähe. Zum Angebot gehören ein Bootssteg und der attraktive Spa auf 800 qm. Angeschlossenes Kasino.

Amsterdam

Rest,

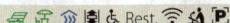

Wiefelsteder Str. 18 ✉ 26160 – ✆ (04403) 93 40 – www.hotel-amsterdam.de
40 Zim – 59/75 € 79/109 € – ½ P
Rest – Menü 19/39 € – Karte 20/53 €
In dem quadratischen Hotelbau erwarten Sie wohnlich und funktionell gestaltete Gästezimmer, die teilweise zum Garten hin liegen. Restaurant mit kleinem internationalem Angebot.

Jäger- und Fischerstube – Hotel Jagdhaus Eiden

Eiden 9 ✉ 26160 – ✆ (04403) 69 80 00 – www.jagdhaus-eiden.de
Rest – Menü 36/45 € – Karte 25/62 €
Die Lage des Jagdhauses in einem 10 ha großen Park ist fantastisch - da ist die herrliche Gartenterrasse im Sommer natürlich besonders gefragt! Aber auch drinnen im Restaurant sitzt man wirklich schön, während man sich von Thomas Eilers und seinem Team mit regionalen Fisch- und Wildspezialitäten sowie internationalen Klassikern verwöhnen lässt.

In Bad Zwischenahn-Aue Nord-Ost: 6 km Richtung Wiefelstede

Klosterhof mit Zim

Dreiberger Str. 65 ✉ 26160 – ✆ (04403) 91 59 90 – www.klosterhof-aue.de
11 Zim – 37/44 € 63/73 € – ½ P **Rest** – Menü 20 € – Karte 18/39 €
In dem Ammerländer Bauernhaus mit seinem ursprünglichen urigen Charakter bereitet man in der offenen Küche Spezialitäten vom Glühsteingrill und regional-bürgerliche Gerichte.

In Bad Zwischenahn-Dreibergen Nord: 7 km Richtung Wiefelstede

Eshramo

Dreiberger Str. 15 ✉ 26160 – ✆ (04403) 98 41 74 – www.eshramo.de – geschl. Montag - Dienstag
Rest – *(Dienstag - Samstag nur Abendessen)* (Tischbestellung ratsam)
Menü 32/58 € – Karte 35/61 €
Das Restaurant in dem ansprechenden Klinkerhaus ist mit hellen Tönen in mediterranem Stil eingerichtet. In der offenen Küche bereitet man frische internationale Speisen zu.

Ferientermine

Angegeben ist jeweils der erste und letzte Tag der Ferien

➜ School holidays

Date of holidays

Land	Ostern 2014	Sommer 2014	Weihnachten 2014-2015
Baden-Württemberg	14.04. - 25.04.	31.07. - 13.09.	22.12. - 05.01.
Bayern	14.04. - 26.04.	30.07. - 15.09.	24.12. - 05.01.
Berlin	14.04. - 26.04.	09.07. - 22.08.	22.12. - 02.01.
Brandenburg	16.04. - 26.04.	10.07. - 22.08.	22.12. - 02.01.
Bremen	03.04. - 22.04.	31.07. - 10.09.	22.12. - 05.01.
Hamburg	03.03. - 14.03.	10.07. - 20.08.	22.12. - 06.01.
Hessen	14.04. - 26.04.	28.07. - 05.09.	22.12. - 10.01.
Mecklenburg-Vorpommern	14.04. - 23.04.	14.07. - 23.08.	22.12. - 02.01.
Niedersachsen	03.04. - 22.04.	31.07. - 10.09.	22.12. - 05.01.
Nordrhein-Westfalen	14.04. - 26.04.	07.07. - 19.08.	22.12. - 06.01.
Rheinland-Pfalz	11.04. - 25.04.	28.07. - 05.09.	22.12. - 07.01.
Saarland	14.04. - 26.04.	28.07. - 06.09.	22.12. - 07.01.
Sachsen	18.04. - 26.04.	21.07. - 29.08.	22.12. - 03.01.
Sachsen-Anhalt	14.04. - 17.04.	21.07. - 03.09.	22.12. - 05.01.
Schleswig-Holstein	16.04. - 02.05.	14.07. - 23.08.	22.12. - 06.01.
Thüringen	19.04. - 02.05.	21.07. - 29.08.	22.12. - 03.01.

→ Telefon-Vorwahlnummern international

Wichtig : bei Auslandsgesprächen darf die Null (0) der Ortsnetzkennzahl nicht gewählt werden (außer bei Gesprächen nach Italien).

→ International Dialling Codes

Note : when making an internationall call, do not dial the first «0» of the city codes (except for calls to Italy).

von / nach	A	B	CH	CZ	D	DK	E	FIN	F	GB	GR
A Österreich		0032	0041	00420	0049	0045	0034	00358	0033	0044	0030
B Belgien	0043		0041	00420	0049	0045	0034	00358	0033	0044	0030
CH Schweiz	0043	0032		00420	0049	0045	0034	00358	0033	0044	0030
CZ Tschechische Rep.	0043	0032	0041		0049	0045	0034	00358	0033	0044	0030
D Deutschland	0043	0032	0041	00420		0045	0034	00358	0033	0044	0030
DK Dänemark	0043	0032	0041	00420	0049		0034	00358	0033	0044	0030
E Spanien	0043	0032	0041	00420	0049	0045		00358	0033	0044	0030
FIN Finnland	0043	0032	0041	00420	0049	0045	0034		0033	0044	0030
F Frankreich	0043	0032	0041	00420	0049	0045	0034	00358		0044	0030
GB Großbritannien	0043	0032	0041	00420	0049	0045	0034	00358	0033		0030
GR Griechenland	0043	0032	0041	00420	0049	0045	0034	00358	0033	0044	
H Ungarn	0043	0032	0041	00420	0049	0045	0034	00358	0033	0044	0030
I Italien	0043	0032	0041	00420	0049	0045	0034	00358	0033	0044	0030
IRL Irland	0043	0032	0041	00420	0049	0045	0034	00358	0033	0044	0030
J Japan	00143	00132	00141	001420	00149	00145	00134	001358	00133	00144	00130
L Luxemburg	0043	0032	0041	00420	0049	0045	0034	00358	0033	0044	0030
N Norwegen	0043	0032	0041	00420	0049	0045	0034	00358	0033	0044	0030
NL Niederlande	0043	0032	0041	00420	0049	0045	0034	00358	0033	0044	0030
PL Polen	0043	0032	0041	00420	0049	0045	0034	00358	0033	0044	0030
P Portugal	0043	0032	0041	00420	0049	0045	0034	00358	0033	0044	0030
RUS Russ. Föderation	81043	81032	81041	810420	81049	81045	*	810358	81033	81044	*
S Schweden	0043	0032	0041	00420	0049	0045	0034	00358	0033	0044	0030
USA	01143	01132	01141	011420	01149	01145	01134	01358	01133	01144	01130

* Automatische Vorwahl nicht möglich

H	I	IRL	J	L	N	NL	PL	P	RUS	S	USA	
0036	0039	00353	0081	00352	0047	0031	0048	00351	007	0046	001	**A Österreich**
0036	0039	00353	0081	00352	0047	0031	0048	00351	007	0046	001	**B Belgien**
0036	0039	00353	0081	00352	0047	0031	0048	00351	007	0046	001	**CH Schweiz**
0036	0039	00353	0081	00352	0047	0031	0048	00351	007	0046	001	**CZ Tschechische Rep.**
0036	0039	00353	0081	00352	0047	0031	0048	00351	007	0046	001	**D Deutschland**
0036	0039	00353	0081	00352	0047	0031	0048	00351	007	0046	001	**DK Dänemark**
0036	0039	00353	0081	00352	0047	0031	0048	00351	007	0046	001	**E Spanien**
0036	0039	00353	0081	00352	0047	0031	0048	00351	007	0046	001	**FIN Finnland**
0036	0039	00353	0081	00352	0047	0031	0048	00351	007	0046	001	**F Frankreich**
0036	0039	00353	0081	00352	0047	0031	0048	00351	007	0046	001	**GB Großbritannien**
0036	0039	00353	0081	00352	0047	0031	0048	00351	007	0046	001	**GR Griechenland**
	0039	00353	0081	00352	0047	0031	0048	00351	007	0046	001	**H Ungarn**
0036		00353	0081	00352	0047	0031	0048	00351	*	0046	001	**I Italien**
0036	0039		0081	00352	0047	0031	0048	00351	007	0046	001	**IRL Irland**
00136	00139	001353		001352	00147	00131	00148	001351	*	00146	0011	**J Japan**
0036	0039	00353	0081		0047	0031	0048	00351	007	0046	001	**L Luxemburg**
0036	0039	00353	0081	011352		0031	0048	00351	007	0046	001	**N Norwegen**
0036	0039	00353	0081	00352	0047		0048	00351	007	0046	001	**NL Niederlande**
0036	0039	00353	0081	00352	0047	0031		00351	007	0046	001	**PL Polen**
0036	0039	00353	0081	00352	0047	0031	0048		007	0046	001	**P Portugal**
81036	*	*	*	*	*	81031	81048	*		*	*	**RUS Russ. Föderation**
0036	0039	00353	0081	00352	0047	0031	0048	00351	007		001	**S Schweden**
01136	01139	011353	01181	011352	01147	01131	01148	011351	*	01146	–	**USA**

* Direct dialing not possible

Regionalkarten

→ Maps

→ Entfernungen

In jedem Ortstext finden Sie Entfernungen zu größeren Städten in der Umgebung und nach Berlin.
Die Entfernungen gelten ab Stadtmitte unter Berücksichtigung der günstigsten (nicht kürzesten) Strecke.

→ Distances

The text of each town includes its distance from its immediate neighbours and from Berlin.
Distances are calculated from centres and along the best roads from a motoring point of view - not necessarily the shortest

→ Entfernungen zwischen den größeren Städten
→ Distances between major towns

	Aachen	Augsburg	Bamberg	Berlin	Bonn	Braunschweig	Darmstadt	Bremen	Dresden	Düsseldorf	Essen	Frankfurt am Main	Frankfurt an der Oder	Freiburg	Hamburg	Hannover	Karlsruhe
Augsburg	569																
Bamberg	448	204															
Berlin	638	569	407														
Bonn	93	500	371	600													
Braunschweig	418	548	391	233	381												
Darmstadt	378	679	521	393	342	171											
Bremen	268	327	216	577	185	364	471										
Dresden	645	446	284	192	572	313	476	494									
Düsseldorf	85	559	433	562	73	340	291	239	583								
Essen	125	582	443	530	100	308	251	261	559	39							
Frankfurt am Main	259	314	212	549	178	336	443	37	462	229	252						
Frankfurt an der Oder	704	636	474	102	668	299	461	645	191	627	600	619					
Freiburg	468	330	412	806	398	598	705	239	680	463	493	270	873				
Hamburg	489	706	548	289	452	198	124	523	498	405	362	497	383	758			
Hannover	356	562	404	288	319	65	131	379	365	278	251	353	354	614	158		
Karlsruhe	346	226	282	676	275	468	575	109	550	341	363	140	743	137	626	482	
Kassel	311	405	247	380	275	151	283	222	352	234	211	196	447	457	309	165	324
Kiel	574	802	644	354	537	294	209	619	543	490	447	593	448	854	97	248	721
Koblenz	153	431	327	604	83	370	408	133	516	149	165	123	670	333	518	386	208
Köln	79	523	397	577	31	355	317	202	572	39	74	193	643	437	427	295	304
Konstanz	568	236	410	804	498	668	793	326	678	557	580	357	871	126	826	682	226
Leipzig	561	413	251	191	501	208	370	422	121	484	461	396	258	652	397	263	520
Lübeck	547	764	606	278	510	256	182	581	467	463	420	555	372	816	67	210	683
Mannheim	288	286	270	625	218	412	519	57	538	284	307	84	691	200	570	426	67
München	641	78	231	586	561	603	750	397	460	612	633	393	653	353	776	633	296
Nürnberg	477	146	64	437	394	405	583	231	311	445	466	226	504	385	609	466	253
Osnabrück	264	572	414	418	228	196	123	357	496	181	137	331	485	592	233	136	460
Regensburg	575	149	163	488	493	505	667	330	343	544	565	325	526	471	694	564	338
Rostock	662	758	596	229	625	296	298	696	418	578	535	670	323	931	182	326	799
Saarbrücken	256	370	388	723	232	510	557	172	636	279	314	185	790	204	668	524	145
Stuttgart	416	161	240	635	346	499	630	174	508	404	428	205	701	184	656	513	76
Trier	162	435	392	721	160	488	478	185	634	200	236	188	787	299	588	456	210
Ulm	501	82	217	615	430	530	662	259	489	489	513	290	682	207	688	545	158
Wiesbaden	231	367	244	574	144	361	426	46	487	195	219	40	641	281	519	375	148
Würzburg	366	207	97	487	284	354	485	120	370	335	355	116	554	321	511	368	188

	Kassel	Kiel	Koblenz	Köln	Konstanz	Leipzig	Lübeck	Mannheim	München	Nürnberg	Osnabrück	Regensburg	Rostock	Saarbrücken	Stuttgart	Trier	Ulm	Wiesbaden
Kiel	406																	
Koblenz	222	603																
Köln	250	512	106															
Konstanz	526	922	431	520														
Leipzig	254	493	450	500	650													
Lübeck	368	80	575	485	886	455												
Mannheim	269	666	151	246	286	469	629											
München	476	873	502	576	260	430	836	355										
Nürnberg	309	706	344	409	383	281	669	242	169									
Osnabrück	181	319	293	203	679	395	293	401	638	472								
Regensburg	408	790	443	507	376	332	726	327	124	106	576							
Rostock	483	201	690	601	995	380	122	739	774	627	407	674						
Saarbrücken	368	764	199	258	305	567	727	135	431	372	442	457	842					
Stuttgart	356	753	279	368	177	479	716	133	222	212	526	297	826	218				
Trier	339	673	127	168	400	565	647	181	496	418	363	503	762	96	284			
Ulm	388	785	364	453	149	459	747	218	143	192	556	220	803	301	93	367		
Wiesbaden	219	615	73	158	367	418	578	89	424	258	312	356	693	160	216	153	299	
Würzburg	211	608	233	298	318	331	571	178	278	112	379	210	675	291	147	294	191	148

Karlsruhe - Stuttgart

76 km

Ort mit mindestens

Place with at least

- einem Hotel oder Restaurant
  a hotel or a restaurant

DIE STERNE
The stars

BIB GOURMAND
Gute Küche zu moderaten Preisen
Good food at moderate prices

BIB HOTEL
Hier übernachten Sie gut und preiswert
Good accommodation at moderate prices

Angenehme und ruhige Häuser
Peaceful atmosphere and setting

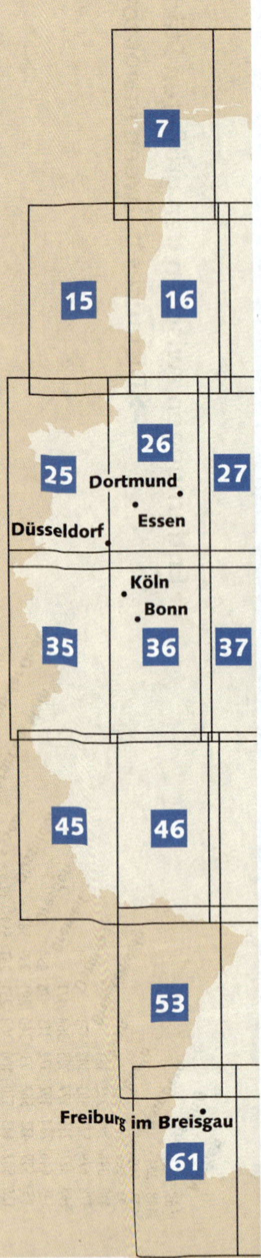

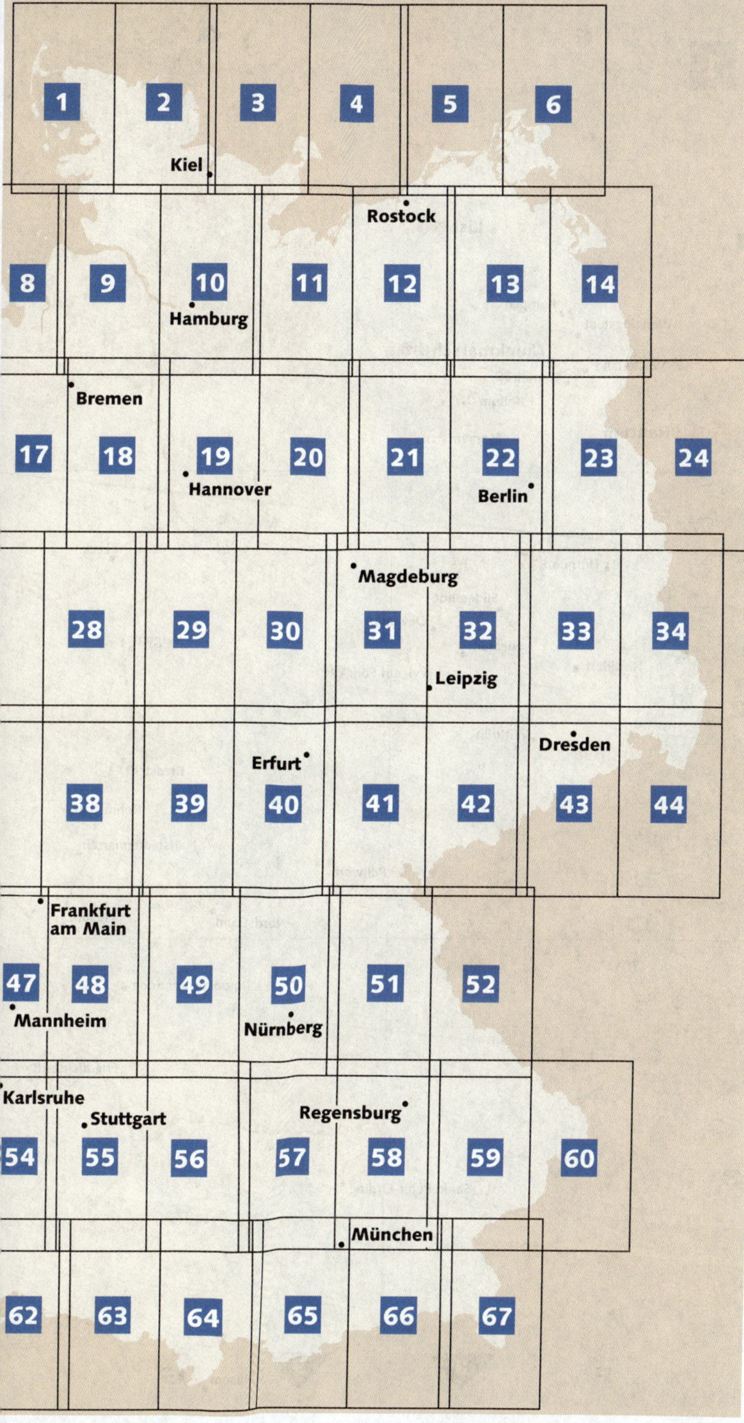

1
2
3
4
5
6
Kiel
Rostock
8
9
10
11
12
13
14
Hamburg
Bremen
17
18
19
20
21
22
23
24
Hannover
Berlin
Magdeburg
28
29
30
31
32
33
34
Leipzig
Dresden
Erfurt
38
39
40
41
42
43
44
Frankfurt
am Main
47
48
49
50
51
52
Mannheim
Nürnberg
Karlsruhe
Stuttgart
Regensburg
54
55
56
57
58
59
60
München
62
63
64
65
66
67

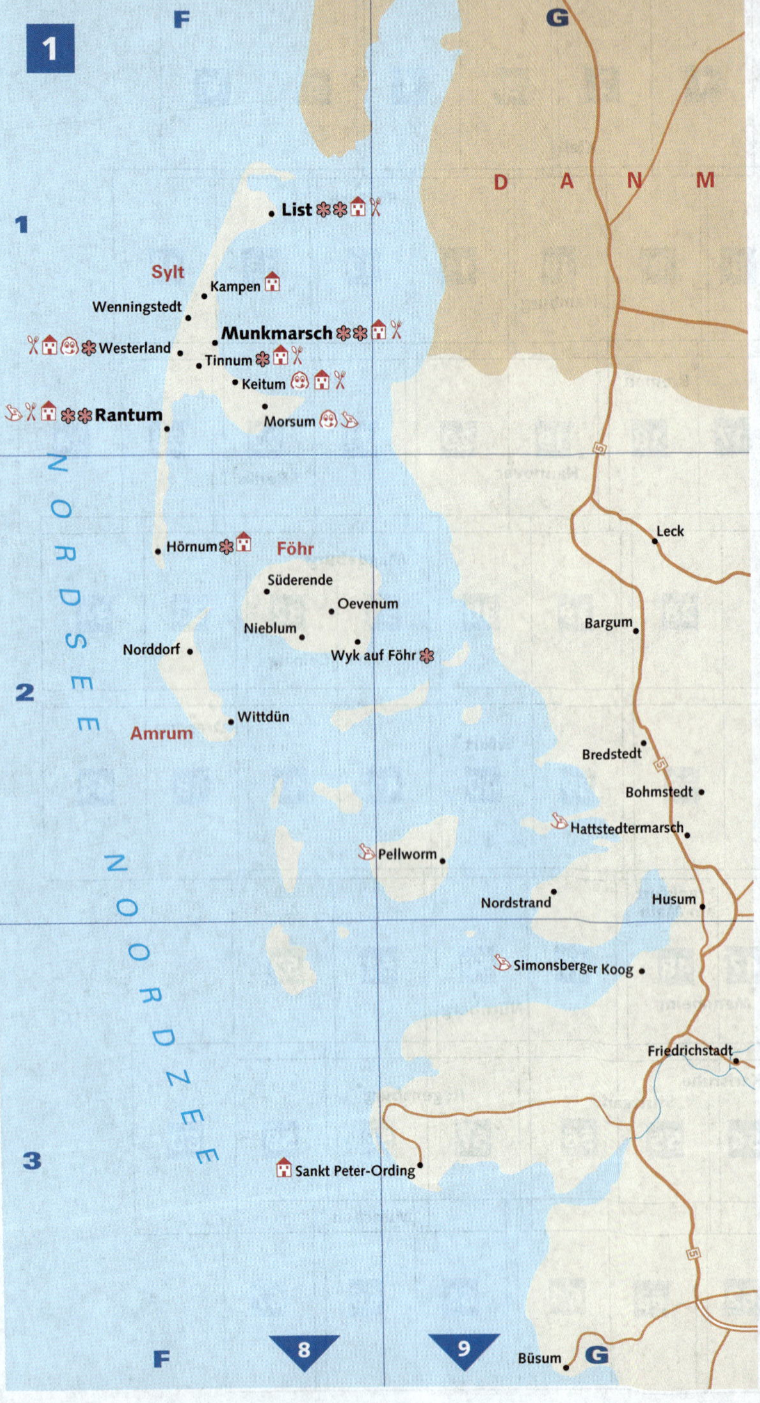

1
F
G
D A N M
List
Sylt
Kampen
Wenningstedt
Munkmarsch
Westerland
Tinnum
Keitum
Rantum
Morsum
NORDSEE
Hörnum
Föhr
Süderende
Oevenum
Nieblum
Wyk auf Föhr
Norddorf
Wittdün
Amrum
Leck
Bargum
Bredstedt
Bohmstedt
Hattstedtermarsch
Pellworm
Nordstrand
Husum
Simonsberger Koog
NOORDZEE
Friedrichstadt
Sankt Peter-Ording
Büsum
5
1
2
3
8
9

H
I
2
A R K
1
Glücksburg
199
Flensburg
3
Oeversee
A 85 - E 45
Treene
Kappeln
Schlei
2
Thumby
Holzdorf
Rieseby
Schleswig
76
Eckernförde
77
Alt Duvenstedt
Kiel
A 210
Eider
Rendsburg
3
A 7
E 45
A 215
404
205
77
A 23
Nortorf
H
9
10
I

I
J
K
3
1
2
D A N M A
Strande
Laboe
Schönberg
Fiefbergen
Kiel
Selenter See
Panker
Hohwacht
Lütjenburg
202
207
Wangels
Lehmkuhlen
Preetz
404
76
Bad Malente-
Gremsmühlen
Kellenhusen
Plön
10
11
A 1 E 47
Ascheberg
Eutin
Grömitz

L
M
4
1
R
K
5
2
Fehmarn
E 47
Burg auf Fehmarn
Neue Tiefe
3
Mecklenburger Bucht
11
L
Kühlungsborn
M
12
103

5
M
N
O
1
4
T
2
S
O
Prerow
Zingst
Ahrenshoop
Wustrow
Barth
Der Grabow
Saaler Bodden
3
Dierhagen
Graal-Müritz
105
103
12
13
M
N
O

P
Q
6
1
S
E
E
2
Hiddensee
Wiek
Breege
Lohme
Vitte
Neuenkirchen
Sagard
Saßnitz
Trent
Ralswiek
Rügen
Bergen
Binz
Sellin
Sehlen
Baabe
Putbus
Göhren
Stralsund
3
96
E 251
96N
Greifswalder
Bodden
13
14
P
Q
Karlshagen

7
C
D
3
4
5
6
N O R D S E E
Langeoog
Norderney
Baltrum
Langeoog
Norderney
Juist
Juist
Borkum
Borkum
Dornum
Esens
Norden
Krummhörn
Aurich
72
210
A 31
NEDERLAND
A 31 E 22
Leer
A 7 E 22
A 280
436
70
15
16
C
D

E
1
F
8
Helgoland
3
N O O R D Z E E
4
Spiekeroog
Wangerooge
9
Neuharlingersiel
Wangerland
Wremen
210
Jever
Breme
Wilhelmshaven
Nordenham
5
Zetel
Wiesmoor
Varel
A 27-E 234
Brake
Uplengen
A28 E 22
Westerstede
WESER
6
Rastede
A 29
17
E
Bad Zwischenahn
F
Berne

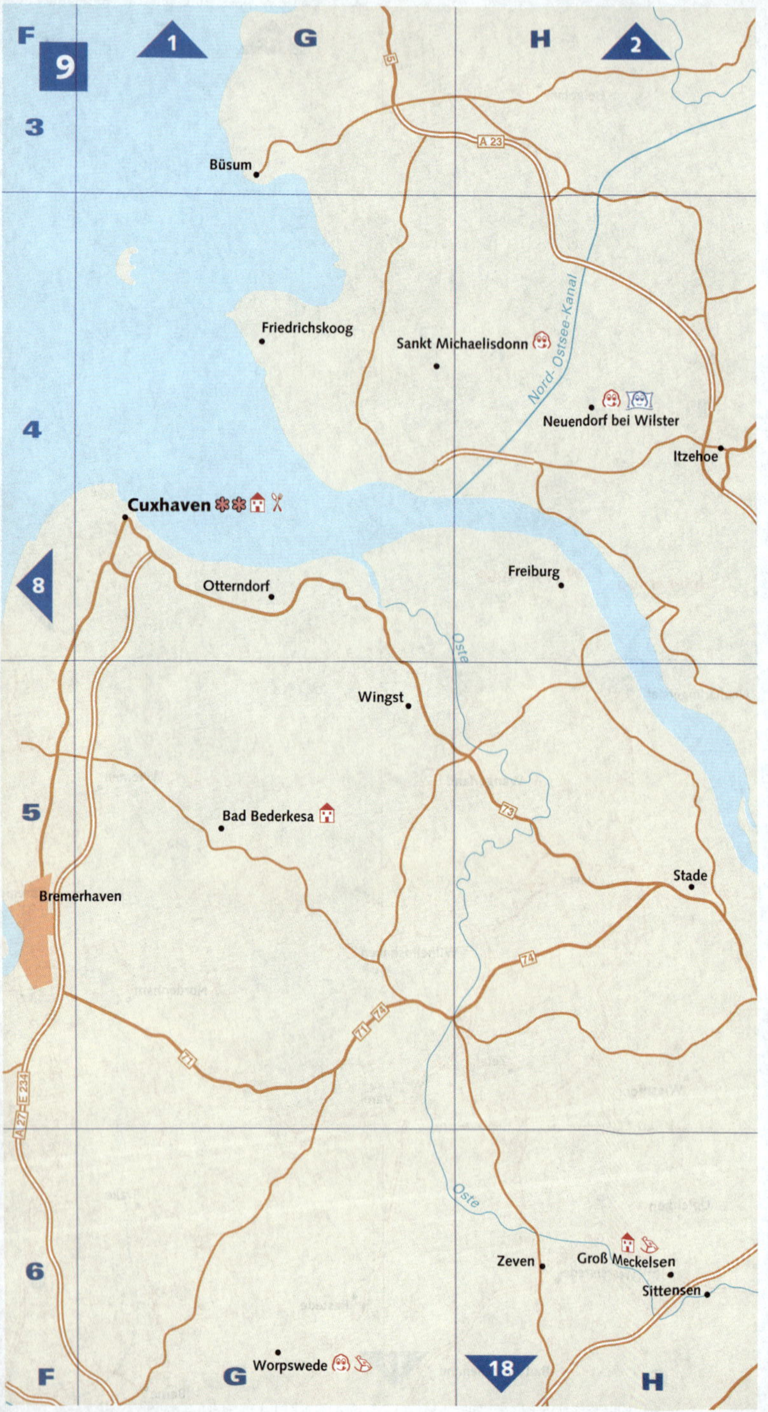

F
G
H
F
G
H
9
1
2
8
18
3
4
5
6
Büsum
Friedrichskoog
Sankt Michaelisdonn
Nord-Ostsee-Kanal
Neuendorf bei Wilster
Itzehoe
Cuxhaven
Otterndorf
Freiburg
Oste
Wingst
Bad Bederkesa
Stade
Bremerhaven
Zeven
Groß Meckelsen
Sittensen
Worpswede
5
A 23
73
74
71
A 27 - E 234

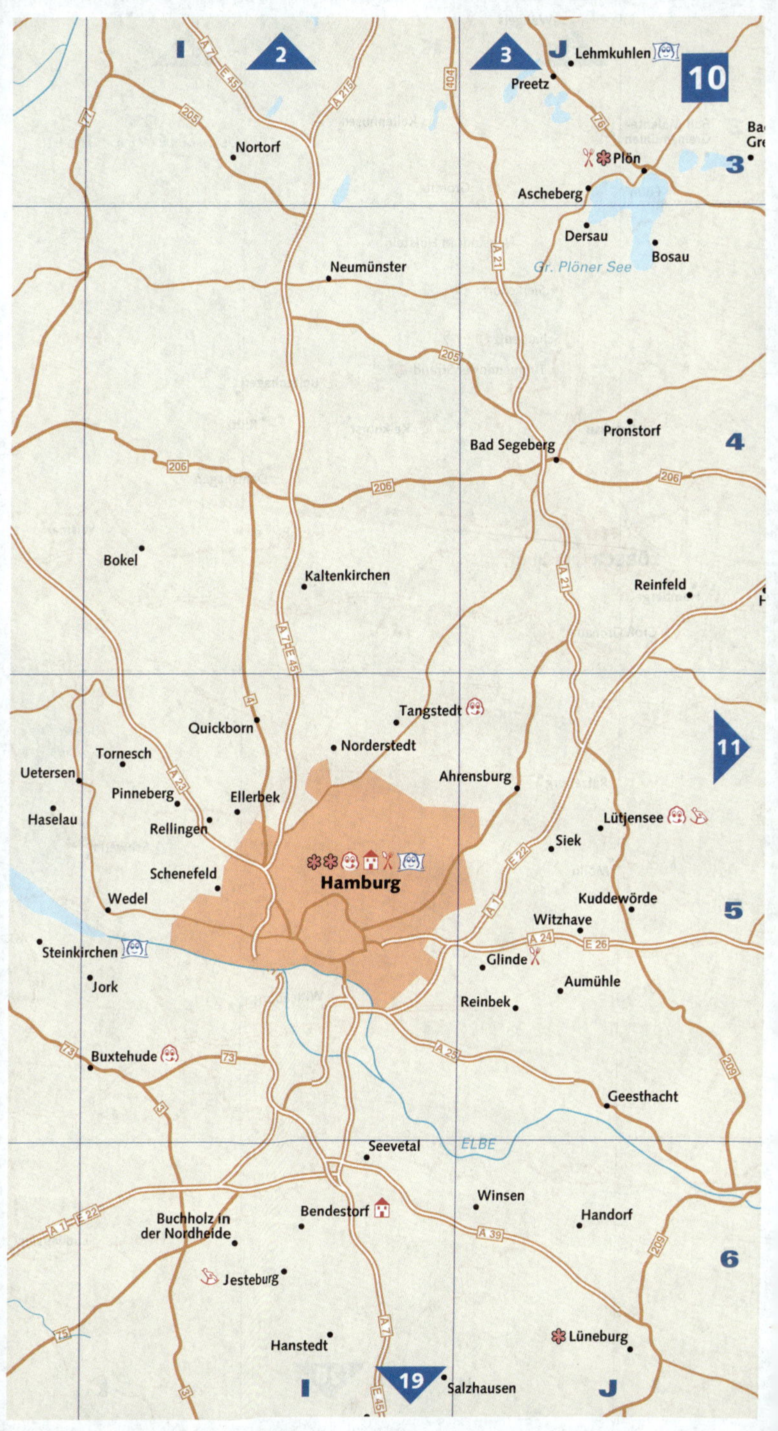
10
2
3
I
J
Lehmkuhlen
Preetz
Nortorf
Plön
Ascheberg
Dersau
Bosau
Gr. Plöner See
Neumünster
Bad Segeberg
Pronstorf
4
Bokel
Kaltenkirchen
Reinfeld
Tangstedt
Quickborn
Norderstedt
Tornesch
Uetersen
Pinneberg
Ellerbek
Ahrensburg
11
Haselau
Rellingen
Lütjensee
Siek
Schenefeld
Hamburg
Wedel
Kuddewörde
Witzhave
5
Steinkirchen
Glinde
Aumühle
Jork
Reinbek
Buxtehude
Geesthacht
Seevetal
ELBE
Winsen
Bendestorf
Handorf
Buchholz in der Nordheide
6
Jesteburg
Lüneburg
Hanstedt
19
Salzhausen
I
J

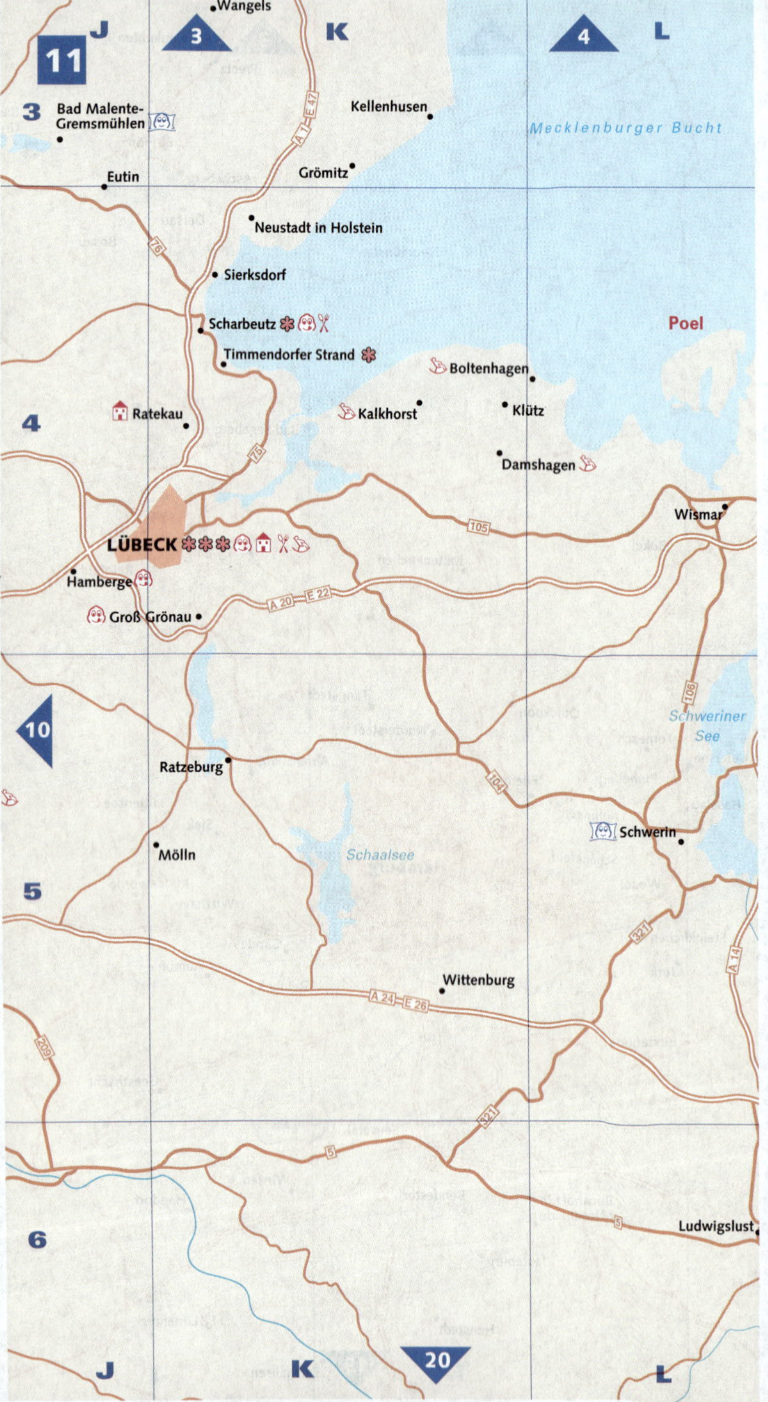

11
J
3
K
4
L
Wangels
Bad Malente-Gremsmühlen
Kellenhusen
Mecklenburger Bucht
Grömitz
Eutin
Neustadt in Holstein
Sierksdorf
Scharbeutz
Timmendorfer Strand
Poel
Boltenhagen
Kalkhorst
Klütz
Ratekau
Damshagen
Wismar
LÜBECK
Hamberge
Groß Grönau
Schweriner See
10
Ratzeburg
Schwerin
Mölln
Schaalsee
5
Wittenburg
Ludwigslust
6
J
K
20
L

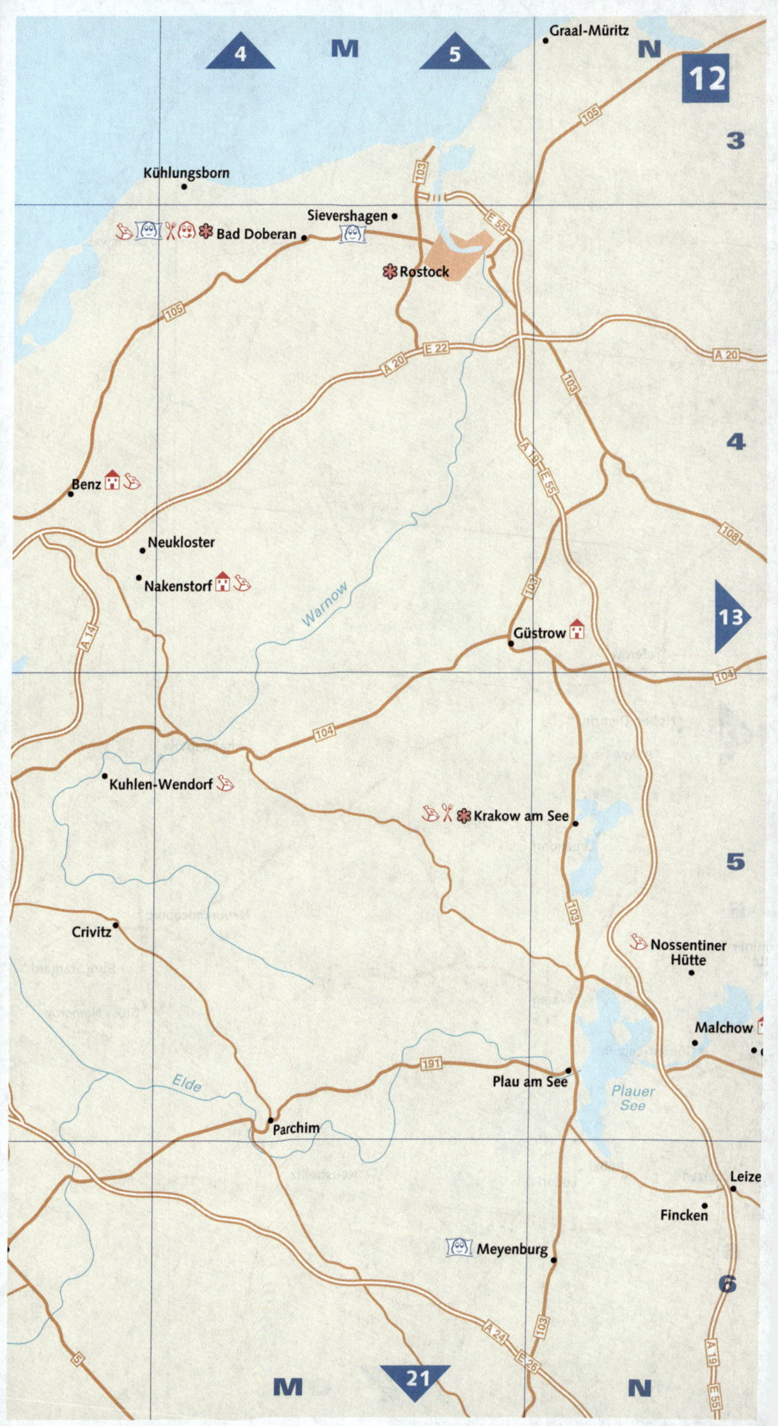

4
M
5
Graal-Müritz
N
12
3
Kühlungsborn
Sievershagen
Bad Doberan
Rostock
105
103
E 55
E 22
A 20
4
Benz
Neukloster
Nakenstorf
Warnow
A 14
A 19
108
Güstrow
13
104
Kuhlen-Wendorf
Krakow am See
5
Crivitz
Nossentiner Hütte
Malchow
Elde
191
Plau am See
Plauer See
Parchim
Leize
Fincken
Meyenburg
6
A 24
E 26
21
M
N

13
N
5
O
6
3
4
5
6
12
22
96N
96
E 251
A 20
108
104
192
A 19
E 55
Greifswald
Kummerower
See
Teterow
Hohen Demzin
Bülow
Malchiner
See
Lupendorf
Altentreptow
Neubrandenburg
Burg Stargard
Gross Nemerow
Waren
Malchow
Göhren-Lebbin
Müritz
Leizen
Röbel
Ludorf
Neustrelitz

Greitswalder
Bodden
P
6
Q
R
14
3
Karlshagen
Trassenheide
Zinnowitz
Pommersche
Bucht
Wolgast
109
Koserow
Usedom
Loddin
Bansin
Heringsdorf
Ahlbeck
Rubkow
4
Korswandt
Peene
Stolpe
Anklam
109
5
Pasewalk
A 20
198
109
Feldberger Seenlandschaft
Prenzlau
A 11
E 28
198
6
Oberuckersee
23
P
Q
R
166
2

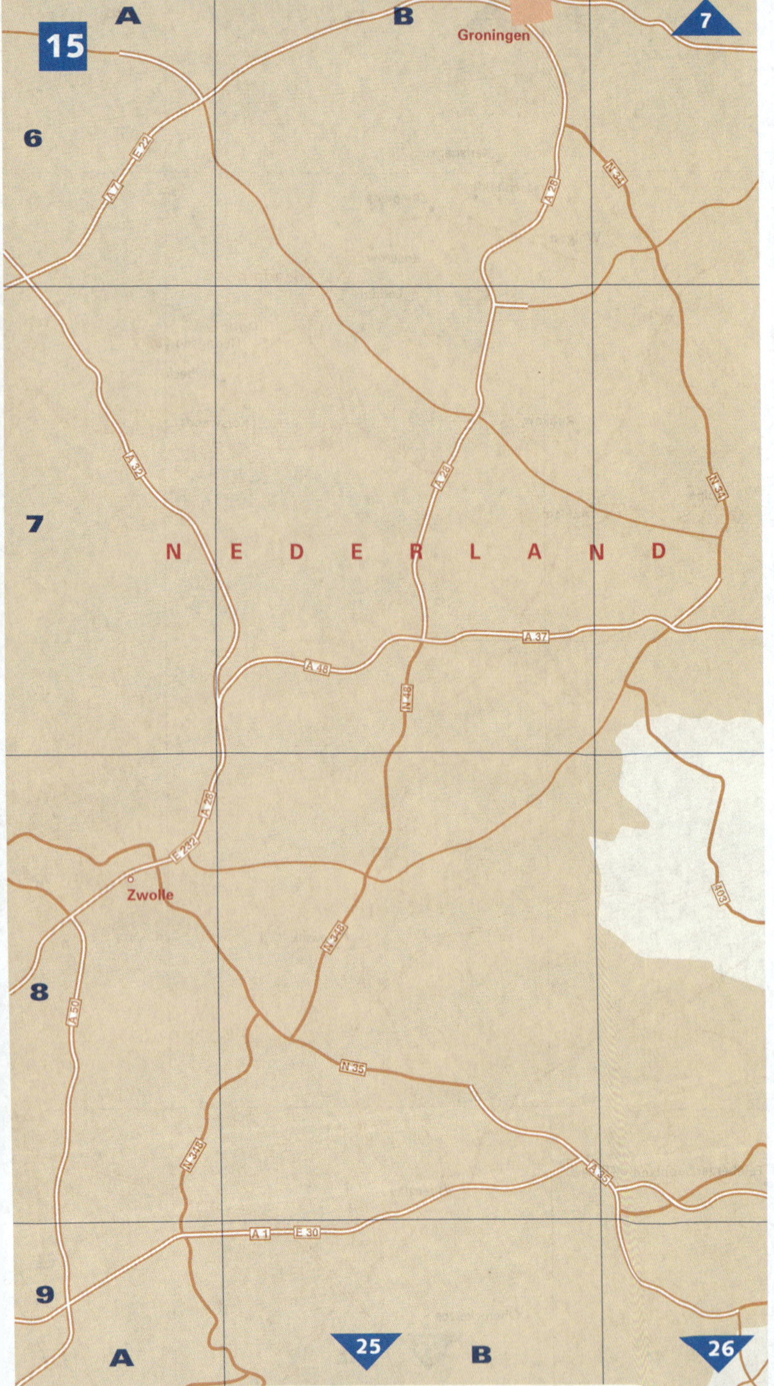
15
A
B
Groningen
7
6
A 7
E 22
A 28
N 34
A 32
7
N E D E R L A N D
N 34
A 37
A 48
N 48
A 28
E 232
Zwolle
403
8
N 348
A 50
N 35
A 35
N 348
A 1
E 30
9
A
25
B
26

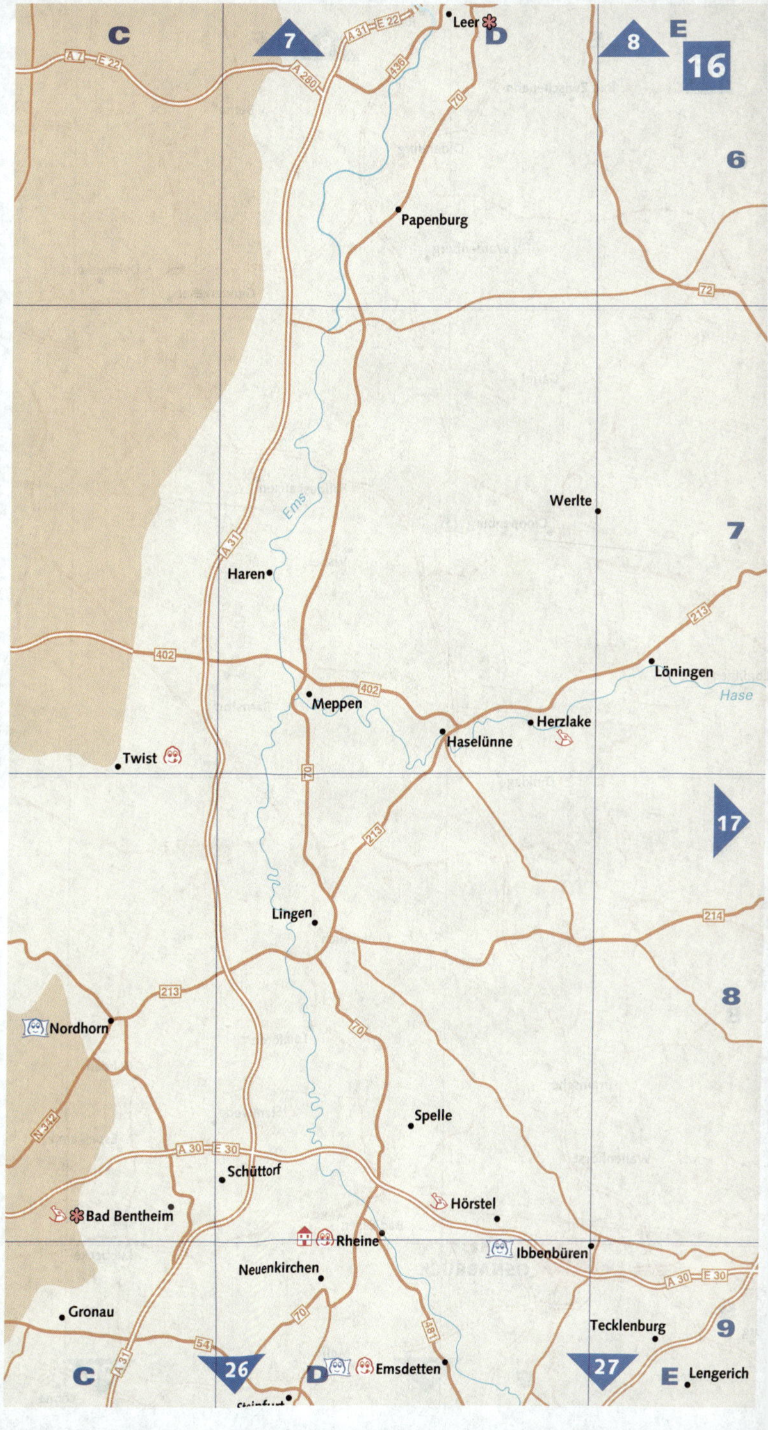

16
C
D
E
7
8
17
26
27
6
7
8
9
Leer
Papenburg
Werlte
Haren
Löningen
Hase
Meppen
Herzlake
Haselünne
Twist
Ems
Lingen
Nordhorn
Spelle
Schüttorf
Hörstel
Bad Bentheim
Rheine
Ibbenbüren
Neuenkirchen
Gronau
Tecklenburg
Emsdetten
Lengerich
Steinfurt
A 7
E 22
A 31
A 280
436
70
72
402
213
214
A 30
E 30
N 342
54
481

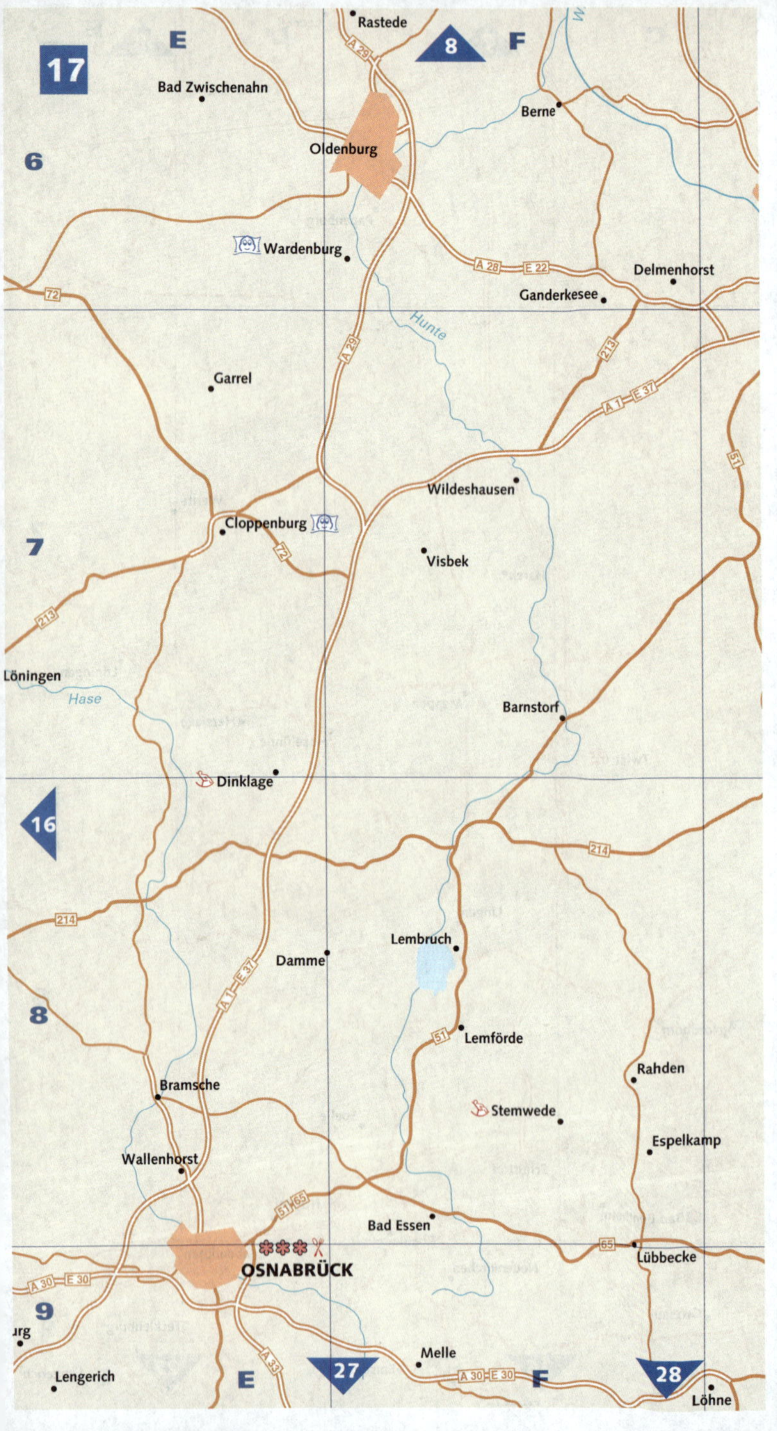

17
E
F
8
Rastede
Bad Zwischenahn
Oldenburg
Berne
6
Wardenburg
A 28
E 22
Delmenhorst
Ganderkesee
72
Hunte
A 29
213
Garrel
A 1
E 37
51
Wildeshausen
Cloppenburg
7
Visbek
Löningen
Hase
Barnstorf
Dinklage
16
214
Lembruch
Damme
8
Lemförde
Rahden
Bramsche
Stemwede
Espelkamp
Wallenhorst
51
65
Bad Essen
Lübbecke
OSNABRÜCK
A 30
E 30
9
Melle
27
28
A 33
Lengerich
Löhne

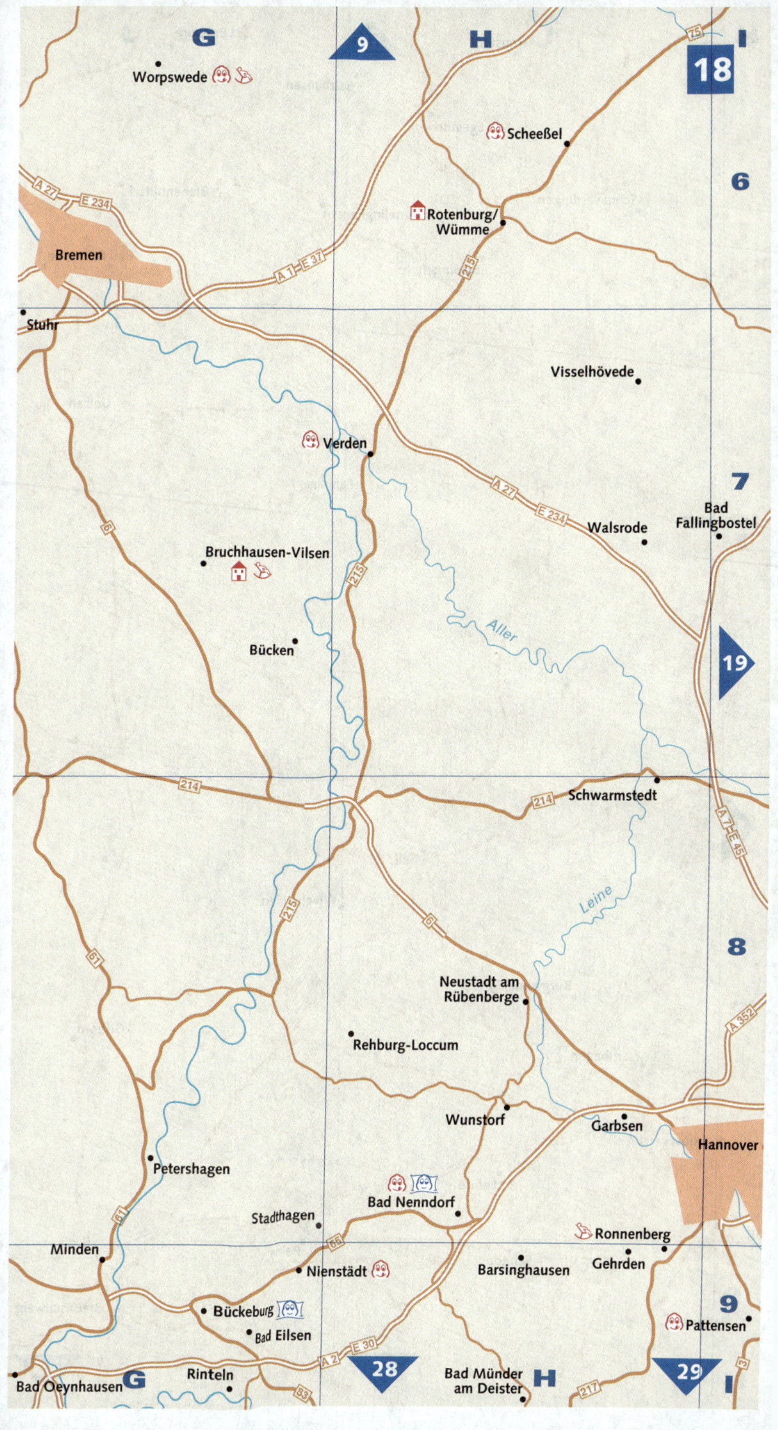

G
9
H
I
18
Worpswede
Scheeßel
6
A 27
E 234
Rotenburg/
Wümme
Bremen
A 1
E 37
215
Stuhr
Visselhövede
Verden
7
A 27
E 234
Walsrode
Bad
Fallingbostel
6
Bruchhausen-Vilsen
215
Aller
Bücken
19
214
214
Schwarmstedt
A 7
E 45
215
Leine
6
8
61
Neustadt am
Rübenberge
A 352
Rehburg-Loccum
Wunstorf
Garbsen
Hannover
Petershagen
Bad Nenndorf
Stadthagen
65
Ronnenberg
Minden
Nienstädt
Barsinghausen
Gehrden
Bückeburg
9
Pattensen
Bad Eilsen
A 2
E 30
28
Bad Münder
am Deister
29
3
Bad Oeynhausen
G
Rinteln
H
I
83
217

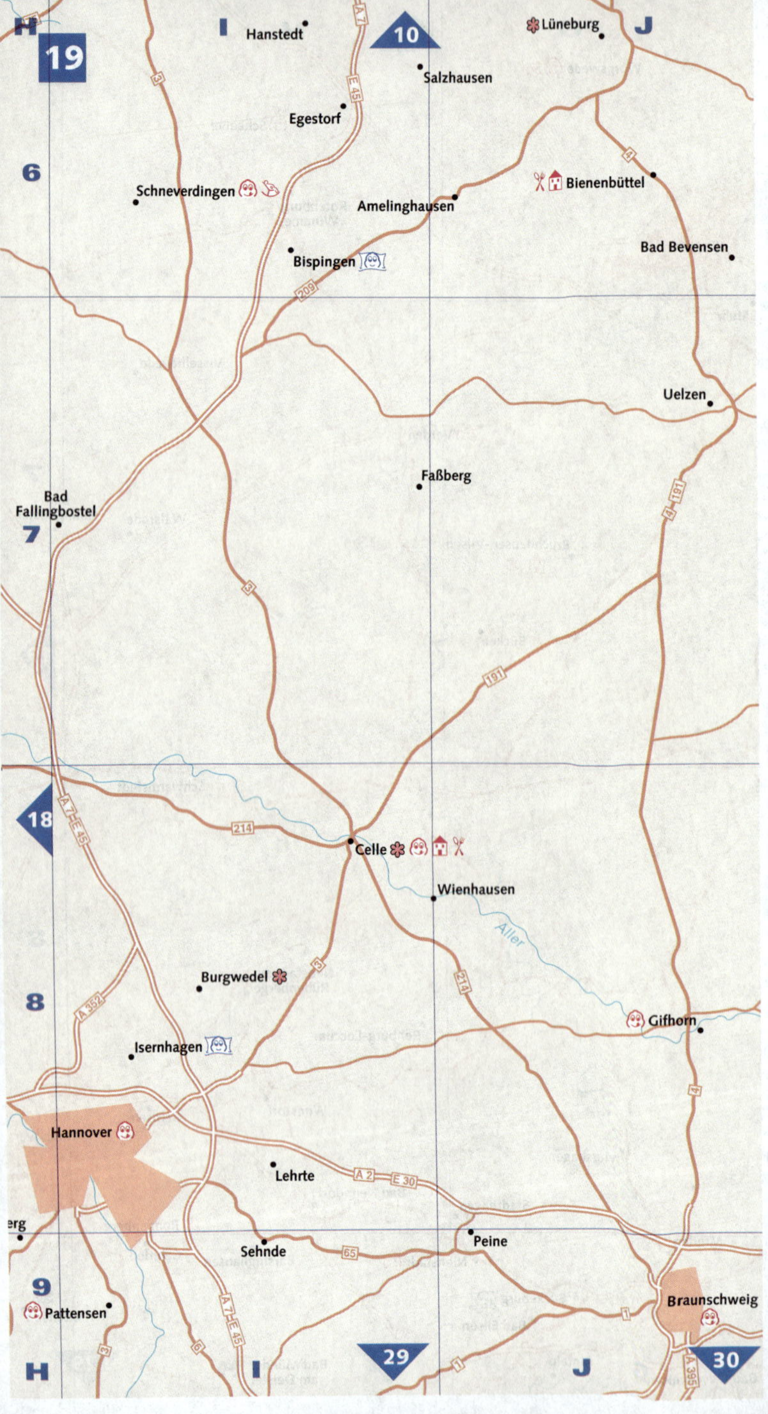

19
10
H
I
J
Hanstedt
Lüneburg
Salzhausen
Egestorf
A 7
E 45
3
6
Schneverdingen
Amelinghausen
Bienenbüttel
4
Bispingen
Bad Bevensen
209
Uelzen
Faßberg
Bad Fallingbostel
7
191
4
3
18
A 7 / E 45
214
Celle
Wienhausen
Aller
Burgwedel
3
214
8
A 352
Gifhorn
Isernhagen
4
Hannover
Lehrte
A 2
E 30
Peine
Sehnde
65
9
Pattensen
Braunschweig
1
A 7 - E 45
6
3
29
30
1
A 395
H
I
J

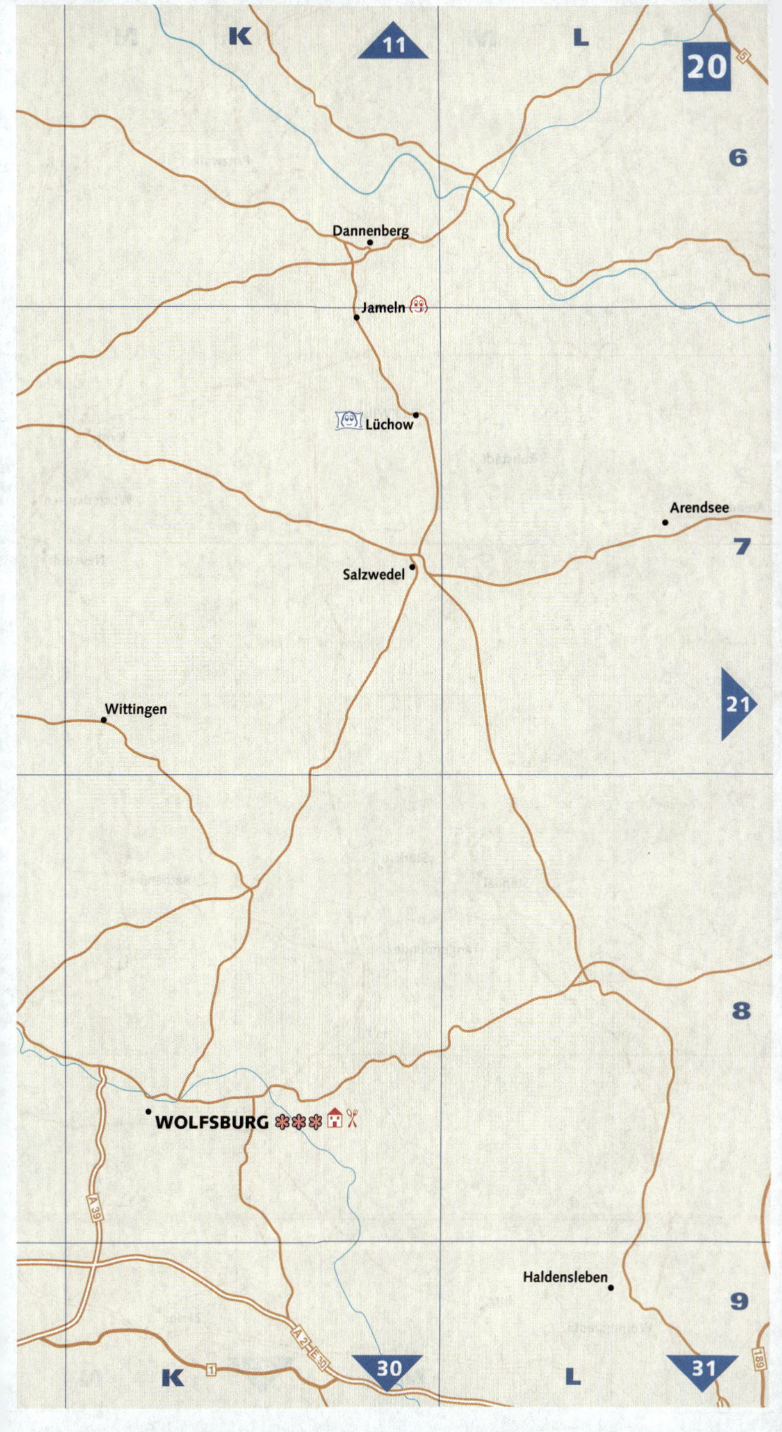

K
11
L
20
6
Dannenberg
Jameln
Lüchow
Arendsee
7
Salzwedel
21
Wittingen
8
WOLFSBURG
A 39
Haldensleben
9
A 2
E 30
1
30
K
L
31
189
5

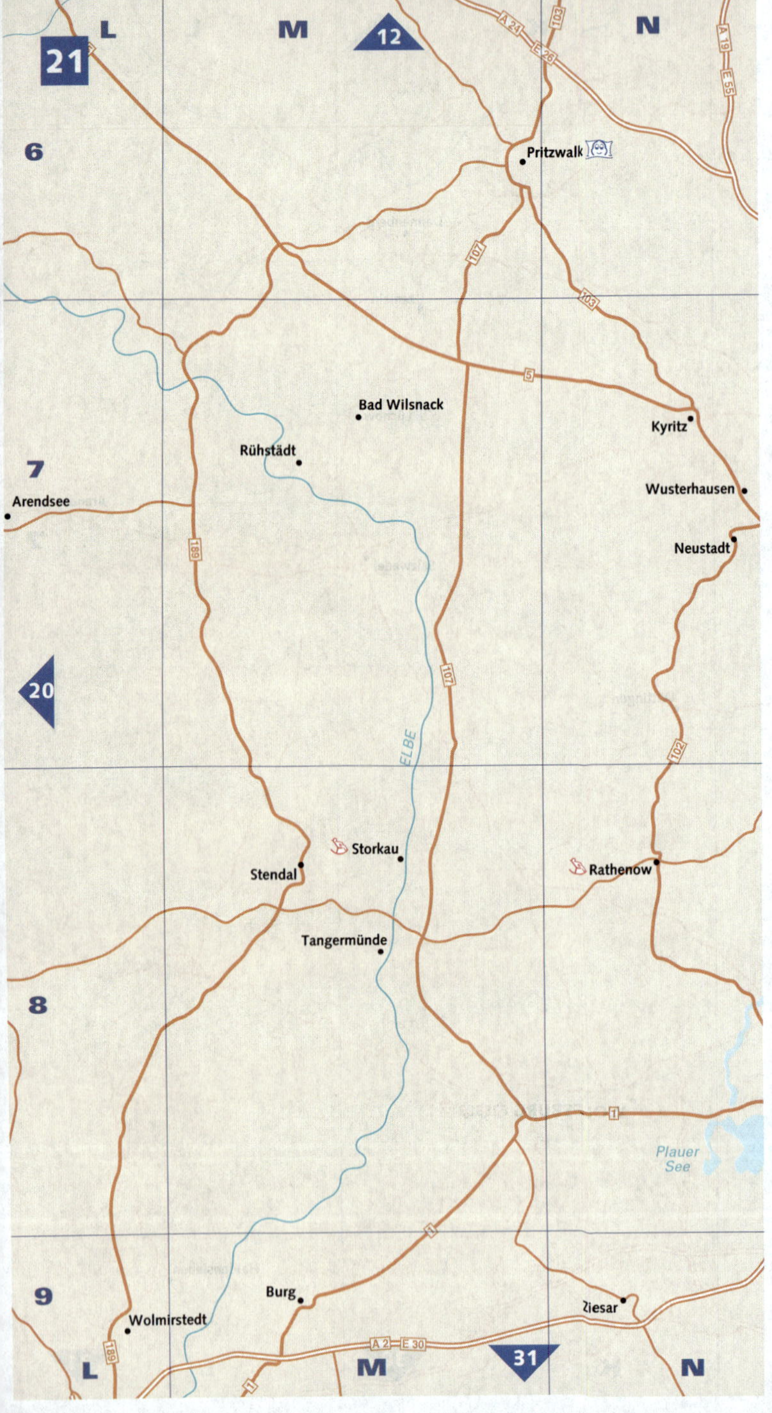
21
L
M
12
N
6
7
8
9
20
31
Pritzwalk
Bad Wilsnack
Rühstädt
Kyritz
Wusterhausen
Arendsee
Neustadt
ELBE
Storkau
Stendal
Rathenow
Tangermünde
Plauer
See
Burg
Ziesar
Wolmirstedt
A 24
E 26
A 19
E 55
A 2
E 30
103
107
5
189
102
1
L
M
N

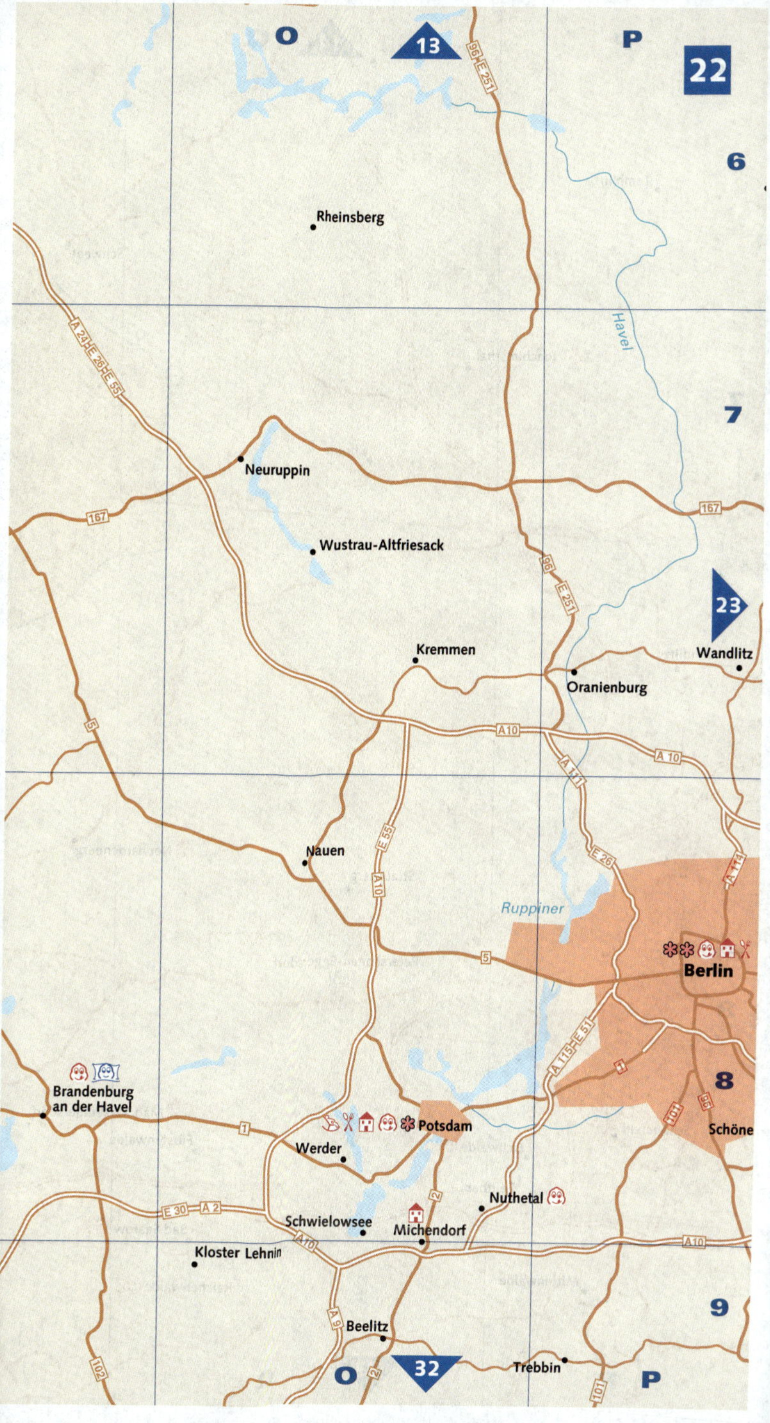

O
13
P
22
6
Rheinsberg
Havel
7
Neuruppin
167
Wustrau-Altfriesack
23
Kremmen
Wandlitz
Oranienburg
A10
A 10
A 111
A 114
Nauen
E 26
E 55
A10
Ruppiner
Berlin
5
A 115
E 51
8
Brandenburg
an der Havel
Potsdam
1
Werder
101
B6
Schöne
Nuthetal
E 30
A 2
Schwielowsee
Michendorf
A10
Kloster Lehnin
9
A 9
Beelitz
102
O
32
Trebbin
P

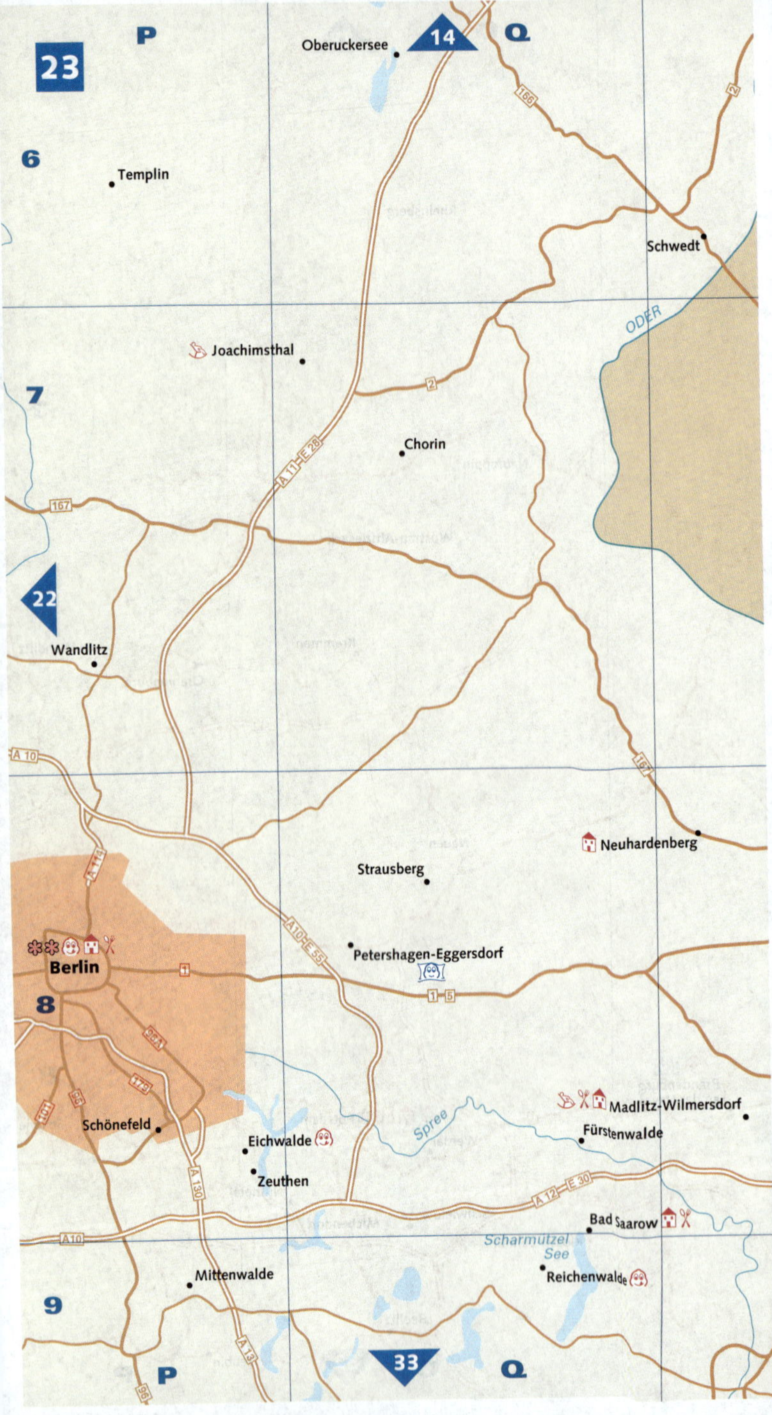

23
P
Q
14
Oberuckersee
6
Templin
166
2
Schwedt
ODER
Joachimsthal
7
2
Chorin
A 11 - E 28
167
22
Wandlitz
A 10
167
Neuhardenberg
A 114
Strausberg
Berlin
8
A10 - E 55
Petershagen-Eggersdorf
1
1 5
96a
179
101
96
Schönefeld
Madlitz-Wilmersdorf
Spree
Fürstenwalde
Eichwalde
Zeuthen
A 130
A 12 - E 30
Bad Saarow
A10
Scharmützel
See
Mittenwalde
Reichenwalde
9
A 13
33
P
Q
96

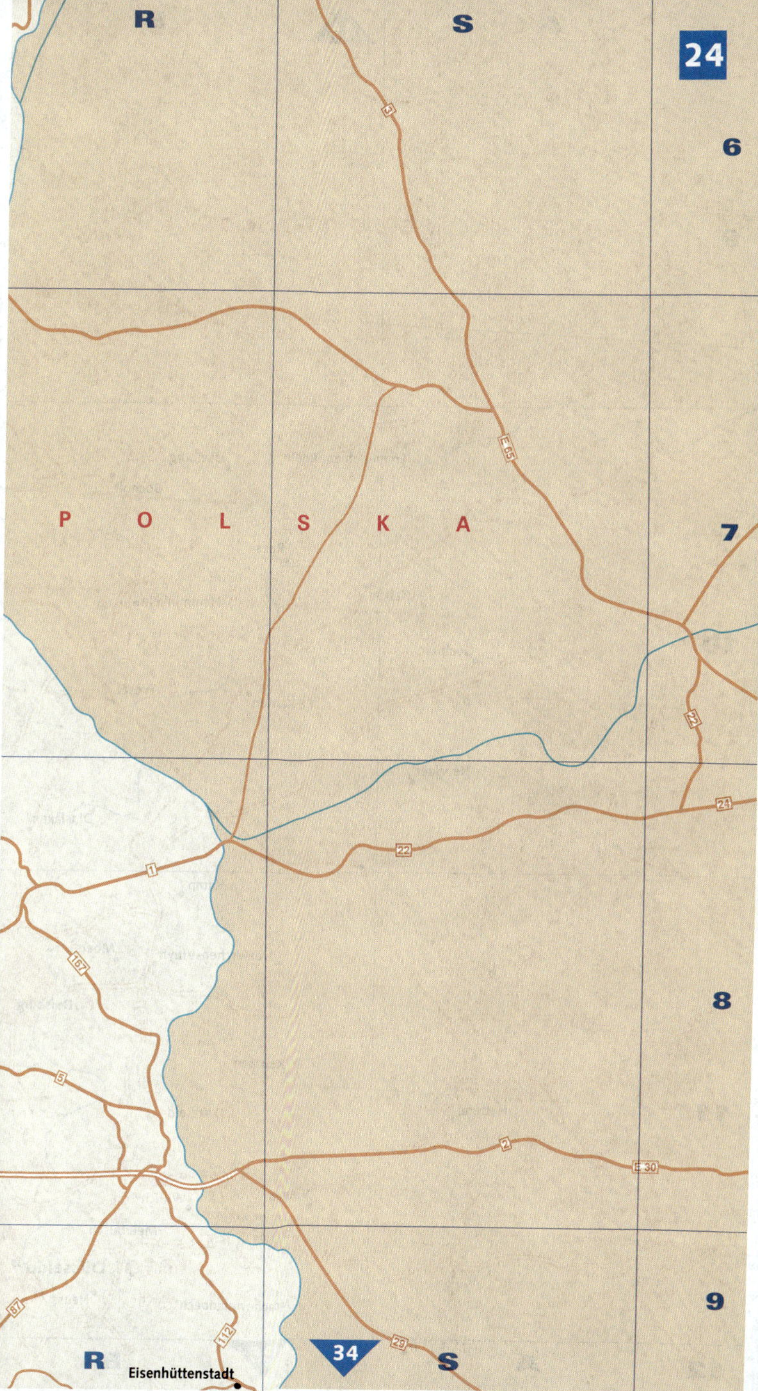
R
S
24
6
POLSKA
7
8
9
R
Eisenhüttenstadt
34
S
3
E65
22
24
22
1
167
5
2
E30
87
112
29

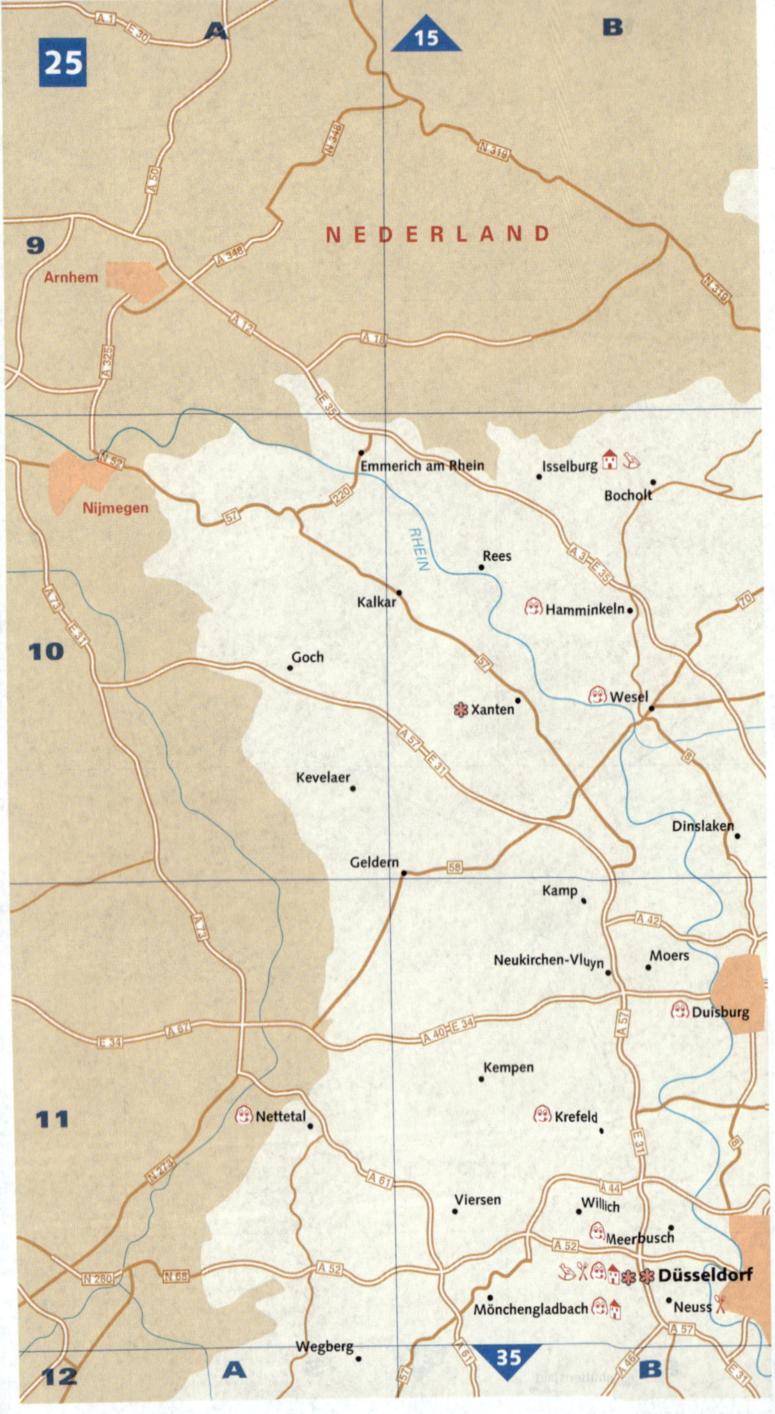

25
A
15
B
NEDERLAND
Arnhem
Nijmegen
Emmerich am Rhein
Isselburg
Bocholt
RHEIN
Rees
Kalkar
Hamminkeln
Goch
Xanten
Wesel
Kevelaer
Dinslaken
Geldern
Kamp
Neukirchen-Vluyn
Moers
Duisburg
Kempen
Nettetal
Krefeld
Viersen
Willich
Meerbusch
Düsseldorf
Mönchengladbach
Neuss
Wegberg
9
10
11
12
A
35
B

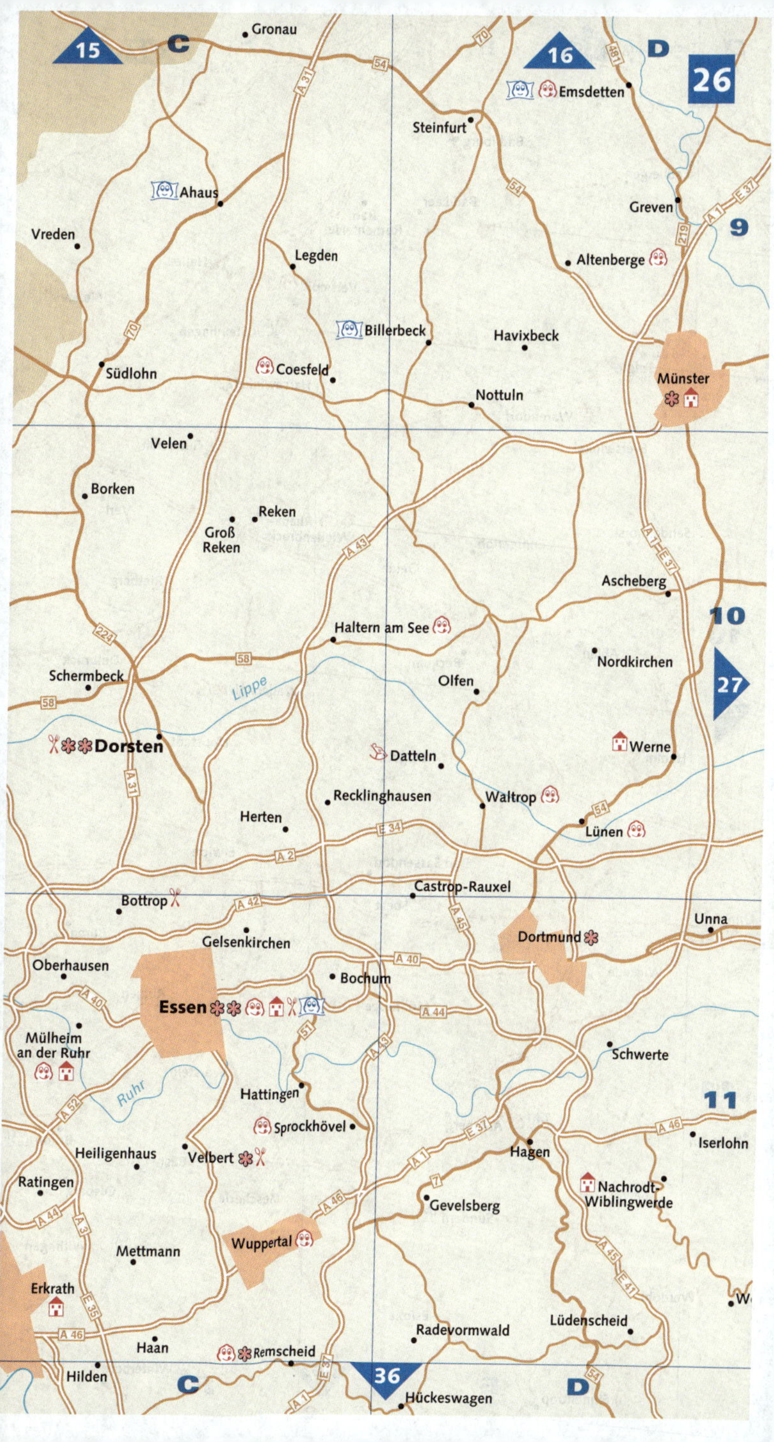

15
C
Gronau
16
D
26
Emsdetten
Steinfurt
Ahaus
Greven
9
Vreden
Legden
Altenberge
Billerbeck
Havixbeck
Südlohn
Coesfeld
Münster
Nottuln
Velen
Borken
Reken
Groß Reken
Ascheberg
10
Haltern am See
Nordkirchen
Schermbeck
Lippe
Olfen
27
Dorsten
Werne
Datteln
Recklinghausen
Waltrop
Herten
Lünen
Castrop-Rauxel
Bottrop
Unna
Dortmund
Gelsenkirchen
Oberhausen
Bochum
Essen
Mülheim an der Ruhr
Schwerte
Ruhr
Hattingen
11
Sprockhövel
Iserlohn
Heiligenhaus
Velbert
Hagen
Ratingen
Nachrodt-Wiblingwerde
Gevelsberg
Mettmann
Wuppertal
Erkrath
Lüdenscheid
Radevormwald
Haan
Remscheid
Hilden
C
36
D
Hückeswagen

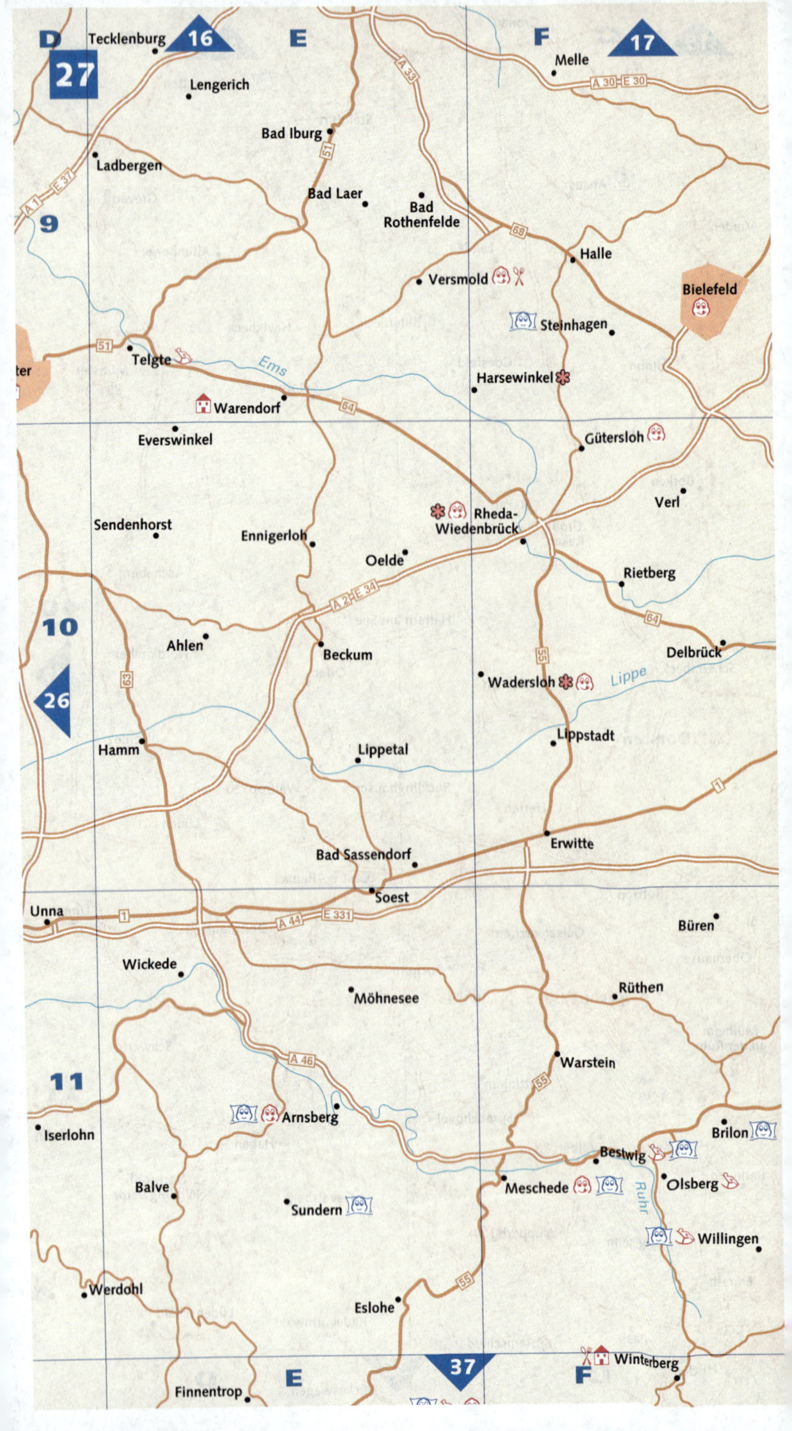
D
E
F
27
16
17
9
10
11
26
37
Tecklenburg
Lengerich
Melle
Bad Iburg
Ladbergen
Bad Laer
Bad
Rothenfelde
Halle
Versmold
Bielefeld
Steinhagen
Telgte
Ems
Harsewinkel
Warendorf
Everswinkel
Gütersloh
Verl
Rheda-
Wiedenbrück
Sendenhorst
Ennigerloh
Oelde
Rietberg
Ahlen
Beckum
Delbrück
Wadersloh
Lippe
Hamm
Lippstadt
Lippetal
Erwitte
Bad Sassendorf
Soest
Unna
Büren
Wickede
Möhnesee
Rüthen
Warstein
Arnsberg
Brilon
Iserlohn
Bestwig
Meschede
Olsberg
Balve
Sundern
Ruhr
Willingen
Werdohl
Eslohe
Winterberg
Finnentrop
A 33
A 30
E 30
51
A 1
E 37
68
64
A 2
E 34
55
63
1
A 44
E 331
A 46

28
17
18
G
H
9
10
29
11
38
Bückeburg
Bad Eilsen
Rinteln
Bad Oeynhausen
Löhne
Vlotho
Bad Münder am Deister
Herford
Bad Salzuflen
Hameln
Aerzen
Weser
Lage
Bad Pyrmont
Detmold
Schieder-Schwalenberg
Polle
Horn-Bad Meinberg
Steinheim
Hövelhof
Holzminden
Bad Lippspringe
Höxter
Bad Driburg
Paderborn
Beverungen
Bad Karlshafen
Bad Wünnenberg
Hofgeismar
Grebenstein
Bad Arolsen
Kassel
Korbach
Bad Emstal
Waldeck
Eder-Stausee
A 2
E 30
83
217
61
7
1
A 33
68
A 44
E 331
252
3
A 49

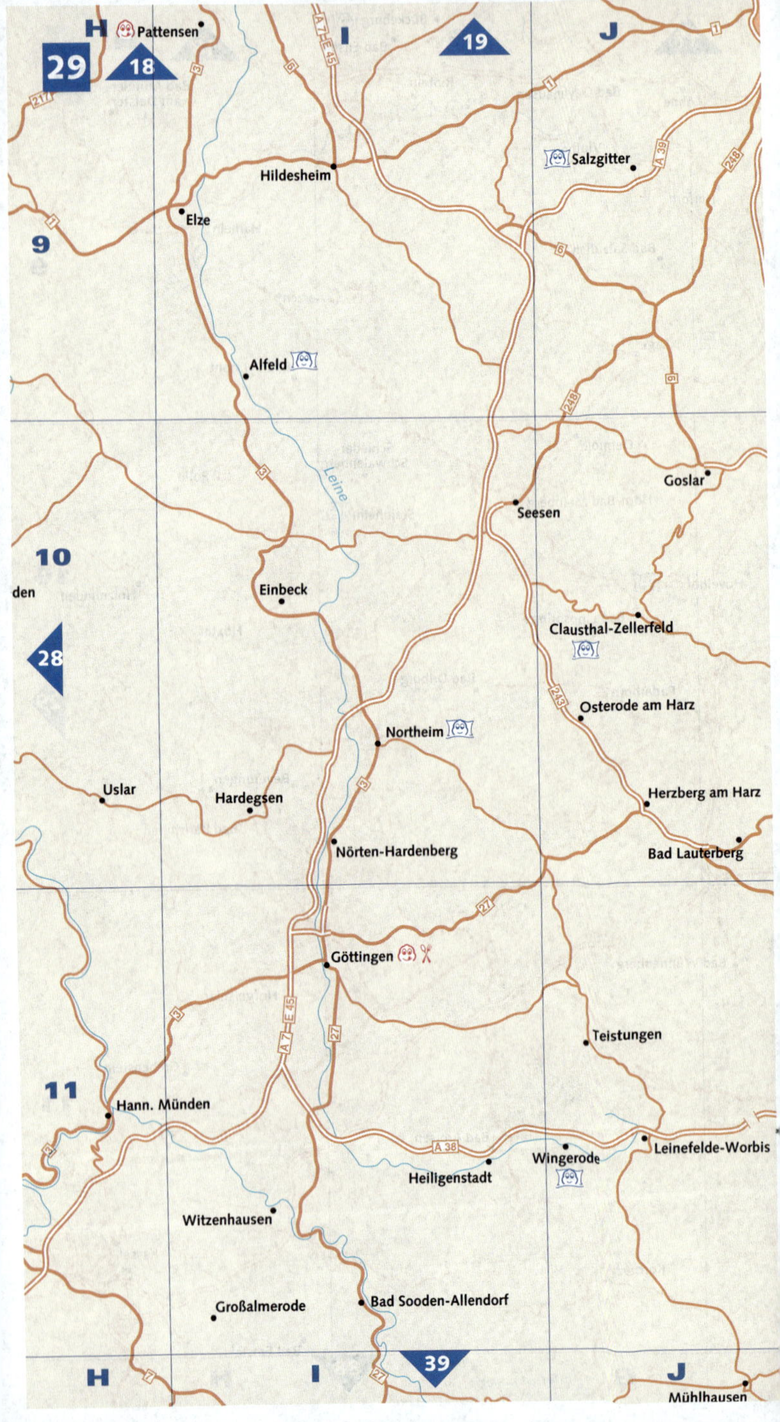
29
H
I
J
18
19
9
10
11
28
39
Pattensen
Hildesheim
Salzgitter
Elze
Alfeld
Leine
Goslar
Seesen
Einbeck
den
Clausthal-Zellerfeld
Osterode am Harz
Northeim
Uslar
Hardegsen
Herzberg am Harz
Nörten-Hardenberg
Bad Lauterberg
Göttingen
Teistungen
Hann. Münden
A 38
Leinefelde-Worbis
Wingerode
Heiligenstadt
Witzenhausen
Großalmerode
Bad Sooden-Allendorf
Mühlhausen
A 7 E 45
A 39
217
248
243
27
1
3
6
7

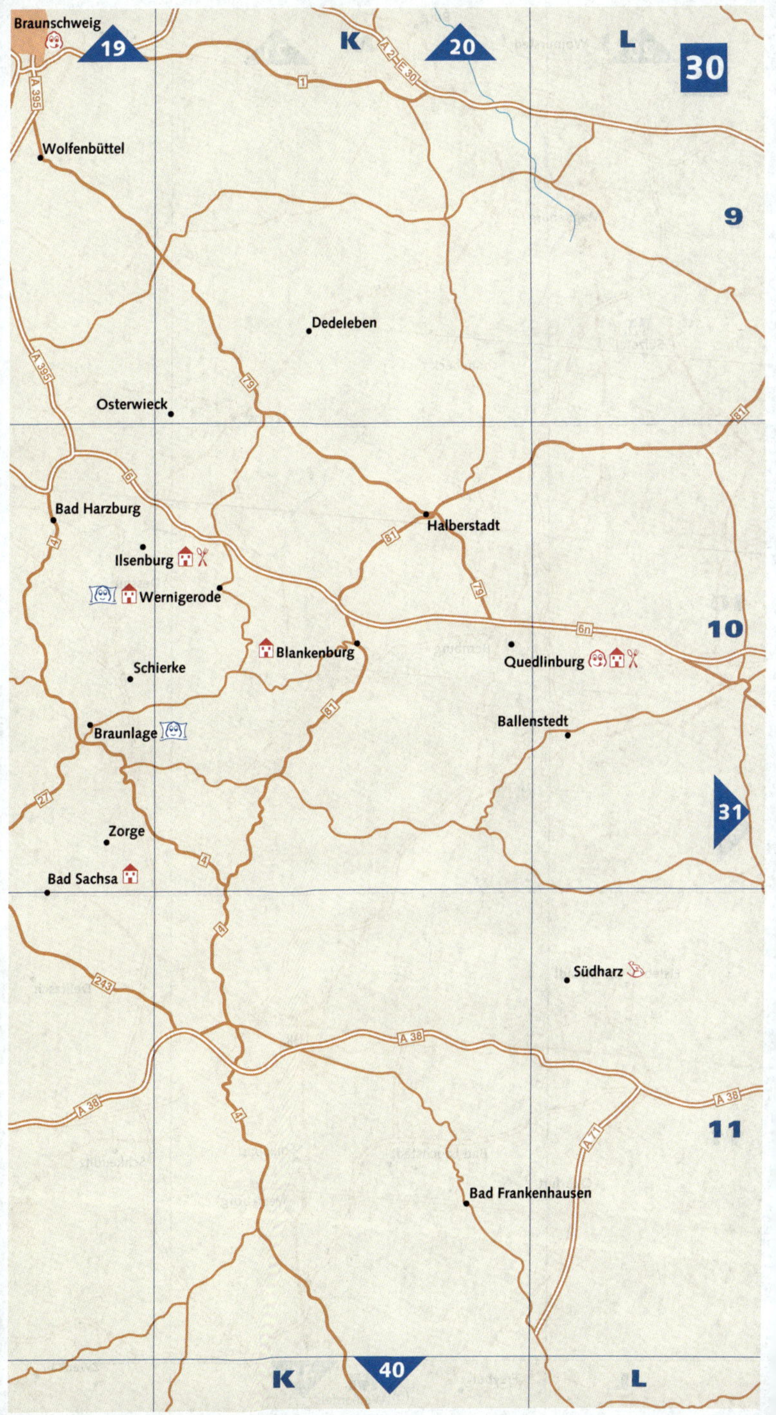
30
K
L
19
20
Braunschweig
A 395
A 2
E 30
1
Wolfenbüttel
9
Dedeleben
79
A 395
Osterwieck
81
6
Bad Harzburg
Halberstadt
4
Ilsenburg
81
Wernigerode
79
10
6n
Blankenburg
Quedlinburg
Schierke
81
Ballenstedt
Braunlage
27
31
Zorge
4
Bad Sachsa
4
Südharz
243
A 38
A 38
A 38
11
A 71
4
Bad Frankenhausen
K
40
L

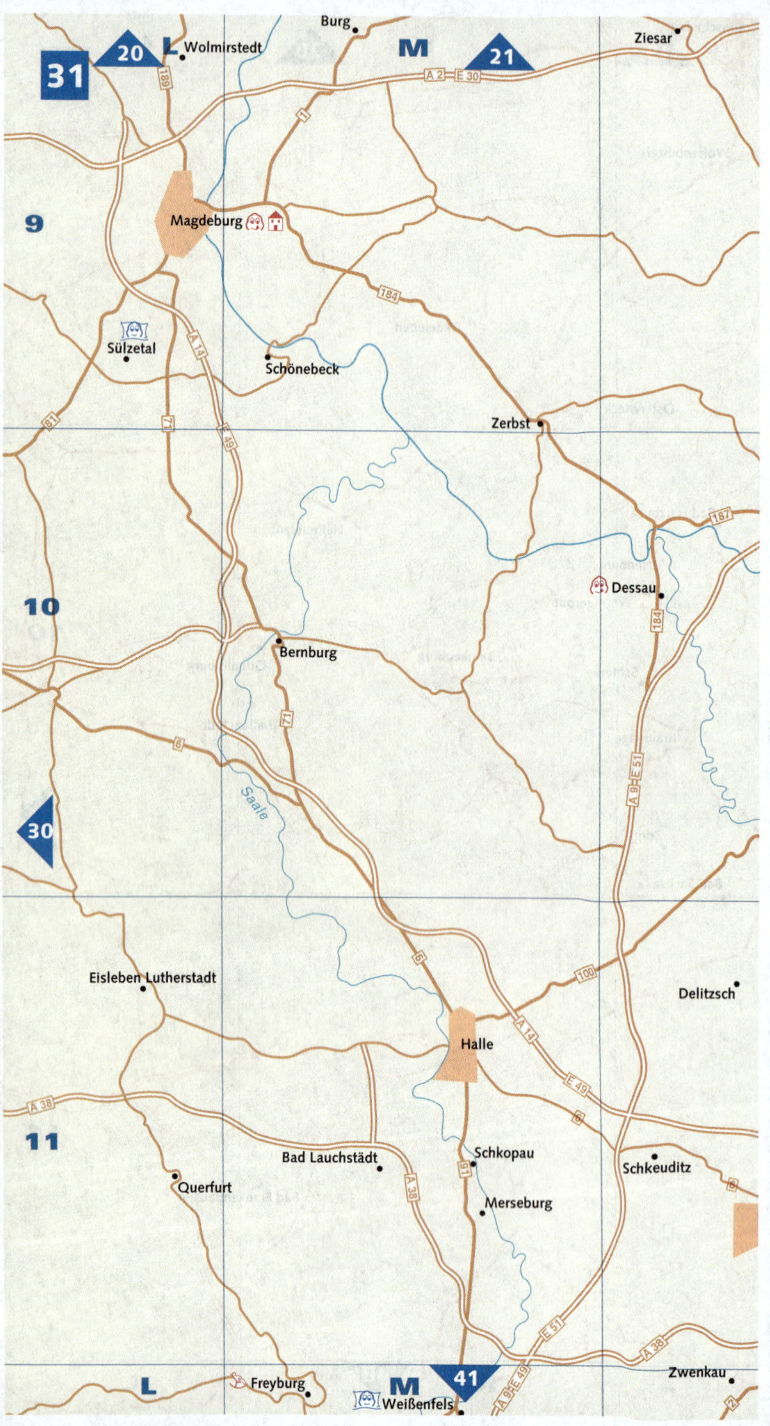
31
20
21
30
41
L
M
9
10
11
Burg
Wolmirstedt
Ziesar
Magdeburg
Sülzetal
Schönebeck
Zerbst
Dessau
Bernburg
Saale
Eisleben Lutherstadt
Halle
Delitzsch
Bad Lauchstädt
Schkopau
Schkeuditz
Querfurt
Merseburg
Freyburg
Weißenfels
Zwenkau
A 2
E 30
A 14
E 49
A 9
E 51
A 38
189
1
184
81
71
187
6
100
91
2

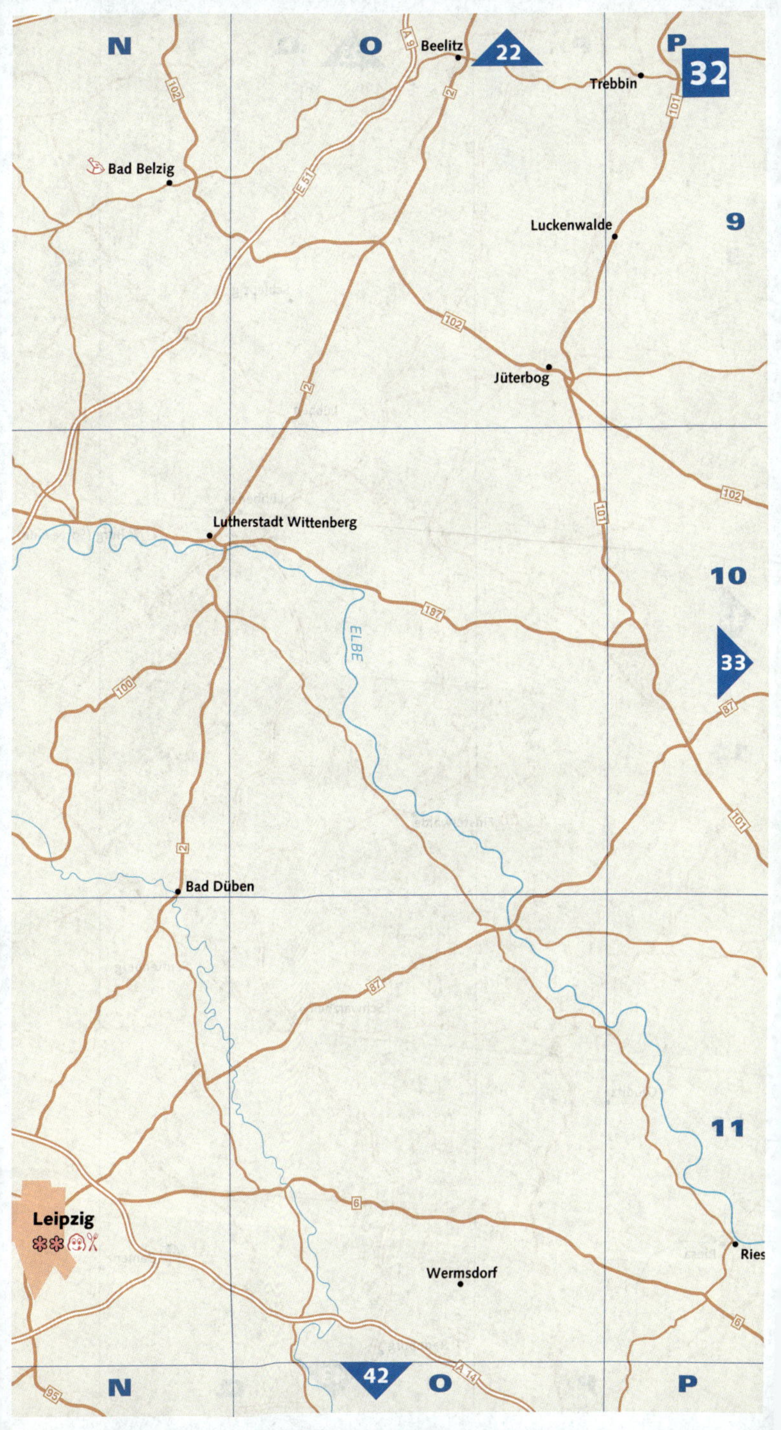

N
O
P
22
32
Beelitz
Trebbin
Bad Belzig
Luckenwalde
9
Jüterbog
Lutherstadt Wittenberg
10
ELBE
33
Bad Düben
11
Leipzig
Ries
Wermsdorf
42
N
O
P
A 9
E 51
A 14
2
101
102
187
100
87
6
95

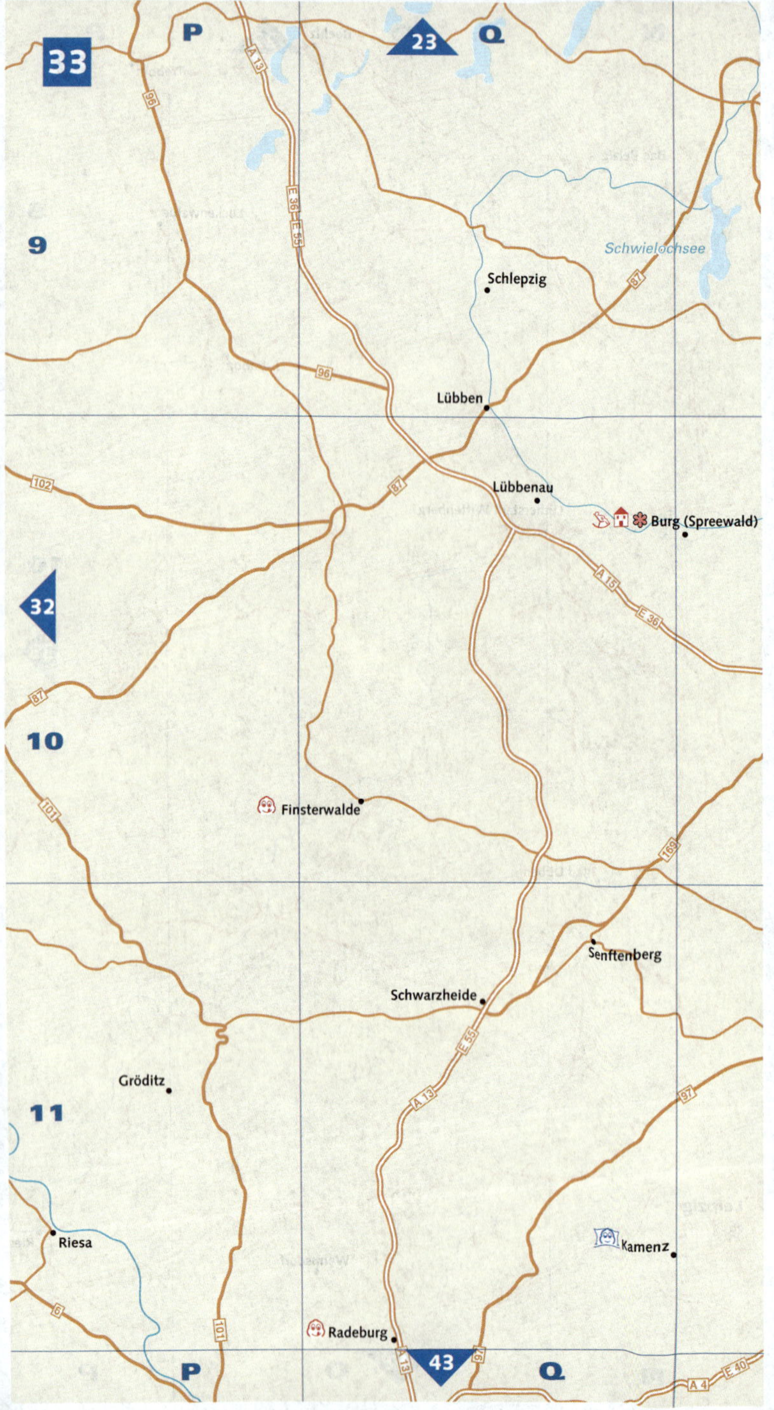

33
P
23
Q
9
Schwielochsee
Schlepzig
Lübben
Lübbenau
Burg (Spreewald)
32
10
Finsterwalde
Senftenberg
Schwarzheide
Gröditz
11
Riesa
Kamenz
Radeburg
P
43
Q

R
S
24
34
Eisenhüttenstadt
9
POLSKA
Cottbus
10
Spremberg
Bad Muskau
Spree
Hoyerswerda
11
Bautzen
44
Görlitz
R
S
T

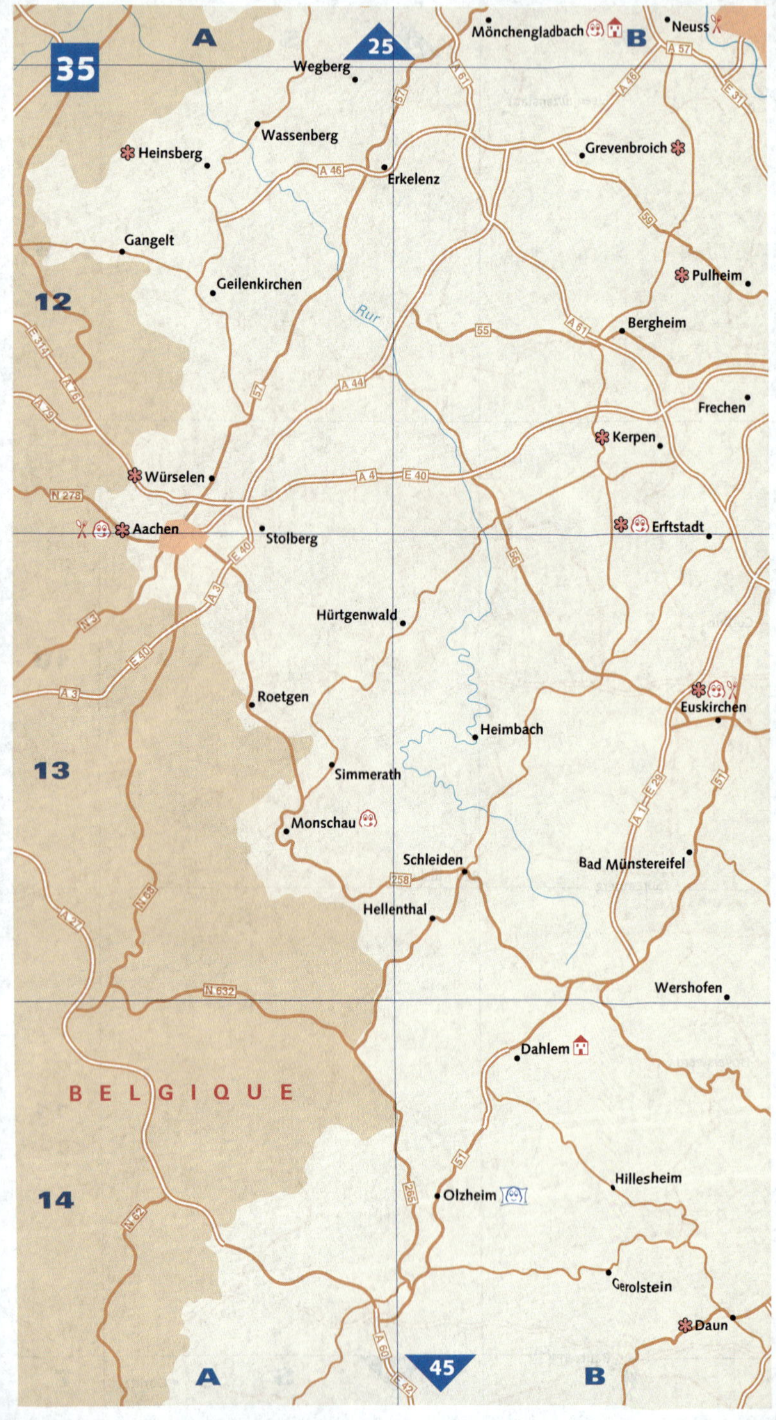
35
A
25
B
Mönchengladbach
Neuss
Wegberg
Wassenberg
Heinsberg
Erkelenz
Grevenbroich
Gangelt
Geilenkirchen
Pulheim
Rur
Bergheim
12
Frechen
Kerpen
Würselen
Aachen
Stolberg
Erftstadt
Hürtgenwald
Roetgen
Euskirchen
Heimbach
13
Simmerath
Monschau
Schleiden
Bad Münstereifel
Hellenthal
Wershofen
Dahlem
BELGIQUE
Hillesheim
14
Olzheim
Gerolstein
Daun
A
45
B

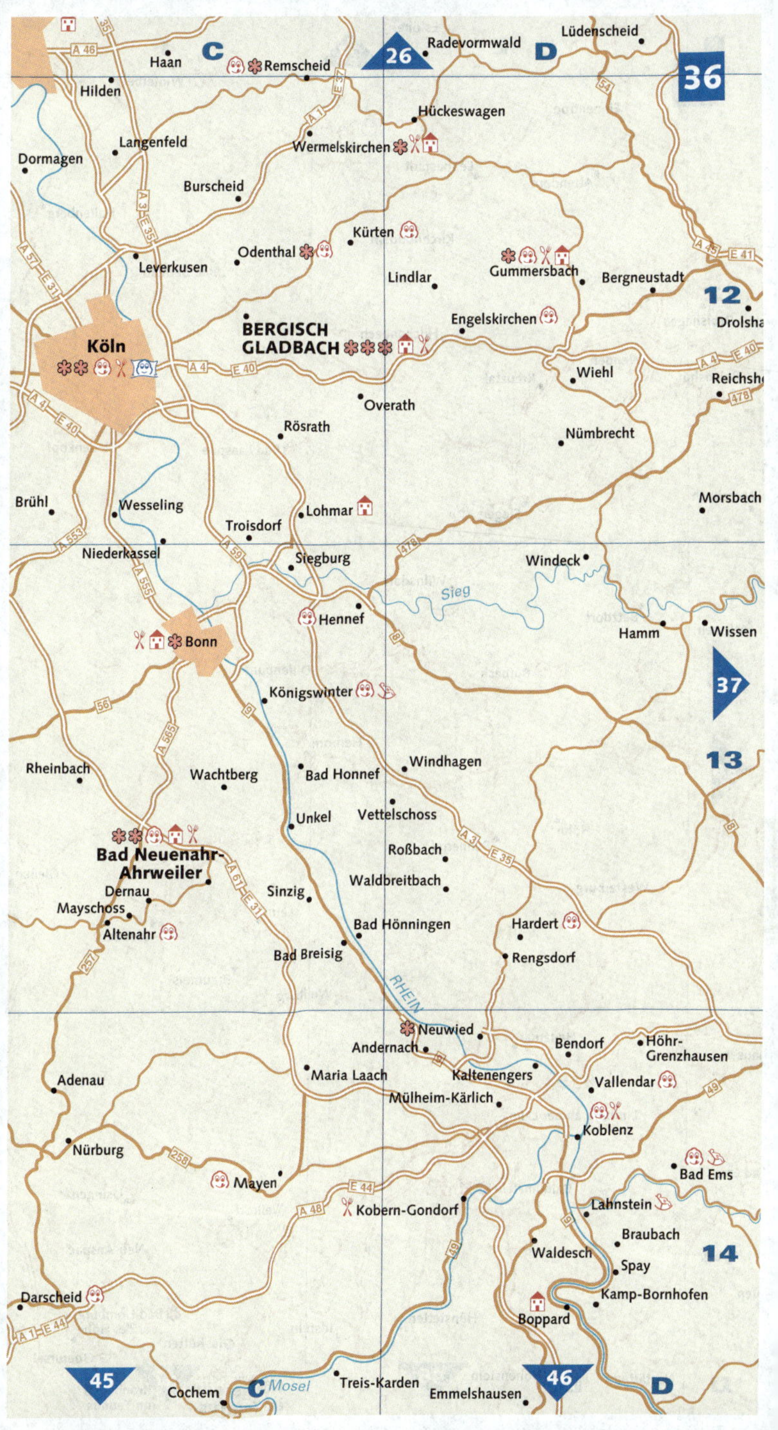

36
26
C
D
Haan
Remscheid
Radevormwald
Lüdenscheid
Hilden
Hückeswagen
Langenfeld
Dormagen
Wermelskirchen
Burscheid
Kürten
Odenthal
Leverkusen
Lindlar
Gummersbach
Bergneustadt
12
BERGISCH
GLADBACH
Engelskirchen
Drolsha
Köln
Wiehl
Reichsh
Overath
Rösrath
Nümbrecht
Morsbach
Brühl
Wesseling
Lohmar
Troisdorf
Niederkassel
Siegburg
Windeck
Sieg
Hennef
Hamm
Wissen
Bonn
37
Königswinter
13
Rheinbach
Wachtberg
Bad Honnef
Windhagen
Unkel
Vettelschoss
Roßbach
Bad Neuenahr-
Ahrweiler
Dernau
Sinzig
Waldbreitbach
Mayschoss
Bad Hönningen
Hardert
Altenahr
Bad Breisig
Rengsdorf
RHEIN
Neuwied
Bendorf
Höhr-
Grenzhausen
Andernach
Maria Laach
Kaltenengers
Vallendar
Adenau
Mülheim-Kärlich
Koblenz
Nürburg
Bad Ems
Mayen
Kobern-Gondorf
Lahnstein
Braubach
Waldesch
14
Spay
Darscheid
Kamp-Bornhofen
Boppard
45
Cochem
C
Mosel
Treis-Karden
Emmelshausen
46
D
A 46
A 1
E 37
A 3
E 35
A 57
E 31
A 4
E 40
A 45
E 41
478
A 553
A 59
A 555
8
56
A 565
9
A 61
E 31
257
48
E 44
A 48
258
49
A 1
E 44

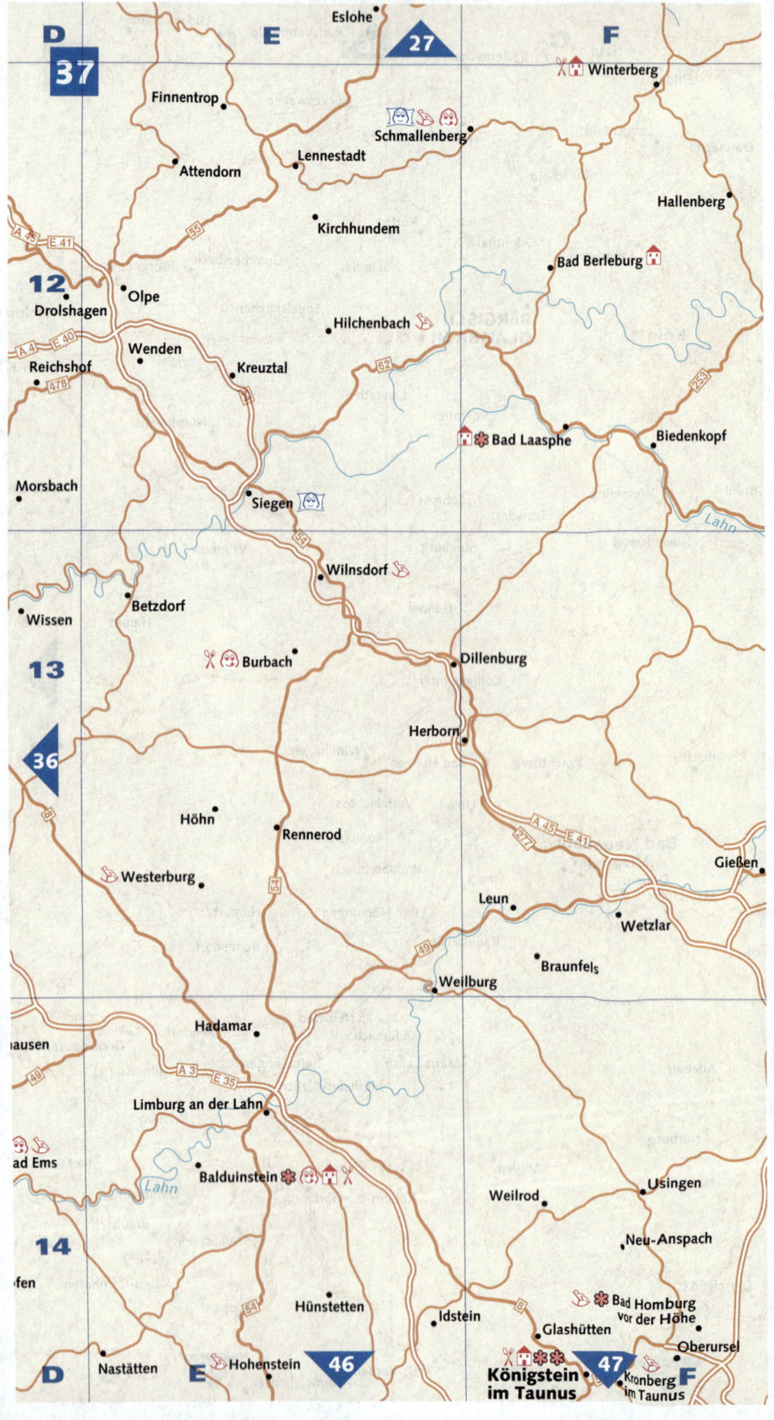

D
E
F
37
27
Eslohe
Winterberg
Finnentrop
Schmallenberg
Attendorn
Lennestadt
Hallenberg
Kirchhundem
Bad Berleburg
12
Drolshagen
Olpe
Hilchenbach
Wenden
Reichshof
Kreuztal
Bad Laasphe
Biedenkopf
Morsbach
Siegen
Lahn
Wilnsdorf
Wissen
Betzdorf
13
Burbach
Dillenburg
Herborn
36
Höhn
Rennerod
Westerburg
Gießen
Leun
Wetzlar
Braunfels
Weilburg
Hadamar
Limburg an der Lahn
Bad Ems
Balduinstein
Usingen
Weilrod
Neu-Anspach
14
Hünstetten
Idstein
Bad Homburg vor der Höhe
Glashütten
Oberursel
Nastätten
Hohenstein
46
47
Königstein im Taunus
Kronberg im Taunus
A 45
E 41
A 4
E 40
A 3
E 35
55
62
478
54
253
277
8
49

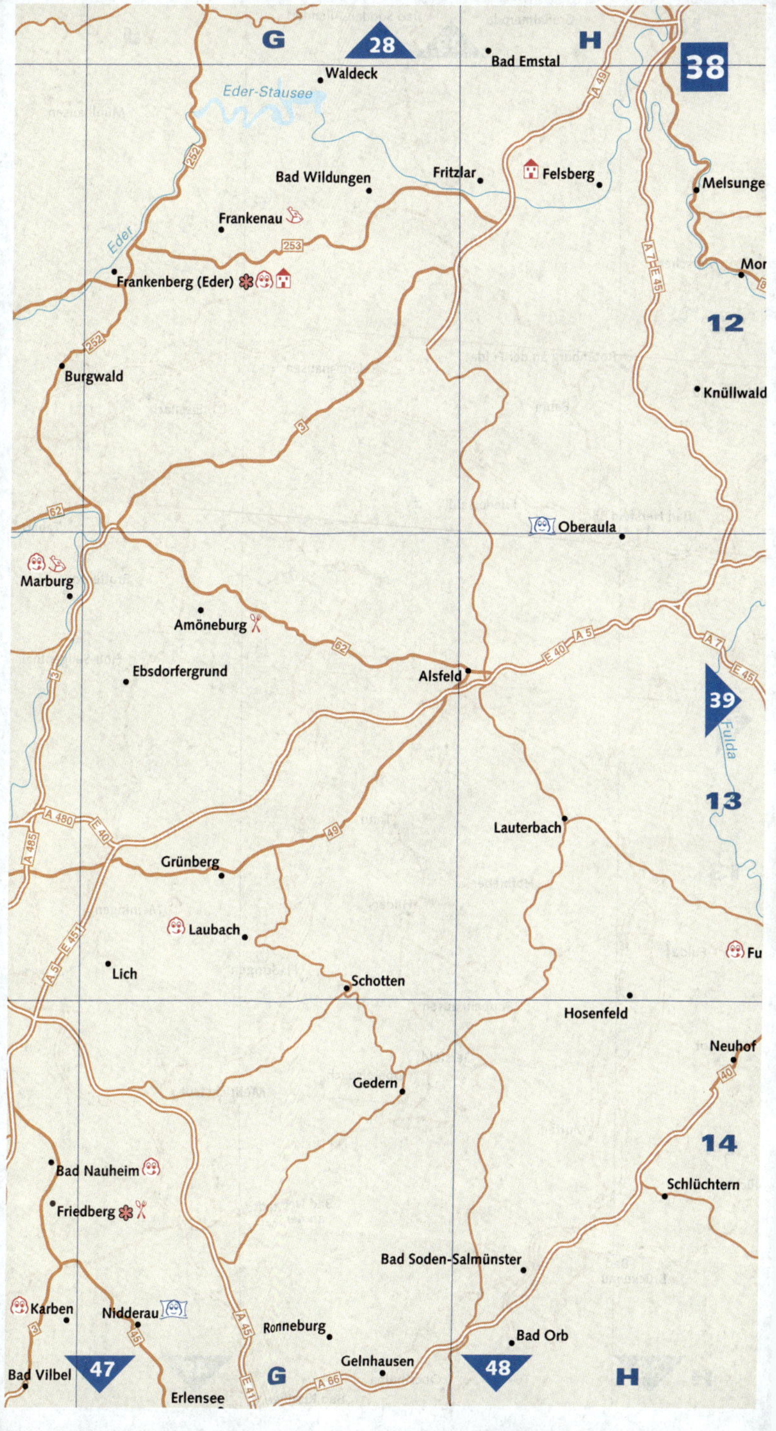

G
28
H
38
Bad Emstal
Waldeck
Eder-Stausee
252
Bad Wildungen
Fritzlar
Felsberg
Melsunge
Frankenau
A 49
Eder
253
Frankenberg (Eder)
Mor
A 7 E 45
12
252
Burgwald
Knüllwald
3
62
Oberaula
Marburg
Amöneburg
62
A 7
E 45
E 40 A 5
Alsfeld
Ebsdorfergrund
3
39
Fulda
13
A 480
E 40
A 485
Lauterbach
49
Grünberg
Laubach
E 451
A 5
Fu
Lich
Schotten
Hosenfeld
Neuhof
40
Gedern
14
Bad Nauheim
Schlüchtern
Friedberg
Bad Soden-Salmünster
Karben
Nidderau
3
45
A 45
Ronneburg
Bad Orb
47
Gelnhausen
48
Bad Vilbel
G
A 66
H
Erlensee
E 41

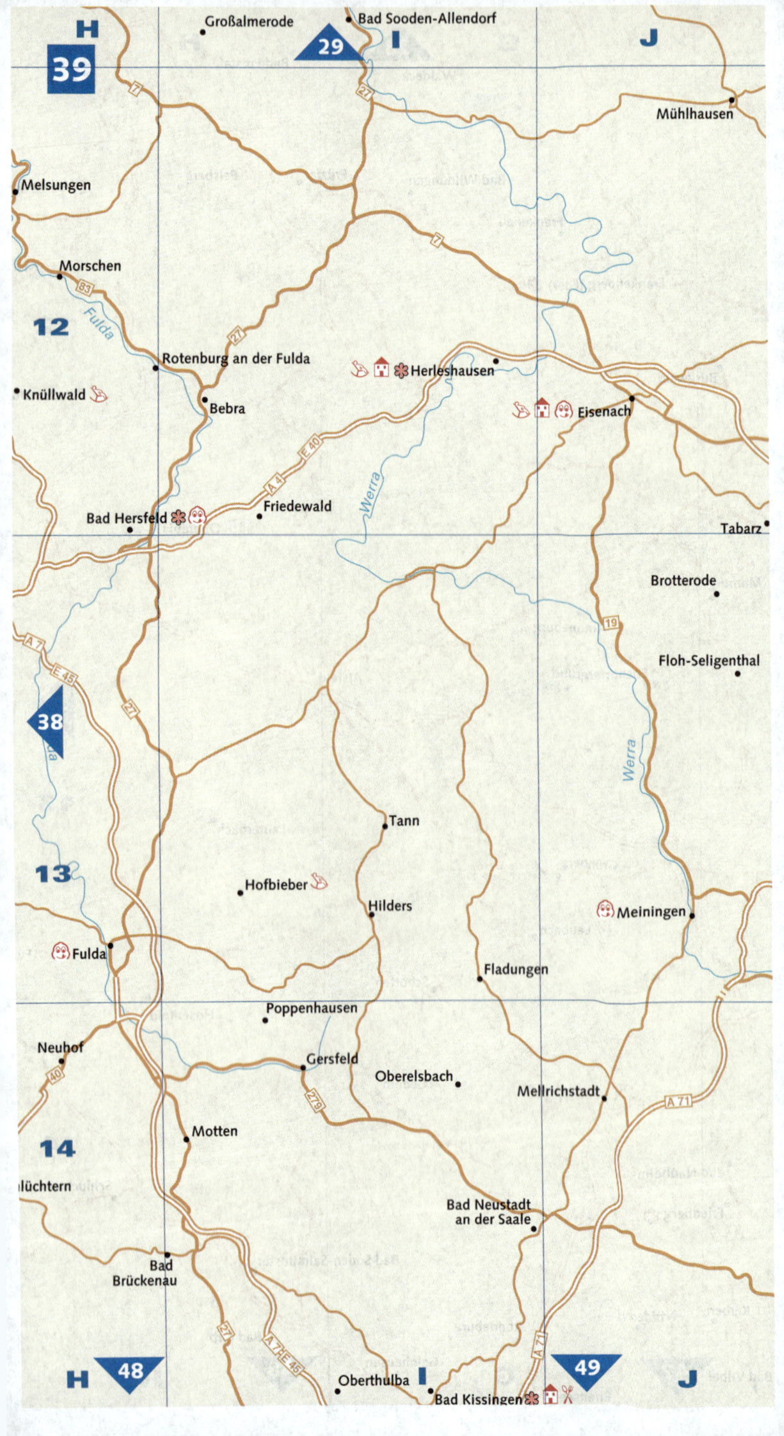

H
39
Großalmerode
29
Bad Sooden-Allendorf
I
J
Mühlhausen
Melsungen
Morschen
12
Fulda
Rotenburg an der Fulda
Herleshausen
Knüllwald
Bebra
Eisenach
Werra
Friedewald
Bad Hersfeld
Tabarz
Brotterode
Floh-Seligenthal
38
Werra
Tann
13
Hofbieber
Hilders
Meiningen
Fulda
Fladungen
Poppenhausen
Neuhof
Gersfeld
Oberelsbach
Mellrichstadt
Motten
14
lüchtern
Bad Neustadt
an der Saale
Bad
Brückenau
48
H
49
I
J
Oberthulba
Bad Kissingen

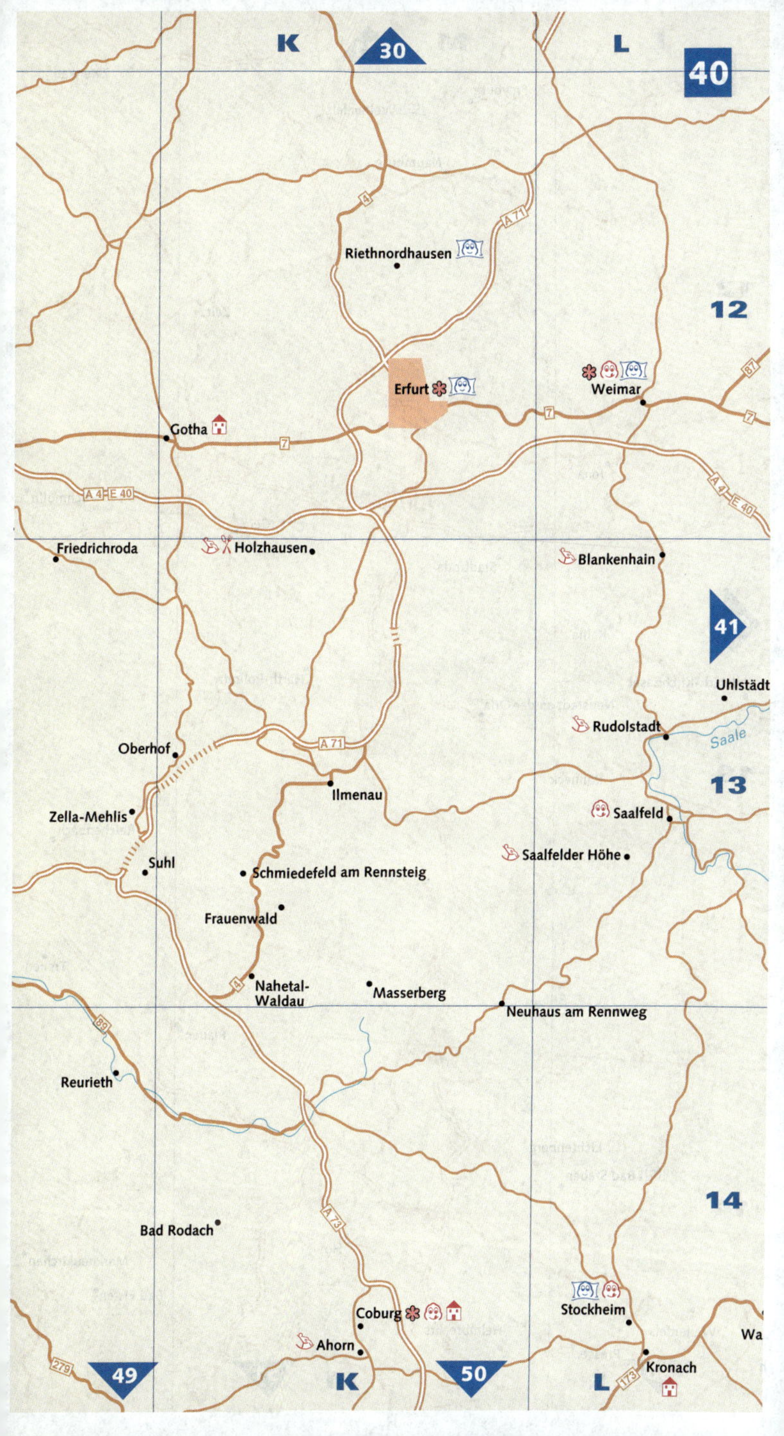
K
30
L
40
Riethnordhausen
12
Erfurt
Weimar
Gotha
A 4 - E 40
Friedrichroda
Holzhausen
Blankenhain
41
Uhlstädt
Rudolstadt
Saale
Oberhof
A 71
Ilmenau
13
Zella-Mehlis
Saalfeld
Saalfelder Höhe
Suhl
Schmiedefeld am Rennsteig
Frauenwald
Nahetal-Waldau
Masserberg
Neuhaus am Rennweg
Reurieth
14
Bad Rodach
A 73
Coburg
Stockheim
Ahorn
Kronach
Wa
49
50
K
L

41
L
M
31
Freyburg
Weißenfels
Zwenkau
Naumburg
12
Zeitz
Jena
Schmölln
Gera
Stadtroda
40
Kahla
Harth-Pöllnitz
Uhlstädt-Kirchhasel
Neustadt an der Orla
Saale
13
Pößneck
Reichenbach
Treuen
Bleiloch Talsperre
Plauen
Lichtenberg
Bad Steben
14
Hof
Markneukirchen
Bad Elster
Wallenfels
Helmbrechts
Saale
Presseck
50
L
M
51

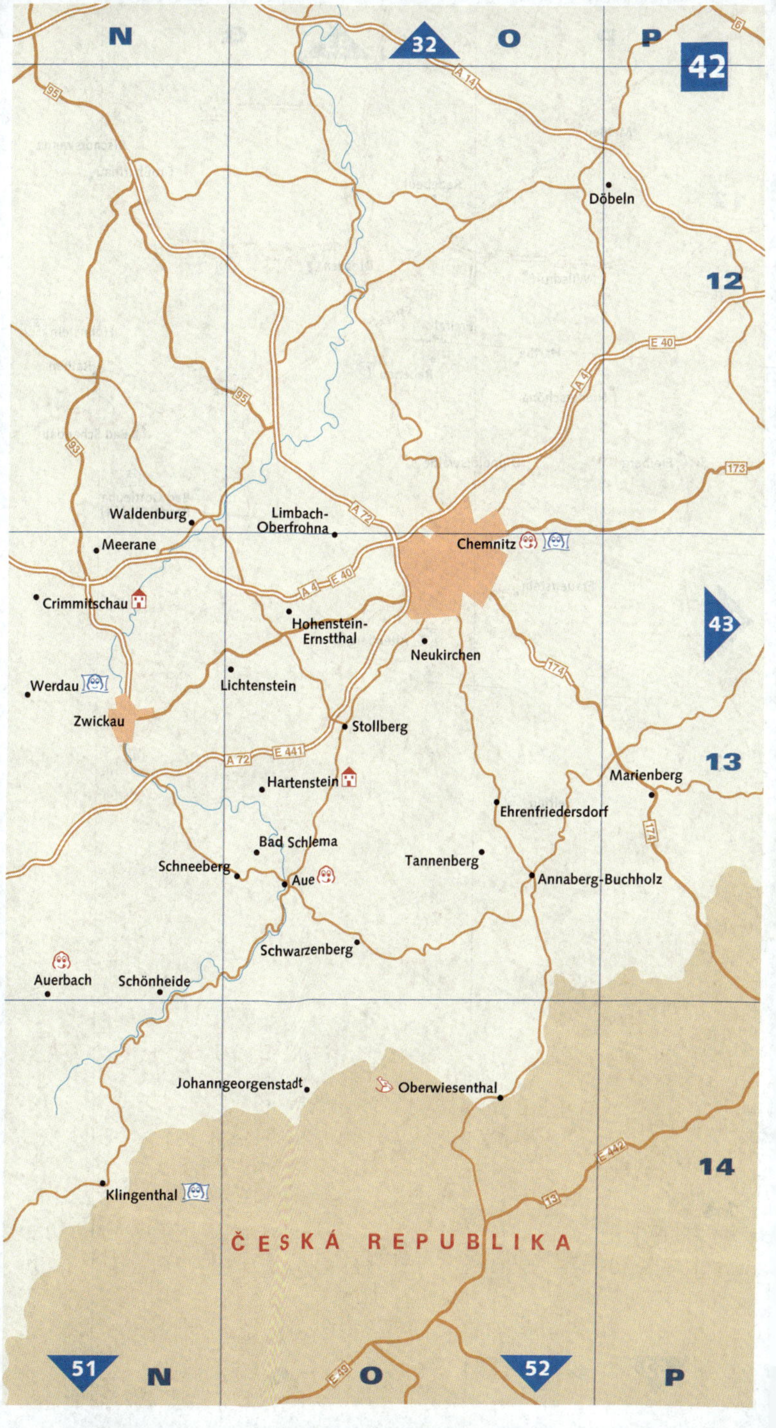

N
O
P
32
42
A 14
95
Döbeln
12
E 40
A 4
95
93
173
Waldenburg
Limbach-
Oberfrohna
A 72
Meerane
Chemnitz
A 4
E 40
Crimmitschau
43
Hohenstein-
Ernstthal
Neukirchen
174
Lichtenstein
Werdau
Zwickau
Stollberg
A 72
E 441
13
Marienberg
Hartenstein
Ehrenfriedersdorf
174
Bad Schlema
Tannenberg
Schneeberg
Aue
Annaberg-Buchholz
Schwarzenberg
Auerbach
Schönheide
Johanngeorgenstadt
Oberwiesenthal
E 442
14
13
Klingenthal
ČESKÁ REPUBLIKA
51
N
E 49
O
52
P

43
33
42
52
P
Q
12
13
14
Radeburg
Meißen
Radebeul
Bischofswerda
Großharthau
Wilsdruff
Dresden
Freital
Hohnstein
Hartha
Rabenau
Rathen
Niederschöna
Pirna
Bad Schandau
Freiberg
Dippoldiswalde
Bad Gottleuba-Berggießhübel
Frauenstein
Altenberg
Seiffen
A 4
E 40
A 13
A 17
E 55
ČESKÁ

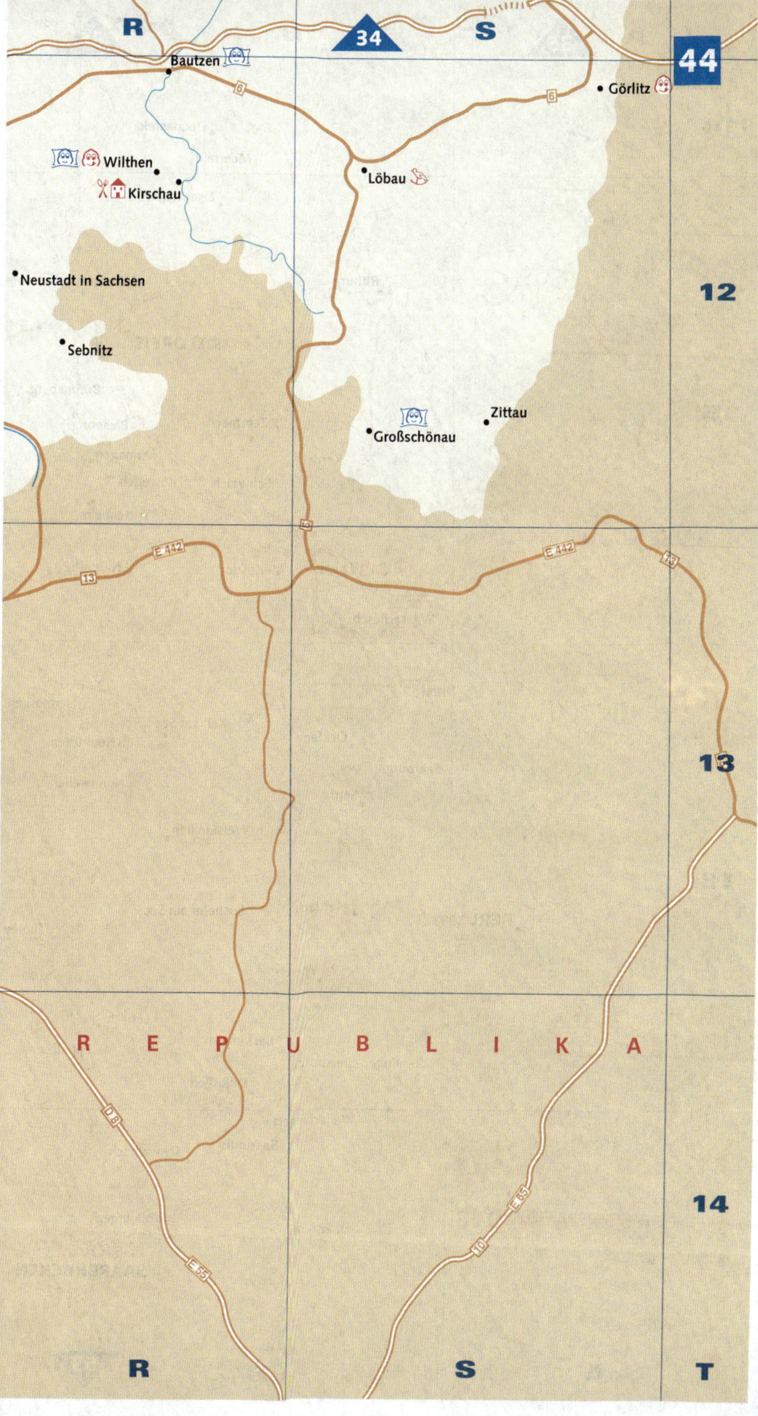
R
34
S
44
Bautzen
Görlitz
Wilthen
Kirschau
Löbau
Neustadt in Sachsen
12
Sebnitz
Zittau
Großschönau
E 442
13
5
6
13
R E P U B L I K A
D 8
E 55
E 55
10
14
R
S
T

45
A
35
B
36
Daun
Deudesfeld
Meerfeld
Eisenschmitt
Bitburg
Wittlich
DREIS
Brauneberg
Zemmer
Piesport
Kordel
Neumagen
Schweich
Köwerich
Trittenheim
LUXEMBOURG
Trier
Mertesdorf
Naurath
Wasserliesch
Nittel
Hermeskeil
Kell am See
Ockfen
Neuhütten
Luxembourg
Saarburg
Nonnweiler
Serrig
Weiskirchen
PERL
Mettlach
Losheim am See
Tholey
Merzig
Saar
Lebach
Beckingen
Eppelborn
Rehlingen-Siersburg
Dillingen
Wallerfangen
Saarlouis
Schwalbach
F R A N C E
Völklingen
Überherrn
SAARBRÜCKEN
Metz
53
14
15
16
17

36
C
Mosel
Cochem
Treis-Karden
Boppard
D
37
E
46
Emmelshausen
Ediger-
Eller
Beilstein
Sankt Goar
14
Bad Bertrich
Oberwesel
Dörscheid
Nehren
Kaub
Alf
Zell
Bacharach
Reil
Ürzig
Oberheimbach
Zeltingen-
Rachtig
Simmern
Traben-Trarbach
Stromberg
Bingen
Lieser
Bernkastel-Kues
Mülheim
Horbruch
Veldenz
15
Guldental
Bruschied
Bad Kreuznach
Morbach
Asbacherhütte
Bad Sobernheim
Kirn
Langweiler
Kempfeld
Nahe
Niederhausen
Meddersheim
47
Idar-Oberstein
Lauterecken
Nohfelden
Ulmet
Oberthal
Kusel
Wartenberg-Rohrbach
16
Sankt Wendel
Ramstein-
Miesenbach
Kaiserslautern
Landstuhl
Neunkirchen
Bexbach
Wiesbach
Homburg
17
Sankt Ingbert
Kirkel
Massweiler
Blieskastel
Zweibrücken
Wilgartswiesen
Mandelbachtal
Hornbach
Pirmasens
Hauenstein
53
C
Lemberg
D
54
Dahn

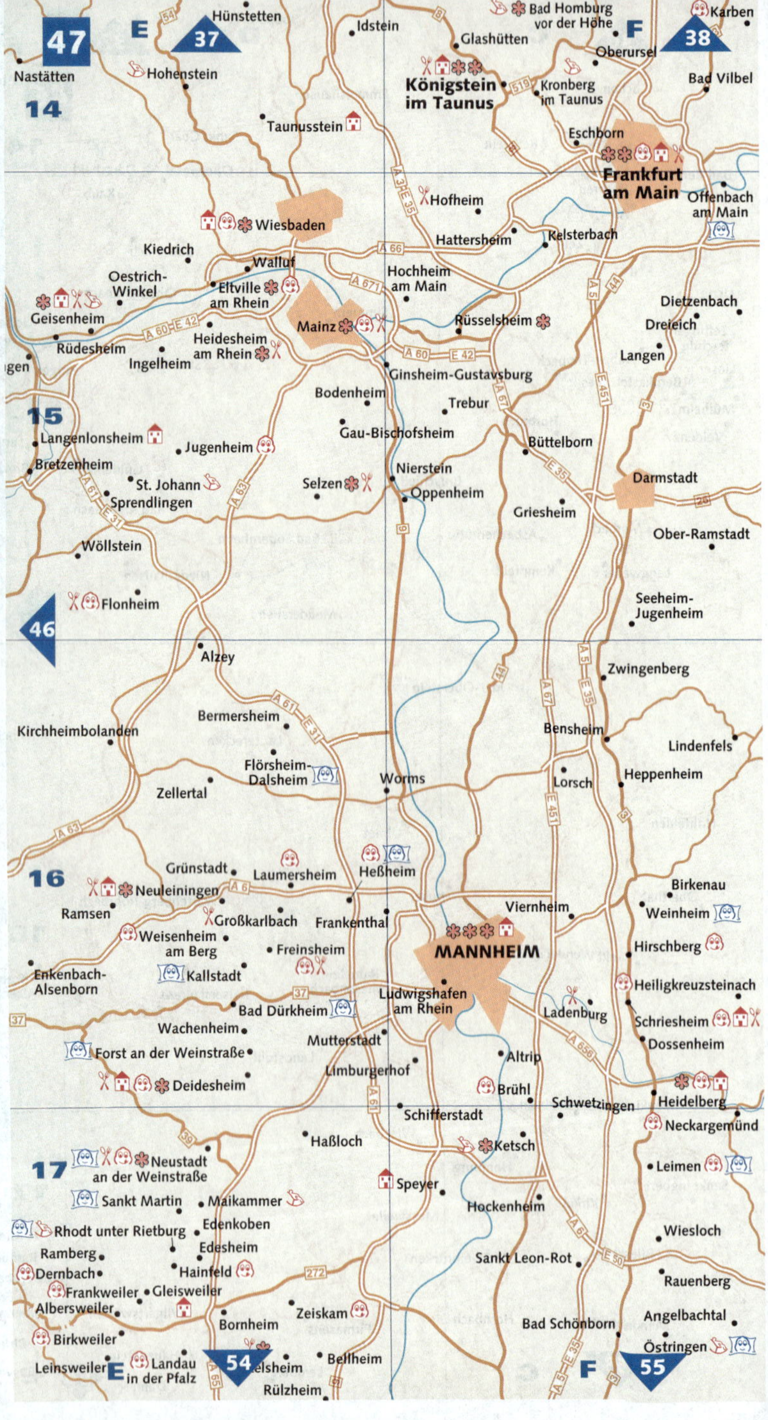

47
E
37
F
38
14
15
16
17
46
54
55
Hünstetten
Idstein
Bad Homburg vor der Höhe
Karben
Glashütten
Oberursel
Nastätten
Hohenstein
Königstein im Taunus
Kronberg im Taunus
Bad Vilbel
Taunusstein
Eschborn
Frankfurt am Main
Offenbach am Main
Hofheim
Wiesbaden
Hattersheim
Kelsterbach
Kiedrich
Walluf
Oestrich-Winkel
Eltville am Rhein
Hochheim am Main
Dietzenbach
Geisenheim
Mainz
Rüsselsheim
Dreieich
Rüdesheim
Heidesheim am Rhein
Ingelheim
Langen
Ginsheim-Gustavsburg
Bodenheim
Trebur
Gau-Bischofsheim
Langenlonsheim
Jugenheim
Büttelborn
Bretzenheim
Nierstein
St. Johann
Selzen
Oppenheim
Darmstadt
Sprendlingen
Griesheim
Wöllstein
Ober-Ramstadt
Flonheim
Seeheim-Jugenheim
Alzey
Zwingenberg
Bermersheim
Kirchheimbolanden
Bensheim
Lindenfels
Flörsheim-Dalsheim
Worms
Lorsch
Heppenheim
Zellertal
Grünstadt
Laumersheim
Heßheim
Birkenau
Neuleiningen
Viernheim
Weinheim
Ramsen
Großkarlbach
Frankenthal
Weisenheim am Berg
MANNHEIM
Hirschberg
Freinsheim
Heiligkreuzsteinach
Enkenbach-Alsenborn
Kallstadt
Ludwigshafen am Rhein
Ladenburg
Schriesheim
Bad Dürkheim
Wachenheim
Mutterstadt
Dossenheim
Forst an der Weinstraße
Altrip
Limburgerhof
Deidesheim
Brühl
Heidelberg
Schwetzingen
Schifferstadt
Neckargemünd
Haßloch
Ketsch
Neustadt an der Weinstraße
Leimen
Speyer
Sankt Martin
Maikammer
Hockenheim
Rhodt unter Rietburg
Edenkoben
Wiesloch
Ramberg
Edesheim
Sankt Leon-Rot
Dernbach
Hainfeld
Rauenberg
Frankweiler
Gleisweiler
Albersweiler
Zeiskam
Angelbachtal
Bornheim
Bad Schönborn
Birkweiler
Östringen
Landau in der Pfalz
Bellheim
Leinsweiler
Rülzheim
A 66
A 671
A 60
E 42
A 3
E 35
A 5
A 67
E 451
A 61
E 31
A 63
A 6
A 656
E 50

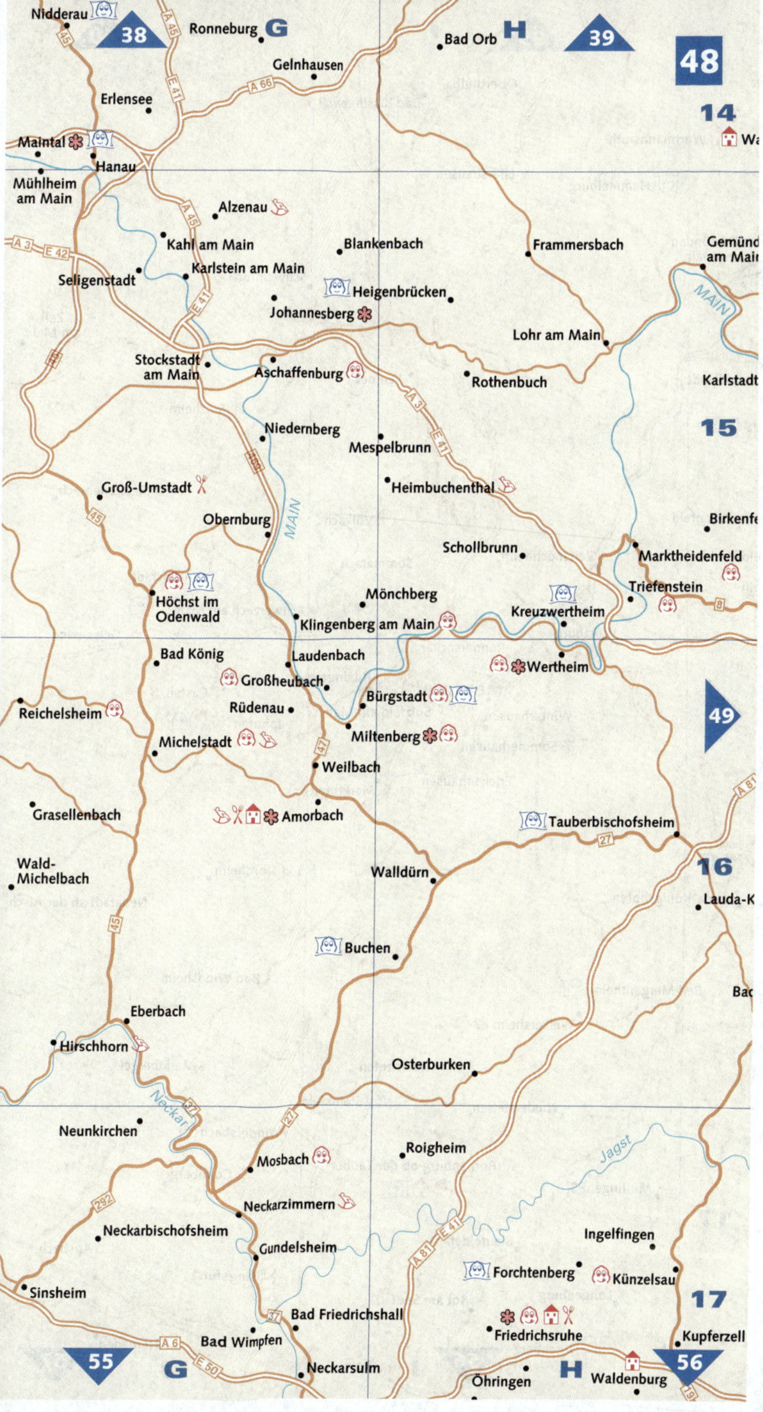

48
38
39
49
55
56
G
H
14
15
16
17
Nidderau
Ronneburg
Bad Orb
Gelnhausen
Erlensee
Maintal
Hanau
Mühlheim am Main
Alzenau
Kahl am Main
Karlstein am Main
Seligenstadt
Blankenbach
Frammersbach
Gemünd am Mai
Heigenbrücken
Johannesberg
Lohr am Main
MAIN
Stockstadt am Main
Aschaffenburg
Rothenbuch
Karlstadt
Niedernberg
Mespelbrunn
Heimbuchenthal
Groß-Umstadt
Obernburg
Birkenfe
Schollbrunn
Marktheidenfeld
Triefenstein
Höchst im Odenwald
Mönchberg
Kreuzwertheim
Klingenberg am Main
Bad König
Laudenbach
Wertheim
Großheubach
Bürgstadt
Reichelsheim
Rüdenau
Miltenberg
Michelstadt
Weilbach
Grasellenbach
Amorbach
Tauberbischofsheim
Walldürn
Wald-Michelbach
Lauda-K
Buchen
Bac
Eberbach
Hirschhorn
Osterburken
Neckar
Neunkirchen
Roigheim
Jagst
Mosbach
Neckarzimmern
Neckarbischofsheim
Ingelfingen
Gundelsheim
Forchtenberg
Künzelsau
Sinsheim
Bad Friedrichshall
Friedrichsruhe
Kupferzell
Bad Wimpfen
Neckarsulm
Öhringen
Waldenburg
A 45
E 41
A 66
A 3
E 42
A 81
A 6
E 50

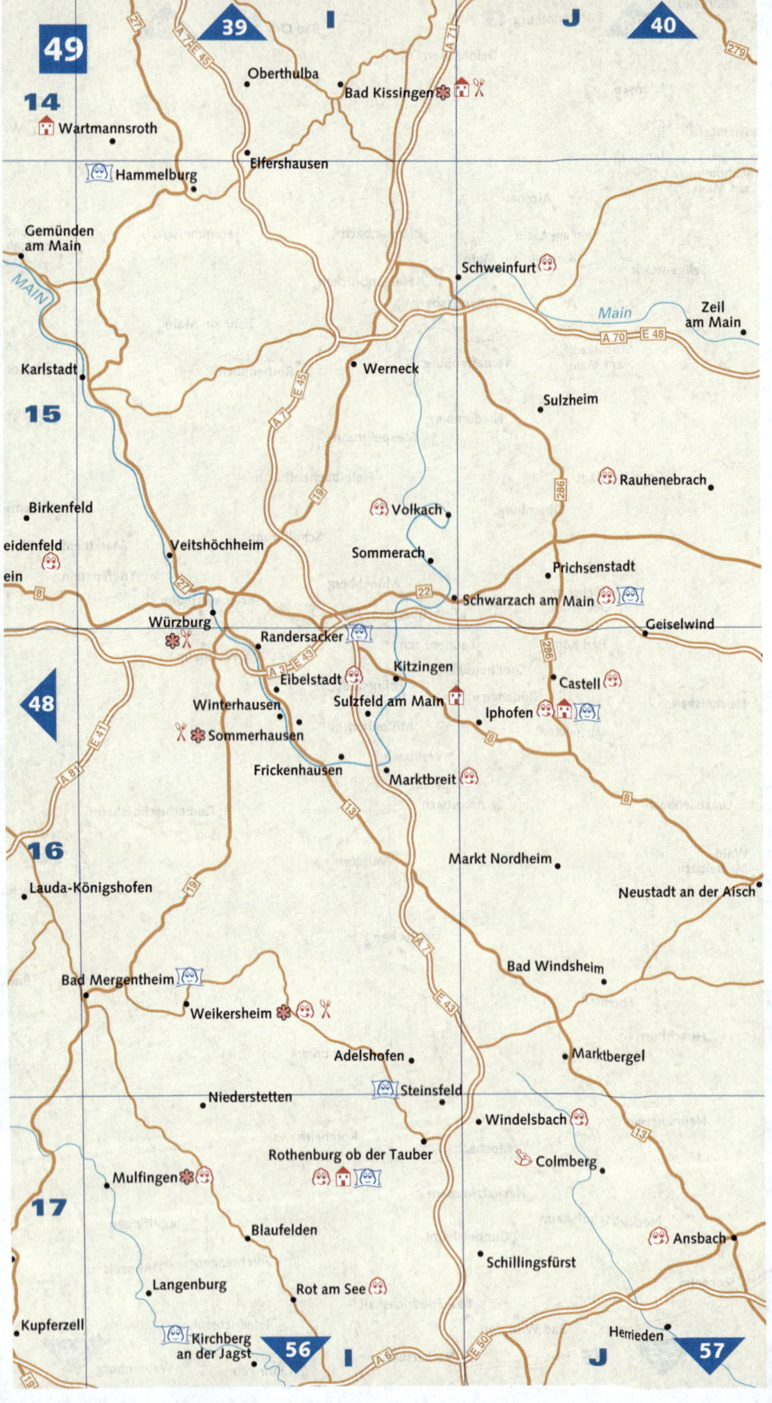
49
39
40
I
J
14
15
16
17
48
56
57
Oberthulba
Bad Kissingen
Wartmannsroth
Elfershausen
Hammelburg
Gemünden am Main
Schweinfurt
Main
Zeil am Main
Karlstadt
Werneck
Sulzheim
Rauhenebrach
Birkenfeld
Volkach
eidenfeld
ein
Veitshöchheim
Sommerach
Prichsenstadt
Schwarzach am Main
Würzburg
Randersacker
Geiselwind
Kitzingen
Eibelstadt
Castell
Winterhausen
Sulzfeld am Main
Iphofen
Sommerhausen
Frickenhausen
Marktbreit
Markt Nordheim
Lauda-Königshofen
Neustadt an der Aisch
Bad Windsheim
Bad Mergentheim
Weikersheim
Adelshofen
Marktbergel
Steinsfeld
Niederstetten
Windelsbach
Rothenburg ob der Tauber
Colmberg
Mulfingen
Blaufelden
Ansbach
Schillingsfürst
Langenburg
Rot am See
Kupferzell
Kirchberg an der Jagst
Herrieden
MAIN
A 7
E 45
A 71
A 70
E 48
A 3
E 43
A 81
E 41
A 6
E 50
27
279
19
22
8
13
286

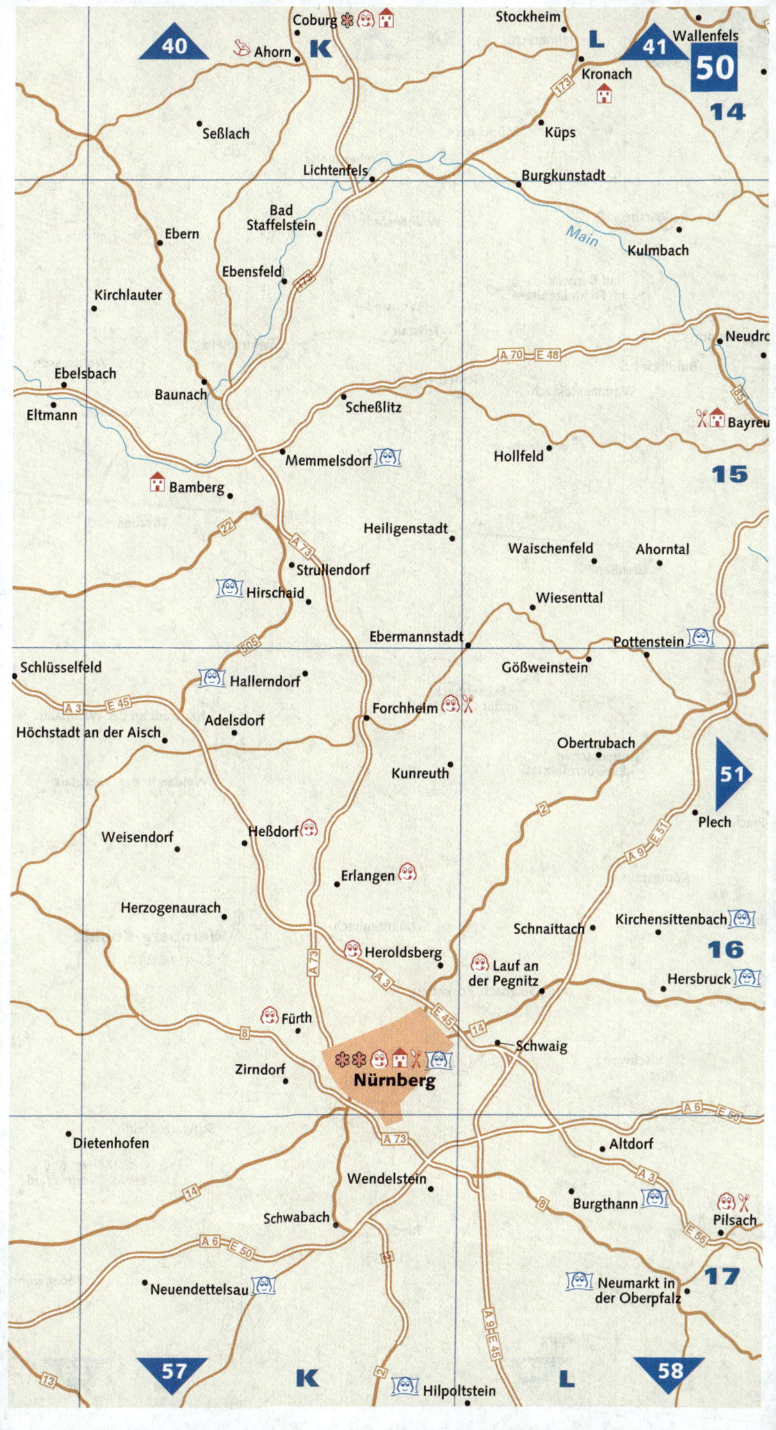

40
41
50
14
15
16
17
51
57
58
K
L
Coburg
Ahorn
Stockheim
Wallenfels
Kronach
Küps
Seßlach
Lichtenfels
Burgkunstadt
Bad Staffelstein
Ebern
Main
Kulmbach
Ebensfeld
Kirchlauter
Neudro
Ebelsbach
Eltmann
Baunach
Scheßlitz
Bayreu
Memmelsdorf
Hollfeld
Bamberg
Heiligenstadt
Waischenfeld
Ahorntal
Strullendorf
Hirschaid
Wiesenttal
Ebermannstadt
Pottenstein
Gößweinstein
Schlüsselfeld
Hallerndorf
Forchheim
Adelsdorf
Höchstadt an der Aisch
Obertrubach
Kunreuth
Plech
Heßdorf
Weisendorf
Erlangen
Herzogenaurach
Schnaittach
Kirchensittenbach
Heroldsberg
Lauf an der Pegnitz
Hersbruck
Fürth
Schwaig
Zirndorf
Nürnberg
Dietenhofen
Altdorf
Wendelstein
Burgthann
Pilsach
Schwabach
Neumarkt in der Oberpfalz
Neuendettelsau
Hilpoltstein
A 70
E 48
A 73
A 3
E 45
A 9
E 51
A 6
E 50
E 56
A 9/E 45

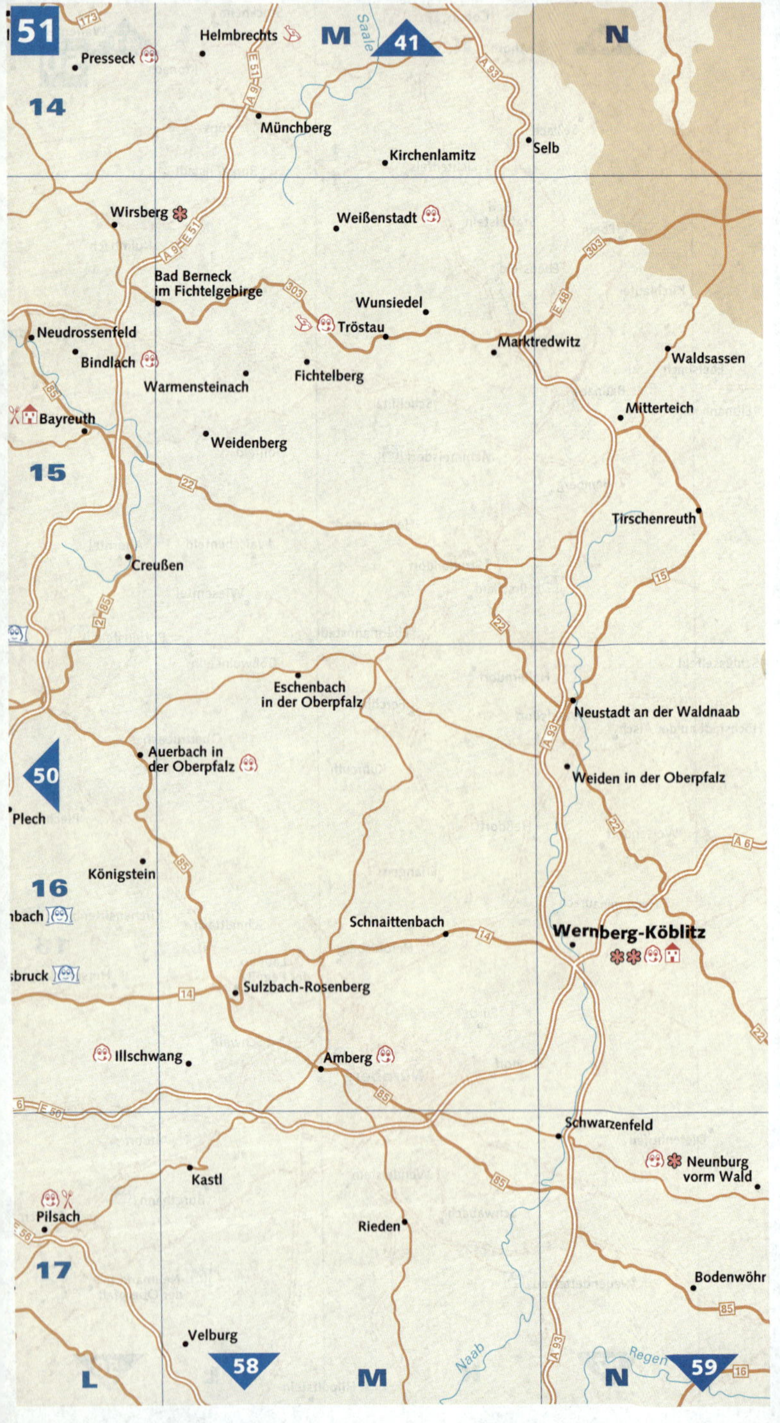
51
Helmbrechts
M
41
N
Presseck
14
Münchberg
Selb
Kirchenlamitz
Wirsberg
Weißenstadt
Bad Berneck
im Fichtelgebirge
Wunsiedel
Tröstau
Neudrossenfeld
Marktredwitz
Bindlach
Waldsassen
Fichtelberg
Warmensteinach
Mitterteich
Bayreuth
Weidenberg
15
Tirschenreuth
Creußen
Eschenbach
in der Oberpfalz
Neustadt an der Waldnaab
Auerbach in
der Oberpfalz
50
Weiden in der Oberpfalz
Plech
Königstein
16
nbach
Schnaittenbach
Wernberg-Köblitz
sbruck
Sulzbach-Rosenberg
Illschwang
Amberg
Schwarzenfeld
Neunburg
vorm Wald
Kastl
Pilsach
Rieden
17
Bodenwöhr
Velburg
58
Naab
Regen
59
L
M
N
Saale

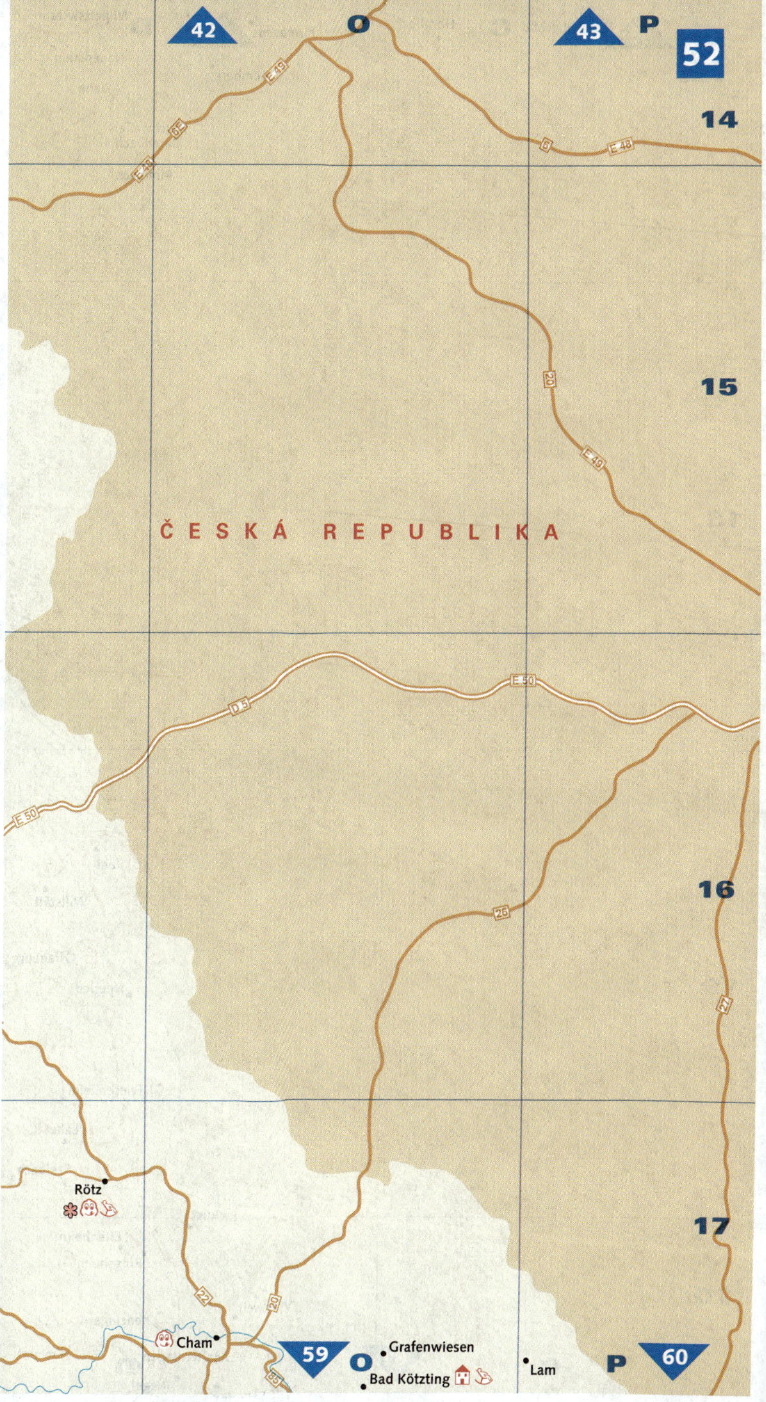

52
42
O
43
P
14
15
16
17
E 49
E 48
6
20
ČESKÁ REPUBLIKA
E 50
D 5
26
27
22
Rötz
Cham
59
O
Grafenwiesen
Bad Kötzting
Lam
P
60
85

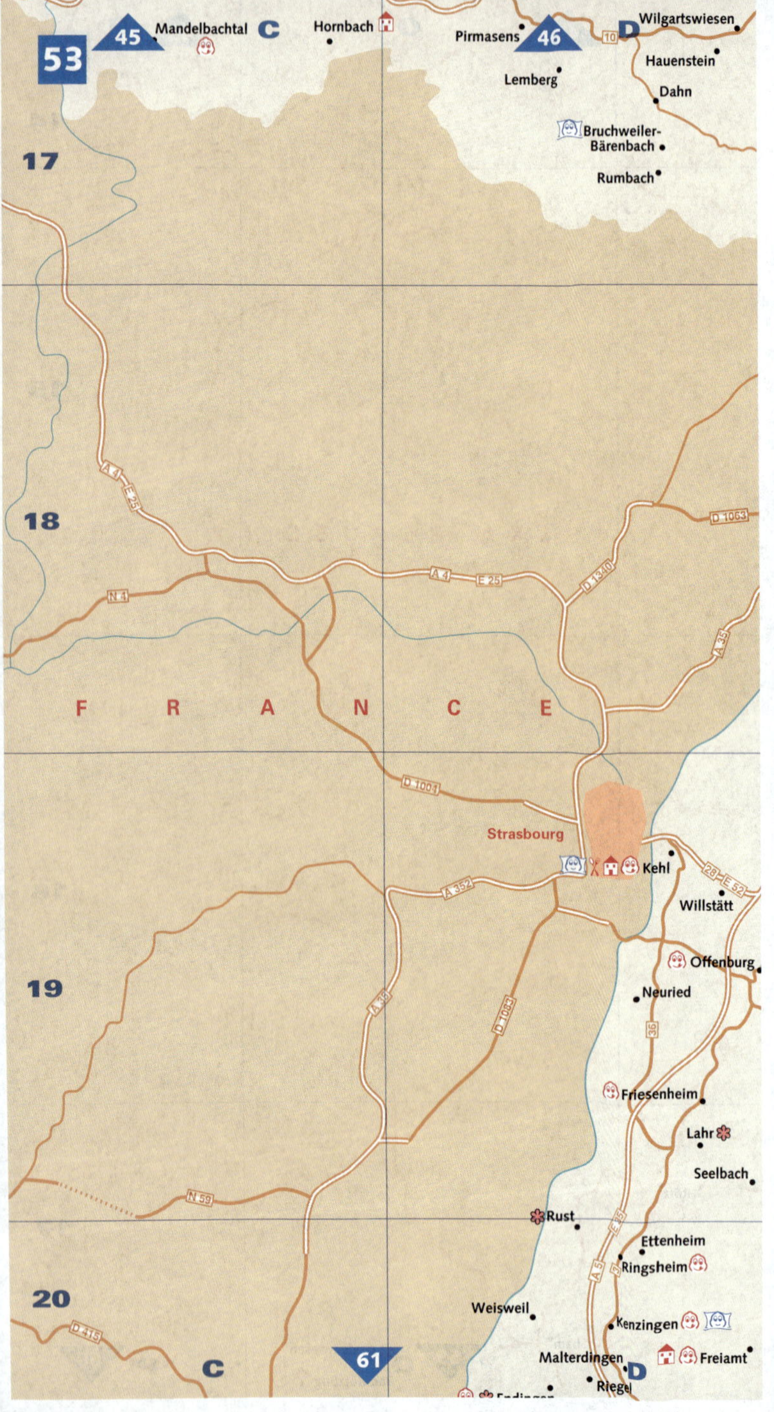

53
45
Mandelbachtal
C
Hornbach
Pirmasens
46
D
Wilgartswiesen
10
Hauenstein
Lemberg
Dahn
Bruchweiler-
Bärenbach
Rumbach
17
A 4
E 25
18
D 1063
D 1340
A 4
E 25
N 4
A 35
F R A N C E
D 1001
Strasbourg
Kehl
28
E 52
Willstätt
A 352
Offenburg
Neuried
A 35
D 1083
19
36
Friesenheim
Lahr
Seelbach
N 59
Rust
E 35
Ettenheim
Ringsheim
A 5
20
Weisweil
Kenzingen
D 415
61
C
Malterdingen
D
Freiamt
Riegel

Frankweiler
Gleisweiler
Albersweiler
Birkweiler
Leinsweiler
46
Landau in der Pfalz
Bornheim
Zeiskam
E
Knittelsheim
Bellheim
Rülzheim
Herxheim
Pleisweiler-Oberhofen
Neupotz
Bad Bergzabern
Kandel
Oberotterbach
RHEIN
Eggenstein-Leopoldshafen
Wörth am Rhein
Karlsruhe
Scheibenhardt
47
Bad Schönborn
F
Angelbachtal
Östringen
54
17
Bruchsal
Stutensee
Weingarten
Bretten
Pfinztal
Königsbach-Stein
Ötish
Ettlingen
Remchingen
Waldbronn
18
Keltern
Niefer
Ösche
Straubenhardt
Pforzheim
Rastatt
Muggensturm
Kuppenheim
Neuenbürg
Unterreichenbach
Iffezheim
Hügelsheim
Bad Herrenalb
Dobel
Höfen an der Enz
Tiefenb
Baden-Baden
Gernsbach
Schömberg
Bad Liebenzell
Bad Wildbad im Schwarzwald
Lichtenau
Bühl
Bühlertal
Bad Teinach-Zavelstein
Calw
55
Enzklösterle
Neubulach
Gärtrin
Achern
Sasbachwalden
Wildberg
Kappelrodeck
Renchen
Seewald
Ottenhöfen im Schwarzwald
Altensteig
Herrenbe
Nagold
Oberkirch
Lautenbach
BAIERSBRONN
Pfalzgrafenweiler
Durbach
Oppenau
Bad Peterstal-Griesbach
Freudenstadt
Rot am
19
Gengenbach
Starzac
Nordrach
Berghaupten
Bad Rippoldsau-Schapbach
Empfingen
Zell am Harmersbach
Alpirsbach
Biberach im Kinzigtal
Oberwolfach
Wolfach
Schenkenzell
Oberndorf am Neckar
Schiltach
Haslach im Kinzigtal
Hofstetten
Biederbach
Hornberg
Schramberg
Villingendorf
20
Elzach
61
E
62
F
Ratshausen
Schonach
Rottweil
A 65
A 5
E 35
A 8
E 52
A 81
E 41
35
36
462
294
28
33
3
10
27

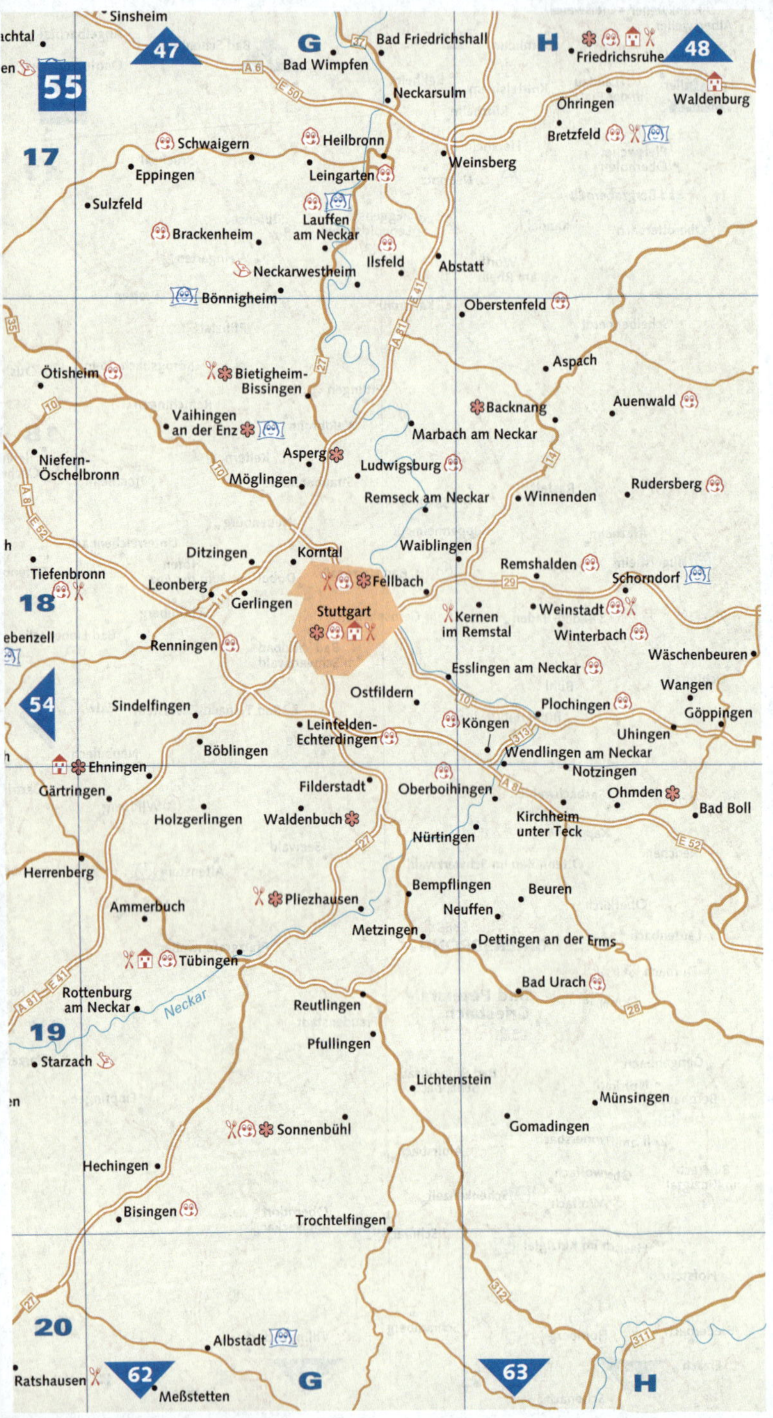

55
47
48
54
62
63
G
H
17
18
19
20
Sinsheim
Bad Friedrichshall
Bad Wimpfen
Friedrichsruhe
Neckarsulm
Öhringen
Waldenburg
Bretzfeld
Schwaigern
Heilbronn
Eppingen
Weinsberg
Leingarten
Sulzfeld
Lauffen am Neckar
Brackenheim
Ilsfeld
Abstatt
Neckarwestheim
Bönnigheim
Oberstenfeld
Aspach
Ötisheim
Bietigheim-Bissingen
Auenwald
Backnang
Vaihingen an der Enz
Marbach am Neckar
Niefern-Öschelbronn
Asperg
Ludwigsburg
Möglingen
Rudersberg
Remseck am Neckar
Winnenden
Waiblingen
Ditzingen
Korntal
Tiefenbronn
Remshalden
Schorndorf
Fellbach
Leonberg
Gerlingen
Stuttgart
Kernen im Remstal
Weinstadt
Winterbach
Renningen
Wäschenbeuren
Esslingen am Neckar
Wangen
Ostfildern
Sindelfingen
Plochingen
Göppingen
Leinfelden-Echterdingen
Köngen
Uhingen
Böblingen
Wendlingen am Neckar
Ehningen
Notzingen
Gärtringen
Filderstadt
Oberboihingen
Ohmden
Holzgerlingen
Waldenbuch
Kirchheim unter Teck
Bad Boll
Nürtingen
Herrenberg
Bempflingen
Beuren
Pliezhausen
Ammerbuch
Neuffen
Metzingen
Dettingen an der Erms
Tübingen
Bad Urach
Rottenburg am Neckar
Neckar
Reutlingen
Pfullingen
Starzach
Lichtenstein
Münsingen
Gomadingen
Sonnenbühl
Hechingen
Bisingen
Trochtelfingen
Albstadt
Ratshausen
Meßstetten
A 6
E 50
A 81
E 41
A 8
E 52
37
35
10
21
14
29
313
27
28
312
311

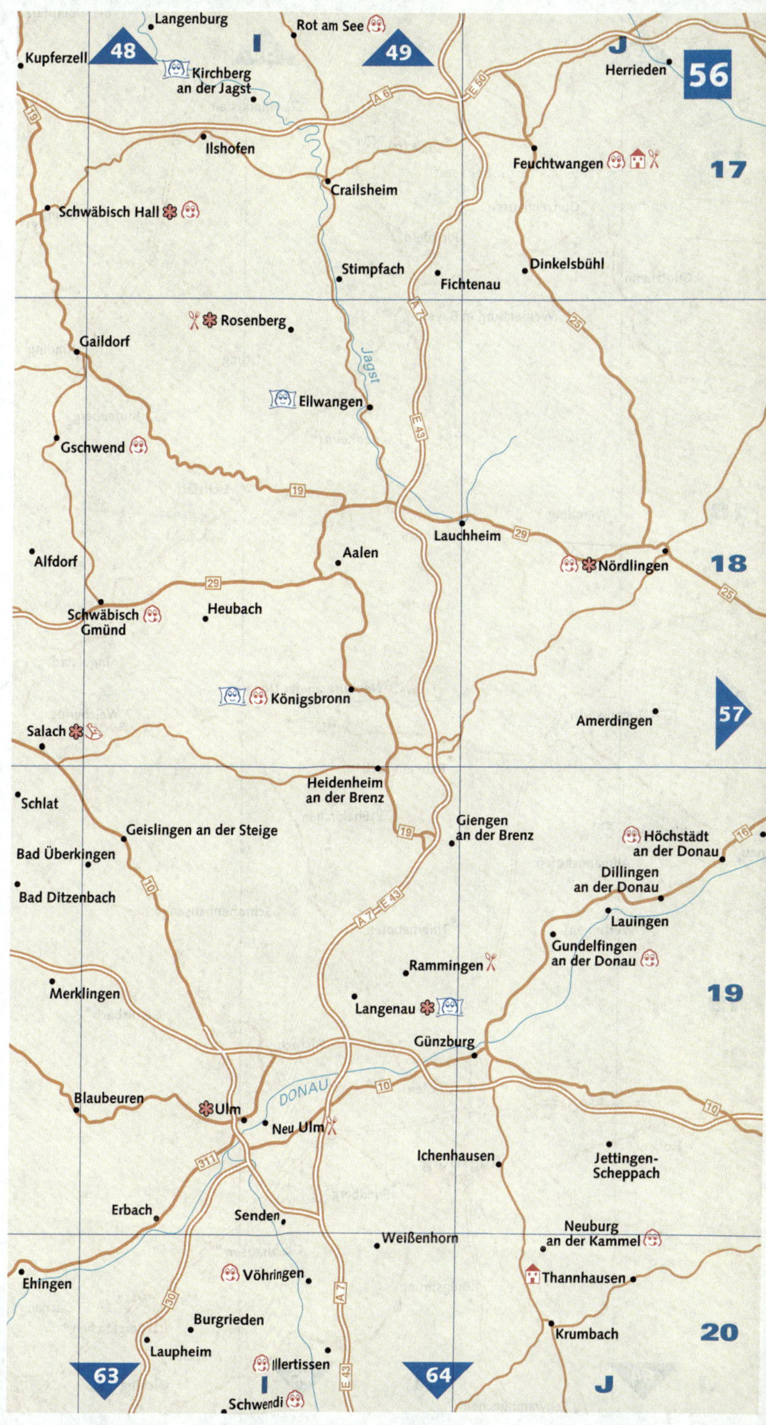

Langenburg
Rot am See
48
49
I
J
56
Kupferzell
Kirchberg an der Jagst
Herrieden
A 6
E 50
19
Ilshofen
Feuchtwangen
17
Crailsheim
Schwäbisch Hall
Stimpfach
Fichtenau
Dinkelsbühl
A 7
25
Rosenberg
Gaildorf
Jagst
Ellwangen
E 43
Gschwend
19
Lauchheim
29
Aalen
Alfdorf
Nördlingen
18
29
25
Schwäbisch Gmünd
Heubach
Königsbronn
57
Amerdingen
Salach
Heidenheim an der Brenz
Schlat
Geislingen an der Steige
Giengen an der Brenz
19
Höchstädt an der Donau
16
Bad Überkingen
Dillingen an der Donau
10
Bad Ditzenbach
A 7 - E 43
Lauingen
Gundelfingen an der Donau
Rammingen
19
Merklingen
Langenau
Günzburg
DONAU
10
10
Blaubeuren
Ulm
Neu Ulm
311
Ichenhausen
Jettingen-Scheppach
Erbach
Senden
Neuburg an der Kammel
Weißenhorn
Ehingen
Vöhringen
Thannhausen
A 7
30
Burgrieden
Krumbach
20
Laupheim
Illertissen
63
64
I
J
E 43
Schwendi

57
49
K
50
L
der Oberpfalz
13
2
A 9 E 45
Hilpoltstein
Spalt
17
Brombachsee
Altmühlsee
Gunzenhausen
Berching
Pleinfeld
Gnotzheim
Weißenburg in Bayern
Kinding
Titting
Altmühl
Kipfenberg
Pappenheim
Eichstätt
18
Wemding
Mörnsheim
13
25
Ingolstadt
Neuburg an der Donau
56
Donauwörth
Weichering
16
Rain am Lech
Ehekirchen
16
Blindheim
Allmannshofen
2
Schrobenhausen
Wertingen
Thierhaupten
Lech
300
19
Gerolsbach
Aichach
Gersthofen
10
A 8
E 52
Horgau
Augsburg
Friedberg
Odelzhausen
A 8
E 52
Königsbrunn
Dachau
20
Bergkirchen
2
Maisach
J
64
K
65
17
Olching
L
Schwabmünchen

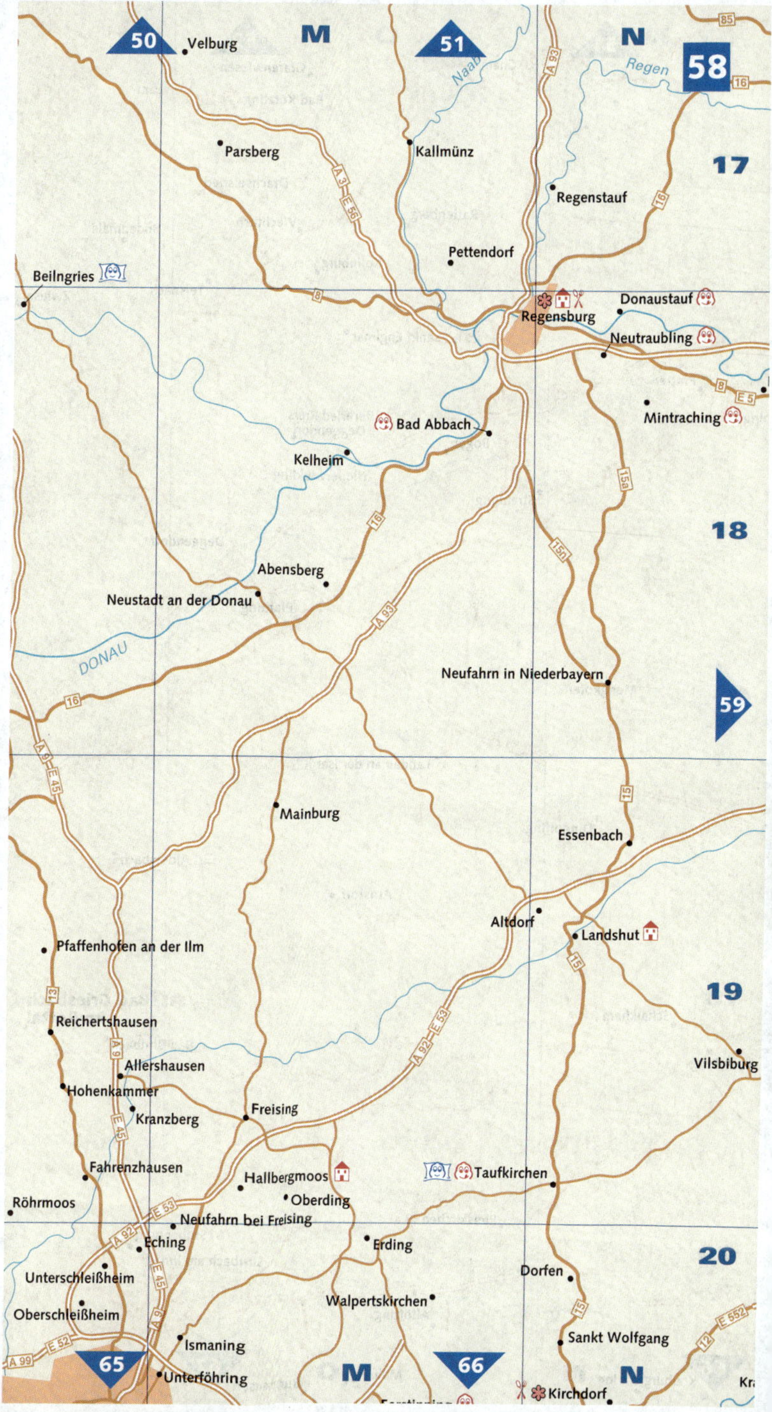

50
M
51
N
58
Velburg
Naab
Regen
85
16
Parsberg
Kallmünz
17
A 3
E 56
A 93
Regenstauf
Pettendorf
Beilngries
8
Regensburg
Donaustauf
Neutraubling
Bad Abbach
Mintraching
E 5
Kelheim
15a
16
18
15n
Abensberg
Neustadt an der Donau
A 93
DONAU
Neufahrn in Niederbayern
59
16
A 9
E 45
Mainburg
15
Essenbach
Altdorf
Landshut
Pfaffenhofen an der Ilm
15
19
13
A 92
E 53
Reichertshausen
Vilsbiburg
A 9
Allershausen
Hohenkammer
Freising
Kranzberg
E 45
Fahrenzhausen
Hallbergmoos
Taufkirchen
Oberding
Röhrmoos
E 53
Neufahrn bei Freising
A 92
Eching
Erding
20
Unterschleißheim
E 45
Dorfen
Walpertskirchen
Oberschleißheim
15
E 552
A 9
E 52
Ismaning
Sankt Wolfgang
12
A 99
65
66
M
N
Unterföhring
Kirchdorf

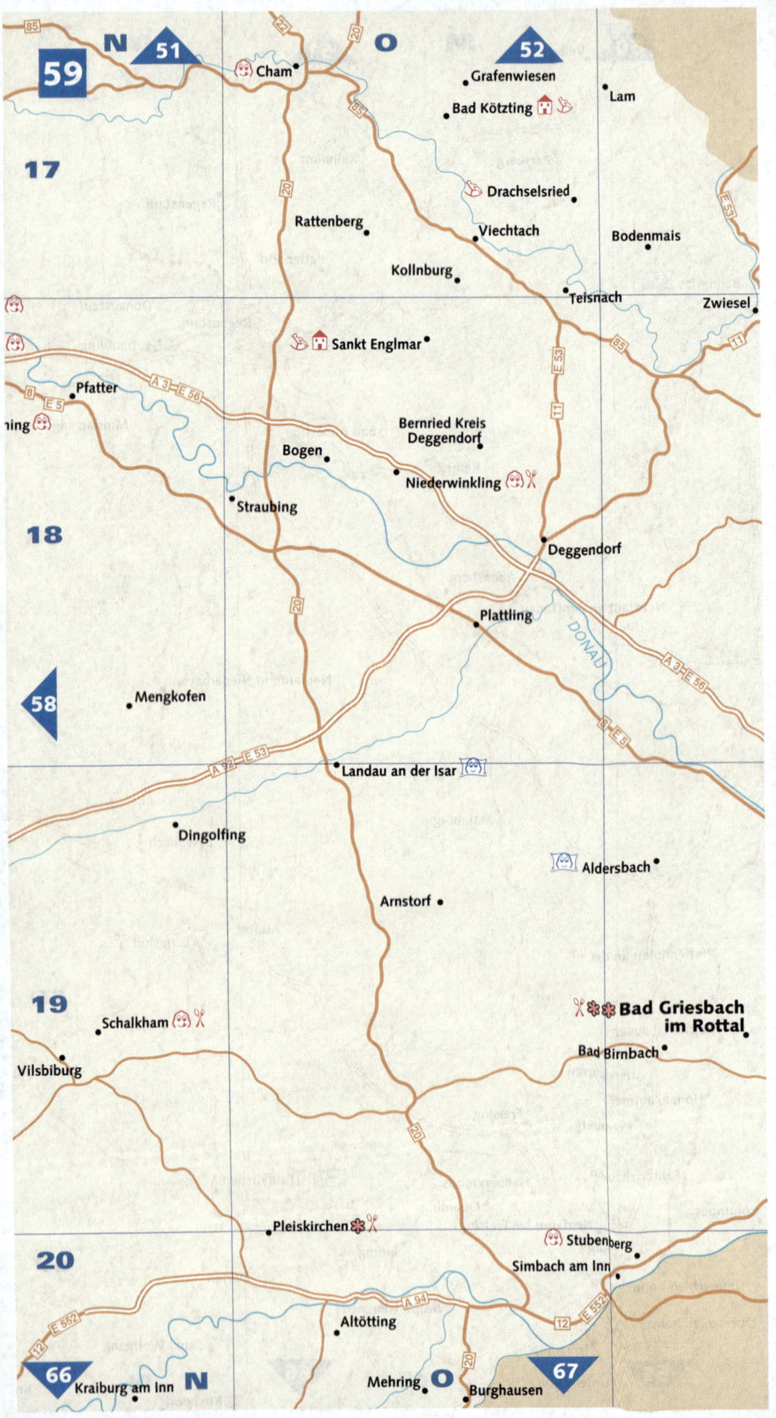
59
N
51
O
52
Cham
Grafenwiesen
Lam
Bad Kötzting
17
Drachselsried
Rattenberg
Viechtach
Bodenmais
Kollnburg
Teisnach
Zwiesel
Sankt Englmar
Pfatter
ning
Bernried Kreis Deggendorf
Bogen
Niederwinkling
Straubing
18
Deggendorf
Plattling
DONAU
58
Mengkofen
Landau an der Isar
Dingolfing
Aldersbach
Arnstorf
19
Bad Griesbach im Rottal
Schalkham
Bad Birnbach
Vilsbiburg
Pleiskirchen
20
Stubenberg
Simbach am Inn
Altötting
66
Kraiburg am Inn
N
Mehring
O
Burghausen
67
A 3
E 56
A 92
E 53
A 94
E 552
E 5
85
22
20
11
12
8

P
52
Q
R
60
17
ČESKÁ REPUBLIKA
Frauenau
Spiegelau
Sankt
Oswald-Riedlhütte
Mauth
Grafenau
18
Haidmühle
Ringelai
Freyung
Röhrnbach
Hauzenberg
Wegscheid
Thyrnau
Untergriesbach
Passau
Fürstenzell
19
Ruhstorf
an der Rott
ÖSTERREICH
Bad Füssing
INN
4
12
85
E 552
137
E 56
141
20
A 8
P
67
Q
R

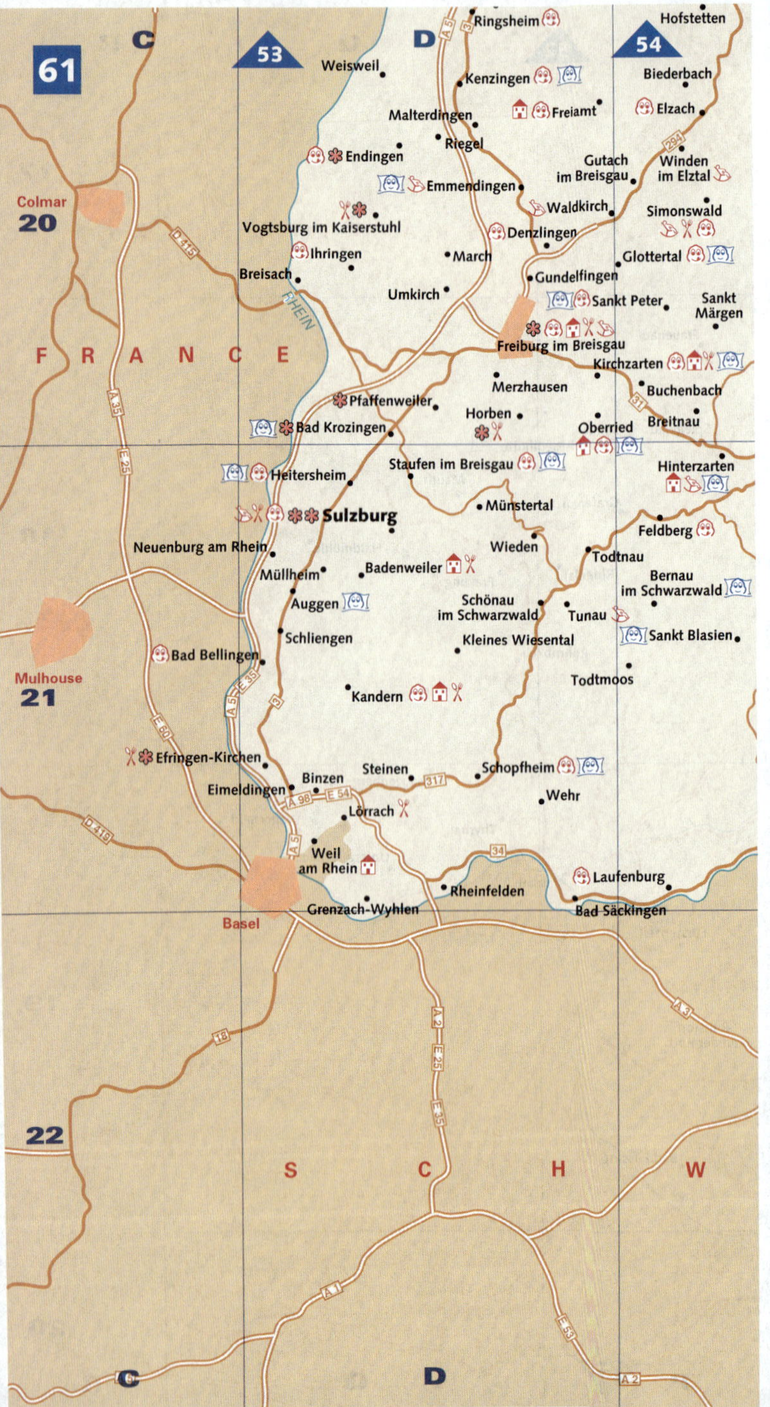

61
C
53
D
54
Ringsheim
Hofstetten
Weisweil
Kenzingen
Biederbach
Malterdingen
Freiamt
Elzach
Riegel
Endingen
Gutach im Breisgau
Winden im Elztal
Emmendingen
Colmar
20
Waldkirch
Simonswald
Vogtsburg im Kaiserstuhl
Denzlingen
Ihringen
March
Glottertal
Breisach
Gundelfingen
Umkirch
Sankt Peter
Sankt Märgen
RHEIN
F R A N C E
Freiburg im Breisgau
Kirchzarten
Merzhausen
Buchenbach
Pfaffenweiler
Horben
Breitnau
Bad Krozingen
Oberried
Staufen im Breisgau
Hinterzarten
Heitersheim
Münstertal
Sulzburg
Feldberg
Neuenburg am Rhein
Wieden
Todtnau
Müllheim
Badenweiler
Bernau im Schwarzwald
Auggen
Schönau im Schwarzwald
Tunau
Schliengen
Kleines Wiesental
Sankt Blasien
Bad Bellingen
Todtmoos
Mulhouse
21
Kandern
Efringen-Kirchen
Steinen
Schopfheim
Binzen
Eimeldingen
Wehr
Lörrach
Weil am Rhein
Laufenburg
Rheinfelden
Grenzach-Wyhlen
Bad Säckingen
Basel
22
S C H W
C
D

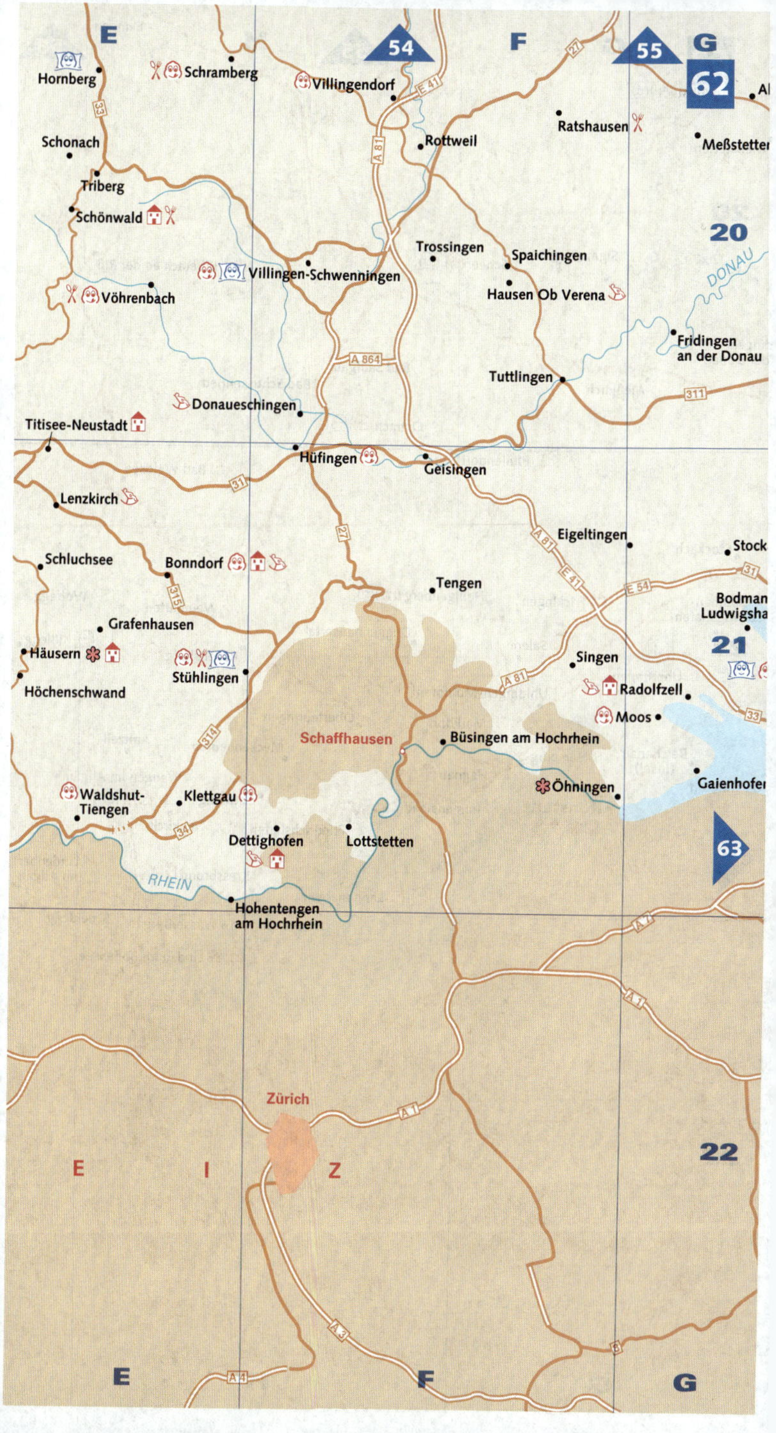

E
F
G
54
55
62
Hornberg
Schramberg
Villingendorf
Rottweil
Ratshausen
Meßstetten
Schonach
Triberg
Schönwald
Trossingen
Spaichingen
Villingen-Schwenningen
Vöhrenbach
Hausen Ob Verena
DONAU
Fridingen
an der Donau
Tuttlingen
Donaueschingen
Titisee-Neustadt
Hüfingen
Geisingen
Lenzkirch
Eigeltingen
Stock
Schluchsee
Bonndorf
Tengen
Bodman
Ludwigsha
Grafenhausen
Häusern
Singen
Stühlingen
Radolfzell
Höchenschwand
Moos
Schaffhausen
Büsingen am Hochrhein
Gaienhofen
Waldshut-
Tiengen
Klettgau
Öhningen
Dettighofen
Lottstetten
63
RHEIN
Hohentengen
am Hochrhein
Zürich
E I Z
20
21
22
A 81
E 41
A 864
A 1
A 3
A 4
A 7
E 54
27
31
33
34
311
314
315

63
G
55
H
56
Ehingen
Albstadt
Meßstetten
20
Sigmaringen
Scheer
Biberach an der Riß
DONAU
dingen
der Donau
Meßkirch
Bad Saulgau
Bad Schussenried
Ostrach
Pfullendorf
Bad Waldsee
Stockach
Bodman-
Ludwigshafen
Frickingen
Heiligenberg
Weingarten
Wolfegg
21
Salem
Deggenhausertal
Kißlegg
Überlingen
Ravensburg
Uhldingen-Mülhofen
Markdorf
Oberteuringen
Reichenau
(Insel)
Meersburg
Meckenbeuren
Amtzell
Gaienhofen
Hagnau
Wangen im Allgäu
Konstanz
Immenstaad
Tettnang
Friedrichshafen
Neukirch
62
Bodensee
Kressbronn
Lindenber
im Allgäu
Langenargen
Nonnenhorn
Wasserburg
Scheidegg
Lindau im Bodensee
Bregenz
22
S C H W E I Z
G
H

Vöhringen
I
56
Thannhausen
J
57
K
64
Burgrieden
Laupheim
Krumbach
Illertissen
Schwendi
Sch
Maselheim
20
Kirchdorf an der Iller
Ochsenhausen
Mindelheim
Erkheim
Berkheim
Westerheim
Bad Wörishofen
Memmingen
Ottobeuren
Bad Wurzach
Bad Grönenbach
Kaufbeuren
Iller
Obergünzburg
Leutkirch im Allgäu
21
Dietmannsried
Marktoberdorf
65
Wiggensbach
Kempten
Lechbruck
Isny im Allgäu
Waltenhofen
Rückholz
Seeg
Maierhöfen
Roßhaupten
Weitnau
Oy-Mittelberg
Wertach
Stiefenhofen
Weiler-Simmerberg
Pfronten
Oberstaufen
Füssen
Schwan
Immenstadt im Allgäu
Sonthofen
Bad Hindelang
Ofterschwang
Fischen im Allgäu
Oberstdorf
22
Riezlern
Kleinwalsertal
Hirschegg
Mittelberg
ÖSTERREICH
I
J
K

65
57
64
K
L
20
21
22
Königsbrunn
Dachau
Unterschleißheim
Oberschleißheim
Bergkirchen
Maisach
Olching
Schwabmünchen
Fürstenfeldbruck
München
Langerringen
Germering
Gilching
Planegg
Unterhaching
Pullach
Grünwald
Oberhaching
Landsberg am Lech
Utting am Ammersee
Ammersee
Herrsching am Ammersee
Starnberg
Straßlach-Dingharting
Lech
Dießen am Ammersee
Feldafing
Egling
Wolfratshausen
Tutzing
Starnberger See
Münsing
Bernried am Starnberger See
Geretsried
Weilheim
Eurasburg
Schongau
Bad Tölz
Iffeldorf
Bad Heilbrunn
Penzberg
Rottenbuch
Wackersberg
Uffing am Staffelsee
Lechbruck
Staffelsee
Bad Bayersoien
Murnau
Lenggries
Bad Kohlgrub
Forggensee
Oberammergau
Eschenlohe
Schwangau
Wallgau
Krün
Garmisch-Partenkirchen
Grainau
Mittenwald
Ö S T E R
Innsbruck
A 8
E 52
A 99
A 96
E 54
A 95
E 533
A 12
E 60

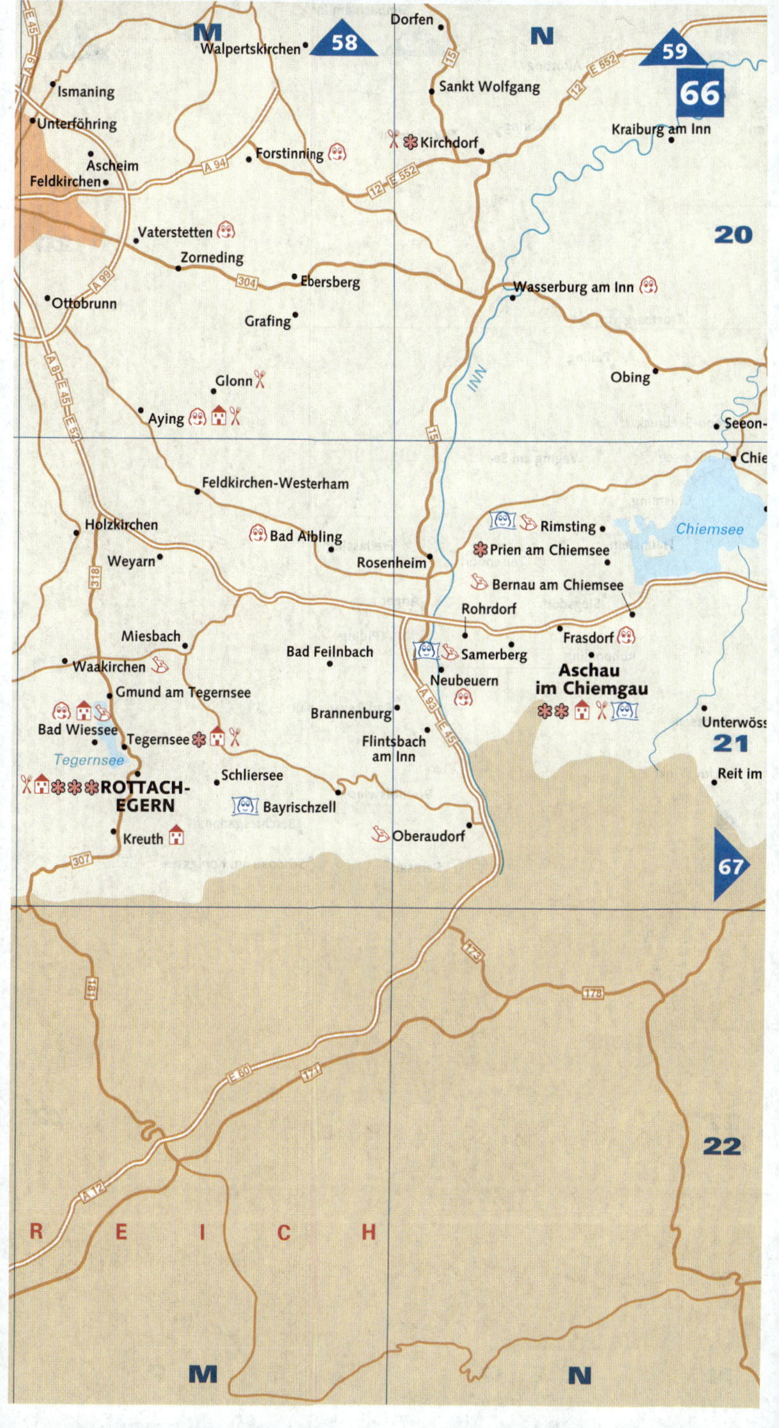

M
58
Walpertskirchen
Dorfen
N
59
66
Ismaning
Sankt Wolfgang
Unterföhring
Kraiburg am Inn
Ascheim
Forstinning
Kirchdorf
Feldkirchen
20
Vaterstetten
Zorneding
Ebersberg
Wasserburg am Inn
Ottobrunn
Grafing
Obing
Glonn
INN
Aying
Seeon-
Chie
Feldkirchen-Westerham
Rimsting
Chiemsee
Holzkirchen
Bad Aibling
Prien am Chiemsee
Weyarn
Rosenheim
Bernau am Chiemsee
Rohrdorf
Miesbach
Frasdorf
Bad Feilnbach
Samerberg
Waakirchen
Aschau
im Chiemgau
Neubeuern
Gmund am Tegernsee
Brannenburg
Bad Wiessee
Unterwöss
Tegernsee
Flintsbach
am Inn
21
Tegernsee
Reit im
Schliersee
ROTTACH-
EGERN
Bayrischzell
Kreuth
Oberaudorf
67
22
R E I C H
M
N

N
O
P
67
59
60
Simbach am Inn
A 94
12
E 552
141
Altötting
Inn
Mehring
Burghausen
20
Alz
20
20
Salzach
Trostberg
Palling
20
Seeon-Seebruck
Chiemsee
304
Waging am See
Chieming
iemsee
Traunstein
Teisendorf
Freilassing
A 8
E 52
E 60
Siegsdorf
Anger
Salzburg
Piding
Ruhpolding
21
Bad Reichenhall
Unterwössen
21
Reit im Winkl
21
Bischofswiesen
66
Berchtesgaden
178
Ramsau
Schönau am Königssee
A 10
E 55
311
22
ÖSTERREICH
22
311
168
311
N
O
P